中華文化促進會主持編纂

國家“十一五”重點圖書出版規劃項目

中國社會科學院哲學社會科學創新工程學術出版資助項目

出品人 王石 段先念

今注本二十四史

南齊書

一

紀〔一〕

梁 蕭子顯 撰

王鑫義 張欣 主持校注

中國社会科学出版社

圖書在版編目（CIP）數據

南齊書：精裝本／王鑫義，張欣主持校注．—北京：中國社會科學出版社，
2020.7
（今注本二十四史）
ISBN 978-7-5203-5016-7

Ⅰ.①南… Ⅱ.①王…②張… Ⅲ.①中國歷史—南齊—紀傳體
②《南齊書》—注釋 Ⅳ.①K239.120.42

中國版本圖書館 CIP 數據核字（2019）第 200642 號

出 版 人　趙劍英
項目統籌　王　茵
責任編輯　郝玉明　張　欣　孫　萍
特約編輯　常文相　王思桐　徐林平　宋　月
責任校對　張　潛　彭　麗　高文川
封面設計　蔡易達
責任印製　王　超

出　版	中國社會科學出版社		
社　址	北京鼓樓西大街甲 158 號	郵　編	100720
網　址	http://www.csspw.cn		
發 行 部	010-84083685	門 市 部	010-84029450
經　銷	新華書店及其他書店	印刷裝訂	三河弘翰印務有限公司
版　次	2020 年 7 月第 1 版	印　次	2020 年 7 月第 1 次印刷
開　本	1/16	成品尺寸	228mm×152mm
印　張	171.25	字　數	2082 千字
定　價	1388.00 元(全 8 册)		

《今注本二十四史》工作委員會

《今注本二十四史·南齊書》項目組

主　持　人　王鑫義　張　欣

成　　　員　何慶善　王鑫義　張　欣　游自勇

王思桐　高文川　賈啓博

《今注本二十四史》出版説明

二十四史，是中國古代二十四部史書的統稱，包括《史記》《漢書》《後漢書》《三國志》《晋書》《宋書》《南齊書》《梁書》《陳書》《南史》《魏書》《北齊書》《周書》《北史》《隋書》《舊唐書》《新唐書》《舊五代史》《新五代史》《宋史》《遼史》《金史》《元史》和《明史》。其成書時間自公元前二世紀下半葉至十八世紀中葉，前後相距約兩千年，總卷帙（不含複卷）達3213卷，共4000餘萬字。它們采用本紀、列傳、表、志等形式，構成了一個完整地記述清朝以前中國古代社會的著作體系。二十四史上起傳説時代的黄帝，下迄明朝滅亡，包容了我國古代的政治、軍事、經濟、思想、文化、天文、地理、民風、民俗等廣闊的社會内容，形成了一套展現中華民族起源和發展的最重要的核心典籍，被後人稱爲“正史”。世界上没有任何一個國家有如此内容涵蓋宏富、時間接續綿延、體例基本統一的歷史記載。

共同的歷史文化是一個民族賴以整體維繫的基本條件之一。而對歷史著作的不斷整合和續修，顯然有利於促進國家的統一、民族的團結、社會的進步。從《史記》到《明史》，不同地位、不同民族的史家和政治家，以同一體例連續不斷地編纂我們祖國發展演進的歷史，本質上反映了我國人民尋求構建多民族國家共同歷史的强烈願望。歷史上隨時把正史歸爲“三史”“十三史”“十七史”“廿一史”“廿二史”“廿四史”，不僅反映了人們對正史的認同，更重要的是反映了對共同歷史文化的認同，即民族的認同。而對正史進行大規模的整理，在另一個層面上，更有利於妥善保存民族文化遺産，豐富民族文化内涵，陶鑄民族文化精神，從而强化民族的尊嚴與自信心，提升國家的榮譽和國人對國家的歸屬感。

對二十四史進行整理，在此次之前規模較大的有三次。第一次是清朝乾隆年間，其成果是殿本；第二次是二十世紀三十年代張元濟先生組織的整理，其成果是百衲本；第三次即毛澤東同志倡議，由中華書局出面進行的整理，其成果是中華書局標點本。這一次是由張政烺先生等史學家倡議，由中華文化促進會主持編纂的今注，其成果是《今注本二十四史》。應當充分地注意到，這四次整理的發動，都有與其所處時代社會歷史息息相關的背景。乾隆朝的武英殿大量刊刻文化典籍，尤其是對二十四史的選本、校勘都經“欽定”，絶不是僅僅要製造盛世氣象；張元濟先生奔走於國難深重的二十世紀初的中國，“當中華文化存亡絶續之交”，有更深刻的原動力；毛澤東同志指示標點正史，倡議於中華人民共和國成立、百廢待舉之初；而我們如今正在進行的今注，則發軔於改革開放、萬象更新之時。這絕不是歷史的偶然。可以說，每每針對二十四史的重大舉措，都是應社會對具有主體性的統一的歷史文化需求而展開的。

當今世界，文化的融合過程逐漸加快，在共生的基礎上融合，在融合中保持共生，互補互融直至趨一。因此，各種文化都面臨着選擇。面臨選擇，充分展示本民族的歷史文化是學者們義不容辭的職責。而作爲歷史文化直接守護者的歷史學者，有責任爲世界提供對本民族歷史文化文本的正確詮釋，有責任努力爲民衆争取對民族歷史文化解讀的話語權。

《今注本二十四史》1994 年 8 月由中華人民共和國文化部批准立項，2005 年被中華人民共和國新聞出版總署列入“十一五”期間（2006—2010）“國家重點圖書出版規劃”。自 1994 年起，迄今已經進行了二十餘年。

《今注本二十四史》總編纂張政烺先生爲本書做了奠基性的工作。在他學術生命的最後時期，不僅親自審訂了最初的《今注本二十四史編纂總則》，還逐一遴選了各史主編。

《今注本二十四史》編纂委員會主要由各史主編與相關同仁組成。張政烺先生逝世後，根據多位主編的建議，我們陸續邀請了何兹全、林甘泉、伍傑、陳高華、陳祖武、卜憲群、趙劍英七位編委成立領導小組，全面指導編纂出版工作。他們爲本項目的編纂出版，付出了大量心血與智慧，没有他們的支持，本項目難以玉成。

本項目動員了全國三十餘所科研機構和高等學府的中

國古史專家共襄其事。全書設總編纂一人，執行總編纂二人，各史設主編一人或二人；某些特殊的“志（書）”如律曆、天文、五行（靈徵）等歸類單列，各設主編一人。各史主編自選作者，全書作者總計約三百人。多年來，他們薄利求義、任勞任怨、兢兢翼翼，惟敬業畢功是務，繼承和發揚了我國史學家捨身務實的優良傳統，爲本書的完成做出了不可磨滅的貢獻！

本項目啓動之初，老一輩的歷史學家王玉哲、王毓銓、陳可畏、張博泉、萬繩楠、楊志玖、楊翼驤、漆俠、薄樹人、韓國磐等先生不僅從道義上給予全力支援，而且主動承擔各史（志）主編。何兹全、林甘泉先生更是不厭其煩，爲編纂工作提出具體建議，爲項目立項奔走呼籲。執行總編纂賴長揚先生鞠躬盡瘁，承擔了大量繁雜的組織工作。現在，雖然以上先生已經辭世，但他們學術生涯的最後抉擇所表現出的對民族、對國家的崇高責任感，永遠值得我們銘記和學習！

本項目自動議始就得到了中華文化促進會及社會各界的回應與傾力支持。中華文化促進會主席王石先生、副主席段先念先生及前任領導人蕭秧先生在本項目立項、推動、經費籌措等方面辛勤奔走，起到了關鍵作用。

香港企業家黄丕通、劉國平先生在項目前期曾給予慷慨資助。

國家出版基金與中國社會科學院也給予本項目一定的出版資助。

四川省出版集團及巴蜀書社曾在編纂和出版方面起了重要的推動作用，已出版今注本《三國志》《梁書》。

《今注本二十四史》編纂出版工作，自 1994 年立項以來，一波三折、幾經沉浮。2017 年深圳華僑城集團予以鼎力襄助，全面解決了編纂出版經費拮据的問題，編纂出版工作方步入正軌。在此，編委會全體成員向深圳華僑城集團謹表達深深敬意和感謝！

鑒古知今，學史明智。中國社會科學出版社歷來重視歷史學及中國古代典籍的整理與出版工作，爲本項目組織專門團隊，秉持專業、嚴謹、高效的原則，爲項目整體的最終出版提供了重要保障。中國社會科學出版社將與各相關單位通力協作，努力將《今注本二十四史》打造成一部具有思想穿透力與廣泛影響力的精品力作，從而爲講好中國歷史、推動中國歷史研究做出貢獻。

謹以本書紀念爲弘揚中華文化而做出貢獻的歷史學家們！
謹以本書感謝爲傳承中華文化而支援和幫助我們的人們！

《今注本二十四史》編纂委員會
中國社會科學出版社
2020 年 6 月

凡　例

《今注本二十四史》在編纂過程中一共產生了四個總體規範性質的文件。這就是：《今注本二十四史編纂總則》(1995 年，2005 年 4 月修改，2017 年 8 月修訂)、《關於〈編纂總則〉的修改和補充意見》(2006 年 3 月)、《關於編纂工作若干問題的決定》(2007 年 1 月)、《關於〈今注本二十四史編纂總則〉幾點重要的補充説明》(2017 年 10 月)。它們確定了全書編纂的目的、特點及其具體操作規則。綜其要概述如下。

本書的基本特點是史家注史。工作主要集中在三個方面：版本的改誤糾謬；史實的正義疏通；史料的補充增益。由各史主編撰寫《前言》，扼要介紹該史所涉及的時代背景、作者生平、寫作過程、著作特點、史料價值、在史學史上的地位和研究概況。

本書的學術目標有兩個。一個是通過校勘，得到一套善本；一個是通過今注，得到一套最佳的注釋本。即完成由史家校勘並加以注釋的二十四史的新校勘新注釋本。它從史家的角度出發，集數百年以來學界的研究成果，采取有圖有文的注釋形式，力圖以新的角度、新的内容、新的形式，爲二十四史創造出一整套代表當代學術水準的、權威的現代善本。

一　校勘

1. 底本：原則上以商務印書館百衲本爲底本；因百衲本並非善本的另行確定底本。

2. 校勘：充分吸收包括中華書局標點本在内的前人的校勘成果，全面參校，以形成一個全新的校勘本。

各史采用的底本和參校本，在各史序言中寫出全稱和簡稱。整套書統一規定的簡稱有六個：武英殿本簡稱“殿本”；國子監本，相應簡稱“南監本”“北監本”；毛氏汲古閣本簡稱“汲古閣本”；同治五書局本簡稱“局本”；商務印書館百衲本簡稱“百衲本”。

校勘成果反映在原文中，即依據有充分把握的校勘結果，將底本中的衍、脱、誤、倒之處全部改正；刊正底本的理由，全部在相應注釋中加以説明。對無十分把握之處，不改原文，衹出校勘記質疑。

采用中華書局標點本爲工作本的史書，不録入原校勘記。直接吸收其校勘成果者則加以説明，對其提出商榷者在相應注釋中加以辨證。

二　注釋

1. 對有古注並已與原書集合行世的前四史，原則上保留古注，視同原文並加注。

2. 注釋程度：以幫助具有大專文化水準以上的讀者讀懂爲限；以給研究者提供簡要索引爲限。注文力求做到：準確、質樸、簡練、嚴謹、規範。

3. 出注（除一些專志外）以卷（篇）爲單位。即對應當加注者，在每卷（篇）第一次出現時加注。此後即使該卷（篇）中再出現，如意義完全等同者，不再加注；而在別卷（篇）再出現時，仍另行加注。有多卷的同類志書出注時視爲同卷，即同類志書對應當加注者在首次出現時加注，其後再現如意義完全等同，亦不再加注。

4. 注釋範圍：冷僻的字音、字義、詞義，成語典故；不易理解的名物制度、地名、人名、別號、謚號、廟號；有争議或原作記述有歧誤的史實等。

（1）字音、字義、詞義的注釋衹限於生僻字、異體字、避諱字、破讀和易生歧義及晦澀難懂的語辭。對多音字，在文中必讀某音的，以漢語拼音出注。避諱字的注文應説明避諱原因，原文原則上不改，出注。字音標注采用漢語拼音。

（2）對原文中的古體、通假、異體字的處理：古體、通假字不作改動，對其中罕見或疑難者，在注中説明其今體或正體字。全書原文和古注保留異體字，今注除人名、地名、書名和職官（署）名之外，原則上不使用異體字。

（3）成語典故，出注衹限於冷僻的成語典故，注文僅簡單説明成語典故來源、内容和意義。常見的詞語一般不出注，包括常見的古漢語虚詞與實詞，但某些不注會産生歧義者除外。

（4）人名、別號、謚號等，凡係本部書中没有專傳（或紀）的人物一般出注説明係何時、何地之人，姓、氏、名、字一般不出注，有特殊來源者，可出注。常見的歷史人物名號與某些不注無礙於全文理解者不必出注；對暫不可考者則説明未詳。

（5）地名注釋：一般僅注明今地；如須説明沿革方可解讀者，則簡述其沿革。本史有《地理志》者，地名出注從簡；若古今地名相同，所治地區大致相同者，則不出注。

（6）官名、官署名及職官制度和爵位制度名稱出注，遵循以下三個原則：常見者（如丞相、太尉、太守、縣令等），若其意義與通常理解無顯著變化，一般不出注；不常見者（如太阿、決曹、次等司等），應説明品秩、職掌範圍，需叙述沿革等方能理解原文意義者，則説明沿革變化、上下級關係、置廢時間；若本史有相應專志者，此類出注即從簡略；無相應專志者，可稍詳盡。

（7）原文與史實不符處，前後文不符處，則予以辯明。考證力求言之有據，簡明扼要。

（8）紀、傳注文以疏通原文爲目的，一般不采取補注、匯注形式。力求不枝不蔓，緊扣原文。各志（書）注文可采取補注、匯注形式，以求内容豐富、全面。

（9）對有争議的問題，客觀公允地羅列諸説，反映歧見；同時指出帶傾向性的意見。盡量不作價值評論性質的分析。

（10）今注出注各有重點：“紀”（“世家”“載記”）着重歷史事件；“傳”着重人物事迹及人際關係；“志”着重制度内容及沿革；“表”着重疏理時序。除《史記》外，注文内容貫徹詳本朝略前代的原則。

（11）注釋以段爲單位，統一順次編碼。出注（校）標碼與注文標碼一致，均采用［1］［2］［3］標示。

校注側重學術性，努力吸收前人的研究成果，尤其是現代學者的研究成果，充分準確地反映當代二十四史學術研究現狀；爲相關專業的學者提供足資利用的準確原文和内容索引，亦爲一般文史讀者搭建起提高水準的階梯。

《今注本二十四史》編纂委員會

2017年10月

目　録

卷四二　列傳第二十三

卷四三　列傳第二十四

卷四四　列傳第二十五

卷四五　列傳第二十六

卷四八　列傳第二十九

卷四九　列傳第三十

卷五〇　列傳第三十一

卷五一　列傳第三十二

卷五二　列傳第三十三

卷五三　列傳第三十四

卷五四　列傳第三十五

卷五五　列傳第三十六

前　言

一　南齊歷史概述

《南齊書》是一部係統記載南朝齊歷史的紀傳體史書。南齊是南朝四代中立國最短促的王朝。宋順帝昇明三年（479）四月，蕭道成以禪讓的名義篡宋建齊，是爲齊高帝。歷經武帝、郁林王、海陵王、明帝、東昏侯諸帝，至和帝中興二年（502）三月，蕭衍亦以禪讓的名義篡奪南齊政權，建立了梁朝，是爲梁武帝。南齊從建國到覆滅僅存在 24 年。

本書《良政傳·序》云："永明之世，十許年中，百姓無雞鳴犬吠之警，都邑之盛，士女富逸，歌聲舞節，袨服華粧，桃花綠水之間，秋月春風之下，蓋以百數。及建武之興，虜難猋急，征役連歲，不遑啓居，軍國糜耗，從此衰矣。"① 據此，我們可以以永明十一年（493）七月武

① 《南齊書》卷五三《良政傳》。

帝去世爲時間點把南齊歷史分爲前、後兩個時期。

齊高帝蕭道成及其長子齊武帝蕭賾統治的十四五年間，是南齊社會比較穩定和國力强盛的時期。齊初，高、武二帝爲了鞏固政權，重視撫恤貧民，修水利，興屯田，發展生産。建元二年（480）二月癸巳，“遣大使巡慰淮、肥，徐、豫邊民尤貧遘難者，刺史二千石量加賑”。[①] 甲午詔：“江西北民避難流徙者，制遣還本，蠲今年租税。單貧及孤老不能自存者，即聽番籍，郡縣押領。”[②] 武帝永明四年（486）閏正月辛亥詔：“諸逋負在三年以前尤窮弊者，一皆蠲除。孝悌力田，詳授爵位，孤老貧窮，賜穀十石。凡欲附農而糧種闕乏者，並加給貸，務在優厚。”[③] 永明六年閏十月乙卯詔：“北兖、北徐、豫、司、青、冀八州，邊接疆埸，民多懸罄，原永明以前所逋租調。”[④] 永明十一年七月丁巳詔：“水旱爲灾，實傷農稼……曲赦南兖、兖、豫、司、徐五州，南豫州之歷陽、譙、臨江、廬江四郡，三調[⑤]衆逋宿債，並同原除。其緣淮及青、冀新附僑民，復除已訖，更申五年。”[⑥] 在高、武二帝這些詔書的鞭策下，出現了不少能體恤民情的良吏。建元初，劉懷慰任齊郡太守，“修治城郭，安集居民，墾廢田二百頃，决沈

---

① 《南齊書》卷二《高帝紀下》。

② 《南齊書》卷二《高帝紀下》。

③ 《南齊書》卷三《武帝紀》。

④ 《南齊書》卷三《武帝紀》。

⑤ 三調指調粟、調帛及雜調。參見《通鑑》卷一三八《齊紀四》“武帝永明十一年”條胡三省注。

⑥ 《南齊書》卷三《武帝紀》。

湖灌溉”[1]。建元初，王珍國任南譙太守，“治有能名。時郡境苦饑，乃發米散財，以拯窮乏”[2]。永明初，戴僧静爲北徐州刺史，“買牛給貧民令耕種，甚得荒情”[3]。南齊前期統治者的這些恤民和發展生産的措施，再加上當時實行與北魏通和的政策，在武帝統治時期，出現了一個社會比較安定，經濟也得到一定程度的恢復和發展的局面，史稱：當時的南齊“外表無塵，内朝多豫，機事平理，職貢有恒，府藏内充，民鮮勞役，宫室苑囿，未足以傷財，安樂延年，衆庶所同幸”[4]。這些描述不無溢美之辭，但應基本上概括出南齊初年國家蒸蒸日上，百姓安定祥和的局面。

南齊建立後面臨着宋末留下的户籍極爲混亂的局面。這種亂局的實質是以種種藉口逃税避役。爲了增加國家的賦役來源，齊高帝時揭開南齊“檢籍”的序幕。關於當時户籍的亂象，齊高帝建元二年詔云：“自頃氓俗巧僞，爲日已久，至乃竊注爵位，盗易年月，增損三狀，貿襲萬端。或户存而文書已絶，或人在而反託死叛，停私而云隸役，身强而稱六疾。編户齊家，少不如此。”[5] 虞玩之上表稱：“自孝建已來，入勛者衆，其中操干戈衛社稷者，三分殆無一焉。勛簿所領，而詐注辭籍……又有改注籍狀，詐入仕流，昔爲人役者，今反役人。又生不長髮，便謂爲道人，填街溢巷，是處皆然。或抱子並居，竟不編户，遷

① 《南齊書》卷五三《良政傳》。
② 《梁書》卷一七《王珍國傳》。
③ 《南齊書》卷三〇《戴僧内傳》。
④ 《南齊書》卷三《武帝紀》“史臣曰”。
⑤ 《南齊書》卷三四《虞玩之傳》。

徙去來，公違土斷。”① 故齊高帝“敕（虞）玩之與驍騎將軍傅堅意檢定簿籍”②。齊武帝即位後，繼續檢籍。“別置板籍官，置令史，限人一日得數巧，以防懈怠。”③ 僞冒户籍被退回處罰稱爲“却籍”。被却籍者悉充遠戍，民多逃亡避罪。再加上檢籍官吏受賄作弊，在檢籍過程中，“應却而不却，不須却而却”④ 的弊端非常普遍，因而矛盾迅速激化。永明三年（485）冬，終於爆發了富陽（今屬浙江）人唐寓之領導的反檢籍鬥争。三吴却籍者奔赴，衆至三萬人。次年春，唐寓之在錢塘（治今杭州市）稱帝，立太子，置百官。於是，齊武帝派禁軍數千人，騎兵數百人，一舉鎮壓了唐寓之領導的反檢籍鬥争。⑤ 但是，反檢籍鬥争並没有停止，至永明八年（490）齊武帝被迫停止檢籍，宣告失敗。詔曰：“故所以澄革虚妄，式允舊章。然釁起前代，過非近失，既往之諐，不足追咎。自宋昇明以前，皆聽復注。其有謫役邊疆，各許還本。”⑥ 由此可見，南齊檢籍經過高、武二帝十許年的經營，不但没有改變宋末以來户籍注册的亂象，反而不得不確認了這種亂象。

東晋是門閥士族勢力最强盛的時期。幾家門閥士族在競争中先後把持朝廷，與皇帝司馬氏共治天下。劉宋時期，雖然士族在政治、經濟、文化諸方面的影響還很大，

---

① 《南齊書》卷三四《虞玩之傳》。
② 《南齊書》卷三四《虞玩之傳》。
③ 《南齊書》卷三四《虞玩之傳》。
④ 《通典》卷三《食貨三》引沈約上書。
⑤ 《南齊書》卷四四《沈文季傳》。
⑥ 《南齊書》卷三四《虞玩之傳》。

但再也不能像東晋時期那樣把持中央政權了，説明劉宋已經回歸君主專制，士族勢力開始衰落。[①] 南齊時期，士族在政治上更加衰落。清趙翼《廿二史劄記·江左世族無功臣》條云："而所謂高門大族者，不過雍容令僕，裙屐相高，求如王導、謝安，柱石國家者，不一二數也。次則如王弘、王曇首、褚淵、王儉等，與時推遷，爲興朝佐命，以自保其家世，雖朝市革易，而我之門第如故，以是爲世家大族，迥異於庶姓而已。此江左風會習尚之極敝也。"[②] 其中談到的褚淵、王儉就是南齊初年兩個士族出身的大官吏。褚淵字彦回，河南陽翟人。祖秀之，宋太常。父湛之，驃騎將軍，尚宋武帝女始安哀公主。淵少有世譽，復尚文帝女南郡獻公主，拜駙馬都尉。此後官位不斷升遷。泰豫元年（472），宋明帝去世，"遺詔以爲中書令、護軍將軍，加散騎常侍，與尚書令袁粲受顧命，輔幼主"[③]。然而就是這個深受宋室信賴的皇戚和顧命大臣，見蕭道成威權日隆，無比傾心，贊其"非常人也"。當"四貴"（即袁粲、褚淵、劉秉、蕭道成）討論處治後廢帝劉昱的辦法時，褚淵竟直截了當地説："非蕭公無以了此！"[④] 把處治權完全交給了蕭道成，於是小皇帝劉昱死於非命。順帝時，褚淵已位至司空，成了名副其實的三公。"齊台建，

---

① 参見田餘慶《東晋門閥政治》，北京大学出版社 1996 年版，第 330—362 頁。

② 清趙翼著，王樹民校證：《廿二史劄記校證》卷一二《江左世族無功臣》，中華書局 2001 年訂補本版，第 254 頁。

③ 《南齊書》卷二三《褚淵傳》。

④ 《南齊書》卷二三《褚淵傳》。

淵白太祖引何曾自魏司徒爲晋丞相，求爲齊官。”[①] 他迫不及待要投入蕭道成的懷抱，惟恐不及。蕭道成没有接受褚淵的請求，因爲他還要褚淵代表宋室對他進行歌功頌德並勸進。褚淵果然没有辜負蕭道成的安排。昇明三年（479）三月甲寅，褚淵以使持節、兼太尉、侍中、中書監、司空、衛將軍、雩都縣開國侯的身份授蕭道成相國印綬、齊公璽紱；王僧虔則以持節、兼司空副、守尚書令的身份代表宋室授齊公茅土、金虎符、竹使符，又加九錫。四月癸酉，詔進齊公爵爲王。於是褚淵又代表宋室奉策授璽紱、金虎符、竹使符，授茅土，改立王社等。辛卯，宋帝禪位。褚淵、王僧虔又代表宋室向蕭道成“奉皇帝璽綬”。[②] 入齊以後，褚淵成了佐命功臣，自然官運亨通。建元四年（482）八月薨。《贈謚褚淵詔》稱其官位云：“侍中、司徒、録尚書事、新除司空、領驃騎將軍、南康公。”可謂人臣之位已極，故史論稱：“民譽不爽，家稱克隆。”[③]

王儉是江左第一高門琅邪王氏的後人。宋明帝時尚陽羡公主，拜駙馬都尉。王儉雖然比褚淵小十七歲，但他在推動蕭道成篡宋的問題上比褚淵却有過之而無不及。史稱：昇明三年（478），王儉見蕭道成“雄異”，“請間言於帝曰：‘功高不賞，古來非一，以公今日位地，欲北面居人臣，可乎？’”又曰：“宋以景和、元徽之淫虐，非公豈復寧濟，但人情澆薄，不能持久，公若小復推遷，則人望去矣，豈唯大業永淪，七尺豈可得保？”蕭道成回答説：

① 《南齊書》卷二三《褚淵傳》。
② 《南齊書》卷一《高帝紀上》。
③ 《南齊書》卷二三《褚淵王儉傳》“贊”。

"卿言不無理。"及蕭道成爲太尉，遂以王儉爲右長史，尋轉左長史，"專見任用"。至昇明三年四月間，蕭道成進位相國、封齊公、進爵爲齊王及受宋禪登極當皇帝諸大典，其"禮儀詔策，皆出於儉，褚彦回唯爲禪詔，又使儉參懷定之"。[①] 王儉對於蕭家開創帝業可謂盡心了，當然齊朝對王儉的回報也很豐厚。建元元年（479），改封南昌縣公，食邑二千户。永明七年（489），王儉薨，其最終官爵是侍中、中書監、太子少傅、領國子祭酒、衛將軍、開府儀同三司、南昌縣公，並追贈太尉，賜謚文憲公。[②]

以上情況説明褚淵、王儉就是兩個如同趙翼所説的那種"與時推遷，爲興朝佐命，以自保其家世，雖朝市革易，而我之門第如故"的典型士族官僚。隨著褚淵和王儉的去世，南齊再也没有像他們那樣有影響的士族官僚了。如王融、王晏、徐孝嗣之徒，皆隨世浮沉，没有大的作爲，甚至想保全家門亦不可得。

在南朝士族地位逐漸衰落的同時，庶族人物的地位不斷上升。其中一個重要原因是士族尚在一定程度上堅守著"清流"傳統，鄙薄武事和冗繁的吏事，而庶族人物無高貴的門第憑依，爲了提升社會地位，登上政治舞臺，各種路徑都願意選擇。其中從軍打仗建立軍功是他們的首選。南齊帝業的開創者蕭道成出身於庶族地主，自元嘉十九年（442）宋文帝遣其領偏軍討沔北蠻，至建元元年四月稱帝三四十年的戎馬生涯中，憑藉自己日益增長的實力，吸納

① 上述引文分見《南史》卷二二《王曇首傳》附《王儉傳》。
② 《南齊書》卷二三《王儉傳》。

和造就了一批庶族寒門出身的將帥。如王敬則、陳顯達、垣崇祖、張敬兒、李安民、吕安國、周山圖、周盤龍、王廣之、薛淵、桓康、蕭景先、蕭赤斧等。這些庶族寒門出身的將領是南齊帝業的構建者。南齊建立後，他們的官爵也不斷得到提升。如，王敬則幼時家貧，爲屠狗商販。入齊後累官至大司馬，封尋陽郡公，食邑四千户。陳顯達累官至太尉，封鄱陽郡公，食邑三千户。南齊時期，既有外患，又有内亂，這些將領的舉措與社會穩定，乃至國家安全緊密關聯。

南齊承劉宋之弊，置典籤司察宗室諸王出任方鎮者及各州刺史。典籤官位低微，多由寒門擔任。由於皇帝的信任，他們權力很大。“刺史行事之美惡，係於典籤之口……於是威行州部，權重蕃君”。“諸州唯聞有籤帥，不聞有刺史”。在典籤的嚴密控制下，諸王完全失去了人身自由，“言行舉動，不得自專，徵衣求食，必須諮訪”，形成了逆來順受的心態。“及明帝誅異己者，諸王見害，悉典籤所殺，竟無一人相抗”，[①] 造成了南齊歷史黑暗的一幕。

南齊的中樞機構中書省，亦用寒人典機要，中書通事舍人成爲重要職務。中書通事舍人是中書省屬官，東晋多用名流，掌收納、轉呈文書章奏。南朝諸帝皆非出身高門，遂引用没有聲望、社會地位的寒士、細人等親信任之，入直禁中。南齊時，自成舍人省，名義上隸屬中書省，實際上直接聽命於皇帝，監督指導尚書省施行政務。

① 上述引文分見《南史》卷四四《文惠諸子傳》。

他們“久在朝省，閑於職事”,[1] 很得皇帝歡心。如永明中，齊武帝“欲修白下城，難於動役”。中書通事舍人劉係宗“啓謫役在東人丁隨寓之爲逆者”役作。白下城修成後，齊武帝贊揚説：“劉係宗爲國家得此一城。”又説：“學士輩不堪經國，唯大讀書耳。經國，一劉係宗足矣。沈約、王融數百人，於事何用?”[2] 齊武帝時，中書通事舍人茹法亮、外監吕文度“勢傾天下”，太尉王儉對人説：“我雖有大位，權寄豈及茹公。”茹法亮“廣開宅宇，杉齋光麗，與延昌殿相埒……宅後爲魚池釣臺，土山樓館，長廊將一里。竹林花藥之美，公家苑囿所不能及。”吕文度爲外監，“專制兵權，領軍將軍守虛位而已”。“文度既見委用，大納財賄，廣開宅宇，盛起土山，奇禽怪樹，皆聚其中，後房羅綺，王侯不能及。”[3] 齊武帝如此放縱身邊的幸臣，是“永明之政”的一大弊端。

永明十一年（493）七月戊寅，齊武帝蕭賾去世，南郡王皇太孫昭業即位，大權落到了尚書令西昌侯蕭鸞之手。蕭鸞是高帝蕭道成的侄子，即其次兄道生之次子。道生卒於宋世。道成對這個早孤的侄子愛撫有加，“恩過諸子”。蕭鸞在蕭道成、蕭賾父子的扶持下成長起來。但是，他是一個殘酷無情的統治者。齊武帝死後，蕭鸞在輔政不到一年半的時間，先後廢殺了郁林王昭業和海陵王昭文兩個小皇帝，於延興元年（494）冬十月癸亥稱帝，改元建武，是爲齊明帝。齊明帝以支庶入纂大統，把高帝、武帝

① 《南齊書》卷五六《幸臣傳》。

② 《南史》卷七七《恩幸傳》。

③ 上述引文見《南史》卷七七《恩幸傳》。

子孫諸王視爲自己帝業的最大威脅，必欲徹底鏟除而後快。故他自即位前的延興元年九月至他去世前的永泰元年（498）七月，先後殺掉了全部見在的高帝子諸王八人，武帝子諸王十六人，文惠太子子諸王二人。清代史學家趙翼評論説："宋子孫多不得其死，猶是文帝、孝武、廢帝、明帝數君之所爲，至齊高、武子孫，則皆明帝一人所殺，其慘毒自古所未有也。"① 齊明帝本以爲鏟除了高帝、武帝子孫，他的帝業就可以永傳後世了。實際上他的殘酷殺戮，嚴重削弱了南齊統治基礎，加速了南齊的滅亡。

南齊建立後，在齊高帝蕭道成和齊武帝蕭賾統治時期，内部政局比較穩定，武帝時與北魏通好，其北部疆域基本上維持著宋末與北魏隔淮對峙的局面。再往西，南齊尚保有漢水中上游地區。南齊後期，其北部疆域發生了很大變化。齊建武元年（魏太和十八年，494），魏孝文帝遷都洛陽後，對南齊進一步加强了攻勢。建武中，雙方在沔北戰場的争奪尤爲激烈。至建武五年（498）二月，北魏雖然没有達到攻占襄陽重鎮的戰略目標，但却奪取了南齊雍州領屬的沔北五郡。② 本書《良政傳》云："及建武之興，虜難猋急，征役連歲，不遑啓居，軍國糜耗，從此衰矣。"③ 永泰元年（498 年，四月甲寅改元）七月己酉，齊

---

① 《廿二史劄記校證》卷一二《齊明帝殺高武子孫》，第 248—249 頁。

② 參見胡阿祥《六朝疆域與政區研究》，學苑出版社 2005 年增訂版，第 92—137 頁。沔北五郡包括：南陽，治所在今河南南陽市；新野，治所在今河南新野縣；順陽，治所在今河南淅川縣南；北襄城，僑郡名，治所在今河南方城縣東；西汝南北義陽，雙頭僑郡名，治所在今河南泌陽縣西。

③ 《南齊書》卷五三《良政傳》。

明帝去世，太子寶卷繼位，是爲東昏侯。永元元年（499）春，東昏侯爲收復沔北失地，遣太尉陳顯達督平北將軍崔慧景率衆四萬奔赴戰場，大敗魏軍於順陽郡馬圈城（在今河南鎮平縣南）。北魏孝文帝元宏親率大軍赴救。南齊潰敗，"死者三萬餘人"①。南齊發動的這次戰役，没有實現收復沔北的目標，又遭遇重大挫敗。

對南齊北部疆域影響巨大的另一重大事件是永元二年正月豫州刺史裴叔業"奉表降魏"。② 北魏立即派遣大軍進駐淮南占領壽春（今安徽壽縣），又擊退南齊討叛的軍隊，攻占了合肥和建安（今河南固始縣東）兩個軍事要地，並在壽春置揚州以統之。這時淮東的重鎮鍾離（今安徽鳳陽縣東北）、淮陰（今江蘇淮安市）仍爲齊地，南齊留給蕭梁的是一個殘缺不全的淮南。南齊晚期，由於明帝失沔北五郡，東昏侯再失豫州，自南朝宋以來，疆域縮減至最小。

明帝和東昏侯當政時期是南齊政治上最黑暗、腐敗的時代。明帝擅行廢立和誅戮高帝、武帝子孫，君臣關係也很不正常，就連大司馬、會稽太守、開國功臣王敬則也"心懷憂恐"。明帝對王敬則"雖外厚其禮，而内相疑備"。永泰元年（498），明帝在其病逝前夕，任命張瓌爲平東將軍、吴郡太守，"置兵佐，密防敬則。内外傳言當有異處分。敬則聞之，竊曰：'東今有誰？秖是欲平我耳。'"遂起兵反叛。不久兵敗被殺。③

齊明帝去世前向太子寶卷"屬以後事，以隆昌爲戒，

① 《南齊書》卷二六《陳顯達傳》。
② 《通鑑》卷一四三《齊紀九》"東昏侯永元二年"條。
③ 《南齊書》卷二六《王敬則傳》。

曰：‘作事不可在人後。’故委任群小，誅諸宰臣，無不如意”。[1] 東昏侯即位後即把殺人的第一刀砍向了輔政的“六貴”。明帝臨終，“顧命群臣”，而尚書右僕射江祏、侍中江祀、衛尉劉暄、始安王蕭遥光、尚書令徐孝嗣、領軍將軍蕭坦之六人，“更日帖敕，時呼爲‘六貴’”。其中，江祏兄弟之姑是明帝的生母景皇后，明帝與他們“恩如兄弟”。劉暄是明帝劉皇后弟，於東昏侯爲“元舅”。永元元年（499），東昏侯“失德既彰”。三位外戚開始討論廢立問題。江祏欲立江夏王寶玄，劉暄欲立建安王寶寅。蕭遥光是明帝的侄子，“自以年長，屬當鼎命”，“潜與江祏兄弟謀自樹立”。江祏弟江祀“以少主難保，勸祏立遥光”。劉暄“以遥光若立，己失元舅之望”，不同意立遥光。遥光遣人刺殺劉暄，未遂。劉暄遂向東昏侯告發江祏兄弟謀立遥光事，於是東昏侯捕殺了江祏、江祀兄弟。八月，遥光據東府城叛，不久兵敗被殺。[2] 當初江祏兄弟欲立蕭遥光，曾謀於蕭坦之，坦之持兩端。蕭遥光死後二十余日，蕭坦之亦被殺。[3] 其年，劉暄亦因廢立事被殺。“六貴”中地位最高的徐孝嗣，没有膽識，做事優柔寡斷。有人向他“勸行廢立”，孝嗣“遲疑久之，謂必無用干戈理，須少主出遊，閉城門召百僚集議廢之。雖有此懷，終不能决”。十月乙未，東昏侯召孝嗣入華林省，遣幸臣茹法珍賜藥酒殺之。[4] 至此，明帝爲東昏侯所置輔政的“六貴”全部

---

① 《南齊書》卷七《東昏侯紀》。

② 《南齊書》卷四二《江祏傳》、卷四五《宗室傳》。

③ 《南齊書》卷四二《蕭坦之傳》。

④ 《南齊書》卷四四《徐孝嗣傳》。

被殺。

當王敬則起事破滅后，陳顯達自以高帝、武帝舊將，亦心懷危懼。及沔北戰敗，朝廷以其爲持節、都督江州軍事、江州刺史，鎮盆城。東昏侯即位，彌不樂還京師。永元元年，陳顯達聞京師大相殺戮，又知徐孝嗣等皆死，傳聞朝廷將遣兵襲江州，其年十一月丙辰，陳顯達以奉建安王寶寅爲名在江州起兵。陳顯達雖然攻入建康，但不久兵敗被殺。[①]

此後南齊又發生了宿將老臣平西將軍崔慧景奉南徐州刺史江夏王寶玄的大規模内亂。永元二年二月，北魏攻占了壽春。三月，南齊遣平西將軍崔慧景率衆軍伐壽春。崔慧景率軍至廣陵（治今江蘇揚州市西北蜀岡上），召集諸將決定起兵反對東昏侯。又決定擁立南徐州刺史、江夏王寶玄爲主，遂率軍至京口（今江蘇鎮江市），合南兖、南徐二鎮兵進攻京師。叛軍屢破臺軍，占領了京師的東府城、石頭、白下、新亭等要地，並包圍臺城達十二日之久。臺城危在旦夕。東昏侯在極端危急的情況下，遣密使召豫州刺史蕭懿救援京師。戰況迅速逆轉，崔慧景潰敗逃竄，爲漁夫所殺。江夏王寶玄奔逃數日乃出，亦被誅殺。[②]東昏侯時期的這些外叛和内亂進一步削弱了國力，更重要的是人心瓦解，弱者思自保，强者覬覦大位，朝廷豈能久乎？

東昏侯在位的三年半時間，集各種弊政於一身，把南

① 《南齊書》卷二六《陳顯達傳》。

② 《南齊書》卷五〇《明七王傳》、卷五一《崔慧景傳》。

齊黑暗、腐敗的政治推向了極端。這裏綜合本書《東昏侯紀》及《南史·齊本紀下》（事涉他卷、他書者仍加注釋）的記載，揭示如下三端：

一是喜尋歡作樂，不理朝政，專任幸臣。東昏侯爲太子時，“便好弄，不喜書學”。“嘗夜捕鼠達旦，以爲笑樂。”即位後，不但惡習不改，反而更加肆無忌憚。“日夜於後堂戲馬，與親近閹人倡伎鼓叫。”“選無賴小人善走者爲逐馬，左右五百人，常以自隨，奔走往來，略不暇息。”“又於苑中立市，太官每旦進酒肉雜肴，使宮人屠酤，潘氏爲市令，帝爲市魁，執罰，争者就潘氏決判。”東昏侯在惰政方面也很典型，“王侯節朔朝見，晡後方前，或際暗遣出。台閣案奏，月數十日乃報，或不知所在。二年元會，食後方出，朝賀裁竟，便還殿西序寢，自巳至申，百僚陪位，皆僵僕菜色，比起就會，忽遽而罷”。東昏侯“不與朝士接，唯親信閹人及左右御刀應敕等”。如東昏侯任“新蔡人徐世檦爲直閣驍騎將軍，凡有殺戮，皆其用命……陳顯達事起，加輔國將軍。雖用護軍崔慧景爲都督，而兵權實在世檦。及事平，世檦謂人曰：‘五百人軍主，能平萬人都督’”。徐世檦死後，茹法珍、梅蟲兒用事，“並爲外監，口稱詔敕；中書舍人王咺之與相脣齒，專掌文翰。其餘二十餘人，皆有勢力。崔慧景平後，法珍封餘干縣男，蟲兒封竟陵縣男”。

二是濫殺宰臣，草菅人命。被東昏侯濫殺的大臣最爲無罪者當數蕭懿。永元二年三月，崔慧景奉江夏王寶玄襲擊京師，勢如破竹，東昏侯已成瓮中之鱉，賴豫州刺史蕭懿援軍趕到，徹底擊潰了叛軍，朝廷才得以轉危爲安。在這次京師保衛戰中，蕭懿立了大功。四月乙亥，朝廷遷蕭懿爲尚書令，深爲幸臣茹法珍等忌憚，乃説東昏侯曰："懿將行隆昌故事，陛下命在晷刻。"東昏信之。十月己卯，蕭懿被害。[①] 蕭懿因有大功而遇害，可見當時政治之黑暗。此外，尚書左僕射沈文季也死得不明不白。當時沈文季"見世方昏亂，託以老疾，不豫朝機"。其侄昭略戲之爲"員外僕射"。當東昏侯之世，沈文季謹言慎行，乃至不豫朝政，衹是爲了明哲保身。結果還是與徐孝嗣同時被召入華林省殺害。史稱"朝野冤之"。[②] 又，東昏侯"嘗至沈公城，有一婦人當産不去，帝入其家，……因剖腹看男女"。

三是極度奢侈，肆意揮霍民脂民膏。史稱："後宫遭火之後，更起仙華、神仙、玉壽諸殿，刻畫雕綵……麝香塗壁，錦幔珠簾，窮極綺麗。"又"於閲武堂起芳樂苑，山石皆塗以五采，跨池水立紫閣諸樓觀，壁上畫男女私褻之像。"[③] "又鑿金爲蓮華以帖地，令潘妃行其上，曰：'此步步生蓮華也。'"[④] "潘氏服御，極選珍寶，主衣庫舊物，不復周用，貴市民間金銀寶物，價皆數倍。虎魄釧一隻，直百七十萬。京邑酒租，皆折使輸金，以爲金塗。猶不能足，下揚、南徐二州橋桁塘埭丁計功爲直，斂取見錢，供太樂主衣雜費。由是所在塘瀆，多有隳廢。又訂出雉頭鶴氅白鷺縗，親幸小人，因緣爲奸利，課一輸十，郡縣無敢

---

① 《南齊書》卷七《東昏侯紀》；《梁書》卷二三《長沙嗣王業傳》。
② 《南齊書》卷四四《沈文季傳》。
③ 上述引文分見《南齊書》卷七《東昏侯紀》。
④ 《南史》卷五《齊本紀下》。

言者。”[1] 由這樣的昏君主政，百姓何以堪，國家豈能不亡。

永元三年（501）三月乙巳，雍州刺史蕭衍、西中郎左長史蕭穎胄擁立南康王寶融即皇帝位於江陵，改元中興，是爲齊和帝。和帝以蕭衍爲尚書左僕射，加征東大將軍、都督征討諸軍事，假黄鉞。蕭衍率軍東征，攻入建康，築長圍守宫城，諸將皆降。十二月丙寅，王珍國、張稷率兵入殿斬東昏侯。中興二年（502）三月，齊和帝東歸至姑孰（今安徽當塗縣）禪位於蕭衍。南齊滅亡，梁朝建立。

南齊雖然立國時間不長，但在科學、文化上也有突出的成就。宋、齊時期的祖冲之（429—500）是我國古代的著名科學家。他的主要貢獻在數學、曆法學和機械製造方面。據《隋書·律曆志上》記載，祖冲之確定了圓周率的不足近似值爲3.1415926，過剩近似值爲3.1415927，其真值在這兩個近似值之間。這是當時世界上關於圓周率最先進的成果。在曆法方面，南朝宋文帝元嘉二十二年（445）頒“用何承天所制曆，比古十一家爲密，冲之以爲尚疏，乃更造法”。宋孝武帝大明六年（462）祖冲之上《大明曆》。他鑒於傳統曆法十九年置七閏的辦法，“經二百年，輒差一日”，改變爲三百九十一年設置一百四十四閏。他認爲這樣置閏的優點是，“令却合周、漢，則將來永用，無復差動”。[2] 祖冲之確認了“歲差”的存在，並首次將

① 《南齊書》卷七《東昏侯紀》。

② 上述引文分見《南齊書》卷五二《文學傳》。

“歲差”應用於編制曆法。他將一個回歸年定爲365.2428日，和近代所測數值僅差約五十秒。定一個“交點月”爲27.2122日，和近代所測數值衹差十萬分之一。《大明曆》是當時最好的曆法，但是由於保守勢力的反對，直到梁天監九年（510）才被采用。陳朝繼續沿用，到隋開皇九年（589）陳亡爲止，前後共施行八十年。[①]

南齊武帝永明時期形成了一種被稱爲“永明體”的新體詩。《南齊書·文學傳》：“永明末，盛爲文章。吴興沈約、陳郡謝朓、琅邪王融以氣類相推轂。汝南周顒善識聲韵。約等文皆用宫商，以平上去入爲四聲，以此制韵，不可增減，世呼爲‘永明體’。”[②] 這種新體詩强調聲韵格律和對偶，對近體詩的形成有重大影響。沈約著《四聲譜》，倡導、引領了永明體的形成和發展。謝朓是永明體的著名作家，後人集其作品爲《謝宣城集》。沈約不但是文學家，也是一位歷史學家。永明五年（487）春，沈約奉敕撰《宋書》，至次年二月他據何承天、徐爰諸宋史舊本，損益增補，撰成了《宋書》本紀列傳七十卷，拜表奉書上之，[③] 向齊武帝作了一個初步交待。至於八志三十卷則延續至梁朝初期才全部補齊。[④]

---

① 《宋書》卷一三《律曆志下》；王仲犖《魏晋南北朝史》（下册），上海人民出版社1979年版，第1025頁。

② 《南齊書》卷五二《文學傳》。

③ 《宋書》卷一〇〇《自序》。

④ 蘇晋仁：《〈宋書〉叢考——附援老信札》，載《紀念陳垣誕辰百周年史學論文集》，北京師範大學出版社1981年版，第290—297頁。

二　《南齊書》作者蕭子顯的身世

《南齊書》的作者蕭子顯（489—537）[①]，字景陽，南蘭陵郡南蘭陵縣（治今江蘇常州市西北）人。他出身於南齊皇族，高帝蕭道成之孫，豫章王蕭嶷第八子。幼聰慧，其父異之，愛過諸子。七歲，封寧都縣侯。永元末，以王子例拜給事中。雖然《南齊書》見不到蕭子顯的名字，其事迹具見《梁書》本傳，但其父兄在南齊時的經歷對蕭子顯的命運乃至其後來所修的《南齊書》都有深刻影響。因此，論蕭子顯的身世不能不從其父兄談起。

蕭子顯的父親蕭嶷（444—492），字宣儼。齊高帝次子，齊武帝蕭賾同母弟。從政治活動上看，蕭嶷的一生可以以建元四年（482）三月高帝去世爲時間點分爲前後兩個時段。蕭嶷果敢有謀略，其前期如同其兄蕭賾一樣，在蕭道成創立帝業過程中，“功參佐命”。仕宋，“起家爲太學博士、長城令”[②]。明帝泰始二年（466），蕭道成破薛索兒後，改封西陽縣侯，以先爵賜嶷爲晉壽縣侯。宋廢帝元徽二年（474）五月，江州刺史桂陽王劉休範舉兵襲京師，蕭道成出屯新亭壘，“休範率士卒攻壘南，嶷執白虎幡督戰，屢摧却之”，加速了叛軍的潰敗。元徽中，蕭嶷爲武陵内史，武陵屬郢州。初，刺史沈攸之“爲政刻暴”，伐諸蠻遂及武陵郡内的西溪蠻。蠻王田頭擬殺攸之使，“攸

① 一説蕭子顯生於公元487年。參見《中國歷史大辭典·史學史卷》，上海辭書出版社1983年版，第417頁。

② 《南齊書》卷二二《豫章文獻王傳》。本節以下凡引此傳不再出注。

之責賧千萬，頭擬輸五百萬，發氣死”。其弟婁侯乘機簒立，頭擬之子田都逃走，於是蠻部大亂，抄掠平民至郡城下。蕭嶷遣郡兵平定叛亂，誅婁侯，命田都繼其父爲王，蠻部遂安。入爲宋安成王劉準軍府屬吏。

及元徽四年七月蕭道成平定宋建平王景素叛亂後，“威名既重，蒼梧王深相猜忌，幾加大禍”。[①] 時蕭道成任中領軍，掌禁衛兵，仍帶南兖州。其鎮軍府長史蕭順之在鎮，“憂危既切，期渡江北起兵”。在此關鍵時刻，蕭嶷力排衆議，云：“主上狂凶，人下不自保，單行道路，易以立功。外州起兵，鮮有克勝。物情疑惑，必先人受禍。今於此立計，萬不可失。”蕭道成采納了他的意見，排除了蕭順之等渡江至南兖州起兵的謀劃，決定堅守京師，相機行事，並很快廢殺了蒼梧王，進一步控制了朝廷大權。宋順帝即位，蕭嶷轉侍中，總宫内直衛。昇明元年（477）十二月，荆州刺史沈攸之起兵反對蕭道成。蕭道成入居朝堂，蕭嶷出鎮東府城，嚴陣以待。宋司徒袁粲聞攸之起兵，遂據石頭城響應，尚書令劉秉等亦率衆赴之。蕭嶷命薛道淵攻石頭，[②] 又“遣帳内軍主戴元孫二千人隨薛道淵等俱至石頭。焚門之功，元孫預焉”，爲消滅石頭城的敵對勢力立下了頭功。在平定沈攸之起兵後，蕭嶷遷中領軍，加散騎常侍。

昇明三年（479）春正月，蕭嶷由江州刺史徙都督荆湘雍益梁寧南北秦八州諸軍事、鎮西將軍、荆州刺史。[③]

---

① 《南齊書》卷一《高帝紀上》。

② 《南齊書》卷三〇《薛淵傳》。按，薛淵即薛道淵，避齊高帝偏諱改。

③ 此條繫年據《宋書》卷一〇《順帝紀》。

蕭嶷在荆州刺史任上政績突出，翻開了他仕宦經歷中最精彩的一頁。當其初至州即施行了輕刑薄斂諸善政。如，沈攸之當年爲了征役，“閈民相告，士庶坐執役者甚衆。嶷至鎮，一日遣三千餘人”。又釋放輕罪囚徒，凡“見囚五歲刑以下不連臺者，皆原遣”。蕭嶷爲政“務在省約，停府州儀迎物”。“以市税重濫，更定榻格，以税還民。禁諸市調及苗籍。二千石官長不得與人爲市，諸曹吏聽分番假，百姓甚悦。”“建元元年，太祖即位，赦詔未至，嶷先下令蠲除部内昇明二年以前逋負。”蕭嶷初至荆州即抓住一些事關民生的重要問題，采取了果斷的解決辦法，緩和了階級矛盾，穩定了社會秩序。尚書僕射王儉稱贊説：“舊楚蕭條，仍歲多故，荒民散亡，寔須緝理。公臨莅甫爾，英風惟穆，江、漢來蘇，八州慕義。自庾亮以來，荆楚無復如此美政。古人期月有成，而公旬日致治，豈不休哉!”是年，蕭道成封蕭嶷爲豫章王，食邑三千户。

建元元年（479）九月，復以蕭嶷爲都督荆湘雍益梁寧南北秦八州諸軍事、南蠻校尉、荆湘二州刺史。①“晋宋之際，刺史多不領南蠻，别以重人居之，至是有二府二州。”由於其父的信賴，蕭嶷的職任加重。蕭嶷没有辜負父親的信賴，又再建新功。北魏乘南齊初立加强了攻勢，雖然其進攻的主要目標是淮河中下游地區的軍事要地，而南齊西北邊境的司州（治今河南信陽市）和梁州（治今陝西漢中市東）形勢亦動蕩不安。蕭嶷自然非常關注司、梁二州的形勢，爲南齊西北邊境的安全做出了貢獻。建元元

① 此條繫年據《南齊書》卷二《高帝紀下》。

年十一月，“義陽人謝天蓋與虜相構扇”，欲以城附魏，司州刺史蕭景先向蕭嶷救援。[①] 蕭嶷“表遣南蠻司馬崔慧景北討”。[②] 慧景率軍三千人頓方城爲司州聲援。又“遣輔國將軍、中兵參軍蕭惠朗二千人助景先……討天蓋黨與”。及北魏又增兵支援謝天蓋，蕭嶷聞訊，“又遣寧朔將軍王僧炳、前軍將軍王應之、龍驤將軍莊明三千人屯義陽關外，爲聲援”[③]，迫使北魏放弃襲取司州的計劃。宋末，晋壽亡命李烏奴投靠了梁州刺史范伯年，爲其親信之將。當荆州刺史沈攸之起兵反對蕭道成時，范柏年首鼠兩端，觀望形勢，後來發展成爲不奉朝命的地方勢力。建元元年，范柏年被雍州刺史南郡王蕭長懋誘殺，李烏奴逃往氐中。此後，李烏奴數乘間出寇梁州。建元二年，蕭嶷“遣中兵參軍王圖南率益州軍從劍閣掩討，大摧破之，烏奴還保武興”。梁南秦二州刺史崔慧景“發漢中兵衆，進頓白馬。遣支軍與圖南腹背攻擊，烏奴大敗，遂奔於武興”。[④] 爲了鞏固南齊的統治，蕭嶷堅决鎮壓其都督區内及其周邊民衆和蠻夷的反抗鬥争。劉宋末年，以張群爲首的義陽“劫帥”“鼓行爲賊”，殘破義陽、武陵、天門、南平四郡，荆州刺史沈攸之連年討伐，不能平定，衹好苟且“招安”。及沈攸之敗亡後，這支“劫匪”又結寨於三溪，“依據深

---

① 《南齊書》卷三八《蕭景先傳》。

② 《南齊書》卷五一《崔慧景傳》作“南蠻長史”。

③ 上述引文分見《南齊書》卷五一《崔慧景傳》、卷三八《蕭景先傳》；《通鑑》卷一三五《齊紀一》“高帝建元元年”條。

④ 上述引文分見《南齊書》卷二一《文惠太子傳》，卷五一《崔慧景傳》；《通鑑》卷一三五《齊紀一》“高帝建元二年”條。

險”，堅持鬥争。至是，蕭嶷遣虞欣祖爲義陽太守。欣祖采取誘降的辦法殺掉了張群，又遣散其黨羽數百人，於是“四郡獲安”。建元二年，“北上黄蠻文勉德寇汶陽，太守戴元孫孤城力弱，慮不自保，……荆州刺史豫章王遣中兵參軍劉伾緒領千人討勉德，至當陽，勉德請降，收其部落，使戍汶陽所治城子，令保持商旅”。又“武陵西溪蠻田思飄寇抄，内史王文和討之，引軍深入，蠻自後斷其糧。豫章王遣中兵參軍莊明五百人將湘州鎮兵合千人救之，思飄與文和拒戰，中弩矢死，蠻衆以城降”①。在教育方面，蕭嶷又在荆州“南蠻園東南開館立學，上表言狀。置生四十人，取舊族父祖位正佐台郎，年二十五以下十五以上補之，置儒林參軍一人，文學祭酒一人，勸學從事二人，行釋菜禮”。地方政府辦學，雖然僅面向舊族官宦子弟招生，但有生員四十人，且辦學措施規範，已很難得。爲了減輕農民負擔，蕭嶷以類似折變的方式收取“口錢”，優評穀價：“以穀過賤，聽民以米當口錢，優評斛一百。”

建元二年（480）十二月壬子，蕭嶷入爲都督揚南徐二州諸軍事、中書監、司空、揚州刺史。② 蕭嶷自昇明三年（479，四月齊受禪改元建元）正月刺荆州，至此改刺揚州，其當“分陜”重任整整兩年，在文治武功各方面都有突出政績。及其奉命回京師，職位隆重。然而蕭嶷自此以後，直到他於永明十年（492）去世十許年間，與其前期表現相比判若兩人，謹小慎微，少有作爲，其中隱情必

---

① 《南齊書》卷五八《蠻傳》。

② 此條繫年據《南齊書》卷二《高帝紀下》。

須揭示。《南齊書》本傳稱：“建元中，世祖以事失旨，太祖頗有代嫡之意。”蕭嶷將還都，“發江陵感疾，至京師未瘳，上深憂慮，爲之大赦，三年六月壬子赦令是也。疾愈，上幸東府設金石樂，敕得乘輿至宮六門。”如此隆重的禮遇，非皇帝寵愛的太子莫能加也。蕭道成即位之初，已立其長子蕭賾爲皇太子，蕭嶷爲豫章王，而今又對蕭嶷施以如此隆重的禮遇，豈非將要以蕭嶷取代蕭賾爲皇太子而何？是什麽原因使蕭道成一度要廢掉太子蕭賾而改立蕭嶷呢？《南齊書・荀伯玉傳》云：“世祖在東宮，專斷用事，頗不如法。任左右張景真，使領東宮主衣食官穀帛，賞賜什物，皆御所服用。景真於南澗寺捨身齋，有元徽紫皮褲褶，餘物稱是。於樂游設會，伎人皆著御衣。又度絲錦與昆崙舶營貨，輒使傳令防送過南州津。世祖拜陵還，景真白服乘畫舴艋，坐胡床，觀者咸疑是太子。”對於太子蕭賾及其親信張景真等僭制、貨殖營利等不法行爲，“内外祗畏，莫敢有言”。荀伯玉自以爲是高帝信賴的大臣，“豈得顧死蔽官耳目”，遂密啓高帝。高帝“大怒，檢校東宮”。明日遣其長孫南郡王長懋及聞喜公子良宣敕，以景真罪狀示太子賾，又“稱太子令，收景真殺之”。蕭賾憂懼，“稱疾月餘日”，而高帝“怒不解”。[①] 當時齊高帝與太子的關係非常僵持，經開國功臣王敬則精心斡旋，才得以緩和。《南史・荀伯玉傳》對此記載甚詳，且云：“是日微敬則，則東宮殆廢。”[②] 因此蕭賾的皇太子地位才得以

① 上述引文分見《南齊書》卷三一《荀伯玉傳》。

② 《南史》卷四七《荀伯玉傳》。

保留。關於改立太子的問題，直到建元四年（482）三月蕭賾（即武帝）即位後還在朝中“發酵”。武帝即位後一度生病，吏部尚書江謐“詣豫章王嶷請間曰：‘至尊非起疾，東宫又非才，公今欲作何計？’”武帝獲知此事，使御史中丞沈冲奏謐前後罪，賜死。[①] 齊高帝知蕭賾怨恨荀伯玉，故其去世前特別要求蕭賾關照荀伯玉：“此人事我忠，我身後，人必爲其作口過，汝勿信也。”但到永明元年（483），蕭賾仍“以其與垣崇祖善，慮相扇爲亂”爲由，將其殺害。[②] 至於垣崇祖不得善終，亦與當年其所謂“代嫡”問題的態度曖昧有關。垣崇祖是齊高帝的愛將，戰功卓著。建元中，高帝詔崇祖回京師議事。時“豫章王有盛寵，世祖在東宫，崇祖不自附結”。蕭賾爲了拉攏他，“曲加禮待，酒後謂崇祖曰：‘世間流言，我已豁諸懷抱，自今已後，富貴見付也。’”蕭賾其時公然用皇位繼承問題試探和拉攏大臣，而垣崇祖不願意介入這個敏感的問題，没有明確表示擁戴他。再加上垣崇祖離京返鎮時，又没有向他告辭，蕭賾遂“以崇祖心誠不實，銜之”。高帝去世後，武帝擔心崇祖有異謀，徵其入朝做官，至永明元年則以其“連謀境外”，“與荀伯玉驅合不逞”爲口實而殺之。[③] 以上事例表明，蕭賾對於是否支持自己做太子，繼承帝位，是非常在意的，對於那些反對者或態度曖昧者必耿耿於懷，尋機報復，置之死地。

那麼，蕭賾對於自己的帝位競争對手蕭嶷的態度如何

---

① 《南齊書》卷三一《江謐傳》。
② 《南齊書》卷三一《荀伯玉傳》。
③ 《南齊書》卷二五《垣崇祖傳》。

呢？本書《豫章文獻王傳》云："建元中，世祖以事失旨，太祖頗有代嫡之意，而嶷事世祖恭悌盡禮，未嘗違忤顏色，故世祖友愛亦深。"實際上這不過是一種表面現象。齊高帝的"代嫡之意"，對於蕭賾和蕭嶷這兩個封建統治集團的上層人物來説，都是一個難解的心結。至於蕭賾即位後發生的江謐"詣豫章王嶷請間"的事件更是蕭嶷所難以承受的。爲什麽蕭賾在帝位繼承問題上對與他稍不合意的大臣就毫不容忍，置之死地，而對他的帝位競争對手蕭嶷却能維持著一種表面的"兄友弟恭"呢？我們認爲這可能與高帝的一項遺囑有關係。高帝去世前告誡蕭賾説："宋氏若不骨肉相圖，他族豈得乘其衰弊，汝深戒之。"① 因爲在高帝生前蕭賾與蕭嶷的矛盾已經暴露，此項遺囑當然首先是要求蕭賾要處理好與蕭嶷的關係。雖然蕭賾對其父的遺囑並不是都能認真執行的，但因爲此項遺囑事關家國存亡，所以在一定程度上他還是有所收斂的。也就是説，他在處理與宗室諸王的矛盾時尚有一定的克制。"當時論者以世祖優於魏文，減於漢明。"②

下面以本書《豫章文獻王嶷傳》爲基礎探討蕭嶷在其兄蕭賾爲帝的永明時期（483—493）即其生命最後十年的處境。在這十許年中，蕭賾與蕭嶷維持著兄友弟恭、君臣和睦的表像。蕭賾對蕭嶷不吝高官厚禄，維持其奢侈生活。蕭賾即位後，即將其官位由司空進位爲太尉。按，南朝時期，司空、太尉皆爲名譽宰相，多用作大臣加官，位

---

① 《南齊書》卷三五《高帝十二王傳》。

② 《南齊書》卷三五《高帝十二王傳》。

居一品，無實際職掌，而太尉位又高於司空。永明元年，又讓其領太子太傅，解中書監。按，太子太傅，掌輔導太子，以德高望重者爲之；中書監，中書省長官。南朝時中書省掌納奏、擬詔、出令，雖然權歸皇帝信任的中書舍人，然中書監仍是很有位望的朝官。“解中書監”，意即讓蕭嶷養尊處優，不要再管朝政。這正與其本傳後面所言“不參朝務”相合。二年，增封邑爲四千户。按，南齊諸王例封二千户，當年高帝封蕭嶷爲豫章王時，食邑三千户，異於諸王，此又增封至四千户，乃特製，以示優寵。蕭嶷生活奢侈，“後房亦千餘人”。[①] 五年，進位大司馬。八年，給皂輪車。按，大司馬，南齊時爲贈官，位在三公之上，無職掌；皂輪車，爲有勛德的諸王、三公乘用。齊武帝雖然給予蕭嶷的官位至高，禮遇無上，永明時期無人可比。然而，蕭嶷並無實權。揚州刺史故然是要職，但由於他始終在武帝身邊任職，實際上是被看管起來。此外，齊武帝對蕭嶷經常“幸嶷第”，“每臨幸，輒極日盡歡”。還有所謂陪同游幸，“永明末，車駕數游幸，唯嶷陪從”。齊武帝還給蕭嶷安排了一項常規性的工作，即“拜陵”。“世祖即位後，頻發詔拜陵，不果行”，遂“遣嶷拜陵”。齊武帝的這些“親密”安排，極大地縮小了蕭嶷的活動時間和空間，實際上是一種嚴密防範。

齊高帝去世後，蕭嶷失去了靠山。他知道武帝對自己的猜忌極深，他的應對辦法也衹能是明哲保身。蕭嶷“常慮盛滿”，“事無大小”，“必欲上啓……仰希即賜垂敕”，然後按

---

① 《南史》卷四二《齊高帝諸子·豫章文獻王嶷傳》。

武帝旨意行事。《南齊書》本傳説，“嶷不參朝務，而言事密謀，多見信納”。即謂蕭嶷多以“上啓”“上表”的方式表達自己的意見。在蕭嶷的諸啓、表中，涉及朝政國事者僅有兩次。第一次是永明元年的上表，關於“郡縣長尉俸禄之制”的建言，蕭嶷曾歷州、郡、縣長吏，瞭解下情，故他的意見亦切合實際，武帝“從之”；第二次是永明四年關於處理檢籍和唐寓之事件的上啓。由檢籍引起的唐寓之起義，震動朝野，故蕭嶷也不能一言不發。武帝雖然表面上不同意蕭嶷寬容百姓“欺巧”的意見，但最終還是認可現狀，“聽復注籍”。蕭嶷大量“啓”的内容則是謀劃“自處”之道。他在一則啓中説：“臣拙知自處，暗於疑訪”。實際上謀自處、避嫌疑正是他的優勢。永明期間，他在這方面表現得淋漓盡致。其主要表現可分爲以下三個方面：

一是請求辭官降爵。武帝即位後，晋升蕭嶷爲太尉。永明元年，領太子太傅，蕭嶷上啓稱：“負重量力，古今同規。臣窮生如浮，質操空素，任居鼎右，已移氣序，自頃以來，宿疾稍纏，心慮恍惚，表於容狀，視此根候，常恐命不勝恩。……且儲傅之重，實非恒選，遂使太子見臣必束帶，宫臣皆再拜，二三之宜，何以當此。陛下同生十餘，今唯臣而已，友于之愛，豈當獨臣鍾其隆遇？……唯當請降貂璫[①]，以飾微軀，永侍天顔，以惟畢世，此臣之願也。”武帝爲顯示其友愛之情，不許。永明三年，“文惠太子講《孝經》畢，嶷求解太傅，不許……嶷常慮盛滿，又因言宴，求解揚州刺史授竟陵王子良。上終不許”。蕭

① “降貂璫”應即降官爵。

嶷本來住在揚州刺史官邸東府城，其北宅有田園之美，“乃盛修理之”。永明七年，蕭嶷啓帝，要求還居私宅，武帝令其世子子廉“代鎮東府”。由此可見，蕭嶷無心仕宦，近乎“大隱隱於朝”。

二是主動讓利。永明二年，發生了蕭嶷所乘車“逼突黄屋麾旄”（武帝所乘車及儀仗）的事件，於是蕭嶷作“長啓”，在解釋了事件發生原因和經過後，主動提出向太子長懋獻宅。啓云：“北第舊邸，本自甚華，臣改修正而已，小小製置，已自仰簡。往歲收合得少雜材，並蒙賜故板，啓榮内許作小眠齋，始欲成就，皆補接爲辦，無乖格製，要是檉柏之華，一時清净。東府又有齋，亦爲華屋。而臣頓有兩處住止，下情竊所未安。訊訪東宫玄圃，乃有柏屋，製甚古拙，内中無此齋，臣乃欲壞取以奉太子……不審可有垂許送東府齋理否？……所啓蒙允，臣便當敢成第屋，安之不疑。陛下若不照體臣心，便當永廢不脩。臣自謂今啓非但是自處宜然，實爲微臣往事，伏願必垂降許。”武帝照例不許。永明十年，武帝封蕭嶷諸子，舊例當皆爲千户侯。蕭嶷“欲五子俱封，啓減人五百户”。及其將去世，又囑將其“游戲後堂船乘，吾所乘牛馬，送二宫及司徒”。按，二宫即東宫。司徒，即武帝次子竟陵王子良。

三是降禮儀，減儀仗。所謂降禮儀，減儀仗，是蕭嶷針對自己的要求，至於對待皇帝的禮節，蕭嶷是絲毫也不苟且的。劉宋元嘉時期，諸王入宫中齋閣，可以穿便服裙帽以家人禮與皇帝相見，而入太極殿西厢則必須穿朝服行君臣之禮。據此，齊武帝特許蕭嶷參加“宫内曲宴”行家人之禮。蕭嶷固辭這種禮遇上的優待，堅持入宫即行君臣之禮，“唯車駕幸第，乃白服烏紗帽以侍宴”而行家人之禮。蕭嶷又啓稱：自從荆州回京師任職，“便省儀刀，捉刀左右十餘亦省，唯郊外遠行，或復暫有，入殿亦省。服身今所牽仗，二俠轂，二白直，共七八十人。事無大小，臣必欲上啓……仰希即賜垂敕”。武帝答曰：“儀刀、捉刀，不應省也。俠轂、白直，乃可共百四五十以還正是耳……吾自不使諸王無仗，况復汝耶?”由此可見，蕭嶷自行省減儀仗之多，已遠低於齊武帝的要求。蕭嶷又啓曰：“揚州刺史舊有六白領合扇，二白拂，臣脱以爲疑，不審此當云何?行園苑中乘轝，出籬門外乘轝鳴角，皆相仍如此，非止於帶神州者，未審此當云何?方有行來，不可失衷。”武帝答曰：“在私園苑中乘此非疑。郊外鳴角及合扇並拂，先乃有，不復施用，此來甚久……汝若有疑，可與王儉諸人量衷，但令人臣之儀無失便行也。”蕭嶷又啓曰：“臣拙知自處，暗於疑訪……臣在西朝拜王，儀飾悉依宋武陵事例，有二鄣扇，仍此下都，脱不爲疑。小兒奴子，並青布褲衫，臣齋中亦有一人，意謂外庶所服，不疑與羊車相類。曲荷慈旨，今悉改易。臣昔在邊鎮，不無羽衛，自歸朝以來，便相分遣，俠轂、白直，格置三百許人，臣頃所引，不過一百。常謂京師諸王不煩牽仗，若郊外遠行，此所不論。有仗者非臣一人，所以不容方幅啓省，又因王儉備宣下情。臣出入榮顯，禮容優泰，第宇華曠，事乖素約，雖宋之遺制，恩處有在，猶深非服之慚。威衛之請，仰希曲照。”如此等等，皆細枝末節，喋喋不休，不厭其煩。學者向稱《南齊書》叙事“簡潔”①，

---

① 柴德賡：《史籍舉要》，北京出版社 2011 年版，第 83 頁。

此傳的後大半篇何以寫得如此細碎、繁冗？我們以爲這是蕭子顯著意爲之，目的在於以這種特殊的寫實方式揭發出其父在齊武帝嚴加防範和猜忌的環境下，生活得非常壓抑，他謹小慎微，唯恐失行違制，遭僭逆大罪。此即效法司馬遷"於序事中寓論斷"的書法。[①] 李延壽不瞭解蕭子顯的良苦用心，將這部分資料删削殆盡，若僅讀《南史》難以體諒到蕭嶷在永明時期戰戰兢兢的心態。至於《南齊書》本傳關於蕭賾與蕭嶷"兄友弟恭"的記載，則是蕭子顯苦澀的"曲筆"。爲此"曲筆"者，既爲武帝諱又爲其父諱，歸根結底是爲宗國諱。其目的是讓世人看來蕭賾是一個像模像樣的皇帝，蕭嶷是一個像模像樣的宗室大臣，而蕭齊是一個像模像樣的王朝。"於序事中寓斷論"和"曲筆"這兩種書法是解讀《南齊書·豫章王嶷傳》乃至整部《南齊書》的鑰匙。

本書《武帝紀》：永明十年"夏四月辛丑，大司馬豫章王嶷薨"。本傳稱："其年疾篤，表解職，不許，賜錢百萬營功德……薨，年四十九。其日，上再視疾，至薨，乃還宮。"蕭子顯如此記載，似其父死於疾病不治無疑。然而，《南史》本傳關於蕭嶷的死因有一條令人毛骨悚然的記載："嶷薨後，忽見形於沈文季曰：'我未應便死，皇太子加膏中十一種藥，使我癰不差；湯中復加藥一種，使利不斷。吾已訴先帝，先帝許還東邸，當判此事。'因胸中出青紙文書示文季曰：'與卿少舊，因卿呈上。'俄失所

① 清顧炎武著，清黄汝成集釋，欒保群、吕宗力校點：《日知録集釋》卷二六《史記於序事中寓論斷》（全校本），上海古籍出版社2006年版，第1429頁。

在。文季祕而不傳，甚懼此事，少時太子薨。”清代史學家王鳴盛就此批評説：“此則李延壽説鬼長技，却不足取。大約豫章與文惠固有夙嫌，豫章死於永明十年，而文惠即以明年正月死，故延壽因而附會之。”① 王鳴盛從無神論的觀點批評李延壽使用了蕭嶷“死後見形”的資料，值得肯定。但若謂這條資料出自李延壽作史時憑空“附會”則不妥當，延壽當不至如此。李延壽所引用的資料即使“不經”，亦必當有其出處。實際上，也有史學家對這條資料發表了與王鳴盛不同的看法。如清人趙翼就此評論説：“《齊書》皆無之，蓋不欲見其父之中毒，且爲文惠太子諱也。”② 尋其義，蓋趙翼據此認爲蕭嶷確爲文惠太子所毒殺，祇因爲蕭子顯不忍寫其父中毒而死，且爲文惠太子諱，故《齊書》未予記載。吕思勉分析説：“説雖不經，亦可見太子之猜忌矣。”③ 按，吕思勉雖然認爲此條資料“不經”，但他並未完全否定這條資料的史料價值，且由此分析出“太子之猜忌”，即認爲這條材料還有一定可信度。究竟應當如何看待這條資料？受趙翼、吕思勉兩位史學家意見的啓發，或許可以認爲，所謂“鬼魂告狀”自然不可信，我們應當首先剥掉這層荒唐的外衣，然後從考察這條資料涉及的兩個人物，及其與蕭嶷的關係乃至相關的歷史背景出發，進一步探討是否存在文惠太子藥殺蕭嶷的綫索。

① 清王鳴盛撰，黄曙輝點校：《十七史商榷》卷六二《南史合宋齊梁陳書十·豫章王嶷傳與齊書微異》，上海古籍出版社 2013 年版，第 799 頁。

② 《廿二史劄記校證》卷一〇《南史增齊書處》，第 210 頁。

③ 吕思勉：《兩晋南北朝史》（上册），上海古籍出版社 1983 年版，第 464 頁。

沈文季（442—499），字仲達，吴興武康人。沈文季自宋明帝末年開始投入蕭道成陣營。昇明元年，荆州刺史沈攸之起兵反對蕭道成，道成加文季冠軍將軍，督吴興錢塘軍事。“文季收殺攸之弟新安太守登之，誅其宗族”。“齊國初建，爲侍中，領祕書監。建元元年，轉太子右衛率，侍中如故。改封西豐縣候，食邑千二百户……司徒褚淵當世貴望，頗以門户裁之，文季不爲之屈。”每遇到這種情况，蕭嶷即居中調解。[①] 永明十一年七月齊武帝去世，沈文季受遺豫顧命。[②] 可見永明之世沈文季已是一位頗有影響的大臣。蕭嶷與沈文季雖相識已久，但二人並無特别的密切關係。上條資料稱二人“少舊”亦恰當。至於上條資料中的“皇太子”，即齊高帝長孫、武帝長子蕭長懋，謚稱文惠太子。武帝未弱冠而生太子，爲高帝鍾愛。父子二人皆重視從政治上培養這個嫡傳的後代。宋昇明元年（477），蕭賾鎮盆城（今江西九江市）以備沈攸之，使長懋“勞接將帥，親侍軍旅”。事寧，蕭賾遣長懋還都。蕭道成使其居府之東齋，“令通文武賓客”，又敕荀伯玉曰：“我出行日，城中軍悉受長懋節度。我雖不行，内外直防及諸門甲兵，悉令長懋時時履行。”昇明三年正月，蕭道成將篡宋，“以襄陽兵馬重鎮，不欲處他族”，出長懋爲持節、都督雍梁二州郢州之竟陵司州之隨郡軍事、左中郎將、寧蠻校尉、雍州刺史。建元元年，封南郡王，邑二千户。宋末梁州刺史范柏年頗著威名，沈攸之事起，候望形

---

① 《南齊書》卷四四《沈文季傳》。

② 《南齊書》卷三《武帝紀》。

勢。事平，朝廷遣王玄邈代之。玄邈已至，柏年不肯離任。長懋慮其爲變，“乃遣説之，許啓爲府長史，柏年乃進襄陽，因執誅之。”長懋的計謀老道，故能一舉清除了這支長期盤據在梁州的異已勢力。建元二年，徵爲侍中、中軍將軍，置府，鎮石頭。尋改鎮西州。四年，遷使侍節、都督南徐兖二州諸軍事、南徐州刺史。武帝即位，立爲皇太子。長懋“既正位東儲，善立名尚，禮接文士，畜養武人，皆親近左右，布在省闥”。“會稽虞炎、濟陽範岫、汝南周顒、陳郡袁廓，並以學行才能，應對左右。而武人略陽垣歷生、襄陽蔡道貴，拳勇秀出，當時以比關羽、張飛。其餘安定梁天惠、平原劉孝慶、河東王世興、趙郡李居士、襄陽黄嗣祖、魚文、康絢之徒，並爲後來名將。”當時的東宫，文士武將，人才濟濟，簡直像一個小朝廷。永明五年冬，“太子臨國學，親臨策試諸生”。武帝將訊丹陽所領囚及南北二百里内獄，詔太子於玄圃園宣猷堂録三署囚，原宥各有差。武帝晚年好游宴，尚書曹事亦分送太子省視。太子“性頗奢麗，宫内殿堂，皆雕飾精綺，過於上宫。開拓玄圃園與臺城北塹等，其中起出土山池閣樓觀塔宇……慮上宫中望見，乃旁列脩竹，外施高鄣。”又於東田起小苑。“永明中，二宫兵力全實，太子使宫中將吏更番役築，宫城苑巷，制度之盛，觀者傾京師。”[①] 長懋所爲，多有僭越，無人敢啓武帝。總之，繼高帝、武帝前期培養之後，至永明時期蕭長懋已經歷練成了

① 《南齊書》卷二一《文惠太子傳》;《南史》卷四四《齊武帝諸子傳》。

羽翼豐滿的非常强勢的帝位繼承人。儘管如此，這一切並没降低他對帝位繼承問題的關注，其關注程度可稱爲敏感了，他甚至連潛在的政敵也能有所覺察。《南齊書》本傳稱："初，太子内懷惡明帝，密謂竟陵王子良曰：'我意色中殊不悦此人，當由其福德薄所致。'子良便苦救解。後明帝立，果大相誅害。"這裏的明帝即齊高帝蕭道成的侄子蕭鸞。雖然乍看起來這條材料衹能説明蕭長懋非常憎惡蕭鸞，並没有説出原因，但我們如果聯係到蕭鸞的行事風格似乎可以找到一些蛛絲馬迹。據本書《明帝紀》，蕭鸞"少孤"，蕭道成對他撫愛有加，"恩過諸子"。建元元年，遷侍中，封西昌侯。在高、武二帝的扶持下，蕭鸞官運亨通。然而，其行爲頗矯揉造作，"王子侯舊乘纏帷車"，而他却"獨乘下帷，儀從如素士"。他還曾行不"清道"，以致由於"公事混撓，販食人擔火誤燒牛鼻"。長懋或因此認爲蕭鸞喜歡玩弄韜晦的權術，有野心，因而憎惡他。高、武二帝及竟陵王子良對蕭鸞始終無戒備之心，而長懋對蕭鸞有野心却早有覺察，就此而言蕭長懋確有過人之處。對於統治者來説，有政治敏感性是個優點，但過度敏感就變成了猜忌。蕭長懋就是一個猜忌心極强的人。他曾因猜忌而殺害了他的四弟巴東郡王子響。

蕭子響（469—490），字雲音，齊武帝第四子。蕭嶷初無子，領養子響，後有子，表留爲嫡。"子響勇力絶人，關弓四斛力，數在園池中帖騎馳走竹樹下，身無虧傷"。永明三年，任冠軍將軍、豫州刺史。六年，有司奏子響宜還本，乃封巴東郡王。七年，遷使持節、都督荆湘雍梁寧南北秦七州軍事、鎮軍將軍、荆州刺史。"子響少好武，在西豫（按，即豫州）時，自選帶仗左右六十人，皆有膽幹。至鎮，數在内齋殺牛置酒，與之聚樂。令内人私作錦袍絳襖，欲餉蠻交易器仗”。八年其長史劉寅等聯名向朝廷告發，武帝敕命“精檢”。子響大怒，殺劉寅等府州長吏及典籤八人。武帝遂遣衛尉胡諧之、游擊將軍尹略、中書舍人茹法亮率領齋仗數百人赴荆州檢捕群小。武帝雖然興師問罪，但還是給子響留下了一條生路，敕曰：“子響若束首自歸，可全其性命。”胡諧之等至江津（即江津戍，在今湖北沙市市東南），築城燕尾洲（在今湖北江陵縣西南長江中），遣傳詔石伯兒入城慰勞。子響曰：“我不作賊，長史等見負，今政當受殺人罪耳。”又殺牛具酒饌以犒勞台軍。胡諧之等“疑畏”，竟“執録其吏”。於是矛盾迅速激化，導致了荆州軍與台軍的戰争，結果尹略戰死，台軍大敗[①]。在蕭子響與朝廷矛盾的進一步發展中，又摻入了蕭長懋的猜忌因素，終於把蕭子響逼上了絶路。史稱：“上又遣丹陽尹蕭順之領兵繼之，子響即日將白衣左右三十人，乘舴艋中流下都。初，順之將發，文惠太子素忌子響，密遣不許還，令便爲之所。子響及見順之，欲自申明，順之不許，於射堂縊之。”[②] 其中言“子響即日將白衣左右三十人，乘舴艋中流下都”，即表示願意回京師，接受朝廷對他的處罰。但是，由蕭順之堅決執行文惠太子“不許還，令便爲之所”（即就地殺害）之命，子響遂被縊殺。蕭順之不奉行武帝給子響一條生路的敕命，或許是因

① 《南齊書》卷四〇《武十七王傳》。

② 《南史》卷四四《齊武帝諸子傳》。

爲他認爲投靠年輕的太子對他的仕途更爲有利，由此可見蕭長懋當時在南齊朝廷中重要地位和影響。這裏還有一個問題需要説明，是什麽原因使蕭長懋“素忌子響”，且必欲殺之而後快？這當然與子響性格彪悍不羈，長懋將其視爲自己帝業的威脅有關，同時也與蕭賾、長懋父子素忌蕭嶷，而子響與蕭嶷關係密切有關。

蕭長懋不僅對子響絶情，凡是被他認爲影響自己帝業的人都忌恨尤深。蕭嶷與蕭長懋的叔侄關係也很不正常。齊高帝素寵蕭嶷，還曾一度有“代嫡之意”，事雖未行，却成了齊武帝和太子長懋猜忌和防範蕭嶷的根源。自永明元年（483）正月，蕭嶷領太子太傅達十年之久，但並未見他與長懋在傳道授業方面有何互動。實際上，他們的關係不僅是疏遠或者説冷漠，而且互相猜忌。永明時期，劉繪曾經先後任蕭嶷和蕭長懋的僚吏，對他們叔侄間的猜忌深有感受。本書《劉繪傳》載：“豫章王嶷爲江州，以（劉）繪爲左軍主簿。隨鎮江陵，轉鎮西外兵曹參軍，驃騎主簿……僚吏之中，見遇莫及……復爲司空記室録事，轉太子洗馬，大司馬諮議，領録事。時豫章王嶷與文惠太子以年秩不同，物論謂宫、府有嫌，繪苦求外出，爲南康相。”依據前述蕭嶷履歷可知，劉繪任其左軍主簿，鎮西外兵曹參軍，驃騎主簿，當在宋昇明二年（478）八月至齊建元二年（480）十二月以前。其爲蕭嶷司空記室録事，則當在建元二年十二月以後至建元四年三月蕭嶷進位司空這段時間。其後蕭嶷又由司空進位太尉，劉繪並未轉任太尉府僚吏，而是轉任太子洗馬。劉繪此後的職務是大司馬諮議，領録事。按，齊武帝立長懋爲皇太子在建元四年六月甲申，比蕭嶷進位太尉僅晚兩個多月，劉繪由司空記室録事轉任太子洗馬，時間亦相銜接。又按，蕭嶷由太尉進位爲大司馬在永明五年正月戊子，若劉繪此時即轉任大司馬諮議，領録事，那麽劉繪任太子洗馬之職爲時長達四年半之久。在劉繪任大司馬咨議領録事時究竟發生了什麽，使劉繪深刻感受到“豫章王嶷與文惠太子以年秩不同，物論謂宫、府有疑”，並“苦求外出，爲南康相”呢？其本傳雖然没有直言，但亦有間接交待：“魚復侯子響誅後，豫章王嶷欲求葬之，召繪言其事，使爲表。繪求紙筆，須臾便成。嶷惟足八字，云‘提携鞠養，俯見成人’。”本書《武十七王傳》收載此表全文，正有此八字。蕭嶷所補八字，情真意切，若非深懷猶子恩愛莫能有此深切感受。子響死後，被貶爲魚復侯。蕭嶷又哀求將子響遺體“安兆末郊”，結果因武帝不許而作罷。蕭子響是被蕭長懋一手操縱殺害的，而蕭嶷對子響却有如此深厚的感情，蕭長懋必然因此又增加了對蕭嶷的忌恨，使他們叔侄間的猜忌進一步加深，此當即所謂“物論謂宫、府有疑”。當此時，劉繪的處境非常困難，蕭嶷是他當時的府主，而蕭長懋是當時的權勢新貴，未來的皇帝，劉繪又曾在東宫任太子洗馬多年。對於劉繪來説，這兩個人他誰也得罪不起。因而他“苦求外出”。據本書《武帝紀》記載，蕭子響死於永明八年八月壬辰，劉繪逃離京師這個是非之地的時間大約就在此後不久。隨著蕭長懋與蕭嶷矛盾的發展，不能完全排除蕭長懋在蕭子響死後一年多時間又藥殺蕭嶷的可能性。趙翼把前述那則“蕭嶷鬼魂告狀”的材料當作信史看待，吕思勉雖稱其“不經”，但却認爲由此“可見太子之猜忌”

的結論。趙翼、吕思勉二位史學家的意見很值得我們深思。蕭嶷是否被文惠太子藥殺，蕭子顯應該是知道的。他對此雖没有明確記載，但却在《劉繪傳》中記載了在蕭嶷去世一年多以前與蕭長懋"以年秩不同，物論謂宫、府有疑"的重要情況，給後人留下了進一步研究的空間。李延壽不瞭解蕭子顯的良苦用心，其《南史·劉勔傳》附劉繪傳中竟將這條資料删去，[①] 遂使讀者無法獲知蕭子顯關於當時"物論謂宫、府有疑"劉繪"苦求外出"的提示。要想人不知，除非己不爲。既然永明八年因蕭子響被殺而引起的"宫、府有疑"的情況能够流傳坊間，如果蕭嶷果真是被蕭長懋所藥殺，雖然這樣的敏感事件在當時不可能被寫入起居注，但總會有人知道，衹是當時誰也不敢公開講。史料顯示，永明時代有關蕭嶷的問題始終是一個敏感的話題。蕭嶷死後，其故吏樂藹等欲建碑，請沈約爲文。沈約婉言謝争説："文獻王冠冕彝倫，儀形寓内，自非一代辭宗，難或與此。"[②] 清代史學家王鳴盛評論説："約謙避作碑，當亦知齊武帝之子文惠太子與豫章王有嫌故耳。"[③] 隨著蕭長懋和齊武帝先後去世，政局發生了巨變。永明時期的敏感問題到建武時期已不再敏感。蕭嶷的第二子蕭子恪終於請沈約和太子詹事孔稚珪爲其父撰寫了碑文。如果蕭嶷確實被文惠太子藥殺，這樣的消息自然也可以在坊間流傳了。或許沈文季瞭解真情，就以這種方式

① 參見《南史》卷三九《劉勔傳》。

② 《南齊書》卷二二《豫章文獻王嶷傳》。

③ 《十七史商榷》卷六二《南史合宋齊梁陳書十·沈約不作豫章王碑》，第799頁。

（“鬼魂告狀”）傳播出去，結果被記載於野史，後來又被李延壽采入《南史》。《南齊書》不載此事，乃蕭子顯既爲宗國諱，又爲家門諱，不忍心再揭發這血淋淋的陳年舊賬。

蕭嶷雖已逝去，但爲其後人留下了有重要意義的家風。他所創立的家風是其在永明時期飽受齊武帝和皇太子猜忌的逆境中形成的家門生存之道和發展之道。《南史·齊高帝諸子傳》：“嶷常戒諸子曰：‘凡富貴少不驕奢，以約失之者鮮矣。漢世以來，侯王子弟，以驕諂之故，大者滅身喪族，小者削奪邑地，可不戒哉！’”[①] 其長子子廉死於永明十一年，次子子恪是其家門的主要引領人和家風傳承人。蕭嶷家風的一個重要特點是行事謹慎，不驕奢。蕭子恪就是憑藉著奉行這種家風，引領其家族度過了建武時期（494—497）的恐怖歲月，又度過了永泰元年（498）發生的那場生死攸關的浩劫。《南齊書·武十七王傳》記載了永泰元年蕭子恪家族遭遇的恐怖事件：“王敬則事起，南康侯子恪在吴郡，高宗慮有同異，召諸王侯入宫……高、武諸孫住西省，敕人各兩左右自隨，過此依軍法，孩抱者乳母隨入。其夜太醫煮藥，都水辦數十具棺材，須三更當悉殺之。子恪奔歸，二更達建陽門刺啓。時刻已至，而帝眠不起，中書舍人沈徽孚與帝所親左右單景雋共謀少留其事。須臾帝覺，景雋啓子恪已至，驚問曰‘未邪？’景雋具以事答。明日悉遣王侯還第。建武以來，高、武王侯居常震怖，朝不保夕，至是尤甚。”[②] 蕭子顯的上述記

① 《南史》卷四二《齊高帝諸子傳上》附《豫章文獻王嶷傳》。
② 《南齊書》卷四〇《武十七王傳》。

載，是我們所能見到的關於這個恐怖事件的最原始記載，情節可信，若非蕭子恪及時逃歸京師，則被拘爲人質的諸王侯數十口性命休矣。既然"孩抱者"皆被拘爲人質，當時已十歲的蕭子顯肯定難以幸免，必然也經歷了這場恐怖事件。李延壽概括此事的結局説"賴子恪至乃免"①，這種説法很中肯。由此可以看出，在這次事件中，蕭子恪所傳承行事謹慎的家風，對於拯救其家門及家族中竟陵王昭胄等諸王侯起了關鍵作用。此外，上述引文所言"建武以來，高、武王侯居常震怖，朝不保夕，至是尤甚"，説明在此之前的建武時期，蕭子恪兄弟們也是在驚恐的環境中度過的。《梁書·蕭子恪傳》把蕭子恪的這場恐怖經歷放在他的南齊履歷的大背景下加以扼要記載，有利於我們從更大的視角觀察蕭子恪傳承家風對於保全其家門的意義。《梁書·蕭子恪傳》載，"永明中，（蕭子恪）以王子封南康縣侯……建武中，遷輔國將軍、吴郡太守。大司馬王敬則於會稽舉兵反，以奉子恪爲名，明帝悉召子恪兄弟親從七十餘人入西省，至夜當害之。會子恪弃郡奔歸，當日亦至，明帝乃止。以子恪爲太子中庶子。東昏即位，遷祕書監，領右軍將軍，俄爲侍中。中興二年，遷輔國諮議參軍。"②《梁書》的記載雖然較爲簡略，但却能明確《南齊書·武十七王傳》中某些含混不清的記載。如"高宗（即齊明帝）慮有同異"即指王敬則舉兵時"以奉子恪爲名"；所謂"召諸王侯入宫"即指"悉召子恪兄弟親從七十餘人

---

① 《南史》卷四四《齊武帝諸子傳》。

② 《梁書》卷三五《蕭子恪傳》。

入西省”。上述記載表明，王敬則舉兵事件發生後，由於蕭子恪行事謹慎，不貪圖僥幸，没野心，並且能够果斷地表達了擁護朝廷的態度，不但挽救了被朝廷拘禁爲人質的子恪兄弟親從七十餘人的性命，而且獲得了齊明帝父子的信任，因而不斷遷轉爲太子中庶子、祕書監領右軍將軍、侍中等親近職務，如此，自然可以更好地保障其家門不再遭受迫害。蕭子恪雖然在南齊末年被委任親近職務，但他並未助紂爲虐。

蕭嶷二十子，除長子子廉卒於永明十一年，第三子泉陵侯子操與弟宜陽侯子光當齊末蕭衍圍攻臺城時死於尚書都座，第四子洮陽侯子行早卒，[①] 其餘子恪兄弟十六人皆入梁。蕭子恪善屬文，“年十二，和從兄司徒竟陵王《高松賦》，衛軍王儉見而奇之”。入梁後，他仍保持著謹慎、内斂的家風。“子恪嘗謂所親曰：‘文史之事，諸弟備之矣，不煩吾復牽率，但退食自公，無過足矣。’子恪少亦涉學，頗屬文，隨弃其本，故不傳文集。”[②]

蕭嶷創立的家風的第二方面是要求諸子和睦友愛，勸學行，守基業，淡化仕宦浮沉，謀求家門的長遠發展。内容見於其臨終遺囑：“無吾後，當共相勉厲，篤睦爲先。才有優勢，位有通塞，運有富貧，此自然理，無足以相陵侮。若天道有靈，汝等各自修立，灼然之分無失也。勸學行，守基業，治閨庭，尚閑素，如此足無憂患。”[③] 這項遺囑與他早年在荆州重視辦學的作爲是一脉相承的。子恪兄

---

① 《南齊書》卷二二《豫章文獻王嶷傳》。

② 《梁書》卷三五《蕭子恪傳》。

③ 《南齊書》卷二二《豫章文獻王嶷傳》。

弟没有辜負父親的期望，他們在不利於嶄露頭脚的時期，和睦相處，積累學養，蓄勢以待。入梁後，他們受到了梁武帝的善待，“並隨才任職”，[①] 得到了發揮的機遇。他們的貢獻突出表現在文史著述方面。史稱：“子恪兄弟十六人，並仕梁。有文學者，子恪、子質（當作子範）、子顯、子雲、子輝五人。”[②] 在梁朝時，南齊皇族唯此一枝獨秀。在有文史才華的五兄弟中，以《南齊書》的作者蕭子顯貢獻最大，最知名。

南齊滅亡時，蕭子顯年僅十四歲。“天監初，降爵爲子。累遷安西外兵，仁威記室參軍，司徒主薄，太尉録事。”[③] 子顯傳承家風，“好學，工屬文。嘗著《鴻序賦》，尚書令沈約見而稱曰：‘可謂得明道之高致，蓋《幽通》之流也’”。子顯所著《鴻序賦》已佚，我們無法通過閱讀評論其價值。但從沈約的稱述看，《鴻序賦》是一篇詳悉事理的如同班固《幽通賦》那樣的“致命遂志”[④] 之作，即贊揚蕭子顯有如同班固那樣的文史才華。沈約是當時的文壇領袖和歷史學家，他如此品評蕭子顯，無疑是對他的一種極大的鼓勵，激發了他從事文史撰述工作的熱情。據《梁書·武帝紀中》，沈約爲尚書令在天監六年（507）閏十月至天監九年（510）正月之間，則沈約品題子顯《鴻序賦》亦當在這個時段，其確切時間不可考。自此以後蕭

---

① 《梁書》卷三五《蕭子恪傳》“陳吏部尚書姚察曰”。

② 《梁書》卷三五《蕭子恪傳》。

③ 《梁書》卷三五《蕭子恪傳》附《蕭子顯傳》。下引此傳不再出注。

④ 《漢書》卷一〇〇《叙傳上》。班固自稱《幽通賦》爲其“致命遂志”之作。

子顯的文史撰述進入了迅速發展的時期。史稱他“采衆家《後漢》，考正同異，爲一家之書。又啓撰《齊史》，書成，表奏之，詔付秘閣”。據此可知蕭子顯是在撰就《後漢書》後，再撰述《齊史》，但是由於《子顯傳》將其編纂這兩種史書之事一筆帶過，而其所撰《後漢書》有一百卷、《南齊書》六十卷，是一項不小的學術工程，不是能够一蹴而就的。再加上蕭子顯並未因爲撰述史書而轉任史官，在中大通二年（530）以前累遷太子中舍人、建康令、邵陵王友、丹陽尹丞、中書郎、守中正卿。又出爲臨川内史，還除爲黄門郎。也就是説蕭子顯是在職事之暇從事史書撰述的。南齊的歷史，對於蕭子顯來説是一部近代史，也可以説是當代史，敏感性極强。南宋學者王應麟説：“子顯以齊宗室，仕於梁而作齊史，虚美隱惡，其能直筆乎?”① 蕭子顯撰述《齊書》確實面臨著非常複雜的避諱問題，既要爲梁諱又要爲齊諱，要處理好這些問題，當頗費思量。由於史書未著録《南齊書》成書時間，歷代學者祇能據蕭子顯的履歷加以推測。《史通·古今正史》記述蕭子顯撰述《齊書》的情况有脱簡，僅存“紀八、志十一、列傳四十，合成五十九篇”的結語，清人浦起龍作《史通通釋》時撮合《梁書·蕭子恪傳》附蕭子顯傳於其上補“梁天監中，太尉録事蕭子顯啓撰齊史，書成，表奏之，詔付秘閣。起昇明之年，盡永元之代，爲”② 三十五字，明確把《齊書》的撰述時間確定在天監（502—519）中，

① 《困學紀聞》卷一三《考史》。

② 唐劉知幾撰，清浦起龍釋：《史通通釋》，上海古籍出版社 1978 年版，第 355—356 頁。

形成了關於《南齊書》編纂時間的傳統觀點，並影響久遠。如董允輝說："梁天監中，爲太尉録事，啓撰《齊史》，書成表奏之，詔付秘閣。起昇明之年，盡永元之代。爲紀八，志十一，列傳四十，合成五十九篇。"① 此説全據浦起龍綴補，無新意。實際上史學界關於這個問題的研究仍在不斷推進。如趙吉惠說："據《梁書》本傳關於蕭子顯著述記載順序推斷，子顯入梁後的著述活動當在天監後期，可能先著《後漢書》，完成後再著《南齊書》，而《南齊書》又完成於《普通北伐記》之前。《普通北伐記》，寫梁武帝在普通七年（526）發動北伐攻魏事。由此，則大體可以確定，《南齊書》的寫作時間當在天監晚期至普通七年這段時間裏。這時蕭子顯的思想比較成熟起來，寫作經驗也日漸豐富，所以才能寫出這部記載南齊封建割據政權興衰、始末的歷史書。"② 趙吉惠關於蕭子顯入梁後著述活動及其《南齊書》著作年代的分析和推斷，合乎情理，與蕭子顯的履歷相適應。如上所述，尚書令沈約品題蕭子顯《鴻序賦》當在天監六年（507）閏十月至天監九年（510）正月之間。此後子顯先撰《後漢書》一百卷，《後漢書》完成後又奏請撰《齊書》。《齊書》六十卷是當時的現代史，要寫的敏感問題多，須避諱多端，且又要符合史學著作的基本規範，並且能够通過朝廷的審察，當頗費時日。故我們傾向於趙吉惠關於《南齊書》的寫作時間的推

① 董允輝：《中國史學史初稿》，載《中國史學史未刊講義四種》，上海古籍出版社 2018 年版，第 342 頁。

② 趙吉惠：《南齊書》，載倉修良主編《中國史學名著評介》（第一卷），山東教育出版社 1990 年版，第 291 頁。

斷，並且認爲其成書時間比趙吉惠的推斷再晚兩三年也是可能的（詳後）。

《梁書·蕭子恪傳》所載蕭子顯中大通二年以前諸多仕宦經歷，具體時間皆難以確考。所可知者，唯邵陵王即梁武帝第六子綸，天監十三年（514）七月封。[①] 子顯何年爲王友，不可考，這裏姑定在蕭綸始封之年。《梁書·蕭子恪傳》所引蕭子顯《自序》記述了他自爲“邵陵王友”至天監十六年“始預九日朝宴”這一時期從事詩賦創作的情況和心境：“余爲邵陵王友，忝還京師，遠思前比，即楚之唐、宋，梁之嚴、鄒。追尋平生，頗好辭藻，雖在名無成，求心已足。若乃登高目極，臨水送歸，風動春朝，月明秋夜，早雁初鶯，開花落葉，有來斯應，每不能已也。前世賈、傅、崔、馬、邯鄲、繆、路之徒，並以文章顯，所以屢上歌頌，自比古人。天監十六年，始預九日朝宴，稠人廣坐，獨受旨云：‘今雲物甚美，卿得不斐然賦詩。’詩既成，又降帝旨曰：‘可謂才子。’余退謂人曰：‘一顧之恩，非望而至。遂方賈誼如何哉？未宜當也。’”[②] 由此可見，在這個時期，蕭子顯頗以詩賦創作自負。當天監十六年“九日朝宴”，梁武帝親點子顯“賦詩”，詩既成，武帝又稱贊他爲“才子”，子顯喜不自禁。蕭子顯此時尚未以史學知名者，蓋《齊書》尚未完成也。

《梁書·蕭子恪傳》：“中大通二年，遷長兼侍中。高祖雅愛子顯才，又嘉其容止吐納，每御筵侍坐，偏顧訪

① 《梁書》卷二《武帝紀中》、卷二九《高祖三王傳》。
② 《梁書》卷三五《蕭子恪傳》。

焉。嘗從容謂子顯曰：‘我造《通史》，此書若成，衆史可廢。’子顯對曰：‘仲尼讚《易》道，黜《八索》；述職方，除《九丘》。聖製符同，復在兹日。’時以爲名對。”①據此知，中大通二年梁武帝將蕭子顯由黄門郎（十班）晋升爲長兼侍中（十三班），並與子顯討論他正在主持編纂的鴻篇巨製《通史》的歷史地位，説明梁武帝其時已經非常看重蕭子顯的史才。梁武帝非常重視《齊書》的編纂，因爲他本人及其父兄皆曾仕齊，他關注著史家如何將他們的仕齊事迹記入史册。梁武帝賞識蕭子顯的史才，説明當是在此前不久蕭子顯已經完成了《南齊書》的編纂，並且通過了他的審察，且已“詔付祕閣”。本文前面所言《齊書》完成的時間可能比趙吉惠推斷的時間底綫再晚兩三年，即謂若以中大通元年（529）爲蕭子顯完成《齊書》並上奏朝廷的時間底綫，亦與其履歷相適應。此後，蕭子顯除了繼續撰述史書以外，還做了大量編輯和闡釋梁武帝著述的工作。中大通三年，以本官領國子博士。四年三月庚午，“上表置制旨《孝經》助教一人，生十人，專通高祖所釋《孝經義》”。②　“又啓撰高祖集，並《普通北伐記》。其年遷國子祭酒，又加侍中，於學遞述高祖《五經義》。五年遷吏部尚書，侍中如故……大同三年（537），出爲仁威將軍、吴興太守。至郡未幾，卒，時年四十九。”及葬請謚，武帝手詔：“恃才傲物，宜謚曰驕。”③

由於朝代變遷，蕭子顯的行事風格與其父兄迥異。子

---

① 《梁書》卷三五《蕭子恪傳》。

② 《梁書》卷三《武帝紀下》。

③ 上述引文分見《梁書》卷三五《蕭子恪傳》。

顯少年時代即已入梁，梁武帝對他寬容、信任，使他的文史才能得到充分發揮，並深受梁武帝和太子蕭綱的賞識，使他得意忘形。史稱："子顯性凝簡，頗負其才氣。及掌選，見九流賓客，不與交言，但舉扇一撝而已，衣冠竊恨之。"[①] 在家風的傳承上，蕭子顯在治學方面表現突出，但由於時過境遷，他完全擺脱了其父兄那種謙挹、内斂的行事風格。梁武帝稱他"恃才傲物"，恃才傲物固然不好，但其父蕭嶷在永明時期的那種謹小慎微的作風，衹是在特殊背景下形成的自我保護措施，並不是積極、進取的家風。

三　《南齊書》簡介与評價

蕭子顯所作《南齊書》，現存五十九卷，其中本紀八卷、志十一卷、列傳四十卷。據《梁書·蕭子恪傳》《南史·齊高帝諸子傳上》所載蕭子顯傳，並參《隋書·經籍志》，《南齊書》原本六十卷，但劉知幾《史通·古今正史》著録時僅有五十九卷。这表明唐代《南齊書》已佚失一卷，所佚之卷，可能是叙（序）傳。[②]

據《史通·古今正史》"梁天監中，太尉録事蕭子顯啓撰齊史，書成表奏之。詔付秘閣。起昇明之年，盡永元

① 《梁書》卷三五《蕭子恪傳》。

② 《廿二史劄記校證》卷九《齊書缺一卷》："蓋子顯欲仿沈約作《自序》一卷附於後，未及成，或成而未列入耶？案《南史·子顯傳》，載其《自序》二百餘字，豈即其附《齊書》後之作，而延壽撮其略，入於本傳者耶？"（第188—189頁）《四庫全書總目》卷四五《史部一·正史類》："疑原書六十卷爲子顯叙傳，末附以表，與李延壽《北史》例同。至唐已佚其叙傳，而其表至宋猶存。今又並其表佚之，故較本傳闕一卷也。"

之代。爲紀八、志十一、列傳四十，合成五十九篇”,[①] 至遲在《史通》撰寫完畢的八世紀初[②]，僅有五十九卷，已散佚一卷。復據宋代目録家著録、《舊唐書·經籍志》等，此書在宋代亦缺一卷。[③] 曾鞏等對《南齊書》等七書作了全面的校勘整理,[④] 其中對《南齊書》所作序表中明確載其本爲五十九卷。[⑤] 這也成爲現在該書的基本篇幅。同時該序表還説明，是書名稱已經確定爲《南齊書》，以與唐李百藥《北齊書》相區别。而蕭子顯《南齊書》在此之前一直被稱作《齊書》。

《南齊書》的本紀八卷，以南齊歷代帝王爲中心，用編年的體裁，記載蕭齊一代興亡始末。志十一卷，以專題史的形式記載南齊的禮樂制度、州郡變遷、官僚制度、輿服制度、天文、祥瑞、灾異等諸多重要内容。列傳四十卷，在全書中篇幅最大，記載了后妃、諸侯王、將相大臣、文武百官，以及文學之士、隱逸高士、孝義之人、佞幸之臣，在書末還有處在南齊中央王朝周邊的少數民族政

---

① 唐劉知幾撰，趙吕甫校注：《史通新校注》，重慶出版社 1990 年版，第 730—732 頁。參見《史通通釋》，第 355—356 頁。

② 《史通通釋》“出版説明”指出《史通》寫成於唐中宗景龍四年(第 1 頁)。

③ 《郡齋讀書志》卷五云《南齊書》“八紀，十一志，四十列傳”,(晁公武撰，孫猛校證：《郡齋讀書志校證》，上海古籍出版社 1990 年版，第 186—187 頁）共計五十九卷。《舊唐書》卷四六《經籍志上》“齊書五十九卷蕭子顯撰”；《新唐書》卷五八《藝文志二》“蕭子顯齊書六十卷”；《宋史》卷二〇三《藝文志二》“蕭子顯南齊書五十九卷”。

④ 參見清葉德輝著，紫石點校《書林清話》卷六《宋蜀刻〈七史〉》，北京燕山出版社 1999 年版，第 155—156 頁。

⑤ 《南齊書》卷末附録。

權的諸傳。這些記載較爲全面地勾勒了南齊一代社會階層的各個層面。

《南齊書》本紀、志、列傳繼承了《史記》《漢書》以來的紀傳體史書傳統，特别是對年代較爲接近的《宋書》有著大量借鑒，並在其基礎上作了調整增補。[①] 具體説來，傳統上認爲《南齊書》在類傳、志上較多因襲沈約《宋書》。[②] 這種看法不無道理，《南齊書》在諸多方面有借鑒《宋書》的痕迹。《宋書》永明五年（487 年）春敕撰，翌年二月完稿。[③] 蕭子顯《南齊書》在其後不久成書，勢必較多借鑒取法於《宋書》。

《宋書》諸志志目：《律曆志》《禮志》《樂志》《天文志》《符瑞志》《五行志》《州郡志》《百官志》；《南齊書》諸志志目：《禮志》《樂志》《天文志》《州郡志》《百官志》《輿服志》《祥瑞志》《五行志》。《南齊書》没有《律曆志》，增添了《輿服志》；將《符瑞志》改爲《祥瑞志》，二者没有實質區别。其他諸志志目都與《宋書》相同。同時《南齊書》諸志在順序和分卷上也與《宋書》大體相同，足見《南齊書》對《宋書》的參考與沿襲。

《南齊書》的合傳也在傳名和内容上取法《宋書》。

---

① 趙吉惠：《南齊書》，倉修良主編：《中國史學名著評介》（第一卷），第 291—293 頁。《廿二史劄記校證》卷九《齊書舊本》認爲《南齊書》“蓋本超、淹之舊而小變之”“此正見子顯之修齊書，不全襲前人也”（第 188 頁）。

② “點校本南齊書修訂前言”，《南齊書》，點校本二十四史修訂本，中華書局 2017 年版，第 8 頁。莊輝明：《南朝齊梁史》，上海古籍出版社 2015 年版，第 339—340 頁。

③ 《宋書》卷一〇〇《自序》。

《南齊書》的《孝義傳》與《宋書》相同，並將《宋書》的《后妃傳》改爲《皇后傳》，《隱逸傳》改爲《高逸傳》，《良吏傳》改爲《良政傳》，《恩幸傳》改爲《幸臣傳》，同時借鑒《宋書》分别爲南齊諸帝之子立傳。在爲周邊少數民族立傳時，也采取了相近的態度，如《宋書》作《索虜傳》，《南齊書》作《魏虜傳》；《宋書》作《夷蠻傳》，《南齊書》作《蠻東南夷傳》。

一般將檀超所立志目視作蕭子顯《南齊書》取材的重要來源。其實檀超奏疏時間爲480年，與《宋書》撰寫時間接近而略早。① 據二者諸多相近方面看，或者可以將檀超奏疏看作《宋書》《南齊書》撰寫時共同取資的重要參考資料。

這點還可以從檀超所作志目上看出來：《律曆》《禮樂》《天文》《五行》《州郡》《百官》，② 這些志在《宋書》中有體現，在《南齊書》諸志中也有相似或相同表述。特别是檀超所作志目主張立《輿服志》，《南齊書》即有該志，而《宋書》却無此志。

除學者們主張的《南齊書》參考借鑒前賢著作之外，另一個重要參考應該是范曄的《後漢書》。檀超所作志目上有《百官志》一目，明確指出依照范曄《百官志》。③ 范曄《後漢書》傳世版本無志，志書部分用的是司馬彪《續漢書志》，現在常見的中華書局標點本即如此編排。但據

---

① 《宋書》卷一〇〇《自序》："（永明）五年春，又被敕撰《宋書》。六年二月畢功。"

② 《南齊書》卷五二《文學傳》。

③ 《南齊書》卷五二《文學傳》。

其與諸甥姪書，[①] 可知其確作有志書，衹是未完稿或在流傳中散佚了。因此《南齊書》諸志中的《百官志》在體例和内容上，可能同時參考了檀超和范曄的《百官志》。范曄《後漢書》合傳有《列女傳》一種，這與檀超所主張立《列女傳》相近。范曄《後漢書》所作合傳中有《文苑傳》《循吏傳》《逸民傳》等傳，以及《東夷傳》《南蠻西南夷傳》《西羌傳》《西域傳》，等等。《南齊書》中的《文學傳》《良政傳》《高逸傳》《魏虜傳》《蠻東南夷傳》《芮芮虜河南氐羌傳》也都有與其相近的合傳傳目，也都爲周邊區域民族立傳，而且將其置於全書之末的寫法也大體相近。因此，檀超所作志目參照了范曄《後漢書》，蕭子顯在撰寫《南齊書》時當同時參考了檀超和范曄《後漢書》等諸多前賢著作。

《南齊書》叙事向稱簡潔，[②]《南史》删減《宋書》而對《南齊書》多有增補，表明了《南齊書》行文叙事力求簡略的特點[③]。這是本書很大的優點。古代史家對史文簡潔的表述有頗高的評價，如明胡應麟《史書占畢》卷一云："史惡繁而尚簡，素矣。曷謂繁？叢脞冗闒之謂也。

---

① 《宋書》卷六九《范曄傳》："欲徧作諸志，前漢所有者悉令備。雖事不必多，且使見文得盡。又欲因事就卷内發論，以正一代得失，意復未果。"

② 《廿二史劄記校證》卷九《齊書類叙法最善》云"《齊書》比《宋書》較爲簡浄"（第191頁）。柴德庚：《史籍舉要》，第83頁。

③ 《廿二史劄記校證》卷九《南史增齊書處》："《南史》於《宋書》，大概删十之三、四，以《宋書》所載章表符檄，本多蕪詞也。於齊不惟不删，且大增補。"（第208頁）丁福林：《蕭子顯評傳》，載薛鋒、儲佩成主編《南蘭陵蕭氏人物評傳》，上海古籍出版社2015年版，第91頁。

非文多之謂也；何謂簡？峻潔謹嚴之謂也，非文寡之謂也。故文之簡繁可以定史之優劣。”古今不少史家評價《南齊書》簡潔，正是其一大優點。史家尤爲稱道《南齊書》部分志書，更具有簡潔的特點。明人朱明鎬《史糾》卷二評論《南齊書》的“紀志”説：“蕭書諸志，《禮》《樂》爲優。紀叙簡核，無支無蔓。州郡沿立，條貫昭晰，亦稱善制，良史之才，兹其尤也。”《史通·序例》對《南齊書》采用序例的作法也頗爲稱道：“子顯雖文傷寒質，而義甚優長，斯一二家皆序例之美者。”

《南齊書》在叙述事件時，作到了寓議論於叙述中，“不著一議，而其人品自見”，這種作法被趙翼稱爲“良史”。《南齊書》“帶叙法”的寫法亦值得稱道。“人各一傳，則不勝傳；而不爲立傳，則其人又有事可傳”，這樣作“既省多立傳，又不没其人”。趙翼認爲《宋書》此法做得最好，《南齊書》亦具有這種寫法。[①] 這種帶叙法，據張孟倫研究，並不同於本傳後綴附傳者履歷的寫法，而是“正在叙事中而忽以附傳者履歷入之，此例乃《宋書》所獨創耳”，雖然范曄《後漢書》、陳壽《三國志》，都曾使用過此法，但到蕭子顯撰《南齊書》“却用得更廣泛，更妥善，而有所發展，改進了”，這是“史家記叙人物的進步方法”。[②] 這可以説是《南齊書》又一優長之處，也是蕭子顯對中國古代史學發展的又一大貢獻。

《南齊書》另一值得稱道的寫法是，多用合傳、類傳，

---

① 《廿二史劄記校證》卷九《齊書書法用意處》，第 184—185 頁。

② 張孟倫：《中國史學史》，甘肅人民出版社 1982 年版，第 264 頁。

這種寫法增加了史書的内容含量，更爲全面地反映了當時社會階層的狀況。這種優長之處的原因，與“帶叙法”近似，類傳之法“每一傳，輒類叙數人”，文不增多，内涵更爲豐富。無需過多鋪墊介紹，一兩個横斷面足以反映該人的道德品行，起到交互理解之功效。

此外，《南齊書》在叙事時起止斷限，也頗爲《史通》所稱道：“夫能明彼斷限，定其折中，歷選自古，唯蕭子顯近諸。”①

《南齊書》八種志書，儘管有著這樣那樣的不足，却在南朝典制記載較少的情況下，提供了重要史料，其中《百官志》《州郡志》具有較高學術價值，學界對其多有佳評②。其他諸志，也多有優長之處。如《南齊書·天文志》，劉知幾《史通》對其有相對較高的評價。《史記》《漢書》等將“濛澒，色著青蒼，丹曦、日也。素魄月也。之躔次，黄道、日行之道，紫宫紫微宫垣”記載，而這些天文現象與當時政治社會關係不大，歷代變化較小，“施於何代不可也”，而沈約《宋書》、蕭子顯《南齊書》等，

① 《史通通釋》卷四《編次第十三》：“觀梁、唐二朝，撰《齊》《隋》兩史，東昏猶在，而遽列和年；煬帝未終，而已編《恭紀》。原其意旨，豈不以和爲梁主所立，恭乃唐氏所承，所以黜永元而尊中興，顯義寧而隱大業。苟欲取悦當代，遂乃輕侮前朝。”（第103頁）

② 《史籍舉要》，第85—86頁。白壽彝總主編《中國通史》第5卷《中古時代·三國兩晉南北朝時期》：“《州郡志》每州總序中除建置沿革外，兼叙當地社會經濟及風土人情，繼承了《漢書·地理志》的優良傳統，史料價值甚高。《百官志》雖衹一卷，而編排眉目清楚，叙述明確，包含不少紀傳中所不見的當時官制特徵，對於瞭解南朝官制，比《宋書·百官志》更爲有用。”（上海人民出版社2004年版，上册，第12頁）

“不遵舊例”，但“凡所記録，多合事宜”，在某種層面上較《史記·天官書》《漢書·天文志》等爲優長，“賢於班、馬遠矣”。[①] 又如《南齊書·樂志》，清馮班《鈍吟雜録·古今樂府論》對其頗有稱譽，認爲其對古樂府的記載十分“詳整”，較《晋書·樂志》爲好。

不過，即使廣受學界稱道的《南齊書》的《百官志》《州郡志》也存在一定問題。《南齊書·百官志》未記載官品，這是很大一個欠缺。我們對其品秩的考察，衹能通過其前後史籍如《宋書》《隋書》等作一定推測。由於叙事過簡，職官隸屬關係及職掌，缺乏動態視角的論述，當然這也是大多數史書百官志一類記載的共性問題。《州郡志》對僑置州郡問題缺少明晰記載，爲後人理解當時變動較多的僑置州郡等地理問題增加了難度，同時還缺少對郡縣絶口的明確記載[②]。

《南齊書》紀傳之文也存在諸多問題。一是曲筆與回護的問題。南齊與梁政權之間有著千絲萬縷之聯繫，齊梁禪代，因梁朝帝王爲前朝宗室，梁朝的王公大臣也都與前朝有著種種關聯。蕭子顯父祖也係南齊帝王或大臣。作爲史家的蕭子顯生活於梁代而寫前朝之史，寫作時顧慮重重，寫成之後還受到梁武帝審閱，[③] 因此對齊梁之際諸多

---

① 《史通通釋》卷三《書志第八》，第 59 頁。參見趙吕甫《史通新校注》，第 145—151 頁。

② 參見《郡齋讀書志校證》卷五《正史類·南齊書五十九卷》，第 186 頁。

③ 吴均私修齊史《齊春秋》“稱梁帝爲齊明佐命，帝惡其實，詔燔之”。參見《史通通釋》卷一二《古今正史第二》，第 355 頁。前車之鑑具在，增大了蕭子顯私修《南齊書》撰寫的難度。

歷史記事采取有意的遺漏、[1] 模糊記述和晦澀表述等手段，以通過審查、監督，當然也有史家蕭子顯自身的原因。《廿二史劄記·齊書書法用意處》對此曲筆與回護有多方面的分析。[2] 明人朱明鎬《史糾》稱《南齊書》在記事時“謀人國而錫嘉，名弑共主而無特筆”，這種做法對於史家爲文，“記事之體徒存，義理之文有媿”。又《南齊書》敘述蕭子顯祖父齊高帝蕭道成多溢美之詞，蕭子顯爲其父蕭嶷所作六七千字長傳，極盡揄揚之能事，“周公以來，則未知所匹也”，受到後世學者的非議。不過，總體上看，《南齊書》能够做到“直書無隱，尚不失是非之公”[3]。王應麟《困學紀聞》認爲“子顯以齊宗室仕於梁而作《齊史》，虚美隱惡，其能直筆乎?”[4] 所論屬於知人論世之言，實屬具有同情之理解的通達之論。

二是編次失檢、自亂體例的問題。趙翼《廿二史劄記》對此論析較爲詳盡，如蕭子顯之父豫章王之傳本應歸入高帝諸子合傳《高帝十二王傳》中，但“豫章則另爲一卷，編在二十二卷，與文惠太子相次，以見豫章之不同諸子”，趙翼指出這種作法“苟欲尊其父而於義無當也”。又如衡陽王道度、始安王道生皆爲高帝之兄，本應編在高武諸子之前，却列在高帝諸子、武帝諸子傳之後，前後次序

---

① 參見《史通通釋》卷四《編次第十三》，第 103 頁。

② 《廿二史劄記校證》卷九《齊書書法用意處》，第 189—190 頁。

③ 《四庫全書總目》卷四五《史部一·正史類》。

④ 宋王應麟著，清翁元圻等注，欒保群等校點：《困學紀聞（全校本）》卷一三《考史》，上海古籍出版社 2008 年版，第 1565 頁。

顯得混亂。[1] 又趙翼《陔餘叢考》指出蕭景先、蕭赤斧、蕭諶、蕭坦之皆爲宗室，又不入宗室傳。[2] 亦同様存在編次失檢的問題。朱明鎬《史糾》卷二《良政傳》也指出："良政一傳有不必録者二人，有不應録者一人，有不及録者二人，有附録孝義而應改入良政者一人。"

三是部分列傳疏於剪裁，繁簡失當的問題。《南齊書》部分列傳連篇累牘記載詞章、詔書、箋奏，略顯蕪雜，而一些重要事件、人物反缺少記載。趙翼《陔餘叢考》對此有客觀分析："《豫章王嶷傳》載其辭殊禮一表，答表一詔，又辭俠轂隊儀仗二表，答表一詔，又請以東府新齋拆奉太子一表，答表一詔，又因唐寓之反請去州縣苛碎條制一表，及薨後竟陵王子良請加殊禮一表，答表一詔，又樂藹與竟陵王子良一箋，共一萬五六千字。……乃連篇累牘，不減一字，何以徒費筆墨若此。……又《張敬兒傳》忽載沈攸之責齊高一書，齊高答攸之一書，《王敬則傳》忽載竟陵王子良請罷塘役折錢一表，《蘇侃傳》忽載齊高塞客行一首，更覺無甚關涉，毋怪乎愈形其蕪雜也。及其叙事，則又有應詳而反略者。明帝殺高武子孫之在外者，皆令典籤殺之。籤帥之權重若此，是當時矯枉過正一大弊政。《南史》於《巴陵王子倫傳》述之甚詳，而《齊書》略無一字。"[3] 表現出率性而爲，剪裁失當等問題。不過對《南齊書》較爲完整地記載奏疏的問題，從史學著作角度

---

① 《廿二史劄記校證》卷九《齊書書法用意處》，第 189—191 頁。

② 清趙翼著，欒保群、吕宗力校點：《陔餘叢考》卷七《齊書編次失當處》，河北人民出版社 2007 年版，第 125 頁。

③ 《陔餘叢考》卷七《齊書繁簡失當處》，第 125—126 頁。

評價可以説其缺少剪裁，從史料學角度看，却也保存了重要史料。[1] 如竟陵王奏疏，保存了經濟史資料。

對《南齊書》文筆最嚴厲指控當屬《南齊書目録》所附曾鞏等序，以及章學誠所作《刪訂曾南豐南齊書目録序》。該序文甚至對蕭子顯是否具有撰寫史書的能力提出質疑。此篇序文意義重大，有論者認爲可將其視作全部正史的讀法，而非僅僅局限於《南齊書》一種史書。但此文中文字過於簡練濃縮，理解起來頗有難度。古今史家對此有過解讀。[2] 這裏結合《梁書·蕭子恪傳》所附《蕭子顯傳》作一些解釋。

晁公武《郡齋讀書志》在引書曾鞏《南齊書目録》序語時，將原文中的“其文益下”理解爲“文比七史最下”。語義不很顯豁。該書校勘記引明范大澈臥雲山房鈔本作“其文七史最下”[3]，更爲直接將地蕭子顯《南齊書》，特别是其文筆作了較低的評騭。其中的“七史”應是指曾鞏等校書時所整理的南北朝《宋書》《齊書》《梁書》《陳書》

---

① 白壽彝總主編：《中國通史》第 5 卷《中古時代·三國兩晋南北朝時期》：“《南齊書》與《宋書》相似，收録文字較多。其中如《虞玩之傳》所載高帝詔書及玩之表文，《王僧虔傳》載與檀珪書及戒子書等，不僅是瞭解當時社會政治的原始史料，而且保存不少當時習用語言，頗有價值。”（第 12 頁）

② 如萬繩楠《魏晋南北朝文化史》認爲：“曾鞏的意思很明白，江志（江淹《十志》）、沈紀（沈約《齊紀》）早於蕭書，蕭書不過是更改、破析、刻雕、藻繢江志、沈紀而成。但他的書受到了梁武帝的支持，雖然‘其文益下’，却得到獨傳。”（黄山書社 1989 年版，第 256 頁）

③ 《郡齋讀書志校證》卷五《南齊書五十九卷》，第 186—187 頁。

《魏書》《北齊書》《周書》。[①]

曾鞏等認爲《南齊書》存在的問題是，“喜自馳騁，其更改、破析、刻雕、藻繢之變尤多”，指出蕭子顯文筆“喜自馳騁”的問題，這與《梁書》所載蕭子顯自述中“追尋平生，頗好辭藻，雖在名無成，求心已足。若乃登高目極，臨水送歸，風動春朝，月明秋夜，早雁初鶯，開花落葉，有來斯應，每不能已也”，[②] 相互契合。由其自述可以看出諸多端倪：

其一，蕭子顯屬於情感充沛，感情勝於理智之人，特别是“每不能已”的内心獨白，表明這種問題的較爲嚴重的程度，這似乎可以部分解釋緣何《南齊書》在列傳叙述時部分篇卷過詳，枝蔓頗多，而有些篇卷較爲簡净，以及自亂體例等問題産生的原因。[③]

其二，“頗好辭藻”正是曾鞏等《南齊書目録》序中所説的“刻雕、藻繢”之類，行文的求簡，過於講究文辭，重視外在形式表達，忽視史書内在要求，以致出現了《南齊書》的蹇滯和艱深，某些地方甚至出現有欠暢達的

---

① 《文獻通考》卷一九二《經籍考十九》，中華書局 2011 年版，第 5576 頁。參見《書林清話》卷六《宋蜀刻〈七史〉》，第 155—156 頁。

② 《梁書》卷三五《蕭子恪傳》。

③ 《四庫全書總目》卷四五《史部一・正史類》已經指出《南齊書》“連綴瑣事，殊乖紀體。至列傳尤爲冗雜”的問題。張孟倫《中國史學史》認爲“正因爲肖子顯是個愛好辭藻的人。因而在齊史裏，多載詞章，少載事實，以至連篇累牘，不加節略。將許多很長的表、詔、箋、檄的原文，完全給以采録，雖説與時事攸關，究竟使人有繁冗累贅之感！（所收録樂藹與竟陵王子良一箋，竟長達一萬五六千字）”（第 265 頁）

問題。[1]

蕭子顯處於佛教繁榮，玄學昌盛，駢體文盛行的時代，他無法完全超越時代，不免在記事及行文中將這些因素訴諸筆端。[2] 這點《四庫全書總目》已經指出："齊高好用圖讖、梁武崇尚釋氏。故子顯於《高帝紀》卷一引《太乙九宫占》《祥瑞志》附會緯書、《高逸傳》論推闡禪理。蓋牽於時尚，未能釐正。"[3]

儘管《南齊書》有著不少缺點，但在南齊傳世資料極爲有限的情況下，唯獨是書提供了較爲完整而豐富的資料，具有較高的史料價值，如清代目録學家稱贊其"蕭齊一代，君臣行事之得失、論議之往復，未嘗表見他書，即古人著述亦復不傳於世，所可考見者惟是編"[4]。

處於寫本時代，古書流傳多據傳抄，流布未廣。傳抄之時不免脱訛，篇卷存在散佚，文字亦常缺失。《南齊書》在李延壽《南史》盛行之後部分篇卷有所散佚。與此前的紀傳體史書相比，《南齊書》缺少若干重要志書，也没有表。後世史家作了大量工作。《南齊書》無《藝文志》之類綜攬一代文獻的志書，對其補志有三種，清侯康《補齊

---

① 《史通通釋》卷四《序例》云："子顯雖文傷蹇躓，而義甚優長。"（第 88 頁）《四庫全書總目》卷四五《史部一・正史類》也有類似表述。參見丁福林《蕭子顯評傳》，《南蘭陵蕭氏人物評傳》，第 91 頁。

② 《南齊書》卷五四《高逸傳》史臣曰："史臣服膺釋氏，深信冥緣，謂斯道之莫貴也。"

③ 《四庫全書總目》卷四五《史部一・正史類》。

④ 《萬卷精華樓藏書記》卷二四《正史類四・宋齊梁陳》引"知州臣祖庚"評論。

書藝文志》一卷，高桂華等輯《補南齊書經籍志》①，陳述《補南齊書藝文志》。《南齊書》無《食貨志》，可參看《隋書·食貨志》。《南齊書》無表。後世史家也有所補綴，如清萬斯同的《齊諸王世表》一卷、《齊將相大臣年表》一卷、《齊方鎮年表》一卷，清徐文范《東晋南朝輿地表》十二卷，清楊守敬《蕭齊州郡志圖》一卷，劉盼遂《補南齊書宗室世系表》②，吴廷燮《齊方鎮年表》一卷，等等。

研治《南齊書》的著作除了錢大昕《廿二史考異》、趙翼《廿二史劄記》、王鳴盛《十七史商榷》相關部分外，代表性研究成果如朱季海《南齊書校議》、丁福林《南齊書校議》等，這些論著，不但校訂了《南齊書》的文字訛誤、内容疏失，更爲重要的是對《南齊書》中諸多史實問題作了詳盡考辨，爲閱讀與研究《南齊書》提供了便利。

四　今注本《南齊書》所做工作

現存《南齊書》的最早版本是宋代刊印的號稱“眉山七史”的蜀刻大字本。明代有南監本、北監本、汲古閣本等。清代有武英殿本、摛藻堂《四庫全書薈要》本、金陵書局本、同文書局本、古今圖書集成鉛字排印本等。民國有商務印書館《百衲本二十四史》影印江安傅氏雙鑒樓藏宋蜀大字本、開明書店《二十五史》本等版本。早期整理版本中，較好的是1972年出版的中華書局點校本。該點校

---

① 《二十五史藝文經籍志考補萃編》卷一二《補南齊書經籍志》，清華大學出版社2012年版，第51—98頁。

② 劉盼遂：《補南齊書宗室世系表》，《學文》第1卷第3期，1931年。

本以百衲本爲底本，參校了明代的南、北監本、汲古閣本，清代的武英殿本、金陵書局本，另外還參校了《宋書》中的志，以及《南史》《通典》《册府元龜》《太平御覽》《資治通鑑》等書的有關部分，同時還廣泛汲取了前人的校勘成果，采用了周星治、張元濟、張森楷的三種《南齊書校勘記》稿本和錢大昕的《廿二史考異》等書。點校本由王仲犖先生點校，宋雲彬先生編輯整理。2017年，景蜀惠先生主持修訂的二十四史標點本修訂本《南齊書》出版，該書采用了中華再造善本影印國家圖書館藏宋刻宋元明初遞修本爲底本，廣泛參校清代以來，特別是中華點校本《南齊書》出版以來學術界校勘與研究成果，在審慎校勘的基礎上，較原標點本作出了大量富有學術含量的校勘記，對恢復《南齊書》版本原貌作了重要貢獻。

中華再造善本《南齊書》係宋刻宋元明初遞修本，爲現存《南齊書》最早刻本，南宋紹興十四年井憲孟所刊，稱蜀大字本，又稱眉山七史本。因多次印刷，元代版片已模糊，遞有修訂，明初版片移至南京國子監，世稱“三朝版”。南監本、北監本、武英殿本，以及汲古閣本、金陵書局本、百衲本都直接間接來自三朝本。[①] 中華書局點校本修訂本《南齊書》以中華再造善本《南齊書》爲底本，亦即以蜀大字本爲底本，從版本流變角度看，其與百衲本屬於同一係統，且在内容上二者並無本質差異。

論及百衲本，有學者可能會提到修潤描改有失古貌的

① 參見《中華再造善本總目提要·唐宋編》，國家圖書館出版社2013年版，第180—183頁。

問題。對此張元濟先生曾有明確交待，針對百衲本二十四史，特别對眉山七史，“墨沈旁溢，瘢垢盈紙。若不葺治，恐難卒讀”，甚至有一葉之内有多個朝代版本共存的現象，採取嚴格、審慎的步驟操作，專門定出修潤古書程序、修潤要則、填粉程序，不動易文字，並進行多至五六遍的反復校勘[①]，然後作出精修精校的版葉。通過這些步驟，使宋版善本原貌焕然一新。儘管存在因版片配補造成前後銜接等問題，也偶有誤描、誤改的現象，但實屬白璧微瑕。[②]

鑒於此，經過權衡，我們認爲百衲本儘管存在一定問題，但大體上反映了宋代以前《南齊書》原貌，故今注本《南齊書》以商務印書館百衲本《南齊書》爲底本，吸收中華書局點校本及修訂版《南齊書》、丁福林《南齊書校議》、朱季海《南齊書校議》等校訂成果，對各本異同一般在注釋文字中體現出來，而不徑改原文。力圖在全面參校中華書局點校本及點校本修訂版，以及努力吸收其他相關校勘成果的基礎上，準確而全面地反映研究現狀，並充分利用考古和新發現的史料，編纂一部具有一定學術性的繁體字横排新注本，爲相關學者提供足資利用的準確原文和内容索引，亦爲一般文史讀者搭建起提高水準的階梯。需要説明的是，百衲本上有部分史文，刻本字形與現在通行漢字區别較大，如果一一造出該字形，將極大增加工作量，亦爲閲讀造成諸多不便，爲減少工作量計，對那些古今字形没有實質區别者，改爲現在通用漢字。

---

① 張元濟：《記影印描潤始末》《附件三則》，《張元濟全集》卷10，商務印書館2010年版，第267—270頁。

② 參李春光《古籍叢書述論》，遼沈書社1991年版，第398—400頁。

今注本《南齊書》基本上作到了吸收最新研究成果。不過由於本紀、志、列傳，作於不同學者之手，成稿於不同時期，他們對《〈今注本二十四史〉編纂總則》要求把握程度不一，對有關學術信息、學術資源掌握程度也有區別，因之無法完全作到參考學界最新研究成果。大體上列傳成稿較早，本紀次之，大部分志成稿較晚。列傳初稿作者何慶善先生未見全書定稿而不幸辭世，因此未能吸收後出的研究成果，在後來的加工整理階段，由於時間所限，未能作進一步增補，這些工作留待今後修訂時完成。本書的八志十一卷，大部分爲青年學者所著。注重對最新研究成果的吸收是青年學者的優長之處，然而大部分史志過於繁難，一般研究者可以就志書中的問題作針對性研究，而若對其一一作注，無法繞開或迴避疑難問題，工作難度可想而知。以年輕學者的學術積澱，且又在相對有限時間内，恐難以完全作到消化吸收志書原文及古今爲數不少的研究成果。不過這些年輕學者憑藉著對學術的執著與認真負責精神，在精細研讀史文基礎上，借助工具書及古籍庫等數字資源，對志書中的疑難點作了較爲細緻的辨析考證工作，效果如何有待讀者檢驗。

在統稿階段，我們作了盡可能的努力，但仍未做到完全統一，如同一詞頭可能還存在前後注釋表述不一的問題。我們尊重原作者的不同階段成果，衹要内容没有大的硬傷，不强求前後完全一致。對作者注釋中的若干理解，一些表述和認識，我們持有不同意見，但也出於尊重作者見解的角度，未强求統一。

校注初稿撰寫過程中，年長的學者皆工工整整手寫注釋，具有極高的學術價值，也有很强的藝術價值，本身即成爲《今注本二十四史》編纂史的一部分。不過，手寫體畢竟不同於當下的印刷體，由於排版人員在識别文字過程中，出現了若干偏差，有些偏差是極爲細微的，編輯組在後期編校過程中，作了多遍加工核對，儘管已盡了最大努力，但應仍存在一定疏漏之處。

今注本《南齊書》校注的具體分工。卷一至卷八爲本紀部分，共八卷，最初由王鑫義先生負責。由於中間信息溝通未暢，張欣亦曾在編委會委托下獨立完成本紀全部八卷注釋工作。王鑫義先生和張欣校注版本，相繼交至編委會。經過編委會確認、甄别，兩個校注版本側重點不同，最終決定以王先生校注爲主，將張欣校注優長之處融匯於王先生本紀注釋之中。王鑫義先生，1943 年生，安徽阜陽人，安徽大學歷史系教授，博士生導師，曾任安徽大學歷史系主任，中國魏晋南北朝史學會理事，安徽省史學會副會長等，代表性著作有主編的《淮河流域經濟開發史》、合著的《安徽歷史人物》等。

卷九至卷十九爲志，共十一卷。其中《禮志》上下二卷、《天文志》上下二卷由何慶善先生完成；《祥瑞志》《五行志》二卷由游自勇先生完成；《州郡志》上下二卷由王思桐完成；《樂志》由高文川、王思桐合作完成；《百官志》一卷由賈啓博完成初稿，張欣和王思桐對其作了大量修正工作；《輿服志》一卷由高文川完成。

卷二十至卷五十九爲列傳，共四十卷，由何慶善先生完成。何慶善先生係古典文學專家，文獻整理專家，1932 年生，安徽繁昌人，安徽大學古籍研究所研究員。整理點校古籍多種，代表性著作《施愚山集》獲國家古籍整理優秀圖書一等獎。

全書五十九卷負責統稿和最終定稿工作，本由王鑫義先生、何慶善先生承擔。由於王先生年事已高，何先生離世，編纂工作一度停滯，本紀部分未及定稿，列傳僅有初稿，志書也僅有部分初稿。2018 年年初編委會將這一重擔交由張欣負責。張欣，係中國社會科學院古代史研究所副編審，研究方向爲中國古代政治制度史、秦漢史。雖未專治六朝史，但在學術研究及編輯方面能獨當一面，在前輩學者《南齊書》校注初稿奠定的良好基礎上，在編輯組團隊傾力合作下，將今注本《南齊書》補綴完整，本紀、列傳、志書先後定稿，並校對數遍，基本達到了《今注本二十四史》質量標準。

編輯組常文相、王思桐等成員在後期加工整理過程中，在核對引文、是正文字諸多方面做了大量工作，付出了辛勞，特致謝忱。

王鑫義　張　欣

2019 年 12 月

例　言

一、今注本《南齊書》以百衲本《南齊書》爲底本，全面參校中華書局點校本及點校本修訂版，努力在吸收其他相關校勘成果的基礎上，準確而全面地反映研究現狀，並充分利用考古和新發現的史料，編纂一部具有一定學術性的繁體字横排新注本，爲相關的學者提供足資利用的準確原文和内容索引，亦爲一般文史讀者搭建起提高水準的階梯。

二、在中華點校本及修訂本校勘工作的基礎上，充分利用考據學家、校勘學家的成果，吸收朱季海《南齊書校議》、丁福林《南齊書校議》等爲代表的前人校勘成果，並補充、增补新的校勘内容，争取做到有據可循，對例證不足之文，則提出質疑，不改原文，以形成一個全新的校勘本。

三、本書今注力求不枝不蔓，緊扣原文。本紀、列傳注文從簡，志書注文則求詳備，文字表達難盡其意時，采用圖、表等形式予以輔助。

四、官名。本書有《百官志》，對職官的注釋從簡，一般僅注明官稱、職掌、品級，除有特别需要，不注官職的演變情况。歷代職官多有名同而職掌不同、名異而職掌相同的情况，今注中難以一一説明，我們在參考各種職官辭典後，對職官注釋力求精準，但仍有部分有待今後深入考證。主要參考張政烺主編《中國古代職官大辭典》、吕宗力主編《中國歷代官制大辭典》。

五、地名。本書所見地名均出注，一般僅注明今地。如需説明沿革方可解讀者，則簡述其沿革。宋齊時期疆域變化較大，僑置郡縣較多，本書《州郡志》亦不能全部理清，今注儘可能保證準確無誤。今地名及行政區劃，以《中華人民共和國行政區劃簡册》（中國地圖出版社 2005 年版）爲準。

六、人名。本書每卷中首次出現的與内容主旨緊密相關的人名一般均出注。本書有紀、傳之人簡注，並注明某卷有紀、傳。本書無紀、傳之人，注其主要事迹。

七、爲求簡潔，本書對部分常用文獻作了一些處理。如《太平御覽》簡稱《御覽》，《資治通鑑》簡稱《通鑑》。等等。清代及以前著作，一般僅標註卷數，不加頁碼。1972 年中華書局標點本《南齊書》，簡稱“中華本”，其校勘記，簡稱“中華本校勘記”，不注頁碼。2017 年中華書局標點本修訂本，簡稱“中華修訂本”，其校勘記，爲作區别，稱作“中華修訂本《校勘記》”，注出頁碼。朱季海和丁福林二位先生的《南齊書校議》，每卷注釋中首次徵引時，注出完整出版信息，第二次及以後再次徵引時，分別簡稱朱季海《校議》和丁福林《校議》，並注出頁碼。

八、凡難以理解的名物制度、典故、有爭議或原文記述有歧誤的史實，均出注。

九、對字音、字義、詞義的注釋一般僅限於生僻字、避諱字、破讀和易生歧義及較難理解的語詞，常見的字、詞一般不出注。某些不注則易産生歧義者需出注，如“周旋”一詞，古今含義截然不同，需注。避諱字，僅出注説明避諱的原因，原文不改。

十、對有爭議的問題，客觀公正地簡介諸説，反映歧見，説明注者傾向性的意見，但儘量不作主觀評論。

主要參考文獻

一、古籍

（漢）司馬遷：《史記》中華書局 1959 年版。

（漢）班固：《漢書》，中華書局 1962 年版。

（南朝宋）范曄：《後漢書》，中華書局 1965 年版。

（晋）陳壽撰，（南朝宋）裴松之注：《三國志》，中華書局 1982 年版。

（唐）房玄齡：《晋書》，中華書局 1974 年版。

（梁）沈約：《宋書》，中華書局 1974 年版（修訂本，2018 年版）。

（梁）蕭子顯：《南齊書》，中華書局 1972 年版（修訂本，2017 年版）。

（梁）蕭子顯：《南齊書》，《中華再造善本》，北京圖書館出版社 2004 年版。

（唐）姚思廉：《梁書》，中華書局 1973 年版。

（唐）姚思廉：《陳書》，中華書局 1972 年版。

（北齊）魏收：《魏書》，中華書局 1974 年版。

（唐）李延壽：《南史》，中華書局 1975 年版。

（唐）李延壽：《北史》，中華書局 1974 年版。

（唐）魏徵等：《隋書》，中華書局 1973 年版。

（后晋）劉昫等：《舊唐書》，中華書局 1975 年版。

（宋）歐陽修、宋祁：《新唐書》，中華書局 1975 年版。
（宋）司馬光編著：《資治通鑑》，中華書局 1956 年版。
（清）阮元校刻：《十三經注疏》，中華書局 1980 年版。
（漢）劉向編：《戰國策》，上海古籍出版社 1985 年版。
（漢）劉向：《列仙傳》，上海古籍出版社 1990 年版。
（漢）劉向撰，向宗魯校證：《説苑校證》，中華書局 1987 年版。
（漢）蔡邕：《獨斷》，《文淵閣四庫全書》本，臺灣商務印書館 1986 年版。
（漢）賈誼撰，閻振益、鍾夏校注：《新書校注》，中華書局 2000 年版。
（漢）應劭撰，王利器校注：《風俗通義校注》，中華書局 1981 年版。
（漢）王符著，（清）汪繼培箋，彭鐸校正：《潛夫論箋校正》，中華書局 1985 年版。
（漢）王逸：《楚辭章句》，上海古籍出版社 2017 年版。
（漢）揚雄撰，（晋）郭璞注：《方言》，中華書局 2016 年版。
（漢）董仲舒著，蘇輿撰：《春秋繁露義證》，中華書局 1992 年版。
（漢）桓譚撰，朱謙之校輯：《新輯本桓譚新論》，中華書局 2009 年版。
（三國魏）王肅著，陳士珂輯：《孔子家語疏證》，上海書店出版社 1987 年版。
（三國魏）王弼注，樓宇烈校釋：《老子道德經注校釋》，中華書局 2008 年版。
（晋）崔豹：《古今注》，商務印書館 1956 年版。
（晋）陶淵明：《陶淵明集》，中華書局 1979 年版。
（晋）葛洪著，楊明照：《抱朴子外篇校箋》，中華書局 1991 年版。
（晋）郭璞：《山海經圖讚》，《叢書集成初編》本，中華書局 1991 年版。
（晋）葛洪：《西京雜記》，三秦出版社 2006 年版。
（晋）張華：《博物志》，上海古籍出版社 2012 年版。
（北魏）賈思勰著，繆啟愉校釋：《齊民要術校釋》（第 2 版），中國農業出版社 1998 年版。
（北魏）酈道元著，陳橋驛校證：《水經注校證》，中華書局 2007 年版。
（南朝宋）劉義慶撰，徐震堮校箋：《世説新語校箋》，中華書局 1984

年版。
（南齊）謝朓著，曹融南校註：《謝宣城集校註》，上海古籍出版社 1991 年版。
（梁）江淹撰，（明）胡之驥注，李長路等點校：《江文通集彙注》，中華書局 1984 年版。
（梁）任昉：《述異記》，中華書局 1985 年版。
（梁）蕭統編，（唐）李善注：《文選》，上海古籍出版社 1986 年版。
（梁）蕭統編，（唐）李善等注：《六臣注文選》，中華書局 1987 年版。
（梁）蕭繹撰，許逸民校箋：《金樓子校箋》，中華書局 2011 年版。
（梁）蕭綱《馬槊譜序》，肖占鵬等校注：《梁簡文帝集校注》，南開大學出版社 2015 年版。
（北齊）顔之推撰，王利器集解：《顔氏家訓集解》，中華書局 1993 年版。
（唐）歐陽詢撰，汪紹楹校：《藝文類聚》（新 1 版），上海古籍出版社 1982 年版。
（唐）徐堅等著：《初學記》，中華書局 2004 年版。
（唐）虞世南輯録：《北堂書鈔》，學苑出版社 2015 年版。
（唐）陸德明：《經典釋文》，上海古籍出版社 2012 年版。
（唐）李吉甫：《元和郡縣圖志》，中華書局 1983 年版。
（唐）許嵩：《建康實録》，中華書局 1986 年版。
（唐）杜佑：《通典》，中華書局 1988 年版。
（唐）李林甫等撰，陳仲夫點校：《唐六典》，中華書局 1992 年版。
（唐）杜牧：《樊川文集》，上海古籍出版社 2009 年版。
（後唐）馬縞集：《中華古今注》，商務印書館 1956 年版。
（宋）李昉等編：《太平御覽》，中華書局 1985 年版。
（宋）王欽若等：《册府元龜》，中華書局 1960 年版。
（宋）李昉等編：《文苑英華》，中華書局 1966 年版。
（宋）李昉等編：《太平廣記》，中華書局 1961 年版。
（宋）葉適：《習學記言序目》，中華書局 1977 年版。
（宋）郭茂倩：《樂府詩集》，中華書局 1979 年版。
（宋）朱熹：《四書章句集注》，中華書局 1983 年版。

（宋）朱熹：《詩集傳》，中華書局 2017 年版。
（宋）陳澔：《禮記集説》，上海古籍出版社 1987 年版。
（宋）鄭樵：《通志》，中華書局 1987 年版。
（宋）馬端臨：《文獻通考》，中華書局 2011 年版。
（宋）高承：《事物紀原》，中華書局 1989 年版。
（宋）程大昌：《演繁露》，中華書局 1991 年版。
（宋）祝穆：《方輿勝覽》，中華書局 2003 年版。
（宋）樂史：《太平寰宇記》，中華書局 2007 年版。
（宋）周應合：《景定建康志》，南京出版社 2009 年版。
（宋）張敦頤：《六朝事迹編類》，中華書局 2012 年版。
（宋）洪邁：《容齋隨筆》，中華書局 2013 年版。
（宋）袁樞：《通鑑紀事本末》，中華書局 2015 年版。
（明）解縉等編：《永樂大典》，中華書局 1986 年版。
（明）李時珍：《本草綱目》（校點本），人民衛生出版社 1975 年版。
（明）梅鼎祚：《南齊文紀》，《文淵閣四庫全書》本，臺灣商務印書館 1986 年版。
（明）王圻著，（明）王思義編集：《三才圖會》，上海古籍出版社 1988 年版。
（明）張溥：《漢魏六朝百三家集》，上海古籍出版社 1994 年版。
（清）顧炎武著，（清）黄汝成集釋：《日知録集釋》，上海古籍出版社 2006 年版。
（清）顧祖禹：《讀史方輿紀要》，中華書局 2005 年版。
（清）錢大昕著，楊勇軍整理：《十駕齋養新録》，上海書店出版社 2011 年版。
（清）錢大昕著，方詩銘等校點：《廿二史考異》，上海古籍出版社 2004 年版。
（清）王鳴盛撰，黄曙輝點校：《十七史商榷》，上海書店出版社 2013 年版。
（清）趙翼撰，王樹民校證：《廿二史劄記校證》（訂補本），中華書局 1984 年版。

（清）趙翼撰，曹光甫校點：《陔馀叢考》，上海古籍出版社 2011 年版。
（清）王念孫：《廣雅疏證》，《四部備要》本，中華書局 1936 年版。
（清）王念孫撰，徐煒君等點校：《讀書雜志》，上海古籍出版社 2014 年版。
（清）段玉裁：《説文解字注》，上海古籍出版社 1981 年版。
（清）張澍輯：《三輔舊事》，《叢書集成初編》本，商務印書館 1936 年版。
（清）俞正燮：《癸巳類稿》，商務印書館 1957 年版。
（清）張玉書編：《康熙字典》，中華書局 1958 年版。
（清）永瑢等：《四庫全書總目》，中華書局 1965 年版。
（清）孫星衍等輯，周天游點校：《漢官六種》，中華書局 1990 年版。
（清）郝懿行：《爾雅義疏》，上海古籍出版社 1983 年版。
（清）嚴可均：《全上古三代秦漢三國六朝文》，中華書局 1958 年版。
（清）牛運震：《讀史糾謬》，齊魯書社 1989 年版。
（清）王先慎：《韓非子集解》，中華書局 1998 年版。
（清）王引之：《經義述聞》，江蘇古籍出版社 2000 年版。
（清）黄本驥：《歷代職官表》，上海古籍出版社 2005 年版。
（清）郭慶藩：《莊子集釋》，中華書局 1961 年版。
（清）王先謙：《荀子集解》，中華書局 1988 年版。
（清）王先謙：《釋名疏補正》，中華書局 2008 年版。
（清）王先謙：《漢書補注》，上海古籍出版社 2009 年版。
（清）姚振宗撰，劉克東等整理：《隋書經籍志考證》，載《二十五史藝文經籍志考補萃編》第 15 卷，清華大學出版社 2014 年版。
（清）陳壽祺：《五經異義疏證》，上海古籍出版社 2012 年版。
（清）孫詒讓：《周禮正義》，中華書局 2013 年版。
二十五史刊行委員會編：《二十五史補編》，開明書店 1937 年版。
袁珂校注：《山海經校注》，上海古籍出版社 1980 年版。
高亨：《詩經今注》，上海古籍出版社 1980 年版。
楊伯峻：《春秋左傳注》，中華書局 1990 年版。
徐元誥撰，王樹民、沈長雲點校：《國語集解》，中華書局 2002 年版。

黄懷信等：《逸周書彙校集注》，上海古籍出版社 2007 年版。
范祥雍：《古本竹書紀年輯校訂補》，上海古籍出版社 2011 年版。
黎翔鳳撰，梁運華整理：《管子校注》，中華書局 2004 年版。
楊伯峻：《列子集釋》，中華書局 1997 年版。
王利器：《文子疏義》，中華書局 2000 年版。
許富宏：《鬼谷子集校集注》，中華書局 2008 年版。
許維遹撰，梁運華整理：《吕氏春秋集釋》，中華書局 2009 年版。
何寧：《淮南子集釋》，中華書局 1998 年版。
傅亞庶：《孔叢子校釋》，中華書局 2011 年版。
何清谷校注：《三輔黄圖校注》，三秦出版社 1995 年版。
趙萬里編：《漢魏南北朝墓誌集釋》，《石刻史料新編》（第三輯），新文豐出版公司 1986 年版。
趙超：《漢魏南北朝墓誌彙編》，天津古籍出版社 1992 年版。
羅新、葉煒：《新出魏晋南北朝墓志疏證》，中華書局 2005 年版。
毛遠明編著：《漢魏六朝碑刻校注》，綫裝書局 2009 年版。

二、工具書

《辭源》（修訂本），商務印書館 1988 年版。
《漢語大字典》（第 2 版），四川辭書出版社、崇文書局 2010 年版。
《漢語大詞典》，上海辭書出版社 2011 年版。
陳垣：《二十史朔閏表》，中華書局 1962 年版。
方诗铭：《中國歷史紀年表》（修订本），上海書店出版社 2013 年版。
王雙懷、賈雲主編：《二十五史干支通檢》，三秦出版社 2011 年版。
譚其驤主編：《中國歷史地圖集》，中國地圖出版社 1982 年版。
魏嵩山主編：《中國歷史地名大辭典》，廣東教育出版社 1995 年版。
戴均良等主編：《中國古今地名大詞典》，上海辭書出版社 2005 年版。
史爲樂主編：《中國歷史地名大辭典》，中國社會科學出版社 2005 年版（增訂版，2017 年版）。
張政烺主編：《中國古代職官大辭典》，河南人民出版社 1990 年版。
吕宗力主編：《中國歷代官制大辭典》（修訂版），商務印書館 2015 年版。

中國歷史大辭典編纂委員會編:《中國歷史大辭典》，上海辭書出版社 2000 年版。
胡守爲、楊廷福主編:《中國歷史大辭典》（魏晉南北朝史卷），上海辭書出版社 2000 年版。
袁英光主編:《南朝五史辭典》，山東教育出版社 2005 年版。

三、研究著作

吕思勉:《吕思勉讀史札記》（增訂本），上海古籍出版社 2005 年版。
吕思勉:《兩晉南北朝史》，上海古籍出版社 2005 年版。
朱季海:《南齊書校議》，中華書局 1984 年版。
丁福林:《南齊書校議》，中華書局 2010 年版。
朱銘盤:《南朝齊會要》，上海古籍出版社 1984 年版。
王雲路、方一新:《中古漢語語詞例釋》，吉林教育出版社 1992 年版。
陳寅恪:《金明館叢稿初編》（第 3 版），生活・讀書・新知三聯書店 2015 年版。
陳寅恪:《金明館叢稿二編》（第 3 版），生活・讀書・新知三聯書店 2015 年版。
陳寅恪:《隋唐制度淵源略論稿・唐代政治史述論稿》（第 3 版），生活・讀書・新知三聯書店 2015 年版。
周一良:《魏晉南北朝史札記》（訂補本），中華書局 2015 年版。
周一良:《魏晉南北朝史論集》，北京大學出版社 1997 年版。
唐長孺:《魏晉南北朝史論叢》（外一種），河北教育出版社 2000 年版。
唐長孺:《魏晉南北朝史拾遺》，中華書局 1983 年版。
田餘慶:《秦漢魏晉史探微》（重訂本），中華書局 2004 年版。
田餘慶:《東晉門閥政治》（第 4 版），北京大學出版社 2005 年版。
錢玄:《三禮名物通釋》，江蘇古籍出版社 1987 年版。
錢玄、錢興奇:《三禮辭典》，江蘇古籍出版社 1998 年版。
朱紹侯:《軍功爵制研究》，上海人民出版社 1990 年版。
朱紹侯:《魏晉南北朝土地制度與階級關係》，中州古籍出版社 1988 年版。
祝總斌:《兩漢魏晉南北朝宰相制度研究》，中國社會科學出版社 1990

年版。
何茲全:《中國古代社會》，北京師範大學出版社 2001 年版。
吴玉貴:《資治通鑑疑年録》，中國社會科學出版社 1994 年版。
（日）安居香山、中村璋八輯:《緯書集成》，河北人民出版社 1994 年版。
閻步克:《察舉制度變遷史稿》，遼寧大學出版社 1991 年版。
閻步克:《閻步克自選集》，廣西師範大學出版社 1997 年版。
閻步克:《品位與職位——秦漢魏晋南北朝官階制度研究》，中華書局 2002 年版。
閻步克:《服周之冕——〈周禮〉六冕禮制的興衰變異》，中華書局 2009 年版。
張旭華:《九品中正制略論稿》，中州古籍出版社 2004 年版。
張旭華:《九品中正制研究》，中華書局 2015 年版。
白鋼主編，黄惠賢著:《中國政治制度通史》第四卷《魏晋南北朝》（修訂版），社會科學文獻出版社 2011 年版。
高敏主編:《中國經濟通史・魏晋南北朝經濟卷》，經濟日報出版社 1998 年版。
高敏:《南北史掇瑣》，中州古籍出版社 2003 年版。
侯外廬等:《中國思想通史》（第三卷），人民出版社 2011 年版。
盧海鳴:《六朝都城》，南京出版社 2002 年版。
賀云翱:《六朝瓦當與六朝都城》，南京出版社 2004 年版。
胡阿祥:《六朝疆域與政區研究》，學苑出版社 2005 年版。
胡阿祥:《宋書州郡志彙釋》，安徽教育出版社 2006 年版。
胡阿祥等:《中國行政區劃通史・三國兩晋南朝卷》，復旦大學出版社 2014 年版。
嚴耕望:《中國地方行政制度史——魏晋南北朝地方行政制度》，上海古籍出版社 2007 年版。
嚴耕望:《嚴耕望史學論文選集》，中華書局 2006 年版。
曹道衡:《蘭陵蕭氏與南朝文學》，中華書局 2004 年版。
許福謙:《南北朝八書二史疑年録》，北京出版社 2003 年版。
牛繼清、張林祥:《十七史疑年録》，黄山書社 2007 年版。

蒙思明：《魏晉南北朝的社會》，上海人民出版社 2007 年版。
沈從文：《中國古代服飾研究》（增訂本），上海書店出版社 1997 年版。
揚之水：《曾有西風半點香：敦煌藝術名物叢考》，生活・讀書・新知三聯書店 2012 年版。
真大成：《中古史書校證》，中華書局 2013 年版。
陳蘇鎮：《兩漢魏晉南北朝史探幽》，北京大學出版社 2013 年版。
孫機：《中國古輿服論叢》（增訂本），上海古籍出版社 2013 年版。
劉俊文主編，夏日新等譯：《日本學者研究中國史論著選譯》第四卷《六朝隋唐》，中華書局 1992 年版。
劉俊文主編：《日本中青年學者論中國史・六朝隋唐卷》，上海古籍出版社 1995 年版。
王國維：《觀堂集林》，中華書局 2004 年版。
楊樹達：《積微居讀書記》，中華書局 1962 年版。
馬非百：《秦集史》，中華書局 1982 年版。
許嘉璐主編，楊忠分史主編：《二十四史全譯・南齊書》，漢語大詞典出版社 2004 年版。
徐克謙譯注：《南齊書選譯》，巴蜀書社 1994 年版。
王淑嫻：《蕭子顯與〈南齊書〉研究》，花木蘭文化出版社 2012 年版。

四、論文

唐長孺：《讀史釋詞》，載《魏晉南北朝史論拾遺》，中華書局 1983 年版。
王岩：《論“織成”》，《絲綢》1991 年第 3 期。
張旭華：《從孝文帝清定流品看北魏官職之清濁》，《北朝研究》1992 年第 1 期。
熊清元：《〈南齊書〉研讀札記》，《黄岡師專學報》1997 年第 3 期。
許福謙：《〈南齊書〉紀傳疑年録》，《首都師範大學學報》1998 年第 1 期。
曹文柱：《關於東晉南朝時期的幾種國家依附民》，載《中國人文社會科學博士碩士文庫・歷史學卷》上册，浙江教育出版社 1998 年版。
程有爲：《南北朝時期的淮漢蠻族》，《鄭州大學學報》2003 年第 1 期。
高敏：《〈南齊書・魏虜傳〉書後》，載《魏晉南北朝史發微》，中華書局

2005 年版。
張金龍：《齊武帝遺詔與南齊中葉政治》，載《魏晉南北朝史論文集》，巴蜀書社 2006 年版。
丁福林：《〈南齊書〉考疑》（二十），《江淮學刊》2007 年第 3 期。
羅小華：《説緐纓——兼論鞅、靷、靳及其他》，《考古與文物》2014 年第 1 期。
趙立新：《〈南齊書·百官志·序〉所見中古職官文獻與官制史的意義》，《臺大歷史學報》第 62 期，2018 年。

南齊書　卷一

本紀第一

高帝上

太祖高皇帝諱道成，[1]字紹伯，姓蕭氏，小諱鬬將，[2]漢相國蕭何二十四世孫也。[3]何子酇定侯延生侍中彪，[4]彪生公府掾章，[5]章生皓，皓生仰，仰生御史大夫望之，[6]望之生光禄大夫育，[7]育生御史中丞紹，[8]紹生光禄勳閎，[9]閎生濟陰太守闡，[10]闡生吴郡太守永，[11]永生中山相苞，[12]苞生博士周，[13]周生蛇丘長矯，[14]矯生州從事逵，[15]逵生孝廉休，[16]休生廣陵府丞豹，[17]豹生太中大夫裔，[18]裔生淮陰令整，[19]整生即丘令儁，[20]儁生輔國參軍樂子，[21]宋昇明二年九月贈太常，[22]生皇考。[23]蕭何居沛，[24]侍中彪免官居東海蘭陵縣中都鄉中都里。[25]晋元康元年，[26]分東海爲蘭陵郡。[27]中朝亂，[28]淮陰令整字公齊，過江居晋陵武進縣之東城里。[29]寓居江左者，[30]皆僑置本土，[31]加以南名，[32]於是爲南蘭陵蘭陵人也。[33]

［1］太祖：南齊開國皇帝蕭道成廟號。《文選》卷四八班固《典引》"表上祖宗"，李善注："始受命爲祖，繼中爲宗，皆不毁廟之稱也。"　高皇帝：蕭道成謚號。《漢書》卷一上《高帝紀上》顔師古注引張晏曰："禮謚法無'高'，以爲功最高而爲漢帝之太祖，故特起名焉。"蕭道成之於南齊功最高，故稱高皇帝。

［2］小諱：諱，名諱也。蕭道成爲齊帝，故本紀稱其乳名爲小諱。

［3］相國：居宰輔之位，爲百官之長，職掌與丞相略同。　蕭何：沛人。佐漢高祖劉邦定天下，官至相國，封酇侯。詳《史記》卷五三《蕭相國世家》。此言蕭道成爲蕭何二十四世孫，於史無據，不可信，後詳。

［4］酇定侯延：酇，縣名。治所在今湖北老河口市西北。定，張守節《史記正義·謚法解》："大慮静民曰定。純行不爽曰定。"延，蕭何少子。高后二年（前186）封築陽侯。漢文帝元年（前179）改封爲酇侯，謚號曰定。見《漢書》卷三九《蕭何傳》及卷一六《高惠高后文功臣表》。　侍中：掌侍從左右，顧問應對。西漢爲加官，秩俸不詳。　彪：蕭彪。字伯文，諫議大夫、侍中，以事始徙蘭陵丞縣。見《新唐書》卷七一下《宰相世系表一下》。

［5］公府掾：三公府下屬諸曹職吏統稱。其中東、西曹掾比四百石，餘掾比三百石。　章：蕭章。《漢書》卷一六《高惠高后文功臣表》稱其爲蕭何八世孫嗣酇侯，並無"公府掾"的仕宦經歷，且時代在西漢末，與本卷下文所出蕭望之所處時代錯亂，又本卷無蕭章紹封酇侯的記録，二者不合。疑本卷訛誤。

［6］"章生皓"至"仰生御史大夫望之"：《新唐書》卷一七下《宰相世系表一下》作"章生仰，字惠高，生皓。皓生望之"。仰、皓二人之排序與本書所記顛倒。按，仰生御史大夫望之，《漢書》卷七八《蕭望之傳》未出其父名，此記其父名仰，乃後世譜諜妄相

托附，不可信。御史大夫，漢時爲丞相副貳，協調處理天下政務，爲全國最高監察、執法長官。位上卿，秩中二千石。望之，字長倩，東海蘭陵人，徙杜陵。漢昭帝時入仕，宣帝、元帝時任大鴻臚、御史大夫、太子太傅、前將軍光禄勛等要職。詳參《漢書》本傳。王符《潛夫論·志氏姓》："漢興，相國蕭何封酇侯，本沛人，今長陵蕭，其後也；前將軍蕭望之，東海、杜陵蕭，其後也。"由此可知，二蕭郡望、徙地皆不同，蕭望之絶非蕭何之後。《漢書》卷七八《蕭望之傳》顏師古注云："近代譜諜妄相託附，乃云望之蕭何之後，追次昭穆，流俗學者共祖述焉。但酇侯漢室宗臣，功高位重，子孫胤緒具詳表、傳。長倩鉅儒達學，名節並隆，博覽古今，能言其祖。市朝未變，年載非遥，長老所傳，耳目相接，若其實承何後，史傳寧得弗詳？《漢書》既不叙論，後人焉所取信？不然之事，斷可識矣。"《南史》卷四《齊本紀上》論曰："據齊、梁紀録，並云出自蕭何，又編御史大夫望之以爲先祖之次。案何及望之於漢俱爲勛德，而望之本傳不有此陳，齊典所書，便乖實録。近秘書監顏師古博考經籍，注解《漢書》，已正其非，今隨而改削云。"至此，蕭道成非蕭何、望之之後已成公論。

[7]光禄大夫：西漢武帝太初元年（前104）置，屬光禄勛，掌顧問應對，秩比二千石。西漢晚期，多作爲貴戚重臣的加官。無員限。　育：蕭育，字次君。《漢書》卷七八有附傳。

[8]御史中丞：御史臺長官。掌監察百官，奏劾不法。秩千石。　紹：蕭紹。其事不詳。

[9]光禄動：諸卿之一，掌官殿門户宿衛，典禁軍。秩中二千石。　閎：蕭閎。其事不詳。

[10]濟陰：郡名。治所在今山東荷澤市定陶區西北。　闡：蕭闡。其事不詳。

[11]吴郡：郡名。治所在今江蘇蘇州市。　永：《梁書》卷一《武帝紀上》、《新唐書》卷七一下《宰相世系表一下》作"冰"。按，蕭永或蕭冰具體事迹並不詳。

［12］中山：封國名。治所在今河北定州市。　相：諸侯國行政長官，職同郡太守。　苞：蕭苞。其事不詳。

［13］博士：隸太常。東漢時掌教授經學，國有疑問，掌承問對。秩比六百石。　周：蕭周。其事不詳。

［14］蛇丘：縣名。治所在今山東肥城市東南。　長：職掌同縣令。大縣稱令，小縣稱長。　矯：蕭矯。其事不詳。

［15］州從事：州刺史除用的屬吏。　逵：蕭逵。其事不詳。

［16］孝廉：選拔官吏的科目。漢武帝時創設。起初爲孝、廉二科，孝指孝子，廉指廉潔之士，後來混同爲孝廉一科，由郡國察舉，是漢代進仕的主要途徑之一。魏晋南北朝時期，通過孝廉科目舉薦人才仍沿襲不廢，衹是改由州郡中正察舉，至隋唐廢止。　休：蕭休。其事不詳。

［17］廣陵：郡名。治所在今江蘇揚州市西北蜀岡上。　府丞：郡丞。郡守之副貳，佐郡守掌衆事。魏、晋、南朝宋並秩八品。　豹：蕭豹。後詳。

［18］太中大夫：屬光禄勛。兩漢時掌侍從，備顧問應對。魏、晋以下養老疾，無職事。秩七品。　裔：蕭裔。後詳。

［19］淮陰：縣名。治所在今江蘇淮安市西南甘羅城。　整：蕭整。後詳。

［20］即丘：縣名。治所在今山東郯城縣東北。　儁：蕭儁。《南史》卷四《齊本紀上》：“皇曾祖儁，字子武，位即丘令。”後詳。

［21］輔國參軍：輔國將軍府參軍。輔國將軍，將軍名號。南朝宋秩三品，其參軍秩七品。　樂子：蕭樂子。《南史》卷四《齊本紀上》：“皇祖樂子，字閨子，位輔國參軍，宋昇明中贈太常。”後詳。

［22］昇明：宋順帝年號。　太常：南朝宋沿置，掌邦國禮樂、郊廟祭祀、學校教育，兼選試博士。秩三品。

［23］皇考：對亡父的尊稱。《禮記·典禮下》：“父曰皇考，母

曰皇妣。”按，本書本紀追記蕭道成先世多虚不實之辭，但亦有可以依據者。《南史》卷五《齊本紀上》取西晋末年南渡的淮陰令蕭整爲可考的南齊皇族的第一代祖先，學界無異辭。其實，蕭整以前尚有兩代能够考實。本書《禮志上》載蕭道成即位後立七廟，依次是：“廣陵府君”（即廣陵府丞豹）、“太中府君”（即太中大夫裔）、“淮陰府君”（即淮陰令整）、“即丘府君”（即即丘令儁）、“太常府君”（即獲贈太常者樂子）、“宣皇帝”（即齊高帝之父承之）、“昭皇后”（即齊高帝皇后劉智容）。又，本書《樂志》有上述七廟神主《凱容樂》歌辭，且次第相同。南齊朝廷如此祭祀先祖，可證“淮陰令整”之前的“廣陵府丞豹”“太中大夫裔”兩代確爲南齊皇室祖先。

［24］沛：縣名。治所在今江蘇沛縣。

［25］東海：郡名。治所在今山東郯城縣北。　蘭陵：縣名。治所在今山東蒼山縣西南蘭陵鎮。

［26］元康：晋惠帝年號。

［27］蘭陵郡：治所在今山東棗莊市東南嶧城鎮西。

［28］中朝亂：指永嘉之亂。西晋後期，在藩王與中央拉鋸戰争下，内憂外患空前嚴重。永嘉五年（311），匈奴部族首領攻破洛陽，擄走晋懷帝，瑯琊王司馬睿在建康建立東晋政權。永嘉之亂造成大批衣冠世族、普通民衆南遷。

［29］晋陵：郡名。治所在今江蘇鎮江市東南丹徒區。　武進：縣名。治所在今江蘇丹陽市東。

［30］江左：古地區名。清魏禧《日録》卷二《雜説》（載《魏叔子文集》）云：“江東稱江左，江西稱江右。何也？曰：自江北視之，江東在左，江西在右耳。”其地本指今蕪湖市、南京市以東的長江下游南岸地區。因東晋及南朝宋、齊、梁、陳各代皆建都建康（今南京市），故時人又稱其統治下的全部地區爲江左。

［31］僑置：東晋、南朝時期，由於戰争頻繁，不斷有北方流民南徙。江左政權在流民集中的地方以其原籍名稱設立臨時性的政區

予以安置，稱爲僑置。

[32]加以南名：東晋僑置政區初不加“南”字，及至晋末劉裕收復與東晋僑置的政區對應的北方原政區後，遂於原地名前加“北”字（如北徐州、北兖州等），以示區别。劉裕代晋後，又下詔去掉原來政區前的“北”字，而於僑置政區的地名前加“南”字。參見清錢大昕《十駕齋養新録》卷六《晋僑置州郡無南字》。

[33]南蘭陵：僑郡名。治蘭陵僑縣，在今江蘇常州市武進區。

皇考諱承之，字嗣伯。少有大志，才力過人，宗人丹陽尹摹之、北兖州刺史源之並見知重。[1]初爲建威府參軍，[2]義熙中，[3]蜀賊譙縱初平，[4]皇考遷揚武將軍、安固汶山二郡太守，[5]善於綏撫。

[1]丹陽尹：南朝宋沿置，爲京師建康所在的丹陽郡行政長官。掌京城行政事務並詔獄，地位頗重要。秩三品。　摹之：蕭摹之。南蘭陵蘭陵人。宋文帝時歷任益州刺史、南蠻校尉、湘州刺史、丹陽尹，卒贈征虜將軍。　北兖州：州名。東晋義熙六年（410）改舊兖州置，治所在今河南滑縣東舊滑縣。　源之：蕭源之。字君流，南蘭陵蘭陵人。南朝宋武帝劉裕繼母蕭太后弟。永初元年（420）卒，追贈前將軍。

[2]建威府參軍：建威將軍府參軍。參軍，東漢末始有“參某某軍事”的名義，謂參謀軍事，簡稱“參軍”。晋以後軍府和王國始置爲官員。掌參謀軍務，品秩不詳。建威將軍，東晋沿置，爲領兵武職。秩四品。

[3]義熙：晋安帝年號。

[4]譙縱：巴西南充（今四川南充市）人。義熙元年（405），譙縱據成都起兵叛晋，殺益州刺史毛璩，自稱成都王。義熙九年（413），晋遣將軍朱齡石平叛，譙縱兵敗自殺。《晋書》卷一〇〇

有傳。

[5]揚武將軍：東晋沿置，爲領兵武職。秩四品。　安固汶山二郡：晋所置雙頭郡，治所在今四川茂縣。

元嘉初，[1]徙爲威烈將軍、濟南太守。[2]七年，右將軍到彦之北伐大敗，[3]虜乘勝破青部諸郡國，[4]别帥安平公乙旃眷寇濟南，[5]皇考率數百人拒戰，退之。虜衆大集，皇考使偃兵開城門。衆諫曰："賊衆我寡，何輕敵之甚！"皇考曰："今日懸守窮城，事已危急，若復示弱，必爲所屠，惟當見彊待之耳。"虜疑有伏兵，遂引去。青州刺史蕭思話欲委鎮保險，[6]皇考固諫不從，思話失據潰走。明年，征南大將軍檀道濟於壽張轉戰班師，[7]滑臺陷没，[8]兖州刺史竺靈秀抵罪。[9]宋文帝以皇考有全城之功，[10]手書與都督長沙王義欣曰：[11]"承之理民直亦不在武幹後，[12]今擬爲兖州，□□檀征南詳之。"[13]皇考與道濟無素故，事遂寢。[14]還輔國鎮北中兵參軍、員外郎。[15]

[1]元嘉：南朝宋文帝年號。

[2]威烈將軍：殿本作武烈將軍，中華本校勘記引《宋書·百官志》云，有武烈將軍，無威烈將軍。丁福林《南齊書校議》（以下簡稱丁福林《校議》）云揚武將軍官第四品，武烈將軍爲第八品，從蕭承之仕途遷轉看，不升反降不合常理，疑當從《宋書》卷七八《蕭思話傳》作第四品位次靠前的"建威將軍"。（中華書局2010年版，第1—2頁）　濟南：郡名。治所在今山東濟南市。

[3]到彦之：字道豫，彭城武原人。元嘉七年（430）三月奉命督諸軍北伐，十一月敗還。《南史》卷二五有傳。

［4］青部：青州刺史部，治所在今山東青州市。

［5］安平公：北魏封爵名稱。秩二品。安平，郡名。治所在今山西沁水縣東北西城。　乙旃（zhān）眷：人名。乙旃，姓。《魏書·官氏志》云，獻帝命其叔父之胤曰乙旃氏，後改爲叔孫氏。乙旃眷又名涉歸幡能健（亦可簡稱涉歸）、叔孫建。乙旃眷寇濟南事，見《魏書》卷二九《叔孫建傳》。

［6］蕭思話：蕭源之之子，仕宋爲將軍，官至持節監軍。《宋書》七八有傳。　委：棄。

［7］征南大將軍：南朝宋重號將軍之一，掌持都督諸軍征伐。秩第二品。　檀道濟：高平金鄉人。南朝宋開國功臣。初封永修縣公，進封武陵郡公。官至征北將軍、征南大將軍、司空。《宋書》卷四三有傳。　壽張：縣名。治所在今山東東平縣西南。

［8］滑臺：軍鎮名。南朝宋初爲兖州刺史治所，在今河南滑縣東舊滑縣。

［9］抵罪：抵償其應負的罪責。《宋書》卷五《文帝紀》：元嘉七年（430）十二月，"兖州刺史竺靈秀有罪伏誅"。《南史》卷二五《到彦之傳》、《通鑑》卷一二一《宋紀三》"文帝元嘉七年"條同。本紀將"竺靈秀抵罪"事記在元嘉八年，誤。

［10］宋文帝：南朝宋皇帝劉義隆謚號。劉義隆，武帝劉裕第三子，年號元嘉，其在位期間史稱"元嘉之治"。《宋書》卷五有紀。

［11］都督長沙王義欣：劉義欣，劉裕異母弟長沙景王道憐之子。道憐死，義欣嗣。元嘉七年（430），遷使持節、監豫司雍并四州諸軍事、豫州刺史。《宋書》五一有傳。都督，地方軍政長官。稱都督諸州軍事，領駐在州刺史。南朝宋秩二品。長沙，郡名。治所在今湖南長沙市。

［12］承之：齊高帝蕭道成父蕭承之。百衲本、毛本皆作"諱"字，蓋子顯書原文如此。爲便於閱讀，中華本已據殿本改正，今從之。　理民直亦不在武幹後：治理百姓的才能也不在軍事才幹之下。武幹，軍事才幹。

[13]今擬爲兖州，□□檀征南詳之：中華本校勘記云，南監本、毛本、殿本、局本闕文作“刺史”二字，張元濟《校勘記》：“疑‘□□檀征南詳之’七字爲句。”中華本據此斷句，今從之。檀征南，即征南大將軍檀道濟。詳，審察。

[14]寢：止息，停止。

[15]遷：官制用語。指職務升遷。蕭承之曾先後升任輔國將軍、鎮北將軍府中兵參軍。　中兵參軍：掌本府中兵曹事務，兼備參謀咨詢。秩七品。　員外郎：員外散騎侍郎的簡稱。屬散騎省（東省、集書省），兼掌出使勞問乃至宣旨等，爲閑散之職。

十年，蕭思話爲梁州刺史，[1]皇考爲其横野府司馬、漢中太守。[2]氐帥楊難當寇漢川，[3]梁州刺史甄法護棄城走，[4]思話至襄陽不進，[5]皇考輕軍前行，攻氐僞魏興太守薛健於黄金山，[6]剋之。黄金山，張魯舊戍，[7]南接漢川，北枕驛道，險固之極。健既潰散，皇考即據之。氐僞梁、秦二州刺史趙温先據州城，[8]聞皇考至，退據小城，薛健退屯下桃城，[9]立柴營，皇考引軍與對壘，相去二里。健與僞馮翊太守蒲早子悉力出戰，[10]皇考大破之，健等閉營自守不敢出，思話繼至，賊乃稍退。皇考進至峨公山，[11]爲左衛將軍、沙州刺史吕平大衆所圍積日，[12]建武將軍蕭汪之、平西督護段虯等至，[13]表裏奮擊，大破之。難當又遣息和領步騎萬餘人，[14]夾漢水兩岸，援趙温，攻逼皇考。相拒四十餘日。賊皆衣犀甲，刀箭不能傷。皇考命軍中斷槊長數尺，[15]以大斧搥其後，[16]賊不能當，乃焚營退。皇考追至南城，[17]衆軍自後而進，連戰皆捷，梁州平。詔曰：“承之稟命先驅，蒙險深入，全軍屢剋，奮其忠果，可龍驤將軍。”[18]隨府轉寧朔司馬，[19]太守如故。

[1]梁州：州名。治所在今陝西漢中市東。《宋書》卷七八《蕭思話傳》載思話其時任督梁南秦二州諸軍事、橫野將軍、梁南秦二州刺史。梁州是實土州，南秦是帖治梁州的僑州，故亦可單舉梁州。

[2]橫野府司馬：橫野將軍府司馬。南朝宋橫野將軍，秩八品。司馬品級不詳。　漢中：郡名。治所在今陝西漢中市東。

[3]氐：古族名。魏晉南北朝時期主要分布於今陝西南部、甘肅中東部和四川北部，與漢人雜處，多聚族而居，曾建立仇池、前秦、後凉等政權。　楊難當：氐族渠帥。宋文帝元嘉六年（429）七月，楊難當廢楊保宗襲爲武都王。九年，仇池大饑，而益、梁豐稔，楊難當因此寇掠漢川。　漢川：泛指今陝西漢中平原。

[4]梁州刺史甄（zhēn）法護：據《宋書》卷九八《氐胡傳》，時梁州刺史甄法護刑法不理，宋文帝遣刺史蕭思話代任。故史文記述前後相接的兩任梁州刺史。又，據《宋書》卷七八《蕭思話傳》附傳載，甄法護，中山無極人。因棄守梁州被收治下獄，賜死。

[5]襄陽：郡名。亦爲縣名。治所在今湖北襄陽市。

[6]魏興：郡名。治所在今陝西安康市西北漢水北岸。　黄金山：黄金戍。漢置，在今陝西洋縣東。《水經注·沔水》：“有黄金戍傍山依峭，險折七里。氐掠漢中，阻此爲戍，與鐵城相對。一城在山上，容百餘人；一城在山下，可置百許人，言其險峻，故以金、鐵制名。”

[7]張魯：漢末沛國豐縣（今江蘇豐縣）人，五斗米道首領，在漢中建立政教合一的割據政權，後投降曹操。《三國志》卷八有傳。

［8］趙温：北魏天水人，字思恭，初仕後秦，後爲氐族首領楊難當秦、梁二州刺史。難當附魏，太武帝令温爲難當府司馬。卒於仇池。

［9］下桃城：南北朝時戍守處。在今陝西漢中市東南。又有大桃城，近漢中。見《讀史方輿紀要》卷五六《陝西五》。

［10］馮翊：郡名。南朝宋元嘉六年（429）僑置，寄治襄陽（今湖北襄陽市）。大明八年（464）徙治鄀縣（今湖北宜城市東南）。　蒲早子：原作“蒲旱子”。中華本校勘記云：“據殿本改。按《宋書·蕭思話傳》作‘蒲早子’，又作‘蒲蚤子’，早蚤通用，則作‘早子’是。”今從改。

［11］峨公山：地名。在今陝西漢中市南鄭區南。

［12］左衛將軍：氐酋楊氏時的左衛將軍的職掌、品級不可考。宋左衛將軍掌宿衛營兵，秩四品。　沙州：州名。治今甘肅敦煌市西。

［13］建武將軍：南朝宋五武將軍之一。秩四品。　平西督護：平西將軍督護。秩六品。

［14］息：子。

［15］槊（shuò）：古代兵器，即長矛。同“矟”。《釋名·釋兵》：“矛長丈八尺曰矟。”

［16］搥（chuí）：敲，擊。通“捶”。

［17］南城：地名。在今陝西漢中市西南。

［18］龍驤將軍：南朝宋秩三品。

［19］寧朔司馬：寧朔將軍府司馬。秩七品。蕭承之先爲蕭思話横野將軍府司馬，及思話加節，進號寧朔將軍，承之亦隨思話轉爲寧朔將軍府司馬。

入爲太子屯騎校尉。[1]文帝以平氐之勞，[2]青州缺，[3]將欲授用。彭城王義康秉政，[4]皇考不附，乃轉爲江夏王司徒中兵參軍、龍驤將軍、南泰山太守，[5]封晉興縣五等男，[6]邑三百四十户。遷右軍將軍。[7]元嘉二十四年殂，[8]年六十四。梁土民思之，[9]於峨公山立廟祭祀。昇明二年，贈散騎常侍、金紫光禄大夫。[10]

[1]入：官制用語。官吏由地方内調中央任職稱“入”。　太子屯騎校尉：東宫（太子宫）侍從武官，掌騎兵。南朝宋置，員七人。

[2]文帝：南朝宋皇帝劉義隆，廟號太祖。《宋書》卷五有紀。

[3]青州：州名。治所在今山東青州市。　鈌：通“缺”。

[4]彭城王義康秉政：劉義康，南朝宋武帝第四子。永初元年（420）封彭城王，歷南豫、南徐、荆州刺史。元嘉六年（429）正月入爲司徒、録尚書事，與王弘共輔朝政。王弘每事推謙，自是内外衆務，一斷之義康。義康素無學術，諳於大體，率心行事，至乃朋黨圖謀不規。十七年（440），外放爲江州刺史。二十八年（451）正月，文帝遣使殺之。《宋書》卷六八有傳。

[5]轉：官制用語。官吏調任曰轉。指調任與原職品秩相同的其他官職，或同職僅調位任所，並無升級或降級之意。　爲江夏王司徒中兵參軍：宋武帝劉裕第五子劉義恭，元嘉元年（424），封江夏王，歷徐、荆、南兖等州刺史。十七年，爲侍中、司徒、録尚書事。中兵參軍，掌司徒府營兵。　南泰山：僑郡名。治所在今江蘇鎮江、常州二市間。

[6]晉興：縣名。治所在今重慶市潼南區。　五等男：爵名。南朝宋“男”爵等級之一。

[7]遷右軍將軍：中華本校勘記云：“按《文選》五十九《齊安陸昭王碑文》注引作‘冠軍將軍’，疑‘右軍’爲‘冠軍’之訛。承之先爲龍驤，稍遷冠軍，資序正合。若右軍將軍，爲四將軍之一，領宿衛營兵，非雜號將軍之比，時承之無殊勛，不當超遷居

之也。”丁福林《校議》云：“《宋書·百官志》，龍驤將軍與冠軍將軍雖同爲三品之職，然冠軍將軍位又稍高於龍驤將軍，故承之乃以龍驤而稍遷至冠軍耳。碑文所載，當必有據，校言是也。”（第2頁）今按，中華本校勘記與丁氏所言承之由龍驤將軍稍遷至冠軍將軍的考證甚是。這裏再補充一條材料以證此處作“右軍將軍”之誤。據《宋書·百官志下》，右軍將軍爲四品軍職。此前承之已爲三品的龍驤將軍，若由此職轉爲右軍將軍，品位降低，何能稱“遷”？由此亦知作“右軍將軍”誤。又，中華本校勘記言“若右軍將軍……時承之無殊勛，不當超遷居之也”云云，蓋校勘者誤以與龍驤將軍同爲三品軍職而高於龍驤將軍五位的右將軍爲右軍將軍。又基本史料皆采自本書的《南史》卷四《齊本紀上》亦作“右軍將軍”，由此知承之“遷右軍將軍”之誤出自蕭子顯，非後世傳抄、傳刻之誤也。

[8]殂（cú）：死。

[9]土民：中華本校勘記云，“土”殿本作“士”，張元濟《校勘記》云作“士”訛，並按《南史·齊紀》避唐諱，去“民”字，作“梁土思之”。丁福林《校議》云，於時梁地偏僻，故爲之立廟者，乃梁之土著民衆也。（第2頁）

[10]散騎常侍：南朝宋屬集書省。職以侍從左右，主掌圖書文翰，撰述文章，諫諍拾遺，收納文書，亦常作爲丞相、諸公加官或贈官。秩三品。　金紫光禄大夫：光禄大夫，西漢武帝太初元年（前104）改中大夫置。掌侍從左右，備顧問應對。魏晋以下養老疾，無職事。南朝宋秩三品。金紫光禄大夫，即授以金章紫綬的光禄大夫，以示優崇。其時，蕭道成已專宋政，其祖樂子、父承之皆得追贈褒揚。

太祖以元嘉四年丁卯歲生。[1]姿表英異，龍顙鍾聲，[2]鱗文遍體。儒士雷次宗立學於雞籠山，[3]太祖年十三，受業，治《禮》及《左氏春秋》。[4]十七年，宋大將軍彭城王義康被黜，[5]鎮豫章，[6]皇考領兵防守，太祖舍業南行。十九年，竟陵蠻動，[7]文帝遣太祖領偏軍討沔北蠻。[8]二十一年，伐索虜，[9]至丘檻山，並破走。二十三年，雍州刺史蕭思話鎮襄陽，[10]啓太祖自隨，戍沔北，討樊、鄧諸山蠻，[11]破其聚落。初爲左軍中兵參軍。[12]二十七年，索虜圍汝南戍主陳憲，[13]臺遣寧朔將軍臧質、安蠻司馬劉康祖救之，[14]文帝使太祖宣旨，授節度。[15]聞虜主拓跋燾向彭城，[16]質等回軍救援，至盱眙，[17]太祖與質別軍主胡宗之等五軍，[18]步騎數千人前驅，燾已潛過淮，卒相遇於莞山下，合戰敗績，緣淮奔退，宗之等皆陷没。太祖還就質固守，爲虜所攻圍，甚危急，事寧，還京師。二十九年，領偏軍征仇池。[19]梁州西界舊有武興戍，[20]晋隆安中没屬氐；[21]武興西北有蘭皋戍，[22]去仇池二百里。太祖擊二壘，皆破之。遂從谷口入關，[23]未至長安八十里，梁州刺史劉秀之遣司馬馬注助太祖攻談堤城，[24]拔之，虜僞河間公奔走。[25]虜救兵至，太祖軍力疲少，又聞文帝崩，乃燒城還南鄭。[26]襲爵晋興縣五等男。

[1]丁卯：干支紀年年號。元嘉四年（427）爲丁卯年。

[2]龍顙（sǎng）：像龍一樣的額頭。顙，額頭。今按，《南史》卷四《齊本紀上》"龍顙鍾聲"之後、"鱗文遍體"之前有"長七尺五寸"五字。本書本紀既言道成"姿表英異"，當有此五字。疑此五字爲本書《高帝紀》佚文。

[3]雷次宗：南朝宋豫章南昌（今江西南昌市）人，字仲倫。

少入廬山，事沙門釋豐盛遠，篤志好學，尤明《三禮》《毛詩》，隱居不仕。元嘉十五年（438），徵至建康，開館於鷄籠山，聚徒教授。《宋書》卷九三有傳。　雞籠山：又名龍山、欽天山。即今江蘇南京市解放門内雞鳴山。《太平寰宇記》卷九〇升州上元縣“雞籠山”條引《輿地志》云：“其山狀如雞籠，以此爲名。”

[4]《禮》：書名，儒家經典之一。禮經有三，爲《周禮》《儀禮》《禮記》。　《左氏春秋》：書名。解釋儒家經典《春秋》的三家著作之一，傳爲春秋末年左丘明撰。

[5]大將軍：南朝時爲高級軍政官員，不常授。宋時秩三品。元嘉十六年（439），彭城王義康進位大將軍，領司徒，辟召掾屬。

[6]豫章：郡名。治所在今江西南昌市。

[7]竟陵：郡名。治所在今湖北鍾祥市。　蠻：古時對南方少數民族的泛稱。

[8]沔（miǎn）：古時通稱漢水爲沔水。沔北則泛指今漢水以北地區。

[9]索虜：南北朝時南北分治，皆以正統自居，南朝稱北爲索虜，北朝稱南爲島夷，皆含蔑視之意。北方諸族編髮爲辮，故以索稱。此處指北魏。

[10]二十三年，雍州刺史蕭思話鎮襄陽：據丁福林《校議》“二十三年”疑誤，該年任襄陽刺史者爲武陵王劉駿。蕭思話於元嘉二十年、二十五年先後兩次鎮襄陽，據前後文知蕭道成隨蕭思話鎮襄陽事應是元嘉二十五年。（第2—3頁）

[11]樊：樊城，在今湖北襄陽市，與襄陽城隔漢水相望。　鄧：鄧城，在今湖北襄陽市西北。

[12]初爲左軍中兵參軍：《宋書》卷七八《蕭思話傳》載其元嘉二十五年（448）復監雍梁南北秦四州荆州之竟陵二郡諸軍事、右將軍、寧蠻校尉、雍州刺史如故。若蕭思話爲右將軍，則蕭道成爲其軍府佐，當爲右軍中兵參軍。丁福林《校議》據此以爲，左軍中兵參軍與《宋書》卷七八《蕭思話傳》之右將軍二者之間必有

一誤。（第3—4頁）左軍中兵參軍，左軍將軍府僚屬之一，掌本府中兵曹事務，兼備參謀咨詢，南朝宋秩七品。

［13］汝南：郡名。治所在今河南汝南縣。　戍主：南北朝時邊境軍事要地長官。掌守邊捍禦之事，亦參預戍地民政與財政事務。

［14］臺：官署名稱。此處指朝廷。　寧朔將軍：掌領兵征伐。南朝宋秩四品。　臧質：字含文，東莞莒（今山東莒縣）人。東晋末，爲太尉劉裕世子中軍行參軍。入宋，歷建平、歷陽太守及徐、兗二州刺史等職。元嘉二十七年（450），北魏太武帝攻宋。宋以臧質爲輔國將軍領兵北救，進至盱眙（今屬江蘇），與太守沈璞固守。魏軍攻之不剋北還，臧質以功遷寧蠻校尉、雍州刺史。三十年，太子劉劭弑父自立，臧質助孝武帝平之。孝建元年（454），因與南郡王義宣等謀反被殺。《宋書》卷七四有傳。　安蠻司馬：南朝宋置。南平王劉鑠以豫州刺史領安蠻校尉，劉康祖爲司馬，佐府主掌安輯豫州蠻事務。

［15］授節度：朝廷授蕭道成符節以調度救援汝南的軍隊。

［16］拓跋燾：字佛狸，鮮卑族，北魏皇帝。在位期間，曾率軍擊破北方的柔然。此後又攻滅了北燕、北凉等割據政權，於太延五年（439）一統北方。拓跋燾崇奉道教，並下詔滅佛。太平真君十一年（450）大舉南下攻宋，長驅直入至瓜步（今江蘇南京市六合區東南），由於宋頑强抵抗被迫退兵。正平二年（452），被其中常侍宗愛殺害。謚太武帝，廟號世祖。《魏書》卷四有紀。　彭城：郡名。治所在今江蘇徐州市。

［17］盱（xū）眙（yí）：縣名。治所在今江蘇盱眙縣。

［18］軍主：官名。《通鑑》卷一二三《宋紀五》“文帝元嘉十七年”條，胡三省注：“江南軍制，呼長帥爲隊主、軍主。隊主者，主一隊之稱；軍主者，主一軍之稱。”　胡宗之：中華本校勘記云：“洪頤煊《諸史考異》云：‘按，《宋書·蕭思話傳》作胡崇之，《魏書·世祖紀》亦作胡崇之。’今按《宋書·文帝紀》《劉懷肅傳》《臧質傳》並作‘胡崇之’。《册府元龜》一百八十四作‘胡宗

之'。"今按，前人校勘所舉六例，其中洪頤煊指《宋書·蕭思話傳》作"胡崇之"，不實，檢覈該傳並無其人。又見《宋書·謝晦傳》《索虜傳》《氐胡傳》《自序》及《通鑑》卷一二五《宋紀七》並作"胡崇之"。胡崇之，宋人，其姓名當以《宋書》爲正，故《通鑑·宋紀》從《宋書》，良有以也。作"胡宗之"者，南北朝史書惟本書《高帝紀》一處，蓋子顯齊史，事涉前朝，又因"崇""宗"二字形、聲俱近而訛。檢《册府元龜》卷一八四作"胡宗之"者，因涉南齊高帝事而及之，源自本書，不足爲據。

[19]仇池：地名。在今甘肅西和縣西南。《方輿勝覽》卷七〇西和州："晉時楊難當竊據築城，自山之上屬長道，下屬成州同谷。"

[20]武興戍：屯戍名。在今陝西略陽縣北。

[21]隆安：東晉安帝年號。

[22]蘭皋（gāo）戍：屯戍名。在今甘肅康縣境。

[23]谷口：地名。從蕭道成作戰的形勢看，疑此"谷口"當即斜谷南口，在今陝西眉縣西南。

[24]劉秀之：字道寶，東莞莒縣（今山東莒縣）人，世居京口（今江蘇鎮江市）。元嘉二十五年（448），除督梁南北秦三州諸軍事、寧遠將軍、西戎校尉、梁南秦二州刺史。《宋書》卷八一有傳。　馬注：人名。"注"，《南史》卷四《齊本紀上》各本並作"汪"（中華本據本書改作"注"）。《通鑑》卷一二六亦作"汪"。　談堤城：地名。《南史》作"談提城"。今地所在未詳。

[25]河間公：北魏拓跋齊爵號。拓跋齊，烈帝翳槐之玄孫。太平真君四年（即宋元嘉二十年，443）二月，以剋仇池功，賜爵河間公。《魏書》卷一四有傳。

[26]南鄭：縣名。治所在今陝西漢中市東。

孝建初，[1]除江夏王大司馬參軍，[2]隨府轉太宰，[3]

遷員外郎、直閤中書舍人、西陽王撫軍參軍、建康令。[4]新安王子鸞有盛寵,[5]簡選僚佐,[6]爲北中郎中兵參軍。[7]陳太后憂,[8]起爲武烈將軍,[9]復爲建康令,中兵如故。景和世,[10]除後軍將軍。[11]

[1]孝建：宋孝武帝年號。

[2]除江夏王大司馬參軍：除，官制用語。即拜官授職，或曰除舊官就新官。江夏王，即南朝宋武帝第五子劉義恭。元嘉元年（424）封江夏王。孝武帝踐祚，進位太傅，領大司馬。孝建三年（456），進位太宰，領司徒。《宋書》卷六一有傳。大司馬，古者掌武事。自兩晋以後不常置，多爲大臣加官或贈官，八公之一。秩一品。參軍，佐府主參謀府中軍務。南朝宋秩六品。

[3]隨府轉太宰：謂道成府主劉義恭由大司馬遷爲太宰，其隨而轉爲太宰參軍。“參軍”二字承上而省，非謂道成晋升爲太宰。太宰，晋初依《周禮》設三公，本以太師居首，因避司馬師諱，改太師爲太宰，位上公。南朝宋孝武帝大明年間，以江夏王劉義恭爲太宰。齊爲贈官。皆非常置，有事則權兼之。丁福林《校議》以爲此時蕭道成資望甚淺，不當爲太宰，時任太宰者爲江夏王劉義恭。蕭道成先爲大司馬劉義恭參軍，劉義恭升任太宰後，則道成應轉爲太宰參軍。據此應在太宰后補參軍。（第4頁）

[4]員外郎：兩晋南北朝“員外散騎侍郎”的簡稱。南朝宋隸屬集書省。職任閑散，時或受命出使訪問，傳達詔旨。亦常用以安置退閑官員、衰老人士。　直閤中書舍人：中書舍人，即中書通事舍人，簡稱通事舍人、中書舍人。中書省屬官。除掌收納、轉呈文書章奏之外，漸奪中書侍郎草擬詔令之任，位卑權重。因其入直禁中，故又稱直閣中書舍人。南朝宋秩七品。　西陽王撫軍參軍：中華本校勘記云：“張森楷《校勘記》云：‘終宋世無西陵王，陵當爲陽，各本並訛。’按《宋書·豫章王子尚傳》，孝建三年，年六

歲，封西陽王。大明二年，加撫軍將軍。作‘西陽王’是，今據改。”今從改。劉子尚，字孝師，孝武帝第二子。景和元年（465）十一月，明帝殺前廢帝後，賜死。《宋書》卷八〇有傳。撫軍參軍，撫軍將軍屬官。南朝秩六品。　建康：縣名。治所在今江蘇南京市。東晉南朝都城所在。

[5]新安王子鸞：劉子鸞，字孝羽，宋孝武帝第八子。大明四年（460），封新安王。五年，遷北中郎將、南徐州刺史。景和元年（465）九月，前廢帝疾鸞有寵於先帝，遂賜死，時年十歲。《宋書》卷八〇有傳。

[6]簡選：選拔。

[7]北中郎中兵參軍：北中郎將中兵參軍。南朝宋北中郎將，秩四品。參軍掌其府中兵曹事務，兼備參謀顧問。按，此處原作“北軍中郎中兵參軍”，清錢大昕《廿二史考異》云：“子鸞以北中郎將領南徐州刺史，太祖爲其僚屬，當云北中郎中兵參軍，此多一‘軍’字。”中華本據此删“軍”字，今從改。

[8]陳太后：齊高帝蕭道成母親陳道止，臨淮東陽（今江蘇盱眙縣東南東陽集）人，魏司徒陳矯之後。建元元年（479），高帝追尊其父爲宣帝，母爲孝皇后，故本紀稱其爲陳太后。本書卷二〇有傳。　憂：父母之喪。

[9]武烈將軍：南朝宋將軍名號。秩四品。道成居喪後起爲此職。

[10]景和：南朝宋前廢帝年號。永光元年（465）八月，改元景和。其年十二月，湘東王（即宋明帝）又改元泰始。其間一百一十四天，不到四個月。

[11]後軍將軍：南朝宋時掌宮禁宿衛。秩四品。

值明帝立，[1]爲右軍將軍。[2]時四方反叛，會稽太守尋陽王子房及東諸郡皆起兵，[3]明帝加太祖輔國將軍，[4]

率衆東討。至晉陵,[5]與賊前鋒將程捍、孫曇瓘等戰,[6]一日破賊十二壘。分軍定諸縣，晉陵太守袁摽棄城走,[7]東境諸城相繼奔散。

[1]明帝：南朝宋皇帝劉彧。文帝第十一子，字休炳，小字榮期。卒謚明帝，廟號太宗。《宋書》卷八有紀。

[2]右軍將軍：南朝宋時掌宫禁宿衛。秩四品。

[3]會稽太守尋陽王子房：宋孝武帝第六子，劉子房，大明四年（460）封尋陽王。七年，進號右將軍。前廢帝景和元年（465），子房以本號督會稽東陽新安臨海永嘉五郡諸軍事、會稽太守。泰始二年（466）正月，晉安王子勛稱帝。子房長史孔覬起兵響應。及敗，明帝貶子房爲松滋侯，尋又殺之。子房死時年十一。《宋書》卷八〇有傳。會稽，郡名。治所在今浙江紹興市。尋陽，郡名。治所在今江西九江市西南。

[4]輔國將軍：將軍名號。南朝宋秩三品。

[5]晉陵：郡名。治所在今江蘇常州市。

[6]程捍：丁福林《校議》云："'程捍'，《宋書・孔覬傳》作'程捍宗'，《南史・孔琳之傳附孔覬傳》作'程扞宗'，《通鑑》卷一百三十一從《南史》，亦作'程扞宗'。'捍''扞'音形俱近。此則於'捍'後佚'宗'一字。"（第5頁）今按，"捍""扞"不僅音形俱近，且在護衛、捍衛的義項上通用。《集韵・翰韵》："扞，衛也，或作捍。"丁氏謂"'捍'後佚'宗'一字"，可從。孫曇（tán）瓘（guàn）：吴郡富陽（今浙江富陽縣）人。尋陽王子房長史孔覬部將。泰始二年（466）隨孔覬起兵反叛，後見原宥。昇明元年（477），司徒袁粲討伐蕭道成，曇瓘響應，兵敗伏法。《宋書》卷八三有附傳。

[7]袁摽：宋太子左衛率袁淑第五子。泰始二年（466），以晉陵太守追隨尋陽王子房反叛，兵敗歸降。後事未詳。丁福林《校

議》云《宋書·明帝紀》《通鑑》卷一三一等同作“摽”，而《宋書·袁淑傳》《鄧琬傳》及《南史·宋本紀下》《鄧琬傳》等作“標”。未知孰是。(第5頁)

徐州刺史薛安都反彭城，[1]從子索兒寇淮陰，[2]山陽太守程天祚舉城叛，[3]徐州刺史申令孫又降，[4]徵太祖討之。時太祖平東賊還，又將南討，[5]出次新亭，[6]前軍已發，而索兒自睢陵渡淮，[7]馬步萬餘人，擊殺臺軍主孫耿，[8]縱兵逼前軍張永營，[9]告急。明帝聞賊渡，遽追太祖往救之，屯破釜。[10]索兒向鍾離，[11]永遣寧朔將軍王寬據盱眙，[12]遏其歸路。索兒擊破臺軍主高道慶，[13]走之於石鼈，[14]將西歸。王寬與軍主任農夫先據白鵠澗，[15]張永遣太祖馳督寬，索兒東要擊太祖，[16]使不得前。太祖鼓行結陣，直入寬壘，索兒望見不敢發。經數日，索兒引軍頓石梁，[17]太祖追之至葛冢，[18]候騎還云賊至，[19]太祖乃頓軍引管，[20]分兩馬軍夾營外以待之。俄頃，賊馬步奄至，[21]又推火車數道攻戰。[22]相持移日，[23]乃出輕兵攻賊西，使馬軍合擊其後，賊衆大敗，追奔獲其器仗。進屯石梁澗北。[24]索兒夜遣千人來斫營，[25]營中驚，太祖卧不起，宣令左右案部不得動，須臾賊散。太祖議欲於石梁西南高地築壘通南道，斷賊走路，索兒果來争之，太祖率軍擊破之，賊馬自相踐藉死。索兒走向鍾離，太祖追至黯黮而還。[26]除驍騎將軍，[27]封西陽縣侯，[28]邑六百户。

[1]徐州：州名。治所在今江蘇徐州市。　薛安都：字休達，

河東汾陰（今山西萬榮縣西南）人。初仕北魏，爲雍、秦二州都統。元嘉二十一年（444），投奔劉宋。前廢帝時，官至平北將軍、徐州刺史。泰始二年（466）正月，晋安王子勛在尋陽稱帝，安都舉兵響應，遣軍進攻淮南、旋降魏。《宋書》卷八八、《魏書》卷六一有傳。

[2]從子：侄子。　淮陰：縣名。治所在今江蘇淮安市西南甘羅城。

[3]山陽：郡名。治所在今江蘇淮安市。

[4]申令孫：祖籍魏郡魏縣（今河北大名縣西南）景和中，爲永嘉王子仁左軍司馬、廣陵太守。及薛安都叛，明帝以其爲寧朔將軍、徐州刺史討伐。令孫渡淮後，即向叛軍投降。《宋書》卷六五有附傳。

[5]南討：謂討伐據尋陽稱帝的晋安王子勛。

[6]新亭：地名。在今江蘇南京市西南。

[7]睢陵：僑縣名。治所在今安徽明光市東北。

[8]臺：晋、宋間謂朝廷禁近爲臺，故稱禁城爲臺城，官軍爲臺軍，使者爲臺使。　軍主：南北朝置，爲一軍主將，其下設有軍副。所統軍隊無定員，自數百人至萬人以上不等。　孫耿：時任員外散騎侍郎，率軍平叛。《宋書》卷八八《薛安都傳》作“孫耿之”。

[9]張永：字景雲，吴郡吴縣（治所在今江蘇蘇州市）人。宋金紫光禄大夫張茂度第三子。泰始二年（466），徐州刺史薛安都反叛，宋明帝遷張永爲使持節、監青冀幽并四州諸軍事、前將軍、青冀二州刺史，統諸將征討。《宋書》卷五三有傳。

[10]破釜：今江蘇西部洪澤湖。《讀史方輿紀要》卷二一盱眙縣：“洪澤浦，縣北三十里。舊有破釜塘，鄧艾立白水塘與破釜相連，開水門八以溉田。其後煬帝幸江都，道經此，久旱遇雨，因改今名。”唐始名洪澤湖。

[11]鍾離：郡名。治所在今安徽鳳陽縣東北臨淮鎮。

［12］寧朔將軍：將軍名號。南朝宋秩四品。　王寬：本書卷二七有附傳。　盱眙：本漢晋縣名，晋安帝改置爲郡，治所在今江蘇盱眙縣東北都梁山東北麓。

［13］高道慶：南郡（治今湖北荆州市）人。宋泰始、元徽之際以武用顯，官至驍騎將軍。以軍功封樂安縣男，累增邑五百户。《宋書》卷八三有附傳。

［14］石鼈：石鼈屯。晋穆帝升平初荀羡爲北部都尉鎮下邳，起田於東陽之石鼈，在縣臨津郡界，公私利之。北齊廢帝乾明中尚書左丞蘇珍之又議修石鼈等屯，歲收數十萬石，自是淮南軍防糧儲充足。

［15］任農夫：臨淮（僑郡名，胡阿祥謂治所在今江蘇丹陽市、常州市及武進區一帶）人。宋泰始、元徽之際以武用顯，官至冠軍將軍。入爲驍騎將軍，加通直散騎常侍。封孱陵縣侯，食邑千七百户。《宋書》卷八三有附傳。

［16］要（yāo）：通“邀”，意爲攔截。

［17］石梁：石梁戍。東晋置，在今安徽天長市西三十里石梁鎮。

［18］葛冢：地名。今地所在未詳。

［19］候騎：負責偵察的騎士。候，伺望，偵察。

［20］引管：地名。今地所在未詳。

［21］奄：忽然，突然。

［22］火車：古時一種戰車。蓋以火助攻，衝擊敵陣，故名。

［23］移日：日影移動，言時間長久。

［24］石梁澗：古水名。又名石梁溪、石梁河。即今安徽省天長市境白塔河。

［25］斫（zhuó）營：謂偷襲敵營。斫，斧刃。

［26］黯鼆：地名。今地所在未詳。

［27］驍騎將軍：將軍名號。南朝内軍將領，當宿衛之任。南朝宋秩四品。

［28］西陽縣侯：爵名。縣侯，南朝宋秩三品。西陽縣，治所在今湖北黄岡市黄州區東。

遷巴陵王衛軍司馬，[1]隨鎮會稽。江州刺史晋安王子勛遣臨川内史張淹自鄱陽嶠道入三吴，[2]臺軍主沈思仁與僞龍驤將軍任皇、鎮西參軍劉越緒各據險相守。[3]明帝遣太祖領三千人討之。時朝廷器甲皆充南討，太祖軍容寡闕，乃編椶皮爲馬具裝，[4]析竹爲寄生，[5]夜舉火進軍，賊望見恐懼，未戰而走。還除桂陽王征北司馬、南東海太守、行南徐州事。[6]

［1］巴陵王：劉休若。南朝宋文帝第十九子，封巴陵王，謚號哀。明帝時，爲雍州刺史。時明帝屢誅諸王，有將佐勸其據荆楚起兵反，他執之送朝廷。明帝以其有名望，擔心將來於幼主不利，誘至京城賜死。《宋書》卷七二、《南史》卷一四有傳。巴陵，郡名。治所在今湖南岳陽市。　衛軍：衛將軍的省稱。東晋南朝時爲重號將軍，常以王公勛臣兼任。南朝宋秩二品。　司馬：軍府高級幕僚。掌參贊軍務，管理府内武職，位僅次於長史。衛將軍司馬，南朝宋秩六品。按，本條劉休若進號衛將軍繫年據《宋書》卷八《明帝紀》。

［2］江州刺史晋安王子勛：劉子勛，字孝德，南朝宋孝武帝第三子。封晋安王，任江州刺史、督江州諸軍事。前廢帝時，撫軍諮議參軍何邁欲奉其謀反，事泄，前廢帝遣人送藥賜死。江州長史鄧琬拒命，泰始二年（466），奉其於尋陽稱帝，改年號義嘉，署置百官。後兵敗被殺。《宋書》卷八〇有傳。江州，州名。治所在今江西九江市西南。晋安，郡名。治所在今福建福州市。　臨川内史張淹：張淹，吴郡吴人。《宋書》卷五九有附傳。臨川，郡名。治所

在今江西撫州市臨川區西。内史，晋太康十年（289）改王國相爲内史，職如太守。南朝宋沿襲，秩五品。　鄱陽：郡名。治所在今江西鄱陽縣東北。　嶠道：地處閩越江浙衝要之會。嶠，嶺。　三吴：地域名稱。始見於六朝時記載，所指説法不一。一曰吴興、吴郡、會稽，見《水經注・漸江水》；一曰吴郡、吴興、丹陽，見《通典》卷一八二《州郡十二》、《元和郡縣圖志》卷二五《江南道一》。按，三吴範圍或當以後説爲是，參見魏嵩山主編《中國歷史地名大辭典》“三吴”條考證。（廣東教育出版社 1995 年版，第 19—20 頁）

[3]龍驤將軍：將軍名號。掌領兵征伐。南朝宋秩三品。　鎮西參軍：鎮西將軍幕僚。掌佐府主治理府事。南朝宋秩七品。

[4]椶（zōng）皮：棕皮，棕櫚樹上的絲狀纖維物。可加工成棕絲，編製成多種器物。

[5]析：中華本校勘記引《御覽》卷五九作“折”，《南史》卷四《齊本紀上》同。　寄生：戰馬上的一種裝備，樹於馬尻具裝之上，以障蔽騎乘者的背部。

[6]桂陽王：宋文帝第十八子劉休範的封爵名。休範於泰始二年（466）進號征北大將軍。《宋書》卷七九有傳。桂陽，郡名。治所在今湖南郴州市。　征北：征北大將軍的省稱。征北大將軍位尊職重，方面統帥。南朝宋秩二品。　南東海：僑郡名。治所在今江蘇鎮江市。　行：官制用語。指官缺未補，暫由他官兼攝其事。有以低級官吏攝行高一級官吏者，有以平級而兼攝行者。　南徐州：僑州名。治所在今江蘇鎮江市。南東海爲南徐州治下郡。

初，明帝遣張永、沈攸之以衆喻降薛安都，[1]謂太祖曰：“吾今因此北討，卿意以爲何如？”太祖對曰：“安都才識不足，狡猾有餘。若長轡緩御，[2]則必遣子入朝；今以兵逼之，彼將懼而爲計，恐非國之利也。”帝曰："衆軍猛鋭，何往不剋。卿每杖策，[3]幸勿多言。"安都見兵至，果引索虜，永等敗於彭城。淮南孤弱，以太祖爲假冠軍將軍、持節、都督北討前鋒諸軍事，[4]鎮淮陰。

[1]沈攸之：吴興武康人。泰始二年（466）十月，薛安都請降。明帝遣中領軍沈攸之與鎮軍將軍張永率領五萬大軍迎降。《宋書》卷七四有傳。

[2]長轡（pèi）緩御：意爲放松馬繮，讓馬正常行走。蕭道成此言意爲薛安都既已請降，不當再以大軍逼之，否則適得其反。轡，馬繮。

[3]卿每：卿們，你們。

[4]假：官制用語。有代理、兼攝之意。魏晋南北朝時，舉凡實職、加官皆可假授，其地位低於正式官職。　冠軍將軍：將軍名號。南朝宋秩三品。　持節：漢代使臣奉皇帝之命出行，持節杖以爲憑證並示威重，謂之持節。魏晋以後演繹爲假節、持節、使持節三個權力大小不同的官名，多授予都督諸州軍事及刺史總軍戎者。持節得專殺無官位之人，在軍事行動中有誅殺二千石以下官吏的權力。　都督：地方軍政長官。持節都督，南朝宋秩二品。

泰始三年，[1]沈攸之、吴喜北敗於睢口，[2]諸城戍大小悉奔歸，虜遂進至淮北，[3]圍角城，[4]戍主賈法度力弱不敵。[5]諸將勸太祖渡岸救之，太祖不許，遣軍主高道慶將數百張弩浮艦淮中，遥射城外虜，弩一發數百箭俱去，虜騎相引避之，乃命進戰，城圍即解。遷督南兖徐二州諸軍事、南兖州刺史，[6]持節、假冠軍、督北討如故。五年，進督兖、青、冀三州。[7]六年，除黄門侍郎，[8]領越騎校尉，[9]不拜。復授冠軍將軍，留本任。

［1］泰始：宋明帝年號。

［2］吴喜：吴興臨安人。本名喜公，明帝減爲喜。《宋書》卷八三有傳。 睢口：地名。即古睢水入泗水之口，在今江蘇宿遷市東南。《讀史方輿紀要》卷二二邳州宿遷縣："睢水在縣東南十里，自睢寧縣流入境，俗謂之小河，至此合於黄河，謂之睢口，亦謂之睢清口，今亦曰小河口渡。"

［3］進至：原作"退至"。中華本據南監本、局本改，並引張森楷《校勘記》云："局本作'進'是，是時魏兵轉南，安得云退。"今從改。

［4］角城：縣名。治所在今江蘇淮安市西南淮河與古泗水交匯處。

［5］戍主：邊境軍事要地的主將。掌防守捍禦之事，還干預戍地民政和財政，多以郡太守、縣令、州參軍及雜號將軍兼領。

［6］南兖徐二州：南兖、南徐二州。南徐的"徐"承上而省。南兖，僑州名。治所在今江蘇揚州市西北蜀岡。南徐，僑州名。治所在今江蘇鎮江市。

［7］兖：州名。泰始前期宋失淮北地，徙兖州寄治淮陰，治所在今江蘇淮安市西南甘羅城。 青：州名。泰始中，徙治鬱洲，在今江蘇連雲港市東雲臺山一帶。 冀：州名。泰始中南徙，與青州同治所。

［8］黄門侍郎：給事黄門侍郎的省稱。魏晋南北朝時期爲侍中省或門下省次官，與侍中俱掌門下衆事，侍以左右。地位隨皇帝旨意和侍中地位而上下。

［9］越騎校尉：漢置，爲掌宿衛營兵的諸校尉之一。南朝仍置其官，爲侍衛武官，不領兵，隸屬於領軍將軍，用以安置勛舊武臣。南朝宋秩四品。

明帝常嫌太祖非人臣相，而民間流言，云“蕭道成當爲天子”，明帝愈以爲疑，遣冠軍將軍吴喜以三千人北使，令喜留軍破釜，自持銀壺酒封賜太祖。太祖戎衣出門迎，即酌飲之。[1]喜還，帝意乃悦。七年，徵還京師，部下勸勿就徵，太祖曰：“諸卿闇於見事。主上自誅諸弟，爲太子稚弱，作萬歲後計，何關佗族。[2]惟應速發，事緩必見疑。今骨肉相害，自非靈長之運，[3]禍難將興，方與卿等戮力耳。”拜散騎常侍、太子左衛率。[4]時世祖以功當别封贛縣，[5]太祖以一門二封，固辭不受，詔許之。加邑二百户。

[1]太祖戎衣出門迎，即酌飲之：《南史》卷四《齊本紀上》：“（明帝）遣冠軍將軍吴喜留軍破釜，自持銀壺酒封以賜帝。帝戎服出門迎，懼鴆，不敢飲，將出奔，喜告以誠，先飲之，帝即酌飲之。”與本紀所記有異，疑《南史》所載爲實録。

[2]佗（tā）：《南史》卷四作“他”。按，“佗”與“他”通用。

[3]靈長之運：廣遠綿長的好運。

[4]太子左衛率（shuài）：西晋泰始五年（269）置，領精兵萬人，宿衛東宫，亦任征伐，職位頗重。東晋、南朝沿置。宋七員，秩五品。

[5]世祖：齊高帝子齊武帝蕭賾的廟號。本書卷三有紀。　贛縣：縣名。治所在今江西贛州市東北。

明帝崩，遺詔爲右衛將軍，[1]領衛尉，[2]加兵五百人。與尚書令袁粲、護軍褚淵、領軍劉勔共掌機事。[3]又别領東北選事。尋解衛尉，加侍中，[4]領石頭戍軍事。[5]

[1]右衛將軍：將軍名號。南朝宋沿置，與左衛將軍並稱“二衛”，隸屬於領軍將軍。掌宿衛營兵，權任很重。秩四品。

[2]衛尉：將軍名號。南朝宋復置，掌宫禁及京師防衛。秩三品。

[3]尚書令袁粲：袁粲，祖籍陳郡陽夏，泰始七年（471）爲尚書令。《宋書》卷八九有傳。尚書令，兩晋南朝宋爲尚書省長官。綜理全國政務，參議大政。位雖三品，實權猶如宰相，如録尚書事缺，則兼有宰相之名。　護軍褚淵：褚淵，本書卷二三有傳。護軍，護軍將軍的省稱。南朝宋沿置，掌外軍。秩三品。　領軍劉勔（miǎn）：劉勔，彭城人。泰始五年（469）爲中領軍。《宋書》卷八六有傳。領軍，中領軍的省稱。南朝宋沿置其官，資深者爲領軍將軍。掌禁衛軍及京師諸軍。秩三品。

[4]侍中：南朝宋沿置，門下省長官。掌平尚書奏事，直侍左右，應對獻替。秩三品。

[5]石頭戍：地名。又稱石頭城，在今江蘇南京市西清涼山。《景定建康志》卷一七“石頭山”條引《丹陽記》：“石頭城，吴時悉土塢，義熙初始加磚累甓，因山以爲城，因江以爲池，地形險固，尤有奇勢，亦謂之石首城。”

明帝誅戮蕃戚，江州刺史桂陽王休範以人凡獲全。[1]及蒼梧王立，[2]更有窺窬之望，[3]密與左右閹人於後堂習馳馬，[4]招聚亡命。[5]元徽二年五月，舉兵於尋陽，收略官民，數日便辦，衆二萬人，[6]騎五百匹。發盆口，[7]悉乘商旅船舫。[8]大雷戍主杜道欣、鵲頭戍主劉疊期告變，[9]朝廷惶駭。太祖與護軍褚淵、征北張永、領軍劉勔、僕射劉秉、游擊將軍戴明寶、驍騎將軍阮佃夫、右軍將軍王道隆、中書舍人孫千齡、員外郎楊運長集中書省計議,[10]莫有言者。太祖曰:“昔上流謀逆,皆因淹緩,至於覆敗。[11]休範必遠懲前失,輕兵急下,乘我無備。今應變之術,不宜念遠,若偏師失律,[12]則大沮衆心。宜頓新亭、白下,[13]堅守宫掖、東府、石頭以待。[14]賊千里孤軍,後無委積,求戰不得,自然瓦解。我請頓新亭以當其鋒;征北可以見甲守白下;中堂舊是置兵地,[15]領軍宜屯宣陽門爲諸軍節度;[16]諸貴安坐殿中,右軍諸人不須競出,我自前驅,破賊必矣。”因索筆下議,並注同。[17]中書舍人孫千齡與休範有密契,獨曰:“宜依舊遣軍據梁山、魯顯間,[18]右衛若不出白下,則應進頓南州。”[19]太祖正色曰:“賊今已近,梁山豈可得至。新亭既是兵衝,所以欲死報國耳。常日乃可屈曲相從,今不得也。”座起,太祖顧謂劉勔曰:“領軍已同鄙議,不可改易。”乃單車白服出新亭。[20]加太祖使持節、都督征討諸軍、平南將軍,[21]加鼓吹一部。[22]

[1]人凡:人比較平凡普通。凡,平凡、普通。

[2]蒼梧王:宋明帝長子後廢帝劉昱被廢殺後追封的爵號。《宋書》卷九有紀。蒼梧,郡名。治所在今廣西梧州市。

[3]窺窬(yú):覬覦。窬,從墻上爬過去。

[4]閹人:男子去勢曰閹,又稱“奄”,亦指主宫中閉門的役者。《説文解字》:“閹,門豎也。宫中奄,昏閉門者。”按,此處“閹人”,蓋指休範王府中諸厮役。

[5]招聚亡命：諸本有異文。中華本校勘記云："南監本、毛本、殿本、局本作'招聚士衆'。"

[6]"元徽二年"至"衆二萬人"：中華本校勘記云："'便辦'南監本、殿本、局本作'得士'。毛本脱去'元徽二年'至'便辦衆'一行二十字。"今檢《宋書》卷七九《桂陽王休範傳》載其事作"二三日間，便悉整辦"。《通鑑》卷一三三作"數日即辦"。丁福林《校議》認爲："此'便辦'，即'便悉整辦''即辦'之意。南監本不明此意，臆改爲'得士'，殿本等從南監本，皆誤。"（第5頁）真大成《中古史書校證·〈南齊書〉校證第三》亦表示，辦有準備、置辦義，這裏指籌集、籌措，謂幾日内就籌集二萬人和五百匹馬。諸本作"得士"者當屬臆改。（中華書局2013年版，第105頁）元徽，宋後廢帝年號。

[7]盆口：湓口，一名湓浦口。即今江西九江市西古湓水（今龍開河）入江之口。古湓口城（又稱湓城），地當水陸要衝，六朝時常有重兵駐守，爲都城建康西面藩籬。

[8]悉乘商旅船舫：中華本校勘記云，"舫"南監本、殿本、局本作"艦"，毛本闕"舫"字。朱季海《南齊書校議》（以下簡稱朱季海《校議》）引《釋名·釋船》，以爲此系商旅之船，不當云艦。南監本、殿本等之改、補，誤。（中華書局1984年版，第1頁）今按，朱説是，諸本雖有異文，底本不誤。

[9]大雷戍：東晋置，因戍東雷水得名，在今安徽省望江縣。當江防要地，爲東晋、南朝軍事重鎮。　鵲頭戍：南朝時置戍。在今安徽銅陵市北鵲頭山。

[10]征北：征北將軍的省稱。重號將軍，與征東、南、西將軍，並稱"四征"。秩三品，若爲持節都督則進爲二品。　僕射劉秉：劉秉，宋宗室長沙王劉道憐之孫，泰豫元年（472）爲尚書左僕射。《宋書》卷五一有傳。僕射，尚書左僕射的省稱。南朝尚書令爲宰相之任，左僕射爲尚書省次官，位尊權重，又兼領殿中、主客二曹。南朝宋秩三品。　游擊將軍戴明寶：戴明寶，南東海丹徒

人，泰豫元年（472）遷游擊將軍。《宋書》卷九四有傳。游擊將軍，將軍名號。南朝宋沿置，京師禁衛軍將領，隸中領軍（領軍將軍）。秩四品。　阮佃夫：會稽諸暨人，泰豫元年（472）遷驍騎將軍。《宋書》卷九四有傳。　右軍將軍王道隆：王道隆，吴興烏程人，泰豫元年（472）遷右軍將軍。《宋書》卷九四有傳。右軍將軍，將軍名號。南朝宋沿置，掌宫禁宿衛。秩四品。　中書舍人：中書通事舍人的省稱，亦可簡稱通事舍人或舍人。中書省屬官。南朝宋沿置，掌收納、轉呈文書章奏。秩七品。　楊運長：宣城懷安人，泰始末爲員外散騎侍郎。《宋書》卷九四有傳。　中書省：官署名。南朝宋沿置，設中書令一人，中書監一人，中書侍郎四人，中書通事舍人四人，掌管國家政事，地位重要，號稱“西臺”。

[11]其上流謀逆，皆因淹緩，至於覆敗：《通鑑》卷一三三胡三省注：“謂南郡王義宣、晋安王子勛等也。”

[12]失律：行軍無紀律，亦借指作戰失利。

[13]白下：白下城、白石壘。故址在今江蘇南京市金川門外，幕府山南麓。其地本名白石陂，後人在此築白下城。南朝齊、梁時爲南瑯玡郡治，與新亭同爲防禦長江中游進攻的軍事要地。

[14]東府：本西晋末司馬睿鎮建鄴（今江蘇南京市）時治所。東晋初，就東府爲皇宫。成帝咸和間，遭蘇峻之亂，宫闕被毁。其地後爲東晋及南朝揚州刺史治所。晋安帝義熙十年（414）曾於此築東府城。《通鑑》卷一四〇《晋紀二十六》“孝武帝太元二年”條引王彪之語：“中興之初，即東府爲宫。”胡三省注：“東府，在建康臺城（今南京雞鳴山南幹河沿北）之東。”

[15]中堂：地名。在今江蘇南京市城内古建康城宣陽門外。

[16]宣陽門：城門名。六朝都城建康的南面正門。約在今江蘇南京市中山路以南的淮海路一帶。

[17]注同：簽署認可。《通鑑》卷一三三胡三省注：“並注名同道成議也。”

[18]梁山：山名。在今安徽省和縣、當塗縣兩縣之間。分東西

二山，和縣境者爲西梁山，當塗縣境者爲東梁山。原名博望山，二山隔江對峙如門闕，故亦名天門山。　魯顯：《讀史方輿紀要》卷二八《南直十》句溪條謂，華陽溪在府東南七十里。源出華陽山，東流二十里有魯山，其下爲魯顯水，又東北四十餘里爲魯溪，又北至下西渡合於句溪，下西渡在府東南三十里。

[19]南州：地名。即姑孰，今安徽當塗縣。

[20]白服：便服。

[21]使持節：持節，前注已解。使持節位在持節前，權力更大，得專殺二千石以下。南朝宋秩三品。　都督征討諸軍：中華本校勘記云，毛本、局本“軍”下有“事”字。丁福林《校議》舉本書《柳世隆傳》《王玄載傳》等，亦以爲“軍”后佚“事”字。（第6頁）　平南將軍：將軍名號。南朝宋沿置，與平東、平西、平北合稱四平將軍。秩三品。

[22]鼓吹：備有鼓鉦蕭笳樂器的樂隊，用於大駕出游行軍。古代以賜功臣勛將。

治新亭城壘未畢，賊前軍已至，太祖方解衣高卧，以安衆心。乃索白虎幡，[1]登西垣，使寧朔將軍高道慶、羽林監陳顯達、員外郎王敬則浮舸與賊水戰，[2]自新林至赤岸，[3]大破之，燒其船艦，死傷甚衆。賊步上新林，太祖馳使報劉勔，急開大小桁，[4]撥淮中船舫，[5]悉渡北岸。

[1]白虎幡（fān）：畫有白虎圖像的旗幟，持之以爲傳達皇帝詔令及軍令的標識。

[2]寧朔將軍：將軍名號。南朝宋沿置。秩四品。　羽林監：南朝宋沿置，掌宿衛護從。秩五品。　陳顯達：本書卷二六有傳。　王敬則：本書卷二六有傳。

［3］新林：地名。在今江蘇南京市西南西善橋鎮，濱臨大江，南朝時爲軍事、交通要地。　赤岸：地名。

［4］急開大小桁（háng）：桁，浮橋，通“航”。大小桁，指當時秦淮河上的兩座浮橋。大桁故址在今江蘇南京市中華門内鎮淮橋稍東、跨秦淮河南北。因其在朱雀門外，故又稱朱雀桁。小桁是當時建康臺城東東府門外秦淮河的浮橋。當時秦淮河上的浮橋皆泊船爲之。每遇警急，則拆除浮橋。此即所謂“急開”。

［5］淮：河名。指宋都建康與江寧縣的秦淮河。

休範乘肩輿率衆至壘南，[1]上遣寧朔將軍黄回、馬軍主周盤龍將步騎出壘對陣。[2]休範分兵攻壘東，短兵接戰，自巳至午，[3]衆皆失色。太祖曰：“賊雖多而亂，尋破也。”楊運長領三齊射手七百人，[4]引彊命中，[5]故賊不得逼城。未時，[6]張敬兒斬休範首。[7]太祖遣隊主陳靈寶送首還臺，靈寶路中遇賊軍，埋首道側。[8]臺軍不見休範首，愈疑懼。賊衆亦不知休範已死，别率杜黑蠡急攻壘東，[9]司空主簿蕭惠朗數百人突入東門，[10]叫噪至堂下，城上守門兵披退。太祖挺身上馬，率數百人出戰，賊皆推楯而前，[11]相去數丈，分兵横射，太祖引滿將發，[12]左右將戴仲緒舉楯扞之，[13]箭應手飲羽，[14]傷百餘人，賊死戰不能當，乃却。衆軍復得保城，與黑蠡拒戰，自晡達明旦，[15]矢石不息。其夜大雨，鼓叫不復相聞，將士積日不得寢食，軍中馬夜驚，城内亂走，太祖秉燭正坐，厲聲呵止之，如此者數四。

［1］肩輿：六朝時盛行的代步工具。其制爲二長竿，中設軟椅

以坐人。其初上無覆蓋，後加覆蓋遮蔽物，遂爲轎輿。

[2]黄回：竟陵郡軍户。《宋書》卷八三有傳。　周盤龍：本書卷二九有傳。

[3]自巳至午：古人將一晝夜分爲十二時辰，巳爲其一，相當於上午九時至十一時。午，亦十二時辰之一，相當於上午十一時至下午一時。

[4]三齊：地域名稱。據《史記》卷七《項羽本紀》，秦朝滅亡後，項羽於齊國故地分封田市爲膠東王，都即墨；田都爲齊王，都臨淄；田安爲濟北王，都博陽，是謂"三齊"。相當於今山東的大部分地區。

[5]引彊（qiáng）：挽拉强弓。

[6]未時：十二時辰之一，相當於現在的下午一時到三時。

[7]張敬兒：本書卷二五有傳。

[8]埋首道側：中華本校勘記云："《通鑑》宋蒼梧王元徽二年作'棄首於水'。《考異》云：'《南齊書》云埋首道側，《宋略》云棄諸溝中，今從《宋書》。'"

[9]杜黑蠡：諸史有異文。中華本校勘記云："《通鑑》作'杜黑騾'。《考異》云：'《宋書》《南齊書》作黑蠡，今從《宋略》。'按今本《宋書·桂陽王休範傳》作'杜墨蠡'。"朱季海《校議》引洪頤煊《諸史考異·魏書下》杜墨騾條："《劉裕傳》：休範將杜墨騾又攻新亭東廂，昱將顯達率所領至杜姥宅破墨騾軍。"並認爲："《魏書》亦作'騾'，與《宋略》合。沈、蕭以黑騾名鄙，故以'黑蠡'字代之耳。裴、魏從質，爲得其實。《通鑑》從裴，是也。"（第1頁）丁福林《校議》補充説："《南史》之《宋本紀下》《齊本紀上》作'杜黑蠡'，《宋宗室及諸王傳下》則作'杜墨蠡'。"（第7頁）今按，蠡是個多音字，其中一音爲 luó，與騾同。若朱説可據，則此處"蠡"字不當音 luó，否則無法避免"名鄙"之弊。疑此蠡字，或當音 lǐ。吴越地區是歷史名人范蠡的政治舞臺，傳説由他開建的蠡湖在今江蘇無錫市西南。人名中有范蠡的蠡字，

自然是雅稱。不過，朱氏“沈、蕭以黑騾名鄙，故以‘黑蠡’字代之”的説法，還值得推敲。因爲不要説杜黑蠡是劉宋叛將，即使是一般人，若其先前無此雅名，作爲歷史學家的沈約、蕭子顯在寫史時也不會任意將其名字改鄙爲雅。杜黑蠡微時名爲黑騾，當含有民間辟邪的思想。及其爲將，始改名爲黑蠡。裴子野撰《宋略》時，或鄙其爲人，故用其微時不雅之名杜黑騾，並爲《通鑑》采納。至於《宋書》及本書本紀則是用其爲將時的名字，《南史》宋、齊二本紀本來就是由《宋書》《南齊書》脱胎而來，因而俱作杜黑蠡。由此可見，二者各有所據。《魏書》卷九七《劉昱傳》作“杜墨騾”，《宋略》作“杜黑騾”，二者僅中間一字不同。朱季海《校議》訓釋説：“墨、黑義同，大氏河、朔謂之墨，江南謂之黑。”（第2頁）據此，無論杜黑騾還是杜墨騾皆無疑可視爲杜黑蠡微時的名字。但是，《宋書》卷七九《桂陽王休範傳》作“杜墨蠡”，而本紀作“杜黑蠡”，用“蠡”字而無“騾”，顯然是用其爲將時的名字。沈約是江南（吴興武康）人，其《宋書》亦“黑”“墨”錯出，故頗疑朱季海所謂“大氏河、朔謂之墨，江南謂之黑”説法的準確性。墨與黑本是兩個字，墨是指書寫繪畫用的黑色顔料，黑爲五色之一。《説文》：“黑，火所熏之色也。”墨在表示顔色的義項上與黑字義同。《左傳》僖公三十三年：“遂墨以葬文公，晋於是始墨。”《廣雅·釋器》：“墨，黑也。”此可謂朱氏“大氏河、朔謂之墨”的一個强證。然而，即使在河、朔地區大多稱黑色爲黑。《尚書·禹貢》：“（兖州）厥土黑墳。”孔穎達疏：“色黑而墳起。”《史記》卷六《秦始皇本紀》：“衣服旄旌節旗皆上黑。”如此等等。又，《漢書·百官公卿表上》：“秩比六百石以上，皆銅印黑綬。”應劭《漢官儀》：“秩六百石，銅章墨授。”朝野秩比六百石、六百石的官吏衆多，南北士人當皆知，黑、墨二字在表示顔色義項上相同。故沈約在《宋書》卷七九《桂陽王休範傳》中將杜黑蠡異寫爲杜墨蠡，雖不劃一，但也可以理解。

［10］司空主簿蕭惠朗數百人突入東門：《通鑑》卷一三三作

“司空主簿蕭惠朗帥敢死士數十人突入東門”。蕭惠朗，本書卷四六有附傳。司空主簿，司空屬官，與府中祭酒、舍人主閣内事。南朝宋秩七品。

[11]楯：通“盾”，即盾牌。

[12]引滿：拉弓至滿，强力射箭狀。

[13]扞：“捍”的異體字。

[14]飲羽：箭深入所射物體，即中箭。羽，箭尾上的羽毛。

[15]晡：十二時辰的申時，相當於現在的下午三時至五時，亦可泛指晚間。　旦：日出時，早晨。

賊帥丁文豪設伏破臺軍於阜莢橋，[1]直至朱雀桁，[2]劉勔欲開桁，王道隆不從，勔及道隆並戰没。初，勔高尚其意，託造園宅，名爲“東山”，[3]頗忽世務。太祖謂之曰：“將軍以顧命之重，任兼内外，主上春秋未幾，諸王並幼冲，[4]上流聲議，遐邇所聞，此是將軍艱難之日，而將軍深尚從容，廢省羽翼，一朝事至，雖悔何追。”[5]勔竟不納。賊進至杜姥宅，[6]車騎典籤茅恬開東府納賊，[7]冠軍將軍沈懷明於石頭奔散，[8]張永潰於白下，宫内傳新亭亦陷，太后執蒼梧王手泣曰：[9]“天下敗矣！”太祖遣軍主陳顯達、任農夫、張敬兒、周盤龍等，從石頭濟淮，[10]閒道從承明門入衛宫闕。[11]

[1]阜莢橋：“阜”通“皂”。皂莢橋在今江蘇南京市城區西南隅，當時的新亭之北。

[2]朱雀桁：橋名。即大桁。桁與“航”通，意爲浮橋。朱雀橋在建康城南門朱雀門外秦淮河上。《建康實録》卷七《顯宗成皇帝》於“朱雀橋”下注云：“案，《地志》：本吴南津大吴橋也。王

敦作亂，温嶠燒絶之，遂權以浮航往來。至是，始議用杜預河橋法作之。長九十步，廣六丈，冬夏隨水高下也。”按，朱雀桁（航）故址約在今江蘇南京市中華門内鎮淮橋稍東。

[3]東山：園宅名。《六朝事迹編類》卷六《山岡門》謂，劉勔園宅在上元縣（今南京市）鍾山鄉蔣廟東北。

[4]幼冲：年紀小。

[5]何追：“何”原作“可”，中華本據毛本、殿本、局本改。今從改。真大成《中古史書校證·〈南齊書〉校證第三》以爲此句典出《尚書·五子之歌》“弗慎厥德，雖悔可追”，並引《日知録》卷三二“語急”條“古人多以語急而省其文者”，“可”上省一“不”字，“可”爲“不可”之省。“雖悔可追”謂即使後悔也不可挽救，毛本等妄改。（第105頁）

[6]杜姥（mǔ）宅：宅名。《建康實録》卷七《顯宗成皇帝》：晉成帝杜皇后母裴穆，“立第於南掖門外，時以裴氏壽考，故呼爲杜姥宅，在今縣東北三里東宫城南路西”。今按，杜姥宅故址在今江蘇南京市。

[7]車騎典籤茅恬開東府納賊：中華本校勘記云：“《通鑑》作‘撫軍長史褚澄開東府納南軍’。《考異》云：‘《宋書》作撫軍典籤茅恬開東府納賊，《南齊書》作車騎典籤茅恬，蓋皆爲褚澄諱耳，今從《宋略》。’”丁福林《校議》又引《南史》卷二三《王藴傳》：“司徒左長史蕭惠明言於朝曰：‘褚澄開城以納賊，更爲股肱大郡，王藴被甲死戰，棄而不收，賞罰如此，何憂不亂！’褚彦回慚。”坐實開門納賊者實爲褚澄，《宋書》及本書爲尊者諱改，諉過於茅恬。（第8頁）車騎典籤，即車騎將軍典籤的省稱。典籤，南北朝置，原爲州、府掌管文書的佐吏。但由於南朝宋時多以年幼的皇子出鎮，皇帝委派親信擔任此職以監護之，權任漸重。其後無論是長王臨藩，還是素族出鎮，亦置其官。多由寒人擔任，品階雖不高，但權力很大。至齊初典籤權力猶重，一歲數返朝奏事，威行州部，被稱爲典籤帥或籤帥。至齊明帝誅殺諸王以後，典籤權任

漸輕。

[8]沈懷明：吴興武康人。《宋書》卷七七有附傳。

[9]太后：宋明帝皇后王貞鳳，琅邪臨沂人。蒼梧王（即後廢帝）即位，尊爲皇太后。

[10]淮：河名。即秦淮河。

[11]閒（jiàn）道：小道。　承明門：南朝宋臺城北門（本名廣莫門，元嘉二十五年改名承明門），在今江蘇南京市城區東北部。　宫闕：本指帝王所居宫門的雙闕，代稱宫殿。

休範既死，典籤許公與詐稱休範在新亭，[1]士庶惶惑，詣壘投名者千數，[2]太祖隨得輒燒之，乃列兵登城北，謂曰："劉休範父子先昨皆已即戮，屍在南岡下，[3]身是蕭平南，諸君善見觀！君等名皆已焚除，勿有懼也。"臺分遣衆軍擊杜姥宅、宣陽門諸賊，皆破平之。太祖振旅凱入，[4]百姓緣道聚觀，曰："全國家者此公也。"

[1]許公與：朱季海《校議》云："《金樓子·説蕃篇》：'劉休範欲舉兵襲朝廷，密與典籤新蔡人許公輿謀之。'《通鑑·宋紀》蒼梧王元徽二年亦書'許公輿詐稱桂陽王在新亭'，不云子顯《齊書》有異，疑北宋本尚不作'與'。"（第2頁）丁福林《校議》云："'許公與'，《南史·齊本紀上》、《建康實録》卷十五同。《宋書·文五王·桂陽王休範傳》、《通鑑》卷一百三十三則作'許公輿'，蓋以形近而致混淆，據朱議，則作'許公輿'者，是也。"（第9頁）

[2]投名：遞名帖求見，又稱投刺。此處指投名帖表示效忠。

[3]南岡：地名。《通鑑》卷一三三胡三省注："南岡，即勞山

之岡也。以在新亭城南，故謂之南岡。”按，南岡在今江蘇南京市城南。

［4］振旅：整頓部隊。

太祖與袁粲、褚淵、劉秉引咎解職，不許。遷散騎常侍、中領軍、都督南兗徐兗青冀五州軍事、鎮軍將軍、南兗州刺史，[1]持節如故。進爵爲公，增邑二千户。太祖欲分其功，請益粲等户，更日入直決事，號爲“四貴”。秦時有太后、穰侯、涇陽、高陵君，稱爲“四貴”，[2]至是乃復有焉。四年，加太祖尚書左僕射，[3]本官如故。

［1］中領軍：南朝宋沿置，掌京師駐軍及禁軍。秩三品。　徐：州名。宋元徽元年（473）十月，還治鍾離縣，在今安徽鳳陽縣東北臨淮鎮。

［2］“秦時有太后”至“四貴”：太后，即戰國時秦昭王母宣太后。其先楚人，姓芈（mǐ）氏，初爲惠王妃，號芈八子。其子昭王即位，被尊爲太后。穰侯，宣太后異父長弟，姓魏氏，名冉。涇陽，即昭王同母弟涇陽君市。高陵君，即昭王另一同母弟悝。按，子顯書列宣太后爲“四貴”，誤。《史記》卷七二《穰侯列傳》：“宣太后二弟：其異父長弟曰穰侯，姓魏氏，名冉；同父弟曰芈戎，爲華陽君。而昭王同母弟曰高陵君、涇陽君。”《史記》卷七九《范雎列傳》載范雎言：“聞秦之有太后、穰侯、華陽、高陵、涇陽，不聞其有王也……今太后擅行不顧，穰侯出使不報，華陽、涇陽等擊斷無諱，高陵進退不請。四貴備而國不危者，未之有也。”宣太后子爲王，身爲太后，地位尊貴自不待言。然而，子顯書以宣太后與其一弟、二子（即昭王二弟）合稱“四貴”，不倫。

據太史公的記載，當以宣太后的二弟、二子即穰侯魏冉、華陽君芈戎、高陵君悝、涇陽君市爲秦昭王時秦國“四貴”。當代學者多以爲然，參見馬非百《秦集史》（中華書局 1982 年版，第 179 頁）、楊寬《戰國史》(上海人民出版社 2003 年版，第 267 頁)。

[3]尚書左僕射（yè）：南朝宋沿置，尚書省次官。南朝尚書令爲宰相之任，位尊權重，不親庶務，尚書省日常政務由僕射主持，諸曹奏事，由左、右僕射審議聯署。左僕射又領殿中、主客二曹。南朝宋秩三品。

休範平後，蒼梧王漸行凶暴，南徐州刺史建平王景素少有令譽，[1]朝野歸心。景素亦潛爲自全之計，布款誠於太祖，[2]太祖拒而不納。七月，羽林監袁祇奔景素，[3]便舉兵，太祖出屯玄武湖，[4]遣衆軍北討，[5]事平乃還。

[1]景素：宋文帝第七子建平宣簡王劉宏之子劉景素。宏卒，景素嗣位。泰豫元年（472）閏七月爲南徐州刺史。《宋書》卷七二有附傳。　建平：郡名。治所在今重慶市巫山縣。

[2]款誠：忠誠。

[3]羽林監：三國魏（一説晋）置，掌宿衛送從。西晋領營兵，東晋無復營兵。南朝多以文官領此職。南朝宋秩五品。　袁祇(zhī)：中華本校勘記引張森楷《校勘記》云：“‘袁祇’《宋書》景素本傳作‘垣祇祖’，未詳孰是。”丁福林《校議》云：“《南史·宋宗室及諸王傳下》、《通鑑》一百三十四亦皆作‘垣祇祖’。此恐是因音近而訛‘垣’爲‘袁’，且又佚‘祖’字也。”（第 9 頁）

[4]玄武湖：古名桑泊，又名練湖、北湖、秣陵湖等。在今江蘇南京市城東北玄武門外。南朝宋元嘉間始名玄武湖。《太平寰宇

記》卷九〇昇州上元縣："玄武湖在縣西北七里。周回四十里，東西兩派，下入秦淮。春夏深七尺，秋冬四尺，灌田百頃。"並引《輿地志》云："宋元嘉末，有黑龍見湖内，故改爲玄武湖也。"

[5]遣衆軍北討：劉景素據南徐州反，南徐州治京口（今江蘇鎮江市），在都城建康東北，故臺軍平叛，稱爲北討。

太祖威名既重，蒼梧王深相猜忌，幾加大禍。陳太妃罵之曰：[1]"蕭道成有功於國，今若害之，後誰復爲汝著力者？"乃止。太祖密謀廢立。五年七月戊子，帝微行出北湖，[2]常單馬先走，羽儀禁衛隨後追之，[3]於堤塘相蹈藉，左右張互兒馬墜湖，[4]帝怒，取馬置光明亭前，自馳騎刺殺之，因共屠割，與左右作羌胡伎爲樂。又於蠻岡賭跳。[5]際夕乃還仁壽殿東阿氈屋中寢。[6]語左右楊玉夫："伺織女度，[7]報我。"時殺害無常，人懷危懼。玉夫與其黨陳奉伯等二十五人同謀，於氈屋中取千牛刀殺蒼梧王，[8]稱敕，使廂下奏伎，因將首出與王敬則，敬則送太祖。太祖夜從承明門乘常所騎赤馬入，殿内驚怖，既知蒼梧王死，咸稱萬歲。[9]及太祖踐阼，[10]號此馬爲"龍驤將軍"，世謂爲"龍驤赤"。

[1]陳太妃：宋後廢帝昱（蒼梧王）生母明帝陳貴妃。諱妙登，丹陽建康人。後廢帝即位，尊爲太妃。《宋書》卷四一有傳。

[2]北湖：玄武湖，因位於都城建康臺城之北，故又稱北湖。

[3]羽儀：儀仗中以羽毛裝飾的旌旗之類。

[4]張互兒：中華本校勘記云："《宋書·後廢帝紀》作'張五兒'。"今按，《南史》卷三《宋本紀下》亦作"張五兒"。

[5]蠻岡：地名。中華本校勘記云："《通鑑》宋順帝昇明元年

作‘臺岡’。《考異》云：‘《南史》作鑾岡，今從《宋書》。’胡三省注：‘臺岡，意即臺城之來岡。’”今按，《宋書》無“臺岡”，亦無“鑾岡”。疑《通鑑考異》所云《宋書》，乃《宋略》之誤。賭跳：《通鑑》卷一三四《宋紀十六》“順帝昇明元年”條，胡三省注：“賭跳者，賭跳躑，以高者爲勝也。”

[6]際夕：際，至。際夕即至夕。　仁壽殿：宋臺城中殿名。

[7]伺織女度：織女，星名。在銀河西，與河東牽牛星相對。度，與“渡”通。民間喻織女、牽牛爲夫婦。七月七日，織女渡河與牽牛相會。《通鑑》卷一三四胡三省注引崔寔《四民月令》云：“或云見天漢中奕奕有正白氣，光耀五色，以此爲徵應。”

[8]千牛刀：刀名。據《莊子·養生主》記載，庖丁宰牛十九年，解牛數千頭，所用刀刃始終像在磨刀石上剛磨過一樣鋒利。因此，後世稱鋒利的刀爲千牛刀，亦指帝王防身刀爲千牛刀。《宋書》卷九《後廢帝紀》：“玉夫見昱醉熟無所知，乃與萬年同入氈幄内，以昱防身刀斬之。”《通典》卷二八《職官十》左右千牛衛注：“謝綽《宋拾遺》有千牛刀，即人君防身刀也。齊尚書楊玉夫取千牛刀殺蒼梧王是也。”

[9]萬歲：此處萬歲爲古人做事成功或取得勝利時的歡呼聲。

[10]踐阼：指天子新即位，升宗廟東階以主祭。

明日，太祖戎服出殿庭槐樹下，召四貴集議。太祖謂劉秉曰：“丹陽國家重戚，[1]今日之事，屬有所歸。”秉讓不當。太祖次讓袁粲，粲又不受。太祖乃下議，備法駕詣東城，[2]迎立順帝。[3]於是長刀遮粲、秉等，各失色而去。甲午，太祖移鎮東府，與袁粲、褚淵、劉秉各甲仗五十人入殿。丙申，進位侍中、司空、録尚書事、驃騎大將軍，[4]持節、都督、刺史如故，封竟陵郡公，[5]邑五千户，給油幢絡車，[6]班劍三十人。[7]太祖固辭上台，[8]即驃騎大將軍、開府儀同三司。[9]庚戌，進督南徐州刺史。[10]封楊玉夫等二十五人爵邑各有差。十月戊辰，又進督豫、司二州。[11]

［1］丹陽：丹陽尹的省稱。時劉秉任丹陽尹，故蕭道成以丹陽稱之。

［2］法駕：皇帝的車駕。

［3］順帝：南朝宋末代皇帝劉準的謚號。《宋書》卷一〇有紀。

［4］侍中：南朝宋沿置，掌奏事，直侍左右，應對獻替。員四人，秩三品。　司空：南朝宋沿置，掌水土事，郊祀掌掃除陳樂器，喪事掌將校復土。秩一品。　録尚書事：魏晋南北朝多以公卿權重者居之，總領尚書省政務。　驃騎大將軍：魏晋南北朝沿置，居諸名號將軍之首。僅作爲軍府名號，加授大臣、重要州郡長官，無具體職掌。開府者位從公秩一品。

［5］竟陵郡公：竟陵，郡名。治所在今湖北鍾祥市。郡公，爵名。

［6］油幢：張掛於舟車上的油布帷幕。

［7］班劍：飾有花紋的木劍。朝廷賜班劍以爲入朝儀仗，是對大臣的特殊禮遇。班，通“斑”。

［8］太祖固辭上台：中華本校勘記云：“‘上台’南監本、毛本、殿本、局本作‘上命’。按宋、齊以太尉、司徒、司空爲三公，稱上台，時道成固辭司空，故以爲言。《元龜》一百八十四亦作‘上台’。”丁福林《校議》引《江文通集·蕭領軍讓司空並敦勸啓》“賜停正臺之職，並免敦勸之使，余所榮忝，誓不敢辭”，《文選》卷四〇阮籍《奏記詣蔣公》“伏惟明公以含一之德，據上臺之位，群英翹首，俊賢抗足”，確證上臺一稱由來已久，作“上命”者爲臆改。（第9—10頁）

［9］開府儀同三司：三國魏始置，爲大臣加號，意謂與三司即

太尉、司徒、司空禮制、待遇相同，許開設府署，自辟僚屬。兩晋南北朝因之。

［10］南徐州：南朝宋永初二年（421）改徐州置，治京口（今江蘇鎮江市）。元嘉以後轄境南移。西晋永嘉後北方人口南遷，此州爲僑寓最集中之地。

［11］豫、司二州：州名。豫州治所在今安徽壽縣；司州治所在今河南信陽市。

初，荆州刺史沈攸之與太祖於景和世同直殿省，[1]申以歡好，以長女義興公主妻攸之第三子元和。[2]攸之爲郢州，[3]值明帝晚運，陰有異圖。自郢州遷爲荆州，聚斂兵力，將吏逃亡，輒討質鄰伍。[4]養馬至二千餘匹，皆分賦戍邏將士，使耕田而食，廩財悉充倉儲。荆州作部歲送數千人仗，[5]攸之割留，[6]簿上供討四山蠻。裝治戰艦數百千艘，沈之靈溪裏，[7]錢帛器械巨積，朝廷畏之。高道慶家在華容，[8]假還過江陵，道慶素便馬，攸之與宴飲，於聽事前合馬槊，[9]道慶槊中破攸之馬鞍，攸之怒，索刃槊，道慶馳馬而出。還都，説攸之反狀，請三千人襲之，朝議慮其事難濟，太祖又保持不許。太祖既廢立，遣攸之子司徒左長史元琰賫蒼梧王諸虐害器物示之，[10]攸之未得即起兵，乃上表稱慶，并與太祖書推功。

［1］荆州：州名。治所在今湖北荆州市。

［2］義興公主：《宋書》和《南史》的《沈攸之傳》俱作“義興憲公主”。“憲”字當是其謚號。　元和：中華本校勘記云：“《元龜》一百八十四、《宋書·沈攸之傳》並作‘文和’，《通鑑》

同。”今按，《南史》卷三七《沈攸之傳》亦作“文和”。《南朝五史人名索引》“從《宋書》《南史》”，以“沈文和”立目。

[3]郢州：州名。治所在今湖北武漢市武昌區。

[4]鄰伍：古代基層組織單位。《釋名·釋州國》：“五家爲伍，以五爲名也。又謂之鄰。”

[5]作部：地方上的官營手工業作坊。勞動者有以民間徵發來的服役工匠，亦有囚徒或戰俘。

[6]割留：截留。割，切斷，截下，劃分出來。

[7]沈：通“沉”。　靈溪：水名。《通鑑》卷一一三《晉紀三十五》“安帝元興三年”條，胡三省注引《水經注》云：“江水自江陵縣南，東逕燕尾洲，北合靈溪水。江、溪之會有靈溪戍，背阿面江，西帶靈溪。”由此可知，靈溪在今湖北荆州市荆州區東長江北岸。

[8]華容：縣名。治所在今湖北監利縣北。

[9]馬槊（shuò）：古代在馬上使用的長矛。南朝梁簡文帝《馬槊譜序》：“馬槊爲用，雖非古法，近代相傳，稍以成藝。”

[10]攸之子司徒左長史元琰：《宋書》卷七四《沈攸之傳》作“攸之長子司徒左長史元琰”。本書此段前文有“攸之第三子元和”云云，以子顯史例，此句“子”前似脱“長”字。不然，攸之此子齒序不明。司徒左長史，南朝宋司徒置左、右長史，左長史爲幕僚長。

攸之有素書十數行，[1]常韜在裲襠角，[2]云是明帝與己約誓。十二月，遂舉兵。其妾崔氏、許氏諫攸之曰：“官年已老，那不爲百口計！”攸之指裲襠角示之，稱太后令召己下都。京師恐懼。乙卯，太祖入居朝堂，命諸將西討，[3]平西將軍黄回爲都督前驅。[4]

［1］素書：古人稱寫在白絹上的書信爲素書。

［2］韜：弓、劍的皮套，引申爲隱藏、隱蔽。　裲（liǎng）襠（dāng）：古代的一種長度僅至腰而不及於下，且僅遮蔽胸背的上衣。形似今之背心。軍士穿的稱裲襠甲，一般人穿的稱裲襠衫。《釋名·釋衣服》："裲襠，其一當胸，其一當背也。"王先謙《疏證》補："案即唐、宋時之半背，今俗謂之背心。當背當心，亦兩當之義也。"

［3］"十二月，遂舉兵"至"命諸將西討"：中華本校勘記引殿本《考證》云："《宋·順帝紀》《宋略》作'丁卯'，與此互異。"丁福林《校議》云："《南史·宋本紀下》、《建康實録》卷十四、《通鑑》卷一百三十四亦皆作'丁卯'。今考之《宋書·順帝紀》《南史·宋本紀下》、《建康實録》卷十四，皆記沈攸之舉兵反在昇明元年十二月丁巳。按是月庚戌朔，乙卯爲月之初六日，丁巳爲月之初八日。蕭道成入居朝堂，命將西討在得沈攸之反訊之後，不應在沈攸之反前。由此，上文記蕭道成入居朝堂在是月乙卯者，非是。丁卯爲月之十八日，與得沈攸之反訊後乃入居朝堂，命將西討之時間正相合，則《宋書》《宋略》作'丁卯'者，是也。"（第10頁）按，丁氏考證甚是，今從之。又，朝堂，即朝中會議國事之所。官，《通鑑》卷一三四《宋紀十六》"順帝昇明元年"條，胡三省注："宋、齊之間，義從私屬以至婢僕，率呼其主爲官。"太后，宋明帝王皇后。後廢帝劉昱即位，被尊爲皇太后。《宋書》卷四一有傳。

［4］平西將軍：東漢獻帝建安末，劉備置。三國魏時與平東、平南、平北將軍合稱四平將軍。晉、宋沿置。魏、晉、宋皆秩三品。

前湘州刺史王藴，[1]太后兄子，少有膽力，以父揩名宦不達，[2]欲以將途自奮。每撫刀曰："龍淵、太阿，[3]汝知我者。”叔父景文誡之曰：“阿答，[4]汝滅我門户！”蘊曰：“答與童烏貴賤覺異。”[5]童烏，景文子絢小字；答，蘊小字也。蘊遭母喪罷任，還至巴陵，[6]停舟一月，[7]日與攸之密相交構。時攸之未便舉兵，蘊乃下達郢州。世祖爲郢州長史，[8]蘊期世祖出弔，因作亂據郢城，世祖知之，不出。蘊還至東府前，又期太祖出，太祖又不出弔，再計不行，外謀愈固。

[1]湘州：州名。治所在今湖南長沙市。　王蘊：字彦深，琅邪臨沂人。《宋書》卷八五有附傳。

[2]以父揩名宦不達：中華本校勘記引張森楷《校勘記》云：“《宋書·王景文傳》‘揩’作‘楷’，是。”

[3]龍淵、太阿：二者皆古寶劍名。太阿亦作“泰阿”。《戰國策·韓策一》：“鄧師、宛馮、龍淵、太阿，皆陸斷馬牛，水擊鵠雁，當敵即斬。”後人遂以龍淵、太阿爲利劍的代稱。

[4]阿答：《南史》卷二三《王蘊傳》同，而《宋書》卷八五《王蘊傳》作“阿益”。

[5]貴賤覺異：《南史》卷二三《王蘊傳》作“貴賤異”。周一良《魏晋南北朝史札記·南齊書札記》（訂補本）“覺”條，以爲覺字不能省，覺有比較，差别或程度之意，覺異猶言差異，並引盧文弨《鐘山札記》《三國志》《真誥》等爲證。（中華書局 2015 年版，第 222—223 頁）甚爲確鑿。

[6]巴陵：郡名。治巴陵縣，在今湖南岳陽市。

[7]停舟一月：《宋書》卷八五《王蘊傳》作“停巴陵十餘日”。

[8]世祖：齊高帝蕭道成長子蕭賾謚號。

司徒袁粲、尚書令劉秉見太祖威權稍盛，[1]慮不自安，與藴及黄回等相結舉事，殿内宿衛主帥無不協同。攸之反問初至，[2]太祖往石頭與粲謀議，粲稱疾不相見。剋壬申夜起兵據石頭，[3]劉秉恇怯，晡時，從丹陽郡載婦女入石頭，[4]朝廷不知也。其夜，丹陽丞王遜告變，[5]秉從弟領軍韞及直閤將軍卜伯興等嚴兵爲内應。[6]太祖命王敬則於宫内誅之。遣諸將攻石頭，王藴將數百精手帶甲赴粲，[7]城門已閉，官軍又至，乃散。衆軍攻石頭，斬粲，劉秉走雒檐湖，[8]藴逃鬭場，[9]並禽斬之。[10]

[1]司徒：南朝宋沿置，掌民事。郊祀掌省牲視濯，大喪安梓宫。與太傅、太保、太宰、太尉、司空、大司馬、大將軍合稱“八公”。秩一品。　尚書令：南朝宋沿置，綜理全國政務，出居外朝，參議大政。雖位三品，實權猶如宰相，如録尚書事缺，則兼有宰相之名義。

[2]問：音訊，消息。

[3]剋（kè）：限定時日，即約定。

[4]丹陽郡：郡名。治所在今江蘇南京市。

[5]王遜：本書卷二三有附傳。

[6]領軍：考《宋書》之《順帝紀》及《劉韞傳》《劉秉傳》，劉韞時任中領軍。此“領軍”當爲中領軍省稱。南朝宋沿置中領軍，掌京師駐軍及禁軍。秩三品。　韞：原作“韜”，中華本據殿本改。今考本條上述《宋書》紀、傳，劉韞名皆作“韞”，中華本據殿本校改爲是。　直閤將軍：南朝宋置，掌侍衛左右，地位顯要。　卜伯興：吴興餘杭（今浙江杭州市餘杭區西南餘杭鎮南苕溪南岸）人。《宋書》卷九一有附傳。

[7]精手：精鋭的兵卒。

［8］雒（luò）檐（yán）湖：湖名。《宋書》卷五一《劉秉傳》、《南史》卷四《齊本紀上》作“額（é）檐湖”，《南史》卷一三《劉彦節傳》、《通鑑》卷一三四《宋紀十六》“順帝昇明元年”條作“額檐湖”。“雒”“額”“額”三字形似易混，未知孰是。今人魏嵩山主編《中國歷史地名大辭典》以“雒簷湖”立目，云：“一作額檐湖、迎檐湖。在今江蘇南京市西北。今堙爲田。”（第1226頁）額，額之異體字，古時通用。

［9］鬭場：東晉成帝咸和中，詔内外諸軍閲習兵事於京城建康南郊之場，自此名其地爲鬥場。

［10］禽：通“擒”字。

粲位任雖重，無經世之略，踈放好酒，[1]步屧白楊郊野閒，[2]道遇一士大夫，便呼與酣飲。明日，此人謂被知顧，到門求通，粲曰：“昨飲酒無偶，聊相要耳。”[3]竟不與相見。嘗作五言詩云：“訪迹雖中宇，[4]循寄乃滄州。”[5]蓋其志也。

［1］踈（shū）放：意爲空疏無能而又放散。踈，疏的異體字。

［2］步屧（xiè）：指行走，漫步。屧，本字作“屟”，《説文》：“履中薦也。”即鞋的木底。　白楊：籬門名簡稱。即白楊籬門，《南朝宫苑記》所稱都城建康外郭五十六所籬門之一。籬門外即郊野之地。按，白楊籬門約在今南京市區的東南部。

［3］要（yāo）：通“邀”，約請。

［4］訪迹雖中（zhòng）宇：中，滿。宇，上下四方。此句貌似自誇行迹廣闊，實則謂其曾仕宦中外也。

［5］循寄乃滄州：循，循行，巡視。這裏有循便即權宜行事之意。寄，寄居。滄州，後世亦演繹作“滄洲”。濱水地方，古稱隱者所居。此詩句反映了袁粲雖身居要職，不能盡職朝政，向往高士

的隱居生活。

劉秉少以宗室清謹見知，孝武世，[1]秉弟遐坐通嫡母殷氏養女，[2]殷亡口中血出，衆疑行毒害，孝武使秉從弟祗諷秉啓證其事。[3]秉曰："行路之人，尚不應爾，今日迺可一門同盡，[4]無容奉敕。"[5]衆以此稱之。故爲明帝所任。蒼梧廢，秉出集議，於路逢弟韞，[6]韞開車迎問秉曰："今日之事，固當歸兄邪?"秉曰："吾等已讓領軍矣。"[7]韞槌胸曰：[8]"君肉中詎有血!"[9]

[1]孝武：南朝宋孝武帝劉駿，字休龍，宋文帝第三子。孝武爲其謚號。《宋書》卷六有紀。

[2]遐：劉遐，字彦道。《宋書》卷五一有附傳。　殷氏養女：《宋書》卷五一《劉遐傳》云名"雲敷"。

[3]祗（zhī）：劉祗，字彦期。《宋書》卷五一有附傳。　諷：用委婉的語言勸説。　啓證：檢舉證明。

[4]迺（nǎi）：同"乃"。這裏作副詞用，相當於"却""反而"。

[5]奉敕：接受告誡。

[6]弟韞：劉韞爲劉秉從弟，"弟"字上脱"從"字。

[7]領軍：中領軍，時齊高帝蕭道成任此職，故以此代指。

[8]槌（chuí）胸：表示極度悲痛或悔恨。槌，通"捶"，敲打。

[9]詎（jù）：這裏作副詞用，相當於"何""豈"。用於表示反問。

粲典籤莫嗣祖知粲謀，[1]太祖召問嗣祖："袁謀反，何不啓聞?”嗣祖曰：“事主義無二心，雖死不敢泄也。”蘊嬖人張承伯藏匿蘊。[2]太祖並赦而用之。黄回頓新亭，聞石頭鼓噪，[3]率兵來赴之，朱雀有戍軍，受節度，不聽夜過，會石頭已平，因稱救援。太祖知而不言，撫之愈厚，遣回西上，流涕告别。

[1]莫嗣祖：《南史》卷二六有附傳。

[2]蘊：劉蘊。　嬖（bì）人：寵愛的人。

[3]鼓噪：呼叫，喧鬧。

太祖屯閲武堂，馳結軍旅。閏月辛丑，詔假黄鉞，[1]率大衆出屯新亭中興堂，[2]治嚴築壘。[3]教曰：[4]“河南稱慈，諒由掩胔，[5]廣漢流仁，實存殯朽。[6]近袤製兹營，崇溝浚塹，[7]古墟曩隧，時有湮移，深松茂草，或致刊薙。[8]憑軒動懷，巡隍增愴。宜並爲收改葬，并設薄禮。”

[1]假黄鉞：黄鉞即飾以黄金的鉞，本用於皇帝儀仗。三國時特賜予出征重臣，以示威重，令其專主征伐。兩晋及南朝宋、齊沿之。受此號者擁有生殺大權。

[2]新亭中興堂：《六朝事迹編類》卷四：“宋孝武即位於新亭，僕射王僧達改爲中興亭。”孝武帝即位於此，當築有殿堂。中興亭舊名新亭，故可稱爲“新亭中興堂”。

[3]治嚴：整理行裝。漢代避明帝劉莊諱，以“裝”與“莊”同聲，改“裝”爲“嚴”，後世沿用。

[4]教（jiào）：文體名稱，爲上對下的告諭。此“教”爲蕭道成對屬下的告諭。

［5］河南稱慈，諒由掩胔（zì）：《後漢書》卷八一《周嘉傳》："嘉從弟暢，字伯持。性仁慈，爲河南尹。永初二年，夏旱，久禱無應。暢因收葬洛城傍客死骸骨凡萬餘人，應時澍雨，歲乃豐稔。"掩胔，掩骼埋胔的省語，意謂收葬暴露的屍骨。《禮記·月令》孟春之月："掩骼埋胔。"鄭玄注："骨枯曰骼，肉腐曰胔。"

［6］廣漢流仁，實存殯朽：《後漢書》卷四六《陳寵傳》："後轉廣漢太守……先是雒縣城南，每陰雨，常有哭聲聞於府中，積數十年。寵聞而疑其故，使吏案行。還言：'世衰亂時，此下多死亡者，而骸骨不得葬，儻在於是？'寵愴然矜歎，即敕縣盡收斂葬之。自是哭聲遂絶。"

［7］近袤製茲營，崇溝浚塹：梅鼎祚編《南齊文紀》卷九《蕭驃騎築新亭壘埋枯骨教》作"近築製茲營，崇堞峻壍"。

［8］刊薙：割除，斬伐。

二年正月，[1]沈攸之攻郢城不剋，衆潰，自經死，[2]傳首京邑。丙子，太祖旋鎮東府。二月癸未，進太祖太尉，[3]增封三千户，都督南徐、南兖、徐、兖、青、冀、司、豫、荆、雍、湘、郢、梁、益、廣、越十六州諸軍事。[4]太祖解驃騎，辭都督，不許，乃表送黄鉞。三月己酉，增班劍爲四十人、甲仗百人入殿。[5]丙子，加羽葆、鼓吹，[6]餘並如故。辛卯，太祖誅鎮北將軍黄回。[7]

［1］二年正月：丁福林《校議》以爲本卷爲避蕭道成諱而不書改元。二年前應加"昇明"二字。（第11頁）按，後廢帝死後，順帝即位及改元事見《宋書》《南史》之《順帝紀》。《南史》記載極爲明晰：《後廢帝紀》云元徽五年（477）"七月戊子夜，帝遇殺於仁壽殿"。《順帝紀》云"及廢帝殞，蕭道成奉太后令迎王入居

朝堂。昇明元年秋七月壬辰，皇帝即位，大赦，改元徽五年爲昇明元年”。丁議是，今從之。

［2］經：上吊，自縊。

［3］太尉：魏晋南北朝位列三公之首，爲名譽宰相。秩一品。

［4］司：州名。治所在今河南信陽市。　豫：州名。治所在今安徽壽縣。　雍：州名。治所在今湖北襄陽市。　益：州名。治所在今四川成都市。　廣：州名。治所在今廣東廣州市。　越：州名。治所在今廣西合浦縣東北舊州東。

［5］甲仗：披甲執兵的衛士。

［6］羽葆：官員的儀仗。

［7］辛卯，太祖誅鎮北將軍黄回：此句之上出（昇明）二年三月己酉、丙子，《二十五史干支通檢·南齊書》云：“三月戊申朔，己酉初二日，丙子二十九日，月内無辛卯。《宋書》卷十《順帝紀》作：夏四月己卯，以游擊將軍垣崇祖爲兖州刺史。辛卯，新除鎮北將軍、南兖州刺史黄回有罪賜死。《資治通鑑》卷一百三十四宋紀十六同。四月戊寅朔，辛卯十四日，是。此‘辛卯’上脱‘四月’二字。”（三秦出版社 2011 年版，第 202 頁）丁福林《校議》亦以爲然。（第 11 頁）今從之。鎮北將軍，南朝宋沿置，與鎮東、鎮南、鎮西合稱四鎮。秩三品，如爲持節都督則進爲二品。有關黄回被誅事，本書卷三〇《桓康傳》云：“太祖誅黄回，回時將爲南兖州，部曲數千，遣收，恐爲亂。召入東府，停外齋，使康將數十人數回罪，然後殺之。回初與屯騎校尉王宜與同石頭之謀，太祖隱其事，猶以重兵付回而配以腹心。宜與拳捷，善舞刀楯，回嘗使十餘人以水交灑，不能著。既慮宜與反己，乃先撤其軍將，宜與不與，回發怒不從處分，擅斬之。諸將因此白太祖，以回握彊兵，必遂反覆。”

大明、泰始以來，[1]相承奢侈，百姓成俗。太祖輔政，罷御府，[2]省二尚方諸飾玩。[3]至是又上表禁民閒華僞雜物：不得以金銀爲箔，[4]馬乘具不得金銀度，[5]不得織成繡裙，[6]道路不得著錦履，[7]不得用紅色爲幡蓋衣服，[8]不得翦綵帛爲雜花，[9]不得以綾作雜服飾，不得作鹿行錦及局脚檉柏牀、牙箱籠雜物、綵帛作屏鄣、錦緣薦席，[10]不得私作器仗，不得以七寶飾樂器又諸雜漆物，[11]不得以金銀爲花獸，不得輒鑄金銅爲像。皆須墨敕，[12]凡十七條。其中宫及諸王服用，[13]雖依舊例，亦請詳衷。[14]

[1]大明：南朝宋孝武帝年號。

[2]御府：官署名。南朝宋孝武帝大明中改門下省細作署置，設令、丞各一員，隸少府。掌製作精巧手工藝品。

[3]尚方：官署名。南朝宋沿置，以本署爲右尚方，又改原相府作部爲左尚方，仍隸少府。掌製作一般軍械，精巧器玩兵器之製造則歸門下省細作署（後改爲御府）。後廢帝改細作爲中署，隸右尚方。

[4]箔：簾。

[5]度：通“鍍”。

[6]不得織成繡裙：中華本校勘記云：“《御覽》一百二十九、四百三十一引作‘不得織成繡衣裙’。”

[7]履：鞋。

[8]幡蓋：旗幟和舟車上的帷幕。

[9]翦：同“剪”。

[10]鹿行錦：華貴的彩色織物。　局脚：用玉石、金屬等將牀脚包裹，起到保護和裝飾的作用。局，約束之物。　檉（chēng）柏：檉柳的別名，也稱觀音柳、紅柳等。落葉小喬木，赤皮，枝細

長，多下垂。分布於中國黄河、長江流域等地平原、沙地及鹽碱地。枝幹可編製籮筐等器物，嫩枝和葉可入藥。　牙箱籠：用象牙做裝飾的箱籠。箱籠，放置衣物的器具。　屏障：屏風。　薦席：卧席之類。

[11]七寶：用以形容用多種寶物裝飾的器物。七寶亦是佛教語，七種珍寶。　又諸雜漆物：中華本校勘記云，《御覽》卷一二九引"漆"作"飾"，《通鑑》卷一三四胡三省注引同，《御覽》卷四三〇引又作"漆"。

[12]墨敕：皇帝親筆書寫，不經外廷下達的命令。

[13]中宫：皇后住處，常用爲皇后的代稱。

[14]詳衷：審察裁斷。詳，審察，審理。衷，折中，裁斷。

九月丙午，進位假黄鉞、都督中外諸軍事、太傅、領揚州牧，[1]劍履上殿，[2]入朝不趨，[3]贊拜不名。[4]置左右長史、司馬，[5]從事中郎、掾、屬各四人，[6]使持節、太尉、驃騎大將軍、録尚書、南徐州刺史如故。固辭，詔遣敦勸，乃受黄鉞，辭殊禮。[7]甲寅，給三望車。[8]

[1]太傅：南朝宋沿置，雖名爲年幼皇帝的師傅，地位尊崇，但無職掌，多用以安置元老勳舊大臣，不常置。秩一品。　揚州：中華本校勘記云："按揚州之'揚'，相沿作'揚'。王念孫《讀書雜志》云：'凡楊州字，古皆從木，不從手。'本書各本皆作從手之'揚'，惟百衲本楊揚錯出，今悉改作揚。"今從中華本校例。揚州，州名。治所在今江蘇南京市。

[2]劍履上殿：經帝王特許，重臣上朝時可不解劍，不脱履。與入朝不趨、贊拜不名皆爲帝王給予大臣的一種特殊禮遇。

[3]入朝不趨：入朝不急步而行。古時大臣入朝必須趨步以示恭敬，入朝不趨是皇帝對大臣的一種殊遇。趨，小步快走，表示

恭敬。

[4]贊拜不名：臣子朝拜帝王時，贊禮的人不直呼其姓名，祇稱官職。

[5]長史：爲公府之幕僚長，主政務。南朝宋秩六品，齊不詳。司馬：此乃公府屬吏，掌軍務。南朝宋秩六品，齊不詳。

[6]從事中郎：魏晋南北朝公府皆置，或主吏，或分掌諸曹，或分掌機密，或參謀議，地位較高。南朝宋秩六品，齊不詳。掾、屬：二者皆公府屬吏。南朝宋七品，齊不詳。

[7]殊禮：即“劍履上殿，入朝不趨，贊拜不名”。

[8]三望車：六朝時王公大臣所乘之車，有窗可望，分四望、三望、夾望等等級。本書《輿服志》載，三望車，制度如四望車，即：通幰，油幢絡，班柒輪轂，銅校飾。三望，謂除車厢後面以外的三面皆有檐窗可望。當時用以加禮貴臣，儀次四望。

三年正月乙巳，太祖表蠲百姓逋負。[1]丙辰，加前部羽葆、鼓吹。丁巳，命太傅府依舊辟召。[2]丁卯，給太祖甲仗五百人，出入殿省。甲午，[3]重申前命，劍履上殿，入朝不趨，贊拜不名。三月甲辰，詔進位相國，[4]總百揆，[5]封十郡爲齊公，備九錫之禮，[6]加璽紱、遠遊冠，[7]位在諸侯王上，加相國緑綟綬，[8]其驃騎大將軍、揚州牧、南徐州刺史如故。太祖三讓，公卿敦勸固請，乃受。甲寅，策相國齊公曰：[9]

[1]蠲（juān）：通“捐”，除去，減免。　逋負：拖欠的賦税。

[2]辟召：自行任命掾屬。

[3]甲午：中華本校勘記云：“按是年正月癸卯朔，無甲午。

二月癸酉朔，二十二日甲午，疑上奪‘二月’二字。”丁福林《校議》據《通鑑》卷一三四“（建元元年）二月……甲午，詔申前命，命太傅贊拜不名”云：“正記此事在是年二月，此於‘甲午’前乃佚‘二月’二字，校所疑者是也。”（第11—12頁）

［4］相國：春秋戰國時期對宰輔大臣的尊稱。西漢高帝、惠帝時蕭何、曹參由丞相遷相國（或説改名相國），職權秩位略同，禮遇稍尊。後復改稱。魏晋南北朝時多由權臣出任，非尋常人臣之職。

［5］百揆：庶政，或指百官。

［6］九錫：錫，通“賜”。古代皇帝賜給有大功或有權勢的諸侯大臣的九種器物。《公羊傳》莊公元年何休注：“禮有九錫：一曰車馬，二曰衣服，三曰樂則，四曰朱户，五曰納陛，六曰虎賁，七曰弓矢，八曰鈇鉞，九曰秬鬯。”歷代相襲沿用，成爲魏晋南北朝時期專制大臣奪取政權、建立新王朝前的例行公事。

［7］璽紱（fú）：璽，印章。初爲通稱，自秦以來專指皇帝的印章，玉質。時宋帝已尊蕭道成印章爲璽。紱，繫官印的絲帶。　遠遊冠：本書《輿服志》：“遠游冠，太子諸王所冠。太子朱纓，翠羽緌珠節。諸王玄纓，公侯皆同。”

［8］綠綟（lì）綬：指織物用莨草染成的一種黑黄近緑的顏色。一説緑色，一説紫色。綬，用以拴繫玉飾和印章的絲質帶子。

［9］策：皇帝對臣下使用的一種文書，即策書。多用於封賞授爵，任免三公。此乃宋順帝策書。

天地變通，莫大乎炎凉，懸象著明，[1]莫崇乎日月。嚴冬播氣，[2]貞松之操自高，[3]光景時昏，[4]若華之暎彌顯。[5]是故英睿當亂而不移，[6]忠賢臨危而盡節。自景和昏虐，王綱弛紊，太宗受命，[7]紹開中興，[8]運屬屯難，[9]四郊多壘。[10]蕭將軍震威華戎，寔資義烈，[11]康國濟民，於是乎在。朕以不造，[12]夙罹閔凶。[13]嗣君失德，[14]書契未紀。威侮五行，[15]虔劉九縣，[16]神歇靈繹，[17]海水群飛，彝器已塵，[18]宗禋誰主，[19]綴旒之殆，[20]未足爲譬，豈直《小宛》興刺，[21]《黍離》作歌而已哉。[22]天贊皇宋，實啓明宰，[23]爰登寡昧，[24]纂承大業，[25]鴻緒再維，[26]閎基重造，[27]高勳至德，振古絶倫。昔保衡翼殷，[28]博陸匡漢，[29]方斯蔑如也。[30]今將授公典禮，其敬聽朕命。

［1］懸象：指天象。懸，古作“縣”。《易・繫辭上》：“縣象著明，莫大乎日月。”　著：原作“箸”，從中華本改。

［2］播：傳布，傳揚。

［3］貞松：指耐寒而經冬不凋的松樹。

［4］光景：又作“光影”。指日月的光輝。

［5］暎（yìng）：通“映”，映照。

［6］英睿：猶英俊，指才智傑出的人物。

［7］太宗：南朝宋明帝劉彧廟號。

［8］紹：繼承。

［9］運屬（zhǔ）：國運接連遭受困難。屬，連續，接連。　屯難：艱難。語本《易・屯》：“彖曰：屯，剛柔始交而難生。”

［10］四郊多壘：此謂宋明帝以藩王入繼大統，及其即位，四方反叛，軍旅不息。

［11］寔資：實在的憑藉。寔，實在。資，憑藉。

［12］朕（zhèn）：我。自秦始皇起專用爲皇帝自稱。　不造：不幸。《詩・周頌・閔予小子》：“閔予小子，遭家不造。”

［13］夙罹（lí）閔凶：夙，早。罹，遭遇。閔凶，指憂喪之事。宋順帝劉準，明帝第三子，泰始五年（469）七月癸丑生，當泰豫

元年（472）四月明帝去世時，劉準年僅四歲，故曰“夙罹閔凶”。

［14］嗣君：指劉準長兄、後廢帝劉昱。

［15］威侮五行：謂後廢帝無帝王之德、倒行逆施。語出《尚書・甘誓》。威侮，即“威虐侮慢”。五行，即帝王應具備的“五行之德”：温、良、恭、儉、讓。

［16］虔劉：劫掠，殺害。　九縣：九州。

［17］神歇靈繹：謂神靈不再保祐、賜福。神，天神，神靈。歇，竭，盡。靈，福，祐。繹，終止，窮盡。中華本校勘記云：“‘歇’南監本、毛本、殿本、局本作‘厭’，《南史・齊紀》同。張元濟《校勘記》云：‘《宋書・孔顗傳》有神歇靈繹，瓊業綴旒語，宋本不誤。’”按，《文選》卷四八揚雄《劇秦美新》：“神歇靈繹，海水群飛，二世而亡，何其劇與!”知該句係用典，可證作“歇”是。

［18］彝器：古代青銅器中禮器的通稱。

［19］宗禋（yīn）：蓋指祭祖和祭天。宗，宗廟，祖先。禋，燒柴升烟以祭天。

［20］綴（zhuì）旒（liú）之殆：比喻君主爲臣下挾持，大權旁落，國勢垂危。《詩・商頌・長髮》：“受小球大球，爲下國綴旒。”毛亨傳：“球，玉；綴，表；旒，章也。”鄭玄箋：“綴，猶結也；旒，旌旗之垂者也。”《漢書・五行志下之下》：“君若綴斿，不得舉手。”顏師古注：“應劭曰：‘斿，旌旗之旒，隨風動摇也。’言爲下所執，隨人東西也。”

［21］直：意爲衹，僅，不過。　《小宛》興刺：《小宛》，《詩經・小雅》的篇名。《詩序》：“小宛，大夫刺宣王也。”或亦指爲傷時之詩。刺，指責，諷刺。

［22］《黍（shǔ）離》作歌：用作感慨亡國之詞。《黍離》，《詩經・王風》的篇名。《詩序》謂西周亡後，周大夫過故宗廟宫室，盡爲禾黍，徬徨不忍離去而作此詩。歌，詩也。

［23］明宰：賢能的宰相。此指蕭道成。

［24］寡昧：謂知識淺陋，不明事理。用爲謙稱。

［25］纂承大業：中華本校勘記云：“《元龜》一百八十四‘承’作‘兹’。按蕭道成父名承之，策文必不犯其家諱，疑作‘兹’是。”纂，繼承。

［26］鴻緒：祖先的基業。這里指帝王世傳的大業。　維：維持，維護。

［27］閎（hóng）基：指帝業。閎，宏大。

［28］保衡翼殷：保衡，殷商相伊尹的尊號。翼殷，輔佐殷商。翼，幫助，輔佐。按，伊尹爲商湯臣，曾佐湯伐夏桀，建立商朝。湯死後，其孫太甲不遵商湯法制，伊尹把他放逐到桐宫。三年後，太甲悔過反善，伊尹又迎之復位。

［29］博陸匡漢：博陸，指西漢博陸侯霍光。河東平陽（今山西臨汾市西南）人，字子孟。漢武帝去世前，任霍光爲大司馬大將軍，輔佐幼子劉弗陵（即昭帝），遺詔封博陸侯。昭帝死後霍光迎立昌邑王劉賀，後以淫亂廢，於是又迎立武帝曾孫劉詢（即宣帝）。由是漢統得以延續。

［30］方斯蔑如：意爲伊尹護衛殷商、霍光輔漢皆不如蕭道成救助宋廷的功勞。此乃策文恭維之詞。方，比，比擬。斯，此。蔑，此處作副詞用，即“不”。

乃者，[1]袁、鄧構禍，[2]寔繁有徒，子房不臣，[3]稱兵協亂，跨蹈五湖，[4]憑陵吴、越，[5]浮祲虧辰，[6]沈氛晦景，[7]桴鼓振於王畿，[8]鋒鏑交乎天邑。[9]顧瞻宫掖，將成茂草，言念邦國，翦爲仇讎。[10]當此之時，人無固志。公投袂殉難，[11]超然奮發，執金板而先馳，[12]登寅車而戒路，[13]軍政端嚴，卒乘輯睦，[14]麾鉞一臨，凶黨冰泮。[15]此則霸業之基，勤王之始也。安都背叛，[16]竊據徐方，[17]敢率犬羊，陵虐淮滸。索兒愚悖，[18]同惡相濟。天祚無象，背順歸逆。北鄙黔黎，[19]奄墜塗炭，均人廢職，[20]邊師告警。公受命宗祊，[21]精貫朝日，擁節和門，[22]氣踰霄漢，破釜之捷，斬馘蔽野，[23]石梁之戰，禽其渠帥，[24]保境全民，江陽即序。[25]此又公之功也。張淹迷昧，[26]弗顧本朝，爰自南區，[27]志圖東夏，[28]潛軍閒入，竊覬不虞。于時江服未夷，[29]皇塗荐阻。[30]公忠誠慷慨，在險彌亮，深識九變，[31]妙察五色，[32]以寡制衆，所向風偃。朝廷無東顧之憂，閩越有來蘇之慶。[33]此又公之功也。匈奴野心，[34]侵掠疆埸，前師失律，[35]王旅崩撓，灑血成川，伏尸千里。醜羯俯張，[36]勢振彭、泗，[37]乘勝長驅，窺覦京甸，[38]冠帶之軌將湮，[39]被髮之容行及。[40]公奉辭伐罪，[41]戒旦晨征，[42]兵車始交，氛祲時蕩，弔死撫傷，弘宣皇澤，俾我淮、肥，[43]復沾盛化。此又公之功也。自茲厥後，獫狁孔熾，[44]封豕長蛇，[45]重窺上國。[46]而世故相仍，師出日老，戰士無臨陣之心，戎卒有懷歸之思。是以下邳精甲，[47]望風振恐，角城高壘，指日淪陷。公眷言王事，[48]發憤忘食，躬擐甲胄，[49]視險若夷，短兵纔接，巨猾鳥散，分疆畫界，開創青、兗。[50]此又公之功也。泰始之末，入參禁旅，[51]任兼軍國，事同顧命。[52]桂陽負衆，[53]輕問九鼎，[54]裂冠毀冕，[55]拔本塞源，[56]入兵萬乘之國，[57]頓戟象魏之下，[58]烈火焚於王城，[59]飛矢集乎君屋。[60]機變倏忽，[61]終古莫二，群后憂惶，元戎無主。[62]公按劍凝神，則奇謀貫世，秉旄指麾，[63]則懦夫成勇。曾不崇朝，[64]新亭獻捷，信宿之間，[65]宣陽底定，[66]雲霧廓清，區宇康乂。[67]此又公之功也。皇室多難，釁起戚蕃，邘、晋、應、韓，[68]翻爲讎敵，建平失圖，[69]興兵内侮。公又指授六師，[70]義形乎色，役未踰旬，朱方寧晏。[71]此又公之功也。蒼梧肆虐，諸夏糜沸，[72]淫刑以逞，誰則無罪，火炎崐岡，[73]玉石俱焚，黔首相悲，[74]朝不謀夕，高祖之業已淪，[75]文、明之軌誰嗣。[76]公遠稽殷、漢之義，[77]近遵魏、晋之典，[78]猥以眇身，[79]入奉宗祏，[80]七廟清謐，[81]九區反政。[82]此又公之功也。袁粲無質，[83]劉秉攜貳，[84]韞、述相扇，[85]成此亂階，醜圖潛構，危機竊發，據有石頭，志犯應、路。[86]公神謀内運，霜鋒外舉，妖沴載澄，[87]國塗悦穆。[88]此又公之功也。沈攸之苞禍，[89]歲月滋彰，蜂目豺聲，阻兵安忍。[90]哀彼荆漢，[91]獨爲匪民，[92]乃眷西顧，緬同異域。[93]而經綸維始，[94]九伐未申，[95]長惡不悛，[96]遂逞凶逆。驅合姦回，[97]勢過虓虎，[98]朝野憂疑，三軍沮氣。[99]公秉鉞出關，凝威江甸，正情與皦日同亮，[100]明略與秋雲競爽。至義所感，人百其心，[101]蕿鼓一麾，[102]夏首寧謐，[103]雲梯未舉，[104]魯山剋定。[105]積年逋誅，[106]一朝顯戮，[107]沮浦安流，章臺順軌。此又公之功也。公有濟天下之勳，重之以明哲，道庇生民，志匡宇宙，勠力肆心，劬勞王室，[108]自東徂西，[109]靡有寧晏，[110]險阻艱難，備嘗之矣。若乃締構宗稷之勤，[111]造物資始之澤，雲布霧散，[112]光被六幽，[113]弼予一人，[114]永清四海。[115]是以秬草騰芳於郊園，[116]景星垂暉於清漢，[117]遐方款關而慕義，[118]荒服重譯而來庭，[119]汪哉邈乎！[120]無得而名焉。[121]

[1]乃者：往日，以前。

[2]袁、鄧構禍：原作“袁劉構禍”，據中華本改。指宋明帝泰始元年（465）袁顗、鄧琬等舉兵向闕一事，詳見《宋書》卷八四二人本傳。袁顗（yǐ），字景章，陳郡陽夏（今河南太康縣）人。泰始元年十二月，以雍州刺史舉兵反。鄧琬，字元琬，豫章南昌（今江西南昌市）人。泰始元年十二月，時任晉安王長史的鄧琬以其府主江州刺史劉子勛的名義舉兵反，四方響應。

[3]子房不臣：子房，字孝良，南朝宋孝武帝第六子。大明四年（460），年五歲，封尋陽王。景和元年（465），以右將軍督會稽東陽新安臨海永嘉五郡諸軍事、會稽太守。明帝即位，長史孔覬以子房名義舉兵反，三吴晋陵並受命。次年，兵敗，子房被貶爲松滋，尋又殺之。參見《宋書》卷八〇《松滋侯子房傳》、卷八四《孔覬傳》。

[4]五湖：先秦史籍記載吴越地區有五湖，後人對此解釋不一。從《國語·越語》《史記·河渠書》的記載看，五湖的原意當泛指太湖流域一帶的所有湖泊。

[5]憑陵吴、越：憑陵，侵凌，進逼。吴、越，地域名。大致指先秦時的吴國和越國故地。相當今江蘇南部、上海和浙江一帶。

[6]浮祲（jìn）虧辰：上浮的妖氣攪亂了天象。祲，舊指由於陽陽二氣相侵所形成的象徵不祥的妖氣。虧，毁壞。辰，日、月、星的統稱。

[7]沈氛晦景：沈，通“沉”。氛，預示灾禍的凶氣。晦，隱藏，遮掩。景，亮光，日光。

[8]桴（fú）鼓：戰鼓。　王畿：古代稱帝王都城附近千里的地域。

［9］鋒鏑（dí）：泛指兵器。鋒，兵刃。鏑，箭鏃。　天邑：帝王都城。

［10］翦：盡，全。

［11］投袂：揮袖，甩袖，表示立即行動。　殉難：爲國難而不惜身。

［12］金板：皇帝的詔書。

［13］寅車：古兵車名。　戒路：啓程出發。

［14］卒乘：泛指軍隊。《左傳》魯隱公元年："繕甲兵，具卒乘。"杜預注："步曰卒，車曰乘。"

［15］冰泮（pàn）：冰融，冰釋。

［16］安都：薛安都，泰始元年（465）支持晋安王子勛之亂。詳見《宋書》卷八八《薛安都傳》。

［17］徐方：先秦時期淮北古族徐戎或徐夷的别稱。這裏用以指代徐州。

［18］索兒：薛安都從子，曾從薛安都謀反。詳見《宋書》卷八八《薛安都傳》。

［19］黔黎：黔首、黎民的合稱，即百姓。

［20］均人：泛指掌管土地賦役的地方官員。《周禮・地官》有均人，掌鄉遂公邑之土地。

［21］宗祊（bēng）：宗廟。此指蕭道成受命於明帝，明帝神主入太廟，故代稱以"宗祊"。祊，古代稱宗廟之門，亦指廟門内設祭之處。"祊"原作"礽"，從中華本改。

［22］擁節：持節。　和門：軍門。

［23］馘（guó）：古代戰争中割取所殺敵人的左耳計數以獻功。

［24］禽：通"擒"。　渠帥：魁首，首領。

［25］江陽：江北。山之南或水之北爲陽。　即序：很快安定下來。

［26］張淹：南朝宋吴郡人。初爲黄門郎、太子右衛率，佐宋孝武帝討逆定亂，封廣晋縣子，遷東陽太守。佞佛，在郡逼郡吏燒臂

照佛。百姓有罪使禮佛贖愆，動輒數千拜，以此免官禁錮。後起爲臨川内史，與晋安王劉子勛同逆，軍敗被殺。　迷昧：迷惑暗昧。

[27]爰自："爰"原作"受"，中華本據殿本、《南史》卷四《齊本紀上》、《册府元龜》卷一八四改。今從改。

[28]東夏：這裏指南朝宋都城以東的三吴地區。

[29]江服：指長江流域。服，王畿以外之地。　夷：平，消滅。

[30]皇塗荐阻：猶曰皇室多難。塗，通"途"。荐，副詞。猶言一再，屢次。

[31]九變：言變革多，辦法多，善於隨機應變。

[32]五色：古人以青、黄、赤、白、黑爲五色，也泛指各種色彩。這裏引申爲各種不同情況。

[33]閩越：地域名。指秦漢時閩越族居住的相當於今福建及浙南、贛東北部分地區。　來蘇：從困苦中獲得蘇息。《尚書·仲虺之誥》："攸徂之民，室家相慶曰：'徯予后，后來其蘇！'"

[34]匈奴：中國古代北方民族之一。秦漢時期散居在大漠南北，過游牧生活，善騎射。此處用以指代北方鮮卑族拓跋部建立的北魏。

[35]失律：行軍無紀律，這裏指戰争失利。

[36]羯：中國古代北方少數民族之一。源於小月氏，曾附屬於匈奴，後發展爲一個獨立的族系。此處亦指代北魏。　侜（zhōu）張：嚣張，强横。侜，欺騙。

[37]彭：彭城縣，治所在今江蘇徐州市。　泗：淮河支流泗水。

[38]窺覦：伺隙而動。　京：都城。　甸（diàn）：古時郭外稱郊，郊外稱甸。《周禮·天官·大宰》："三曰邦甸之賦。"賈公彦疏："郊外曰甸，百里之外，二百里之内。"

[39]冠帶：官吏或士大夫的代稱。　軌：法則，制度。　湮：埋没，没落。

［40］被髮：散髮。被，通“披”。古代吴越土著民族有被髮文身的風俗。

［41］奉辭伐罪：奉正辭，討有罪。

［42］戒旦：告戒天將明，待旦。

［43］俾（bǐ）：使。　肥：淮河支流肥水。今作“淝”。

［44］獫（xiǎn）狁（yǔn）：又作“玁狁”，匈奴族古名。這裏亦用以指代北魏。　孔熾：猖獗，囂張。

［45］封豕（shǐ）長蛇：大豬與長蛇。比喻貪暴的元凶首惡。

［46］上國：指代宋廷。

［47］下邳：郡名。治所在今江蘇睢寧縣西北古邳鎮東。

［48］眷言：回顧貌。意猶“眷念”。

［49］擐（huàn）：穿。

［50］開創青、兖：青，州名。南朝宋治所原在東陽城（今山東青州市），宋末失淮北地後，僑置於鬱洲（今江蘇連云港市東云臺山一帶），與同時僑置的冀州共一刺史。泰始初，蕭道成以垣崇祖爲朐山戍主，數敗魏軍，爲劉宋於此設立青冀二州奠定了基礎。兖，州名。南朝宋治所原在瑕丘（今山東兖州市）。宋末失淮北地後，僑置於淮陰（今江蘇淮安市西南甘羅城）。泰始初，蕭道成殲滅了薛安都進攻淮南的叛軍，宋明帝以其爲假冠軍將軍、持節、都督北討前鋒諸軍事，鎮淮陰，爲劉宋於此僑置兖州奠定了基礎。

［51］禁旅：保衛宫禁和京城的軍隊。

［52］顧命：天子遺詔，這裏指天子遺詔的執行人。此處指《紀》文前述，宋明帝遺詔，以蕭道成爲右衛將軍，領衛尉，與尚書令袁粲、護軍褚淵、領軍劉勔共掌機事。

［53］桂陽：指南朝宋桂陽王劉休範省稱。

［54］九鼎：相傳夏禹鑄九鼎，象徵九州。歷商至周爲傳國重器，後遂用以指王位或國家政權。

［55］裂冠毀冕：猶如自毀冠冕。冠，帽子，這裏特指侯王的帽子。冕，古代帝王、諸侯、卿大夫所戴的帽子，以旒之多寡相

區别。

[56]拔本塞源：喻毁滅根本。本，樹根。源，水源。

[57]萬乘之國：大國，這裏指宋朝廷。乘，四匹馬拉的戰車，以其多寡作爲衡量國力的標準。

[58]頓戟：指動用干戈引起兵戰。戟，兵器，這裏指軍隊。　象魏：古代皇宫門外一對高建築，亦稱爲“闕”。

[59]王城：京城，京師。

[60]君屋：皇宫。

[61]儵（shū）忽：疾速貌。儵，通“倏”。

[62]元戎：兵衆，軍隊。

[63]旄（máo）：竿頭用旄牛尾裝飾的旗幟。　麾：通“揮”。

[64]崇朝（zhāo）：從天亮到早飯之間。喻時間短促。崇，終盡。朝，早晨。

[65]信宿：連宿兩夜。《左傳》莊公三年：“凡師一宿爲舍，再宿爲信，過信爲次。”

[66]宣陽：宣陽門。　底定：達到平定。

[67]區宇：疆土境域。　康乂（yì）：安定太平。

[68]邘（yú）、晋、應、韓：據《左傳》僖公二十四年杜預注，四者皆先秦諸侯國名，且皆爲周武王子封國。邘國，封地在河内野王縣西北邘城，即今河南沁陽市西北邘臺鎮。參見《左傳》僖公二十四年楊伯峻注。或以爲邘即盂。王國維以大、小盂鼎皆出陜西鳳翔府郿縣（今陜西眉縣）禮村溝岸間，當爲盂之封地。此可備一説。詳《觀堂集林》卷五《鬼方昆夷玁狁考》。又，據《新唐書》卷七二下《宰相世系表二下》，邘國始封國君是“周武王第二子邘叔”。晋，周成王封其弟叔虞於唐（今山西翼城縣西），叔虞子繼位改唐爲晋。春秋前期晋國逐漸强大，晋文公時成爲五霸之一。公元前四世紀中葉，晋國爲其三家大夫韓、趙、魏瓜分。見《史記》卷三九《晋世家》。應，《左傳》僖公二十四年杜預注：“應國在襄陽城父縣西。”阮元《校勘記》云：“段玉裁校作‘襄城

父城縣西南’是也。”即今河南魯山縣東，晋屬父城縣。又，《通志·氏族略第二》：應國始封國君是“武王第四子”。韓，《左傳》僖公二十四年杜預注：“韓國在河東郡界。”即今山西河津市東北。此韓國於西周、春秋間爲晋所滅。戰國時，與趙、魏分晋之韓非此韓。

［69］建平：郡名。治所在今重慶市巫山縣。此處的“建平”是指南朝宋建平王劉景素。《宋書》卷七二有附傳。　失圖：失去主意。

［70］六師：六軍。周制，天子有六軍。這裏是作爲國家軍隊的統稱。

［71］朱方：地名。春秋吴邑，在今江蘇鎮江市東南丹徒區。當時劉景素爲南徐州刺史，治所在今鎮江市，故策稱其爲朱方。

［72］諸夏：其本意是指周代分封的諸侯國，用以區别諸夏以外的夷狄。這裏指劉宋統治的核心地區。　麋沸：喻形勢混亂不安。

［73］崐岡：崑崙山。崐，同“崑”。

［74］黔首：庶民，百姓。

［75］高祖：南朝宋開國皇帝劉裕的廟號。《宋書》卷一至卷三有紀。

［76］文、明之軌誰嗣：“文”原作“大”，中華本校勘記引張森楷《校勘記》云：“《南史》‘大明’作‘文明’。按文、明二帝是蒼梧祖及父，故指言之。孝武，其伯父也，可不及；大明又是孝武再改之元，尤不當以爲稱。當從《南史》作‘文明’爲是。”並按，“《元龜》一百八十四正作‘文明’，今據改”。今從改。

［77］稽：考。　殷、漢之義：指策文上述伊尹翼殷、霍光匡漢的義舉。

［78］魏、晋之典：這裏指魏、晋效法前代帝王臨終委任顧命大臣輔佐幼主的制度。

［79］猥：謙稱，含“辱”意。這裏爲宋順帝自謙的套語。　眇身：封建帝王自稱。

［80］宗祏（shí）：借指宗廟，宗祠。此處引申指朝廷，國家。祏，宗廟中藏神主的石室。

［81］七廟：宗法制度下，歷代帝王設七廟供奉七代祖先。《禮記·王制》："天子七廟，三昭三穆，與太祖之廟而七。"後以七廟代稱朝廷。　清謐：清静，安寧。

［82］九區：九州，泛指全國。　政：通"正"。

［83］無質：不誠信，不守信用。

［84］攜貳：猶言離心。攜，同"携"，離異。貳，二心。

［85］韞（yùn）："韞"原作"韜"，中華本校勘記云："張森楷《校勘記》云：'韜'當作'韞'，韞、述謂劉韞、劉述也。按《元龜》一百八十四正作'韞'，今據改。"今從改。劉述，南朝宋宗室。詳見《宋書》卷五一《宗室傳》。

［86］應：應門，古代王宫的正門。《詩·大雅·綿》："廼立應門，應門將將。"毛亨傳："王之正門曰應門。"　路：路門，古代宫室最裏層的正門。《周禮·考工記》："路門不容乘車之五个。"鄭玄注："路門者，大寢之門。"此處以應、路指代劉宋皇帝宫室。

［87］妖沴（lì）：邪惡及灾害。　載：開始。　澄：澄清。

［88］國塗：國家的前途。塗，通"途"。

［89］苞禍：中華本校勘記云："《元龜》一百八十四'苞禍'作'苞藏禍釁'，文義較順。"按，苞，通"包"。

［90］阻：恃，依仗。　安忍：安於爲殘忍之事。

［91］荆漢：泛指今湖北漢江下游及其以西荆州市一帶。這裏指當時的荆州地區。

［92］匪民：非朝廷之民。匪，通"非"。

［93］緬：遥遠。

［94］經綸：整理絲縷，引申爲處理國家大事。這裏指平叛。維：語助詞。　始：起始。

［95］九伐：相傳天下對諸侯國中違犯王命行爲的九種處罰辦法。《周禮·夏官·大司馬》："以九伐之法正邦國：馮弱犯寡則眚

之，賊賢害民則伐之，暴内陵外則壇之，野荒民散則削之，負固不服則侵之，賊殺其親則正之，放弒其君則殘之，犯令陵政則杜之，外内亂、鳥獸行則滅之。”

[96]長（zhǎng）：增長。　悛（quān）：改過，悔改。

[97]姦回：邪惡。

[98]虓（xiāo）虎：咆哮的虎。

[99]三軍：周制天子六軍，諸侯大國三軍。春秋時的大國三軍，或稱中軍、上軍、下軍，或稱中軍、左軍、右軍。這裏指朝廷的軍隊。

[100]正情：忠君之情。　皦（jiǎo）：明亮。

[101]人百其心：謂受蕭道成忠誠精神的感召，衆人齊心平叛。

[102]鼖（fén）：古代軍中所用的大鼓。《周禮·地官·鼓人》：“以鼖鼓鼓軍事。”鄭玄注：“大鼓謂之鼖。鼖鼓，長八尺。”　麾（huī）：指揮。古人行軍，擊鼓則進，鳴金則止。

[103]夏首：地名。在今湖北荊州市沙市區東南，即古夏水自長江分流處。

[104]雲梯：古代攻城時攀登城墻的長梯。

[105]魯山：地名，在湖北武漢市漢陽區東北。昇明二年（478）正月，沈攸之攻郢城，於此潰敗。

[106]逋誅：逋逃，指逃亡的罪人。

[107]顯戮：明正典刑，處决示衆。

[108]劬（qú）勞：辛勤，勞苦。

[109]徂（cú）：往，到。

[110]靡（mǐ）：無，没有。

[111]締構：營造，建築。　宗稷：宗社。宗，宗廟。稷，社稷。

[112]雲布霧散：謂霧散而得見青天白雲。

[113]被：覆蓋。　六幽：天地四方幽遠之處。

[114]弼：輔佐。　予一人：古代帝王的自稱。

［115］四海：意同天下。古代以爲中國四周皆有海，所以把中國稱作海内，外國稱作海外。

［116］秬（jù）草：猶嘉穀，象徵祥瑞。秬，黑黍。

［117］景星：雜星名。也稱德星、瑞星。《史記·天官書》："天精而見景星。景星者，德星也。其狀無常，常出於有道之國。"漢末劉叡《荆州占》將景星列入"瑞星"（見《晋書·天文志中》）。　清漢：天河。

［118］遐方：遠方。　款關：叩關。指通好或内附。

［119］荒服：古五服之一。指離王畿二千五百里的地區，爲五服中最遠之地。詳《尚書·禹貢》。一説指四千五百里以外之地。《國語·周語上》："戎狄荒服。"韋昭注："戎狄去王城四千五百里至五千里也。"　重（chóng）譯：輾轉翻譯。　來庭：朝見天子。

［120］汪哉邈乎：策文稱譽蕭道成功勞大且影響久遠。汪，大，深廣。邈，久遠。汪，原作"注"。中華本校勘記云："據《南史·齊紀》改。按南監本、殿本、局本作'往'，《元龜》一百八十四作'遐'。"真大成《中古史書校證·〈南齊書〉校證第三》云殘宋本《册府元龜》正作"汪"。（第106頁）今從改。

［121］名：稱説，稱贊。

朕聞疇庸表德，[1]前王盛典。崇樹侯伯，有國攸同。[2]所以文命成功，[3]玄珪顯錫，[4]姬旦秉哲，[5]曲阜啓蕃，[6]或改玉以弘風，[7]或胙土以宣化，[8]禮絶常班，[9]寵冠群辟，[10]爰逮桓、文，[11]車服異數。[12]惟公勳業超於先烈，[13]而褒賞闕於舊章，[14]古今之道，何其爽歟？[15]静言欽歎，良有缺然。[16]今進授相國，以青州之齊郡，[17]徐州之梁郡，[18]南徐州之蘭陵、魯郡、琅邪、東海、晋陵、義興，[19]揚州之吴郡、會稽，[20]凡十郡，封公爲齊公。錫兹玄土，[21]苴以白茅，[22]定爾邦家，[23]用建冢社。[24]斯實尚父故蕃，[25]世作盟主，紀綱侯甸，率由舊則。[26]往者周、邵建國，[27]師保兼任，[28]毛、畢執珪，[29]入作卿士，[30]内外之寄，[31]同規在昔。今命使持節、兼太尉、侍中、中書監、司空、衛將軍、雩都縣開國侯淵授公相國印綬，[32]齊公璽紱；持節、兼司空副、守尚書令僧虔授齊公茅土，[33]金虎符第一至第五左，[34]竹使符第一至第十左。[35]相國位總百辟，[36]秩踰三鉉，[37]職以禮移，號隨事革。其以相國總百辟，[38]去録尚書之稱。送所假節、侍中貂蟬、中外都督太傅太尉印綬、竟陵公印策。[39]其驃騎大將軍、揚州牧、南徐州刺史如故。

[1]疇庸：酬報功勞。疇，通“酬”。庸，功勞。

[2]攸：語助詞，無義。

[3]文命：相傳爲夏禹之名。

[4]玄珪顯錫：玄珪，古代帝王舉行典禮所用的一種黑色的玉器，長條形，上尖下方，《尚書·禹貢》：“禹錫玄圭，告厥成功。”孔安國傳：“玄，天色。禹功盡加於四海，故堯賜玄圭以彰顯之，言天功成。”錫，賜。

[5]姬旦秉哲：姬旦，周文王子，武王弟。采邑在周（今陝西岐山縣北），稱爲周公。秉，操持。哲，明智。據《史記》卷四《周本紀》，周公曾助武王滅商。武王死，成王年幼，由其攝政。管叔、蔡叔、霍叔等聯合商紂王子武庚發動叛亂。周公遂出師東征，平定了叛亂，並營建洛邑爲東都。周公攝政七年，還政成王，北面就群臣之位。

[6]曲阜啓蕃：謂周公爲諸侯國藩衛王室樹立了表率。武王滅

商後，封周公爲諸侯，國號魯，都曲阜（在今山東曲阜市東北古城）。周公在京師輔政，子伯禽就國。這裏的“曲阜”，指代魯國，亦指代周公。啓，教導，開導。蕃，通“藩”，本意爲籬笆，引申爲屏障，這裏指諸侯國。

［7］改玉以弘風：謂帝堯向大禹獎賜玄圭是爲了弘揚他的一心爲公的風範。改，更易，猶曰“賜”。“改玉”即賜予玄圭，前無先例，故稱“改”。

［8］胙（zuò）土：帝王以土地賜封功臣，酬其勛績。胙，賜與，報答。　宣化：傳布德化。

［9］禮絶常班：禮遇超過正常位次。

［10］群辟：指衆諸侯、卿士。

［11］逮：及，至。　桓：齊桓公。春秋時齊國諸侯，名小白，五霸之一。　文：晋文公。春秋時晋國諸侯，名重耳，五霸之一。

［12］車服異數：謂周王賞賜的車乘、器服超越常典。異數，特殊的禮遇。《史記》卷三二《齊太公世家》載，周襄王賜桓公文武胙、彤弓矢及大路之車。《史記》卷三九《晋世家》載，周襄王賜文公大輅、彤弓矢百、玈弓矢千、秬鬯一卣，珪瓚，虎賁三百人。

［13］公：指蕭道成。　先烈：祖先的功業。這裏指以前賢人名臣的功業。

［14］闕：同“缺”。　舊章：舊時的典章制度。

［15］爽：差錯，違背。

［16］良：確實。

［17］青州：僑州名。治所在今江蘇連雲港市東雲臺山一帶。　齊郡：僑郡名。治所在今江蘇南京市六合區東南瓜山。

［18］徐州：僑州名。治所在今安徽鳳陽縣東北臨淮鎮。　梁郡：僑郡名。按，本書《州郡志上》云：“省北徐譙、梁、魏、陽平、彭城五郡。”其中的“梁”即此梁郡，其治地未詳。

［19］蘭陵：僑郡名。即南蘭陵郡，治所當在今江蘇句容、丹陽及常州三市間。　魯郡：僑郡名。即南魯郡，治所當在今鎮江、無

錫二市間。　琅邪：僑郡名。即南琅邪郡，治所在今江蘇鎮江市。邪又作“琊”。　晋陵：郡名。治所在今江蘇常州市。　義興：郡名。治所在今江蘇宜興市。

［20］吴郡：郡名。治所在今江蘇蘇州市。　會稽：郡名。治所在今浙江紹興市。

［21］兹：此。　玄土：土地。

［22］苴（jū）以白茅：指古時帝王分封諸侯的一種禮儀，即賜茅授土。苴，包裹。

［23］邦家：古代諸侯的封國，這裹指蕭道成的公國。

［24］冢（zhǒng）社：大社，古代天子祭神的地方。這裹指公國的祭神之地。

［25］斯實尚父故蕃：謂蕭道成的封號齊乃尚父封國名稱。斯，此。尚父，周初人，姜姓，吕氏，名尚。曾輔文王創業。武王即位後，被尊爲師尚父，佐以滅商。周朝既建，封於齊，爲東方大國。詳見《史記》卷三二《齊太公世家》。

［26］世作盟主，紀綱侯甸，率由舊則：謂蕭齊可以如同以往那樣，世作盟主，治理京畿地區。紀綱，治理，管理。侯甸，侯服和甸服。《史記》卷四《周本紀》：“夫先王之制，邦内甸服，邦外侯服，侯衛賓服，夷蠻要服，戎翟荒服。”此處“侯甸”當指宋京畿及近畿之地。

［27］周：指周公旦。　邵：指召（shào）公奭。邵字本作“召”。召公奭，周初人。周之支族（一説文王之子），采邑在召（今陝西岐山縣西南），故曰召公。武王滅商後封其爲諸侯（一説成王封），國號燕（今北京市西南）。其長子就國。詳見《史記》卷三四《燕召公世家》。

［28］師保兼任：師、保，即太師、太保，皆周代官名。《尚書·君奭》：“召公爲保，周公爲師，相成王爲左右。”《禮記·文王世子》：“入則有保，出則有師，是以教喻而德成也。”《大戴禮記·保傅》：“保，保其身體；傅，傅其德義；師，導之教順。此三

公之職也。”

［29］毛、畢執珪：毛，畢，即公叔鄭、畢公高。二人均爲文王子，受封於毛地與畢地。成王臨終，遺命二人輔佐太子釗。執珪，封爵意。

［30］卿士：西周王朝執政官。

［31］内外之寄：中華本校勘記云：“‘寄’南監本、毛本、殿本、局本作‘寵’，《南史·齊紀》同。按《元龜》一百八十四作‘寄’。”真大成《中古史書校證·〈南齊書〉校證第三》引《後漢書·楊震傳》“誠以負荷之寄”，《南齊書》“猶爲重寄”，《魏書·李冲傳》“委以臺司之寄”等爲例證，以爲中古時期“寄”引申作職務、職任，“内外之寄”即内外之重任。（第106—107頁）

［32］“今命使持節”至“相國印綬”：中華本校勘記云：“‘今’字據南監本、毛本、殿本、局本補。按《元龜》一百八十四作‘可’字。公字據南監本、毛本、殿本、局本補。”按，《南史》卷四《齊本紀上》“授”字下有“公”字。雩（yú）都縣，縣名。治所在今江西於都縣。開國侯，爵名。初指侯爵中開國置官食封者，後僅爲爵位名。食邑爲郡或縣，故前冠以郡縣名。晋朝始置，分開國郡侯、開國縣侯二級，位在開國公下，秩二品。南朝宋沿置。淵，即褚淵。印綬，印和繫印的絲帶，官吏印章的統稱。

［33］兼司空副：中華本校勘記云：“南監本、毛本、殿本、局本無‘副’字，《元龜》一百八十四有。按兼司空副，言爲褚淵之副也，有‘副’字是。”　守尚書令僧虔：守，官制用語。官吏試職稱守。漢朝官吏有試守之制，期限一年，稱職轉正爲“真”，得食全俸。魏晋南北朝以低職署理高職、高職署理低職均可稱“守”。後者僅爲暫攝、代理之意。僧虔，即王僧虔。本書卷三三有傳。

［34］金虎符：虎符。古代帝王授予臣屬兵權和調發軍隊的憑證。用青銅製成虎形，背有銘文，分爲兩半，右半留存中央，左半發給統兵的地方官吏或將帥。調發軍隊時，須由使臣持符驗合，方能生效。盛行於戰國、秦、漢。

［35］竹使符：古代帝王頒發給郡國守相的信符。《漢書》卷四《文帝紀》："（二年）九月，初與郡守爲銅虎符、竹使符。"顔師古注："應劭曰：'……竹使符皆以竹箭五枚，長五寸，鐫刻篆書，第一至第五。'……師古曰：'與郡守爲符者，謂各分其半，右留京師，左以與之。'"

［36］百辟：本爲周朝諸侯國君統稱，後也用於泛指朝廷中的公卿大官。

［37］三鉉：中華本校勘記云："'三鉉'南監本、毛本、殿本、局本作'三事'。"朱季海《校議》以爲中華本所據底本（百衲本）作"三鉉"不誤，"當是南監、毛氏所據同闕此字，南監始臆補'事'字，而諸本承其訛。""三鉉猶三公，改字非是。"（第2頁）丁福林《校議》亦以爲然，且舉《晋書》卷六二《劉琨祖逖傳論》、《陳書》卷一《高帝紀上》中"三鉉"皆指三公爲證。（第12頁）按，當以百衲本作"三鉉"爲正。

［38］百辟：中華本校勘記云："南監本、毛本、殿本、局本作'百揆'。"

［39］貂蟬：冠飾名。貂即貂尾，蟬即金蟬。漢朝皇帝近侍服用。據應劭《漢官儀》，侍中冠武弁，加金璫，附蟬爲文，貂尾爲飾，謂之貂蟬。東漢時宦官爲中常侍，亦以爲冠飾。晋、宋沿之。

又加公九錫，其敬聽後命：以公秉禮弘律，[1]儀刑區宇，[2]遐邇一體，民無異業，是用錫公大輅、戎輅各一，[3]玄牡二駟。[4]公崇脩南畝，[5]所寶惟穀，王府充實，百姓繁阜，是用錫公衮冕之服，[6]赤舄副焉。[7]公居身以謙，導物以義，鎔鈞庶品，罔不和悦，是用錫公軒縣之樂，[8]六佾之舞。[9]公翼贊王猷，[10]聲教遠洽，蠻夷竭歡，回首内附，是用錫公朱户以居。[11]公明鑒人倫，澄辨涇渭，官方與能，[12]英乂克舉，[13]是用錫公納陛以登。[14]公保佑皇朝，厲身化下，杜漸防萌，含生僉式，[15]是用錫公虎賁之士三百人。[16]公禦宄以刑，[17]禦姦以德，君親無將，將而必誅，[18]是用錫公鈇鉞各一。[19]公鳳舉四維，[20]龍騫八表，[21]威靈所振，異域同文，是用錫公彤弓一，[22]彤矢百，玈弓十，[23]玈矢千。公明發載懷，[24]肅恭禋祀，[25]孝敬之重，義感靈祇，是用錫公秬鬯一卣，[26]珪瓚副焉。齊國置丞相以下，一遵舊式。往欽哉！[27]其祗服朕命，[28]經緯乾坤，宏亮洪業，茂昭爾大德，闡揚我高祖之休命。

[1]以公秉禮弘律：中華本校勘記云："'秉'南監本、毛本、殿本、局本作'執'，《南史·齊紀》同。《元龜》一百八十四作'秉'。按《南史》'秉'作'執'，避唐諱改，毛本、殿本、局本又據《南史》改也。"按，此所謂《南史》"避唐諱改"，謂避唐高祖李淵父李昞名諱。中華本所據底本百衲本作"秉"是。

[2]儀刑區宇：儀表爲全國典範。刑，範，典範。區宇，疆域，區域。

[3]大輅：大車。　戎輅：兵車。

[4]玄牡（mǔ）：祭祀用的黑公畜。牡，雄性的獸類。　二駟：八隻。駟，通"四"。

[5]南畝：這裏泛指農田。

[6]衮（gǔn）冕：衮衣與冠冕，古代帝王及上公的禮服和禮帽。

[7]赤舄（xì）：古代帝王及貴族所穿的禮鞋。舄，鞋。單底爲履，複底而著木者爲舄。《周禮·天官·履人》鄭玄注引鄭司農曰："王吉服有九，舄有三等，赤舄爲上。"　副：相配。

［8］軒縣（xuán）：諸侯陳列樂器，如鐘磬之類，三面懸掛。縣，同“懸”。

［9］六佾（yì）：古代諸侯所用的樂舞，舞分六列，每列六人，計三十六人。佾，古時樂舞的行列。 儛：同“舞”。

［10］猷（yóu）：謀劃。

［11］朱户：以朱紅所漆之門。古代帝王賞賜有特殊功勛者的“九錫”之一。

［12］官方：居官應守的禮法。

［13］英乂（yì）：有才德的人。乂，治理，安定。

［14］納陛：鑿殿基爲登升的陛級，納之於檐下，不使露而升，故名。納陛爲古代賜給有特殊功勛者的“九錫”之一。

［15］夤（yín）式：敬畏大道（法律）。夤，恭敬，敬畏。

［16］虎賁（bēn）：勇士之稱。言能如猛虎之奔走，喻其勇猛。賁，通“奔”。

［17］禦：禁止，制止。 宄：竊盜或作亂的壞人。

［18］君親無將，將而必誅：語出《公羊傳》莊公三十二年，原文作“君親無將，將而誅焉”。《史記》卷九九《叔孫通列傳》：“人臣無將，將即反，罪死無赦。”裴駰《集解》：“將，謂逆亂也。”

［19］鈇（fū）鉞：鈇與鉞，皆古代刑戮之具。鈇，通“斧”，或曰即鍘刀、長刀。鉞，古代兵器。青銅製，圓刃或平刃，安裝木柄，持以砍斫，盛行於商及西周。鈇鉞爲古代賜給有特殊功勛者的“九錫”之一。

［20］鳳舉：喻如鳳翔般的高尚舉止。 四維：維，結物的大繩。這裏象徵能使事物固定下來的意識或力量。舊時統治者把禮、義、廉、耻稱爲四維。

［21］龍騫（qiān）：喻如龍騰般的高尚舉止。 八表：八方（四方和四隅）之外，指極遠的地方。

［22］彤弓：朱紅色的弓。與彤矢及玈弓、玈矢相配爲“九錫”

之一。

[23]玈（lú）弓：黑色的弓。玈，黑色。

[24]明發：黎明，平明。引申爲孝思。《詩・小雅・小宛》："明發不寐，有懷二人。"宋朱熹《集傳》："明發，謂將旦而光明開發也。二人，謂父母也。"謂由於思念父母而徹夜不眠。實際上，至遲自南朝時人們已常以明發引申爲孝思。《宋書・禮志四》："伏惟至尊孝越姬文，情深明發，公服雖釋，純哀内纏。"

[25]禋（yīn）祀：古代祭天神的一種禮儀。先燒柴升煙，再加牲體及玉帛於柴上焚燒，以示告天。禋，煙也。

[26]秬（jù）鬯（chàng）：祭祀時灌地所用的以鬱（yù）金草合黑黍釀造的酒，色黄而芬香。《尚書・洛誥》："予以秬鬯二卣，曰明禋，拜手稽首，休享。"孔穎達疏："《釋草》云：'秬，黑黍。'《釋器》云：'卣，中罇也。'以黑黍爲酒，煮鬱金之草，築而和之，使芬香調暢，謂之秬鬯。"卣，音 yǒu。

[27]欽：古代皇帝對自己行事的專稱，也用作臣屬對皇帝行事的敬稱。

[28]祗（zhī）：恭敬。

太祖三讓，公卿敦勸固請，乃受之。

丁巳，下令赦國内殊死以下，[1]今月十五日昧爽以前，[2]一皆原赦，鰥寡孤獨不能自存者，賜穀五斛，府州所領，亦同蕩然。

[1]殊死：斬首之刑。

[2]昧爽：拂曉，天未全明之時。昧，昏暗，不明。爽，明朗。

宋帝詔齊公十郡之外，隨宜除用。以齊國初建，給錢五百萬，布五千匹，絹五千匹。四月癸酉，詔進齊公爵爲王，以豫州之南梁、陳郡、潁川、陳留，[1]南兖州之盱眙、山陽、秦郡、廣陵、海陵、南沛十郡增封。[2]使持節、司空、衛將軍褚淵奉策授璽紱，金虎符第一至第五左，竹使符第一至第十左，錫兹玄土，苴白茅，[3]改立王社。相國、揚州牧、驃騎大將軍、南徐州刺史如故。丙戌，命齊王冕十有二旒，[4]建天子旌旗，出警入蹕，[5]乘金根車，[6]駕六馬，[7]備五時副車，[8]置旄頭雲罕，[9]樂儛八佾，[10]設鍾虡宫縣。[11]王世子爲太子，王女王孫爵命一如舊儀。

[1]豫州：僑州名。治所在今安徽壽縣。　南梁：僑郡名。治所在今安徽壽縣。　陳郡：僑郡名。僑置於今安徽壽縣、六安市一帶。　潁川：僑郡名。治所在今安徽巢湖市東南。　陳留：僑郡名。治所在今安徽壽縣西南。

[2]秦郡：郡名。治所在今江蘇南京市六合區北。　廣陵：郡名。治所在今江蘇揚州市西北蜀岡。　海陵：郡名。治所在今江蘇泰州市北隅。　南沛：僑郡名。治所在今安徽天長市境。

[3]“金虎符”至“苴白茅”：中華本校勘記云：“按南監本、局本删此二十五字。”按，玄土，黑土。苴（jū），包裹。《文選》卷三五潘元茂《册魏公九錫文》：“錫君玄土，苴以白茅。”李善注引《尚書緯》：“天子社，東方青，南方赤，西方白，北方黑，上冒以黄土，將封諸侯，各取方土，苴以白茅以爲社。”宋帝封蕭道成爲齊王，齊在北方，故以白茅裹玄土賜予道成以立社。

[4]旒：冕冠前後懸垂的玉串。《禮記·禮器》：“天子之冕，朱緑藻，十有二旒。”

[5]出警入蹕：古代帝王出入，左右侍衛爲警，止人清道爲蹕。

蹕，也作“趕”。

［6］金根車：秦漢以來帝王所乘以金爲飾的車。參見晋崔豹《古今注·輿服》。

［7］六馬：皇帝車駕用六馬。按，此爲漢制，與古制異。參見《續漢書·輿服志上》劉昭注。

［8］五時：指春、夏、季夏、秋、冬。　副車：皇帝的侍從車輛。《宋書·禮志五》：“天子所御駕六，其餘副車皆駕四。”

［9］旄（máo）頭：旄頭騎。皇帝儀仗中警衛先驅的騎兵。　雲罕：旗名。古代皇帝出行時前導的旗幟。

［10］八佾：古代天子專用的樂舞。佾，樂舞行列。八列，每列八人，計六十四人。

［11］鍾虡（jù）：懸掛編鐘編磬的木架。鍾，通“鐘”。虡，古代懸掛鐘或磬的架子兩旁的柱子。　宫縣：縣，古“懸”字。古時鐘、磬等都懸掛於架上，懸掛的形式根據身份地位而不同。帝王懸掛四面，象徵宫室四面的墻壁，故曰宫懸。參見《禮記·郊特牲》“諸侯之宫縣”鄭玄注。

辛卯，宋帝禪位，下詔曰：

惟德動天，玉衡所以載序，[1]窮神知化，億兆所以歸心，[2]用能經緯乾坤，彌綸宇宙，[3]闡揚鴻烈，大庇生民。晦往明來，積代同軌，前王踵武，[4]世必由之。宋德湮微，昏毁相襲，景和騁悖於前，[5]元徽肆虐於後，[6]三光再霾，[7]七廟將墜，[8]璇極委馭，[9]含識知泯，[10]我文、武之祚，[11]眇焉如綴。[12]静惟此紊，[13]夕惕疚心。[14]

［1］玉衡：璇璣玉衡。中國古代測量天體坐標的一種儀器。

載序：承載天體運行的秩序，喻王朝興替的秩序。

[2]億兆：極言數目之大，這裏指黎民百姓。

[3]彌綸：統攝，籠蓋。

[4]踵武：譬喻繼承前人的事業。武，足迹。

[5]景和：宋前廢帝劉子業年號。此代指劉子業。 騁：原作“聘”，從中華本改。

[6]元徽：宋後廢帝劉昱年號。此處代指劉昱。

[7]三光：日、月、星。

[8]七廟：《禮記·王制》：“天子七廟：三昭三穆，與太祖之廟而七。”按，以太祖廟居中，左右三昭三穆，共爲“七廟”。後以“七廟”泛指帝王供奉的祖先宗廟。此處以“七廟”代指宋王朝。

[9]璇極委馭：星辰運行紊亂。璇，星名。北斗第二星。極，星名。即北極星。

[10]含識：有思想見識者。

[11]文、武：指宋文帝劉義隆、宋武帝劉裕。

[12]如綴：像旌旗一樣飄摇不定。綴，旌旗，旒也。參見《文選》卷八揚雄《羽獵賦》“泰華爲旒，熊耳爲綴”句張晏、李善注。

[13]惟：思考。

[14]惕（tì）：驚懼，畏懼。

相國齊王，天誕叡聖，河嶽炳靈，[1]拯傾提危，澄氛静亂，匡濟艱難，功均造物。[2]宏謀霜照，[3]祕筭雲回，旌旆所臨，[4]一麾必捷，英風所拂，無思不偃，[5]表裏清夷，遐邇寧謐。既而光啓憲章，[6]弘宣禮教，姦宄之類，覩隆威而隔情，[7]慕善之儔，仰徽猷而增厲。[8]道邁於重華，[9]勳超乎文命，蕩蕩乎無得而稱焉。是以辯髮左衽之酋，[10]款關請吏，木衣卉服之長，[11]航海來庭，豈惟肅慎獻楛，[12]越裳薦翬而已哉。[13]故四奥載宅，[14]六府克和，[15]川陸効珍，[16]禎祥鱗集，[17]卿煙玉露，[18]旦夕揚藻，[19]嘉穟芝英，[20]晷刻呈茂。[21]革運斯炳，[22]代終彌亮，負扆握樞，[23]允歸明哲，固以獄訟去宋，謳歌適齊。

[1]河嶽炳靈：比喻蕭道成的英靈如同黄河、泰山那樣顯赫。河嶽，即黄河與泰山。

[2]均：同。　造物：創造萬物。

[3]霜：比喻高潔。

[4]旌旆（pèi）：旗幟。旆，古代旗末端狀如燕尾的垂旒，泛指旌旗。

[5]無思不偃：人皆有思，“無思不偃”者，猶言無人不爲之傾倒。

[6]憲章：典章制度。

[7]隔：通“融”，融和。

[8]徽猷：高明謀略。　厲：振奮。

[9]重華：虞舜名。

[10]辮髮左衽：指代邊遠地區或少數民族。辮髮，少數民族的編髮爲辮的髮型。左衽，衽，衣襟。中國古代某些少數民族的服裝，前襟向左開，不同於中原一帶人民的右衽。

[11]木衣卉服：指代海外民族或國家。卉服，用草織的衣服。《尚書·禹貢》：“島夷卉服。”

[12]肅慎獻楛（hù）：肅慎，古族名。商、周時，居不咸山（長白山）北，東臨大海，北至黑龍江中下游。從事狩獵。周武王、成王時曾以楛矢石砮納貢，臣服於周。楛，木名。這裏指用楛木做杆的箭。

[13]越裳薦翬（huī）：吴越之人進獻稚鳥（羽毛）。薦，獻。翬，五彩山雉。裳，原作“嘗”，今從中華本改。

[14]四奥載宅：四奥即四隩，四方的邊遠地區（的人）。載，處，居住。載宅，居住的人。《漢書·地理志上》：“四奥既宅。”顔師古注：“奥讀曰墺，謂土之可居者也。宅亦居也。言四方之土已可定居也。”

[15]六府：府，藏財之處。水、火、金、木、土、穀是貨財所聚，故稱六府。

[16]効：呈獻，獻出。

[17]禎祥：吉兆。

[18]卿煙：吉祥喜氣的煙雲。“卿”通“慶”，《史記·天官書》：“卿云，喜氣也。”

[19]藻：華彩，華美。

[20]嘉穟：飽滿茁壯的禾穗。　芝英：傳説中的瑞草。

[21]晷刻：猶言時刻。晷，日影。

[22]革：六十四卦之一，離下兑上。《易·革》：“象曰：‘澤中有火，革。’”孔穎達疏：“火在澤中，二性相違，必相改變，故爲革象也。”

[23]負扆（yǐ）：背靠屏風，指皇帝臨朝聽政。亦作“負依”。扆，古代宫殿内設在門和窗之間的大屏風。　握樞：掌握中樞之權。

昔金政既淪，[1]水德締構，[2]天之曆數，[3]皎焉攸徵。朕雖寡昧，闇于大道，稽覽隆替，[4]爲日已久，敢忘列代遺則，[5]人神至願乎？便遜位别宫，敬禪于齊，一依唐虞、魏晋故事。[6]

[1]金政：指晋王朝。據五德説，晋以金德得天下。

[2]水德：指劉宋王朝。據五德説，劉宋以水德代晋立國。締構：營造，建築。此處指建國。

[3]曆數：天道。此處指朝代更替的次序。

[4]稽覽：猶考覈，考察。　隆替：興廢，盛衰。此處指王朝的更替。

[5]敢：反語，猶言"豈敢""不敢"。　遺則：舊制，歷代的法則。

[6]唐虞、魏晋故事：唐堯禪位於虞舜、曹魏禪位於晋朝的舊例。

是日宋帝遜于東邸，備羽儀，[1]乘畫輪車，[2]出東掖門，問今日何不奏鼓吹，左右莫有答者。

[1]羽儀：古代儀仗隊中用鳥羽裝飾的旌旗之類。

[2]畫輪車：車名。以彩漆畫輪轂，故名。其制上如輦，下如犢車，駕牛。古時顯貴不駕牛車。自漢末至宋齊梁間，爲天子至士人所常用。參見《晋書·輿服志》、《通典》卷六四《禮二十四》。

壬辰，策命齊王曰：

伊太古初陳，[1]萬物紛綸，[2]開耀靈以鑑品物，[3]立元后以馭蒸人。[4]若夫容成、大庭之世，[5]宓羲、五龍之辰，[6]靡得而詳焉。自軒黄以降，[7]墳素所紀，[8]略可言者，莫崇乎堯舜。披金繩而握天鏡，[9]開玉匣而總地維，[10]德之休明，[11]宸居靈極。[12]期運有終，[13]歸禪與能。[14]所以大唐遜位，[15]謗然興歌，[16]有虞揖讓，[17]卿雲發采。[18]亮符命之攸臻，[19]坦至公以成務，[20]懷生載懌，[21]靈祇効祉，[22]遺風餘烈，光被無垠。漢魏因循，弗敢失墜，[23]爰逮晋氏，亦遵前儀。[24]惟我祖宗英叡，勳格幽顯，從天人而齊七政，[25]凝至德而撫四維。[26]末葉不造，[27]仍世多故，日蝕星隕，[28]山淪川竭。

［1］太古：遠古，上古時代。

［2］紛綸：雜亂貌。

［3］耀靈：日的異名。

［4］元后：天子。　蒸人：衆人，百姓。

［5］容成、大庭：傳説遠古時代的兩位帝王。《莊子·胠篋》："昔者，容成氏、大庭氏……神農氏，當是時也，民結繩而用之。"一説，容成是黄帝的大臣，發明曆法，見《世本》。大庭是神農氏的别號。鄭玄《詩譜序》："大庭、軒轅，逮於高辛。"孔穎達疏："大庭，神農之别號。"

［6］宓羲：宓，通"伏"。宓羲即伏羲，傳説中的遠古帝王（部落酋長）名，即太昊，風姓。相傳他始畫八卦，教民捕魚畜，以充庖厨。故又名庖犧。　五龍：傳説中的遠古帝王（部落酋長）名。《文選》卷一一王延壽《魯靈光殿賦》："遂古之初，五龍比翼，人皇九頭。"唐司馬貞補《史記·三皇本紀》："自人皇已後，有五龍氏。"　辰：時刻，時代。

［7］軒黄：黄帝，遠古時代帝王名。《史記》卷一《五帝本紀》："黄帝者，少典之子，姓公孫，名曰軒轅。"司馬貞《索隱》："有土德之瑞，土色黄，故稱黄帝。"又云："本姓公孫，長居姬水，因改姬姓。"司馬遷據《大戴禮·五帝德》將其列五帝之首。

［8］墳素：猶"墳典"或"墳籍"，指古代的典籍。素，指供寫作用的白絹。

［9］金繩：古封禪儀，以金爲繩而編玉簡，謂之策；藏策於玉匱中，纏金繩五周，納玉匱於石函中，石函外再纏金繩五周，封以金泥，印以受命璽。參見《通典》卷五四《禮十四》、《舊唐書·

禮儀志三》。按，《通典》卷五四杜佑論封禪曰：“古者帝王之興，每易姓而起，以致太平，必封乎泰山，所以告成功也。”由於封禪與禪讓有密切關係，故二者皆有類似的金繩之制。　握天鏡：喻受天命治理國家。天鏡，猶金鏡，喻明道、明察。《文選》卷五五劉孝標《廣絶交論》云：“蓋聖人握金鏡，闡風烈，龍驤蠖屈，從道汙隆。”李善注：“《春秋孔録法》曰：‘有人卯金刀，握天鏡。’《雒書》曰：‘秦失金鏡。’鄭玄曰：‘金鏡，喻明道也。’”

[10]玉匣：玉製之匣，用以貯藏珍物。　地維：古人以爲地是方的，有四角，以大繩維繫，故稱作地維。此處以地維喻全國。

[11]休明：美善。

[12]宸（chén）居：帝王居處。　靈極：威靈至上。

[13]期運：運數，氣數。

[14]與：給予。

[15]大唐：陶唐氏堯。　遜位：此處指堯禪位於舜，詳見《史記》卷一《五帝本紀》。

[16]譊（láo）：説話的聲音。朱季海《校議》云此句本《尚書大傳·虞夏傳》，當係“謑”形近之訛。（第3頁）

[17]有虞：有虞氏舜。　揖讓：此處指舜禪位于禹。詳見《史記》卷一《五帝本紀》。

[18]卿雲：喜氣。卿，通“慶”，意爲喜慶。《史記·天官書》：“若煙非煙，若雲非雲，郁郁紛紛，蕭索輪囷，是謂卿雲。卿雲，喜氣也。”張守節《正義》：“卿，音慶。”

[19]符命：古代謂天賜祥瑞與人君，以爲受命的憑證。

[20]成務：《管子·乘馬》：“是故事者生於慮，成於務，失於傲。不慮則不生，不務則不成，不傲則不失。”《爾雅·釋詁上》：“務，强也。”郝懿行《義疏》：“主强力而言。”成務謂事成於專力從事。

[21]懷生載澤：民安於生計，承受福惠。

[22]靈祇：神靈。　効：授。　祉：福。

［23］漢魏因循，弗敢失墜：指漢獻帝劉協禪位於魏文帝曹丕、魏陳留王曹奐禪位於晋武帝司馬炎。詳見《三國志》卷二《魏書·文帝紀》、卷四《魏書·三少帝紀》、《晋書》卷三《武帝紀》。

［24］爰逮晋氏，亦遵前儀：指晋恭帝司馬德文禪位於宋武帝劉裕。詳見《晋書》卷一〇《恭帝紀》、《宋書》卷二《武帝紀中》。

［25］齊七政：齊，整齊。七政，説法不一。一曰北斗七星。見《史記·天官書》。一曰春、秋、冬、夏、天文、地理、人道。見《尚書大傳·唐傳·堯典》。一曰日、月及五星（水、火、木、金、土）。見《史記·五帝本紀》裴駰《集解》引鄭玄説。一曰北斗七星各所主之日、月及火、土、水、木、金五星。見《史記·天官書》司馬貞《索隱》引馬融説。

［26］四維：猶四角，四隅。東西南北稱四方，四方之隅稱四維。喻天下或全國。

［27］末葉不造：末葉，即末世，指王朝末期。不造，《詩·周頌·閔予小子》："閔予小子，遭家不造。"高亨《詩經今注》："造，當讀爲穀，吉。不穀即不吉、不幸。"（上海古籍出版社 1980 年版，第 497 頁）

［28］日蝕星隕：原作"難滅星謀"，今據南監本、殿本、中華本校改。

惟王聖哲淵明，榮鏡寓宙，[1]體望日之威，[2]資就雲之澤，[3]臨下以簡，御衆以寬，仁育群生，義征不譓。[4]國塗荐阻，[5]弘五慮而乂寧。[6]皇緒將湮，秉六術以匡濟。[7]及至權臣内侮，[8]蕃屏陵上，[9]兵革雲翔，萬邦震駭，裁之以武風，綏之以文化，[10]遐邇清夷，表裏肅穆。戢琱戈而事黼黻，[11]委旌門而恭儒館，[12]聲化遠洎，[13]荒服無塵，殊類同規，[14]華戎一揆。是以五光來儀於軒庭，[15]九穗含芳於郊牧。[16]象緯昭澈，[17]布新之符已顯，[18]圖讖彪炳，[19]受終之義既彰。[20]靈祇乃眷，[21]兆民引領。[22]朕聞至道深微，[23]惟人是弘，天命無常，惟德是與。所以仰鑒玄情，[24]俯察群望，敬禪神器，[25]授帝位于爾躬。四海困窮，天禄永終。[26]於戲！王其允執厥中，[27]儀刑前式，[28]以副率土之欣望。[29]命司裘而諤蒼昊，[30]奏《雲門》而升圓丘，[31]時膺大禮，[32]永保洪業，豈不盛歟！

[1]榮鏡寓宙：榮，榮光。鏡，照耀。寓宙，寓，同“宇”。宇宙，天地。

[2]體：領悟，體察。

[3]就雲：就日、望雲的省語。喻爲國人仰慕。《史記》卷一《五帝本紀》：“帝堯者……就之如日，望之如雲。”司馬貞《索隱》：“如日之照臨，人咸依就之，若葵藿傾心以向日也。”“如雲之覆渥，言德化廣大而浸潤生人，人咸仰望之，故曰如百穀之仰膏雨也。”

[4]義征不譓（huì）：興義師討伐叛逆者。譓，順從。

[5]塗：通“途”。　荐：一再，數次。

[6]五慮：指人體器官耳、目、鼻、口、心之五種感覺。

[7]六術：古代用以調曆的六種方法，即占日、占月、占星氣、律吕、甲子、算數。詳參《晋書·律曆志中》。

[8]權臣内侮：指昇明元年（477）十二月丁巳，車騎大將軍、荆州刺史沈攸之舉兵反。尋司徒袁粲據石頭反，尚書令劉秉等響應。詳見《宋書》卷一〇《順帝紀》、卷五一《劉秉傳》、卷七四《沈攸之傳》、卷八九《袁粲傳》。

[9]蕃屏陵上：指元徽二年（472）五月壬午，太尉、江州刺

史桂陽王休範舉兵反。元徽四年秋七月戊子，征北將軍、南徐州刺史建平王景素據京城（今江蘇鎮江市）舉兵反。詳見《宋書》卷九《後廢帝紀》、卷七二《劉景素傳》、卷七九《桂陽王休範傳》。蕃屏，此處指諸侯王。蕃，通“藩”。

[10]綏：安，安撫。　文化：文治和教化。

[11]戢（jí）琱（diāo）戈：將刻鏤之戈收藏起來，指停止征伐。戢，收斂，收藏。琱戈，刻鏤之戈，亦爲戈的美稱。　事黼（fǔ）黻（fú）：指從事禮樂之事。黼，黑白相次，作斧形，刃白身黑；黻，黑青相次，作弧形。黼黻，泛指禮服上所繡的華美花紋。

[12]委：棄，舍棄。　旌門：古代帝王出行，在外設帷舍，樹旌爲門，稱旌門。《周禮·天官·掌舍》：“爲帷宫，設旌門。”後來泛指旗門。將帥出征在帷幕前設立的旗門也可稱爲旌門。

[13]洎（jì）：及，到達。

[14]殊類：不同的類别。此處指不同民族的人。

[15]五光來儀：鳳凰來儀。《宋書·符瑞志中》：“鳳凰者，仁鳥也……延頸奮翼，五光備舉。”故此處以五光指代鳳凰。來儀，《尚書·益稷》：“鳳皇來儀。”孔穎達疏：“以致鳳皇來而有容儀也。”古人以爲每當盛世就會有鳳凰飛來，呈現出祥瑞氣象。　軒庭：高大的廳堂。

[16]九穗：指一莖生九穗的嘉禾。　郊牧：郊外的牧地。《國語·周語中》：“國有郊牧。”韋昭注：“國外曰郊。牧，放牧之地也。”

[17]象緯：日、月及金、木、水、火、土五大行星。

[18]符：祥瑞的徵兆。

[19]圖讖（chèn）：讖書，是巫師或方士所作的一種隱語或預言，作爲吉凶的符驗或徵兆。有的有圖有字，故稱“圖讖”。《後漢書》卷一上《光武帝紀上》：“宛人李通等以圖讖説光武云：‘劉氏復起，李氏爲輔。’”李賢注：“圖，《河圖》也。讖，符命之書。讖，驗也。言爲王者受命之徵驗也。”

［20］受終：接受帝位。《尚書·舜典》："正月上日，受終于文祖。"孔穎達疏："受終者，堯爲天子，於此事終而授與舜。故知終謂堯終帝位之事，終言堯終舜始也。"

［21］靈祇：神靈。　眷：器重。

［22］引領：伸頸遠望。喻盼望殷切。

［23］至道：大道，天道。

［24］玄情：天意。

［25］神器：指帝位，也指帝王符璽之類。

［26］四海困窮，天禄永終：語出《尚書·大禹謨》。孔穎達疏："養彼四海困窮之民，使皆得存立，則天之禄籍長終汝身矣。"天禄，天賜的福禄。

［27］允執厥中：語出《尚書·大禹謨》。孔穎達疏："執其中正之道，乃得人安而道明耳。"

［28］儀刑前式：師法前代的典制。儀刑，效法。《詩·大雅·文王》："儀刑文王，萬邦作孚。"朱熹《詩集傳》："儀，象。刑，法。"前式，從前的法度和規範。

［29］副：相稱，符合。　率土："率土之濱"的省語。謂境域以内。《詩·小雅·北山》："率土之濱，莫非王臣。"率，循也。濱，邊，邊境。

［30］司裘：《周禮》天官之屬，掌製作供周王用的毛皮服飾。南朝宋、齊舊儀，祀天皆服衮冕，梁天監七年（508）兼著作郎高陽許懋請造大裘，從之。詳見《梁書》卷四〇《許懋傳》。　蒼昊：蒼天，此處指上帝。

［31］《雲門》：《雲門大卷》。相傳黄帝時製作，爲周代六樂舞之一，用以祭祀天神。見《周禮·春官·大司樂》及鄭玄注。　圜丘：古代帝王祭天之處。

［32］大禮：此處指朝廷的各種隆重禮儀。

再命璽書曰：[1]

皇帝敬問相國齊王。大道之行，[2]與三代之英，[3]朕雖闇昧，而有志焉。夫昏明相襲，[4]晷景之恒度，[5]春秋遞運，[6]時歲之常序。求諸天數，[7]猶且隆替，矧伊在人，[8]能無終謝。[9]是故勛華弘風於上葉，[10]漢魏垂式於後昆。[11]

[1]璽書：用皇帝玉璽封記的詔書。

[2]大道：古指政治上的最高理想。《禮記·禮運》："大道之行也，天下爲公。"

[3]三代：夏、商、周。

[4]昏明：昏，日暮，天剛黑的時候。此處指黑夜。明，天亮。此處指白天。

[5]晷（guǐ）景：日影。影，同"影"。

[6]春秋：此處以春秋指代一年的四季。

[7]天數：天命。

[8]矧（shěn）：况，况且。　伊：文言助詞。

[9]終謝：猶言凋落、退場。

[10]勛華弘風：指堯禪位於舜、舜禪位於禹。《尚書·堯典》稱堯爲放勛，稱舜爲重華，後世因稱堯、舜爲勛華。　上葉：前代，先世。

[11]後昆：後世。《尚書·仲虺之誥》："垂裕後昆。"孔安國傳："垂優足之道示後世。"

昔我高祖，[1]欽明文思，[2]振民育德，皇靈眷命，奄有四海。[3]晚世多難，姦宄寔繁，[4]鼖鼓宵聞，[5]元戎旦警，[6]億兆夷人，[7]啓處靡厝。[8]加以嗣君荒怠，[9]敷虐萬方，神鼎將遷，[10]寶策無主，[11]實賴英聖，匡濟艱危。惟王體天則地，含弘光大，[12]明並日月，惠均雲雨。國步斯梗，[13]則稜威外發，[14]王猷不造，[15]則淵謨内昭。[16]重構閩、吴，[17]再寧淮、濟，[18]静九江之洪波，[19]卷海沂之氛沴，[20]放斥凶昧，[21]存我宗祀，舊物惟新，三光改照。逮至寵臣裂冠，[22]則裁以廟略，荆漢反噬，[23]則震以雷霆。麾旆所臨，[24]風行草靡，神筭所指，龍舉雲屬。諸夏廓清，[25]戎翟思韙，[26]興文偃武，闡揚洪烈。明保冲昧，[27]翱翔禮樂之場，撫柔黔首，咸躋仁壽之域。[28]自霜露所墜，星辰所經，正朔不通，[29]人跡罕至者，莫不踰山越海，北面稱蕃，[30]款關重譯，脩其職貢。是以禎祥發采，左史載其奇，[31]玄象垂文，[32]保章審其度，[33]鳳書表肆類之運，[34]龍圖顯班瑞之期。[35]重以珠衡日角，[36]神姿特挺，君人之義，在事必彰。《書》不云乎，[37]"皇天無親，惟德是輔。民心無常，惟惠之懷。"[38]神祇之眷如彼，蒼生之願如此。笙管變聲，[39]鍾石改調。[40]朕所以擁琁持衡，[41]傾佇明哲。[42]

[1]高祖：宋武帝劉裕廟號。

[2]欽明文思：語出《尚書·堯典》。《經典釋文》引馬融曰："威儀表備謂之欽，照臨四方謂之明，經緯天地謂之文，道德純備謂之思。"後常用以稱頌帝王。

[3]皇靈眷命，奄有四海：語出《尚書·大禹謨》，惟"皇靈"作"皇天"，二者同義。眷命，眷愛並賦以重任。奄有四海，盡有天下。奄，盡也。

[4]姦宄（guǐ）：爲非作歹的人。　寔：通“實”。

[5]鼖（fén）鼓：大軍鼓。《説文》：“鼖，大鼓謂之鼖，鼖八尺而兩面，以鼓軍事。”

[6]元戎：古代的大型戰車。

[7]億兆：極言其多。　夷人：平人，凡人。夷，平。服虔、杜預以夷人爲夷狄之人，非是。見《尚書・泰誓中》“受有億兆夷人”，孔安國傳、孔穎達疏。

[8]啓處靡（mǐ）厝（cuò）：無處安居。啓處，謂安居。《詩・小雅・四牡》：“王事靡盬，不遑啓處。”毛亨傳：“啓，跪；處，居也。”靡，無，没有。厝，安置。

[9]嗣君：繼位的國君。嗣，繼承，續接。

[10]神鼎：玉鼎的美稱。寶鼎爲國之重器，引申爲帝位。

[11]寶策：皇室檔案。或皇帝命官授爵的策書，喻皇權。

[12]舍弘光大：《易・坤》：《彖》曰作“含弘光大”。孔穎達疏：“包含以厚，光著盛大。”《文言》解爲“含萬物而光化”。孔穎達疏：“言含養萬物而德化光大也。”據此本書“舍弘光大”之“舍”字，乃“含”之訛。

[13]國步斯梗：國運受阻不昌。國步，國家的命運。步，時運。《詩・大雅・桑柔》：“於乎有哀，國步斯頻。”毛亨傳：“步，行。”高亨注：“國步，猶國運。”梗，阻塞，妨礙。《詩・大雅・桑柔》：“誰生厲階，至今爲梗。”毛亨傳：“梗，病也。”

[14]稜威：威嚴，威勢。

[15]王猷：朝廷的治國方略。

[16]淵謨内昭：對内顯示出深遠的謀略。淵，深。謨，謀。昭，彰明。

[17]重構閩、吴：指蕭道成曾參與平定會稽太守尋陽王子房及江東諸郡叛亂。見本卷前文及《宋書》卷八《明帝紀》、卷八四《孔覬傳》。閩，古族名。居住於今福建和浙江南部。後以閩指代地區。吴，此處指三吴地區。

［18］再寧淮、濟：指蕭道成參與擊退徐州叛軍對淮南的進犯。見本卷前文及《宋書》卷八《明帝紀》、卷八八《薛安都傳》。

［19］静九江之洪波：指蕭道成主持平定江州刺史、桂陽王劉休範的叛亂。九江，此處用以指代江州。《通鑑》卷一三一《宋紀一三》"明帝泰始二年"條，胡三省注："自宋以來，率謂江州爲九江。"

［20］卷海沂之氛沴：指蕭道成板垣崇祖爲朐山戍主，據有海、沂之間。見本書卷二五《垣崇祖傳》。海，東海（今黄海）。沂，沂水。沂，原作"圻"，今據中華本校改。

［21］放斥凶昧：指蕭道成廢誅宋帝蒼梧王劉昱。見本卷前文及《宋書》卷九《後廢帝紀》。

［22］寵臣：指司徒袁粲、尚書令劉秉。

［23］荆漢反噬（shì）：指荆州刺史沈攸之反叛。

［24］麾（huī）旆（pèi）：指揮作戰的旗幟。

［25］諸夏：原指周代王室分封的諸侯國。參見《左傳》閔公元年《公羊傳》成公十五年。這裏指南朝宋境内的方伯。

［26］翟：通"狄"。　韙：善也。

［27］冲昧：年幼無知，幼年皇帝的謙稱。

［28］躋：原誤作"濟"，據中華本校改。躋，登，升。

［29］正朔：通指帝王新頒的曆法。正謂年始，朔爲月始，言王者得政，示從我始，改故用新。

［30］北面稱蕃：北面稱臣。古代君主南面而坐，臣子朝見君主則面北，因此謂稱臣於人爲"北面"。蕃，即藩臣。

［31］左史：史官之一。周朝始置，爲太史之別稱。時有左、右史之分，左史掌記事，書國史，右史掌記言。見《禮記·玉藻》。魏、晋、南朝時期的史官有著作郎、佐著作郎或著作佐郎等名稱。本卷稱"左史"，乃作者用典，指代史官，非當時史官有此稱呼。

［32］玄象：天象。日月星辰，在天成象，故稱。　垂文：焕發文彩。

［33］保章：保章氏，古代官名。掌觀測，記録天象變異。《周禮·春官·保章氏》："保章氏掌天星，以志星辰日月之變動，以觀天下之遷，辨其吉凶。"

［34］鳳書：鳳凰銜書的省稱。古謂帝王受命的瑞應。《藝文類聚》卷九九引《春秋元命苞》："火離爲鳳皇，銜書游文王之都，故武王受鳳書之紀。" 肆類：祭天之禮。肆，遂。類，祭名。

［35］龍圖：河圖的别稱。傳説有龍馬從黄河中負出，故稱。古謂帝王受命的瑞應。《竹書紀年上》："（黄帝）五十年秋七月庚申，鳳鳥至，帝祭于洛水。"南朝梁沈約注："龍圖出河，龜書出洛，赤文篆字，以授軒轅。" 班瑞：頒賜瑞玉，以爲瑞信。

［36］珠衡：指人眉間有骨隆起如連珠，象玉衡星，術數家以爲帝王之相。 日角：指人額骨中央隆起，形狀如日。舊時以爲帝王之相。

［37］《書》：《尚書》。從下面的引文看，係指東晋初年豫章内史梅賾所獻僞《古文尚書》。

［38］皇天無親，惟德是輔。民心無常，惟惠之懷：語出僞《古文尚書·蔡仲之命》。僞孔安國傳："天之於人無有親疏，惟有德者則輔佑之。民之於上無有常主，惟愛己者則歸之。"按，"皇天無親，惟德是輔"兩句是《尚書》佚文，見《左傳》僖公五年引《周書》。

［39］笙（shēng）：一種傳統的簧管樂器，用十三至十九根裝有簧的竹管和一根吹管，安裝在一個鍋形的座子上製成。舊説有大、小兩種，大者名巢，小者名和。參見《爾雅·釋樂》及郭璞注。 管：古樂器。今已失傳，傳説似篪而小，長一尺，六孔。參見《説文·竹部·管》及清段玉裁注。

［40］鍾：通"鐘"。古代的一種打擊樂器，以青銅製作，中空，懸掛於架上，以槌擊發音。自西周中期開始有大小相次成組的編鐘。 石：石磬。古代的一種打擊樂器，以槌擊之而鳴。商代有單一的特磬，周代常有十幾個大小相次成組的編磬。

[41]擁琁（xuán）持衡：擁持寶器，居於帝王之位。琁，同“璇”，美玉。衡，權柄，權力。《文選》卷五二曹冏《六代論》：“至於桓、靈，奄竪執衡。”

[42]傾佇：傾心佇立以待。

昔金德既淪，而傳祚于我有宋，曆數告終，寔在兹日，[1]亦以水德而傳于齊。式遵前典，廣詢群議，王公卿士，咸曰惟宜。今遣使持節、兼太保、侍中、中書監、司空、衛將軍、雩都縣侯淵，[2]兼太尉、守尚書令僧虔奉皇帝璽綬，[3]受終之禮，一依唐虞故事。王其允副幽明，[4]時登元后，寵綏八表，[5]以酬昊天之休命。[6]

[1]兹：意爲此、這。

[2]太保：西周始置，爲輔弼君王的重要大臣。春秋以後廢，漢、魏、晋亦不常置。南朝沿置，用作贈官，名義尊榮，與太傅、大宰並爲上公，無職掌。南朝宋秩一品。　雩都縣侯：雩都縣開國侯的省稱。

[3]璽綬：指皇帝的印章和繫印的絲帶。

[4]幽明：指善惡或智愚。《尚書·舜典》：“三載考績，三考黜陟幽明。”孔安國傳：“九歲則能否幽明有别，黜退其幽者，升進其明者。”按，此處當以智愚爲解。

[5]寵綏：指帝王對各地進行撫綏。　八表：八方之外，指極遠的地方。

[6]昊天：天。昊，元氣博大貌。　休命：美善的命令。

太祖三辭，宋帝王公以下固請。兼太史令、將作匠陳文建奏符命曰：[1]“六，[2]亢位也。[3]後漢自建武至建安二十五年，[4]一百九十六年而禪魏；魏自黄初至咸熙二年，[5]四十六年而禪晋；晋自太始至元熙二年，[6]一百五十六年而禪宋；宋自永初元年至昇明三年，[7]凡六十年：咸以六終六受。六，亢位也。驗往揆今，若斯昭著。敢以職任，備陳管穴。[8]伏願順天時，膺符瑞。”[9]二朝百辟又固請。[10]尚書右僕射王儉奏：[11]“被宋詔遜位。臣等參議，宜剋日輿駕受禪，[12]撰立儀注。”[13]太祖乃許焉。

[1]太史令：南朝宋沿置，隸太常。掌三辰時日祥瑞妖灾，歲終則奏新曆。　將作匠：疑爲將作大匠的省稱。南朝宋沿置，有事則置，無事則省。　符命：古代謂天賜祥瑞與人君，以爲受命的憑證，稱爲符命。

[2]六：《説文·六部》：“六，易之數，陰變於六，正於八。”清段玉裁注：“此謂六爲陰之變，八爲陰之正……凡陰不變者爲八也。”

[3]亢（kàng）位：指《易·乾》第六爻的爻位。爻辭爲“亢龍有悔”，故稱其爻位爲亢位。相傳孔子解釋何謂“亢龍有悔”時説：“貴而無位，高而無民，賢人在下位而無輔，是以動而有悔也。”後因以“亢位”爲前朝失位、後代受禪之兆。

[4]建武：東漢光武帝年號。　建安：東漢獻帝年號。

[5]魏：原脱，今據中華本校補。　黄初：三國魏文帝年號。咸熙：三國魏元帝年號。

[6]太始：西晋武帝年號。按，“太”通“泰”，“太始”即泰始。　元熙：東晋恭帝年號。

[7]永初：南朝宋武帝年號。　昇明：南朝宋順帝年號。

[8]備陳管穴：詳盡陳述一孔之見。備陳，詳盡陳述。管穴，

喻狹隘的識見。

［9］膺：受，當。　符瑞：祥瑞的徵兆。猶言吉兆。

［10］二朝：指宋朝和齊王國。　百辟：原爲周朝諸侯國君的統稱。此處指公卿大官。

［11］尚書右僕射：尚書省次官，位在左僕射下。由於其時尚書令爲宰相之任，位尊權重，不親庶務，尚書省日常政務常由僕射主持，諸曹奏事由左、右僕射審議聯署。右僕射與祠部尚書通職，不並置，置則領祠部、儀曹二郎曹。南朝宋、齊皆秩三品。　王儉：祖籍琅邪臨沂。齊臺建，遷尚書右僕射。

［12］剋日：約定日期。

［13］儀注：禮儀制度。《隋書·經籍志二》史部有“儀注”類，著録了漢、魏以來歷代王朝關於禮儀制度的書籍。

史臣曰：案《太一九宫占》[1]推漢高五年，[2]太一在四宫，[3]主人與客俱得吉，計先舉事者勝，是歲高祖破楚。[4]晋元興二年，[5]太一在七宫，[6]太一爲帝，天目爲輔佐，[7]迫脅太一，是年安帝爲桓玄所逼出宫。[8]大將在一宫，[9]參相在三宫，[10]格太一。[11]經言格者，已立政事，上下格之，不利有爲，安居之世，不利舉動。元興三年，太一在七宫，宋武破桓玄。[12]元嘉元年，太一在六宫，[13]不利有爲，徐、傅廢營陽王。[14]七年，太一在八宫，[15]關囚惡歲，大小將皆不得立，其年到彦之北伐，初勝後敗，客主俱不利。十八年，太一在二宫，[16]客主俱不利，是歲氐楊難當寇梁、益，[17]來年仇池破。十九年，大小將皆見關不立，凶，其年裴方明伐仇池，[18]剋百頃，[19]明年失之。泰始元年，太一在二宫，爲大小將奄擊之，其年景和廢。二年，太一在三宫，不利先起，主人勝，其年晋安王子勛反。元徽二年，太一在六宫，先起敗，是歲桂陽王休範反，並伏誅。四年，太一在七宫，先起者客，西北走，其年建平王景素敗。[20]昇明元年，太一在七宫，不利爲客，安居之世，舉事爲主人，應發爲客，袁粲、沈攸之等反，伏誅。是歲太一在杜門，臨八宫，宋帝禪位，不利爲客，安居之世，舉事爲主人，禪代之應也。

策文"難滅星謀"疑

[1]《太一九宫占》：又稱《太乙九宫占》，書名。作者不詳。《四庫全書總目》謂："《南齊書·高帝紀》贊所引《太乙九宫占》，自漢高祖五年推至宋禎明元年，幾數百年。而其術遂大顯於世。"按，"宋禎明"當爲"宋昇明"或"陳禎明"。參見《沈氏學弢》卷一五《太乙九宫占》條。

[2]漢高五年：漢高祖五年（前202）。漢高祖爲西漢開國皇帝劉邦廟號。

[3]四宫：巽宫。

[4]楚：此處指西楚霸王項羽。"漢高破楚"事見《史記》卷七《項羽本紀》、卷八《高祖本紀》，《漢書》卷一上《高帝紀上》、卷三一《項籍傳》。

[5]元興：東晋安帝年號。

[6]七宫：兑宫。

[7]天目：占卜術語。亦稱"文昌"，因其照鑒萬物，故稱"天目"。《太乙淘金歌·求天目》："天目上起於申，依數順行十六神。"

[8]安帝：東晋皇帝司馬德宗謚號。《晋書》卷一〇有紀。

桓玄：祖籍譙國龍亢（治所在今安徽懷遠縣龍亢鎮），字敬道，桓温子。襲爵南郡公。隆安三年（399），桓玄攻滅了荆州刺史殷仲堪、雍州刺史楊佺期，竊據了長江中游地區，與朝廷對峙。元興元年（402），率軍東下京師，誅司馬元顯，矯詔稱丞相、揚州牧，總百揆。二年十二月篡位，國號楚。廢安帝爲平固王，幽於尋陽。三年，劉裕等舉義兵，桓玄遂棄京師西逃，又逼安帝西上，遷於江陵。不久，桓玄兵敗被殺。參見《晋書》卷一〇《安帝紀》、卷九九《桓玄傳》。

[9]大將：古代的一種占卜術。屬太乙術，有主大將和客大將。一宫：坎宫。

[10]三宫：震宫。

[11]格：抗拒。

[12]宋武：宋武帝的省稱。“武”爲南朝宋開國皇帝劉裕謚號。此時劉裕尚未廢晋建宋，更無此謚號。此稱“宋武”乃史家追言，用以指代當時尚是晋臣的劉裕。

[13]六宫：乾宫。

[14]徐、傅廢營陽王：指南朝宋執政大臣徐羨之、傅亮廢少帝劉義符爲營陽王，尋殺之。徐羨之，字宗文，祖籍東海郡郯縣（治所在今山東郯城縣北）。元興三年（404），劉裕起兵討伐桓玄，任爲鎮軍參軍。義熙十二年（416），劉裕伐關中，轉太尉左司馬，副貳劉穆之，掌留任。穆之卒，遷吏部尚書、丹陽尹，總知留任。入宋，以佐命功封南昌縣公，位司空、録尚書事、揚州刺史。受宋武帝劉裕遺命，與傅亮等共輔少帝。傅亮，字季友。祖籍北地靈州（治所在今寧夏吴忠市）。晋義熙中，從劉裕出征關中，攻滅后秦。入宋，遷太子詹事，中書令如故。以佐命功，封建城縣公。受宋武帝劉裕遺命，與徐羨之等共輔少帝。少帝即位，進位中書監，尚書令。二人傳見《宋書》卷四三。營陽，郡名。治所在今湖南道縣東北。

[15]八宫：艮宫。

［16］二宫：坤宫。

［17］益：州名。治所在今四川成都市。

［18］裴方明：河東郡人。其擊氐帥楊難當及平仇池事見《宋書》卷五《文帝紀》、卷四七《劉懷肅傳》。

［19］百頃：地名。一名仇池山，在今甘肅西和縣西南。

［20］建平王景素：劉景素。宋文帝孫，建平宣簡王宏子，大明五年（461）襲封。《宋書》卷七二及《南史》卷一四有傳。

南齊書　卷二

本紀第二

高帝下

建元元年夏四月甲午，[1]上即皇帝位於南郊，[2]設壇柴燎告天曰：[3]“皇帝臣道成敢用玄牡，[4]昭告皇皇后帝。[5]宋帝陟鑒乾序，[6]欽若明命，[7]以命于道成。夫肇自生民，[8]樹以司牧，[9]所以闡極則天，[10]開元創物，[11]肆兹大道。[12]天下惟公，命不于常。昔在虞、夏，受終上代，[13]粤自漢、魏，揖讓中葉，[14]咸炳諸典謨，[15]載在方册。[16]水德既微，[17]仍世多故，寔賴道成匡拯之功，以弘濟于厥艱。大造顛墜，[18]再構區宇，[19]宣禮明刑，締仁緝義。晷緯凝象，[20]川岳表靈，[21]誕惟天人，罔弗和會。[22]乃仰協歸運，[23]景屬與能，[24]用集大命于兹。[25]辭德匪嗣，[26]至于累仍，[27]而群公卿士，庶尹御事，[28]爰及黎獻，[29]至于百戎，[30]僉曰‘皇天眷命，[31]不可以固違，人神無託，不可以曠主’。畏天之威，敢不祗從鴻曆。[32]敬簡元辰，[33]虔奉皇符，[34]升壇受禪，告類上帝，[35]以永答民衷，[36]式敷萬國。[37]惟明靈是饗！”

[1]建元：齊高帝年號。

[2]南郊：都邑之外稱郊。南郊，南面之郊。古代帝王祭天於南郊。六朝開國皇帝即位之日例於南郊祭天。此時的南郊所在即東晋太興二年（319）所定南郊之地。《建康實録》卷五：“是歲，作南郊，在宫城南十五里，郭璞卜立之。”同書又注引《圖經》云：“在今縣城東南十八里長樂橋東，籬門外三里。”參見《晋書·禮志上》、《宋書·禮志一》及今人盧海鳴《六朝都城》（南京出版社2002年版，第127—128頁）。

[3]柴燎（liáo）：古代的一種祭祀，指燒柴祭天。燎，把玉帛、犧牲放在柴堆上，焚燒祭天。

[4]玄牡：祭祀用的黑公畜。

[5]皇皇后帝：語出《詩·魯頌·閟宫》。皇皇，光明貌。《國語·越語下》：“天道皇皇，日月以爲常。”后帝，天，即昊天上帝。

[6]陟（zhì）鑒乾序：高瞻遠矚，察知天道次序。陟，登高。鑒，明察。乾，天。

[7]欽若：《尚書·堯典》：“乃命羲和，欽若昊天，曆象日月星辰，敬授人時。”欽，敬。若，順。

[8]肇：開始。

[9]司牧：此以牛羊喻民，後來因稱官吏爲司牧。《左傳》襄公十四年：“天生民而立之君，使司牧之。”

[10]闡極則天：闡明至理，以天爲法。闡極，闡明天道最高準則。極，最高準則、標準。

[11]開元創物：開創萬物。開元，猶言創始。

[12]肆兹：肆，伸張，擴展。兹，代詞，此，這。　大道：古時指政治上的最高境界。《禮記·禮運》：“大道之行也，天下

爲公。”

[13]昔在虞、夏，受終上代：指虞舜受唐堯禪讓、夏禹受虞舜禪讓爲帝。見《史記》卷一《五帝本紀》。

[14]粤自漢、魏，揖讓中葉：指漢獻帝禪位於魏文帝、魏元帝禪位於晋武帝。見《後漢書》卷九《獻帝紀》、《三國志》卷二《魏書·文帝紀》、《三國志》卷四《魏書·三少帝紀》、《晋書》卷三《武帝紀》。揖讓，謂讓位於賢，這裹指禪讓。中葉，中世。

[15]典謨：指對治理國家和指導人生有重大意義的經典著作。

[16]方册：典籍。宋程大昌《演繁露》卷七："方册云者，書之於版，亦或書之竹簡也。通版爲方，聯簡爲册。"

[17]水德：指劉宋王朝。據五德説，劉宋以水德立國。

[18]大造：大功業，大成就。這裹指劉宋王朝的帝業。

[19]區宇：疆土境域。區，指疆域。宇，指上下四方。

[20]晷（guǐ）緯凝象：太陽和月亮形成天象。晷緯，日與星。凝，形成。象，天象。

[21]表靈：顯示效驗。

[22]和會：協和會同。

[23]仰協歸運：企盼歸順命運。

[24]景屬與能：景仰矚目有才能的人。屬，通"矚"。與，給予。

[25]大命：天命。上天賦予的權力和使命。

[26]辭德匪嗣：辭以無德不敢接續。匪，非。嗣，繼承，接續。

[27]累仍：再三，多次。

[28]庶尹：官府正職長官的統稱。　御事：治事者，亦指治事。

[29]黎獻：衆多賢能的人，庶民中的賢者。《尚書·益稷》："萬邦黎獻，共惟帝臣。"孔安國傳："獻，賢也。萬國衆賢，共爲帝臣。"參見清王引之《經義述聞》卷三《萬邦黎獻》。

［30］百戎：戎，古代泛指中國西部的少數民族。這裏的百戎泛指南朝境内的少數民族。百戎，《南史》卷四《齊本紀上》作“百蠻”。

［31］眷命：眷愛並賦以重任。《尚書·大禹謨》：“皇天眷命，奄有四海，爲天下君。”

［32］祇（zhī）從鴻曆：恭敬遵從上天欲行鼎革之命。祇，敬。鴻曆，指改朝换代的氣運曆數。

［33］簡：選擇。　元辰：吉利的時日。

［34］皇符：皇帝的符璽。

［35］告類：類祭，遇到特殊事件如皇帝登位或立太子等而舉行的祭天。

［36］衷：善意，誠意。

［37］式：榜樣，模範。

禮畢，大駕還宫，臨太極前殿。[1]詔曰：“五德更紹，[2]帝迹所以代昌，[3]三正迭隆，[4]王度所以改耀。[5]世有質文，[6]時或因革，其資元膺曆，[7]經道振民，[8]固以異術同揆，[9]殊流共貫者矣。[10]朕以寡昧，[11]屬值艱季，推肆勤之誠，[12]藉樂治之數，[13]賢能悉心，士民致力，[14]用獲拯溺龕暴，[15]一匡天下。[16]業未參古，[17]功殆侔昔。[18]宋氏以陵夷有徵，[19]曆數攸及，[20]思弘樂推，永鑒崇替，[21]爰集天禄于朕躬。[22]惟志菲薄，[23]辭弗獲昭，遂欽從天人，[24]式繇景命，[25]祇月正于文祖，[26]升禋甴于上帝。[27]猥以寡德，[28]光宅四海，[29]纂革代之蹤，[30]託王公之上，若涉淵水，罔知所濟。寶祚初啓，[31]洪慶惟新，[32]思俾利澤，[33]宣被億兆，[34]可大赦天下。改昇明三年爲建元元年。[35]賜民爵二級，[36]文武進位二等，鰥寡孤獨不能自存者穀人五斛。[37]逋租宿債勿復收。[38]有犯鄉論清議，[39]贓汙淫盜，[40]一皆蕩滌，洗除先注，[41]與之更始。[42]長徒敕繫之囚，[43]特皆原遣。[44]亡官失爵，禁錮奪勞，[45]一依舊典。"[46]

[1]太極前殿：建康宫正殿名太極，有前後殿。《初學記》卷二四："歷代殿名，或沿或革，唯魏之太極，正殿皆名之。"

[2]五德更紹：猶言"五德終始"或"五德轉移"，始於戰國末期的陰陽家鄒衍的學説。以五行相生相剋的道理附會王朝的興替，虚構了一個歷史循環論體系。參見《漢書·律曆志》。

[3]代：更替。以此易彼，以後繼前。

[4]三正：指夏、商、周三代。夏正建寅，殷正建丑，周正建子，合稱三正。

[5]王度：王者的政教。《後漢書》卷五《安帝紀》贊："安德不升，秕我王度。"李賢注："秕，穀不成也。論政教之穢。"

[6]質：質樸簡易的政教。　文：禮法繁密的政教。《史記》卷三〇《平準書》太史公曰："是以物盛則衰，時極而轉，一質一文，終始之變也。"

[7]資元膺曆：依托善人的擁戴，親受天命而稱帝。資，憑借，依托。元，善。《易·乾》："元，善之長也。"後因稱善良的人爲元。膺，躬親。曆，曆數，天命。

[8]經道振民：探究濟民的途徑。經，治理，探究。振，通"賑"，賑濟，救助。

[9]揆：道理，準則。

[10]殊流共貫：猶殊途同歸。共貫，匯合衆流貫穿而下。

[11]朕（zhèn）：古人自稱之詞。先秦時期，人皆可自稱朕，無貴賤之分。自秦始皇起專用爲皇帝的自稱。《史記》卷六《秦始皇本紀》："天子自稱曰朕。"又皇太后臨朝聽政時也自稱朕。《後

漢書》卷四《和帝紀》竇太后詔曰："今皇帝以幼年，煢煢在疚，朕且佐助聽政。"　寡昧：寡德愚昧之人。古代常用爲帝王自謙之辭。

[12]肆勤：肆力，盡力。

[13]樂（yuè）治：儒家治道"四事"之一。即以音樂教化爲治。此處喻行文治。《禮記·樂記》云："禮以道其志，樂以和其聲，政以一其行，刑以防其姦。禮樂刑政，其極一也，所以同民心而出治道也。"又云："樂也者，聖人之所樂也，而可以善民心。其感人深，其移風易俗，故先王著其教焉。"

[14]士民：士子與庶民。

[15]拯溺：救援溺水的人。引申爲解救危難。　龕（kān）暴：平定暴亂。龕，通"戡"。

[16]匡：扶正，糾正。

[17]參（cān）古：與古代並列，達到古代。參，羅列，並立。《尚書·西伯戡黎》："乃罪多參在上，乃能責命於天。"孔安國傳："言汝罪惡衆多，參列於上天。"

[18]侔：相等。

[19]陵夷：衰落。　徵：徵兆，迹象。

[20]曆數：天道，天命。這裏指朝代更替的次序。《尚書·大禹謨》："天之歷數在汝躬，汝終陟元后。"孔穎達疏："歷數謂天歷運之數，帝王易姓而興，故言歷數謂天道。"歷，通"曆"。

[21]崇替：興廢。《國語·楚語下》："吾聞君子唯獨居思念前世之崇替"，徐元誥《集解》注引清俞樾曰："《文選·東京賦》'進明德而崇業'，薛綜注：'崇，猶興也。'然則崇替猶言興廢耳。"

[22]天禄：天賜的福禄，指帝位。

[23]菲薄：微薄，淺陋。

[24]欽：古代對皇帝行事的敬稱。

[25]式：規格。　繇（yóu）：通"由"。　景命：謂上天授予

的王位之命。《詩·大雅·既醉》："君子萬年，景命有僕。"

[26]祗（zhī）：恭敬。　月正：農曆一年的第一個月，即正月。《尚書·舜典》："月正元日，舜格于文祖。"孔安國傳："月正，正月。"　文祖：有文德之祖。古帝王對祖先的美稱。《尚書·舜典》："正月上日，受終于文祖。"指堯的祖廟。《尚書·洛誥》："王命予來，承保乃文祖受命民。"據孔安國傳、孔穎達疏，此處文祖指周文王。《國語·晋語九》："敢昭告皇祖文王、烈祖康叔、文祖襄公。"此處文祖指春秋時的衛襄公。

[27]禋（yīn）：祭名。升烟以祭天神。先燒柴升烟，再加牲體和玉帛於柴上焚燒，因烟氣上達以致精誠。　鬯（chàng）：古代祭祀、宴飲用的香酒，以鬱金草合黑黍釀成。　上帝：天帝，天神。

[28]猥（wěi）：苟且。

[29]光宅四海：猶言聖德覆被天下。《尚書·堯典》："昔在帝堯，聰明文思，光宅天下。"孔安國傳："言聖德之遠著。"光，明亮，輝光。喻聖德。宅，居住。引申爲覆被。"光宅天下"或"光宅四海"古代常爲稱帝王一統天下之習語。

[30]纂：彙集。　革代：改朝换代。

[31]寶阼（zuò）：帝位。此命帝業。

[32]洪慶：指新王朝的開國典禮。　惟新：惟，同"維"。維新即新。後稱變舊法而行新政爲"維新"。《詩·大雅·文王》："周雖舊邦，其命維新。"維，語助詞。

[33]俾（bǐ）：使。　利澤：利益和恩澤。

[34]宣被：普遍覆蓋。　億兆：極言其多。這裏指廣大民衆。

[35]昇明：宋順帝年號。

[36]賜民爵：賜民爵之制萌芽於戰國時的秦國。漢代的賜民爵爲二十等爵制中的八級低爵：一公士，二上造，三簪裊，四不更，五大夫，六官大夫，七公大夫，八公乘。獲爵者，有罪得贖，貧者得賣與人。魏晋南北朝時期，雖然偶有帝王以"賜民爵"方式，宣

揚皇恩浩蕩，但並無實際意義。參見《漢書·百官公卿表》及朱紹侯《軍功爵制研究》（上海人民出版社1990年版，第28—97頁）。

［37］鰥（guān）寡孤獨：無依無靠的老弱之人。《孟子·梁惠王下》："老而無妻曰鰥，老而無夫曰寡，老而無子曰獨，幼而無父曰孤：此四者，天下之窮民而無告者。" 斛（hú）：量器名。亦爲容器單位。古稱十斗爲斛，又稱一石。

［38］逋租：拖欠的田賦。 宿債：舊債。

［39］鄉論：鄉黨對士人的品評。 清議：公正的評論，主要指對士人違犯名教的揭發、批判。

［40］贓（zāng）汙（wū）：貪污受賄。

［41］先注：先前的記載。此指鄉黨對士人違犯名教的記載。顧炎武《日知録》卷一三《清議》條云："至宋武帝篡位，乃詔：'有犯鄉論清議，贓汙淫盜，一皆蕩滌洗除，與之更始。'"黄汝成集釋："齊、梁、陳詔並云'洗除先注'，當日鄉論清議必有記注之目。"注，記載，登記。

［42］更始：重新開始。

［43］長徒敕繫之囚：長期關押及皇帝欽定的囚犯。敕，漢時，凡官長告諭僚屬，尊長告諭子孫，都稱敕。自南北朝以下，始專稱君王詔命爲敕。繫，拘囚。

［44］原遣：免罪釋放。原，原諒，恕免。

［45］禁錮：禁止擔任官職。被禁錮者或因犯罪，或因社會地位低賤，以及其他政治原因，終身禁止擔任官職，非有詔令特許不得爲吏。西漢文帝時，賈人、贅婿及吏坐贓者皆禁錮不得爲吏。東漢安帝初年，贓吏禁錮二世。永初中因陳忠奏言，乃解贓吏三世禁錮。東漢末年，反對宦官專政的黨人皆被禁錮終身，又株連及五族、門生、故吏。黄巾起義後才大赦解除。魏晋南北朝士族違犯禮教也予以禁錮。 奪勞：由於勞績獲得的待遇被剥奪。

［46］舊典：原有的典章制度。

封宋帝爲汝陰王，[1]築宫丹陽縣故治，[2]行宋正朔，[3]車旗服色，一如故事，[4]上書不爲表，[5]答表不稱詔。降宋晋熙王燮爲陰安公，[6]江夏王躋爲沙陽公，[7]隨王翽爲舞陰公，[8]新興王嵩爲定襄公，[9]建安王禧爲荔浦公，[10]郡公主爲縣君，[11]縣公主爲鄉君。[12]詔曰："繼世象賢，[13]列代盛典，疇庸嗣美，[14]前載令圖。[15]宋氏通侯，[16]乃宜隨運省替。但欽德懷義，[17]尚表墳閭，[18]況功濟區夏，[19]道光民俗者哉。[20]降差之典，[21]宜遵往制。南康縣公華容縣公可爲侯，[22]萍鄉縣侯可爲伯，[23]減户有差，以繼劉穆之、王弘、何無忌後。"[24]

[1]宋帝：指宋順帝劉凖。《宋書》卷一〇有紀。　汝陰：以郡爲國。治所在今安徽阜陽市。

[2]丹陽縣：治所在安徽當塗縣東北丹陽鎮。

[3]正朔：一年的第一天。正，一年的開始。朔，一月的開始。古時改朝换代，新王朝爲表示"應天承運"，須重定正朔。《禮記·大傳》："改正朔。"孔穎達疏："正謂年始，朔謂月初。言王者得政，示從我始，改故用新，隨寅、丑、子所損也。"夏曆以孟春之月（即冬至後二月，相當於夏曆正月）爲正，平旦（天明）爲朔；殷曆以季冬之月（即冬至後一月，相當於夏曆十二月）爲正，雞鳴爲朔；周曆以仲冬之月（即包括冬至的月份，相當於夏曆十一月）爲正，夜半爲朔；秦以孟冬之月（即不包括冬至的冬至前一月，相當於夏曆十月）爲正。自漢武帝頒行《太初曆》至今夏曆均用夏正。南朝宋、齊正朔相同。此言許汝陰王"行宋正朔"，衹是尊奉前朝的一種形式。

[4]故事：此處指劉宋舊制。

[5]表：古代奏章的一種。《釋名·釋書契》："下言於上

曰表。”

［6］降宋晋熙王燮（xiè）爲陰安公：原無“降”字，中華本據南監本、殿本補。今從補。晋熙王燮，即南朝宋明第六子劉燮。泰始六年（470）四月，宋明帝改前廢帝時投奔北魏的義陽王劉昶的封號爲晋熙王，並以劉燮出繼給劉昶爲子，襲其爵位。《宋書》卷七二有傳。晋熙，以郡爲國。治所在今安徽潜山縣。陰安，以縣爲國。治所在今安徽樅陽縣北柳寺村附近。

［7］江夏王躋（jī）：南朝宋明帝第八子劉躋。躋，字仲升。泰始七年（471）八月，宋明帝出繼劉躋爲江夏王劉義恭孫，襲其爵位。《宋書》卷六一有傳。江夏，以郡爲國。治所在今湖北武漢市武昌區。　沙陽：以縣爲國。治所在今湖北嘉魚縣東北。

［8］隨王翽（huì）：南朝宋明第十子劉翽。翽，字仲儀。宋後廢帝元徽四年（476），封南陽王。宋順帝昇明二年（478），改封隨陽王。《宋書》卷九〇有傳。隨，郡名。治所在今湖北隨州市。按，《宋書》翽本傳作“隨陽王”，《宋書》卷一〇《順帝紀》：昇明二年十一月甲子，“改封南陽王翽爲隨郡王，改隨陽郡”。本紀稱“隨王”者，蓋高帝不認同宋順帝所改郡名，故用舊名。本書《州郡志下》有隨郡，而無隨陽郡。　舞陰：以縣爲國。治所在今河南泌陽縣西北。

［9］新興王嵩：南朝宋明帝第十一子劉嵩。嵩，字仲岳。宋後廢帝元徽四年（476）受封爵。《宋書》卷九〇有傳。新興，以僑郡爲國。治所在今湖北荆州市荆州區東北。　定襄：以僑縣爲國。治所在今湖北荆州市荆州區東北。

［10］建安王禧：南朝宋明帝第十二子劉禧。僖，字仲安。宋後廢帝元徽四年（476）受封爵。《宋書》卷九〇有傳。建安，以郡爲國。治所在今福建建甌市。　荔浦：以縣爲國。治所在今廣西荔浦縣西。按，《宋書》僖本傳作“始建王”。始建，以郡爲國。治所在今廣西桂林市。依齊高帝以上降封宋郡王之例，皆是於其郡内降爲縣公。據《宋書·州郡志三》，始建郡所領縣有荔蒲，而建安

郡無。故劉僖封爵號當依《宋書》本傳作“始建王”爲正，本書《紀》作“建安王”誤。

［11］郡公主：皇帝女兒封號。始於晋朝，南朝宋沿襲。　縣君：命婦封號。始見於南北朝，歷代皆置。多封予皇后母、縣公之妻及高官之母、妻。

［12］縣公主：皇族女子封號。東漢皇女皆封縣公主，南朝宋諸王女封號亦名縣公主，位次郡公主。　鄉君：命婦封號。始見於三國魏，南朝宋、齊，北朝北魏皆置。多封予后妃之母、鄉侯之妻及高官妻女，位次縣君。

［13］繼世：繼承先世。　象賢：言後嗣子孫能效法先人之賢。後來成爲稱美父子事業相承的套語。《尚書·微子之命》：“殷王元子，惟稽古，崇德象賢。”

［14］疇庸：酬報功勞。疇，通“酬”。庸，功勞。　嗣美：帝王繼承前人的盛美德業。

［15］令圖：善謀，遠大的謀略。

［16］通侯：封爵名。本稱徹侯，又稱列侯。此處爲諸侯泛稱。

［17］欽：敬，欽佩。

［18］表墳閭：旌表其墳墓和里門。

［19］區夏：諸夏之地，指中國。

［20］道光：道德的光輝。

［21］差（cī）：等級。

［22］南康縣公華容縣公可爲侯：中華本校勘記云：“《南史·齊紀》作‘南康郡公爲縣公，華容縣公可爲侯。’按《劉祥傳》云‘從祖兄彪，祥曾祖穆之正胤，建元初降封南康縣公’，與《南史·齊紀》降封縣公相應。然《南史·劉穆之傳》謂穆之曾孫彪，建元初降封南康縣侯，則又與此相應。二書紀傳自相違戾，未知孰是。”丁福林《南齊書校議》（以下簡稱丁福林《校議》）云：“《宋書》《南史》之《劉穆之傳》、《通鑑》卷一百一十九皆記劉穆之於宋立國時追封爲南康郡公。則此云‘南康縣公’可爲侯者，

必誤。據歷代成例，易代之際前朝功臣爵位乃逐次降封一等。”又引《宋書·武帝紀下》所載其永初元年詔文“可降始興公封始興縣公，廬陵公封柴桑縣公，各千户；始安公封荔蒲縣侯，長沙公封醴陵縣侯，康樂公可即封縣侯，各五百户；以奉晋故丞相王導、太傅謝安、大將軍温嶠、大司馬陶侃、車騎將軍謝玄之祀”以爲證。因而推測云：“劉穆之於宋時既封南康郡公，則是時當降爲南康縣公，即《南史·劉穆之傳》云劉彪降封爲南康縣侯者，亦誤。疑此於‘南康’後佚‘郡公可爲’四字。句乃謂南康郡公降爲南康縣公，華容縣公降爲華容縣侯，萍鄉縣侯降爲萍鄉縣伯。蓋逐次而降也。本書《劉祥傳》所載，爲得其實。”（中華書局 2010 年版，第 14—15 頁）若將丁氏此議備爲一説，尚有不盡如人意之處。首先，我們將上述宋武帝永初元年（420）降封東晋五位功臣後代爵位的情况與《晋書》相關各傳進行比對，發現有關王導、謝安、謝玄三人原來爵位及其後代降封的爵位與降封一級之例相合。而温嶠原來的爵位是始安郡公，其後人降封的爵位是荔浦縣侯；陶侃原來的爵位是長沙郡公，其後人降封的爵位是醴陵縣侯（《晋書》本傳作“吴昌侯”）。二人皆降二等，當别有原因，或晋時他們後代已降爵爲縣公，宋武帝由此再降二人後代爲縣侯。其次，丁福林《校議》以爲“南康”後當補“郡公可爲”四字，即認爲劉穆之後代宋時爵位一直是郡公，至齊初降爲縣公。其説證據不足。實際上，《宋書》中有一些與劉穆之後代在宋時即已降封爲南康縣公相關的信息。其中《州郡志二》江州所轄郡級南康公相所領八縣中又有縣級的南康公相，或以爲疑。孫虨《宋書考論》卷二：“按《齊書》，高帝即位，詔南康縣公、華容縣公可爲侯，以繼劉穆之、王弘。是劉穆之郡公封，當宋世已降縣，《志》兩存之。”按，今從孫氏之説。關於劉穆之的爵位及後代的沿襲和降封，校者每引《南史》卷一五《劉穆之傳》以爲説，其實《南史》卷一五《劉穆之傳》本諸《宋書》卷四二《劉穆之傳》，二者内容一致，後者稍詳。云：宋武帝受禪，思佐命元勛，追封劉穆之爲南康郡公，食邑三千户，長子慮之嗣。慮之卒，子邕嗣。劉邕嗜食瘡痂，以爲味似鰒魚。“南康國吏二百許人，不問有罪無罪，遞互與鞭，鞭瘡痂常以給膳。”劉邕卒，子肜嗣。“大明四年，坐刀斫妻，奪爵土，以弟彪紹封。齊受禪，降爲南康縣侯，食邑千户。”疑由於兩代南康郡公即劉穆之的孫子劉邕和曾孫劉肜坐罪，乃至犯了殺妻重罪，故當大明四年（460）劉彪紹封時已被降爲縣公。下文云“齊受禪，降爲南康縣侯”，也順理成章了。“大較以大明八年爲正”的《宋書·州郡志二》已有縣級的“南康公相”是其證。本篇南康縣公可爲侯云云，不誤。而本書卷三六《劉祥傳》云劉彪“建元初降封南康縣公”及《南史》卷四《齊本紀上》作“降南康郡公爲縣公”者，皆誤。南康縣，縣名。治所在今江西南康市。縣公，爵名。南朝時常爲開國縣公的省稱。食邑爲縣，故爵前常冠以所封縣名。位在郡公下，南朝宋秩一品。華容縣，治所在今湖北監利縣北。侯，爵名。此處爲開國縣侯的省稱。食邑爲縣，故爵前常冠以所封縣名。位在縣公下，南朝宋秩三品，齊未詳。

［23］萍鄉縣：縣名。治所在今江西萍鄉市東。　伯：爵名。此處爲縣伯的省稱。食邑爲縣，故爵前常冠以縣名。晋秩二品，南朝宋、齊品秩未詳。

［24］劉穆之：祖籍東莞莒縣，世居京口。晋末劉裕霸府腹心幕僚。《宋書》卷四二有傳。　王弘：祖籍琅邪臨沂，晋丞相王導曾孫。永初元年（420），宋高祖受禪，以佐命功，封華容縣公，食邑二千户。《宋書》卷四二有傳。　何無忌：祖籍東海郯縣。義熙二年（406）十二月，晋安帝論匡復之功，封何無忌爲安成郡公，食邑三千户。《晋書》卷八五有傳。按，孫彪《宋書考論》卷二：“按何無忌封安成郡公，其後襲有何勗，見《徐湛之傳》。而齊書高帝傳詔萍鄉縣侯可爲伯，以繼何無忌，則宋世已降郡公爲縣侯，殆明帝封子準爲安成王時與？”

以司空褚淵爲司徒，[1]吴郡太守柳世隆爲南豫州刺史。[2]詔曰："宸運肇創，[3]寶命惟新，[4]宜弘慶宥，[5]廣敷蠲汰。[6]劫賊餘口没在臺府者，[7]悉原放。諸負釁流徙，普聽還本。"[8]以齊國左衛將軍陳顯達爲中護軍，[9]中領軍王敬則爲南兖州刺史，[10]左衛將軍李安民爲中領軍。[11]戊戌，以荆州刺史嶷爲尚書令、驃騎大將軍、開府儀同三司、揚州刺史，[12]冠軍將軍映爲荆州刺史，[13]西中郎將晃爲南徐州刺史，[14]冠軍將軍垣崇祖爲豫州刺史，[15]驃騎司馬崔文仲爲徐州刺史。[16]

[1]司空：南朝宋沿置，爲名譽宰相，多爲大臣加官。掌水土事，郊祀掌掃除，陳樂器，大喪掌將校覆土。南朝宋、齊皆秩一品。　褚淵：本書卷二三有傳。按，宋昇明二年（478），褚淵進位司空。　司徒：南朝宋、齊沿置，爲名譽宰相。掌民事，郊祀掌省牲視濯，大喪安梓宫。秩一品。位在司空上。

[2]吴郡：郡名。治所在今江蘇蘇州市。　柳世隆：本書卷二四有傳。　南豫州：僑州名。治所在安徽和縣。

[3]宸運：帝運。按，北極星所在宸，後借指帝王所居，又引申爲王位、帝王的代稱。《文選》卷三〇謝朓《始出尚書省》詩："宸景厭照臨，昏風淪繼體。"李善注："宸，北辰，以喻帝位也。"

[4]寶命：對神命、天命、帝命的美稱。

[5]慶宥：指古代帝王因逢喜慶大典而頒布的寬免或赦罪的詔令。

[6]廣敷蠲汰：廣泛蕩滌過往的弊政。敷，布施。蠲汰，蠲免汰除。

[7]臺府：尚書臺、三公府的合稱。《晋書》卷五二《華譚傳》："州郡貢秀孝，臺府簡良才。"

［8］負釁（xìn）流徙，普聽還本：中華本校勘記云：“‘負’原訛‘貢’，‘徙’原訛‘徒’，各本不訛，今改正。又‘本’字下各本並有‘土’字，張元濟《校勘記》云‘土’字衍。”今從改。朱季海《南齊書校議》（以下簡稱朱季海《校議》）引《高帝紀下》建元二年二月甲午詔“江西北民避難流徙者，制遣還本”。表明初無“土”字，各本臆增。（中華書局 1984 年版，第 3 頁）

［9］齊國：劉宋末年蕭道成的封國。　左衛將軍：將軍名號。南朝宋沿置，掌宿衛營兵。秩四品。　陳顯達：本書卷二六有傳。　中護軍：將軍名號。南朝宋沿置，掌督護京師以外地方諸軍。南朝宋秩三品，齊未詳。

［10］中領軍：將軍名號。南朝宋沿置，掌京師駐軍及禁軍。秩三品。　王敬則：本書卷二六有傳。　南兗州：僑州名。治所在今江蘇揚州市西北蜀岡。

［11］左衛將軍李安民爲中領軍：丁福林《校議》云：“本書《李安民傳》云安民於宋順帝昇明三年遷左衛將軍，領衛尉，齊高帝即位，爲中領軍。與此相合。《通鑑》卷一百三十五記是時‘右衛將軍李安民爲中領軍’，則與此有異，二者未知孰是。”（第 15 頁）李安民，本書卷二七有傳。

［12］荆州：州名。治所在今湖北荆州市荆州區。　嶷（yí）：蕭嶷，蕭道成第二子。本書卷二二有傳。　尚書令：兩晋南朝宋爲尚書省長官，綜理全國政務，出居外朝，參議大政，實權有如宰相。如録尚書事缺，則兼有宰相之名義。南齊録尚書事定爲官號，令爲其副貳。秩三品。　驃騎大將軍：將軍名號。地位尊崇，多加於權臣元老。南朝宋秩一品，齊不詳。　開府儀同三司：三國魏始置，爲大臣加號，意謂與三司即太尉、司徒、司空禮制、待遇相同，許開置府署，自辟僚屬。兩晋南北朝因之。　揚州：州名。治所在今江蘇南京市。

［13］冠軍將軍：將軍名號。南北朝沿置，掌領兵征伐。南朝宋、齊皆秩三品。　映：蕭映，蕭道成第三子。本書卷三五有傳。

［14］西中郎將：將軍名號。與東、南、北中郎將並稱四中郎將。南朝宋、齊多以宗室諸王任之。南朝宋秩四品，齊不詳。　晃：蕭晃，蕭道成第四子。本書卷三五有傳。　南徐州：僑州名。治所在今江蘇鎮江市。

［15］垣崇祖：本書卷二五有傳。　豫州：僑州名。治所在今安徽壽縣。

［16］驃騎司馬：驃騎大將軍司馬簡稱。軍府高級幕僚，掌參贊軍務，管理府内武職，位僅次於長史。南朝宋秩六品。　崔文仲：本書卷二八有附傳。按，將此卷與上卷對讀，知崔文仲爲驃騎司馬是在蕭道成爲驃騎大將軍時。　徐州：僑州名。治所在今安徽鳳陽縣東北臨淮鎮。

斷四方上慶禮。[1]己亥，詔曰："自廬井毁制，[2]農桑易業，[3]鹽鐵妨民，[4]貨鬻傷治，歷代成俗，流蠹歲滋。援拯遺弊，革末反本，[5]使公不專利，氓無失業。[6]二宫諸王，[7]悉不得營立屯邸，[8]封略山湖。[9]太官池籞，[10]宫停税入，[11]優量省置。"[12]庚子，詔"宋帝后蕃王諸陵，[13]宜有守衛"。有司奏帝陵各置長一人，[14]兵有差，王陵五人，妃嬪三人。[15]

［1］斷：禁絶。

［2］廬井毁制：井田制遭到破壞。廬井，古代井田制，八家共一井，因稱共一井的八家廬舍爲廬井。

［3］農桑易業：指農民棄農經商。

［4］鹽鐵：本指煮鹽和冶鐵。這裏指古代的鹽鐵官營之制。

［5］末：指工商。　本：指農桑。

［6］氓（méng）：庶民。

［7］二宫諸王：《通鑑》卷一三五《齊紀一》“高帝建元元年”條，胡三省注：“二宫，謂上宫及東宫。上宫，諸王皇子也；東宫，諸王皇孫也。”

［8］屯邸：猶言莊園。屯，指南朝時權貴們圈占的山林川澤及其開墾的土地。邸，南朝時存放錢物以供借貸之所。

［9］封略：霸占。略，《左傳》卷二九杜預集解：“不以道取爲略。”

［10］太官：官署名。或作大官。南朝宋隸門下省侍中，齊隸尚書省。掌宫廷飲食，由令、丞主之。　池籞：帝王的禁苑。籞，池水中編竹籬養魚。

［11］宫停税入：中華本校勘記云：“《元龜》一百九十一‘宫’作‘宜’。”

［12］優量：酌量從寬。

［13］蕃王：指南朝宋分封的諸王。蕃，通“藩”。

［14］有司：官吏或官署的泛稱。古代設官分職，各有專司，故稱。　長：陵長，掌管理守衛陵寢。

［15］妃嬪：皆皇帝之妾。南朝宋孝武帝孝建三年（456），置貴妃，位比相國；貴嬪，位比丞相；貴人，位比三司，以爲三夫人。

五月丙午，進河南王吐谷渾拾寅號驃騎大將軍。[1]詔曰：“宸運革命，[2]引爵改封，宋氏第秩，[3]雖宜省替，其有預效屯夷，[4]宣力齊業者，一仍本封，無所減降。”有司奏留襄陽郡公張敬兒等六十二人，[5]除廣興郡公沈曇亮等百二十二人。[6]改《元嘉曆》爲《建元曆》，[7]木德盛卯終未，[8]以正月卯祖，[9]十二月未臘。[10]丁未，[11]詔曰：[12]“設募取將，懸賞購士，蓋出權宜，非曰恒制。頃世艱險，[13]浸以成俗，[14]且長逋逸，[15]開罪山湖。[16]是爲黥刑不辱，[17]亡竄無咎。自今以後，可斷衆募。”壬子，詔封佐命文武功臣新除司徒褚淵等三十一人，[18]進爵增户各有差。[19]乙卯，[20]河南王吐谷渾拾寅奉表貢獻。丙辰，詔遣大使分行四方，[21]遣兼散騎常侍十二人巡行。[22]以交、寧道遠，[23]不遣使。己未，汝陰王薨，追謚爲宋順帝，[24]終禮依魏元、晋恭帝故事。[25]辛酉，陰安公劉燮等伏誅。追封謚上兄道度爲衡陽元王，[26]道生爲始安貞王。[27]丙寅，追尊皇考曰宣皇帝，[28]皇妣爲孝皇后，[29]妃爲昭皇后。[30]

[1]河南王：南朝宋、齊、梁授予吐谷渾族首領的封號。其活動的中心在今青海省黄河以南，因而史書亦稱其族爲“河南”。　吐谷渾：古族名。源出遼東鮮卑徒河部慕容氏。公元四世紀初，首領吐谷渾率所部西遷至今青海、甘肅一帶，與羌族雜處。至其孫葉延時始以吐谷渾爲姓氏、族名，亦以爲國號。　拾寅：南朝宋中後期及齊初時的吐谷渾首領。

[2]宸（chén）：北極星所在爲宸，後借用指帝王所居，又引申爲帝位、帝王的代稱。　革命：實施變革以應天命。古代認爲帝王受命於天，因稱朝代更替爲革命。

[3]第秩：爵禄的等級。

[4]屯夷：艱危與平定。偏義復詞，指困厄。屯，艱難。夷，平坦，順利。

[5]襄陽：以郡爲國。治所在今湖北襄陽市。　郡公：爵名。晋、南朝爲開國郡公的省稱，位在縣公上。南朝宋秩一品，齊未詳。　張敬兒：本書卷二五有傳。

[6]除：免。　廣興郡公沈曇亮：沈曇亮，吴興武康人，宋司

空沈慶之曾孫。孝建中，沈慶之進封始興郡公。泰豫元年（472），郡名改爲廣興。元徽元年（473），曇亮襲封。詳見《宋書》卷七七《沈慶之傳》、卷三七《州郡志三》。廣興，以郡爲國。治所在今廣東韶關市西南。

[7]《元嘉曆》：曆法名。南朝宋何承天造。元嘉二十年（443）書成，上奏文帝。文帝命太史令錢樂之等檢定後，於二十二年在全國頒行。詳見《宋書·律曆志》。　《建元曆》：曆法名。齊高帝即位頒布的南齊曆法。實際當時並未造新曆，仍沿用《元嘉曆》，惟改其名稱而已。故《隋書·律曆志》云："宋氏元嘉，何承天造曆，迄于齊末，相仍用之。"按，二曆小有不同，如因宋、齊五行之位有别，故其祖、臘祭不同。

[8]木德：指蕭齊王朝。據五德説，蕭齊以木德得天下。

[9]正月卯祖：正月卯日舉行祖祭。祖，祭名。祭祀路神。應劭《風俗通義》卷八："共工之子曰修，好遠遊，舟車所至，足跡所達，靡不窮覽，故祀以爲祖神。"

[10]十二月未臘：十二月未日舉行臘祭。臘，祭名。歲終祭衆神。《左傳》僖公五年："虞不臘矣。"杜預注："歲終祭衆神之名。"

[11]丁未：原作"辛未"，中華本校勘記云："據南監本、毛本、殿本、局本及《南史·齊紀》改。按是月壬寅朔，五日丙午，六日丁未，十一日壬子，此在丙午下，壬子上，當作'丁未'。"今從改。

[12]詔曰：此詔由江淹草擬，稱《斷募士詔》，載《江文通集》卷九。江氏原稿文字繁縟，本《紀》詔文簡明。疑此詔當時曾經門下省筆削。

[13]頃世：近世。這裏指南朝宋末。

[14]浸（jìn）：漸，逐漸。

[15]長：增長。　逋逸：逃匿。

[16]開罪：得罪，冒犯。

［17］黥（qíng）刑：古代肉刑的一種，即墨刑。用刀刺人面額後以墨塗之。

［18］新除：官制用語。朱季海《校議》云："凡授官未拜，但稱新除。此類或緣本人無意就新，或緣朝旨徒欲以爲遷轉階資之地。《高帝紀》'建元元年夏四月甲午'下已云'以司空褚淵爲司徒'，又'五月壬子，詔封佐命文武功臣新除司徒褚淵等'云云，是淵四月已除司徒，而五月猶云'新除'者，明雖有此除，其實未拜也。"（第4頁）

［19］差：等級。

［20］乙卯：原作"己卯"。中華本校勘記云："據南監本、毛本、殿本、局本及《南史·齊紀》改。按是月壬寅朔，十一日壬子，十四日乙卯，十五日丙辰，此在壬子下，丙辰上，當作'乙卯'。"今從改。

［21］大使：這裏指代表皇帝的特派使臣。

［22］散騎常侍：隸集書省。職以侍從皇帝、主掌圖書文翰、文章、撰述、諫諍拾遺及收納轉呈文書奏事。南朝宋員四人，秩三品。齊秩未詳。此言十四人，或雜以員外散騎常侍，或齊無定員。

［23］交、寧：二州名。交州治所在今越南北寧省仙游縣東，寧州治所在今雲南陸良縣境。

［24］宋順帝：蕭子顯避梁諱（梁武帝父名蕭順之），"順"字改作"從"。本書卷三《武帝紀》正作"從帝"。子顯本卷原稿亦當作"從帝"，此作"順帝"者，蓋後人據《南史·齊本紀》改。

［25］魏元：魏元帝，三國魏末代皇帝曹奐謚號。咸熙二年（265）十二月，禪位於晉。晉武帝封其爲陳留王。太安元年（302）死，謚曰"元皇帝"。見《三國志》卷四《魏書·三少帝紀》及裴松之注引《魏世譜》、《晉書》卷三《武帝紀》。　晉恭帝：東晉末代皇帝司馬德文謚號。元熙二年（420）六月，禪位於宋，受封爲零陵王。永初二年（421）死，謚曰"恭皇帝"。見《晉書》卷一〇《恭帝紀》。

［26］道度：高帝庶長兄，卒於宋世。本書卷四五有傳。　衡陽：以郡爲國。治湘西縣，在今湖南株洲市西南。

［27］道生：齊高帝庶次兄，卒於宋世。本書卷四五有傳。　始安：以郡爲國。治始安縣，在今廣西桂林市。

［28］皇考：對亡父的尊稱。《禮記·曲禮》："父曰皇考，母曰皇妣。"此指齊高帝父蕭承之。

［29］皇妣（bǐ）：對亡母的尊稱。此指齊高帝生母陳道止。本書卷二〇有傳。

［30］昭皇后：蕭道成妃劉智容，卒於宋世。本書卷二〇有傳。

六月辛未，詔"相國驃騎中軍三府職，[1]可依資勞度二官，[2]若職限已盈，所餘可賜滿"。[3]壬申，以游擊將軍周山圖爲兗州刺史。[4]乙亥，詔曰："宋末頻年戎寇，兼災疾凋損，或枯骸不收，毁櫬莫掩，[5]宜速宣下埋藏營卹。若標題猶存，[6]姓字可識，可即運載，致還本鄉。有司奏遣外監典事四人，[7]周行離門外三十五里爲限。[8]其餘班下州郡。[9]無棺器標題者，屬所以臺錢供市。"[10]庚辰，七廟主備法駕即于太廟。[11]詔"諸將及客，[12]戮力艱難，盡勤直衛，[13]其從還宫者，普賜位一階"。[14]辛巳，罷荆州刺史。[15]甲申，立皇太子賾。[16]斷諸州郡禮慶。見刑入重者，[17]降一等，并申前赦恩百日。立皇子嶷爲豫章王，[18]映爲臨川王，[19]晃爲長沙王，[20]暠爲武陵王，[21]暠爲安成王，[22]鏘爲鄱陽王，[23]鑠爲桂陽王，[24]鑑爲廣興王，[25]皇孫長懋爲南郡王。[26]乙酉，葬宋順帝于遂寧陵。[27]

［1］相國：居宰輔之位，爲百官之長，與丞相略同而位稍尊，不常置。南朝宋秩一品。自魏、晋以來，非復人臣之位。　驃騎：此爲驃騎大將軍的省稱。　中軍：此爲中軍大將軍的省稱。南朝宋秩二品。宋末，蕭賾爲此官，開府儀同三司，進爵爲公，即進位秩一品，此乃宋末制。按，宋末蕭道成曾任相國、驃騎大將軍，其子蕭賾曾任中軍大將軍，皆開府置官屬。

［2］度：官制術語。改任，遷轉。

［3］滿："秩滿"的省稱。謂官吏任期届滿。特許官吏任職未達到期限者視同届滿爲"賜滿"。

［4］游擊將軍：隸中軍（領軍將軍）。魏、晋爲禁軍將領，與驍騎將軍分領命中虎賁，掌宿衛之任，南朝沿置。南朝宋秩四品。齊不詳。　周山圖：本書卷二九有傳。　兖州：此爲僑州名。即北兖州，治舊淮陰縣城，在今江蘇淮安市淮陰區西南。

［5］毁櫬（chèn）：損毁的棺槨。櫬，古時指内棺，後泛指棺材。

［6］標題：此處指墓碑或墓志中有關墓主姓名、籍貫的文字。"標"原作"摽"，從中華本改。下同。

［7］外監：外殿中監的省稱。南朝置。除與内殿中監共掌皇帝衣食住行以外，兼掌傳達皇帝詔敕。品卑而親近皇帝，倖臣常居此以弄權。蕭齊隸尚書省。外監典事爲外殿中監屬官。

［8］離門：建康都城四面之門，因用竹制造，故稱離門。離，通"籬"。

［9］班：頒布。

［10］臺錢：朝廷的撥款。臺，指臺城。東晋、南朝稱建康的皇宫和禁省所在之地爲臺城。

［11］七廟主：本書《禮志上》：高帝即位，以"廣陵府君、太中府君、淮陰府君、即丘府君、太常府君、宣皇帝、昭皇后爲七廟"。廣陵府即廣陵郡丞蕭豹；太中府君即太中大夫蕭裔；淮陰府君即淮陰令蕭整；即丘府君即丘令蕭儁；太常府君即道成祖贈太常

蕭樂子；宣皇帝即道成父蕭承之，道成即位追謚；昭皇后即道成妃劉智容，道成即位追謚。廟主，宗廟中祭祀的對象，設神位。　法駕：皇帝的車駕。《史記》卷九《吕太后本紀》："迺奉天子法駕，迎代王於邸。"裴駰《集解》引蔡邕曰："天子有大駕、小駕、法駕。法駕上所乘，曰金根車，駕六馬，有五時副車，皆駕四馬，侍中參乘，屬車三十六乘。　即：就。　太廟：皇帝的祖廟。

[12]客：此處指其文職幕僚。

[13]直衛：出值侍從和護衛。

[14]階：官職等級。南朝宋、齊官分九品，品内又分等則謂之階。

[15]罷荆州刺史：丁福林《校議》云："此'罷荆州刺史'，義殊不可解，蓋荆州南朝大鎮，不可便罷也。"又云："是年六月'罷荆州刺史'者，當有脱誤也。"（第16—17頁）

[16]賾（zé）：蕭賾，齊武帝，高帝長子。本書卷三有紀。"賾"原作"諱"，從中華本改。

[17]見：擬議。

[18]豫章：以郡爲國。治南昌縣，在今江西南昌市。

[19]臨川：以郡爲國。治南城縣，在今江西南城縣東南。

[20]長沙：以郡爲國。治臨湘縣，在今湖南長沙市。

[21]暈：蕭曄，高帝第五子。本書卷三五有傳。按，暈同"曄"。　武陵：以郡爲國。治臨沅縣，在今湖南常德市。

[22]暠（gǎo）：蕭暠，高帝第六子。本書卷三五有傳。　安成：以郡爲國。治平都縣，在今江西安福縣東南。

[23]鏘（qiāng）：蕭鏘，高帝第七子。本書卷三五有傳。　鄱陽：以郡爲國。治鄱陽縣，在今江西鄱陽縣。

[24]鑠：蕭鑠，高帝第八子。本書卷三五有傳。　桂陽：以郡爲國。治郴縣，在今湖南郴州市。

[25]鑑：蕭鑑，高帝第十子。本書卷三五有傳。　廣興：原作"廣陵"，丁福林《校議》云："《南史·齊本紀上》作'廣興王'。

考本書《高帝十二王·始興簡王鑑傳》云鑑'初封廣興王，後國隨郡改名'。據《宋書·州郡三》，吴孫皓甘露元年立始興郡，宋明帝泰豫元年，改始興爲廣興。本書《州郡志下》湘州有始興郡，當是南齊時又由廣興回改爲始興者，故始興王鑑本傳有'後國隨郡改名'之説也。而廣陵郡則無改名事。由此，則《南史》作'廣興王'者，疑是。"丁氏又引《南史》卷四三《始興簡王鑑傳》和本書卷四八《袁彖傳》相關史料以證其説，認爲："鑑爲始興王必矣。由此，今歲鑑所封乃廣興王，此作'廣陵王'，誤。《通鑑》卷一百三十五從之，亦未審。"（第17—18頁）按，丁氏考"廣陵王"乃廣興王之誤甚是，今據改。《南史》卷四《齊本紀上》以《齊書》爲藍本，《南史》不誤而《齊書》誤，頗疑唐初《齊書》尚不誤，《南史》據之。此後傳抄者疏忽，誤廣興爲"廣陵"。而《通鑑》又沿襲《齊書》之誤。廣興，以郡爲國。後改始興。治曲江縣，在今廣東韶關市南武水西岸。

[26]長懋（mào）：蕭長懋，高帝長孫，武帝長子。本書卷二一有傳。　南郡：以郡爲國。治江陵縣，在今湖北荆州市。

[27]遂寧陵：陵墓名。其所在未詳。

秋七月丁未，詔曰：[1]"交阯比景，[2]獨隔書朔，[3]斯乃前運方季，[4]負海不朝，因迷遂往，歸款莫由。[5]曲赦交州部内，[6]李叔獻一人，[7]即撫南土，文武詳才選用。并遣大使宣揚朝恩。"以試守武平太守行交州府事李叔獻爲交州刺史。[8]丙辰，以虜僞茄蘆鎮主陰平公楊廣香爲沙州刺史。[9]丁巳，詔"南蘭陵桑梓本鄉，[10]長蠲租布；[11]武進王業所基，[12]復十年"。[13]

[1]詔：此詔乃江淹具草，稱《賜赦交州詔》，見《江文通集》

卷八。本書詔文簡明，當經過了筆削。

［2］交阯：郡名。治龍編縣，在今越南北寧省仙游縣東。　比景：縣名。治所在今越南廣平省宋河下游高牢下村。按，交阯郡屬交州，在州之北部。比景縣屬交州日南郡，在州之南部。此總括言州之南北知名郡、縣，意在指代其州。《江文通集》所載此詔首句即爲“交部”云云，是其證。

［3］獨隔書朔：《通鑑》卷一三五胡三省注：“言其拒命不受正朔也。古者，天子常以季冬頒來歲十二月之朔于諸侯，諸侯受而藏之祖廟，至月朔則以特羊告廟，請而行之。”

［4］前運方季：此處指劉宋末年。

［5］歸款：歸順，歸服。

［6］曲赦：特赦。　交州：州名。治交阯郡龍編縣，在今越南北寧省仙游縣東。

［7］李叔獻：事詳本書卷五八《東南夷傳》。

［8］試守：官制術語。即暫任。一般以一年爲期，稱職者可實授其職。　武平：郡名。治武定縣，在今越南永富省永福縣東南平州。　行：官制用語。指官缺未補，暫由他官兼攝其事。

［9］虜：此處指北魏。　茄蘆：地名。一作葭蘆城。在今甘肅武都縣東南。　陰平：郡名。治所在今甘肅文縣西白龍江北岸。按，陰平郡三國魏置，西晋末廢。北魏曾一度恢復其地名以處降魏的氐族楊氏。　楊廣香：氐族酋長。事詳本書卷五九《氐傳》。　沙州：州名。治所在今青海貴德、貴南縣一帶。

［10］南蘭陵：僑郡名。治蘭陵僑縣，在今江蘇常州市武進區西北萬綏鎮。

［11］蠲（juān）：免除。　租布：指農業税中的紡織品，布、帛之類。

［12］武進：縣名。治所在今江蘇丹陽市東。按，因南蘭陵僑地在當時的武進縣境，故此稱“武進王業所基”。

［13］復：免除賦税或徭役。

九月辛丑，詔“二吴、義興三郡遭水，[1]減今年田租”。乙巳，以新除尚書令、驃騎大將軍豫章王嶷爲荆、湘二州刺史，[2]平西將軍臨川王映爲揚州刺史。[3]丙午，司空褚淵領尚書令。戊申，車駕幸宣武堂宴會，詔諸王公以下賦詩。

[1]二吴：地名合稱。指吴、吴興二郡。吴郡，治吴縣，在今江蘇蘇州市。吴興郡，治烏程縣，在今浙江湖州市。　義興：郡名。治陽羡縣，在今江蘇宜興市。

[2]驃騎大將軍：原作“驃騎將軍”，“將軍”前脱“大”字，據丁福林《校議》補。丁福林《校議》云：“本卷上文記是年四月‘戊戌，以荆州刺史嶷爲尚書令、驃騎大將軍、開府儀同三司、揚州刺史’，《南史·齊本紀上》、《通鑑》卷一百三十五亦皆記豫章王嶷時爲尚書令、驃騎大將軍。又考之本書蕭嶷本傳云：‘太祖即位……遷侍中、尚書令、都督揚南徐二州諸軍事、驃騎大將軍、開府儀同三司、揚州刺史，持節如故……’則豫章王嶷是時之軍號必驃騎大將軍無疑。此於‘驃騎’後佚‘大’一字。”（第18—19頁）

[3]平西將軍：將軍名號。漢建安末劉備置，三國魏時與平東、平南、平北將軍合稱四平將軍。多持節都督或監某一地區的軍事，有時亦作爲刺史等地方官員兼理軍事的加官。兩晋、南朝沿置。南朝宋秩三品，齊未詳。

冬十月丙子，立彭城劉胤爲汝陰王，[1]奉宋帝後。己卯，車駕殷祠太廟。[2]辛巳，詔曰：“朕嬰綴世務，[3]三十餘歲，險阻艱難，備嘗之矣。末路屯夷，戎車歲駕，誠藉時來之運，實資士民之力。宋元徽二年以來，[4]諸從軍得官者，未悉蒙禄，可催速下訪，隨正即給。[5]才堪餘任者，訪洗量序。[6]若四州士庶，[7]本鄉淪陷，簿籍不存，尋校無所，可聽州郡保押，從實除奏。荒遠闕中正者，[8]特許據軍簿奏除。或戍扞邊役，末由旋反，聽於同軍各立五保，[9]所隸有司，時爲言列。”汝陰太妃王氏薨，[10]追贈爲宋恭皇后。

[1]彭城：郡名。治彭城縣，在今江蘇徐州市。

[2]車駕：此爲帝王的代稱。《漢書》卷一下《高帝紀下》："車駕西都長安。"顔師古注："凡言車駕者，謂天子乘車而行，不敢指斥也。"　殷祠：殷祭，指每五年舉行一次的祖廟大祭（禘）和合諸祖神主的大合祭（祫）。《公羊傳》文公二年："五年而再殷祭。"何休注："殷，盛也，謂三年祫，五年禘。禘所以異於祫者，功臣皆祭也。"

[3]嬰綴：遭遇牽制。

[4]元徽：南朝宋後廢帝年號。

[5]正：憑證。正，通"證"。

[6]訪洗量序：查訪甄别，酌情叙用。

[7]四州：指淮河以北的司、豫、徐、兖四州。

[8]中正：魏晋南北朝時期評定士族内部品第的官員。由各郡長官推選籍貫本郡、任職中央的有聲望的士人兼任，將本郡的士族依家世和德才寫出"品"與"狀"，劃分爲第一品至第九品九個等級，作爲吏部委任官職的依據。中正官有州大中正、州中正、郡國大中正和小中正。

[9]五保：漢朝爲加强對軍隊的控制，令士卒互相擔保無奸詐，其所立憑信稱"伍符"。《漢書》卷五〇《馮唐傳》："夫士卒盡家人子，起田中從軍，安知尺籍伍符。"顔師古注引李奇曰："伍符，

軍士五五相保之符信也。”此處“五保”蓋其遺制。

[10]汝陰太妃王氏：宋明帝王皇后。廢帝即位，尊爲皇太后。順帝禪位，封汝陰王，太后降爲太妃。《宋書》卷四一有傳。

十一月庚子，以太子左衛率蕭景先爲司州刺史。[1]辛亥，立皇太子妃裴氏。[2]甲申，封功臣驃騎長史江謐等十人爵户各有差。[3]

[1]太子左衛率：西晋武帝泰始五年（269）分太子衛率置，宿衛東宫，亦任征伐，地位頗重，東晋、南朝皆置。齊一員，秩五品。　蕭景先：本書卷三八有傳。　司州：僑州名。治北義陽郡平陽縣，在今河南信陽市。

[2]裴氏：裴惠昭。建元三年（481）薨。武帝即位，追尊爲皇后。本書卷二〇有傳。

[3]驃騎長史江謐：驃騎長史，爲幕僚主，總領府事。南朝宋秩六品，齊未詳。江謐，本書卷三一有傳。按，時豫章王蕭嶷爲驃騎大將軍，謐任長史。

二年春正月戊戌朔，大赦天下。以司空、尚書令褚淵爲司徒，[1]中軍將軍張敬兒爲車騎將軍，[2]中領軍李安民爲領軍將軍，[3]中護軍陳顯達爲護軍將軍。[4]辛丑，車駕親祠南郊。癸卯，詔索虜寇淮、泗，[5]遣衆軍北伐，内外纂嚴。[6]

[1]以司空、尚書令褚淵爲司徒：中華本校勘記云：“《通鑑》建元二年正月，‘以司空褚淵爲司徒，淵不受。’《考異》云：‘《齊書》建元二年正月，以淵爲司徒。十二月戊戌，以淵爲司徒。蓋二

年正月辭，十二月受耳。’今按《考異》説是。”

［2］中軍將軍：南朝置爲重號將軍。可離開京師，出任持節都督，鎮守一方。宋位比四鎮將軍，秩三品。齊位在四征將軍之上，品秩不詳。　張敬兒：本書卷二五有傳。　車騎將軍：將軍名號。魏晋南北朝沿置，位次驃騎將軍，在諸重號將軍上。多作爲軍府名號，以加授大臣、重要州郡長官。出掌征伐，入參朝政。魏、晋、宋秩二品，齊不詳。開府者位皆從公，秩一品。

［3］領軍將軍：將軍名號。南朝沿置，宋時掌禁衛軍及京都諸軍。秩三品。齊品未詳。按，領軍將軍與中領軍爲同一官，資重者爲領軍將軍，資輕者爲中領軍。

［4］護軍將軍：將軍名號。南朝沿置，掌督護京師以外諸軍，權任頗重。南朝宋秩三品，齊未詳。按，護軍將軍與中護軍爲同一官，資重者爲護軍將軍，資輕者爲中護軍。護軍將軍位次領軍將軍。

［5］索虜：南北朝時南朝對北朝的辱稱。《通鑑》卷六九《魏紀一》“文帝黄初二年”條，司馬光曰：“宋、魏以降，南北分治，各有國史，互相排黜，南謂北爲索虜，北謂南爲島夷。”胡三省注：“索虜者，以北人辮髮，謂之索頭也。島夷者，以東南際海，土地卑下，謂之島中也。”按，《宋書》卷九五有《索虜傳》。　淮、泗：淮河及其支流泗水。泛指今皖北、蘇北一帶。

［6］纂嚴：謂軍隊嚴裝、戒備。猶今之戒嚴。

二月丁卯，虜寇壽陽，[1]豫州刺史垣崇祖破走之。置巴州。[2]壬申，以三巴校尉明慧昭爲巴州刺史。[3]戊子，以寧蠻校尉蕭赤斧爲雍州刺史，[4]南蠻長史崔惠景爲梁、南秦二州刺史。[5]辛卯，詔西境獻捷，[6]解嚴。癸巳，遣大使巡慰淮、肥，[7]徐、豫邊民尤貧遘難者，[8]刺史二千石量加賑卹。[9]甲午，詔“江西北民避難流徙者，[10]制遣還本，蠲今年租税。單貧及孤老不能自存者，即聽番籍，[11]郡縣押領"。[12]

[1]虜：指北魏。　壽陽：縣名。即壽春，治所在今安徽壽縣。按，壽春所以稱壽陽者，實源於晋孝武帝避鄭太后（名"阿春"）諱而改。宋大明六年（462）又回改爲壽春。雖然當時已於其地僑置睢陽縣，又割爲實土，以爲南梁郡治，朝廷官簿遂一度無壽春或壽陽的縣名。但是，壽春或壽陽作爲淮上重鎮，爲人熟知，所以南朝史書仍每見互出，不以爲嫌。

[2]巴州：州名。治魚復縣，在今重慶市奉節縣東。

[3]三巴校尉：又名護三巴校尉，掌三巴地區軍政及各族事務，位次州刺史。按，三巴，古地區名。東漢末益州牧劉璋分巴郡爲永寧、固陵、巴三郡，後又改爲巴、巴東、巴西三郡，稱爲三巴。相當於今川渝間嘉陵江和重慶綦江流域的大部。　明慧昭：本書卷五四《高逸傳》作"惠照"。《南史》卷五〇《明僧紹傳》作"慧照"。

[4]寧蠻校尉：東晋安帝時置，南朝沿置。掌雍州（治所在今湖北襄陽市）少數民族事務。領兵，設府於襄陽，稱小府。多由其他將軍或刺史兼任，若單作，則減刺史一階。南朝宋秩四品，齊品不詳。　蕭赤斧：本書卷三八有傳。　雍州：僑州名。治襄陽縣，在今湖北襄陽市。

[5]南蠻長史：南蠻校尉長史的省稱。南蠻校尉，西晋武帝置，其後或置或省。南朝宋、齊，治江陵（治所在今湖北荆州市）。掌荆州及江州少數民族事務，統兵，立府。南朝宋秩四品，齊不詳。實際上多由地位較高的將軍如車騎、安西、右將軍及南中郎將兼領，或由荆州刺史兼領。南蠻長史，掌南蠻府事務。南朝宋秩六品，齊不詳。　崔惠景：其名本卷僅此一見。本書卷三《武帝紀》及卷六《明帝紀》各兩見，皆一作"惠景"，一作"慧景"。本書

卷七《東昏侯紀》十一見，僅一處作“惠景”，餘皆作“慧景”。而本書卷五一本傳及有關各卷、《梁書》有關各卷、《南史》有關各卷並作“慧景”。在以上南朝四史中其名數十見，惟上述本書四帝紀各有一處作“惠景”，故疑其名當“慧景”爲正，作“惠景”者乃後人傳抄之誤。　梁、南秦二州：南朝齊所置雙頭州名。治漢中郡南鄭縣，在今陝西漢中市東。胡阿祥《六朝疆域與政區研究》云：“雙頭州者，二州同治，共一刺史，合爲一個行政單位。雖侈稱二州，其實是一州。”（學苑出版社 2005 年版，第 323 頁）

[6]西境獻捷：指垣崇祖擊退北魏對壽春地區的進攻。以壽春在江西，故稱西境。

[7]淮、肥：指淮河及其支流肥水。按，此處泛指壽春地區。

[8]徐：南齊僑置的北徐州的省稱。治鍾離郡燕縣，在今安徽鳳陽縣東北臨淮鎮。　遘難：遭遇禍患。

[9]二千石：漢代對郡太守的通稱。因其俸禄爲二千石，即月俸百二十斛，故有此稱。這裏沿用習慣，亦指郡太守。

[10]江西：地區名。長江自入今安徽境向北斜流，直至江蘇鎮江，這一水路兩岸，唐以前有江西、江東之稱。北岸淮水以南稱江西，南岸的皖南北部及蘇南一帶稱江東。從江東而言，又泛稱長江以北及中原地區爲江西。《史記》卷七《項羽本紀》“江西皆反”，即用此意。

[11]番籍：更換名籍，在新地著籍（落户）。番，更換、替換。

[12]押領：簽押（署）接受（著籍申請）。

三月丁酉，以侍中西昌侯鸞爲郢州刺史。[1]戊戌，以護軍將軍陳顯達爲南兗州刺史，吴郡太守張岱爲中護軍。[2]己亥，車駕幸樂遊苑宴會，[3]王公以下賦詩。辛丑，以征虜將軍崔祖思爲青、冀二州刺史。[4]

[1]侍中西昌侯鸞：鸞，即蕭鸞。蕭道成次兄道生次子。建元元年（479），遷侍中，封西昌侯。建武元年（494），廢海陵王稱帝，是爲明帝。本書卷六有紀。“鸞”原作“諱”，從中華本改。侍中，掌奏事，侍從左右，應對獻替，殿内門下衆事皆掌之。齊世朝會，多以美姿容者兼官。南朝宋秩三品，齊不詳。西昌，縣名。治所在今江西泰和縣西。

[2]吴郡：郡名。治吴縣，在今江蘇蘇州市。　張岱：本書卷三二有傳。

[3]樂遊苑：原無“苑”字，據中華本補。按，《六朝事迹編類》卷四引《輿地志》云：“晋爲藥園，宋元嘉中以其地爲北苑，更造樓觀，後改爲樂游苑。”《通鑑》卷一四三《齊紀九》胡三省注：“樂遊苑在玄武湖南。”

[4]征虜將軍崔祖思：崔祖思，本書卷二八有傳。原作“崔思祖”，今據中華本校改。征虜將軍，武官名號，亦作爲高級文職官員的加官。南朝宋秩三品，齊不詳。　青、冀二州：雙頭州名。僑鬱洲，在今江蘇連雲港市東雲臺山一帶。

夏四月丙寅，進高麗王樂浪公高璉號驃騎大將軍。[1]

[1]高麗：古國名。又稱高句麗，南齊時定都於今朝鮮平壤市。　樂浪：郡名。治棘城，在今遼寧義縣北。　高璉：事迹見本書卷五八《東南夷傳》。

五月，立六門都墻。[1]

[1]立六門都墻：《通鑑》卷一三五《齊紀一》“高帝建元二

年”條：“自晋以來，建康宫之外城唯設竹籬，而有六門。”按，“建康宫之外城”即建康都城。今人盧海鳴《六朝都城》云：“‘立六門都墻’意思就是‘建立高大的都城城墻’。”又云：“建康城垣以夯土砌築的可能性最大。”（南京出版社 2002 年版，第 54、55 頁。）賀雲翱《六朝瓦當與六朝都城》釋之爲：“南齊這一次所築城墻可能是内爲夯土、外包磚壁。”（文物出版社 2005 年版，第 123 頁）羅宗真《六朝文物》則徑稱爲“夯土包磚墻”。（南京出版社 2004 年版，第 20 頁）凡此，皆可資參考。六門，《建康實録》卷七《顯宗成皇帝》注：“《地輿志》都城周二十里一十九步，本吴舊址，晋江左所築，但有宣陽門。至成帝作新宫，始修城開陵陽等五門，與宣陽爲六，今謂六門也。南面三門，最西曰陵陽門，後改名爲廣陽門，門内有右尚方，世謂之尚方門。次正中宣陽門，本吴所開，對苑城門，世謂之白門，晋爲宣陽門，門三道，上起重樓，懸楣上刻木爲龍虎相對，皆繡桷藻井。南對朱雀門，相去五里餘，名爲御道，開御溝，植槐柳。次最東開陽門。東面最南清明門，門三道，對今湘宫巷門，東出青溪港橋。正東面建春門，後改爲建陽門，門三道，尚書下舍在此門内，直東今興業寺後，東度青溪菰首橋。……正西南西明門，門三道，東對建春門，即宫城大司馬門前横街也。正北面用宫城，無别門。”

六月癸未，詔“昔歲水旱，[1]曲赦丹陽、二吴、義興四郡遭水尤劇之縣，[2]元年以前，三調未充，虚列已畢，[3]官長局吏應共償備外，[4]詳所除宥”。[5]

[1]昔歲水旱：丁福林《校議》云：“《江文通集》作‘昔歲水灾’。今觀詔文之内容，詔乃爲水灾而發，此‘水旱’，疑爲‘水灾’之誤。本書《五行志》有‘建元二年，吴、吴興、義興三郡大水’，‘二年夏，丹陽、吴二郡大水’之記載，而不載有旱灾事，

可以爲證。"（第19頁）按，丁氏疑此"水旱"爲"水灾"之誤雖有道理，但證據不足。其所舉證皆當年之灾，而無詔書所言"昔歲"之事，故特補證如下。《宋書·五行志四》："昇明二年二月，於潛翼異山一夕五十二處水出，流漂居民。七月丙午朔，濤水入石頭，居民皆漂没。"（按，於潛爲吴興郡屬縣，石頭即京師所在丹陽郡石頭城）《宋書·五行志一》："順帝昇明三年四月乙亥，吴郡桐廬縣暴風雷電，揚砂折木，水平地二丈，流漂居民。"又，本卷建元元年九月辛丑詔稱，"二吴、義興三郡遭水，减今年田租"。按，昇明三年（479）與建元元年（479）爲同一年份，是年四月甲午蕭道成即位，改元建元。由此可見，"昔歲水旱"當爲"昔歲水灾"之誤。

［2］丹陽：郡名。治建康縣，在今江蘇南京市。

［3］三調未充，虚列已畢：明胡之驥注："言已經三徵，未見充納，已成虚例耳。"見《江文通集》卷八。

［4］官長局吏：局，官署名。古代有某些官署的下級官署名爲"局"。此處"官長"指上級官署的首長，"局吏"指其下級官署的官吏。　共：通"供"。

［5］"昔歲水旱"至"詳所除宥"：此詔由江淹具草，題爲《曲赦丹陽等四郡詔》，見《江文通集》卷八。較此文稍詳。

秋七月甲寅，以輔國將軍盧紹之爲青、冀二州刺史。[1]戊午，皇太子妃裴氏薨。[2]

［1］輔國將軍：將軍名號。南朝宋、齊沿置。南朝宋秩三品，齊爲小號將軍。

［2］裴氏：名惠昭，河東聞喜人。世祖即位，追尊爲皇后。本書卷二〇有傳。

閏月辛巳，遣領軍將軍李安民行淮、泗。庚寅，索虜攻朐山，[1]青、冀二州刺史盧紹之等破走之。

[1]朐（qú）山：山名。即今江蘇連雲港市西南錦屏山。

冬十一月戊子，以氐楊後起爲秦州刺史。[1]

[1]以氐楊後起爲秦州刺史：本書卷五九《氐傳》："太祖以文弘背叛……以難當正胤楊後起爲持節、寧朔將軍、平羌校尉、北秦州刺史、武都王，鎮武興，即文弘從兄子也。"《通鑑》卷一三五《齊紀一》"高帝建元二年"條："以楊難當之孫後起爲北秦州刺史、武都王，鎮武興。"丁福林《校議》據此認爲"楊後起是時所任當以北秦州刺史爲是"。（第 20 頁）按，子顯史例，州分南、北者，其言北州，或省"北"字。本書《州郡志上》有北徐、北兗，本卷前文徑稱徐州、兗州。北秦州，治武興城，即今陝西略陽縣。楊後起，氐族首領。事見本書卷五九《氐傳》。

十二月戊戌，以司空褚淵爲司徒。乙巳，車駕幸中堂聽訟。[1]壬子，以驃騎大將軍豫章王嶷爲司空、揚州刺史，前將軍臨川王映爲荆州刺史。[2]

[1]中堂：堂名。在今江蘇南京市城内古建康城宣陽門外。聽訟：審理訴訟。

[2]前將軍：東晋南北朝爲軍府名號，用作加官。南朝宋秩三品，齊不詳。

三年春正月壬戌朔，詔王公卿士薦讜言。[1]丙子，以平北將軍陳顯達爲益州刺史，[2]貞陽公柳世隆爲南兗州刺史，[3]皇子鋒爲江夏王。[4]領軍將軍李安民等破虜於淮陽。[5]

[1]薦：進獻。　讜言：善言，正直的話。

[2]平北將軍：南朝沿置，與平南、平東、平西將軍合稱四平將軍，地位較高，多兼鎮守地區的刺史。南朝宋秩三品，齊不詳。　益州：州名。治蜀郡成都縣，在今四川成都市。

[3]貞陽：縣名，屬湘州始興郡，治所在今廣東英德市東南滃江北。按，本書《州郡志下》作“湞陽”。檢《宋書·州郡志三》云：“貞陽侯相，漢舊縣，名湞陽，屬桂陽。宋明帝泰始三年，改‘湞’爲‘貞’。”魏嵩山主編《中國歷史地名大辭典》：“貞陽縣，南朝宋泰始三年以湞陽縣改名……南朝齊復改爲湞陽縣。”（廣東教育出版社 1995 年版，第 385 頁）南齊改縣名時間不可確考，本卷作“貞陽”者，當是齊初仍沿用宋末之名。本書《州郡志下》作“湞陽”，當是後來所回改。　柳世隆：本書卷二四有傳。

[4]皇子鋒：蕭道成第十二子蕭鋒。本書卷三五有傳。　江夏：郡名。治夏口城，在今湖北武漢市武昌區。

[5]淮陽：縣名。治所在今江蘇淮安市西古泗水西岸。

夏四月，以寧朔將軍沈景德爲廣州刺史。[1]

六月壬子，大赦。逋租宿債，除減有差。

[1]寧朔將軍：雜號將軍之一。南朝宋秩四品，齊不詳。　廣州：州名。治南海番禺縣，在今廣東廣州市。

秋七月，以冠軍將軍垣榮祖爲徐州刺史。[1]

［1］冠軍將軍：將軍名號。南朝齊沿置，位在輔國將軍上。秩三品。　垣榮祖：本書卷二八有傳。按，垣榮祖，原作"徐榮祖"，中華本據南監本、毛本及張元濟《校勘記》等改。今從改。然而垣榮祖本傳未記載其曾爲徐州刺史。

冬十月戊子，以河南王世子吐谷渾度易侯爲西秦河二州刺史、河南王。[1]

［1］度易侯：吐谷渾族首領。其名史有異文。中華本校勘記云："'度易侯'殿本作'易度侯'。按南監本、毛本、局本及《南史·齊紀》《通鑑》皆作'度易侯'。《河南傳》作'易度侯'。"按，《梁書》卷五四《河南傳》作"度易侯"。度易侯事迹詳見本書卷五九《河南傳》。　西秦：州名。治所在今甘肅天水市。　河：州名。治枹罕縣，在今甘肅臨夏縣西南。

四年春正月壬戌，詔曰："夫膠庠之典，彝倫攸先，所以招振才端，啓發性緒，弘字黎氓，納之軌義，是故五禮之迹可傳，六樂之容不泯。朕自膺曆受圖，志闡經訓，且有司群僚，奏議咸集，蓋以戎車時警，文教未宣，思樂泮宫，永言多慨。今關燧無虞，時和歲稔，遠邇同風，華夷慕義。便可式遵前准，脩建斆學，精選儒官，廣延國胄。"[1]以江州刺史王延之爲右光禄大夫。[2]癸亥，詔曰："比歲申威西北，[3]義勇争先，殞氣寇埸，命盡王事。戰亡蠲復，雖有恒典，主者遵用，每傷簡薄。建元以來戰亡，賞蠲租布二十年，雜役十年。其不得收屍，主軍保押，[4]亦同此例。"以後將軍長沙王晃爲護軍將軍，[5] 中軍將軍南郡王長懋爲南徐州刺史，冠軍將軍安成王暠爲江州刺史。

［1］“夫膠庠之典”至“廣延國胄”：此詔乃江淹草具，稱《立學詔》，見《江文通集》卷八。國胄，王侯及公卿大夫子弟。膠庠（xiáng），周代學校名稱。《禮記·王制》：“周人養國老於東膠，養庶老於虞庠。”鄭玄注：“東膠亦大學，在國中王宫之東西序。虞庠亦小學也……周立小學於西郊”。這裏引申爲設學施教。彝倫，《日知録》卷二《彝倫》：“彝倫者，天地人之常道。”性緒，猶性識，即思想意識。弘字黎氓，《江文通集》作“弘世字氓”。弘字，光大化育。弘，光大。字，養育，教育。黎氓，庶民，民衆。軌義，《江文通集》作“軌儀”。法則，儀制。義同“儀”。五禮，古代以祭祀的事爲吉禮，冠婚的事爲嘉禮，賓客的事爲賓禮，軍旅的事爲軍禮，喪葬的事爲凶禮，合稱五禮。六樂，《周禮·地官·保氏》：“乃教之六藝……二曰六樂。”鄭玄注：“六樂《雲門》《大咸》《大韶》《大夏》《大濩》《大武》也。”相傳《雲門》爲黄帝之樂，《大咸》爲堯樂，《大韶》爲舜樂，《大夏》爲禹樂，《大濩》爲湯樂，《大武》爲武王之樂。又見《周禮·春官·大司樂》鄭玄注。膺曆受圖，猶曰承受天命。曆，曆數，指决定朝代更替的天命。圖，河圖，亦指天命。思樂泮宫，永言多慨，義出《詩·魯頌·泮水》。詩人熱烈頌揚魯僖公文治武功，稱其“既作泮宫”，興教化，在政治上軍事上也有巨大建樹。泮宫，亦作“頖宫”。西周諸侯所設大學。《禮記·王制》：“大學在郊，天子曰辟雍，諸侯曰頖宫。”後代文人遂以泮宫指代學宫。永，通“咏（詠）”。《尚書·舜典》：“詩言志，歌永言。”孔安國傳：“歌詠其義，以長其言。”按，泮宫，《江文通集》作“辟雍”，過於拘泥古制，不可取。斆（xiào）學，學校。斆，與校字同源。參見王力《古漢語字典》，中華書局2000年版，第413頁。

[2]江州：州名。治尋陽郡柴桑縣，在今江西九江市西南。王延之：本書卷三二有傳。　右光禄大夫：隸光禄勛。南齊爲在朝顯職的加官，以示優崇，或授予年老有病的致仕官員，亦常用爲贈官。位在光禄大夫上，品秩不詳。

[3]比歲：近年。

[4]保押：畫押作擔保。保，擔保。押，畫押。

[5]後將軍：東晋南北朝軍府名號，用作加官。南朝宋秩三品，齊不詳。

二月乙未，以冠軍將軍桓康爲青、冀二州刺史。[1]上不豫，[2]庚戌，[3]詔原京師囚繫有差，元年以前逋責皆原除。

[1]桓康：本書卷三〇有傳。

[2]不豫：天子生病的諱稱。

[3]庚戌：原作"庚辰"，誤。據中華本校改。

三月庚申，召司徒褚淵、左僕射王儉詔曰：[1]"吾本布衣素族，[2]念不到此，因藉時來，遂隆大業。風道沾被，升平可期。遘疾彌留，[3]至于大漸。[4]公等奉太子如事吾，柔遠能邇，[5]緝和内外，當令太子敦穆親戚，委任賢才，崇尚節儉，弘宣簡惠，則天下之理盡矣。死生有命，夫復何言！"壬戌，上崩于臨光殿，[6]年五十六。

[1]左僕射（yè）：尚書左僕射的省稱。尚書省次官。南朝宋、齊沿置，位在右僕射上，輔助尚書令執行政務，參議大政，諫議得

失，監察糾彈百官，可封還詔旨，常受命主管官吏選舉。南朝尚書令爲宰相之任，位尊權重，不親庶務，尚書省日常政務常由僕射主持，諸曹奏事由左、右僕射審議聯署。左僕射又領殿中、主客二曹。南朝宋、齊皆秩三品。　王儉：本書卷二三有傳。

[2]布衣：布製的衣服。此處借指平民。　素族：南朝時凡不屬於皇族的家族之稱。本書《百官志》：“四中郎將。晋世荀羨、王胡之並居此官，宋、齊以來唯處諸王，素族無爲者。”

[3]彌留：病重瀕死。

[4]大漸：病危。《列子·力命》：“季梁得病，七日大漸。”張湛注：“漸，劇也。”

[5]柔遠能邇：懷柔遠方，優撫近地。謂安撫籠絡遠近之人而使歸附。《漢書·百官公卿表上》：“十有二牧，柔遠能邇。”顔師古注：“柔，安也。能，善也。”

[6]臨光殿：臺城宮中殿名。

四月庚寅，上謚曰太祖高皇帝。奉梓宮於東府前渚升龍舟。[1]丙午，窆武進泰安陵。[2]

[1]梓宮：古代帝后的棺槨。《後漢書》卷二《明帝紀》：“司徒訢奉安梓宮。”李賢注：“梓宮，以梓木爲棺。《風俗通》曰：‘宮者，存時所居，緣生事死，因以爲名。’”　東府：東府城。在臺城東，青溪橋東，南臨秦淮河。即大約在今江蘇南京市通濟門附近。

[2]窆（biǎn）：埋葬。《説文》：“葬下棺也。”　武進：縣名。治所在今江蘇丹陽市東。泰安陵在丹陽市東北。

上少沈深有大量，[1]寬嚴清儉，喜怒無色。博涉經史，善屬文，工草隸書，[2]弈棋第二品。[3]雖經綸夷險，[4]不廢素業。從諫察謀，以威重得衆。即位後，身不御精細之物，[5]敕中書舍人桓景真曰：[6]“主衣中似有玉介導，[7]此制始自大明末，[8]後泰始尤增其麗。[9]留此置主衣，政是興長疾源，[10]可即時打碎。凡復有可異物，皆宜隨例也。”後宫器物欄檻以銅爲飾者，[11]皆改用鐵，内殿施黄紗帳，宫人著紫皮履，華蓋除金花爪，[12]用鐵迴釘。每曰：“使我治天下十年，當使黄金與土同價。”欲以身率天下，移變風俗。

[1]上：古代稱皇帝爲“上”，此處指齊高帝蕭道成。　沈(chén)：同“沉”。沈深即“深沉”，謂考慮問題深刻而又沉着。

[2]工草隸書：擅長草書和隸書。

[3]弈棋第二品：下圍棋達到第二品。姚振宗《隋書經籍志考證》卷三三《子部十》：“梁有《圍棋九品序録》五卷，范汪等撰。亡。”

[4]經綸：整理絲縷，理出絲緒稱經，編絲成繩稱綸，統稱經綸。引申爲籌劃治理國家大事。《禮記·中庸》：“唯天下至誠，爲能經綸天下之大經，立天下之大本，知天地之化育。”

[5]御：對帝王所作所爲及所用物的敬稱，如御用、御覽、御旨、御駕等。

[6]敕：自上命下之詞。特指皇帝的詔書。　中書舍人：中書通事舍人的省稱。中書省屬官。由於南朝諸帝皆非出身高門，遂引用没有聲望和社會地位的寒士、士人爲之，入直禁中。其於收納、轉呈文書章奏之本職以外，又漸奪中書侍郎草擬詔書之任。至齊明帝時，“詔書殆不關中書，專出舍人”（本書卷五六《倖臣傳》）。舍人雖然名義隸屬中書省，實際上直接聽命皇帝，位低權重。南朝宋秩七品，齊不詳。

[7]主衣：尚衣，執掌帝王服玩等事。　玉介導：又稱“玉導”。魏晋以來，冠、幘有簪，有導。導用以引髮入冠幘以内，貴者以玉爲之，故名。

[8]大明：南朝宋孝武帝年號。

[9]泰始：南朝宋明帝年號。

[10]政：通“正”。

[11]欄檻：欄杆。

[12]華蓋：帝王或貴官所用傘形遮蔽物。因貴族之車有華蓋，故亦以華蓋爲車之别名。　花爪：亦作“華蚤”。天子車蓋四周所附的金花。蔡邕《獨斷》卷下：“凡乘輿車，皆羽蓋金華爪，黄屋左纛。”《續漢書·輿服志》“羽蓋華蚤”條，劉昭注補引徐廣曰：“翠羽蓋黄裏，所謂黄屋車也。金華施橑末，有二十八枚，即蓋弓也。”

上姓名骨體及期運曆數，並遠應圖讖數十百條，[1]歷代所未有，臣下撰録，[2]上抑而不宣，盛矣。

[1]上姓名骨體及期運曆數，並遠應圖讖數十百條：見《南史》卷四《齊本紀上》，文繁不録。期運，運數，氣數，即天命。圖讖，即讖書。是巫師或方士製作的一種隱語或預言，作爲吉凶的符驗或徵兆。《後漢書》卷一上《光武帝紀上》：“宛人李通等以圖讖説光武云：‘劉氏復起，李氏爲輔。’”李賢注：“圖，《河圖》也。讖，符命之書。讖，驗也。言爲王者受命之徵驗也。”

[2]臣下撰録：本書卷二八《蘇侃傳》稱，侃嘗“撰《聖皇瑞命記》一卷，奏之”。

史臣曰：孫卿有言：[1]“聖人之有天下，受之也，非取之也。”[2]漢高神武駿聖，[3]觀秦氏東遊，蓋是雅多大言,[4]非始自知天命;光武聞少公之論讖,亦特一時之笑語;[5]魏武初起義兵,所期“征西”之墓;[6]晋宣不内迫曹爽,豈有定霸浮橋;[7]宋氏屈起匹夫,兵由義立:[8]咸皆一世推雄,[9]卒開鼎祚。[10]宋氏正位八君,[11]卜年五紀,[12]四絶長嫡,[13]三稱中興,[14]内難邊虞,兵革世動。太祖基命之初,[15]武功潛用,泰始開運,[16]大拯時艱,龍德在田,[17]見猜雲雨之迹。[18]及蒼梧暴虐,[19]釁結朝野,[20]百姓懔懔,[21]命懸朝夕。權道既行,[22]兼濟天下。元功振主,[23]利器難以假人,[24]群才勠力,[25]實懷尺寸之望。[26]豈其天厭水行,[27]固已人希木德。[28]歸功與能,[29]事極乎此。雖至公於四海,[30]而運實時來,無心於黄屋,[31]而道隨物變。應而不爲,此皇齊所以集大命也。

[1]孫卿:荀况,戰國末年趙國人,著名思想家、教育家。學者尊之,稱爲荀卿,又稱荀子。漢人避宣帝諱,改稱孫卿。《史記》卷七四有傳。

[2]“聖人之有天下”至“非取之也”:《荀子》一書無此“聖人”云云十三字。經檢,《四部叢刊》初編本《群書治要》卷三七引《慎子》有此十三字。原注云:“有光明之德,故百姓推而與之耳,豈其心哉。”中華書局《諸子集成》本《慎子·威德》同。故頗疑此處“孫卿”乃“慎到”之誤。慎到,戰國趙人。其著作《慎子》在唐以後散失大部。其學説僅見於諸子所述及尚存諸篇中,大抵以齊萬物爲首,循自然而立法,法之行賴於統治者的威勢。有威勢,始能令行禁止,而達於至治。其事迹略見於《史記》卷七四《孟子荀卿列傳》。

[3]漢高:指漢高祖劉邦。

[4]觀秦氏東遊，蓋是雅多大言：《史記》卷八《高祖本紀》："高祖常繇咸陽，縱觀，觀秦皇帝，喟然太息曰：'嗟乎，大丈夫當如此也！'"此事亦見《漢書》卷一上《高帝紀上》。按，《史》《漢》皆稱劉邦服役咸陽時出此"大言"，此云"秦氏東遊"時，恐不確。

[5]光武聞少公之論讖，亦特一時之笑語：光武，指東漢光武帝劉秀。少公，即蔡少公。事見《後漢書》卷一五《鄧晨傳》："王莽末，光武嘗與兄伯升及晨俱之宛，與穰人蔡少公等讌語。少公頗學圖讖，言劉秀當爲天子，或曰：'是國師公劉秀乎？'光武戲曰：'何用知非僕也？'坐者皆大笑。"

[6]魏武初起義兵，所期"征西"之墓：魏武，指魏武帝曹操。《三國志》卷一《魏書·武帝紀》注引《魏武故事》所載曹操建安十五年十二月己亥令（後人稱此令爲《讓縣自明本志令》）云："後徵爲都尉，遷典軍校尉，意遂更欲爲國家討賊立功，欲望封侯作征西將軍，然後題墓道言'漢故征西將軍曹侯之墓'，此其志也。"征西，征西將軍的省稱。東漢獻帝建安間，列爲四征將軍之一。三國魏文帝黄初中，定爲二品，位次三公。

[7]晋宣不内迫曹爽，豈有定霸浮橋：晋宣，即三國魏權臣司馬懿。子司馬昭封晋王，追尊其爲晋宣王；孫司馬炎受禪稱帝，追尊其爲晋宣帝。故此以"晋宣"指代司馬懿。曹爽，曹魏宗室，曹真之子。按，景初三年（239）正月丁亥，魏明帝去世，齊王曹芳即位，大將軍曹爽、太尉司馬懿輔弼幼主。曹爽爲加强對朝政的控制，遂以魏帝名義轉司馬懿爲太傅，奪其軍政大權。司馬懿則稱疾不預政事而"密爲之備"。嘉平元年（249）正月，曹爽等奉魏帝拜謁高平陵（明帝陵，裴松之注引孫盛《魏世譜》曰："高平陵在洛水南大石山，去洛城九十里"）。司馬懿乘機發動政變，部勒兵馬，出洛水浮橋，斷路，又誘使曹爽兄弟等束手就擒，然後將曹爽集團骨幹皆誅殺，夷三族。從此司馬氏專制魏政，故曰"定霸"。參見《三國志》卷四《魏書·三少帝紀》、卷九《魏書·曹爽傳》

和《晉書》卷一《宣帝紀》。又，浮橋，即洛水浮橋。《通鑑》卷七五《魏紀七》“邵陵厲公嘉平元年”條，胡三省注：“《水經注》：洛城南出西頭第二門曰宣陽門，漢之小苑門也，對閶闔，南直洛水浮桁。”即謂洛水浮橋在當時洛陽城南而稍偏西的洛水上。《中國歷史大辭典·魏晉南北朝史卷》：漢、魏洛陽城“在今河南洛陽市東白馬寺東二里洛河北岸”。（上海辭書出版社 2000 年版，第 526 頁）

[8]宋氏屈起匹夫，兵由義立：宋氏，指南朝宋。其開創者劉裕出身寒門，初爲下級軍官，後入前將軍劉牢之幕府。晉元興元年（402），盤踞荆州的桓玄以討司馬元顯之名舉兵進攻京師建康。次年十二月，桓玄廢晉安帝，自立爲帝，改國號爲楚。劉裕遂與北府兵中的中下級軍官何無忌、劉毅謀劃舉義勤王。衆人共推劉裕爲“盟主”，“總軍要”。桓玄潰敗被殺後，劉裕又迎安帝，實際上控制了東晉政權。史稱劉裕“位微於朝，衆無一旅，奮臂草萊之中，倡大義以復皇祚”（《宋書》卷一《武帝紀上》），故曰“兵由義立”。

[9]一世推雄：猶曰“一世之雄”，即一個時代的英雄。《宋書》卷一《武帝紀上》：“劉裕足爲一世之雄。”推，薦舉，推選。

[10]鼎祚：猶言國祚，國運。夏商周以九鼎爲國之重器，國滅則鼎遷，故云。《晉書》卷一〇五《石弘載記》：“魏任司馬懿父子，終於鼎祚淪移。”

[11]宋氏正位八君：指南朝宋武帝劉裕、少帝義符、文帝義隆、孝武帝駿、前廢帝子業、明帝彧、後廢帝昱、順帝準。見《宋書》各本紀。

[12]卜年五紀：紀，古代紀年單位，十二年爲一紀。《尚書·畢命》：“既歷三紀。”孔安國傳：“十二年曰紀。”宋自武帝永初元年（420）即位，至順帝昇明三年（479）禪位，凡首尾六十年，故云。

[13]四絶長（zhǎng）嫡：嫡長子，正妻所生長子。對於朝廷言，即皇后所生長子。此“四絶長嫡”者分别爲：武帝長子少帝劉

義符，永初三年（422）五月即位。景平二年（424）五月，被執政大臣徐羨之等廢爲營陽王。六月遇弒，年十九。文帝長子“元凶”劉劭，年六歲，立爲皇太子。元嘉三十年（453）二月，弒父篡位。五月爲武陵王駿（即後來的孝武帝）擒殺。孝武帝長子前廢帝劉子業，大明八年（464）閏五月即位，凶殘無道。景和元年（465）十一月，爲湘東王彧（即後來的明帝）等謀殺，年十七。明帝長子後廢帝劉昱，泰豫元年（472）四月即位，“窮凶極悖”。元徽五年（477）七月，爲中領軍蕭道成等謀殺，年十五。見《宋書》卷四《少帝本紀》、卷九九《元凶傳》、卷七《前廢帝紀》、卷九《後廢帝紀》。

[14]三稱中興：指宋文、孝武、明三帝之政。

[15]太祖：齊高帝蕭道成廟號。　基命：始順天命。《詩·周頌·昊天有成命》：“夙夜基命宥密。”毛亨傳：“基，始。”鄭玄箋：“早夜始順天命，不敢解倦，行寬仁安静之政以定天下。”

[16]泰始：南朝宋明帝年號。　開運：佳運開通之義。

[17]龍德在田：指帝王在即位前的處境。《易·乾》：“九二，見龍在田，利見大人。”高亨注：“龍在田終將乘雲騰升。”

[18]見猜雲雨之迹：指宋明帝猜忌蕭道成於民有恩澤。本書卷一《高帝紀上》有“明帝常嫌太祖非人臣相，而民間流言，云‘蕭道成當爲天子’，明帝愈以爲疑”云云。雲雨，比喻恩澤。

[19]蒼梧：指南朝宋後廢帝劉昱，其被殺後，又被追封爲蒼梧王。蒼梧，郡名。治廣信縣，在今廣西梧州市。

[20]釁（xìn）：禍患。

[21]懍（lǐn）懍：危懼貌。

[22]權道既行：指蕭道成謀殺宋後廢帝劉昱。後廢帝雖暴虐，畢竟是君，故史諱稱此事爲“權道”。

[23]元功：大功績。此處指廢立之功。

[24]利器：比喻兵權。

[25]群才：指那些追隨蕭道成的文臣武將。

[26]尺寸之望：喻建功立業的願望。按，此處尺寸爲臣子對自己功勞的謙稱。

[27]水行：水德。指劉宋王朝。據五德説，劉宋以水德立國。

[28]木德：指蕭齊王朝。據五德説，蕭齊以木德立國。

[29]與：給，給予。　能：此處指有才能的人。

[30]至公於四海：猶曰“天下爲公”。

[31]黄屋：古代帝王專用的黄繒車蓋，代指帝王權位。《史記》卷六《秦始皇本紀》：“子嬰度次得嗣，冠玉冠，佩華紱，車黄屋。”裴駰《集解》引蔡邕曰：“黄屋者，蓋以黄爲裏。”

贊曰：於皇太祖，有命自天。同度宇宙，[1]合量山淵。[2]宋德不紹，[3]神器虚傳。[4]寧亂以武，黜暴資賢。庸發西疆，功興北翰。[5]偏師獨克，孤旅霆斷。[6]援旆東夏，職司静亂。[7]指斧徐方，時惟伐叛。[8]抗威京輦，[9]坐清江漢。[10]文藝在躬，[11]芳塵淵塞。[12]用下以才，鎮民以德。端己雄睟，[13]君臨尊默。[14]苞括四海，[15]大造家國。

[1]同度宇宙：猶曰胸襟同宇宙。度，器度，胸襟。

[2]合量山淵：猶曰器量包山淵。量，器度，器量。

[3]宋德不紹：謂劉宋盛德没有得到繼承。紹，繼承，接續。

[4]神器虚傳：謂宋末皇帝皆不當其位。神器，帝位。

[5]庸發西疆，功興北翰：概言蕭道成平定西疆諸蠻及抗擊北魏的功績。詳見本書卷一《高帝紀上》。庸，功勞。西疆，此處指雍州（治所在今湖北襄陽市）。北翰，即翰海，以其地處北方，故有此稱。按，此處指代北魏。

[6]偏師獨克，孤旅霆斷：此二句言蕭道成元嘉二十九年

（452）領偏軍征仇池，破其武興、蘭皋二壘的功績。詳見本書卷一《高帝紀上》。

［7］援旆（pèi）東夏，職司静亂：此二句言宋明帝初年蕭道成參加平定會稽太守尋陽王子房及江東諸郡叛亂的功績。詳見本書卷一《高帝紀上》。援旆，執旗。東夏，地域名稱。指南朝都城建康以東地區。

［8］指斧徐方，時惟伐叛：此二句言宋明帝初年蕭道成進擊徐州刺史薛安都叛軍的功績。詳見本書卷一《高帝紀上》。指斧，猶曰矛頭所向，即進攻。斧，兵器。徐方，先秦方國，在今江蘇泗洪縣東南。這裏用以指代徐州。

［9］抗威京輦：指元徽二年（474）五月蕭道成指揮臺軍消滅進攻京城的江州刺史桂陽王劉休範率領的叛軍。詳見本書卷一《高帝紀上》。京輦，京城，即建康。

［10］坐清江漢：指宋順帝時蕭道成坐鎮都城指揮軍隊消滅荆州刺史沈攸之所率叛軍。江漢，此處指荆州。“庸發西疆”至“坐清江漢”，此數句皆爲頌揚蕭道成的功績。

［11］文藝在躬：譽蕭道成有文才。本卷前文有“博涉經史，善屬文，工草隸書，弈棋第二品”云云。

［12］芳塵淵塞：猶曰人心所向，衆望所歸。芳塵，美好的風氣、名聲或聲望。《宋書》卷六七《謝靈運傳》史臣曰：“周室既衰，風流彌著，屈平、宋玉導清源於前，賈誼、相如振芳塵於後。”淵塞，篤實深遠。《文選》卷二七漢傅毅《舞賦》：“淵塞沈蕩。”李善注：“毛詩曰：‘其心塞淵。’毛萇曰：‘塞，深也。淵，實也。’”按，淵塞同“塞淵”。

［13］端己：正身，猶曰以身作則。端，正。　雄晬（suì）：英武潤澤。晬，潤澤貌。

［14］君臨尊默：君臨天下，威嚴而寬簡。尊默，尊而少言。喻行政寬簡。

［15］苞：通“包”。

南齊書　卷三

本紀第三

武帝

世祖武皇帝諱賾，[1]字宣遠，[2]太祖長子也。[3]小諱龍兒。生於建康青溪宅，[4]其夜陳孝后、劉昭后同夢龍據屋上，[5]故字上焉。

[1]世祖：南朝齊武帝蕭賾（zé）廟號。　武：蕭賾的謚號。　諱：名諱。

[2]遠：原作"逮"，中華本據南監本、毛本、殿本、局本及《南史》卷四《齊本紀上》改正。今從改。

[3]太祖：南朝齊開國皇帝蕭道成的廟號。本書卷一至卷二有紀。

[4]建康：南朝各代都城，今江蘇南京市。　清溪宅：蕭道成在建康城中的故居。因其鄰近青溪，故曰青溪宅。青溪，三國吴鑿。故道自今江蘇南京市東北紫金山，屈曲西南流，經南京市區入秦淮河。六朝時爲京師漕運要道，五代後逐漸湮廢。據《南史》卷四《齊本紀上》，蕭賾生於宋元嘉十七年（440）六月己未。

[5]陳孝后：蕭賾祖母陳道止。道止卒於宋世。建元元年(479)，蕭道成追尊其父爲宣皇帝，母爲孝皇后。本書卷二〇有傳。　劉昭后：蕭賾的母親劉智容。智容卒於宋世。建元元年，蕭道成追謚其爲昭皇后。本書卷二〇有傳。

初爲尋陽國侍郎，[1]辟州西曹書佐，[2]出爲贛令。[3]江州刺史晋安王子勛反，[4]上不從命，[5]南康相沈肅之縶上於郡獄。[6]族人蕭欣祖、門客桓康等破郡迎出上。[7]肅之率將吏數百人追擊，上與左右拒戰，生獲肅之，斬首百餘級，遂率部曲百餘人舉義兵。[8]始興相殷孚將萬兵赴子勛於尋陽，[9]或勸上擊之，上以衆寡不敵，避屯揭陽山中，[10]聚衆至三千人。子勛遣其將戴凱之爲南康相，及軍主張宗之千餘人助之。[11]上引兵向郡，擊凱之別軍主程超數百人於南康口，又進擊宗之，破斬之，遂圍郡城。凱之以數千人固守，上親率將士盡日攻之，城陷，凱之奔走，殺僞贛令陶冲之。上即據郡城，遣軍主張應期、鄧惠真三千人襲豫章。[12]子勛遣軍主談秀之等七千人，與應期相拒於西昌，[13]築營壘，交戰不能決。聞上將自下，秀之等退散。事平，徵爲尚書庫部郎，[14]征北中兵參軍，[15]西陽縣子，[16]帶南東莞太守，[17]越騎校尉，[18]正員郎，[19]劉韞撫軍長史，[20]襄陽太守。[21]別封贛縣子，邑三百户，固辭不受。轉寧朔將軍、廣興相。[22]

[1]尋陽國：南朝宋孝武帝第六子劉子房封國。尋陽，郡名。治柴桑縣，在今江西九江市西南。　侍郎：王國侍從内官。

［2］辟：官制術語。古代公府及州郡長官自行選用僚屬稱爲辟或辟除。　西曹書佐：州刺史佐吏。掌協助刺史選用屬吏。

［3］贛：縣名。治所在今江西贛州市東北。

［4］江州：州名。治柴桑縣，在今江西九江市西南。　晋安王子勛：宋孝武帝第三子。大明七年（463）改授江州刺史。《宋書》卷八〇有傳。晋安，以郡爲國，治所在今福建福州市。

［5］上：古代稱皇帝爲上，這裏指蕭賾。

［6］南康相：南康郡公之相。掌管理封邑，地位相當太守。南康郡治贛縣，在今江西贛州市東北。　縶（zhí）：拘捕，拘禁。

［7］門客：賓客，南朝世家大族多種依附人口之一。　桓康：本書卷三〇有傳。

［8］部曲：漢代軍隊的編制單位。可引申爲軍隊。時至魏晋南北朝，則演變爲地方豪强和將領的私人軍隊，或兼從事生産及雜役。

［9］始興：郡名。治所在今廣東韶關市東南。　殷孚：陳郡長平人。《宋書》卷五九有附傳。

［10］揭陽山：山名。在今廣東揭陽縣西北。地當閩、粤二省交通要隘。

［11］軍主：南北朝置，爲一軍之主將，其下設有軍副。所統兵力無定員，自數百人至萬人以上不等。在南朝無固定品階，多以將軍領之，最高者爲三品將軍。

［12］豫章：郡名。治南昌縣，在今江西南昌市。

［13］西昌：縣名。治所在今江西泰和縣西。

［14］徵：官制術語。指朝廷下詔聘請爲官。　尚書庫部郎：尚書省諸曹郎之一，隸都官尚書，掌收藏、供給軍器。南朝宋秩六品。

［15］征北中兵參軍：征北將軍軍府僚屬之一，亦作中兵參軍。掌本府中兵曹事務，兼備參謀咨詢。南朝宋秩七品。

［16］西陽：縣名。治所在今湖北黄岡市東。　縣子：爵名。南

北朝時多爲開國縣子省稱，位次縣伯。

［17］帶：官制用語。南北朝時期，一些中央官員兼任地方郡守、縣令，但不理事，主要是爲了取得禄秩，稱帶。這是皇帝的一種恩賜。　南東莞郡：僑郡名。治莒縣，在今江蘇常州市武進區東南。

［18］越騎校尉：南朝宋沿置，爲侍衛武官，不領兵，隸屬中領軍或領軍將軍，用以安置勛舊武臣。秩四品。

［19］正員郎：魏晋南北朝時期編制内的散騎侍郎，係與員外散騎侍郎相對而言。三國魏置，西晋因魏置，東晋罷。南朝復置，員四人，隸集書省。掌文學侍從，諫諍糾劾，收納章奏。南朝宋秩五品。

［20］劉韞：宋宗室。《宋書》卷五一有附傳。　撫軍長史：爲撫軍將軍長史省稱。撫軍將軍，南朝宋秩三品。撫軍長史，爲其軍府募僚長，佐府主統軍政。秩六品。

［21］襄陽：郡名。治襄陽縣，在今湖北襄陽市。

［22］轉：官制用語。指官吏調任與原品秩相同的其他官職，或同職而僅調换任所，無升降之别。　寧朔將軍：南朝時加官、散官性的將軍。南朝宋秩四品。　廣興相：廣興郡公封邑相。廣興，郡名。宋泰豫元年（472）改始興郡置，治曲江縣，在今廣東韶關市西南。

桂陽王休範反，[1]上遣軍襲尋陽，至北嶠，事平，除晋熙王安西諮議，[2]不拜，復還郡。轉司徒右長史、黄門郎。[3]沈攸之在荆楚，[4]宋朝密爲之備，元徽四年，[5]以上爲晋熙王鎮西長史、江夏内史、行郢州事。[6]從帝立，[7]徵晋熙王燮爲撫軍、揚州刺史，[8]以上爲左衛將軍，[9]輔燮俱下。沈攸之事起，未得朝廷處分，上以中流可以待敵，即據盆口城爲戰守之備。[10]太祖聞之，喜曰："此真我子也！"上表求西討，不許，乃遣偏軍援郢。平西將軍黃回等皆受上節度。[11]加上冠軍將軍、持節。[12]昇明二年，[13]事平，轉散騎常侍、都督江州豫州之新蔡晉熙二郡軍事、征虜將軍、江州刺史，[14]持節如故。封聞喜縣侯，[15]邑二千户。其年，徵侍中、領軍將軍。[16]給鼓吹一部。[17]府置佐史。領石頭戍軍事。[18]尋又加持節、督京畿諸軍事。[19]三年，轉散騎常侍、尚書僕射、中軍大將軍、開府儀同三司，[20]進爵爲公，持節、都督、領軍如故。給班劍二十人。[21]

[1]桂陽王休範反：休範，宋文帝第十八子。孝建三年(456)，封順陽王。大明元年（457），改封桂陽王。元徽二年(474）五月壬午，據尋陽舉兵反。《宋書》卷七九有傳。

[2]除：官制用語，即拜官授職。　晉熙王：宋明帝第六子劉燮封號。《宋書》卷七二有附傳。　安西諮議：安西將軍諮議參軍省稱。安西將軍，爲出鎮某一地區的軍事長官，或作爲刺史等地方官員兼理軍政的加官，權任很重。與安東、安南、安北將軍合稱四將軍。諮議參軍，掌參謀軍務。南朝宋秩七品。

[3]司徒右長史：與司徒左長史並爲司徒府僚屬之長，佐司徒總管府内諸曹，位次左長史。南朝宋秩六品。　黃門郎：黃門侍郎或給事黃門侍郎省稱，魏晉南北朝置爲侍中省或門下省次官。與侍中俱掌門下衆事，職掌略同，地位隨皇帝旨意或侍中地位而上下。南朝宋秩五品。

[4]沈攸之：南朝宋吴興武康人。官至鎮西將軍、荆州刺史。《宋書》卷七四有傳。

[5]元徽：南朝宋後廢帝年號。

[6]鎮西長史：鎮西將軍長史省稱。鎮西將軍，南朝宋沿置，

與鎮東、鎮南、鎮北將軍合稱四鎮將軍。秩三品。如爲持節都督，則進爲秩二品。鎮西長史，爲其軍府幕僚長，掌佐府主統軍政。　江夏：郡名。治夏口城，在今湖北武漢市武昌區。　内史：王國行政長官，職如太守。南朝宋秩五品。按，由於晋熙王劉燮在夏口，故江夏太守稱内史，非另有江夏王國也。　行郢州事：兼攝郢州刺史職務。郢州，州名。治江夏郡夏口城。

[7]從帝：南朝宋順帝劉準。蕭子顯修史避梁武帝父蕭順之名諱，改順爲從。中華本校勘記云："各本作'順帝'。按錢大昕《廿二史考異》云，梁武帝父名順之，故子顯修史，多易爲'從'字，宋順帝亦作'從帝'，作'順帝'者，蓋後人所改。"

[8]揚州：州名。治丹陽尹建康縣，在今江蘇南京市。

[9]左衛將軍：禁衛軍統帥之一，掌宿衛營兵。與領軍、護軍、右衛、驍騎、游擊將軍合稱六軍將軍。南朝宋秩四品。

[10]盆口城：城名。又作湓口城或湓城，在今江西九江市。

[11]平西將軍：多持節都督或監某一地區，有時亦作爲刺史等地方官員兼理軍務的加官。與平東、平南、平北將軍合稱四平將軍。南朝宋秩三品。　黄回：竟陵郡人。《宋書》卷八三有傳。

[12]冠軍將軍：南北朝置爲將軍名號。南朝宋秩三品。　持節：魏晋以後，軍事長官出征或出鎮時，加持節即可殺無官位之人，在軍事行動中享有誅殺二千石以下官員的權力。節，皇帝授予的節杖。

[13]昇明：南朝宋順帝劉準年號。

[14]散騎常侍：南朝復置，隸集書省。掌文學侍從，諫諍糾劾，收納章奏。南朝宋秩五品。　都督：南北朝沿置，地方軍政長官，稱都督諸州軍事，領駐在地州刺史，兼理民政，多帶將軍名號，無固定品級，分使持節、持節、假節三種，權力各有不同。　豫州：僑州名。治南梁郡睢陽縣，在今安徽壽縣。　新蔡：僑郡名。治所在今河南固始縣東北。　征虜將軍：武官名號。南朝宋秩三品。

［15］聞喜：僑縣名。治所在湖北松滋市西北。　縣侯：爵名。即開國縣侯。南朝宋秩三品。

［16］侍中：南朝宋沿置，掌奏事，侍從皇帝左右，應對獻替。法駕出，則正直一人負璽陪乘。殿内門下衆事皆掌之。秩三品。或加予宰相、尚書等高級官吏，便於出入禁中，議決政事。　領軍將軍：南朝宋沿置，掌禁衛軍及京都諸軍。秩三品。

［17］鼓吹：備有鼓鉦簫笳樂器的樂隊，用於大駕出游行軍。古代以賜功臣勛將。

［18］石頭戍：戍所名。南朝京師軍事要地。故址在今江蘇南京市西境清凉山。

［19］京畿：國都所在地及其行政官署所管地區。

［20］尚書僕射（yè）：尚書省次官。輔佐尚書令執行政務，參議大政，諫諍得失，監察糾彈百官。南朝尚書令爲宰相之任，不親庶務，尚書省日常事務常由僕射主持。南朝宋秩三品。按，此“尚書僕射”，《宋書》卷一〇《順帝紀》、《南史》卷四《齊本紀上》、《通鑑》卷一三五《齊紀一》“武帝永明元年”條同，而《建康實録》卷一四作“尚書左僕射”。　中軍大將軍：南朝宋沿置。不開府者秩二品，開府者，進爲秩一品。　開府儀同三司：三國魏始置，意謂與三司即太尉、司徒、司空禮制、待遇相同，許開設府署，自辟僚屬。兩晉南北朝因之。

［21］班劍：本指飾有花紋的劍。漢制，朝服帶劍。晉朝代之以木，謂之班劍。因其爲虎賁所持，故自晋以後成爲隨身侍衛的代稱，且成爲皇帝對功臣的一種恩賜，可隨身進入宫殿，亦作爲喪禮中的儀仗。晋朝得賜班劍者，自驃騎、車騎將軍至侍中、尚書令、中書監、三公等，南朝宋、齊因之，梁朝衹賜給少數權臣。班，通“斑”。

齊國建，[1]爲齊公世子，[2]改加侍中、南豫州刺史，[3]給油絡車，[4]羽葆鼓吹，[5]增班劍爲四十人。[6]以石頭爲世子宫，官置二率以下，[7]坊省服章，[8]一如東宫。[9]進爵王太子。[10]太祖即位，爲皇太子。

［1］齊國建：指昇明三年（479）三月甲辰，宋帝封蕭道成十郡爲齊公，位在諸侯王上。詳見本書卷一《高帝紀上》。

［2］世子：王和諸侯的正妻所生的長子。

［3］南豫州：僑州名。治所在今安徽和縣。

［4］油絡：古代車上懸垂的絲質繩網。因其光亮油滑，故名。

［5］羽葆：儀杖名，以鳥羽爲飾者。《禮記·雜記下》："匠人執羽葆御柩。"孔穎達疏："羽葆者，以鳥羽注於柄頭，如蓋，謂之羽葆。葆，謂蓋也。"《漢書》卷七六《韓延壽傳》："建幢棨，植羽葆。"顔師古注："羽葆，聚翟尾爲之，亦今纛之類也。"南朝、隋、唐時，諸王大臣有功者，加羽葆。

［6］四十人：《南史》卷四《齊本紀上》、《通志》卷一二《南齊紀》皆作"三十人"。

［7］二率：此處爲太子左衛率和太子右衛率省稱。東晉、南朝皆置，領禁衛營兵，掌宿衛東宫，亦任征伐，地位頗重。左率，宋七員，秩五品。右率，宋二員，秩五品。

［8］坊省：官署。　服章：指表示官吏身份品秩的服飾。

［9］東宫：此指皇太子所居之宫。

［10］進爵王太子：宋昇明三年（479）四月癸酉，宋帝詔進齊公蕭道成爵爲王。蕭賾遂進爵王太子。詳見本書卷一《高帝紀上》。

建元四年三月壬戌，[1]太祖崩，上即位，大赦。征鎮州郡令長軍屯營部，各行喪三日，不得擅離任，都邑城守防備幢隊，[2]一不得還。乙丑，稱先帝遺詔，以司徒褚淵録尚書事，[3]尚書左僕射王儉爲尚書令，[4]車騎將軍張敬兒爲開府儀同三司。[5]詔曰："喪禮雖有定制，先旨每存簡約，[6]内官可三日一還臨，[7]外官間一日還臨。[8]後有大喪皆如之。"丁卯，以右衛將軍吕安國爲司州刺史。[9]庚午，以司空豫章王嶷爲太尉。[10]癸酉，詔曰："城直之制，[11]歷代宜同，頃歲逋弛，[12]遂以萬計。雖在憲宜懲，而原心可亮。[13]積年逋城，可悉原蕩。[14]自兹以後，申明舊科，有違糾裁。"庚辰，詔曰："比歲未稔，[15]貧窮不少，京師二岸，[16]多有其弊。[17]遣中書舍人優量賑卹。"[18]

[1]建元：南朝齊高帝年號。

[2]防備：防禦設施。　幢隊：行軍時舉旗先導的隊伍。

[3]褚淵：本書卷二三有傳。　録尚書事：初爲職銜名，始於東漢。當時政令、政務總於尚書臺，太傅、太尉、大將軍等加此名義始得總知國事，綜理政務，成爲真宰相。魏晋南北朝多以公卿權重者居之，位在三公上。南齊始有單拜，成爲正式官號。

[4]尚書左僕射：南朝時置尚書僕射爲尚書省次官，若無僕射，或並置左、右僕射，左僕射位居右僕射上，有時單置左或右僕射，輔助尚書令執行政務。南朝尚書令爲宰相之任，位尊權重，不親庶務。尚書省日常政務常由僕射主持，諸曹奏事由左、右僕射聯署。左僕射又領殿中、主客二郎曹。宋三品，齊品不詳。　王儉：本書卷二三有傳。　尚書令：兩晋南朝宋爲尚書省長官，綜理全國政務，參議大政，實權有如宰相，如録尚書事缺，則兼有宰相之名義。南齊録尚書事定爲官號，令爲其副貳。秩三品。

[5]車騎將軍：魏晋南北朝沿置，位次驃騎將軍，在諸名號將軍上，多作爲軍府名號，以加授大臣及重要州郡長官，無具體職

掌。魏、晋、宋皆秩二品。齊品不詳。　張敬兒：本書卷二五有傳。

［6］先旨：指齊高帝旨意。

［7］内官：指皇帝近侍之臣，或稱中官。

［8］外官閒一日還臨：中華本校勘記云："上云'三日一還臨'，下當云'閒日一還臨'，'一日'二字訛倒，《南史》不訛。"外官，侍衛臣僚以外官員的通稱。

［9］右衛將軍：南朝沿置。禁衛軍主要統帥之一，權任很重，多由皇帝親信之人擔任。南朝宋、齊皆秩四品。　吕安國：本書卷二九有傳。　司州：僑州名。治所在今河南信陽市。

［10］司空：魏晋南北朝爲名譽宰相，多爲大臣加官，雖位居秩一品，而無實際職掌。　豫章王嶷：齊高帝第二子蕭嶷。本書卷二二有傳。　太尉：魏晋南北朝列三公之首，爲名譽宰相，多爲大臣加官，雖位居秩一品，而無實際職掌。

［11］城直：修築城墻的勞役。

［12］頃歲：近年。　逋弛：逃逸。弛，同"弛"。

［13］原心：追究初意。《漢書》卷八三《薛宣傳》："《春秋》之義，原心定罪。"顔師古注："原謂尋其本也。"　亮：諒解，原諒。

［14］積年逋城，可悉原蕩：逋城，逋城錢的省文。指官吏因遷官應交而拖欠未交的修城錢。《南史》卷四《齊本紀上》："（建元四年三月）癸酉，詔免逋城錢，自今以後，申明舊制。初，晋、宋舊制，受官二十日，輒送修城錢二千。宋泰始初，軍役大起，受官者萬計，兵戎機急，事有未遑，自是令僕以下，並不輸送。二十年中，大限不可勝計，文符督切，擾亂在所。至是除蕩，百姓悦焉。"

［15］比歲：連年。

［16］京師二岸：指京師所在的秦淮河南北兩岸。

［17］多有其弊：中華本校勘記云："'有'南監本、局本作'離'。按《元龜》一百九十五作'有'。"

［18］中書舍人：中書通事舍人省稱。南齊諸帝皆非出身高門，遂引用没有社會地位和聲望的寒士、細人等親信爲舍人，入直禁中。南齊至陳，自成舍人省，名義隸屬中書省，實際上直接聽命於皇帝。專掌草擬、發布詔令，及受理文書章奏，監督指導尚書省及諸中央、地方政府機構施行政務。南朝宋員四，秩七品。齊無員，品不詳。

夏四月丙午，以輔國將軍張倪爲兗州刺史。[1]辛卯，追尊穆妃爲皇后。[2]

［1］輔國將軍：將軍名號。南朝宋秩三品，齊不詳。　兗州：僑州名。即北兗州，治所在今江蘇淮陰市西南甘羅城。

［2］穆妃：齊武帝皇后裴惠昭。建元元年（479），爲皇太子妃。三年，薨，謚穆妃。本書卷二〇有傳。按，此段日序誤。牛繼清《十七史疑年録》："四月乙酉朔，丙午二十二日，不得在辛卯（初七日）之前。'辛卯'《南史》卷四《齊本紀上》、《資治通鑑》卷一百三十五《齊紀一》均同。疑'丙午'爲'丙戌'之訛，丙戌初二日，合序。"（黄山書社2007年版，第92頁）

五月乙丑，以丹陽尹聞喜公子良爲南徐州刺史。[1]甲戌，以新除左衛將軍垣崇祖爲豫州刺史。[2]癸未，詔曰："頃水雨頻降，潮流荐滿，[3]二岸居民，多所淹漬。遣中書舍人與兩縣官長優量賑卹。"[4]

［1］丹陽尹聞喜公子良：子良，齊武帝第二子。高帝封爲聞喜縣公，官丹陽尹。本書卷四〇有傳。丹陽，郡名。治所在今江蘇南京市。按，漢代都城所在郡行政長官始稱尹，以示其地位特殊，不

同一般郡太守。聞喜公即聞喜縣公省稱。縣公，爵名。開國縣公省稱。　南徐州：僑州名。治所在今江蘇鎮江市。

[2]新除：官制用語。凡授官未拜，但稱新除。參見朱季海《南齊書校議》（以下簡稱朱季海《校議》），中華書局1984年版，第4—5頁。　垣崇祖：本書卷二五有傳。　豫州：僑州名。治所在今安徽壽縣。

[3]荐滿：多次溢出。荐，即“薦”，表示程度，相當於“一再”“屢次”。

[4]兩縣：指都城秦淮河北岸的建康縣及其南岸的秣陵縣。

六月甲申，[1]立皇太子長懋。[2]詔申壬戌赦恩百日。[3]乙酉，以鄱陽王鏘爲雍州刺史，[4]臨汝公子卿爲郢州刺史。[5]甲午，以寧朔將軍臧靈智爲越州刺史。[6]丙申，立皇太子妃王氏。[7]進封聞喜公子良爲竟陵王，[8]臨汝公子卿爲廬陵王，[9]應城公子敬爲安陸王，[10]江陵公子懋爲晋安王，[11]枝江公子隆爲隨郡王，[12]皇子子真爲建安王，[13]皇孫昭業爲南郡王。[14]戊戌，詔曰：“水潦爲患，星緯乖序。[15]京都囚繫，[16]可剋日訊決；諸遠獄委刺史以時察判。[17]建康、秣陵二縣貧民加賑賜，必令周悉。吴興、義興遭水縣，[18]蠲除租調。”[19]癸卯，以司徒褚淵爲司空、驃騎將軍。

[1]六月甲申：各本同。《南史》卷四《齊本紀上》、《通鑑》卷一三五《齊紀一》作“六月甲申朔”。《二十史朔閏表》以六月甲申爲朔日。疑底本“六月甲申”後奪“朔”字。

[2]長懋（mào）：齊武帝長子。本書卷二一有傳。

[3]壬戌赦恩：建元四年（482）三月壬戌日太祖崩武帝即位

之大赦。參見朱銘盤《刑・大赦》,《南朝齊會要》,上海古籍出版社 1984 年版,第 506—507 頁。

[4]鄱陽王鏘:鏘,齊高帝第七子。建元元年(479)封鄱陽王。本書卷三五有傳。鄱陽,郡名。治所在今江西鄱陽縣。 雍州:僑州名。治所在今湖北襄陽市。

[5]臨汝公子卿:子卿,齊武帝第三子。建元元年(479),封臨汝縣公。本書卷四〇有傳。臨汝,僑縣名。治所確址無考,當在今河南潢川縣及其周邊一帶。參見胡阿祥《宋書州郡志彙釋》,安徽教育出版社 2006 年版,第 97 頁。按,《宋書・州郡志二》南豫州汝南太守尚領有此縣,而本書《州郡志上》僑置的豫州無汝南郡。蓋齊初此縣尚存,後並省。

[6]越州:州名。治所在今廣西合浦縣舊州東。

[7]王氏:名寶明。其子昭業即位,尊爲皇太后,稱宣德宫。本書卷二〇有傳。

[8]竟陵:郡名。治所在今湖北鍾祥市。

[9]廬陵:郡名。治所在今江西吉水縣東北。

[10]應城公子敬:子敬,齊武帝第五子。高帝封爲應城縣公。本書卷四〇有傳。應城,縣名。治所在今湖北應城市。 安陸:郡名。治所在今湖北安陸市。

[11]江陵公子懋:子懋,齊武帝第七子。高帝封爲江陵縣公。本書卷四〇有傳。江陵,縣名。治所在今湖北荆州市荆州區。

[12]枝江公子隆:子隆,齊武帝第八子。高帝封爲枝江縣公。本書卷四〇有傳。枝江,縣名。治所在今湖北枝江市西南。 隨郡:郡名。治所在今湖北隨州市。

[13]子真:齊武帝第九子。本書卷四〇有傳。 建安:郡名。治所在今福建建甌市。

[14]昭業:鬱林王蕭昭業,皇太子長懋長子。本書卷四有紀。 南郡:郡名。治所在今湖北荆州市荆州區。

[15]星緯乖序:猶曰星象失序。星,指經星,與緯星相對而

言。舊稱二十八宿等恒星爲經星。因其相對位置不變，猶經之於緯，故稱。緯，指緯星，古稱行星爲緯星。《史記·天官書》："水、火、金、木、填星，此五星者，天之五佐，爲緯。"

[16]囚繫：罪犯。

[17]判：原作"刺"，中華本據南監本、毛本、殿本、局本及《南史》卷四《齊本紀上》、《册府元龜》卷一九二改正。今從改。

[18]吴興：郡名。治所在今浙江湖州市。　義興：郡名。治所在今江蘇宜興市。

[19]蠲（juān）除：免除。　租調：原指田租户調，即國家向農民按田畝徵收的穀物和按户徵收的紡織品。此處泛指農業税。

秋七月庚申，以衛尉蕭順之爲豫州刺史。[1]壬戌，以冠軍將軍垣榮祖爲青、冀二州刺史。[2]

[1]衛尉蕭順之：蕭順之，齊高帝族弟，梁武帝之父。齊佐命功臣。梁朝建，追尊爲文皇帝，廟號太祖。詳見《梁書》卷一《武帝紀上》、卷二《武帝紀中》。衛尉，齊諸卿之一，掌宫門屯兵。秩三品。

[2]垣榮祖：本書卷二八有傳。　青、冀二州：僑置的雙頭州名。治所在今江蘇連雲港市東雲臺山一帶。按，此處青冀二州刺史上的"爲"字，榮祖本傳作"督。"

八月癸卯，司徒褚淵薨。[1]

[1]八月癸卯，司徒褚淵薨：中華本校勘記云："按是年已改授褚淵爲司空，則此當云'司空褚淵薨'。《通鑑考異》云：'四年六月癸卯，以司徒褚淵爲司空。八月癸卯，司徒褚淵薨。《淵傳》，三年爲司徒，又固讓。四年寢疾遜位，改授司空。及薨，詔曰司徒

奄至薨逝。紀傳前後各不相顧。'又按《褚淵傳》載《贈謚褚淵詔》稱'故侍中司徒録尚書事新除司空領驃騎將軍南康公淵',叙淵前後官位,此爲詳正。"今按,中華本校勘記稱《贈謚褚淵詔》叙淵前後官位詳正,是。然其猶稱"此當云'司空褚淵薨'",非是。此乃校勘者不解"新除"之義所致。朱季海《校議》於"新除"之義,考之甚確。稱"凡授官未拜,但稱新除"。此則是褚淵因爲寢疾固請遜位,齊帝雖已改授其爲司空,然因其尋薨而未及拜,故此仍稱司徒。(第4—5頁)又按,司徒、司空雖皆爲三公,然司徒位在司空上。

九月丁巳,以國哀故,罷國子學。[1]己巳,以前軍將軍姜伯起爲秦州刺史。[2]辛未,以征南將軍王僧虔爲左光禄大夫、開府儀同三司,[3]尚書右僕射王奂爲湘州刺史。[4]

[1]國子學:亦稱國學,國立儒學最高學府。齊高帝建元四年(482)立。置國子祭酒一人,博士二人,助教十人。其下典學、户曹、儀曹各二人。白簿治禮吏八人。保學醫、威儀各二人。至是罷。武帝永明三年(485)復立。

[2]前將軍:將軍名號。南朝宋秩三品,齊不詳。　秦州:僑州名。治所在今陝西漢中市東。

[3]征南將軍王僧虔:王僧虔,齊高帝建元二年(480)冬,遷持節、都督湘州諸軍事、征南將軍、湘州刺史。本書卷三三有傳。征南將軍,南朝時地位顯要。與征東、征西、征北將軍合稱四征將軍。南朝宋秩三品,若爲持節都督則進爲秩二品。齊不詳。　左光禄大夫:南朝沿置,屬光禄勛。養老疾,無職事。

[4]尚書右僕射王奂:王奂,本書卷四九有傳。傳云:"世祖即位,徵右僕射。"故知授王奂尚書右僕射當在武帝即位之初。尚

書右僕射，南朝時置尚書僕射爲尚書省次官，若無僕射，或並置左、右僕射，右僕射位次左僕射，或單置左或右僕射，輔助尚書令執行政務。南朝尚書令爲宰相之任，不親庶務。尚書省日常政務常由僕射主持，諸曹奏事由左、右僕射聯署。右僕射與祠部尚書通職，不並置，置則領祠部、儀曹二郎曹。南朝宋秩三品，齊不詳。　湘州：州名。治所在今湖南長沙市。

冬十二月己丑，詔曰："緣淮戍將，久處邊勞，三元行始，[1]宜沾恩慶。可遣中書舍人宣旨臨會。[2]後每歲皆如之。"庚子，以太子左衛率戴僧静爲徐州刺史。[3]

[1]三元：元旦，農曆正月初一。以其爲年、時、月三者之始，故稱"三元"。《初學記》卷四《歲時部下·元日第一》載隋杜臺卿《玉燭寶典》曰："正月爲端月，其一日爲元日，亦云上日，亦云正朝，亦云三元。"注："歲之元，時之元，月之元。"

[2]臨會：謂參加當地的元旦聚會慶典。

[3]太子左衛率戴僧静：戴僧静，高帝建元二年（480），遷驍騎將軍，加員外常侍，轉太子左衛率。本書卷三〇有傳。太子左衛率，掌宿衛東宫。南朝齊一員，秩五品。　徐州：僑州名。即北徐州，治所在今安徽鳳陽縣東北臨淮鎮。

永明元年春正月辛亥，[1]車駕祠南郊，[2]大赦，改元。壬子，詔内外群僚各舉朕違，肆心規諫。[3]又詔王公卿士，各舉所知，隨方登叙。[4]詔曰："經邦之寄，[5]寔資莅民，[6]守宰禄俸，[7]蓋有恒准。往以邊虞告警，[8]故沿時損益，今區寓寧晏，[9]庶績咸熙，[10]念勤簡能，[11]宜加優奬。郡縣丞尉，可還田秩。"[12]太尉豫章王嶷領太子太傅，[13]護軍將軍長沙王晃爲南徐州刺史，[14]鎮北將軍竟陵王子良爲南兖州刺史。[15]庚申，以侍中蕭景先爲中領軍。[16]壬戌，立皇弟鋭爲南平王，[17]鏗爲宜都王，[18]皇子子明爲武昌王，[19]子罕爲南海王。[20]甲子，爲築青溪舊宫，[21]詔槊仗瞻履。[22]

[1]永明：南朝齊武帝年號。

[2]車駕：此處作皇帝的代稱。《漢書》卷一下《高帝紀下》："車駕西都長安。"顔師古注："凡言車駕者，謂天子乘車而行，不敢指斥也。"　祠南郊：都邑之外稱郊。周天子於冬至日祭天於南郊。南朝皇帝南郊祭天不限於冬至，此則爲改元而祭天。

[3]肆心：用心，盡心。

[4]隨方：依據才幹不同。方，品類，類别。《禮記·緇衣》："故君子之朋友有鄉，其惡有方。"鄭玄注："鄉、方，喻輩類也。"　登叙：指官吏的升遷和銓叙。

[5]經邦：治理國家。

[6]寔：通"實"。　莅民：此處泛指地方官。莅，臨也。

[7]守宰：泛指地方官。

[8]邊虞：邊地掌管山澤之官，此處泛指邊疆官吏。按，邊虞，《南史》卷四《齊本紀上》作"邊虜"。

[9]區寓：疆土，境域。寓，同"宇"。

[10]庶績咸熙：語出《尚書·堯典》："允釐百工，庶績咸熙。"猶曰各種事業興盛發達。

[11]念：思念，亦可引申爲愛憐。　簡：選拔。

[12]田秩：按官職品級授給官吏土地，土地上的收獲物作爲俸禄的一部分，稱爲田秩。土地隨官吏變遷輪轉。按，南朝時期此制不詳。

[13]領：官制用語。兼領，暫代。此爲已有實授之職，又兼任

較低職務而不居其位。 太子太傅：與太子少傅並稱太子二傅。掌輔導太子。南朝宋秩三品，齊不詳。

[14]護軍將軍長沙王晃：護軍將軍，掌督護京師以外諸軍，權任頗重。南朝宋秩三品，齊不詳。長沙，郡名。治所在今湖南長沙市。晃，齊高帝第四子。建元元年（479），封長沙王。本書卷三五有傳。

[15]鎮北將軍：多爲持節都督，出鎮方面。南朝宋秩三品，如爲持節都督則進爲秩二品，齊不詳。

[16]蕭景先：齊高帝從子。本書卷三八有傳。 中領軍：南朝掌京師駐軍及禁軍。與領軍將軍通職，資重者爲領軍將軍，資輕者爲中領軍。南朝宋秩三品，齊不詳。

[17]皇弟鋭：蕭鋭，齊高帝第十五子。本書卷三五有傳。 南平：郡名。治所在今湖北公安縣西。

[18]鏗：蕭鏗，齊高帝第十六子。本書卷三五有傳。 宜都：郡名。治所在今湖北枝江市。

[19]皇子子明：齊武帝第十子蕭子明。永明三年（485），失國璽，改封西陽王。本書卷四〇有傳。 武昌：郡名。治所在今湖北鄂州市。

[20]子罕：蕭子罕，齊武帝第十一子。本書卷四〇有傳。 南海：郡名。治所在今廣東廣州市。

[21]青溪舊宮：齊高帝微時在都城建康的舊宅。齊朝建，稱“青溪宮”。因其地近青溪，故名。青溪，三國吴鑿。故道自江蘇南京市東北紫金山，屈曲西南流，經南京市區入秦淮河。

[22]棨仗瞻履：儀仗隊隨同踏勘、瞻望。棨仗，出行所用儀仗，代指儀仗隊。履，踏勘。

二月辛巳，[1]以征虜將軍楊炅爲沙州刺史。[2]辛丑，以隴西公宕昌王梁彌機爲河、凉二州刺史，[3]東羌王像舒彭爲西涼州刺史。[4]

[1]二月辛巳：丁福林《南齊書校議》（以下簡稱丁福林《校議》）云："《通鑑》卷一百三十五同。《南史·齊本紀上》作'二月庚寅'。考永明元年二月庚辰朔，辛巳爲月初二日，庚寅爲月之十一日，與下文所出'辛丑'，爲二十二日，皆爲相合，則二者之間未知孰是。"（中華書局2010年版，第24頁）今按，此種情況當以信從本書爲宜。

[2]征虜將軍：將軍名號。南朝宋三品，齊不詳。　楊炅(jiǒng)：氐族首領。事詳本書卷五九《氐傳》。　沙州：州名。治所在今青海貴德、貴南一帶。因其地西有黄沙，不生草木，因以爲號。

[3]隴西：郡名。治所在今甘肅隴西縣東南。按，當時此郡已廢，此曰"隴西公"，姑以爲名號而已。　宕（dàng）昌：古國名。都城在今甘肅宕昌縣西南。按，古宕昌城在原隴西郡境内。　梁彌機：羌族首領。事詳本書卷五九《羌傳》。　河、涼：皆州名。河州，治所在今甘肅臨夏市西南。涼州，治所在今甘肅武威市。"涼"原作"源"，今據中華本及朱季海、丁福林《校議》改正。

[4]羌：古族名。主要分布在今甘肅、青海、四川一帶。　像舒彭：羌族首領。事詳本書卷五九《羌傳》。　西涼州：州名。治所在今甘肅張掖市西北。

三月癸丑，詔曰："宋德將季，[1]風軌陵遲，[2]列宰庶邦，[3]彌失其序，遷謝遄速，[4]公私凋弊。[5]泰運初基，[6]草昧惟始，[7]思述先範，[8]永隆治根，[9]莅民之職，一以小滿爲限。[10]其有聲績剋舉，[11]厚加甄異；[12]理務無庸，[13]隨時代黜。"[14]丙辰，詔曰："朕自丁荼毒，[15]

奄便周忌，[16]瞻言負荷，[17]若墜淵壑。而遠圖尚蔽，政刑未理，星緯失序，陰陽愆度。[18]思播先澤，[19]兼酬天眚，[20]可申辛亥赦恩五十日，[21]以期訖爲始。[22]京師囚繫，[23]悉皆原宥。[24]三署軍徒，優量降遣。[25]都邑鰥寡尤貧，[26]詳加賑卹。”戊寅，詔“四方見囚，罪無輕重，及劫賊餘口長徒敕繫，[27]悉原赦。逋負督贓，[28]建元四年三月以前，皆特除”。

[1]將季：末年。

[2]風軌：風紀、軌範。　陵遲：衰落。

[3]列宰：衆官吏。　庶邦：諸封國。

[4]遷謝：遷官及謝任。　遄（chuán）速：往來頻繁而疾速。《說文》：“遄，往來數也。”

[5]凋弊：衰落，衰敗。

[6]泰運初基：指齊朝初建。泰運，吉祥的氣數。

[7]草昧：草創，初創。

[8]述：遵循。　先範：前代的規範。

[9]治根：治國理政的根本。

[10]小滿：官制用語。南朝地方長官的任期以三年爲限，稱小滿。《南史》卷七七《恩倖傳》：“晋、宋舊制，宰人之官，以六年爲限。近世以六年過久，又以三周爲期，謂之小滿。”

[11]聲績剋舉：猶言名聲和政績皆優。

[12]甄異：察别非常的人和事。

[13]庸：功勞。

[14]代黜：罷免。代，更替。

[15]丁：遭遇。　荼毒：毒害，殘害。丁荼毒，猶言丁憂或丁艱，指其遭遇父喪之痛苦。

[16]奄便周忌：齊高帝於建元四年（482）三月壬戌崩，至永

明元年（483）三月已一周年。奄，忽然，匆匆。周忌，周年忌日。

[17]瞻言負荷：承載着高瞻遠矚者的期望。瞻言，有遠見的言論。《詩・大雅・桑柔》："維此聖人，瞻言百里。"鄭玄箋："聖人所視而言者百里，言見事遠而王不用。"一説，瞻，明見；言，助詞，無義。見高亨《詩經今注》（上海古籍出版社 1980 年版，第 443 頁）。負荷，承擔，承載。

[18]陰陽愆（qiān）度：猶言陰陽失調。愆，過錯。

[19]先澤：前輩的功業德澤。

[20]天眚（shěng）：天降之灾。古代天人感應之説，以爲地震、風雷、星變、日蝕等，都是上天垂戒，而看作灾異。

[21]辛亥赦恩：永明元年（483）春正月辛亥日大赦之制。

[22]期（jī）：周期，此處指一周年。

[23]囚繫：在押罪犯。

[24]原宥：諒情而寬赦其罪。

[25]降遣：恩賜遣放。

[26]鰥（guān）寡：老年無偶的男女。老而無妻曰鰥，無夫曰寡。

[27]長徒：長期服勞役的刑徒。　敕繫：皇帝詔命拘禁的人。敕，自上命下之詞。漢世凡尊長或官長告誡子孫或僚屬，皆稱敕。南北朝以後專指皇帝詔命。

[28]逋負：拖欠的賦税。　督贓：督責應繳納的贓物。

夏四月壬午，詔曰："魏矜袁紹，恩洽丘墓，[1]晉亮兩王，榮覃餘裔。[2]二代弘義，前載美談。袁粲、劉秉與先朝同獎宋室，[3]沈攸之於景和之世，特有迺心，[4]雖末節不終，而始誠可録。歲月彌往，宜特優降。[5]粲、秉前年改葬塋兆，[6]未修材槨，[7]可爲經理，令粗足周禮。攸之及其諸子喪柩在西者，可符荊州送反舊墓，[8]

在所爲營葬事。”

［1］魏矜袁紹，恩洽丘墓：《三國志》卷一《魏書·武帝紀》：建安九年（204）八月，曹操攻占鄴城後，“臨祀紹墓，哭之流涕。慰勞紹妻，還其家人寶物，賜雜繒絮，廩食之”。

［2］晉亮兩王，榮覃（tán）餘裔：亮，原諒。兩王，指曹魏太尉王凌和尚書王經。榮覃，榮寵澤被。覃，蔓延，延及。裔，後代。按，魏自高平陵事變後，司馬懿專制朝政。王凌與兖州刺史令孤愚密謀，以爲魏帝齊王芳“不任天位，楚王彪長而才，欲迎立彪都許昌”。嘉平三年（251）四月，事泄，司馬懿興師問罪，王凌自殺，“諸相連者皆夷三族”。泰始元年（265），晉武帝詔：“昔王凌謀廢齊王，而王竟不足以守位……今大赦其家，還使立後。”見《三國志》卷二八《魏書·王凌傳》、《晉書》卷三《武帝紀》。又按，魏末司馬氏專制益甚。甘露五年（260）五月，魏帝高貴鄉公髦召侍中王沈、尚書王經、散騎常侍王業謀“出討”之計。王沈、王業迅即向司馬昭告密，而王經守志不移。曹髦被司馬昭黨羽刺殺後，王經亦被收治處死。泰始元年（265），晉武帝詔：“故尚書王經，雖身陷法辟，然守志可嘉。門户堙滅，意常愍之，其賜經孫郎中。”見《三國志》卷四《魏書·三少帝紀》注引《漢晋春秋》、卷九《魏書·夏侯尚傳》附《王經傳》注引《漢晋春秋》。

［3］袁粲：南朝宋陳郡陽夏人，亦名愍孫，字景倩。宋末大臣。元徽中，與蕭道成、褚淵、劉秉並稱“四貴”。昇明元年（477）十二月，袁粲知蕭道成將謀“禪讓”，遂據石頭起兵討伐，兵敗被殺。《宋書》卷八九有傳。　劉秉：宋宗室。當宋、齊禪代之際，秉黨袁粲，亦因起兵被殺。《宋書》卷五一有附傳。　先朝：指齊高帝蕭道成。　獎：輔助。

［4］沈攸之於景和之世，特有廼（nǎi）心：景和，宋前廢帝年號。廼，即“乃”，相當於“此”或“這”。按，本書卷一《高帝

紀上》："初，荆州刺史沈攸之與太祖於景和世同直殿省，申以歡好，以長女義興公主妻攸之第三子元和。"

[5]宜特優降：中華本校勘記云："《宋書·袁粲傳》作'宜沾優隆'，《南史·粲傳》同。"朱季海《校議》云："季海按降如降宥之降。録其始誠，故特優降，或許修材櫬，或營葬舊墓，如此而已。三人並志在傾齊，爲齊所誅，安得云'宜沾優隆'也。《宋書》《南史》之文，若非後人所改，即休文所書，延壽所據，爲袁粲之故，曲改詔文耳。《王智深傳》：'世祖使太子家令沈約撰《宋書》，擬立《袁粲傳》，以審世祖。世祖曰："袁粲自是宋家忠臣。"'又，'初，智深爲司徒袁粲所接，及撰《宋紀》，意常依依。'是休文於粲，不爲無意，下筆依依，恐不獨智深一人而已也。然子顯所録，近得其真。"（第5—6頁）丁福林《校議》云："觀詔文以下'令粗足周禮'之語，與'宜特優降'正相合，朱議是也。"（第25頁）

[6]塋（yíng）兆：墓地。

[7]材櫬：泛指棺材。

[8]符：向下屬發出命令或通知。

五月丁酉，車騎將軍張敬兒伏誅。[1]

[1]五月丁酉，車騎將軍張敬兒伏誅：丁福林《校議》云："'五月丁酉'，《南史·齊本紀上》同。考永明元年五月己酉朔，無丁酉日，則此與《南史》所記皆誤。又考之《通鑑》卷一百三十五記永明元年'閏月癸丑，魏主後宫平凉林氏生子恂……五月戊寅朔，魏主如武州山石窟佛寺……丁酉，殺敬兒並其四子。'《魏書·高祖紀上》：'（太和七年）閏月癸丑，皇子生，大赦天下。五月戊寅朔，幸武州山石窟佛寺。'據陳垣《二十史朔閏表》，自宋文帝元嘉二十二年（445）宋改用元嘉曆，而魏則仍用景初曆不變，

故自元嘉二十二年始，南北雙方置閏有别，永明元年（即魏太和七年）齊閏五月，而魏閏四月，亦即魏之閏四月即齊之五月，魏之五月即齊之閏五月。《通鑑》於此誤據魏之景初曆而書，故曰‘五月戊寅朔’，並記張敬兒被殺在是月丁酉。而其實張敬兒之被殺乃在齊之閏五月。考齊永明元年閏五月戊寅朔，丁酉爲月之二十日。即此之‘五月丁酉’前佚一‘閏’字，應益。”（第25—26頁）按，丁議是。又按，車騎將軍，魏晋南北朝沿置，位次驃騎將軍，在諸名號大將軍上，多作爲軍府名號，以加大臣、重要州郡長官。南朝宋二品，齊不詳。張敬兒，本書卷二五有傳。

六月丙寅，詔“凡坐事應覆治者，[1]在建元四年三月已前，皆原宥”。[2]

[1]坐事：因事獲罪。　覆治：審察，覈實。
[2]原宥（yòu）：諒情而寬赦其罪。

秋七月戊戌，新除左光禄大夫王僧虔加特進。[1]

[1]王僧虔：本書卷三三有傳。　特進：三國兩晋南北朝爲正式加官。魏、晋、宋秩二品，齊時位從公。

九月己卯，以荆州刺史臨川王映爲驃騎將軍，[1]冠軍將軍廬陵王子卿爲荆州刺史，吴郡太守安陸侯緬爲郢州刺史。[2]

[1]臨川王映：映，蕭道成第三子，建元元年（479）六月，封臨川王。本書卷三五有傳。臨川，郡名。治所在今江西南城縣

東南。

[2]吴郡：郡名。治所在今江蘇蘇州市。　安陸侯緬：緬，蕭道成次兄道生第三子，建元元年（479）封安陸侯。本書卷四五有傳。安陸，縣名。治所在今湖北安陸市。

二年春正月乙亥，以司州刺史吕安國爲南兖州刺史，征北將軍竟陵王子良爲護軍將軍兼司徒，[1]征北長史劉悛爲司州刺史。[2]丙子，以右光禄大夫王延之爲特進。[3]

[1]征北將軍：南朝沿置，出鎮方面，地位顯要。與征東、征西、征南將軍，合稱四征將軍。南朝宋秩三品，若爲持節都督則進爲秩二品，齊不詳。　護軍將軍：南朝沿置，掌督護京師以外諸軍，權任頗重，諸將軍皆敬之。南朝宋秩三品，齊不詳。　兼：官制用語。即以本官兼任、兼行或兼領其他官職。南北朝時，或於正式任命某職之前，先授予兼某職之名義，意即試某職。按，蕭子良先兼司徒，後正位司徒，即其例。

[2]征北長史：征北將軍府長史。爲幕僚長，掌軍府政務。南朝宋秩六品，齊不詳。　劉悛：本書卷三七有傳。

[3]右光禄大夫：南朝沿置，屬光禄，作爲在朝顯職的加官，或授予年老有病者爲致仕之官，亦常用爲卒後贈官。無職常。南齊時，位從公，開府置佐史如公。　王延之：本書卷三二有傳。

三月乙亥，以吴興太守張岱爲南兖州刺史，[1]前將軍王奂爲江州刺史，[2]平北將軍吕安國爲湘州刺史。[3]戊寅，以少府趙景翼爲廣州刺史。[4]

[1]張岱：本書卷三二有傳。

[2]前將軍：南朝沿置，作爲軍府名號，用作加官。南朝宋秩三品，齊不詳。

[3]平北將軍：南朝沿置，多兼鎮地區的刺史，統管軍、政事務。南朝宋秩三品，齊不詳。

[4]少府：南朝時少府主要管理宫廷手工業。南朝宋秩三品，齊不詳。　廣州：州名。治所在今廣東廣州市。

夏四月甲辰，詔"揚、南徐、南兖、徐、兖五州統内諸獄，并、豫、江三州府州見囚，[1]江州尋陽、新蔡兩郡繫獄，[2]並部送還臺，[3]須候克日斷枉直。[4]緣江遠郡及諸州，委刺史詳察訊"。[5]己巳，以寧朔將軍程法勤爲寧州刺史。[6]

[1]并：并州。按，當是僑州，治所不詳。

[2]繫獄：囚禁於牢獄。

[3]臺：上處指朝廷。按，兩晋南朝稱宫廷禁省爲"臺"。

[4]克日：約定日期。

[5]詳察訊：中華本校勘記云："按'訊'字下《元龜》二百七有'鞫'字，疑此脱。"今按，此校甚是。訊鞫（jū），審訊。

[6]寧州：州名。治所在今雲南陸良縣東。

六月癸卯，車駕幸中堂聽訟。[1]乙巳，以安陸王子敬爲南兖州刺史。戊申，以黄門侍郎崔平仲爲青、冀二州刺史。[2]

[1]幸：古代稱皇帝親臨爲幸。　中堂：殿堂名。在今江蘇南

京市内古建康城宣陽門外。　聽訟：聽理訴訟。

［2］黄門侍郎：給事黄門侍郎省稱。魏晋南北朝置爲侍中省或門下省次官，與侍中俱掌門下衆事，職掌略同，地位隨皇帝旨意和侍中地位而上下。南齊時知詔令，被稱爲“小門下”。南朝宋、齊皆四員，秩五品。

秋七月癸未，詔曰：“夫樂所自生，先哲垂誥，禮不忘本，積代同風。是以漢光遲回於南陽，[1]魏文殷勤於譙國。[2]青溪宫體天含暉，則地栖寶，[3]光定靈源，[4]允集符命。[5]在昔期運初開，[6]經綸方遠，[7]繕築之勞，我則未暇。時流事往，永惟哽咽，朕以寡薄，[8]嗣奉鴻基，[9]思存締構，[10]式表王迹。考星創制，[11]揆日興功，[12]子來告畢，[13]規摹昭備。[14]宜申釁落之禮，[15]以暢感尉之懷，[16]可克日小會。”[17]甲申，立皇子子倫爲巴陵王。[18]

［1］漢光遲回於南陽：東漢光武帝眷顧家鄉南陽。漢光，指東漢光武帝劉秀。遲回，徘徊。此處可引申爲眷顧。南陽，劉秀家鄉蔡陽縣舂陵鄉所在郡名，治所在今河南南陽市。按，《後漢書》卷一上《光武帝紀上》，建武三年（27）冬十月壬申，“幸舂陵，祠園廟，因置酒舊宅，大會故人父老”。卷一下《光武帝紀下》六年春正月丙辰，改舂陵鄉爲章陵縣，世世復徭役，比豐、沛，無有所豫。十七年冬十月甲申，“幸章陵，修園廟，祠舊宅，觀田廬，置酒作樂，賞賜。時宗室諸母因酣悦，相與語……乃悉爲舂陵宗室起祠堂”。十九年春正月庚子，始祠“舂陵節侯以下四世於章陵”。

［2］魏文殷勤於譙國：三國魏文帝曹丕留戀故鄉譙國。魏文，指魏文帝曹丕。殷勤，親切的感情。譙國，治所在今安徽亳州市。

東漢建安末，分沛國置譙郡。黄初元年（220），魏文帝以先人舊郡，改爲譙國，旋復爲郡。按，《魏文帝集·臨渦賦序》："上建安十八年至譙，余兄弟從上拜墳墓，遂乘馬遊觀，經東園，遵渦水，相佯乎高樹之下，駐馬書鞭，爲臨渦之賦。"其賦曰："蔭樹高兮臨曲渦，微風起兮水增波。魚頡頏兮鳥逶迤，雌雄鳴兮聲相和。萍藻生兮散莖柯，春水繁兮發丹華。"《三國志》卷二《魏書·文帝紀》，延康元年（220）秋七月甲午，"軍次於譙，大饗六軍及譙父老百姓於邑東"。裴松之注引《魏書》曰："設伎樂百戲，令曰：'先王皆樂其所生，禮不忘其本。譙，霸王之邦，真人本出，其復譙租税二年。'三老吏民上壽，日夕而罷。丙申，親祠譙陵。"又引《魏略》云，黄初二年春正月，詔以譙與長安、許昌、鄴、洛陽爲"五都"。黄初六年戊申，又行幸譙。

[3]體天含暉，則地栖寶：猶言法天含暉，法地藴寶。青溪宫是蕭道成在建康的故宅，蕭賾出生於此，故云。

[4]光：通"廣"。　靈：神。

[5]符命：古時以所謂"祥瑞"徵兆附會爲人君得到天命的證明。

[6]期運：天授的運數。《晋書》卷三四《羊祜傳》："夫期運雖天所授，而功業必由人而成。"

[7]經綸：整理絲縷，理出的絲緒稱經，編絲爲繩稱綸，統稱經綸。引申爲籌劃治理國家大事。

[8]寡薄：自謙之詞。猶寡德。

[9]嗣奉：繼承。　鴻基：大業，這裏指帝業。

[10]締構：猶締造。謂經營開創。

[11]考星創制：考察星象，選擇吉日開工營造。

[12]揆日：度量工期。

[13]子來：《詩·大雅·靈臺》："經始勿亟，庶民子來。"鄭玄箋："衆民各以子成父事而來攻之。"朱熹《集傳》："民心樂之，如子趨父事，不召自來也。"即謂百姓急於王事。　告畢：報告

竣工。

[14]規摹：規模，規制。摹，通“模”。《漢書》卷一下《高帝紀下》：“雖日不暇給，規摹弘遠矣。”顔師古注：“取喻規摹，謂立制垂範也。”

[15]釁（xìn）落之禮：指釁廟祭禮。釁，祭名。古代爲宮室或器物的建成而舉行的禮儀稱爲“落”，同時又以牲血釁廟安神祭祀、燕享待客。

[16]尉：“慰”的本字。

[17]克日：約定日期。

[18]子倫：齊武帝第十三子。本書卷四〇有傳。　巴陵：郡名。治所在今湖南岳陽市。

八月丙午，車駕幸舊宮小會，[1]設金石樂，[2]在位者賦詩。詔申“京師獄及三署見徒，量所降宥。領宮職司，詳賜幣帛”。戊申，車駕幸玄武湖講武。[3]甲子，詔曰：“窆枯掩骼，[4]義重前誥；[5]卹老哀癃，[6]寔惟令典。[7]朕永思民瘼，[8]弗忘鑒寐。[9]聲憓未敷，[10]物多乖所。[11]京師二縣，[12]或有久墳毀發，可隨宜掩埋。遺骸未櫬，[13]並加斂瘞。[14]疾病窮困不能自存者，詳爲條格，[15]並加沾賚。”[16]

[1]舊宮：青溪宮。

[2]設金石樂：以鐘磬類樂器演奏。

[3]玄武湖：湖名。在今江蘇南京市北部。按，南朝時因地在建康城北臺城後，故又稱北湖或後湖。

[4]窆（biǎn）枯掩骼：猶言掩埋死不得葬的腐尸枯骨。窆，葬時穿土下棺。

[5]前誥：指宋末蕭道成“輔政”時所頒《築新亭壘枯骨教》，見本書卷一《高帝紀上》。按，誥，猶教，皆以上諭下之文。

[6]癃（lóng）：廢疾，殘廢。《周禮·地官·小司徒》：“以辨其貴、賤、老、幼、廢疾。”鄭玄注引鄭司農曰：“廢疾，謂癃病也。”

[7]令典：國家的憲章法令。

[8]民瘼：民間疾苦。

[9]鑒寐：不脱衣冠而睡，猶言假寐、寤寐。《後漢書》卷七《桓帝紀》：“監寐寤嘆，疢如疾首。”李賢注：“監寐言雖寝而不寐也。”監，通“鑒”。

[10]聲憓未敷：聲望教化還未完全澤被四方，讓人遵從信服。憓，通“譓”，順服，信服。敷，鋪開，展開。

[11]物多乖所：神靈（鬼怪）皆失其所。此“物”即“物怪”，意爲鬼怪。

[12]京師二縣：指建康、秣陵二縣。

[13]櫬（chèn）：棺材。

[14]斂瘞（yì）：收斂骸骨，並安葬。斂，通“殮”。瘞，掩埋，埋葬。

[15]條格：規則，辦法。

[16]沾賚（lài）：受賞賜，賞賜。賚，賜予，給予。

冬十月丁巳，以桂陽王鑠爲南徐州刺史。[1]

[1]桂陽王鑠：齊高帝蕭道成第八子，建元元年（479）六月封。本書卷三五有傳。桂陽，郡名。治所在今湖南郴州市。

十一月丁亥，以始興王鑑爲益州刺史。[1]

[1]始興王鑑：齊高帝蕭道成第十子，建元元年（479）六月封廣興王，後隨郡改名。本書卷三五有傳。其名各本原作“鏗”，據中華本校改。始興，郡名。治所在今廣東韶關市東南蓮花嶺下。益州：州名。治所在今四川成都市。

三年春正月丙辰，[1]以大司農劉楷爲交州刺史，[2]安西諮議參軍崔慶緒爲梁、南秦二州刺史。[3]甲申，以晋安王子懋爲南豫州刺史。辛卯，車駕祠南郊，大赦。都邑三百里内罪應入重者，[4]降一等，餘依赦制。劾繫之身，[5]降遣有差。賑卹二縣貧民。又詔曰：“《春秋國語》云：‘生民之有學斆，猶樹木之有枝葉。’[6]果行育德，[7]咸必由兹。[8]在昔開運，[9]光宅華夏，[10]方弘典謨，[11]克隆教思，[12]命彼有司，[13]崇建庠塾。[14]甫就經始，[15]仍離屯故，[16]仰瞻徽猷，[17]歲月彌遠。[18]今遐邇一體，[19]車軌同文，[20]宜高選學官，廣延冑子。”[21]又詔“守宰親民之要，[22]刺史案部所先，[23]宜嚴課農桑，相土揆時，[24]必窮地利。若耕蠶殊衆，足厲浮墮者，[25]所在即便列奏。其違方驕矜，[26]佚事妨農，[27]亦以名聞。將明賞罰，以勸勤怠。校覈殿最，[28]歲竟考課，[29]以申黜陟”。[30]

[1]三年春正月丙辰：牛繼清《十七史疑年録》：“正月己巳朔，月内無丙辰，甲申十六日。《資治通鑑》卷一百三十六‘齊紀二’同誤。吴玉貴《疑年録》云‘或丙辰爲丙子之誤’。不確，同月甲申前尚有‘庚辰’（十二日），姑存疑。”（第93頁）

[2]大司農：南齊沿置。掌九穀六畜以供膳羞及宗廟社稷之田。

秩三品。　交州：州名。治所在今越南北寧省仙游縣東。

［3］崔慶緒：清河東武城（今河北故城縣）人。本書卷五二有其子崔慰祖傳。　梁、南秦二州：雙頭州名，二州共一刺史，治所在今陝西漢中市東。按，此雙頭州底本原作"南秦梁二州"，今據中華本校改。又按，《崔慰祖傳》云："父慶緒，永明中，爲梁州刺史。"則此雙頭州，梁爲實土舊州，而南秦爲僑置，故可舉其實土而稱之。

［4］入重：加重處罰。

［5］劾繫：定罪拘禁。

［6］《春秋國語》：書名，即《國語》。相傳爲春秋時期左丘明撰，二十一卷。以記載西周末年至春秋時期周、魯、齊、晋、鄭、楚、吴、越八國貴族的言論爲主，可與《左傳》相參證，故又有《春秋外傳》之稱。　生民：人民。《孟子·公孫丑上》："率其子弟，攻其父母，自有生民以來，未有能濟者也。"　學斆（xiào）：學校。斆，通"斅"。

［7］果行育德：《易·蒙》曰："君子以果行育德。"孔穎達疏，"以果决其行"，"以育養其德"。即以果斷的行爲培養品德。

［8］兹：此。

［9］開運：猶言佳運開通。

［10］光宅：《尚書·堯典序》："昔在帝堯，聰明文思，光宅天下。"光，通"廣"。宅，安。猶言普遍安定。　華夏：《尚書·武成》："華夏蠻貊，罔不率俾。"孔穎達疏："夏，大也，故大國曰夏。華夏謂中國也。"按，華夏初指中國中原地區，後來所涵蓋範圍逐漸擴大。

［11］典謨：指《尚書》中的《堯典》《舜典》《大禹謨》《皋陶謨》諸篇。此泛指帝王治國理政的經典。

［12］克隆：猶言興隆。

［13］有司：官吏的泛稱。古代設官分職，各有專司，故稱。

［14］崇建庠（xiáng）塾：指建元四年（482）正月壬戌齊高

帝下詔興學。見本書卷二《高帝紀下》。庠塾，學校。

［15］甫（fǔ）：開始。　經始：測量營建。《詩·大雅·靈臺》："經始靈臺，經之營之。"鄭玄箋："度始靈臺之基趾。"高亨《詩經今注》："始，借爲治。"（第394頁）按，後來泛指開創事業。《晋書·樂志上》："經始大業，造創帝基。"

［16］離：遭受，遭遇。離，通"罹"。　屯故：艱難或危難的事故。指建元四年（482）三月壬戌齊高帝去世。其年九月丁巳，齊武帝以國哀故，罷國子學。

［17］徽猷：高明的謀略。按，此指齊高帝的興學決策。

［18］彌遠：久遠。

［19］遐邇一體：遠近一體。

［20］車軌同文：車同軌，書同文。

［21］胄子：帝王或貴族的後代。

［22］守宰：地方官的别稱，多指郡守。

［23］案部：地方長官巡視部屬。

［24］時：季節。

［25］厲：通"勵"。勉勵，激勵。　浮墮：游手好閑。

［26］違方：違法。方，猶法。

［27］佚事：逸樂游蕩。佚，通"逸"。

［28］校覈：考覈。　殿最：古代考覈政績或軍功，以上等爲最，下等爲殿。

［29］考課：依據一定標準定期考覈官吏政績的制度，評其殿最，升降賞罰。

［30］黜（chù）陟（zhì）：指官吏進退升降。降免曰黜，晋升曰陟。

二月辛丑，車駕祠北郊。[1]

[1]北郊：祭名。古代帝王祭地於都城北門外，稱北郊。盧海鳴《六朝都城》認爲，劉宋大明三年（459）北郊壇已遷移至“今南京城北郭家山（古稱幕府山）以北、象山以東一帶”。（南京出版社 2002 年版，第 133 頁）南齊北郊壇地址不詳。

夏四月戊戌，以新除右衛將軍豫章王世子子響爲豫州刺史，[1]輔國將軍桓敬爲兗州刺史。

[1]子響：齊武帝第四子。起初過繼給豫章王嶷爲世子，後以蕭嶷自有子，子響還本。本書卷四〇有傳。

五月乙未，詔曰：“氓俗凋弊，[1]于兹永久，雖年穀時登，而歉乏比室。凡單丁之身及煢獨而秩養養孤者，[2]並蠲今年田租。”[3]是月，省總明觀。[4]

[1]氓俗：民俗。氓，民。

[2]單丁：獨子，無兄弟的成年男子。　煢（qióng）獨而秩養養孤者：孤獨老人依靠政府供養而其本人又須養育孤兒者。煢獨，孤獨。秩，政府供養老者的“秩膳”。

[3]蠲（juān）：免除。　田租：田賦。

[4]總明觀：國立學校名，又稱東觀。南朝宋泰始六年（470）置。南齊沿置，隸太常，設總明觀祭酒一人，分玄、儒、文、史四科，科置學士各十人。建元中，掌治五禮。至是，以國學建而省。

六月庚戌，進河南王度易侯爲車騎將軍。[1]

[1] 河南王：東晉、南北朝時吐谷渾族據有今青海省黄河以南

地區，宋、齊、梁封爲河南王。　度易侯：吐谷渾嗣主。事見本書卷五九《河南傳》。按，度易侯之名，本書卷二《高帝紀下》同，而《河南傳》作“易度侯”。本書卷二《高帝紀下》中華本校勘記：“‘度易侯’殿本作‘易度侯’。按南監本、毛本、局本及《南史·齊紀》、《通鑑》皆作‘度易侯’。”今按，《魏書》、《北史·吐谷渾傳》及《梁書》《南史·河南傳》亦皆作“度易侯”。又按，殿本《考證》云：“易度侯，諸本皆作度易侯，今從《氐羌傳》改正。”即殿本所用底本高、武二紀本作“度易侯”，史臣據《氐羌傳》（《河南傳》其中一子傳）改爲“易度侯”。殿本遂無“度易侯”之名。本卷中華本校勘記稱“殿本訛”。　車騎將軍：本書《河南傳》作“車騎大將軍”。按，無論是前者或後者皆爲齊朝以職官名號對非實際占有的周邊少數民族地區首領的羈縻之授。

秋七月辛丑，[1]詔“丹陽所領及餘二百里内見囚，同集京師，自此以外，委州郡决斷”。甲戌，左光禄大夫開府儀同三司王僧虔薨。丁亥，以驃騎中兵參軍董仲舒爲寧州刺史。[2]

[1]秋七月辛丑：七月丙寅朔，月内無辛丑。下文有甲戌，甲戌初九日，則辛丑當爲“辛未”之訛，辛未初六日，合序。參見牛繼清《十七史疑年録》，第93頁。

[2]驃騎中兵參軍：驃騎將軍府中兵參軍，軍府僚屬之一，亦稱中兵參軍事。掌本府中兵曹事務，兼備參謀咨詢。南朝宋秩七品，齊不詳。　董仲舒：本名“鸞”，齊武帝以其名不雅，敕改爲“仲舒”。見《南史》卷四四《魚復侯子響傳》。又，中華本校勘記云：“《魏書·田益宗傳》後有董巒附傳，云‘巒字仲舒，營陽人’。董巒即董鸞也，則作‘仲舒’不誤。然《崔慧景傳》又有前寧州刺史董仲民，豈仲舒後又改名邪？而《樂志》永明六年，上遣

主書董仲民案視云云，則又似爲二人。”

八月乙未，車駕幸中堂聽訟。丁巳，[1]以行宕昌王梁彌頡爲河、涼二州刺史。[2]戊午，以尚書令王儉領太子少傅，[3]太子詹事蕭順之爲領軍將軍。[4]

[1]丁巳：丁福林《校議》云：“《南史·齊本紀上》作‘乙巳’。是月乙未朔，丁巳爲二十三日，乙巳爲十一日，與上文所出乙未（朔日），下文所出戊午（二十四日），皆相合，則二者未知孰是。”（第26頁）

[2]宕（dàng）昌王梁彌頡：宕昌，古族名。其先爲漢西羌一支。南北朝時期活動在今甘肅白龍江上游一帶，都城在今甘肅宕昌縣西南。其部族首領視形勢變遷向南北政權修職貢，受封賜。梁彌頡，宕昌羌首領。詳見本書卷五九《宕昌傳》。

[3]領：官制用語。凡以高官而攝卑職稱領，以卑官行高職亦稱領。受任可稱領，不經期命，自爲署置亦可稱領。　太子少傅：南朝沿置，職爲輔導太子，與太子太傅合稱“太子二傅”。南朝宋秩三品，齊不詳。

[4]太子詹事：南朝沿置，掌東宮庶務及衆官。南朝宋、齊皆秩三品。

冬十月壬戌，詔曰：“皇太子長懋講畢，[1]當釋奠，[2]王公以下可悉往觀禮。”

[1]皇太子長懋（mào）：長懋，齊武帝長子。建元四年（482）六月立爲太子。本書卷二一有傳。　講：講習。

[2]釋奠：古代在學校置辦酒食以奠祭先聖先師的一種典禮。

《禮記·文王世子》："凡學，春官釋奠于其先師，秋冬亦如之。凡始立學者，必釋奠于先聖先師。"鄭玄注："釋奠者，設薦饌酌奠而已。"

十一月乙丑，以冠軍將軍王文仲爲青、冀二州刺史。[1]

[1]王文仲：人名。中華本校勘記引張森楷《校勘記》云："'文仲'疑當作'文和'。王文和爲青、冀二州，見《王玄邈傳》。"

十二月丁酉，詔曰："九穀之重，[1]八材爲末，[2]是故潔粢豐盛，[3]祝史無愧於辭，[4]不籍千畝，[5]周宣所以貽諫。[6]昔期運初啓，[7]庶政草昧，[8]三推之典，[9]我則未暇。朕嗣奉鴻基，[10]思隆先軌，[11]載耒躬親，[12]率由舊式。可以開春發歲，[13]敬簡元辰，[14]鳴青鸞於東郊，[15]冕朱紘而莅事，[16]仰薦宗禋，[17]俯勗黔阜。[18]將使囷庾內充，[19]遺秉外牣，[20]既富而教，兹焉攸在。"

[1]九穀：古籍中記載的九種穀物，泛指糧食。《周禮·天官·大宰》："一曰三農生九穀。"鄭玄注："鄭司農云：'九穀：黍、稷、秫、稻、麻、大小豆、大小麥。'"鄭玄謂："九穀無秫、大麥，而有粱、苽。"《氾勝之書》以稻、米、黍、麻、秫、小麥、大麥、小豆、大豆爲九穀。晋崔豹《古今注下》又以黍、稷、稻、粱、三豆、二麥爲九穀。

[2]八材：古人以珠、玉、石、木、金屬、象牙、皮革、羽毛爲八材。

［3］潔粢（zī）豐盛：指祭神用的黍稷潔净而豐多。按，本篇泛指祭品。絜，通“潔”。粢，指黍稷，亦爲穀類總稱。

［4］祝史：祭祀時司告鬼神之官。

［5］不籍千畝：《史記》卷四《周本紀》：“宣王不修籍於千畝。”張守節《正義》：“應劭云：‘古者天子耕籍田千畝，爲天下先。’瓚曰：‘籍，蹈籍也。’按，宣王不修親耕之禮。”

［6］周宣所以貽諫：《國語·周語上》：“宣王即位，不籍千畝。虢文公諫曰：‘不可。夫民之大事在農，上帝之粢盛於是乎出，民之蕃庶於是乎生，事之供給於是乎在。’”周宣，即西周宣王。厲王子，名静。貽，遺留。

［7］期運：運數，氣數。這裏指帝業。

［8］庶政：各種政務。　草昧：此處指國家草創秩序未定之時。

［9］三推：古代帝王爲表示勸農，每年舉行一次耕籍之禮，掌犁推行三周，稱“三推”。後來歷代王朝，皆有親耕三推儀式，成爲例行公事。《禮記·月令》：“（孟春之月）乃擇元辰，天子親揮耒耜……帥三公、九卿、諸侯、大夫，躬耕帝藉。天子三推，三公五推，卿、諸侯五推。”

［10］嗣奉：繼承。　鴻基：帝業。鴻，通“洪”。

［11］先軌：前輩所走的道路，引申爲前輩事業。

［12］載耒：帶着農具。載，執，持。耒，原始的翻土農具，狀如木叉。此處泛指農具。

［13］發歲：一年起始。

［14］簡：選擇。　元辰：吉日。按，本書《禮志上》詳載了永明三年（485）齊武帝召諸臣議來年正月擇吉日行籍田禮的情況，定在正月丁亥日。

［15］鳴青鸞於東郊：謂將乘鑾車至東郊行籍田之禮。青鸞，鑾鈴。君車之前，有鸞鳥口銜鈴，故謂之鑾鈴。也指其車。

［16］冕：古代帝王、諸侯、卿大夫所戴的禮帽。後專指皇冠，故謂登皇位爲加冕。　朱紘（hóng）：古代冠冕上的紅色絲繫帶，

由頷下挽上繫在笄的兩端。《周禮·夏官·弁師》："玉笄、朱紘。"鄭玄注："朱紘，以朱組爲紘也。紘一條屬兩端於武。"賈公彦疏："謂以一條繩先屬一頭於左旁笄上，以一頭繞於頤下，至句上於右相笄上繞之……此言屬於武者，據笄貫武故以武言之。"按，組，絲帶。武，髮卷。

[17]薦：祭品，祭祀時獻牲。　宗禋（yīn）：祭祀宗廟。

[18]俯勗（xù）黔皁（zào）：對下勉勵黎民百姓。勗，勉勵。黔皁，黔首、皂隸的合稱，指一般平民。皁，同"皂"。

[19]囷（qūn）庾（yǔ）：糧倉。囷，古代一種圓形穀倉。

[20]遺秉外牣（rèn）：喻農業豐收，穀物盈滿。遺秉，指成把的遺穗。牣，滿。外牣，充滿向外流溢。《詩·小雅·大田》："彼有遺秉，此有滯穗。"

是夏，琅邪郡旱，[1]百姓芟除枯苗，至秋擢穎大熟。[2]

[1]琅邪郡：僑郡名。即南琅邪郡，治所在今江蘇南京市北金川門外幕府山南麓。

[2]擢穎：猶抽穀穗。形容莊稼生長茂盛。

四年春正月甲子，以南琅邪、彭城二郡太守隨郡王子隆爲江州刺史，[1]征虜長史張瓌爲雍州刺史，[2]征虜將軍薛淵爲徐州刺史，[3]護軍將軍兼司徒竟陵王子良進號車騎將軍。富陽人唐寓之反，[4]聚衆桐廬，[5]破富陽、錢塘等縣，[6]害東陽太守蕭崇之。[7]遣宿衛兵出討，伏誅。[8]丁酉，[9]冠軍將軍、馬軍主陳天福坐討唐寓之燒掠百姓，[10]棄市。[11]辛卯，車駕幸中堂策秀才。[12]

［1］南琅邪、彭城二郡：雙頭郡名。即南琅邪、南彭城二郡。南彭城的“南”字承上而省。二郡共一太守。治所在今江蘇南京市北金川門外幕府山南麓。

［2］征虜長史：征虜將軍府長史。長史爲軍府幕僚長，主持軍府日常軍政事務。南朝宋秩七品，齊不詳。　張瓌（guī）：本書卷二四有傳。

［3］薛淵：本書卷三〇有傳。

［4］富陽：縣名。治所在今浙江富陽市。　唐寓（yǔ）之：南朝齊武帝時農民起義軍首領。又作唐寓。富陽人，僑居桐廬，以圖墓爲世業。見齊朝廷自高帝以來，爲增財賦收人，連年檢括户籍，百姓怨望，遂於永明三年（485）冬聚衆反抗，在錢塘稱帝，立太子，置百官。國號吴，年號興平。又分軍攻略東陽、山陰諸郡。次年，兵敗被擒殺。

［5］桐廬：縣名。治所在今浙江桐廬縣西分水江西岸。

［6］錢塘：縣名。治所在今浙江杭州市西靈隱山麓。

［7］東陽：郡名。治所在今浙江金華市。　蕭崇之：字茂敬。蕭道賜第三子，齊高帝族弟。仕齊官至冠軍將軍、東陽太守。於梁武帝爲從父。天監初，追謚爲“忠簡侯”。參見本書卷四四《沈文季傳》、《梁書》卷二四《蕭景傳》、《南史》卷五一《梁宗室傳》。

［8］伏誅：因犯法而被處死。

［9］丁酉：永明四年（486）正月癸亥朔，前文所出甲子爲初二日，月内無丁酉，後文所出辛卯爲二十九日。是年閏正月癸巳朔，丁酉爲初五日。疑陳天福被誅本在閏月，涉上文討唐寓之事誤繫正月。參見牛繼清《十七史疑年録》，第93頁。

［10］冠軍將軍、馬軍主陳天福：本書卷四四《沈文季傳》作“軍主、前軍將軍陳福”。《南史》卷四七《虞玩之傳》、《通鑑》卷一三六《齊紀二》並同《沈文季傳》。按，《沈文季傳》又云：

"（朝廷）遣禁兵數千人，馬數百匹東討。賊衆烏合，畏馬。官軍至錢塘，一戰便散，禽斬寓之，進兵平諸郡縣。"《傳》作"軍主"，當是承此省"馬"字。故本篇作"馬軍主"不誤。馬軍主，即騎兵軍主。

[11]棄市：在鬧市執行死刑，陳尸街頭示衆。

[12]策秀才：以策試的方式選拔秀才。策，策試。即以試題書於 策，令應舉者作答，視對策的優劣確定是否入選。秀才，古代舉士科目之一，意謂才能優異。漢武帝元封四年（前107）始有秀才之舉，此後舉士皆有秀才之科。魏晋以後，秀才爲貢舉科目之最，南北皆然。

閏月癸巳，立皇子子貞爲邵陵王，[1]皇孫昭文爲臨汝公。[2]丁未，以武都王楊集始爲北秦州刺史。[3]辛亥，車駕藉田。[4]詔曰："夫耕藉所以表敬，親載所以率民。朕景行前規，[5]躬執良耜，[6]千畛咸事，[7]六仞可期，[8]教義克宣，誠感兼暢。重以天符靈貺，[9]歲月鱗萃，[10]寶鼎開玉匣之祥，[11]嘉禾發同穗之穎，[12]甘露凝暉於坰牧，[13]神爵騫翥於蘭囿。[14]斯乃宗稷之慶，[15]豈寡薄所臻。[16]思俾休和，[17]覃玆黔皁，[18]見刑罪殊死以下，[19]悉原宥。諸逋負在三年以前尤窮弊者，一皆蠲除。孝悌力田，[20]詳授爵位，孤老貧窮，賜穀十石。凡欲附農而糧種闕乏者，竝加給貸，務在優厚。"癸丑，以始興内史劉敕爲廣州刺史。[21]甲寅，以藉田禮畢，車駕幸閲武堂勞酒小會，[22]詔賜王公以下在位者帛有差。戊午，車駕幸宣武堂講武。[23]詔曰："今親閲六師，[24]少長有禮，領馭群帥，可量班賜。"

[1]子貞：字雲松，齊武帝第十四子。本書卷四〇有傳。

[2]昭文：字季尚，齊武帝太子長懋第二子。隆昌元年(494)，其兄鬱林王廢，昭文繼位爲帝，不久即被廢爲海陵王。見本書卷五有紀。

[3]武都王：南朝宋、齊、梁政權授予氐族楊氏部族首領的羈縻性封號。武都，郡名。治所在今甘肅武都縣東南。　楊集始：齊、梁之際氐族楊氏部族的首領。見本書卷五九《氐傳》及《梁書》卷五四《武興傳》。　北秦州：州名。即北魏之秦州，南朝稱爲北秦州。治所在今甘肅天水市。

[4]辛亥，車駕藉田：藉田，同“籍田”。古代帝王爲舉行籍禮而設置的田。每年春耕前，皇帝親執耒耜象徵性地在籍田上耕作，以示對農作的重視，借以勸農。《史記》卷二〇《孝文本紀》前元二年（前178）詔：“農，天下之本，其開籍田，朕親率耕，以給宗廟粢盛。”按，據本書《禮志上》，永明三年（485）十二月，齊武帝已召諸臣議定“來年正月二十五日丁亥”行籍田之禮，此云閏月辛亥日，未知孰是。

[5]景：景仰。

[6]耜（sì）：原始翻土農具。耒耜的主要部件，在耒的下端，形似後來的鍤。先以木爲之，後用金屬。《國語・周語中》：“其餘無非穀土，民無懸耜。”韋昭注：“入土曰耜，耜柄曰耒。”

[7]畛（zhěn）：田間的小路。《詩・周頌・載芟》：“千耦其耘，徂隰徂畛。”孔穎達疏：“畛是地畔道路之名。”

[8]仞：中華本據南監本、局本改作“稔”。真大成《中古史書校證・〈南齊書〉校證第三》以爲作“仞”爲是，“六仞”典出《楚辭・大招》“五穀六仞，設菰粱只”，洪興祖補注“《說文》云，‘仞，伸臂一尋，八尺也。’……此言積穀之多爾”。“五”“六”均虛指，“五穀六仞”即言各種糧食作物産量很高，農業生産獲得豐收。千畛亦出《大招》“田邑千畛，人阜昌只”。“千畛咸事，六仞可期”即開墾、耕種大量土地，那麼糧食大豐收就是可以期待的

了。此籍田詔又見《文館詞林》卷六六五，題王儉作，字亦作“仞”，益可證原文爲仞不誤。（中華書局 2013 年版，第 107—108 頁）

［9］天符：上天的符命。　靈貺（kuàng）：神靈賜福。貺，贈，賜。

［10］鱗萃：群集。謂若魚群迎向上流，喻爲衆心所歸。

［11］寶鼎：古代多以鼎爲王朝重器，故稱寶。得寶鼎猶得帝位，或爲太平盛世的象徵。　玉匣：玉製之匣，用以貯藏珍物。

［12］嘉禾：指生長得特别茁壯的莊稼，古時認爲是吉瑞的象徵。　同穗：同，猶聚也。同穗，多穗聚於一莖，即一莖生多穗。

［13］甘露：甜美的露水。古人以爲天降甘露爲國家興盛太平的瑞兆。　坰（jiōng）牧：都城的郊外之地。《爾雅·釋地》：“邑外謂之郊，郊外謂之牧，牧外謂之野，野外謂之林，林外謂之坰。”

［14］神爵：鳥名，也作“神雀”，或謂即鳳。《漢書》卷八《宣帝紀》元康三年六月詔：“前年夏，神爵集雍。”顔師古注：“晋灼曰：‘《漢注》大如鷃爵，黄喉，白頸，黑背，腹斑文也。’”《後漢書》卷二八下《馮衍傳》：“神雀翔於鴻崖兮，玄武潛於嬰冥。”李賢注：“神雀，謂鳳也。”　騫（qiān）翥（zhù）：飛舉貌。騫，通“鶱”（xiān）。　蘭囿：此指皇帝的苑囿。

［15］宗稷：宗廟和社稷。古代用作國家的代稱。

［16］寡薄：古代帝王的自謙之詞。

［17］休和：安逸和平。

［18］覃（tán）：延長，延及。　黔卓：庶民，百姓。

［19］殊死：斬首之刑。《漢書》卷一下《高帝紀下》：“其赦天下殊死以下。”顔師古注：“殊，絶也，異也。言其身首離絶而異處也。”

［20］孝悌力田：孝悌指孝順父母和友愛兄弟者，多與力田連稱。力田指力務農本者。始見於西漢惠帝四年（前 191）。高后元年（前 187）令郡置孝悌力田一人。文帝十二年（前 168）又計户

口增置員額，以爲民表率。被舉除者得免除徭役，時有賞賜，一般不擔任官職。或以爲皆鄉官名，可備一説。按，孝悌，亦作“孝弟”。

［21］劉敕：其事不詳。

［22］閱武堂：堂名。在京師建康宫城南闕前。

［23］宣武堂：堂名。《通鑑》卷一二五《宋紀七》“文帝元嘉二十五年”條：“帝大蒐于宣武場。”胡三省注：“建康倣洛都之制，築宣武場於臺城北。”按，西晋洛都宣武場南緣有宣武觀（參見《通鑑》卷八五《晋紀七》“惠帝大安二年”條胡三省注）。宣武觀當即宣武堂。宋制如此，則齊制可知。

［24］六師：《詩·大雅·棫樸》：“周王于邁，六師及之。”按，六師，即六軍。《周禮·夏官·序官》：“凡制軍，萬有二千五百人爲軍。王六軍，大國三軍，次國二軍，小國一軍。”後以六師或六軍泛稱朝廷的軍隊。

二月己未，立皇弟銶爲晋熙王，鉉爲河東王。[1]庚寅，以光禄大夫王玄載爲兖州刺史。[2]

［1］二月己未，立皇弟銶爲晋熙王，鉉爲河東王：丁福林《校議》云：“永明四年二月壬戌朔，無己未，所記當有誤。《南史·齊本紀上》、《通鑑》卷一百三十六亦皆作‘己未’，蓋據此而誤。今考下文出是月‘庚寅’，爲月之二十九日。《南史》此條上文出是月‘丙寅’。爲月之初五日；下文出‘壬午’，爲月之二十一日。則立王之時間當在此月丙寅與壬午之間。”（第26—27頁）銶，即蕭銶，齊高帝第十八子。本書卷三五有傳。鉉，即蕭鉉，齊高帝第十九子。本書卷三五有傳。河東，僑郡名。治所在今湖北松滋市西北。

［2］光禄大夫：南朝沿置，銀章青綬，以處舊齒老年，無具體

職掌。南朝宋秩三品，齊不詳。　王玄載：本書卷二七有傳。

三月辛亥，國子講《孝經》，[1]車駕幸學，賜國子祭酒、博士、助教絹各有差。[2]

[1]國子：此指國學生徒。　《孝經》：儒家經典之一。作者各説不一，以孔門後學所作一説較爲合理。内容爲論述儒家孝道，宣揚宗法思想。

[2]國子祭酒：南齊建元四年（482）立國學，置國子祭酒一人，隸太常。總領學政，亦教授生徒。位準諸曹尚書，秩三品。　博士：國子博士，又稱太學博士。南齊建元四年立國學，置博士二人。掌國學中衆事，亦教授生徒。位準中書郎，秩五品。　助教：國子助教。建元四年立國學，置助教十人，掌教授生徒。位準南臺御史，秩六品。

夏四月丁亥，以尚書左僕射柳世隆爲湘州刺史。[1]臨沂縣麥不登，[2]刈爲馬芻，至夏更苗秀。

[1]柳世隆：本書卷二四有傳。

[2]臨沂縣：僑縣名。治所在今江蘇南京市北金川門外。

五月癸巳，詔“揚、南徐二州今年户租，[1]三分二取見布，一分取錢。來歲以後，遠近諸州輸錢處，並減布直，匹准四百，依舊折半，以爲永制”。丙午，以吴興太守西昌侯鸞爲中領軍。[2]

[1]户租：户調，户税。指國家向農户徵收的帛、布之類紡

織物。

[2]鸞：蕭鸞，後來的齊明帝。本書卷六有紀。

秋八月辛酉，以鎮南長史蕭惠休爲廣州刺史。[1]

[1]鎮南長史：鎮南將軍府長史省稱。鎮南將軍，南朝沿置。南朝宋秩三品，齊不詳。鎮南長史爲其軍府幕僚長，掌佐府主統軍政。南朝宋秩六品，齊不詳。　蕭惠休：本書卷四六有附傳。

九月甲寅，以征虜將軍王廣之爲徐州刺史。[1]

[1]王廣之：本書卷二九有傳。

冬十二月乙亥，以東中郎司馬崔惠景爲司州刺史。[1]

[1]東中郎司馬：東中郎將府司馬省稱。東中郎將，南朝沿置，與西、南、北中郎將合稱四中郎將。南朝宋、齊唯處諸王，素族無爲者。南朝宋秩四品，齊不詳。東中郎司馬，爲其軍府上佐，掌參贊軍務，管理府内武職，位僅次於長史。南朝宋秩七品，齊不詳。　崔惠景：本書卷五一有傳。傳主名作“崔慧景”。按，本書“慧景”名數十見，唯本卷及卷二《高帝紀下》作“惠景”各一見，蓋傳抄之誤，故當以本傳作“慧景”爲正。又按，《梁書》《南史》《通鑑》亦皆作“慧景”。

五年春正月戊子，以太尉豫章王嶷爲大司馬，[1]車騎將軍竟陵王子良爲司徒，驃騎將軍臨川王映、衛將軍王儉、中軍將軍王敬則竝本號開府儀同三司，[2]都官尚書沈文季爲郢州刺史，[3]左將軍安陸王子敬爲荆州刺史，[4]征虜將軍晋安王子懋爲南兗州刺史，輔國將軍建安王子真爲南豫州刺史。辛卯，詔曰："朕昧爽丕顯，[5]思康民瘼。[6]雖年穀亟登，[7]而飢饉代有。今履端肇運，[8]陽和告始，[9]宜協時休，[10]覃兹黎庶。諸孤老貧病，竝賜糧饟，[11]遣使親賦，每存均普。"雍、司二州蠻虜屢動，[12]丁酉，遣丹陽尹蕭景先出平陽，[13]護軍將軍陳顯達出宛、葉。[14]

[1]大司馬：南齊以相國、太宰、太傅、大司馬、大將軍、太尉、司徒、司空爲八公。皆秩一品。大司馬高於太尉之位，位尊銜榮，爲贈官，不常置。

[2]衛將軍：魏晋南北朝沿置，位在諸名號大將軍之上，多作爲軍府名號以加大臣、重要州郡長官，無具體職掌。東晋南朝甚重之，常以中書監、尚書令等大臣兼任，統兵出征。南朝宋秩二品，齊不詳。　中軍將軍：南朝沿置，爲重號將軍。南朝宋位比四鎮將軍，秩三品。南朝齊位在撫軍將軍上，品秩不詳。

[3]都官尚書：南齊沿置。尚書省中五部（或六部）尚書之一，領都官、水部、庫部、功論四曹。秩三品。　沈文季：本書卷四四有傳。

[4]左將軍：南朝沿置，常作加官。南朝宋秩三品，齊不詳。

[5]昧爽丕顯：昧爽，拂曉，天未全明之時。丕顯，大明。《尚書·太甲上》："先王昧爽丕顯。"孔穎達疏："先王以昧爽之時，思大明其德。"

[6]民瘼：民間疾苦。

[7]亟（qì）登：連年豐收。亟，屢次。

[8]履端肇運：猶言一年之始。年曆的推算始於正月朔日，謂之“履端”。亦指帝王初即位改元。

[9]陽和：春天的暖氣。

[10]時休：美好時光。

[11]糧餼（xì）：糧食。餼，贈送人的糧食或飼料。

[12]蠻虜動：蠻，古族名。亦泛指古代南方各少數民族。多爲盤瓠蠻及廩君蠻後裔。南北朝時，主要分布在淮河中上游以南、長江中游及其以南廣大地區。虜，指北魏。此“蠻虜動”，指北魏與雍、司二州蠻族互相策應對南齊西北邊境的侵犯。

[13]平陽：縣名。治所在今湖北安陸市東北境。

[14]宛：地名。即宛縣，治所在今河南南陽市。　葉：地名。即葉縣，治所在今河南葉縣西南舊縣鎮。

三月戊子，[1]車駕幸芳林園禊宴。[2]丁未，以護軍將軍陳顯達爲雍州刺史。

[1]三月：原作“二月”，據中華本校改。

[2]芳林園：《六朝事迹編類》卷四《樓臺門》：“《寰宇記》云：芳林苑，一名桃花園，本齊高帝舊宅，在府城之東，秦淮大路北。武帝永明五年，嘗幸其苑禊晏……又按《南史》，齊時青溪宮改爲芳林苑。”按，芳林苑即此芳林園。尋本卷前文作“青溪宅”或“青溪宮”，而此作“芳林園”，則改名者爲齊武帝無疑。　禊（xì）宴：猶禊飲。即祓祭，古人於水濱舉行的清除不祥之祭。洗濯除垢稱爲禊。携飲食在野宴飲稱爲禊飲。常在春秋兩季舉行，而以暮春之月尤爲流行。早期在三月上巳之日行祭，自曹魏以後但用三月三日。永明五年三月丙戌朔，戊子爲初三日。齊武帝禊祭於此日即其一證。參見本書《禮志上》。

夏四月庚午，[1]車駕殷祠太廟。[2]詔“繫囚見徒四歲刑以下，悉原遣，五年減爲三歲，京邑罪身應入重，降一等”。

[1]夏四月庚午：原脱“庚午”二字，按祀太廟例記日，今據中華本補。

[2]殷祠：殷祭，帝王宗廟的大祭。每五年舉行一次的宗廟大祭（禘）和每三年舉行一次的諸祖神主的大合祭（祫）皆稱殷祭。《公羊傳》文公二年：“五年而再殷祭。”何休注：“殷，盛也。謂三年祫，五年禘。禘所以異於祫者，功臣皆祭也。”按，此處殷祠指五年的禘祭。

六月辛酉，詔曰：“比霖雨過度，[1]水潦洊溢，[2]京師居民，多離其弊。[3]遣中書舍人、二縣官長隨宜賑賜。”

[1]比：近來。

[2]洊（jiàn）：再次，屢次。

[3]離：通“罹”，遭受，遭遇。

秋七月戊申，詔“丹陽屬縣建元四年以來至永明三年所逋田租，殊爲不少。京甸之内，[1]宜加優貸。其非中貲者，[2]可悉原停”。

八月乙亥，詔“今夏雨水，吴興、義興二郡田農多傷，詳蠲租調”。

[1]京甸：京畿。國都所在地及其行政官署所管轄的地區。

［2］中貲：南齊時民户資産等級之一。國家爲了徵税，按照民户所有的田地、房宅、桑樹進行評資，分爲“高貲”“中貲”“下貧”三等。本書卷四六《顧憲之傳》：“山陰一縣，課户二萬，其民貲不滿三千者，殆將居半，刻又刻之，猶且三分餘一。”由此知家資三千是“中貲”的下限，其上限不詳。貲，通“資”。

九月己丑，詔曰：“九日出商飆館登高宴群臣。”[1]辛卯，車駕幸商飆館。館，上所立，在孫陵崗，世呼爲“九日臺”者也。丙午，詔曰：“善爲國者，使民無傷，而農益勸。是以十一而税，[2]周道克隆，[3]開建常平，[4]漢載惟穆。[5]岱畎絲枲，浮汶來貢，杞梓皮革，必緣楚往。[6]自水德將謝，[7]喪亂彌多，師旅歲興，饑饉代有。貧室盡於課調，[8]泉貝傾於絶域，[9]軍國器用，動資四表，[10]不因厥産，[11]咸用九賦，[12]雖有交貿之名，而無潤私之實，[13]民咨塗炭，[14]寔此之由。昔在開運，星紀未周，[15]餘弊尚重。農桑不殷於曩日，粟帛輕賤於當年。工商罕兼金之儲，匹夫多飢寒之患。良由圜法久廢，[16]上幣稍寡。[17]所謂民失其資，能無匱乎？凡下貧之家，[18]可蠲三調二年。[19]京師及四方出錢億萬，糴米穀絲綿之屬，其和價以優黔首。[20]遠邦嘗市雜物，非土俗所産者，皆悉停之。必是歲賦攸宜，都邑所乏，可見直和市，[21]勿使逋刻。”[22]

［1］商飆（biāo）館：館名。南齊武帝建於京城建康孫陵崗，世呼爲“九日臺”。故址在今江蘇南京中山陵西南、明孝陵南之梅花山。《六朝事迹編類》卷四《樓臺門·九日臺》：“《南史》：齊武

帝永明五年四月，作商飆館於孫陵岡，世呼爲九日臺。《十道四番志》云：武帝九月九日，以宴群臣孫陵岡，即吴大帝蔣陵，今在鍾山鄉蔣廟之西南，俗呼爲松陵岡，去縣十二里。”

［2］十一而税：十分税其一，周朝税制。

［3］克隆：克期興隆。

［4］常平：指常平倉。漢以後爲調節糧價而設置的糧倉。漢宣帝采納耿壽昌建議，在邊郡設常平倉，穀賤購進，貴時賣出，以平抑糧價。

［5］穆：清平，安定。

［6］“岱畎絲枲”至“必緣楚往”：岱畎（quǎn）絲枲（xǐ），浮汶來貢，《尚書·禹貢》：“岱畎絲枲，鉛松怪石……浮于汶，達于濟。”岱，泰山的别名。畎，山谷。汶，水名。杞梓皮革，必緣楚往，《左傳》襄公二十六年：“如杞梓皮革，自楚往也。”杞，木名。即杞柳。枝條韌，可供編柳條箱、筐等用具。梓，木名。材質輕軟，耐朽，供建築及製家具、樂器等用材。楚，先秦國名。按，以上四句引《禹貢》《左傳》之言，喻周、漢盛世貢道暢通。

［7］水德：指劉宋。按照五德論，宋爲水德。

［8］課調：輸納租調。

［9］泉貝：錢幣。

［10］資：憑借，依靠。　四表：四方極遠的地方。《尚書·堯典》：“光被四表，格于上下。”

［11］厥：其。

［12］九賦：古籍所載周朝的九種賦税。《周禮·天官·大宰》：“以九賦斂財賄：一曰邦中之賦，二曰四郊之賦，三曰邦甸之賦，四曰家削之賦，五曰邦縣之賦，六曰邦都之賦，七曰關市之賦，八曰山澤之賦，九曰弊餘之賦。”九賦雖未必和周事實相符，但後世有關賦税常引以爲據。

［13］潤私：恩澤加於私家。

［14］咨：嘆息。

［15］星紀：泛指歲月。

［16］圜法：貨幣制度。《漢書·食貨志下》："太公爲周立九府圜法。"顔師古注曰："圜謂均而通也。"即謂錢幣規範便於流通。

［17］上幣：此處指輪廓完全的標準錢幣。

［18］下貧：南齊按家資把民户分爲高貲、中貲、下貧三等。家資在三千以下者爲下貧。

［19］三調：《通鑑》卷一三八《齊紀四》"武帝永明十一年"條胡三省注："三調，謂調粟、調帛及雜調也。"

［20］和價：謂官定的平價。　黔首：庶民，平民。

［21］和市：官府向百姓議價購買貨物。

［22］逋刻：此處指在交易中拖欠錢款和壓低價格。按，《通典》卷一二《食貨十二》有一段與此詔内容關係緊密的記載："齊武帝永明中，天下米穀布帛賤，上欲立常平倉，市積爲儲。六年，詔出上庫錢五千萬，於京師市米，買絲綿紋絹布。揚州出錢千九百一十萬，（揚州，理建業，今江寧縣也）南徐州二百萬，（南徐州，理京口，今丹陽郡）各於郡所市糴。南荆州二百萬，（南荆河州，理壽春，今郡）市絲綿紋絹布米大麥。江州五百萬，（江州，理潯陽，今郡）市米胡麻。荆州五百萬，（荆州，理南郡，今江陵）郢州三百萬，（郢州，理江夏，今郡）皆市絹、綿、布、米、大小豆、大麥、胡麻。湘州二百萬，（湘州，理長沙，今郡）市米、布、蠟。司州二百五十萬，（司州，理汝南，今義陽郡）西荆河州二百五十萬，（西荆河州，理歷陽，今郡）南兖州二百五十萬，（南兖州，理廣陵，今郡）雍州五百萬，（雍州，理襄陽，今郡）市絹綿布米。使臺傳並在所在市易。"按，《通典》卷一二之文，圓括弧中的文字皆杜佑自注。其中荆河州即豫州，杜佑避唐代宗名諱改。南齊時，治所在壽春之州爲豫州，或稱西豫州，此作南荆河州；治所在歷陽者爲南豫州，此稱西荆河州。皆誤，當互易其名。又，《通鑑》卷一三六《齊紀二》"武帝永明六年"條："上以中外穀帛至賤，用尚書右丞江夏李珪之議，出上庫錢五千萬及出諸州錢，皆令

糴買。"《永樂大典》卷七五〇七引《鎮江志·倉廩》："常平倉，在府治南。潤之有倉，自齊始。齊永明中，天下米穀布帛賤，上欲擬常平倉，市積爲儲。六年下詔，尚書右丞李珪之等參議，出庫錢五千萬，於京師市米，買絲綿絹布。揚州出錢千九百一十萬，南徐州二百萬，各於郡所市糴。"據以上記載，可知南齊和市當有五年、六年前後二詔。五年詔確定了和市的基本原則，六年詔則爲朝廷議定的具體實施方案。其主要策劃者尚書右丞李珪之，本書卷五三《李珪之傳》，郡望同《通鑑》，然無任尚書右丞經歷。《南史》卷七〇《李珪之傳》，其郡望及曾任尚書右丞皆同《通鑑》，當即其人。按，疑本書《李珪之傳》脱其尚書右丞的仕宦經歷。

冬十月甲申，[1]以中領軍西昌侯鸞爲豫州刺史，侍中安陸侯緬爲中領軍。初起新林苑。[2]

[1]冬十月甲申：牛繼清《十七史疑年録》：永明五年"十月癸丑朔，月内無甲申"。(第93頁)

[2]新林苑：苑名。在今江蘇南京市西南隅長江邊。

六年春正月壬午，以祠部尚書安成王暠爲南徐州刺史。[1]詔"二百里内獄同集京師，克日聽覽，[2]自此以外，委州郡訊察。[3]三署徒隸，詳所原釋"。

[1]祠部尚書：南朝沿置，尚書省六部尚書之一。與尚書右僕射不並置，若無右僕射，則置，領祠部、儀曹二曹郎。南朝宋、齊皆秩三品。　安成王暠：齊高帝第六子，建元元年（479）六月甲申封。本書卷三五有傳。安成，郡名。治所在今江西安福縣。

[2]克日：約定日期。　聽覽：聽理訴訟。

［3］訊察：訊問審察。

三月己亥，以豫章王世子子響爲巴東王。[1]癸卯，以光禄大夫周盤龍爲行兖州刺史。[2]

［1］三月己亥，以豫章王世子子響爲巴東王：本書卷四〇《魚復侯子響傳》：子響，齊武帝第四子。“豫章王嶷無子，養子響。後有子，表留爲嫡。”永明六年（488），有司奏，“子響宜還本”。乃封巴東郡王。《南史》卷四四《魚復侯子響傳》：“永明六年，有司奏子響宜還本，乃封巴東郡王。”《南史》卷四《齊本紀上》：永明六年三月己亥，“封皇子子響爲巴東王”。按，齊武帝例封其諸弟、諸子爲郡王，無封諸王世子爲王者，此作“豫章王世子”誤。當是子響還本後受封爲王。當以《南史·齊本紀上》作“皇子”爲正。巴東，郡名。治所在今重慶市奉節縣東。

［2］周盤龍：本書卷二九有傳。按，其本傳中的兖州刺史前無“行”字。《南史》卷四六《周盤龍傳》中其爲兖州刺史前亦無“行”字。

五月甲午，以宕昌王梁彌承爲河、凉二州刺史。[1]

［1］以宕昌王梁彌承爲河、凉二州刺史：本書卷五九《羌傳》：“六年，以行宕昌王梁彌承爲使持節、督河凉二州軍事、安西將軍、東羌校尉、河凉二州刺史、宕昌王。”即此前梁彌承爲行宕昌王。考梁彌承乃繼梁彌頡而爲王，梁彌頡卒，承尚未得朝廷正式任命，故曰行宕昌王也。此例與前文所載三年八月丁巳“以行宕昌王梁彌頡爲河凉二州刺史”同，即傳文所載是也。此於“宕昌王”前佚一“行”字。參見丁福林《校議》，第27頁。

六月甲寅，以散騎常侍沈景德爲徐州刺史。[1]丙子，以始興太守房法乘爲交州刺史。[2]

[1]散騎常侍：南朝沿置。掌侍從左右，主管圖書文翰、文章、撰述、諫諍拾遺，收納轉呈文書奏事。南朝宋秩三品，齊不詳。　沈景德：宋末齊初，先後任左軍將軍、交州刺史、廣州刺史、寧朔將軍、廣州刺史、散騎常侍等官職。

[2]房法乘：本書卷五八《東南夷傳》："法乘，清河人。昇明中，爲太祖驃中兵，至左中郎將。"其爲交州刺史事亦詳此傳。

秋七月乙巳，都官尚書吕安國爲領軍將軍。

八月乙卯，詔"吴興、義興水潦，被水之鄉，賜痼疾篤癃口二斛，[1]老落一斛，[2]小口五斗"。

[1]痼疾：積久難治的病。亦作"固疾"或"錮疾"。　篤癃：指病重或廢疾之人。

[2]老落：猶曰年老零落者。真大成《中古史書校證·〈南齊書〉校證第三》以爲"落"字不誤，殘本《册府元龜》仍作"落"。"落"從掉落、衰謝引申指衰敗、衰弱，"老落"近義平列。《太平御覽》卷二四〇引王羲之《臨護軍教》"其有老落篤癃不堪從役、或有飢寒之色不能自存者，區分處别，自當參詳其宜。"（第108頁）陳興武《通行本〈二十四史〉勘評選》："'落'者，衰落也。《管子·宙合》：'奮盛苓落也，盛而不落者，未之有也。'又飄零也。《國語·吴語》：'使我甲兵鈍弊，民人離落，而日以憔悴。'又狐獨也。晋·陸機《嘆逝賦（並序）》：'親落落而日稀，友靡靡而愈索，顧舊要于遺存，得十一于千百。'……'老落'本自爲詞。如晋·王羲之《臨護軍教》：'家至人若，暢吾乃心，其有老落篤癃，不堪從役，或有飢寒之色，不能自存者，區分處别，

自當參詳其宜。’惟後來尠見矣。”（新世界出版社2012年版，第168頁）按，中華本據諸本改“老落”爲“老疾”，誤。《册府元龜》卷一百九十五作“老口”與此義尚相近，若改爲“老疾”，則與上句“痼疾篤癃”語義叠覆，且既“老”又“疾”者其恩恤豈能轉薄？故以作“老落”爲正。

九月壬寅，車駕幸琅邪城講武，[1]習水步軍。

[1]琅邪城：南琅邪郡城，在今江蘇南京市金川門外幕山南麓。

冬十月庚申，立冬，初臨太極殿讀時令。[1]辛酉，以祠部尚書武陵王曅爲江州刺史。[2]

[1]太極殿：宫殿名。建康宫城的正殿，是皇帝聽政、治事之所。在今江蘇南京市玄武湖以南故臺城内。　讀時令：《通鑑》卷一三六《齊紀二》“武帝永明六年”條，胡三省注：“《漢儀》：太史每歲上其年曆，先立春、立夏、大暑、立秋、立冬，常讀五時令。皇帝所服各隨五時之色，帝升御坐，尚書令以下就席位，尚書、三公、郎以令置按上，奏以入，就席伏讀訖，賜酒一卮。”殿本《考證》：“據此，武帝是舉，蓋遵古制。前此未行，故曰‘初臨’也。”

[2]武陵王曅：齊高帝第五子，建元元年（479）六月甲申封。本書卷三五有傳。武陵，郡名。治所在今湖南常德市。

閏月乙卯，[1]詔曰：“北兖、北徐、豫、司、青、冀八州，[2]邊接疆埸，民多懸罄，[3]原永明以前所逋租調。”辛卯，以尚書僕射王奂爲領軍將軍。[4]

[1]閏月乙卯：承上則閏十月。是年閏十月丁丑朔，月内無乙卯，下出辛卯爲十五日。疑此“乙卯”爲“己卯”之訛。己卯初三日，合序。參見牛繼清《十七史疑年録》，第94頁。

[2]北兖、北徐、豫、司、青、冀八州：中華本校勘記云：“錢大昕《廿二史考異》云：‘當爲六州，或上有脱文。’按《元龜》四百八十九‘司’下有‘雍’字，亦衹七州，尚奪一州也。”

[3]懸罄：形容空無所有，極貧。《國語·魯語上》：“室如懸罄，野無青草，何恃而不恐？”

[4]尚書僕射：南朝沿置，尚書省次官。輔助尚書令執行政務，參議大政，諫諍得失，監察糾彈百官，可封還詔旨，與尚書令同居宰相之任，被稱爲“朝端”或“朝右”。南朝宋、齊皆秩三品。

十一月乙卯，以羽林監費延宗爲越州刺史。[1]庚申，以後將軍晋安王子懋爲湘州刺史，[2]西陽王子明爲南兖州刺史。[3]

[1]羽林監：南朝宋復置，掌宿衛侍從。南朝宋秩五品，齊不詳。　費延宗：其事不詳。

[2]後將軍：南朝沿置，軍府名號，用作加官。南朝宋秩三品，齊不詳。

[3]西陽王子明：齊武帝第十子。永明元年（483），封武昌王。三年，失國璽，改封西陽。本書卷四〇有傳。西陽，郡名。治所在今湖北黄岡市東。

七年春正月丙午，以中軍將軍王敬則爲豫州刺史，[1]中軍將軍陰智伯爲梁、南秦二州刺史。[2]戊申，詔曰："雍州頻歲戎役，兼水旱爲弊，原四年以前逋租。"辛亥，車駕祠南郊，大赦。京邑貧民，普加賑賜。又詔曰："春頒秋斂，[3]萬邦所以惟懷，[4]柔遠能邇，[5]兆民所以允殖。[6]鄭渾宰邑，因姓立名，[7]王濬剖符，户口殷盛。[8]今産子不育，雖炳常禁，[9]比聞所在，猶或有之。誠復禮以貧殺，[10]抑亦情由俗淡。[11]宜節以嚴威，敦以惠澤。主者尋舊制，詳量附定，蠲卹之宜，務存優厚。"壬戌，驃騎將軍、開府儀同三司臨川王映薨。戊辰，詔曰："諸大夫年秩隆重，[12]禄力殊薄，[13]豈所謂下車惟舊，[14]趨橋敬老。[15]可增俸，詳給見役。"

［1］中軍將軍：南朝置爲重號將軍，宋位比四鎮將軍，秩三品。南齊位在四征將軍上，品秩不詳。

［2］陰智伯：武威姑臧人。其事迹又見本書卷五七《魏虜傳》、卷五九《氐傳》及《梁書》卷一四《江淹傳》、卷四六《陰子春傳》。按，王敬則、陰智伯不可能同時擔任中軍將軍。丁福林《校議》云："王敬則任中軍將軍，見本書王敬則本傳，又見本卷及《南史·齊本紀上》之永明五年所載。然而據《宋書·百官志上》所載，時中軍將軍僅置一人。南齊一仍宋制，中軍將軍亦應置一人不變。則此云'中軍將軍陰智伯'者，必誤。按，中軍將軍乃時之要職，官第三品，王敬則爲齊高帝蕭道成腹心佐命大臣，齊之立國，其居功至偉，故得爲此職。而陰智伯於是時聲名未顯，梁、南秦二州刺史又非要職，宋齊時亦未有以中軍將軍之要職而出刺此二州者，故頗疑此前陰智伯乃王敬則之軍府佐，爲中軍參軍，時乃遷爲梁、南秦二州刺史耳……本書《武帝紀》載永明三年正月，'安西諮議參軍崔慶緒爲梁、南秦二州刺史'之例是也。即此'中軍將軍陰智伯'之'將軍'，本爲'參軍'，後人傳寫或排版致誤耳。"

（第 27—28 頁）

［3］頒：賞賜。　斂：收聚。

［4］萬邦：《尚書·堯典》："百姓昭明，協和萬邦。"初指衆多的部落方國或諸侯國，此統指全國各地。　懷：歸向，歸心。

［5］柔遠能邇：《詩·大雅·民勞》："柔遠能邇，以定我王。"高亨《詩經今注》："柔，安撫。能，親善。邇，近處。"（第 423 頁）

［6］兆民：古代帝王對境内百姓群體的稱呼。《禮記·内則》："降德于衆兆民。"鄭玄注："萬億曰兆。天子曰兆民，諸侯曰萬民。"此"兆"字，極言數之多也。　允殖：生息繁衍。

［7］鄭渾宰邑，因姓立名：鄭渾，字文公。三國魏河南開封人。建安前期，曹操先後任其爲下蔡長、邵陵令。時"天下未定，民皆剽輕，不念産殖。生子無以相活，率皆不舉。渾所在奪其漁獵之具，課使耕桑，又兼開稻田，重去子之法。民初畏罪，後稍豐給，無不舉贍。所育男女，多以鄭爲字。"《三國志》卷一六有傳。

［8］王濬剖符，户口殷盛：王濬，字士治。弘農湖人。晋初任巴郡太守。"郡邊吴境，兵士苦役，生男多不養。濬乃嚴其科條，寬其傜課，其産育者皆與休復，所全活者數千人。"《晋書》卷四二有傳。

［9］炳：彰明昭著。

［10］禮以貧殺（shài）：禮數因貧窮而被削減。殺，減省，裁削。《周禮·秋官·掌客》："凡禮賓客：國新殺禮，凶荒殺禮，札喪殺禮，禍烖殺禮，在野在外殺禮。"鄭玄注："皆爲國省用愛費也。國新，新建國也。凶荒，無年也。禍烖，新有兵寇水火也。"札喪，疾疫死亡。

［11］情由俗淡：情感由於習俗的影響而淡薄。

［12］諸大夫年秩隆重：本書《百官志》："左、右光禄大夫，位從公，開府置佐史如公。光禄大夫，皆銀章青綬，詔加金章紫綬者，爲金紫光禄大夫……太中大夫。中散大夫。諸大夫官，皆處舊

齒老年，重者加親信二十人。”按，光禄大夫，南朝宋秩三品，齊不詳。太中大夫，南朝宋秩七品，齊不詳。中散大夫，南朝宋六百石，齊秩七品。後二者雖然品秩不高，然朝廷禄賜豐厚。年秩，年齡與秩禄等級。

[13]禄力：猶俸給。

[14]下車惟舊：下車，《禮記·樂記》：“武王克殷，反商，未及下車，而封黄帝之後於薊。”後稱帝王即位或官吏到任爲下車。惟舊，《尚書·盤庚上》：“人惟求舊，器非求舊，惟新。”《潛夫論·交際》作：“人惟舊，器惟新。”此處“舊”字指舊人老臣。

[15]趨橋敬老：《史記》卷五五《留侯世家》：漢初名臣張良早年“嘗閒從容步游下邳圯上，有一老父，衣褐，至良所，直墮其履圯下，顧謂良曰：‘孺子，下取履！’良鄂然，欲毆之，爲其老，彊忍，下取履。父曰：‘履我！’良業爲取履，因長跪履之。父以足受，笑而去。”老父又返回橋上，約張良五日後凌晨在橋上相見。張良凡三往，終於在第十五日先於老父到達橋上。老父這纔贈送給張良一卷《太公兵法》，曰：“讀此則爲王者師矣。”

二月丙子，以左衛將軍巴東王子響爲中護軍。[1]己丑，詔曰：“宣尼誕敷文德，[2]峻極自天，發輝七代，[3]陶鈞萬品，[4]英風獨舉，素王誰匹？[5]功隱於當年，道深於日月，感麟厭世，[6]緬邈千祀，[7]川竭谷虚，丘夷淵塞，非但洙泗湮淪，[8]至乃饗嘗乏主。[9]前王敬仰，[10]崇脩寢廟，[11]歲月亟流，鞠爲茂草。[12]今學斅興立，實禀洪規，撫事懷人，彌增欽屬。[13]可改築宗祊，[14]務在爽塏。[15]量給祭秩，[16]禮同諸侯，奉聖之爵，以時紹繼。”[17]壬寅，以丹陽尹王晏爲江州刺史。[18]癸卯，以巴陵王子倫爲豫州刺史。

［1］中護軍：南朝沿置。掌督護京師以外地方諸軍。與護軍將軍通職，不並置，資重者爲護軍將軍，資輕者爲中護軍。南朝宋秩三品，齊不詳。

［2］宣尼：漢平帝元始元年（1）追謚孔子爲褒成宣尼公，後因稱孔子爲宣尼。見《漢書》卷一二《平帝紀》。　誕敷：遍布。《尚書·大禹謨》："帝乃誕敷文德，舞干羽於兩階。"孔安國傳："遠人不服，大布文德以來之。"　文德：指以禮樂教化進行統治。

［3］七代：謂周、秦、漢、魏、晋及南朝之宋、齊。

［4］陶鈞：製造陶器所用的轉輪。比喻造就、創建。

［5］素王：古代道家稱有帝王之德而未居其位的人。《莊子·天道》："夫虚静恬淡寂漠無爲者，萬物之本也……以此處上，帝王天子之德也；以此處下，玄聖、素王之道也。"郭象注："有其道爲天下所歸而無其爵者，所謂素王自貴也。"東漢王充用以稱孔子。《論衡·定賢》："孔子不王，素王之業在於《春秋》。"後世儒家遂專以素王稱孔子。

［6］感麟厭世：指孔子對獲麟一事的感傷。春秋魯哀公十四年（前481），西狩獲麟。孔子見而感傷，曰："吾道窮矣！"

［7］緬邈：遥遠。　千祀：千年。

［8］洙泗：孔子故里魯國昌平鄉陬邑（在山東曲阜市東南）臨近洙、泗二水，故此以洙泗指稱其故里。

［9］饗嘗：供奉酒食。

［10］前王：前代帝王。

［11］寢廟：古代的宗廟有廟和寢兩部分，合稱寢廟。《禮記·月令》仲春之月："寢廟畢備。"鄭玄注："凡廟，前曰廟，後曰寢。"孔穎達疏："廟是接神之處，其處尊，故在前；寢，衣冠所藏之處，對廟而卑，故在後。但廟制有東西廂，有序墻，寢制惟室而已。"

［12］鞠爲茂草：謂雜草塞道。形容衰敗荒蕪的景象。鞠，通“鞫”，窮，盡。《詩·小雅·小弁》：“鞫爲茂草。”

［13］欽屬（zhǔ）：敬仰。欽，敬也。屬，通“矚”。

［14］宗祊（bēng）：宗廟。祊，古代在宗廟門内舉行的祭祀。

［15］爽塏（kǎi）：指高燥之地。《左傳》昭公三年：“初，景公欲更晏子之宅，曰：‘子之宅近市，湫隘囂塵，不可以居，請更諸爽塏者。’”杜預注：“爽，明。塏，燥。”

［16］祭秩：此處指祭祀時所須的財物。

［17］奉聖之爵，以時紹繼：自西漢末年以來，歷代帝王皆封孔子後嗣以侯爵。漢曰褒成侯，見《漢書》卷一二《平帝紀》、《後漢書》卷五《安帝紀》、《後漢書》卷七九上《孔僖傳》；魏曰宗聖侯，見《三國志》卷二《魏書·文帝紀》；晋曰奉聖亭侯，見《晋書·禮志上》。宋曰奉王亭侯，又曰奉聖侯，見《宋書·禮志四》。按，齊名不詳，疑亦稱奉聖侯。

［18］王晏：本書卷四二有傳。

三月丁未，以太子右衛率王玄邈爲兖州刺史。[1]庚戌，以中護軍巴東王子響爲江州刺史，中書令隨郡王子隆爲中護軍。[2]甲寅，立皇子子岳爲臨賀王，[3]子峻爲廣漢王，[4]子琳爲宣城王，[5]子珉爲義安王。

［1］太子右衛率：南齊沿置，掌宿衛東宫，亦任征伐，職任頗重，員一人，秩五品。　王玄邈：本書卷二七有附傳。

［2］中書令：南齊沿置，中書省長官之一，位在中書監下。南朝中書省掌納奏擬詔、出令，然權歸中書舍人，監、令作爲長官，品秩高，多用作重臣加官。南朝宋、齊皆秩三品。

［3］子岳：齊武帝第十六子，本書卷四〇有傳。　臨賀：以郡爲國。治所在今廣西賀州市。

[4]子峻：齊武帝第十八子，本書卷四〇有傳。　廣漢：以郡爲國。治所在今四川廣漢市北。

[5]子琳：齊武帝第十九子，本書卷四〇有傳。　南海：以郡爲國。治所在今廣東廣州市。

夏四月戊寅，詔曰："婚禮下達，人倫攸始，《周官》設媒氏之職，[1]《國風》興及時之詠。[2]四爵内陳，[3]義不期侈，[4]三鼎外列，[5]事豈存奢。晚俗浮麗，歷兹永久，每思懲革，而民未知禁。乃聞同牢之費，[6]華泰尤甚。膳羞方丈，[7]有過王侯。富者扇其驕風，貧者耻躬不逮。或以供帳未具，[8]動致推遷，[9]年不再來，盛時忽往。宜爲節文，[10]頒之士庶。並可擬則公朝，方樑供設，[11]合巹之禮無虧，[12]寧儉之義斯在。如故有違，繩之以法。"

五月乙巳，尚書令、衛將軍、開府儀同三司王儉薨。甲子，以新除尚書左僕射柳世隆爲尚書令。

六月丁亥，車駕幸琅邪。

[1]《周官》：書名。也稱《周官經》。西漢末列爲儒家經典而屬於禮，故後來遂稱《周禮》。古文經學家認爲周公所作，今文經學家指爲西漢末劉歆僞，近人多認爲是戰國時期作品。共有《天官冢宰》《地官司徒》《春官宗伯》《夏官司馬》《秋官司寇》《冬官司空》六篇。《冬官司空》早佚，西漢時補以《考工記》。有東漢鄭玄《周禮注》、唐賈公彦《周禮正義》、清孫詒讓《周禮正義》等。　媒氏：官名。一説周朝置。掌民衆婚姻事務。《周禮·地官·媒氏》："掌萬民之判，凡男女自成名以上，皆書年月日名焉。令男三十而娶，女二十而嫁。"

［2］《國風》興及時之詠：《國風》，《詩經》的組成部分。皆爲采自各地的民間歌謡，合爲十五國風，共一百六十篇。興及時之詠，《衛風·氓》："匪我愆期，子無良媒。"又，《齊風·南山》："取妻如之何？匪媒不得。"

［3］四爵：士婚宴席所設的酒器。《儀禮·士昏禮》："尊于房户之東，無玄酒。篚在南，實四爵、合卺。"爵，酒器。《禮記·禮器》："宗廟之祭，貴者獻以爵。"鄭玄注："凡觴，一升曰爵。"

［4］期：至，及。

［5］三鼎：此處指士婚宴席所設的鼎食。《儀禮·士昏禮》："期初昏，陳三鼎于寢門外東方。"鄭玄注："鼎三者，升豚、魚、腊也。"

［6］同牢：又作"共牢"。古代婚姻儀式中新郎新娘同吃一份牲牢，表示共同生活的開始。《禮記·昏義》："婦至，婿揖婦以入，共牢而食。"孔穎達疏："共牢而食者，在夫之寢，婿東面，婦西面，共一牲牢而同食不異牲。"《漢書》卷九九下《王莽傳下》："進所徵天下淑女杜陵史氏女爲皇后……莽親迎於前殿兩階間，成同牢之禮于上西堂。"

［7］膳羞：美食。《周禮·天官·膳夫》："掌王之食飲膳羞。"鄭玄注："膳，牲肉也。羞，有滋味者。"　方丈：極言餚饌之豐盛。語出《孟子·盡心下》："食前方丈，侍妾數百人，我得志，弗爲也。"趙岐注："極五味之饌食，列於前，方一丈。"

［8］供帳：陳設帷帳等用具以供宴會，也指陳設之物。《後漢書》卷四〇下《班固傳》："乃盛禮樂供帳，置乎雲龍之庭。"李賢注："供帳，供設帷帳也。"

［9］推遷：拖延時間。

［10］節文：節制修飾禮樂制度。《禮記·檀弓下》："辟踊，哀之至也。有筭，爲之節文也。"《史記》卷九九《叔孫通列傳》："五帝異樂，三王不同禮。禮者，因時世人情爲之節文者也。"按，文，指禮樂制度。《論語·子罕》："文王既没，文不在兹乎？"朱

熹《集注》：“道之顯者爲文，蓋禮樂制度之謂。”

[11]方樏（lěi）：方形的樏。樏，食器名，即“扁榼”，像盤，中有隔。《玉篇·本部》：“樏，扁榼謂之樏。”《廣韵·紙韵》：“樏，似盤，中有隔也。”

[12]合巹（jǐn）：古代婚禮儀式之一。剖一瓠爲兩瓢，新婚夫婦各執一瓢，斟酒以飲。後多以“合巹”代指成婚。《禮記·昏義》：“合巹而酳。”孔穎達疏：“以一瓢分爲二瓢謂之巹，婿之與婦各執一片以酳，故云合巹而酳。”按，酳（yìn），用酒漱口。

秋八月庚子，以左衛將軍建安王子真爲中護軍。

冬十月己丑，詔曰：“三季澆浮，[1]舊章陵替，[2]吉凶奢靡，動違矩則。[3]或裂錦繡以競車服之飾，[4]塗金鏤石以窮塋域之麗。[5]至斑白不婚，[6]露棺累葉，[7]苟相姱衒，[8]罔顧大典。可明爲條制，嚴勒所在，悉使畫一。[9]如復違犯，依事糾奏。”

[1]三季：指夏、商、周三代的末年。《國語·晋語一》：“雖當三季之王，不亦可乎?”韋昭注：“季，末也。三季王，桀、紂、幽王也。” 澆浮：猶澆薄。指社會風氣浮薄。

[2]舊章：舊時的典章制度。 陵替：紀綱廢弛，上下失序。

[3]矩則：法則，制度。

[4]車服：車和禮服。

[5]塋（yíng）域：墓地。

[6]斑白：指老人頭髮花白。因以喻老年。

[7]葉：時期，猶“世”。

[8]姱（kuā）衒（xuàn）：誇耀賣弄。姱，誇大，誇耀。衒，炫耀，賣弄。

[9]畫一：整齊，明白。《史記》卷五四《曹相國世家》：“蕭

何爲法，顜若畫一。”

十二月己亥，以中護軍建安王子真爲郢州刺史，江州刺史巴東王子響爲荊州刺史，前安西司馬垣榮祖爲兗州刺史。[1]

[1]安西司馬：安西將軍司馬，軍府高級幕僚。掌參贊軍務，管理府内武職，位僅次於長史。南朝宋秩七品，齊不詳。　垣榮祖：本書卷二八有傳。按，其本傳無任安西司馬事，云：“爲安陸王平西諮議，帶江陵令仍遷司馬、河東内史。”檢本書卷四〇《安陸王子敬傳》：永明五年（487），徙都督荊湘梁雍南北秦六州軍事、平西將軍、荊州刺史，持節如故。尋進號安西將軍。據此，當是榮祖先任蕭子敬平西諮議，尋隨子敬進號而又轉遷安西司馬。則《垣榮祖傳》“仍遷司馬”句司馬前脱“安西”二字。

八年春正月庚子，征西大將軍王敬則進號驃騎大將軍，[1]左將軍沈文季爲領軍將軍，丹陽尹鄱陽王鏘爲江州刺史。詔放遣隔城虜俘，[2]聽還其本。[3]

[1]征西大將軍：兩晋南北朝爲將軍名號，多授予統兵在外、都督數州軍事者。在武職中地位很高，居四征將軍之上。南朝齊位從公，開府儀同如公，秩一品。　驃騎大將軍：南朝沿置，位在諸名號大將軍上，多加於權臣元老，以示尊崇，開府置僚屬，不領兵。南朝齊位從公，開府儀同如公，秩一品。

[2]隔城虜俘：本書卷三〇《曹虎傳》，永明六年（488）四月“荒賊”桓天生引魏兵出據隔城。曹虎督數軍討之，俘獲二千餘人。攻拔隔城，復殺二千餘人。隔城之戰及遣還事，又見本書卷五七

《魏虜傳》。參見周一良《南齊書札記》“隔城俘虜”條。(《魏晋南北朝史札記》，中華書局2015年版，第225頁）又，隔城，治所在今河南桐柏縣西北。南朝宋置，南齊置南襄城郡於此。

［3］聽還其本：中華本校勘記云：“‘其本’各本作‘本土’。張元濟《校勘記》云‘其本’二字不訛。按《高帝紀下》‘諸負釁流徙普聽還本’，各本‘本’下亦有‘土’字，張元濟亦云‘土’字衍。”按，朱季海《校議》（第3頁）、丁福林《校議》（第28頁）並稱百衲本及張元濟校正確，其“土”字爲各本臆增。

二月壬辰，零陵王司馬藥師薨。[1]

夏四月戊辰，詔“公卿已下各舉所知，隨才授職。進得其人，受登賢之賞；薦非其才，獲濫舉之罰”。

［1］二月壬辰，零陵王司馬藥師薨：底本脱“二月”二字。中華本校勘記云：“《南史·齊紀》作‘二月辛卯，零陵王司馬藥師薨’。按長曆，是年正月庚子朔，無壬辰。二月己巳朔，二十三日辛卯，二十四日壬辰，今補‘二月’二字。”今從補。“辛卯”“壬辰”二日，皆合序，未知孰是。又，零陵王，南朝宋封賜“禪位”的晋帝司馬德文及其後嗣的爵號，齊承宋制。見《宋書》卷三《武帝紀下》、卷五《文帝紀》、卷八《明帝紀》及本篇。司馬藥師，南齊前期零陵國嗣王，其他事迹不詳。零陵，以郡爲國。治所在今湖南永州市。

秋七月辛丑，以會稽太守安陸侯緬爲雍州刺史。癸卯，詔曰：“陰陽舛和，[1]緯象愆度，[2]儲胤嬰患，[3]淹歷旬晷。[4]思仰祗天戒，[5]俯紓民瘼，可大赦天下。”癸亥，詔“司、雍二州，比歲不稔，雍州八年以前司州七年以前逋租悉原。汝南一郡復限更申五年”。[6]

[1]舛和：錯亂不調。

[2]緯象愆（qiān）度：緯星運行軌迹失序。緯，行星的古稱，對經星（恒星）而言。《史記·天官書》：“水、火、金、木、填星，此五星者，天之五佐，爲緯。”

[3]儲胤：太子。　嬰患：患病。

[4]淹：留，停滯。　晷（guǐ）：原指日影，此處指時間。

[5]天戒：上天的禁戒。《尚書·胤征》：“先王克謹天戒，臣人克有常憲。”

[6]汝南：僑郡名。治所在今河南信陽市。

八月丙寅，詔“京邑霖雨既過，居民汎濫，遣中書舍人、二縣官長賑卹”。乙酉，以行河南王世子休留成爲秦、河二州刺史。[1]壬辰，以左衛將軍隨郡王子隆爲荆州刺史。巴東王子響有罪，遣丹陽尹蕭順之率軍討之，子響伏誅。

[1]以行河南王世子休留成爲秦、河二州刺史：中華本校勘記云：“‘休留成’，毛本、殿本、局本作‘休留代’，《梁書》《南史》同。《河南傳》作‘休留茂’。《通鑑》從《魏書》作‘伏連籌’。”朱季海《校議》云：“《周書·列傳·異域下·吐谷渾》：‘自吐谷渾至伏連籌一十四世。伏連籌死，子夸吕立，始自號爲可汗。’校勘記云：‘《梁書》卷五四《河南傳》伏連籌作休運籌，誤。’……留、連，成、籌之殊，要是一人，譯音小異耳。休、伏字形相近，必有一誤。《通鑑》從《魏書》近得其真，休其伏之譌乎？代、茂並成之形誤，當依百衲本《紀》文正之。”（第7—8

頁）丁福林《校議》云：“今考之《梁書·武帝紀中》所載天監元年四月，‘鎮西將軍河南王吐谷渾休留代進號征西將軍’。天監三年‘九月壬子，以河南王世子伏連籌爲鎮西將軍、西秦河二州刺史、河南王’。《梁書·諸夷傳》：‘易侯死，子休留代立。齊永明中，以代爲持節、都督西秦河沙三州、鎮西將軍、護羌校尉、西秦河二州刺史。梁興，進代爲征西將軍。代死，子伏連籌襲爵位。’又以伏連籌爲休留成之子。校者未細考，非是。又考於時吐谷渾親魏而疏梁，《梁書》恐是據傳聞而書。《通鑑》從《魏書》，以爲乃一人，近得其真。李延壽於《南史》從《梁書》，又於《北史》從《魏書》，全無考實之勤，疏漏尤甚。”（第 29 頁）周偉洲編《吐谷渾資料輯録》：“據《北史·吐谷渾傳》，度易侯死，子伏連籌立，《南齊書·河南傳》記，度易侯死，休留茂立，則伏連籌、休留茂（代）應即一人。《梁書》在休留代後，又云其子伏連籌立，疑誤。因當時吐谷渾與北魏關係更爲密切，故《魏書》《北史》所記理應較確。”（青海人民出版社 1992 年版，第 48 頁）今按，朱、丁、周三氏之議甚辯，此河南王世子名當以從《魏書》作“伏連籌”爲正。又，“秦、河二州”，中華本校勘記云：“‘秦、河二州’當依《河南傳》作‘西秦、河二州’。”丁福林《校議》云：“《梁書·諸夷傳》《南史·夷貊傳下》亦皆云休留成時爲‘西秦河二州刺史’，本書《高帝紀下》《河南傳》又云休留成之父度易侯先爲‘西秦河二州刺史’，則此必於‘秦’前佚一‘西’字，校方是也。”（第 29 頁）按，以上二校是，今從之。又，“行河南王世子休留成”，休留成之父度易侯（一作易度侯），南齊所授爵號是“河南王”。見本書卷二《高帝紀下》、卷三《武帝紀》、卷五九《河南傳》及《南史》卷四《齊本紀上》、《通鑑》卷一三五。此云休留成爲“行河南王世子”，非是。《南史·齊本紀上》載永明八年（490）“八月乙酉，以河南王世子休留代爲西秦、河二州刺史，封河南王”，是也。此於“河南王”前必是衍一“行”字。參見丁福林《校議》，第 29—30 頁。

冬十月丁丑，詔“吴興水淹過度，開所在倉賑賜”。癸巳，原建元以前逋租。

十一月乙卯，以建武將軍伏登之爲交州刺史。[1]

[1]建武將軍：南朝宋、齊沿置，與振武、奮武、揚武、廣武將軍合稱五武將軍。南朝宋秩四品。齊不詳。　伏登之：事見本書卷五八《東南夷傳》。

十二月乙丑，以振威將軍陳僧授爲越州刺史。[1]戊寅，詔“尚書丞郎職事繁劇，[2]卹俸未優，可量增賜禄”。己卯，皇子子建爲湘東王。[3]癸巳，以監青冀二州軍、行刺史事張冲爲青、冀二州刺史。[4]

[1]振威將軍：南朝宋、齊沿置。南朝宋時與建威、奮威、揚威、廣威將軍合稱五威將軍，秩四品。齊不詳。　陳僧授：人名。其事不詳。

[2]尚書丞郎職事繁劇：尚書丞郎，尚書省左、右丞與尚書郎合稱，南朝沿置。南朝宋、齊時尚書雖仍設於宫禁中，實際上是綜理全國政務的外朝最高行政機構。其左、右丞爲省之佐官，共掌尚書都省庶務，率諸都令史監督稽覈諸尚書曹、郎曹政務，督録近道文書章奏，監督糾彈百官。左丞又掌宗廟祠祀、朝儀祀制等文書奏事。右丞又掌本省庫藏穀帛，督録遠道州郡文書章奏，凡兵士百工名籍、内外庫藏穀帛、刑獄訴訟、軍械、田地、州郡租布、户籍、行政區劃、州郡長官免贈收捕等文書奏事皆屬之。尚書郎，爲尚書省諸郎曹長官，分曹執行政務。凡政事須議者先由其立意，文書庶事則由令史、書令史等屬吏處理。

[3]子建：齊武帝第二十一子。本書卷四〇有傳。　湘東：郡名。治所在今湖南衡陽市。

[4]監青冀二州：丁福林《校議》云："'軍'後疑佚一'事'字。"（第30頁）按，南朝時沿置都督諸軍事、監諸軍事、督諸軍事，領駐在地州刺史，爲地方軍政長官。監諸軍事位在都督諸軍事下，在督諸軍事上，職掌略同。或有監數州諸軍者。其任因所加"使持節""持節""假節"之號而有所不同。　張冲：本書卷四九有傳，其傳云："（永明）八年，爲假節、監青冀二州刺史事……仍轉刺史。"中華本校勘記云："'刺史事'上《御覽》五百二十六引有'行'字。"是知，當張冲"監青冀二州軍事"時，尚加"假節"之號。

九年春正月甲午，以侍中江夏王鋒爲南徐州刺史，[1]冠軍將軍劉悛爲益州刺史。辛丑，車駕祠南郊，詔"京師見囚繫，詳量原遣"。

[1]以侍中江夏王鋒爲南徐州刺史：江夏王鋒，齊高帝第十二子，建元三年（481）封江夏王。本書卷三五有傳。而其《傳》云："（永明九年）出爲徐州刺史"，《南史》卷四三《齊高帝諸子傳下》作"出爲南徐州刺史"。按，南徐州是近畿要地，南齊例以諸王出鎮，紀文不誤，傳文"徐州"前脱一"南"字。江夏，以郡爲國。治所在今湖北武漢市武昌區。

三月乙卯，以南中郎司馬劉楷爲司州刺史。[1]辛丑，以太子左衛率劉纘爲廣州刺史。[2]

[1]南中郎司馬：南中郎將軍府司馬。南中郎將，南朝沿置，

與東、西、北中郎將合稱四中郎將，南朝宋、齊多用宗室諸王。南朝宋秩四品，齊不詳。司馬，府之上佐，掌參贊將軍，管理府內武職，位僅次於長史。南朝宋秩七品，齊不詳。

[2]劉纘（zuǎn）：史書無傳。經考證，此前他曾於永明元年（483）十月以驍騎將軍身份、永明三年（485）三月以輔國將軍身份出使北魏，受到高規格接待。此後又曾任廣州刺史，爲奴所殺。見本書卷四〇《武十七王傳》、卷四二《王晏傳》、卷五七《魏虜傳》及《南史》卷四《齊本紀上》。按，中華本校勘記從日序入手，考證出以上兩條史料位置顛倒，云："按長曆，是年三月癸巳朔，九日辛丑，二十三日乙卯，此叙辛丑事反在乙卯後，定有誤。"按，此考爲是。當爲錯簡，應乙正。

夏四月乙亥，有司奏"舊格一年兩過行陵，[1]三月十五日曹郎以下小行，[2]九月十五日司空以下大行，[3]今長停小行，唯二州一大行"。[4]詔曰"可"。

六月甲戌，以尚書左僕射王奐爲雍州刺史。

[1]格：法律，制度。　行陵：帝王祭奠先人陵墓。

[2]曹郎：尚書郎，尚書省諸郎曹長官。此處指祠部尚書郎。小行：古代帝王謁陵的一種禮制。每年三月十五日由曹郎以下官員代表皇帝謁陵稱小行。

[3]大行：古代帝王謁陵的一種禮制。每年九月十五日由司空以下高官代表皇帝謁陵稱大行。

[4]二州：指揚與南徐二州刺史。

秋九月戊辰，車駕幸琅邪城講武，觀者傾都，[1]普頒酒肉。

[1]傾都：傾城，滿城。

十年春正月戊午，詔“諸責負衆逋七年以前，[1]悉原除。高貲不在例。[2]孤老六疾，[3]人穀五斛。内外有務衆官增禄俸”。以左民尚書南平王鋭爲湘州刺史，[4]司徒竟陵王子良領尚書令，右衛將軍王玄邈爲北徐州刺史，中軍將軍廬陵王子卿進號車騎將軍，北中郎將南海王子罕爲兖州刺史，[5]輔國將軍臨汝公昭文爲南豫州刺史，冠軍將軍王文和爲北兖州刺史。[6]

[1]責：通“債”。

[2]高貲：南齊民户資産等級之一。國家爲了徵税，按照民户所有的田地、房宅、桑樹進行評資，分爲“高貲”“中貲”“下貧”三等。“高貲”的標準不詳。貲，通“資”。　例：《册府元龜》卷四八九“例”字前有“此”字。

[3]六疾：六種疾病。此處泛指各種疾病。《左傳》昭公元年：“天有六氣……淫生六疾。六氣曰陰、陽、風、雨、晦、明也。分爲四時，序爲五節，過則爲灾。陰淫寒疾，陽淫熱疾，風淫末疾，雨淫腹疾，晦淫惑疾，明淫心疾。”《文選》卷五三李蕭遠《運命論》曰：“六疾待其前，五刑隨其後。”

[4]左民尚書：南朝沿置，爲尚書六曹長官之一，領左民、駕部二郎曹。南朝宋、齊皆秩三品。

[5]北中郎將：南朝沿置，宋、齊多用宗室諸王。南朝宋秩四品，齊不詳。　兖州刺史：本書卷四〇《武十七王傳》作“南兖州刺史”，與此不同。紀文同時授任者尚有“冠軍將軍王文和爲北兖州刺史”。按，本書“北兖州”常省作“兖州”，然齊武帝不當同時任命兩位北兖州刺史。故注者以爲《南海王子罕傳》作“南

兗州刺史”是，紀文“兗州刺史”前脱一“南”字。

[6]王文和：本書卷二七有附傳。

二月壬寅，鎮軍將軍陳顯達領中領軍。[1]

夏四月辛丑，大司馬豫章王嶷薨。

五月己巳，司徒竟陵王子良爲揚州刺史。

[1]二月壬寅，鎮軍將軍陳顯達領中領軍：丁福林《校議》云：“《南史·齊本紀上》：‘十年春正月……丙戌，詔故太宰褚彦回、故太尉王儉……鎮軍大將軍陳顯達、故鎮東將軍李安人配饗太祖廟庭。’‘鎮軍大將軍’，本書《禮志上》誤作‘鎮東大將軍’，與此云‘鎮軍將軍陳顯達’有異。今觀下文又云永明十一年春正月‘鎮軍大將軍陳顯達爲江州刺史’，《通鑑》卷一百三十八同。則此恐於‘鎮軍’後佚‘大’字。”（第30頁）按，鎮軍大將軍位高於鎮軍將軍，南朝宋秩二品，齊位從公，開府儀同如公。

秋八月丙申，以新城太守郭安明爲寧州刺史。[1]

[1]新城：郡名。治所在今四川三臺縣。　郭安明：其事不詳。

冬十月乙丑，車駕幸玄武湖講武。甲午，車駕殷祠太廟。[1]

[1]冬十月乙丑，車駕幸玄武湖講武。甲午，車駕殷祠太廟：牛繼清《十七史疑年録》：“十月甲申朔，月内無乙丑，甲午十一日。此‘乙丑’當爲‘己丑’形近之訛，己丑初六日，合序。”（第94頁）

十一月戊午，詔曰："頃者霖雨，樵糧稍貴，京邑居民，多離其弊。[1]遣中書舍人、二縣官長賑賜。"

[1]離：通"罹"，遭受。

十一年春正月癸丑，詔"京師見繫囚，詳所原遣"。以驃騎大將軍王敬則爲司空，[1]江州刺史鄱陽王鏘爲領軍將軍，鎮軍大將軍陳顯達爲江州刺史，右衛將軍崔慧景爲豫州刺史。丙子，皇太子長懋薨。[2]

[1]以驃騎大將軍王敬則爲司空：中華本校勘記云："'以'字上《南史·齊紀》有'戊午'二字。"按，永明十一年（493）春正月壬子朔，癸丑爲初二日，戊午爲初七日。疑"以"字上脱"戊午"二字。

[2]丙子，皇太子長懋薨：中華本校勘記云："'丙子'《南史·齊紀》作'乙亥'。《通鑑》從《齊書》。按長曆，是年正月壬子朔，二十四日乙亥，二十五日丙子。按鬱林王追尊長懋爲文帝，廟號世宗。《禮志下》有'有司以世宗文帝今二年二十四日再忌日'語，則以作'乙亥'爲是。"

二月壬午，以車騎將軍廬陵王子卿爲驃騎將軍、南豫州刺史，撫軍將軍安陸王子敬進號車騎將軍。己丑，輔國將軍曹虎爲梁、南秦二州刺史。[1]癸卯，以新除中書監晋安王子懋爲雍州刺史。[2]丙午，以冠軍將軍王文和爲益州刺史。

三月乙亥，雍州刺史王奂伏誅。

[1]曹虎：本書卷三〇有傳。

[2]中書監：南朝沿置，中書省長官之一，位在中書令上。南朝時中書省雖復領納奏、擬詔、出令之職，然權歸中書舍人。監、令名爲長官，多用作諸王或重臣加官，時人視爲清要之職。南朝宋秩三品，齊不詳。

夏四月壬午，詔“東宫文武臣僚，可悉度爲太孫官屬”。[1]甲午，立皇太孫昭業、太孫妃何氏。[2]詔“賜天下爲父後者爵一級，[3]孝子順孫義夫節婦粟帛各有差”。[4]癸卯，以驍騎將軍劉靈哲爲兖州刺史。[5]

[1]度：官制用語。改任，改遷。　太孫：皇帝的嫡長孫。歷代王朝多有於太子死後册立太孫，作爲預定的皇位繼承人。

[2]太孫妃何氏：何倩英。本書卷二〇有傳。

[3]爲父後者：家之嫡嗣。《漢書》卷四《文帝紀》：“因賜天下民當爲父後者爵一級。”王先謙《補注》引何焯曰：“當爲父後正謂嫡長耳。”

[4]順孫：孝順之孫。按，梁武帝父名順之，子顯修《南齊書》名皆改“順”字爲“從”字，此作“順”字，當是校書者以意改之。參見清錢大昕《廿二史考異》卷二五。　義夫：有節操的男子。　節婦：古時指年三十以前夫死不嫁獨居至五十以後的婦女。見明俞汝楫《禮部志稿》卷六五《旌表備考》。

[5]劉靈哲：本書卷二七《劉懷珍傳》有附傳，然無靈哲任驍騎將軍和兖州刺史事。《南史》卷四九《劉懷珍傳》附傳，雖無靈哲任驍騎將軍事，而有任兖州刺史事。

五月戊辰，詔曰："水旱成災，穀稼傷弊，凡三調衆逋，[1]可同申至秋登。[2]京師二縣、朱方、姑熟，可權斷酒。"[3]庚午，以輔國將軍蕭惠休爲徐州刺史。丙子，以左民尚書宜都王鏗爲南豫州刺史。

六月壬午，詔"霖雨既過，遣中書舍人、二縣官長賑賜京邑居民"。

[1]三調：指調粟（徵收糧食）、調帛（徵交絹帛）、雜調（攤派勞役）。

[2]申：伸展，延緩。

[3]朱方：地名。即丹徒縣（此用其古名），治所在今江蘇鎮江市丹徒區。　姑熟：地名。治所在今安徽當塗縣。中華本校勘記引洪頤煊《諸史考異》卷六：京師二縣、丹徒（古朱方）、姑熟，"皆京邑重鎮，故連言之"。

秋七月丁巳，詔曰："頃風水爲災，二岸居民，多離其患。加以貧病六疾，孤老稚弱，彌足矜念。[1]遣中書舍人履行沾卹。"[2]又詔曰："水旱爲災，實傷農稼。江淮之閒，倉廩既虚，遂草竊充斥，[3]互相侵奪，依阻山湖，成此逋逃。曲赦南兖、兖、豫、司、徐五州，南豫州之歷陽、譙、臨江、廬江四郡，[4]三調衆逋宿債，並同原除。其緣淮及青、冀新附僑民，復除已訖，[5]更申五年。"

[1]矜念：憐念。

[2]沾卹：救濟撫恤。

[3]草竊：草寇，搶奪，盜竊。

[4]歷陽：郡名。治在今安徽和縣。　譙：僑郡名。據本書《州郡志上》當作南譙郡，治所在今安徽巢湖市東南。　臨江：郡名。治所在今安徽和縣東北。　廬江：郡名。治所在今安徽舒城縣。

[5]復除：免除賦役。

是月，上不豫，[1]徙御延昌殿，[2]乘輿始登階，[3]而殿屋鳴吒，上惡之。虜侵邊，戊辰，遣江州刺史陳顯達鎮雍州樊城。[4]上慮朝野憂惶，乃力疾召樂府奏正聲伎。[5]戊寅，大漸。[6]詔曰："始終大期，[7]賢聖不免，吾行年六十，[8]亦復何恨。但皇業艱難，萬機事重，不能無遺慮耳。太孫進德日茂，[9]社稷有寄。子良善相毗輔，[10]思弘治道；[11]内外衆事無大小，悉與鸞參懷共下意。[12]尚書中是職務根本，[13]悉委王晏、徐孝嗣。[14]軍旅捍邊之略，委王敬則、陳顯達、王廣之、王玄邈、沈文季、張瓌、薛淵等。百辟庶僚，各奉爾職，謹事太孫，勿有懈怠。知復何言。"又詔曰："我識滅之後，[15]身上著夏衣畫天衣，[16]純烏犀導，[17]應諸器悉不得用寶物及織成等，[18]唯裝複袂衣各一通。[19]常所服身刀長短二口鐵環者，隨我入梓宫。[20]祭敬之典，本在因心，東鄰殺牛，不如西家禴祭。[21]我靈上慎勿以牲爲祭，[22]唯設餅、茶飲、干飯、酒脯而已。天下貴賤，咸同此制。未山陵前，[23]朔望設菜食。[24]陵墓萬世所宅，意嘗恨休安陵未稱，[25]今可用東三處地最東邊以葬我，名爲景安陵。[26]喪禮每存省約，不須煩民。百官停六時入臨，[27]

朔望祖日可依舊。[28]諸主六宫，[29]竝不須從山陵。内殿鳳華、壽昌、耀靈三處，是吾所治製。夫貴有天下，富兼四海，宴處寢息，不容乃陋，謂此爲奢儉之中，慎勿壞去。[30]顯陽殿玉像諸佛及供養，[31]具如别牒，[32]可盡心禮拜供養之。應有功德事，[33]可專在中。自今公私皆不得出家爲道，[34]及起立塔寺，[35]以宅爲精舍，[36]竝嚴斷之。唯年六十，必有道心，[37]聽朝賢選序，[38]已有别詔。諸小小賜乞，及閤内處分，[39]亦有别牒。内外禁衛勞舊主帥左右，悉付蕭諶優量驅使之，[40]勿負吾遺意也。"是日上崩，[41]年五十四。

[1]不豫：婉稱天子有病。

[2]延昌殿：殿名。南朝臺城内帝寢區正殿。參見賀雲翱《六朝瓦當與六朝都城》，文物出版社 2005 年版，第 137 頁。

[3]乘輿：舊指皇帝和諸侯所用的車輿。賈誼《新書·等齊》："天子車曰乘輿，諸侯車曰乘輿，乘輿，等也。"也用爲帝王的代稱。蔡邕《獨斷》："天子至尊，不敢渫瀆言之，故托之於乘輿……或謂之車駕。"

[4]樊城：地名。在今湖北襄陽市樊城區。

[5]力疾：勉强支撑病體。　樂府：古代王朝管理音樂的官署。本書《百官志》云"太樂令一人，丞一人"，即樂府之官。　正聲伎：純正的樂舞。《通鑑》卷一三八《齊紀四》"武帝永明十一年"條，胡三省注："江左以清商爲正聲伎。"

[6]大漸：病危。漸，疾病加劇。

[7]始終大期：猶言人生之有死。大期，人之死期。

[8]行年六十：洪邁《容齋隨筆》卷一《十年爲一秩》："白公詩云：'已開第七秩，飽食仍安眠。'又云：'年開第七秩，屈指幾

多人?’是時年六十二，元日詩也……蓋以十年爲一秩云。”按，古人計算年齡以十年爲一秩。年出五十至六十爲第六秩。齊武帝去世年五十四，故其遺詔云“行年六十”。

[9]進德：猶言增進道德。　日茂：日益勉勵。茂，通“懋”，勉勵。

[10]毗（pí）輔：輔佐。

[11]治道：治理國家的理念和方略。

[12]悉與鸞參懷共下意：《通鑑》卷一三八《齊紀四》胡三省注：“參，豫也，懷，思也。命鸞參豫其事，而詳思其可否也。共下意者，令降心相從，以濟國事也。”按，下意，原義爲提出意見。

[13]尚書中是職務根本：中華本校勘記引張森楷《校勘記》云：“南監本無‘中’字。”《通鑑》卷一三八《齊紀四》作“尚書中事，職務根本”。

[14]徐孝嗣：本書卷四四有傳。

[15]識滅：死。識，知覺。

[16]天衣：帝王之衣。本書《輿服志》：“衮衣，漢世出陳留襄邑所織。宋末用繡及織成，建武中，明帝以織成重，乃采畫爲之，加飾金銀薄，世亦謂爲天衣。”按，據本卷所載，武帝臨終已畫製天衣。

[17]烏犀導：用烏犀牛角製作的導。烏犀，犀牛的一種。皮可爲甲，角可爲器具、飾物，又可入藥。亦指烏犀的角或其製品。導，首飾名，櫛的一種。《釋名·釋首飾》：“導，所以導櫟鬢髮使入巾幘之裏也。”

[18]應：《南史》卷四《齊本紀上》作“絓”（kuā）。絓，一種粗綢。　織成：古代名貴紡織物。以彩絲及金縷織出花彩圖案，自漢以來爲帝王或公卿大臣之服。參見《續漢書·輿服志下》《晉書·輿服志》及本書《輿服志》。

[19]複：有裏棉衣，内裝入綿絮。《説文·衣部》：“複，褚衣。”《急就篇》第二章：“襜褕袷複褶袴褌。”顔師古注：“褚之以

綿曰複。" 裌：夾衣。有面有裏，中間不襯墊絮類的衣服。《玉篇·衣部》："裌，同袷。"《説文·衣部》："袷，衣無絮。"《漢書》卷九四上《匈奴傳上》："服繡袷綺衣。"顔師古注："袷者，衣無絮也。繡袷綺衣，以繡爲表，綺爲裹也。" 一通：量詞。此處"一通"猶曰一件。一通，原作"一本通"。中華本據南監本、局本及《南史》卷四《齊本紀上》删。嚴可均輯《全齊文》亦依《南史》删。今從删。

[20]梓宮：帝、后所用以梓木製作的棺槨。《後漢書》卷二《明帝紀》："司徒訢奉安梓宮。"李賢注："梓宮，以梓木爲棺。《風俗通》曰：'宫者，存時所居，緣生事死，因以爲名。'"

[21]禴（yuè）祭：禴，通"礿"。祭名，夏商兩代在春天舉行，周代在夏天舉行。《易·既濟》："東鄰殺牛，不如西鄰之禴祭，實受其福。"王弼注："牛，祭之盛者；禴，祭之薄者。"孔穎達疏："禴，殷春祭之名。"

[22]靈上：宗廟中供奉死者神主的靈位。 牲：泛指祭祀用的家畜。

[23]山陵：帝王的墳墓。《水經注·渭水》："秦名天子冢曰山，漢曰陵，故通曰山陵矣。"

[24]朔：農曆每月初一日。 望：農曆每月十五日。

[25]休安陵：陵墓名。即齊武帝穆皇后裴惠昭陵墓，在今江蘇丹陽市東北境南朝齊陵石刻區。 不稱：此指位置不合適。

[26]景安陵：陵墓名。在今江蘇丹陽市東北境南朝齊陵石刻區。

[27]百官停六時入臨：六時，佛教分一晝夜爲六時，即晨期、日中、日没、初夜、中夜、後夜。《阿彌陀經》："晝夜六時，天雨曼陀羅華。"臨，哭吊死者。《漢書》卷一上《高帝紀上》："於是漢王爲義帝發喪，袒而大哭，哀臨三日。"顔師古注："衆哭曰臨。""百官停六時入臨"者，謂不許百官居喪哭吊。

[28]祖日：此處指祭奠死者之日。

[29]諸主：諸公主。主，公主的簡稱。　六宫：古代皇帝的寢宫，正寢一，燕寢五，合爲六宫。

[30]“内殿鳳華”至“慎勿壞去”：《金樓子·箴戒篇第二》“齊武帝内殿則張帷，雜色錦複帳。帳之四角，爲金鳳凰，銜九子鈴，形如二三石瓮；垂流蘇珥羽，其長拂地。施畫屏風、白紫貂皮褥、雜寶枕、金衣机。名香之氣，充滿其中。外讌既畢，則環而卧。”“齊武帝嘗於内殿環卧，合歌姬舞女，奏樂於帷幔之前。爲歡曲，則拊几稱佳；起哀聲，則引巾拭淚。”朱季海《校議》以爲“齊武内殿施爲，略見於此”。（第8頁）鳳華、壽昌、耀靈，皆宫殿名，在南齊建康臺城后妃區。鳳華殿又名鳳華柏殿，齊武帝寵姬荀昭華所居。壽昌殿又名壽昌畫殿，其南閣置白鷺鼓吹二部，爲帝、妃宴樂處所之一。參見本書卷二〇《皇后傳》。治製，《南史》卷四《齊本紀上》作“改制”。按，宋末臺城后妃區已有“耀靈殿”，《宋書》卷九《後廢帝紀》：“於耀靈殿上養驢數十頭。”故《南史》本紀云齊武帝“改制”，當或有其事。

[31]顯陽殿：宫殿名。在南朝宋、齊建康臺城后妃區。宋爲太后所居。南齊前期無太后，遂成爲供佛的殿堂。　供養：佛教稱供獻神佛或設飯食招待僧人爲“供養”。

[32]牒：公文。

[33]功德：佛教用語。指念佛、誦經、布施諸事。

[34]出家：佛教指脱離家庭到寺院當僧尼。　道：猶曰“道人”，和尚的舊稱。葉夢得《避暑録話》卷下：“晋、宋間佛學初行，其徒猶未有僧稱，通曰道人。”本書卷五四《顧歡傳》：“道士與道人戰儒墨，道人與道士獄是非。”

[35]塔寺：佛塔和佛寺。佛塔亦稱“浮屠”，是一種用以藏舍利和經卷的塔。佛寺亦稱寺院，是僧衆供佛和聚居修行的處所。

[36]精舍：古代初指書齋、學舍，集生徒講學之所，後亦稱僧、道居住或講道説法之所。

[37]道心：合乎天道的誠心。《尚書·大禹謨》：“人心惟危，

道心惟微。惟精惟一，允執厥中。”

［38］選序：選用官吏。

［39］閤（gé）内：猶言宫中。按，閤乃宫中小門。《爾雅·釋宫》：“宫中之門謂之闈，其小者謂之閨，小閨謂之閤。”宫門以内即宫中。

［40］蕭諶：本書卷四二有傳。按，“諶”字底本作“諱”，今從中華本校改。

［41］崩：古代帝王死稱“崩”。

上剛毅有斷，爲治總大體，以富國爲先。頗不喜遊宴、雕綺之事，言常恨之，未能頓遣。[1]臨崩又詔“凡諸遊費，宜從休息。自今遠近薦獻，[2]務存節儉，不得出界營求，相高奢麗。金粟繒纊，[3]弊民已多，珠玉玩好，傷工尤重，嚴加禁絶，不得有違准繩”。

九月丙寅，葬景安陵。

［1］“頗不喜遊宴”至“未能頓遣”：朱季海《校議》云：“《皇后傳》：‘永明中無太后、皇后，羊貴嬪居昭陽殿西，范貴妃居昭陽殿東，寵姬荀昭華居鳳華柏殿。宫内御所居壽昌畫殿南閣，置白鷺鼓吹二部，乾光殿東西頭，置鍾磬兩厢，皆宴樂處也。上數遊幸諸苑囿，載宫人從後車，宫内深隱（《金樓子·箴戒篇》載此文隱作密），不聞端門鼓漏聲，置鍾於景陽樓上，宫人聞鍾聲，早起裝飾，至今此鍾唯應五鼓及三鼓也。車駕數幸琅邪城，（此下文亦見《箴戒篇》）宫人常從，早發至湖北埭，雞始鳴。’《金樓子·箴戒篇》：‘齊武帝嘗與王公大臣共集石頭烽火樓，令長沙王晃歌子夜之曲。曲終，輒以犀如意打牀，折爲數段。爾日遂碎如意數枚。’又：‘有寵姬何美人死，帝深悽愴。後因射雉，登巖石以望其墳，乃命布席奏伎，呼工歌陳尚歌之，爲吴聲鄙曲，帝掩嘆久，賜錢三

萬絹二十匹。’又：‘齊武帝時，隱靈寺雕飾炫麗，四月八日皆往往以宦閹防門。有禮拜者，男女不得同日至也。僧尼並皆妍少，俗心不盡，或以箱簏貯奸人而進之。後爲覘伺所得，並皆誅死。’又：‘時内人出家爲異衣，住禪靈寺者，猶愛帶之如初。’是賾未嘗不好遊宴雕綺，《金樓子》書齊武事，乃在《箴戒篇》，良有以也。子顯既曲爲之諱，宜多所刊削，《金樓子》亦殘闕已甚，故其遺事不盡可見耳。然視鬱林東昏之童昏狂狡，自不可同日而語。史稱‘爲治總大體，以富國爲先’，雖未能無愧斯言，要有永明之盛，亦足書也。”（第8—9頁）按，朱季海的曲筆説甚是。《南史》卷四《齊本紀上》“喜遊宴”三字上無“不”字，與此不同。《南史》無“不”，或爲李延壽轉抄《齊書》時不解子顯之曲筆而抹去了“不”字，或不經意間遺漏了“不”字，不可爲據。遊宴，游戲宴樂。雕綺，指雕琢的珍貴器物和精美的絲織。頓遣，立即停止。

[2]薦獻：指向朝廷的貢獻。

[3]金粟繒纊（kuàng）：指當時國家對農民的“三調”之徵。金粟，謂錢及米。繒纊，謂繒帛與絲綿。今人唐長孺認爲，三調是租、布、雜税或者是粟、布帛與錢（見《魏晋南北朝史論叢》，河北教育出版社2000年版，第77頁）。

史臣曰：世祖南面嗣業，[1]功參寶命，[2]雖爲繼體，[3]事實艱難。御衮垂旒，[4]深存政典，[5]文武授任，不革舊章，[6]明罰厚恩，皆由上出，義兼長遠，莫不肅然。外表無塵，[7]内朝多豫，[8]機事平理，[9]職貢有恒，[10]府藏内充，民鮮勞役，宫室苑囿，未足以傷財，安樂延年，衆庶所同幸。若夫割愛懷抱，同彼甸人，[11]太祖群昭，位後諸穆。[12]昔漢武留情晚悟，追恨戾園，[13]魏文侯克中山，不以封弟，[14]英賢心迹，臣所未詳也。

[1]南面：古代以北面南爲首位，故天子、諸侯見群臣，或卿大夫見僚屬，皆南面而坐。《易·説卦》："聖人南面而聽天下，嚮明而治。"後來引申爲帝王或大臣的統治。此處指帝王即位。

[2]功參寶命：謂蕭赜有參與承受天命創立帝業的功勞。　寶命：天命。《尚書·金縢》："無墜天之降寶命。"

[3]繼體：《史記》卷四九《外戚世家》："自古受命帝王及繼體守文之君。"司馬貞《索隱》："繼體謂非創業之主，而是嫡子繼先帝之正體而立者也。"

[4]御衮（gǔn）垂旒（liú）：指皇帝的禮服，包括衮衣和冠冕。衮衣，本書《輿服志》："《虞書》曰：'予欲觀古人之象，日、月、星辰、山、龍、華蟲作繢，宗彝、藻、火、粉米、黼、黻絺繡，以五采章施于五色。'天子服備日、月以下。"冠冕，《禮記·禮器》："天子之冕，朱緑藻，十有二旒。"宋陳澔《禮記集説》："天子之冕，前後各十二旒，每旒十二玉。玉之色以朱、白、蒼、黄、玄爲次，自上而下，徧則又從朱起。"按，旒即冕冠前後懸垂的玉串，故此以"垂旒"指冕冠。

[5]政典：治國的典章。

[6]舊章：舊時的典章制度。

[7]外表：邊境。　無塵：喻没有戰争。

[8]内朝：相對於外朝而言，指古代皇帝處理政事及寢宿的場所。　豫：安樂，安逸。《爾雅·釋詁上》："豫，樂也。"邢昺疏："豫者，逸樂也。"

[9]機事：機密要事。

[10]職貢：《周禮·夏官》有職方氏，掌天下地圖，主四方貢物。職貢之義本此。此處指各地官吏和少數民族向朝廷輸納的賦税或特産。

［11］割愛懷抱，同彼甸人：齊武帝第四子子響，永明六年(488)，封巴東王。次年，爲都督、荆州刺史，擅殺長史劉寅等。帝怒，遣臺史、臺軍問罪，賜死。按，懷抱，此處喻愛子，指子響。甸人，甸服之民。古制稱離王城五百里的區域。

［12］太祖群昭，位後諸穆：昭穆，按照宗法制度爲古代帝王宗廟排列位次。始祖居中，二世、四世、六世居左，稱昭；三世、五世、七世居右，稱穆。平時各世神主居各自宗廟，大祭時神主聚集太廟，依昭穆位序排列。《宋書·禮志一》："凡禘祫大祭，則神主悉出廟堂，爲昭穆以安坐，不復停室也。"太祖群昭，指除蕭賾以外的齊高帝諸子。諸穆，指齊武帝諸子。按，本書卷三五《高帝十二王傳》云當時論者以齊武帝於諸弟"優於魏文，減於漢明"。

［13］漢武留情晚悟，追恨戾園：漢武帝晚迷信巫蠱。時江充用事，因其與太子劉據有隙，遂至太子宫掘蠱，聲稱得桐木人。太子無以自明，乃於征和二年（前91）七月，矯節捕殺江充，又發兵與丞相劉屈氂等戰長安市内。兵敗亡匿，爲吏發覺圍捕，被迫自殺。後田千秋爲太子申冤，武帝乃夷江充三族，作思子宫及歸來望思之臺。宣帝即位，謚劉據曰戾，又於劉據自殺處湖縣閿鄉邪里聚作戾園。追恨，追悔。戾園，戾太子的陵園。借指漢武帝戾太子劉據。

［14］魏文侯克中山，不以封弟：《史記》卷四四《魏世家》：魏文侯"十七年，伐中山，使子擊守之"。《通鑑》卷一《周紀一》"威烈王二十三年"條："使樂羊伐中山，克之，以封其子擊。文侯問於群臣曰：'我何如主?'皆曰：'仁君。'任座曰：'君得中山，不以封君之弟而以封君之子，何謂仁君!'文侯怒，任座趨出。"按，《通鑑》記事始於周威烈王二十三年（前403）立魏、趙、韓三家大夫爲諸侯，而又追述三家興起之迹，故載有此前魏事。魏文侯，戰國時魏國的建立者，名斯，魏桓子子（《史記·魏世家》誤作孫）。曾任用李悝爲相，吴起爲將，西門豹爲鄴令，獎勵耕戰，興修水利，進行改革，使魏國成爲當時的强國。中山，古

國名。春秋時白狄别族建立，又稱鮮虞。戰國初都於顧（今河北定州市），公元前429年被魏國攻滅。不久又復國，遷都靈寺（今河北平山縣東北），前296年最後被趙國消滅。

贊曰：武帝丕顯，[1]徽號止戈。[2]韶嶺歇祲，[3]彭派澄波。[4]威承景曆，[5]肅御金科。[6]北懷戎款，[7]南獻夷歌。[8]市朝晏逸，[9]中外寧和。[10]

[1]丕顯：大而聖明。

[2]徽號：美好的稱號，舊時專以稱頌帝王及皇后。　止戈：指蕭賾的謚號“武”字。

[3]韶岭歇祲（jìn）：猶言韶嶺妖氣彌漫，喻蕭賾早年在這裏遭遇灾難。祲，不祥之氣，妖氛。按，此處以韶嶺指代大庾嶺。大庾山五嶺之一，在今廣東、江西交界處。《元和郡縣圖志》卷三四《嶺南道一·韶州·始興縣》：漢武帝伐南越，“有監軍姓庾城於此地，衆軍皆受庾節度，故名大庾”。南朝於大庾嶺南北分置始興郡（治所在今廣東韶關市）和南康郡（治所在今江西贛州市）。在始興郡治所曲江縣東北大庾嶺山有“韶石”奇觀：“韶石，在縣東北八十五里。兩石相對，相去一里。石高七十五丈，周迴五里，有似雙闕，名韶石。”《太平寰宇記》卷一五九《嶺南道三·韶州·始興郡》：“韶石。《郡國志》云：‘韶州科斗勞水間有韶石，兩石對峙，相去一里，大小略均，有似雙闕……昔舜遊登此石，奏《韶樂》，因名。’”韶嶺蓋因韶石而得名。又按，蕭賾早年被拘南康郡獄及避始興郡兵事俱見本卷前文。

[4]彭派：彭蠡湖，今江西北部的鄱陽湖。　澄波：波浪澄清。猶言安定動亂的局面。“彭派澄波”者，謂沈攸之在荊州反叛向京師進軍時，蕭賾以中流可以待敵，據湓口城爲戰守之備。按，湓口城（即今江西九江市）鄰近彭蠡湖，故以“彭派”稱。

［5］威承：莊重地沿用。　景曆：《爾雅·釋詁上》："景，大也。"景曆即大曆，猶言天命。

［6］肅御：嚴肅地運用。　金科：法律，法令，規則。

［7］北懷戎款：安撫北方戎族使之服順。北懷，北面懷來。款，款服，誠心歸附。

［8］南獻夷歌：南方夷族踴躍臣服。

［9］市：交易買賣的市場。　朝：官府治事的處所。　晏逸：安樂，安逸。

［10］中外：中央與地方。　寧和：原作"寧如"，今從中華本校改。

∷ 中華文化促進會主持編纂

∷ 國家“十一五”重點圖書出版規劃項目

∷ 中國社會科學院哲學社會科學創新工程學術出版資助項目

出品人　王石　段先念

今注本二十四史

南齊書

二

紀〔二〕志〔一〕

梁 蕭子顯 撰

王鑫義 張欣 主持校注

中国社会科学出版社

南齊書　卷四

本紀第四

鬱林王

鬱林王昭業字元尚，[1]文惠太子長子也。[2]小名法身。世祖即位，[3]封南郡王，[4]二千户。永明五年十一月戊子，冠於東宫崇政殿。[5]其日小會，賜王公以下帛各有差，給昭業扶二人。[6]七年，有司奏給班劍二十人，[7]鼓吹一部，[8]高選友、學。[9]十一年，給皁輪三望車。[10]詔高選國官。文惠太子薨，立昭業爲皇太孫，居東宫。世祖崩，太孫即位。

[1]鬱林王：齊帝蕭昭業被殺後追廢之號。鬱林，以郡爲國。治所在今廣西桂平市西南古城。

[2]文惠太子：齊武帝長子長懋。本書卷二一有傳。

[3]世祖：齊武帝蕭賾廟號。

[4]南郡：以郡爲國。治所在今湖北荆州市荆州區。

[5]冠：指古代男子成年時舉行的加冠禮。按，據本卷所載，隆昌元年（494）昭業死時，年二十二，則其冠時年十五。　東宫：

太子居住之宫。《景定建康志》卷二一引《輿地志》云，南朝時的東宫“在宫城之東北”。其故址的“中心約在現民國‘總統府’區域”（賀雲翺《六朝瓦當與六朝都城》，文物出版社 2005 年版，第 154 頁）。　崇政殿：南朝宋、齊東宫殿名，爲太子講學論事之所。

[6]給昭業扶：給某某扶，即給扶，給予扶侍之人。古時君主賜給大臣的一種禮遇。

[7]有司：官吏的泛稱。古代設官分職，各有專司，故泛言官吏爲有司。　班劍：有紋飾的木劍。班，通“斑”。漢制，朝服帶劍。自晋代之以木，謂之班劍，虎賁持之，以爲儀仗，是皇帝對王公大臣的一種恩賜。

[8]鼓吹：演奏鼓吹樂的樂隊。鼓吹樂源自北方民族，主要樂器有鼓、鉦、簫、笳等。本用於軍中。漢朝宫廷鹵簿亦用之，甚隆重。或以賜有功大臣，遂成爲皇帝賜予臣下的一種禮遇。東漢邊將及萬人將軍始有，位不及者僅得假之。魏晋其賜甚輕，牙門督將五校均得用之。南北朝復重，唯賜王公大臣及有功者。

[9]友：王國屬官。掌侍從游處，規諷道義。南朝宋、齊皆秩六品。　學：指王國屬官文學。掌侍奉文章之職，及王國學校教育。南朝宋秩六品，齊不詳。

[10]皁輪三望車：車名。即車厢三面有窗可望的皂輪車。六朝時王公大臣所乘之車，有窗可望，分四望、三望、夾望等等級。《晋書·輿服志》：“皁輪車，駕四牛，形制猶如犢車，但皁漆輪轂，上加青油幢，朱絲繩絡。諸王三公有勛德者特加之。位至公或四望、三望、夾望車。”皁，通“皂”。

八月壬午，詔稱先帝遺詔，以護軍將軍武陵王曄爲衛將軍，[1]征南大將軍陳顯達即本號，[2]竝開府儀同三司，[3]尚書左僕射西昌侯鸞爲尚書令，[4]太孫詹事沈文季爲護軍將軍。[5]癸未，以司徒竟陵王子良爲太傅。[6]詔曰："朕以寡薄，[7]嗣膺寶政，[8]對越靈命，[9]欽若前圖，[10]思所以敬守成規，拱揖群后。[11]哀荒在日，[12]有懵大猷，[13]宜育德振民，光昭睿範。凡逋三調及衆責，[14]在今年七月三十日前，悉同蠲除。[15]其備償封籍貨鬻未售，[16]亦皆還主。御府諸署池田邸冶，[17]興廢沿事，本施一時，於今無用者，詳所罷省。公宜權禁，[18]一以還民，關市征賦，[19]務從優減。"丙戌，詔曰："近北掠餘口，[20]悉充軍實。[21]刑故無小，[22]罔或攸赦，[23]撫辜興仁，[24]事深睿範。宜從蕩宥，[25]許以自新，可一同放遣，還復民籍。[26]已賞賜者，亦皆爲贖。"辛丑，詔曰："往歲蠻虜協謀，志擾邊服，群帥授略，大殲凶醜。革城克捷，[27]及舞陰固守，[28]二處勞人，未有沾爵賞者，可分遣選部，[29]往彼序用。"

[1]護軍將軍：掌督護京師以外諸軍。權任頗重，諸將軍皆敬之。與中護軍爲同一官，資重者爲護軍將軍，資輕者爲中護軍。南朝宋秩三品，齊不詳。　武陵王曄：蕭曄，字宣照，齊高帝第五子，建元元年（479）六月封。本書卷三五有傳。　衛將軍：南朝沿置。位在諸名號大將軍之上，多作爲軍府名號，以加大臣，無具體職掌，但地位隆重。南朝宋秩二品，齊不詳。

[2]征南大將軍：南朝沿置，爲將軍名號，多授予統兵出征在外、都督數州軍事者。在武職中地位很高，在四征將軍之上，不常置。南朝宋秩二品。齊位從公，開府儀同如公，置僚屬亦從公。陳顯達：本書卷二六有傳。

[3]開府儀同三司：南朝沿置，爲大臣加號。意謂與三司即太尉、司徒、司空禮制、待遇相同，許開設府署，自辟僚屬。

[4]尚書左僕射（yè）：南朝沿置，尚書次官。令不在，則代

理其職。左僕射位在右僕射上。輔助尚書令執行政務，參議大政，諫諍得失，監察糾彈百官，可封還詔旨，常受命主管官吏選舉。南朝尚書令爲宰相之任，位尊權重，不親庶務，尚書省日常政務常由僕射主持，諸奏事由左、右僕射聯署。左僕射又領殿中、主客二郎曹。南朝齊秩三品。　西昌侯鸞：後來的齊明帝。本書卷六有紀。　尚書令：南朝沿置。宋爲尚書省長官，綜理全國政務。雖位秩三品，實權有如宰相，如録尚書事缺，則兼有宰相之名義。南齊録尚書事定爲官號，成爲尚書省長官，尚書令成爲其副貳，仍爲秩三品。

［5］太孫詹事：南朝齊置。當時因皇太子早逝，立皇太孫爲儲君，居東宫。故東宫官屬皆冠“太孫”名。職同太子詹事，任總東宫事務，當時稱其職比朝廷之尚書令、領軍將軍，權位甚重。其官署稱府，屬官有太子（太孫）家令、率更令、僕、門大夫、中庶子、中舍人、洗馬、左右衛率、翊軍、步兵、屯騎校尉，旅賁中郎將、左右積弩將軍、殿中將軍、食官令等。　沈文季：本書卷四四有傳。

［6］司徒：南齊三公之一，位在司空之上，領天下州郡名數户口簿籍。雖無司徒公，其府亦常置。置左右長史、左西曹掾屬、主簿、祭酒信、令史以下。南朝宋、齊皆秩一品。　竟陵王子良：齊武帝第二子。本書卷四〇有傳。竟陵，以郡爲國。治所在今湖北鍾祥市。　太傅：南朝沿置，名爲皇帝師傅，名義尊榮，無職掌，用作贈官，不常置，南朝宋、齊皆秩一品。

［7］寡薄：才德寡少。

［8］嗣膺：繼承。　寶政：指帝位。

［9］對越：答謝頌揚。《詩·周頌·清廟》：“對越在天。”嚴粲《詩緝》：“曹氏曰：對，答也；越，揚也。對答而發揚之也。”王引之《經義述聞》卷七：“對越，猶對揚，言對揚文武在天之神也。”　靈命：猶言祖宗之命。

［10］欽若：猶曰敬順。《尚書·堯典》：“欽若昊天。”孔安國

傳：“敬順昊天。”　前圖：先聖之法度。《楚辭·抽思》：“章畫志墨兮，前圖未改。”王逸注：“圖，法也……以言人遵先聖之法度，修其仁義，不易其行，則德譽興而榮名立也。”按，此以“前圖”指祖宗的法度。

［11］拱揖：兩手合抱爲禮，此處意猶敬奉。　群后：指四方諸侯。《史記》卷一《五帝本紀》：“五歲，一巡狩，群后四朝。”裴駰《集解》引鄭玄曰：“巡狩之年，諸侯見於方嶽之下。其閒四年，四方諸侯分來朝於京師也。”後泛指公卿大臣。《文選》卷三張衡《東京賦》：“於是孟春元日，群后旁戾。”李善注：“群后，公卿之徒也。”

［12］哀荒：指居親之喪。

［13］懜（měng）：欺騙。　大猷（yóu）：大道。《詩·小雅·巧言》：“秩秩大猷，聖人莫之。”鄭玄箋：“猷，道也。大道，治國之禮法。”

［14］逋：此處意爲拖欠。　三調：《通鑑》卷一三八《齊紀四》“武帝永明十一年”條，胡三省注：“三調，謂調粟、調帛及雜調也。”　責：通“債”。

［15］蠲（juān）除：免除賦税或勞役。

［16］備償封籍貨鬻未售：指準備用於抵償拖欠國家債務且已被籍没封存未售的物資。封籍，謂將查抄的資財登記入册。貨鬻，出售貨物。

［17］御府：官署名。設令、丞各一員，掌製作精巧手工藝品，隸少府。　池：此處指池籞，爲帝王的園林。　田：此處指帝王狩獵之地。　邸：邸舍，存儲物資作爲商業經營及寄宿之所。　冶：冶鑄作坊。

［18］公宜權禁：便於公而不利於民的權宜之禁。

［19］關市征賦：指商品流通中之關税和商品交易之市税的徵收。關，交通要道上的關口。市，商品交易的場所。

［20］近北掠餘口：指本段下文所言在革（㶏）城、舞陰戰役

中俘掠的北魏士卒和民衆。

［21］軍實：此處意爲戰利品，指俘獲的敵方士卒和民衆。

［22］刑故無小：語出《尚書·大禹謨》："宥過無大，刑故無小。"孔安國傳："不忌故犯，雖小必刑。"按，故，故意。

［23］罔或攸赦：猶言不可赦免。

［24］撫辜：撫慰遭遇灾難者。

［25］蕩宥：寬恕，赦免。

［26］可一同放遣，還復民籍：本書卷三《武帝紀》永明八年(490）春正月庚子詔云："放遣隔城虜俘，聽還其本。"而此詔又言"放遣"云云，或當如《南史》卷五《齊本紀下》所云："先是，每有蠲原之詔，多無事實，督責如故。"蓋此其一例。

［27］革城克捷：革城，本書卷三《武帝紀》、卷三〇《曹虎傳》、卷五七《魏虜傳》及《通鑑》卷一三六《齊紀二》"武帝永明六年"條並作"隔城"，與此異。蓋革、隔音同而混淆，疑當以作"隔"爲正。隔城，城邑名，在今河南桐柏縣西北。隔城之捷，本書卷三〇《曹虎傳》："（永明）六年四月，荒賊桓天生復引虜出據隔城，遣虎督數軍討之。虎令輔國將軍朱公恩領騎百匹及前行踏伏，值賊遊軍，因合戰破之，遂進至隔城。賊黨拒守，虎引兵圍柵，絶其走路。須臾，候騎還報虜援已至。尋而天生率馬步萬餘人迎戰，虎奮擊大敗之，獲二千餘人。明日，遂攻隔城拔之，斬僞虎威將軍襄城太守帛烏祝，復殺二千餘人，賊棄平氏城退走。"

［28］舞陰固守：本書卷二六《陳顯達傳》："（永明）五年，荒人桓天生自稱桓玄宗族，與雍、司二州界蠻虜相扇動，據南陽故城。上遣顯達假節，率征虜將軍戴僧静等水軍向宛、葉，雍、司衆軍受顯達節度。天生率虜衆萬餘人攻舞陰，舞陰戍主輔國將軍殷公愍擊殺其副張麒麟，天生被瘡退走……顯達進據舞陽城，遣僧静先進，與天生及虜再戰，大破之，官軍還。數月，天生復出攻舞陰，殷公愍破之，天生還竄荒中，遂城、平氏、白土三城賊稍稍降散。"

［29］選部：官署名。東漢靈帝時由尚書臺吏曹改名，設尚書，

掌選任官吏。魏晉南北朝改名吏部，後遂成爲吏部的别稱。

九月癸丑，詔“東西二省府國，長老所積，財單禄寡，良以矜懷。[1]選部可甄才品能，推校年月，邦守邑丞，隨宜量處，以貧爲先”。辛酉，追尊文惠皇太子爲世宗文皇帝。[2]

[1]“東西二省府國”至“良以矜懷”：宋本卷末舊校：“東西二省府國長老，一本長字作屯。疑。”中華本校勘記云：“‘老’毛本、殿本、局本作‘屯’。按南監本亦作‘老’，作‘老’是。此言東西兩省冗官及諸王府國行事皆是勞舊，故云‘長老所積’。”朱季海《南齊書校議》（以下簡稱朱季海《校議》）云：“按毛本以下並從一本作‘屯’，非是，校勘記是也。尋《明帝紀》建武元年十一月庚子詔曰：‘日者百司耆齒，許以自陳，東西二省，猶沾微俸，辭事私庭，榮禄兼謝，興言愛老，實有矜懷。’是二省故多耆齒。《百官志》‘散騎常侍、通直散騎常侍、員外散騎常侍’下云，‘其通直、員外，用衰老人士，故其官漸替’，散騎爲‘東省’，東省如是，西省可知。推之府國，又何疑焉。故云‘長老所積’也。建武詔云‘猶沾微俸’，與永明詔云‘財單禄寡’，故自相應。”（中華書局 1984 年版，第 9—10 頁）又按，西省，周一良《魏晉南北朝史札記》認爲是中書省（中華書局 2015 年版，第 226 頁）“東西二省”條，祝總斌《兩漢魏晉南北朝宰相制度研究》認爲是永福省（中國社會科學出版社 1990 年版，第 353 頁），陳蘇鎮《兩漢魏晉南北朝史探幽·西省考》認爲是秘書省（北京大學出版社 2013 年版，第 184—190 頁）。陳蘇鎮考證精詳，今采其説。矜懷，同情，關懷。

[2]世宗：南齊皇帝蕭昭業追尊其父蕭長懋的廟號。　文皇帝：南齊皇帝蕭昭業追謚其父蕭長懋的帝號。

冬十月壬寅，尊皇太孫太妃爲皇太后，[1]立皇后何氏。[2]

[1]太孫太妃：南齊皇帝蕭昭業之母、文安皇后王寶明。本書卷二〇有傳。

[2]何氏：何婧英。本書卷二〇有傳。

十一月辛亥，立臨汝公昭文爲新安王，[1]曲江公昭秀爲臨海王，[2]皇弟昭粲爲永嘉王。[3]

[1]臨汝公昭文：蕭昭文，文惠太子蕭長懋第二子，齊帝昭業被廢後即位爲帝。本書卷五有紀。臨汝，以縣爲國。治所在今江西撫州市臨川區西。　新安：以郡爲國。治所在今浙江淳安縣西北新安江北岸。

[2]曲江公昭秀：蕭昭秀，文惠太子蕭長懋第三子。本書卷五〇有傳。曲江，以縣爲國。治所在今廣東韶關市南武水西岸。　臨海：以郡爲國。治所在今浙江台州市椒江區北章安鎮。

[3]昭粲：文惠太子蕭長懋第四子。本書卷五〇有傳。　永嘉：以郡爲國。治所在今浙江温州市。

隆昌元年春正月丁未，[1]改元，[2]大赦。[3]加太傅竟陵王子良殊禮。[4]驍騎將軍晋熙王銶爲郢州刺史，[5]丹陽尹安陸王子敬爲南兖州刺史，[6]征北大將軍晋安王子懋爲江州刺史，[7]臨海王昭秀爲荆州刺史，[8]永嘉王昭粲爲南徐州刺史，[9]征南大將軍陳顯達進號車騎大將軍，[10]郢州刺史建安王子真爲護軍將軍。[11]詔百僚極陳得失。

又詔王公以下各舉所知。戊申，以護軍將軍沈文季爲領軍將軍。[12]己酉，以前將軍曹虎爲雍州刺史，[13]右衛將軍薛淵爲司州刺史。[14]庚戌，以寧朔將軍蕭懿爲梁、南秦二州刺史，[15]輔國長史申希祖爲交州刺史。[16]辛亥，車駕祠南郊。[17]詔曰："執耜蹔忘，[18]懸磬比室，[19]秉機或惰，[20]無裼終年。[21]非怠非荒，[22]雖由王道，[23]不稂不莠，[24]實賴民和。頃歲多稼無爽，[25]遺秉如積，[26]而三登之美未臻，[27]萬斯之基尚遠。[28]且風土異宜，百民殊務，[29]刑章治緒，未必同源，[30]妨本害政，[31]事非一揆，[32]冕旒屬念，[33]無忘夙興。[34]可嚴下州郡，[35]務滋耕殖，相畝闢疇，[36]廣開地利，深樹國本，克阜天民。[37]又詢訪獄市，[38]博聽謡俗，[39]傷風損化，各以條聞，主者詳爲條格。"[40]戊午，車駕拜崇安陵。[41]己巳，以新除黄門侍郎周奉叔爲青州刺史。[42]

[1]隆昌：南齊皇帝蕭昭業年號。

[2]改元：古代王朝新君即位，例於次年改用新年號，稱改元。歷代相承。其年一帝在位，多次更改年號者，亦稱改元。若新君不承認前君的正統地位，則立即更改年號。

[3]大赦：古代皇帝以詔命的方式對一定時期内的特定罪犯或一般罪犯予以赦免的制度。

[4]殊禮：特殊的禮遇，指劍履上殿，入朝不趨，贊拜不名。

[5]驍騎將軍：南朝沿置，與領軍、護軍、左右衛、游擊將軍合稱六軍，擔任宿衛之任，是護衛皇帝宫廷的主要將領之一。南朝宋秩四品，齊不詳。　晋熙：以郡爲國。治所在今安徽潛山縣。　銶：蕭銶，齊高帝第十八子。本書卷三五有傳。　郢州：州名。治所在今湖北武漢市武昌區。

［6］丹陽尹：丹陽，郡名。治所在今江蘇南京市。丹陽郡爲南齊京師所在，長官稱尹，位在九卿下，高於一般郡太守。　安陸：以郡爲國。治所在今湖北安陸市。　子敬：蕭子敬，齊武帝第五子。本書卷四〇有傳。　南兖州：僑州名。治所在今江蘇揚州市西北蜀岡上。

［7］征北大將軍：南朝沿置，多授予統兵出鎮在外、都督數州軍事者，在武職中地位很高。南朝宋秩二品，齊位從公，開府儀同如公，置掾屬亦從公。　晋安：以郡爲國。治所在今福建福州市。　子懋：蕭子懋，齊武帝第七子。本書卷四〇有傳。　江州：州名。治所在今江西九江市西南。

［8］荆州：州名。治所在今湖北荆州市荆州區。

［9］南徐州：僑州名。治所在今江蘇鎮江市。

［10］車騎大將軍：南齊車騎將軍爲重號將軍，加"大"則位從公，開府儀同如公。在諸名號大將軍中，位次驃騎，而高於其他名號。

［11］建安：以郡爲國。治所在今福建建甌市。　子真：蕭子真，齊武帝第九子。本書卷四〇有傳。

［12］領軍將軍：南朝沿置。掌禁衛軍及京都諸軍。南朝宋秩三品，齊不詳。

［13］前將軍：南朝沿置，用作加官，成爲軍府名號。南朝宋秩三品，齊不詳。　曹虎：本書卷三〇有傳。　雍州：僑州名。治所在今湖北襄陽市。

［14］右衛將軍：南朝沿置，隸領軍將軍（中領軍），掌宫廷宿衛營兵，位在左衛將軍下。南朝宋、齊皆秩四品。按，丁福林《南齊書校議》（以下簡稱丁福林《校議》）云："據本書《薛淵傳》，薛淵於永明七年'爲給事中、右衛將軍'，八年'爲右將軍、大司馬（按薛淵時應爲大司馬參佐，此有奪文。説見本書卷三十校勘記。）'十年'爲散騎常侍，將軍如故'，隆昌元年'出爲持節、督司州軍事、司州刺史，右將軍如故'。則隆昌元年薛淵由散騎常侍

出敕司州時離右衛將軍任已久，是時其所任乃右將軍也。即此恐於‘右’後衍一‘衛’字。”（中華書局2010年版，第34頁）今按，丁福林《校議》甚是。右將軍，南朝沿置，用作加官，成爲軍府名號。南朝宋秩三品，齊不詳。　薛淵：本書卷三〇有傳。　司州：僑州名。治所在今河南信陽市。

[15]寧朔將軍：南朝沿置，雜號將軍之一。南朝宋秩四品，齊不詳。　蕭懿：南蘭陵中都里人，梁武帝長兄。《南史》卷五一有傳，又見《梁書》卷二三《長沙嗣王業傳》。　梁、南秦二州：雙頭州名。治所在今陝西漢中市東。

[16]輔國長史：輔國將軍長史省稱。輔國將軍，將軍名號。南朝宋秩三品，齊不詳。輔國長史，南朝宋秩七品，齊不詳。　申希祖：仕齊，先後任交州刺史，輔國將軍、北兖州刺史，司州刺史，將軍如故。　交州：州名。治所在今越南北寧省仙游縣東。

[17]車駕：此處作爲皇帝的代稱。《漢書》卷一下《高帝紀下》：“車駕西都長安。”顔師古注：“凡言車駕者，謂天子乘車而行，不敢指斥也。”　祠：祭祀。　南郊：都邑之外謂之郊。古代帝王祭天於南郊。

[18]執耜（sì）蹔（zàn）忘：農夫暫時忘了耕作。耜，古代的一種翻土農具。耜以起土，耒爲其柄。先以木爲之，後用金屬。蹔，通“暫”。

[19]懸磬：形容空無所有，喻極貧。磬，通“罄”。　比：連接，緊靠。

[20]秉機：指紡織者。秉，操持。機，此處特指織布（帛）機。

[21]褐（hè）：獸毛或粗麻製成的短衣，古時貧賤人所服。

[22]非怠非荒：指政務怠惰荒廢。《尚書·大禹謨》：“無怠無荒，四夷來王。”

[23]王道：指儒家主張的以仁義治天下，以德服人的統治辦法。與霸道相對。

［24］不稂（láng）不莠（yǒu）：語出《詩·小雅·大田》。稂和莠都是混在禾苗中的野草。謂禾苗中没有稂、莠之類的野草，稱贊農民種田專心。

［25］頃歲：近年。　多稼無爽：猶言農業豐收。爽，損減。

［26］遺秉：指丢遺的成把禾穀。《詩·小雅·大田》："彼有遺秉，此有滯穗。"毛亨傳："秉，把也。"《儀禮·聘禮》："四秉曰筥。"鄭玄注："此秉謂刈禾盈手之秉也。"　積：堆，垛。

［27］三登之美：五穀一年三熟。指天下太平。《漢書·食貨志上》："故孔子曰：'道千乘之國，敬事而信，節用而愛人，使民以時。'故民皆勸功樂業，先公而後私……民三年耕，則餘一年之畜。衣食足而知榮辱，廉讓生而争訟息，故三載考績……三考黜陟，餘三年食，進業曰登；再登曰平，餘六年食；三登曰泰平，二十七歲，遺九年食。然後至德流洽，禮樂成焉。"

［28］萬斯之基：《詩·小雅·甫田》："乃求千斯倉，乃求萬斯箱。"鄭玄箋："成王見禾穀之税，委積之多，於是求千倉以處之，萬車以載之，是言年豐收入踰前也。"朱熹《集傳》："箱，車箱也。"按，此"萬斯"乃"萬斯箱"省語，形容年豐糧食之多。　基：基業。

［29］殊：原作"舛"，中華本校勘記據《册府元龜》卷一九八改。今從改。

［30］刑章治緒，未必同源：刑章，刑法，刑律。治緒，治國之端。按，江左相承用《晋律》。《晋律》文簡辭約，旨通大綱，事之所質，取斷難釋。張斐、杜預二家之注，互有異同，乃至牴牾。自晋泰始以來，唯斟酌參用。永明七年（489），齊武帝敕尚書删定郎王植，删正刑律，集定張、杜二注。植削其煩害，録其允衷，取張注七百三十一條，杜注七百九十一條；或二家兩釋，於義乃備者，又取一百七條；其注相同者，取一百三條。集爲一書，付公卿八座參議。九年，齊武帝又敕尚書左丞孔稚珪與公卿八座共删注律。先由兼監臣宋躬、兼平臣王植等抄撰同異，定其去取，再由八

座詳議，大司馬蕭嶷裁正。其中洪疑大議，衆論相背者，則由齊武帝聖裁，宣下四海。詳見本書卷四八《孔稚珪傳》。由此可知，南齊刑律雖承用《晋律》，但其中有用張斐注者，有用杜預注者，亦有南齊公卿大臣參議折中者及齊武帝聖裁者，故此曰“未必同源”。

［31］本：此處指治理國家的根基。

［32］揆：道理，准則。

［33］冕旒（liú）：指皇冠。借指皇帝、帝位。外黑内紅。冠頂有版，稱爲延，後高前低，略向前傾。延的前端垂有五采組纓，穿掛着玉珠，稱作旒。天子冕十二旒，諸侯九，上大夫七，下大夫五。見《周禮·夏官·弁師》。冕旒之制，歷代略同。此處指公卿大臣。　屬念：措意，留意。

［34］無忘夙興：要求臣下勤政。夙興，夙興夜寐省語。

［35］嚴：緊急。

［36］相畝：審查田地。　闢疇：開墾耕作。

［37］天民：原作“民天”，中華本據殿本改。張森楷《校勘記》云：“民天是用民以食爲天義，天民無所施用，當以作‘民天’爲是。”真大成《中古史書校證·〈南齊書〉校證第三》以爲作“天民”是。天民即上天之子民，泛指人民大衆。如《孟子·萬章上》“予，天民之先覺者也”，《春秋繁露》卷九“直殘賊天民”，《初學記》卷一三引揚雄《廷尉箴》“昔在唐虞象刑，天民是全”，等等。（中華書局2013年版，第108—109頁）

［38］獄市：獄謂訴訟，市謂交易買賣。《史記》卷五四《曹相國世家》：“參去，屬其後相曰：‘以齊獄市爲寄，慎勿擾也。’”宋朱翌《猗覺寮雜記下》：“獄如教唆詞訟，資給盜賊；市如用私斗秤欺謾變易之類，皆奸人圖利之所，若窮治則事必枝蔓，此等無所容，必爲亂，非省事之術也。”

［39］謡俗：猶言風俗習慣。由於民間歌謡中反映出社會風習，故稱。

［40］條格：條例，規則。

[41]崇安陵：中華本校勘記云："'崇安陵'各本作'景安陵'。張元濟《校勘記》云：'景安陵爲武帝陵，崇安陵爲文惠太子陵，疑作崇安陵爲是。'"按，崇安陵在今江蘇南京市江寧區。

[42]新除：朱季海《校議》云："凡授官未拜，但稱新除。此類或緣本人無意就新，或緣朝旨徒欲以爲遷轉階資之地。"（第4頁）　黄門侍郎：給事黄門侍郎省稱。南朝時置爲侍中省或門下省次官，四員。與侍中俱掌門下衆事，職掌略同，地位隨皇帝旨意或侍中地位而上下。南齊時知詔令，世呼爲"小門下"。秩五品。　周奉叔：本書卷二九有附傳。　青州刺史：丁福林《校議》據《南史·周盤龍傳》、本書《州郡志上》等，以爲時因淮北爲北魏所占，青冀二州所領之縣多没於魏，冀州僅領北東海一郡，故青冀二州僅置一刺史而治鬱洲。周奉叔所任必青冀二州刺史無疑。蓋"青"後佚"冀"一字。（第34頁）青州，僑州名。此爲當時僑置的雙頭州青冀二州之習慣性省稱，治所在今江蘇連雲港市雲臺山一帶。

二月辛卯，車駕祠明堂。[1]

[1]明堂：祭祀五帝的地方。先秦時期明堂爲天子宣揚政教之地，凡祭祀、朝會、慶賞、選士、養老、教學等大典都在這裏舉行。因此，明堂與太廟、太室、太學、辟雍等實爲一事。漢魏以來宫室漸備，以圜丘祭天，以方丘祭地，以太廟祭祖先，明堂則專祀五帝。《宋書·禮志三》："明堂肇建，祠五帝。"又云："世祖親奉明堂，祠祭五時之帝。"本書《禮志上》王儉引《孝經援神契》云："明堂有五室，天子每月於其室聽朔布教，祭五帝之神。配以有功德之君。"按，五帝即古代神話中的五方之天帝，即五方神。《周禮·天官·大宰》："祀五帝。"賈公彦疏："五帝者，東方青帝靈威仰，南方赤帝赤熛怒，中央黄帝含樞紐，西方白帝白招拒，北

方黑帝汁光紀。”

夏四月辛巳，衛將軍、開府儀同三司武陵王曄薨。戊子，太傅竟陵王子良薨。戊戌，以前沙州刺史楊炅爲沙州刺史。[1]丁酉，以驃騎將軍廬陵王子卿爲衛將軍，[2]尚書右僕射鄱陽王鏘爲驃騎將軍，[3]竝開府儀同三司。

[1]沙州：州名。治所在今青海貴德、貴南縣一帶。以其國西有黄沙，不生草木，故以爲號。　楊炅（jiǒng）：氐族楊氏首領，事迹具見本書卷五九《氐傳》。

[2]驃騎將軍：南朝齊沿置，居諸名號將軍之首，僅作爲軍府名號，以加授大臣或重要州郡長官，無具體職掌。秩二品。　廬陵王子卿：蕭子卿，齊武帝第三子，建元四年（482）六月受封爲王。本書卷四〇有傳。廬陵，以郡爲國。治所在今江西吉水縣東北。

[3]尚書右僕射：南朝齊沿置，爲尚書省次官。秩三品。尚書令以下或單置僕射，或並置左、右，有時單置左或右僕射。右僕射位次左僕射，皆輔助尚書令執行政務，參議大政，諫諍得失，監察糾彈百官，還可封還詔旨，受命主管官吏選舉。南朝尚書令爲宰相之任，位尊權重，不親庶務，諸曹奏事由左、右僕射審議聯署。右僕射與祠部尚書通職，不並置，置則領祠部、儀曹二郎曹。　鄱陽王鏘：蕭鏘，齊高帝第七子，建元元年（479）六月受封。本書卷三五有傳。鄱陽，以郡爲國。治所在今江西鄱陽縣。

閏月乙丑，以南東海太守蕭穎胄爲青、冀二州刺史。[1]丁卯，鎮軍大將軍鸞即本號開府儀同三司。[2]戊辰，以中軍將軍新安王昭文爲揚州刺史。[3]

[1]南東海：僑郡名。治所在今江蘇鎮江市。　蕭穎胄：本書卷三八有附傳。　青、冀二州：雙頭僑州名。治所在今江蘇連雲港市東南雲臺山一帶。

[2]鎮軍大將軍：南朝沿置。南朝宋秩二品。南朝齊位從公，開府儀同如公。

[3]中軍將軍：南朝置爲重號將軍，宋位比四鎮，秩三品。南齊位在四征將軍上，品秩不詳。　新安王昭文：蕭昭文，文惠太子第三子。本書卷五有紀。新安，以郡爲國。治所在今浙江淳安縣西北。　揚州：州名。治所在今江蘇南京市。

六月丙寅，以黄門侍郎王思遠爲廣州刺史。[1]

[1]王思遠：本書卷四三有傳。　廣州：州名。治所在今廣東廣州市。

秋七月庚戌，[1]以中書郎蕭遥欣爲兗州刺史，[2]東莞太守臧靈智爲交州刺史。[3]

[1]秋七月庚戌：是年七月癸酉朔，月内無庚戌。下探鬱林王昭業於是月壬辰爲蕭鸞所殺，壬辰前有庚辰，疑此“庚戌”爲“庚辰”形近之訛，庚辰爲七月初八日。

[2]中書郎：南朝時作爲中書通事郎或中書侍郎的省稱，隸中書省。　蕭遥欣：本書卷四五有附傳。　兗州：僑州名。即北兗州，治所在今江蘇淮安市西南甘羅城。

[3]東莞：僑郡名。治所在今江蘇常州市武進區東南。　臧靈智：史書無傳。本書卷三《武帝紀》載建元元年（479）六月丙午，“以寧朔將軍臧靈智爲越州刺史”。卷五《海陵王紀》載延興元年（494）八月壬子，“以冠軍司馬臧靈智爲交州刺史”，及本篇

所載。靈智事迹，如此而已。按，關於任命臧靈智爲交州刺史，本篇作隆昌元年（494）七月，而《海陵王紀》延興元年八月壬子又有是命，“隆昌”“延興”實爲一年，前後僅月餘時間。蓋隆昌元年七月之命並未實施，旋轉靈智爲冠軍司馬，故又有後命。

癸巳，皇太后令曰：[1]“鎮軍、車騎、左僕射、前將軍、領軍、左衛、衛尉、八座：[2]自我皇歷啓基，受終于宋，睿聖繼軌，[3]三葉重光。[4]太祖以神武創業，[5]草昧區夏，[6]武皇以英明提極，[7]經緯天人。[8]文帝以上哲之資，[9]體元良之重，[10]雖功未被物，[11]而德已在民。三靈之眷方永，[12]七百之基已固。[13]嗣主特鍾沴氣，[14]爰表弱齡，[15]險戾著于緑車，[16]愚固彰於崇正。[17]狗馬是好，酒色方湎。所務唯鄙事，所疾唯善人。世祖慈愛曲深，每加容掩，冀年志稍改，立守神器。[18]自入纂鴻業，[19]長惡滋甚。居喪無一日之哀，縗絰爲歡宴之服。[20]昏酣長夜，萬機斯壅，[21]發號施令，莫知所從。閹豎徐龍駒專總樞密，[22]奉叔、珍之互執權柄，[23]自以爲任得其人，表裏緝穆，[24]邁蕭、曹而愈信、布，[25]倚太山而坐平原。[26]於是恣情肆意，罔顧天顯，[27]二帝姬嬪，[28]並充寵御，[29]二宫遺服，[30]皆納玩府。内外混漫，男女無別，丹屏之北，[31]爲酤鬻之所，青蒲之上，[32]開桑中之肆。[33]又微服潛行，信次忘反，[34]端委以朝虚位，[35]交戟而守空宫積旬矣。[36]宰輔忠賢，[37]盡誠奉主，誅鋤群小，冀能悛革，[38]曾無克己，[39]更深怨憾。[40]公卿股肱，以異己寘戮，[41]文武昭穆，[42]以德譽見猜，[43]放肆醜言，將行屠膾，[44]社稷危殆，[45]有過綴旒。[46]昔太宗克光於漢世，[47]簡文代興於晋氏，[48]前事之不忘，後人之師也。鎮軍居正體道，家國是賴，伊霍之舉，[49]實寄淵謨，[50]便可詳依舊典，以禮廢黜。中軍將軍新安王，體自文皇，[51]睿哲天秀，[52]宜入嗣鴻業，永寧四海。外即以禮奉迎。未亡人屬此多難，[53]投筆增慨。”

[1]皇太后令：文安皇后王寶明。鬱林王即位，被尊爲皇太后，稱宣德宫。本書卷二〇有傳。按，皇太后此令爲徐孝嗣預作。本書卷四四《徐孝嗣傳》：“鬱林既死，高宗須太后令，孝嗣於袖中出而奏之，高宗大悦。”

[2]鎮軍：鎮軍大將軍省稱。時蕭鸞任此職。　車騎：車騎大將軍省稱。時陳顯達任此職。　左僕射：尚書左僕射省稱。時王晏任此職。　前將軍：南朝沿置，作爲軍府名號，用作加官。南朝宋秩三品，齊不詳。時徐孝嗣任此職。　領軍：領軍將軍省稱。時沈文季任此職。　左衛：左衛將軍省稱。南朝沿置，與右衛將軍合稱“二衛”，掌宫禁宿衛。南朝宋秩四品，齊不詳。時王廣之任此職。　衛尉：南朝沿置，掌宫禁及京師防衛。南朝宋秩三品，齊不詳。時蕭諶任此職。　八座：尚書省高級官員合稱。包括尚書令、左右僕射、六曹尚書（右僕射與祠部尚書不並置，或無左右而僅置僕射）。

[3]睿聖：聖明。用作對皇帝的敬稱。

[4]三葉：三代，三世。此處指南齊的高帝、武帝和文帝。　重（chóng）光：比喻累世盛德，輝光相承。喻帝王的功德前後相繼。《尚書·顧命》：“昔君文王、武王宣重光。”

[5]太祖：南朝齊高帝廟號。

[6]草昧：猶創始，草創。此處指國家草創秩序未定之時。　區夏：諸夏之地，指中國。

[7]武皇：指齊武帝。　提極：登基稱帝。

［8］經緯：本指整理絲縷。引申爲處理國家大事。《禮記·中庸》："唯天下至誠爲能經綸天下之大經。"

［9］文帝：齊武帝長子長懋。永明十一年（493）正月丙子病逝。鬱林王即位，追尊爲文帝。本書卷二一有傳。

［10］元良：皇太子的代稱。

［11］被物：猶言君臨萬民，或君臨天下。物，公衆。如物議、物論、物望中的"物"字皆有此義。

［12］三靈：原指天神、地祇、人鬼。此處指齊高帝、武帝、文帝的神靈。　永：久遠，深長。

［13］七百之基：《左傳》宣公三年："成王定鼎於郟鄏，卜世三十，卜年七百，天所命也。"言周朝有七百年的帝業。此用"七百之基"稱頌蕭齊王朝運祚綿長。

［14］嗣主：繼位的國君。此指鬱林王。　鍾：集聚。　沴（lì）氣：灾害不祥之氣。

［15］弱齡：猶年少。

［16］險戾著于緑車：謂其險戾的惡習自被立爲皇太孫後更加顯著。緑車，漢皇孫用車名，又名皇孫車。《御覽》卷七七三引漢蔡邕《獨斷》："緑車名皇孫車，天子有孫，乘以從。"此處用以指代南齊之皇太孫昭業。

［17］愚固彰於崇正：中華本校勘記云："按崇正即東宫崇政殿，正、政通。此言居東宫時已甚愚固。"

［18］神器：指帝位。

［19］鴻業：大業，此處指帝業。

［20］縗（cuī）絰（dié）：古代喪服。用粗麻布製成，披於胸前，稱作縗，亦作"衰"。絰爲結頭或腰間的麻帶。此處以"縗絰"指代服喪期。

［21］斯壅：堵塞，停滯不前。

［22］閹豎：古代皇宫中的宦官。因其須割勢纔能入宫，故稱"閹豎"。　徐龍駒：其事迹附見《南史》卷七七《恩倖傳》。

［23］奉叔：周奉叔。本書卷二九有附傳。　珍之：綦母珍之。其事迹附見《南史》卷七七《恩倖傳》。

［24］緝穆：亦作“輯睦”，和睦。

［25］蕭、曹：漢初名臣蕭何、曹參。詳見《史記》卷五三《蕭相國世家》、卷五四《曹相國世家》。　信、布：漢初名臣韓信、英布。詳見《史記》卷九二《淮陰侯列傳》、卷九一《黥布列傳》。

［26］太山：泰山。在今山東泰安市北。

［27］天顯：此處指上天昭示的父子、兄弟間的天倫之道。《尚書·康誥》：“元惡大憝，矧惟不孝不友。子弗祗服厥父事，大傷厥考心；于父不能字厥子，乃疾厥子。于弟弗念天顯，乃弗克恭厥兄；兄亦不念鞠子哀，大不友于弟。惟吊兹不于我政人得罪，天惟與我民彝大泯亂。”

［28］二帝：齊武帝和齊文帝。　姬嬪：帝王年輕貌美的小妾。

［29］寵御：此處指帝王寵愛的嬪妃。

［30］二宫：此處指武帝的後宫和文惠太子的東宫。

［31］丹屏：帝王寶座後的屏風。此處指宫殿。

［32］青蒲：指天子内庭。《漢書》卷八二《史丹傳》：“候上間獨寢時，丹直入卧内，頓首伏青蒲上。”顔師古注：“服虔曰：‘青緣蒲席也。’應劭曰：‘以青規地曰青蒲，自非皇后不得至此。’……師古曰：‘應説是也。’”

［33］桑中：指私奔幽會之處。《詩·鄘風·桑中》：“期我乎桑中。”《詩序》云：“刺奔也。衛之公室淫亂，男女相奔，至於世族在位，相竊妻妾。”朱熹《集傳》：“桑中、上宫、淇上，又沬鄉之中小地名也……衛俗淫亂，世族在位，相竊妻妾。故此人自言將采唐於沬，而與其所思之人相期會迎送如此也。”　肆：房舍，處所。

［34］信次：留宿至三日以上。《左傳》莊公三年：“凡師一宿爲舍，再宿爲信，過信爲次。”

［35］端委：朝服之端正而寬長者曰端委。此處以“端委”指

代朝中大臣。《左傳》昭公元年："吾與子弁冕端委，以治民臨諸侯，禹之力也。"孔穎達疏："服虔云：'禮衣端正無殺，故曰端；文德之衣尚褒長，故曰委。'"

[36]交戟（jǐ）：執戟相交。此處用以指代皇宮門前的儀仗隊或禁衛軍。《三國志》卷一《魏書·武帝紀》裴松之注引《世語》："舊制，三公領兵入見，皆交戟叉頸而前。初，公將討張繡，入覲天子，時始復此制。公自此不復朝見。"《後漢書》卷一〇下《獻帝伏皇后紀》：曹操"後以事入見殿中……舊儀，三公領兵朝見，令虎賁執刃挾之。操出，顧左右，汗流浹背，自後不敢復朝請"。

[37]宰輔：對宰相、三公、執政等輔政大臣的泛稱。此處用以指代鎮軍大將蕭鸞等。

[38]悛革：悔改。

[39]克己：約束克制自己的言行和私欲等，使之合乎某種規範。

[40]怨憾：心懷不滿。

[41]寘（zhì）戮：招致羞辱。寘，通"置"。

[42]文武昭穆：文武，指南齊文帝和武帝。昭穆，古代宗法制度，宗廟或墓地的輩次排列，以始祖居中，二世、四世、六世，位於始祖的左方，稱昭；三世、五世、七世位於右方，稱穆；用來分別宗族內部的長幼、親疏和遠近。此處以"文武照穆"泛指南齊皇族。

[43]以德譽見猜：本書卷四〇《竟陵文宣王子良傳》："太孫（即後來的鬱林王）少養於子良妃袁氏，甚著慈愛，既懼前不得立，自此深忌子良……帝常慮子良有異志，及薨，甚悦。"

[44]放肆醜言，將行屠膾（kuài）：本書卷三五《鄱陽王鏘傳》云，"鬱林心疑高宗（即蕭鸞）"，欲與鄱陽王鏘"共計取鸞"，未行。屠膾，屠殺。

[45]社稷：土地神和穀物神的合稱，這裏用以指代國家。

[46]綴旒（liú）：同"贅旒"，比喻君主爲大臣挾持，實權旁

落。贅，多餘。旒，古代旗幟下懸垂的飾物。

[47]太宗：西漢文帝劉恒廟號。《史記》卷一〇、《漢書》卷四有紀。

[48]簡文：東晋簡文帝司馬昱，簡文是其謚號。《晋書》卷九有紀。

[49]伊霍之舉：伊，指商朝初年名臣伊尹。其早年曾佐湯滅夏，被尊爲阿衡。湯死後，其孫帝太甲不遵成湯法制，伊尹把他放逐到桐宫，後見其悔過返善，遂迎其復位。詳見《史記》卷三《殷本紀》。霍，指西漢中期名臣霍光。武帝崩，昭帝八歲即位，光受遺詔輔政，政事一决於光。昭帝崩，迎立昌邑王劉賀，以其淫亂廢之，立宣帝。昭、宣二帝時期，社會穩定，經濟發展，史稱“中興”。後世遂視其爲善相輔弼、乃心王室的大忠臣。詳見《漢書》卷六八《霍光傳》。

[50]淵謨：猶言深謀遠慮。淵，深。謨，謀劃。

[51]文皇：南齊文帝。

[52]睿哲：聖明。

[53]未亡人：舊時寡婦自稱之詞。

昭業少美容止，[1]好隸書，[2]世祖勑皇孫手書不得妄出，以貴重之。進對音吐，[3]甚有令譽。王侯五日一問訊，[4]世祖常獨呼昭業至幄座，[5]别加撫問，呼爲法身，鍾愛甚重。文惠皇太子薨，昭業每臨哭，輒號咷不自勝，[6]俄爾還内，歡笑極樂。在世祖喪，哭泣竟，入後宫，嘗列胡妓二部夾閤迎奏。[7]爲南郡王時，文惠太子禁其起居，節其用度，昭業謂豫章王妃庾氏曰：[8]“阿婆，佛法言，有福德生帝王家。今日見作天王，[9]便是大罪，左右主帥，[10]動見拘執，不如作市邊屠酤富兒百倍矣。”[11]及即位，極意賞賜，動百數十萬。每見錢，輒曰：“我昔時思汝一文不得，今得用汝未?”期年之間，世祖齋庫儲錢數億垂盡。[12]開主衣庫與皇后寵姬觀之，[13]給閹人竪子各數人，[14]隨其所欲，恣意輂取，[15]取諸寶器以相剖擊破碎之，以爲笑樂。居嘗躶袒，[16]著紅縠褌雜采袙服。[17]好鬥雞，密買雞至數千價。世祖御物甘草杖，宫人寸斷用之。毁世祖招婉殿，[18]乞閹人徐龍駒爲齋。[19]龍駒尤親幸，爲後閤舍人，[20]日夜在六宫房内。[21]昭業與文帝幸姬霍氏淫通，[22]龍駒勸長留宫内，聲云度霍氏爲尼，[23]以餘人代之。嘗以邪諂自進，每謂人曰：“古時亦有監作三公者。”[24]皇后亦淫亂，齋閤通夜洞開，内外淆雜，無復分别。

[1]容止：儀容舉止。

[2]隸書：漢字書法之一體。又稱“佐書”“史書”。由篆書簡化演變而成的一種字體。衛恒《四體書勢》云：“秦既用篆，奏事繁多，篆字難成，即令隸人佐書，曰隸字。” “隸書者，篆之捷也。”把小篆筆畫的圓轉變爲方折，把象形筆畫化，以便書寫。始於秦代，普遍使用於漢魏，並下開楷書之源。

[3]進對：《南史》卷五《齊本紀下》作“進退”。

[4]問訊：問候。

[5]幄（wò）：形如宫室的帳幕。《周禮·天官·幕人》：“掌帷、幕、幄、帟、綬之事。”鄭玄注：“王出宫則有是事。在旁曰帷，在上曰幕，幕或在地，展陳于上。帷、幕皆以布爲之。四合象宫室曰幄，王所居之帷也。”後世宫中亦置帷幄。《漢書》卷九七下《外戚傳》：“前皇太后與昭儀俱侍帷幄。”

[6]號咷（táo）：啼哭呼喊，放聲大哭。咷，通“啕”。

［7］胡妓：指周邊少數民族或外國的女歌舞藝人。　閤（gé）：宫中的小門。

［8］豫章王：齊高帝第二子蕭嶷。本書卷二二有傳。

［9］天王：印度宗教傳説中的天界之王。佛教稱護法神爲天王，如毗沙門天王、四天王。此處指帝王。

［10］主帥：此爲王府侍衛武官的泛稱。

［11］屠酤：屠户和賣酒者。

［12］期年之間，世祖齋庫儲錢數億垂盡：《南史》卷五《齊本紀下》作“武帝聚錢上庫五億萬，齋庫亦出三億萬，金銀布帛不可稱計。即位未期歲，所用已過半……及至廢黜，庫府悉空”。期年，一周年。齋庫，宫中貯藏財物的倉庫。

［13］主衣庫：官署名。南朝宋、齊宫中儲藏衣服飾物之庫，其主管官吏稱作主衣。

［14］閹人：男人被割勢者，指宫中的宦官。　豎子：指宫中供役使的僮僕。

［15］輦（niǎn）取：用輦車運送。喻任意索取。

［16］躶（luǒ）袒（tǎn）：裸露身體。躶，同“裸”。

［17］縠（hú）：縐紗一類的絲織品。　裩（kūn）：有襠的褲，以别於無襠的褲（套褲）而言。　采：通“彩”。　衵（rì）服：原作“相服”，中華本據南監本、局本改。今從改。殿本及《南史》卷五《齊本紀下》作“袒”，亦訛。衵，内衣。

［18］招婉殿：宫殿名。在南齊都城建康臺城内。

［19］齋：屋舍，居室。

［20］後閤舍人：掌宫中庶務，其權力隨皇帝寵信程度而上下。《通鑑》卷一三九《齊紀五》“明帝建武元年”條，胡三省注：“後閤，禁中後閤也。”

［21］六宫：帝王後宫皇后、嬪妃之統稱。

［22］霍氏：《南史》卷五《齊本紀下》此句後有“改姓徐氏”四字。本書此卷後文云“愛姬徐氏”，蓋即此人。

[23]度：佛教以引人離俗出家爲度。　尼：尼姑，稱信佛出家的女子。

[24]監：宦官。即太監。　三公：輔佐天子的三位最高官員的合稱。周代以太師、太傅、太保（一説爲司徒公、司馬公、司空公）爲三公。秦漢時，先以丞相、御史大夫、太尉爲三公，後改爲大司馬、大司徒、大司空。東漢以太尉、司徒、司空爲三公。魏晋南朝大抵沿其制，但多非實職，衹是榮譽職位。

中書舍人綦毋珍之、朱隆之，[1]直閤將軍曹道剛、周奉叔，[2]竝爲帝羽翼。高宗屢諫不納，[3]先啓誅龍駒，次誅奉叔及珍之，帝竝不能違。既而尼媪外入，[4]頗傳異語，乃疑高宗有異志。中書令何胤以皇后從叔見親，[5]使直殿省，[6]嘗隨后呼胤爲三父，與胤謀誅高宗，令胤受事，胤不敢當，依違杜諫，[7]帝意復止。乃謀出高宗於西州，[8]中敕用事，[9]不復關諮。[10]高宗慮變，定謀廢帝。

[1]中書舍人：南朝沿置。中書通事舍人簡稱，隸中書省。南朝諸帝皆非出身高門，遂引用没有聲望和社會地位的寒士、細人等親信而任其職，入直禁中，於收納、轉呈文書奏章之本職外，其頗涉辭翰者又漸奪中書侍郎草擬詔令之任。自南齊建武世至陳，自成舍人省，名義雖仍隸屬於中書省，實際上直接聽命於皇帝。專掌草擬、發布詔令，受理文書章奏，即所謂“天下文簿板籍，入副其省”。並監督指導尚書省及諸中央、地方政府機構履行政務。南朝宋秩七品，齊不詳。　朱隆之：其事不詳。

[2]直閤將軍：南朝宫中侍衛武官。出掌儀仗清道，入則侍從宿衛，多由皇帝親信充任。

［3］高宗：齊明帝蕭鸞廟號。按，此時蕭鸞尚未稱帝，乃子顯追記。

［4］尼媪：尼姑。

［5］中書令：南朝沿置。中書省長官之一，位次中書監。南朝中書省掌納奏、擬詔、出令等機要政務，但事權悉由中書舍人執掌。監、令名爲長官，品秩高，多用作重臣加官。南朝宋、齊皆秩三品。　何胤（yìn）：本書卷五四有附傳。

［6］直：值班，值勤。　殿省：宫禁之地。

［7］依違：猶豫不决，模棱兩可。　杜諫：諫阻。

［8］西州：古地名。《通鑑》卷一二三《宋紀五》"文帝元嘉十七年"條，胡三省注："揚州治所在建康臺城西，故謂之西州。"按，據賀雲翺考證，西州城當在今江蘇南京市建鄴路以北、豐富路一綫以西、三元巷和秣陵路一綫以南的空間範圍内（《六朝瓦當與六朝都城》，第193—194頁）。

［9］中敕：皇帝的詔命。

［10］關諮：咨詢。

二十二日壬辰，[1]使蕭諶、坦之等於省誅曹道剛、朱隆之等，[2]率兵自尚書入雲龍門，[3]戎服加朱衣於上。[4]比入門，三失履。[5]王晏、徐孝嗣、蕭坦之、陳顯達、王廣之、沈文季係進。[6]帝在壽昌殿，[7]聞外有變，使閉内殿諸房閤，令閹人登興光樓望，[8]還報云："見一人戎服，從數百人，急裝，[9]在西鍾樓下。"須臾，蕭諶領兵先入宫，截壽昌閤，[10]帝走向愛姬徐氏房，拔劍自刺不中，[11]以帛纏頸，輿接出延德殿。[12]諶初入殿，宿衛將士皆操弓楯欲拒戰，諶謂之曰："所取自有人，卿等不須動！"宿衛信之，及見帝出，各欲自奮，帝竟無一言。出西弄，[13]殺之，[14]時年二十二。[15]輿尸出徐龍駒宅，[16]殯葬以王禮。餘黨亦見誅。

[1]二十二日壬辰：上溯本卷前文，可知此爲隆昌元年七月日序。按是月癸酉朔，壬辰爲月之二十日。"二十二日"當是衍文。《建康實録》卷一五《廢帝鬱林王》徑作"二十二日"亦誤。按，本月自"癸巳"（二十一日）以下采用倒叙之法，即先記是日以"皇太后令"的名義廢黜齊帝昭業（實際上此時昭業已被殺）及改立新安王昭文之事，然後追述昭業種種劣迹及壬辰（二十日）蕭鸞等謀殺昭業的具體情況。子顯書法如此，故不得以其記事先出"癸巳"而後出"壬辰"爲"失序"。

[2]使：《通鑑》卷一三九《齊紀五》"明帝建武元年"條"使"上增"鸞"字，其義可取。子顯爲本朝諱而省之。　蕭諶：本書卷四二有傳。　坦之：蕭坦之。本書卷四二有傳。　省(shěng)：官署之稱。疑此指舍人省。

[3]率：《通鑑》卷一三九"率"字上增"鸞"字，其義可取。子顯爲本朝諱而省之。　尚書：此處爲尚書省簡稱，《通鑑》卷一三九同。而《南史》卷五《齊本紀下》"尚書"二字下增"省"字，《建康實録》卷一五《廢帝鬱林王》同，皆取其易曉，非子顯史文之舊。　雲龍門：宫城正南門。參見《通鑑》卷一〇〇《晋紀二十二》"穆帝升平元年"條胡三省注。

[4]朱衣：紅色的公服。

[5]比入門，三失履：《通鑑》卷一三九胡三省注："懼而失其常度也。"

[6]王晏：本書卷四二有傳。　徐孝嗣：本書卷四四有傳。　王廣之：本書卷二九有傳。　係進：接續進發。

[7]壽昌殿：宫殿名。《通鑑》卷一三九胡三省注："壽昌殿，武帝所起，宴居常居之。"按，壽昌殿在建康臺城後宫中。

［8］興光樓：南齊建康臺城後宮之閣樓。

［9］急裝：扎縛緊密便於騎射的作戰裝束。（參見周一良《魏晋南北朝史札記》，中華書局2015年版，第232—233頁）

［10］截：堵截。　壽昌閤：壽昌殿旁的小門。閤，在此爲小門意。

［11］不中：《建康實録》卷一五同。按，不偏不倚，無過不及，謂之"中"。此云"不中"，謂昭業自刺雖傷及頸部，而不及要害。《南史》及《通鑑》改作"不入"，似無必要。

［12］延德殿：宫殿名。在南齊京師建康臺城後宫内。

［13］西弄：中華本校勘記云，"弄"局本作"衖"。弄、衖音義並同。《通鑑》卷一三九胡三省注云："此延德殿之西弄也。"弄，宫中小道。清厲荃《事物異名録·宫室·西弄》："東昏侯遇弒於西弄。蓋宫中别道如永巷之類，即今所謂衖者也。"朱季海《校議》據古文字及古音韵學認爲，古音衖（即巷字）、弄並在東韵部，弄即衖、巷古音之遺，本書書弄，蓋據當時之音，不宜改作衖字。（第10—11頁）

［14］殺：中華本校勘記云："'殺'南監本、局本作'弒'。"按，《南史》《通鑑》亦作"弒"。

［15］時年二十二：中華本校勘記云："'二十二'南監本、毛本、殿本、局本作'二十一'。按建元四年武帝即位，時昭業年十歲，見《南史·齊紀》，則至隆昌元年，爲二十二歲。《通鑑》胡注亦云'帝死時年二十二'。"

［16］輿尸：以車載尸。

史臣曰：鬱林王風華外美，衆所同惑，伏情隱詐，難以皃求。[1]立嫡以長，[2]未知瑕釁，[3]世祖之心，不變周道。[4]既而䜩鄙内作，[5]兆自宫闈，[6]雖爲害未遠，足傾社稷。[7]《春秋》書梁伯之過，言其自取亡也。[8]

［1］皃（mào）：古“貌”字。

［2］立嫡以長：語出《公羊傳》。《公羊傳》隱公元年：“隱長又賢，何以不宜立？立適（嫡）以長不以賢，立子以貴不以長。桓何以貴？母貴也。母貴，則子何以貴？子以母貴，母以子貴。”按，是謂帝王之位衹能由其嫡長子繼承。

［3］瑕釁（xìn）：嫌隙，事端。

［4］世祖之心，不變周道：《儀禮·喪服》：“適孫。《傳》曰：‘何以期也，不敢降其適也。’”鄭玄注：“周之道，適子死則立適孫。是適孫將上爲祖後者也。”

［5］僁（qiān）鄙：卑鄙罪惡之事。僁，同“愆”。

［6］宫闈（wéi）：宫中后妃所居之處。

［7］社稷：此處指古代帝王所祭的土神和穀神。舊時用以指代國家。

［8］《春秋》書梁伯之過，言其自取亡也：《春秋》，書名。儒家經典之一，也是今所傳最早的編年體史書。相傳爲孔子據魯史修訂而成，記事起魯隱公元年（前722），迄哀公十四年（前481），共二百四十二年。叙事極簡，以用字爲褒貶。《春秋》經：魯僖公十九年（前641）冬，“梁亡”。杜預注：“以自亡爲文，非取者之罪，所以惡梁。”《左傳》：“梁亡，不書其主，自取之也。初，梁伯好土功，亟城而弗處。民罷而弗堪，則曰‘某寇將至’。乃溝公宫，曰：‘秦將襲我。’民懼而潰，秦遂取梁。”按，梁伯即上述春秋時梁國末代國君，嬴姓，名失傳。梁國都在今陝西韓城縣南少梁城。

贊曰：十僁有一，[1]無國不失。鬱林負荷，棄禮亡律。

東西二省府國長老一本長字作屯疑

[1]十譬：十愆，十種過惡，常稱三風十愆，即三種惡劣風氣所滋生的十種罪愆，指巫風二：舞、歌；淫風四：貨、色、游、畋；亂風四：侮聖言、逆忠直、遠耆德、比頑童，合爲十愆。

南齊書　卷五

本紀第五

海陵王

海陵恭王昭文字季尚，[1]文惠太子第二子也。[2]永明四年，[3]封臨汝公，[4]邑千五百户。初爲輔國將軍、濟陽太守。[5]十年，轉持節、督南豫州諸軍事、南豫州刺史，[6]將軍如故。十一年，進號冠軍將軍。[7]文惠太子薨，還都。鬱林王即位，[8]爲中軍將軍，[9]領兵置佐。封新安王，[10]邑二千户。隆昌元年，[11]爲使持節、都督揚南徐二州諸軍事、揚州刺史，[12]將軍如故。其年，鬱林王廢，尚書令西昌侯鸞議立昭文爲帝。[13]

[1]海陵恭王：齊帝昭文謚號。海陵，以郡爲國。治所在今江蘇泰州市。

[2]文惠太子：齊武帝長子長懋謚號。本書卷二一有傳。

[3]永明：齊武帝年號。

[4]臨汝：治所在江西撫州市西。

[5]輔國將軍：將軍名號。南齊沿置。南朝宋秩三品，齊不詳。　濟陽：僑郡名。南濟陽郡省稱。屬南徐州，治所不詳。

[6]持節：漢朝官員或使臣外出時持有皇帝授與的節杖，以示其威儀。魏晋以後，軍事長官出征或出鎮時，加持節即可殺無官位之人，在軍事行動中享有誅殺二千石以下官員的權力。大臣出使出巡或代表皇帝參加祭吊時，亦持節，以示權位與尊崇，遂演變爲一種官號。　督：晋朝以督某州諸軍事爲該地區軍政長官，位都督或監某州諸軍事之下。南朝沿置。　南豫州：僑州名。治所在今安徽當塗縣。

[7]冠軍將軍：將軍名號。南朝沿置。南朝宋、齊皆秩三品。

[8]鬱林王：齊帝昭業謚號。鬱林，以郡爲國。治所在今廣西桂平縣南古城。

[9]中軍將軍：南朝置爲重號將軍。南朝宋位比“四鎮”，秩三品。南朝齊位在“四征”上，品秩不詳。

[10]新安：以郡爲國。治所在今浙江淳安縣西北。

[11]隆昌：齊帝鬱林王年號。

[12]使持節：漢朝官吏奉使外出時，或由皇帝授予節杖，以提高其威權。魏晋以後，凡重要軍事長官出征或出鎮時，加使持節，可誅殺二千石以下官員。皇帝派遣大臣出巡或祭吊等事，亦使持節，以示權力和尊崇。　都督：兩晋南北朝沿置。爲地方軍政長官，稱都督諸州軍事，領駐州刺史，兼理民政。無固定品級，多帶將軍名號。

[13]尚書令：兩晋南朝宋爲尚書省長官，出居外朝，成爲高級政務長官，綜理全國政務，參議大政。雖秩三品，實權有如宰相，如録尚書事缺，則兼有宰相之名義。南齊録尚書事定爲官號，尚書令爲副貳，仍爲秩三品。　西昌：以縣爲國。治所在今江西泰和縣西。　鸞：蕭鸞，即後來的齊明帝。本書卷六有紀。

延興元年秋七月丁酉，[1]即皇帝位。以尚書令鎮軍大將軍西昌侯鸞爲驃騎大將軍、録尚書事、揚州刺史、宣城郡公。[2]詔曰："太祖高皇帝英謀光大，[3]受命作齊；世祖武皇帝宏猷冠世，[4]繼暉下武；[5]世宗文皇帝清明懿鑠，[6]四海宅心：[7]並德漏下泉，[8]功昭上象，[9]聲教所覃，[10]無思不洽。[11]洪基式固，[12]景祚方融，[13]而天步多阻，[14]運鍾否剥。[15]嗣君昏忍，[16]暴戾滋多，棄侮天經，[17]悖滅人紀，[18]朝野重足，[19]遐邇側視，[20]民怨神恫，宗祧如綴。[21]賴忠謨肅舉，[22]霄漢廓清，[23]俾三后之業，[24]絶而更紐，[25]七百之慶，[26]危而復安。猥以冲人，[27]入纂乾緒，[28]載懷馭朽，[29]若墜諸淵，思與黎元，[30]共綏戬福。"[31]大赦，改元。[32]文武賜位二等。

[1]延興：齊帝海陵王年號。

[2]鎮軍大將軍：南齊沿置。用作大臣的加官，位從公。　驃騎大將軍：位居諸名號大將軍之首。多用作元老或權臣加官，位從公。　録尚書事：初爲職銜名，始於東漢。南齊時成爲正式官號，爲尚書省最高長官，總領尚書省諸曹事，位在尚書令上。然而，以其威權過重，常缺而不置。　宣城：以郡爲國。治所在今安徽宣城市宣州區。

[3]太祖：南齊皇帝蕭道成廟號。　高皇帝：南齊皇帝蕭道成謚號。

[4]世祖：南齊皇帝蕭賾廟號。　武皇帝：南齊皇帝蕭賾謚號。　宏猷（yóu）：猶宏圖，遠大的謀劃。

[5]繼暉下武：用以譬齊，謂齊武帝能繼承和光大高帝開創的帝業。暉，同"輝"，光輝。下武，《詩·大雅·下武》："下武維周。"毛亨傳："武，繼也。"鄭玄箋："下，猶後也。後人能繼先

祖者，維有周家最大。”

［6］世宗：南齊皇帝鬱林王追尊其父長懋廟號。　文皇帝：南齊皇帝鬱林王追尊其父帝號。　清明：謂神志思慮清晰明朗。　懿鑠：光輝美盛之貌。鑠，通“爍”。《文選》卷四八班固《典引》：“亦以寵靈文武，貽燕後昆，覆以懿鑠。”劉良注：“懿，美；鑠，盛也。”

［7］四海：古代以爲中國四面皆有海，故稱中國爲海内，外國稱海外。四海，意同天下。　宅心：歸心。心悦誠服而歸附。

［8］德漏下泉：謂恩德如泉水下流，普惠庶民。《詩·曹風·下泉》：“冽彼下泉，浸彼苞稂。”毛亨傳：“下泉，泉下流也。”鄭玄箋：“稂，當作涼。涼草，蕭、蓍之屬。”清胡承珙《後箋》：“稂、蕭、蓍、黍，皆以喻民。”漏，通達。《淮南子·泰族》：“朱弦漏越。一唱而三歎。”高誘注：“漏，穿；越，琴瑟兩頭也。”

［9］上象：天象。按，此指吉祥之象。

［10］聲教：聲威教化。　覃：及。

［11］洽：協和。

［12］洪基：帝王的基業。

［13］景祚：大福，洪福。景，大也。祚，福也。

［14］天步：國運。

［15］鍾：當，適逢。　否（pǐ）：六十四卦之一。卦形爲䷋，坤下乾上。《易·否》：“象曰：天地不交，否。”即天地不交，上下隔閡，閉塞不通之象。　剥：六十四卦之一。卦形爲䷖，坤下艮上。《易·剥》：“不利有攸往。”剥卦下五爻皆陰，上剥一陽。後因指運數不利爲剥。

［16］嗣君：繼立的國君。此處指鬱林王昭業。　昏忍：迷亂而又殘酷。

［17］天經：天之常道。《左傳》昭公二十五年：“夫禮，天之經也。”杜預注：“經者，道之常。”

［18］人紀：人之綱紀，指立身處世之道。《尚書·伊訓》：“先

王肇修人紀。”孔安國傳：“言湯始修爲人綱紀。”

［19］重（chóng）足：叠足而立，言甚爲驚懼，不敢稍作移動。《史記》卷六《秦始皇本紀》引賈誼曰：“秦俗多忌諱之禁……故使天下之士，傾耳而聽，重足而立，拑口而不言。”

［20］側視：不敢正視之貌。

［21］宗祧（tiāo）：宗廟。祧，始祖之廟。　綴（chuò）：停廢，罷止。綴通“輟”。

［22］忠謨肅舉：指蕭鸞等發動政變，一舉殺掉鬱林王。謨，謀。肅，峻急。

［23］霄漢：謂天空的極高處。此處用以喻朝廷。霄，雲霄。漢，天河。　廓清：肅清。

［24］俾（bǐ）：使。　三后：指齊高帝、齊武帝和齊文帝。后，古代天子和列國諸侯皆可稱后。

［25］更紐：重新得到繼承發揚。紐，系，連結。《説文・糸部》：“紐，系也。一曰結而可解。”段玉裁注：“結者，締也。締者，結不解也。其可解者曰紐。”故紐可引申爲解。

［26］七百：相傳周朝有七百年的國運。《左傳》宣公三年：“成王定鼎于郟鄏，卜世三十，卜年七百，天所命也。”後世遂用“七百”稱頌王朝運祚綿長。

［27］猥（wěi）：謙詞。含有“辱”意，舊時用作自謙的套語。冲人：古時帝王年幼在位者自稱的謙詞，猶云小子。《尚書・金縢》：“昔公勤勞王家，惟予冲人弗及知。”

［28］入纂：古代皇族非嫡長序列之人繼承帝位稱入纂。纂，繼承。　乾緒：上天安排的（帝王）世系。乾，天。緒，世系。

［29］載懷馭朽：比喻帝王治國，艱險不易。載，語助詞，無義。馭朽，“朽索馭馬”省語。典出《尚書・五子之歌》：“予臨兆民，懍乎若朽索之馭六馬。”孔安國傳：“懍，危貌。朽，腐也。腐索馭六馬，言危懼甚。”喻臨事慮危，時存戒懼。多用於君王治國。

［30］黎元：黎民，百姓。

[31]戬（jiǎn）福：吉祥降福。戬，福，吉利。

[32]改元：古代帝王更改年號。

八月甲辰，以新除衛尉蕭諶爲中領軍，[1]司空王敬則進位太尉，[2]新除車騎大將軍陳顯達爲司空，[3]尚書左僕射王晏爲尚書令，[4]左衛將軍王廣之爲豫州刺史，[5]驃騎大將軍鄱陽王鏘爲司徒。[6]詔遣大使巡行風俗。丁未，詔曰："新安國五品以上，悉與滿敘，[7]自此以下，皆聽解遣。[8]其欲仕者，適其所樂。"以驍騎將軍河東王鉉爲南徐州刺史，[9]西中郎將臨海王昭秀爲車騎將軍，[10]南徐州刺史永嘉王昭粲爲荆州刺史。[11]戊申，以輔國將軍王詡爲廣州刺史，[12]中書郎蕭遥欣爲兖州刺史。[13]庚戌，以車騎板行參軍李慶綜爲寧州刺史。[14]辛亥，以安西將軍王玄邈爲中護軍，[15]新除後軍司馬蕭誕爲徐州刺史。[16]壬子，以冠軍司馬臧靈智爲交州刺史。[17]乙卯，申明織成、金薄、綵花、錦繡履之禁。[18]

[1]新除：官制用語。朱季海《南齊書校議》（以下簡稱朱季海《校議》）云："凡授官未拜，但稱新除。此類或緣本人無意就新，或緣朝旨徒欲以爲遷轉階資之地。"（中華書局1984年版，第4頁）　衛尉：南朝復置。掌宫城警衛。南朝宋秩三品，齊不詳。　蕭諶：本書卷四二有傳。　中領軍：南朝沿置。掌京師駐軍及禁軍。南朝宋秩三品，齊不詳。

[2]司空：爲名譽宰相，多爲大臣加官，無實際職掌，位在司徒之下。秩一品。　王敬則：本書卷二六有傳。　太尉：爲名譽宰相，多用作大臣加官，無實際職掌。秩一品。

[3]車騎大將軍：多用權臣元老加官，以示尊崇。位次驃騎大

將軍。　陳顯達：本書卷二六有傳。

［4］尚書左僕射（yè）：南朝沿置，尚書省次官。尚書省或單置僕射，或並置左、右僕射，有時單置左或右僕射。左僕射居右僕射上。輔助尚書令執行政務，參議大政，諫諍得失，監察糾彈百官，常受命主管官吏。南朝尚書令爲宰相之任，不親庶務，尚書省日常政務常由僕射主持，諸曹奏事由左、右僕射聯署。左僕射又領殿中、主客二郎曹。南齊秩三品。　王晏：本書卷四二有傳。　尚書令：南朝沿置。尚書省長官。掌綜理全國政務，出居外朝，成爲高級政務長官，參議大政。雖秩三品，實權有如宰相，如録尚書事缺，則兼有宰相之名義。南齊録尚書事定爲官號，成爲尚書省長官，尚書令爲其副貳。

［5］左衛將軍：南齊沿置，與右衛將軍共掌宿衛營兵，禁衛宫廷，位在右衛上。秩四品。　王廣之：本書卷二九有傳。　豫州：僑州名。治所在今安徽壽縣。

［6］驃騎大將軍：丁福林《南齊書校議》（以下簡稱丁福林《校議》）據《南史·齊本紀下》、《通鑑》卷一三九，以爲時爲驃騎大將軍者乃蕭鸞，鸞於時執掌朝政，故得以任此職。時鄱陽王鏘爲驃騎將軍，“大”字衍。（中華書局2010年版，第36—37頁）　鄱陽：郡名。治所在今江西鄱陽縣東北。　鏘：蕭鏘，齊高帝第七子，建元元年（479）六月甲申封。本書卷三五有傳。　司徒：爲名義宰相，位在司空上。掌州郡名數、户口簿籍。秩一品。

［7］滿叙：猶謂以任職届滿論。滿，舊指做官稱職且達到規定的期限。叙，論。《南史》卷七七《恩倖傳》：“晋、宋舊制，宰人之官，以六年爲限。近世以六年過久，又以三周爲其，謂之小滿。”

［8］聽：聽任，任憑。

［9］驍騎將軍：南朝沿置，與領軍、護軍、左右衛、游擊諸將軍合稱“六軍”，擔任宿衛之任，是護衛皇帝宫廷的主要將領之一。南朝宋秩四品，齊不詳。　河東：僑郡名。治所在今湖北松滋市西北長江南岸。　鉉：蕭鉉，高帝第九子，武帝永明四年（486）二

月己未封。本書卷三五有傳。　南徐州：僑州名。治所在今江蘇鎮江市。

[10]西中郎將：南朝沿置，與東、南、北中郎將合稱“四中郎將”。西中郎將多任持節都督兼南豫州或荆州刺史。南朝宋、齊多以宗室諸王任之。南朝宋秩四品，齊不詳。　臨海：郡名。治所在今浙台州市椒江區北章安鎮。　昭秀：蕭昭秀，文惠太子長懋第三子。本書卷五〇有傳。　車騎將軍：南朝沿置。位次驃騎將軍，多作爲軍府名號，以加授大臣、重要州郡長官，無具體職掌。南朝宋秩二品，齊不詳。

[11]永嘉：郡名。治所在今浙江温州市。　昭粲：蕭昭粲，文惠太子長懋第四子。本書卷五〇有傳。　荆州：州名。治所在今湖北荆州市荆州區。

[12]王詡：尚書令王晏之弟，本書卷四二有附傳。　廣州：州名。治所在今廣東廣州市。

[13]中書郎：中書省屬官，中書侍郎（一度稱中書通事郎）省稱。南朝擬詔出令之職仍歸中書省，但事權悉由中書舍人執掌，侍郎職閑官清，成爲諸王起家官，如缺監、令，或亦主持中書省事務。　蕭遥欣：本書卷四五有附傳。　兖州：僑州名。即北兖州，治所在江蘇淮安市淮陰區。

[14]車騎板行參軍：車騎將軍府僚屬，掌協助治理府事。板，官制用語。南北朝時，王公大臣及地方長官諸府自行選用官員，板文委任，未經吏部正式任命，稱“板授”。　行參軍：三國至唐俱置。晋初制度，中央除拜者爲參軍，諸府自辟者爲行參軍。晋末以行參軍亦可除拜，唯品階略低於參軍。　李慶綜：其事不詳。
寧州：州名。治所在今雲南陸良縣境。

[15]安西將軍：南朝沿置，與安東、安南、安北將軍合稱“四安將軍”。常爲出鎮某一地區的軍事長官，或作爲刺史等地方官員的加官，權任很重。南朝宋秩三品，齊不詳。　王玄邈：本書卷二七有附傳。　中護軍：南朝沿置。掌督護京師以外地方諸軍，資重

者爲護軍將軍。南朝宋秩三品，齊不詳。

[16]後軍司馬：後軍將軍府司馬。後軍將軍，南朝沿置，與左、右、前軍將軍合稱四軍將軍。掌宫禁宿衛。南朝宋秩四品，齊不詳。其司馬爲軍府高級幕僚，掌參贊軍務，管理府内武職，位僅次於長史。南朝宋秩七品，齊不詳。　蕭誕：本書卷四二有附傳。　徐州：僑州名。按，此徐州即北徐州省稱。治所在安徽鳳陽縣東北。

[17]冠軍司馬：冠軍將軍府司馬。南朝沿置，爲軍府高級幕僚，掌參贊軍務，管理武職，位僅次於長史。南朝宋秩七品，齊不詳。　臧靈智：高帝、武帝時曾任寧朔將軍、越州刺史、東莞太守。隆昌元年（494）七月庚戌（疑此乃“庚辰”或“庚寅”之訛）鬱林王又命其爲交州刺史。此又云“以冠軍司馬臧靈智爲交州刺史”，蓋鬱林王未行而轉靈智爲冠軍司馬，故海陵王又有是命。參見本書卷三《武帝紀》、卷四《鬱林王紀》。　交州：州名。治所在今越南北寧省仙游縣東。

[18]織成：古代名貴的絲織物。以采絲及金縷織出花采圖案。自漢以來爲帝王或公卿大臣之服。參見《續漢書·輿服志下》。　金薄：金箔。以黄金捶成的薄片或塗上金粉的紙片，用以貼飾器物，俗稱貼金。　綵花：有彩色花紋的織物。　錦繡履：錦綉，一種精致的絲織品。錦，織綵爲紋；綉，刺綵爲紋。履，鞋。

九月癸酉，詔曰：“頃者以淮關徭戍，[1]勤瘁於行役，[2]故覃以榮階，[3]薄酬厥勞。勳狀淹留，[4]未集王府，非所以急舍爵之典，趣報功之旨。[5]便可分遣使部，往彼銓用。”[6]辛巳，以前九真太守宋慈明爲交州刺史。[7]癸未，誅新除司徒鄱陽王鏘、中軍大將軍隨郡王子隆。[8]遣平西將軍王廣之誅南兖州刺史安陸王子敬。[9]於是江州刺史晋安王子懋起兵，[10]遣中護軍王玄邈討之。

乙未，[11]驃騎大將軍鸞假黄鉞，[12]内外纂嚴。[13]又誅湘州刺史南平王鋭、郢州刺史晋熙王銶、南豫州刺史宜都王鏗。[14]丁亥，以衛將軍廬陵王子卿爲司徒，[15]撫軍將軍桂陽王鑠爲中軍將軍、開府儀同三司。[16]

[1]淮關：指沿淮軍鎮。

[2]行役：因服役或公務而跋涉在外。

[3]覃：延及，廣施（恩惠）。　階：官職等級。

[4]淹留：羈留，遲滯。

[5]急舍爵之典，趣報功之旨：《左傳》桓公二年："凡公行，告于宗廟。反行，飲至、舍爵，策勛焉，禮也。"杜預注："爵，飲酒器也。既飲置爵，則書勛勞於策，言速紀有功也。"陸德明《經典釋文》："舍，音赦，置也。"趣，急，迅速。按，舍爵即置爵，猶言飲酒以後即報功。

[6]銓用：按照官吏資績，確定等級選用。

[7]九真：郡名。治所在今越南清化省清化市西北馬江南岸。

[8]中軍大將軍：南齊官制，中軍將軍爲重號將軍，位在四征將軍上，加"大"字。位從公，開府儀同如公。　隨郡：郡名。治所在今湖北隨州市。　子隆：蕭子隆，建元四年（482）六月丙申封。本書卷四〇有傳。

[9]平西將軍：南朝沿置，與平東、平南、平北將軍合稱四平將軍。多爲持節都督或監某一地區的軍事，有時亦作爲刺史等地方官員兼理軍務的加官。南朝宋秩三品，齊不詳。　南兗州：僑州名。治所在今江蘇揚州市西北蜀岡上。　安陸：以郡爲國。治所在今湖北安陸市。　子敬：蕭子敬，武帝第五子，建元四年（482）六月丙申封。本書卷四〇有傳。

[10]江州：州名。治所在今江西九江市西南。　晋安：以郡爲國。治所在今福建福州市。　子懋：蕭子懋，武帝第七子，建元四

年（482）六月丙申封。本書卷四〇有傳。

［11］乙未：是年九月壬申朔，“乙未”爲月之二十日。而其前所出“癸未”爲月之十二日，其後所出“丁亥”爲月之十六日，此處“乙未”與其前干支序列不合，疑誤。癸未、丁亥間有乙酉，疑“乙亥”當作“乙酉”（月之十四日）。《通鑑》卷一三九作“乙亥”（月之初四日）、《建康實録》卷一五作“己未”（按是月無己未），亦誤。參見中華本校勘記及丁福林《校議》（第37頁）。

［12］假黄鉞：黄鉞，指以黄金裝飾的斧，本爲天子征伐專用。《尚書·牧誓》：“王左杖黄鉞，右秉白旄以麾。”後成爲皇帝出行的儀仗。魏晋時亦特賜予出征重臣，以示威重，專主征伐。南朝宋、齊沿之。凡受此號者擁有代行皇帝旨意，誅殺持節鎮守一方軍事長官的權力。《宋書·百官志上》：“假黄鉞，則專戮節將，非人臣常器矣。”

［13］纂嚴：戒嚴。

［14］湘州：州名。治所在今湖南長沙市。　南平：郡名。治所今湖北公安縣西。　鋭：蕭鋭，高帝第十五子，永明元年（483）正月壬戌封。本書卷三五有傳。　郢州：州名。治所在今湖北武漢市武昌區。　晋熙：郡名。治所在今安徽潜山縣。　銶：蕭銶，高帝第十八子，永明四年（486）二月己未封。本書卷三五有傳。　宜都：郡名。治所在今湖北枝江市。　鏗：蕭鏗，高帝第十六子，永明元年（483）正月壬戌封。本書卷三五有傳。

［15］衛將軍：南朝沿置，爲重號將軍，位次車騎將軍。多作爲軍府名號，以加大臣及重要州郡長官，無具體職掌。南朝宋秩二品，齊不詳。　廬陵：郡名。治所在今江西吉安市西南。　子卿：蕭子卿，武帝第三子，建元四年（182）六月丙申封。本書卷四〇有傳。

［16］撫軍將軍：南朝沿置。宋時撫軍與中軍、鎮軍三將軍位比四鎮將軍，秩三品。齊時位在四鎮將軍之上，次中軍將軍，加“大”字，位從公，開府儀同如公。　桂陽：郡名。治所在今湖南

郴州市。　鑠：蕭鑠，高帝第八子，建元元年（479）甲申封。本書卷三五有傳。　開府儀同三司：南朝沿置，爲大臣加號。意謂與三司即太尉、司徒、司空禮制、待遇相同，許開府署，自辟僚屬。

冬十月癸巳，[1]詔曰："周設媒官，[2]趣及時之制；漢務輕徭，在休息之典；所以布德弘教，寬俗阜民。[3]朕君制八紘，[4]志敷九德，[5]而習俗之風，爲弊未改，静言多愠，[6]無忘昏昃。[7]督勸婚嫁，宜嚴更申明，必使禽幣以時，[8]摽梅息怨。[9]正厨諸役，[10]舊出州郡，徵吏民以應其數，公獲二旬，私累數朔。[11]又廣陵年常遞出千人以助淮戍，[12]勞擾爲煩，抑亦苞苴是育。[13]今並可長停，别量所出。諸縣使村長、路都防城直縣，[14]爲劇尤深，[15]亦宜禁斷。"丁酉，解嚴。[16]進驃騎大將軍、揚州刺史宣城公鸞爲太傅，[17]領大將軍、揚州牧，[18]加殊禮，[19]進爵爲王。戊戌，誅新除中軍將軍桂陽王鑠、撫軍將軍衡陽王鈞、侍中祕書監江夏王鋒、鎮軍將軍建安王子真、左將軍巴陵王子倫。[20]癸卯，以寧朔將軍蕭遥欣爲豫州刺史，[21]新除黄門郎蕭遥昌爲郢州刺史，[22]輔國將軍蕭誕爲司州刺史。[23]

[1]冬十月癸巳：是年十月壬寅朔，月内無癸巳與以下丁酉、戊戌三日，再次之癸卯爲初二日，辛亥爲初十日。《南史》卷五《齊本紀下》、《通鑑》卷一三九所出是年十月之"丁酉""戊戌"同誤。吴玉貴《資治通鑑疑年録》云："《南齊書》冬十月下有癸巳、丁酉、戊戌、癸卯、辛亥諸日，日序相次，唯'冬十月'應在'癸卯'上，不當置於'癸巳'之前。上接九月丁亥（十六日），

癸巳爲九月二十二日，丁酉二十六日，戊戌二十七日；癸卯爲十月初二日，辛亥初十日。”（中國社會科學出版社 1994 年版，第 134 頁）所論極是，此“癸巳”前之“冬十月”應移置“癸卯”前。參見牛繼清《十七史疑年録》（黄山書社 2007 年版，第 94—95 頁）。

[2]媒官：媒氏。一説周朝所置，掌理民衆婚姻事務。《周禮·地官》：“媒氏，掌萬民之判。凡男女自成名以上，皆書年月日名焉。令男三十而娶，女二十而嫁。”

[3]阜民：使百姓富裕。阜，繁盛，富裕。

[4]朕：自秦始皇起爲皇帝專用的自稱。《史記》卷六《秦始皇本紀》：“天子自稱曰朕。”按，太后聽政時亦自稱朕。《後漢書》卷四《和帝紀》：“今皇帝以幼年，煢煢在疚，朕且佐助聽政。” 君：統治，主宰。《荀子·王霸》：“合天下而君之。” 八紘（hóng）：大地的極限，猶言八極，亦泛指天下。《淮南子·墬形》：“九州之外，乃有八殥……八殥之外，而有八紘。”高誘注：“紘，維也。維落天地而爲之表，故曰紘也。”

[5]敷：施，布。 九德：古代帝王的九種美德。《尚書·皋陶謨》：皋陶曰：“行有九德。”禹曰：“何？”皋陶曰：“寬而栗，柔而立，願而恭，亂而敬，擾而毅，直而温，簡而廉，剛而塞，强而義。彰厥有常，吉哉！”

[6]静言：巧飾之言。《尚書·堯典》：“静言庸違，象恭滔天。”孔安國傳：“静，謀。滔，漫也。言共工自爲謀言，起用行事而違背之。” 愠（yùn）：含怒，怨恨。

[7]昏昃（zè）：遲暮，日西斜與黄昏時。昏，日暮，天剛黑時。昃，太陽偏西時。

[8]禽幣：指婚姻聘禮。禽，此處專指雁。古代婚娉中許多環節必用雁。幣，即帛，亦泛指婚聘中必須的其他禮物。參見《儀禮·士昏禮》及鄭玄注。

[9]摽（biào）梅：言梅熟而落，比喻女子已到結婚年齡。

《詩·召南·摽有梅》："摽有梅，其實七兮。求我庶士，迨其吉兮。"摽，墜落。有，語助詞。

[10]正厨：宋葉適《習學記言序目》卷二三："所謂正厨者，當是元會宴設之類耶？國饗而民供之，不知何所始也。"

[11]數朔：猶言數月。按，舊稱農曆每月初一爲朔。

[12]廣陵：郡名。治所在今江蘇揚州市西北蜀岡上。

[13]苞苴（jū）是育：滋生賄賂、腐敗。苞苴，苞，通"包"。賄賂。《荀子·大略》："湯旱而禱曰：'苞苴行與？讒夫興與？何以不雨至斯極也！'"楊倞注："貨賄必以物苞裹，故總謂之苞苴。"

[14]路都：管理道路的基層官吏。　防城直縣：充任縣城城防值勤之役。直，值班，值勤。

[15]劇：艱難，困苦。

[16]解嚴：解除戒嚴。

[17]太傅：南齊沿置，用作贈官，位大司馬之上。名爲皇帝師傅，並無實際職掌，多用以安置元老勛舊大臣，或被迫授予專制大臣。秩一品。

[18]領：官制用語。意爲兼領、暫攝，即已有本官本職，又暫行他官他職，而不居其位，不任其官。南齊時，常有以卑官領高職、以白衣領某職，亦有以高官階而兼領較低官職者。此處爲後者。　大將軍：南齊沿置，不常授，以爲贈官，位次大司馬，而在三公之上。秩一品。　牧：一州之長。南朝時一州長官一般稱刺史，唯揚、豫等數州或設牧，作爲榮譽稱號授於權臣。

[19]殊禮：特殊的禮遇。此處指"劍履上殿，入朝不趨，贊拜不名"。

[20]衡陽：以郡爲國。治所在今湖南株洲市西南。　鈞：蕭鈞，齊高帝第十一子。建元二年（480）出繼衡陽元王道度。本書卷四五有傳。　侍中：南朝沿置。齊、梁、陳爲門下省長官，員四人（加官不受此限）。除侍從皇帝左右、顧問應對、諫諍糾察等侍

從本職外，兼掌出納、璽封詔奏，有封駁權，參預機密政務，上親皇帝，下接百官，官顯職重，或以宰相目之。多選美姿容、有文才、與皇帝親近者任之，亦用作大臣或諸王加官。南朝宋秩三品，齊不詳。　祕書監：南朝沿置，爲秘書省長官。掌圖書經籍及國史修撰。南朝宋秩三品，齊不詳。　江夏：以郡爲國。治所在今湖北武漢市武昌區。　鋒：蕭鋒，高帝第十二子，建元三年（481）正月丙子封。本書卷三五有傳。　鎮軍將軍：南朝沿置。宋時與中軍、撫軍三號將軍位比四鎮將軍。主要爲中央軍職，但亦可出任地方軍事長官，並領刺史等地方官，兼理民政。秩三品。南齊時位在四征將軍之上，品秩不詳。　建安：以郡爲國。治所在今福建建甌市南松溪南岸。　子真：蕭子真，齊武帝第九子，建元四年（482）六月丙申封。本書卷四〇有傳。　左將軍：南朝沿置，軍府名號，用作加官。南朝宋秩三品，齊不詳。　巴陵：以郡爲國。治所在今湖南岳陽市。　子倫：蕭子倫，齊武帝第十三子，永明二年（484）七月甲申。本書卷四〇有傳。

[21]寧朔將軍：南朝沿置，雜號將軍之一。南朝宋秩四品，齊不詳。

[22]黄門郎：給事黄門侍郎或黄門侍郎的省稱。南朝沿置，爲侍中省或門下省次官，與侍中俱掌門下衆事。員四人，南朝宋秩五品。南齊時知詔令，被稱爲“小黄門”，品秩不詳。　蕭遥昌：本書卷四五有附傳。

[23]司州：僑州名。治所在今河南信陽市。

宣城王輔政，帝起。居皆諮而後行。思食蒸魚菜，太官令答無録公命，[1]竟不與。辛亥，皇太后令曰：“司空、後將軍、丹陽尹、右僕射、中領軍、八座：[2]夫明晦迭來，[3]屯平代有，[4]上靈所以睠命，[5]億兆所以歸懷。[6]自皇家淳耀，[7]列聖繼軌，[8]諸侯官方，[9]百神受職。[10]而殷憂時啓，[11]多難薦臻，[12]隆昌失德，[13]特紊人鬼，[14]非徒四海解體，乃亦九鼎將移。[15]賴天縱英輔，[16]大匡社稷，[17]崩基重造，[18]墜典再興。[19]嗣主幼冲，[20]庶政多昧，[21]且早嬰尪疾，[22]弗克負荷，[23]所以宗正内侮，[24]戚藩外叛，[25]覘天視地，人各有心。雖二祖之德在民，[26]而七廟之危行及。[27]自非樹以長君，[28]鎮以淵器，[29]未允天人之望，寧息奸宄之謀。[30]太傅宣城王胤體宣皇，[31]鍾慈太祖，[32]識冠生民，[33]功高造物，[34]符表夙著，[35]謳頌有在，[36]宜入承寶命，[37]式寧宗祏。[38]帝可降封海陵王，吾當歸老别館。[39]昔宣帝中興漢室，[40]簡文重延晋祀，[41]庶我鴻基，[42]於兹永固。言念家國，感慶載懷。”

[1]太官令：南朝沿置，隸門下省，掌宫廷飲食。　録公：對“録尚書事”的尊稱。指尚書令鎮軍大將軍西昌侯蕭鸞。

[2]司空：時陳顯達任此職。　後將軍：時邵陵王子貞任此職。　丹陽尹：京師所在丹陽郡長官之稱，南齊時位次九卿。時徐孝嗣任此職。　右僕射：時沈文季任此職。　中領軍：時蕭諶任此職。　八座：尚書省高級官員合稱。包括尚書令、左右僕射、六曹尚書（右僕射與祠部尚書不並置，或無左右而單置僕射）。

[3]明晦：光明與黑暗。

[4]屯平：困難與順利。

[5]上靈：上天，上帝。　睠（juàn）：眷顧，關懷。睠，同“眷”。　命：教誨。

[6]億兆：指廣大民衆。　歸懷：歸心。

[7]淳耀：光明，光耀。

[8]列聖：此處指南齊的前代帝王高帝、武帝等。按，君主時

代尊稱帝王爲聖人。《禮記・大傳》："聖人南面而治天下。"故凡有關帝王之事均冠以聖，如聖主、聖旨等。　繼軌：謂接繼前人之業。

［9］諸侯：古代對中央政權所分封各國國君的統稱。　官方：舊時謂居官應守的禮法。《晋書》卷三四《杜預傳》："簡書愈繁，官方愈僞；法令滋章，巧飾彌多。"按，此處"官方"猶謂能嚴格遵守禮法。官，居官，作官。方，法度，準則。

［10］百神：百官。按，古時稱良官吏爲神君。《後漢書》卷六二《荀淑傳》："出補朗陵侯相，莅事明理，稱爲神君。"

［11］殷憂：深沉的憂慮。殷，深。

［12］薦臻：接連而至。薦，重，再。臻，至。

［13］隆昌：齊帝鬱林王年號，此處用以指代鬱林王。

［14］紊：亂。

［15］九鼎：古代象徵國家政權的傳國之寶。《史記》卷一二《孝武本紀》："禹收九牧之金，鑄九鼎。"

［16］縱：發，放。　英輔：英明的輔政大臣。此處指蕭鸞。

［17］匡：正，糾正。　社稷：古代帝王、諸侯所祭的土神和穀神。舊時用作國家的代稱。

［18］基：此處指國家的根基。

［19］墜典：指已廢亡的典章制度。

［20］嗣主：繼立的國君。此處指齊帝海陵王。　幼冲：年少。

［21］庶政：各種政務。庶，衆多。　昧：愚昧，無知。

［22］嬰：遭受。《後漢書》卷八九《南匈奴傳》："墝埆之人，屢嬰塗炭。"　尫（wāng）：指胸、脛、背等處骨骼的彎曲症，或有這種殘疾的人。此處當系引申義，孱弱，弱小。

［23］克：勝任。　負荷：背負肩擔。《左傳》昭公七年："其父析薪，其子弗克負荷。"引申爲繼承，擔任。

［24］宗正内侮：宗正，掌皇室親族事務。漢、魏沿置，漢秩中二千石，魏第三品。自東晋哀帝時，省並於太常，有事則權置兼

官。梁、陳復置，定名“宗正卿”。按，“宗正内侮”，《建康實録》卷一五《廢帝海陵王》作“宗王内侮”，疑是。本書卷三五《鄱陽王鏘傳》：當蕭鸞廢殺鬱林王後，又欲殺諸王之時，制局監謝粲説鏘及隨王子隆謀議“入宫發兵輔政”，縛執蕭鸞。鏘等猶豫未及行而敗。所謂“宗王内侮”蓋指此。

[25]戚藩外叛：戚藩，皇帝宗室封王者，猶言“藩王”。按，當蕭鸞誅鄱陽王鏘、隆郡王子隆、安隆王子敬以後，江州刺史晋安王子懋起兵（見本卷前文）。所謂“威藩外叛”蓋指此。

[26]二祖：原作“三祖”。中華本校勘記以爲齊祇有太祖、世祖，無三祖，並據毛本、局本改。今從改。

[27]七廟：泛指帝王供奉祖先的宗廟。《禮記·王制》：“天子七廟，三昭三穆，與太祖之廟而七。”即四親廟（父、祖、曾祖、高祖）、二祧（遠祖）和始祖廟。　行：且，將要。

[28]長君：年長的君王。

[29]淵器：深謀遠慮的器局。

[30]奸宄（guǐ）：犯法作亂的人。

[31]胤（yìn）體宣皇：胤，繼嗣。宣皇，即宣皇帝，蕭道成對其父承之追謚之號。按，蕭鸞之父道生乃宣皇帝次子，故此其“胤體宣皇”。

[32]鍾慈太祖：本書卷六《明帝紀》：蕭鸞“少孤，太祖撫育，恩過諸子”。鍾慈，特别疼愛。太祖，齊帝蕭道成廟號。

[33]生民：《孟子·公孫丑上》：“自有生民以來，未有孔子也。”楊伯峻《孟子譯注》譯“生民”作“人類”（中華書局1984年版，第67頁）。

[34]造物：創造萬物。《莊子·大宗師》：“偉哉夫！造物者將以予爲此拘拘也。”

[35]符表：本指記録符命的表章，此用以指代符命。符命者，古時所謂“君權神授”之憑證，如各種“祥瑞”等。　夙：早。

[36]謳頌：此處義猶“擁戴”。《孟子·萬章上》：“堯崩，三

年之喪畢，舜避堯之子於南河之南。天下諸侯朝覲者，不之堯之子而之舜；訟獄者，不之堯之子而之舜；謳歌者，不謳歌堯之子而謳歌舜。”

[37]寶命：天命。《尚書·金縢》：“無墜天之降寶命。”

[38]式：發語詞。　宗祏（shí）：宗廟中藏神主的石室。亦借指宗廟，宗祠。《左傳》莊公十四年：“先君桓公命我先人典司宗祏。”杜預注：“宗祏，宗廟中藏主石室。”孔穎達疏：“宗祏者，慮有非常火災，於廟之北壁内爲石室，以藏木主。有事則出而祭之；既祭，納於石室。”按，此處以宗祏指代祖先的靈魂。

[39]别館：此處指宫室以外的館舍。本書卷二〇《皇后傳》稱“出居鄱陽王故第”。

[40]宣帝中興漢室：謂漢宣帝劉詢以小宗入纘大統爲帝而致中興。詳見《漢書》卷八《宣帝紀》。

[41]簡文重延晋祀：謂東晋簡文帝司馬昱以小宗入纘大統爲帝，能與權臣周旋而延續了晋朝的統治。詳見《晋書》卷九《簡文帝紀》。

[42]鴻基：帝業。

建武元年，[1]詔“海陵王依漢東海王彊故事，[2]給虎賁、旄頭、畫輪車，[3]設鍾虡宫縣，[4]供奉所須，每存隆厚”。十一月，稱王有疾，數遣御師占視，[5]乃殞之。給温明祕器，[6]衣一襲，[7]斂以衮冕之服。[8]大鴻臚監護喪事。[9]葬給輼輬車，[10]九旒大輅，[11]黄屋左纛，[12]前後部羽葆、鼓吹，[13]挽歌二部，[14]依東海王故事。謚曰恭王。年十五。

[1]建武：齊明帝年號。按，494年農曆十月癸亥始改元建武。

[2]漢東海王彊：光武帝長子。郭皇后所生，立爲皇太子。郭皇后廢，彊不自安，請出就藩國。封爲東海王。《後漢書》卷四二有傳。東海，郡名。治所在今山東郯城縣北。　故事：先例。

[3]虎賁（bēn）：勇士。《尚書·牧誓序》："武王戎車三百兩，虎賁三百人。"孔穎達疏："若虎之賁走逐獸，言其猛也。"按，賁，同"奔"。　旄頭：古代皇帝儀仗中擔任先驅的騎士。《後漢書》卷一下《光武帝紀下》："賜東海王彊虎賁、旄頭、鍾虡之樂。"李賢注引《漢官儀》："舊選羽林爲旄頭，被髮先駈。"　畫輪車：車名。以彩漆畫輪轂，故名。其上形如輦，下如犢車，駕牛。古之貴者不乘車，自漢末至宋齊梁間，爲天子至士人所常用。參見《晉書·輿服志》及本書《輿服志》。

[4]鍾：通"鐘"。古樂器，以槌叩擊發聲。　虡（jù）：懸掛編鍾編磬的木架，上有猛獸爲飾。　宫縣：縣，通"懸"。古時鍾磬等樂器懸掛於架上，懸掛的形式依據主人的身份地位而異。帝王懸掛四面，象徵宫室四壁，故名宫懸。《周禮·春官·小胥》："正樂縣之位，王宫縣。"

[5]御師：御醫。即爲帝王治病的醫師。

[6]温明：古代葬器。《漢書》卷六八《霍光傳》："光薨，……賜金錢……東園温明。"顔師古注："服虔曰：'東園處此器，形如方漆桶，開一面，漆畫之，以鏡置其中，以懸屍上，大斂并蓋之。'師古曰：'東園，署名也，屬少府。其署主作此器也。'"　祕器：棺槨。亦爲少府東園所造。

[7]襲：衣一套曰一襲。包括衣和裳。一説包括單衣和夾衣。

[8]斂：通"殮"。殯殮之殮，經傳皆作"斂"。爲死者易衣曰小斂，入棺曰大斂，又棺埋墓穴亦謂斂。《釋名·釋喪制》："衣屍棺曰斂，斂藏不復見也。"　衮（gǔn）冕：衮衣和冠冕。古代帝王及大夫的禮服和禮帽。

[9]大鴻臚：南朝齊有事權置兼官，事畢即省。掌贊導拜授諸王及監護喪事。品秩不詳。

［10］轀（wēn）輬（liáng）車：又作“轀凉車”，古代的一種卧車。《史記》卷八七《李斯列傳》：“李斯以爲上在外崩，無真太子，故祕之。置始皇居轀輬車中。”裴駰《集解》引孟康曰：“如衣車，有窗牖，閉之則温，開之則凉，故名之轀輬車也。”後用爲喪車。

［11］九旒（liú）大輅（lù）：《禮記·樂記》：“所謂大輅者，天子之車也。龍旂九旒，天子之旌也。”按，旒爲古代旗下邊緣懸垂的飾物。此處以“九旒”指代裝飾有九旒的旗。

［12］黄屋：古代帝王的車蓋，以黄繒爲蓋裏，故名。　左纛（dào）：古代皇帝乘輿上的裝飾物，用犛牛尾或雉尾製成，設在車衡的左邊，故稱左纛。《史記》卷七《項羽本紀》：“紀信乘黄屋車，傅左纛。”裴駰《集解》：“李斐曰：‘纛，毛羽幢也。在乘輿車衡左方上注之。’蔡邕曰：‘以犛牛尾爲之，如斗，或在騑頭，或在衡上也。’”

［13］羽葆：儀仗名。《禮記·雜記下》：“匠人執羽葆御柩。”孔穎達疏：“羽葆者，以鳥羽注於柄頭，如蓋，謂之羽葆。葆，謂蓋也。匠人主宫室，故執蓋物御柩，謂執羽葆居柩葆前，御行於道，示指揮柩於路爲進止之節也。”　鼓吹：爲演奏鼓吹樂的樂隊。鼓吹樂源於北方民族，用鼓、鉦、簫、笳等樂器合奏。本用於軍中，漢朝宫廷鹵簿亦用之，以賜有功大臣，遂成爲皇帝賜予臣下的一種禮遇。魏晋時其賜甚輕，南北朝時復重，唯賜大臣及有功者。

［14］挽歌：輓歌。古代送葬時挽柩者所唱的哀歌，後泛指哀悼死者的歌。

史臣曰：郭璞稱永昌之名，[1]有二日之象，[2]而隆昌之號亦同焉。案漢中平六年，[3]獻帝即位，[4]便改元爲光熹，[5]張讓、段珪誅後，[6]改元爲昭寧，[7]董卓輔政，[8]改元爲永漢，[9]一歲四號也。晋惠帝太安二年，[10]長沙王乂事敗，[11]成都王穎改元爲永安，[12]穎自鄴奪，[13]河閒王顒復改元爲永興，[14]一歲三號也。[15]隆昌、延興、建武，亦三改年號。故知喪亂之軌迹，雖千載而必同矣。

[1]郭璞：晋河東聞喜人，字景純。好經術，博洽多聞，擅詞賦，通陰陽曆算、卜筮之術。《晋書》卷七二有傳。　永昌：晋元帝年號。

[2]有二日之象：此以拆“昌”字爲二“日”字立説。

[3]中平：漢靈帝年號。

[4]獻帝即位：獻帝即漢獻帝劉協。《後漢書》卷九有紀。按，此以下“光熹”“昭寧”二年號皆漢少帝劉辯年號，前文“獻帝即位”當爲“少帝即位”之誤。

[5]光熹（xī）：中平六年（189）四月戊午，少帝即位，改元爲光熹。見《後漢書》卷八《靈帝紀》。

[6]張讓：東漢潁川人，靈帝時任中常侍。《後漢書》卷七八有傳。　段珪：東漢靈帝時任中常侍。事迹散見《後漢書》卷八《靈帝紀》、卷六九《何進傳》、卷七二《董卓傳》、卷七八《宦者傳》。

[7]昭寧：《後漢書·靈帝紀》：少帝光熹元年（189）八月辛未，改光熹爲昭寧。

[8]董卓：隴西臨洮人，東漢末年軍閥。《後漢書》卷七二、《三國志》卷六有傳。

[9]永漢：漢獻帝年號。按，據《後漢書》卷八《靈帝紀》、卷九《獻帝紀》：少帝昭寧元年九月甲戌，董卓廢少帝爲弘農王，立獻帝，改昭寧爲永漢。所謂“董卓輔政”，實爲董卓專擅廢立。永漢既是獻帝年號，則“董卓輔政”之前當著“獻帝即位”四字，才能免生歧義。

[10]晋惠帝：武帝第二子司馬衷。《晋書》卷四有紀。　太

安：晋惠帝年號。

[11]長沙王乂（yì）：晋武帝第六子司馬乂，太康十年（289）封。《晋書》卷五九有傳。長沙，封國名。治所在今湖南長沙市。

[12]成都王穎：晋武帝第十六子司馬穎，太康十年（289）封。《晋書》卷五九有傳。成都，以郡爲國。治所在四川成都市。永安：晋惠帝年號。按，《晋書》卷四《惠帝紀》："永興元年春正月……成都王穎自鄴諷于帝，乃大赦，改元爲永安。"《通鑑》卷八五《晋紀七》"惠帝永興元年"條："永興元年春正月……長沙厲王乂屢與大將軍穎戰，破之……而東海王越慮事不濟，癸亥，潛與殿中諸將夜收乂送别省。甲子，越啓帝，下詔免乂官，置金墉城。大赦，改元。""永興元年"爲太安二年（304）之次年。"永興"爲是年多次改元中的最後一個年號，《晋書》《通鑑》皆依史例將其冠於該年之首，是也。據《通鑑》是年正月甲子改元，按是月己亥朔，甲子爲月之二十六日。即是年正月甲子改元以前的二十多天之紀年應稱太安三年。此云太安二年改元永安，非是。

[13]鄴：縣名。治所在今河北臨漳縣西南鄴鎮。

[14]河閒王顒（yóng）：西晋安平獻王孚之孫、太原烈王瓌之子司馬顒。初襲父爵，咸寧三年（277）改封河間。《晋書》卷五九有傳。河閒，封國名。閒，通"間"。治所在今河北獻縣東南。永興：晋惠帝年號。據《晋書》卷四《惠帝紀》、《通鑑》卷八五《晋紀七》"惠帝永興元年"條，是年十二月丁亥改元爲永興。按，此所記是年改元事有遺漏，據上引兩種文獻，在正月甲子改元爲永安之後，尚有七月庚申改元爲建武，十一月丙午改元復爲永安。

[15]一歲三號：據以考證，此當云"一歲四號"，即太安、永安、建武、永興。參見丁福林《校議》，第38頁。

贊曰：穆穆海陵，[1]因亡代興。[2]不先不後，遭命是膺。[3]

[1]穆穆：肅敬，恭謹。

[2]因亡代興：謂其因鬱林王被殺而繼立。

[3]遭命：不幸的命運，惡運。王充《論衡·命義》："遭命者，行善得惡，非所冀望，逢遭於外，而得凶禍，故曰遭命。"膺：承受。

南齊書　卷六

本紀第六

明帝

高宗明皇帝諱鸞，[1]字景栖，始安貞王道生子也。[2]小諱玄度。[3]少孤，太祖撫育，[4]恩過諸子。宋泰豫元年，[5]爲安吉令，[6]有嚴能之名。補武陵王左常侍，[7]不拜。元徽二年，[8]爲永世令。[9]昇明二年，[10]爲邵陵王安南記室參軍。[11]未拜，仍遷寧朔將軍、淮南宣城二郡太守。[12]尋進號輔國將軍。[13]太祖踐阼，[14]遷侍中，[15]封西昌侯，[16]邑千户。建元二年，[17]爲持節、督郢州司州之義陽諸軍事、冠軍將軍、郢州刺史，[18]進號征虜將軍。[19]世祖即位，[20]轉度支尚書，[21]領右軍將軍。[22]永明元年，[23]遷侍中，領驍騎將軍。[24]王子侯舊乘纏帷車，[25]高宗獨乘下帷，[26]儀從如素士。[27]公事混撓，販食人擔火誤燒牛鼻，豫章王白世祖，[28]世祖笑焉。轉爲散騎常侍、左衛將軍，[29]清道而行，[30]上甚悦。[31]二年，出爲征虜將軍、吴興太守。[32]四年，遷中領軍，[33]常侍並如故。五年，爲持節、監豫州郢州之西陽司州之汝南二郡軍事、右將軍、豫州刺史。[34] 七年，爲尚書右僕射。[35] 八年，加領衛尉。[36] 十年，轉左僕射。[37] 十一年，領右衛將軍。[38] 世祖遺詔爲侍中、尚書令，[39] 尋加鎮軍將軍，[40] 給班劍二十人。[41]

[1]高宗：南齊皇帝蕭鸞廟號。　明皇帝：南齊皇帝蕭鸞謚號。

[2]始安貞王道生：齊高帝次兄，卒於宋世。建元元年（479）追封，貞爲其謚號。本書卷四五有傳。始安，以郡爲國。治所在今廣西桂林市。按，蕭鸞爲道生次子。

[3]小諱玄度：《金樓子·興王篇第一》齊高帝謂梁太祖曰："我辛苦得天下，而祚不傳孫。我死，龍子當得。龍子死，當屬阿度。"自注云："阿度，齊明小名。"梁太祖即梁武帝蕭衍父梁順之，與齊高帝爲始族弟。

[4]太祖：齊高帝蕭道成廟號。

[5]泰豫：南朝宋明帝年號。

[6]安吉：縣名。治所在今浙江安吉縣西南孝豐鎮。

[7]補：官制術語。即遞補、委任官職。　武陵王：南朝宋明帝第九子劉贊。泰始六年（470）十月辛卯，出繼爲宋孝武帝後，封武陵王。《宋書》卷八〇有傳。武陵，以郡爲國。治所在今湖南常德市。　左常侍：南朝沿置，爲王國屬官，掌侍以左右，贊相禮儀，獻替諫諍。

[8]元徽：南朝宋後廢帝劉昱年號。

[9]永世：縣名。治所在今江蘇溧陽市南古縣橋。

[10]昇明：南朝宋順帝年號。

[11]爲邵陵王安南記室參軍：邵陵王，即南朝宋明帝第七子劉友。元徽二年（474）七月庚辰封邵陵王。昇明三年（479），徙都督南豫豫司三州諸軍事、安南將軍、南豫州刺史、歷陽太守。《宋

書》卷九〇有傳。邵陵，以郡爲國。治所在今湖南邵陽市。安南記室參軍，即安南將軍府之記室參軍。安南將軍，南朝宋沿置，與安東、安西、安北將軍合稱四安將軍。多用爲出鎮南方地區的軍事長官，或作爲刺史等地方官員兼理軍務的加官，秩三品。其記室參軍，爲軍府記室曹長官，掌文疏表奏，秩七品。

[12]遷：官制述語。指官吏調動職務，此處爲越級超遷。　寧朔將軍：將軍名號。南朝宋秩四品。　淮南宣城二郡：雙頭郡名。治所在今安徽當塗縣。

[13]輔國將軍：將軍名號。南朝宋秩三品。

[14]踐阼（zuò）：《禮記·文王世子》："成王幼，不能涖阼，周公相，踐阼而治。"踐，履也。阼，指王位前之階。後來遂稱皇帝即位爲踐阼。踐阼，同"踐祚"。

[15]侍中：南朝齊置，爲門下省長官，員四人（加官無定員）。掌侍從皇帝左右，顧問應對，諫諍糾察，又兼掌出納、璽對詔奏，有封駁權，參與機密政務，官顯職重。多選美姿容、有文才、與皇帝親近者任之。或加予宰相、尚書等高級官員，使其出入殿省，入宮議政務。南朝宋秩三品，齊不詳。

[16]西昌：縣名。治所在今江西泰和縣西。

[17]建元：南齊高帝年號。

[18]持節：官員或使臣外出時持有皇帝授予的節杖，以示其威權。魏晋以後，軍事長官出征或出鎮時，加持節即可殺無官位之人，在軍事行動中享有誅殺二千石以下官員的權力。大臣出使、出巡或代表皇帝參加祭吊時，亦持節，以示權位尊崇。後遂演變爲一種官號。　督：南朝沿置，以督某州諸軍事爲該地區軍政長官，位在都督或監某州諸軍事之下。　郢州：州名。治所在今湖北武漢市武昌區。　司州：僑州名。治所在今河南信陽市。　義陽：郡名，即北義陽郡。治所在河南信陽市。　冠軍將軍：南齊沿置，將軍名號。秩三品。

[19]征虜將軍：南朝沿置，將軍名號，位在冠軍將軍上。南朝

宋秩三品，齊不詳。

[20]世祖：南朝齊武帝廟號。

[21]轉：官制術語。官吏調任曰轉。指轉任與原品秩相同的其他官職，或同職而調換任所，並無升級或降職之意。　度支尚書：南朝沿置，爲尚書省度支曹長官，掌軍國財賦，領度支、金部、倉部、起部四郎曹。南朝宋秩三品，齊不詳。

[22]領：官制術語。魏晉南北朝多爲暫攝之意，有以高官攝卑職者，亦有以卑官行高職、以白衣領某職者。　右軍將軍：南朝沿置，與左軍、前軍、後軍合稱四軍將軍，掌宮禁宿衛。南朝宋秩四品，齊不詳。

[23]永明：南朝齊武帝年號。

[24]驍騎將軍：南朝沿置，掌宮禁宿衛。南朝宋秩四品，齊不詳。

[25]纏（chán）帷車：車名。指裝飾有帷幔的車。

[26]下帷：此處指無帷幔的車。

[27]素士：非皇族出身的士族。

[28]豫章王：齊高帝第二子蕭嶷，建元元年（479）六月甲申封。本書卷二二有傳。豫章，郡國名。治所在今江西南昌市。　白：告訴。

[29]散騎常侍：南朝沿置，爲集書省（南齊亦稱散騎省）職官。職以侍從左右，主掌圖書文翰、諫諍拾遺、收納轉呈文書奏事，亦常用作宰相、諸公加官。南朝宋秩三品，齊不詳。　左衛將軍：南朝沿置，掌宮禁宿衛。南朝宋秩四品，齊不詳。

[30]清道：古時帝王行幸所經，皆預先清除道路，驅逐行人，以防意外。

[31]上：古時稱皇帝爲上。此處指齊武帝。

[32]吴興：郡名。治所在今浙江湖州市南下菰城。

[33]中領軍：南朝沿置，掌京師駐軍及禁軍，資重者爲領軍將軍。南朝宋秩三品，齊不詳。

[34]監：監軍。魏晋南北朝諸州若闕都督，或置監諸軍事，簡稱監軍，爲該地區軍政長官，位在都督諸軍下、督諸軍事上，職掌略同。或有監數州諸軍事者。其權任因所加“使持節”“持節”或“假節”之號而有所不同。　豫州：僑州名。治所在今安徽壽縣。　西陽：郡名。治所在今湖北黄岡市。　汝南：僑郡名。治所在今河南信陽市。　右將軍：南朝沿置，作爲軍府名號，用作加官。南朝宋秩三品，齊不詳。

[35]尚書右僕射（yè）：南朝沿置，尚書省次官，位次左僕射。南朝宋秩三品，齊不詳。

[36]衛尉：南朝宋孝建元年（454）復置，齊掌宫城管鑰。領祠部、儀曹二郎曹。南朝宋秩三品，齊不詳。

[37]左僕射：尚書左僕射省稱。南朝沿置，領殿中、主客二郎曹。若無尚書令，左僕射爲臺主，與令同。南朝宋秩三品，齊不詳。

[38]右衛將軍：南朝沿置，掌宫禁宿衛。南朝宋秩四品，齊不詳。

[39]尚書令：南齊沿置，職任總領尚書臺二十曹，爲内臺主，乃宰相之任也。秩三品。

[40]鎮軍將軍：南朝沿置，爲重號將軍。南朝宋秩三品，南齊位次升至衛將軍後。

[41]班劍：本指飾花紋的劍。漢制，朝服帶劍。晋朝代之以木，謂之班劍。因其爲虎賁所持，故晋以後成爲隨從侍從之代稱，且成爲皇帝對功臣的一種恩賜，可隨身佩帶進入宫殿，亦作爲喪禮時的儀仗。

隆昌元年，[1]即本號爲大將軍，[2]給鼓吹一部，[3]親兵五百人。[4]尋又加中書監、開府儀同三司。[5]鬱林王廢，[6]海陵王立，[7]爲使持節、都督揚南徐二州軍事、驃騎大將軍、録尚書事、揚州刺史，[8]開府如故，增班劍爲三十人，封宣城郡公，二千户。[9]鎮東府城。[10]給兵五千人，錢二百萬，布千匹。九江作難，[11]假黄鉞，[12]事寧，表送之。尋加黄鉞、都督中外諸軍事、太傅，[13]領大將軍、揚州牧，[14]增班劍爲四十人，給幢絡三望車，[15]前後部羽葆鼓吹，[16]劍履上殿，[17]入朝不趨，[18]贊拜不名，[19]置左右長史、司馬，[20]從事中郎、掾、屬各四人，[21]封宣城王，邑五千户，持節、侍中、中書監、録尚書竝如故。未拜，太后令廢海陵王，[22]以上入纂太祖爲第三子，[23]群臣三請，乃受命。

[1]隆昌：南齊皇帝鬱林王年號。

[2]即本號爲大將軍：進號爲鎮軍大將軍。按，南齊時，鎮軍大將軍位從公，開府儀同如公。

[3]鼓吹：演奏鼓吹樂的樂隊。鼓吹樂源自北方民族，用鼓、鉦、簫、笳等樂器合奏。本用於軍中，漢朝宫廷鹵簿亦用之，或以賜有功大臣，遂成爲皇帝賜予臣下的一種禮遇。魏晋時其賜甚輕。南北朝時復重，唯賜大臣及有功者。

[4]親兵：隨身護衛的士兵。

[5]中書監：南朝沿置，中書省長官。南朝中書省雖復掌納奏、擬詔、出令，然權歸中書舍人。監、令雖名爲長官，多用宗室諸王或大臣的加官，時人視爲清要之職。南朝宋、齊皆秩三品。　開府儀同三司：三國魏始置，爲大臣加號，意謂與三司即太尉、司徒、司空禮制、待遇相同，許開設府署，自辟僚屬。

[6]鬱林王：南齊皇帝蕭昭業遇弒後的追封之號。鬱林王，本書卷四有紀。鬱林，以郡爲國。治所在今廣西桂平縣西南古城。

[7]海陵王：南齊皇帝蕭昭文被廢後的封號。海陵王，本書卷

五有紀。海陵，以郡爲國。治所在今江蘇泰州市。

[8]使持節：漢朝官吏奉使外出時，或由皇帝授予節杖，以提高其威權。魏、晋以後，凡重要軍事長官出征或出鎮時，加使持節，可誅殺二千石以下官員。皇帝派遣大臣出巡或祭吊等事務時，亦有使持節，以表示權力和尊崇。使持節權、位在持節之上。　都督：南齊沿置，其所都督諸州軍事範圍内的地方軍政長官，兼領駐在地州刺史，位在監諸軍事之上。　揚：州名。治所在今江蘇南京市。　南徐：僑州名。即南徐州，治所在今江蘇鎮江市。　驃騎大將軍：位居諸名號大將軍之首。多用作元老或權臣的加官，位從公，開府儀同如公。　録尚書事：初爲職銜名，始於東漢。南齊時成爲正式官號，爲尚書省最高長官，總領尚書省諸曹事，位尚書令上。然而以其威權過重，常缺而不置。

[9]封宣城郡公，二千户：中華本校勘記云："按《文選》三十八任昉《爲齊明帝讓宣城郡公第一表》云'封宣城郡開國公，食邑三千户'。"宣城，以郡爲國。治所在今安徽宣城市。郡公，爵名。開國郡公省稱。西晋始定郡公制度，如小王國。南朝因襲。

[10]東府城：一名東城。自東晋末年以至南朝常作爲宰相或揚州刺史等高官的府第。每當建康有事，必置兵鎮守。以其在臺城東，故名。按，東府城在今江蘇南京市通濟門附近。

[11]九江作難：指延興元年（494）九月，齊武帝第七子江州刺史晋安王子懋起兵反抗專制朝政的蕭鸞。事見本書卷五《海陵王紀》、卷四〇《武十七王傳》。九江，地名。此處用以指代江州。江州治所在今江西九江市。

[12]假黄鉞：黄鉞，指黄金裝飾的斧，本爲天子征伐專用。《尚書·牧誓》："王左杖黄鉞，右秉白旄以麾。"後成爲皇帝出行的儀仗。魏晋時期皇帝亦持賜予出征重臣，以示威重，南朝宋、齊沿之。凡受此號者擁有代行皇帝旨意，誅殺持節鎮守一方軍事長官的權力。《宋書·百官志上》："假黄鉞，則專戮節將，非人臣常器矣。"

［13］都督中外諸軍事：魏晋南北朝置。總統禁衛軍、地方軍在內的內外諸軍，爲全國最高軍事統帥，權力極大。不常置。　太傅：南齊沿置，用作贈官，位在大司馬之上。名爲皇帝師傅，並無實際職掌，多用以安置元老勛舊大臣，或被授予專制大臣。秩一品。

［14］大將軍：南齊沿置，不常授，用爲贈官。位在大司馬下，而在三公之上。秩一品。　牧：一州之長。南朝時一州長官一般稱刺史，唯揚、豫等數州或設牧，作爲榮譽稱號授予權臣。

［15］幢絡：指形如車蓋的帷幔。　三望車：車名。南齊時加禮貴臣之車。制如四望車，即通幰，油幢絡，班柒輪轂，皆銅校飾。三望，謂除後面外三面皆有檐窗可望。參見本書《輿服志》。

［16］羽葆：儀仗名。《禮記·雜記下》："匠人執羽葆御柩。"孔穎達疏："羽葆者，以鳥羽注於柄頭，如蓋，謂之羽葆。葆，謂蓋也。"《漢書》卷七六《韓延壽傳》："建幢棨，植羽葆。"顏師古注："羽葆，聚翟尾爲之，亦今纛之類也。"南朝隋唐時，諸王大臣有功者加羽葆。

［17］劍履上殿：皇帝賜與親信大臣的一種特殊禮遇，受賜者可以佩劍穿履朝見皇帝。

［18］入朝不趨：皇帝賜與親信大臣的一種特殊禮遇，受賜者上殿朝拜皇帝無須快步向前。趨，小步快走，表示恭敬。

［19］贊拜不名：皇帝賜與親信大臣的一種特殊禮遇，即當受賜者朝拜皇帝時，司儀唱禮不得直呼其名。

［20］長史：公府屬吏，爲府之幕僚長，主政務。南朝宋秩六品，齊不詳。　司馬：此乃公府司馬，主軍務。南朝宋秩六品，齊不詳。

［21］從事中郎：魏晋南北朝公府皆置，或分掌諸曹，或分掌機密，或參謀議，地位較高。南朝宋秩六品，齊不詳。　掾、屬：二者皆爲公府屬吏。南朝宋秩七品，齊不詳。

［22］太后：武帝長子文惠太子長懋妃王寶明，鬱林王即位，追

尊其父長懋爲文帝，尊其母寶明爲太后。本書卷二〇有傳。

[23]入纂：小宗入嗣大宗或藩王繼承帝位之稱。

建武元年冬十月癸亥，[1]即皇帝位。詔曰："皇齊受終建極，[2]握鏡臨宸，[3]神武重輝，[4]欽明懿鑠，[5]七百攸長，[6]盤石斯固，而王度中蹇，[7]天階荐阻，[8]嗣命多違，[9]蕃釁孔棘，[10]宏圖景曆，[11]將墜諸淵。宣德皇后遠鑒崇替，[12]憲章舊典，[13]疇咨台揆，[14]允定靈策，[15]用集寶命于予一人。[16]猥以虛薄，纘戎大業，[17]仰繫鴻丕，[18]顧臨兆民，[19]永懷先構，[20]若履春冰，寅憂夕惕，[21]罔識攸濟，思與萬國播此惟新。[22]大赦天下，[23]改元。[24]宿衛身普轉一階，[25]其餘文武，賜位二等。逋租宿責，[26]换負官物，[27]在建武元年以前，悉原除。[28]劫賊餘口在臺府者，[29]可悉原放。[30]負釁流徙，[31]竝還本鄉。"太尉王敬則爲大司馬，[32]司空陳顯達爲太尉，[33]尚書令王晏加驃騎大將軍，[34]中領軍蕭諶爲領軍將軍、南徐州刺史，[35]皇子寶義爲揚州刺史，[36]中護軍王玄邈爲南兖州刺史，[37]新除右將軍張瓌爲右光禄大夫，[38]平北將軍王廣之爲江州刺史。[39]乙丑，詔斷遠近上禮。丁卯，詔"自今彫文篆刻，[40]歲時光新，[41]可悉停省。蕃牧守宰，或有薦獻，[42]事非任土，[43]嚴加禁斷"。追贈安陸昭侯緬爲安陸王。[44]己巳，以安陸侯子寶晊爲湘州刺史。[45]詔曰："頃守職之吏，多違舊典，存私害公，實興民蠹。今商旅税石頭後渚及夫鹵借倩，[46]一皆停息。所在凡厥公宜，[47]可即符斷。[48]主曹詳爲其制，[49]憲司明加聽察。"[50]

［1］建武：齊明帝年號。

［2］受終：承受帝位。《尚書·舜典》："正月上日，受終于文祖。"按，此謂蕭齊承受劉宋帝運而立國。　建極：《尚書·洪範》説治理政事的大道有九，稱九疇。其五爲"建用皇極"。孔安國傳："皇，大。極，中也。凡立事當用大中之道。"指令天下之人，各得其中，不失其所。後世詩文常用作頌揚帝王立法以治國的套語。

［3］握鏡：《文選》卷五五劉孝標《廣絶交論》："蓋聖人握金鏡，闡風烈。龍驤蠖屈，從道汙隆。"李善注："《春秋孔録法》曰：'有人卯金刀，握天鏡。'《雒書》曰：'秦人失金鏡。'鄭玄曰：'金鏡，喻明道也。'"即以"握鏡"喻帝王受天命，懷明道。　臨宸（chén）：猶言當朝處理國事。宸，北極所在爲宸，後借用爲帝王所居。

［4］神武：神明而威武。　重（chóng）輝：謂日光重明。喻後王繼前王功德，此處指武帝繼高帝功德。

［5］懿鑠：美盛。

［6］七百：《左傳》宣公三年："成王定鼎于郟鄏，卜世三十，卜年七百，天所命也。"後用"七百"稱頌王朝運祚綿長。

［7］王度：王者的品德和器量。《左傳》昭公十二年："思我王度，式如玉，式如金。"　中蹇（jiǎn）：猶中衰。蹇，停也。

［8］天階：指帝位，也指宫殿的臺階。　荐阻：一再受到阻礙。

［9］嗣命：猶稱嗣君，指鬱林王和海陵王。

［10］蕃釁（xìn）：此處指北魏入侵。蕃，古時對邊境少數民族和外國的通稱。《周禮·秋官·大行人》："九州之外，謂之蕃國。"　孔棘：很緊急，很急迫。

［11］宏圖：遠大的計劃。　景曆：天道，天命。

［12］宣德皇后：武帝長子文惠太子長懋妃王寶明。鬱林王即位，尊其母寶明爲太后，居宣德宫。故明帝稱其爲"宣德皇后"。

崇替：滅亡。

[13]憲章：效法。

[14]疇（chóu）咨：訪問，訪求。　台揆：指三公宰輔重臣。

[15]靈策：此處爲對王太后《令》的美稱。靈，善，美。

[16]寶命：對天命、帝命的美稱。　予一人：古代帝王的自稱。

[17]纘（zuǎn）戎：中華本校勘記云："'戎'各本並作'承'。按蕭鸞祖父名承之，故改'承'爲'戎'。作'承'者，蓋後人所改。《元龜》二百七亦作'戎'。"今按，纘，繼承。戎，相助。

[18]鴻丕：洪大。喻天恩。

[19]兆民：衆百姓。

[20]先構：此處指南齊王朝的締造者。先，古稱已死的人爲先，多用於尊長。構，締造。

[21]夕惕（tì）：形容戒慎恐懼，不敢怠慢。《易·乾》："君子終日乾乾，夕惕若厲，無咎。"

[22]萬國：此處統指全國各地。　惟新：惟，通"維"。《詩·大雅·文王》："周雖舊邦，其命維新。"毛亨傳："乃新在文王也。"維爲語詞，言周至文王，乃成新國。後稱變舊法行新政爲維新。

[23]大赦：對已判罪犯免刑或减刑。

[24]改元：古代帝王更改年號。

[25]階：官職的等級。南朝時官分九品，每品内又分若干等級爲階，或曰等。

[26]逋租：拖欠的租税。　宿責：拖欠的債務。責，通"債"。責，原作"貢"，中華修訂本《校勘記》據南監本、北監本、汲本、殿本、局本、《詞林》卷六六八徐孝嗣《南齊明帝即位改元大赦詔》改，並云《册府元龜》卷二〇七《閏位部》、卷四八九《邦計部》作"債"（第99頁）。

［27］換負：借取而拖欠。换，貸，借。負，欠，虧欠。

［28］原除：免除。

［29］劫賊餘口在臺府者：指犯法被罰設在臺城諸官府供役使者。

［30］原放：赦免釋放。

［31］負釁（xìn）：猶負罪，獲罪。

［32］太尉：自東漢時與司徒、司空合稱三公。魏晋以後，成爲無實職的榮譽銜。南齊時，位在大將軍下。秩一品。　王敬則：本書卷二六有傳。　大司馬：南齊爲八公之一，位在太傅之下、大將軍之上，爲無實職的榮譽銜，不常授。秩一品。

［33］司空：自東漢時與太尉、司徒並爲三公。魏晋以後，成爲無實職的榮譽銜。南齊時位在司徒之下。秩一品。　陳顯達：本書卷二六有傳。

［34］王晏：本書卷四二有傳。

［35］蕭諶：本書卷四二有傳。　領軍將軍：南朝沿置，與中領軍職掌相同，不並置。資輕者爲中領軍，重者爲領軍將軍。掌禁衛軍及京師諸軍。南朝宋秩三品，齊不詳。

［36］寶義：蕭寶義，齊明帝長子。本書卷五〇有傳。

［37］中護軍：南朝沿置，與護軍將軍職掌相同，不並置。資輕者爲中護軍，重者爲護軍將軍。掌督護京師以外地方諸軍。南朝宋秩三品，齊不詳。　王玄邈：本書卷二七有傳。　南兖州：僑州名。治所在今江蘇揚州市西北蜀岡上。

［38］新除：官制術語。授官未拜之稱。　張瓌（guī）：本書卷二四有傳。　右光禄大夫：南朝沿置，作爲在朝顯職的加官，或處老疾，亦常用作卒後贈官。無職掌。南朝宋秩三品，齊不詳。按，本書張瓌本傳作“光禄大夫”，無“右”字。

［39］平北將軍：南朝沿置，多兼鎮守地區的刺史，統管軍政事務，與平南、平東、平西將軍合稱四平將軍。南朝宋秩三品，齊不詳。丁福林《南齊書校議》（以下簡稱丁福林《校議》）以爲，是

時爲豫州刺史者多以西爲號而無以北爲號者，蓋豫州治壽春，地在京都建康之西，且本書王廣之傳、《海陵王紀》皆載王廣之爲平西將軍，故平北將軍之“北”當爲“西”之訛。（中華書局2010年版，第39—40頁）　王廣之：本書卷二九有傳。　江州：州名。治所在今江西九江市西南。按，據本書卷五《海陵王紀》、《南史》卷五《齊本紀下》、卷四四《齊武帝諸子傳》、《通鑑》卷一三九，當延興元年（494）九月王廣之受命捕殺南兗州刺史安陸王子敬時，其軍號爲“平西將軍”。又，檢本書卷二九《王廣之傳》，在建武元年（494）十月其任江州刺史前之軍號亦爲“平西將軍”。疑此處“平北將軍”乃“平西將軍”之誤。參見丁福林《校議》，第39—40頁。

［40］彫文篆刻：指雕繪有奇異花紋的服飾和器物。彫，同“雕”。文，花紋。

［41］光新：猶言品嘗時新。光，敬辭。如，光臨，光顧。新，指剛收獲的糧食或果蔬等。

［42］薦（jiàn）獻：進獻。

［43］任土：《尚書·禹貢》：“任土作貢。”孔安國傳：“任其土地所有，以定其貢賦之差。”原作“任王”，中華修訂本《校勘記》據三朝本、南監本、北監本、汲本、殿本、局本、《南史》卷五《齊本紀下》改。又云《册府元龜》卷一九八《閏位部》作“在一”。（第99頁）今從改。

［44］安陸昭侯緬：緬，齊高帝次兄道生第三子、蕭鸞之弟。建元元年（479）封安陸侯，永明九年（491）卒，謚昭侯。本書卷四五有傳。按，安陸昭侯之“安陸”爲縣名，安陸王之“安陸”爲郡名，郡治安陸縣，在今湖北安陸市。

［45］寶晊（zhì）：蕭寶晊。本書卷四五有傳。　湘州：州名。治所在今湖南長沙市。

［46］石頭後渚：古津渡名。又名石頭津，在江蘇南京市西北長江邊。以其鄰近石頭城，故名。　借倩（qìng）：借用，租用。

[47]厥：缺。

[48]符斷：以朝廷命令禁絕。符，朝廷命令的憑證。

[49]主曹：主管相關工作的尚書省曹署。

[50]憲司：御史臺的别稱。

十一月癸酉，以西中郎長史始安王遥光爲揚州刺史，[1]晋壽太守王洪範爲青、冀二州刺史，[2]尚書令王晏領太子少傅。[3]甲戌，大司馬尋陽公王敬則等十三人進爵邑各有差。[4]詔省新林苑，[5]先是民地，悉以還主，原責本直。[6]庚辰，立皇子寶義爲晋安王，[7]寶玄爲江夏王，[8]寶源爲廬陵王，[9]寶夤爲建安王，[10]寶融爲隨郡王，[11]寶攸爲南平王。[12]甲申，詔曰："邑宰禄薄俸微，[13]不足代耕，[14]雖任土恒貢，亦爲勞費，自今悉斷。"又詔"宣城國五品以上，悉與滿叙。[15]自此以下，皆聽解遣。其欲仕，適所樂"。乙酉，[16]追尊始安貞王爲景皇，妃爲懿后。[17]丙戌，以輔國將軍聞喜公遥欣爲荆州刺史，[18]寧朔將軍豐城公遥昌爲豫州刺史。[19]丁亥，詔"細作中署、材官、車府，[20]凡諸工，可悉開番假，[21]遞令休息"。戊子，立皇太子寶卷，[22]賜天下爲父後者爵一級，孝子從孫，[23]義夫節婦，[24]普加甄賜明揚。[25]表其衡閭，[26]賚以束帛。[27]己丑，詔"東宫肇建，[28]遠近或有慶禮，可悉斷之"。壬辰，以新除征虜將軍江夏王寶玄爲郢州刺史。永明中，[29]御史中丞沈淵表百官年登七十，[30]皆令致仕，[31]竝窮困私門。庚子，詔曰："日者百司耆齒，[32]許以自陳，東西二省，[33]猶沾微俸，辭事私庭，榮禄兼謝，[34]興言愛老，實有矜懷。自縉紳年及，[35]可一遵永明七年以前銓叙之科。"[36]上輔政所誅諸王，[37]是月復屬籍，[38]各封子爲侯。

[1]西中郎長史：西中郎將軍府長史省稱。西中郎將，南朝沿置，多領刺史，或加持節、都督諸軍事。南朝宋、齊多由宗室諸王任之。南朝宋秩四品，齊不詳。其長史爲軍府幕僚。南朝宋秩七品，齊不詳。　始安王遥光：始安，以郡爲國。治所在今廣西桂林市。遥光，即蕭遥光，齊明帝兄蕭鳳之子。本書卷四五有傳。

[2]晋壽：郡名。治所在今四川廣元市南。　王洪範：上谷人。《南史》卷七〇有傳。　青、冀二州：僑置的雙頭州名。治所在今江蘇連雲港市東雲臺山一帶。

[3]太子少傅：南朝沿置，與太子太傅並稱太子二傅，齊明帝時僅置少傅，掌輔翼、訓導太子。南朝宋秩三品，齊不詳。

[4]尋陽：以郡爲國。治所在今江西九江市西南。

[5]新林苑：齊武帝永明五年（487）建設的皇家園林。在今江蘇南京市板橋鎮西北江邊的大勝關附近。參見盧海鳴《六朝都城》，南京出版社2002年版，第217頁。

[6]原責本直：指朝廷將建苑時所徵地歸還農民，不再索取本錢。原責，免除。直，通"值"，價值。

[7]晋安：以郡爲國。治所在今福建福州市。

[8]寶玄：齊明帝第三子蕭寶玄。本書卷五〇有傳。　江夏：以郡爲國。治所在今湖北武漢市武昌區。

[9]寶源：齊明帝第五子蕭寶源。本書卷五〇有傳。　廬陵：以郡爲國。治所在今江西吉水縣東北。

[10]寶夤：齊明帝第六子蕭寶夤。初封建安王，後改封鄱陽王。本書卷五〇有傳。按，寶夤之名，本書與寶寅錯出。丁福林《校議》引清錢大昕《廿二史考異》云《魏書》作"寶寅"，不從

"夕"，寶夤字智亮，當以寅爲是。又云《通鑑》亦作"寶寅"。（第40頁）按，《南史》《通鑑》亦作"寅"。

［11］寶融：齊明帝第八子蕭寶融，後來的齊和帝。本書卷八有紀。　隨郡：以郡爲國。治所在今湖北隨州市。

［12］寶攸：齊明帝第九子蕭寶攸。本書卷五〇有傳。　南平：以郡爲國。治所在今湖北公安縣西。

［13］邑宰：指縣之令、長。

［14］代耕：《禮記・王制》："諸侯之下士，視上農夫，禄足以代其耕也。"舊時官吏不耕而食，因稱官吏俸禄爲代耕。

［15］滿敘：謂可按任官稱職且達到了期限得升遷論。

［16］乙酉：丁福林《校議》云："乙酉，《通鑑》卷一百三十九同。《南史・齊本紀下》作'壬申'。考建武元年十一月辛未朔，壬申爲月之初二日，乙酉爲月之十五日，二者未知孰是。"（第40頁）

［17］妃爲懿后：本書卷四五《始安貞王道生傳》作"妃江氏爲后"，《南史》卷五《齊本紀下》作"妃江氏爲懿后"。按，江氏濟陽考城人，江祏之姑。見本書卷四二《江祏傳》。

［18］聞喜：僑縣名。治所在湖北松滋市西北。　遥欣：蕭遥欣。本書卷四五有傳。　荆州：州名。治所在今湖北荆州市荆州區。

［19］豐城：以縣爲國。治所在今江西豐城市南。　遥昌：蕭遥昌。本書卷四五有傳。

［20］細作中署：此處爲南齊官署御府之别稱。南朝劉裕始建宋朝，以原相府細作署劃歸宫廷，設令、丞，掌監製供奉御用精巧珍寶器玩，隸門下。又先後改名御府、中署，隸右尚方。南齊復名御府，隸少府。　材官：官署名。南朝沿置，設將軍爲長官，掌工匠土木之事及工徒，隸中領軍（領軍將軍），或兼隸尚書起部曹。　車府：官署名。南朝隸尚書駕部，主乘輿諸車。

［21］番假：輪流休假。

［22］寶卷：蕭寶卷，齊明帝第二子。齊明帝去世，即位爲帝。本書卷七有紀。

［23］孝子從孫：中華本校勘記云："'從'毛本、殿本作'順'。按蕭子顯避梁武帝肅順之諱，'順'字皆改爲'從'字，作'順'者，蓋後人所改。"

［24］義夫：有節操的男人。　節婦：古代社會指年三十以下夫死不嫁獨居至五十以上的婦女。

［25］甄賜：簡拔獎賜。　明揚：明察薦舉。《三國志》卷一《魏書·武帝紀》建安二十五年（220）令："二三子其佐我明揚仄陋，唯才是舉。"

［26］衡間：指民間的簡陋房屋。

［27］賚（lài）：賜予。　束帛：古代聘問的禮物，也作婚喪、朋友相饋贈的禮品。帛五匹爲束。

［28］東宫：太子所居之宫。此處用以指太子。

［29］永明：齊武帝年號。

［30］御史中丞：南齊沿置，爲御史臺長官，掌奏劾不法。秩四品。　沈淵：吴興武康人，南齊五兵尚書沈冲次兄。其事參見本書卷三四《沈冲傳》。

［31］致仕：指官員告老辭官。《禮記·典禮下》有"大夫七十而致仕"之説。

［32］日者：往日，已往。　百司耆齒：百官中的老者。耆齒，高年者之通稱。

［33］東西二省：本書《百官志》："自二衛、四軍、五校已下，謂之'西省'，而散騎爲'東省'。"又於"散騎常侍、通直散騎常侍、員外散騎常侍"之下云"其通直、員外，用衰老人士，故其官漸替"，由此知東省多耆齒。至於南齊西省所指，學者仍衆説紛紜。周一良《魏晋南北朝史札記》對南齊"東西二省"有一種推測："或竟以東西二省概括朝廷全體文武官員，疑莫能明也。"（中華書局2015年版，第226頁）按，周一良的推測頗便理解史文。

［34］榮禄：官職和俸禄。

［35］搢紳：亦作"搢紳""薦紳"。插笏於紳，古時官宦的裝束，亦用爲官宦的代稱。搢，插。紳，束腰的大帶。

［36］銓叙：本指根據官吏資績，確定升降等級。此處指根據官吏在職時資績，確定致仕後的待遇。

［37］上：古時臣下稱皇帝爲上，這裏指齊明帝。

［38］屬籍：此處指皇族之籍。

十二月壬子，詔曰："上覽易遺，下情難達，是以甘棠見美，[1]肺石流詠。[2]自月一視黄辭，[3]如有含枉不申，懷直未舉者，莅民之司，[4]竝任厥失。"

［1］甘棠見美：稱頌循吏的美政和遺愛。《詩·召南·甘棠序》："美召伯也。召伯之教，明於南國。"《史記》卷三四《燕召公世家》："召公之治西方，甚得兆民和。召公巡行鄉邑，有棠樹，决獄政事其下，自侯伯至庶人各得其所，無失職者。召公卒，而民人思召公之政，懷棠樹不敢伐，哥詠之，作《甘棠》之詩。"

［2］肺石：古時設在朝廷門外石頭。民有不平，得擊石鳴冤，也可以站在石上控訴。因其石色赤且形如肺，故名。《周禮·秋官·大司寇》："以肺石遠〔達〕窮民，凡遠近惸獨老幼之欲有復於上，而其長弗達者，立於肺石，三日，士聽其辭，以告於上而罪其長。"

［3］黄辭：黄案。南朝齊尚書左丞上署、右丞次署所掌之文案。因用黄札，故稱黄案。尚書左丞掌宗廟郊祠、吉慶瑞應、灾異、諸案糾彈、選用除置、吏補滿除遣注職。

［4］莅民之司：指郡縣守令。

二年春正月辛未，詔"京師繫囚殊死，[1]可降爲五歲刑，三署見徒五歲以下，悉原散。[2]王公以下，各舉所知。隨王公卿士，内外群僚，各舉朕違，肆心極諫”。[3]索虜寇司、豫、徐、梁四州。[4]壬申，遣鎮南將軍王廣之督司州征討，[5]右衛將軍蕭坦之督徐州征討，[6]尚書右僕射沈文季督豫州征討。[7]己卯，詔京師二縣有毁發墳壠，[8]隨宜脩理。又詔曰：“食惟民天，義高姬載，蠶實生本，教重軒經。[9]前哲盛範，後王茂則，布令審端，[10]咸必由之。朕肅扆巖廊，[11]思弘風訓，[12]深務八政，[13]永鑒在勤，静言日昃，[14]無忘寢興。守宰親民之主，[15]牧伯調俗之司，[16]宜嚴課農桑，罔令游惰，[17]揆景肆力，[18]必窮地利，固脩堤防，考校殿最。[19]若耕蠶殊衆，具以名聞；[20]游怠害業，即便列奏。主者詳爲條格。”[21]乙未，虜攻鍾離，[22]徐州刺史蕭惠休破之。[23]丙申，加太尉陳顯達使持節、都督西北征討諸軍事。丁酉，内外纂嚴。[24]

[1]繫囚殊死：在押囚犯中被判死刑者。

[2]原散：免罪釋放。

[3]肆心：用心，盡心。

[4]索虜：南北朝時，南朝對北朝的蔑稱。《通鑑》卷六九《魏紀一》“文帝黄初二年”條載：“宋魏以降，南北分治，各有國史，互相排黜，南謂北爲索虜，北謂南爲島夷。”索虜，也稱索頭、索頭虜。北方諸族編髮爲辮，故以索稱。此處指北魏。　徐：僑州名，即北徐州。治所在今安徽鳳陽縣東北。　梁：州名。即梁州，治所在今陝西漢中市東。

[5]鎮南將軍：南齊沿置，與鎮東、鎮西、鎮北合稱四鎮將軍，多爲持節都督。秩二品。

［6］蕭坦之：本書卷四二有傳。

［7］沈文季：本書卷四四有傳。

［8］京師二縣：指建康縣和秣陵縣。　墳壠：墳墓。壠，同“壟”。

［9］食惟民天，義高姬載；蠶實生本，教重軒經：《史記》卷一《五帝本紀》及注：黄帝者，姓公孫，號軒轅。因其“長居姬水，因改姓姬”。《紀》稱黄帝之治云：“時播百穀草木，淳化鳥獸蟲蛾。”“時播百穀”可與“食爲民天”互證，“淳化蟲蛾”（即人工養蠶作絲）與“蠶實生本”相應，故知“義高姬載”與“教重軒經”皆爲稱許黄帝業績之辭。義高，用意高遠。姬載，姬，周代國姓，代指周朝。載，歲，年代。姬載，周代。軒經，軒轅皇帝的治國之道。

［10］布令審端：猶言施政應詳悉舊典。

［11］朕（zhèn）：古人自稱之詞。自秦始皇起，專用爲皇帝的自稱。太后聽政時亦自稱朕。　肅扆（yǐ）巖廊：整肅朝政。扆，古代宫殿内設在門和窗之間的大屏風，此代指宫廷朝政。巖廊，高峻的廊廡，借指朝廷。

［12］弘：底本因避宋太祖趙匡胤父弘殷諱，訛爲“引”字，今據中華本校改。　風訓：教化。

［13］八政：古代帝王施政的八個方面。説法不一：《尚書·洪範》：“八政：一曰食，二曰貨，三曰祀，四曰司空，五曰司徒，六曰司寇，七曰賓，八曰師。”《禮記·王制》：“司徒……齊八政以防淫。”孔穎達疏：“八政：一曰飲食，二曰衣服，三曰事爲，四曰異别，五曰度，六曰量，七曰數，八曰制。”《逸周書·常訓》：“八政：夫妻、父子、兄弟、君臣。”按，後世所言八政，多本《洪範》。

［14］静言：“静言思之”之省言，義爲静思。《詩·邶風》：“静言思之。”毛亨傳：“静，安也。”孔穎達疏：“我於夜中安静而思念之。”　日昃（zè）：亦作“日仄”“日側”。太陽偏西，約未

時，即下午二時前後。

［15］守宰：郡守和縣宰（縣之令、長）的合稱。

［16］牧伯：指州牧或刺史。　調俗：調理風俗。

［17］罔令：不要讓。　隋（duò）：通“惰”。懶惰。

［18］揆景：測量日影，以確定時間或方位，指把握耕作時機。肆力：盡力。

［19］殿最：古代考覈軍功或政績時，以上等爲最，下等爲殿。

［20］以：原作“而”，今據中華本校改。

［21］條格：條例，法規。

［22］鍾離：郡名。治所在今安徽鳳陽縣東北。

［23］蕭惠林：本書卷四六有附傳。

［24］纂嚴：戒嚴。

三月戊申，[1]詔“南徐州僑舊民丁，多充戎旅，蠲今年三課”。[2]己未，司州刺史蕭誕與衆軍擊虜，[3]破之。詔“雍、豫、司、南兗、徐五州遇寇之家，[4]悉停今年税調。其與虜交通，不問往罪”。丙寅，停青州麥租。虜自壽春退走。[5]甲申，解嚴。[6]

［1］三月：建武二年三月庚午朔，月内無此段所出戊申、己未、丙寅三日。《通鑑》卷一四〇《齊紀六》“建武二年二月”條有“戊申”“己未”二日，其中記己未日誕等擊退魏師事與本段所記相同。中華本《南史》卷五《齊本紀下》據此改“三月”爲“二月”，是也。按，是年二月庚子朔，戊申爲初九日，己未爲二十日，丙寅爲二十七日，合序。故此“三月”亦當易爲“二月”。又以是年二月無甲申，《通鑑》卷一四〇《齊紀六》載魏軍攻壽春、鍾離不克退走後南齊解嚴事在是年三月甲申。中華本《南史》卷五《齊本紀下》乃於“甲申”前益“三月”二字，其校勘記云：“‘三

月’，各本無。按三月庚午朔，十五日甲申，據《通鑑》補。”校補是也。此亦應於“甲申”前益“三月”二字。參見丁福林《校議》，第41頁；牛繼清《十七史疑年録》，黄山書社2007年版，第95頁。

[2]蠲（juān）：免除。　三課：三調。南朝時以人丁爲本的租調役的總稱。《通鑑》卷一三八《齊紀四》“武帝永明十一年”條，胡三省注：“三調，謂調粟、調帛及雜調也。”

[3]蕭誕：本書卷四二有附傳。

[4]雍：僑州名。即雍州，治所在今湖北襄陽市。

[5]壽春：縣名。治所在今安徽壽縣。

[6]解嚴：解除戒嚴措施。

夏四月己亥朔，詔“三百里内獄訟，[1]同集京師，克日聽覽。[2]此以外委州郡訊察。[3]三署徒隸，[4]原遣有差”。索虜圍漢中，[5]梁州刺史蕭懿拒退之。[6]己未，以新除黄門郎裴叔業爲徐州刺史。[7]

[1]詔：底本原脱，據中華本校補。

[2]聽覽：聽視訴訟而決斷。

[3]訊察：審訊覈察。

[4]徒隸：服勞役的罪犯。

[5]漢中：郡名。治所在今陝西漢中市東。

[6]梁州：州名。治所在今陝西漢中市東。　蕭懿：字元達，南蘭陵中都里人，梁武帝蕭衍長兄。事迹詳見《梁書》卷二三《長沙嗣王業傳》。

[7]黄門郎：黄門侍郎或給事黄門侍郎的省稱。魏晋南北朝置爲侍中省或門下省次官，與侍中俱掌門下衆事，職掌略同，地位隨皇帝旨意或侍中地位而上下。南齊時知詔令，被稱爲“小門下”。

秩五品。　裴叔業：本書卷五一有傳。

五月甲午，寢廟成，[1]詔“監作長帥，可賜位一等，役身遣假一年，非役者蠲租同假限”。

[1]寢廟：古代宗廟中寢和廟的合稱。《禮記·月令》仲春之月：“寢廟畢備。”鄭玄注：“凡廟，前曰廟，後曰寢。”孔穎達疏：“廟是接神之處，其處尊，故在前；寢，衣冠所藏之處，對廟爲卑，故在後。但廟制有東西廂，有序墻，寢制惟室而已。”

六月壬戌，誅領軍將軍蕭諶、西陽王子明、南海王子罕、邵陵王子貞。[1]乙丑，以右衛將軍蕭坦之爲領軍將軍。

[1]西陽：僑郡名。以郡爲國，治所在今湖北黄岡市東。　子明：蕭子明，齊武帝第十子。本書卷四〇有傳。　南海：以郡爲國。治所在今廣東廣州市。　子罕：蕭子罕，齊武帝第十一子，永明元年（483）封。本書卷四〇有傳。　邵陵：以郡爲國。治所在今湖南邵陽市。　子貞：蕭子貞，齊武帝第十四子，永明四年（486）封。本書卷四〇有傳。

秋七月辛未，以右將軍晋安王寶義爲南徐州刺史。壬申，以冠軍將軍梁王爲司州刺史。[1]辛卯，以氐楊馥之爲北秦州刺史、仇池公。[2]

[1]梁王：此處用以指代蕭衍。按，此時蕭衍並未有“梁王”爵號，據本書卷八《和帝紀》，中興二年（502）二月蕭衍始由

“梁公”晋爵爲王。此稱“梁王”者，乃史臣爲避其名諱而追稱也。

[2]氐：古族名。殷周至南北朝分布在今陕西、甘肅、四川等省。從事畜業和農業。漢魏後，長期與漢人雜居，大量吸收漢文化。兩晋十六國間，曾建立仇池、前秦、後涼等政權。南北朝時依違於南北政權之間。　楊馥之：氐族首領。時北魏進攻漢中，馥之引兵助齊拒魏。詳見本書卷五九《氐傳》。　北秦州：南齊所置羈縻州，治所在今甘肅西和縣西南。　仇池：地名。在甘肅西和縣西南。

八月丁未，以右衛將軍廬陵王寶源爲南兖州刺史。[1]庚戌，以新除輔國將軍申希祖爲兖州刺史。[2]

[1]以右衛將軍廬陵王寶源爲南兖州刺史：據本書卷五〇《明七王傳》，寶源出刺南兖州前的軍號是右將軍。丁福林《校議》據本書《明七王傳》，以爲是時多以前、後、左、右將軍授皇子爲軍號。又本書《明七王傳》載寶源“遷右將軍，領石頭戍事，仍出爲使持節、都督南兖兖徐青冀五州軍事、後將軍、南兖州刺史”。故“右”後恐衍“衛”字。（第41—42頁）

[2]申希祖：仕齊，歷輔國長史，隆昌元年（494），授交州刺史。明帝時爲輔國將軍、北兖州刺史，旋改司州刺史。

九月己丑，[1]改封南平王寶攸爲邵陵王，蜀郡王子文爲西陽王，[2]廣漢王子峻爲衡陽王，[3]臨海王昭秀爲巴陵王，[4]永嘉王昭粲爲桂陽王。[5]

[1]九月己丑：丁福林《校議》云：“本書《文二王·巴陵王

昭秀傳》載建武二年事云：'其冬，改封昭秀爲巴陵王。'與此記改封在九月有異。《通鑑》卷一百四十從帝紀，亦改封諸王在其年九月己丑。"（第42頁）

[2]蜀郡：以郡爲國。治所在今四川成都市。　子文：蕭子文，齊武帝第十七子。本書卷四〇有傳。

[3]廣漢：以郡爲國。治所在今四川廣漢市北。　子峻：蕭子峻，齊武帝第十八子。本書卷四〇有傳。　衡陽：以郡爲國。治所在今湖南株洲市西南。

[4]臨海：以郡爲國。治所在今浙江台州市椒江區北章安鎮。　昭秀：蕭昭秀，文惠太子第三子。本書卷五〇有傳。　巴陵：以郡爲國。治所在今湖南岳陽市。

[5]永嘉：以郡爲國。治所在今浙江温州市。　昭粲：蕭昭粲，文惠太子第四子。本書卷五〇有傳。　桂陽：以郡爲國。治所在今湖南郴州市。

冬十月癸卯，[1]詔曰："軌世去奢，[2]事殷哲后，[3]訓物以儉，[4]理鏡前王。[5]朕屬流弊之末，襲澆浮之季，[6]雖恭己弘化，[7]刻意隆平，[8]而禮讓未興，侈華猶競。永覽玄風，[9]兢言集愧，[10]思所以還淳改俗，反古移民。[11]可罷東田，[12]毁興光樓。"[13]并詔水衡量省御乘。[14]乙卯，納皇太子妃褚氏，[15]大赦。王公已下，班賜各有差。[16]斷四方上禮。

[1]冬十月癸卯：原作"冬十月丁卯"，今據中華本校改。其校勘記云："'丁卯'《南史·齊紀》作'癸卯'。按長曆，是年十月丙申朔，有癸卯，無丁卯，今據改。又按是年十一月丙寅朔，有丁卯，故《通鑑》繫此事於十一月，云'十一月丁卯，詔罷世宗

東田，毁興光樓’。”按，中華本以《南史》卷五《齊本紀下》爲校改依據，而以《通鑑》所記爲異文，以示輕重。

[2]軌：法度，規矩。此處作動詞用，可引申爲治理。

[3]哲后：賢明的君主。后，君。

[4]訓：教導，教誨。　物：公衆。

[5]鏡：借鑒。

[6]澆浮：猶澆薄。指社會風氣浮薄。

[7]恭己：指帝王以端正嚴肅的態度約束自己。　弘化：推廣教化。

[8]隆平：盛平，升平。

[9]覽：登高眺望。　玄風：談玄的風氣。指論道家義理之言。

[10]兢言：恭謹地説。兢，小心謹慎貌。　愧：使别人感到慚愧。

[11]移民：改變人民的不良習俗。

[12]東田：南齊宫苑名。故址在建康（今江蘇南京市）東宫之東、鍾山之下。永明中文惠太子所建，綿亘華遠，壯麗極目，號曰“東田”。

[13]興光樓：南齊樓閣名。《通鑑》卷一四〇《齊紀六》“明帝建武二年”條，胡三省注：“興光樓，蓋亦文惠太子所建。”按，若興光樓果爲文惠太子所建，則其位置當或在東宫，或在東田。

[14]水衡：官名省稱，即水衡都尉。《漢書·百官公卿表上》：“水衡都尉，武帝元鼎二年初置，掌上林苑，有五丞。”其所領“九官”中有六厩令。顔師古注：“《漢舊儀》云：‘天子六厩：未央、承華、騊駼、騎馬、輅軨、大厩也，馬皆萬匹。’據此表，大僕屬官以有大厩、未央、輅軨、騎馬、騊駼、承華，而水衡又云六厩……其官别屬水衡也。”按，《百官公卿表上》又云“太僕，秦官，掌輿馬”，又掌軍國馬政。其六厩又“别屬水衡”，《漢舊儀》徑稱其爲“天子六厩”，則是時水衡都尉與太僕（其屬官有車府令）共掌帝室輿馬無疑。南齊時無此官號，此稱“水衡”乃用典

也，是指當時掌帝室輿馬的尚書省左民尚書所領駕部（其屬官有車府令）。　御乘：皇帝所乘的車輛。

[15]褚氏：褚令璩（qú），東昏侯即位，封皇后。本書卷二〇有傳。

[16]班賜：頒賜。頒，分也。

十二月丁酉，詔曰："舊國都邑，望之悵然。况乃自經南面，[1]負扆宸居，[2]或功濟當時，德覃一世，[3]而塋壟欑穢，[4]封樹不脩，[5]豈直嗟深牧豎，[6]悲甚信陵而已哉。[7]昔中京淪覆，[8]鼎玉東遷，[9]晉元締構之始，[10]簡文遺詠在民，[11]而松門夷替，[12]埏路榛蕪。[13]雖年代殊往，撫事興懷。[14]晉帝諸陵，悉加脩理，并增守衛。吴、晉陵二郡失稔之鄉，[15]蠲三調有差。"[16]

[1]南面：面對南方。古代以面南而坐爲尊位，帝王之位南向，故稱居帝位爲"南面"。

[2]負扆（yǐ）：扆，户牖間畫有斧紋的屏風。天子朝諸侯，背扆南面而坐，故稱身居帝位爲負扆。　宸居：北極星所在爲宸，後遂稱帝王的居處爲宸居。

[3]覃：延及。

[4]塋壟：墳墓。　欑（cuán）穢：叢聚而荒蕪。欑，通"攢"，積聚。穢，田中多雜草，荒蕪。

[5]封樹：聚土爲墳稱封，植樹爲標記稱樹，是古代士以上人的葬禮。《周禮・春官・冢人》："以爵等爲丘封之度與其樹數。"賈公彦疏："尊者丘高而樹多，卑者封下而樹少，故云别尊卑也……《王制》云：'庶人不封不樹。'"

[6]嗟深牧豎：嗟，感嘆之聲。牧豎，牧童。《莊子・駢拇》：

“臧與穀二人，相與牧羊，而俱亡其羊。問臧奚事，則挾筴讀書；問穀奚事，則博塞以游：二人者事業不同，其於亡羊均也。”按，臧與穀二人皆牧竪。塞，同“簺”，一種賭博游戲的工具。後遂以“臧穀亡羊”或“牧竪亡羊”謂爲事雖殊而結果一樣。

[7]信陵：信陵君。戰國時魏國大臣。姬姓，魏氏，名無忌。魏安釐王即位，封信陵君。禮賢下士，有食客三千。安釐王二十年（前257），竊兵符引魏軍救趙，大破秦軍，遂留趙不返。十年後，因秦攻魏急，返魏率五國兵破秦軍於河外。旋被魏王奪去兵權，後憂鬱而死。漢高祖十二年（前195），爲其置守冢五家，歲以四時奉祠。詳見《史記》卷七七《魏公子列傳》。

[8]中京：東晋、南朝稱西晋故都洛陽爲中京。

[9]鼎玉：九鼎和玉璽。相傳夏禹鑄九鼎，歷商至周，爲傳國之重器，後遂以指喻王位或國家政權。玉璽，皇帝的玉印，秦始皇爲之，歷代相傳，亦爲皇權的象徵。按，據《史記》卷一二《孝武本紀》，周德衰，“鼎乃淪伏而不見”。又按，據《晋書》卷五《懷帝紀》、卷八《穆帝紀》和卷一〇二《劉聰載記》，永嘉五年（311）六月前趙攻占洛，掠走傳國玉璽。至永和八年（352）冉閔滅亡，護軍戴施獲得玉璽獻給東晋朝廷。由此而知，此所謂“鼎玉東遷”，非實指其事，乃借喻司馬氏又在建康（今南京市）重新建立政權。

[10]晋元：晋元帝，東晋王朝開創者司馬睿，字景文。《晋書》卷六有紀。

[11]簡文：東晋簡文帝，元帝少子，名昱，字道萬。《晋書》卷九有紀。

[12]松：指植於墓地之松。　門：指墓門。　夷替：衰落，衰敗。

[13]埏（yán）路：墓道。　榛蕪：荒蕪，荒廢。

[14]撫事興懷：臨事生情。

[15]吳：郡名。治所在今江蘇蘇州市。　晋陵：郡名。治所在

今江蘇常州市。　失稔：歉收。

[16]三調：三課。

三年春正月丁卯，[1]以陰平王楊炅子崇祖爲沙州刺史，[2]封陰平王。北中郎將建安王寶夤爲江州刺史。[3]己巳，詔申明守長六周之制。[4]乙酉，詔"去歲索虜寇邊，緣邊諸州郡將士有臨陣及疾病死亡者，並送還本土"。

[1]丁卯：原作"丁酉"，今據中華本校改。

[2]陰平王：陰平，舊郡名。三國魏置，治所在甘肅文縣西白龍江北岸。西晉末廢，南齊權以其爲號對氐族首領作羈縻之封。楊炅（jiǒng）：氐族首領。詳見本書卷五九《氐傳》。　沙州：羈縻州名。治所在今青海貴南縣北。

[3]北中郎將：南朝沿置，與東、西、南中郎將合稱"四中郎將"。職任頗重，或領刺史，或持節爲之。南朝宋、齊皆由諸王充任，素族無爲者。南朝宋秩四品，齊不詳。

[4]守長六周之制：守長，指郡太守和縣之令長。周，滿一年爲周。《南史》卷七七《吕文顯傳》："晋宋舊制，宰人之官，以六年爲限。近世以六年過久，又以三周爲期，謂之小滿。而遷換去來，又不依三周之制。"本書卷三《武帝紀》：永明元年（483）三月癸丑詔："莅民之官，一以小滿爲限。"明帝欲郡縣長官久任，故又"申明守長六周之制"。《南史》卷五《齊本紀下》在此句之下有"事竟不行"四字。

三月壬午，詔"車府乘輿有金銀飾校者，[1]皆剔除"。

夏四月，虜寇司州，戍兵擊破之。

[1]車府：車府令。南齊沿置，隸尚書省駕部，掌乘輿（皇帝）諸車。　乘輿：皇帝乘用的車輛。　飾校：當指雕飾邊角。校，通“骹（qiāo）”。古代几、豆等器物的脚。《儀禮·士昏禮》：“主人拂幾授校。”鄭玄注：“校，豆中央直者也。”《通鑑》卷一四〇《齊紀六》“明帝建武三年”條：“校，欄格也。飾其校，飾其欄格也。義與鉸同，以金飾器謂之鉸。”

五月己巳，以征虜將軍蕭懿爲益州刺史，[1]前軍將軍陰廣宗爲梁、南秦二州刺史，[2]前新除寧州刺史李慶宗爲寧州刺史。[3]

[1]益州：州名。治所在今四川成都市。

[2]前軍將軍：南朝沿置，與後軍、左軍、右軍將軍合稱四軍將軍，員各一人。典宿衛禁兵。南朝宋秩四品，齊不詳。　陰廣宗：劉宋順帝時爲梁州刺史范柏年部將，齊時曾任前軍將軍、梁南秦二州刺史。參見本書卷二一《文惠太子傳》、卷五九《氐傳》。

[3]前新除寧州刺史李慶宗爲寧州刺史：丁福林《校議》云：“‘李慶宗’，又作‘李慶綜’，本書卷五《海陵王紀》載延興元年八月，‘庚戌，以車騎板行參軍李慶綜爲寧州刺史’，即此人也。‘宗’‘綜’音形俱近，未知孰是。延興元年八年，正爲明帝蕭鸞廢立之時，慶宗被命爲寧州刺史當未成行，仍逗留京都，至今歲五月，始受命就任，故此曰‘前新除寧州刺史李慶宗爲寧州刺史’，遷延歲月，蓋非常舉耳。”（第42—43頁）

秋九月辛酉，以冠軍將軍徐玄慶爲兖州刺史。[1]

冬十月，以輔國將軍申希祖爲司州刺史。

[1]徐玄慶：南朝齊官吏，延興元年（494），任軍主，參與殺害藩鎮諸王。建武二年（495），爲輔國將軍，三年爲冠軍將軍、北兖州刺史，擊退北魏的進攻，後轉爲北徐州刺史。參見本書卷四〇《晋安王子懋傳》、卷二六《王敬則傳》、卷四三《何昌寓傳》、卷五七《魏虜傳》。

閏十二月戊寅，皇太子冠，[1]賜王公以下帛各有差，爲父後者賜爵一級。斷遠近上禮。又詔“今歲不須光新，[2]可以見錢爲百官供給”。[3]

[1]冠：此處指古代男子成年時舉行的加冠禮儀。

[2]光新：猶嘗新，即嘗食新收獲的五穀和果蔬之類。

[3]見：同“現”。

四年春正月庚午，大赦。[1]詔曰：“嘉肴停俎，[2]定方旨於必甘，[3]良玉在攻，[4]表珪璋於既就，[5]是以陶鈞萬品，[6]務本爲先，[7]經緯九區，[8]學斅爲大。[9]往因時康，崇建庠序，[10]屯虞荐有，[11]權從省廢，[12]謳誦寂寥，[13]倏移年稔，[14]永言古昔，[15]無忘旰昃。[16]今華夏乂安，要荒慕嚮，[17]締脩東序，[18]寔允適時。[19]便可式依舊章，[20]廣延國胄，[21]弘敷景業，[22]光被後昆。”[23]壬寅，詔“民産子者，蠲其父母調役一年，[24]又賜米十斛。新婚者，蠲夫役一年”。[25]丙辰，尚書令王晏伏誅。[26]

[1]四年春正月庚午，大赦：中華本校勘記云：“《通鑑》作

‘春正月大赦’。《考異》云：‘《齊帝紀》云庚午大赦。按長曆，是月己丑朔，無庚午，故不日。’”

[2]停：放置。　俎（zǔ）：古代祭祀或宴會時盛放牲體的禮器，青銅製，亦有木製漆飾者。有四足。

[3]方旨：祭祀四方之神的美食。方，古代祭祀名，指四方之祭。《詩·小雅·甫田》：“以我齊明，與我犧羊，以社以方。”毛亨傳：“迎四方氣於郊也。”

[4]良玉：精美之玉，喻優秀人才。　攻：製造，加工。喻教化。此處“良玉在攻”，喻有美德的人由教化成就。

[5]珪璋：珪與璋皆朝會所執的玉器。此喻美德。《文選》卷四二魏文帝《與鍾大理書》：“良玉比德君子，珪璋見美詩人。”

[6]陶鈞：製造陶器的轉輪。比喻對事物的控制、調節。《漢書》卷五一《鄒陽傳》：“是以聖王制世御俗，獨化於陶鈞之上。”顔師古注：“陶家名轉者爲鈞，蓋取周回調鈞耳。言聖王制馭天下，亦猶陶人轉鈞，非陶家轉象天也。”　萬品：極言品類衆多，人間的萬事萬物無所不包。

[7]本：農業。

[8]經緯：治理。　九區：九州。泛指全國。

[9]斆（xiào）：又作“斅”，教。

[10]往因時康，崇建庠（xiáng）序：指建元四年（482）正月，詔立國學。永明三年（485）正月，又詔立國學。見本書卷二《高帝紀下》、卷三《武帝紀》、卷九《禮志上》。庠序，學校。《孟子·梁惠王上》：“謹庠序之教。”趙岐注：“庠序者，教化之宫也。殷曰序，周曰庠。”

[11]屯虞：因艱難而憂愁。　荐：猶言“一再”“屢次”。

[12]權從省廢：指永明十一年（493）齊武帝因太子死而廢國學。見本書《禮志上》。

[13]謳誦：指讀書聲。

[14]倏（shū）移：疾速貌。　年稔：年歲。

［15］永言：永，同“詠”。《尚書·舜典》：“詩言志，歌永言。”孔安國傳：“歌詠其義，以長其言。”

［16］旰（gàn）昃（zè）：天晚。喻勤於政事。旰，晚，遲。昃，太陽偏西。

［17］要荒：古稱離王城（京師）極遠的地方。按，上古時代王畿外圍，每五百里爲一個區劃，按距離的遠近分爲五等地帶，稱作五服。其名稱爲侯服、甸服、綏服、要服、荒服。服，服事天子意。見《尚書·禹貢》。

［18］締脩：營造，建築。　東序：國學。按，相傳夏代的大學稱東序。《禮記·王制》：“夏后氏養國老於東序，養庶老於西序。”鄭玄注：“東序，東膠，亦大學，在國中王宫之東。”

［19］寔：是。

［20］舊章：舊時的典章制度。

［21］廣延國胄：國胄，舊指王侯之子。南齊時範圍擴大。建元四年（482）正月立國學，“取王公已下至三將、著作郎、廷尉正、太子舍人、領護諸府司馬諮議經除敕者、諸州别駕治中等、見居官及罷散者子孫。悉取家去都二千里爲限”。永明三年（485）正月立學，“召公卿子弟下及員外郎之胤”。見本書《禮志上》。齊明帝立學招生對象當大致如高帝、武帝時。

［22］景業：大業。此指帝業。

［23］後昆：後代子孫。

［24］調役：户調和傜役。

［25］夫役：男丁的傜役。

［26］伏誅：因被認爲有罪而受死刑。

二月甲子，以左僕射徐孝嗣爲尚書令，[1]征虜將軍蕭季敞爲廣州刺史。[2]

［1］徐孝嗣：本書卷四四有傳。

［2］蕭季敞：齊明帝從祖弟。高、武二帝時，累爲郡守。此後曾任太子右率、南中郎司馬、輔國將軍、征虜將軍、廣州刺史。永元中，爲西江都護周世雄襲殺。

三月乙未，右僕射沈文季領護軍將軍。[1]

［1］護軍將軍：南朝沿置，掌督護京師以外諸軍。權任頗重，諸將軍皆敬之。資輕者爲中護軍，職掌相同。南朝宋秩三品，齊不詳。

秋八月，追尊景皇所生王氏爲恭太后。[1]索虜寇沔北。[2]

［1］王氏：齊高帝次兄蕭道生母。建武元年（494）追尊道生爲景皇，至此又追尊王氏爲恭太后。參見本書卷四五《宗室傳》。

［2］沔（miǎn）北：地區之稱，即漢北。泛指長江支流漢水以北地區和南陽盆地一帶。按，沔古代爲漢水别稱。

冬十月，又寇司州，甲戌，遣太子中庶子梁王、右軍司馬張稷討之。[1]

［1］太子中庶子：南朝沿置，東宫屬官。掌侍從及文翰。南朝宋秩五品，齊不詳。　右軍司馬：右軍將軍府司馬省稱。軍府高級幕僚，掌參贊軍務，管理府内武職，位僅次於長史。南朝宋秩七品，齊不詳。　張稷：字公喬，吴郡人。《梁書》卷一六有傳。

十一月丙辰，[1]以氐楊靈珍爲北秦州刺史、仇池公、武都公。[2]丁亥，詔“所在結課屋宅田桑，可詳減舊價”。[3]

[1]十一月丙辰：是月甲申朔，月内無丙辰，下出“丁亥”爲月之初四日。“丙辰”當爲“丙戌”形近之訛，丙戌爲月之初三日，合序。《南史》卷五《齊本紀下》、《通鑑》卷一四一《齊紀七》“明帝建武四年”條同誤。參見牛繼清《十七史疑年録》，第95頁；丁福林《校議》，第43頁。

[2]楊靈珍：氐族楊氏酋長。詳見本書卷五九《氐傳》。按，“北秦州”，《南史》卷五《齊本紀下》、《通鑑》卷一四一《齊紀七》同，本書卷五九《氐傳》、《梁書》卷五四《諸夷傳》、《南史》卷七九《夷貊傳下》並作“北梁州”。　武都：郡名。治所在甘肅武都縣東南。

[3]結課屋宅田桑，可詳減舊價：劉宋時對農民實行評貲徵課。《宋書》卷八二《周朗傳》：“乃令桑長一尺，圍以爲價；田進一畝，度以爲錢；屋不得瓦，皆責貲實。”南齊時仍因襲其制。本書卷四〇《竟陵文宣王子良傳》：“圍桑品屋，以准貲課。”此詔要求降低對農民資産嚴苛不實的估價，以減輕農民的税負。

十二月甲子，以冠軍將軍裴叔業爲豫州刺史，冠軍將軍徐玄慶爲徐州刺史，寧朔將軍左興盛爲兗州刺史。[1]丁丑，遣度支尚書崔慧景率衆救雍州。[2]

[1]左興盛：齊明帝、東昏侯時歷任寧朔將軍、北兗州刺史、輔國將軍、太子右衛率、右衛將軍、征虜將軍等職，封新吴縣男。先後參與平定王敬則、蕭遥光、陳顯達叛亂。永元二年（500）三

月，在督京師衆軍平崔慧景之叛的戰役中被殺。參見本書卷七《東昏侯紀》、卷二六《王敬則陳顯達傳》、卷四五《宗室傳》、卷五一《崔慧景傳》。

[2]度支尚書：南齊沿置，尚書省度支曹長官。領度支、金部、倉部、起部四郎曹，掌國家財政。秩三品。　崔慧景：本書卷五一有傳。

永泰元年春正月癸未朔，[1]大赦。逋租宿債在四年之前，皆悉原除。中軍大將軍徐孝嗣即本號開府儀同三司。[2]沔北諸郡爲虜所侵，相繼敗没。乙巳，遣太尉陳顯達持節救雍州。丁未，誅河東王鉉、臨賀王子岳、西陽王子文、衡陽王子峻、南康王子琳、永陽王子珉、湘東王子建、南郡王子夏、桂楊王昭粲、巴陵王昭秀。[3]

[1]永泰：南齊明帝年號。　朔：農曆每月的初一日。

[2]中軍大將軍：南朝沿置，用作大臣加官。南朝宋秩二品。齊位從公，開府儀同如公，置府佐亦從公。　開府儀同三司：三國魏始置，爲大臣加號，意謂與三司即太尉、司徒、司空禮制、待遇相同，許開設府署，自辟僚屬。按，《通鑑》卷一四一《齊紀七》關於此事的繫年與此同，本書卷四四、《南史》卷一五《徐孝嗣傳》則爲“建武四年”。而三者皆稱孝嗣於“開府儀同三司”固讓不受。

[3]河東：以僑郡爲國。治所在今湖北松滋市西北。　鉉：蕭鉉，齊高帝第十九子。永明四年（486）封。本書卷三五有傳。臨賀：以郡爲國。治所在今廣西賀州市東南。　子岳：蕭子岳，齊武帝第十六子。本書卷四〇有傳。　南康：以郡爲國。治所在今江西贛州市東北。　子琳：蕭子琳，齊武帝第十九子。本書卷四〇有傳。　永陽：當爲郡名。未詳此郡置於何地。　子珉：蕭子珉，齊

武帝第二十子。永明七年（489），封義安王，後改永陽。明帝即位，以永陽王子珉仍本國，過繼給衡陽元王道度爲孫。詳見本書卷四五《衡陽元王道度傳》。　湘東：以郡爲國。治所在今湖南衡陽市。　子建：蕭子建，齊武帝第二十一子。永明八年封。本書卷四〇有傳。　南郡：以郡爲國。治所在今湖北荆州市荆州區。　子夏：蕭子夏，齊武帝第二十三子。本書卷四〇有傳。

二月癸丑，遣左衛將軍蕭惠休假節援壽陽。[1]辛未，豫州刺史裴叔業擊虜於淮北，破之。辛巳，平西將軍蕭遥欣領雍州刺史。[2]

[1]假節：官制用語。此處指暫授符節給軍事長官，表示奉皇帝之命督軍征伐，有殺犯軍令者之權。　壽陽：縣名，即當時僑置的睢陽縣，治所在今安徽壽縣。按，此縣即漢、晋之壽春縣。東晋孝武帝避鄭太后諱改名壽陽。安帝義熙中，縣名又爲僑置此地的睢陽縣取代。劉宋大明六年（462），改縣名爲壽春。八年（464），又復改縣名爲睢陽。本書《州郡志上》“豫州梁郡”條注引《永元元年地志》南梁郡所領首縣即“睢陽”，這是南職方氏對此縣的規範名稱。此稱“壽陽”者，用其曾用名也。

[2]平西將軍：南朝沿置。多爲持節都督或監某一地區的軍事，有時亦作爲刺史等地方官員兼理軍務的加官。南朝宋秩三品，齊不詳。　蕭遥欣：本書卷四五有附傳。

三月丙午，雍州遇虜之縣租布。[1]戊申，詔曰：“仲尼明聖在躬，[2]允光上哲，[3]弘厥雅道，[4]大訓生民，[5]師範百王，[6]軌儀千載，[7]立人斯仰，[8]忠孝攸出，玄功潛被，[9]至德彌闡。[10]雖反袂遐曠，[11]而祧薦靡闕，[12]時祭舊品，秩比諸侯。頃歲以來，祀典陵替，[13]俎豆寂寥，[14]牲奠莫舉，[15]豈所以克昭盛烈，永隆風教者哉。可式循舊典，詳復祭秩，使牢餼備禮，[16]欽饗兼申。"[17]

[1]租布：按户徵的調粟和調布。

[2]仲尼：指孔子。孔子名丘，字仲尼。此稱其字，以示尊敬。其言論和事迹，主要見於其弟子和再傳弟子所纂輯的《論語》一書。參見《史記》卷四七《孔子世家》。

[3]上哲：指具有超凡道德及才智的人。

[4]雅道：正道。《三國志》卷三七《蜀書·龐統傳》："當今天下大亂，雅道陵遲。"

[5]生民：人民。

[6]師範：猶效法。

[7]軌儀：法則，儀制。

[8]立人：猶言立身。《易·説卦》："立人之道，曰仁與義。"

[9]玄功：影響最深遠的功績。

[10]至德：最高尚的道德。

[11]反袂（mèi）遐曠：此處用以指代孔子的事迹。《公羊傳》哀公十四年："春，西狩獲麟……孔子曰：'孰爲來哉！孰爲來哉！'反袂拭面，涕沾袍。"袂，衣袖。反袂，指以袖掩面，形容哭泣。遐曠，形容時間久遠。按，反袂，原作"及袂"，今據中華本校改。

[12]祧（tiāo）：帝王遠祖、始祖之廟。此處用以指代孔廟。中華本校勘記云："'祧'局本作'祀'。"　薦：祭品。

[13]陵替：紀綱廢弛。

[14]俎豆：俎和豆皆爲古代祭祀、設宴用的禮器。俎用以載牲。豆形似高足盤，或有蓋，用以盛食。

[15]牲奠：用家畜祭祀。

[16]牢饌：祭祀用的牛羊豬等犧牲。

[17]欽饗：希望死者來享用祭品的意思。欽，敬佩，仰慕。饗，享，受。

夏四月甲寅，改元，赦三署囚繫原除各有差。文武賜位二等。丙戌，[1]以鎮軍將軍蕭坦之爲侍中、中領軍。己未，立武陵昭王子子坦爲衡陽王。[2]丙寅，以西中郎長史劉暄爲郢州刺史。[3]丁卯，[4]大司馬會稽太守王敬則舉兵反。[5]

[1]丙戌：是月壬子朔，月内無丙戌。上文所出甲寅，爲月之初三日，下文所出己未，爲月之初八日。則此"丙戌"恐爲"丙辰"形近之訛。丙辰，月之初五日，合序。參見丁福林《校議》，第43頁；牛繼清《十七史疑年録》，第95—96頁。

[2]武陵昭王：齊高帝第五子蕭曄封爵及謚號。建元元年（479）封，隆昌元年（494）卒。本書卷三五有傳。武陵，以郡爲國。治所在今湖南常德市。　子坦：蕭曄第三子。永泰元年（498），永陽王子珉被殺後，復以子坦奉衡陽王道度後。參見本書卷四五《宗室傳》。

[3]劉暄：祖籍彭城（今江蘇徐州市），字士穆，齊明帝劉皇后之弟。永泰元年（498），遷衛尉。永元元年（499），遷散騎常侍、右衛將軍，時與江祏、江祀、蕭遥光、徐孝嗣、蕭坦之並稱"六貴"。蕭遥光叛亂平定後，遷領軍將軍，封平都縣侯。其年，因謀劃政變事發，被殺。參見本書卷二〇《皇后傳》、卷四二《江祏傳》。

[4]丁卯：中華本校勘記云："'丁卯'《南史·齊紀》作'丁丑'。按長曆，是年四月壬子朔，有丁卯，亦有丁丑，《通鑑》敘

此事於庚午前，則似以作‘丁卯’爲是。”

［5］會稽：郡名。治所在今浙江紹興市。

五月壬午，遣輔國將軍劉山陽率軍東討。[1]乙酉，斬敬則傳首，曲赦浙東、吴、晉陵七郡。[2]以後軍長史蕭穎胄爲南兗州刺史。[3]丁酉，以北中郎將司馬元和爲兗州刺史。[4]

［1］劉山陽：南齊官吏。永泰元年（498），爲輔國將軍，與諸將平定王敬則叛亂，以功封湘陰男。永元二年（500），東昏侯命其領兵討伐雍州刺史蕭衍，就行荆州事蕭穎胄所。參見本書卷二六《王敬則傳》、卷三八《蕭穎胄傳》。

［2］曲赦：因特殊情况而頒令赦免特定地區的罪犯。　浙東：指今浙江省錢塘江東部地區。此處指位於這裏的五郡，即會稽、東陽（治所在今浙江金華市）、新安（治所在今浙江淳安縣西北）、臨海（治所在今浙江台州市椒江區北章安鎮）、永嘉（治所在今浙江温州市）。　吴：郡名。治所在今江蘇蘇州市。　晉陵：郡名。治所在今江蘇鎮江市東南丹徒鎮。

［3］後軍長史：官名省稱，即後軍將軍府長史。後軍將軍，南朝沿置，掌宫禁宿衛。南朝宋秩四品，齊不詳。其長史爲軍府幕僚長，主吏事。南朝宋秩七品，齊不詳。　蕭穎胄：本書卷三八有附傳。

［4］北中朗將司馬元和：北中郎將爲四中郎將之一。本書《百官志》：“四中郎將。晉世荀羡、王胡之並居此官。宋、齊以來，唯處諸王，素族無爲者。”今不詳司馬元和何以得居此官。

秋七月，以輔國將軍王珍國爲青、冀二州刺史。[1]

癸卯，以太子中庶子梁王爲雍州刺史，太尉陳顯達爲江州刺史。

[1]王珍國：沛國相縣（治所在今安徽淮北市）人。《梁書》卷一七有傳。

己酉，帝崩於正福殿，[1]年四十七。遺詔曰："徐令可重申八命，[2]中書監本官悉如故，[3]沈文季可左僕射，常侍護軍如故，[4]江祏可右僕射，[5]江祀可侍中，[6]劉暄可衛尉。軍政大事委陳太尉。[7]内外衆事無大小委徐孝嗣、遥光、坦之、江祏，[8]其大事與沈文季、江祀、劉暄參懷。[9]心膂之任，[10]可委劉悛、蕭惠休、崔惠景。"[11]葬興安陵。[12]

[1]正福殿：南齊宫殿名，在宫城中。

[2]徐令：謂徐孝嗣，時爲尚書令，故稱。　八命：此處用以譬南齊的開府儀同三司。考周代的官爵分爲九個等級，稱九命。上公九命爲伯（專指周、召二伯）；王之三公八命；侯伯七命；王之卿六命；子男五命；王之大夫、公之孤四命；公、侯伯之卿三命；公、侯伯之大夫，子男之卿再命（即二命）；公、侯伯之士，子男之大夫一命。子男之士不命。參見《周禮·春官·典命》《禮記·王制》。按，南齊並無與周朝之周、召二伯相當的"九命"。若以名位高貴論之，則其時的三公（或八公）可視爲"九命"，而位次三公的開府儀同三司自然可視爲"八命"。由於是年正月徐孝嗣固辭開府儀同三司之授，故遺詔又"重申"之。本書卷四四《徐孝嗣傳》、《南史》卷一五《徐孝嗣傳》作"重申開府之命"，是其證。又按，"重申八命"，《南史》卷五《齊本紀下》同，而《通

鑑》卷一四一《齊紀七》“明帝永泰元年”條作“重申前命”。改“八命”爲“前命”，固明朗易曉，然殊失子顯之典雅。

［3］中書監本官悉如故：徐孝嗣在此以前似未曾擔任中書監。本書及《南史·徐孝嗣傳》，“中書監”前皆有“加”字，是也。其於“加中書監”四字後施以逗號，則史意顯然。

［4］常侍：官名省稱，即散騎常侍。　護軍：官名省稱，即護軍將軍。

［5］江祏（shí）：本書卷四二有傳。

［6］江祀：江祏之弟。本書卷四二有附傳。

［7］陳太尉：陳顯達。

［8］遥光：蕭遥光。　坦之：蕭坦之。

［9］參懷：猶共同商量。

［10］心膂：猶言股肱。心和膂都是人體的重要部分，比喻親信得力的人。按，膂即脊骨。

［11］劉悛：本書卷三七有傳。　崔惠景：當作“崔慧景”。朱季海《南齊書校議》（以下簡稱朱季海《校議》）云：“‘惠’當爲‘慧’。雖古慧、惠字通，然本書止作‘慧’。”（中華書局 1984 年版，第 12 頁）意謂其名祇應作“慧”。按，《梁書》《南史》《通鑑》皆作“崔慧景”。本書其名數十見，作“崔惠景”者唯《高帝紀下》《武帝紀》《東昏侯紀》及本卷各一見。

［12］興安陵：在今江蘇丹陽市東北。

帝明審有吏才，持法無所借，[1]制御親幸，[2]臣下肅清。[3]驅使寒人不得用四幅繖，[4]大存儉約。罷世祖所起新林苑，以地還百姓。廢文帝所起太子東田，[5]斥賣之。永明中輿輦舟乘，悉剔取金銀還主衣庫。[6]太官進御食，[7]有裹蒸，[8]帝曰：“我食此不盡，可四片破之，[9]餘充晚食。”而世祖掖庭中宫殿服御，[10]一無所改。

［1］持法：裁斷法令。　借：依靠别人幫助。

［2］制御：統治，治理。　幸：古時稱皇帝親臨爲幸。

［3］臣：原訛作“自”，今據中華本校改。

［4］寒人：出身門第比較低微的人。　繖：同“傘”。

［5］文帝：文惠太子長懋。鬱林王即位，追尊其爲文皇帝，廟號世宗。見本書卷四《鬱林王紀》。

［6］主衣：南朝皆置，掌御用衣服器玩，多用左右親信，以寒人充任。

［7］太官：官署名。南朝宋、齊屬侍中省。掌宫廷膳食，由令、丞主之。

［8］裹蒸：食品名。《通鑑》卷一四〇《齊紀六》“明帝建武三年”條，胡三省注：“今之裹蒸，以餹和糯米，入香藥、松子、胡桃仁等物，以竹籜裹而蒸之，大纔二指許，不勞四破也。”按，南朝時製作裹蒸所用食材和工藝大約和宋、元時相似，衹是前者的個頭大，故齊明帝四剖而食。

［9］破：剖分，解析。當作“剖”。説詳朱季海《校議》，第11頁。

［10］掖庭：皇宫的旁舍，妃嬪居住的地方。　服御：指帝王后妃所用的衣服、車馬等。

性猜忌多慮，故亟行誅戮。潛信道術，[1]用計數，[2]出行幸，先占利害，[3]南出則唱云西行，[4]東遊則唱云北幸。簡於出入，竟不南郊。[5]上初有疾，無輟聽覽，[6]祕而不傳。及寢疾甚久，[7]敕臺省府署文簿求白魚以爲治，[8]外始知之。[9]身衣絳衣，[10]服飾皆赤，以爲厭勝。[11]巫覡云：[12]“後湖水頭經過宫内，[13]致帝有疾。”

帝乃自至太官行水溝，左右啓："太官若無此水則不立。"帝決意塞之，欲南引淮流。[14]會崩，[15]事寢。

[1]道術：方術。此處指醫、卜、星、相之術。

[2]計數：計謀，計策。

[3]占：占卜。

[4]唱：宣稱，宣揚。

[5]南郊：都邑之外稱作郊。古代帝王祭天於南郊。

[6]聽覽：猶言處理政務。

[7]寢疾：卧病。

[8]敕：以上命下之詞，此處特指皇帝詔書。　臺省府署：對尚書、侍中、門下等中央官署的泛稱。　白魚：蠹魚，又名衣蟲。《爾雅·釋蟲》："蟫，白魚。"邢昺疏："此衣書中蟲也。一名蟫，一名曰魚，一名蛃魚。《本草》謂之衣魚是也。"按，白魚可以入藥。　署：簽署。

[9]"及寢疾甚久"至"外始知之"：朱季海《校議》引《金匱要略·消渴小便利淋病脉證並治第十三》"小便不利，蒲灰散主之。滑石白魚散、茯苓戎鹽湯並主之"等材料，以爲齊明帝正死於小便不利若淋病之類。(第11—12頁)

[10]絳：深紅色。

[11]厭（yā）勝：古代的一種迷信，謂能以一種行爲或詛咒可化凶爲吉。

[12]巫覡（xí）：以裝神弄鬼替人祈禱爲職業的人。女曰巫，男曰覡。

[13]後湖：玄武湖。因其在皇宫之北，故稱後湖。

[14]淮：指秦淮河。

[15]崩：古代稱帝王死爲崩。

史臣曰：高宗以支庶纂曆，[1]據猶子而爲論，[2]一朝到此，誠非素心，[3]遺寄所當，諒不獲免。夫戕夷之事，[4]懷抱多端，[5]或出自雄忍，[6]或生乎畏懾。[7]令同財之親，[8]在我而先棄，[9]進引之愛，量物其必違。[10]疑怯既深，猜似外人，流涕行誅，非云義舉，事苟求安，[11]能無内愧。既而自樹本根，枝胤孤弱，[12]貽厥不昌，[13]終覆宗社。[14]若令壓紐之徵，[15]必委天命，盤庚之祀，[16]亦繼陽甲，[17]杖運推公，夫何譏爾。

[1]支庶：宗族旁出的支派。按，齊明帝蕭鸞之父道生是齊高帝道成的次兄，與齊武帝蕭賾爲從兄弟，故對於南齊開國皇室來説，蕭鸞爲支庶。　纂曆：繼承帝位。

[2]猶子：兄弟之子。

[3]素心：心地純潔。

[4]戕（qiāng）夷：殘害，殘殺。

[5]懷抱多端：胸藏各種奸謀。

[6]雄忍：雄壯而殘忍。

[7]畏懾：心虚恐懼。

[8]同財之親：同財又作“通財”，謂共享財務也。當時民間有一種受世人贊譽的族人數世“同居通財”的風俗。齊明帝與齊武帝爲同祖兄弟，故此稱“同財之親”。

[9]在我而先棄：謂齊明帝先棄同族之親，大肆殺戮高、武二帝子孫諸王。

[10]進引之愛，量物其必違：謂齊明帝重用宗室蕭遥光和外戚江祏、江祀、劉暄等，後來這幾個人都妄圖廢掉他的繼承人東昏侯。參見本書卷四五《宗室傳》、卷四二《江祏傳》。違，中華本校勘記云：“南監本、殿本、局本作‘遠’，張元濟《校勘記》云

作‘違’是。”

[11]求安：《南史》卷五《齊本紀下》作“非安”。

[12]枝胤（yìn）：後代。

[13]貽厥：貽，遺留。厥，猶“其”。《尚書·五子之歌》：“有典有則，貽厥子孫。”後因以“貽厥”爲子孫的代稱。

[14]宗社：宗廟和社稷。古時用作國家的代稱。

[15]壓紐：《左傳》作“厭紐”。是壓同“厭”。《左傳》昭公十三年：春秋時，楚共王有寵子五人，不能確定由誰繼承王位。於是委神擇定：首先望祀名山大川，然後密埋璧於祖廟之廳堂，使五子依次拜璧。唯幼子“再拜，皆厭紐”，後遂繼位爲平王。紐，杜預釋爲“璧紐”，故又可指有紐之璧。後世遂以“壓紐”爲君臨天下之兆。紐，原作“鈕”，今據中華本校改。

[16]盤庚：商朝國君。湯的第九代孫。陽甲之弟，繼陽甲爲王，自奄都到殷，使商朝復興，諸侯來朝。參見《史記》卷三《殷本紀》、《竹書紀年上》。

[17]陽甲：商朝國君。在位期間國勢衰落，諸侯莫朝。

贊曰：高宗傍起，宗國之慶。[1]慕名儉德，垂文法令。兢兢小心，察察吏政。沔陽失土，[2]南風不競。

[1]宗國：本族的國家。

[2]沔陽失土：指永泰元年（498）春原屬於南齊雍、司二州的沔北五郡（南陽、新野、從陽、北襄城、西汝南北義陽）先後被北魏攻占。

南齊書　卷七

本紀第七

東昏侯

東昏侯寶卷字智藏，[1]高宗第二子也。[2]本名明賢，高宗輔政後改焉。建武元年，[3]立爲皇太子。

[1]東昏侯：南齊皇帝蕭寶卷被殺後追貶之號。東昏，本爲漢、魏舊縣名，治所在今河南蘭考縣東北。以此爲號蓋取“昏”義，貶其昏庸無德，罪有應得。

[2]高宗：南齊明帝蕭鸞廟號。

[3]建武：齊明帝年號。

永泰元年七月己酉，[1]高宗崩，[2]太子即位。

八月丁巳，詔雍州將士與虜戰死者，[3]復除有差。[4]又詔辨括選序，[5]訪搜貧屈。[6]庚申，鎮北將軍晋安王寶義進號征北大將軍、開府儀同三司。[7]南中郎將建安王寶寅爲郢州刺史。[8]

冬十月己未，詔删省科律。[9]

十一月戊子，立皇后褚氏，[10]賜王公以下錢各有差。

[1]永泰：齊明帝年號。

[2]崩：古代帝王去世稱崩，以示影響巨大。

[3]雍州：僑州名。治所在今湖北襄陽市。　戰：原作"賊"，今據中華本校改。

[4]復除：免除徭役及賦税。　差：等差。

[5]辨括：普遍搜求。辨，通"徧"。　選序：謂選拔人才和升官晋級的程式。

[6]貧屈：指因貧窮而被冤屈者。

[7]鎮北將軍：南朝沿置。與鎮東、鎮西、鎮南將軍合稱四鎮將軍。多爲持節都督，出鎮方面。南朝宋秩三品，齊不詳。　晋安：郡名。治所在今福建福州市。　寶義：蕭寶義，齊明帝長子。建武元年（494）封。本書卷五〇有傳。　征北大將軍：南朝沿置。多爲持節都督，出鎮方面。南朝宋秩二品。齊位從公。　開府儀同三司：南齊沿置，用爲大臣加號。意謂與三司即太尉、司徒、司空禮制、待遇相同，許開設府署，自辟僚屬。

[8]南中郎將：南朝沿置。與東、西、北中郎將合稱四中郎將。南朝宋、齊多用宗室諸王。南朝宋秩四品，齊不詳。　建安：以郡爲國。治所在今福建建甌市南松溪南岸。　寶寅：蕭寶寅，齊明帝第六子。建武元年（494）封。　郢州：州名。治所在今湖北武漢市武昌區。

[9]科律：法律。

[10]褚氏：名令璩。本書卷二〇有傳。

永元元年春正月戊寅，大赦，改元。[1]詔研策秀、孝，[2]考課百司。[3]辛卯，車駕祠南郊。[4]詔三品清資官以上應食禄者，[5]有二親或祖父母年登七十，並給見錢。[6]癸卯，以冠軍將軍南康王寶融爲荆州刺史。[7]

二月癸丑，以北中郎將邵陵王寶攸爲南兖州刺史。[8]是月，太尉陳顯達敗績於馬圈。[9]

[1]改元：古代帝王更改年號稱改元。

[2]研策：精心策試。研，精心，詳盡。　秀：秀才。　孝：孝廉。按，秀、孝，底本如此。中華本校勘記云："南監本、殿本作'秀才'，張元濟云作'秀孝'，是。"

[3]考課：古時按照一定的標準考察官吏的功過善惡，分别等級，升降賞罰，謂之考課。　百司：百官。

[4]車駕：此處用以指代皇帝。《漢書》卷一下《高帝紀下》："車駕西都長安。"顔師古注："凡言車駕者，謂天子乘車而行，不敢指斥也。"　南郊：都邑之外爲郊。古代帝王祭天於南郊。

[5]三品清資官：清資官，指僅依靠俸禄爲生的清官。清官，謂職事清貴的文官。晋、宋以來，官有清、濁之分，清官爲士族所青睞。三品清官爲清官中的高第。三品，中華修訂本《校勘記》云《通典》卷三五《職官一七》、《御覽》卷一二九引蕭子顯《齊書》作"二品"，疑是；清資官，《通典》《御覽》作"清官"。（第115頁）

[6]見：同"現"。

[7]冠軍將軍：將軍名號。南齊沿置。秩三品。　南康：以郡爲國。治所在今江西贛州市東。　寶融：蕭寶融。齊明帝第八子。東昏侯被殺後，受宣德太后令即位爲帝。本書卷八有紀。　荆州：州名。治所在今湖北荆州市荆州區。

[8]北中郎將：南朝沿置，與東、西、南中郎將合稱四中郎將。南朝宋、齊多用宗室諸王。南朝宋秩四品，齊不詳。　邵陵：以郡

爲國。治所在今湖南邵陽市。　寶攸：蕭寶攸。齊明帝第九子。本書卷五〇有傳。　南兖州：僑州名。治所在今江蘇揚州市西北蜀岡上。

[9]太尉：南齊時置爲八公之一，與司徒、司空合稱三公，雖官居一品，而實爲無職掌的榮銜。　陳顯達：本書卷二六有傳。　馬圈：軍鎮名。在今河南鎮平縣南。按，此處將陳顯達敗績於馬圈繫於"是月"，即永元元年二月，誤。《南史》卷五《齊本紀下》同誤。據《魏書》卷七下《高祖紀下》：太和二十三年（即南齊永元元年）正月壬午，"蕭寶卷遣太尉陳顯達寇荆州（魏荆州治所在今河南鄧州市）。癸未，詔前將軍元英討之。……（二月）癸酉，顯達攻陷馬圈戍。三月庚辰，車駕南伐。癸未，次梁城。甲申，以順陽被圍危急，詔振武將軍慕容平城率騎五千赴之。……丁酉，車駕至馬圈。詔鎮南大將軍、廣陽王嘉斷均口，邀顯達歸路。戊戌，頻戰破之。其夜，顯達及崔惠景、曹虎等宵遁"。這段資料較爲詳實地記載了陳顯達敗績馬圈的時間是三月戊戌（即二十二日），其史料當出自《後魏起居注》（《隋書·經籍志》史部起居注類著録此書），可信度較高。《通鑑》卷一四二《齊紀八》"東昏侯永元元年"條記此事之時間皆本《魏書》，是也。即此處"是月"當作"三月"。

夏四月己巳，立皇太子誦，[1]大赦，賜民爲父後爵一級。[2]甲戌，以寧朔將軍柳惔爲梁、南秦二州刺史。[3]

五月癸亥，[4]以撫軍大將軍始安王遥光爲開府儀同三司。[5]

六月己酉，新除右衛將軍崔惠景爲護軍將軍。[6]癸亥，以始興内史范雲爲廣州刺史。[7]甲子，詔原雍州今年三調。[8]

［1］皇太子誦：黄淑儀所生。東昏侯被廢后，被貶爲庶人。見本書卷二〇《東昏褚皇后傳》。

［2］爲父後：《建康實録》卷一五《廢帝東昏侯》“後”字下有“者”字。按，此處有“者”字文意方足，此處當脱“者”字。

［3］寧朔將軍：雜號將軍之一。南朝宋秩四品，齊不詳。　柳惔（dàn）：字文通，祖籍河東解縣（治所在今山西臨猗縣臨晋鎮東南城東、城西二村之間）。《梁書》卷一二有傳。　梁、南秦二州：雙頭州名。治所在今陝西漢中市東。按，《梁書》卷一二柳惔本傳云：“建武末，爲西戎校尉、梁南秦二州刺史。”與此異。按，疑此作永元元年四月甲戌是。

［4］五月癸亥：《南史》卷五《齊本紀下》、《通鑑》卷一四二《齊紀八》“東昏侯永元元年”條同。按，《南史》中華本校勘記云：“永元元年五月丙子朔，是月無癸亥。”

［5］撫軍大將軍：南朝沿置，用作大臣加官。南朝宋秩二品，齊位從公。　始安：以郡爲國。治所在今廣西桂林市。　遥光：蕭遥光。本書卷四五有附傳。

［6］新除：官制術語。授官未拜，但稱新除。　右衛將軍：南朝沿置，隸領軍將軍（中領軍），與左衛將軍共掌宿衛營兵。宋齊秩皆四品。　崔惠景：本書卷五一有傳。其名當作“崔慧景”。朱季海《南齊書校議》（以下簡稱朱季海《校議》）云：“‘惠’當爲‘慧’。雖古慧、惠字通，然本書止作‘慧’。”（中華書局 1984 年版，第 12 頁）意謂其名衹應作‘慧’，是也。按，《梁書》《南史》《通鑑》皆作“崔慧景”。本書其名數十見，作“崔惠景”者唯卷二《高帝紀下》、卷三《武帝紀》、卷六《明帝紀》及本卷各一見。其所以如此，疑後世傳寫之誤。　護軍將軍：南朝沿置，資輕者稱中護軍。掌外軍，負責京城保衛。南朝宋秩三品，齊不詳。

［7］始興：郡名。治所在今廣東韶關市西武水西。　内史：西晋太康十年（289）改諸王國相爲内史，職如太守，掌管民政。東晋、南朝沿置。南朝宋秩五品，齊不詳。按，此時南齊並無始興

國，此宜作太守。這個時期，封王以郡，則以内史行太守事；國除爲郡，則復稱太守。如此换來轉，極易混淆，故史家亦互稱之。參見清錢大昕《十駕齋養新録》卷六“内史太守互稱”條。　范雲：字彦龍，祖籍南鄉舞陰縣（治所在今河南泌陽縣西北）。《梁書》卷一三有傳。　廣州：州名。治所在今廣東廣州市。

[8]雍州：僑州名。治所在今湖北襄陽市。　三調：又名三課。南朝税法之一。《通鑑》卷一三八《齊紀四》“武帝永明十一年”條，胡三省注：“三調，謂調粟、調帛及雜調也。”

秋七月丁亥，京師大水，死者衆，詔賜死者材器，[1]並賑卹。[2]

八月乙巳，蠲京邑遇水資財漂蕩者今年調税。[3]又詔爲馬圈戰亡將士舉哀。丙辰，[4]揚州刺史始安王遥光據東府反，[5]詔曲赦京邑，[6]中外戒嚴。[7]尚書令徐孝嗣以下屯衛宫城。[8]遣領軍將軍蕭坦之率六軍討之。[9]戊午，斬遥光，傳首。[10]己未，[11]以征北大將軍晋安王寶玄爲南徐、兖二州刺史。[12]己巳，尚書令徐孝嗣爲司空，[13]右衛將軍劉暄爲領軍將軍。[14]

閏月丙子，以江陵公寶覽爲始安王。[15]虜僞東徐州刺史沈陵降，[16]以爲北徐州刺史。[17]

[1]材器：棺材。

[2]卹：同“恤”。

[3]蠲（juān）：免除，減免。　調税：猶言“賦税”。

[4]丙辰：原本作“丙午”，今據中華本校正。

[5]揚州：州名。治所在今江蘇南京市。　東府：東府城。在今江蘇南京市通濟橋附近。南朝時爲重臣官署，因其在臺城東，

故名。

[6]曲赦：特赦。

[7]中外：中央與地方。

[8]尚書令：南朝沿置。爲尚書省長官，總領尚書省諸曹事，參議國家大政，實權有如宰相。如録尚書事缺，則兼有宰相名義。南朝宋、齊皆秩三品。　徐孝嗣：本書卷四四有傳。

[9]領軍將軍：南朝沿置，資輕者稱中領軍。掌内軍，主管宫城禁衛。南朝宋秩三品，齊不詳。　蕭坦之：本書卷四二有傳。六軍：指由領軍、護軍、左衛、右衛、驍騎、游擊六將軍所統領的京城禁衛軍。

[10]戊午，斬遥光，傳首：《南史》卷五《齊本紀下》同。考是月甲辰朔，戊午爲月之十五日。本書卷四五《宗室傳》則記在是月十六日。本書《天文志上》："永元元年八月己未，月蝕盡，色皆赤。是夜，始安王遥光伏誅。"己未爲月之十六日是，與本傳相應。又，《南史》卷四一《始安王遥光傳》："遥光舉事四日而卒。"按，遥光舉事在丙辰日，其第四日恰爲己未。《通鑑》卷一四二《齊紀八》"東昏侯永元元年"條徑記在八月己未，是也。參見丁福林《南齊書校議》（以下簡稱丁福林《校議》），中華書局2010年版，第45頁。　傳首：斬送頭顱，以爲處死之證。

[11]己未：根據上條考證，此處"己未"，當移至"斬遥光，傳首"之前，取代"戊午"。

[12]征北大將軍：南齊沿置，位從公，以爲出鎮都城建康以北重鎮的大臣或諸王的加官。　寶玄：蕭寶玄，齊明帝第三子。本書卷五〇有傳。　南徐、兗二州：南徐州，僑州名，治所在今江蘇鎮江市。兗州，此指南兗州，其"南"字因其上有"南徐"而省。按，此句有訛誤。檢本書各紀傳，寶玄未嘗有晉安之封，其所封乃江夏王也。晉安王乃明帝長子寶義封爵號。據本書卷六《明帝紀》、卷五〇《明七王傳》，寶義於建武元年（494）十一月庚辰封晉安王。梁受禪，降封謝沐縣公，尋封巴陵郡王，奉齊後。即終齊之

世，寶義爲晋安王不變。是永元元年（499）爲晋安王者乃寶義而非寶玄。又本書卷五〇《明七王傳》："永元元年，又進車騎將軍，代晋安王寶義爲使持節、都督南徐兖二州軍事、南徐兖二州刺史，將軍如故。""（建武）二年，出爲使持節、都督南徐州軍事、鎮北將軍、南徐州刺史。東昏即位，進征北大將軍、開府儀同三司，給扶。永元元年，給班劍二十人。始安王遥光誅，爲都督揚南徐二州軍事、驃騎大將軍、揚州刺史，持節如故。"是在"始安王遥光誅"以前，寶玄的軍號是車騎將軍，征北大將軍乃寶義。《紀》文所謂"征北大將軍晋安王寶玄"誤，其間疑有脱文。疑上文於"晋安王"後佚"寶義爲揚州刺史車騎將軍江夏王"十四字，原文乃爲"以征北大將軍晋安王寶義爲揚州刺史，車騎將軍江夏王寶玄爲南徐、兖二州刺史"。詳參丁福林《校議》，第45—46頁。按，此説甚有見地，然猶糾錯未盡。此處《紀》文云"寶玄爲南徐、兖二州刺史"，與前揭《明七王傳》永元元年，寶玄"代晋安王寶爲使持節、都督南徐兖二州軍事、南徐兖二州刺史"文同。然而，據本書卷六《明帝紀》及前揭《巴陵隱王寶義傳》，寶義自建武二年（495）七月，"出爲使持節、都督南徐州軍事、南徐州刺史"，直到永元元年（499）八月"始安王遥光誅"以前，他的這一職任一直未變。寶玄既是代寶義之職位，則其職任當爲"使持節、都督南徐州軍事、南徐州刺史"。據此，《紀》文"爲南徐兖二州刺史"中"兖二"兩字當爲衍文。

［13］司空：南齊沿置，爲三公之一，多爲不掌實權之虚銜。秩一品。

［14］右衛將軍：南齊沿置。掌宿衛營兵，禁衛宫廷。位次左衛將軍。秩四品。　劉暄：祖籍彭城，明帝劉皇后之弟。本書卷四二有附傳。　領軍將軍：南朝沿置。掌内軍，主宫城禁衛。南朝宋秩三品，齊不詳。

［15］江陵：以縣爲國。治所在今湖北荆州市荆州區。　公：爵名。南北朝爲開國公省稱。　寶覽：蕭寶覽。始安貞王道生孫，安

陸昭王緬次子。建武元年（494）封江陵公。參見本書卷四五《宗室傳》。

［16］東徐州：北魏所置僑州名，治所在今江蘇宿遷市東南、舊黄河東北岸古城。　沈陵：字道通，吴興武康人。《魏書》卷六一有附傳。

［17］北徐州：僑州名。治所在今安徽鳳陽縣東北。

九月丁未，以輔國將軍裴叔業爲兖州刺史，[1]征虜長史張冲爲豫州刺史。[2]壬戌，以頻誅大臣，大赦天下。辛未，以太子詹事王瑩爲中領軍。[3]

［1］輔國將軍：將軍名號。南朝宋秩三品，齊不詳。　裴叔業：本書卷五一有傳。　兖州：當作“南兖州”。裴叔業本傳云“永元元年，徙督南兖兖徐青冀五州軍事、南兖州刺史”是也。

［2］征虜長史：官名，即征虜將軍府長史。征虜將軍，將軍名號，南朝宋秩三品，齊不詳。其長史，南朝宋秩七品，齊不詳。　張冲：本書卷四九有傳。　豫州：僑州名。治所在今安徽壽縣。

［3］太子詹事：南朝沿置，掌東宫事務，比尚書令、領軍將軍。南朝宋、齊皆秩三品。　王瑩：字奉光，祖籍琅邪臨沂。《梁書》卷一六有傳。　中領軍：南朝沿置。掌内軍，主宫城禁衛。與領軍將軍通職，不並置，資輕者爲中領軍。南朝宋秩三品，齊不詳。

冬十月乙未，誅尚書令新除司空徐孝嗣、右僕射新除鎮軍將軍沈文季。[1]乙巳，[2]以始興内史顔翻爲廣州刺史，[3]征虜將軍沈陵爲越州刺史。[4]

十一月丙辰，太尉江州刺史陳顯達舉兵於尋陽。[5]乙丑，護軍將軍崔慧景加平南將軍、督衆軍南討事。[6]

丙寅，以冠軍將軍王鴻爲徐州刺史。[7]

十二月癸未，以前輔國將軍楊集始爲秦州刺史。[8]甲申，陳顯達至京師，宮城嚴警，六軍固守。乙酉，斬陳顯達，傳首。丁亥，以征虜將軍邵陵王寶攸爲江州刺史。

[1]右僕射：尚書右僕射省稱。南朝沿置。尚書省次官，位次左僕射，輔助尚書令執行政，參議大政。右僕射與祠部尚書通職，不並置，置則又領祠部、儀曹二郎曹。南朝宋、齊皆秩三品。　鎮軍將軍：南齊沿置，爲重號將軍，位次尉將軍。秩三品。　沈文季：本書卷四四有傳。按，“右僕射”，《南史》卷五《齊本紀下》同。據本書卷四四《沈文季傳》載，“延興元年，遷尚書右僕射。……永元元年，轉侍中、左僕射，將軍如故。始安王遥光反……事寧，加鎮軍將軍，置府。侍中、僕射如故。”《南史》卷三七《沈文季傳》亦云文季於永元元年轉侍中、左僕射。是沈文秀於永元元年被東昏侯所殺時，所任當以左僕射爲是。又據本書卷六《明帝紀》，明帝臨終遺詔以江祏爲右僕射。本書卷四二《江祏傳》云：“上崩，遺詔轉右僕射。……東昏即位，參掌選事。”即是時爲右僕射者，乃江祏也。以上足證沈文季爲東昏所殺時所任必爲左僕射無疑，即此右僕射乃“左僕射”之訛。詳見丁福林《校議》，第46頁。

[2]乙巳：是年十月癸酉朔，乙未二十三日，月内無乙巳。乙巳之後有十一月丙辰。十一月壬寅朔，乙巳初四日，丙辰十五日。疑“丙辰”上之“十一月”應移置“乙巳”上。見牛繼清《十七史疑年録》，黄山書社2007年版，第96頁。

[3]顔翻：翻，本書卷二九《周盤龍傳》作“飜”。餘事不詳。

[4]越州：州名。治所在今廣西合浦縣東北舊州東。

[5]江州：州名。治所在今江西九江市。　尋陽：郡名。治所

在今江西九江市西南。

[6]護軍將軍：南朝沿置，掌外軍，負責京城保衛。南朝宋秩三品，齊不詳。　平南將軍：南朝沿置，與平東、平西、平北將軍合稱四平將軍。多爲都督或監或督某一地區的軍事，有時亦作爲刺史等地方官員兼理軍務的加官。南朝宋秩三品，齊不詳。

[7]徐州：僑州名，即北徐州。

[8]十二月癸未，以前輔國將軍楊集始爲秦州刺史：《通鑑》卷一四二《齊紀八》“東昏侯永元元年”條同，而本書卷五九《氐傳》則作“永元二年，復以集始爲使持節、督秦雍二州軍事、輔國將軍、平羌校尉、北秦州刺史”。按，本紀所記楊集始復爲（北）秦州刺史的時間年、月、日俱全，《通鑑》從之，故當以爲據。疑本書《氐傳》作“永元二年”誤。　楊集始：氐族首領。事迹詳見本書卷五九《氐傳》。秦州刺史，據本書卷五九《氐傳》及《梁書》卷五四《武興國傳》，齊、梁授集始職任皆爲北秦州刺史，蓋此於“秦州”上脱“北”字。　北秦州：治所在今甘肅成縣西。

二年春正月壬子，以輔國將軍張冲爲南兗州刺史。庚午，詔討豫州刺史裴叔業。

二月癸未，以黄門郎蕭寅爲司州刺史。[1]丙戌，以衛尉蕭懿爲豫州刺史，[2]征壽春。[3]己丑，裴叔業病死，兄子植以壽春降虜。[4]

三月癸卯，以輔國將軍張冲爲司州刺史。乙卯，遣平西將軍崔慧景率衆軍伐壽春。[5]丁未，[6]以新除冠軍將軍張冲爲南兗州刺史。崔慧景於廣陵舉兵襲京師。[7]壬子，右衛將軍左興盛督京邑水步衆軍。[8]南徐州刺史江夏王寶玄以京城納慧景。[9]乙卯，遣中領軍王瑩率衆軍屯北籬門。[10]壬戌，慧景至，瑩等敗績。甲子，慧景入京師，宫内據城拒守。豫州刺史蕭懿起義救援。

[1]黄門郎：南朝沿置，亦稱黄門侍郎，皆給事黄門侍郎省稱。爲侍中省或門下省次官，與侍中俱掌門下衆事，職掌略同，地位隨皇帝旨意或侍中地位而上下。南齊時知詔令，被稱爲“小門下”。南朝宋、齊皆秩五品。　蕭寅：南齊官吏，嘗任巴西太守。東昏侯時，與桑偃謀立蕭昭胄。事泄，被殺。参見本書卷四〇《蕭昭胄傳》。　司州：僑州名。治所在今河南信陽市。

[2]衛尉：南齊沿置，掌宫城管鑰。南朝宋秩三品，齊不詳。　蕭懿：字元達，南蘭陵中都里人。梁武帝蕭衍長兄。詳見《梁書》卷二三《長沙嗣王業傳》。

[3]壽春：縣名。即當時僑置的睢陽縣。治所在今安徽壽縣。按，此縣即漢、晋之壽春縣。東晋孝武帝避鄭太后諱改名壽陽。安帝義熙中，縣名又爲僑置此地的睢陽縣取代。劉宋大明六年(462)，又改縣名爲壽春。八年，復改縣名爲睢陽。本書《州郡志上》“豫州梁郡”條注引《永元元年地志》南梁郡所領首縣即“睢陽”。由此知是時南齊方輿薄籍於此縣的規範名稱爲“睢陽”。此稱“壽春”者，沿襲舊名也。

[4]植：裴植。字文遠，河東聞喜人。《魏書》卷七一有附傳。

[5]平西將軍：南朝沿置，與平東、平南、平北將軍合稱四平將軍。多持節都督或監或督某一地區的軍事，有時亦作爲刺史等地方官員兼理軍務的加官。南朝宋秩三品，齊不詳。

[6]丁未：底本丁未之前有“夏四月”三字，中華本據《通鑑考異》斷此三字訛錯而校删，是。今從删。是年三月辛丑朔，本段所出三月干支日序爲：癸卯初三日，乙卯十五日，丁未初七日，壬子十二日，乙卯十五日，壬戌二十二日，甲子二十四日。按，乙卯既爲月之十五日，則位於丁未、壬子之前的乙卯必誤。癸卯與丁巳間有乙巳，乙巳爲月之初五日，合序。故疑前一“乙卯”當爲乙巳

之訛。參見丁福林《校議》，第 47 頁；牛繼清《十七史疑年録》，第 96 頁。

［7］廣陵：郡名，亦郡所治之縣名。治所在今江蘇揚州市西北蜀岡上。

［8］左興盛：齊明帝、東昏侯時，歷任寧朔將軍、北兖州刺史、輔國將軍、太子右衛率、右衛將軍、征虜將軍等職，封新吴縣男。先後參與平定王敬則、蕭遥光、陳顯達、崔慧景的叛亂。永元二年（500）三月，爲叛軍殺害。參見本書卷六《明帝紀》、卷二六《王敬則陳顯達傳》、卷四五《宗室傳》、卷五一《崔慧景傳》。

［9］京城：丁福林《校議》據本書卷五〇《明七王傳》“崔慧景舉兵……帝遣馬軍主戚平、外監黄林夫助鎮京口。慧景將渡江，寶玄密與相應，殺司馬孔矜、典籤吕承緒及平、林夫，開門納慧景”，及本書卷五一《崔慧景傳》“（慧景）於是回軍還廣陵……停二日，便收衆濟江集京口。江夏王寶玄又爲内應，合二鎮兵力，奉寶玄向京師”，以爲時江夏王寶玄爲南兖州刺史，當鎮京口，故“京城”當作“京口”。（第 47—48 頁）

［10］王瑩：《南史》卷五《齊本紀下》同，《通鑑》卷一四三《齊紀九》“東昏侯永元二年”條作“左興盛”，《通鑑考異》云從《崔慧景傳》。朱季海《校議》以爲王瑩在梁曾任中書監，蕭子顯本書《崔慧景傳》爲尊者諱，將戰敗之責諉過左興盛。而本卷紀文反存其實。（第 12—13 頁）　北籬門：建康都城的外郭用竹木籬笆圍成，故外郭門皆稱“籬門”。其北郭有北籬門。《御覽》卷一九七《居處部二五・藩籬》引《南朝宫苑記》：“北籬門，今覆舟東頭，玄武湖東南角，今見有亭，名籬門亭。”覆舟即覆舟山，即今南京市城區東北隅的小九華山。則北籬門當在今太平門外西北一側的玄武湖邊。參見賀雲翱《六朝瓦當與六朝都城》，南京出版社 2004 年版，第 86 頁。

夏四月癸酉，[1]慧景棄衆走，斬首。詔曲赦京邑、南徐兖二州。乙亥，以新除尚書右僕射蕭懿爲尚書令。丙子，以晋熙王寶嵩爲南徐州刺史。[2]

五月乙巳，以虜僞豫州刺史王肅爲豫州刺史。[3]戊申，以桂陽王寶貞爲中護軍。[4]己酉，江夏王寶玄伏誅。[5]壬子，大赦。乙丑，曲赦京邑、南徐兖二州。戊辰，以始安王寶覽爲湘州刺史。[6]

六月庚寅，車駕於樂遊苑内會，[7]如三元，[8]京邑女人放觀。戊戌，以新除冠軍將軍張冲爲郢州刺史，守五兵尚書陸慧曉爲南兖州刺史。[9]

[1]夏四月癸酉："癸酉"上原無"夏四月"三字，今據中華本校補。

[2]晋熙：以郡爲國。治所在今安徽潛山縣。　寶嵩：蕭寶嵩。齊明帝第十子。本書卷五〇有傳。

[3]虜僞豫州：北魏豫州，治所在今河南汝南縣。　王肅：字恭懿，琅邪臨沂人。南齊鎮北將軍、雍州刺史王奂之子。永明十一年（493）其父被殺，王肅逃奔北魏。《魏書》卷六三有傳。按，考《魏書·王肅傳》及《通鑑》有關各卷，王肅入魏後，自太和十九年（齊建武二年，495）正月至太和二十三年（齊永元元年，499）三月一直擔任豫州刺史（加官至鎮南將軍），是王肅在魏任官最久的職務。魏豫州邊齊，王肅屢與齊兵作戰，南齊熟知北魏的這位豫州刺史，故此處稱之。至於北魏有所謂"齊人降者嚴叔懋告肅謀逃江南"的傳言及此處東昏侯虚授王肅爲豫州刺史，皆南齊所爲離間之計也。

[4]桂陽：郡名。治所在今湖南郴州市。　寶貞：蕭寶貞，齊明帝第十一子。本書卷五〇有傳。　中護軍：掌外軍，負責京師保

衛。資重者爲護重將軍。南朝宋秩三品，齊不詳。

［5］伏誅：因犯罪而被處死。

［6］湘州：州名。治所在今湖南長沙市。

［7］樂遊苑：南朝時皇家苑囿。因苑在宫城北，故又名北苑。《通鑑》卷一四三《齊紀九》"東昏侯永元二年"條，胡三省注："樂游苑在玄武湖南。"

［8］三元：元旦，農曆正月初一。《初學記》卷四《歲時部下》引隋杜臺卿《玉燭寶典》："正月爲端月，其一日爲元日……亦云三元。"注："歲之元，時之元，月之元。"

［9］守：官制用語，謂暫時署理職務。　五兵尚書：南朝沿置，屬尚書省。南朝宋、齊領中兵、外兵二曹，因昔有騎兵、别兵、都兵，故謂之五兵。管理全國兵籍、徵兵、儀仗等軍事行政。　陸慧曉：本書卷四六有傳。

秋七月甲辰，以驃騎司馬張稷爲北徐州刺史。[1]

八月丁酉，以新除驃騎司馬陳伯之爲豫州刺史。[2]甲申夜，宫内火。[3]

冬十月己卯，害尚書令蕭懿。

十一月辛丑，以寧朔將軍張稷爲南兗州刺史。甲寅，西中郎長史蕭穎胄起義兵於荆州。[4]

十二月，雍州刺史梁王起義兵於襄陽。[5]戊寅，以冠軍長史劉繪爲雍州刺史。[6]

［1］驃騎司馬：驃騎大將軍司馬省稱。驃騎大將軍，南朝沿置，位居諸名號大將軍之首，南朝宋秩二品，齊位從公。驃騎司馬，南朝宋秩六品，齊不詳。按，據本書卷五〇《明七王傳》，永元元年（499）八月始安王遥光誅後，晋安王寶義爲驃騎大將軍。　張稷：

字公喬，吴郡人。《梁書》卷一六有傳。

［2］陳伯之：濟陰睢陵人。《梁書》卷二〇有傳。

［3］甲申夜，宫内火：本書《五行志》："永元二年八月，宫内火，燒西齊璿儀殿及昭陽、顯陽等殿，北至華林墻，西及秘閣，凡屋三千餘間。"丁福林《校議》云，永元二年八月戊辰朔，丁酉爲月之三十日，甲申爲月之十七日。述甲申事不應反在丁酉後，此所記當有誤。（第48頁）

［4］西中郎長史：官名省稱，即西中郎將府之長史。西中郎將與東、南、北中郎將合稱四中郎將。南朝宋、齊時多以宗室爲之，職權甚重，或領刺史，乃至持節都督一方軍政事務。南朝宋秩四品，齊不詳。西中郎長史，南朝宋秩六品，齊不詳。當時任西中郎將者乃荆州刺史南康王寶融。　蕭穎胄：本書卷三八有附傳。

［5］十二月，雍州刺史梁王起義兵於襄陽：中華修訂本《校勘記》云："按《梁書》卷一《武帝紀》上、《通鑑》卷一四三《齊紀》九東昏侯永元二年並繫此事於十一月乙巳。《考異》云：'《齊帝紀》十二月，梁王起義兵於襄陽'，誤也。"（第116頁）按，是年十一月丁酉朔，辛丑爲初五日，甲寅爲十八日，而乙巳則爲初九日。依上述校記，當於"雍州刺史梁王"云云之前冠以"乙巳"二字移至"甲寅"以前讀。而原此句之下的"戊寅"云云，因爲是年十一月無"戊寅"，而"戊寅"爲次月十三日，即"戊寅"前仍應保留"十二月"三字。如此處理，這裏的十一、十二月干支計日，方不失序。梁王，齊和帝中興二年（502）二月給蕭衍的封號，此處用以指代蕭衍。按，此時蕭衍尚未獲此封號，此稱"梁王"者，乃史臣爲避其名諱而追稱也。襄陽，縣名，雍州治所。在今湖北襄陽市。

［6］以冠軍長史劉繪爲雍州刺史：冠軍長史，官名省稱，即冠軍將軍府長史。劉繪，本書卷四八有傳。按，劉繪爲雍州刺史之前的職任爲"冠軍長史"，誤。其本傳云："安陸王寶晊爲湘州，以繪爲冠軍長史、長沙内史，行湘州事，……遭母喪去官。有至性，

持喪墓下三年……服闋，爲寧朔將軍、晋安王征北長史、南東海太守，行南徐州事。……及梁王義師起，朝廷以繪爲持節、督雍梁南北秦四州郢州之竟陵司州之隨郡諸軍事、輔國將軍、領寧蠻校尉、雍州刺史。”據本書卷四五《宗室傳》，建武元年（494），寶晊嗣王位，“爲持節、督湘州軍事、輔國將軍、湘州刺史。……二年，寶晊進號冠軍將軍”。由此知劉繪爲冠軍長史當在建武二年（495）。由於劉繪此任與本紀所載其遷轉雍州刺史的時間不合，故把劉繪被任命爲雍州刺史前的定爲冠軍長史不可信。據其本傳，劉繪被任命爲雍州刺史前的職任是“晋安王征北長史”（此“晋安王”乃齊明帝長子寶義。永泰元年（498）八月庚申進號征北大將軍。見本紀）直至永元二年（500）十一月乙巳雍州刺史蕭衍起兵叛齊後，齊朝纔任命征北大將軍長史劉繪爲雍州刺史。故此“冠軍長史”爲“征北長史”之誤無疑。

三年春正月丙申朔，合朔時加寅漏上八刻，[1]事畢，宫人於閲武堂元會，[2]皇后正位，閹人行儀，[3]帝戎服臨視。丁酉，以驃騎大將軍晋安王寶義爲司徒，[4]新除撫軍將軍建安王寶寅爲車騎將軍、開府儀同三司。[5]甲辰，以寧朔將軍王珍國爲北徐州刺史。[6]辛亥，車駕祠南郊，詔大赦天下，百官陳讜言。[7]

[1]合朔時加寅漏上八刻：謂爲調整晝夜時差於寅時加漏刻八刻時間。合朔，古代曆法名詞。即推演日、月繞地運行的交會時間。一般指夏曆的每月初一。《續漢書·律曆志下》：“日月相推，日舒月速，當其同所，謂之合朔。”寅，指寅時，十二時辰之一。天亮前的三時至五時爲寅時。漏，指漏刻，古代的計時儀器。刻，計時單位。古代以漏刻計時，一晝夜分爲一百刻。

[2]閲武堂：殿堂名。爲南朝皇帝講武、聽訟之所。在京師建

康宫城南闕前。　元會：正月初一元旦日，皇帝朝會群臣或宫人慶賀新年，稱元會，亦稱正會。

[3]閹人：男子去勢曰閹。此處閹人專指宫内宦官。

[4]司徒：與太尉、司空合稱三公，位在司空上。南朝宋時掌民事與郊祀，齊時掌州郡名數、户口簿籍。秩一品。

[5]撫軍將軍：南朝沿置。宋時此職與中軍、鎮軍將軍三號位比四鎮將軍，秩三品。南朝齊時位在四征將軍上，品秩不詳。　車騎將軍：南朝沿置，位次驃騎將軍，多作爲軍府名號，以加授大臣，無具體職掌。南朝宋秩二品，齊不詳。開府者從公，秩一品。

[6]王珍國：字德重，沛國相人。《梁書》卷一七有傳。

[7]讜（dǎng）言：正直的言論。

二月丙寅，乾和殿西厢火。[1]壬午，詔遣羽林兵征雍州，[2]中外纂嚴。[3]乙酉，以威烈將軍胡元進爲廣州刺史。[4]

三月己亥，以驃騎將軍沈徽孚爲廣州刺史。[5]甲辰，以輔國將軍張欣泰爲雍州刺史。[6]丁未，南康王寶融即皇帝位於江陵。[7]癸丑，遣平西將軍陳伯之西征。

[1]乾和殿西厢火：本書《五行志》云："（永元）三年二月，乾和殿西厢火，燒屋三十閒。是時西齋既火，帝徙居東齋，高宗所住殿也。"閒，同"間"。按，乾和殿，南齊宫殿，在宫城，遺址不存。

[2]羽林兵：朝廷禁衛軍之一，由羽林監統領。

[3]纂嚴：戒嚴。

[4]威烈將軍：殿本改"威烈"爲"武烈"。《考證》云："'武烈'諸本皆作'威烈'。按，《宋百官志》有武烈將軍，無威烈將軍，齊世官名多循宋制，今定作'武'。"按，據《隋書·百

官志上》，梁有威烈將軍，爲武職三十四班中的二十二班。

[5]驃騎將軍沈徽孚：驃騎將軍，南齊沿置，多用作大臣加官，秩二品。中華修訂本《校勘記》云："'驃騎將軍'，疑爲'驍騎將軍'之訛。按《文苑英華》卷四一六引沈約《封三舍人詔》云沈徽孚時爲'輔國將軍、驍騎將軍、南高平太守、兼中書通事舍人'。"（第116頁）沈徽孚，詳見本書卷五六《倖臣傳》。

[6]張欣泰：本書卷五一有傳。

[7]"丁未"至"皇帝位於江陵"："丁未"，本書卷八《和帝紀》、《梁書》卷一《武帝紀上》、《南史》卷五《齊本紀下》、《通鑑》卷一四四《齊紀十》"和帝中興元年"條作"乙巳"。《通鑑考異》云："《東昏紀》云：'丁未，南康王諱即皇帝位。'蓋是日建康始聞之耳。今從《和帝紀》及《梁武帝紀》。"按，是年三月乙未朔，乙巳十一日，丁未十三日。　南康：郡名。治所在今江西贛州市東北。　寶融：齊明帝第八子蕭寶融，至是稱帝，死謚和帝。本書卷八有紀。　江陵：縣名。南齊荆州治所。在今湖北荆州市荆州區。

六月，京邑雨水，遣中書舍人、二縣官長賑賜有差。[1]蕭穎胄弟穎孚起兵廬陵。[2]戊子，曲赦江州安成、廬陵二郡。[3]

秋七月癸巳，曲赦荆、雍二州。甲午，雍州刺史張欣泰、前南譙太守王靈秀率石頭文武奉建安王寶寅向臺，[4]至杜姥宅，[5]宮門閉，乃散走。己未，以征虜長史程茂爲郢州刺史，[6]驍騎將軍薛元嗣爲雍州刺史。[7]是日，元嗣以郢城降義師。

[1]中書舍人：中書通事舍人省稱。中書省屬官。南朝沿置。

由於南朝諸帝皆非出身高門，遂引用没有聲望、社會地位的寒士、細人等親信任之，入直禁中，於收納、轉呈文書章奏之本職外，漸奪中書侍郎草擬詔令之任。南齊至陳，自成舍人省，名義隸屬中書省，實際上直接聽命於皇帝，專掌草擬、發布詔令，並受理文書章奏。他如奉詔勞問、出使慰撫、持節察授、受理冤案之上訴等漢朝謁者之職，亦皆屬之。南朝宋秩七品，齊不詳。　二縣：指秦淮河北岸的建康縣及其南岸的秣陵縣。

[2]穎孚：蕭穎孚。穎孚起兵事迹詳見本書卷三八《蕭穎胄傳》。　廬陵：郡名。治所在今江西吉水縣東北。

[3]江州：州名。治所在今江西九江市西南。　安成：郡名。治所在今江西安福縣東南。

[4]南譙：僑郡名。治所在今安徽巢湖市東南。　王靈秀：南朝宋、齊時官吏。宋昇明元年（477），以輔國將軍之職追隨荆州刺史沈攸之舉兵反對蕭道成，兵敗潰散。入齊，曾任南譙太守。至是，又追隨張欣泰發動政變。參見本書卷二四《柳世隆傳》、卷五〇《明七王傳》、卷五一《張欣泰傳》。　臺：臺城。南齊宮城。

[5]杜姥宅：宅第名。以東晋成帝杜皇后母裴氏宅第所在而得名。故址在南朝都城建康臺城南掖門外。

[6]程茂：南齊東昏侯時官吏，任郢州刺史張冲長史、江夏内史。永元三年（501），蕭衍進攻郢州，張冲病卒。程茂與諸將繼續堅守，後來戰敗投降。參見本書卷四九《張冲傳》。

[7]薛元嗣：南齊東昏侯時任驍騎將軍，率領船隊送糧郢州。及刺史張冲病死，元嗣被推爲城主。中興元年（501）七月，蕭衍進攻郢州，元嗣戰敗投降。參見本書卷八《和帝紀》、卷四九《張冲傳》。

八月丁卯，以輔國將軍申胄監豫州事。[1]辛巳，光禄大夫張瓌鎮石頭。[2]辛未，[3]以太子左率李居士總督西討諸軍事，[4]屯新亭城。[5]

九月甲辰，以居士爲江州刺史，新除冠軍將軍王珍國爲雍州刺史，車騎將軍建安王寶寅爲荆州刺史。以輔國將軍申胄監郢州，龍驤將軍馬仙琕監豫州，[6]驍騎將軍徐元稱監徐州。[7]是日，義軍至南州，[8]申胄軍二萬人於姑熟奔歸。戊申，以後軍參軍蕭璝爲司州刺史，[9]前輔國將軍魯休烈爲益州刺史，[10]輔國長史趙越嘗爲梁、南秦二州刺史。[11]丙辰，李居士與義軍戰於新亭，敗績。

[1]申胄：南朝齊、梁間將領。其在齊事迹，本篇已具，入梁事迹不詳。　監豫州事：《南史》卷五《齊本紀下》："九月甲辰，蕭衍至南豫州，輔國將軍、監南豫州事申胄二萬人於姑孰奔歸。"按，疑此處"豫州"前佚"南"字。詳見本篇以下史文及注文。監，官制用語。以較高官員監理下級部門或某地區諸軍事，或以他官監理某地區民政事務，皆可稱"監"。凡監某州、郡、縣者，即行刺史、郡守、縣令職權。亦可由監改除爲正或長官。《梁書》卷一《武帝紀上》稱申胄爲"南豫州刺史"是其例。

[2]光禄大夫：南朝沿置，屬光禄勛，無職事，以處老疾。　張瓌（guī）：本書卷二四有傳。　石頭：石頭城。故址在今江蘇南京市西清凉山。唐以前其城負山面江，控扼江險，南臨秦淮河入江口，形勢險固，宛如虎踞，爲建康西面軍事重鎮。

[3]辛未：丁福林《校議》云齊永元三年八月癸亥朔，辛巳月之十九日，辛未月之初九日，叙辛未事不應反在辛巳后，是所記必有誤。(第 49 頁)

[4]太子左率："太子左衛率"。南齊沿置，掌宿衛東宮。秩五品。　李居士：南齊東昏侯將領。趙郡人。先後任太子左衛率，遷

征虜將軍。永元三年（501），蕭衍等起兵反東昏侯，東昏侯遣他率軍迎戰，兵敗投降。參見《南史》卷四四《齊武帝諸子傳》。

[5]新亭：在今江蘇南京市西南。其地瀕臨江邊，位置險要，南朝時是捍衛京邑的重要軍事城堡之一。

[6]龍驤將軍：南朝沿置，位次輔國將軍。南朝宋秩三品，齊不詳。　馬仙琕（pín）：字靈馥，扶風郿縣人。《梁書》卷一七有傳。

[7]徐元稱：南齊東昏侯時將領。曾任直閤將軍、驍騎將軍。參見本書卷五一《崔慧景傳》。　徐州：僑州名，即北徐州。

[8]南州：丁福林《校議》云，南州《南史》卷五《齊本紀下》作"南豫州"，《通鑑》卷一四四、《梁書》卷一《武帝紀上》、《南史》卷六《梁本紀上》皆云是時蕭衍軍至蕪湖。蕪湖，南豫州之大鎮。南州系南豫州之省稱。（第49—51頁）

[9]後軍參軍：後軍將軍府參軍簡稱。後軍將軍，南朝沿置，與前軍、左軍、右軍將軍合稱四軍將軍，掌宫禁宿衛。宋四品，齊不詳。其參軍，南朝宋秩七品，齊不詳。　蕭璝：南朝齊官吏。南蘭陵（治所在今江蘇常州市西北）人，東巴太守蕭惠訓之子。其事迹見本書卷三八《蕭穎胄傳》。

[10]魯休烈：南齊前期，曾先後任巴郡太守、荆州軍主，與叛氐和魏軍作戰。及南康王在江陵稱帝，時任巴西太守的魯休烈又與巴東郡舉兵荆州。參見本書卷三八《蕭穎胄傳》、卷五九《氐傳》。　益州：州名。治所在今四川成都市。

[11]輔國長史：輔國將軍府長史。南朝宋秩七品，齊不詳。　趙越嘗：《梁書》卷二〇《劉季連傳》作"趙越常"。

冬十月甲戌，王珍國與義軍戰於朱雀桁，[1]敗績。戊寅，寧朔將軍徐元瑜以東府城降。[2]青、冀二州刺史桓和入衛，[3]屯東宫，[4]己卯，衆降。[5]光禄大夫張瓌棄石頭還宮。於是閉宮城門自守。庚辰，以驍騎將軍胡虎牙爲徐州刺史，左軍將軍徐智勇爲益州刺史，[6]游擊將軍牛平爲梁、南秦二州刺史。[7]李居士以新亭降，琅邪城主張木亦降。[8]義師築長圍守宮城。

十二月丙寅，新除雍州刺史王珍國、侍中張稷率兵入殿廢帝，[9]時年十九。

[1]朱雀桁（háng）：一作朱雀航，即朱雀橋。東晋南朝時京師建康南門朱雀門外横跨在秦淮河上古浮橋。故址在今江蘇南京市中華門内鎮淮橋東。三國吴時稱南津橋，東晋改名朱雀桁。自東晋太寧二年（324）後泊船爲浮航。長九十步、廣六丈，冬夏隨水高下。每遇警急，則撤航爲備，爲都城南面的門户。

[2]徐元瑜：南朝齊末、梁初將領。梁初曾任廣州刺史。參見《梁書》卷一九《樂藹傳》。

[3]青、冀二州：當時僑置的雙頭州名。治所在今江蘇連雲港市東雲臺山一帶。　桓和：南朝齊、梁時官吏。入梁後曾任青冀二州刺史、土州刺史等職。參見《梁書》卷二《武帝紀中》、《南史》卷七《梁本紀中》。

[4]東宫：太子居住之宫。按，南朝在建康宫城之東而鄰近宫城。

[5]衆降：中華修訂本《校勘記》云："'衆降'上《御覽》卷一二九引蕭子顯《齊書》有'以'字。"（第117頁）

[6]左軍將軍：南朝沿置，與前軍、後軍、右軍將軍合稱四軍將軍，掌宫禁宿衛。南朝宋秩四品，齊不詳。

[7]游擊將軍：南朝沿置，掌宫禁宿衛。南朝宋秩四品，齊不詳。

[8]琅邪城：白下城。永明六年（488），齊武帝徙南琅邪僑郡治白下，故稱白下爲琅邪城。其城在今江蘇南京市金川門外、幕府

山南，北臨大江，是京師建康北郊的軍事要地。

［9］侍中：南朝沿置，爲門下省長官，員四人。於侍奉起居、侍從左右、顧問應對、諫諍糾察等侍從本職外，兼掌出納、璽封詔奏，有封駁權，參預機密政務，上親皇帝，下接百官，官顯職重。多選美姿容、有文才、與皇帝親近者任之。南朝宋秩三品，齊不詳。

帝在東宫便好弄，[1]不喜書學，高宗亦不以爲非，但勗以家人之行。[2]令太子求一日再入朝，發詔不許，使三日一朝。嘗夜捕鼠達旦，以爲笑樂。高宗臨崩，屬以後事，[3]以隆昌爲戒，[4]曰："作事不可在人後！"故委任群小，誅諸宰臣，無不如意。

性重澀少言，[5]不與朝士接，唯親信閹人及左右御刀應敕等，[6]自江祏、始安王遥光誅後，[7]漸便騎馬。日夜於後堂戲馬，與親近閹人倡伎鼓叫。[8]常以五更就卧，[9]至晡乃起。[10]王侯節朔朝見，[11]晡後方前，或際闇遣出。[12]臺閣案奏，[13]月數十日乃報，或不知所在。二年元會，食後方出，朝賀裁竟，[14]便還殿西序寢，[15]自巳至申，[16]百僚陪位，皆僵仆菜色，[17]比起就會，匆遽而罷。

［1］好弄：愛好游戲。

［2］勗：又作"勖"，勉勵。　家人之行：治家之道。家人，《易》卦名。六十四卦之一，《易·家人》："家人，利女貞。"孔穎達疏："家人者，卦名也，明家内之道，正一家之人，故謂之家人。"

［3］屬：通"囑"。

［4］隆昌：南齊皇帝蕭昭業年號。此用以指代其人。

［5］重澀：遲鈍。重澀，《南史》卷五《齊本紀下》作“訥澀”。

［6］閹人：被閹割的人。此處特指宦官。　御刀：晉、南朝時，帝王儀仗所執之刀稱御刀，引申爲帝王左右執刀衛士。　應敕：南朝時稱在帝王左右傳達旨意命令者爲應敕。

［7］江祏：本書卷四二有傳。

［8］倡伎：古代以歌舞爲業的女藝人。伎，通“妓”。歌女，舞女。

［9］五更：舊時的計時法，分夜爲五更，亦稱五鼓、五夜。《顏氏家訓·書證》：“或問一夜何故更？更何所訓？答曰：漢、魏以來，謂爲甲夜、乙夜、丙夜、丁夜、戊夜；又云鼓，一鼓、二鼓、三鼓、四鼓、五鼓；亦云一更、二更、三更、四更、五更：皆以五爲節。……更，歷也，經也，故曰五更爾。”按，五更亦指第五更的時候，即夜將盡、天將明的時候。

［10］晡：申時，即午後三時至五時。

［11］節朔：節日和夏曆每月初一日。

［12］際闇：臨近夜幕降臨。際，接近，靠近。闇，通“暗”。

［13］臺閣：東漢至隋、唐時期對尚書臺（省）的別稱。《後漢書》卷四九《仲長統傳》：“雖置三公，事歸臺閣。”李賢注：“臺閣謂尚書也。”　案奏：指奏章等文書。

［14］裁：通“纔”。

［15］西序：西廂房。

［16］巳：十二時辰之一，上午九時至十一時爲巳時。　申：十二時辰之一，下午三時至五時。

［17］僵仆：撲倒，倒下。　菜色：謂受饑。

陳顯達事平，漸出遊走，所經道路，屏逐居民，從萬春門由東宫以東至于郊外,[1]數十百里,[2]皆空家盡室。巷陌懸幔爲高障,置仗人防守,[3]謂之“屏除”。或於市肆左側過親幸家,環回宛轉,周遍京邑。每三四更中,鼓聲四出,幡戟横路,百姓喧走相隨,士庶莫辨。出輒不言定所,東西南北,無處不驅人。高鄣之内,設部伍羽儀,[4]復有數部,皆奏鼓吹羌胡伎,[5]鼓角横吹。[6]夜出晝反,[7]火光照天。拜愛姬潘氏爲貴妃,乘卧輿,[8]帝騎馬從後。著織成袴褶,[9]金薄帽,[10]執七寶縛矟,[11]戎服急裝,[12]不變寒暑,陵冒雨雪,不避坑穽,[13]馳騁渴乏,輒下馬解取腰邊蠡器酌水飲之,[14]復上馬馳去。馬乘具用錦繡處,患爲雨所沾濕,織雜綵珠爲覆蒙,備諸雕巧。教黄門五六十人爲騎客,[15]又選無賴小人善走者爲逐馬,左右五百人,[16]常以自隨,奔走往來,略不暇息。置射雉場二百九十六處,翳中帷帳及步鄣,[17]皆袷以緑紅錦,[18]金銀鏤弩牙,[19]瑇瑁帖箭。[20]郊郭四民皆廢業,[21]樵蘇路斷,[22]吉凶失時,乳婦婚姻之家,移産寄室,或輿病棄屍,[23]不得殯葬。有棄病人於青溪邊者,[24]吏懼爲監司所問,[25]推置水中,泥覆其面,須臾便死,遂失骸骨。

[1]萬春門:南齊宫城東門。在今江蘇南京市雞鳴山南。

[2]數十百里:丁福林《校議》云:“《南史·齊本紀下》、《建康實録》卷一五、《通志》卷一二皆作‘數十里’。”(第50頁)

[3]仗人:執武器的隨從衛士。仗,兵器的總稱。

[4]部伍:士兵的隊列。　羽儀:皇帝儀仗中飾以羽毛之旌旗。

[5]鼓吹:古代的一種器樂合奏,即用鼓、鉦、簫、笳等樂器

合奏。源於中國古代北方民族，漢初邊軍用之，以壯聲威，後漸用於朝廷，成爲皇帝儀仗的一部分。　羌胡伎：指西北少數民族的舞蹈。羌胡，即羌族和匈奴族。此泛指西北少數民族。

［6］鼓角横吹：樂府歌曲名。是南北朝新興起的《横吹曲》。用鼓、角、簫、笛等樂器合奏。初爲軍中馬上之樂，後漸爲朝廷采用。

［7］反：同“返”。

［8］拜愛姬潘氏爲貴妃，乘卧輿：潘氏，東昏侯貴妃。其主要事迹本篇已具。又，《南史》卷七七《恩倖傳》：“（東昏侯）所幸潘妃本姓俞名尼子，王敬則伎也。或云宋文帝有潘妃，在位三十年，於是改姓曰潘，其父寶慶亦從改焉。”貴妃，皇帝妃嬪的稱號。南朝宋孝武帝始置，位次皇后。參見《宋書》卷四一《后妃傳》。妃，中華修訂本《校勘記》云：“‘妃’下《御覽》卷一二九引蕭子顯《齊書》有‘仍以金蓮帖地使妃行於其上曰此步步蓮花耶每出妃’二十二字，其末‘每出妃’與‘乘卧輿’相接，疑爲本書所脱文。”（第 117 頁）卧輿，車名，又名卧輦。南齊后妃所乘用的一種車。本書《輿服志》：“卧輦。（注：校飾如坐輦，不甚服用。）”

［9］織成：古代名貴的絲織物。以彩絲及金縷織出花彩圖案。自漢以來的帝王或公卿大臣之服。　袴（kù）褶（zhě）：古服裝名。上服褶下縛袴，其外不復用裘裳，故謂袴褶。名起於漢末，便於騎乘，爲軍中之服。魏晋南北朝時，上下通用，既爲軍中及行旅之服，又用作常服和朝服，至施於婦女。袴，脛衣，套褲。褶，上衣。

［10］金簿帽：金薄帽，即以金箔爲飾的帽子。按，簿，通“薄”，又通“箔”。

［11］七寶縛矟：用七種寶物裝縛的長矛。《釋名·釋兵》：“矛長丈八尺曰矟，馬上所持。言其矟，矟便殺也。”

［12］急裝：扎縛緊固宜於騎射作戰的裝束。

[13]穽：同“阱”。

[14]蠡（lǐ）器：瓠瓢也。

[15]黄門：此處指宦官。

[16]五百人：《通鑑》卷一四二《齊紀八》“東昏侯永元元年”條同，《南史》卷五《齊本紀下》作“數百人”，《御覽》卷一二九引蕭子顯《齊書》作“百人”。

[17]翳（yì）：掩蔽物。此處指射者的掩蔽物。　帷帳：帳幕。步障：用以庶蔽風塵或障蔽内外的屏幕。

[18]袷（jiā）以緑紅錦：緑絲錦爲夾層。按，袷同“裌”，即裌衣。

[19]弩牙：弩上鈎弓弦的機栝。弩，一種利用機械射箭的弓。

[20]瑇（dài）瑁（mào）：亦作“玳瑁”。一種形狀像龜的爬行動物，産於熱帶海中，甲殼可作裝飾品。此處指用玳瑁殼作裝飾。

[21]四民：士、農、工、商。《穀梁傳》成公元年：“古者有四民：有士民、有商民、有農民、有工民。”

[22]樵蘇：打柴割草。指日常生計。

[23]輿病：以車載負病人盲目游走。

[24]青溪：三國吴開鑿。發源於今江蘇南京市東北鍾山，屈曲西南流，經今南京市區流入秦淮河，長十餘里。六朝時爲京師漕運要道，亦爲防守要地。

[25]監司：官名或官署名統稱。此處泛指御史中丞及尚書左、右丞等有監察權的官員。

後宫遭火之後，更起仙華、神仙、玉壽諸殿，[1]刻畫雕綵，青莽金口帶，[2]麝香塗壁，錦幔珠簾，窮極綺麗。縶役工匠，[3]自夜達曉，猶不副速，乃剔取諸寺佛刹殿藻井仙人騎獸以充足之。[4]世祖興光樓上施青漆，世謂之“青樓”。帝曰：“武帝不巧，何不純用瑠璃。”[5]

潘氏服御，極選珍寶，主衣庫舊物，[6]不復周用，貴市民間金銀寶物，[7]價皆數倍。虎魄釧一隻，[8]直百七十萬。[9]京邑酒租，[10]皆折使輸金，以爲金塗。[11]猶不能足，下揚、南徐二州橋、桁、塘、埭丁計功爲直，斂取見錢，[12]供太樂、主衣雜費。[13]由是所在塘瀆，多有隳廢。[14]又訂出雉頭鶴氅白鷺縗，[15]親幸小人，因緣爲姦利，課一輸十，郡縣無敢言者。

[1]仙華、神仙、玉壽諸殿：當皆在南齊建康宫城内，即在今江蘇南京市。

[2]青荈：中華本校勘記云：“‘青荈’，《元龜》二百十八作‘青葩’，按‘荈’不成字，故舊校以爲疑。” 金口帶：朱季海《校議》云：“今謂‘金口帶’字不誤，《輿服志・輦車》：‘扶轅，銀口帶’，是其比。但此《紀》所云，是壁帶耳。口借爲釦，《説文・金部》：‘釦，金飾器口，從金從口，口亦聲。’”（第 14 頁）

[3]縶（zhí）役：被强制徵發服役。縶，拘囚。

[4]佛刹：佛塔頂部的裝飾，即相輪。 藻井：中國傳統建築中頂棚形式之一。一般做成方形、多邊形或圓形的凹面，上有各種花紋、雕刻和彩畫。

[5]“世祖興光”至“用瑠璃”：此事《金樓子》卷一《箴戒篇第二》載：“齊東昏侯以青油爲堂，名琉璃殿。穿針樓在其南，最可觀望。上施織成帳，懸千條玉珮，聲晝夜不絶。地以錦石爲之。殿北開千門萬户。又有千和香，香氣芬馥，聞之使人動諸邪態，兼令人睡眠。”朱季海《校議》以爲這些可補本書之遺。（第 14 頁）世祖，南朝齊皇帝蕭賾廟號。興光樓，當在南齊京師建康

宫城内，即在今江蘇南京市。武帝，南朝齊皇帝蕭賾謚號。

[6]主衣庫：官署名。南朝宋、齊儲藏皇帝、后妃衣服飾物之庫，由主衣掌之。

[7]市：購買。

[8]虎魄：琥珀。是地質時代中植物樹脂經過石化的産物。質優者可製作飾品或用作工藝雕刻材料。　釧（chuàn）：鐲。古男女通用，後唯女飾用之。

[9]直：通“值”。　百七十萬：《金樓子》卷一《箴戒篇第二》作“七千萬”。

[10]酒租：酒税。

[11]金塗：和金爲泥而塗封。

[12]“下揚、南徐”至“斂取見錢”：將揚、南徐二州建設及維護橋、桁、塘、埭的丁役折爲現錢徵收。桁，浮橋。埭（dài），用土堵水稱埭，即土壩。古時在河流水淺不利行船處，築一土壩堵水，中留航道，兩岸樹立轉軸。船頭繫一粗繩，連接兩岸轉軸，再用人或牛推動轉軸，牽船由航道過埭。丁，古稱成年男女爲丁男、丁女。但在一般情况下，丁多指負擔賦役的男子，女則稱“口”。直，通“值”。見，同“現”。

[13]太樂：官署名省稱，即太樂署。隸太常。南齊沿置，由令、丞主之，掌宫廷樂事。

[14]由是所在塘瀆，多有隳（huī）廢：隳廢，毁壞，破壞。本書卷二六《王敬則傳》：“會土邊帶湖海，民丁無士庶皆保塘役，敬則以功力有餘，悉評斂爲錢，送臺庫以爲便宜，上許之。竟陵王子良啓曰：‘……臣昔忝會稽，粗閑物俗，塘丁所上，本不入官。良由陂湖宜壅，橋路須通，均夫訂直，民自爲用。若甲分毁壞，則年一脩改；若乙限堅完，則終歲無役。今郡通課此直，悉以還臺，租賦之外，更生一調。致令塘路崩蕪，湖源泄散，害民損政，實此爲劇。’……上不納。”可與此相印證。朱季海《校議》據此以爲“敬則所爲，已啓東昏之先，而東昏以還，塘瀆隳廢之機，子良已

洞見之矣。良法美政，齊武猶不能守，而况東昏乎？”（第15頁）。

[15]訂出雉頭鶴氅（chǎng）白鷺縗（shuāi）：訂，向民徵賦。《通鑑》卷一四三《齊紀九》“東昏侯永元二年”條，胡三省注：“齊、梁之時，謂賦民爲訂，蓋取平議而賦之之義。雉頭上毛細而色紅鮮如錦，晋程據緝以爲裘。鶴氅，鶴翎毛也。白鷺縗，鷺頭上毦也。鶴氅、鷺縗，皆取其潔白。《詩疏》曰：鷺，水鳥，毛白而潔，頂上有毛毵毵然，此即縗也。……郭璞曰：白鷺也，頭、翅、背上皆有長翰毛，今江東人取以爲睫擿，名之曰白鷺縗。陸機曰：鷺頭上有毛十數枚，長尺餘，毵毵然，與衆毛異。”

三年夏，於閱武堂起芳樂苑，山石皆塗以五采，跨池水立紫閣諸樓觀，壁上畫男女私褻之像。種好樹美竹，天時盛暑，未及經日，便就萎枯。於是徵求民家，望樹便取，毁徹墻屋以移致之，[1]朝栽暮拔，道路相繼，花藥雜草，亦復皆然。

又於苑中立市，太官每旦進酒肉雜肴，[2]使宫人屠酤，[3]潘氏爲市令，[4]帝爲市魁，[5]執罰，争者就潘氏决判。

[1]毁徹：毁壞。徹，通“撤”，拆除。

[2]太官：官署名省稱，即太官署。掌宫廷膳食，由令、丞主之，南朝宋、齊隸門下省侍中。

[3]屠酤：屠户和賣酒者。

[4]市令：掌市場貿易。

[5]帝爲市魁：《南史》卷五《齊本紀下》作“自爲市吏録事”。由此知此處“市魁”當指管理市場的小吏。

帝有膂力，[1]能擔白虎橦，[2]自製雜色錦伎衣，[3]綴以金花玉鏡衆寶，逞諸意態。[4]所寵群小黨與三十一人，[5]黄門十人。[6]初任新蔡人徐世檦爲直閤驍騎將軍，[7]凡有殺戮，皆其用命。殺徐孝嗣後，封爲臨汝縣子。[8]陳顯達事起，加輔國將軍。雖用護軍崔慧景爲都督，[9]而兵權實在世檦。及事平，世檦謂人曰："五百人軍主，[10]能平萬人都督。"[11]世檦亦知帝昏縱，密謂其黨茹法珍、梅蟲兒曰："何世天子無要人，[12]但阿儂貨主惡耳。"[13]法珍等争權，以白帝。[14]帝稍惡其凶强，以二年正月，遣禁兵殺之，世檦拒戰而死。自是法珍、蟲兒用事，竝爲外監，[15]口稱詔敕；[16]中書舍人王咺之與相脣齒，[17]專掌文翰。其餘二十餘人，皆有勢力。崔慧景平後，法珍封餘干縣男，[18]蟲兒封竟陵縣男。[19]

[1]膂（lǚ）力：體力。

[2]白虎橦：中華本校勘記云："'橦'，南監本、毛本、殿本、局本作'幢'。"按，《南史》卷五《齊本紀下》亦作"幢"。《通鑑》卷一四二《齊紀八》"東昏侯永元元年"條據《南史》記其事云："帝有膂力，牽弓至三斛五斗。又好擔幢，白虎幢高七丈五尺，於齒上擔之，折齒不倦。"胡三省注："幢，傳江翻，旛也。"故知"白虎幢"即白虎幡，是一種繪有白虎的朝廷儀仗用旗，亦可授予征伐將帥，以示威儀。又按，此處"白虎橦"當爲白虎幢之誤。

[3]伎（jì）衣：百戲雜技藝人所穿之衣。

[4]逞（chěng）諸：施展，顯示。

[5]所寵群小黨與三十一人：《南史》卷七七《恩倖傳》："其佐成昏亂者：法珍、蟲兒及王咺之、俞寶慶、俞靈韻、祝靈勇、范亮之、徐僧重、時崇濟、芮安泰、劉文泰、吕文慶、胡輝光、繆買

養、章道之、楊敬子、李粲之、周管之、范曇濟、石曇悦、張惡奴、王勝公、王懷藻、梅師濟、鄒伯兒、史元益、王靈範、席休文、解滂及太史令駱文叔、大巫朱光尚，凡三十一人。”

[6]黄門十人：《南史》卷七七《恩倖傳》：“又有奄官王寶孫、王法昭、許朗之、許伯孫、方佛念、馬僧猛、盛劭、王竺兒、隨要、袁係世等十人。”按，此處黄門指奄官，即宦官。

[7]新蔡：僑郡名。其規範名稱是南新蔡郡，治所在今湖北黄梅縣西南。　徐世檦（biāo）：其主要事迹本篇已具。檦，通“標”。　直閤：侍衛宫廷。

[8]臨汝：縣名。治所在今江西撫州市臨川區西。　縣子：爵名。開國縣子省稱，位在開國伯下。晋秩二品，南朝宋、齊不詳。

[9]護軍：官名省稱，即護軍將軍。　都督：泛指統兵將帥。

[10]五百人軍主：此乃世檦自況。軍主，南北朝時稱一軍主將爲軍主。統兵無定員，自數百人至萬人以上不等，品階有高下。“五百人軍主”乃指下級軍官。

[11]萬人都督：指陳顯達。永元元年（499）十一月丙辰，都督江州軍事、江州刺史陳顯達舉兵襲京師。十二月乙酉，戰敗被殺。參見本書卷二六《陳顯達傳》。

[12]要（yào）人：此處指與皇帝親昵而又有權勢的人。

[13]阿儂：吴越方言，用作代詞，此處表示第一人稱，相當於“我”。參見《通鑑》卷一四三《齊紀九》“東昏侯永元二年”條胡三省注。

[14]白：報告。

[15]外監：官名“外殿中監”省稱。其官南朝置。除與内殿中監共掌皇帝衣食住行外，兼傳皇帝詔敕。品卑而親近皇帝，幸臣常居此以弄權。《南史》卷七七《恩倖傳》稱法珍、蟲兒“齊東昏時並爲制局監”。

[16]詔敕：皇帝的詔書和命令。

[17]王咺（xuǎn）之：其主要事迹本篇已具。

［18］餘干：縣名。治所在今江西餘干縣。　縣男：爵名。此處爲開國縣男省稱，位在開國縣子下。晋秩二品，南朝宋、齊不詳。

［19］竟陵：縣名。治所在今湖北潜江市西北。

及義師起，江、郢二鎮已降，帝遊騁如舊，謂茹法珍曰："須來至白門前，[1]當一決。"義師至近郊，乃聚兵爲固守之計。召王侯朝貴分置尚書都座及殿省。[2]又信鬼神，崔慧景事時，拜蔣子文神爲假黄鉞、使持節、相國、太宰、大將軍、録尚書、揚州牧、鍾山王。[3]至是又尊爲皇帝。[4]迎神像及諸廟雜神皆入後堂，使所親巫朱光尚禱祀祈福。[5]以冠軍將軍王珍國領三萬人據大桁，[6]莫有鬭志，遣左右直長閹豎王寶孫督戰，[7]呼爲"王長子"。[8]寶孫切罵諸將帥，直閤將軍席豪發憤突陣死。[9]豪，驍將，既斃，[10]衆軍於是土崩，軍人從朱雀觀上自投及赴淮死者無數。[11]於是閉城自守，城内軍事委王珍國。兖州刺史張稷入衛京師，[12]以稷爲副，實甲猶七萬人。

［1］白門：六朝時稱都城建康正南門宣陽門爲白門。見《建康實録》卷七注引《輿地志》。

［2］尚書都座：兩晋南朝尚書省總辦公署。亦稱"尚書上省"或"尚書都省"。　殿省：殿即宫殿，爲皇帝起居、理政之處。殿省指皇宫中諸官署，如尚書都座、尚書下省、西省等。

［3］蔣子文：東漢廣陵人。嘗自言骨青，死當爲神。漢末爲廣陵尉，逐賊至鍾山，傷額而死。三國吴主孫權進封爲中都侯，爲立廟。世稱蔣侯神。南朝宋明帝亦尊奉之。　假黄鉞：黄鉞即飾以黄金的鉞，本用於皇帝儀仗。三國魏特賜予出征重臣，以示威重，令

其專主征伐，即假黄鉞。兩晋及南朝宋、齊沿襲其制。　使持節：漢朝官吏奉使外出時，或由皇帝授予節杖，以提高其威權。魏晋以後，凡重要軍事長官出征或出鎮時，加使持節，可誅殺二千石以下官員。皇帝派遣大臣出巡或祭吊等事務，亦有使持節，以表示權力和尊崇。　相國：西漢前期，蕭何、曹參由丞相而遷相國，職權秩位略同，而禮遇稍尊。魏晋南北朝不常置，位尊於丞相，任之者皆權臣，非復人臣之職。　太宰：南朝用作贈官，多用以安置元老勛舊大臣，名義尊榮，無職掌。秩一品。　大將軍：本爲高級軍事統帥或軍政官員的職稱，南朝不常授，或以爲贈官，南朝宋、齊皆秩一品。　録尚書：初爲職銜名，始於東漢。魏晋南北朝多以公卿權重者居之，總領尚書省政務，位在三公上。南齊始單拜，成爲正式官號，爲尚書省長官。秩一品。　揚州牧：當時州之長官稱刺史。此稱州牧，乃仿古制，以示尊崇。《尚書·周官》："建官惟百，内有百揆四岳，外有州牧侯伯。"孔穎達疏："牧，一州之長。"　鍾山：今江蘇南京市中華門外紫金山。

［4］至是又尊爲皇帝：《南史》卷五《齊本紀下》作"末又號爲'靈帝'，車服羽儀，一依王者"。

［5］朱光尚：其主要事迹本篇已具。又據《南史》卷七七《茹法珍傳》，及蕭衍平建康，光尚伏誅。

［6］領三萬人據大桁：三萬人，中華本校勘記云："毛本、局本作'萬人'。"丁福林《校議》云："《南史·齊本紀下》亦作'三萬人'，《通鑑》卷一百四十四作'十萬人'。"（第51頁）大桁，即朱雀桁。

［7］直長：北魏置，南齊亦置，爲宫禁侍衛武官，多由皇帝親信充任。品秩不詳。　閹竪：宦官的賤稱。竪，同"豎"。　王寶孫：其主要事迹本篇已具。又據《南史》卷七七《恩倖傳》，寶孫爲"佐成昏亂"十個宦官的爲首者，及蕭衍平建康，伏誅。

［8］王長子：中華本校勘記云："'王長子'《南史·齊紀》《梁書·武帝紀》並作'王倀子'，胡注云'倀，狂也'。"

［9］直閤將軍：南齊宫中禁衛武官，出掌儀仗清道，入則侍從宿衛。品秩不詳。　席豪：其事迹僅見本篇。

［10］獘：通“斃”。

［11］朱雀觀：樓觀名。在南齊京師建康秦淮河北岸朱雀門，南接朱雀桁。　淮：秦淮河。

［12］兖州刺史張稷入衛：《南史》卷五《齊本紀下》所載與此同，亦云是時“兖州刺史張稷入衛”。按，本卷上載永元二年事則云：“十一月辛丑，以寧朔將軍張稷爲南兖州刺史。”本書卷四八《劉繪傳》云：“義師圍城，南兖州刺史張稷總城内軍事。”由此知其時張稷所任當爲南兖州刺史。又，《南史》卷四六《張齊傳》：“（張）稷爲南兖州，擢爲府中兵參軍。梁武帝起兵，東昏徵稷歸，都督宫城諸軍事。”亦可爲張稷時爲南兖州刺史之證，即此“兖州”前佚一“南”字。參見丁福林《校議》，第31—32頁。

帝烏帽袴褶，[1]備羽儀，[2]登南掖門臨望。[3]又虚設鎧馬齋仗千人，[4]皆張弓拔白，[5]出東掖門，[6]稱蔣王出盪。[7]素好鬭軍隊，初使宫人爲軍，後乃用黄門。親自臨陳，詐被瘡，使人輿將去。至是於閲武堂設牙門軍頓，[8]每夜嚴警。帝於殿内騎馬從鳳莊門入徽明門，[9]馬被銀蓮葉具裝鎧，[10]雜羽孔翠寄生，[11]逐馬左右衛從，晝眠夜起如平常。聞外鼓叫聲，[12]被大紅袍登景陽樓屋上望，[13]弩幾中之。衆皆怠怨，不爲致力。募兵出戰，出城門數十步，皆坐甲而歸。[14]慮城外有伏兵，乃燒城傍諸府署，六門之内皆蕩盡。[15]城中閣道西掖門内，[16]相聚爲市，販死牛馬肉。帝初與群小計議，陳顯達一戰便敗，崔慧景圍城退走，謂義師遠來，不過旬日，亦應散去，敕太官辦樵米爲百日粮而已。[17]大桁敗後，衆情兇懼，法珍等恐人衆驚走，故閉城不復出軍。既而義師長圍既立，塹栅嚴固，然後出盪，屢戰不捷。

[1]烏帽：烏紗帽的省稱。用烏紗製作的圓頂官帽。東晋時宫官著烏紗帽。南朝至隋朝，帝王及貴臣亦用爲宴居之服。以後逐漸行於民間，貴賤皆服。至明代，烏紗帽正式成爲文武百官常用禮服之一。

[2]羽儀：儀仗中以羽毛裝飾的旌旗之類。

[3]南掖門：南齊建康宫城門名。古代習稱宫城之旁門爲“掖門”。南齊宫城近似正方形，其南垣有二門，正門曰大司馬門，其東面之旁門即南掖門。

[4]鎧馬：帶甲之馬。　齋仗：此處備儀仗、侍衛的武士。

[5]拔白：從箭囊中拔箭在手。白，指白羽箭。

[6]東掖門：南齊建康宫城東垣之旁門，在萬春門之北。

[7]蔣王：鍾山王蔣子文。　出盪：出擊。

[8]牙門：樹立牙旗象徵軍營之門。牙，門旗也，軍中將帥之旗，因竿上以象牙爲飾，故名。　軍頓：軍營。

[9]鳳莊門：建康宫城中的后妃區與其北面的華林園之間有兩道門，正中即鳳莊門。明帝建武元年（494）雖已改爲望賢門，但當時人仍稱鳳莊門。　徽明門：華林園中的苑門。

[10]被：通“披”。　具裝：戰馬臨陣時，有鎧甲裝備。

[11]孔翠：孔雀與翠鳥。亦指孔雀與翠鳥的羽毛。　寄生：戰馬上的一種裝備，樹於馬尻上，以障蔽騎乘者的背部。

[12]鼓叫聲：丁福林《校議》云：“《南史·齊本紀》、《建康實録》卷十五、《通志》卷十二皆作‘鼓吹叫聲’。”（第52頁）

[13]景陽樓：樓閣名。在南齊建康宫城北部華林園中。

[14]坐甲：謂披甲待敵。

[15]六門：指“臺城六門”。《通鑑》卷一六四《梁紀二》

“元帝承聖元年”條記湘東王曰：“六門之内，自極兵威。”胡三省注：“臺城六門：大司馬門、萬春門、東華門、西華門、太陽門、承明門。”按，臺城即宫城。

[16]閣道：復道，樓閣之間以木架空的通道。　西掖門：建康宫城西垣之旁門。

[17]樵米：柴草與糧食。

帝尤惜金錢，不肯賞賜，法珍叩頭請之，帝曰：“賊來獨取我邪？何爲就我求物？”後堂儲數百具榜，[1]啓爲城防，帝云擬作殿，竟不與。又催御府細作三百人精仗，[2]待圍解以擬屏除。金銀雕鏤雜物，倍急於常。

王珍國、張稷懼禍及，率兵入殿，分軍又從西上閣入後宫斷之，[3]御刀豐勇之爲内應。[4]是夜，帝在含德殿吹笙歌作《女兒子》，[5]卧未熟。聞兵入，趨出北户，欲還後宫。清曜閣已閉，[6]閹人禁防黄泰平以刀傷其膝，[7]仆地。顧曰：“奴反邪？”直後張齊斬首送梁王。[8]

[1]榜：朱季海《校議》據《金樓子·説蕃篇第八》、《通鑑》卷一三三《宋紀十五》“宋蒼梧王元徽二年”條等，以爲榜當即榜板，材板，木片也。(第15頁)

[2]御府：官署名。宋孝武帝大明中改門下省細作署置，設令、丞各一員，隸少府，掌製作精巧手工藝品，後廢帝時省。南齊復置。　仗：刀戟等兵器的總名。

[3]西上閣：殿閣名。是閣在建康宫城帝寢區西邊太極殿西邊，由此可以出入后妃區。

[4]豐勇之：本爲“右衛軍人”，與茹法珍、梅蟲兒等八人爲東昏侯親近侍衛號稱“八要”。參見《南史》卷六《梁本紀上》、

卷四七《江祏傳》。

[5]含德殿：宫殿名。在建康宫城帝寢區。　《女兒子》：樂府《西典歌》名。《樂府詩集》卷四九注引《古今樂録》云："女兒歌，倚歌也。"有古辭二首，無作者姓名，出於荆郢樊鄧民間。

[6]清曜閤：殿閣名。在建康宫城后妃宫區南緣，有通往帝寢區。

[7]禁防：宫中小吏稱號。南齊宫中置，掌禁衛，以宦者爲之。　黄泰平：其主要事迹本卷已具。

[8]直後：丁福林《校議》云："直後，《建康實録》作'直後閤'，謂當值於殿中後閤者。'直後'，'直後閤'之省。"（第53頁）　張齊：馮（píng）翊郡人。《梁書》卷一七有傳。

宣德太后令曰：[1]"皇室受終，[2]祖宗齊聖，[3]太祖高皇帝肇基駿命，[4]膺籙受圖，[5]世祖武皇帝係明下武，[6]高宗明皇帝重隆景業，[7]咸降年不永，[8]宫車係晏。[9]皇祚之重，[10]允屬儲元。[11]而稟質凶愚，[12]發於稚齒。[13]爰自保姆，[14]迄至成童，忍戾昏頑，觸途必著。高宗留心正嫡，[15]立嫡惟長，輔以群才，間以賢戚，内外維持，冀免多難，未及朞稔，[16]便逞屠戮。密戚近親，元勳良輔，覆族殲門，旬月相係。[17]凡所任仗，盡慝窮姦，[18]皆營伍屠販，[19]容狀險醜，身秉朝權，手斷國命，誅戮無辜，納其財産，睚眦之間，[20]屠覆比屋。[21]身居元首，[22]好是賤事，危冠短服，[23]坐卧以之。晨出夜反，[24]無復已極，驅斥氓庶，[25]巷無居人，老細奔遑，[26]寘身無所，[27]東邁西屏，北出南驅，負疾輿屍，填街塞陌。興築繕造，日夜不窮，晨構夕毁，朝穿暮塞，絡以隨珠，[28]方斯已陋，飾以璧璫，[29]曾何足道。

時暑赫曦，[30]流金鑠石，[31]移竹藝果，匪日伊夜，根未及植，葉已先枯，畚鍤紛紜，[32]勤倦無已。散費國儲，專事浮飾，逼奪民財，自近及遠，兆庶恇恇，[33]流宂道路。[34]府帑既竭，[35]肆奪市道，工商裨販，[36]行號道泣。屈此萬乘，[37]躬事角抵，[38]昂首翹肩，逞能橦木，[39]觀者如堵，曾無怍容。[40]芳樂、華林，[41]並立闤闠，[42]踞肆鼓刀，[43]手銓輕重。[44]干戈鼓譟，[45]昏曉靡息，無戎而城，[46]豈足云譬。至於居喪淫讌之愆，[47]三年載弄之醜，反道違常之釁，牝雞晨鳴之慝，[48]於事已細，故可得而略也。罄楚、越之竹，未足以言，校辛、癸之君，[49]豈或能匹。[50]征東將軍忠武奮發，[51]投袂萬里，[52]光奉明聖，[53]翊成中興。[54]乘勝席卷，掃清京邑，而群小靡識，嬰城自固，[55]緩戮稽誅，[56]倏彌旬月，[57]宜速勦定，寧我邦家。可潛遣閒介，[58]密宣此旨，忠勇齊奮，遄加蕩撲，[59]放斥昏凶，衛送外第。[60]未亡人不幸，[61]驟此百罹，感念存没，心焉如割。奈何！奈何！"又令依漢海昏侯故事，[62]追封東昏侯。[63]茹法珍、梅蟲兒、王咺之等伏誅。豐勇之原死。

[1]宣德太后：文安皇后王寶明。本書卷二〇有傳。

[2]受終：承受帝位。《尚書·舜典》："正月上日，受終于文祖。"孔穎達疏："受終者，堯爲天子，於此事終而授與舜。故知終謂堯終帝位之事，終言堯終舜始也。"

[3]齊聖：智慮敏達。

[4]太祖：南齊開國皇帝蕭道的廟號。　高皇帝：南齊開國皇帝蕭道成的謚號。　肇基：猶言創始基業。　駿命：大命，天命。

［5］膺籙受圖：謂帝王親受圖籙，應運而興。圖，河圖；籙，符命。

［6］世祖：南齊皇帝蕭賾的廟號。 武皇帝：南齊皇帝蕭賾的謚號。 下武：謂後人能繼承先人功業。《詩·大雅·下武》："下武維周，世有哲王。"毛亨傳："武，繼也。"鄭玄箋："下猶後也。哲，知也。後人能繼先祖者，維有周家最大。"

［7］明皇帝：南齊皇帝蕭鸞謚號。 景業：大業，此處指帝業。

［8］降（jiàng）年：天賜的年齡，壽命。 永：長久。

［9］宮車：宮中車駕，此用以指代皇帝。 係晏：殿本作"早晏"。中華本校勘記引張元濟《校勘記》云："係晏，猶言相繼晏駕也，承上文'咸'字言。"按，宮車宴駕乃皇帝死亡的委婉説法。

［10］皇祚：皇位，帝位。

［11］儲元：太子的别稱。

［12］稟質：舊稱天所賦予人的品性資質。

［13］稚齒：謂年少。

［14］保姆：古代宮廷中負責撫養孩童的婦女。

［15］正嫡：指嫡子，即正妻所生的兒子。這裏指皇后所生的兒子。

［16］朞稔：一周年。朞，同"期"。古代穀物一年一熟，故稱年爲稔。《左傳》襄公二十七年："所謂不及五稔者，夫子之謂矣。"杜預注："稔，年也。"陸德明《經典釋文》："穀一熟，故爲一年。"

［17］相係：相繼。

［18］慝（tè）：邪惡。 姦：同"奸"。詐僞。

［19］誉伍：對兵士的俗稱。 屠販：屠户和商販。

［20］睚眦：瞋目怒視，怒目而視。引申爲小怨小忿。

［21］屠覆：猶謂屠滅。 比屋：形容衆多。

［22］元首：君主。

［23］危冠：高冠。

［24］反：同“返”。

［25］氓庶：民衆。

［26］老細：猶曰“老小”，即老人與孩子。

［27］寘（zhì）身：安身，存身。寘，通“置”。

［28］隨珠：傳説中的寶珠。亦作“隋珠”。《淮南子·覽冥》：“譬如隋侯之珠，和氏之璧，得之者富，失之者貧。”高誘注：“隋侯，漢東之國，姬姓諸侯也。隋侯見大蛇傷斷，以藥傅之。後蛇於江中銜大珠以報之。因曰隋侯之珠，蓋明月珠也。”

［29］璧璫：屋椽頭的裝飾。以璧飾之，故稱。《史記》卷一一七《司馬相如列傳》：“華榱璧璫，輦道纚屬。”司馬貞《索隱》：“韋昭曰：‘裁玉爲璧，以當榱頭。’”

［30］赫曦：炎暑熾盛貌。《初學記》卷三引晋夏侯湛《大暑賦》：“何太陽之赫曦，乃鬱陶以興熱。”

［31］流金鑠石：極言天氣酷熱，金石也被銷鎔。

［32］畚（běn）锸：古代挖運泥土的工具。

［33］兆庶：猶言兆民。指衆多百姓，稱兆者，極言數之多。恇（kuāng）恇：恐懼貌。

［34］流冗（rǒng）道路：中華本校勘記云：“冗，南監本、殿本作‘竄’。”按，《後漢書》卷一上《光武帝紀上》所載建武元年九月辛未詔云：“更始破敗，棄城逃走，妻子裸袒，流冗道路。”朱季海《校議》以爲此令全用光武詔文，南監本等臆改，非是。（第15—16頁）

［35］府帑（tǎng）：府庫收藏的資財。

［36］裨販：小販。

［37］萬乘：指天子，或曰兵微將寡。周制，天子地方千里，出兵車萬乘；諸侯地方百里，出兵車千乘。故以萬乘稱天子。《孟子·梁惠王上》：“萬乘之國，弒其君者，必千乘之家。”趙岐注：“萬乘，謂天子也；千乘，諸侯也。”

［38］角抵：古代的一種技藝表演，類似現在的摔跤。傳説起源

於戰國。

[39]橦（chuáng）木：旗竿。

[40]怍（zuò）：慚愧。

[41]華林：南朝皇家園林華林園，在今江蘇南京市雞鳴寺南古臺城内，在后妃區之北，故又稱后苑。

[42]闤（huán）闠（huì）：闤，市垣；闠，市之外門。古代市道即在垣與門之間，故稱市肆爲闤闠。

[43]踞肆：傲慢放肆。踞，通“倨”。　鼓刀：屠宰時敲擊其刀有聲，故稱鼓刀。屈原《離騷》：“吕望之鼓刀兮，遭周文而得舉。”此處引申爲濫施屠戮。

[44]手銓輕重：猶謂手操生殺予奪大權。

[45]干戈：干，盾。戈，戟。干戈爲古代常用兵器，故也用爲兵器的通稱。此處引申舞刀弄槍，進行軍事演練。　鼓譟：擊鼓呼叫。

[46]無戎而城：指東昏侯與宫人、宦官操持斥干戈演練，故稱“無戎而城”，此乃宫城淪陷先兆。

[47]居喪淫讌之愆（qiān）：《南史》卷五《齊本紀下》：明帝崩，東昏侯“欲速葬，惡靈在太極殿，徐孝嗣固争，得踰月。每當哭，輒云喉痛。太中大夫羊闡入臨，無髪，號慟俯仰，幘遂脱地，帝輟哭大笑，謂宦者王寶孫曰：‘此謂禿鶖啼來乎！’”淫，放縱。讌，敘談。愆，過錯。

[48]牝（pìn）雞晨鳴：母雞報曉，喻女性專權。此處指東昏侯放任潘妃爲所欲爲，倒行逆施。

[49]校（jiào）：比較，相比。　辛、癸：商紂和夏桀。商朝末代國君紂王名受辛，夏朝末代國君桀王名履癸，皆殘暴，後人遂以辛癸作爲暴君的代稱。

[50]匹：彼此相當。

[51]征東將軍：南朝沿置。南朝宋秩三品，爲持節都督則進爲二品。南齊不詳。據本書卷八《和帝紀》，永元三年（501）正月

乙巳，南康王蕭寶融進號蕭衍爲征東將軍。即此以征東將軍指代蕭衍。

[52]投袂（mèi）：揮袖，甩袖，表示立即行動。

[53]明聖：此處指齊和帝。

[54]翊成：輔佐促成。

[55]嬰城：環城固守。

[56]緩戮稽誅：延緩被誅戮。

[57]倏（shū）彌：形容時間疾速，猶曰轉眼之間。

[58]閒（jiàn）介：秘密的使者。閒，通“間”。

[59]遄（chuán）：疾速。

[60]放斥昏凶，衛送外第：蓋太后出此令時，尚不知東昏已被殺，故有此言。

[61]未亡人：舊時寡婦自稱之詞。

[62]海昏侯：西漢宗室劉賀。劉賀，漢武帝之孫。後元元年（前88）嗣父爵爲昌邑王。昭帝死後無嗣，被大將軍霍光迎立爲帝。在位二十七日，因飲酒作樂無度被廢黜。宣帝元康三年（前63），封海昏侯。

[63]追封東昏侯：本書卷八《和帝紀》：中興元年（永元三年）春三月乙巳，南康王寶融即皇帝位，大赦，改元。廢帝寶卷爲涪陵王。至是，太后又追貶寶卷爲東昏侯。

史臣曰：漢宣帝時，[1]南郡獲白虎，[2]獲之者張武，[3]言武張而猛服也。[41]東昏侯亡德橫流，道歸拯亂，躬當翦戮，實啓太平，[5]推閹豎之名字，亦天意也。[6]

贊曰：東昏慢道，匹癸方辛。乃隳典則，[7]乃棄彝倫，[8]玩習兵火，終用焚身。

青莘疑

［1］漢宣帝：西漢皇帝劉詢謚號。《漢書》卷八有紀。

［2］南郡：郡名。治所在今湖北荆州市荆州區。

［3］張武：人名。不詳。按，《漢書》卷八《宣帝紀》神爵元年三月詔稱，元康四年（前62）“南郡獲白虎”，未記載獲虎者姓名。清人王先謙《漢書補注》亦無。此稱“張武”，未知何據。

［4］武張而猛服：謂武力張大而猛虎馴服。

［5］道（dǎo）歸拯亂，躬當翦戮，實啓太平：謂蕭衍能乘勢而起，克定京邑，翦暴夷凶，建立梁朝。道，通“導”。引導，領導。

［6］推閹豎之名字，亦天意也：《南史》卷七七《茹法珍傳》：“初，左右刀敕之徒悉號爲鬼。宫中訛云：‘趙鬼食鴨劘，諸鬼盡著調。’當時莫解。梁武平建鄴，東昏死，群小一時誅滅，故稱爲諸鬼也。俗間以細剉肉糅以薑桂曰劘，意者以凶黨皆當細剉而烹之也。”

［7］典則：典章制度。

［8］彝倫：天地人之常道。《尚書·洪範》：“我不知其彝倫攸叙。”《日知録》卷二《彝倫》條云：“彝倫者，天地人之常道，如下所謂五行、五事、八政、五紀、皇極、三德、稽疑、庶徵、五福、六極，皆在其中，不止孟子之言人倫而已。”

南齊書　卷八

本紀第八

和帝

和帝諱寶融，[1]字智昭，高宗第八子也。[2]建武元年，[3]封隨郡王，[4]邑二千户。三年，爲冠軍將軍，[5]領石頭戍軍事。[6]永元元年，[7]改封南康王，[8]爲持節、督荆雍益寧梁南北秦七州軍事、西中郎將、荆州刺史。[9]

[1]和帝：南齊皇帝蕭寶融謚號。

[2]高宗：南齊皇帝蕭鸞廟號。本書卷六有紀。

[3]建武：齊明帝年號。

[4]隨郡：以郡爲國。治所在今湖北隨州市。

[5]冠軍將軍：將軍名號。南朝沿置，位在輔國將軍上，多用作加官。南朝宋、齊皆秩三品。

[6]石頭戍：軍鎮名。即石頭城。故址在今江蘇南京市西清凉山。其城負山面江，控扼江險，南臨秦淮河入江口，形勢險固，宛如虎踞，爲建康西面軍事重鎮。

[7]永元：南齊東昏侯年號。

[8]南康：以郡爲國。治所在今江西贛州市東北。

[9]持節：官員或使臣外出時持有皇帝授與的節杖，以示其威權。魏晋以後，軍事長官出征或出鎮時，加持節即可殺無官位之人，在軍事行動中享有誅殺二千石以下官員的權力。後遂演變爲一種官號。　督：地方軍政長官。晋及南朝時以督某州諸事爲該地區軍政長官，位在都督或監某州諸軍事之下。　荆：指荆州。治所在今湖北荆州市荆州區。　雍：指當僑置的雍州。治所在湖北襄陽市。　益：指益州。治所在四川成都市。　寧：指寧州。治所在今雲南陸良縣境。　梁：指梁州。治所在今陝西漢中市東。　南北秦：指當時僑置的南秦州和北秦州。南秦帖治梁州。北秦爲南齊羈縻州，氐人所領，治所在今甘肅西和縣南。　西中郎將：南朝沿置，與東、南、北中郎將合稱四中郎將。南朝宋、齊多以宗室諸王任之，或領刺史，或持節爲之。南朝宋秩四品，齊不詳。

二年十一月甲寅，長史蕭穎胄殺輔國將軍、巴西梓潼二郡太守劉山陽，[1]奉梁王舉義。[2]乙卯，教纂嚴。[3]又教曰："吾躬率晋陽，[4]翦此凶孽，[5]戎事方勤，宜覃澤惠。所領内繫囚見徒，罪無輕重，殊死已下，[6]皆原遣。[7]先有位署，[8]即復本職，將吏轉一階。[9]從征身有家口停鎮，給廩食。凡諸雜役見在諸軍帶甲之身，克定之後，悉免爲民。其功效賞報，別有科條。"丙辰，以雍州刺史梁王爲使持節、都督前鋒諸軍事、左將軍。[10]丁巳，以蕭穎胄爲右將軍、都督行留諸軍事。[11]戊午，梁王上表勸進。[12]十二月乙亥，群僚勸進，並不許。壬辰，驍騎將軍夏侯亶自京師至江陵，[13]稱宣德太后令：[14]"西中郎將南康王宜纂承皇祚，[15]光臨億兆，[16]方俟清宫，[17]未即大號，[18]可且封宣城、南琅邪、南東海、東陽、臨海、新安、尋陽、南郡、竟陵、宜都十郡爲宣城王，[19]相國、荆州牧，[20]加黄鉞，[21]置僚屬，選百官，西中郎府南康國並如故。須軍次近路，主者詳依舊典，法駕奉迎。"[22]三年正月乙巳，王受命，大赦，唯梅蟲兒、茹法珍等不在赦例。[23]右將軍蕭穎胄爲左長史，[24]進號鎮軍將軍，[25]梁王進號征東將軍。[26]甲戌，[27]以冠軍將軍楊公則爲湘州刺史。[28]甲寅，建牙于城南。[29]二月乙丑，以冠軍長史王茂先爲江州刺史，[30]冠軍將軍曹景宗爲郢州刺史，[31]右將軍邵陵王寶攸爲荆州刺史。[32]己巳，群僚上尊號，立宗廟及南北郊。[33]甲申，梁王率大衆屯沔口，[34]郢州刺史張冲拒守。[35]三月丁酉，張冲死，驃騎將軍薛元嗣等固城。[36]

［1］長史：此指南康王府長史。掌府事，爲文職上佐，職如總管。王年幼，兼行府州事。南朝齊秩六品。　蕭穎胄：本書卷三八有附傳。　輔國將軍：將軍名號。南朝宋秩三品，齊不詳。　巴西梓潼二郡：雙頭郡名。治所在今四川綿陽市東。　劉山陽：南齊官吏。永泰元年（498），以平王敬則功，封湘陰縣男。永元二年（500）十月，東昏侯又詔其領兵至荆州與蕭穎胄謀襲雍州刺史蕭衍。參見本書卷二六《王敬則傳》、卷三八《蕭穎胄傳》。

［2］奉梁王舉義：中華本校勘記據蕭穎胄爲荆州行事，認爲此當云奉南康王舉義，《御覽》卷一二九引作"奉王舉義"，《南史》卷五《齊本紀下》同，王謂南康王，疑此"梁"字衍。又周星詒《校勘記》云："疑'梁'字訛。"朱季海《南齊書校議》（以下簡稱朱季海《校議》）以爲《南史》卷五《齊本紀下》、《御覽》皆係妄改，本書本卷《和帝紀》係實録。（中華書局 1984 年版，第16—17 頁）梁王，指蕭衍。按，是時蕭衍尚未受封梁王，本書作

於梁代，此乃史臣爲諱其名而追稱。

[3]教：古代官府所出的教令、諭告。此爲南康王之教。　纂嚴：戒嚴。

[4]晋陽："晋陽之甲"省語。《公羊傳》定公十三年載：晋趙鞅興晋陽之甲，以清君側爲名，逐荀寅、士吉射。後遂以"晋陽之甲"指地方長吏不滿朝廷舉兵内向的行爲。

[5]凶孽：指東昏侯。

[6]殊死：斬刑。《漢書》卷一下《高帝紀下》："其赦天下殊死以下。"顔師古注："殊，絶也，異也，言其身首離絶而異處也。"

[7]原遣：免罪釋放。

[8]位署：職位。

[9]階：官職等級。魏晋南北朝時期，官分九品，品内又分等則謂之階。

[10]使持節：漢朝官吏舉使外出時，或由皇帝授予節杖，以提高其威權。魏、晋以後，凡重要軍事長官出征或出鎮時，可誅殺二千石以下官員。　都督：統率諸軍出征的高級將帥。授使持節者職權最大；持節者得殺無官位人，若軍事得與使持節同；假節唯軍事得殺犯軍令者。品秩則依其軍號高低而定。　左將軍：武官號。南朝宋秩三品，齊不詳。

[11]右將軍：武官名號。南朝宋秩三品，齊不詳。

[12]表：古代章奏的一種，臣子呈給皇帝的文書。

[13]驍騎將軍：南朝沿置，與領軍、護軍、左右衛、游擊諸將軍合稱六軍，擔當宿衛之任，是護衛皇帝宫廷的主要將領之一。南朝宋秩四品，齊不詳。　夏侯亶（dǎn）：齊、梁時官吏，字世龍。譙郡譙縣人。《梁書》卷二八有傳。　江陵：縣名。治所在今湖北荆州市荆州區。當時爲南康王寶融荆州刺史治所。

[14]宣德太后：文安皇后王寶明。本書卷二〇有傳。

[15]皇祚：帝位。

[16]億兆：極言其多，此處喻庶民百姓。

［17］清宫：清理宫室。古代帝王行幸所至，必先令人檢查起居宫室，使其清静安全，以防發生意外。

［18］大號：皇帝。

［19］宣城：郡名。治所在今安徽宣城市。　南琅邪：僑郡名。治所在今江蘇南京市金川門外幕府山南麓。　南東海：僑郡名。治所在今江蘇鎮江市。　東陽：郡名。治所在今浙江金華市。　臨海：郡名。治所在今浙江台州市椒江區北章安鎮。　新安：郡名。治所在今浙江淳安縣西北。　尋陽：郡名。治所在今江西九江市西南。　南郡：郡名。治所在今湖北荆州市荆州區。　竟陵：郡名。治所在今湖北鍾祥市。　宜都：郡名。治所在今湖北枝江市。

［20］相國：西漢前期，蕭何、曹參由丞相而遷相國，職權秩位略同，而禮遇稍尊。魏晋南北朝不常置，位尊於丞相，任之者皆權臣，非復人臣之職。　荆州牧：當時州之長官稱刺史。此稱改，乃仿古制，以示尊崇。《尚書·周官》："建官惟百，内有百揆四岳，外有州牧侯伯。"孔穎達疏："牧，一州之長。"

［21］加黄鉞：黄鉞即飾以黄金的鉞，用於皇帝儀仗。太后欲以南康王爲帝，故加黄鉞。

［22］法駕：皇帝專用的儀仗車駕。

［23］梅蟲兒：事見本書卷五六《倖臣傳》。　茹法亮：本書卷五六有傳。

［24］左長史：南康王西中郎將軍府長史。南朝宋、齊諸王軍府例置長史。加崇者置左、右長史，左長史位在上，爲幕僚長。秩六品。

［25］鎮軍將軍：南齊雖仍秩三品，然已升至位次衛將軍，加"大"字則位從公。開府儀同如公。

［26］征東將軍：將軍名號。南朝宋秩三品，齊不詳。南齊時四征將軍雖位次鎮軍、中軍、撫軍三將軍，然而若加"大"字，則位從公。開府儀同如公。

［27］甲戌：中華修訂本《校勘記》云："按《通鑑》卷一四四

《齊紀》一〇和帝中興元年繫此事於乙巳日。永元三年正月丙申朔，無甲戌，十日乙巳。”（第123頁）疑本書紀文“甲戌”二字爲北宋以後傳刻衍文。

［28］冠軍將軍：將軍名號。南朝宋三品，齊不詳。按，冠軍將軍，本書卷三八《蕭穎胄傳》、《通鑑》卷一四三《齊紀九》“東昏侯永元二年”條同。《梁書》卷一〇、《南史》卷五五《楊公則傳》作“輔國將軍”，疑誤。　楊公則：字君翼，天水西縣人。《梁書》卷一〇、《南史》卷五五有傳。　湘州：州名。治所在今湖南長沙市。

［29］建牙：古代出征建立軍旗，稱建牙。後亦謂武將出鎮爲建牙。

［30］冠軍長史：冠軍將軍府長史。南朝宋秩七品，齊不詳。　王茂先：中華修訂本《校勘記》云：“‘王茂先’，《通鑑》卷一四四《齊紀》一〇和帝中興元年作‘王茂’。按王茂《梁書》卷九、《南史》卷五五有傳。《南史·王茂傳》云：‘王茂字休連，一字茂先’。”（第123頁）又按，據其本傳，茂先，太原祁人。　江州：州名。治所在今江西九江市西南。

［31］曹景宗：字子震，新野人。《梁書》卷九有傳。　郢州：州名。治所在今湖北武漢市武昌區。

［32］邵陵：郡名。治所在今湖南邵陽市。　寶攸：蕭寶攸，齊明帝第九子。本書卷五〇有傳。

［33］宗廟：古代天子、諸侯祭祀祖先的處所。　南北郊：都邑之外稱郊。古代帝王於每年冬至日祭天於圜丘，因其在都城南門之外，故稱南郊，亦稱南郊大祀。北郊，古代帝王於每年夏至日祭地於方澤，因其在都城北門外，故稱北郊。亦謂之北郊大祀。

［34］沔口：一名漢口。即今漢江入長江之口，在今湖北武漢市。

［35］張冲：本書卷四九有傳。

［36］驃騎將軍：南朝沿置的重號將軍。南朝齊秩二品。凡加

"大"字位從公。開府儀同如公。　薛元嗣：南齊東昏侯時任驍騎將軍，率領船隊送糧郢州。刺史張冲病死，元嗣被推爲城主。　固城：固守城池。按，丁福林《南齊書校議》（以下簡稱丁福林《校議》）云："驃騎將軍，本書《東昏侯紀》、《張冲傳》、《南史・張邵傳附張冲傳》、《通鑑》卷一百四十四俱云是時薛元嗣爲驍騎將軍，此'驃騎'，或'驍騎'之音訛。"（中華書局2010年版，第56頁）

中興元年春三月乙巳，[1]即皇帝位，大赦，改元。[2]文武賜位二等；[3]鰥寡孤獨不能自存者穀，[4]人五斛。[5]即永元三年也。以相國左長史蕭穎胄爲尚書令，[6]晋安王寶義爲司空，[7]廬陵王寶源爲車騎將軍、開府儀同三司，[8]建安王寶寅爲徐州刺史，[9]散騎常侍夏侯詳爲中領軍，[10]領軍將軍蕭偉爲雍州刺史。[11]丙午，有司奏封庶人寶卷爲零陽侯，[12]詔不許。又奏爲涪陵王，[13]詔可。乙酉，[14]尚書令蕭穎胄行荆州刺史，[15]假梁王黄鉞。[16]壬子，以征虜將軍柳惔爲益、寧二州刺史。[17]己未，以冠軍將軍莊丘黑爲梁、南秦二州刺史，[18]冠軍將軍鄧元起爲廣州刺史。[19]

[1]中興：南朝齊和帝年號。

[2]改元：古代帝王更改年號稱改元。

[3]等：官職等級。按此爲官品内所分等級。

[4]鰥寡孤獨：指無依無靠老弱之人。《孟子・梁惠王下》："老而無妻曰鰥，老而無夫曰寡，老而無子曰獨，幼而無父曰孤。此四者，天下之窮民而無告者。"

[5]斛（hú）：古代量器名，亦爲容量單位。古代以十斗爲

一斛。

[6]尚書令：南朝宋爲尚書省長官，綜理全國政務，出居外朝，成高級政務長官，參議大政，實權有如宰相。如録尚書事缺，則兼有宰相之名義。南齊録尚書始定爲官號，成爲尚書省長官，尚書令爲其副貳。秩三品。

[7]晋安：郡名。治所在今福建福州市。　寶義：蕭寶義，齊明帝長子。本書卷五〇有傳。　司空：南齊爲八公之一，位次司徒。多用作大臣加官，雖位居一品，而無實際職掌。

[8]廬陵：郡名。治所在今江西吉水縣東北。　寶源：蕭寶源，齊明帝第五子。本書卷五〇有傳。　車騎將軍：南朝宋沿置爲重號將軍，位次驃騎將軍，多作爲軍府名號以加授大臣、重要州郡長官，無具體職掌。秩二品。南齊時加“大”字，位從公。開府位同如公。　開府儀同三司：三國魏始置，爲大臣加號，意謂與三司即太尉、司徒、司空禮制、待遇相同，許開設府署，自辟僚屬。兩晋南北朝因之。

[9]建安：郡名。治所在今福建建甌縣。　寶寅：蕭寶寅，齊明帝第六子。本書卷五〇有傳。　徐州：州名。按，據本書《州郡志上》，南齊區劃有南徐州、北徐州，無徑稱徐州者。此“徐州”前必有脱文。又本書卷五〇《明七王傳》稱：“和帝立，西臺以寶夤爲使持節、都督南徐兖二州軍事、衛將軍、南徐州刺史。”可知此“徐州”脱一“南”字。南徐州，僑州名。治所在今江蘇鎮江市。

[10]散騎常侍：南朝沿置。南朝宋隸集書省，齊爲東省官。職以侍從左右，主掌圖書文翰、文章撰述、諫諍拾遺及收納轉呈文書奏事，亦用作加官。南朝宋秩三品，齊不詳。　夏侯詳：原籍譙郡譙縣。《梁書》卷一〇有傳。　中領軍：南朝沿置，掌禁軍及京師駐軍。資重者稱領軍將軍。南朝宋秩三品，齊不詳。

[11]領軍將軍：南朝沿置。掌禁軍及京師駐軍。資輕者稱中領軍。南朝宋秩三品，齊不詳。　蕭偉：字文達，梁太祖（蕭順之）

第八子。《梁書》卷二二有傳。中華修訂本《校勘記》云："'領軍將軍'，《通鑑》卷一四四《齊紀》一〇和帝中興元年作'冠軍將軍'。按《梁書》卷二二《南平王偉傳》亦記時蕭偉'板爲冠軍將軍'，'冠軍將軍'疑是。"（第124頁）

［12］有司：官吏和官署的泛稱。古代設官分職，各有專司，故稱。　庶人寶卷：庶人，平民，百姓；寶卷，即東昏侯蕭寶卷。按，和帝已即位，故有司稱東昏侯爲"庶人寶卷"。　零陽：縣名。治所在今湖南慈利縣東。按，中華修訂本《校勘記》云："'零陽'，《南史》卷五《齊本紀》下、《建康實録》卷一五作'零陵'。"（第124頁）

［13］涪（fú）陵：郡名。治所在今重慶市涪陵區。

［14］乙酉：是年三月乙未朔，前出乙巳爲十一日，丙午十二日，月内無乙酉，以下壬子爲十八日。此"乙酉"當爲"己酉"形近之訛，己酉十五日，合序。參見牛繼清《十七史疑年録》，黄山書社2007年版，第97頁。

［15］行：官制用語。指官缺未補，暫由他官兼攝其事。

［16］假黄鉞：黄鉞即飾以黄金的鉞。本用於皇帝儀仗，特賜予出征重臣，以示威重，令其專主征伐。

［17］征虜將軍：將軍名號，亦用作高級文職官員的加官。南朝沿置。南朝宋秩三品，齊不詳。　柳惔（dàn）：字文通，祖籍河東解縣。《梁書》卷一二有傳。

［18］莊丘黑：南齊末年將領，曾爲軍主在雍州與魏軍作戰，後又追隨蕭衍"舉義"。參見本書卷二六《陳顯達傳》、《梁書》卷一《武帝紀上》。　梁、南秦二州：雙頭州名。治所在今陝西漢中市東。

［19］鄧元起：字仲居，南郡當陽人。《梁書》卷一〇有傳。　廣州：州名。治所在今廣東廣州市。

夏四月戊辰，詔曰：“荆雍義舉所基，實始王迹。君子勞心，細人盡力，[1]宜加酬奬，副其乃誠。凡東討衆軍及諸嚮義之衆，可普復除。”[2]

五月乙卯，車駕幸竹林寺禪房宴群臣。[3]巴西太守魯休烈、巴東太守蕭惠訓子璝拒義軍。[4]

[1]細人：地位低下的人。

[2]復除：免除賦税或徭役。

[3]車駕：皇帝的代稱。《漢書》卷一下《高帝紀下》：“車駕西都長安。”顔師古注：“凡言車駕者，謂天子乘車而行，不敢指斥也。”　幸：指帝王駕臨。　竹林寺：古佛寺名。在江蘇鎮江市南郊。　禪房：佛寺中參禪之所。

[4]巴西：郡名。即雙頭郡巴西梓潼二郡省稱。治所在今四川綿陽市東。　魯休烈：南齊官吏。曾先後任巴郡太守、荆州軍主，與氐、魏軍作戰。永元三年（501）九月，東昏侯任命其爲益州刺史。參見本書卷七《東昏侯紀》、卷五七《魏虜傳》、卷五九《氐傳》。　巴東：郡名。治所在今重慶市奉節縣東。　蕭惠訓：南蘭陵人。南齊官吏。後降梁，任太中大夫，卒官。參見本書卷三八《蕭穎胄傳》、《南史》卷一八《蕭琛傳》。　璝（guī）：蕭璝。南齊將領。永泰元年（498），爲豫州刺史裴叔業所領軍主，渡淮與魏軍作戰。參見本書卷三八《蕭穎胄傳》、卷五一《裴叔業傳》。

秋七月，東軍主吴子陽十三軍救郢州，[1]屯加湖。[2]丁酉，征虜將軍王茂先擊破之。[3]辛亥，以茂先爲中護軍。[4]丁卯，[5]魯山城主孫樂祖以城降。[6]己未，郢城主薛元嗣降。

八月丙子，平西將軍陳伯之降。[7]乙卯，[8]以伯之爲江州刺史，子虎牙爲徐州刺史。[9]

九月乙未，[10]詔梁王若定京邑，得以便宜從事。

[1]軍主：南北朝置，爲一軍之主，其下設有軍副。所統兵力無定員，自數百人至萬以上不等。在南朝無固定品階，最高者爲三品將軍。　吴子陽：南齊東昏侯時將領，任寧朔將軍，又被任命爲巴西梓潼二郡太守。參見本書卷四九《張冲傳》、《梁書》卷一《武帝紀上》。中華本校勘記云："'十三軍'毛本、局本作'十二軍'。"按，本書卷四九《張冲傳》、《梁書》卷一《武帝紀上》、《南史》卷六《梁本紀上》、《通鑑》卷一四四《齊紀十》"和帝中興元年"條並作"十三軍"，疑毛本等作"十二軍"者，乃傳抄之誤。

[2]加湖：湖名。一作茄湖。在今湖北武漢市黄陂區東南。

[3]丁酉，征虜將軍茂先擊破之：以上著録於是年七月的吴子陽等援郢事，自"加湖"以上，時間訛誤，情節亦有脱遺。《梁書》卷一《武帝紀上》記載此事云："（永元三年）五月，東昏遣寧朔將軍吴子陽、軍主光子衿等十三軍救郢州，進據巴口。六月……吴子陽等進軍武口……子陽又進據加湖，去郢三十里，傍山帶水，築壘栅以自固。……七月，高祖命王茂帥軍主曹仲宗、康絢、武會超等潛師襲加湖。……子陽等竄走，衆盡溺于江。王茂虜其餘而旋。"高祖（即蕭衍）是"義軍"擊潰吴子陽救郢軍隊的總指揮，知己知彼。《梁書》對這次戰役始末的記載有序、翔實、可信，既可補充本篇的缺遺，又可訂證某些事件發生的時間。此謂吴子陽諸軍初至郢州地域的時間在五月、進屯加湖的時間在六月，可訂正本篇將此二事皆繫於七月之誤。《南史》卷六《梁本紀上》記此事與《梁書》略同，唯將吴子陽初至郢州進據巴口的時間又精確爲五月甲寅（即是月二十一日），當别有所據；《通鑑》卷一四四《齊紀十》"和帝中興元年"條記此事幾乎全本《梁書》，唯將王茂

等在加湖擊潰吴子陽諸軍的時間又精確爲七月丁酉（即是月初五日），當采録本書本條。

［4］中護軍：南朝沿置。掌督護京師以外地方諸軍。資重者爲護軍將軍。南朝宋秩三品，齊不詳。

［5］丁卯：中華修訂本《校勘記》云："'丁卯'，《通鑑》卷一四四《齊紀》一〇和帝中興元年作'丁巳'，《南史》卷六《梁本紀》上作'戊午'。按中興元年七月癸巳朔，無丁卯，丁巳二十五日，戊午二十六日。"（第124頁）按，本書卷四九《張冲傳》："魯山陷後二日，元嗣等以郢城降。"本書本卷："己未，郢城主薛元嗣降。"由己未逆推二日即丁巳爲魯山城主孫樂祖降日。即《通鑑》所記是，《梁書》所記誤。

［6］魯山：山名。在今湖北武漢市漢陽北。　城主：南北朝時期主管城池防衛等軍政事務的主將。　孫樂祖：南齊末年郢州刺史所領軍主，受命助房僧寄守衛魯山城。僧寄病死，樂祖爲城主。參見本書卷四九《張冲傳》。

［7］平西將軍：南朝沿置，與平東、平南、平北將軍合稱四平將軍。多爲持節都督或監某一地區軍事，有時亦作爲刺史等地方官員兼理軍務的加官。南朝宋秩三品，齊不詳。　陳伯之：濟陰睢陵人。《梁書》卷二〇有傳。按，永元三年（501）三月癸丑，東昏侯任命陳伯之爲平西將軍、江州刺史。見本書卷七《東昏侯紀》。

［8］乙卯：牛繼清《十七史疑年録》："八月癸亥朔，丙子十四日，月内無乙卯，《資治通鑑》卷一百四十四《齊紀十》同誤。吴玉貴《疑年録》云：'乙卯當爲己卯之訛文。'乙卯十七日，'己''乙'形近，是。"（第98頁）

［9］虎牙：陳虎牙。永元三年（501）五月，爲軍主受東昏侯派遣隨寧朔將軍吴子陽等救郢州。七月，兵敗逃回江州。八月，隨其父降蕭衍。仕梁爲直閣將軍。天監元年（502）六月，隨其父叛梁奔魏。天監四年（505），陳伯之又叛魏歸梁，虎牙爲魏人所殺。參見本書卷四九《張冲傳》、《梁書》卷一《武帝紀上》、卷二〇《

陳伯之傳》。　徐州：州名。按，本書《州郡志上》有南徐州、北徐州，無徐州。疑此處所稱“徐州”蓋謂南徐州，此命意在促其領兵東進也。

[10]乙未：中華修訂本《校勘記》云：“‘乙未’，《南史》卷五《齊本紀》下、《建康實録》卷一五、《通鑑》卷一四四《齊紀》一〇和帝中興元年作‘己未’。按是年九月壬辰朔，初四日乙未，二十八日己未。”（第124頁）

冬十一月乙未，以輔國將軍李元履爲豫州刺史。[1]壬寅，尚書令、鎮軍將軍蕭穎胄卒，以黄門郎蕭澹行荆州府州事。[2]丁巳，蕭璝、魯休烈降。

十二月丙寅，建康城平。[3]己巳，皇太后令以梁王爲大司馬、録尚書事、驃騎大將軍、揚州刺史，[4]封建安郡公，依晋武陵王遵承制故事，[5]百僚致敬。壬申，改封建安王寶寅鄱陽王。[6]癸酉，以司徒、揚州刺史晋安王寶義爲太尉，[7]領司徒。[8]甲戌，給大司馬錢二千萬，布絹各五千匹。乙酉，以輔國將軍蕭宏爲中護軍。[9]

[1]李元履：蘭陵承人。南齊金紫光録大夫李安民之子。曾任司徒竟陵王子良法曹參軍。永元二年（500）十月，東昏侯遣輔國將軍劉山陽領兵至荆州與西中郎長史蕭穎胄謀襲雍州刺史蕭衍，元履爲山陽所領副軍主。及山陽被殺，元履收其餘衆歸降。仕梁爲吴郡太守、度支尚書、衡廣青冀四州刺史。《南史》卷四六有附傳。　豫州：僑州名。按，永元二年（500）二月豫州已陷於北魏，此處豫州蓋指南豫州，治所在今安徽當塗縣。

[2]黄門郎：給事黄門侍郎省稱。南朝置爲侍中省或門下省次

官，四員，與侍中俱掌門下衆事，職掌略同，地位隨皇帝旨意或侍中地位而上下。南齊時知詔令，世稱爲“小門下”。秩五品。　蕭澹：中華修訂本《校勘記》云：“‘蕭澹’，《梁書》卷二二《始興王憺傳》、《南史》卷五二《始興忠武王憺傳》、《通鑑》卷一四五《梁紀》一武帝天監元年作‘蕭憺’。錢大昕《考異》卷二五云：‘澹當作憺。’”（第124頁）蕭憺，字僧達，南蘭陵中都里人。梁太祖第十一子。《梁書》卷二二有傳。

［3］建康：縣名。治所在今江蘇南京市。南朝京師所在。

［4］大司馬：南齊八公之一，位在大將軍上，不常授，多用作贈官。秩一品。　録尚書事：初爲職銜名，始於東漢。南齊時成爲正式官號，爲尚書省長官，總領尚書省諸曹事，位在尚書令上。然而，以其威權過重，常缺而不置。　驃騎大將軍：南齊沿置。位居諸名號大將軍之首。多用作元老或權臣的加官。位從公，開府儀同如公。　揚州：州名。治所在江蘇南京市。

［5］晋武陵王遵承制故事：晋武陵王，即司馬遵。曾在桓玄操控下“遵依舊典，承制總百官行事”。承制故事指即位的具體儀節。武陵，以郡爲國。治所在今湖南常德市。

［6］鄱陽：以郡爲國。治所在今江西鄱陽縣。

［7］司徒：南朝沿置。與太尉、司空合稱三公。位在太尉之下，司空之上。南朝宋時掌民事與郊祀，齊時掌州郡名數、户口簿籍。皆秩一品。　太尉：南朝沿置，列三公之首，位居秩一品，多用作大臣加官，無實際職掌。按，本卷前文稱，中興元年（501）三月乙巳，和帝即位，以“晋安王寶義爲司空”，似與此不合。考本書卷七《東昏侯紀》云，永元三年春正月丁酉，“以驃騎大將軍晋安王寶義爲司徒”。又卷五〇《明七王傳》云，“（永元）三年，進位司徒。和帝西臺建，以爲侍中、司空。……梁王定京邑，宣德太后令以寶義爲太尉，領司徒”。由此可知，以寶義爲司徒，乃東昏侯所命；爲司空，乃和帝所命。此處“皇太后令”乃以東昏侯所命爲説。

［8］領：官制術語。此處指以高官而攝卑職。

［9］蕭宏：字宣達，南蘭陵中都里人。梁太祖蕭順之第六子。《梁書》卷二二有傳。

二年春正月戊戌，宣德太后臨朝，入居内殿。大司馬梁王解承制，致敬如先。己亥，以寧朔將軍蕭昺監南兖州。[1]壬寅，以大司馬都督中外諸軍事，加殊禮。[2]己酉，以大司馬長史王亮爲守尚書令。[3]甲寅，詔大司馬梁王進位相國，總百揆，[4]揚州牧，封十郡爲梁公，[5]備九錫之禮，[6]加遠遊冠，[7]位在諸王上，加相國緑綟綬。[8]己未，以新除右將軍曹景宗爲郢州刺史。[9]二月壬戌，湘東王寶晊伏誅。[10]戊辰，[11]詔進梁公爵爲梁王，增封十郡。[12]

［1］寧朔將軍：南朝沿置。爲雜號將軍。南朝宋秩四品，齊不詳。　蕭昺：字子昭，南蘭陵中都里人。梁高祖蕭衍從父弟也。《梁書》卷二四有傳。按，《梁書》"蕭昺"作"蕭景"，乃姚思廉避唐朝諱而改。　監：官制用語。魏晋以後，以較高官員監理下級部門或某地區諸軍事，或以他官監理某地區民政事務，皆可稱爲"監"。凡監某州、郡、縣者，即行刺史、郡守、縣令職權。亦可由監改除爲正式長官。　南兖州：州名。治所在今江蘇揚州市西北蜀岡。

［2］殊禮：特殊的禮遇。此處指"劍履上殿，入朝不趨，贊拜不名"之禮。參見《南史》卷六《梁本紀上》。

［3］大司馬長史：大司馬府長史。南朝宋秩六品，齊不詳。王亮：字奉叔，琅邪臨沂人。《梁書》卷一六有傳。　守：官制用語。官吏試職稱守。魏晋南北朝以低職署理高職、高職署理低職均

稱守。

[4]百揆：百官的統稱。

[5]封十郡爲梁公：《南史》卷六《梁本紀上》載中興二年（502）正月甲寅宣德太后策曰："以豫州之梁郡歷陽、南徐州之義興、揚州之淮南宣城吴吴興會稽新安東陽十郡，封公爲梁公。"

[6]九錫：古代帝王賜給有大功或有權勢的諸侯大臣的九種器物，以示尊禮。《公羊傳》莊公元年"加我服也"，何休注："禮有九錫：一曰車馬，二曰衣服，三曰樂則，四曰朱户，五曰納陛，六曰虎賁，七曰弓矢，八曰鈇鉞，九曰秬鬯。"後世權臣圖謀篡位，輒先加九錫。

[7]遠遊冠：冠名。司馬彪《續漢書·輿服志》："遠遊冠，制如通天，有展筩横之於前，無山述，諸王所服也。"本書《輿服志》："遠遊冠，太子諸王所冠。太子朱纓，翠羽緌，珠節。諸王玄纓，公侯皆同。"

[8]相國緑綟（lì）綬：本書《輿服志》："相國緑綟綬，三采，緑、紫、紺。"綬，指繫在印柄上的絲帶。依官爵品階的高下，而用不顔色的絲帶。

[9]新除：官制用語。"凡授官未拜，但稱新除。"參見朱季海《校議》，第 4 頁。

[10]湘東：郡名。治所在今湖南衡陽市。　寶晊（zhì）：蕭寶晊。本書卷四五有附傳。　伏誅：因犯罪而被處死刑。

[11]戊辰：中華修訂本《校勘記》云："'戊辰'，《梁書》卷一《武帝紀》上、《南史》卷五《齊本紀》下、卷六《梁本紀》上、《通鑑》卷一四五《梁紀》一武帝天監元年作'丙戌'。"（第 125 頁）

[12]增封十郡：《南史》卷六《梁本紀上》："（中興二年二月）丙戌，詔進梁公爵爲王，以豫州之南譙廬江、江州之尋陽、郢州之武昌西陽、南徐州之南琅邪南東海晋陵、揚州之臨海永嘉十郡益梁國，并前爲二十郡。"《梁書》卷一《武帝紀上》同。

三月乙未，皇太后令給梁國錢五百萬，布五千匹，絹千匹。辛丑，鄱陽王寶寅奔虜，邵陵王寶攸、晉熙王寶嵩、桂陽王寶貞伏誅。[1]甲午，命梁王冕十有二旒，[2]建天子旌旗，出警入蹕，[3]乘金根，[4]駕六馬，[5]備五時副車，[6]置旄頭雲罕，[7]樂舞八佾，[8]設鍾簴宮懸。[9]王子王女爵命一如舊儀。庚戌，以冠軍長史蕭秀爲南徐州刺史，[10]新除中領軍蔡道恭爲司州刺史。[11]車駕東歸至姑熟。[12]丙辰，禪位梁王。[13]丁巳，廬陵王寶源薨。

夏四月辛酉，禪詔至，皇太后遜外宮。[14]丁卯，梁王奉帝爲巴陵王，[15]宮于姑熟，行齊正朔，[16]一如故事。[17]戊辰，薨，[18]年十五。追尊爲齊和帝，葬恭安陵。[19]

[1]晉熙：郡名。治所在今安徽潛山縣。　寶攸：《南史》卷四四本傳作“寶修”。　寶嵩：蕭寶嵩。本書卷五〇有傳。　桂陽：郡名。治所在今湖南郴州市。　寶貞：蕭寶貞。本書卷五〇有傳。

[2]冕十有二旒（liú）：古代皇帝的禮帽。起初帝王、諸侯、卿大夫的禮帽皆可稱冕，後專指皇冠。旒，冕冠前後懸垂的玉串。《禮記·禮器》：“天子之冕，朱綠藻，十有二旒。”

[3]出警入蹕（bì）：古代帝王出入，左右侍衛爲警，止人清道爲蹕。蹕，也作“趩”。《漢書》卷四七《文三王傳》：“出稱警，入言趩，儗於天子。”

[4]金根：金根車省稱。帝王所乘之車。“古曰桑根車，秦曰金根車。”自秦漢以來，以金、玉裝飾。南齊又稱玉輅。參見晉崔豹《古今注·輿服》、《宋書·禮志五》及本書《輿服志》。

[5]駕六馬：自秦、漢以來，皇帝車駕用六馬。

［6］五時：指春、夏、季夏（六月）、秋、冬。　副車：皇帝的侍從車輛。《宋書·禮志五》："天子所御駕六，其餘副車皆駕四。"

［7］旄頭：又稱旄頭騎。皇帝儀仗中擔任警衛先驅的騎兵。　雲罕：旗名。皇帝出行時的前導旗幟。

［8］八佾（yì）：古代天子專用的樂舞。佾，樂舞的行列。八佾即八行，八八六十四人。參見《左傳》隱公五年杜預注。

［9］鍾簴（jù）：鍾，通"鐘"，簴，同"虡"。鍾虡指懸掛編鐘、編磬的木架。　宮懸：古時鐘、磬等樂器懸掛架上的方式根據主人的身份地位而不同。帝王懸掛四面，象徵宮室四面的墻壁，故曰"宮懸"。參見《禮記·郊特牲》"諸侯之宮縣"鄭玄注。

［10］蕭秀：字彥達，南蘭陵中都里人。梁太祖蕭順之第七子。《梁書》卷二二有傳。　南徐州：僑州名。治所在今江蘇鎮江市。

［11］蔡道恭：字懷儉，南陽冠軍人。《梁書》卷一〇有傳。　司州：僑州名。治所在今河南信陽市。

［12］姑熟：地名。在今安徽當塗縣。

［13］禪（shàn）位：禪讓帝位。相傳上古時期，以帝位讓授於賢者，稱爲禪讓。自魏、晋以降，權臣往往以禪讓的名義篡奪帝位。

［14］遜：退避。

［15］丁卯，梁王奉帝爲巴陵王：《梁書》卷二《武帝紀中》，封齊和帝爲巴陵王在丙寅，早此紀一日。　巴陵：郡名。治所在今湖南岳陽市。

［16］正朔：通指帝王新頒的歷法。一年的第一天。正，一年的開始；朔，一月的開始。古代改朝换代，新王朝爲表示"應天承運"，須重定正朔。《禮記·大傳》"改正朔"孔穎達疏："正謂年始，朔謂月初。言王者得政，示從我始，改故用新，隨寅、丑、子所損也。"夏歷以建寅之月（即冬至後二月，相當於今夏歷正月）爲正，平旦（天明）爲朔；殷歷以建丑之月（即冬至後一月，相

當於夏歷十二月）爲正，雞鳴爲朔；周以建子之月（即包括冬至的月份，相當於夏歷十一月）爲正，夜半分朔；秦以建亥之月（即不包冬至的冬至前一月，相當於夏歷十月）爲正。自漢武帝改以建寅之月爲歲首，歷代沿用。南朝齊、梁正朔相同，此言梁武帝許巴陵王“行齊正朔”是所謂尊奉前朝的一種形式。

[17]故事：先例，舊典。

[18]戊辰，薨（hōng）：《南史》卷五《齊本紀下》：“初，梁武帝欲以南海郡爲巴陵國邑而遷帝焉……沈約曰：‘今古殊事，魏武所云，不可慕虚名而受實禍。’梁武頷之。於是遣鄭伯禽進以生金，帝曰：‘我死不須金，醇酒足矣。’乃引飲一升，伯禽就加摺焉。”薨，《禮記·曲禮下》：“天子死曰崩，諸侯曰薨。”按，是時齊和帝已被降封爲王，故此稱其死曰薨。

[19]恭安陵：在今江蘇丹陽市北趙家灣。

史臣曰：夏以桀亡，[1]殷隨紂滅，[2]郊天改朔，[3]理無延世。而皇符所集，[4]重興西楚，[5]神器暫來，[6]雖有冥數，[7]徽名大號，[8]斯爲幸矣。

贊曰：和帝晚隆，掃難清宫。達機覩運，高頌永終。

[1]桀：夏朝末代君主履癸的謚號。《史記》卷二《夏本紀》裴駰《集解》：“《謚法》曰：‘賊人多殺曰桀。’”

[2]紂：商朝末代君主帝辛的謚號。《史記》卷三《殷本紀》裴駰《集解》：“《謚法》曰：‘殘義損善曰紂。’”

[3]郊天：邑外稱郊。帝王祭天稱郊天。冬至日在京師南郊祭天於圜丘，稱南郊大祀。夏至日祭地於京師北郊之方澤，稱北郊大祀。　改朔：改正朔。

[4]皇符：皇帝出現的徵兆。

[5]西楚：地名别稱，指荆州。按，荆州爲先秦楚國興起之地，在建康之西，故東晋南朝稱荆州爲西楚。

[6]神器：帝位。　蹔（zàn）：同“暫”。

[7]冥（míng）數：上天所定的氣數。

[8]徽名大號：指蕭寶融死後被謚爲和帝。徽，美也，善也。《後漢書》卷四《和帝紀》李賢注引《謚法》曰：“不剛不柔曰和。”

南齊書　卷九

志第一

禮上

禮儀繁博，與天地而爲量，[1]紀國立君，人倫攸始，[2]三代遺文，[3]略在經誥，蓋秦餘所亡逸也。[4]漢初叔孫通制漢禮，[5]而班固之志不載。[6]及至東京，[7]太尉胡廣撰《舊儀》，[8]左中郎蔡邕造《獨斷》，[9]應劭、蔡質咸綴識時事，[10]而司馬彪之書不取。[11]魏氏籍漢末大亂，[12]舊章殄滅，侍中王粲、尚書衛覬集創朝儀，[13]而魚豢、王沈、陳壽、孫盛並未詳也。[14]吴則太史令丁孚拾遺漢事。[15]蜀則孟光、許慈草建衆典。[16]晋初司空荀顗因魏代前事，[17]撰爲《晋禮》，參考今古，更其節文，羊祜、任愷、庾峻、應貞並共删集，[18]成百六十五篇。後摯虞、傅咸纘續此製，[19]未及成功，中原覆没，[20]今虞之《决疑注》，[21]是遺事也。江左僕射刁協、太常荀崧，[22]補緝舊文，光禄大夫蔡謨又踵修輯朝故，[23]宋初因循改革，[24]事係群儒，其前史所詳，並不重述。永明二年，[25]太子步兵校尉伏曼容表定禮樂。[26]於是詔尚書令王儉制定新禮，[27]立治禮樂學士及職局，置舊學四人，[28]新學六人，[29]正書令史各一人，[30]幹一人，[31]祕書省差能書弟子二人。因集前代，撰治五禮，吉、凶、賓、軍、嘉也。[32]文多不載。若郊廟庠序之儀，[33]冠婚喪紀之節，[34]事有變革，宜録時事者，備今志。其輿輅旗常，[35]與往代同異者，[36]更立别篇。

[1]與天地而爲量：指禮合乎天地陰陽之氣的運行規律。《漢書·禮樂志》："人函天地陰陽之氣，有喜怒哀樂之情，天稟其性而不能節也，聖人能爲之節而不能絶也，故象天地而制禮樂，所以通神明，立人倫，正情性，節萬事者也。"

[2]人倫：指封建禮教所規定的倫理道德，即所謂父子有親，君臣有義，夫婦有别，長幼有序，朋友有信，稱"五倫"。

[3]三代遺文：指夏、商、周三代傳下的有關禮教的文獻。

[4]秦餘：指秦始皇焚書遺漏的前代文獻。

[5]叔孫通：漢薛（今山東曲阜市）人。曾爲秦博士，後從項羽，又歸劉邦，任博士。劉邦稱帝，以通爲太常，采擇古禮，結合秦制，定立朝儀。之後漢王朝朝制典禮，都由他所擬定。《史記》卷九九、《漢書》卷四三有傳。

[6]班固之志：指班固撰的《漢書》。

[7]東京：此指建都洛陽的東漢。

[8]胡廣：字伯始，東漢華容（今湖南岳陽市）人。歷仕安、冲、桓三朝，官至太尉、太傅。著《百官箴》四十八篇。《後漢書》卷四四有傳。　《舊儀》：當即《百官箴》。

[9]蔡邕：字伯喈，東漢圉（今河南杞縣）人。少博學，師事太尉胡廣，靈帝時官拜郎中。精通禮樂典章，著作有《獨斷》等。《後漢書》卷六〇有傳。　《獨斷》：二卷，記漢代制度、禮儀、

車服及諸帝世系。

[10]應劭：字仲遠，東漢汝南南頓（今河南項城市）人。少博學，博覽多聞。獻帝建安二年（197），官軍謀校尉。時始遷都許昌，舊章堙没，劭乃綴集所聞，著《漢官禮儀故事》，凡朝廷制度，百官典式，多劭所立。又論當時行事，著《中漢輯序》《風俗通》等書。《後漢書》卷四八有附傳。　蔡質：東漢末人。著有《漢官典職儀式》。

[11]司馬彪之書：司馬彪所撰《續漢書》，共八十卷。起於漢光武帝，終於漢獻帝。此書宋代已亡佚，清人有輯本。司馬彪，字紹統，晉宗嗣，官秘書郎。《晉書》卷八二有傳。

[12]魏氏：指三國曹魏。

[13]侍中：門下侍中寺長官。職掌門下衆事，侍從左右，顧問應對，拾遺補闕。秩三品。　王粲：字仲宣，山陽高平（今山東微山縣）人。博學多識，爲"建安七子"之一。《三國志》卷二一有傳。　衛覬：字伯儒，河東安邑（今山西夏縣禹王城）人，以才學稱。《三國志》卷二一有傳。

[14]魚豢（huàn）：三國魏京兆人。《舊唐書·經籍志》載魚豢撰《魏略》三十八卷（《新唐書·藝文志》謂五十卷）。高似孫《史略》謂此書在魏氏五家别史中最有筆力。裴松之注《三國志》多引此書以糾訛。此書已佚，張鵬一有輯本。　王沈：字處道，太原晋陽（今山西太原市）人，初仕魏，官至侍中。及魏受禪，以佐命之勛，爲晋録尚書，封公。沈好古，善屬文，奉命與應璩、阮籍等人繼修衛覬等所撰之魏史，成書四十四卷，定名《魏書》，多爲時諱，未若陳壽之實録。《晉書》卷三九有傳。　陳壽：字承祚，巴西安漢（今四川南充市）人。初仕蜀，入晋任著作郎、御史治書，撰有《三國志》《益都耆舊傳》。《晉書》卷八二有傳。　孫盛：字安國，晋太原中都（今山西永濟市）人。官至秘書監。平生篤學不倦，著有《魏氏春秋》《晉陽秋》等書。《晉書》卷八二有傳。

［15］丁孚：其事不詳。

［16］孟光：字孝裕，河南洛陽人。博物識古，長於漢家舊典。劉備定益州，拜爲議郎，與許慈等並掌制度。《三國志》卷四二有傳。　許慈：字仁篤，南陽（今河南南陽市）人。博學多才，祖宗制度之儀，喪紀五服之數，皆了若指掌。蜀定，爲博士，奉命與孟光、來敏等人典掌舊文，草創新制。《三國志》卷四二有傳。

［17］荀顗（yǐ）：字景倩，潁川（今河南禹縣）人。初仕魏，官侍中，入晋進爵爲公。博學洽聞，明三禮及朝廷大儀。晋初，命顗定禮儀，顗上請羊祜、任愷、庾峻、慈貞共删改舊文，撰定《晋禮》。《晋書》卷三九有傳。

［18］羊祜：字叔子。歷仕魏晋，晋封鉅平侯，都督荆州諸軍事，治軍有方。祜博學，能屬文，著有《老子傳》。《晋書》卷三四有傳。　任愷：字元褒，樂安博昌（今山東博山區）人。歷任魏晋，有遠見博識，晋武帝器之，諮以當世大政，參議得失。《晋書》卷四五有傳。　庾峻：字山甫，潁川鄢陵（今河南鄢陵縣）人。仕晋，官至御史中丞、侍中加諫議大夫。潛心儒典，爲帝王講《尚書》，申暢疑滯，對答詳悉，時甚重之。《晋書》卷五〇有傳。　應貞：字吉甫，汝南南頓（今河南項城市）人。歷仕魏、晋，官至散騎常侍，以文章顯。帝於華林園宴射，貞賦詩最美。以儒學與太尉荀顗撰定新禮。《晋書》卷九二有傳。

［19］摯虞：字仲洽，京兆長安（今陝西西安市）人。仕晋，官至秘書監、衛尉卿。才學通博，著述不倦。晋惠帝元康中，荀顗撰《新禮》，使虞討論得失而後施行。所撰有《文章志》，注解《三輔決録》。《晋書》卷五一有傳。　傅咸：字長虞，北地泥陽（今甘肅慶陽市新寧鎮）人。仕晋，官至尚書右丞。博學多才，善文章，時人贊其文"近乎詩人之作"。《晋書》卷四七有附傳。　纘續此製：指繼續修定《晋禮》。

［20］中原覆没：指晋愍帝建興四年（316）西晋滅亡。

［21］《決疑注》：前注摯虞注解之《三輔決録》。

[22]江左：指建都金陵的東晋。　刁協：字玄亮，渤海饒安（今河北鹽山縣）人。仕晋，官至尚書左僕射，遷尚書令。協少好經籍，博聞强記。以久在中朝，諳練舊事，凡所制度，皆稟於協，深爲當時所稱許。《晋書》卷六九有傳。　太常：爲諸卿之一，掌禮儀宗廟社稷事宜。秩三品。　荀崧：字景猷，潁川臨潁（今河南臨潁縣）人。仕晋，累遷侍中。東晋元帝即位，拜崧爲尚書左僕射，以崧志操清純，雅好文學，使崧與刁協共定中興禮儀。《晋書》卷七五有傳。《晋書·禮志上》："晋始則有荀顗、鄭冲裁決國史，江左則有荀崧、刁協損益朝儀。"

[23]光禄大夫：光禄勛屬官。掌管宫殿門户。南齊另置左右光禄大夫，開府置佐吏如公，秩一品。參見本書《百官志》。　蔡謨：字道明，陳留考城（今河南民權縣）人。仕晋，官至侍中、司徒。謨博學，於禮儀宗廟制度多所議定，總應劭以來注班固《漢書》者，爲之集解。《晋書》卷七七有傳。

[24]宋：指南朝劉宋。　因循改革：指宋禮儀沿襲古制，缺少革新。

[25]永明：齊武帝年號。

[26]太子步兵校尉：東宫侍從武官。爲太子三校之一，南朝宋始置。掌東宫護衛。　伏曼容：字公儀，平昌安丘（今山東安丘市）人。歷仕南朝宋、齊、梁。《梁書》卷四八、《南史》卷七一有傳。

[27]尚書令：爲内臺主，總領尚書臺二十曹，執掌全國政務。秩三品。參見本書《百官志》。　王儉：字仲寶，琅琊臨沂（今山東臨沂市）人，歷仕南朝宋、齊。入齊，官至尚書令。儉長禮學，諳究朝儀，每博議，證引先儒。令史諮事，賓客滿席，儉應接銓序，傍無留滯，齊武帝深委仗之。本書卷二三有傳。按，關於王儉主持制定新禮事，本卷後有詳述。

[28]舊學：指古代禮儀。

[29]新學：指當代、本朝禮儀。

［30］正書令史：太常府屬官。本書《百官志》："泰始六年，以國學廢，初置總明觀，立玄、儒、文、史四科，科置學士各十人，正令史一人，書令史二人，幹一人。"秩未詳。

［31］幹：供役使的小吏。《後漢書》卷五七《欒巴傳》："幹吏卑末。"李賢注："幹，府吏之類也。"

［32］吉、凶、賓、軍、嘉：古代的五種禮制。《周禮·春官·小宗伯》："掌五禮之禁令。"鄭玄注引鄭司農曰："五禮，吉、凶、賓、軍、嘉。"《隋書·禮儀志一》："周公救亂，弘制斯文，以吉禮敬鬼神，以凶禮哀邦國，以賓禮親賓客，以軍禮誅不虔，以嘉禮合姻好，謂之五禮。"

［33］郊廟：指古代天子祭祀天地與祖先。《尚書·舜典》："汝作秩宗。"孔安國傳："秩，序；宗，尊也。主郊廟之官。"孔穎達疏："郊謂祭天南郊，祭地北郊；廟謂祭先祖。即《周禮》謂祭天神人鬼地祇之禮是也。"　庠序：古代指地方學校，與大學相對。《孟子·梁惠王上》："謹庠序之教，申之以孝悌之義。"《漢書》卷五六《董仲舒傳》："立大學以教於國，設庠序以化於邑。"後亦泛指學校。

［34］冠（guàn）：指加冠之禮。古代男子到成年（一般在二十歲）行加冠之禮。《禮記·曲禮上》："男子二十冠而字。"鄭玄注："成人矣，敬其名。"按，古人稱其字，不直呼其名，以示敬重。　婚：指婚禮。古代在締結婚姻過程中的六種禮儀，即納采、問名、納吉、納徵、請期、親迎。《儀禮·士昏禮》："納采用雁。"賈公彥疏："昏禮有六，五禮用雁：納采、問名、納吉、請期、親迎是也。惟納徵不用雁，以其自有幣帛可執故也。"　喪紀：喪事。《禮記·文王世子》："喪紀以服之輕重爲序，不奪人親也。"鄭玄注："紀，猶事也。"

［35］輿（yú）輅（lù）：指天子所乘的大車。《文選》卷三張衡《東京賦》"龍輅充庭"。薛綜注："輅，天子之車也，故曰龍輅。"　旗常：旂常，王侯的旗幟，畫日月的一面稱常，畫交龍的

一面稱旂。《周禮·春官·司常》："日月爲常，交龍爲旂……王建大常，諸侯建旂。"

［36］同異：偏義詞，指差異、不同。

建元元年七月，[1]有司奏："郊殷之禮，[2]未詳郊在何年，復以何祖配郊？[3]殷復在何時？未郊得先殷與不？明堂亦應與郊同年而祭不？[4]若應祭者，復有配與無配？不祀者，堂殿職僚毁置云何？"八座丞郎、通關博士議。[5]曹郎中裴昭明、儀曹郎中孔逷議：[6]"今年七月宜殷祠，[7]來年正月宜南郊明堂，並祭而無配。"殿中郎司馬憲議：[8]"南郊無配，饗祠如舊，[9]明堂無配，宜應廢祀。其殷祠同用今年十月。"右僕射王儉議：[10]

案《禮記·王制》，天子先祫後時祭，諸侯先時祭後祫。[11]《春秋》魯僖二年祫，明年春禘，自此以後，五年再殷，[12]《禮緯·稽命徵》曰：[13]"三年一祫，五年一禘。"[14]《經》《記》所論禘祫與時祭，其言詳矣，初不以先殷後郊爲嫌。至於郊配之重，事由王迹，[15]是故杜林議云：[16]"漢業特起，不因緣堯，宜以高帝配天。"魏高堂隆議以舜配天。蔣濟云：[17]"漢時奏議，謂堯已禪舜，不得爲漢祖，舜亦已禪禹，不得爲魏之祖。今宜以武皇帝配天。"晉、宋因循，即爲前式。

［1］建元：齊高帝年號。

［2］郊殷之禮：指郊祭與殷祭的禮儀。郊，指宫城以外的郊野。《禮記·郊特牲》："郊之祭也，迎長日之至也。"孔穎達疏："迎長日之至也者，明郊祭用夏正建寅之月……今正月建寅，郊祭通而迎

此長日之將至。”《漢書·郊祀志下》：“帝王之事莫大乎承天之序，承天之序莫重於郊祀……祭天於南郊，就陽之義也；瘞地於北郊，即陰之象也。”《藝文類聚》卷三八引《漢舊儀》：“南郊圓壇八陛，於宫南七里；北郊方壇四陛，於城北四里。”殷，即殷祭，指三年一次的祖廟大祭和五年一次合祭諸祖神主的大祭。《禮記·曾子問》：“君之喪服除，而後殷祭，禮也。”孔穎達疏：“殷，大也。小大二祥變除之大祭，故謂之殷祭也。”三年大祭又稱“祫”，五年大祭又稱“禘”。

[3]以何祖配郊：選擇哪一先祖作爲郊祭祭天禮的配祭？《孝經·聖治》：“昔者，周公郊祀，后稷以配天。”唐玄宗注：“周公攝政，因行郊天之祭，乃尊始祖以配之也。”按，周以后稷爲始祖。

[4]明堂：古代帝王宣明政教的場所，凡朝會、祭祀、慶賞等大典，都在此舉行。夏稱“世室”，殷稱“重屋”，周稱“明堂”。詳參《周禮·冬官·匠人》。《初學記》引桓譚《新論》曰：“王者造明堂，上員下方，以象天地。爲四面堂，各從其色，以倣四方。天稱明，故曰明堂。”又引《三輔黄圖》曰：“明堂者，天道之堂也，所以順四時、行月令、宗祀先王、祭五帝，故謂之明堂。”

[5]八座：古代中央政府（尚書省）的八種高級官員。歷朝制度不一，所指不同。東漢以六曹尚書並令、僕射爲八座；南朝宋、齊以五曹尚書、二僕射、一令爲八座。　丞郎：中央和地方長官的僚屬，如大理丞、府丞、縣丞等。秦漢始置。此指八座下的輔官。本書《百官志》：“自令、僕以下五尚書八座二十曹，各置郎中令史以下，又置都令史分領之。”　博士：太學博士，太常屬官。秩五品。

[6]曹郎中：曹，指尚書省各部下分立的機構名，如吏部尚書下分立吏部、删定、三公、比部四曹，五兵尚書下分立中兵、外兵二曹等。郎或郎中爲各曹的主官。　裴昭明：歷仕南朝宋、齊，官太學博士、祠部通直郎。本書卷五三有傳。　孔逷：字世遠，仕齊，爲祠部儀曹郎。本書卷三四有附傳。按，此處中華本校勘記

云："按'曹郎中'三字疑有訛，或'曹'上奪一字。《元龜》五百七十七'八座丞郎通關博士議'下叠一'議'字，然有儀曹郎中而無議曹郎中，且下云儀曹郎中孔逷，如裴昭明亦爲儀曹郎中，則當云'儀曹郎中裴昭明、孔逷'，不當在孔逷姓名上更著職位也。據《良政·裴昭明傳》，但言泰始中爲太學博士，歷祠部通直郎，不及歷官郎中事。"所疑甚是，裴昭明官銜當有訛。

[7]殷祠：殷祭。祠，祭名，指春祭。《詩·小雅·天保》毛亨傳："春曰祠，夏曰禴，秋曰嘗，冬曰烝。"按，此處言"今年七月宜殷祠"，七月乃秋，不能稱"祠"。

[8]殿中郎：尚書左僕射屬官。領郊廟、園林、朝祭等事。秩五品。　司馬憲：字景思，河南温（今河南温縣）人。仕齊，待詔東觀爲學士，後官殿中郎。《南史》卷七二有附傳。

[9]饗祠：隆重祭祀。饗，謂以隆重的禮儀宴請。《詩·小雅·彤弓》："鍾鼓既設，一朝饗之。"鄭玄箋："大飲賓曰饗。"孔穎達疏："謂以大禮飲賓，獻如命數，設牲俎豆，盛於食燕。"

[10]右僕射：與左僕射輔助尚書令共掌朝政。秩三品。

[11]天子先祫後時祭，諸侯先時祭後祫：祫，指三年舉行一次的祭祀大禮。天子、諸侯居父母之喪畢，將神主送於太廟與祖先神主排列合祭。《禮記·曾子問》："祫祭於祖，則祝迎四廟之主。"孔穎達疏："祫，合祭……三年一祫。"時祭，指春夏秋冬四時舉行的祭祀小禮。《禮記·王制》："天子犆礿，祫禘、祫嘗、祫烝。"鄭玄注："犆猶一也。祫，合也。天子、諸侯之喪畢，合先君之主於祖廟而祭之，謂之祫。後因以爲常。天子先祫而後時祭，諸侯先時祭而後祫。"孔穎達疏："云天子先祫而後時祭者，以《經》云祫禘、祫嘗、祫烝，天子位尊，故先爲大禮也……諸侯位卑，取其漸備，故先小禮、後大禮。"

[12]"《春秋》魯僖二年祫"至"五年再殷"：《左傳》及《公羊傳》均記載，魯僖公於在位三十三年十二月薨，其子文公未按"三年一祫，五年一禘"的祭禮規定，在位二年八月即舉行祫

禮，三年又舉行禘禮，五年又舉行殷祭。

[13]《禮緯》：漢緯書名。説經而大量吸收圖讖之説。《稽命徵》爲其中的一篇，此書已亡佚，有明孫瑴《古微書》、清馬國翰《玉函山房輯佚書》本。

[14]禘：古代祭名。指天子、諸侯五年舉行一次的宗廟大祭。唐史玄璨《禘祫議》云："按《禮緯》三年一祫，五年一禘。《公羊傳》云'五年而再殷祭'，兩文雖互，其義略同。"

[15]王迹：謂王者創業的功迹。《尚書·武成》："至于大王，肇基王迹。"

[16]杜林：字伯山，漢扶風茂陵（今陝西興平市）人。少好學，博洽多聞，明稱通儒。東漢初，徵拜侍御史。《後漢書》卷二七有傳。其傳云："大議郊祀制，多以爲周郊后稷，漢當祀堯……帝亦然之。林獨以爲周室之興，祚由后稷，漢業特起，功不緣堯。"主張以漢高祖劉邦配天，最終"定從林議"。

[17]蔣濟：字子通，三國魏平阿（今安徽懷遠縣）人。《三國志》卷一四《魏書·蔣濟傳》載，當時侍中高堂隆議郊祀事，主張魏爲舜後，推舜配天。濟以爲"舜本姓嬀，其苗曰田，非曹之先"。主張以魏太祖曹操配天，認爲"降黜太祖，不配正天，皆爲繆妄"。

又案《禮》及《孝經援神契》並云：[1]"明堂有五室，[2]天子每月於其室聽朔布教，[3]祭五帝之神，配以有功德之君。"《大戴禮記》曰：[4]"明堂者，所以明諸侯尊卑也。"[5]許慎《五經異議》曰：[6]"布政之宫，故稱明堂。明堂，盛貌也。"《周官匠人職》稱明堂有五室，[7]鄭玄云："周人明堂五室，帝一室也。"[8]初不聞有文王之寢。[9]《鄭志》趙商問云：[10]"説者謂天子廟制如明堂，是爲明堂即文廟邪？”[11]鄭答曰：“明堂主祭上帝，以文王配耳，猶如郊天以后稷配也。”袁孝尼云：[12]“明堂法天之宫，本祭天帝，而以文王配，配其父於天位則可，牽天帝而就人鬼，則非義也。”太元十三年，[13]孫耆之議：稱“郊以祀天，故配之以后稷，明堂以祀帝，[14]故配之以文王。由斯言之，郊爲皇天之位，明堂即上帝之廟”。徐邈謂：[15]“配之爲言，必有神主，[16]郊爲天壇，則堂非文廟。”《史記》云趙綰、王臧欲立明堂，[17]于時亦未有郊配。漢又祀汾陰五畤，[18]即是五帝之祭，亦未有郊配。

[1]《孝經援神契》：指《孝經緯·援神契》。漢人依據《孝經》，講符合瑞應的讖緯書。分《援神契》《鉤命訣》《中契》等九篇。其書久亡，有《古微書》《玉函山房輯佚書》輯本。

[2]明堂有五室：《周禮·冬官·匠人》：明堂“五室”。鄭玄注：“五室象五行也。”賈公彦疏：“明堂之中有五，天帝五，人帝五，人神之坐皆法五行，故知五室象五行也。東北之室言木，東南之室言火，西南之室言金，西北之室言水。”

[3]聽朔：古代帝王、諸侯於每月初一臨朝治事前所舉行的禮儀，表示本月政事自此日開始。《禮記·玉藻》：“玄端而朝日於東門之外，聽朔於南門之外。”“諸侯玄端以祭，裨冕以朝，皮弁以聽朔於大廟。”清俞樾《群經平議·論語一》云，“吉日必朝服而朝”；“諸侯乃於朔日服皮弁服，朝天子大廟，使大夫奉天子命而北面受之，是曰聽朔，亦曰視朔，視聽一也”。

[4]《大戴禮記》：指漢戴德所編的《禮記》。《漢書·儒林傳》：“梁戴德延君、戴聖次君……德號大戴，爲信都太傅；聖號小戴，以博士論石渠，至九江太守。由是《禮》有大戴、小戴、慶氏

之學。”漢初劉向校書，諸家所記禮書有二百四篇。大戴删其繁爲八十五篇，稱《大戴禮》；小戴又删爲四十九篇，稱《小戴禮》（即立於學宫之《禮記》）。參見《四庫全書總目》卷二一《經部二十一・禮記正義提要》。

［5］明諸侯尊卑：《禮記・明堂位》：“昔者周公朝諸侯于明堂之位。天子負斧依南鄉而立；三公，中階之前，北面東上；諸侯之位阼階之東，西面北上，諸伯之國西階之西，東面北上；諸子之國門東，北面東上；諸男之國門西，北面東上；九夷之國，東門之外，西面北上……”是説以不同方位區别爵位（公、侯、伯、子、男）的尊卑和内外。

［6］《五經異議》：漢許慎撰。共十卷，講述今文經學與古文經學内容的差異。原書已佚，散見於《初學記》《通典》《御覽》等書。清王復有輯本一卷。

［7］《周官匠人職》：指《周禮・冬官・匠人》。

［8］帝一室：指明堂五室，五帝各一室。

［9］文王：指周文王昌，周朝開創者。

［10］《鄭志》：《四庫全書總目》卷三三《經部三十三・鄭志提要》：考《通典》《初學記》《御覽》等書，知“《鄭志》皆玄與門人問答之詞……此書宋以後亡佚”。　趙商：其事不詳，當是鄭玄門生，或是馬融門生。

［11］文廟：此指祭祀周文王的廟堂。

［12］袁孝尼云：孝尼所言亦謂，明堂主祭天帝，以人帝的始祖陪祭，故配祭的文王亦可以换其父太王，但不能本末倒置，主祭文王，則無帝來陪祭人鬼。袁孝尼，晋人，其事不詳。

［13］太元：東晋孝武帝司馬曜年號。原訛作“泰元”，今從中華本改。

［14］祀帝：指祭祀天帝。

［15］徐邈：東莞姑幕（今山東諸城市）人，仕東晋。儒學之士，由太傅謝安舉薦，爲中書舍人，侍帝前後十年，每被顧問，多

所匡益，甚見寵待。撰正《五經》音訓，學者宗之。《晉書》卷九一有傳。

[16]神主：古代爲已死的帝王、諸侯作的靈魂牌位，藏於宗廟之中供祭祀。《初學記》卷一三《宗廟》引《漢書舊事》曰："廟者所以藏主。"又引《五經要義》曰："木主之狀，四方，穿中央以達四方。天子長尺二寸，諸侯長尺，皆刻謚於背。"

[17]趙綰、王臧欲立明堂：《史記》卷一二《孝武帝本紀》："上鄉儒術，招賢良，趙綰、王臧等以文學爲公卿，欲議古立明堂城南，以朝諸侯。"司馬貞《索隱》云："城南，長安城南門外也。案，《關中記》云明堂在長安城門外，杜門之西也。"

[18]汾陰：指汾水之北。汾水，即今山西黄河支流汾河。　五畤（zhì）：又稱五畤原，在今陝西鳳翔縣南。秦漢時祭祀天帝的處所。《史記》卷七《孝武帝本紀》："明年，上初至雍，郊見五畤。"裴駰《集解》："《括地志》云：'漢五帝畤在岐州雍縣南。孟康云畤者神靈之所止。'案五畤者鄜畤、密畤、吴陽畤、北畤。先是文公作鄜畤，祭白帝；秦宣公作密畤，祭青帝；秦靈公作吴陽上畤、下畤，祭赤帝、黄帝；漢高祖作北畤，祭黑帝：是五畤也。"

議者或謂南郊之日，[1]已旅上帝，[2]若又以無配而特祀明堂，則一日再祭，於義爲黷。案古者郊本不共日。蔡邕《獨斷》曰："祠南郊。祀畢，次北郊，又次明堂、高廟、世祖廟，謂之五供。"[3]馬融云：[4]"郊天之祀，咸以夏正，[5]五氣用事，[6]有休有王，[7]各以其時，兆於方郊，[8]四時合歲，[9]功作相成，亦以此月總旅明堂。"是則南郊、明堂各日之證也。近代從省，故與郊同日，猶無煩黷之疑。何者？其爲祭雖同，所以致祭則異。[10]孔晁云，言五帝佐天化育，故有從祀之禮，旅上帝是也。至於四郊明堂，則是本祀之所，譬猶功臣從饗，豈復廢其私廟。且明堂有配之時，南郊亦旅上帝，此則不疑於共日，今何故致嫌於同辰。又《禮記》“天子祭天地、四方、山川、五祀，歲徧”。[11]《尚書·堯典》“咸秩無文”。[12]《詩》云“昭事上帝，聿懷多福”。[13]據此諸義，則四方、山川，猶必享祀，五帝大神，義不可略。魏文帝黄初二年正月，[14]郊天地、明堂，[15]明帝太和元年正月，[16]以武皇帝配天，文皇帝配上帝，然則黄初中南郊、明堂，皆無配也。

[1]南郊：古代帝王祭天大禮。《禮記·郊特牲》：“郊之祭也，迎長日之至也，大報天而主日也。兆於南郊，就陽位也。”

[2]旅：祭祀名。《尚書·禹貢》：“蔡蒙旅平，和夷厎績。”孔安國傳：“蔡蒙，二山名。祭山曰旅。平，言治功。”又《論語·八佾》：“季氏旅於泰山。”何晏《集解》：“馬曰：旅，祭名也。”按，“馬曰”，指馬融注曰。

[3]“祠南郊”至“謂之五供”：《續漢書·禮儀志上》載有此語。高廟、世祖廟，指祭祀漢高祖劉邦與漢文帝劉恒之廟。《史記》卷一〇《文帝本紀》：“世功莫大於高皇帝，德莫盛於孝文皇帝。高皇廟宜爲帝者太祖之廟，孝文皇帝廟宜爲帝者太宗之廟。”

[4]馬融：字季長，漢扶風茂陵（今陝西興平市）人。初仕校書郎中，官至太傅。融才高博洽，爲世通儒，生徒盈千，盧植、鄭玄皆出其門下。注五經，撰詩、賦、表、奏凡二十一篇。《後漢書》卷六〇上有傳。

[5]夏正：夏曆正月的省稱。即今農曆正月。夏代以正月爲歲首，商代以農曆十二月爲歲首，周代以農曆十一月爲歲首。秦及漢初曾一度以農曆十月爲歲首，自漢武帝改用夏正後，歷代沿用。

[6]五氣：指五行的氣數。《鶡冠子·度萬》："五氣失端，四時不成。"《史記》卷一《五帝本紀》："軒轅乃修德振兵，治五氣，藝五種，撫萬民，度四方。"裴駰《集解》引王肅曰："五行之氣。"

[7]有休有王：有的休止，有的旺盛。王，通"旺"。

[8]兆：古代設於四郊的祭壇，亦指設壇祭祀。《禮記·表記》："《詩》曰：'后稷兆祀，庶無罪悔。'"《周禮·春官·小宗伯》："兆五帝於四郊。"

[9]四時合歲：指四時的祭禮符合自然運轉的規律。《初學記》卷一三《總載禮》"同天氣，合人心"注引《禮稽命徵》曰："禮之動搖，與天地同氣，四時合信。"又引《禮記》曰："禮者，合於天時，設於地財，順於鬼神，合於人心，理萬物者也。"

[10]致祭：指所祭祀的對象。

[11]"天子祭天地"至"歲徧"：語出自《禮記·曲禮下》："天子祭天地，祭四方，祭山川，祭五祀，歲徧。"鄭玄注謂"祭四方"指祭四郊之神：東方句芒，南方祝融，西方蓐收，北方玄冥。"祭五祀"指祭五帝。歲徧，每年必須祭祀上列諸神。

[12]《尚書·堯典》"咸秩無文"：語出《尚書·洛誥》："周公曰：'王肇稱殷禮，祀于新邑，咸秩無文。'"孔穎達疏：成王新遷洛，"求教誨之言，公乃誨之"，謂"王居此洛邑當始，舉殷家祭祀以爲禮典，祀於洛之新邑，皆次秩在禮無文法應祀者，亦次秩而祀之"。

[13]《詩》云"昭事上帝，聿懷多福"：語出《詩·大雅·大明》："維此文王，小心翼翼，昭事上帝，聿懷多福。"孔穎達疏："明事上天之道，既維恭慎而明事上天，述行此道，思得多福。"

[14]黄初：三國魏文帝曹丕年號。

[15]郊祭天地、明堂事：見《三國志》卷二《魏書·文帝紀》。

[16]太和：三國魏明帝曹叡年號。《三國志》卷三《魏書·明帝紀》："太和元年春正月，郊祀武皇帝以配天，宗祀文皇帝於明堂

以配上帝。"

又郊日及牲色,[1]異議紛然。《郊特牲》云:[2]"郊之用辛,周之始郊也。"[3]盧植云:[4]"辛之爲言自新絜也。"[5]鄭玄云:"用辛日者,爲人當齋戒自新絜也。"漢魏以來,或丁或己,而用辛常多。考之典據,辛日爲允。《郊特牲》又云,郊牲幣宜以正色。[6]繆襲據《祭法》云,[7]天地騂犢,[8]周家所尚。魏以建丑爲正,[9]牲宜尚白。《白虎通》云,[10]三王祭天,[11]一用夏正,所以然者,夏正得天之數也。[12]魏用異朔,[13]故牲色不同。今大齊受命,建寅創曆,[14]郊廟用牲,一依晉、宋。

[1]郊日:指郊祭日期。　牲色:指供祭祀用的犧牲的毛色。犧牲多用牛、羊、豕。《左傳》桓公六年:"吾牲牷肥腯,粢盛豐備。"杜預注:"牲,牛羊豕也。"古人很重視五行,五行各有對應顏色,各個朝代所尚之色不同。

[2]《郊特牲》:《禮記》篇名。

[3]郊之用辛,周之始郊也:辛,指辛日,古人以干支記時,辛乃向陽之日。孔穎達疏:"用辛者,以冬至陽氣新用事,故用辛也。周之始郊日以至者,對建寅之月又祈穀郊祭。此言始者,對建寅爲始也。"按,建寅爲夏曆正月,古代以北斗星斗柄的運轉計算月份,斗柄轉向十二辰中的寅即爲夏曆正月。《淮南子·天文》:"天一元始,正月建寅。"

[4]盧植:字子幹,涿郡涿(今河北涿州市)人。少與鄭玄同事馬融,能通古今學。東漢末官至尚書,時稱"海内大儒",撰《尚書章句》《三禮解詁》等書多種。《後漢書》卷六四有傳。

[5]自新絜:乃上句正月含義的引伸,謂一年開始,萬象更新。

絜，通“潔”，修整。

[6]牲幣：犧牲和幣帛。古代用作祭品，以祭祀日月星辰、社稷、五嶽等。《周禮·春官·肆師》：“立大祀用玉帛牲牷，立次祀用牲幣，立小祀用牲。”鄭玄注：“鄭司農曰：‘大祀天地，次祀日月星辰，小祀司命以下。’玄謂大祀又有宗廟，次祀又有社稷、五嶽……”　正色：指朱色（赤紅色）。《論語·陽貨》：“子曰：惡紫之奪朱也。”何晏《集解》：“朱，正色。紫，間色之好者，惡其邪好而奪正色。”

[7]繆襲：三國魏東海（今江蘇東海縣）人。《三國志》卷二一《魏書·劉劭傳》：“劭同時東海繆襲亦有才學，多所述叙，官至尚書、光禄勛。”裴松之注：“《文章志》曰：襲字熙伯。辟御史大夫府，歷事魏四世。正始六年，年六十卒。”　《祭法》：《禮記》篇名。其所言内容，並非出自《祭法》，乃出自《郊特牲》。見下注。

[8]騂（xīng）犢：赤色的牛犢。《禮記·郊特牲》：“掃地而祭，於其質也。器用陶匏，以象天地之性也。於郊，故謂之郊。牲用騂，尚赤也。用犢，貴誠也。”鄭玄注：“尚赤者，周也。”

[9]建丑：以丑月（農曆十二月）爲歲首。《禮記·月令》“季冬之月”。鄭玄注：“季冬者，日月會於玄枵，而斗建丑之辰也。”

[10]《白虎通》：《白虎通義》，漢班固撰。四十四篇，記録漢章帝建初四年（79）在白虎觀議五經同異的言論。其書多引古義，兼收讖緯家説。以清盧文弨校本最佳。

[11]三王：這裏當指最先改用夏正的漢武帝劉徹和東漢開國皇帝劉秀以及當時的章帝劉炟。

[12]得天之數：謂適應天地自然運行的規律。

[13]朔：原爲月相名，指農曆每月初一，這裏借指曆律。

[14]建寅創曆：指創立以夏曆正月爲歲首的曆法。建寅，古代以北斗星斗柄的運轉計算月份。斗柄指向十二辰中的寅即爲夏曆正月。

謂宜以今年十月殷祀宗廟。自此以後，五年再殷。來年正月上辛，[1]有事南郊。宜以共日，[2]還祭明堂。又用次辛，[3]饗祀北郊。而並無配。犧牲之色，[4]率由舊章。[5]詔："可。明堂可更詳"。[6]

[1]上辛：指月初逢辛之日。古代以干支計時，甲、乙、丙、丁、戊、己、庚、辛、壬、癸十"天干"，與子、丑、寅、卯、辰、巳、午、未、申、酉、戌、亥十二"地支"相配，運轉一輪回爲數六十。因此每月天干能輪到三次。

[2]共日：指在南郊的同一天。

[3]次辛：指距離上辛十天後，多在月中。

[4]犧牲：供祭祀用的純色全體牲畜。《周禮·地官·牧人》："凡祭祀，共其犧牲。"鄭玄注："犧牲，毛羽完具也。"《國語·周語上》："使太宰以祝、史帥狸姓，奉犧牲、粢盛、玉帛往獻焉。"韋昭注："純色曰犧。"

[5]舊章：指用赤色。

[6]更詳：進一步商討，再議。

有司又奏："明堂尋禮無明文，唯以《孝經》爲正。[1]竊尋設祀之意，蓋爲文王有配則祭，無配則止。愚謂既配上帝，則以帝爲主。今雖無配，不應闕祀。徐邈近代碩儒，每所折衷，其云'郊爲天壇，則堂非文廟'，此實明據。内外百司立議已定，如更詢訪，終無異説。傍儒依史，竭其管見。既聖旨惟疑，群下所未敢詳，廢置之宜，仰由天鑒。"詔"依舊"。[2]

[1]以《孝經》爲正：此指明堂宗祀之祭，以周文王配天帝這一主張，由《孝經》最先提出，即《孝經·聖治》所言“昔者周公郊祀，后稷以配天，宗祀文王於明堂，以配上帝”。

[2]依舊：指明堂乃主祭天帝，不能“無配則止”。

建元四年，世祖即位。[1]其秋，有司奏：“尋前代嗣位，或因前郊年，[2]或别更始，[3]晋、宋以來，未有畫一。今年正月已郊，未審明年應南北二郊祀明堂與不？”依舊通關八座丞郎博士議。尚書令王儉議：“案秦爲諸侯，雜祀諸畤，[4]始皇并天下，未有定祠。漢高受命，因雍四畤而起北畤，[5]始祠五帝，未定郊丘。[6]文帝六年，[7]新垣平議初起渭陽五帝廟。[8]武帝初至雍郊見五畤，後常三歲一郊祠雍。元鼎四年，[9]始立后土祠於汾陰，[10]明年，立太一祠於甘泉，[11]自是以後，二歲一郊，與雍更祠。成帝初即位，[12]丞相匡衡於長安定南北郊。[13]哀、平之際，[14]又復甘泉、汾陰祠。平帝元始五年，[15]王莽奏依匡衡議，[16]還復長安南北二郊。光武建武二年，[17]定郊祀兆於洛陽。魏、晋因循，率由漢典，雖時或參差，而類多閒歲。至於嗣位之君，參差不一，[18]宜有定制。檢晋明帝太寧三年南郊，[19]其年九月崩，成帝即位，[20]明年改元即郊；簡文咸安二年南郊，[21]其年七月崩，孝武即位，[22]明年改元亦郊；宋元嘉三十年正月南郊，[23]其年二月崩，孝武嗣位，[24]明年改元亦郊。此則二代明例，差可依放。[25]謂明年正月宜饗祀二郊，虞祭明堂，自兹厥後，依舊閒歲。”[26]尚書領國子祭酒張緒等十七人並同儉議。[27]詔“可”。

［1］建元四年，世祖即位：指齊高帝（太祖）蕭道成於建元四年（482）三月殂，齊武帝（世祖）蕭賾即位。

［2］因前：依舊按照前王所定。“因”，中華本據毛本、殿本、局本改作“仍”；又，《通典·禮典》作“因”。今按，“因”與“依”同義，不改亦通。

［3］或別更始：“更”字原脱，中華本據《通典·禮典》補。今據補。

［4］秦爲諸侯，雜祀諸畤：指春秋戰國時秦文公作“鄜畤”，祭白帝；秦宣公作“密畤”，祭青帝；秦靈公作“上畤”“下畤”，祭黄帝、炎帝；秦獻公作“畦畤”，祭白帝。詳閱《史記》卷二八《封禪書》。

［5］因雍四畤而起北畤：《漢書·郊祀志上》：“（高祖）問：‘故秦時上帝祠何帝也？’對曰：‘四帝，有白、青、黄、赤帝之祠。’高祖曰：‘吾聞天有五帝，而四，何也？’莫知其説。於是高祖曰：‘吾知之矣，乃待我而具五也。’乃立黑帝祠，名曰北畤。”雍，雍州，秦故地，代指秦。

［6］郊丘：古天子祭天於郊外的圜丘，這裏代指祭天。北畤建成，漢高祖未親往，故曰“未定郊丘”。見《漢書·郊祀志上》。

［7］文帝六年：指漢文帝在位第六年，即公元前174年。

［8］新垣平：西漢方術之士。《漢書·郊祀志上》云：“趙人新垣平以望氣見上（漢文帝），言‘長安東北有神氣，成五采，若人冠冕焉。或曰東北神明之舍，西方神明之墓也。天瑞下，宜立祠上帝，以合符應。’於是作渭陽五帝廟，同宇，帝一殿，面五門，各如其帝色。祠所用及儀亦如雍五畤。”新垣平後來因騙術爲人識破被誅。

［9］元鼎：漢武帝劉徹年號。

［10］后土祠：祭祀土地神的祠廟。《周禮·春官·大宗伯》：

"王大封，則先告后土。"鄭玄注："后土，土神也。"　汾陰：縣名。治所在今山西萬榮縣。漢武帝於汾陰建后土寺事，參見《漢書》卷六《武帝紀》。

［11］太一祠：《漢書》卷六《武帝紀》作"泰畤"，顔師古注："祠太一也。"太一即太乙，天神名。《史記·封禪書》："天神貴者太一也。"司馬貞《索隱》引宋均云："太一，北極神之别名。"　甘泉：甘泉宫的所在地，在今陝西渭南縣東北。

［12］成帝：指漢成帝劉驁。《漢書》卷一〇有紀。

［13］匡衡：字稚圭，東海（今江蘇徐州市）人。歷仕漢宣、成二帝，官至丞相，掌朝政。匡衡博學通儒，國家每有大政，必與定議。《漢書》卷八一、《史記》卷九六有傳。《漢書·郊祀志下》載，成帝初即位，丞相匡衡以爲郊祀天地乃帝王承天之序的大事，古代郊處在王都之南北。依從他的建議，朝廷將甘泉泰畤、河東后土祠廢止，移至京都長安，於長安定南北郊。

［14］哀、平：指漢哀帝劉欣和平帝劉衎。《漢書》卷一一、卷一二分别有紀。《漢書·郊祀志下》載，哀帝體弱多病，以爲是郊祀遷祠寺獲罪於天所致，於是"復甘泉泰畤、汾陰后土如故"。

［15］元始：漢平帝劉衎年號。

［16］王莽奏依匡衡議：王莽，字巨君，漢元帝王皇后之侄。平帝時官至大司馬，擅權篡國。《漢書》卷九九有傳。其表奏依匡衡議事，見《漢書·郊祀志下》。

［17］光武：指東漢創始人光武皇帝劉秀，漢高祖九世孫。《後漢書》卷一有紀。其紀云："（建武）二年春……壬子，起高廟，建社稷於洛陽，立郊兆于城南，始正火德，色尚赤。"李賢注："《漢禮制度》曰：'光武都洛陽，乃合高祖以下至平帝爲一廟，藏十一帝主於其中。'《續漢書》曰：'制郊兆於洛陽城南七里，爲壇……天地位皆在壇上。其外壇上爲五帝位'。"又《續漢書·祭祀志上》亦有詳述。

［18］嗣位之君，參差不一：指初繼位的新皇帝何時舉行郊祭則

各不相同。

［19］晉明帝：東晉明帝司馬紹。《晉書》卷六有紀。　太寧：晉明帝及晉成帝年號。　三年：原作“五年”，中華本校勘記云：“按太寧無五年，晋明帝卒於太寧三年九月，下云‘其年九月崩’，《南史·王儉傳》載儉議，亦云‘晋明帝太寧三年南郊，其年九月崩’，明‘五’乃‘三’之訛，今改正。”今按，《晉書·禮志上》亦云：“明帝太寧三年七月，始詔立北郊，未及建而帝崩。”今據改。

［20］成帝：指東晉成帝司馬衍。《晉書》卷七有紀。其在咸和二年（327）十一月祭於南郊。

［21］簡文：指東晉簡文帝司馬昱。《晉書》卷九有紀。

［22］孝武：指東晉孝武帝司馬曜。《晉書》卷九有紀。

［23］宋元嘉三十年：指南朝宋文帝劉義隆元嘉三十年（453）二月崩（實爲太子劉劭弑）。詳見《宋書》卷五。

［24］孝武：指宋孝武帝劉駿，文帝第三子。太子劉劭弑父稱帝，改元“太初”。其弟劉駿時爲武陵王，起兵討之，稱劭“元凶”，劭旋被滅，駿繼位，是爲孝武帝。登位次年，祀南郊，改元孝建。《宋書》卷六有紀。又《通鑑》卷一二八《宋紀十》“孝武帝孝建元年”條：“春，正月，己亥朔，上祀南郊，改元。”胡三省注：“上既平元凶之亂，依故事即位踰年而後改元。孝建者，蓋欲以孝建平禍亂安宗廟之功。”

［25］依放（fǎng）：依照，仿效。放，仿效。《尚書·堯典》：“曰若稽古，帝堯曰放勛。”孔穎達疏：“帝堯能放效上世之功。”

［26］閒（jiàn）歲：相隔一年。意謂兩年郊祭一次。

［27］國子祭酒：太常府主官之一，掌國祭。秩三品。南齊國子祭酒與尚書同秩。　張緒：時任太常卿，領國子祭酒。本書卷三三有傳。

永明元年當南郊，而立春在郊後，[1]世祖欲遷郊。[2]尚書令王儉啓："案《禮記·郊特牲》云：'郊之祭也，迎長日之至也，大報天而主日也。'[3]《易説》'三王之郊，一用夏正'。[4]盧植云：'夏正在冬至後，[5]《傳》曰啓蟄而郊，[6]此之謂也。'然則圜丘與郊各自行，[7]不相害也。鄭玄云：'建寅之月，[8]晝夜分而日長矣。'王肅曰：[9]'周以冬祭天於圜丘，以正月又祭天以祈穀。'《祭法》稱'燔柴太壇'，[10]則圜丘也。《春秋傳》云'啓蟄而郊'，則祈穀也。謹尋《禮》《傳》二文，各有其義，盧、王兩説，有若合符。中朝省二丘以并二郊，[11]即今之郊禮，義在報天，事兼祈穀，既不全以祈農，何必俟夫啓蟄？史官唯見《傳》義，未達《禮》旨。又尋景平元年正月三日辛丑南郊，[12]其月十一日立春，元嘉十六年正月六日辛未南郊，[13]其月八日立春。此復是近世明例，不以先郊後春爲嫌。若或以元日合朔爲礙者，[14]則晋成帝咸康元年正月一日加元服，[15]二日親祠南郊。元服之重，百僚備列，雖在致齋，[16]行之不疑。今齋内合朔，此即前準。若聖心過恭，寧在嚴絜，[17]合朔之日，散官備防，非預齋之限者，[18]於止車門外别立幔省，[19]若日色有異，則列於省前。望實爲允，謂無煩遷日。"從之。

[1]立春在郊後：南齊用夏曆，南郊在正月初立春後上辛日，由於閏月，二十四節運轉推遲，立春有時在上辛日之後。

[2]世祖：齊武帝蕭賾廟號。本書卷三有紀。　遷郊：改變郊祭時間，即不在上辛日，等到立春後再郊。

［3］長日：指冬至後陽氣上升，晝漸長。　主日：指祭天以祭日爲主。

［4］《易説》"三王之郊，一用夏正"：此語已見於《白虎通》，檢《易》未見此語。《易説》有多種，不知出於何書。

［5］夏正在冬至後：謂按夏曆，郊祭亦可在冬至後舉行。

［6］《傳》曰啓蟄而郊：《傳》，指《左傳》。啓蟄，節氣名，今稱驚蟄。《左傳》桓公五年："凡祀，啓蟄而郊。"孔穎達疏："《夏小正》曰：'正月啓蟄。'其《傳》曰：'言始發蟄也。'"楊伯峻《春秋左傳注》："《淮南子·天文訓》改驚蟄在雨水後，爲夏正二月節氣。古之驚蟄在雨水前，爲夏正正月之中氣。"（中華書局1990年版，第106—107頁）

［7］圜丘：郊外圓形的高地。古代帝王冬至祭天的地方，代指祭天。《周禮·春官·冢人》："冬日至，於地上之圜丘上奏之。"賈公彦疏："土之高者曰丘，取自然之丘。圜者，象天圜也。"　各自行：指圜丘與郊祀雖皆祭天，但所求不同。

［8］建寅之月：指夏曆正月。詳見本卷前注。

［9］王肅：字子雍，東海郯（今山東兖州市）人，仕三國魏。肅受學鄭玄之門，人稱東州大儒，歷注經傳，傳於世。此引乃王肅注《禮記》語。　祈穀：指祈求農業豐收。

［10］《祭法》稱"燔柴太壇"：《禮記·祭法》："燔柴於泰壇，祭天也。"孔穎達疏："謂積薪於壇上，而取玉及牲置柴上燔之，使氣達於天也。"

［11］中朝：指西晋，偏安江左的東晋稱原本建都中原的西晋爲中朝。　省二丘以并二郊：謂將每年兩次祭天合並爲一次舉行。

［12］景平：南朝宋少帝劉義符年號。

［13］正月六日辛未南郊：《宋書》卷五《文帝紀》祇記有"十六年春正月戊寅，車駕於北郊閲武"事，未記"南郊"事。

［14］元日：吉日。《吕氏春秋·仲春》："擇元日，命人社。"高誘注："元，善也。"按，此元日指齊武帝"永明"元年正月。

合朔：指與郊祭上辛之日同正朔。蓋謂二者一吉一祭，不宜同時舉行。

[15]咸康：東晋成帝年號。　加元服：元服指冠。加元服，指行加冠禮。古代男子二十歲行加冠禮，表示成年。《儀禮・士冠禮》："令月吉日，始加元服。"鄭玄注："元，首也。"《漢書・昭帝紀》："（元鳳）四年春正月丁亥，帝加元服。"顔師古注："元，首也。冠者，首之所著，故曰元服。"漢劉向《説苑・修文》："冠者，所以别成人也……加冠以屬其心。"

[16]致齋：古代在舉行祭祀前清心潔身的禮式。《禮記・祭義》："致齊於内，散齊於外。"又《禮記・祭統》："故散齊七日以定之，致齊三日以齊之，定之之謂齊，齊者精明之至也，然後可以交於神明也。"按，"齊"同"齋"。

[17]嚴絜：整肅使之潔净。

[18]非預齋之限者：指不參與齋戒範圍的人（官員）。

[19]止車門：指王宮門外禁地。　幔省：用幃幔張蓋的臨時官署。《宋書・禮志一》："元嘉二十五年閏二月，大蒐於宣武場，主司奉詔列奏申攝，克日校獵，百官備辦。設行宮殿便坐武帳於幕府山南岡。設王公百官便坐幔省如常儀。"

永明二年，祠部郎中蔡履議：[1]"郊與明堂，本宜異日。漢東京《禮儀志》'南郊禮畢，次北郊、明堂、高廟、世祖廟，謂之五供'。[2]蔡邕所據亦然。近世存省，故郊堂共日。來年郊祭，宜有定准。"

[1]祠部郎中：尚書省祠部尚書屬官。掌禮儀、祭祀。秩五品。

[2]漢東京《禮儀志》：指《續漢書・禮儀志》。其《禮儀志上》曰："正月上丁，祠南郊，禮畢，次北郊、明堂、高廟、世祖廟，謂之五供。五供畢，以次上陵。"

太學博士王祐議：[1]“來年正月上辛，宜祭南郊，次辛，有事明堂，后辛，饗祀北郊。”

[1]太學博士：太常府屬官。掌國學、禮儀等。秩同中書郎，五品。　王祐：其事不詳。按，王祐蓋謂先祭天，後祭宗廟，再祭地。

兼博士劉蔓議：[1]“漢元鼎五年，以辛巳行事，[2]自後郊日，略無違異。元封元年四月癸卯，[3]登封泰山，坐明堂。五年甲子，以高祖配。[4]漢家郊祀，非盡天子之縣，[5]故祠祭之月，事有不同。後漢永平以來，[6]明堂兆於國南，而郊以上丁，[7]故供修三祀，[8]得並在初月。雖郊有常日，明堂猶無定辰。何則？郊丁社甲，[9]有說則從，經禮無文，[10]難以意造，是以必算良辰，而不祭寅丑。[11]且禮之奠祭，無同共者，唯漢以朝日合於報天爾。若依《漢書》五供，便應先祭北郊，然後明堂。則是地先天食，[12]所未可也。”

[1]劉蔓：太常屬官。其事不詳。

[2]漢元鼎五元，以辛巳行事：《漢書》卷六《武帝紀》：“（元鼎五年）十一月辛巳朔旦，冬至。立泰畤于甘泉。天子親郊見，朝日夕月。”顏師古注：“祠太一也。”又注：“臣瓚曰：‘《漢儀注》郊泰畤，皇帝平旦出竹宫，東向揖日，其夕，西南向揖月，便用郊日，不用春秋也。’師古曰：‘春朝朝日，秋暮夕月，蓋常禮也。郊泰畤而揖日月，此又别儀。’”

[3]元封：漢武帝年號。《漢書》卷六《武帝紀》：“夏四月癸

卯，上還，登封泰山，降坐明堂。”顏師古注引孟康曰：“王者功成治定，告成功於天。封，崇也，助天之高也。刻石紀號，有金策石函金泥玉檢之封焉。”又引臣瓚曰：“《郊祀志》‘初，天子封泰山，泰山東北阯古時有明堂處’，則此所坐者也。明年秋乃作明堂耳。”

[4]五年甲子，以高祖配：五年，指元封五年，是年在泰山立明堂祭天。《漢書》卷六《武帝紀》：“春三月，還至泰山，增封。甲子，祠高帝于明堂，以配上帝。”

[5]縣：古稱天子所居之地。《禮記・王制》：“天子之縣内，方百里之國九。”鄭玄注：“夏時天子所居州界名也。殷曰畿……周亦曰畿。”

[6]永平：東漢明帝劉莊年號。

[7]明堂兆於國南，而郊以上丁：明帝在京城建立明堂，舉行郊祭。《續漢書・禮儀志上》：“正月上丁，祠南郊。禮畢，次北郊、明堂……”劉昭注補：“《白虎通》曰：《春秋傳》曰‘以正月上辛’；《尚書》曰‘丁巳……’。先甲三日，辛也，後甲三日，丁也，皆可接事昊天之日。”

[8]三祀：指漢南郊、北郊、明堂三次祭祀在同月舉行。

[9]郊丁社甲：上注所言丁日在甲日的後三日與辛日在甲日的前三日，可以通融。

[10]經禮無文：指上述説法，禮經無明文規定。

[11]不祭寅丑：指不是按禮的規定祭於建寅（正月）或建丑（十二月）。

[12]地先天食：指“五供”中先北郊祭地，然後明堂祭天神以始祖配。按，劉蕘蓋謂兩漢郊祀禮儀混亂，不可取法。

兼太常丞蔡仲熊議：[1]“《鄭志》云‘正月上辛，祀后稷於南郊，還於明堂，以文王配’。[2]故宋氏創立明堂，郊還即祭，[3]是用《鄭志》之説也。蓋爲《志》者失，非玄意也。玄之言曰：‘未審周明堂以何月，於《月令》則以季秋。’[4]案玄注《月令》‘季秋大饗帝’云‘大饗，徧祭五帝’。又云‘大饗於明堂，以文武配’。[5]其時秋也，去啓蟄遠矣。[6]又《周禮·大司樂》‘凡大祭祀，宿縣’。[7]尋宿縣之旨，以日出行事故也；若日暗而後行事，則無假預縣。[8]果日出行事，何得方俟郊還？東京《禮儀志》不記祭之時日，而《志》云：‘天郊夕牲之夜，[9]夜漏未盡八刻進熟；[10]明堂夕牲之夜，夜漏未盡七刻進熟。’尋明堂之在郊前一刻，而進獻奏樂，方待郊還。[11]魏高堂隆表‘九日南郊，十日北郊，十一日明堂，十二日宗廟’。[12]案隆此言，是審于時定制，[13]是則《周禮》、二漢及魏，皆不共日矣。[14]《禮》以辛郊，《書》以丁祀，辛丁皆合，宜臨時詳擇。”[15]

[1]蔡仲熊：濟陽（今河南蘭考縣）人，歷仕南朝齊、梁，禮學博聞，“執經議論，往往與時宰不合，亦終不改操求同，故坎壈不進”。見《南史》卷五〇《劉瓛傳》。

[2]《鄭志》：鄭立與門人議論五經的記録，詳見前注。《鄭志》所云本於《孝經·聖治》：“昔者周公郊祀后稷以配天，宗祀文王於明堂以配上帝。”《鄭志》語有改動，故含義有偏，似乎郊祭後立即“還於明堂”祭祀。

[3]故宋氏創立明堂，郊還即祭：宋氏，當指南朝劉宋，但檢《宋書》諸帝《紀》及《禮志》均無“創立明堂，郊還即祭”記録。

[4]《月令》：指《禮記·月令·季秋》。此句意謂，按《月令》記載，周代明堂之祭應在秋末。

[5]大饗於明堂，以文武配：今本《禮記·月令·季秋》“大饗帝”鄭玄注無此語。

[6]去啓蟄遠矣：謂秋與春初驚蟄節令時間相距甚遠。

[7]宿縣（xuán）：謂預先準備操練樂器。《周禮·大司樂》：“凡樂事，大祭祀，宿縣，遂以聲展之。”賈公彦疏：“言宿縣者，皆於前宿豫縣之，遂以聲展之者，謂相扣使作聲，而展省聽之，知其完否善惡也。”

[8]無假預縣：没有空閑時間預先操弄樂器。假，通“暇”。

[9]天郊夕牲：祭天大典前夕查看犧牲。漢董仲舒《春秋繁露·郊祭》：“夫古之畏敬天而重天郊如此甚也。”《續漢書·禮儀志上》：“正月，天效，夕牲。”劉昭注補：“《周禮》‘展牲’，干寶曰‘若今夕牲’。又郊儀，先郊日未晡五刻夕牲。”

[10]漏：古代以漏壺計時，殷商以百刻爲一晝夜，自漢哀帝建平二年（前5）改爲一晝夜一百二十刻。《漢書》卷一一《哀帝紀》：“漏刻以百二十爲度。”顔師古注：“舊漏晝夜共百刻，今增其二十。”　熟：指煮熟的犧牲。

[11]方待郊還：此處謂既然明堂“進熟奏樂”早於郊祭一刻，就不可能等待郊祭後返回再祭明堂。

[12]高堂隆：字升平，泰山平陽（今山東鄒平縣）人。仕三國魏，官侍中，領太史令。明經通禮，爲時名儒，帝甚重之。《三國志》卷二五有傳。

[13]審于時：指按當時的實際情況。

[14]不共日：指郊祭和明堂祭所定的時間不一致。

[15]宜臨時詳擇：蔡仲熊的意見蓋與劉蔓不同，他認爲祭日可以變通，不必强求一致，而且前人早已如此。

太尉從事中郎顧憲之議：[1]“《春秋傳》以正月上辛郊祀，《禮記》亦云郊之用辛，《尚書》獨云丁巳用牲于郊。先儒以爲先甲三日辛，後甲三日丁，可以接事天神之日。後漢永平二年正月辛未，宗祀光武皇帝於明堂。辛既是常郊之日，郊又在明堂之前，無容不郊而堂，則理應郊堂。”[2]

[1]顧憲之：字士思，吴郡吴（今江蘇蘇州市）人。仕齊，歷黄門郎、吏部郎。遵法制，以方直見長。本書卷四六有附傳。

[2]理應郊堂：謂理應先郊祭而後祀明堂。

司徒西閤祭酒梁王議：[1]“《孝經》鄭玄注云‘上帝亦天别名’。如鄭旨，帝與天亦言不殊。近代同辰，良亦有據。魏太和元年正月丁未，郊祀武皇帝以配天，宗祀文皇帝於明堂以配上帝，[2]此則已行之前准。”[3]

[1]梁王：指後來的梁武帝蕭衍。衍字叔達，南蘭陵中都里（今江蘇常州市）人。曾仕南朝宋、齊。以文學顯，當時與名士王融、謝朓、沈約、范雲、蕭琛、任昉、陸倕結交，號曰“八友”。曾在司徒府任西閤祭酒（掌禮儀教化），一説在衛軍府任東閤祭酒。《通鑑》卷一三六《齊紀二》“武帝永明二年”條：“衛軍東閤祭酒蕭衍。”胡三省注：“時王儉爲衛將軍，辟蕭衍爲東閤祭酒。自晋以來，公府屬，長史之下有東、西閤祭酒。”

[2]“魏太和元年正月”至“於明堂以配上帝”：《三國志》卷三《魏書·明帝紀》：“太和元年春正月，郊祀武皇帝以配天，宗祀文皇帝於明堂以配上帝。”按，“武皇帝”指曹操，“文皇帝”指曹丕。

[3]已行：指同日二祭。

驍騎將軍江淹議：[1]“郊旅上天，堂祀五帝，非爲一日再黷之謂，[2]無俟釐革。”[3]

[1]江淹：字文通，濟陽考城（今河南民權縣）人。歷任齊、梁，以文學顯。齊武帝永明年間，爲驍騎將軍，兼尚書左丞，領國子博士。是時軍書表記，皆使淹具草。《梁書》卷一四有傳。

[2]黷：輕慢不敬。《尚書·説命中》：“黷于祭祀，時謂弗欽。”

[3]釐革：改變。

尚書陸澄議：[1]“遺文餘事，存乎舊書，郊宗地近，勢可共日。不共者，義在必異也。[2]元始五年正月六日辛未，[3]郊高皇帝以配天，二十二日丁亥，宗祀孝文於明堂配上帝。永平二年正月辛未，宗祀五帝於明堂，光武皇帝配。章帝元和二年，[4]巡狩岱宗，柴祭，翌日，祠五帝於明堂。柴山祠地，尚不共日，郊堂宜異，於例益明。陳忠《奏事》云‘延光三年正月十三日南郊，十四日北郊，十五日明堂，十六日宗廟，十七日世祖廟’。[5]仲遠五祀，[6]紹統五供，[7]與忠此奏，皆爲相符。高堂隆表，二郊及明堂宗廟各一日，摯虞《新禮》議明堂南郊閒三兆，[8]禋天饗帝共日之證也。又上帝非天，昔人言之已詳。今明堂用日，宜依古在北郊後。漢唯南郊備大駕，[9]自北郊以下，車駕十省其二。今祠明堂，不應大駕。”

[1]陸澄：字彦淵，吴郡吴（今江蘇蘇州市）人。歷仕南朝

宋、齊，永明年間曾任度支尚書，尋領國子博士。好學博覽，世稱碩學。本書卷三九有傳。

[2]義在必異：謂祭儀意旨，郊祀與明堂祭有區別，不可同日進行。

[3]元始五年：漢平帝元始五年（5）郊祀事，《漢書》卷一二《平帝紀》乃列於元始四年（4）。

[4]元和：東漢章帝劉炟年號。

[5]陳忠：字伯始，東漢沛國洨（今安徽泗縣）人。安帝時官至太尉。明法律、禮儀，爲時所重。《後漢書》卷四六有附傳。延光：東漢安帝劉祜年號。　世祖：東漢光武帝劉秀廟號。《後漢書》卷一有紀。

[6]仲遠：東漢應劭字。本卷前有注。　五祀：指祭五帝。

[7]紹統：晉司馬彪字，撰有《續漢書》。

[8]間（jiàn）三兆：指隔日祭祀。

[9]大駕：古代皇帝出行，儀仗隊規模之最大者爲大駕，在法駕、小駕之上。漢蔡邕《獨斷》："天子出，車駕次第謂之鹵簿，有大駕，有小駕，有法駕。大駕則公卿奉引，大將軍參乘，太僕御，屬車八十一乘，備千乘萬騎。"

尚書令王儉議："前漢各日，後漢亦不共辰，[1]魏、晉故事，不辨同異，宋立明堂，唯據自郊徂宮之義，[2]未達祀天旅帝之旨。何者？郊壇旅天，甫自詰朝，還祀明堂，便在日昃，雖致祭有由，而煩黷斯甚，異日之議，於理爲弘。[3]《春秋感精符》云'王者父天母地'，[4]則北郊之祀，應在明堂之先。漢、魏北郊，亦皆親奉，[5]晉太寧有詔，未及遵遂。[6]咸和八年，[7]甫得營繕，[8]太常顧和秉議親奉。[9]康皇之世，[10]已經遵用。宋氏因循，未遑釐革。今宜親祠北郊，明年正月上辛祠昊天，次辛瘞后土，後辛祀明堂，御並親奉。車服之儀，率遵漢制。南郊大駕，北郊、明堂降爲法駕。[11]兖冕之服，[12]諸祠咸用。”詔“可”。

[1]前漢各日，後漢亦不共辰：謂前後漢的郊祀與明堂祭都不在同一天舉行。

[2]自郊徂宫：指自郊祀到明堂祭同日舉行。《宋書·禮志三》：“後廢帝元徽二年十月丁巳，有司奏郊祀明堂，還復同日。”

[3]異日之議，於理爲弘：謂郊祀、明堂不同日舉行的意見有道理。

[4]王者父天母地：謂帝王以天爲父，以地爲母，故帝王又稱“天子”。

[5]親奉：指帝王親往主祭。

[6]晋太寧有詔，未及遵遂：晋明帝擬恢復祭典，可惜太寧三年（325）八月駕崩，故“未及遵遂”。太寧，東晋明帝司馬紹年號，原訛“泰寧”，據《晋書》改正。《晋書》卷六《明帝紀》：“（太寧三年）秋七月辛未……詔曰：‘郊祀天地，帝王之重事。自中興以來，惟南郊，未曾北郊，四時五郊之禮都不復設，五嶽、四瀆、名山、大川載在祀典應望秩者，悉廢而未舉。主者其依舊詳處。’”“有詔”蓋指此。

[7]咸和：東晋成帝司馬衍年號。

[8]甫得營繕：《晋書》卷七《成帝紀》：“（咸和）八年春正月辛亥朔，詔曰：‘昔犬賊縱暴，宫室焚蕩，元惡雖翦，未暇營築。有司屢陳朝會逼狹，遂作斯宫。子來之勞，不日而成。既獲臨御，大饗群后，九賓充庭，百官象物。知君子勤禮，小人盡力矣。’”

[9]顧和：字君考。仕成、康諸帝，官至太常卿、國子祭酒。和熟諳舊儀，中興東遷，舊章多闕，和所議，帝皆從之。《晋書》

卷八三有傳。

［10］康皇：指東晉康帝司馬岳。《晉書》卷七有紀。

［11］法駕：天子禮儀所乘次於大駕的一種。《史記》卷九《吕太后本紀》："乃奉天子法駕，迎代王於邸。"裴駰《集解》引蔡邕曰："天子有大駕、法駕、小駕。法駕上所乘，曰金根車，駕六馬，有五時副車，皆駕四馬，侍中參乘，屬車三十六乘。"

［12］衮（gǔn）冕：古代帝王和上公的禮服和冠。《周禮·春官·司服》："王之吉服，祀昊天上帝則服大裘而冕；祀五帝亦如之；享先王則衮冕……公之服，自衮冕而下，如王之服。"衮，綉龍飾的衣。冕，大冠。

建武二年，[1]通直散騎常侍庾曇隆啓：[2]"伏見南郊壇員兆外内，[3]永明中起瓦屋，[4]形製宏壯。檢案經史，無所准據。尋《周禮》，祭天於圜丘，取其因高之義，兆於南郊，就陽位也。故以高敞，貴在上昭天明，旁流氣物。自秦、漢以來，雖郊祀參差，[5]而壇域中間，[6]並無更立宫室。其意何也？政是質誠尊天，不自崇樹，兼事通曠，必務開遠。宋元嘉南郊，至時權作小陳帳以爲退息，[7]泰始薄加脩廣，[8]永明初彌漸高麗，往年工匠遂啓立瓦屋。前代帝皇，豈於上天之祀而昧營構，所不爲者，深有情意。《記》稱'掃地而祭，於其質也，器用陶匏，天地之性也'。[9]故'至敬無文'，'以素爲貴'。[10]竊謂郊事宜擬休偃，[11]不俟高大，以明謙恭肅敬之旨。庶或仰允太靈，[12]俯愜群望。"[13]詔"付外詳"。

［1］建武：齊明帝蕭鸞年號。

［2］通直散騎常侍：侍中門下屬官。侍左右，備問答。秩五品。

［3］員兆：猶圓（圜）丘，古代祭天的圓形高壇。員，通“圓”。

［4］永明中起瓦屋：此指齊武帝蕭賾好大喜功，違制建臺壇宫殿。如在孫陵崗建商飆館，世呼爲“九日臺”。詳見本書卷三《武帝紀》及《通鑑》卷一三五《齊紀一》。

［5］郊祀參差：指郊祀的時間、地點有所不同。

［6］壇域中閒（jiàn）：指祭壇中間部分留有空隙。

［7］作小陳帳以爲退息：指臨時張設幃幔供祭祀者上息。詳見本卷前“幔省”注。

［8］泰始：宋明帝年號。原訛“太始”，今據中華本改正。

［9］《記》稱：《記》指《禮記》，其《郊特牲》云：“掃地而祭，於其質也；器用陶匏，以象天地之性也。”孔穎達疏：“陶謂瓦器，謂酒尊及豆簋之屬。”

［10］至敬無文，以素爲貴：語出《禮記·禮器》：“禮有以素爲貴者，至敬無文……大圭不琢，大羹不和。”按，“文”指刻意修飾。

［11］休偃：休息，安享。

［12］太靈：指天神。

［13］群望：指衆生的願望。

國子助教徐景嵩議：[1]“伏尋《三禮》，天地兩祀，南北二郊，但明祭取犧牲，[2]器用陶匏，不載人君偃處之儀。[3]今帳瓦之構雖殊，[4]俱非千載成例，宜務因循。”[5]太學博士賀瑒議：[6]“《周禮》‘王旅上帝，張氈案，設皇邸’。[7]國有故而祭，亦曰旅。氈案，以氈爲牀於幄中，不聞郊所置宫宇。”兼左丞王摛議，[8]掃地而祭於郊，謂無築室之議。並同曇隆。驍騎將軍虞炎議，[9]

以爲“誠慤所施，止在一壇。漢之郊祀，饗帝甘泉，天子自竹宮望拜，[10]息殿去壇場既遠，郊奉禮畢，旋幸於此。瓦殿之與帷宫，謂無簡格”。[11]祠部郎李撝議：[12]“《周禮》‘凡祭祀張其旅幕，張尸次’。[13]尸則有幄。仲師云‘尸次，祭祀之尸所居更衣帳也’。[14]凡祭之文，既不止於郊祀，立尸之言，理應關於宗廟。古則張幕，今也房省。[15]宗廟旅幕，可變爲棟宇；郊祀氈案，何爲不轉製檐甍？”[16]曇隆議不行。

［1］國子助教：太常府國子祭酒下屬官。助掌國學。其秩准南臺御史，秩六品。

［2］明祭：猶明祀。對重大祭祀的美稱。《左傳》僖公二十一年：“崇明祀，保小寡，周禮也。”杜預注：“明祀，大皞、有濟之祀。”

［3］偃處：休息。此指人君在郊祀時停駐休息。

［4］帳：原作“棟”。中華本校勘記云：“據《元龜》五百七十七改。按棟瓦不當云殊，帳幕與瓦屋始能云殊。”今從改。

［5］宜務因循：謂應遵照古禮成例。

［6］賀瑒：字德璉，會稽山陰（今浙江紹興市）人。歷仕齊、梁，名儒，尤精於《禮》，撰《五經義》。《南史》卷六二、《梁書》卷四八均有傳。

［7］“王旅上帝”至“設皇邸”：出自《周禮·天官·掌次》：“王大旅上帝，則張氈案，設皇邸。”鄭玄注：“大旅上帝祭天於圓丘。國有故而祭亦曰旅，此以旅見祀也。張氈案，以氈爲牀於幄中。”賈公彦疏云：“皇邸者，邸謂以版爲屏風，又以鳳凰羽飾之，此謂王坐所置也。”

［8］左丞：尚書省屬官。掌宗廟祭祀、朝儀禮制、選用除置諸

事，秩同諸尚書。

[9]驍騎將軍：太尉軍府屬官。秩四品。　虞炎：會稽（今浙江紹興市）人。齊永明中，以文學與沈約等俱爲文惠太子所遇。本書卷五二有略傳。

[10]竹宮：用竹子建造的簡便宫室。《漢書·禮樂志》："以正月上辛用事甘泉圜丘……天子自竹宫而望拜。"《三輔黄圖·甘泉宫》："竹宫，甘泉祠宫也，以竹爲宫，天子居中。"

[11]簡格：謂區别，不同。此指瓦殿與幃宫，皆爲帝王臨時歇息之處，用途相同。

[12]祠部郎：祠部尚書屬官。掌禮儀、祭祀事。秩五品。

[13]凡祭祀張其旅幕，張尸次：語出《周禮·春官·掌次》，"凡祭祀，張其旅幕，張尸次。"賈公彦疏："祭祀皆有群臣助祭。其臣既多，不可人人獨設，故張旅幕旅衆也，謂衆人共幕。諸祭皆有尸，尸尊，故别張尸次"。尸，古代祭祀神靈的扮演者或代死者受祭的人，亦指神像或神主牌位。

[14]仲師云：仲師即鄭司農（鄭衆）。賈公彦疏："司農云更衣帳者，（尸）未祭則常服，至祭所乃更去常服，服祭服也。"

[15]房省：房室，公署。

[16]檐甍：屋檐和屋脊。借指規模較大的房屋。按，虞炎所議，蓋謂郊祭場所的設備，可以因時因地變通，不必泥古。

建武二年旱，有司議雩祭依明堂。[1]祠部郎何佟之議曰：[2]"《周禮·司巫》云：[3]'若國大旱，則帥巫而舞雩。'[4]鄭玄云：'雩，旱祭也。天子於上帝，諸侯以下於上公之神。'又《女巫》云'旱暵則舞雩'。[5]鄭玄云：'使女巫舞旱祭，崇陰也。'鄭衆云：'求雨以女巫。'[6]《禮記·月令》云：[7]'命有司爲民祈祀山川百原，乃大雩帝，用盛樂。乃命百縣雩祀百辟卿士有益於民者，以祈穀實。’鄭玄云：‘陽氣盛而恒旱。山川百原，能興雲致雨者也。衆水所出爲百原，必先祭其本。雩，吁嗟求雨之祭也。[8]雩帝，謂爲壇南郊之旁，祭五精之帝，配以先帝也。自鞉鞞至柷敔爲盛樂，[9]他雩用歌舞而已。百辟卿士，古者上公以下，謂勾龍、后稷之類也。[10]《春秋傳》曰“龍見而雩”，[11]雩之正當以四月。’[12]王肅云：‘大雩，求雨之祭也。《傳》曰龍見而雩，謂四月也。若五月六月大旱，亦用雩，《禮》於五月著雩義也。’晋永和中，[13]中丞啓，雩制在國之南爲壇，祈上帝百辟，舞童八列六十四人，歌《雲漢》詩，[14]皆以孟夏，得雨報太牢。[15]於時博士議，舊有壇，漢、魏各自討尋。《月令》云‘命有司祈祀山川百原，乃大雩’。又云‘乃命百縣雩祀百辟卿士’。則大雩所祭，唯應祭五精之帝而已。勾芒等五神，[16]既是五帝之佐，依鄭玄説，[17]宜配食於庭也。鄭玄云‘雩壇在南郊壇之旁’，而不辨東西。尋地道尊右，雩壇方郊壇爲輕，[18]理應在左。宜於郊壇之東、營域之外築壇。既祭五帝，謂壇宜員。尋雩壇高廣，《禮》《傳》無明文，案《覲禮》設方明之祀，[19]爲壇高四尺，用圭璋等六玉，禮天地四方之神，王者率諸侯親禮，爲所以教尊尊也。雩祭五帝，粗可依放。謂今築壇宜崇四尺，其廣輪仍以四爲度，徑四丈，周員十二丈，而四階也。設五帝之位，各依其方，如在明堂之儀。皇齊以世祖配五精於明堂，今亦宜配饗於雩壇矣。古者，孟春郊祀祈嘉穀，孟夏雩祭祈甘雨，[20]二祭雖殊，而所爲者一。禮唯有冬至報天，初無得雨賽帝。[21]今雖闕冬至之祭，而南郊兼祈報之禮，理不容别有賽答之事也。禮祀帝於郊，則所尚省費，周祭靈威仰若后稷，各用一牲，今祀五帝、世祖，亦宜各用一犢，斯外悉如南郊之禮也。武皇遏密未終，[22]自可不奏盛樂。至於旱祭舞雩，蓋是吁嗟之義，[23]既非存懽樂，謂此不涉嫌。其餘祝史稱辭，[24]仰祈靈澤而已。禮舞雩乃使無闕，今之女巫，並不習歌舞，方就教試，恐不應速。依晋朝之議，使童子，或時取舍之宜也。司馬彪《禮儀志》云雩祀著皂衣，蓋是崇陰之義。今祭服皆緇，差無所革。其所歌之詩，及諸供須，輒勒主者申攝備辨。”從之。

［1］雩（yú）祭：祭天求雨。《左傳》桓公五年：“龍見而雩。”杜預注：“龍見，建巳之月。蒼龍，宿之體，昏見東方，萬物始盛，待雨而大，故祭天，遠爲百穀祈膏雨。”漢董仲舒《春秋繁露·精華》：“大旱雩祭而請雨。”

［2］何佟之：字士威，廬江灊山（今安徽潜山縣）人。歷仕齊、梁。佟之好《三禮》，猶學專精，爲時碩儒。梁武帝時，佟之爲尚書左丞，時百度草創，佟之依禮定義，多所裨益。《梁書》卷四八、《南史》卷七一均有傳。

［3］《周禮·司巫》：《周禮·春官·司巫》。

［4］舞雩：指求雨祭祀時的舞蹈。

［5］《女巫》：《周禮·春官·女巫》。　旱暵（hàn）：不雨乾熱。暵，乾熱。

［6］鄭衆：字仲師，河南開封（今河南開封市）人。仕後漢，官至大司農，因稱“鄭司農”。通六經，諳禮儀，知名於世。《後漢書》卷三六有傳。按，鄭衆引語及鄭玄語皆爲《周禮》注釋。

[7]《禮記·月令》云：以下引語乃出自《仲夏之月》。鄭玄注："陽氣盛而常旱。山川百源，能興雲雨者也。衆水始所出爲百源，必先祭其本，乃雩。雩，吁嗟求雨之祭也。雩帝，謂爲壇南郊之旁，雩五精之帝，配以先帝也。"孔穎達疏："百縣，謂諸侯也，命此諸侯以雩祀……雩五精之帝者，以雩是祭天，當從陽位，以五天總祭，不可偏在四方，故知在南郊也，以春夏秋冬共成歲功，不可偏祭。"

[8]吁嗟：嘆詞，表示呼嚎、哀求。

[9]鞉（táo）鞞（pí）：鼓樂。鞉，有柄的小鼓。鞞，同"鼙"。《文選》卷七潘岳《籍田賦》："鼓鞞宏隱以砰磕。"李善注："《字林》曰：'鼙，小鼓也。'鼙與鞞同。"　柷（zhù）敔（yǔ）：古敲擊樂器。柷，木製，形如方斗。《爾雅·釋樂》郭璞注："柷如漆桶，方二尺四寸，深一尺八寸，中有椎柄，連底桐之，令左右擊。"敔，形如伏虎，雅樂將終時擊以止樂。

[10]勾龍：社神名。漢蔡邕《獨斷》卷上："社神，蓋共工氏之子勾龍也，能平水土。帝顓頊之世，舉以爲土正，天下賴其功。堯祠以爲社。"　后稷：周之始祖。相傳姜嫄踐天帝足迹，懷孕生子，因曾棄而不養，故名之爲"棄"。虞舜命爲農官，教民耕稼，稱爲"后稷"。後亦代稱農官。

[11]《春秋傳》曰"龍見而雩"：龍，指蒼龍星宿。《左傳》桓公五年："凡祀，啓蟄而郊，龍見而雩。"杜預注："建巳之月，蒼龍宿之體昏見東方，萬始物盛，待雨而大，故祭天遠爲百穀祈膏雨。"

[12]雩之正當以四月：此句原無"雩之"，"正"原作"止"。中華本校勘記云："按原文有奪訛，今據《禮記·月令》鄭注增改。"今從改。按，"龍見雨雩"乃引自《左傳》。且緊接王肅注已説明"四月"，故此句乃贅句，宜删去，文氣方通暢。

[13]晉永和中：永和，東晉穆帝司馬聃年號。此當指永和八年（352）遇旱大雩。參見《晉書》卷八《穆帝紀》及卷一九《禮志

上》。

［14］《雲漢》：《詩·大雅》篇名。詩云：“倬彼雲漢，昭回于天。”鄭玄箋：“時旱渴雨，故宣王夜仰視天河，望其候焉。”後因以《雩漢》詩爲旱日求雨祭神的樂詩。

［15］太牢：古代最隆重的祭祀，牛羊豕三牲具備。《莊子·至樂》：“具太牢以爲膳。”成玄英疏：“太牢，牛羊豕也。”

［16］勾芒：古代傳説中主管樹木的神。《尚書大傳》卷三：“東方之極，自碣石東至日出榑木之野，帝太皞神勾芒司之。”漢班固《白虎通·五行》：“其神勾芒者，物之始生，其精青龍。芒之爲言萌也。”　五神：五方之神，指勾芒、祝融、后土、蓐收、玄冥。亦稱五行之神。

［17］依鄭玄説：指鄭玄注《禮記》“大雩帝”謂帝指五方天帝或“五精之帝”，祭祀時當以五方帝配之，即“大皞配靈威仰，炎帝配赤熛怒，黄帝配含樞紐，少皞配白招拒，顓頊配汁光紀（亦作叶光紀）”。

［18］雩壇方郊壇爲輕：謂與郊祭相比，雩祭爲輕。

［19］《覲禮》：《儀禮》中的篇名。　方明：木製的上下四方神明之象。《覲禮》：“諸侯覲于天子，爲宫方三百步，四門，壇十有二尋，深四尺，加方明于其上。方明者，木也，方四尺，設六色，東方青，南方赤，西方白，北方黑，上玄，下黄。設六玉，上圭，下璧，南方璋，西方琥，北方璜，東方圭。”鄭玄注：“方明者，上下四方神明之象也。”賈公彦疏：“謂合木爲上下四方，故名方，此則神明之象，故名明。”

［20］雩祭：原作“雩禜”，中華本作“禜”，並校云：“禜，原訛‘禜’，據毛本改正。按南監本、殿本、局本作‘祭’。”按，作“祭”與上句“祀”相對，最允當。今從南監本、殿本、局本改。

［21］賽帝：祭祀酬報。

［22］遏密：原指帝王死後停止舉樂。《尚書·舜典》：“帝乃殂落，百姓如喪考妣，四海遏密八音。”孔安國傳：“遏，絶；密，静

也。”孔穎達疏：“四海之人，蠻夷戎狄，皆絶静八音而不復作樂。”這裏指皇帝居喪期内。

[23]吁嗟：原作“呼嗟”中華校勘記云：“據南監本及《通典·禮典》改。按，鄭玄《月令》注云：‘雩，吁嗟求雨之祭也。’”今從改。

[24]祝史：司祭祀之官。　稱辭：用言語表達。

隆昌元年，[1]有司奏，參議明堂，咸以世祖配。國子助教謝曇濟議：“案《祭法》禘郊祖宗，竝列嚴祀。[2]鄭玄注義，亦據兼饗。宜祖宗兩配，文、武雙祀。”助教徐景嵩、光禄大夫王逡之謂宜以世宗文皇帝配。[3]祠部郎何佟之議：“周之文、武，尚推后稷以配天，謂文皇宜推世祖以配帝。雖事施於尊祖，亦義章於嚴父焉。”[4]左僕射王晏議，[5]以爲：“若用鄭玄祖宗通稱，則生有功德，没垂尊稱，歷代配帝，何止於二邪?[6]今殷薦上帝，允屬世祖，百代不毁，其文廟乎![7]詔“可”。

[1]隆昌：齊廢帝鬱林王蕭昭業年號。

[2]案《祭法》禘祖宗，竝列嚴祀：指《禮記·祭法》所言禘郊祭天以兩位先王配享。《祭法》云：“周人禘嚳而郊稷，祖文王而宗武王。”鄭玄注：“禘郊祖宗，謂祭祀以配食也。此禘謂祭昊天於圜丘也。祭上帝於南郊曰郊祭。”

[3]王逡之：字宣約，琅邪臨沂（今山東臨沂市）人。歷仕宋、齊。官至光禄大夫，加侍中。通儒術，參定齊儀禮，撰《永明起居注》。本書卷五二有傳。　世宗：原訛作“世祖”，中華本校勘記云：“據《元龜》五百七十八改。按鬱林王即位，追尊其父文

惠太子長懋爲世宗文皇帝。”今從改。

[4]嚴父：尊敬父親。

[5]王晏：字士彦，琅邪臨沂（今山東臨沂市）人。歷仕宋、齊，官至尚書令，進爵爲公。本書卷四二有傳。

[6]何止於二邪：原作“何止於郊”。中華本校勘記云：“據《通典·禮典》、《元龜》五百七十八改。按《通典·禮典》作‘歷代配帝何止於二’，無‘邪’字。”今從改。

[7]文廟：謂銘刻於廟堂以昭示後世遵守。文，文飾，篆刻，作動詞。

至永元二年，[1]佟之又建議曰：“案《祭法》‘有虞氏禘黄帝而郊嚳，祖顓頊而宗堯’。‘周人禘嚳而郊稷，祖文王而宗武王’，鄭玄云‘禘郊祖宗，謂祭祀以配食也。此禘謂祀昊天於圜丘也。[2]祭上帝於南郊曰郊，祭五帝五神於明堂曰祖宗’，[3]‘郊祭一帝，而明堂祭五帝，小德配寡，大德配衆’。王肅云‘祖宗是廟不毁之名’。果如肅言，殷有三祖三宗，[4]並應不毁，何故止稱湯、契？且王者之後存焉，舜寧立堯、頊之廟，傳世祀之乎？[5]漢文以高祖配泰畤，至武帝立明堂，復以高祖配食，一人兩配，有乖聖典。自漢明以來，[6]未能反者。故明堂無兼配之祀。竊謂先皇宜列二帝於文祖，[7]尊新廟爲高宗，[8]並世祖而泛配，以申聖主嚴父之義。先皇於武皇，倫則第爲季，[9]義則經爲臣，[10]設配饗之坐，應在世祖之下，並列，俱西向。”

[1]永元：齊廢帝東昏侯蕭寶卷年號。

[2]此禘：“此”字原無，中華本校勘記云“與《禮記·祭法》

鄭注合”，並據《册府元龜》卷五七八補。今從補。

［3］祭上帝於南郊曰郊，祭五帝五神於明堂曰祖宗：上句一“郊”字原脱，下句開頭“祭”字原作“祀”。中華本校勘記云：“據局本及《元龜》五百七十八增删，與《禮記·祭法》鄭注合。”今從補改。

［4］殷有三祖三宗：殷始祖殷契，始封於商（今河南商丘市）；後至湯，始居亳（今河南商丘市）；其後裔盤庚遷殷（今河南安陽市），是謂殷“三祖”。帝太甲改惡修德，伊尹嘉之作《太甲訓》，稱“太宗”；帝太戊，殷復興，稱“中宗；帝武丁以傅説爲相，修政立德，殷道復興，後立其廟稱“高宗”，是謂殷“三宗”。詳見《史記》卷三《殷本紀》。

［5］舜寧立堯、頊之廟，傳世祀之乎：意謂唐堯和顓頊皆非舜的血緣直系始祖。按，“嚴父”禮儀配祭有乖誤。

［6］漢明：指東漢明帝劉莊。按，此指永平二年（59）宗祀光武皇帝於明堂以配五帝。參見《後漢書》卷二《明帝紀》。

［7］先皇：指齊明帝（高宗）蕭鸞。　二帝：指齊高帝（太祖）蕭道成與其次兄蕭道生（蕭鸞之父，鸞繼位後追尊爲景皇帝）。　文祖：原爲帝堯始祖之廟，後泛指太祖廟。《尚書·舜典》：“正月上日，受終于文祖。”孔安國傳：“文祖者，堯文德之祖廟。”蔡沈《集傳》：“文祖者堯始祖之廟。”

［8］尊新廟爲高宗：此乃建議皇帝蕭寶融尊祀其父高宗。

［9］先皇於武皇，倫則第爲季：謂蕭鸞與蕭賾（齊武帝），按人倫關係則爲堂兄弟，鸞乃賾之堂弟。

［10］義則經爲臣：指武帝在位時，蕭鸞乃居臣下之位。

國子博士王摛議：[1]“《孝經》‘周公郊祀后稷以配天，宗祀文王於明堂以配上帝’。不云武王。又《周頌》‘《思文》，后稷配天也’。‘《我將》，祀文王於明堂也’。武王之文，唯《執競》云‘祀武王’。[2]此自周廟祭武王詩，彌知明堂無矣。”[3]

[1]王摛：東海（今江蘇鎮江市）人。仕齊，博通史學。永明中校試諸學士，唯摛問無不對。官至尚書左丞。本書卷三九有傳。

[2]《執競》：亦爲《詩·周頌》篇名。孔穎達疏：“祀武王之樂歌也……時人以今得太平由武王所致，故因其祀述其功而爲此歌焉。”

[3]彌知明堂無矣：謂明堂祀祇以文王配，不取武王。

佟之又議：“《孝經》是周公居攝時禮，[1]《祭法》是成王反位後所行。故《孝經》以文王爲宗，《祭法》以文王爲祖。又孝莫大於嚴父配天，則周公其人也。尋此旨，寧施成王乎？[2]若《孝經》所説，審是成王所行，則爲嚴祖，何得云嚴父邪？且《思文》是周公祀后稷配天之樂歌，[3]《我將》是祀文王配明堂之樂歌。[4]若如摛議，則此二篇，皆應在‘復子明辟’之後。[5]請問周公祀后稷、文王，爲何所歌？又《國語》云‘周人禘嚳郊稷，祖文王，宗武王’。韋昭云‘周公時，以文王爲宗，其後更以文王爲祖，武王爲宗’。尋文王以文治而爲祖，武王以武定而爲宗，欲明文亦有大德，武亦有大功，故鄭注《祭法》云‘祖宗通言耳’。是以《詩》云‘昊天有成命，二后受之’。[6]注云‘二后，文王、武王也’。且明堂之祀，有單有合。故鄭云‘四時迎氣於郊，祭一帝，還於明堂，因祭一帝，則以文王配’。明一賓不容兩主也。‘享五帝於明堂，則泛配文、武’。

泛之爲言，無的之辭。[7]其禮既盛，故祖宗並配。”參議以佟之爲允。詔“可”。

[1]周公居攝：指周武王發克殷建周不久病逝，當時“成王少，周初定天下”，武王弟周公旦因恐諸侯叛周，乃攝行政當國。七年後，“成王長，周公反政成王，北面就群臣之位”。詳見《史記》卷四《周本紀》。

[2]“孝莫大於嚴父配天”至“寧施成王乎”：此處乃謂周公依據嚴父配天的孝道原則，郊祭時如《孝經》所言，以其父文王爲宗配天。而文王乃是成王的祖父，故不能再仿周公，衹能如後來的《祭法》所言，以文王爲祖配祭。

[3]《思文》：《詩·大雅》的篇名。毛亨傳：“《思文》，后稷配天也。”孔穎達疏：“周公既已制禮，推后稷以配所感之帝，祭於南郊。既已祀之，因述后稷之德可以配天之意而爲此歌焉。”

[4]《我將》：《詩·大雅》的篇名。毛亨傳：“祀文王於明堂也。”孔穎達疏：“祀文王於明堂之樂歌也……以今之太平，由此明堂所配之文王，故詩人因其配祭述其事而爲此歌焉。”

[5]復子明辟：《尚書·洛誥》：“（周公）拜手稽首曰：‘朕復子明辟。’”孔安國傳：“周公盡禮致敬言：‘我復還明君之政於子。’子，成王，年二十成人，故必歸政而退老。”這裏以“復子明辟”代指周公由攝政而歸政於成王。

[6]《詩》云：引文出自《詩·周頌·昊天》。

[7]無的：無固定對象。

太祖爲齊王，[1]依舊立五廟。[2]即位，立七廟。[3]廣陵府君、太中府君、淮陰府君、即丘府君、太常府君、宣皇帝、昭皇后爲七廟。[4]建元二年，太祖親祀太廟六室，如儀，拜伏竟，次至昭后室前，儀注應倚立，[5]上以爲疑，欲使廟僚行事，[6]又欲以諸王代祝令於昭后室前執爵。[7]以問彭城丞劉瓛。[8]瓛對謂：“若都不至昭后坐前，竊以爲薄。廟僚即是代上執爵饋奠耳，祝令位卑，恐諸王無容代之。舊廟儀諸王得兼三公親事，[9]謂此爲便。”[10]從之。

[1]太祖爲齊王：指宋順帝劉準昇明三年（479）太傅蕭道成以功由齊公進爵爲齊王。詳見本書卷一《高帝紀上》。

[2]五廟：古代諸侯立五廟，即爲父、祖、曾祖、高祖和“二祧”。

[3]七廟：《禮記·祭法》：“王立七廟，一壇一墠，曰考廟，曰王考廟，曰皇考廟，曰顯考廟，曰祖考廟，皆月祭之；遠廟爲祧，有二祧，享嘗乃止。”

[4]廣陵府君：指蕭道成五世祖晋廣陵府丞蕭豹。　太中府君：指道成四世祖晋太中大夫蕭裔。　淮陰府君：指道成三世祖晋淮陰令蕭整。　即丘府君：指道成曾祖晋即丘令蕭儁。　太常府君：指道成祖父宋太常卿蕭樂子。　宣皇帝：指道成父蕭承之，道成登基，追尊其父爲宣皇帝、其母劉氏爲昭皇后。

[5]儀注應倚立：謂按《儀禮》規定，夫祭妻側身而立即可，不須伏拜。

[6]廟僚：管理廟宇的官員。

[7]諸王：指高帝登位後被封爲王爵的子弟。　祝令：亦稱祝史，司祭祀的官吏。　執爵：舉酒祭拜。

[8]劉瓛：字子珪，沛國相（今安徽淮北市）人。歷仕宋、齊。篤學，博通五經，齊高帝重之，爲彭城丞，兼總明觀祭酒。本書卷三九有傳。

[9]三公：古代中央三種最高官銜的合稱。所指因朝代變異而不同，南朝齊以太尉、司徒、司空爲三公。

[10]便（biàn）：便宜，權且變通。

及太子穆妃薨，[1]卒哭，祔于太廟陰室。[2]永明十一年，文惠太子薨，[3]卒哭，祔于太廟陰室。太祖崩，毁廣陵府君。[4]鬱林即位，追尊文帝，[5]又毁太中主，止淮陰府君。明帝立，復舊。[6]及崩，祔廟，與世祖爲兄弟，不爲世數。[7]

[1]太子穆妃：指文惠太子蕭長懋之妻裴惠昭。建元元年（479）册封皇太子妃。三年，卒，謚穆妃。本書卷二〇有傳。

[2]祔：合葬。《禮記·檀弓上》："周公蓋祔。"鄭玄注："祔，謂合葬。"　陰室：太廟祀殤子之室。《晋書·禮志上》："而惠帝世愍懷太子，太子二子哀太孫臧、冲太孫尚並祔廟，元帝世，懷帝殤太子又祔廟，號爲'陰室四殤'。"

[3]文惠太子薨：太子指蕭長懋，字雲喬，齊武帝蕭賾長子。久在儲宫，年三十六薨。本書卷二一有傳。

[4]太祖崩，毁廣陵府君：太祖，指齊高帝，駕崩於建元四年（482）。毁，撤换。此指因高帝神主入太廟，按禮儀，將五世祖（高祖）廣陵府君的神主撤掉。古代神主過五世而毁。《公羊傳》文公二年："大祫者何？合祭也。其合祭奈何？毁廟之主，陳于大祖。"何休注："毁廟，謂親過高祖，毁其廟藏其主于大祖廟中。"

[5]鬱林即位，追尊文帝：指文惠太子長子蕭昭業，繼武帝登皇位，追尊其父爲"文皇帝"，神主入太廟，依次又將四世祖神主撤换。

[6]明帝立，復舊：齊明帝蕭鸞乃齊高帝次兄蕭道生之子，非高帝嫡系，故登位後，否定高帝世系，重排坐次，將太廟神主復舊。

[7]不爲世數（shù）：世數，世系的輩數。因明帝與武帝乃堂

兄弟，同輩分，所以不爲世數。

史臣曰：[1]先儒説宗廟之義，據高祖已下五世親盡，[2]故親廟有四。周以後稷始祖，文、武二祧，所以云王立七廟也。禹無始祖，[3]湯不先契，[4]夏五殷六，其數如之。漢立宗廟，違經背古。匡衡、貢禹、蔡邕之徒，空有遷毀之議，[5]亘年四百，[6]竟無成典。魏氏之初，親廟止乎四葉，[7]吴、蜀享祭，失禮已多。晋用王肅之談，以文、景爲共世，上至征西，其實六也。[8]尋其此意，非以兄弟爲後，當以立主之義，可相容於七室。[9]及楊元后崩，[10]征西之廟不毁，則知不以元后爲世數。廟有七室，數盈八主。江左賀循立議以後，[11]弟不繼兄，故世必限七，主無定數。宋臺初立五廟，以臧后爲世室。[12]就禮而求，亦親廟四矣。[13]義反會鄭，非謂從王。[14]自此以來，因仍舊制。夫妻道合，非世葉相承，譬由下祭殤嫡，[15]無關廟數，同之祖曾，義未可了。若據伊尹之言，必及七世，[16]則子昭孫穆，不列婦人。[17]若依鄭玄之説，廟有親稱，妻者言齊，[18]豈或濫享？且閟宫之德，[19]周七非數，楊元之祀，晋八無傷。[20]今謂之七廟，而上唯六祀，[21]使受命之君，流光之典不足。[22]若謂太祖未登，則昭穆之數何繼？[23]斯故禮官所宜詳也。

[1]史臣：本史書作者蕭子顯自稱。

[2]五世親盡：古代規定傳到第五代親屬關係就斷絶。《論語·季氏》："自大夫出，五世希不失矣。"《孟子·離婁下》："君子

之澤，五世而斬。”趙岐注：“澤者，滋潤之澤……自高祖至玄孫乃斷。”

[3]禹無始祖：《史記》卷二《夏本紀》：“禹者，黄帝之玄孫而帝顓頊之孫也。禹之曾大父昌意及父鯀皆不得在帝位，爲人臣。”按，禹無始祖之説史乏根據。

[4]湯不先契：謂殷湯不以契爲先祖。按，《史記》卷三《殷本紀》將契列作始祖，並詳列世系。

[5]遷毀：謂遷新死天子的神主入祀太廟，並依次撤换高祖之祖的神主入祀遷廟（遠祖之廟）。清夏炘《學禮管釋・釋祔》：“《遷廟》一篇，新死者自殯宫遷於廟，當遷者自舊廟遷于新廟，皆用此禮。”這裏以“遷毀之議”代指宗廟祭祀的議論。

[6]亘四百年：指兩漢長達四百多年。

[7]魏氏之初，親廟止乎四葉：《三國志》卷三《魏書・明帝紀》：“（太和三年）十一月，廟始成，使太常韓暨持節迎高皇帝、太皇帝、武帝、文帝神主于鄴，十二月己丑至，奉安神主于廟。”裴松之注：“此則魏初唯立親廟，祀四室而已。至景初元年，始定七廟之制。”

[8]“晋用王肅之談”至“其實六也”：此處乃謂晋用王肅有關宗禮的議論，將文帝司馬師和景帝司馬昭二兄弟共列爲一世，再上溯五世，即東漢征西將軍司馬鈞、東漢豫章太守司馬量、東漢潁川太守司馬儁、東漢京兆尹司馬防及宣帝司馬懿，共六世。詳參《晋書》卷一《宣帝紀》。按，關於“用王肅之談”《晋書・禮志上》衹提及“宣帝所用王肅議也”，未詳叙。

[9]七室：因上述文、景二帝乃同輩人，故晋宗廟乃六世七主，一主一室，故有七室。

[10]楊元后：晋武帝司馬炎泰始二年（266）立皇后楊氏，十年，皇后楊氏崩。楊元后當即指皇后楊氏。參見《晋書》卷三《武帝紀》。

[11]賀循：字彦先，東晋會稽山陰（今浙江紹興市）人。參

通儒學，言行以禮，官至太常卿。時江左宗廟始建，舊儀多闕，或以惠、懷二帝應各爲世數，則世數過七，宜在迭毀，事下太常。循議以爲“禮，兄弟不相爲後，不得以承代爲世……惠帝無後，懷帝承統，弟不後兄，則懷帝自上繼世祖（武帝），不繼惠帝”。按，惠帝司馬衷，爲武帝司馬炎第二子；懷帝司馬熾，爲武帝第二十五子。詳見《晉書》卷六八《賀循傳》。

[12]宋臺初立五廟，以臧后爲世室：《宋書·禮志三》：“宋武帝初受晉命爲宋王，建宗廟於彭城……初祠高祖開封府君、曾祖武原府君、皇祖東安府君、皇考處士府君、武敬臧后，從諸侯五廟之禮也。既即尊位，乃增祠七世右北平府君、六世相國掾府君爲七廟。”臧后，即宋武敬臧皇后。宋武帝劉裕妻，賢淑早逝，宋武登基，追封其爲武敬皇后。《宋書》卷四一有傳。世室，指宗廟。《周禮·考工記》：“夏后氏世室，堂脩二七。”鄭玄注：“世室者，宗廟也。”按，此指將穆皇后神主供奉於宗廟以祭祀。

[13]親廟四矣：因穆皇后並非武帝上輩尊親，故按禮儀應除外。

[14]義反會鄭，非謂從王：指喪儀一改晉制，依舊用漢鄭玄所定。《宋書》卷三《武帝紀下》：“（永初元年）冬十月辛卯，改晉所用王肅祥禫二十六月儀，依鄭玄二十七月而後除。”祥禫，喪祭名，代指服喪之期。

[15]殤嫡：早死的直系晚輩親人。

[16]伊尹之言，必及七世：《尚書·咸有德》：“伊尹既復政厥辟，將告歸，乃陳戒于德……嗚呼！七世之廟，可以觀德。”孔安國傳：“天子立七廟，有德之王則爲祖宗，其廟不毁，故可觀德。”

[17]子昭孫穆，不列婦人：昭穆，古代宗法制度，宗廟中神主的排列次序，始祖居中，以下父子（祖、父）遞爲昭穆，左爲昭，右爲穆，以顯示世系輩分的高低。《周禮·春官·小宗伯》：“小宗伯之職，掌建國之神位……辨廟祧之昭穆。”鄭玄注：“祧，遷主所藏之廟。自始祖之後，父曰昭，子曰穆。”按，古代重男輕女，昭

穆祇列父子，不列母子。

［18］妻者言齊：此言妻的地位，與夫相同，故死後神主亦可入宗廟，豈能説是“濫享”。語出漢班固《白虎通·嫁娶》：“妻者，齊也，與夫齊體。”

［19］閟（bì）宫：傳説中古代神母姜嫄的神廟。《詩·魯頌·閟宫》：“閟宫有侐，實實枚枚。”毛亨傳：“閟，閉也。先妣姜嫄之廟在周，常閉而無事。”鄭玄箋：“閟，神也。姜嫄神所依，故廟曰神宫。”按，《史記》卷四《周本紀》載周之始祖后稷乃姜嫄所生，姜嫄乃周之女祖，亦有廟，故周所祭祀的祖先，乃是八廟而非七廟，周的宗廟並未排斥女性。

［20］楊元之祀，晋八無傷：此處乃謂周代既可祭祀女祖，則晋以楊元后神主入祀並無可指責。按，其意旨蓋謂女祖亦應入祀宗廟。

［21］今謂之七廟，而上唯六祀：因新主入廟，故依次將排列於第一位的始祖神主撤下，故祇有六位。

［22］流光之典：指宗廟祈求福澤之典禮。流光，謂福澤流傳於後世。《穀梁傳》僖公十五年：“德厚者流光，德薄者流卑。”

［23］若謂太祖未登，則昭穆之數何繼：謂昭穆次序乃是依太祖居中向下左右排列，若祇限七世，則太祖神主被新入之主替换，太祖既缺，下面次序就亂了。其意旨蓋謂宗廟之祀不應限定七世。

宋泰豫元年，[1]明帝崩。博士周洽議：[2]“權制：諒闇之内，[3]不親奉四時祠。”建元四年，[4]尚書令王儉採晋中朝《諒闇議》奏曰：[5]“權典既行，喪禮斯奪，事興漢世，[6]而源由甚遠。殷宗諒闇，非有服之稱，[7]周王即吉，唯宴樂爲譏。[8]《春秋》之義，嗣君逾年即位，則預朝會聘享焉。《左氏》云‘凡君即位，卿出並聘，踐修舊好’。[9]又云‘諸侯即位，小國聘焉，以繼好結信，謀事補闕，禮之大者’。至於諒闇之内而圖婚，三年未終而吉禘，齊歸之喪不廢蒐，[10]杞公之卒不徹樂，[11]皆致譏貶，以明鑒戒。自斯而談，朝聘蒸嘗之典，[12]卒哭而備行；[13]婚禘蒐樂之事，[14]三載而後舉。通塞興廢，各有由然。又案《大戴禮記》及《孔子家語》並稱武王崩，成王嗣位，明年六月既葬，周公冠成王而朝於祖，以見諸侯，命祝雍作頌。[15]襄十五年十一月‘晋侯周卒’。[16]十六年正月‘葬晋悼公’，[17]平公既即位，‘改服脩官，烝于曲沃’。[18]《禮記·曾子問》‘孔子曰，天子崩，國君薨，則祝取群廟之主而藏諸祖廟，禮也。[19]卒哭成事，而後主各反其廟’。《春秋左氏傳》‘凡君卒哭而祔，祔而後特祀於主，蒸嘗禘於廟’。先儒云：‘特祀於主者，特以喪禮奉新亡者主於寢，不同於吉。[20]蒸嘗禘於廟者，卒哭成事，群廟之主，各反其廟。則四時之祭，皆即吉也。[21]三年喪畢，吉禘於廟，[22]躋群主以定新主也’。凡此諸義，皆著在經誥，昭乎方册，所以晋、宋因循，同規前典，卒哭公除，[23]親奉蒸嘗，率禮無違，因心允協。爰至泰豫元年，禮官立議，不宜親奉，乃引‘三年之制自天子達’。[24]又據《王制》稱‘喪三年不祭，唯祭天地社稷，越紼而行事’。[25]曾不知‘自天子達’，本在至情，即葬釋除，事以權奪，委衰襲衮，[26]孝享宜申，越紼之旨，事施未葬，卒哭之後，何紼可越？復依范宣之難杜預，[27]譙周之論士祭，[28]並非明據。晋武在喪，每欲存寧戚之懷，不全依諒闇之典，[29]至於四時蒸嘗，蓋以哀疾未堪，非便頓改舊式。[30]江左以來，通儒碩學所歷多矣，守而弗革，[31]義豈徒然？又宜即心而言，[32]公卿大夫則負扆親臨，[33]三元告始，[34]則朝會萬國，雖金石輟響，[35]而簨簴充庭，[36]情深於恒哀，而迹降於凡制，豈曰能安，國家故也。[37]宗廟蒸嘗，孝敬所先，寧容吉事備行，斯典獨廢？[38]就令必宜廢祭，則應三年永闕，乃復同之他故，有司攝禮，進退二三，彌乖典衷。謂宜依舊親奉。”[39]從之。

[1]泰豫：宋明帝劉彧年號。明帝於此年駕崩。

[2]周洽：汝南（今河南魯山縣）人。仕南朝宋、齊，歷任縣令，遷都水使者，廉約無私。《南史》卷七〇有傳。

[3]諒闇：孝子居喪三年時所住的房子，代指居喪。《禮記·喪服四制》：“《書》曰：‘高宗諒闇，三年不言。’善之也。”鄭玄注：“闇，謂廬也。”

[4]建元四年：齊高帝蕭道成於建元四年（482）駕崩。

[5]晋中朝《諒闇議》奏：指西晋武帝泰始十年（274），武元楊皇后崩，葬畢，帝及群臣釋服即吉，有司奏“皇太子亦宜釋服”，尚書杜預力排衆議，上書議奏“皇太子宜復古典，以諒闇終制”，從之。詳見《晋書》卷二〇《禮志中》、卷三四《杜預傳》。

[6]事興漢世：指漢文帝提倡喪禮從簡之事。漢初喪禮嚴不近情，如皇帝居喪期間，率天下皆終重服，旦夕哀臨哭喪，禁止婚嫁、飲酒食肉等。漢文帝改革喪禮，遺詔死後舉喪三日便葬，葬後便除服，無禁娶婦嫁女、祠祀飲酒食肉。詳見《漢書》卷四《文帝紀》。

[7]殷宗諒闇，非有服之稱：謂殷高宗雖已釋服從事正常活動，但能心喪三年，故值得稱道。

［8］周王即吉，唯宴樂爲譏：此句亦本於杜預《諒闇議》："周景王有后、世子之喪，既葬除喪而樂。晋叔嚮譏之曰：'三年之喪，雖貴遂服，禮也。王雖弗道，宴樂已早，亦非禮也。'"

［9］《左氏》云：指《左傳》文公元年云："凡君即位，卿出並聘。踐脩舊好，要結外援。"孔穎達疏："即位者，既葬除喪即成君之吉位也，唯以既葬爲限，不以逾年爲斷……宣十年夏四月齊侯元卒，六月葬齊惠公，冬，齊侯使國佐來聘，是既葬未逾年得命臣出使也，何休《膏肓》以爲三年之喪使卿出聘，於義《左氏》爲短。鄭康成箴云：'《周禮》諸侯邦交，歲相問，殷相聘，世相朝。'《左氏》合古禮，何以難之。"

［10］齊歸之喪不廢蒐：指春秋時魯昭公之母齊歸氏葬，居喪期間昭公大閲兵。《左傳》昭公十一年："五月，齊歸薨，大蒐于比蒲，非禮也。"《公羊傳》昭公十一年亦有類似記載。按，何休注"蒐"爲"常獵"，即打獵，亦通。録以備考。

［11］杞公之卒不徹樂：杞公，不詳何人。《晋書・禮志中》："魏武以正月崩，魏文以其年七月設妓樂百戲，是則魏不以喪廢樂也。""杞公"是否爲"魏公"之訛，待考。

［12］蒸嘗：本指秋冬二祭，亦泛指祭祀。《後漢書》卷二八下《馮衍傳》："春秋蒸嘗，昭穆無列。"

［13］卒哭：古代喪禮，百日祭後，止無時之哭，改爲朝夕一哭，名爲卒哭。《儀禮・既夕禮》："三虞卒哭。"鄭玄注："卒哭，三虞之後祭名。始朝夕之閒哀至則哭，至此祭，止也，朝夕哭而已。"

［14］蒐樂：指狩獵習武的樂事。《穀梁傳》昭公八年："因蒐狩以習用武事，禮之大者也。"

［15］祝雍：古代祭祀時司儀作頌的官吏。分工不同名稱有異，如大祝、小祝、喪祝、甸祝等，參見《周禮・春官》。

［16］襄十五年十一月"晋侯周卒"：《左傳》襄公十五年作："冬，晋悼公卒。"

[17]正月“葬晋悼公”：《左傳》襄公十六年杜預注：“踰月而葬，速也。”

[18]改服脩官，烝于曲沃：杜預注：“既葬改喪服。脩官，選賢能。典沃，晋祖廟。烝，冬祭也。”

[19]祝取群廟之主而藏諸祖廟，禮也：祝，指司祭祀事務的官吏。鄭玄注：“藏諸主於祖廟，象有凶事者聚也。”按，此句“祝”字原脱，“矣”字原訛作“乎”字。中華本校勘記云：“據《通典·禮典》增改，與《禮記·曾子問》合。”今從補改。

[20]奉新亡者主於寢，不同於吉：主，原訛作“至”，吉，原訛作“古”。中華本校勘記云：“據《通典·禮典》改。按《左傳》僖三十二年‘特祀於主’。杜注云：‘以新死者之神，祔之於祖。尸柩已遠，孝子思慕，故造木主，立几筵焉。特用喪禮，祭祀於寢，不同之於宗廟。’至與主，古與吉，皆形近而訛。”今從改。

[21]四時之祭，皆即吉也：古稱宗廟四時之祭爲吉事。《周禮·春官·天府》：“凡吉凶之事，祖廟之中，沃盥，執燭。”鄭玄注：“吉事，四時祭也。”

[22]吉禘於廟：古時除喪，奉死者神主入祭於宗廟，謂之“吉禘”。《左傳》閔公二年：“夏五月乙酉，吉禘于莊公。”杜預注：“三年喪畢，致新死者之主於廟，廟之遠主當遷入祧，因是大祭，以審昭穆，謂之禘。”

[23]公除：指帝王身負國事之重，權宜禮制，而除喪服。《通鑑》卷一三七《齊紀》“武帝永明八年”條：“於是諸王公皆詣闕上表，請時定兆域，及依漢、魏故事，并太皇太后終制，既葬，公除。”胡三省注：“公除者，以天下爲公而除服也。”

[24]三年之制自天子達：《禮記·中庸》原作：“三年之喪達乎天子。父母之喪，無貴賤，一也。”

[25]《王制》：指《禮記·王制》。　越紼：謂不受喪儀的限制，在服喪期内參加祭祀天地社稷的典禮。紼，柩車之繩。鄭玄注：“越，猶蹦也。紼，輴車索。”孔穎達疏：“未葬之前，屬紼於

輴，以備火灾，今既祭天地社稷，須越躐此紼而往祭之，故云‘越紼。’”

［26］委衰襲衮：謂除去喪服，穿上天子禮服。

［27］范宣：字宣子，東晋陳留（今河南開封市）人。好學，博通衆書，著《禮易論難》行於世。以講誦爲業，士人聞風宗仰。《晋書》卷九一有傳。按，其與杜預論禮事，傳未提及，他書亦乏資料，不詳。

［28］譙周：字允南，巴西西充國（今四川西充縣）人。仕蜀，位遷光禄大夫。勸後主降魏，拜騎都尉。篤學好古，兼通諸經及圖、緯。《三國志》卷四二有傳。按，傳中未載其“論士祭”事，不詳。

［29］“晋武在喪”至“不全依諒闇之典”：謂晋武帝司馬炎居其父文帝司馬昭之喪能臨喪而哀，出於至誠。《晋書·禮志中》：“武帝亦遵漢魏之典，既葬除喪，然猶深衣素冠，降席撤膳。”

［30］“至於四時蒸嘗”至“非便頓改舊式”：謂至於四時祭祀武帝未能親自主持，乃是因爲疾病，身體不適，並非他有意改變古禮制。

［31］守而弗革：謂衹從形式上用舊喪禮來束縛君主，三年守喪不問政事，而不知遵古喪禮心喪的實質，按實際需要加以變革。“守而復革”四字乃王儉議論的主旨所在。

［32］又宜即心而言：中華本據毛本、局本改“宜”作“且”。今按，“宜”字亦通，可不改。

［33］負扆（yǐ）：背依屏風。指皇帝臨朝南面聽政。《淮南子·氾論》：“周公繼文王之業，履天子之籍，聽天下之政……負扆而朝諸侯。”楊倞注：“負，背也。扆，户牖之間，言南面也。”扆，同“依”。

［34］三元：指農曆正月初一。是日，爲年、月、日開始，故謂之三元。這裏是指從年初一開始就朝政繁忙。

［35］金石：指鐘磬一類樂器。《國語·楚語上》：“而以金

石……爲樂。”韋昭注：“金，鐘也。石，磬也。”

［36］簨（sǔn）簴（jù）：懸掛鐘、磬、鼓的木架，横杆稱簨，直柱稱簴。

［37］豈曰能安，國家故也：這裏是説，天子居喪期間，儘管新年伊始，朝廷鐘鼓響徹，天子内心哀痛，豈能安享，但爲了國家大事，衹能從權求安。

［38］斯典：指皇帝親自主持的四時祭祀典禮。

［39］依舊親奉：謂居喪天子依舊應當親自主持四時祭祀大典。

永明九年正月，詔太廟四時祭，薦宣帝麪起餅、鴨臛；[1]孝皇后筍、鴨卵、脯醬、炙白肉；高皇帝薦肉膾、葅羹；昭皇后茗、粣、炙魚：[2]皆所嗜也。先是世祖夢太祖曰：“宋氏諸帝嘗在太廟，從我求食。可别爲吾祠。”上乃敕豫章王妃庾氏四時還青溪宫舊宅，[3]處内合堂，奉祠二帝二后，牲牢、服章，用家人禮。[4]

［1］宣帝：齊高帝之父，武帝祖父，高帝即位追尊其父爲宣帝。　麪起餅、鴨臛：《通鑑》卷一三七《齊紀三》“武帝永明八年”條，胡三省注：“起麪餅，今北人能爲之。其餅浮軟，以卷肉噉之，亦謂之卷餅。程大昌曰：起麪餅，入教麪中，令鬆鬆然也。教，俗書作酵。”又引孟詵曰：“臛，音郝，肉羹也。”

［2］昭皇后茗、粣、炙魚：昭皇后，齊高帝妻，早亡，高帝登位，追封其爲“昭皇后”。茗、粣，《通鑑》卷一三七《齊紀三》“武帝永明八年”條，胡三省注：“茗，苦荼。郭璞曰：早采者爲荼，晚采者爲茗。粣，《類篇》云……粽也。《南史》，虞悰作扁米粣。蓋即今饊子是也。”

［3］豫章王：齊高帝次子蕭嶷。　青溪：《通鑑》卷一三七《齊紀三》“武帝永明八年”條，胡三省注：“杜佑曰：蕭齊之世，

有清溪宫，後改爲華林苑。據《卞彬傳》，清溪在臺城，東宫又在清溪之東。《建康志》曰：吴大帝鑿通城北塹以洩玄武湖水，發源於鍾山，接於秦淮，謂之清溪。”按，清溪即青溪。

[4]用家人禮：指用平民百姓家之禮儀，故《通鑑》卷一三七載司馬光嘆曰：“子爲天子，而以庶人之禮祭其父，違禮甚矣。”

史臣曰：漢氏之廟，徧在郡國，求祀已瀆，緣情又疏。重檐閟寢，[1]不可兼建，故前儒抗議，謂之遷毁。[2]光武入纂，南頓君已上四世，別祠舂陵。[3]建武三年幸舂陵園廟是也。[4]張衡《南都賦》曰“清廟肅以微微”。明帝至于章、和，每幸章陵，[5]輒祠舊宅。建安末，魏氏立宗廟，皆在鄴都。[6]魏文黄初二年，[7]洛廟未成，[8]親祠武帝於建始殿，[9]用家人禮。[10]世祖發漢明之夢，[11]肇祀故宫，孝享既申，義合前典，亦一時之盛也。

[1]重檐閟（bì）室：謂宗廟建築輝煌。

[2]遷毁：古代帝王對世數遠隔的祖先，依次將其神主遷入遠祖之廟，稱爲遷毁。

[3]南頓君已上四世，別祠舂陵：南頓君指光武帝劉秀之父南頓令劉欽。已上四世，指劉秀祖父鉅鹿都尉劉回，曾祖鬱林太守劉外，高祖舂陵節侯劉買，始祖長沙定王劉發（出自漢景帝）。 舂陵：亦即劉秀故鄉南陽蔡陽（今湖北棗陽市）。參見《後漢書》卷一上《光武帝紀上》。

[4]建武三年幸舂陵園廟：《後漢書》卷一上《光武帝紀上》：“冬十月壬申，幸舂陵，祠園廟，因置酒舊宅，大會故人父老。”李賢注：“光武舊宅在今隨州棗陽縣東南，宅南二里有白水焉，即張衡所謂‘龍飛白水’也。”

［5］章陵：春陵，光武建武六年（30）“改春陵鄉爲章陵縣……比豐、沛”。見《後漢書》卷一下《光武帝紀下》。

［6］鄴都：鄴郡（今河南安陽市），乃三國曹魏發祥之地。

［7］魏文：指三國魏文帝曹丕。　黄初：魏文帝年號。

［8］洛廟：指魏太廟。

［9］建始殿：宫殿名。《三國志》卷二《魏書·文帝紀》：“戊午，幸洛陽。”裴松之注：“是時帝居北宫，以建始殿朝群臣……至明帝時，始於漢南宫崇德殿處起太極、昭陽諸殿。”

［10］用家人禮：用，原作“甲”，中華本校勘記云：“‘用’原訛‘甲’，南監本、毛本、殿本、局本訛‘申’。張元濟《校勘記》云：按‘甲’爲‘用’之訛，前有‘牲牢服章，用家人禮’可證。今據張説改正。”今從改。

［11］漢明之夢：指漢明帝劉莊對故鄉不忘故舊的深情。《後漢書》卷二《明帝紀》載，永平十年（67）帝“幸南陽，祠章陵。日北至（指冬至），又祠舊宅。禮畢，召校官弟子作雅樂，奏《鹿鳴》。帝自御塤篪和之，以娱嘉賓。還，幸南頓，勞饗三老、官屬”。按，此處乃以漢明帝比齊武帝（世祖），贊揚他用家人禮祭祀父母乃是“一時盛事”。

永明六年，太常丞何諲之議：[1]“今祭有生魚一頭，干魚五頭。《少牢饋食禮》云‘司士昇魚腊膚魚，用鮒十有五’。[2]上既云‘腊’，下必是‘鮮’，其數宜同。稱‘膚’足知鱗革無毁。《記》云‘槁魚曰商祭，鮮曰脡祭’。[3]鄭注‘商，量；脡，直也’。[4]尋‘商’旨裁截，‘脡’義在全。賀循《祭義》猶用魚十五頭。[5]今鮮頓删約，槁皆全用。謂宜鮮、槁各二頭，槁微斷首尾，示存古義。”國子助教桑惠度議：“《記》稱尚玄酒而俎腥魚。玄酒不容多，鮮魚理宜約。干魚五頭者，以其既加人功，可法於五味，[6]以象酒之五齊也。[7]今欲鮮、槁各雙，義無所法。”諲之議不行。

[1]太常丞：太常卿屬官。協助太常卿掌禮儀。秩五品。

[2]《少牢饋食禮》：出自《儀禮》。此處引文錯亂。中華本校勘記云：“按《儀禮》原文作‘司士三人升魚、腊、膚，魚用鮒十有五而俎’。何諲之議引《儀禮》有脱文，而又不知魚、腊、膚爲三物，誤讀‘司士升魚腊膚魚’爲句，遂有腊魚、鮮魚之説。”

[3]《記》：指《禮記·曲禮下》。

[4]鄭注：引文非鄭注，乃孔穎達疏。疏云：“槁，乾也。商，量也，祭用乾魚，量度燥溼，得中而用之也。鮮魚曰脡祭者，脡，直也，祭有鮮魚必須鮮者，煮熟則脡直，若餒則敗碎不直。”

[5]賀循：字彦先，會稽山陰（今浙江紹興市）人。仕晋，官至侍中、太常。善屬文，博覽群書，其所著《祭義》今已佚。《晋書》卷六八有傳。

[6]五味：指酸、甜、苦、辣、鹹。《禮記·禮運》：“五味、六和、十二食，還相爲質也。”鄭玄注：“五味，酸、苦、辛、鹹、甘也。”

[7]五齊（jì）：古代按酒的清濁，分爲五等，合稱五齊。《周禮·天官·酒正》：“辨五齊之名：一曰泛齊，二曰醴齊，三曰盎齊，四曰緹齊，五曰沈齊。”鄭玄注：“自醴以上尤濁，縮酌者。盎以下差清。”

十年，詔故太宰褚淵、故太尉王儉、故司空柳世隆、驃騎大將軍王敬則、鎮東大將軍陳顯達、故鎮東將軍李安民六人，[1]配饗太祖廟庭。祠部郎何諲之議：“功臣配饗，累行宋世，檢其遺事，題列坐位，具書贈官爵謚及名，文不稱主，便是設板也。[2]《白虎通》云‘祭之有主，孝子以繫心也’。揆斯而言，升配廟廷，不容有主。宋時板度，[3]既不復存，今之所制，大小厚薄如尚書召板，[4]爲得其衷。”有司攝太廟舊人亦云見宋功臣配饗坐板，與尚書召板相似，事見《儀注》。

[1]驃騎大將軍王敬則、鎮東大將軍陳顯達：原文“驃騎大將軍王敬則”“鎮東大將軍陳顯達”前均有“故”字，中華本删。其校勘記云：“錢大昕《廿二史考異》云：‘按敬則、顯達二人此時見存，不應加故字，校刊者妄意配饗廟庭之人必已身故，謬加此字耳。’今據删。按《南史·齊紀》不誤。”今從删。

[2]板：古代一種書寫於特定木板上的文書，多爲皇帝册封官員所用。

[3]板度：製板的大小厚薄和式様。

[4]召板：當是記録君王詔命的手板（笏）。

十一年，右僕射王晏、吏部尚書徐孝嗣、侍中何胤奏：[1]“故太子祔太廟，[2]既無先准。[3]檢宋元后故事，[4]太尉行禮，太子拜伏與太尉俱。臣等參議，依擬前典。太常主廟位，太尉執禮祔，太孫拜伏，[5]皆與之俱。正禮既畢，陰室之祭，太孫宜親自進奠。”詔“可”。

[1]王晏：本書卷四二有傳。　徐孝嗣：本書卷四四有傳。　何胤：本書卷五四有傳。

[2]太子：指齊武帝長子文惠太子蕭長懋，於永明十一年

(493）病卒。本書卷二一有傳。　祔（fù）太廟：謂將其神主供於太廟。

［3］既無先准：指無前例爲準則。按，“准”字中華本校勘記引清錢大昕《廿二史考異》云：“宋順帝諱準，故沈約史‘準’皆作‘准’，《南齊書》‘先准’‘前准’‘舊准’等，皆‘準’之省也。”

［4］宋元后：指南朝宋文帝劉義隆之妻袁皇后，生太子劉劭，文帝封其恩禮甚篤，不幸病薨，有司奏謚宣皇后，詔謚曰“元”，祭奠禮隆。見《宋書》卷四一《后妃傳》。

［5］太孫：指文惠太子之子，後來的廢帝鬱林王蕭昭業。本書卷四有紀。

建武二年，有司奏景懿后遷登新廟車服之儀。[1]祠部郎何佟之議曰：“《周禮》王之六服，[2]大裘爲上，衮冕次之。五車，[3]玉輅爲上，金輅次之。皇后六服，[4]褘衣爲上，褕翟次之。首飾有三，副爲上，編次之。[5]五車，[6]重翟爲上，厭翟次之。上公無大裘玉輅，[7]而上公夫人有副及褘衣，[8]是以《祭統》云‘夫人副褘立于東房’也。[9]又鄭云‘皇后六服，唯上公夫人亦有褘衣’。《詩》云‘翟茀以朝’，[10]鄭以翟茀爲厭翟，侯伯夫人入廟所乘。今上公夫人副褘既同，則重翟或不殊矣。況景皇懿后禮崇九命，[11]且晉朝太妃服章之禮，同於太后，宋代皇太妃唯無五牛旗爲異。[12]其外侍官則有侍中、散騎常侍、黄門侍郎、散騎侍郎各二人，分從前後部，同於王者，内職則有女尚書、女長御各二人，棨引同於太后。[13]又魏朝之晉王，[14]晉之宋王，[15]並置百官，擬於天朝。至於晉文王終猶稱薨，而太上皇稱崩，[16]則是禮加於王矣。故前議景皇后悉依近代皇太妃之儀，則侍衛陪乘並不得異，後乘重翟，亦謂非疑也。尋齊初移廟，宣皇神主乘金輅，皇帝親奉，亦乘金輅，先往行禮畢，仍從神主至新廟，今所宜依准也。”從之。

[1]景懿后：齊明帝蕭鸞之母。蕭鸞乃高帝蕭道成次兄蕭道生之子，即帝位後，追尊其父爲景帝，母爲懿后，遷其主入祀太廟。車服之儀：遷主運送之禮儀。

[2]六服：古代帝王的六種冕服，即大裘、衮衣、褌衣、罽衣、絺衣、玄衣。《周禮·春官·司服》：“王之吉服，祀昊天上帝則服大裘而冕，祀五帝亦如之；享先王則衮冕；享先公、饗射則鷩冕；祀四望、山川則毳冕；祭社稷、五祀則希冕，祭群小祀則玄冕。”鄭玄注：“鄭司農云：大裘，羔裘也。衮，卷龍衣也。鷩，褌衣也。毳，罽衣也。”

[3]五車：古代帝王所乘的五種車子。即玉輅、金輅、象輅、革輅、木輅。輅，亦作“路”，參見《周禮·春官·中車》。

[4]皇后六服：古代王后的六種不同顏色和樣式的禮服。《周禮·天官·内司服》：“掌王后之六服：褘衣、揄狄、闕狄、鞠衣、展衣、緣衣，素沙。”賈公彥疏：“此素沙與上六服爲裹使之張顯。”

[5]首飾有三，副爲上，編次之：古代王后的頭飾有副、編、次三種。副，指裝假髮。編，編辮子。詳參《周禮·天官·追師》。

[6]五車：皇后五車，即重翟、厭翟、安車、翟車、輦車。《周禮·春官·巾車》賈公彥疏：“凡言‘翟’者，皆謂翟鳥之羽，以爲兩旁之蔽。言‘重翟’者，皆二重爲之。”

[7]上公無大裘玉輅：無，原作“年”，中華本校勘記云：“據《元龜》五百七十八改。按《周禮》，王祀天乃服大裘，乘玉輅，上公不得祭天，無此等車服。明‘年’字乃‘無’字之訛。各本作‘有’亦訛，蓋疑‘年’字之訛而臆改也。”今從改。

[8]褘衣：繪有野雞圖文的王后祭服。詳見《周禮・天官・内司服》鄭玄注。

[9]《祭統》:《禮記》篇名。

[10]《詩》云：指《詩・衛風・碩人》。　翟茀：鄭玄箋："翟，翟車也，夫人以翟羽飾車。茀，蔽也。"

[11]九命：周代的封爵分爲九個等級，上公九命爲伯，後以九命爲最高封爵。詳見《周禮・春官・典命》。

[12]五牛旗：五牛旗輿。晋代所造的一種帝王所乘之車。《晋書・輿服志》:"五牛旗，平吴後所造，以五牛建旗，車設五牛，青赤在左，黄在中，白黑在右。"

[13]棨（qǐ）引：指傳信引路的使吏。棨，古代用木製成的符信。《説文・木部》:"棨，傳信也。"引，引人，古代宫廷門使。《周禮・天官・宫正》云"幾其出入"，賈公彦疏："有門籍及引人，皆得出入也。"

[14]魏朝之晋王：指三國魏元帝曹奂於景元三年（262）封相國司馬師爲"晋王"。

[15]晋之宋王：指東晋恭帝司馬德文於元熙元年（419）加封相國、宋公劉裕爲"宋王"。按，晋王、宋王的建制與當時的皇帝相同。

[16]晋文王終猶稱薨，而太上皇稱崩：薨、崩，古代死的别名。《禮記・曲禮下》:"天子死曰崩，諸侯曰薨，大夫曰卒，士曰不禄，庶人曰死。"晋文王司馬師魏時因已封王，故當時死衹能按諸侯王之禮稱"薨"，而齊高帝之父（太上皇）"宣皇帝"乃其子追尊，故其死稱"崩"。

永泰元年，[1]有司議應廟見不?[2]尚書令徐孝嗣議：[3]"嗣君即位，並無廟見之文；蕃支纂業，[4]乃有虔謁之禮。"[5]左丞蕭琛議：[6]"竊聞祗見厥祖，義著《商書》，[7]朝于武宫，事光晋册。[8]豈有正位居尊，繼業承天，而不虔覲祖宗，格于太室？《毛詩·周頌》篇曰：‘《烈文》，成王即政，諸侯助祭矣也。’鄭注云：‘新王即政，必以朝享之禮祭於祖考，告嗣位也。’又篇曰‘《閔予小子》，嗣王朝廟也’。[9]鄭注云：‘嗣王者，謂成王也。除武王之喪，將始即政，朝於廟也。’則隆周令典，焕炳經記，體嫡居正，[10]莫若成王。又二漢由太子而嗣位者，西京七主，東都四帝。[11]其昭、成、哀、和、順五君，並皆謁廟，文存漢史；其惠、景、武、元、明、章六君，前史不載謁事，或是偶有闕文，理無異説。議者乃云先在儲宫，已經致敬，卒哭之後，即親奉時祭，則是廟見，故無别謁之禮。竊以爲不然。儲后在宫，亦從郊祀，若謂前虔可兼後敬，開元之始，[12]則無假復有配天之祭矣。若以親奉時祭，仍爲廟見者，自漢及晋，支庶嗣位，並皆謁廟，既同有蒸嘗，何爲獨修繁禮？且晋成帝咸和元年改號以謁廟，[13]咸康元年加元服，[14]又更謁。夫時非異主，猶不疑二禮相因，况位隔君臣，[15]而追返以一謁兼敬。宜遠纂周、漢之盛範，近黜晋、宋之乖義，展誠一廟，駿奔萬國。”奏可。

[1]永泰元年：指齊明帝駕崩，其子東昏侯蕭寶卷繼位。

[2]廟見：古代嗣君即位或被封諸王必拜謁祖廟，謂之“廟見”。《史記》卷四三《趙世家》：“大朝於東宫，傳國，立王子何以爲王。王廟見禮畢，出臨朝。”

[3]徐孝嗣：字始昌，東海郯（今山東郯城縣）人。歷仕南朝宋、齊。明帝崩，托孤輔政。本書卷四四有傳。

[4]蕃支纂業：指非嫡傳子孫繼承帝王大業。

[5]虔謁：謂恭拜宗廟。

[6]蕭琛：字彦瑜，蘭陵（今山東蒼山縣）人。歷仕齊、梁。有縱横才辯，先後爲齊武帝和梁武帝所賞識，官至金紫光禄大夫，加特進。《梁書》卷二六有傳。

[7]祗（zhī）見厥祖，義著《商書》：指《尚書·商書》中早就有嗣君孝思先祖和繼承祖德的話語，如《太甲》篇云："嗣玉戒哉……無忝厥祖""社稷宗廟，罔不祗肅"等。祗見，恭敬拜見。

[8]朝于武宫，事光晋册：武宫，指春秋晋國開國祖考的宗廟。《國語·晋語七》載，晋悼公繼其父厲公新登位，"朝於武宫，定百事，立百官"，定興國安民大計。

[9]嗣王朝廟也：《毛詩正義》卷一九《閔予小子》作"嗣王朝於廟也"。

[10]體嫡居正：謂嗣君朝廟，更能體現出他繼承南面之君的大位乃嫡系真傳。

[11]西京七主，東都四帝：由太子而嗣位者西漢有惠帝劉盈、景帝劉啓、武帝劉徹、昭帝劉弗陵、元帝劉奭、成帝劉驁、哀帝劉欣七帝，東漢有明帝劉莊、章帝劉炟、和帝劉肇、順帝劉保（避齊諱稱"從帝"）四帝。

[12]開元：指開國。班固《東都賦》："夫大漢之開元也，奮布衣以登皇位。"

[13]改號：改换新年號。

[14]元服：指冠，古稱行冠禮爲加元服。《儀禮·士冠禮》："令月吉日，始加元服。"《漢書》卷七《昭帝紀》"帝加元服"，顔師古注："元，首也。冠者，首之所著，故曰元服。"

[15]位隔君臣：謂當年乃是以太子（臣）的身份祭拜宗廟，現在已成爲帝王，身份不同，自應祀廟。

永明元年十二月，有司奏："今月三日，臘祠太社稷。[1]一日合朔，[2]日蝕既在致齋内，[3]未審於社祠無疑不？[4]曹檢未有前准。"[5]尚書令王儉議："《禮記·曾子問》'天子嘗、禘、郊、社、五禮之祭，[6]簠簋既陳'，[7]唯大喪乃廢。至於當祭之日，火及日蝕則停。[8]尋伐鼓用牲，[9]由來尚矣，而簠簋初陳，問所不及。據此而言，致齋初日，仍值薄蝕，則不應廢祭。又初平四年，[10]士孫瑞議以日蝕廢冠而不廢郊，[11]朝議從之。王者父天親地，[12]郊社不殊，此則前准，謂不宜廢。"詔"可"。

[1]臘祠：臘祭。古時歲終祭祀百神。《漢書》卷六《武帝紀》"比臘"，顔師古注："臘者，冬至後臘祭百神也。"　太社稷：古代天子祭祀土神、穀神，爲百姓祈福。《禮記·祭法》："王爲群姓立社曰大社。"《初學記·禮部上·社稷》引《孝經緯》曰："社，土地之主也。土地闊不可盡敬，故封土爲社，以報功也。稷，五穀之長也。穀衆不可徧祭，故立稷神以祭之。"

[2]合朔：日月運行處於同宫同度，謂之"合朔"，一般指農曆每月初一。

[3]日蝕：古代觀天象以預測人事，以爲日蝕乃不祥之兆。致齋：古代在舉行祭祀前清心潔身的禮式。詳見前注。

[4]疑：疑忌，忌諱。

[5]曹：指分管的官署。

[6]五禮之祭：《禮記正義》卷一八《曾子問》作"五祀之祭"。

[7]簠（fǔ）簋（guǐ）：古代祭祀宴享時盛黍稷稻粱的器皿。這裏代指祭祀食品。

[8]火及日蝕則停：火，指火災。“及”字原無，中華本據《通典·禮典》及《册府元龜》卷五七七補。今從補。

[9]尋伐鼓用牲：指通過擂鼓和陳列祭品祭祀的方法應對火災及日蝕。

[10]初平：東漢獻帝劉協年號。

[11]士孫瑞：字君策，扶風（今陝西興平市）人。仕於東漢末。有才謀，爲國三老，光禄大夫。《後漢書》卷六六有傳。　廢冠而不廢郊：謂日蝕時冠禮可停，但祭祀天地的郊祭不能停。冠，原作“社”，中華本據《通典·禮典》及《册府元龜》卷五七七改，並云“郊社不殊”，明不當廢社而不廢郊，作“冠”是。今從改。

[12]王者父天親地：中華本校勘記云：“‘親’，《通典·禮典》、《元龜》五百七十七並作‘母’。按‘父天母地’一語，見於緯書《春秋感精符》。”今按，《藝文類聚》卷三八《禮部上·郊丘》引《五經通義》曰：“王者所祭天地何？王者父事天，母事地，故以子道也。”作“母地”是。

永明十一年，兼祠部郎何佟之議：“案《禮記·郊特牲》：‘社祭土而主陰氣也，君南向於北墉下，答陰之義也。’鄭玄云‘答猶對也’。‘北墉，社内北墻也’。王肅云：‘陰氣北向，故君南向以答之。答之爲言是相對之稱。’知古祭社，北向設位，齋官南向明矣。[1]近代相承，帝社南向，[2]太社及稷並東向，[3]而齋官位在帝社壇北，西向，於神背後行禮。又名稷爲稷社，甚乖禮意。乃未知失在何時，[4]原此理當未久。竊以皇齊改物，禮樂惟新，中國之神，莫貴於社，若遂仍前謬，懼虧盛典。謂二社，[5]語其義則殊，論其神則一，位並宜北向。

稷若北向，則成相背。稷是百穀之總神，非陰氣之主，宜依先東向。齋官立社壇東北，南向立，東爲上，諸執事西向立，南爲上。稷依禮無兼稱，[6]今若欲尊崇，正可名爲太稷耳，豈得謂爲稷社邪？臘祠太社日近，案奏事御，[7]改定儀注。”

[1]齋官：執掌齋祀的官員。

[2]帝社：古代帝王祭祀土神、穀神的祭壇。《禮記·祭法》：“王爲群姓立社曰大社，王自爲立社曰王社。”王社亦稱帝社，漢蔡邕《獨斷》：“天子之宗社曰泰社，天子所爲群姓立社也。天子之社曰王社，一曰帝社。”

[3]稷：本指五穀之神，也借指祭祀穀神的處所。

[4]乃：原作“及”，中華本據《册府元龜》卷五八七改。今從改。

[5]二社：指前所述帝社和太社。

[6]稷依禮無兼稱：謂稷乃穀神，不能兼稱“稷社”。

[7]案奏事御：謂呈奏皇帝御覽。

儀曹稱治禮學士議曰：“《郊特牲》又云：‘君之南向，答陽也，臣之北向，答君也。’若以陽氣在南，則位應向北，陰氣在北，則位宜向南。[1]今南北二郊，[2]一限南向，皇帝黑瓚階東西向，[3]故知壇墠無繫於陰陽，[4]設位寧拘於南北？群神小祠，類皆限南面，薦饗之時，北向行禮，蓋欲申靈祇之尊，[5]表求幽之義。[6]魏世秦静使社稷别營，[7]稱自漢以來，相承南向。漢之於周，世代未遠，鄗上頹基，[8]商丘餘樹，[9]猶應尚存，迷方失位，未至於此，通儒達識，不以爲非。庾蔚之昔已有此議，後徐爰、周景遠並不同，[10]仍舊不改。”

[1]陰氣在北，則位宜向南：在，原作“向”，位，原無。中華本據南監本、毛本、殿本、局本增改。今從增改。

[2]南北二郊：指南郊祭天，北郊祭地。

[3]黑瓚階：古代以五行、五色象徵五方，北方主水、黑色，故黑瓚階當指北郊祭壇。

[4]壇墠（shàn）：古代祭祀的場所。《禮記・祭法》：“是故王立七廟，一壇一墠。”鄭玄注：“封土曰壇，除地曰墠。”封土，築土。除地，整理打掃平地。

[5]靈祇：天地之神。《文選》卷四張衡《南都賦》：“聖皇之所逍遥，靈祇之所保綏。”李善注：“靈祇，天地之神也。”

[6]求幽：謂求上天保佑賜福。幽，指上天。《吕氏春秋・有始》：“何謂九野，中央曰鈞天……西北曰幽天。”

[7]魏：指三國魏。　社稷别營：《三國志》未見記載，其事不詳。

[8]鄗上頹基：謂周故城社稷祭壇的遺址。鄗，同“鎬”，周武王自丰遷鎬，“諸侯宗之，是爲宗周”，在今陝西西安市西南。

[9]商丘餘樹：指殷商時郊祀祭壇的遺迹。

[10]徐爰：字長玉，南琅琊開陽（今山東臨沂市）人。仕晋，東晋時官至尚書左丞、太中大夫，兼領著作。博學洽聞，精熟禮儀，朝廷大禮儀注，非爰議不行。《宋書》卷九四有傳。　周景遠：其事不詳。

佟之議：“來難引君南向答陽，[1]臣北向答君。敢問答之爲言，爲是相對？爲是相背？相背則社位南向，君亦南向，可如來議。《郊特牲》云‘臣之北向答君’，復是君背臣。今言君南臣北，向相稱答，則君南不得稱答矣。《記》何得云祭社君南向以答陰邪？[2]社果同向，則君亦宜西向，何故在社南向？在郊西向邪？解則不然，《記》云，君之南向答陽，此明朝會之時，[3]盛陽在南，故君南向對之，猶聖人南面而聽，向明而治之義耳，寧是祈祀天地之日乎？知祭社北向，君答故南向，祀天南向，君答宜北向矣。今皇帝黑瓚階東西向者，斯蓋始入之别位，非接對之時也。[4]案《記》云‘社所以神地之道也’。[5]又云‘社祭土而主陰氣’。又云‘不用命，戮于社’。孔安國云‘社主陰，陰主殺’。《傳》曰‘日蝕，伐鼓于社’。[6]杜預云‘責群陰也’。社主陰氣之盛，故北向設位，以本其義耳。餘祀雖亦地祇之貴，而不主此義，故位向不同。不得見餘陰祀不北向，便謂社應南向也。案《周禮》祭社南向，君求幽，宜北向，而《記》云君南向，答陰之義，求幽之論不乖歟？[7]魏權漢社，社稷同營共門，稷壇在社壇北，皆非古制。後移宫南，自當如禮。[8]如静此言，乃是顯漢社失周法，見漢世舊事。爾時祭社南向，未審出何史籍。就如議者，静所言是祭社位向仍漢舊法，漢又襲周成規，因而不改者，則社稷三座，並應南向，今何改帝社南向，泰社及稷並東向邪？”

[1]來難：指以上持不同意見責難之議。

[2]《記》何得云祭社君南向以答陰邪：指《禮記·郊特牲》云：“社祭土而主陰氣也，君南鄉於北墉下，答陰之義也。”

[3]朝會：指君王臨朝會見群臣，商議朝政。多在早晨舉行。

[4]非：原作“兆”，中華本據局本、殿本改。今從改。

[5]案《記》云：指《郊特牲》云："社所以神地之道也。地載萬物，天垂象，取財於地，取法於天，是以尊天而親地也。"

[6]《傳》曰"日蝕，伐鼓于社"：此句在《左傳》文公十五年。

[7]不乖歟：《册府元龜》卷五七八作"不亦乖歟"。

[8]如禮：二字原脱，中華本據《册府元龜》卷五七八補。今從補。

治禮又難佟之，凡三往反。至建武二年，有司議："治禮無的然顯據。"[1]佟之議乃行。

[1]治禮無的然顯據：謂上列治禮學士駁難何佟之的議論，理由不充分，證據不確鑿。

建武二年，祠部郎何佟之奏："案《周禮·大宗伯》'以蒼璧禮天，黄琮禮地'。鄭玄又云'皆有牲幣，各放其器之色'。[1]知禮天圓丘用玄犢，禮地方澤用黄牲矣。《牧人》云'凡陽祀用騂牲，陰祀用黝牲'。[2]鄭玄云'騂，赤；黝，黑也。陽祀，祭天南郊及宗廟。陰祀，祭地北郊及社稷'。[3]《祭法》云'燔柴於泰壇，祭天也。瘞埋於泰折，[4]祭地也。用騂犢'。鄭云'地，陰祀，用黝牲，與天俱用犢，故連言之耳'。知此祭天地即南北郊矣。今南北兩郊同用玄牲，又明堂、宗廟、社稷俱用赤，有違昔典。又鄭玄云'祭五帝於明堂，勾芒等配食'。[5]自晋以來，并圜丘於南郊，是以郊壇列五帝、勾芒等。今明堂祀五精，[6]更闕五神之位，[7]北郊祭地只，而設重黎之坐，[8]二三乖舛，懼虧盛則。”

［1］“《周禮·大宗伯》”至“各放其器之色”：《周禮》原文云：“以玉作六器，以禮天地四方：以蒼璧禮天，以黄琮禮地，以青圭禮東方，以赤璋禮南方，以白琥禮西方，以玄璜禮北方。皆有牲幣，各放其器之色。”按，原引文誤以爲後句爲鄭玄注語，非是。

［2］《牧人》：指《周禮·地官·牧人》，原文云：“凡陽祀，用騂牲毛之，陰祀，用黝牲毛之；望祀，各以其方之色牲毛之。”

［3］祭地北郊及社稷：其後鄭玄又注：“毛之，取純毛也。”

［4］折：鄭玄注：“炤晳也，必爲昭明之名，尊神也。”

［5］勾芒：古代傳説中主管樹木的神。《尚書大傳》卷三：“東方之極，自碣石東至日出榑木之野，帝太皡、神勾芒司之。”班固《白虎通·五行》：“其神勾芒者，物之始生，其精青龍。芒之爲言萌也。”

［6］五精：五方之星。《文選》卷三張衡《東京賦》：“辨方位而正則，五精帥而來摧。”薛綜注：“五精，五方星也。”

［7］五神：五方之神。

［8］重黎：重與黎，爲羲和二氏之祖先。代指天神。《尚書·吕刑》：“乃命重黎，絶地天通，罔有降格。”孔安國傳：“重即羲，黎即和。堯命羲和世掌天地四時之官，使人神不擾，各得其序。”孔穎達疏：“羲是重之子孫，和是黎之子孫，能不忘祖之舊業，故以重黎言之。”

前軍長史劉繪議：[1]“《語》云‘犁牛之子騂且角，雖欲勿用，山川其舍諸’。[2]未詳山川合爲陰祀不？若在陰祀，則與黝乖矣。”[3]佟之又議：“《周禮》以天地爲大祀，四望爲次祀，[4]山川爲小祀。周人尚赤，自四望以上牲色各依其方者，以其祀大，宜從本也。山川以下，牲色不見者，以其祀小，從所尚也。則《論》、《禮》二説，豈不合符?”參議爲允。從之。

[1]前軍長史：指前軍將軍府長史。前軍將軍爲左、右、前、後四將軍之一，領中兵，掌軍府事務。秩四品，開府者位從公，秩一品。 劉繪：字士章，彭城（今江蘇徐州市）人。歷仕齊、梁。善文章談議，機悟多能，爲後進領袖。本書卷四八有傳。

[2]“《語》云”至“山川其舍諸”：引文出自《論語·雍也》。邢昺疏：“犂牛生純赤（指騂）且角周正之子，中祭祀之犧牲，雖欲以其所生犂而不用，山川寧肯舍棄之乎?”

[3]若在陰祀，則與黝乖矣：謂如果山川同在陰祀，則山在陽，川在陰，一尚赤，一尚黝，赤黝放一起，不倫不類。

[4]四望：古祭名。《周禮·春官·大宗伯》：“國有大故，則旅上帝及四望。”賈公彦疏：“言四望者，不可一往就祭，當四向望而爲壇遥祭之，故云四望也。”孫詒讓《周禮正義》：“四望者，分方望祭之名，通言之，凡山川之祭皆曰‘望’。于山川之中舉其尤大者别祭之，則有四望。天子統治宇内，則四望之祭，亦外極四表。”

永元元年，步兵校尉何佟之議曰：“蓋聞聖帝明王之治天下也，莫不尊奉天地，崇敬日月，故冬至祀天於圓丘，夏至祭地於方澤，春分朝日，秋分夕月，[1]所以訓民事君之道，化下嚴上之義也。故禮云：‘王者必父天母地，兄日姊月’。[2]《周禮·典瑞》云‘王搢大圭，執鎮圭，藻借五采五就以朝日’。[3]馬融云‘天子以春分朝日，秋分夕月’。《覲禮》‘天子出，拜日於東門之外’。盧植云‘朝日以立春之日也’。鄭玄云‘端當爲冕，朝日春分之時也’。《禮記·朝事議》云‘天子冕而執鎮圭，尺有二寸，率諸侯朝日於東郊，所以教尊尊也’。[4]故鄭知此端爲冕也。《禮記·保傅》云‘三代之禮，天子春朝朝日，秋暮夕月，所以明有敬也’。[5]而不明所用之定辰。馬、鄭云用二分之時，[6]盧植云用立春之日。佟之以爲日者太陽之精，月者太陰之精。春分陽氣方永，秋分陰氣向長。天地至尊用其始，故祭以二至，[7]日月禮次天地，故朝以二分，[8]差有理據，則融、玄之言得其義矣。漢世則朝朝日，暮夕月。魏文帝詔曰：‘《覲禮》天子拜日東門之外，反禮方明。《朝事議》曰天子冕而執鎮圭，率諸侯朝日於東郊。以此言之，蓋諸侯朝，天子祀方明，因率朝日也。漢改周法，群公無四朝之事，[9]故不復朝於東郊，得禮之變矣。然旦夕常於殿下東向拜日，其禮太煩。今採周春分之禮，損漢日拜之儀，[10]又無諸侯之事，無所出東郊，今正殿即亦朝會行禮之庭也。宜常以春分於正殿之庭拜日，其夕月文不分明。其議奏。’魏祕書監薛循請論云：[11]‘舊事朝日以春分，夕月以秋分。案《周禮》朝日無常日，鄭玄云用二分，故遂施行。秋分之夕，月多東潛，而西向拜之，背實遠矣。[12]謂朝日宜用仲春之朔，[13]夕月宜用仲秋之朔。’淳于睿駁之，引《禮記》云：‘祭日於東，祭月於西，以端其位’，《周禮》‘秋分夕月’，並行於上世。西向拜月，雖如背實，亦猶月在天而祭之於坎，[14]不復言背月也。佟之案《禮器》云‘爲朝夕必放於日月’，鄭玄云‘日出東方，月出西方’；又云‘大明生於東，月生於西，此陰陽之分，夫婦之位也’，鄭玄云‘大明，日也’。知朝日東向，夕月西向，斯蓋各本其位之所在耳。猶如天子東西游幸，朝堂之官及拜官者猶北向朝拜，寧得以背實爲疑邪？佟之謂魏世所行，善得與奪之衷。[15]晋初棄圓丘方澤，於兩郊二至輟禮，至於二分之朝，致替無義。江左草創，舊章多闕，宋氏因循，未能反古。竊惟皇齊應天御極，典教惟新，謂宜使盛典行之盛代，以春分朝於殿庭之西，東向而拜日，秋分於殿庭之東，西向而拜月，此即所謂‘必放日月以端其位’之義也。使四方觀化者，莫不欣欣而頌美。服無旒藻之飾，[16]蓋本天之至質也。朝日不得同昊天至質之禮，故玄冕三旒也。[17]近代祀天，著衮十二旒，[18]極文章之美，[19]則是古今禮之變也。禮天朝日，既服宜有異，頃世天子小朝會，[20]著絳紗袍、通天金博山冠，[21]斯即今朝之服次衮冕者也。竊謂宜依此拜日月，[22]甚得差降之宜也。佟之任非禮局，[23]輕奏大典，實爲侵官，伏追慙震。”從之。

[1]夕月：謂拜月。古代帝王祭月的儀式。

[2]王者必父天母地，兄日姊月：引文出於《春秋感精符》：“人主與日月同明，四時合信，故父天母地，兄日姊月。”

[3]“王搢大圭”至“就以朝日”：賈公彦疏：“搢，插也，謂插大圭長三尺玉笏於帶間，手執鎮圭尺二寸。繅藉五采五就者，謂以五采就繅藉玉也。以朝日者，謂以春分朝日於東郊也。”

[4]《禮記·朝事議》：《朝事議》當即《朝事儀》，即《大戴禮記·朝士篇》，參見《禮記正義校記》、孫詒讓《十三經注疏校記》。

［5］《禮記·保傅》:《大戴禮記·保傅》。

［6］二分：指春分、秋分兩個節氣。

［7］二至：指夏至、冬至兩個節氣。

［8］故朝以二分：原文作“敬朝以分”，中華本校勘記云：“據殿本改。按南監本、毛本、局本作‘敬朝以二分’，《通典·禮典》作‘朝敬以二分’。”今從改。

［9］四朝：指四時祭祀，即《爾雅·釋天》所謂“春祭曰祠，夏祭曰礿，秋祭曰嘗，冬祭曰蒸”。

［10］日拜：指每天早晚天子都要拜祭日月，即前文所謂“漢世則朝朝日，秋暮夕月”。

［11］祕書監：秘書閣長官。典教書畫。秩三品。

［12］而西向拜之，背實遠矣：謂月已西下方拜祭，不是迎面，而是背面，失去了禮的敬意。

［13］朔：初，開始。下句“朔”義同。《禮記·禮運》:“後聖有作，然後脩火之利，范金合土……皆從其朔。”鄭玄注：“朔亦初也。”

［14］坎：古時祭月的坑穴。《禮記·祭義》:“祭日於壇，祭月於坎。”

［15］與奪：决定，裁决。《三國志》卷五《魏書·后妃傳》:“值三主幼弱，宰輔統政，與奪大事，皆先咨啓太后而後施行。”

［16］服無旒（liú）藻之飾：謂祭祀時不用華麗的服飾。旒，懸垂的飾物。“服無”二字原脱，中華本據《通典·禮典》補。今從補。

［17］玄冕三旒：玄色的冠冕上懸垂三旒以爲裝飾。

［18］衮：衮衣，古代帝王穿的繪有卷龍的禮服。

［19］極文章之美：文章，指繪飾。美，原作“義”，中華本據《通典·禮典》改正。今從改。

［20］頃世：近代，近世。　小朝會：古代人臣晋見君主的普通朝會，與大朝會相對。

［21］通天金博山冠：通天冠。古代皇帝戴的一種禮冠。《續漢書·輿服志下》："通天冠，高九寸，正豎，頂少邪却，乃直下爲鐵卷梁，前有山，展筩爲述。"本書《輿服志》謂："通天冠，黑介幘，金博山顔。"

［22］依此拜日月：中華本校勘記云："按《通典·禮典》'依'作'服'。"

［23］佟之任非禮局：禮局，指太常署等司禮儀的機構。按，何佟之當時任步兵校尉軍職，故如是言。

永明三年，有司奏："來年正月二十五日丁亥，可祀先農，[1]即日輿駕親耕。"宋元嘉、大明以來，並用立春後亥日，尚書令王儉以爲亥日籍田，[2]經記無文，通下詳議。

［1］先農：多指神農氏，亦稱"農皇""農帝"，傳説中教民稼穡的人。漢應劭《風俗通義·皇霸·三皇》："遂人爲遂皇，伏羲爲戲皇，神農爲農皇。"《文選》卷三五張協《七命》："唐稷播其根，農帝嘗其華。"李善注引賈誼曰："神農嘗百草，教人食穀者也。"

［2］籍田：此處指天子前往籍田親耕。古代天子、諸侯徵用民力耕種的田稱爲籍田。每逢春耕前，由天子、諸侯領頭執耒耜，在籍田上三推或一撥，作耕播示範性動作，稱爲"籍禮"，以示對農業的重視。《詩·周頌·載芟》序："《載芟》，春籍田而祈社稷也。"鄭玄箋："籍田，甸師氏所掌。王載耒耜所耕之田，天子千畝，諸侯百畝。籍之言借也，借民力治之，故謂之籍田。"

兼太學博士劉蔓議："《禮》，孟春之月，立春迎春，又於是月以元日祈穀，[1]又擇元辰躬耕帝籍。[2]盧植説禮通辰日，[3]日，甲至癸也，[4]辰，子至亥也。[5]郊天，陽也，故以日。籍田，陰也，故以辰。陰禮卑後，必居其末，亥者辰之末，故《記》稱元辰，注曰吉亥。[6]又據五行之説，木生於亥，以亥日祭先農，又其義也。”

[1]祈穀：古代祈求穀物豐收的祭祀。《禮記·月令》：“（孟春之月）天子乃以元日，祈穀于上帝。”

[2]元辰：良辰，吉辰。《禮記·月令》：“（孟春之月）乃擇元辰，天子親載耒耜。”鄭玄注：“元辰，蓋郊後吉辰也。”　帝籍：籍田。

[3]盧植説：指盧植《禮記解詁》所言。

[4]甲至癸：指甲、乙、丙、丁、戊、己、庚、辛、壬、癸十天干。

[5]子至亥：指子、丑、寅、卯、辰、巳、午、未、申、酉、戌、亥十二地支。

[6]注：原訛作“法”，中華本據《御覽》卷五三七引及《册府元龜》卷五七七改正。今從改。

太常丞何諲之議：“鄭注云‘元辰，蓋郊後吉亥也’。亥，水辰也，[1]凡在墾稼，咸存灑潤。五行説十二辰爲六合，[2]寅與亥合，建寅月東耕，[3]取月建與日辰合也。”[4]

[1]亥，水辰也：古代陰陽五行家將十二地支和四方相配，子在正北，卯在正東，午在正南，酉在正西。亥在酉、子之間偏於子，於位爲西北偏北方向。北方五行屬水，故曰亥爲水辰。

[2]十二辰爲六合：陰陽家以月建與日辰的十二地支相合爲吉

日，即子與丑合，寅與亥合，卯與戌合，辰與酉合，巳與申合，午與未合，總稱“六合”。

[3]東耕：籍田的别稱。《初學記》卷一四引漢應劭《漢官儀》：“凡稱籍田爲于畝，亦曰帝籍，亦曰耕籍，亦曰東耕。”

[4]月建：指每月所對應的地支。古人將十二地支和十二個月份相配，用以紀月，稱爲月建。通常以十一月配子，以此類推，十二月建丑，直到十月建亥。

國子助教桑惠度議：“尋鄭玄以亥爲吉辰者，陽生於子，元起於亥，[1]取陽之元以爲生物，亥又爲水，十月所建，百穀賴兹沾潤畢熟也。”

[1]陽生於子，元起於亥：指陽氣從子時間始上升，亥時過後一天開始。

助教周山文議：“盧植云‘元，善也。郊天，陽也，故以日。藉田，[1]陰也，故以辰’。蔡邕《月令章句》解元辰云‘日，幹也。辰，支也。[2]有事於天，用日。有事於地，用辰’。”

[1]藉：通“籍”。

[2]日，幹（gān）也。辰，支也：幹、支，亦作干支、幹枝，指天干、地支，古人用以相配記日月。《續漢書·律曆志上》云：“記稱大橈作甲子。”劉昭注引《月令章句》：“於是始作甲乙以名日，謂之幹。作子丑以名月，謂之支。支幹相配，以成六旬也。”按，中華本校勘記云：“日，《通典·禮典》作‘甲’。下‘有事於天用日’，《通典》‘日’亦作‘甲’。”今按，“日”與“甲”字義

同，均通。

助教何佟之議："《少牢饋食禮》云'孝孫某，[1]來日丁亥，用薦歲事于皇祖伯某'。注云'丁未必亥也，直舉一日以言之耳。禘太廟禮日用丁亥，若不丁亥，則用己亥、辛亥，苟有亥可也'。鄭又云'必用丁、己者，[2]取其令名，自丁寧自變改，皆爲謹敬'。如此，丁亥自是祭祀之日，不專施於先農。漢文用此日耕藉祠先農，故後王相承用之，非有别義。"

[1]《少牢饋食禮》：《儀禮》之一章。　某：原訛作"其"，中華本校勘記云："'其'爲'某'之形訛，今據《儀禮·少牢饋食禮》改。"今從改。

[2]己：原作"巳"，中華本校勘記云："按《儀禮·少牢饋食禮》：'日用丁己。'賈疏云：'乙、丁、己、辛、癸爲柔日。'此丁己特標兩柔日，非日辰相配之丁巳也。各本並訛，今改正。"今從改。

殿中郎顧暠之議：[1]"鄭玄稱先郊後吉辰，[2]而不説必亥之由。盧植明子亥爲辰，亦無常辰之證。漢世躬藉，[3]肇發漢文，[4]詔云'農，天下之本，其開藉田'。斯乃草創之令，未睹親載之吉也。昭帝癸亥耕于鉤盾弄田，[5]明帝癸亥耕下邳，[6]章帝乙亥耕定陶，又辛丑耕懷，[7]魏之烈祖實書辛未，[8]不繫一辰，徵於兩代矣。推晉之革魏，[9]宋之因晉，政是服膺康成，[10]非有異見者也。班固序亥位云'陰氣應亡射，該藏萬物，而雜陽閡種’。[11]且亥既水辰，含育爲性，播厥取吉，其在兹乎？固序丑位云‘陰大旅，助黄鍾宣氣而牙物’。[12]序未位云‘陰氣受任，助蕤賓君主種物，[13]使長大茂盛’。是漢朝迭選，魏室所遷，酌舊用醜，實兼有據。”参議奏用丁亥。詔“可”。

[1]顧暠之：字士明。仕齊，好學有義行，善屬文。見本書卷四三《王思遠傳》。

[2]先郊後吉辰：謂先舉行郊祭，後選吉日籍田。

[3]躬藉：指天子躬耕籍田。

[4]肇發漢文：指從漢文帝劉恒開始籍田。《漢書》卷四《文帝紀》：“（二年）春正月丁亥，詔曰：‘夫農，天下之本也，其開藉田，朕親率耕，以給宗廟粢盛。’”

[5]昭帝癸亥耕于鈎盾弄田：昭帝指漢昭帝劉弗陵。《漢書》卷七《昭帝紀》：“始元元年春二月……己亥，上耕于鈎盾弄田。”顏師古注：“應劭曰：‘時帝年九歲，未能親耕帝籍，鈎盾，宦者近署，故往試耕爲戲弄也。’臣瓚曰：‘《西京故事》弄田在未央宫中。’師古曰：‘弄田爲宴游之田，天子所戲弄耳，非爲昭帝年幼創有此名。’”

[6]明帝癸亥耕下邳（pī）：指東漢明帝劉莊於永平十五年（72）二月耕於下邳（今江蘇睢寧縣）。詳見《後漢書》卷二《明帝紀》。按，《明帝紀》記載明帝耕於籍田的事尚有：“四年春二月辛亥，詔曰：‘朕親耕藉田，以祈農事。’”“十三年春二月，帝耕於藉田。”

[7]章帝乙亥耕定陶，又辛丑耕懷：指東漢章帝劉炟於元和二年（85）耕於定陶（今山東定陶縣），三年又耕於懷（今河南武陟縣）。《後漢書》卷三《章帝紀》：“（二年春二月）乙丑，帝耕於定陶。詔曰：‘……力田，勤勞也，國家甚休之。其賜帛人一匹，勉

率農功。'”“三年春正月……辛丑，帝耕于懷。”按，謂“乙亥耕定陶”，實乃“乙丑”。

[8]魏之烈祖實書辛未：指三國魏明帝曹叡籍田不依古用亥日，打破了傳統。《三國志》卷三《魏書·明帝紀》：“太和元年……二月辛未，帝耕於籍田。”“五年春正月，帝耕于籍田。”未書日辰，下句“不繫一辰”蓋指此。

[9]晉之革魏：指晉朝帝王籍田日辰又按古法選取亥日。

[10]康成：鄭玄字。他在經典注釋中明確總結出古代籍田日辰用亥。

[11]班固序亥位云：引文出處不明。《漢書·律曆志》亦有類似論述，如“陰氣受任於太陽，繼養化柔，萬物生長”，“該閡於亥”。　亡（wú）射（yì）：無射，古十二律之一。《周禮·春官·大司樂》：“乃奏無射，歌夾鍾，舞《大武》，以享先祖。”鄭玄注：“無射，陽聲之下也。”《史記·律書》：“九月也，律中無射。無射者，陰氣盛用事，陽氣無餘也，故曰無射。”　閡（hài）種（zhǒng）：包藏種籽。

[12]陰大旅，助黃鍾宣氣而牙物：謂暗中似有黃鍾、大吕的樂律聲，助生氣宣揚上升、物種萌芽。大旅，古代祭名。《周禮·天官·掌次》：“王大旅上帝，則張氈案，設皇邸。”鄭玄注：“大旅上帝，祭天於圜丘。國有故而祭亦曰旅。”按，此處大旅與樂律黃鍾相並列，疑“大旅”乃樂律“大吕”之訛。牙，通“芽”。

[13]蕤（ruí）賓：代指農曆五月。古人律曆相配，十二律與十二月相配應。蕤賓位於午，在五月。《國語·周語下》：“四曰蕤賓。”韋昭注：“五月，蕤賓。”

建元四年正月，詔立國學，置學生百五十人。其有位樂入者五十人。[1]生年十五以上，二十以還，取王公已下至三將、著作郎、廷尉正、太子舍人、領護諸府司馬諮議經除敕者、諸州别駕治中等，[2]見居官及罷散者子孫。悉取家去都二千里爲限。太祖崩，乃止。

[1]有位樂入者：指在位官員樂意參加者。

[2]三將：三將軍，指三軍的主帥。《孫子·軍争》："倍道兼行，百里而争利，則擒三將軍。"梅堯臣注："三將軍者，三軍之帥也。"　領護諸府：指領軍將軍和護軍將軍之軍府。　司馬諮議：司馬參軍、諮議參軍，均爲軍府屬官。　除敕：指正式任命。

永明三年正月，詔立學，創立堂宇，召公卿子弟下及員外郎之胤，凡置生二百人。[1]其年秋中悉集。有司奏："宋元嘉舊事，[2]學生到，先釋奠先聖先師，[3]禮又有釋菜，[4]未詳今當行何禮？用何樂及禮器？"尚書令王儉議："《周禮》'春入學，舍菜合舞'。[5]《記》云'始教，皮弁祭菜，示敬道也'。[6]又云'始入學，必祭先聖先師'。中朝以來，釋菜禮廢，今之所行，釋奠而已。金石俎豆，[7]皆無明文。方之七廟則輕，比之五禮則重。[8]陸納、車胤謂宣尼廟宜依亭侯之爵；[9]范寧欲依周公之廟，[10]用王者儀，范宣謂當其爲師則不臣之，[11]釋奠日，備帝王禮樂。[12]此則車、陸失於過輕，二范傷於太重。喻希云'若至王者自設禮樂，則肆賞於至敬之所；若欲嘉美先師，則所况非備'。[13]尋其此説，守附情理。皇朝屈尊弘教，[14]待以師資，引同上公，即事惟允。元嘉立學，裴松之議應儛六佾，[15]以郊樂未具，[16]故權奏登歌。[17]今金石已備，宜設軒縣之樂，[18]六佾之舞，牲牢器用，悉依上公。"其冬，皇太子講《孝經》，親臨釋奠，車駕幸聽。

[1]凡置生二百人：中華本校勘記云："按《通典·禮典》、《元龜》五百七十七並作'二百二十人'。"

[2]宋元嘉舊事：指南朝宋文帝劉義隆於元嘉十九年（442）下詔立國學，興教育，並於二十三年"車駕幸國子學，策試諸生"。見《宋書》卷五《文帝紀》。

[3]釋奠：古代在學校設置酒食以奠祭先聖先師的一種典禮。《禮記·文王世子》："凡學，春官釋奠于其先師，秋冬亦如之。凡始立學者，必釋奠於先聖先師。"鄭玄注："釋奠者，設薦饌酌奠而已。"

[4]釋菜：古代入學時祭祀先聖先師的一種典禮。《禮記·月令》：仲春之月"上丁，命樂正習舞，釋菜"。鄭玄注："將舞，必釋菜於先師以禮之。"按，釋菜亦稱"釋采"，類似獻花，詳見下注。

[5]春入學，舍菜合舞：出自《周禮·春官·大胥》。"菜"作"采"，二者通。鄭玄注："春始以學士入學宫而學之合舞，等其進退，使應節奏。鄭司農云：舍采謂舞者皆持芬香之采。"

[6]始教，皮弁祭菜，示敬道也：引文出自《禮記·學記》。鄭玄注："皮弁，天子之朝朝服也。祭菜，禮先聖先師。菜謂芹藻之屬。"

[7]金石俎豆：盛放祭品的器皿。

[8]方之七廟則輕，比之五禮則重：指釋奠典禮的規格比宗廟大祭要低，比諸侯朝聘典禮要高。"七廟""五禮"已見前注。

[9]陸納：字祖言，吴郡（今江蘇蘇州市）人。仕晋，起家吏部郎，出爲吴興太守，晚爲尚書令。少有清操，貞厲絶俗，始終不渝。《晋書》卷七七有傳。　車胤：字武子，南平（今湖南藍山縣）人。以寒素博學知名於世。仕晋，太元中，增置太學生百人，以胤領國子博士。對禮儀的設置，不必"守其形範"，以爲"禮主

於敬”，重在“弘本順時”，形式可靈活變換。《晋書》卷八三有傳。　宣尼廟：指孔廟。　亭侯：爵位名。漢代食禄於鄉、亭的侯爵。《續漢書·百官志五》：“列侯……功大者食縣，小者食鄉、亭。”

[10]范寧：字武子。仕東晋。晋孝武帝雅好文學，寧篤學通覽，甚被器重，朝廷疑議，輒諮訪之。寧指斥朝士，直言無諱。有《春秋穀梁傳集解》問世。《晋書》卷七五有傳。

[11]范宣：字宣子，陳留（今河南開封市）人。家貧好學，博覽衆書，尤擅《三禮》。閑居屢空，以講誦爲業，士林聞風宗仰。著《禮易論難》行於世。《晋書》卷九一《儒林傳》有傳。

[12]備帝王禮樂：中華本校勘記云：“按《元龜》五百七十七‘備’上有‘宜’字。”

[13]“喻希云”至“所况非備”：喻希，其事不詳。喻希所議，蓋謂以自設的帝王禮樂祭奠先聖顯得不嚴肅，也不合適。

[14]屈尊弘教：贊頌齊武帝能親自弘揚教育。

[15]裴松之：字世期，河東聞喜（今山西聞喜縣）人。仕南朝宋，官至中書侍郎、司冀二州大中正。立身簡素，博覽墳籍。以注陳壽《三國志》聞名後世。《宋書》卷六四有傳。　儛：同“舞”。　六佾：周諸侯所用樂舞之格局有六列，每列六人，共三十六人，或云每列八人，六列共四十八人。《左傳》隱公五年：“公問羽數於衆仲，對曰：‘天子用八，諸侯用六……’公從之，於是初獻六羽，始用六佾也。”杜預注：“六六三十六人。”孔穎達疏：“何休説如此，服虔以用六爲六八四十八。”

[16]郊樂未具：未具備用郊樂的資格。郊樂，天子郊祀時所奏之樂曲。

[17]登歌：古代舉行祭典時樂師登堂之歌。《周禮·春官·大師》：“大祭祀，帥瞽登歌。”鄭玄注引鄭司農曰：“登歌，歌者在堂也。”

[18]軒縣（xuán）之樂：指古代諸侯用三面懸列的樂器所奏

的歌樂。《周禮・春官・小胥》:"正樂縣之位，王宮縣，諸侯軒縣。"鄭玄注:"鄭司農云:'宮縣，四面縣；軒縣，去其一面……'玄謂軒縣去南面辟王也。"縣，通"懸"。

建武四年正月，詔立學。[1]永泰元年，東昏侯即位，尚書符依永明舊事廢學。[2]領國子助教曹思文上表曰:[3]"古之建國君民者，必教學爲先，將以節其邪情而禁其流欲，故能化民裁俗，習與性成也。是以忠孝篤焉，信義成焉，禮讓行焉，尊教宗學，其致一也。是以成均煥於古典，[4]虎門炳於前經。[5]陛下體睿淳神，纘承鴻業，今制書既下，而廢學先聞，將恐觀國之光者，有以擬議也。[6]若以國諱故宜廢，昔漢成立學，爰洎元始，[7]百餘年中，未嘗暫廢，其間有國諱也。且晉武之崩，又其學猶存，斯皆先代不以國諱而廢學之明文也。永明以無太子故廢，斯非古典也。尋國之有學，本以興化致治也，天子於以諮謀焉，於以行禮焉。《記》云'天子出征，受命於祖，受成於學。執有罪反，釋奠於學'。[8]又云'食三老五更於太學，天子袒而割牲，執爵而酳，以教諸侯悌也'。[9]於斯學，是天子有國之基，教也或以之。所言皆太學事也，今引太學不非證也。[10]據臣所見，今之國學，即古之太學。晉初太學生三千人，既多猥雜，惠帝時欲辯其涇渭，故元康三年始立國子學，[11]官品第五以上得入國學。天子去太學入國學，以行禮也。太子去太學入國學，以齒讓也。太學之與國學，斯是晉世殊其士庶，異其貴賤耳。[12]然貴賤士庶，皆須教成，故國學太學兩存之也，非有太子故立也。然繫廢興於太子者，[13]此永明之鉅失也。漢崇儒雅，幾致刑厝，[14]而猶道謝三、五者，[15]以其致教之術未篤也。古之教者，家有塾，黨有庠，術有序，國有學，[16]以諷誦相摩。今學非唯不宜廢而已，乃宜更崇尚其道，望古作規，使郡縣有學，鄉閭立教。請付尚書及二學詳議。"[17]有司奏。從之。學竟不立。

[1]建武四年正月，詔立學：指齊明帝建武四年（497）春正月，下詔恢復建立國學，謂"陶鈞萬品，務本爲先，經緯九區，學斆爲大"，"今華夏乂安，要荒慕嚮，締脩東序，寔允適時。便可式依舊章，廣延國胄，弘敷景業，光被後昆"。見本書卷六《明帝紀》。

[2]永明舊事：指齊武帝永明十一年（493）文惠太子蕭長懋及武帝蕭賾相繼去世，遇"國諱"，國學暫停。

[3]曹思文：其事不詳。其所議乃因國諱廢學而發，指出國學本爲培育人才，非爲太子而立，故不當因太子去世而廢止。漢魏皆不因國諱而廢太學，故今亦不應爲國諱而廢國學。

[4]成均：古代大學。《周禮·春官·大司樂》："大司樂掌成均之法，以治建國之學政，而合國之子弟焉。"《禮記·文王世子》："於成均，以及取爵於上尊也。"鄭玄注引董仲舒曰："五帝名大學曰成均。"後泛稱官設的最高學府。南朝宋顔延之《宋武帝謚議》云："國訓成均之學，家沾撫辜之仁。"

[5]虎門：國子學的别稱。"虎門"原爲王宫的路寢門，王每日視朝必經此門，在門上畫虎以自警惕，故名虎門，因國學在虎門左，故以虎門爲國學的别稱。

[6]擬議：揣度議論，謂懷疑，不信任。

[7]漢成立學，爰洎元始：指漢成帝劉驁興教建太學，一直延續到孫輩漢平帝劉衎，都不曾中斷。漢成帝於陽朔二年（23）詔立

大學，培養博士，其詔云：“古之立太學，將以傳先生之業，流化於天下也。儒林之官，四海淵原，宜皆明於古今，温故知新，通達國體，故謂之博士。”要求二千石以上的官員，都須“舉可充博士位者”除授。詳見《漢書》卷一〇《成帝紀》。漢平帝於元始元年（1）追謚孔子曰褒成宣尼公，封孔子後孔均爲褒成侯。詳見《漢書》卷一二《平帝紀》。

［8］“天子出征”至“釋奠於學”：語出《禮記·王制》，原文曰：“天子將出征，類乎上帝，宜乎社，造乎禰，禡於所征之地，受命於祖，受成於學，出征執有罪，反，釋奠于學，以訊馘告。”

［9］“食三老五”至“諸侯悌也”：語出《禮記·樂記》，原文云：“食三老五更於大學，天子袒而割牲，執醬而饋，執爵而酳，冕而總干，所以教諸侯之弟也。”弟，同“悌”。

［10］今引太學不非證也：文字杆格，“不非證”難懂，疑文字有脱漏。

［11］元康：晋惠帝司馬衷年號。　國子學：原名太學。西晋重視興教。太子及皇帝本人常親臨太學講學。《晋書·禮志上》載：“武帝泰始七年，皇太子講《孝經》通……惠帝元康三年，皇太子講《論語》通。元帝太興二年，皇太子講《論語》通。太子並親釋奠，以太牢祠孔子，以顔回配。成帝咸康元年，帝講《詩》通。穆帝升平元年三月，帝講《孝經》通。孝武寧康三年七月，帝講《孝經》通，並釋奠如故事。穆帝、孝武並權以中堂爲太學。”

［12］殊其士庶，異其貴賤：指皇族與名門貴族子弟入太學，一般官吏及平民子弟入國學。

［13］繫廢興於太子：指文惠太子在世時國子學很興盛，文惠死後，國子學停辦。

［14］漢崇儒雅，幾致刑厝：漢代獨尊儒術，推行文治、禮治，幾乎不用刑法。刑厝，同刑錯、刑措，置刑法而不用。

［15］謝三、五：謂比起三皇五帝盛世自感慚愧不如。

［16］古之教者，家有塾，黨有庠，術有序，國有學：塾、庠、

序均爲教學堂所。《禮記·學記》:“古之教者，家有塾，黨有庠，術有序，國有學。”鄭玄注:“術，當爲‘遂’，聲之誤也……周禮，五百家爲黨，萬二千五百家爲遂。黨屬於鄉，遂在遠郊之外。”

[17]二學：指太學與國子學。

永明五年十月，有司奏:“南郡王昭業冠，[1]求儀注未有前准。”尚書令王儉議:“皇孫冠事，歷代所無。禮雖有嫡子無嫡孫，[2]然而地居正體，[3]下及五世。今南郡王體自儲暉，[4]實惟國裔，元服之典，宜異列蕃。[5]案《士冠禮》‘主人玄冠朝服，賓加其冠，贊者結纓’。[6]鄭玄云‘主人，冠者之父兄也’。尋其言父及兄，則明祖在，父不爲主也。《大戴禮記·公冠篇》云公冠自爲主，四加玄冕，以卿爲賓。此則繼體之君及帝之庶子不得稱子者也。《小戴禮記·冠義》云‘冠於阼，以著代也。醮於客位，三加彌尊，加有成也’。[7]注稱‘嫡子冠於阼，庶子冠於房’。《記》又云‘古者重冠，故行之於廟，所以自卑而尊先祖也’。[8]據此而言，彌與鄭注《儀禮》相會。是故中朝以來，[9]太子冠則皇帝臨軒，[10]司徒加冠，光禄贊冠。諸王則郎中加冠，中尉贊冠。今同於儲皇則重，依於諸王則輕。[11]又《春秋》之義，‘不以父命辭王父命’。[12]《禮》‘父在斯爲子，君在斯爲臣’。[13]皇太子居臣子之節，無專用之道。[14]南郡雖處蕃國，非支庶之列，宜禀天朝之命，微申冠阼之禮。[15]晋武帝詔稱漢、魏遣使冠諸王，非古正典。[16]此蓋謂庶子封王，合依公冠自主之義，至於國之長孫，遣使惟允。宜使太常持節加冠，[17]大鴻臚爲贊；[18]醮酒之儀，亦歸二卿；[19]祝醮之辭，附准經記，别更撰立，不依蕃國常體。國官陪位拜賀，自依舊章。其日内外二品清官以上，詣止車集賀，并詣東宫南門通箋。别日上禮，宫臣亦詣門稱賀，如上臺之儀。[20]既冠之後，克日謁廟，以弘尊祖之義。此既大典，宜通關八座丞郎并下二學詳議。”僕射王奂等十四人議並同，[21]并撰立贊冠、醮酒二辭。詔“可”。祝辭曰：“皇帝使給事中、太常、武安侯蕭惠基加南郡王冠。”[22]祝曰：“筮日筮賓，[23]肇加元服。棄爾幼志，從厥成德。親賢使能，克隆景福。”醮酒辭曰：“旨酒既清，嘉薦既盈。兄弟具在，淑慎儀形。永届眉壽，於穆斯寧。”

[1]南郡王昭業冠：昭業，齊武帝長孫，文惠太子蕭長懋之長子，封南郡王。冠，指舉行成人加冠禮。本書卷四《鬱林王紀》：“永明五年十一月戊子，冠於東宫崇政殿。其日小會，賜王公以下帛各有差，給昭業扶二人。”

[2]禮雖有嫡子無嫡孫：“無”字原無，中華本校勘記云：“據《通典·禮典》補。按《儀禮·喪服》云‘有嫡子者無嫡孫’，爲此語所本，明脱一‘無’字。”今從補。

[3]正體：指皇孫爲皇帝的直系血統。

[4]儲暉：儲君（指文惠太子）的後繼者。

[5]列蕃：指同族旁系的諸王。

[6]“《士冠禮》”至“贊者結纓”：《儀禮》中的一章。按，引文中“賓加其冠，贊者結纓”二句無，乃引者概其意而言之。賓，指賓人、賓相，舉行典禮時導行儀節的人。贊，主持典禮者的助手。

[7]“冠於阼”至“加有成也”：鄭玄注：“阼，謂主人之北

也。適子冠於阼。若不醴則醮，用酒於客位，敬而成之也。户西爲客位。庶子冠於房户外，又因醮焉不代父也。”

［8］“古者重冠”至“尊先祖也”：原文爲：“是故古者重冠，重冠故行之於廟，行之於廟者，所以尊重事，尊重事，而不敢擅重事，不敢擅重事，所以自卑而尊先祖也。”

［9］中朝：指西晋。

［10］臨軒：謂親自主持其事。

［11］今同於儲皇則重，依於諸王則輕：指現今皇帝的嫡長孫蕭昭業行冠禮，如用皇太子禮儀似乎過重，用諸王禮行事又太輕。

［12］不以父命辭王父命：意謂父要聽從祖父（王父），下要服從上。語出《公羊傳》哀公三年。原文爲：“不以父命辭王父命。以王父命辭父命，是父之行乎子也。”

［13］父在斯爲子，君在斯爲臣：謂爲人臣人子者，要尊長幼之節，尊君臣之禮。語出《禮記・文王世子》。

［14］皇太子居臣子之節，無專用之道：謂文惠太子雖是昭業之父，但太子還是臣，須聽從皇帝祖父，不能擅自作主。

［15］冠阼之禮：指用嫡長孫之冠禮。

［16］“晋武帝詔稱漢”至“非古正典”：詳見《晋書・禮志下》。

［17］宜使太常持節加冠：中華本校勘記云：“按‘加冠’上《通典・禮典》兩引皆有‘一’字。”

［18］大鴻臚：諸卿之一，掌賓客及諸侯朝覲事。秩三品。

［19］二卿：指上述太常卿和鴻臚卿。

［20］上臺：指朝廷。

［21］王奂：字彦孫，琅邪臨沂（今山東臨沂市）人。歷仕南朝宋、齊。齊武帝時，官至尚書右僕射。本書卷四九有傳。

［22］蕭惠基：南蘭陵南陵（今江蘇常州市武進區）人。歷仕南朝宋、齊。齊武帝時，遷太常，加給事中。解音律，善圍棋。本書卷四六有傳。

[23]筮（shì）日筮賓：謂通過占卜選擇舉行冠禮的吉日嘉賓。筮，用蓍草占卜休咎。筮賓，中華本校勘記云："《通典·禮典》作'戒賓'。"

永明中，世祖以婚禮奢費，敕諸王納妃，上御及六宮依禮止棗栗腶脩，[1]加以香澤花粉，其餘衣物皆停。唯公主降嬪，[2]則止遺舅姑也。永泰元年，[3]尚書令徐孝嗣議曰：[4]"夫人倫之始，莫重冠、婚，[5]所以尊表成德，結歡兩姓。年代污隆，古今殊則，繁簡之儀，因時或異。三加廢於士庶，[6]六禮限於天朝，[7]雖因習未久，事難頓改，而大典之要，深宜損益。[8]案《士冠禮》，三加畢，乃醴冠者，醴則唯一而已，故醴辭無二。若不醴，則每加輒醮以酒，故醮辭有三。王肅云'醴本古味，其禮重，[9]酒用時味，其禮輕故也'。或醴或醮，二三之義，[10]詳記於經文。[11]今皇王冠畢，一酌而已，即可擬古設醴，[12]而猶用醮辭，寔爲乖衷。尋婚禮實篚以四爵，[13]加以合巹，[14]既崇尚質之理，又象泮合之義。[15]故三飯卒食，[16]再酳用巹。先儒以禮成好合，事終於三，然後用巹合。儀注先酳巹，以再以三，有違旨趣。又《郊特牲》曰'三王作牢用陶匏'。[17]言太古之時，無共牢之禮，三王作之，而用太古之器，重夫婦之始也。[18]今雖以方樏示約，[19]而彌乖昔典。又連巹以鏁，[20]蓋出近俗。復別有牢燭，[21]雕費采飾，亦虧曩制。方今聖政日隆，聲教惟穆，則古昔以敦風，存餼羊以愛禮，[22]沿襲之規，有切治要，嘉禮實重，[23]宜備舊章。謂自今王侯已下冠畢一酌醴，以遵古之義。醴即用舊文，於事爲允。婚亦依古，以卺酌終酳之酒，並除金銀連鎖，自餘雜器，悉用埏陶。[24]堂人執燭，足充炳燎，[25]牢燭華侈，亦宜停省。庶斫雕可期，移俗有漸。”參議並同。奏可。

[1]上御及六宫：指皇帝及后妃。六宫，古代皇后的寢宫，正寢一，燕寢五，合爲六宫。《禮記·昏禮》：“古者，天子后立六宫，三夫人，九嬪，二十七世婦，八十一御妻，以聽天下之内治，以明章婦順，故天下内和而家理。”鄭玄注：“天子六寢，而六宫在後，六官在前，所以承副施外内之政也。” 止：祇須。 棗栗：古時新婚婦女拜見公婆常獻的禮品，寓早起而虔敬之意。《儀禮·士昏禮》：“質明，贊見婦于舅姑……婦執笲棗栗，自門入，升自西階，進拜，奠于席。”賈公彦疏：“棗栗，取其早自謹敬。” 腶（duàn）脩：一種特製的乾肉。《儀禮·有司》：“主婦……入于房，取糗與腶脩，執以出。”鄭玄注：“腶脩，擣肉之脯。”陸德明《經典釋文》卷一〇：“加薑桂以脯而鍛之曰腶脩。”鍛，切碎。

[2]降嬪：指皇室之女（公主）下嫁。

[3]永泰：齊明帝蕭鸞年號。

[4]徐孝嗣：字始昌，東海郯（今山東郯城縣）人。歷仕南朝宋、齊，明帝時官至尚書令。本書卷四四有傳。

[5]冠、婚：指冠禮和婚禮。

[6]三加：古代男子行加冠禮，三次加冠，初加緇布冠，次加皮弁，再加爵弁，稱爲三加。因以三加代稱冠禮。《禮記·冠義》：“故冠於阼，以著代也。醮於客位，加有成也，三加彌尊，喻其志也。”鄭玄注：“冠者，始加緇布冠，次皮弁，次爵弁，冠益尊，則志益大也。”

[7]六禮：古代確立婚姻的六種禮儀，即納采、問名、納吉、納徵、請期、親迎。

［8］損益：興革，破舊立新。

［9］醴本古味，其禮重：中華本校勘記云："'古'下《元龜》有'味'字。按下云'酒用時味，其禮輕'，時味對古味而言，有'味'字是。"今據補。

［10］二三之義：指不同的含義。《尚書·咸有一德》："德惟一，動罔不吉；德二三，動罔不凶。"孔安國傳："二三，言不一。"

［11］詳記於經文：中華本校勘記云："《元龜》無'記'字。按'記'原訛'計'，今據南監本、殿本改正。"今從改。

［12］即可擬古設醴：醴，原作"禮"，中華本據南監本、局本及《册府元龜》卷五七七改。今從改。

［13］篚：盛禮物的竹器，代指禮物。《尚書·禹貢》："厥貢漆絲，厥篚織文。"孔安國傳："織文，錦綺之屬，盛之筐篚而貢焉。"

［14］合巹（jǐn）：古代婚禮的一種儀式。割一瓠爲兩瓢，新婚夫婦各執一瓢，斟酒以飲。後多以合巹稱成婚。《禮記·昏義》："婦至，婿揖婦以入，共牢而食，合巹而酳。"孔穎達疏："巹，謂半瓢，以一瓢爲兩瓢，謂之巹。婿之與婦各執一片以酳，故云'合巹而酳'。"

［15］泮（pàn）合：兩半相合，指兩性結合。

［16］三飯：古代的一種禮儀。第三次用餐。《儀禮·士昏禮》："三飯卒食，贊洗爵酌酳主人。"《禮記·玉藻》："君既食，又飯飧。飯飧者，三飯也。"孔穎達疏："三飯，並謂飧也，謂三度飧也。"

［17］三王作牢用陶匏：語出《禮記·郊特牲》。牢，指太牢（祭品）。三王，指夏、商、周。

［18］"言太古之時"至"重夫婦之始也"：此數句乃取自鄭玄注語。

［19］以方樏（léi）示約：謂以古樸之物表示節約。樏，遠古登山用具。

［20］連巹以鏁（suǒ）：指合巹用銀杯代替瓠瓢。《南史》卷五《齊紀本下》："王侯貴人昏，連巹以真銀杯，蓋出近俗。"鏁，同

"鎖"。

[21]牢燭：古時婚禮所用的雕飾華麗的花燭。《南史》卷五《齊紀本下》："王侯貴人昏……牢燭侈續，亦虧曩制。"

[22]存餼（xì）羊以愛禮：遵守古禮的典故。《論語・八佾》："子貢欲去告朔之餼羊。子曰：'賜也，爾愛其羊，我愛其禮。'"朱熹《四書章句集注》卷二三："月朔，則以特羊告廟，請而行之。餼，生牲也。"餼羊，古代用爲祭品的羊。

[23]嘉禮：指冠禮、昏禮，古代五禮之一。

[24]埏（shān）陶：和泥製作的陶器。埏，揉和。

[25]焫（ruò）燎：指焚燒照明。焫，點燃，焚燒。

晋武太始二年，[1]有司奏，故事皇后諱與帝諱俱下。[2]詔曰：禮，内諱不出宫，近代諱之也。建元元年，太常上朝堂諱訓。[3]僕射王儉議曰："后諱依舊不立訓。禮，天子諸侯諱群祖，[4]臣隸既有從敬之義，宜爲太常府君諱。[5]至於朝堂榜題，[6]本施至極，[7]既追尊所不及，[8]禮降於在三，晋之京兆，[9]宋之東安，[10]不列榜題。孫毓議稱京兆列在正廟，[11]臣下應諱，而不上榜。宋初博士司馬道敬議東安府君諱宜上榜，[12]何承天執不同，[13]即爲明據。"其有人名地名犯太常府君及帝後諱者，皆改。宣帝諱同。[14]二名不偏諱。所以改承明門爲北掖，以榜有"之"字與"承"並。東宫承華門亦改爲宣華云。

[1]晋武：指晋武帝司馬炎。《晋書》卷三有紀。　太始：晋武帝年號。按，"太"應爲"泰"。

[2]皇后諱與帝諱俱下：謂凡是出現帝、后名字都須取下以避

諱。諱，指避稱的人名。古代尊君父，避稱其名。《孟子·盡心下》：“（對尊者）諱名不諱姓。姓所同也，名所獨也。”趙岐注：“譬如諱君父之名，不諱其姓。姓與族同之，名所獨也，故諱。”

［3］太常上朝堂諱訓：此句謂公布於朝堂的訓言中，出現與蕭樂子名字相同的字是否要避諱。太常，指齊高帝祖父、贈太常蕭樂子。訓，訓格之言，指可以奉爲行爲準則的教誨之言。《孔子家語·五儀》：“孔子曰：所謂庸人者，心不存慎終之規，口不吐訓格之言。”王肅注：“格，法。”

［4］天子諸侯諱群祖：指對於皇帝、諸侯的數代祖宗的名字都要避諱。

［5］太常府君：指蕭樂子。府君，對已故者的敬稱。

［6］朝堂榜題：指張掛於朝堂上的匾額題字（中出現的應避諱的字）。

［7］本施至極：意謂榜題乃皇帝自書。至極，指皇帝。

［8］既追尊所不及：追，原作“迨”，中華本校勘記云：“錢大昕《廿二史考異》云‘迨’當作‘追’，今據改。按《元龜》亦作‘追’。”今從改。

［9］晋之京兆：指晋武帝司馬炎之祖父京兆尹司馬防。

［10］宋之東安：指南朝宋武帝劉裕之祖父東安太守劉清。

［11］孫毓：晋人。《藝文類聚》卷五一《封爵部》選録其《賀封諸侯王表》。其事不詳。　正廟：指皇家宗廟。

［12］司馬道敬：其事不詳。

［13］何承天：東海郯（今山東郯城縣）人。南朝宋開國功臣，以才學見知，官至御史中丞。《宋書》卷六四有傳。

［14］宣帝：指蕭道成之父蕭承之。道成登帝，追尊其父爲宣帝。按，因避“承”“之”二字諱，故下述將“承明門”改爲“北掖”“承華門”改爲“宣華”，並將榜題中與“承”字相鄰的“之”字删去。

漢末，蔡邕立漢《朝會志》，竟不就。[1]秦人以十月旦爲歲首，漢初習以大饗會，[2]後用夏正，[3]饗會猶未廢十月旦會也。東京以後，[4]正旦夜漏未盡七刻，[5]鳴鐘受賀，公侯以下執贄來庭，[6]二千石以上昇殿稱萬歲，然後作樂宴饗。張衡賦云"皇輿夙駕，登天光於扶桑"。[7]然則雖云夙駕，必辨色而行事矣。魏武都鄴，[8]正會文昌殿，[9]用漢儀，又設百華燈。[10]後魏文修洛陽宮室，權都許昌，[11]宮殿狹小，元日於城南立氈殿，青帷以爲門，設樂饗會。後還洛陽，依漢舊事。晋武帝初，更定朝會儀，夜漏未盡十刻，庭燎起火，[12]群臣集。傅玄《朝會賦》云"華燈若乎火樹，熾百枝之煌煌"。[13]此則因魏儀與庭燎並設也。漏未盡七刻，群臣入白賀，[14]未盡五刻，就本位，至漏盡，皇帝出前殿，百官上賀，如漢儀。禮畢罷入，群臣坐，謂之辰賀。晝漏上三刻更出，百官奉壽酒，大饗作樂，謂之晝會。别置女樂三十人於黄帳外，奏《房中之歌》。[15]江左多虞，不復晨賀，夜漏未盡十刻，開宣陽門，[16]至平旦始開殿門，晝漏上五刻，皇帝乃出受賀。宋世至十刻乃受賀。其餘昇降拜伏之儀，及置立后妃王公已下祠祀夕牲拜授弔祭，[17]皆有儀注，文多不載。

[1]漢末，蔡邕立漢《朝會志》，竟不就：《後漢書》卷六〇下《蔡邕傳》載，東漢末，司徒王允誅董卓，蔡邕受株連下獄。邕陳辭"乞黥首刖足，繼成漢史"。士大夫多向允求救，以爲"伯喈曠世逸才，多識漢事，當續成後史，爲一代大典"。允拒，"邕遂死獄中"。按，《漢朝會志》當是"漢史"的部分内容。

［2］大饗會：合祀先王的祭禮典禮。《禮記·禮器》："大饗其王事。"鄭玄注："謂祫祭先王。"《荀子·禮論》："大饗，尚玄尊，俎生魚，先大羹，貴食飲之本也。"

［3］後用夏正：指漢武帝時改用夏曆，以正月爲歲首。詳見前注。

［4］東京：代指東漢。

［5］正旦：此處指正月初一元旦舉行朝會。　夜漏未盡七刻：指天還未亮。古人以漏壺計時，一晝夜百刻。漢哀帝時改爲一百二十刻，詳參《漢書》卷一一《哀帝紀》。

［6］執贄（zhì）：携帶禮物。贄，同"摯"。《儀禮·士相見禮》："士相見之禮，摯。"鄭玄注："摯，所執以至者，君子見於所尊敬，必執摯，以將其厚意也。"《晋書·禮志下》載："（元旦朝會）受賀及贄，公侯璧，中二千石、二千石羔，千石、六百石雁，四百石以下雉。三公奉璧上殿御坐前，北面。太常讚曰'皇帝爲君興'。三公伏，皇帝坐，乃前進璧，百官皆賀。"　二千石：漢制，郡守俸禄爲二千石，即月俸糧百二十斛。後以二千石代指郡守。這裏泛指郡守以上的高官。

［7］"張衡賦"至"於扶桑"：張衡賦指《東京賦》，原文爲："于是皇輿夙駕，𡱝于東階，以須消啓明，掃朝霞，登天光于扶桑。"夙駕，早駕。天光，指日。形容太陽從東方扶桑升起。

［8］魏武都鄴：指魏武帝曹操在鄴都。鄴都，在今河北臨漳縣。

［9］文昌殿：鄴都宫殿名。

［10］百華燈：當即百花燈，以供元旦之夜娱樂。

［11］許昌：今河南許昌市。曹魏建都洛陽，洛陽宫修建時，暫都許昌。

［12］庭燎：古代庭中照明的大燭或火把。《周禮·秋官·司烜氏》："凡邦之大事，共墳燭庭燎。"鄭玄注："墳，大也。樹於門外曰大燭，於門内曰庭燎，皆所以照衆爲明。"明宋濂《孔子廟堂議》："古者朝覲會同與凡郊廟祭饗之事皆設庭燎，司烜共之，火師

監之，其數則天子百，公五十，餘三十，以爲不若是則不嚴且敬也。”

[13]傅玄：字休奕，北地泥陽（今甘肅寧縣）人。仕晋，博學多才，爲著名辭賦家。《晋書》卷四七有傳。

[14]白賀：指互相道賀。白，表白。

[15]《房中之歌》：頌后妃之德的古樂。《儀禮·燕禮》：“若與四方之賓燕……有《房中之樂》。”鄭玄注：“弦歌《周南》《召南》之詩，而不用鐘磬之節也。謂之《房中》者，后、夫人之所諷誦，以事其君子。”

[16]宣陽門：皇宫東門名。

[17]夕牲：展視用於祭祀的犧牲。《續漢書·禮儀志上》：“正月，天郊，夕牲。”劉昭補注：“《周禮》‘展牲’，干寶曰‘若今之夕牲’。又效儀，先郊日未晡五刻夕牲。”

三月三日曲水會，古禊祭也。[1]漢《禮儀志》云“季春月上巳，官民皆潔濯於東流水上，自洗濯祓除去宿疾爲大絜”。[2]不見東流爲何水也。晋中朝公卿已下至於庶民，[3]皆禊洛水之側，事見諸《禊賦》及《夏仲御傳》也。[4]趙王倫篡位，三日，會天淵池誅張林。[5]懷帝亦會天淵池賦詩。[6]陸機云“天淵池南石溝，引御溝水，池西積石爲禊堂。跨水，流杯飲酒”。[7]亦不言曲水。元帝又詔罷三日弄具。[8]今相承爲百戲之具，雕弄技巧，增損無常。

[1]禊祭：古祭名。古人祓除不祥之祭。常在春秋二季於水濱舉行。農曆三月上巳日行春禊，七月十四日行秋禊，這一風俗，歷史悠久，詳見後注。

[2]漢《禮儀志》：指《續漢書·禮儀志上》。劉昭補注："謂之禊也……蔡邕曰：'《論語》"暮春者，春服既成，冠者五六人，童子六七人，浴乎沂，風乎舞雩，詠而歸。自上及下，古有此禮。今三月上巳，祓禊於水濱，蓋出於此。'"又云："《韓詩》曰：'鄭國之俗，三月上巳，之溱、洧兩水之上，招魂續魄，秉蘭草，祓除不祥。'《漢書》'八月祓灞水，亦斯義也。'"

[3]晋中朝公卿已下至於庶民："公"原作"云"。中華本作"晋中朝云，卿已下至於庶民"，欠通，今據《晋書·禮志下》改正。

[4]諸《禊賦》：晋代作家寫有多篇禊賦，著名的如張協《洛禊賦》、夏侯湛《禊賦》、阮瞻《上巳會賦》等。見《初學記·歲時部下》引。

[5]趙王倫篡位，三日，會天淵池誅張林：指晋惠帝司馬衷永寧元年（301）正月，丞相趙王司馬倫篡位，衹數月即被諸王討滅。三日，指三月三日禊祭日。張林，趙王倫同黨，任衛將軍，因與權相孫秀不睦，秀勸倫殺之，夷其三族。詳見《通鑑》卷八四《晋紀六》"惠帝永寧元年"條。天淵池，在洛陽宫城内，爲游樂修禊之地。按，《晋書》作者因避唐諱，將天淵池寫作"天泉池"。

[6]懷帝亦會天淵池賦詩：懷帝司馬熾，繼惠帝而登皇位。《晋書》卷五有紀。天淵池賦詩事見《晋書·禮志下》。

[7]"陸機云"至"流杯飲酒"：引語出自其《洛陽記》及《與弟雲書》（見金濤聲點校《陸機集》，中華書局1982年版）。又按，《晋書·禮志下》亦有此引録。

[8]元帝又詔罷三日弄具：《晋書·禮志下》亦有此記載。元帝，指東晋元帝司馬睿。《晋書》卷六有紀。弄具，指博戲玩要之類的器物。按，當時世俗將三月三日禊祭日當作游樂日，有損於祭祀的嚴肅性，故元帝下詔停止雜要。

史臣曰：案禊與曲水，其義參差。舊言陽氣布暢，萬物訖出，姑洗絜之也。巳者祉也，[1]言祈介祉也。一說，三月三日，清明之節，將脩事於水側，禱祀以祈豐年。應劭云：[2]“禊者，絜也，言自絜濯也。或云漢世有郭虞者，以三月上辰生二女，上巳又生一女，二日中頻生皆死，時俗以爲大忌，民人每至其日，皆適東流水祈祓自絜濯，浮酌清流，後遂爲曲水。”案高后祓霸上，[3]馬融《梁冀西第賦》云“西北戍亥，玄石承輸。蝦蟆吐寫，庚辛之域”。[4]即曲水之象也。今據禊爲曲水事，應在永壽之前已有，[5]祓除則不容在高后之後。祈農之說，於事爲當。

[1]祉：吉祥，福祉。

[2]應劭云：下文引自應劭《風俗通》。《初學記》卷四《歲時部·三月三日》亦有詳載。

[3]高后祓霸上：漢高祖妻吕后於臨政七年（前181）三月曾禊祓於霸水。見《史記》卷九《吕太后本紀》。

[4]《梁冀西第賦》：描寫權奸梁冀住宅豪華奢侈，見清嚴可均輯《全上古三代秦漢三國六朝文·全後漢文》。文中所引四句，乃描寫西第邊池沼，由西向北曲折環流，池岸用玄石鑲鋪，池水細流如蝦蟆吐瀉，池岸亭臺樓閣金碧輝煌。　庚辛：古代五行中都屬金。《淮南子·天文》：“其日庚辛。”高誘注：“庚辛皆金也。”這裏用以形容此地乃風水寶地。

[5]永壽：東漢桓帝劉志年號。按，梁冀在桓帝時權勢至極，其西第及上所描寫的曲水，皆當時興建。

九月九日馬射。[1]或說云，秋金之節，[2]講武習射，像漢立秋之禮。

［1］九月九日：俗稱重陽節。《初學記·歲時部·九月九日》引《魏文帝與鍾繇書》曰："歲往月來，忽復九月九日。九爲陽數，而日月並應，俗嘉其名，以爲宜於長久，故以享宴高會。"　馬射：指賽馬、射擊，操練武事，準備戰事。古時戰爭多在秋天開始。《漢書·五行志上》："金，西方，萬物既成，殺氣之始也。"

［2］秋金之節：五行學説謂金主西方，秋天爲金。《吕氏春秋·孟秋》："某日立秋，盛德在金。"高誘注："盛德在金，金主西方也。"

史臣曰：案晉中朝元會，設臥騎、倒騎、顛騎，自東華門馳往神虎門，[1]此亦角抵雜戲之流也。宋武爲宋公，[2]在彭城，九日出項羽戲馬臺，[3]至今相承，以爲舊准。

［1］自東華門馳往神虎門：東華門、神虎門，洛陽皇城城門名。"往"原訛"皇"，中華本據南監本、殿本、局本改正。今從改。

［2］宋武爲宋公：指南朝宋武帝劉裕，東晉安帝義熙十四年（418）六月進封太尉劉裕爲相國、宋公，加九錫之命，居東府，總攝内外。九月加領徐州刺史，次彭城（即今江蘇徐州市）。見《宋書》卷二《武帝紀中》。

［3］戲馬臺：古迹名。在彭城附近，即項羽凉馬臺。晉義熙中，劉裕曾大會賓客賦詩於此。參見北魏酈道元《水經注·泗水》及《嘉慶一統志·徐州府》。

南齊書　卷一〇

志第二

禮下

建元四年，高帝山陵，[1]昭皇后應遷祔。[2]祠部疑有祖祭及遣啓諸奠九飯之儀不?[3]左僕射王儉議："奠如大斂。[4]賀循云'從墓之墓皆設奠，如將葬廟朝之禮'。[5]范寧云'將窆而奠'。[6]雖不稱爲祖，[7]而不得無祭。"從之。

[1]建元四年，高帝山陵：指建元四年（482）三月，齊高帝蕭道成駕崩。四月窆於武進（今江蘇常州市武進區）泰安陵。

[2]昭皇后：高帝蕭道成的結髮妻劉智容，有德操，五十歲去世，建元元年（479），尊謚昭皇后。本書卷二〇有傳。　遷祔：指遷墓與高帝合葬。

[3]祠部：指祠部尚書。掌郊廟、禮儀。　祖祭：葬死者之祭。《儀禮·既夕禮》："有司請祖期。"鄭玄注："將行而飲酒曰祖。"賈公彦疏："此死者將行，亦曰祖。"　遣（qiàn）：猶遣奠。古代將葬時的祭奠。《禮記·檀弓下》："始死，脯醢之奠；將行，遣而行

之；既葬而食之。”鄭玄注：“葬有遣奠。”　啓：指起棺安葬之日。《儀禮·既夕禮》：“請啓期，告於賓。”　九飯：古代祭祀，由活人扮“尸”代表被祭者受飯，受飯次數因尊卑而不同，士爲九飯。《儀禮·有司》：“尸又三飯”。鄭玄注：“士九飯，大夫十一飯，其餘有十三飯、十五飯。”

[4]奠如大斂：謂遷葬的祭奠如同剛死時的大斂。大斂，喪禮之一，將已裝裹的尸體放入棺材。《儀禮·既夕禮》：“大斂于阼。”鄭玄注：“主人奉尸斂于棺。”

[5]賀循：字彦先，會稽山陰（今浙江紹興市）人。仕東晋，言行以禮，乃時之望、俗之表，朝廷疑滯皆諮之於循。《晋書》卷六八有傳。　從墓之墓：指與主墓合葬的墓。

[6]范寧：字武子。仕晋，官至中書侍郎，篤學通覽，崇儒抑俗。著有《春秋穀梁傳集解》。《晋書》卷七五有附傳。

[7]祖：祖祭。見上注。

有司又奏：“昭皇后神主在廟，[1]今遷祔葬，廟有虞以安神，[2]神既已處廟，改葬出靈，豈應虞祭？鄭注改葬云‘從廟之廟，禮宜同從墓之墓’。[3]事何容異！前代謂應無虞。”左僕射王儉議：“范寧云‘葬必有魂車’。[4]若不爲其歸，神將安舍？世中改葬，即墓所施靈設祭，何得不祭而毁耶？賀循云‘既窆，設奠於墓，以終其事’。雖非正虞，[5]亦粗相似。晋氏脩復五陵，[6]宋朝敬后改葬，[7]皆有虞。今設虞非疑。”從之。

[1]神主在廟：指死者靈魂牌位已供奉於宗廟。

[2]廟：原作“廣”，中華本校勘記云：“據殿本改。按‘廟’字古作‘庿’，廣乃庿之形訛。”　虞：古代祭祀名。既葬而祭，

有安神之意。《禮記·檀弓下》:“有司以几筵舍奠於墓左，反，日中而虞。”《釋名·釋喪制》:“既葬，還祭於殯宮曰虞，謂虞樂安神，使還此也。”

[3]從廟之廟，禮宜同從墓之墓：謂配從者的神主入宗廟與祔葬者的墓一樣，隨同其主享受祭祀，不單獨設祭。

[4]魂車：古代謂死者衣冠之車，像死者生前乘坐之形，供出喪時用。《儀禮·既夕禮》:“薦車直東榮北輈。”鄭玄注:“薦，進也。進車者，象生時將行陳駕也。今時謂之魂車。”賈公彦疏:“以其神靈在焉，故謂之魂車也。”

[5]正虞：指正式祭祀。

[6]晋氏脩復五陵：《晋書》卷八《穆帝紀》:永和九年(353)“八月，遣兼太尉、河間王欽修復五陵”。按，此文對“脩復五陵”未作説明，不詳。

[7]宋朝敬后改葬：敬后，指南朝宋武帝劉裕結髮妻臧愛親。東晋末劉裕居上相之重，臧氏器服粗素，恭謹不違。東晋義熙四年(408)病逝。初葬東城。劉裕登帝，進謚臧氏爲敬皇后。宋永初三年(422)武帝崩，遵其遺詔，敬皇后被遷於丹陽建康縣蔣山初寧陵，與武帝合葬。

建元二年，皇太子妃薨，[1]前宫臣疑所服。[2]左僕射王儉議:“《禮記·文王世子》‘父在斯爲子，君在斯爲臣。’[3]且漢魏以來，宫僚充備，臣隸之節，具體在三。昔庾翼妻喪，[4]王允、滕弘謂府吏宜有小君之服，[5]况臣節之重邪？宜依禮爲舊君妻齊衰三月，[6]居官之身，並合屬假，[7]朝晡臨哭，[8]悉繫東宫。今臣之未從官在遠者，[9]於居官之所，屬寧二日半，[10]仍行喪成服，遣牋表，不得奔赴。”從之。

[1]皇太子妃：指齊武帝蕭賾妻裴惠昭。文惠太子蕭長懋、竟陵王蕭子良皆其所出。建元元年（479）爲皇太子妃，建元三年（481）去世，謚穆妃。次年武帝繼位，追尊皇后。本書卷二〇有傳。其傳曰“三年”，此曰“二年”，未知孰是。

[2]前宮臣疑所服：謂朝中諸臣不知怎樣辦理太子妃薨之服喪禮儀。

[3]父在斯爲子，君在斯爲臣：引用《禮記·文王世子》語，意在説明東宮太子也是人子和人臣，所以太子妃的喪事也必須按一般人子、人臣的禮儀辦理。

[4]庾翼：字稚恭。仕東晋，有經綸大略，掌軍政要職，領軍北伐。《晋書》卷七三有附傳。按，其傳中未述及喪妻事。

[5]王允、滕弘：王允乃後漢人，與庾翼相距數百年。與庾翼同時的有王允之（《晋書》卷七六有附傳），疑王允乃王允之之誤。滕弘，中華本考證乃“滕含”之誤。其校勘記云：“‘滕弘’，《南史·王曇首傳》作‘滕含’。按，滕含，滕脩孫，官至廣州刺史，曾爲庾冰輕車府長史，見《晋書·滕脩傳》。”　小君：古代稱諸侯之妻。《左傳》僖公二年：“夏五月辛巳，葬我小君哀姜。”宋趙彦衛《雲麓漫鈔》卷一：“周制諸侯曰國君，妻曰小君。”按，庾翼時任都督江荆司雍梁益六州諸軍事、安西將軍、荆州刺史，爲一方高級軍政長官，權同諸侯。

[6]齊（zī）衰（cuī）：喪服名。爲五服之一。服用粗麻布製成，以其緝邊縫齊，故稱“齊衰”。服期，爲父母服三年，爲祖父母服一年，夫爲妻服三月。參見《儀禮·喪服》。這裏是説太子應爲其亡妻依禮穿喪服三月。

[7]居官之身，並合屬假：謂所有身邊大小官吏，都應暫停工作，告假奔喪。

[8]朝晡臨哭：古喪禮儀之一。早晚臨祭而哭。參見《禮記·喪大記》。

[9]未從官在遠者：指不在身邊而在異地供職的官員。

[10]屬寧：謂守喪。《漢書》卷一一《哀帝紀》："博士弟子父母死，予寧三年。"顔師古注："寧謂處家持喪服。"

太子妃斬草乘黄，[1]議建銘旌。[2]僕射王儉議："禮，既塗棺，[3]祝取銘置于殯東，[4]大斂畢，便應建於西階之東。"

[1]太子妃斬草乘黄：指太子妃出殯安葬。斬草謂開路，乘黄，四匹黄色的馬。《禮記·雜記上》："陳乘黄大路於中庭。"孔穎達疏："陳四黄之馬於大路。"

[2]銘旌：豎在靈柩前標志死者姓名和官職、身份的旗幡。大斂後以竹竿懸之依靈右，葬時取下加於棺上。《周禮·春官·司常》："大喪，共銘旌。"

[3]塗棺：指大殮後，死者入棺，將蓋釘牢，四周縫隙塗漆封閉。

[4]祝：主持殯葬的官吏。

宋大明二年，[1]太子妃薨，[2]建九旒。[3]有司又議：[4]"斬草日建旒與不？若建旒，應幾旒？及畫龍升降云何？又用幾翣？"[5]僕射王儉議："旒本是命服，[6]無關於凶事。今公卿以下，平存不能備禮，故在凶乃建耳。東宫秩同上公九命之儀，[7]妃與儲君一體，義不容異，無緣未同常例，别立凶旒。大明舊事，是不經詳議，率爾便行耳。今宜考以禮典，不得效尤從失。吉部伍自有桁輅，[8]凶部别有銘旌，若復立旒，復置何處？翣自用八。"從之。

[1]大明：南朝宋孝武帝劉駿年號。　二年：《宋書》卷六《孝武帝紀》、卷四一《后妃傳》均作“五年”。

[2]太子妃：指前廢帝何皇后。孝建三年（456）納爲皇太子妃，大明五年（461），薨於東宫，時年十七，謚曰獻妃，前廢帝繼位，追尊爲獻皇后。

[3]建九旒（liú）：這裏用以宣揚宋太子妃喪禮規格高。《宋書·禮志五》亦云：“皇子爲王……五旂，旂九旒，畫降龍。”旒，旌旗懸垂的飾物。《詩·商頌·長發》：“受小球大球，爲下綴旒。”鄭玄注：“旒，旌旗之垂者也。”《禮記·樂記》：“龍旂九旒，天子之旌也。”

[4]有司又議：議齊太子妃喪禮規格是否可依照宋太子妃喪禮規格，爲其建九旒。

[5]翣（shà）：古代出殯時的棺飾。《禮記·禮器》：“天子崩，七月而葬，五重八翣；諸侯五月而葬，三重六翣；大夫三月而葬，再重四翣。”《禮記·喪服大記》鄭玄注：“漢禮，翣以木爲筐，廣三尺，高二尺四寸，方兩角高，衣以白布，畫者，畫雲氣，其餘各如其象。柄長五尺，車行，使人持之而從。既窆，樹於壙中。”

[6]命服：原指周代天子賜予元士至上公九種不同命爵的衣服，後泛稱官員及其配偶所穿的制服。《詩·小雅·采芑》：“服其命服，朱芾斯皇。”鄭玄箋：“命服者，命爲將，受王命之服也。”

[7]上公：古代五等封爵（公、侯、伯、子、男）中的最高封爵。見《周禮·春官·典命》。　九命：周代的官爵分爲九個等級，稱九命。每個等級的宫室、車旗、衣服、禮儀等都有具體規定。見《禮記·王制》。

[8]吉部伍自有桁（héng）輅（lù）：中華本校勘記云：“《通典·禮典》無‘伍’字，‘桁’作‘旂’。”桁輅，葬具。《儀禮·既夕禮》：“皆木桁久之。”鄭玄注：“桁，所以庪苞筲罋甒也。”胡培翬正義：“……桁製若今之几，狹而長，以承藏具。”《儀禮·既夕禮》：“賓奉幣，由馬西當前輅，北面致命。”鄭玄注：“輅，轅

縛，所以屬引。”賈公彥疏：“云輅轅縛所以屬引者，謂以木縛於柩車轅上，以屬引於上而挽之，故名轅縛也。”

有司奏：“大明故事，太子妃玄宮中有石志。[1]參議墓銘不出禮典。近宋元嘉中，顔延作王球石志。[2]素族無碑策，[3]故以紀德。自爾以來，王公以下，咸共遵用。儲妃之重，禮殊恒列，既有哀策，[4]謂不須石志。”從之。

[1]玄宮：古稱帝后的墳墓。《晉書》卷八三《江逌傳》：“昔康皇帝玄宮始用寶劍金舄……實違先旨累世之法。” 石志：墓志銘，因石刻，故名。

[2]顔延：顔延之，字延年，琅邪臨沂（今山東臨沂市）人。仕宋，南朝著名文學家，與謝靈運齊名，世稱“顔謝”。《宋書》卷七三有傳。 王球：字倩玉，與顔延之同鄉。仕宋，官太子詹事，頗好文義，潔身自好，門無異客，唯與顔延之相善。四十九歲去世，比延之早去世十多年。《宋書》卷五八有傳。

[3]素族：指平民之家出身的人，與貴族相對。

[4]哀策：亦作“哀册”。文體的一種，古時頌揚帝王、后妃生前功德的祭文。刻書於石木上。行葬禮時，由太史令誦讀，埋於陵中。姚華《弗堂類稿·論文後篇目録上》：“上哀下曰誄，始魯莊公；下哀上曰哀策，始漢李尤。”

有司奏：“穆妃卒哭後，[1]靈還在道，[2]遇朔望，當須設祭不？”王儉議：“既虞卒哭，祭之於廟，本是祭序昭穆耳，[3]未全同卒吉四時之祭也，[4]所以有朔望殷事。[5]蕃國不行權制，[6]宋江夏王妃卒哭以後，[7]朔望設祭。帝室既以卒哭除喪，無緣方有朔望之祭。靈筵雖未昇廟堂，而舫中即成行廟，[8]猶如桓玄及宋高祖長沙、臨川二國，[9]並有移廟之禮。[10]豈復謂靈筵在途，便設殷事耶？推此而言，朔望不復俟祭。宋懿后時舊事不及此，[11]益可知時議。”從之。

[1]卒哭：古代喪禮，百日祭後，止無時之哭，變爲朝夕一哭，名爲卒哭。《儀禮·既夕禮》：“三虞卒哭。”鄭玄注：“卒哭，三虞之後祭名。始朝夕之間哀至則哭，至此祭，止也。朝夕哭而已。”

[2]靈還在道：指死者的神主牌位還未送至宗廟，正在送往途中。

[3]祭序昭穆：指死者神主新入宗廟安排坐次的祭祀。

[4]卒吉：指卒哭之祭，亦稱吉祭。《禮記·檀弓下》：“是月也，以虞易奠，卒哭曰成事。是日也，以吉祭易喪祭。”

[5]朔望殷事：指朔日（初一）和望日（十五）祭祀之事。

[6]蕃國不行權制：指地方諸王必須遵循朝制，不能變通。

[7]江夏王：指南朝宋武帝劉裕次子劉義恭，封江夏王。《宋書》卷六一有傳。按其傳中未言及妻喪事。

[8]舫中即成行廟：指運載穆妃神主的船櫂當宗廟，可在舫中舉行祭祀。

[9]桓玄：字敬道，桓温之子。東晉安帝元興二年（403）篡晉自立爲帝，改元永始，旋爲劉裕所滅。《晋書》卷九九有傳。長沙、臨川：指宋武帝（高祖）劉裕之中弟長沙景王道憐及少弟臨川王道規。二人均助其兄共取天下，爲開國元勛。《宋書》卷五一均有傳。

[10]移廟：指死者下葬後送其神主入宗廟。《宋書》卷五一《宗室傳》載：“長沙太妃檀氏、臨川太妃曹氏後薨，祭皆給鸞輅九旒，黄屋左纛，輼輬車……”“移廟”當即指此高規格的祭儀。又

《晋書·桓玄傳》未見記“移廟”之事。

[11]宋懿后時舊事不及此：宋懿后，指宋武帝劉裕繼母蕭氏，名文壽，尊封爲“孝懿蕭皇后”，終年八十一歲，遺令陵墳“用素門之禮”，“不須祔葬”。故喪禮簡約。見《宋書》卷四一《后妃傳》。

建元三年，有司奏：“皇太子穆妃以去年七月薨，其年閏九月。未審當月數閏？爲應以閏附正月？[1]若用月數數閏者，南郡王兄弟便應以此四月晦小祥，[2]至於祥月，不爲有疑不？”左僕射王儉議：“三百六旬，《尚書》明義，[3]文公納幣，《春秋》致譏。[4]《穀梁》云‘積分而成月’。[5]《公羊》云‘天無是月’。[6]雖然，左氏謂告朔爲得禮。[7]是故先儒咸謂三年朞喪，歲數没閏，[8]大功以下，[9]月數數閏。夫閏者，蓋是年之餘日，而月之異朔，所以吴商云‘含閏以正朞，允協情理’。[10]今杖朞之喪，[11]雖以十一月而小祥，[12]至於祥縞，必須周歲。凡厭屈之禮，[13]要取象正服。祥縞相去二月，[14]厭降小祥，亦以則之。又且求之名義，則小祥本以年限，考於倫例，則相去必應二朔。今以厭屈而先祥，不得謂此事之非朞，事既同條，情無異貫，没閏之理，固在言先。設令祥在此晦，則去縞三月，依附准例，益復爲礙。謂應須五月晦乃祥。[15]此國之大典，宜共精詳。并通關八座丞郎，[16]研盡同異。”

[1]未審當月數（shǔ）閏？爲應以閏附正月：不知道閏月是另外計算一個月，還是附在正月内不另外計算？

[2]南郡王：指齊高帝長孫、齊武帝長子蕭長懋，建元元年（479）封南郡王。長懋乃爲穆妃裴氏所生。　兄弟：指武帝諸子。　四月晦：指四月三十日。按《禮記·雜記》云："期之喪十一月而練。"以此計算，從上年七月至本年四月，加上閏月，正滿十一月之期數。　小祥：古代爲父母居喪滿一年的祭名。祭後可稍改善生活及解除喪服的一部分。《儀禮·士虞禮》："朞而小祥。"鄭玄注："小祥，祭名。祥，吉也。"朞，周年。《禮記·間傳》："父母之喪，既虞卒哭，疏食水飲，不食菜果；期而小祥，食菜果。"

[3]三百六旬，《尚書》明義：謂《尚書》明確一周年的日數。《尚書·堯典》："帝曰：咨汝羲暨和，期，三百有六旬有六日，以閏月定四時成歲。"孔穎達疏："四時曰期。一歲十二月，月三十日，正三百六十日，除小月六爲六日，是爲一歲有餘十二日，未盈三歲足得一月，則置閏焉，以定四時之氣節，成一歲之歷象。"

[4]文公納幣，《春秋》致譏：春秋時魯僖公之子居喪未滿期娶妻，受到譏嘲。《公羊傳》文公二年："冬……公子遂如齊納幣。納幣不書，此何以書？譏，何譏爾？譏喪娶也。娶在三年之外。則何譏乎喪娶？三年之内不圖婚。"何休注："僖公以十二月薨，至此未滿二十五月。又禮，先納采、問名、納吉乃納幣，此四者皆在三年之内，故云爾。"

[5]積分而成月：謂閏月乃是由每月三十日以外多餘時分積累而成。《穀梁傳》文公六年："閏月者，附月之餘日也，積分而成於月者也。"

[6]天無是月：指閏月。《公羊傳》文公六年："不告月者何？不告朔也。曷爲不告朔？天無是月也。閏月矣，何以謂之天無是月？非常月也。"

[7]告朔：指諸侯於每月朔日（陰曆初一）行告廟聽政之禮。《左傳》文公六年："閏月不告朔，非禮也。閏以正時，時以作事，事以厚生，生民之道於是乎在矣。不告閏朔，棄時政也，何以爲民。"杜預注："經稱告月，傳稱告朔，明告月必以朔。"

[8]歲數没閏：謂三年歲數包括閏月，即閏月不另計算。

[9]大功：喪服五服之一，服期九個月。其服用熟麻布做成，較小功爲粗，故稱大功。舊時堂兄弟、未婚的堂姊妹、孫、子婦等都服大功。參見《儀禮·喪服》。

[10]含閏以正朞（jī）：謂一年包含閏月在内，不能再另加閏月。按，"含閏"，《通典·禮典》作"合閏"。

[11]杖朞：舊時一種服喪禮制。一年之喪。杖，居喪時手執的杖棒。朞服用杖的稱"杖朞"，不用杖的則稱"不杖朞"。如嫡子爲庶母喪，服杖朞。夫爲妻喪，若父母不在，服杖朞，若父母在，則服不杖朞。參見《儀禮·喪服》。

[12]十一月：原作"十月"，中華本校勘記云："據《通典·禮典》補。按《禮記·雜記》下云：'期之喪十一月而練。'"今從補。

[13]厭屈：古喪禮。猶厭降。母亡，子服三年喪。父在母亡，則減一年，稱厭降。南朝梁任昉《齊竟陵文宣王行狀》："禮屈於厭降，事迫於權奪。"清方苞《書考定儀禮喪服後》："蓋喪服之有厭降，見於子思、孟子之書。惟尊同不降，則秦、周以前載籍更無及此者。"

[14]祥縞相去二月：《禮記·雜記下》："期之喪，十一月而練，十三月而祥……"按，"祥縞"當與"祥練"同，皆"相去二月"。

[15]應須五月晦乃祥：因至五月底纔合十一月小祥之日數。

[16]八座：封建時代中央政府的八種高級官員。歷朝制度不同，所指不同。齊以五部尚書、二僕射、一令爲八座。本書《百官志》："自令僕以下五尚書八座二十曹，各置郎中令史以下，又置都令史分領之。"　丞郎：指各曹分領長官。

尚書令褚淵難儉議曰：[1]"厭屈之典，由所尊奪情，[2]故祥縞備制，而年月不申。[3]今以十一月而祥，從朞可知。既計以月數，則應數閏以成典。若猶含之，[4]何以異於縞制？疑者正以祥之當閏，月數相縣。[5]積分餘閏，曆象所弘。計月者數閏，故有餘月，計年者苞含，故致盈積。稱理從制，[6]有何不可？”

[1]褚淵：字彦回，河南陽翟（今河南禹縣）人。歷仕南朝宋、齊，官至尚書令。本書卷二三有傳。

[2]奪情：謂壓縮居喪期的哀痛之情。《魏書·禮志三》：“夫聖人制卒哭之禮，授練之變，皆奪情以漸。”

[3]不申：不確切表明。

[4]含之：指閏月包含於期年之内，不另加。

[5]月數相縣：月數相懸殊。縣，同“懸”。

[6]稱理從制：指計算閏月，既符喪禮，又合曆制。

儉又答淵難曰：“含閏之義，通儒所難。但祥本應朞，屈而不遂。[1]語事則名體具存，論哀則情無以異。迹雖數月，義實計年，閏是年之歸餘，故宜總而苞之。朞而兩祥，緣尊故屈，[2]祥則没閏，[3]象年所申，屈申兼著，二途具舉。經記之旨，[4]其在兹乎？如使五月小祥，六月乃閏，則祥之去縞，事成二月，是爲十一月以象前朞，二朔以放後歲，名有區域，不得相參。魯襄二十八年‘十二月乙未，楚子卒’。[5]唯書上月，初不言閏，此又附上之明義也。鄭、射、王、賀唯云朞則没閏，[6]初不復區别杖朞之中祥，[7]將謂不俟言矣。成休甫云‘大祥後禫，有閏别數之’，[8]明杖朞之祥，不得方於緦縞之末。[9]即恩如彼，就例如此。”淵又據舊義難儉十餘問，儉隨事解釋。

[1]祥本應朞，屈而不遂：謂小祥本應滿周年，如減少天數就達不到期年。

[2]緣尊故屈：指期年減至十一月。

[3]祥則没閏：指閏月包含於期年，不另加。

[4]記：原訛“紀”，中華本校勘記云：“《通典·禮典》同訛，今據殿本、局本改正。”今從改。

[5]魯襄二十八年“十二月乙未，楚子卒”：引自《公羊傳》襄公二十八年，“楚子卒”原文作“楚子昭卒”。何休注解：“乙未……蓋閏月也，葬以閏數卒不書閏者，何也？期三年，皆以年計，若通閏數之，則不滿期三年故也。”又解云：“喪服大功以下諸喪，當以閏月爲數。”

[6]鄭、射、王、賀：指鄭玄、射慈、王肅、賀循，詳見前注。朞則没閏：謂以年計則不計閏月。

[7]初不復區别杖朞之中祥：謂没有將三年的大祥和一年的小祥區分開。祥，親喪的祭名，《周禮·春官·大祝》：“付練、祥，掌國事。”賈公彦疏：“練謂十三月小祥，練祭祥謂二十五月大祥。”《禮記·雜記下》：“期之喪，十一月而練，十三月而祥，十五月而禫。”

[8]禫（dàn）：除喪服的祭祀。《儀禮·士虞禮》：“中月而禫。”鄭玄注：“中，猶間也。禫，祭名也，與大祥間一月。自喪至此，凡二十七月。”

[9]綅（xiān）縞：黑白相間的絲織物。《禮記·雜記下》有“朝服”。鄭玄注：“朝服，綅冠。”陸德明《經典釋文》卷一三云：“黑經白緯曰綅。”縞，白絹。按，此處“綅縞”不明何指。又按，“綅”字，《通典·禮典》作“緇”。

祠部郎中王珪之議，[1]謂“喪以閏施，功衰以下小祥值閏，[2]則略而不言。今雖厭屈，[3]祥名猶存，異於餘服。計月爲數，屈追慕之心，[4]以遠爲邇。日既餘分，月非正朔，[5]含而全制，於情唯允。僕射儉議，理據詳博，謹所附同。今司徒淵始雖疑難，再經往反，未同儉議。依舊八座丞郎通共博議爲允。以來五月晦小祥，[6]其祥禫自依常限。奏御，班下内外。”詔“可”。

[1]祠部郎中：尚書省祠部尚書屬官。掌宗廟朝廷儀體。秩五品。　王珪之：琅邪臨沂（今山東臨沂市）人。有史學，撰《齊職儀》。本書卷五二有附傳。

[2]功衰（cuī）：指大功、衰服，皆孝子喪服。《禮記·曲禮下》：“衰，凶器，不以告，不入公門。”孔穎達疏：“衰者，孝子喪服也。”

[3]屈：原脱，中華本據《通典·禮典》補。今從補。

[4]追慕之心：指孝子思親懷恩之心。

[5]日既餘分，月非正朔：指閏月的時間乃是結餘，應包含在正日正月之内，不能計算。

[6]以來五月晦小祥：指經辯論以來，已確定按王儉意見，太子穆妃小祥定於五月三十日。

皇太子穆妃服，[1]尚書左丞兼著作郎王逡問左僕射王儉：[2]“中軍南郡王小祥，應待聞喜不？[3]穆妃七月二十四日薨，聞喜公八月發哀，[4]計十一月之限，應在六月。南郡王爲當同取六月，則大祥復申一月，應用八月，非復正月，在存親之義，若各自爲祥，[5]廬堊相間，[6]玄素雜糅，未審當有此疑不？”儉曰：“送往有已，復生有節，罔極非服制所申，[7]祥縞明示終之斷。[8]相待之義，[9]經記無聞。世人多以廬室衰麻，不宜有異，故相去一二月者，或申以俱除。此所謂任情徑行，未達禮旨。昔撰《喪記》，已嘗言之。[10]遠還之人，自有爲而未祭，在家之子，立何辭以不變？禮有除喪而歸者，此則經記之遺文，不待之明據。假使應待，則相去彌年，亦宜必待，乃爲衰絰永服以窮生，[11]吉鐲長絶於宗廟，[12]斯不可矣。苟曰非宜，則旬月之間，亦不容申。何者？禮有倫序，義無徒設。今遠則不待，近必相須，禮例既乖，即心無取。若疑兄弟同居，吉凶舛雜，則古有異宫之義。設無異宫，則遠還之子，自應開立别門，以終喪事。[13]靈筵祭奠，隨在家之人，再朞而毁。所以然者，《奔喪禮》云'爲位不奠'，[14]鄭玄云'以其精神不存乎此也'。聞哀不時，寔緣在遠。爲位不奠，益有可安。此自有爲而然，不關嫡庶。庶子在家，亦不待嫡矣。而况儲妃正體王室，中軍長嫡之重，天朝又行權制，進退彌復非疑。謂不應相待。中軍祥縞之日，聞喜致哀而已，不受弔慰。及至忌辰變除，昆弟亦宜相就寫情而不對客。此國之大典，宜通關八座丞郎，共盡同異，然後奏御。"[15]司徒褚淵等二十人並同儉議爲允，請以爲永制。詔"可"。

[1]服：指成服。舊時喪禮，死者大殮之後，親屬按照血緣關係的親疏遠近，穿上不同的喪服，稱"成服"。參見《禮記·奔喪》。

[2]王逡：應是王逡之，字宣約，琅邪臨沂（今山東臨沂市）

人。歷仕南朝宋、齊，以著作郎兼尚書左丞。參定齊國禮儀。本書卷五二有傳。

[3]中軍南郡王小祥，應待聞喜不：意謂長子主持其母的小祥祭祀，次子不在家應否等待推遲祭祀？中軍南郡王，指武帝長子蕭長懋，建元元年（479）封南郡王，二年，徵爲侍中、中軍將軍，置府，鎮石頭（見本書卷二一《文惠太子傳》）。聞喜，指武帝次子蕭子良，宋昇明三年（479），爲會稽太守，都督五郡，封聞喜公。母穆妃薨，他遠在會稽，相隔一月纔得凶信（見本書卷四〇《武十七王傳》）。

[4]發哀：指得到母亡的凶信。

[5]各自爲祥：指長懋、子良兄弟二人各自在兩地爲母舉辦小祥祭祀。

[6]廬堊（è）：古人服親喪時所居草頂泥墻的簡陋小屋。

[7]罔極非服制所申：謂父母深恩不是僅僅服喪服即可明示報答。罔極，指父母深恩。《詩·小雅·蓼莪》："父兮生我，母兮鞠我……欲報之德，昊天罔極。"朱熹集傳："言父母之恩，如天無窮，不知所以爲報也。"

[8]祥縞明示終之斷：謂祥縞祭祀衹不過表明死者生命的終結。

[9]相待：指祭祀者不在一地，推遲祭祀日期，互相等待。

[10]昔撰《喪記》，已嘗言之：指《禮記·喪服小記》："生不及祖父母諸父昆弟而父稅喪，已則否。"鄭玄注："謂子生於外者也……今其死於喪服年月已過乃聞之父爲之服，已則否者，不責非時之恩於人所不能也。"

[11]衰（cuī）絰（dié）：喪服。古人喪服胸前當心處綴有長六寸、廣四寸的麻布，名衰，圍在頭上的散麻布稱首絰，纏在腰間的稱腰絰。參見《禮記·雜記下》。

[12]吉蠲：《詩·小雅·天保》："吉蠲爲饎，是用孝享。"毛亨傳："吉，善。蠲，絜也。"鄭玄疏："謂將祭祀。"朱熹集傳："吉，言諏日擇士之善；蠲，言齊戒滌濯之潔。"陸德明《經典釋

文》:“鬹,古玄反,舊音圭。”此句意謂如等待則死者神主入宗廟的吉祭難以舉行。

[13]自應開立别門,以終喪事:謂子良應爲母另設靈壇,守孝奠祭。

[14]《奔喪禮》:指《禮記·奔喪禮》。

[15]然後奏御:“後”字原脱,中華本據南監本、殿本、局本補。今從補。

建元三年,太子穆妃薨,南郡王聞喜公國臣疑制君母服。[1]儉又議:“《禮》‘庶人爲國君齊衰’。[2]先儒云‘庶人在官,若府史之屬是也’。又諸侯之大夫妻爲大人服繐衰七月,[3]以此輕微疏遠,故不得盡禮。今皇孫自是蕃國之王公,[4]太子穆妃是天朝之嫡婦。宫臣得申小君之禮,[5]國官豈敢爲夫人之敬?[6]當單衣白帢素帶哭於中門外,每臨輒入,與宫官同。”

[1]聞喜公國臣疑制君母服:謂子良懷疑自己應否以“國臣”的身份,爲“君母”服喪。

[2]齊(zī)衰(cuī):喪服名。五服之一,用粗麻布製成,服期有三年、五月、三月不等。參見《禮記·喪服》。

[3]諸侯之大夫妻爲夫人服繐(suì)衰(cuī)七月:指諸侯的下屬大夫之妻爲諸侯夫人服喪七月。繐衰,古代小功喪服,用細而疏的麻布製成。《儀禮·喪服》:“繐衰者何?以小功之繐也。”鄭玄注:“凡布細而疏者謂之繐。”

[4]今皇孫自是蕃國之王公:子良乃齊高帝皇孫,又封南郡王,故稱之謂“蕃國之王公”。

[5]宫臣得申小君之禮:子良乃宫臣,又是王公,所以得用

“小君”之禮服喪。小君，指諸侯。

［6］國官豈敢爲夫人之敬：謂子良如僅用國臣身份服喪，不能表答對母夫人的敬意。

永明十一年，文惠太子薨，右僕射王晏等奏：[1]“案《喪服經》‘爲君之父、長子，同齊衰朞’。[2]今至尊既不行三年之典，[3]止服朞制，群臣應降一等，便應大功。九月功衰，[4]是兄弟之服，不可以服尊。臣等參議，謂宜重其衰裳。減其月數，同服齊衰三月。至於太孫三年既申，南郡國臣，宜備齊衰朞服。臨汝、曲江既非正嫡，[5]不得禰先儲，[6]二公國臣，並不得服。”詔依所議。

又奏：“案《喪服經》雖有‘妾爲君之長子從君而服’。二漢以來，此禮久廢，請因循前准，不復追行。”詔曰：“既久廢，停便。”

［1］王晏：字士彦，瑯邪臨沂（今山東臨沂市）人。歷仕南朝宋、齊，官至吏部尚書、右僕射。本書卷四二有傳。

［2］《喪服經》：東漢馬融撰。原書已佚，杜佑《通典・禮典》所引甚多。現存清馬國翰《玉函山房輯佚書》本。

［3］今至尊：指齊武帝蕭賾。　三年之典：指服齊衰服。

［4］九月功衰（cuī）：謂服九個月的大功喪服。功衰，謂斬衰、齊衰之喪在練祭以後所穿的喪服。其級别與“大功”同。《禮記・雜記上》：“有父母之喪，尚功衰。”鄭玄注：“斬衰、齊衰之喪練，皆受以大功之衰，此謂之功衰。”孔穎達疏：“尚功衰者，衰謂三年練後之衰，升數與大功同，故云功衰。”按，《禮記》明言“功衰”乃居“父母之喪”，此處王晏却言“是兄弟之服”，且大功之服不

止“九月”，其所議疑誤。

[5]臨汝、曲江既非正嫡：臨汝，指廬陵王蕭子卿，初封臨汝縣公，爲張淑妃所生。曲江，當是“枝江”之訛。當是指隨郡王蕭子隆，初封枝江公，乃王淑儀所生。二人皆非皇后所生，故云“非正嫡”。

[6]禰（nǐ）：親近，崇奉。《周禮·春官·甸祝》：“舍奠于祖廟，禰亦如之。”鄭玄注引鄭司農曰：“禰，父廟。”孫詒讓《周禮正義》引《左傳》襄公十三年孔穎達疏曰：“禰，近也，於諸廟，父最爲近也。” 先儲：指儲君，即太子。

又奏：“伏尋御服文惠太子朞内不奏樂，諸王雖本服朞，而儲皇正體宗廟，服者一同，釋服，[1]奏樂姻娶，便應並通。竊謂二等誠俱是嘉禮，輕重有異：娶婦思嗣，事非全吉，三日不樂，禮有明文。[2]宋世朞喪降在大功者，婚禮廢樂，[3]以申私戚，通以前典。”詔“依議”。

[1]釋服：指守喪期滿，除去喪服。

[2]三日不樂，禮有明文：《禮記·曾子問》：“曾子問曰：‘除喪則不復昏禮乎？’孔子曰：‘……娶婦之家，三日不舉樂，思嗣親也。’”

[3]宋世朞喪降在大功者，婚禮廢樂：《宋書·禮志二》：“大明五年閏月，有司奏：‘皇太子妃薨，至尊、皇后並服大功九月，皇太后小功五月。未詳二御何當得作鼓吹及樂？’博士司馬興之議：‘案《禮》，大功至則辟琴瑟……漢文既葬，悉皆復吉，唯縣而不樂，以此表哀。’”

又奏："案禮，[1]祥除皆先於今夕易服，明旦乃設祭。尋比世服臨然後改服，與禮爲乖。[2]今東宫公除日，若依例，皇太孫服臨方易服。臣等參議，謂先哭臨竟而後祭之。[3]應公除者，皆於府第變服，而後入臨，行奉慰之禮。"詔"可"。

[1]案禮：所言乃據《禮記·雜記下》"祥主人之除也，於夕爲期，朝服，祥因其故服"。孔穎達疏："祥主人之除也者，言祥謂祥祭之時主人除服之節。於夕爲期者，謂於祥祭前夕豫告明日祥祭之期。朝服者，於此爲期之時主人著朝服謂緇衣素裳，其冠則縞冠也。祥因其故服者，謂明旦祥之時主人因著其前夕故朝服也。"

[2]尋比世服臨然後改服，與禮爲乖：指臨祭者當場纔脱下平常服裝改穿祭服，不合禮儀。

[3]哭臨（lìn）：喪禮之一。集衆定時哭號舉哀。《史記》卷一〇《孝文本紀》："毋發民男女哭臨宫殿。"《續漢書·禮儀志下》："登遐，皇后詔三公典喪事……百官哭臨殿下。"

建武二年，[1]朝會，時世祖遏密未終，[2]朝議疑作樂不。祠部郎何佟之議："昔舜受終文祖，[3]義非胤堯，[4]及放勛徂落，[5]遏密三祀。近代晋康帝繼成帝，[6]于時亦不作樂。懷帝永嘉元年，[7]惠帝喪制未終，于時江充議云，[8]古帝王相承，雖世及有異，而輕重同禮。"從之。

[1]建武二年：指齊明帝蕭鸞建武二年（495）。

[2]世祖：指文惠太子蕭長懋，其子鬱林王蕭昭業繼武帝位，追尊其父爲世祖皇帝。　遏密：原指居喪止樂。這裏引申指世祖居喪期間。《尚書·舜典》："帝乃殂落，百姓如喪考妣，三載，四海

遏密八音。”孔安國傳：“遏，絶；密，静也。”孔穎達疏：“四海之人蠻夷戎狄，皆絶静八音而不復作樂。”

［3］昔舜受終文祖：文祖，《尚書·舜典》：“正月上日，受終于文祖。”孔安國傳：“上日，朔日也。終謂堯終帝位之事。文祖者，堯文德之祖廟。”故此句是説，堯在祖廟禪讓帝位於舜。

［4］義非胤堯：謂舜之帝位乃堯禪讓，舜並非堯的後裔，故並非父傳子。

［5］放勛：帝堯名。《尚書·堯典》：“曰若稽古，帝堯曰放勛。”陸德明《經典釋文》引馬融云：“放勛，堯名。”蔡沈《書集傳》：“放，至也……勛，功也，言堯之功大而無所不至也。”

［6］晋康帝繼成帝：指東晋康帝司馬岳於咸康八年（342）繼承其兄成帝司馬衍爲帝。登位時未舉樂，“時帝諒陰不言，委政于庾冰、何充”。詳見《晋書》卷七《康帝紀》。

［7］懷帝：指西晋懷帝司馬熾，於惠帝司馬衷光熙元年（306）繼承其兄爲帝。　永嘉：懷帝年號。

［8］江充：中華本校勘記云：“‘江充’南監本、局本作‘何充’。按江充，漢武帝時人，西晋無江充，故南監本、局本改‘江’爲‘何’。然何充《晋書》有傳，不言其曾仕中朝，預議喪制。惟著《徙戎論》之江統，永嘉初歷黄門侍郎、散騎常侍、國子博士，豈‘江充’爲‘江統’之訛歟?”按，江充所議蓋亦謂居喪期應止樂。

建武二年正月，有司以世宗文皇帝今二年正月二十四日再忌日，[1]二十九日大祥，[2]三月二十九日祥禫，[3]至尊及群臣泄哀之儀，應定准。下二學八座丞郎，[4]博士陶韶以爲：[5]“名立義生，自古之制。文帝正號祖宗，[6]式序昭穆，[7]祥忌禫日，皇帝宜服祭服，出太極泄哀。[8]百僚亦祭服陪位。”太常丞李撝議曰：[9]“尋尊號既追，重服宜正，[10]但已從權制，故苴杖不說。[11]至於鑽燧既同，[12]天地亦變，容得無感乎？且晋景獻皇后崩，[13]群臣備小君之服。追尊之后，無違后典，追尊之帝，固宜同帝禮矣。雖臣子一例，而禮隨時異。至尊龍飛中興，[14]事非嗣武，[15]理無深衣之變。[16]但王者體國，亦應弔服出正殿舉哀，百寮致慟，一如常儀。”給事中領國子助教謝曇濟議：[17]“夫喪禮一制，限節兩分。虞祔追亡之情，[18]小祥抑存之禮，[19]斯蓋至愛可申，極痛宜屈耳。文皇帝雖君德早凝，民化未洽，追崇尊極，寔緣于性。今言臣則無實，[20]論己則事虛。聖上馭寓，[21]更奉天眷，祇禮七廟，[22]非從三后，[23]周忌祥禫，無所依設。”太學博士崔偃同陶韶議，太常沈倓同李撝議，[24]國子博士劉警等同謝曇濟議。

[1]世宗文皇帝：指文惠太子。“世宗”原訛“世祖”，中華本校勘記云：“《元龜》五百七十八改。下同。按鬱林王即位，追尊其父文惠太子長懋爲世宗文皇帝。長懋卒於永明十一年正月二十四日，至建武二年正月二十四日爲再忌日也。”今從改。

[2]大祥：古時喪後兩周年的祭禮。《儀禮·士虞禮》：“又朞而大祥，曰薦此祥事。”鄭玄注：“又，復也。”賈公彦疏：“此謂二十五月大祥祭，故云復云朞也。”

[3]祥禫（dàn）：指大祥結束除服之祭。

[4]二學八座：指太學、國學與尚書八座。

[5]陶韶：其事不詳。

[6]正號祖宗：指嫡系祖宗。

[7]式序昭穆：謂排列於近親之位。

[8]太極：指皇宫中的太極殿。

［9］李撝：其事不詳。

［10］重服：指重喪所服之服。南朝宋劉義慶《世説新語·德行》："孔時爲太常，形素羸瘦，著重服，竟日涕泗流漣。"

［11］苴杖不説：苴杖，古代孝子居喪時所用的竹杖。《禮記·喪服小記》："苴杖，竹也，削杖，桐也。"又《問喪》："或問曰：杖者何也？曰：竹、桐一也。故爲父苴杖。苴杖，竹也。爲母削杖，削杖，桐也。"按，"苴杖不説""不説"難解，疑爲"不設"之訛。

［12］鑽燧：鑽燧取火，原始的取火法。燧爲取火工具，有金燧、木燧兩種。這裏以鑽燧代指人的基本生活方式。

［13］晋景獻皇后：指晋景帝司馬師之妻景獻羊皇后。武帝司馬炎登位，追尊司馬師爲世宗景帝，羊氏爲景獻皇后。居弘訓宫，號弘訓太后。咸寧四年（278）太后崩，以小君服，祔葬峻平陵，參見《晋書》卷三一《后妃傳》。

［14］至尊龍飛中興：歌頌齊明帝蕭鸞登帝使齊中興。龍飛，《易·乾》："飛龍在天，利見大人。"孔穎達疏："若聖人有龍德，飛騰而居天位。"因以"龍飛"喻帝王登位興起。

［15］事非嗣武：明帝蕭鸞乃齊高帝蕭道成二兄蕭道生之子，是武帝蕭賾的堂弟，是世宗文皇帝（文惠太子）蕭長懋的堂叔，他廢除堂孫鬱林王蕭昭業和海陵王蕭昭文，自立爲帝，所以他的帝位，並非"嗣武"嫡傳。

［16］理無深衣之變：謂按理堂叔用不着改變常服爲堂侄服喪。深衣，古代一種連體服裝。《禮記·深衣》："古者，深衣，蓋有制度，以應規矩，繩權衡。"孔穎達疏："深衣，連衣裳而純之以采者，素純曰長衣，有表則謂之中衣，大夫以上祭服之。"又曰："深衣者，以餘服則上衣下裳不相連，此深衣衣裳相連，被體深邃，故謂之深衣。"

［17］謝曇濟："曇"原作"墨"，中華本校勘記云："按上卷有國子助教謝曇濟。又《周顒傳》云'顒卒官時，王儉講《孝經》未畢，舉曇濟自代，學者榮之，官爲給事中'。蓋即一人。'墨濟'

爲‘曇濟’之訛無疑，今改正。下同。”今從改。

[18]虞祔追亡之情：指喪期畢，神主歸祔宗廟，追悼亡者之深情。

[19]抑存之禮：指至敬至誠之祭禮。抑，似，如。《國語·魯語下》：“楚公子甚美，不大夫矣，抑君也。”韋昭注：“似君也。”《左傳》襄公三十一年作“令尹似君矣”。抑存，如在，謂祭祀時死者好似還活着，亦即孔子所言“祭如在，祭神如神在”的誠敬之意（見《論語·八佾》）。

[20]今言臣則無實：指文惠太子不過是追封的皇帝，有名無實。

[21]聖上馭寓：指明帝掌管天下。

[22]七廟：指帝王供奉的祖先七廟。《禮記·王制》：“天子七廟，三昭三穆，與大祖之廟而七。”此指父、祖、曾祖、高祖四親廟，加二祧（遠祖）和始祖廟。

[23]非從三后：謂明帝是天子，他要祭祀的宗廟七祖，並非祗祀“三后”。三后，指高帝、武帝與追尊的世宗文皇帝。按，謝曇濟蓋謂明帝非高帝嫡傳，不必爲文惠兩周年忌日設祭。

[24]沈倓：中華本校勘記云：“‘倓’毛本、殿本、局本作‘淡’。”

祠部郎何佟之議曰：“《春秋》之旨，臣子繼君親，[1]雖恩義有殊，而其禮則一，所以敦資敬之情，篤方喪之義。[2]主上雖仰嗣高皇，嘗經北面，[3]方今聖曆御宇，垂訓無窮，在三之恩，[4]理不容替。竊謂世宗祥忌，至尊宜弔服昇殿，群臣同致哀感，事畢，百官詣宣德宮拜表，[5]仍致哀陵園，以弘追遠之慕。”[6]尚事令王晏等十九人同佟之議。詔“可。”

[1]《春秋》之旨，臣子繼君親：《公羊傳》僖公元年："臣子一例也。"何休解詁："以臣之繼君猶子之繼父也。其服皆斬衰，故傳稱臣子一例。"

[2]方喪：謂用事父之喪禮以事君喪。《禮記·檀弓上》："事君有犯而無隱，左右就養有方，服勤至死，方喪三年。"鄭玄注："方喪，資於事父。"孔穎達疏："方謂比方也。謂比方父喪禮以喪君，故云資於事父。資，取也，取事父之喪禮以喪君。"

[3]主上雖仰嗣高皇，嘗經北面：指明帝雖非高皇親子嫡傳，但親侄也是後嗣，更何況兩人不僅是叔侄，也是君臣，明帝一直在高、武兩朝爲官供職。北面，指爲臣，與南面爲君相對。

[4]在三之恩：指君父師之恩。《國語·晋語一》："民生於三，事之如一。父生之，師教之，君食之。非父不生，非食之長，非教不知。生之族也，故一事之，唯其所在，則致死焉。"韋昭注："三，君、父、師也。"後以"在三"爲禮敬君、父、師的典故。按，此處用"在三之恩"乃專指君恩。

[5]宣德宫：指世宗（文惠太子）妻文安王皇后。永明十一年(493)，爲皇太孫太妃，鬱林即位，尊爲皇太后，稱宣德宫。詳見本書卷二〇《皇后傳》。

[6]弘追遠：原作"引進遠"，今從中華本改。追遠，追恩祖恩祖德。《論語·學而》："慎終追遠，民德歸厚矣。"何晏《集解》："慎終者，喪盡其哀；追遠者，祭盡其敬。"

海陵王薨，[1]百官會哀。時纂嚴，[2]朝議疑戎服臨會。祠部郎何佟之議："羔裘玄冠不以弔，[3]理不容以兵服臨喪。宋泰始二年，孝武大祥之日，于時百寮入臨，皆於宫門變戎服，著衣帢，入臨畢出外，還襲戎衣。"從之。

[1]海陵王：文惠太子第二子蕭昭文，尚書令西昌侯蕭鸞廢其

兄鬱林王，立昭文爲帝，僅數月又廢昭文，蕭鸞自立爲明帝，改封昭文爲海陵王，不久稱有疾而殞。詳見本書卷五《海陵王紀》。

[2]纂嚴：指軍隊嚴裝戒備。猶今之戒嚴。

[3]羔裘玄冠不以弔：此語出自《論語・鄉黨》。何晏《集解》："孔曰，喪主素，吉主玄，吉凶異服。"

贊曰：姬制孔作，[1]訓範百王。[2]三千有數，[3]四維是張。[4]損益彝典，[5]廢舉憲章。戎祀軍國，社廟郊庠。冠婚朝會，服紀凶喪。存爲盛德，戒在先亡。[6]

[1]姬制孔作：指周公始制禮儀，孔子講述提倡。

[2]百王：指歷代君王。

[3]三千："三千弟子"的簡稱。《史記》卷四七《孔子世家》："孔子以詩書禮樂教，弟子蓋三千焉。"這裏以"三千"代指儒生衆多，因爲禮教得到廣泛傳播，深入人心。

[4]四維：舊時以禮、義、廉、耻爲治國施政的四綱，稱爲"四維"。《管子・牧民》："國有四維……何謂四維：一曰禮，二曰義，三曰廉，四曰耻。"《鶡冠子・道端》："建立四維，以輔國政。"

[5]損益：增減，興廢。這裏指因時代變異，禮也須改革，破舊立新。《論語・爲政》："子曰：殷因於夏禮，所損益，可知也；周因於殷禮，所損益，可知也；其或繼周者，雖百世可知也。"邢昺疏："此章明創制革命因沿損益之禮……謂三綱五常不可變革，故因之也。所損益者，謂文質三統夏尚文，殷則損文而益質；夏以十三月爲正，爲人統色尚黑，殷則損益之，以十二月爲正，爲地統色尚白……"彝典：常典。以下列舉郊廟祭祀、婚喪軍旅各種禮儀。

[6]存爲盛德，戒在先亡：謂如按禮施政就能造就文明盛世，否則必然敗亡。

∷ 中華文化促進會主持編纂

∷ 國家"十一五"重點圖書出版規劃項目

∷ 中國社會科學院哲學社會科學創新工程學術出版資助項目

出品人 王石 段先念

今注本二十四史

南齊書

三

志

〔二〕

梁 蕭子顯 撰

王鑫義 張欣 主持校注

中国社会科学出版社

南齊書　卷一一

志第三

樂

南郊樂舞歌辭，[1]二漢同用，見《前漢志》，五郊互奏之。[2]魏歌舞不見，疑是用漢辭也。晉武帝泰始二年，[3]郊祀明堂，[4]詔禮遵用周室肇稱殷祀之義，[5]權用魏儀。後使傅玄造祠天地五郊夕牲歌詩一篇，[6]迎神歌一篇。宋文帝使顔延之造郊天夕牲、迎送神、饗神歌詩三篇，[7]是則宋初又仍晉也。建元二年，[8]有司奏："郊廟雅樂歌辭，舊使學士博士撰，搜簡采用，請敕外，凡義學者普令製立。"[9]參議："太廟登歌宜用司徒褚淵，[10]餘悉用黄門郎謝超宗辭。"[11]超宗所撰，多删顔延之、謝莊辭以爲新曲，[12]備改樂名。永明二年，太子步兵校尉伏曼容上表，[13]宜集英儒，删纂雅樂。詔付外詳，竟不行。

［1］南郊：帝王於每年冬至在都城南郊祭天。

［2］五郊：帝王根據時令，分别於都城五方迎節氣、祭五帝。立春，迎春於東郊，祭青帝；立夏，迎夏於南郊，祭赤帝；立秋前十八日，迎黄靈於中兆，祭黄帝；立秋，迎秋於西郊，祭白帝；立冬，迎冬於北郊，祭黑帝。“五郊互奏”的具體情況，參見《續漢書·祭祀志》。

［3］晋武帝：晋朝皇帝司馬炎。武爲其謚號。《晋書》卷三有紀。　泰始：晋武帝年號。

［4］明堂：先秦時明堂是帝王祭祀、朝見諸侯、宣明政教的場所。西漢時於明堂中加入了五帝神位。至魏晋南北朝，明堂逐漸成爲專祀五帝的場所。

［5］殷祀：中華修訂本《校勘記》云：“‘祀’，按《晋書》卷二二《樂志》上作‘禮’。”（第211頁）

［6］傅玄：字休奕，北地泥陽（今陝西銅州市耀州區東南）人。西晋官吏，著有《傅子》。《晋書》卷四七有傳。　祠天地五郊夕牲歌詩：中華修訂本《校勘記》云：“‘祠’，殿本作‘祀’。按《晋書》卷二二《樂志》上作‘祀’。”（第211頁）夕牲，祭祀前一日夜檢查祭祀用的犧牲。

［7］宋文帝：南朝宋皇帝劉義隆。“文”爲其謚號。《宋書》卷五有紀。　顔延之：字延年，琅邪臨沂（今山東臨沂市）人。南朝宋官吏。《宋書》卷七三有傳。

［8］建元：南朝齊高帝年號。

［9］義學：中華修訂本《校勘記》云：“‘義學’，南監本、北監本、汲本、殿本、局本作‘肄學’。”（第211頁）

［10］登歌：升歌。樂工登堂時演奏的歌詩。　褚淵：字彦回，河南陽翟（今河南禹州市）人。南朝宋、齊官吏。本書卷二三有傳。

［11］黄門郎：給事黄門侍郎。東漢合黄門侍郎與給事黄門而置。魏晋南北朝時爲門下省次官，與侍中俱掌門下衆事。南朝齊時

亦掌詔令，世呼爲“小門下”。　謝超宗：陳郡陽夏（今河南太康縣）人。南朝宋、齊官吏。本書卷三六有傳。

[12]謝莊：字希逸，陳郡陽夏（今河南太康縣）人。南朝宋官吏。《宋書》卷八五有傳。

[13]太子步兵校尉：太子三校尉之一。東宫侍從武官，掌步兵。南朝宋置，南朝齊沿置。　伏曼容：字公儀，平昌安丘人（今山東安丘市西南）。歷仕南朝宋、齊、梁。好談玄理，擅長音律。《南史》卷七一有傳。

群臣出入，奏《肅咸》之樂：[1]

夤承寶命，[2]嚴恭帝緒。[3]奄受敷錫，[4]升中拓宇。[5]亘地稱皇，罄天作主。[6]月域來賓，[7]日際奉土。[8]開元首正，[9]禮交樂舉。[10]六典聯事，[11]九官列序。[12]此下除四句。皆顔辭。

[1]《肅咸》：謝超宗所撰，乃據顔延之天地郊夕牲歌辭删減而成。

[2]夤：敬。　承：中華修訂本《校勘記》云：“‘承’，按《宋書》卷二〇《樂志》二、《文選》卷二七顔延年宋郊祀歌、《初學記》卷一三引宋顔延之天地郊夕牲歌辭作‘威’。按齊高帝父名承之，而齊南郊樂歌不諱，可疑。”（第211頁）。　寶命：天命。

[3]嚴：通“儼”，敬。　帝緒：中華修訂本《校勘記》云：“‘帝緒’，按《宋書》卷二〇《樂志》二、《文選》卷二七顔延年宋郊祀歌作‘帝祖’，《初學記》卷一三引宋顔延之天地郊夕牲歌辭作‘帝祀’。”（第211頁）“嚴恭帝緒”下，《宋書·樂志二》顔延年天地郊夕牲歌辭有“表海炳岱，系唐胄楚。靈鑑濬文，民屬叡武”四句，《文選》卷二七亦有此四句，而“表海炳岱”作“炳海表岱”。丁福林《校議》云：“據本書體例，‘帝緒’後當有‘此下

除四句’五字，小字注也。”（中華書局2010年版，第66頁）

[4]奄受敷錫：接受上天的全部恩澤，遍賜萬民。奄，全部。敷，普遍，廣泛。錫，賜予。

[5]升：中華修訂本《校勘記》云：“‘升’，按《宋書》卷二〇《樂志》二、《文選》卷二七顏延年宋郊祀歌、《初學記》卷一三引宋顏延之天地郊夕牲歌辭作‘宅’。”（第212頁）　宇：疆域。

[6]亘地稱皇，罄天作主：言天上、地下無處不歸皇帝統治。亘，遍。罄，盡。

[7]月域：中華修訂本《校勘記》云：“‘域’，按《宋書》卷二〇《樂志》二、《文選》卷二七顏延年宋郊祀歌、《初學記》卷一三引宋顏延之天地郊夕牲歌辭作‘竁’。”（第212頁）月域，指極西之地。

[8]奉土：進獻土產，意謂歸順。

[9]正：正月初一。

[10]禮交樂舉：語出《禮記·禮器》：“禮交動乎上，樂交應乎下，和之至也。”

[11]六典：《周禮·天官·大宰》所記治國六法，即治典、教典、禮典、政典、刑典、事典。《古詩紀》卷七三《齊南郊樂章·肅咸樂》作“六曲”，誤。　聯事：由諸官聯合從事。

[12]九官列序：其下《宋書·樂志二》顏延之天地郊夕牲歌辭有“有牷在滌，有潔在俎。以薦王衷，以答神祐”四句。九官，相傳舜命禹作司空，棄作后稷，契司徒，咎繇作士，垂作共工，益作朕虞，伯夷作秩宗，夔作典樂，龍作納言，合稱九官。此處代指參加祭祀的官員。

牲出入，奏《引牲》之樂：

皇乎敬矣，[1]恭事上靈。昭教國祀，肅肅明明。有牲在滌，[2]有絜在俎。[3]以薦王衷，[4]以答神祐。[5]此上四句，顔辭。[6]

陟配在京，[7]降德在民。奔精望夜，[8]高燎佇晨。[9]

[1]皇：偉大。

[2]牲：中華修訂本《校勘記》云："'牲'，按《宋書》卷二〇《樂志》二、《文選》卷二七顔延年宋郊祀歌、《初學記》卷一三引宋顔延之天地郊夕牲歌辭作'牷'。"（第212頁） 滌：畜養祭牲的房舍。

[3]絜：清潔的祭物。 俎：祭祀時陳設整猪整羊或大塊肉的禮器，上面常漆有各種花紋。

[4]以薦王衷：中華修訂本《校勘記》云："'以薦'，按《文選》卷二七顔延年宋郊祀歌作'薦饗'。"（第212頁）薦，進獻。

[5]神祐：神靈所降之福。祐，福。

[6]此上四句，顔辭："有牲在滌，有絜在俎。以薦王衷，以答神祐"四句出自顔延之天地郊夕牲歌辭。此下"陟配在京，降德在民。奔精望夜，高燎佇晨"四句出自顔延之天地郊迎送神歌辭而略有改動。

[7]陟配在京：典出《詩·大雅·下武》："三后在天，王配于京。"言西周太王、王季、文王去世後神靈在天，周武王在鎬京能配行其道。此處意謂當今天子的聖德可比肩周武王。

[8]奔精：流星。 望：中華修訂本《校勘記》云："'望'，按《宋書》卷二〇《樂志》二作'照'。"（第212頁）按，建州本《文選》卷二七顔延年宋郊祀歌從李善本作"昭"，奎章閣本從五臣本作"照"。

[9]高燎：高高燃起的祭祀煙火。燎，焚柴祭天。 佇：中華修訂本《校勘記》云："'佇'，按《宋書》卷二〇《樂志》二、《文選》卷二七顔延年宋郊祀歌作'煬'。"（第212頁）

薦豆呈毛血，[1]奏《嘉薦》之樂：

我恭我享，惟孟之春。[2]以孝以敬，立我蒸民。[3]青壇奄靄，[4]翠幙端凝。嘉俎重薦，兼籍再升。設業設簴，展容玉庭。[5]肇禋配祀，克對上靈。[6]此一篇增損謝辭。

右夕牲歌，並重奏。

[1]薦豆：進獻乘著祭品的豆。豆，盛菜餚的高脚盤，多爲陶製。祭祀時常用來盛帶汁的肉。

[2]我恭我享，惟孟之春：改自謝莊歌太祖文皇帝詞："我將我享，維孟之春。"我恭我享，語本《詩·周頌·我將》："我將我享，維羊維牛。"享，獻祭。

[3]以孝以敬，立我蒸民：改自謝莊歌太祖文皇帝詞："以孝以敬，以立我烝民。"立我蒸民，語本《詩·周頌·思文》："立我烝民，莫匪爾極。"蒸民，即"烝民"，衆民。

[4]青壇：皇帝春天郊祀用的土臺。

[5]設業設簴（jù），展容玉庭：改自謝莊歌太祖文皇帝詞："設業設虡，在王庭。"設業設簴，語本《詩·周頌·有瞽》："設業設虡，崇牙樹羽。"業，懸掛鐘磬架子横木上的大板，刻有鋸齒。簴，懸掛鐘磬的架子兩旁的立柱。中華修訂本《校勘記》云："原作'誤業詳簴'，據三朝本、南監本、北監本、汲本、殿本、局本、《宋書》卷二〇《樂志》二、《樂府詩集》卷二《齊嘉薦樂》改。"（第212頁）今從改。

[6]肇禋（yīn）配祀，克對上靈：改自謝莊歌太祖文皇帝詞："肇禋祀，克配乎靈。"肇，開始。禋，一種祭天典禮。燒柴生煙，加牲體、玉帛於其上，使煙氣上達於天以致精誠。

迎神，奏《昭夏》之樂：

惟聖饗帝，惟孝饗親。[1]此下除二句。[2]禮行宗祀，敬達郊禋。金枝中樹，[3]廣樂四陳。[4]此下除八句。[5]月御案節，[6]星驅扶輪。[7]遥興遠駕，[8]曜曜振振。[9]告成大報，[10]受釐元神。[11]

[1]惟聖饗帝，惟孝饗親：語出《禮記·祭義》："唯聖人爲能饗帝，孝子爲能饗親。"意謂唯有聖人纔能够真誠地獻祭天帝，唯有孝子纔能够真誠地獻祭亡親。饗，通"享"，獻祭。

[2]此下除二句：中華修訂本《校勘記》云："'二句'，原作'四句'，按《宋書》卷二〇《樂志》二、《文選》卷二七顔延年宋郊祀歌第二首。所除衹'皇乎備矣，有事上春'二句，今改正。"（第212頁）今從改。

[3]金枝：以金爲飾的銅燈。

[4]廣樂：天子盛大之樂。

[5]此下除八句："廣樂四陳"下，《宋書·樂志二》顔延之天地郊迎送神歌辭有"陟配在京，降德在民。奔精照夜，高燎煬晨。陰明浮爍，沈禜深淪。告成大報，受釐元神"八句。

[6]月御：傳説中月之馭者。　案節：勒著繮繩，按適當的速度徐徐前行。

[7]星驅：傳説中星之馭者。　扶輪：幫著扶車輪。

[8]遥興遠駕：意謂天帝從遥遠的天上出發，駕臨於地。

[9]曜曜振振：光明威盛的樣子。

[10]告成大報：意謂訴告成功以報答天帝。

[11]釐：福。　元神：偉大的神。

皇帝入壇東門，奏《永至》之樂：

紫壇望靈，[1]翠幙佇神。率天奉贄，[2]罄地來賓。神貺竝介，[3]泯祇合祉，[4]恭昭鑒享，肅光孝祀。[5]威藹四靈，[6]洞曜三光，[7]皇德全被，大禮流昌。

［1］紫壇：紫色的祭壇。爲帝王祭天之所。

［2］率天：普天之下。　奉贄：進獻禮品。《樂府詩集》卷二齊《嘉薦樂》作“奏贄”。

［3］神貺（kuàng）竝介：意謂神靈之恩遍賜萬民。貺，賞賜。竝，普遍，都。介，給予。

［4］泯祇：中華修訂本《校勘記》云：“‘祇’，殿本及《樂府詩集》卷二齊《永至樂》作‘衹’。張元濟《校勘記》：‘疑泯祇當作氓祇。’”（第212頁）　合祉：同喜。

［5］孝祀：享祀，獻祭鬼神。語出《詩·小雅·楚茨》：“苾芬孝祀，神嗜飲食。”孝，享。

［6］威藹四靈：意謂皇帝之威儀輝映四星。藹，映。四靈，東西南北四方星宿。

［7］三光：日、月、星。

皇帝升壇，奏登歌辭：

報惟事天，[1]祭實尊靈。史正嘉兆，[2]神宅崇禎。五畤昭鬯，[3]六宗彝序。[4]介丘望塵，[5]皇軒肅舉。

［1］報：爲答謝神靈而舉行祭祀。

［2］史正：《左傳》桓公六年云“祝史正辭”。意謂主持祭祀祈禱的官員不虛稱君美。

［3］五畤：秦漢帝王修建的五座祭壇，即鄜畤、密畤、吴陽上畤、吴陽下畤、北畤，在今陝西鳳翔縣一帶。《史記》卷一二《孝武本紀》：“上初至雍，郊見五畤。”張守節《正義》云：“先是文公作鄜畤，祭白帝；秦宣公作密畤，祭青帝；秦靈公作吴陽上畤、下畤，祭赤帝、黄帝；漢高祖作北畤，祭黑帝：是五畤也。”此處

以“五畤”代指祭壇。

[4]六宗：古代尊祀的六個神。出自《尚書·舜典》：“肆類于上帝，禋于六宗。”具體指哪六個神，古來衆説紛紜。伏生、馬融以爲，即天、地、四時。彝序：常道所規定的秩序。

[5]介丘望塵：意謂登上大山，遥望皇帝車隊揚起的塵埃。介丘，大山。

皇帝初獻，奏《文德宣烈》之樂：

營泰畤，[1]定天衷。思心緒，[2]謀筮從。[3]此下除二句。[4]田燭置，[5]權火通。[6]大孝昭，國禮融。[7]此一句改，餘皆顔辭，此下又除二十二句。[8]

[1]泰畤：祭祀最高天神泰一的祭壇。漢武帝元鼎五年（前112）於甘泉立泰畤壇。此處代指祭天的祭壇。

[2]思心緒：中華修訂本《校勘記》云：“‘緒’，按《宋書》卷二〇《樂志》二作‘叡’。”（第213頁）思心，思慮。

[3]謀筮：通過占卜來謀劃。筮，用蓍草占卜。

[4]此下除二句：“謀筮從”下，《宋書·樂志二》顔延之天地饗神歌辭有“建表蕝，設郊宮”二句。

[5]田燭：置於田間的火燭。據《禮記·郊特牲》，古代天子祭天之日，百姓由於擔心天子出行太早而看不清道路，在田間自發放置火燭。

[6]權火通：中華本校勘記云：“‘權火’南監本、殿本、局本作‘爟火’，按《史記·封禪書》《漢書·郊祀志》並作‘權火’。《周禮》有司爟，爟，火官。‘權’乃‘爟’之借字。百衲本《宋書·樂志》亦作‘權’。”按，《古詩紀》卷七三《齊南郊樂章·登歌》亦作“爟火”。權火，古代祭祀時所舉的烽火。《史記·封禪書》：“通權火，拜於咸陽之旁。”《集解》引張晏曰：“欲令光明遠

照通祀所也。漢祠五時於雍，五里一烽火。”權，即“爟”，《説文》云：“舉火曰爟。”“權火通”下，《宋書·樂志二》顔延之天地饗神歌辭有“曆元旬，律首吉。飾紫壇，坎列室。中星兆，六宗秩。乾宇晏，地區謐”八句。丁福林《校議》云：“據本書體例，‘權火通’後當有‘此下除八句’五字，亦小字注。”（第67頁）

[7]國禮融：《宋書·樂志二》顔延之天地饗神歌辭作“祭禮供”。

[8]此下又除二十二句：“祭禮供”下，《宋書·樂志二》顔延之天地饗神歌辭有“牲日展，盛自躬。具陳器，備禮容。形舞綴，被歌鍾。望帝閽，聳神蹕。靈之來，辰光溢。潔粢酌，娱太一。明燀夜，華晢日。裸既始，獻又終。煙薌邕，報清穹。饗宋德，祚王功，休命永，福履充”二十二句。

次奏《武德宣烈》之樂：

功燭上宙，[1]德燿中天。風移九域，[2]禮飾八埏。[3]四靈晨炳，五緯宵明。[4]膺曆締運，[5]道茂前聲。

[1]燭：照。　上宙：上天。

[2]九域：九州。

[3]八埏（yán）：八方的邊際。埏，大地的邊際。

[4]五緯：五星。即東方歲星、南方熒惑、西方大白、北方辰星、中央鎮星。緯，行星。古代重静輕動，以恒星爲經，以行星爲緯。

[5]膺曆：承當歷數，意謂皇帝即位順應歷數。

太祖高皇帝配饗，奏《高德宣烈》之樂。此章永明二年造奏。尚書令王儉辭。

饗帝嚴親，[1]則天光大。[2]舄弈前古，[3]榮鏡無外。[4]

日月宣華，卿雲流靄。[5]五漢同休，[6]六幽咸泰。[7]

[1]嚴親：尊親，此處指父親。嚴，尊。

[2]則天：取法於天。

[3]舄弈："舄奕"，光耀綿延的樣子。《文選》卷四八班固《典引》："舄奕乎千載。"吕向注："舄，長；奕，盛。"

[4]榮鏡：光輝映照。

[5]卿雲：又作"慶雲"。《史記·天官書》稱其"若煙非煙，若雲非雲，郁郁紛紛，蕭索輪囷"，古人認爲是一種祥瑞。

[6]休：美。

[7]六幽咸泰：《漢魏六朝百三家集·王文憲集》作"六幽成泰"。六幽，上下四方。

皇帝飲福酒，奏《嘉胙》之樂：

鬯嘉禮，[1]承休錫。盛德符景緯，[2]昌華應帝策。聖藹耀昌基，融祉暉世曆。聲正涵月軌，書文騰日迹。[3]寶瑞昭神圖，靈貺流瑞液。我皇崇暉祚，重芬冠往籍。

[1]鬯：通"暢"。

[2]景緯：日和星。

[3]騰日迹：《古詩紀》卷七三《齊南郊樂章·嘉胙樂》作"同日迹"。

送神，奏《昭夏》之樂：

薦饗洽，[1]禮樂該。[2]神娱展，辰旆回。[3]洞雲路，拂琁階。紫霧藹，青霄開。睠皇都，顧玉臺。留昌德，結聖懷。

[1]薦饗：獻祭。

[2]該：《玉篇》：“該，盛也。”

[3]辰旆（pèi）回：《樂府詩集》卷二《齊昭夏樂》、《古詩紀》卷七三《齊南郊樂章·昭夏樂》作“辰旆回”。辰旆，古代畫有日、月、星的旗幟。

皇帝就燎位，奏《昭遠》之樂：

天以德降，帝以禮報。[1]牲罇俯陳，[2]柴幣仰燎。[3]事展司采，[4]敬達瑄薌。[5]煙贊青昊，[6]震颺紫場。[7]陳馨示策，肅志宗禋。禮非物備，福唯誠陳。[8]

[1]帝以禮報：《古詩紀》卷七三《齊南郊樂章·昭遠樂》作“地以禮報”。

[2]罇（zūn）：《樂府詩集》卷二《齊昭遠樂》作“樽”。《古詩紀》卷七三《齊南郊樂章·昭遠樂》作“尊”。罇，同“樽”。酒器。

[3]幣：燎祭時加於柴堆上的玉帛。

[4]事展司采：猶言“展采事司”。語出《史記》卷一一七《司馬相如列傳》所載司馬相如《封禪書》：“而後因雜薦紳先生之略術，使獲燿日月之末光絶炎，以展采錯事。”意謂百官各行其職事。采，官。司，事。

[5]瑄：直徑六寸的玉璧。　薌（xiāng）：芳香。

[6]青昊：青天。昊，原形容天之浩瀚，後成爲天的代稱。

[7]紫場：猶言“紫壇”。場，爲祭神而開闢的場地，常築祭壇於其上。

[8]禮非物備，福唯誠陳：意謂禮的關鍵不在於祭品齊備，祇有顯示出内心的誠意，纔能獲得神靈賜福。

皇帝還便殿，奏《休成》之樂，重奏。

昭事上祀，[1]饗薦具陳。回鑾轉翠，[2]拂景翔宸。[3]綴縣敷暢，[4]鍾石昭融。[5]羽炫深晷，籥𠯫行風。肆序輟度，肅禮停文。四金聳衛，六馭齊輪。

右南郊歌辭

[1]昭事：勤勉地侍奉。

[2]鑾：皇帝的車駕。　翠：皇帝車上的翠羽蓋。

[3]翔宸：回到皇宫。翔，回歸。宸，北辰（即北極星）爲衆星所拱衛，其所在的位置稱宸，因以代指帝王居處。

[4]綴縣：樂舞。綴，舞者的位置彼此連綴，代指舞蹈。縣，鐘磬等懸掛於簨簴之上，故以“懸”代指鐘磬等樂器。　暢：《古詩紀》卷七三《齊南郊樂章·休成樂》云：“一作‘錫’。”

[5]石：磬。　昭融：光明而長久。語出《詩·大雅·既醉》：“昭明有融，高朗令終。”融，長。

北郊樂歌辭，案《周頌·昊天有成命》，郊祀天地也。是則周、漢以來，祭天地皆同辭矣。宋顔延之饗地神辭一篇，餘與南郊同。齊北郊，群臣入奏《肅咸樂》，牲入奏《引牲》，薦豆毛血奏《嘉薦》，[1]皇帝入壇東門奏《永至》，飲福酒奏《嘉胙》，還便殿奏《休成》，[2]辭竝與南郊同。迎送神《昭夏》登歌異。

[1]豆毛：動物的毛與血。指祭祀時所用的犧牲。

[2]便殿：正殿以外的别殿，古代帝王休息消閒之處。

迎地神，奏《昭夏》之樂：[1]

詔禮崇營，敬饗玄畤。[2]靈正丹帷，[3]月肅紫墀。[4]展薦登華，[5]風縣凝鏘。神惟戾止，[6]鬱葆遥莊。昭望歲芬，環游辰太。[7]穆哉尚禮，橫光秉藹。

[1]《昭夏》：樂章名。南朝齊謝超宗撰。

[2]玄畤：北郊祭地的祭壇。五行學説以玄爲北方之色。

[3]丹帷：赤色帷帳。

[4]紫墀（chí）：宫殿的臺階。墀，經過塗飾的地面，古代宫殿的地面多以漆塗之，引申指宫殿塗色的臺階。

[5]展薦：誠心地進獻祭品。展，誠。

[6]神惟戾止：意謂神靈降臨。戾，來。止，至。

[7]辰太：星際，太空。

皇帝升壇，登歌：

佇靈敬享，禋肅彝文。縣動聲儀，[1]薦絜牲芬。陰祇以貺，[2]昭司式慶。[3]九服熙度，[4]六農祥正。[5]

[1]縣動聲儀：意謂樂曲美盛，能感通萬物。

[2]陰祇：地神。《古詩紀》卷七三《齊北郊樂歌·登歌》作"陰祇"。

[3]昭司式慶：《古詩紀》卷七三《齊北郊樂歌·登歌》作"昭祀式慶"。式，用。

[4]九服：《周禮·夏官·職方氏》將王畿之外的土地由近到遠分爲九部分，稱九服。此處代指全國各地。

[5]祥正："農祥晨正"。語出《國語·周語上》："陽癉憤盈，土氣震發，農祥晨正，日月底於天廟，土乃脉發。"農祥，即房星，

爲農事的徵候。農祥晨正，指立春的早晨，房星升至正南方子午綫上。古人認爲，此時爲開始春耕的最佳時刻。

皇帝初獻，奏《地德凱容》之樂：

繕方丘，[1]端國陰。[2]掩珪晷，仰靈心。詔源委，[3]遍丘林。此下除八句。[4]禮獻物，樂薦音。此下除二十二句，餘皆顏辭。

[1]方丘：祭祀地神的祭壇。《周禮·春官·大司樂》云："夏日至，於澤中之方丘奏之，若樂八變，則地示皆出，可得而禮矣。"

[2]國陰：指都城北郊。

[3]源委：水流的源頭和歸宿，指江河湖海。語出《禮記·學記》："三王之祭川也，皆先河而後海，或源也，或委也，此之謂務本。"

[4]此下除八句：底本作"八句"，中華修訂本《校勘記》云："'此下除'三字原無，據前後文例補。"（第213頁）今從補。

次奏《昭德凱容》之樂：

慶圖濬邈，[1]蘊祥祕瑶。[2]俔天炳月，[3]嬪光紫霄。邦化靈懋，[4]閫則風調。[5]儷德方儀，[6]徽載以昭。

[1]濬邈：深遠。

[2]祕：藏。　瑶：善。

[3]俔（qiàn）天：指皇后。語出《詩·大雅·大明》："大邦有子，俔天之妹。"意謂皇后如同天女。俔，譬如。

[4]靈懋：美善。靈，善。懋，即"茂"，美盛。

[5]閫（kǔn）則風調：意謂皇后爲婦女們樹立儀則，使萬家協和。閫，婦女居住的内室，借指婦女。

[6]儷德：夫妻伉儷之德。

送神，奏《昭夏》之樂：

薦神升，享序楙。淹玉俎，停金奏。[1]寶旆轉，旒駕旋。溢素景，[2]鬱紫躔。[3]靈心顧，留辰睠。[4]洽外瀛，瑞中縣。

[1]金奏：語出《周禮·春官》："鐘師，掌金奏。"古代廟堂奏樂時，先擊鐘、鎛以立節拍，故後世以金奏代指廟堂之樂。金，鐘、鎛。

[2]素景：白光，指月光。

[3]紫躔（chán）：高空。躔，天體運行的軌迹。

[4]留辰睠：《古詩紀》卷七三《齊北郊樂歌·昭夏樂》作"留宸睠"。

瘞埋，[1]奏《隸幽》之樂：

后皇嘉慶，[2]定祇玄畤。承帝休圖，祇敷靈祉。篚羃周序，[3]軒朱凝會。[4]牲幣芬壇，[5]精明佇蓋。[6]調川瑞昌，警岳祥泰。

右北郊歌辭[7]

[1]瘞（yì）埋：把祭品埋在土裏以祭祀地神。

[2]后皇：后土與皇天。

[3]羃（mì）：《樂府詩集》卷二《齊隸幽樂》、《古詩紀》卷七三《齊北郊樂歌·昭夏樂》作"冪"。

[4]軒朱凝會：語本《漢書·禮樂志》所載《郊祀歌·天帝》："鳴琴竽瑟會軒朱。"軒朱，王先謙《漢書補注》認爲是樂器的發

明者軒轅和朱襄的統稱。

[5]牲幣：犧牲和幣帛。

[6]精明：至誠明潔。語本《禮記·祭統》："是故君子之齊也，專致其精明之德也。"

[7]右北郊歌辭：中華修訂本《校勘記》云："'辭'字原無，張元濟《校勘記》：'按歌下當有辭字。'張説是，今據補。"（第213頁）今從補。

明堂歌辭，祠五帝。漢郊祀歌皆四言，宋孝武使謝莊造辭，[1]莊依五行數，木數用三，火數用七，土數用五，金數用九，水數用六。案《鴻範》五行，一曰水，二曰火，三曰木，四曰金，五曰土。《月令》木數八，火數七，土數五，金數九，水數六。蔡邕云：[2]"東方有木三土五，故數八；南方有火二土五，故數七；西方有金四土五，故數九；北方有水一土五，故數六。"又納音數，一言得土，三言得火，五言得水，七言得金，九言得木。若依《鴻範》木數用三，則應水一火二金四也。若依《月令》金九水六，則應木八火七也。當以《鴻範》一二之數，言不成文，故有取捨，而使兩義竝違，未詳以數立言爲何依據也。《周頌·我將》祀文王，言皆四，其一句五，一句七。謝莊歌宋太祖亦無定句。

建元初，詔黄門郎謝超宗造明堂夕牲等辭，并採用莊辭。建武二年，[3]雩祭明堂，[4]謝朓造辭，一依謝莊，唯世祖四言也。

[1]宋孝武：南朝宋皇帝劉駿。孝武爲其謚號。《宋書》卷六

有紀。

[2]蔡邕：字伯喈，陳留圉（今河南杞縣南）人。東漢官吏、學者。《後漢書》卷六〇下有傳。

[3]建武：南齊明帝蕭鸞年號。

[4]雩（yú）祭：祈雨的祭禮。分爲正雩和旱雩。四月行正雩，遇旱災則不定時行旱雩。《禮記·月令》"大雩帝"，鄭玄注云："雩帝，謂爲壇南郊之旁，雩五精之帝配以先帝也。"此説是南齊雩祭思想的重要來源。本書《禮志上》記載，"建武二年旱，有司議雩祭依明堂"，南齊明帝采納祠部郎何佟之建議，在南郊祭壇的東面設高四尺、徑四丈的圓形雩壇，仿照明堂之儀，在雩祭中總祭五精帝，並以齊世祖配祀。

賓出入，奏《肅咸樂》，歌辭二章：

彝承孝典，恭事嚴聖。浹天奉賮，[1]罄壤齊慶。[2]司儀且序，[3]羽容夙章。[4]芬枝揚烈，[5]黼構周張。[6]助實尊軒，[7]酎珍充庭。璆縣凝會，琄朱竚聲。[8]先期選禮，肅若有承。祇對靈祉，皇慶昭膺。[9]

[1]浹天：遍天，普天。浹，遍。　奉賮（jìn）：獻上貢品。

[2]罄壤：全境。罄，盡。

[3]且序：中華修訂本《校勘記》云："'且'，南監本、局本、《樂府詩集》卷二齊《肅咸樂》作'具'。按《宋書》卷二〇《樂志》二亦作'具'。"（第213頁）按，《古詩紀》卷七三《齊明堂樂歌·肅咸樂》亦作"具"。

[4]夙：早。

[5]芬枝：《宋書·樂志二》作"分枝"。　揚烈：散發濃烈的香氣。

[6]黼構周張：《漢書·禮樂志》所載《郊祀歌·天地》云："

黼繡周張。”

［7］尊：中華本校勘記云：“‘尊’南監本、局本作‘奠’，《宋書·樂志》亦作‘奠’。”按，《樂府詩集》卷二《齊肅咸樂》、《古詩紀》卷七三《齊明堂樂歌·肅咸樂》亦作“奠”。

［8］埍朱：底本作“埍”，中華本校勘記云：“據南監本、局本改。”《宋書·樂志二》作“涓朱”。

［9］昭膺：中華修訂本《校勘記》云：“‘昭’，南監本作‘始’。”（第213頁）

尊事威儀，[1]輝容昭序。[2]迅恭明神，[3]絜盛牲俎。[4]肅肅嚴宮，[5]藹藹崇基。[6]皇靈降止，[7]百祇具司。[8]戒誠望夜，端烈承朝。[9]依微昭旦，[10]物色輕霄。[11]

［1］威儀：《禮記·中庸》“禮儀三百，威儀三千”之“威儀”。指儀式中通過容貌、言辭、動作等所展現出的禮儀。

［2］輝容昭序：《宋書·樂志二》作“暉容昭敘”。輝容，光輝的容儀。

［3］明神：《宋書·樂志二》作“神明”。

［4］絜盛：《宋書·樂志二》作“粢盛”。

［5］肅肅：中華修訂本《校勘記》云：“‘肅肅’，原作‘蕭肅’，據三朝本、南監本、北監本、汲本、殿本、局本改。”（第213頁）今從改。

［6］崇基：高壇。

［7］皇靈降止：中華修訂本《校勘記》云：“‘止’，按《宋書》卷二〇《樂志》二作‘祉’。”（第213頁）降祉，降福。

［8］百祇：中華修訂本《校勘記》云：“‘百祇’，原作‘白紙’，據南監本、局本、《樂府詩集》卷二齊《肅咸樂》改。按《宋書》卷二〇《樂志》二亦作‘百祇’。”（第213頁）今從改。

《古詩紀》卷七三《齊明堂樂歌·肅咸樂》作“百祇”。百祇，衆神。

[9]端烈：《宋書·樂志二》作“端列”。

[10]依微：隱約。　昭旦：一種彗星。

[11]物色輕霄：中華本校勘記云：“‘霄’南監本作‘宵’，《宋書·樂志》亦作‘宵’。”按，《古詩紀》卷七三《齊明堂樂歌·肅咸樂》亦作“宵”。此句下，《宋書·樂志二》有“鴻慶遐鬯，嘉薦令芳。翊帝明德，永祚流光”四句。

《青帝歌》：

參映夕，[1]駟昭晨。[2]靈乘震，[3]司青春。鴈將向，桐始蘤。[4]和風舞，[5]暄光遲。[6]萌動達，[7]萬品親。[8]潤無際，澤無垠。

[1]參：西方七宿的第七宿。據《禮記·月令》，孟春正月，參宿於黄昏時出現在南方天空的正中。

[2]駟：房宿。東方七宿的第四宿。　昭：《謝光禄集·歌青帝》作“照”。

[3]靈乘震：《易·説卦》後天卦序以震卦配東方，主春。

[4]桐始蘤：梧桐開始開花。《禮記·月令》：“季春之月……桐始華。”

[5]和風：中華修訂本《校勘記》云：“‘和風’，按《宋書》卷二〇《樂志》二作‘柔風’。”（第213頁）按，《謝光禄集·歌青帝》亦作“柔風”。

[6]暄光遲：《詩·豳風·七月》“春日遲遲”之意，言春光温暖而舒緩。

[7]萌動達：草木的嫩芽長出地表。

[8]萬品：萬物。　親：中華修訂本《校勘記》云：“‘親’，

按《宋書》卷二〇《樂志》二、《類聚》卷四三引宋謝莊明堂歌辭《青帝辭》作‘新’。”（第 213 頁）

《赤帝歌》：

龍精初見大火中，[1]朱光北至圭景同。[2]帝在在離寔司衡，[3]雨水方降木堇榮。[4]庶物盛長咸殷阜，[5]恩澤四溟被九有。[6]

［1］龍精：鼂。　大火中：夏至黄昏時，大火星出現在南方天空的正中。

［2］朱光：日光。　圭景同：夏至正午，以圭表測日影，表的投影與圭相等。

［3］帝在在離：中華修訂本《校勘記》云：“‘在在’，按《宋書》卷二〇《樂志》二作‘位在’。”（第 213 頁）《易·説卦》後天卦序以離卦配南方，主夏。　司衡：以衡作爲治理原則。五行學説將治理原則與季節相配。《淮南子·天文》云：“南方，火也……執衡而治夏。”《時則》又云：“衡者，所以平萬物也……衡之爲度也，緩而不後，平而不怨，施而不德，吊而不責，當平民禄，以繼不足，峽峽陽陽，唯德是行，養長化育，萬物蕃昌，以成五穀，以實封疆，其政不失，天地乃明。”

［4］雨水：《宋書·樂志二》作“水雨”。　木堇榮：木槿開花。《禮記·月令》：“仲夏之月……木堇榮。”

［5］庶物：萬物。　殷阜：富足。

［6］恩澤：中華修訂本《校勘記》云：“‘恩澤’，按《宋書》卷二〇《樂志》二、《類聚》卷四三引宋謝莊明堂歌辭《赤帝辭》作‘恩覃’。”（第 213 頁）按，《謝光禄集·歌赤帝》亦作“恩覃”。　四溟：四海。　九有：九州。

《黄帝歌》：

履艮宅中宇，[1]司繩總四方。[2]裁化徧寒燠，[3]布政司炎涼。[4]此以下除八句。[5]至分乘經晷，[6]閉啓集恒度。[7]帝暉緝萬有，[8]皇靈澄國步。[9]

[1]履艮宅中宇：古人五行配八卦，以艮卦配土，土在中央，分主四季。中華修訂本《校勘記》云："'艮'，按《宋書》卷二〇《樂志》二作'建'。"（第213頁）按，《謝光禄集·歌黄帝》亦作"履建"。

[2]司繩：以繩作爲治理原則。《淮南子·天文》云："中央，土也……執繩而制四方。"《時則》又云："繩之爲度也，直而不争，脩而不窮，久而不弊，遠而不忘，與天合德，與神合明，所欲則得，所惡則亡，自古及今，不可移匡，厥德孔密，廣大以容，是故上帝以爲物宗。"　總四方：中華修訂本《校勘記》云："'總'，按《宋書》卷二〇《樂志》二作'御'。"（第214頁）按《謝光禄集·歌黄帝》亦作"御"。

[3]裁化：安排萬物的變化。　寒燠（yù）：寒冷和温暖。古人認爲，"煖以長物，寒以成物"。

[4]布政：施政。　司：中華修訂本《校勘記》云："'司'，按《宋書》卷二〇《樂志》二、《類聚》卷四三引宋謝莊明堂歌辭《黄帝辭》作'周'。"（第214頁）按，《謝光禄集·歌黄帝》作"周"。

[5]此以下除八句：中華修訂本《校勘記》云："'八句'，按《宋書》卷二〇《樂志》二，所除乃'景麗條可結，霜明冰可折。凱風扇朱辰，白雲流素節'四句，非八句。"（第214頁）

[6]至分乘經晷：中華修訂本《校勘記》云："'至分'，按《宋書》卷二〇《樂志》二作'分至'；'經'，《宋書·樂志》作'結'。"（第214頁）按，《謝光禄集·歌黄帝》作"分至乘結晷"。

《左傳》僖公五年云：“凡分至啓閉，必書雲物，爲備故也。”至，夏至、冬至。分，春分、秋分。

[7]閉啓：《宋書·樂志二》《謝光禄集·歌黄帝》作“啓閉”。啓，立春、立夏。閉，立秋、立冬。

[8]帝暉：中華修訂本《校勘記》云：“‘暉’，按《宋書》卷二〇《樂志》二作‘運’。”（第214頁）按，《謝光禄集·歌黄帝》作“帝運”。　萬有：萬物。

[9]國步：國運。

《白帝歌》：

百川若鏡，[1]天地爽且明。雲沖氣舉，盛德在素精。[2]此下除四句。[3]庶類收成，[4]歲功行欲寧。[5]浹地奉渥，[6]罄宇承帝靈。[7]

[1]若：《宋書·樂志二》《謝光禄集·歌白帝》作“如”。

[2]盛德：《宋書·樂志二》作“德盛”。　素精：白精，主西方。

[3]此下除四句：“素精”下，《宋書·樂志二》有“木葉初下，洞庭始揚波。夜光徹地，飜霜照懸河”四句。

[4]庶類：萬物。

[5]歲功：一年的時序更替。

[6]奉渥：接受恩澤。

[7]帝靈：中華修訂本《校勘記》云：“‘帝靈’，按《宋書》卷二〇《樂志》二作‘秋靈’。”（第214頁）按，《謝光禄集·歌白帝》作“秋靈”。

《黑帝歌》：

歲既暮日方馳。[1]靈乘坎德司規。[2]玄雲合晦鳥蹊。[3]白雲繁亘天崖。[4]此下除四句。[5]晨晷促夕漏延。大陰極微陽宣。[6]此下除二句。[7]

[1]歲既暮日方馳：中華修訂本《校勘記》云："'暮'，按《宋書》卷二〇《樂志》二作'晏'。"（第214頁）按，《謝光禄集·歌黑帝》作"歲月既晏方馳"。

[2]乘坎：《易·説卦》後天卦序以坎卦配北方，主冬。

[3]蹊：中華修訂本《校勘記》云："'蹊'，按《類聚》卷四三引宋謝莊明堂歌辭《黑帝辭》作'歸'。"（第214頁）《宋書·樂志二》《謝光禄集·歌黑帝》作"路"。

[4]白雲繁亘天崖：《古詩紀》卷七三《齊明堂樂歌·黑帝歌》作"飛雪繁亘天涯"。《宋書·樂志二》"天崖"作"天涯"。

[5]此下除四句："天涯"下，《宋書·樂志二》有"雷在地時未光。飭國典閉關梁。四節遍萬物殿。福九域祚八鄉"四句。

[6]大陰極微陽宣：意謂陰氣到達極點而微弱的陽氣始生。

[7]此下除二句："微陽宣"下，《宋書·樂志二》有"鵲將巢冰已解。氣濡水風動泉"二句。

皇帝還東壁，受福酒，奏《嘉胙樂》歌辭：太廟同用

禮薦洽，福祚昌。[1]聖皇膺嘉祐，[2]帝業凝休祥。[3]居極乘景運，宅德瑞中王。澄明臨四奧，[4]精華延八鄉。[5]洞海同聲憓，[6]澈宇麗乾光。[7]靈慶纏世祉，[8]鴻烈永無疆。[9]

[1]福祚：中華修訂本《校勘記》云："'祚'，按《宋書》卷二〇《樂志》二作'時'。"（第214頁）按，《古詩紀》卷七三

《齊明堂樂歌·嘉胙歌》作“胙”。

[2]聖皇：中華修訂本《校勘記》云：“‘聖皇’，按《宋書》卷二〇《樂志》二作‘皇聖’。”（第214頁）

[3]休祥：吉祥。

[4]四奧：中華修訂本《校勘記》云：“‘奧’，按《宋書》卷二〇《樂志》二作‘表’。”（第214頁）奧，即墺，四方可居之地。

[5]八鄉：八方。

[6]同：中華修訂本《校勘記》云：“‘同’，按《宋書》卷二〇《樂志》二作‘周’。”（第214頁） 憓（huì）：通“譓”，順服。《宋書·樂志二》作“惠”。

[7]澈宇：《宋書·樂志二》作“徹宇”。 乾光：日光，比喻帝王的恩澤。

[8]世祉：世代綿延的福祉。

[9]鴻烈：宏大的功業。

送神，奏《昭夏樂》歌辭：宋謝莊辭

蘊禮容，餘樂度。靈方留，景欲暮。開九重，[1]肅五達。[2]鳳參差，龍已秣。[3]雲既動，河既梁。[4]萬里照，四空香。神之車，歸清都。[5]琁庭寂，玉殿虛。鴻化凝，[6]孝風熾。顧靈心，結皇思。鴻慶遐鬯，[7]嘉薦令芳。[8]並帝明德，[9]永祚深光。[10]增四句。[11]

[1]九重：天門。

[2]五達：通往五方的大道。

[3]秣：喂養。中華修訂本《校勘記》云：“‘秣’，南監本及《樂府詩集》卷二齊《昭夏樂》作‘沬’。按《宋書》卷二〇《樂志》二原亦作‘沬’。”（第214頁）按，《古詩紀》卷七三《齊明堂樂歌·昭夏樂》、《謝光禄集·送神歌》作“沬”。

[4]河既梁：天河上的橋梁已經架好。

[5]清都：天帝的居所。《列子·周穆王》云："王實以爲清都、紫微、鈞天、廣樂，帝之所居。"《古詩紀》卷七三《齊明堂樂歌·昭夏樂》作"青都"。

[6]鴻化：中華修訂本《校勘記》云："'鴻化'，按《宋書》卷二〇《樂志》二作'睿化'。"（第214頁）《謝光禄集·送神歌》作"濬化"。鴻化，宏大的教化。

[7]遐鬯："遐暢"。遠揚。

[8]嘉薦令芳：語出《儀禮·士冠禮》："醴，辭曰：甘醴惟厚，嘉薦令芳。"嘉薦，籩豆中美味的脯醢。

[9]並：中華修訂本《校勘記》云："'並'，南監本、《樂府詩集》卷二齊《昭夏樂》作'翊'。按《宋書》卷二〇《樂志》二作'翊'。"（第215頁）按，《古詩紀》卷七三《齊明堂樂歌·昭夏樂》作"翊"。

[10]深光：《宋書·樂志二》作"流光"。

[11]增四句：底本作"增四字"，中華修訂本《校勘記》云："'四句'，原作'四字'，按《宋書》卷二〇《樂志》二送神歌原辭，所增爲'鴻慶遐鬯'等四句，非四字。今改正。"（第215頁）今從改。《宋書·樂志二》中，此四句是殷淡所作《章廟樂舞歌詞·肅成樂歌詞》第二章的最後四句。

牲出入，奏《引牲樂》歌詩：

惟誠絜饗，[1]維孝尊靈。[2]敬芳黍稷，[3]敬滌犧牲。騂繭在豢，[4]載溢載豐。[5]以承宗祀，以肅皇衷。蕭芳四舉，華火周傳。神鑒孔昭，[6]嘉足參牷。[7]

[1]惟誠絜饗：《宋書·樂志二》作"維誠潔饗"。

[2]尊靈：《宋書·樂志二》作"奠靈"。

[3]敬芳：《宋書·樂志二》作“敬芬”。

[4]騂（xīng）繭在拳：形容用來祭祀的牛犢幼嫩，其角用一個拳頭就可以握得過來。語本《禮記·王制》：“祭天地之牛角繭栗，宗廟之牛角握。”騂繭，赤色的小牛犢。繭，形容牛角小得像蠶繭。

[5]載：則。

[6]神鑒孔昭：意謂神靈的鑑察力十分分明。《宋書·樂志二》作“神監”。

[7]嘉足參牷：中華修訂本《校勘記》云：“按《宋書》卷二〇《樂志》二作‘嘉是柔牷’。”（第215頁）

薦豆呈毛血，奏《嘉薦樂》歌詩二章：[1]

肇禋戒祀，禮容咸舉。六典飾文，九司炤序。[2]牲柔既昭，犧剛既陳。恭滌惟清，敬事惟神。加籩再御，[3]兼俎兼薦。[4]節動軒越，[5]聲流金縣。

[1]奏《嘉薦樂》歌詩二章：中華修訂本《校勘記》云：“‘奏’字原無，據北監本、汲本、殿本、局本補。”（第215頁）今從補。

[2]九司：九卿。　炤序：秩序分明。

[3]加籩（biān）：籩豆的數量多於常禮。籩，用竹篾編成的高脚盤，用來盛祭祀用的果品、肉乾。

[4]兼俎兼薦：《古詩紀》卷七三《齊明堂樂歌·嘉薦樂》作“兼俎重薦”。

[5]軒越：高昂激越。

奕奕閟幄，[1]亹亹嚴闈。絜誠夕鑒，[2]端服晨暉。聖靈戾止，翊我皇則。[3]上綏四寓，[4]下洋萬國。[5]永言孝饗，孝饗有容[6]。儐僚贊列，肅肅雍雍。

右夕牲辭

[1]閟幄：掩閉的帷帳。

[2]絜誠：潔身誠意。

[3]翊：輔助。

[4]綏：安定。

[5]洋：通"養"。

[6]有容："有容儀"，進退周旋符合禮節。

迎神，奏《昭夏樂》歌辭：

地紐謐，[1]乾樞回。[2]華蓋動，紫微開。[3]旌蔽日，車若雲。駕六氣，[4]乘烟熅。[5]燁帝景，[6]耀天邑。[7]聖祖降，五雲集。[8]此下除八句。[9]懋粢盛，[10]絜牲牷。[11]百禮肅，群司虔。[12]皇德遠，大孝昌。貫九幽，[13]洞三光。神之安，解王鑾。[14]昌福至，[15]萬寓歡。皆謝莊辭

[1]地紐：古人認爲天圓地方，有繩索從四角拴住大地，使不致傾斜。地紐即是大地上用以繫繩索的部分。此處指大地。

[2]乾樞：天的樞軸。古人認爲，天體圍繞北辰所在的樞軸運轉不息。

[3]紫微：紫微垣，古人認爲那裏是天帝的居所。

[4]六氣：《左傳》昭公元年醫和云"天有六氣"，即陰、陽、風、雨、晦、明。《謝光禄集·迎神歌》作"六龍"。

[5]烟熅：陰陽和合之元氣。《宋書·樂志二》《謝光禄集·迎神歌》皆作"絪緼"。

[6]燁帝景：《宋書·樂志二》作"曄帝京"。燁，照耀。

[7]耀天邑：中華修訂本《校勘記》云："'耀'，按《宋書》卷二〇《樂志》二作'煇'。"（第215頁）按，《謝光禄集·迎神歌》作"輝"。天邑，天子之邑，即都城。

[8]五雲集：中華修訂本《校勘記》云："'雲'，按《宋書》卷二〇《樂志》二作'靈'。"（第215頁）五雲，五色祥雲。

[9]此下除八句："五靈集"下，《宋書·樂志二》有"構瑶戺，聳珠簾。漢拂幌，月棲檐。舞綴暢，鍾石融。駐飛景，鬱行風"八句。

[10]粢盛：放在容器内用於祭祀的穀物。

[11]牲牷：供祭祀用的形體完整、毛色純一的牲畜。

[12]群司：百官。

[13]九幽：極幽暗的地下。

[14]解王鑾：中華修訂本《校勘記》云："'王'，汲本、局本、《樂府詩集》卷二齊《昭夏樂》亦作'玉'，按《宋書》卷二〇《樂志》二亦作'玉'。"（第215頁）按，《謝光禄集·昭夏樂》亦作"玉"。

[15]昌福至：中華修訂本《校勘記》云："'昌'，南監本作'景'。按《宋書》卷二〇《樂志》二作'景'。"（第215頁）按，《謝光禄集·昭夏樂》亦作"景"。

皇帝升明堂，奏登歌辭：

雍臺辯朔，[1]澤宫選辰。[2]絜火夕炤，[3]明水朝陳。[4]六瑚賁室，[5]八羽華庭。[6]昭事先聖，[7]懷濡上靈。[8]《肆夏》式敬，[9]升歌發德。[10]永固洪基，以綏萬國。皆謝莊辭

[1]辯：《宋書·樂志二》、《古詩紀》卷七三《齊明堂樂歌·登歌》、《謝光禄集·登歌》皆作"辨"。

［2］澤宮：辟雍的别稱。因其四面環水，故名。　選：中華修訂本《校勘記》云：“‘選’，按《宋書》卷二〇《樂志》二作‘練’，二字可通，《漢書》卷二二《禮樂志》二郊祀歌顔師古注云：‘練，選也。’”（第215頁）

［3］絜火：明火。據《周禮·秋官·司烜氏》，司烜氏用陽遂取火於太陽，稱作明火，供祭祀之用。底本作“挈火”，中華修訂本《校勘記》云：“‘絜’，原作‘挈’，《宋書》卷二〇《樂志》二、《樂府詩集》卷二齊明堂樂歌登歌均作‘潔’，此當作‘絜’，今改正。”（第215頁）今從改。

［4］明水：據《周禮·秋官·司烜氏》，司烜氏用鏡子對著月亮，使陰氣産生水，稱作明水，供祭祀之用。

［5］六瑚：《禮記·明堂位》所記商代盛糧食的一種器具。瑚即匿。　賁：裝飾。

［6］八羽：八佾。天子所用的樂舞，以八人爲一佾，共六十四人。

［7］昭事：勤勉地事奉。

［8］懷濡：感戴恩澤。

［9］《肆夏》：樂章名。九夏之一。據《周禮·春官·樂師》及鄭玄注，君主在堂上行走時，奏《肆夏》爲節拍。　式敬：《謝光禄集·登歌》作“《肆夏》戒敬”。

［10］發德：顯揚德行。

初獻，奏《凱容宣烈樂》歌辭：太廟同

釃醴具登，［1］嘉俎咸薦。饗洽誠陳，禮周樂徧。祝辭罷裸，［2］序容輟縣。蹕動端庭，［3］鑾回嚴殿。神儀駐景，華漢高虚。［4］八靈案衛，［5］三祇解途。［6］翠蓋澄耀，［7］罼帟凝晨。［8］玉鑣息節，［9］金輅懷音。［10］戒誠達孝，［11］底心肅感。追馮皇鑒，思承淵範。神錫懋祉，四緯昭明。

仰福帝徽，俯齊庶生。

右祠明堂歌辭，建元、永明中奏。

[1]釃（shī）醴：醇香的甜酒。釃，本義爲濾酒，引申爲醇香。

[2]祼（guàn）：祭祀時以酒灌地以請祖先神靈。

[3]蹕：帝王出行時開道清路，禁止別人行走。此處代指天子車駕。

[4]華漢：天河。　高虚：中華修訂本《校勘記》云："'高虚'，按《宋書》卷二〇《樂志》二作'亭虚'，與上句'駐景'相對，疑是。"（第215頁）按，《古詩紀》卷七三《齊明堂樂歌·凱容宣烈樂》作"亭虚"。

[5]八靈：八方之神。

[6]祇：中華修訂本《校勘記》云："'祇'，原作'代'，據南監本、局本改。按《宋書》卷二〇《樂志》二作'祇'。"（第215頁）今從改。

[7]澄耀：中華修訂本《校勘記》云："'澄耀'，《樂府詩集》卷二齊《凱容宣烈樂》作'耀澄'。按《宋書》卷二〇《樂志》二作'燿澄'。"（第216頁）

[8]罼（bì）帟（yì）凝晨：中華修訂本《校勘記》云："按《宋書》卷二〇《樂志》二作'畢奕凝宸'。"（第216頁）《古詩紀》卷七三《齊明堂樂歌·凱容宣烈樂》作"襹凝宸"。帟，設在座位上的平頂帳，在大帳之内。

[9]玉鑣：中華修訂本《校勘記》云："'鑣'，按《宋書》卷二〇《樂志》二作'鑣'，疑是。"（第216頁）按，《古詩紀》卷七三《齊明堂樂歌·凱容宣烈樂》作"鑣"。鑣，馬銜兩端露於馬嘴之外的部分，可以懸掛鑾鈴。

[10]金輅：《周禮》王之五輅之一。據《周禮》，此車以金裝

飾轅、衡、軛、轂等的末端，用於會合諸侯、宴饗賓客，可賜予同姓諸侯。輅，本指大車，此處專指帝王所乘的車。

[11]戒誠：中華修訂本《校勘記》云："'戒誠'，南監本、局本、《樂府詩集》卷二齊《凱容宣烈樂》作'式誠'。按《宋書》卷二〇《樂志》二亦作'式誠'。"（第216頁）按，《古詩紀》卷七三《齊明堂樂歌·凱容宣烈樂》作"式誠"。

雩祭歌辭：

清明暢，[1]禮樂新。候龍景，[2]選貞辰。[3]陽律亢，[4]陰晷伏。[5]秏下土，[6]荐穜稑。[7]震儀警，[8]王度乾。[9]嗟雲漢，[10]望昊天。[11]張盛樂，[12]奏《雲儛》。[13]集五精，[14]延帝祖。[15]雩有諷，禜有秩。[16]膋鬯芬，[17]圭瓚瑟。[18]靈之來，[19]帝閽開。[20]車煜燿，[21]吹徘徊。[22]停龍轙，[23]徧觀此。[24]凍雨飛，[25]祥風靡。[26]壇可臨，奠可歆。[27]對饵祉，[28]鑒皇心。

右迎神歌辭依漢來郊歌三言。宋明堂迎神八解。[29]

[1]清明：清明風，東南風。《史記·律書》云："清明風居東南維，主風吹萬物而西之。"

[2]候龍景：觀測蒼龍之光。龍，即蒼龍，東方角、亢、氐、房、心、尾、箕七宿的總稱。《左傳》桓公五年云："凡祀，啓蟄而郊，龍見而雩。"農曆四月，蒼龍中之角、亢二宿於黄昏出現在東方。此時正是萬物始盛，急需雨水的時節，故古人行雩祭。

[3]選：《樂府詩集》卷三《齊雩祭樂歌·迎神歌》、《古詩紀》卷七三《齊雩祭歌·迎神》作"練"。　貞辰：正辰。

[4]陽律亢：意謂陽氣亢盛。律爲占驗節氣用的銅管，故以陽律代指陽氣。亢，高。

［5］陰晷伏：意謂陰氣伏藏。晷，《釋名》："晷，規也。"此處以"規"對上句之"律"。

［6］秏（hào）下土：語出《詩·大雅·雲漢》："耗斁下土。"意謂大旱損毁下土之民。秏，損毁。《古詩紀》卷七三《齊雩祭歌·迎神》作"耗"。按，"秏"同"耗"。

［7］荐穜（tóng）稑（lù）：意謂向帝王進獻穀物。《周禮·天官·内宰》："上春，詔王后帥六宫之人，而生穜稑之種，而獻之于王。"穜稑，泛指穀物，先種後熟的穀物爲穜，後種先熟的穀物爲稑。

［8］震儀警：意謂帝王儀仗出行，親臨祭祀。南監本、拜經樓本《謝宣城集》、《古詩紀》卷七三《齊雩祭歌·迎神》"震"作"宸"。宸，代指帝王。朱季海《校議》云："今《志》作'震'，形之誤也。"（中華書局1984年版，第24頁）警，《漢書》卷四七《梁孝王劉武傳》云："出稱警，入言趩，儗於天子。"帝王出行必戒肅行人，故以"警"稱帝王出行。

［9］王度乾：拜經樓本《謝宣城集》"乾"作"宣"。按，《左傳》昭公十二年："思我王度，式如金，式如玉。"乾，謂王者的德行器度堅剛貴重；宣，謂王者的德行器度得以宣明。"乾""宣"於義皆可通。

［10］雲漢：天河。《詩·大雅》有《雲漢》，舊説其背景即周宣王時的旱灾。

［11］昊天：拜經樓本《謝宣城集》作"旻天"。古人認爲，上天仁慈，憐憫萬物，故曰"旻天"。"昊""旻"於義皆可通。然《詩·大雅·雲漢》云："瞻卬昊天。"疑應作"昊"。

［12］盛樂：盛大隆重的音樂。語本《禮記·月令》："大雩帝，用盛樂。"

［13］《雲儛》："雲舞"。《漢書·禮樂志》載《郊祀歌·惟泰元》："鐘鼓竽笙，雲舞翔翔。"

［14］五精：《禮記·月令》"大雩帝"鄭玄注中所説的"五精

之帝”，又稱太微五帝，包括蒼帝靈威仰、赤帝赤熛怒、白帝白招矩、黑帝叶光紀、黄帝含樞紐。精，星。

［15］延：接引，迎接。

［16］禜（yíng）：《周禮·春官·大祝》“六祈”之一。用成束的草木圈出臨時祭所，祭祀日月山川，以求禳除風霜、雨雪、水旱、疫癘等灾害。

［17］膋（liáo）鬯：拜經樓本《謝宣城集》作“秬鬯”。按，膋，即《説文·肉部》之“膫”，意爲牛腸間的脂肪。《詩·小雅·信南山》云：“取其血膋。”《詩·大雅·生民》云：“取蕭祭脂。”據鄭玄箋，古代祭祀時取香蒿與祭牲之膋點燃，使香氣上達神明。秬爲黑黍，秬鬯是一種用黑黍和鬱金草釀成的祭祀用酒，芳香四溢。“膋”“秬”於義皆可通。

［18］圭瓚：又稱玉瓚。帝王祭祀時用來舀酒澆地的器具，以圭爲柄，黄金爲勺。　瑟：拜經樓本、郭威釗序本《謝宣城集》作“苾”。按，瑟，鮮潔的樣子。或謂“瑟”即《説文·玉部》之“璱”，形容玉的花紋一條一條猶如瑟弦。作“瑟”，則本句化用《詩·大雅·旱麓》“瑟彼玉瓚”一句。毛亨傳云：“玉瓚，圭瓚也。”苾，馨香。作“苾”，則與上句之“芬”相對。

［19］靈之來：語本《楚辭·湘夫人》：“靈之來兮如雲。”

［20］帝閽（hūn）開：意謂天帝的宫門打開。語本《楚辭·離騷》：“吾令帝閽開關兮。”閽，看門人，此處引申指門。

［21］煜燿：光明的樣子。

［22］吹：鼓吹樂。

［23］龍轙（yǐ）：龍車。轙，車衡上左右各有兩個大環供繮繩穿過，以防止它們彼此纏繞。此處代指車。底本、《樂府詩集》卷三《齊雩祭樂歌·迎神歌》作“犧”，中華修訂本《校勘記》云：“‘轙’，原作‘犧’，據南監本、局本、《謝宣城集》卷一齊雩祭歌改。按朱季海《校議》謂‘犧’當作‘轙’。”（第216頁）今從改。

[24]徧觀此：語出《漢書·禮樂志》所載《郊祀歌·練時日》："徧觀此，眺瑶堂。"

[25]涷雨：拜經樓本《謝宣城集》作"涷雨"。丁福林《校議》云："'涷雨'，疑當作'涷雨'，《爾雅·釋天》：'暴雨謂之涷。'郭璞注：'今江東人呼夏月暴雨謂之涷雨。'"。（第69頁）

[26]祥風：《樂府詩集》卷三《齊雩祭樂歌·迎神歌》作"祥風"，《古詩紀》卷七三《齊雩祭歌·迎神》、拜經樓本《謝宣城集》作"祥雲"。 靡：瀰漫。

[27]歆：祭祀時神靈享受祭品的香氣。

[28]對：順遂，促進。 氓：百姓。底本、《樂府詩集》卷三《齊雩祭樂歌·迎神歌》作"泯"，《古詩紀》卷七三《齊雩祭歌·迎神》作"甿"。中華修訂本《校勘記》云："'氓'，原作'泯'，據南監本、局本改。《謝宣城集》卷一齊雩祭歌作'甿'，義通。"（第216頁）今從改。 祉：《古詩紀》卷七三《齊雩祭歌·迎神》及郭威釗序本《謝宣城集》作"社"。

[29]解：歌辭的章節。本篇以四句爲一解，共八解。

濬哲維祖，[1]長發其武。[2]帝出自震，[3]重光御寓。[4]七德攸宣，[5]九疇咸叙。[6]静難荆、舒，[7]凝威蠡浦。[8]昧旦丕承，[9]夕惕刑政。[10]化壹車書，[11]德馨粢盛。[12]昭星夜景，[13]非雲曉慶。[14]衢室成陰，[15]璧水如鏡。[16]禮充玉帛，樂被筦絃。[17]於鑠在詠，[18]陟配于天。自宫徂兆，[19]靡愛牲牷。我將我享，[20]永祚豐年。

右歌世祖武皇帝依廟歌四言

[1]濬哲維祖：語本《詩·商頌·長發》："濬哲維商。"濬哲，即"睿哲"，明智。祖，指齊武帝。

[2]長發其武：意謂齊武帝之武烈長久地發揚。語本《詩·商

頌·長發》："長發其祥"。

[3]帝出自震：語本《易·説卦》："帝出乎震。"震，是東方之卦，象徵萬物蘇生的春天。此處讚美齊武帝是養育萬物之主。

[4]重光：語本《尚書·顧命》："昔君文王、武王宣重光。"周武王繼承父親周文王的功業，二人共同閃耀光輝。此處藉以讚美齊高帝和齊武帝。

[5]七德：《左傳》宣公十年楚子云"武有七德"，即"禁暴、戢兵、保大、定功、安民、和衆、豐財"。　攸：因而，於是。

[6]九疇咸叙：意謂在齊武帝的統治之下，萬物皆井然有序。語本《尚書·洪範》："天乃錫禹洪範九疇，彝倫攸叙。"九疇，《尚書·洪範》中箕子對周武王問，言天帝曾賜予禹九類統治大法，即"五行""敬用五事""農用八政""協用五紀""建用皇極""乂用三德""明用稽疑""念用庶徵""嚮用五福，威用六極"。

[7]静難：平定禍亂。　荆、舒：《古詩紀》卷七三《齊雩祭歌·世祖武皇帝》、拜經樓本《謝宣城集》作"荆衡"。按，《詩·魯頌·閟宫》云："戎狄是膺，荆舒是懲。"荆，相傳春秋之楚國興起於荆山一帶，故以"荆"爲楚國别稱。舒，春秋時國名，偃姓。又有諸同宗之國，統稱"群舒"，散居於今安徽舒城縣、廬江縣至巢湖市一帶。據鄭玄箋，魯僖公與齊桓公曾舉義兵，北當戎狄，"南艾荆及群舒，天下無敢禦也"。朱季海《校議》以爲，此處當作"衡"，"謂'桂陽王休範反，上遣軍襲尋陽，至北嶠'事。"（第25頁）曹融南《謝宣城集校注》以爲，此句是歌頌南朝宋順帝時蕭賾平定沈攸之叛亂的功業。（上海古籍出版社1991年版，第104頁）

[8]蠡浦：彭蠡之浦。彭蠡，今江西鄱陽湖。浦，河口港汊。此處"蠡浦"指盆口城。沈攸之叛亂時，蕭賾搶先據守此處，蕭道成聞之喜曰："此真我子也。"

[9]昧旦：黎明。　丕承：大承（先帝之業）。《尚書·君牙》云："嗚呼！丕顯哉，文王謨；丕承哉，武王烈。"

[10]夕惕：《易·乾》云："君子終日乾乾，夕惕若厲。"意謂徹夜保持警惕，不懈怠。

[11]化壹車書：意謂教化行於四方，使天下車同軌、書同文。

[12]德馨粢盛：語本《尚書·君陳》："黍稷非馨，明德惟馨。"古人認爲，相比於祭祀的穀物，光明的德行纔真正香氣遠播，感動神明。此句化用其意，讚美齊武帝的德行。

[13]昭星：景星。傳説常出現於有道之國。景：映。

[14]非雲：卿雲。

[15]衢室成陰：意謂齊武帝廣泛聽取民意。衢室，相傳堯在道路交叉處建房屋，名曰衢室，用以聽取百姓意見。

[16]璧水：辟雍。周代爲貴族子弟設立的學校。校址呈圓形，四周環水如璧。

[17]筦絃："管絃"。《古詩紀》卷七三《齊雩祭歌·世祖武皇帝》、拜經樓本《謝宣城集》作"匏絃"。

[18]於鑠：嘆美之辭。《詩·周頌·酌》："於鑠王師，遵養時晦。"鑠，通"爍"，輝煌，美盛。

[19]自宫徂兆：從皇宫到祭壇。兆，即垗，祭壇四周被封土圈定的區域。

[20]我將我享：語本《詩·周頌·我將》："我將我享，維羊維牛。"將，奉獻，進獻。

營翼日，[1]鳥殷宵。[2]凝冰泮，[3]玄蟄昭。[4]景陽陽，風習習。女夷歌，[5]東皇集。[6]樽春酒，[7]秉青珪。[8]命田祖，[9]渥群黎。[10]

右歌青帝木生數三

[1]營：營室星。二十八宿之一，北方七宿的第六宿，由飛馬座兩顆星組成。孟春正月，太陽的位置在營室星附近。

[2]鳥：鳥星。春分黄昏時，出現在南方天空的正中。殷：正。

[3]泮：消散，融化。

[4]玄蟄昭：意即《禮記·樂記》的“蟄蟲昭蘇”。冬季伏藏的動物蘇醒過來。

[5]女夷：《淮南子·天文》：“女夷鼓歌，以司天和，以長百穀禽獸草木。”高誘注：“女夷，主春夏長養之神也。”

[6]東皇：青帝。司春之神。

[7]樽：南監本、局本、《古詩紀》卷七三《齊雩祭歌·青帝》作“奠”。奠，在地上陳設祭品。

[8]青珪：《周禮·春官·大宗伯》所云“六器”之一。用以祭祀東方。珪，長條形的玉板，上部呈三角形。鄭玄云：“圭鋭，象春物初生。”

[9]田祖：最先教民耕田的人。一説即神農。

[10]渥：潤澤。　群黎：群衆，庶民。

惟此夏德德恢台，[1]兩龍既御炎精來。[2]火景方中南訛秩，[3]靡草云黄含桃實。[4]族雲蓊鬱温風煽，[5]興雨祁祁黍苗徧。[6]

右歌赤帝火成數七

[1]惟此夏德德恢台：意謂夏氣廣大，養育萬物。語本《楚辭·九辯》：“收恢台之孟夏兮。”恢，大。台，即胎，養育。中華修訂本《校勘記》云：“‘德恢台’，《類聚》卷四三引謝朓郊廟歌辭《歌赤帝》作‘德恢恢’。”（第216頁）

[2]兩龍既御炎精來：傳説中火神祝融，獸身人面，乘兩龍。兩，南監本、毛本、殿本、局本作“雨”。既，《古詩紀》卷七三《齊雩祭歌·赤帝》、拜經樓本《謝宣城集》作“在”。

［3］火景方中：夏至黄昏時，大火星出現在南方天空的正中。　南訛秩：意謂使夏季的農事有秩序。語本《尚書・堯典》：“平秩南訛。”平，使。南訛，夏季的農事。

［4］靡草云黄：《禮記・月令》云：“孟夏之月……靡草死。”靡草，薺菜之類的野草。　含桃實：櫻桃結果實。《禮記・月令》云：“仲夏之月……羞以含桃，先薦寢廟。”含桃，櫻桃，古人認爲其爲鶯鳥所含食，故名。

［5］族雲：聚集的雲。　温風煽：《禮記・月令》云：“季夏之月……温風始至。”

［6］興雨祁祁：語本《詩・小雅・大田》：“有渰萋萋，興雨祁祁。”祁祁，徐静，不疾暴。

稟火自高明，[1]毓金挺剛克。[2]凉燠資成化，[3]群方載厚德。[4]陽季勾萌達，[5]炎徂溽暑融。[6]商暮百工止，[7]歲極凌陰沖。[8]皇流疏已清，[9]原隰甸已平。[10]咸言祚惟億，敦民保高京。[11]

右歌黄帝土成數五

［1］高明：指天。此句和下一句化用《尚書・洪範》：“沈潛剛克，高明柔克。”中華修訂本《校勘記》云：“‘高明’，《類聚》卷四三引謝脁郊廟歌辭《歌黄帝》作‘明敏’。”（第216頁）

［2］毓：養育。中華修訂本《校勘記》云：“‘毓’，《類聚》卷四三引謝脁郊廟歌辭《歌黄帝》作‘資’。”（第216頁）

［3］資：助。

［4］群方：《古詩紀》卷七三《齊雩祭歌・黄帝》、郭威釗序本《謝宣城集》作“群芳”。

［5］陽季：春末。陽，《爾雅・釋天》云：“春爲青陽。”　勾萌達：蜷曲和直立的嫩芽長出地表。語本《禮記・月令》：“季春

之月……生氣方盛，陽氣發泄，句者畢出，萌者盡達，不可以內。”

[6]溽暑：濕熱。《禮記·月令》：“季夏之月……土潤溽暑，大雨時行。”

[7]商暮：晚秋。

[8]凌陰沖：語本《詩·豳風·七月》：“二之日鑿冰沖沖，三之日納于凌陰。”古人於冬季藏冰，以備夏季之用。凌陰，冰室。沖，鑿冰的聲音。

[9]皇流：拜經樓本《謝宣城集》作“泉流”。　疏：疏通。

[10]原隰：平地。原是地勢較高的平地，隰是低濕的平地，二者都適於耕作。　甸已平：拜經樓本《謝宣城集》作“遠而平”。甸，治理。

[11]敦：勉勵。　高京：中華修訂本《校勘記》云：“‘高京’，南監本、《樂府詩集》卷三齊雩祭樂歌《歌黃帝》作‘齊京’。”（第216頁）按，《古詩紀》卷七三《齊雩祭歌·黃帝》亦作“齊京”。

帝悦于兑，[1]執矩固司藏。[2]百川收潦，[3]精景應徂商。[4]嘉樹離披，榆關命賓鳥。[5]夜月如霜，秋風方嫋嫋。[6]商陰肅殺，萬寶咸亦遒。[7]勞哉望歲，[8]場功冀可收。

右歌白帝金成數九

[1]帝悦于兑：語本《易·説卦》：“帝出乎震……説言乎兑。”後天卦序以兑卦配西方，主秋。

[2]執矩：以矩作爲治理原則。《淮南子·天文》云：“西方，金也……執矩而治秋。”《時則》又云：“矩者所以方萬物也……矩之爲度也，肅而不悖，剛而不憒，取而無怨，内而無害，威厲而不慴，令行而不廢，殺伐既得，仇敵乃克，矩正不失，百誅乃服。”

[3]百川收潦：百川到了秋天因没有雨水而變得澄澈。

[4]徂商：《古詩紀》卷七三《齊雩祭歌·白帝》、拜經樓本《謝宣城集》作“金方”。

[5]榆關：北方邊塞。　賓鳥：鴻雁。《禮記·月令》云：“季秋之月……鴻雁來賓。”

[6]秋風方嫋嫋：語本《楚辭·湘夫人》：“嫋嫋兮秋風。”秋風，《古詩紀》卷七三《齊雩祭歌·白帝》、拜經樓本《謝宣城集》作“金風”。

[7]萬寶咸亦遒：意謂秋季萬物長成。語本《莊子·庚桑楚》：“正得秋而萬寶成。”萬寶，萬物，古人認爲天地以萬物爲寶。遒，聚集而安定。亦，《古詩紀》卷七三《齊雩祭歌·白帝》、拜經樓本《謝宣城集》作“已”。

[8]望歲：盼望豐收。

白日短玄夜深。招搖轉移太陰。[1]霜鍾鳴冥陵起。[2]星回天月窮紀。[3]聽嚴風來不息。望玄雲黝無色。曾冰洌積羽幽。[4]飛雲至天山側。[5]關梁閉方不巡。[6]合國吹饗蜡賓。[7]充微陽究終始。[8]百禮洽萬觀臻。[9]

右歌黑帝水成數六

[1]招搖：又名摇光。北斗七星之第七星。

[2]霜鍾鳴：《山海經·中山經》記載豐山有九鍾，霜降則鳴。

[3]星回天月窮紀：意謂星、月經過一年的運轉，回到去年季冬所在的位置。語本《禮記·月令》：“季冬之月……月窮于紀，星回于天，數將幾終，歲且更始。”紀，月與日相會。

[4]曾冰：層積的厚冰。　洌：《古詩紀》卷七三《齊雩祭歌·黑帝》作“烈”，拜經樓本《謝宣城集》作“裂”。　積羽：傳説中北方的地名，方圓千里，是鳥群産卵脱毛的地方。

[5]飛雲：中華修訂本《校勘記》云："'飛雲'，《謝宣城集》卷一《黑帝歌》作'飛雪'。"（第216頁）按，《古詩紀》卷七三《齊雩祭歌·黑帝》亦作"飛雪"。　天山：指祁連山。

[6]關梁閉：《禮記·月令》云："孟冬之月……謹關梁。"關梁，關塞的門和橋樑。　方不巡：意謂天子冬季不再巡行四方。

[7]合國吹：季冬之月，樂師在國學大規模演奏音樂。《禮記·月令》云："季冬之月……命樂師大合吹而罷。"　蜡（zhà）賓：參與蜡祭的賓客。蜡，歲末祭祀有功於人的萬物之神，是一種全民參與的祭禮。據《禮記·郊特牲》，周代蜡祭的對象有先嗇、司嗇、農、郵表畷、貓虎、坊、水庸、昆蟲。

[8]充：《古詩紀》卷七三《齊雩祭歌·黑帝》、拜經樓本《謝宣城集》作"統"。

[9]觀：中華修訂本《校勘記》云："'觀'，南監本、局本、《謝宣城集》卷一《黑帝歌》作'祚'。"（第216頁）按，《古詩紀》卷七三《齊雩祭歌·黑帝》亦作"祚"。

敬如在，[1]禮將周。神之駕，不少留。躡龍鑣，[2]轉金蓋。紛上馳，雲之外。警七耀，[3]詔八神。排閶闔，[4]渡天津。有滄興，[5]膚寸積。[6]雨冥冥，又終夕。俾栖糧，[7]惟萬箱。[8]皇情暢，景命昌。[9]

右送神歌辭

[1]敬如在：意謂祭神時内心虔敬，就像神真的在那裏一樣。語本《論語·八佾》："祭如在，祭神如神在。"

[2]躡：《古詩紀》卷七三《齊雩祭歌·送神》、拜經樓本《謝宣城集》作"躍"。　龍鑣：駕龍的車。

[3]警：告誡。　七耀：日、月、五星。

[4]閶闔：天門。

［5］有渰（yǎn）興：陰雲密布，將要下雨。《詩·小雅·大田》："有渰萋萋，興雨祈祈。"渰，陰雲。

［6］膚寸積：雨前雲氣一點點逐漸積聚。四指寬爲膚，一指寬爲寸。

［7］俾栖糧：使莊稼豐收，多餘的糧食盈於田畝。

［8］惟萬箱：語本《詩·大雅·甫田》："乃求千斯倉，乃求萬斯箱。"箱，車箱。

［9］景命：天子所受的天命。

太廟樂歌辭，《周頌·清廟》一篇，漢《安世歌》十七章是也。永平三年，[1]東平王蒼造光武廟登歌一章二十六句，[2]其辭稱述功德。

建安十八年，[3]魏國初建，侍中王粲作登歌《安世詩》，[4]説神靈鑒饗之意。明帝時，[5]侍中繆襲奏：[6]"《安世詩》本故漢時歌名，今詩所歌，非往詩之文。襲案《周禮》《志》云，[7]《安世樂》猶周《房中樂》也。往昔議者，以《房中》歌后妃之德，宜改《安世》名《正始之樂》，後讀漢《安世歌》，[8]亦説神來宴饗，無有后妃之言。思惟往者謂《房中樂》爲后妃歌，恐失其意。方祭祀娱神，登歌先祖功德，下堂詠宴享，無事歌后妃之化也。"於是改《安世樂》曰《饗神歌》。散騎常侍王肅作宗廟詩頌十二篇，[9]不入於樂。

［1］永平：漢明帝年號。

［2］東平王蒼：劉蒼。漢光武帝與光烈陰皇后之子。建武十五年（39）封東平公，十七年進爵爲王。《後漢書》卷四二有傳。

［3］建安：漢獻帝年號。

[4]王粲：字仲宣，山陽高平（今山東鄒城市西南）人。三國魏官吏，建安七子之一。《三國志》卷二一有傳。

[5]明帝：三國魏皇帝曹叡。明爲其謚號。《三國志》卷三有紀。

[6]繆襲：字熙伯，東海（今山東蒼山縣南）人。三國魏官吏。《三國志》卷二一有附傳。

[7]襲案《周禮》《志》云：中華修訂本《校勘記》云："'志'，按《宋書》卷一九《樂志》一作'注'。"（第217頁）

[8]後讀漢《安世歌》：中華修訂本《校勘記》云："'讀'，原作'續'，按《宋書》卷一九《樂志》一載繆襲'後又依哥省讀漢《安世歌》詠'，今據改。"（第217頁）今從改。

[9]散騎常侍：三國魏文帝黄初年間合散騎與中常侍而置。侍從皇帝左右，掌規諫。　王肅：字子雍，東海（今山東蒼山縣南）人。三國魏官吏、經學家。《三國志》卷一三有傳。

晋泰始中，傅玄造廟夕牲《昭夏》歌一篇，迎送神《肆夏》歌詩一篇，登歌七廟七篇。玄云："登歌歌盛德之功烈，故廟異其文。至於《饗神》，猶《周頌》之《有瞽》及《雍》，但説祭饗神明禮樂之盛，[1]七廟、饗神皆用之。"[2]夏侯湛又造宗廟歌十三篇。[3]

宋世王韶之造七廟登歌七篇。[4]昇明中，[5]太祖爲齊王，[6]令司空褚淵造太廟登歌二章。建元初，詔黄門侍郎謝超宗造廟樂歌詩十六章。

[1]但説祭饗神明禮樂之盛：中華修訂本《校勘記》云："'但'，北監本、殿本、局本作'俱'。"（第217頁）

[2]七廟：《禮記·王制》云："天子七廟，三昭三穆，與大祖

之廟而七。"

［3］夏侯湛：字孝若，譙國譙（今安徽亳州市）人。西晋官吏。《晋書》卷五五有傳。

［4］王韶之：字休泰，琅邪臨沂（今山東臨沂市）人。南朝宋官吏。《宋書》卷六〇有傳。

［5］昇明：南朝宋順帝年號。

［6］太祖：南朝齊高帝蕭道成。本書卷一、卷二有紀。

永明二年，[1]尚書殿中曹奏："太祖高皇帝廟神室奏《高德宣烈》之舞，未有歌詩，郊應須歌辭。穆皇后廟神室，[2]亦未有歌辭。案傅玄云：'登歌廟異其文，饗神七室同辭。'[3]此議爲允。又尋漢世歌篇，多少無定，皆稱事立文，竝多八句，然後轉韻。時有兩三韻而轉，其例甚寡。張華、夏侯湛亦同前式。傅玄改韻頗數，更傷簡節之美。近世王韶之、顔延之竝四韻乃轉，得賒促之中。顔延之、謝莊作三廟歌，皆各三章，章八句，此於序述功業詳略爲宜，今宜依之。郊配之日，改降尊作主，禮殊宗廟，穆后母儀之化，事異經綸。此二歌爲一章八句，别奏。事御奉行。"詔"可"。尚書令王儉造太廟二室及郊配辭。[4]

［1］永明：南朝齊武帝的年號。

［2］穆皇后：南朝齊武帝皇后裴惠昭。本書卷二〇有傳。

［3］饗神七室同辭：中華修訂本《校勘記》："'七'，原作'十'，按上文有傅玄云'七廟、饗神皆用之'，又《册府》卷五六六《掌禮部》引傅玄云'饗神七室同辭'，作'七'是，今改正。"（第217頁）今從改。

[4]王儉：字仲寶，琅琊臨沂（今山東臨沂市）人。南朝齊官吏。本書卷二三有傳。

群臣出入，奏《肅咸樂》歌辭：

絜誠底孝，[1]孝感煙霜。夤儀飾序，[2]肅禮綿張。金華樹藻，肅哲騰光。殷殷升奏，嚴嚴階庠。匪椒匪玉，[3]是降是將。懋分神衷，翊祐傳昌。

[1]底（dǐ）：致。

[2]夤儀：恭敬的禮儀。　飾序：《樂府詩集》卷九《齊肅咸樂》、《古詩紀》卷七三《齊太廟樂歌·肅咸樂》作"式序"。式序，按次序。

[3]匪：彼，那。

牲出入，奏《引牲樂》歌辭：

肇祀嚴靈，恭禮尊國。達敬敷典，[1]結孝陳則。芬滌既肅，犧牷既整。聳誠流思，[2]端儀選景。肆禮佇夜，綿樂望晨。崇席皇鑒，用饗明神。

[1]敷典：《樂府詩集》卷九《齊引牲樂》、《古詩紀》卷七三《齊太廟樂歌·引牲樂》作"傅典"。

[2]聳誠："竦誠"。敬畏而真誠。

薦豆呈毛血，奏《嘉薦樂》歌辭：

清思眑眑，[1]閟寢微微。[2]恭言載感，肅若有希。芬俎且陳，[3]嘉薦兼列。凝馨煙飀，分焰星晢。[4]睿靈式降，協我帝道。上澄五緯，[5]下陶八表。

右夕牲歌辭

[1]清思眑（yǎo）眑：語出《漢書·禮樂志》載《安世房中歌》："清思眑眑，經緯冥冥。"眑，幽静。

[2]閟寢：密閉的、深邃的寢廟。古代宗廟分爲兩部分，後面停放先祖牌位和遺物的地方稱"寢"，前面祭祀的地方稱"廟"。

[3]且陳：中華修訂本《校勘記》云："'且'，南監本、北監本、汲本、殿本、局本、《樂府詩集》卷九齊《嘉薦樂》作'具'。"（第217頁）

[4]晢（zhé）：底本、《樂府詩集》卷九齊《嘉薦樂》、《古詩紀》卷七三《齊太廟樂歌·引牲樂》作"晳"，中華修訂本《校勘記》云："'晢'，原作'晳'，據南監本、殿本改。"（第217頁）今從改。晢，明亮。

[5]澄：中華修訂本《校勘記》云："'澄'，三朝本、南監本、北監本、汲本、殿本、局本作'登'。"（第217頁）

迎神，奏《昭夏樂》歌辭：[1]

涓辰選氣，[2]展禮恭祇。[3]重闈月洞，層牖煙施。載虚玉鬯，[4]載受金枝。天歌折饗，《雲舞》磬儀。神惟降止，[5]泛景凝羲。帝華永藹，[6]泯藻方摛。

[1]歌：中華修訂本《校勘記》云："'歌'字原無，據殿本補。"（第217頁）今從補。

[2]涓辰：選擇吉利的時辰。

[3]展禮：施禮、行禮。

[4]玉鬯：古代祭祀時用的以圭爲柄的灌酒器。《周禮·春官·大宗伯》："凡祀大神，享大鬼，祭大示，帥執事而卜日，宿，眡滌濯，涖玉鬯，省牲鑊，奉玉齍，詔大號，治其大禮，詔相王之

大禮。”孫詒讓《正義》：“玉鬯，圭瓚也。”

[5]降止：光臨。

[6]帝華：京都。

皇帝入廟北門，奏《永至樂》歌辭：

戲繇惟則，[1]姬經式序。[2]九司聯事，八方承宇。鑾迾静陳，縵樂具舉。[3]凝旒若慕，[4]傾璜載竚。[5]振振琁衛，穆穆禮容。載藹皇步，式敷帝蹤。

[1]戲：通“羲”，即伏羲。《荀子·成相》：“文、武之道同伏戲。”楊倞注：“伏戲，古三皇太昊氏，始畫八卦，造書契者。戲與羲同。”

[2]姬：黄帝。《説文》：“黄帝居姬水，因水爲姓。”

[3]縵樂：雜樂。《漢書·禮樂志》：“縵樂鼓員十三人。”顏師古注：“縵樂，雜樂也，音漫。”

[4]凝旒：冕旒静止不動。此指帝王神態專注肅穆。

[5]竚（zhù）：同“佇”，久立。

太祝裸地，[1]奏登歌辭：

清明既鬯，[2]大孝乃熙。天儀睟愴，[3]皇心儼思。既芬房豆，載絜牷牲。鬱祼升禮，[4]鍓玉登聲。[5]茂對幽嚴，式奉徽靈。以享以祀，惟感惟誠。

[1]太祝：掌祭祀讀祝迎送神。

[2]明：《古詩紀》卷七三《齊太廟樂歌·登歌》云：“一作‘容’。”　鬯（chàng）：古代宗廟祭祀時用的香酒。以鬱金香和黑黍釀成。此代指宗廟祭祀。

[3]天儀：天子的容儀。

[4]鬱祼：以鬱酒灌地。

[5]鋗玉登聲：《古詩紀》卷七三《齊太廟樂歌·登歌》作“鋗金登聲”。鋗玉，擊玉發聲。

皇祖廣陵丞府君神室奏《凱容樂》歌辭：[1]

國昭惟茂，帝穆惟崇。登祥緯遠，締世景融。紛綸睿緒，[2]菴蔚王風。[3]明進厥始，濬哲文終。[4]

[1]廣陵丞府君：爲齊高帝蕭道成即位後所立七廟之一。即齊高帝蕭道成六世祖蕭豹，曾任廣陵府丞。

[2]睿緒：指神聖之事。

[3]菴蔚王風：王者之風昌盛。菴蔚，盛貌。

[4]濬哲：深邃的智慧，聖哲。

皇祖太中大夫府君神室奏《凱容樂》歌辭：[1]

琁條𡨚蔚，瓊源浚照。[2]懋矣皇烈，載挺明劭。永言敬思，式恭惟教。休途良乂，榮光有耀。

[1]太中大夫府君：爲齊高帝蕭道成即位後所立七廟之一。即齊高帝蕭道成五世祖蕭裔，曾任太中大夫。

[2]浚照：水深而明澈。

皇祖淮陰令府君神室奏《凱容樂》歌辭：[1]

嚴宗正典，崇饗肇禋。[2]九章既飾，[3]三清既陳。[4]昭恭皇祖，承假徽神。貞祐伊協，卿藹是鄰。

[1]淮陰令府君：爲齊高帝蕭道成即位後所立七廟之一。即齊高帝蕭道成高祖蕭整，曾任淮陰令。

[2]肇禋（yīn）：開始祭祀。禋，祭名。升煙祭天以求福。亦泛指祭祀。

[3]九章：古代帝王冕服上的九種圖案。《周禮·春官·司服》："享先王則衮冕。"鄭玄注："九章，初一曰龍，次二曰山，次三曰華蟲，次四曰火，次五曰宗彝，皆畫以爲繢；次六曰藻，次七曰粉米，次八曰黼，次九曰黻，皆希以爲繡。"

[4]三清：酒名。即清酒，祭祀之酒。

皇曾祖即丘令府君神室奏《凱容樂》歌辭：[1]

肅惟敬祀，絜事參薌。[2]環袨像綴，[3]緬密絲簧。明明烈祖，尚錫龍光。粤《雅》于姬，伊《頌》在商。

[1]即丘令府君：爲齊高帝蕭道成即位後所立七廟之一。即齊高帝蕭道成曾祖蕭儁，曾任即丘令。

[2]薌（xiāng）：祭祀所用的黍類。

[3]袨（xuàn）：黑色的禮服。

皇祖太常卿府君神室奏《凱容樂》歌辭：[1]

神宮懋鄴，[2]明寢昌基。[3]德凝羽綴，道悒容辭。假我帝緒，[4]懿我皇維。[5]昭大之載，國齊之祺。[6]

[1]太常府卿府君：爲齊高帝蕭道成即位後所立七廟之一。即齊高帝蕭道成祖父蕭樂子，曾任輔國參軍，後贈太常。

[2]神宮：神廟。

[3]昌基：使基業昌隆。

[4]假：授予。　帝緒：帝業。

［5］皇維：朝廷的綱紀。

［6］祺：吉祥。

皇考宣皇神室奏《宣德凱容樂》歌辭：[1]

道閟期運，[2]義開藏用。皇矣睿祖，至哉攸縱。循規烈炤，襲矩重芬。德溢軒羲，[3]道懋炎雲。[4]

［1］宣皇：爲齊高帝蕭道成即位後所立七廟之一。即齊高帝蕭道成父蕭承之。

［2］期運：時機運氣。

［3］軒羲：軒轅、伏羲的合稱。

［4］炎：指炎帝。　雲：傳説黄帝時以雲紀官，此代指黄帝。

昭皇后神室奏《凱容樂》歌辭：[1]

月靈誕慶，[2]雲瑞開祥。道茂淵柔，德表徽章。粹訓宸中，[3]儀形宙外。容蹈凝華，金羽傳藹。

［1］昭皇后：爲齊高帝蕭道成即位後所立七廟之一。即齊高帝蕭道成皇后劉智容。

［2］月靈：代指月亮，亦比喻皇后、太后。　誕慶：産生吉慶，降福。

［3］粹：純美。　宸：北極星所居。此借指帝王所居。

皇帝還東壁上福酒，奏《永祚樂》歌辭：

構宸抗宇，合軫齊文。萬靈載溢，百禮以殷。朱絃繞風，[1]翠羽停雲。桂樽既滌，[2]瑶俎既薰。[3]升薦惟誠，昭禮惟芬。降祉遥裔，集慶氤氲。

[1]朱絃繞風：樂聲隨風。朱絃，用熟絲製作的琴弦，亦泛指琴瑟類的弦樂器。

[2]桂樽：亦作“桂尊”“桂罇”。對酒器的美稱。

[3]瑶俎：玉俎，古代祭祀時用以陳牲的禮器。

送神，奏《肆夏樂》歌辭：

禮既升，樂以愉。昭序溢，幽饗餘。[1]人祇邕，[2]敬教敷。申光動，[3]靈駕翔。芬九垓，[4]鏡八鄉。福無屆，祚無疆。[5]

[1]幽饗：祭獻鬼神。

[2]人祇（qí）：人與神。祇，地神。

[3]申光動：中華修訂本《校勘記》云：“‘申光’，《樂府詩集》卷九齊《肆夏樂》作‘神光’。”（第217頁）

[4]九垓：亦作“九閡”“九陔”，指天。

[5]福無屆，祚無疆：中華修訂本《校勘記》云：“北監本、殿本作‘祚無屆福無疆’。”（第217頁）

皇帝詣便殿，奏《休成樂》歌辭：

睿孝式邕，[1]饗敬爰徧。[2]諦容輟序，佾文静縣。[3]辰儀聳蹕，[4]宵衛浮鑾。[5]旒帟雲舒，翠華景摶。[6]恭惟尚烈，休明再纏。國猷遠藹，[7]昌圖聿宣。[8]

[1]睿孝：神聖的孝行。

[2]饗敬爰徧：《古詩紀》卷七三《齊太廟樂歌·休成樂》作“饗敬爰偏”。

[3]佾（yì）：古代樂舞的行列。

[4]辰儀：帝王的儀仗。　聳蹕：肅然警蹕。聳，通“竦”。

[5]宵衛浮鑾：中華修訂本《校勘記》云：“‘宵’，《樂府詩集》卷九齊《休成樂》作‘霄’。”（第217頁）《古詩紀》卷七三《齊太廟樂歌·休成樂》作“霄”。

[6]翠華：天子儀仗中以翠羽爲飾的旗幟或車蓋。亦代指御車或帝王。

[7]國猷：國道，國計。

[8]昌圖：預示帝業永昌的圖讖。

太廟登歌辭二章：

惟王建國，設廟凝靈。[1]月薦流典，時祀暉經。[2]瞻辰僾思，[3]雨露追情。簡日筮晷，闕奠升文。金罍渟桂，[4]沖幄舒薰。[5]備僚肅列，駐景開雲。

至饗攸極，睿孝惇禮。具物咸絜，[6]聲香合體。[7]氣昭扶幽，眇慕纏遠。迎絲驚促，迭佾留晚。[8]聖衷踐候，節改增愴。妙感崇深，英徽彌亮。[9]

[1]設廟凝靈：設太廟安頓祖靈。

[2]時祀：四時的祭祀。

[3]瞻辰：《樂府詩集》卷九齊太廟登歌作“瞻宸”。

[4]金罍（léi）：飾金的大型酒器。罍，古代的一種容器，與壺相似，用來盛酒或水。

[5]沖幄：深廣的帷帳。

[6]具物：所備的祭品，指酒牲食具等祭物。

[7]聲香合體：《古詩紀》卷七三《齊太廟樂歌·登歌》作“馨聲”，注云：“《齊書》作‘馨香’。”

[8]迭佾留晚：中華修訂本《校勘記》云：“‘迭’，《樂府詩

集》卷九齊太廟登歌作‘送’，疑是。”（第217頁）《古詩紀》卷七三《齊太廟樂歌·登歌》作“送”。

［9］英徽：美好的樂音。

太祖高皇帝神室奏《高德宣烈樂》歌辭：[1]

悠悠草昧，[2]穆穆經綸。[3]乃文乃武，乃聖乃神。動龕危亂，静比斯民。誕應休命，[4]奄有八簀。[5]握機肇運，光啓禹服。[6]義滿天淵，禮昭地軸。澤靡不懷，[7]威無不肅。戎夷竭歡，[8]象來致福。[9]偃風裁化，[10]晅日敷祥。[11]信星含曜，[12]秬草流芳。[13]七廟觀德，[14]六樂宣章。[15]惟先惟敬，是饗是將。

［1］太祖高皇帝：南齊開國皇帝蕭道成。字紹伯，小諱鬬將。昇明三年（479）迫宋順帝禪位，建立南齊。本書卷一、卷二有紀。

［2］草昧：草創。

［3］經綸：整理絲縷、理出思緒、編絲成繩，統稱爲經綸。引申爲治理國家大事。《易·屯》：“雲雷屯，君子以經綸。”孔穎達疏：“經謂經緯，綸謂綱綸，言君子法此屯象有爲之時，以經綸天下，約束於物。”

［4］誕應：順應，接受。　休命：天子或神明的旨意。

［5］奄有八簀：擁有八方的土地。奄有，全部占有，多用於疆土。八簀，八方邊遠之地。

［6］光啓：擴大。　禹服：《尚書·仲虺之誥》：“表正萬邦，纘禹舊服。”孔安國傳：“繼禹之功，統其故服。”服，王畿以外的疆土。後用以代稱中國九州之地。

［7］不懷：不歸順，不臣服。

［8］戎夷：古族名。戎和夷的合稱。後泛指邊疆的少數民族。

［9］致福：古代臣子祭祀後，將祭肉奉獻給國君，以示爲君王

和國家添福。《周禮·天官·膳夫》：“凡祭祀之致福者，受而膳之。”鄭玄注：“致福，謂諸臣祭祀，進其餘肉，歸胙于王。”

[10]偃風：教化普及。

[11]晅（xuǎn）：太陽的光暈。

[12]信星：又名鎮星，即土星。《史記》卷一二《孝武本紀》：“信星昭見，皇帝敬拜泰祝之饗。”司馬貞《索隱》：“信星，鎮星也。信屬土，土曰鎮星。”

[13]秬草：猶嘉穀。象徵祥瑞。

[14]七廟：《禮記·王制》：“天子七廟，三昭三穆，與大祖之廟而七。”即四親廟（父、祖、曾祖、高祖）、二祧（遠祖）和始祖廟。後以七廟泛指帝王供奉祖先的宗廟。南齊高帝即位後，立廣陵府君、太中府君、淮陰府君、即丘府君、太常府君、宣皇帝、昭皇后七廟。

[15]六樂：指黃帝、堯、舜、禹、湯、周武王六代的古樂。《周禮·地官·大司徒》鄭玄注引鄭司農云：“六樂謂《雲門》《咸池》《大韶》《大夏》《大濩》《大武》。”

穆皇后神室奏《穆德凱容之樂》歌辭：[1]

大姒嬪周，[2]塗山儷禹。[3]我后嗣徽，[4]重規疊矩。肅肅閟宮，[5]翔翔《雲舞》。有饗德馨，無絕終古。

[1]穆皇后神室奏《穆德凱容之樂》歌辭：中華修訂本《校勘記》云：“‘歌’字原無，據前後文例補。”（第217頁）今從補。

[2]大姒：亦作“太姒”，周文王之妻，武王之母。　嬪：嫁。

[3]塗山：塗山女，禹的妻子。

[4]嗣徽：此指皇后繼承前人的盛美德業。《詩·大雅·思齊》：“大姒嗣徽音。”鄭玄箋：“徽，美也。嗣大任之美音，謂續行其善教令。”

[5]閟宫：神廟。

高宗明皇帝神室奏《明德凱容之樂》歌辭：[1]

多難固業，殷憂啓聖。帝宗纘武，惟時執競。起柳獻祥，百堵興詠。義雖祀夏，功符受命。[2]遠無不懷，邇無不肅。其儀濟濟，其容穆穆。赫矣君臨，昭哉嗣服。[3]允王維后，膺此多福。禮以昭事，[4]樂以感靈。八簋陳室，[5]六舞充庭。觀德在廟，象德在形。四海來祭，萬國咸寧。

[1]高宗明皇帝：齊明帝蕭鸞，字景栖。齊高帝次兄始安貞王道生子。少孤，高帝撫養，恩過諸子。武帝時受遺詔輔政，先後廢鬱林王、海陵王，又自立爲帝。本書卷六有紀。

[2]義雖祀夏，功符受命：道義上雖然應奉祀正統，但功業受之於天命。

[3]昭哉嗣服：光明正大地繼承王位。嗣服，指繼承帝業。

[4]昭事：指祭祀。

[5]八簋陳室：中華修訂本《校勘記》云："'簋'，《樂府詩集》卷九齊《明德凱容樂》作'簠'。"（第217頁）八簋，簋爲古代祭祀宴享時盛黍稷或食物的器皿。周制，天子八簋。

藉田歌辭，[1]漢章帝元和元年，[2]玄武司馬班固奏用《周頌·載芟》祠先農。[3]晋傅玄作祀先農先蠶夕牲歌詩一篇八句，迎送神一篇，饗社稷、先農、先聖、先蠶歌詩三篇，前一篇十二句，中一篇十六句，後一篇十二句，辭皆叙田農事。胡道安先農饗神詩一篇，竝八句。樂府相傳舊歌三章。永明四年藉田，詔驍騎將軍江淹造藉田歌。[4]淹製二章，不依胡、傅，世祖口勑付太樂歌之。

[1]藉田：又作“籍田”。古代天子、諸侯徵用民力耕種的田地。每逢春耕前，天子、諸侯執耒耜在籍田上三推或一撥，稱爲“籍禮”。亦指天子示範性耕作。

[2]元和：漢章帝劉炟年號。

[3]玄武司馬班固奏用《周頌·載芟》祠先農：原作“商頌”，中華修訂本《校勘記》云：“按《載芟》爲《周頌》篇名，今改正。”（第218頁）今從改。玄武司馬，東漢置，屬衛尉，掌守衛皇宮玄武門。班固，字孟堅，班彪子。著《漢書》，善辭賦。《後漢書》卷四〇有傳。

[4]江淹：字文通，濟陽考城（今河南民權縣東北）人。撰有《齊史》十志。《梁書》卷一四、《南史》卷五九有傳。

祀先農迎送神升歌：[1]

羽鑾從動，金駕時遊。[2]教騰義鏡，樂綴禮脩。[3]率先丹耦，[4]躬遵緑疇。靈之聖之，歲殷澤柔。

[1]先農：古代傳説中最先教民耕作的農神。

[2]金駕：皇帝的車輿。

[3]樂綴禮脩：《古詩紀》卷七三《齊籍田樂歌·迎送神升歌》作“樂綴前修”。

[4]丹耦：古代藉田禮時用的農具，因塗成赤色，故稱。二耜爲耦。

饗神歌辭：

瓊斝既飾，[1]繡簋以陳。方爕嘉種，[2]永毓宵民。[3]

[1]瓊斝（jiǎ）：玉製的酒杯。斝，古代的貯酒器。

[2]嘉種：優良的穀種。

[3]宵民：小民，普通老百姓。

元會大饗四廂樂歌辭，[1]晋泰始五年太僕傅玄撰。[2]正旦大會行禮歌詩四章，[3]壽酒詩一章，食舉東西廂樂十三章，黄門郎張華作。[4]上壽食舉行禮詩十八章，中書監荀勗、侍郎成公綏言數各異。[5]宋黄門郎王韶之造《肆夏》四章，行禮一章，上壽一章，登歌三章，食舉十章，《前後舞》歌一章。齊微改革，多仍舊辭。其《前後舞》二章新改。其臨軒樂，亦奏《肆夏》"於鑠"四章。

[1]元會：皇帝在元旦朝會群臣稱正會，也稱元會。　四廂：朝會奏樂之地。

[2]泰始：宋明帝劉彧年號。

[3]正旦：正月初一。

[4]張華：字茂先，范陽方城（今河北固安縣西南）人。曾任黄門侍郎。《晋書》卷三六有傳。

[5]荀勗：字公曾，潁川潁陰（今河南許昌市）人。三國魏、西晋大臣。曾掌管樂事，考定律吕，整理典籍，編《中經新簿》，首次運用四部分類法來編定古籍目録。《晋書》卷三九有傳。　成公綏：字子安，東郡白馬（今河南滑縣東南）人。好音律，詞賦甚麗。張華薦爲太常博士，後遷中書郎。《晋書》卷九二有傳。

《肆夏樂》歌辭：

於鑠我皇，[1]體仁苞元。[2]齊明日月，比景乾坤。[3]陶甄百王，稽則黄軒。[4]訏謨定命，辰告四蕃。[5]

右一曲，客入四廂奏。

[1]於鑠：歎詞，表贊美。

[2]體仁苞元：中華修訂本《校勘記》云："按《宋書》卷二〇《樂志》二作'禮仁包元'。"（第218頁）按，《樂府詩集》卷一四齊《肆夏樂歌》作"體仁包元"。體仁，躬行仁道。

[3]比景乾坤：中華修訂本《校勘記》云："'比景'，《樂府詩集》卷一四齊《肆夏樂歌》作'比量'。按《宋書》卷二〇《樂志》二《肆夏樂歌》亦作'比量'。"（第218頁）

[4]黄軒：黄帝軒轅氏的省稱。

[5]訏謨定命，辰告四蕃：《詩·大雅·抑》："訏謨定命，遠猶辰告。"毛亨傳："訏，大。謨，謀。"孔穎達疏："言施教之法，當豫大計謀，定其教命，爲長遠之道，而以時節告民施之……爲天下遠圖庶事，而以歲時告施之。"定命，審定法令。辰告，謂以時告誡。

將將蕃后，翼翼群僚。[1]盛服待晨，明發來朝。饗以八珍，[2]樂以《九韶》。[3]仰祇天顔，厥猷孔昭。

右一曲，皇帝當陽，[4]四廂奏。皇帝入變服，四廂并奏前二曲。

[1]翼翼：恭敬謹慎貌。　群僚：百官。

[2]八珍：古代八種烹飪方法。《周禮·天官·膳夫》："珍用八物。"鄭玄注："珍，謂淳熬、淳母、炮豚、炮牂、擣珍、漬、

熬、肝膋也。”亦泛指珍饈美味。

[3]《九韶》：亦作“九招”。舜時樂曲名。

[4]當陽：古稱天子南面向陽而治。亦指帝王登位。

《法章》既設，[1]初筵長舒。濟濟列辟，[2]端委皇除。[3]歆和無盈，[4]威儀有餘。温恭在位，敬終如初。

[1]《法章》：古代樂曲名。

[2]列辟：指公卿百官。

[3]端委：禮服。《左傳》昭公元年：“吾與子弁冕端委，以治民臨諸侯。”杜預注：“端委，禮衣。”

[4]歆和：使人感到自在，享受和樂。

九功既歌，[1]六代惟時。[2]被德在樂，宣道以詩。穆矣大和，品物咸熙。慶積自遠，告成在兹。

右二曲，皇帝入變服，黄鍾太蔟二廂奏。[3]

[1]九功：謂六府三事爲九功。《左傳》文公七年：“六府三事，謂之九功。水、火、金、木、土、穀，謂之六府。正德、利用、厚生，謂之三事。”

[2]六代：指黄帝、唐、虞、夏、殷、周六代。

[3]黄鍾：樂律十二律中陽律的第一律。亦指古代的一種打擊樂器，多爲廟堂所用。　太簇：十二律中陽律的第二律。

大會行禮歌辭：

大哉皇齊，長發其祥，祚隆姬夏，道邁虞唐。[1]德之克明，休有烈光，配天作極，[2]辰居四方。[3]

[1]祚隆姬夏，道邁虞唐：國運蓋過周夏，道行超越堯舜。

[2]配天：與天比並。

[3]辰居：帝王的居處。

皇矣我后，聖德通靈，有命自天，誕授休禎。[1]龍飛紫極，[2]造我齊京，光宅宇宙，赫赫明明。

右二曲，姑洗廂奏。[3]

[1]誕授：上天授予。　休禎：吉祥的徵兆。

[2]紫極：星名。借指帝王的宮殿。

[3]姑洗：十二律中陽律的第三律。

上壽歌辭：

獻壽爵，[1]慶聖皇。[2]靈祚窮二儀，[3]休明等三光。

右一曲，黃鍾廂奏。

[1]獻壽：獻禮祝壽。

[2]聖皇：對皇帝的尊稱。

[3]靈祚：對國運的美稱。　二儀：指天地。

殿前登歌辭：

明明齊國，緝熙皇道。[1]則天垂化，光定天保。天保既定，肆覲萬方。[2]禮繁樂富，穆穆皇皇。

[1]緝熙：光明，引申爲光輝。《詩·大雅·文王》："穆穆文王，於緝熙敬止。"毛亨傳："緝熙，光明也。"

[2]肆覲萬方：萬方諸侯來朝。肆覲，原指以禮見東方諸國之

君，後常以稱見天子或諸侯之禮。

沔彼流水，朝宗天池。[1]洋洋貢職，[2]抑抑威儀。既習威儀，亦閑禮容。一人有則，作孚萬邦。[3]

[1]朝宗：比喻小水流注入大水。

[2]貢職：貢品，貢賦。

[3]作孚：信服，信從。

烝哉我皇，寔靈誕聖。[1]履端惟始，[2]對越休慶。[3]如天斯崇，[4]如日斯盛。介兹景福，永固洪命。[5]

右三曲，别用金石，[6]太樂令跪奏。[7]

[1]寔靈誕聖：中華修訂本《校勘記》云："'寔靈'，按《宋書》卷二〇《樂志》二作'固天'。"（第218頁）

[2]履端：年曆的推算始於正月朔日，謂之"履端"。

[3]對越：答謝頌揚。亦指帝王祭祀天地神靈。　休慶：嘉慶。

[4]如天斯崇：中華修訂本《校勘記》云："'崇'，按《宋書》卷二〇《樂志》二作'久'。"（第218頁）

[5]永固洪命：中華修訂本《校勘記》云："'洪'，按《宋書》卷二〇《樂志》二作'駿'。"（第218頁）

[6]金石：指鍾磬一類的樂器。

[7]太樂令：掌宫廷諸樂事。

食舉歌辭：

晨儀載焕，[1]萬物咸覩。嘉慶三朝，禮樂備舉。元正肇始，[2]典章徽明。[3]萬方來賀，[4]華夷充庭。[5]多士盈九德，[6]俯仰觀玉聲。恂恂俯仰，載爛其暉。鍾鼓震天區，[7]禮容塞皇闈。思樂窮休慶，福履同所歸。

[1]晨儀載焕：中華修訂本《校勘記》云："'儀'，《樂府詩集》卷一四齊《食舉歌》作'羲'。按此句《宋書》卷二〇《樂志》二作'晨羲載燿'。"（第218頁）

[2]元正：元旦。

[3]典章徽明：中華修訂本《校勘記》云："'徽'，按《宋書》卷二〇《樂志》二作'暉'。"（第218頁）

[4]萬方來賀：中華修訂本《校勘記》云："按《宋書》卷二〇《樂志》二作'萬方畢來賀'。"（第218頁）

[5]華夷充庭：中華修訂本《校勘記》云："按《宋書》卷二〇《樂志》二作'華裔充皇庭'。"（第218頁）

[6]多士盈九德：中華修訂本《校勘記》云："'德'，按《宋書》卷二〇《樂志》二作'位'。"（第218頁）多士，衆多的賢士。

[7]鍾鼓震天區：中華修訂本《校勘記》云："'鍾鼓'，按《宋書》卷二〇《樂志》二作'鼓鍾'。"（第218頁）天區，上下四方。

五玉既獻，[1]三帛是薦。[2]爾公爾侯，鳴玉華殿。[3]皇皇聖后，降禮南面。元首納嘉禮，[4]萬邦同欽願。[5]休哉休哉，君臣熙宴。建五旗，[6]列四縣。[7]樂有文，禮無斁。[8]融皇風，窮一變。

[1]五玉：古代諸侯作符信用的五種玉，即璜、璧、璋、珪、琮。

[2]三帛：纁帛、玄帛、黄帛。

[3]鳴玉：古人在腰間佩帶玉飾，行走時使之相擊發聲。

[4]嘉禮：古代五禮（吉、凶、軍、賓、嘉）之一。指飲食、婚冠、賓射、饗燕、賀慶等禮。

[5]萬邦同欽願：中華修訂本《校勘記》云："'欽願'，按《宋書》卷二〇《樂志》二作'歡願'。"（第218頁）

[6]五旗：五色旗幟。

[7]四縣：古代鍾磬之類樂器懸掛的形式，按身份地位定等次，天子最尊，四年懸樂。縣，通"懸"。

[8]無勌（juàn）：亦作"無倦"。不懈怠，不厭煩。

禮至和，[1]感陰陽，德無不柔，緐休祥。[2]瑞徵辟，[3]應嘉鍾。儛雲鳳，[4]躍潛龍。景星見，[5]甘露墜。[6]木連理，[7]禾同穗。玄化洽，仁澤敷。[8]極禎瑞，窮靈符。

[1]禮至和：中華修訂本《校勘記》云："'禮'，按《宋書》卷二〇《樂志》二作'體'。"（第218頁）

[2]緐休祥：中華修訂本《校勘記》云："'緐'，按《宋書》卷二〇《樂志》二作'繁'。"（第219頁）

[3]瑞徵辟：中華修訂本《校勘記》云："按《宋書》卷二〇《樂志》二作'瑞徽璧'。"（第219頁）

[4]儛雲鳳：中華修訂本《校勘記》云："'雲鳳'，按《宋書》卷二〇《樂志》二作'靈鳳'。"（第219頁）雲鳳，鳳凰。

[5]景星：大星，德星，瑞星。古謂見於有道之國。

[6]甘露：甘美的露水。甘露墜是太平的象徵。

[7]木連理：不同根的樹，枝幹連生在一起。古時視爲祥瑞。

[8]仁澤敷：中華修訂本《校勘記》云："'澤'，原作'釋'，據三朝本、南監本、北監本、汲本、殿本、局本改。"（第219頁）

今從改。

懷荒遠，[1]綏齊民。[2]荷天祐，靡不賓。[3]靡不賓，長世盛。[4]昭明有融，繁嘉慶。繁嘉慶，熙帝載。含氣感和，[5]蒼生欣戴。三靈協瑞，惟新皇代。[6]

[1]懷荒遠：中華修訂本《校勘記》云："'荒遠'，按《宋書》卷二〇《樂志》二作'荒裔'。"（第219頁）懷荒，懷柔邊遠之民。

[2]齊民：平民。

[3]不賓：不歸順，不臣服。

[4]長世盛：中華修訂本《校勘記》云："按《宋書》卷二〇《樂志》二作'長世弘盛'。"（第219頁）

[5]含氣感和：中華修訂本《校勘記》云："按《宋書》卷二〇《樂志》二作'合氣成和'，《樂府詩集》卷一四宋《食舉歌》作'合氣咸和'。"（第219頁）

[6]皇代：國朝，指當今之世。

王道四達，流仁德。[1]窮理詠乾元，[2]垂訓從帝則。[3]靈化侔四時，幽誠通玄默。德澤被八紘，[4]禮章軌萬國。[5]

[1]流仁德：中華修訂本《校勘記》云："按《宋書》卷二〇《樂志》二作'流仁布德'。"（第219頁）

[2]乾元：指帝王。

[3]垂訓從帝則：中華修訂本《校勘記》云："'從'，按《宋書》卷二〇《樂志》二作'順'，此或避梁武帝父諱改。"（第219頁）帝則，天子所定的法則。

［4］八紘（hóng）：八方極遠之地。亦泛指天下。

［5］禮章軌萬國：中華修訂本《校勘記》云："'禮章'，按《宋書》卷二〇《樂志》二作'乾寧'。"（第219頁）

皇猷緝，[1]咸熙泰。[2]禮儀焕帝庭，要荒服遐外。被髮襲纓冕，[3]左衽回衿帶。[4]天覆地載，澤流汪濊。[5]聲教布濩，德光大。

［1］皇猷：帝王的謀略、教化。

［2］熙泰：和順。

［3］纓冕：仕宦之人的代稱。

［4］左衽回衿帶：《樂府詩集》卷一四齊《食舉歌》作"左袵"。中華修訂本《校勘記》云："'左衽'，原作'右衽'，據《樂府詩集》卷一四齊《食舉歌》改。按《宋書》卷二〇《樂志》二作'左袵'。"（第219頁）今從改。左衽，衣襟向左，代指某些少數民族。

［5］澤流汪濊：中華修訂本《校勘記》云："'澤流'，按《宋書》卷二〇《樂志》二作'流澤'。"（第219頁）汪濊，亦作"汪穢"，深廣。

開元辰，畢來王。[1]奉貢職，[2]朝后皇。[3]鳴珩佩，[4]觀典章。樂王慶，[5]悦徽芳。陶盛化，遊大康。惟昌明，[6]永克昌。

［1］來王：指諸侯定期朝覲天子。

［2］奉貢：納貢。

［3］后皇：天地的代稱。

［4］珩佩：雜佩。各種不同的佩玉。

[5]樂王慶：中華修訂本《校勘記》云："'慶'，按《宋書》卷二〇《樂志》二作'度'，義較長。"（第219頁）

[6]惟昌明：中華修訂本《校勘記》云："按《宋書》卷二〇《樂志》二作'丕昭明'。"（第219頁）

惟建元，德丕顯。齊七政，[1]敷五典。[2]彝倫序，洪化闡。

[1]七政：説法不一，一説指日、月和金木水火土五星；一説指天、地、人和四時；一説指北斗七星，以七星各主日、月、五星。

[2]五典：古代的五種倫理道德。《尚書·舜典》："慎徽五典，五典克從。"孔安國傳："五典，五常之教。父義、母慈、兄友、弟恭、子孝。"

王澤流，太平始。樹靈祇，恭明祀。[1]介景祚，[2]膺嘉祉。禮有容，樂有儀。金石陳，干羽施。[3]邁《武濩》，均《咸池》。[4]歌《南風》，[5]德永稱。[6]文明焕，[7]頌聲興。

[1]樹靈祇，恭明祀：中華修訂本《校勘記》云："'靈祇'，按《宋書》卷二〇《樂志》二作'聲教'。"又云："（恭明祀）按《宋書》卷二〇《樂志》二作'明皇紀'。"（第219—220頁）丁福林《校議》云："《宋書·樂志二》作'樹聲教，明皇紀。和靈祇，恭明祀'，此恐於'樹'後佚'聲教明皇紀和'六字。"（第70頁）

[2]介景祚："介"原作"仁"，《樂府詩集》卷一四齊《食舉歌》亦作"仁"。中華修訂本《校勘記》云："'仁'，南監本、北監本、殿本作'介'。按《宋書》卷二〇《樂志》二作'衍'。"

（第220頁）今從改。介景，祝福。

[3]干羽：古代舞者的舞具。《宋書·樂志二》作“牙羽”。

[4]《咸池》：古樂曲名。相傳爲堯時的樂曲。

[5]《南風》：古樂曲名。相傳爲舜所作。

[6]德永稱：中華修訂本《校勘記》云：“按《宋書》卷二〇《樂志》二作‘舞德稱’。”（第220頁）

[7]文明煥：中華修訂本《校勘記》云：“‘文明’，按《宋書》卷二〇《樂志》二作‘文武’。”（第220頁）

王道純，德彌淑。寧八表，[1]康九服。導禮讓，移風俗。移風俗，永克融。歌盛美，告成功。詠休烈，[2]邈無窮。

右黄鍾先奏“晨儀”篇，太蔟奏“五玉”篇，餘八篇二廂更奏之。

[1]八表：指極遠之地。

[2]詠休烈：中華修訂本《校勘記》云：“‘休烈’，按《宋書》卷二〇《樂志》二作‘徽烈’。”（第220頁）

《前舞》階步歌辭：新辭

天挺聖哲，[1]三方維綱。[2]川岳伊寧，七耀重光。[3]茂育萬物，衆庶咸康。道用潛通，[4]仁施遐揚。德厚巛極，功高昊蒼。舞象盛容，德以歌章。[5]八音既節，[6]龍躍鳳翔。皇基永樹，二儀等長。

[1]天挺：天生卓越。

[2]維綱：綱紀，法度。

[3]七耀：指日、月和金、木、水、火、土五星。

[4]潛通：暗通。

[5]歌章：歌曲。音樂一曲爲一章，故稱。

[6]八音：古代對樂器的統稱。通常爲金、石、絲、竹、匏、土、革、木八種不同材質所製。亦泛指音樂。

《前舞凱容》歌詩：舊辭

於赫景命，[1]天鑒是臨。樂來伊陽，禮作惟陰。歌自德富，舞由功深。庭列宮縣，陛羅瑟琴。[2]翿籥繁會，[3]笙磬諧音。《簫韶》雖古，[4]九奏在今。[5]導志和聲，德音孔宣。光我帝基，協靈配乾。[6]儀形六合，[7]化穆自宣。[8]如彼雲漢，[9]爲章于天。熙熙萬類，陶和常年。[10]擊轅中《韶》，[11]永世弗騫。

[1]於赫景命：中華修訂本《校勘記》云："'命'，按《宋書》卷二〇《樂志》二作'明'。"（第220頁）景命，指授予帝王之位的天命。

[2]庭列宮縣，陛羅瑟琴：庭院陳列樂器，宮殿台階上擺放琴瑟。

[3]翿（dào）：纛。頂上以羽毛爲飾的旗。古代樂舞者執之以舞。 籥（yuè）：古代管樂器。似爲排簫的前身。有吹籥、舞籥兩種。舞籥，可執作舞具。

[4]《簫韶》：舜所作樂名。

[5]九奏在今：中華修訂本《校勘記》云："'九奏'，按《宋書》卷二〇《樂志》二作'九成'。"（第220頁）九奏，古代行禮奏樂九曲。

[6]配乾：猶配天。謂功德與天相匹配。

[7]儀形六合：《樂府詩集》卷五二齊《前舞凱容歌》作"儀

刑六合”。

[8]化穆自宣：中華修訂本《校勘記》云：“‘自宣’，按《宋書》卷二〇《樂志》二作‘自然’。”（第220頁）

[9]雲漢：銀河。

[10]陶和常年：中華修訂本《校勘記》云：“‘常年’，局本、《樂府詩集》卷五二齊《前舞凱容歌》作‘當年’。按《宋書》卷二〇《樂志》二亦作‘當年’。”（第220頁）

[11]擊轅：敲打車轅中樂成聲。　中《韶》：丁福林《校議》云：“‘韶’當加書名號，‘中韶’，合於韶樂也。”（第71頁）今從。

《後舞》階步歌辭：新辭

皇皇我后，紹業盛明。滌拂除穢，宇宙載清。允執中和，以莅蒼生。玄化遠被，[1]兆世軌形。何以崇德，乃作九成。[2]妍步恂恂，雅曲芬馨。八風清鼓，應以祥禎。澤浩天下，功齊百靈。

[1]玄化遠被：教化遠播。

[2]九成：猶九闋。樂曲終止爲成。《尚書·益稷》：“《簫韶》九成，鳳皇來儀。”孔穎達疏：“成，猶終也。每曲一終，必變更奏。故《經》言九成，《傳》言九奏，《周禮》謂之九變，其實一也。”

《後舞凱容》歌辭：舊辭

假樂聖后，[1]寔天誕德。積美自中，王猷四塞。龍飛在天，儀形萬國。欽明惟神，臨朝淵默。不言之化，品物咸得。告成于天，銘勳是勒。翼翼厥猷，亹亹其仁。[2]從命創制，[3]因定和神。海外有截，九國無塵。[4]冕旒司契，[5]垂拱臨民。乃舞《凱容》，[6]欽若天人。純嘏孔休，萬載彌新。

[1]假樂：美好快樂。《詩·大雅·假樂》："假樂君子，顯顯令德。"孔穎達疏："言上天嘉美而愛樂此君子成王也。"

[2]亹（wěi）亹：勤勉不倦貌。

[3]從命創制：中華修訂本《校勘記》云："'從命'，按《宋書》卷二〇《樂志》二作'順命'，當爲避梁武帝父諱改。"（第220頁）

[4]九國無塵：中華修訂本《校勘記》云："'九國'，按《宋書》卷二〇《樂志》二作'九圍'。"（第220頁）

[5]冕旒：專指皇冠。亦借指皇帝。　司契：掌管法規。

[6]乃舞《凱容》：中華修訂本《校勘記》云："'凱容'，按《宋書》卷二〇《樂志》二作'大豫'。"（第220頁）《凱容》，南朝宋雅舞名。

《宣烈舞》執干戚。[1]郊廟奏，平冕、黑介幘、玄衣裳、白領袖、絳領袖中衣、絳合幅袴、絳袜。[2]朝廷，則武冠，赤幘、生絳袍、單、絹領袖、皁領袖中衣、虎文畫合幅袴，[3]白布袜，[4]皆黑韋鞮。[5]周《大武舞》，[6]秦改爲《五行》。漢高造《武德舞》，[7]執干戚，象天下樂己除亂。按《禮》云"朱干玉戚，冕而舞《大武》"。[8]是則漢放此舞而立也。魏文帝改《五行》還爲《大武》，[9]而《武德》曰《武頌舞》。明帝改造《武始舞》。晋世仍舊。傅玄六代舞歌有《武》辭，此武舞非一也。宋孝建初，[10]朝議以《凱容舞》爲韶舞，《宣烈舞》爲武舞。據《韶》爲言，《宣烈》即是古之《大武》，非《武德》也。今世諺呼爲《武王伐紂》。其冠服，魏明帝世尚書所奏定《武始舞》服，晋、宋承用，齊初仍舊，不改宋舞名。其舞人冠服，見魏尚書奏，後代相承用之。

［1］《宣烈舞》：南朝宋舞名。　干戚：亦作“干鏚”。指盾與斧。古代的兩種兵器，亦爲武舞所執的舞具。

［2］平冕：古代天子郊祭及臨軒，皇太子侍祭，王公大臣等助祭時所戴的冠冕。　中衣：古代穿在祭服、朝服内的裹衣。

［3］武冠：武官所戴的一種帽子。　赤幘：赤色頭巾。古代武士所服。　單衣：單層無裹子的衣服。亦指古代官吏的朝服。　皁領：亦作“皂領”，黑色衣領。古代官員的服飾。

［4］白布絑：原作“彩”，中華修訂本《校勘記》云：“‘絑’，原作‘彩’，據《宋書》卷一九《樂志》一改。”（第220頁）今從改。

［5］皆黑韋鞮：中華修訂本《校勘記》云：“‘鞮’，原作‘緹’，據《宋書》卷一九《樂志》一改。”（第220頁）今從改。

［6］《大武舞》：雅舞的一種。始於周代，舞時手執斧盾。主要爲歌頌統治者的武功，用於郊廟祭祀及朝賀、宴享等大典。

［7］漢高：漢高祖劉邦。西漢開國皇帝。《史記》卷八、《漢書》卷一有傳。　《武德舞》：雅舞名。漢高祖所制，多用於宗廟祭祀。

［8］朱干玉戚：紅色的盾與玉飾的斧。古代武舞時所用。語出《禮記·明堂位》。

［9］魏文帝：曹丕。字子桓，曹操子。《三國志》卷二有紀。

［10］孝建：南朝宋孝武帝劉駿年號。

《凱容舞》，執羽籥。[1]郊廟，冠委貌，[2]服如前。朝廷，進賢冠、黑介幘、生黄袍單衣、白合幅袴，[3]餘如前。本舜《韶舞》，漢高改曰《文始》，魏復曰《大韶》。又造《咸熙》爲文舞。晋傅玄六代舞有虞《韶舞》辭。宋以《凱容》繼《韶》爲文舞。相承用魏《咸熙》冠服。

[1]羽籥：古代祭祀或宴饗時舞者所執的舞具和樂器。羽，指雉羽。

[2]委貌：古冠名。亦作"委皃"，以皂絹爲之。

[3]進賢冠：古代朝見皇帝時所戴的一種禮帽。　黄袍：黄色長衣。

《前舞》《後舞》，[1]晋泰始九年造。《正德》《大豫》舞，傅玄、張華各爲歌辭。宋元嘉中，改《正德》爲《前舞》，《大豫》爲《後舞》。

右朝會樂辭

[1]《前舞》《後舞》：《正德舞》《大豫舞》。《宋書·樂志一》："（宋武帝永初元年）又改《正德舞》曰《前舞》，《大豫舞》曰《後舞》。"

舞曲，皆古辭雅音，[1]稱述功德，宴享所奏。傅玄歌辭云："獲罪於天，北徙朔方，墳墓誰掃，超若流光。"如此十餘小曲，名爲舞曲，疑非宴樂之辭。然舞曲總名起此矣。

[1]雅音：正音。有益於風教的詩歌和音樂。

《明君辭》：

明君創洪業，盛德在建元。受命君四海，聖皇應靈乾。五帝繼三皇，三皇世所歸。聖德應期運，天地不能違。仰之彌已高，猶天不可階。將復結繩化，静拱天下齊。

右一曲，漢章帝造《鼙舞歌》，[1]云"關東有賢女"。魏明帝代漢曲云，"明明魏皇帝"。傅玄代魏曲作晋《洪業篇》云："宣文創洪業，盛德存泰始。聖皇應靈符，受命君四海。"今前四句錯綜其辭，從"五帝"至"不可階"六句全玄辭，後二句本云"將復御龍氏，鳳皇在庭栖"，又改易焉。

[1]漢章帝：劉炟。漢明帝第五子。《後漢書》卷三有紀。《鼙舞歌》：舞樂名。《晋書·樂志下》："鼙舞，未詳所起，然漢代已施於燕享矣。傅毅、張衡所賦，皆其事也。"

《聖主曲》辭：

聖主受天命，應期則虞、唐。[1]升旒綜萬機，[2]端扆馭八方。[3]盈虚自然數，揖讓歸聖明。北化陵河塞，南威越滄溟。[4]廣德齊七政，敷教騰三辰。萬寓必承慶，百福咸來臻。[5]聖皇應福始，昌德洞祐先。[6]

[1]應期：順應期運。

[2]升旒：應指加冕。

[3]端扆（yǐ）：指帝王臨朝執政。扆，帝王座後的屏風。

[4]北化陵河塞，南威越滄溟：向北教化越過黃河邊塞，向南威儀越過大海。河塞，黃河流域和北方邊境之地。

[5]來臻：來到。

[6]昌德：盛德。

《明君辭》：

明君御四海，總鑒盡人靈。仰成恩已洽，[1]竭忠身必榮。聖澤洞三靈，德教被八鄉。草木變柯葉，[2]川岳洞嘉祥。愉樂盛明運，舞蹈升太時。微霜永昌命，軌心長歡怡。

[1]仰成：謂依賴别人取得成功。

[2]柯葉：枝葉。

《鐸舞》歌辭：

黄《雲門》，唐《咸池》，虞《韶舞》，夏《夏》殷《濩》，列代有五。振鐸鳴金，[1]延《大武》。清歌發唱，[2]形爲主。聲和八音，協律吕。[3]身不虚動，手不徒舉。應節合度，[4]周期序。[5]時奏宫角，[6]雜之以徵羽。[7]樂以移風，禮相輔，[8]安有出其所。[9]

右一曲，傅玄辭，以代魏《太和時》。"徵羽"下除"下厭衆目，上從鍾鼓"二句。[10]

[1]振鐸：摇鈴。古代宣布政教法令時，振鐸以警衆。　鳴金：敲擊鉦、鐃等金屬樂器，後多指敲鑼。

[2]清歌：不用樂器伴奏的歌唱。

[3]律吕：此指樂律或音律。原爲古代校正樂律的器具。用竹管或金屬管製成，共十二管，以管的長短來確定音高。從低音算起，成奇數的六管爲律，成偶數的六管爲吕，合稱律吕。

[4]應節：適應節拍。　合度：合於尺度、法度。

[5]周期序：中華修訂本《校勘記》云："按《宋書》卷二二《樂志》四、《樂府詩集》卷五四傅玄《雲門篇》作'周其叙'。"(第220頁)

[6]時奏宫角：中華修訂本《校勘記》云："'角'，按《宋書》卷二二《樂志》四作'商'。"(第221頁) 宫角，古代五音中的宫音和角音。

[7]徵羽：五音中的徵音和羽音。

[8]禮相輔：中華修訂本《校勘記》云："按《宋書》卷二二《樂志》四、《樂府詩集》卷五四傅玄《雲門篇》作'與德禮相輔'。"(第221頁)

[9]安有出其所：中華修訂本《校勘記》云："'出'，按《宋書》卷二二《樂志》四、《樂府詩集》卷五四傅玄《雲門篇》作'失'。"(第221頁)

[10]"徵羽"下除"下厭衆目，上從鍾鼓"二句："除"之前原無"下"字，中華修訂本《校勘記》云："按'雜之以徵羽'下《宋書》卷二二《樂志》四、《樂府詩集》卷五四傅玄《雲門篇》有'下饜衆目，上從鍾鼓'二句，本書删之，故云。依前後文例，'除'上應有一'下'字，今補。"(第221頁) 今從補。

《白鳩辭》：

翩翩白鳩，[1]再飛再鳴。懷我君德，來集君庭。

右一曲，《舞叙》云："《白符》或云《白符鳩舞》，[2]出江南，吴人所造，其辭意言患孫皓虐政，[3]慕政化也。[4]其詩本云'平平白符，思我君惠，集我金堂’。言白者金行，符，合也，鳩亦合也。符鳩雖異，其義是同。”

[1]白鳩：鳥名。古代以爲瑞物。

[2]《白符鳩舞》：中華修訂本《校勘記》云：“按《宋書》卷一九《樂志》一作‘白鳧鳩舞’。”（第221頁）

[3]孫晧：字元宗，孫權孫，孫和子。《三國志》卷四八有傳。

[4]慕政化也：中華修訂本《校勘記》云：“按《宋書》卷一九《樂志》一引揚泓《拂舞序》作‘思屬晋也’。”（第221頁）

濟濟辭：

暢飛暢舞，氣流芳。追念三五，[1]大綺黄。

右一曲晋《濟濟舞》歌，六解，此是最後一解。

[1]三五：此指三皇五帝。

《獨禄辭》：

獨禄獨禄，水深泥濁。泥濁尚可，水深殺我！

右一曲，晋《獨鹿舞》歌，六解，此是前一解。古辭《明君曲》後云：[1]“勇安樂無慈，不問清與濁。清與無時濁，邪交與獨禄。”《伎録》云：“求禄求禄，[2]清白不濁。清白尚可，貪汙殺我！”晋歌爲鹿字，古通用也。疑是風刺之辭。[3]

[1]古辭：指古樂府詩。

[2]求禄：求取俸禄。

[3]風刺：諷刺。用含蓄的語言勸告或揭露。

《碣石辭》：

東臨碣石，[1]以觀滄海。水河淡淡，[2]山嶋竦峙。[3]樹木叢生，百草豐茂。秋風蕭瑟，洪波涌起。日月之行，若出其中，星漢粲爛，若出其裏。幸甚至哉！歌以言志。[4]

右一曲，魏武帝辭，[5]晋以爲《碣石舞》歌。詩四章，此是中一章。

[1]碣石：山名。在今河北昌黎縣北。

[2]水河淡淡：中華修訂本《校勘記》云："'河'，按《宋書》卷二一《樂志》三、《樂府詩集》卷五四晋《拂舞歌·碣石篇》作'何'。"（第221頁）

[3]山嶋：海島。舊時稱島爲海中之山，故云。

[4]歌以言志：《樂府詩集》卷五四晋《拂舞歌·碣石篇》作"歌以詠志"。

[5]魏武帝：曹操。此《碣石辭》爲曹操所作。《三國志》卷一有紀。

《淮南王辭》：

淮南王，自言尊，百尺高樓，與天連。我欲渡河，河無梁，願作雙黄鵠，[1]還故鄉。

右一曲，晋《淮南王舞》歌。六解，前是第一，後是第五。

[1]願作雙黄鵠：《樂府詩集》卷五四晋《拂舞歌·淮南王篇》

作“願化雙黄鵠”。

《齊世昌辭》:

齊世昌，四海安樂，齊太平。人命長，當結久，[1]千秋萬歲皆老壽。

右一曲，晋《杯槃歌》。十解，第三解云:“舞杯槃，何翩翩，舉坐翻覆壽萬年。”干寶云:[2]“太康中有此舞。[3]杯槃翻覆，至危之像。言晋世之士，苟貪飲食，智不及遠。”其第一解首句云“晋世寧”，宋改爲“宋世寧”。惡其杯槃翻覆，辭不復取。齊改爲“齊世昌”，餘辭同後一。

[1]當結久：中華修訂本《校勘記》云:“‘久’，南監本、《宋書》卷二二《樂志》四、《樂府詩集》卷五六晋《杯槃舞歌》作‘友’。”(第221頁)

[2]干寶：字令升。著有《晋紀》《搜神記》等。《晋書》卷八二有傳。

[3]太康：晋武帝司馬炎年號。

《公莫辭》:

吾不見公莫時　吾何嬰公來　嬰姥時吾　思君去時吾何零[1]　子以耶　思君去時　思來嬰　吾去時母那何去吾

右一曲，晋《公莫舞》歌，二十章，無定句。前是第一解，後是第十九二十解。雜有三句，竝不可曉解。建武初，明帝奏樂至此曲，[2]言是似《永明樂》，流涕憶世祖云。[3]

[1]吾何零：中華修訂本《校勘記》云："'吾'，按《宋書》卷二二《樂志》四、《樂府詩集》卷五四《巾舞歌》作'意'。"（第221頁）

[2]明帝：南齊明帝蕭鸞。

[3]世祖：南齊武帝蕭賾。字宣遠，高帝蕭道成長子。本書卷三有紀。

《白紵辭》：

陽春白日風花香，趨步明月舞瑤堂。[1]情發金石媚笙簧，[2]羅袿徐轉紅袖揚。清歌流響繞鳳梁，如驚若思凝且翔。[3]轉眄流精豔輝光，[4]將流將引雙雁行。[5]歡來何晚意何長，明君馭世永歌昌。

右五曲，尚書令王儉造。《白紵歌》，周處《風土記》云：[6]"吴黄龍中童謡云'行白者，君追汝，句驪馬'。[7]後孫權征公孫淵，[8]浮海乘舶，舶，白也。今歌和聲猶云'行白紵'焉。"

[1]趨步明月舞瑤堂：中華修訂本《校勘記》云："'堂'，南監本、北監本、殿本、《樂府詩集》卷五五齊《白紵辭》作'裳'。按《宋書》卷二二《樂志》四、《樂府詩集》卷五五晋《白紵舞歌》此句作'趨步明玉舞瑤璫'。"（第221頁）

[2]情發金石媚笙簧：中華修訂本《校勘記》云："'情'，按《宋書》卷二二《樂志》四、《樂府詩集》卷五五晋《白紵舞歌》作'聲'。"（第221頁）

[3]如驚若思凝且翔：中華修訂本《校勘記》云："'驚'，按

《宋書》卷二二《樂志》四作‘矜’。”（第221頁）

[4]轉眄流精豔輝光：中華修訂本《校勘記》云：“按《宋書》卷二二《樂志》四作‘轉盻遺精艷煇光’。”（第221頁）

[5]雙雁行：原作“雙度行”，中華修訂本《校勘記》云：“據北監本、殿本及《樂府詩集》卷五五齊《白紵辭》改，南監本作‘鴈雙行’，按《宋書》卷二二《樂志》四作‘雙雁翔’。”（第222頁）今從改。《古詩紀》卷七三王儉《齊白紵辭》作“鴈雙行”。

[6]周處：字子隱，義興陽羡（今江蘇宜興市南）人。《晉書》卷五八有傳。　《風土記》：西晉時周處所著的一部地方風物志。主要記載了宜興地區的地方風俗。

[7]黃龍：三國吴孫權年號。

[8]孫權：字仲謀。三國時吴國的建立者。《三國志》卷四七有傳。　公孫淵：《三國志》卷八有傳。

《俳歌辭》：[1]

俳不言不語，呼俳噏所。俳適一起，狼率不止。生扳牛角，[2]摩斷膚耳。馬無懸蹄，牛無上齒。駱駼無角，[3]奮迅兩耳。

右侏儒導舞人自歌之。古辭俳歌八曲，此是前一篇。二十二句，今侏儒所歌，擿取之也。

[1]俳（pái）歌：古代散樂的一種，又名侏儒導。由舞人邊舞邊歌。

[2]生扳牛角：中華本校勘記云：“‘扳’南監本、毛本、殿本、局本作‘拔’。”《樂府詩集》卷五六《俳歌辭》作“拔”。

[3]駱駼無角：《樂府詩集》卷五六《俳歌辭》作“駱駞無角”。

角抵、像形、雜伎，[1]歷代相承有也。其增損源起，事不可詳，大略漢世張衡《西京賦》是其始也。[2]魏世則事見陳思王樂府《宴樂篇》，[3]晋世則見傅玄《元正篇》《朝會賦》。江左咸康中，[4]罷《紫鹿》《跂行》《鼈食》《笮鼠》《齊王卷衣》《絶倒》《五案》等伎，[5]中朝所無，[6]見《起居注》，竝莫知所由也。太元中，[7]苻堅敗後，[8]得關中《檐橦胡伎》，進太樂，今或有存亡，案此則可知矣。

[1]角抵：古代的一種體育活動項目。起源於戰國，此稱始於秦漢。晋以後亦稱"相撲"。類似現代的摔跤。　雜伎：亦作"雜技"。一種古代的娱樂形式。包括百戲、雜樂、歌舞戲等。

[2]張衡：字平子，南陽西鄂（今河南南陽市北）人。撰有《西京》《東京》《歸田》等賦。《後漢書》卷五九有傳。

[3]陳思王：曹植。字子建，曹操子。《三國志》卷一九有傳。

[4]咸康：原作"咸和"，中華本修訂本《校勘記》云："按咸和、咸康皆是晋成帝年號，《宋書》卷一九《樂志》一載成帝咸康七年顧臻上表請除'雜伎而傷人'者；《晋書》卷七《成帝紀》亦載咸康七年冬十二月'除樂府雜伎'。作'咸康'是，今改正。"（第222頁）今從改。

[5]《紫鹿》《跂行》《鼈食》《笮鼠》《齊王卷衣》《絶倒》《五案》：此皆古代雜技名。《笮鼠》，中華本修訂本《校勘記》云："《通典》卷一四六《樂》六《散樂》作'笮鼠'。"（第222頁）

[6]中朝：偏安江左的東晋稱建都中原的西晋爲"中朝"。

[7]太元：原作"泰元"，中華本校勘記云："'太'原訛'泰'，各本並訛，今改正。"今從改。

[8]苻堅：氐族人。十六國時期前秦君主，在位期間統一北方，

淝水之戰戰敗後被姚萇所殺。《晋書》卷一一三、一一四有載記。

永明六年，赤城山雲霧開朗，[1]見石橋瀑布，從來所罕覩也。山道士朱僧標以聞，上遣主書董仲民案視，以爲神瑞。太樂令鄭義泰案孫興公《賦》造《天台山伎》，[2]作莓苔石橋道士捫翠屏之狀，尋又省焉。

[1]赤城山：山名。在今浙江天台縣北。因土色赤，狀似雲霞，故名。

[2]孫興公：孫綽。字興公，孫楚子。曾作《天台山賦》。《晋書》卷五六有傳。

皇齊啓運從瑶璣。[1]靈鳳銜書集紫微。[2]和樂既洽神所依。超商卷夏耀英輝。永世壽昌聲華飛。

右《鳳皇銜書伎》歌辭，蓋魚龍之流也。[3]元會日，侍中於殿前跪取其書。宋世辭云“大宋興隆膺靈符。鳳鳥感和銜素書。嘉樂之美通玄虚。惟新濟濟邁唐虞。巍巍蕩蕩道有餘”。齊初詔中書郎江淹改。

[1]瑶璣：璇璣。北斗七星中的前四星。泛指北斗。

[2]靈鳳：鳳凰。古代爲四靈之一，故名。　紫薇：指帝王宫殿。

[3]魚龍：此指百戲雜耍。因古代百戲雜耍中有能變化爲龍和魚的猞猁模型，故稱。

《永明樂》歌者，[1]竟陵王子良與諸文士造奏之。[2]

人爲十曲。道人釋寶月辭頗美，上常被之管絃，而不列於樂官也。

［1］《永明樂》：原作《永平樂》，中華本修訂本《校勘記》云："據《樂府詩集》卷七五謝朓《永明樂》引《南齊書·樂志》改。"（第222頁）今從改。丁福林《校議》亦云："竟陵王子良與諸文士造奏此歌，當在永明年間，而歌名則爲《永平樂歌》，實有可疑……此'永平樂歌'者，乃'永明樂歌'之訛也。"（第71頁）

［2］竟陵王子良：蕭子良。字雲英，南齊武帝第二子。本書卷四〇有傳。

贊曰：綜採六代，和平八風。殷薦宴享，舞德歌功。

南齊書　卷一二

志第四

天文上[1]

［1］《南齊書》作者蕭子顯（約489—537），字景陽，南蘭陵郡蘭陵縣（今江蘇常州市）人。南齊開國皇帝之孫，在梁國時官至吏部尚書，爲人好學，擅長著文。據《梁書》卷一四《江淹傳》記載，江淹著有《齊史》十志，行於世。蕭子顯的《南齊書》，多取江淹等人的《齊史》十志。後江淹《齊史》亡失，無從查對，本志當與江淹的《齊史·天文志》有密切的關係。蕭子顯對江淹的《天文志》作了多大引用和修改，今已無法判斷。江淹（444—505）歷仕宋齊梁三代，年輕時即以詩文著稱，據説晚年已不如前，故有江郎才盡的説法。至於《南齊書》爲什麼没有《律曆志》，已無從查考。

本志對前志有如下改進：1. 以往史書將日食另載於《五行志》，《南齊書》將天象記録，全部集中載於《天文志》中；2. 以往《天文志》對天象記録采取混合編排的方式，本志開創了分類編排的方式；3. 以往《天文志》將天象記録與占語並載，本志除開篇介紹了異常天象與星占的關係以外，下文衹注重記載天象出没本身，很少再涉及占驗之論，也開了後世《天文志》之先河；4. 在記述各門類有關天象之後，在末尾通常都要對這一門類天象作一述評。這些改進，使本書《天文志》的天象記録條理井然，更具天文學的含義。

本志共分八類記述天象記録，依次是：日食、月食、日光色、月暈犯、五星犯、流星災、老人星、白虹雲氣。所有這些記載，都很具體詳盡，當取自南齊太史觀測實録，是一份十分珍貴的天文學史料。

《易》曰："聖人仰觀象於天，俯觀法於地。"天文之事，其來已久。太祖革命受終，[1]膺集期運。宋昇明三年，[2]太史令將作匠陳文建陳天文，[3]奏曰：

[1]太祖：指齊太祖高帝蕭道成。

[2]昇明：南朝宋順帝最後一個年號，當時亡國的景象已日益顯著。

[3]陳文建：各本並作"文孝建"，中華本據《廿二史考異》及本書《高帝紀》改作"陳文建"。今從改。此處引述了劉宋最後一個太史令陳文建於昇明三年（479）進呈宋順帝奏議中，據天象占卜到的劉宋政權行將敗亡的預言。

"自孝建元年至昇明三年，[1]日蝕有十，虧上有七。占曰'有亡國失君之象'。一曰'國命絶，主危亡'。[2]孝建元年至昇明三年，太白經天五。占曰'天下革，民更王，異姓興'。[3]孝建元年至昇明三年，月犯房心四，太白犯房心五。占曰'其國有喪，宋當之'。[4]孝建元年至永光元年，奔星出入紫宫有四。占曰'國去其君，有空國徙王'。[5]大明二年至元徽四年，天再裂。占曰'陽不足，白虹貫日，人君惡之’。[6]孝建二年至大明五年，月入太微。泰豫元年至昇明三年，[7]月又入太微。孝建元年至元徽二年，太白入太微各八，熒惑入太微六。占曰‘七耀行不軌道，危亡之象。貴人失權勢，主亦衰，當有王入爲主’。[8]孝建二年至昇明二年，太白熒惑經羽林各三。占曰‘國殘更世’。孝建二年四月十三日，熒惑守南斗，成勾巳。[9]占曰‘天下易正更元’。孝建三年十二月一日，填星熒惑辰星合于南斗。占曰‘改立王公’。大明二年十二月二十六日，太白犯填星于斗。[10]六年十一月十五日，太白填星合于危。占曰‘天子失土’。景和元年十月八日，熒惑守太微，成勾巳。占曰‘王者惡之，主命無期，有徙主，若主王，天下更紀’。泰始三年正月十七日，白氣見西南，東西半天，名曰長庚。六年九月二十七日，白氣又見東南長二丈，並形狀長大，猛過彗星。占曰‘除舊布新易主之象，[11]遠期一紀’。至昇明三年，一紀訖。[12]泰始四年四月二十四日，太白犯填星于胃。占曰‘主命惡之’。泰始七年六月十七日，太白歲星填星合于東井。占曰‘改立王公’。元徽四年至昇明二年三月，日有頻食。占曰‘社稷將亡，王者惡之’。元徽四年十月十日，填星守太微宮，逆從行，[13]歷四年。占曰‘有亡君之戒，易世立王’。元徽五年七月一日，熒惑太白辰星合于翼。占曰‘改立王公’。[14]昇明二年六月二十日，歲星守斗建。[15]陰陽終始之門，大赦昇平之所起，律歷七政之本源，德星守之，天下更年，五禮更興，多暴貴者。昇明二年十月一日，熒惑守輿鬼。三年正月七日，熒惑守兩戒閒，成勾巳。占曰‘尊者失朝，必有亡國去王’。昇明三年正月十八日，辰星孟効西方。[16]占曰‘天下更王’。昇明三年四月，歲星在虛危，徘徊玄枵之野，則齊國有福厚，爲受慶之符。”[17]

[1]孝建：劉宋中後期年號，從天象上看，日顯衰亡之兆。

[2]“日蝕有十”至“主危亡”：日爲君象，發生日食，是君主受到侵害的象徵。自孝建元年（454）至昇明三年（479），二十五年間，共發生七次日食，故曰亡國失君之象。

[3]“孝建元年”至“異姓興”：《開元占經》引石氏曰：“凡太白不經天，若經天，天下革政，民更主。”又引《荆州占》曰：“太白晝見於午，名曰經天……改政易王。”“太白夕見過午，亦曰經天。”故陳文建占曰：“天下革，民更王，異姓興。”

[4]其國有喪，宋當之：《開元占經》引石氏曰：“心三星，帝座。”又引《爾雅》曰：“大火……主天下之急，故天下變動，則心星見不祥。”今月和太白犯之，故曰“其國有喪”。又房心的分野爲宋，故曰“宋當之”。

[5]國去其君，有空國徙王：《開元占經》引《聖洽符》曰：“流星……見則其國有兵，有失地君。”又引《黄帝占》曰：“大流星出行……王者徙都邑，去其宫殿。”

[6]陽不足，白虹貫日，人君惡之：《開元占經》引《天鏡》曰：“天裂見人，兵起國亡。”又引《星經》曰：“或則天裂，或則地動，皆氣有餘，陽不足也。地動陰有餘，天裂陽不足，皆下盛强，將害君之變也。”

[7]泰豫元年：“泰”原作“太”，從中華本改。

[8]“七耀行不軌道”至“當有王入爲主”：《開元占經》引郗萌曰：“太微之宫，天子之廷，上帝之治，五帝之座也。”又引《黄

帝占》曰："太微，天子之宫。"又《春秋元命包》曰："太微，權政所在。"今月亮、太白、熒惑犯太微，爲天子、權政受到侵犯的徵候，故占曰"危亡之象"。

[9]熒惑守南斗，成勾巳：與下文的"熒惑守太微，成勾巳"及"熒惑守兩戒間，成勾巳"，各本均寫爲"句己"，中華本亦爲"句己"。句己一名無解，當爲"句巳"之誤。"句"，古文亦解爲勾，爲彎曲之義。據《康熙字典》"巳爲蛇象形"，故勾巳爲彎曲如蛇行之狀，這是表述行星在留前後由順行至逆行或由逆行至順行的曲折運動狀態。

[10]太白犯填星于斗：《開元占經》引《聖洽符》曰："南斗者，天子之廟，主紀天子壽命之期。"甘氏曰："南斗，天子壽命之期也。故曰：將有天下之事，占於南斗也。"又曆元起於斗宿，故此處載行星守南斗，占曰："天下易正更元，改立王公。"

[11]除舊布新易主之象：此處白氣，當作彗星用占。因彗星有除舊布新之占，故有此占語。

[12]一紀：爲十二年。初見白氣爲泰始三年（467），至昇明三年（479）正爲一紀十二年，故有此説。

[13]逆從行：當爲逆順行，因避順字諱故改用"從"字。

[14]改立王公：行星與恒星相遇，明星一尺、小星七寸之謂之犯。兩行星相遇於一宿也稱之爲犯。三顆以上行星相遇於一舍稱爲聚。凡五星相聚，常占曰"改立王公"，或曰"有德者昌、無德者亡"。五顆行星相聚於一舍，是數百年難見一次的天象，故在南齊建國數十年内，衹有三星相聚。

[15]歲星守斗建：由於斗宿爲曆元冬至日所在，歲星守之，故曰"陰陽終始之門"。按星占術，歲星所在之國有福，故歲星又名德星。

[16]辰星孟効西方：西漢以前有關辰星的説法，有四仲月當見，故劉向封事説辰星見於四孟爲異常。馬王堆《五星占》曰："春分效婁，夏至效井，秋分效亢，冬至效牽牛。"可見此處的効與

效同義，中華本校勘記將效釋爲耀，非也。

［17］“歲星在虚危”至“爲受慶之符”：按分野理論，虚宿危宿對應於齊地，故曰歲星在虚危，齊國有福。也許正是出於這一占語，當蕭道成受禪繼宋帝位時，纔改國號曰齊。

今所記三辰七曜之變，[1]起建元訖于隆昌，以續宋史。建武世太史奏事，明帝不欲使天變外傳，並祕而不出，自此闕焉。[2]

［1］三辰七曜之變：三辰，中國古代日、月、星的合稱。七曜，日、月、五星合稱。其中星爲除日月以外的所有發光體。中國古代觀測天象的一個重要目的是爲星占服務的。而中國的星占，通常是占變不占常，故此曰“記三辰七曜之變”。

［2］“起建元”至“自此闕焉”：南齊自479年建國，至502年亡，立國共23年。齊明帝在位四年，年號建武，因明帝不欲天變外傳，故缺載這四年天象記録。

日蝕[1]

建元二年九月甲午朔，日蝕。

三年七月己未朔，日蝕。

永明元年十二月乙巳朔，日蝕。

十年十二月癸未朔，加時在午之半度，到未初見日始蝕，虧起西北角，蝕十分之四，申時光色復還。

隆昌元年五月甲戌合朔，巳時日蝕三分之一，午時光復還。

［1］日蝕：蕭齊政權在二十三年間共觀測到五次日食。就其記

載的觀測内容來看，已與之前有了很大進步。但真正有時刻記録的衹有一個半。永明十年（492）的記録是完整的，隆昌元年（494）的記録衹有食甚時刻和食分，並記載了復圓時刻。文中“加時”當是預報的時間，其餘爲觀測到的始食、食甚、復圓時刻。同時還記載了最大食分和入食方位角。觀測到的日食發生時間，比預報的時間晚了近一個時辰。

月蝕

建元四年七月戊辰，月在危宿蝕。

永明二年四月丁巳，月在南斗宿蝕。

三年十一月戊寅，月入東井曠中，[1]因蝕三分之一。

五年三月庚子，月在氐宿蝕。

九月戊戌，月在胃宿蝕。

六年九月癸巳，月蝕在婁宿九度，加時在寅之少弱，[2]虧起東北角，蝕十五分之十一。

十五日子時，蝕從東北始，至子時末都既，到丑時光色還復。[3]

七年八月丁亥，月在奎宿蝕。

十月庚辰，月奄蝕熒惑。[4]

八年六月庚寅，月奄蝕畢左股第一星。

十年十二月丁酉，月蝕在柳度，加時在酉之少弱，到亥時月蝕起東角七分之二，至子時光色還復。

永泰元年四月癸亥，月蝕，色赤如血。三日而大司馬王敬則舉兵，衆以爲敬則祲烈所感。

永元元年八月己未，月蝕盡，色皆赤。是夜，始安王遥光伏誅。[5]

[1]月入東井曠中：因黄道從井宿北部通過，發生月食時，月亮在井宿北部的無星地帶，故曰曠中。

[2]寅之少弱：中國古代一晝夜分爲十二個時辰，每個時辰又分爲少半太三段，每段又分强中弱三部分，因此，在南北朝時觀測日月食判斷時間先後有如下關係（每個分單位相當於現在的 10 分鐘）：

一辰中十二分單位的相互關係表

强	少弱	少	少强	半弱	半	半强	太微	太	太强	弱	一辰
$\frac{1}{12}$	$\frac{2}{12}$	$\frac{3}{12}$	$\frac{4}{12}$	$\frac{5}{12}$	$\frac{6}{12}$	$\frac{7}{12}$	$\frac{8}{12}$	$\frac{9}{12}$	$\frac{10}{12}$	$\frac{11}{12}$	$\frac{12}{12}$

[3]“十五日子時”至“光色還復”：永明六年（488）九月癸巳月食，是當時觀測記載得最詳細具體的一次。首先預報月食發生在婁宿九度，時間將發生在寅之少弱。虧起東北角，食十五分之十一。觀測到的結果是，十五日的子時觀測到月亮從東北角虧起，子時末在首都看到了食既，即發生了月全食，到丑時復圓。

[4]月奄蝕熒惑：月亮遮掩了火星，故本志將月掩星與月食一起記載。

[5]“永泰元年”至“遥光伏誅”：永泰元年（498）四月癸亥月食，當月初三大司馬王敬則舉兵，衆人認爲這是强臣欺主的示警。永元元年（499）八月己未月食，當晚始安王遥光被殺。占卜人也認爲與月食有關。因爲據星占，日爲君，月爲臣，發生月夜，臣當之，故有是占。

史臣曰：[1]日月代照，實重天行。上交下蝕，同度相掩。案舊説曰“日有五蝕”，謂起上下左右中央是也。[2]交會舊術，日蝕不從東始，以月從其西，東行及日。於交中，交從外入内者，[3]先會後交，虧西南角；

先交後會，虧西北角；交從内出者，[4]先會後交，虧西北角；先交後會，虧西南角。日正在交中者，[5]則虧於西。故不嘗蝕東也。[6]若日中有虧，名爲黑子，[7]不名爲蝕也。漢尚書令黄香曰："日蝕皆從西，月蝕皆從東，無上下中央者。"《春秋》魯桓三年日蝕，貫中下上竟黑。疑者以爲日月正等，月何得小而見日中。[8]鄭玄云："月正掩日，日光從四邊出，故言從中起也。"王逸以爲"月若掩日，當蝕日西，月行既疾，須臾應過西崖既，復次食東崖，今察日蝕西崖缺，而光已復過東崖而獨不掩"。逸之此意，實爲巨疑。[9]

[1]史臣曰：此處的史臣，就是作者自己。是作者叙事過程中的直接插話和評論。文同《史記·天官書》中的"太史公曰"。

[2]舊説曰"日有五食"，謂起上下左右中央是也：這種説法不正確，故有下文的正確説法。

[3]交從外入内者：月亮在黄道的南部掩蓋太陽。

[4]交從内出者：月亮在黄道的北部掩蓋太陽，以上兩種狀態，即月亮一在黄道南、一在黄道北發生日食，都衹能是偏食。

[5]日正在交中者：太陽、月亮都在黄道上正面發生日食，這時發生的是全食或環食。從正面入食。

[6]故不嘗蝕東也：所以，（以上三種情況都）並没有從東方開始入食的，這是批評以上"日有五食"舊説的話。

[7]黑子：各本皆作"西子"，因日中衹有黑子而無西子之説，今從局本改。

[8]月何得小而見日中：古代懷疑的人認爲太陽月亮的視面積大小相等，月亮如何能够比太陽小而在日中見到呢？由於太陽月亮的軌道都呈橢圓狀，地距月日距離並不固定，故日月的視面積也時

有不同，有時日視面大，所見爲環食，有時月視面大，爲全食。古人不明白這個道理，故有此懷疑。

[9]逸之此意，實爲巨疑：王逸的觀點有很大的疑問。其實是對王逸錯誤説法的批駁。

先儒難“月以望蝕，去日極遠，誰蝕月乎”？説者稱“日有暗氣，天有虚道，常與日衡相對，月行在虚道中，[1]則爲氣所弇，故月爲蝕也。雖時加夜半，日月當子午，正隔於地，猶爲暗氣所蝕，以天體大而地形小故也。暗虚之氣，如以鏡在日下，其光耀魄，乃見於陰中，常與日衡相對，故當星星亡，當月月蝕”。[2]

[1]日有暗氣：這裏以“日有暗氣”來解釋月食的成因，此説似是而非。下文又有“暗虚之氣”，或可將暗氣理解爲暗虚中的氣。張衡《靈憲》説：“月光生於日之所照……當日之衝，光常不合者蔽於地也，是謂暗虚。在星星微，月過則食。”講得很明白，發生月食的原因是“蔽於地”，是月光進入了地影的暗虚之中。此處衹用日有暗氣來解釋月食成因而不涉及地的遮蔽，是一種似是而非的説法。　月行在虚道中：月在虚空道中運行。這種觀念，比《晋書·天文志上》引葛洪等説“水浮天而載地”，“天出入水中”的觀念要先進一些。

[2]當星星亡，當月月蝕：這種説法似乎也出自《靈憲》，但仍不如《靈憲》準確。《靈憲》説“在星星微”，衹是説如果星進入暗虚之中時，就光綫暗弱，並未如該志所説“當星星亡”。星亡，是看不見了，與“星微”不是一個概念。

今問之曰：“星月同體，俱兆日耀，當月之蝕，星不必亡。若更有所當，星未嘗蝕，同稟異虧，其故何也？”答曰：“月爲陰主，以當陽位，體敵勢交，自招盈損。星雖同類，而精景陋狹，小毀皆亡，[1]無有受蝕之地，纖光可滿，亦不與弦望同形。”又難曰：“日之夜蝕，驗於夜星之亡，晝蝕既盡，晝星何故反不見？”[2]答之曰：“夫言光有所衝，則有不衝之光矣；言有所當，亦有所不當矣。夜食度遠，與所當而同没；晝食度近，由非衝而得明。”又問：“太白經天，實緣遠日。今度近更明，於何取喻？”[3]答曰：“向論二蝕之體，周衝不同，經與不經，自由星遲疾，難蝕引經，恐未得也。”

[1]小毀皆亡：問的人説爲什麽未見到發生食星的現象？回答的人説星景陋狹，遇到食時就都亡毀了。這是依月星生於陰精觀念的推理，並無實測依據。

[2]晝蝕既盡，晝星何故反不見：問的人説日全食時爲何看不到星？其實是能看到星的。

[3]“太白經天”至“於何取喻”：問的人説爲何太白近日時更明亮？古人不懂得太白上合和下合的科學道理，回答的人也衹能是答非所問。

日光色

建元四年十一月午時，日色赤黄無光，至暮，在箕宿。

二年閏正月乙酉，日黄赤無光，至暮。

永明五年十一月丁亥，日出高三竿，朱色赤黄，日暈，[1]虹抱珥直背。[2]

建元元年十二月未時，日暈，帀，[3]黄白色，至申乃消散。

永明二年正月丁酉，日交暈再重。

三年二月丁卯，日有半暈，暈上生一珥。[4]

四年五月丙午，日暈再重，仍白虹貫日，[5]在東井度。

六年三月甲申，日於蘭雲中薄半暈，須臾過帀，日東南暈外有一直，並黄色。壬辰，日暈，須臾，日西北生虹貫日中。

八年十一月己亥，日半暈，南面不帀，日東西帶暈，各生珥，長三尺，白色，珥各長十丈許，正衝日，久久消散，背因成重暈，並青絳色。

九年正月甲午，日半暈，南面不帀，北帶暈生一抱，東西各生一珥，抱北又有半暈，抱珥並黄色，北又生白虹貫日，久久消散。

建元元年六月甲申，日南北兩珥，西有抱，黄白色。

永明二年十一月辛巳，日東北有一背。

三年十一月庚寅，日西北有一背。

四年正月辛巳，日南北各生一珥，又生一背。

十二月辛未，日西北生一直，黄白色。戊寅，日北生一背，青絳色。

五年八月己卯，日東南生一珥，並青絳色。

六年二月丁巳，日東北生黄色，北有一珥，黄赤色，久久並散。庚申，日西有一背，赤青色，東西生一直，南北各生一珥，並黄白色。

七年十月癸未，日東北生一背，青赤色，須臾消。

八年六月戊寅，日於蒼白雲中南北各生一珥，[6]青黄絳雜色，澤潤，並長三尺許，[7]至巳午消。

隆昌元年正月壬戌，日於蘭雲中暈，南北帶暈各生一直，同長一丈，[8]須臾消。

永元元年十二月乙酉，日中有三黑子。[9]

[1]朱色赤黄，日暈：正因爲日爲君象，星占家纔十分注重與太陽有關的觀測，除觀測日食以外，太陽黑子、日珥等日面現象都是密切關注的對象。此處的日暈、虹、日色赤黄無光、朱色赤黄以及後面的白虹貫日等，都是日光周圍的地球大氣現象。"朱色"原作"失色"，從中華本改。

[2]珥：這裏的珥以及下文的一珥、兩珥等，都是指日珥。日珥是在日面邊緣看到的現象，是從太陽色球層升騰而起的火焰，是太陽大氣爆發時噴發出的氣體。噴射出的氣體要下落，形成環狀，正面看去似耳朵狀，故有此名。下文所載一直、一背、一抱等名詞，也當是日珥的不同形狀。在太陽上下邊緣看到的日珥側面形狀似直立的棍，故名日直，彎向太陽表面的稱日抱，背向日面的稱日背。

[3]帀：匝的異體字，義爲周、環。下文的帀爲環帶不全。"帀"原作"市"，從中華本改。

[4]一珥："珥"字據殿本、局本補。

[5]仍白虹貫日：毛本、局本仍下衍"珥"字。

[6]蒼白雲："蒼"原作"倉"，從中華本改。

[7]"生一珥"至"長三尺許"：通常一尺爲一度，日月圓面直徑約半度，日珥是日冕範圍内的事，日冕的範圍通常不超過日面直徑的三倍。此處載日珥長三尺，略有誇張。

[8]各生一直，同長一丈：一丈約十度，相當於太陽直徑的二

十倍，没有這麽大的日珥。當然，這個“一直”也可能是地球上的雲彩。

[9]日中有三黑子：歷史上的黑子記録很多，南齊立國二十餘年，黑子記録僅此一處。黑子的可見部與日珥不同，爲太陽光球上出現的黑色斑點。黑子大多成周期性的成群出現，故此處載日中有三黑子。

月暈犯[1]

建元四年十月庚寅，月暈五車及參頭。[2]

月暈列星

永明元年正月壬辰，是日至十五日，月三暈太微及熒惑。[3]

三月庚申至十三日，月三暈太微及熒惑。

五年二月乙未，自九日至是日，月三暈太微。

六年二月壬戌甲夜、十三日甲夜、十五日甲夜，月並暈太微。

永明元年十一月己未，月南北各生一珥，又有一抱。[4]

[1]月暈犯：此小標題包括“月暈列星”和“月犯列星”兩個支標題。後面一部分支標題有“月犯列星”，則前面也當有“月暈列星”，否則不對等。今據補。月暈是地球大氣在月光周圍形成的散射光。

[2]月暈五車及參頭：在五車星和參宿的頭部形成月暈。參宿的頭部當是指觜宿附近。古代將參觜看作白虎，在參宿七星中，上面兩星稱左右肩，下面兩星爲左右股。故參頭在左右肩的上部觜宿處。

[3]月三暈太微：自正月壬辰至十五日，共三次在太微星處發

生月暈。以下“三暈”及“並暈”同此。

［4］月南北各生一珥，又有一抱：言在月亮的南部和北部各生出一珥和一抱。日珥和日抱是太陽表面爆發的大氣現象，而月球上是一個沉寂世界，不可能産生月珥和月抱，當爲誤解。

月犯列星[1]

建元元年七月丁未，月犯心大星北一寸。丁卯，月入軒轅中犯第二星。

十月丙申，月在心大星西北七寸。

十一月壬戌，月在氐東南星五寸。

十二月乙酉，月犯太微西蕃南頭第一星。[2]庚寅，月行房道中，無所犯。癸巳，月入南斗魁中，無所犯。

二年三月癸卯，月犯心大星，又犯後星。[3]

五月庚戌，月入南斗。

七月己巳，月入南斗。

三年二月癸巳，月犯太微上將。

四年二月乙亥，月犯輿鬼西北星。丙子，月犯南斗魁第二星。辛未，月犯心大星，又犯後星。

四月壬辰，月犯軒轅少民星。[4]庚子，月犯箕東北星。

五月丙寅，月犯心後星。戊寅，月掩昴西北星。

六月乙未，月犯箕東北星。

七月癸亥，月行南斗魁中，無所犯。庚辰，月犯軒轅女主。

八月庚子，月犯昴西南星。壬寅，月犯五車東南星。壬申，月犯軒轅少民星。

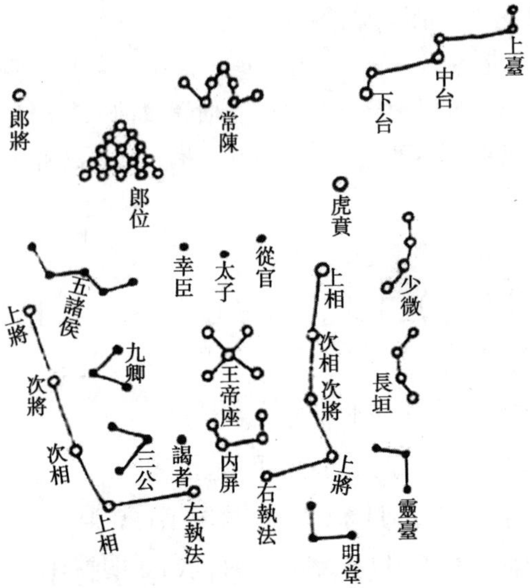

太微垣星圖（轉引自顧錫疇《天文圖》）

九月丁巳，月犯箕東北星。壬辰，月在營室度，入羽林中。二十日，月入輿鬼，犯積尸。

十一月甲戌，月犯五車南星。

十二月丁酉，月犯軒轅女主星，又掩女御。[5]

永明元年正月己亥，月犯心後星。[6]

三月乙未，月犯軒轅女主星。

六月癸酉，月犯輿鬼西南星。

八月乙丑，月犯南斗第四星，又犯輿鬼星。

九月庚辰，月犯太微左蕃度。[7]癸巳，月犯東井北、轅西頭第一星。

十二月丁卯，月犯心前星，又犯大星。己巳，月犯南斗第五星。

[1]月犯列星：這是下文的支標題。是月亮侵犯各恒星、行星的觀測記録。月與星相距一尺之内稱爲犯。列星，指各個星座，也包括行星。名義雖爲各個星座，但月亮在白道上運行，白道與黄交相交成五度餘夾角，也就是説，凡位於黄道南北六度以外的星座，就永遠没有機會被月凌犯了。二十八宿是月亮運行一周住宿的二十八個星座，按説月亮對每宿都將發生接觸。但事實在中國的二十八宿中，有好幾宿都位於黄道南北六度之外，這些星宿是不會被凌犯的。例如，在本志中，就没有奎宿、胃宿、柳宿、星宿、翼宿等的凌犯記録。當然，有些不屬於二十八宿但却位於黄道附近的星座，却在實際凌犯之内，如羽林、軒轅、太微、五車、建星、哭星等，也有它們被凌犯的記録。經統計，整個黄道帶被凌犯的星座約計二十餘座。五星犯列星也大致在這個範圍之内。不過，由於客星和彗星、流星出没無常，其所犯星座不在此列。

[2]月犯太微西蕃南頭第一星：中國古星圖的畫法是上北下南左東右西。黄道從上相、左執法、右執法、上將星下面通過，故這些星是星占家觀測的直接對象。由於太微垣是天帝權政所在，關係到國家的安定存亡，是凌犯星占家最重要的觀測對象之一，故留下的記録也最多。垣墻分東西兩處，又稱東蕃、西蕃。所謂西蕃南頭第一星，就是指右執法星。下文的月犯太微上將，也在太微西垣。

[3]月犯心大星，又犯後星：心，指心宿三星。心大星，又稱大火星。《開元占經》引石氏曰：“心三星，帝座。大星者天子也……前後小星子屬。”又引太史公曰：“心三星，上星太子星”，“下星庶子星”。由於心宿是政權的首腦，故觀測也特别重視。

[4]月犯軒轅少民星：借助於《中國大百科全書・天文學》星圖 4 來説明這一問題。軒轅星是一個具有 16 顆星的大星座。分布在赤道北 15°～42°，赤經 9^h～11^h 之間。恒星序號自北向南排列。黄道帶自左下角向右上斜向升起，經過太微垣的右執法、西上將、軒轅十四大星和鬼宿。軒轅星又稱黄龍，這條龍頭南尾北，軒轅十四爲黄龍的頭，十五、十六號星爲黄龍的兩隻角。軒轅十四又稱女

主，在其正下方爲御女星，這些星爲月亮經常通過的地方，故爲月亮凌犯軒轅的主要對象。由於女主是皇權中的重要一員，正是這個原因，它與太微垣在凌犯星占上占有最顯著的兩個星座，因此這兩個星座的凌犯記録也最多。此處原載月犯左民星，考中國古代有關軒轅星的資料，衹有大民星和少民星的星名，黄帝占也寫作大明星和少明星，没有左民星的星名。不過，由於大民星在右，少民星在左，可以看出這裏的左民星就是少民星，據此改正。下文建元三年（481）八月所載少民星與此爲同一顆星。

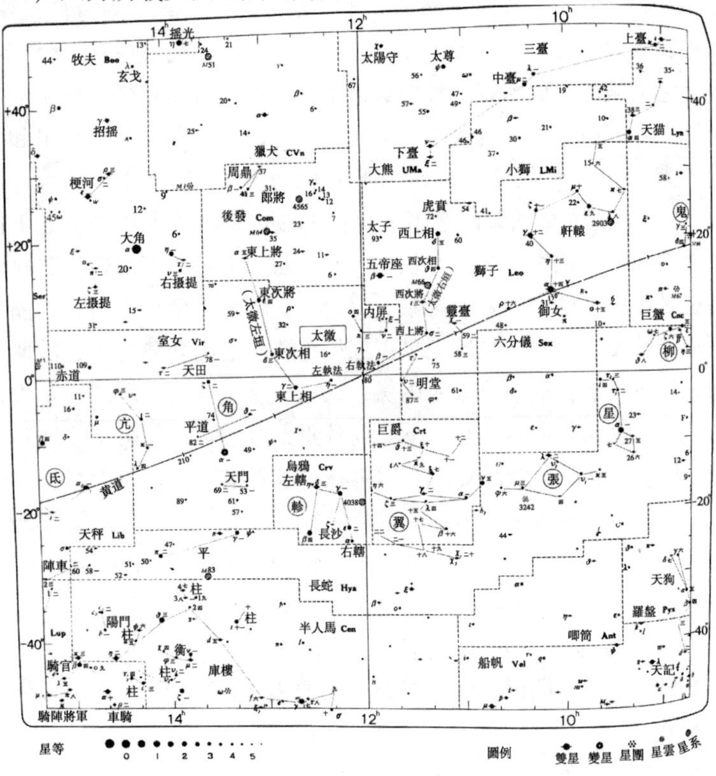

星圖（轉引自《中國大百科全書·天文學》附圖版星圖 4，中國大百科全書出版社 1980 年版）

[5]月犯軒轅女主星，又掩女御：女主星即軒轅十四大星。女御即御女星，在女主星正下方，是軒轅座的附座。女主星和御女星，是后宫的象徵。由於兩星相近，故月既能犯女主星，又能掩女御星。

[6]永明元年：原作永元元年。東昏侯永元年號僅三年，而下敘月犯列星至十一年，且此後緊接記述鬱林王隆昌元年之事，則永元當爲永明之訛，據此改正。參見中華修訂本《校勘記》，第244—245頁。

[7]月犯太微左蕃度：諸版本包括中華本在內，均作月犯太白左蕃，文理也通，但左蕃屬太微垣的一部分，不能單獨被引用，故知太白必爲太微之誤，當改正。

二年二月甲子，月犯南斗第四星，又犯第三星。

三月丁丑，月犯東井北、轅西頭第一星。[1]

四月戊申，月犯軒轅右角。[2]

六月丙寅，月犯東井、轅頭第一星。[3]

八月丙午，月掩心大星。戊申，月犯南斗第三星。戊子，月犯東井北、轅西頭第一星。[4]

十一月庚辰，月犯昴星。丙戌，月犯軒轅左角。[5]

十二月壬戌，月犯心前星，又犯大星。

三年二月己未，月犯南斗第五星。

三月壬申，月在東井，無所犯。

六月丙午，月掩心前星。

八月丙辰，月犯東井北、轅頭第二星。[6]

九月癸未，月犯東井南、轅西頭第一星。[7]

四年正月癸酉，月入東井，無所犯。乙亥，月犯輿鬼。

閏月辛亥，月犯房。

二月丁卯，月犯東井鉞。[8]

三月乙未，月入東井，無所犯。

七月辛亥，月犯東井。

八月戊寅，月犯東井。

九月辛卯，月與太白於尾合宿。丙午，月入東井。

十一月辛丑，月入東井曠中。辛亥，月犯房北頭第二星。[9]

十二月己巳，月犯東井北、轅東頭第二星。[10]辛巳，月犯南斗第六星。

五年正月丙午，月犯房鉤鈐。

二月癸亥，月犯東井南、轅西頭第一星。[11]

三月癸卯，月犯南斗第二星。

六月乙丑，月犯南斗第六星，在南斗七寸。丙寅，月犯西建星北一尺。

史臣曰：《月令》昏明中星，皆二十八宿。箕斗之閒，微爲踈闊。故仲春之與孟秋，建星再用，與宿度並列，亟經陵犯，災之所主，未有舊占。《石氏星經》云："斗主爵禄，褒賢進士，故置建星以爲輔。若犯建之異，不與斗同。"則據文求義，亦宰相之占也。[12]

[1]月犯東井北、轅西頭第一星：原缺"月"字，據殿本、局本補。又諸本包括中華本在內，均沿用"東井北轅北頭第一星"不改，但月在白道上衹能犯軒轅南頭諸星，故"北頭"必誤。因軒轅南頭僅有軒轅十四、十五、十六三顆星，故可知軒轅十四爲女主大星，軒轅十五爲西頭第一星，軒轅十六爲東頭第二星，無轅北頭第一星之

説。以下東頭、西頭、第一、第二諸説混亂，均當據此改正。

［2］月犯軒轅右角：月犯轅西頭第一星。

［3］月犯東井、轅頭第一星：與以上月犯轅西頭第一星、月犯右角爲同一顆星。

［4］月犯東井北、轅西頭第一星：此文無誤，當與上文永明二年（484）三月犯轅西頭第一星爲同一星。

［5］月犯軒轅左角：犯轅東頭第二星，也即犯軒轅十六星。

［6］轅頭第二星：諸本均缺“頭”字，今補。如無頭字，就當按軒轅星序號自北向南排序。月亮是犯不到軒轅二星的，故知必缺頭字。所謂轅頭一、二，或西頭第一星、東頭第二星，都是這一代星占家自己獨創的編號。

［7］月犯東井南、轅西頭第一星：月犯東井和犯軒轅，是兩個不同的天象記録並列。前文都載月犯東井北、月犯東井，今纔載月犯東井南，説明當時既觀測到月犯東井南，也觀測到月犯東井北的天象。因此，當月犯東井北時，月當從轅西頭第一星之北入犯；當月犯東井南時，月當從轅西頭第一星之南入犯。

［8］月入東井鉞：在東井宿的西北角有一附座名爲鉞星，今月入犯北星。

［9］月犯房北頭第二星：月亮犯房宿自北向南數第二星。

［10］月犯東井北、轅東頭第二星：月犯軒轅十六。

［11］月犯東井南、轅西頭第一星：各本均作第二星，今據星圖改正。

［12］“史臣曰”至“宰相之占也”：這一小段文字，是作者對月犯建星星占的理解和注釋。由於作者並不是專職天文家或星占家，這段注文並不十分精准。例如，作者説“箕斗之間，微爲疏闊”故增設建星爲占。又説建星“亦宰相之占”。都不準確。實際上，古代星占家一直都有以建星爲占的傳統。其一是上古時曆法曾以建星爲曆元，其二是其星靠近黄道。正因爲如此，《海中占》纔説“差遣建者，陰陽始終之門，大政升平之所，起律曆之本源”。

作者説箕减法疏闊，故增設建星爲占，也不正確。事實是斗宿牛宿間疏闊，故其間纔有建星存在。

七月丁未，月行入東井曠中，無所犯。

八月壬申，月在畢，犯左股第二星西北三寸。[1]

九月戊子，月在填星北二尺八寸，爲合宿。

十月戊寅，月入氐犯東南星西北一尺餘。

十一月戊寅，月入氐。

十二月戊午，月在東壁度，在熒惑北，相去二尺七寸，爲合宿。甲子，月在東壁度東南九寸，爲犯。癸酉，月在歲星南七寸，爲犯。

六年正月戊戌，月在角星南，相去三寸。

二月丁卯，月在氐西南六寸。

三月乙未，月入氐中，在歲星南一尺一寸，爲合宿。[2]

四月癸丑，月犯東井南、轅西頭第一星。[3]壬戌，月在氐西南星東南五寸，爲犯。漸入氐中，與歲星同在氐度，爲合宿。癸亥，月行在房北頭第一星西南一尺，爲犯。

六月乙卯，月在角星東一寸，爲犯。[4]丁巳，月行入氐，無所犯。在歲星東三寸，爲合宿。

七月乙酉，月入房北頭第二次相星西北八寸，爲犯。庚寅，月在牽牛中星南二寸，爲犯。庚子，月行在畢左股第一星七寸，[5]爲犯。又進入畢。

八月壬子，月行在歲星東二尺五寸，同在氐中，爲合宿。

[1]月在畢，犯左股第二星：此爲本志記載星座中恒星順序的特殊方法，因畢宿似爪義，分兩股，故計星時分左（西）股右（東）股，自齒尖頭計序數。

[2]在歲星南一尺一寸，爲合宿：月與星相遇，一尺之内爲犯，此爲一尺一寸，故曰合宿，不爲犯。

[3]轅西頭第一星："一"原作"二"，第二星當爲第一星之誤，故改正。

[4]月在角星東一寸，爲犯：相距一尺至七寸之間爲犯，七寸爲最小的距離，更近就是掩合了。

[5]月行在畢：各本均爲"日"字，據殿本改正。

九月庚辰，月在房北頭第一上相星東北一尺，[1]爲犯。又掩犯楗閉星。[2]丁酉，月行入東井。甲辰，月在左角星西北九寸，爲犯。又在熒惑西南一尺六寸，爲合宿。

十月癸酉，月入氐中，在西南星東北三寸，爲犯。

閏月壬辰，月行入東井。

十一月丙戌，月行入羽林中，無所犯。乙未，月行在東井南轅西頭第一星南一尺，[3]爲犯。丙寅，月在左角北八寸，爲犯。辛未，月行在太白東北一尺五寸，同在箕度，爲合宿。

十二月甲申，月行在畢左股第二星北七寸，爲犯。乙未，月行入氐西南星東北一尺，爲犯。丙申，月在房北頭上相星北一尺，爲犯。

七年正月甲寅，月入東井曠中，無所犯。戊辰，月掩犯牽牛中星。

二月辛巳，月掩犯東井北、轅東頭第二星。[4]

三月庚申，月在歲星西北三尺，同在箕度，爲合宿。

四月乙酉，月入氐中，無所犯。丙戌，月犯房星北頭第一上相星北一尺，在楗閉西北四寸，爲犯。[5]

六月乙酉，月犯牽牛中星。[6]乙未，月入畢，在左股第二星東八寸，爲犯。

七月丁未，月入氐中，無所犯。戊申，在楗閉星東北一尺，爲犯。

[1]月在房北頭第一上相星：房宿四星，南北排列，房北第一星即房宿四。按此説，北星又名上相。《開元占經》“月犯房”引《海中占》曰：“房上第一星上相，次星次相，下第一星上將，次星次將。”故該説源自《海中占》。

[2]又掩犯楗閉星：楗閉又作鍵閉，星在房宿東北，鉤鈐星旁。諸本楗前有“關”字，據殿本考證爲衍字，今删。

[3]轅西頭第一星：諸本作第二星，今按星圖改正。

[4]軒東頭第二星：諸本作第一星，今按星圖改正。

[5]“月犯房星”至“爲犯”：本志雖然記載天象記録年代衹有二十餘年，但記載凌犯狀態却是最具體的。此處載月同時犯房相星一尺、犯楗閉星四寸，同時都爲犯。又見前載月在歲星南一尺一寸爲合宿。可見犯與不犯以一尺爲界。

[6]月犯牽牛中星：黄道距河鼓星太遠，月不可能犯河鼓。河鼓又名牽牛，此處之牽牛中星，爲牛宿的中間一星。

八月甲戌，月入氐，在西南星東北一尺，爲犯。庚寅，月在畢右股第一星東北一尺，爲犯。

九月丁巳，月掩犯畢右股第一星。庚申，月在東井北、轅東頭第二星西北八寸，[1]爲犯。

十月甲申，月行掩畢左股第三星。丁酉，月行在楗閉星西北八寸，爲犯。

十二月壬午，月在東井北、轅東頭第二星北八寸，[2]爲犯。

八年正月丁巳，月在亢南頭第二星南七寸，爲犯。

二月己巳，月行在畢右股第一星東北六寸，爲犯。

六月甲戌，月在亢南頭第二星西南七寸，爲犯。

八月乙亥，月在牽牛中星南九寸，爲犯。辛卯，月在軒轅女御南八寸，爲犯。

九月辛酉，月在太微左執法星南四寸，爲犯。

十月壬午，月入東井曠中，無所犯。戊子，月在太微右執法星東南六寸，爲犯。

十一月戊戌，月行在填星北二尺二寸，爲合宿。乙卯，月行在太微右執法星南二寸，爲犯。

十二月庚辰，月行在軒轅右角星南二寸，爲犯。癸未，月掩犯太微右執法。[3]

九年正月辛丑，月在畢蹷西星北六寸，爲犯。庚申，月在歲星西北二尺五寸，同在須女度，爲合宿。

二月辛未，月入東井曠中，無所犯。壬申，月行東井北、轅東頭第二星北九寸，[4]爲犯。

三月丙申，月入畢，在左股第二星東北六寸，又掩大星。[5]

四月庚午，月在軒轅女御星南八寸，爲犯。癸酉，月在太微東南頭上相星南八寸，爲犯。癸未，月在歲星北，爲犯，在危度。

五月庚子，月行掩犯太微，在執法。丁未，月掩犯東建西星。[6]

七月癸巳，月在太白東五寸，爲犯。乙未，月在太微東蕃南頭上相星西南五寸，爲犯。壬寅，月掩犯東建星。癸卯，月在牽牛南星北五寸，爲犯。乙巳，月在歲星北六寸，爲犯。

[1]轅東頭第二星：各本均作第一星，今據星圖改正。

[2]轅東頭第二星：各本均作第一星，今據星圖改正。

[3]月掩犯太微右執法：月先犯後掩右執法星。右執法星、左執法星等，均爲太微中的一顆星。下文掩犯東建西星、東建星等同此解。

[4]轅東頭第二星：各本均作第一星，今據星圖改正。

[5]“月入畢”至“又掩大星”：此大星通稱畢大星，爲畢宿五，前犯左股第二星爲畢宿四，二星同在畢左股。畢宿四在畢大星西南，故月自西向東行，先在畢宿四東北六寸犯之，東行之後正好與畢大星相掩。月掩畢大星與下文的月掩心中星同是著名天象。

[6]月掩犯東建西星：建星共有六顆，成東西排列。觀測者將東面三顆稱爲東建星，西面三顆稱爲西建星。東建星又分東中西三星，西建星也分東中西三星。故此處曰掩犯東建西星。下文十一年二月月掩犯西建中星，五月月掩犯西建中星，七月月行在西建星、十月月行在東建中星等，均同此解。

閏七月辛酉，月在軒轅女御星西南三寸，爲犯。

八月，月在軒轅少民星東八寸，[1]爲犯。

九月乙丑，月掩牽牛南星。癸未，月入太微，在右執法東北四寸，爲犯。甲申，月掩太微東蕃南頭上相星。

十月甲午，月行在填星西北八寸，爲犯，在虚度。戊申，月在軒轅女主星南四寸，掩女御，並爲犯。辛亥，月入太微左執法東北七寸，爲犯。

十一月壬戌，月行掩犯歲星。己巳，月在畢右股大星東一寸，爲犯。辛未，月在東井南、轅西頭第二星南八寸，爲犯。又入東井曠中。丙子，月入在軒轅少民星東北七寸，爲犯。丁丑，月行在太微西蕃上將星南五寸，爲犯。

十二月庚寅，月行在歲星東南八寸，[2]爲犯。丙午，月掩犯太微東蕃南頭上相星。

十年正月庚午，月在軒轅右角大民星南八寸，爲犯。

二月己亥，月行太微，在右掖門。[3]甲辰，月行入氐中，掩犯東北星。壬子，月行入羽林。

三月己卯，月行入羽林，在填星東北七寸，爲犯。在危四度。

四月甲午，月行入太微，在右掖門内。丙午，月行在危度，入羽林。

五月己巳，月掩南斗第三星。甲戌，月行在危度，入羽林。

六月戊子，月在張度，在熒惑星東三寸，爲犯。己丑，月行入太微，在右掖門。丁酉，月掩西建星西。丁未，月行入畢，犯右股大赤星。[4]

七月甲戌，月行在畢躔星西北六寸，[5]爲犯。丁丑，月在東井北轅東頭第二星西南九寸，爲犯。

八月辛卯，月行西建星東一尺，又在東星西四寸，爲犯。壬寅，月行在畢右股大赤星東北四寸，爲犯。甲辰，月行入東井曠中，無所犯。戊申，月行在軒轅女主星西九寸，爲犯。辛亥，月入太微，在左執法星北二尺七寸，爲犯。

[1]軒轅少民星："少"原作"左"，據前注分析，左民星就是少民星。前文既有少民星，此處之左民和下文十一月之左民，當均爲少民之誤，今據星圖改正。

[2]月行在歲星東南八寸：原文"在歲星"前缺"月行"二字，據南監本、毛本等補。

[3]月行太微，在右掖門：《黄帝占》曰："兩執法之間，太微天廷端門也；右執法西間，爲右掖門，左執法之東，爲左掖門。"

[4]月行入畢，犯右股大赤星：由於畢宿僅一顆大星，此處的大赤星，及前十一月畢右股大星，及下文八月畢右股大赤星，疑均爲畢大星。而畢大星在左股，前注［5］中已經述及。

[5]月行在畢躔星西北：疑有脱字，月行躔畢星西北可通。

九月癸亥，月行掩犯填星一寸，在危度。

十月辛卯，月在危度，入羽林，無所犯。癸亥，月入東井曠中，無所犯。

十一月甲子，月入畢，進右股大赤星西北五寸，爲犯。壬申，月入太微，在右執法星東北一尺三寸，無所犯。丁丑，月入氐，無所犯。

十二月甲午，月入東井曠中，又進轅東頭第二星四寸，[1]爲犯。庚子，月入太微，在右執法星東北三尺，無所犯。

十一年正月辛酉，月入東井曠中，無所犯。乙丑，月在軒轅女主星北八寸，爲犯。壬申，月行在氐星東北九寸，爲犯。

二月甲午，月行入太微，在上將星東北一尺五寸，無所犯。壬寅，月行掩犯南斗第六星。癸卯，月掩犯西建中星，又掩東星。

四月乙丑，月入太微，在右執法西北一尺四寸，無所犯。壬寅，月行在危度，入羽林，無所犯。

五月丁巳，月行入太微左執法星北三尺，無所犯。甲子，月行在南斗第二星西七寸，爲犯。乙丑，月掩犯西建中星。又犯東星六寸。

六月辛丑，月行掩犯畢左股第三星。壬寅，月入畢。

七月壬子，月入太微，在左執法東三尺，無所犯。丙辰，月行入氐，在東北星西南六寸，爲犯。己未，月行南斗第六星南四寸，爲犯。庚申，月行在西建星東南一寸，爲犯。

九月庚寅，月行在哭星西南六寸，爲犯。壬辰，月行在營室度，[2]入羽林，無所犯。丁酉，月入畢，在右股大赤星西北六寸，爲犯。己亥，月入東井曠中，無所犯。乙巳，月行太微，當右掖門内，在屏星西南六寸，爲犯。

十月壬午，月行在東建中星九寸，爲犯。

十一月壬子，月在哭星南五寸，爲犯。辛酉，月行在東井鉞星南八寸，又在東井南、轅西頭第一星南五寸，並爲犯。進入井中。丁卯，月入太微。壬申，月行入氐，無所犯。

十二月辛巳，月入羽林，又入東井曠中，又入東井北、轅西頭第一星南六寸，[3]爲犯。乙未，月入太微，在右執法星東北二尺，無所犯。乙亥，月入氐，無所犯。

隆昌元年正月辛亥，月入畢，在左股第一星東南一尺，爲犯。

三月辛亥，月在東井北、轅西頭第一星東七寸，[4]爲犯。甲申，月入太微，在屏星南九寸，爲犯。

六月乙丑，月入畢，在右股第一星東北五寸，爲犯。又在歲星東南一尺，爲犯。丁卯，月入東井南轅西頭第一星東北七寸，爲犯。

永元元年七月，[5]月掩心中星。

[1]進轅東頭第二星：諸本"轅東頭"有"北"字，"北"字爲衍文，當删。

[2]月行在營室度："月"原作"日"，今據南監本、殿本等改。

[3]轅西頭第一星：各本原作第二星，今據星圖改正。

[4]轅西頭第一星：各本原作第二星，今據星圖改正。

[5]永元元年：各本均作"泰元"，齊世無泰元年號，當爲永元之誤，今改正。

南齊書　卷一三

志第五

天文下

史臣曰:[1]天文設象，宜備内外兩宮,[2]但災之所躔，不必遍行景緯，五星精晷與二曜而爲七，妖祥是主,[3]曆數攸司，蓋有殊於列宿也。若北辰不移，據在杠軸，衆星動流，實繫天體，五星從伏,[4]非關二義,[5]故徐顥思以五星爲非星，虞喜論之詳矣。[6]

[1]史臣曰：以下是作者於載有南齊時代五星犯列宿雜災記録前的一段議論。

[2]天文設象，宜備内外兩宮：要從事天象觀測，就先要設定星象，準備好兩宮的分布。對於中國的主要星象，統稱三垣二十八宿。但三垣中的紫微垣，以北極爲中心，遠離黄道，與日月五星的凌犯不相關。在三垣中衹有太微垣、天市垣與五星的凌犯有關，太微垣稱爲上垣，天市垣又稱下垣，故稱上下兩宮，或内外兩宮。

[3]五星精晷與二曜而爲七，妖祥是主：日月五星行度的觀測，是判斷妖祥的主要方面。

[4]五星從伏：五星順伏。“順”字改用“從”字，爲避梁武帝父順之諱。

[5]非關二義：言五星的運動與北辰的旋轉和衆星的流動無關。

[6]虞喜論之詳矣：見《晉書·天文志上》。

五星相犯列宿雜災

建元元年八月辛亥，太白犯軒轅大星。

九月癸丑，太白從行於軫，犯填星。

二年六月丙子，太白晝見。

四年二月丙戌，太白晝見，在午上。[1]

六月辛卯，[2]太白晝見午上。庚子，太白入東井，無所犯。

七月己未，太白有光影。

八月戊子，太白從軒轅犯女主星。甲辰，太白從行犯軒轅少民星。

九月己卯，太白從行犯太微西蕃上將。辛酉，太白從行入太微，[3]在右執法星西北一尺。[4]戊辰，太白從行犯太微左執法。

十二月壬子，太白從行犯填星，在氐度。丙辰，太白從行犯房北頭第一星。丁卯，太白犯犍閉星。

永明元年六月己酉，太白行犯太微上將星。辛酉，太白行犯太微左執法。

八月甲申，太白犯南斗第四星。

九月乙酉，太白犯南斗第三星。壬辰，太白熒惑合同在南斗度。

十月丁卯，太白犯哭星。

二年正月戊戌，太白晝見當午上。

三月甲戌，太白從行入羽林。

四月丙申，太白從行犯東井鉞星。

六月戊辰，太白熒惑合，同在輿鬼度。己巳，太白從行輿鬼度，犯歲星。

三年四月丁未，太白晝見。癸亥，太白晝見當午上。

五月戊子，太白犯少民星。

八月丁巳，太白晝見當午上。

十一月壬申，太白從行入氐。

十二月己酉，太白填星合，在箕度。

四年九月壬辰，太白晝見當午。丙午，太白犯南斗。

十一月庚子，太白入羽林，又犯天關。

五年五月丁酉，太白晝見當午上。庚子，太白三犯畢左股第一星西南一尺。

六月甲戌，太白犯東井北、轅第三星，在西一尺。

八月甲寅，太白從行入軒轅，在女主星東北一尺二寸，不爲犯。戊辰，太白從在太微西蕃上將星西南五寸。辛巳，太白從在太微左執法星西北四寸。

六年四月辛酉，太白從在熒惑北三寸，爲犯，並在東井度。

五月癸卯，太白晝見當午上。[5]

六月己巳，太白從在太微西蕃右執法星東南四寸，爲犯。

七月癸巳，太白在氐角星東北一尺，爲犯。

八月乙亥，太白從行在房南第二左服次將星西南一尺，[6]爲犯。

閏八月甲午，太白晝見當午。

十一月戊午，太白從在歲星西北四尺，同在尾度。又在熒惑東北六尺五寸，在心度，合宿。

十二月壬寅，太白從行，在填星西南二尺五寸，斗度。

[1]太白晝見，在午上：早晨日出以後，由於金星是最明亮的行星，還是可以看到它的。由於金星與太陽最大的交角不超過五十度，而所謂午度、午上，均在子午綫兩側各十五度的範圍之内，這是少見的天象。

[2]六月辛卯：各本"六月"作"六年"，没有年後接日干支的體例，又建元也無六年，故知六年必爲六月之誤。

[3]太白從行入太微：此從行及前後諸多太白從行，均爲順行之義，爲避諱借用"從"字。

[4]在右執法星西北一尺：《永樂大典》卷七八五六將"右執法"引作"左執法"。無法判斷是非。

[5]太白晝見當午上：《永樂大典》在此引下，還載有"己丑太白晝見當午"八字。

[6]房南第二左服次將星："服"原作"股"。《開元占經》"月犯房"載《黄帝占》"月犯上將，上將誅，犯次將，次將誅"。又載郗萌占有月犯房左驂、左服之文。今據殿本考證，左股爲左服之誤，當改正。

七年二月辛巳，太白從行入羽林。[1]

十月癸酉，太白在歲星南，相去一尺六寸，從在箕度爲合。

十一月丁卯，太白從行入羽林。

八年正月丁未，太白晝見當午上。

六月戊子，[2]太白從行入東井。己丑，太白晝見當午。

八月庚辰，太白從在軒轅女主星南七尺，爲犯。

九月丙申，太白從行在太微西蕃上將星西南一尺，爲犯。丁未，太白從行入太微。辛酉，太白從行在進賢西五寸，爲犯。

十月乙亥，太白從行在亢南第二星西南一尺，爲犯。甲申，太白從行入氐。

十一月戊戌，太白從行在房北頭第二星東北一寸，又在楗閉星西南七寸，並爲犯。又在熒惑西北二尺，爲合宿。癸卯，太白從行在熒惑東北一尺，爲犯。

九年四月癸未，太白從歷，夕見西方，從疾參宿一度，比來多陰，至己丑開除，[3]已見在日北，當西北維上，薄昏不見宿星，則爲先歷而見。

六月丙子，太白晝見當午上。

七月辛卯，太白從行入太微，在西蕃上將星北四寸，爲犯。

九月乙亥，太白從行在南斗第四星北二寸，爲犯。丁卯，太白在南斗第三星西一寸，爲犯。

十年二月甲辰，太白從行入羽林。

五月辛巳，太白從行入東井，在軒轅西第一星東六寸，爲犯。

七月乙丑，太白從行，在軒轅大星東八寸，爲犯。[4]

十一年正月戊辰，太白從行，在歲星西北六寸，爲犯，在奎度。

二月丁丑，太白從行東井北，轅西頭第一星東北一尺，爲犯。

四月戊子，太白在五諸侯東第二星西北六寸，爲犯。辛丑，太白從行入輿鬼，在東北星西南四寸，爲犯。

五月戊午，太白晝見當午，名爲經天。癸亥，太白從行入軒轅大星北一尺二寸，無所犯。

九月己酉，太白晝見當午上。

十月丙戌，太白行在進賢星西南四寸，爲犯。

十一月戊戌，太白從行入氐。丁卯，太白從行在楗閉星西北六寸，爲犯。

十二月壬辰，太白從行在南斗第六星東南一尺，爲犯。辛丑，太白從行在西建東星西南一尺，爲犯。

建元元年五月己未，熒惑犯太微西蕃上將，又犯東蕃上將。

二年十月辛酉，熒惑守太微。

四年六月戊子，熒惑從行入東井，無所犯。戊戌，熒惑在東井度，形色小而黄黑不明。丁丑，熒惑太白同在東井度。

七月甲戌，熒惑從行入輿鬼，犯積尸。

十月癸未，熒惑從行犯太微西蕃上將星。丙戌，熒惑從入太微。

十一月丙辰，熒惑從行，[5]在太微，犯右執法。

永明元年正月己亥，熒惑逆犯上相。[6]辛亥，熒惑守角。庚子，熒惑逆入太微。

[1]太白從行入羽林：金星順行進入羽林天軍星座。黄道在虚宿、危宿以南七、八度處通過，故月、五星一般不犯虚危，而是犯其南部的羽林星。羽林四十五星，分布範圍很廣。在虚危營室的黄道附近，有壘壁陣星。但南北朝以前，星占家並不關注月五星犯壘壁陣，這是由於中國上古將壘壁陣當作羽林星的附座，故這些犯羽林的記録，實際也包括壘壁陣在内。

[2]六月戊子：同前注，諸本作"六年戊子"，也當是六月戊子之誤，當改正。

[3]至己丑開除："開""除"爲中國選擇吉凶日的十二直之一，這十二直爲：建、除、滿、平、定、執、破、危、成、收、開、閉。

[4]爲犯：其下《永樂大典》有"九月己酉太白晝見當午上"十一字。

[5]熒惑從行："從"字諸本作"復"，從毛本、殿本改。

[6]熒惑逆犯上相：此上相，當爲太微左垣之上相。

三月丁卯，熒惑守太白。

六月戊申，熒惑從犯亢。己巳，熒惑從行犯氐東南星。

七月戊寅，熒惑填星同在氐度。丁亥，熒惑行犯房北頭第二星。

八月乙丑，熒惑從行犯天江。甲戌，熒惑犯南斗第五星。

十一月丙申，熒惑入羽林。

二年八月庚午，熒惑犯太微西蕃上將。癸未，熒惑犯太微右執法。丁酉，熒惑犯太微左執法。[1]

十月庚申，熒惑犯進賢。[2]

十一月壬辰，熒惑犯亢南第二星。丙申，熒惑犯亢南星。

十二月乙卯，熒惑入氐。

三年二月乙卯，熒惑在房北頭第一星西北一尺，徘徊守房。

四月戊戌，熒惑犯。[3]

六月乙亥，熒惑犯房。癸亥，熒惑犯天江南頭第二星。[4]

八月丁巳，熒惑犯南斗第五星。

十一月丙戌，熒惑從行入羽林。

四年八月戊辰，熒惑入太微。癸酉，熒惑犯太微右執法。戊子，熒惑在太微。

九月戊申，熒惑犯歲星。己酉，熒惑犯歲星，芒角相接。

十月丁丑，熒惑犯亢南頭第一星。

十一月庚寅，熒惑犯氐西南星。

十二月己未，熒惑犯房北頭第一星。庚申，熒惑入房北犯鉤鈐星。[5]

五年二月乙亥，熒惑填星同在南斗度，爲合宿。

九月乙未，熒惑從行在哭星東，[6]相去半寸。

六年四月癸丑，熒惑伏在參度，去太白二尺五寸，辰星去太白五尺，三星爲合宿。甲戌，熒惑在辰星東南二尺五寸，俱從行，入東井曠中，無所犯。

閏四月丁丑，熒惑從行在氐西南星北七寸，爲犯。己卯，熒惑從行入氐，無所犯。乙巳，熒惑從行在房北頭第一上將右驂星南六寸，[7]爲犯。又在鉤鈐星西北五寸。

十一月丙寅，熒惑從行在歲星西，相去四尺，同在尾度，爲合宿。

七年二月丙子，熒惑從行在填星西，相去二尺，同在牽牛度，爲合宿。

三月戊午，熒惑從在泣星西北七寸。[8]戊辰，熒惑從行入羽林。

八月戊戌，熒惑逆入羽林。

[1]左執法：諸本並作右執法。此永明二年（484）八月熒惑的順行淩犯，自庚午犯西上將，至癸未十四日，又犯右執法，繼續順行十五日，丁酉，不可能再犯右執法，可知丁酉日犯的是左執法，當改正。

[2]熒惑犯進賢：進賢爲太微垣東南角近黄道的一顆星。

[3]四月戊戌，熒惑犯：所犯之對象爲何，未作交待，疑有缺文。

[4]天江南頭第二星：天市垣正南方，黄道附近，尾宿之北，有天江四星，自東北向西南排列。

[5]房北犯鉤鈐星：鉤鈐二星，在房北第一星東南，楗閉星的下方。

［6］熒惑從行在哭星：哭星二顆，在虚宿，它與附近的泣星、墳墓相配，表明死人悲傷之狀。

［7］房北頭第一上將右驂星：前注述及房南星爲左驂、左服，今房北爲上將右驂，房宿四星的星名已經清楚。

［8］熒惑從在泣星西北：泣二星，在哭星和墳墓星之間，危宿以南。

九月乙丑，熒惑入羽林，成句巳。

八年四月丙申，熒惑從行入輿鬼，在西北星東南二寸，爲犯。

十月乙亥，熒惑入氐。

十一月乙未，熒惑從入北落門，在第一星東南，去鉤鈐三寸，[1]爲犯。

九年三月甲午，熒惑從在填星東七寸，在歲星南六寸，同在虚度，爲犯，爲合宿。

四月癸亥，熒惑從行入羽林。

閏七月辛酉，熒惑從行在畢左股星西北一寸，爲犯。

八月十四日，熒惑應伏在昴三度，前先曆在畢度，二十一日始逆行北轉，垂及玄冬，熒惑囚死之時，而形色漸大於常。

十年二月庚子，熒惑從入東井北，轅西頭第一星西二寸，爲犯。

三月癸未，熒惑從行在輿鬼西北七寸，爲犯。乙酉，熒惑從行入輿鬼。

六月壬寅，熒惑從行入太微。

十一年二月庚戌，熒惑從在鎮星西北六寸，[2]爲犯，同在營室。

五月戊午，熒惑從行在歲星西南六寸，爲犯，同在婁度。

八月辛巳，熒惑從行入東井，在南轅西第一星東北一尺四寸。

十一月丁巳，熒惑逆行在五諸侯東星北四寸，爲犯。

隆昌元年三月乙丑，熒惑從行入輿鬼西北星東一寸，爲犯。癸酉，熒惑從行在輿鬼積尸星東北七寸，爲犯。

閏三月甲寅，熒惑從入軒轅。

五月丁酉，熒惑從入太微，在右執法北二寸，爲犯。

建元四年正月己卯，歲星太白俱從行，同在婁度爲合宿。[3]

六月丁酉，歲星晝見。

永明元年五月甲午，歲星入東井。

七月壬午，歲星晝見。

三年五月丙子，歲星與太白合。

六月辛丑，歲星與辰星合。

十月己巳，歲星從入太微。

十一月甲子，歲星從入太微，犯右執法。

四年閏二月丙辰，歲星犯太微上將。

三月庚申，歲星犯太微上將。

[1]“熒惑從入”至“去鉤鈐三寸”：此處的北落門，非羽林星附近的北落師門星，當在房宿鉤鈐附近。《開元占經》引石氏曰：“東咸西咸八星者，房户之扇，常爲帝之前屏，以表障后宫。”故此北落門當爲東西咸中的門。在房宿之北落。熒惑在北門，纔能去鉤鈐三寸。

[2]鎮星：毛本、局本改爲“填星”。其實土星又名填星，也名鎮星，故不必改。

[3]同在婁度爲合宿：原無“宿”字，中華本據南監本、毛本補。今從補。

四月己未，歲星犯右執法。

八月乙巳，歲星犯進賢，又與熒惑於軫度合宿。

五年二月癸卯，歲星犯進賢。

六月甲子，歲星晝見在軫度。

十月己未，歲星從在氐西南星北七寸，又辰星從入氐，在歲星西四尺五寸，又太白從在辰星東，相去一尺，同在氐度，三星爲合宿。[1]

十二月甲戌，歲星晝見。

六年三月甲申，歲星逆行入氐宿。

六月丙寅，歲星晝見在氐度。

八年三月庚申，歲星守牽牛。

九年二月壬午，歲星從在填星西七寸，同在虚度爲合宿。[2]

閏七月辛酉，歲星在泣星北五寸，爲犯，又守填星。

九月辛卯，在泣星西一尺五寸，爲合宿。[3]

永明元年六月，辰星從行入太微，在太白西北一尺。

二年八月甲寅，辰星於翼犯太白。

九年六月丙子，辰星隨太白於西方，在七星度，相去一尺四寸，爲合宿。

十一年九月丙辰，辰星依曆應夕見西方亢宿一度，[4]至九月八日不見。

隆昌元年正月丙戌，辰星見危度，在太白北一尺，爲犯。

建元三年十月癸丑，填星逆行守氐。

四年七月戊辰，填星從行入氐。

永明元年正月庚寅，填星守房心。

三月甲子，填星逆行犯西咸星。

二年二月戊辰，填星犯東咸星。

四年十二月辛巳，填星犯建星。

七年十二月戊辰，填星在須女度，又辰星從行在填星西南一尺一寸，[5]爲合宿。

八年三月庚申，填星守哭星。[6]

九年七月庚戌，填星逆在泣西星東北七寸，爲犯。

十月甲午，填星從行在泣星西北五寸，爲犯。

[1]三星爲合宿：永明五年（487）十月己未，是南齊世見到的唯一一次歲星、太白、辰星三星聚記録。

[2]同在虚度爲合宿："宿"字原缺，中華本據南監本、毛本補。今從補。

[3]爲合宿："宿"字原缺，中華本據南監本、毛本補。今

從補。

［4］辰星依曆：按曆法推算，辰星當於永明十一年（493）九月丙辰夕見西方。

［5］辰星從行在填星西南："行"字原缺，中華本據南監本、局本補，今從補。

［6］填星守哭星：原本作"哭尾"，當爲哭星之誤，中華本據南監本、毛本改正。今從改。

流星災

建元元年十月癸酉，有流星大如三升塸，色白，尾長五丈，從南河東北二尺出，北行歷輿鬼西過，未至軒轅後星而没，[1]没後餘中央，曲如車輪，俄頃化爲白雲，久乃滅。流星自下而升，名曰飛星。[2]

三年十月丙午，有流星大如月，赤白色，尾長七丈，西北行入紫宫中，光照墻垣。

四年正月辛未，有流星大如三升塸，赤色，從北極第二星北一尺出，北行一丈而没。

九月壬子，流星如鵝卵，從柳北出，入軒轅。又一枚如瓜大，出西行没空中。

永明元年六月己酉，有流星如二升椀，[3]從紫宫出，南行没氐。

二年三月庚辰，有流星如二升椀，從天市中出，南行在心後。

四年二月乙丑，有流星大如一升器。[4]戊辰，有流星大如五升器。

四月丁卯，有流星大如一升器，從南斗東北出，西行經斗入氐。

六月丙戌，有流星大如鴨卵，從匏瓜南出，至虚而入。

八月辛未，有流星大如三升堿，從觜星南出，西南行入天潒没。[5]

十一月戊寅，有流星大如二升堿，白色，從亢東北出，行入天市。

十二月丁巳，有流星大如三升椀，白色，從天市帝座出，東北行一丈而没。

五年六月辛未，有流星大如三升器，没後有痕。

九月丙申，有流星大如四升器，白色，有光照地。

十二月甲子，西北有流星大如鴨卵，黄白色，尾長六尺，西南行一丈餘没。

六年三月癸酉，有流星大如鴨卵，赤色，無尾。

四月丙辰，北面有流星大如二升器，白色，北行六尺而没。

七月癸巳，有流星大如鵝卵，白色，從匏瓜南出，西南行一丈没空中。須臾，又有流星大如五升器，白色，從北河南出，東北行一丈三尺没空中。

十月戊寅，南面有流星，大如雞卵，赤色，在東南行没，没後如連珠。

十二月壬寅，有流星大如鵝卵，黄白色，尾長三丈，有光，没後有痕從梗河出，西行一丈許，没空中。

七年正月甲寅，有流星如五升器，白色，尾長四尺，從坐旗星出，西行入五車而過，没空中。

六月丁丑，流星大如二升器，黄赤色，有光尾長六尺許，從亢南出，西行入翼中而没，没後如連珠。

［1］“建元元年”至“後星而没”：《開元占經》引孟康曰：“流星……名曰使星、飛星。主謀事。流星主兵事，使星主行事。以所出入宿占之。”流星之名，自上而下曰流，自下而上曰飛。石氏曰：“流星……所之國受福。”按這種解釋，流星是星空的使者。依據建元元年（479）十月癸酉記載的這顆飛星，按占語當有信使到后宫，或后宫有福。流星大如三升堰，流星大如三升沙。

［2］飛星：按自下而上爲飛星的解釋，該流星出南河星爲下，向上經鬼宿入軒轅爲上，故曰飛星。

［3］流星如二升椀：椀即碗，説流星如二升碗大。

［4］流星大如一升器：以下還有二升器、三升器、四升器等，是説流星的大小像一升大小的器具。

［5］天濛：爲接近地平處模糊不清的地界。

十月乙丑，有流星如三升器，赤黄色，尾長六尺，出紫宫内北極星，東南行三丈没空中。壬辰，流星如三升器，白色，有光從五車北出，行入紫宫，抵北極第一第二星而過，落空中，尾如連珠，仍有音響似雷。太史奏名曰“天狗”。

八年四月癸巳，有流星如二升器，黄白色，有光，從心星南一尺許出，南行二丈没，没後如連珠。丁巳，流星如鵝卵，[1]白色，長五丈許，從角星東北二尺出，西北行没太微西蕃上將星閒。

六月癸未，有流星如鴨卵，赤色，從紫宫中出，西南行未至大角五尺許没。

七月戊申，有流星如五升器，赤白色，長七尺，東南行二丈，没空中。

十月乙亥，有流星如鵝卵，白色，從紫宫中出，西北行三丈許，没空中。

十一月乙未，有流星如鵝卵，赤白色，有光無尾，從氐北一丈出，南行入氐中没。辛丑，流星如鵝卵，白色，從參伐出，南行一丈没空中。又有一流星大如三升器，白色，從軫中出，東南行入婁中没。

九年五月庚子，有流星如雞子，白色，無尾，從紫宫裏黄帝座星西二尺出，[2]南行一丈没空中。丁未，流星如李子，白色，無尾，從奎東北大星東二尺出，[3]東北行至天將軍而没。戊申，流星如鵝卵，黄白色，尾長二丈，從箕星東一尺出，南行四丈没。

七月乙卯，西南有流星大如二升器，白色，無尾，西南行一丈餘没。戊午，有流星如二升器，黄白色，有光，從天江星西出，東北經天入參中而没，[4]没後如連珠。

閏七月戊辰，流星如鵝卵，赤色，尾長二尺，從文昌西行入紫宫没。己巳，西南有流星如二升器，白色，西南行一丈没。

九月戊子，有流星大如雞卵，白色，從少微星北頭出，東行入太微抵帝座星而過，未至東蕃次相一尺没，如散珠。

十年正月甲戌，有流星如五升器，白色，從氐中出，東南行經房道過，從心星南二尺没。

三月癸未，有流星如雞卵，青白色，尾長四尺，從牽牛南八寸出，南行一丈没空中。

十一年二月壬寅，東北有流星如一升器，白色，無尾，北行三丈而没。

四月丙申，有流星如三升器，白色，有光，尾長一丈許，從箕星東北一尺出，行二丈許，入斗度，没空中，臨没如連珠。

五月壬申，有流星大如雞子，黄白色，從太微端門出，無所犯，西南行一丈許没，没後有痕。

七月辛酉，有流星如雞子，赤色，無尾，從氐中出，西行一丈五尺没空中。戊寅，有流星如雞卵，黄白色，從紫宫東蕃内出，東北行一丈五尺，至北極第五星西北四尺没。

九月乙酉，有流星如鴨卵，黄白色，從婁南一尺出，東行二丈没。[5]

十二月己丑，西南有流星如三升器，黄赤色，無尾，西南行三丈許没，散如遺火。

[1]流星如鵝卵：原無“卵”字，中華本據南監本、毛本補。今從補。

[2]從紫宫裏黄帝座星西二尺出：紫宫中無黄帝座星，疑爲五帝内座之誤。

[3]奎東北大星：奎宿十六星均較暗淡，僅有一顆東北大星，即奎宿九。

[4]東北經天入參中而没：“經天”後原有“過”字，毛本、殿本、局本無，疑爲衍字。從天江到參宿達180度，這個流星劃過

的天空似不無誇張。

[5]東行二丈没：原脱“没”，從中華本補。

永元三年夜，天開黄色明照，須臾有物絳色如小甕，漸漸大如倉廩，聲隆隆如雷，墜太湖中，野雉皆雊，世人呼爲“木殃”。[1]

史臣案：[2]《春秋緯》“天狗如大奔星，有聲，望之如火，見則四方相射”。漢史云：“西北有三大星，如日狀，名曰天狗。天狗出則人相食。”[3]《天官》云：“天狗狀如大奔星。”[4]又云：“如大流星，色黄，有聲。其止地類狗。所墜，望之如火光，炎炎衝天。其上鋭，其下圓，如數頃田。見則流血千里，破軍殺將。”[5]漢史又云：“照明下爲天狗，所下兵起血流。”昭明，星也。《洛書》云：“昭明見而霸者出。”[6]《運斗樞》云：“昭明有芒角，兵徵也。”《河圖》云：“太白散爲天狗。”漢史又云：“有星出，其狀赤白有光，即爲天狗，其下小無足，所下國易政。”衆説不同，未詳孰是。推亂亡之運，此其必天狗乎。

[1]“永元三年”至“木殃”：這是南齊建國二十餘年中唯一的一條隕星記録，記載較詳細。從初見到亮光漸大，到聽到響聲如雷，直至落入太湖之中，引起雉雞叫，世人將這個天象稱爲“木殃”。

[2]史臣案：作者對隕星天象表達了自己的看法。

[3]“西北有三大星”至“人相食”：《開元占經》“天狗”引郗萌曰：“西北有三大星，出如日狀，名曰天狗。天狗出，人相食。

一曰昭明下，則爲天狗。天狗所下，兵大起，流血。”“星出，其狀赤白有光，下即爲天狗。其下小小有足，所下之地，必流血，國易政。”可見此處及下文作者所引的“漢史曰”，指的可能就是郗萌之言，衹是又作了部分改寫。

[4]狀如大奔星：諸本作“大鏡星”，據《史記·天官書》改正。

[5]“如大流星”至“破軍殺將”：《史記·天官書》原文爲：“天狗，狀如大奔星，有聲，其下止地，類狗。所墮及，望之如火光炎炎衝天。其下圜如數頃田處，上兑者則有黄色，千里破軍殺將。”可見作者對引文作了改寫。

[6]昭明見而霸者出：《開元占經》引《洛書兵鈐勢》曰：“昭明見，霸者生。”可見作者此處引《洛書》就是指《洛書兵鈐勢》。

老人星[1]

建元元年十一月戊辰，老人星見南方丙上。[2]八月癸卯，祠老人星。[3]

永明三年八月丁酉，老人星見南方丙上。

六年八月壬戌，老人星見南方丙上。

七年七月壬戌，老人星見南方丙上。

九年閏七月戊寅，老人星見南方丙上。

十年八月乙酉，老人星見。

十一年九月丙寅，老人星見南方丙上。[4]

[1]老人星：老人一星，也稱南極老人星，又稱老壽星，南極仙翁。由於其緯度很高，達南緯 50 餘度，在黄河以北地區較難看到，故概稱南極老人星。老人星是全天第二亮星，近於負 1 等星。即使在南京北緯 32°地區觀測，在春季昏中、秋季旦中，老人星升

到南中最高時，纔位於南方地平7°高的位置。在北京地區是永遠看不到它的。《史記·天官書》曰：“狼比地，有大星，曰南極老人。老人見，治安；不見，兵起。常以秋分時候之于南郊。”古人重視觀測祭祀老人星，體現出對老人的關心和愛護。

[2]建元元年十一月戊辰，老人星見南方丙上：《晋書·天文志上》曰：“老人一星……常以秋分之旦見于丙，春分之夕而没于丁。”這裏有關老人星見的記録，統一都在丙上或丁上。按，二十四方位表示法，丙的中點在午偏東15°，丁的中點在午偏西15°。均爲緊鄰午的方向。見于丙者，是説老人星在秋分黎明時剛從丙位升起，隨後即隱没於朝霞之中。没于丁者，是説老人星在春分日落的餘輝剛消失之時，便見到其出現在丁處地平綫上，隨後很快又落入地平綫下不見。這是在説老人星十分稀有，難得一見。

[3]八月癸卯，祠老人星：據中華本考證，該年八月無癸卯，當有訛。

[4]丙上：以上有關記録都載於丙上，可見都是秋分前後黎明時觀測並祭祀老人星，這是中國上古流傳下來的習俗。

白虹雲氣[1]

建元四年二月辛卯，白虹貫日。[2]

永明十年七月癸酉，西方有白虹，[3]須臾滅。

十一年九月甲午，西方有白虹，南頭指申，北頭指戌上，久久消滅。

建元四年二月辛卯，黑氣大小二枚，東至卯，西至酉，廣五丈，久久消滅。

永明二年四月丁未，北斗第六第七星閒有一白氣。[4]

四年正月辛未，黄白氣長丈五尺許，入太微。

永明四年正月癸未，南面有陣雲一丈許。

五年四月己巳，有雲色黑，廣五尺，東頭指丑，西頭指酉，並至地。

十一月乙巳，東南有陣雲高一丈，北至卯，東南至巳，久久散漫。

六年二月癸亥，東西有一梗雲半天，[5]曲向西，蒼白色。

三月庚辰，南面有梗雲，黑色，廣六寸。

七年十月辛未，有梗雲，蒼黑色，東頭至寅，西頭指酉，廣三尺，貫紫宫，久久消没。

八年十一月乙未，有梗雲，黑色，六尺許，東頭至卯，西頭至酉，久久散漫。

十二月庚辰，南面有陣雲，黑色，高一丈許，東頭至巳，西頭至未，久久散漫。

十一年七月丙辰，東面有梗雲，蒼白色，廣二尺三寸，南頭指巳至地，北頭指子至地，久久漸散漫。

[1]白虹雲氣：《史記·天官書》《漢書·天文志》和《晋書·天文志》均有霓虹占、氣占和六占的理論及觀測記録，但均不够成熟和完整。本志繼承了這一傳統。

[2]白虹貫日：《開元占經》引《荆州占》曰："白虹貫日，臣殺主。"又引甘氏占曰："白虹貫日，近臣爲亂，諸侯有欲反者。"總之，白虹貫日對君主本人及其政權是不利的。

[3]有白虹：出現白虹。《晋書·天文志中》曰："白虹者，百殃之本，衆亂所基。"《抱朴子》曰："白虹見城上，其下必大戰，流血。"凡有白虹出現，就將出現流血、殃亂之事。

[4]有一白氣：這條記録前有黑氣，以下還有黄白氣。《史記·天官書》對雲氣的不同狀態、顔色及其出現的高低、地形，都有不同的占語。《晋書·天文志中》則説："喜氣上黄下赤，怒氣上下赤，憂氣上下黑，土功氣黄白，徙氣白。"又説五色氣"青饑、赤兵、白喪、黑憂、黄熟"。

[5]有一梗雲：有一塊梗直的雲。在此前後尚有陣雲、黑雲等記録。陣雲爲排列之雲，黑雲爲黑色之雲。

贊曰：[1]陽精火鏡，陰靈水存。[2]有禀有射，代爲明昏。[3]垂光滿蓋，列景周渾。[4]具位臣輔，備象街門。[5]災生賈薄，祟起飛奔。[6]弗忘人懼，瑜瑕辯論。[7]若任天道，竈亦多言。[8]

[1]贊曰：這是作者寫在《天文志》最後的總結和評論。

[2]陽精火鏡，陰靈水存：中國古代流行陰陽學説，此處説陽精爲火，陰精爲水。

[3]有禀有射，代爲明昏：太陽自身輻射出光芒，月星則反射日光，交替着昏明晝夜的變化。

[4]垂光滿蓋，列景周渾：日光的照射有蓋天進行解説，各種日影的探討有周髀和渾天加以判别。

[5]具位臣輔，備象街門：帝王臣輔之象都已齊備。

[6]災生賈薄，祟起飛奔：灾生日月薄蝕，禍起隕星流星。賈即隕。

[7]弗忘人懼，瑜瑕辯論：人需要有懼怕之心，好惡自然就能分辨清楚。

[8]若任天道，竈亦多言：如若論述天道的灾變，裨竈就有很多言論。裨竈是春秋時鄭國的大夫，善天文禨祥。

南齊書　卷一四

志第六

州郡上[1]

[1]州郡上：本志體例依《宋書·州郡志》，但内容更爲簡略，每州前僅有小序，少部分地名下略記建置時間，僑郡名稱又多省“南”“北”，增加了注釋的難度。爲避免繁瑣，注釋政區沿革時一般僅追溯至三國時期。注釋内容主要參考胡阿祥等著《中國行政區劃通史·三國兩晋南朝卷》、胡阿祥《六朝疆域與政區研究》，以及今注二十四史本《宋書·州郡志》部分内容。

揚　南徐　豫　南豫　南兖　北兖　北徐　青　冀　江　廣　交　越

揚州京輦神皋。[1]漢、魏刺史鎮壽春，[2]吴置持節督州牧八人，不見揚州都督所治。晋太康元年，[3]吴平，刺史周浚始鎮江南。[4]元帝爲都督，[5]渡江左，遂成帝畿，望實隆重。領郡如左：

［1］揚州：州名。治建康縣，在今江蘇南京市。　京輦：指國都。　神皋：神明所聚之地，引申爲神聖的土地。此指京畿地區。

［2］漢、魏刺史鎮壽春：漢魏時壽春即爲揚州治所所在。壽春，縣名。治所在今安徽壽縣。

［3］太康：晋武帝司馬炎年號。

［4］周浚：字開林，汝南安成人。西晋時人，曾任揚州刺史。《晋書》卷六一有傳。

［5］元帝爲都督：此指晋元帝司馬睿曾任安東將軍、都督揚州諸軍事，並於此稱帝，揚州遂成爲京畿之地。

丹陽郡[1]

建康[2]　秣陵[3]　丹陽[4]　溧陽[5]　永世[6]　湖熟[7]　江寧[8]　句容[9]

［1］丹陽郡：郡名。治建業縣，在今江蘇南京市。爲京城所在，故太守稱尹。

［2］建康：縣名。西晋太康三年（282）分秣陵水北置建業，晋愍帝即位，避帝諱，改爲建康。治所在今江蘇南京市。

［3］秣陵：縣名。原名金陵，秦始皇改爲秣陵。東漢建安中改爲建業，西晋太康元年（280）復爲秣陵。治所在今江蘇南京市中華門外。

［4］丹陽：縣名。治所在今安徽當塗縣東北丹陽鎮。

［5］溧陽：縣名。漢舊縣，吴省爲屯田都尉，晋武帝太康元年（280）復立。治所在今江蘇溧陽市。

［6］永世：縣名。三國吴分溧陽置永平，晋太康元年（280）改爲永世。治所在今江蘇溧陽市南古縣村。

［7］湖熟：縣名。東漢置，吴省爲典農都尉，晋武帝太康元年（280）復立。治所在今江蘇南京市江寧區東南湖熟鎮。

[8]江寧：縣名。晋武帝太康元年（280）分秣陵置臨江縣，二年改爲江寧縣。治所在今江蘇南京市江寧區西南江寧鎮。

[9]句容：縣名。治所在今江蘇句容市。

會稽郡[1]

山陰[2]　永興[3]　上虞[4]　餘姚[5]　諸暨[6]　剡[7]　鄞[8]　始寧[9]　句章[10]　鄮[11]

[1]會稽郡：郡名。秦置，治吴縣。東漢順帝永建四年(129)，分會稽置吴郡，會稽移治山陰縣，治所在今浙江紹興市。

[2]山陰：縣名。治所在今浙江紹興市。

[3]永興：縣名。漢爲餘暨縣，三國吴改爲永興縣。治所在今浙江杭州市蕭山區西錢塘江畔。

[4]上虞：縣名。治所在今浙江上虞市。

[5]餘姚：縣名。治所在今浙江餘姚市姚江北岸。

[6]諸暨：縣名。治所在今浙江諸暨市。

[7]剡：縣名。治今所在浙江嵊州市。

[8]鄞：縣名。治所在今浙江奉化市東北白杜村。

[9]始寧：縣名。東漢順帝分上虞南鄉置。治所在今浙江上虞市西南曹娥江東岸。

[10]句章：縣名。治所在今浙江寧波市鄞州區西南鄞江鎮。

[11]鄮：縣名。治所在今浙江寧波市鄞州區東鄮山之北。

吴郡[1]

吴[2]　婁[3]　海虞[4]　嘉興[5]　海鹽[6]　錢唐[7]　富陽[8]　鹽官[9]　新城[10]　建德[11]　壽昌[12]　桐廬[13]

[1]吴郡：郡名。東漢順帝永建四年（129）割浙江以東爲會稽，浙江以西爲吴郡。治所在今江蘇蘇州市。

[2]吴：縣名。治所在今江蘇蘇州市。

[3]婁：縣名。治所在今江蘇昆山市東北。

[4]海虞：縣名。晉武帝太康四年（283）分吴縣虞鄉置。治所在今江蘇常熟市。

[5]嘉興：縣名。本秦由拳縣，三國吴改爲禾興，後因避孫皓父諱，改爲嘉興。治所在今浙江嘉興市南。

[6]海鹽：縣名。治所在今浙江海鹽縣。

[7]錢唐：縣名。治所在今浙江杭州市西靈隱山下。

[8]富陽：縣名。本漢富春縣，東晉孝武帝因避簡文帝鄭太后諱，改爲富陽。治所在今浙江富陽市。

[9]鹽官：縣名。三國吴改海昌都尉置。治所在今浙江海寧市西南鹽官鎮南。

[10]新城：縣名。三國吴置新城縣，後並入桐廬，西晉復置，尋又省，東晉成帝咸和九年（334）再置。治所在今浙江富陽市西南新登鎮。

[11]建德：縣名。三國吴分富春縣置。治所在今浙江建德市東北梅城鎮。

[12]壽昌：縣名。三國吴分富春置新昌，晉武帝太康元年（280）改爲壽昌。治所在今浙江建德市西南大同鎮西。

[13]桐廬：縣名。三國吴分富春縣置。治所在今浙江桐廬縣西分水江西岸。

吴興郡[1]

烏程[2]　武康[3]　餘杭[4]　東遷[5]　長城[6]　於潛[7]　臨安[8]　故鄣[9]　安吉[10]　原鄉[11]

[1]吴興郡：郡名。三國吴孫晧寶鼎元年（226），分吴、丹陽置。治所在今浙江湖州市吴興區。

[2]烏程：縣名。治所在今浙江湖州市吴興區。

[3]武康：縣名。吴分烏程、餘杭置永安縣，晋武帝太康元年（280）改名。治所在今浙江德清縣。

[4]餘杭：縣名。治所在今浙江杭州市餘杭區西南餘杭鎮。

[5]東遷：縣名。晋武帝太康三年（282）分烏程置，後廢帝元徽四年（476）改爲東安，順帝昇明元年（477）復舊。治所在今浙江湖州市東東遷鎮。

[6]長城：縣名。晋武帝太康三年（282）分烏程置。治所在今浙江長興縣東。

[7]於潛：縣名。治所在今浙江臨安市西於潛鎮。

[8]臨安：縣名。吴分餘杭置臨水縣，晋武帝太康元年（280）改名。治所在今浙江臨安市北。

[9]故鄣：縣名。治所在今浙江安吉縣北安城鎮西北。

[10]安吉：縣名。治所在今浙江安吉縣西南孝豐鎮。

[11]原鄉：縣名。治所在今浙江安吉縣北安城鎮東。

東陽郡[1]

長山[2]　太末[3]　烏傷[4]　永康[5]　信安[6]　吴寧[7]　豐安[8]　定陽[9]　遂昌[10]

[1]東陽郡：郡名。三國吴孫晧寶鼎元年（266）置。治所在今浙江金華市。

[2]長山：縣名。治所在今浙江金華市。

[3]太末：縣名。治所在今浙江龍游縣。“末”原作“夫”，從中華本改。

[4]烏傷：縣名。治所在今浙江義烏市。

[5]永康：縣名。三國吴赤烏八年（245）分烏傷、上浦置。治所在今浙江永康市。

[6]信安：縣名。晋武帝太康元年（280）改新安置。治所在今浙江衢州市。

[7]吴寧：縣名。治所在今浙江東陽市東。

[8]豐安：縣名。治所在今浙江浦江縣西南。

[9]定陽：縣名。治所在今浙江常山縣東南。

[10]遂昌：縣名。吴大帝孫權赤烏二年（239）分太末立平昌，晋武帝太康元年（280）改名。治所在今浙江遂昌縣。

新安郡[1]

始新[2]　黟[3]　遂安[4]　歙[5]　海寧[6]

[1]新安郡：郡名。晋武帝太康元年（280）改新都郡置。治所在今浙江淳安縣西北新安江北岸。

[2]始新：縣名。孫權分歙縣置。治所在今浙江淳安縣西縣城故址，今已没入新安江水庫（千島湖）。

[3]黟：縣名。治所在今安徽黟縣東。

[4]遂安：縣名。孫權分歙置新定縣，晋武帝太康元年（280）改爲遂安。治所在今浙江淳安縣西南汾口鎮仙居村附近。

[5]歙：縣名。治所在今安徽歙縣。

[6]海寧：縣名。孫權分歙爲休陽縣，後因避孫休諱改爲海陽縣，晋武帝太康元年（280）改爲海寧縣。治所在今安徽休寧縣東萬安鎮。

臨海郡[1]

章安[2]　臨海[3]　寧海[4]　始豐[5]　樂安[6]

[1]臨海郡：郡名。吴太平二年（257）分會稽郡置。治所在今浙江台州市椒江區北章安鎮。

[2]章安：縣名。治所在今浙江台州市椒江區北章安鎮。

[3]臨海：縣名。吴分章安置。治所在今浙江臨海市。

[4]寧海：縣名。治所在今浙江寧海縣東北。

[5]始豐：縣名。吴置始平縣，晋武帝太康元年（280）改名。治所在今浙江天台縣。

[6]樂安：縣名。晋康帝分始豐置。治所在今浙江仙居縣。

永嘉郡[1]

永寧[2]　安固[3]　松陽[4]　横陽[5]　樂成[6]

[1]永嘉郡：郡名。晋明帝太寧元年（323）分臨海置。治所在今浙江温州市。

[2]永寧：縣名。治所在今浙江温州市。

[3]安固：縣名。吴置羅陽，孫晧改爲安陽，晋武帝太康元年（280）改爲安固。治所在今浙江瑞安市。

[4]松陽：縣名。吴置。治所在今浙江松陽縣西北古市鎮。

[5]横陽：縣名。晋武帝太康四年（283）改始陽縣置。治所在今浙江平陽縣。

[6]樂成：縣名。晋孝武寧康三年（375）分永寧置。治所在今浙江樂清市。

南徐州，鎮京口。[1]吴置幽州牧，[2]屯兵在焉。丹徒水道入通吴會，孫權初鎮之。《爾雅》曰："絶高爲京。"今京城因山爲壘，望海臨江，緣江爲境，似河内郡，[3]内鎮優重。宋氏以來，桑梓帝宅，[4]江左流寓，多出膏腴。領郡如左：

［1］京口：地名。南齊時爲南徐州治所，在今江蘇鎮江市。

［2］幽州牧：爲幽州地方行政長官。吴時幽州並不在其領土範圍内，此爲遥領。

［3］河内郡：郡名。治所在今河南沁陽市。

［4］桑梓帝宅：皇都之鄉。

南東海郡[1]

郯[2]　祝其[3]　襄賁[4]　利成[5]　西隰[6]　丹徒[7]　武進[8]

［1］南東海郡：郡名。晋文帝元嘉八年（431）置。治所在今江蘇鎮江市。

［2］郯：縣名。治所原在今山東郯城縣北，宋文帝時僑置，移至今江蘇鎮江市。

［3］祝其：縣名。治所在今江蘇贛榆縣北。

［4］襄賁：縣名。治所在今山東蒼山縣南。

［5］利成：縣名。晋僑置。治所在今江蘇江陰市西利港鎮西南。

［6］西隰：縣名。確址無考。

［7］丹徒：縣名。孫權嘉禾三年（234）改爲武進，晋武帝太康三年（282）復爲丹徒。治所在今江蘇鎮江市東南丹徒區。

［8］武進：縣名。晋武帝太康二年（281）分丹徒、曲阿置。治所在今江蘇丹陽市東。

晋陵郡[1]

晋陵[2]　無錫[3]　延陵[4]　曲阿[5]　暨陽[6]　南沙[7]　海陽[8]

[1]晋陵郡：郡名。晋武帝太康二年（281）置。治所在今江蘇常州市。

[2]晋陵：縣名。治所在今江蘇常州市。

[3]無錫：縣名。吴省，晋武帝太康元年（280）復置。治所在今江蘇無錫市。

[4]延陵：縣名。晋武帝太康二年（281）分曲阿之延陵鄉置。治所在今江蘇丹陽市西南延陵鎮。

[5]曲阿：縣名。治所在今江蘇丹陽市。

[6]暨陽：縣名。晋武帝太康二年（281）分無錫、毗陵置。治所在今江蘇江陰市東南長壽鎮南。

[7]南沙：縣名。晋成帝咸康七年（341）置。治所在今江蘇常熟市西北。

[8]海陽：縣名。《宋書·州郡志》無此縣，當是齊永明八年（490）前新置。治所在今江蘇常熟市東北。

義興郡[1]永明二年，割屬揚州，後復舊。

陽羨[2]　臨津[3]　國山[4]　義鄉[5]　綏安[6]

[1]義興郡：郡名。《晋書·地理志下》《元和郡縣圖志》云晋惠帝永興元年（304）置，《晋書》卷五八《周玘傳》及《通鑑》卷八七云永嘉四年（310）置。治所在今江蘇宜興市。

[2]陽羨：縣名。治所在今江蘇宜興市。

[3]臨津：縣名。《宋書·州郡志一》云立郡時分置。治所在今江蘇宜興市西北。

[4]國山：縣名。《宋書·州郡志一》言立郡時分置。治所在今江蘇宜興市西南國山西、章溪東岸。

[5]義鄉：縣名。《宋書·州郡志一》言立郡時分置。治所在今浙江長興縣西北。

[6]綏安：縣名。晋武帝永初三年（422）置。治所在今江蘇宜興市西南。

南琅邪郡[1]本治金城，永明徙治白下。

臨沂[2]　江乘[3]　蘭陵[4]　承[5]建武三年省　譙[6]建元二年，平陽郡流民在臨江郡者，立宣祚縣，尋改爲譙。永明元年，省懷化一縣并屬。

[1]南琅邪郡：郡名。宋僑置。宋時治所在今江蘇句容市西北，南齊時徙治江蘇南京市西北。

[2]臨沂：縣名。晋僑置。治所在今江蘇南京市東北栖霞山西。

[3]江乘：縣名。吴省爲典農都尉，晋武帝太康元年（280）復置。治所在今江蘇句容市北。

[4]蘭陵：縣名。僑今江蘇常州市武進區西北萬綏鎮。

[5]承：縣名。僑今江蘇常州市境。

[6]譙：縣名。今地不詳。

臨淮郡[1]自此以下，郡無實土。[2]

海西　射陽　凌　淮陰　東陽　淮浦建武二年省[3]

[1]臨淮郡：郡名。晋武帝太康元年（280）僑置。僑今江蘇丹陽市、常州市一帶。

[2]郡無實土：意指諸郡縣均爲僑置，没有實土，即借土寄寓。按，以下諸縣均僑今江蘇丹陽、常州市一帶。

[3]建武二年省：中華本校勘記云："'二年'毛本、局本作'三年'。"

淮陵郡[1]

司吾　武陽建武三年，省泰山郡屬。　甄城[2]　陽樂　徐建武三年省

[1]淮陵郡：郡名。按，淮陵郡及諸縣均僑今江蘇丹陽、常州市一帶。

[2]甄城：縣名。清錢大昕《廿二史考異》云："按《宋州郡志》無此縣。若云鄄城之訛，則已見南濮陽，不當重出也。"

南東莞郡[1]

東莞　莒　姑幕建武三年省

[1]南東莞郡：郡名。按，南東莞郡及下屬諸縣，均僑今江蘇常州市武進區一帶。

南清河郡[1]南徐州領冀州

東武城　清河　貝丘　繹幕建武二年省[2]

[1]南清河郡：郡名。按，南清河郡及下屬諸縣均僑今江蘇鎮江、無錫二市間。

[2]建武二年省：中華本校勘記云："'二年'毛本、局本作'三年'。"

南彭城郡[1]

彭城　武原　傅陽　蕃　薛　開陽　洨　僮　下邳建武三年省　吕建武四年省　杼秋[2]建武四年省　北陵[3]建武四年省

[1]南彭城郡：郡名。按，南彭城郡及下屬諸縣，除杼秋外，均僑今江蘇鎮江市、丹陽市、常州市一帶。

[2]杼秋：縣名。僑今江蘇無錫市。

[3]北陵：縣名。中華本《宋書·州郡志一》校勘記云："'北凌'各本並作'北陵'。按下云'《晋太康地志》屬下邳本名凌'，即爲凌縣，蓋彼爲凌，此加北字作北凌。"則此"陵"亦應爲"凌"。僑今江蘇鎮江市、丹陽市、常州市一帶。

南高平郡[1]宋太始五年僑置，初寄治淮陰，復徙淮南當塗二縣僑屬南豫，後屬南徐。

金鄉　高平

[1]南高平郡：郡名。按，南高平郡及下屬諸縣，均僑今江蘇鎮江、無錫二市間。

南濟陰郡[1]

城武　單父　城陽建武三年省

[1]南濟陰郡：郡名。按，南濟陰郡及下屬諸縣，均僑於今江蘇鎮江、無錫二市間。

南濮陽郡[1]

廩丘　東燕　會　鄄城建武三年，省濟陽郡度屬。　榆次建武二年省[2]

[1]南濮陽郡：郡名。按，南濮陽郡及下屬諸縣，均僑今江蘇鎮江、無錫二市間。

[2]建武二年省：中華本校勘記云："'二年'毛本、局本作'三年'。"

南魯郡[1]建武二年省[2]

魯　樊　西安建武二年省

[1]南魯郡：郡名。按，南魯郡及下屬諸縣，均僑今江蘇鎮江、無錫二市間。

[2]建武二年省：中華本校勘記云："'二年'毛本、局本作'三年'。"

南平昌郡[1]建武三年省

安丘郡省，屬東莞。　新樂郡省，屬東莞。　東武　高密[2]

[1]南平昌郡：郡名。按，南平昌郡及下屬諸縣，均僑今江蘇鎮江市一帶。

[2]高密：縣名。東晋之高密國，後改爲高密郡，宋再改爲南高密郡，文帝元嘉十八年（441），省爲高密縣。

南泰山郡[1]建武三年省

南城郡省，度屬平昌，尋又省。　廣平[2]

[1]南泰山郡：郡名。按，南泰山郡及下屬諸縣，均僑今江蘇鎮江、常州二市間。

[2]廣平：縣名。宋文帝元嘉十八年（441）省廣平郡爲廣平縣。

南濟陽郡[1]建武三年省

考城郡省，度屬魯，尋又省。

[1]南濟陽郡：郡名。南濟陽郡及下屬考城縣，均僑今江蘇鎮江、無錫二市間。

豫州，晋元帝永昌元年，[1]刺史祖約避胡賊，[2]自譙還治壽春。壽春，淮南一都之會，地方千餘里，有陂田之饒，漢、魏以來揚州刺史所治，北拒淮水，[3]《禹貢》云“淮海惟揚州”也。咸和四年，[4]祖約以城降胡，復以庾亮爲刺史，[5]治蕪湖。[6]蕪湖，浦水南入，亦爲險奥。劉備謂孫權曰：“江東先有建業，次有蕪湖。”庾亮經略中原，以毛寶爲刺史，[7]治邾城，[8]爲胡所覆。荆州刺史庾翼領州，[9]在武昌。諸郡失土荒民數千無佃業，翼表移西陽、新蔡二郡荒民就陂田於尋陽。穆帝永和五年，[10]胡僞揚州刺史王浹以壽春降，而刺史或治歷陽，[11]進馬頭及譙，不復歸舊鎮也。哀帝隆和元年，[12]袁真還壽春。真爲桓温所滅，[13]温以子熙爲刺史，戍歷陽。孝武寧康元年，[14]桓冲移姑熟，[15]以邊寇未静，分割譙、梁二郡見民，置之浣川，立爲南譙、梁郡。十二年，桓石虔還歷陽。[16]庾准爲刺史，表省諸權置，皆還如本。義熙二年，[17]劉毅復鎮姑熟。上表曰：“忝任此州，地不爲曠，西界荒餘，密邇寇虜，北垂蕭條，土氣彊獷，民不識義，唯戰是習。逋逃不逞，不謀日會。比年以來，無月不戰，實非空乏所能獨撫。請輔國將軍張暢領淮南、安豐、梁國三郡。”時豫州邊荒，至乃如此。十二年，劉義慶鎮壽春，[18]後常爲州治。撫接遐荒，扞禦疆埸。領郡如左：

[1]永昌：晋元帝司馬睿年號。

[2]祖約：字士少。祖逖弟，祖逖死後，繼任平西將軍、豫州刺史。《晋書》卷一〇〇有傳。

[3]淮水：水名。即今淮河。發源於今河南桐柏縣桐柏山，流經河南、安徽、江蘇三省。

[4]咸和：晋成帝司馬衍年號。

[5]庾亮：字元規。東晋外戚，明穆皇后之兄。曾任豫州刺史。《晋書》卷七三有傳。

[6]蕪湖：縣名。治所在今安徽蕪湖市北。

[7]毛寶：字碩真，滎陽陽武人。東晋將領，庾亮北伐時任豫州刺史。《晋書》卷八一有傳。

[8]邾城：地名。在今湖北黄州市北禹王城。

[9]庾翼：字稚恭。庾亮弟，庾亮死後，授都督江荆司雍梁益六州諸軍事、安西將軍、荆州刺史、假節，代庾亮鎮武昌。《晋書》卷七三有傳。

[10]永和：晋穆帝司馬聃年號。

[11]歷陽：縣名。治所在今安徽和縣。

[12]隆和：晋哀帝司馬丕年號。

[13]桓温：字元子。東晋權臣，曾任荆州刺史。又三次出兵北伐，專擅朝政。《晋書》卷九八有傳。

[14]寧康：晋孝武帝司馬曜年號。

[15]桓冲：桓温弟，曾任揚豫二州刺史。　姑熟：地名。在今安徽當塗縣。

[16]十二年，桓石虔還歷陽：中華修訂本《校勘記》云：“‘十

二年’上當有‘太元’二字。按上文‘孝武寧康元年’，寧康僅行用三年，太元有十二年，《宋書》卷三六《州郡志》二記桓石虔還歷陽事，正在太元十二年。”（第301頁）所言是。

［17］義熙：晋安帝司馬德宗年號。

［18］十二年，劉義慶鎮壽春：中華修訂本《校勘記》云：“按《宋書》卷三六《州郡志》二繫此事於義熙十三年。”（第301頁）劉義慶，南朝宋宗室，曾任荆州刺史、江州刺史、南兗州刺史。撰有《世説新語》。《宋書》卷五一有傳。

南汝陰郡[1] 建元二年罷南陳左郡二縣并

慎[2]　汝陰[3]　宋[4]　安陽[5]　和城[6]　南頓[7]　陽夏[8]　宋丘[9]《永元元年地志》無[10]　樊[11]《永元志》無　鄭[12]《永元志》無　東宋[13]《永元志》無　南陳左縣[14]《永元志》無　邊水[15]《永元志》無

［1］南汝陰郡：郡名。治所在今安徽合肥市西。

［2］慎：縣名。治所在今安徽肥東縣東北梁園鎮。

［3］汝陰：縣名。治所在今安徽合肥市西。

［4］宋：縣名。確址無考，當在今安徽合肥市一帶。

［5］安陽：縣名。確址無考，當在今安徽合肥市一帶。

［6］和城：縣名。確址無考，當僑今安徽合肥市及其周邊一帶。

［7］南頓：縣名。確址無考，當僑今安徽合肥市及其周邊一帶。

［8］陽夏：縣名。太康末縣廢，惠帝復置。確址無考，當在今安徽合肥市一帶。

［9］宋丘：縣名。南朝齊僑置。僑今安徽合肥市附近。

［10］《永元元年地志》：南朝齊東昏侯永元元年（499）編纂的一部地志。已佚。

［11］樊：縣名。南朝齊僑置。僑今安徽合肥市附近。

[12]鄭：縣名。南朝齊僑置。僑今安徽合肥市附近。

[13]東宋：縣名。南朝齊僑置。僑今安徽合肥市附近。

[14]南陳左縣：縣名。南齊建元二年（480）罷南陳左郡所領赤官、蓼城二縣，並爲南陳左縣。（胡阿祥等《中國行政區劃通史·三國兩晉南朝卷》，復旦大學出版社 2014 年版，第 1048 頁）僑今安徽肥西縣境。

[15]邊水：縣名。僑今安徽合肥市附近。

晉熙郡[1]

新冶[2]　陰安[3]　懷寧[4]　南樓煩[5]　齊興[6]　太湖左縣[7]

[1]晉熙郡：郡名。晉安帝分廬江置。治所在今安徽潛山縣。

[2]新冶：縣名。晉安帝置。治所在今安徽望江縣。原作"新治"，中華本據《宋書·州郡志二》改，今從改。

[3]陰安：縣名。治所在今安徽樅陽縣北柳寺村附近。

[4]懷寧：縣名。晉安帝置。治所在今安徽潛山縣。

[5]南樓煩：縣名。宋末僑置。確址無考，當在今安徽桐城市、潛山縣、望江縣一帶。

[6]齊興：縣名。齊永明八年（490）前置。治所在今湖北鄖縣境。

[7]太湖左縣：縣名。宋文帝元嘉二十五年（448）置，後廢，明帝泰始二年（466）復置。治所在今安徽太湖縣。

潁川郡[1]

臨潁　邵陵　南許昌《永元志》無　曲陽

[1]潁川郡：郡名。按，潁川郡下屬諸縣確址無考，當均僑今

安徽巢湖市、和縣之間。

汝陽郡[1]

　　武津　汝陽

　　[1]汝陽郡：郡名。按，汝陽郡及下屬諸縣，均僑今安徽巢湖市、和縣之間。

梁郡[1]《永元元年地志》，南梁郡領睢陽、新汲、陳、蒙、崇義五縣。

　　北譙[2]　梁[3]　蒙[4]　城父[5]《永元志》屬南譙

　　[1]梁郡：郡名。南朝齊改南梁郡置。治所在今安徽壽縣境。

　　[2]北譙：縣名。治所在今安徽壽縣東。

　　[3]梁：縣名。治所在今安徽壽縣境。

　　[4]蒙：縣名。治所在今安徽壽縣南。

　　[5]城父：縣名。確址無考，當在今安徽巢湖市、無爲縣一帶。

北陳郡[1]

　　陽夏　西華　萇平　項

　　[1]北陳郡：郡名。按，北陳郡及下屬諸縣，確址無考，當均僑今安徽合肥市、壽縣一帶。

陳留郡[1]

　　浚儀　小黄　雍丘

[1]陳留郡：郡名。按，陳留郡及下屬諸縣，均僑今安徽壽縣西南。

南頓郡[1]《永元元年地志》無

和城　南頓

[1]南頓郡：郡名。按，南頓郡及下屬諸縣，確址無考，當均僑今安徽合肥市及其周邊一帶。

西南頓郡[1]寄治州，《永元元年地志》無。

西南頓[2]　和城[3]　譙[4]　平鄉[5]

[1]西南頓郡：郡名。南朝齊置。僑今安徽壽縣。

[2]西南頓：縣名。僑今安徽壽縣。

[3]和城：縣名。南朝齊僑置，僑今安徽合肥市附近。

[4]譙：縣名。今地不詳。

[5]平鄉：縣名。今地不詳。

北梁郡[1]《永元元年地志》無

北蒙　北陳

[1]北梁郡：郡名。按，北梁郡及下屬諸縣，均僑今安徽壽縣一帶。

西汝陰郡[1]

樓煩[2]　汝陰[3]　宋[4]　陳[5]《永元志》無　平豫[6]《永元志》無　固始[7]《永元志》無　新蔡[8]《永元

志》無　汝南[9]《永元志》無　安城[10]

[1]西汝陰郡：郡名。僑江淮間北部，當在今安徽壽縣一帶。

[2]樓煩：縣名。僑江淮間北部，當在今安徽壽縣一帶。

[3]汝陰：縣名。僑江淮間北部，當在今安徽壽縣一帶。

[4]宋：縣名。僑江淮間北部，當在今安徽壽縣一帶。

[5]陳：縣名。確址無考，當在今安徽壽縣、淮南市一帶。

[6]平豫：縣名。今地不詳。

[7]固始：縣名。僑今河南固始縣東北。

[8]新蔡：縣名。確址無考，當僑今河南固始縣一帶。

[9]汝南：縣名。今地不詳。

[10]安城：縣名。確址無考，當僑今河南潢川縣及其周邊一帶。

北譙郡[1]

寧陵[2]　譙[3]　蘄[4]《永元志》屬南譙

[1]北譙郡：郡名。僑今安徽長豐縣一帶。

[2]寧陵：縣名。確址無考，當在今安徽壽縣、淮南市一帶。

[3]譙：縣名。今地不詳。

[4]蘄：縣名。僑今安徽巢湖市。

汝南郡[1]《永元元年地志》無

瞿陽[2]　安城[3]　上蔡[4]

[1]汝南郡：郡名。確址無考，當僑今江淮間北部，疑在今安徽霍邱、六安一帶。

［2］瞿陽：縣名。確址無考，當僑今河南潢川縣及其周邊一帶。

［3］安城：縣名。確址無考，當僑今河南潢川縣及其周邊一帶。

［4］上蔡：縣名。確址無考，當僑今江淮間北部，疑在今安徽霍邱、六安一帶。

北新蔡郡[1]

鮦陽[2]　新蔡[3]　固始[4]　苞信[5]

［1］北新蔡郡：郡名。僑今河南固始縣東北。

［2］鮦陽：縣名。確址無考，當僑今河南固始縣一帶。

［3］新蔡：縣名。確址無考，當僑今河南固始縣一帶。

［4］固始：縣名。僑今河南固始縣東北。

［5］苞信：縣名。僑今河南商城縣西。

弋陽郡[1]

期思[2]　南新息[3]　弋陽[4]　上蔡[5]　平輿[6]

［1］弋陽郡：郡名。魏文帝置。治所在今河南潢川縣西。

［2］期思：縣名。治所在今河南淮濱縣東南期思鎮。

［3］南新息：縣名。確址無考，當僑今河南潢川縣及其周邊一帶。

［4］弋陽：縣名。治所在今河南潢川縣西北。

［5］上蔡：縣名。確址無考，當僑今河南潢川縣及其周邊一帶。

［6］平輿：縣名。確址無考，當僑今河南潢川縣及其周邊一帶。

陳郡[1]

南陳[2]　萇平[3]《永元志》無　項[4]《永元志》無

西華[5]《永元志》無　陽夏[6]《永元志》無

[1]陳郡：郡名。僑今安徽壽縣、六安縣一帶。
[2]南陳：縣名。僑今安徽壽縣、六安縣一帶。
[3]萇平：縣名。僑今安徽壽縣、六安縣一帶。
[4]項：縣名。僑今安徽壽縣、六安縣一帶。
[5]西華：縣名。確址無考，當僑今安徽合肥市、舒城縣一帶。
[6]陽夏：縣名。確址無考，當僑今安徽合肥市、舒城縣一帶。

安豐郡[1]

雩婁[2]　新化[3]　史水[4]　扶陽[5]　開化[6]　邊城[7]　松滋[8]《永元志》屬北新蔡　安豐[9]

[1]安豐郡：郡名。治所在今安徽霍邱縣西南。
[2]雩婁：縣名。治所在今河南固始縣東南。
[3]新化：縣名。或是建武四年（497）前置。確址無考。
[4]史水：縣名。治所在今河南商城縣東北。
[5]扶陽：縣名。治所在今安徽無爲縣西北。
[6]開化：縣名。治所在今安徽六安市西南。
[7]邊城：縣名。治所在今河南固始縣東南。
[8]松滋：縣名。治所在今安徽霍邱縣東。北新蔡、安豐二郡爲雙頭郡，則松滋當是永明八年（490）前來屬，永元元年（499）前移屬北新蔡僑郡。
[9]安豐：縣名。治所在今安徽霍邱縣西南。

光城左郡[1]

樂安[2]　光城[3]　茹由[4]

[1]光城左郡：郡名。治所在今河南光山縣西。

[2]樂安：縣名。治所在今河南光山縣西。

[3]光城：縣名。治所在今河南光山縣。

[4]茹由：縣名。治所在今河南光山縣南。原作“茹田”，中華本據《宋書·州郡志二》改。今從改。

邊城郡[1] 《永元元年地志》無

[1]邊城郡：郡名。治所在今河南商城縣東。此處不列屬縣，則邊城郡永明四年（486）來屬，永元元年（499）前廢。所屬四縣移屬安豐郡。（胡阿祥等《中國行政區劃通史·三國兩晋南朝卷》，第1050頁）

建寧郡[1]

陽城[2]　建寧[3]

[1]建寧郡：郡名。治所在今湖北麻城市西南。

[2]陽城：縣名。確址無考，當在今湖北麻城市一帶。

[3]建寧：縣名。治所在今湖北麻城市西南。

齊昌郡[1]

陽塘[2]　保城[3]　齊昌[4]　永興[5]

[1]齊昌郡：郡名。建元四年（482）前置。治所在今湖北蘄春縣西南。

[2]陽塘：縣名。今地不詳。

[3]保城：縣名。今地不詳。

[4]齊昌：縣名。治所在今湖北蘄春縣西南。
[5]永興：縣名。治所在今湖北黄梅縣西北。

右三郡，永明四年割郢州屬。

南豫州，晋寧康元年，豫州刺史桓冲始鎮姑熟，後遷徙，見《晋書》。宋永初二年，[1]分淮東爲南豫州，治歷陽，而淮西爲豫州。元嘉七年省并。[2]大明元年復置，[3]治姑熟。泰始二年治歷陽，[4]三年治宣城，五年省。淮西没虜。七年，復分淮東置南豫。建元二年，[5]太祖以西豫吏民寡刻，分置兩州，損費甚多，[6]省南豫。左僕射王儉啓：[7]"愚意政以江西連接汝、潁，土曠民希，匈奴越逸，唯以壽春爲阻。若使州任得才，虜動要有聲聞，豫設防禦，此則不俟南豫。假令或慮一失，醜羯之來，[8]聲不先聞，胡馬倏至，[9]壽陽嬰城固守，[10]不能斷其路，朝廷遣軍歷陽，已當不得先機。戎車初戒，每事草創，孰與方鎮常居，[11]軍府素正。臨時配助，所益實少。安不忘危，古之善政。所以江左屢分南豫，意亦可求。如聞西豫力役尚復粗可，今得南譙等郡，民户益薄，於其實益，復何足云。"太祖不從。永明二年，[12]割揚州宣城、淮南，豫州歷陽、譙、廬江、臨江六郡，復置南豫州。四年，冠軍長史沈憲啓：[13]"二豫分置，以桑堁子亭爲斷。潁川、汝陽在南譙、歷陽界内，悉屬西豫，廬江居晋熙、汝陰之中，屬南豫。求以潁川、汝陽屬南豫，廬江還西豫。"七年，南豫州别駕殷瀰稱："潁川、汝陽，荒殘來久，流民分散在譙、歷二境，多蒙復除，[14]獲有郡名，租輸益微，[15]府州絶無將吏，空受名領，終無實益。但寄治譙、歷，於方斷之宜，實應屬南豫。二豫亟經分置，廬江屬南豫，濱帶長江，與南譙接境，民黎租帛，從流送州，實爲便利，遠踰西豫，非其所願，郡領灊舒及始新左縣，[16]村竹産，府州採伐，爲益不少。府州新創，異於舊藩。資役多闕，實希得廬江。請依昔分置。”尚書參議：“往年虜邊塵須實，故啓迴换。今淮、泗無虞，宜許所牒。”詔“可”。[17]領郡如左：

[1]宋永初二年：中華修訂本《校勘記》云：“‘二年’疑當作‘三年’。按《宋書》卷三《武帝紀》下載永初三年二月丁丑詔曰‘淮西諸郡，可立爲豫州；自淮以東，爲南豫州’。”（第301頁）永初，宋武帝劉裕年號。

[2]元嘉：宋文帝劉義隆年號。

[3]大明元年復置：“中華修訂本《校勘記》云：‘元年’，疑當作‘三年’，按《宋書》卷六《孝武帝紀》載大明三年秋七月丙戌，‘分淮南北復置二豫州’。”（第301頁）大明，宋孝武帝劉駿年號。

[4]泰始：宋明帝劉彧年號。

[5]建元：齊高帝蕭道成年號。

[6]西豫吏民寡刻，分置兩州，損費甚多：意爲西豫的官吏百姓都很少，分置兩個州，損耗太多。

[7]王儉：字仲寶，琅琊臨沂人。南齊重臣，助蕭道成建齊稱帝。本書卷二三、《南史》卷二二有傳。

[8]醜羯：此爲對北方羯族的蔑稱。

[9]胡馬倏至：胡人兵馬忽然到達。

［10］嬰城：環城而守。

［11］方鎮常居：此指將帥常年駐守。

［12］永明：齊武帝蕭賾年號。

［13］沈憲：字彦璋，吴興武康人。南齊時人，曾任冠軍長史。本書卷五三有傳。

［14］復除：免除賦役。“除”原作“徐”，從中華本改。

［15］租輸：上繳的田賦。

［16］灊：原作“隔”，從中華本改。

［17］詔“可”：南豫州的分置主要考慮的是軍事因素，而在其他方面造成了許多不便，所以在經過多次分合後，最終恢復舊制。

淮南郡[1]

于湖[2]永明八年，省角城、高平、下邳三縣并。[3]　繁昌[4]　當塗[5]　浚遒[6]　定陵[7]　襄垣[8]

［1］淮南郡：郡名。治所在今安徽當塗縣。

［2］于湖：縣名。晋武帝太康二年（281），分丹陽縣置。治所在今安徽當塗縣。

［3］角城：原作“甬城”，中華本校勘記云：“《通鑑》齊建元三年胡注云‘甬城’當作‘角城’，今據改。按《水經·淮水注》‘淮泗之會即角城也’，楊守敬《疏證》云各書‘甬’‘角’錯出。”今從改。

［4］繁昌：縣名。三國魏置。治所在今安徽繁昌縣東北。

［5］當塗：縣名。治所在今安徽南陵縣東南。

［6］浚遒：縣名。治所在今安徽宣城市北。

［7］定陵：縣名。治所在今安徽銅陵市東順安鎮。

［8］襄垣：縣名。治所在今安徽蕪湖市。

宣城郡[1]

廣德[2]　懷安[3]　宛陵[4]　廣陽[5]　石城[6]　臨城[7]　寧國[8]　宣城[9]　建元[10]　涇[11]　安吴[12]

[1]宣城郡：郡名。晋武帝太康元年（280），分丹陽縣置。治所在今安徽宣城市。

[2]廣德：縣名。《宋書·州郡志一》言疑爲吴置。治所在今安徽廣德縣西南。

[3]懷安：縣名。三國吴置。治所在今安徽寧國市東南。

[4]宛陵：縣名。三國吴置。治所在今安徽宣城市。

[5]廣陽：縣名。晋咸康四年（338）避成帝杜皇后諱改陵陽縣置。治所在今安徽黄山市廣陽鎮。

[6]石城：縣名。治所在今安徽東至縣北。

[7]臨城：縣名。三國吴置。治所在今安徽青陽縣南。

[8]寧國：縣名。三國吴置。治所在今安徽寧國市南。

[9]宣城：縣名。治所在今安徽南陵縣東弋江鎮。

[10]建元：縣名。南齊置。治所在今安徽宣城市境。

[11]涇：縣名。治所在今安徽涇縣西北。

[12]安吴：縣名。三國吴置。治所在今安徽涇縣西南。

歷陽郡[1]

歷陽[2]　龍亢[3]　雍丘[4]

[1]歷陽郡：郡名。晋惠帝永興元年（304），分淮南郡置。治所在今安徽和縣。

[2]歷陽：縣名。治所在今安徽和縣。

[3]龍亢：縣名。治所在今安徽含山縣東南。

[4]雍丘：縣名。治所在今安徽和縣西南。

南譙郡[1]

山桑[2]　蘄[3]　北許昌[4]《永元志》無　扶陽[5]　曲陽[6]　嘉平[7]

[1]南譙郡：郡名。治所在今安徽巢湖市東南。

[2]山桑：縣名。治所在今安徽巢湖市東南。

[3]蘄：縣名。治所在今安徽巢湖市。

[4]北許昌：縣名。南朝齊置。僑今安徽巢湖市東南。

[5]扶陽：縣名。治所在今安徽無爲縣西北。

[6]曲陽：縣名。確址無考，當僑今安徽巢湖市、和縣之間。

[7]嘉平：縣名。南朝齊置。僑今安徽全椒縣西南。

廬江郡[1]

舒[2]建元二年爲郡治　灊[3]　始新[4]　和城[5]《永元志》無　西華[6]《永元志》無　吕亭左縣[7]建元二年，割晋熙屬。　譙[8]建元二年，割南譙屬。

[1]廬江郡：郡名。治所在今安徽舒城縣。

[2]舒：縣名。治所在今安徽舒城縣。

[3]灊：縣名。治所在今安徽霍山縣東北。

[4]始新：縣名。確址無考，當在今安徽霍山縣、舒城縣、廬江縣、桐城市一帶。

[5]和城：縣名。南朝齊置。僑今安徽合肥市附近。

[6]西華：縣名。確址無考，當僑今安徽合肥市、舒城縣一帶。

[7]吕亭左縣：縣名。南齊改吕亭縣置。治所在今安徽桐城縣東北吕亭鎮。

[8]譙：縣名。確址無考。

臨江郡[1]建元二年，罷并歷陽，後復置。

烏江[2]　懷德[3]　酇[4]

[1]臨江郡：郡名。宋孝武帝大明五年（461）置，前廢帝永光元（465）年省，泰始七年（471）復置。建元二年（480）罷南豫州又廢，及永明二年（484）復置南豫州及臨江郡。治所在今安徽和縣東北。

[2]烏江：縣名。治所在今安徽和縣東北。

[3]懷德：縣名。治所在今江蘇南京市浦口區西。

[4]酇：縣名。治所在今安徽全椒縣西南。

南兖州鎮廣陵，漢故王國。有江都浦水，魏文帝伐吴出此，[1]見江濤盛壯，歎云："天所以限南北也。"晋元帝過江，[2]建興四年，[3]揚聲北討，遣宣城公裒督徐、兖二州，[4]鎮廣陵。其後或還江南，然立鎮自此始也。時百姓遭難，流移此境，流民多庇大姓以爲客。元帝太興四年，[5]詔以流民失籍，使條名上有司，爲給客制度，[6]而江北荒殘，不可檢實。明帝太寧三年，[7]郗鑒爲兖州，[8]鎮廣陵，後還京口。是後兖州或治盱眙，或治山陽，桓玄以桓弘爲青州，[9]鎮廣陵。義熙二年，諸葛長民爲青州，[10]徙山陽。時鮮卑接境，[11]長民表云："此蕃十載釁故相襲，[12]城池崩毁，荒舊散伏，邊疆諸戍，不聞鷄犬。且犬羊侵暴，[13]抄掠滋甚。"乃還鎮京口。晋末以廣陵控接三齊，[14]故青、兖同鎮。宋永初元年，罷青并兗。三年，檀道濟始爲南兗州，[15]廣陵因此爲州鎮。土甚平曠，刺史每以秋月多出海陵觀濤，與京口對岸，江之壯闊處也。永明元年，刺史柳世隆奏：[16]"尚書符下土斷條格，[17]并省僑郡縣。[18]凡諸流寓，[19]本無定憩，十家五落，各自星處。一縣之民，散在州境，西至淮畔，東届海隅。今專罷僑邦，不省荒邑，雜居舛止，與先不異。離爲區斷，無革游濫。謂應同省，隨堺并帖。若鄉屯里聚，二三百家，井甸可脩，區域易分者，別詳立。"於是濟陰郡六縣，下邳郡四縣，淮陽郡三縣，東莞郡四縣，以散居無實土，官長無廨舍，寄止民村，及州治立，見省，民户帖屬。領郡如左：

[1]魏文帝：曹丕。曹操次子，於曹操死後稱帝建立魏國。《三國志》卷二有紀。

[2]晋元帝：司馬睿。曾出鎮建康，西晋滅亡後稱帝，建立東晋。《晋書》卷六有紀。

[3]建興：晋愍帝司馬鄴年號。

[4]宣成公裒：司馬裒。晋元帝次子。《晋書》卷六四有傳。

[5]太興：晋元帝司馬睿年號。

[6]給客制度：東晋南朝時，官吏和世家大族可按照等級品位擁有一定數額蔭客的制度。

[7]太寧：晋明帝司馬紹年號。

[8]郗鑒：字道徽，高平金鄉人。晋明帝時曾都督徐兗青三州軍事、兗州刺史、假節，鎮廣陵。《晋書》卷六七有傳。

[9]桓玄：字敬道，桓温幼子。《晋書》卷九九有傳。

[10]諸葛長民：琅邪陽都人。曾任青州刺史。《晋書》卷八五有傳。

[11]鮮卑：古族名。東胡族的一支，初居遼東，後移至匈奴故地，勢力漸盛。晋分數部，以慕容、拓跋最爲著名。十六國時期曾建立前燕、後燕、西秦、南涼等政權。其中拓跋部建立北魏，並統一北方。534年分裂爲東魏和西魏。後漸次與漢族等其他民族融合。

[12]釁故相襲：此句意爲連續收到侵擾。釁故，罪行。

[13]犬羊：對外敵的蔑稱。

[14]三齊：項羽分齊國故地爲齊、膠東、濟北三國，稱爲三齊。此指山東地區。

[15]檀道濟：高平金鄉人。晋末宋初將領，曾助劉裕稱帝建宋。《宋書》卷四三有傳。

[16]柳世隆：字彦緒，河東解人。南朝宋、齊時宰相。本書卷二四有傳。

[17]土斷：東晋南朝時廢除僑置郡縣，整頓户籍，使僑户編入所在郡縣的辦法。

[18]僑郡縣：東晋南朝時爲安置北方遷徙過來的人們，用北方州郡之名在長江南北設置的郡縣，稱爲僑郡、僑縣。

[19]流寓：指流落他鄉居住的人。

廣陵郡[1]建元四年，罷北淮陽、北下邳、北濟陰、東莞四郡并。

海陵[2]　廣陵[3]　高郵[4]　江都[5]　齊寧[6]永明元年置[7]

[1]廣陵郡：郡名。治所在今江蘇揚州市西北蜀崗上。

[2]海陵：縣名。三國時廢，晋武帝太康元年（280）復置。治所在今江蘇泰州市。

[3]廣陵：縣名。治所在今江蘇揚州市西北蜀崗上。

[4]高郵：縣名。三國時廢，晋武帝太康元年（280）復置。治所在今江蘇高郵市。

[5]江都：縣名。三國時廢，晋武帝太康六年（285）復立。東晋時江都縣並入輿縣，宋元嘉十三年（436）復立江都縣。治所在今江蘇揚州市西南。

[6]齊寧：縣名。齊永明元年（483）置，中興元年（501）廢。治所在今江蘇揚州市東北。

[7]永明："永"原作"元"，中華本據殿本、局本改正。今從改。

海陵郡[1]

建陵[2]　寧海[3]　如臯[4]　臨江[5]　蒲濤[6]　臨澤[7]　齊昌[8]永明元年置　海安[9]永明五年罷新郡，并此縣度屬。

[1]海陵郡：郡名。晋安帝分廣陵置。治所在今江蘇泰州市東北。

[2]建陵：縣名。晋安帝置。治所在今江蘇泰州市東北。

[3]寧海：縣名。晋安帝置。治所在今江蘇如臯市西南。

[4]如臯：縣名。晋安帝置。治所在今江蘇如臯市。

[5]臨江：縣名。晋安帝置。治所在今江蘇如臯市南。

[6]蒲濤：縣名。晋安帝置。治所在今江蘇如臯市東南白蒲鎮。

[7]臨澤：縣名。宋明帝泰豫元年（472）置。治所在今江蘇高郵市東北臨澤鎮。

[8]齊昌：縣名。今地不詳。

[9]海安：縣名。治所在今江蘇海安縣。

山陽郡[1]

東城[2]　山陽[3]　鹽城[4]　左鄉[5]

[1]山陽郡：郡名。晉安帝義熙中土斷分廣陵郡置。治所在今江蘇淮安市楚州區。

[2]東城：縣名。晉安帝置。確址無考，當治今江蘇淮安市楚州區、鹽城市之間。

[3]山陽：縣名。治所在今江蘇淮安市淮安區。

[4]鹽城：縣名。舊名鹽瀆，三國時廢，晉武帝太康二年（281）復置，晉安帝時改名。治所在今江蘇鹽城市。

[5]左鄉：縣名。晉安帝置。治所在今江蘇淮安市淮安區東。

盱眙郡[1]

考城[2]　盱眙[3]　陽城[4]　直瀆[5]　長樂[6]

[1]盱眙郡：郡名。晉安帝分置。治所在今江蘇盱眙縣東北。

[2]考城：縣名。治所在今江蘇盱眙縣西南。

[3]盱眙：縣名。治所在今江蘇盱眙縣東北。

[4]陽城：縣名。晉安帝置。治所在今江蘇盱眙縣西南。

[5]直瀆：縣名。晉安帝置。治所在今江蘇盱眙縣南。

[6]長樂：縣名。僑今江蘇丹陽市、常州市一帶。

南沛郡[1]

沛[2]　蕭[3]　相[4]

[1]南沛郡：郡名。治所在今安徽天長市境。

[2]沛：縣名。治所在今安徽天長市西石梁鎮。

[3]蕭：縣名。確址無考，當治今安徽天長市一帶。

[4]相：縣名。確址無考，當治今安徽天長市一帶。

北兗州，鎮淮陰。《地理志》云淮陰縣屬臨淮郡，[1]

《郡國志》屬下邳國，[2]《晋太康地記》屬廣陵郡。[3]穆帝永和中，[4]北中郎將荀羡北討鮮卑，[5]云“淮陰舊鎮，地形都要，水陸交通，易以觀釁。[6]沃野有開殖之利，方舟運漕，無他屯阻”。乃營立城池。宋泰始二年失淮北，於此立州鎮。建元四年，移鎮盱眙，仍領盱眙郡。舊北對清泗，[7]臨淮守險，有陽平石鱉，[8]田稻豐饒。所領唯陽平一郡，永明七年，光禄大夫吕安國啓稱：[9]“北兖州民戴尚伯六十人訴‘舊壤幽隔，[10]飃寓失所，今雖創置淮陰，而陽平一郡，州無實土，[11]寄山陽境内。竊見司、徐、青三州，悉皆新立，並有實郡。東平既是望邦，衣冠所係。[12]希於山陽、盱眙二界間，割小户置此郡，始招集荒落。使本壤族姓，有所歸依’。臣尋東平郡既是此州本領，臣賤族桑梓，願立此邦。”見許。領郡如左：

[1]《地理志》：《漢書·地理志》。

[2]《郡國志》：《續漢書·郡國志》。

[3]《晋太康地記》：書名。撰人不詳，已佚。有清王謨輯本一卷。

[4]穆帝：晋穆帝司馬聃。字彭子，晋康帝子。其在位時一直由桓温把持朝政。《晋書》卷八有紀。

[5]北中郎將：四中郎將之一。置於東漢末，魏晋沿置。掌帥軍征伐，地位重要，多有較固定的轄區和治所。晋時秩四品。　荀羡：字令則，東晋時人。娶晋元帝女尋陽公主。《晋書》卷七五有傳。

[6]易以觀釁：易於伺機而動。觀釁，窺伺敵人的間隙。

[7]清泗：泗水别名。源於今山東泗水縣東蒙山南麓，流至泗

口（又稱清口，在今江蘇淮安市淮陰區）入淮河。

[8]陽平：原作“平陽”。中華本據局本及本書卷二九《周山圖傳》改，並引清錢大昕《廿二史考異》云:“據下文，當爲陽平郡，轉寫傎倒耳。《周山圖傳》亦云於石鱉立陽平郡。”今從改。

[9]光禄大夫：西漢始置，後代沿置。魏晋南朝時多爲兼官或榮譽加官。　吕安國：廣陵廣陵人。曾任南兖州刺史。本書卷二九有傳。

[10]幽隔：遠隔。此指失去舊土。

[11]實土：實際管轄的土地。東晋南朝時大量的僑置郡没有實土，寄治於他郡。

[12]衣冠：縉紳、士大夫的代稱。

陽平郡[1]寄治山陽

泰清[2]　永陽[3]　安宜[4]　豐國[5]

[1]陽平郡：郡名。寄治於今江蘇淮安市。

[2]泰清：縣名。今地不詳。

[3]永陽：縣名。今地不詳。

[4]安宜：縣名。南齊置。治所在今江蘇寶應縣西南。

[5]豐國：縣名。今地不詳。

東平郡[1]

壽張[2]割山陽官瀆以西三百户置　淮安[3]割直瀆、破釜以東，淮陰鎮下流雜一百户置。

[1]東平郡：郡名。治所在今江蘇淮陰市南。

[2]壽張：縣名。今地不詳。

[3]淮安：縣名。今地不詳。

高平郡
濟北郡
泰山郡
新平郡
魯郡

右荒。

北徐州，鎮鍾離。《漢志》鍾離縣屬九江郡，《晋太康二年起居注》置淮南鍾離，未詳此前所省令。[1]《晋地記》屬淮南郡。宋泰始末年屬南兗。元徽元年置州，[2]割爲州治，防鎮緣淮。永明元年，省北徐譙、梁、魏、陽平、彭城五郡。領郡如左：

[1]未詳此前所省令：不瞭解之前的建置沿革。

[2]元徽：宋蒼梧王劉昱年號。

鍾離郡[1]

燕縣[2]郡治　朝歌[3]　虞[4]永明元年，割馬頭屬。零[5]永明元年，割馬頭屬。

[1]鍾離郡：郡名。晋安帝分置。治所在今安徽鳳陽縣東北臨淮關東古城。

[2]燕縣：縣名。治所在今安徽鳳陽縣東北臨淮關東古城。

[3]朝歌：縣名。治所在今安徽鳳陽縣東北。

[4]虞：縣名。治所在今安徽懷遠縣南淮河東岸馬城鎮。

[5]零：縣名。治所在今安徽懷遠縣境。

馬頭郡[1]

己吾[2]永明元年，罷譙郡屬。二年，刺史戴僧静又以濟縣并之。[3]

[1]馬頭郡：郡名。治所在今安徽懷遠縣南淮河東岸馬城鎮。

[2]己吾：縣名。今地不詳。

[3]刺史戴僧静又以濟縣并之：中華修訂本《校勘記》云："'濟縣'，疑當作'濟陽縣'。按《宋書》卷三五《州郡志》一載徐州馬頭郡領虞、零、濟陽三縣。據本卷上文注，虞、零二縣於永明元年割屬鍾離郡。餘濟陽一縣，應即戴僧静所併之縣。胡阿祥《〈南齊書·州郡志〉札記》云：'濟縣當是濟陽縣之訛。'"（第302頁）

濟陰郡[1]

頓丘[2]永明元年，罷定陶并。[3] 睢陵[4] 樂平[5]永明元年，割鍾離屬。 濟安[6]永明元年，割鍾離屬。

[1]濟陰郡：郡名。僑今安徽明光市東北。

[2]頓丘：縣名。今地不詳。

[3]定陶："陶"原作"淘"，從中華本改。

[4]睢陵：縣名。僑今安徽明光市東北。

[5]樂平：縣名。治所在今安徽鳳陽縣東。

[6]濟安：縣名。今地不詳。

新昌郡[1]

頓丘[2] 穀熟[3] 尉氏[4]

[1]新昌郡：郡名。南朝宋後廢帝元徽元年（473）立。治所在今安徽滁州市。

[2]頓丘：縣名。治所在今安徽滁州市。

[3]穀熟：縣名。治所在今安徽和縣西北。

[4]尉氏：縣名。今地不詳。

沛郡[1]

相　蕭　沛

[1]沛郡：郡名。按，沛郡及下屬諸縣，均僑今安徽鳳陽縣、明光市及滁州市一帶。

青州，宋泰始初淮北没虜，六年，始治鬱州上。[1]鬱州在海中，周迴數百里，島出白鹿，土有田疇魚鹽之利。劉善明爲刺史，[2]以海中易固，不峻城雉，[3]乃累石爲之，高可八九尺。後爲齊郡治。建元初，徙齊郡治瓜步，以北海治齊郡故治，州治如舊。流荒之民，郡縣虚置，至於分居土著，蓋無幾焉。建元四年，移鎮朐山，[4]後復舊。領郡如左：

[1]鬱州：此當爲鬱洲。在今江蘇連雲港市東雲臺山一帶。

[2]劉善明：平原人。南齊時曾任冀州刺史（南齊青、冀二州合置一刺史）。本書卷二八有傳。

[3]不峻城雉：不修築險峻的城墻。

[4]朐山：在今江蘇連雲港市西南。

齊郡[1]永明元年，罷秦郡并之，治瓜步。

臨淄永明二年，省華城縣并。　齊安永明元年罷　西安　宿豫　尉氏　平虜　昌國　泰[2]　益都

[1]齊郡：郡名。僑今江蘇南京市六合區東南瓜埠鎮。以下諸縣均僑今六合區附近。

[2]泰：中華修訂本《校勘記》云："疑當作'秦'。按《宋書》卷三五《州郡志》一載南兗州秦郡領秦縣，本卷上文齊郡注云：'永明元年，罷秦郡并之。'胡阿祥《〈南齊書·州郡志〉札記》云秦縣'改入齊郡，當是秦郡併入齊郡後改屬之故。'"（第302頁）

北海郡[1]

都昌宋鬱縣，建元改用漢名也。[2]　廣饒　贛榆　膠東　劇　下密　平壽

[1]北海郡：郡名。僑寄鬱洲，治所在今江蘇連雲港市東雲臺山一帶。按，北海郡下屬諸縣均治連雲港市雲臺山一帶。

[2]改：原作"故"，從中華本改。

東莞琅邪二郡[1]治朐山也

即丘[2]　南東莞[3]永明元年，以流户置。　北東莞[4]

[1]東莞琅邪二郡：郡名。治所在今江蘇連雲港市西南錦屏山。

[2]即丘：縣名。治所在今江蘇連雲港市南。

[3]南東莞：縣名。治所在今江蘇東海縣或連雲港市境。

[4]北東莞：縣名。治所在今江蘇東海縣或連雲港市境。

冀州，宋元嘉九年分青州置。青州領齊、濟南、樂安、高密、平昌、北海、東萊、太原、長廣九郡，[1]冀州領廣川、平原、清河、樂陵、魏郡、河間、頓丘、高陽、勃海九郡。[2]泰始初，遇虜寇，並荒没。今所存者，泰始之後更置立也。二州共一刺史。郡縣十無八九，但有名存，案《宋志》自知也。建元初，以東海郡屬冀州。全領一郡：

[1]齊：郡名。治臨淄縣，在今山東淄博市東臨淄區北。　濟南：郡名。治歷城縣，在今山東濟南市。　樂安：郡名。治千乘縣，在今山東廣饒縣北。　高密：郡名。治黔陬縣，在今山東膠州市西南黔陬縣。　平昌：郡名。治安丘縣，在今山東安丘市西南。　北海：郡名。僑東陽城，在山東青州市。　東萊：郡名。治曲城縣，在今山東萊州市東北。　太原：郡名。治太原縣，在今山東濟南市長清區西南。　長廣：郡名。治不其縣，在今山東青島市西北。

[2]廣川：郡名。治廣川縣，在今山東鄒平縣東長山鎮一帶。　平原：郡名。僑梁鄒城，在今山東鄒平縣東北。　清河：郡名。治盤陽城，在今山東淄博市西南淄川區。　樂陵：郡名。治樂陵縣，在今山東博興縣境。　魏郡：郡名。僑今山東濟南市一帶。　河間：郡名。治樂城縣，僑今山東壽光市一帶。　頓丘：郡名。僑今山東章丘市一帶。　高陽：郡名。僑今山東淄博市東臨淄區東北。　勃海：郡名。僑今山東高青縣東南。

北東海郡[1]治連口

襄賁[2]　僮[3]　下邳[4]　厚丘[5]　曲城[6]

[1]北東海郡：郡名。治所在今江蘇漣水縣。

[2]襄賁：縣名。治所在今江蘇漣水縣北。

[3]僮：縣名。治所在今江蘇沭陽縣南。

[4]下邳：縣名。治所在今江蘇睢寧縣西北古邳鎮東。

[5]厚丘：縣名。治所在今江蘇沭陽縣北。

[6]曲城：縣名。今地不詳。

江州，鎮尋陽，中流衿帶。[1]晋元康元年，[2]惠帝詔：[3]"荆、揚二州，疆土曠遠。有司奏割揚州之豫章、鄱陽、廬陵、臨川、南康、建安、晋安爲新州。新安、東陽、宣城舊豫章封内，豫章之東北，相去懸遠，可如故屬揚州。又割荆州之武昌、桂陽、安成并十郡，可因江水之名爲江州，宜治豫章。"庾亮領刺史，都督六州，云以荆、江爲本，校二州户口，雖相去機事，[4]實覺過半，江州實爲根本。臨終表江州宜治尋陽，以州督豫州新蔡、西陽二郡，治湓城，[5]接近東江諸郡，往來便易。其後庾翼又還豫章。義熙後，還尋陽。何無忌表：[6]"竟陵去治遼遠，去江陵正三百里，荆州所立綏安郡民户，參入此境，郡治常在夏口左右，[7]欲資此郡助江濱戍防，以竟陵還荆州。又司州弘農、揚州松滋二郡，寄尋陽，人民雜居，宜並見督。"今九江在州鎮之北，[8]彭蠡在其東也。[9]領郡如左：[10]

[1]衿帶：比喻形勢回互環繞的要害之地，也引申爲防守險要之地。

[2]元康：晋惠帝司馬衷年號。

[3]惠帝：晋惠帝司馬衷。字正度，武帝次子。《晋書》卷四

有紀。晉惠帝始置江州，共有豫章、鄱陽、廬陵、臨川、南康、建安、晉安、武昌、桂陽、安成十郡。

[4]雖相去機事："機"字原闕，中華本據南監本、殿本、局本補。今從補。

[5]湓城：湓口城。在今江西九江市。

[6]何無忌：東海郯人。東晉末名將，曾任江州刺史。《晉書》卷八五有傳。

[7]夏口：又稱沔口，爲漢水入長江之口。在今湖北武漢市黄鵠山東北。

[8]九江：一説爲今江西贛江及其八大支流。一説指今湖南洞庭湖所匯湘、沅等九水。

[9]彭蠡：湖名。即今江西鄱陽湖。古彭蠡應在長江北岸，西漢後逐漸萎縮，彭蠡之名被南移至江南，逐漸擴展成今鄱陽北湖。兩晉後彭蠡已包括鄱陽湖大部。

[10]左：原作"在"，從中華本改。

尋陽郡[1]

柴桑[2]　彭澤[3]

[1]尋陽郡：郡名。晉惠帝永興元年（304），分廬江、武昌郡置。治所在今江西九江市西南。

[2]柴桑：縣名。治所在今江西九江市西南。

[3]彭澤：縣名。治所在今江西湖口縣東。

豫章郡[1]

南昌[2]　新淦[3]　艾[4]　建城[5]　建昌[6]　望蔡[7]　新吴[8]　永脩[9]　吴平[10]　康樂[11]　豫章[12]　豐城[13]

[1]豫章郡：郡名。治所在今江西南昌市。

[2]南昌：縣名。治所在今江西南昌市。

[3]新淦：縣名。治所在今江西樟樹市。

[4]艾：縣名。治所在今江西修水縣西。

[5]建城：縣名。治所在今江西高安市。

[6]建昌：縣名。治所在今江西永修縣西北艾城。

[7]望蔡：縣名。治所在今江西上高縣。

[8]新吴：縣名。治所在今江西奉新縣西故縣。

[9]永脩：縣名。治所在今江西永修縣西北艾城西南。

[10]吴平：縣名。三國吴改漢平縣置。治所在今江西樟樹市西南吴平遺址。

[11]康樂：縣名。吴孫權黄武中置陽樂，晋武帝太康元年(280)改名。治所在今江西萬載縣東北。

[12]豫章：縣名。晋武帝太康元年改西安縣置。治所在今江西武寧縣西。中華本校勘記云："《晋書·地理志》同。《宋書·州郡志》作'豫寧'。按王曇首追封豫寧縣侯，見《宋書》本傳。然《宋書·王僧綽傳》《南齊書·王儉傳》均作襲封豫章縣侯，僧綽，曇首子，儉，曇首孫也。《南史·僧綽傳》《儉傳》則又並作襲封豫寧縣侯，與宋志合。又《文選》任昉《王文憲集序》稱儉襲爵豫寧縣侯，李善注引蕭子顯《齊書》亦作'豫寧'。則疑《齊書》舊本亦作豫寧。此豫章疑亦豫寧之訛。"

[13]豐城：縣名。三國吴置富城，晋武帝太康元年(280)改名。治所在今江西豐城市西南。

臨川郡[1]

南城[2]　臨汝[3]　新建[4]　永城[5]　宜黄[6]　南豐[7]　東興[8]　安浦[9]　西豐[10]

［1］臨川郡：郡名。三國吴太平二年（257）分豫章郡置。治所在今江西南城縣東南。

［2］南城：縣名。治所在今江西南城縣東南。

［3］臨汝：縣名。治所在今江西撫州市西。

［4］新建：縣名。三國吴置。治所在今江西崇仁縣西南。

［5］永城：縣名。三國吴置。治所在今江西黎川縣西北。

［6］宜黄：縣名。三國吴置。治所在今江西宜黄縣東。

［7］南豐：縣名。三國吴置。治所在今江西廣昌縣東。

［8］東興：縣名。三國吴置。治所在今江西黎川縣東北。

［9］安浦：縣名。三國吴置。治所在今江西樂安縣西南。

［10］西豐：縣名。三國吴置西平縣，晉武帝太康元年（280）改名。治所在今江西撫州市南。

廬陵郡[1]

石陽[2]　西昌[3]　東昌[4]　吉陽[5]　巴丘[6]　興平[7]　高昌[8]　陽豐[9]　遂興[10]

［1］廬陵郡：郡名。治所在今江西吉水縣東北。

［2］石陽：縣名。治所在今江西吉水縣東北。

［3］西昌：縣名。三國吴置。治所在今江西泰和縣西。

［4］東昌：縣名。三國吴置。治所在今江西吉安縣東南永和鎮。

［5］吉陽：縣名。三國吴置。治所在今江西吉水縣東。

［6］巴丘：縣名。三國吴置。治所在今江西峽江縣。

［7］興平：縣名。三國吴置。治所在今江西永豐縣東北。

［8］高昌：縣名。三國吴置。治所在今江西吉安縣西南。

［9］陽豐：縣名。三國吴置陽城，晉武帝太康元年（280）改名。治所在今江西永豐縣西北。

［10］遂興：縣名。三國吴置新興，晋武帝太康元年（280）改名。治所在今江西萬安縣西。

鄱陽郡[1]

鄱陽[2]　餘干[3]　葛陽[4]　樂安[5]　廣晋[6]　上饒[7]

［1］鄱陽郡：郡名。治所在今江西鄱陽縣。

［2］鄱陽：縣名。治所在今江西鄱陽縣。

［3］餘干：縣名。治所在今江西餘干縣。

［4］葛陽：縣名。三國吴置。治所在今江西弋陽縣西。

［5］樂安：縣名。三國吴置。治所在今江西德興市東北。

［6］廣晋：縣名。三國吴置廣昌，晋武帝太康元年（280）改名。治所在今江西鄱陽縣北石門街鎮。

［7］上饒：縣名。三國吴置。治所在今江西上饒市西北。

安成郡[1]

平都[2]　新喻[3]　永新[4]　萍鄉[5]　宜陽[6]　廣興[7]　安復[8]

［1］安成郡：郡名。三國吴孫晧寶鼎二年（227）分豫章、廬陵、長沙郡置。治所在今江西安福縣。

［2］平都：縣名。治所在今江西安福縣。

［3］新喻：縣名。三國吴置。治所在今江西新餘市西南。

［4］永新：縣名。三國吴置。治所在今江西永新縣西。

［5］萍鄉：縣名。三國吴置。治所在今江西萍鄉市東。

［6］宜陽：縣名。治所在今江西宜春市。

［7］廣興：縣名。治所在今江西蓮花縣。

[8]安復：縣名。晋武帝太康元年（280）改安成縣置。治所在今江西安福縣西。

南康郡[1]

贛[2]　雩都[3]　南野[4]　寧都[5]　平固[6]　陂陽[7]　虔化[8]永明八年，罷安遠縣并。　南康[9]

[1]南康郡：郡名。晋武帝太康三年（282）以廬陵南部都尉置。治所在今江西贛州市東北。

[2]贛：縣名。治所在今江西贛州市東北。

[3]雩都：縣名。治所在今江西贛州市東北。

[4]南野：縣名。治所在今江西南康市西南章水南岸。

[5]寧都：縣名。三國吴置陽都，晋武帝太康元年（280）改名。治所在今江西寧都縣東北。

[6]平固：縣名。三國吴置平陽，晋武帝太康元年（280）改名。治所在今江西興國縣南。

[7]陂陽：縣名。三國吴置揭陽，晋太康五年（284）以南康揭陽移治故陂陽縣，改名。治所在今江西石城縣西南。

[8]虔化：縣名。南朝宋大明五年（461）置。治所在今江西寧都縣西。

[9]南康：縣名。治所在今江西南康市。

南新蔡郡[1]

慎[2]　苞信[3]　陽唐左縣[4]　宋[5]

[1]南新蔡郡：郡名。治所在今湖北黄梅縣西。

[2]慎：縣名。確址無考，當治今湖北黄梅縣、武穴市一帶。

[3]苞信：縣名。治所在今湖北黄梅縣西。

[4]陽唐左縣：縣名。確址無考，當治今湖北黄梅縣、武穴市一帶。

[5]宋：縣名。確址無考，當治今湖北黄梅縣、武穴市一帶。

建安郡[1]

吴興[2]　建安[3]　將樂[4]　邵武[5]　建陽[6]　綏城[7]　沙村[8]

[1]建安郡：郡名。治所在今福建建甌市。

[2]吴興：縣名。治所在今福建浦城縣。

[3]建安：縣名。治所在今福建建甌市。

[4]將樂：縣名。治所在今福建將樂縣。

[5]邵武：縣名。治所在今福建邵武市。

[6]建陽：縣名。治所在今福建建陽市東北。

[7]綏城：縣名。南監本及《宋書·州郡志二》作"綏成"。治所在今福建建寧縣西南。

[8]沙村：縣名。治所在今福建沙縣東古縣村。

晋安郡[1]

侯官[2]　羅江[3]　原豐[4]　晋安[5]　温麻[6]

[1]晋安郡：郡名。晋武帝太康三年（282）分建安郡置。治所在今福建福州市。

[2]侯官：縣名。治所在今福建福州市。中華修訂本《校勘記》云："三朝本、北監本、汲本、殿本、局本、《宋書》卷三六《州郡志》二、《晋書》卷一五《地理志》下作'候官'。"（第303頁）

[3]羅江：縣名。三國吴置。確址無考，疑在今福建連江、羅

源二縣境。

[4]原豐：縣名。晋武帝太康三年（282）省建安典船校尉置。治所在今福建福州市。

[5]晋安：縣名。三國吴置東安，晋武帝改名。治所在今福建南安市東豐州鎮。

[6]温麻：縣名。晋武帝太康四年（283）置。治所在今福建霞浦縣南沙江鎮古縣村。

廣州，鎮南海。濱際海隅，委輸交部，[1]雖民户不多，而俚獠猥雜，[2]皆樓居山險，不肯賓服。西南二江，川源深遠，别置督護，專征討之。捲握之資，富兼十世。[3]尉他餘基，亦有霸迹。江左以其遼遠，蕃戚未有居者，唯宋隨王誕爲刺史。[4]領郡如左：

[1]委輸：轉運，亦指轉運的物資。又有匯聚、注聚之意。交部：地區名。即交趾，泛指五嶺以南地區。

[2]猥雜：雜亂、繁雜。

[3]尉他：亦作“尉佗”，即趙佗。秦時曾任南海郡尉，故稱。詳見《史記》卷一一三《南越列傳》。

[4]王誕：字茂世，琅邪臨沂人。王導曾孫，曾被流放廣州。《宋書》卷五二有傳。

南海郡[1]

番禺[2]　熙安[3]　博羅[4]　增城[5]　龍川[6]　懷化[7]　西平[8]　綏寧[9]　新豐[10]　羅陽[11]　高要[12]　安遠[13]　河源[14]

［1］南海郡：郡名。治所在今廣東廣州市。

［2］番禺：縣名。治所在今廣東廣州市。

［3］熙安：縣名。南朝宋文帝置。治所在今廣東廣州市西北。

［4］博羅：縣名。治所在今廣東博羅縣。

［5］增城：縣名。治所在今廣東增城市東北。

［6］龍川：縣名。治所在今廣東龍川縣西南佗城鎮。

［7］懷化：縣名。晋安帝置。治所在今廣東廣州市東南。

［8］西平：縣名。治所在今廣東惠州市惠陽區西北。

［9］綏寧：縣名。南朝宋文帝置。治所在今廣東增城市西南。

［10］新豐：縣名。南朝齊永明八年（490）前置。治所在今廣東新豐縣東北。

［11］羅陽：縣名。南朝齊永明八年（490）前置。治所在今廣東博羅縣西北。

［12］高要：縣名。治所在今廣東肇慶市。

［13］安遠：縣名。南朝齊永明八年（490）前置。確址不詳。

［14］河源：縣名。南朝齊永明八年（490）前置。治所在今廣東河源市。

東官郡[1]

懷安[2]　寶安[3]　海安[4]　欣樂[5]　海豐[6]　齊昌[7]　陸安[8]　興寧[9]

［1］東官郡：郡名。晋成帝置。治所在今廣東惠東縣西北梁化鎮。

［2］懷安：縣名。《宋書·州郡志四》作“安懷”，疑是。治所在今廣東惠東縣西北梁化鎮。

［3］寶安：縣名。治所在今廣東深圳市南山區。

［4］海安：縣名。三國吴曰海寧，晋武帝改名。治所在今廣東

臺山市西南。

[5]欣樂：縣名。治所在今廣東惠州市惠陽區北。

[6]海豐：縣名。治所在今廣東海豐縣。

[7]齊昌：縣名。南朝齊永明八年（490）前置。治所在今廣東五華縣西南。

[8]陸安：縣名。南朝齊永明八年（490）前置。治所在今廣東陸豐市北大安。

[9]興寧：縣名。治所在今廣東興寧市西北。

義安郡[1]

綏安[2]　海寧[3]　海陽[4]　義招[5]　潮陽[6]　程鄉[7]

[1]義安郡：郡名。晋安帝義熙九年（413）分東官郡置。治所在今廣東潮州市東北。

[2]綏安：縣名。與郡同置。治所在今福建漳浦縣西南。

[3]海寧：縣名。與郡同置。治所在今廣東惠來縣西。

[4]海陽：縣名。治所在今廣東潮州市東北。

[5]義招：縣名。晋安帝義熙九年（413）置。治所在今廣東大埔縣。

[6]潮陽：縣名。與郡同置。治所在今廣東汕頭市潮陽區西北。

[7]程鄉：縣名。南朝齊永明八年（490）前置。治所在今廣東梅州市。

新寧郡[1]

博林[2]　南興[3]　臨沆[4]　甘泉[5]　新成[6]　威平[7]　單牒[8]　龍潭[9]　城陽[10]　威化[11]　歸順[12]　初興[13]　撫納[14]　平鄉[15]

[1]新寧郡：郡名。晋穆帝永和七年（351）分蒼梧郡置。治所在今廣東高要市西南。

[2]博林：縣名。治所在今廣東高要市西南。

[3]南興：縣名。治所在今廣東新興縣東北。

[4]臨沅：縣名。治所在今廣東新興縣南新興江東。《漢書·地理志下》《晋書·地理志下》《宋書·州郡志四》均作“臨允”。

[5]甘泉：縣名。治所在今廣東陽春市西北。《宋書·州郡志四》作“甘東”。

[6]新成：縣名。南朝齊改新興縣置。治所在今廣東新興縣。

[7]威平：縣名。確址無考，當在今廣東高要市、陽春市之間。

[8]單牒：縣名。治所在今廣東新興縣東。

[9]龍潭：縣名。南朝宋文帝置。治所在今廣東陽春市東北。

[10]城陽：縣名。南朝宋文帝置。確址無考，當在今廣東高要市、陽春市之間。

[11]威化：縣名。南朝宋文帝置。確址無考，當在今廣東高要市、陽春市之間。

[12]歸順：縣名。確址無考，當在今廣東高要市、陽春市之間。

[13]初興：縣名。南朝宋文帝置。確址無考，當在今廣東高要市、陽春市之間。

[14]撫納：縣名。治所在今廣東高要市南。

[15]平鄉：縣名。南朝宋文帝置。確址無考，當在今廣東高要市、陽春市之間。

蒼梧郡[1]

廣信[2]　寧新[3]　封興[4]　撫寧[5]　遂城[6]　丁留[7]　懷熙[8]　猛陵[9]　廣寧[10]　蕩康[11]　僑寧[12]

思安[13]

[1]蒼梧郡：郡名。治所在今廣西梧州市。

[2]廣信：縣名。治所在今廣西梧州市。

[3]寧新：縣名。三國吴置新寧，晋武帝太康元年（280）改名，後廢，南齊復置。治所在今廣西蒼梧縣東南。

[4]封興：縣名。治所在今廣東封開縣東北。

[5]撫寧：縣名。疑爲南齊置。確址無考，當在今廣西蒼梧、昭平、岑溪一帶。

[6]遂城：縣名。治所在今廣西蒼梧縣。《元和郡縣志》《太平寰宇記》同作“遂城”，《宋書·州郡志四》《隋書·地理志下》作“遂成”。

[7]丁留：縣名。晋武帝太康七年（296）置。確址無考，當在今廣西梧州市及其周邊一帶。

[8]懷熙：縣名。南朝宋文帝置。確址無考，當在今廣西梧州市及其周邊一帶。

[9]猛陵：縣名。治所在今廣西蒼梧縣西北。

[10]廣寧：縣名。南朝齊永明八年（490）前置。確址無考。

[11]蕩康：縣名。確址無考，當在今廣西梧州市及其周邊一帶。

[12]僑寧：縣名。確址無考，當在今廣西梧州市及其周邊一帶。

[13]思安：縣名。確址無考，當在今廣西梧州市及其周邊一帶。

高涼郡[1]

安寧[2]　羅州[3]　莫陽[4]　西鞏[5]　思平[6]　禽鄉[7]　平定[8]

[1]高凉郡：郡名。治所在今廣東陽江市西。

[2]安寧：縣名。三國吴置。治所在今廣東陽江市西。

[3]羅州：縣名。治所在今廣東高州市西。

[4]莫陽：縣名。治所在今廣東陽春市西南漠陽江西。

[5]西鞏：縣名。確址無考，當在今廣東恩平、高州二市之間。

[6]思平：縣名。治所在今廣東恩平市東北。

[7]禽鄉：縣名。確址無考，當在今廣東恩平、高州二市之間。

[8]平定：縣名。確址無考，當在今廣東恩平、高州二市之間。

永平郡[1]

夫寧[2]　安沂[3]　嘙安[4]　盧平[5]　員鄉[6]　蘇平[7]　逋寧[8]　雷鄉[9]　開城[10]　毗平[11]　武林[12]　豐城[13]

[1]永平郡：郡名。晋穆帝升平五年（361）分蒼梧郡置。治所在今廣西藤縣東北。

[2]夫寧：縣名。治所在今廣西藤縣東北。

[3]安沂：縣名。治所在今廣西岑溪市西北。

[4]嘙安：縣名。治所在今廣西岑溪市、藤縣一帶。

[5]盧平：縣名。南朝齊永明八年（490）前置。確址無考，當在今廣西岑溪市及其周邊一帶。

[6]員鄉：縣名。南朝齊永明八年（490）前置。確址無考，當在今廣西岑溪市及其周邊一帶。

[7]蘇平：縣名。確址無考，當在今廣西岑溪市及其周邊一帶。

[8]逋寧：縣名。南朝齊永明八年（490）前置。確址無考，當在今廣西岑溪市及其周邊一帶。

[9]雷鄉：縣名。南朝齊永明八年（490）前置。確址無考，

當在今廣西岑溪市及其周邊一帶。

[10]開城：縣名。南朝齊永明八年（490）前置。治所疑在今廣西邕寧、橫縣境内。

[11]毗平：縣名。確址無考，當在今廣西岑溪市及其周邊一帶。

[12]武林：縣名。治所在今廣西平南縣東南。

[13]豐城：縣名。確址無考，當在今廣西岑溪市及其周邊一帶。

晋康郡[1]

威城[2]　都城[3]　夫阮[4]　元溪[5]　安遂[6]　晋化[7]　永始[8]　端溪[9]　賓江[10]　熙寧[11]　樂城[12]　武定[13]　悦城[14]　文招[15]　義立[16]

[1]晋康郡：郡名。晋穆帝永和七年（351）分蒼梧郡置。治所在今廣東德慶縣東。

[2]威城：縣名。南朝齊永明八年（490）前置。治所在今廣東鬱南縣南。

[3]都城：縣名。治所在今廣東鬱南縣都城鎮。

[4]夫阮：縣名。治所在今廣東羅定市西。

[5]元溪：縣名。治所在今廣東德慶縣東。

[6]安遂：縣名。南朝宋文帝置。治所在今廣東鬱南縣東南連灘鎮。

[7]晋化：縣名。治所在今廣東鬱南縣東南。

[8]永始：縣名。南朝宋文帝置。確址無考，當在今廣東鬱南縣、羅定市一帶。

[9]端溪：縣名。治所在今廣東德慶縣。

[10]賓江：縣名。治所在今廣東德慶縣東。

[11]熙寧：縣名。確址無考，當在今廣東鬱南縣、羅定市一帶。

[12]樂城：縣名。治所在今廣東德慶縣東悦城鎮。

[13]武定：縣名。南朝宋文帝置。確址無考，當在今廣東鬱南縣、羅定市一帶。

[14]悦城：縣名。治所在今廣東德慶縣東北。《宋書·州郡志四》作“説城”。

[15]文招：縣名。治所在今廣東德慶縣東北。

[16]義立：縣名。南朝齊永明八年（490）前置。治所在今廣東鬱南縣、羅定市一帶。

新會郡[1]

盆允[2]　新夷[3]　封平[4]　初賓[5]　封樂[6]　義寧[7]　新熙[8]　永昌[9]　始康[10]　招集[11]　始成[12]

[1]新會郡：郡名。晋恭帝元熙二年（420）分南海郡置。治所在今廣東江門市新會區境。

[2]盆允：縣名。治所在今廣東江門市新會區北。

[3]新夷：縣名。治所在今廣東江門市新會區西。

[4]封平：縣名。治所在今廣東江門市新會區西南。

[5]初賓：縣名。治所在今廣東開平市西北。

[6]封樂：縣名。南朝宋文帝元嘉十二年（435）置。治所在今廣東江門市新會區西北。

[7]義寧：縣名。治所在今廣東開平市西北天露山東。

[8]新熙：縣名。確址無考，當在今廣東江門市及其周邊一帶。

[9]永昌：縣名。確址無考，當在今廣東江門市及其周邊一帶。

[10]始康：縣名。治所在今廣東江門市新會區南。

[11]招集：縣名。確址無考，當在今廣東江門市及其周邊

一帶。

[12]始成：縣名。確址無考，當在今廣東江門市及其周邊一帶。

廣熙郡[1]

龍鄉[2]　羅平[3]　賓化[4]　寧鄉[5]　長化[6]　定昌[7]　永熙[8]　賓寧[9]

[1]廣熙郡：郡名。《宋書·州郡志》無此郡，疑爲南齊時置。治所在今廣東羅定市東南。

[2]龍鄉：縣名。治所在今廣東羅定市東南。

[3]羅平：縣名。南朝齊置。治所在今廣東羅定市羅平鎮。

[4]賓化：縣名。南朝齊置。確址無考，當在今廣東羅定市境。

[5]寧鄉：縣名。南朝齊置。確址無考，當在今廣東羅定市境。

[6]長化：縣名。南朝齊置。確址無考，當在今廣東羅定市境。

[7]定昌：縣名。南朝齊置。確址無考，當在今廣東羅定市境。

[8]永熙：縣名。南朝齊置。治所在今廣東羅定市西南羅定江之東。

[9]賓寧：縣名。南朝齊置。確址無考，當在今廣東羅定市境。

宋康郡[1]

廣化[2]　石門[3]　化隆[4]　遂度[5]　威覃[6]　單城[7]　開寧[8]　海鄰[9]　興定[10]　綏定[11]

[1]宋康郡：郡名。宋文帝元嘉九年（432）置。治所在今廣東陽江市西。

[2]廣化：縣名。治所在今廣東陽江市西。

[3]石門：縣名。確址無考，當在今廣東陽江市及其周邊一帶。

［4］化隆：縣名。確址無考，當在今廣東陽江市及其周邊一帶。

［5］遂度：縣名。確址無考，當在今廣東陽江市及其周邊一帶。《宋書·州郡志四》作“逐度”。

［6］威覃：縣名。確址無考，當在今廣東陽江市及其周邊一帶。

［7］單城：縣名。確址無考，當在今廣東陽江市及其周邊一帶。

［8］開寧：縣名。確址無考，當在今廣東陽江市及其周邊一帶。

［9］海鄰：縣名。確址無考，當在今廣東陽江市及其周邊一帶。

［10］興定：縣名。南朝齊永明八年（490）前置。治所在今廣東陽西縣或茂名市電白區境。

［11］綏定：縣名。確址無考，當在今廣東陽江市及其周邊一帶。

宋隆郡[1]

平興　招興　崇化　建寧　熙穆　崇德

［1］宋隆郡：郡名。南朝宋元嘉二十七年（450）改宋熙郡置，孝建中又改爲宋熙，南齊復爲宋隆。按，平興郡及下屬諸縣，治所均在今廣東高要市東南。

海昌郡[1]

寧化[2]　招懷[3]　永建[4]　始化[5]　新建[6]

［1］海昌郡：郡名。治所在今廣東高州市東北。

［2］寧化：縣名。治所在今廣東高州市東北。

［3］招懷：縣名。確址無考，當在今廣東高州、信宜二市一帶。

［4］永建：縣名。確址無考，當在今廣東高州、信宜二市一帶。

［5］始化：縣名。南朝齊永明八年（490）前置。確址無考，當在今廣東高州、信宜二市一帶。

[6]新建：縣名。南朝齊永明八年（490）前置。確址無考，當在今廣東高州、信宜二市一帶。

綏建郡[1]

新招[2]　四會[3]　化蒙[4]　化注[5]　化穆[6]

[1]綏建郡：郡名。南朝宋文帝元嘉十三年（436）置。治所在今廣東廣寧縣南綏江南岸。

[2]新招：縣名。南朝宋文帝元嘉十三年（436）置。治所在今廣東廣寧縣西南賓亨鎮一帶。

[3]四會：縣名。治所在今廣東四會市。

[4]化蒙：縣名。南朝宋文帝元嘉十三年（436）置。治所在今廣東廣寧縣東南綏江北岸。

[5]化注：縣名。治所在今廣東廣寧縣西南。

[6]化穆：縣名。治所在今廣東廣寧縣東南。

樂昌郡[1]

始昌　樂山　宋元　義立　安樂

[1]樂昌郡：郡名。按，樂昌郡及下屬諸縣，治所均在今廣東四會市北。

鬱林郡[1]

布山[2]　鬱平[3]　阿林[4]　建安[5]　始集[6]　龍平[7]　賓平[8]　新林[9]　綏寧[10]　中胄[11]　領方[12]　懷安[13]　歸化[14]　晋平[15]　威化[16]

[1]鬱林郡：郡名。治所在今廣西桂平市西南古城屯。

[2]布山：縣名。治所在今廣西桂平市西南古城屯。

[3]鬱平：縣名。吴置陰平，晋武帝太康元年（280）改名。治所在今廣西貴港市。

[4]阿林：縣名。治所在今廣西桂平市東南油麻鎮。

[5]建安：縣名。確址無考，當在今廣西柳州、桂平、南寧三市之間。

[6]始集：縣名。南朝齊永明八年（490）前置。確址無考，當在今廣西柳州、桂平、南寧三市之間。

[7]龍平：縣名。確址無考，當在今廣西柳州、桂平、南寧三市之間。

[8]賓平：縣名。確址無考，當在今廣西柳州、桂平、南寧三市之間。

[9]新林：縣名。治所在今廣西上林縣北。

[10]綏寧：縣名。治所在今廣西賓陽縣東。

[11]中胄：縣名。確址無考，當在今廣西柳州、桂平、南寧三市之間。

[12]領方：縣名。吴改曰臨浦，晋武帝復舊。治所在今廣西賓陽縣西南古城。

[13]懷安：縣名。治所在今廣西貴港市西南。

[14]歸化：縣名。治所在今廣西昭平縣西北。

[15]晋平：縣名。吴置長平，晋武帝太康元年（280）改名。確址無考，當在今廣西柳州、桂平、南寧三市之間。

[16]威化：縣名。確址無考，當在今廣西柳州、桂平、南寧三市之間。

桂林郡[1]

武熙[2]　騰溪[3]　潭平[4]　龍岡[5]　臨浦[6]　中

留[7]　武豐[8]　程安[9]　威定[10]　潭中[11]　安遠[12]　安化[13]　龍定[14]

［1］桂林郡：郡名。三國吴孫晧鳳凰三年（274）分鬱林郡置。治所在今廣西柳州市東南。

［2］武熙：縣名。晋武帝太康元年（280）改武安縣置。治所在今廣西柳江縣東南。

［3］騰溪：縣名。南朝齊永明八年（490）前置。治所在今廣西柳州市一帶。

［4］潭平：縣名。南朝齊永明八年（490）前置。治所在今廣西柳州市一帶。

［5］龍岡：縣名。治所在今廣西宜州市。

［6］臨浦：縣名。南朝齊永明八年（490）前置。治所在今廣西柳州市一帶。

［7］中留：縣名。治所在今廣西武宣縣西南。南監本、局本及《續漢書·郡國志五》《宋書·州郡志四》作“中溜”。《漢書·地理志上》作“中留”。

［8］武豐：縣名。南朝齊永明八年（490）前置。確址無考。

［9］程安：縣名。確址無考，當在今廣西武宣縣、宜州市、柳江縣一帶。

［10］威定：縣名。確址無考，當在今廣西武宣縣、宜州市、柳江縣一帶。

［11］潭中：縣名。南朝齊永明八年（490）前置。治所在今廣西柳州市東南。

［12］安遠：縣名。晋武帝太康六年（285）置。確址無考，當在今廣西武宣縣、宜州市、柳江縣一帶。

［13］安化：縣名。南朝齊永明八年（490）前置。治所在今廣西柳州市一帶。

[14]龍定：縣名。治所在今廣西宜州市。

寧浦郡[1]

安廣[2]　簡陽[3]　平山[4]　寧浦[5]　興道[6]　吴安[7]

[1]寧浦郡：郡名。治所在今廣西横縣西南七里鬱江南岸。

[2]安廣：縣名。據胡阿祥《〈南齊書·州郡志〉札記》此處應爲衍"安廣"而脱"始定"。(《六朝疆域與政區研究》，第671頁)

[3]簡陽：縣名。治所在今廣西横縣西南六十里鬱江南岸。中華本校勘記云："《宋書·州郡志》作'澗陽'，云《永初郡國》作'簡陽'。按成孺《宋州郡志校勘記》云'澗'爲'潤'字之訛。"

[4]平山：縣名。治所在今廣西横縣東北平山。

[5]寧浦：縣名。治所在今廣西横縣西南七里鬱江南岸。

[6]興道：縣名。治所在今廣西横縣東南。

[7]吴安：縣名。治所在今廣西横縣西。

晋興郡[1]

晋興[2]　熙注[3]　桂林[4]　增翊[5]　安廣[6]　廣鬱[7]　晋城[8]　鬱陽[9]

[1]晋興郡：郡名。晋元帝太興元年（318）分鬱林郡置。治所在今廣西南寧市南鬱江（邕江）南岸。

[2]晋興：縣名。治所在今廣西南寧市南鬱江（邕江）南岸。

[3]熙注：縣名。治所在今廣西南寧市西境。

[4]桂林：縣名。治所在今廣西南寧市西境。

[5]增翊：縣名。治所在今廣西隆安縣西北。

[6]安廣：縣名。治所在今廣西橫縣西北。

[7]廣鬱：縣名。治所在今廣西凌雲縣東境。

[8]晋城：縣名。治所在今廣西崇左市東北左州鎮。

[9]鬱陽：縣名。治所在今廣西南寧市西境。

齊樂郡[1]

希平　觀寧　臻安　宋平　綏南　封陵

[1]齊樂郡：郡名。按，此郡《宋書·地理志》無，當是南齊永明八年（490）前置。齊樂郡及希平縣治所在今廣東連山壯族瑶族自治縣北。其他諸縣確址無考，當在該郡治附近。

齊康郡[1]

樂康[2]

[1]齊康郡：郡名。此郡《宋書·地理志》無，當是南齊永明八年（490）前置。治所在今廣東清遠市。

[2]樂康：縣名。中華修訂本《校勘記》疑此當爲“齊康”(第303頁)。治所在今廣東清遠市。

齊建郡[1]

初寧　永城

[1]齊建郡：郡名。按，此郡《宋書·地理志》無，當是南齊永明八年（490）前置。齊建郡及下屬諸縣確址無考，約在今廣東高要市東南。

齊熙郡[1]

[1]齊熙郡：郡名。此郡《宋書·地理志》無，當是南齊永明八年（490）前置。治所在今廣西融水苗族自治縣。

交州，鎮交阯，在海漲島中。楊雄《箴》曰：[1]“交州荒遰，水與天際。”外接南夷，寶貨所出，山海珍怪，莫與爲比。民恃險遠，數好反叛。領郡如左：

[1]楊雄：揚雄。字子雲，蜀郡成都人，長於辭賦。《漢書》卷八七有傳。　《箴》：朱季海《南齊書校議》（以下簡稱朱季海《校議》）云：“箴謂楊雄《交州箴》，《文心雕龍·銘箴》云：‘至楊雄稽古，始範虞《箴》，卿尹州牧廿五篇’，此其一也。箴當加書名號。”（中華書局1984年版，第32頁）今從改。

九真郡[1]

移風[2]　胥浦[3]　松原[4]　高安[5]　建初[6]　常樂[7]　津梧[8]　軍安[9]　吉龐[10]　武寧[11]

[1]九真郡：郡名。治所在今越南清化省清化市西北馬江南岸。

[2]移風：縣名。三國吴改居風縣置。治所在今越南清化省清化市西北馬江南岸。

[3]胥浦：縣名。治所在今越南清化省清化市西北東山陽舍村。

[4]松原：縣名。晋武帝分建初縣置。治所在今越南清化省清化市西南。

[5]高安：縣名。晋武帝置。治所在今越南清化省清化市東南。

[6]建初：縣名。三國吴置。治所在今越南清化省農貢縣附近。

[7]常樂：縣名。三國吴置。治所在今越南清化省清化市東南。

[8]津梧：縣名。晋武帝分移風縣置。治所在今越南清化省清化東北。

[9]軍安：縣名。晋武帝置。治所在今越南清化省安定縣東馬江南岸。

[10]吉龐：縣名。治所在今越南清化省石城附近。南監本及《漢書·地理志下》《宋書·州郡志四》作“都龐”。

[11]武寧：縣名。治所在今越南清化省境。

武平郡[1]

武定[2]　封溪[3]　平道[4]　武興[5]　根寧[6]　南移[7]

[1]武平郡：郡名。三國吴孫晧建衡三年（271）置。治所在今越南永福省永安市東南。

[2]武定：縣名。治所在今越南永福省永安市東南。

[3]封溪：縣名。治所在今越南永福省東南安朗縣。

[4]平道：縣名。治所在今越南永福省福安市東南。

[5]武興：縣名。確址無考，當在今越南永福省、富壽省及其周邊一帶。

[6]根寧：縣名。確址無考，當在今越南永福省、富壽省及其周邊一帶。

[7]南移：縣名。確址無考，當在今越南永福省、富壽省及其周邊一帶。

新昌郡[1]

范信[2]　嘉寧[3]　封山[4]　西道[5]　臨西[6]　吴定[7]　新道[8]　晋化[9]

[1]新昌郡：郡名。治所在今越南永福省安朗縣東下雷。

[2]范信：縣名。治所在今越南永福省安朗縣東下雷。

[3]嘉寧：縣名。治所在今越南永福省西南永祥縣。

[4]封山：縣名。治所在今越南河内市西北一帶。

[5]西道：縣名。治所在今越南安沛省安沛市附近。

[6]臨西：縣名。治所在今越南富壽省西北錦溪縣附近。

[7]吴定：縣名。三國吴置。治所在今越南宣光省宣光市一帶。

[8]新道：縣名。確址無考，當在今越南永福省、富壽省、河内市及其周邊一帶。

[9]晋化：縣名。確址無考，當在今越南永福省、富壽省、河内市及其周邊一帶。

九德郡[1]

九德[2]　咸驩[3]　浦陽[4]　南陵[5]　都洨[6]　越常[7]　西安[8]

[1]九德郡：郡名。三國吴分九真郡置。治所在今越南義安省榮市。

[2]九德：縣名。三國吴置。治所在今越南義安省榮市。

[3]咸驩：縣名。治所在今越南義安省演州縣西。

[4]浦陽：縣名。晋武帝分陽遠縣置。治所在今越南義安省榮市東南。

[5]南陵：縣名。晋武帝置。治所在今越南河静省錦川縣附近。

[6]都洨：縣名。治所在今越南義安省演州縣西。

[7]越常：縣名。三國吴置。治所在今越南河静省干禄縣附近。

[8]西安：縣名。晋武帝置。治所在今越南河静省香山縣附近。

日南郡[1]

西捲[2]　象林[3]　壽泠[4]　朱吾[5]　比景[6]　盧容[7]　無勞[8]

[1]日南郡：郡名。確址無考，當僑今越南河内市、北寧省、北江省、永福省、富壽省、海陽省、興安省及其周邊一帶。

[2]西捲：縣名。確址無考，當僑今越南河内市、北寧省、北江省、永福省、富壽省、海陽省、興安省及其周邊一帶。《漢書·地理志》《隋書·地理志》《太平寰宇記》同。殿本及《續漢書·郡國志五》《宋書·州郡志下》《晋書·地理志四》並作“西卷”。

[3]象林：縣名。確址無考，當僑今越南河内市、北寧省、北江省、永福省、富壽省、海陽省、興安省及其周邊一帶。

[4]壽泠：縣名。確址無考，當僑今越南河内市、北寧省、北江省、永福省、富壽省、海陽省、興安省及其周邊一帶。胡阿祥《〈南齊書·州郡志〉札記》:“《宋書·州郡志》、《隋書·地理志》、成孺《宋州郡志校勘記》、《水經·温水注》、《三國郡縣表附考證》等，均作‘壽泠’。按作‘壽泠’是。”（《六朝疆域與政區研究》，第671頁）

[5]朱吾：縣名。確址無考，當僑今越南河内市、北寧省、北江省、永福省、富壽省、海陽省、興安省及其周邊一帶。

[6]比景：縣名。確址無考，當僑今越南河内市、北寧省、北江省、永福省、富壽省、海陽省、興安省及其周邊一帶。《宋書·州郡志四》《舊唐書·地理志四》作“北景”。

[7]盧容：縣名。確址無考，當僑今越南河内市、北寧省、北江省、永福省、富壽省、海陽省、興安省及其周邊一帶。

[8]無勞：縣名。晋武帝置。確址無考，當僑今越南河内市、北寧省、北江省、永福省、富壽省、海陽省、興安省及其周邊一帶。

交阯郡[1]

龍編[2]　武寧[3]　望海[4]　句漏[5]　吴興[6]　西于[7]　朱戴[8]　南定[9]　曲昜[10]　海平[11]　羸𨻻[12]

[1]交阯郡：郡名。治所在今越南北寧省仙游縣東。

[2]龍編：縣名。治所在今越南北寧省仙游縣東。

[3]武寧：縣名。三國吴置。治所在今越南北寧省北寧市。

[4]望海：縣名。治所在今越南北江省西南橋江北岸。

[5]句漏：縣名。治所在今越南河西省西北石室縣。

[6]吴興：縣名。三國吴置。確址無考，當在今越南紅河口一綫北境。

[7]西于：縣名。治所在今越南河内市北東英一帶。

[8]朱戴：縣名。治所在今越南興安省西北快州縣附近。

[9]南定：縣名。吴置武安縣，晋武帝改。治所在今越南南定省南定市東南。

[10]曲昜：縣名。治所在今越南海陽省海陽市附近。

[11]海平：縣名。吴置軍平縣，晋武帝改。治所在今越南廣寧省東北先安縣附近。

[12]羸𨻻：縣名。中華本校勘記云："南監本及《宋書·州郡志》作'羸婁'。按成孺《宋州郡志校勘記》云：'《漢志》作羸𨻻，《續志》作羸𨻻，《晋志》作羸𨻻，《南齊志》同《漢志》。'"治所在今越南河内市西北。

宋平郡[1]

昌國[2]　義懷[3]　綏寧[4]

[1]宋平郡：郡名。宋孝武帝分日南郡置宋平縣，後爲郡。治

所在今越南河内市。

［2］昌國：縣名。治所在今越南河内市。《宋書·州郡志四》云：“文帝元嘉十八年，以交州流寓立昌國、義懷、綏寧、新建四縣爲宋熙郡，今無此四縣。”

［3］義懷：縣名。治所在今越南河内市一帶。

［4］綏寧：縣名。治所在今越南河内市一帶。

宋壽郡[1]建元二年，割越州屬。

［1］宋壽郡：郡名。治所在今廣西欽州市東北欽江西北岸。

義昌郡[1]永元二年，改沃屯置。

［1］義昌郡：郡名。確址無考，當在今越南横山北境。

越州，鎮臨漳郡，本合浦北界也。夷獠叢居，[1]隱伏巖障，寇盜不賓，略無編户。宋泰始中，西江督護陳伯紹獵北地，[2]見二青牛驚走入草，使人逐之不得，乃誌其處，云“此地當有奇祥”。啓立爲越州。七年，始置百梁、隴蘇、永寧、安昌、富昌、南流六郡，[3]割廣、交朱䳒三郡屬。元徽二年，以伯紹爲刺史，始立州鎮，穿山爲城門，威服俚獠。土有瘴氣殺人。[4]漢世交州刺史每暑月輒避處高，今交土調和，越瘴獨甚。刺史常事戎馬，唯以貶伐爲務。[5]

［1］夷獠：古代對於西南少數民族的蔑稱。

［2］西江都護：南朝時期在西江地區設置以管控少數民族的官

職。西江，即古鬱水，珠江幹流，在今廣東西部。　陳伯紹：南朝宋時人，曾任越州刺史。

[3]隴蘇：本卷下文及《隋書·地理志下》作“龍蘇”。《宋書》卷八《明帝紀》、《宋書·州郡志四》作“櫳蘇”。

[4]瘴氣：東南、西南地區山林間濕熱蒸發能致病之氣。

[5]唯以貶伐爲務：中華修訂本《校勘記》云：“‘貶’，南監本、北監本、汲本、殿本、局本作‘戰’。”（第304頁）

臨漳郡[1]

漳平[2]　丹城[3]　勞石　容城　長石　都并　綏端

[1]臨漳郡：郡名。治所在今廣西合浦縣東北舊州鎮東。

[2]漳平：縣名。南朝齊永明八年（490）前置。治所在今廣西合浦縣東北舊州鎮東。

[3]丹城：縣名。疑爲宋置。治所在今廣西浦北縣境。按，其下勞石諸縣治所同。

合浦郡[1]

徐聞[2]　合浦[3]　朱盧[4]　新安[5]　晋始[6]　蕩昌[7]　朱豐[8]　宋豐[9]　宋廣[10]

[1]合浦郡：郡名。治所在今廣西合浦縣東北舊州鎮。

[2]徐聞：縣名。治所在今廣東徐聞縣南。

[3]合浦：縣名。治所在今廣西合浦縣東北舊州鎮。

[4]朱盧：縣名。三國吴置。確址無考，當在今廣西玉林市、博白縣一帶。

[5]新安：縣名。確址無考，當在今廣西合浦縣一帶。

[6]晋始：縣名。晋武帝置。確址無考，當在今廣西合浦縣

一帶。

[7]蕩昌：縣名。晋武帝分合浦縣置。治所在今廣西容縣。

[8]朱豐：縣名。南朝齊永明八年（490）前置。治所在今廣西合浦縣南。

[9]宋豐：縣名。南朝齊永明八年（490）前置。治所在今廣西合浦縣境。

[10]宋廣：縣名。南朝齊永明八年（490）前置。治所在今廣西靈山縣西南陸屋鎮。

永寧郡[1]

杜羅　金安　蒙　廖簡　留城

[1]永寧郡：郡名。治所在今廣東茂名市電白區東北。按，永寧郡下屬諸縣，南朝齊永明八年（490）前置。確址無考，當均在今廣東茂名市電白區一帶。

百梁郡[1]

百梁[2]　始昌[3]　宋西[4]

[1]百梁郡：郡名。治所在今廣西合浦縣東北。

[2]百梁：縣名。南朝齊永明八年（490）前置。治所在今廣西合浦縣東北。

[3]始昌：縣名。確址無考，治所在今廣西合浦縣東北一帶。

[4]宋西：縣名。南朝齊永明八年（490）前置。確址無考，治所在今廣西合浦縣東北一帶。

安昌郡[1]

武桑　龍淵　石秋　撫林

［1］安昌郡：郡名。宋泰始七年（471）置。治所在今廣西合浦縣北。按，安昌郡下屬諸縣，南朝齊永明八年（490）前置，治所均在今廣西合浦縣北。

南流郡[1]

方度[2]

［1］南流郡：郡名。治所在今廣西玉林市。

［2］方度：縣名。南朝齊永明八年（490）前置。治所在今廣西玉林市。

北流郡[1]永明六年立，無屬縣。

［1］北流郡：郡名。治所在今廣西北流市。

龍蘇郡[1]

龍蘇[2]

［1］龍蘇郡：郡名。治所在今廣西浦北縣北蘇村附近。

［2］龍蘇：縣名。南朝齊永明八年（490）前置。治所在今廣西浦北縣北蘇村附近。

富昌郡[1]

南立　義立　歸明

［1］富昌郡：郡名。確址無考，當在今廣西合浦、浦北二縣及

其周邊一帶。按，富昌郡下屬諸縣，南朝齊永明八年（490）前置，確址亦無考，當在郡治周邊一帶。

高興郡[1]

宋和　寧單　高興　威成　夫羅　南安　歸安　陳蓮　高城　新建

[1]高興郡：郡名。治所在今廣東化州市。《宋書·州郡志》無此郡，據《宋書·蠻夷傳》及《州郡志》記載知宋大明四年（460）前後有高興郡，尋又廢，此高興郡當爲齊永明八年（490）前復置。以下諸縣皆置於永明八年前，除高興縣治今廣東化州市，其餘地確址無考，當在今廣東化州、連江、遂溪三市間。

思築郡[1]

[1]思築郡：郡名。南朝齊永明八年（490）前置。確址無考，當在今廣西境内。

鹽田郡[1]

杜同

[1]鹽田郡：郡名。按，鹽田郡及下屬杜同縣，南朝齊永明八年（490）前置。治所在今廣西北海市東北咸田處。

定川郡[1]

興昌[2]

[1]定川郡：郡名。南朝齊永明八年前（490）分南流郡置。治所在今廣西玉林市西南。

[2]興昌：縣名。與郡同時置。治所在今廣西玉林市西南。

隆川郡[1]

　　良國[2]

[1]隆川郡：郡名。治所在今廣西北流市東南六靖鎮。胡阿祥《〈南齊書·州郡志〉札記》："按'隆川'爲'陸川'之誤。陸川郡，《宋志》無，當是蕭齊新置。楊守敬蕭齊、蕭梁《疆域圖》並有陸川郡，治良國（今廣西北流縣東南陸靖），後省郡爲縣。王士鐸《南北史補志》卷六《地理志·梁陳》：'陸川郡，齊舊郡，後省爲縣。'《補陳疆域志》卷四合浦郡陸川引《一統志》：'本齊陸川郡，梁陳間廢爲縣。'隋大業初，陸川縣又廢入北流縣（《隋書·地理志》合浦郡北流）。唐武德四年復置，宋淳化五年始遷治今廣西陸川縣。"（《六朝疆域與政區研究》，第671—672頁）

[2]良國：縣名。南朝齊永明八年（490）前置。治所在今廣西北流市東南六靖鎮。

齊寧郡[1]建元二年置，割鬱林之新邑、建初二縣并。

　　開城建元二年置　延海　新邑　建初

[1]齊寧郡：郡名。按，齊寧郡及下屬諸縣，確址均無考，疑在今廣西容縣、北流市及玉林市北。

越中郡[1]

[1]越中郡：郡名。確址無考，當在今廣西境内。

馬門郡[1]

鍾吴　田羅　馬陵　思寧

[1]馬門郡：郡名。按，馬門郡及下屬諸縣，南朝齊永明八年（490）前置，確址均無考，疑在今廣西博白縣境。

封山郡[1]

安金

[1]封山郡：郡名。按，封山郡及下屬安金縣，南朝齊永明八年（490）前置。治所均在今廣西靈山縣南安金鎮。

吴春俚郡[1]永明六年立，無屬縣。

[1]吴春俚郡：郡名。確址無考。

齊隆郡[1]先屬交州，中改爲□□。永泰元年，改爲齊隆，還屬□州。[2]

[1]齊隆郡：郡名。確址無考，疑在今廣東恩平市北。

[2]“先屬交州”至“還屬□州”：中華本校勘記云：“張元濟《百衲本南齊書跋》云：‘殿本志第六越州齊隆郡，注先屬交州，中改爲闕，永泰元年改爲齊隆，還屬闕州。按是本並無兩闕字，原文漫漶不可辨。南監本同汲古閣本各空一格，北監本則各注闕字，殿本遂誤爲闕。郡名豈有改爲闕之理，而當時更無所謂闕州。’”

南齊書　卷一五

志第七

州郡下

荆　巴　郢　司　雍　湘　梁　秦　益　寧

荆州，漢靈帝中平末刺史王睿始治江陵，[1]吴時西陵督鎮之。晋太康元年平吴，[2]以爲刺史治。愍帝建興元年，[3]刺史周顗避杜弢賊奔建康，[4]陶侃爲刺史，[5]治沌口。王敦治武昌。[6]其後或還江陵，或在夏口。[7]桓温平蜀，[8]治江陵。以臨沮西界，水陸紆險，行逕裁通，南通巴、巫，東南出州治，道帶蠻、蜑，[9]田土肥美，立爲汶陽郡，以處流民。屬氐陷襄陽，[10]桓冲避居上明，[11]頓陸遜樂鄉城上四十餘里，[12]以田地肥良，可以爲軍民資實，又接近三峽，無西疆之虞，故重戍江南，輕戍江北。苻堅敗後，[13]復得襄陽。太元十四年，[14]王忱還江陵。[15]江陵去襄陽步道五百，勢同脣齒，無襄陽則江陵受敵，不立故也。自忱以來，不復動移。境域之内，含帶蠻、蜑，土地遼落，稱爲殷曠。江左大鎮，莫過荆、揚。弘農郡陝縣，[16]周世二伯總諸侯，[17]周公主陝東，召公主陝西，故稱荆州爲陝西也。領郡如左：

[1]漢靈帝：劉宏。《後漢書》卷八有紀。　中平：東漢靈帝劉宏年號。　王睿：東漢時人，曾任荆州刺史。

[2]太康：晋武帝司馬炎年號。

[3]建興：晋愍帝司馬鄴年號。

[4]周顗：字伯仁，安東將軍周浚之子。東晋時人，官至尚書左僕射，曾任荆州刺史。《晋書》卷六九有傳。　杜弢：字景文，蜀郡成都人。西晋末年荆湘流民起義首領。《晋書》卷一〇〇有傳。

[5]陶侃：字士行，鄱陽人。東晋名將，平定杜弢叛亂。《晋書》卷六六有傳。

[6]王敦：字處仲。王導從兄，尚晋武帝女。與王導助司馬睿建立東晋，後起兵反，中途病死。《晋書》卷九八有傳。

[7]夏口：又稱沔口，爲漢水入長江之口。在今湖北武漢市黄鵠山東北。

[8]桓温：字元子。東晋權臣，曾任荆州刺史。又三次出兵北伐，專擅朝政。《晋書》卷九八有傳。

[9]蜑（dàn）：指舊時南方的水上居民。

[10]氐：古族名。主要分布在中國西北地區，十六國時期曾建立前秦、後凉等政權。後逐漸與羌族、藏族、漢族等民族融合。

[11]桓冲：桓温弟，曾任揚豫二州刺史。　上明：城名。在今湖北松滋市北老城西。

[12]陸遜：字伯言，吴郡吴人。三國吴大將，曾任荆州牧。《三國志》卷五八有傳。

[13]苻堅：氐族人。十六國時期前秦君主，在位期間統一北

方，淝水之戰戰敗後被姚萇所殺。《晉書》卷一一三、一一四有載記。

［14］太元：晉孝武帝司馬曜年號。

［15］王忱：字元達。東晉時人，曾任荆州刺史。《晉書》卷七五有傳。

［16］陝縣：治所在今河南三門峽市西陝縣老城。

［17］周世二伯：此指周公和召公。

南郡[1]

江陵[2]　華容[3]　枝江[4]　臨沮[5]　編[6]　當陽[7]

［1］南郡：郡名。治所在今湖北荆州市荆州區。

［2］江陵：縣名。治所在今湖北荆州市荆州區。

［3］華容：縣名。晉武太康元年（280）省，後復置。治所在今湖北潛江市西南馬場湖村。

［4］枝江：縣名。治所在今湖北枝江市西南。

［5］臨沮：縣名。治所在今湖北當陽市西北。

［6］編：縣名。治所在今湖北當陽市東北。

［7］當陽：縣名。治所在今湖北當陽市。

南平郡[1]

孱陵[2]　作唐[3]　江安[4]　安南[5]

［1］南平郡：郡名。晉武帝太康元年（280）分南郡江南置。治所在今湖北公安縣西南。

［2］孱陵：縣名。治所在今湖北公安縣西南。

［3］作唐：縣名。治所在今湖南安鄉縣北。

［4］江安：縣名。晋武帝太康元年（280）置。治所在今湖北公安縣西北。

［5］安南：縣名。應作“南安”，中華書局標點本《宋書·州郡志三》校勘記云：“各本並作‘安南’，據成孺《宋書州郡志校勘記》説乙正。按《水經·油水注》：‘晋太康元年，分孱陵立南安縣。’”按，南安縣治所在今湖南華容縣。

天門郡[1]

零陽[2]　澧陽[3]　臨澧[4]　漊中[5]

［1］天門郡：郡名。三國吴孫休永安六年（263）分武陵郡置。治所在今湖南石門縣。

［2］零陽：縣名。治所在今湖南慈利縣東北。

［3］澧陽：縣名。晋武帝太康四年（283）置。治所在今湖南石門縣。

［4］臨澧：縣名。晋武帝太康四年（283）置。治所在今湖南桑植縣。

［5］漊中：縣名。治所在今湖南慈利縣西三官寺。

宜都郡[1]

夷道[2]　佷山[3]　夷陵[4]　宜昌[5]

［1］宜都郡：郡名。治所在今湖北枝江市。

［2］夷道：縣名。治所在今湖北枝江市。

［3］佷山：縣名。晋武帝太康元年（280）改爲興山，後復舊。治所在今湖北長陽土家族自治縣西州衙坪村。

［4］夷陵：縣名。吴改曰西陵，晋武帝太康元年（280）復舊。治所在今湖北宜昌市東南。

［5］宜昌：縣名。治所在今湖北宜昌市西北長江南岸。

南義陽郡[1]

平氏　厥西

［1］南義陽郡：郡名。僑今湖南安鄉縣西南。按，南義陽郡下屬二縣確址均無考，當僑今湖南安鄉縣西南一帶。

河東郡[1]

聞喜[2]　松滋[3]　譙[4]　永安[5]

［1］河東郡：郡名。晋成帝咸康三年（337）征西將軍庾亮以司州僑户置，宋改稱南河東，齊復爲河東。治所在今湖北松滋市西北。

［2］聞喜：縣名。治所在今湖北松滋市西北。

［3］松滋：縣名。治所在今湖北松滋市西北。

［4］譙：縣名。確址無考，當僑今湖北松滋市一帶。

［5］永安：縣名。治所在今湖北公安縣西南。

汶陽郡[1]

僮陽[2]　沮陽[3]　高安[4]

［1］汶陽郡：郡名。治所在今湖北遠安縣西北。

［2］僮陽：縣名。治所在今湖北保康縣南。

［3］沮陽：縣名。治所在今湖北保康縣南。

［4］高安：縣名。治所在今湖北遠安縣西北。

新興郡[1]

定襄[2]　新豐[3]　廣牧[4]

[1]新興郡：郡名。東晋僑置。僑今湖北荆州市荆州區東北。

[2]定襄：縣名。僑今湖北荆州市荆州區東北。

[3]新豐：縣名。確址無考，當僑今湖北荆州市荆州區境。

[4]廣牧：縣名。僑今湖北荆州市荆州區東。

永寧郡[1]

長寧[2]　上黄[3]

[1]永寧郡：郡名。晋安帝僑置長寧郡，宋明帝以名與文帝陵同，改爲永寧。治所在今湖北荆門市西北。

[2]長寧：縣名。晋安帝置。治所在今湖北荆門市西北。

[3]上黄：縣名。治所在今湖北南漳縣東南。

武寧郡[1]

樂鄉[2]　長林[3]

[1]武寧郡：郡名。晋安帝隆安五年（401）桓玄以沮、漳降蠻置。治所在今湖北荆門市北。

[2]樂鄉：縣名。晋安帝置。治所在今湖北荆門市北。

[3]長林：縣名。晋安帝置。治所在今湖北荆門市。

巴州，三峽險隘，山蠻寇賊，宋泰始三年，[1]議立三巴校尉以鎮之。[2]後省，昇明二年，[3]復置。建元二年，[4]分荆州巴東、建平，[5]益州巴郡爲州，立刺史，而領巴東太守，又割涪陵郡屬。永明元年省，[6]各還本屬焉。

[1]泰始：宋明帝劉彧年號。

[2]三巴校尉：邊防軍官。宋明帝泰始中分益州巴西郡、梓潼郡，荆州巴東郡、建平郡置，掌鎮巴、巴西、巴東三地，治白帝城（今重慶奉節縣）。

[3]昇明：宋順帝劉準年號。

[4]建元：齊高帝蕭道成年號。

[5]建平：中華本校勘記云："'建年'爲'建平'之訛，今改正。"今從改。

[6]永明：齊武帝蕭賾年號。

巴東郡[1]

魚復[2]　朐䏰[3]　南浦[4]　聶陽[5]　巴渠[6]　新浦[7]　漢豐[8]

[1]巴東郡：郡名。治所在今重慶奉節縣東白帝城。

[2]魚復：縣名。劉備章武二年（222）改爲永安，晋武帝太康元年（280）復舊。治所在今重慶奉節縣東白帝城。

[3]朐䏰：縣名。治所在今重慶雲陽縣西。

[4]南浦：縣名。治所在今重慶萬州區東長江東岸。

[5]聶陽：縣名。南朝齊置。治所在今重慶巫山縣南。

[6]巴渠：縣名。治所在今重慶開縣東北。

[7]新浦：縣名。治所在今重慶開縣西南。

[8]漢豐：縣名。治所在今重慶開縣南。

建平郡[1]

巫[2]　秭歸[3]　北井[4]　秦昌[5]　沙渠[6]　新鄉[7]

[1]建平郡：郡名。三國吴永安三年（260）置建平郡，晋原有建平都尉，咸寧二年（276）改爲建平郡，太康元年（280）滅吴，兩建平郡合並。治所在今重慶巫山縣。

[2]巫：縣名。治所在今重慶巫山縣。

[3]秭歸：縣名。治所在今湖北秭歸縣西北歸州鎮。

[4]北井：縣名。治所在今重慶巫山縣北大昌鎮東南。

[5]秦昌：縣名。治所在今重慶巫山縣北大昌鎮。中華本校勘記云："《晋書·地理志》同。按《宋書·州郡志》《水經·江水注》作'泰昌'。《隋志》《寰宇記》作'大昌'，蓋北周爲宇文泰諱已改也。疑'秦昌'爲'泰昌'之訛。"

[6]沙渠：縣名。治所在今湖北恩施市。

[7]新鄉：縣名。確址無考，當治今湖北恩施土家族苗族自治州北境。

巴郡[1]

江州[2]　枳[3]　墊江[4]　臨江[5]

[1]巴郡：郡名。治所在今重慶市。

[2]江州：縣名。治所在今重慶市。

[3]枳：縣名。治所在今重慶市涪陵區東北長江南岸、烏江東岸。

[4]墊江：縣名。治所在今重慶市合川區。

[5]臨江：縣名。治所在今重慶市忠縣。

涪陵郡[1]

漢平[2]　涪陵[3]　漢玫[4]

[1]涪陵郡：郡名。南齊復置。治所在今重慶市武隆區西北。

[2]漢平：縣名。南朝齊置。治所在今重慶市武隆區西北。

[3]涪陵：縣名。南朝齊置。治所在今重慶市彭水苗族土家族自治縣。

[4]漢玫：縣名。南朝齊置。治所在今重慶酉陽土家族苗族自治縣東北郁山鎮。中華本校勘記云："按'漢玫'不見於他地志。《華陽國志》，劉璋立涪陵郡，屬縣有漢葭縣。《晉書·地理志》，涪陵郡統縣五，有漢復縣，漢葭縣。此'漢玫'非'漢葭'之訛，即'漢復'之訛。"

郢州，鎮夏口，舊要害也。吴置督將爲魯口屯，[1]對魯山岸，[2]因爲名也。晉永嘉中，[3]荆州刺史都督山簡自襄陽避賊奔夏口，[4]庾翼爲荆州，[5]治夏口，並依地嶮也。太元中，[6]荆州刺史桓冲移鎮上明，上表言："氐賊送死之日，舊郢以北，堅壁相望，[7]待以不戰。江州刺史桓嗣宜進屯夏口，據上下之中，於事爲便。"義熙元年，[8]冠軍將軍劉毅以爲夏口二州之中，[9]地居形要，控接湘川，邊帶涢、沔，[10]請并州刺史劉道規鎮夏口。[11]夏口城據黄鵠磯，[12]世傳仙人子安乘黄鵠過此上也。邊江峻險，樓櫓高危，瞰臨沔、漢，應接司部，宋孝武置州於此，[13]以分荆楚之勢。領郡如左：

[1]魯口：夏口。

[2]魯山：山名。即今湖北武漢市漢陽區東北龜山。

[3]永嘉：晉懷帝司馬熾年號。

［4］山簡：字季倫。山濤子，曾任荆州刺史。《晋書》卷四三有傳。

［5］庾翼：字稚恭。庾亮弟。庾亮死後，授都督江荆司雍梁益六州諸軍事、安西將軍、荆州刺史、假節，代庾亮鎮武昌。《晋書》卷七三有傳。

［6］太元中：中華本校勘記云:“‘太元’原訛‘泰元’，各本並訛，下秦州序‘太元十四年’亦同訛，今改正。”今從改。

［7］舊郢以北，堅壁相望：原脱“堅”字，今據殿本補。

［8］義熙：晋安帝司馬德宗年號。

［9］冠軍將軍：雜號將軍名。三國魏始置，南朝沿置。秩三品。

［10］涢：涢水。漢江支流，在今湖北中部偏東，至武漢市入長江。　沔：沔水，今漢水。源出陝西，流至武漢入長江。

［11］劉道規：宋武帝劉裕少弟，曾任荆州刺史，後追封爲臨川王。《宋書》卷五一、《南史》卷一三有傳。

［12］黄鵠磯：地名。在今湖北武漢市武昌區蛇山。

［13］宋孝武：劉駿。宋文帝劉義隆第三子。《宋書》卷六、《南史》卷二有紀。　於此：“於”原作“如”，從中華本改。

江夏郡[1]

沙陽[2]　蒲圻[3]　灄陽[4]　汝南[5]　沌陽[6]　惠懷[7]

［1］江夏郡：郡名。治所在今湖北武漢市武昌區。

［2］沙陽：縣名。本名沙羡，晋武帝太康元年（280）改名。治所在今湖北嘉魚縣東北。

［3］蒲圻：縣名。《元和郡縣圖志》《太平寰宇記》言三國吴置，疑吴末廢，晋武帝太康元年（280）復置。治所在今湖北嘉魚縣西南長江中。

[4]灄（shè）陽：縣名。治所在今湖北武漢市黄陂區西南。

[5]汝南：縣名。僑今湖北武漢市武昌區。

[6]沌陽：縣名。治所在今湖北武漢市蔡甸區東臨嶂山下。

[7]惠懷：縣名。治所在今湖北仙桃市南。

竟陵郡[1]

竟陵[2]　雲杜[3]　霄城[4]　萇壽[5]　新市[6]　新陽[7]

[1]竟陵郡：郡名。晋惠帝元康九年（299）分江夏西界置。治所在今湖北鍾祥市。

[2]竟陵：縣名。治所在今湖北潛江市西北。

[3]雲杜：縣名。治所在今湖北仙桃市西。

[4]霄城：縣名。治所在今湖北天門市東北。

[5]萇壽：縣名。治所在今湖北鍾祥市。

[6]新市：縣名。治所在今湖北京山市東北。

[7]新陽：縣名。治所在今湖北京山市。

武陵郡[1]

沅陵[2]　臨沅[3]　零陵[4]　辰陽[5]　酉陽[6]　沅南[7]　漢壽[8]　龍陽[9]　潕陽[10]　黚陽[11]

[1]武陵郡：郡名。治所在今湖南常德市。

[2]沅陵：縣名。治所在今湖南沅陵縣西南。

[3]臨沅：縣名。治所在今湖南常德市。

[4]零陵：縣名。南齊永明八年（490）前置。治所在今湖南保靖縣。

[5]辰陽：縣名。治所在今湖南辰溪縣西南。

[6]酉陽：縣名。治所在今湖南永順縣東南。

[7]沅南：縣名。治所在今湖南桃源縣東。

[8]漢壽：縣名。治所在今湖南常德市東北。

[9]龍陽：縣名。治所在今湖南漢壽縣。

[10]潕陽：縣名。治所在今湖南靖州苗族侗族自治縣南。南監本及《宋書·州郡志三》《晋書·地理志》作“舞陽”。

[11]黚陽：縣名。治所在今湖南龍山縣南。

巴陵郡[1]

下雋[2]　州陵[3]　巴陵[4]　監利[5]

[1]巴陵郡：郡名。宋文帝元嘉十六年（439）置。治所在今湖南岳陽市。

[2]下雋：縣名。治所在今湖北通城縣西北。

[3]州陵：縣名。治所在今湖北洪湖市東北。《宋書·州郡志三》云：“晋武帝太康元年復立，疑是吴所省也。孝武孝建元年度。”

[4]巴陵：縣名。晋武帝太康元年（280）置。治所在今湖南岳陽市。

[5]監利：縣名。治所在今湖北監利縣東北。《宋書·州郡志三》云：“按《晋起居注》，太康四年，復立南郡之監利縣，尋復省之。言由先有而被省也，疑是吴所立，又是吴所省。孝武孝建元年度。”

武昌郡[1]

武昌[2]　鄂[3]　陽新[4]　義寧[5]寄治鄂　真陽[6]《永明三年户口簿》無

[1]武昌郡：郡名。晉太康元年（280）改江夏郡置。治所在今湖北鄂州市。

[2]武昌：縣名。魏文帝黄初二年（221）孫權改鄂爲武昌。治所在今湖北鄂州市。

[3]鄂：縣名。三國吴改鄂爲武昌，晉武帝太康元年（280）復立鄂縣，而武昌如故。治所在今湖北鄂州市西南。

[4]陽新：縣名。三國吴置。治所在今湖北陽新縣西南陽新鎮。

[5]義寧：縣名。南朝齊置。寄治鄂縣，在今湖北鄂州市西南。

[6]真陽：縣名。南朝齊永明三年（485）後置。確址無考，當在今湖北鄂州市附近。

西陽郡[1]

西陵[2]　蘄陽[3]　西陽[4]　孝寧[5]　期思[6]《永明三年户口簿》無　義安左縣[7]　希水左縣[8]　東安左縣[9]　蘄水左縣[10]

[1]西陽郡：郡名。治所在今湖北黄岡市東南。

[2]西陵：縣名。治所在今湖北武漢市新洲區西。

[3]蘄陽：縣名。治所在今湖北蘄春縣蘄州鎮西北沙洲上。

[4]西陽：縣名。治所在今湖北黄岡市東南。

[5]孝寧：縣名。治所在今湖北浠水縣西南長江邊。

[6]期思：縣名。治所在今湖北黄州市境。

[7]義安左縣：縣名。確址無考，當在今湖北浠水、英山、蘄春等縣一帶。

[8]希水左縣：縣名。治所在今湖北浠水縣。

[9]東安左縣：縣名。確址無考，當在今湖北浠水、英山、蘄春等縣一帶。

[10]蘄水左縣：縣名。宋文帝元嘉二十五年（448）置。治所

在今湖北浠水縣東。

齊興郡[1]永明三年置

綏懷[2]　齊康[3]　葺波　綏平　齊寧　上蔡[4]《永明三年户口簿》無

[1]齊興郡：郡名。置於永明三年（485）。治所在今湖北鍾祥市北。以下諸縣均與郡同時置。

[2]綏懷：縣名。治所在今湖北黄州市北。

[3]齊康：縣名。確址無考，當在今湖北黄州、鍾祥二市一帶。按，其下葺波、綏平、齊寧三縣治所與齊康同。

[4]上蔡：縣名。治所在今湖北鍾祥市北。

東牂牁郡[1]《永明三年户口簿》云“新置，無屬縣”。

宜　南平陽　西新市　南新市　西平陽　東新市

[1]東牂牁郡：郡名。按，東牂牁郡及下屬諸縣，確址均無考，約在今湖北安陸、鍾祥、京山三市境。

方城左郡[1]

城陽　歸義

[1]方城左郡：郡名。南朝齊永明八年（490）前置。按，方城左郡及下屬諸縣，確址均無考，約在今湖北東部江北地。

北新陽郡[1]

西新陽　安吉　長寧

[1]北新陽郡：郡名。南朝齊永明八年（490）前置。按，北新陽郡及下屬諸縣確址均無考，約在今湖北鍾祥市、京山市一帶。

義安左郡[1]

綏安

[1]義安左郡：郡名。南朝齊永明八年（490）前置。按，義安左郡及下屬綏安縣確址均無考，約在今湖北東部江北地。

南新陽左郡[1]

南新陽　新興　北新陽　角陵　新安

[1]南新陽左郡：郡名。南朝齊永明八年（490）前置。按，南新陽左郡及下屬諸縣，除角陵縣治所在今湖北天門市東北外，其餘確址均無考，約在今湖北鍾祥市、京山市一帶。

北遂安左郡[1]《永明三年簿》云“五縣皆缺”。

東城　綏化　富城　南城　新安

[1]北遂安左郡：郡名。南朝齊永明三年（485）前置。確址無考，約在今湖北東部江北地。按，北遂安左郡下屬諸縣，均爲南朝齊永明三年至八年置。確址無考，當在郡治周邊一帶。

新平左郡[1]

平陽　新市　安城

[1]新平左郡：郡名。按，新平左郡及下屬諸縣，均爲南朝齊永明六年（488）前置。確址無考，約在今湖北安陸、應城二市一帶。

建安左郡[1]

霄城

[1]建安左郡：郡名。南朝齊永明八年（490）前置。按，建安左郡及下屬霄城縣，確址均無考，約在今湖北京山市東南。

司州，鎮義陽。宋景平初，[1]失河南地，元嘉末，[2]僑立州於汝南縣瓠，尋罷。泰始中，立州於義陽郡。有三關之隘，[3]北接陳、汝，控帶許、洛。自此以來，常爲邊鎮。泰始既遷，領義陽，僑立汝南，領三郡。元徽四年，[4]又領安陸、隨、安蠻三郡。領郡如左：

[1]景平：宋少帝劉義符年號。

[2]元嘉末：末，原作"宋"，中華本據局本及《宋書·州郡志》改。今從改。

[3]三關：平靖關、武勝關、黄峴關。在今河南信陽市南。

[4]元徽：宋蒼梧王劉昱年號。

南義陽郡[1]

孝昌[2]　平輿[3]　義昌[4]　平陽[5]　南安[6]　平春[7]

[1]南義陽郡：郡名。宋末置。治所在今湖北孝感市。

［2］孝昌：縣名。治所在今湖北孝感市。

［3］平輿：縣名。確址無考，當僑今河南信陽市、湖北安陸市一帶。

［4］義昌：縣名。確址無考，當治今湖北孝感市、大悟縣一帶。

［5］平陽：縣名。治所在今湖北安陸市東北。

［6］南安：縣名。今地不詳。

［7］平春：縣名。確址無考，當僑今河南信陽市、湖北安陸市一帶。

北義陽郡[1]

平陽[2]　義陽[3]　保城[4]　鄳[5]　鍾武[6]　環水[7]

［1］北義陽郡：郡名。魏文帝置，後省，晋武帝復置。治所在今河南信陽市。

［2］平陽：縣名。治所在今河南信陽市。

［3］義陽：縣名。晋孝武帝孝建三年（456）分平陽縣置。治所在今河南信陽市西北。

［4］保城：縣名。疑即爲《宋書・州郡志二》義陽郡下寶城縣。治所在今河南羅山縣西。

［5］鄳：縣名。治所在今河南羅山縣西瀰河北岸。

［6］鍾武：縣名。治所在今河南信陽市東南。

［7］環水：縣名。治所在今湖北廣水市東。

隨郡[1]

隨[2]　永陽[3]　闕西[4]　安化[5]

［1］隨郡：郡名。治所在今湖北隨州市。《宋書・州郡志二》

云："晉武帝分南陽義陽立義陽國，太康年，又分義陽爲隨國，屬荆州。孝武孝建元年度屬郢，前廢帝永光元年度屬雍，明帝泰始五年還屬郢，改爲隨陽，後廢帝元徽四年，度屬司州。"齊復改隨陽爲隨。

[2]隨：縣名。治所在今湖北隨州市。

[3]永陽：縣名。治所在今湖北廣水市西北。

[4]闞西：縣名。南朝宋末新置。治所在今湖北隨州市西北。

[5]安化：縣名。南朝齊永明八年（490）前置。治所在今湖北隨州市東南。

安陸郡[1]寄州治

安陸[2]　應城[3]　新市[4]　新陽[5]　宣化[6]

[1]安陸郡：郡名。僑今河南信陽市。

[2]安陸：縣名。治所在今湖北安陸市。

[3]應城：縣名。治所在今湖北應城市。

[4]新市：縣名。確址無考，當僑今河南信陽市、湖北安陸市一帶。

[5]新陽：縣名。確址無考，當僑今河南信陽市、湖北安陸市一帶。

[6]宣化：縣名。確址無考，當僑今河南信陽市、湖北安陸市一帶。

汝南郡[1]寄州治

平輿　北新息　真陽　安城　南新息　安陽　臨汝　汝南　上蔡

［1］汝南郡：郡名。僑今河南信陽市。按，汝南郡下屬諸縣，確址均無考，當僑今河南信陽市、湖北安陸市一帶。

齊安郡[1]

齊安[2]　始安[3]　義城[4]　南安[5]　義昌[6]　義安[7]

［1］齊安郡：郡名。南齊分西陽郡置。治所在今湖北麻城市西南。

［2］齊安：縣名。隨郡而置，以下諸縣同。治所在今湖北麻城市西南。

［3］始安：縣名。治所在今湖北武漢市新洲區。

［4］義城：縣名。今地不詳。

［5］南安：縣名。治所在今湖北武漢市新洲區。

［6］義昌：縣名。治所約在今湖北麻城市一帶。

［7］義安：縣名。治所在今湖北襄陽市襄州區西漢水南岸。

淮南郡[1]

閣口[2]　平氏[3]

［1］淮南郡：郡名。南朝齊永明八年（490）前置。治所在今河南桐柏縣西北平氏鎮。

［2］閣口：縣名。南朝齊永明八年（490）前置。治所在今河南桐柏縣境。

［3］平氏：縣名。宋廢平氏縣，南齊永明五年（487）復置。治所在今河南桐柏縣西北平氏鎮。

宋安左郡[1]

仰澤[2]　樂寧[3]　襄城[4]

[1]宋安左郡：郡名。治所在今河南信陽市南。按，本郡及下屬諸縣均置於永明八年（490）前。

[2]仰澤：縣名。確址無考，當在今河南信陽市附近。

[3]樂寧：縣名。治所在今河南信陽市南。

[4]襄城：縣名。確址無考，當在今河南信陽市附近。

安蠻左郡[1]

木蘭[2]　新化[3]　懷[4]　中聶陽　南聶陽　安蠻

[1]安蠻左郡：郡名。治所在今湖北武漢市黄陂區北。

[2]木蘭：縣名。治所在今湖北武漢市黄陂區北。

[3]新化：縣名。治所在今湖北大悟縣東北。

[4]懷：縣名。確址無考，當在今湖北武漢市黄陂區、大悟縣一帶。按，其下中聶陽三縣治所與懷同。

永寧左郡[1]

中曲陵[2]　曲陵[3]　孝懷[4]　安德[5]

[1]永寧左郡：郡名。治所在今湖北漢川市西北麻河鎮。按，永寧左郡及下屬諸縣均於南朝齊永明三年（485）前置。

[2]中曲陵：縣名。今地不詳。

[3]曲陵：縣名。治所在今湖北漢川市西北麻河鎮。

[4]孝懷：縣名。今地不詳。

[5]安德：縣名。今地不詳。

東義陽左郡[1]

永寧　革音　威清　永平

[1]東義陽左郡：郡名。按，東義陽左郡及下屬諸縣均於南朝齊永明八年（490）前置，確址無考，當在今河南信陽市南、湖北廣水市、大悟縣一帶。

東新安左郡[1]

第五　南平林　始平　始安　平林　義昌　固城　新化　西平

[1]東新安左郡：郡名。按，東新安左郡及下屬諸縣，均於南朝齊永明八年（490）前置。除平林縣治所在今湖北隨州市附近外，其餘確址均無考，當在今湖北安陸市、孝感市、武漢市、黄陂區以北。

新城左郡[1]

孝懷　中曲　南曲陵　懷昌

[1]新城左郡：郡名。按，新城左郡及下屬諸縣，均於南朝齊永明八年（490）前置，確址無考，疑在今湖北應城市、漢川市一帶。

圍山左郡[1]

及剌　章平　北曲　洛陽　圍山　曲陵

[1]圍山左郡：郡名。按，圍山左郡及下屬諸縣均於南朝齊永

明八年（490）前置，確址無考，疑在今湖北應城市、漢川市一帶。

建寧左郡[1]

建寧[2]　陽城[3]

[1]建寧左郡：郡名。治所在今湖北麻城市西南。

[2]建寧：縣名。治所在今湖北麻城市西南。

[3]陽城：縣名。確址無考，當在今湖北麻城市一帶。

北淮安左郡[1]

高邑

[1]北淮安左郡：郡名。按，北淮安左郡及下屬高邑縣，均於南朝齊永明八年（490）前置，確址無考，約在今河南信陽市西北。

南淮安左郡[1]

慕化[2]　栢源[3]

[1]南淮安左郡：郡名。治所在今河南信陽市西北。

[2]慕化：縣名。治所在今河南信陽市西北。

[3]栢源：縣名。確址無考，當在今河南信陽市附近。

北隨安左郡[1]

濟山[2]　油潘[3]

[1]北隨安左郡：郡名。南朝齊永明八年（490）前置。治所約在今湖北隨州市唐縣鎮。

［2］濟山：縣名。治所在今湖北隨州市北。

［3］油潘：縣名。治所在今湖北隨州市北。中華本校勘記引《殿本考證》云："南監本無'潘'字。"

東隨安左郡[1]

西隨　高城　牢山

［1］東隨安左郡：郡名。南朝齊永明八年（490）前置。確址無考，約在今湖北廣水市東北。按，東隨安左郡下屬諸縣確址均無考，當在今湖北廣水市、大悟縣一帶。

雍州，鎮襄陽，晉中朝荆州都督所治也。[1]元帝以魏該爲雍州，[2]鎮酇城，[3]襄陽别有重戍。庾翼爲荆州，謀北伐，鎮襄陽。自永嘉亂，[4]襄陽民户流荒。咸康八年，[5]尚書殷融言："襄陽、石城，疆埸之地，對接荒寇。諸荒殘寄治郡縣，民户寡少，可并合之。"朱序爲雍州，於襄陽立僑郡縣，[6]没苻氏。[7]氐敗，復還南，復用朱序。襄陽左右，田土肥良，桑梓野澤，處處而有。郗恢爲雍州，[8]于時舊民甚少，新户稍多。宋元嘉中，割荆州五郡屬，遂爲大鎮。疆蠻帶沔，阻以重山，北接宛、洛，平塗直至，跨對樊、沔，爲鄢郢北門。部領蠻左，故别置蠻府焉。領郡如左：

［1］中朝：此指西晉。偏安江左的東晉稱建都中原的西晉爲中朝。

［2］元帝：晉元帝司馬睿。字景文，東晉王朝的建立者。《晉書》卷六有紀。　魏該：一名亥。東晉時人，曾任雍州刺史。《晉

書》卷六三有傳。

[3]酇城：城名。在今湖北老河口市西北。

[4]永嘉亂：西晉永嘉年間發生的一系列動亂事件。晉恭帝時，政治腐敗，八王之亂造成了西晉政權的衰落。此時匈奴崛起，由匈奴人建立的劉漢政權，攻破晉都、俘虜晉帝，最終使西晉王朝走向了終結。

[5]咸康：晉成帝司馬衍年號。

[6]僑郡縣：東晉南朝時爲安置北方遷徙過來的人們，用北方州郡之名在長江南北設置郡縣，稱爲僑郡、僑縣。

[7]苻氏：此指前秦政權。“苻”原作“符”，誤。

[8]郗恢：字道胤。東晉時人，曾任雍州刺史。《晉書》卷六七有傳。

襄陽郡[1]

襄陽[2]　中廬[3]　邔[4]　建昌[5]

[1]襄陽郡：郡名。治所在今湖北襄陽市。

[2]襄陽：縣名。治所在今湖北襄陽市。

[3]中廬：縣名。治所在今湖北襄陽市襄州區西南。

[4]邔：縣名。治所在今湖北宜城市北。

[5]建昌：縣名。南朝齊永明八年（490）前置。治所在今湖北襄陽市襄州區境。

南陽郡[1]

宛[2]　涅陽[3]　冠軍[4]　舞陰[5]　酈[6]　云陽[7]　許昌[8]

[1]南陽郡：郡名。治所在今河南南陽市。

[2]宛：縣名。治所在今河南南陽市。

[3]涅陽：縣名。治所在今河南鄧州市東北穰東鎮。

[4]冠軍：縣名。治所在今河南鄧州市西北冠軍村。

[5]舞陰：縣名。治所在今河南泌陽縣西北羊册鎮西南古城寨。

[6]酈：縣名。治所在今河南内鄉縣北酈城村。

[7]云陽：縣名。晋孝武帝改育陽縣置。治所在今河南南陽市南。

[8]許昌：縣名。僑今河南南陽市一帶。

新野郡[1]

新野[2]　山都[3]　池陽[4]　穰[5]　交木[6]　惠懷[7]

[1]新野郡：郡名。治所在今河南新野縣。

[2]新野：縣名。宋文帝元嘉末省，孝武大明元年（457）復置。治所在今河南新野縣。

[3]山都：縣名。治所在今湖北穀城縣東南。

[4]池陽：縣名。確址無考，當治今河南新野縣及其周邊一帶。

[5]穰：縣名。治所在今河南鄧州市。

[6]交木：縣名。宋孝武大明元年（457）置。確址無考，當治今河南新野縣及其周邊一帶。

[7]惠懷：縣名。南朝齊永明八年（490）前置。治所在今河南新野縣境。

始平郡[1]

武當[2]　武陽[3]　始平[4]　平陽[5]

[1]始平郡：郡名。晋武帝泰始二年（266），分京兆、扶風郡

置。治所在今湖北丹江口市西北。

[2]武當：縣名。治所在今湖北丹江口市西北。

[3]武陽：縣名。確址無考，當在今湖北丹江口市一帶。中華本校勘記云："《宋書·州郡志》作'武功'。案武陽前漢屬東海郡，後漢省。東晋南渡，徐、兗屬邑，例僑置於江淮南北，甚少寄治襄陽附近者。《晋書·地理志》，始平郡有武功縣。疑作'武功'爲是。"

[4]始平：縣名。確址無考，當在今湖北丹江口市一帶。

[5]平陽：縣名。治所在今湖北丹江口市西北。

廣平郡[1]

鄼[2]　比陽[3]　廣平[4]　陰[5]

[1]廣平郡：郡名。治所在今湖北丹江口市東南。

[2]鄼：縣名。治所在今湖北老河口市西北。

[3]比陽：縣名。治所在今河南泌陽縣。

[4]廣平：縣名。治所在今河南鄧州市東南。

[5]陰：縣名。治所在今湖北老河口市西北。原作"陽"，中華本校勘記云："'陽'各本並同。《宋書·州郡志》作'陰'，案陰爲漢舊縣，屬南陽，作'陰'是，今據改。"今從改。

京兆郡[1]

鄀[2]　新豐[3]　杜[4]　魏[5]

[1]京兆郡：郡名。僑今湖北襄陽市襄州區西北。

[2]鄀：縣名。僑今湖北襄陽市襄州區西北。

[3]新豐：縣名。確址無考，當治今湖北襄陽市襄州區一帶。

[4]杜：縣名。治所在今湖北襄陽市襄州區西。

［5］魏：縣名。治所在今湖北襄陽市襄州區西北。

扶風郡[1]

筑陽[2]　酇[3]　汎陽[4]

［1］扶風郡：郡名。僑今湖北穀城縣東北。

［2］筑陽：縣名。治所在今湖北穀城縣東北。

［3］酇：縣名。治所在今湖北穀城縣一帶。

［4］汎陽：縣名。晉武帝太康五年（284）置。治所在今湖北穀城縣西南。

馮翊郡[1]

鄀[2]　蓮勺[3]　高陸[4]

［1］馮翊郡：郡名。僑今湖北宜城市東南。

［2］鄀：縣名。治所在今湖北宜城市東南。

［3］蓮勺：縣名。治所在今湖北鍾祥市西北。

［4］高陸：縣名。治所在今湖北鍾祥市北。

河南郡[1]

河南[2]　新城[3]　棘陽[4]　襄鄉[5]　河陰[6]

［1］河南郡：郡名。僑今河南南陽市東南。

［2］河南：縣名。治所在今河南南陽市東南。

［3］新城：縣名。確址無考，當治今河南唐河、社旗二縣境。

［4］棘陽：縣名。治所在今河南南陽市南。

［5］襄鄉：縣名。治所在今湖北棗陽市東北。

[6]河陰：縣名。三國魏置。確址無考，當治今河南南陽市及其周邊一帶。

南天水郡[1]

略陽[2]　華陰[3]　西[4]

[1]南天水郡：郡名。治所在今湖北宜城市東南。

[2]略陽：縣名。治所在今湖北宜城市東南。

[3]華陰：縣名。確址無考，當治今湖北宜城市境。

[4]西：縣名。確址無考，當治今湖北宜城市境。

義成郡[1]

萬年[2]　義成[3]

[1]義成郡：郡名。晋武帝置。治所在今湖北丹江口市北。

[2]萬年：縣名。確址無考，當治今湖北丹江口市境。

[3]義成：縣名。治所在今湖北丹江口市北。

建昌郡[1]

永興　安寧

[1]建昌郡：郡名。僑今湖北襄陽市。按，建昌郡下屬諸縣，均僑今湖北襄陽市境。

華山郡[1]

藍田[2]　華山[3]　上黄[4]

[1]華山郡：郡名。宋孝武大明元年（457）置。治所在今湖北宜城市。

[2]藍田：縣名。確址無考，當在今湖北宜城市一帶。

[3]華山：縣名。治所在今湖北宜城市。

[4]上黄：縣名。治所在今湖北南漳縣東南。

南上洛郡[1]建武中，此以下郡皆没虜。

上洛[2]　商[3]

[1]南上洛郡：郡名。僑今陝西白河縣南。

[2]上洛：縣名。確址無考。當僑今陝西白河縣境。

[3]商：縣名。僑今陝西白河縣境。

北河南郡[1]

新蔡　汝陰　上蔡　緱氏　洛陽　新安　固始　苞信

[1]北河南郡：郡名。按，北河南郡及下屬諸縣，確址均無考，當僑今河南南陽市一帶。

弘農郡[1]

邯鄲　圉　盧氏

[1]弘農郡：郡名。僑今河南鄧州市西。按，弘農郡下屬諸縣確址均無考，當僑今河南鄧州市一帶。

從陽郡[1]

南鄉[2]　槐里[3]　清水[4]　丹水[5]　鄭[6]　從陽[7]

[1]從陽郡：郡名。治所在今河南淅川縣西南老城鎮東南原丹江南岸（今已成水庫）。中華本校勘記云："'從陽'毛本、殿本作'順陽'，下從陽縣同。按蕭子顯避梁諱，'順'字皆改作'從'。"

[2]南鄉：縣名。治所在今河南淅川縣西南老城鎮東南原丹江南岸（今已成水庫）。

[3]槐里：縣名。確址無考，當治今河南淅川縣附近一帶。

[4]清水：縣名。確址無考，當治今河南淅川縣附近一帶。

[5]丹水：縣名。治所在今河南淅川縣西南。

[6]鄭：縣名。確址無考，當治今河南淅川縣附近一帶。

[7]從陽：縣名。治所在今河南淅川縣東南。

西汝南郡[1]

[1]西汝南郡：郡名。治所在今河南泌陽縣西北。

北上洛郡[1]

[1]北上洛郡：郡名。治所疑在今湖北襄陽市一帶。

齊安郡[1]
齊康郡
招義郡

右五郡，不見屬縣。

[1]齊安郡：郡名。按，齊安郡及以下齊康郡、招義郡，確址均無考，當治雍州北境、沔水以北。

寧蠻府領郡如左：[1]

[1]寧蠻府：《宋書·州郡志》無寧蠻府及其所領郡縣，《宋書》中屢見寧蠻府，但未見有領郡縣。至南齊建元元年（479）已有寧蠻府領郡之記載，則寧蠻府作爲一行政區，亦當以建元元年爲始。（胡阿祥等《中國行政區劃通史·三國兩晋南朝卷》，復旦大學出版社2014年版，第1106頁）以下諸郡縣確址多已無考，未出注者其治所約在今湖北襄陽市、老河口市、丹江口市、棗陽市及河南南陽市境内。

西新安郡

新安　汎陽　安化　南安

義寧郡

筑　義寧　汎陽　武當　南陽[1]

[1]南陽：縣名。中華本校勘記云："毛本、局本作'武陽'。案武陽前漢屬東海郡，後漢省。東晋南渡，徐、兖屬邑，例僑置於江淮南北，甚少寄治雍州襄陽附近者，疑作'南陽'爲是。"

南襄郡[1]

新安　武昌　建武　武平

[1]南襄郡：郡名。治所在今湖北南漳縣。按，南襄郡下屬諸縣，治所當均在南漳縣附近。

北建武郡

東萇秋　霸　北鄀　高羅　西萇秋　平丘

蔡陽郡[1]

樂安　東蔡陽　西蔡陽　新化　楊子　新安

[1]蔡陽郡：郡名。治所約在今湖北棗陽市西南蔡陽鎮。

永安郡

東安樂　新安　西安樂　勞泉

安定郡[1]

思歸　歸化　皋亭　新安　士漢　士頃

[1]安定郡：郡名。治所約在今湖北南漳縣西。

懷化郡

懷化　編　遂城　精陽　新化　遂寧　新陽

武寧郡

新安　武寧　懷寧　新城　永寧

新陽郡

東平林　頭章　新安　朗城　新市　新陽　武安
西林

義安郡[1]

郊鄉　東里　永明　山都　義寧　西里　義安　南
鍚　義清

[1]義安郡：郡名。按，義安郡及下屬諸縣，治所均在今湖北

襄陽市襄州區西。

高安郡

　　高安　新集

左義陽郡

南襄城郡[1]

[1]南襄城郡：郡名。治所在今河南桐柏縣西北。

廣昌郡

東襄城郡

北襄城郡[1]

[1]北襄城郡：郡名。治所在今河南方城縣東。

懷安郡

北弘農郡

西弘農郡

析陽郡[1]

[1]析陽郡：郡名。治所約在今河南西峽縣。

北義陽郡

漢廣郡[1]

[1]漢廣郡：郡名。治所約在今河南南陽市南。

中襄城郡

右十二郡没虜。[1]

[1]没虜：陷没於永泰元年（498）。

湘州，鎮長沙郡。湘川之奥，民豐土閑。晋永嘉元年，分荆州置，荀眺爲刺史。[1]此後三省，輒復置。元嘉十六年置，[2]至今爲舊鎮。南通嶺表，[3]脣齒荆區。領郡如左：

[1]荀眺爲刺史：中華本校勘記云："'荀眺'《晋書·杜弢傳》、《通鑑》晋永嘉五年作'苟眺'。《晋書·懷帝紀》作'荀眺'。按殿本、局本又訛作'荀晞'，荀晞《晋書》有傳，未嘗爲湘州刺史也。"

[2]元嘉十六年置："六"原作"八"，中華本校勘記云："《宋書·文帝紀》，元嘉十六年正月，分荆州爲湘州。今據改。"今從改。

[3]嶺表：嶺外，南嶺以南地區。

長沙郡[1]

臨湘[2]　羅[3]　湘陰[4]　醴陵[5]　劉陽[6]　建寧[7]　吴昌[8]

[1]長沙郡：郡名。治所在今湖南長沙市。

[2]臨湘：縣名。治所在今湖南長沙市。

[3]羅：縣名。治所在今湖南汨羅市北。

[4]湘陰：縣名。治所在今湖南湘陰縣北。

［5］醴陵：縣名。治所在今湖南醴陵市。

［6］劉陽：縣名。三國吴置。治所在今湖南瀏陽市東北官渡鎮。中華本校勘記云："'劉'各本作'瀏'，劉瀏古今字。《倖臣傳》吕文顯封劉陽縣侯。"

［7］建寧：縣名。三國吴置。治所在今湖南株洲縣南。

［8］吴昌：縣名。三國吴改漢昌縣置。治所在今湖南平江縣東南。

桂陽郡[1]

郴[2]　臨武[3]　南平[4]　耒陽[5]　晋寧[6]　汝城[7]

［1］桂陽郡：郡名。治所在今湖南郴州市。

［2］郴：縣名。治所在今湖南郴州市。

［3］臨武：縣名。治所在今湖南臨武縣東。

［4］南平：縣名。治所在今湖南藍山縣東北古城村。

［5］耒陽：縣名。治所在今湖南耒陽市。

［6］晋寧：縣名。治所在今湖南資興市南。

［7］汝城：縣名。治所在今湖南汝城縣西南。

零陵郡[1]

泉陵[2]　洮陽[3]　零陵[4]　祁陽[5]　觀陽[6]　永昌[7]　應陽[8]

［1］零陵郡：郡名。治所在今湖南永州市。

［2］泉陵：縣名。治所在今湖南永州市。

［3］洮陽：縣名。治所在今廣西全州縣西北。

［4］零陵：縣名。治所在今廣西全州縣西南。

[5]祁陽：縣名。三國吴置。治所在今湖南祁東縣東南。

[6]觀陽：縣名。治所在今廣西灌陽縣東灌江東岸。

[7]永昌：縣名。三國吴置。治所在今湖南祁東縣西北。

[8]應陽：縣名。晋惠帝分觀陽縣置。治所在今湖南東安縣蘆洪市鎮。

衡陽郡[1]

湘西[2]　益陽[3]　湘鄉[4]　新康[5]　衡山[6]

[1]衡陽郡：郡名。三國吴孫亮太平二年（257）分長沙西部都尉置。治所在今湖南株洲縣西南。

[2]湘西：縣名。治所在今湖南株洲市渌口區西南。

[3]益陽：縣名。治所在今湖南益陽市。

[4]湘鄉：縣名。治所在今湖南湘鄉市。

[5]新康：縣名。三國吴曰新陽，晋武帝太康元年（280）改名。治所在今湖南寧鄉市西南。

[6]衡山：縣名。三國吴曰衡陽，晋惠帝改名。治所在今湖南衡山縣南。

營陽郡[1]

營道[2]　泠道[3]　營浦[4]　舂陵[5]

[1]營陽郡：郡名。治所在今湖南道縣東北。

[2]營道：縣名。治所在今湖南寧遠縣東南。

[3]泠道：縣名。治所在今湖南寧遠縣東南。

[4]營浦：縣名。治所在今湖南道縣東北。

[5]舂陵：縣名。治所在今湖南寧遠縣東北。“舂”原作“春”，從中華本改。

湘東郡[1]

茶陵[2]　新寧[3]　攸[4]　臨蒸[5]　重安[6]　陰山[7]

[1]湘東郡：郡名。三國吴孫亮太平二年（257）分長沙東部都尉置。治所在今湖南衡陽市。

[2]茶陵：縣名。治所在今湖南茶陵縣東北八團鄉附近。

[3]新寧：縣名。三國吴置。治所在今湖南常寧市東南。

[4]攸：縣名。治所在今湖南攸縣東北。

[5]臨蒸：縣名。治所在今湖南衡陽市。

[6]重安：縣名。治所在今湖南衡陽縣北。

[7]陰山：縣名。治所在今湖南攸縣西南。

邵陵郡[1]

都梁[2]　邵陵[3]　高平[4]　武剛[5]　建興[6]　邵陽[7]　扶[8]

[1]邵陵郡：郡名。三國吴孫晧寶鼎元年（266）分零陵北部都尉置昭陵郡，晋武帝改名。治所在今湖南邵陽市。

[2]都梁：縣名。治所在今湖南隆回縣。

[3]邵陵：縣名。治所在今湖南邵陽市。

[4]高平：縣名。治所在今湖南隆回縣東北。

[5]武剛：縣名。治所在今湖南武岡市北。

[6]建興：縣名。晋武帝分邵陵縣置。治所在今湖南武岡市東北。

[7]邵陽：縣名。治所在今湖南邵東縣東北。

[8]扶：縣名。治所在今湖南新寧縣。

始興郡[1]

曲江[2]　桂陽[3]　仁化[4]　陽山[5]　令階[6]　含洭[7]　靈溪[8]　中宿[9]　湞陽[10]　始興[11]

[1]始興郡：郡名。南朝齊改宋廣興郡置。治所在今廣東韶關市西南。

[2]曲江：縣名。治所在今廣東韶關市西南。

[3]桂陽：縣名。治所在今廣東連州市。

[4]仁化：縣名。南朝齊永明八年（490）前置。治所在今廣東仁化縣北。

[5]陽山：縣名。治所在今廣東陽山縣西南連江南岸。

[6]令階：縣名。南朝齊永明八年（490）前置。治所在今廣東始興縣西。

[7]含洭：縣名。治所在今廣東英德市浛洸鎮。

[8]靈溪：縣名。南朝齊永明八年（490）前置。治所在今廣東韶關市曲江區境。

[9]中宿：縣名。治所在今廣東清遠市西北河洞堡。

[10]湞陽：縣名。治所在今廣東英德市東南滃江北。

[11]始興：縣名。治所在今廣東韶關市曲江區東北。

臨賀郡[1]

臨賀[2]　馮乘[3]　富川[4]　封陽[5]　謝沐[6]　興安[7]　寧新[8]　開建[9]　撫寧[10]

[1]臨賀郡：郡名。南朝齊改臨慶國置。治所在今廣西賀州市東南賀街鎮。

[2]臨賀：縣名。治所在今廣西賀州市東南賀街鎮。

[3]馮乘：縣名。治所在今湖南江華瑶族自治縣西南。

[4]富川：縣名。治所在今廣西鍾山縣。

[5]封陽：縣名。治所在今廣西賀州市信都鎮。

[6]謝沐：縣名。治所在今湖南江永縣西南。

[7]興安：縣名。吴置建興縣，晋武帝太康元年（280）改名。治所在今廣西賀州市桂嶺鎮。

[8]寧新：縣名。確址無考，治所疑在今廣西賀州市一帶。

[9]開建：縣名。治所在今廣東封開縣東北。

[10]撫寧：縣名。宋末置。確址無考，治所疑在今廣西賀州市一帶。

始安郡[1]本名始建，齊改。

始安[2]　荔浦[3]　建陵左縣[4]　熙平[5]　永豐[6]　平樂[7]

[1]始安郡：郡名。南朝齊改始建郡置。治所在今廣西桂林市。

[2]始安：縣名。治所在今廣西桂林市。

[3]荔浦：縣名。治所在今廣西荔浦縣西。

[4]建陵左縣：縣名。治所在今廣西荔浦縣修仁鎮西。

[5]熙平：縣名。治所在今廣西陽朔縣興坪鎮。

[6]永豐：縣名。治所在今廣西荔浦縣西北。

[7]平樂：縣名。治所在今廣西平樂縣東北恭城河北岸。

齊熙郡[1]

[1]齊熙郡：郡名。南齊置。治所在今廣西融水苗族自治縣。

梁州，鎮南鄭。魏景元四年平蜀所置也。[1]晋永嘉元年，蜀賊没漢中，刺史張光治魏興，[2]三年，還漢中。建興元年，又爲氐楊難敵所没。[3]桓温平蜀，復舊土。後爲譙縱所没，[4]縱平復舊。每失漢中，刺史輒鎮魏興。漢中爲巴蜀扞蔽，[5]故劉備得漢中，云“曹公雖來，無能爲也”。是以蜀有難，漢中輒没。雖時還復，而户口殘耗。宋元嘉中，甄法護爲氐所攻，[6]失守。蕭思話復還漢中。[7]後氐虜數相攻擊，關隴流民，[8]多避難歸化，於是民户稍實。州境與氐、胡相隣，亦爲威御之鎮。領郡如左：

[1]景元：三國魏元帝曹奂年號。

[2]張光治：人名。其事不詳。

[3]楊難敵：東晋時人，氐族人，楊茂搜子，晋元帝時拜征南大將軍。

[4]譙縱：東晋巴西南充人。晋安帝義熙元年（405）起兵，自號梁、秦二州刺史，義熙九年（417）兵敗，自縊死。《晋書》卷一〇〇有傳。

[5]扞蔽：猶屏藩，亦有保護之意。

[6]甄法護：南朝宋時人。曾任梁州刺史，楊難當襲漢中，甄法護棄城而走。《宋書》卷七八有傳。

[7]蕭思話：南朝宋南蘭陵人。宋文帝時任青州刺史，甄法護棄城後，被任命爲梁、南秦二州刺史，收復漢中。《宋書》卷七八有傳。

[8]關隴：指今關中和甘肅東部一帶地區。

漢中郡[1]

南鄭[2]　城固[3]　沔陽[4]　西鄉[5]　西上庸[6]

[1]漢中郡：郡名。治所在今陝西漢中市。

[2]南鄭：縣名。治所在今陝西漢中市。

[3]城固：縣名。治所在今陝西城固縣東北湑水河西岸。

[4]沔陽：縣名。治所在今陝西勉縣西武侯鎮。

[5]西鄉：縣名。三國蜀置南鄉縣，晉武帝太康二年（281）改名。治所在今陝西西鄉縣東南古城鎮。

[6]西上庸：縣名。確址無考，當在今陝西漢中市一帶。

魏興郡[1]

西城[2]　旬陽[3]　興晋[4]　廣昌[5]　南廣城[6]《永元志》無　廣城[7]

[1]魏興郡：郡名。三國魏文帝改西城郡置。治所在今陝西安康市西北漢江北岸。

[2]西城：縣名。治所在今陝西安康市西北漢江北岸。

[3]旬陽：縣名。晋武帝太康四年（283）置。治所在今陝西旬陽縣北旬河北岸。

[4]興晋：縣名。魏置平陽縣，晋武帝太康元年（280）改名。治所在今湖北鄖西縣西北。

[5]廣昌：縣名。今地不詳。

[6]南廣城：縣名。今地不詳。

[7]廣城：縣名。治所在今陝西紫陽縣東南。

新興郡[1]《永元二年志》無

吉陽[2]　東關[3]

[1]新興郡：郡名。治所在今湖北竹溪縣西。

[2]吉陽：縣名。治所在今湖北竹溪縣西。

[3]東關：縣名。治所在今湖北竹溪縣西北。

南新城郡[1]

房陵[2]　綏陽[3]　昌魏[4]　祁鄉[5]　閬陽[6]　樂平[7]

[1]南新城郡：郡名。宋名爲新城郡，南齊改爲南新城郡。治所在今湖北房縣。

[2]房陵：縣名。治所在今湖北房縣。

[3]綏陽：縣名。三國魏置，後改爲秭歸縣，晋武帝太康二年（281）復爲綏陽。治所在今湖北神農架林區東南。

[4]昌魏：縣名。三國魏置。治所在今湖北房縣西南。

[5]祁鄉：縣名。治所在今湖北南漳縣西南。

[6]閬陽：縣名。確址無考，當在今湖北房、南漳等縣一帶。

[7]樂平：縣名。確址無考，當在今湖北房、南漳等縣一帶。

上庸郡[1]

上庸[2]　武陵[3]　齊安[4]　北巫[5]　上廉[6]　微陽[7]　新豐[8]　新安[9]　吉陽[10]

[1]上庸郡：郡名。治所在今湖北竹山縣西南。

[2]上庸：縣名。治所在今湖北竹山縣西南。

[3]武陵：縣名。治所在今湖北竹山縣西北。

[4]齊安：縣名。南朝齊永明八年（490）前置。治所在今湖北鄖縣境。

[5]北巫：縣名。確址無考，當在今陝西鎮坪、湖北竹山竹溪

等縣一帶。

［6］上廉：縣名。治所在今陝西平利縣西北老縣鎮東南。

［7］微陽：縣名。魏置建始縣，晉武帝改。治所在今湖北竹溪縣東。

［8］新豐：縣名。南朝齊武帝分上庸縣置。治所在今湖北竹溪縣東南。

［9］新安：縣名。治所在今湖北竹山縣一帶。

［10］吉陽：縣名。確址無考，當在今湖北竹山、竹溪等縣一帶。

晉壽郡[1]

晉壽[2]　邵歡[3]　興安[4]　白水[5]

［1］晉壽郡：郡名。治所在今四川廣元市西南。

［2］晉壽：縣名。晉改漢壽縣爲晉壽置。治所在今四川廣元市西南。

［3］邵歡：縣名。治所在今四川廣元市北沙河鄉。

［4］興安：縣名。治所在今四川廣元市。

［5］白水：縣名。治所在今四川青川縣東北。

華陽郡[1]

宕渠　華陽　興宋　嘉昌

［1］華陽郡：郡名。僑白馬城，今陝西勉縣西老城。按，華陽郡下屬諸縣，均僑今陝西勉縣西老城。

新巴郡[1]

新巴[2]　晉城[3]　晉安[4]

［1］新巴郡：郡名。晋安帝分巴西郡置。治所在今四川江油市東北雁門鎮。

［2］新巴：縣名。晋安帝置。治所在今四川江油市東北雁門鎮。

［3］晋城：縣名。晋安帝置。治所在今四川江油市境。

［4］晋安：縣名。晋安帝置。治所在今四川廣元市西南。

北巴西郡[1]

閬中[2]　安漢[3]　宋壽[4]　南國[5]　西國[6]　平周[7]　漢昌[8]

［1］北巴西郡：郡名。治所在今四川閬中市。

［2］閬中：縣名。治所在今四川閬中市。

［3］安漢：縣名。治所在今四川南充市北。

［4］宋壽：縣名。南朝齊永明八年（490）前置。確址無考。

［5］南國：縣名。治所在今四川南部縣。

［6］西國：縣名。治所在今四川南部縣西北。

［7］平周：縣名。治所在今四川平昌縣。

［8］漢昌：縣名。治所在今四川蒼溪縣西南。

巴渠郡[1]

宣漢[2]　晋興[3]　始興[4]　巴渠[5]　東關[6]　始安[7]　下蒲[8]

［1］巴渠郡：郡名。治所在今四川達州市。

［2］宣漢：縣名。治所在今四川達州市。

［3］晋興：縣名。確址無考，當在今四川達州市達川區、宣漢

縣一帶。

［4］始興：縣名。治所在今四川達州市達川區南。

［5］巴渠：縣名。治所在今四川宣漢縣東。“渠”原作“梁”，從中華本改。

［6］東關：縣名。治所在今四川萬源市東南。

［7］始安：縣名。治所在今四川宣漢縣南。

［8］下蒲：縣名。治所在今四川宣漢縣西北。

懷安郡[1]

懷安　義存

［1］懷安郡：郡名。僑南鄭，今陝西漢中市。按，懷安郡下屬諸縣，均僑今陝西漢中市。

宋熙郡[1]

興平[2]　宋安[3]　陽安[4]　元壽[5]　嘉昌[6]《永元志》無

［1］宋熙郡：郡名。治所在今四川旺蒼縣嘉川鎮。

［2］興平：縣名。治所在今四川旺蒼縣嘉川鎮。

［3］宋安：縣名。治所在今四川蒼溪縣歧坪鎮。

［4］陽安：縣名。確址無考，當在今四川廣元市境。

［5］元壽：縣名。確址無考，當在今四川廣元市境。

［6］嘉昌：縣名。治所在今四川廣元市東南。

白水郡[1]

晋壽　新巴　漢德　益昌　興安　平周

[1]白水郡：郡名。按，白水郡及下屬諸縣，均僑今四川廣元市境。

南上洛郡[1]

上洛[2]　商[3]　流民[4]　北豐陽[5]　渠陽[6]　義陽[7]

[1]南上洛郡：郡名。僑魏興，今陝西白河縣南。

[2]上洛：縣名。確址無考。當僑今陝西白河縣境。

[3]商：縣名。僑今陝西白河縣境。

[4]流民：縣名。當僑今陝西白河縣境。原作“流風民”，中華本據南監本删。今從改。

[5]北豐陽：縣名。僑今陝西白河縣境。

[6]渠陽：縣名。確址無考。當僑今陝西白河縣境。

[7]義陽：縣名。確址無考。當僑今陝西白河縣境。

北上洛郡[1]

上洛　商　豐陽《永元志》無　流民　秬陽　陽亭　齊化　西豐陽　東鄴陽　齊寧《永元志》無　京兆　新寧《永元志》無　新附

[1]北上洛郡：郡名。僑北上洛縣，今湖北鄖西縣上津鎮。按，北上洛郡下屬諸縣，除上洛縣僑同北上洛縣外，其餘確址均無考，當僑今湖北鄖西縣一帶。

安康郡[1]

安康[2]　寧都[3]

[1]安康郡：郡名。宋末分魏興之安康縣及晋昌之寧都縣置。治所在今陝西石泉縣池河鎮西北漢江東岸。

[2]安康：縣名。治所在今陝西石泉縣池河鎮西北漢江東岸。

[3]寧都：縣名。治所在今陝西紫陽縣西北安家河入漢江處。

南宕渠郡[1]

宕渠[2]　漢安[3]　宣漢[4]　宋康[5]

[1]南宕渠郡：郡名。僑今四川南充市北。

[2]宕渠：縣名。僑今四川南充市北。

[3]漢安：縣名。僑今四川南充市北。

[4]宣漢：縣名。僑今四川南充市境。

[5]宋康：縣名。確址無考。當僑今四川南充市境。

懷安郡[1]

永豐　綏成[2]　預德

[1]懷安郡：郡名。宋置。按，懷安郡下屬諸縣，確址均無考，當在今四川南充、廣元二市之間。南監本、殿本及《宋書·州郡志三》均作“懷漢郡”。

[2]綏成：《宋書·州郡志三》作“綏來”。

北陰平郡[1]

陰平　平武

[1]北陰平郡：郡名。僑南鄭，今陝西漢中市。按，北陰平郡

下屬諸縣，均僑今陝西漢中市境。

南陰平郡[1]

陰平　懷舊

[1]南陰平郡：郡名。僑今四川平武縣東。按，南陰平郡下屬諸縣，確址均無考，當僑在今四川平武縣一帶。

齊興郡[1]

齊興《永元志》無　安昌《永元志》無　鄖鄉　錫[2]　安富[3]　略陽[4]

[1]齊興郡：郡名。南齊永明七年（489）置。治所在今湖北鄖縣。按，其下齊興三縣治所與郡同。

[2]錫：縣名。治所在今陝西白河縣東南漢江南岸、白石河西。

[3]安富：縣名。確址無考，當在今湖北竹山、竹溪等縣一帶。

[4]略陽：縣名。確址無考，當僑今湖北宜城市東。

晋昌郡[1]

安晋[2]　宣漢[3]　吉陽[4]　萇壽[5]　東關[6]　新興[7]　延壽[8]　安樂[9]

[1]晋昌郡：郡名。治所在今陝西西鄉縣東北。

[2]安晋：縣名。今地不詳。

[3]宣漢：縣名。今地不詳。

[4]吉陽：縣名。治所在今湖北竹溪縣西。

[5]萇壽：縣名。今地不詳。

［6］東關：縣名。治所在今湖北竹溪縣西北。
［7］新興：縣名。今地不詳。
［8］延壽：縣名。今地不詳。
［9］安樂：縣名。今地不詳。

東晋壽郡[1]

右一郡，縣邑事亡。

［1］東晋壽郡：郡名。南齊永泰元年（498）置。治所在今四川廣元市。

弘農郡
東昌魏郡
略陽郡
北梓潼郡
廣長郡
式水郡
思安郡
宋昌郡
建寧郡
南泉郡
三巴郡
江陵郡
懷化郡
歸寧郡
東楗郡

北宕渠郡
宋康郡
南漢郡
南梓潼郡
始寧郡
江陽郡
南部郡
南安郡
建安郡
壽陽郡
南陽郡
宋寧郡
歸化郡
始安郡
平南郡
懷寧郡
新興郡
南平郡
齊兆郡
齊昌郡
新化郡
寧章郡
隣溪郡
京兆郡
義陽郡

歸復郡
安寧郡
東宕渠郡
宋安郡
齊安郡

凡四十五郡，荒或無民户。

秦州，晋武帝泰始五年置。[1]舊土有秦之富，跨帶壠坂。[2]太康省，惠帝元康七年復置。[3]中原亂，没胡。穆帝永和八年，[4]胡僞秦州刺史王擢降，[5]仍以爲刺史，尋爲苻健所破。[6]十一年，桓温以氐王楊國爲秦州刺史，[7]未有民土。至太元十四年，雍州刺史朱序始督秦州，[8]則孝武所置也。[9]寄治襄陽，未有刺史，是後雍州刺史常督之。隆安二年，[10]郭銓始爲梁、南秦州刺史，[11]州寄治漢中。四年，桓玄督七州，[12]但云秦州。元興元年，以苻堅子宏爲北秦州刺史。[13]自此荆州都督常督秦州，梁州常帶南秦州刺史。義熙三年，以氐王楊國爲北秦州刺史。十四年，置東秦州，劉義真爲刺史。[14]郭恭爲梁州刺史，尹雅爲秦州刺史。[15]宋文帝爲荆州都督，[16]督秦州，又進督北秦州。州名雜出，省置不見。《永明郡國志》秦州寄治漢中南鄭，[17]不曰南北。《元嘉計偕》亦云秦州，[18]而荆州都督常督二秦，梁、南秦一刺史。是則志所載秦州爲南秦，氐爲北秦。領郡如左：

[1]晋武帝：司馬炎。字安世，司馬昭長子。後代魏稱帝，建立西晋。《晋書》卷三有紀。

[2]跨帶：跨越連帶，意全部據有。　壠坂：亦作“隴阪”，即隴山。

[3]惠帝：晋惠帝司馬衷。字正度，武帝次子。《晋書》卷四有紀。　元康：晋惠帝司馬衷年號。

[4]穆帝：晋穆帝司馬聃。字彭子，晋康帝子。其在位時一直由桓温把持朝政。《晋書》卷八有紀。　永和：晋穆帝司馬聃年號。

[5]王擢：十六國後趙將領，後降東晋，曾任秦州刺史。

[6]苻健：十六國前秦建立者。《晋書》卷一一二有載記。

[7]楊國：東晋時氐族首領。永和中，自立爲王，桓温表爲鎮北將軍、秦州刺史、平羌校尉。後爲其從父楊俊所殺。詳見《宋書》卷九八《氐胡傳》。

[8]朱序：字次倫，義陽人。東晋時人，益州刺史朱燾子，世爲名將。《晋書》卷八一有傳。

[9]孝武：晋孝武帝司馬曜。字昌明，簡文帝第三子。《晋書》卷九有紀。

[10]隆安：晋安帝司馬德宗年號。

[11]郭銓：東晋時人，曾任梁州刺史，後歸附桓玄。

[12]桓玄：字敬道，一名靈寶，桓温幼子。廢晋安帝，稱帝，國號楚，後兵敗被殺。《晋書》卷九九有傳。

[13]宏：苻宏。苻堅子，淝水之戰前秦失敗，其投奔東晋，後跟隨桓玄起兵篡位，兵敗被誅。

[14]劉義真：宋武帝劉裕子，封廬陵王。《宋書》卷六一有傳。

[15]尹雅：曾任秦州刺史，餘事不詳。

[16]宋文帝：劉義隆。小字車兒，宋武帝劉裕第三子。其在位期間加强集權、整頓吏治，史稱“元嘉之治”。《宋書》卷五有紀。

[17]《永明郡國志》：此書爲記載南齊永明年間郡國山川地理

形勢的地志類著作。已佚。

［18］《元嘉計偕》：此書已佚，作者及所記内容均不詳。

武都郡[1]

下辯[2]　上禄[3]　陳倉[4]

［1］武都郡：郡名。疑東晋安帝時所置。確址無考，當僑今陝西漢中市境。

［2］下辯：縣名。僑今陝西漢中市境。

［3］上禄：縣名。僑今陝西漢中市境。

［4］陳倉：縣名。確址無考。當僑今陝西漢中市境。

略陽郡[1]

略陽[2]　臨漢[3]

［1］略陽郡：郡名。疑東晋安帝時僑置。確址無考，當僑今陝西漢中市境。

［2］略陽：縣名。確址無考，當僑今陝西漢中市境。

［3］臨漢：縣名。僑今陝西漢中市境。

安固郡[1]

安固[2]　南桓陵[3]

［1］安固郡：郡名。僑今陝西漢中市境。

［2］安固：縣名。僑今陝西漢中市境。

［3］南桓陵：縣名。確址無考，當僑今陝西漢中市境。原脱“陵”字，中華本校勘記云：“據南監本、毛本、殿本、局本補。按

《宋書·州郡志》亦作‘南桓陵’，蓋益州南新巴郡有桓陵，北陰平郡有北桓陵，故此云南桓陵也。”今從補。

西扶風郡[1]

郿　武功

[1]西扶風郡：郡名。按，西扶風郡及下屬諸縣，確址均無考，當僑今陝西漢中市境。

京兆郡[1]

杜　藍田　鄠

[1]京兆郡：郡名。按，京兆郡及下屬諸屬，確址均無考，當僑今陝西漢中市境。

南太原郡[1]

平陶

[1]南太原郡：郡名。疑東晋安帝時所置。按，南太原郡及其治所平陶縣，確址無考，當僑今陝西漢中市境。

始平郡[1]

始平　槐里　宋熙

[1]始平郡：郡名。按，始平郡及下屬諸縣，確址均無考，當僑今陝西漢中市境。

天水郡[1]

新陽　河陽[2]

[1]天水郡：郡名。按，天水郡及下屬諸縣，確址均無考，當僑今陝西漢中市境。

[2]中華本校勘記云："《兩漢志》《宋書·州郡志》《魏書·地形志》《水經·漾水注》並作'阿陽'。顏師古《漢書·高帝紀》注云：'阿陽，天水之縣也。今流俗本或作河陽者非。'按阿陽之作河陽，最早見於此志。其後《周書·獨孤信傳》《隋志》《元和志》《寰宇記》並作'河陽'。《寰宇記》云：'河陽，漢置縣，在河之西北，故曰河陽。'"

安定郡[1]

宋興　朝那

[1]安定郡：郡名。按，安定郡及下屬諸縣，確址均無考，當僑今陝西漢中市境。

南安郡[1]

桓道　中陶

[1]南安郡：郡名。按，南安郡及下屬諸縣，確址均無考，當僑今陝西漢中市境。

金城郡[1]

金城　榆中　臨洮　襄

［1］金城郡：郡名。按，金城郡及下屬諸縣，確址均無考，當僑今陝西漢中市境。

馮翊郡[1]

蓮勺　頻陽　下邽[2]　萬年　高陵

［1］馮翊郡：郡名。南朝宋文帝元嘉二年（425）僑置。按，馮翊郡及下屬諸縣，確址均無考，當僑今陝西漢中市境。

［2］下邽：《宋書·州郡志四》作“下辯”。

隴西郡[1]

河關　狄道　首陽　大夏

［1］隴西郡：郡名。南朝宋文帝元嘉六年（429）僑置。按，隴西郡及下屬諸縣，確址均無考，當僑今陝西漢中市境。

仇池郡[1]

上辯　倉泉　白石　夷安

［1］仇池郡：郡名。《宋書·州郡志》無，疑爲南齊置。按，仇池郡及下屬諸縣，確址均無考，當僑今陝西漢中市境。

東寧郡[1]

西安　北地　南漢

［1］東寧郡：郡名。《宋書·州郡志》無，疑爲南齊置。按，東寧郡及下屬諸縣，確址均無考，當僑今陝西漢中市境。

益州，鎮成都，起魏景元四年所治也。開拓夷荒，稍成郡縣，如漢之永昌，[1]晋之雲山之類是也。蜀侯惲壯以來，[2]四爲偏據，故諸葛亮云“益州險塞，沃野天府”。劉頌亦謂“成都宜處親子弟，以爲王國”。[3]故立成都王穎，[4]竟不之國。三峽險阻，蠻夷孔熾。[5]西通芮芮河南，[6]亦如漢武威張掖，爲西域之道也。方面疆鎮，塗出萬里，晋世以處武臣。宋世亦以險遠，諸王不牧。泰始中，成都市橋忽生小洲，始康人邵碩有術數，見之曰:“洲生近市，當有貴王臨境。”[7]永明二年，而始興王鎮爲刺史。[8]州土瓌富，西方之一都焉。領夷、齊諸郡如左：巴、涪陵二郡，見巴州。

[1]永昌：郡名。東漢永平十二年（69）分益州置。治所在今雲南保山市東北。

[2]蜀侯惲壯以來：中華本校勘記云:“‘惲壯’，各本並作‘煇杜’。按此謂蜀侯惲、相陳壯事，並見《史記·秦本紀》及《華陽國志》，今改正。”今從改。

[3]劉頌：字子雅，廣陵人。三國魏、西晋時人，官至吏部尚書、光禄大夫。《晋書》卷四六有傳。

[4]成都王穎：司馬穎，晋武帝子。西晋八王之亂中的八王之一。《晋書》卷五九有傳。

[5]孔熾：猖獗，囂張。

[6]芮芮：古族名。即柔然，又稱蠕蠕、茹茹。原爲東胡的一支，初屬拓跋部。後爲突厥所滅。

[7]當：原作“常”，從中華本改。

[8]始興王：南朝宋始興王劉濬，宋文帝劉義隆次子。與太子

劉劭發動政變，弑殺劉義隆，後方鎮起兵討劭，兵敗被殺。《宋書》卷九九有傳。

蜀郡[1]

成都[2]　郫[3]　牛鞞[4]　繁[5]　永昌[6]

[1]蜀郡：郡名。治所在今四川成都市。

[2]成都：縣名。治所在今四川成都市。

[3]郫：縣名。治所在今四川郫縣。

[4]牛鞞：縣名。《宋書·州郡志四》作“鞞縣”，並言：“二漢、《晋太康地志》並曰牛鞞，屬犍爲，何志晋穆帝度此。”治所在今四川簡陽市西。

[5]繁：縣名。治所在今四川成都市新都區新繁鎮。

[6]永昌：縣名。南朝宋孝武帝孝建二年（455），以僑户置。確址無考，當在今四川成都市境。

廣漢郡[1]

雒[2]　什方[3]　新都[4]　郪[5]　伍城[6]　陽泉[7]

[1]廣漢郡：郡名。治所在今四川廣漢市北。

[2]雒：縣名。治所在今四川廣漢市北。

[3]什方：縣名。《宋書·州郡志四》作“什邡”。治所在今四川什邡市。

[4]新都：縣名。治所在今四川成都市新都區西。

[5]郪：縣名。治所在今四川中江縣東南。

[6]伍城：縣名。晋武帝咸寧四年（278）置，太康六年（285）廢，七年又置。治所在今四川中江縣東南。

[7]陽泉：縣名。三國蜀分綿竹置。治所在今四川德陽市西北。

晋原郡[1]

江原[2]　臨邛[3]　徙陽[4]　晋樂[5]　漢嘉[6]

［1］晋原郡：郡名。治所在今四川崇州市西北懷遠鎮。原作“晋康郡”。胡阿祥《〈南齊書·州郡志〉札記》:“按‘晋康’或是‘晋原’之誤。《宋志》益州刺史晋原太守：‘李雄分蜀郡爲漢原，晋穆帝更名，領縣五’，即江原（郡治，今四川崇州市西北）、臨邛、晋樂、徙陽、漢嘉。《南齊志》益州領江原等五縣者，則晋康郡。考晋康，乃‘晋穆帝永和七年（351）分蒼梧立，治元溪’，宋《永初郡國》治龍鄉，元嘉中徙治端溪，《南齊志》治威城，屬廣州。可見晋康郡與益州邈不相涉。再檢諸史傳，未見益州晋原郡有改稱晋康郡的記載；諸地志如《隋書·地理志》（蜀郡晋原：‘舊曰江原，及置江原郡，後周廢郡，縣改名焉’）、《元和郡縣圖志》（卷三劍南道蜀州晋原縣：‘本漢江原縣，屬蜀郡。李雄時改爲江原，晋爲晋原。周立多融縣，又改爲晋原，屬益州’）、《太平寰宇記》（‘多融縣，後周改爲晋原縣，以縣界晋原山爲名’）等，記叙晋原沿革甚詳備，也都不載晋原曾改晋康，則《南齊志》益州‘晋康郡’疑爲‘晋原郡’之誤，‘康’‘原’爲字形相似致訛。”（胡阿祥《六朝疆域與政區研究》，學苑出版社2005年版，第675頁）今從改。

［2］江原：縣名。治所在今四川崇州市西北懷遠鎮。

［3］臨邛：縣名。治所在今四川崇州市東南。

［4］徙陽：縣名。治所在所在今四川天全縣東南。中華本校勘記云:“各本及《宋書·州郡志》並作‘樅陽’。成孺《宋州郡志校勘記》云：‘樅《兩漢志》《晋志》並作徙，當以作徙爲是。《南齊志》作樅。徙之傳寫爲樅，未知誤自何時也。’今據改。”今從改。

［5］晋樂：縣名。治所在今四川崇州市西北公議場。

[6]漢嘉：縣名。治所在今四川蘆山縣。

寧蜀郡[1]

廣漢[2]　升遷[3]　廣都[4]　墊江[5]

[1]寧蜀郡：郡名。治廣都縣，在今四川成都市雙流區。

[2]廣漢：縣名。僑今四川成都市雙流區境。

[3]升遷：縣名。僑今四川成都市雙流區境。

[4]廣都：縣名。治所在今四川成都市雙流區。

[5]墊江：縣名。南朝宋僑置。僑今四川成都市雙流區境。

汶山郡[1]

都安[2]　齊基[3]　漫官[4]

[1]汶山郡：郡名。治所在今四川都江堰市東。

[2]都安：縣名。三國蜀置。治所在今四川都江堰市東。

[3]齊基：縣名。南朝齊永明八年（490）前置。治所在今四川都江堰市東南。

[4]漫官：縣名。治所在今四川都江堰市東南。南監本及《宋書·州郡志四》作“晏官”。

南陰平郡[1]

陰平[2]　綿竹[3]　南鄭[4]　南長樂[5]

[1]南陰平郡：郡名。僑今四川德陽市西北。

[2]陰平：縣名。僑今四川德陽市西北。

[3]綿竹：縣名。治所在今四川德陽市北。

［4］南鄭：縣名。確址無考，當僑今四川德陽市與都江堰市、汶川縣、茂縣之間。

［5］南長樂：縣名。確址無考，當僑今四川德陽市與都江堰市、汶川縣、茂縣之間。

東遂寧郡[1]

巴興[2]　小漢[3]　晋興[4]　德陽[5]

［1］東遂寧郡：郡名。南齊改宋遂寧郡置。治所在今四川蓬溪縣西南。

［2］巴興：縣名。治所在今四川蓬溪縣西南。

［3］小漢：縣名。治所在今四川射洪縣南。中華本校勘記云："南監本及《宋書·州郡志》作'廣漢'。按廣漢，漢舊縣，屬廣漢郡。漢時縣名與郡名同者，往往加'小'字以別之，故廣漢亦稱小廣漢，疑此'小'字下脱一'廣'字。"

［4］晋興：縣名。治所在今重慶潼南區北。

［5］德陽：縣名。治所在今四川遂寧市東南龍鳳場鄉。

始康郡[1]

康晋[2]　談[3]　新成[4]

［1］始康郡：郡名。晋安帝置。僑成都縣，在今四川成都市。

［2］康晋：縣名。《宋書·州郡志四》始康郡下領始康、新城、談、晋豐四縣，而無康晋。洪齮孫《補梁疆域志》以爲此"康晋"當是上脱"始"，下脱"豐"，疑爲是。始康、晋豐，均僑今四川成都市。

［3］談：縣名。僑今四川成都市。

［4］新成：縣名。僑今四川成都市。

永寧郡[1]

欣平[2]　永安[3]　宜昌[4]

[1]永寧郡：郡名。僑成都縣，在今四川成都市。中華本校勘記云："'永寧'南監本、局本及《宋書·州郡志》作'宋寧'。按蕭齊代宋，故改'宋寧'爲'永寧'。"

[2]欣平：縣名。僑今四川成都市境。

[3]永安：縣名。僑今四川德陽市西北。

[4]宜昌：縣名。僑今四川德陽市西北。

安興郡[1]

南漢[2]　建昌[3]

[1]安興郡：郡名。南齊改宋宋興郡置。僑成都縣，在今四川成都市。

[2]南漢：縣名。僑今四川成都市境。

[3]建昌：縣名。僑今四川成都市境。

犍爲郡[1]

僰道[2]　南安[3]　資中[4]　冶官[5]　武陽[6]

[1]犍爲郡：郡名。治所在今四川宜賓市敘州區西南安邊鎮。

[2]僰道：縣名。治所在今四川宜賓市敘州區西南安邊鎮。"僰"原作"僰"，從中華本改。

[3]南安：縣名。治所在今四川樂山市。

[4]資中：縣名。治所在今四川資陽市。

[5]治官：縣名。晉安帝義熙十年（414）置。治所在今四川榮縣西北。

[6]武陽：縣名。治所在今四川彭山縣東。

江陽郡[1]

江陽[2]　常安[3]　漢安[4]　綿水[5]

[1]江陽郡：郡名。東漢末劉璋分犍爲置。僑今四川眉山市彭山區東南。

[2]江陽：縣名。僑今四川眉山市彭山區東南。

[3]常安：縣名。確址無考，當僑今四川眉山市及彭山區一帶。

[4]漢安：縣名。確址無考，當僑今四川眉山市彭山區一帶。

[5]綿水：縣名。僑今四川眉山市彭山區東南。“水”原闕，中華本據《宋書·州郡志四》補。

安固郡[1]

桓陵[2]　臨渭[3]　興固[4]　南苞[5]　清水[6]　沔陽[7]　南城固[8]

[1]安固郡：郡名。治所在今四川都江堰市、汶川縣、茂縣一帶。

[2]桓陵：縣名。確址無考，當治今四川都江堰市、汶川縣、茂縣一帶。

[3]臨渭：縣名。治所在今四川都江堰市、汶川縣、茂縣一帶。

[4]興固：縣名。確址無考，當治今四川都江堰市、汶川縣、茂縣一帶。

[5]南苞：縣名。確址無考，當僑今四川德陽市與都江堰市、汶川縣、茂縣之間。

［6］清水：縣名。治所在今四川都江堰市、汶川縣、茂縣一帶。

［7］沔陽：縣名。確址無考，當僑今四川德陽市與都江堰市、汶川縣、茂縣之間。

［8］南城固：縣名。確址無考，當僑今四川德陽市與都江堰市、汶川縣、茂縣之間。

懷寧郡[1]

萬年　西平　懷道　始平

［1］懷寧郡：郡名。僑成都縣，在今四川成都市。按，懷寧郡下屬諸縣，確址均無考，當僑今四川成都市境。

巴西郡[1]

閬中[2]　安漢[3]　西充國[4]　南充國[5]　漢昌[6]　平州[7]　益昌[8]　晋興[9]　東關[10]

［1］巴西郡：郡名。僑梓潼郡涪縣，在今四川綿陽市東。

［2］閬中：縣名。僑今四川綿陽市境。

［3］安漢：縣名。僑今四川綿陽市境。

［4］西充國：縣名。僑今四川安縣南。

［5］南充國：縣名。僑今四川綿陽市境。

［6］漢昌：縣名。僑今四川江油市南。

［7］平州：縣名。僑今四川綿陽市境。

［8］益昌：縣名。僑今四川安縣東南。

［9］晋興：縣名。僑今四川安縣東北。

［10］東關：縣名。南朝齊置。僑今四川綿陽市境。

梓潼郡[1]

涪[2]　梓潼[3]　漢德[4]　新興[5]　萬安[6]　西浦[7]

[1]梓潼郡：郡名。治所在今四川綿陽市東。

[2]涪：縣名。治所在今四川綿陽市東。

[3]梓潼：縣名。治所在今四川梓潼縣。

[4]漢德：縣名。治所在今四川劍閣縣東北。

[5]新興：縣名。南朝齊永明八年（490）前置。治所在今四川綿陽市境。

[6]萬安：縣名。治所在今四川羅江縣西。

[7]西浦：縣名。治所在今四川安縣南。

東江陽郡[1]

漢安[2]　安樂[3]　綿水[4]

[1]東江陽郡：郡名。治所在今四川瀘州市西南大渡口鎮。

[2]漢安：縣名。治所在今四川瀘州市西南大渡口鎮。

[3]安樂：縣名。治所在今四川合江縣。

[4]綿水：縣名。治所在今四川江安縣東南二龍口。

南晋壽郡[1]

南晋壽[2]　白水[3]　南興[4]

[1]南晋壽郡：郡名。南朝宋文帝元嘉十二年（435）於劍南僑置。治晋壽縣，在今四川彭州市西北。

[2]南晋壽：縣名。確址無考，當僑今四川彭州市西北。

[3]白水：縣名。確址無考，當僑今四川彭州市一帶。原作

"泉"，從中華本改。

[4]南興：縣名。確址無考，當僑今四川彭州市一帶。

西宕渠郡[1]

宕渠[2]　宣漢[3]　漢初[4]　東關[5]

[1]西宕渠郡：郡名。南朝齊置。治所在今四川鹽亭縣西北。

[2]宕渠：縣名。治所在今四川鹽亭縣西北。

[3]宣漢：縣名。確址無考，當在今四川鹽亭縣附近。

[4]漢初：縣名。確址無考，當在今四川鹽亭縣附近。

[5]東關：縣名。治所在今四川鹽亭縣境。

天水郡[1]

西　上邽　冀　宋興

[1]天水郡：郡名。按，天水郡及下屬諸縣，確址均無考，當僑今四川東北部。

南新巴郡[1]《永元志》，寄治陰平。

新巴[2]　晋熙[3]　桓陵[4]

[1]南新巴郡：郡名。確址無考，當在今四川劍閣縣以南一帶。

[2]新巴：縣名。僑今四川劍閣縣以南一帶。

[3]晋熙：縣名。治所在今四川綿竹市。

[4]桓陵：縣名。確址無考，當僑今四川劍閣縣以南一帶。

北陰平郡[1]

陰平[2]　南陽[3]　北桓陵[4]　扶風[5]　慎陽[6]　京兆[7]　綏歸[8]

[1]北陰平郡：郡名。僑陰平縣，在今四川江油市東北。

[2]陰平：縣名。僑今四川江油市東北。

[3]南陽：縣名。確址無考，當僑今四川江油市一帶。

[4]北桓陵：縣名。確址無考，當僑今四川江油市一帶。

[5]扶風：縣名。確址無考。

[6]慎陽：縣名。確址無考，當僑今四川江油市一帶。

[7]京兆：縣名。確址無考。

[8]綏歸：縣名。確址無考，當僑今四川劍閣縣以南一帶。

新城郡[1]

下辯　略陽　漢陽　安定

[1]新城郡：郡名。治所在今四川三臺縣。按，新城郡下屬諸縣，確址均不詳。

扶風郡[1]見《永元三年志》

武江[2]　華陰[3]　茂陵[4]

[1]扶風郡：郡名。治所在今四川劍閣縣西南武連鎮。

[2]武江：縣名。治所在今四川劍閣縣西南武連鎮。

[3]華陰：縣名。確址無考。

[4]茂陵：縣名。治所在今四川劍閣縣西南。

南安郡[1]見《永元三年志》

南安[2]　華陽[3]　白水[4]　樂安[5]　桓道[6]

[1]南安郡：郡名。南朝齊僑置。在今四川榮縣西。

[2]南安：縣名。僑今四川榮縣西。

[3]華陽：縣名。確址無考。

[4]白水：縣名。僑今四川劍閣縣東南。

[5]樂安：縣名。僑今四川劍閣縣境。

[6]桓道：縣名。僑今四川劍閣縣境。

東宕渠獠郡[1]

宕渠[2]　平州[3]　漢初[4]

[1]東宕（dàng）渠獠郡：郡名。南齊改東宕渠郡置。治所在今四川合川市。

[2]宕渠：縣名。治所在今四川合川市。

[3]平州：縣名。確址無考。

[4]漢初：縣名。治所在今四川南充市東南青居鎮。

北部都尉

越嶲獠郡

沈黎獠郡

蠶陵令，無户數。

甘松獠郡

始平獠郡

齊開左郡

齊通左郡

右二左郡，建武三年置。

寧州，鎮建寧郡，本益州南中，諸葛亮所謂不毛之地也。道遠土塉，蠻夷衆多，齊民甚少，諸爨、氐彊族，[1]恃遠擅命，故數有土反之虞。領郡如左：

[1]爨（cuàn）：古族名。三國、晋、南北朝時由南中占統治地位的建寧大姓爨氏集團演變而來，分成東爨、西爨兩部，均分布在今雲南東部地區。

建平郡[1]

同樂[2]　同瀨[3]　牧麻[4]　新興[5]　新定[6]　味[7]　同竝[8]　萬安[9]　昆澤[10]　漏江[11]　談稾[12]　毋單[13]　存駅[14]

[1]建平郡：郡名。疑作“建寧”，胡阿祥《〈南齊書·州郡志〉札記》：“‘建平’疑作‘建寧’爲是。《南齊志》：‘寧州，鎮建寧郡。’州郡志體例先書州所治郡，寧州既治建寧（治味縣，今雲南曲靖北），則州下當先書之……《宋志》建寧太守領味、同樂等十三縣，《南齊志》領同樂（郡治，今雲南陸良縣境）、味等十三縣者，則‘建平郡’，而史傳不言建寧曾改建平，是《南齊志》‘建平’或係‘建寧’之誤。齊時也有建平郡，《南齊志》巴州所領，治巫（今重慶巫山北），與寧州遠不相涉。”（《六朝疆域與政區研究》，第676頁）建寧，治所在今雲南陸良縣東北。

[2]同樂：縣名。晋武帝置。治所在今雲南陸良縣東北。

[3]同瀨：縣名。確址無考，當治今雲南馬龍縣、霑益縣一帶。

[4]牧麻：縣名。治所在今雲南尋甸回族彝族自治縣境。

[5]新興：縣名。確址無考，當在今雲南宣威市及貴州盤縣、

普安縣一帶。

［6］新定：縣名。確址無考，當在今貴州盤縣、普安縣北部一帶。

［7］味：縣名。治所在今雲南曲靖市。

［8］同竝：縣名。治所在今雲南彌勒市境。

［9］萬安：縣名。確址無考，當在今貴州盤縣、普安縣一帶。

［10］昆澤：縣名。治所在今雲南宜良縣東北南盤江北岸。

［11］漏江：縣名。晋武帝置。治所在今雲南瀘西縣境。

［12］談稾：縣名。晋武帝置。確址無考，當治今雲南富源縣至貴州盤縣一帶。

［13］毋單：縣名。治所在今雲南宜良縣南。

［14］存䮠：縣名。治所在今雲南宣威市北。

南廣郡[1]

南廣[2]　常遷[3]　晋昌[4]　新興[5]

［1］南廣郡：郡名。治所在今四川筠連縣西南。

［2］南廣：縣名。治所在今四川筠連縣西南。

［3］常遷：縣名。確址無考，當在今雲南鹽津、綏江、大關及四川筠連等縣一帶。

［4］晋昌：縣名。確址無考，當在今雲南鹽津、綏江、大關及四川筠連等縣一帶。

［5］新興：縣名。確址無考，當在今雲南鹽津、綏江、大關及四川筠連等縣一帶。

南朱提郡[1]

朱提[2]　漢陽[3]　堂狼[4]　南秦[5]

［1］南朱提郡：郡名。南齊改宋朱提郡爲南朱提郡。治所在今雲南昭通市。

［2］朱提：縣名。治所在今雲南昭通市。

［3］漢陽：縣名。治所在今貴州威寧彝族回族苗族自治縣東。

［4］堂狼：縣名。治所在今雲南巧家縣東。

［5］南秦：縣名。治所在今雲南鎮雄縣境。

南牂牱郡[1]

且蘭[2]　萬壽[3]　毋斂[4]　晋樂[5]　綏寧[6]　丹南[7]

［1］南牂牱郡：郡名。治所在今貴州黄平縣西南。

［2］且蘭：縣名。治所在今貴州黄平縣西南。

［3］萬壽：縣名。晋武帝置。治所在今貴州瓮安縣東北。

［4］毋斂：縣名。治所在今貴州獨山縣北境。

［5］晋樂：縣名。確址無考，當治今貴州貴陽市西北一帶。

［6］綏寧：縣名。南朝齊永明八年（490）前置。確址無考。

［7］丹南：縣名。治所在今貴州雷山縣北。

梁水郡[1]

梁水[2]　西隨[3]　毋棳[4]　勝休[5]　新豐[6]　建安[7]　驃封[8]

［1］梁水郡：郡名。三國蜀置。治所在今雲南開遠市境。

［2］梁水：縣名。與郡同時置。治所在今雲南開遠市境。

［3］西隨：縣名。治所在今雲南金平苗族瑶族傣族自治縣境。

［4］毋棳：縣名。治所在今雲南華寧縣境。中華本校勘記云：“據《漢書·地理志》改。按漢書顔注云：‘毋讀與無同。棳音之

悦反，其字從木。’又錢大昕《廿二史考異》云：‘《説文》棳從木，從手誤。’又毋單、毋斂，百衲本並訛‘母’，亦據《續漢志》《華陽國志》改正。”今從改。

［5］勝休：縣名。治所在今雲南江川縣北。中華本校勘記云：“《宋書·州郡志》作‘騰休’，成孺《校勘記》云：‘騰《兩漢志》作勝，《晋志》作滕，《南齊志》亦作勝。’案《水經·温水注》亦作勝休。”

［6］新豐：縣名。治所在今雲南蒙自市境。

［7］建安：縣名。治所在今雲南建水縣境。

［8］驃封：縣名。治所在今雲南丘北縣境。中華本校勘記云：“《兩漢志》《華陽國志》宋本《晋書·地理志》《宋書·州郡志》《水經·温水注》並作‘鐔封’。”

建寧郡[1]

新安[2]　永豐[3]　綏雲[4]　遂安[5]　麻雅[6]　臨江[7]

［1］建寧郡：郡名。疑爲建都郡之誤，詳參胡阿祥《〈南齊書·州郡志〉札記》。建都郡，晋成帝分建寧郡置。確址無考，當治今雲南武定縣、禄勸彝族苗族自治縣等縣一帶。

［2］新安：縣名。晋成帝置。確址無考，當治今雲南武定縣、禄勸彝族苗族自治縣等縣一帶。

［3］永豐：縣名。晋成帝置。確址無考，當治今雲南楚雄彝族自治州及禄勸彝族苗族自治縣一帶。

［4］綏雲：縣名。晋成帝置。確址無考，當治今雲南楚雄彝族自治州及禄勸彝族苗族自治縣一帶。《宋書·州郡志四》作“經雲”。

［5］遂安：縣名。晋成帝置。確址無考，當治今雲南楚雄彝族自治州及禄勸彝族苗族自治縣一帶。

［6］麻雅：縣名。晋成帝置。確址無考，當治今雲南楚雄彝族自治州及禄勸彝族苗族自治縣一帶。《宋書·州郡志四》作“麻應”。

［7］臨江：縣名。晋成帝置。確址無考，當治今雲南楚雄彝族自治州及禄勸彝族苗族自治縣一帶。

晋寧郡[1]

建伶[2]　連然[3]　滇池[4]　俞元[5]　穀昌[6]　秦臧[7]雙柏[8]

［1］晋寧郡：郡名。治所在今雲南晋寧縣境。

［2］建伶：縣名。治所在今雲南晋寧縣境。

［3］連然：縣名。治所在今雲南安寧市。

［4］滇池：縣名。治所在今雲南晋寧縣東北晋城鎮。

［5］俞元：縣名。治所在今雲南澄江縣北。

［6］穀昌：縣名。治所在今雲南昆明市東北。

［7］秦臧：縣名。治所在今雲南禄豐縣東。

［8］雙柏：縣名。治所在今雲南雙柏縣東南。

雲南郡[1]

東古復[2]　西古復[3]　雲平[4]　邪龍[5]

［1］雲南郡：郡名。治所在今雲南永勝縣東。

［2］東古復：縣名。治所在今雲南永勝縣東。

［3］西古復：縣名。治所在今雲南永勝縣西北。

［4］雲平：縣名。晋武帝咸寧五年（279）置。治所在今雲南賓川縣境。

［5］邪龍：縣名。治所在今雲南巍山彝族回族自治縣境。

西平郡[1]

　　西平[2]　暖江[3]　都陽[4]　西寧[5]　晋綏[6]　新城[7]

［1］西平郡：郡名。治所在今廣西西林縣東南。

［2］西平：縣名。治所在今廣西西林縣東南。

［3］暖江：縣名。治所在今廣西田林縣西北。《宋書·州郡志四》作“温江”。

［4］都陽：縣名。治所在今廣西鳳山縣北。

［5］西寧：縣名。東晋時置，後廢，南朝齊永明八年（490）前復置。治所在今雲南富寧縣東北。

［6］晋綏：縣名。確址無考，當治今廣西百色市一帶。

［7］新城：縣名。南朝齊永明八年（490）前置。確址無考。

夜郎郡[1]

　　夜郎[2]　談栢[3]　談樂[4]　廣談[5]

［1］夜郎郡：郡名。治所在今貴州關嶺布依族苗族自治縣境。

［2］夜郎：縣名。治所在今貴州關嶺布依族苗族自治縣境。

［3］談栢：縣名。治所在今貴州貞豐縣西北。中華本校勘記云：“《宋書·州郡志》同。《漢書·地理志》《續漢書·郡國志》《華陽國志》作‘談指’。《晋書·地理志》作‘指談’。”

［4］談樂：縣名。治所在今貴州羅甸縣境。

［5］廣談：縣名。治所在今貴州平壩縣東北。

東河陽郡[1]

東河陽[2]　楪榆[3]

[1]東河陽郡：郡名。治所在今雲南大理市東鳳儀鎮。

[2]東河陽：縣名。治所在今雲南大理市東鳳儀鎮。

[3]楪榆：縣名。治所在今雲南大理市西北喜洲鎮。

西河陽郡[1]

比蘇[2]　建安[3]　成昌[4]

[1]西河陽郡：郡名。治所在今雲南雲龍縣境。

[2]比蘇：縣名。治所在今雲南雲龍縣境。

[3]建安：縣名。晋成帝置。確址無考，當治今雲南雲龍、瀘水二縣一帶。

[4]成昌：縣名。晋成帝置。確址無考，當治今雲南雲龍、瀘水二縣一帶。

平蠻郡[1]

平蠻[2]　鷩[3]

[1]平蠻郡：郡名。治所在今貴州畢節市境。

[2]平蠻：縣名。治所在今貴州畢節市境。

[3]鷩：縣名。治所在今貴州遵義市西。“鷩”原作“穀邑”，中華本校勘記云:“《漢書·地理志》《續漢書·郡國志》《華陽國志》《晋書·地理志》《宋書·州郡志》皆作‘鷩’。案宋本《晋書·地理志》已訛鷩爲‘敝邑’兩字，《齊志》又訛‘鷩’爲‘穀邑’，今改正。”今從改。

興古郡[1]

西中[2]　宛暖[3]　律高[4]　句町[5]　漏卧[6]　南興[7]

[1]興古郡：郡名。治所在今雲南文山壯族苗族自治州境。

[2]西中：縣名。治所在今雲南文山縣境。《宋書·州郡志四》作"西安"。

[3]宛暖：縣名。治所在今雲南硯山縣北。

[4]律高：縣名。治所在今雲南彌勒縣南竹園鎮。

[5]句町：縣名。治所在今雲南廣南縣境。

[6]漏卧：縣名。治所在今雲南文山壯族苗族自治州境。

[7]南興：縣名。治所在今貴州興義市境。

興寧郡[1]

青蛉[2]　弄棟[3]

[1]興寧郡：郡名。晋成帝分雲南郡置。治所在今雲南大姚縣。

[2]青蛉：縣名。治所在今雲南大姚縣。

[3]弄棟：縣名。治所在今雲南姚安縣北。

西阿郡[1]

楪榆[2]　新豐[3]　遂段[4]

[1]西阿郡：郡名。疑此應爲西河陽郡。胡阿祥《〈宋書·州郡志〉獻疑》言："譚其驤《中國歷史地圖集》第四册40—41南齊建武四年'寧州'東河陽郡（治東河陽）、西河陽郡（治楪榆）、西河郡（治比蘇）並列，如此，則改《南齊志》'西阿郡'爲'西

河陽郡’。”（《六朝疆域與政區研究》，第604頁）西河陽郡，宋初有西河陽郡，後廢，齊永明八年（490）前復置。治所在今雲南大理市西北洱海西畔。

[2]楪榆：縣名。治所在今雲南大理市西北洱海西畔。

[3]新豐：縣名。確址無考，當在今雲南蘭坪等縣一帶。

[4]遂段：縣名。確址無考，當在今雲南蘭坪等縣一帶。“段”原闕，中華本校勘記云：“《宋書·州郡志》東河陽太守下云：‘《永初郡國》又有西河陽，領楪榆、遂段、新豐三縣。遂段、新豐二縣，二漢、晋並無’。據此，‘遂’下蓋奪‘段’字。今據補。”今從補。

平樂郡[1]

益寧[2]　安寧[3]

[1]平樂郡：郡名。南朝齊置。治所約在今雲南昆明市西。

[2]益寧：縣名。南朝齊置。治所約在今雲南昆明市西。

[3]安寧：縣名。南朝齊置。治所在今雲南安寧市。

北朱提郡[1]

河陽　義城

[1]北朱提郡：郡名。南朝齊永明八年（490）前置。治所在今雲南永善縣境。按，北朱提郡下屬諸縣與郡同時置，確址不詳。

宋昌郡[1]

江陽[2]　安上[3]　犍爲[4]

[1]宋昌郡：郡名。南朝齊置。治所約在今四川屏山縣附近。

[2]江陽：縣名。今地不詳。

[3]安上：縣名。治所約在今四川屏山縣附近。

[4]犍爲：縣名。今地不詳。

永昌郡[1]有名無民曰空荒不立

永安[2]　永[3]　不建[4]　犍瑅[5]　雍鄉[6]　西城[7]　博南[8]

[1]永昌郡：郡名。南朝齊置。治所在今雲南耿馬傣族佤族自治縣境。按，永昌郡下屬諸縣均與郡同時置。

[2]永安：縣名。確址無考，當在今雲南耿馬傣族佤族自治縣境。

[3]永：縣名。中華本校勘記云："各本並同，疑有奪字。《華陽國志》《晋書·地理志》永昌郡有永壽縣，此或'永'下脱'壽'字。"永壽，治所在今雲南耿馬傣族佤族自治縣境。

[4]不建：縣名。胡阿祥《〈南齊書·州郡志〉札記》言："舊無不建，當作不韋，'建'爲'韋'字筆誤。"（《六朝疆域與政區研究》，第677頁）不韋，治所在今雲南保山市東北。

[5]犍瑅：縣名。今地不詳。

[6]雍鄉：縣名。治所在今雲南瀾滄拉祜族自治縣北。

[7]西城：縣名。治所在今雲南盈江縣境。

[8]博南：縣名。治所在今雲南永平縣西南花橋。

益寧郡[1]永明五年，刺史董仲舒啓置，領二縣，無民户，自此已後皆然也。

武陽　綿水

[1]益寧郡：郡名。南齊永明五年（487）置。治所約在今雲

南昆明市西。按，益寧郡下屬諸縣與郡同時置，確址無考。

南犍爲郡[1]永明二年置

[1]南犍爲郡：郡名。治所約在今四川宜賓市南與雲南接壤一帶。

西益郡[1]

[1]西益郡：郡名。今地不詳。

江陽郡[1]

[1]江陽郡：郡名。治所疑在今四川屏山縣一帶。

犍爲郡[1]

[1]犍爲郡：郡名。治所疑在今四川宜賓市南與雲南接壤一帶。

永興郡[1]

[1]永興郡：郡名。今地不詳。

永寧郡[1]

[1]永寧郡：郡名。治所約在今雲南香格里拉縣境。

安寧郡[1]

右六郡，隆昌元年置。

[1]安寧郡：郡名。治所約在今雲南安寧市。

東朱提郡[1]延興元年立

[1]東朱提郡：郡名。治所約在今貴州水城縣境。

安上郡[1]建武三年，刺史郭安明啓置。

[1]安上郡：郡名。治所約在今四川屏山縣境。

贊曰：郡國既建，因州而部。[1]離過十三，合不踰九。分城列邑，名號殷阜。遷徙叛逆，[2]代亡代有。

[1]因州而部：中華本校勘記云："'部'毛本、殿本作'剖'。"朱季海《南齊書校議》（以下簡稱朱季海《校議》）云："按《漢書·地理志》：'至武帝攘却胡越，開地斥境，南置交阯，北置朔方之州，兼徐、梁、幽、并、夏，周之制，改雍曰凉，改梁曰益，凡十三部，置刺史。'此州部所起。後世州部連文，蓋亦恒言。毛氏誤謂部與下文九、阜有韵不偕，又不悟州部所謂，故臆改耳。殿本尤而效之，非是。部，《唐韵》'蒲口切'（見大徐《説文·邑部》引），正叶九、阜、有。"（中華書局1984年版，第33—34頁）

[2]遷徙叛逆：中華本校勘記云："'徙'毛本、局本作'移'。'叛逆'，《初學記》八引作'區併'。"朱季海《校議》云："按《初學記》作'區併'，此唐人諱反改耳。"（第34頁）

∷ 中華文化促進會主持編纂

∷ 國家“十一五”重點圖書出版規劃項目

∷ 中國社會科學院哲學社會科學創新工程學術出版資助項目

出品人 王石 段先念

今注本二十四史

南齊書

四

志〔三〕傳〔一〕

梁 蕭子顯 撰

王鑫義 張欣 主持校注

中国社会科学出版社

南齊書　卷一六

志第八

百官

建官設職，興自炎昊，[1]方乎隆周之册，[2]表乎盛漢之書。[3]存改回沇，[4]備於歷代，先賢往學，以之雕篆者衆矣。[5]若夫胡廣《舊儀》，[6]事惟簡撮，[7]應劭《官典》，[8]殆無遺恨。王朗奏議，[9]屬霸國之初基；陳矯增曹，[10]由軍事而補闕。今則有《魏氏官儀》、魚豢《中外官》也。[11]山濤以意辯人，不在次位。[12]荀勗欲去事煩，唯論并省。[13]定制成文，本之《晋令》，[14]後代承業，案爲前准。肇域官品，區别階資，[15]蔚宗選簿梗概，[16]欽明階次詳悉，[17]虞通、劉寅因荀氏之作，矯舊增新，今古相校。[18]齊受宋禪，事遵常典，既有司存，無所偏廢。其餘散在史注，多已筌拾，覽者易知，不重述也。諸臺府郎令史職吏以下，具見長水校尉王珪之《職儀》。[19]

［1］炎昊：炎帝神農氏與太昊伏羲氏合稱。官職設置，始於炎昊時代。

［2］方乎：效法於。　隆周之册：此或指《周官》。（參見趙立新《〈南齊書·百官志·序〉所見中古職官文獻與官制史的意義》，《臺大歷史學報》第62期，2018年）

［3］表乎：彰顯於。　盛漢之書：此或指《漢書·百官公卿表》。（趙立新《〈南齊書·百官志·序〉所見中古職官文獻與官制史的意義》）

［4］回泬：泬，中華本據南監本、殿本將此字改爲“沿”，中華修訂本作“回泬”（第347頁）。朱季海《南齊書校議》（以下簡稱朱季海《校議》）云：“《後漢書·盧植傳》：‘植乃上書曰：頗知今之《禮記》特多回穴。’章懷注：‘回穴猶紆曲也。’回泬即回穴。南監本、殿本臆改，不足據。”（中華書局1984年版，第34—35頁）

［5］雕篆：雕琢文字，寫作。

［6］胡廣《舊儀》：當即胡廣所著《漢官解詁》，又稱《小學漢官篇解詁》，是爲東漢王隆所撰《小學漢官篇》的補正、注釋。現有清孫興衍、黄奭輯本。胡廣，字伯始，南郡華容（今湖北監利縣北）人。東漢時在臺省三十餘年，歷事安、順、沖、質、桓、靈六帝，三登太尉。《後漢書》卷四四有傳。

［7］簡撮：凝練，概括。

［8］應劭《官典》：應劭所著《漢官儀》。該書記述漢官名稱、職掌、俸禄、璽綬等制度，甚爲系統詳實。原十卷，今有元陶宗儀和清孫星衍、王仁俊、黄奭輯本。應劭，字仲遠。汝南南頓（今河南項城市西南）人。東漢學者，官至泰山太守。除《漢官儀》外，另著有《風俗通義》《漢書集解音義》等書。《後漢書》卷四八有傳。

［9］王朗奏議：王朗的奏疏《節省奏》。在此奏議中，王朗建議時政應有所損益，應參酌東漢故事，尤其是官吏員額的問題。王

朗，字景興，東海郯（今山東郯城縣）人。三國魏大臣。曾針對曹魏的内政外交，上奏多篇重要奏疏。《三國志》卷一三有傳。

［10］陳矯增曹：指陳矯上奏改革官制之事。魏明帝青龍二年(234)，時爲尚書令的陳矯上奏，請增置都官、騎兵尚書郎，由原二十三郎，增置爲二十五郎。詳見《晋書・職官志》。陳矯，字季弼，廣陵東陽（今江蘇盱眙縣東南）人。三國魏大臣。曹操時爲司空掾屬。魏文帝時，任尚書令，明帝時加侍中光禄大夫，遷司徒。《三國志》卷二二有傳。

［11］《魏氏官儀》：荀攸所著《魏官儀》。已佚。　魚豢《中外官》：魚豢所著《中外官志》，爲《魏略》中的一篇。該志記載了三國魏時的官制。魚豢，京兆（今陝西西安市西北）人。三國魏大臣、史學家。撰《魏略》五十卷，記録曹魏史事，事止明帝，爲紀傳體。已佚。現有清王仁俊輯本，近人張鵬一輯本。

［12］山濤以意辯人，不在次位：指西晋山濤主持選務時，重視候選人的個人條件，而不局限於依循官僚位次遷轉的辦法和慣例。典出《晋書》卷四三《山濤傳》："濤再居選職十有餘年，每一官缺，輒啓擬數人，詔旨有所向，然後顯奏，隨帝意所欲爲先。故帝之所用，或非舉首，衆情不察，以濤輕重任意。或譖之於帝，故帝手詔戒濤曰：'夫用人惟才，不遺疏遠單賤，天下便化矣。'而濤行之自若，一年之後衆情乃寢。濤所奏甄拔人物，各爲題目，時稱《山公啓事》。"山濤，字巨源，河内懷縣（今河南武陟縣西）人，魏晋之際人。曾任禮部尚書。"竹林七賢"之一。《晋書》卷四三有傳。不在次位，中華修訂本《校勘記》云："'在次位'三字原闕，據《職官分紀》卷一引《南齊百官志》補。"（第366頁）今從補。

［13］荀勗欲去事煩，唯論并省：指荀勗省並官職的建議。事見《晋書》卷三九《荀勗傳》："時又議省州郡縣半吏以赴農功，勗議以爲：'省吏不如省官，省官不如省事，省事不如清心。昔蕭曹相漢，載其清静，致畫一之歌，此清心之本也……'。"荀勗，字公

曾，潁川潁陰（今河南許昌市）人。三國魏、西晋大臣。曾掌管樂事，考定律吕，整理典籍，編《中經新簿》，首次運用四部分類法編定古籍目録。《晋書》卷三九有傳。

［14］《晋令》：賈充等於泰始三年（267）編纂完成，共四十卷。主要記載西晋的法令制度。已佚，現有張鵬一所輯《晋令輯存》。

［15］區别階資：中華修訂本《校勘記》云："'資'字原闕，據南監本、北監本、汲本、殿本、局本補，《職官分紀》卷一引《南齊百官志》作'次'。"（第366頁）今從補。

［16］蔚宗選簿梗概：指范曄總結其多年擔任尚書吏部郎時選官的經驗成果，著成《百官階次》一書。蔚宗，即范曄，蔚宗爲其字，順陽（今河南淅川縣）人。南朝宋史學家、文學家，著有《後漢書》。《宋書》卷六九有傳。

［17］欽明階次詳悉：荀欽明以范曄《百官階次》爲基礎，著《宋百官階次》三卷。欽明，即荀欽明。南朝宋人，《隋書·經籍志》載其有文集六卷。其餘不詳。

［18］"虞通、劉寅因荀氏"至"今古相校"：指虞通、劉寅先後在荀欽明《宋百官階次》的基礎上，續録相關新知。（參見姚振宗《隋書經籍志考證》卷一七）虞通，即虞通之，會稽餘姚（今浙江餘姚市）人。南朝宋官吏。善言《易》，曾任步兵校尉。《南史》卷七二有附傳。劉寅，南朝齊官吏。曾任巴東王鎮君長史等職。

［19］長水校尉：西漢始置，後有省廢，南朝復置。南朝宋時爲侍衛武官，不領兵，仍隸中領軍，用以安置勛舊武臣，齊沿置。南朝宋秩四品，齊不詳。　王珪之：琅邪臨沂（今山東臨沂市西北）人。南朝宋、齊官吏，撰《齊職儀》。本書卷五二有附傳。　《職儀》：又名《齊職儀》《齊職官儀》。王珪之撰，共五十卷。已佚。趙立新認爲此書雖被稱爲《齊職儀》，但據成書時間可以推測，此書最初的内容實以宋代爲限，以宋職官制度爲主。（《〈南齊書·百

官志·序〉所見中古職官文獻與官制史的意義》）

國相。[1]

蕭、曹以來，[2]爲人臣極位。宋孝建用南譙王義宣。[3]至齊不用人，以爲贈，不列官。

[1]國相：中華本改作“相國”，其校勘記云：“據局本改。按錢大昕《廿二史考異》云‘國相’當作‘相國’。”中華修訂本又從底本作“國相”，其《校勘記》云：“局本作‘相國’。此疑有訛脱。按下云：‘宋孝建用南譙王義宣’‘至齊不用人，以爲贈’，均指丞相。”（第366頁）丁福林《南齊書校議》（以下簡稱丁福林《校議》）云：“據《宋書》之《孝武帝紀》《武二王·南譙王義宣傳》，元嘉三十四年四月庚午，以南譙王義宣爲中書監、都督揚豫二州、丞相、録尚書六條事、揚州刺史；是年閏六月，改爲荆湘二州刺史，丞相如故；孝建元年二月，義宣於荆州舉兵反，同年六月被殺於荆州之江陵。則劉義宣於宋時迄未嘗有相國之任。《宋書·孝武帝紀》載孝建元年，‘丞相荆州刺史南郡王義宣’舉兵反，可爲義宣未曾任相國之明證。考漢高祖之初，以蕭何爲丞相，漢高祖十一年，更名相國，蓋崇其位望也。然則丞相、相國其實乃一職耳，故《漢書·百官公卿表》《晋書·職官志》皆以丞相、相國合而言之。《晋志》云：‘丞相、相國，並秦官也。晋受魏禪，並不置，自惠帝之後，省置無恒。爲之者，趙王倫、梁王肜、成都王穎、南陽王保、王敦、王導之徒，皆非復尋常人臣之職。’故余頗疑‘國相’二字乃‘相國丞相’之訛，蓋於‘國’前佚‘相’字，又於‘國’後佚‘丞’字也。其訛之緣由，蓋因《宋書·百官志》以相國、丞相分而叙之，而《齊志》求簡，乃合而言之也。（宋、齊兩朝官位品秩相襲，見《隋書·百官志》）錢氏《考異》未察此，至以爲‘國相’當作‘相國’，非是。”（中華書局2010年版，

第 90—91 頁）

［2］蕭：蕭何，沛豐（今江蘇豐縣）人。西漢初年名臣，漢高祖時官至相國。《史記》卷五三有世家。　曹：曹參，沛（今江蘇沛縣）人。西漢初年名臣，漢惠帝時官至相國。《史記》卷五四有世家。

［3］孝建：南朝宋孝武帝劉駿年號。　南譙王義宣：劉義宣。南朝宋宗室，元嘉九年（432）封南譙王。擁立孝武帝劉駿有功，任丞相，封南郡王。後起兵反對孝武帝，事敗，被殺。《宋書》卷六八有傳。南譙，郡名。治所在今安徽巢湖市東南。

太宰。[1]

宋大明用江夏王義恭，[2]以後無人。齊以爲贈。

［1］太宰：西晉時置太師、太傅、太保爲三上公，因避司馬師名諱，改太師爲太宰，位列上公之首。爲宰相之任，掌朝政。東晉、南朝時爲贈官，多用以安置元老勛舊大臣，無職掌。南朝齊秩一品。

［2］大明：南朝宋孝武帝劉駿年號。丁福林《校議》云："《宋書·孝武帝紀》載孝建三年，'十月……丙午，太傅江夏王義恭進位太宰，領司徒'，《前廢帝紀》載永光元年，'秋八月，誅太宰江夏王義恭'，則義恭之始爲太宰，乃在孝建時。此云'宋大明'時，概言之耳。"（第 91 頁）　江夏王義恭：劉義恭。南朝宋宗室，元嘉元年（424）封江夏王。擁立孝武帝劉駿有功，任太傅，後進太宰。後謀廢黜前廢帝劉子業，事泄，被殺。《宋書》卷六一有傳。江夏，郡名。在今湖北武漢市武昌區。

太傅。[1]

太師、太保、太傅，[2]周舊官。漢末，董卓爲太師。[3]晋惠帝初,[4]衛瓘爲太保。[5]自後無太師，而太保爲贈。齊唯置太傅。

[1]太傅：晋時與太宰、太保並稱三上公，並掌朝政，爲宰相之任。南朝時爲贈官，多用以安置元老勛舊大臣，無職掌。南朝齊秩一品。

[2]太師、太保、太傅：中華本校勘記云："《永樂大典》九百十九引作'太師太傅太保'。按三師位次，太傅當在太保前。"太師，西周時始置，爲輔弼君王的重要大臣。西晋時爲避司馬師諱改稱太宰，爲三上公之首。東晋、南朝沿置。太保，西周時始置。晋時爲三上公之一。南朝齊秩一品。

[3]董卓：字仲穎，隴西臨洮（今甘肅岷縣）人。東漢末權臣。初平元年（190）挾漢獻帝西遷長安，爲太師，號曰尚父。《三國志》卷六有傳。

[4]晋惠帝：司馬衷。字正度，河内温（今河南温縣）人。晋武帝第二子。在位期間賈后專政，引起八王之亂。《晋書》卷四有紀。

[5]衛瓘：字伯玉，河東安邑（今山西夏縣）人。三國魏、西晋大臣，晋武帝時官至太保。因建議武帝廢太子司馬衷，遭賈后忌恨，惠帝即位後被害。《晋書》卷三六有傳。

大司馬。[1]

大將軍。[2]

宋元嘉用彭城王義康,[3]後無人。齊以爲贈。

[1]大司馬：兩晋時爲八公之一，位在三公上。爲大臣加官，無具體職司。南朝時不常授，多用作贈官。南朝齊秩一品。

[2]大將軍：兩晋時爲八公之一，位在大司馬下。南朝時不常

授，多用作贈官。

［3］元嘉：南朝宋文帝劉義隆的年號。此代指宋文帝。　彭城王義康：劉義康。南朝宋宗室，永初元年（420），封彭城王。元嘉十六年（439），進位大將軍。范曄等人謀反，奉其爲帝，失敗，被廢爲庶人，不久被殺。《宋書》卷六八有傳。彭城，郡名。治所在今江蘇徐州市。

太尉。[1]
司徒。[2]
司空。[3]

三公，舊爲通官。司徒府領天下州郡名數户口簿籍。雖無，[4]常置左右長史、左西曹掾屬、主簿、祭酒、令史以下。[5]晉世王導爲司徒，[6]右長史干寶撰立官府，[7]職儀已具。

［1］太尉：兩晋時與司徒、司空並爲三公，爲三公之首。南朝時爲加官，無實際職掌。南朝齊秩一品。

［2］司徒：三公之一。兩晋與丞相通職，不並置。南朝時與相國、丞相並置。南朝齊時，丞相、相國爲贈官，無實際職掌，司徒爲實授，開府置僚屬，總理全國政務。南朝齊秩一品。

［3］司空：三公之一。魏晋南北朝時爲名譽宰相，多爲大臣加官，無實際職掌。南朝齊秩一品。

［4］雖無：中華修訂本《校勘記》云："此下疑當有'公'字。據《宋書》卷三九《百官志》上云：'司徒若無公，唯省舍人，其府常置。'"（第367頁）

［5］左右長史：司徒左長史、司徒右長史。爲司徒府僚掾屬之長，其中左長史位在右長史上。　左西曹掾屬：原無"曹"字。中華本校勘記云："據《宋書·百官志》、《元龜》七百十六補。"今

從補。左西曹掾屬，即司徒左西曹掾與司徒左西曹屬，司徒府屬官，掌左西曹，正職爲掾，副職爲屬。晋始置，南朝沿置。　主簿：西晋初三公及位從公者加兵，始置一人。東晋後諸公皆置，員二人。品秩隨府長官地位高下而不等。南朝沿置。此即爲司徒府主簿，職主内閣事。　祭酒：王府、公府屬官。西晋時始置，南朝沿置。此即爲司徒府祭酒，職主内閣事。　令史：公府諸曹和地方各官署屬吏，兩晋南北朝沿置。此即爲司徒府令史，爲公府的低級辦事人員。

[6]王導：字茂弘，琅琊臨沂（今山東臨沂市西北）人。東晋大臣。曾聯合南北士族擁立司馬睿爲帝，建立東晋政權，任司徒之職，位高權重。《晋書》卷六五有傳。

[7]干寶：字令升，新蔡（今河南新蔡縣）人。東晋官吏、史學家、文學家。元帝時召爲佐著作郎，領國史。王導任司徒時，曾任司徒右長史。著有《晋紀》《搜神記》等。《晋書》卷八二有傳。

特進。[1]

位從公。

諸開府儀同三司。[2]

驃騎將軍。[3]

車騎將軍。[4]

衛將軍。[5]

鎮軍將軍。[6]

中軍將軍。[7]

撫軍將軍。[8]

四征將軍。[9]東、西、南、北。

四鎮將軍。[10]

［1］特進：原爲對大臣的優待，賜予列侯中有特殊地位者。三國兩晋南北朝成爲正式加官名號，用以安置閑退大臣。南朝齊時位從公。

［2］開府儀同三司：兩晋南北朝時爲大臣的加號，意爲與三司太尉、司徒、司空的禮制、待遇相同，可開府，自辟僚屬。朝南齊位如三公。

［3］驃騎將軍：兩晋南北朝時居諸名號將軍之首，爲優禮大臣的虚號。晋時開府者，位從公；南朝齊時加"大"開府者，位從公，以下諸將軍皆同。秩二品。

［4］車騎將軍：兩晋南北朝時位次驃騎將軍，爲優禮大臣的虚號，無具體職掌。南朝齊加"大"者，位從公。

［5］衛將軍：兩晋南北朝時位在諸名號將軍之上，東晋後地位甚重，常以中書監、尚書令等兼任，可統兵出征。南朝齊加"大"者，即爲儀同三司，位從公。

［6］鎮軍將軍：兩晋南北朝時位在鎮軍大將軍之下，與中軍、撫軍將軍位比四鎮將軍。南朝齊位在四征將軍之上。

［7］中軍將軍：晋初爲中軍的首領，統領宿衛。泰始四年（268）罷，後復置，不復領宿衛兵。南朝沿置，與鎮軍、撫軍將軍位比四鎮將軍。南朝齊位在四征將軍之上。

［8］撫軍將軍：兩晋南北朝時與鎮軍、中軍將軍位比四鎮將軍，資輕者稱中撫軍將軍。南朝齊位在四征將軍之上。

［9］四征將軍：征東、征南、征西、征北四將軍的合稱。駐扎地方。兩晋南北朝時爲優禮大臣的虚號。

［10］四鎮將軍：鎮東、鎮南、鎮西、鎮北將軍的合稱。位次四征將軍。兩晋南北朝時爲優禮大臣的虚號。

凡諸將軍加"大"字，位從公。開府儀同如公。凡公督府置佐：長史、司馬各一人，[1]諮議參軍二人。[2]諸曹有録事,[3]功曹,[4]記室,[5]户曹,[6]倉曹,[7]中、直兵,[8]外兵,[9]騎兵,[10]長流,賊曹,[11]城局,[12]法曹,[13]田曹,[14]水曹,[15]鎧曹,[16]集曹,[17]右户,[18]十八曹。[19]城局曹以上署正參軍,法曹以下署行參軍,[20]各一人。其行參軍無署者,爲長兼員。[21]其府佐史則從事中郎二人,[22]倉曹掾、户曹屬、東西閤祭酒各一人,[23]主簿、舍人、御屬二人。[24]加崇者,則左右長史四人,中郎掾屬並增數。其未及開府,則置府亦有佐史,其數有減。小府無長流,置禁防參軍。[25]

[1]司馬:諸將軍府僚屬,職掌參贊軍務,位次於長史。兩漢魏晋南北朝將軍府皆置。品級隨府主而定,高低不等。

[2]諮議參軍:西晋時始置,爲鎮東大將軍府、丞相府僚屬,掌顧問諫議。東晋南朝時王府、丞相府、公府、位從公府、州軍府皆置。無定員,亦不常置。品級隨府主而定,高低不等。

[3]録事:官署名。公府、將軍府僚屬諸曹之一。南朝宋、齊諸公府、將軍府、州刺史開軍府者皆置。長官爲録事參軍,掌總録各曹文簿,舉彈善惡。品級隨府主而定,高低不等。

[4]功曹:官署名。公府、將軍府僚屬諸曹之一。南朝宋、齊公府沿置。長官爲功曹參軍,掌文書、考課事。原無此二字,中華修訂本《校勘記》云:"'功曹'原無,據《通典》卷二〇《職官》二補。"(第367頁)今從補。

[5]記室:官署名。公府、將軍府僚屬諸曹之一。南朝宋、齊公府沿置。長官爲記事參軍,掌章表書記文檄。品級隨府主而定,高低不等。

[6]户曹:官署名。公府、將軍府僚屬諸曹之一。南朝宋、齊公府沿置。長官爲户曹參軍,主户曹事。品級隨府主而定,高低

不等。

［7］倉曹：官署名。公府、將軍府僚屬諸曹之一。南朝宋、齊公府沿置。長官爲倉曹參軍，職掌倉穀事。品級隨府主而定，高低不等。

［8］中、直兵：官署名。公府、將軍府僚屬諸曹之一。長官爲中直兵參軍，兼領中兵、直兵二曹事務，掌親兵衛隊。南朝齊沿置。品級隨府主而定，高低不等。中華本校勘記云："又按《通典》云：'宋武帝爲相，合中兵、直兵爲一參事，曹則猶二也。'"

［9］外兵：官署名。公府、將軍府僚屬諸曹之一。南朝宋、齊公府沿置。長官爲外兵參軍，掌畿外之兵，兼備參謀咨詢。品級隨府主而定，高低不等。

［10］騎兵：官署名。公府、將軍府僚屬諸曹之一。南朝宋、齊公府沿置。長官爲騎兵參軍，掌府中馬匹。品級隨府主而定，高低不等。

［11］長流，賊曹：官署名。即長流曹、賊曹二曹。長官爲長流參軍、賊曹參軍。西晋末司馬睿鎮東丞相府始置二參軍，南朝宋置長流賊曹參軍一人，南齊復置長流、賊曹二參軍。品級隨府主而定，高低不等。

［12］城局：官署名。即城局賊曹。公府、將軍府僚屬諸曹之一。南朝宋、齊公府沿置。南朝齊時去"賊曹"二字，稱城局參軍。長官爲城局參軍，掌浚修城郭，防守備禦。品級隨府主而定，高低不等。

［13］法曹：官署名。公府、將軍府僚屬諸曹之一。南朝宋、齊公府沿置。長官爲法曹行參軍，西晋末司馬睿鎮東丞相府置法曹參軍，掌法曹事，南朝齊時改爲法曹行參軍。品級隨府主而定，高低不等。

［14］田曹：官署名。公府、將軍府僚屬諸曹之一。南朝宋、齊公府沿置。西晋時，楊駿太傅府始置田曹，掌農政。長官爲田曹行參軍。西晋末司馬睿鎮東丞相府置法曹參軍，掌田曹事。南朝齊時

改爲田曹行參軍。品級隨府主而定，高低不等。

［15］水曹：官署名。公府、將軍府僚屬諸曹之一。南朝宋、齊公府沿置。長官爲水曹行參軍。西晋末司馬睿鎮東丞相府置水曹參軍，掌水曹事。南朝齊時改爲水曹行參軍。品級隨府主而定，高低不等。

［16］鎧曹：官署名。公府、將軍府僚屬諸曹之一。南朝宋、齊公府沿置。長官爲鎧曹行參軍。西晋末司馬睿鎮東丞相府置鎧曹參軍，掌鎧曹事。南朝齊時改爲鎧曹行參軍。品級隨府主而定，高低不等。

［17］集曹：官署名。公府、將軍府僚屬諸曹之一。南朝宋、齊公府沿置。長官爲集曹行參軍，掌集曹事。品級隨府主而定，高低不等。

［18］右户：官署名。公府、將軍府僚屬諸曹之一。南朝宋、齊公府沿置。長官爲右户行參軍。西晋末司馬睿鎮東丞相府置右户參軍，掌天下公私田宅。南朝齊時改爲右户行參軍。品級隨府主而定，高低不等。

［19］十八曹：丁福林《校議》云："據《宋書》卷三十九《百官志上》，長流賊曹後有刑獄賊曹，疑此外所缺之一曹，即刑獄賊曹。南齊虞炎《鮑照集序》：'大明五年，除前軍行參軍。侍臨海王鎮荆州，掌知内命，尋遷刑獄參軍事。'刑獄參軍，即刑獄賊曹參軍也。"（第91頁）。

［20］城局曹以上署正參軍，法曹以下署行參軍：原無"城"字。中華修訂本《校勘記》云："'城'字原無，據《册府》卷七一六《幕府部》補。"（第367頁）今從補。按，參軍之職，西晋初朝廷任命者爲參軍，公府自行任命者，爲行參軍，其地位略低於參軍。晋末以後行參軍亦可除拜。

［21］長兼員：官制用語。即長兼行參軍。長兼，原指長期兼任某職，後發展爲一種任官形式。自太尉、侍中至行參軍皆可設。其秩位低於正員，爲副職，職掌與正員同。長兼可以除正，正職亦可

降爲長兼。

[22]佐史：南朝時多爲公府僚屬的泛稱。此指從事中郎、倉曹掾、户曹屬、東西閤祭酒等公府屬官。　從事中郎：魏晋南朝諸公府、將軍府皆置。品級隨府主而定，高低不等。

[23]東西閤祭酒：公府僚屬。即東閤祭酒和西閤祭酒。東閤祭酒，晋朝時諸公及開府位從公者置，與主簿、舍人掌閤内事。南朝宋、齊沿置。西閤祭酒，西晋時諸公及開府位從公者置，位在東閤祭酒上，東晋時位東閤祭酒下，與主簿、舍人主閤内事。南朝宋、齊沿置。品級隨府主而定，高低不等。

[24]主簿：公府僚屬。魏晋南北朝時三師、三公及開府儀同之屬皆置，常爲將帥重臣的幕僚長，其任甚重。　舍人：公府僚屬。三國兩晋南北朝時王國、公府、將軍府皆設，爲公府屬官，掌文檄之事。　御屬：公府僚屬。晋初爲公府屬官，分在各曹辦事，相當於録事之職。南朝宋、齊沿置。品級隨府主而定，高低不等。

[25]禁防參軍：公府僚屬。西晋末司馬睿鎮東丞相府置禁防曹，以禁防參軍掌禁防曹。南朝宋、齊小府不置長流參軍者，置禁防參軍。品級隨府主而定，高低不等。

四安將軍。[1]

四平將軍。[2]

左、右、前、後將軍。[3]

征虜將軍。[4]

四中郎將。[5]

晋世荀羡、王胡之竝居此官。[6]宋、齊以來，唯處諸王，素族無爲者。

[1]四安將軍：安東、安南、安西、安北四將軍的合稱。南北朝時四安將軍爲優禮大臣的虚號。

[2]四平將軍：平東、平南、平西、平北四將軍的合稱。南北朝時四安將軍爲優禮大臣的虚號。

[3]左、右、前、後將軍：左將軍、右將軍、前將軍、後將軍。魏晋時常設，權位漸低，僅爲武官名號，略高於一般雜號將軍，不典禁兵，不與朝政。南北朝時爲加官。

[4]征虜將軍：東漢時始置，爲雜號將軍，魏晋南北朝沿置。南朝時爲加官。

[5]四中郎將：東、南、西、北四中郎將的合稱。皆爲東漢末始置，魏晋南北朝沿置。晋、南朝宋時多兼任刺史，或持節、都督相鄰數州軍事，銀印青綬，職權較重。南朝宋、齊常以宗室諸王任之。

[6]荀羡：字令則。東晋大臣。尚尋陽公主，曾任北中郎將。《晋書》卷七五有附傳。　王胡之：字修齡，琅邪臨沂（今山東臨沂市西北）人。東晋大臣。王廙次子，曾任西中郎將。事見《晋書》卷七六《王廙傳》。

冠軍將軍。[1]

輔國將軍。[2]

寧朔將軍。[3]

寧遠將軍。[4]

龍驤將軍。[5]

凡諸小號，亦有置府者。

[1]冠軍將軍：小號將軍。兩晋南北朝沿置，南朝時爲加官。

[2]輔國將軍：小號將軍。兩晋南北朝沿置，南朝時爲加官。南朝宋時曾改稱輔師將軍，後復舊稱。

[3]寧朔將軍：小號將軍。掌征伐或駐守。西晋時多駐幽州，爲當地軍政長官，兼掌烏丸事務。南朝沿置，多爲加官。

[4]寧遠將軍：小號將軍。兩晉南北朝沿置，南朝時爲加官。

[5]龍驤將軍：小號將軍。晉武帝時始置，地位較高，南朝後期地位漸低。

太常。[1]

府置丞一人，[2]五官、功曹、主簿，[3]九府九史皆然。領官如左：

博士，謂之太學博士。[4]

國子祭酒一人。[5]博士二人。[6]助教十人。[7]

[1]太常：諸卿之一。漢置，掌管宗廟、祭祀、禮儀、陵寢、文教。魏晉南朝宋、齊沿置。南北朝時禮儀及郊廟制度等皆由尚書裁定，太常位尊職閑。南朝齊秩三品。

[2]丞：此指太常丞。爲太常副貳，掌管宗廟、祭祀、禮儀等具體事務。南朝齊秩七品。丞爲各級官署的主要佐官，太常、光禄、衛尉、太僕、鴻臚、宗正等府均設丞。

[3]五官：五官掾。晉朝時中央諸卿、領軍、護軍、太子太傅和郡國皆置，爲重要佐官。南朝沿置。

[4]太學博士：凡博士任職太學，即爲太學博士，隸太常。東晉時不復分經，統稱太學博士，掌教授太學生，亦備諮詢，參議禮儀。南朝沿置。

[5]國子祭酒：西晉武帝時設國子學，置國子祭酒爲國子學之長，掌教授生徒之事，主管國子學，參議禮制，隸太常。南朝宋廢國子學，然國子祭酒常置。南齊置國學，置祭酒一人。位比諸曹尚書。

[6]博士：國子博士。西晉武帝時設國子學，置博士教授生徒儒學。南朝宋廢國子學，然國子博士常置。南齊置國學，置博士二人。秩六品。

[7]助教：國子助教。西晋武帝時設國子學，置助教，輔助國子博士教學。南北朝沿置。

建元四年，[1]有司奏置國學，祭酒准諸曹尚書，博士准中書郎，助教准南臺御史。[2]選經學爲先。若其人難備，給事中以還明經者，以本位領。其下典學二人，[3]三品，准太常主簿；户曹、儀曹各二人，[4]五品；白簿治禮吏八人，[5]六品；保學醫二人；[6]威儀二人。[7]其夏，國諱廢學，有司奏省助教以下。永明三年，[8]立學，尚書令王儉領祭酒。[9]八年，國子博士何胤單爲祭酒，[10]疑所服，陸澄等皆不能據，[11]遂以玄服臨試。月餘日，博議定，乃服朱衣。

[1]建元：齊高帝蕭道成年號。

[2]南臺：南北朝時對御史臺的别稱。因其在尚書省之南，故稱。

[3]典學：南齊建元四年（482）置國學時始置，掌抄録課業等國學庶務。

[4]儀曹：國學屬官。南齊建元四年（482）置國學時始置。

[5]白簿治禮吏：國學屬官。南齊置，員八人。

[6]保學醫：國學屬官。南齊置，掌教授醫學知識事。

[7]威儀：國學屬官。南齊置，旋廢。

[8]永明：齊武帝蕭賾年號。

[9]王儉：字仲寶，琅琊臨沂（今山東臨沂市西北）人。南齊重臣，助蕭道成建齊稱帝。曾任國子祭酒。本書卷二三、《南史》卷二二有傳。

[10]何胤：字子季，廬江灊縣（今安徽霍山縣）人。南朝齊

時曾任國子祭酒。南朝梁時，入山隱居，終身不仕。《梁書》卷五一、《南史》卷三〇有附傳。

[11]陸澄：字彦淵，吴郡吴（今江蘇蘇州市）人。南朝齊大臣、名儒，歷太學博士、著作郎、秘書監、國子祭酒。本書卷三九、《南史》卷四八有傳。

總明觀祭酒一人。[1]

右太始六年，[2]以國學廢，初置總明觀，玄、儒、文、史四科，科置學士各十人，正令史一人，[3]書令史二人，[4]幹一人，[5]門吏一人，[6]典觀吏二人。[7]建元中，掌治五禮。永明三年，國學建，省。

[1]總明觀祭酒：又稱東觀祭酒。南朝宋明帝泰始中廢國子學，置總明觀，觀内藏有書籍，供學者研究，分設玄學、儒學、文學、史學四科。並置總明觀祭酒，掌管總明觀之事。南朝齊初沿置，齊武帝永明中置國學，遂省。

[2]太始：泰始，南朝宋明帝劉彧年號。

[3]正令史：總明觀屬官。佐理案牘文書的官吏，職位高於書令史。

[4]書令史：總明觀屬官。魏晋南北朝省、臺、府、寺諸官署多置，掌文書，位次正令史。

[5]幹：總明觀屬官。公府中的低級佐吏，掌文書。此爲總明觀屬官。

[6]門吏：總明觀屬官。南朝宋明帝泰始中始置。

[7]典觀吏：總明觀屬官。南朝宋明帝泰始六年（470）置，南朝齊初沿置，後省。

太廟令一人，[1]丞一人。

明堂令一人,[2]丞一人。
太祝令一人,[3]丞一人。
太史令一人,[4]丞一人。
廪犧令一人,[5]丞一人。
置令丞以下皆有職吏。

[1]太廟令：兩晋南北朝皆置。掌太廟日常管理。

[2]明堂令：南朝宋孝武帝大明中始置。掌祭祀五帝之事。丞爲副，直屬太常。南朝齊沿置。

[3]太祝令：三國兩晋南北朝皆置。祭祀時掌讀祝及迎送神等事宜。南朝齊秩七品。

[4]太史令：三國兩晋南北朝皆置。掌天文、曆法。南朝齊時秩七品。

[5]廪犧令：掌藏穀物及養牲獸以供祭祀所用。南朝沿置。南朝齊秩七品。

太樂令一人,[1]丞一人。
諸陵令。[2]

永明末置，用二品三品勳。置主簿、户曹各一人，六品保舉。

[1]太樂令：西晋沿置。東晋時改爲鼓吹令，成帝時復置。此後南朝沿置，掌宫廷諸樂事。南朝齊秩七品。

[2]陵令：西晋時改漢魏陵園令置，掌守衛帝王陵寢。南朝宋沿置。南朝齊武帝永明末亦置。南朝齊秩七品。

光禄勳。[1]

府置丞一人。領官如左：

左右光禄大夫。[2]

位從公，開府置佐史如公。

光禄大夫。[3]

皆銀章青綬，詔加金章紫綬者，爲金紫光禄大夫。樂安任遐爲光禄，就王晏乞一片金，晏乃啓轉爲金紫，不行。

太中大夫。[4]

中散大夫。[5]

諸大夫官，皆處舊齒老年，重者加親信二十人。

[1]光禄勳：諸卿之一。西晋時曾掌一部分宫廷供御事務，東晋哀帝時省並司徒，孝武帝時復置。南朝沿置，職權漸輕，掌宫殿門户名籍。外官遭劾禁入宫省，則通知光禄勛廢其門籍。南朝齊秩三品。

[2]左右光禄大夫：左光禄大夫和右光禄大夫。位在光禄大夫上，爲在朝顯職的加官，以示優崇，或授予年老有病者爲致仕之官，亦常用爲卒後贈官，無職掌。西晋時假金章紫綬者，禄賜、班位、冠幘、車服、佩玉，置吏卒及諸所賜給與特進同；若爲加官者，唯假章綬、禄賜班位，不給車服吏卒；卒贈此位者，如本已有卿官，不復重給吏卒，其餘皆給。南北朝沿置。

[3]光禄大夫：兩晋南北朝皆置，以年老有者任此職，無具體執掌。品秩稍遜於左右光禄大夫。銀章青綬，其重者加金章紫綬，則稱之爲金紫光禄大夫。

[4]太中大夫：兩晋南北朝皆置，多用以安置老疾退免的九卿等大臣，無職事。

[5]中散大夫：兩晋南北朝皆置，多以年老者任之，以養老疾，

無職事。南朝齊秩七品。

衛尉。[1]

府置丞一人。[2]掌宫城管籥。張衡《西京賦》曰"衛尉八屯，警夜巡晝"。[3]宫城諸却敵樓上本施鼓，持夜者以應更唱，太祖以鼓多驚眠，[4]改以鐵磬云。

[1]衛尉：諸卿之一。三國魏時掌管宫門衛屯兵，專司晝夜巡警和檢查出入者之門籍。西晉時兼管武庫、冶鑄，東晉時省。南朝宋復置，掌宫禁及京城防衛。南朝齊掌宫城管鑰。

[2]府置丞一人：丁福林《校議》云："'丞一人'，《宋書·百官志上》作'丞二人'。考《宋志》又云：'衛尉，江左不置，宋世祖孝建元年復置。舊一丞，世祖增置一丞。'齊時當仍從舊制置二丞也。"（第91頁）。

[3]張衡：字平子，南陽西鄂（今河南南陽市）人。東漢大臣、文學家、科學家，著有《西京》《東京》《歸田》等賦。《後漢書》卷五九有傳。

[4]太祖：齊高帝蕭道成。太祖爲其廟號。本書卷一、卷二有紀。

廷尉。[1]

府置丞一人，正一人，[2]監一人，[3]評一人，[4]律博士一人。[5]

[1]廷尉：諸卿之一。魏晋南北朝皆置，爲最高司法審判機構主官，遵照皇帝旨意修訂法律，彙總全國斷獄數，負責詔獄。大臣犯罪，由其直接審理、收獄。又負責審覈州郡所讞疑獄，或上報皇

帝，有時派員至州郡協助審理要案。審處重大案件，可以封駁丞相、御史之議。南朝齊秩三品。

[2]正：廷尉正，廷尉屬官。助掌評決詔獄和審理下屬執法機關中疑難不易審理的案件。南朝齊秩六品。

[3]監：廷尉監，廷尉屬官。與廷尉正、廷尉平共掌平決詔獄。

[4]評：廷尉評，廷尉屬官。與廷尉正、廷尉監共掌平決詔獄，位次於廷尉正、監。南朝齊秩六品。

[5]律博士：廷尉屬官。三國魏明帝時始置，教授刑律，咨詢法律。兩晉南北朝沿置。

大司農。[1]

府置丞一人。領官如左：

太倉令一人，[2]丞一人。

導官令一人，[3]丞一人。

藉田令一人，[4]丞一人。

[1]大司農：諸卿之一。魏晉南北朝皆置，掌管租稅、錢穀、鹽鐵、水利和國家的財政等事。南朝齊秩三品。

[2]太倉令：魏晉南北朝皆置，掌收受郡國漕糧、管理國家糧倉。南朝齊秩七品。

[3]導官令：魏晉南北朝皆置，掌管供奉皇室所用的糧食。

[4]藉田令：西晉武帝泰始時置，管理籍田之事。東晉時省，南朝宋復置。

少府。[1]

府置丞一人。領官如左：

左右尚方令各一人，[2]丞一人。

鍛署丞一人。[3]永明三年省，四年復置。

御府令一人，[4]丞一人。

東冶令一人，[5]丞一人。

南冶令一人，[6]丞一人。

平准令一人，[7]丞一人。

上林令一人，[8]丞一人。亦屬尚書殿中曹。

[1]少府：諸卿之一。魏晋南北朝皆置，掌工藝製造及錢幣諸事。南朝齊秩三品。

[2]左右尚方令：左尚方令和右尚方令。西晋時主要負責製造皇室所用刀劍玩好之物。東晋時省並爲尚方令，掌作御刀、綬、劍諸器物。南朝宋時復置左右尚方令，皆掌造兵器。南朝齊沿置。

[3]鍛署丞：南朝齊時置，隸少府。掌鐵器鍛冶。武帝永明三年（485）省，四年復置。中華修訂本《校勘記》云："'鍛署丞'，《職官分紀》卷二二引《南齊百官志》作'鍛署令'。"（第367頁）

[4]御府令：西晋沿置，東晋時省。南朝宋孝武帝時改細作署令爲左右御府令，遂兼掌御用劍、綬及諸玩好器物之製造。南朝齊沿置。

[5]東冶令：冶令，西晋時隸衛尉，東晋改隸少府。南朝宋時置東冶令，掌鼓鑄冶煉，領工徒。南朝齊沿置。

[6]南冶令：南朝宋時置南冶令，職掌同東冶令。南朝齊沿置。

[7]平准令：西晋時掌平准物價等事。南朝宋時避順帝劉準名諱，改染署令。南朝齊時復稱爲平准令。

[8]上林令：西晋時掌上林苑中禽獸、宫館、禁衛治安等事。東晋時不詳。南朝宋大明中復置，南朝齊沿置。

將作大匠。[1]

太僕。[2]
大鴻臚。[3]

三卿不常置。將作掌宮廟土木。太僕掌郊禮執轡。鴻臚掌導護贊拜。有事權置兼官，畢乃省。

[1]將作大匠：諸卿之一。魏晋南北朝沿置，掌修建宫室、宗廟、陵寢及其他土木工程。東晋和南朝宋、齊時不常置，有事則置，事訖即罷。南朝齊秩三品。

[2]太僕：諸卿之一。掌皇帝車馬、田獵、兵器及全國畜牧業。東晋或置或省。南朝宋、齊於郊祀典禮時置，事訖即罷。南朝齊秩三品。

[3]大鴻臚：諸卿之一。魏晋南北朝沿置，掌接待少數民族等事務。東晋和南朝宋、齊時不常置，有事則置，事訖即罷。南朝齊秩三品。

乘黄令一人。[1]
掌五輅安車，[2]大行凶器輼輬車。[3]
客館令。[4]
掌四方賓客。

[1]乘黄令：亦稱乘黄厩令，職掌皇帝乘輿及御厩諸馬。魏晋南北朝沿置。南朝宋隸太常，齊復隸太僕。南朝齊秩七品。

[2]五輅：古代帝王所乘的五種車，即玉輅、金輅、象輅、革輅、木輅。　安車：古代一種馬拉的小車，因可在車厢裏坐乘，故名。一般爲老人或婦女所乘坐。

[3]輼（wēn）輬（liáng）車：一種有窗牖的卧車，閉之則温，開之則凉。漢朝之後多用作喪車。

［4］客館令：三國魏改大行令爲客館令，西晋時改爲典客令，南朝宋時分置爲南北客館令，南朝齊亦置客館令，掌接待四方賓客。

宣德衛尉、少府、太僕。[1]

鬱林王立，[2]文安太后即尊號，[3]以宫名置之。[4]

大長秋。[5]

鬱林立皇后置。

［1］宣德：文安太后所居宫殿，亦可爲其代稱。本書卷二〇《皇后傳》："鬱林即位，尊爲皇太后，稱宣德宫……高宗即位，出居鄱陽王故第，爲宣德宫。"

［2］鬱林王：蕭昭業。字元尚，小名法身。文惠太子蕭長懋長子，齊武帝蕭賾孫。即位後揮霍無度，爲蕭鸞所殺，後追廢爲鬱林王。本書卷四有紀。

［3］文安太后：王寶明。文惠太子蕭長懋妃，鬱林王蕭昭業之母。本書卷二〇有傳。

［4］以宫名置之：西漢時於太后宫下置衛尉、少府、太僕，爲太后三卿。太后三卿以太后宫爲號，位在諸卿之上，太后在則置，太后死則省。三國時改爲位在諸卿下，晋朝時復改位在諸卿上，南朝沿置。

［5］大長秋：魏晋南北朝皆置，爲皇后屬官。掌宣達皇后旨意，多以宦者充任，兼理中宫事務。

録尚書。[1]

尚書令。[2]

總領尚書臺二十曹，[3]爲内臺主。行遇諸王以下，皆禁駐。左右僕射分道。[4]無令，左僕射爲臺主，與令同。

左僕射。

領殿中主客二曹事，諸曹郊廟、園陵、車駕行幸、朝儀、臺内非違、文官舉補滿叙疾假事，其諸吉慶瑞應衆賀、災異賊發衆變、臨軒崇拜、改號格制、莅官銓選，[5]凡諸除署、功論、封爵、貶黜、八議、疑讞、通關案，則左僕射主，右僕射次經，維是黄案，左僕射右僕射署朱符見字，[6]經都丞竟，右僕射横畫成目，左僕射畫，令畫。右官闕，則以次并畫。若無左右，則直置僕射在其中閒，總左右事。

[1]録尚書：録尚書事。魏晋南北朝時多以公卿權重者居之，總領尚書省政務，凡重號將軍、刺史，皆得命曹授用，凡真正總攬大權者必加録尚書事官銜，位在三公上。南朝齊有單拜録尚書事者，號爲“録公”。

[2]尚書令：魏晋南北朝皆置，爲尚書臺長官，領諸曹，主贊奏，總典紀綱，綜理全國政務。權如宰相，如録尚書事缺，則兼有宰相之名義。南朝齊秩三品。

[3]尚書臺：官署名。東漢改少府下尚書署爲尚書臺，設於宫禁中，直屬皇帝，是參與決策命令、綜理國事的政務中樞。朝中雖置三公，形同虚設，權歸臺閣。太傅、太尉、大將軍等重臣如加録尚書事銜，始可參預國政，綜理政務，成爲真宰相。長官爲尚書令。次官爲尚書僕射，總領臺事，參議朝政。魏晋南北朝沿置，改稱尚書省，然往往臺、省互稱。　二十曹：中華修訂本《校勘記》云：“按‘二十曹’，下文載尚書各部所領，計十六曹，合左僕射所領殿中、主客二曹，凡十八曹，尚闕二曹。《通典》卷二二《職官》四記南齊之制‘右僕射領祠部、儀曹’，合之乃足‘二十曹’

之數。"（第367頁）可從。祠部，尚書省諸郎曹之一。長官爲祠部郎中，掌祭祀等事。兩晋南北朝沿置。儀曹，尚書省諸郎曹之一。長官爲儀曹郎中，掌輿服、羽儀、朝覲、郊廟、饗宴等吉凶禮制。兩晋南北朝沿置。

［4］左右僕射：尚書左僕射和尚書右僕射。魏晋南北朝時若置一人，則稱尚書僕射，若置兩人，則分尚書左、右僕射。爲尚書令之副，佐尚書令掌章奏文書。左僕射位在右僕射上，若尚書令缺，則以左僕射爲尚書省長官。南朝齊秩三品。

［5］臨軒崇拜：中華修訂本《校勘記》云："'崇拜'，《通典》卷二二《職官》四作'策命'。"（第367頁）

［6］左僕射右僕射署：中華修訂本《校勘記》云："《通典》卷二二《職官》四、《職官分紀》卷八引《南齊百官志》作'左僕射上署右僕射次署'。"（第367頁）

吏部尚書。[1]

領吏部、删定、三公、比部四曹。[2]

度支尚書。[3]

領度支、金部、倉部、起部四曹。[4]

左民尚書。[5]

領左民、駕部二曹。[6]

都官尚書。[7]

領都官、水部、庫部、功論四曹。[8]

五兵尚書。[9]

領中兵、外兵二曹。[10]

祠部尚書。[11]

右僕射通職，不俱置。

起部尚書。[12]

興立宫廟權置，事畢省。

左丞一人。[13]

掌宗廟郊祠、吉慶瑞應、災異、立作格制、諸案彈、選用除置、吏補滿除遣注職。

右丞一人。[14]

掌兵士百工補役死叛考代年老疾病解遣、其内外諸庫藏穀帛、刑辠創業諍訟、田地船乘、稟拘兵工死叛、考剔討補、差分百役、兵器諸營署人領、州郡租布、民户移徙、州郡縣併帖、城邑民户割屬、刺史二千石令長丞尉被收及免贈、文武諸犯削官事。[15]白案，右丞上署，左丞次署。黄案，左丞上署，右丞次署。[16]諸立格制及詳讞大事宗廟朝廷儀體，[17]左丞上署，右丞次署。自令僕以下五尚書八座二十曹，各置郎中令史以下，[18]又置都令史分領之。[19]僕射掌朝軌，尚書掌讞奏，都丞任碎，[20]在彈違諸曹緣常及外詳讞事。應須命議相值者，皆郎先立意，應奏黄案及關事，[21]以立意官爲議主。凡辭訴有漫命者，曹緣諮如舊。[22]若命有諮，則以立意者爲議主。

[1]吏部尚書：三國魏時改選部爲吏部，置吏部尚書爲吏部長官，主銓選事，職位甚重，爲各部尚書之最。兩晋南北朝沿置。南朝齊秩三品。

[2]吏部：吏部尚書屬曹。長官爲吏部郎，亦稱郎中，掌官吏選任銓叙調動，對五品以下官吏的任免有建議權，職位高於尚書省諸曹郎。兩晋南北朝沿置，南朝時如加“參掌大選”名義，則可參議高級官吏的任免。　刪定：吏部尚書屬曹。長官爲刪定郎，南朝

宋文帝元嘉時置。職同魏晋定科郎，位左民曹郎之上，掌删定律令。南朝齊沿置。　三公：吏部屬曹。長官爲三公郎，晋朝時掌斷獄及宣讀四季時令儀注。南朝沿置，與比部曹同掌擬定、修改法制律令。　比部：吏部尚書屬曹。長官爲比部郎，三國魏時始置，掌法制、律令。兩晋南北朝沿置。

[3]度支尚書：三國魏文帝時始置，掌全國財賦統計和支調。兩晋南北朝沿置。南朝齊秩三品。

[4]度支：度支尚書屬曹。長官爲度支郎中，掌貢税租賦的統計、調撥、支出等事。兩晋南北朝沿置。　金部：度支尚書屬曹。長官爲金部郎中，掌庫藏錢帛金寶、出納賬籍審覈及有關度量衡的政令等事。兩晋南北朝沿置。　倉部：度支尚書屬曹。長官爲倉部郎中，掌倉儲事。兩晋南北朝沿置。　起部：度支尚書屬曹。長官爲起部郎中，西晋武帝時始置，掌土木工程及匠役等事。南北朝沿置。

[5]左民尚書：三國魏時改民曹尚書爲左民尚書，掌民事及土木工程。兩晋南北朝沿置。南朝齊秩三品。

[6]左民：左民尚書屬曹。長官爲左民郎中，西晋時分民曹郎置，掌天下計帳、户籍等事。東晋、南朝時沿置，以右民郎中並入。　駕部：左民尚書屬曹。長官爲駕部郎中，掌輿輦、侍乘、郵驛、厩牧等事。兩晋南北朝沿置。

[7]都官尚書：南朝宋時始置，掌主軍事刑獄。南朝齊沿置。南朝齊秩三品。

[8]都官：都官尚書屬曹。長官爲都官郎中，掌刑獄、督軍等事。兩晋南北朝沿置。　水部：都官尚書屬曹。長官爲水部郎中，掌溝渠水道、舟船橋梁及漕運事。兩晋南北朝沿置。　庫部：都官尚書屬曹。長官爲庫部郎中，掌兵仗器械。兩晋南北朝置。　功論：都官尚書屬曹。長官爲功論郎中，南朝宋文帝時始置，掌考察文武官員。南朝齊沿置。

[9]五兵尚書：三國魏始置，領五兵，即中兵、外兵、騎兵、

别兵、都兵，下亦設五屬曹。西晋武帝泰始中省，太康中復置，並中兵、外兵兩曹各分左右，合騎兵、别兵、都兵，共領七曹。東晋及南朝宋、齊時衹領中兵、外兵二曹。南朝齊秩三品。

[10]中兵：五兵尚書屬曹。長官爲中兵郎中，掌都城軍政事務。西晋武帝太康中分爲左、右中兵郎，東晋時復並爲一官。南朝沿置。　外兵：五兵尚書屬曹。長官爲外兵郎中，掌京畿以外軍政事務。西晋武帝太康中分爲左、右中兵郎，東晋時復並爲一官。南朝沿置。

[11]祠部尚書：東晋時始置，掌宗廟禮儀，與尚書右僕射爲通職，不並置，常以右僕射攝其職；若右僕射缺，則以祠部尚書攝右僕射事，後南朝以此爲常制。南朝齊時秩三品。丁福林《校議》云："此上所載，各部俱有所領，而祠部獨無，疑當有闕失，據上文云尚書令'總領尚書臺二十曹，爲内臺主'，又云左僕射'領殿中、主客二曹事'，吏部尚書'領吏部、删定、三公、比部四曹'，度支尚書領'度支、金部、倉部、起部四曹'，左民尚書'領左民、駕部二曹'，都官尚書'領都官、水部、庫部、功論四曹'，五兵尚書'領中兵、外兵二曹'。是尚書臺所領之二十曹已列十八曹，尚餘二曹也。此所餘之二曹當即爲祠部所領。因祠部尚書與右僕射爲通職，即所主實一，故右僕射與祠部尚書不俱置耳。考《宋書·百官志上》云：'祠部尚書領祠部、儀曹二曹'，則此於'不俱置'後應益'領祠部儀曹二曹'七字，文義方足，且始與本書體例相合。"（第92頁）。

[12]起部尚書：西晋時始置，掌宗廟宫室等工程修建，有事則置，事訖即罷。東晋南朝沿置。南朝齊秩三品。

[13]左丞：尚書左丞。魏晋南北朝沿置，爲尚書省佐官，與右丞共掌尚書都省庶務，率諸都令史監督稽覈諸尚書曹、郎曹政務，督録近道州郡文書章奏；監察糾彈尚書令、僕射、尚書等文武百官，號稱"監司"；分管宗廟祠祀、朝儀禮制、選授官吏等文書奏事，職權甚重。南朝齊秩六品。

［14］右丞：尚書右丞。魏晋南北朝沿置，與左丞共掌尚書都省庶務，率諸都令史監督稽覈諸尚書曹、郎曹政務，糾舉彈劾百官，又掌本省庫藏廬舍、督録遠道州郡文書章奏，凡兵士百工名籍、内外庫藏穀帛、刑獄訴訟、軍械、田地、户籍、行政區劃，州郡縣長官免贈收捕等文書奏事皆屬之。南朝齊秩六品。

［15］刑辠創業諍訟：中華修訂本《校勘記》云："'辠'，原作'𡰥'，據三朝本、南監本、北監本、汲本、殿本、局本改，《通典》卷二二《職官》四作'刻'，《職官分紀》卷八引《南齊百官志》作'害'。'創'，《職官分紀》卷八引《南齊百官志》作'割'。'業'，《通典》卷二二《職官》四作'架'。"（第367頁） 民户移徙："民"上原有"人"字。中華修訂本《校勘記》云："'民户'上原衍'人'字，今删。按《通典》卷二二《職官》四作'人户移徙'，蓋避唐諱改'民'爲'人'。"（第367—368頁）今從删。 刺史二千石令長丞尉被收及免贈：中華修訂本《校勘記》云："'丞'字原無，據《通典》卷二二《職官》四補。"（第368頁）今從補。

［16］黄案，左丞上署，右丞次署：原無"右丞次署"四字。中華修訂本《校勘記》云："'右丞次署'原無，據《通典》卷二二《職官》四、《册府》卷四五七《臺省部》、《職官分紀》卷八引《南齊百官志》補。"（第368頁）今從補。

［17］諸立格制及詳讞大事宗廟朝廷儀體：中華修訂本《校勘記》云："'宗廟'，《通典》卷二二《職官》四作'郊廟'。"（第368頁）

［18］令史：尚書省諸曹皆置令史爲佐官，位次諸曹郎中。

［19］都令史：尚書都令史。西晋時始置。協助左右丞總知尚書臺内部事務，監督諸曹，所掌如尚書。南北朝沿置，南朝宋、齊時置八員。

［20］都丞：尚書左、右丞的别稱。朱季海《南齊書校議》（以下簡稱朱季海《校議》）云："都丞下似當於'彈違'句絶。"（中

華書局1984年版，第35頁）

［21］黄案：南朝齊時尚書省左、右丞所掌文案。因用黄札書寫，故稱黄案。

［22］緣諮如舊：中華本校勘記云："'緣'南監本、殿本、局本作'掾'。張元濟《校勘記》云：'案前數行有諸曹緣常及外詳讞事云云，則緣字不誤。'"

武庫令一人。[1]

屬庫部。

車府令一人，[2]丞一人。

屬駕部。

公車令一人。[3]

大官令一人，[4]丞一人。

大醫令一人，[5]丞一人。

内外殿中監各一人。[6]

内外驊騮厩丞各一人。[7]

材官將軍一人，[8]司馬一人。

屬起部，亦屬領軍。[9]

［1］武庫令：武庫長官，掌儲藏兵器。西晋時隸衛尉，南朝宋、齊隸尚書庫部曹。

［2］車府令：魏晋南北朝皆置，掌皇帝車輿。原作"車將令"，中華本校勘記云："各本並誤，今據《通典·職官典》、《元龜》四百五十七改。"今從改。

［3］公車令：西晋時始置，掌受章奏。東晋南朝沿置。

［4］大官令：又作太官令。魏晋南北朝皆置，掌御用膳飲。

［5］大醫令：又作太醫令。魏晋南北朝皆置，掌醫事。

[6]内外殿中監：南朝齊時分殿中監爲内、外殿中監，掌皇帝生活事務。

[7]内外驊騮厩丞：南朝齊時分驊騮厩丞爲内、外驊騮厩丞，掌飼宫廷用馬。

[8]材官將軍：東晋時改材官校尉爲材官將軍，掌管土木工程的工匠及工程營造所需的材木。南朝沿置。

[9]屬起部，亦屬領軍：中華修訂本《校勘記》云："按此數職，（公車令至内外驊騮厩丞諸官）依下文俱'屬起部，亦屬領軍'，疑有錯簡。《宋書》卷四〇《百官志》下，公車令、太醫令、太官令、驊騮厩丞'隸侍中'，又《册府》卷四五七《臺省部》：'門下領公車令，太官太醫令、丞，内外殿中監，内外驊騮厩丞，'諸職當隸侍中。"（第368頁）

侍中祭酒。[1]高功者稱之。

侍中。[2]

漢世爲親近之職。魏、晋選用，稍增華重，而大意不異。宋文帝元嘉中，[3]王華、王曇首、殷景仁等，[4]並爲侍中，情在親密，[5]與帝接膝共語，[6]貂拂帝手，拔貂置案上，語畢復手插之。孝武時，[7]侍中何偃南郊陪乘，[8]鑾輅過白門闉，[9]偃將匐，帝乃接之曰：[10]"朕乃陪卿。"[11]齊世朝會，多以美姿容者兼官。永元三年，[12]東昏南郊，[13]不欲親朝士，以主璽陪乘，前代未嘗有也。侍中呼爲門下。亦置令史。領官如左：

給事黄門侍郎。[14]

亦管知詔令，世呼爲小門下。

散騎常侍。[15]

通直散騎常侍。[16]

員外散騎常侍郎。[17]

舊與侍中通官，其通直員外，用衰老人士，故其官漸替。宋大明雖華選比侍中，[18]而人情久習，終不見重，尋復如初。

散騎侍郎。[19]

通直散騎侍郎。[20]

員外散騎侍郎。[21]

給事中。[22]

奉朝請。[23]

駙馬都尉。[24]

集書省職，置正書令史。朝散用衣冠之餘，人數猥積。永明中，奉朝請至六百餘人。

[1]侍中祭酒：南朝齊時以侍中高功者任之，掌詔令機密，爲門下省最高長官。

[2]侍中：晋時爲門下省長官，侍皇帝左右，議論政事。南朝宋文帝時始掌機密，位高權重。南朝齊沿置。

[3]宋文帝：劉義隆，小字車兒，彭城（今江蘇徐州市）人。《宋書》卷五有紀。　元嘉：宋文帝劉義隆年號。

[4]王華：字子陵，琅邪臨沂（今山東臨沂市西北）人。南朝宋大臣。劉義隆鎮江陵時，以其爲主簿，諮議參軍，後遷司馬。宋少帝被廢後，曾力勸劉義隆即位。劉義隆即位後，任侍中兼右衛將軍。《宋書》卷六三有傳。　王曇首：琅邪臨沂（今山東臨沂市西北）人。南朝宋大臣。曾任劉義隆帳下冠軍府功曹、鎮西府長史。宋少帝被廢後，曾力勸劉義隆即位。劉義隆即位後，任侍中。《宋書》卷六三有傳。　殷景仁：陳郡長平（今河南西華縣東北）人。東晋、南朝宋大臣。東晋時曾爲劉毅後軍參軍、劉裕太尉行參軍。劉義隆即

位後，與王華、王曇首、劉湛同任侍中。《宋書》卷六三有傳。

［5］情在親密：中華修訂本《校勘記》云："'在'，《通典》卷二一《職官》三、《御覽》卷六八八引蕭子顯《齊書》、《職官分紀》卷六引《南齊百官志》作'任'。"（第368頁）

［6］與帝接膝共語：中華修訂本《校勘記》云："'共'字原漫漶，據三朝本、南監本、北監本、汲本、殿本、局本補。"（第368頁）

［7］孝武：指南朝宋皇帝劉駿。劉駿，字休龍，小字道民，彭城（今江蘇徐州市）人。孝武爲其謚號。《宋書》卷六有紀。

［8］何偃：字仲弘，廬江灊縣（今安徽霍山縣）人。南朝宋大臣。曾任侍中，掌詔誥。《宋書》卷五九有傳。

［9］白門：南朝時建康宮城南門宣陽門。　闑：中華本校勘記云："'闑'南監本、毛本、殿本、局本作'闕'。"朱季海《校議》云："《説文·門部》'闑，門梱也，从門臬聲'，《唐韵》：'魚列切。'闑，俗梱字，正謂門闑。過闑車偶顛播，故偃將匐耳。'白門'當加引號，《王儉傳》'白門三重門'，得之。白門本無闕，諸本臆改。《釋宮》'橛謂之闑'，郭注'門闑'，明江東相承以闑爲闑，與許義同。郝疏：'《説文》以橛爲門梱，《廣雅》亦云：橛，闑朱也，朱與梱同，是皆郭注所本。循文考義，胥失之矣。梱是門限，横木爲之。闑是門橛，豎木爲之。説者多誤，惟《禮》鄭注得之。'《周書·帝紀》第六《武帝》下：'齊人欲閉門，以閽下積尸，扉不得闔。'校勘記云：'宋本和《北史》卷十《周本紀》下、《册府》卷一一七（一三九五頁）閽作闑。'此并州城門也。'闑'字是。"（第35頁）。

［10］帝乃接之曰：中華修訂本《校勘記》云："'乃'，《通典》卷二一《職官》三、《御覽》卷二一九引《宋書》作'反手'。"（第368頁）

［11］朕乃陪卿：中華修訂本《校勘記》云："'乃'，《通典》卷二一《職官》三、《御覽》卷二一九引《宋書》、《職官分紀》卷六引《南齊百官志》作'反'。"（第368頁）

［12］永元：齊東昏侯蕭寶卷年號。

［13］東昏：東昏侯蕭寶卷。字智藏，南蘭陵（今江蘇常州市西北）人，齊明帝次子。蕭衍起兵攻破建康後被殺。後被追封爲東昏侯。本書卷七有紀。

［14］給事黄門侍郎：魏晋南北朝皆置，爲侍中省或門下省次官，與侍中俱掌門下衆事，職掌略同，地位隨皇帝旨意或侍中地位而上下。南朝齊時知詔令，亦被稱爲“小門下”。

［15］散騎常侍：三國魏文帝黄初中合並散騎與中常侍置。西晋沿置，掌侍從皇帝左右，諫諍得失，顧問應對，與侍中等共平尚書奏事，有異議得駁奏，位比侍中，爲門下重職，散騎省長官。亦常用作宰相、諸公等加官，得入宫禁議政。東晋時參掌機密，選望甚重，職任比於侍中。南朝時地位驟降，職輕事簡，掌圖書文翰、文章、撰述、諫諍拾遺，收納轉呈文書奏事。

［16］通直散騎常侍：西晋武帝泰始中置，與散騎常侍通員當值，故名。東晋時職同散騎常侍，參平尚書奏事，並掌諷諫、侍從，位頗重。南朝時沿置，多以衰老之士擔任，地位漸低。

［17］員外散騎常侍：爲正員之外添差之散騎常侍。初多授公族、宗室，雖是閑職，仍爲顯官。兩晋南北朝沿置，南朝宋以後常用以安置閑退官員、衰老之士，地位漸低。原作“員外散騎侍郎”。中華修訂本《校勘記》云：“據《職官分紀》卷六引《南齊百官志》改。按下文有‘員外散騎侍郎’，此當作‘員外散騎常侍’。”（第368—369頁）今從改。

［18］雖華選比侍中：中華修訂本《校勘記》云：“‘華選’，《通典》卷二一《職官》三、《册府》卷四五七《臺省部》、《職官分紀》卷六引《南齊百官志》作‘革選’。”（第369頁）

［19］散騎侍郎：西晋沿置，與散騎常侍、侍中、黄門侍郎等侍從皇帝左右，顧問應對，諫諍拾遺，共平尚書奏事。東晋時省。南朝時復置，掌文學侍從，諫諍糾劾，收納章奏，地位漸低。

［20］通直散騎侍郎：東晋元帝太興中置，與散騎侍郎通員當

值，職同散騎侍郎，參平尚書奏事，兼掌侍從、諷諫，地位較高。南朝時沿置，宋以後地位漸低，常授衰老之士，多爲加官。

[21]員外散騎侍郎：西晉武帝時始置，爲正員之外添差之散騎侍郎。南北朝沿置，多以公族、功臣子充任，爲閑散之職，常用以安置閑退官員。

[22]給事中：因在殿中給事（執事）得名。晉朝時始成爲正式官職，前代多爲加官。與諸散騎共侍皇帝，顧問應對，獻納得失。南北朝沿置，地位漸低。

[23]奉朝請：本指達官顯貴定期朝見皇帝。西晉多爲加官，外戚爲奉車、駙馬、騎都尉，並授此號。東晉獨立爲官，亦爲加官。南朝時多用以安置閑散官員。

[24]駙馬都尉：魏晉沿置，多用作宗室、外戚、功臣子、貴族、親近之臣的加官，或亦加於尚公主者。南朝時無實職，尚公主者多加此號。

中書監一人，[1]令一人，[2]侍郎四人，[3]通事舍人無員。[4]

中書省職，置主書、令史、正書。[5]以下

祕書監一人，[6]丞一人。[7]郎。[8]著作佐郎。[9]

晉祕書閣有令史，掌衆書，見晉令，令亦置令史、正書及弟子，[10]皆典教書畫。

[1]中書監：中書省長官之一。西晉沿置，掌贊詔命，記會時事，典作文書，雖資位遜於尚書令，實權則過之。東晉多授宗室、大臣以示禮遇，或由宰相、諸公兼領。南朝亦多作重臣加官。南朝齊秩三品。

[2]令：中書令。中書省長官之一。西晉時掌傳宣皇帝旨意，貴重尤甚，雖資位遜於尚書令，實權則過之。東晉時中書監、令多不並置，多授宗室、大臣以示禮遇，或由宰相、諸公兼領。南朝亦

多作重臣加官。南朝齊秩三品。

［3］侍郎：中書侍郎。爲中書監、令的副職，掌草擬詔令。南北朝沿置。南朝齊秩五品。

［4］通事舍人：中書通事舍人。東晋時合並通事、舍人二職位爲通事舍人，掌呈遞奏章，傳達詔命。後省，由中書侍郎兼任。南朝復置，兼掌詔令，入直内廷。

［5］主書：主書令史。掌文書，位在正、書令史之上。魏晋南北朝尚書、中書、秘書等官署多置。兩晋多以武官充任，南朝宋以後改用文吏。　令史：正令史。掌佐理案牘文書，位在書令史上。　正書：書令史。掌佐理案牘文書。

［6］祕書監：西晋初並入中書省，後復置爲秘書省長官，掌大事撰録、國史編修、文書存檔、圖籍收藏等事。南北朝沿置。

［7］丞：秘書丞。爲秘書監副職。西晋初並秘書入中書省，稱此官爲中書秘書丞，爲秘書局長官。後復置秘書監，丞仍爲次官，負責典籍圖書的管理和整理。南朝齊秩六品。

［8］郎：秘書郎。秘書監、丞屬官。兩晋南北朝沿置，多爲貴族子弟起家之官。

［9］著作佐郎：爲著作郎副職，掌修國史。原名佐著作郎，東晋（一説南朝宋）時改爲著作佐郎。南朝沿置，多爲貴族子弟起家之官。南朝齊秩六品。

［10］令亦置令史：丁福林《校議》云："疑當作'今亦置令史'。句當承上文'晋秘書閣有令史'而言，謂今之秘書閣亦置令史等也。下文'御史中丞'條有'今中丞則職無不察，専道而行'之語，可以爲證。"（第92頁）。

御史中丞一人。[1]

晋江左中丞司隸分督百僚，傅咸所云"行馬内外"是也。今中丞則職無不察，専道而行，騶輻禁呵，加以聲色，武將相逢，輒致侵犯，若有鹵簿，至相毆擊。宋孝建二年制，[2]中丞與尚書令分道，雖丞郎下朝相值，亦得斷之，餘内外衆官，皆受停駐。

治書侍御史二人。[3]

侍御史十人。[4]

蘭臺置諸曹内外督令史以下。[5]

謁者僕射一人。[6]

謁者十人。[7]

謁者臺，掌朝覲賓饗。

[1]御史中丞：魏晋南北朝沿置，爲御史臺長官，掌監察、執法。

[2]孝建：宋孝武帝劉駿年號。

[3]治書侍御史：魏晋南北朝爲御史中丞佐貳，御史臺要職，分領侍御史諸曹，監察、彈劾較高級别的官員。

[4]侍御史：御史臺屬官。魏晋南北朝皆置，掌受公卿奏事，舉劾非法，出討奸猾，治大獄等事。

[5]内外督令史：原無"史"字。中華修訂本《校勘記》云："'史'字原無，按《通典》卷三七《職官》一九《齊官品》叙有'蘭臺諸内外督令史'，今補正。"（第369頁）今從補。

[6]謁者僕射：謁者臺長官。西晋時省，東晋省置無常。南朝時復置爲謁者臺長官，掌拜授及百官朝會班次，或奉命出使，職權較前代爲輕。

[7]謁者：謁者臺屬官，掌儐贊受事。

領軍將軍、中領軍。[1]

護軍將軍、中護軍。[2]

凡爲中，小輕，同一官也。諸爲將軍官，皆敬領、護。諸王爲將軍，道相逢，則領、護讓道。置長史、司馬、五官、功曹、主簿。

左右二衛將軍。[3]

驍騎將軍。[4]

游擊將軍。[5]

晋世以來，謂領、護至驍、游爲六軍。二衛置司馬次官功曹主簿以下。[6]

左右二中郎將。[7]

前軍將軍、後軍將軍、左軍將軍、右軍將軍，號四軍。[8]

屯騎、步兵、射聲、越騎、長水五校尉。[9]

虎賁中郎將。[10]

冗從僕射。[11]

羽林監。[12]

積射將軍。[13]

彊弩將軍。[14]

殿中將軍、員外殿中將軍。[15]

殿中司馬督。[16]

武衛將軍。[17]

武騎常侍。[18]

自二衛、四軍、五校已下，謂之"西省"，而散騎爲"東省"。

[1]領軍將軍：西晋初省，惠帝時復置，爲禁衛軍最高統帥。東晋時不再領護軍將軍，亦無營兵。東晋後，資重者爲領軍將軍，資輕者爲中領軍。南朝宋時掌京師禁軍。南朝齊沿置。　中領軍：

西晋初省，惠帝時復置。東晋時無營兵，總統二衛、驍騎、材官諸營禁軍，不再統領中護軍。南朝沿置，掌領禁軍及京師駐軍。

［2］護軍將軍：西晋時不典選舉，不隸領軍，自領禁衛營兵。東晋元帝永昌中省並入領軍，太寧中復置。南北朝沿置，掌督護京師以外諸軍，職權頗重。　中護軍：西晋時與中領軍不相統屬，各領營兵。東晋元帝時曾並入領軍，後復分置，掌督護京師以外諸軍。南朝沿置。

［3］左右二衛將軍：左衛將軍和右衛將軍。三國魏時司馬炎分中衛將軍爲左衛將軍和右衛將軍，掌宫禁宿衛。兩晋南北朝沿置，爲禁衛軍主要統帥之一。南朝齊秩四品。

［4］驍騎將軍：兩晋時爲禁軍主要將領，護衛宫廷。南朝沿置。

［5］游擊將軍：兩晋時爲禁軍主要將領，與驍騎將軍分領命中虎賁，掌宿衛之任。南朝沿置。

［6］二衛置司馬次官功曹主簿：中華修訂本《校勘記》云："'次官'，疑當作'五官'，按五官爲職官專名，《宋書》卷三九《百官志》上'自太常至長秋，皆置功曹、主簿、五官。漢東京諸郡有五官掾，因其名也'，本卷上文亦載領、護'置長史、司馬、五官、功曹、主簿'。"（第369頁）

［7］左右二中郎將：左中郎將和右中郎將。三國魏、西晋初時職任漸輕，晋武帝時罷。南朝復置，爲侍從武官。

［8］"前軍將軍"至"號四軍"：三國魏時置左軍將軍，西晋武帝泰始中置前軍、後軍、右軍將軍，合稱四軍將軍，各領營兵，爲護衛皇帝宫禁的主要禁軍將領。東晋哀帝時因不領營兵，罷前、後、右軍將軍，改左軍將軍爲游擊將軍。南朝沿置，仍掌宫禁宿衛。

［9］屯騎、步兵、射聲、越騎、長水五校尉：西晋與中壘將軍、武衛將軍同領禁軍宿衛兵，各立營。後宿衛之職主要由二衛、四軍、驍騎等擔任，職位漸輕。東晋哀帝時罷。南朝宋復置，多用以授勛舊，不領營兵，充任皇帝的侍衛武官。

［10］虎賁中郎將：魏晋南北朝皆置，掌虎賁宿衛，戰時領兵征

伐。南朝時爲禁衛軍將領之一。

[11]冗從僕射：西晋時與虎賁中郎將、羽林監並稱三將。掌營兵，負責宮禁護衛。東晋以後無營兵。南朝屬領軍將軍（中領軍）。

[12]羽林監：西晋時爲皇帝近衛侍從武官，領營兵。東晋哀帝時省。南朝宋復置，爲禁衛軍將領之一，不領營兵。南朝齊沿置。

[13]積射將軍：雜號將軍，掌征伐。西晋時主射營，掌宿衛。南朝沿置，宋以後多以軍功授此職。

[14]彊弩將軍：雜號將軍，掌征伐。西晋時主弩營，掌宿衛。南朝沿置，宋以後多以軍功授此職，無復員限，成爲將軍名號。

[15]殿中將軍：西晋時朝會宴饗及乘輿外出，直侍左右；夜開宮城諸門，則執白虎幡監之。南北朝沿置，掌侍衛，不典兵。　員外殿中將軍：南朝宋時置，執掌同殿中將軍。南朝齊沿置。

[16]殿中司馬督：西晋時統領禁軍，負責宮殿内宿衛。東晋南北朝沿置，掌殿内警衛。

[17]武衛將軍：晋朝時武衛將軍不常置，南朝宋孝武帝大明中復置，代殿中將軍之任，位比員外散騎侍郎。南齊沿置，掌殿内警衛。

[18]武騎常侍：南朝宋孝武帝大明中置，爲侍從武官，掌殿内警衛。南朝齊沿置。

丹陽尹。[1]

位次九卿下。

[1]丹陽尹：東晋元帝太興中改丹陽内史置，爲京城所在郡府長官，掌京城行政事務及詔獄，一度兼掌少府職事。南朝沿置。

太子太傅。[1]

少傅。[2]

府置丞、功曹、五官、主簿。
太子詹事。[3]
府置丞一人以下。
太子率更令。[4]
太子家令。[5]
　置丞。
太子僕。[6]
太子門大夫。[7]
太子中庶子。[8]
太子中舍人。[9]
太子洗馬。[10]
太子舍人。[11]
太子左右衛率各一。[12]
太子翊軍、步兵、屯騎三校尉。[13]
太子旅賁中郎將一人。[14]
太子左右積弩將軍。[15]
太子殿中將軍、員外殿中將軍。[16]
太子倉官令。[17]
太子常從虎賁督。[18]
　右東宫職僚。

[1]太子太傅：魏晋南北朝皆置，掌教導太子，與太子少傅並稱二傅。

[2]少傅：太子少傅。掌教導太子，與太子太傅共領東宫官屬庶務。南朝時置詹事，遂不再兼領東宫官屬庶務。

[3]太子詹事：兩晋或置或省，南朝時常置。掌東宫内外庶務，

並代太傅、少傅輔導太子，職位頗重。南朝齊秩三品。

[4]太子率更令：魏晋南北朝皆置，掌太子宫殿門户及賞罰等事，與太子家令、太子僕合稱太子三卿。南朝齊秩五品。

[5]太子家令：晋朝時掌東宫刑獄、倉儲、飲食等事。南北朝沿置。南朝齊秩五品。

[6]太子僕：晋朝時掌輿馬及親族，職如太僕、宗正。南北朝沿置。南朝齊秩五品。

[7]太子門大夫：西晋時隸太子詹事，主通遠近箋表，宫門禁防。東晋南朝沿置。南朝齊秩六品。

[8]太子中庶子：晋朝時置四人，與太子中舍人共掌東宫禁令，糾正缺違，侍從規諫，奏事文書。南朝沿置。

[9]太子中舍人：西晋武帝咸寧中始置，與中庶子共掌文翰，侍從規諫太子，職如黄門侍郎。南北朝沿置。

[10]太子洗馬：魏晋及南朝宋、齊沿置，職如秘書、謁者，掌太子圖籍，太子出則當直者在前導威儀。

[11]太子舍人：晋朝時職比散騎、中書侍郎，掌文章書記。南朝宋、齊沿置。

[12]太子左右衛率：太子左衛率和太子右衛率。西晋武帝泰始中分太子衛率爲左右二員，各領一軍，宿衛東宫，亦任征伐，地位頗重。東晋南朝沿置。南朝齊秩五品。

[13]太子翊軍、步兵、屯騎三校尉：皆南朝宋始置，爲太子侍從武官。南朝齊沿置。

[14]太子旅賁中郎將：南朝宋時置，掌侍從迎送太子，職掌同虎賁中郎將。南朝齊沿置。

[15]太子左右積弩將軍：太子左積弩將軍和太子右積弩將軍。皆南朝宋時始置，爲太子侍從武官。南朝齊沿置。

[16]太子殿中將軍、員外殿中將軍：南朝宋時置，爲東宫侍從武官，職掌同殿中將軍。南朝齊沿置。

[17]太子倉官令：南朝齊時改爲太子倉官令，主太子宫倉穀。

中華修訂本《校勘記》云："'倉官令'，疑當作'食官令'。按《唐六典》卷二七引《齊職儀》、《通典》卷三〇《職官》一二，南齊太子屬官有食官令，無倉官令。"（第369頁）

［18］太子常從虎賁督：晋朝時並太子常從、太子虎賁督爲太子常從虎賁督，掌東宫宿衛。南朝齊沿置。

州牧、刺史。[1]

魏、晋世州牧隆重，刺史任重者爲使持節都督，[2]輕者爲持節督，[3]起漢從帝時，[4]御史中丞馮赦討九江賊，[5]督揚、徐二州軍事，[6]而何、徐《宋志》云起魏武遣諸州將督軍，[7]王珪之《職儀》云起光武，[8]並非也。晋太康中，[9]都督知軍事，刺史治民，各用人。惠帝末，乃并任，非要州則單爲刺史。州朝置别駕、治中、議曹、文學祭酒、諸曹部從事史。[10]

［1］州牧、刺史：魏晋南北朝時爲一州長官，州牧地位高於刺史。後由於州牧權力過重，難於控制，於是又廢而不置，非要州則改爲刺史。南朝時僅揚州、豫州等州置牧，且爲榮譽稱號，他州一般以都督兼任刺史，並多加將軍之號。

［2］使持節都督：魏晋以後凡重要軍事長官出征或出鎮時，加使持節可殺二千石以下官員。督諸州軍事，或領刺史。

［3］持節督：持節都督。魏晋以後凡重要軍事長官出征或出鎮時，加持節則可殺無官職之人，有軍事行動則與使持節同。督諸州軍事，或領刺史。

［4］漢從帝：漢順帝劉保。《後漢書》卷六有紀。中華修訂本《校勘記》云："'從'，南監本、北監本、汲本、殿本作'順'。按'從帝'即'順帝'，蕭子顯避梁武帝父諱改。"（第369頁）

［5］馮赦：東漢官吏，其餘不詳。　九江賊：指東漢順帝建康元年（144）徐鳳、馬勉在九江（今安徽壽縣）的起義軍。

［6］揚：揚州。東漢順帝時治所在今安徽壽縣。　徐：徐州。東漢時治所在今山東郯城縣。

［7］何：何承天。東海郯（今山東郯城縣西北）人。南朝宋文帝元嘉年間曾奉詔修《宋書》，未成而卒。《宋書》卷六四有傳。　徐：徐爰。字長玉，南琅邪開陽（今江蘇句容市西北）人。南朝宋孝武帝大明年間奉詔修《宋書》。《宋書》卷九四有傳。　魏武：曹操。字孟德，沛國譙（今安徽亳州市）人。武爲其謚號。《三國志》卷一有紀。

［8］光武：劉秀。字文叔，東漢開國皇帝。光武爲其謚號。《後漢書》卷一有紀。

［9］太康：西晉武帝司馬炎年號。

［10］州朝：中華修訂本《校勘記》云："'州朝'，南監本、局本、《職官分紀》卷四〇引《南齊百官志》作'州'。"（第369頁）　別駕：別駕從事史之省稱。魏晉以後諸州均置別駕，總理州府事務，職權甚重。南北朝皆以州之輕重大小區分別駕品秩。　治中：治中從事史的省稱。魏晉時身分雖低，職權極重。東晉南朝雖地位尊崇，但職任日漸削弱。南朝宋齊掌諸曹文書。　議曹：議曹從事史。兩晉南朝州郡沿置，主參議。　文學祭酒：掌教授生徒。三國魏郡府、東晉大將軍府曾置。南朝州府沿置。

護南蠻校尉。[1]

府置佐史。隸荆州。[2]晉、宋末省。建元元年，[3]復置，三年，省。延興元年置，[4]建武省。[5]

護三巴校尉。[6]

宋置。建元二年，改爲刺史。

寧蠻校尉。[7]

府亦置佐史，隸雍州。[8]

平蠻校尉。[9]

永明三年置，隸益州。[10]

鎮蠻校尉。[11]

隸寧州。[12]

護西戎校尉。[13]

護羌校尉。[14]

右四校尉，亦置四夷。

平越中郎將。[15]

府置佐史，隸廣州。[16]

[1]護南蠻校尉：西晋武帝時置，領兵，掌荆州及江州少數民族事務。南朝宋、齊沿置，省置無常。

[2]荆州：南朝齊時治所在今湖北荆州市荆州區。

[3]建元：齊高帝蕭道成年號。

[4]延興：齊海陵王蕭昭文年號。

[5]建武：齊明帝蕭鸞年號。

[6]護三巴校尉：南朝宋明帝泰始中置，領巴郡太守，以巴、巴東、巴西、梓潼、建平五郡隸之。齊高帝建元二年（480），置巴州，以巴州刺史代護三巴校尉。

[7]寧蠻校尉：東晋安帝時置，南朝沿置。掌雍州（今湖北襄陽市）地區的少數民族事務。

[8]雍州：南朝齊時治所在今湖北襄陽市。

[9]平蠻校尉：南朝齊武帝永明三年（485）置，掌益州（今四川成都市）地區的少數民族事務，與鎮蠻、護西戎、護羌校尉合稱四校尉。中央朝廷亦將此職授予依附其政權的少數民族首領。

[10]益州：南朝齊時治所在今四川成都市。

［11］鎮蠻校尉：東晋時改南夷校尉置，掌管寧州（今雲南陸良市）地區少數民族事務。南朝沿置。

［12］寧州：南朝齊時治所在今雲南陸良市。

［13］護西戎校尉：兩晋南朝宋沿置，掌雍州（今湖北襄陽市）地區少數民族事務。

［14］護羌校尉：兩晋南朝沿置，掌西羌事務。南朝齊時授吐谷渾王此職。

［15］平越中郎將：西晋武帝時置，掌南越事務。東晋、南朝沿置。

［16］廣州：南朝齊時治所在今廣東廣州市。

郡太守、内史。[1]

縣令、相。[2]

郡縣爲國者，爲内史、相。

鎮蠻護軍。[3]

安遠護軍。[4]

晋世雜號，多爲郡領之。

諸王師、友、文學各一人。[5]

國官郎中令、中尉、大農爲三卿，[6]左右常侍、侍郎，[7]上軍、中軍、下軍三軍，[8]典書、典祠、學官、典衛四令，[9]食官、廄牧長、謁者以下。[10]公侯置郎中令一卿。

［1］太守：爲一郡最高行政長官。魏晋南北朝沿置。　内史：晋武帝太康中改諸王國相爲内史，職如太守，掌民政。南北朝沿置。

［2］縣令：爲一縣行政長官。魏晋南北朝沿置。　相：爲列侯所封之縣的長官。

［3］鎮蠻護軍：東晋南朝置，職掌如將軍，而地位略低，掌少數民族事務。南朝宋時多爲廬江（今安徽霍山縣）、晋熙（今安徽

潛山縣)、西陽(今湖北黄岡市)太守兼任。南朝齊沿置。

[4]安遠護軍:東晋南朝置,職掌如將軍,而地位略低,掌少數民族事務,多爲武陵(今湖南常德市)内史或太守兼任。南朝沿置。

[5]王師:王國屬官,掌輔導諸侯王。兩晋南朝沿置。　友:王友。王國屬官,掌侍從游處,規諷道義。兩晋南朝沿置。南朝齊秩六品。　文學:王國屬官,掌校典籍,侍從文章。兩晋南朝沿置。

[6]郎中令:漢朝時置,爲王國屬官,侍從左右,戍衛王宫,其職甚重,領諸大夫、郎官等。魏晋南北朝沿置。

[7]左右常侍:左常侍和右常侍。魏晋南朝皆置,爲王國屬官,侍從王之左右,備顧問應對,分左右二員。　侍郎:魏晋南北朝皆置,爲王國屬官,侍從王之左右,掌贊相威儀,通傳教令。

[8]上軍、中軍、下軍三軍:上軍將軍、中軍將軍、下軍將軍。西晋時置,王國屬官,掌王國軍隊。西晋以平原、汝南、瑯邪、扶風、齊爲大國,置上、中、下三軍,其餘諸國不置中軍將軍。東晋南朝沿置,南朝時各王國均置三軍。

[9]典書:典書令。西晋時置,爲王國屬官,掌國相以下公文上奏。東晋南朝沿置。　典祠:典祠令。王國屬官,掌祠祭。兩晋南北朝沿置。　學官:學官令。西晋時置,爲王國屬官,掌學校教育。東晋南朝沿置。　典衛:典衛令。王國屬官,掌宿衛。兩晋南朝皆置。

[10]食官:王國屬官,掌飲食。　厩牧長:西晋時置,爲王國屬官,掌畜牧牛馬。東晋南朝沿置。

贊曰:百司分置,惟皇命職。雲師鳥紀,各有其式。

南齊書　卷一七

志第九

輿服

昔三皇乘祇車出谷口。[1]夏氏以奚仲爲車正。殷有瑞車，山車垂句是也。[2]《周禮》匠人爲輿，[3]以象天地。[4]漢武天漢四年，[5]朝諸侯甘泉宫，定輿服制，班于天下。光武建武十三年，[6]得公孫述葆車，[7]輿輦始具。蔡邕創立此志，[8]馬彪勒成漢典，[9]晋摯虞治禮，[10]亦議五輅制度。[11]江左之始，[12]車服多闕，但有金、戎，[13]省充庭之儀。[14]太興中，[15]太子臨學，無高蓋車，元帝詔乘安車。[16]元、明時，[17]屬車唯九乘。永和中，[18]石虎死後，[19]舊工人奔叛歸國，稍造車輿。太元中，[20]苻堅敗後，[21]又得僞車輦，於是屬車增爲十二乘。義熙中，[22]宋武平關、洛，[23]得姚興僞車輦。[24]宋大明改脩輦輅，[25]妙盡時華，始備僞氏，復設充庭之制。永明中，[26]更增藻飾，盛於前矣。案《周禮》以檢《漢志》，名器不同，晋、宋改革，稍與世異，今記時事而已。

［1］衹（qí）車：一説爲雲車。《御覽》卷七八引《春秋命曆序》："人皇氏九頭，駕六羽，乘雲車，出谷口，分九州。"　谷口：一説即斜谷，在今陝西眉縣西南古褒斜道北口。見《三國志》卷三八《蜀書·秦宓傳》。

［2］山車垂句（gōu）：語出《禮緯斗威儀》。山車，山中生出的祥瑞之車，其木未經揉治而自然彎曲，是太平盛世的符應。《册府元龜》卷五八二引董巴《大漢輿服志》稱其"金根之色，殷人以爲大輅"，認爲後世金根車即襲其意而作。句，彎曲。

［3］輿：本指載人的車箱，此處泛指車。

［4］以象天地：古人認爲天圓地方，匠人將車蓋做成圓的，輿框做成方的，是取天地之象。見《周禮·考工記》。

［5］漢武：西漢皇帝劉徹。武爲其謚號。　天漢：漢武帝年號。

［6］光武：東漢皇帝劉秀。光武爲其謚號。　建武：漢光武帝年號。

［7］公孫述：字子陽，扶風茂陵（今陝西興平市東北）人。更始年間起兵割據蜀地。漢光武帝建武元年（25）在成都稱帝，國號成家；十二年（36）被吴漢攻滅。《後漢書》卷一三有傳。　葆車：有五采羽蓋的車。

［8］蔡邕創立此志：蔡邕著《十意》，其中有《車服意》，已佚。蔡邕，字伯喈，陳留圉（今河南杞縣西南）人。東漢官吏、學者。撰有《獨斷》等，記録了兩漢典章制度。《後漢書》卷六〇下有傳。

［9］馬彪勒成漢典：馬彪，即司馬彪。著有《輿服志》，記載後漢一代輿服制度。司馬彪，字紹統，河内温縣（今河南温縣西南）人。西晋史學家。著有《續漢書》，今存八志三十卷，與范曄《後漢書》合刊傳世。《晋書》卷八二有傳。

［10］摯虞治禮：太常摯虞參與制定晋代禮制，《北堂書鈔》卷

一四〇徵引其《會朝堂五輅制度議》，《隋書·禮儀志五》亦保留其五輅之議的零星内容。摯虞，字仲洽，京兆長安（今陝西西安市西北）人。西晉官吏、學者。歷任太子舍人、秘書監、光禄勛、太常卿等。《晉書》卷五一有傳。

[11]五輅：亦作“五路”。《周禮·春官·巾車》記載王所乘的五種車，即玉輅、金輅、象輅、革輅、木輅。王后所乘的五種車，亦稱五輅，即重翟、厭翟、安車、翟車、輦車。輅，本指大車，後專指帝王貴族所乘的車。

[12]江左：長江下游以東地區，此處指東晉。

[13]金、戎：中華本“金”“戎”之間無頓號。按，《晉書·輿服志》:“自過江之後，舊章多缺。元帝踐極，始造大路、戎路各一，皆即古金根之制也，無復充庭之儀。”“大路”是天子之車的總名，在不同語境中可隨文立解，分别指代五輅中的玉輅、金輅、木輅等。《左傳》僖公二十八年:“賜之大輅之服、戎輅之服。”杜預注引賈逵説:“大輅，金輅。”可知本書中的“金戎”實即《晉書》中“大路、戎路”二物，“金”“戎”之間宜加頓號。金，即金輅，《周禮》王之五輅之一。據《周禮》，此車以金裝飾轅、衡、軏、轂等的末端，用於會合諸侯、宴饗賓客，可賜予同姓諸侯。戎，即戎輅，帝王於軍中乘坐的車。

[14]充庭：漢制，大朝會時，要將皇帝的乘輿儀仗陳列於殿庭之上。魏晉因之。據《宋書·禮志五》，此制自東晉南遷後廢絶，於南朝宋孝武帝大明年間恢復。

[15]太興：晉元帝年號。

[16]元帝：晉朝皇帝司馬睿。元爲其謚號。　安車：坐乘的車，車蓋較低。多供老人、貴婦、尊者使用。

[17]明：晉朝皇帝司馬紹。明爲其謚號。

[18]永和：晉穆帝年號。

[19]石虎：字季龍，上黨武鄉（今山西榆社縣）人。羯族。十六國時後趙君主。《晉書》卷一〇六、一〇七有載記。

[20]太元：晉孝武帝年號。

[21]苻堅：一名文玉，字永固，略陽臨渭（今甘肅秦安縣東南）人。氐族。十六國時前秦君主。公元383年，在淝水之戰中慘敗於晉軍。後被姚萇所殺。《晉書》卷一一三、一一四有載記。

[22]義熙：晉安帝年號。

[23]宋武：南朝宋皇帝劉裕。武爲其謚號。據《晉書·輿服志》記載，義熙十三年（417），劉裕平定關中，獲指南、記里等車。又據《宋書》卷四五《王鎮惡傳》，王鎮惡攻克長安後，得姚泓之輦。

[24]姚興：字子略，南安赤亭（今甘肅隴西縣西）人。羌族。十六國時後秦君主。公元416年病死，次年其子姚泓向劉裕投降。《晉書》卷一一七、一一八有載記。

[25]大明：南朝宋孝武帝年號。據《宋書·禮志五》記載，大明年間，南朝宋孝武帝命尚書左丞荀萬秋造五輅。

[26]永明：南朝齊武帝年號。

玉輅，[1]漢金根也。[2]漆畫輪，金塗縱容後路受福轅。[3]兩廂上望板前優遊，[4]通緣金塗鏤鍱，[5]碧絞罽，[6]鑿鏤金薄帖。兩廂外織成衣，[7]兩廂裏上施金塗鏤面釘，瑇瑁帖。望板廂上金薄帖，金博山，[8]登仙紐，松精。優遊上，和鸞鳥立花趺銜鈴，[9]銀帶瑇瑁筒瓦，[10]金塗鏤鍱，刀格，織成手匡金花鈿錦衣。優遊下，隱膝，[11]裏施金塗鏤面釘，織成文。[12]優遊橫前，施瑇瑁帖，金塗花釘。優遊前，金塗倒龍，後梢鑿銀瑇瑁龜甲，[13]金塗花沓、望板。金塗受福望龍諸校飾。[14]抗及諸末，[15]皆螭龍首。[16]龍汗板，[17]在車前，銀帶花獸，金塗受福，緣裏邊，鏤鍱瑇瑁織成衣。裏，金塗鏤面花釘。外，金塗博山、辟邪虎、鳳皇銜花諸校飾。[18]斗蓋，[19]金塗鏤鍱，二十八爪支子花，黃錦斗衣，[20]複碧絹柒布緣油頂，[21]絳系絡，[22]織成顏芚緒舌，[23]孔雀毛複錦，綠絞隨陰，[24]懸珠蚌佩，金塗鈴，雲朱結，仙人綬，雜色真孔雀毦。[25]一轅，[26]漆畫車衡，[27]銀花帶，衡上金塗博山，四和鸞鳥立花趺銜鈴，所謂“鸞鳥立衡”也。[28]又龍首銜軛，[29]又髦插翟尾，[30]上下花沓，絳緑系的，[31]望繩八枚。旂十二旒，[32]畫升龍，竿首金塗龍銜火錟幡，[33]真毦。棨戟，[34]織成衣，金塗沓駐及受福，金塗鴈鏤鍱。漆案立牀，在車中，錦複黄絞，[35]爲案立衣。錦複黄絞鄣泥。[36]八幅，長九尺，緣紅錦茝帶，[37]織成花茝的。[38]

[1]玉輅：《周禮》王之五輅中最尊貴者。據《周禮》，此車以玉裝飾轅、衡、軛、轂等的末端，用於祭祀。

[2]金根：金根車。用金箔裝飾的帝王乘輿。秦始皇帝時所作。漢代的金根車駕六馬。輪上有朱色斑紋，輪圈、轂、轄均有兩重。其形制詳見《續漢書・輿服志》《宋書・禮志五》。

[3]輠（guǒ）：又作“楇”。本指古代車上盛油膏的器皿。《釋名》:“輠，裹也，裹軹頭也。”畢沅以爲，此“軹”當作“輨”，車軸穿過轂，正如笄穿過冠弁，還長出一截，這一部分稱作“輨”。古人爲了減少車軸與轂之間的摩擦，在轂的内壁加上鐵圈，名曰“釭”，在車軸相應的地方也加上鐵圈，名曰“鐧”，又在釭、鐧之間塗抹油膏。故《玉篇》云:“輠，車脂轂。”以輠指代用油膏包裹車軸的車轂。

[4]望板：平鋪在椽子上的木板。

[5]鏤鍱（yè）：鏤有圖案的金屬薄片。

[6]碧絞罽（jì）：中華修訂本《校勘記》云:“《通典》卷六四《禮》二四作‘碧紋箱’。”（第382頁）罽，用獸毛織成的帳幕。

[7]織成：運用通經通緯加回緯的特殊技術製成的名貴織物。（參見王岩《論“織成”》，《絲綢》1991年第3期）

[8]金博山：一種圭形或三角形的飾物，其質地可能是銅或銅鎏金。源自戰國時固定屋瓦的瓦釘帽，多尖端向上、成排裝飾於屋

檐或帳頂、傘蓋的上緣，以示尊崇。（參見揚之水《曾有西風半點香：敦煌藝術名物叢考》，生活·讀書·新知三聯書店 2012 年版，第 8—15 頁）

[9]趺：原作“扶”，中華修訂本《校勘記》云：“‘趺’，原作‘扶’，據南監本、北監本、汲本、殿本、局本、《通典》卷六四《禮》二四改。”（第 382 頁）今從改，下同。

[10]筒瓦：中華修訂本《校勘記》云：“‘筒瓦’，《通典》卷六四《禮》二四作‘箭’。”（第 383 頁）

[11]隱膝：跪坐時架於膝上、供伏肘休息的几案。隱，倚靠，或意謂几案架在膝上，可以遮蔽雙膝使不得見。（參見周一良《魏晉南北朝史札記》，中華書局 1985 年版，第 431—432 頁）

[12]織成文：中華修訂本《校勘記》云：“‘文’，北監本、汲本、殿本、局本作‘衣’，疑是。”（第 383 頁）

[13]後梢鑿銀瑇瑁龜甲：“梢”，《通典》卷六四《禮二四》作“損”。

[14]校飾：裝飾。校，通“鉸”。《通鑑》卷一四〇《齊紀六》“明帝建武三年”條“乘輿有金銀飾校者”，胡三省注：“（校）又居效翻，義與鉸同，以金飾器謂之鉸。”

[15]抗及諸末：中華修訂本《校勘記》云：“‘抗’，南監本、局本、《通典》卷六四《禮》二四作‘軏’。”（第 383 頁）朱季海《南齊書校議》（以下簡稱朱季海《校議》）云：“玉輅‘漆畫車衡’下：‘又龍首銜軏’，明抗不當作‘軏’。”（中華書局 1984 年版，第 37 頁）

[16]螭龍：一種無角的黄龍。

[17]龍汗板：中華修訂本《校勘記》云：“南監本、局本、《通典》卷六四《禮》二四作‘龍形板’，三朝本、汲本作‘龍汙板’。”（第 383 頁）

[18]辟邪虎：《通典》卷六四《禮二四》作“辟邪障”。辟邪乃神獸，其造型似虎，亦有似獨角獸者。

[19]斗蓋：《通典》卷六四《禮二四》作“升蓋”。

[20]黄錦斗衣：《通典》卷六四《禮二四》作“黄錦外衣”。

[21]桼布：原作“染布”，中華修訂本《校勘記》云：“‘桼’，原作‘染’，《通典》卷六四《禮》二四作‘漆’。按‘桼’同‘漆’，形訛爲‘染’，今改正。”（第383頁）今從改。

[22]絳系絡：原作“絳系終”，中華修訂本《校勘記》云：“‘絳系絡’，原作‘絳系終’，據殿本、局本改，《通典》卷六四《禮》二四作‘絳絲’。張元濟《校勘記》云‘“絡”字疑是，“絳系絡”見輦車’。”（第383頁）今從改。

[23]顔芚：原作“顔毣”，中華修訂本《校勘記》云：“‘芚’，原作‘毣’，據南監本、《通典》卷六四《禮》二四改。”（第383頁）今從改，下同。 赭舌：又作“者舌”“牙舌”。傘裙上緣垂下的彩色三角飾物。呈齒狀排列，彼此有交叠。多用絹、綾、羅、錦縫製。有時使用同一面料，有時使用多種面料拼綴而成。（參見王樂、趙豐《敦煌傘蓋的材料和形制研究》，《敦煌學輯刊》2009年第2期）

[24]緑絞隨陰：中華修訂本《校勘記》云：“‘緑絞’，《通典》卷六四《禮》二四作‘緑紋’。”（第383頁）

[25]雜：底本作“淮”，今據中華本改。 毦（ěr）：用鳥羽獸毛製成的裝飾。

[26]轅：由車身平行伸出的兩根木頭，用來駕馬。

[27]衡：裝在轅前部、加於馬頸上的横木。

[28]鸞鳥立衡：語出《續漢書·輿服志》“鸞雀立衡”。“鸞”是傳説中“鳴中五音”的神鳥，故而古人將裝在馬銜兩頭或衡上的鈴鐺稱作“鸞”，將裝在軾上的鈴鐺稱作“和”，行車時鸞鳴而和應，可以調節行車速度、營造莊嚴和諧的氛圍。後來遂將鸞製成鳥形，鳥口中銜鈴。漢代孝堂山石祠畫像石所繪大王車的衡上便有鳥形的鸞。

[29]軛：裝在衡兩邊的“人”字形器具，用來夾住馬頸。

［30］叉髦：馬冠。《文選》卷九李善注引董巴《大漢輿服志》云："馬並以黄金爲叉髦。"段玉裁以爲叉髦即金鍐。從其插翟尾來看，方釳似乎也是叉髦的一部分。髦，馬鬣。　翟：長尾野鷄。《説文》云："鸐，走鳴長尾雉也。乘輿以爲防釳，著馬頭上。"

［31］絳緑系的：中華修訂本《校勘記》云："'系'，《通典》卷六四《禮》二四作'絲'。下文'絳系'同，不另出校。"（第383頁）

［32］旂：繪有龍形的旗幟。原作"旆"，中華修訂本《校勘記》云："'旂'，原作'旆'，據南監本、北監本、殿本、局本、《通典》卷六四《禮》二四改。"（第383頁）今從改。　旒（liú）：旗幟的飄帶。

［33］火䅽幡：中華修訂本《校勘記》云："'火䅽幡'，《通典》卷六四《禮》二四作'大鄒幡'。下文同此，不另出校。"（第383頁）幡，掛在杆頭曲柄處的垂懸旗幟。

［34］棨戟：亦作"油戟"。用赤油布套起來的木戟，作爲前驅的儀仗。

［35］黄紋：中華修訂本《校勘記》云："'紋'，《通典》卷六四《禮》二四作'紋'。"（第383頁）

［36］鄣泥：或即漢代的屏泥。加於軾之前以屏蔽塵土。

［37］緣：中華修訂本《校勘記》云："'緣'，《通典》卷六四《禮》二四作'緑'。"（第383頁）朱季海《校議》云："《東昏侯本紀》：'置射雉場二百九十六處，翳中帷帳及步鄣，皆袷以緑紅錦。'步鄣，鄣泥事類相近，緑緣字形相近。未知是一種錦否？"（第36頁）

［38］葩的：中華修訂本《校勘記》云："'葩的'二字《通典》卷六四《禮》二四無。"（第383—384頁）

五輅，江左相承駕四馬，左右騑爲六。[1]施絳系游御繩，[2]其重轂貳轄飛軨幡，[3]用赤油令，有紫真毦。[4]左纛，[5]置左騑馬軛上。金鍐，[6]金加冠，狀如三華形，在馬鍐上。[7]方釳，[8]鐵，廣數寸，有三孔，插翟尾其中。繁纓，[9]金塗紫皮，紫真毦，[10]横在馬膺前。鏤鍚，[11]刻金爲馬面當顱。[12]皆如古制。世祖永明初，[13]加玉輅爲重蓋，又作麒麟頭，采畫，以馬首戴之。竟陵王子良啓曰：[14]"臣聞車旗有章，載自前史，器必依禮，服無舛法。凡蓋員象天，軫方法地，上無二天之儀，下設兩蓋之飾，求之志録，恐爲乖衷。又假爲麟首，加乎馬頭，事不師古，鮮或可施。"建武中，[15]明帝乃省重蓋等。

[1]騑：驂。服馬兩邊參與拉車而不駕衡的馬。因其在兩邊，猶如飛翼，故名。

[2]絳系：《通典》卷六四《禮二四》作"絳絲"。

[3]轂：車輪的中心部分，是車軸穿過、輻條湊集之處。　轄：插在車軸兩頭的銷子，用來逼住車輪，防其脱落。　飛軨（líng）：原本作"飛絡"，中華修訂本《校勘記》云："'軨'，原作'絡'，據南監本、《通典》卷六四《禮》二四改。按《文選》卷三張平子《東京賦》云'重輪貳轄疏轂飛軨'。"（第 384 頁）今從改。軨，車箱的圍欄。

[4]用赤油令，有紫真毦：中華修訂本《校勘記》云："'赤油'，按《續漢志》二九《輿服志》上劉昭注引薛綜曰'飛軨以緹油廣八寸'，《文選》卷三張平子《東京賦》李善注引蔡邕《獨斷》'緹油'作'緹紬'。'令'，南監本、北監本、殿本、局本、《通典》卷六四《禮》二四作'金'。又'有'字《通典》卷六四《禮》二四無。"（第 384 頁）朱季海《校議》云："'用赤油令'實無脱訛。但宋人刻書，時從易簡，於一字兩見者，正文不省，注文

省借，或從俗書，此注亦然，正以‘令’代‘軨’耳。……赤油字與《宋書·禮志》正合，沈引《東京賦》所説亦本薛注，與劉昭所引但緹、赤小異耳。然緹亦赤也。《説文》：‘緹，帛丹黄色。’《文選》注引《獨斷》‘廣八尺’，‘尺’當爲‘寸’。油作紬，恐寫書者亂之，仍當以油爲正。尋《通鑑·齊紀》十：‘以黄油裹東昏首，遣國子博士范雲等，送詣石頭。’胡三省注：‘黄絹施油，可以禦雨，謂之黄油。以黄油裹物，表可見裹，蓋欲蕭衍易於審視也。’赤油、黄油，其名物正同，但色異耳。施之車軨，亦取其表裹可見，兼禦雨矣。”（第36—37頁）

［5］左纛（dào）：用犛牛尾或鳥羽製成的旗幟，其大如斗，加於左騑的馬軛上，是帝王專用的車飾。

［6］金鍐：馬冠。中華修訂本《校勘記》云：“‘鍐’，《通典》卷六四《禮》二四作‘鑁’，疑是。按《文選》卷三張平子《東京賦》‘金鑁鏤鍚’李善注引蔡邕《獨斷》曰‘金鑁者，馬冠也’。又盧文弨校《獨斷》云‘鑁’舊訛從‘夋’，當作‘鑁’。”（第384頁）按，段玉裁認爲，㚇即腦蓋，馬冠在馬髦前，正在馬的腦蓋位置，作“鑁”是。

［7］狀如三華形，在馬鍐上：中華修訂本《校勘記》云：“‘三’，《文選》卷三張平子《東京賦》李善注引蔡邕曰作‘玉’，殿本《續漢志》二九《輿服志》上劉昭注引《獨斷》作‘五’。‘形’，原作‘汗’，據南監本、局本、《續漢志》二九《輿服志》上劉昭注、《文選》卷三張平子《東京賦》李善注改。‘在馬鍐上’，《續漢志》二九《輿服志》上劉昭注及《文選》卷三張平子《東京賦》李善注引《獨斷》並作‘在馬髦前’。”（第384頁）

［8］方釳（xì）：又作“防釳”。鐵製，在馬首金鑁之後，像角，用以防備網羅。後有三孔插翟尾。

［9］繁：又作“樊”“鞶”。《周禮·春官·巾車》鄭玄注：“樊讀如鞶帶之鞶，謂今馬大帶也。”羅小華《説緐纓——兼論鞅、靷、靳及其他》認爲，繁是纓下面用犛牛尾製成的飾物，爲穗狀或索裙

狀，垂於馬胸前。（《考古與文物》2014 年第 1 期）　纓：《周禮·春官·巾車》鄭玄注："纓，今馬鞅。"羅小華《説緐纓——兼論鞅、靷、靳及其他》認爲，纓與鞅不同，纓是套在馬頸上的皮帶，衹是裝飾而不承力，因與鞅繫結部位相同而易混。（《考古與文物》2014 年第 1 期）

[10]紫真毦：中華修訂本《校勘記》云："'紫'，《通典》卷六四《禮》二四作'帶'。"（第 384 頁）

[11]鏤鍚（yáng）：當盧，馬面額前的鏤金飾物，用皮條繫在馬絡頭上。原作"鏤錫"，中華修訂本《校勘記》云："鍚，原作'錫'，據殿本、局本及《通典》卷六四《禮》二四改正。"（第 384 頁）今從改。

[12]當顱：當盧，加於馬頭顱正中，故名。

[13]世祖：南朝齊武帝蕭賾的廟號。

[14]竟陵王：封爵名。竟陵，郡名。南朝齊時治萇壽縣，治所在今湖北鍾祥市。　子良：蕭子良。字雲英。南蘭陵（今江蘇常州市西北）人。南朝齊武帝次子。本書卷四〇有傳。

[15]建武：南朝齊明帝年號。

金輅。制度校飾如玉輅而稍減少，亦以金塗。

象輅。[1]如金輅而制飾又減。

木輅。[2]制飾如象輅而尤減。

革輅，[3]如大輅。建大麾。[4]赤旗也。首施火燄幡。

[1]象輅：亦稱道車。《周禮》王之五輅之一。據《周禮》，此車以象牙裝飾轅、衡、軛、轂等的末端，用於上朝和平時游宴，可賜予異姓諸侯。

[2]木輅：亦稱斿車、田路。《周禮》王之五輅之一。據《周禮》，此車漆黑色，用於田獵，可賜予藩國。

[3]革輅：亦稱兵車、武車。《周禮》王之五輅之一。據《周禮》，此車包革塗漆，用於軍事，可賜予四方諸侯。

[4]麾：軍中主將的旗幟。

宋昇明三年，[1]錫齊王大輅、戎輅各一。[2]乘黄五輅，[3]無大輅、戎輅。左丞王逡之議：[4]"大輅，殷之祭車，故不登周輅之名，而《明堂位》云'大輅，殷輅也'。注云'大輅，木輅也'。《月令》'中央土，乘大輅'。注云'殷輅也'。《禮器》'大輅繁纓一就'。[5]注云'大輅，殷之祭天車也'。《周禮》五路，玉路、金路、象路、革路、木路。則周之木輅，殷之大路也。周革路建大白，以即戎，此則戎路也。意謂國之大事，在祀與戎，故錫以殷祭天之車，與周之即戎之路。祀則以殷，戎必以周者，明郊天義遠，建前代之禮，即戎事近，故以今世之制。《明堂位》云'魯君孟春乘大路，載十有二旒日月之章，祀帝于郊'。[6]天必以大輅以錫諸侯，[7]良有以也。今木路，即大路也。"太尉左長史王儉議，[8]宜用金輅九旒。時乘黄無副，借用五輅，大朝臨軒，權列三輅。

[1]昇明：南朝宋順帝劉準年號。

[2]齊王：蕭道成。後成爲南朝齊開國皇帝。

[3]乘黄：傳説中的神馬，後用來指御馬。

[4]左丞：尚書左丞。南朝齊時爲尚書臺佐官，掌宗廟郊祀、祥瑞灾異、制訂儀式、監察糾彈、選拔任用官吏等事。　王逡之：字宣約，琅邪臨沂（今山東臨沂市）人。本書卷五二有傳。

[5]一就：一匝，指一套色彩。

[6]祀帝于郊：原作“祀于帝郊”，中華修訂本《校勘記》云：“原作‘祀于帝郊’，據《册府》卷五七七《掌禮部》改。按《禮記·明堂位》云：‘日月之章，祀帝于郊。’”（第384頁）今從改。

[7]天必以大輅以錫諸侯：中華修訂本《校勘記》云：“‘天必以’，南監本作‘天子以’，《册府》卷五七七《掌禮部》作‘夫必以’。”（第385頁）

[8]王儉：字仲寶，琅琊臨沂（今山東臨沂市）人。本書卷二三有傳。

玉、金輅，建碧旂。象、木輅，建赤旂。永明初，太子步兵校尉伏曼容議，[1]以爲“齊德尚青，五路五牛及五色幡旗，竝宜以先青爲次。軍容戎事之所乘，犧牲繭握之所薦，[2]竝宜悉依尚色。三代服色，以姓音爲尚，漢不識音，故還尚其行運之色。今既無善律，則大齊所尚，亦宜依漢道。若有善吹律者，便應還取姓尚”。太子僕周顒議：[3]“三代姓音，古無前記，裁音配尚，起自曼容。則是曼容善識姓聲，不復方假吹律。何故能識遠代之宫商，而更迷皇朝之律吕，而云當今無知吹律以定所尚，宜附漢以從闕邪？皇朝本以行運爲所尚，非關不定於音氏。如此，設有善律之知音，不宜遵聲以爲尚。”[4]散騎常侍劉朗之等十五人竝議駁之，[5]事不行。

[1]太子步兵校尉：太子三校尉之一。東宫侍從武官，掌步兵。南朝宋置，南朝齊沿置，員一人。　伏曼容：字公儀，平昌安丘人（今山東安丘市西南）。歷仕南朝宋、齊、梁。好談玄理，擅長音律。《南史》卷七一有傳。

[2]繭握：用來祭祀的牛犢。《禮記·王制》云：“祭天地之牛

角繭栗，宗廟之牛角握。”繭，形容牛角小得像蠶繭。握，形容牛角纔可盈握。

[3]太子僕：掌東宫車馬及親族。　周顒：字彦倫，汝南安城（今河南汝南東南）人。善言辯。本書卷四一有傳。

[4]設有善律之知音，不宜遵聲以爲尚：中華修訂本《校勘記》云：“‘音不宜遵’，《册府》卷五七七《掌禮部》作‘無不依導’。”（第 385 頁）

[5]散騎常侍：魏文帝黄初年間合散騎與中常侍而設。南朝齊時屬東省，掌侍從左右、圖書文翰、文章撰述、諫諍拾遺、收納轉呈文書奏事等。

皇太子象輅。校飾如御，旂九旒降龍。

皇太后皇后重翟車，[1]金塗校具，白地人馬錦帖，廂隱膝後户，白牙的帖，金塗面釘，漆畫輪，鐵鐺，金塗縱容後路輮，師子轄、抗檐皆施金塗螭頭及神龍雀等諸飾。[2]軛衡上施金博山，又有金塗長角巴首。[3]蓋，金塗，爪支子花二十八，青油俠碧絹黄絞蓋，[4]漆布裹。[5]紫顔苞，[6]黄絞紫絞隨陰，[7]碧苞。[8]外上施絳紫系絡。[9]碧旂九旒，棨戟。宋元嘉《東宫儀記》云中宫僕御重翟金根車，[10]未詳得稱爲金根也。

[1]重翟車：《周禮》王后五輅之一。據《周禮》，此車爲坐乘，車兩旁有兩重翟羽遮蔽，有車帷、車蓋，是王后隨君主祭祀時所乘。

[2]抗檐：中華修訂本《校勘記》云：“‘抗檐’，《通典》卷六五《禮》二五作‘軛’。”（第 385 頁）

[3]巴：傳説中能吞象的大蛇。

[4]青油俠碧絹黄絞蓋：《通典》卷六五《禮二五》作“青油挾碧絹黄紋蓋”。

[5]漆布裹：《通典》卷六五《禮二五》作“漆布箱”。

[6]紫顏茝：《通典》卷六五《禮二五》作“紫顏”。

[7]黄絞紫絞隨陰：《通典》卷六五《禮二五》作“黄紋紫紋隋陰”。

[8]碧茝：中華修訂本《校勘記》云：“‘茝’，原作‘毛’，據《通典》卷六五《禮》二五改。”（第385頁）

[9]系絡：《通典》卷六五《禮二五》作“絲絡”。

[10]元嘉：南朝宋文帝年號。　《東宮儀記》：據《隋書·經籍志》，乃南朝宋新安太守張鏡所撰，共二十三卷。　中宫：皇后的住處，代指皇后。

皇太子妃厭翟車。[1]如重翟，飾微減。

指南車。[2]四周廂上施屋，指南人衣裙襦天衣，[3]在廂中。上四角皆施龍子干，[4]縣雜色真孔雀毦，[5]烏布皁複幔，[6]漆畫輪，駕牛，皆銅校飾。

記里鼓車。[7]制如指南，上施華蓋子，緑衣漆畫，[8]鼓機皆在内。

[1]厭翟：《周禮》王后五輅之一。據《周禮》，此車爲坐乘，車兩旁有密集的翟羽遮蔽，有車帷、車蓋，是王后隨君主宴饗諸侯時所乘。

[2]指南車：據《宋書·禮志五》，三國魏明帝青龍年間，馬鈞製成指南車，然亡於晋代戰亂。後來，後趙石虎命解飛、前秦姚興命狐生分别造出指南車。晋安帝義熙十三年（417），劉裕平定長安後，繳獲姚興的指南車，然此車並不精密。南朝宋順帝昇明末年，齊王蕭道成命祖冲之重造指南車，“其制甚精，百屈千回，未常移變”。

[3]襦：長不過膝的短衣。

[4]龍子干：中華修訂本《校勘記》云："'干'，南監本、局本作'竿'。"（第385頁）

[5]雜：底本作"唯"，今據中華本改。

[6]皁：黑色。　複幔：雙層圍帳。

[7]記里鼓車：又名大章車。用以計算行車里程。義熙十三年（417）劉裕平定長安後，從姚泓手中繳獲記里鼓車。據崔豹《古今注》，此車分上下兩層，每層有執槌的木人。車每行一里，則下層木人擊鼓；每行十里，則上層木人擊鐲。

[8]縹衣：天青色的衣服。

輦車，[1]如犢車，竹蓬。廂外鑿鏤金薄，碧紗衣，織成芚，錦衣。廂裏及仰頂隱膝後户，[2]金塗鏤面，[3]瑇瑁帖，金塗松精，登仙花紐，緑四緣，四望紗萌子，[4]上下前後眉，鏤鍱。轅枕長角龍，白牙蘭，瑇瑁金塗校飾。漆鄣塵板在蘭前，[5]金銀花獸攫天龍師子鏤面，[6]榆花細指子摩尼炎，[7]金龍虎。扶轅，銀口帶，龍板頭。龍轅軛上，金鳳皇鈴璅，[8]銀口帶，[9]星後梢，瑇瑁帖，金塗香沓，[10]銀星花獸幔竿杖，[11]金塗龍牽，縱横長網，[12]背花香柒兆床副。[13]自輦以下，二宫御車，皆緑油幢，[14]絳系絡。御所乘，雙棟。其公主則碧油幢云。《司馬法》曰"夏后氏輦曰余車，殷曰胡奴車，周曰輜車"，[15]皆輦也。《漢書·叔孫通傳》云"皇帝輦出房"，成帝輦過後宫，[16]此朝宴竝用也。《輿服志》云"輦車具金銀丹青采腰雕畫蒲陶之文，乘人以行"。信陽侯陰就見井丹，[17]左右人進輦，是爲臣下亦得乘之。晋武帝給安平獻王孚雲母輦。[18]晋中朝又有香衣輦，江左唯御所乘。

[1]輦車：《周禮》王后五輅中等級最低的。據《周禮》，此車

是王后在宫中所乘。漢代起皇帝亦乘輦，多用人力挽拉，或駕矮小的果下馬。《宋書・禮志五》云輦車“未知何代去其輪”，可知南朝齊時輦車已没有輪轂。《隋書・禮儀志五》云:“初齊武帝造大、小輦，並如軺車，但無輪轂，下橫轅軛。”

［2］仰頂：原本作“仰項”，中華修訂本《校勘記》云：“‘頂’，原作‘項’，據南監本、局本、《通典》卷六六《禮》二六改。”（第385頁）今從改。

［3］金塗鏤面：中華修訂本《校勘記》云:“‘鏤面’，《通典》卷六六《禮》二六作‘鏤面釘’。”（第385頁）

［4］望：窗口。

［5］漆鄣塵板：中華修訂本《校勘記》云:“‘塵’，《通典》卷六六《禮》二六作‘形’。”（第385頁）

［6］玃（jué）天龍：中華修訂本《校勘記》云:“‘玃天龍’，《通典》卷六六《禮》二六作‘攫天代龍’。”（第385頁）玃天，傳説中力大無窮的猛獸。

［7］榆花細指子摩尼炎：中華修訂本《校勘記》云:“‘細’，《通典》卷六六《禮》二六作‘鈿’。‘指子’，汲本、局本作‘枝子’。”（第385頁）《通典》卷六六《禮》二六無“指子摩尼炎”五字。

［8］鈴�：《通典》卷六六《禮二六》作“鈴鏁”。

［9］銀口帶：底本作“録口帶”，中華本校勘記云：“據殿本及《通典・禮典》改。”今從改。

［10］香沓：中華修訂本《校勘記》云:“‘香沓’，《通典》卷六六《禮》二六作‘花沓’。”（第385頁）

［11］幔：底本作“慢”，中華本校勘記云：“據毛本、局本及《通典・禮典》改。”今從改。

［12］裀：《通典》卷六六《禮二六》作“網”。

［13］柒：原作“染”，中華修訂本《校勘記》云:“‘柒’，原作‘染’，應作‘柒’，同‘漆’。今改正。”（第385頁）今從改。

[14]油幢：用塗油織物製成的車蓋，可防水。

[15]《司馬法》：兵書。舊題司馬穰苴所作，約成書於戰國中期，共一百五十五篇，今存五篇。　余車：中華修訂本《校勘記》云："'余車'，按《御覽》卷七七三引《司馬法》作'予車'。"（第386頁）　輜車：原作"轜車"，中華修訂本《校勘記》云："'輜車'，原作'轜車'，據南監本、《宋書》卷一八《禮志》五引《傅玄子》曰、《北堂書鈔》卷一四〇《車部》中、《御覽》卷七七三引《司馬法》、《通典》卷六六《禮》二六改。"（第386頁）今從改。

[16]成帝：漢朝皇帝劉驁。"成"爲其謚號。

[17]陰就：漢光武帝皇后陰氏母弟，漢和帝的舅舅。嗣父封宣恩侯，後改封信陽侯。見《後漢書》卷三二《陰識傳》。　井丹：字大春，扶風郿（今陝西眉縣東渭河北岸）人。《後漢書》卷八三有傳。

[18]晉武帝：晉朝皇帝司馬炎。武爲其謚號。　孚：司馬孚。字叔達，司馬懿的弟弟。晉武帝即位後封其爲安平王，賜雲母輦、青蓋車。《晉書》卷三七有傳。

臥輦。校飾如坐輦，不甚服用。

漆畫輪車，金塗校飾如輦，微有減降。金塗鐺，縱容後輮師子副也。御爲群公舉哀臨哭所乘。皇后太子妃亦乘之。

漆畫牽車，小形如輿車，金塗縱容後路師子輮，鐵鐺，錦衣。廂裏隱膝後户牙蘭，轅枕梢，[1]幰竿戍棟梁，[2]皆金塗校飾。御及皇太子所乘，即古之羊車也。[3]晉泰始中，[4]中護軍羊琇乘羊車，[5]爲司隸校尉劉毅所奏。[6]武帝詔曰："羊車雖無制，非素者所服，免官。"《衛玠傳》云：[7]"總角乘羊車，[8]市人聚觀。"今不駕羊，猶呼牽此車者爲羊車云。

[1]韔枕梢：《通典》卷六四《禮二四》作“韔枕後捎”。

[2]幰（xiǎn）：張覆於車頂的帷帳，用於遮陽。東漢末年已有張幰的牛車，此後馬車模仿牛車，也開始張幰。（參見孫機《中國古輿服論叢（增訂本）》，上海古籍出版社2013年版，第362頁）

戍棟梁：中華修訂本《校勘記》云：“‘戍’，南監本、《通典》卷六四《禮》二四作‘代’。”（第386頁）

[3]羊車：本書認爲“古之羊車”即駕羊的車。關於羊車的性質，古來衆説紛紜。《周禮·考工記》中的羊車是一種大小介於大車和柏車之間的載貨車。鄭玄和劉熙以“祥”釋“羊”，認爲羊車駕犢，寓意吉祥。《隋書·禮儀志五》稱，羊車又名輦，漢代的羊車靠人力牽引或駕果下馬。按，在安陽郭家莊商代墓地中曾發現加有絡頭和軛的殉羊，漢昭帝平陵陪葬坑中亦曾出土木製四羊駕車明器。可見古代確曾有駕羊之車。（參見彭衛《“羊車”考》，《文物》2010年第10期）

[4]泰始：晋武帝年號。

[5]中護軍：漢獻帝建安年間曹操改護軍置，掌護衛。西晋沿置，自領營兵。秩三品。　羊琇：字稚舒，司馬師景獻羊皇后的從父弟，西晋大臣。任中護軍時，被司隸校尉劉毅彈劾免官，不久官復原職。《晋書》卷九三有傳。

[6]司隸校尉：漢武帝征和年間始置。西晋沿置。掌察舉京師及京師近郡犯法者，並領京師所在之州。秩三品。　劉毅：字仲雄，東萊掖（今山東萊州市）人。晋武帝太康初任司隸校尉，後官至尚書左僕射。《晋書》卷四五有傳。

[7]衛玠：字叔寶，河東安邑（今山西夏縣西北）人。衛瓘之孫。《晋書》卷三六有附傳。

[8]總角：古代兒童的頭髮扎成兩個形似角的抓髻，故以此代

指童年。

輿車，形如軺車，[1]柒畫，金校飾，錦衣。兩廂後户隱膝牙蘭，皆瑇瑁帖，刀格，鏤面花釘。幰竿成校棟梁，[2]下施八槶，[3]金塗沓，兆床副。人舉之。一曰小輿，小行幸乘之。皇太子亦得於宫内乘之。

[1]軺（yáo）車：小型的輕便馬車，由古戰車演變而來。立乘，駕一馬或兩馬。車箱内空間較小，除御者外，一般僅坐一人。車上可張蓋。有時亦可駕牛。

[2]幰竿成校棟梁：中華修訂本《校勘記》云："'成'，南監本、汲本、殿本、局本作'戍'，三朝本、北監本作'戌'。"（第386頁）

[3]下施八槶：中華修訂本《校勘記》云："'槶'，《通鑑》卷一四三《齊紀》九東昏侯永元二年胡注引蕭子顯書作'摑'。按本書卷五〇《江夏王寶玄傳》云寶玄'乘八摑輿'。"（第386頁）

衣書十二乘，[1]檳榆轂輪，箕子壁，[2]緑油衣，廂外緑紗萌，油幢絡，通幰，[3]竿刺代棟梁，柮檽真形龍牽，支子花。轅後伏神抗承泥沓，[4]金塗校具。[5]古副車之象也。今亦曰五時副車。

青萌車，是謂牄幔車。[6]

[1]衣書：中華修訂本《校勘記》云："'衣書'，原作'衣畫'，據卷末曾鞏疏語、《通典》卷六四《禮》二四改。"（第386頁）

[2]箕子壁：中華修訂本《校勘記》云："'箕'，南監本、《通

典》卷六四《禮》二四作‘篳’。”（第386頁）

[3]通幰：幰可以衹張在車的前半部，稱偏幰；也可以通覆整個車頂，稱通幰。

[4]轅後伏神抗承泥沓：中華修訂本《校勘記》云：“‘抗’，南監本、《通典》卷六四《禮》二四作‘執’。‘承泥’，《通典》卷六四《禮》二四作‘承幄’。”（第386頁）

[5]校具：《通典》卷六四《禮二四》作“鉸具”。

[6]搭（dā）幔車：中華修訂本《校勘記》云：“‘幔’，南監本、局本、《通典》卷六四《禮》二四作‘幰’。”搭，搭。（第386頁）

油絡畫安車，公主、王妃、三公特進夫人所乘。[1]漢制，皇后貴人紫罽軿車。[2]晉皇后乘雲母油畫安車駕六，以兩轅安車駕五爲副。公主畫安車駕六，以兩轅安車駕三爲副。公主畫安車駕三，三夫人青交絡安車駕三，[3]皆以紫絳罽軿車駕三爲副。九嬪世婦軿車駕二，[4]王公妃特進夫人皁交絡爲副。[5]漢賤軺車而貴軿車，晉賤輜軿而貴軺車，[6]皆行禮所乘。

[1]特進：南朝齊時爲加官名號，用以安置閑退大臣。品秩與公相同。

[2]貴人：後宫名號。東漢置，地位僅次於皇后，授金印紫綬。軿（píng）車：四面有帷幕屏蔽的車。類似於輜車而無後轅，多供婦女乘坐。

[3]三夫人：據《禮記·昏義》，古時天子有三夫人，在后之下、九嬪之上。晉武帝時設内官，以貴嬪、夫人、貴人爲三夫人，位視三公。

[4]九嬪：據《禮記·昏義》，古時天子有九嬪，在三夫人之

下、二十七世婦之上。據《周禮・天官・九嬪》，九嬪掌教婦學。晋武帝時設内官，以淑妃、淑媛、淑儀、脩華、脩容、脩儀、婕妤、容華、充華爲九嬪，位視九卿。　世婦：據《禮記・昏義》，古時天子有二十七世婦，在九嬪之下、八十一御妻之上。據《周禮・天官・世婦》，世婦掌祭祀、吊祭、接待賓客。

[5]皁交絡：皂交絡安車。交絡，王先謙《後漢書集解》以爲即車網。莫高窟420窟隋代壁畫中有車網，加於車幰之上，下綴垂飾。孫機認爲，交絡的作用在於縛車帷。（參見孫機《中國古輿服論叢（增訂本）》，第369頁）

[6]輜軿：輜車與軿車形制相似，故常連言指有帷幕屏蔽的車子。輜，原用於長途載物，上有篷蓋，封閉嚴密，可供人卧息。類似於軿車而有後轅，便於載物。

黄屋車，[1]建碧旂九旒，九旒，鸞輅也。[2]漢《輿服志》云："金根車，蓋黄繒爲裏，謂之黄屋。"今金、玉輅皆以黄地錦，唯此車以黄繒。皆金塗校具，黄隱隨陰，青毛羽，二十八爪支子花，絳系絡。九命上公所乘。[3]

青蓋安車，朱轓漆班輪，[4]駕一，左右騑，通幰車爲副，諸王禮行所乘。凡車有轓者謂之軒。

皁蓋安車，朱轓漆班輪，駕一，通幰牛車爲副，三公禮行所乘。

[1]黄屋車：其蓋外施翠羽，以黄繒爲裏。

[2]鸞輅：車衡上有鸞鈴的輅。

[3]上公：《周禮》中的最高爵位。據《周禮・春官・典命》及鄭玄注，王之三公中有德者及夏殷之後爲上公，九命。

[4]轓：亦作"藩""蕃"。立置於車兩旁的薄板，用漆席製成，作用類似於屏風，可以禦風塵、蔽容儀。　班輪："斑輪"，畫

有斑紋之輪。

安車，黑耳皁蓋馬車，朱轓，駕一，牛車爲副，國公列侯禮行所乘。

馬車，駕一，九卿、領、護、二衛、驍游、四軍、五校從郊陵所乘。[1]晉制，三公下至九卿，又各安車黑耳一乘，[2]公駕三，特進駕二，卿駕一，復各軺車施黑耳後户皁輪一乘。

[1]領：領軍將軍。漢獻帝延康年間曹丕置。南朝宋時掌内軍。與中領軍職掌同，但資歷更深。南朝齊時，諸爲將軍官，皆敬領軍將軍、護軍將軍。諸王爲將軍，道相逢，則領軍將軍、護軍將軍讓道。　護：護軍將軍。南朝宋時掌外軍。與中護軍職掌同，但資歷更深。南朝齊沿置。　二衛：左衛將軍和右衛將軍。晉武帝初分中衛將軍置左、右衛將軍。爲内軍主要將領，隸屬領軍將軍。南朝齊沿置。　驍游：驍騎將軍和游擊將軍。西漢始置。南朝宋時掌宫禁宿衛。皆秩四品。南朝齊沿置。　四軍：前軍將軍、後軍將軍、左軍將軍、右軍將軍。三國魏明帝時有左軍將軍，晉武帝時又置前軍將軍、後軍將軍、右軍將軍。南朝宋時掌宫禁宿衛。皆秩四品。南朝齊沿置。　五校：屯騎、步兵、射聲、越騎、長水五校尉。南朝宋時爲侍衛武官，不領營兵，用以安置勛舊。南朝齊沿置。　郊：郊祀祭天。　陵：到陵墓祭祀。

[2]耳：車耳，即《説文》中的“輒”。車箱兩旁的横板，用以遮蔽車輪旋起的塵泥。形似雙耳，故名。

油絡軺車，尚書令、僕射，[1]中書監、令，[2]尚書，[3]侍中，[4]常侍，[5]給事中，[6]黄門、中書、散騎侍郎，[7]皆駕一牛，朝直所乘。[8]晋制，尚書令施黑耳後户皁輪，僕射、中書監、令直施後户皁輪，尚書無後户，皆漆輪轂，今猶然。

安車，赤屏，駕一，又軺車，施後户，爲副，太子二傳禮行所乘。[9]

[1]尚書令：秦始置。兩晋、南朝宋爲尚書省長官，綜理全國政務，實權有如宰相。南朝齊時，録尚書事爲尚書省長官，尚書令爲其副貳。　僕射：尚書僕射。兩晋時爲尚書省次官，輔佐尚書令執行政務。若並置左、右，則左僕射在右僕射之上。南朝齊時，左僕射領殿中主客二曹事，右僕射與祠部尚書通職，不俱置。

[2]中書監、令：三國魏始置。皆爲中書省長官，掌納奏、擬詔、出令，職權甚重。皆秩三品。西晋沿置。南朝齊時，中書省事權悉由中書舍人執掌，中書監、中書令位高職閑，員各一人。

[3]尚書：兩晋南朝時爲朝官，分掌尚書省諸曹。南朝齊時，有吏部尚書、度支尚書、左民尚書、都官尚書、五兵尚書、祠部尚書、起部尚書等。

[4]侍中：南朝齊時爲門下省長官。親近皇帝，職位機要。

[5]常侍：散騎常侍的簡稱。三國魏文帝黄初年間，合散騎與中常侍爲散騎常侍。南朝齊時屬集書省，職掌文學侍從、諫諍拾遺、收納轉呈章奏等。

[6]給事中：秦始置。南朝齊時屬集書省，在通直散騎侍郎下、員外散騎侍郎上。常侍從皇帝左右，亦掌圖書文翰、修史等事。中華修訂本《校勘記》云："'給事'二字原無。按《宋書》卷四〇《百官志》下及《通典》卷三七《職官》一九所載《晋官品》，第五品之門下中書官爲'給事中，黄門、散騎、中書侍郎'，今據補正。"（第386頁）今從補。

[7]黄門：給事黄門侍郎。東漢並黄門侍郎與給事黄門而置。

魏晋南北朝時爲門下省次官，與侍中俱掌門下衆事。南朝齊時亦管知詔令，世呼爲小門下。　中書：中書侍郎。三國魏始置。屬中書省，掌協助擬詔、出令。南朝齊時中書省事權悉由中書舍人執掌，侍郎職閑官清，員四人。　散騎侍郎：三國魏置。南朝齊時屬集書省，在散騎常侍之下，職掌文學侍從、諫諍拾遺、收納轉呈章奏等。

[8]朝直：上朝當值。

[9]太子二傅：太子太傅與太子少傅。掌監護、輔翼、教導太子。南朝齊時置太子詹事，二傅不領庶務，有丞、功曹、五官、主簿等僚屬。

四望車，通幰，油幢絡，班柒輪轂。亦曰皁輪，以加禮貴臣。晋武詔給魏舒陽燧四望小車。[1]

三望車，制度如四望。或謂之夾望，亦以加禮貴臣。次四望。

油幢絡車，制似三望而減。王公加禮者之爲常乘，次三望。

平乘車，竹箕子壁仰，[2]檳榆爲輪，通幰，竿刺代棟梁，柮穤真形龍牽，金塗支子花紐，轅頭後梢沓伏神承泥。[3]庶人亦然，但不通幰。三公諸王所乘。自四望至平乘，皆銅校飾。

[1]晋武：晋朝皇帝司馬炎。武爲其謚號。　魏舒：字陽元，任城樊（今山東兖州市西南）人。西晋大臣，官至司徒。《晋書》卷四一有傳。

[2]竹箕子壁仰：《通典》卷六五《禮二五》作“竹箄子壁”。

[3]轅頭後梢沓伏神承泥：《通典》卷六五《禮二五》“泥”作“塗”。

輼輬車。[1]四輪，飾如金根。四角龍首，施組銜璧，[2]垂五采，析羽葆流蘇，[3]前後雲氣錯畫帷裳，[4]以素爲池而黼黻。[5]駕四白駱馬，[6]太僕執轡。[7]貴臣薨，亦如之，羽飾駕御，微有減降。

[1]輼（wēn）輬（liáng）車：一作“輼涼車”。可供躺卧的大車，有羽飾。漢代以後亦用作喪車，運載帝王重臣的棺柩。輼、輬本是形制相似的兩種車，區别在於輼無窗、輬有窗，二者往往相伴而行，故人們常連言“輼輬”而偏指其中之一。

[2]組：編結而成的絲帶。

[3]析羽：與全羽相對。全羽是一根羽毛而兼備五采，析羽是集衆多羽毛合成五采。

[4]帷裳：車箱的圍帳。猶如人的裙子，故名。

[5]素：白色絲織物。　池：一種棺飾。古人在棺柩上覆蓋一個帳篷形的尖頂木架，稱作柳。給柳蒙上幕布，稱作荒。幕布從柳上垂於棺柩旁，稱作帷。池在帷的上沿，用竹做成，以布覆蓋，象徵屋檐下的重霤。池下懸掛銅魚和彩色絲帶（即振容）。喪車開動時，便營造出“魚躍拂池”的景象。　黼（fǔ）黻（fú）：刺綉的華美花紋。黼，黑白相配，紋如斧形。黻，黑青相配，其紋如“亞”（古“弗”字）。

[6]白駱馬：鬃毛爲黑色的白馬。

[7]太僕：掌管御用車馬。南朝宋、齊一般不置，遇郊祀典禮時則以他官兼任，事畢即省。　轡：馭馬者控制馬的繩索，一端在馭馬者手中，一端拴在馬銜上。

《虞書》曰：[1]“予欲觀古人之象，日、月、星辰、山、龍、華蟲作繢，[2]宗彝、藻、火、粉米、黼、黻絺繡，[3]以五采章施于五色。”天子服備日、月以下，公山、龍以下，侯、伯華蟲以下，子、男藻、火以下，卿、大夫粉米以下。[4]天子六冕，[5]王后六服，[6]著在《周官》。公侯以下，咸有名則，佩玉組綬，[7]竝具禮文，後代沿革，見《漢志》《晋服制令》，其冠十三品，見蔡邕《獨斷》，竝不復具詳。宋明帝泰始四年，[8]更制五輅，議脩五冕，[9]朝會饗獵，各有所服，事見《宋注》。舊相承三公以下冕七旒，青玉珠，卿大夫以下五旒，黑玉珠。[10]永明六年，太常丞何諲之議，[11]案《周禮》命數，[12]改三公八旒，卿六旒。[13]尚書令王儉議，依漢三公服山、龍九章，卿華、蟲七章。[14]從之。

[1]《虞書》：《尚書》中記述唐堯、虞舜事迹的部分。此處所引文字見於僞古文《尚書》的《益稷》，即馬融、鄭玄所傳古文《尚書》中《皋陶謨》的後半篇。

[2]華蟲：鄭玄以“華蟲”爲一物，釋作“五色之蟲”，即彩色山雞。然亦可將“華”“蟲”釋爲二物，華即花，蟲即山雞。繢：繪畫。僞古文《尚書》作“會”，《周禮·春官·司服》鄭玄注引《尚書》作“繢”。

[3]宗彝：宗廟中的酒樽。周代宗廟中有名爲虎彝、蜼彝的酒樽，其上分别有虎和長尾猴的圖案，鄭玄認爲此處“宗彝”代指繡於衮冕的虎和長尾猴，爲冕服十二章之一。僞《尚書》孔安國傳不以“宗彝”爲服章，而將“作繢宗彝”斷爲一句，意謂日、月、星辰、山、龍、華、蟲不止畫在冕服上，也畫在宗廟的酒樽上。粉米：白米。　絺（chī）：縫。

[4]“天子服備日、月”至“卿、大夫粉米以下”：《尚書·益稷》孔穎達疏引鄭玄注云：“此十二章爲五服，天子備有焉，公自山、龍而下，侯、伯自華蟲而下，子、男自藻、火而下，卿、大夫自粉米而下。”本書此處采用鄭玄之説。

[5]六冕：《周禮·春官·司服》所記六種用於祭祀的禮服，即大裘冕、衮冕、鷩冕、毳冕、希冕、玄冕。衹有天子可服全部六冕。

[6]六服：《周禮·春官·内司服》所記六種用於祭祀的女性禮服，即褘衣、揄狄、闕狄、鞠衣、展衣、緣衣。衹有王后可服全部六服。

[7]綬：此處指繫印璽的絲帶，是組的一種。其材質、顔色常作爲身份等級的標志。此外，綬亦可用來繫帷幕、佩玉、蔽膝等。

[8]宋明帝：南朝宋皇帝劉彧。明爲其謚號。　泰始：南朝宋明帝年號。底本作"太始"，中華本校勘記云："'泰始'原訛'太始'，名本不訛，今改正。"今從改。

[9]五冕：據《宋書·禮志五》，南朝宋明帝所定五冕爲大冕、法冕、飾冕、繡冕、紘冕，分别與玉輅、金輅、象輅、革輅、木輅相配。五冕配合五輅，不止用於祭祀，亦用於朝會、宴饗、征伐、校獵、耕稼等。

[10]"舊相承三公以下"至"黑玉珠"：漢明帝永平冕制，三公、諸侯九章九旒，旒用青玉珠；卿、大夫七章七旒，旒用黑玉珠。三國魏明帝損益漢制，將三公、諸侯降爲七章七旒，依然用青玉珠；將卿、大夫降爲五章五旒，依然用黑玉珠。此制沿用至南朝齊武帝永明六年（488）。（參見閻步克《服周之冕——〈周禮〉六冕禮制的興衰變異》，中華書局 2009 年版，第 218—225 頁）旒，冕綖板前垂懸的玉珠串。

[11]太常丞：太常的佐官。掌管宗廟祭祀禮儀的具體事務，總管本府諸曹，參議禮制。南朝齊時員一人。　何諲（yīn）之：南朝齊武帝時曾任太常丞、祠部郎。

[12]命數：《周禮·春官·大宗伯》將諸侯和内外諸臣從低到高分爲一至九等，即九命。命數是其所在等級數。

[13]改三公八旒，卿六旒：據《周禮·春官·大宗伯》及鄭玄注，王之三公八命，卿六命。此處使旒數與《周禮》命數相等。

[14]華、蟲：中華本“華”“蟲”之間無頓號。按，漢明帝永平冕制，冕服十二章中無“宗彝”，“華”“蟲”分爲兩章，即日、月、星辰、山、龍、華、蟲、藻、火、粉米、黼、黻。這一章目安排沿用至南朝齊。（參見閻步克《服周之冕——〈周禮〉六冕禮制的興衰變異》，第191—202頁）“華”“蟲”之間宜加頓號。

平冕黑介幘，[1]今謂平天冠。皁表朱緣裏，[2]廣七寸，[3]長尺二寸，垂珠十二旒，以朱組爲纓，[4]如其綬色。衣皁上絳下，[5]裳前三幅，[6]後四幅。衣畫而裳繡，爲日、月、星辰、山、龍、華、蟲、藻、火、粉米、黼、黻十二章。[7]素帶廣四寸，[8]朱裏，以朱緑裨飾其側，[9]要中以朱，垂以緑，垂三尺。中衣，[10]以絳緣其領袖，赤皮韍，[11]絳袴袜，[12]赤舄，[13]郊廟臨朝所服也。漢世冕用白玉珠爲旒。魏明帝好婦人飾，[14]改以珊瑚珠。晋初仍舊，後乃改。江左以美玉難得，遂用琫珠，[15]世謂之白琁珠。

[1]介幘：上部呈屋頂形的長耳便帽。介，即“髤”，髮髻。幘，原爲下等人裹髮的頭巾，漢代起在其下部接額環腦處加一圈名曰顔題的介壁，逐漸演變成一種便帽。幘後部有耳，頂部有屋，雙耳間有名曰收的三角形接口。可單獨使用，亦常作爲冠的墊襯。

[2]朱緣裏：中華修訂本《校勘記》云：“‘朱緣裏’，《續漢志》三〇《輿服志》下、《宋書》卷一八《禮志》五、《晋書》卷二五《輿服志》、《隋書》卷一一《禮儀志》六、《通典》卷五七《禮》一七均作‘朱緑裏’。”（第386—387頁）

[3]廣七寸：原作“廣七尺”，中華修訂本《校勘記》云：“‘七寸’，原作‘七尺’，據《續漢志》三〇《輿服志》下、《宋書》

卷一八《禮志》五、《隋書》卷一一《禮儀志》六、《通典》卷五七《禮》一七改。”（第387頁）今從改。

［4］纓：冠帶，繫在頷下。

［5］絳：深紅。

［6］幅：布帛寬二尺二寸爲一幅。

［7］“爲日、月”至“黻十二章”：中華修訂本《校勘記》云：“‘十二章’，此處止十一章，按上文引《虞書》云：‘日、月、星辰、山、龍、華蟲作繢，宗彝、藻、火、粉米、黼、黻’，疑‘華蟲’下脱‘宗彝’二字。”（第387頁）按，南朝齊冕服十二章中無“宗彝”，“華”“蟲”分爲兩章，底本不誤。

［8］素帶：用白絲織成的大帶，繫於腰間，加於革帶之外。

［9］以朱緑裨飾其側：丁福林《南齊書校議》（以下簡稱丁福林《校議》）云：“‘以朱緑裨飾其側’，意殊難解，《通典》卷五十七《禮典》作‘以朱緣裨飾其側’，是也。考下文云‘中衣，以絳緣其領袖’，‘通天冠，黑介幘，金博山顔，絳紗袍，皂緣中衣’，皆爲此類。《宋書·禮志五》：‘素帶廣四寸，朱裏，以朱緣裨飾其側。’點校本校勘記云：‘緣各本並作緑，據《通典》改。’校改是也。此‘緑’乃‘緣’之形訛。”（中華書局2010年版，第95頁）

［10］中衣：又稱褐衣。穿在外衣裏、内衣外，衣裳相連，領袖邊沿露在外面。

［11］韍（fú）：蔽膝。用熟皮製成。

［12］袴（kù）：無襠的套褲，分别套在左、右小腿上。

［13］赤舄（xì）：鞋幫爲赤色的舄。舄有赤舄、白舄、黑舄，赤舄最爲尊貴。舄，兩層底的鞋，在鞋底之下加一木底，可防潮濕。

［14］魏明帝：三國魏皇帝曹叡。明爲其謚號。

［15］琫珠：蚌珠。晉成帝時采納侍中顧和的建議，以蚌珠爲旒。

衮衣，[1]漢世出陳留襄邑所織。[2]宋末用繡及織成，建武中，明帝以織成重，[3]乃采畫爲之，加飾金銀薄，世亦謂爲天衣。

史臣曰：黼黻之設，經緯爲用，故五色六章十二衣還相爲質也。[4]歷代龍衮，織以成文，今體不勝衣，變易舊法，豈致美黻冕之謂乎！

[1]衮衣：有卷龍圖案的禮服。

[2]陳留：郡名。漢朝時治陳留縣，在今河南開封市東南。襄邑：縣名。治所在今河南睢縣。

[3]明帝：南朝齊皇帝蕭鸞。明爲其謚號。

[4]五色六章十二衣還相爲質：語見《禮記·禮運》。五色，五方之色，即青、赤、黄、白、黑。六章，天地之色與四時之色，即玄、黄、青、赤、白、黑。

通天冠，[1]黑介幘，金博山顔，[2]絳紗袍，[3]皁緣中衣，乘輿常朝所服。[4]舊用駁犀簪、導，[5]東昏改用玉。[6]其朝服，臣下皆同。

黑介幘，單衣，無定色，乘輿拜陵所服。其白帢單衣，[7]謂之素服，以舉哀臨喪。

遠游冠，[8]太子、諸王所冠。太子朱纓，翠羽緌，[9]珠節。諸王玄纓，公、侯皆同。

平冕，各以組爲纓，王、公八旒，衣山、龍九章，卿七旒，衣華、蟲七章，竝助祭所服。皆畫皂絳繒爲之。

[1]通天冠：從秦代起即爲天子專用。漢代通天冠高九寸，前部有高起的金博山，後有倒“L”形的展筩。南朝齊時爲天子上朝時所戴。

[2]金博山顔：附有蟬飾的金博山。金博山，山形的金牌，飾於冠的前額正中。

[3]絳紗袍：深紅色紗袍。袍，加絲綿、絮、麻等填充材料的長夾衣，本爲内衣或居家便裝，漢代以後逐漸變爲外衣。

[4]乘輿：皇帝乘坐的車子，此處代指皇帝。

[5]駮犀：犉犀，俗謂斑犀。雜色犀牛角，紋理細膩，斑白分明。　導：一種長簪。

[6]東昏：南朝齊皇帝蕭寶卷。南朝齊和帝時追廢爲東昏侯。本書卷七有紀。

[7]白帢（qià）：一種白色便帽，多用於臨喪舉哀。帢，一種便帽，相傳是東漢末年曹操所造，模仿皮弁的樣式，但質料用縑帛而不用皮革。

[8]遠游冠：傳説原爲楚國王冠，秦、漢以來多供太子、諸王使用。其形制類似通天冠而没有金博山。

[9]緌（ruí）：冠纓末端的穗子。

進賢冠，[1]諸開國公、侯，[2]鄉、亭侯，卿，大夫，尚書，關内侯，[3]二千石，[4]博士，中書郎，尚書丞、郎，[5]祕書監、丞、郎，太子中舍人、洗馬、舍人，[6]諸府長史，卿、尹丞，下至六百石令長小吏，[7]以三梁、二梁、一梁爲差，[8]事見《晋令》。

武冠，[9]侍臣加貂、蟬，[10]餘軍校武職、黄門、散騎、太子中庶子、二率、朝散、都尉，[11]皆冠之。唯武騎虎賁服文衣，插雉尾於武冠上。

史臣曰：應劭《漢官》釋附蟬，[12]及司馬彪《志》竝不見侍中與常侍有異，唯言左右珥貂而已。[13]案項氏説云“漢侍中蟬，刻爲蟬像，常侍但爲璫而不蟬”，[14]未詳何代所改也。

[1]進賢冠：供文官、儒士使用。從漢代起一直沿用至明朝。因文官有向朝廷進賢舉能的職責，故名。冠上有梁，梁數隨身份等級而别。

[2]開國公：開國郡公和開國縣公。晋始置。初指公爵中開國置官食封者，後僅爲爵位名。

[3]關内侯：秦漢時爲二十等爵的第十九等。三國魏文帝時定爵制爲第十等，位在亭侯下，無封地。晋沿置。

[4]二千石：指二千石俸級的官。常作爲州牧、郡守、國相及地位與之相當的中央高級官員的泛稱。

[5]尚書丞：中華修訂本《校勘記》云：“‘尚書’二字原無，按下文及《通典》卷五七《禮》一七，齊冠服因晋别，《晋書》卷二五《輿服志》‘中書郎’下有‘秘書郎、著作郎、尚書丞郎、太子洪馬、舍人’，今據補。”（第387頁）今從補。

[6]太子中舍人：晋武帝咸寧年間置。與太子中庶子共掌東宫文翰。位在太子中庶子下、洗馬上。南朝沿置。　洗馬：太子洗馬。秦始置。晋朝時置八員，掌太子圖書經籍，太子出行則前導威儀。南朝沿置。　舍人：太子舍人。秦始置。晋朝時置十六人，職比散騎、中書侍郎，掌文章書記。南朝沿置。

[7]小吏：丁福林《校議》云：“‘小吏’，《晋書·輿服志》作‘小史’。”（第95頁）

[8]梁：冠頂部貫穿展筩的圓條狀飾物。

[9]武冠：又作“武弁”“武弁大冠”“大冠”“惠文冠”等。相傳爲戰國時趙國模仿胡服所造，漢代以後多供武官使用。是一種

用鹿皮或網狀繐布製成的弁。

［10］貂：紫貂的尾巴。　蟬：附於璫的蟬紋，取其清虛、高潔之義。

［11］太子中庶子：爲太子屬官，晋朝時置四員，與太子中舍人共掌文翰。　二率：太子左衛率與太子右衛率。晋武帝泰始年間分太子衛率而置，各領一軍，掌東宫護衛。南朝沿置。

［12］應劭：字仲瑗，又作"仲援""仲遠"，汝南南頓（今河南項城市北）人，東漢官吏、學者。著有《漢官儀》《風俗通義》等。《後漢書》卷四八有傳。　《漢官》：《漢官儀》。漢獻帝遷都於許，"舊章堙没，書記罕存"，應劭遂綴集所聞，作成此書，記述漢代官制及相關禮品儀式，共十卷。

［13］珥：插戴。

［14］璫：加於冠前的牌狀飾物，多用金或銀製成。

法冠，[1]廷尉等諸執法者冠之。[2]

高山冠，[3]謁者冠之。[4]

樊噲冠，[5]殿門衛士冠之。

［1］法冠：又作"獬豸冠""柱後冠"。相傳爲戰國時楚國所造，秦漢以降專供負責執法的大臣使用。獬豸是傳説中的獨角神獸，能決是非善惡。法冠即取象於獬豸，冠上裝有角。

［2］廷尉：戰國秦始置。秦漢時爲中央最高司法審判機構長官。南朝時修訂法律及刑獄政令仰承尚書省，又置建康三官分掌刑獄，廷尉的職權比漢代减小。

［3］高山冠：又作"側注冠"。相傳爲戰國時齊國所造，秦漢以降專供謁者使用。其形制類似於通天冠，而無山、述、展筩。三國魏明帝曾改革高山冠的形制，降低其高度並加介幘，介幘上加物以象山。

[4]謁者：春秋戰國時已有。爲侍從官員，掌接引賓客、擔任警衛、奉命出使。南朝齊時置謁者僕射一人、謁者十人，屬謁者臺，掌朝覲賓饗。

[5]樊噲冠：相傳爲樊噲所造。鴻門宴時，樊噲用撕裂的衣裳包裹鐵盾，戴在頭上入見項羽。秦漢以降專供殿門衛士使用。寬九寸，形制類似平冕。

黑介幘冠，文冠；平幘冠，[1]武冠。尚書令、僕射、尚書納言幘，後飾爲異。

童子空頂幘，[2]施假髻，貴賤同服。

救日蝕，文武官皆免冠，著赤介幘對朝服。赤幘，示威武也。

[1]平幘冠：下面墊襯平上幘的冠。平幘，即平上幘。一種短耳的幘，多爲赤色。可單獨使用，亦可墊襯於武冠之下。東漢以來，平上幘的後部逐漸加高，後來演變爲平巾幘。

[2]空頂幘：半頭幘，其上無屋。

袴褶，[1]車駕親戎、中外纂嚴所服。[2]黑冠帽，[3]綴紫褾，[4]以絡帶代鞶帶。[5]中官紫褾，外官絳褾。其纂嚴戎服不綴褾，行留悉同。校獵巡幸，從官戎服革帶鞶帶，[6]文官不纓，[7]武官脱冠。

袿襹大衣，[8]謂之褘衣，[9]皇后謁廟所服。公主會見大首髻，[10]其燕服則施嚴雜寶爲佩瑞。袿襹用繡爲衣，裳加五色，鏁金銀校飾。

[1]袴褶（zhě）：本爲民間便裝，上褶下袴。出現於東漢末

年，魏晋南北朝時流行於軍中，逐漸成爲正式軍服。袴褶之袴爲大口袴，袴管寬大。褶，一種長袖短上衣，加於袴之上。

［2］纂嚴：軍隊集結行裝，意謂戒備。纂，集。嚴，裝。丁福林《校議》云："'纂嚴'，《晋書·輿服志》《宋書·禮志五》皆作'戒嚴'。考下文續云：'中官紫褾，外官絳褾。其纂嚴戎服不綴褾。'則作'戒嚴'是也。按戒嚴與纂嚴有别，二者不得混淆，應予乙正。"（第96頁）

［3］黑冠帽：《宋書·禮志五》作"冠黑帽"。

［4］褾：袖端，用來收束寬大的袖口。《宋書·禮志五》："褾以繒爲之，長四寸，廣一寸。"

［5］絡帶：王國維以爲即鉤絡帶，又名郭落帶。是一種有裝飾的革帶。王國維《胡服考》云："古大帶、革帶皆無飾，有飾者，胡帶也。"　鞶帶：又名紳帶、大帶。用絲織物製成的束腰帶。在革帶之外。

［6］革帶：用革製成的束腰帶。可懸掛蔽膝、佩飾。在大帶之内。

［7］文官不纓：丁福林《校議》云："'文官不纓'，《晋書·輿服志》、《宋書·禮志五》、《文獻通考》卷一百十二《禮考》皆作'文官不下纓'。"（第96頁）

［8］袿（guī）襹：一種女性穿的襦裙。腰間繫長帶，掛燕尾狀垂飾。袿，即袿衣，一種婦女的上等禮服，從漢代起即有袍制和襦裙制兩類。襹，長襦。

［9］褘（huī）衣：《周禮》王后六服之首。據《周禮·春官·内司服》及鄭玄注，褘衣爲王后從王祭祀先王時所穿，繪有翬雉紋様。

［10］大首髻：又作"大手結""大手髻"。一種圓球形的假髻，以鐵絲爲圈，外編以髮，用時戴於頭上，上飾步摇、花鈿等。

綬，乘輿黄赤綬，黄赤縹緑紺五采。[1]太子朱綬，[2]諸王纁朱綬，[3]皆赤黄縹紺四采。妃亦同。[4]相國緑綟綬，[5]三采，緑紫紺。郡公玄朱，侯伯青朱，子男素朱，皆三采。公世子紫，侯世子青，鄉、亭、關内侯墨綬，[6]皆二采。郡國太守、内史青，尚書令僕、中書監令、祕書監皆黑，[7]丞皆黄，諸府丞亦黄。皇后與乘輿同赤，貴嬪、夫人、貴人紫，王太妃、長公主、封君亦紫綬，[8]六宫青綬，青白紅，[9]郡公、侯夫人青綬。[10]

[1]縹：青白色。　紺：微呈紅色的深青色。

[2]朱綬：丁福林《校議》云："'朱綬'，《晋書·輿服志》作'朱黄綬'，《宋書·禮志五》作'纁朱綬'。《續漢書·輿服志》云：'諸侯王赤綬，四采。'注：徐廣曰'太子及諸王金印，龜紐，纁朱綬'。與此所載異。"（第96頁）

[3]纁：淺赤色。

[4]妃亦同：原作"妃六同"，中華修訂本《校勘記》云："'妃'，南監本、《通典》卷六三《禮》二三作'色'。'亦'，原作'六'，據南監本、北監本、殿本、局本改。"（第387頁）今從改。

[5]緑綟：莫草染成的黑黄近緑的顔色。

[6]關内侯：秦漢時爲二十級爵的第十九級。三國魏文帝時定爲第十級，位在亭侯下，無封地。南朝宋時秩六品。

[7]祕書監：漢桓帝時置。南北朝時爲秘書省長官，掌圖書經籍。南朝宋時秩三品。

[8]王太妃：諸王母親的封號。　長公主：皇帝姐妹的封號。　封君：外戚婦女封爲君，稱封君。

[9]六宫青綬，青白紅：中華修訂本《校勘記》云："'青綬青

白紅’五字南監本無。”（第387頁）

[10]郡公、侯夫人：丁福林《校議》云：“‘郡公侯夫人’，《宋書·禮志五》作‘郡公侯太夫人夫人’，於‘夫人’上叠‘太夫人’三字，《晋書·輿服志》亦叠‘太夫人’三字。按既記有郡公侯夫人之綬帶，則不應無太夫人之綬。又考下文載有‘公主、王太妃、封君金印’，又有‘六宫以下公侯太夫人夫人銀印’之語，則載綬帶亦必有太夫人，則於此‘夫人’前乃佚‘太夫人’三字。”（第96頁）

乘輿傳國璽，[1]秦璽也。晋中原亂，没胡，江左初無之，北方人呼晋家爲“白板天子”。[2]冉閔敗，[3]璽還南。别有行信等六璽，[4]皆金爲之，亦秦、漢之制也。皇后金璽，太子諸王金璽，皆龜鈕。[5]公侯五等金章，[6]公世子金印，侯銀印，貴嬪、夫人金章，公主、王太妃、封君金印，[7]六宫以下公侯太夫人夫人銀印。其公、將軍金章，光禄大夫、卿、尹、太子傅、諸領護將軍、中郎將、校尉、郡國太守内史、四品五品將軍，[8]皆銀章，尚書令僕、中書監令、祕書監丞、太子二率、諸府長史、卿尹丞、尉、中丞、都水使者、諸州刺史，[9]皆銅印。

[1]傳國璽：相傳秦始皇時用和氏璧製成。方四寸，上紐交五龍，刻“受命于天，既壽永昌”（一説“受天之命，皇帝壽昌”；一説“昊天之命，皇帝壽昌”）八字。自秦以後歷代相傳，是統治者得天受命的象徵。晋懷帝永嘉五年（311），前趙劉聰俘晋懷帝，獲傳國璽。後趙攻滅前趙，傳國璽落入石勒、石虎之手，後被冉閔所得。晋穆帝永和八年（352），前燕攻鄴城，東晋濮陽太守戴施率

壯士百餘人助守，從留守鄴城的冉閔大將蔣幹手中得到傳國璽，送還東晋，傳南朝宋、齊。璽，原是印的别名，秦以後成爲帝王之印的專稱。

［2］白板天子：譏諷東晋皇帝没有傳國璽，無法給詔書加蓋印章。板，詔書。

［3］冉閔：字永曾，小字棘奴，魏郡内黄（今河南湯陰縣東北故城村）人。石虎的養孫。後殺石鑒，自立爲帝，國號大魏。曾誅殺胡羯二十餘萬人。晋穆帝永和八年（352），爲慕容儁所滅。

［4］别有行信等六璽：秦漢除傳國璽外，皇帝有六璽，即“皇帝行璽”“皇帝之璽”“皇帝信璽”“天子行璽”“天子之璽”“天子信璽”。《續漢書·輿服志》劉昭注引《漢舊儀》曰：“皇帝行璽，凡封之璽賜諸侯王書；信璽，發兵徵大臣；天子行璽，策拜外國，事天地鬼神。”

［5］鈕：印鼻，印把子。

［6］金章：金印。章，從漢代起成爲“印”的同義詞。

［7］公主、王太妃、封君金印：丁福林《校議》云：“‘王太妃’，《晋書·輿服志》《宋書·禮志五》於‘妃’後叠‘妃’字，作‘王太妃妃’。據上下文所載，《晋》《宋》二《志》是也，此佚一‘妃’字。”（第96—97頁）

［8］中郎將：秦置。南北朝時爲統兵將領，在校尉之上、將軍之下，東、西、南、北四中郎將權位尤重。　校尉：原作“校書”，中華修訂本《校勘記》云：“‘尉’，原作‘書’，據《通典》卷六三《禮》二三改。”今從改。（第387頁）

［9］祕書監丞：原作“秘書監”，中華修訂本《校勘記》云：“‘監’字原無，據《通典》卷六三《禮》二三補。”（第387頁）　太子二率：太子左衛率和太子右衛率。晋武帝泰始年間分中衛率置，各領一軍，護衛東宫。南朝齊各一員。　中丞：御史中丞。南北朝時爲御史臺長官。　都水使者：西漢時曾置左、右都水使者總領都水官。西晋時置都水使者爲都水臺長官，管理河渠灌溉水運事

務。南朝宋孝武帝初一度廢，改置水衡令，尋復。

三臺五省二品文官，[1]皆簪白筆。[2]王公五等及武官不簪，加内侍乃簪。

百官執手板，尚書令、僕、尚書，手板頭復有白筆，以紫皮裹之，名曰"笏"。漢末仲長統謂百司皆宜執之。[3]其肩上紫袷囊，[4]名曰"契囊"，世呼爲"紫荷"。[5]

佩玉，自乘輿以下，與晋、宋制同。建元四年，[6]制王公侯卿尹珠水精，其餘用牙蚌。[7]太官宰人服離支衣，[8]後定。

贊曰：文物煌煌，儀品穆穆。分別禮數，莫過輿服。

[1]三臺：漢晋時指尚書臺、御史臺和謁者臺。　五省：南北朝時指尚書、中書、門下、秘書、集書五省。

[2]白筆：來源於古代簪在頭上的珥筆，供侍從官員記事。後成爲一種冠飾。孫機指出，"南北朝時，白筆之桿改爲弧形，由冠後經冠頂彎而向前，末端縛毛，如在北魏寧懋石室綫刻畫中所見者"。(參見孫機《中國古輿服論叢（增訂本)》，第341頁)

[3]仲長統：字公理，山陽高平（今山東鄒城市西南）人。東漢學者，曾任尚書郎。著有《昌言》。《後漢書》卷四九有傳。　百司：百官。

[4]紫袷（jiá）囊：肩上盛文件的紫色小袋子，綴於朝服之外。郝懿行《證俗文》認爲即後世朝服的披領。

[5]紫荷：葛立方《韵語陽秋》以爲，"紫荷"之"荷""非'芰荷'之'荷'，乃'負荷'之'荷'"。孫機認爲，"紫荷"之

“荷”與“袷”實爲一音之轉。(參見孫機《中國古輿服論叢(增訂本)》,第340頁)

[6]建元:南朝齊高帝年號。

[7]牙:象牙珠。　蜯:蚌珠。蜯,同“蚌”。

[8]太官:先秦時即有此官,掌帝王宴會飲食。南朝宋、齊屬侍中。　宰人:膳宰,掌飲食。

“漆畫牽車”注“戍棟梁”,一本“戍”作“戈”。“輿車”注“戍校棟梁”,一本“戍校”作“戈杖”。“衣書車”注“刺代棟梁”,“平乘車”注“刺代棟梁”,並疑。

南齊書　卷一八

志第十

祥瑞

天符瑞命，遐哉邈矣。靈篇祕圖，[1]固以藴金匱而充石室，[2]炳契决，[3]陳緯候者，[4]方策未書。啓覺天人之期，扶獎帝王之運，三五聖業，神明大寶，二謀協贊，罔不由兹。夫流火赤雀，[5]實紀周祚；雕雲素靈，[6]發祥漢氏；光武中興，皇符爲盛。魏膺當塗之讖，[7]晋有石瑞之文。[8]史筆所詳，亦唯舊矣。齊氏受命，事殷前典。黄門郎蘇偘撰《聖皇瑞應記》，[9]永明中庾温撰《瑞應圖》，[10]其餘衆品，史注所載，今詳録去取以爲志云。

[1]靈篇：傳説中的《河圖》《洛書》之類的瑞應圖籍。班固《東都賦》："啓靈篇兮披瑞圖，獲白雉兮效素烏。"吕延濟注："靈篇，即瑞圖也。"　祕圖：神秘的圖讖。

[2]金匱：銅製的櫃子，古代用以收藏文獻、文物。　石室：石造之室，古代收藏圖書檔案之處。南朝蕭梁劉勰《文心雕龍·史

傳》:“閲石室、啓金匱，抽裂帛，檢殘竹，欲其博練於稽古也。”

[3]契：刻在甲骨等上的文字。《易·繫辭下》:“上古結繩而治，後世聖人易之以書契。”　決：判決、審理，意指推算。

[4]緯：緯書，兩漢時期依託儒家經義宣揚符瑞感應之書，是經學的支流。《易》《尚書》《詩》《禮》《樂》《孝經》《論語》均有緯書，稱“七緯”。緯書盛行於東漢，南朝劉宋時期開始禁止，隋煬帝繼位後，下令焚毁與讖緯相關之書籍，緯書遂逐漸散亡，現存者爲輯本，集大成者是日本學者安居香山、中村璋八的《緯書集成》(河北人民出版社 1994 年版)。　候：占候，古代根據天象變化預測自然界的灾異和天氣變化，用來附會人事、預測吉凶。東漢王充《論衡·譴告篇》:“夫變異自有占候，陰陽物氣自有終始。”按，中華本認爲上文之“契、決”與此處之“緯、候”均係專書，恐是將這四種都當作緯書看待，如《尚書中候》《孝經援神契》《孝經鉤命決》之類，然從本段文義判斷，不當僅限於緯書而已，故不取。

[5]流火赤雀：《史記》卷四《周本紀》載，武王觀兵孟津，渡河之後，“有火自上復于下，至于王屋，流爲烏，其色赤，其聲魄云”。此爲周室興之祥瑞。

[6]雕雲：彩色的雲，或作“彤雲”。《史記》卷八《高祖本紀》云，當時社會上流傳“東南有天子氣”，秦始皇於是“東游以厭之”，劉邦自以爲膺天命，隱於山澤岩石之間，但因“所居上常有雲氣”，經常被吕后找到。　素靈：白蛇之精靈。《史記·高祖本紀》載，劉邦爲亭長，解送刑徒往驪山，途中刑徒多逃亡，劉邦乃釋放餘下之人，但有十多人願意追隨劉邦。一班人在豐西澤中夜行，有大蛇當道，劉邦“拔劍擊斬蛇”。後有人在斬蛇處見一老嫗哭泣，人問原因，老嫗云:“吾子，白帝子也，化爲蛇，當道，今爲赤帝子斬之，故哭。”此即漢高祖劉邦自云“提三尺劍取天下”的由來。秦襄公時自以居西戎，主少昊之神，祠白帝，後世沿用。少昊金德，金生水，故白帝子爲秦，水德。漢初襲用秦德，文帝以後

有水德、土德之争，至武帝時纔決定采用土德，其背後的五德終始邏輯是：周爲火德，漢承周，火生土，故漢爲土德。所以赤帝子采用的正是五行相生説。司馬遷把赤帝子斬白帝子的故事載入《史記》，表明他是主張土德説的，而這個故事最早出現衹能是在劉邦去世之後的文景時代。

［7］當塗之讖：《後漢書》卷七五《袁術傳》："（術）又少見讖書，言'代漢者當塗高'，自云名字應之。"李賢注："當塗高者，'魏'也。"《三國志》卷二《魏書·文帝紀》延康元年（220）十一月辛亥，太史丞許芝條《魏代漢見讖緯》于魏王，内引故白馬令李雲上事曰："許昌氣見于當塗高，當塗高者當昌于許。"許芝云："當塗高者，魏也；象魏者，兩觀闕是也；當道而高大者魏。魏當代漢。今魏基昌于許，漢徵絶於許，乃今效也，如李雲之言，許昌相應也。"

［8］石瑞之文：《御覽》卷六九二引《魏氏春秋》曰："明帝張掖郡金山玄川溢，涌寶石負圖，有玉匣，開蓋於前，上有玉玦二，璜一。"同卷引王隱《晋書》曰："禮，能使决疑者珮玦，故遣其臣亦授之以玦。今靈命有二玦，其一當魏曆數既終，當禪大晋，故與之玦。凡授命將即天子之位，皆衆人之所疑，以武皇帝能斷决，應天順民，受曹氏禪而無疑，德應珮玦，故以賜焉。是以有二玦。"唐代劉庚《稽瑞》引王隱《晋書·瑞異記》曰："劉向《五行傳》云：'魏年有和，當有開石出於三千餘里，繫五馬，其文曰"大討曹"。延康、黄初之際，張掖柳谷有開石馬，始見于建安，形成于黄初，文備于太和。其石狀象靈龜，宅于川西，嶷然盤峙。廣一丈六尺，長一丈七尺一寸，周圍三丈八寸，西南角高四尺，西面高七尺，西北角皆高四尺，東際與地平。蒼質素章，鳳皇龜龍，焕炳成形，文字粲然。斯蓋大晋受於聖德，兼諺之應也。麟麟翔鳳，白鹿仁虎，騊駼欣庭，玉匣玦璜，與文交焉。麒麟屬歲星，歲星主仁，仁德宣流，故麟列于東。鳳皇之類屬熒惑，熒惑主禮，禮制得，故鳳翔于南。白虎之類屬太白，太白主義，八方向義，故白虎見於

西。宗廟牲牷屬辰星，辰星主信，祭祀明信，故神牛陳于北。政教之類屬鎮星，鎮星主德，德道明，故龍馬銜匣陳圖于中央。神馬四者，象司馬宣、景、文、武創帝業也。蒼白色者，西方之色，言龍興尚金白也。《爾雅》曰：‘麟如馬，一角。不角者，曰麒麟之屬，瑞應之獸也。’今既麟有麟，使仙人乘麟而華華蓋，此則天之使者。圖書瑞應，以告言當受終也。麟之爲言，與神爲鄰。提之爲言，與神爲鄰……仙人者，言德合天地，遷于人也。鳳者，天下太平則見，言平蜀美天下一統。白虎，白鹿國之色也。天下將和爲一，則一角獸爲瑞。玦者，決疑，言曹氏傳而無疑，武帝亦決疑而受，故有二玦也。珮者，玉象，言聖人口—明也。珮之制，上有白衡，下有雙璜者。周文於磻溪而受玉璜，明大晋大德侔周也。大金馬之前有白玉匣，其蓋開而闔，匣上有王字者，此則天授大馬，創其西方，銜負白玉之匣，開示圖像也。昔聖帝授圖，並以玉爲匣，匣南五字，上下三大王者，《詩》云：‘惟此文王，實始翦商。’文王三分天下而有其二，故三王也。大討曹者，討曹之違也。述大金者，金是晋之所尚。述謂遵循，言大晋追述唐虞故事也。金也，金但取之者，言曹氏運盡，大晋受金命而取之。又有十金者，言金王當十世也。六中者，潁川府君至武帝凡六世，世著功德也。又中大金馬者，元言武帝于司馬之中，功德最大也。壽者，大吉也。又有甲寅述水者，公孫淵反在甲寅之前，宣帝乃伐之，越遼海而往還也。斯實晋氏之大瑞矣。”

［9］蘇偘：字休烈，蕭道成鎮守淮陰時，任冠軍録事參軍，深受信任。後歷任平南録事、黄門郎、領射聲校尉，封新建縣侯。撰有《蕭太尉記》《聖皇瑞應記》。建元元年（479）卒，謚質侯。《南史》卷四七有傳。

［10］永明：南齊武帝蕭賾年號。　《瑞應圖》：書名。瑞應，又稱符應、符命、瑞命、嘉應、禎祥、祥瑞等，指古代吉祥美好之物。中國古代將各種瑞應之事物編輯成册，往往附上圖像，有瑞應圖、符瑞圖、祥瑞圖、祥瑞記、祥瑞録等多種指稱。最遲到東漢章

帝時已經存在瑞應圖這類典籍了，惜已失傳，其内容衹能通過存世的漢代畫像石上的祥瑞圖像來窺知一二。東晋南北朝時期是瑞應圖類典籍編纂的高峰期，出現了孟衆《祥瑞圖》八卷、孫柔之《瑞應圖記》三卷、孫柔之《瑞應圖讚》三卷、熊理《瑞應圖讚》三卷、顧野王《符瑞圖》十卷、顧野王《祥瑞圖》十卷、庾温《瑞應圖》、侯亶《祥瑞圖》八卷，還有一些佚名的《瑞應圖》等。在這些瑞應圖類典籍中，最著名的是《孫氏瑞應圖》，流傳最廣，成爲後來諸家瑞應圖的知識來源。可惜的是，這些瑞應圖類典籍均已散佚，《孫氏瑞應圖》有清人輯本。現在能見到的《瑞應圖》原貌是敦煌藏經洞所出P. 2683號文獻，爲六朝寫本，長約 4 米半，首尾俱缺，係上圖下文的精美圖卷，應是某種佚名《瑞應圖》的抄本。

《老子河洛讖》曰："年曆七七水滅緒，風雲俱起龍麟舉。"宋水德王，義熙十四年，[1]元熙二年，[2]永初三年，[3]景平一年，[4]元嘉三十年，[5]孝建三年，[6]大明八年，[7]永光一年，[8]泰始七年，[9]泰豫一年，[10]元徽四年，[11]昇明三年，[12]凡七十七年，故曰七七也。《易》曰："雲從龍，風從虎。"關尹云："龍不知其乘風雲而上天也。"[13]

[1]義熙：東晋安帝司馬德宗年號。

[2]元熙：東晋恭帝司馬德文年號。

[3]永初：南朝宋武帝劉裕年號。

[4]景平：南朝宋少帝劉義符年號。

[5]元嘉：南朝宋文帝劉義隆年號。

[6]孝建：南朝宋孝武帝劉駿年號。

[7]大明：南朝宋孝武帝劉駿年號。

[8]永光：南朝宋前廢帝劉子業年號。

[9]泰始：南朝宋明帝劉彧年號。

[10]泰豫：南朝宋明帝劉彧年號。　元年：底本作“元年”。中華本據前後文例，改作“一年”。今從改。

[11]元徽：南朝宋後廢帝劉昱年號。

[12]昇明：南朝宋順帝劉準年號。

[13]關尹：本爲官名，《國語·周語中》韋昭注云：“關尹，司關，掌四方之賓客。”此處指關令尹喜。《史記》卷六三《老子韓非列傳》云，老子西行，至函谷關，關令尹喜曰：“子將隱矣，彊爲我著書。”老子於是“著書上下篇，言道德之意五千餘言而去”。關尹是早期道家的人物之一，其思想散見於《莊子》《吕氏春秋》，《漢書·藝文志》載《關尹子》九篇，早佚，今本始見於南宋時期，疑係唐宋間人託名之作。關尹在道教中地位崇高，配祀老子，是道教派别之一“樓觀道”的祖師，元順帝至元三年（1337）加封文始尹真人、無上太初博文文始真君，《關尹子》也被稱作《文始真經》。

讖又曰：“肅草成，道德懷書備出身，形法治吴出南京。”上即姓諱也。[1]南京，南徐州治京口也。

讖又曰：“壇埸河梁塞龍淵，[2]消除水災泄山川。”壇埸河梁，爲路也，路即道也。淵塞者，譬路成也。即太祖諱也。消水災，[3]言除宋氏患難也。

讖又曰：“上參南斗第一星，下立草屋爲紫庭。神龍之崗梧桐生，鳳鳥舒翼翔且鳴。”南斗第一星，吴分也。[4]草屋，蕭字也。又簫管之器，像鳳鳥翼也。

[1]諱：中華本依文例改作“道成”。下同，不另出注。

[2]壿：土堆。　堨（è）：攔水的偃。

[3]消水災：晋爲金德，金生水，劉宋代晋，故爲水德。此處“水災”喻指劉宋。

[4]吴分：古代星占理論中二十八宿分野之一。天文分野是古代的一種天地對應學説，將天上的星宿與地面的區域一一作了對應，二十八宿分野的産生不晚於戰國中期。二十八宿是指分布在天赤道及黄道附近的二十八個星座，包括東方青龍七宿：角、亢、氐、房、心、尾、箕；北方玄武七宿：斗、牛、女、虚、危、室、壁；西方白虎七宿：奎、婁、胃、昴、畢、觜、参；南方朱雀七宿：井、鬼、柳、星、張、翼、軫。二十八宿分别對應於東周十三國和漢武帝時期的十二州地理，其中斗宿對應的是吴地，故稱吴分。

讖又曰:“蕭爲二士，天下大樂。”二士，主字也。

讖又曰:“天子何在草中宿。”宿，肅也。

《尚書中候·儀明篇》曰:“仁人傑出，握表之象，曰角姓，合音之于。”[1]蘇偘云:“蕭，角姓也。[2]又八音之器有簫管也。”

史臣曰：案晋光禄大夫何禎解“音之于”爲“曹”字，[3]謂魏氏也。王隱《晋書》云:[4]“卯金音于，亦爲魏也。”《候》書章句，本無銓序，二家所稱，既有前釋，未詳偘言爲何推據。

[1]《尚書中候·儀明篇》:《尚書中候》是緯書的一種，係符命之書，它主要以五行相生説來論述古代帝王或其祖先的性格、行爲及其祥瑞，以此證明這些王朝或帝王興起的正統性。《儀明篇》是《尚書中候》中的一篇，又稱《義明》，存世僅兩條，另一條見

於《周禮·地官·師氏》賈公彦疏:“洞五九，禮閼郵。”此處所引“合音之于”下文有何禎、王隱的解説，可知是關於魏之曹氏的記述，當是魏時的僞作。

[2]角姓：五姓之一。古代五行説體系中，五行與五音可以相配，五音亦稱五聲，爲宫、商、角、徵、羽，與五行搭配分别是木—角、火—徵、土—宫、金—商、水—羽，後根據五音對姓氏進行劃分，遂有五姓。劉宋水德，水生木，故代宋者爲木德。蕭爲角姓，屬木，正應五德終始之説。

[3]何禎：字元幹，魏晋時期人，少博覽群書，名馳淮泗，曾任魏秘書右丞、幽州刺史、廷尉，入晋爲尚書光禄大夫，有文集五卷。

[4]王隱：字處叔，東晋元帝大興初爲著作郎，撰晋史。著作郎虞預私撰《晋書》，借王隱所著書竊寫之，爲掩蓋抄襲之事，虞預尋機將王隱趕出朝廷，罷黜在家。王隱不得已投奔武昌的庾亮，依靠庾亮的供給纔最終完成了《晋書》的寫作，其書成爲後世諸家晋史的重要史料來源。《晋書》卷八二有傳。

《孝經鉤命决》曰:[1]“誰者起，視名將。”君者群也，理物爲雄，優劣相次以期興。[2]將，太祖小諱也。征西將軍蕭思話見之曰:“此我家諱也。”

《王子年歌》曰:[3]“金刀治世後遂苦，帝王昏亂天神怒，災異屢見戒人主，三分二叛失州土，[4]三王九江一在吴，餘悉稚小早少孤，一國二主天所驅。”金刀，劉也。三分二叛，宋明帝世也。三王九江者，孝武於九江興，晋安王子勛雖不終，亦稱大號，後世祖又於九江基霸迹，此三王也。一在吴，謂齊氏桑梓，亦寄治南吴也。一國二主，謂太祖符運潛興，爲宋氏驅除寇難。

《歌》又曰:"三禾掺掺林茂孳，金刀利刃齊刈之。"刈，翦也。《詩》云:"實始翦商。"

《歌》又曰:"欲知其姓草肅肅。穀中最細低頭熟。鱗身甲體永興福。"穀，道；熟，成：又諱也。太祖體有龍鱗，斑駮成文,[5]始謂是黑歷，治之甚至而文愈明。伏羲亦鱗身也。

[1]《孝經鉤命决》:《孝經緯》的一種，成書於漢代，存世佚文較多。

[2]君者群也，理物爲雄，優劣相次以期興：中華本認爲這些文字亦係《孝經鉤命决》之内容，然《南史》卷四《齊本紀上》所引並無這些文字,《緯書集成》也已指出其非緯文。

[3]《王子年歌》：王嘉所撰《牽三歌讖》。王嘉，字子年，隴西安陽（今甘肅渭源縣）人，東晋十六國時期著名術士，主要活動於關中地區，受到苻堅、姚萇的禮遇。姚萇滅苻堅，與前秦宗室苻登相持，請王嘉預測前景，因不滿王嘉模棱兩可的預言，殺之，時間約在公元 386—394 年。《晋書》卷九五有傳。《牽三歌讖》是王嘉自撰讖言的結集。《隋書·經籍志》將《王子年歌》列爲亡書，知該書隋時已經亡佚。

[4]三分二叛：劉宋前廢帝劉子業繼位後，大肆殘殺宗室及功臣，他派人去毒殺弟弟江州刺史、晋安王劉子勛，劉子勛纔十歲，江州長史鄧琬遂起兵反抗。劉子業被殺後，其叔父劉彧繼位，是爲宋明帝，鄧琬在尋陽（今江西九江市）擁立劉子勛爲帝。同時，荆州刺史、臨海王劉子頊，會稽太守、尋陽王劉子房也都由其長史作主，起兵響應，形成了三分二叛的局面。

[5]駮：中華本作“駁”。“駮”同“駁”。

《金雄記》曰:[1]"鑠金作刀在龍里，占睡上人相須起。”又云：“當復有作肅入草。”蕭字也。《易》云：“聖人作之。”《記》又云：“草門可憐乃當悴，建號不成易運沸。”《詩》云：“不時，時也。不成，成也。”建號，建元號也。易運，革命也。

讖曰：“周文王受命，千五百歲，河雒出聖人，受命於己未，至丙子爲十八周，旅布六郡東南隅，四國安定可久留。”案周滅殷後七百八十年，秦四十九年，漢四百二十五年，魏四十五年，晋百五十年，宋六十年，至建元元年，千五百九年也。

武進縣彭山，[2]舊塋在焉。其山崗阜相屬數百里，上有五色雲氣，有龍出焉。宋明帝惡之，遣相墓工高靈文占視，靈文先與世祖善，[3]還，詭答云：“不過方伯。”退謂世祖曰：“貴不可言。”[4]帝意不已，遣人於墓左右校獵，以大鐵釘長五六尺釘墓四維，以爲厭勝。太祖後改樹表柱，柱忽龍鳴，響震山谷，父老咸志之云。

[1]《金雄記》：作者郭文，字文舉，東晋南朝河内軹（今河南濟源市）人。永嘉之亂後南渡，在吴興餘杭大辟山中隱居十多年，受到王導的禮遇，病卒於臨安山中，葛洪、庾闡爲之作傳。《晋書》卷九四有傳。

[2]武進：屬劉宋南東海郡，治所在今江蘇丹陽市東北。

[3]世祖：《南史》卷四《齊本紀上》作“太祖”。

[4]世祖：同上。

會稽剡縣刻石山，[1]相傳爲名，不知文字所在。昇明末，縣民兒襲祖行獵，忽見石上有文凡三處，苔生其上，字不可識。刊苔去之，大石文曰：“此齊者，黃公之化氣也。”[2]立石文曰：“黃天星，姓蕭字某甲，[3]得賢帥，天下太平。”小石文曰：“刻石者誰？會稽南山李斯刻秦望之封也。”

益州齊后山，父老相傳，其名亦不知所起。昇明三年，有沙門玄暢於山丘立精舍，[4]其日，太祖受禪日也。

[1]會稽剡縣刻石山：在今浙江嵊州市西南。

[2]黃公：《南史》卷四《齊本紀上》作“黃石公”。

[3]某甲：《南史》卷四《齊本紀上》作“道成”。

[4]玄暢：南北朝時高僧，俗姓趙，河西金城（今甘肅蘭州市西北）人，生於416年。幼年在涼州出家，初名慧智，後至北魏平城，就學於玄高，改名玄暢。劉宋元嘉二十二年（445）至揚州。玄暢“洞曉經律，深入禪要，占記吉凶，靡不誠驗。墳典子氏，多所該涉，至於世伎雜能，罕不必備”，又深研華嚴之學，深受宋文帝禮重，欲請爲太子之師。玄暢固辭，遷止於荊州長沙寺。後至成都，昇明三年（479）西游廣陽縣（今四川茂縣），見齊后山，遂於山中結草爲庵，同年四月二十三日，建齊興寺，其日正是蕭道成受禪之日。玄暢乃寫信給當時鎮守益州的傅琰，對新朝獻忠。齊武帝即位後，迎請玄暢至建康，中途罹疾，永明二年（484）圓寂於靈根寺。事具《高僧傳》卷八。

嵩高山，昇明三年四月，滎陽人尹午於山東南澗見天雨石，[1]墜地石開，有璽在其中，方三寸。其文曰：“戊丁之人與道俱，肅然入草應天符。”又曰：“皇帝興運。”午奉璽詣雍州刺史蕭赤斧，[2]赤斧表獻之。[3]

史臣案：昔大人見臨洮而銅人鑄，臨洮生董卓而銅人毁，有卓而世亂，世亂而卓亡，如有似也。[4]晋末嵩高山出玉璧三十二，[5]宋氏以爲受命之祥。今此山出璽，而水德云謝，終始之徵，亦有類也。

[1]尹午：中華本據南監本、北監本、殿本、局本補，今從補。《南史》卷四《齊本紀上》作“尹千”。　潤：南監本、局本作“隅”。

[2]奉璽：據南監本、北監本、殿本、局本補。

[3]赤斧：據南監本、北監本、殿本、局本補。

[4]“昔大人見”至“如有似也”：這幾句實出自《三國志》卷六《魏書·董二袁劉傳》裴松之注引《英雄記》：“昔大人見臨洮而銅人鑄，臨洮生卓而銅人毁；世有卓而大亂作，大亂作而卓身滅，抑有以也。”關於大人見臨洮而鑄銅人，《史記》卷六《秦始皇本紀》載，二十六年（前221）“收天下兵，聚之咸陽，銷以爲鍾鐻，金人十二，重各千石，置廷宫中”。《漢書·五行志下之上》載，秦始皇帝二十六年，“有大人長五丈，足履六尺，皆夷狄服，凡十二人，見于臨洮。天戒若曰，勿大爲夷狄之行，將受其禍。是歲，始皇初並六國，反喜以爲瑞，銷天下兵器，作金人十二以象之。遂自賢聖，燔《詩》《書》，坑儒士；奢淫暴虐，務欲廣地；南戍五嶺，北築長城，以備胡、越；塹山填谷，西起臨洮，東至遼東，徑數千里。故大人見於臨洮，明禍亂之起”。關於銅人毁，《三國志》卷六《魏書·董卓傳》載董卓徙天子於長安，“悉椎破銅人、鐘虡，及壞五銖錢。更鑄爲小錢”。

[5]晋末嵩高山出玉璧三十二：《宋書·符瑞志上》載：“冀州有沙門法稱將死，語其弟子普嚴曰：‘嵩皇神告我云，江東有劉將軍，是漢家苗裔，當受天命。吾以三十二璧，鎮金一餠，與將軍爲信。三十二璧者，劉氏卜世之數也。’普嚴以告同學法義。法義以十三年七月，於嵩高廟石壇下得玉璧三十二枚，黄金一餠。”史臣

解釋説，“卜世之數”蓋卜年之數，“三十二者，二‘三十’，則六十矣。宋氏受命至於禪齊，凡六十年云”。

元徽四年，太祖從南郊，[1]望氣者陳安寶見太祖身上黄紫氣屬天，[2]安寶謂親人王洪範曰："我少來未嘗見軍上有如此氣也。"

太祖年十七，夢乘青龍西行逐日，日將薄山乃止，覺而恐懼，家人問占者，云“至貴之象也”。蘇偘云："青，木色。[3]日暮者，宋氏末運也。"

泰始七年，明帝遣前淮南太守孫奉伯往淮陰監元會。[4]奉伯與太祖同寢，夢上乘龍上天，於下捉龍脚不得。覺謂太祖曰："兗州當大庇生民，[5]弟不見也。"奉伯卒於宋。

清河崔靈運爲上府參軍，[6]夢天帝謂己曰："蕭諱是我弟十九子，我去年已授其天子位。"自三皇五帝至齊受命君，凡十九人也。

[1]元徽四年，太祖從南郊：《宋書》卷九《後廢帝紀》載元徽三年（475）正月親祠南郊，而宋制“間二年一祭南郊”，中華本據此認爲元徽四年應無南郊事，疑有誤。

[2]望氣：古代的一種占候術，通過觀察雲氣變化來占測吉凶。著名者如長沙馬王堆三號漢墓出土帛書《天文氣象雜占》、敦煌藏經洞出土S. 3326《氣象占》等。

[3]青，木色：古代五行學説中，五色與五行搭配，分别是木一青、金一白、火一赤、水一黑、土一黄，五德終始説下，劉宋水德，水生木，後繼者爲木德，蕭道成夢見青龍，青爲木色，與木德合。

［4］孫奉伯：劉宋大臣，東莞（今山東莒縣）人，工書，編次書、畫，宋明帝泰始三年（467）奉詔與巢尚之等編次二王法書。歷任南譙太守、交州刺史、始興太守等。泰始六年（470）宋明帝爲太子納妃，朝臣郡令獻物豐厚，獨孫奉伯獻琴書，明帝大怒，欲賜死，後原之。

［5］兖州：此處代指蕭道成。泰始三年（467），蕭道成以功遷督南兖、徐二州諸軍事、南兖州刺史。五年（469），進督兖、青、冀三州。六年（470），除黄門侍郎、領越騎校尉，不拜。復授冠軍將軍，留本任。所以，此時蕭道成仍在南兖州刺史任上。

［6］運：《南史》卷四《齊本紀上》作“建”。

宋泰始中，童謡云“東城出天子”，故明帝殺建安王休仁。[1]蘇偘云：“後從帝自東城即位，論者謂應之，乃是武進縣上所居東城里也。”熊襄云：[2]“上舊鄉有大道，相傳云秦始皇所經，呼爲‘天子路’，後遂爲帝鄉焉。”案從帝實當援立，猶如晋之懷、愍，亦有徵符。齊運既無，巡幸路名，或是秦舊，疑不能詳。

世祖年十三，夢舉體生毛，髮生至足。又夢人指上所踐地曰“周文王之田”。又夢虚空中飛。又夢著孔雀羽衣。庾温云：“雀，爵位也。”又夢鳳皇從天飛下青溪宅齋前，兩翅相去十餘丈，翼下有紫雲氣。及在襄陽，夢著桑屐行度太極殿階。庾温云：“屐者，運應木也。”臣案桑字爲四十而二點，[3]世祖年過此即帝位，謂著屐爲木行也。屐有兩齒有聲，是爲明兩之齒至四十二而行即真矣。及在郢州，夢人從天飛下，頭插筆來畫上衣兩邊，不言而去。庾温釋云：“畫者，山龍華蟲也。”[4]

［1］建安王休仁：劉休仁，宋文帝劉義隆第十二子，元嘉二十九年（452）立爲建安王。前廢帝劉子業即位，忌憚諸叔父，以劉彧、休仁、山陽王休祐年長，尤所畏憚，並囚之宫内，不離左右，毆捶淩曳，無復人理，前後十幾次欲害三王，休仁多計數，故每每得免。465 年，前廢帝被殺，休仁等擁立劉彧繼位，是爲明帝。在平定四方叛亂，維護明帝統治上，休仁居功至偉，朝野矚目。明帝晚年，慮諸弟强盛，太子幼弱，尤忌休仁有周公之望，乃派人送毒藥給休仁，賜死於家，年三十九。《宋書》卷七二有傳。

［2］熊襄：蕭齊豫章郡（今江西南昌市）人，史學家。本書卷五二《檀超傳》載，建元二年（480），蕭齊初置史官，以檀超、江淹掌史職，修齊史。檀超先卒，江淹續撰成之，猶不備。時有熊襄著《齊典》（又名《十代記》或《河洛金匱》）十卷，上起十代，其序云："《尚書·堯典》，謂之《虞書》，則附所述，故通謂之齊，名爲《河洛金匱》。"已佚。

［3］桑字爲四十而二點："桑"的俗字爲"桒"，其結構爲四個"十"和一個"八"，故曰"四十而二點"。

［4］山龍華蟲：山龍，指古代衮服或旌旗上的山、龍圖案。華蟲，雉的别稱，古代常用作冕服上的畫飾。山龍華蟲典出《尚書·益稷》："予欲觀古人之象，日、月、星辰、山、龍、華蟲，作會，宗彝，藻、火、粉、米、黼、黻、絺、繡，以五采彰施于五色，作服，汝明。"孔安國傳："華，象草華；蟲，雉也。畫三辰、山、龍、華蟲於衣服、旌旗。"孔穎達疏："草木雖皆有華，而草華爲美，故云'華象草華蟲雉'也。《周禮·司服》有'鷩冕'，鷩則雉焉，雉五色，象草華也。《月令》五時皆云其蟲，'蟲'是鳥獸之摠名也。"

世祖宋元嘉十七年六月已未夜生，無火，婢吹灰而火自燃。

世祖於南康郡内作伎,[1]有絃無管，於是空中有篪聲,[2]調節相應。

世祖爲廣興相,[3]嶺下積旱水涸不通船,[4]上部伍至，水忽暴長。庾温云:“《易》‘利涉大川’之義也。”

世祖頓盆城,[5]城内無水，欲鑿引江流，試掘井，得伏泉九處，皆湧出。

建元元年四月,[6]有司奏:“延陵令戴景度稱所領季子廟，舊有涌井二所，廟祝列云舊井北忽聞金石聲，即掘，深三尺，得沸泉。其東忽有聲錚錚，又掘得泉，沸湧若浪。泉中得一銀木簡，長一尺，廣二寸，隱起文曰‘盧山道人張陵再拜謁詣起居’。[7]簡木堅白而字色黄。”謹案《瑞應圖》:“浪井不鑿自成，王者清静，則仙人主之。”《孔氏世録》云:“叶精帝道，孔書明巧，當在張陵。”宋均注云:[8]“張陵佐封禪。一云陵，仙人也。”

[1]南康郡：郡名。治贛縣，在今江西贛州市。

[2]篪：古代一種竹製的管樂器。

[3]廣興：郡名。泰豫元年（472）改始興郡爲廣興郡，治曲江縣，在今廣東韶關市南。

[4]下:《南史》卷四《齊本紀上》作“南”。

[5]盆城：縣名。尋陽郡治所，在今江西九江市。

[6]建元：齊高帝蕭道成年號。

[7]盧：殿本、《南史》卷四《齊本紀上》作“廬”。

[8]宋均：東漢初年人，字叔庠，南陽安衆人。好經書，通《詩》《禮》，善論難。初爲謁者，平定武陵蠻反。後歷任上蔡令、九江太守、東海相、司隸校尉、河内太守等職，性寬和，不喜文法，有吏能。曾注緯書。《後漢書》卷四一有傳。

元徽三年，太祖在青溪宅，齋前池中忽揚波起浪，湧水如山，有金石響，須臾有青龍從池中出，左右皆見之。[1]

昇明元年，青龍見齊郡。[2]

建元四年，青龍見從陽郡清水縣平泉湖中。[3]

永明七年，黄龍見曲江縣黄池中，[4]一宿二日。

中興二年，[5]山上雲障四塞，頃有玄黄五色如龍，長十餘丈，從西北升天。

宋泰始末，武進舊塋有獸見，一角，羊頭，龍翼，馬足，父老咸見，莫之識也。

永明十年，鄱陽郡獻一角獸，[6]麟首，鹿形，龍鸞共色。《瑞應圖》云："天子萬福允集，則一角獸至。"

十一年，白象九頭見武昌。[7]

[1]青龍：《孫氏瑞應圖》："青龍，水之精也。乘雲雨而下上，不處淵泉，王者有仁則出。又曰：君子在位，不肖斥退則見。"青，原作"清"，中華本據殿本改。今從改。

[2]齊郡：郡名。南朝宋明帝時僑置，治鬱洲（今江蘇連雲港市東）。

[3]從陽郡：郡名。本順陽郡，治南鄉縣，在今河南淅川縣，因避梁武帝父親蕭順之諱改曰從陽。　清水縣：從陽郡屬縣之一，爲僑置縣。

[4]曲江縣：始興郡治所，在今廣東韶關市南。

[5]中興：齊和帝蕭寶融年號。

[6]一角獸：《孫氏瑞應圖》："一角獸者，瑞獸也，六合同歸則至。"《宋書·符瑞志中》："一角獸，天下平一則至。"

［7］白象：《孫氏瑞應圖》："王者政教得於四方，則白象至。"《宋書·符瑞志中》："白象者，人君自養有節則至。"

史臣曰：《記》云，升中于天，麟鳳至而龜龍格。[1]則鳳皇巢乎阿閣，[2]麒麟在乎郊藪，[3]豈非馴之在庭，擾以成畜，其爲瑞也如此。今觀魏、晉已來，世稱靈物不少，而亂多治少，史不絶書。故知來儀在沼，[4]遠非前事，見而不至，未辨其爲祥也。

［1］升中于天，麟鳳至而龜龍格：語出《禮記·禮器》："是故昔先王尚有德，尊有道，任有能，舉賢而置之，聚衆而誓之。是故因天事天，因地事地，因名山升中于天，因吉土以饗帝于郊。升中于天，而鳳凰降，龜龍假。饗帝於郊，而風雨節寒暑時。是故聖人南面而立，而天下大治。"謂天下太平，故鳳凰隨德而降，龜龍感化而至。

［2］鳳皇巢乎阿閣：典出《左傳》昭公十七年正義引《尚書中候·握河紀》："堯即政七十年，鳳皇止庭。伯禹拜曰：昔帝軒提象，鳳巢阿閣。"阿閣，指四面有檐霤的樓閣。

［3］麒麟在乎郊藪：典出《詩·周南·麟趾》序孔穎達正義引《唐傳》："堯時，麒麟在郊藪。"郊藪，郊野草澤之地。

［4］來儀：鳳凰來舞而有容儀，古人謂之祥瑞。典出《尚書·益稷》："《簫韶》九成，鳳皇來儀。"孔安國傳："儀，有容儀。備樂九奏而致鳳皇，則餘鳥獸不待九而率舞。"　在沼：《禮記·禮運》云："故天不愛其道，地不愛其寶，人不愛其情。故天降膏露，地出醴泉，山出器車，河出馬圖，鳳皇麒麟皆在郊棷，龜龍在宫沼，其餘鳥獸之卵胎，皆可俯而闚也。"

昇明三年三月，白虎見歷陽龍亢縣新昌村。[1]新昌村，嘉名也。《瑞應圖》云："王者不暴白虎仁。"

建元四年三月，白虎見安蠻虔化縣。[2]

中興二年二月，白虎見東平壽張安樂村。[3]

昇明二年，騶虞見安東縣五界山，[4]師子頭，虎身，龍脚。《詩》傳云："騶虞，義獸，白虎黑文，不食生物，至德則出。"

[1]白虎：漢武梁祠畫像石榜題："白虎，王者不暴虐則白虎至，仁不害人。"《宋書·符瑞志中》："白虎，王者不暴虐，則白虎仁，不害物。" 歷陽：郡名。治歷陽縣，在今安徽和縣。 龍亢縣：縣名。僑置縣，屬歷陽郡，在今安徽含山縣東南。

[2]安蠻：郡名。屬司州，治木蘭縣（今湖北武漢市黄陂區）。 虔化縣：縣名。屬南康郡，治所在今江西寧都縣西。按，本書《州郡志下》，司州安蠻左郡下並無虔化縣。

[3]東平：郡名。僑置郡，治壽張縣，在今江蘇淮安市西北。

[4]騶虞：《唐會要》卷二九引《瑞應圖》："白虎，義獸也，一名騶虞，王者德至鳥獸，澤洞幽冥則見。" 安東縣：《册府元龜》卷二〇二《閏位部》作"東安縣"。按，本書《州郡志》無安東縣，郢州西陽郡有東安縣。

昇明三年，太祖爲齊王，白毛龜見東府城池中。[1]

建元二年，休安陵獲玄龜一頭。[2]

永明五年，武騎常侍唐潛上青毛神龜一頭。[3]

七年六月，彭城郡田中獲青毛龜一頭。

八年，[4]延陵縣前澤畔獲毫龜一枚。

[1]龜：《宋書·符瑞志中》："靈龜者，神龜也。王者德澤湛清，

漁獵山川從時則出。五色鮮明，三百歲游於蕖葉之上，三千歲常游於卷耳之上。知存亡，明於吉凶。禹卑宮室，靈龜見。”P. 2683《瑞應圖》:“靈者，德之精也。龜者，久也，能明於久遠事也。王者不偏不黨，尊耆不失故舊，則神龜出矣。”又云:“靈龜者，黑神之精也。王者德澤湛積，漁獵順時，則靈龜出矣。五色已章，則金玉倍陰向陽，上逄象地，槃行象山，四出轉運。生三百歲，遊於耦葉之上，千歲化蒲上，逄一尺二寸，能見存亡，明於吉凶，不偏不黨，唯義之從。”

[2]休安陵：又作“修安陵”，是南齊明帝蕭鸞爲其父蕭道生所建陵墓，在今江蘇丹陽市東北鶴仙坳。蕭道生是齊高帝蕭道成之兄，卒於劉宋時期。齊明帝即位後，追尊其父爲景帝。

[3]武騎常侍：官職名。西漢始置，後廢除。劉宋復置，掌殿內警衛，南齊沿用。

[4]年：中華本據南監本改作“月”。今從改。

八年四月，長山縣王惠獲六目龜一頭，[1]腹下有“萬歡”字，并有卦兆。

六月，建城縣昌城田獲四目龜一頭，[2]下有“萬齊”字。

九年五月，長山縣獲神龜一頭，腹下有巽兑卦。

中興二年正月，邏將潘道蓋於山石穴中獲毛龜一頭。

昇明三年，世祖遣人詣宮亭湖廟還福，[3]船泊渚，有白魚雙躍入船。[4]

永明五年，南豫州刺史建安王子真表獻金色魚一頭。[5]

[1]長山縣：縣名。爲東陽郡治所，在今浙江金華市。

[2]建城縣：縣名。屬豫章郡，治所在今江西高安市。

[3]宫亭湖廟：山神廟位於今江西廬山南麓鄱陽湖畔。《水經注·廬江水》："江南嶺，即彭蠡澤西天子鄣也……山下又有神廟，號曰宫亭廟，故彭湖亦有宫亭之稱焉。……山廟甚神，能分風擘流，住舟遣使，行旅之人，過必敬祀而後得去。"盛弘之《荆州記》亦載："宫亭湖廟神甚有靈驗，塗旅經過，無不祈禱，能使湖中分風而帆南北。"

[4]白魚：漢武梁祠畫像石榜題："白魚，武王渡孟津，入于王舟。"《宋書·符瑞志下》："武王度孟津，中流入于王舟。"

[5]建安王子真：齊武帝蕭賾第九子，字雲仙。建元四年（482）六月封建安王，永明五年（487）正月爲南豫州刺史。延興元年（494）被齊明帝所殺，年十九。本書卷四〇有傳。

建元元年八月，男子王約獲白雀一頭。[1]

九月，秣陵縣獲白雀一頭。[2]

二年四月，白雀集郢州府館。

五月，白雀見會稽永興縣。[3]

永明元年五月，郢州丁坡屯獲白雀一頭。

三年七月，安城王暠第獲白雀一頭。[4]

[1]白雀：《孫氏瑞應圖》："王者奉已儉約，尊事耆老，則白雀見。"《宋書·符瑞志下》："白雀者，王者爵禄均則至。"

[2]秣陵縣：縣名。治所在今江蘇南京市中華門外。

[3]永興縣：縣名。屬會稽郡，治所在今浙江杭州市蕭山區。

[4]城：中華修訂本據本書卷二《高帝紀下》、卷三《武帝紀》、卷三五《高十二王傳》改作"成"。（第408頁）安成王暠，齊高帝蕭道成第六子，字宣曜，建元元年（479）封安成王，永明

九年（491）病卒。本書卷三五有傳。

九月，南郡江陵縣獲白雀一頭。[1]

四月七日，白雀見臨汝縣。[2]

七年六月，鹽官縣獲白雀一頭。[3]

八年，天門臨澧縣獲白雀一頭。[4]

九年七月，吴郡錢塘縣獲白雀一頭。[5]

八月，豫州獲白雀一頭。[6]

十年五月，齊郡獲白雀一頭。

[1]南郡：郡名，屬荆州，治江陵縣，在今湖北荆州市荆州區。

[2]四月七日，白雀見臨汝縣：此條，《册府元龜》卷二〇二《閏位部》繫於“永明三年七月”條前。

[3]鹽官縣：縣名。屬吴郡，治所在今浙江海寧市鹽官鎮。

[4]天門：郡名。屬荆州，治澧陽縣，在今湖南石門縣。　臨澧縣：縣名。屬天門郡，治所在今湖南桑植縣。

[5]吴郡：郡名。屬揚州，治吴縣，在今江蘇蘇州市。　錢塘縣：縣名。屬吴郡，治所在今浙江杭州市。

[6]豫州：州名。治壽春，在今安徽壽縣。

建元元年五月，白烏見巴郡。[1]

永明四年三月，三足烏巢南安中陶縣庭。[2]

八年四月，陽羨縣獲白烏一頭。[3]

隆昌元年四月，陽羨縣獲白烏一頭。

建元二年，江陵縣獲白鼠一頭。

永明六年，白鼠見芳林園。[4]

十年九月，義陽郡獲白鼠一頭。[5]

永明四年，丹楊縣獲白兔一頭。[6]

[1]白烏：《孫氏瑞應圖》："白烏者，宗廟肅敬則至。"《宋書·符瑞志下》："白烏，王者宗廟肅敬則至。" 巴郡：郡名。治墊江縣，在今重慶市。

[2]三足烏：《孫氏瑞應圖》："三足烏，王者慈孝，被于萬姓，不好殺生則來。"《宋書·符瑞志下》："三足烏，王者慈孝天地則至。" 南安：郡名。僑今陝西漢中市境。 中陶縣：縣名。屬南安郡，僑今陝西漢中市境。

[3]陽羨縣：縣名。屬義興郡，治所在今江蘇宜興。

[4]芳林園：宮苑名。又作"芳林苑"，在今江蘇南京市江寧區東北。原爲蕭道成青溪舊宅，稱青溪宮，後改稱芳林苑。

[5]義陽郡：郡名。這時期南齊同時存在三個以"義陽"爲名的郡：一是北義陽郡，屬司州，治平陽，在今河南信陽市；二是南義陽郡，屬司州，治孝昌，在今湖北孝感市；三也是南義陽郡，屬荆州，治所在今湖南安鄉縣西南。

[6]丹楊縣：縣名，即丹陽縣。屬丹陽郡，治所在今安徽當塗縣東北。 白兔：《宋書·符瑞志下》："白兔，王者敬耆老則見。"

昇明元年六月，慶雲見益都。[1]

建元元年，世祖拜皇太子日，有慶雲在日邊。

三年，華林園醴泉堂東忽有瑞雲，[2]周圓十許丈，高下與景雲樓平，五色藻密，光彩映山，徘徊良久，行轉南行，過長船入華池。

昇明二年，宣城臨成縣於藉山獲紫芝一枝。[3]

永明八年五月，[4]陽城縣獲紫芝一株。[5]

隆昌元年正月，襄陽縣獲紫芝一莖。[6]

［1］慶雲：又稱“景雲”。《宋書·符瑞志下》：“雲有五色，太平之應也，曰慶雲。若雲非雲，若煙非煙，五色紛緼，謂之慶雲。”

［2］華林園：宮苑名。三國孫吴時建，在今南京市雞鳴山南古臺城内。南朝宋文帝時進行了大規模的擴建，有華光殿、景陽樓、竹林堂等殿閣，南朝諸帝常於此處宴集。

［3］宣城：郡名。屬南豫州，治宛陵縣，在今安徽宣城市。　成：中華修訂本《校勘記》據《宋書》卷三五《州郡志一》及本書《州郡志上》改作“城”。（第409頁）　臨城縣：縣名。屬宣城郡，治所在今安徽青陽縣。　芝：《孫氏瑞應圖》：“王者慈仁，則芝草生，食之令人延年。”《宋書·符瑞志下》：“芝草，王者慈仁則生。食之令人度世。”

［4］五：北監本、殿本作“三”。

［5］陽城：縣名。僑置縣，屬南兗州盱眙郡，治所在今江蘇盱眙縣西南。

［6］襄陽縣：縣名。屬雍州襄陽郡，治所在今湖北襄陽市。

昇明二年四月，昌國縣徐萬年門下棠樹連理。[1]

九月，豫州萬歲澗廣數丈，有樹連理，隔澗騰枝相通，越壑跨水爲一榦。

建元二年九月，有司奏上虞縣楓樹連理，[2]兩根相去九尺，雙株均聳，去地九尺，合成一榦。

故鄣縣楓樹連理，[3]兩株相去七尺，大八圍，去地一丈，仍相合爲樹，泯如一木。

山陽縣界若邪村有一榠木，[4]合爲連理。

淮陰縣建業寺梨樹連理。[5]

建康縣梨樹耀櫰一本作耀攘五圍，[6]連理六枝。

[1]昌國縣：縣名。僑置縣，屬齊郡，在今江蘇南京市附近。連理：漢武梁祠畫像石榜題："木連理，王者德純洽，八方爲一家，則連理生。"《宋書·符瑞志下》："木連理，王者德澤純洽，八方合爲一，則生。"

[2]上虞縣：縣名。屬揚州會稽郡，治所在今浙江上虞市。

[3]故鄣縣：縣名。屬揚州吴興郡，治所在今浙江安吉縣北。

[4]山陽縣：縣名。屬南兗州山陽郡，治所在今江蘇淮安市楚州區。中華修訂本《校勘記》據本書《州郡志上》認爲，會稽郡有山陰縣，縣内有若邪山，若邪村當在若邪山中，故此處"山陽縣"疑當作"山陰縣"。（第409頁）

[5]淮陰縣：縣名。僑置縣，爲北兗州治所。

[6]建康縣：縣名。屬揚州丹陽郡，治所在今江蘇南京市。

永明元年五月，木連理生安成新喻縣。[1]又生南梁陳縣。[2]

閏月，璿明殿外閣南槐樹連理。

八月，鹽官縣内樂村木連理。

二年七月，烏程縣陳文則家槿樹連理。[3]

七月，新治縣槐栗二木合生，[4]異根連理，去地數尺，中央小開，上復爲一。

三年正月，安城縣楡樹二株連理。[5]

二月，安陽縣梓樹連理。[6]

九月，句陽縣之穀山槿樹連理，[7]異根雙挺，共杪爲一。[8]

十二月，永寧左郡樠木連理。[9]

［1］安成：郡名。屬江州，治平都縣，在今江西安福縣。　新喻縣：縣名。屬江州安成郡，治所在今江西新餘市西南。

［2］南梁：郡名。僑置郡，屬豫州，治所在今安徽壽縣。　陳縣：縣名。僑置縣，屬豫州南梁郡。

［3］烏程縣：縣名。屬揚州吴興郡，治所在今浙江湖州市。

［4］新冶縣：縣名。屬豫州晋熙郡，治所在今安徽望江縣。

［5］安城縣：縣名。這一時期以“安城”命名的縣有多個，此處未詳何指。

［6］安陽縣：縣名。僑置縣，屬豫州南汝陰郡，治所在今安徽合肥市附近。

［7］句陽縣：縣名。僑置縣，屬北徐州濟陰郡。

［8］杪：樹木末梢。

［9］永寧左郡：郡名。一屬荆州，治長寧（今湖北荆門市西北）；一屬越州，治所在今廣東電白縣東北。

四年二月，秣陵縣喬天明園中李樹連理生，高三尺五寸，兩枝别生，復高三尺，合爲一榦。

五年正月，秣陵縣華僧秀園中四樹連理。

六年四月，江寧縣北界賴鄉齊平里三成邏門外路東太常蕭惠基園棭樹二株連理，[1]其高相去二尺，南大北小，小者傾柯南附，合爲一樹，枝葉繁茂，圓密如蓋。

七年，江寧縣李樹二株連理，兩根相去一丈五尺。

八年，巴陵郡樹連理四株。[2]

三月，武陵白沙戍梘木連理，[3]相去五尺，俱高三尺，東西二枝，合而通柯。

十二月，柴桑縣陶委天家樹連理。[4]

永明五年，山陰縣孔廣家園樘樹十二層。會稽太守隨王子隆獻之，[5]種芳林園鳳光殿西。

九年，秣陵縣鬬場里安明寺有古樹，衆僧改架屋宇，伐以爲薪，剖樹木裏，自然有“法大德”三字。

始興郡本無欓樹，[6]調味有闕。世祖在郡，堂屋後忽生一株。

[1]江寧縣：縣名。屬揚州丹陽郡，治所在今江蘇南京市江寧區西南。　蕭惠基：南蘭陵郡蘭陵人，父蕭思話，劉宋征西將軍、儀同三司。惠基與蕭道成情好相得，爲其信任。蕭道成即位後，惠基多歷顯職，永明五年（487）爲太常、加給事中。善隸書、弈棋、解音律。本書卷四六有傳。

[2]巴陵郡：郡名。屬郢州，治巴陵縣，在今湖南岳陽市。

[3]武陵：郡名。屬郢州，治臨沅縣，在今湖南常德市。

[4]柴桑縣：縣名。屬江州尋陽郡，治所在今江西九江市西南。

[5]隨王子隆：字雲興，南齊武帝第八子，有文才，武帝稱其爲“我家東阿”。永明四年（486）爲會稽太守，歷任侍中、荆州刺史等職。後備被蕭鸞所殺。本書卷四〇有傳。

[6]始興郡：郡名。屬廣州，治曲江縣，在今廣東韶關市。

昇明二年十月，甘露降建康縣。[1]

十一月，甘露降長山縣。

十二月，甘露降彭山松樹，至九日止。

建元元年九月，甘露降淮南郡桃、石榴二樹。[2]有司奏甘露降新汲縣王安世園樹。[3]

永明二年四月，甘露降南郡桐樹。

四年二月，甘露降臨湘縣李樹。[4]

三月，甘露降南郡桐樹。

四月，甘露降睢陽縣桃樹。[5]

五年四月，甘露降荆州府中閤外桐樹。

六年，甘露降芳林園故山堂桐樹。

九年八月，甘露降上定林寺佛堂庭，[6]中天如雨，遍地如雪，其氣芳，其味甘，耀日舞風，至晡乃止。爾後頻降鍾山松樹，四十餘日乃止。

十月，甘露降大安陵樹。[7]

中興二年三月，甘露降茅山，彌漫數里。

元徽四年三月，醴泉出昌國白鹿山，其味甚甘。[8]

[1]甘露：《孫氏瑞應圖》："甘露者，神露之精也，其味甘，王者和氣茂，則甘露降於草木，食之令人壽。"《宋書·符瑞志中》："甘露，王者德至大，和氣盛，則降。"

[2]淮南郡：郡名。僑置，屬南豫州，治湖縣，在今安徽蕪湖市。

[3]新汲縣：縣名。僑置，屬豫州梁郡。

[4]臨湘縣：縣名。屬湘州長沙郡，治所在今湖南長沙市。

[5]睢陽縣：縣名。屬豫州梁郡，治所在今安徽壽縣。

[6]上定林寺：寺名。位於南京鍾山，南朝劉宋元嘉元年（424）慧覺所建，元嘉十年（433）高僧曇摩蜜多於山之西側別建一寺，稱上定林寺，原寺則稱下定林寺。上定林寺是南朝重要的寺院，諸多高僧如南齊義學泰斗僧柔、梁三大法師法雲、智藏、僧旻等均駐錫於此。

[7]大：中華本據本書卷二《高帝紀下》、卷二〇《皇后傳》改作"泰"。

[8]醴泉：《孫氏瑞應圖》："王者德及地，則醴泉出。狀如醴酒，可以養志，水之精也。"《宋書·符瑞志下》："醴泉，水之精

也，甘美。王者修理則出。”

永明元年正月，新蔡郡固始縣獲嘉禾，[1]一莖五穗。

八月，新蔡縣獲嘉禾，[2]二莖九穗，一莖七穗。

十一月，固始縣獲嘉禾，一莖九穗。

二年八月，梁郡睢陽縣界野田中獲嘉禾，[3]一莖二十三穗。

五年九月，莒縣獲嘉禾一株。[4]

十年六月，海陵齊昌縣獲嘉禾，[5]一莖六穗。

十一年九月，睢陽縣田中獲嘉禾一株。

[1]新蔡郡：郡名，又稱北新蔡郡。僑置，屬豫州，治新蔡縣，在今河南固始縣。　固始縣：縣名。屬豫州北新蔡郡，治所在今河南固始縣東北。　嘉禾：《孫氏瑞應圖》："嘉禾，五穀之長，盛德之精也，文者則二本而同秀，質者則同本而異秀，此夏殷時嘉禾也。周時嘉禾三本同穗，貫桑而生其穗盈箱，生於唐叔之國以獻，周公曰：此嘉禾也，大和氣之所生焉，此文王之德乃獻文王之廟。"又云："嘉禾，五穀之長，王者德茂則生。"《宋書·符瑞志下》："嘉禾，五穀之長，王者德盛，則二苗共秀。於周德，三苗共穗；於商德，同本異穟；於夏德，異本同秀。"

[2]新蔡縣：縣名。屬豫州北新蔡郡，治所在今河南固始縣西南。

[3]梁郡：南梁郡。

[4]莒縣：縣名。僑置，屬南徐州南東莞郡，無實土。

[5]海陵：郡名。屬南兗州，治建陵縣，在今江蘇新沂市南。　齊昌縣：縣名。屬南兗州海陵郡。

昇明二年九月，建寧縣建昌村民採藥於萬歲山，[1]忽聞澗中有異響，得銅鍾一枚，長二尺一寸，邊有古字。[2]

建元元年十月，涪陵郡蜑民田健所住巖間，[3]常留雲氣，有聲響澈若龍吟，求之積歲，莫有見者。去四月二十七日，巖數里夜忽有雙光，至明往，獲古鍾一枚。又有一器名淳于，蜑人以爲神物奉祠之。

永明四年四月，東昌縣山自比歲以來，[4]恒發異響。去二月十五日，有一巖褫落，縣民方元泰往視，於巖下得古鍾一枚。

五年三月，豫寧縣長崗山獲神鍾一枚。[5]

[1]建寧縣：縣名。屬豫州建寧郡，治所在今湖北麻城市西南。

[2]“昇明二年”至“邊有古字”：此條又見於《宋書·符瑞志下》：“從帝昇明二年九月，建寧萬歲山澗中得銅鍾，長二尺一寸，豫州刺史劉懷珍以獻。”

[3]涪：中華本據《册府元龜》卷二〇二《閏位部》改作“涪”。涪陵郡屬巴州，治漢平縣（今重慶市武隆區西北）。　蜑：古代少數民族，東晋常璩《華陽國志·蜀志》：“（廣都縣）漢時縣民朱辰字元燕，爲巴郡太守，甚著德惠。辰卒官，郡獽民北送及墓。獽、蜑鼓刀辟踴，感動路人，於是葬所草木頃許皆仿之曲折。”

[4]東昌縣：縣名。屬江州盧陵郡，治所在今江西吉安市東南。

[5]豫寧縣：縣名。屬江州豫章郡，治所在今江西武寧縣西。

九年十一月，寧蜀廣漢縣田所墾地入尺四寸，[1]獲古鍾一枚，形高三尺八寸，圍四尺七寸，縣柄長一尺二寸，[2]合高五尺，四面各九孔。更於陶所瓦間見有白光，[3]窺尋無物，自後夜夜輒復有光。既經旬日，村民張慶宣瓦作屋，又於屋間見光照内外，慶宣疑之，以告孔休先，乃共發視，獲玉璽一鈕，璧方八分，上有鼻，文曰“帝真”。

曲阿縣民黄慶宅左有園，[4]園東南廣袤四丈，每種菜，輒鮮異，雖加採拔，隨復更生。夜中恒有白光，皎質屬天，狀似縣絹。私疑非常，請師卜候。道士傅德占使掘之，深三尺，獲玉印一鈕，文曰“長承萬福”。

永明二年正月，冠軍將軍周普孫於石頭北廂將堂見地有異光照城堞，[5]往獲玉璽一鈕，方七分，文曰“明玄君”。

十一月，虜國民齊祥歸入靈丘關，[6]聞殷然有聲，仰視之，見山側有紫氣如雲，衆鳥回翔其間。祥往氣所，獲璽，方寸四分，獸鈕，文曰“坤維聖帝永昌”。送與虜太后師道人惠度，[7]欲獻虜主。惠度覩其文，竊謂“當今衣冠正朔，在於齊國”。遂附道人惠藏送京師，因羽林監崔士亮獻之。

[1]寧蜀：郡名。屬益州，治廣都縣（今四川雙流縣）。　廣漢縣：縣名。僑置，屬益州寧蜀郡，治所在今四川雙流縣。　入：南監本作“八”。

[2]縣（xuán）：掛。

[3]更：《册府元龜》卷二〇二《閏位部》作“夜中”。

[4]曲阿縣：縣名。屬南徐州晋陵郡，治所在今江蘇丹陽市。

[5]冠軍將軍：將軍名號。秩三品。　周普孫：南朝宋齊時南沛郡（今安徽天長市）人，曾任劉宋龍驤將軍羽林監，追隨宋明帝

重臣沈攸之平定劉子勛之亂，以功封順陽郡清水縣開國男，食邑三百户。

[6]虜國：指北魏，是南朝史臣對北方少數民族政權的蔑稱。　靈丘關：關隘名，在今山西大同市靈丘縣境内，爲當時山西北部通往華北平原的重要關口。

[7]虜太后：指北魏孝文帝祖母馮太后。　道人：南北朝時期，"道人"是一種泛稱，這裏的"道"是法術之意，凡是有法術之人皆可被稱爲"道人"，史籍中最常見的"道人"是佛教徒。　惠度：孝文帝、馮太后在位期間，崇信佛教，《魏書·釋老志》記當時的高僧有道順、惠覺、僧意等十一位，"并以義行知重"，惠度即其一。惠度本爲南方沙門，故云"當今衣冠正朔，在於齊國"，後"以事被責，未幾暴亡"。

三年七月，始興郡民龔玄宣云，[1]去年二月，忽有一道人乞食，因探懷中出篆書真經一卷，六紙，又表北極一紙，又移付羅漢居士一紙，云從兜率天宫下，[2]使送上天子，因失道人所在。今年正月，玄宣又稱神人授皇帝璽，龜形，長五寸，廣二寸，厚二寸五分，上有"天地"字，[3]中央"蕭"字，下"萬世"字。[4]

十年，蘭陵民齊伯生於六合山獲金璽一鈕，[5]文曰"年予主"。

[1]始興：本書卷五三《良政傳》作"始安"。　龔玄宣：《南史》卷三三《裴昭明傳》作"龔玄宜"。

[2]兜率天宫：兜率天，是佛教三界之内欲界六天之第四天，是彌勒佛當初作爲一生補處菩薩時的居所。南北朝時期，作爲未來佛的彌勒受到廣泛崇拜，信衆極多，尤其是劉宋時期譯出《觀彌勒

菩薩上生兜率天經》後，隨著净土思想的流行，兜率天宫與彌勒菩薩的關係變得極爲緊密，幾乎成爲彌勒專屬的處所和彌勒信仰者的歸依處。由此，兜率天宫變成了彌勒兜率净土，人死後上生兜率天宫追隨彌勒，往生净土，成爲彌勒信仰的主流。

[3]天地：《册府元龜》卷二〇二《閏位部》作“天子”。

[4]下：《册府元龜》卷二〇二《閏位部》作“下有”。龔玄宣得皇帝璽，又見載本書卷五三《良政傳》：“郡民龔玄宣云神人與其玉印玉板，書不須筆，吹紙便成字。自稱‘龔聖人’，以此惑衆。前後郡守敬事之，昭明付獄治罪。”

[5]蘭陵：郡名。僑郡，屬南徐州，治蘭陵縣（今江蘇常州市西北）。

世祖治盆城，得五尺刀一十口，[1]永明年曆之數。

昇明三年，左里村人於宫亭湖得靫戟二枚，[2]傍有古字，文遠不可識。

泰始中，世祖於青溪宅得錢一枚，文有北斗七星雙節，[3]又有人形帶劍。及治盆城，又得一大錢，文曰“太平百歲”。

永明七年，齊興太守劉元寶治郡城，於塹中獲錢百萬，形極大，以獻臺爲瑞，世祖班賜朝臣以下各有差。[4]

十年，齊安郡民王攝掘地得四文大錢一萬二千七百十枚，[5]品製如一。

[1]一十口：《御覽》卷六五引蕭子顯《齊書》、《太平寰宇記》卷一〇一引蕭子顯《齊書》均作“十一口”，下文既云“永明年曆之數”，永明共十一年，故“十一口”是。

[2]韣：箭袋。

[3]雙節：指高官出行時的一種儀仗。《南史》卷四《齊本紀上》作“雙刀雙貝”。

[4]“永明七年”至“各有差”：此事《南史》卷四《齊本紀上》有更細緻的記載：“齊興太守劉元寶於郡城壍得錢三十七萬，皆輪厚徑一寸半，以獻，上以爲瑞，班賜公卿。”齊興，郡名。屬郢州，治綏懷縣（今湖北黄州市北）。

[5]齊安郡：郡名。屬司州，治齊安縣，在今湖北麻城市西南。

建元元年，郢州監利縣天井湖水色忽澄清，[1]出綿，百姓採以爲纊。[2]

永明二年，護軍府門外桑樹一株，[3]竝有蠶絲綿被枝莖。

史臣案：漢光武時有野蠶成繭，百姓得以成衣服。[4]今則浮波幕樹，其亦此之類乎？

[1]監利縣：縣名。屬郢州巴陵郡，治所在今湖北監利縣東北。

[2]纊：指新絲綿絮，后泛指綿絮。《尚書·禹貢》：“厥篚纖纊。”《禮記·喪大記》：“屬纊以俟絶氣。”鄭玄注：“纊，今之新緜。”

[3]護軍府：官署名。即中護軍及護軍將軍府署。漢獻帝時曹操於丞相府設置護軍，掌武官選舉，並與領軍同掌禁軍，出征時監護諸將，隸屬領軍。建安十二年（207）改名中護軍，資重者稱護軍將軍。兩晋南北朝沿襲，職權歸屬略有變化。

[4]漢光武時有野蠶成繭，百姓得以成衣服：《後漢書》卷一上《光武帝紀上》：“初，王莽末，天下旱蝗，黄金一斤易粟一斛；至是（建武二年，公元26）野穀旅生，麻尗尤盛，野蠶成繭，被於山阜，人收其利焉。”

永明八年，始興郡昌樂村獲白鳩一頭。[1]

二年，彭澤縣獲白雉一頭。[2]

七年，欝林獲白雉一頭。[3]

十年，青州洭液戍獲白雉一頭。[4]

五年，望蔡縣獲白鹿一頭。[5]

九年，臨湘獲白鹿一頭。

六年，蒲濤縣亮野村獲白麞一頭。[6]

七年，荆州獲白麞一頭。

八年，餘干縣獲白麞一頭。[7]

九年，義陽安昌縣獲白麞一頭。[8]

十年，司州清激戍獲白麞一頭。[9]

十一年，廣陵海陵縣獲白麞一頭。[10]

[1]白鳩：《宋書·符瑞志下》："白鳩，成湯時來至。"

[2]彭澤縣：縣名。屬江州尋陽郡，治所在今江西湖口縣東南。

[3]欝林：郡名。屬廣州，治布山縣，在今廣西桂平市西南。

[4]青州：本爲古"九州"之一，劉宋時僑置，治鬱洲，在今江蘇連雲港市，南齊沿置。

[5]望蔡縣：縣名。屬江州豫章郡，治所在今江西上高縣。白鹿：《宋書·符瑞志中》："白鹿，王者明惠及下則至。"

[6]蒲濤縣：縣名。屬南兖州海陵郡，治所在今江蘇如皋市東南。　白麞：《宋書·符瑞志中》："白麞，王者刑罰理則至。"

[7]餘干縣：縣名。屬江州鄱陽郡，治所在今江西餘干縣。

[8]安昌縣：縣名。屬司州南義陽郡。

[9]司州：劉宋泰始中置，寄治義陽郡平陽縣（今河南信陽市），南齊沿置。

[10]廣陵：郡名。屬南兗州，治廣陵縣，在今江蘇揚州市。海陵縣：縣名。屬南兗州廣陵郡，治所在今江蘇泰州市。

七年，越州獻白珠，[1]自然作思惟佛像，長三寸。[2]上起禪靈寺，[3]置刹下。

七年，吴郡太守江斆於錢塘縣獲蒼玉璧一枚以獻。[4]

七年，主書朱靈讓於浙江得靈石，十人舉乃起，在水深三尺而浮，世祖親投于天淵池試之，[5]刻爲佛像。

二年，從陽丹水縣山下得古鼎一枚。[6]

三年，越州南高凉俚人海中網魚，[7]獲銅獸一頭，銘曰"作寶鼎，齊臣萬年子孫承寶"。

贊曰：天降地出，星見先吉。造物百品，詳之載述。

[1]越州：劉宋泰始中僑置，治臨瘴郡漳平縣，在今廣西浦北縣南。

[2]三寸：底本作"三十"，中華本作"三寸"，今從改。

[3]禪靈寺：南朝名寺。脩成於齊武帝永明七年（489），規模宏大，耗資不菲，由謝瀹撰碑，徐希秀書丹，虎賁中郎將潘敞監造。南齊東昏侯蕭寶卷在位時，剥取禪靈寺塔上的寶珥來裝飾潘妃殿，禪靈寺就此逐漸廢棄。

[4]江斆：南朝宋、齊時大臣，字叔文，濟陽郡考城縣（今河南民權縣）人。母爲宋文帝第九女淮陽公主。江斆幼時以戚屬見召，宋孝武帝見之，謂"此小兒方當爲名器"。少有美譽，尚孝武帝女臨汝公主。在劉宋時歷任著作郎、太子舍人、丹陽丞、秘書丞、中書郎、司空長史、臨淮太守等職。齊興，爲豫章内史，除太

子中庶子。永明中，爲竟陵王司馬，遷侍中，歷五兵尚書，東陽、吴二郡太守，轉都官尚書，領驍騎將軍。齊明帝即位，改領秘書監，爲晋安王師。建武二年（495）卒，贈散騎常侍、太常卿，謚曰敬。江斆好文辭，圍棋第五品，爲朝貴中最。本書卷四三有傳。　蒼玉璧：《宋書·符瑞志下》："玄圭，水泉流通，四海會同則出。"蒼玉璧歸入"玄圭"類。

［5］天淵池："天淵"之名最早見於曹魏時期，《三國志》卷二《魏書·文帝紀》："黄初五年，穿天淵池。"也稱天泉，爲君臣游宴之所。南北朝及隋唐宋的詩詞歌賦中屢見"天淵"之名。曹魏之天淵池在今河南洛陽市東，此處之天淵池在南朝宫室華林園内。

［6］丹水縣：縣名。屬雍州從陽郡，治所在今河南淅川縣西。　古鼎：《宋書·符瑞志下》："神鼎者，質文之精也。知吉知凶，能重能輕，不炊而沸，五味自生，王者盛德則出。"

［7］高凉：郡名。屬廣州，治安寧縣（今廣東陽江市西）。此處云"越州南高凉"，按越州南有高興郡，疑此處爲"高興"之誤。　俚人：古代對南方某些少數民族的泛稱。又稱俚子。《後漢書》卷八六《南蠻西南夷傳》"九真徼外蠻里張游"，李賢注："里，蠻之别號，今呼爲俚人。"

南齊書　卷一九

志第十一

五行[1]

《木傳》曰:"東方,《易經》地上之木爲《觀》,故木於人,威儀容貌也。木者,春生氣之始,農之本也。無奪農時,使民歲不過三日,行什一之稅,無貪欲之謀,則木氣從。如人君失威儀,逆木行,田獵馳騁,不反宮室,飲食沈湎,不顧禮制,出入無度,多發繇役,以奪民時,作爲姦詐,以奪民財,則木失其性矣。蓋以工匠之爲輪矢者多傷敗,故曰木不曲直。"[2]

[1]五行:《五行志》始自班固《漢書》,以五行(木、火、土、金、水)、五事(貌、言、視、聽、思)和皇極三大類來統攝各種灾異現象,這三大類都是源自《尚書·洪範》。《洪範》提出了治國大法的核心在於天賜的"九疇",即九項神聖法則:"初一曰五行,次二曰敬用五事,次三曰農用八政,次四曰協用五紀,次五曰建用皇極,次六曰乂用三德,次七曰明用稽疑,次八曰念用庶徵,次九曰嚮用五福,威用六極。"其中"五行"是水、火、木、

金、土，“水曰潤下，火曰炎上，木曰曲直，金曰從革，土爰稼穡。潤下作鹹，炎上作苦，曲直作酸，從革作辛，稼穡作甘”。潤下、炎上等是五行的屬性，鹹、苦、酸、辛、甘是由屬性派生出來的五味。“五事”指貌、言、視、聽、思五種行爲舉止和心理活動，“貌曰恭，言曰從，視曰明，聽曰聰，思曰睿。恭作肅，從作乂，明作哲，聰作謀，睿作聖”。恭、從、明、聰、睿是君主日常行爲的規範，肅、乂、哲、謀、聖是遵守規範後達到的效果。“建用皇極”指君王須以中道建立天子之位。因此，任何事物、現象，衹要違背了五行、五事、皇極的原則，必爲灾異。在此觀念基礎上，漢儒發展出了《洪範五行傳》，專門解説《洪範》，進而又衍生出不少對《洪範五行傳》的解説之書，如許商的《五行傳記》、劉向的《洪範五行傳論》、劉歆的《五行傳説》等等。《漢書·五行志》是糅合了《洪範》原始感應説、古老的月令傳統、京房易學、漢代《春秋》學等諸多思想而成之先秦至於西漢末年的灾異大全。後世史書遂沿用這一志書體例，但在具體的結構上又有變化。《漢書·五行志》五行、五事、皇極分述，不相統屬，《晋書·五行志》《隋書·五行志》的結構與之相同。《續漢書·五行志》將五行與五事並在一起，以五行統攝五事，固定以木—貌、金—言、火—視、水—聽、土—思的方式搭配，《宋書·五行志》是這種結構中最爲齊整的，本書《五行志》雖不齊整，但也可以看得出是這種搭配方式。就層級而言，《漢書·五行志》先引“經”（《洪範》），次引“傳”（《洪範五行傳》），再引“説”（漢儒對於《洪範五行傳》的各種解説），最後是具體實例，有四個層級。《續漢書·五行志》不引“經”而直接引《五行傳》，“傳曰”下的“説曰”時有時無，代之以具體的事例解釋，“説曰”不像《漢書》那樣是專門作爲層級的一項出現，而是成爲解説實例的依據。因此基本是兩層結構：傳（《洪範五行傳》）—事例，比起班固大大簡化。比較兩種體例結構，可以明顯感覺到，魏晋以後《五行傳》成爲了《五行志》最基本的理論來源。

［2］“《木傳》”至“木不曲直”：此段《傳》文，是對《五行傳》中“田獵不宿，飲食不享，出入不節，奪民農時，及又奸謀，則不木曲直”一句的解説。可以分三部分。第一部分從開頭到“農之本也”，是解釋“木”；第二部分從“無奪農時”到“則木氣從”，是説如何可以順“木氣”；剩餘的是第三部分，逐句解釋《五行傳》原文。《洪範》云“木曰曲直”，意五行之木本具曲、直之自然屬性。《五行傳》云“木不曲直”，指當君臣施政發生失序的情况時，將導致木爲變怪，從而失去曲直本性，灾異由此而生。此段《傳》文，《隋書·五行志上》作：“《洪範五行傳》曰：“木者東方，威儀容貌也。古者聖王垂則，天子穆穆，諸侯皇皇。登輿則有鸞和之節，降車則有佩玉之度，田狩則有三驅之制，飲食則有享獻之禮。無事不出境。此容貌動作之得節，所以順木氣也。如人君違時令，失威儀，田獵馳騁，不反宫室，飲食沉湎，不顧禮制，縱欲恣睢，出入無度，多繇役以奪人時，增賦税以奪人財，則木不曲直。”二者在第一、三部分有大量文字相合，而《隋書》所引《洪範五行傳》其實是劉向的《洪範五行傳論》。所以此段《傳》文，應該也是源自《洪範五行傳論》，蕭子顯或有改筆。

宋泰豫元年，[1]京師祇洹寺皂莢樹枯死。[2]昇明末，[3]忽更生花葉。京房《易傳》曰：[4]“樹枯冬生，不出二年，國喪，君子亡。”其占同。宋氏禪位。

建元元年，[5]朱爵舟行華表柱生枝葉。[6]

［1］泰豫：宋明帝劉彧年號。

［2］祇洹寺：寺名。在建康，本爲建初寺之分刹，東晋高僧支遁曾在此講經，其名始著。劉宋武帝永初元年（470），車騎將軍范泰在宅西建立精舍，因與祇洹寺相鄰，乃襲用寺名，延請高僧慧義主持，於是將二寺並爲一寺，仍用祇洹寺之名。求那跋摩、求那跋

陀羅、曇摩蜜多等西域來的譯經大德皆住其間，僧苞、道照、法平、曇遷、僧志、慧基等名僧亦時常來駐錫，遂爲一時名刹。求那跋摩在此寺圓寂之後，立塔寺中，遂改名白塔寺。垣，殿本作“洹”。

[3]昇明：宋順帝劉準年號。

[4]京房：本姓李，字君明，推音律自定爲京氏。東郡頓丘（今河南清豐縣西南）人。西漢元帝時爲郎、魏郡太守。治《易》學，師從焦延壽，善言灾異，撰有《京氏易傳》《周易章句》《易傳》《易占》《易妖占》《易飛候》《别對灾異》《易説》《五星占》《風角要占》等，多亡佚。存世者唯有《京氏易傳》三卷、清人王保訓輯《京氏易》八卷。《漢書》卷七五有傳。

[5]建元：齊高帝蕭道成年號。

[6]朱爵：朱雀。　華表：古代設在橋梁、宫殿、城垣或陵墓等前兼做作裝飾用的巨大柱子。

建元初，李子生毛。

二年，武陵沅頭都尉治有桑樹，[1]方冬生葉。京房《易傳》曰：“木冬生花，天下有喪。”其占同。後二年，宫車晏駕。[2]

四年，巴州城西古樓脚柏柱數百年，[3]忽生花。

永明六年，[4]石子崗柏木長二尺四寸，[5]廣四寸半，化爲石。時車駕數游幸，[6]應本《傳》木失其性也。

[1]武陵：郡名。屬郢州，治臨沅縣，在今湖南常德市。　都尉：漢景帝時改秦之郡尉爲都尉，輔佐郡守並掌全郡的軍事。

[2]宫車：帝王后妃等所乘坐的車輛，常借指帝、后。　晏駕：車駕晚出，古代稱帝王死亡的諱辭。《史記》卷七九《范雎蔡澤列

傳》:“宫車一日晏駕，是事之不可知者一也。”裴駰《集解》引韋昭曰:“凡初崩爲‘晏駕’者，臣子之心猶謂宫車當駕而晚出。”

[3]巴州：南齊建元二年置，治巴東郡（今重慶奉節縣東白帝城）。

[4]永明：齊武帝蕭賾年號。

[5]石：原作“后”，中華本據南監本、北監本、殿本、局本改作“石”，今從改。　石子崗：又稱聚寶山，在今南京市南聚寶門外。

[6]車：原作“里”，中華本作“車”，今據改。

永明中，大航一船無故自沈，艚中無水。

隆昌元年，[1]廬陵王子卿齋屋梁柱際無故出血。[2]

建武初，[3]始安王遥光治廟，[4]截東安寺屋以直廟垣，[5]截梁，水出如淚。

[1]隆昌：齊鬱林王蕭昭業年號。

[2]廬陵王子卿：字雲長，齊武帝蕭賾第三子。歷任郢州、荆州、南豫州刺史，拜中軍將軍，封廬陵王。在藩鎮時，營造服飾多違制，受到齊武帝訓斥。所行多不法，齊武帝怒之，至死不與相見。鬱林王蕭昭業繼位，復爲侍中、驃騎將軍。隆昌元年（494），轉衛將軍、開府儀同三司。後爲蕭鸞所殺，年二十七。本書卷四〇有傳。

[3]建武：齊明帝蕭鸞年號。

[4]始安王遥光：字元暉，齊高帝蕭道成次兄蕭道生之孫，齊明帝蕭鸞之侄。遥光生有躄疾，蕭道成本不欲其襲爵，賴齊武帝諫作罷。齊武帝薨，皇太孫鬱林王繼位，不久蕭鸞廢鬱林王改立恭王，後又自立爲帝，誅賞諸事唯遥光共謀議。齊明帝即位後，忌憚高帝、武帝子孫，欲盡殺之，遥光爲之謀劃，愈見信賴。齊明帝

崩，遥光輔政，謀自樹立，事敗，遥光乃聚部曲於建康城作亂，經四日而敗，年三十二。本書卷四五有傳。

[5]東安寺：寺名。始建年代不詳，東晋哀帝時，名僧支道林受哀帝徵請住東安寺三載，寺由此興。之後慧持、慧嚴、道淵、道猛、跋陀、法恭、曇智等名僧或在此譯經，或止講席，當時有語云："鬬場禪師窟，東安談義林。"

《貌傳》曰："失威儀之制，怠慢驕恣，謂之狂，則不肅矣。下不敬，則上無威。天下既不敬，又肆其驕恣，肆之則不從。夫不敬其君，不從其政，則陰氣勝，故曰厥罰常雨。"[1]

永明八年四月己巳起陰雨，晝或暫晴，夜時見星月，連雨積霖，至十七日乃止。

十一年四月辛巳朔，去三月戊寅起，[2]而其間暫時晴，從四月一日又陰雨，晝或見日，夜乍見月，回復陰雨，至七月乃止。

永泰元年十二月二十九日雨，[3]至永元元年五月二十一日乃晴。[4]京房占曰：[5]"冬雨，天下饑。春雨，有小兵。"時虜寇雍州，[6]餘應本《傳》。

[1]"《貌傳》"至"厥罰常雨"：此段《傳》文，是對《五行傳》"貌之不恭，是謂不肅，厥咎狂，厥罰恒雨"一句的解説。《洪範》言"貌曰恭""恭作肅""曰肅，時雨若""曰狂，恒雨若"，《五行傳》基本是沿著這個思路來解説的。《漢書·五行志中之上》"説曰"："貌之不恭，是謂不肅。肅，敬也。内曰恭，外曰敬。人君行己，體貌不恭，怠慢驕蹇，則不能敬萬事，失在狂易，故其咎狂也。上嫚下暴，則陰氣勝，故其罰常雨也。"此段《傳》

文與《漢書》“説曰”的意思基本一致，都是强調君上怠惰懈慢、失威儀，導致臣下專權，陰氣過盛而引致“常雨”之灾。《漢書·五行志》爲避漢文帝劉恒諱，改“恒雨”爲“常雨”，後世因之。

[2]三月戊寅起：“起”後疑脱“陰雨”二字。

[3]永泰：齊明帝蕭鸞年號。

[4]永元：齊東昏侯蕭寶卷年號。

[5]占：中華本同，三朝本、南監本、北監本、殿本、局本作“易”。《開元占經》卷九二：“正月一日風雨，米貴蚕傷；風雨從四方來，兵起。”又云：“京房曰：十一月雨水横流，天下飢。又曰：冬大雨水，君死，國亡。”

[6]虜寇雍州：齊明帝建武四年（497）六月，北魏孝文帝起兵二十萬南伐，連克齊雍州五郡，第二年七月，齊明帝薨，九月北魏以“禮不伐喪”爲由停止南伐。永元元年（499）正月，齊太尉陳顯達爲收復雍州之地，遣平北將軍崔慧景領軍四萬擊魏，魏遣元英拒之。三月，北魏孝文帝再次舉兵南下，大敗齊軍。

《傳》曰：“大雨雪，猶庶徵之常雨也，然有甚焉。雨，陰。大雨雪者，陰之畜積甚也。一曰：與大水同象，冬，故爲雪耳。”[1]

建元二年閏月己丑，雨雪。

三年十一月，雨雪，或陰或晦，八十餘日，至四年二月乃止。

[1]冬故：底本及中華本作“曰攻”，《魏書·靈徵志上》引《洪範論》作“冬故”，據改。大雨雪、雨雪、大雪，《漢書》《晋書》《隋書》之《五行志》均置於《聽傳》下，用以解説《五行傳》“聽之不聰，是爲不謀，厥咎急，厥罰恒寒”一句。《漢書·五行志中之下》“説曰”：“上偏聽不聰，下情隔塞，則不能謀慮利

害，失在嚴急，故其咎急也。盛冬日短，寒以殺物，政促迫，故其罰常寒也。”劉向認爲“恒寒”指的是因施政酷急導致的孟夏寒凍致民死者這一類氣候異象，大雨雪之類不具此種特性，應置於《貌傳》“常雨之罰”下。劉歆則將“大雨雪”“未當雨雪而雨雪”均視爲“常寒之罰”，《漢書·五行志》所列灾異例子遵從了劉歆的解説。此段《傳》文，《魏書·靈徵志上》作:“《洪範論》曰:《春秋》之大雨雪，猶庶徵之恒雨也，然尤甚焉。夫雨，陰也，雪又陰也。大雪者，陰之稸積盛甚也。一曰與大水同，冬故爲雪耳。”《隋書·五行志》作:“《洪範五行傳》曰:“庶徵之常雨也，然尤甚焉。雨，陰也；雪，又陰畜積甚盛也。”相比較可知，此段《傳》文應該就是劉向《洪範五行傳論》的文字。

《傳》曰:“雷於天地爲長子，以其首長萬物，與之出入，故雷出萬物出，雷入萬物入。夫雷者人君之象，入則除害，出則興利。雷之微氣以正月出，其有聲者以二月出，以八月入，其餘微者以九月入。冬三月雷無出者，若是陽不閉陰，則出涉危難而害萬物也。”[1]

建元元年十月壬午，夜，電光，因雷鳴。

十月庚戌，[2]電光，有頃雷鳴，久而止。

永明五年正月戊申，夜，西北雷聲。

六年十月甲申，[3]夜陰細雨，始聞雷鳴於西北上。

[1]“《傳》曰”至“害萬物也”:《漢書·五行志中之上》:“劉向以爲……於《易》，雷以二月出，其卦曰‘豫’，言萬物隨雷出地，皆逸豫也。以八月入，其卦曰‘歸妹’，言雷復歸。入地則孕毓根核，保藏蟄蟲，避盛陰之害；出地則養長華實，發揚隱伏，宣盛陽之德。入能除害，出能興利，人君之象也。是時，隱以弟桓

幼，代而攝立。公子翬見隱居位已久，勸之遂立。隱既不許，翬懼而易其辭，遂與桓共殺隱。天見其將然，故正月大雨水而雷電。是陽不閉陰，出涉危難而害萬物。”《漢志》此處是置於《貌傳》之“恒雨”下，用以解説“震電”。之後《續漢書》《宋書》《晋書》《隋書》《新唐書》之《五行志》多是“雷震”合稱並附屬於《聽傳》之“鼓妖”下，並無《傳》文。本段《傳》文不但單出，解説也大異。與《漢志》比較，二者雖然都是關於“雷”産生原理及灾異表現的叙述，一些詞句並見，但《漢志》是以卦氣説解釋雷以二月出、八月入，本段《傳》文則全不見，二者在時間節點以及發生原理上有很大差異。

[2]十月：中華本認爲十月己巳朔，無庚戌日，疑當作“十一月”。

[3]甲申：本月丁未朔，無甲申日，《十七史疑年録》疑“十月”上脱“閏”字。

七年正月甲子，夜陰，雷鳴西南坤宫，[1]隆隆一聲而止。

八年正月庚戌，夜，雷起坎宫水門，[2]其音隆隆，一聲而止。

九年二月丙子，西北有電光，因聞雷聲隆隆，仍續十聲而止。

十年二月庚戌，夜，南方有電光，因聞雷聲隆隆相續，丁亥止。[3]

十月庚子，[4]電雷起西北。

十一月丁丑，西南有光，因聞雷聲隱隱，再聲而止。西南坤宫。

十二月甲申，陰雨，有電光，因聞西南及西北上雷鳴，頻續三聲。

丙申，夜聞西北上雷頻續二聲。

辛亥，雷雨。

[1]坤宫：後天八卦之一。坤處西南，五行屬土，《易·説卦》:“坤爲地、爲母、爲布、爲釜、爲吝嗇、爲均、爲子母牛、爲大輿、爲文、爲衆、爲柄、其於地也爲黑。”

[2]坎宫：後天八卦之一。坎處正北，五行屬水，故曰“水門”。《易·説卦》:“坎爲水、爲溝瀆、爲隱伏、爲矯輮、爲弓輪。其於人也，爲加憂、爲心病、爲耳痛、爲血卦、爲赤。其於馬也，爲美脊、爲亟心、爲下首、爲薄蹄、爲曳。其於輿也，爲多眚。爲通、爲月、爲盜。其於木也，爲堅多心。”

[3]丁亥：本月丁亥朔，庚戌二十四日，辛亥二十五日，《十七史疑年録》認爲是“辛亥”之誤。（黄山書社2007年版，第107頁）

[4]月：原作“年”，中華修訂本據南監本、北監本、殿本改作“月”。（第430頁）今從改。

《傳》曰:“雨雹，君臣之象也。陽之氣專爲雹，陰之氣專爲霰。陽專而陰脅之，陰盛而陽薄之。雹者，陰薄陽之象也。霰者，陽脅陰之符也。《春秋》不書霰者，猶月蝕也。”[1]

建元四年五月戊午朔，[2]雹。

永明元年九月乙丑，[3]雹落大如蒜子，須臾乃止。

十一年四月辛亥，[4]雹落大如蒜子，須臾滅。

[1]“《傳》曰”至“猶月蝕也”:《漢書·五行志中之下》:

“劉向以爲，盛陽雨水，温煖而湯熱，陰氣脅之不相入，則轉而爲雹；盛陰雨雪，凝滯而冰寒，陽氣薄之不相入，則散而爲霰。故沸湯之在閉器，而湛於寒泉，則爲冰，及雪之銷，亦冰解而散，此其驗也。故雹者陰脅陽也，霰者陽脅陰也，《春秋》不書霰者，猶月食也。”此處所引劉向之觀點一般認爲即出自《洪範五行傳論》。《魏書·靈徵志上》:“《洪範論》曰：陽之專氣爲雹，陰之專氣爲霰。此言陽專而陰脅之，陰專而陽薄之，不能相入，則轉而爲雹。”兩書所引與此段《傳》文有大量相似，故此段《傳》文當出自《洪範五行傳論》。“雨雹”一目，《漢書》《續漢書》《宋書》《晋書》《隋書》《新唐書》之《五行志》置於《聽傳》之“恒寒”下，董仲舒最早從陰陽論的原理角度解説“雨雹”，劉向的解説更進一步。氣象學上，雹和霰都是天上雨水在下落過程中形成的冰晶，但出現的季節不同。雹多出現在春、夏，是雨水遇寒瞬間結凍所致，伴雨而落；霰多出現在冬季，因地面温度較高，降雪消融爲冰水而下。所以在劉向的解釋裹，雹是“陰脅陽”，霰是“陽脅陰”，雹既爲“陽”，是君，“雨雹”就是陰氣過盛威脅到陽，預示著后妃專一、權臣專擅局面的出現。

[2]戊午：中華修訂本認爲本月甲寅朔，戊午爲初五日，非朔日（第430頁）。

[3]乙丑：中華修訂本認爲本月丙子朔，月内無乙丑日（第431頁）。

[4]辛亥：中華修訂本認爲本月辛巳朔，月内無辛亥日（第431頁）。

《貌傳》又曰:“上失節而狂，下怠慢而不敬，上下失道，輕法侵制，不顧君上，因以荐飢。貌氣毀，故有雞旤。一曰：水歲雞多死及爲怪，亦是也。上下不相信，大臣姦宄，民爲寇盜，故曰厥極惡。一曰：民多被刑，或形貌醜惡。風俗狂慢，變節易度，則爲輕剽奇怪之服，故曰時則有服妖。”[1]

［1］“《貌傳》又曰”至“有服妖”：五行（水、火、木、金、土）、五事（貌、言、視、聽、思）、皇極、咎徵（雨、暘、燠、寒、風、時）、六極（凶短折、疾、憂、貧、惡、弱）等是《尚書·洪範》的類目，至漢儒撰《五行傳》又發展出了妖、孽、旤、痾、眚祥、沴這六種新的灾異類目與之相搭配。《漢書·五行志中之上》“説曰”：“凡草物之類謂之妖。妖猶夭胎，言尚微。蟲豸之類謂之孽。孽則牙孽矣。及六畜，謂之旤，言其著也。及人，謂之痾。痾，病貌，言寖深也。甚則異物生，謂之眚；自外來，謂之祥。祥猶禎也。氣相傷，謂之沴。沴猶臨莅，不和意也。”妖用於描述草物之類的怪異，“草”是草木之類的植物怪異，“物”是和鬼怪等神秘現象聯繫在一起，《五行傳》中包括了服妖、詩妖、鼓妖、脂夜之妖、射妖等。孽用於描述蟲豸之類的怪異，有足爲蟲，無足爲豸，因此是家畜以外的動物怪異，《五行傳》中包括了龜孽、介蟲之孽、鸁蟲之孽、魚孽、華孽和龍蛇之孽。旤是六種家畜的怪異，《五行傳》包括雞旤、犬旤、羊旤、豕旤、牛旤和馬旤。痾是描述人的怪異，《五行傳》包括下體生上之痾、口舌之痾、目痾、耳痾、心腹之痾和下人伐上之痾。眚祥描述生物界以外的有形世界的怪異，與五行搭配：木—青眚青祥、金—白眚白祥、火—赤眚赤祥、水—黑眚黑祥、土—黄眚黄祥。沴屬於“氣”的範疇，按照《漢志》“説曰”的解釋應是無形世界的怪異。整體來看，漢儒的這六種新的灾異類目遵循了由低到高的遞進順序，基本涵蓋了西漢士人階層對於世界層級結構的認識。此段《傳》文是對《五行傳》“貌之不恭，是謂不肅，厥咎狂，厥罰恒雨，厥極惡。時則有服妖，時則有龜孽，時則有雞禍”一句後半段的解説。《漢書·五行志中之上》引“説曰”：“水傷百穀，衣食不足，則奸軌並作，故其極惡

也。一曰：民多被刑，或形貌醜惡，亦是也。風俗狂慢，變節易度，則爲剽輕奇怪之服，故有服妖。水類動，故有龜孽。於〈易〉，'巽'爲雞，雞有冠距文武之貌。不爲威儀，貌氣毀，故有雞旤。一曰：水歲雞多死及爲怪，亦是也。"本段《傳》文在"服妖""厥極惡"的解説上與《漢志》一致，對"雞旤"的解説則更詳細，是對《漢志》"不爲威儀"的進一步闡發。不過，下文所引事例全爲"服妖"，與"厥極惡""雞旤"無關。

永明中，宫内服用射獵錦文，爲騎射兵戈之象。至建武初，虜大爲寇。[1]

永明中，蕭諶開博風帽後裠之製，[2]爲破後帽。[3]世祖崩後，諶建廢立，誅滅諸王。

永明末，民間制倚勸帽。及海陵廢，明帝之立，勸進之事，倚立可待也。

建武中，帽裠覆頂。東昏時，以爲裠應在下，而今在上，不祥，斷之。群下反上之象也。[4]

[1]建武初，虜大爲寇：齊明帝建武年間，北魏與齊之間戰爭不斷。如建武二年（495）正月，北魏進攻齊之司、豫、徐、梁四州，波及雍、南兗二州；建武三年（496）四月，北魏進攻司州；建武四年（497），又有北魏孝文帝大舉南征。此處所指，應是建武二年之戰事。

[2]蕭諶：字彦孚，南蘭陵蘭陵人，爲蕭道成絶服族子。齊武帝蕭賾爲太子時，蕭諶是心腹，掌管宿衛。蕭賾即位後，蕭諶先後擔任射陽令、南濮陽太守、南蘭陵太守、左中郎將、后軍將軍等職，參掌機密之事。蕭賾病逝，蕭昭業繼位，極爲倚重蕭諶，仍令掌宿衛。蕭昭業在后宫不出，内外消息衹通過蕭諶與蕭坦之傳遞，

蕭諶之權勢日盛。蕭諶乃與蕭鸞合作，廢蕭昭業爲鬱林王，立蕭昭文爲帝。不久，又廢蕭昭文爲海陵王，蕭鸞繼位，是爲齊明帝。兩次廢立，蕭諶都是重要的參與者，他又附蕭鸞之意，誅殺齊高帝、武帝諸子孫。建武初，因齊明帝没有兑現最初的承諾，任命蕭諶爲揚州刺史，他口出怨言，兩人遂生嫌隙。建武二年（495）六月，蕭諶被齊明帝賜死。

［3］破後帽：博風帽的改良版。博風帽顧名思義是一種能夠抵禦寒風的帽子，蕭諶在帽身後部邊緣加上下垂的薄紗細網，垂下及肩，可以護住雙耳、肩背，變成了"破後帽"，史臣是把"破後"的字面意思與蕭諶誅殺高、武子孫聯繫在一起了。

［4］"建武中"至"反上之象也"：本條中以帽裠象徵君臣關係，帽爲君，裠爲臣，裠本當在帽緣下，覆頂即爲"反上"之意，故曰"裠下反上"，意即"臣下反上"，對應的史事當爲蕭寶卷在位期間接連爆發的蕭遥光、陳顯達、崔慧景、蕭衍的叛亂。東昏，即東昏侯蕭寶卷。南齊第六位皇帝，齊明帝次子，498 年即位時年僅十五歲。501 年，雍州刺史蕭衍起兵攻破建康，蕭寶卷被宦官殺死，時年十九歲，貶爲東昏侯。本書卷七有紀。

永元中，[1]東昏侯自造遊宴之服，綴以花采錦繡，難得詳也。群小又造四種帽，帽因勢爲名。一曰"山鵲歸林"者，《詩》云"《鵲巢》，夫人之德"，東昏寵嬖淫亂，故鵲歸其林藪。[2]二曰"兔子度坑"，天意言天下將有逐兔之事也。[3]三曰"反縛黄離嘍"，黄口小鳥也，反縛，面縛之應也。[4]四曰"鳳皇度三橋"，鳳，王者嘉瑞，[5]三橋，梁王宅處也。[6]

［1］永元：東昏侯蕭寶卷年號。

[2]“一曰”至“歸其林藪”：本條云釋“山鵲歸林”，引《詩經》“夫人之德”，旨在説明“東昏寵嬖淫亂，故鵲歸其林藪”。此爲反向解説。“夫人之德”出自《詩·召南·鵲巢》：“《鵲巢》，夫人之德也。國君積行累功以致爵位，夫人起家而居有之，德如鳲鳩，乃可以配焉。”東昏侯生母早亡，他是由潘妃撫養長大的，即位後封潘妃姪女潘玉兒爲貴妃。蕭寶卷極爲寵愛潘氏，一起出行時，潘氏乘坐馬車軟塌，蕭寶卷則騎馬跟隨。潘氏的生活極其奢侈，所用器物珍寶貴民間數倍，蕭寶卷又派人四處搜刮民間財物以供潘氏。又於宫苑中起仙華、神仙、玉壽諸殿，修芳樂苑，山石皆以五采，以麝香塗壁，錦幔珠簾，極盡華麗之能事，耗費錢財無數。如芳樂苑内種植美竹，當時正是盛夏，竹子没幾日便枯萎了，蕭寶卷就命人到民間搜羅奇樹，以至於到了“望樹便取”的地步。諸如此類窮奢極慾的事情太多。蕭寶卷作爲君王既荒唐殘暴，潘氏作爲貴妃也無德，自然不合《鵲巢》之義。

[3]天下將有逐兔之事：意指蕭寶卷繼位後荒唐殘暴，誅殺功臣，人人自危，導致政局不穩，各地紛紛起兵反叛。最先是顧命大臣江祐等人意圖擁立始安王蕭遥光爲帝，謀泄，蕭遥光懼而起兵作亂，兵敗被殺。之後，太尉陳顯達在尋陽（今江西九江市）起兵，平西將軍崔慧景與江夏王蕭寶玄聯合起兵圍攻建康，陳顯達、崔慧景均兵敗被殺。隨後，雍州刺史蕭衍在襄陽起兵，並最終攻破建康。

[4]面縛之應：蕭寶卷寵信茹法珍、梅蟲兒等弄臣，殘殺功臣，至蕭衍起兵圍攻建康時，竟以宦官王寶孫督戰，大敗，衹能閉城自守，城内軍事委寧朔將軍、北徐州刺史王珍國、兖州刺史兼衛尉張稷。時大勢已去，王珍國、張稷乃暗中投誠於蕭衍，率兵入殿。蕭寶卷當時在含德殿，聞兵入，欲躲入后宫，宦官黄泰平砍傷其膝，倒地，張齊斬首獻於蕭衍。“黄口小鳥”者，或即黄泰平。

[5]鳳王者嘉瑞：《宋書·符瑞志中》：“鳳凰者，仁鳥也。不刳胎剖卵則至。或翔或集。雄曰鳳，雌曰凰。蛇頭燕頷，龜背鱉腹，

鶴頸雞喙，鴻前魚尾，青首駢翼，鷺立而鴛鴦思。首戴德而背負仁，項荷義而膺抱信，足履正而尾繫武。小音中鍾，大音中鼓。延頸奮翼，五光備舉。興八風，降時雨，食有節，飲有儀，往有文，來有嘉，遊必擇地，飲不妄下。其鳴，雄曰'節節'，雌曰'足足'。晨鳴曰發明，晝鳴曰上朔，夕鳴曰歸昌，昏鳴曰固常，夜鳴曰保長。其樂也，徘徘徊徊，雍雍喈喈。唯鳳皇爲能究萬物，通天祉，象百狀，達王道，率五音，成九德，備文武，正下國。故得鳳之象，一則過之，二則翔之，三則集之，四則春秋居之，五則終身居之。"《天地瑞祥志》卷一八引《瑞應圖》:"（鳳皇）中央鳥，其仁也。雄曰鳳，雌曰皇也。非梧桐不棲，非竹實不食也。不刳胎剖卵則至。鴻前麟後，蛇頭而魚尾，龍文而龜身？喙（頷）而雞喙。戴德抱信，[足]履正而尾繫武。小音鍾，大音鼓。色備五色，舉興八風，降時甘雨，飲食有節，遊必擇地。其鳴，雄曰'節節'，雌曰'足足'。晨鳴曰發鳴，[夕鳴]曰歸昏，昏鳴曰固鳴，晝鳴曰上翔，名常，夜鳴曰保長。王者將得太平者則鳳皇來至也。"王，汲本、局本作"皇"，《御覽》卷六八七引蕭子顯《齊書》作"凰"，均當與"鳳"連讀。

[6]梁王：蕭衍，宋孝武帝大明八年（464）生於秣陵縣同夏里三橋宅内。永元三年（501）蕭寶卷被殺，中興二年（502）二月辛酉齊和帝蕭寶融封蕭衍爲梁公，三月癸巳纔進封梁王。

《貌傳》又曰:"危亂端見，則天地之異生。木者青，故曰青眚，爲惡祥。凡貌傷者，金沴木，木沴金，衝氣相通。"[1]

延興元年，[2]海陵王初立，文惠太子冢上有物如人，[3]長數丈，青色，直上天，有聲如雷。

[1]"《貌傳》"至"衝氣相通"：此段《傳》文是對《五行

傳》“貌之不恭……時則有青眚青祥。惟金沴木”一句的解説。《漢書·五行志中之上》:“木色青，故有青眚青祥。凡貌傷者病木氣，木氣病則金沴之，衝氣相通也。”

[2]延興：齊海陵王蕭昭文年號。

[3]文惠太子：蕭長懋，字雲喬，齊武帝蕭賾長子，鬱林王、海陵王父親。建元元年（479）封南郡王，六朝以嫡皇孫身份封王者始此。武帝即位，長懋爲皇太子。永明十一年（493）病卒，年三十六，謚號文惠太子。鬱林王立，追尊爲文帝，廟號世宗。本書卷二一有傳。

火，南方，揚光輝，出炎爚爲明者也。人君向明而治，蓋取其象。以知人爲分，讒佞既遠，群賢在位，則爲明而火氣從矣。人君疑惑，棄法律，不誅讒邪，則讒口行，内間骨肉，外疏忠臣，至殺世子，逐功臣，以妾爲妻，則火失其性，上災宗廟，下災府榭，内熯本朝，外熯闕觀，雖興師衆，不能救也。[1]

永明三年正月，甲夜，[2]西北有野火，光上生精，西北有四，東北有一，竝長七八尺，黄赤色。

三月庚午，丙夜，北面有野火，光上生精，長六尺，戊夜又有一枚，長五尺，竝黄赤色。

四年正月丁亥，夜，有火精三處。

閏月丁巳，夜，有火精四所。

十二月辛酉，夜，東南有野火精二枚。

五年十二月丙寅，夜，西北有野火，火上生精，一枚，長三尺，黄白色。

六年十一月戊申，夜，西南及北三面有野火，火上生精，九枚，竝長二尺，黄赤色。

九年二月丙寅，甲夜，北面有野火，火上生精，[3]二枚，西北又一枚，竝長三尺，須臾消。

［1］“火”至“不能救也”：此段《傳》文是對《五行傳》“棄法律，逐功臣，殺太子，以妾爲妻，則火不炎熱上”一句的解説。《漢書·五行志上》“説曰”：“火，南方，揚光輝爲明者也。其於王者，南面鄉明而治。《書》云：‘知人則悊，能官人。’故堯、舜舉群賢而命之朝，遠四佞而放諸壄。孔子曰：‘浸潤之譖、膚受之訴不行焉，可謂明矣。’賢佞分别，官人有序，帥由舊章，敬重功勳，殊别適庶，如此則火得其性矣。若乃信道不篤，或燿虚僞，讒夫昌，邪勝正，則火失其性矣。自上而降，及濫炎妄起。災宗廟，燒宮館，雖興師衆，弗能救也，是爲火不炎上。”《隋書·五行志上》：“《洪範五行傳》曰：“火者南方，陽光爲明也。人君向南，蓋取象也。昔者聖帝明王，負扆攝袂，南面而聽斷天下。攬海内之雄俊，積之於朝，以續聰明，推邪佞之僞臣，投之于野，以通壅塞，以順火氣。夫不明之君，惑於讒口，白黑雜揉，代相是非，衆邪並進，人君疑惑。棄法律，間骨肉，殺太子，逐功臣，以孽代宗，則火失其性。”三者有頗多相似之處，相較而言，本段《傳》文與《隋志》更爲接近，二者雖然在具體的措辭上存在差異，但其邏輯層次則是一致的，且在一些關鍵詞上有很大相似度。因此，二者當都是出自《洪範五行傳論》，衹不過史臣在引用時作了改筆。

［2］甲夜：初更時分。《漢舊儀》：“晝夜漏起，省中用火，中黄門持五夜。五夜者，甲夜、乙夜、丙夜、丁夜、戊夜也。”顔之推《顔氏家訓·書證》：“漢魏以來，謂爲甲夜、乙夜、丙夜、丁夜、戊夜；又云鼓，一鼓、二鼓、三鼓、四鼓、五鼓；亦云一更、二更、三更、四更、五更，皆以五爲節。”

［3］上：原作“火”。中華本據北監本、汲本、殿本、局本改

作“上”。今從改。

永元二年八月，宫内火，燒西齋璿儀殿及昭陽、顯陽等殿，北至華林牆，西及祕閣，凡屋三千餘間。[1]京房《易傳》曰：“君不思道，厥妖火燒宫。”祕閣與《春秋》宣榭火同。天意若曰：既無紀綱，何用典文爲也。[2]

［1］“宫内火”至“三千餘間”：東晋南朝建康宫城内分三重墻，第三重墻内是宫殿區，分前後兩部分，前爲正殿太極殿，是最重要的殿宇，後爲寢宫區。寢區也分前後兩部分，前爲帝寢，後爲后寢。帝寢東西並列三殿，東晋時正中是式乾殿（宋稱中齋），東爲正福殿（齊稱東齋），西爲璿儀殿（齊稱西齋）。后寢也是東西並列三殿，東晋時正中是顯陽殿（宋時改名昭陽殿，另建顯陽殿爲太后宫，齊因之），東爲含章殿，西爲徽音殿。后寢往北是華林園，相隔的墻就是華林墻了。第三重墻外、第二重墻内東西兩側分布最重要的國家機構，秘閣即處於西齋外的第二重墻内，是皇家圖書和檔案館。“凡”，南監本、北監本、汲本、殿本、局本作“北”，屬上讀。

［2］“祕閣與《春秋》”至“典文爲也”：《漢書·五行志上》：“（《春秋》）宣公十六年‘夏，成周宣榭火’。榭者，所以臧樂器，宣其名也。董仲舒、劉向以爲十五年王札子殺召伯、毛伯，天子不能誅。天戒若曰：不能行政令，何以禮樂爲而臧之？”本條顯然是仿照《漢志》而書。天意若曰，這是《五行志》中獨有的一種表達方式。西周文獻中有“王若曰”，陳夢家解釋作“王如此説”，則“天意若曰”可作“天意如此説”解。“天意若曰”其實是“天戒若曰”的變體，《尚書·洪範》並無明確的“天戒”思想，漢代董仲舒以陰陽五行、天人感應思想構建起一個龐大而完整的“天”

的體系，他在强化君主權力的同時，又以灾異天譴的方式對其加以限制，是儒家政治理念中“天戒”理論的完成者。從現有資料推測，到漢儒撰《洪範五行傳》時纔充斥了大量“天戒若曰”的內容，基本繼承了董仲舒灾異説的思想。劉向是“天戒”理論最積極的響應者和實踐者，《漢書·五行志》中保留了大量劉向的“天戒若曰”。從諸家《五行志》保留的“天戒若曰”“天誡若曰”“天意若曰”的內容來看，多數是針對具體的人事而發，實際上都是出自臣子之手。因此，這其實是臣下藉助“天”的名義來告誡君王爲君之道，“天戒”是臣子理想中的“治道”表述，以此對君權作出潛在的約束。

二年冬，京師民間相驚云當行火災。南岸人家往往於籬間得布火纏者，[1]云公家以此禳之。

三年正月，豫章郡天火燒三千餘家。[2]京房《易占》曰:“天火下燒民屋，是謂亂治，殺兵作。”是年，臺軍與義師偏衆相攻於南江諸郡。[3]

三年二月，乾和殿西廂火，燒屋三十間。是時西齋既火，帝徙居東齋，高宗所住殿也。與燒宮占同。

[1]布火纏：疑乃火浣布，即今之石棉布。《列子·湯問》:“火浣之布，浣之必投於火。”《後漢書》卷八八《西域傳》:“（大秦國）作黄金塗、火浣布……凡外國諸珍異皆出焉。”《搜神記》卷一三:“山（炎火之山）上有鳥獸草木，皆生育滋長於炎火之中，故有火澣布（即火浣布）。非此山草木之皮枲，則其鳥獸之毛也。”《御覽》卷八二〇引晋張勃《吴録》:“日南比景縣有火鼠，取毛爲布，燒之而精，名火浣布。”《海內十洲記·炎洲》:“（炎洲）有火林山，山中有火光獸，大如鼠，毛長三四寸，或赤或白……取其獸毛以緝爲布，時人號爲火浣布。”南朝梁劉孝威《謝東宮賚炭啓》:“雉裘

入而識奢，鼠布焚而無污。”大概是因爲火浣布具有不燃性，所以纔用作祈禳之物。

[2]豫章郡：郡名，屬江州，治南昌縣（今江西南昌市東）。

[3]臺軍：指東昏侯蕭寶卷的軍隊，建康宫城又稱臺城，故稱。 義師：指蕭衍的軍隊。 南江：贛江。

《傳》又曰："犯上者不誅，則草犯霜而不死。或殺不以時，事在殺生失柄，故曰草妖也。一曰：草妖者，失衆之象也。"[1]

永元中，御刀黄文濟家齋前種昌蒲，[2]忽生花，光影照壁，成五采，其兒見之，餘人不見也。少時，文濟被殺。

[1]"《傳》又曰"至"失衆之象也"：此段《傳》文是對《五行傳》"視之不明……時則有草妖"一句的解説。《漢書·五行志中之下》："言上不明，暗昧蔽惑，則不能知善惡，親近習，長同類，亡功者受賞，有罪者不殺，百官廢亂，失在舒緩，故其咎舒也。盛夏日長，暑以養物，政弛緩，故其罰常奥也。奥則冬温，春夏不和，傷病民人，故極疾也。誅不行則霜不殺草，繇臣下則殺不以時，故有草妖。凡妖，貌則以服，言則以詩，聽則以聲。視則以色者，五色物之大分也，在於眚祥，故聖人以爲草妖，失秉之明者也。"意思是君王政令弛緩則誅不行，冬温暖奥寒氣不足，致使"霜不殺草"。自然界的嚴寒之氣象徵的是人事之刑罰，寒氣不足即意味著刑罰不明，其因則在於政由臣下，所以這是君王"失秉之明"。

[2]御刀：古代儀仗中所用之刀，引申爲儀仗隊員。 昌蒲：植物名，即菖蒲。多年生水生草本，有香氣。葉狹長，似劍形。肉穗花序圓柱形，著生在莖端，初夏開花，淡黄色。根莖可入藥。民

間在端午節常用來和艾葉扎束，掛在門前。

劉歆《視傳》有羽蟲之孽，謂鷄禍也。班固案《易》鷄屬巽，今以羽蟲之孽類是也，依歆説附《視傳》云。[1]

建武二年，有大鳥集建安，[2]形如水犢子。其年，郡大水。

[1]“劉歆《視傳》”至“附《視傳》云”：《五行傳》有“視之不明……時則有贏蟲之孽”一句，《漢書·五行志中之下》“説曰”：“温奥生蟲，故有贏蟲之孽，謂螟螣之類當死不死，未當生而生，或多於故而爲灾也。劉歆以爲屬思心不容。……劉歆《視傳》曰有羽蟲之孽，雞旤。説以爲於天文南方喙爲鳥星，故爲羽蟲；旤亦從羽，故爲雞；雞於《易》自在‘巽’。説非是。”劉歆的解説其實受到了月令思想的影響，按照《月令》的圖式：貌屬東，爲鱗蟲；視屬南，爲羽蟲；言屬西，爲毛蟲；聽屬北，爲介蟲；思屬中，爲倮蟲。劉歆《五行傳説》“孽”類的名目設置大體遵循了這一圖式，衹是具體内容有所變化。班固否定了漢儒關於贏蟲之孽的解説，全依劉歆《視傳》之説，該類目下的實例多爲鳥異。至《續漢書·五行志》纔正式把“羽蟲之孽”作爲灾異名目標出，後世沿用不輟。

[2]建安：郡名。屬江州，治建安縣，在今福建建甌市。

三年，大鳥集東陽郡，[1]太守沈約表云：“鳥身備五采，赤色居多。”[2]案《樂緯叶圖徵》云：“焦朋（明）鳥質赤，至則水之感也。”[3]

永明二年四月，烏巢内殿東鴟尾。

三年，大鳥集會稽上虞。[4]其年，縣大水。

[1]東陽郡：郡名。屬揚州，治長山縣，在今浙江金華市。

[2]沈約：字休文，吴興郡武康縣（今浙江德清縣）人，南朝著名文學家、史學家。其父在劉宋文帝時被誅殺，沈約幼年逃亡，後遇赦而免。雖然幼年孤貧，但沈約篤志好學，很有才華。劉宋時期，他官至尚書度支郎，入齊，他侍奉文惠太子蕭長懋，校訂宫中圖書，很得文惠太子讚賞。歷任太子家令、黄門侍郎、尚書左丞、御史中丞等職，隆昌元年（494）出任東陽太守。齊明帝去世，遺詔由沈約撰寫，不久升任左衛將軍。永元二年（500）改任南清河太守。沈約與蕭衍有舊，曾當面勸説蕭衍代齊。梁立國，沈約被任命爲尚書僕射，後升任尚書左僕射、侍中、尚書令。天監十二年（513）卒，年七十三。撰《宋書》，是南朝文壇領袖、永明體的倡導者之一。《梁書》卷一三、《南史》卷五七有傳。

[3]《樂緯叶圖徵》：《樂緯》的一種。《續漢書·五行志》注引《樂叶圖徵》："五鳳皆五色，爲瑞者一，爲孽者四。"劉昭注引《叶圖徵》曰："似鳳有四，並爲妖。一曰鷫鸘，鳩喙，圓目，身義戴信嬰禮膺仁負智，至則旱役之感也。二曰發明，鳥喙，大頸，大翼，大脛，身仁戴智嬰義膺信負禮，至則喪之感也。三曰焦明，長喙，疏翼，圓尾，身義戴信嬰仁膺智負禮，至則水之感也。四曰幽昌，兑目，小頭，大身，細足，脛若鱗葉，身智戴信負禮膺仁，至則旱之感也。"《天地瑞祥志》卷一八所引《叶圖徵》文字頗有出入："發明，東方鳥也，狀似鳳皇，鳥喙，大鵄，羽翼，又大足脛，身仁，戴智，嬰義，膺信，負禮，至則兵喪之感，爲兵備也。""焦明，南方鳥也，狀似鳳皇，鳩喙，疏翼，負尾，身禮，戴信，嬰仁，膺智，負義，至則水之減，爲水備也。""鷫鸘，西方鳥也，狀似鳳皇，鳩喙，專形，身義，戴信，嬰仁，膺智，至則旱役之減，爲旱備也。""幽昌，北方鳥也，狀似鳳皇，鋭喙，小頭，大

身，細足，脛翼若鄰葉，身智，戴義，嬰信，膺仁，負禮，至則旱之感，爲旱備也。”鳳凰本爲大瑞，漢末地方上報屢見五色大鳥，以之爲鳳凰，然漢末政治混亂，“瑞應非時”，五色大鳥不當爲祥瑞，所以又將五色大鳥作出區分，祇有一種是鳳凰，其餘四種祇是像鳳凰，其實爲妖，這纔有了鳳凰與鸕鷀、發明、焦明、幽昌的區分。敦煌寫本P.2683《瑞應圖》中繪有發明、幽昌、鸕鷀、焦明四種的圖像，說明文字更接近於《天地瑞祥志》。　明：原本作“朋”，中華本據三朝本、南監本、北監本、汲本、殿本、局本改作“明”。今從改。

［4］會稽：郡名。屬揚州，治山陰縣，在今浙江紹興市。　上虞：縣名。屬揚州會稽郡，治所在今浙江上虞市。

《傳》曰：“維水沴火。”又曰：“赤眚赤祥。”[1]

建武四年，王晏子德元所居帷屏，無故有血灑之，[2]少日而散。[3]

［1］“《傳》曰”至“赤眚赤祥”：《五行傳》有“視之不明……時則有赤眚赤祥。惟水沴火。”一句，《漢書·五行志中之下》“說曰”：“火色赤，故有赤眚赤祥。凡視傷者病火氣，火氣傷則水沴之。”

［2］王晏：字士彦，瑯琊臨沂人。劉宋孝武帝時出仕，後成爲蕭賾職僚，專心奉事，甚得蕭賾親重，參議機密。蕭賾即位，歷任侍中祭祀酒、濟陽太守、衛尉、丹陽尹、吏部尚書、尚書右僕射等職。蕭賾薨，王晏爲顧命大臣之一，掌尚書事，進左僕射。蕭鸞謀廢立，王晏響應推奉。蕭鸞繼位，王晏進號驃騎大將軍，職事如故，進爵爲公。不久即遭蕭鸞猜忌。鮮于文粲與王晏之子王德元往來，告德元聚集亡命、劍客之徒，有謀反之意。蕭鸞於是殺王晏及其弟王詡，其子德元、德和。本書卷四二有傳。　帷屏，無故有血

灑之：古代觀念中，古人殺牲以血爲祭，血代表生命，具有神聖性。另一方面，血又是不潔的，可用於驅邪，不管“血”被賦予何種象徵意義，它一般都預示着凶、不祥。敦煌寫本P. 2682《白澤精怪圖》中有段“血污占”的文字：“血污門户關者，臣妾有奸。血污門者，賓客爲害，祭之則吉。血污床褥者，憂妻子也。血污帷帳，宿者有憂。血污冠幘者，爲士所辱，勿服之。血污人衣帔，女子懷身墮傷，男子驚兵，賣之，勿服。血污冠幘簪及采鏡釵珠璣者，有好淫之辱，皆悉焚之、賣之，勿服。血污人身，是謂爲鬼所泣，其主不吉，以鮓醬洗去之，殃除。”其中提到“血污帷帳，宿者有憂”，與王德元的境況類似。

[3]散：該字下南監本、北監本、汲本、殿本、局本有“晏尋被誅”四字。

《思心傳》曰：“心者，土之象也。思心不睿，[1]其過在瞀亂失紀。風於陽則爲陰，於陰則爲大臣之象，專恣而氣盛，故罰常風。心爲五事主，猶土爲五行主也。一曰：陰陽相薄，偏氣陽多爲風，其甚也常風。陰氣多者，陰而不雨，其甚也常陰。一曰：風宵起而晝晦，以應常陰同象也。”[2]

[1]睿：清錢大昕《廿二史考異》卷七《漢書二》、清王念孫《讀書雜志·漢書第五》認爲當作“容”。《尚書·洪範》之五事有“五曰思”，至《洪範五行傳》變成“思心”，但意義無甚大變。

[2]“《思心傳》”至“同象也”：本段《傳》文是對《五行傳》“思心之不，是謂不聖，厥咎霿，厥罰恒風”一句的解説。《漢書·五行志下之上》“説曰”：“思心者，心思慮也；睿，寬也。孔子曰：‘居上不寬，吾何以觀之哉！’言上不寬大包容臣下，則不能居聖位。貌言視聽，以心爲主，四者皆失，則區霿無識，故其咎

霧也。雨旱寒奥，亦以風爲本，四氣皆亂，故其罰常風也。”《漢志》强調王者應有包容寬大之心，否則就會貌言視聽四事盡失，王者昏昧迷惑。五事中“思心”與“土”相配，土居中，地位高於其餘四行，故思心亦主宰其他四事。《洪範》“思”對應咎徵“恒風”，所以風自然成爲雨、旱、寒、奥寺種咎徵之本，四氣亂則有恒風之罰。然而，《漢志》所引西漢事例多强調大風、暴風雨對人生活及生命的威脅破壞，並不指向君王昏昧迷惑之意。本段《傳》文對於“常風”的解説顯然比《漢志》更爲詳盡，列舉了三種解説，第一種與《漢志》接近，其餘兩種則是從陰陽二氣相互作用的角度的新説。

建元元年十一月庚戌，風夜暴起，雲雷合冥，從戌亥上來。[1]

四年十一月甲寅，酉時風起小駃，[2]至二更雪落，風轉浪津。[3]

永明四年二月丙寅，巳時風迅急。

十一月己丑，戌時風迅急，從西北戌亥上來。

五年五月乙酉，子時風迅急，從西北戌亥上來。

[1]戌亥：西北方位。古代以十二地支搭配八個方位，分别是：正北—子，東北—丑、寅，正東—卯，東南—辰、巳，正南—午，西南—未、申，正西—酉，西北—戌、亥。

[2]酉時：17—19點。古代將一天分爲十二個時辰，每個時辰兩小時，搭配十二地支，分别是：二十三點至一點爲子時，一至三點爲丑時，三至五點爲寅時，五點到七點爲卯時，七點到九點爲辰時，九點到十一點爲巳時，十一點到十三點爲午時，十三點到十五點爲未時，十五點到十七點爲申時，十七點到十九點爲酉時，十九點到二十一點爲戌時，二十一點到二十三點爲亥時。　駃（kuài）：

同“快”，急、迅速。

[3]浪津：大浪排津。

七年正月丁卯，陽徵陰賊之日，[1]時加子，[2]風起迅急，從北方子丑上來，暴疾浪津，寅時止。

八年六月乙酉，時加子，[3]風起迅急，暴疾浪津，[4]發屋折木，塵沙，從西南未上來，因雷雨，須臾，風微雨止。

[1]陽徵：中國古代五音占的術語。五音爲宫、商、角、徵、羽。“陽”是日干支的陰陽，“徵”是日干支的納音之一。按照《漢書》卷七五《翼奉傳》及《天地瑞祥志》卷一二所引“翼奉曰”，翼氏的起風日干支陰陽納音搭配如下：陽宫日戊寅、己卯、庚子、辛丑、丙辰、丁巳；陰宫日庚午、辛未、丙戌、丁亥、戊申、己酉；陽商日甲子、乙丑、庚辰、辛巳、壬寅、癸卯；陰商日壬申、癸酉、甲午、乙未、庚戌、辛亥；陽角日戊辰、己巳、庚寅、辛卯、壬子、癸丑；陰角日壬午、癸未、戊戌、己亥、庚申、辛酉；陽徵日丙寅、丁卯、戊子、己丑、甲辰、乙巳；陰徵日甲戌、乙亥、丙申、丁酉、戊午、己未；陽羽日丙子、丁丑、壬辰、癸巳、甲寅、乙卯；陰羽日甲申、乙酉、丙午、丁未、壬戌、癸亥。　陰賊：中國古代六情占的術語。六情是人的好、惡、喜、怒、哀、樂，古代認爲天也有這六種感情表現，六情與十二地支、方位相搭配，可以判斷其行爲的吉凶。根據《漢書·翼奉傳》的記載，搭配如下：北方之情，好也，好行貪狼，申子主之；南方之情，惡也，惡行廉貞，寅午主之；西方之情，喜也，喜行寬大，巳酉主之；東方之情，怒也，怒行陰賊，亥卯主之；下方之情，哀也，哀行公正，戌丑主之；上方之情，樂也，樂行奸邪，辰未主之。本條日辰是丁卯，於五音爲陽徵日，於六情是陰賊日。

[2]時加子：子時，23—1點。

[3]時加子：底本原作“加子時”，中華本據殿本乙正爲“時加子”。今從改。

[4]暴疾浪津：迅猛致仕大浪排津。

九年七月甲寅，陽羽廉貞之日，時加亥，風起迅急，從東方來，暴疾彭勃浪津，[1]至乙卯陰賊時漸微，名羽動羽。[2]

九月乙丑，時加未，雷，驟雨，風起迅急，暴疾浪津，從西北戌上來。

十月壬辰，陽羽姦邪之日，時加丑，風起從北方子丑上來，暴疾浪津，迅急，塵埃，五日寅時漸微，名羽動宫。[3]

十年正月辛巳，陽商寬大之日，時加寅，風從西北上來，暴疾浪津，迅急，揚沙折木，酉時止。

二月甲辰，陽徵姦邪之日，時加辰，風起迅急，從西北亥上來，暴疾彭勃浪津，至酉時止。

三月丁酉，[4]陽徵廉貞之日，時加未，風從北方子丑上來，迅急，暴疾浪津，戌時止。

七月庚申，陰角貪狼之日，時加午，風從東北丑上來，迅急浪津，至辛酉巳時漸微。

[1]暴疾彭勃浪津：迅猛不衰致大浪排津。彭勃，迅猛不衰貌。

[2]羽動羽：中國古代五音占的術語，是日納音與方位納音相動。日納音上文注釋已經解説，方位納音據《天地瑞祥志》卷一二“翼氏曰”搭配如下：子爲陽宫，午爲陰宫；辰爲陽商，戌爲陰商；

巳爲陽角，亥爲陰角；寅、丑爲陽徵，申、未爲陰徵；卯爲陽羽，酉爲陰羽。本條甲寅於日納音爲陽羽日，風從東方來，東方爲卯，於方位納音也是陽羽，所以説是“羽動羽”。

[3]羽動宫：本條壬辰，於日納音爲陽羽日，於六情爲奸邪。風從北方子丑上來，子爲正北，丑爲東北，方位納音上子爲陽宫，故云“羽動宫”。

[4]丁酉：中華修訂本認爲本月丁巳朔，無丁酉日（第431頁）。按，下文云“陽徵廉貞之日”，陽徵日是丙寅、丁卯、戊子、己丑、甲辰、乙巳，六情中寅午主南方惡行廉貞，則符合條件的衹有丙寅。本月丁巳朔，丙寅是初十，“丁酉”疑爲“丙寅”之誤。

十一年二月庚寅，陽角廉貞之日，時加亥，風從西北亥上來，迅疾浪津，丑時漸微，爲角動角。[1]

七月甲寅，陽羽廉貞之日，時加巳，風從東北寅上來，迅疾浪津，發屋折木，戌夜漸微，爲羽動徵。[2]己巳，陽角寬大之日，時加未，風從戌上來，暴疾，良久止，爲角動商及宫。[3]

凡時無專恣，疑是陰陽相薄。

建昌元年三月乙酉，[4]未時風起，浪津暴急，從北方上來，應本《傳》眘亂。

建武二年、三年、四年，每秋七月、八月，輒大風，三吴尤甚，發屋折木，殺人。京房占：“獄吏暴，風害人。”時帝嚴刻。

永元元年七月十二日，大風，京師十圍樹及官府居民屋皆拔倒，應本《傳》。

[1]角動角：本條庚寅，於日納音爲陽角，於六情爲廉貞。風

從西北亥上來，方位納音上亥爲陰角，故云“角動角”。

［2］羽動徵：本條甲寅，於日納音爲陽羽，於六情爲廉貞。風從東北寅上來，方位納音上寅爲陽徵，故云“羽動徵”。

［3］“己巳”至“角動商及宫”：本條己巳，於日納音爲陽角，於六情爲寬大。風從戌上來，方位上戌爲陰商，故云“角動商”。然文中既云“角動商及宫”，子午方爲宫，疑“風從戌上來”後有脱文。

［4］建昌：南齊無“建昌”年號，中華修訂本從丁福林《宋書校議》改作“隆昌”；又認爲本月丙午朔，月内無乙酉日。（第432页）

《傳》又曰：“山之於地，君之象也。山崩者，君權損，京陵易處，世將變也。陵轉爲澤，貴將爲賤也。”[1]

建元二年夏，廬陵石陽縣長溪水衝激山麓崩，[2]長六七丈，下得柱千餘口，皆十圍，長者一丈，短者八九尺，頭題有古文字，不可識。江淹以問王儉，[3]儉云：“江東不閑隸書，此秦漢時柱也。”後年宫車晏駕，世變之象也。

永明二年秋，始興曲江縣山崩，[4]壅底溪水成陂。京房占：“山崩，人主惡之。”

［1］“《傳》又曰”至“貴將爲賤也”：這段《傳》文是對“山崩”的解説。《漢書·五行志下之上》釋《春秋》成公五年“夏，梁山崩”，引劉向説：“山，陽，君也；水，陰，民也。天戒若曰：君道崩壞，下亂，百姓將失其所矣。”又引劉歆説：“國主山川，山崩川竭，亡之徵也。”《隋書·五行志下》引劉向《洪範五行傳》曰：“山者，君之象；水者，陰之表，人之類也。天戒若曰：君人擁

威重，將崩壞，百姓不得其所。”其意大致相似。

［2］廬陵：郡名。屬江州，治石陽縣，在今江西吉水縣東北。

［3］江淹：字文通，宋州濟陽考城（今河南民權縣）人，南朝政治家、文學家。江淹少年喪父，家境貧窮，但好學不輟，歷仕南朝宋、齊、梁三朝。蕭道成掌控劉宋政權時，軍中的文書文告都是由江淹起草，深得蕭道成信任。齊立國，江淹爲中書侍郎，又掌國史。御史中丞任上，敢於彈劾權貴，升任衛尉卿。蕭衍起兵圍攻建康時，江淹前往投靠，梁立國，任散騎常侍、左衛將軍，後進爵爲侯。天監四年（505）去世，謚號憲伯。江淹文學造詣極高，其辭賦、詩歌對於後世有重要影響。《梁書》卷一四、《南史》卷五九有傳。　王儉：字仲寶，瑯琊臨沂人，王導五世孫，南朝文學家。王儉早年喪父，自幼勤學。宋明帝時，娶陽羨公主，任秘書郎、秘書丞、義興太守等職。輔佐蕭道成即位，封南昌縣公，升尚書左僕射，官至太子少傅、中書監。永明七年（489）病逝，年三十八，謚號文憲。王儉在目録學上有很大成就，仿劉歆《七略》所撰之《七志》是中國目録學史上的重要作品。本書卷二三、《南史》卷二二有傳。

［4］始興：郡名。屬廣州，治曲江縣，在今廣東韶關市。

《傳》又曰：“雷電所擊，蓋所感也。皆思心有尤之所致也。”[1]

建元二年閏六月丙戌，[2]戌夜震電。

四年五月五日，雲雹闇都，[3]雷震于樂遊安昌殿，[4]電火焚蕩盡。

永明八年四月六日，雷震，會稽山陰恒山保林寺刹上四破，[5]電火燒塔下，佛面、窗户不異也。

永明中，震東宮南門，[6]無所傷毁，殺食官一人。

十一年三月，震于東齋，棟崩。左右密欲治繕，竟陵王子良曰：[7]“此豈可治，留之志吾過，且旌天之愛我也。”明年，子良薨。

[1]“《傳》又曰”至“所致也”：本段《傳》文及所引事例是關於“震”。如上所言，《漢志》將“震電”置於《貌傳》之“恒雨”下，《續漢書》《宋書》《晋書》《隋書》《新唐書》之《五行志》將“雷震”置於《聽傳》之“鼓妖”下，並無《傳》文。本段《傳》文則置於《思心傳》下，不知源自何處。

[2]閏六月丙戌：校點本認爲本年九月置閏，疑此處有訛衍。

[3]雲：殿本作“雷”。

[4]樂遊：園苑名。即樂遊苑，劉宋武帝所建，遺址在今南京市玄武區太平門内西側覆舟山。

[5]會稽山：山名。在今浙江紹興市南。

[6]震：中華修訂本《校勘記》云：該字上南監本、北監本、殿本、局本有“雷”字。（第432頁）

[7]竟陵王子良：字雲英，齊武帝蕭賾次子，文惠太子蕭長懋同母弟。齊立國，任會稽太守、丹陽尹。齊武帝繼位，封竟陵郡王，歷任南徐州刺史、南兖州刺史、司徒、尚書令、中書監等。齊武帝薨，遺詔子良輔政，子良不樂事務，悉委事於蕭鸞。隆昌元年（494）病逝，年三十五。本書卷四〇有傳。

《傳》又曰：“土氣亂者，木金水火亂之。”[1]

建武二年二月丁巳，地震。

永元元年七月，地日夜十八震。

九月十九日，地五震。

[1]“《傳》又曰”至“木金水火亂之”：《五行傳》有“思心

之不……時則有金木水火沴土”一句，《漢書·五行志下之上》“説曰”:“凡思心傷者病土氣，土氣病則金木水火沴之，故曰‘時則有金木水火沴土’。不言‘惟’而獨曰‘時則有’者，非一衝氣所沴，明其異大也。”五行相沴是《洪範五行傳》的發明，打破了先秦以來五行並列相生、相勝的關係，將五行依方位對衝重新搭配。木金東西對衝相沴，火水南北對衝相沴，土居中爲五行之主，故土氣傷則四方金木水火之氣乘而沴之，所引發的災異爲地變之極，如地震、山崩、地陷、川竭之類。上文已列“山崩”一目，此處爲“地震”。先秦最著名的地震是周幽王二年的“三川皆震”，《漢書·五行志下之上》引伯陽甫的解釋:“周將亡矣！天地之氣不過其序，若過其序，民亂之也。陽伏而不能出，陰迫而不能升，於是有地震。今三川實震，是陽失其所而填陰也。陽失而在陰，原必塞；原塞，國必亡。夫水，土演而民用也；土無所演，而民乏財用，不亡何待？昔伊、洛竭而夏亡，河竭而商亡，今周德如二代之季，其原又塞，塞必竭；川竭，山必崩。夫國必依山川，山崩川竭，亡之徵也。若國亡，不過十年，數之紀也。”後世對“地震”的解説基本都源此。

金者，西方，萬物既成，殺氣之始也。其於王事，兵戎戰伐之道也。王者興師動衆，建立旗鼓，仗旄把鉞，以誅殘賊，止暴亂，殺伐應義，則金氣從。工冶鑄化，革形成器也。人君樂侵陵，好攻戰，貪城邑，輕百姓之命，人民不安，内外騷動，則金失其性。蓋冶鑄不化，水滯固堅，[1]故曰金不從革，又曰維木沴金。[2]

建武四年，明帝出舊宫送豫章王第二女綏安主降嬪，[3]還上輦，輦上金翅無故自折落地。[4]

［1］水：局本作“冰”，此句《漢書·五行志》作“冰滯涸堅”。

［2］“金者”至“維木沴金”：此段是對《五行傳》“好戰攻，輕百姓，飾城郭，侵邊境，則金不從革”一句的解説。《漢書·五行志上》引“説曰”:“金，西方，萬物既成，殺氣之始也。故立秋而鷹隼擊，秋分而微霜降。其於王事，出軍行師，把旄杖鉞，誓士衆，抗威武，所以征畔逆、止暴亂也。《詩》云：‘有虔秉鉞，如火烈烈。’又曰：‘載戢干戈，載櫜弓矢。’動静應誼，‘説以犯難，民忘其死。’如此則金得其性矣。若乃貪欲恣睢，務立威勝，不重民命，則金失其性。蓋工冶鑄金鐵，金鐵冰滯涸堅，不成者衆，及爲變怪，是爲金不從革。”《隋書·五行志上》:“《洪範五行傳》曰：‘金者西方，萬物既成，殺氣之始也。古之王者，興師動衆，建立旗鼓，以誅殘賊，禁暴虐，安天下，殺伐必應義，以順金氣。如人君樂侵陵，好攻戰，貪城邑之賂，以輕百姓之命，人皆不安，外内騷動，則金不從革。’”與此段《傳》文比較，三者在解釋取向、思路和結構上完全對應，重要的關鍵詞也相合，顯示三者應該都是源自劉向的《洪範五行傳論》。

［3］豫章王：蕭嶷，字宣儼，齊高帝蕭道成次子，齊武帝蕭賾同母弟。蕭道成輔導政，蕭嶷多出謀獻疑策，深受蕭道成鍾愛。齊立國，封豫章郡王，歷任侍中、尚書令等職，多次與北魏、荆蠻交戰，守土有功，任中書監、司空、揚州刺史等。齊武帝繼位，升太尉。蕭嶷爲人寬厚，得朝野歡心，蕭賾對蕭嶷亦友愛有加。永明十年（492）卒，年四十九。本書卷二二有傳。

［4］金翅：金作的似鳥飛狀的飾物。

《言傳》曰:“言，《易》之道，西方曰兑，爲口。人君過差無度，刑法不一，斂從其重，或有師旅，炕陽之節，若動衆勞民，是言不從。人君既失衆，政令不從，孤陽持治，下畏君之重刑，陽氣勝則旱象至，故曰厥罰常陽也。”[1]

建元三年，大旱，時有虜寇。[2]

永明三年，大旱，明年，唐寓之起。[3]

建武二年，大旱，時虜寇方盛，[4]皆動衆之應也。

[1]“《言傳》曰”至“常陽也”：此段傳文是對《五行傳》“言之不從，是謂不艾，厥咎僭，厥罰恒陽”一句的解説。《漢書·五行志中之上》：“言上號令不順民心，虚嘩憒亂，則不能治海内，失在過差，故其咎僭，僭，差也。刑罰妄加，群陰不附，則陽氣勝，故其罰常陽也。……於《易》，“兑”爲口，犬以吠守，而不可信，言氣毁故有犬旤。”《隋書·五行志上》：“《洪範五行傳》曰：‘君持亢陽之節，興師動衆，勞人過度，以起城邑，不顧百姓，臣下悲怨。然而心不能從，故陽氣盛而失度，陰氣沉而不附。陽氣盛，旱灾應也。’”三者的邏輯及思想基本是一致的，都是從陰陽二氣來解釋“常陽”的成因。

[2]虜寇：本年二月，南齊與北魏在淮北的淮陽、下蔡等地有戰事。

[3]唐寓（yǔ）之：南齊立國之初，重新清檢户籍，齊武帝繼位後别立校籍官，專門負責檢定黄籍，連年不已，民有怨望。永明三年（485）冬，富陽人唐寓之以相墓爲業，自言其家墓有王氣，山中得金印，遂惑衆作亂，攻陷富陽，之前因檢括户口而逃亡的百姓紛紛前往投奔，聚集起三萬人的軍隊。四年正月，唐寓之攻陷錢塘，吴郡諸縣令多棄城而逃。唐寓之在錢塘稱帝，立太子，置百官，又攻陷東陽郡，殺東陽太守蕭崇之。齊武帝發禁兵數錢人、馬數百匹前往鎮壓。官軍一至錢塘，唐寓之烏合之衆一戰而潰，唐寓之被殺，亂平。事見本書卷四四《沈文季傳》。

[4]虜寇方盛：建元元年（479），蕭鸞殺蕭昭文自立，十二

月，北魏孝文帝遣大軍南征。建武二年（480）正月，北魏頻頗南齊軍隊，孝文帝親至淮南。二月北魏停止南下，班師。

《言傳》曰："下既悲苦君上之行，又畏嚴刑而不敢正言，則必先發於歌謠。歌謠，口事也。口氣逆則惡言，或有怪謠焉。"[1]

宋泰始既失彭城，[2]江南始傳種消梨，先時所無，百姓争欲種植。識者曰："當有姓蕭而來者。"十餘年，齊受禪。

［1］"《言傳》曰"至"或有怪謠焉"：此段《傳》文是對《五行傳》"言之不從……時則有詩妖"一句的解説。《漢書·五行志中之上》："君炕陽而暴虐，臣畏刑而柑口，則怨謗之氣發於謌謠，故有詩妖。"《漢志》采用的是"童謠""歌謠"的類目，《續漢書·五行志》采用"謠"的名目，《宋書》《晋書》《隋書》《新唐書》之《五行志》則固定以"詩妖"爲目。大凡與政治有關的童謠、謡讖、訛言等均可歸入"詩妖"，多是當時人出於特定目的而造作出來的。

［2］宋泰始既失彭城：泰始，宋明帝劉彧年號。彭城，郡名，屬徐州，治彭城縣，在今江蘇徐州市。466 年，劉彧殺前廢帝劉子業自立，引發各地州鎮的不滿，鄧琬擁立孝武帝第三子江州刺史劉子勛爲帝，徐州刺史薛安都、青州刺史沈文秀、冀州刺史崔道固等淮北將領起兵響應劉子勛。同年，劉子勛之亂被平定，薛安都上表投降。宋明帝劉彧不顧大臣的勸阻，欲示威淮北，就派五萬重兵前往徐州迎接薛安都。薛安都以爲劉彧是要討伐自己，爲自保，就向北魏求援，願意獻上徐、兖二州。於是北魏發大軍進攻劉宋淮北、山東半島之地。泰始五年（469），淮河以北、黄河以南的青、冀、徐、兖、豫五州之地全部没於北魏，東晋末年劉裕北伐所取得的領

土悉數落入北朝，南朝在領土上對北朝的優勢和威脅一去不返還。這被認爲是南弱北强局面的開始。

元徽中，[1]童謡曰："襄陽白銅蹄，[2]郎殺荆州兒。"後沈攸之反，[3]雍州刺史張敬兒襲江陵，殺沈攸之子元琰等。

永明元年元日，[4]有小人發白虎樽，既醉，與筆扎，不知所道，直云"憶高帝"。敕原其罪。

世祖起青溪舊宫，時人反之曰："舊宫者，窮厩也。"及上崩後，宫人出居之。

[1]元徽：宋後廢帝劉昱年號。

[2]蹄：南監本、局本作"鞮"。

[3]沈攸之反：劉宋重臣沈攸之對抗蕭道成的鬥争。沈攸之，字仲達，吴興武康（今浙江德清縣）人，劉宋名將。他少年喪父，隨堂叔沈慶之征戰，屢有戰功，深得孝武帝器重。前廢帝即位，誅殺王公大臣，沈攸之都參與其中。宋明帝自立爲帝後，他又因告發有功，出任東海太守。在平定劉子勛之亂中，沈攸之發揮了至關重要的作用，最終擒殺劉子勛。隨後，他率軍進入淮北，準備接受徐州刺史薛安都的投降，結果薛安都轉而投降北魏，沈攸之與北魏交戰，大敗而回。宋明帝薨，沈攸之被任命爲顧命大臣，後廢帝又任他爲荆州刺史。沈攸之在荆州時，把之前在郢州的精兵也帶去了，又藉口討伐蠻族，大肆征發民力，召集士卒，部屬軍務，修繕兵甲，建造戰船，引發朝廷的猜忌。朝廷數次想召他回京城都未果。477 年，蕭道成殺後廢帝，立宋順帝，十二月，沈攸之傳檄四方，自稱得太后密旨討伐蕭道成。沈攸之率軍東進，受阻於郢城，軍心涣散。478 年，沈攸之兵敗，欲退往荆州江陵，此時，雍州刺史張敬兒早已出兵偷襲江陵，留守的將領出逃，沈攸之的子孫多數被

殺，其中就包括長子沈元琰。沈攸之得知後，衹好自縊身亡。

[4]元日：正月初一。

永明初，百姓歌曰："白馬向城啼，欲得城邊草。"後句間云"陶郎來"。白者金色，[1]馬者兵事。[2]三年，妖賊唐寓之起，言唐來勞也。

世祖起禪靈寺初成，[3]百姓縱觀，或曰："禪者授也，靈非美名，所授必不得其人。"後太孫立，[4]見廢也。

永明中，宮内坐起御食之外，皆爲客食。世祖以客非家人名，改呼爲别食，時人以爲分别之象。少時，上晏駕。

文惠太子在東宫，作《兩頭纖纖詩》，後句云"磊磊落落玉山崩"。自此長王宰相相繼薨徂，[5]二宫晏駕。[6]

文惠太子作七言詩，後句輒云"愁和諦"。[7]後果有和帝禪位。

[1]白者金色：五行中金者西方，白色，故曰"白者金色"。

[2]馬者兵事：《漢書·五行志》："馬，國之武用。"《魏書·靈徵志》和《隋書·五行志》均載："馬者，兵象。"

[3]禪靈寺：南朝名寺。修成於齊武帝永明七年（489），規模宏大，耗資不菲，由謝瀹撰碑，徐希秀書丹，虎賁中郎將潘敞監造。南齊東昏侯蕭寶卷在位時，剥取禪靈寺塔上的寶珥來裝飾潘妃殿，禪靈寺就此逐漸廢棄了。

[4]太孫：蕭昭業，齊武帝太子蕭長懋長子。蕭長懋薨，謚文惠太子，齊武帝立蕭昭業爲皇太孫。493年7月即位，494年7月被蕭鸞廢殺。

[5]長王宰相相繼薨徂：永明七年（489）正月，驃騎將軍、開府儀同三司臨川王蕭映薨；八年（490）二月，零陵王司馬藥師薨；十年（492）四月，大司馬豫章王蕭嶷薨。

[6]二宫晏駕：永明十一年（493）正月，東宫皇太子蕭長懋薨；七月，齊武帝薨。

[7]後句：《南史》卷五《齊本紀下》、《建康實録》卷一五作“句後”。　諦：《南史》卷五《齊本紀下》、《建康實録》卷一五作“帝”。

永明中，虜中童謡云：“黑水流北，赤火入齊。”[1]尋而京師人家忽生火，赤於常火，熱小微，貴賤争取以治病。法以此火灸桃板七炷，七日皆差。[2]敕禁之，不能斷。京師有病瘻者，[3]以火灸數日而差。隣人笑曰：“病偶自差，豈火能爲。”此人便覺頤間癢，[4]明日瘻還如故。後梁以火德興。

文惠太子起東田，時人反云“後必有癲童”。果由太孫失位。[5]

[1]黑水流北：北魏入居中原，開始構建其與華夏正統的關係。《魏書》卷一《序紀》記載黄帝有二十五子，少子昌意受封北土，因國中有大鮮卑山，因以爲號“鮮卑”，“黄帝以土德王，北俗謂土爲托，謂后爲跋，故以爲氏”，所以北魏最初的德運是從土德，服色尚黄。孝文帝太和十四年（490）重議德運承襲，十五年正月最終决定改土德爲水德，承接晋之金德，這實際是把之前的十六國都打入閏位，而以正統自居。五行中，北方水德，尚黑，故云“黑水流北”。　赤火入齊：晋爲金德，金生水，故劉宋爲水德；水生木，蕭齊爲木德；木生火，代齊者爲火德，故云“赤文入齊”。

[2]差（chài）：病除。《方言》卷三："差，愈也。南楚病愈者謂之差。"

[3]癭：囊狀腫瘤，多生於頸部。

[4]頤：口腔的下部，俗稱下巴。《易・噬嗑》："頤中有物，曰噬嗑。"《急就篇》卷三："頰頤頸項肩臂肘。"顏師古注："下頷曰頤。"

[5]由：南監本作"至"，中華修訂本據北監本、汲本、殿本、局本改作"由"。（第431頁）今從改。

齊宋以來，民間語云"擾攘建武上"。明帝初，誅害蕃戚，京師危駭。[1]

永元元年，童謠曰："洋洋千里流，流翣東城頭。烏馬烏皮袴，三更相告訴。脚跛不得起，誤殺老姥子。"千里流者，江祏也。[2]東城，遥光也。[3]遥光夜舉事，垣歷生著烏皮袴褶往奔之。[4]跛脚，[5]亦遥光。老姥子，[6]孝字之象，徐孝嗣也。[7]

[1]誅害蕃戚，京師危駭：齊明帝蕭鸞是蕭道成之侄，齊武帝蕭賾的堂弟。蕭賾遺詔由竟陵王蕭子良和蕭鸞輔政，蕭子良不良於事務，故大權落到蕭鸞手中。蕭鸞廢立過兩位皇帝，最終自立爲帝。爲穩固統治，他先後殺掉齊高帝之子江夏王蕭鋒、鄱陽王蕭鏘、桂陽王蕭鑠、南平王蕭鋭、宜都王蕭鏗、晋西王蕭銶、河東王蕭鉉、衡陽王蕭鈞八人，又殺齊武帝之子廬陵王蕭子卿等十六人，文惠太子之子四人。前後殘殺高、武帝諸子孫見諸史書者共計二十九人，高、武之裔殆盡。

[2]江祏：字弘業，濟陽考城人。其姑爲齊明帝蕭鸞生母，蕭鸞待之如兄弟、心腹，官至侍中、中書令。蕭鸞遺詔始安王蕭遥

光、尚書令徐孝嗣、領軍蕭坦之、衛尉劉暄、右僕射江祏、其弟侍中江祀六人輔政，謂之“六貴”。蕭寶卷繼位後，殘暴無德，江祏兄弟、遥光謀廢立，事泄，江祏兄弟同日被殺。本書卷四二有傳。“千里流者”，蓋取“江”之意。

［3］遥光：始安王蕭遥光。建康城外東南、西南方向分别建有東府、西州二小城，以拱衛京師，遥光當時住在東府，故云“東城”。蕭遥光生平見上卷注釋。

［4］垣歷生：下邳人，性苛暴，爲驍騎將軍。蕭遥光夜中舉事，召垣歷生，垣歷生看到信後立刻趕至，勸遥光乘夜攻臺城，遥光遲疑不敢出，失去良機。交戰中，垣歷生投降臺軍被殺，遥光又怒殺垣歷生之子。　著：底本作“者”，中華本作“著”，據改。

［5］跛脚：蕭遥光自小有足疾，故云“跛脚”。

［6］老姥子：取老、子兩字，合起來爲“孝”。

［7］徐孝嗣：字始昌，東海郯縣（今山東郯城縣北）人。齊立國後娶康樂公主爲妻子，蕭鸞謀廢立，徐孝嗣參與策劃。蕭鸞繼位，他升任尚書左僕射，進拜司空。蕭鸞死後，他是輔政的“六貴”之一。蕭寶卷失德，孝嗣不敢諫；蕭遥光反叛，孝嗣入臺城護持。雖有文學之才，然優柔寡斷，終於被蕭寶卷賜死，年四十七。本書卷四四有傳。

永元中，童謡云：“野豬雖嗃嗃，馬子空閶渠。不知龍與虎，飲食江南墟。七九六十三，廣莫人無餘。烏集傳舍頭，今汝得寬休。但看三八後，摧折景陽樓。”識者解云：“陳顯達屬豬，[1]崔慧景屬馬。”非也。東昏侯屬豬，馬子未詳，梁王屬龍，蕭穎胄屬虎。[2]崔慧景攻臺，[3]頓廣莫門死，時年六十三。烏集傳舍，即所謂“瞻烏爰止，于誰之屋”。[4]三八二十四，起建元元年，至中興二年，二十四年也。摧折景陽樓，亦高臺傾之意也。言天下將去，乃得休息也。

齊、宋之際，民間語云“和起”，言以和顏而爲變起也。後和帝立。

崔慧景圍臺城，有一五色幡，飛翔在雲中，半日乃不見，衆皆驚怪，[5]相謂曰：“幡者，事尋當飜覆也。”數日而慧景敗。

[1]陳顯達：字顯達，南彭城郡彭城（今江蘇徐州市）人，南齊名將。初仕劉宋，官至濮陽太守。後隨蕭道成，平定劉休範和沈攸之叛亂。齊立國，歷任南兖州、益州、雍州、江州刺史。擁立蕭鸞繼位，拜太尉兼侍中。蕭寶卷即位後，擅殺大臣，陳顯達遂起兵，擁立建安王蕭寶寅爲帝，兵敗被殺。本書卷二六有傳。

[2]蕭穎胄：字雲長，南齊宗室，蕭道成堂侄。蕭寶卷繼位後，誅殺宗室大臣，招討荆、雍，以穎胄都督行留諸軍事。穎胄潛與蕭衍謀劃，以南康王蕭寶融爲相國。不久，穎胄又與蕭衍擁立蕭寶融爲帝，穎胄爲侍中、尚書令，行荆州刺史。尋病卒。本書卷三八有傳。

[3]崔慧景：字君山，清河郡東武城（今河北故城縣）人，南齊大將。隨蕭道成征戰四方，任侍中、度支尚書等。陳顯達、裴叔業叛亂，蕭寶卷詔崔慧景爲平西將軍前往平亂。因蕭寶君擅殺大臣，崔慧景心不自安，於途中起事，擁立江夏王蕭寶玄，兵圍建康。很快，崔慧景就攻破北籬門，進入樂游苑，包圍了宫城。但之後因爲内部不合，加上蕭懿回援建康，崔慧景大敗，僅領侍從數人悄然逃出。途中侍從皆逃亡，崔慧景一人行至蟹浦（今南京市西北），被漁夫所殺。本書卷五一有傳。

[4]瞻烏爰止，于誰之屋：語出《詩·小雅·正月》：“民之無辜，並其臣僕。哀我人斯，于何從禄？瞻烏爰止，于誰之屋？”毛

亨傳："富人之室，烏所集也。" 鄭玄箋："視烏集於富人之屋，以言今民亦當求明君而歸之。"

[5]半日乃不見，衆皆驚怪：《御覽》卷八七六引《齊書》作"半日乃下，衆見皆驚怪"。

《言傳》曰："言氣傷則民多口舌，故有口舌之痾。金者白，故有白眚，若有白爲惡祥。"[1]

宋昇明二年，飆風起建康縣南塘里，[2]吹帛一匹入雲，風止，下御路。紀僧真啓太祖當宋氏禪者，[3]其有匹夫居之。

[1]"《言傳》曰"至"白爲惡祥"：此段《傳》文是對《五行傳》"言之不從……時則有口舌之，時則有白眚白祥"一句的解說。《漢書·五行志中之上》："及人，則多病口喉欬者，故有口舌痾。金色白，故有白眚白祥。"

[2]建康縣：縣名。屬揚州丹陽郡，治所在今江蘇南京市。

[3]紀僧真：丹陽建康人，少時即事蕭道成，蕭道成令其模仿自己的筆迹，來往書信奏荅一並交與僧真處理，極爲信任。僧真屢次勸進，齊立國後，封新陽縣男。歷高帝、武帝、明帝諸朝，卒官廬陵内史。本書卷五六有傳。本條上云"帛一匹"，其應爲"匹夫"，歸入"白眚"或許衹是因爲"帛"色白。

水，北方，冬藏萬物，氣至陰也，宗廟祭祀之象。死者精神放越不反者，故爲之廟以收散，爲之貌以收其魂神，[1]而孝子得盡禮焉。敬之至，則神歆之，此則至陰之氣從，則水氣從溝瀆隨而流去，不爲民害矣。人君不禱祀，簡宗廟，廢祭祀，逆天時，則霧水暴出，川水逆溢，壞邑軼鄉，沈溺民人，故曰水不潤下。[2]

建元二年，[3]吴、吴興、義興三郡大水。[4]

二年夏，丹楊、吴二郡大水。[5]

四年，大水。

永明五年夏，吴興、義興水雨傷稼。

六年，吴興、義興二郡大水。

建武二年冬，吴、晋陵二郡水雨傷稼。[6]

永元元年七月，濤入石頭，[7]漂殺緣淮居民。應本《傳》。

荆州城内有沙池，常漏水。蕭穎胄爲長史，水乃不漏，及穎胄亡，乃復竭。

[1]故爲之廟以收散，爲之貌以收其魂神：南監本、局本作"聖人爲之宗廟，以收其魂氣，春秋祭祀"，北監本、汲本、殿本作"故爲之廟以收其散，爲之貌以收其魂神"。

[2]"水"至"水不潤下"：此段《傳》文是對《五行傳》"簡宗廟，不禱祠，廢祭祀，逆天時，則水不潤下"一句的解説。《漢書·五行志上》"説曰"："水，北方，終臧萬物者也。其於人道，命終而形臧，精神放越，聖人爲之宗廟以收魂氣，春秋祭祀，以終孝道。王者即位，必郊祀天地，禱祈神祇，望秩山川，懷柔百神，亡不宗事。慎其齊戒，致其嚴敬，鬼神歆饗，多獲福助。此聖王所以順事陰氣，和神人也。至發號施令，亦奉天時。十二月咸得其氣，則陰陽調而終始成。如此則水得其性矣。若乃不敬鬼神，政令逆時，則水失其性。霧水暴出，百川逆溢，壞鄉邑，溺人民，及淫雨傷稼穡，是爲水不潤下。"此段《傳》文的意思與《漢志》一致，文字也頗多相似之處。

[3]二：中華修訂本據本書卷二《高帝紀下》所收建元元年九

月辛丑詔書改作“元”（第433頁）。

[4]吴：郡名。屬揚州，治吴縣，在今江蘇蘇州市。　吴興：郡名。屬揚州，治烏程縣，在今浙江湖州市。　義興：郡名。治陽羨縣，在今江蘇宜興市。

[5]丹楊：郡名。即丹陽，屬揚州，治建康縣，在今江蘇南京市。

[6]晋陵：郡名。屬南徐州，治晋陵縣，在今江蘇常州市。

[7]入：底本作“人”，中華本作“入”，據改。

《傳》曰：“極陰氣動，故有魚孽。魚孽者，常寒罰之符也。”[1]

永明九年，鹽官縣石浦有海魚乘潮來，[2]水退不得去，長三十餘丈，黑色無鱗，未死，有聲如牛，土人呼爲海鷰，取其肉食之。

永元元年四月，有大魚十二頭入會稽上虞江，[3]大者近二十餘丈，小者十餘丈，一入山陰稱浦，[4]一入永興江，[5]皆暍岸側，[6]百姓取食之。

[1]“《傳》曰”至“罰之符也”：此段《傳文》是對《五行傳》“聽之不明聰……厥罰恒寒……時則有魚孽”的解説。《漢書·五行志中之下》：“寒氣動，故有魚孽。雨以龜爲孽，龜能陸處，非極陰也；魚去水而死，極陰之孽也。”這是“恒寒之罰”導致的後果。《隋書·五行志下》：“《洪範五行傳》曰：‘魚陰類也，下人象。又有鱗甲，兵之應也。’”所以魚孽經常是與兵象聯繫在一起的。

[2]鹽官縣：縣名。屬吴郡，治所在今浙江海寧市鹽官鎮。

[3]會稽：郡名。屬揚州，治山陰縣，在今浙江紹興。　上虞：

縣名。屬揚州會稽郡，治所在今浙江上虞市。

[4]山陰：縣名。屬揚州會稽郡，治所在今浙江紹興市。

[5]永興：縣名。屬揚州會稽郡，治所在今浙江杭州市蕭山區。

[6]暍（yē）：中暑。

《聽傳》曰："不聽之象見，則妖生於耳，以類相動，故曰有鼓妖也。一曰：聲屬鼓妖。"[1]

永明元年十一月癸卯，夜，天東北有聲，至戊夜。

[1]"《聽傳》曰"至"聲屬鼓妖"：此段《傳》文是對《五行傳》"聽之不聰……時則有鼓妖"一句的解説。《漢書·五行志中之下》："君嚴猛而閉下，臣戰栗而塞耳，則妄聞之氣發於音聲，故有鼓妖。"《漢志》又引西漢李尋曰："《洪範》所謂鼓妖者也。師法以爲人君不聰，爲衆所惑，空名得進，則有聲無形，不知所從生。"所以鼓妖是莫名的聲音，如"有聲如雷""無雲而雷"、石鼓自鳴之類。

《傳》曰："皇之不極，是謂不建，其咎在霿亂失聽，故厥咎霿。思心之咎亦霿。天者，正萬物之始，王者，正萬事之始，失中則害天，氣類相動也。天者轉於下而運於上，雲者起於山而彌於天，天氣動則其象應，故厥罰常陰。王者失中，臣下盛强而蔽君明，則雲陰亦衆多而蔽天光也。"[1]

[1]"《傳》曰"至"蔽天光也"："皇極"原本是《洪範》九疇之一，並不具有灾異學的意味，到漢代則被抬升至五行、五事之上，成爲漢儒所構建的灾異理論和宇宙圖式的總樞紐。"皇極"是

"天"之象徵，與土爲"地"之象徵對應，又將君王德行（五事）擴展至執中的君道（皇建有極），同時統攝五行、五事無法兼及的日月亂行、星辰逆行等天文異象，完備了漢儒的五行宇宙模式。此段《傳》文是對《五行傳》"皇之不極，是謂不建，厥咎眊，厥罰恒陰"一句的解説。《漢書·五行志下之上》"説曰"："'皇之不極，是謂不建'，皇，君也。極，中；建，立也。人君貌言視聽思心五事皆失，不得其中，則不能立萬事，失在眊悖，故其咎眊也。王者自下承天理物，雲起於山而彌於天，天氣亂，故其罰常陰也。一曰：上失中，則下彊盛而蔽君明也。"此段《傳》文的意思和《漢志》基本一致。

建元四年十月丙午，日入後，[1]土霧勃勃如火煙。[2]

永明二年十一月己亥，四面土霧入人眼鼻，至辛丑止。[3]

二年十一月丙子，日出後及日入後，四面土霧勃勃如火煙。

六年十一月庚戌，丙夜，土霧竟天，昏塞濃厚，至六日未時小開，到甲夜後仍濃密勃勃如火煙，[4]辛慘入人眼鼻。

八年十月壬申，夜，土霧竟天，濃厚勃勃如火煙，氣入人眼鼻，至九日辰時開除。

九年十月丙辰，晝夜恒昏霧勃勃如火煙，其氣辛慘入人眼鼻，兼日色赤黄，至四日甲夜開除。

十年正月辛酉，酉初，[5]四面土霧勃勃如火煙，其氣辛慘入人眼鼻。

[1] 日入：十二辰之一，17—19 時。漢代將一天分爲十二個時

辰，每個時辰兩個小時，分别是：二十三點至一點爲夜半，一至三點爲雞鳴，三至五點爲平旦，五點到七點爲日出，七點到九點爲食時，九點到十一點爲隅中，十一點到十三點爲日中，十三點到十五點爲日昳，十五點到十七點爲晡時，十七點到十九點爲日入，十九點到二十一點爲黄昏，二十一點到二十三點爲人定。

［2］勃勃：煙氣上升貌。

［3］“永明二年十一月己亥”至“辛丑止”：本月庚午朔，月内無己亥、辛丑日，又下文重出“二年”，校點本據此疑本條當爲“元年”。土，底本作“上”，中華本作“土”，據改。

［4］後仍：底本作“仍後”，中華本據南監本、北監本、殿本、局本乙正爲“後仍”，今從改。

［5］酉初：每個時辰是兩小時，分爲初、正。酉時是 17—19 點，酉初就是 17 點，酉正是 18 點，19 點是戌初。

《傳》曰：“《易》曰‘乾爲馬’。逆天氣，馬多死，故曰有馬禍。一曰：馬者，兵象也。將有寇戎之事，故馬爲怪。”[1]

建武四年，[2]王晏出至草市，馬驚走，鼓步從車而歸，十餘日，晏誅。

建武中，南岸有一蘭馬，走逐路上女子，女子窘急，走入人家牀下避之，馬終不置，發牀食女子股脚間肉都盡。禁司以聞，敕殺此馬。是後頻有寇賊。[3]

［1］“《傳》曰”至“故馬爲怪”：此段《傳》文是對《五行傳》“皇之不極……時則有馬禍”一句的解説。《漢書·五行志上之上》：“於《易》，《乾》爲君爲馬，馬任用而彊力，君氣毁，故有馬禍。”《魏書·靈徵志上》：“《洪範論》曰：馬者，兵象也，將有

寇戎之事，故馬爲怪也。”《隋書·五行志下》:“《洪範五行傳》曰：‘馬者，兵象。將有寇戎之事，故馬爲怪。’”相比較，此段《傳》文當綜合了《漢志》易理與劉向《洪範五行傳論》。

[2]武：底本作“昌”，中華本據殿本改作“武”。按，王晏被齊明帝蕭鸞所殺，“建武”是。今從改。

[3]“建武中”至“頻有寇賊”：與本條同類型的事例見於《續漢書·五行志》:“光和中，雒陽水西橋民馬逸走，遂齧殺人。是時，公卿大臣及左右數有被誅者。”

京房《易傳》曰:“生子二胸以上，民謀其主。三手以上，臣謀其主。二口已上，國見驚以兵。三耳已上，是謂多聽，國事無定。二鼻以上，國主久病。三足三臂已上，天下有兵。”[1]其類甚多，蓋以象占之。

永明五年，吴興東遷民吴休之家女人雙生二兒，兒以下齊以上合。[2]

[1]“京房《易傳》”至“天下有兵”:《五行傳》有“皇之不極……時則有下人伐上之痾”一句，《漢書·五行志下之上》“説曰”:“君亂且弱，人之所叛，天之所去，不有明王之誅，則有篡弑之禍，故有下人伐上之痾。”在另一處事例的解説中又引另一種説法:“一曰：天地之性人爲貴，凡人爲變，皆屬皇極下人伐上之痾云。”“痾”是《洪範五行傳》發展出來的新類目，與五事相配，分别是《貌傳》的下體生上之痾、《言傳》的口舌之痾、《視傳》的目痾、《聽傳》的耳痾、《思心傳》的心腹之痾，加上《皇極傳》的下人伐上之痾，但自《漢書·五行志》始，所有關於“痾”的灾異基本都集中到“下人伐上之痾”一目下，可知班固是受到了“一曰”解説的影響。另外，《漢志》所引事例的解説中，又受到了京房《易傳》的影響，如解説漢平帝元始元年（1）六月長安女

子生子異象，引京房《易傳》曰："'睽孤，見豕負塗'，厥妖人生兩頭。下相攘善，妖亦同。人若六畜首目在下，兹謂亡上，正將變更。凡妖之作，以譴失正，各象其類。二首，下不壹也；足多，所任邪也；足少，下不勝任，或不任下也。凡下體生於上，不敬也；上體生於下，媟瀆也；生非其類，淫亂也；人生而大，上速成也；生而能言，好虚也。群妖推此類，不改乃成凶也。"這可以看作是京房關於人體異象與灾異關係的總體看法了。本書此處所引京房《易傳》比《漢志》更爲具體，相同内容也見於《開元占經》卷一一三《人生子異形》所引"京房曰"："人生有二口以上，國主見驚，以（有）兵。""人生有三耳以上，是謂多方，其國無王；是謂多聰，國事無定。""人生有三臂，有反臣。人生有三手以上，臣謀主。人生三足，是謂非常，天下有兵。""人生有三足，不出二年，國有兵喪。""人生子有二鼻，有民謀其主。""人生子，有三腹，其國分。人生有二腹，是謂惡祥，國主以仇亡。"

[2]齊：通"臍"，肚臍。《莊子·大宗師》："頤隱於齊，肩高於頂。"王先謙集解："齊，同'臍'。"

京房《易傳》曰："野獸入邑，其邑大虚。"又曰："野獸無故入邑、朝廷門及宫府中者，邑逆且虚。"[1]

永明中，南海王子罕爲南兖州刺史，[2]有麏入廣陵城，投井而死。又有象至廣陵，是後刺史安陸王子敬於鎮被害。[3]

建武四年春，當郊治圓丘，[4]宿設已畢，夜虎攫傷人。[5]

建武中，有鹿入景皇寢廟，[6]皆爲上崩及禪代也。凡無占者，皆爲不應本《傳》。

[1]“京房《易傳》”至“邑逆且虚”：《五行傳》有“言之不從……時則有介蟲之孽”一句，《漢書·五行志中之上》“説曰”：“介蟲孽者，謂小蟲有甲飛揚之類，陽氣所生也，於《春秋》爲螽，今謂之蝗，皆其類也。”又曰：“劉歆《言傳》曰‘時則有毛蟲之孽’，説以爲於天文，西方參爲虎星，故爲毛蟲。”但《漢志》所引事例全部是麋、大熊之類的“毛蟲”，可知班固是從劉歆之説，後續諸家《五行志》因之。此處所引京房《易傳》之“野獸”，從下文事例中麞、象、虎、鹿來看，屬“毛蟲”無疑。又，《隋書·五行志上》引京房《易飛候》曰：“野獸入邑，及至朝廷若道，上官府門，有大害，君亡。”與此段《易傳》意思相同。

[2]南海王子罕：蕭子罕，字雲華，齊武帝第十一子。永明十年（492）爲南兖州刺史。建武二年（495），被齊明帝蕭鸞所殺。本書卷四〇有傳。

[3]安陸王子敬：蕭子敬，字雲端，齊武帝第五子。永明二年（484）爲南兖州刺史，後徙任荆州刺史、丹陽尹等職。隆昌元年（494）再次爲南兖州刺史。建武元年爲蕭鸞所殺。本書卷四〇有傳。

[4]圓丘：底本作“丘圓”，中華本據南監本、北監本、汲本、局本乙正爲“圓丘”，今從改。

[5]人：底本作“之”，南監本、北監本、汲本、局本作“人”，據改。

[6]景皇：齊明帝蕭鸞生父蕭道生。蕭道生是齊高帝蕭道成之兄，卒於劉宋時期。齊明帝即位後，追尊其父爲景帝。

贊曰：木怪夔魍，[1]火爲水妃。[2]土實載物，[3]金作明威。[4]形聲異迹，影響同歸。皆由象應，莫不類推。

[1]夔（kuí）魍（wǎng）：指夔和魍魎。都是傳説中的山林精

怪。晉張華《博物志》卷一："水石之怪爲龍罔象，木之怪爲𧆘魍魎。"

［2］火爲水妃：典出《左傳》昭公九年："夏，四月，陳灾。鄭裨竈曰：'五年，陳將復封。封五十二年而遂亡。'子産問其故。對曰：'陳，水屬也。火，水妃也，而楚所相也。今火出而火陳，逐楚而建陳也。妃以五成，故曰五年。歲五及鶉火，而後陳卒亡，楚克有之，天之道也，故曰：五十二年。'"杜預注："火畏水，故爲之妃。"

［3］土實載物：《漢書・五行志上》"説曰"："土，中央，生萬物者也。"

［4］金作明威：本卷上文"金不從革"云："王者興師動衆，建立旗鼓，仗旄把鉞，以誅殘賊，止暴亂，殺伐應義，則金氣從。"《尚書・多士》："我有周佑命，將天明威，致王罰，勑殷命終于帝。"《管子・霸言》："以明威之振，合天下之權。"金，象徵著兵事，以强大的軍事力量作爲後盾，代天理物，宣揚上天的旨意，故云"金作明威"。

南齊書　卷二〇

列傳第一

皇后

六宫位號，[1]漢、魏以來，因襲增置，世不同矣。建元元年，[2]有司奏置貴嬪、夫人、貴人爲三夫人，脩華、脩儀、脩容、淑妃、淑媛、淑儀、婕妤、容華、充華爲九嬪，美人、中才人、才人爲散職。永明元年，[3]有司奏貴妃、淑妃並加金章紫綬，[4]佩于窴玉。[5]淑妃舊擬九棘，[6]以淑爲温恭之稱，妃爲亞后之名，進同貴妃，以比三司。[7]夫人之號，不殊蕃國。[8]降淑媛以比九卿。[9]七年，復置昭容，位在九嬪。建元三年，太子宫置三内職，良娣比開國侯，[10]保林比五等侯，[11]才人比駙馬都尉。[12]

[1]六宫：古代皇后的寢宫，正寢一，燕寢五，合爲六宫。《禮記·昏義》："古者，天子后立六宫，三夫人，九嬪，二十七世婦，八十一御妻，以聽天下之内治，以明章婦順，故天下内和而家

理。”鄭玄注：“天子六寢，而六宫在後，六官在前，所以承副施外内之政也。”

[2]建元：齊高帝年號。

[3]永明：齊武帝年號。

[4]金章紫綬：黄金印章和繫印的紫色綬帶。

[5]于寘（tián）：古西域國名，在今新疆和田一帶，盛産美玉。

[6]九棘：古代群臣外朝之位，樹九棘爲標識，以區分等級職位。《周禮·秋官·朝士》：“左九棘，孤、卿、大夫位焉……右九棘，公、侯、伯、子、男位焉。”鄭玄注：“樹棘以爲立者，取其赤心而外刺，象以赤心三刺焉。”此處以“九棘”代稱九卿。

[7]三司：又稱三公，指輔助君王掌握軍政大權的官員。

[8]蕃國：古代王朝分封的諸侯國。

[9]九卿：佐助三公處理各種事務的高級官員。九字係約數，並非確指九位，且“九卿”隨時代變化而有所調整和變動。

[10]開國侯：宋高承《事物紀原·官爵封建》：“晋令始有開國之稱，故五等皆郡縣開國。”按，侯爵即公、侯、伯、子、男五等封爵的第二等。

[11]五等侯：指男爵。

[12]駙馬都尉：漢武帝時始置，秩比二千石。駙，即“副”字之義，與奉車都尉均爲陪侍皇帝乘車出行的近臣。魏晋以後，公主夫婿多授以駙馬都尉，簡稱駙馬。

宣孝陳皇后諱道止，[1]臨淮東陽人，[2]魏司徒陳矯後。[3]父肇之，郡孝廉。[4]

[1]宣孝陳皇后諱道止：陳皇后，齊高帝蕭道成之母。《南史》卷一一亦有傳，事迹略有增異。道成登基後，追尊皇考爲宣皇帝，

皇妣爲孝皇后。止，中華本校勘記云：“南監本、毛本、殿本、局本作‘正’，《御覽》一百四十三引同。毛本、局本‘正’字下有小注，云宋本作‘止’。按《南史·后妃傳》亦作‘止’。”

[2]臨淮：治徐縣，在今江蘇泗洪縣東南。　東陽：縣名。秦置，治所在今江蘇盱眙縣南東陽城。

[3]魏司徒陳矯後：陳矯，中華本校勘記引清錢大昕《廿二史考異》云：“當云司徒矯，不宜更加陳字。按《南史·后妃傳》無‘陳’字。”清牛運震《讀史糾謬》卷七《南齊書糾謬》：“‘魏司徒陳矯後’句秃澀，不如《南史》‘魏司徒矯之後也’。”陳矯，字季弼。仕三國魏，文帝即位，遷尚書令，旋又加遷司徒。《三國志》卷二二有傳。司徒，掌民政邦教。秩一品。《藝文類聚》卷四七《司徒》：“《齊職儀》曰：‘司徒，品秩冠服同丞相，郊廟服冕同太尉。’”

[4]孝廉：古代朝廷選拔人才的科目之一。始於漢武帝元光元年（前134），是隋唐科舉制度出現前一種重要的入仕途徑。

后少家貧，勤織作，家人矜其勞，或止之，后終不改。嫁于宣帝，庶生衡陽元王道度、始安貞王道生，[1]后生太祖。太祖年二歲，乳人乏乳，后夢人以兩甌麻粥與之，[2]覺而乳大出，異而説之。宣帝從任在外，[3]后常留家治事教子孫。有相者謂后曰：“夫人有貴子而不見也。”后歎曰：“我三兒誰當應之。”呼太祖小字曰：[4]“正應是汝耳。”宣帝殂後，后親自執勤，婢使有過誤，恕不問也。太祖雖從官，而家業本貧，爲建康令時，[5]高宗等冬月猶無縑纊，而奉膳甚厚，后每撤去兼肉，[6]曰：“於我過足矣。”殂于縣舍，年七十三。昇明三年，追贈竟陵公國太夫人，[7]蜜印，[8]畫青綬，[9]祠以太牢。[10]建元元年，追尊孝皇后。贈外祖父肇之金紫光禄大夫，[11]謚曰敬侯。后母胡氏爲永昌縣靖君。[12]

[1]庶：指齊高帝後母。　衡陽元王道度、始安貞王道生：二人分别爲高帝的長兄、次兄。本書卷四五有傳。

[2]麻粥：麻仁熬制的粥。參見李時珍《本草綱目·穀一·大麻》。

[3]任：中華本校勘記云："南監本、殿本、局本作'仕'。毛本作'任'，下有小注，云一作'仕'。按《御覽》一百四十三引、《元龜》八百八十並作'任'，《南史·后妃傳》亦作'任'。"

[4]呼太祖小字：齊高帝小名爲"鬥將"。

[5]爲建康令時：指宋孝武帝孝建初，蕭道成遷建康令。建康縣在今江蘇南京市。

[6]兼肉：兩種肉食。

[7]昇明三年，追贈竟陵公國太夫人：宋順帝昇明三年(479)，蕭道成加封齊公、齊王，建齊國，故追贈其父爲竟陵公，其母爲國太夫人。

[8]蜜印：用蜂臘刻的官印。古時官員死後追贈爵位、職位時所用。明胡震亨《唐音癸籤·詁箋三》："權德輿《哭劉尚書》詩：'命賜龍泉重，追榮蜜印陳。'蜜印者，謂贈官刻蠟爲印，懸綬以賜也。"

[9]青綬：指繫蜜印用的青色綬帶。

[10]祠以太牢：祭以太牢。古時祭祀牛羊豕三牲具備謂之太牢。《莊子·至樂》："具太牢以爲膳。"成玄英疏："太牢，牛羊豕也。"

[11]金紫光禄大夫：本兩漢光禄大夫，至魏晋有加金章紫綬者，則稱金紫光禄大夫。多爲兼官和榮譽贈官。秩二品。

[12]后母胡氏爲永昌縣靖君：《南史》卷一一此句後云："永明

九年，詔太廟四時祭，宣皇帝薦起麵餅鴨臛，孝皇后薦笋鴨卵脯醬炙白肉，高皇帝薦肉膾、葅、羹，昭皇后薦茗、粣、炙魚，並生平所嗜也。”又《通鑑》卷一三七《齊紀三》“武帝永明九年”條亦有類似記述，胡三省注：“起麵餅，今北人能爲之。其餅浮軟，以卷肉噉之，亦謂之卷餅……臛，音郝，肉羹也……茗，茶也。《本草》曰：‘茗，苦茶。’郭璞曰：‘早采者爲茶，晚採者爲茗。’之粣，《類篇》云：‘色責翻，糝也；又側革翻，粽也。’《南史》虞悰作扁米粣，蓋即今饊子是也，可以供茶。”

高昭劉皇后諱智容，[1]廣陵人也。[2]祖玄之，父壽之，並員外郎。[3]

[1]高昭劉皇后諱智容：齊高帝后。《南史》卷一一亦有傳，事迹有所增異。

[2]廣陵：治所在今江蘇揚州市。

[3]員外郎：員外散騎侍郎的簡稱。門下省官。掌奏事，直侍左右。秩五品。

后母桓氏夢吞玉勝生后，[1]時有紫光滿室，以告壽之，壽之曰：“恨非是男。”桓曰：“雖女，亦足興家矣。”后每寢卧，家人常見上如有雲氣焉。[2]年十餘歲，[3]歸太祖，嚴正有禮法，家庭肅然。[4]宋泰豫元年殂，[5]年五十。歸葬宣帝墓側，今泰安陵也。[6]門生王清與墓工始下鍤，有白兔跳起，尋之不得，及墳成，兔還栖其上。昇明二年，贈竟陵公國夫人。三年，贈齊國妃，印綬如太妃。建元元年，尊謚昭皇后。三年，贈后父金紫光禄大夫，母桓氏上虞都鄉君；[7]壽之子興道司徒屬，[8]文蔚豫章内史，[9]義徽光禄大夫，[10]義倫通直郎。[11]

[1]玉勝：玉製的髮飾。

[2]家人常見上如有雲氣焉：《南史》卷一一作“見有羽蓋蔭其上，家人試察之，常見其上掩藹如有雲氣”。

[3]年十餘歲：《南史》卷一一作“年十七，裴方明爲子求婚，酬許已定，后夢見先有迎車至，猶如常家迎法，后不肯去；次有迎至，龍旂豹尾，有異於常，后喜面從之。既而與裴氏不成婚，竟嬪於上”。

[4]家庭肅然：《南史》此句後云：“生太子及豫章王嶷。太子初在孕，后嘗歸寧，遇家奉祠，爾日陰晦失曉，舉家狼狽共營祭食。后助炒胡麻，始復内薪，未及索火，火便自然。”

[5]泰豫：宋明帝年號。

[6]泰安陵：在晋陵武進縣東城里，今江蘇常州市武進區。

[7]上虞都鄉君：原作“上都鄉”，無“虞”字。中華本據南監本、局本補，並云：“《南史·后妃傳》亦作‘上虞都鄉君’。”今從補。按，上虞縣即今浙江上虞市。都鄉君爲封號。

[8]司徒屬：指司徒府屬吏。

[9]豫章内史：豫章郡（今江西南昌市）乃王國屬郡，故太守稱内史。

[10]光禄大夫：性質同金紫光禄大夫，但秩低於金紫光禄大夫。

[11]通直郎：通直散騎侍郎，門下省官。掌奏事，直侍左右。秩五品。

武穆裴皇后諱惠昭，[1]河東聞喜人也。[2]祖朴之，[3]給事中。[4]父璣之，左軍參軍。[5]

[1]武穆裴皇后諱惠昭：裴惠昭，齊武帝后。《南史》卷一一有傳，事迹有增異。

[2]河東：郡名。治安邑縣，在今山西夏縣。　聞喜：縣名。即今山西聞喜縣。

[3]朴：中華本校勘記云南監本、《南史》作“封”。

[4]給事中：門下省官。掌奏事，直侍左右。秩五品。

[5]左軍參軍：指左軍將軍府參軍。左軍將軍爲禁衛軍官，分掌宿衛營兵。秩四品。參軍爲軍府屬吏，參與軍府事務。

后少與豫章王妃庾氏爲娣姒，[1]庾氏勤女工，奉事太祖、昭后恭謹不倦，后不能及，故不爲舅姑所重，世祖家好亦薄焉。[2]性剛嚴，竟陵王子良妃袁氏布衣時有過，[3]后加訓罰。昇明三年，爲齊世子妃。[4]建元元年，爲皇太子妃。三年，后薨。[5]謚穆妃，葬休安陵。[6]世祖即位，追尊皇后。贈璣之金紫光禄大夫，后母檀氏餘杭廣昌鄉元君。[7]

[1]豫章王：指齊高帝蕭道成第二子蕭嶷。本書卷二二有傳。　娣姒：妯娌。《爾雅·釋親》：“長婦謂稚婦爲娣婦，娣婦謂長婦爲姒婦。”按，兄婦爲姒，弟婦爲娣。

[2]世祖家好亦薄焉：《南史》卷一一作“武帝亦薄焉”，無“家好”二字。按，此二字意難明，當是衍字。

[3]竟陵王子良：齊武帝蕭賾第二子。本書卷四〇有傳。其妻袁氏乃裴皇后之子婦。

[4]昇明三年，爲齊世子妃：昇明三年（479）封蕭道成爲齊公、齊王，建齊國。王國太子稱世子，故裴氏稱齊世子妃。

[5]三年，后薨：《南史》卷一一作“二年，后薨”。許福謙

《〈南齊書〉疑年録》一文云："何者正確？檢《南齊書》卷二《高帝紀》下云：'（建元）二年……七月……戊午，皇太子妃裴氏薨。'又同書卷一〇《禮志》下云：'建元二年，皇太子妃薨……建元三年，有司奏：皇太子穆妃以去年七月薨……'又同書卷二一《文惠太子傳》云：'建元二年……穆妃薨，成服。'……蓋誤'二'爲'三'，形近而訛也。"（《首都師範大學學報》1998年第1期）

［6］休安陵：休安陵當與泰安陵同在一地。按，《南史》卷一一此處云："時議欲立石誌，王儉曰：'石誌不出禮典，起宋元嘉中顔延之爲王球石誌。素族無銘策，故以紀行。自爾以來，共相祖習。儲妃之重，禮絶恒例，既有哀策，不煩石誌。'從之。"

［7］餘杭：縣名。在今浙江杭州市餘杭區。

舊顯陽、昭陽二殿，[1]太后、皇后所居也。永明中無太后、皇后，羊貴嬪居昭陽殿西，范貴妃居昭陽殿東，寵姬荀昭華居鳳華柏殿。[2]宫内御所居壽昌畫殿南閣，置《白鷺》鼓吹二部；[3]乾光殿東西頭，置鍾磬兩厢：皆宴樂處也。上數遊幸諸苑囿，載宫人從後車，宫内深隱，不聞端門鼓漏聲，[4]置鍾於景陽樓上，[5]宫人聞鍾聲，早起裝飾，至今此鍾唯應五鼓及三鼓也。[6]車駕數幸琅邪城，[7]宫人常從，早發至湖北埭，雞始鳴。[8]

［1］舊顯陽、昭陽二殿："二"字原無，中華本據南監本、局本補，並云："《南史》亦有'二'字。"今從補。

［2］荀昭華：武帝第十九子南康王子琳之母。本書卷四〇《武十七王傳》："母荀氏，盛寵，子琳鍾愛。"

［3］置《白鷺》鼓吹二部：鼓吹，即鼓吹樂。古代的一種器樂

合奏曲，用鼓、鉦、簫、鐃笳等樂器合奏，亦即《樂府詩集》中的鼓吹曲，用於軍樂或皇帝宴群臣用的宴樂。宋郭茂倩《樂府詩集》卷一六《鼓吹曲辭一》題解云："齊武帝時，壽昌殿南閣置《白鷺》鼓吹二曲，以爲宴樂。"《白鷺》當爲鼓吹樂曲名。參見晋崔豹《古今注·音樂》。

[4]端門：宫殿的正南門。尚書於此受天下之奏章。

[5]景陽樓：在内宫苑内，離宫人居所近處。

[6]五鼓及三鼓：指子夜三更和天明五更。北齊顔之推《顔氏家訓·書證》："漢魏以來，謂爲甲夜、乙夜、丙夜、丁夜、戊夜；又云鼓：一鼓、二鼓、三鼓、四鼓、五鼓；亦云一更、二更、三更、四更、五更。皆以五爲節。"

[7]琅邪城：琅邪郡城，東晋僑置，在今江蘇句容市。

[8]早發至湖北埭，雞始鳴：《南史》卷一一此後云："故呼爲雞鳴埭。"

吴郡韓蘭英，[1]婦人有文辭。宋孝武世，獻《中興賦》，被賞入宫。宋明帝世，[2]用爲宫中職僚。世祖以爲博士，教六宫書學，以其年老多識，呼爲"韓公"。

[1]韓藺英：中華本校勘記云："'藺'南監本、毛本、殿本、局本並作'蘭'，《南史》同。按毛本、局本蘭字下有小注，云宋本作'藺'。"按，朱季海《南齊書校議》（以下簡稱朱季海《校議》）云："《金樓子·箴戒篇》：'齊鬱林王初欲廢明帝，其文則内博士韓蘭英所作也。蘭英號韓公，總知内事，善於文章，始入爲後宫司儀。'亦作蘭英。《隋書·經籍志》：梁有宋後宫司儀《韓蘭英集》四卷，亡。即其人矣。'藺'字疑誤。"（中華書局 1984 年版，第 43 頁）又清牛運震《讀史糾謬》卷七《南齊書糾謬》認爲當作"吴郡韓蘭英"。

[2]宋明帝世："宋"字原無，中華本據南監本、局本補，並云："《南史》有'宋'字。"今從補。朱季海《校議》云："明帝承上文宋孝武，不煩更著'宋'字，百衲本是也。《南史》有'宋'字者嫌與齊之明帝相亂耳，其實下文叙事更有世祖，此明帝不得爲蕭鸞甚明。二本從《南史》加字，非也。"（第43頁）

文安王皇后諱寶明，[1]琅邪臨沂人也。祖韶之，[2]吴興太守。[3]父曄之，太宰祭酒。[4]

[1]文安王皇后諱寶明：齊文帝（即文惠太子）后。《南史》卷一一亦有傳，略有異説。

[2]韶之：王韶之，字休泰。南朝宋爲吴興太守，爲良吏。《宋書》卷六〇、《南史》卷二四有傳。

[3]吴興：治所在今浙江湖州市吴興區。

[4]太宰祭酒：指太宰府祭酒，太宰府屬吏。掌禮儀。南朝時太宰爲最高榮譽贈官之一，秩一品。

宋世，太祖爲文惠太子納后，[1]桂陽賊至，[2]太祖在新亭，傳言已没，宅復爲人所抄掠，文惠太子、竟陵王子良奉穆后、庾妃及后挺身送后兄昺之家，事平乃出。建元元年，爲南郡王妃。[3]四年，爲皇太子妃，[4]無寵。太子爲宫人製新麗衣裳及首飾，而后牀帷陳設故舊，釵鑷十餘枚。[5]永明十一年，爲皇太孫太妃。[6]鬱林即位，尊爲皇太后，[7]稱宣德宫。贈后父金紫光禄大夫，母桓氏豐安縣君。[8]其年十二月，備法駕謁太廟。[9]高宗即位，出居鄱陽王故第，[10]爲宣德宫。永元三年，[11]梁王定京邑，[12]迎后入宫稱制，至禪位。[13]天監十一年，[14]

薨，年五十八。葬崇安陵。[15]謚曰安后。兄晃義興太守。[16]

[1]宋世，太祖爲文惠太子納后：文惠太子，指齊武帝蕭賾長子蕭長懋，爲其祖父蕭道成所愛，尚在劉宋時，蕭道成就欲爲長孫娶妻。

[2]桂陽賊至：指宋蒼梧王元徽二年（474），桂陽王劉休範（宋文帝子）自尋陽起兵反，順流東下，旋即攻入京城建康。時蕭道成爲中領軍，組織反擊。道成自領兵屯新亭壘（地近江邊，依山築壘，爲戰略要地），與敵激戰，曾傳言道成陣亡。參見《通鑑》卷一三三《宋紀十五》“蒼梧王元徽二年”條。

[3]建元元年，爲南郡王妃：建元元年（479），文惠太子蕭長懋封南郡王，故其妻王氏爲南郡王妃。

[4]四年，爲皇太子妃：指建元四年（482），高帝駕崩，其父武帝即位，長懋爲皇太子，故其妻爲太子妃。

[5]而后牀帷陳設故舊，釵鑷十餘枚：牀原作“宋”，中華本校勘記據南監本、毛本、殿本、局本改。今從改。校勘記又云：“《南史》作‘而后牀帷陳故，古舊釵鑷十餘枚’。《御覽》一百四十三、一百四十九、七百十八引《南齊書》略同《南史》。疑此‘設’字乃‘故’字之訛，‘而后牀帷陳故’爲一讀，‘故舊’二字屬下爲句。”

[6]永明十一年，爲皇太孫太妃：永明十一年（493）正月，皇太子長懋薨，故太子妃乃爲其子（指鬱林王蕭昭業）皇太孫太妃。

[7]鬱林即位，尊爲皇太后：武帝崩，太孫鬱林王蕭昭業即位，追尊其父文惠太子爲世宗文皇皇帝，尊其母太孫太妃爲皇太后。按，《南史》此後云：“置男左右三十人，前代所未有也。”

[8]豐安縣：東漢置，治所在今浙江浦江縣。

[9]備法駕謁太廟：表示皇太后臨朝稱制。按，後來明帝蕭鸞廢鬱林王蕭昭業，立齊恭王蕭昭文，旋又廢恭王自立爲帝，以及後來齊和帝蕭寶融禪位於梁武帝蕭衍，都是利用宣德宫皇太后旨，以求名正言順，避免篡位之嫌。

[10]高宗即位，出居鄱陽王故第：高宗，齊明帝（蕭鸞）廟號。本書卷六有紀。鄱陽王，齊高帝第七子蕭鏘，爲鬱林王所倚重。延興元年（494）進位司徒，後爲明帝蕭鸞殺害。詳見本書卷三五《高帝十二王傳》。蕭鸞登帝後，皇太后從皇宫遷至鄱陽王故第，仍稱宣德宫。

[11]永元：東昏侯年號。

[12]梁王定京邑：梁王蕭衍輔齊和帝蕭寶融由江陵東下京都建康，廢東昏侯，改元中興。

[13]至禪位：指中興二年（502）和帝禪位於梁武帝蕭衍，即齊、梁易代。

[14]天監：梁武帝年號。

[15]崇安陵：位置當在泰安陵附近。

[16]義興：郡名。治所在今江蘇宜興市。

鬱林王何妃名婧英，[1]廬江灊人，[2]撫軍將軍戢之女也。[3]永明二年，納爲南郡王妃。[4]十一年，爲皇太孫妃。鬱林王即位，爲皇后。嫡母劉氏爲高昌縣都鄉君，[5]所生母宋氏，爲餘杭廣昌鄉君。將拜，鏡在牀無故墮地。其冬，與太后同日謁太廟。

[1]鬱林王何妃名婧英：《南史》卷一一有傳，事迹有增補。

[2]廬江：郡名。治所在今安徽舒城縣。　灊：縣名。治所在今安徽潛山市。

[3]撫軍將軍：禁衛軍主帥之一，掌外兵。秩三品。　戢：何

戢，字慧景，美姿容，善書畫。歷仕南朝宋、齊，齊高帝甚器重之，官至吏部尚書。詳見本書卷三二《何戢傳》。

［4］納爲南郡王妃：南郡王，即鬱林王蕭昭業，初封南郡王。按，《南史》卷一一此處作："初將納爲南郡王妃，文惠太子嫌戢無男，門孤，不欲與昏。王儉以南郡王妃，便爲將來外戚，唯須高冑，不須强門。今何氏蔭華族弱，實允外戚之義。永明三年，乃成昏。"

［5］高昌縣：東漢置，治所在今江西吉安市西南。

后禀性淫亂，爲妃時，便與外人姦通。[1]在後宫，復通帝左右楊珉之，[2]與同寢處如伉儷。珉之又與帝相愛褻，故帝恣之。迎后親戚入宫，賞賜人百數十萬。以世祖耀靈殿處后家屬。帝被廢，后貶爲王妃。

［1］爲妃時，便與外人姦通：《南史》卷一一叙云："南郡王所與無賴人游，妃擇其美者，皆與交歡。南郡王侍書人馬澄年少色美，甚爲妃悦，常與鬥腕較力，南郡王以爲歡笑。澄者本剡縣寒人，嘗於南岸逼略人家女，爲秣陵縣所録，南郡王語縣散遣之。澄又逼求姨女爲妾，姨不與，澄詣建康令沈徽孚訟之。徽孚曰：'姨女可爲婦，不可爲妾。'澄曰：'僕父爲給事中，門户既成，姨家猶是寒賤，政可爲妾耳。'徽孚訶而遣之。"

［2］復通帝左右楊珉之：《南史》卷一一作："又有女巫子楊珉之，亦有美貌，妃尤愛悦之，與同寢處如伉儷……楊珉之爲帝所幸，常居中侍。明帝爲輔，與王晏、徐孝嗣、王廣之並面請（殺珉之），不聽。又令蕭諶、坦之固請，皇后與帝同席坐，流涕覆面，謂坦之曰：'楊郎好年少，無罪過，何可枉殺。'坦之耳語於帝曰：'此事别有一意，不可令人聞。'帝謂皇后爲阿奴，曰'阿奴暫去'。坦之乃曰：'外間並云楊珉之與皇后有異情，彰聞遐邇。'帝

不得已，乃爲敕。坦之馳報明帝，即令建康行刑，而果有敕原之，而瑨之已死。”

海陵王王妃名韶明，[1]琅邪臨沂人，太常慈女也。[2]永明八年，納爲臨汝公夫人。[3]鬱林即位，爲新安王妃。[4]延興元年，[5]爲皇后。其年，降爲海陵王妃。[6]

[1]海陵王王妃名韶明：《南史》卷一一有略傳。

[2]太常：列卿之一，掌禮儀、祭祀。秩三品。　慈：王慈，字伯寶，歷仕南朝宋、齊，善書法，官至侍中、太常。詳見本書卷四六《王慈傳》。

[3]臨汝公夫人：海陵王蕭昭文初封臨汝公，故其妻爲臨汝公夫人。

[4]新安王妃：鬱林王即位，封其弟昭文爲新安王，故其妻爲新安王妃。

[5]延興：齊恭王（即海陵王）蕭昭文年號。

[6]其年，降爲海陵王妃：齊恭王即位數月，明帝蕭鸞即廢恭王自立爲帝，降封恭王爲海陵王。

明敬劉皇后諱惠端，[1]彭城人，[2]光禄大夫道弘孫也。[3]太祖爲高宗納之。[4]建元三年，除西昌侯夫人。[5]永明七年，卒，葬江乘縣張山。[6]延興元年，贈宣城王妃。[7]高宗即位，追尊爲敬皇后。[8]贈父通直郎景猷金紫光禄大夫，母王氏平陽鄉君。[9]永泰元年，高宗崩，改葬，祔于興安陵。

[1]明敬劉皇后諱惠端：齊明帝后。《南史》卷一一有傳。

[2]彭城：治所在今江蘇徐州市。

[3]光禄大夫：兩晋南北朝皆置，以年老有者任此職，無具體執掌。品秩稍遜於左右光禄大夫。銀章青綬，其重者加金章紫綬，則稱之爲金紫光禄大夫。

[4]太祖爲高宗納之：齊明帝（廟號高宗）蕭鸞少孤，太祖蕭道成撫育成人，故爲其娶妻。

[5]西昌侯夫人：太祖登基，封蕭鸞爲西昌侯，其妻爲西昌侯夫人。

[6]江乘縣：治所在今江蘇句容市。按齊謝朓有《敬皇后哀策文》，贊其"克柔克令""輔佐求賢"。見《藝文類聚》卷一五《后妃部》。

[7]延興元年，贈宣城王妃：蕭鸞廢鬱林王，立齊恭王，改元延興（494），鸞封宣城王，故贈其已故妻爲王妃。

[8]高宗即位，追尊爲敬皇后：蕭鸞旋廢齊恭王，自即帝位，爲齊明帝，故追尊其妻爲皇后，謚號爲"敬"。

[9]平陽：平陽縣。南朝齊置，治所在今湖北安陸市東北當陽城。

東昏褚皇后名令璩，[1]河南陽翟人，[2]太常澄女也。[3]建武二年，納爲皇太子妃。[4]明年，謁敬后廟。[5]東昏即位，爲皇后。帝寵潘妃，[6]后不被遇。黄淑儀生太子誦，東昏廢，並爲庶人。[7]

[1]東昏褚皇后名令璩：《南史》卷一一有傳，略有增異。

[2]河南陽翟：治所在今河南禹州市。

[3]澄：褚澄，字彦道，歷仕南朝宋、齊，爲吴郡太守，遷侍中，領右軍將軍，以勤見知，卒贈太常。本書卷二三有傳、《南史》卷二八有附傳。

［4］納爲皇太子妃：《南史》卷一一其後云："而無寵。帝謂左右曰：'若得如山陰主無恨矣。'山陰主，明帝長女也，後遂與之爲亂。"

［5］謁敬后廟：指拜祭已故婆母。

［6］帝寵潘妃：本書卷七《東昏侯紀》："拜愛姬潘氏爲貴妃，乘卧輿，帝騎馬從後"；"潘氏服御，極選珍寶……虎魄釧一隻，直百七十萬"；"又於苑中立市，太官每旦進酒肉雜肴，使宮人屠酤，潘氏爲市令，帝爲市魁，執罰，争者就潘氏判决"。

［7］黄淑儀生太子誦，東昏廢，並爲庶人：《南史》卷一一作："黄淑儀生太子誦而卒，東昏廢，后及誦並爲庶人。"

和帝王皇后名蕣華，[1]琅邪臨沂人，太尉儉孫也。[2]初爲隨王妃。[3]中興元年，爲皇后。[4]帝禪位，后降爲妃。

［1］和帝王皇后名蕣華：《南史》卷一一有傳。

［2］太尉：與司徒、司空並稱三公，掌軍政。秩一品。《唐六典》卷一引《齊職儀》云："（太尉）品第一，金章紫綬，進賢三梁冠。絳朝服，佩山玄玉。"　儉：王儉。歷仕南朝宋、齊，官至太尉，爲國重臣。本書卷二三、《南史》卷二二有傳。

［3］隨王妃：齊和帝蕭寶融初封隨王，故其妻爲隨王妃。

［4］中興元年，爲皇后：和帝即位，故其妻爲皇后。

史臣曰：后妃之德，著自風謡，[1]義起閨房，而道化天下。繅盆獻種，[2]罔非耕織，佩管晨興，[3]與子同事，可以光熙閫業，[4]作儷公侯。[5]孝、昭二后，並有賢明之訓，不得母臨萬國。[6]寶命方昌，椒庭虚位，[7]有婦人焉，空慕周興，[8]禎符顯瑞，徒萃徽名。[9]若使掖作同休，陰教遠變，則馬、鄧風流，復存乎此。[10]太祖創命，宫禁貶約，[11]毁宋明之紫極，革前代之逾奢，衣不文繡，色無紅采，永巷貧空，[12]有同素室。[13]世祖嗣位，運藉休平，壽昌前興，[14]鳳華晚搆，香柏文檉，[15]花梁繡柱，雕金鏤寶，頗用房帷，[16]趙瑟《吴趨》，[17]承閑奏曲，歲費傍恩，足使充牣，[18]事由私蓄，無損國儲。高宗仗數矯情，[19]外行儉陋，内奉宫業，[20]曾莫云改。東昏喪道，侈風大扇，銷糜海内，以贍浮飾，哲婦傾城，[21]同符殷、夏。[22]嗚呼！所以垂戒於方來也。[23]

[1]后妃之德，著自風謡：《詩·周南·關雎》毛序："《關雎》，后妃之德也，風之始也。所以風天下而正夫婦也，故用之鄉人焉，用之邦國焉。""著"原作"箸"，從中華本改。

[2]繅（sāo）盆：謂以盆浸繭抽絲。

[3]佩管晨興：謂早晨起牀以鑰匙開門。管，鑰匙。《左傳》僖公三十二年："鄭人使我掌其北門之管。"杜預注："管，籥也。"

[4]閫（kǔn）業：指婦女所從事的内務工作。

[5]作儷公侯：比美於公侯。

[6]"孝、昭二后"至"不得母臨萬國"：指齊高帝母親和妻子，賢明有德，但生前未能爲皇后，母儀天下。

[7]寶命方昌，椒庭虚位：指皇運正昌，登上帝位，但却未立后妃等女官。

[8]周興：周指周朝，借指新朝興起。

[9]徒萃徽名：指雖然追尊爲皇后，但人已不在，徒有美名。

[10]"若使掖作同休"至"復存乎此"：中華本校勘記云："'掖作'南監本、局本作'掖阼'。按'掖作'不辭，疑作'掖

阼’是。”按，“掖阼”指后宫和帝位，代指帝后。這兩句是説：假如二后復生，帝后同美，對婦女的教化遠播，則可以比美前代聖后東漢明德馬皇后與和熹鄧皇后。

［11］太祖創命，宫禁貶約：指齊高帝創立新朝，極力提倡後宫節儉。

［12］永巷：内宫長巷，代指后妃宫苑。

［13］素室：指平民之家。

［14］壽昌：齊武帝時新建造的宫樓。下鳳華同。

［15］香柏文檉：泛指名貴樹木。

［16］頗用房帷：“頗用”，中華本校勘記云：“南監本作‘燭昭’。”朱季海《校議》云：“‘頗用房帷’，謂頗用之後宫耳。南監本臆改。《高帝紀》：‘太祖輔政……又上表禁民間華僞雜物……不得作鹿行錦及局脚檉柏牀。’然柏以其香，檉以其文，爲時所貴也。又《豫章文獻王嶷傳》：‘往歲收合得少雜材，並蒙賜故板，啓榮内許作小眠齋，始欲成就，皆補接爲辦，無乖格製，要是檉柏之華，一時新净。東府又有齋，亦爲華屋。’是當時華屋必多取材於檉柏也。（第43—44頁）

［17］趙瑟《吴趨》：借指用時新的樂器和樂曲。趙瑟，這種樂器戰國時流行於趙國，故名。《吴趨》，吴地流行的民歌。

［18］充牣（rèn）：充盈，充塞。

［19］仗數：謂明帝倚仗運氣好，當上皇帝。中華本校勘記云：“‘仗’南監本作‘挾’。”　矯情：故作姿態，虚情假意。

［20］内奉宫業：中華本校勘記云：“南監本作‘奉己之制’。”

［21］哲婦傾城：指美女亂國。《詩·大雅·瞻卬》：“哲夫成城，哲婦傾城。”孔穎達疏：“婦言是用，國必滅亡。”

［22］同符殷、夏：此諷刺東昏與歷史上的昏君夏桀和商紂一樣，都以好色而亡國。

［23］所以垂戒於方來也：“也”字原無，中華本據殿本補。今從補。

贊曰：宣武孝則，識有先知。高昭誕武，[1]世載母儀。裴穆儲闈，位亦從隳。[2]明敬典册，配在宗枝。[3]秋宫亦遽，軒景前虧。[4]文安廢主，百憂已離，[5]中興秉制，揖讓弘規。[6]

[1]高昭誕武：指高帝劉皇后生育武帝。

[2]裴穆儲闈，位亦從隳（huī）：指武帝裴皇后在武帝爲太子（儲君）時不幸辭世，去世後方追贈爲皇后。隳，毁壞，去世。

[3]明敬典册，配在宗枝：指明帝劉皇后，雖登於簡册，但明帝並非嫡傳，乃宗族的旁枝。

[4]秋宫亦遽，軒景前虧：感嘆她生命匆匆結束，后妃的美好光景未來得及享受。秋宫，西宫，指后妃居所。這裏代指劉皇后。

[5]文安廢主，百憂已離：指文帝（文惠太子）安皇后，即宣德宫皇太后，鬱林王、齊恭王以及齊和帝，都是由她下旨廢除的，一生中遭遇了種種憂患。離，通“罹”，遭受。

[6]中興秉制，揖讓弘規：指齊和帝秉受太后旨意，讓位給强大的新朝。中興，齊和帝年號，代指齊和帝。

南齊書　卷二一

列傳第二

文惠太子

文惠太子長懋字雲喬，[1]世祖長子也。[2]世祖年未弱冠而生太子，爲太祖所愛。[3]姿容豐潤，小字白澤。宋元徽末，隨世祖在郢，[4]世祖還鎮盆城拒沈攸之，[5]使太子勞接將帥，親侍軍旅。除祕書郎，[6]不拜。授輔國將軍，[7]遷晋熙王撫軍主簿。[8]事寧，世祖遣太子還都，太祖方創霸業，心存嫡嗣，謂太子曰："汝還，吾事辦矣。"處之府東齋，[9]令通文武賓客。敕荀伯玉曰：[10]"我出行日，城中軍悉受長懋節度。我雖不行，内外直防及諸門甲兵，悉令長懋時時履行。"[11]轉祕書丞，以與宣帝諱同，不就，[12]改除中書郎，[13]遷黄門侍郎，[14]未拜。昇明三年，太祖將受禪，世祖已還京師，以襄陽兵馬重鎮，[15]不欲處他族，出太子爲持節、都督雍梁二州郢州之竟陵司州之隨郡軍事、左中郎將、寧蠻校尉、雍州刺史。[16]建元元年，封南郡王，[17]邑二千户。江左未有嫡皇孫封王，始自此也。進號征虜將軍。[18]

［1］文惠太子長懋：《南史》卷四四亦有傳，行實有所增補。

［2］世祖：齊武帝蕭賾廟號。本書卷三有紀。

［3］太祖：齊高帝蕭道成廟號。本書卷一至卷二有紀。

［4］宋元徽末，隨世祖在郢：指元徽四年（476），以蕭賾爲宋晋熙王（宋明帝第六子劉燮）鎮西將軍府長史、江夏内史、行郢州事。詳見本書卷三《武帝紀》。按，郢州治所今湖北鄂州市。

［5］世祖還鎮盆城拒沈攸之：指元徽五年（477），荆州刺史沈攸之以反蕭道成擅政爲名，自荆州起兵反，東下京都。蕭賾以中流可以待敵，即據盆口城（今江西九江市）以守。結果沈攸之在中途果然被臺軍擊潰，自殺而亡。詳見《通鑑》卷一三四《宋紀十六》“順帝昇明元年”條。

［6］祕書郎：秘書省官。掌修撰國史。秩六品。

［7］輔國將軍：魏晋時將軍名號，南朝時爲榮譽虚號。秩三品。

［8］撫軍主簿：指撫軍將軍府主簿。撫軍將軍，武官名。三國魏始置，秩二品。晋與南北朝爲優禮大臣的虚號，秩三品；加“大”或開府者進秩爲二品。主簿，屬吏之長。掌軍府文書、印信。

［9］處之府東齋：當時蕭道成輔政，爲中領軍（總掌禁衛軍内軍），“府”當指領軍府。

［10］荀伯玉：齊高帝心腹將領，時任禁衛軍前軍將軍。本書卷三一有傳。

［11］“我雖不行”至“時時履行”：此句中“雖不行内外直防及諸門甲兵悉令長懋”十六字原闕，中華本據南監、毛本、殿本、局本補，並云：“毛本、局本‘長懋’下有小注，云‘宋本無已上一十六字’。”今從補。按，《南史》卷四四《文惠太子傳》不闕以上十六字。

［12］轉祕書丞，以與宣帝諱同，不就：秘書丞，秘書省官。與

秘書郎共修國史。秩同六品。宣帝，蕭道成之父蕭承之。“承”與“丞”音同，故蕭長懋因避曾祖父諱，不願就任秘書丞。

［13］中書郎：中書侍郎。掌呈奏案章。秩五品。閻步克《〈南齊官品〉拾遺》：“中書侍郎：《唐六典》卷九：‘《晋令》：中書侍郎四人，品第四……宋、齊並同晋氏。’按《通典》《晋官品》及《宋官品》中書侍郎均在官品第五……《唐六典》‘四’字，當涉上‘四人’而誤。”（《原學》第4輯，中國廣播電視出版社1996年版；修訂版參見《品位與職位——秦漢魏晋南北朝官階制度研究》，中華書局2002年版，第284—296頁）

［14］黄門侍郎：給事黄門侍郎，門下省官。掌奏事，直侍左右。秩五品。《唐六典》卷八：“《晋令》：黄門侍郎，品第五……齊因晋宋。”

［15］襄陽：今湖北襄陽市。當時爲雍州刺史鎮所。

［16］持節：君主授予臣下權力的方式之一。節，代表皇帝的特殊命令。臣下奉命出使或節制軍事，往往有持節之制。其權分三等。《宋書·百官志上》：“使持節爲上，持節次之，假節爲下。使持節得殺二千石以下；持節殺無官位人，若軍事，得與使持節同；假節唯軍事得殺犯軍令者。” 都督：性質與持節相似，也分都督、監、督三個等級。參見《宋書·百官志上》。 梁：州名。治所在今陝西漢中市東。 竟陵：郡名。治所在今湖北鍾祥市。 司州之隨郡：州、郡治均在今湖北隨州市。 左中郎將：禁衛軍官。與右中郎將、五官中郎將分掌宿衛營兵。秩四品。丁福林《南齊書考疑》（二十）：“按‘左中郎將’《南史·齊武帝諸子傳》作‘北中郎將’。今考南朝時帝室子弟外鎮，多以東、南、西、北中郎將授之，而又因雍州地處北境，故往往以北中郎將爲號……復考之本書《胡諧之傳》云：‘文惠太子鎮襄陽，世祖以諧之心腹，出爲北中郎征虜司馬……’，胡諧之是時既爲太子北中郎將司馬則太子必爲北中郎將無疑……由是知此‘左’當爲‘北’之形訛。”（《江淮學刊》2007年第3期） 寧蠻校尉：防邊諸官之一，主護少數民族。

治襄陽，多由雍州刺史兼任。

[17]南郡：治所在今湖北荆州市西北紀南城。爲王之食邑。

[18]征虜將軍：爲八等榮譽加號將軍中的第二等。參見《通典》卷二八《職官十》。

先是，梁州刺史范柏年誘降晉壽亡命李烏奴討平氐賊楊城、蘇道熾等，[1]頗著威名。沈攸之事起，柏年遣將陰廣宗領軍出魏興聲援京師，[2]而候望形勢，[3]事平，朝廷遣王玄邈代之。[4]烏奴勸柏年據漢中不受命，[5]柏年計未決，玄邈已至，柏年遲回魏興不肯下，[6]太子慮其爲變，乃遣説柏年，許啓爲府長史，[7]柏年乃進襄陽，因執誅之[8]柏年，梓潼人，[9]徙居華陽，[10]世爲土豪，知名州里。宋泰始中，[11]氐寇斷晉壽道，柏年以倉部郎假節領數百人慰勞通路，[12]自益州道報命。[13]除晉壽太守。討平氐賊，遂爲梁州。柏年彊立，善言事，以應對爲宋明帝所知。[14]既被誅，巴西太守柳弘稱啓太祖，[15]敕説曰："柏年幸可不爾，爲之悢悢！"[16]

[1]范柏年：《南史》卷四七有附傳。謂其初爲州將，刺史劉亮使其出都諮事，見知於宋明帝，得以歷仕中外。　晉壽：縣名。治所在今四川廣元市。　亡命：指行凶作惡之徒。　李烏奴：氐人，范柏年部將。柏年遭誅，烏奴復走還氐中。見本書卷五九《氐傳》。　氐：中國古代西北少數民族。按，《通鑑》卷一三五《齊紀一》"高帝建元元年"條作"白水氐"，胡三省注："《水經注》：白水西北出臨洮縣東南西傾山，水色白濁，東南入陰平界。氐居水上者號白水氐。"　楊城：《通鑑》卷一三五作"楊成"。

[2]魏興：郡名。西晋置，治平陽縣，在今湖北鄖縣西金錢河

東岸。

［3］候望形勢：指持觀望態度，看形勢發展變化以决定前途。

［4］朝廷遣王玄邈代之：指派王玄邈代替范柏年爲梁州刺史。王玄邈，齊高帝愛將，封河陽縣侯。本書卷二七有附傳。

［5］漢中：梁州刺史的鎮所，即今陝西漢中市。

［6］柏年遲回魏興不肯下：《通鑑》卷一三五作："柏年乃留烏奴於漢中，還至魏興，盤桓不進。"

［7］爲府長史：爲雍州刺史府長史。

［8］柏年乃進襄陽，因執誅之：對柏年之誅另有説法，《通鑑》卷一三五云："左衛率豫章胡諧之嘗就柏年求馬，柏年曰：'馬非狗也，安能應無已之求！'待使者甚薄。使者還，語諧之曰：'柏年云：胡諧之何物狗，所求無厭！'諧之恨之，譖於上（指齊高帝）曰：'柏年恃險聚衆，欲專據一州。'上使雍州刺史南郡王長懋誘柏年，啓爲府長史。柏年至襄陽，上欲不問，諧之曰：'見虎格得，而縱上山乎？'甲午，賜柏年死。"

［9］梓潼：縣名。即今四川梓橦縣。

［10］華陽：南朝宋置，即今四川劍閣縣。

［11］泰始：宋明帝年號。

［12］倉部郎：度支尚書屬官，領倉部。秩五品。

［13］益州：治所在今四川成都市。

［14］以應對爲宋明帝所知：《南史》卷四七《胡諧之傳》："初爲州（梁州）將……見宋明帝。帝言次及廣州貪泉，因問柏年：'卿州復有此水不？'答曰：'梁州有文川、武鄉、廉泉、讓水。'又問：'卿宅在何處？'曰：'臣所居廉讓之間。'帝嗟其善答，因見知。"

［15］巴西：郡名。即今四川綿陽市。

［16］柏年幸可不爾，爲之恨恨：誅柏年明明爲太祖主意，此處太祖却如是説，諉過於人，太祖之虛僞陰暗，於此可見一斑。

時襄陽有盜發古塚者，相傳云是楚王塚，大獲寶物玉屐、玉屏風、竹簡書、青絲編。簡廣數分，長二尺，皮節如新。盜以把火自照，後人有得十餘簡，以示撫軍王僧虔，僧虔云是科斗書《考工記》，《周官》所闕文也。是時州遣按驗，頗得遺物，故有同異之論。[1]

[1]“時襄陽有盜”至“有同異之論”：朱季海《南齊書校議》（以下簡稱朱季海《校議》）云：“《王僧虔傳》：‘建元元年，轉侍中，撫軍將軍，丹陽尹……’此稱撫軍知必建元元年事也。依僧虔所云，是《考工記》信楚書邪?《南史·江淹傳》：‘永明三年，兼尚書左丞。時襄陽人開古冢，得玉鏡及竹簡古書，字不可識。王僧虔善識字體，亦不能諳，直云：似是科斗書。淹以科斗字推之，則周宣王之前也。簡殆如新。’《梁書·江淹傳》初無此文。延壽直采小説以益之耳。所云襄陽竹簡，正僧虔所云《考工記》者，一事兩傳，子顯見聞尤近，當得其實……”（中華書局1984年版，第44頁）清牛運震《讀史糾謬》卷七《南齊書糾謬》：“‘時襄陽有盜發古冢者’云云，按此段與上下無關涉，可删省。”又，《考工記》即《周禮》之第六篇，述百工之事。《周禮》六官，缺《冬官司空》一篇，漢人以《考工記》補之，故也名《冬官考工記》。《周禮·考工記》鄭玄注云：“此篇司空之官也，《司空篇》亡，漢興，購千金，不得。此前世識其事者，記録以備大數耳。”

會北虜南侵，上慮當出樊、沔。[1]二年，徵爲侍中、中軍將軍，[2]置府，鎮石頭。[3]穆妃薨，[4]成服日，[5]車駕出臨喪，[6]朝議疑太子應出門迎。左僕射王儉曰：“尋《禮記·服問》‘君所主夫人妻、太子、嫡婦’，言國君爲此三人爲主喪也。今鑾輿臨降，自以主喪而至，雖因事撫慰，義不在弔，南郡以下不應出門奉迎。[7]但尊極所臨，禮有變革，權去杖絰，[8]移立户外，足表情敬，無煩止哭。皇太子既一宫之主，自應以車駕幸宫，依常奉候。[9]既當成服之日，吉凶不容相干，宜以衰幘行事。[10]望拜止哭，率由舊章。尊駕不以臨弔，奉迎則惟常體，求之情禮，如爲可安。"[11]解侍中。上以太子哀疾，不宜居石頭山障，移鎮西州。[12]四年，遷使持節、都督南徐兖二州諸軍事、征北將軍、南徐州刺史。[13]世祖即位，爲皇太子。

[1]樊：樊城，在今湖北襄陽市。　沔：沔口，一名漢口，今湖北漢江入長江之口。

[2]侍中：門下省官。掌奏事，直侍左右。秩三品。　中軍將軍：榮譽加號將軍。置府者位從公。秩一品。

[3]石頭：指石頭城，在今江蘇南京市西清凉山。本楚威王所置金陵邑，三國吴重築改名。其城背山面江，控扼江險，猶如虎踞，故有"石頭虎踞"之稱。

[4]穆妃：指齊武帝妻裴皇后，文惠太子蕭長懋之母。本書卷二〇有傳。

[5]成服：舊時喪禮大殮之後，親屬依據與死者關係親疏穿上不同的喪服，稱"成服"。

[6]車駕出臨喪：指皇帝親臨喪祭。

[7]南郡：指南郡王文惠太子。

[8]權去杖絰：權宜變通去掉喪杖和捆喪服的麻帶。

[9]依常奉候：指依常禮奉候皇父。

[10]衰（cuī）幘：指喪服和喪巾。

[11]如爲可安：《南史》卷四四此句後云："又其年九月有閏，

小祥疑應記閏。儉又議，以爲‘三百六旬，《尚書》明義，文公納幣，《春秋》致譏。故儒期喪，歲數没閏，大功以下，月數數閏。所以吴商云：含閏以正期，允協情理。没閏之理，固在言先。’並從之。”

[12]西州：指西城。在今江蘇南京市西。東晉謝安曾住此，安薨，其外甥羊曇過西州城門慟哭，即此處。

[13]南徐：南徐州，南朝宋初置，治京口，在今江蘇鎮江市。兖：南兖州，南朝宋初改兖州置，治所原在京口，後移治今江蘇揚州市西北蜀岡上。　征北將軍：爲八等榮譽加號將軍的第二等。參見《通典》卷二八《職官十》。

初，太祖好《左氏春秋》，太子承旨諷誦，以爲口實。[1]既正位東儲，善立名尚，[2]禮接文士，畜養武人，皆親近左右，布在省闥。[3]永明三年，於崇正殿講《孝經》，[4]少傅王儉以擿句令太子僕周顒撰爲義疏。[5]五年冬，太子臨國學，[6]親臨策試諸生，於坐問少傅王儉曰：“《曲禮》云‘無不敬’。[7]尋下之奉上，可以盡禮，上之接下，慈而非敬。今總同敬名，將不爲昧?”儉曰：“鄭玄云‘禮主於敬’，便當是尊卑所同。”太子曰：“若如來通，則忠惠可以一名，孝慈不須别稱。”儉曰：“尊卑號稱，不可悉同，愛敬之名，有時相次。忠惠之異，誠以聖旨，孝慈互舉，竊有徵據。《禮》云‘不勝喪比於不慈不孝’，[8]此則其義。”太子曰：“資敬奉君，資愛事親，兼此二塗，唯在一極。[9]今乃移敬接下，豈復在三之義?”[10]儉曰：“資敬奉君，必同至極，移敬逮下，不慢而已。”[11]太子曰：“敬名雖同，深淺既異，而文無差别，彌復增疑。”儉曰：“繁文不可備設，略言深淺已見。《傳》云‘不忘恭敬，民之主也’。[12]《書》云‘奉先思孝，接下思恭’。[13]此又經典明文，互相起發。”太子問金紫光禄大夫張緒，[14]緒曰：“愚謂恭敬是立身之本，尊卑所以並同。”太子曰：“敬雖立身之本，要非接下之稱。《尚書》云‘惠鮮鰥寡’，[15]何不言恭敬鰥寡邪？”緒曰：“今别言之，居然有恭惠之殊，總開記首，所以共同斯稱。”竟陵王子良曰：[16]“禮者敬而已矣。自上及下，愚謂非嫌。”[17]太子曰：“本不謂有嫌，正欲使言與事符，輕重有别耳。”臨川王映曰：[18]“先舉必敬，以明大體，尊卑事數，備列後章，亦當不以總略而礙。”太子又以此義問諸學生，謝幾卿等十一人，並以筆對。太子問王儉曰：“《周易·乾卦》本施天位，而《説卦》云‘帝出乎《震》’。《震》本非天，義豈相主？”[19]儉曰：“《乾》健《震》動，天以運動爲德，故言‘帝出《震》’。”[20]太子曰：“天以運動爲德，君自體天居位，《震》雷爲象，豈體天所出？”儉曰：“主器者莫若長子，[21]故受之以《震》，萬物出乎《震》，故亦帝所與焉。”儉又諮太子曰：“《孝經》‘仲尼居，曾子侍’。[22]夫孝理弘深，大賢方盡其致，何故不授顏子，而寄曾生？”太子曰：“曾生雖德慚體二，而色養盡禮，[23]去物尚近，接引非隔，[24]弘宣規教，義在於此。”儉曰：“接引非隔，弘宣雖易，去聖轉遠，其事彌輕。既云‘人能弘道’，將恐人輕道廢。”[25]太子曰：“理既有在，不容以人廢言，而況中賢之才，弘上聖之教，寧有壅塞之嫌。"臨川王映諮曰:"孝爲德本,常是所疑,德施萬善,孝由天性,自然之理,豈因積習?"太子曰:"不因積習而至,所以可爲德本。"映曰:"率由斯至,不俟明德,大孝榮親,[26]衆德光備,以此而言,豈得爲本?"太子曰:"孝有深淺,德有小大,因其分而爲本,何所稍疑。"[27]太子以長年臨學,亦前代未有也。

[1]口實:口中食物,飲食。引申爲經常談論、誦讀的内容。語本《尚書·仲虺之誥》:"成湯放桀於南巢,惟有慙德曰:'予恐來世以台爲口實'。"孔安國傳:"恐來世論道我放天子,常不去口。"

[2]名尚:猶名望。按,《南史》卷四四此後云:"解聲律,工射,飲酒至數斗,而未嘗舉盃。從容有風儀,音韵和辯,引接朝士,人人自以爲得意。文武士多所招集,會稽虞炎、濟陽范岫、汝南周顒、陳郡袁廓,並以學行才能,應對左右。而武人略陽垣歷生、襄陽蔡道貴,拳勇秀出,當時以比關羽、張飛。其餘安定梁天惠、平原劉孝慶、河東王世興、趙郡李居士、襄陽黄嗣祖、魚文、康絢之徒,並爲後來名將。"

[3]省闥:指禁中,又稱禁闥。古代中央政府諸省設於禁中,故以其作爲中央政府的代稱。

[4]永明三年,於崇政殿講《孝經》:本書卷三《武帝紀》作:"永明四年……三月辛亥,國子講《孝經》,車駕幸學,賜國子祭酒、博士、助教絹各差。"

[5]少傅:太子少傅,東宫官。掌輔翼、訓導太子。秩三品。王儉:於永明二年(484)領太子少傅。詳見本書卷二三《王儉傳》。　太子僕:原作"太僕",中華本據《南史》改,並按云:"《百官志》東宫職僚有太子僕。顒本傳亦言文惠在東宫,顒爲太子僕。"今從改。太子僕,東宫官。主車馬、親屬,職如太僕、宗

正。秩五品。　周顒：本書卷四一有傳。

［6］國學：古代指國家設立的學校。

［7］《曲禮》云“無不敬”：《禮記·曲禮上》云“毋不敬，儼若思”。意即（凡事）不要不嚴肅認真，（神情）應莊重若有所思。

［8］《禮》云“不勝喪比於不慈不孝”：“禮”指《曲禮》。孔穎達疏：“不勝喪謂疾不食酒肉，創瘍不沐浴，毁而滅性者也。不留身繼世，是不慈也；滅性又是違親生時之意，故云不孝也。”

［9］極：指極盡、至誠。

［10］在三之義：在三，指禮敬君、親、師。語出《國語·晋語一》：“‘民生於三，事之如一。’父生之，師教之，君食之。非父不生，非食不長，非教不知。生之族也，故一事之。”韋昭注：“三，君、父、師也。”

［11］慢：怠慢，輕視。

［12］不忘恭敬，民之主也：語出《左傳》宣公二年。

［13］奉先思孝，接下思恭：語出《尚書·太甲中》。

［14］張緒：南朝名士，歷仕南朝宋、齊，官至國子祭酒。本書卷三三有傳。

［15］惠鮮鰥寡：語出《尚書·無逸》，孔安國傳：“以美政恭民，故民安之；又加惠，鮮乏鰥寡之人。”

［16］竟陵王子良：齊武帝蕭賾第二子，字雲英，禮才好士，敦義愛古。與其兄文惠太子相友悌。本書卷四〇有傳。

［17］非嫌：無可置疑。

［18］臨川王映：齊高帝蕭道成第三子，字宣光，善騎射，解聲律，工左右書、左右射，風韵韶美。本書卷三五有傳。

［19］《震》本非天，義豈相主：《南史》卷四四作：“《震》本非天義，豈當相主？”按，《南史》措辭語意較明確。“義豈相主”，中華本校勘記云：“南監本、局本作‘義豈相當’，《南史·齊文惠太子傳》作‘義當相左’。”又按，《南史》乃作“豈當相主”，中

華本校勘記疑誤。

[20]帝出《震》:《南史》卷四四“出”下有“乎”字。

[21]主器：主持神器。喻指繼承帝位。

[22]仲尼居，曾子侍：語出《孝經·開宗明義》。按，曾子名曾參，孔子學生中，顔回成就居第一，曾參居第二，故後人常以“顔曾”並稱。

[23]色養盡禮：色養，指孝養父母。語出《論語·爲政》:“子游問孝。子曰：‘今之孝者，是謂能養。’……子夏問孝。子曰：‘色難’。”朱熹《集注》:“色難，謂事親之際，惟色爲難也。”一説，謂承順父母顔色。何晏《集解》引包咸曰:“謂承順父母顔色爲難也。”後因稱爲人子者和顔悦色奉養父母或承順父母臉色爲“色養”。按，曾參爲古代著名孝子，故曰“色養盡禮”。

[24]去物尚近，接引非隔：意謂曾子本身即是孝子，孔子與他論孝，有就近取譬、現身説法之妙。

[25]將恐人輕道廢：意謂曾子比顔子名望小，人家不會重視。

[26]大孝榮親：舊指登科及第、爲國立功，使父母受册封顯榮耀纔是大孝。“大”原作“夫”，中華本校勘記云“各本不訛，今改正”。今從改。

[27]稍:《册府元龜》卷二六〇作“稱”。

明年，上將訊丹陽所領囚，[1]及南北二百里内獄，詔曰:“獄訟之重，政化所先。太子立年作貳，[2]宜時詳覽，此訊事委以親决。”太子乃於玄圃園宣猷堂録三署囚，[3]原宥各有差。上晚年好遊宴，尚書曹事亦分送太子省視。[4]

[1]上將訊丹陽所領囚:“丹陽”，原作“丹楊”，中華本校勘記據南監本、殿本改。今從改。此丹陽乃指丹陽尹。丹陽，郡名。

治所在今江蘇南京市，爲京都上郡，故太守稱尹。領囚，審訊罪犯。

[2]立年：指而立之年，即三十歲。　作貳：作爲儲貳，即儲君。

[3]玄圃園：太子東宫中的園圃名，宣猷堂在玄圃園中。　三署：漢時光禄勛下設五官署、左署、右署，合稱三署。

[4]尚書曹事：齊尚書省共有吏部、删定、三公、比部、度支、金部、倉部、起部、左民、駕部、都官、水部、庫部、功論、中兵、外兵、祠部等曹。統管國家行政事務。

太子與竟陵王子良俱好釋氏，立六疾館以養窮民。[1]風韻甚和，[2]而性頗奢麗。宫内殿堂，皆雕飾精綺，過於上宫。開拓玄圃園，與臺城北塹等。[3]其中樓觀塔宇，[4]多聚奇石，妙極山水。慮上宫望見，[5]乃傍門列脩竹，内施高鄣，[6]造游墻數百間，[7]施諸機巧，宜須鄣蔽，須臾成立，若應毁撤，應手遷徙。[8]善製珍玩之物，織孔雀毛爲裘，光彩金翠，過於雉頭矣。[9]以晋明帝爲太子時立西池，[10]乃啓世祖引前例，求東田起小苑，[11]上許之。永明中，二宫兵力全實，太子使宫中將吏更番役築，宫城苑巷，制度之盛，觀者傾京師。上性雖嚴，多布耳目，太子所爲，無敢啓者。後上幸豫章王宅，還過太子東田，見其彌亘華遠，壯麗極目，於是大怒，收監作主帥，[12]太子懼，皆藏匿之，由是見責。

[1]立六疾館：六疾，指六種常見疾病，即寒疾、熱疾、末（四肢）疾、腹疾、惑疾、心疾，亦泛指各種疾病。立六疾館乃做善事。

［2］風韻甚和：中華本校勘記云："'風'字上應有'太子'二字，文義乃足。《通鑑》有'太子'二字。"

［3］臺城北塹：皇宮所在地。

［4］其中樓觀塔宇：《南史》卷四四作："其中起出土山池閣樓觀塔宇，窮奇極麗，費以千萬。"

［5］慮上宮望見：怕皇上在宮中望見。中華本校勘記云："'宮'字下南監本、局本有'中'字，《南史》同。"

［6］內：《南史》卷四四作"外"。

［7］墻：中華本校勘記云："南監本、局本作'觀'，《南史》同。按此謂以游墻作鄣蔽也。'墻'作'觀'，或後人習見'游觀'字，以意改之耳。"

［8］若應毀撤，應手遷徙："撤"原作"撒"，中華本據殿本、《南史》改。今從改。應手遷徙，指這些游墻，都以機巧拼湊而成，便於隨時拆除遷移。朱季海《校議》云："游墻機巧，成毀須臾，當時建築之精能可見。西方有活動房屋，乃近日事耳。尋《東昏侯紀》：'於是徵求民家，望樹便取，毀徹墻屋以移致之。'正作'毀徹'。此《傳》文或後人轉寫作'撤'字，遂訛作'撒'耳。"（第45頁）

［9］過於雉頭矣：雉頭，指雉頭裘，以雉（野鷄）頭羽毛織成之裘。《晉書》卷三《武帝紀》："太醫司馬程據獻雉頭裘，帝以奇技異服典禮所禁，焚之於殿前。"中華本校勘記云："《御覽》六百九十四、九百二十四引'頭'字下有'遠'字，《南史》同。"

［10］晉明帝：司馬紹，東晉元帝司馬睿之子。詳見《晉書》卷八《明帝紀》。

［11］東田：文惠子所建的樓館名，在鍾山（今江蘇南京市紫金山）下。《南史》卷五《齊本紀下》："先是，文惠太子立樓館於鍾山下，號曰'東田'，太子屢游幸之。"

［12］收監作主帥：《通鑑》卷一三八《齊紀四》"武帝永明十一年"條云："又使嬖人徐文錦造輦及乘輿御物。上嘗幸東宮，忽

忽不暇藏輦，文景乃以佛像内輦中，故上不疑……後文景竟賜死。”

太子素多疾，體又過壯，常在宫内，簡於遨遊。玩弄羽儀，多所僭擬，[1]雖咫尺宫禁，[2]而上終不知。[3]十年，豫章王嶷薨，太子見上友于既至，[4]造碑文奏之，未及鎸勒。十一年春正月，太子有疾，上自臨視，有憂色。疾篤，上表曰：“臣地屬元良，[5]業微三善，[6]光道樹風，於焉蓋闕，晨宵怮懼，有若臨淵。[7]攝生舛和，構離痾疾，[8]大漸惟幾，顧陰待謝，[9]守器難永，視膳長違，仰戀慈顔，内懷感哽。竊惟死生定分，理不足悲，伏願割無已之悼，損既往之傷，寶衛聖躬，同休七百，[10]臣雖没九泉，無所遺恨。”時年三十六。[11]太子年始過立，久在儲宫，得參政事，内外百司，咸謂旦暮繼體，[12]及薨，朝野驚惋焉。上幸東宫，臨哭盡哀，詔斂以衮冕之服，[13]謚曰文惠，葬崇安陵。[14]世祖履行東宫，見太子服翫過制，大怒，敕有司隨事毁除，以東田殿堂爲崇虚館。[15]鬱林立，[16]追尊爲文帝，廟稱世宗。

[1]玩弄羽儀，多所僭擬：指玩弄帝王的儀仗隊。僭擬，越分妄比。“儗”同“擬”。

[2]咫尺宫禁：指距離皇宫很近。

[3]而上終不知：《南史》卷四四此下云：“又使徐文景造輦及乘輿御物虎賁雲罕之屬，上嘗幸東宫，忽忽不暇藏輦，文景乃以佛像内輦中，故上不疑。文景父陶仁是爲給事中，謂文景曰：‘終當滅門，政當掃墓待喪耳。’乃移家避之。其後文景竟賜死，陶仁遂不哭，時人以爲有古人風。”

［4］友于既至：指兄弟感情極深。友于，語出《尚書・君陳》："惟孝友于兄弟。"後即以"友于"指兄弟。

［5］地屬元良：地位屬於太子、儲君。元良，太子的代稱。語出《禮記・文王世子》："一有元良，萬國以貞，世子之謂也。"

［6］業微三善：指德業修養未能達到三善。三善，指事君忠、事父孝、事長敬。語出《禮記・文王世子》："行一物而三善皆得者，唯世子而已……父子、君臣、長幼之道得而國治。"

［7］晨宵悩懼，有若臨淵：指深感身負重擔難以完成，日夜憂懼，如臨深淵。

［8］攝生舛和，構離痾疾：由於養生不當，以致遭遇疾病。"離"通"罹"。

［9］大漸惟幾，顧陰待謝：謂病危，時日無多，即將謝世。大漸，謂病危。語出《尚書・顧命》："王曰：嗚呼！疾大漸，惟幾。"

［10］七百：稱頌封建王朝運祚綿長。語出《左傳》宣公三年："成王定鼎于郟鄏，卜世三十，卜年七百，天所命也。"

［11］時年三十六：中華本校勘記云："'時'字上《南史》有'薨於東宮'四字，文意乃足。"按，《南史》卷四四乃作"薨于東宮崇明殿"七字。

［12］旦暮繼體：謂很快就要繼承大統爲帝王。

［13］衮冕之服：指帝王之服。

［14］崇安陵：在今江蘇常州市武進區之東城里蕭氏祖墳地。按，《南史》卷四四此後云："有司奏御服期，朝臣齊衰三月，南郡國（曾爲其封國）臣齊衰期，臨汝、曲江國臣並不服，六宮不從服。"

［15］崇虚館：祭奠文惠太子亡靈之館堂。按，《通鑑》卷一三八《齊紀四》"武帝永明十一年"條此句後云："以竟陵王子良與太子善，而不啓聞，並責之。"

［16］鬱林立：指文惠太子長子鬱林王蕭昭業，繼其祖父齊武帝蕭賾登帝位。

初太子内懷惡明帝，[1]密謂竟陵王子良曰：“我意色中殊不悦此人，當由其福德薄所致。”子良便苦救解。[2]後明帝立，果大相誅害。[3]

[1]明帝：指蕭鸞，齊高帝蕭道成之侄。少孤，由高帝撫養成人。本書卷六有紀。

[2]子良便苦救解：子良與蕭鸞殊善。武帝臨終詔使子良輔政。子良乃推蕭鸞，故武帝遺詔云：“事無大小，悉與鸞参懷。”参見本書卷四《鬱林王紀》。

[3]後明帝立，果大相誅害：清趙翼《廿二史劄記》卷一二《齊明帝殺高武子孫》：“明帝本高帝兄子，早孤，高帝撫之，恩過諸子。歷高武二朝，爵通侯，官僕射，至鬱林王時輔政，因鬱林無道，弑之而立海陵，不數月，又廢弑之而奪其位。自以得不以正，親子皆幼小，而高武子孫日漸長大，遂盡滅之無遺種。今按高帝十九子，長武帝，次豫章王嶷、臨川王映、長沙王晃、武陵王曄、安成王暠、始興王鑑，皆卒於明帝前，故未被害。又早殤者四人。其餘鄱陽王鏘、桂陽王鑠、江夏王鋒、南平王鋭、宜都王鏗、晋熙王銶、河東王鉉、衡陽王鈞，皆明帝所殺也。武帝二十三子，長文惠太子，早薨；次竟陵王子良，善終；魚復侯子響，武帝時以擅殺長史，拒臺兵，見殺；又早殤者四人，其餘廬陵王子卿、安陸王子敳、晋安王子懋、隨郡王子隆、建安王子真、西陽王子明、南海王子罕、巴陵王子倫、邵陵王子貞、臨賀王子岳、西陽王子文、衡陽王子峻、南康王子琳、湘東王子建、衡陽王子珉、南郡王子夏，皆明帝所殺也。文惠太子子鬱林王昭業、海陵王昭文，既爲明帝所弑，巴陵王昭秀、桂陽王昭粲，亦明帝殺之，甚至竟陵王子良之子昭胄、昭穎，亦明帝所殺……齊明之忍心害理，亦已至矣！”

史臣曰：上古之世，父不哭子，壽夭悠悠，尚嗟恒事。況夫正體東儲，[1]方樹年德，重基累葉，載茂皇家，守器之君，[2]已知耕稼，雖温文具美，[3]交弘盛迹，[4]武運將終，先期夙殞，[5]傳之幼少，以速顛危，推此而論，亦有冥數矣。

[1]正體東儲：指嫡傳太子。

[2]守器之君：指守護國家重權的儲君。

[3]温文：二字原闕，中華本據各本補。今從補。

[4]交弘盛迹：指文惠太子生前廣交内外百司，參與政事，業迹盛多，爲登皇位做了充分準備。

[5]武運將終，先期夙殞：在武帝病危將終之時，承位的太子竟先去世。

贊曰：二象垂則，[1]三星麗天。[2]樹嫡惟長，[3]義匪求賢。方爲守器，植命不延。[4]

[1]二象：指天地。

[2]三星：指日、月、星辰。

[3]樹嫡惟長：謂嫡長子承傳，乃天地所定的規則。

[4]方爲守器，植命不延：方爲繼承大統的太子，可惜壽短難延。

南齊書　卷二二

列傳第三

豫章文獻王

豫章文獻王嶷字宣儼，[1]太祖第二子。[2]寬仁弘雅，有大成之量，[3]太祖特鍾愛焉。

[1]豫章文獻王嶷：《南史》卷四二有傳。按，豫章文獻王蕭嶷乃《南齊書》撰者蕭子顯之父。傳中多處對其有誇張溢美之辭。傅玉璋《中國古代史學史》指出，本書“有的記事隱諱，或誇張”，例如“《豫章王蕭嶷傳》（作者之父），凡生平行事及朝廷之優禮，名流之褒獎，無不一一敍入，以與古代聖人周公相比，文至九千餘字，實爲繁贅”。（安徽大學出版社 2008 年版，第 70—71 頁）

[2]太祖：指齊開國皇帝蕭道成，“太祖”爲其廟號。本書卷一至卷二有紀。

[3]大成：謂完美無缺。語本《老子》：“大成若缺，其用不弊。”

起家爲太學博士、長城令，[1]入爲尚書左民郎、錢唐令。[2]太祖破薛索兒，[3]改封西陽，[4]以先爵賜爲晋壽縣侯。[5]除通直散騎侍郎，[6]以偏憂去官。[7]桂陽之役，[8]太祖出頓新亭壘，[9]板嶷爲寧朔將軍，[10]領兵衛從。休範率士卒攻壘南，嶷執白虎幡督戰，[11]屢摧却之。事寧，遷中書郎。[12]

[1]起家：指初入仕途。　太學博士：學官名。漢武帝時創設五經博士，因每經非止一家之學，故東漢置博士十四人。三國魏改稱五經博士爲太學博士，晋、南北朝因之。三國魏秩五品，南朝宋不詳。　長城：縣名。治所在今浙江長興縣。

[2]尚書左民郎：尚書省左民曹主官。掌户籍。秩五品。　錢唐：縣名。即今浙江杭州市。

[3]太祖破薛索兒：指宋明帝泰始二年（466），徐州刺史薛安都叛宋投魏，其從子薛索兒領魏軍寇淮陰，明帝遣輔國將軍蕭道成領兵擊破之。詳見本書卷一《高帝紀上》。

[4]改封西陽：指蕭道成因破薛索兒功，改封西陽侯。西陽，治所原在今河南光山縣西，西晋永嘉時遷治今湖北黄岡市。侯爲第二等封爵，西陽爲其食邑。

[5]以先爵賜爲晋壽縣侯：丁福林《南齊書考疑》（二十）："《南史·齊高帝諸子傳》於此作：'高帝破薛索兒，改封西陽，以先爵賜嶷，爲晋壽縣侯。'謂道成破薛索兒之後，乃由晋壽縣侯改封爲西陽縣侯，其原爵晋壽縣侯則改封蕭嶷也。而上文如此，則文義頗爲費解。此蓋子顯乃嶷之子，爲避父諱而有意於'賜'後省一'嶷'字耳。"又謂："齊高帝蕭道成因破薛索兒功封西陽縣侯事，見本書《高帝紀》、《南史·齊本紀》，然此前却未有封晋壽縣侯之記載。考本書《高帝紀》、《南史·齊本紀》，蕭承之宋元嘉中以軍功'封晋興縣五等男，邑三百四十户'，因道成爲承之嫡子，故承

之卒後，道成乃‘襲爵晋興縣五等男’，是所謂道成之先爵耳。今既以先爵賜嶷，則所賜當是晋興縣五等男而非晋壽縣侯甚明。即上文之‘晋壽縣侯’乃‘晋興縣五等男’之訛也。”（《江海學刊》2007 年第 3 期）

[6]通直散騎侍郎：門下省官。掌奏事，直侍左右。秩五品。

[7]偏憂：爲妻居喪。偏，配偶的一方。晋陶潛《怨詩楚調示龐主簿鄧治中》：“弱冠逢世阻，始室喪其偏。”逯欽立注：“喪其偏，喪妻。”（《陶淵明集》，中華書局 1979 年版，第 49—50 頁）

[8]桂陽之役：指宋元徽二年（474）三月，桂陽王休範自尋陽起兵反，沿江而下，直抵京城。時蕭道成擢升右衛將軍，爲顧命大臣，將前鋒兵出屯新亭，旋將叛軍戰滅。詳參《通鑑》卷一三三“蒼梧王元徽二年”條。

[9]新亭壘：三國吳築。在今江蘇南京市南。地近江濱，依山築城壘，爲軍事要地。

[10]板：由本府自行任命官職，因將授官之辭寫於特製的板上，故稱。　寧朔將軍：武官名。爲加官性質的榮譽虚號。秩四品。

[11]白虎幡：有白虎圖像的軍令旗。

[12]中書郎：中書侍郎，中書省官。掌呈奏案章。秩五品。

尋爲安遠護軍、武陵内史。[1]時沈攸之責賧，[2]伐荆州界内諸蠻，[3]遂及五溪，[4]禁斷魚鹽。[5]群蠻怒，西溪蠻王田頭擬殺攸之使，[6]攸之責賧千萬，頭擬輸五百萬，發氣死。其弟婁侯簒立，頭擬子田都走入獠中，[7]於是蠻部大亂，抄掠平民，至郡城下。嶷遣隊主張莫兒率將吏擊破之。[8]田都自獠中請立，[9]而婁侯懼，亦歸附。嶷誅婁侯於郡獄，命田都繼其父，蠻衆乃安。

[1]安遠護軍：防邊武官，爲武陵内史的兼任職。　武陵内史：武陵郡太守。武陵郡乃武陵王（宋明帝第九子劉贊）封國，故太守稱内史。武陵，治所在今湖南常德市。

[2]沈攸之：仕宋，官至車騎大將軍、郢州刺史。爲政刻暴，賦斂嚴苦，徵發無度。後謀反自立，爲蕭道成剿滅。《宋書》卷七四、《南史》卷三七有傳。　責賧（dàn）：古代統治者以要少數民族贖罪爲名，勒索錢財。

[3]荆州：州名。治所在今湖北荆州市。時沈攸之任鎮西將軍、荆州刺史。　蠻：古代對西南少數民族的泛稱，含有輕蔑之意。蠻種類繁多，居於荆、湘、貴邊地山谷中。詳見本書卷五八《蠻傳》。

[4]遂及：原作“遂反”，中華本據毛本、局本改。今從改。　五溪：地名。《水經注・沅水》：“武陵有五溪，謂雄溪、樠溪、無溪、西溪、辰溪。”又李白《聞王昌齡左遷》詩“聞道龍標過五溪”。楊齊賢注：“武陵有五溪，曰雄溪、蒲溪、西溪、沅溪、辰溪。”五溪在湘、鄂、貴邊地，爲少數民族聚居之地。

[5]禁斷魚鹽：指下令禁止在五溪捕魚、曬鹽。

[6]西溪蠻王田頭擬：西溪蠻爲蠻中最大的一支，劉宋時曾受朝廷封爵。田頭擬爲西溪蠻首領。

[7]獠：南蠻的别一支。參見《周書》卷四九《異域志傳上》

[8]嶷遣隊主張莫兒：“嶷”原無。中華本校勘記云：“‘嶷’字據南監本、殿本及《南史・齊豫章文獻王嶷傳》補。按子顯此卷雖不諱其父名，然儘量避免，此‘嶷’字及下‘嶷務在省約’‘嶷求解太傅’‘嶷性泛愛’之‘嶷’字，疑皆後人所加。又按‘張莫兒’《南史》及《通鑑》宋明帝泰豫元年並作‘張英兒’。”隊主，武官名。南朝宋始見，稱領千兵以上的主官爲軍主，領千兵以下的稱隊主。

[9]田都自獠中請立：指逃難至獠中的田都，請求宋朝廷立他爲王。

入爲宋從帝車騎諮議參軍、府掾，[1]轉驃騎，[2]仍遷從事中郎。[3]詣司徒袁粲，[4]粲謂人曰："後來佳器也。"

[1]宋從帝：宋順帝劉準，明帝第三子。廢帝（劉昱，即蒼梧王）即位，劉準爲揚州刺史、車騎將軍，旋又進號驃騎大將軍。參見《宋書》卷一〇《順帝紀》。中華本校勘記云："按順帝作'從帝'，乃蕭子顯避梁諱改，南監本、殿本並已改爲'順帝'。" 車騎諮議參軍：指在車騎將軍府任諮議參軍。車騎將軍，武官名。漢始置，掌征伐。南朝時成爲優禮大臣的虛號，開府者位從公秩一品。諮議參軍，軍府屬員。謀劃軍事。 府掾：軍府輔助的官吏。

[2]轉驃騎：指跟隨劉準轉任驃騎大將軍府諮議參軍、府掾。驃騎將軍與車騎將軍職秩相同。

[3]從事中郎：晉、南北朝時爲將帥幕僚。

[4]司徒：南朝時爲最高榮譽加銜之一。 袁粲：仕宋，官至中書令，領司徒。宋末爲顧命大臣之一。《宋書》卷八九、《南史》卷二六有傳。

太祖在領軍府，[1]嶷居青溪宅。[2]蒼梧王夜中微行，[3]欲掩襲宅內，嶷令左右舞刀戟於中庭，[4]蒼梧從墻間窺見，以爲有備，乃去。太祖帶南兗州，[5]鎮軍府長史蕭順之在鎮，[6]憂危既切，期渡江北起兵。[7]嶷諫曰："主上狂凶，人下不自保，單行道路，易以立功。外州起兵，鮮有克勝。物情疑惑，必先人受禍。[8]今於此立計，萬不可失。"蒼梧王殞，[9]太祖報嶷曰："大事已判，汝明可早入。"從帝即位，[10]轉侍中，[11]總宫內直衛。

[1]太祖在領軍府：指宋元徽二年（474），蕭道成以平桂陽王休

範之亂立功，遷中領軍。中領軍，禁衛軍統領。秩三品。

［2］青溪：三國吴在建業城（今江蘇南京市）南鑿東渠，源於鍾山西南，流入秦淮河，稱爲青溪。溪上置栅，爲防守要地。領軍府置於此。按，青溪原作“清溪”，中華本據殿本改。今從改。

［3］蒼梧王：宋後廢帝劉昱，狂悖凶暴，常於夜間微行出宫，入市搶劫，以殺人爲樂。曾入領軍府，以中領軍蕭道成肚臍爲箭垛，幸未射中。劉昱遇刺死後被貶爲蒼梧王。詳見《宋書》卷九、《南史》卷二《宋本紀中》及本書卷一《高帝紀上》。

［4］嶷令左右：“令”字原無，中華本據南監本、殿本補。今從補。

［5］太祖帶南兖州：帶，兼任。當時中領軍蕭道成都督南兖、徐、兖、青、冀五州軍事，鎮軍將軍，兼任南兖州刺史。南兖州，治京口（今江蘇鎮江市），旋移治廣陵（今江蘇揚州市）。

［6］鎮軍府：指蕭道成的鎮軍將軍府。　長史：主持軍府事務，爲屬吏之長。　蕭順之：順之係梁武帝蕭衍之父。中華本校勘記云：“‘順之’原作‘諱’，蓋子顯原文如此，今據殿本改，下同。”今從改。

［7］期渡江北起兵：指蕭道成害怕遭蒼梧王殺害，擬渡江到廣陵起兵反。清錢大昕《廿二史考異》卷二五：“按是時齊祖爲中領軍，在都參機務，雖領南兖州刺史、鎮軍將軍，初不之鎮，故以長史蕭順之行州府事。而蒼梧凶暴，齊主恐不自全，故又欲還鎮起兵。南兖州治廣陵，故云江北也。”又云：“太祖帶南兖州……監本但云‘太祖在鎮’……若云太祖在鎮，則已到江北，無緣更欲渡江，且與下意矛盾矣。蓋史之難讀，由於校書者之無學而任意删改，如此者不少矣。”

［8］必先人受禍：禍，原作“福”，中華本據南監本、殿本、局本改。今從改。按，《通鑑》卷一三四“順帝昇明元年”條亦記述此事，謂嶷所勸告之言，乃鎮軍長史順之與嶷共進。又記青、冀二州刺史劉善明與東海太守垣榮祖皆有勸告。善明云：“宋氏將亡，愚智共知。北虜若動，反爲公患。公神武高世，唯當静以待之，因機奮發，

功業自定，不可遠去根本，自貽猖蹶。”滎祖云：“領府去臺百步，公走，人豈不知！若單騎輕行，廣陵人閉門不受，公欲何之！公今動足下牀，恐即有叩臺門者，公事去矣。”

[9]蒼梧王殞：指蒼梧王於元徽四年（476）秋七夕夜，爲其左右護衛楊玉夫、楊萬年所殺。詳見《通鑑》卷一三四。

[10]從帝即位：指蒼梧王死後，蕭道成迎立其弟安成王劉準繼位，是爲宋順帝。二年後即禪位於蕭道成，改宋爲齊。

[11]侍中：門下省主官。掌奏事，直侍左右。秩三品。

沈攸之之難，[1]太祖入朝堂，[2]嶷出鎮東府，[3]加冠軍將軍。[4]袁粲舉兵夕，[5]丹陽丞王遜告變，[6]先至東府，嶷遣帳内軍主戴元孫二千人隨薛道淵等俱至石頭，[7]焚門之功，[8]元孫預焉。先是王蘊薦部曲六十人助爲城防，[9]實以爲内應也。嶷知蘊懷貳，不給其仗，散處外省。及難作搜檢，皆已亡去。遷中領軍，加散騎常侍。[10]

[1]沈攸之之難：指宋順帝昇明元年（477）十二月（《宋書》卷七四《沈攸之傳》作“十一月”）荆州刺史沈攸之因不滿蕭道成把持朝政，自荆州起兵反。沈攸之，仕宋，爲宋重臣。《宋書》卷七四、《南史》卷三七均有傳。

[2]太祖入朝堂：此時蕭道成爲司空、録尚書事、驃騎大將軍，總攬軍政大權，故入守朝堂。

[3]東府：爲丞相兼揚州刺史的治所，在京城東。

[4]冠軍將軍：南朝時爲優禮大臣的加號。開府者位從公秩一品。

[5]袁粲舉兵：指司徒袁粲鎮守石頭城，因不滿蕭道成欲廢宋自立，起兵反。詳見《宋書》卷八九、《南史》卷二六《袁粲傳》。

[6]丹陽：郡名。治所在今江蘇南京市，石頭城在其轄境。丹陽

原作“丹楊”，中華本據南監本、殿本改。今從改。　王遜：侍中王儉之弟，昇明中爲丹陽丞。本書卷二三有附傳。　告變：指王遜得知袁粲反，連忙向東府蕭嶷報告。

[7]軍主：武將名。南朝時領兵千人以上者稱軍主。　薛道淵：宋將薛安都之子，本名道深，避蕭道成偏諱改道淵，果敢有氣力，道成親信，以軍功至驍騎將軍。本書卷三〇有傳。　石頭：石頭城，在今江蘇南京市清涼山。本楚威王所置金陵邑，三國吴重築改名。其城負山面江，控扼江險，南臨秦淮河口，形勢險固，宛如虎踞，故有“石頭虎踞”之稱。

[8]焚門之功：指蕭道成得知袁粲反情，遣軍主戴僧静帥兵至石頭助戰，與蕭嶷所遣軍會合，攻破石頭城西門，放火焚燒，擒殺袁粲。詳見《通鑑》卷一三四“順帝昇明元年”條。

[9]王藴：字彦深，宋貴戚王彧之從弟，助明帝平叛有功，官至湘州刺史。順帝即位，藴先與荆州刺史沈攸之相結謀反，後又與司徒袁粲密謀誅蕭道成，兵敗被斬。《宋書》卷八五、《南史》卷二三均有附傳。另參見《通鑑》卷一三四。

[10]加：指正官之外附加的官職。　散騎常侍：門下省主官。掌奏事，直侍左右。秩三品。

上流平後，[1]世祖自尋陽還，[2]嶷出爲使持節、都督江州豫州之新蔡晋熙二郡軍事、左將軍、江州刺史，[3]常侍如故。給鼓吹一部。[4]以定策功，改封永安縣公，[5]千五百户。

[1]上流平後：指荆州刺史沈攸之反叛被平滅之後。

[2]世祖：齊武帝蕭賾廟號。蕭賾，蕭道成長子。原仕宋，昇明初，沈攸之事平，爲都督江州、豫州之新蔡晋熙二郡軍事、江州刺史。旋轉調内官，爲侍中、領軍將軍。　尋陽：縣名。治所在今江西

九江市西南，當時爲江州刺史駐地。

［3］使持節：君主授予臣下權力的方式之一。節代表皇帝的特殊命令，分使持節、持節、假節三等。《宋書・百官志上》："使持節爲上，持節次之，假節爲下。使持節得殺二千石以下；持節殺無官位人，若軍事得與使持節同；假節唯軍事得殺犯軍令者。" 都督：軍事長官的權限，分都督、監、督三等，權限與使持節、持節、假節相等。 江州：州名。治所原在尋陽縣（今湖北黄梅縣），劉宋遷治柴桑縣（今江西九江市西南）。 豫州：州名。東晉僑置，治壽春縣，在今安徽壽縣。 新蔡：郡名。南朝宋僑置，治固始縣，在今河南信陽市。 晋熙：郡名。東晋置，治所在今安徽潛山縣。 左將軍：左衛將軍，禁衛軍官。分掌宿衛營兵。秩四品。

［4］鼓吹：備有鼓鉦蕭笳樂器的樂隊，用於大駕出游行軍。古代以賜功臣勛將。

［5］永安縣：今福建永安市。永安縣爲其食邑。

仍徙都督荆湘雍益梁寧南北秦八州諸軍事、鎮西將軍、荆州刺史，[1]持節、常侍如故。時太祖輔政，嶷務在省約，[2]停府州儀迎物。初，沈攸之欲聚衆，[3]開民相告，士庶坐執役者甚衆。嶷至鎮，一日遣三千餘人。見囚五歲刑以下不連臺者，皆原遣。[4]以市税重濫，更定槝格，[5]以税還民。禁諸市調及苗籍。[6]二千石官長不得與人爲市，[7]諸曹吏聽分番假。[8]百姓甚悦。禪讓之間，[9]世祖欲速定大業，嶷依違其事，默無所言。建元元年，太祖即位，赦詔未至，[10]嶷先下令蠲除部内昇明二年以前逋負。[11]遷侍中、尚書令、都督揚南徐二州諸軍事、驃騎大將軍、開府儀同三司、揚州刺史，[12]持節如故。封豫章郡王，[13]邑三千户。僕射王儉牋曰：[14]"舊楚蕭條，[15]仍歲多故，[16]荒民散亡，寔須緝理。公臨莅甫爾，英風惟穆，江、漢來蘇，八州慕義。自庾亮以來，[17]荆楚無復如此美政。古人期月有成，而公旬日致治，豈不休哉！”

[1]湘：州名。治所在今湖南長沙市。湘，原作“湖”，中華本據局本及《册府元龜》卷二六七改。今從改。　雍：州名。東晋僑置，治襄陽縣，在今湖北襄陽市。　益：州名。治所在今四川成都市。　梁：州名。治南鄭縣，在今陝西漢中市。　寧：州名。原治滇池縣（今雲南昆明市晋寧區東北），南朝宋移治味縣（今雲南曲靖市）。　南北秦：指南秦州和北秦州。南秦州治所在南鄭縣，北秦州治所不詳。　鎮西將軍：四鎮將軍之一，南朝爲榮譽加號。開府者位從公秩一品。

[2]嶷務在省約：蕭嶷因其父主持朝政，因而對己備加約束。“嶷”字原無，中華本據殿本補，並云：“‘在’《南史》及《元龜》六百八十九並作‘存’。”今從補。

[3]初，沈攸之欲聚衆：指當初沈攸之任荆州刺史時横徵暴斂，廣積財力物力。

[4]見囚五歲刑以下不連臺者，皆原遣：指判刑不滿五年而非重複犯罪的囚犯，提前釋放。

[5]更定槁格：更定，更改重新制定。中華本校勘記云：“張森楷《校勘記》云：殿本作‘槁格’，南監本、毛本、局本作‘槁格’，二字形似，未知孰是。按‘槁’即‘梟’字，‘梟格’疑指税收牌示之類。”按，中華再造善本作“槁格”。朱季海《南齊書校議》（以下簡稱朱季海《校議》）云：“《萬象名義·木部》：‘槁，於胡反，量米械。’是槁爲量器，此定市税，而以槁格爲名，豈取義於此耶？”（中華書局1984年版，第45頁）按，朱説有據，當以“槁格”爲是。

[6]市調（diào）：官府對商家額外徵調的賦税。　苗籍：内涵不詳。似指對初生家畜（如馬、牛、羊、猪）徵收的税。

[7]二千石官長不得與人爲市：指高官不得從商與民争利。“與人爲市”原作“與人公宜”，中華本據南監本、殿本、局本改。今從改。

[8]諸曹吏聽分番假：指州郡各部門一般官吏聽從分派輪流放假，遞令休息。

[9]禪讓之間：指宋順帝昇明三年（479）三月，禪位於齊王蕭道成，齊王三讓方就帝位，改宋爲齊，改元“建元”。

[10]赦詔：大赦的詔書。古代新皇登位，例當舉行大赦，以示仁慈。

[11]部内：指荆州範圍内。原作“國内”，中華本據《南史》改。今從改。

[12]尚書令：尚書省最高首領，總理政務。秩三品。《唐六典》卷一云：“自魏至晋、宋、齊，秩皆千石，品並第三。”《初學記》卷一一《尚書令第三》：“《齊職儀》曰：尚書令品第三，秩千石，絳朝服，佩水蒼玉。”　揚：州名。治建業，在今江蘇南京市。　南徐二州：治京口，在今江蘇鎮江市。　驃騎大將軍：南朝時爲最高榮譽加號。秩一品。　開府儀同三司：謂與三司體制待遇相等。

[13]豫章郡王：王爲第一等封爵。豫章國，治所在今江西南昌市。

[14]僕射：此指尚書右僕射，爲尚書省官。輔尚書令總理政務。秩三品。　王儉：歷仕南朝宋、齊，爲齊高帝親信。宋末齊臺建，爲尚書右僕射。本書卷二三有傳。　牋：書信。高敏《南北史掇瑣》：“《南齊書》卷二十二《豫章文獻王嶷傳》把‘僕射王儉’給蕭嶷的書信附於蕭嶷爲揚州刺史之後……從這封書信的内容來看，顯然是蕭嶷任荆州刺史時實行改革之後的情景，《南齊書》以之置於蕭嶷任揚州刺史之後，實有誤置之病。李延壽之《南史》卷四十二《豫章文獻王嶷傳》，把王儉與嶷書置之於蕭嶷任荆州刺史‘務存省約，停府州儀迎物。及至州，坦懷納善，側席思政’之時，與書信的内容正合。可見《南史》這一改易，實有糾正《南齊書》誤置之功。”（中

州古籍出版社 2003 年版，第 220 頁）

［15］舊楚：荆州春秋、戰國時屬楚地，故稱。

［16］仍歲：連年，多年。

［17］庾亮：字元規。東晋明帝穆皇后之兄，累遷中書監，封永昌縣公。以誅王敦功，遷都督江、荆、豫、益、梁、雍六州諸軍事，領江、荆、豫三州刺史，鎮武昌，有善政。詳見《晋書》卷七三《庾亮傳》。

會北虜動，上思爲經略。[1]乃詔曰："神牧總司王畿，[2]誠爲治要；荆楚領馭遐遠，任寄弘隆。自頃公私凋盡，綏撫之宜，尤重恒日。"復以爲都督荆湘雍益梁寧南北秦八州諸軍事、南蠻校尉、荆湘二州刺史，[3]持節、侍中、將軍、開府如故。晋宋之際，刺史多不領南蠻，別以重人居之，至是有二府二州。荆州資費歲錢三千萬，布萬匹，米六萬斛，又以江、湘二州米十萬斛給鎮府，湘州資費歲七百萬，布三千匹，米五萬斛，南蠻資費歲三百萬，布萬匹，綿千斤，絹三百匹，米千斛，近代莫比也。尋給油絡俠望車。[4]

［1］會北虜動，上思爲經略：《通鑑》卷一三五《齊紀一》"高帝建元元年"條："上聞魏將入寇，九月，乙巳，以豫章王嶷爲荆、湘二州刺史。"

［2］神牧總司王畿：時揚州爲王畿之地，故稱揚州刺史爲神牧。中華本校勘記云："按時嶷爲揚州刺史，揚州帝畿，所謂'京輦神皋'者，故稱揚州刺史爲'神牧'。同卷有'非止於帶神州者''總牧神甸'等語，'神州''神甸'皆指揚州。《文選》任昉《齊竟陵文宣王行狀》'舊唯淮海，今則神牧'義並同此。殿本依北監本改

‘神牧’爲‘西關’，訛。”

[3]南蠻校尉：防邊官名。立府於江陵，主護荆湘少數民族。

[4]油絡俠望車：用油絡裝飾的車子，用以加禮貴臣。油絡，一種絲織網狀的車飾。俠望，即“夾望”。

二年春，虜寇司、豫二州，[1]嶷表遣南蠻司馬崔慧景北討，[2]又分遣中兵參軍蕭惠朗援司州，[3]屯西關。[4]虜軍濟淮攻壽春，[5]分騎當出隨、鄧，[6]衆以爲憂，嶷曰：“虜入春夏，非動衆時，令豫、司彊守遏其津要，彼見堅嚴，自當潰散，必不敢越二鎮而南也。”是時纂嚴，[7]嶷以荆州鄰接蠻、蜑，[8]慮其生心，令鎮内皆緩服。[9]既而虜竟不出樊、鄧，[10]於壽春敗走。尋給班劍二十人。[11]

[1]司：州名。治平陽縣，在今河南信陽市。　豫：州名。治壽春，在今安徽壽縣。

[2]南蠻司馬：指南蠻校尉府司馬。南朝時司馬爲軍府之官，在將軍之下，綜理一府之事。按，本書卷五一作“南蠻長史”，即南蠻校尉府屬吏之長。又按，此處本書卷五一《崔慧景傳》作：“建元元年，虜動，豫章王遣慧景三千人頓方城，爲司州聲援。”

[3]中兵參軍：指軍府中兵曹參軍，執掌公府軍事事宜。　蕭惠朗：廣州刺史蕭惠休之弟，歷仕南朝宋、齊。本書卷四六有附傳。

[4]西關：不詳。當離司州不遠。

[5]虜軍濟淮攻壽春：魏步騎號二十萬渡淮攻壽春城。城中守將預先築堰蓄肥水，魏兵至城下，城中決堰縱水衝之，魏人馬溺死無數，退走。詳見《通鑑》卷一三五《齊紀一》“高帝建元二年”條。

[6]隨、鄧：指隨郡和鄧城縣。隨郡治所在今湖北隨州市，鄧

城縣治所在今湖北襄陽市西北。

[7]纂嚴：謂軍隊嚴裝戒備，猶今之戒嚴。

[8]蜑（dàn）：舊時南方少數民族之一。宋周去非《嶺外代答·蜑蠻》："以舟爲室，視水如陸，浮生江海者，蜑也。"

[9]緩服：謂脱去嚴裝，穿上寬鬆便裝，表示平安無事，以免蠻蜑疑惑，乘機作亂。

[10]樊：地名。即樊城，在今湖北襄陽市。

[11]班劍：有紋飾的劍，或曰以虎皮飾之，取裝飾燦爛之義。此指佩持班劍的儀仗隊。班，通"斑"。

其夏，於南蠻園東南開館立學，[1]上表言狀。置生四十人，[2]取舊族父祖位正佐臺郎，[3]年二十五以下十五以上補之，置儒林參軍一人，[4]文學祭酒一人，[5]勸學從事二人，[6]行釋菜禮。[7]以穀過賤，聽民以米當口錢，[8]優評斛一百。[9]

[1]南蠻園：當在南蠻校尉府所在地荆州。具體何地不詳。立學：指創立州學校，以培養貴族子弟。

[2]置生四十人：《南史》卷四二作"置生三十人"。

[3]正佐臺郎：指州郡的佐官和尚書臺郎官。秩均在五六品。

[4]儒林參軍：州學官名。主持興辦州學。

[5]文學祭酒：州學官名。位在儒林參軍之下，職司禮儀，講"三禮"。參見《宋書·禮志一》。

[6]勸學從事：州學官名。位在文學祭酒之下，職司教授。

[7]釋菜禮：古代入學時祭祀先聖孔子的一種典禮。《禮記·月令》："（仲春之月）上丁，命樂正習舞，釋菜。"鄭玄注："將舞，必釋菜於先師以禮之。"

[8]口錢：古代的一種人口税，即口賦。始於漢，七歲至十四

歲，每人每年出二十錢以供天子，爲口賦。參見《文獻通考》卷一〇《户口一》。

[9]優評斛一百：指從優評價，每斛糧抵錢一百。

義陽劫帥張群亡命積年,[1]鼓行爲賊,[2]義陽、武陵、天門、南平四郡界,[3]被其殘破。沈攸之連討不能禽，乃首用之。[4]攸之起事,[5]群從下郢,[6]於路先叛,[7]結寨於三溪,[8]依據深險。嶷遣中兵參軍虞欣祖爲義陽太守，使降意誘納之，厚爲禮遺,[9]於坐斬首，其黨數百人皆散，四郡獲安。

[1]義陽：郡名。治所在今河南信陽市。　劫帥：盜賊的首領。

[2]鼓行：擊鼓行軍。引申爲大張旗鼓、明目張膽地行進。

[3]武陵：郡名。治所在今湖南常德市。　天門：郡名。治所在今湖南石門縣。　南平：郡名。治所在今湖北公安縣。

[4]首用：指出面和談加以任用。

[5]攸之起事：指宋末，荆州刺史沈攸之因反對蕭道成擅政而起兵反，後被剿滅。

[6]群從下郢：指劫帥張群領隊跟隨沈攸之從荆州東下，向京城出發。

[7]於路先叛：指張群於半路叛離沈攸之。

[8]結寨：指盤踞。　三溪：地名。在今安徽旌德縣西北。

[9]厚爲禮遺："遺"，饋贈。原作爲"遣"，中華本據南監本、殿本及《南史》《册府元龜》卷六九五改正。今從改。

入爲都督揚南徐二州諸軍事、中書監、司空、揚州刺史,[1]持節、侍中如故。加兵置佐。以前軍臨川王映府文武配司空府。[2]嶷以將還都，脩治廨宇及路陌，[3]東歸部曲不得齎府州物出城。[4]發江津，[5]士女觀送數千人，皆垂泣。嶷發江陵感疾，至京師未瘳，上深憂慮，爲之大赦，三年六月壬子赦令是也。[6]疾愈，上幸東府設金石樂，[7]敕得乘輿至宮六門。

[1]中書監：中書省主官之一，掌詔命。秩三品。《唐六典》卷九："晋世監令，並第三品……宋、齊置監令，品秩並同晋世。"司空：南朝時爲加給重臣的最高榮譽稱號之一。秩一品。

[2]以前軍臨川王映府文武配司空府：指按前軍將軍臨川王蕭映府的文武官員配置規模配置司空府。前軍將軍，禁衛軍官。分掌宿衛營兵。秩四品。蕭映，齊高帝第三子，封臨川王。本書卷三五有傳。

[3]廨宇：指州治官舍。

[4]東歸部曲不得齎（jī）府州物出城：命令跟隨東歸赴京的部下不得將屬於軍府、州府的財物私帶出去，以示清廉。齎，携帶。

[5]發江津：指從長江乘舟出發。

[6]三年六月壬子赦令：指齊高帝建元三年（481）六月壬子日"大赦，逋租宿債，除減有差"。參見本書卷二《高帝紀下》。

[7]上幸東府設金石樂：指齊高帝至宰相府設音樂會祝賀蕭嶷康復。金石樂，指鍾磬一類樂器所奏的樂曲，泛指樂曲。

太祖崩，[1]嶷哀號，眼耳皆出血。世祖即位，[2]進位太尉，[3]置兵佐，解侍中，增班劍爲三十人。建元中，[4]世祖以事失旨，太祖頗有代嫡之意，[5]而嶷事世祖恭悌盡禮，未嘗違忤顔色，故世祖友愛亦深。永明元年，[6]

領太子太傅，[7]解中書監，餘如故。手啓上曰："陛下以叡孝纂業，[8]萬寓惟新，諸弟有序，臣屢荷隆愛，叨授台首，[9]不敢固辭，俛仰祇寵，心魂如失。負重量力，古今同規。臣窮生如浮，質操空素，任居鼎右，[10]已移氣序，[11]自頃以來，宿疾稍纏，心慮恍惚，表於容狀，視此根候，[12]常恐命不勝恩。加以星緯屢見災祥，[13]雖脩短有恒，能不耿介。比心欲從俗，啓解今職，[14]但厝辭爲鄙，[15]或貽物誚，所以息意緘嘿，[16]一委時運，而可復加寵榮，[17]增其顛墜。且儲傅之重，[18]實非恒選，遂使太子見臣必束帶，[19]宫臣皆再拜，二三之宜，[20]何以當此。陛下同生十餘，[21]今唯臣而已，友于之愛，[22]豈當獨臣鍾其隆遇。[23]别奉啓事，仰祈恩照。臣近亦侍言太子，[24]告意子良，[25]具因王儉申啓，[26]未知粗上聞未？[27]福慶方隆，國祚永始，若天假臣年，得預人位，[28]唯當請降貂璫，[29]以飾微軀，永侍天顏，以惟畢世，此臣之願也。服之不衷，猶爲身災，况寵爵乎！殊榮厚恩，必誓以命請。"上答曰："事中恐不得從所陳。"

[1]太祖崩：建元四年（482）三月壬戌，齊高帝蕭道成殂於臨光殿，年五十六。

[2]世祖即位：齊高帝殁後，太子蕭賾承命即位，是爲齊武帝，廟號世祖。

[3]太尉：三公之一，原統領軍隊，南朝時爲加給重臣的最高榮譽虚銜之一。秩一品。參見《唐六典》卷一引《齊職儀》。

[4]建元中：原作"建元年中"，中華本據殿本删去"年"字，且云《南史》無"年"字。今從删。

［5］世祖以事失旨，太祖頗有代嫡之意：指當初蕭賾爲太子時，自以年長與太祖同創大業，朝事大小，率皆專斷，多違制度，竟將御用衣物賞賜給左右寵倖張景真及伎人，讓他們胡作非爲。高帝聞之，大怒，檢校東宮，有欲改立豫章王蕭嶷爲太子的打算。後經親密大臣王敬則、荀伯玉調解，事方罷。詳見本書卷三一《荀伯玉傳》及《通鑑》卷一三五《齊紀一》“武帝永明元年”條。吕思勉《兩晋南北朝史》云：“蓋高、武同起艱難，高帝鑒於宋代之所以亡，知骨肉相争，爲禍至烈，故不敢輕於易儲。”（上海古籍出版社1983年版，第461頁）

［6］永明：齊武帝年號。

［7］太子太傅：東宮最高官。掌輔導太子，由德高望重者出任。秩三品。

［8］以叡孝纂業：以聖明、大孝繼承帝業。

［9］台首：中央政府頭等官。指中書監。

［10］鼎右：指重臣的顯位。

［11］已移氣序：指官居高位已經很長時間。氣序，節氣，季節。

［12］根候：指身體狀況。

［13］加以星緯屢見災祥：指星相不佳。星緯，天文星相，古代以星象占定人事吉凶禍福。

［14］今職：指中書監。

［15］厝辭：同“措辭”。

［16］息意緘嘿：謂停止了要求辭去中書監的念頭而没有出聲。

［17］復加寵榮：指領太子太傅之職。

［18］儲傅：儲君的師傅，指太子太傅之職。古代太子稱儲君。

［19］束帶：整衣，表示恭敬。

［20］二三之宜：指種種禮數。

［21］同生：同父母所生，指兄弟。

［22］友于：借指兄弟。《尚書·君陳》：“惟孝友于兄弟。”

[23]豈當獨臣：獨，原訛作“不”，中華本據南監本、殿本改正。今從改。

[24]臣近亦侍言太子：謂將不願就任太子太傅之職的心意奉告太子。

[25]子良：指齊武帝蕭賾的次子竟陵王蕭子良，當時任侍中兼司徒。本書卷四〇有傳。

[26]具因王儉申啓：謂辭官申請請王儉轉達。王儉時爲尚書令，參掌選事。參見本書卷二三《王儉傳》。

[27]粗上：敬稱主上。粗，猶大。《禮記·月令》：“（孟夏之月）其器高以粗。”鄭玄曰：“粗猶大也，器高大者，象物盛長。”

[28]得預人位：謂能擔任一般官職。中華本校勘記云：“‘人位’《元龜》二百九十四作‘人伍’，義較長。”

[29]請降貂璫：指請從太子太傅之職降爲侍中之類的官，常伴帝王身邊。貂璫、貂尾和金銀璫，古代侍中、常侍的冠飾。

宋氏以來，[1]州郡秩俸及雜供給，[2]多隨土所出，[3]無有定准。嶷上表曰：“循革貴宜，[4]損益資用，治在夙均，[5]政由一典。[6]伏尋郡縣長尉俸禄之制，雖有定科，而其餘資給，復由風俗，東北異源，西南各緒，習以爲常，因而弗變，緩之則莫非通規，澄之則靡不入罪。[7]殊非約法明章，先令後刑之謂也。臣謂宜使所在各條公用公田秩石迎送舊典之外，守宰相承，有何供調，[8]尚書精加洗覈，[9]務令優衷。[10]事在可通，隨宜開許，損公侵民，一皆止却，[11]明立定格，班下四方，永爲恒制。”從之。

[1]宋氏以來：《南史》卷四二作“宋武以來”。

[2]州郡秩俸及雜供給："雜"字原無，中華本據《南史》及《通典·食貨典》補。今從補。

[3]隨土所出：指隨當地出産而定。

[4]循革貴宜：循守舊制和改變新制要符合時宜。

[5]治在夙均：夙均，一貫均等。"夙"字原作"風"字，中華本據南監本、殿本及《通典·食貨典》改。今從改。

[6]政由一典：指政策、法令要統一章程。

[7]緩之則莫非通規，澄之則靡不入罪：意指過去"隨土所出"的政策不統一，各地的官多得多占，不好處理，從輕則都符合常規，從重則都在犯罪。

[8]供調：指有何供給和調配。

[9]洗覈：仔細審覈。

[10]優衷：合適，允當。

[11]一皆止却："止"原作"乙"，中華本據南監本、毛本、殿本、局本改。今從改。

嶷不參朝務，而言事密謀，多見信納。服闋，加侍中。二年，詔曰："漢之梁孝，[1]寵異列蕃，晋之文獻，[2]秩殊恒序。況乃地侔前准，勳兼往式，[3]雖天倫有本，而因事增情。宜廣田邑，用申恩禮。"增封爲四千户。

[1]漢之梁孝：指漢文帝次子梁孝王劉武，竇皇后所生，愛之，賞賜不可勝道。封地梁爲大國，居天下膏腴地。景帝時，以太后故，入則侍帝同輦，出則同車游獵上林中，寵貴至極。詳見《漢書》卷四七《梁孝王傳》。

[2]晋之文獻：指西晋高密文獻王司馬泰，晋宣帝司馬懿之侄，晋武帝司馬炎之叔。初仕三國魏，任陽翟令，封陽亭侯。武帝受

襌，封隴西王、兖州刺史。以節制見稱，官至尚書令，改封高密王。詳見《晋書》卷三七《宗室傳》。

[3]地侔前准，勳兼往式：意謂豫章王地位與前人（指梁孝與文獻）相等，但功勛超過前人。

宋元嘉世，[1]諸王入齋閤，[2]得白服帬帽見人主，[3]唯出太極四厢，[4]乃備朝服，自比以來，此事一斷。[5]上與嶷同生相友睦，宫内曲宴，許依元嘉。嶷固辭不奉敕，唯車駕幸第，乃白服烏紗帽以侍宴焉。[6]啓自陳曰："臣自還朝，便省儀刀，[7]捉刀左右十餘亦省，[8]唯郊外遠行，或復暫有，入殿亦省。服身今所牽仗，[9]二俠轂，[10]二白直，[11]共七八十人。事無大小，臣必欲上啓，伏度聖心脱未委曲，[12]或有言其多少，[13]不附事實，仰希即賜垂敕。"又啓："揚州刺史舊有六白領合扇，[14]二白拂，[15]臣脱以爲疑，不審此當云何？行園苑中乘轝，[16]出籬門外乘轝鳴角，皆相仍如此，非止於帶神州者，[17]未審此當云何？方有行來，[18]不可失衷。"上答曰："儀刀、捉刀，不應省也。俠轂、白直，乃可共百四五十以還正是耳。亦不曾聞人道此。吾自不使諸王無仗，况復汝耶。在私園苑中乘此非疑。郊外鳴角及合扇并拂，先乃有，不復施用，此來甚久。凡在鎮自異還京師，先廣州乃立鼓吹，[19]交部遂有轝事，[20]隨時而改，亦復有可得依舊者。汝若有疑，可與王儉諸人量衷，[21]但令人臣之儀無失便行也。"

[1]元嘉：宋文帝劉義隆年號。

［2］齋閤：指皇宫内苑。

［3］白服：便服，與官服、禮服相對。　帬（qún）帽：南朝士大夫所戴的一種高頂垂裙的帽子。《通鑑》卷一三六《齊紀二》"武帝永明二年"條："宋元嘉之世，諸王入齋閤，得白服、帬帽見人主；唯出太極四廂，乃備朝服。"胡三省注："宋、齊之間，制高屋帽、下帬蓋。"

［4］太極四厢：指皇宫正殿太極殿。胡三省注："太極殿，前殿也，有四厢。""厢"原作"廟"，中華本據南監本、毛本、殿本、局本及《通鑑》卷一三六改。今從改。

［5］自比以來，此事一斷：比，指近時。斷，停止。"比"原作"此"，中華本據南監本、毛本、殿本、局本改。今從改。按，此句《通鑑》卷一三六作："自後此制遂絶。"

［6］烏紗帽：官服之帽，始於南朝宋。一説泛指便帽。《宋書·五行志一》："明帝初，司徒建安王休仁……制烏紗帽，反抽帽裙，民間謂之'司徒狀'，京邑翕然相尚。"

［7］儀刀：儀仗中所用的長刀，多爲木製，染銀，或鏤花紋。參見《三才圖會·儀制》。

［8］捉刀：《通鑑》卷一三六胡三省注："執刀以衛左右者也。"

［9］服身：服役之身，自謙之詞。　牽仗：指護圍的差役。

［10］俠轂：指跟在車兩側擔任護衛。俠，通"夾"。

［11］白直：晋南北朝時在官當值無月薪的小吏，亦泛指官府額外吏役。

［12］伏度聖心脱未委曲：此句是説武帝寬宏大量，臣下的諫言即使不準確，也不見怪。脱，副詞，或者。委曲，指受到不應有的指責心裏難過。

［13］或有言其多少：意即往日我對您的某些批評。多少，優劣，此處係偏義復詞，指缺點，毛病。

［14］白領合扇：指服白領衣手執團扇的儀衛役吏。

［15］白拂：指執白色拂塵的侍者。

[16]轝：同“輿”，車子。

[17]帶神州者：指兼領州牧的高級官吏。

[18]行：指行文、公文。舊時公文，於可行之事，主官例在文尾署“行”字，以示照準施行之意。參見清沈濤《銅熨斗齋隨筆》。

[19]廣州：州名。治所在今廣東廣州市。

[20]交部：指交州。

[21]量衷：猶商量。

又啓曰：“臣拙知自處，闇於疑訪，常見素姓扶詔或著布屩，[1]不意爲異。臣在西朝拜王，[2]儀飾悉依宋武陵事例，[3]有二鄣扇，[4]仍此下都，[5]脫不爲疑。小兒奴子，[6]並青布袴衫，[7]臣齋中亦有一人，意謂外庶所服，[8]不疑與羊車相類。[9]曲荷慈旨，今悉改易。臣昔在邊鎮，[10]不無羽衛，[11]自歸朝以來，便相分遣，俠轂、白直，格置三百許人，[12]臣頃所引，不過一百。常謂京師諸王不煩牽仗，若郊外遠行，此所不論。有仗者非臣一人，所以不容方幅啓省，[13]又因王儉備宣下情。臣出入榮顯，禮容優泰，第宇華曠，事乖素約，雖宋之遺製，恩處有在，猶深非服之慙。[14]威衛之請，[15]仰希曲照。”上答曰：“傳詔臺家人耳，不足涉嫌。鄣扇吾識及以來未見，故有敕耳。小兒奴子，本非嫌也。吾有所聞，豈容不敕汝知，令物致議耶。吾已有敕，汝一人不省俠轂，但牽之。吾昨不通仗事，[16]儉已道，吾即令答，不煩有此啓。須間言，[17]自更一二。”[18]

［1］常見素姓扶詔或著布屩（juē）：指一些世家大族接迎詔書不合禮數。素姓，累代世家。扶詔，接迎詔書。布屩，布草鞋。

［2］臣在西朝拜王：指當初封土豫章爲王。豫章在江西，故稱西朝。

［3］宋武陵：指宋武陵王劉贊。原爲明帝劉彧第九子，明帝誅盡孝武帝劉駿諸子，詔以贊奉孝武爲子，封武陵郡王。詳見《宋書》卷八〇、《南史》卷一四《武陵王贊傳》。

［4］鄣扇：一種仿雉尾而製成的長柄扇。古代多爲王侯貴族作儀衛用。參見五代馬縞《中華古今注·障扇》。

［5］仍此下都：就此蕃國。此，指豫章。

［6］小兒奴子：指爲皇家服役的賤僕。

［7］青布袴衫：古代侍童婢女所着服。

［8］外庶：指宫外賤民。

［9］羊車：此指驅羊車的宫奴。羊車，宫中裝飾精美的輦車。《釋名·釋車》："羊車。羊，祥也；祥，善也。善飾之車。"

［10］昔在邊鎮：指擔任南蠻校尉、荆湘二州刺史時。

［11］羽衛：指衛隊和儀仗。

［12］格置：按照規格應有。

［13］方幅：方形箋册，古代奏表等公文所用。　啓省：指向臺省申啓。

［14］非服之慚：自謙之語。指功少賞多感到慚愧。

［15］威衛之請：指减少儀仗、衛士的請求。

［16］吾昨不通仗事：意謂對於儀仗之禮，我以往不甚通曉。

［17］閒言：異議。

［18］自更一二：謂容許你自己少許變通更改。

又啓曰："違遠侍宴，將踰一紀，[1]憂苦閒之。始得開顏。近頻侍座，不勝悲喜。沾飲過量，[2]實欲仰示恩狎，[3]令自下知見，以杜游塵。[4]陛下留恩子弟，此情何異，外物政自彊生閒節，[5]聲其厚薄。[6]伏度或未上簡。臣前在東田，[7]承恩過醉，實思歎往秋之謗，故言啓至切，亦令群物聞之，伏願已照此心。前侍幸順之宅，[8]臣依常乘車至仗後，監伺不能示臣可否，便互競啓聞，[9]云臣車逼突黄屋麾旄，[10]如欲相中。[11]推此用意，亦何容易。仰賴慈明，即賜垂敕；不爾，臣終不知闇貽此累。比日禁斷整密，此自常理，外聲乃云起臣在華林，[12]輒捉御刀，因此更嚴，度情推理，必不容爾，爲復上啓知耳。但風塵易至，[13]和會實難，[14]伏願猶憶臣石頭所啓，[15]無生閒縫。[16]比閑侍無次，[17]略附茹亮口宣。[18]臣由來華素，[19]已具上簡，每欲存衷，[20]意慮不周，或有乖當。[21]且臣五十之年，爲翫幾時，爲此亦復不能以理内自制。[22]北第舊邸，本自甚華，臣改脩正而已，小小製置，已自仰簡。往歲收合得少雜材，并蒙賜故板，啓榮内許作小眠齋，[23]始欲成就，皆補接爲辦，無乖格製，要是檉柏之華，[24]一時新净。東府又有齋，亦爲華屋。而臣頓有二處住止，下情竊所未安。訊訪東宫玄圃，[25]乃有柏屋，製甚古拙，内中無此齋，臣乃欲壞取以奉太子，[26]非但失之於前，且補接既多，不可見移，亦恐外物或爲異論，不審可有垂許送東府齋理否？[27]臣公家住止，率爾可安，臣之今啓，實無意識，亦無言者，太子亦不知臣有此屋，政以東宫無，而臣自處之，體不宜爾爾。所啓蒙允，臣便當敢成第屋，安之不疑。陛下若不照體臣心，便當永廢不脩。臣自謂今啓非但是自處宜然，實爲微臣往事，伏願必垂降許。伏見以諸王舉貨，[28]屢降嚴旨，[29]少拙營生，已應上簡。府州郡邸舍，非臣私有，今巨細所資，皆是公潤，臣私累不少，[30]未知將來罷州之後，或當不能不試學營覔以自贍。[31]連年惡疾餘，顧影單回，無事畜聚，唯逐手爲樂耳。"[32]上答曰："茹亮今啓汝所懷及見別紙，汝勞疾亦復那得不動，何意爲作煩長啓事！凡諸普敕，此意可尋，當不關汝一人也。宜有敕事，吾亦必道，頃見汝自更委悉，書不欲多及。屋事慎勿彊厝此意，[33]白澤亦當不解何意爾。"[34]

[1]違遠侍宴，將踰一紀：此指以往出鎮在外多年。一紀，古稱十二年。《國語・晋語四》"文公在狄十二年"，韋昭注："十二年，歲星一周，爲一紀。"一說十年爲一紀。

[2]沾飲：原作"沽飲"，中華本據南監本、毛本、殿本、局本改。今從改。

[3]恩狎：寵愛、親近。按，此句意謂暗示武帝不要過於寵愛自己，以免外人議論。

[4]游塵：喻指流言蜚語。

[5]外物政自彊生閒節：意謂局外人捕風捉影，無事生非。外物，指外人。政，同"正"。

[6]聲其厚薄：謂聲言武帝厚此薄彼，偏心。周一良《魏晋南北朝詞語小記》："聲，有風聲、謠傳之意。"（《魏晋南北朝史論集》，北京大學出版社 1997 年版，第 466—467 頁）

[7]臣前在東田：文惠太子蕭長懋（齊武帝蕭賾長子）所建的樓館名，在鍾山（今江蘇南京市紫金山）下。《南史》卷五《齊本紀下》："先是文惠太子立樓館於鍾山下，號曰'東田'，太子屢游

幸之。”又本書卷二一《文惠太子傳》:“後上幸豫章王宅，還過太子東田，見其彌亘華遠，壯麗極目，於是大怒。”按，當時文惠太子常邀豫章王至東田宴飲，曾遭物議。

[8]前侍幸順之宅：指曾陪侍武帝至蕭順之宅。順之，即蕭順之，齊高帝蕭道成族弟，參預佐命，封臨湘縣侯，歷官侍中、衛尉、太子詹事，爲武帝心腹。蕭順之乃後來的梁武帝蕭衍之父。中華本校勘記云：“‘順之’二字原作‘諱’，蓋子顯原文如此。今從殿本改。”今從改。

[9]便互競啓聞：指監伺的人競相猜測議論。“聞”原作“閒”。中華本校勘記云：“‘閒’當作‘聞’，各本並訛，今據《元龜》二百七十四改。”今從改。

[10]黄屋：古代帝王專用的黄繒車蓋。這裏泛指帝王之車。麾旄：指帝王車前的儀仗。

[11]相中：含意難明，似指看準目標，圖謀不軌。

[12]華林：指華林園，故址在今江蘇南京市雞鳴山南古臺城内。三國吴建，南朝宋元嘉時擴建，於園中置景陽樓、華光殿等。

[13]風塵：喻流言蜚語。

[14]和會：猶歡會。

[15]石頭所啓：指在石頭城所寫的啓，即前二啓。石頭城，在今江蘇南京市清涼山。本楚威王所建金陵邑，三國吴孫權重築改名。城負山面江，控扼江險，宛如虎踞，故有“石頭虎踞”之稱。豫章王爲都督揚南徐州諸軍事、揚州刺史時，當駐於此。

[16]閒縫：隔閡，嫌隙。

[17]比：近來，近時。 無次：指心緒煩亂不安。

[18]茹亮：茹法亮，齊武帝寵倖，爲中書通事舍人，掌傳宣帝旨。詳見本書卷五六《倖臣傳》。

[19]華素：謂以樸素爲美。

[20]存衷：指存心養性。

[21]乖當：失當，欠妥。中華本校勘記云：“‘乖當’各本並

作‘乖常’。按《元龜》二百七十四作‘乖當’。”今按，“乖常”意失常，有背常理，亦通。

[22]自制：自行制定。原作“自剰”，中華本據南監本改。今從改。

[23]榮：原指房屋的飛檐，借指邊屋。　小眠齋：休息室。

[24]檉柏之華：指小眠齋乃以檉木構建，十分華貴。檉，即檉柳，也稱觀音柳、紅柳。

[25]玄圃：玄圃園，在東宫，爲太子宴樂之所。

[26]臣乃欲壞取以奉太子：指擬將小眠齋拆掉，移建於玄圃園。

[27]送東府齋：指擬將東府的房舍送給東宫太子。

[28]舉貨：指從事商業活動以謀利。

[29]嚴旨：指降旨嚴令禁止諸王舉貨。

[30]私累：猶家累，指個人的家庭負擔。

[31]營覔（mì）：猶營生，指謀求生活之本領。覔古同“覓”，尋求。

[32]逐手：周一良《魏晋南北朝史論集》以爲當作放手之意（第467頁）。

[33]厝（cuò）：施行。

[34]白澤：文惠太子長懋的小名。

三年，文惠太子講《孝經》畢，[1]嶷求解太傅，[2]不許。皇孫婚竟，[3]又陳解。詔曰：“公惟德惟行，無所厝辭。[4]且魯且衛，其誰與二。[5]方式範當時，流聲史籍。豈容屢秉撝謙，[6]以乖期寄。”嶷常慮盛滿，又因宫宴，[7]求解揚州授竟陵王子良。上終不許，曰：“畢汝一世，無所多言。”

[1]文惠太子講《孝經》畢：本書卷二一《文惠太子傳》："永明三年，於崇正殿講《孝經》，少傅王儉以擿句令太子僕周顒撰爲義疏。"

[2]嶷：原無，中華本據南監本、殿本補。今從補。

[3]皇孫：指齊武帝之孫、文惠太子長子蕭昭業。後來因文惠早歿，昭業繼位，即鬱林王。

[4]無所厝辭：猶言没話説。指盡善盡美，挑不出毛病。厝，同"措"。

[5]且魯且衛，其誰與二：這裏齊武帝是向豫章王説：况且我和你是好兄弟，骨肉相連，没有人能比上。語本《論語·子路》："子曰：魯衛之政，兄弟也。"何晏注："魯，周公之封。衛，康叔之封。周公、康叔既爲兄弟，康叔睦於周公，其國之政亦如兄弟也。"後以魯衛代指兄弟。

[6]撝（huī）謙：謙遜。語出《易·謙》："無不利，撝謙。"王弼注："指撝皆謙，不違則也。"

[7]又因宫宴："宫"原作"言"，中華本據南監本、殿本改，並按曰："《元龜》二百九十四作'宴言'。"今從改。

世祖即位後，頻發詔拜陵，[1]不果行。遣嶷拜陵，還過延陵季子廟，[2]觀沸井，[3]有水牛突部伍，[4]直兵執牛推問，不許，取絹一匹横繫牛角，放歸其家。爲治存寬厚，故得朝野歡心。

[1]拜陵：指拜蕭氏故里的祖先陵墓。蕭道成故里在武進縣（今江蘇常州市武進區）東城里。

[2]延陵季子廟：延陵季子，指春秋時吴公子季札。吴王壽夢有四子，季札最少，封於延陵（今江蘇常州市）故稱延陵季子。時吴王欲廢長立幼，季子賢，堅决推讓，回住封地，終身不入國都。

參見《史記》卷三一《吴太伯世家》。季子廟在句容縣（今江蘇句容市）。

[3]沸井：噴涌的井泉。南朝宋劉敬叔《異苑》卷一："句容縣有延陵季子廟，廟前井及瀆，恒自涌沸，故曰沸井，於今猶然。亦曰沸潭。"

[4]有水牛突部伍：指水牛衝撞護衛豫章王的衛隊。

四年，唐寓之賊起，[1]啓上曰："此段小寇，出於兇愚，天網宏罩，理不足論。但聖明御世，幸可不爾，比藉聲聽，皆云有由而然。[2]豈得不仰啓所懷，少陳心款。山海崇深，臣獲保安樂，公私情願，於此可見。齊有天下，歲月未久，澤沾萬民，其實未多，百姓猶險，[3]懷惡者衆。陛下曲垂流愛，每存優旨。但頃小大士庶，每以小利奉公，不顧所損者大，[4]擿籍檢工巧，[5]督卹簡小塘，[6]藏丁匿口，凡諸條制，實長怨府。[7]此目前交利，非天下大計。一室之中，尚不可精，寓宙之内，[8]何可周視。[9]公家何嘗不知民多欺巧，古今政以不可細碎，故不爲此，實非乖理。但識理者百不有一，陛下弟兒大臣，猶不皆能伏理，況復天下悠悠萬品。怨積聚黨，兇迷相類，止於一處，何足不除，脱復多所，便成紜紜。[10]久欲上啓，閑侍無因，謹陳愚管，伏願特留神思。"上答曰："欺巧那可容！宋世混亂，以爲是不？[11]蚊蟻何足爲憂，已爲義勇所破，[12]官軍昨至，今都應散滅。吾政恨其不辦大耳，亦何時無亡命邪。"後乃詔聽復籍注。[13]五年，進位大司馬。[14]八年，給皁輪車。[15]尋加中書監，固讓。

[1]四年唐寓之賊起：指齊永明四年（486）年春，浙江民唐寓之起義。《通鑑》卷一三六《齊紀二》“武帝永明四年”條：“唐寓之攻陷錢唐，吴郡諸縣令多棄城走。寓之稱帝於錢唐，立太子，置百官。遣其將高道度等攻陷東陽，殺東陽太守蕭崇之。崇之，太祖族弟也。又遣其將孫泓寇山陰，至浦陽江。”

[2]比藉聲聽，皆云有由而然：指造反者大造輿論，宣傳爲何造反。“比”原作“此”，中華本據殿本改正，並按曰：“《南史》及《元龜》二百八十八並作‘比’。”今從改。

[3]猶：中華本校勘記云：“‘猶’南監本、局本作‘恃’。”

[4]每以小利奉公，不顧所損者大：意即地方官吏增加賦税，盤剥百姓，公家小利雖增，但却激起民憤，損失巨大。

[5]擿籍：覈查服官役者的户籍。　工巧：指能工巧匠。曹文柱《關於東晋南朝時期的幾種國家依附民》云：南朝時官作坊“多發調工巧造作器物”，被徵調的百工“和刑徒、官奴在一起勞動，一樣被驅使、受虐待。這就使得一般人特别害怕被調爲工巧。工巧亡逃的現象十分嚴重”，故“南齊時政府檢括藏丁匿口，特别注意到‘擿籍檢工巧’，以防止‘工巧匿私第’”（參見《中國人文社會科學博士碩士文庫·歷史學卷》，浙江教育出版社 1998 年版，第 555—556 頁）。“擿”原作“撻”，中華本校勘記云：“各本並訛，據《元龜》二百八十八改正。”今從改。

[6]督卹簡小塘：塘，南朝會稽郡興修水利的捐税。會稽郡本有民間自行攤派工料興修水利的辦法，齊永明二年（484），太守王敬則將此項物力折錢收歸官府，成爲雜税之一。竟陵王蕭子良曾有《諫斂塘役錢啓》，謂：“臣昔忝會稽，粗閑物俗，塘丁所上，本不入官。良由陂湖宜壅，橋路須通，均夫訂直，民自爲用……今郡通課此直，悉以還臺，租賦之外，更生一調。致令塘路崩蕪，湖源泄散，害民損政，實此爲劇。”詳見本書卷二六《王敬則傳》。

[7]怨府：衆怨歸聚之所在。

［8］寓（yǔ）宙：同“宇宙”，此指天下，全國。

［9］周視：完全看清。按，中華本據《南史》及《册府元龜》卷二八八改作“周洗”，意爲全部整治好。

［10］脱復多所，便成紜紜：意謂假如多處地方百姓都造反，便成爲難以解决的大麻煩。紜紜，形容繁多而雜亂。

［11］欺巧那可容！宋世混亂，以爲是不：這幾句措詞含糊，意思似是指責豫章王不該同情造反者，是非不分。

［12］已爲義勇所破：指寓之軍攻浹口，被戍主湯休武戰敗。齊臺軍又東下，迅速將其剿滅，寓之被擒斬。詳見《通鑑》卷一三六《齊紀二》“武帝永明四年”條。

［13］復籍注：籍注，東晋南朝時將服官役者的姓名、年限載入用黄紙登記的户籍總册，謂之籍注。凡入黄籍者可免徵役。《通鑑》卷一三七《齊紀三》“武帝永明八年”條：“自太祖治黄籍，至上，讁巧者戍緣淮各十年，百姓怨望。乃下詔：‘自宋昇明以前，皆聽復注。其有讁役邊疆，各許還本。此後有犯，嚴加翦治’。”按，《南史》卷四二《豫章文獻王嶷傳》此句後云：“是時武帝奢侈，後宫萬餘人，宫内不容，太樂、景第、暴室皆滿，猶以爲未足。嶷後房亦千餘人。潁川荀丕獻書於嶷，極言其實，嶷咨嗟良久，爲書答之，又爲之减遣。”

［14］大司馬：原爲三公之一。南朝時爲加給功勛大臣的最高榮譽稱號之一。秩一品。《御覽》卷二〇九引《齊職儀》曰：“大司馬，品第一，秩中二千石，金章紫綬，武冠絳朝服，佩山玄玉。”

［15］皁輪車：皂輪車，黑色車輪的牛車。有勛德的諸王、三公乘用。《晋書·輿服志》：“皁輪車，駕四牛，形制猶如犢車……諸王三公有勳德者特加之。”

嶷身長七尺八寸，善持容範，文物衛從，[1]禮冠百僚，每出入殿省，皆瞻望嚴肅。自以地位隆重，深懷退素，北宅舊有園田之美，乃盛脩理之。[2]七年，啓求還第，[3]上令世子子廉代鎮東府。[4]上數幸嶷第。宋長寧陵墜道出第前路，[5]上曰："我便是入他冢墓内尋人。"乃徙其表闕騏驎於東崗上。[6]騏驎及闕，形勢甚巧，宋孝武於襄陽致之，[7]後諸帝王陵皆模範而莫及也。永明末，車駕數游幸，唯嶷陪從，上出新林苑，[8]同輦夜歸，至宮門，嶷下輦辭出，上曰："今夜行，無使爲尉司所呵也。"[9]嶷對曰："京輦之内，皆屬臣州，願陛下不垂過慮。"上大笑。上謀北伐，以虜所獻氈車賜嶷。[10]每幸第清除，[11]不復屏人。上敕外監曰："我往大司馬第，是還家耳。"妃庾氏常有疾，瘳，上幸嶷邸，[12]後堂設金石樂，宮人畢至。每臨幸，輒極日盡歡。嶷謂上曰："古來言願陛下壽偕南山，或稱萬歲，此殆近貌言，如臣所懷，實願陛下極壽百年亦足矣。"上曰："百年復何可得，止得東西一百，[13]於事亦濟。"[14]

[1]文物：指車服、旌旗、儀仗之類。　衛從：跟從的衛士。

[2]"自以地位隆重"至"乃盛脩理之"：《南史》卷四二《豫章文獻王嶷傳》此下云："武帝嘗問臨川王映居家何事樂，映曰：'政使劉瓛講《禮》，顧愳講《易》，朱廣之講《莊》、《老》，臣與二三諸彦兄弟友生時復擊贊，以此爲樂。'上大賞之。他日謂嶷曰：'臨川爲善，遂至於斯。'……上仍以玉如意指嶷曰：'未若皇帝之次弟爲善最多也。'嶷嘗戒諸子曰：'凡富貴少不驕奢，以約失之者鮮矣。漢世以來，侯王子弟，以驕恣之故，大者滅身喪族，小者削奪邑地，可不戒哉！'"

[3]啓求還第：《南史》卷四二《豫章文獻王嶷傳》此句作："稱疾不利住東城，累求還第。"

[4]上令世子子廉代鎮東府：指讓蕭子廉代領揚州刺史職務。世子，王和諸侯的嫡長子，子廉爲豫章王領養的長子，故稱世子。本卷有附傳。

[5]長寧陵：劉宋祖墳，當在蕭齊舊宅北宅（京城北郊）附近。

[6]表闕騏驎：表，指墓碑。闕，墓前兩旁豎立的巨石柱。騏驎，指放在墓碑前石刻騏驎，以作表飾。唐封演《封氏聞見記·羊虎》："秦、漢以來，帝王陵前有石騏驎、石辟邪、石象、石馬之屬……皆所以表飾墳壟，如生前之儀衛耳。"

[7]宋孝武：指南朝宋孝武帝劉駿。《宋書》卷六有紀。

[8]新林苑：當在新林浦，今江蘇南京市西南。參見《讀史方輿紀要》卷二〇《南直二》。

[9]今夜行，無使爲尉司所呵也：這裏因夜行而戲用李廣"灞陵呵尉"典，謂失勢者受小人凌辱。《史記》卷一〇九《李將軍列傳》載：李廣獲罪爲庶人，住灞陵，常至藍田南山中射獵，一次夜深始還，灞陵尉醉，呵止廣，廣侍從曰："李故將軍。"尉曰："今將軍尚不得夜行，何乃故也！"止廣宿亭下。

[10]氈車：以毛氈爲篷的車子。

[11]清除：古時帝王所到處要清查，除去閑雜人等，以警戒安全。

[12]上幸嶷邸：中華本校勘記云："各本並奪'嶷邸'二字，今據《御覽》六百八十七引及《南史·齊豫章文獻王嶷傳》補。"今從補。

[13]東西一百：指七八十歲。按，東晉南北朝時錢陌不足，以西錢七十、東錢八十爲百，故齊武帝以東西錢短陌爲喻，猶言能活到如東錢之八十或西錢之七十就滿足了。（參見周一良《讀書雜識》，《魏晉南北朝史論集》，第293—294頁）

[14]於事亦濟：《南史》卷四二《豫章文獻王嶷傳》此句後有"因相執流涕"一句。

十年，上封嶷諸子，舊例千户，嶷欲五子俱封，啓減人五百户。其年疾篤，表解職，不許，賜錢百萬營功德。[1]嶷又啓曰："臣自嬰今患，亟降天臨，醫徙術官，[2]泉開藏府，[3]慈寵優渥，備極人臣。生年疾迫，遽陰無幾。[4]願陛下審賢與善，極壽蒼旻，彊德納和，爲億兆御。臣命違昌數，[5]奄奪恩憐，長辭明世，伏涕嗚咽。"薨，年四十九。[6]其日，上再視疾，至薨，乃還宫。詔曰："嶷明哲至親，勳高業始，德懋王朝，道光區縣，奄至薨逝，痛酷抽割，不能自勝，奈何奈何！今便臨哭。九命之禮，[7]宜備其制。斂以衮冕之服，[8]温明祕器，[9]命服一具，[10]衣一襲，喪事一依漢東平王故事，[11]大鴻臚持節護喪事，[12]大官朝夕送奠。大司馬、太傅二府文武悉停過葬。"

[1]營功德：指念佛誦經或布施，以積功德，得到菩薩保佑，賜福賜壽。功德，佛家語。《大乘義章》卷九："功謂功能，能破生死，能得涅槃，能度衆生，名之爲功。此功是其善行家德，故云功德。"

[2]醫徙術官：謂前後更换許多醫術高明的醫官診治。中華本校勘記云："'徙'毛本作'徒'，南監本、殿本、局本作'走'，《元龜》二百七十六作'降'。"

[3]泉開藏府：意謂錢財富足，取之不盡。泉，意爲"錢"。藏府，指國家儲藏錢財的府庫。

[4]遽陰：匆促而過的光陰，代指年壽。陰，原指日影，借指光陰。《淮南子·原道》："聖人不貴尺之璧，而重寸之陰。"

[5]昌數：昌盛之運數，即盛世。

［6］年四十九：許福謙《〈南齊書〉紀傳疑年録》一文云，本傳前載永明二年（484）蕭嶷上武帝啓中有“且已五十之年，爲歡幾時”之語，若以此類推，則嶷永明十年（492）薨，年已五十六歲矣。許氏又云：“《南齊書》撰者蕭子顯即蕭嶷之子，自記其父之卒年及享年，不當有誤。則此啓中所謂‘五十之年’者，蓋亦如上文蕭賾條中‘行年六十’之語，僅舉其成數而言，非實録也……年過四十即可自稱五十者，蓋當時人之通例也。”（《首都師範大學學報》1998 年第 1 期）

［7］九命之禮：指按極品官之喪禮。九命，周代的官爵分爲九個等級，九等官爵中的最高一級稱九命。詳參《周禮·春官·典命》《禮記·王制》。

［8］衮冕之服：古代帝王和上公的禮服和禮冠。衮，繪有卷龍的禮服。《詩·豳風·九罭》：“我覯之子，衮衣綉裳。”毛亨傳：“衮衣，卷龍也。”陸德明《經典釋文》：“天子畫升龍於衣上，公但畫降龍。”冕，大冠。《國語·周語中》：“棄衮冕而南冠以出，不亦簡彝乎？”韋昭注：“衮，衮龍之衣也。冕，大冠也。公之盛服也。”

［9］温明祕器：指上等的葬器。《漢書》卷六八《霍光傳》：“光薨……東園温明，皆如乘輿制度。”顔師古注：“服虔曰：‘東園處此器，形如方漆桶，開一面，漆畫之，以鏡置其中，以懸屍上，大斂並蓋之。’師古曰：‘東園，署名也，屬少府，其署主作此器也’。”

［10］命服：指官員及其配偶按等級所穿的制服。《詩·小雅·采芑》：“服其命服，朱芾斯皇。”鄭玄注：“命服者，命爲將受王命之服也。”

［11］東平王：指漢東平獻王劉蒼，光武帝劉秀之子，與漢明帝劉莊同爲光烈皇后所生。好經書，有智思，漢建武十五年（39）封東平公，十七年進爵爲王。明帝甚愛重之，及即位，拜爲驃騎將軍，位在三公之上。蒼累上書，對朝政多所補益。官至太傅。章帝劉炟即位，以皇叔輔政，尊重恩禮逾於前世。建初六年（81）薨，

帝遣大鴻臚持節監喪，喪儀甚隆，所賜甚豐。詳見《後漢書》卷四二《光武十王傳》。

[12]大鴻臚：列卿之一，掌贊導拜授諸王。秩三品。

竟陵王子良啓上曰："臣聞春秋所以稱王母弟者，[1]以尊其所重故也。是以禮秩殊品，爵命崇異，在漢則梁王備出警入蹕之儀，[2]在晋則齊王具殊服九命之贈。[3]江左以來，[4]尊親是闕，故致衮章之典，[5]廢而不傳，寔由人缺其位，非禮虧省。齊王故事，與今不殊，締構王業，功迹不異，凡有變革隨時之宜者，政緣恩情有輕重，德義有厚薄，若事籌前規，禮無異則。且梁、齊闕令終之美，[6]猶饗褒贈之榮；况故大司馬仁和著於天性，孝悌終於立身，節義表於勤王，寬猛彰於御物，奉上無艱劬之貌，接下無毁傷之容，淡矣止於清貞，無喜愠之色；悠然栖於静默，絶馳競之聲。[7]《詩》云'靡不有初，鮮克有終'。[8]夫終之者，理實爲難，在於今行，無廢斯德。東平樂於小善，[9]河閒悦於詩書，[10]勳績無聞，艱危不涉，尚致卓爾不群，英聲萬代；况今協贊皇基，經綸霸始，功業高顯，清譽逾彰，富貴隆重，廉潔彌峻，等古形今，孰類兹美。臣愚忖度，未有斯例。凡庶族同氣，[11]愛睦尚少，豈有仰睹陛下垂友于之性若此者乎？共起布衣，俱登天貴，生平遊處，何事不同，分甘均味，何珍不等，未常睹貌而天心不懽，見形而聖儀不悦。爰及臨危捨命，親瞻喘息，[12]萬分之際，[13]没在聖目，號哭動乎天地，感慟驚乎鬼神，乃至撤膳移寢，坐泣遷旦，神儀損秏，隔宿改容，奉瞻聖顔，誰不悲悚，歷古所未聞，記籍所不載。既有若斯之大德，實不可見典服之贈不彰，[14]如其脱致虧忘，追改爲煩，不令千載之下，物有遺恨。其德不具美者，尚荷嘉隆之命；况事光先烈者，寧可缺兹盛典。臣恐有識之人，容致其議。且庶族近代桓温、庾亮之類，[15]亦降殊命，伏度天心，已當有在。"

[1]王母弟：指同母所生之弟。

[2]梁王：指梁孝王劉武，漢文帝第二子，與景帝同出於竇太后。太后愛之，賞賜不可勝道。梁王大治宫殿，得賜天子旌旗，從千乘騎，出稱警，入言蹕，比於天子。《漢書》卷四七有傳。　警入蹕：古代帝王出入時，於所經路途侍衛警戒。晋崔豹《古今注·輿服》："警蹕，所以戒行徒也。周禮蹕而不警。秦制出警入蹕，謂出軍者皆警戒，入國者皆蹕止也，故云出警入蹕也。至漢朝梁孝王，王出稱警，入稱蹕，降天子一等焉。一曰，蹕，路也，謂行者皆警於塗路也。"

[3]齊王：指齊獻王司馬攸，晋文帝第二子，與晋武帝司馬炎同爲文明王太后所出。武帝踐阼，封齊王。攸總統軍事，撫寧内外，莫不景附，武帝亦敬憚之。官至太傅。武帝破格厚加崇錫，設軒懸之樂、六佾之舞，黄鉞朝車乘輿。《晋書》卷三八有傳。　九命：指最高封秩。詳見前注。

[4]江左以來：指自東晋遷都江左以來。

[5]衮章：衮衣上的紋樣，借指衮衣。《文選》卷六〇任昉《齊竟陵文宣王行狀》："詔給温明祕器，斂以衮章，備九命之禮。"吕向注："衮章，龍服也。"

[6]且梁、齊闕令終之美：指梁孝王劉武因争立爲太子，派人刺殺反對他的大臣爰盎，獲罪失寵，鬱鬱不樂而薨。又指齊獻王司馬攸最後遭佞臣中書監、侍中馮紞忌排出朝歸國，憤怨發疾而薨。

[7]馳競：指追逐名利。

[8]靡不有初，鮮克有終：謂辦事無不有個好的開頭，但很少有堅持到底的。語出《詩·大雅·蕩》。

[9]東平：指漢東平王劉蒼。

[10]河閒：指漢景帝之子河間獻王劉德，與武帝爲同母兄弟。修學好古，修禮樂，被服儒術，山東諸儒多從游。武帝時，河間王曾獻雅樂，深爲武帝所器重。《漢書》卷五三有傳。

[11]庶族：指王族中較疏遠者。　同氣：有血統關係的親屬。多指兄弟。

[12]喘息：急促的呼吸。此指臨終病危情景。

[13]萬分之際：指生命即將停止之時，猶彌留之際。

[14]實不可見典服之贈不彰：中華本校勘記云："南監本'實'作'而'，無'不可見'三字。"

[15]桓温：晋明帝婿。官至大司馬，懷有異志。晋孝武寧康元年（373）卒，詔賜九命袞冕之服，賜贈甚厚。《晋書》卷九八有傳。　庾亮：歷仕東晋元、明、成三帝。成帝初，以帝舅爲中書令，專擅朝政。卒後追贈太尉，車駕親臨喪。《晋書》卷七三有傳。

又詔曰："寵章所以表德，禮秩所以紀功。慎終追遠，[1]前王之盛策，累行疇庸，[2]列代之通誥。故使持節、都督揚南徐二州諸軍事、大司馬、領太子太傅、揚州刺史、新除中書監、豫章王嶷，體道秉哲，經仁緯義，挺清譽於弱齡，[3]發韶風於早日，[4]締綸霸業之初，[5]翼讚皇基之始，孝睦著於鄉閭，忠諒彰乎邦邑。及秉德論道，總牧神甸，七教必荷，[6]六府咸理。[7]振風潤雨，無譽於時候；卹民拯物，有篤於矜懷。雍容廊廟之華，儀形列郡之觀，神凝自遠，具瞻允集。[8]朕友于之深，情兼家國，方授以神圖，[9]委諸廟勝，[10]緝頌九紘，[11]陪禪五岳。[12]天不憖遺，[13]奄焉薨逝，哀痛傷惜，震慟乎厥心。今先遠戒期，龜謀襲吉，[14]宜加茂典，以協徽猷。[15]可贈假黄鉞、[16]都督中外諸軍事、丞相、揚州牧，緑綟綬，[17]具九服錫命之禮，侍中、大司馬、太傅、王如故。給九旒鸞輅，[18]黄屋左纛，[19]虎賁班劍百人，[20]輼輬車，[21]前後部羽葆鼓吹，[22]葬送儀依東平王故事。"

[1]慎終追遠：語出《論語·學而》："曾子曰：慎終追遠，民德歸厚矣。"何晏《集解》："慎終者，喪盡其哀；追遠者，祭盡其敬。"

[2]疇庸：酬賞功勛。疇，通"酬"，報酬。庸，功。

[3]弱齡：泛指幼年，青少年。

[4]韶風：比喻美德。

[5]締綸：締造經營。

[6]七教：古指敬老、尊齒、樂施、親賢、好德、惡貪、廉讓七種道德教育。《孔子家語·王言》："昔者明王内修七教，外行三至……曾子曰：'敢問何謂七教?'孔子曰：'上敬老則下益孝，上尊齒則下益悌，上樂施則下益寬，上親賢則下擇友，上好德則下不隱，上惡貪則下耻争，上廉讓則下耻節。此之謂七教。七教者，治民之本也。"

[7]六府：古以水、火、金、木、土、穀爲六府，這裏泛指與民生有關之事。《左傳》文公七年："六府三事，謂之九功。水、火、金、木、土、穀，謂之六府。"

[8]具瞻：指爲衆人所瞻望、仰賴。語出《詩·小雅·節南山》："赫赫師尹，民具爾瞻。"毛亨傳："具，俱；瞻，視。"鄭玄箋："此言尹氏，女居三公之位，天下之民俱視女之所爲。"

［9］神圖：這裏指宰輔、首相之要職。

［10］廟勝：指朝廷制勝的謀略。

［11］緝頌九紘：指一同祭頌上天。緝，協調，和合。九紘，廣闊的空際，指上天。

［12］陪禪五岳：陪侍天子封禪五嶽名山。

［13］慭（yìn）遺：願意留下。語出《詩・小雅・十月之交》："不慭遺一老，俾守我王。"鄭玄箋："慭者，心不欲自强之辭也。言盡將舊在位之人與之皆去，無留衛王。"

［14］今先遠戒期，龜謀襲吉：意思是説，今預定祭日，占卜重得吉兆。《文選》卷六〇任昉《齊竟陵文宣王行狀》："今先遠戒期，龜謀襲吉。"李善注："《禮記》曰：'喪事先遠日'。《尚書》曰：'謀及卜筮'。孔安國曰：'龜曰卜'。又曰：'乃卜三龜，一習吉'。'襲'與'習'通。"

［15］徽猷：美善之道。語出《詩・小雅・角弓》："君子有徽猷，小人與屬。"毛亨傳："徽，美也。"鄭玄箋："猷，道也。君子有美道以得聲譽，則小人亦樂與之而自連屬焉。"

［16］假黄鉞：魏晋南北朝加給出征大臣的一種稱號，即代表皇帝親征的意思。《通鑑》卷八〇《晋紀二》"武帝咸寧五年"條："冬，十一月……命賈充爲使持節、假黄鉞、大都督。"胡三省注："黄鉞，天子之器，非人臣所得專用，故曰假。"

［17］緑綟（lì）綬：一種黑黄而近緑色的絲帶。古代三公以上佩用。《續漢書・輿服志下》："諸國貴人、相國皆緑綬。"劉昭注："徐廣曰：'金印緑綟綬。'綟音戾，草名也。以染似緑，又云似紫。"

［18］九旒：古代旌旗上的九條絲織垂飾，爲天子、王侯所佩。參見《宋書・禮志五》。鸞輅：天子王侯所乘之車。《吕氏春秋・孟春紀》："天子居青陽左个。乘鸞輅，駕蒼龍。"高誘注："輅，車也。鸞鳥在衡，和在軾，鳴相應和。後世不能復致，鑄銅爲之，飾以金，謂之鸞輅也。"

［19］左纛：古代帝王乘輿上的飾物。《史記》卷七《項羽本紀》："紀信乘黄屋車，傅左纛。"張守節《正義》引李斐云："天子車以黄繒爲蓋裏。"又裴駰《集解》："李斐曰：'纛，毛羽幢也，在乘輿車衡左方上注之。'蔡邕曰：'以犛牛尾爲之，如斗，或在騑頭，或在衡上也。"

［20］虎賁班劍：持班劍的護衛武官。《周禮·夏官·虎賁氏》："虎賁氏掌先後王而趨以卒伍……王在國，則守王宫。國有大故，則守王門。大喪，亦如之。"

［21］轀輬車：古代的卧車，亦用作喪車。《史記》卷六《秦始皇本紀》："李斯……置始皇居轀輬車中。"裴駰《集解》引孟康曰："如衣車，有窗牖，閉之則温，開之則涼，故名之。"

［22］羽葆：古代葬禮儀仗的一種。以鳥羽置於柄頭如傘蓋，御者執之居前向導。參見《禮記·喪大記》孔穎達疏。

嶷臨終，召子子廉、子恪曰："人生在世，本自非常，吾年已老，前路幾何。居今之地，[1]非心期所及。性不貪聚，自幼所懷，政以汝兄弟累多，損吾暮志耳。無吾後，[2]當共相勉厲，[3]篤睦爲先。才有優劣，位有通塞，運有富貧，此自然理，無足以相陵侮。若天道有靈，汝等各自脩立，灼然之分無失也。[4]勤學行，守基業，治閨庭，尚閑素，如此足無憂患。聖主儲皇及諸親賢，亦當不以吾没易情也。三日施靈，[5]唯香火、槃水、干飯、酒脯、檳榔而已。[6]朔望菜食一盤，加以甘菓，此外悉省。葬後除靈，可施吾常所乘轝扇繖。[7]朔望時節，席地香火、槃水、酒脯、干飯、檳榔便足。雖才愧古人，意懷粗亦有在，不以遺財爲累。主衣所餘，[8]小弟未婚，諸妹未嫁，凡應此用，本自茫然，當稱力及時，率有爲辦。事事甚多，不復甲乙。[9]棺器及墓中，勿用餘物爲後患也。朝服之外，唯下鐵鐶刀一口。作冢勿令深，一一依格，莫過度也。後堂樓可安佛，供養外國二僧，餘皆如舊。與汝遊戲後堂船乘，吾所乘牛馬，送二宫及司徒，服飾衣裘，悉爲功德。”子廉等號泣奉行。

[1]居今之地：指居於高官地位。

[2]無吾後：指我去世後。“吾”原訛“欲”。中華本校勘記云：“據毛本、殿本、局本改。按無吾後言吾亡後也。”今從改。

[3]勉厲：《南史》卷四二作“勉勵”。

[4]灼然之分無失也：謂光明正大的本分、本性不可失去。朱季海《校議》云：“《晋書·温嶠傳》：‘舉秀才灼然。’郝懿行《晋宋書故》以爲當時科目之名，是也。觀嶷臨終以諭二子，當時猶以此爲美稱。”（第46頁）周一良《魏晋南北朝詞語小記》則謂此句“亦可解釋爲公開應得的待遇可以保證。灼然，又用爲突出、優異之意。”（《魏晋南北朝史論集》，第471頁）

[5]施靈：設置靈堂。

[6]唯香火、槃水、干飯：中華本校勘記云：“‘干’南監本作‘盂’，下同。據張元濟《校勘記》，知原本‘干’作‘于’，影印時據殿本改爲‘干’，毛本亦作‘于’。”朱季海《校議》以爲當作“乾”，乾省作“干”，形訛作“于”，非“盂”省作“于”，南監臆改。（第46—47頁）

[7]可施吾常所乘轝扇繖：意謂等除靈後可將死者生前日用之物棄置。施，棄置。

[8]主衣：尚衣。執掌帝王家族服玩等事。

[9]甲乙：指一一列舉。

世祖哀痛特至，[1]至冬乃舉樂宴朝臣，上歔欷流涕。

諸王邸不得起樓臨瞰宮掖，上後登景陽，[2]望見樓悲感，乃敕毁之。薨後，第庫無見錢，[3]世祖敕貨雜物服飾得數百萬，起集善寺，月給第見錢百萬，至上崩乃省。

[1]世祖哀痛特至：《南史》卷四二《豫章文獻王嶷傳》此句後云："蔬食積旬。太官朝夕送祭奠，敕王融爲銘，云：'半岳摧峰，中河墜月。'帝流涕曰：'此正吾所欲言也。'至其年十二月，乃舉樂宴朝臣。樂始舉，上便歔欷流涕。"

[2]景陽：指景陽樓，在宮城内。豫章王生前常在此處與帝會晤，故武帝見樓思弟。

[3]第庫無見錢：《通鑑》卷一三七《齊紀三》"武帝永明十年"條："嶷卒之日，第庫無見錢，上敕月給嶷第錢百萬。"

嶷性汎愛，[1]不樂聞人過失，左右有投書相告，置鞾中，竟不視，取火焚之。齋庫失火，燒荆州還資，評直三千餘萬，主局各杖數十而已。[2]

[1]嶷性汎愛："嶷"字原闕，中華本據《南史》補。今從補。汎愛，猶博愛。

[2]主局各杖數十而已：《南史》卷四二此下云："嶷薨後，忽見形於沈文季曰：'我未應便死，皇太子加膏中十一種藥，使我瘫不差，湯中復加藥一種，使利不斷。吾已訴先帝，先帝許還東邸，當判此事。'因胸中出青紙文書示文季曰：'與卿少舊，因卿呈上。'俄失所在。文季祕而不傳，甚懼此事。少時太子薨。"按，此事看似不稽，實則暗暗揭示出豫章王與文惠太子的矛盾，皇宮内鬥甚深。又按，吕思勉《兩晋南北朝史》亦云："説雖不經，亦可見太子之猜忌矣。"（第411—412頁）

群吏中南陽樂藹、彭城劉繪、吴郡張稷最被親禮。[1]藹與竟陵王子良牋曰："道德以可久傳聲，風流以浸遠揮稱。[2]雖復青簡締芳，未若玉石之不朽；飛翰圖藻，豈伊雕篆之無沫。丞相冲粹表於天真，淵照殆乎機象。經邦緯民之範，體國成務之規。故以業茂惟賢，功高則哲。神輝眇邈，叡算不追，[3]感纏奉車，[4]恨百留滯。下官夙稟名節，恩義軫慕，[5]望墜結哀，輒欲率荆、江、湘三州僚吏，建碑壟首，庶徽猷有述，茂則方存。昔子香淳德，留銘江介，鉅平遺烈，墮淚漢南，[6]况道尊前往，惠積聯綿者哉。下官今便反假，無由躬事刊斲，須至西州鳩集所資，託中書侍郎劉繪營辦。"[7]

[1]樂藹：字蔚遠，南陽淯陽人。歷仕南朝宋、齊、梁。豫章王嶷爲武陵太守，雅善藹爲政。及爲荆州刺史，以藹爲驃騎行參軍、領州主簿，參知州事。嶷嘗問藹風土舊俗，山川險易，藹隨問應對，若按圖牒，嶷益重焉，後官至州治中。豫章王薨，藹解官奔喪，建碑墓所。《梁書》卷一九、《南史》卷五六有傳。　劉繪：字士章，彭城人。仕齊，爲中書侍郎，曾得豫章王贊譽。本書卷四八、《南史》卷三九有傳。　張稷：字公喬，吴郡人。歷仕齊、梁，朗悟有才略。與族兄充、融、卷等具知名，時稱之曰："充融卷稷，是爲四張。"齊時受知於豫章王嶷，曾爲大司馬東曹掾、大司馬從事中郎。後官至尚書。《梁書》卷一六、《南史》卷三一有傳。

[2]風流以浸遠揮稱：中華本校勘記云："'揮'南監本、殿本作'嘌'，《元龜》二百七十二作'摽'。"

[3]叡算：英明的謀略。

[4]奉車：奉詔覲見的車子。此指豫章王生前所乘之車。

[5]恩義：中華本校勘記云："'恩義'南監本、局本作'思

義’，《元龜》二百七十二作‘懷恩’。”　軫慕：痛念。

［6］鉅平遺烈，墮淚漢南：《晉書》卷三四《羊祜傳》載：晉初羊祜以佐命之勛，封鉅平侯，都督荆州諸軍事，駐襄陽，“開設庠序，綏懷遠近，甚得江漢之心”，“祜樂山水，每風景，必造峴山，置酒言咏，終日不倦”。羊祜死後，“襄陽百姓於峴山祜平生游憩之所建碑立廟，歲時饗祭焉。望其碑者，莫不流涕，杜預因名爲墮淚碑”。

［7］“藹與竟陵王子良牋”至“劉繪營辦”：對於此牋，朱季海《校議》云：“此與右率沈約書，並爲建碑事耳。累幅不已，子顯徒欲爲其父壯觀爾，繩以史法，故當無取。《梁書·樂藹傳》：‘九年豫章王嶷薨，藹解官赴喪，率荆、襄二牧故吏，建碑墓所。’不録此牋，是也。”（第47頁）

藹又與右率沈約書曰：[1]“夫道宣餘烈，竹帛有時先朽；德孚遺事，金石更非後亡。丞相獨秀生民，[2]傍照日月。標勝丘園，[3]素履穆於忠義；譽應華衮，[4]功迹著於弼諧。[5]無得而稱，理絶照載。若夫日用闃寂，[6]雖無取於錙銖；歲功宏達，諒有寄於衡石。[7]竊承貴州士民，或建碑表，俾我荆南，閲感無地。且作紀江、漢，道基分陝，[8]衣冠禮樂，咸被後昆。若其望碑盡禮，我州之舊俗；傾壚罷肆，鄙土之遺風。[9]庶幾弘烈或不泯墜。荆、江、湘三州策名不少，[10]並欲各率毫釐，少申景慕。斯文之託，歷選惟疑，必待文蔚辭宗，德僉茂履，非高明而誰？豈能騁無愧之辭，詶式瞻之望。[11]吾西州窮士，一介寂寥，恩周榮譽，澤遍衣食，永惟道廕，日月就遠，緬尋遺烈，觸目崩心。常謂福齊南山，慶鍾仁壽，吾儕小人，貽塵帷蓋。[12]豈圖一旦遂投此請。”約答曰：“丞相風道弘曠，獨秀生民，凝猷盛烈，方軌伊、旦。[13]慭遺之感，朝野同悲。承當刊石紀功，傳華千載，宜須盛述，實允來談。郭有道漢末之匹夫，[14]非蔡伯喈不足以偶三絶，謝安石素族之台輔，[15]時無麗藻，迄乃有碑無文。况文獻王冠冕彝倫，儀形寓内，自非一世辭宗，難或與此。約閭閈鄙人，[16]名不入第，欻酬今旨，[17]便是以禮許人，聞命慚顔，已不覺汗之沾背也。”建武中，[18]第二子子恪託約及太子詹事孔稚珪爲文。[19]

[1]沈約：字休文，飽學擅文章，歷仕南朝宋、齊、梁。在齊曾助高帝蕭道成開創帝業，高帝贊其“才智縱横，可謂明識”。又曾對沈約和范雲曰：“我起兵於今三年矣，功臣諸將，實有其勞，然成帝業者，乃卿二人也。”官至中書郎、散騎常侍。入梁，官至尚書左僕射。《梁書》卷一三、《南史》卷五七有傳。

[2]丞相：指豫章王嶷，進位大司馬，加中書監，總攬朝政。

[3]標勝丘園：形容格調、風度清廉勝過隱士。丘園，語出《易·賁》：“六五，賁於丘園。”王肅注：“失位無應，隱處丘園。”後以“丘園”爲隱居之處，亦借指隱士。

[4]華衮：古代王公貴族的多彩的禮服，用以表示極高的榮寵。

[5]功迹著於弼諧：謂在輔佐大任上留下豐功偉績。弼諧，語出《尚書·皋陶謨》：“允迪厥德，謨明弼諧。”孔安國傳：“言人君當信蹈行古人之德，謀廣聰明，以輔諧其政。”

[6]闃（qù）寂：斷絶。闃，空。

[7]衡石：喻指國柄，宰相權位。

[8]作紀江、漢，道基分陝：豫章王封地在豫章，又曾任荊州刺史，故云。分陝，相傳周初周公旦、召公奭分陝（今河南三門峽

市陝州區）而治，周公治陝以東，召公治陝以西。後謂朝廷官員出任地方官爲“分陝”。

［9］鄙土之遺風：土，原作“士”，中華本據毛本、殿本、局本及《册府元龜》卷二七七改。今從改。按，以上四句用羊祜墮淚碑典，表明江漢民俗一向對賢德的地方官由衷敬愛。參見上文“墮淚漢南”注。

［10］策名：指報名捐資建豫章王功德碑的人。

［11］訓式瞻之望：訓，同“酬”。式瞻，景仰、景慕。

［12］貽塵帷蓋：謙語。猶言見笑於大方之家。貽塵，指遭受後人的譏誚。帷蓋，指乘坐華車的高官。

［13］凝猷盛烈，方軌伊、旦：贊揚豫章王輔政功高，可與商伊尹、周公旦媲美。

［14］郭有道：郭泰，字林宗。後漢名士，隱居不仕，閉門教授，周游郡國，爲時人所重。郭泰卒，四方之士千餘人皆來會葬。同志者乃刻石立碑，蔡邕撰碑文，謂人曰：“吾爲碑銘多矣，皆有慚德，唯郭有道無愧色耳。”後人以郭泰爲人、蔡邕碑文與時賢碑刻爲“三絶。”詳見《後漢書》卷六《郭太傳》。

［15］謝安石：謝安，字安石。東晋名臣，官至尚書僕射，領吏部，累建功勛，進位太保、太傅。《晋書》卷七九有傳。　素族：素封之家族，指貴族。

［16］閭閈鄙人：謙詞。鄉野粗俗之人。

［17］歘（xū）酬今旨：謂輕率答應你的要求（指撰寫碑文）。歘，同“欻”，輕舉。

［18］建武：齊明帝蕭鸞年號。

［19］孔稚珪：齊名士。本書卷四八有傳。按，《南史》卷四二此後另有一段云：“妃庾氏，有女功婦德，嶷甚重之。宋時，武帝及嶷位宦尚輕，家又貧薄，庾氏常徹己損身，以相營奉。兄弟每行來公事，晚還飢疲，躬營飲食，未嘗不迎時先辦。雖豐儉隨事，而香浄適口。穆皇后不自營，又不整潔，上亦以此貴之。又不妬忌，

嶷倍加敬重。嶷薨後，少時亦亡。”

子廉字景藹。初，嶷養魚復侯子響爲世子，[1]子廉封永新侯，[2]千户。子響還本，子廉爲世子。除寧朔將軍、淮陵太守，[3]太子中舍人，[4]前軍將軍。[5]善撫諸弟子。十一年卒，贈侍中，謚哀世子。

[1]魚復侯子響：齊武帝蕭賾第四子蕭子響。豫章王嶷原無子，養子響，立爲世子。嶷後有子，子響還本爲皇子，封巴東郡王，出爲江州刺史。因私作錦袍、好武，被長史密告欲反，臺軍奉命將其收殺，貶爲魚復侯。詳見本書卷四〇《武十七王傳》。

[2]永新侯：侯爲五等封爵之第二等。永新縣爲其封邑，即今江西永新縣。

[3]寧朔將軍：武官名。三國魏始置，南朝時爲加官、散官性質的將軍。秩四品。　淮陵：郡名。治所在今安徽明光市。

[4]太子中舍人：掌太子府呈奏案章。秩七品。“太子中舍人”原作“太子中書舍人”，中華本校勘記云：“據《南史》删。按《百官志》，齊東宫職僚有太子中舍人、太子舍人，無太子中書舍人。”

[5]前軍將軍：禁衛軍官。分掌宿衛營兵。秩四品。

第三子子操，泉陵侯。[1]王侯出身官無定，准素姓三公長子一人爲員外郎。[2]建武中，子操解褐爲給事中，[3]自此齊末皆以爲例。永泰元年，[4]南康侯子恪爲吴郡太守，[5]避王敬則難奔歸，[6]以子操爲寧遠將軍、吴郡太守。[7]永元中，[8]爲黄門郎。[9]義師圍城，[10]子操與弟宜陽侯子光卒於尚書都座。[11]

［1］泉陵：縣名。爲子操的侯爵食邑。治所在今湖南零陵縣。

［2］素姓：世家大姓。　三公：古代中央三種最高官銜的合稱。周以太師、太傅、太保爲三公，東漢以後以太尉、司徒、司空爲三公。　員外郎：員外散騎侍郎，門下省官。掌奏事，直侍左右。秩五品。

［3］給事中：門下省官。掌奏事，直侍左右。秩五品。

［4］永泰元年：建武五年（498）。

［5］南康侯子恪：豫章王嶷第二子，永明中，以王子封南康縣侯。南康，縣名。治所在今江西南康市。　吴郡：郡名。治所在今江蘇蘇州市。

［6］避王敬則難奔歸：指永泰元年（498）大司馬王敬則於會稽反，奉子恪爲名，子恪懼，棄郡奔逃。詳見《梁書》卷三五、《南史》卷四二《子恪傳》。

［7］寧遠將軍：南朝時爲加號將軍。

［8］永元：齊東昏侯年號。

［9］黄門郎：給事黄門侍郎的簡稱。門下省官。掌奏事，直侍左右。秩五品。

［10］義師圍城：指永元三年（501），齊南康王寶融在江陵即位，以蕭衍（即後來的梁武帝）都督征討諸軍事，麾師東下入建康，稱爲義師。

［11］宜陽：縣名。治所在今江西宜春市。時爲子光的侯爵食邑。　子光：蕭子光。本書僅見於此。　尚書都座：指尚書省都官尚書的位置。都官尚書爲五部尚書之一，掌都官、水部、庫部、功論四曹。秩三品。

第四子子行，洮陽侯，[1]早卒。子元琳嗣，[2]今上受禪，[3]詔曰："褒隆往代，義炳彝則。朕當此樂推，[4]思弘前典。豫章王元琳、故巴陵王昭冑子同，[5]齊氏宗國，高、武嫡胤，宜祚井邑，以傳世祀。降新淦縣侯，[6]五百户。”

[1]洮陽：縣名。治所在今廣西全州縣北湘江西。時爲子行的侯爵食邑。

[2]子元琳嗣：中華本校勘記引清錢大昕《廿二史考異》云：“按嶷子十六人，長子子廉，謚哀世子，未及嗣爵。嗣豫章之封者，嶷孫元琳也。《南史》以元琳爲子廉之子，今乃係元琳於洮陽侯子行之下，似元琳爲子行之子，而嗣封洮陽矣。子顯，嶷之第八子，述其家事，不宜有誤，蓋文簡而意不達爾。”

[3]今上受禪：指齊和帝中興二年（502）禪位於梁武帝蕭衍，改齊爲梁，改元天監。

[4]當此樂推：指當受天下擁戴而登帝位之時。樂推，樂意擁戴。語出《老子》：“是以聖人處上而民不重，處前而民不害，是以天下樂推而不厭。”

[5]故巴陵王昭冑子同：原作“故巴陵王昭秀冑子周”。中華本校勘記云：“‘秀’字據《南史》删。按竟陵王子良子昭冑，襲封竟陵王，改封巴陵王，校書者不知，以文惠太子第三子昭秀封巴陵王，遂妄添一‘秀’字耳。昭冑子同，梁受禪，降封監利侯，見《竟陵王子良傳》，此作‘周’，訛。今據南監本、殿本及《南史》改。”

[6]新淦縣：治所在今江西新干縣。

史臣曰：楚元王高祖亞弟，[1]無功漢世。東平憲王辭位永平，[2]未及光武之業。[3]梁孝惑於勝、詭，[4]安平心隔晋運。[5]蕃輔貴盛，地實高危，持滿戒盈，鮮能全德。豫章宰相之器，[6]誠有天真，因心無矯，率由遠度，故能光贊二祖，[7]内和九族，實同周氏之初，周公以來，則未知所匹也。[8]

[1]楚元王：劉交，字游，漢高祖劉邦同父少弟。《漢書》卷三六有傳。

[2]東平憲王辭位永平：東平憲王，指劉蒼，後漢光武帝劉秀第八子。蒼少好經書，雅有智思。其同母兄漢明帝劉莊即位後，曾在朝輔政數年，後辭朝歸國。《後漢書》卷四二有傳。

[3]未及光武之業：中華本校勘記云："'未'原訛'本'，今據南監本、殿本、局本改正。"今從改。

[4]梁孝惑於勝、詭：指漢文帝廢栗太子，太后心欲以梁王爲嗣，爲大臣爰盎等諫阻。梁王怨爰盎，乃與親近羊勝、公孫詭等密謀，陰使人刺殺爰盎等人。事敗露，上由此怨望於梁王。詳見《漢書》卷四七《文三王傳》。

[5]安平：指晋宣帝司馬懿次弟司馬孚，字叔達，仕三國魏，位至太傅。及武帝受禪，魏亡晋立，孚雖受尊寵，不以爲榮，嘗有憂色。臨終，遺令自稱"有魏貞士"，並表明"不伊不周，不夷不惠，立身行道，始終若一"。詳見《晋書》卷三七《宗室傳》。

[6]豫章宰相之器："豫章"二字原無，中華本據南監本、殿本補。今據補。

[7]二祖：指齊高帝和齊武帝。

[8]周公以來，則未知所匹也：清牛運震《讀史糾謬》卷七《南齊書糾謬》："按豫章雖賢，安得比于周公？溢美之頌，亦褒非所褒矣。"

贊曰：堂堂烈考，[1]德邁前蹤。移忠以孝，植友惟恭。帝載初造，我王奮庸。邦家有闕，我王彌縫。道深日用，事緝民雍。愛傳餘祀，聲流景鍾。[2]

[1]堂堂烈考：清錢大昕《廿二史考異》卷二五："嶷爲子顯之父，故有'考烈'之稱。然《傳》中序列諸子，不及子顯名。"

[2]聲流景鍾：形容業迹長留。景鍾，景陽樓的鍾聲。

南齊書　卷二三

列傳第四

褚淵淵弟澄　徐嗣　王儉

褚淵字彦回，[1]河南陽翟人也。[2]祖秀之，宋太常。[3]父湛之，[4]驃騎將軍，[5]尚宋武帝女始安哀公主。[6]

[1]褚淵：《南史》卷二八有附傳，事迹有增益。

[2]陽翟：縣名。治所在今河南禹州市。

[3]祖秀之，宋太常：褚秀之，字長倩。東晋末，歷大司馬琅琊王從事中郎。宋受命，徙太常。《宋書》卷五二、《南史》卷二八有附傳。

[4]父湛之：褚湛之，字休玄。《宋書》卷五二、《南史》卷二八均有傳。

[5]驃騎將軍：《唐六典》卷五引《齊職儀》云："驃騎品秩第二，金章紫綬，武冠絳朝服，佩水蒼玉。"

[6]尚：匹配，事奉。古代專指娶公主爲妻。《史記》卷八九《張耳陳餘列傳》："張敖已出，以尚魯元公主故，封爲宣平侯。"司馬貞《索隱》："韋昭曰：'尚，奉也。不敢言取。'崔浩云：'奉事

公主。'"　宋武帝：指劉裕。　始安哀公主：始安縣（今廣西桂林市）爲公主封邑。哀，爲公主謚號。

淵少有世譽，[1]復尚文帝女南郡獻公主，[2]姑姪二世相繼。拜駙馬都尉，[3]除著作佐郎，[4]太子舍人，[5]太宰參軍，[6]太子洗馬，[7]祕書丞。[8]湛之卒，淵推財與弟，唯取書數千卷。[9]襲爵都鄉侯。歷中書郎，[10]司徒右長史，[11]吏部郎。[12]宋明帝即位，[13]加領太子屯騎校尉，[14]不受。遷侍中，[15]知東宮事。[16]轉吏部尚書，[17]尋領太子右衛率，[18]固辭。司徒建安王休仁南討義嘉賊，[19]屯鵲尾，[20]遣淵詣軍，選將帥以下勳階得自專決。事平，加驍騎將軍。[21]

[1]淵少有世譽：《南史》卷二八此句後云："宋元嘉末，魏軍逼瓜步，百姓咸負擔而立。時父湛之爲丹陽尹，使其子弟並著芒屩，於齋前習行。或譏之，湛之曰：'安不忘危也。'彥回時年十餘，甚有慚色。湛之有一牛，至所愛，無故墮聽事前井，湛之率左右躬自營救之，郡中喧擾，彥回下簾不視也。又有門生盜其衣，彥回遇見，謂曰：'可密藏之，勿使人見。'此門生慚而去，不敢復還，後貴乃歸罪，待之如初。"

[2]復尚文帝女南郡獻公主：文帝，指宋文帝劉義隆。南郡，治所在今湖北荆州市，爲公主封邑。獻，爲公主謚號。中華本校勘記云："《文選》卷五十八王儉《褚淵碑文》云'選尚餘姚公主'，而本傳下文又云'淵妻宋故巴西主'。《南史·褚彥回傳》亦云'又詔彥回妻宋故巴西主'。錢大昕《廿二史考異》云：'蓋初封餘姚公主，進封南郡，齊受禪，又例降封巴西，封號雖異，其實一人也。'"

[3]駙馬都尉：漢武帝時始置，與奉車都尉均爲陪奉皇帝乘車的

近臣。《漢書·百官公卿表上》:“奉車都尉掌御乘輿車,駙馬都尉掌駙馬。皆武帝初置。”顏師古注:“駙,副馬也,非正駕車,皆爲副馬。”三國何晏始以公主丈夫拜駙馬都尉。後代皇帝的女婿照例加此稱號,簡稱駙馬。

[4]著作佐郎:掌藝文圖籍及修國史。秩六品。

[5]太子舍人:東宫官。掌奏事,直侍太子左右。秩六品。

[6]太宰參軍:太宰府屬官。太宰,南朝爲優禮王族大臣的最高加官之一。秩一品。

[7]太子洗馬:東宫官。掌拜授諸官班次。秩七品。

[8]祕書丞:秘書省主官。掌藝文圖書。《唐六典》卷一〇:“《晋令》:秘書丞品第六……宋、齊並一人,品、服同晋氏。”

[9]唯取書數千卷:《南史》卷二八此句後云:“湛之有兩厨寶物,在彦回所生郭氏間,嫡母吴郡主求之,郭欲不與,彦回曰:‘但令彦回在,何患無物。’猶不許,彦回流涕固請,乃從之。”又云:“景和中,山陰公主淫恣,窺見彦回悦之,以白帝。帝召彦回西上閤宿十日,公主夜就之,備見逼迫。彦回整身而立,從夕至曉,不爲移志。公主謂曰:‘君鬚髯如戟,何無丈夫意?’彦回曰:‘回雖不敏,何敢首爲亂階’。”

[10]歷中書郎:“歷”字原無,中華本據南監本、毛本、殿本、局本補。今從補。“中書郎”,《文選》卷五八王儉《褚淵碑文》作“中書侍郎”。中書侍郎爲中書省主官,掌詔命。秩五品。《唐六典》卷九:“《晋令》:中書侍郎四人,品第四……宋齊並同晋氏。”閻步克《〈南齊官品〉拾遺》:“按《通典》《晋官品》中書侍郎在第五品,《唐六典》卷九‘四’字誤。”(《原學》第4輯,中國廣播電視出版社1996年版)

[11]司徒右長史:指司徒府屬官右長史。南朝時司徒爲優禮大臣的最高加號之一。秩一品。長史爲府内屬吏之長。

[12]吏部郎:吏部尚書的屬官。領吏部曹,掌人事任免。秩五品。

[13]宋明帝：劉彧。本書卷八有紀。

[14]加領：指正官之外的兼職。　太子屯騎校尉：南朝宋太子三校尉之一。掌東宮護衛。秩不詳。

[15]侍中：門下省主官。掌奏事，直侍左右。秩三品。

[16]知東宮事：執掌東宮有關事務。秩不詳。

[17]吏部尚書：尚書省六部尚書之一。領吏部、删定、三公、比部四曹。秩三品。按，《南史》卷二八此處云："有人求官，密袖中將一餅金，因求請間，出金示之，曰：'人無知者。'彦回曰：'卿自應得官，無假此物。若必見與，不得不相啓。'此人大懼，收金而去。"彦回叙其事，而不言其名，時人莫之知也。

[18]太子右衛率：東宫官。掌護衛太子。《唐六典》卷二八："齊左右衛率，武冠絳朝服，品第五，秩千石。"

[19]司徒建安王休仁南討義嘉賊：指宋明帝泰始二年（466），江州刺史晋安王劉子勛（孝武帝子）起兵反，在尋陽即位，改元義嘉。宋明帝命建安王休仁（文帝子）督軍征討。詳參《通鑑》卷一三一《宋紀十三》"明帝泰始二年"條。　司徒：三公之一。秩一品。《藝文類聚》卷四七引《齊職儀》："司徒，品秩冠服同丞相，郊廟服冕同太尉。"

[20]鵲尾：地名。安徽銅陵市至繁昌縣長江中，有鵲洲，鵲頭爲銅陵市西南鵲頭山，鵲尾爲繁昌縣東北三山。爲軍事要衝。按，《通鑑》卷一三一《宋紀十三》謂"屯虎檻"，胡三省注："虎檻，洲名，在赭圻東北江中，蕪湖之西南也。"

[21]驍騎將軍：禁衛軍官。分掌宿衛營兵。秩四品。

薛安都以徐州叛，[1]虜頻寇淮、泗，遣淵慰勞北討衆軍。淵還啓帝言："盱眙以西，[2]戎備單寡，宜更配衣。汝陰、荆亭竝已圍逼，[3]安豐又已不守，[4]壽春衆力，[5]止足自保，[6]若使遊騎擾壽陽，[7]則江外危迫，歷陽、瓜步、鍾離、義陽皆須實力重戍，[8]選有幹用者處之。”帝在藩，與淵以風素相善，[9]及即位，深相委寄，事皆見從。改封雩都縣伯，[10]邑五百户。轉侍中，領右衛將軍，[11]尋遷散騎常侍，[12]丹陽尹。[13]出爲吴興太守，[14]常侍如故，增秩千石，固辭增秩。

[1]薛安都以徐州叛：指明帝泰始二年（466），徐州刺史薛安都舉兵響應謀反自立的晋安王子勛。子勛敗亡，安都懼不免罪，叛投北魏。詳見《宋書》卷八八、《南史》卷四〇《薛安都傳》。

[2]盱（xū）眙（yí）：縣名。即今江蘇盱眙縣。當時爲南朝與北魏的邊界地區。

[3]汝陰：郡、縣名。即今安徽阜陽市。　荆亭：不詳。當在皖西北或鄂北地區。

[4]安豐：郡名。南朝宋置，治安豐縣，在今安徽霍丘縣西南。

[5]壽春：縣名。即今安徽壽縣。

[6]止足自保："止"原訛"王"，中華本據毛本、殿本、局本改正。今從改。

[7]壽陽：壽春。東晋改壽春爲壽陽，南朝宋復改爲壽春。

[8]歷陽：郡名。治所在今安徽和縣。　瓜步：山名。在今江蘇南京市六合區。南臨大江，屏障建康，南北朝時屢爲軍事争奪要地。　鍾離：縣名。治所在今安徽鳳陽縣東北臨淮關。　義陽：郡名。治所在今河南信陽市。詳見本書《州郡志下》。《太平寰宇記》卷一三二謂《輿地志》云"義陽有三關之險"，當時爲南北兵争之地。

[9]與淵以風素相善："風素"原作"夙素"。中華本校勘記云："據南監本、殿本及《南史·褚彦回傳》改。按《通鑑》宋明帝泰始七年亦作'風素'，胡注云'風素相善者，以其風標雅素而與之善也。蕭子顯《齊書》風作夙。'是胡氏所見本亦作'夙'也。"今從改。按，中華再造善本亦作"夙素"。夙素，指生平志願、愛好，亦

可通。

[10]雩都縣伯：伯爲三等封爵，雩都縣（即今江西于都縣）爲其食邑。

[11]右衛將軍：禁衛軍官。分掌宿衛營兵。秩四品。

[12]散騎常侍：門下省官。掌奏事，直侍左右。秩三品。

[13]丹陽尹：爲京城所在郡府長官。掌京城行政諸務並詔獄，地位頗重要。南朝宋、齊沿置。秩三品。

[14]吴興太守：吴興，郡名。治所在今浙江湖州市吴興區。中華本校勘記云："'吴興太守'《南史》《通鑑》《元龜》二百並作'吴郡太守'。《通鑑》胡注云：'蕭子顯《齊書·淵傳》云爲吴興太守。按吴郡，近畿大郡也，吴興，次郡也，淵以大尚書出守，當得大郡，吴郡爲是。'……今按梁、陳之制，丹陽尹與會稽、吴郡、吴興太守品俱第五，胡氏大郡次郡之説不足據，且齊世如王敬則、張瓌、何戢、謝朏等皆以尚書、侍中出守吴興，非獨褚淵也。《文選》王儉《褚淵碑文》云：'丹陽京輔，遠近攸則，吴興襟帶，實惟股肱，頻作二守，並加蟬冕。'足證作'吴興'之不誤。"

明帝疾甚，馳使召淵，付以後事。[1]帝謀誅建安王休仁，淵固諫，不納。[2]復爲吏部尚書，領常侍、衛尉如故，不受，乃授右僕射，[3]衛尉如故。淵以母年高羸疾，晨昏須養，固辭衛尉，不許。

[1]付以後事：《南史》卷二八其後云："馳使召之，欲托後事。及至召入，帝坐帳中流涕曰：'吾近危篤，故召卿，欲使著黄羅襹'。指牀頭大函曰：'文書皆函内置，此函不得復開。'彦回亦悲不自勝。黄羅襹，乳母服也（喻指托孤）。"

[2]淵固諫，不納：《南史》卷二八其下云："帝怒曰：'卿癡不足與議事。'彦回懼而奉旨。"

[3]右僕射：與左僕射俱爲尚書令的輔佐。秩三品。參見本書《百官志》。

明帝崩，遺詔以爲中書令、護軍將軍，[1]加散騎常侍，與尚書令袁粲受顧命，[2]輔幼主。[3]淵同心共理庶事，當奢侈之後，務弘儉約，百姓賴之。接引賓客，未嘗驕倦。王道隆、阮佃夫用事，[4]姦賂公行，淵不能禁也。

[1]中書令：中書省主官。掌詔命。秩三品。　護軍將軍：禁衛軍官。統掌外兵。秩三品。

[2]尚書令：尚書省長官。總掌國家政務。秩三品。　袁粲：字景倩。仕宋，爲明帝所重，一直委任中央政府要職。後因起兵反蕭道成專政戰敗被殺。《宋書》卷八九有傳，《南史》卷二六有附傳。

[3]幼主：指宋後廢帝劉昱（即蒼梧王）。

[4]王道隆、阮佃夫：二人皆爲宋明帝恩倖。明帝爲湘東王時，險遭蒼梧王殺害，得阮佃夫、王道隆等内倖之助，暗殺蒼梧王，扶明帝即位，以功佃夫封建城縣侯，道隆封吴平縣侯。二人並執權，亞於人主，家財豐積。詳見《宋書》卷九四、《南史》卷七七《恩倖傳》。

遭庶母郭氏喪，[1]有至性，數日中，毁頓不可復識。期年不盥櫛，惟泣淚處乃見其本質焉。[2]詔斷哭，禁弔客。葬畢，起爲中軍將軍，[3]本官如故。

[1]遭庶母郭氏喪：郭氏乃褚淵生母，因其爲妾，故稱庶母。《南史》卷二八作“遭所生喪”。

[2]泣淚：中華本校勘記引毛本、局本作“沾淚”，殿本作“哭泣”。清牛運震《讀史糾謬》卷七《南齊書糾謬》：“‘惟泣淚處乃見

其本質焉'，句未明白。"

[3]中軍將軍：南朝爲優禮大臣的加號將軍。開府者位從公秩一品。

元徽二年，桂陽王休範反，[1]淵與衛將軍袁粲入衛宫省，鎮集衆心。淵初爲丹陽，與從弟炤同載出，道逢太祖，[2]淵舉手指太祖車謂炤曰："此非常人也。"出爲吴興，太祖餉物别，淵又謂之曰：[3]"此人材貌非常，將來不可測也。"及顧命之際，引太祖豫焉。[4]

[1]元徽二年，桂陽王休範反：桂陽王劉休範，文帝第十八子。明帝時累遷驃騎大將軍、江州刺史，加都督。明帝晏駕，主幼時艱，自以爲應居宰輔。事未濟而結怨，元徽二年（474）五月，以清君側爲名，自江州起兵攻向京城，旋被臺軍戰敗。詳見《通鑑》卷一三二《宋紀十四》"蒼梧王元徽二年"條。

[2]太祖：齊高帝蕭道成的廟號。本書卷一至卷二有紀。當時道成任右衛將軍，指揮平定了休範之亂。

[3]淵又謂之曰：中華本校勘記云："'謂之曰'南監本、殿本作'謂人曰'，《南史》作'語人曰'。"

[4]及顧命之際，引太祖豫焉：指明帝臨終前托咐顧命大臣。《通鑑》卷一三三《宋紀十五》"明帝泰豫元年"條："己亥，上大漸……詔淵、勔與尚書令袁粲、荆州刺史蔡興宗、郢州刺史沈攸之並受顧命。褚淵素與蕭道成善，引薦於上，詔又以道成爲右衛將軍，領衛尉。"

太祖既平桂陽，遷中領軍，[1]領南兖州，[2]增户邑。太祖固讓，與淵及衛軍袁粲書曰："下官常人，志不及遠。

隨運推斥，妄踐非涯，[3]才輕任重，夙宵冰惕。[4]近值國危，含氣同奮，況在下官，寧吝身命。履冒鋒炭，報效恒理，而褒嘉之典，偏見甄沐，[5]貴登端戎，[6]秩加爵土，瞻言霄衢，魂神震墜。下官奉上以誠，率性無矯，前後忝荷，未嘗固讓。至若今授，特深恇迫。[7]寔以銜恩先旨，義兼陵闕，[8]識蔽防萌，宗戚構禍，[9]引詯歸咎，既已靦顏，[10]乃復乘災求幸，藉亂取貴，斯實國家之耻，非臣子所忍也。且榮不可濫，寵不可昧，乞蠲中候，[11]請停增邑，庶保止足，輸効淮淯。如使伐匈奴，凱歸反旆，以此受爵，不復固辭矣。"淵、粲答曰："來告穎亮，敬挹無已。謙貶居心，深承非飾，此誠此旨，久著言外，況復造席舒衿，迂翰緒意，推情顧己，信足書紳。[12]但今之所宜商摧，必以輕重相推。世惟多難，事屬雕弊，四維恇擾，邊氓未安，國家費廣，府藏須備，北狄侵邊，憂虞交切。寓内含識，[13]尚爲天下危心，相與共荷任寄若此，當可稍脩廉退不?[14]求之懷抱，實謂不可。了其不可，理無固執。且勍寇窮凶，[15]勢過原燎，釁逆倉卒，終古未聞，常時懼惑，當慮先定，結壘新亭，枕戈待敵，[16]斷決之策，寔有由然。鋒鏑初交，元惡送首，總律制奇，判於此舉。裂邑萬户，[17]登爵槐鼎，[18]亦何足少酬勳勞，粗塞物聽。今以近侍禁旅，進昇中候，[19]乘平隨牒，取此非叨。濟、河昔所履牧，[20]鎮軍秩不逾本，詳校階序，愧在未優，就加冲損，特虧朝制。奉職數載，同舟無幾，劉領軍峻節霜明，[21]臨危不顧，音迹未晞，奄成今古，迷途失偶，慟不及悲。戎謨内寄，[22]恒務倍急，秉操辭榮，將復誰委？誠惟軍柄所期，自增茂圭社，[23]誓貫朝廷，匹夫里語，尚欲信厚，君令必行，逡巡何路。[24]凡位居物首，功在衆先，進退之宜，當與衆共。苟殉獨善，何以處物。受不自私，彌見至公。表裏詳究，無而後可。想體殊常，深思然納。”太祖乃受命。

[1]中領軍：禁衛軍主官。總掌内兵。秩三品。

[2]南兗州：南朝宋置，治所在今江蘇揚州市。

[3]妄踐非涯：自謙之言。意謂辦事糊塗，不着邊際，没有定準。

[4]冰惕：此用《論語》之言，形容非常小心警惕。冰指如履薄冰。

[5]甄沐：表彰，賞賜。

[6]端戎：軍事首領。指中領軍官職。

[7]恇（kuāng）迫：恐懼驚惶。

[8]銜恩先旨，義兼陵闕：指受先皇恩義。陵闕，指先皇的陵墓，代指先皇。

[9]識蔽防萌，宗戚構禍：意即做大臣的本應眼明心亮，防微杜漸。因爲没有做到識蔽防萌，結果出現了桂陽之亂，宗戚構禍。

[10]引諐歸咎，既已靦顔：意謂追究原因我也有過失，感到很慚愧。

[11]乞蠲中候：請求免除中領軍職務。中，指禁中。候，指警衛。中領軍掌内兵，護衛朝廷，故言中候。

[12]書紳：語出《論語·衛靈公》：“子張書諸紳。”邢昺疏：“紳，大帶也。子張以孔子之言書之紳帶，意其佩服無忽忘也。”後以“書紳”表示所言重要，要牢牢記住。

[13]含識：原爲佛教語。謂有意識、有感情的生物，即衆生。這裏泛指黎民百姓。隋煬帝《寶臺經藏願文》：“開發含識，濟度

群生。”

［14］廉退：廉讓，謙讓。

［15］勍寇：强敵。指桂陽王休範的叛軍。

［16］結壘新亭，枕戈待敵：此指蕭道成領導指揮迎戰擊敗叛軍，英明正確。據《通鑑》卷一三三載，當時休範叛軍晝夜取道東下，勢如破竹。朝廷諸大臣、將軍集中書省議事，“莫有言者”，束手無策，唯右衛將軍蕭道成出謀獻策，他預料叛軍“輕兵急下，乘我無備”，提出了以逸代勞的策略：臺軍“頓新亭、白下，堅守宫城、東府、石頭，以待賊至。千里孤軍，後無委積，分頭痛擊，自然瓦解”。道成還自告奮勇，“頓新亭以當其鋒”。衆人按其計策分頭堅守出戰，叛軍很快被消滅。新亭，三國吴築，在今江蘇南京市南。地近江濱，依山築城壘，爲軍事重地。

［17］裂邑萬户：指封爵爲萬户侯。

［18］槐鼎：三槐，鼎三足，比喻三公或三公之位。

［19］今以近侍禁旅，進昇中候：指由右衛將軍升中領軍，二者均爲三品之秩，但中領軍權重。因衹是平升，故下句謂“乘平隨牒，取此非叨”。

［20］濟、河昔所履牧：濟、河指濟河、淮河。明帝初，蕭道成爲假冠軍將軍、持節、都督北討諸軍事，鎮淮陰。泰始三年（467），遷督南兗、徐二州軍事，南兗州刺史。五年，又進督兗、青、冀三州。“履牧”指此。

［21］劉領軍：指領軍將軍劉勔，在平叛戰争中犧牲。詳見《宋書》卷八六、《南史》卷三九本傳。

［22］戎謨内寄：贊揚蕭道成具有軍事謀略。

［23］圭社：指社壇。圭，古代帝王、大臣舉行隆重儀式時所用的玉製禮器。借指公卿勛要。

［24］逡巡：退避，退讓。

其年，淵加尚書令、侍中，給班劍二十人，[1]固讓令。三年，進爵爲侯，增邑千户。服闋，改授中書監，侍中、護軍如故，給鼓吹一部。[2]明年，淵後嫡母吴郡公主薨，[3]毁瘠如初。葬畢，詔攝職，固辭。又以期祭禮及，[4]表解職，[5]並不許。

[1]班劍：有紋飾的劍，或以虎皮飾之。班，通"斑"。漢制，朝服帶劍。晋易以木，謂之班劍，取裝飾燦爛之義。後用作儀仗，由武士佩持，天子以賜功臣。此指儀仗隊。

[2]鼓吹：備有鼓鉦簫笳樂器的樂隊，用於大駕出游行軍。古代以賜功臣勛將。按，《南史》卷二八此句下云："時淮北屬，江南無復鰒魚，或有間關得至者，一枚直數千錢。人有餉彦回鰒魚三十枚，彦回時雖貴，而貧薄過甚，門生有獻計賣之，云可得十萬錢。彦回變色曰：'我謂此是食物，非曰財貨，且不知堪賣錢，聊爾受之。雖復儉乏，寧可賣餉取錢也。'悉與親游噉之，少日便盡。"

[3]嫡母吴郡公主：嫡母當即是褚淵父湛之所尚之宋武帝女始安哀公主，此處却云"吴郡公主"，不明何因。

[4]期祭：指父母之喪周年大祭。期，周年。

[5]表解職："表"字原無，中華本據殿本及《南史》補。今從補。

蒼梧酷暴稍甚，[1]太祖與淵及袁粲言世事，[2]粲曰："主上幼年，微過易改，伊、霍之事，[3]非季代所行，[4]縱使功成，亦終無全地。"淵默然，歸心太祖。[5]及廢蒼梧，[6]群公集議，[7]袁粲、劉秉既不受任，[8]淵曰："非蕭公無以了此。"手取書授太祖。[9]太祖曰："相與不肯，我安得辭！"事乃定。順帝立，[10]改號衛將軍、開府儀同三司，[11]侍中如故。甲仗五十人入殿。[12]

[1]蒼梧酷暴稍甚：據《通鑑》卷一三四《宋紀十六》"順帝昇明元年"條載，蒼梧王劉昱行爲乖張，甚爲暴虐，"無日不出，夕去晨返，晨出暮歸。從者並執鋋矛，行人男女及犬馬牛驢，逢無免者……一日不殺，則慘然不樂"。又載"帝嘗直入領軍府，時盛熱，蕭道成晝卧裸袒。帝立道成於室内，畫腹爲的，自引滿，將射之。道成斂版曰：'老臣無罪。'……帝乃更以骲箭射，正中其齊。投弓大笑曰：'此手何如!'帝忌道成威名，嘗自磨鋋，曰：'明日殺蕭道成'"。

[2]太祖與淵及袁粲言世事：《通鑑》卷一三四作"道成憂懼，密與袁粲、褚淵謀廢立"。

[3]伊、霍之事：商相伊尹放太甲，立商湯；漢相霍光廢昌邑王，立宣帝。後因以"伊霍之事"指廢立之事。

[4]季代：衰世，末代。"季"原闕，中華本據南監本、殿本補。今從補。

[5]歸心太祖："太祖"二字原闕，中華本據南監本、殿本補。今從補。《通鑑》卷一三四此句後云："領軍功曹丹陽紀僧真言於道成曰：'今朝廷猖狂，人不自保。天下之望，不在袁、褚，明公豈得坐受夷滅！存亡之機，仰希熟慮。'道成然之。"胡三省注："道成時爲中領軍，以僧真爲功曹。"

[6]及廢蒼梧：指在蕭道成指使下，蒼梧王被其侍衛楊玉夫殺死。

[7]群公集議：指共議迎立安成王事。

[8]袁粲、劉秉既不受任：當時袁粲爲尚書令，劉秉爲中書令，廢立之事本應由袁、劉主持，他倆因懷異心，不願承擔。其過程《通鑑》卷一三四云："己丑旦，道成戎服出殿廷槐樹下，以太后令召袁粲、褚淵、劉秉入會議。道成謂秉曰：'此使君家事，何以斷之?'

秉未答。道成須髯盡張，目光如電。秉曰：‘尚書衆事，可以見付；軍旅處分，一委領軍。’道成次讓袁粲，粲亦不敢當。王敬則拔白刃，在牀側跳躍曰：‘天下事皆應關蕭公！敢有開一言者，血染敬則刀！’……粲欲有言，敬則叱之，乃止。褚淵曰：‘非蕭公無以了此’。”

[9]手取書授太祖："書"，指迎立安成王爲帝的太后詔令。《南史》與《通鑑》卷一三四均作"事"，胡三省注："褚淵手取其事以授道成，自此天下之事一歸之矣。"

[10]順帝立：順帝劉準，蒼梧王之弟。中華本校勘記云："蕭子顯爲避梁武帝父順之諱，順字皆爲從，此'順帝'原文必作'從帝'，後來校書者以意改易耳。"

[11]衛將軍：南朝爲榮譽加號將軍。開府者位從公秩一品。開府儀同三司：漢制惟三公得開府置官屬。東漢三公亦稱三司，大將軍並得開府。三國魏因置開府儀同三司之名，謂與三司體制待遇相同。晋南北朝因之。

[12]甲仗五十人入殿：《南史》卷二八此段後云："及袁粲懷貳，曰：'褚公眼睛多白，所謂白虹貫日，亡宋者終此人也。'他日，粲謂彦回曰：'國家所倚，唯公與劉丹陽及粲耳，願各自勉，無使竹帛所笑。'彦回曰：'願以鄙心寄公之腹則可矣。'然竟不能貞固。"又云："及高帝輔政，王儉議加黄鉞，任遐曰：'此大事，應報褚公。'帝曰：'褚脱不與，卿將何計？'遐曰：'彦回保妻子，愛性命，非有奇才異節，遐能制之。'果無違異。"

沈攸之事起，[1]袁粲懷貳，[2]太祖召淵謀議，淵曰："西夏釁難，[3]事必無成。公當先備其内耳。"[4]太祖密爲其備。事平，進中書監、司空，本官如故。

[1]沈攸之事起：指順帝昇明元年（477）荆州刺史沈攸之因不

滿蕭道成把持朝政，自荆州起兵東下反。

[2]袁粲懷貳：指袁粲對主上不忠心。牛運震《讀史糾謬》卷七《南齊書糾謬》云："按袁粲忠節，褚淵委蛇，品地相去遠甚，今云'袁粲懷貳'，此枉詞也。"

[3]西夏舋難：東晋南朝時稱今長江中游湖北、湖南一帶爲西夏。此指沈攸之在荆州挑起禍亂。

[4]公當先備其内耳：暗指應防備朝中袁粲、劉秉等人。

齊臺建，[1]淵白太祖引何曾自魏司徒爲晋丞相，[2]求爲齊官，太祖謙而不許。建元元年，進位司徒，侍中、中書監如故。封南康郡公，[3]邑三千户。淵固讓司徒。與僕射王儉書，欲依蔡謨事例。[4]儉以非所宜言，勸淵受命，淵終不就。

[1]齊臺建：指昇明三年（479）三月，詔封蕭道成以太傅爲相國，總百揆，封十郡，爲齊公。四月，進齊公爲齊王，建齊國，體制一如天子，王世子爲太子。

[2]何曾：歷仕魏晋，見知於晋武帝司馬炎。魏咸熙二年（265），魏元帝曹奐禪位前，先封司馬炎爲晋王，立國，炎以魏司徒何曾爲晋丞相。詳見《晋書》卷三三《何曾傳》。按，此處褚淵是將蕭道成比作晋武帝司馬炎，而將自己比作何曾，以表示對主上的忠誠。

[3]南康郡公：公爲一等封爵。南康郡爲其食邑，治所在今江西贛州市。

[4]蔡謨：東晋開國功臣，歷仕元、明、成、康、穆五朝。穆帝即位，拜左光禄大夫，開府儀同三司。尋遷侍中、司徒，謨以恩榮太過，謂所親曰："我若爲司徒，將爲後代所哂，義不敢拜也。"章表十餘上，辭不就。詳見《晋書》卷七七《蔡謨傳》。

淵美儀貌，善容止，俯仰進退，咸有風則。每朝會，百僚遠國使莫不延首目送之。[1]宋明帝嘗歎曰："褚淵能遲行緩步，便持此得宰相矣。"[2]尋加尚書令，本官如故。二年，重申前命爲司徒，又固讓。

[1]百僚遠國使："使"字原脱，中華本據南監本、殿本、《南史》及《元龜》卷八八三補。今從補。

[2]便持此得宰相矣：《南史》卷二八此後云："時人以方何叔平。嘗聚袁粲舍，初秋凉夕，風月甚美，彦回援琴奏《别鵠》之曲，宫商既調，風神諧暢。王彧、謝莊並在粲坐，撫節而歎曰：'以無累之神，含有道之器，宫商暫離，不可得已。'"

是年虜動，上欲發王公已下無官者爲軍，[1]淵諫以爲無益實用，空致擾動，上乃止。[2]朝廷機事，多與諮謀，每見從納，禮遇甚重。上大宴集，酒後謂群臣曰："卿等並宋時公卿，亦當不言我應得天子。"王儉等未及答，淵斂板曰：[3]"陛下不得言臣不早識龍顔。"[4]上笑曰："吾有愧文叔，[5]知公爲朱祜久矣。"[6]

[1]爲軍：《南史》卷二八作"從軍"。

[2]上乃止：《南史》卷二八此後云："三年七月，帝親嘗酎，盛暑欲夜出，彦回與左僕射王儉諫，以爲'自漢宣帝以來，不夜入廟，所以誡非常。人君之重，所宜克慎。'從之。"

[3]斂板：將版端持近身以示恭敬。古代官員朝會時皆執手版。板，同"版"。

[4]不得言臣："得"原作"待"，中華本據南監本、殿本、局本

及《南史》改。今從改。

[5]文叔：東漢光武帝劉秀字。

[6]朱祜：字仲光，東漢開國功臣，爲大將軍。封鬲侯。劉秀微時與朱祜爲友，曾在長安共買蜜合藥，二人互爲敬重。詳見《後漢書》卷二二《朱（祐）祜傳》及李賢注引《東觀記》。“祜”原作“祐”，中華本據局本改。今從改。《後漢書·朱（祐）祜傳》李賢注引《東觀記》云“祐”作“福”，避安帝諱。劉攽《東漢書刊誤》云：“案注引《東觀記》安帝諱，則此人當名祜。”

淵涉獵談議，善彈琵琶。世祖在東宮，[1]賜淵金鏤柄銀柱琵琶。性和雅，有器度，不妄舉動。宅嘗失火，煙焰甚逼，左右驚擾，淵神色怡然，索轝來徐去。[2]輕薄子頗以名節譏之，[3]以淵眼多白精，謂之“白虹貫日”，言爲宋氏亡徵也。

[1]世祖：齊武帝蕭賾的廟號。本書卷三有紀。

[2]轝（yú）：同“輿”，車，或肩輿。

[3]輕薄子頗以名節譏之：《南史》卷二八此處云：“然世頗以名節譏之，于時百姓語曰：‘可憐石頭城，寧爲袁粲死，不作彦回生。’”清牛運震《讀史糾謬》卷七《南齊書糾謬》云：“何得爲‘輕薄子’？語殊乖謬……此當時百姓語也。”

太祖崩，遺詔以淵爲録尚書事。[1]江左以來，無單拜録者，[2]有司疑立優策。[3]尚書王儉議，以爲“見居本官，別拜録，推理應有策書，[4]而舊事不載。中朝以來，[5]三公王侯，則優策並設，官品第二，策而不優。優者褒美，策者兼明委寄。尚書職居天官，[6]政化之本，故尚書令品雖第三，[7]拜必有策。録尚書品秩不見，而總任彌重，前代多與本官同拜，故不别有策。即事緣情，不容均之凡僚，宜有策書，用申隆寄。既異王侯，不假優文”。從之。尋增淵班劍爲三十人，五日一朝。

[1]録尚書事：東漢時尚書臺爲政務彙集之地，實際職權高於三公。常由大臣加録尚書事官銜，以代表皇帝總領尚書臺事。晋南北朝因之，多由太傅領録尚書事，位在三公之上。

[2]江左以來，無單拜録者：指東晋以來，録尚書事由太傅加領，不單獨委任。

[3]優策：褒獎和任命的詔書。

[4]策書：指書寫任免官員等命令的簡策。

[5]中朝：偏居江左的東晋、南朝稱西晋爲中朝。

[6]天官：《周禮》分設六官，以天官冢宰居首，總御百官，尚書臺總攬百揆，故稱天官。

[7]故：原無，中華本據《册府元龜》卷四七一、《通典·職官典》補。今從補。　品：品秩。

頃之寢疾。上相星連有變，[1]淵憂之，表遜位。又因王儉及侍中王晏口陳於世祖，[2]世祖不許。又啓曰：“臣顧惟凡薄，福過災生，未能以正情自安，遠慙彦輔。[3]既内懷耿介，便覺晷刻難推。[4]叨職未久，首歲便嬰疾篤，爾來沈痼，頻經危殆，彌深憂震。陛下曲存遲回，或謂僉議同異，此出於留慈每過，愛欲其榮。臣年四十有八，叨忝若此，以疾陳遜，豈駭聽察。總録之任，[5]江左罕授，上鄰亞台，[6]升降蓋微。[7]今受禄弗辭，退絀斯願，於臣名器，[8]非曰貶少，萬物耳目，皎然共見，寧足仰延聖慮，稍垂矜惜。臣若内飾廉譽，外循謙後，[9]此則憲書行劾，刑綱是肅。[10]臣赤誠不能行，亦幽明所不宥。區區寸心，歸啓以實。自吝寸陰，寔願方倍堯世。[11]昔王弘固請，[12]乃於司徒爲衛將軍，宋氏行之不疑，當時物無異議，以臣方之，曾何足説。伏願恢闡宏猷，賜開亭造，[13]則臣死之日，猶生之年。”乃改授司空，領驃騎將軍，侍中、録尚書如故。

[1]星連有變：《南史》卷二八作“太白熒惑相係犯上將”。按，古代以星相變化測定人事吉凶，星連有變乃大凶之兆。

[2]又因王儉及侍中王晏口陳於世祖：謂又托尚書令王儉及侍中王晏向武帝當面陳情罷官。

[3]彦輔：東晋樂廣的字。樂廣爲晋良吏，官至尚書令，時人贊云：“此人之水鏡，見之瑩然，若披雲霧而睹青天焉。”見《晋書》卷四三《樂廣傳》。

[4]晷刻難推：形容身擔重任時刻不安。晷刻，原指古代的計時儀器日晷與刻漏。借指片刻。

[5]總録之任：指録尚書官職。

[6]上鄰亞台：古稱宰相爲臺輔。亞台，謂相當於宰相。

[7]升降蓋微：不明含意。《册府元龜》卷三三一作“昇降紫微”。按，紫微，星名。《晋書·天文志上》：“紫宫垣十五星……一曰紫微，大帝之座也，天子之常居也。”因以紫微指帝王宫殿。升降紫微，蓋言録尚書官職甚高，出入宫廷，伴隨帝王。

[8]名器：名號和車服儀制。

[9]外循謙後：《册府元龜》卷三三一作“外脩謙德”。

[10]刑綱是肅：《册府元龜》卷三三一作“刑綱是嬰”。按，以上數句，蓋言辭録尚書事乃出於真情，倘若查出是虚情假意，願受刑責。

[11]方：中華本校勘記云：南監本、殿本、局本及《册府元龜》卷三三一作“萬”，毛本作“万”。

[12]王弘：南朝宋開國元勛。文帝時，遷侍中、司徒、揚州刺史、録尚書事。元嘉五年（428）春大旱，弘引咎遜位，再三固辭，乃降爲衛將軍。詳見《宋書》卷四二、《南史》卷二一《王弘傳》。

[13]亭造：正大之恩德。

上遣侍中王晏黄門郎王秀之問疾。[1]薨，家無餘財，負債至數十萬。詔曰：“司徒奄至薨逝，痛怛慟懷，比雖尩瘵，[2]便力出臨哭。[3]給東園祕器，[4]朝服一具，衣一襲，錢二十萬，布二百疋，蠟二百斤。”

[1]王晏：本書卷四二有傳。　黄門郎：給事典門侍郎，門下省官。掌奏事，直侍左右。秩五品。　王秀之：本書卷四六有傳。

[2]尩（wāng）瘵（zhài）：衰病。

[3]臨哭：身臨哀悼。

[4]東園祕器：由東園匠製作的皇室顯宦用的棺材。東園匠屬少府，主作陵内器物。參見《漢書·百官公卿表上》顔師古注。

時司空掾屬以淵未拜，[1]疑應爲吏敬不?[2]王儉議：“依《禮》，婦在塗，聞夫家喪，改服而入。[3]今掾屬雖未服勤，而吏節稟於天朝，宜申禮敬。”司徒府史又以淵既解職，而未恭後授，府猶應上服以不?[4]儉又議：“依中朝士孫德祖從樂陵遷爲陳留，未入境，卒，[5]樂陵郡吏依見君之服，[6]陳留迎吏依娶女有吉日齊衰弔，[7]司徒府宜依居官制服。”

[1]以淵未拜：指褚淵改授司空未履職即病逝。

[2]敬：指舉行喪儀以示恭敬。

[3]依《禮》，婦在塗，聞夫家喪，改服而入：檢《儀禮》《禮記》有關章節，均未見此説法。

[4]上服：指着喪服。

[5]依中朝士孫德祖從樂陵遷爲陳留，未入境，卒：指西晋人孫德祖由樂陵郡（今山東樂陵市）改調到陳留郡（今河南開封市北）任太守，行至中途病逝。按，“卒”字原闕，中華本據《册府元龜》卷五七〇補。今從補。

[6]見君之服：吊現任官員的喪服。見，通“現”。

[7]齊（zī）衰（cuī）：喪服名。服用粗麻布製成，以其緝邊縫齊，故稱齊衰。婦爲亡夫服齊衰三年。按，“齊”《南史》卷二八作“齋”，音義同。

又詔曰：“夫褒德所以紀民，[1]慎終所以歸厚。[2]前王盛典，[3]咸必由之。故侍中、司徒、録尚書事、新除司空、領驃騎將軍、南康公淵，[4]履道秉哲，鑒識弘曠。爰初弱齡，清風夙舉。登庸應務，[5]具瞻允集。[6]孝友著於家邦，忠貞彰於亮采。佐命先朝，經綸王化，契闊屯夷，[7]綢繆終始。總録機衡，[8]四門惟穆，諒以同規往古，式範來今。謙光彌遠，屢陳降挹，權從高旨，用虧大猷。[9]將登上列，永翼聲教。天不憖遺，[10]奄焉薨逝，朕用震慟于厥心。其贈公太宰，侍中、録尚書、公如故。給節，[11]加羽葆鼓吹，增班劍爲六十人。葬送之禮，悉依宋太保王弘故事。謚曰文簡。”先是庶姓三公轜車，[12]未有定格。王儉議官品第一，皆加幢絡，[13]自淵始也。又詔淵妻宋故巴西主埏隧暫啓，[14]宜贈南康郡公夫人。

［1］褒德所以紀民：頌揚德行是爲了引導人民遵循效法。

［2］慎終所以歸厚：謂居父母之喪能盡哀遵禮，道德修養自然加深了。語出《論語·學而》："子曰：慎終追遠，民德歸厚矣。"何晏《集解》："慎終者，喪盡其哀；追遠者，祭盡其敬。"按，喪指父母，遠指祖先。

［3］前王：原作"習但"，中華本據《册府元龜》卷三一八改。今從改。

［4］新除司空：司空原誤作"司徒"。中華本校勘記云："據南監本改。殿本《考證》萬承蒼云：'按褚淵新除之官乃司空，非司徒也。諸本並誤。'按萬氏未覈對南監本，故云'諸本並誤'。《元龜》三百十八亦作'司空'。"今從改。

［5］登庸應務：指選拔任命爲官，處理政務。

［6］具瞻允集：謂衆人齊仰望，猶衆望所歸。《詩·小雅·節南山》："赫赫師尹，民具爾瞻。"

［7］契闊屯夷：謂經歷了許多艱難與困厄。契闊，《詩·邶風·擊鼓》："死生契闊，與子成説。"毛亨傳："契闊，勤苦也。"屯夷，偏義復詞，偏指困厄。

［8］總録機衡：指録尚書事總領朝政。

［9］用虧大猷：意即褚淵辭去録尚書事，有損於治國大局。大猷，謂治國大道。《詩·小雅·巧言》："秩秩大猷，聖人莫之。"鄭玄注："猷，道也。大道，治國之禮法。"

［10］天不憖（yìn）遺：上天不願留下。憖遺，《詩·小雅·十月之交》："不憖遺一老，俾守我王。"鄭玄箋："憖者……言盡將舊在位之人與之皆去，無留衛王。"

［11］給節：帝王給予大臣符節，以作憑證。《左傳》文公八年："司馬握節以死。"節指符節。杜預注："節，國之符信也。握之以死，示不廢命。"

［12］庶姓：指皇族以外的姓氏。　輀（ér）車：載運棺柩的喪

車。輀，同“輀”。《釋名·釋喪制》：“輿棺之車曰輀。輀，耳也，縣於左右前後，銅魚摇絞之屬。”

[13]幢（zhuàng）絡：古代車上的幃飾。由油幢、絲繩絡網、綉錦絡帶等組成。參見本書《輿服志》“衣書十二乘”原注。

[14]埏（yán）隧：墓道。

長子賁，字蔚先。[1]解褐祕書郎。[2]昇明中，爲太祖太尉從事中郎，[3]司徒右長史，[4]太傅户曹屬，[5]黄門郎，領羽林監，[6]齊世子中庶子，[7]領翊軍校尉。[8]建元初，仍爲宫官，歷侍中。淵薨，服闋，見世祖，賁流涕不自勝，上甚嘉之，以爲侍中，領步兵校尉，左民尚書，[9]散騎常侍，[10]祕書監，[11]不拜。六年，上表稱疾，讓封與弟蓁，[12]世以爲賁恨淵失節於宋室，故不復仕。永明七年卒，詔賜錢三萬，布五十匹。

[1]長子賁，字蔚先：《南史》卷二八此下云：“少耿介。父背袁粲等附高帝，賁深執不同，終身愧恨之，有棲退之志。”

[2]祕書郎：秘書省官。掌修撰國史。秩六品。

[3]太尉從事中郎：指太尉府屬官從事中郎。職參謀議。秩六品。

[4]司徒右長史：指司徒府屬官右長史。與左長史共同總管府内事務。秩六品。

[5]太傅户曹屬：指太傅府屬官户曹屬。職秩不詳。

[6]羽林監：禁衛軍官。分掌宿衛營兵。秩五品。

[7]齊世子：指蕭賾，宋昇明三年（479），其父蕭道成封齊公，長子蕭賾封世子。　中庶子：東宫官。掌奏事，直侍太子左右。秩五品。

［8］翊軍校尉：禁衛軍官。始置於晋，與長水、步兵等校尉合稱六校尉。秩四品。

［9］左民尚書：六部尚書之一，領左民、駕部二曹。秩三品。此句原作“長史左民尚書”，中華本校勘記引張森楷《校勘記》云：“長史官無所繫，《南史》無之，疑是衍文。”據删。

［10］散騎常侍：門下省官。掌奏事，直侍左右。秩三品。

［11］祕書監：秘書省主官。掌藝文圖書。秩三品。

［12］讓封與弟蓁：《南史》卷二八此後作：“仍居墓下……會疾篤，其子霽載以歸。疾小間，知非故處，大怒，不肯復飲食，内外閤悉釘塞之，不與人相聞，數日裁餘氣息。謝瀹聞其弊，往候之，排閤不可開，以杵搥破，進見賁曰：‘事之不可得者身也，身之不可全者名也，名與身俱滅者君也，豈不全之哉！’賁曰：‘吾少無人間心，豈身名之可慕。但願啓乎歸全，必在舊壠。兒輩不才，未達余趣，移尸徙殯，失吾素心，更以此爲恨耳’。”

蓁字茂緒。永明中，解褐爲員外郎，[1]出爲義興太守。[2]八年，改封巴東郡侯。[3]明年，表讓封還賁子霽，詔許之。建武末，爲太子詹事，[4]度支尚書，[5]領軍將軍。永元元年，卒，贈太常，謚穆。淵弟澄。

［1］員外郎：員外散騎侍郎的省稱，門下省官。掌奏事，直侍左右。秩五品。

［2］爲：原脱，中華本據南監本、殿本、局本補。今從補。　義興：郡名。治所在今江蘇宜興市。

［3］改封巴東郡侯：中華本校勘記云：“《南史·褚蓁傳》同。錢大昕《廿二史考異》云：‘彦回本封南康郡公，蓁初襲父爵，至是以南康爲王國，而改蓁爲巴東公，見《齊武帝諸子傳》。此云郡侯，恐誤。’”巴東郡，治所在今四川奉節縣。

[4]太子詹事：東宫官。掌太子家事。秩三品。

[5]度支尚書：六部尚書之一，掌度支、金部、倉部、起部四曹。秩三品。

澄字彦道。初，湛之尚始安公主，薨，納側室郭氏，生淵，後尚吴郡公主，生澄。淵事主孝謹，主愛之，湛之亡，主表淵爲嫡。澄尚宋文帝女廬江公主，拜駙馬都尉。歷官清顯。善醫術，[1]建元中，爲吴郡太守，豫章王感疾，[2]太祖召澄爲治，立愈。尋遷左民尚書。淵薨，澄以錢萬一千，就招提寺贖太祖所賜淵白貂坐褥，[3]壞作裘及纓，[4]又贖淵介幘犀導及淵常所乘黄牛，[5]永明元年，爲御史中丞袁彖所奏，[6]免官禁錮，見原。遷侍中，領右軍將軍，[7]以勤謹見知。其年卒。澄女爲東昏皇后。永元元年，追贈金紫光禄大夫。[8]

[1]善醫術：《南史》卷二八此後云："百姓李道念以公事到郡，澄見謂曰：'汝有重疾。'答曰：'舊有冷疾，至今五年，衆醫不差。'澄爲診脉，謂曰：'汝病非冷非熱，當是食白瀹雞子過多所致。'令取蘇一升煮服之。始一服，乃吐出一物，如升，涎裹之動，開看是雞雛，羽翅爪距具足，能行走。澄曰：'此未盡。'更服所餘藥，又吐得如向者雞十三頭，而病都差，當時稱妙。"

[2]豫章王：齊高帝蕭道成次子蕭嶷。詳見本書卷二二《豫章文獻王傳》。

[3]就招提寺贖太祖所賜淵白貂坐褥：招提寺，寺廟的别稱。此招提寺當在京城。齊太祖蕭道成賜給褚淵的白貂坐褥爲何落到招提寺，未有交待，不明究竟。

[4]壞作裘及纓：指將白貂坐褥毁壞改作裘衣及繫冠的帶子。

[5]介幘：古代一種長耳裹髮巾，即後來的進賢冠。　犀導：用犀牛角做的髮具。古人用以引髮入冠幘。參見宋高承《事物紀原·冠冕首飾》。

[6]御史中丞：御史臺主官。掌奏劾不法。秩四品。　袁彖：本書卷二九有傳。按，袁彖當是奏劾褚澄毀壞皇帝御賜之物，屬大不敬。

[7]右軍將軍：禁衛軍四將軍之一。分掌宿衛營兵。秩四品。

[8]金紫光禄大夫：南朝爲優禮勛臣的榮譽兼官。秩二品。

時東陽徐嗣，[1]醫術妙。有一傖父冷病積年，[2]重茵累褥，牀下設鑪火，猶不差。嗣爲作治，盛冬月，令傖父髁身坐石，啓以百瓶水，從頭自灌。初與數十瓶，寒戰垂死，其子弟相守垂泣，嗣令滿數。得七八十瓶後，舉體出氣如雲蒸，嗣令徹牀去被，明日立能起行，云此大熱病也。又春月出南籬門戲，聞笪屋中有呻吟聲，[3]嗣曰："此病甚重，更二日不治，必死。"乃往視。一姥稱舉體痛，而處處有黶黑無數，[4]嗣還煮升餘湯送令服之，姥服竟，痛愈甚，跳投牀者無數，須臾，所黶處皆拔出長寸許，[5]乃以膏塗諸瘡口，三日而復，云此名釘疽也。事驗甚多，過於澄矣。

[1]時東陽徐嗣：中華本校勘記引張森楷《校勘記》云："徐嗣即徐嗣伯，《南史》附《張邵傳》。按'東陽'當作'東海'。"按，《徐嗣伯傳》見於《南史》卷三二。徐嗣伯字叔紹，有孝行，善清言，位正員郎，諸府佐，爲齊臨川王蕭映所重。又朱季海《南齊書校議》（以下簡稱朱季海《校議》）云："敦煌古寫本陶隱居《本草集注序録》：'齊有尚書褚澄、徐文伯、嗣伯群從兄弟，治病亦十愈其

九。凡此諸人，各有所撰用方，觀其指趣，莫非本草者……’是其群從，尚有文伯也。《隋書·經籍志》有徐嗣伯《落年方》三卷，梁有徐方伯《辨脚弱方》一卷。（方伯疑文伯之誤）《藥方》二卷，徐文伯撰。徐文伯《療婦人瘕》一卷。蕭《史》不書文伯，豈未獲其事驗邪？”（中華書局 1984 年版，第 48 頁）

[2]有一傖父冷病積年：《南史》卷三二《徐嗣伯傳》所記有異：“時直閤將軍房伯玉服五石散十許劑，無益，更患冷，夏日常複衣。嗣伯爲診之，曰：‘卿伏熱，應須以水發之，非冬月不可。’至十一月，冰雪大盛，令二人夾捉伯玉，解衣坐石，取冷水從頭澆之，盡二十斛。伯玉口噤氣絶，家人啼哭請止。嗣伯遣人執杖防閤，敢有諫者撾之。又盡水百斛，伯玉始能動，而見背上彭彭有氣。俄而起坐，曰：‘熱不可忍，乞冷飲。’嗣伯以水與之，一飲一升，病都差。自爾恒發熱，冬月猶單褌衫，體更肥壯。”按，房伯玉後投魏。《魏書》卷四三有附傳。

[3]笪（dá）屋：用粗竹席鋪蓋的簡陋房屋。

[4]黗（àn）黑：深黑色。一説“青黑色”。（見朱季海《校議》，第 48 頁）

[5]皆拔出長寸許：中華本校勘記據《南史》卷三二《徐嗣伯傳》，以爲“出”後處脱一“釘”字。

王儉字仲寶，[1]琅琊臨沂人也。[2]祖曇首，宋右光禄。[3]父僧綽，[4]金紫光禄大夫。儉生而僧綽遇害，爲叔父僧虔所養。[5]數歲，襲爵豫寧侯，[6]拜受茅土，流涕嗚咽。

[1]王儉：《南史》卷二二有附傳，事迹多有補充。

[2]琅琊臨沂：今山東臨沂市。

[3]右光禄：指右光禄大夫，屬光禄勛官。與金紫光禄大夫同

爲加給功勛大臣的兼官。參上“金紫光禄大夫”注。丁福林《南齊書考疑》(二十):“按:‘右光禄’,本書《王僧虔傳》同,《宋書·王曇首傳》則載曇首卒後‘追贈左光禄大夫’,與此異是。又考《宋書·王僧綽傳》云僧綽‘左光禄大夫曇首子也’,《梁書·王志傳》云王志‘祖曇首,宋左光禄大夫’。《建康實録》卷一二亦載元嘉七年‘七月丁未,侍中王曇首卒。贈敬騎常侍、左光禄大夫,謚文侯’,皆作‘左光禄’。此‘右光禄’,恐爲‘左光禄’之誤。”(《江海學刊》2007年第3期)

[4]僧綽:仕宋,文帝倚重。及文帝被其子太子劉劭弑逆,以爲僧綽有異志,乃收害焉。《南史》卷二二有附傳。

[5]僧虔:王僧虔。歷仕南朝宋、齊,官至侍中、特進、左光禄大夫。本書卷三三、《南史》卷二二有傳。

[6]豫寧侯:原作“豫章侯”。中華本據《南史·王曇首傳》、《文選》任昉《王文憲集序》、《宋書·州郡志二》,以爲作“豫寧”是,據改。今從改。又朱季海《校議》云:“《文選》任《序》:‘年六歲,襲封豫寧侯。’李注引蕭子顯《齊書》曰:‘儉數歲,襲爵豫寧侯。’是唐本不誤。”(第49頁)

幼有神彩,專心篤學,手不釋卷。[1]丹陽尹袁粲聞其名,言之於明帝,[2]尚陽羡公主,[3]拜駙馬都尉。帝以儉嫡母武康公主同太初巫蠱事,[4]不可以爲婦姑,欲開塚離葬,儉因人自陳,密以死請,故事不行。

[1]手不釋卷:《南史》卷二二此下云:“賓客或相稱美,僧虔曰:‘我不患此兒無名,政恐名太盛耳。’乃手書崔子玉《座右銘》以貽之。”

[2]丹陽尹袁粲聞其名,言之於明帝:《南史》卷二二作:“丹陽尹袁粲聞其名,及見之曰:‘宰相之門也。栝柏豫章雖小,已有

棟梁氣矣，終當任人家國事。’言之宋明帝。”

[3]陽羨公主：陽羨公主爲宋明帝劉彧之女。

[4]帝以儉嫡母武康公主同太初巫蠱事：太初，劉劭弑父宋文帝劉義隆登位，改元“太初”，因以太初代指元凶劉劭。“巫蠱事”，《南史》卷一四《元凶劭傳》載，劭姊東陽公主暗結女巫嚴道育助劭，號爲“天師”。女巫刻玉爲文帝像，埋於含章殿前，詛咒作法，促其遭殃。又《文選》卷四六任昉《王文憲集序》云：“初，宋明帝居蕃，與公母武康公主素不協，及即位，有詔廢毀舊塋，投棄棺柩。公以死固請，誓不遵奉，表啓酸切，義感人神。太宗聞而悲之，遂無以奪也。”按，此序未言“巫蠱事”。中華本校勘記云：“王鳴盛《十七史商榷》云：‘按儉父《僧綽傳》尚東陽獻公主，此云武康，恐誤。’張森楷《校勘記》云：‘《宋書·王僧綽傳》及《二凶傳》並云僧綽尚東陽獻公主，此稱武康，豈改封歟？今按《文選》任昉《王文憲集序》及《元龜》七百五十三並作‘武康’，蓋始封武康，進封東陽耳。”

解褐祕書郎，[1]太子舍人，超遷祕書丞。上表求校墳籍，依《七略》撰《七志》四十卷，[2]上表獻之，表辭甚典。又撰定《元徽四部書目》。母憂，服闋爲司徒右長史。《晉令》，公府長史著朝服，宋大明以來著朱衣。[3]儉上言宜復舊，[4]時議不許。

[1]解褐祕書郎：《南史》卷二二作：“年十八，解褐秘書郎。”

[2]上表求校墳籍，依《七略》撰《七志》四十卷：朱季海《校議》云：“《封氏聞見記·典籍》云：‘元徽初，秘書丞王儉又造《目録》萬五千七十四卷。儉又别撰《七志》，有《經典志》《諸子志》《文翰志》《軍書志》《陰陽志》《術藝志》《圖譜志》。’又《宋書·後廢帝紀》：‘元徽元年八月辛亥詔曰……秘書丞王儉

表上所撰《七志》三十卷。’是蕭、沈所記，卷數不同。”（第49頁）

[3]朱衣：指大紅色的官服。參見宋周必大《玉堂雜記》卷下。

[4]儉上言宜復舊：“言”字原無，中華本據南監本、毛本、殿本、局本補。今從補。

蒼梧暴虐，儉憂懼，告袁粲求出，引晋新安主婿王獻之爲吴興例，[1]補義興太守。還爲黄門郎，轉吏部郎。昇明二年，[2]遷長兼侍中，[3]以父終此職，固讓。

[1]引晋新安主婿王獻之爲吴興例：檢《晋書》卷八〇《王獻之傳》，載王獻之“以選尚新安公主”，但未記獻之爲吴興郡太守。按，新安公主爲晋穆帝司馬聃之女。

[2]昇明：宋順帝年號。

[3]遷長兼侍中：中華本校勘記云：“殿本‘長’下有‘史’字，《考證》云：‘監本脱史字，從《南史》增入。’按《南史·王儉傳》：‘昇明二年，爲長史兼侍中。’錢大昕《廿二史考異》云：‘長兼者，未正授之稱。《晋書·劉隗傳》太興初，長兼侍中，《孔愉傳》長兼中書令，是長兼之名，自晋已有之矣。《南史》添一史字，試問儉所授者，何府之長史乎？此傳前後多有長史字，當由後人轉寫相涉而誤，非延壽本文也。《南齊書》本無此字，或轉據《南史》增益之，不獨昧於官制，亦大非闕疑之旨。’”

儉察太祖雄異，先於領府衣裾，[1]太祖爲太尉，引爲右長史，恩禮隆密，專見任用。轉左長史。及太傅之授，儉所唱也。[2]少有宰相之志，物議咸相推許。時大典將行，儉爲佐命，禮儀詔策，皆出於儉，褚淵唯爲禪詔文，[3]使儉參治之。齊臺建，[4]遷右僕射，領吏部，時年二十八。太祖從容謂儉曰："我今日以青溪爲鴻溝。"[5]對曰："天應民從，[6]庶無楚、漢之事。"[7]建元元年，改封南昌縣公，[8]食邑二千户。明年，轉左僕射，領選如故。

[1]先於領府衣裾：中華本校勘記云："錢大昕《廿二史考異》：'時齊祖爲中領軍，故曰領府。'洪頤煊《諸史考異》云：'衣裾致敬，禮無明文。以《南史·王儉傳》證之，此下當有脱文。'"朱季海《校議》云："領府衣裾，謂中領軍府官屬長史、司馬以下，非謂衣裾致敬也。洪氏誤會。"（第49頁）

[2]及太傅之授，儉所唱也：宋順帝昇明二年（478）九月，太尉蕭道成進位假黄鉞、都督中外諸軍事、太傅、領揚州牧。初固辭，與左右商議，王儉進言最允。《南史》記載詳實："齊高帝爲相，欲引時賢參贊大業……乃呼左右。儉素知帝雄異，後請間言於帝曰：'功高不賞，古來非一，以公今日位地，欲北面居人臣，可乎？'帝正色裁之，而神采内和。儉因又曰：'儉蒙公殊眄，所以吐所難吐，何賜拒之深。宋以景和、元徽之淫虐，非公豈復寧濟；但人情澆薄，不能持久，公若小復推遷，則人望去矣，豈唯大業永淪，七尺豈可得保？'帝笑曰：'卿言不無理。'儉又曰：'公今名位，故是經常宰相，宜禮絶群后，微示變革。當先令褚公知之，儉請銜命。'帝曰：'我當自往。'經少日，帝自造彦回，款言移晷，乃謂曰：'我夢應得官。'彦回曰：'今授始爾，恐一二年間未容便移。且吉夢未必便在旦夕。'帝還告儉，儉曰：'褚是未達理。'虞整時爲中書舍人，甚閑辭翰，儉乃自報整，使作詔（指授高帝太傅的皇太后詔書）。"

[3]文：《南史》卷二二作"又"，屬下讀。

［4］齊臺建：指昇明三年（479）三月，封蕭道成爲齊公（旋又封齊王），建齊國，“詔齊國官爵禮儀，並倣天朝”。見《通鑑》卷一三五《齊紀一》“高帝建元元年”條。

［5］青溪：三國吴在建業（今江蘇南京市）城東南鑿東渠，稱爲青溪，發源於鍾山西南，曲屈流入市區秦淮河，長十餘里，後世也稱九曲青溪。六朝時爲首都漕運要地，也爲防守要地。當時領軍府東府即在青溪邊。　鴻溝：古運河名。在今河南省。楚漢相争時曾劃鴻溝爲界，鴻溝以西者爲漢，鴻溝以東者爲楚。蕭道成此言是以齊、宋類比楚、漢。言外之意齊勢如漢，會一統天下。

［6］民從：中華本校勘記引殿本作“民順”，以爲“蕭子顯避梁諱，順字皆改作從，殿本作‘順’，乃校書者以意改易也”。

［7］楚、漢之事：指戰争。王儉對話的意思是，齊的取勝，不須用戰争手段。《南史》卷二二此句後云：“高帝踐阼，與儉議佐命功臣，從容謂曰：‘卿謀謨之功，莫與爲二，卿止二千户，意以爲少。趙充國猶能自舉西零之任，况卿與我情期異常。’儉曰：‘昔宋祖創業，佐命諸公，開國不過二千，以臣比之，唯覺超越。’上笑曰：‘張良辭侯，何以過此。’。”

［8］建元元年，改封南昌縣公：《南史》卷二二此下云：“時都下舛雜，且多奸盜，上欲立符伍，家家以相檢括。儉諫曰：‘京師翼翼，四方是凑，必也持符，於事既煩，理成不曠，謝安所謂不爾何以爲京師。’乃止。”

上壞宋明帝紫極殿，[1]以材柱起宣陽門。儉與褚淵及叔父僧虔連名上表諫曰：“臣聞德者身之基，儉者德之輿。春臺將立，晋卿秉議；北宫肇構，[2]漢臣盡規。彼二君者，或列國常侯，或守文中主，尚使諫諍在義即悦，况陛下聖哲應期，臣等職司隆重，敢藉前誥，竊乃有心。陛下登庸宰物，節省之教既昭，龍衮琁極，簡約之訓彌遠。[3]乾華外構，采椽不斲，[4]紫極故材，爲宣陽門，[5]臣等未譬也。[6]夫移心疾於股肱，非良醫之美；畏影迹而馳騖，豈静處之方？且又三農在日，[7]千畛咸事，[8]輟望歲之勤，興土木之役，非所以宣昭大猷，光示遐邇。若以門居宫南，重陽所屬，年月稍久，漸就淪胥，自可隨宜脩理而合度，改作之煩，於是乎息。所啓謬合，請付外施行。”上手詔酬納。宋世外六門設竹籬，是年初，有發白虎樽者，[9]言“白門三重門，[10]竹籬穿不完”。上感其言，改立都墻。儉又諫，上答曰：“吾欲令後世無以加也。”朝廷初基，制度草創，儉識舊事，問無不答。上歎曰：“《詩》云：‘維嶽降神，生甫及申。’[11]今亦天爲我生儉也。”

[1]上壞宋明帝紫極殿：《南史》卷二二作：“初，宋明帝紫極殿珠簾綺柱，飾以金玉，江左所未有，高帝欲以其材起宣陽門。”

[2]北宫：漢宫名。在長安。《三輔黄圖·漢宫》：“北宫在長安城中，近桂宫，俱在未央宫北，周回十里。高帝時制度草創，孝武增修之。”又洛陽亦有北宫。《後漢書》卷二《明帝紀》：“永平三年……是歲，起北宫及諸官府，京師及郡國七大水。”此當指東漢洛陽之北宫。

[3]“陛下登庸宰物”至“簡約之訓彌遠”：此四句是説陛下一向以節約訓導萬民和貴族。登庸宰物，登皇帝大位，主宰萬民。龍衮琁極，指皇親貴族。

[4]乾華外構，采椽不斲：意即乾華大殿結構樸素，椽柱都不敷采雕琢。乾華，指乾華殿，皇宫大殿。

[5]紫極故材，爲宣陽門：意思是説用紫極殿的華麗材料去建造宣陽門。

［6］未譬：意謂不理解爲何如此矛盾。

［7］三農：指春、夏、秋三個農時。這裏泛指農忙時節。

［8］千畛咸事：指廣大田地都在耕作。

［9］有發白虎樽者：《通鑑》卷一三五《齊紀一》“高帝建元二年”條：“自晋以來，建康宫之外城唯設竹籬，而有六門。會有發白虎樽者。”胡三省注：“《晋志》：正旦元會，設白虎樽於殿庭，樽蓋上施白獸，若有能獻直言者，則發此樽飲酒……白獸即白虎，《晋書》避唐諱改曰獸。”

［10］白門：六朝時稱都城建康（今江蘇南京市）的正南門宣陽門爲白門。　三重門：《通鑑》卷一三五作“三重關”。

［11］維嶽降神，生甫及申：語出《詩·大雅·崧高》。鄭玄箋：“申，申伯也；甫，甫侯也。皆以賢知，入爲周之楨榦之臣。”

其年，儉固請解選，[1]表曰：“臣遠尋終古，近察身事，邀恩幸藉，未見其倫。何者？子房之遇漢后，[2]公達之逢魏君，[3]史籍以爲美談，君子稱其高義。二臣才堪王佐，理非曲私，兩主專杖威武，有傷寬裕，豈與庸流之人，憑含弘之澤者，[4]同年而語哉？預在有心，胡寧無感。如使傾宗殞元，[5]有益塵露，[6]猶當畢志驅馳，仰酬萬一，豈容稍在形飾，[7]以徇常事。九流任要，[8]風猷所先，玉石朱素，[9]由斯而定。臣亦不謂文案之間都無微解，至於品裁臧否，特所未閑。[10]雖存自勗，識不副意，[11]兼竊而任，彼此俱壅，[12]專情本官，庶幾髣髴。且前代掌選，[13]未必其在代來，[14]何爲於今，非臣不可。傾心奉國，匪復退讓之與，預同休戚，寧俟位任爲親。陛下若不以此理賜期，豈仰望於殊眷。頻冒嚴威，分甘尤戾。”[15]見許。加侍中，固讓，復散騎常侍。[16]

［1］解選：免除選職。選，指吏部尚書。東漢至三國吴、蜀，均稱吏部爲選部。

［2］子房之遇漢后：指張良（字子房）知遇於漢高祖劉邦。

［3］公達之逢魏君：指荀攸（字公達）知遇於魏武帝曹操。

［4］含弘之澤：贊揚齊高帝恩德廣被，寬厚仁慈。含弘，《易·坤》："至哉坤元，萬物資生……含弘光大，品物咸亨。"孔穎達疏："包含以厚，光著盛大，故品類之物皆得亨通。"

［5］傾宗殞元：猶言傾家殞命，犧牲一切。

［6］有益塵露：指微小的有益貢獻。

［7］稍在形飾：在，《册府元龜》卷四六四作"存"。形飾，敷衍作假。

［8］九流任要：指九品官職的任命。

［9］玉石朱素：指優劣好壞。《册府元龜》卷四六四作"玉石朱紫"。

［10］品裁臧否，特所未閑：自己最不善於品評人材的優劣。

［11］識不副意：猶力不從心。

［12］兼竊而任，彼此俱壅：王儉當時本官任尚書右僕射，兼領吏部尚書。他認爲一身任二職，彼此都耽誤，不能做好。

［13］掌選：指擔任吏部尚書，掌人事任免。

［14］未必其在代來：含意不明。"其"，中華本校勘記云南監本、殿本、局本作"具"。

［15］分（fèn）甘尤戾：謂心甘情願受責罰。

［16］復散騎常侍：朱季海《校議》云："《文選》任彦昇（即昉）《王文憲集序》云：'……因辭侍中，改授散騎常侍，餘如故。'復當爲'改'。"（第50頁）

上曲宴群臣數人，各使效伎藝，褚淵彈琵琶，王僧虔彈琴，沈文季歌《子夜》，[1]張敬兒舞，[2]王敬則拍張。[3]儉曰："臣無所解，唯知誦書。"因跪上前誦相如《封禪書》。[4]上笑曰："此盛德之事，吾何以堪之。"後上使陸澄誦《孝經》，[5]自"仲尼居"而起。[6]儉曰："澄所謂博而寡要，[7]臣請誦之。"乃誦"《君子之事上》"章。[8]上曰："善！張子布更覺非奇也。"[9]

[1]沈文季：字仲達。歷仕南朝宋、齊，齊時官至侍中。善彈琵琶。本書卷四四有傳。　《子夜》：《南史》卷二二作"《子夜來》"。

[2]張敬兒：歷仕南朝宋、齊，爲齊功臣。授侍中、中軍將軍。本書卷二五有傳。

[3]王敬則拍張：本書卷二六《王敬則傳》："善拍張。補刀戟左右。景和使敬則跳刀，高出白虎幢五六尺，接無不中，仍撫髀拍張，甚爲儇捷。"按，拍張當是武術雜技。

[4]相如《封禪書》：漢司馬相如《封禪文》。見《文選》卷四八。

[5]陸澄：字彦淵。歷仕南朝宋、齊，官至秘書監。博學多識，世稱碩學。本書卷三九有傳。

[6]仲尼居：《孝經》首章《開宗明義章》首句。

[7]澄所謂博而寡要：此句乃王儉譏笑陸澄學問雖廣博，但抓不住要旨。

[8]《君子之事上》：《孝經》第十七章《事君章》首句。

[9]張子布：三國吴張昭字。張昭，彭城（今江蘇徐州市）人，通古籍。漢末大亂，昭避難過江入吴，爲吴主孫策所賞識。策臨終以弟權托昭，權立，拜輔吴將軍，封婁侯，呼以張公而不名。權嘗問衛尉嚴畯："寧念小時所闇書不?"畯因誦《孝經》"仲尼居"。昭曰："嚴畯鄙生，臣請爲陛下誦之。"乃誦"君子之事上"，

咸以昭爲知所誦。見《三國志》卷五二《吴書·張昭傳》。按，《南史》卷二二此後云："於是王敬則脱朝服袒，以絳糾髻，奮臂拍張，叫動左右。上不悦曰：'豈聞三公如此。'答曰：'臣以拍張，故得三公，不可忘拍張。'時以爲名答。"

尋以本官領太子詹事，加兵二百人。[1]上崩，遺詔以儉爲侍中、尚書令、鎮軍將軍。[2]世祖即位，給班劍二十人。永明元年，進號衛軍將軍，[3]參掌選事。二年，領國子祭酒、丹陽尹，[4]本官如故。給鼓吹一部。三年，領國子祭酒。叔父僧虔亡，儉表解職，不許。又領太子少傅，[5]本州中正，[6]解丹陽尹。舊太子敬二傅同，至是朝議接少傅以賓友之禮。

[1]加兵二百人：中華本校勘記云："南監本及《南史》作'三百人'。"

[2]尚書令、鎮軍將軍：原無"令"字，"鎮軍將軍"前衍一"左"字，中華本校勘記云："據《南史》及《文選》任昉《王文憲集序》增删，按鎮軍將軍無左右之號。"《南史》卷二二此句下云："每上朝，令史恒有三五十人隨上，諮事辯析，未嘗壅滯。褚彦回時爲司徒、録尚書，笑謂儉曰：'觀令判斷甚樂。'儉曰：'所以得厝私懷，實由稟明公不言之化。'"

[3]衛軍將軍：中華本校勘記云："《南史》及《元龜》三百十八、三百三十一、《文選》任昉《王文憲集序》並作'衛將軍'。按《百官志》有衛將軍，無衛軍將軍，然下文領國子祭酒、衛軍將軍，《元龜》三百十八亦作'衛軍將軍'。"

[4]國子祭酒：學官名。爲國子博士之長，掌教授國子生徒。秩三品。國子學創始於晋武帝，是一種貴族子弟學校，根據《周禮》"國之貴族子弟受於師"而定名。規定五品以上的官員子弟纔

允許入國子學（六品以下的衹能入太學）。南北朝時均置，屬太常。按，下文永明三年（485）又有“領國子祭酒”，二者重複，當有一處誤置。下文“三年，領國子祭酒。叔父僧虔亡，儉表解職，不許”。本書卷二二《王僧虔傳》：僧虔“永明三年，薨”。由此可證，王儉領國子祭酒，乃在永明三年。《南史》卷二二作：“永明二年，領丹陽尹。三年，領國子祭酒。”是也。朱季海《校議》則謂：“《王僧虔傳》：‘永明三年薨。’《文選》任彥昇《王文憲集序》：‘（永明）二年以本官領丹陽尹（李注：本官，謂侍中、尚書令）……時簡穆公薨，以撫養之恩，特深恒慕，表求解職……復以本官領國子祭酒。’是彥昇以僧虔薨在永明二年也，豈《史》誤邪?”（第50頁）　丹陽：郡名。治建業縣，在今江蘇南京市。丹陽爲京師之郡，故太守稱尹。

[5]太子少傅：東宫官。與太子太傅同掌輔導太子。秩同爲三品。

[6]中正：中正的職任是負責考察州郡人才，按才能品德分爲九等（九品），作爲政府選任官員的依據。

是歲，省總明觀，於儉宅開學士館，[1]悉以四部書充儉家，[2]又詔儉以家爲府。四年，以本官領吏部。[3]儉長禮學，諳究朝儀，每博議，證引先儒，罕有其例。八坐丞郎，[4]無能異者。令史諮事，賓客滿席，儉應接銓序，傍無留滯。十日一還學監試，諸生巾卷在庭，[5]劍衛令史儀容甚盛。作解散髻，[6]斜插幘簪，朝野慕之，相與放效。儉常謂人曰：“江左風流宰相，唯有謝安。”蓋自比也。世祖深委仗之，士流選用，奏無不可。

[1]省總明觀，於儉宅開學士館：總明觀，學術研究機構，始

置於南朝宋。本書《百官志》:“泰始六年，以國學廢，初置總明觀，玄、儒、文、史四科，科置學士各十人……掌治五禮。永明三年，國學建，省。”周一良《〈南齊書·丘靈鞠傳〉試釋兼論南朝文武官位及清濁》一文云:“總明觀之設原以代替國學，賡續學術工作，而規模較小。其性質以研究編纂爲主，而非教育國子之地，故無博士助教，而置學士書令史等。永明三年一旦復立國學，即廢總明觀，而學士館者，又爲總明後身也。”(《魏晋南北朝史論集》，北京大學出版社 1997 年版，第 103—104 頁)。

[2]四部書:指經、史、子、集四類書。

[3]以本官領吏部:《南史》卷二二此後云:“先是宋孝武好文章，天下悉以文采相尚，莫以專經爲業。儉弱年便留意《三禮》，尤善《春秋》，發言吐論，造次必於儒教，由是衣冠翕然，並尚經學，儒教於此大興。何承天《禮論》三百卷，儉抄爲八帙，又別抄條目爲十三卷。朝儀舊典，晋、宋來施行故事，撰次諳憶，無遺漏者。”

[4]八坐丞郎:古代中央政府八個機構的官員。歷朝制度不一，所指不同。魏晋南北朝以五部尚書、二僕射、一令爲八坐。丞郎，八種機構中的重要屬員。

[5]諸生巾卷在庭:巾卷，頭巾和書卷。古代太學生所用。《宋書·禮志五》:“巾以葛爲之……今國子太學生冠之，服單衣以爲朝服，執一卷經以代手板。”朱季海《校議》云:“《隋書·志·禮儀》云:‘巾，國子生服，白紗爲之。晋太元中國子生見祭酒博士，單衣角巾，執經一卷，以代手版。宋末闕其制。齊立學，太尉王儉更造，今形如之。’《傳》云‘巾卷在庭’，正仲寶依晋故事更造者爾。”(第 50—51 頁)

[6]解散髻:古代的一種束髮形式。除冠，頭髮後梳鬆散，插簪挽髻。清洪亮吉《解散髻》詩:“一代風流比謝安，插簪散髻解朝冠。”

五年，即本號開府儀同三司，固讓。六年，重申前命。先是詔儉三日一還朝，尚書令史出外諮事，上以往來煩數，復詔儉還尚書下省，[1]月聽十日出外。儉啓求解選，不許。七年，乃上表曰："臣比年辭選，具簡天明，[2]款言彰於侍接，丹誠布於朝野，物議不以爲非，聖心未垂矜納。臣聞知慧不如明時，求之微躬，實允斯義。妄庸之人，沈浮無取，命偶休泰，遂踐康衢。[3]秋葉辭條，不假風飆之力；太陽躋景，[4]無俟螢爝之暉。晦往明來，五德遞運，[5]聖不獨治，八元亮采。[6]臣逢其時，而叨其位，常總端右，[7]亟管銓衡。[8]事涉兩朝，[9]歲綿一紀。[10]盛年已老，孫孺巾冠。[11]人物徂遷，[12]逝者將半。三考無聞，[13]九流寂寞。[14]能官之詠，輟響於當時；《大車》之刺，[15]方興於來日。若夫珥貂衣衮之貴，[16]四輔六教之華，[17]誠知匪服，職務差簡，端揆雖重，[18]猶可勉勵。至於品藻之任，[19]尤懼其阻。夙宵罄竭，屢試無庸。歲月之久，近世罕比。非唯悔吝在身，故乃惟塵及國。方今多士盈朝，群才競爽，選衆而授，古亦何人。冒陳微翰，必希天照。至敬無文，不敢煩黷。"見許。改領中書監，參掌選事。

[1]尚書下省：朱季海《校議》云："《文選》任彦昇《王文憲集序》：'出入禮闈'，注：'《十州記》曰：崇禮闈即尚書上省門。崇禮東建禮門即尚書下舍門。然尚書省二門名禮，故曰禮闈也。'是尚書下省在上省東，下省門即建禮門矣。"（第51頁）

[2]具簡天明：中華本校勘記云："'天明'各本並作'天朝'，惟《元龜》四百六十四作'天明'。按具簡天明即簡在帝心之意，

作‘天朝’者訛。”

［3］康衢：指太平盛世。語出《列子·仲尼》：“堯治天下五十年，不知天下治歟、不治歟，不知億兆之願戴己歟、不願戴己歟……堯乃微服游於康衢，聞兒童謡曰：‘立我蒸民，莫匪爾極。不識不知，順帝之則。’堯喜……”

［4］躋景：升起光明。

［5］五德：古代陰陽學家把金、木、水、火、土五行看成五德，認爲歷代帝王各代表一德，按照五行相生或相剋的順序，交互更替、運行。這裏指宋亡齊興。

［6］八元：《左傳》文公十八年：“高辛氏有才子八人：伯奮、伯堪、叔獻、季仲、伯虎、仲熊、叔豹、季貍，忠肅共懿，宣慈惠和，天下之民，謂之‘八元’。”孔穎達疏：“元，善也，言其善於事也。”後以“八元”泛指衆多德才兼備的臣僚。

［7］端右：指宰輔重臣。這裏指尚書令。

［8］銓衡：主管選拔官吏的官職，指吏部尚書。

［9］兩朝：指齊高、武兩朝。

［10］一紀：指十二年。

［11］孫孺巾冠：謂子孫已長大成人。巾冠，古代成人所服。《釋名·釋首飾》：“二十成人，士冠，庶人巾。”

［12］徂遷：謂死亡。

［13］三考無聞：指没有政績，默默無聞。三考，古代官員考績之制。《尚書·舜典》：“三載考績，三考黜陟幽明。”孔穎達疏：“言帝命群官之後，經三載，乃考其功績，經三考則九載，黜陟幽明，明者升之，闇者退之。”

［14］九流：魏晋南北朝時對士人品評的等次。見上“中正”條注。

［15］《大車》之刺：指諷刺爲政無方。《詩·王風·大車》毛亨序：“《大車》，刺周大夫也。禮義陵遲，男女淫奔，故陳古以刺今，大夫不能聽男女之訟焉。”

[16]若夫：夫，原作“天”，今從中華本作“夫”。　珥貂衣衮：泛指高官顯宦穿戴之華貴。珥貂，插戴貂尾。衣衮，穿綉有衮龍之服。

[17]四輔：相傳古代天子身邊的四個輔佐，這裏泛指高貴的官職。　六教：六經之教。《禮記·經解》：“孔子曰：入其國其教可知也：其爲人也温柔敦厚，《詩》教也；疏通知遠，《書》教也；廣博易良，《樂》教也；潔静精微，《易》教也；恭儉莊敬，《禮》教也；屬辭比事，《春秋》教也。”孔穎達疏：“言人君以六經之道，各隨其民教之。民從上教，各從六經之性。”

[18]端揆：指尚書令官職。

[19]品藻之任：指吏部尚書之任。

其年疾，上親臨視，薨，年三十八。吏部尚書王晏啓及儉喪，上答曰：“儉年德富盛，志用方隆，豈意暴疾，不展救護，便爲異世，奄忽如此，痛酷彌深。其契闊艱運，[1]義重常懷，言尋悲切，不能自勝。痛矣奈何！往矣奈何！”詔衛軍文武及臺所兵仗可悉停待葬。[2]

[1]契闊艱運：指結交於國運危難之時（指劉宋末季）。

[2]詔衛軍文武及臺所兵仗可悉停待葬：中華本校勘記云：“‘衛軍’《元龜》三百十八作‘衛將軍’。《南史》‘所’下有‘給’字，‘仗’下無‘可’字。”

又詔曰：“慎終追遠，列代通規，褒德紀勳，彌峻恒策。[1]故侍中、中書令、太子少傅、領國子祭酒、衛軍將軍、開府儀同三司南昌公儉，[2]體道秉哲，風宇淵曠。肇自弱齡，清猷自遠。登朝應務，民望斯屬。草昧皇基，[3]協隆鼎祚；[4]宏謨盛烈，載銘彝篆。[5]及贊朕躬，徽績光茂。忠圖令範，造次必彰。[6]四門允穆，[7]百揆時序。[8]宗臣之重，[9]情寄兼常。方正位論道，永釐衮職，弼兹景化，以贊隆平。天不慭遺，奄焉薨逝，朕用震慟于厥心。可追贈太尉，侍中、中書監、公如故。給節，加羽葆鼓吹，增班劍爲六十人。葬禮依故太宰文簡公褚淵故事。冢墓材官營辦。謚文憲公。”

[1]彌峻：猶莫大。

[2]中書令：中華本校勘記引張森楷《校勘記》云：“上云領中書監，不云領中書令，‘令’當是‘監’之訛。”

[3]草昧皇基：言其參與開國之功。草昧，猶草創、開創。

[4]鼎祚：猶國祚，國運。

[5]載銘彝篆：言其豐功偉績值得銘刻，永久流傳。

[6]造次必彰：言其忠心美德，時時刻刻都表現出來。造次，須臾，片刻。

[7]四門：指四方，天下。《尚書·舜典》：“賓于四門，四門穆穆。”孔安國傳：“四門，四方之門。舜流四凶族，四方諸侯來朝。”

[8]百揆：指百官，也指各種政務。

[9]宗臣：指世所敬仰的名臣。

儉寡嗜慾，唯以經國爲務，車服塵素，[1]家無遺財。手筆典裁，爲當時所重。[2]少撰《古今喪服集記》并文集，並行於世。今上受禪，[3]下詔爲儉立碑，降爵爲侯，千户。

[1]車服塵素：坐的車、穿的衣，都陳舊樸素。

[2]爲當時所重：《南史》卷二二此下云："少便有宰臣之志，賦詩云：'稷契匡虞夏，伊吕翼商周。'及生子，字曰玄成，取仍世作相之義。"

[3]今上受禪：指梁武帝蕭衍受齊和帝之禪，代齊立梁。

儉弟遜，昇明中，爲丹陽丞，告劉秉事，[1]不蒙封賞。建元初，爲晋陵太守，有怨言，儉慮爲禍，因褚淵啓聞。中丞陸澄依事舉奏。[2]詔曰："儉門世載德，竭誠佐命，特降刑書，宥遜以遠。"徙永嘉郡，[3]道伏誅。

[1]告劉秉事：指宋順帝昇明元年（477）尚書令劉秉、司徒袁粲因不滿蕭道成把持朝政而起兵反，丹陽丞王遜知曉，向朝廷告密。二人旋兵敗而死。

[2]中丞：指御史中丞，御史臺官。掌奏劾不法。　陸澄：歷仕宋齊，深通六經，當時名士。本書卷三九有傳。

[3]永嘉郡：治所在今浙江温州市。

史臣曰：褚淵、袁粲，俱受宋明帝顧託，粲既死節於宋氏，而淵逢興運，世之非責淵者衆矣。臣請論之：夫湯、武之迹，異乎堯、舜，[1]伊、吕之心，[2]亦非稷、契。[3]降此風規，未足爲證也。自金、張世族，[4]袁、楊鼎貴，[5]委質服義，[6]皆由漢氏，膏腴見重，[7]事起於斯。魏氏君臨，年祚短促，服褐前代，宦成後朝。晋氏登庸，與之從事，[8]名雖魏臣，實爲晋有，故主位雖改，臣任如初。[9]自是世禄之盛，[10]習爲舊準，[11]羽儀所隆，人懷羨慕，君臣之節，徒致虚名。貴仕素資，[12]皆由門慶，[13]平流進取，坐至公卿，則知殉國之感無因，[14]保家之念宜切。市朝亟革，寵貴方來，陵闕雖殊，顧眄如一。中行智伯，未有異遇。[15]褚淵當泰始初運，清塗已顯，[16]數年之間，不患無位，既以民望而見引，亦隨民望而去之。夫爵禄既輕，有國常選，恩非己獨，責人以死，斯故人主之所同謬，世情之過差也。[17]

[1]湯、武之迹，異乎堯、舜：指商湯、周武是用暴力推翻暴君夏桀和商紂的統治而建立新朝，而堯、舜是用禪讓改朝换代。所以堯舜湯周雖然都是聖君，行王道，但手段行迹不相同。

[2]伊、吕：指助湯的賢臣伊尹和助武王的賢臣吕尚。

[3]稷：后稷，相傳是周的先祖。虞舜命其爲農官，教民稼穡。契：爲帝嚳之子。舜時佐禹治水有功，任爲司徒，封於商，傳説爲商的先祖。參見《史記》卷三《殷本紀》、卷四《周本紀》。

[4]金、張世族：指西漢時金日磾、張安世。二氏子孫相繼爲王侯，七世榮顯，後因以稱達官顯宦的代表人物。詳見《漢書》卷六八《金日磾傳》、卷五九《張安世傳》。

[5]袁、楊鼎貴：袁指袁安，東漢汝南人。歷仕明帝、章帝、和帝三朝，官至司空、司徒。子孫四代均先後官居顯位，累世隆盛。楊指楊震，字伯起，東漢安帝時官至太尉。子秉，孫賜，曾孫彪，玄孫脩，繼踵宰相。詳見《後漢書》卷四五《袁安傳》、卷五四《楊震傳》。

[6]委質服義：謂獻身效忠於君王，服膺於正義。

[7]膏腴：指富貴。

[8]與之從事：指司馬懿、司馬師、司馬昭等雖大權在握，但未稱帝，名義上還是爲曹魏辦事。

[9]故主位雖改，臣任如初：朝中臣僚是司馬氏一手培養出來的，所以司馬炎稱帝後，國號雖改，臣任如初。

［10］世禄：貴族世代享有爵禄的制度。

［11］舊準：指晋時還習用魏時定的準則，因爲此“舊準”亦爲司馬氏過去所定。

［12］素資：指素族出身。唐長孺《讀史釋詞》：“東晋南朝時所謂‘素族’‘素門’……最一般的用法，實即士族的互稱”；“《南齊書》卷二三史臣論江左士族‘貴仕素資’……實即士族的同議語。”因此“素族”不能解釋爲寒門。（《魏晋南北朝史論拾遺》，中華書局1983年版，第252—253頁）

［13］皆由門慶：謂皆由出身門第之貴而獲福。

［14］殉國之感無因：因爲舊朝和新族當權者都是一人，不過名號不同而已，所以無國可殉。

［15］中行智伯，未有異遇：用戰國晋臣中行智伯武力高强但因貪婪終歸敗亡之事，反襯褚淵功高自抑故得善終。《戰國策》卷一八《趙策一》載，晋知伯“帥趙、韓、魏而伐范、中行氏，滅之”。後又向韓、魏、趙等國“請地”，擴大領土。最後知伯“身死、國亡、地分，爲天下笑”。又《淮南子》卷一〇《繆稱》：“中行繆伯手搏虎，而不能生也，蓋力優而克不能及也。”高誘注：“中行繆伯，晋臣也，力能搏生虎。”又注：“力能殺虎，而德不能服之。克，猶能也。”按，中行繆伯當即中行智伯，姓中行，名智伯。又按，中華本將中行、智伯標作二人，恐訛。

［16］褚淵當泰始初運，清塗已顯：指褚淵在宋明帝泰始年間已受重用。明帝薨，遺詔以爲中書令。但幼君蒼梧王暴虐無道，失去民心，褚淵深敬齊高帝，結爲腹心。故下句謂“既以民望而見引，亦隨民望而去之”。

［17］“恩非已獨”至“世情之過差也”：清趙翼《陔餘叢考》卷七《〈齊書〉書法》評云：“袁粲死而褚淵佐命齊朝，當時民間有‘可憐石頭城，寧爲袁粲死，不作褚淵生’之語，《齊書·淵傳》亦不載，甚至《淵傳》論謂‘恩非已獨，責人以死，斯人主之所謬，世情之過差也’。則更明言身事二姓本屬時勢當然，而無可議

矣。此則子顯之顯然悖謬，蓋因己亦以齊臣仕梁，若於此等處直筆褒貶，則己益置身無地，故爲諸臣諱，正以爲己諱也。”責人以死，指當時有人以迂腐之見，責備褚淵没有殉宋，不是忠臣。

贊曰：猗歟褚公，德素内充。民譽不爽，家稱克隆。從容佐世，貽議匪躬。[1]文憲濟濟，輔相之體。稱述霸王，綱維典禮。期寄兩朝，綢繆宫陛。

［1］貽議匪躬：謂雖然留下譏議，但並非他有過錯。

∷ 中華文化促進會主持編纂

∷ 國家“十一五”重點圖書出版規劃項目

∷ 中國社會科學院哲學社會科學創新工程學術出版資助項目

出品人 王石 段先念

今注本二十四史

南齊書

五

傳〔二〕

梁 蕭子顯 撰

王鑫義 張欣 主持校注

中国社会科学出版社

南齊書　卷二四

列傳第五

柳世隆　張瓌

柳世隆字彦緒，[1]河東解人也。[2]祖憑，馮翊太守。[3]父叔宗，早卒。[4]

［1］柳世隆：《南史》卷三八有附傳，對其生平多有補充。

［2］河東：郡名。治安邑縣，在今山西夏縣西北禹王城。　解：縣名。治所在今山西臨猗縣東。

［3］馮翊：郡名。治臨晋縣，在今陝西大荔縣。

［4］父叔宗，早卒：《南史》卷三八作："字雙驎，位建威參軍事，早卒。"

世隆少有風器，[1]伯父元景，宋大明中爲尚書令，[2]獨賞愛之，異於諸子。言於孝武帝，得召見，帝曰："三公一人，是將來事也。"[3]海陵王休茂爲雍州，[4]辟世隆爲迎主簿。[5]除西陽王撫軍法曹行參軍，[6]出爲虎威將軍、上庸太守。[7]帝謂元景曰："卿昔以虎威之號爲隨郡，[8]今復以授世隆，使卿門世不絶公也。"[9]元景爲景和所殺，[10]世隆以在遠得免。

[1]世隆少有風器：《南史》卷三八作："世隆幼孤，挺然自立，不與衆同。雖門勢子弟，獨修布衣之業。及長，好讀書，折節彈琴，涉獵文史，音吐温潤。"

[2]大明：南朝宋孝武帝劉駿年號。　尚書令：尚書省主官。領導六部，總攬政務。秩三品。

[3]三公一人，是將來事也：清牛運震《讀史糾謬》卷七《南齊書糾謬》："《南史》作'此兒將來復是三公一人'，語意較勝。"

[4]海陵王休茂：宋文帝劉義隆第十四子，十一歲封海陵王，十四歲爲雍州刺史，加都督、北中郎將、寧蠻校尉。《宋書》卷七九、《南史》卷一四有傳。　雍州：東晋太元中僑置，治所在今湖北襄陽市襄城區。

[5]迎主簿：州屬官。掌賓客接待之事。

[6]西陽王：宋孝武帝劉駿第二子劉子尚，字孝師。初封西陽王，後改封豫章王。大明三年（459），分浙江西立王畿，以浙江東爲揚州，以子尚爲刺史，加都督。《宋書》卷八〇、《南史》卷一四有傳。　撫軍法曹行參軍：撫軍指撫軍將軍（西陽王加領職），南朝時爲榮譽加號。開府者位從公秩一品。柳世隆蓋在撫軍將軍府擔任法曹參軍，掌司法事。

[7]虎威將軍：雜號將軍，多爲加領。中華本校勘記云："錢大昕《廿二史考異》云：'虎威監本作武威。'今按《南史》亦避唐諱作'武威'。"　上庸：郡名。治所在今湖北竹山縣西南。

[8]卿昔以虎威之號爲隨郡：宋文帝時，柳元景曾加虎威將軍之號任隨郡太守。隨郡即今湖北隨州市。

[9]使卿門世不絶公也：柳元景後位進司空，名列三公，並封

曲江縣公（後改封巴東郡公）。孝武帝是希望他的侄兒柳世隆將來也能位列三公。高敏《南北史掇瑣》："'使卿門世不乏公也'《建康實録》卷十五同人傳'世不乏公也'之'公'字作'絶'字；《通志》卷一百三十七同人傳此句作'世不乏三公也'。"（中州古籍出版社 2003 年版，第 203 頁）

[10]元景爲景和所殺：景和，宋前廢帝年號，代指前廢帝。前廢帝劉子業，繼孝武即帝位，性凶殘。柳元景與諸大臣謀廢帝另立，事覺被戮。

泰始初，諸州反叛，[1]世隆以門禍獲申，事由明帝，[2]乃據郡起兵，[3]遣使應朝廷。弘農人劉僧驎亦聚衆應之。[4]收合萬人，奄至襄陽萬山，[5]爲孔道存所破，[6]衆皆奔散，僅以身免，逃藏民間，事平乃出。還爲尚書儀曹郎，[7]明帝嘉其義心，發詔擢爲太子洗馬，[8]出爲寧遠將軍、巴西梓潼太守。[9]還爲越騎校尉，[10]轉建平王鎮北諮議參軍，[11]領南泰山太守，轉司馬、東海太守，[12]入爲通直散騎常侍。[13]

[1]泰始初，諸州反叛：明帝劉彧因非孝武之子，登位後，孝武帝子江州刺史晋安王劉子勛起兵，在尋陽即位，改元義嘉，徐州、冀州、青州等各地刺史、太守紛紛響應，形勢岌岌可危。詳見《通鑑》卷一三一《宋紀十三》"明帝泰始二年"條。

[2]世隆以門禍獲申，事由明帝：門禍，指其伯父柳元景遭前廢帝冤殺事。明帝即位後，給元景平反，"贈太尉，給班劍三十人，羽葆、鼓吹一部，謚曰忠烈公"（見《南史》卷三八《柳元景傳》）。

[3]乃據郡起兵：指柳世隆據上庸郡起兵保衛朝廷。

［4］弘農：縣名。治所在今河南靈寶市。　劉僧驎：其事不詳。

［5］襄陽萬山：在今湖北襄陽市西北漢江南岸。

［6］爲孔道存所破：孔道存，仕宋，位黄門吏部郎、南郡太守。晋安王子勛建僞號，以爲侍中，行雍州事。事敗見殺。《宋書》卷五六、《南史》卷二七有附傳。《南史》卷三八此句後云："衆散逃隱，道存購之甚急。軍人有貌相似者，斬送之。時世隆母郭、妻閻並見縶襄陽獄，道存以所送首示之。母見首悲情小歇，而妻閻號叫方甚，竊謂郭曰：'今見不悲，爲人所覺，唯當大慟以滅之。'世隆竟以免。"對此，清牛運震《讀史糾謬》卷七《南齊書糾謬》云："《南齊》略之。按此段情節似不可少。"

［7］尚書儀曹郎：祠部尚書屬官。掌禮儀。秩五品。

［8］太子洗馬：東宫官。掌授官及秘書事宜。秩七品。《南史》卷二八此句作："後爲太子洗馬，與張緒、王延之、沈琰爲君子之交。"

［9］寧遠將軍：南朝時爲榮譽加號將軍。秩五品。　巴西梓潼：巴西郡，西晋永嘉後僑置，與梓潼郡同治涪縣（今重慶涪陵區）。

［10］越騎校尉：禁衛軍四校尉之一。分掌宿衛營兵。秩四品。

［11］建平王：指劉景素。其父劉宏（文帝第七子）早薨，景素嗣其封爵爲建平王。　鎮北：指鎮北將軍。四鎮將軍之一，爲加給大臣的榮譽加號。開府者位從公秩一品。柳世隆蓋在鎮北將軍府任諮議參軍，謀劃軍府事務。

［12］轉司馬：指由鎮北將軍府諮議參軍更爲司馬。魏晋南北朝以司馬爲軍府之官，位在將軍之下，综理一府之事，參與軍事計劃。　東海：郡名。東晋僑置，治京口，在今江蘇鎮江市。

［13］通直散騎常侍：門下省官。掌奏事，直侍左右。秩五品。

尋爲晋熙王安西司馬，[1]加寧朔將軍。[2]時世祖爲長史，[3]與世隆相遇甚懽。太祖之謀渡廣陵也，[4]令世祖率衆下，同會京邑，世隆與長流蕭景先等戒嚴待期，[5]事不行。

[1]晋熙王：原爲宋文帝第九子劉昶，因逃避前廢帝謀殺，由徐州起兵奔魏。明帝即位後，以第六皇子燮繼昶，封爲晋熙王。元徽元年（473）燮年四歲，以爲安西將軍、郢州刺史。　安西司馬：指安西將軍府司馬。安西將軍爲四安將軍之一，乃加給大臣的榮譽稱號。開府者位從公秩一品。

[2]寧朔將軍：亦爲雜號將軍，榮譽加官。

[3]時世祖爲長史：世祖，齊武帝蕭賾的廟號，此指蕭賾。當時蕭賾也在安西將軍府任長史。長史爲屬吏之長，掌管軍府政務。

[4]太祖之謀渡廣陵：太祖，齊高帝蕭道成廟號，此指蕭道成。道成時爲中領軍，宋後廢帝（即蒼梧王）劉昱暴虐無道，多次揚言要“殺蕭道成”，並以道成的肚臍爲箭垜。道成一度曾打算赴廣陵起兵反，經手下謀士勸阻，事未行。詳見《通鑑》卷一三四《宋紀十六》“順帝昇明元年”條。

[5]長流：指長流參軍，主軍府刑獄。《顔氏家訓·書證》：“‘何故名治獄參軍爲長流乎？’答曰：‘《帝王世紀》云：帝少昊崩，其神降于長流之山，於祀主秋。案：《周禮·秋官》，司寇主刑罰、長流之職，漢、魏捕賊掾耳。晋宋以來，始爲參軍，上屬司寇，故取秋帝所居爲嘉名焉。’”　蕭景先：蕭道成從子，道成委以心腹。本書卷三八有傳。

是時朝廷疑憚沈攸之，[1]密爲之防，府州器械，皆有素蓄。世祖將下都，[2]劉懷珍白太祖曰：[3]“夏口是兵衝要地，[4]宜得其人。”太祖納之，與世祖書曰：“汝既入朝，當須文武兼資人與汝意合者，委以後事，世隆其人也。”世祖舉世隆自代。轉爲武陵王前軍長史、江夏内史、行郢州事。[5]

[1]是時朝廷疑憚沈攸之：當時在領軍蕭道成主使下，廢殺蒼梧王劉昱，另立其弟劉準，是爲宋順帝。蕭道成兼總軍國，大權獨攬。荆州刺史沈攸之不滿，致書道成，以爲："少帝昏狂，宜與諸公密議，共白太后，下令廢之；奈何交結左右，親行弑逆；乃至不殯，流蟲在户？凡在臣下，誰不惋駭！又，移易朝舊，布置親黨，宫閤管籥，悉關家人。吾不知子孟（指漢大臣霍光）、孔明遺訓固如此乎！足下既有賊宋之心，吾寧敢捐包胥（指春秋乞秦師救楚的申包胥）之節邪！"朝廷爲之懼憚。道成入守朝堂，將其子蕭賾由郢州調回京都，代鎮東府（領軍府）。詳見《通鑑》卷一三四《宋紀十六》"順帝昇明元年"條。

[2]世祖將下都：指蕭賾奉命將要東下京都。

[3]劉懷珍：當時爲豫州刺史，巴結蕭道成。本書卷二七有傳。

[4]夏口：在今湖北武漢市黄鶴山，爲軍防要塞。當時蕭賾爲晋熙王長史，行郢州事，州治即在夏口。

[5]武陵王：宋明帝第九子劉贊，明帝既誅孝武諸子，詔以贊奉孝武爲子，封武陵郡王，加前軍將軍、領郢州刺史。　江夏：郡名。治夏口。江夏爲武陵王封地，故太守稱内史。按，南朝諸王子出藩，因年幼，例由長史代行州郡長官職務。

昇明元年冬，攸之反，[1]遣輔國將軍中兵參軍孫同、寧朔將軍中兵參軍武寶、龍驤將軍騎兵參軍朱君拔、寧朔將軍沈惠真、龍驤將軍騎兵參軍王道起三萬人爲前驅，[2]又遣司馬冠軍劉攘兵領寧朔將軍外兵參軍公孫方平、龍驤將軍騎兵參軍朱靈真、沈僧敬、龍驤將軍高茂二萬人次之，[3]又遣輔國將軍王靈秀、丁珍東、寧朔將軍中兵參軍王彌之、寧朔將軍外兵參軍楊景穆二千匹騎分兵出夏口，[4]據魯山。[5]攸之乘輕舸從數百人先大軍下住白螺洲，[6]坐胡牀以望其軍，[7]有自驕色。既至郢，以郢城弱小不足攻，遣人告世隆曰："被太后令，[8]當暫還都。卿既相與奉國，想得此意。"世隆使人答曰："東下之師，久承聲問。郢城小鎮，自守而已。"[9]攸之將去，世隆遣軍於西渚挑戰，[10]攸之果怒，令諸軍登岸燒郭邑，築長圍攻道，顧謂人曰："以此攻城，何城不剋！"晝夜攻戰，世隆隨宜拒應，衆皆披却。世祖初下，與世隆别，曰："攸之一旦爲變，焚夏口舟艦沿流而東，則坐守空城，不可制也。雖留攻城，不可卒拔。卿爲其内，我爲其外，乃無憂耳。"至是世祖遣軍主桓敬、陳胤叔、苟元賓等八軍據西塞，[11]令堅壁以待賊疲。慮世隆危急，遣腹心胡元直潛使入郢城通援軍消息，内外並喜。尚書符曰：[12]

[1]昇明元年冬，攸之反：昇明，宋順帝年號。《通鑑》卷一三四《宋紀十六》"順帝昇明元年"條，"攸之至夏口"胡三省注："《考異》曰：沈約《齊紀》：'十一月，攸之遂謀爲亂。張敬兒（雍州刺史，暗結蕭道成）遣使詣攸之慶冬，攸之呼使人於密室謂之曰：奉皇太后令，得袁司徒（粲）、劉丹陽（秉）諸人書，呼我速下；可令雍州知此意……敬兒賀冬使即乘驛白公（蕭道成）。十二日壬辰，攸之遣孫同等先發。十七日丁酉，張敬兒使至，十八戊戌，公率衆入鎮朝堂。閏月十四日癸巳，攸之至夏口。'按是歲宋曆閏十二月庚辰朔，魏曆閏十一月庚戌朔；然則冬至必在十一月晦。攸之對敬兒賀冬使者猶隱秘，豈可十二日已發兵東下乎！又，攸之若十二日已舉兵於江陵，豈可六十餘日始至夏口！又《宋順帝

紀》：‘十二月，攸之反。丁卯，齊王入守朝堂’。丁卯乃十二月十八日也。‘閏月癸巳，攸之圍郢城。’《攸之傳》：‘十一月反，十二月十二日，遣孫同等東下，閏月十四日至夏口。’《宋略》：‘十二月，沈攸之作亂。丁卯，蕭道成入屯朝堂。閏月癸巳，攸之師及郢州。’《南齊·高帝紀》：‘十二月，攸之舉兵。乙卯，太祖入居朝堂。’諸書大抵略相符合，惟《齊紀》不同；蓋《齊紀》之誤，今不取。”

[2]輔國將軍：榮譽加號將軍。　中兵參軍：爲軍府屬官。掌軍事。　騎兵：《宋書》卷七四《沈攸之傳》作“中兵”。　寧朔將軍：爲雜號將軍，榮譽加官。

[3]朱靈真：中華本校勘記云：“‘朱靈真’《宋書·沈攸之傳》作‘朱靈寶’。”

[4]輔國將軍王靈秀：中華本校勘記云：“張熷《讀史舉正》云：《南史》作中兵參軍王靈秀，此失‘中兵參軍’四字。”　王彌之：中華本校勘記云：“‘王彌之’《宋書·沈攸之傳》作‘王珍之’。疑當從《宋書》。”

[5]據魯山：指據守魯山城。魯山城在漢陽縣，即今湖北武漢市漢陽區東北。

[6]白螺洲：在湖北監利縣東南白螺山旁，爲荆江一大關鑰。

[7]胡牀：可以摺叠的輕便坐具。

[8]被太后令：太后，指齊文惠太子之妻王皇后。武帝崩，太孫鬱林王蕭昭業繼位，追尊其亡父文惠太子蕭長懋爲世宗文皇帝，尊其母爲皇太后，稱宣德宫，臨朝稱制。明帝蕭鸞廢鬱林王，又廢恭王，自立爲帝，以及後來齊和帝蕭寶融禪位於梁武帝蕭衍，都是利用宣德宫皇太后旨，以求名正言順，避免篡位之嫌。

[9]自守而已：《通鑑》卷一三四《宋紀十六》此下云：“宗儼之勸攸之攻郢城。臧寅以爲：‘郢城兵雖少而地險，攻守勢異，非旬日可拔。若不時舉，挫鋭損威。今順流長驅，計日可捷。既傾根本，郢城豈能自固！’攸之從其計，欲留偏師守郢城，自將大衆

東下。”

[10]西渚：《通鑑》卷一三四《宋紀十六》胡三省注：“鸚鵡洲之西渚。”

[11]西塞：指西塞驛，在今湖北黄石市東北西塞山邊。

[12]尚書符：指尚書臺頒發的文告。

沈攸之出自壟畝，寂寥累世。故司空沈公，[1]以從父宗蔭，愛之若子，羽翼吹噓，得昇官次。景和昏悖，[2]猜畏柱臣，而攸之凶忍，趣利樂禍，請銜詔旨，躬行反噬。又攸之與譚金、童泰壹等暴寵狂朝，[3]並爲心膂，同功共體，世號“三侯”。[4]當時親昵，情過管、鮑，仰遭革運，[5]凶黨懼戮，攸之反善圖全，用得自免。[6]既殺從父，[7]又虐良朋，[8]雖吕布販君，[9]酈寄賣友，[10]方之斯人，未足爲酷。泰始開闢，網漏吞舟，[11]略其凶險，取其搏噬，故階亂獲全，[12]因禍興福。

[1]沈公：指沈文季，沈攸之叔父，無子，立攸之爲子蔭。文季歷仕南朝宋、齊，官至侍中、左僕射。東昏侯永元元年（499），始安王遥光反，夜遣人約取文季，欲以爲都督，文季不在家，未成。事露，文季遭東昏侯殺害。齊和帝中興元年（501），追贈司空，謚曰忠憲公。詳見本書卷四四《沈文季傳》。

[2]景和：宋前廢帝劉子業年號，代指前廢帝。

[3]與譚金、童泰壹等暴寵狂朝：《南史》卷三七《沈攸之傳》：“前廢帝景和元年……與宗越、譚金等並爲廢帝所寵。誅戮群公，攸之等皆爲之用命，封東興縣侯。”又《南史》卷四〇《宗越傳》：沈攸之與“越、譚金、童太一並爲之（指前廢帝）用命，誅

戮群公及何邁等，莫不盡心竭力，故帝憑其爪牙，無所忌憚”。

[4]世號“三侯”：指前廢帝給沈、譚、童三人都封了侯。按，《南史》卷四〇《宗越傳》謂三人所封爲男爵，宗越封金平都縣男，童太一封宜陽縣男，沈攸之封東興縣男。

[5]仰遭革運：指蕭齊代劉宋，新朝建立。

[6]攸之反善圖全，用得自免：中華本校勘記云：“《宋書·沈攸之傳》作：‘攸之狡猾用數，圖全賣禍’。”

[7]既殺從父：當指始安王遣人拉攏沈文季一同謀反之事是沈攸之告密。

[8]又虐良朋：指前廢帝被殺，宋明帝劉彧即位，沈攸之見機投靠，密告譚金、宗越等謀反，譚金等人立即被殺，而攸之則受明帝重用，官職扶摇直上。詳見《宋書》卷七四《沈攸之傳》。

[9]吕布販君：指後漢末大將吕布不斷换投新主。

[10]酈寄賣友：《漢書》卷四一《酈商傳》載，酈寄，字況，與吕禄善。及高后崩，大臣欲誅諸吕。吕禄時爲將軍，軍於北軍。太尉勃不得入，通過酈寄將吕禄誆出。周勃乘機誅之，而天下稱酈況賣友。

[11]泰始開闢，網漏吞舟：指宋明帝時法網過寬，漏掉了巨奸大猾。

[12]故階亂獲全：中華本校勘記云：“《宋書·沈攸之傳》‘故’下有‘得’字，文義較充。”

攸之稟性空淺，躁而無謀，濃湖土崩，[1]本非己力，彭城、下邳，望旗宵遁，再棄王師，[2]久應肆法，值先帝宥其回溪之恥，冀有封崤之捷，[3]故得幸會推遷，頻煩顯授。内端戎禁，外綏萬里。聖去鼎湖，[4]遠頒顧命，[5]託寄崇深，義感金石。而攸之始奉國諱，喜形于顔，普天同哀，己以爲慶。累登蕃岳，自郢還荆。[6]晋熙王以皇弟代鎮，[7]地尊望重，攸之斷割候迎，肆意陵略。料擇士馬，簡算器械，權撥精鋭，並取自隨。郢城所留，十不遺一。專恣鹵奪，罔顧國典。踐荆已來，恒用姦數，既懷異志，興造無端。[8]乃蹙迫群蠻，騷擾山谷，[9]揚聲討伐，盡户上丁。[10]蟻聚郭邑，伺國衰盛，從來積年，求不解甲。[11]遂四野百縣，路無男人，耕田載租，皆驅女弱。自古酷虐，未聞於此。

[1]濃湖：在今安徽繁昌縣西。南朝宋泰始二年（466），沈攸之率諸軍與晋安王劉子勛叛軍曾戰於此，叛軍以糧斷戰敗。參見《通鑑》卷一三一《宋紀十三》“明帝泰始二年”條。

[2]彭城、下邳，望旗宵遁，再棄王師：《通鑑》卷一三一《宋紀十三》：“明帝泰始二年”條載，是年冬，張永、沈攸之領兵進攻叛將薛安都駐守的彭城（今江蘇徐州市），分遣兵守輜重於武原（即下邳，在今江蘇睢寧縣，屬徐州市）。魏遣大將尉元領兵解圍，先竭其糧道。同書卷一三二《宋紀十四》：沈攸之等懼，泰始三年（467）正月，“棄城夜遁”，“尉元邀其前，薛安都乘其後，大破永等於吕梁之東，死者以萬數，枕尸六十餘里。委棄軍資器械不可勝計。永足指亦墮，與沈攸之僅以身免”。胡三省注：“《考異》曰：《宋本紀》，去年冬，‘永、攸之大敗，遂失淮北四州及豫州淮西地。’《宋略》，今年正月，‘永、攸之師次彭城，虜掩其輜重……永等引退，虜追之，王師敗績，畢捺亦舉兗州歸虜，遂失淮北之地。’”棄，原作“紹”，中華本據南監本、毛本、殿本、局本改。今從改。

[3]宥其回溪之耻，冀有封崤之捷：意謂希望攸之象漢馮異那樣，雖在回溪戰敗，却終在崤底大勝，失之東隅，收之桑榆。回溪，即回溪阪，溪亦作“谿”，在今河南洛寧縣東北。東漢建武三

年（公元27）春，征西大將軍馮異征赤眉。異以士卒飢倦，可且休，大司徒鄧禹不聽，復戰，大爲所敗，死傷者三千餘人，異棄馬步走上回谿阪暫避歸營。復收其散卒，招集諸營數萬人，進行反擊，大破赤眉於崤底（即崤山，在今河南洛寧縣西北），降男女八萬人，餘衆十餘萬，東走宜陽降。光武帝璽書勞異曰："赤眉破平，士吏勞苦。始雖垂翅回谿，終能奮翼黽池（按，此以鵬鳥爲喻），可謂失之東隅，收之桑榆。方論功賞，以答大勛。"詳見《後漢書》卷一七《馮異傳》。

[4]聖去鼎湖：指宋明帝劉彧駕崩。鼎湖，古代傳説黃帝在鼎湖乘龍升天。《史記·封禪書》："黃帝采首山銅，鑄鼎於荆山下。鼎既成，有龍垂胡髯下迎黃帝。黃帝上騎，群臣後宫從上者七十餘人，龍乃上去……故後世因名其處曰鼎湖。"

[5]遠頒顧命：明帝歿時，太子劉昱（即後廢帝）方十歲，明帝授命顧命大臣，沈攸之爲其中之一。

[6]自郢（yǐng）遷荆：沈攸之原爲郢州刺史，元徽元年（473），遷都督荆襄等八州諸軍事、荆州刺史。

[7]晋熙王以皇弟代鎮：指沈攸之遷荆州後，朝廷委明帝第六子晋熙王劉燮代鎮郢州。

[8]既懷異志，興造無端：《通鑑》卷一三三《宋紀十五》"明帝泰豫元年"條："沈攸之自以材略過人，自至夏口以來，陰蓄異志；及徙荆州，擇郢州士馬、器仗精者，多以自隨。到官，以討蠻爲名，大發兵力，招聚才勇，部勒嚴整，常如敵至。重賦斂以繕器甲，舊應供臺者皆割留之，養馬至二千餘匹，治戰艦近千艘，倉廩、府庫莫不充積。士子、商旅過荆州者，多爲所羈留；四方亡命，歸之者皆蔽匿擁護；所部或有逃亡，無遠近窮追，必得而止。舉錯專恣，不復承用符敕，朝廷疑而憚之。"

[9]乃蹙迫群蠻，騷擾山谷：《通鑑》卷一三三《宋紀十五》云："攸之賧罰群蠻太甚，又禁五溪魚鹽，蠻怨叛……於是群蠻大亂，掠抄至武陵城下。"

[10]揚聲討伐，盡户上丁：中華本校勘記云："南監本作'盡户發上'，《宋書·沈攸之傳》同。殿本作'盡户土丁'，'土'乃'上'之形訛。局本作'盡户發丁'。"朱季海《南齊書校議》（以下簡稱朱季海《校議》）云："《王敬則傳》：'敬則横刀跂坐，問詢等發丁可得幾人？傳庫見有幾錢物？詢答縣丁卒不可上。祖願稱：傳物多未輸入。'是'盡户上丁'之上即'縣丁卒不可上'之上，百衲本是也。南監本、局本臆沾'發'字，非是。已云'上'，不煩更言'發'也。子顯録尚書此符，視《宋書》所録，文省而語工，殊有潤色之功。然沈書所載，文既冗長，語近案牘，大氐絶少剪裁，近存其真。惟'上丁'既當時口語，不類子顯所改，疑今《宋書》作'發上'者，已爲後人所亂也。"（中華書局1984年版，第51頁）今按，中華再造善本亦作"上丁"。

[11]求不解甲：中華本校勘記云："'求'《宋書·沈攸之傳》作'永'。"

昔歲桂陽内奰，[1]宗廟阽危。攸之任官上流，[2]兵彊地廣，勤王之舉，寔宜悉行。裁遣羸弱，不滿三千，至郢州禀受節度，[3]欲令判否之日，委罪晋熙。[4]招誘劍客，羈絆行侣，竄叛入境，輒加擁護，逋亡出界，必遣窮追。視吏若讎，遇民如草，峻太半之賦，暴參夷之刑，[5]鞭棰國士，全用虜法，一人逃亡，闔宗捕逮。[6]皇朝赦令，初不遵奉，曠蕩之澤，[7]長隔彼州，人懷怨望，十室而九。今乃舉兵内侮，姦回外熾，斯寔惡熟罪成之辰，决癰潰疽之日。幕府過荷朝寄，[8]義百常憤，董御元戎，龔行天罰。[9]

[1]桂陽内奰（bì）：此指宋元徽二年（474）桂陽王劉休範（文帝子）在尋陽起兵反，東下京都，被中領軍蕭道成所破。奰，謀亂。

[2]攸之任官上流：攸之任荆州刺史，在長江上游。

[3]至郢州稟受節度：指攸之遣三千老弱兵交給郢州刺史晋熙王劉燮，聽其安排勤王，敷衍了事，以圖推卸責任。

[4]欲令判否之日，委罪晋熙：指萬一休範叛軍取勝，不會責怪他，衹會歸罪於晋熙王。

[5]峻太半之賦，暴參（sān）夷之刑：惡貪大半國賦，暴用參夷毒刑。參夷，誅滅三族的酷刑。《漢書·刑法志》："韓任申子，秦用商鞅，連相坐之法，造參夷之誅。"顔師古注："參夷，夷三族。"

[6]闔宗捕逮：中華本校勘記云："'捕逮'《宋書·沈攸之傳》作'捕代'。"

[7]曠蕩之澤：指皇帝廣施的德澤。

[8]幕府：指討伐沈攸之叛軍的軍府。

[9]龔行天罰：奉天命而討罰。《尚書·甘誓》："予惟恭行天之罰。"《吕氏春秋·盡數》高誘注引作"龔行天之罰"。

今遣新除使持節郢州司州之義陽諸軍事平西將軍郢州刺史聞喜縣開國侯黄回、員外散騎常侍輔國將軍驍騎將軍重安縣開國子軍主王敬則、屯騎校尉長壽縣開國男軍主王宜與、屯騎校尉陳承叔、右軍將軍葛陽縣開國男彭文之、驃騎行參軍振武將軍郜宰,[1]精甲二萬，衡其首旆。又遣散騎常侍游擊將軍湘南縣開國男吕安國、持節寧朔將軍越州刺史孫曇瓘、屯騎校尉寧朔將軍崔慧景、寧朔將軍左軍將軍新亭侯任候伯、龍驤將軍虎賁中郎將尹略、屯騎尉南城令曹虎頭、輔國將軍驍騎將軍蕭順之、新除寧朔將軍游擊將軍下邳縣開國子垣崇祖等，舳艫二萬，駱驛繼邁。又遣屯騎校尉苟元賓、撫軍參軍郭文考、撫軍中兵參軍程隱儁、奉朝請諸襲光等，[2]輕艓一萬，截其津要。[3]驍騎將軍周盤龍、後將軍成買、輔國將軍王敕勤、屯騎校尉王洪範等，[4]鐵騎五千，步道繼進，先據陸路，斷其走伏。持節、督雍梁二州郢州之竟陵司州之隨郡諸軍事、征虜將軍、寧蠻校尉、雍州刺史、襄陽縣開國侯、新除鎮軍將軍張敬兒，[5]志節慷慨，卷甲樊、鄧，[6]水步俱馳，破其巢窟。持節、督司州諸軍事、征虜將軍、司州刺史、領義陽太守、范陽縣侯姚道和，[7]義烈梗概，投袂方隅，風馳電掩，襲其輜重。萬里建旆，四方飛旆，莫不總率衆師，雲翔雷動。人神同憤，遠邇并心。

[1]使持節：君主授予臣下權力的方式之一。節代表皇帝的特殊命令，分三個等級。《宋書·百官志上》："使持節爲上，持節次之，假節爲下。使持節得殺二千石以下；持節殺無官位人，若軍事，得與使持節同；假節，唯軍事得殺犯軍令者。" 司州：治平陽，在今河南信陽市。 義陽：郡名。亦治平陽。 聞喜縣：今山西聞喜縣，爲開國侯食邑。侯爲第二等封爵。 黄回：仕宋，英武善戰。《宋書》卷八三、《南史》卷四〇有傳。 員外散騎常侍：門下省官。掌奏事，直侍左右。秩五品。 驍騎將軍：禁衛軍官。分掌宿衛營兵。秩四品。 重安縣：在今湖南衡陽市北，爲開國子食邑。子爲第四等封爵。 王敬則：歷仕南朝宋、齊，官至大司馬。本書卷二六有傳。 屯騎校尉：禁衛軍四校尉之一，分掌宿衛營兵。秩四品。 長壽縣：今湖北鍾祥市，爲開國男食邑。男爲第

五等封爵。　右軍將軍：禁衛軍官。分掌宿衛營兵。秩四品。　葛陽縣：今江西弋陽縣，爲開國男食邑。　驃騎行參軍：指驃騎將軍府臨時參軍。驃騎將軍，《唐六典》卷五引《齊職儀》曰："驃騎品秩第二，金章紫綬，武冠絳朝服，佩水蒼玉。"　振武將軍：雜號加官。　郤宰：中華本校勘記云："'郤宰'南監本、殿本作'邵宰'。按《宋書·沈攸之傳》作'召宰'。"

[2]湘南縣開國男吕安國：湘南縣，在今湖南湘潭市，爲開國男食邑。"湘南"原作"臨湘"，中華本校勘記云："據《宋書·沈攸之傳》改。按《吕安國傳》，安國於宋泰始四年改封湘南縣男。"今從改。吕安國，本書卷二九有傳。　越州：治臨漳縣，在今廣西合浦縣東北舊州東。　孫曇瓘：《宋書》卷八三有傳。　崔慧景：歷仕南朝宋、齊，見知於齊武帝，官至豫州刺史。東昏即位，誅戮將相，慧景叛，兵敗被殺。本書卷五一、《南史》卷四五有傳。　新亭：地名。在今江蘇南京市南，地近江濱，依山築城壘，爲軍事要塞。　任候伯：仕宋。勇武，屢立戰功。《宋書》卷八三有附傳。　龍驤將軍：榮譽加號將軍。　虎賁中郎將：禁衛軍官。分掌宿衛營兵。秩五品。　尹略：齊高帝親信，封平固男。本書卷三〇有附傳。　曹虎頭：曹虎，齊高帝親信。本書卷三〇《曹虎傳》云："太祖鎮東府，以虎與戴僧静各領白直三百人。累至屯騎校尉，帶南城令。"此"南城"當是京都之南城。　蕭順之：中華本校勘記云："'順之'二字原作'諱'，毛本注'鸞'字，殿本依北監本改爲'鸞'。錢大昕《廿二史考異》云：今以《宋書·沈攸之傳》考之。乃蕭順之，非齊明帝也。今改作順之。"今從改。　下邳縣：在今江蘇睢寧縣西北，爲開國子食邑。　垣崇祖：知遇於齊高帝，官至五兵尚書。本書卷二五有傳、《南史》卷二五有附傳。

[3]截其津要：津訛"精"，中華本據《宋書·沈攸之傳》改。今從改。

[4]周盤龍：齊大將，官至兗州刺史，進爵侯。本書卷二九、《南史》卷四六均有傳。　王洪範：知遇於齊高帝，爲青冀二州刺

史。《南史》卷七〇有傳。

[5]張敬兒：齊大將，知遇於高帝，以擊敗沈攸之之功，得爲方伯。本書卷二五、《南史》卷四五均有傳。

[6]樊：指樊城，在今湖北襄陽市。　鄧：地名。在襄陽市西北。按，樊鄧當時均爲荊州刺史沈攸之之領地。

[7]范陽縣：治所在今河北定興縣西南固城鎮。

今皇上聖明，將相仁愛，約法三章，寬刑緩賦，年登歲阜，家給人足，上有惠民之澤，下無樂亂之心。攸之不識天時，妄圖大逆，舉無名之師，驅讎怨之衆，是以朝野審其易取，含識判其成禽。[1]彼土士民，罹毒日久，今復相逼迫，投赴鋒刃。[2]交戰之日，蘭艾難分，[3]去就在機，望思先曉，無使一人迷疑，而九族就禍也。弘宥之典，有如皎日。

[1]含識判其成禽：謂有見識的人都能判斷叛首沈攸之將被擒拿問罪。禽，通“擒”。

[2]今復相逼迫，投赴鋒刃：指沈攸之逼迫士民爲兵卒，赴前綫交戰，替他賣命。

[3]蘭艾：芝蘭與蕭艾。喻指好壞、優劣。

郢城既不可攻，[1]而平西將軍黄回軍至西陽，[2]乘三層艦，作羌胡伎，[3]泝流而進。攸之素失人情，本逼以威力，初發江陵，已有叛者，至是稍多。攸之日夕乘馬歷營撫慰，而去者不息。攸之大怒，召諸軍主曰：“我被太后令，建義下都，大事若剋，白紗帽共著耳；[4]如其不振，朝廷自誅我百口，不關餘人。比軍人叛散，皆卿等不以爲意。我亦不能問叛身，自今軍中有叛者，軍主任其罪。”於是一人叛，遣十人追，並去不反。莫敢發覺，咸有異計。劉攘兵射書與世隆許降，世隆開門納之。攘兵燒營而去，火起乃覺。[5]攸之怒，銜鬚咀之。[6]收攘兵兄子天賜、女婿張平虜斬之。[7]軍旅大散。攸之渡魯山岸，[8]猶有數十匹騎自隨。宣令軍中曰：“荆州城中大有錢，可相與還取，以爲資糧。”郢城未有追軍，而散軍畏蠻抄，[9]更相聚結，可二萬人，隨攸之，將至江陵，乃散。世隆乃遣軍副劉僧驎道追之。

[1]郢城既不可攻：《通鑑》卷一三四《宋紀十六》“順帝昇明二年”條：“沈攸之盡鋭攻郢城，柳世隆乘間屢破之。蕭賾遣軍主桓敬等八軍據西塞，爲世隆聲援。”

[2]西陽：地名。在今湖北黄岡市東。

[3]乘三層艦，作羌胡伎：指黄回領水軍圍攻沈攸之。在艦上演奏羌人胡人鼓角横吹樂器以鼓動士氣。《南史》卷四〇《黄回傳》載：“回拳捷果勁，勇力兼人”，“性巧，觸類多能”。朱季海《校議》云：“《高帝紀》：‘元徽五年七月戊子，帝微行出北湖，常單馬先走，羽儀禁衛道後追之……與左右作羌胡伎爲樂。’又《東昏侯紀》：‘高鄣之内，設部伍爲儀，復有數部，皆奏鼓吹羌胡伎，鼓角横吹。’是宋、齊之世，君臣多好羌、胡伎，雖戎旅之間不廢也。《高紀》亦當標作‘羌、胡伎’。《陳書·章昭達傳》：‘每飲會，必盛設女伎雜樂，備盡羌、胡之聲，音律恣容，並一時之妙，雖臨對敵寇，旗鼓相望，弗之廢也。’是黄、章並好羌、胡伎，雖臨敵用之，蓋當時風氣如此。”（第51—52頁）

[4]白紗帽：白紗製的高頂帽。爲晋至南朝時皇帝平時所戴。

這裏借指高官厚禄。

[5]火起乃覺：《通鑑》卷一三四《宋紀十六》此句後云："軍中見火起，争棄甲走，將帥不能禁。"

[6]銜鬚咀之：《通鑑》卷一三四《宋紀十六》胡三省注曰："自咀其鬚，怒之甚也。"

[7]女婿張平虜：中華本校勘記云："'張平虜'南監本、毛本、殿本、局本並作'張平慮'。按《通鑑》宋順帝昇明二年亦作'張平虜'，疑作'慮'者誤。"

[8]攸之渡魯山岸：《通鑑》卷一三四《宋紀十六》作："向旦，攸之帥衆過江，至魯山，軍遂大散，諸將皆走。"胡三省注："大别山，一名魯山，在今漢陽軍沔陽縣東一里，江水逕其南，漢水從西北來注之。"

[9]散軍畏蠻抄：《通鑑》卷一三四《宋紀十六》胡三省注："此蠻即緣沔而居者。"

攸之已死。[1]徵爲侍中。[2]仍遷尚書右僕射，[3]封貞陽縣侯，[4]邑二千户。出爲左將軍、吴郡太守，加秩中二千石。[5]丁母憂。太祖踐阼，起爲使持節、都督南豫司二州諸軍事、平南將軍、南豫州刺史，[6]進爵爲公。上手詔與司徒褚淵曰："向見世隆毁瘠過甚，[7]殆欲不可復識，非直使人惻然，實亦世珍國寶也。"淵答曰："世隆至性純深，哀過乎禮。事陛下在危盡忠，喪親居憂，杖而後起，[8]立人之本，二理同極，加榮增寵，足以厲俗敦風。"

[1]攸之已死：《通鑑》卷一三四《宋紀十六》作："攸之將至江陵百餘里，聞城已爲敬兒所據，士卒隨之者皆散。攸之無所歸，

與其子文和走至華容界，皆縊于櫟林。己巳，村民斬首送江陵。敬兒擎之以楯，覆以青繖，徇諸市郭，乃送建康。敬兒誅攸之親黨，收其財物數十萬，皆以入私。”

[2]徵爲侍中：指柳世隆被徵爲侍中。侍中，門下省主官。掌奏事，直侍左右。秩三品。

[3]尚書右僕射：尚書臺官。位在尚書令之下，與左僕射分工輔佐尚書令。秩三品。

[4]貞陽縣：湞陽縣，西漢置，南朝宋改爲貞陽縣，齊復爲湞陽縣。治所在今廣東英德市東。

[5]中（zhòng）二千石：最高官秩名。始於漢。《漢書》卷八《宣帝紀》："潁川太守黄霸以治行尤異，秩中二千石。”顔師古注："漢制，秩二千石者，一歲得一千四百四十石，實不滿二千石也。其云中二千石者，一歲得二千一百六十石。舉成數言之，故曰中二千石。中者，滿也。”

[6]都督：指魏晋南北朝時加給武官的特殊權力，分爲三個等級。《宋書·百官志上》："晋世則都督諸軍爲上，監諸軍次之，督諸軍爲下。”　南豫州：南朝宋初置，治歷陽縣，在今安徽和縣。

[7]毁瘠過甚：指居父母喪悲哀過甚而消瘦。

[8]杖：指居喪時手執的喪杖。《禮記·問喪》："或問曰：杖者以何爲也？曰：孝子喪親，哭泣無數，服勤三年，身病體羸，以杖扶病也。”

建元二年，進號安南將軍。[1]是時虜寇壽陽，[2]上敕世隆曰："歷陽城大，恐不可卒治，正宜斷隔之，[3]深爲保固。處分百姓，若不將家守城，單身亦難可委信也。”尋又敕曰："吾更歷陽外城，若有賊至，即勒百姓守之，故應勝割棄也。”

[1]安南將軍：四安將軍之一，南朝時爲加給大臣的榮譽稱號。開府者位從公秩一品。

[2]虜寇壽陽：指建元二年（480）二月，魏派梁郡王嘉督軍攻壽陽（今安徽壽縣）。詳見《通鑑》卷一三五《齊紀一》"高帝建元二年"條。

[3]斷隔：指縮小防禦範圍。

垣崇祖既破虜，[1]上欲罷併二豫，[2]敕世隆曰："比思江西蕭索，二豫兩辦爲難。議者多云省一足一，[3]於事爲便。吾謂非乃乖謬。卿以爲云何？可具以聞。"尋授後將軍、尚書右僕射，不拜。世隆性愛涉獵，啓太祖借祕閣書，上給二千卷。[4]

[1]垣崇祖既破虜：垣崇祖時爲豫州刺史，治壽陽，聞魏軍來犯，垣崇祖乃於城西北堰肥水，堰北築小城，周爲深塹，使數千人守之。魏軍不知底細，果蟻附攻小城，進入深塹，垣崇祖決堰下水，魏攻城之衆漂墜塹中，人馬溺死以千數，退走。詳參《通鑑》卷一三五《齊紀一》。

[2]罷併二豫：二豫指治壽陽的豫州和治歷陽的南豫州。

[3]省一足一：意思是説，撤並南豫州，將防禦力量補充豫州。

[4]上給二千卷：《南史》卷三八此句後云："性清廉，唯盛事墳典。張緒問曰：'觀君舉措，當以清名遺子孫邪？'答曰：'一身之外，亦復何須。子孫不才，將爲争府；如其才也，不如一經'。"

三年，出爲使持節、督南兗兗徐青冀五州軍事、安北將軍、南兗州刺史。[1]江北畏虜寇，搔動不安。上敕世隆曰："比有北信，賊猶治兵在彭城，[2]年已垂盡，或當未必送死。然豺狼不可以理推，爲備或不可懈。彼郭既無關要，[3]用宜開除，使去金城三十丈政佳耳。[4]發民治之，無嫌。若作三千人食者，已有幾米？可指牒付信還。民間若有丁多而細口少者，悉令戍，[5]非疑也。"又敕曰："昨夜得北使啓，鍾離間賊已渡淮，[6]既審送死，便當制加剿撲。卿好參候之，有急令諸小戍還鎮，不可賊至不覺也。賊既過淮，不容遽退散，[7]要應有處送死者，定攻壽陽，吾當遣援軍也。"又遣軍助世隆，并給軍糧。

[1]南兖：州名。原治京口，後移治廣陵（今江蘇揚州市）。　兖：州名。南朝宋僑治，治淮陰縣，在今江蘇淮安市淮陰區。　徐：州名。南朝宋永初二年（421）以北徐州改名，治所在今江蘇徐州市。　青冀：青州、冀州。南朝宋泰始六年（470）僑置，同治鬱洲，在今江蘇連雲港市東南雲臺山一帶。

[2]賊猶治兵在彭城：指北魏仍對彭城佈置兵力。彭城，即徐州。

[3]彼郭：指彭城。　關要：關塞要地。

[4]用宜開除，使去金城三十丈政佳耳：此句意難明，似説要離開彭城，另去堅固的城壘。但下句"發民治之"，又似在原處治城。開除，去除。金城，指堅固的城壘。政，同"正"。

[5]民間若有丁多而細口少者，悉令戍：指壯年人多、幼弱者少的户，可令壯丁當兵戍守。

[6]鍾離：縣名。在今安徽鳳陽縣臨淮關，當時已被魏軍占領。建元三年（481）春，魏軍寇淮陽。見《通鑑》卷一三五《齊紀一》。

[7]不容遽退散：中華本校勘記云："'遽'《元龜》二百作

‘爾’。按邇與爾通，然此當作‘爾’，謂不容便爾退散也。”

虜退，上欲土斷江北，[1]又敕世隆曰：“吕安國近在西，[2]土斷郢、司二境上雜民，大佳，民殆無驚恐。近又令垣豫州斷其州内，[3]商得崇祖啓事，已行竟，近無云云，殊稱前代舊意。卿視究部中可行此事不？若無所擾，春便就手也。”[4]其見親委如此。

[1]土斷江北：謂在江北實行土斷政策。土斷，東晋、南朝廢除僑置郡縣，使僑寓户口編入所在郡縣的辦法。西晋時由於戰亂，中原地區豪族多遷居江南，仍稱原來郡籍，形成諸僑郡縣。至東晋哀帝時，桓温推行土斷法，整頓户籍，史稱“庚戌土斷”，後南朝各代又多推行土斷，作爲加强王朝統治，與豪門争奪勞動力、擴大賦役和兵源的一種手段。

[2]吕安國：時任郢州、司州刺史。本書卷二九有傳。

[3]垣豫州：指豫州刺史垣崇祖。本書卷二五有傳。

[4]就手：周一良《魏晋南北朝詞語小記》：“着手之意。”（《魏晋南北朝史論集》，北京大學出版社1997年版，第467頁）

世祖即位，加散騎常侍。世隆善卜，别龜甲，價至一萬。永明建號，世隆題州齋壁曰“永明十一年”。[1]謂典籤李黨曰：“我不見也。”[2]入爲侍中、護軍將軍，[3]遷尚書右僕射，領太子右率，[4]雍州大中正，[5]不拜，改授散騎常侍，尚書左僕射，中正如故。

[1]永明十一年：指預卜“永明”年號祇能持續十一年。

[2]我不見也：《南史》卷三八前有“永明九年我亡”一句。

[3]護軍將軍：禁衛軍首領之一，掌外兵。秩三品。《南史》卷三八作："遷護軍，而衛軍王儉修下官敬甚謹。世隆止之，儉曰：'將軍雖存弘眷，如王典何。'其見重如此。"又云："光禄大夫韋祖征州里宿德，世隆雖已貴重，每爲之拜。人或勸祖征止之，答曰：'司馬公所爲，後生楷法，吾豈能止之哉。'"

[4]太子右率：東宫官。與左率共掌護衛太子。《唐六典》卷二八："齊左、右衛率，武冠絳朝服，品第五，秩千石。"

[5]大中正：中正爲品評人才的官職，由各州郡有聲望的人擔任。負責品藻當地士人，按才德分爲九等，作爲政府選任官員的依據。州中正稱大中正。

湘州蠻動，[1]遣世隆以本官總督伐蠻衆軍，仍爲使持節、都督湘州諸軍事、鎮南將軍、湘州刺史，常侍如故。世隆至鎮，以方略討平之。在州立邸治生，[2]爲中丞庾杲之所奏，[3]詔原不問。復入爲尚書左僕射，領衛尉，[4]不拜。仍轉尚書令。[5]

[1]湘州蠻動：本書卷五八《東南夷傳》："（永明）三年，湘川蠻陳雙、李答寇掠郡縣，刺史吕安國討之不克。四年，刺史柳世隆督衆征討，乃平。"按，《通鑑》卷一三六《齊紀二》"武帝永明四年"條所記略有不同："湘州蠻反，刺史吕安國有疾不能討；丁亥，以尚書左僕射柳世隆爲湘州刺史，討平之。"

[2]在州立邸治生：指在湘州立私第經營家業。

[3]中丞庾杲（gǎo）之：指御史中丞（掌奏劾不法）庾杲之。杲之貞介，善言吐。齊武帝時遷黄門郎，兼御史中丞。本書卷三四有傳。

[4]衛尉：列卿之一，掌宫門屯兵。秩三品。

[5]尚書令：尚書臺主官。總攬政務。秩三品。

世隆少立功名，晚專以談義自業。[1]善彈琴，世稱柳公雙璅，爲士品第一。常自云馬矟第一，[2]清談第二，彈琴第三。在朝不干世務，垂簾鼓琴，風韻清遠，甚獲世譽。以疾遜位，改授侍中，衛將軍，不拜，轉左光禄大夫，[3]侍中如故。

[1]談義：指談論事物義理，談經説道。
[2]馬矟：馬上所持的長矛，借指武藝。
[3]左光禄大夫：列卿光禄勛屬官。掌宫殿門户。秩三品。

九年，卒，時年五十。詔給東園祕器，[1]朝服一具，衣一襲，錢一十萬，布三百匹，蠟三百斤。又詔曰："故侍中左光禄大夫貞陽公世隆，秉德居業，才兼經緯。[2]少播清徽，[3]長弘美譽。入參内禁，出贊西牧，專寄郢郊，剋挫巨猾，[4]超越前勳，功著一代。及總任方州，民頌寬德，巽教崇闉，朝稱元正。[5]忠謨嘉猷，簡于朕心，[6]雅志素履，邈不可踰。將登鉉味，用燮鴻化，[7]奄至薨殞，震慟良深。贈司空，班劍三十人，[8]鼓吹一部，侍中如故。謚曰忠武。"上又敕吏部尚書王晏曰：[9]"世隆雖抱疾積歲，志氣未衰，冀醫藥有效，痊差可期。不謂一旦便爲異世，痛怛之深，此何可言。其昔在郢，誠心夙悃，[10]全保一蕃，[11]勳業克著。尋准契闊，增泣悲咽。卿同在情，亦當無已已耶！"

[1]東園祕器：古代皇室、顯宦死後用的棺材。由東園（屬少

府）匠人專製，故名。《漢書》卷九三《佞幸傳》："及至東園秘器，珠襦玉柙，豫以賜賢。"顔師古注引《漢舊儀》："東園秘器作棺梓，素木長二丈，崇廣四尺。"

［2］才兼經緯：《晋書》卷三八《文六王傳》贊曰："彼美齊獻，卓爾不群，自家刑國，緯武經文。"因以"經緯"指文武。

［3］少播清徽：指自小就有美好的聲譽傳揚。徽，美，善。

［4］專寄郢郊，剋挫巨猾：指任郢州刺史時，參與擊敗沈攸之叛亂。

［5］翼教崇闈，朝稱元正：謂能維護聖教，遵崇内旨，所以滿朝之人皆稱頌他善良正直。

［6］簡于朕心：牢記存在於帝王的心中。語本《論語·堯曰》："帝臣不蔽，簡在帝心。"

［7］將登鉉味，用燮鴻化：謂將登宰相之位，以協助治理好天下。鉉，舉鼎的器具，代指鼎，古代炊具。《尚書·説命下》載，殷高宗武丁命傅説作相，用以鼎製羹作比喻："若作和羹，爾惟鹽梅。"意思是説，有鹽梅作調料，羹味纔美。後因以"鹽梅和鼎""鼎味"等爲稱宰相的頌語。鴻化，宏大的教化，即政教。

［8］班劍：有紋飾的劍。班，通"斑"。這裏指執班劍的儀仗隊。中華本校勘記云："'三十人'《南史·柳元景傳》弟子世隆附傳及《元龜》四百六十一並作'二十人'。"

［9］王晏：歷仕宋齊，爲齊武帝心腹，篤於親舊。本書卷四二有傳。

［10］夙慖：平素的心願。"慖"原作"閑"，中華本據南監本、毛本、殿本、局本改。今從改。

［11］全保一蕃：蕃，通"藩"，屏障。一蕃指一方，一個地區（郢州）。

世隆曉數術，[1]於倪塘創墓，與賓客踐履，十往五往，常坐一處。及卒，墓正取其坐處焉。[2]著《龜經祕要》二卷行於世。

[1]數術：術數，古代指關於天文、曆法、占卜的學問。

[2]墓正取其坐處焉：中華本校勘記云："《御覽》五百五十八引作'墓工圖墓，取其坐處焉'。殿本《考正》王祖庚云：'《南史》云：墓工圖墓，正取其坐處焉，文義較明，此省墓工圖三字，未合。'"朱季海《校議》云："三字李延壽所加耳，原文自可通。"（第52頁）

長子悦，[1]早卒。

[1]長子悦：《南史》卷三八作："長子悦，字文殊，少有清致，位中書郎，早卒，謚曰恭。世隆次子惔。"

張瓌，[1]字祖逸，吴郡吴人也。祖裕，宋金紫光禄大夫。[2]父永，右光禄大夫。[3]曉音律，宋孝武問永以太極殿前鍾聲嘶，永答"鍾有銅滓"。乃扣鍾求其處，鑿而去之，聲遂清越。

[1]張瓌：《南史》卷三一有附傳。

[2]金紫光禄大夫：光禄勛屬官。掌宫殿門户。秩四、五品。下"右光禄大夫"同。

[3]右光禄大夫：《南史》卷三一作"宋征北將軍、南兖州刺史"。

瓌解褐江夏王太尉行參軍，[1]署外兵，[2]隨府轉爲太傅五官，[3]爲義恭所遇。遷太子舍人，[4]中書郎，[5]驃騎從事中郎，[6]司徒右長史。[7]初，永拒桂陽賊於白下，潰散，阮佃夫等欲加罪，太祖固申明之，[8]瓌由此感恩自結。轉通直散騎常侍，[9]驍騎將軍。遭父喪，還吴持服。

[1]江夏王：劉義恭，宋武帝劉裕之子。宋孝武時，授太尉、録尚書事。　太尉：爲三公之一，南朝時爲最高榮譽加銜之一。行參軍：在太尉府任參軍，參謀府務。行，臨時委任。

[2]署外兵：指主持外兵曹。

[3]隨府轉爲太傅五官：義恭不久又進位太傅（官品秩略高於太尉），張瓌又由太尉府轉入太傅府供職五官參軍。五官參軍，王府軍府掾吏，主更直宿衛。

[4]太子舍人：東宫官。掌呈奏案章。秩七品。

[5]中書郎：中書侍郎。掌呈奏案章。秩五品。

[6]驃騎從事中郎：指在驃騎將軍府任從事中郎。從事中郎爲軍府、公府屬官，職參謀議。秩六品。

[7]司徒：南朝時爲最高榮譽加官之一。秩一品。張瓌在司徒府供職。　右長史：署公府諸曹事。秩六品。

[8]“初，永拒桂陽賊於白下”至“太祖固申明之”：指宋元徽二年（474），桂陽王劉休範（文帝第十八子）自江州領兵反，迅即東下京城。白下，在今江蘇南京市北金川門外幕府山南麓，北臨大江，爲軍事要地。時朝廷命征北將軍張永守白下。由於叛軍來勢太猛，永軍潰敗。驍騎將軍陸佃夫等人提議治罪，右衛將軍蕭道成堅持係因客觀形勢所致，應不予治罪。參見《通鑑》卷一三三《宋紀十五》“蒼梧王元徽二年”條。

[9]通直散騎常侍：門下省官。掌奏事，直侍左右。秩五品。

昇明元年，劉秉有異圖，[1]弟遐爲吴郡，[2]潛相影嚮。因沈攸之事難，聚衆三千人，治攻具。太祖密遣殿中將軍卞白龍令瓌取遐。[3]諸張世有豪氣，瓌宅中常有父時舊部曲數百。遐召瓌，瓌僞受旨，與叔恕領兵十八人入郡，與防郡隊主彊弩將軍郭羅雲進中齋取遐，[4]遐踰窻而走，瓌部曲顧憲子手斬之，郡内莫敢動者。獻捷，太祖以告領軍張沖，[5]沖曰："瓌以百口一擲，出手得盧矣。"[6]即授輔國將軍、吴郡太守，封瓌義成縣侯，[7]邑千户。太祖故以嘉名錫之。[8]

[1]昇明元年，劉秉有異圖：昇明元年（477），宋順帝劉準即位，蕭道成與袁粲、劉秉（字彦節）、褚淵共輔政。劉秉爲尚書令，知運祚將遷，不滿蕭道成擅權，及荆州刺史沈攸之反叛事起，他也密謀起事。劉秉，《宋書》卷五一、《南史》卷一三有附傳。

[2]遐：劉遐，字彦道，時爲吴郡太守。遐人才甚凡，其兄劉秉當權，遐累求方伯。秉謀叛，遐力助之。《南史》卷一三有附傳。

[3]殿中將軍：武官名。三國魏始置，掌督守殿内。南朝宋沿置。秩六品。

[4]彊弩將軍：禁衛軍官。分掌弩營。秩五品。

[5]張沖：字思約，歷仕宋齊，少從戎事，朝廷以幹力相待。宋末遷左軍將軍。齊歷任州刺史，封定襄侯。詳見本書卷四九《張沖傳》。中華本校勘記云："'領軍'《南史》作'左軍'。《通鑑》宋順帝昇明二年云'以告瓌從父領軍沖'。今按沖本傳但言沖爲左軍將軍，不云曾爲領軍將軍，疑作'左軍'爲是。"

[6]瓌以百口一擲，出手得盧矣：此以博戲爲喻，拼出百口之家，終於立了大功。盧，古時樗蒲戲采名。擲五子全黑者爲盧，得采十六，爲頭采。

[7]義成縣：南朝宋置，治襄陽縣，在今湖北襄陽市。義成縣

爲侯爵的食邑。《南史》卷三一作“義城縣”，中華本校勘記云：“‘義城’《南齊書》作‘義成’。按《南齊書·州郡志》，司州齊安郡有義城縣；雍州義成郡有義成縣。就‘錫以嘉名’言之，似‘義成’爲是。”

[8]太祖故以嘉名錫之：《南史》卷三一此後云：“從弟融聞之，與瓌書曰：‘吴郡何晚，何須王反，聞之嗟驚，乃是阿兄。’郡人顧暠、陸閑並少年未知名，瓌並引爲綱紀，後並立名，世以爲知人。”

除冠軍將軍、東海東莞二郡太守，[1]不拜。建元元年，增邑二百户。[2]尋改封平都。[3]遷侍中，[4]加領步兵校尉。[5]二年，遷都官尚書，[6]領校尉如故。出爲征虜將軍、吴興太守。[7]三年，烏程令顧昌玄有罪，[8]瓌坐不糾，免官。明年，爲度支尚書。[9]世祖即位，爲冠軍將軍、鄱陽王北中郎長史、襄陽相、行雍州府州事，[10]隨府轉征虜長史。[11]四年，仍爲持節、督雍梁南北秦四州郢州之竟陵司州之隨郡軍事、輔國將軍、雍州刺史，[12]尋領寧蠻校尉。[13]還爲左民尚書，[14]領右軍將軍，遷冠軍將軍、大司馬長史。[15]

[1]冠軍將軍：榮譽加號將軍。　東海：郡名。南朝宋僑置，治所在今江蘇漣水縣。　東莞：郡名。東晋僑置於晋陵，在今江蘇常州市。

[2]增邑二百户：原作“增邑爲二百户”。中華本校勘記云：“據《元龜》三百七十九删。按張森楷《校勘記》云：上既云邑千户，此增邑，不當云爲二百户，疑‘爲’字衍文。”今從改。

[3]改封平都：指將食邑改爲平都縣（今重慶豐都縣）。

[4]遷侍中：《南史》卷三一其下云：“與侍中沈文季俱在門下。

高帝嘗謂曰：‘卿雖我臣，我親卿不異賾、嶷等。’文季每還直，器物若遷；瓌止朝服而已。時集書每兼門下，東省實多清貧，有不識瓌者，常呼散騎。”

［5］步兵校尉：禁衛軍四校尉之一，分掌宿衛步兵營。秩四品。

［6］都官尚書：尚書省五部尚書之一，領都官、水部、庫部、功論四曹。秩三品。

［7］征虜將軍：爲雜號榮譽加領將軍。　吴興：郡名。治所在今浙江湖州市吴興區。《南史》卷三一其後云：“瓌以既有國秩，不取郡俸。高帝敕上庫別藏其俸，以表其清。”

［8］烏程：縣名。屬吴興郡，治所在今浙江湖州市吴興區南下菰城。“烏”原作“馬”，從中華本改。

［9］度支尚書：五部尚書之一，領度支、金部、倉部、起部四曹。秩三品。

［10］鄱陽王：指齊高帝第七子蕭鏘（字宣韶）。武帝時，以鏘爲使持節、督雍梁南北秦四州郢州之竟陵司州之隨郡軍事、北中郎將、寧蠻校尉、雍州刺史。詳見本書卷三五《鄱陽王鏘傳》。　北中郎長史：時張瓌在北中郎將府任長史，總領屬吏及府務。北中郎將，爲榮譽加號將軍，開府者位從公秩一品。　襄陽相：襄陽（今湖北襄陽市）以郡爲王國，故太守稱相。　行雍州府州事：指代行州府長官事務。按，南朝進封外藩的王子大多幼小，州務、郡務多由長史代理。

［11］隨府轉征虜長史：永明七年（489），鄱陽王轉征虜將軍，張瓌由北中郎將府長史轉爲征虜將軍府長史。

［12］雍：州名。東晋僑置，治襄陽縣，在今湖北襄陽市。　梁南北秦：梁及南北秦之州治均在今陝西漢中市。　竟陵：郡名。治所在今湖北鍾祥市。　隨郡：治所在今湖北隨州市。

［13］寧蠻校尉：防邊武官。主護少數民族。治襄陽，多由雍州刺史兼任。

［14］左民尚書：五部尚書之一，領左民、駕部二曹。秩三品。

《南史》卷三一作“左户尚書”。《南史》卷三一此句後云:“還後(指張瓌由雍州刺史調還),安陸王緬臨雍州,行部登蔓山,有野老來乞。緬問:‘何不事産而行乞邪?’答曰:‘張使君臨州理物,百姓家得相保。後人政嚴,故至行乞。’緬由是深加嗟賞。”

[15]大司馬:最高榮譽加號之一,多加給勛戚重臣。《御覽》卷二〇九引《齊職儀》曰:“大司馬,品第一,秩中二千石。”

十年,轉太常。[1]自陳衰疾,願從閑養,[2]明年,轉散騎常侍、光禄大夫。[3]頃之,上欲復用瓌,乃以爲後將軍、南東海太守,[4]秩中二千石,行南徐州府州事,[5]又行河東王國事。[6]到官,復稱疾,還爲散騎常侍、光禄大夫。鬱林即位,[7]加金章紫綬。隆昌元年,給親信二十人。[8]鬱林廢,朝臣到宫門參承高宗,[9]瓌託脚疾不下。[10]海陵立,[11]加右將軍。高宗疑外蕃起兵,以瓌鎮石頭,督衆軍事。瓌見朝廷多難,遂恒卧疾。建武元年,[12]轉給事中、光禄大夫,[13]親信如故。月加給錢二萬。二年,虜盛,詔瓌以本官假節督廣陵諸軍事、行南兖州事,虜退乃還。

[1]太常:列卿之一,掌禮儀、祭祀。秩三品。《藝文類聚》卷四九引《齊職儀》曰:“太常卿,一人,品第三,秩中二千石。”

[2]自陳衰疾,願從閑養:《南史》卷三一云:“自謂閑職,輒歸家。武帝曰:‘卿輩未富貴,謂人不與;既富貴,那復欲委去。’瓌曰:‘陛下御臣等若養馬,無事就閑厩,有事復牽來。’帝猶怒,遂以爲散騎常侍、光禄大夫。”

[3]散騎常侍:門下省官。掌侍從、奏事。秩三品。

[4]後將軍:後軍將軍,禁衛軍官。分掌宿衛營兵。秩四品。

南東海：郡名。南朝宋以東海郡改名，治所在今江蘇鎮江市。

［5］南徐州：南朝宋置，治所在今江蘇鎮江市。

［6］河東王：指齊高帝第十九子蕭鉉（字宣胤）。本書卷三五有傳。因年幼未能就國，將藩國事委張瓌代行。

［7］鬱林即位：指永明十一年（493）六月，齊武帝蕭賾駕崩，因文惠太子早逝，傳位太孫蕭昭業。次年改元隆昌。昭業凶殘無道，西昌侯蕭鸞謀廢立，昭業即位數月，即被廢，貶爲鬱林王，另立其弟蕭昭文，是爲齊恭王。未數月蕭鸞廢恭王自立，是爲齊明帝。

［8］親信：曹文柱《關於東晉南朝時期的幾種國家依附民》：親信是屬於“吏户”中的“職官的給力”，“是料理職官私人生活的貼身役使”。（見《中國人文社會科學博士碩士文庫·歷史學卷》，浙江教育出版社1999年版，第545、546頁）

［9］參承：周一良《魏晋南北朝詞語小記》釋云：“《廣韵·下平·廿二覃》參字下云：‘參承，參覲也。’蓋對皇帝及大臣皆可用，兼有謁見、問訊之意……亦可省爲參。”（《魏晋南北朝史論集》，第466頁）　高宗：齊明帝蕭鸞廟號。

［10］瓌託脚疾不下：中華本校勘記云：“‘不下’各本並作‘不至’。”

［11］海陵：齊恭王，廢貶爲海陵王。

［12］建武：齊明帝年號。

［13］給事中：門下省官。掌奏事，直侍左右。秩五品。

瓌居室豪富，伎妾盈房，有子十餘人，常云“其中要應有好者”。[1]建武末，屢啓高宗還吴，見許。優游自樂，或有譏瓌衰暮畜伎，瓌曰：“我少好音律，老而方解。平生嗜欲，無復一存，唯未能遣此處耳。”

[1]其中要應有好者：指多人中總會出現優秀者。

高宗疾甚，防疑大司馬王敬則，[1]以瓌素著幹略，授平東將軍、吴郡太守，以爲之備。及敬則反，瓌遣將吏三千人迎拒於松江，[2]聞敬則軍鼓聲，一時散走，瓌棄郡逃民間。事平，瓌復還郡，爲有司所奏，免官削爵。[3]

[1]大司馬：加給功勛權臣的最高榮譽加號。　王敬則：歷仕南朝宋、齊，齊開國功臣。明帝即位後，進位大司馬。後因謀反失敗被誅。本書卷二六有傳。

[2]松江：今江蘇太湖尾閭的吴淞江。

[3]免官削爵：清牛運震《讀史糾謬》卷七《南齊書糾謬》云："柳世隆以孤軍抗沈攸之全師，有功於齊。張瓌拒王敬則，而一聞鼓聲軍士散走，瓌亦逃匿民間，功業成敗正相反，似不得同列一傳"。

永元初，[1]爲光禄大夫。尋加前將軍，金章紫綬。三年，義師下，[2]東昏假瓌節，戍石頭。義師至新亭，瓌棄城走還宫。梁初復爲光禄。天監四年卒。[3]

[1]永元：齊東昏侯年號。

[2]義師下：指南康王蕭寶融，即皇帝位於江陵，是爲和帝，改元中興，由蕭衍（即後來的梁武帝）輔政，揮師東下京城，稱"義師"。

[3]天監：梁武帝年號。

史臣曰：文以附衆，武以立威，元帥之才，稱爲國輔。[1]沈攸之十年治兵，白首舉事，荆楚上流，方江東下。斯驅除之巨難，帝王之大敵。柳世隆勢居中夏，[2]年淺位輕，首抗全師，孤城挑攻，[3]臨埤授策，[4]曾無汗馬，[5]勍寇乖沮，力屈於高墉，[6]亂轍争先，降奔郢路，[7]陸遜之破玄德，[8]不是過也。及世道清寧，出牧内佐，體之以風素，居之以雅德，固興家之盛美也。

［1］國輔：指輔弼國家的重臣。

［2］柳世隆勢居中夏：指柳世隆守郢州，在國之腹心地區。

［3］孤城挑攻：指沈攸之軍全力圍攻郢城。

［4］臨埤（pì）授策：指臨陣時，世祖蕭賾纔授予柳世隆“卿爲其内，我爲其外”的内外相應的計策。埤，城上的矮墻。

［5］曾無汗馬：此句意謂守城軍以高禦險，以逸待勞。汗馬，戰馬奔跑而出汗，喻指勞苦征戰。

［6］勍（qíng）寇乖沮，力屈於高墉：指强敵面對高城無可奈何，喪氣屈力。勍，强勁，强大。

［7］亂轍争先，降奔郢路：車轍痕迹錯亂，形容敵軍在内外夾攻下的潰敗之狀。《左傳》莊公十年：“曹劌曰：‘吾視其轍亂，望其旗靡，故逐之。’”中華本校勘記云：“周星詒《校勘記》云：‘降奔下奪一字。’按上云‘力屈於高墉’，此當云‘降奔於郢路’，疑奪一‘於’字。”

［8］陸遜之破玄德：《三國志》卷五八《吴書·陸遜傳》載，黄初元年（220）劉備率大軍攻吴西界，吴令年輕的陸遜爲大都督抵禦，陸遜見劉備連營駐扎，“乃敕各持一把茅，以火攻拔之”。結果“破其四十餘營”，“死者萬數，備因夜遁”，乃大慚恚曰：“吾乃爲遜所折辱！”

贊曰：忠武匡贊，[1]實號兼資。[2]廟堂析理，高壘搴旗。游藝善術，安絃拂龜。[3]義成祚土，[4]功立帝基。

[1]忠武：柳世隆的謚號，代指世隆。

[2]兼資：指文武兼俱。

[3]安絃拂龜：指善彈琴、占卜。

[4]義成：指張瓌被封義成縣侯，代指瓌。

南齊書　卷二五

列傳第六

垣崇祖　張敬兒

垣崇祖字敬遠，[1]下邳人也。[2]族姓豪彊，石虎世，[3]自略陽徙之於鄴。[4]曾祖敞，爲慕容德僞吏部尚書。[5]祖苗，[6]宋武征廣固，[7]率部曲歸降，[8]仍家下邳，官至龍驤將軍、汝南新蔡太守。[9]父詢之，[10]積射將軍，[11]宋孝武世死事，[12]贈冀州刺史。[13]

[1]垣崇祖：《南史》卷二五有附傳，謂其"一字僧寶，護之弟子也"。

[2]下邳：縣名。在今江蘇睢寧縣。

[3]石虎：字季龍。羯族，東晉列國後趙主石勒之侄。勒死，虎廢勒子弘，自立爲趙天王，遷都於鄴，後又稱帝。在位十五年，窮奢極侈，民不聊生。詳參《晋書》卷一〇六《石季龍載記》。

[4]略陽：縣名。治所在今甘肅天水市秦州區。　鄴：郡名。治所在今河南安陽市。

[5]慕容德：字玄明，南燕君主。　吏部尚書：掌人才選舉、

官吏任免。秩三品。

[6]祖苗：《南史》卷二五云“苗爲京兆太守”。

[7]宋武征廣固：指南朝宋武帝劉裕在東晋末曾舉兵北伐。廣固，城名。西晋永嘉末築，在今山東益都縣西北。東晋隆安中，南燕慕容德都於此，東晋義熙六年（410），劉裕北伐剋廣固，滅南燕，毁其城。

[8]率部曲歸降：《南史》卷二五作“苗踰城歸降，並以爲太尉行參軍”。

[9]龍驤將軍：雜號榮譽將軍，屬加官性質。　汝南：郡名。治所在今河南上蔡縣。　新蔡：郡名。治所在今河南新蔡縣。

[10]父詢之：原無“之”字，中華本據南監本、毛本、殿本、局本補。今據補。按，《南史》卷二五亦作“詢之”。

[11]積射將軍：禁衛軍官。分掌射營。秩四品。

[12]宋孝武世死事：《南史》卷二五作：“梁山之役，力戰中流矢卒。”《通鑑》卷一二八《宋紀十》“孝武帝孝建元年”條載，南郡王義宣（武帝子）起兵反，朝廷派兵守梁山西壘（即今安徽和縣南長江西岸的西梁山），義宣軍順江東下，猛攻梁山，垣詢之奉命救援，戰死。

[13]冀州：州名。南朝宋元嘉九年（432）置，治所在今山東濟南市。

崇祖年十四，有幹略，伯父豫州刺史護之謂門宗曰：[1]“此兒必大成吾門，汝等不及也。”刺史劉道隆辟爲主簿，[2]厚遇之。除新安王國上將軍。[3]景和世，[4]道隆求出爲梁州，[5]啓轉崇祖爲義陽王征北行參軍，[6]與道隆同行，使還下邳召募。

[1]豫州：南朝宋時治壽春，在今安徽壽縣。　護之：字彦宗，

仕宋。封益陽縣侯。《宋書》卷五〇、《南史》卷二五有傳。

[2]刺史劉道隆辟爲主簿：劉道隆，《宋書》卷四五、《南史》卷一七均有附傳。未言其爲刺史。謂其“前廢帝景和中，位右衛將軍。封永昌縣侯……泰始初，又爲明帝盡力，遷左衛將軍、中護軍”。左衛、右衛將軍，中護軍，均爲禁衛軍官。中護軍掌外軍，秩三品。左衛、右衛將軍，分掌宿衛營兵，秩四品。崇祖蓋在其軍府任主簿，掌管文書簿籍，監守印信。

[3]新安王：始平王劉子鸞，宋孝武帝劉駿第八子，初封襄陽王，尋改封新安王，明帝即位，又改封始平王。《宋書》卷八〇、《南史》卷一四有傳。

[4]景和：宋前廢帝劉子業的年號。

[5]梁州：州名。南朝時治南鄭縣（今陝西漢中市）。

[6]義陽王：晋熙王。原爲宋文帝劉義隆第九子劉昶。昶後因避禍投魏，明帝劉彧即位，乃以己第六皇子燮繼昶，改封爲晋熙王。　征北行參軍：指征北將軍府臨時參軍。征北將軍爲四征將軍之一，南朝爲榮譽加號，開府者位從公秩一品。參軍爲軍府屬吏，參謀府務。按，《宋書》卷七二、《南史》卷一四《劉燮傳》未言其爲征北將軍。

明帝立，道隆被誅。[1]薛安都反，[2]明帝遣張永、沈攸之北討，[3]安都使將裴祖隆、李世雄據下邳。祖隆引崇祖共拒戰，[4]會青州援軍主劉彌之背逆歸降，[5]祖隆士衆沮敗，崇祖與親近數十人夜救祖隆，與俱走還彭城。[6]虜既陷徐州，[7]崇祖仍爲虜將，游兵琅邪閒不復歸，[8]虜不能制。密遣人於彭城迎母，欲南奔，事覺，虜執其母爲質。崇祖妹夫皇甫肅兄婦，[9]薛安都之女，故虜信之。肅仍將家屬及崇祖母奔朐山，[10]崇祖因將部曲據之，遣使歸命。太祖在淮陰，[11] 板爲朐山戍主，[12] 送其母還京師，明帝納之。

[1]道隆被誅：《南史》卷一四《建安王休仁傳》載："明帝以休仁爲侍中、司徒、尚書令……時劉道隆爲護軍（即中護軍），休仁求解職，曰：'臣不得與此人同朝。'上乃賜道隆死。"

[2]薛安都反：原仕宋，爲徐州刺史、加都督。明帝即位，安都響應晋安王劉子勛反叛。子勛失敗被誅後，安都懼罪，率衆投奔北魏。北魏以安都爲都督徐雍等五州諸軍事、鎮南大將軍、徐州刺史。詳見《宋書》卷八八、《魏書》卷六一、《南史》卷四〇、《北史》卷三九《薛安都傳》。

[3]明帝遣張永、沈攸之北討：張永時爲鎮軍將軍，沈攸之爲中領軍。《通鑑》卷一三一《宋紀十三》"明帝泰始二年"條："張永、沈攸之進兵逼彭城，軍於下礚，分遣羽林監王穆之將卒五千守輜重於武原。"

[4]祖隆引崇祖共拒戰：垣崇祖因隨薛安都一同投魏，故與安都將裴祖隆等拒戰張永、沈攸之北討兵。

[5]會青州援軍主劉彌之背逆歸降：指北魏青州（在今山東淄博市東北）遣宋降將劉彌之來支援薛安都，劉彌之却叛魏歸宋。"彌之"原作"珍之"。中華本校勘記云："據南監本、殿本改。洪頤煊《諸史考異》云：'案《宋書·薛安都傳》青州刺史沈文秀遣劉彌之、張靈慶、崔僧琁三軍應安都，彌之等至下邳，改計歸順。珍是彌之訛。'"

[6]彭城：今江蘇徐州市。

[7]徐州：彭城。

[8]游兵琅邪間不復歸：指崇祖故意行軍於琅邪縣（在今山東膠南市）境内，不再歸魏。《南史》卷二五謂："隨徐州刺史薛安都入魏。尋又率門宗據朐山（在今江蘇連雲港市西南）歸宋。"

［9］皇甫肅：崇祖妹婿，與崇祖同時隨薛安都投魏，後復返宋。

［10］朐（qú）山：《通鑑》卷一三二《宋紀十四》"明帝泰始三年"條："垣崇祖將部曲奔朐山。"胡三省注："魏收曰：朐縣，漢屬東海，晋曰臨朐，屬琅邪郡，有朐山臨海瀕。今按《晋志》，臨朐屬東莞郡，後魏復曰朐，屬琅邪郡。"

［11］太祖在淮陰：張永等北討軍戰敗，淮南孤弱，明帝以蕭道成（即後來的齊太祖）爲假冠軍將軍、持節、都督北討前鋒諸軍事，鎮淮陰。詳見本書卷一《高帝紀上》。淮陰，在今江蘇淮安市淮陰區。

［12］板：委任官的憑證。《通鑑》卷一三一《宋紀十三》胡三省注引程大昌曰："魏、晋至梁、陳，授官有版，長一尺二寸，厚一寸，闊七寸，授官之辭，在於版上，爲鵠頭書。"板，通"版"。戍主：武官名。南北朝時，邊地營壘駐兵戍守，統領軍官稱戍主。

朐山邊海孤險，人情未安。崇祖常浮舟舸於水側，[1]有急得以入海。軍將得罪亡叛，具以告虜。虜僞圂城都將東徐州刺史成固公始得青州，[2]聞叛者說，遣步騎二萬襲崇祖，屯洛要，[3]去朐山城二十里。崇祖出送客未歸，城中驚恐，皆下船欲去。崇祖還，謂腹心曰："賊比擬來，本非大舉，政是承信一說，易遣誑之。[4]今若得百餘人還，事必濟矣。但人情一駭，[5]不可斂集。卿等可急去此二里外大叫而來，唱'艾塘義人已得破虜，[6]須戍軍速往，相助逐退'。"船中人果喜，爭上岸，崇祖引入據城，遣羸弱入島。令人持兩炬火登山鼓叫。虜參騎謂其軍備甚盛，[7]乃退。

［1］舟舸：朱季海《南齊書校議》（以下簡稱朱季海《校議》）云："《廣韵·三十三哿》'哿，古我切四'有'舸，楚以大船曰舸'……蓋原本《玉篇》如此。大船故可入海。此文足徵《玉篇》舊詁。"（中華書局1984年版，第52—53頁）

［2］圂（hùn）城：《通鑑》卷一三二《宋紀十四》"明帝泰始三年"條，胡三省注："魏收《地理志》：魏置南青州於圂城。圂城當在唐沂州沂水縣界。"　青州：州名。東漢治所在今山東淄博市東北臨淄鎮北。

［3］洛要：不詳。當在朐山城附近。

［4］"賊比擬來"至"易遣詎之"：《通鑑》卷一三二《宋紀十四》此幾句作："虜非有宿謀，承叛者之言而來耳，易詎也。"簡潔明了。

［5］但人情一駭：中華本校勘記云："原作'但一人情駭'，據各本並參考《通鑑》宋明帝泰始三年及《元龜》三百六十三乙正。"今從改。

［6］艾塘義人已得破虜：《通鑑》卷一三二《宋紀十四》胡三省注："艾塘當在唐海州懷仁縣界；北齊於此置義塘郡。宋人謂淮北起兵拒魏者爲義人。"按，懷仁縣治所在今江蘇連雲港市贛榆區。

［7］參騎：指偵察騎兵。朱季海《校議》云："以偵候爲參，蓋江東語如此。"（第53頁）

崇祖啓明帝曰："淮北士民，力屈胡虜，南向之心，日夜以冀。崇祖父伯並爲淮北州郡，門族布在北邊，百姓所信，一朝嘯咤，[1]事功可立。[2]第名位尚輕，[3]不足威衆，乞假名號，以示遠近。"明帝以爲輔國將軍、北琅邪蘭陵二郡太守。[4]亡命司馬從之謀襲郡，[5]崇祖討捕斬之。數陳計算，欲剋復淮北。

[1]一朝嘯咤：謂一朝有權勢的人呼喚、號召。

[2]可：原作“何”，從中華本改。

[3]第名位尚輕：意謂但是我名氣、官位尚低。第，但是，此字原無，中華本據南監本、局本補。今從補。

[4]輔國將軍：將軍名號。魏晋時秩三品，南朝屬榮譽加號將軍。　北琅邪：郡名。治所在今山東臨沂市東南。　蘭陵：郡名。治所在今山東滕州市東南。按，《通鑑》卷一三三《宋紀十五》“明帝泰始七年”條“崇祖自郁洲將數百人入魏境七百里”，胡三省注：“此指言舊琅邪、蘭陵郡也，本屬徐州，彭城既没，崇祖率部曲據郁洲，使領二郡太守，未能有其地也。”

[5]亡命司馬從之謀襲郡：中華本校勘記引張森楷《校勘記》云：“此即司馬順之也，蕭子顯避梁諱改。”按，司馬順之乃大盗，詭稱受天命，年二十五應爲人君，遂聚黨於封龍山。

時虜聲當寇淮南，明帝以問崇祖，崇祖因啓“宜以輕兵深入，出其不意，進可立不世之勳，退可絶其窺窬之患”。帝許之。崇祖將數百人入虜界七百里，[1]據南城固、蒙山，[2]扇動郡縣。虜率大衆攻之，其别將梁湛母在虜，虜執其母，使湛告部曲曰：“大軍已去，獨住何爲!”於是衆情離阻，一時奔退。崇祖謂左右曰：“今若俱退，必不獲免。”乃住後力戰，大敗追者而歸。[3]以久勞，封下邳縣子。[4]

[1]入虜界七百里：“里”字原脱，中華本校勘記云：“據南監本、殿本、局本及《通鑑》宋明帝泰始七年補。”今從補。

[2]據南城固、蒙山：《通鑑》卷一三三《宋紀十五》“明帝泰始七年”條，胡三省注：“魏收《志》：蒙山在東安郡新泰縣東南。”

按，此二句中華本句讀作“據南城，固蒙山”。朱季海《校議》云：“《魏書·高祖紀》：‘延興元年，劉彧將垣崇祖率衆二萬自郁州寇東兗州，屯於南城固。’南城固，地名，郭緣生《述征記》所云‘丘壟可阻謂之固’是也……此文當標作‘據南城固、蒙山’，並泰山郡地。”（第53頁）朱説有據，今從改。

[3]大敗追者而歸：“追者”二字原無，中華本據南監本、局本補。今從補。

[4]封下邳縣子：子爲五等封爵的第四等。下邳縣爲子爵的食邑。

泰豫元年，[1]行徐州事，徙戍龍沮，[2]在朐山南。崇祖啓斷水注平地，[3]以絶虜馬。帝以問劉懷珍，[4]云可立。崇祖率將吏塞之，未成。虜主謂僞彭城鎮將平陽公曰：“龍沮若立，國之耻也，以死争之。”數萬騎掩至。崇祖馬槊陷陣不能抗，乃築城自守。會天雨十餘日，虜乃退。龍沮竟不立。歷盱眙、平陽、東海三郡太守，[5]將軍如故。轉邵陵王南中郎司馬，[6]復爲東海太守。

[1]泰豫：宋明帝年號。　元年：原訛“九年”。中華本校勘記云：“按泰豫止一年，明‘九’乃‘元’字之訛，今改正。”今從改。

[2]行徐州事，徙戍龍沮：暫代徐州刺史。徐州州治彭城已陷於魏，故遷戍龍沮。龍沮，城名，亦稱“龍且”。相傳韓信攻齊時，楚將龍沮所築，故名。故址在今江蘇東海縣南六十里。

[3]斷水注平地：指堵蓄山水，用以淹灌平地之敵。“注”原作“清”。中華本校勘記云：“各本並訛，據《元龜》四百三十六改。”今從改。

[4]帝以問劉懷珍：劉懷珍時爲使持節、都督徐兗二州軍事、輔國將軍、徐州刺史。詳見本書卷二七《劉懷珍傳》。

[5]盱眙：郡名。治所在今江蘇盱眙縣。　平陽：郡名。治所在今山東鄒城市。　東海：郡名。治所在今江蘇漣水縣。

[6]邵陵王：宋明帝劉彧第七子劉友（字仲賢）。年五歲，出爲南中郎將，江州刺史，封邵陵王。《宋書》卷九〇、《南史》卷一四有傳。　南中郎：南中郎將。四中郎將之一，爲榮譽加號將軍的第二等。　司馬：垣崇祖在南中郎將府任司馬，主持軍府事務。

初，崇祖遇太祖於淮陰，太祖以其武勇，善待之。崇祖謂皇甫肅曰："此真吾君也，吾今逢主矣，所謂千載一時。"[1]遂密布誠節。元徽末，太祖憂慮，[2]令崇祖受旨即以家口託皇甫肅，勒數百人將入虜界，[3]更聽後旨。會蒼梧廢，[4]太祖召崇祖領部曲還都，除游擊將軍。[5]

[1]"此真吾君也"至"所謂千載一時"：清牛運震《讀史糾謬》卷七《南齊書糾謬》云："按，此數語頗失之繁，不如《南史》'此真吾君也'一語爲簡至。"

[2]元徽末，太祖憂慮：元徽，宋蒼梧王年號。蒼梧王劉昱暴虐，誅殺大臣，時蕭道成任中領軍，蒼梧數次聲言要誅殺他。道成憂慮，曾動過起兵投魏的念頭，經親信勸戒乃止。参見本書卷一《高帝紀上》及《通鑑》卷一三四《宋紀十六》"順帝昇明元年"條。

[3]"令崇祖"至"將入虜界"：指令崇祖做好起兵投魏的準備。

[4]蒼梧廢：指元徽五年（477），蕭道成暗中使人誅殺蒼梧王，另立其弟劉準爲帝，是爲宋順帝，改元昇明。

[5]游擊將軍：禁衛軍官。晋哀帝時改左軍將軍爲游擊將軍，南齊沿制。分掌宿衛營兵。秩四品。

沈攸之事平，[1]以崇祖爲持節、督兖青冀三州諸軍事，[2]累遷冠軍將軍、兖州刺史。太祖踐阼，[3]謂崇祖曰："我新有天下，夷虜不識運命，必當動其蟻衆，以送劉昶爲辭。[4]賊之所衝，必在壽春。能制此寇，非卿莫可。"徙爲使持節、監豫司二州諸軍事、豫州刺史，[5]將軍如故。封望蔡縣侯，[6]七百户。

[1]沈攸之事：指宋順帝昇明元年（477）荆州刺史沈攸之因不滿蕭道成擅政，自荆州起兵反，東下途中戰敗自殺。詳見《通鑑》卷一三四《宋紀十六》"順帝昇明元年"條。

[2]持節：君主授予臣下權力的方式之一。節代表皇帝的特殊命令，如奉命出使、節制軍事，往往有持節之制。分使持節、持節、假節三等：使持節得殺二千石以下；持節得殺無官位的人，若遇軍事，得與使持節同；假節唯軍事得殺違軍令者。見《宋書·百官志上》。　督：性質與持節同，專用於軍事。也分都督、監、督三種。都督對屬州有指揮督察之權及徵調兵員、財物之權。　兖：州名。南朝宋泰始二年（466）僑置，治淮陰縣，在今江蘇淮安市淮陰區。　青冀：均爲州名。南朝宋僑置，治鬱洲，在今江蘇連雲港市東雲臺山一帶。

[3]太祖踐阼：指昇明三年（479），宋順帝遜位於齊王蕭道成，道成就帝位，改國號爲齊，改元建元。是爲齊高帝，廟號太祖。

[4]以送劉昶（chǎng）爲辭：宋順帝禪位，北魏以爲可用劉昶歸承大統爲借口，向南用兵。劉昶，宋文帝第九子。宋前廢帝即位後，誅殺大臣和宗親。景和元年（465），昶懼禍逃奔北魏。魏人

重之，使尚公主，拜侍中、征南將軍、駙馬都尉，賜爵丹陽王。詳見《通鑑》卷一三〇《宋紀十二》“明帝泰始元年”條。

[5]司：州名。即司州，治平陽縣，在今河南信陽市。

[6]封望蔡縣侯：中華本校勘記云：“‘蔡’原訛‘泰’，各本不訛，今改正。”今從改。望蔡縣，即今江西上高縣。時爲侯爵的食邑，侯爲第二等封爵。

建元二年，虜遣僞梁王郁豆眷及劉昶，[1]馬步號二十萬，寇壽春。崇祖召文武議曰：“賊衆我寡，當用奇以制之。當脩外城以待敵，城既廣闊，非水不固，今欲堰肥水却淹爲三面之險，[2]諸君意如何？”衆曰：“昔佛狸侵境，[3]宋南平王士卒完盛，[4]以郭大難守，退保内城。今日之事，十倍於前。古來相承，不築肥堰，皆以地形不便，積水無用故也。若必行之，恐非事宜。”崇祖曰：“卿見其一，不識其二。若捨外城，賊必據之，外脩樓櫓，[5]内築長圍，四周無礙，表裏受敵，此坐自爲擒。守郭築堰，是吾不諫之策也。”[6]乃於城西北立堰塞肥水，[7]堰北起小城，周爲深塹，使數千人守之。崇祖謂長史封延伯曰：[8]“虜貪而少慮，必悉力攻小城，圖破此堰。見塹狹城小，謂一往可剋，當以蟻附攻之。放水一激，急踰三峽，事窮奔透，自然沈溺。此豈非小勞而大利邪？”虜衆由西道集堰南，分軍東路肉薄攻小城。崇祖著白紗帽，肩轝上城，手自轉式。[9]至日晡時，決小史埭。水勢奔下，虜攻城之衆，漂墜塹中，人馬溺死數千人，衆皆退走。

［1］梁王郁豆眷：《通鑑》卷一三五《齊紀一》“高帝建元二年”條作“梁郡王嘉”。

［2］堰：攔水的堤壩。　肥水：《通鑑》卷一三五《齊紀一》胡三省注：“據《水經》：肥水自黎漿亭北流，過壽春城東。”朱季海《校議》云：“今吴中光福有上堰、下堰。吴郊有黄埭。是皆江東舊語，因地名而存者矣。”（第53頁）

［3］昔佛狸侵境：北魏太武皇帝拓拔燾，字佛狸。宋元嘉二十七年（450）三月，其帥師南侵入豫州。

［4］南平王：宋文帝第四子劉鑠（字休玄），封南平王。時爲豫州刺史，堅守城池。拓拔燾攻城四十餘日不能下，引兵還。詳見《通鑑》卷一二五《宋紀七》“文帝元嘉二十七年”條。

［5］樓櫓：古代軍中用以瞭望、攻守的無頂蓋的高臺，建於地面或車、船之上。

［6］不諫之策：《通鑑》卷一三五《齊紀一》胡三省注：“言策已先定，足以制敵，不爲人所諫止。”

［7］乃於城西北立堰塞肥水：《通鑑》卷一三五《齊紀一》胡三省注：“西北，虜衝地；又因上流之勢可決以灌虜。今安豐軍有小史埭，即崇祖決堰處。”

［8］封延伯：事寡嫂甚謹，三世同財，有學行。官至長史。本書卷五五有傳。

［9］轉（zhuàn）式：運轉卜具以占吉凶。式，通“栻”。《御覽》卷六九八引晋裴啓《語林》：“鄭玄亦疑有追，乃坐橋下據屐，融果轉式逐之，告左右曰‘玄在土下水上而據木，此必死矣。’遂罷追矣。”

初，崇祖在淮陰，見上，便自比韓信、白起，[1]咸不信，唯上獨許之，崇祖再拜奉旨。及破虜啓至，上謂朝臣曰：“崇祖許爲我制虜，果如其言。其恒自擬韓、白，今真其人也。”進爲都督號平西將軍，[2]增封爲千五百户。崇祖聞陳顯達李安民皆增給軍儀，[3]啓上求鼓吹横吹。[4]上敕曰：“韓、白何可不與衆異。”給鼓吹一部。

[1]韓信、白起：漢韓信、戰國秦白起，兩人皆以善用兵著稱於史。

[2]平西將軍：四平將軍之一，南朝爲榮譽加號將軍。分爲八品次，“四平”屬五等。參見《通典》卷二八《職官四》。

[3]崇祖聞陳顯達李安民皆增給軍儀：陳顯達、李安民皆爲齊高帝腹心戰將，屢立戰功，但高帝並未增給軍儀（軍中儀仗隊）。陳顯達，本書卷二六有傳。李安民，本書卷二七有傳。

[4]鼓吹横吹：皆指軍樂隊。鼓吹用打擊樂器，横吹衹用吹奏樂器。

崇祖慮虜復寇淮北，啓徙下蔡戍於淮東。[1]其冬，虜果欲攻下蔡，既聞内徙，乃揚聲平除故城。衆疑虜當於故城立戍，崇祖曰：“下蔡去鎮咫尺，[2]虜豈敢置戍；實欲除此故城，政恐奔走殺之不盡耳。”虜軍果夷掘下蔡城，崇祖自率衆渡淮與戰，大破之，追奔數十里，[3]殺獲千計。上遣使入關參虜消息還，[4]敕崇祖曰：“卿視吾是守江東而已邪？[5]所少者食，卿但努力營田，自然平殄殘醜。”敕崇祖修治芍陂田。[6]

[1]啓徙下蔡戍於淮東：指將原置於下蔡縣（今安徽鳳臺縣）的防守兵戍遷到淮東（當時對安徽淮河南岸一帶的俗稱）。

[2]下蔡去鎮咫尺：指下蔡縣距離豫州鎮所壽春很近。

[3]追奔數十里：中華本校勘記云：“‘里’原訛‘百’，今據

南監本、殿本、局本改正。”今從改。

[4]入關：指入正陽關，在今安徽壽縣西六十里之正陽鎮，夾淮而峙，爲淮河南北要塞。　參：偵察。

[5]卿視吾是守江東而已邪：言下有北伐統一中原之意。朱季海《校議》云：“道成此言，規模宏遠，當時文武，唯崇祖足以語此耳。自此二人云亡，而齊之君臣，無復以河、朔爲念者矣。”（第54頁）

[6]芍陂田：指今安徽壽縣南安豐塘一帶的陂田。芍陂，又名龍泉陂，相傳爲春秋楚莊王時孫叔敖主持修造。“芍陂”原作“苟陂”。中華本校勘記云：“據局本改。按錢大昕《廿二史考異》云‘苟’當作‘芍’。局本據錢説改。又按《御覽》三百三十三引及《元龜》五百三並作‘芍陂’。”今從改。

世祖即位，徵爲散騎常侍、左衛將軍。[1]俄詔留本任，加號安西。[2]仍遷五兵尚書，[3]領驍騎將軍。[4]初，豫章王有盛寵，[5]世祖在東宫，崇祖不自附結。及破虜，詔使還朝，與共密議，[6]世祖疑之，曲加禮待，酒後謂崇祖曰：“世間流言，我已豁諸懷抱，[7]自今已後，富貴見付也。”崇祖拜謝。崇祖去後，上復遣荀伯玉口敕，[8]以邊事受旨夜發，不得辭東宫，[9]世祖以崇祖心誠不實，[10]銜之。太祖崩，慮崇祖爲異，[11]便令内轉。永明元年四月九日，詔曰：“垣崇祖凶詬險躁，少無行業。昔因軍國多虞，採其一夫之用。[12]大運光啓，[13]頻煩升擢，溪壑靡厭，浸以彌廣。[14]去歲在西，[15]連謀境外，無君之心，已彰遐邇。特加遵養，庶或悛革。而猜貳滋甚，志興亂階，[16]隨與荀伯玉驅合不逞，窺窬非覬，構扇邊荒，[17]互爲表裏。寧朔將軍孫景育究悉姦計，[18]具以啓聞。除惡務本，刑兹罔赦。便可收掩，肅明憲辟。”[19]死時年四十四。[20]子惠隆，徙番禺卒。[21]

[1]散騎常侍：門下省官。掌奏事，直侍左右。秩三品。　左衛將軍：禁衛軍官。分掌宿衛營兵。秩四品。

[2]加號安西：指正職以外所加的官職。安西，指安西將軍，爲“四安將軍”之一。在八個品次的雜號將軍中，四安將軍爲第四等。參見《通典》卷二八《職官十》。

[3]五兵尚書：五部尚書之一。掌中兵、外兵二曹。秩三品。

[4]驍騎將軍：禁衛軍官。分掌宿衛營兵。秩四品。

[5]豫章王：齊高帝第二子蕭嶷（字宣儼），寬仁弘雅，有大成之量，高帝特鍾愛，一度曾擬改立嶷爲太子。詳見本書卷二二《豫章文獻王傳》。

[6]與共密議：指垣崇祖與豫章王密議。

[7]世間流言，我已豁諸懷抱：世祖蕭賾暗示崇祖與豫章王密議事他早知道，但他寬弘大量，不放在心。語外之意是要拉攏崇祖。

[8]上：指齊高帝。　荀伯玉：忠於齊高帝，帝愈見親信，軍國密事，多委使之。詳見本書卷三一《荀伯玉傳》。

[9]不得辭東宫：指垣崇祖因受旨連夜出發，未能向太子蕭賾辭行。

[10]心誠不實：中華本校勘記云：“‘心誠不實’南監、局本作‘不盡誠心’。”按，《南史》卷二五亦作“不盡誠心”。

[11]慮崇祖爲異：指武帝蕭賾懼崇祖起兵反對他繼位。

[12]一夫之用：指尚有一夫之勇可用，但無兼人之能。

[13]大運光啓：指齊承天命開國，皇恩浩蕩。

[14]溪壑靡厭，浸以彌廣：形容崇祖欲壑難填，貪心不足。“浸”原作“恐”，中華本據南監本、殿本改。今從改。

［15］去歲在西：指垣崇祖在鎮守豫州期間。

［16］亂階：禍端。

［17］構扇邊荒：指扇動邊地草民作亂。

［18］寧朔將軍：加號雜號將軍。

［19］憲辟：法紀。

［20］死時年四十四：《通鑑》卷一三五《齊紀一》“武帝永明元年”條謂：“丁亥，下詔誣崇祖招結江北荒人，欲與伯玉（荀伯玉，太祖心腹）作亂，皆收殺之。”又按，《南史》卷二五此後云：“故人無敢至者，獨有前豫州主簿夏侯恭叔出家財爲殯，時人以比欒布。”

［21］番禺：縣名。在今廣東廣州市境内。

張敬兒，[1]南陽冠軍人也。[2]本名苟兒，宋明帝以其名鄙，改焉。父醜，爲郡將軍，[3]官至節府參軍。[4]

［1］張敬兒：《南史》卷四五亦有傳，行實有增補。

［2］南陽：郡名。治宛縣，在今河南南陽市。　冠軍：縣名。治鄧縣，在今河南鄧州市。

［3］郡將軍：《宋書·百官志》無“郡將軍”官銜，其他有關史籍，亦未見此官銜。當作“郡將”，疑衍一“軍”字。待考。

［4］節府參軍：節府不明是何機構，可能是指使持節將軍府之參軍。

敬兒年少便弓馬，有膽氣，好射虎，發無不中。南陽新野風俗出騎射，[1]而敬兒尤多膂力，求入隊爲曲阿戍驛將，[2]州差補府將，[3]還爲郡馬隊副，轉隊主。稍官寧蠻府行參軍。[4]隨同郡人劉胡領軍伐襄陽諸山蠻，[5]深入險阻，所向皆破。又擊湖陽蠻，[6]官軍引退，蠻賊追者數千人，敬兒單馬在後，衝突賊軍，數十合，殺數十人，箭中左腋，賊不能抗。

[1]新野：縣名。即今河南新野縣。

[2]曲阿戍：在曲阿縣，即今江蘇丹陽市。　驛將：戍守驛站的軍官。驛站，古時供傳遞文書、官員來往及運輸等中途暫息、住宿的寓所。

[3]府將：保衛州府的軍官。

[4]寧蠻府：指寧蠻校尉府，寧蠻校尉主護少數民族。治襄陽，在今湖北襄陽市。

[5]劉胡：南陽涅陽人。本以面坳黑似胡，故名坳胡，及長，單名胡。出身郡將，稍至隊主。討伐諸蠻，往無不捷，蠻甚畏憚之。宋明帝即位，除越騎校尉。小兒啼哭，語"劉胡來"便止。《宋書》卷八四、《南史》卷四〇有傳。

[6]湖陽蠻：中華本校勘記云："'湖陽'，《南史·張敬兒傳》、《元龜》三百九十五作'胡陽'。"按，湖陽即今河南唐河縣，"胡陽"乃湖陽之別稱。

平西將軍山陽王休祐鎮壽陽，[1]求善騎射人。敬兒自占見寵，[2]爲長兼行參軍，[3]領白直隊。[4]泰始初，[5]除寧朔將軍，隨府轉參驃騎軍事，[6]署中兵。[7]領軍討義嘉賊，[8]與劉胡相拒於鵲尾洲，[9]啓明帝乞本郡，事平，爲南陽太守，[10]將軍如故。初，王玄謨爲雍州，[11]土斷敬兒家屬舞陰，敬兒至郡，復還冠軍。

[1]山陽王休祐：宋文帝第十三子劉休祐，年十一，封山陽王。

明帝即位，改封晋平王。　壽陽：壽春（今安徽壽縣）。宋明帝泰始二年（466）以山陽王休祐爲豫州刺史，鎮壽陽。詳見《宋書》卷七二《文九王傳》。

［2］自占：自來歸附。《南史》卷四五作“善事人”。

［3］長兼：非正授。“長”原作“長史”。中華本據《南史》卷四五删去“史”字。

［4］白直隊：南朝時在官當職無月薪的小吏稱白直。這裏泛指正額以外的軍隊。

［5］泰始：宋明帝年號。

［6］隨府轉參驃騎軍事：指山陽王休祐由平西將軍轉驃騎將軍，張敬兒亦隨之轉爲驃騎將軍府參軍。驃騎將軍在加號將軍八品次中，居第一品次。又《唐六典》卷五引《齊職儀》曰：“驃騎品秩第二，金章紫綬，絳朝服，佩水蒼玉。”

［7］署中兵：加署爲中兵將軍（不入品次的雜號將軍）。

［8］領軍討義嘉賊：宋明帝泰始二年（466）春，晋安王劉子勛（孝武帝子）在尋陽稱帝，改元義嘉。因以“義嘉”代稱子勛。一時各州郡紛紛投向子勛，形勢危急。詳見《通鑑》卷一三一《宋紀十三》“明帝泰始二年”條。

［9］與劉胡相拒於鵲尾洲：當時劉胡也投奔子勛，並爲豫州刺史，領兵攻臺軍。張敬兒時領兵隨沈攸之征戰義嘉軍。鵲尾洲，《通鑑》卷一三一《宋紀十三》胡三省注：“鵲洲，在宣城郡南陵縣，《左傳》之鵲岸也。杜預曰：鵲岸，謂廬江舒縣鵲尾渚。審是，則鵲頭在宣城界，鵲尾在廬江界，鵲洲則江中之洲也。”劉胡在鵲尾洲戰敗，逃至石城，被捕獲，斬之。

［10］爲南陽太守：《南史》卷四五此後有插叙云：“敬兒之爲襄陽府將也，家貧，每休假輒傭賃自給。嘗爲城東吴泰家擔水，通泰所愛婢。事發，將被泰殺，逃賣棺材中，以蓋加上，乃免。及在鵲尾洲，啓明帝云：‘泰以絲助雍州刺史袁顗爲弩弦，黨同爲逆。若事平之日，乞其家財。’帝許之。至是收籍吴氏，唯家人倮身得出，

僮役財貨直數千萬，敬兒皆有之。先所通婢，即以爲妾。”

[11]王玄謨：字彥德，太原祁人。歷仕宋齊。宋孝武伐逆，玄謨將兵赴義，事平，除徐州刺史。尋爲雍州刺史，加都督。《南史》卷一六《王玄謨傳》：“雍土多諸僑寓，玄謨上言所統僑郡無有境土，新舊錯亂，租課不時，宜加并合。見許。乃省并郡縣，自此便之。”按，下句“土斷”即指此。

三年，薛安都子柏令、環龍等竊據順陽、廣平，[1]略義成、扶風界，[2]刺史巴陵王休若遣敬兒及新野太守劉攘兵攻討，[3]合戰，破走之。徙爲順陽太守，將軍如故。[4]

[1]薛安都：原仕宋，爲徐州刺史，投晋陽王子勛。子勛敗，投北魏。《宋書》卷八八、《魏書》卷六一、《南史》卷四〇、《北史》卷三九有傳。又《通鑑》卷一三二《宋紀十四》“明帝泰始三年”條“柏令”作“令伯”，並云：“薛安都子令伯亡命梁、雍之間，聚黨數千人，攻陷郡縣。秋七月，雍州刺史巴陵王休若遣南陽太守張敬兒等擊斬之。”　順陽：郡名。治所在今河南淅川縣。　廣平：郡名。東晋置，治所原在今湖北襄陽市，南朝宋遷治廣平縣，在今河南鄧州市東南。中華本校勘記引張森楷《校勘記》云：“據子顯《齊書》避諱例，‘順陽’疑原作‘從陽’。”今按，蕭子顯乃避“順”字，並非避“從”字。

[2]義成：郡名。東晋置，治所原在襄陽，南朝宋移治均口（今湖北均縣北）。　扶風：郡名。原治槐里縣（今陝西興平市），西晋移治池陽縣（今陝西涇陽縣）。

[3]巴陵王休若：宋文帝第十九子。泰始二年（466），由會稽太守遷雍州刺史（東晋僑置，治所在今湖北襄陽市）。詳見《宋書》卷七二、《南史》卷一四本傳。　新野：郡名。治所在今河南

新野縣。

［4］將軍如故：將軍指上段所寫“平西將軍”。

南陽蠻動，[1]復以敬兒爲南陽太守。遭母喪還家，朝廷疑桂陽王休範，密爲之備，[2]乃起敬兒爲寧朔將軍、越騎校尉。[3]桂陽事起，[4]隸太祖頓新亭，[5]賊矢石既交，休範白服乘轝往勞樓下，[6]城中望見其左右人兵不多，敬兒與黄回白太祖曰：[7]“桂陽所在，備防寡闕，若詐降而取之，此必可擒也。”太祖曰：“卿若能辦事，當以本州相賞。”敬兒相與出城南，放仗走，大呼稱降，休範喜，召至轝側，回陽致太祖密意，休範信之。回目敬兒，敬兒奪取休範防身刀，斬休範首，[8]休範左右數百人皆驚散，敬兒馳馬持首歸新亭。除驍騎將軍，加輔國將軍。[9]

［1］南陽蠻：上段所言“湖陽蠻”。

［2］朝廷疑桂陽王休範，密爲之備：《南史》卷一四《桂陽王休範傳》：“及明帝晏駕，主幼時艱，休範自謂宗戚莫二，應居宰輔。事既不至，怨憤彌結，招引勇士，繕修器械。行人經過尋陽者，莫不降意折節，於是至者如歸。朝廷知之，密相防禦。”

［3］越騎校尉：禁衛軍四校尉之一，分掌宿衛騎兵。秩四品。

［4］桂陽事起：蒼梧王元徽二年（474）五月，江州刺史桂陽王劉休範自江州反，率衆二萬，順江東下京城建康。時蕭道成參與輔政，用以逸待勞戰術，於京城各戰略要地分兵作好反擊準備。詳見《通鑑》卷一三三《宋紀十五》“蒼梧王元徽二年”條。

［5］隸太祖頓新亭：時張敬兒隸屬蕭道成，同守新亭。新亭，城堡名。三國吴始築，在今江蘇南京市西南。地近江濱，依山而

築，時爲軍事要衝。

［6］休範白服乘轝往勞樓下：休範由尋陽很快到達建康登岸。《通鑑》卷一三三《宋紀十五》云："休範白服，乘肩輿，自登城南臨滄觀。"胡三省注："臨滄觀在勞山上，江寧縣南十五里，亦曰勞勞亭。"

［7］黄回：竟陵郡人，仕宋。討元凶有功，勇力兼人，宋明帝愛重。元徽初，隸右衛將軍蕭道成，以功封葛陽縣男。《宋書》卷八三、《南史》卷四〇有傳。

［8］斬休範首：《通鑑》卷一三三《宋紀十五》云："屯騎校尉黄回與越騎校尉張敬兒謀詐降以取之……敬兒以白道成。道成曰：'卿能辦事，當以本州相賞。'乃與回出城南，放仗走，大呼稱降。休範喜，召至輿側。回陽致道成密意，休範信之，以二子德宣、德嗣付道成爲質。二子至，道成即斬之。休範置回、敬兒於左右，所親李恒、鍾爽諫，不聽。時休範日飲醇酒，回見休範無備，目敬兒；敬兒奪休範防身刀，斬休範首，左右皆散走。敬兒騎馬持首歸新亭。"

［9］輔國將軍：《南史》卷四五此句後云："高帝置酒謂敬兒曰：'非卿之功無今日。'"

太祖以敬兒人位既輕，[1]不欲便使爲襄陽重鎮，[2]敬兒求之不已，乃微動太祖曰："沈攸之在荆州，公知其欲何所作？不出敬兒以防之，恐非公之利也。"太祖笑而無言，乃以敬兒爲持節、督雍梁二州郢司二郡軍事、雍州刺史，[3]將軍如故，封襄陽縣侯，二千户。部伍泊沔口，[4]敬兒乘舴艋過江，[5]詣晋熙王燮。[6]中江遇風船覆，左右丁壯者各泅走，餘二小吏没艙下，[7]叫呼"官"，敬兒兩掖挾之，隨船覆仰，常得在水上，如此翻覆行數十里，方得迎接。失所持節，更給之。

［1］人位既輕：中華本校勘記云："'位'原訛'依'，各本不訛，今改正。"

［2］襄陽重鎮：襄陽（今湖北襄陽市）乃雍州刺史鎮所，轄河南諸郡，與北魏毗鄰，故云重鎮。

［3］乃以敬兒爲持節、督雍梁二州郢司二郡軍事、雍州刺史：中華本校勘記引清錢大昕《廿二史考異》云："按雍州刺史常兼督郢州之竟陵，司州之隨郡，非盡督司、郢二州也。《柳世隆傳》稱'持節督雍梁二州郢州之竟陵司州之隨郡諸軍事、征虜將軍、寧蠻校尉、雍州刺史、新除鎮軍將軍張敬兒'，蓋得其實。此傳但云郢、司二郡，殊未核也。敬兒初鎮雍州，官征虜將軍，本傳亦未之及。"

［4］沔口：一名漢口。即今湖北漢江入長江之口。

［5］舴艋：小船。

［6］晋熙王燮：宋明帝第六子劉燮，繼劉昶封爲晋熙王。時爲郢州刺史，鎮夏口。《宋書》卷七二、《南史》卷一四有傳。

［7］艑（lún）：船。

沈攸之聞敬兒上，[1]遣人伺覘。見雍州迎軍儀甚盛，慮見掩襲，密自防備。敬兒至鎮，厚結攸之，信饋不絶。得其事迹，密白太祖。攸之得太祖書翰，論選用方伯密事，[2]輒以示敬兒，以爲反間，敬兒終無二心。元徽末，襄陽大水，平地數丈，百姓資財皆漂没，襄陽虚耗。太祖與攸之書，令賑貸之，攸之竟不歷意。敬兒與攸之司馬劉攘兵情款，[3]及蒼梧廢，敬兒疑攸之當因此起兵，密以問攘兵，攘兵無所言，寄敬兒馬鐙一隻，[4]敬兒乃爲之備。昇明元年冬，攸之反，遣使報敬兒，敬兒勞接周至，爲設酒食，謂之曰："沈公那忽使君來，君殊可命。"乃列仗於廳事前斬之，集部曲，偵攸之下，[5]當襲江陵。

[1]沈攸之聞敬兒上：當時沈攸之爲荆州刺史，鎮江陵（今湖北荆州市），爲江左大鎮，欲探悉鄰近雍州刺史張敬兒情況。

[2]選用方伯：指選用誰擔任州郡長官之事。

[3]劉攘兵：巴東太守，原勒兵斷峽，阻沈攸之兵下。其子天賜爲荆州西曹，乃攸之下屬，攸之遣天賜往諭其父。攘兵釋甲謝愆，爲攸之所重，而攘兵實則密結張敬兒。詳見《通鑑》卷一三五《宋紀十六》"蒼梧王元徽四年"條。

[4]寄敬兒馬鐙一隻：暗示兵馬即將啓動。馬鐙，挂在馬背兩側騎乘者所用的脚踏。

[5]偵攸之下：指偵察到沈攸之叛軍由荆州鎮所江陵東下。偵原作"傾"。中華本校勘記云："'傾'南監本、殿本作'頓'，皆'偵'字之形訛。今據《通鑑》改。按《通鑑》胡注云：'偵，候也。'"今從改。

時攸之遺太祖書曰：

吾聞魚相忘於江湖，人相忘於道術，[1]彼我可謂通之矣。大明之中，[2]謬奉聖主，忝同侍衛，情存契闊，[3]義著斷金，[4]乃分帛而衣，等糧而食。[5]值景和昏暴，[6]心爛形燋，若斯之苦，寧可言盡。吾自分碎首於閣下，[7]足下亦懼滅族於舍人。[8]爾時盤石之心既固，義無貳計，蹙迫時難，相引求全。天道矜善，此理不空。結姻之始，實關於厚。[9]及明帝龍飛，諸人皆爲鬼矣。[10]吾與足下，得蒙大造，[11]親過夙眷，遇若代臣，[12]録其心迹，復忝驅使，臨崩之日，吾豫在遺託，[13]加榮授寵，恩深位高。雖復情謝古人，粗識忠節，誓心仰報，期之必死。此誠志竟未申遂，先帝登遐，微願永奪。自爾已來，與足下言面殆絶，[14]非唯分張形跡，[15]自然至此，脱枉一告，未常不對紙流涕，豈願相誚於今哉。苟有所懷，不容不白。

[1]魚相忘於江湖，人相忘於道術：語出《莊子・大宗師》。宋孫奕《履齋示兒編・道術》："途之大者謂之道，小者謂之術……莊周以江湖對道術而言，則直指爲道路無疑矣。"按，此二句蓋慨嘆人情淡薄。"忘"原作"望"，從中華本改。

[2]大明：宋孝武帝年號。《通鑑》卷一三四《宋紀十六》"順帝昇明元年"條云："初，沈攸之與蕭道成於大明、景和之間同直殿省，深相親善，道成女爲攸之子中書侍郎文和婦。"

[3]情存契闊：謂結爲生死之交。語出《詩・邶風・擊鼓》："死生契闊，與子成説。""情"字原無，衍一"衛"字。從中華本改。

[4]義著斷金：謂二人意氣相合，友情堅固。《易・繫辭上》："二人同心，其利斷金。"孔穎達疏："金是堅固之物，能斷而截之，盛言利之甚也。"

[5]分帛而衣，等糧而食：指衣食不分你我，形容感情極其相投。

[6]值景和昏暴：指宋前廢帝劉子業昏暴，誅殺大臣，朝中人人自危。當時二人都擔心受害。景和，前廢帝年號，代指前廢帝。

[7]吾自分碎首於閤下：前廢帝時，沈攸之爲直閤將軍（掌宫殿警衛）。"閤下"蓋指此。

[8]足下亦懼滅族於舍人：當時蕭道成曾爲直閤中書舍人（掌

呈奏案章)。“舍人”蓋指此。

[9]結姻之始，實關於厚：指二人結爲兒女親家之初，關係很深。

[10]及明帝龍飛，諸人皆爲鬼矣：指宋明帝劉彧登位，當時舊臣大都被前廢帝殺害。

[11]大造：大恩。這裏指新皇明帝的大恩德。

[12]遇若代臣：代，漢初同姓九國之一。漢文帝劉恒以代王入爲皇帝。這裏比况以湘東王入爲皇帝的劉彧，歌頌其爲明主。

[13]臨崩之日，吾豫在遺託：《通鑑》卷一三五《宋紀十五》“明帝泰豫元年”條：“夏四月，上大漸……郢州刺史沈攸之並受顧命。褚淵素與蕭道成善，引薦於上，詔又以道成爲右衛將軍，領衛尉，與袁粲等共掌機事。是夕，上殂。”

[14]言面：晤談，見面相談。

[15]非唯分張形跡：謂言面殆絕不僅是因爲分處異地。言下之意，還有更重要的原因。

初得賢子賾疏，[1]云得家信，云足下有廢立之事，安國寧民，此功巍巍，非吾等常人所能信也。俄奉皇太后假令，[2]云足下潛構深略，獨斷懷抱，一何能壯。但冠雖弊，不可承足，[3]蓋共尊高故耳。足下交結左右，親行殺逆，以免身患。卿當謂龍逄、比干，[4]癡人耳。凡廢立大事，不可廣謀，但袁、褚遺寄，[5]劉又國之近戚，[6]數臣地籍實爲膏腴，人位並居時望，若此不與議，復誰可得共披心胸者哉？昏明改易，[7]自古有之，豈獨大宋中屯邪？[8]

[1]初得賢子賾疏：中華本校勘記云："'賾'原作'諱'，據殿本改。"今從改。

[2]皇太后：指宋明帝妻王皇后。初拜淮陽王妃，明帝即位，立爲皇后。後廢帝即位，尊爲皇太后。　假令：給予的手令。

[3]冠雖弊，不可承足：比喻不能上下、尊卑顛倒。《史記》卷一二一《儒林列傳》："冠雖敝，必加於首；履雖新，必關於足。何者？上下之分也。"

[4]龍逢：關龍逢，夏之賢人，因諫而爲桀所殺。　比干：殷之賢臣，因諫而被紂所殺。此二人爲歷史上忠臣的代稱。《莊子·胠篋》："昔者龍逢斬，比干剖。"此處乃嘲笑蕭道成視忠臣爲"癡人"。

[5]袁：指尚書令袁粲。　褚：指尚書右僕射、護國將軍褚淵。　遺寄：指明帝臨終遺命所寄托。

[6]劉又國之近戚：指中書令劉秉乃劉宋宗親。按，以上蓋責備蕭道成獨斷專行，擅行廢立之事。

[7]昏明改易：指廢昏君，改立明君。

[8]中屯（zhūn）：艱難困頓。

前代盛典，焕盈篇史，請爲足下言之。群公共議，宜啓太后，奉令而行，當以王禮出第。足下乃可不通大理，要聽君子之言，豈可罔滅天理，一何若兹？《孝經》云"資於事父以事君"。[1]縱爲宗社大計，不爾，寧不識有君親之意邪？乃復慮以家危，啗以爵賞，小人無狀，遂行弑害。[2]吾雖寡識，竊求古比，豈有爲臣而有近日之事邪？[3]使一旦荼毒，身首分離，生自可恨，死者何罪？且有登齋之賞，[4]此科出於何文？凡在臣隸，誰不惋駭。華夷扣心，[5]行路泣血。乃至不殯，使流蟲在户，[6]自古以來，此例有幾？衛國微小，故有弘演，[7]不圖我宋，獨無其人。撫膺惆悵，不能自已。足下與向之殺者何異？[8]人情易反，還成嗟悲，爲子君者，無乃難乎！蹊田之譬，[9]豈復有異？管仲有言，君善未嘗不諫。[10]足下諫諍不聞，甘崔杼之罪，[11]何惡逆之苦！[12]

[1]資於事父以事君：《孝經・士》："資於事父以事君……故以孝事君則忠。"邢昺注："資，取也。"

[2]小人無狀，遂行弒害：此指蕭道成通過密謀，勾結後廢帝貼身護衛楊玉夫、陳奉伯等人，乘廢帝醉卧時取帝防身刀刎之。詳見《通鑑》卷一三四《宋紀十六》"順帝昇明元年"條。

[3]近日之事：喻犯上之事。

[4]登齋之賞：進獻齋食素餐以作對謀弒者的獎賞。

[5]華夷扣心：謂中外痛心。

[6]乃至不殯，使流蟲在户：指後廢帝被殺後，多日未殯葬，尸體腐爛生蟲。

[7]衛國微小，故有弘演：春秋衛懿公臣弘演，奉使未還，狄人攻衛，殺懿公，盡食其肉，獨舍其肝。弘演回，拾其肝，呼天而號曰："臣請爲襮。"因自刳其腹，納懿公肝而死。見《左傳》閔公二年。

[8]向之殺者：指殘暴殺死衛懿公的狄人。

[9]蹊田之譬：《左傳》宣公十一年："抑人亦有言曰：'牽牛以蹊人之田，而奪之牛。牽牛以蹊者，信有罪矣，而奪之牛，罰已重矣。'"後以蹊田奪牛比喻乘機從中謀利。這裏比喻蕭道成乘亂攬權。

[10]管仲有言，君善未嘗不諫：《管子・君臣》："上以匡主之

過，下以振民之病者，忠臣之所行也。”“君善未嘗不諫”指此。

[11]甘崔杼之罪：中華本校勘記云：“‘甘’字原闕，據各本補。”今從補。崔杼，春秋齊大夫。棠公死，杼往吊，見棠姜（棠公夫人）美，娶之。莊公與棠姜通，杼弑莊公，立景公。見《史記》卷三二《齊太公世家》。

[12]何惡逆之苦：中華本校勘記云：“‘苦’南監本、局本作‘甚’。”

昔太甲還位，伊不自疑；[1]昌邑之過，不可稱數，霍光荷託，[2]尚共議於朝班，然後廢之。由有湯沐之施，[3]論者不以劫主爲名。桓温之心，[4]未忘於篡，海西失道，人倫頓盡，[5]廢之以公，猶禮處之。[6]當温彊盛，誰能相抗，尚畏懼於形跡，[7]四海不愜，未嘗有樂推之者。伊尹、霍光，名高於臣節，桓氏亦得免於脅奪，凡是諸事，布於書策，若此易曉，豈待指掌。卿常言比跡夷、叔，[8]如何一旦行過桀、跖邪？[9]

[1]太甲還位，伊不自疑：太甲，成湯的嫡長孫，繼湯爲帝。伊，即伊尹，佐湯伐夏桀，定天下，被尊爲“阿衡”。《史記》卷三《殷本紀》：“帝太甲既立三年，不明，暴虐，不遵湯法，亂德，於是伊尹放之於桐宫。三年，伊尹攝行政當國，以朝諸侯。帝太甲居桐宫三年，悔過自責，反善，於是伊尹乃迎帝太甲而授之政。帝太甲修德，諸侯咸歸殷，百姓以寧，伊尹嘉之，乃作《太甲訓》三篇，褒帝太甲。”

[2]霍光：字子孟，漢武帝時爲奉車都尉，出入宫廷二十餘年，謹慎從事，未嘗有過。昭帝八歲即位，光以大司馬大將軍受詔輔

政。昭帝崩，迎立其弟昌邑王劉賀。劉賀即位後，行爲淫亂，光“白太后”，並“會丞相以下議定所立”，於是廢昌邑王，立宣帝。詳見《漢書》卷六八《霍光傳》。

[3]由有湯沐之施：《漢書·霍光傳》載，昌邑王被廢後，仍“歸昌邑。賜湯沐邑二千户”。中華本校勘記云：“‘由’南監本作‘猶’。按由猶通。”

[4]桓温：字元子，晋明帝之婿，官至大司馬。温負其才力，久懷異志，晋廢帝司馬奕太和六年（371），潜謀廢立，“然憚帝守道，恐招時議。以宫闈重閟，牀第易誣，乃言帝爲閹，遂行廢辱”，貶廢帝爲海西王，另立司馬昱爲帝，是爲簡文帝。詳見《晋書》卷八《海西公紀》、卷九八《桓温傳》。

[5]海西失道，人倫頓盡：指桓温捏造海西公“爲閹”，不能生育，會絶後嗣。

[6]猶禮處之：謂將海西公徙居吴縣，讓其“終日酣暢”“庶保天年”。見《晋書·海西公紀》。

[7]尚畏懼於形跡：指桓温原本“欲立功河朔，以收時望”，結果領兵北伐大敗，“百姓嗟怨”，事與願違。“懼於形迹”蓋指此。故在立新帝後，上疏“求歸姑孰”。在姑孰一病不起，篡位未成而死。見《晋書·桓温傳》。

[8]夷、叔：指商代逸士伯夷、叔齊，古代以之爲賢士的代表。

[9]桀、跖：指夏桀、盗跖，古代以之爲惡人的代表。

聖明啓運，蒼生重造，[1]普天率土，誰不歌抃，實是披心罄節、奉公忘私之日。而卿大收宫妓，劫奪天藏，[2]器械金寶，必充私室，移易朝舊，[3]布置私黨，被甲入殿，内外宫閤管籥，悉關家人。吾不知子孟、孔明遺訓如此？[4]王、謝、陶、庾行此舉止？[5]

[1]聖明啓運，蒼生重造：歌頌當初宋明帝重新振興宋室江山。

[2]天藏：指國庫。

[3]移易朝舊：指排斥朝中的舊臣。

[4]子孟、孔明：指霍光、諸葛亮。

[5]王、謝、陶、庾：指東晋丞相王導、謝安、陶侃、庾亮。

且朱方帝鄉，[1]非親不授，足下非國戚也，一旦專縱自樹，云是兒守臺城，[2]父居東府，[3]一家兩録，何以異此？知卿防固重複，猜畏萬端，言以禦遠，實爲防内。若德允物望，夷貊猶可推心共處，[4]如其失理乖道，金城湯池無所用也。文長以戈戟自衛，[5]何解滅亡。吴起有云："義禮不脩，舟中之人皆讎也。"[6]足下既無伍員之痛，[7]苟懷貪惏，而有賊宋之心，吾寧捐申包之節邪？[8]

[1]朱方：春秋吴邑（今江蘇鎮江市丹徒區）。借指京畿要地。

[2]臺城：六朝時的禁城。宋洪邁《容齋續筆》卷五《臺城少城》："晋宋間謂朝廷禁省爲臺，故稱禁城爲臺城。"按，晋及六朝之臺城，在今南京市鷄鳴山南乾河沿北，其地本三國吴後苑城，東晋成帝時改建作新宫，遂爲宫城。歷宋齊梁陳，皆爲臺省（中央政府）和宫殿所在地。

[3]東府：東晋、南朝都建業時丞相兼領揚州牧的治所，故址在今江蘇南京市内。按，宋順帝立，以蕭道成爲司空、録尚書事、驃騎大將軍，出鎮東府，時其子蕭賾爲侍中，故曰"兒守臺城，父居東府"。

[4]夷貊：少數民族名。這裏借指野蠻的人。

[5]文長：晋楊駿，字文長，華陰人（在今陝西華陰市）。事西晋武帝司馬炎，以后父勢傾天下。惠帝即位，爲太傅、太都督，録朝政，遍樹親黨。於是公室怨望，天下憤然。時賈后臨政，密旨誅之。駿逃於馬厩，以戈戟自衛，終被殺，夷三族。詳見《晋書》卷四〇《楊駿傳》。

[6]吴起：戰國時衛國人，仕魏文侯。著名軍事家。《史記》卷六五《孫子吴起列傳》："魏武侯浮西河而下，中流，顧而謂吴起曰：'美哉乎山河之固，此魏國之寶也！'吴起對曰：'在德不在險……若君不修德，舟中之人盡爲敵國也。'"

[7]伍員：字子胥，春秋楚人。父奢兄尚遭楚平王殺害，伍員奔吴，佐吴王闔閭伐楚，掘平王墓，鞭尸三百。見《史記》卷六六《伍子胥列傳》。

[8]申包之節：申包胥，春秋時楚國大夫，姓公孫，名包胥，封於申，故號申包胥。與伍員友好，員以殺父之仇，謂申曰："我必覆楚國。"包胥曰："子能覆之，我必能興之。"後吴兵攻入楚都郢，包胥至秦求救兵，哭於秦廷七晝夜，秦終於出兵救楚，敗吴兵。見《戰國策·楚策一》。

聞求忠臣者必出孝子之門，卿忠孝於斯盡矣！今竊天府金帛以行姦惠，盗國權爵以結人情，且授非其理，合我則賞，此事已復不可恒用，用之既訖，恐非忠策。且受者不感，識者不知，不能遏姦折謀，[1]誠節慨惋。隔碍數千，[2]無因自對，不能知復何情顔，當與足下叙平生舊款？吾聞前哲絶交，不出惡言，但此自陳名節於胸心，因告别於千載。放筆增歎，公私潸淚，想不深怪往言。然天下耳目，豈伊可誣。抑亦當自知投杖無疆，[3]爲必先及。

[1]識者不知，不能遏姦折謀：指有識之士被你蒙騙，不能起而揭露和遏止你的奸謀。

[2]隔硋數千：關山阻隔數千里，指相距遥遠。時沈攸之在荆州。

[3]投杖無疆：謂大禍臨頭，投逃無路。杖，兵器，丟杖而逃。

太祖出頓新亭，報攸之書曰：

辱足下誚書，交道不終，爲耻已足。欲下便來，[1]何故多罔君子。[2]

[1]欲下便來：指對方欲領兵東下，想要來便來。

[2]多罔君子：誣罔，陷害。《論語·雍也》："君子可逝也，不可陷也；可欺也，不可罔也。"何晏《集解》引馬融曰："不可罔者，不可得誣罔令自投下。"

吾結髮入仕，豈期遠大，蓋感子路之言，[1]每不擇官而宦。逮文帝之世，[2]初被聖明鑒賞；及孝武之朝，[3]復蒙英主顧眄。因此感激，未能自反。及與足下斂袂定交，[4]款著分好，何嘗不勸慕古人國士之心，務重前良忠貞之節。至於契闊杯酒，[5]殷勤携袖，[6]薦女成姻，志相然諾，義信之篤，誰與間之。[7]又乃景和陵虐，[8]事切憂畏，明帝正位，運同休顯，[9]啓臆論心，[10]安危豈貳。[11]元徽之季，聽高道慶邪言，欲相討伐，[12]發威施敕，[13]已行外内。于時臣子鉗口，道路以目。吾以分交義重，患難宜均，犯陵白刃，以相任保。[14]悖主手敕，今封送相示。豈不畏威，念周旋之義耳。推此陰惠，[15]何愧懷抱，不云足下猥含禍詖。[16]前遣王思文所牒朝事，[17]蓋情等家國，共詳衷否，虚心小大，必以先輸。問張雍州遷代之日，將欲誰擬？[18]本是逆論來事，非欲代張，乃封此示張，激使見怒。若張惑一言，果興怨恨，事負雅素，君子所不可爲，况張之奉國，忠亮有本，情之見與，意契不貳邪？又張雍州啓事，稱彼中蠻動，兼民遭水患，敕令足下思經拯之計。吾亦有白，論國如家，布情而往，每思虚達。事之相接，恒必猜離。反謂無故遣信，此乃覘察。平諒之襟，[19]動則相阻，傷負心期，[20]自誰作故？先時足下遣信，尋盟敦舊，厲以篤終，吾止附還白，申罄情本，契然遠要，方固金石。今日舉錯，定是誰愆久言邪？[21]

[1]子路：名仲由，字子路。春秋魯人，孔子弟子。孝親，家貧無以爲養，急於求仕以俸禄養親。子路曾説："不擇官而仕，爲養親也。"

[2]文帝：指南朝宋文帝劉義隆。《宋書》卷五有紀。

[3]孝武：指宋孝武帝劉駿。《宋書》卷六有紀。

[4]斂袂定交：表示結拜莊重。斂袂，整飭衣袖。

[5]契闊杯酒：謂好友久别重逢杯酒交歡。

[6]殷勤携袖：謂友情深厚，終日不離。

[7]間（jiàn）：阻隔，隔閡。

[8]景和陵虐：指宋前廢帝劉子業虐毒，誅殺大臣。當時蕭道成與沈攸之均憂防遇害。

[9]明帝正位，運同休顯：宋明帝即位後，蕭沈均受重用。沈

爲直閤將軍，倚爲心腹；蕭爲輔國將軍，率衆東討諸州郡之叛。休顯，榮耀顯赫。

［10］啓臆論心：猶憑心而論，掏心窩説。

［11］安危豈貳：指兩人處境相同，相互一致。

［12］“元徽之季”至“欲相討伐”：此指元徽二年（474），荆州刺史沈攸之陰有異圖，在江陵屯積兵馬武器。時游擊將軍高道慶假還華容，便道過江陵，攸之設宴款待。於聽事前賽馬戰，道慶槊中破攸之馬鞍，攸之怒，索刀槊，道慶馳馬而出。還都，説攸之反狀，請三千人襲之。道成不許方罷。詳見本書卷一《高帝紀上》。高道慶，《宋書》卷八三、《南史》卷四〇有附傳。

［13］發威施敕：指後廢帝親發討伐沈攸之手敕。

［14］犯陵白刃，以相任保：道成謂當時自己冒著極大風險從中爲你擔保，纔免去一番殺戮。按，“以相任保”《通鑑》卷一三四《宋紀十六》“順帝昇明元年”條作“道成仍保證其不然”。

［15］陰惠：暗中施惠，此指上述保沈事。

［16］不云足下猥含禍詖（bì）：意謂没想到你恩將仇報，包藏偏邪的禍心。詖，偏邪，不正。

［17］前遣王思文所牒朝事：此指蕭道成在廢蒼梧王、立順帝後，派王思文向沈攸之通報此事經過。

［18］問張雍州遷代之日，將欲誰擬：張雍州，指張敬兒，蕭道成心腹。《通鑑》卷一三三《宋紀十五》“蒼梧王元徽二年”條：“敬兒既至，奉事攸之，親近甚至，動輒咨禀，信饋不絶。攸之以爲誠然，酬報款厚……敬兒得其事迹，皆密白道成。道成與攸之書，問：‘張雍州遷代之日，將欲誰擬？’攸之即以示敬兒，欲以間之。”

［19］平諒之襟：公平誠信的襟懷。

［20］心期：心中相許。指當初的共同期望。

［21］誰恧（nǜ）久言：究竟誰因負長久的誓言而慚愧呢？恧，慚愧。《方言》卷六：“恧，慚也……山之東西自愧曰恧。”

元徽末德，[1]執亡禋祀，[2]足下備聞，無待亟述。太后惟憂，[3]式遵前誥，[4]興毀之略，事屬鄙躬。黜昏樹明，實惟前則，[5]寧宗静國，何愧前脩。廢立有章，足下所允，[6]冠弊之譏，[7]將以何語？封爲郡王，[8]寧爲失禮？景和無名，[9]方之不愈乎？龍逢自匹夫之美，伊、霍則社稷之臣，同異相乘，[10]非吾所受也。[11]登齋有賞，壽寂已蒙之於前；[12]同謀獲功，明皇亦行之於昔。此則接踵成事，[13]誰敢異之。

[1]末德：缺德，昏庸無道。

[2]執亡：中華本校勘記云："'埶'原訛'執'，今據南監本、殿本、局本改正。"按，"埶"有兩義，一同"蓺"（種植），一同"勢"，兩義用於此處皆不可解，若是"孰"字方通（誰使國家瀕於危亡）。　禋祀：古代天子祭天大典，代指社稷、國家。

[3]太后：指宋明帝妻、蒼梧王母皇太后。

[4]前誥：指前代聖王遺留的黜昏樹明的有關訓示。

[5]"興毀之略"至"實惟前則"：這裏是説，廢蒼梧王，立順帝，此事雖然是我經手處理，但我是遵循"黜昏樹明"的代舊制辦事。

[6]廢立有章，足下所允：本書卷一《高帝紀上》："太祖既廢立……攸之未得即起兵，乃上表稱慶，并與太祖書推功。"

[7]冠弊之譏：指本卷前文沈攸之信中所言"但冠雖弊，不可承足"，譏諷蕭道成上下顛倒，犯上有罪。

[8]封爲郡王：指順帝即位後，蕭道成進位侍中、司空、録尚書事，封竟陵郡公，後又封齊公、齊王。見本書卷一《高帝紀上》。

［9］無名：指前廢帝暴虐枉殺，大臣不能有所作爲。

［10］同異相乘：意謂手段雖不同，但都是忠臣，一脉相承。

［11］非吾所受也：自謙之語，猶愧不敢當。

［12］壽寂：壽寂之，吴興人。宋前廢帝時，爲主衣。帝素惡之，見則切齒。湘東王劉彧暗使寂之與内臣阮佃夫、姜産之等人密謀除前廢帝。乘帝與群巫、彩女在竹林堂裝神弄鬼，寂之抽刀弑帝，並宣令宿衛曰："湘東王受太皇太后令，除狂主，今已平定。"太皇太后"命湘東王纂承皇極"。明帝即位，"論功行賞，壽寂之等十四人皆封縣侯、縣子"。詳見《通鑑》卷一三〇《宋紀十二》"明帝泰始元年"條。

［13］此則接踵成事：指廢蒼梧王、立宋順帝事。

謂其大收宫女，劫奪天藏，器械金寶，必充私室。必若虚設市虎，[1]亦可不翅此言。[2]若以此詐民，天下豈患無眼。心苟無瑕，非所耿介。甲杖之授，事既舊典，[3]豈見有任鎮邦家，勳經定主，[4]而可得出入輕單，不資寵衛！斯之患慮，豈直身憂。[5]祇奉此恩，職惟事理。

［1］虚設市虎：喻指造謡惑衆。《韓非子·内儲説上》："龐恭與太子質於邯鄲，謂魏王曰：'今一人言市有虎，王信之乎？'曰：'不信。''二人言市有虎，王信之乎？'曰：'不信。''三人言市有虎，王信之乎？'王曰：'寡人信之。'龐恭曰：'夫市之無虎也明矣，然而三人言而成虎。今邯鄲之去魏也遠於市，議臣者過於三人，願王察之。'"

［2］亦可不翅此言：此言指沈攸之信中所説蕭道成"大收宫女，劫奪天藏，器械金寶，必充私室"等語。翅，通"止"。

［3］甲杖之授，事既舊典：指沈攸之信指責道成"被甲入殿"。

道成駁云，授勛臣甲杖，早已列入典章，並非僭越。

[4]任鎮邦家，勳經定主：蕭道成廢蒼梧王、立順帝，以太傅爲相國，總百揆。故"任鎮邦家，勛經定主"云云，蓋道成自評。

[5]豈直身憂：指"甲杖之授"不衹是爲了個人防身需要，也體現了皇恩浩蕩，乃國事所需。

朱方之牧，公卿僉意，[1]吾亦謂微勳之次，無忝一州。[2]且魏、晋舊事，帝鄉蕃職，何嘗豫州必曹，司州必馬？[3]折膠受柱，[4]在體非愧。袁粲據石頭，足下無不可；吾之守東府，來告便謂非。動容見疾，頻笑入戾，[5]乃如是乎！

[1]朱方之牧，公卿僉意：指在帝京任地方長官，公卿百官皆可允許。

[2]無忝一州：蕭道成時兼揚州牧、南徐州刺史。揚州、南徐州當時均屬"朱方"。

[3]何嘗豫州必曹，司州必馬：意謂三國曹魏的"朱方"屬豫州（魏都許昌、洛陽皆在境内），但豫州刺史不一定都姓曹。西晋司馬氏"朱方"在司州（西晋置，在京都洛陽東北），但司州刺史不一定都姓司馬。

[4]折膠受柱：用膠粘住琴瑟上的弦柱，就不能調節音的高低。比喻固執拘泥，不知變通。《史記》卷八一《廉頗藺相如列傳》："王以名使括（趙括），若膠柱鼓瑟耳。括徒能讀其父書傳，不知合變也。"

[5]動容見疾，頻笑入戾：意謂我的一舉一動，一顰一笑，在你看來都是罪過。

袁粲、劉秉，[1]受遇深重，家國既安，不思撫鎮，遂與足下表裏潛規，據城之夜，豈顧社稷。幸天未長亂，宗廟有靈，即與褚衛軍協謀義斷，[2]以時殄滅。想足下聞之，悵然孤沮。小兒忝侍中，代來之澤，[3]遇直上臺，便呼一家兩録。發不擇言，良以太甚。吾之方寸，古列共言，[4]乃以陶、庾往賢，大見譏責，足下自省，詎得以此見貽邪？比蹤夷、叔，論吾則可，行過桀、蹠，無乃近誣哉！

[1]袁粲、劉秉：二人皆爲顧命大臣。袁粲踞石頭，與中書監劉秉内外聯繫反，旋被蕭道成剿滅。詳見前注。

[2]褚衛軍：指衛軍將軍褚淵。

[3]小兒忝侍中，代來之澤：指順帝立，道成子蕭賾官侍中。道成認爲這是新君施澤。“代”見前注。小兒，指蕭賾。忝，謙詞。表示有愧。

[4]吾之方寸，古列共言：我的心可以與古代諸賢士相比。中華本校勘記引張森楷《校勘記》云：“‘古列’疑當作‘古烈’。”

謂吾不朝，[1]此則良誨，朝之與否，想更問之。足下受先帝之恩施，擁戎西州，[2]鼎湖之日，率土載奔，[3]而宴安中流，酣飲自若，即懷狼望，陵侮皇朝。晋熙殿下，以皇弟代鎮，[4]而斷割候迎，罔蔑宗子，驅略士馬，悉以西上，[5]郢中所遺，僅餘劣弱。[6]昔徵茅不入，猶動義師；[7]况荆州物産，雍、嵋、交、梁之會，[8]自足下爲牧，薦獻何品？良馬勁卒，彼中不無，良皮美罽，[9]商賂所聚，前後貢奉，多少何如？唯聞太官時納飲食耳。[10]桂陽之難，坐觀成敗，[11]自以雍容漢南，[12]西伯可擬。[13]賴原即大世，[14]非望亦消。又招集逋亡，斷遏行侶，治舟試艦，恒以朝廷爲旗的，秣馬桉劍，常願天下有風塵，爲人臣者，固若是邪！至乃不遵制書，敕下如空，國恩莫行，命令擁隔，詔除郡縣，輒自板代，罷官去職，禁還京師。凶人出境，無不千里尋躡，而反募臺將，來必厚加給賞。太妃遣使市馬，齎寶往蜀，足下悉皆斷折，以爲私財，此皆遠邇共聞，暴於視聽。[15]

[1]不朝：對朝廷不忠。

[2]西州：這裏指荆州。

[3]鼎湖之日，率土載奔：指宋明帝駕崩之日，全國各地臣下都奔喪。

[4]晋熙殿下，以皇弟代鎮：指沈攸之原任郢州刺史，泰豫元年（472）明帝崩，遷荆州刺史。郢州刺史則由蒼梧王之弟晋熙王劉燮代鎮。

[5]驅略士馬，悉以西上：《通鑑》卷一三三《宋紀十五》"明帝泰豫元年"條："沈攸之自以材略過人，自至夏口（郢州鎮所）以來，陰蓄異志。及徙荆州，擇郢州士馬、器仗精者，多以自隨。"按，"悉"原作"志"，中華本據南監本、殿本、局本改。今從改。

[6]僅餘劣弱："僅"原作"示"，中華本據南監本、殿本、局本改。今從改。

[7]昔徵茅不入，猶動義師：徵茅，微小的苞茅，古代地方諸侯國進獻的貢品之一，祭祀時用以濾酒。不入，不來進貢，表示對天子不忠，故要興師問罪。《左傳》僖公四年："爾貢苞茅不入，王

祭不共，無以縮酒，寡人是徵。”

［8］雍、嶓、交、梁之會：指荆州乃此四地的集散中心。雍州鎮所在今湖北襄陽市，代指湖北。嶓，即岷，岷山在四川，一名汶山，代指四川。交，交州鎮所原在廣東，後移鎮廣西，代指“兩廣”。梁州鎮所在今陝西漢中市，代指漢中地區。

［9］罽（jì）：毛織品。

［10］太官：掌皇帝御食及燕享之事的官。

［11］桂陽之難，坐觀成敗：指元徽二年（474）桂陽王劉休範自尋陽起兵反，沈攸之采取投機觀望態度。《通鑑》卷一三三《宋紀十五》“蒼梧王元徽二年”條：“桂陽王休範之反也，使道士陳公昭作《天公書》，題云‘沈丞相’，付荆州刺史沈攸之門者……及休範反，攸之謂僚佐曰：‘桂陽必聲言我與之同，若不顛沛勤王，必增朝野之惑。’”乃與南徐州刺史建平王景素、郢州刺史晋熙王燮等同舉兵討休範，後被蕭道成組織兵力擊敗。

［12］雍容：形容從容華貴。　漢南：荆州在漢水之南，故云。

［13］西伯：指周文王或周武王。沈攸之自比西伯，妄想乘機争奪江山。

［14］賴原即大世：“大”原作“天”，中華本校勘記云：“‘大世’殿本作‘夭世’，百衲本作‘天世’，卷末曾鞏校語又作‘大世’。按‘大世’如云‘大命’‘大故’之類。‘賴原即大世’，猶言幸賴桂陽王休範已死。”今從改。

［15］此皆遠邇共聞，暴於視聽：上述情況，《通鑑》卷一三三《宋紀十五》亦有記述云：“以討蠻爲名，大發兵力，招聚才勇，部勒嚴整，常如敵至。重賦斂以繕器甲，舊應供臺者皆割留之，養馬至二千餘匹，治戰艦近千艘，倉廩、府庫莫不充積。士子、商旅過荆州者，多爲所羈留；四方亡命，歸之者皆蔽匿擁護；所部或有逃亡，無遠近窮追，必得而止。舉錯專恣，不復承用符敕，朝廷疑而憚之。”

主上叡明當璧，[1]寓縣同慶，絶域奉贄，萬國通書，而盤桓百日，始有單騎，[2]事存送往，於此可徵。不朝如此，誰應受誚？反以見呵，非所反側。今乃勒兵以闚象館，長戟以指魏闕，[3]不亦爲忠臣孝子之所痛心疾首邪？賢子元琰獲免虎口，[4]及凌波西邁，吾所發遣。猶推素懷，不畏嗤嗤。足下尚復滅君臣之紀，况吾布衣之交乎？遂事不諫，既往難咎。[5]今六師西向，[6]爲足下憂之。

[1]當璧：指即帝位。《左傳》昭公十三年載：楚共王有寵子五人，立嫡，乃埋璧於庭，謂五子曰："當璧而拜者，神所立也，誰敢違之?"結果衹有幼子平王正當璧，被選中，繼承王位。

[2]而盤桓百日，始有單騎：指順帝即位百日，沈攸之始派一人來朝賀。

[3]今乃勒兵以闚象館，長戟以指魏闕：指沈攸之公然造反，欲推翻朝廷。古代天子宫門外有一對高建築，稱象館或魏闕，因以代指朝廷。

[4]賢子元琰獲免虎口：元琰爲沈攸之長子，在朝爲司徒左長史。蒼梧王被刺殺後，蕭道成遣元琰將蒼梧王生前屠殺無辜的刳斮之具送給其父看，讓他明白真相。元琰借以逃出京城。參見《通鑑》卷一三三《宋紀十五》。

[5]遂事不諫，既往難咎：謂既成的事，勸諫已來不及了。《論語·八佾》："子曰：成事不説，遂事不諫，既往不咎。"

[6]六師：泛指討逆的朝廷大軍。

敬兒告變使至，[1]太祖大喜，進號鎮軍將軍，[2]加散騎常侍，[3]改爲都督，給鼓吹一部。攸之於郢城敗走，[4]

其子元琰與兼長史江乂、别駕傅宣等守江陵城。敬兒軍至白水，[5]元琰聞城外鶴唳，謂是叫聲，[6]心懼欲走。其夜，乂、宣開門出奔，城潰，元琰奔寵洲，[7]見殺。百姓既相抄敚，[8]敬兒至江陵，誅攸之親黨，没入其財物數十萬，悉以入私。[9]攸之於湯渚村自經死，[10]居民送首荆州，敬兒使楯擎之，蓋以青繖，徇諸市郭，乃送京師。進號征西將軍，[11]爵爲公，[12]增邑爲四千户。

[1]敬兒告變使至：此句前原有“攸之與兼長史江乂别駕傅宣等守江陵城敬兒軍中力授因以爲别”二十七字，中華本據《南史》卷四五《張敬兒傳》删，其校勘記又云，此二十七字至下文“給鼓吹一部”，南監本均無。今從删。

[2]鎮軍將軍：榮譽加號。在雜號將軍中屬第三等。參見《通典》卷二八《職官十》。

[3]散騎常侍：門下省官。掌奏事，直侍左右。秩三品。

[4]攸之於郢城敗走：《通鑑》卷一三四《宋紀十六》“順帝昇明二年”條：“攸之素失人情，但劫以威力。初發江陵，已有逃者；及攻郢城，三十餘日不拔，逃者稍多；攸之日夕乘馬歷營撫慰，而去者不息。攸之大怒，召諸軍主曰：‘我被太后令，建義下都。大事若克，白紗帽共著耳；如其不振，朝廷自誅我百口，不關餘人。比軍人叛散，皆卿等不以爲意……自今軍中有叛者，軍主任其罪。’於是一人叛，遣人追之，亦去不返，莫敢發覺，咸有異計。（前鋒）劉攘兵射書入城請降，柳世隆開門納之。丁卯夜，攘兵燒營而去。軍中見火起，争棄甲走，將帥不能禁。攸之聞之，怒，銜須咀之……軍遂大散。”

[5]“其子元琰”至“敬兒軍至白水”：原文作“其子元琰軍至白水”，中華本據南監本補“與兼長史”至“敬兒”十七字。今從補。白水，地名。在今湖北棗陽市。别駕，州刺史副官，刺史巡

察轄區政務時，别駕别乘傳車從行，總領行部事務，故以别駕爲名。

［6］謂是叫聲：朱季海《校議》云："叫聲謂敬兒軍鼓叫聲也。齊世江陵城外可聞鶴唳如此，其時雲夢猶多鶴可知。"（第54頁）

［7］寵洲：《通鑑》卷一三四《宋紀十六》胡三省注："寵洲近樂鄉。"按，樂鄉在今湖北鍾祥市西北。

［8］抄敚：抄奪。敚，"奪"的古字。原作"改"，從中華本改。

［9］悉以入私：《南史》卷四五作"善者悉以入私，送臺者百不一焉"。

［10］攸之於湯渚村自經死：《南史》卷三七《沈攸之傳》作："還向江陵，未至，城已爲雍州刺史張敬兒所據，無所歸，乃與第三子中書侍郎文和至華容之鱝頭林……攸之於櫟林與文和俱自經死。"按，華容，縣名。即今湖北監利縣。湯渚村，當即"鱝頭林"之音轉。

［11］征西將軍：榮譽加號。在雜號將軍中居第二等。參見《文獻通考》卷二八《職官十》。

［12］爵爲公：公爲五等封爵中的第一等。按，敬兒原封襄陽縣侯，乃二等封爵。

敬兒於襄陽城西起宅，[1]聚財貨。又欲移羊叔子墮淚碑，[2]於其處立臺，綱紀諫曰：[3]"羊太傅遺德，[4]不宜遷動。"敬兒曰："太傅是誰？我不識也。"敬兒弟恭兒，不肯出官，常居上保村中，與居民不異。敬兒呼納之甚厚，恭兒月一出視敬兒，輒復去。恭兒本名猪兒，隨敬兒改名也。[5]

［1］敬兒於襄陽城西起宅：《南史》卷四五此句前云："敬兒在

雍州貪殘，人間一物堪用，莫不奪取。"

[2]羊叔子墮淚碑：《晋書》卷三四《羊祜傳》載，羊祜（字叔子）都督荆州諸軍事，駐襄陽，"開設庠序，綏懷遠近，甚得江漢之心"，祜愛山水，常至峴山，置酒言咏。羊祜死後，襄陽百姓於峴山爲羊祜建碑立廟，歲時饗祭。望其碑者，莫不流涕。杜預因名爲"墮淚碑"。

[3]綱紀：古代公府及州郡府主簿。掌文書府務，爲屬吏之長。

[4]羊太傅：羊祜進位太傅，故以太傅稱之。

[5]恭兒本名豬兒，隨敬兒改名也：朱季海《校議》云："敬兒正當名狗兒，史諱其舊名，以'苟'字代之耳。"（第54頁）

初，敬兒既斬沈攸之，使報隨郡太守劉道宗，[1]聚衆得千餘人，立營頓。司州刺史姚道和不殺攸之使，[2]密令道宗罷軍。及攸之圍郢，道和遣軍頓堇城爲郢援，[3]事平，依例蒙爵賞。敬兒具以啓聞。建元元年，太祖令有司奏道和罪，誅之。道和字敬邕，羌主姚興孫也。[4]父萬壽，僞鎮東大將軍，降宋武帝，卒於散騎侍郎。[5]道和出身爲孝武安北行佐，[6]有世名，頗讀書史。常誑人云："祖天子，父天子，身經作皇太子。"元徽中爲游擊將軍，[7]隨太祖新亭破桂陽賊有功，[8]爲撫軍司馬，[9]出爲司州，疑怯無斷，故及於誅。

[1]隨郡：今湖北隨州市。當時屬司州。

[2]司州：治義陽，在今河南信陽市。

[3]堇城：不詳。當在郢州，治夏口，在今湖北武漢市武昌區附近。

[4]姚興：羌族人，後秦主。詳見《晋書》卷一一七《姚興載

記》。

[5]散騎侍郎：門下省官。掌奏事，直侍左右。秩五品。

[6]孝武安北行佐：孝武，指宋孝武帝劉駿。劉駿初爲武陵王，雍州、江州刺史，安北將軍。姚道和在安北將軍府任行佐。行佐爲屬吏，處理軍府事務。

[7]游擊將軍：禁衛軍官。分掌宿衛營兵。秩四品。

[8]隨太祖新亭破桂陽賊有功：指宋元徽二年（474）桂陽王劉休範自尋陽反，率軍東下京城。時蕭道成爲禁衛兵右衛將軍，頓新亭以當敵鋒，苦戰乃勝。姚道和當時隨道成征戰，立有戰功。詳見《通鑑》卷一三三《宋紀十五》“蒼梧王元徽二年”條。

[9]撫軍司馬：指撫軍將軍府司馬。司馬爲軍府屬官，掌管軍政與軍賦，參與軍事計劃，位在將軍之下。

三年，徵敬兒爲護軍將軍，[1]常侍如故。敬兒武將，不習朝儀，聞當内遷，乃於密室中屏人學揖讓答對，空中俯仰，如此竟日，妾侍竊窺笑焉。太祖即位，授侍中，中軍將軍。[2]以敬兒秩窮五等，[3]一仍前封。建元二年，遷散騎常侍，車騎將軍，[4]置佐史。[5]太祖崩，敬兒於家竊泣曰：“官家大老天子，可惜！太子年少，向我所不及也。”遺詔加敬兒開府儀同三司，[6]將拜，謂其妓妾曰：“我拜後，應開黄閤。”[7]因口自爲鼓聲。既拜，王敬則戲之，[8]呼爲褚淵。[9]敬兒曰：“我馬上所得，終不能作華林閤勳也。”[10]敬則甚恨。[11]

[1]護軍將軍：禁衛軍官。掌外軍。秩三品。

[2]中軍將軍：榮譽加號。爲雜號將軍中的重號將軍。

[3]秩窮五等：五等，指公、侯、伯、子、男五種封爵。敬兒

前已封公，故曰秩窮五等。

［4］車騎將軍：爲雜號將軍中的第一等，多加給勛戚大臣。開府者位從公秩一品。

［5］置佐史：指軍府中設置掾史等機構。參見《通典》卷二八《職官十》。

［6］開府儀同三司：漢制惟三公得開府置官屬。東漢末，大將軍、驃騎將軍、車騎將軍並得開府，如三公之制。三公亦稱三司，三國魏始有開府儀同三司之名，意即體制待遇與三司同。爲大臣的加銜，其本身必另有其他實職。晋、南北朝沿置，爲諸公之一。

［7］開黄閤：漢代丞相、太尉和漢以後的三公官署避用朱門，廳門塗黄色，以區别於天子之色。漢衛宏《漢舊儀》卷上："丞相聽事門曰黄閤。"閤同"閣"。後常以黄閣指丞相府。

［8］王敬則：歷仕南朝宋、齊，亦爲齊高帝心腹，開國有功，封陽郡公。本書卷二六有傳。

［9］褚淵：齊開國功臣，齊高帝甚爲倚重，遺詔淵爲録尚書事。録尚書事與丞相職權相等。敬兒以開黄閣沾沾自喜，故王敬則開玩笑，喊他褚淵，笑他想當丞相。

［10］我馬上所得，終不能作華林閣勳也：蓋謂自己有戰功，故得封賞，當之無愧，並以不能作華林閣勛爲遺憾。華林閣，在華林園内。華林園，宫苑名。三國吴建，故址在今江蘇南京市鷄鳴山南古臺城内。南朝宋元嘉時擴建，築華光殿、景陽樓、竹林堂諸勝，華林閣亦其中之一，宋齊諸帝常宴集勛臣於此。敬兒當未赴此宴，故以爲憾。

［11］敬則甚恨：敬則聽了敬兒的話爲何"甚恨"，意不確知。或許敬則戰功不如敬兒反"能作華林閣勛"，敬兒反唇相譏，致令敬則難堪？

敬兒始不識書，晚既爲方伯，乃習學讀《孝經》、

《論語》。於新林慈姥廟爲妾乞兒呪神，[1]自稱三公。然而意知滿足，初得鼓吹，羞便奏之。

[1]新林：地名。即今江蘇南京市西南善橋鎮，濱臨大江。

初娶前妻毛氏，生子道文。[1]後娶尚氏，尚氏有美色，敬兒棄前妻而納之。尚氏猶居襄陽宅不自隨，敬兒慮不復外出，乃迎家口悉下至都。啓世祖，不蒙勞問，[2]敬兒心疑。及垣崇祖死，愈恐懼，[3]妻謂敬兒曰："昔時夢手熱如火，而君得南陽郡。元徽中，夢半身熱，而君得本州。今復夢舉體熱矣。"有閹人聞其言，説之。事達世祖。敬兒又遣使與蠻中交關，世祖疑其有異志。永明元年，敕朝臣華林八關齋，[4]於坐收敬兒。敬兒左右雷仲顯知有變，抱敬兒而泣。敬兒脱冠貂投地曰：[5]"用此物誤我。"少日，伏誅。詔曰："敬兒蠢兹邊裔，昏迷不脩。屬值宋季多難，頗獲野戰之力。拔迹行伍，超登非分。而愚躁無已，矜伐滋深。往莅本州，久苞異志。[6]在昔含弘，[7]庶能懲革。位班三槐，[8]秩窮五等，懷音靡聞，姦回屢構。[9]去歲迄今，嫌貳滋甚。鎮東將軍敬則、丹陽尹安民每侍接之日，[10]陳其凶狡，必圖反噬。朕猶謂恩義所感，本質可移。頃者已來，釁戾遂著，[11]自以子弟在西，足動殊俗，招扇群蠻，規擾樊、夏。假託妖巫，用相震惑，妄設徵祥，[12]潛圖問鼎。[13]履霜於開運之辰，堅冰於嗣業之世，[14]此而可忍，孰不可容！天道禍淫，逆謀顯露。建康民湯天獲商行入蠻，備睹姦計，信驛書翰，證驗炳明。便可收掩，式正刑辟；同黨所及，特皆原宥。”子道文，武陵内史，[15]道暢，征虜功曹，[16]道固弟道休，[17]竝伏誅。少子道慶，見宥。後數年，上與豫章王嶷三日曲水内宴，[18]舴艋船流至御坐前覆没，[19]上由是言及敬兒，悔殺之。

[1]道文：《南史》卷四五作“道門”。

[2]不蒙勞問：指未受到齊武帝慰問。

[3]愈恐懼：《南史》卷四五此後云：“性好卜術，信夢尤甚。初征荆州，每見諸將帥，不遑有餘計，唯叙夢云：‘未貴時，夢居村中，社樹欻高數十丈。及在雍州，又夢社樹直上至天。’以此誘説部曲，自云貴不可言。由是不自測量，無知。又使於鄉里爲謡言，使小兒輩歌曰：‘天子在何處？宅在赤谷口。天子是阿誰？非猪如是狗。’敬兒家在冠軍，宅前有地名赤谷。既得開府，又望班劍，語人曰：‘我車邊獨少班蘭物。’敬兒長自荒遠，少習武事，既從容都下，又四方寧靖，益不得志。”

[4]華林八關齋：《通鑑》卷一三五《齊紀一》“武帝永明元年”條：“敬兒意欲無限，常謂所親曰：‘吾妻復夢舉體熱矣。’又自言夢舊村社樹高至天。上聞而惡之。垣崇祖死，敬兒内自疑，會有人告敬兒遣人至蠻中貨易，上疑其有異志。會上於華林園設八關齋，朝臣皆預。”胡三省注：“釋氏之戒：一不殺生，二不偷盗，三不邪淫，四不妄語，五不飲酒、食肉，六不著花鬘瓔珞、香油塗身、歌舞倡伎故往觀聽，七不得坐高廣大牀，八不得過齋後喫食。已上八戒，故爲八關。《雜録名義》云：八戒者，俗衆所受一日一夜戒也。謂八戒一齋，通謂八關齋，明以禁防爲義也。”

[5]冠貂投地：冠貂即貂冠，冠上以貂尾爲飾。古代侍中、常侍之冠飾。敬兒因官侍中，故戴貂冠。“貂投”原作“詔毅”，從中華本改。

[6]往莅本州，久苞異志：指過去在雍州刺史任上，早已懷藏

異志。

［7］在昔含弘：以往皇上寬厚仁慈，恩德廣被。《易·坤》："至哉坤元，萬物資生……含弘光大，品物咸亨。"孔穎達疏："包含以厚，光著盛大。"

［8］位班三槐：指官位三公。相傳周代宫廷外種有三株槐樹，三公朝天子時，面向三槐而立。後因以三槐喻三公。參見《周禮·秋官·朝士》。

［9］懷音靡聞，姦回屢構：意謂好話没聽他説過，壞事却不斷地幹。懷音，懷善之音聲。姦回，奸惡邪辟。《尚書·泰誓下》："崇信姦回，放黜師保。"孔安國傳："回，邪也。"

［10］鎮東將軍敬則、丹陽尹安民：指王敬則、李安民。本書卷二六、二七各有傳。鎮東將軍，四鎮將軍之一，加號將軍中屬第三等。丹陽，郡名。治所在今江蘇南京市，乃京都重郡，故太守稱尹。

［11］釁戾：叛逆。

［12］徵祥：預兆，徵兆。指敬兒所説三夢。

［13］問鼎：指推翻現政權，建立新朝。鼎，國器，國家的象徵。

［14］履霜於開運之辰，堅冰於嗣業之世：履霜堅冰，《易·坤》："初六，履霜堅冰至。象曰：履霜堅冰，陰始凝也，馴致其道，至堅冰也。"孔穎達疏："履霜之義，言陰氣始凝結而爲霜也，馴致其道，致堅冰也。"後以履霜堅冰指事態不斷發展，後果嚴重。這裏是説張敬兒在齊開國之初早就萌生叛逆的念頭，如今齊至第二代，他更變本加厲要將叛逆付諸行動。

［15］武陵：郡名。治義陵縣，在今湖南漵浦縣。武陵郡以郡爲國，故太守稱内史。

［16］征虜功曹：指征虜將軍府功曹參軍。征虜將軍，加號將軍之第二等。開府者位從公秩一品。功曹參軍，軍府屬吏，主府史署用事。

［17］道固弟道休：前未言道固如何，突言其弟。按，《南史》卷四五無道固。

［18］豫章王嶷：武帝蕭賾二弟。　三日曲水内宴：傳統風俗，於農曆三月初三日就水邊宴飲，認爲可破除不祥。後人因其水環曲成渠，流觴取飲，相與爲樂，故稱爲曲水。

［19］舴艋船：此當指用紙扎的小船，放在曲水中飄浮爲戲。

恭兒官至員外郎。[1]在襄陽，聞敬兒敗，將數十騎走入蠻中，收捕不得。後首出，上原其罪。

［1］恭兒官至員外郎：恭兒，張敬兒之弟。按，《南史》卷四五此處云："始其母於田中卧，夢犬子有角舐之，已而有娠而生敬兒，故初名苟兒。又生一子，因苟兒之名復名猪兒。宋明帝嫌苟兒名鄙，改爲敬兒，故猪兒亦改爲恭兒，位正員郎，謝病歸本縣，常居上保村，不肯出仕，與居人不異。與敬兒愛友甚篤。"

史臣曰：平世武臣，[1]立身有術，若非愚以取信，則宜智以自免，心迹無阻，[2]乃見優容。崇祖恨結東朝，[3]敬兒情疑鳥盡，[4]嗣運方初，委骨嚴憲。[5]若情非發憤，事無感激，功名之閒，不足爲也。

［1］平世：指和平的年代。

［2］心迹無阻：指心中不爲謀私利所阻礙。

［3］崇祖恨結東朝：指當齊武帝蕭賾尚在東宫作太子時，垣崇祖就"不自附結"，因而武帝早就"銜之"，登帝後將其殺害。

［4］敬兒情疑鳥盡：指張敬兒見垣崇祖被殺，深感鳥盡弓藏，自己命運不佳。

［5］嗣運方初，委骨嚴憲：指齊武帝剛剛嗣位，就將功臣一一

處以極刑。

贊曰：崇祖爲將，志懷馳逐。規搔淮部，立勳豫牧。[1]敬兒莅雍，深心防楚。[2]豈不劬勞，實興師旅。烹犬藏弓，[3]同歸異緒。

"賴原即大世"，疑。

[1]規搔淮部，立勳豫牧：指垣崇祖爲豫州刺史時，設法戰勝北魏南侵，並努力墾荒營田，以充實軍糧，頗立功勛。

[2]敬兒莅雍，深心防楚：指張敬兒爲雍州刺史，誠心爲太祖効力，在平定沈攸之之亂中，立了大功。

[3]烹犬藏弓：指兔死狗烹，鳥盡弓藏，比喻事成之後把效勞有功的人拋棄以至殺害。《文子・上德》："狡兔得而獵犬烹，高鳥盡而良弓藏，功成名遂身退，天道然也。"

南齊書　卷二六

列傳第七

王敬則　陳顯達

王敬則，[1]晋陵南沙人也。[2]母爲女巫，生敬則而胞衣紫色，謂人曰："此兒有鼓角相。"[3]敬則年長，兩腋下生乳各長數寸。夢騎五色師子。[4]年二十餘，善拍張。[5]補刀戟左右。[6]景和使敬則跳刀，[7]高與白虎幢等，[8]如此五六，接無不中。補俠轂隊主，[9]領細鎧左右。[10]與壽寂之同斃景和。[11]明帝即位，[12]以爲直閤將軍。[13]坐捉刀入殿啓事，繫尚方十餘日，[14]乃復直閤。除奮武將軍，[15]封重安縣子，[16]邑三百五十户。敬則少時於草中射獵，有虫如烏豆集其身，[17]擿去乃脱，其處皆流血。敬則惡之，詣道士卜，道士曰："不須憂，此封侯之瑞也。"敬則聞之喜，故出都自効，至是如言。

[1]王敬則：《南史》卷四五有傳，事迹有增益。

[2]晋陵：郡名。西晋置，治所在今江蘇鎮江市丹徒區，東晋

治所移至今江蘇常州市。　南沙：縣名。治所在今江蘇常熟市。按，《南史》卷四五作："臨淮射陽人也。僑居晋陵南沙縣。"臨淮郡治徐縣，在今江蘇泗洪縣。射陽縣即今江蘇射陽縣。

［3］此兒有鼓角相：《南史》卷四五作此兒"應得鳴鼓角"。後又有："人笑之曰：'汝子得爲人吹角可矣。'"

［4］夢騎五色師子：師同"獅"。《南史》卷四五此句後云："性倜儻不羈，好刀劍，嘗與暨陽縣吏鬥，謂曰：'我若得暨陽縣，當鞭汝小吏背'。吏唾其面曰：'汝得暨陽縣，我亦得司徒公矣。'屠狗商販，徧於三吴。使於高麗，與其國女子私通，因不肯還，被收録然後反。"

［5］拍張：古代武術雜技的一種。本書卷二三《王儉傳》："於是王敬則脱朝服袒，以絳糾髻，奮臂拍張，叫動左右。"

［6］刀戟左右：指給人擔任保鏢。

［7］景和：宋前廢帝年號，代指前廢帝劉子業。　跳刀：武術雜技的一種，指向高處拋刀跳起接住。

［8］高與白虎幢等：白虎幢，畫有白虎的旗幔，多爲軍中所用，用以示威。《南史》卷四五作"高出白虎幢五六尺"。

［9］俠轂隊：指跟隨在車子兩側擔任護衛的軍隊。俠，通"夾"。　隊主：猶隊長。按，南朝宋州府、軍府置夾轂隊。

［10］細鎧左右：武官名。屬朱衣直閤將軍，侍衛皇帝左右。

［11］與壽寂之同斃景和：景和元年，即明帝泰始元年（465），王敬則爲細鎧將，壽寂之爲主衣。前廢帝濫殺大臣，滿朝怨恨。王、壽等人密謀弑帝。一次，乘帝游華林園，壽之闖入。帝見壽之至，引弓射之，未中，寂之追而弑之。詳見《通鑑》卷一三〇《宋紀十二》"明帝泰始元年"條。壽寂之，仕宋，爲太子屯騎校尉、南泰山太守，多納貨賄，請謁無窮，凶暴成性，後謀叛，殺之。《宋書》卷九四、《南史》卷七七有傳。

［12］明帝即位：指宋明帝劉彧即帝位。

［13］直閤將軍：禁衛軍官。掌警衛宫廷。秩四品。

[14]縶尚方：拘留於尚方監。尚方，屬少府，拘監罪犯的機構。

[15]奮武將軍：榮譽加號將軍。

[16]重安縣：治所在今湖南衡陽市，時爲王敬則子爵食邑。子：爲五等封爵的第四等。

[17]烏豆：黑色大豆，俗稱黑大豆，可製醬。

泰始初，[1]以敬則爲龍驤將軍、軍主，[2]隨寧朔將軍劉懷珍征壽春，[3]殷琰遣將劉從築四壘於死虎，[4]懷珍遣敬則以千人繞後，直出横塘，[5]賊衆驚退。除奉朝請，[6]出補暨陽令。[7]敬則初出都，至陸主山下，[8]宗侣十餘船同發，敬則船獨不進，乃令弟入水推之，見一烏漆棺。敬則曰："爾非凡器。若是吉善，使船速進。吾富貴，當改葬爾。"船須臾去。敬則既入縣，收此棺葬之。軍荒之後，縣有一部劫逃紫山中爲民患，[9]敬則遣人致意劫帥，[10]可悉出首，當相申論。治下廟神甚酷烈，百姓信之，敬則引神爲誓，必不相負。劫帥既出，敬則於廟中設會，於座收縛，曰："吾先啓神，若負誓，還神十牛。今不違誓。"即殺十牛解神，并斬諸劫，百姓悦之。遷員外郎。[11]

[1]泰始：宋明帝年號。

[2]龍驤將軍：榮譽加號將軍。　軍主：武官名。南朝時領兵千人以上稱軍主，不足千人的稱隊主。

[3]隨寧朔將軍劉懷珍征壽春：泰始二年（466）春晋安王劉子勛在尋陽即帝位，四方州郡多有響應，形勢危急。時守壽春的豫州刺史殷琰也投向子勛。朝廷派寧朔將軍劉懷珍帥龍驤將軍王敬則

等步騎五千，助劉勔討壽陽。詳見《通鑑》卷一三一《宋紀十三》“明帝泰始二年”條。寧朔將軍，榮譽加號將軍。秩正四品。劉懷珍，本書卷二七有傳。壽春，縣名。即今安徽壽縣。

[4]死虎：地名。在壽春東四十餘里，亦作“死雩”。

[5]横塘：地名。在死虎附近。《通鑑》卷一三一《宋紀十三》胡三省注：“《水經注》：閻澗水上承施水於合肥縣北，復逕縣西，積爲陽湖。陽湖水自塘西北，逕死雩亭南，夾横塘西注。”

[6]奉朝請：古代諸侯春季朝見天子稱作朝，秋季朝見稱作請。南朝時閑散官員多以奉朝請名義被安置於集書省。

[7]出補暨陽令：《南史》卷四五此句後云：“昔日門吏亡叛，勒令出，遇之甚厚。曰：‘我已得暨陽縣，汝何時得司徒公邪？’”暨陽，原作“東武”，中華本據南監本改。按，《南史》卷四五亦作“暨陽”。清牛運震《讀史糾謬》卷七《南齊書糾謬》：“《南史》有敬則與阮（暨）陽吏門一段，極有神味，不可略。”

[8]至：原無，中華本據南監本、殿本、毛本、局本補。今從補。　陸主山：不詳在何處。吴江縣（今江蘇蘇州市吴江區）有陸墓山，不知是否即此山，待考。

[9]逃紫山中：中華本校勘記云：“‘紫’南監本作‘入’。”紫山，不知何山。

[10]劫帥：指强盜首領。

[11]員外郎：員外散騎侍郎的簡稱。門下省官。掌奏事，直侍左右。秩五品。

元徽二年，[1]隨太祖拒桂陽賊於新亭，[2]敬則與羽林監陳顯達、寧朔將軍高道慶乘舸艒於江中迎戰，[3]大破賊水軍，焚其舟艦。事寧，帶南泰山太守，[4]右俠轂主，轉越騎校尉，[5]安成王車騎參軍。[6]

[1]元徽：宋蒼梧王劉昱年號。按，元徽二年（474）三月，桂陽王休範反，自尋陽率衆二萬順江東下金陵。

[2]太祖：指齊高帝蕭道成，當時爲右衛將軍，鎮守新亭。新亭：城壘名。三國吴築。在今江蘇南京市南，地近江濱，依山而築，爲江防要地。

[3]羽林監：禁衛軍官。分掌宿衛營兵。秩五品。　陳顯達：本書本卷有傳。　高道慶：南郡人。仕宋，凶暴，後被處死。《宋書》卷八三、《南史》卷四〇有附傳。　舸艒（xí）：朱季海《南齊書校議》（以下簡稱朱季海《校議》）云："舸，大船……《大廣益會玉篇·舟部》：'艒，音習。子船也。'……子船疑如今大船所放小艇。"（中華書局1984年版，第55頁）

[4]帶：官員任用類别。正職之外兼帶的官。　南泰山：郡名。治平昌縣，在今山東臨邑縣。

[5]越騎校尉：禁衛軍四校尉之一，分掌騎兵。秩四品。

[6]安成王車騎參軍：中華本校勘記云："'安成'原作'安城'，據《南史》改。按宋順帝初封安成王，元徽二年進號車騎將軍，敬則時爲其參軍。"今從改。按，《南史》卷三《宋本紀下》謂："元徽二年，加都督揚、南豫二州諸軍事。四年，進號驃騎大將軍。"未言其爲車騎將軍。

蒼梧王狂虐，左右不自保，敬則以太祖有威名，歸誠奉事。每下直，輒往領府。[1]夜著青衣，扶匐道路，爲太祖聽察蒼梧去來。太祖命敬則於殿内伺機，[2]未有定日。既而楊玉夫等危急殞帝，[3]敬則時在家，玉夫將首投敬則，敬則馳詣太祖。太祖慮蒼梧所誑，不開門。敬則於門外大呼曰："是敬則耳。"門猶不開。乃於墻上投進其首，太祖索水洗視，視竟，乃戎服出。敬則從入宫，至承明門，[4]門郎疑非蒼梧還，敬則慮人覘見，以刀環塞窐孔，[5]呼開門甚急。衛尉丞顔靈寶窺見太祖乘馬在外，[6]竊謂親人曰："今若不開内領軍，天下會是亂耳。"門開，敬則隨太祖入殿。[7]明旦，四貴集議，[8]敬則拔白刃在牀側跳躍曰："官應處分，誰敢作同異者！"昇明元年，遷員外散騎常侍、輔國將軍、驍騎將軍、領臨淮太守，[9]增封爲千三百户，知殿内宿衛兵事。

[1]領府：領軍府。按，當時蕭道成已遷中領軍（掌禁衛軍内軍，秩三品）。中華本校勘記云："'領府'各本並作'領軍府'。按領軍府可省稱領府，《王儉傳》'儉察太祖雄異，先於領府衣裾'，《垣榮祖傳》'領府去臺百步'，皆其例也。"

[2]於殿内伺機：指在宫殿内伺機刺殺蒼梧王。

[3]既而楊玉夫等危急殞帝：《通鑑》卷一三四《宋紀十六》"順帝昇明元年"條載，時蒼梧王驕姿日盛，喜怒乖節。出入無常，七月戊子夜，至新安寺偷狗，就寺僧煮之，飲食醉，還仁壽殿寢。侍衛楊玉夫取帝防身刀刎之，將首級投送王敬則。

[4]承明門：通向内宫之門。

[5]窐（guī）孔：朱季海《校議》云："《禮·儒行》：'篳門圭窬。'鄭注：'篳門，荆竹織門也。圭窬，門旁窬也，穿墻爲之，如圭矣。'……《左傳》作竇，杜預云：'圭竇，小户也，上鋭下方，狀如圭形也。'窐孔猶窐窬，當謂門旁圭形孔，開此孔，以資覘望耳。刀環可塞，則其孔不大。"（第55頁）

[6]衛尉：列卿之一，掌宫殿門户。秩三品。　顔靈寶：其事不詳。《通鑑》卷一三四《宋紀十六》祇云："呼門甚急，門開而入。"胡三省注："《考異》曰：《齊高帝紀》云：'衛尉丞顔靈寶窺見太祖乘馬在外，竊謂親人曰：今若不開，内領軍入，天下會是亂耳。'按靈寶若語所親，則須有知者，豈得宿衛晏然不動！今從

《宋後廢帝紀》。”

［7］敬則隨太祖入殿：《通鑑》卷一三四《宋紀十六》云：“道成入殿，殿中驚怖；既而聞蒼梧王死，咸稱萬歲。”

［8］四貴：指中書監袁粲、尚書令劉秉、右僕射褚淵與中領軍蕭道成。《通鑑》卷一三四《宋紀十六》記述云：“己丑旦，道成戎服出殿庭槐樹下，以太后令召袁粲、褚淵、劉秉入會議。道成謂秉曰：‘此使君家事，何以斷之?’秉未答。道成須髯盡張，目光如電。秉曰：‘尚書衆事，可以見付；軍旅處分，一委領軍。’道成次讓袁粲，粲亦不敢當。王敬則拔白刃，在牀側跳躍曰：‘天下事皆應關蕭公！敢有開一言者，血染敬則刀！’仍手取白紗帽加道成首，令即位，曰：‘今日誰敢復動！事須及熱！’道成正色呵之曰：‘卿都自不解！’粲欲有言，敬則叱之，乃止。褚淵曰：‘非蕭公無以了此。’手取事（指代擬的太后手詔）授道成。道成曰：‘相與不肯，我安得辭！’乃下議，備法駕詣東城，迎立安成王，於是長刀遮粲、秉等，各失色而去。”

［9］驍騎將軍：禁衛軍官。分掌宿衛騎兵。秩四品。

沈攸之事起，[1]進敬則號冠軍將軍。[2]太祖入守朝堂，[3]袁粲起兵夕，[4]領軍劉韞、直閤將軍卜伯興等於宮内相應，[5]戒嚴將發。敬則開關掩襲，皆殺之。殿内竊發盡平，敬則之力也。[6]遷右衛將軍，[7]常侍如故。增封爲二千五百户，尋又加五百户。又封敬則子元遷爲東鄉侯，[8]邑三百七十户。齊臺建，[9]爲中領軍。[10]

［1］沈攸之事起：指昇明元年（477）荆州刺史沈攸之因不滿蕭道成把持朝政，自荆州起兵反，旋被蕭道成遣兵消滅。詳見《通鑑》卷一三四《宋紀十六》“順帝昇明元年”條。

［2］冠軍將軍：爲榮譽加號將軍。開府者位從公秩一品。

[3]太祖入守朝堂：時蕭道成已爲録尚書事，兼總軍國，守東府。沈攸之事起，“道成入守朝堂，命侍中蕭嶷（道成次子）代鎮東府”。見《通鑑》卷一三四《宋紀十六》“順帝昇明元年”條。

[4]袁粲起兵夕：時尚書令袁粲守石頭戍。粲與道成一向不睦，聞沈攸之反，亦乘機起事。“矯太后令，使韞（劉韞）、伯興（卜伯興）帥宿衛兵攻道成於朝堂……道成密使人告王敬則（當時知殿内宿兵事）。時閤已閉，敬則欲開閤出，卜伯興嚴兵爲備，敬則乃鋸所止屋壁得出，至中書省收韞。韞已成嚴，列燭自照。見敬則猝至，驚起迎之，曰：‘兄何能夜顧?’敬則呵之曰：‘小子那敢作賊!’韞抱敬則，敬則拳毆其頰仆地而殺之，又殺伯興。”見《通鑑》卷一三四《宋紀十六》“順帝昇明元年”條。

[5]領軍劉韞：劉韞時爲禁衛軍領軍將軍，與中領軍同掌内軍。《宋書》卷五一、《南史》卷一三有附傳。　卜伯興：《宋書》卷九一有附傳。

[6]敬則之力也：《南史》卷四五此句後云：“政事無大小，帝並以委之。”

[7]右衛將軍：禁衛軍官。分掌宿衛營兵。秩三品。

[8]東鄉：縣名。治所在今四川宣漢縣。　侯：爲第二等封爵，東鄉縣爲其食邑。

[9]齊臺建：指昇明三年（479）三月，以蕭道成爲相國，總百揆，爲齊公（旋又爲齊王），封十郡，加九錫。又詔“齊國官爵禮儀，並倣天朝”。見《通鑑》卷一三五《齊紀一》“高帝建元元年”條。

[10]爲中領軍：《南史》卷四五此句後云：“敬則不識書，止下名，然其善决斷。”

太祖將受禪，材官薦易太極殿柱，從帝欲避土，[1]不肯出宫遜位。明日，當臨軒，[2]帝又逃宫内。敬則將轝入迎帝，啓譬令出。[3]帝拍敬則手曰：[4]“必無過慮，當餉輔國十萬錢。”

[1]從帝：順帝劉準，蕭子顯避梁諱改。　避土：《南史》卷四五作“避上”。同書中華本校勘記云：“‘避上’各本作‘避土’，惟大德本作‘避上’。張元濟《南史校勘記》：‘按上疑指齊高帝，下文又逃宫内。《南齊書·王敬則傳》作土。’今按封建迷信之説，動土有忌，或‘避土’之意指此。今兩存，以備參考。”

[2]臨軒：皇帝不坐正殿而御前殿。殿前堂陛之間近檐處兩邊有檻楯，如車之軒，故稱。

[3]啓譬令出：《南史》卷四五作：“啓譬令出，引令升車。順帝不肯即上，收淚謂敬則曰：‘欲見殺乎？’敬則答曰：‘出居别宫爾，官先取司馬家亦復如此。’順帝泣而彈指：‘唯願後身生生世世不復天王作因緣。’宫内盡哭，聲徹於外。”清牛運震《讀史糾謬》卷七《南齊書糾謬》云：“紀敬則迎順帝出宫事，不如《南史》詳至。”

[4]帝拍敬則手：“帝”《南史》作“順帝”。

建元元年，出爲使持節、散騎常侍、都督南兗兗徐青冀五州軍事、平北將軍、南兗州刺史，[1]封尋陽郡公，[2]邑三千户。加敬則妻懷氏爵爲尋陽國夫人。[3]二年，進號安北將軍。[4]虜寇淮、泗，[5]敬則恐，委鎮還都，百姓皆驚散奔走，上以其功臣，不問，以爲都官尚書、撫軍。[6]尋遷使持節、散騎常侍、安東將軍、吴興太守。[7]郡舊多剽掠，有十數歲小兒於路取遺物，殺之以徇，自此道不拾遺，郡無劫盗。又録得一偷，召其親屬於前鞭之，令偷身長掃街路，久之乃令偷舉舊偷自代，諸偷恐爲其所識，皆逃走，境内以清。出行，從市過，見屠肉枅，[8]歎曰："吴興昔無此枅，是我少時在此所作也。"[9]

[1]使持節：君主授予臣下權力的方式之一。節代表皇帝的特殊命令，分三等："使持節爲上，持節次之，假節爲下。使持節得殺二千石以下；持節殺無官位人，若軍事，得與使持節同；假節，唯軍事得殺犯軍令者。"見《宋書・百官志上》。　散騎常侍：門下省官。掌奏事，直侍左右。秩五品（按當爲王敬則加領官）。　都督：性質與使持節同，唯皆授予派出的軍事長官。亦分三等："都督爲上，監次之，督爲下。"參見《宋書・百官志上》。　南兗：州名。南朝宋置，初鎮京口（今江蘇鎮江市），後移鎮廣陵（今江蘇揚州市）。　兗：州名。鎮所南朝宋在瑕丘縣，即今山東兗州市。　徐：州名。東晋時移鎮京口。　青冀：二州名。南朝宋合僑置於鬱洲，在今江蘇連雲港市東雲臺山。　平北將軍：榮譽加號將軍，等次第五。參見《通典》卷二八《職官十》。

[2]尋陽郡公：尋陽郡，治所在今江西九江市。公爲第一等封爵，尋陽郡爲其食邑。

[3]尋陽國夫人：夫人，古代命婦的封號。漢時列侯之妻封夫人，後因之。故尋陽郡稱尋陽國。

[4]安北將軍：四安將軍之一，在榮譽加號將軍中屬第四等。

[5]虜寇淮泗：指建元二年（480），北魏南侵淮南壽春及泗水朐山一帶。

[6]都官尚書：尚書省六部尚書之一，掌都官、水部、庫部、論功四曹。秩三品。　撫軍：指撫軍將軍。榮譽加號將軍。

[7]安東將軍：與安北將軍性質同。　吴興：郡名。治所在今浙江湖州市吴興區。

[8]見屠肉枅（jī）：中華本校勘記云："桂馥《札樸》云：

‘《廣韵》枅，承衡木也。按《南齊書·王敬則傳》云云，馥以爲屠家稱肉，用枅以承衡’。”按，枅，挂大秤的横木。

[9]是我少時在此所作也：《南史》卷四五此後云：“召故人飲酒説平生，不以屑也。”

遷護軍將軍，[1]常侍如故，以家爲府。三年，以改葬去職，[2]詔贈敬則母尋陽公國太夫人。改授侍中、撫軍將軍。太祖遺詔敬則以本官領丹陽尹。[3]尋遷爲使持節、散騎常侍、都督會稽東陽新安臨海永嘉五郡軍事、鎮東將軍、會稽太守。[4]永明二年，給鼓吹一部。[5]會土邊帶湖海，[6]民丁無士庶皆保塘役，[7]敬則以功力有餘，[8]悉評斂爲錢，送臺庫以爲便宜，[9]上許之。竟陵王子良啓曰：[10]

[1]護軍將軍：禁衛軍官。與中護軍共掌外兵。秩三品。

[2]改葬：指父母墳遷葬。

[3]本官：指原來的官職侍中、撫軍將軍。　領丹陽尹：加領丹陽尹。丹陽，郡名。治所在今江蘇南京市，因其爲京都重邑，故太守稱尹。

[4]會稽：郡名。治所在今浙江紹興市。　東陽：郡名。治所在今浙江金華市。　新安：郡名。治所在今浙江淳安縣西北。　臨海：郡名。治所在今浙江臨海市。　永嘉：郡名。治所在今浙江温州市。

[5]鼓吹：備有鼓鉦蕭笳樂器的樂隊，用於大駕出游行軍。古代以賜功臣勛將。

[6]會土邊：指會稽郡邊境。

[7]塘役：指爲修堤築壩提供人力和財力。

[8]功力有餘：指“保塘役”的人力、財力，足有剩餘。

[9]悉評斂爲錢，送臺庫以爲便宜：指“保塘役”原是民間自己組織收支，王敬則則變爲一律折成錢由公家統一收納上繳國庫，靈活處理。中華本校勘記云：“‘評’《通典》作‘課’。”朱季海《校議》云：“東昏侯‘下揚、南徐二州橋桁塘埭丁計功爲直，斂聚見錢，供太樂、主衣雜費。由是所在塘瀆，多有隳廢。’敬則此舉，已開其先。”（第55頁）

[10]竟陵王子良：齊武帝蕭賾第二子，賢能有人望。本書卷四〇有傳。

伏尋三吴内地，[1]國之關輔，[2]百度所資。民庶彫流，[3]日有困殆，蠶農罕獲，饑寒尤甚，富者稍增其饒，貧者轉鍾其弊，可爲痛心，難以辭盡。頃錢貴物賤，殆欲兼倍，[4]凡在觸類，莫不如兹。稼穡難劬，[5]斛直數十，[6]機杼勤苦，[7]匹裁三百。所以然者，實亦有由。年常歲調，既有定期，僮卹所上，咸是見直。[8]東間錢多剪鑿，[9]鮮復完者，公家所受，必須員大，[10]以兩代一，困於所貿，鞭捶質繫，益致無聊。[11]

[1]三吴：所指説法不一。《水經注》以吴、吴興、會稽三郡爲三吴。相當於今江蘇太湖以東、以南和浙江紹興、寧波一帶。《元和郡國志》以吴、吴興、丹陽三郡爲三吴，相當於今江蘇秦淮河流域和太湖以東、以南以及浙江錢塘江以北地區。這裏泛指江浙東南一帶。

[2]國之關輔：指國家的腹心之地。關輔，關中與三輔的合稱，相當於今陝西關中地區，爲秦漢京都長安附近之地。

[3]民庶彫流：百姓彫弊流亡。

[4]錢貴物賤，殆欲兼倍：指農産品價錢很低，與過去相比，兩倍之物纔能得到一倍的錢。

[5]稼穡難劬（qú）：耕種艱難辛苦。中華本校勘記云："'難'《通典》作'艱'。"

[6]斛直數十：一斛米糧衹值數十文錢。古代一斛十斗，一斗約十五斤。"十"字原闕。中華本校勘記云："據《通典》補。按南監本、毛本、殿本、局本作'斛直數倍'，'倍'字蓋涉上'殆欲兼倍'而訛。"今從補。

[7]機杼：指紡紗織布。"機"前原衍一"今"字，中華本據《通典》刪。今從刪。

[8]僮卹所上，咸是見直：指百姓常年應繳納的賦税，不要糧食、布匹實物，衹規定按價繳錢。中華本校勘記云："'僮卹'《通典》作'僮賃'。"

[9]東間錢多剪鑿：古代用銅錢，人們在錢上剪鑿下一些銅，用以再鑄錢，借以獲利。中華本校勘記云："'東間'南監本、殿本、局本作'民間'。按《通典》亦作'東間'，五朝人稱會稽諸郡爲東，此東間指東五郡也。"

[10]員大：指没有經過剪鑿的完整的銅錢。

[11]鞭捶質繫，益致無聊：指百姓繳不出錢，遭官吏鞭打捕繫虐待，更加無以聊生。

臣昔忝會稽，[1]粗閑物俗，塘丁所上，本不入官。良由陂湖宜壅，橋路須通，均夫訂直，民自爲用。若甲分毁壞，則年一脩改；若乙限堅完，則終歲無役。今郡通課此直，悉以還臺，租賦之外，更生一調。致令塘路崩蕪，湖源泄散，害民損政，實此爲劇。

[1]臣昔忝會稽：此指宋順帝昇明三年（479）蕭子良曾爲使持節，都督會稽、東陽、臨海、永嘉、新安五郡，會稽太守。詳見本書卷四〇《武十七王傳》。此一段，朱季海《校議》云："即此數言，吴越水利興廢之機可見。"（第56頁）

建元初，狡虜游魂，[1]軍用殷廣。浙東五郡，[2]丁税一千，乃有質賣妻兒，以充此限，道路愁窮，不可聞見。所逋尚多，收上事絶，臣登具啓聞，[3]即蒙蠲原。而此年租課，三分逋一，明知徒足擾民，實自弊國。愚謂塘丁一條，宜還復舊，[4]在所逋卹，優量原除。[5]凡應受錢，不限大小，仍令在所，折市布帛。若民有雜物，是軍國所須者，聽隨價准直，不必一應送錢，[6]於公不虧其用，在私實荷其渥。

[1]狡虜游魂：指北魏頻頻南侵。

[2]浙東五郡：指會稽、東陽、臨海、永嘉、新安五郡。

[3]臣登具啓聞：指子良爲會稽太守時，見民間遭災，百姓被官家逼税之苦，上奏朝廷，請求減免賦税，以抒民困。詳見本書卷四〇《武十七王傳》。中華本校勘記云："'登'殿本訛'等'。按登具啓聞，謂登時具啓以聞也。殿本作'等'，殆後人不曉登字之義，以意改之耳。"

[4]塘丁一條，宜還復舊：指以上所述修築堤壩所繳人丁錢，應恢復舊制，讓民間自行組織安排。

[5]在所逋卹，優量原除：指百姓所欠的賦税，從優考量適當減免。

[6]不必一應送錢：指可納實物。“一”原作“其”。中華本校勘記云：“據南監本、毛本、殿本、局本改。《通典》作‘盡’，《元龜》二百八十八作‘更’。”

昔晉氏初遷，[1]江左草創，絹布所直，十倍於今，賦調多少，因時增減。永初中，[2]官布一匹，直錢一千，而民間所輸，聽爲九百。漸及元嘉，[3]物價轉賤，私貨則束直六千，[4]官受則匹准五百，所以每欲優民，必爲降落。今入官好布，匹堪百餘，[5]其四民所送，猶依舊制。[6]昔爲刻上，今爲刻下，氓庶空儉，[7]豈不由之。[8]

[1]晉氏初遷：指東晉元帝司馬睿建武元年（317）在江左開始建立政權。

[2]永初：南朝宋開國皇帝劉裕年號。

[3]元嘉：南朝宋文帝劉義隆年號。

[4]私貨則束直六千：中華本校勘記云：“《通典》作‘私貨則匹直六百’。”朱季海《校議》云：“古以十端爲一束，則五匹也。《儀禮·士冠》《昏禮》注：‘束帛，十端也。’《左襄十九年傳》注：‘五匹爲束。’《周禮·大宗伯》疏：‘束者十端，每端丈八尺，皆兩端合卷總爲五匹，故云束帛也。’是也……此云‘束直六千’，則以十匹爲束，蓋亦有取於物十曰束之義云爾。《通典》云‘匹直六百’是也。然原文當如《齊書》。杜公欲覽者之易曉，故以匹直代之耳。”（第56頁）

[5]匹堪百餘：指一匹纔售百餘錢。

[6]其四民所送，猶依舊制：指百姓所繳之物折價繳錢，其錢數猶依上價，百姓自然增加了負擔。

［7］空（kòng）儉：貧困，匱乏。

［8］豈不由之：難道不正由於苛税所致。

救民拯弊，莫過減賦。時和歲稔，尚爾虛乏，儻值水旱，寧可熟念。[1]且西京熾强，[2]實基三輔；[3]東都全固，[4]寔賴三河。[5]歷代所同，古今一揆。石頭以外，[6]裁足自供府州，方山以東，[7]深關朝廷根本。夫股肱要重，不可不卹。宜蒙寬政，少加優養。略其目前小利，取其長久大益，無患民貲不殷，國財不阜也。宗臣重寄，[8]咸云利國，竊如愚管，[9]未見可安。

［1］寧可熟念：哪能多想。指不堪設想。

［2］西京：指長安（今陝西西安市），代指西漢。

［3］三輔：《御覽》卷一六四引《三輔黄圖》："武帝太初元年改内史爲京兆尹，以渭城以西屬右扶風，長安以東屬京兆尹，長陵以北屬左馮翊，以輔京師，謂之三輔。"

［4］東都：指洛陽，代指東漢。

［5］三河：《後漢書》卷六七《黨錮傳》："政爲三河表。"李賢注："三河，謂河東、河内、河南也。"即今河南洛陽市黄河南北一帶。

［6］石頭以外：指京城以西各州郡。石頭，即石頭城，在今南京市西清涼山。

［7］方山以東：指東南三吴地區。方山，在今江蘇南京市江寧區。

［8］宗臣：主治國家的大臣。

［9］愚管：謙詞。我的一管之見。

上不納。[1]

[1]上不納：朱季海《校議》謂：子良上書，"武帝猶不以爲意，何論東昏？"（第56頁）

三年，進號征東將軍。宋廣州刺史王翼之子妾路氏，[1]剛暴，數殺婢，翼之子法明告敬則，[2]敬則付山陰獄殺之，路氏家訴，爲有司所奏，山陰令劉岱坐棄市刑。[3]敬則入朝，上謂敬則曰："人命至重，是誰下意殺之？都不啓聞？"敬則曰："是臣愚意。臣知何物科法，見背後有節，便言應得殺人。"劉岱亦引罪，上乃赦之。敬則免官，以公領郡。[4]

[1]王翼之：字季弼，琅邪臨沂人。仕宋，官至御史中丞，會稽太守，廣州刺史。謚曰肅子。《宋書》卷七九有附傳。

[2]翼之子法明：中華本校勘記云："'法明'《南史》、《元龜》二百九作'法朗'。"

[3]劉岱：許福謙《〈南齊書〉紀傳疑年録》一文云："劉岱之姓名及官職僅見於此……檢趙超《漢魏南北朝墓志彙編》收有《齊故監餘杭縣劉府君墓志銘》，云：'南徐州東莞郡莒縣都鄉長貴里劉岱，字子喬……山陰令，坐太守事，左遷尚書札白衣監餘杭縣。春秋五十有四……終於縣廨。'"（《首都師範大學學報》1998年第1期）　棄市：指斬首。

[4]公：指公爵。

明年，遷侍中、中軍將軍。尋與王儉俱即本號開府儀同三司，[1]儉既固讓，敬則亦不即受。七年，出爲使持節、散騎常侍、都督豫州郢州之西陽司州之汝南二郡軍事、征西大將軍、豫州刺史，[2]開府如故。進號驃騎。[3]十一年，遷司空，[4]常侍如故。世祖崩，遺詔改加侍中。高宗輔政，[5]密有廢立意，隆昌元年，出敬則爲使持節、都督會稽東陽臨海永嘉新安五郡軍事、會稽太守，本官如故。海陵王立，[6]進位太尉。[7]

[1]王儉：南齊開國功臣，領國子祭酒、太子少傅、衛軍將軍、吏部尚書。本書卷二三有傳。　即本號：指就現官職。　開府儀同三司：皇帝對勛臣的特殊封賜。漢制，惟三公得開府置僚佐。東漢末，大將軍、驃騎將軍、車騎將軍並得開府，如三公之制。三公又稱三司。三國魏因置"開府儀同三司"之名，謂與三司體制待遇相同。晉與南北朝相沿置。《南史》卷四五此事作："後與王儉俱即本號開府儀同三司。時徐孝嗣於崇禮門候儉，因嘲之曰：'今日可謂連璧。'儉曰：'不意老子遂與韓非同傳。'人以告敬則，敬則欣然曰：'我南沙縣吏，徼倖得細鎧左右，逮風雲以至於此，遂與王衛軍同日拜三公，王敬則復何恨。'了無恨色。朝士以此多之。"

[2]豫州：治所在今安徽壽縣。　西陽：郡名。治西陽縣，在今湖北黄岡市。　汝南：郡名。治所在今河南汝南縣。　征西大將軍：南朝時將軍加"大"者秩一品。

[3]進號驃騎：指進號驃騎大將軍。將軍中秩位最高者。《唐六典》卷五引《齊職儀》曰："驃騎品秩第二，金章紫綬，武冠絳朝服，佩水蒼玉。"

[4]司空：三公之一，南朝時爲最高榮譽加號之一。秩一品。

[5]高宗輔政：指鬱林王蕭昭業繼齊武帝即位，武帝遺命蕭鸞（即後來的高宗）輔政。

[6]海陵王立：指蕭鸞廢鬱林王，另立其弟蕭昭文爲帝，是爲齊恭王，旋即廢恭王爲海陵王，自即帝位，是爲齊明帝（廟號高

宗）。

［7］太尉：三公之一，南朝時爲最高榮譽加號之一。《唐六典》卷一引《齊職儀》曰："太尉品第一，金章紫綬，進賢三梁冠，絳朝服，佩山玄玉。"

敬則名位雖達，不以富貴自遇，危拱傍遑，略不嘗坐，[1]接士庶皆吴語，而殷勤周悉。初爲散騎使虜，於北館種楊柳，[2]後員外郎虞長耀北使還，[3]敬則問："我昔種楊柳樹，今若大小？"長耀曰："虜中以爲甘棠。"[4]敬則笑而不答。世祖御座賦詩，敬則執紙曰："臣幾落此奴度内。"世祖問："此何言？"敬則曰："臣若知書，不過作尚書都令史耳，[5]那得今日？"敬則雖不大識書，而性甚警黠，臨州郡，令省事讀辭，下教判决，[6]皆不失理。

［1］略不嘗坐：形容忙碌，席不暇暖。中華本校勘記云："'嘗坐'南監本、毛本、殿本、局本作'衿裾'。"

［2］北館：指駐北魏使館。

［3］員外郎：員外散騎侍郎的簡稱。門下省官。掌奏事，直侍左右。秩五品。

［4］甘棠：稱頌敬則在北地留下遺愛。典出《史記》卷三四《燕召公世家》："周武王之滅紂，封召公於北燕……召公巡行鄉邑，有棠樹，决獄政事其下，自侯伯至庶人各得其所，無失職者。召公卒，而民人思召公之政，懷棠樹不敢伐，歌詠之，作《甘棠》之詩。"

［5］尚書都令史：尚書左右丞屬官。協助左右丞總知尚書臺内部事務。分曹設置，晋宋齊都令史員額八名。秩二百石，第八品。

[6]教：文體的一種，這裏指官長的告諭。

明帝即位，進大司馬，[1]增邑千户。臺使拜授日，雨大洪注，敬則文武皆失色，一客在傍曰："公由來如此，昔拜丹陽吴興時亦然。"敬則大悦，曰："我宿命應得雨。"乃列羽儀，備朝服，道引出聽事拜受，[2]意猶不自得，吐舌久之，至事竟。

[1]大司馬：南朝時爲最高榮譽加號之一。位從公秩一品。《御覽》卷二〇九引《齊職儀》曰："大司馬，品第一，秩中二千石，金章紫綬，武冠絳朝服，佩山玄玉。"

[2]道引：指由羽儀（儀仗隊）開路引入。　聽事：指大廳、廳堂。

帝既多殺害，敬則自以高、武舊臣，心懷憂恐。帝雖外厚其禮，而内相疑備，數訪問敬則飲食體幹堪宜，[1]聞其衰老，且以居内地，故得少安。三年中，遣蕭坦之將齋仗五百人，[2]行武進陵。[3]敬則諸子在都，憂怖無計。上知之，[4]遣敬則世子仲雄入東安慰之。[5]仲雄善彈琴，當時新絶。江左有蔡邕焦尾琴，[6]在主衣庫，[7]上敕五日一給仲雄。仲雄於御前鼓琴作《懊儂曲歌》曰：[8]"常歎負情儂，郎今果行許！"[9]帝愈猜愧。

[1]體幹堪宜：《通鑑》卷一四一《齊紀七》"明帝永泰元年"條"體幹堪宜"胡三省注："堪，勝也。宜，適也。問其尚能勝兵及適用與否也。"

[2]蕭坦之：歷仕宋齊，齊明帝心腹，爲領軍將軍。本書卷四

二、《南史》卷四一有傳。　齋仗：指禁衛兵。

[3]武進陵：指蕭氏祖先陵墓。《通鑑》卷一四一《齊紀六》"明帝永泰元年"條"敬則至武進陵口"，胡三省注："蕭氏之先俱葬武進，高帝之殂也，從其先兆，亦葬武進，號泰安陵。"武進，縣名，在今江蘇常州市武進區。

[4]上知之：《南史》卷四五此下作："上知之，問計於梁武帝（指蕭衍，時爲東閣祭酒，以識鑒過人著稱於時），武帝曰：'敬則豎夫，易爲感，唯應錫以子女玉帛，厚其使人，如斯而已。'上納之。"

[5]入東安慰之：指往敬則住處晋陵去安慰敬則。

[6]蔡邕焦尾琴：《後漢書》卷六〇下《蔡邕傳》："吴人有燒桐以爨者，邕聞火烈之聲，知其良木，因請而裁爲琴，果有美音，而其尾猶焦，故時人名曰'焦尾琴'焉。"

[7]主衣庫：官署名。執掌保管皇帝的衣服、冠冕及雜物。

[8]《懊儂曲歌》：《通鑑》卷一四一《齊紀七》胡三省注："《晋志》曰：《懊憹歌》者，隆安初俗間訛謡之曲。《歌》云：'春草可攬結，女兒可攬擷。'杜佑曰：《懊憹歌》，石崇妾緑珠所作《絲布澀難縫》一曲而已……仲雄倣其曲而作歌。"

[9]郎今果行許：《南史》卷四五後云："又曰：'君行不净心，那得惡人題'。"清牛運震《讀史糾謬》卷七《南齊書糾謬》云："此敬則子仲雄《懊儂曲》也，《南史》載之，《南齊》略之，非是。"

永泰元年，帝疾，屢經危殆。以張瓌爲平東將軍、吴郡太守，[1]置兵佐，密防敬則。内外傳言當有異處分。[2]敬則聞之，竊曰："東今有誰？秖是欲平我耳！"[3]諸子怖懼，第五子幼隆遣正員將軍徐嶽密以情告徐州行事謝朓爲計，[4]若同者，當往報敬則。朓執嶽馳啓之。[5]

敬則城局參軍徐庶家在京口，[6]其子密以報庶，庶以告敬則五官王公林。[7]公林，敬則族子，常所委信。公林勸敬則急送啓賜兒死，[8]單舟星夜還都。敬則令司馬張思祖草啓，既而曰："若爾，諸郎在都，要應有信，[9]且忍一夕。"其夜，呼僚佐文武樗蒲賭錢，謂衆曰："卿諸人欲令我作何計？"莫敢先答。防閤丁興懷曰：[10]"官秖應作耳。"[11]敬則不作聲。明旦，召山陰令王詢、臺傳御史鍾離祖願，[12]敬則横刀跂坐，[13]問詢等"發丁可得幾人？傳庫見有幾錢物？"詢答"縣丁卒不可上"。祖願稱"傳物多未輸入"。敬則怒，將出斬之。王公林又諫敬則曰："官是事皆可悔，惟此事不可悔！官詎不更思！"[14]敬則唾其面曰："小子！我作事，何關汝小子！"乃起兵。

[1]張瓌：歷仕宋齊。齊明帝時爲給事中、光禄大夫。本書卷二四《張瓌傳》："高宗疾甚，防疑大司馬王敬則，以瓌素著幹略，授平東將軍、吴郡太守，以爲之備。"

[2]當有異處分：指將要發生突然變故。

[3]秖是欲平我耳：《通鑑》卷一四一《齊紀七》"明帝永泰元年"條此句後尚有："'東亦何易可平，吾終不受金罌'。金罌謂鴆也。"胡三省注："賜死者，以金罌盛鴆酒。"秖，同"祇"。

[4]正員將軍：《通鑑》卷一四一《齊紀七》胡三省注："官至將軍而未有軍號者爲正員將軍，次爲員外將軍。"　徐州行事：指代行徐州州府長官職權。　謝朓：本書卷四七有傳。《通鑑》卷一四一《齊紀七》"明帝永泰元年"條此句前有"敬則女爲徐州行事謝朓妻"。

[5]朓執嶽馳啓之：指謝朓懼罪，連忙拘繫送信人徐嶽，向朝

廷報告王敬則將謀反事。

[6]敬則城局參軍徐庶家在京口：指敬則大司馬府城局參軍（主盜賊事）徐庶。京口，今江蘇鎮江市。

[7]敬則五官王公林：敬則五官，指大司馬府五官正，掌天文、曆法。王公林，其事不詳。

[8]公林勸敬則急送啓賜兒死：公林勸敬則將遣人與謝朓聯繫的第五子幼隆主動送京治罪以脱身。

[9]諸郎在都，要應有信：諸郎，指王敬則在京爲官的幾個兒子。他認爲，如果朝廷有什麽重要消息，兒子一定會來報信。

[10]防閤：府中服役人員。

[11]官秖（zhǐ）應作耳：意思是説，朝廷既然"衹是欲平"您，您也衹有動手反擊。《通鑑》卷一四一《齊紀七》胡三省注亦云："言應作如此事，謂應反也。"

[12]臺傳御史：傳，原作"侍"。中華本校勘記云："'臺侍御史'《通鑑》齊明帝永泰元年作'臺傳御史'。胡注云'臺傳御史，臺所遣督諸郡錢穀者'。今據改。"今從改。　鍾離：縣名。治所在今安徽鳳陽縣臨淮關。

[13]敬則横刀跂坐：《通鑑》卷一四一《齊紀七》胡三省注："跂坐，垂足而坐，跟不及地。"

[14]官詎不更思：勸阻敬則改變造反的念頭。

上詔曰："謝朓啓事騰徐嶽列如右。[1]王敬則稟質凶猾，本謝人綱。[2]直以宋季多艱，頗有膂力之用，驅獎所至，遂升榮顯。皇運肇基，預聞末議，功非匡國，賞實震主。爵冠執珪，身登衣衮，[3]固以《風》《雅》作刺，[4]縉紳側目。而溪谷易盈，鴟梟難改，猜心内駭，醜辭外布。永明之朝，履霜有漸，[5]隆昌之世，堅冰將著，[6]從容附會，朕有力焉。及景歷惟新，[7]推誠盡禮，中使相望，軒冕成陰。[8]迺嫌跡愈興，禍圖兹構，收合亡命，結黨聚群，外候邊警，内伺國隙。元遷兄弟，[9]中萃淵藪，[10]姦契潛通，將謀竊發。朓即姻家，嶽又邑子，取據匪他，昭然以信。方、邵之美未聞，[11]韓、彭之釁已積。[12]此而可容，孰寄刑典！便可即遣收掩，肅明國憲。大辟所加，[13]其父子而已；凡諸詿誤，一從蕩滌。”收敬則子員外郎世雄、記室參軍季哲、太子洗馬幼隆、太子舍人少安等，[14]於宅殺之。長子黄門郎元遷，爲寧朔將軍，領千人於徐州擊虜，敕徐州刺史徐玄慶殺之。

[1]謝朓啓事騰徐嶽：指徐州行事謝朓上呈朝廷啓事中謄寫了正員將軍徐嶽策動謝朓協助王敬則起兵造反情事。騰，當作“謄”。

[2]本謝人綱：本來就缺少人倫綱紀。

[3]爵冠執珪，身登衣衮：指爵禄封公，官登大司馬。執珪，即執玉圭（“珪”同“圭”）。古代大夫執圭入朝。衣衮，指穿綉有衮龍之服。代指三公高官。

[4]固以《風》《雅》作刺：這裏《風》《雅》泛指民歌，指前所寫敬則世子仲雄於御前鼓琴作《懊儂曲》抒怨刺世。中華本校勘記云：“‘固’原作‘故’，各本並作‘固’，今改正。”今從改。朱季海《校議》云：“正當作‘故’，後人習用‘固’字，諸本以今字改古字耳。”（第57頁）

[5]永明之朝，履霜有漸：指在齊武帝時代，王敬則已懷有反意。履霜，謂踏霜而知寒冬將至。比喻事態發展的嚴重後果已有預兆。

[6]隆昌之世，堅冰將著：指齊鬱林王時，王敬則作亂將付諸行動。按，“履霜堅冰”語出《易·坤》：“初六，履霜堅冰至。象

曰：履霜堅冰，陰始凝也；馴致其道，至堅冰也。”後以此比喻事態逐漸發展，將有嚴重後果。

[7]景歷惟新：指齊明帝即位後。

[8]中使相望，軒冕成陰：謂朝廷常遣使者候望，以禮相待，全家老小都封官拜爵。

[9]元遷兄弟：指王敬則之子員外郎仲雄、記室參軍季哲、太子舍人少安、黄門郎元遷等。

[10]中萃淵藪：聚積深廣。

[11]方、邵之美：方邵，亦作“方召”。指西周時助宣王中興的賢臣方叔與召虎。後以方邵之美喻指賢臣的美德。

[12]韓、彭之釁：指漢名將淮陰侯韓信和建成侯彭越。兩人最後均以反叛之罪被處死。釁，反叛。

[13]大辟（pì）：古五刑之一。指死刑。

[14]員外郎世雄：中華本校勘記云：“《通鑑》胡注云：此即敬則世子仲雄也。‘仲’‘世’二字必有一誤。” 記室參軍季哲：《通鑑》卷一四一《齊紀七》“明帝永泰元年”條，胡三省注：“敬則爲大司馬，以其子爲記室參軍。”按，記室參軍掌表章書記文檄。

敬則招集配衣，[1]二三日便發，欲劫前中書令何胤還爲尚書令，長史王弄璋、司馬張思祖止之。[2]乃率實甲萬人過浙江，[3]謂思祖曰：“應須作檄。”[4]思祖曰：“公今自還朝，何用作此。”敬則乃止。[5]

[1]配衣：《通鑑》卷一四一《齊紀七》“明帝永泰元年”條，胡三省注：分給袍甲以衣被之。

[2]“欲劫前中書令何胤”至“張思祖止之”：《通鑑》卷一四一《齊紀七》作：“前中書令何胤，棄官隱居若邪山（在會稽東南），敬則欲劫以爲尚書令。長史王弄璋等諫曰：‘何令高蹈，必不

從；不從，便應殺之。舉大事先殺名賢，事必不濟。'敬則乃止。"《南史》所叙亦同。按，何胤，有儒術，歷仕齊、梁。本書卷五四、《梁書》卷五一均有傳。

［3］浙江：《通鑑》卷一四一《齊紀七》胡三省注："今之錢唐江也。"

［4］檄：文體名。這裏指起事文告。

［5］敬則乃止：《通鑑》卷一四一《齊紀七》以下云："張瓌遣兵三千拒敬則於松江，聞敬則軍鼓聲，一時散走，瓌棄郡（指棄會稽郡），逃民間。"

朝廷遣輔國將軍前軍司馬左興盛、後軍將軍直閤將軍崔恭祖、輔國將軍劉山陽、龍驤將軍直閤將軍馬軍主胡松三千餘人，[1]築壘於曲阿長岡，[2]右僕射沈文季爲持節都督，[3]屯湖頭，[4]備京口路。

［1］後軍將軍直閤將軍崔恭祖：《通鑑》卷一四一《齊紀七》胡三省注："前書後軍將軍崔恭祖。按魏、晋以來官制，左、右、前、後將軍，是爲四軍。恭祖位號未能至此。《齊書·王敬則傳》作'後軍將軍、直閤將軍崔恭祖'，恭祖若爲後軍將軍，不應下帶直閤將軍，此必有誤。"　崔恭祖：慧景宗人，驍果便馬矟，頻經軍陣。以討王敬則功，封二百户。慧景舉兵反，恭祖密與之通，及慧景敗，恭祖亦被殺。見本書卷五一《崔慧景傳》。

［2］曲阿：縣名。即今江蘇丹陽市。　長岡：地名。在今江蘇句容市東南故破岡瀆上。

［3］右僕射：尚書省主官之一，輔尚書令。秩三品。　沈文季：本書卷四四有傳。

［4］湖頭：《通鑑》卷一四一《齊紀七》胡三省注："湖頭，玄武湖頭也。其地東接蔣山西岩下，西抵玄武湖堤，地勢坦平，當京

口大路。”

敬則以舊將舉事，[1]百姓檐篙荷鍤隨逐之，[2]十餘萬衆。至晋陵，南沙人范脩化殺縣令公上延孫以應之。[3]敬則至武進陵口，慟哭乘肩轝而前。[4]遇興盛、山陽二砦，[5]盡力攻之。興盛使軍人遥告敬則曰：“公兒死已盡，公持許底作?”官軍不敵欲退，而圍不開，各死戰。胡松領馬軍突其後，白丁無器仗，皆驚散，敬則軍大敗。敬則索馬，再上不得上，興盛軍容袁文曠斬之，[6]傳首。[7]是時上疾已篤，敬則倉卒東起，朝廷震懼。東昏侯在東宫，[8]議欲叛，使人上屋望，見征虜亭失火，[9]謂敬則至，急裝欲走。有告敬則者，敬則曰：“檀公三十六策，走是上計。[10]汝父子唯應急走耳。”[11]敬則之來，聲勢甚盛，裁少日而敗，時年七十餘。[12]

[1]敬則以舊將舉事：“以”字原脱。中華本校勘記云：“各本並有‘以’字，此脱，今據補。”今從補。

[2]檐篙荷鍤：猶揭竿而起。“檐”《南史》作“擔”，按，檐，通“擔”。

[3]至晋陵，南沙人范脩化殺縣令公上延孫以應之：《通鑑》卷一四一《齊紀七》胡三省注：“公上，複姓也。敬則本晋陵南沙人，故范脩化舉縣應之。”

[4]敬則至武進陵口，慟哭乘肩轝而前：《通鑑》卷一四一《齊紀七》胡三省注：“高帝之殂也，從其先兆，亦葬武進，號泰安陵。敬則懷高帝恩，故慟哭而過。陸游曰：自常州西北至吕城，過陵口，見大石獸偃仆道旁，已殘缺，蓋南朝陵墓，齊明帝時王敬則反，至陵口慟哭而過是也。”

[5]遇興盛、山陽二砦（zhài）：指臺軍前軍司馬左興盛和輔國將軍劉山陽駐扎的營寨。

[6]興盛軍容袁文曠斬之：此句前《通鑑》卷一四一《齊紀七》有“崔恭祖刺之仆地”句。“軍容”原作“軍客”。中華本校勘記云：“據南監本、毛本、殿本、局本及《南史》改。按《通鑑》亦作‘軍客’，胡注云：‘《齊書·王敬則傳》作軍容，《南史》有軍容、馬容，如桓康爲齊高帝軍容，蕭摩訶馬容陳智深斬陳叔陵，蓋皆簡拔魁健有武藝之士，使之前驅，以壯軍馬之容，故以爲名。’”今從改。

[7]傳首：《通鑑》作“傳首建康（指京城）”。

[8]東昏侯：指齊明帝第二子蕭寶卷，時爲太子在東宫。

[9]征虜亭：在今江蘇南京市長江邊。

[10]檀公：指南朝宋檀道濟。《宋書》卷四三《檀道濟傳》載：檀道濟足智多謀，隨高祖（指劉裕）北伐，爲前鋒，屢建戰功，後因稱征戰計策爲“檀公策”。

[11]汝父子唯應急走耳：汝父子，指明帝蕭鸞及其子蕭寶卷。按，檀道濟曾根據自己多年作戰經驗，總結出三十六計，這裏借此嘲諷蕭鸞父子無能。

[12]時年七十餘：中華本校勘記云：“按《南史》作‘時年六十四’。”許福謙《〈南齊書〉紀傳疑年録》據本傳又有一則文字云：“年二十餘，善拍張。補刀戟左右。景和使敬則跳刀，高與白虎幢等，如此五六，接無不中。”景和爲宋前廢帝代稱，據當時王敬則“年二十餘”推斷，則其得年應爲六十四歲。（《首都師範大學學報》1998 年第 1 期）按，“時年七十餘”後，《南史》卷四五云：“朝廷漆其首藏在武庫，至梁天監元年，其故吏夏侯亶表請收葬，許之。”

封左興盛新吴縣男，[1]崔恭祖遂興縣男，[2]劉山陽湘

其鋒。新亭壘，三國吴築，在今江蘇南京市南長江邊，依山築城壘，形勢險要。當時休範令其將丁文豪領兵攻臺城，自領兵攻新亭壘。結果休範迅即被斬，而丁文豪不知，猛攻臺城，直到朱雀桁南（即大桁，在秦淮水上），忠昭公劉勔戰敗身亡，文豪軍攻入臺城。詳見《通鑑》卷一三三《宋紀十五》“蒼梧王元徽二年”條。

[2]賊進杜姥宅：在臺城内。《通鑑》卷一三三《宋紀十五》胡三省注：“晋成帝杜皇后母裴氏立第南掖門外，世謂之杜姥宅。”

[3]司空：指司空府。　查浦：在今江蘇南京市清涼山南。　渡淮：指渡過秦淮河。　石頭：指石頭城。在清涼山，本楚懷王所置金陵邑，後三國吴孫權重建改名。負山面江，南臨秦淮河口，地勢險要。　承明門：臺城門。《通鑑》卷一三三《宋紀十五》胡三省注：“文帝元嘉二十五年，新作閶闔、廣莫二門，改廣莫門曰承明門。”

[4]東堂：在宫廷東側。

[5]宫中恐動，得顯達至，乃稍定：《通鑑》卷一三三《宋紀十五》記述云：“（丁文豪部將）杜黑騾徑進至杜姥宅。中書舍人孫千齡開承明門出降。宫省恇擾。時府藏已竭，皇太后、太妃剔取宫中金銀器物以充賞，衆莫有鬥志。”“得顯達至乃稍定”原作“得顯達乃至稍定”，中華本據南監本、毛本、殿本、局本及《册府元龜》卷三四四改正。今從改。

[6]善禁：晋葛洪《抱朴子·至理》：“或有邪魅山精，侵犯人家……而善禁者以炁（qì）禁之，皆即絶，此是炁可以禁鬼神也。”禁，咒術。

[7]禹步：慢步，緩步。禹，猶“踽”。

[8]豐城縣侯：侯爲第二等封爵。豐城縣（今江西豐城市）爲其食邑。

[9]游擊將軍：禁衛軍官。分掌宿衛營兵。秩四品。

尋爲使持節、督廣交越三州湘州之廣興軍事、輔國將軍、平越中郎將、廣州刺史，進號冠軍。[1]沈攸之事起，[2]顯達遣軍援臺，長史到遁、司馬諸葛導謂顯達曰："沈攸之擁衆百萬，勝負之勢未可知，不如保境蓄衆，分遣信驛，密通彼此。"顯達於座手斬之，遣表疏歸心太祖。[3]進使持節、左將軍。[4]軍至巴丘，[5]而沈攸之平。除散騎常侍、左衛將軍，轉前將軍、太祖太尉左司馬。[6]齊臺建，爲散騎常侍，左衛將軍，領衛尉。[7]太祖即位，遷中護軍，增邑千六百户，轉護軍將軍。顯達啓讓，上答曰："朝廷爵人以序。卿忠發萬里，信誓如期，雖屠城殄國之勳，[8]無以相加。此而不賞，典章何在。若必未宜爾，吾終不妄授。於卿數士，意同家人，豈止於君臣邪？過明，與王、李俱祇召也。"[9]上即位後，御膳不宰牲，顯達上熊烝一盤，[10]上即以充飯。

[1]廣：州名。三國吴置，治番禺縣，在今廣東廣州市。　交：州名。漢置，原治龍編縣（今越南北寧省仙游縣東），後移治廣信縣（今廣西梧州市），又移治番禺。　越：州名。南朝宋置，治臨漳縣，在今廣西合浦縣。　湘州：治所在今湖南長沙市。　廣興：縣名。治所在今江西蓮花縣。　平越中郎將：防邊諸官之一，主護南越，治所在今廣州市。秩不詳。　進號冠軍：指進號冠軍將軍。爲榮譽加號將軍，開府者位從公秩一品。

[2]沈攸之事起：指宋順帝昇明元年（477）荆州刺史沈攸之起兵反叛。詳見前注。

[3]遣表疏歸心太祖：當時蕭道成輔政，總攬軍國大權。沈攸之反叛即爲反對蕭道成擅權。

[4]左將軍：左軍將軍，禁衛軍官。分掌宿衛營兵。秩四品。

［5］巴丘：指巴丘城，即今湖南岳陽市。

［6］前將軍：前軍將軍，與左衛將軍職秩同。　太祖太尉左司馬：時蕭道成進爵太尉，陳顯達在太尉府任左司馬。爲太尉府主要屬官，主持府務，參予制定軍事計劃。秩六品。參見《文獻通考》卷六六《職官二十》。

［7］衛尉：列卿之一，掌宫門屯兵。秩三品。

［8］屠城殄國：指破城滅國。

［9］與王、李俱祇召也：王指王敬則，李指李安民（本書卷二七有傳），二人俱爲齊高帝心腹幹將。

［10］熊烝：朱季海《校議》云："江左有熊烝。《齊民要術》：《蒸缹法》引《食經》有蒸熊法，則其來舊矣。"（第57頁）

建元二年，虜寇壽陽，淮南江北百姓搔動。上以顯達爲使持節、散騎常侍、都督南兖兖徐青冀五州諸軍事、平北將軍、南兖州刺史。之鎮，虜退。[1]上敕顯達曰："虜經破散後，當無復犯關理。但國家邊防，自應過存備豫。宋元嘉二十七年後，江夏王作南兖，徙鎮盱眙，[2]沈司空亦以孝建初鎮彼，[3]政當以淮上要於廣陵耳。卿謂前代此處分云何？今僉議皆云卿應據彼地，[4]吾未能決。乃當以擾動文武爲勞。若是公計，不得憚之。"事竟不行。遷都督益寧二州軍事、安西將軍、益州刺史，[5]領宋寧太守，[6]持節、常侍如故。

［1］之鎮，虜退：此指建元二年（480），北魏步騎二十萬攻壽陽（今安徽壽縣）。豫州刺史垣崇祖於壽陽城外築堰決肥水，將攻城魏兵衝墜，人馬溺死無數，魏師退走。詳見《通鑑》卷一三五《齊紀一》"高帝建元二年"條。

［2］江夏王：指劉義恭，宋武帝劉裕之子，封江夏王。宋文帝元嘉九年（432），爲南兖州刺史，加都督，鎮廣陵（今江蘇揚州市）。元嘉二十七年（450），文帝欲用兵河、洛，義恭總統群帥，又以本官領南兖刺史，移鎮盱眙（今江蘇盱眙縣）。《宋書》卷六一、《南史》卷一三有傳。

［3］沈司空：指沈慶之，歷仕劉宋諸帝，屢建功勛，卒贈司空。孝武踐阼，以慶之爲領軍將軍，尋出爲南兖州刺史，加都督，鎮盱眙。以討南豫州刺史魯爽反叛有功，進號征北大將軍。《宋書》卷七七、《南史》卷三七有傳。

［4］應據彼地：指應由廣陵移鎮盱眙。

［5］益：州名。治所在今四川成都市。　寧：州名。治滇池縣，在今雲南昆明市晉寧區東。

［6］宋寧：郡名。寄治今四川成都市。

世祖即位，[1]進號鎮西。[2]益部山險，多不賓服。大度村獠，[3]前後刺史不能制，顯達遣使責其租賧，[4]獠帥曰："兩眼刺史尚不敢調我！"[5]遂殺其使。顯達分部將吏，聲將出獵，夜往襲之，男女無少長皆斬之。自此山夷震服。廣漢賊司馬龍駒據郡反，[6]顯達又討平之。

［1］世祖：指齊武帝蕭賾，廟號世祖。本書卷三有紀。

［2］鎮西：指鎮西將軍。榮譽加號將軍，爲加號將軍之第三等。參見《通典》卷二八《職官十》。

［3］大度村獠：蠻族的一支，多住四川巴山一帶。本書卷五八《蠻傳》謂："巴、巫二邊，並山蠻凶盛，據險爲寇賊。"

［4］租賧（tàn）：指南方少數民族向朝廷繳納的賦税和贖罪金。李文才《南北朝時期益梁政區研究》第五章《南齊治下的益、梁地區》云："陳顯達對'獠人'徵收租賦，應該是激起僚人反抗

的重要原因，同時也是對江左政權傳統的羈縻政策的改變……在這裏需要特別指出的是，在陳顯達向僚人徵租之前，南朝政府通常不向他們徵收租賦，在這以後，南朝政府則可能將徵收僚人租賦當成政府的一筆經常性財政收入……據此我們可以認爲，陳顯達徵租於僚，乃是其後南朝政府向僚人徵收租賦的濫觴。”（商務印書館2002年版，第297頁）

[5]兩眼刺史尚不敢調我：嘲笑鄙視陳顯達獨眼（一隻眼在戰爭中中箭而瞎）。

[6]廣漢：郡名。治所在今四川射洪縣。

永明二年，徵爲侍中、護軍將軍。顯達累任在外，經太祖之憂，[1]及見世祖，流涕悲咽，上亦泣，心甚嘉之。

[1]經太祖之憂：指經太祖之喪。

五年，荒人桓天生自稱桓玄宗族，[1]與雍、司二州界蠻虜相扇動，[2]據南陽故城。[3]上遣顯達假節，率征虜將軍戴僧静等水軍向宛、葉，[4]雍、司衆軍受顯達節度。[5]天生率虜衆萬餘人攻舞陰，[6]舞陰戍主輔國將軍殷公愍擊殺其副張麒麟，[7]天生被瘡退走。仍以顯達爲使持節、散騎常侍、都督雍梁南北秦郢州之竟陵司州之隨郡軍事、鎮北將軍，[8]領寧蠻校尉、雍州刺史。顯達進據舞陽城，遣僧静等先進，與天生及虜再戰，大破之，官軍還。數月，天生復出攻舞陰，殷公愍破之，天生還竄荒中，遂城、平氏、白土三城賊稍稍降散。[9]

［1］荒人：指逃荒之民。朱季海《校議》云："所謂荒民者是已。"（第57頁）　桓玄：桓温之子，襲父爵爲南郡公。晉安帝時爲江州刺史，都督荆江等八州軍事，據江陵。元興元年（402），舉兵東下，攻入建康，逼安帝禪位，建國號楚，改元建始。宋武帝劉裕起兵討之，玄兵敗被斬。詳見《晋書》卷九九《桓玄傳》。按，荒民桓天生舉桓玄後代旗號，號召群衆。

［2］雍：州名。東晋僑置，治所在今湖北襄陽市。　司：州名。南朝宋泰始中置，治平陽縣，在今河南信陽市。

［3］南陽：郡名。治宛縣，在今河南南陽市。

［4］戴僧静：歷仕宋齊，勇武超群。本書卷三〇有傳，中云："永明五年，隸護軍陳顯達，討荒賊桓天生於比陽……天生引虜步騎十萬奄至，僧静合戰大破之，殺獲萬計。天生退還比陽，僧静進圍之。天生軍出城外，僧静又擊破之……天生閉門不復出，僧静力疲乃退。"　宛：縣名。在今河南南陽市。　葉：縣名。在今河南葉縣。

［5］雍、司衆軍受顯達節度：中華本校勘記云："'受'原訛'授'，各本不訛，今改正。"今從改。

［6］舞陰：縣名。治所在今河南泌陽縣。

［7］戍主：軍官名。戍，指邊地的營壘、城堡，派兵戍守，大者稱鎮，小者稱戍。

［8］梁：州名。治所在今陝西漢中市。　南北秦：南秦州、北秦州，治所同梁州。　竟陵：郡名。治石城，在今湖北鍾祥市。　隨郡：治所在今湖北隨州市。

［9］遂城、平氏、白土三城賊稍稍降散：中華本校勘記云："'遂城'原訛'萃城'，據南監本、殿本、局本改正。'平氏'原訛'平民'，據局本改正。'白土'原訛'曰土'，據局本改正。"今從改。《通鑑》卷一三六《齊紀二》"武帝永明六年"條"天生棄平氏城走"胡三省注："平氏，漢縣，屬南陽郡，晋、宋屬義陽郡。縣西南有桐柏山，淮源所出也。"按，遂城、白土不詳何處，

當在南陽或義陽境。

八年，進號征北將軍。其年，仍遷侍中、鎮軍將軍，尋加中領軍。出爲使持節、散騎常侍、都督江州諸軍事、征南大將軍、江州刺史，[1]給鼓吹一部。顯達謙厚有智計，自以人微位重，每遷官，常有愧懼之色。有子十餘人，誡之曰：“我本志不及此，汝等勿以富貴陵人！”[2]家既豪富，諸子與王敬則諸兒，並精車牛，[3]麗服飾。當世快牛稱陳世子青，[4]王三郎烏，[5]吕文顯折角，[6]江瞿曇白鼻。[7]顯達謂其子曰：“麈尾扇是王謝家物，汝不須捉此自逐。”[8]

[1]征南大將軍：將軍加“大”者，秩一品。　江州：治所在今江西九江市。

[2]我本志不及此，汝等勿以富貴陵人：中華本校勘記云：“‘此汝’二字原訛倒，各本不訛，今乙正。”今從改。

[3]車牛：指牛車，爲古時交通運載工具。《尚書·酒誥》：“肇牽車牛，遠服賈。”

[4]快牛：指能快速拉車奔跑的牛。　陳世子：指陳顯達之子。　青：指青牛。

[5]王三郎：指王敬則之子。　烏：指烏牛。

[6]吕文顯：齊高帝倖臣。本書卷五六有傳。　折角：指折角牛。

[7]江瞿曇：通事舍人。事亦見本書卷五六《倖臣傳》。　白鼻：指白鼻牛。按，《南史》卷四五此後云：“而皆集陳舍。顯達知此不悦。”

[8]麈尾扇是王謝家物，汝不須捉此自逐：《南史》卷四五此

處作："及子休尚爲郢府主簿，過九江拜别。顯達曰：'凡奢侈者鮮有不敗，麈尾蠅拂是王、謝家物，汝不須捉此自逐。'即取於前燒除之。其静退如此。"麈尾，古代的一種撣塵工具，在細長的木棍上插或綁繫獸毛，類似麈尾，故名。當時士人清談時必執麈尾，指劃助談，相沿成習，成爲名流雅器。王、謝，指晋丞相王導、謝安，後代指高門貴族。陳顯達認爲麈尾扇乃是奢侈之物，是不該使的。"物"原作"許"，中華本校勘記云："據殿本及《元龜》八百十七改。"朱季海《校議》云："二本臆改，非是。'許'當爲'計'，形之誤也。《金樓子·后妃篇》：'永明之朝，密勿王事，與茹法亮、紀僧真對直，多在禁省，不得休外處分家計。'《陳傳》所云，正當永明之朝，'家計'故當時語。"（第57頁）

十一年秋，虜動，[1]詔屯樊城。[2]世祖遺詔，即本號開府儀同三司。隆昌元年，[3]遷侍中、車騎將軍，[4]開府如故，置兵佐。豫廢鬱林之勳，[5]延興元年，爲司空，進爵公，增邑千户，甲仗五十人入殿。[6]高宗即位，進太尉，侍中如故，改封鄱陽郡公，[7]邑三千户，加兵二百人，給油絡車。[8]建武二年，虜攻徐、司，[9]詔顯達出頓，往來新亭白下，[10]以爲聲勢。

[1]十一年秋，虜動：《通鑑》卷一三八《齊紀四》"武帝永明十一年"條："秋七月……魏中外戒嚴，發露布及移書，稱當南伐。"

[2]詔屯樊城：武帝詔令陳顯達駐守樊城以防敵。樊城，即今湖北襄陽市。

[3]隆昌：齊鬱林王蕭昭業年號。

[4]車騎將軍：榮譽加號將軍爲第一等。

[5]豫廢鬱林之勳：齊武帝遺詔尚書左僕射西昌侯蕭鸞輔政，“内外衆事，無大小悉與鸞參懷”。而鬱林王蕭昭業繼位後，穢亂宫廷，且誅殺大臣。蕭鸞與車騎大將軍陳顯達等共謀，廢鬱林王，另立其弟蕭昭文，改元延興。不久蕭鸞又廢昭文自立爲帝，改元建武，是爲齊明帝，廟號高宗。

[6]甲仗五十人入殿：指入宫殿，隨身有披甲執兵的武士五十人護衛。乃皇帝給重臣、勛臣的特殊待遇。

[7]鄱陽郡公：公爲第一等封爵，鄱陽郡爲其食邑，治所在今江西湖口縣。

[8]油絡車：用油絡（絲質網狀的車飾）裝飾的車子。王公加禮者之常乘。參見本書《輿服志》。

[9]虜攻徐、司：建武二年（495）正月，北魏拓拔衍軍攻鍾離、徐州，劉昶、王肅軍攻義陽。徐州、司州告急。中外纂嚴，以太尉陳顯達爲使持節、都督西北討諸軍事。參見《通鑑》卷一四〇《齊紀六》“明帝建武二年”條。

[10]白下：白下城，在今江蘇南京市北金川門外幕府山南麓。北臨大江，爲北郊軍事要地。

上欲悉除高、武諸孫，微言問顯達，[1]答曰：“此等豈足介慮。”[2]上乃止。顯達建武世心懷不安，深自貶匿，車乘朽故，導從鹵簿，[3]皆用羸小，不過十數人。侍宴，酒後啓上曰：“臣年已老，富貴已足，唯少枕枕死，[4]特就陛下乞之。”上失色曰：“公醉矣。”以年禮告退，[5]不許。

[1]微言：含蓄隱晦之言。

[2]此等豈足介慮：意思是説，不應當在這種事情上（指殺高、武諸孫）用心思。實質是批評明帝錯打主意。

[3]導從鹵簿：引路隨從的侍衛。

[4]枕枕死：枕着枕頭而死，指壽終正寢。按，此處《通鑑》卷一四二《齊紀八》“東昏侯永元元年”條敘曰，“嘗侍宴，酒酣，啓高宗借枕，高宗令與之。顯達撫枕曰”云云。

[5]以年禮告退：中華本校勘記云：“‘禮’殿本作‘老’。按《通鑑》胡注云：‘禮，大夫七十而致事，時顯達年已七十矣。’是作‘禮’不訛，作‘老’者，後人妄改也。”

是時虜頻寇雍州，衆軍不捷，失沔北五郡。[1]永泰元年，乃遣顯達北討。詔曰：“晉氏中微，[2]宋德將謝，[3]蕃臣外叛，要荒内侮，[4]天未悔禍，左衽亂華，[5]巢穴神州，逆移年載。朕嗣膺景業，踵武前王，静言隆替，思乂區夏。[6]但多難甫夷，恩化肇洽，[7]興師擾衆，非政所先，用戢遠圖，權緩北略，[8]冀戎夷知義，懷我好音。而凶醜剽狡，專事侵掠，驅扇異類，蟻聚西偏，乘彼自來之資，撫其天亡之會，軍無再駕，民不重勞，傳檄以定三秦，[9]一麾而臣禹迹，[10]在此舉矣。且中原士庶，久望皇威，乞師請援，結軌馳道。信不可失，時豈終朝。宜分命方嶽，因兹大號。[11]侍中太尉顯達，可暫輟槐陰，[12]指授群帥。”中外纂嚴。加顯達使持節，向襄陽。

[1]虜頻寇雍州，衆軍不捷，失沔北五郡：指永泰元年（498）春，魏主如南陽，拔宛北城。三月，崔慧景、蕭衍大敗於鄧城（屬南陽郡），沔水之北五郡陷没。《通鑑》卷一四一《齊紀七》“明帝永泰元年”條，胡三省注：“五郡，謂南陽、新野、南鄉、北襄城并西汝南、北義陽二郡太守也。”

[2]晋氏中微：指當東晋中道衰微的時候。

[3]宋德將謝：指劉宋將亡的時候。

[4]蕃臣外叛，要荒内侮：藩國大臣叛變投敵（如宋晋熙王劉昶投北魏），邀集野蠻外族人内侵。

[5]左衽：衣襟向左，中國古代北方某些少數民族服裝。這裏代指北魏。

[6]思乂（yì）區夏：想治理好華夏。乂，治理。《尚書·堯典》："浩浩滔天，下民其咨，有能俾乂。"孔安國傳："乂，治也。"

[7]多難甫夷，恩化肇洽：多難剛平，恩化始達。

[8]北略：指用武力收復北方領土。

[9]三秦：秦亡，項羽三分關中，封秦降將章邯爲雍王，司馬欣爲塞王，董翳爲翟王，合稱三秦。見《史記》卷六《秦始皇本紀》。這裏泛指中原。

[10]一麾而臣禹迹：指戰旗一揮，而平服華夏。禹迹，相傳夏禹治水，足迹遍於九州，後因稱中國的疆域爲禹迹。《尚書·立政》："其克詰爾戎兵，以陟禹之迹。"

[11]大號：天子的名號。

[12]蹔輟槐陰：指暫停在朝廷官署議事。古稱三公九卿的官署爲槐宫、槐蔭。

永元元年，顯達督平北將軍崔慧景衆軍四萬，[1]圍南鄉堺馬圈城，[2]去襄陽三百里，攻之四十日，虜食盡，噉死人肉及樹皮，外圍既急，虜突走，斬獲千計。官軍競取城中絹，不復窮追。顯達入據其城，遣軍主莊丘黑進取南鄉縣，[3]故從陽郡治也。[4]虜主元宏自領十餘萬騎奄至，顯達引軍渡水西，[5]據鷹子山築城，[6]人情沮敗。虜兵甚急，軍主崔恭祖、胡松以烏布幔盛顯達，數人檐之，逕道從分磧山出均水口，[7]臺軍緣道奔退，死者三萬餘人。左軍將張千戰死，[8]追贈游擊將軍。顯達素有威名，著於蠻虜，至是大損喪焉。[9]御史中丞范岫奏免顯達官，[10]朝議優詔答曰："昔衛、霍出塞，[11]往往無功，馮、鄧入關，[12]有時虧喪。況公規謨肅舉，期寄兼深，見可知難，無損威略。方振遠圖，廓清朔土。雖執憲有常，非所得議。"顯達表解職，不許，求降號，又不許。

[1]顯達督平北將軍崔慧景衆軍四萬：崔慧景，字君山，歷仕宋齊，官至護國將軍，加侍中，後以謀叛被殺。本書卷五一有傳。按，《通鑑》卷一四二《齊紀八》"東昏侯永元元年"條謂，"擊魏，欲復雍州諸郡"；"陳顯達與魏元英戰，屢破之"。

[2]圍南鄉堺馬圈城：《通鑑》卷一四二《齊紀八》胡三省注："按《陳顯達傳》，馬圈在南鄉界。杜佑曰：馬圍城去襄陽三百里，在今南陽郡界穰縣北。杜佑曰：後魏馬圈鎮，漢涅陽縣地。"按，穰縣治所在今河南鄧州市。亦説馬圈城在今河南鎮平縣南，參見宋王應麟《通鑑地理通釋》。

[3]遣軍主莊丘黑進取南鄉縣："黑"原作"累"，中華本校勘記云："據南監本、殿本、局本及《南史》、《通鑑》齊東昏侯永元元年改。按莊丘複姓，黑其名也。"南鄉縣，《通鑑》卷一四二《齊紀八》胡三省注："南鄉城，順陽舊治也。"按，順陽縣治所在今河南淅川縣南。

[4]從陽郡："從陽"即"順陽"，蕭子顯避梁諱改。

[5]水西：《通鑑》卷一四二《齊紀八》胡三省注："均水之西也。"按，均水上、中游即今河南淅河，下游即匯合淅河以後的丹江。

[6]鷹子山：在今河南淅川縣西南。

[7]逕道從分磧山出均水口：分磧山，在今湖北均縣西北丹江入漢江口之北。均水口，均口即今湖北均縣丹江入漢江之口。《通鑑》卷一四二《齊紀八》作“汋均口”，胡三省注：“《水經注》：順陽縣西有石山，南臨汋水。汋水又南流，注于沔水，謂之汋口。詳考《經》及《注》，汋水、均水，實一水也，故謂之汋均口。”又按，此後《通鑑》卷一四二《齊紀八》云：“廣平馮道根説顯達曰：‘汋均水迅急，易進難退；魏若守隘，則首尾俱急。不如悉棄船於酇城，陸道步進，列營相次，鼓行而前，破之必矣。’顯達不從。道根以私屬從軍，及顯達夜走，軍人不知山路，道根每及險要，輒停馬指示之，衆賴以全。詔以道根爲汋均口戍副。”

[8]左軍將：《通鑑》卷一四二《齊紀八》作“左軍將軍”。張千：其事不詳。

[9]“顯達素有威名”至“大損喪焉”：《通鑑》卷一四二《齊紀八》胡三省注評曰：“陳顯達之敗，固是弱不可以敵强，亦天爲之也。齊師潰於戊戌，魏主殂於丙午，儻顯達更能支持數日，安知不能轉敗爲功邪！”

[10]范岫：字懋賓，濟陽人。博學多能，歷仕齊、梁，官至祠部尚書。《梁書》卷二六、《南史》卷六〇均有傳。

[11]衛、霍：指西漢名將衛青、霍去病。

[12]馮、鄧：指東漢名將馮異、鄧禹。

以顯達爲都督江州軍事、江州刺史，鎮盆城，[1]持節本官如故。初，王敬則事起，始安王遥光啓明帝慮顯達爲變，[2]欲追軍還，事尋平，乃寢。顯達亦懷危怖。及東昏立，彌不樂還京師，得此授，甚喜。[3]尋加領征南大將軍，給三望車。[4]

[1]盆城：今江西九江市。

[2]始安王遥光：齊高帝次兄蕭道生之孫，襲父蕭鳳爵爲始安王。爲齊明帝蕭鸞心腹，性多忌，勸明帝盡殺高、武諸子弟。本書卷四五、《南史》卷四一有傳。

[3]甚喜：《通鑑》卷一四二《齊紀八》此後云："嘗有疾，不令治，既而自愈，意甚不悦。"胡三省注曰："蓋求死不得死，以至於反也。悲夫!"

[4]給三望車：六朝時王公大臣所乘之車，三面有窗可望。本書《輿服志》："制度如四望（通幰，油幢絡，班柒輪轂），或謂之夾望，亦以加禮貴臣。"

顯達聞京師大相殺戮，又知徐孝嗣等皆死，[1]傳聞當遣兵襲江州，顯達懼禍，十一月十五日，舉兵。令長史庾弘遠、司馬徐虎龍與朝貴書曰：[2]

諸君足下：我太祖高皇帝叡哲自天，超人作聖，屬彼宋季，綱紀自頓，應禪從民，遘此基業。世祖武皇帝昭略通遠，克纂洪嗣，四關罷嶮，三河静塵。[3]鬱林海陵，[4]頓孤負荷。明帝英聖，紹建中興。至乎後主，[5]行悖三才，[6]琴横由席，繡積麻筵，[7]淫犯先宫，穢興閨闥，皇陛爲市廛之所，[8]雕房起征戰之門。[9]任非華尚，寵必寒厮。[10]

[1]徐孝嗣：顧命大臣，時爲尚書令。東昏侯忌之，被賜藥殺死。本書卷四四有傳。

[2]令長史：漢始置蘭臺令史、公府諸曹令史，掌文書，地位低於郎，南北朝沿置。庾弘遠爲令史之首，故曰"令長史"。　庾弘遠：《通鑑》卷一四二《齊紀八》云："庾弘遠，炳之之子也。"胡三省注："庾炳之柄用於宋元嘉之季。"按，陳顯達事敗，弘遠

殉難。

[3]四關罷嶮，三河静塵：泛指四方平安，河山安静。

[4]鬱林海陵：指齊鬱林王蕭昭業、海陵王蕭昭文。

[5]後主：指齊東昏侯蕭寶卷。

[6]三才：指天、地、人。《易·説卦》："是以立天之道曰陰與陽；立地之道曰柔與剛；立人之道曰仁與義。兼三才而兩之，故《易》六畫而成卦。"

[7]琴横凷（kuài）席，繡積麻筵：指居父母之喪時竟尋歡作樂。凷，同"塊"。凷席，草編的席子。《禮記·喪服大記》："父母之喪，居倚廬，不塗，寢苫枕凷。"麻筵，喪筵，古代喪服用麻，故稱。繡，指穿着兜帽繡衣裳的美女。按，東昏侯蕭寶卷荒淫胡弄，凶毒成性，種種穢行惡迹，見本書卷七《東昏侯紀》。

[8]皇陛爲市廛之所：本書卷七《東昏侯紀》："又於苑中立市，太官每旦進酒肉雜肴，使宫人屠酤，潘氏（妃）爲市令，帝爲市魁，執罰，争者就潘氏決判。"

[9]雕房：指華美的内宫。

[10]任非華尚，寵必寒廝：指不用才華出衆、品德高尚之人，而專門寵信梅蟲兒之類行迹惡劣的無賴之徒。

江僕射兄弟，[1]忠言屬薦，正諫繁興，覆族之誅，於斯而至。故乃犴噬之刑，[2]四剽於海路，[3]家門之釁，一起於中都。[4]蕭、劉二領軍，[5]並升御座，共禀遺詔，宗戚之苦，諒不足談，渭陽之悲，[6]何辜至此。徐司空歷葉忠榮，[7]清簡流世，匡翼之功未著，傾宗之罰已彰。沈僕射年在懸車，[8]將念机杖，[9]歡歌園藪，絶影朝門，忽招陵上之罰，[10]何万古之傷哉。遂使紫臺之路，[11]絶縉紳之儔；[12]纓組之閤，[13]罷金、張之胤。[14]悲哉！蟬冕爲賤寵之服。[15]嗚呼！皇陛列劫竪之坐。[16]

[1]江僕射兄弟：指右僕射江祏、侍中江祀。二人乃東昏王親舅父，時常勸諫。《通鑑》卷一四二《齊紀八》"東昏侯永元元年"條謂："二江更直殿内，動止關之，帝稍欲行意……而祏執制堅確，帝深忿之。"旋即遣心腹在内殿將二人殺死，並誅及滅門。二江死，東昏"自是無所忌憚，益得自恣，日夜與近習於後堂鼓叫戲馬……顧謂左右曰：'江祏常禁吾乘馬，小子若在，吾豈能得此！'"

[2]犴（àn）噬：指被捕下獄。

[3]四剽於海路：形容到處發生冤案。

[4]釁：禍患，灾難。　中都：京都。

[5]蕭、劉二領軍：指蕭坦之、劉暄，二人均爲領軍將軍，明帝遺命輔政。坦之剛狠專執，群小畏而憎之，東昏遣親信領兵圍坦之宅，殺之。詳見本書卷四二《蕭坦之傳》。劉暄，與蕭坦之同時被殺。見本書卷四二《劉暄傳》。

[6]渭陽之悲：指舅父之悲。典出《詩·秦風·渭陽》："我送舅氏，曰至渭陽。"後因以渭陽指舅氏。

[7]徐司空：指由中書監進位司空的徐孝嗣。其受遺托重，輔政辛勤，遭群小之憎，被東昏賜藥毒殺。詳見本書卷四四《徐孝嗣傳》。

[8]沈僕射：指侍中、左僕射沈文季。文季正直，爲高、武諸帝所器重。東昏時，文季見世方昏亂，托以老疾，不豫朝機，欲求自免，結果在徐孝嗣被害後，文季也被召至華林園處死。詳見本書卷四四《沈文季傳》。　懸車：指致仕。古人一般七十歲辭官家居，廢車不用，故云。

[9]机杖：坐几，手杖。指在家閑居。机應爲"几"。

[10]陵上：犯上作亂。

[11]紫臺：猶紫宫，指帝王所居之朝堂。

[12]縉紳：原指官宦將笏插於腰帶間，代指有資質的官宦、士大夫。

[13]纓組：結冠的絲帶，借指官宦。

[14]金、張：漢時金日磾、張安世二人的並稱。二氏子孫相繼爲官，七世顯榮。後因以“金張”爲顯宦的代稱。

[15]蟬冕：蟬冠。漢代皇帝侍從官所戴之冠，上有蟬飾，並插貂尾，故亦稱貂蟬冠。後泛指高官。

[16]皇陛列劫暨之坐：謂宫殿上排列着竊賊小人的座位。

且天人同怨，乾象變錯，[1]往歲三州流血，[2]今者五地自動。[3]昔漢池異色，胥王因之見廢；[4]吴郡暫震，步生以爲姦倖。况事隆於往怪，釁倍於前虐，此而未廢，[5]孰不可興？

[1]乾象變錯：指天象出現怪異。

[2]往歲三州流血：指永泰元年（499）北魏攻戰徐州、雍州、司州。

[3]五地自動：五處發生地震。按，本書《五行志》衹記兩處：“永元元年七月，地日夜十八震。九月十九日，地五震。”

[4]昔漢池異色，胥王因之見廢：《漢書》卷六三《武五子傳》載，廣陵王劉胥宫園中“池水變赤，魚死”，有司按驗，“公卿請誅胥”，胥“即以綬自絞死”。

[5]此而未廢：“此”指齊東昏侯蕭寶卷。

王僕射、王領軍、崔護軍，[1]中維簡正，逆念剖心。[2]蕭衛尉、蔡詹事、沈左衛，[3]各負良家，共傷時嶮。先朝遺舊，志在名節，同列丹書，要同義舉。建安殿下秀德冲遠，[4]寔允神器。昏明之舉，往聖流言。今忝役戎驅，亟請乞路。[5]須京塵一静，西迎大駕，歌舞太平，不亦佳哉！裴豫州宿遣誠言，[6]久懷慷慨，計其勁兵，已登淮路；申司州志節堅明，[7]分見迎合，總勒偏率，殿我而進；蕭雍州、房僧寄並已纂邁，[8]旌鼓將及；南兖州司馬崔恭祖壯烈超群，[9]嘉驛屢至，佇聽烽諜，[10]共成脣齒；荆郢行事蕭、張二賢，[11]莫不案劍滄風，横戈待節；關畿蕃守之儔，孰非義侶。

[1]王僕射、王領軍、崔護軍：查東昏朝王姓官員無人任僕射與領軍將軍。王延之永明四年（486）任左僕射（見本書卷三二《王延之傳》），王晏在鬱林即位時轉僕射（見本書卷四二《王晏傳》）。此二人東昏時已不在世。又據本書卷七《東昏侯紀》，永元元年（499）九月，“以太子詹事王瑩爲中領軍”，而非領軍將軍。崔護軍，指崔慧景，永元元年遷護軍將軍。見本書卷五一《崔慧景傳》。

[2]逆念剖心：謂忠於朝廷誠心實意。逆，順從、接受。《尚書·吕刑》：“爾尚敬逆天命，以奉我一人。”

[3]蕭衛尉：指蕭坦之，海陵即位，除黄門郎，兼衛尉卿。見本書卷四二《蕭坦之傳》。　蔡詹事：指蔡約，遷太子詹事。見本書卷四六《蔡約傳》。　沈左衛：指沈文季，曾爲左衛將軍，後遷中護軍、領軍將軍。見本書卷四四《沈文季傳》。

[4]建安殿下：指東昏侯蕭寶卷之弟建安王蕭寶寅，時爲郢州刺史。陳顯達欲奉建安王爲帝。

[5]亟請乞路：意思是要求以上諸人不要阻擋起義軍，要爲起

義軍開道。

[6]裴豫州：指裴叔業。歷事齊高、武、明諸帝，爲豫州刺史。東昏即位，誅大臣，京師屢有變發，叔業憂心思變。見本書卷五一《裴叔業傳》。

[7]申司州：司州刺史，不詳爲誰。

[8]蕭雍州：指雍州刺史蕭衍（即後來的梁武帝）。　房僧寄：時爲竟陵太守，被代還至郢，梁王義師起，東昏侯敕其留守魯山，除驍騎將軍，後病死魯山。　纂邁：指聚集行動，實現宏圖大計。

[9]崔恭祖：慧景宗人，驍果便馬矟，氣力絶人，頻經軍陣，勇健不凡。本書卷五一有附傳。

[10]佇聽烽諜：謂立等義軍戰報。中華本校勘記云："'佇'原訛'所'，今據南監本、局本改正。"今從改。

[11]荆郢行事蕭、張二賢：蕭指蕭穎胄。和帝爲荆州，以穎胄爲冠軍將軍、西中郎長史、南郡太守、行荆州府州事。本書卷三八有附傳。張指張冲。東昏即位，出爲建安王征虜長史、輔國將軍、江夏内史、行郢州府州事。本書卷四九有傳。

我太尉公體道合聖，[1]杖德脩文，神武横於七伐，[2]雄略震於九綱。[3]是乃從彼英序，[4]還抗社稷。本欲鳴笳細錫，[5]無勞戈刃。但忠黨有心，節義難遣。信次之間，森然十萬。飛旍咽於九派，[6]列艦迷於三川，[7]此蓋捧海澆螢，烈火消凍耳。[8]吾子其擇善而從之，無令竹帛空爲後人笑也。

[1]太尉公：指陳顯達。

[2]七伐：《尚書・牧誓》："夫子勗哉，不愆于四伐五伐，六伐七伐，乃止齊焉。"孔安國傳："伐謂擊刺，少則四五，多則六七，以爲例。"後以"七伐"泛指四處征戰。

［3］九綱：指九州。

［4］英序：猶英嗣。指建安王蕭寶寅。

［5］本欲鳴笳細鍚：這句是説，本來設想，衹要樂隊、儀仗隊開道，恭送新君上京即可。鳴笳，吹奏笳笛。細鍚，猶細仗，儀仗。

［6］飛旍（jīng）：飛揚的戰旗。“旍”同“旌”。 九派：長江在湖北、江西一帶，分爲很多支流，因以九派泛指長江。

［7］三川：原指三條河流。所指不一，西周以涇、渭、洛爲三川；東周以河、洛、伊爲三川。這裏泛指江湖。

［8］捧海澆螢，烈火消凍：比喻極易見成效。

朝廷遣後軍將軍胡松、驍騎將軍李叔獻水軍據梁山；[1]左衛將軍左興盛假節，加征虜將軍，督前鋒軍事，屯新亭；輔國將軍驍騎將軍徐世摽領兵屯杜姥宅。[2]顯達率衆數千人發尋陽，與胡松戰於採石，[3]大破之，京邑震恐。十二月十三日，顯達至新林築城壘，[4]左興盛率衆軍爲拒戰之計。其夜，顯達多置屯火於岸側，潛軍渡取石頭北上襲宫城，遇風失曉，十四日平旦，數千人登落星崗，[5]新亭軍望火，謂顯達猶在，既而奔歸赴救，屯城南。宫掖大駭，閉門守備。顯達馬矟從步軍數百人，於西州前與臺軍戰，[6]再合，大勝，手殺數人，矟折，官軍繼至，顯達不能抗，退走至西州後烏榜村，[7]爲騎官趙潭注矟刺落馬，[8]斬之於籬側，血湧湔籬，似淳于伯之被刑也。[9]時年七十二。[10]顯達在江州，遇疾不治，尋而自差，意甚不悦。是冬連大雪，梟首於朱雀，[11]而雪不集之。[12]諸子皆伏誅。[13]

［1］後軍將軍：禁衛軍官，分掌宿衛營兵。秩四品。驍騎將軍同。　李叔獻：交趾人，原爲交州刺史，一度斷絶與朝廷聯繫，齊武帝派員欲討之，叔獻懼，自湘川回朝。見本書卷五八《東南夷傳》。　梁山：東西梁山，東在安徽當塗縣，西在安徽和縣，夾江而立，故又名天門山。爲京城建康的屏障。

［2］徐世摽：齊明帝寵信，自殿内主帥爲直閣驍騎將軍。凡諸殺戮，皆世摽所勸。陳顯達事起，加輔國將軍，護軍崔慧景雖爲都督，而兵權實在世摽。詳見《南史》卷七七《恩倖傳》。《南史》“摽”作“檦”。

［3］採石：在今安徽馬鞍山市西北長江邊。“採”應爲“采”。

［4］新林：今江蘇南京市西南善橋鎮。瀕臨大江，爲軍事要地。

［5］落星崗：《通鑑》卷一四二《齊紀八》胡三省注：“石頭城西有横壠，謂之落星岡。”

［6］西州：指西州城，在今江蘇南京市西江寧區，南朝時爲揚州刺史的治所。

［7］西州後：“後”原作“從”。中華本校勘記云：“據南監本、殿本、局本及《南史》《通鑑》改。按《通鑑》作‘走至西州後’，無‘烏榜村’三字。”

［8］爲騎官趙潭注稍刺落馬：《通鑑》卷一四二《齊紀八》胡三省注：“（注稍）蓋盡力注稍而刺之也。騎官蓋在馬隊主副之下，猶今傔官也。”

［9］淳于伯之被刑：晋愍帝建興四年（316），淳于伯爲丞相府督運令史，丞相揚聲北伐，伯以督運稽留及役使贓罪，依軍法戮之，血逆流上柱二丈三尺。見《晋書・五行志中》。

［10］時年七十二：《南史》卷四五作“時年七十三”。許福謙《〈南齊書〉紀傳疑年録》考證云：“檢《建康實録》卷一五《（南）齊列傳・陳顯達傳》亦云死‘時年七十三’，與《南史》同。然覈對《實録》本傳，並非抄自《南史》，乃是節録《南齊書》本傳而來，故其‘時年七十三’當亦録自《南齊書》本傳。筆者因此頗

疑《南齊書》本傳原作‘時年七十三’……後人傳抄刊刻誤‘三’作‘二’。”（《首都師範大學學報》1998 年第 1 期）

[11]朱雀：朱雀航，在江蘇南京市秦淮河上。

[12]雪不集：指雪不掩蓋其遺體。爲迷信説法，示有冤。

[13]諸子皆伏誅：《通鑑》卷一四二《齊紀八》此後云："長史庾弘遠……斬於朱雀航。將刑，索帽著之，曰：‘子路結纓，吾不可以不冠而死。’謂觀者曰：‘吾非賊，乃是義兵，爲諸軍請命耳。陳公太輕事；若用吾言，天下將免塗炭。’弘遠子子曜，抱父乞代命，并殺之。"

史臣曰：光武功臣所以能終其身名者，[1]非唯不任職事，[2]亦以繼奉明、章，[3]心尊正嫡，君安乎上，臣習乎下。王、陳拔迹奮飛，則建元、永明之運；身極鼎將，則建武、永元之朝。[4]勳非往時，位踰昔等，禮授雖重，情分不交。加以主猜政亂，危亡慮及，舉手扞頭，人思自免。[5]干戈既用，誠淪犯上之跡，敵國起於同舟，[6]況又踈於此者也？

[1]光武：指東漢開國皇帝劉秀。

[2]不任職事：指不再擔任軍政要職。

[3]明、章：指東漢明帝劉莊和章帝劉炟，爲劉秀的嫡長子和嫡長孫。

[4]“王、陳拔迹”至“永元之朝”：王指王敬則，陳指陳顯達。意思是説王、陳和東漢開國功臣恰恰相反，建國後官越做越大，而所奉君主又非高帝嫡傳。

[5]舉手扞頭，人思自免：指當得知朝廷要加害於身，不得已起兵自護，結果落得個“反上”罪名而被滅。

［6］敵國起於同舟：比喻同室操戈，親人變成仇敵。

贊曰：糾糾敬則，臨難不惑。功成殿寢，誅我蝥賊。[1]顯達孤根，應義南蕃。[2]威揚寵盛，鼎食高門。王虧河、兗，陳挫襄、樊。[3]

嗚笳細錫疑

［1］功成殿寢，誅我蝥賊：殿寢，前殿後寢，帝王所居之處，泛指宫殿。王敬則功成後，爲散騎常侍、侍中等内官，而結果却被禍國殃民的小人所害。

［2］應義南蕃：指陳顯達爲廣州刺史時，荆州刺史沈攸之起兵反，派人拉攏顯達，顯達立斬來使，遣表疏歸心齊太祖蕭道成，因而太祖視爲心腹，一路升遷。

［3］王虧河、兗，陳挫襄、樊：指王敬則在建元二年（480）出爲使持節、都督南兗、兗、青、徐、冀五州軍事、南兗州刺史時，虜寇淮泗，委鎮還都，百姓皆驚散奔走。陳顯達在永元元年（499）北伐，去襄陽三百里，魏主元宏自領十萬奄至，其勢甚急，臺軍緣道奔退，死者三萬餘人。顯達素有威名，著於蠻虜，至是大損傷。此二句意指强將也難免受挫。

南齊書　卷二七

列傳第八

劉懷珍　李安民　王玄載弟玄邈

劉懷珍字道玉，[1]平原人，[2]漢膠東康王後也。[3]祖昶，宋武帝平齊，以爲青州治中，[4]至員外常侍。[5]伯父奉伯，宋世爲陳南頓二郡太守。[6]懷珍幼隨奉伯至壽陽，[7]豫州刺史趙伯符出獵，[8]百姓聚觀，懷珍獨避不視，奉伯異之，曰："此兒方興吾宗。"

[1]劉懷珍：《南史》卷四九亦有傳。所述有異。

[2]平原：郡名。治所在今山東平原縣西南。

[3]漢膠東康王：中華本校勘記云："'康王'下南監本、殿本有'寄'字。"按，膠東康王劉寄，漢景帝子。《漢書》卷五三有傳。

[4]祖昶，宋武帝平齊，以爲青州治中：指東晉安帝元興三年(404)劉裕平定齊地（今山東一帶）之亂，領青州刺史時（詳見《宋書》卷一《武帝紀上》），任劉昶爲州治中。治中，即治中從事，輔刺史處理州府事務。按，《南史》卷四九作："祖昶從慕容德

南度河，因家于北海都昌（都昌縣治所在今山東昌邑市）。宋武帝平齊，以爲青州中從事。”

[5]員外常侍：員外散騎常侍，同散騎常侍，門下省官，掌奏事，直侍左右。秩五品。

[6]陳：郡名。即陳郡，治所在今河南淮陽縣。　南頓：郡名。即南頓郡，治南頓縣，在今河南項城市。

[7]壽陽：縣名。治所在今安徽壽縣。

[8]豫州：治所在今壽陽縣。　趙伯符：字潤遠，少好兵馬。仕宋，爲政苛暴，吏人畏懼。《宋書》卷四六、《南史》卷一八有傳。

本州辟主簿。元嘉二十八年，[1]亡命司馬順則聚黨東陽，州遣懷珍將數千人掩討平之。[2]宋文帝召問破賊事狀，懷珍讓功不肯當，親人怪問焉，懷珍曰：“昔國子尼恥陳河間之級，[3]吾豈能論邦域之捷哉！”時人稱之。

[1]元嘉：宋文帝年號。

[2]“亡命司馬順則”至“數千人掩討平之”：亡命，指爲非作惡不顧性命的亡命之徒。東陽，中華本校勘記云：“‘東陽’原訛‘東揚’，今據局本及《南史》、《元龜》四百三十一改正。按東陽，城名，‘州’字屬下讀。《晉書·地理志》云，羊穆之爲青州刺史，築東陽城而居之，元帝渡江，始置北青州，鎮東陽城。司馬順則聚黨東陽，即此東陽城也。殿本既訛‘陽’爲‘揚’，而萬承蒼作《考證》又誤以‘州’字屬上讀，遂謂‘司馬順則作亂在元嘉二十八年，不應有東揚州之稱，未詳所謂’，傎矣。洪頤煊《諸史考異》亦云東揚當作東陽，即《晉書·地理志》所云之東陽城。然洪氏亦以‘州’字屬上讀，則猶未達一閒也。”今按，《南史》卷

二《宋文帝本紀》所述有異："（元嘉二十八年）五月乙酉，亡命司馬順則自號齊王，據梁鄒城。"又《通鑑》卷一二六《宋紀八》"文帝元嘉二十八年"條亦云："（三月）青州民司馬順則自稱晋室近屬，聚衆號齊王。梁鄒戍主崔勳之詣州，五月，乙酉，順則乘虚襲梁鄒城。"胡三省注："梁鄒縣，漢屬濟南郡，晋省；宋置梁鄒戍，爲平原太守治所。《水經注》：濟水自管縣東過梁鄒縣北，又東北過臨濟縣南。參而考之，其地蓋在唐齊州臨濟縣界。"按，臨濟縣在今山東高青縣。

[3]昔國子尼耻陳河間之級：國子尼，即國淵，字子尼。東漢末人，師事鄭玄，玄稱之"國器"。爲曹操辟除，甚賞其才。曹操征關中，以子尼爲居府長史，統留事。田銀、蘇伯反河間（今河北獻縣），子尼討平，獻首級時，子尼不肯居功，曹操問其故。子尼曰："河間在封域之内，銀等叛逆，雖克捷有功，淵竊耻之。"意謂由於自己掌領無方，故封域内纔出現叛逆，深以爲耻。事見《三國志》卷一一《魏書·國淵傳》。

江夏王義恭出鎮盱眙，[1]道遇懷珍，以應對見重，[2]取爲驃騎長兼墨曹行參軍。[3]尋除振武將軍、長廣太守。[4]孝建初，[5]爲義恭大司馬參軍、直閤將軍。[6]懷珍北州舊姓，門附殷積，[7]啓上門生千人充宿衛。[8]孝武大驚。召取青、冀豪家私附得數千人，士人怨之。[9]隨府轉太宰參軍。[10]

[1]江夏王義恭：宋武帝劉裕之子。文帝元嘉二十七年（450），義恭領南兖州刺史，加都督，移鎮盱眙（今江蘇盱眙縣）。詳見《宋書》卷六一、《南史》卷一三本傳。

[2]以應對見重：《南史》卷一三作："見江夏王義恭。義恭曰：'别子多年，那得不老?'對曰：'公恩未報，何敢便老。'義恭善

其對。"

［3］驃騎長兼墨曹行參軍：指驃騎將軍府臨時墨曹行參軍。驃騎將軍，南朝時爲榮譽加號，開府者位從公秩一品。墨曹行參軍，同公府墨曹，主刑法。中華本校勘記云："各本'長'下衍'史'字，《南史》《元龜》七百二十七同。按長兼者，未正授之稱。"

［4］振武將軍：軍官名。秩四品。　長廣：郡名。治所在今山東萊陽市。

［5］孝建：宋孝武帝年號。

［6］大司馬：南朝時爲優禮大臣的榮譽虛號。《御覽》卷二〇九引《齊職儀》曰："大司馬，品第一，秩中二千石，金章紫綬，武冠絳朝服，佩山玄玉。"　直閤將軍：爲左右衛府屬官。掌宫廷警衛。

［7］門附殷積：指攀附豪門的人很多。

［8］啓上門生千人充宿衛：謂報告皇上，介紹門生千人加入禁衛軍，充擔宫廷宿衛。

［9］士人怨之：中華本校勘記云："南監本、殿本作'土人怨之'。"

［10］隨府轉太宰參軍：指隨江夏王升遷由大司馬府轉爲太宰府參軍。按，孝建二年（455），義恭又進位太宰，領司徒。詳見《宋書》卷六一、《南史》卷一三本傳。太宰，《藝文類聚》卷四五引《齊職儀》曰："太宰品第一，金章紫綬，佩山玄玉。"司徒，《藝文類聚》卷四七引《齊職儀》曰："司徒品秩冠服同丞相，郊廟服冕同太尉。"按，司徒主宰國家大政，秩一品。

大明二年，[1]虜圍泗口城，[2]青州刺史顏師伯請援。[3]孝武遣懷珍將步騎數千赴之，於麋溝湖與虜戰，[4]破七城。拜建武將軍、樂陵河間二郡太守，[5]賜爵廣晋縣侯。[6]明年，懷珍啓求還，孝武答曰："邊維須才，未宜陳請。”竟陵王誕反,[7]郡豪民王弼勸懷珍應之，懷珍斬弼以聞，孝武大喜，除豫章王子尚車騎參軍,[8]加龍驤將軍。[9]

[1]大明：宋孝武帝年號。

[2]虜圍泗口城：泗口即古泗水入淮水之口，在今江蘇淮安市西南。大明二年（458）十一月，北魏征西將軍皮豹子等將三萬騎助封敕文寇青州，圍泗口。見《通鑑》卷一二八《宋紀十》“孝武帝大明二年”條。

[3]顏師伯：顏延之之侄。受寵於宋孝文帝，累居内外顯職。《宋書》卷七七、《南史》卷三四有傳。

[4]麋溝湖：在麋溝城（即今山東濟南市長清區）境内。

[5]建武將軍：榮譽加號。秩四品。　樂陵：郡名。治所在今山東樂陵市。　河間：郡名。治樂城縣，在今河北獻縣。

[6]廣晋縣侯：侯爲五等封爵之第二等。廣晋縣（今江西鄱陽縣）爲其食邑。

[7]竟陵王誕反：竟陵王誕，即劉誕，字休文，宋文帝第六子。爲宋孝武帝劉駿所忌，命捕誕，誕在廣陵舉兵抗命，旋被平定。詳見《宋書》卷七九、《南史》卷一四。

[8]豫章王子尚：字孝師，宋孝武帝第二子。大明七年(463)，進號車騎大將軍、開府儀同三司。詳見《宋書》卷八〇、《南史》卷一四本傳。車騎大將軍爲榮譽加號，位從公秩一品。劉懷珍任將軍府參軍。

[9]龍驤將軍：加給功臣的榮譽虛號。秩三品。

泰始初,[1]除寧朔將軍、東安東莞二郡太守,[2]率龍驤將軍王敬則、姜産步騎五千討壽陽。[3]廬江太守王仲子南奔,[4]賊遣僞廬江太守劉道蔚五千人頓建武澗,[5]築三城。懷珍遣軍主段僧愛等馬步三百餘人掩擊斬之。引軍至晉熙，[6]僞太守閻湛拒守，[7]劉子勛遣將王仲虯步卒萬人救之，懷珍遣馬步三千人襲擊仲虯，大破之於莫邪山，[8]遂進壽陽。又遣王敬則破殷琰將劉從等四壘於横塘死虎，[9]懷珍等乘勝逐北，頓壽春長邏門。宋明帝嘉其功，除羽林監、屯騎校尉，[10]將軍如故。懷珍請先平賊，辭讓不受。建安王休仁濃湖與賊相持，[11]久未决。明帝召懷珍還，拜前將軍，[12]加輔國將軍，領軍向青山助擊劉胡，[13]事平，除游擊將軍，[14]輔國將軍如故。

[1]泰始：宋明帝年號。

[2]寧朔將軍：榮譽加號。秩四品。　東安：郡名。三國吴置，治富春縣，在今浙江富陽市。　東莞：郡名。東晉僑置於晉陵，在今江蘇常州市。

[3]王敬則：歷仕南朝宋、齊，官至大司馬。本書卷二六有傳。　姜産：仕宋，官至南濟陽太守。《宋書》卷九四有傳，作“姜産之”。　討壽陽：泰始二年（466）正月，起兵反叛的晉安王劉子勛（宋孝武帝子）在尋陽即位，改元義嘉。各州郡諸王、刺史、太守紛紛投向子勛。壽陽（今安徽壽縣）亦爲叛軍所占。《通鑑》卷一三一《宋紀十三》“明帝泰始二年”條：“上遣寧朔將軍劉懷珍帥龍驤將軍王敬則等步騎五千，助劉勔討壽陽，斬廬江太守劉道蔚。”

[4]王仲子：中華本校勘記引張森楷《校勘記》云：“‘王仲子’《宋書·鄧琬傳》作‘王子仲’。”

[5]建武澗：不詳何地，當在壽陽附近。

[6]晉熙：地名。在今安徽懷寧縣境内。

[7]僞太守閻湛：中華本校勘記引張森楷《校勘記》云：“‘閻湛’《宋書·鄧琬傳》作‘閻湛之’。”

［8］莫邪山：有多處，皆非此處。此莫邪山當在壽陽城附近。

［9］殷琰：仕宋，爲文帝所知，官至太守。明帝泰始初，隨晋安王子勛反，即以琰爲豫州刺史，領軍抵抗臺軍。詳見《宋書》卷八七、《南史》卷三九《殷琰傳》。　劉從等四壘：《通鑑》卷一三一作："殷琰將劉順（按，《南齊書》因避諱改作"劉從"）、柳倫、皇甫道烈、龐天生等馬步八千人東據宛唐。"　横塘死虎：當即宛唐。《通鑑》卷一三一胡三省注："'宛唐'，按《水經注》作'死雩'，云：'肥水過九江成德縣西北，入芍陂；又北，右合閻潤水，水積爲陽湖。陽湖水自塘西北，逕死雩亭。宋泰始初，劉順據之以拒劉勔。'杜佑《通典》作'死虎'，曰：死虎，地名，在壽州壽春縣東四十餘里。"

［10］羽林監：禁衛軍官。掌宿衛營兵。秩四品。　屯騎校尉：禁衛軍官。分掌宿衛騎兵。秩四品。

［11］建安王休仁濃湖與賊相持：建安王休仁，宋文帝第十二子。明帝時，晋安王子勛反，休仁都督征討諸軍事，進赭圻（今安徽繁昌縣北長江邊）在濃湖（赭圻西，亦屬今繁縣昌）與叛軍相遇，久戰不下。

［12］前將軍：前軍將軍，禁衛軍官。掌禁軍。秩四品。

［13］領軍向青山助擊劉胡：青山，有多處，此當指安徽青陽縣北接貴池的青山。劉胡，武將名。面黑似胡，因以爲名，驍勇。隨劉子勛叛。《南史》卷四〇有附傳。

［14］游擊將軍：禁衛軍官。分掌宿衛營兵。秩四品。

青州刺史沈文秀拒命，[1]明帝遣其弟文炳宣喻，使懷珍領馬步三千人隨文炳俱行。未至，薛安都引虜，[2]徐、兖已没，張永、沈攸之於彭城大敗。[3]敕懷珍步從盱眙自淮陰濟淮救永等，[4]而官軍爲虜所逐，相繼奔歸，懷珍乃還。三年春，敕懷珍權鎮山陽。[5]

［1］沈文秀：字仲達。宋前廢帝時，累遷青州刺史。晉安王子勛據尋陽，文秀與徐州刺史薛安都並同子勛反。詳見《宋書》卷八八、《南史》卷三七《沈文秀傳》。

［2］薛安都引虜：薛少以勇聞，初仕魏。宋文帝時北還，文帝許之。孝武伐逆，安都領馬軍，以功封侯。明帝即位，安都舉兵擁晉安王子勛反。子勛敗，安都復投魏，魏遣數路軍攻陷徐、兗二州，以安都爲都督徐雍等五州諸軍事、徐州刺史。詳見《南史》卷四〇《薛安都傳》。

［3］張永、沈攸之於彭城大敗：指朝廷命鎮軍將軍張永、中領軍沈攸之將甲士五萬迎戰薛安都，結果大敗。《通鑑》卷一三二《宋紀十四》"明帝泰始三年"條："春，正月，張永等棄城夜遁。會天大雪，泗水冰合，永等棄船步走，士卒凍死者太半，手足斷者什七八。（魏將）尉元邀其前，薛安都乘其後，大破永等於吕梁之東，死者以萬數，枕尸六十餘里，委棄軍資器械不可勝計；永足指亦墮，與沈攸之僅以身免……由是失淮北四州及豫州淮西之地。"

［4］淮陰：縣名。治所在今江蘇淮安市淮陰區。

［5］山陽：郡名。東晉置，治山陽縣，在今江蘇淮安市。

先是明帝遣青州刺史明僧暠北征，[1]僧暠遣將於王城築壘，[2]以逼沈文秀，壍壁未立，爲文秀所破，仍進攻僧暠。帝使懷珍率龍驤將軍王廣之五百騎，步卒二千人，沿海救援，至東海，而僧暠已退保東萊，[3]懷珍進據朐城，[4]衆心恟懼，或欲且保郁州。[5]懷珍謂衆曰："卿等傳文秀厚賂胡師，規爲外援，察其徒黨，何能必就左袵。[6]齊士庶見於名義積葉，[7]聲介一馳，東萊可飛書而下，[8]何容阻軍緩邁止於此邪?"遂進至黔陬。[9]僞高密、平昌二郡太守潰走，[10]懷珍達朝廷意，送致文炳，[11]文秀終不從命，焚燒郭邑。百姓聞懷珍至，皆喜。僞長廣太守劉桃根領數千人戍不其城，[12]懷珍引軍次洋水，[13]衆皆曰："文秀今遊騎滿境内，[14]宜堅壁伺隙。"懷珍曰："今衆少粮單，我懸彼固，政宜簡精鋭，掩其不備耳。"遣王廣之將百騎襲陷其城，桃根走。僞東萊太守鞠延僧數百人據城，劫留高麗獻使。[15]懷珍又遣寧朔將軍明慶符與廣之擊降延僧，遣高麗使詣京師。文秀聞諸城皆敗，乃遣使張靈碩請降，[16]懷珍乃還。[17]

[1]明僧暠：少好學，宋孝武見之，迎頌其名，時人以爲榮。泰始初，爲青州刺史。本書卷五四有略傳。

[2]王城：有多處，此當指今河南洛陽市王城公園一帶。

[3]東萊：郡名。治所在今山東萊州市東北。

[4]朐城：指朐山縣城。南朝宋移置今江蘇連雲港市海州區。

[5]郁州：應爲郁洲，又名田横島，在今江蘇連雲港市東雲臺山一帶。按，郁州在廣西，此處非指廣西郁州。

[6]"卿等傳文秀"至"何能必就左衽"：這幾句是離間沈文秀黨徒，讓他們看清沈文秀投靠胡人（指北魏）的賣國伎倆，從而不跟他去當亡國奴。左衽，北方少數民族風尚衣襟向左。《論語·憲問》："子曰：'微管仲，吾其披髮左衽矣。'"因以左衽指亡國。按，此處《通鑑》卷一三二《宋紀十四》"明帝泰始三年"條作："懷珍曰：'文秀欲以青州歸索虜，計齊之士民，安肯甘心左衽邪！今揚兵直前，宣布威德，諸城可飛書而下；奈何守此不進，自爲沮撓乎！'"

[7]齊士庶見於名義積葉：指齊地士子民衆一向講義氣，看重名節。積葉，累朝累代。按，"名義"原作"民義"，中華本據南

監本、局本及《册府元龜》卷三六三改。今從改。

［8］聲介一馳，東萊可飛書而下：指祇要寄一封書信宣傳鼓動，廣大士民就會起來反抗，東萊很快即可取下。

［9］黔陬：地名。今屬山東膠州市。

［10］高密：縣名。治所在今山東高密市。　平昌：縣名。治所在今山東臨邑縣西北。

［11］懷珍達朝廷意，送致文炳：指懷珍傳達朝廷安撫的善意，並將文秀之弟文炳送給文秀，以表示誠意。

［12］劉桃根：其事不詳。　領數千人："千"原作"十"，中華本據殿本及《册府元龜》卷三六三改。今從改。　不其城：《通鑑》卷一三二胡三省注："不其縣，前漢屬琅邪郡，後漢屬東萊郡，晋分屬長廣郡……在今萊州即墨縣西南。"今按，不其城在今山東青島市嶗山區。

［13］懷珍引軍次洋水：洋水，水名。非指陝西南部漢江支流西鄉河。《通鑑》卷一三二胡三省注："《水經》：巨洋水出朱虚縣東泰山北，過縣西北，過臨朐縣東，又北過劇縣西，又東北過壽光縣西，又東北入于海。"

［14］文秀今遊騎滿境内："滿"原闕，中華本據南監本、局本及《册府元龜》卷三六三補。今從補。

［15］高麗獻使：指高麗國來中國送貢禮的使節。高麗，古國名。見本書卷五八《東南夷傳》。

［16］文秀聞諸城皆敗，乃遣使張靈碩請降：《通鑑》卷一三二此句後尚有"帝復以爲青州刺史"一句。

［17］懷珍乃還：《通鑑》卷一三二此處胡三省注曰："懷珍既還，兵勢不接，故青、冀二州尋爲魏有。"

其秋，虜遂侵齊，[1]圍歷城、梁鄒二城，[2]游騎至東陽，[3]擾動百姓。冀州刺史崔道固、兖州刺史劉休賓告急。[4]休賓，懷珍從弟也。朝廷以懷珍爲使持節、都督徐兗二州軍事、輔國將軍、平胡中郎將、徐州刺史，[5]封艾縣侯，[6]邑四百户，督水步四十餘軍赴救。二城既没，乃止。

[1]其秋，虜遂侵齊：其秋，指明帝泰始三年（467）八月。《通鑑》卷一三二《宋紀十四》"明帝泰始三年八月"條：魏將慕容白曜自瑕丘引兵來攻崔道固於歷城，遣平東將長孫陵等攻沈文秀於東陽。道固拒守不降，白曜築長圍守之。

[2]歷城：縣名。治所在今山東濟南市。　梁鄒：縣名。治所在今山東鄒平縣東北。

[3]東陽：指今河北西南部太行山以東地區。

[4]冀州：三國魏移治信都縣，在今河北冀州市。　崔道固：原仕宋，後降魏。《宋書》卷八八、《魏書》卷二四有傳。　兗州：南朝宋移治瑕丘城，即今山東兗州市。　劉休賓：原仕宋，後降魏。《魏書》卷四三、《北史》卷三九有傳。

[5]使持節：君主授予大臣權力的方式之一。節代表皇帝的特殊命令。分三等：使持節爲上，得殺二千石以下；持節次之，得殺無官位的人，若在軍事時期權力與使持節同；假節爲下，唯在軍事時期得殺犯軍令者。　都督：官員任用類别之一。中央派員督導地方軍事。分三等：都督諸軍爲上，監諸軍次之，督諸軍爲下。參見《宋書·百官志上》。　平胡中郎將：清錢大昕《廿二史考異》卷二五："王玄載爲徐州刺史，亦帶平胡中郎將，而《宋》《齊志》俱未載此官名。"

[6]封艾縣侯：侯爲二等封爵。艾縣（今江西修水縣）爲其食邑。

改授寧朔將軍、竟陵太守，[1]轉巴陵王征西司馬，[2]

領南義陽太守。[3]建平王景素爲荆州，[4]仍徙右軍司馬，遷南郡太守，[5]加寧朔將軍。明帝手詔懷珍曰："卿性忠讜，平所仗賴。[6]在彼與年少共事，不可深存受益。景素兒乃佳，[7]但不能接物，頗亦墮事，卿每諫之。"懷珍奉旨。帝寢疾，又詔懷珍曰："卿不應乃作景素佐，才舊所寄，今徵卿參二衛直。"[8]會帝崩，乃爲安成王撫軍司馬，[9]領南高平太守。[10]

[1]竟陵：郡名。治石城，在今湖北鍾祥市。

[2]巴陵王：劉休若，宋文帝第十九子，九歲封巴陵王。明帝時，官至南徐州刺史、加都督、征北大將軍。按，此言"征西"當是"征北"之誤。詳見《宋書》卷七二、《南史》卷一四本傳。劉懷珍時任將軍府司馬，參謀軍事。

[3]南義陽：郡名。南朝宋置，治所在今湖北孝感市。

[4]建平王景素爲荆州：建平王景素，宋文帝之孫，嗣其父劉宏王位，曾爲荆州刺史，並委任劉懷珍爲右軍司馬。詳見《宋書》卷七二、《南史》卷一四《建平宣簡王宏傳》。

[5]南郡：治所在今湖北荆州市。

[6]平所仗賴：平，指平時。"仗"原作"葬"，中華本據南監本、殿本、局本改，並按曰："《元龜》二百作'委賴'。"今從改。

[7]景素兒乃佳："兒"原作"而"。中華本據南監本、殿本、局本改，並按："《元龜》無'而'字。"今從改。

[8]二衛：指皇帝左右或前後護衛軍。《晋書·職官志》："及文王纂業，初啓晋臺，始置二衛。"　直：通"值"，指值班、值日。

[9]安成王：宋孝武帝第十六子劉子孟，字孝光，初封淮南王，明帝改封安成王。《宋書》卷八〇、《南史》卷一四有傳。　撫軍司馬：指撫軍將軍府司馬。撫軍將軍，南朝爲榮譽加銜，開府者位從公秩一品。

[10]南高平：郡名。三國吴置，晋改爲南高平，治高平縣，在今湖南隆回縣東北。

朝廷疑桂陽王休範，[1]中書舍人王道隆宣旨，[2]以懷珍爲冠軍將軍、豫章太守。懷珍曰："休範雖有禍萌，安敢便發，若終爲寇，必請奉律吞之。[3]今者賜使，恐成猜迫。"固請不就，乃除黄門郎，[4]領虎賁中郎將、青州大中正。[5]桂陽反，加懷珍前將軍，守石頭。[6]爲使持節、督豫司二州郢州之西陽軍事、冠軍將軍、豫州刺史。[7]建平王景素反，[8]懷珍遣子靈哲領兵赴京師。昇明元年，[9]進號征虜將軍。[10]

[1]桂陽王休範：宋文帝第十八子。明帝時，休範進位司空、侍中，加班劍三十人。明帝晏駕，休範自謂在宗親中資格最老，應居宰輔。結果事既不至，怨憤彌結。時休範鎮尋陽，招引勇士，繕修器械，叛意已露。元徽二年（474）五月果反，旋被鎮壓。詳見《宋書》卷七九、《南史》卷一四本傳。

[2]中書舍人王道隆宣旨：指朝廷派中書舍人王道隆來下聖旨，派懷珍爲豫章太守。按，"王道隆"原脱"王"字，中華本據南監本、殿本、局本補，並按："王道隆於宋明帝泰始中爲通事舍人，見《宋書·恩倖傳》。"今從補。

[3]若終爲寇，必請奉律吞之：指如果休範真的已叛，我自然請奉朝廷之命吞滅他。中華本校勘記云："按'奉'字下《元龜》四百四有'命'字。"

[4]黄門郎：給事黄門侍郎，掌奏事，直侍左右。秩五品。

[5]虎賁中郎將：禁衛軍官。分掌宿衛營兵。秩五品。　大中正：州中正爲大中正，由司徒選用現任官中德高望重者爲其本貫所

在的州中正。其職任是品第本州人才，以備政府選用。

［6］石頭：指石頭城。在今江蘇南京市西清涼山。本楚威王所置金陵邑，三國孫權重築改名石頭城。負山面江，控扼江險，形如虎踞，爲江防要塞。

［7］司：司州。南朝宋泰始中治所移至平陽縣，在今河南信陽市。　郢州：治夏口城，在今湖北武漢市武昌區。　西陽：郡名。治西陽縣，在今湖北黄岡市。

［8］景素反：指元徽四年（476），建平王景素舉兵反後廢帝劉昱，旋爲臺軍所破，斬之。詳見《宋書》卷七二《劉景素傳》。

［9］昇明：宋順帝年號。

［10］征虜將軍：軍官名。秩三品。

沈攸之在荆楚，[1]朝議疑惑，懷珍遣冗從僕射張護使郢，[2]致誠於世祖，并陳計策。[3]及攸之起兵，衆謂當沿流直下，懷珍謂僚佐曰："攸之矜躁夙著，虐加楚服，[4]必當阻兵中流，聲劫幼主，[5]不敢長驅决勝明矣。"遣子靈哲領馬步數千人衛京師。攸之遣使許天保説結懷珍，懷珍斬之，送首於太祖。[6]太祖送示攸之。進號左將軍，徙封中宿縣侯，增邑六百户。攸之圍郢城，懷珍遣建寧太守張謨、游擊將軍裴仲穆統蠻漢軍萬人出西陽，[7]破賊前鋒公孫方平軍數千人，收其器甲。進平南將軍，增督南豫、北徐二州，[8]增邑爲千户。

［1］沈攸之：字仲達。仕宋，累建軍功，累遷至荆州刺史，加都督。宋明帝崩，攸之與蕭道成（後來的齊高帝）同預顧命，道成大權獨攬，昇明元年（477），道成以太后令廢後廢帝爲蒼梧王，立其弟劉準，是爲順帝。沈攸之起兵反蕭道成，兵敗自殺死。《宋書》

卷七四、《南史》卷三七有傳。

[2]冗從僕射：三國魏始置，屬光禄勛。南朝轉屬中領軍，爲禁衛軍將軍之一。秩五品。

[3]致誠於世祖，并陳計策：通過世祖，向蕭道成表示誠心擁護。世祖，指蕭道成之子即後來的齊武帝蕭賾（廟號“世祖”）。時蕭賾爲宋晋熙王鎮西長史、江夏内史、行郢州事。沈攸之事起，蕭賾以中流可以待敵，即據盆口城爲戰守之備。這一舉動，當是劉懷珍出的計策。

[4]虐加楚服：肆虐楚地，在楚地作威作福（因攸之多年任荆州刺史）。《通鑑》卷一三三《宋紀十五》“明帝泰豫元年”條：“（沈攸之）到官，以討蠻爲名，大發兵力，招聚才勇……重賦斂以繕器甲……爲政刻暴，或鞭撻士大夫。”又謂：“攸之賧罰群蠻太甚，又禁五溪魚鹽，蠻怨叛。”

[5]聲劫幼主：聲言要劫持幼主（指宋順帝劉昱）。

[6]太祖：指蕭道成。後來稱帝，太祖是其廟號。本書卷一至卷二有紀。

[7]“懷珍遣建寧太守”至“萬人出西陽”：建寧，郡名。南朝宋置，治所在今湖北麻城市西南。蠻漢軍，蠻指西南少數民族建成的軍隊。張謨、裴仲穆，二人身世均不詳。西陽，郡名。治所在今湖北黄岡市。按，統蠻漢軍“統”字原脱，中華本據《册府元龜》卷三五一補，並按云：“‘統’字各本並脱……《元龜》‘出’上有‘步’字。”今從補。

[8]南豫：州名。南朝宋置，治歷陽縣，在今安徽和縣。　北徐：州名。南朝宋改爲徐州，治所原在今江蘇徐州市，後移於安徽鳳陽縣東北。

初，孝武世，太祖爲舍人，[1]懷珍爲直閤，[2]相遇早舊。懷珍假還青州，[3]上有白驄馬，[4]齧人，不可騎，送與懷珍别。懷珍報上百匹絹。或謂懷珍曰："蕭君此馬不中騎，是以與君耳。君報百匹，不亦多乎?"懷珍曰："蕭君局量堂堂，寧應負人此絹。吾方欲以身名托之，豈計錢物多少。"

[1]太祖爲舍人：宋孝建初，蕭道成爲中書通事舍人（見本書卷一《高帝紀上》），在皇宫掌呈奏案章。秩七品。

[2]直閤：武官名。即直閣將軍，護持左右。秩四品。

[3]青州：有多處，此指東晋僑置於廣陵縣（今江蘇揚州市）的青州。

[4]上：指蕭道成。

太祖輔政，[1]以懷珍内資未多，[2]二年冬，徵爲都官尚書，[3]領前軍將軍，以第四子寧朔將軍晃代爲豫州刺史。[4]或疑懷珍不受代，[5]太祖曰："我布衣時，懷珍便推懷投款，况在今日，寧當有異?"晃發經日，而疑論不止。上乃遣軍主房靈民領百騎追送晃，[6]謂靈民曰："論者謂懷珍必有異同，[7]我期之有素，必不應爾。卿是其鄉里，故遣卿行，非唯衛新，亦以迎故也。"懷珍還，仍授相國右司馬。[8]建元元年，[9]轉左衛將軍，[10]加給事中，[11]改霄城侯，[12]增邑二百户。[13]明年，加散騎常侍。[14]

[1]太祖輔政：指宋順帝昇明年間，順帝劉準年幼，太傅蕭道成輔政。

[2]内資：指任朝官的資歷。

[3]都官尚書：爲尚書令的輔佐，分領尚書省都官、水部、庫

部、功論四曹。秩三品。

[4]以第四子寧朔將軍晃代爲豫州刺史：晃，指蕭晃，蕭道成第四子，爲寧朔將軍、豫州刺史。但蕭晃年幼，故道成以劉懷珍輔佐，代行刺史職責。按，原句主語混淆，應爲“以懷珍代第四子寧朔將軍晃爲豫州刺史”。

[5]或疑懷珍不受代：意爲懷疑懷珍會起異心。

[6]軍主：軍官名。始於南朝宋，每一軍主領兵千人以上。房靈民：其事不詳。

[7]異同：偏義詞。指起疑心。

[8]相國右司馬：指相國府右司馬。左右司馬爲左右翼主兵之官。按，《南史》卷四九此處作：“及齊臺建，朝士人人争爲臣吏，以懷珍爲宋臺右衛。懷珍謂帝曰：‘人皆迎新，臣獨送故，豈以臣篤於本乎？’”

[9]建元：齊高帝年號。

[10]左衛將軍：禁衛軍官。分掌宿衛營兵。秩四品。

[11]給事中：集書省官。掌侍從、顧問。秩五品。

[12]霄城：縣名。治天門縣，在今湖北天門市。

[13]增邑二百户：“增”原脱，中華本據南監本、殿本補。今從補。

[14]散騎常侍：門下省官。掌奏事，直侍左右。秩五品。

虜寇淮、肥，[1]以本官加平西將軍，[2]假節，西屯巢湖，[3]爲壽春勢援，虜退乃還。懷珍年老，以禁旅辛勤，求爲閑職，轉光禄大夫，[4]常侍如故。其冬，虜寇朐山，[5]授使持節、安北將軍，本官如故，領兵救援。未至，事寧，解安北、持節。

[1]虜寇淮、肥：齊建元二年（480）正月，魏舉兵攻齊鍾離、

壽陽，均被擊退。參見《通鑑》卷一三五《齊紀一》“高帝建元二年”條。

[2]以本官加平西將軍：本官，指劉懷珍原官左衛將軍。平西將軍爲四平將軍之一。秩四品。

[3]巢湖：在今安徽巢湖市境内。

[4]光禄大夫：光禄勛佐官。掌宫殿門户。秩三品。

[5]虜寇朐山：建元二年（480）閏九月，魏梁郡王嘉帥衆十萬圍朐山，齊師嬰城固守，援兵至，大破魏師，魏師遁去。參見《通鑑》卷一三五。朐山，即今江蘇連雲港市西南錦屏山。

四年，疾篤，上表解職，上優詔答許，[1]别量所授。[2]其夏，卒。年六十三。遺言薄葬。世祖追贈散騎常侍、鎮北將軍、雍州刺史，謚曰敬侯。

[1]優詔：褒美嘉獎的詔書。

[2]别量所授：另外斟酌授予適當官職。按，《南史》卷四九此處云：“懷珍年老，以禁旅辛勤，求爲閑職，轉光禄大夫。”

子靈哲，字文明。解褐王國常侍、行參軍，[1]尚書直郎，齊臺步兵校尉，[2]建元初，歷寧朔將軍，臨川王前軍諮議，[3]廬陵内史，[4]齊郡太守，[5]前軍將軍。

[1]解褐：脱下布衣穿官服，指初入仕。　王國常侍：指藩王府侍從顧問。

[2]齊臺：指宋末蕭道成封齊王建齊臺。　步兵校尉：分掌宿衛營兵。

[3]臨川王前軍諮議：指臨川王前軍將軍府諮議參軍。臨川王，

齊高帝第三子蕭映，字宣光，爲荆州刺史、前軍將軍。本書卷三五有傳。

[4]廬陵内史：廬陵，郡名。治廬陵縣，在今江西吉安市西南。爲王國屬郡，太守稱内史。

[5]齊郡太守：齊郡，西漢置，治臨淄縣，在今山東淄博市北。按，檢本書《州郡志》齊無齊郡。

靈哲所生母嘗病，靈哲躬自祈禱，夢見黄衣老公曰："可取南山竹笋食之，疾立可愈。"靈哲驚覺，如言而疾瘳。[1]

[1]靈哲驚覺，如言而疾瘳：《南史》卷四九此處作："靈哲驚覺，於枕間得之，如言而疾愈。藥似竹根，於齋前種，葉似莧芘。"

嫡母崔氏及兄子景焕，泰始中没虜，[1]靈哲爲布衣，不聽樂。及懷珍卒，當襲爵，靈哲固辭以兄子在虜中，存亡未測，無容越當茅土，[2]朝廷義之。靈哲傾産私贖嫡母及景焕，累年不能得。世祖哀之，令北使告虜主，虜主送以還南，襲懷珍封爵。

[1]泰始中没虜：指在宋明帝時被魏軍擄走。

[2]無容越當茅土：指家中親人正在受難，自己不應當封爵位賜榮。

靈哲永明初歷護軍長史，[1]東中郎諮議，[2]領中直兵，[3]出爲寧朔將軍、巴西梓潼二郡太守，[4]西陽王左軍司馬。[5]隆昌元年，[6]卒，年四十九。

[1]護軍長史：指護軍將軍府長史。長史爲屬吏之長。秩六品。

[2]東中郎諮議：指東中郎將軍府諮議參軍。東中郎將爲四中郎將之一，南朝爲榮譽加號。開府者位從公秩一品。

[3]領中直兵：中領軍，禁衛軍官。掌内兵。秩三品。

[4]巴西：郡名。晋永嘉後僑置，與梓潼郡同治涪縣，在今四川綿陽市涪城區。

[5]西陽王：齊武帝第十子蕭子明，字雲光。永明十年(492)，進左將軍，會稽太守。本書卷四〇有傳。　左軍司馬：指左軍將軍府司馬。秩同長史。

[6]隆昌：齊鬱林王年號。

李安民，[1]蘭陵承人也。[2]祖嶷，[3]衛軍參軍。父欽之，殿中將軍，[4]補薛令。[5]安民隨父之縣，元嘉二十七年没虜，[6]率部曲自拔南歸。

[1]李安民：《南史》卷四六亦有傳（因避唐諱作“李安人”）。

[2]蘭陵承：指蘭陵郡承縣。蘭陵，郡名。治承縣，在今山東棗莊市東南。

[3]祖嶷：中華本校勘記引清錢大昕《廿二史考異》云：“子顯父名嶷，此書於‘嶷’字亦不避。”

[4]殿中將軍：禁衛軍官。掌殿内警衛。秩六品。

[5]薛令：薛縣縣令。薛縣治所在今山東滕州市南。

[6]元嘉二十七年没虜：元嘉爲宋文帝年號。按，《南史》卷四六此處作：“安人少有大志，常拊髀嘆曰：‘大丈夫處世，富貴不可希，取三將五校，何難之有。’隨父在縣，宋元嘉中，縣被魏剋，安人尋率部曲自拔南歸。”

太初逆，[1]使安民領支軍。降義師，[2]板建威將軍，[3]補魯爽左軍。[4]及爽反，安民遁還京師，除領軍行參軍，[5]遷左衛殿中將軍。大明中，虜侵徐、兖，[6]以安民爲建威府司馬、無鹽令。[7]除殿中將軍，領軍討漢川互螫賊。[8]

［1］太初逆：指宋元嘉三十年（453），太子劉劭弑父文帝劉義隆，奪權自立，改元太初。按，太初逆"太"下原衍一"祖"字，中華本據各本删。今從删。

［2］降義師：指投降義師。劉劭篡位不久，沈慶之擁武陵王劉駿討劭，殺之，稱爲義師。劉駿即位，是爲宋孝武帝。

［3］板：自行除用。　建威將軍：南朝爲榮譽加號將軍，開府者位從公秩一品。

［4］補魯爽左軍：補闕繼魯爽任左軍將軍。魯爽，仕宋任武官。元凶弑逆，爽詣江陵，事平回京不久，與南譙王義宣謀反，事敗被殺。見《宋書》卷七四《魯爽傳》。

［5］領軍行參軍：領軍將軍府臨時參軍。

［6］大明中，虜侵徐、兖：指大明二年（458）冬，魏遣兵南攻徐兖二州，入清口（古汶水入濟水之口，在今山東梁山縣東南），被宋青冀二州刺史擊敗於沙溝。參見《通鑑》卷一二八《宋紀十》"孝武帝大明二年"條。

［7］建威府司馬：指建威將軍府司馬。　無鹽：縣名。治所在今山東東平縣東。

［8］互螫（shì）賊：惡毒的賊子。螫，毒刺，借指凶毒。大明四年（460）春，沿江漢蠻人騷亂，朝廷派兵鎮壓之。"互螫賊"當指騷亂的蠻人。

晋安王子勛反，[1]明帝除安民武衛將軍、領水軍，[2]

補建安王司徒城局參軍，[3]擊赭圻湖、白荻浦、獺窟，[4]皆捷，除積射將軍、軍主。[5]張興世據錢溪，[6]粮盡，爲賊所逼。安民率舟乘數百，越賊五城，送米與興世。[7]僞軍主沈仲、王張引軍自鱝口欲斷江，[8]安民進軍合戰破之。又擊鵲尾、江城，[9]皆有功。事平，明帝大會新亭，[10]勞接諸軍主，樗蒲官賭，安民五擲皆盧，[11]帝大驚，目安民曰："卿面方如田，封侯狀也。"安民少時貧窶，有一人從門過，相之曰："君後當大富貴，與天子交手共戲。"至是安民尋此人，不知所在。

[1]晋安王子勛反：晋安王子勛，宋孝武帝劉駿第三子。其兄宋前廢帝劉子業凶悖猜忌，濫殺大臣。子勛據江州起兵反，自即帝位，改元義嘉。一時諸州郡紛紛響應。後明帝劉彧誅廢帝，自立爲帝，將子勛起義軍鎮壓。詳見《通鑑》卷一三〇、一三一《宋紀十二、十三》"明帝泰始元年、二年"條。

[2]武衛將軍：雜號將軍。爲榮譽加號。

[3]補建安王司徒城局參軍：加授建安王（劉休仁）司徒府的城局參軍。城局參軍即城局賊曹參軍，主刑法。秩六品。

[4]赭圻湖：在赭圻城，即今安徽繁昌縣西北長江南岸。　白荻浦：今安徽繁昌縣西北荻港鎮。　獺窟：不詳，當在赭圻、白荻浦鄰近處。

[5]積射將軍：禁衛軍官。分領射營。秩四品。

[6]張興世據錢溪：張興世，仕宋爲武官，有謀略。明帝初，進龍驤將軍，領水軍。時四方反叛，賊帥劉胡屯鵲尾（在今安徽銅陵市與繁昌縣之間的長江岸），據臺軍上游，興世認爲：賊據上流兵强地勝，今以奇兵潛出其上，使其首尾周惶，進退疑阻，糧運艱礙，乃制勝之奇。朝廷贊其計，他於是領水兵往據鵲尾上游的錢

溪。錢溪，又名梅根渚，即今安徽池州市貴池區東北長江支流梅埂河。

［7］“安民率舟”至“送米與興世”：朱季海《南齊書校議》（以下簡稱朱季海《校議》）云：“《通鑑·宋紀》十三太宗明皇帝泰始二年云：‘顗（叛軍官袁顗）怒胡（劉胡）不戰，謂曰：糧運鯁塞，當如此何？胡曰：彼尚得泝流越我而上，此運何以不得沿流越彼而下邪？乃遣安北府司馬沈仲玉將千人步趣南陵迎糧……’劉胡云‘彼尚得泝流越我而上’者，正與此《傳》‘越賊五城，送米與興世’之文相合，是安民之功不虛也。”（中華書局1984年版，第58頁）

［8］鱝（fèn）口：貴口、池口，今安徽池州市貴池區内河通往長江出口處。

［9］江城：指今安徽安慶市。

［10］新亭：三國吴築，在今江蘇南京市南江濱，依山築城壘，爲軍事、交通要地。

［11］盧：古代樗蒲戲彩名。擲五子全黑者稱盧，得彩十六，稱頭彩。

從張永、沈攸之討薛安都於彭城，軍敗，[1]安民在後拒戰，還保下邳。[2]除寧朔將軍，戍淮陽城。[3]論鱝口功，封邵武縣子，[4]食邑四百户。復隨吴喜、沈攸之擊虜，[5]達睢口，[6]戰敗，還保宿豫。[7]淮北既没，[8]明帝敕留安民戍角城。[9]除寧朔將軍、冗從僕射。戍泗口，領舟軍緣淮游防，至壽春。虜遣僞長社公連營十餘里寇汝陰，[10]豫州刺史劉勔擊退之，[11]虜荆亭戍主昇乞奴棄城歸降，[12]安民率水軍攻前，破荆亭，絶其津逕。遷寧朔將軍、冠軍司馬、廣陵太守、行南兖州事。[13]太祖在淮陰，[14]安民遥相結事，明帝以爲疑，徙安民爲劉韞冠軍司馬、寧遠將軍、京兆太守，[15]又除寧朔將軍、司州刺史，領義陽太守，並不拜，重除本職，又不拜，改授寧朔將軍、山陽太守。泰始末，淮北民起義欲南歸，以安民督前鋒軍事，又請援接，不克，還。除越騎校尉，[16]復爲寧朔將軍、山陽太守。

[1]從張永、沈攸之討薛安都於彭城，軍敗：此指明帝泰始二年（466）冬，徐州刺史薛安都投魏，朝廷派張永、沈攸之領兵討伐。魏派大將尉元領兵援安都。次年正月，張、沈戰敗。《通鑑》卷一三二《宋紀十四》"明帝泰始三年"條："春，正月，張永等棄城夜遁。會天大雪，泗水冰合，永等棄船步走，士卒凍死者太半，手足斷者什七八。尉元邀其前，薛安都乘其後，大破永等於吕梁之東。死者以萬數，枕尸六十餘里，委棄軍資器械不可勝計。永足指亦墮，與沈攸之僅以身免。"彭城，地名。即今江蘇徐州市。

[2]下邳：縣名。治所在今江蘇睢寧縣。

[3]淮陽城：在今江蘇淮安市西北泗水西岸。

[4]邵武縣子：邵武縣，治所在今福建邵武市。子爲第四等封爵，邵武縣爲其食邑。

[5]吴喜：本名喜公，明帝減爲喜。仕宋，初爲主書吏，後爲武將，勇而有謀。孝武、明帝均器重，累出征，因戰功得以封侯，後爲明帝疑忌所殺。《宋書》卷八三、《南史》卷四〇有傳。　擊虜：指明帝泰始三年（467）魏軍乘勝破東陽，大舉進攻青、冀、徐和豫州的淮西，宋廷派兵抵抗。

[6]睢口：指睢水東流注入泗水之口，包括今安徽江蘇的淮北地區。

[7]宿豫：《通鑑》卷一三二胡三省注："宿遷即宿豫，唐避諱改焉。"宿遷即今江蘇宿遷市。

[8]淮北既没：《通鑑》卷一三二："由是失淮北四州及豫州淮西之地。"胡三省注："淮北四州，青、冀、徐、兗；豫州淮西，汝南、新蔡、譙、梁、陳、南頓、潁川、汝南、汝陰諸郡也。"

[9]角城：在今江蘇淮安市西南古淮河與泗水交匯處。"角"原作"甬"，中華本校勘記云："各本並作'甬'，據《通鑑》胡注改。"按，《通鑑》卷一三五《齊紀一》"高帝建元三年"條"魏人寇淮陽，圍軍主成買於甬城"，胡三省注："'甬城'當作'角城'。《水經注》：'角城在下邳睢陵縣，南臨淮水。其地據濟水入淮之口。後梁武帝置淮陽郡，角城爲縣，屬焉'。"

[10]汝陰：郡名。治所在今安徽阜陽市。按，魏在宋明帝泰始年間曾多次攻汝陰，此指泰始四年（468）四月事。詳見《通鑑》卷一三二《宋紀十四》"明帝泰始四年"條。

[11]劉劻：字伯猷，仕宋，抗魏累有戰功，封鄱陽縣侯。《宋書》卷八六、《南史》卷三九有傳。

[12]荆亭：地名。在今安徽潁上縣西南。按，"虜荆亭戍主昇乞奴"，中華本校勘記云："《宋書·吴喜傳》作：'長社戍主帛乞奴'。"

[13]廣陵：郡名。治所在今江蘇揚州市。　南兗州：治所元嘉間移至廣陵。

[14]太祖在淮陰：太祖，齊高帝蕭道成廟號。道成先仕宋。宋明帝初，徐州刺史薛安都降魏，遣張永等討伐，又敗於彭城。明帝爲鞏固北防，以蕭道成持節、都督北討前鋒諸軍事，鎮淮陰。按，"在淮陰"原脱"陰"，據本書卷一《高帝紀上》補。

[15]劉韞：宋宗室，人才凡庸，爲明帝所寵，累加將軍。《宋書》卷五一、《南史》卷一三有傳。

[16]越騎校尉：禁衛軍官。掌宿衛騎兵。秩四品。

三巴擾亂，[1]太守張澹棄涪城走，[2]以安民假節、都督討蜀軍事、輔師將軍。五獠亂漢中，[3]敕安民回軍至魏興，[4]事寧，還至夏口。[5]

［1］三巴：東漢末益州牧劉璋分巴郡爲巴、永寧、固陵三郡，後又改爲巴西、巴、巴東三郡，合稱“三巴”。南朝宋泰始五年（469）又有變動。《通鑑》卷一三二《宋紀十四》“明帝泰始五年”條：“分荆州之巴東、建平，益州之巴西、梓潼郡，置三巴校尉，治白帝。先是，三峽蠻、獠歲爲抄暴，故立府以鎮之。”胡三省注：“府，謂三巴校尉府也。”

［2］涪城：指涪陵郡城。在今四川綿陽市涪城區。

［3］五獠亂漢中：當指泰豫元年（472），荆州刺史沈攸之壓迫群蠻，激起群蠻反抗。《通鑑》卷一三三《宋紀十五》“明帝泰豫元年”條：“攸之賧罰群蠻太甚，又禁五溪魚鹽，蠻怨叛……群蠻大亂，掠抄至武陵城下。”獠，即“僚”，亦稱蠻獠。中國古代少數民族名，分布於西南各省。《周書》卷四九《異域志上》：“獠者，蓋南蠻之別種。”漢中，郡名。治所在今陝西漢中市。

［4］魏興：郡名。治西城縣，在今陝西安康市西北漢江北岸。

［5］夏口：在今湖北武漢市武昌區。

元徽初，除督司州軍事、司州刺史，領義陽太守，假節、將軍如故。別敕安民曰：“九江須防，[1]邊備宜重，今有此授，以增鄢郢之勢，[2]無所致辭也。”及桂陽王休範起事，安民出頓，遣軍援京師。徵授左將軍，[3]加給事中。建平王景素作難，冠軍黄回、游擊將軍高道慶、輔國將軍曹欣之等皆密遣致誠，[4]而游擊將軍高道慶領衆出討，太祖慮其有變，使安民及南豫州刺史段佛榮行以防之。[5]安民至京口，[6]破景素軍於葛橋。[7]景素誅，留安民行南徐州事。[8]城局參軍王迴素爲安民所親，[9]盗絹二匹，安民流涕謂之曰："我與卿契闊備嘗，[10]今日犯王法，此乃卿負我也。"於軍門斬之，厚爲斂祭，軍府皆震服。

［1］九江：《尚書·禹貢》荆州："九江孔殷。"後人對其所在地解釋不一，多指在今湖北武穴市、黄梅縣一帶，或分自長江、或源出山溪。九江爲長江中下游咽喉之地，形勢險要。

［2］鄢郢：指今湖北宜城市、荆州市一帶。

［3］黴授："授"字原無，中華本據南監本、毛本、殿本、局本補。今從補。　左將軍：左軍將軍，禁衛軍官。分掌宿衛營兵。秩四品。

［4］黄回：歷仕宋齊，勇捷過人，累加冠軍將軍（榮譽加號）。元徽初，桂陽王休範爲逆，回以屯騎校尉領軍隸蕭道成，於新亭創詐降之計，速斬休範，以功進爵爲侯。《宋書》卷八三、《南史》卷四〇有傳。　高道慶：南郡人，凶險暴横，有失其意者，輒加捶拉，人多畏之。《宋書》卷八三、《南史》卷四〇有附傳。　曹欣之：以武功顯。《宋書》卷八三有傳。

［5］段佛榮：仕宋，有政績，官至刺史。《宋書》卷八四有傳。

［6］安民至京口："口"字原無，中華本據南監本、殿本、局本及《册府元龜》卷三五一補。今從補。朱季海《校議》云："京即京口，建康自稱京師、京輦，不相亂也……但曰京城，不曰京口城，明京口自可稱京也……然子顯此傳第書'安民至京'，亦沿季漢舊名爾。《元龜》及南監以下諸本增字，非是。"（第59頁）

［7］葛橋：不詳。當在建康城内。

［8］南徐州：南朝宋置，治京口，在今江蘇鎮江市。

［9］王迴素：其事不詳。中華本校勘記云："'迴'《南史》作'回'。《御覽》二百九十六引作'迴'，《元龜》四百一同。"

［10］契闊備嘗：謂友誼深厚。

授冠軍將軍，驍衛將軍，[1]不拜。轉征虜將軍、東中郎司馬、行會稽郡事。安民將東，太祖與别宴語，淹留日夜。安民密陳宋運將盡，曆數有歸。蒼梧縱虐，[2]太祖憂迫無計，安民白太祖欲於東奉江夏王躋起兵，[3]太祖不許，乃止。蒼梧廢，太祖徵安民爲使持節督北討軍事、冠軍將軍、南兗州刺史。沈攸之反，太祖召安民以本官鎮白下，[4]治城隍。加征虜將軍。進軍西討，又進前將軍。行至盆城，[5]沈攸之平，仍授督郢州司州之義陽諸軍事、郢州刺史，持節、將軍如故。昇明三年，還左衛將軍，領衛尉。[6]太祖即位，爲中領軍，封康樂侯，[7]邑千户。

［1］驍衛將軍：中華本校勘記引張森楷《校勘記》云："按《百官志》有驍騎將軍、衛將軍、衛軍將軍，而無驍衛將軍，此必有訛。"

［2］蒼梧縱虐：指蒼梧王劉昱，宋明帝長子，繼明帝登位，性凶殘，縱意作惡，濫誅大臣。"忌道成威名，嘗自磨鋌，曰：'明日殺蕭道成'。"詳見《通鑑》卷一三四《宋紀十六》"順帝昇明元年"條。

［3］江夏王躋：劉躋。宋明帝劉彧第四子，自幼出繼，未立傳。見《南史》卷一四《宋宗室及諸王下》。

［4］白下：《通鑑》卷一三〇《宋紀十二》"明帝泰始元年"條"帝因自白下濟江至瓜步"，胡三省注："晉、宋都建康，新亭、白下皆江津要地，新亭在西，白下在東；白下蓋今之龍灣也。按白下城合白石壘，唐武德中，移江寧縣於此，名白下縣。"

[5]盆城：湓口城，在今江西九江市。

[6]衛尉：南朝時沿晋制，以衛尉統武庫。

[7]康樂侯：侯爲第二等封爵，康樂縣（在今江西萬載縣東）爲其食邑。

宋泰始以來，内外頻有賊寇，將帥已下，各募部曲，屯聚京師，安民上表陳之，以爲“自非淮北常備，其外餘軍，悉皆輸遣，若親近宜立隨身者，[1]聽限人數”。上納之，故詔斷衆募。[2]時王敬則以勳誠見親，[3]至於家國密事，上唯與安民論議，謂安民曰：“署事有卿名，我便不復細覽也。”尋爲領軍將軍。[4]

[1]隨身者：指隨身護衛兵丁。

[2]詔斷衆募：指下詔不准私自招募衆多部曲。

[3]王敬則：齊開國元勛，封尋陽郡公。本書卷二六有傳。

[4]領軍將軍：禁衛軍總領，掌内軍。秩三品。

虜寇壽春，[1]至馬頭。[2]詔安民出征，加鼓吹一部。[3]虜退，安民沿淮進壽春。先是宋世亡命王元初聚黨六合山僭號，[4]自云垂手過膝。州郡討不能擒，積十餘年。安民遣軍偵候，生禽元初，斬建康市。加散騎常侍。

[1]虜寇壽春：指齊高帝建元二年（480）春，魏遣軍南侵至壽陽。

[2]馬頭：《通鑑》卷一三五《齊紀一》“高帝建元二年”條：“魏隴西公琛等攻拔馬頭戍，殺太守劉從。”《通鑑》卷一三一《宋

紀十三》胡三省注："杜佑曰：馬頭城在壽州盛唐縣北。"按，盛唐縣治所在今安徽潛山縣。

[3]鼓吹：備有鼓鉦蕭笳樂器的樂隊，用於大駕出游行軍。古代以賜功臣勛將。

[4]六合山：在今江蘇南京市六合區。　僭號：指妄稱己爲帝王。

其年，虜又南侵，[1]詔安民持節履行緣淮、清、泗諸戍屯軍。[2]虜攻朐山、連口、角城，[3]安民頓泗口，分軍應赴。三年，引水步軍入清，於淮陽與虜戰，[4]破之。虜退。安民知有伏兵，乃遣族弟馬軍主長文二百騎爲前驅，自與軍副周盤龍、崔文仲係其後，[5]分軍隱林。[6]及長文至宿豫，虜見衆少，數千騎遮之。長文且退且戰，引賊向大軍，安民率盤龍等趨兵至，合戰於孫溪渚戰父彎側，[7]虜軍大敗，赴清水死不可勝數。虜遣其菟頭公送攻車材至布丘，左軍將軍孫文顯擊破走之，燒其車材。

[1]其年，虜又南侵：指建元二年（480）秋，魏梁郡王嘉帥衆十萬圍朐山。詳見《通鑑》卷一三五《齊紀一》"高帝建元二年"條。

[2]淮、清、泗：指淮河、清水、泗水。

[3]虜攻朐山、連口、角城：《通鑑》卷一三五云："角城戍主舉城降魏；秋，八月，丁酉，魏遣徐州刺史梁郡王嘉迎之。又遣平南將軍郎大檀等三將出朐城，將軍白吐頭等二將出海西，將軍元泰等二將出連口，將軍封延等三將出角城。"胡三省注："連口，漣水入淮之口也。"漣水，在今江蘇漣水縣境。

［4］引水步軍入清，於淮陽與虜戰：清，指清水。淮陽，郡名。治所在今江蘇淮安市西古泗水西岸。《通鑑》卷一三五《齊紀一》“高帝建元三年”條：“（春），魏人寇淮陽，圍軍主成買於甬城，上遣領軍將軍李安民爲都督，與軍主周盤龍等救之……盤龍馳馬奮矟，直突魏陣，所向披靡……魏數萬之衆莫敢當者，魏師遂敗……魏師退，李安民等引兵追之，戰於孫溪渚，又破之。”按，中華本校勘記云：“‘清’南監本、局本作‘屯’，連下讀。‘於’殿本作‘至’。”朱季海《校議》云：“二本臆改。上云：‘其年，虜又南侵，詔安民持節履行緣淮、清、泗諸戍屯軍’。下云：‘虜軍大敗，赴清水死不可勝數。’清即清水，泡水之别名，見《水經·泗水注》。”（第59頁）

［5］周盤龍：歷仕南朝宋、齊，便弓馬，膽氣過人，死於戰場，以功封侯。本書卷二九、《南史》卷四六均有傳。　崔文仲：歷仕南朝宋、齊，以軍功領越騎校尉，卒贈徐州刺史，謚襄子。本書卷二八、《南史》卷四七均有略傳。　係其後：係，繼。朱季海《校議》云：“繼謂之係，當時語。《東昏侯紀》：宣德太后令有曰：‘咸降年不永，宮車係晏。’校勘記云：‘係晏’殿本作‘早晏’。張元濟《校勘記》云：‘係晏，猶言相繼晏駕也，承上文咸字言。’張得其意……殿本臆改，不足取。”（第59—60頁）

［6］分軍隱林：中華本校勘記云：“‘林’字下《元龜》四百二十有‘中’字。”

［7］孫溪渚：在江蘇淮安市西南。《通鑑》卷一三五胡三省注：“孫溪渚在淮陽之北，清水之濱”。　戰父彎：不詳，當在孫溪渚附近。

淮北四州聞太祖受命，[1]咸欲南歸。至是徐州人桓摽之、兖州人徐猛子等，合義衆數萬，柴險求援。[2]太祖詔曰：“青徐四州，[3]義舉雲集。安民可長轡遐馭，指授群帥。”安民赴救留遲，虜急兵攻摽之等皆没，[4]上甚責之。

[1]淮北四州：指青、冀、徐、兗。宋明帝泰始三年（467），因徐州刺史薛安都投魏，引魏兵大舉攻淮北，宋兵敗退，由是失淮北四州。但四州士民不樂屬魏，常思歸江南，加以南朝遣間諜誘之，齊新朝又建立，故四州士民起義抗魏。參見《通鑑》卷一三五《齊紀一》“高帝建元二年”條。

[2]柴險求援：指在險要處安營扎寨並請求南齊速派援兵。《通鑑》卷一三五：“（桓標之、徐猛子等）所在蠭起爲寇盜，聚衆保五固，推司馬朗之爲主。魏遣淮陽王尉元、平南將軍薛虎子等討之。”“柴”通“砦（zhài）”，營寨。中華本校勘記引張森楷《校勘記》云：“毛本、局本作‘柴’南監本、殿本作‘砦’，按柴砦古今字。”按，“桓摽之”《通鑑》卷一三五作“桓標之”。

[3]青徐四州：中華本校勘記云：“‘四’原訛‘泗’，各本並誤。今據《元龜》四百四十五改正。按《州郡志》無‘泗州’。”今從改。

[4]虜急兵攻摽之等皆没：《通鑑》卷一三五《齊紀一》“高帝建元三年”條作：“李安民赴救遲留，標之等皆爲魏所滅，餘衆得南歸者，尚數千家。”

太祖崩，遺詔加侍中。[1]世祖即位，遷撫軍將軍、丹陽尹。[2]永明二年，遷尚書左僕射，[3]將軍如故。安民時屢啓密謀見賞，又善結尚書令王儉，故世傳儉啓有此授。尋上表以年疾求退，改授散騎常侍、金紫光禄大夫，[4]將軍如故。四年，爲安東將軍、吴興太守，[5]常侍如故。卒官，年五十八。賻錢十萬，[6]布百匹。

［1］侍中：門下省主官。掌奏事，直侍左右。秩三品。

［2］丹陽尹：丹陽，郡名。東晋南朝時治所在今江蘇南京市。因其爲當時都城所在地，故丹陽尹掌京城行政諸務並詔獄，地位重要。秩三品。

［3］尚書左僕射：尚書省僅次於尚書令的主官，掌殿中、主客二曹事。凡諸除署、功論、封爵、貶黜等，皆由左僕射決斷。《唐六典》卷一：“（尚書僕射），魏晋宋齊，秩皆六百石，品並第三。”

［4］金紫光禄大夫：本西漢光禄大夫，至魏晋有加金章紫綬者，則謂之金紫光禄大夫。又《通典》卷三四《職官十六》：“左右光禄大夫、光禄三大夫皆銀章青綬，其重者詔加金章紫綬，則謂之金紫光禄大夫。”自晋以後，皆爲加給功勛大臣的榮譽虚銜。

［5］吴興太守：《南史》卷四六此句後云：“於家載米往郡，時服其清。”

［6］賻錢：喪葬禮儀錢。

吴興有項羽神護郡聽事，[1]太守不得上。太守到郡，必須祀以軛下牛。[2]安民奉佛法，不與神牛，著屐上聽事。[3]又於聽上八關齋。[4]俄而牛死，葬廟側，今呼爲“李公牛冢”。及安民卒，世以神爲祟。[5]

［1］聽事：廳堂，官府治事之所。《通鑑》卷八九《晋紀十一》“愍帝建興二年”條“勒升其聽事”，胡三省注：“中庭曰聽事，言受事察訟於是。漢晋皆作‘聽事’，六朝以來乃始加‘广’作‘廳’。”

［2］必須祀以軛下牛：指太守新到任，必須先將拉車的牛殺掉祭祀項羽神，方可保平安。

［3］著：原作“箸”，從中華本改。下段“顯著”同。

［4］又於聽上八關齋：中華本校勘記云：“‘上’字下《御覽》

六百五十四、八百八十二引並有‘設’字。”八關齋，佛教指信徒一晝夜受持的八條戒律。《通鑑》卷一三五《齊紀一》“武帝永明元年”條：“（五月）會上於華林園設八關齋，朝臣皆預。”胡三省注：“釋氏之戒：一，不殺生；二，不偷盗；三，不邪淫；四，不妄語；五，不飲酒、食肉；六，不著花鬘瓔珞，香油塗身、歌舞倡伎故往觀聽；七，不得坐高廣大牀；八，不得過齋後喫食。已上八戒，故爲八關。《雜録名義》云：八戒者，俗衆所受一日一夜戒也。謂八戒一齋，通謂八關齋，明以禁防爲義也。”又嚴耀中《八關齋戒與中古時代的門閥》：“八關齋戒，或簡稱八關齋、八齋戒、八戒齋、八戒等……‘關’是禁閉諸欲，‘齋’爲清净自心……它是居士們一般在特定的日子（每月八、十四、十五、廿三、廿九、三十等稱六齋日），即在齋日，一般應持八戒。”（《佛教戒律與中國社會》，上海古籍出版社 2007 年版，第 469—470 頁）

[5]世以神爲祟：世人以爲李安民之死，是由於他不信神，神作祟。

詔曰：“安民歷位内外，庸績顯著。忠亮之誠，每簡朕心。敷政近畿，[1]方申任寄。奄至殞喪，痛傷于懷。贈鎮東將軍，鼓吹一部，常侍、太守如故。謚曰肅侯。”[2]

[1]敷政近畿：指李安民在京城王畿任大尹（丹陽尹），施政有方。

[2]謚曰肅侯：《南史》卷四六此後略傳李安民子元履云：“子元履，幼有操業，甚閑政體，爲司徒竟陵王子良法曹參軍。與王融游狎，及王融誅，鬱林敕元履隨右衛將軍王廣之北征，密令於北殺之。廣之先爲安人（民）所厚，又知元履無過，甚擁護之。會鬱林敗死，元履拜謝廣之曰：‘二十二載，父母之年，自此以外，丈人

之賜也。’”

王玄載字彦休，[1]下邳人也。[2]祖宰，僞北地太守。[3]父蕤，東莞太守。

[1]王玄載：《南史》卷一六有附傳。

[2]下邳人也：下邳，縣名。治所在今江蘇睢寧縣西北古邳鎮東。按，中華本校勘記引張森楷《校勘記》云：“《宋書·王玄謨傳》云太原祁人，後徙新興，不云下邳人。玄謨自稱老傖，既是玄載從兄，宗從兄弟，不應郡地各異。”又朱季海《校議》云：“《釋文·序録》：注《孝經》有王玄戴，字彦運，大□人，齊光禄大夫，《老子》有‘王玄戴《注》二卷。’戴當爲‘載’，形之訛也，《老子注》不訛。運當爲‘休’，然與載義亦協，或一字彦運，未可知也。大當爲‘太’，□當即‘原’字，凡此足徵《宋書·王玄謨傳》所出郡望不誤。張校以爲宗從兄弟，不應郡地各異，亦是也。然蕭《史》所書，殆據後來土著爲斷。彦休親注《老子》，與史稱‘夷雅好玄言’亦合。本傳云‘爲光禄大夫’，與《序録》合。”（第60頁）

[3]祖宰，僞北地太守：中華本校勘記云：“‘宰’《宋書·王玄謨傳》作‘牢’，爲上谷太守。”按，北地郡北魏移治今陝西富平縣。其祖因在敵國北魏爲官，故加“僞”字。又上谷郡治所在沮陽縣，即今河北懷來縣東南。

玄載解褐江夏王國侍郎、太宰行參軍。[1]泰始初，爲長水校尉。[2]隨張永征彭城，[3]臺軍大敗，玄載全軍據下邳城拒虜，假冠軍將軍。官軍新敗，人情恐駭，以玄載士望，板爲徐州刺史、持節、監徐州豫州梁郡軍事、寧朔將軍、平胡中郎將，[4]尋又領山陽、東海二郡太守。[5]五年，督青、兗二州刺史，將軍、東海郡如故。七年，復爲徐州，督徐兗二州、鍾離太守，[6]將軍、郎將如故。遷左軍將軍。仍爲寧朔將軍、歷陽太守，[7]改持節、都督二豫、冠軍將軍、南豫州刺史，[8]太守如故。遷撫軍司馬。出爲持節、督梁南北秦三州軍事、冠軍將軍、西戎校尉、梁秦二州刺史。[9]進號征虜將軍。尋徙督益寧二州、益州刺史、建寧太守，[10]將軍、持節如故。

[1]太宰行參軍：宋孝武帝孝建二年（455），江夏王義恭進位太宰，領司徒。詳見《宋書》卷六一、《南史》卷一三本傳。王玄載在太宰府任臨時參軍。

[2]長水校尉：禁衛軍官。分掌宿衛營兵。秩四品。

[3]隨張永征彭城：見前“從張永、沈攸之討薛安都於彭城”注。

[4]梁郡：三國魏置，晋改梁國，南朝宋復改梁郡。治下邑縣，在今安徽碭山縣。　平胡中郎將：臨時加號將軍，榮譽虛銜。

[5]山陽：郡名。東晋置，治山陽縣，在今江蘇淮安市。　東海：郡名。東晋僑置，治所原在今江蘇常熟市北，南朝宋改治京口，在今江蘇鎮江市。

[6]鍾離：郡名。治燕縣，在今安徽鳳陽縣東北。

[7]歷陽：郡名。治歷陽縣，在今安徽和縣。

[8]二豫：指豫州、南豫州。豫州，東晋僑置，治所不常，或在蕪湖縣（今安徽蕪湖市東），或在牛渚（今安徽馬鞍山市采石），或在姑熟（今安徽當塗縣）。後又移治壽春。南豫州，南朝宋置，治所在歷陽縣。

[9]梁：州名。治南鄭縣，在今陝西漢中市東。　南北秦：州名。均治南鄭縣。　西戎校尉：主護西地邊境少數民族，多由南北秦刺史兼任。治漢中。

[10]益：州名。治蜀郡，在今四川成都市。　寧：州名。南朝宋移治曲靖縣，在今雲南曲靖市。　建寧：郡名。治曲靖縣。《嚴耕望史學論文集·正史脱訛小記》："按建寧郡爲寧州治所之郡，在今雲南省曲靖縣地區，似不得爲益州刺史所領。考同書《傅琰傳》，督益、寧二州軍事、益州刺史、宋寧太守。檢《宋書·州郡志》，益州有宋寧郡，元嘉十年免吳營立，寄治成都。傅琰以益州刺史領寄治於刺史治所之宋寧，事極合理。故疑《王玄載傳》之'建寧'亦爲'宋寧'之誤。蓋建寧爲名郡，而宋寧則甚稀見，原本'宋'字不明，校者遂以爲建寧郡。不知於地理於制度皆不合也。"（上海古籍出版社2009年版，第1188—1189頁）

沈攸之之難，玄載起義送誠，[1]進號後軍將軍，封鄂縣子。[2]徵散騎常侍，領後軍，未拜，建元元年，爲左民尚書，[3]鄂縣子如故。會虜動，南兖州刺史王敬則奔京師，[4]上遣玄載領廣陵，加平北將軍、假節、行南兖州事，本官如故。事寧，爲光禄大夫、員外散騎常侍。永明四年，爲持節監兖州緣淮諸軍事、平北將軍、兖州刺史。六年，卒，時年七十六。[5]謚烈子。[6]

[1]沈攸之之難，玄載起義送誠：指宋元徽末荆州刺史沈攸之起兵反蕭道成專權，王玄載擁兵反沈攸之，向蕭道成（即後來的齊高帝）表誠心。按，"沈攸之之難"後一"之"字原無，中華本據南監本、殿本、局本補。今從補。

[2]封鄂縣子：高敏《南北史掇瑣》："《建康實録》卷十五

《齊高帝紀》作‘封河陽侯’。”（中州古籍出版社2003年版，第92頁）鄂縣，今湖北鄂州市。子，爲封爵中的第四等。

[3]左民尚書：尚書省官。領左民、駕部二曹，掌户籍、工官之事。秩三品。

[4]王敬則奔京師：指建元二年（480），北魏南侵淮泗，南兖州刺史、平北將軍王敬則恐懼，委鎮（鎮所在今江蘇揚州市）還都，百姓皆驚散奔走。見本書卷二八《王敬則傳》。

[5]六年，卒，時年七十六：許福謙《〈南齊書〉紀傳疑年録》一文云：“按上引文云王玄載死於永明六年（488），享年七十六歲，當生於東晋義熙九年（413），本無問題。而《建康實録》卷一五《（南）齊列傳·王玄載傳》云：‘永明四年卒’。比《南齊書》本傳還提前兩年去世。然筆者以爲此乃《實録》作者許嵩節録《南史》不當而致誤，非歧説也。《南史》卷一六《王玄謨傳附從弟玄載傳》云：‘永明四年，位兖州刺史。卒官’……《建康實録》更將王玄載任兖州刺史之永明四年當成是其卒年，遂删去‘位兖州刺史’等語，於是成了‘永明四年卒’，則誤矣。”（《首都師範大學學報》1998年第1期）

[6]謚烈子：南朝文職官員生前無封爵死後加謚者，例加“子”字。

玄載夷雅好玄言，[1]脩士操，在梁益有清績，西州至今思之。[2]

[1]夷雅：平和閑雅。　玄言：指崇尚老莊玄理的言論。

[2]西州：泛指陝西、巴蜀地區。

從弟玄謨子瞻，[1]宋明帝世，爲黄門郎，素輕世祖。[2]世祖時在大牀寢，瞻謂豫章王曰：[3]“帳中物亦復隨人寢興。”世祖銜之，未嘗形色。建元元年，爲冠軍將軍、永嘉太守，[4]詣闕跪拜不如儀，爲守寺所列。[5]有司以啓世祖，世祖召瞻入東宫，仍送付廷尉殺之。遣左右口啓上曰：“父辱子死，[6]王瞻傲慢朝廷，臣輒以收治。”太祖曰：“語郎，此何足計！”[7]既聞瞻已死，乃默無言。

[1]玄謨：王玄謨，字彦德，太原祁人。仕宋，官至南豫州刺史，加都督，卒謚莊公。《宋書》卷七六、《南史》卷一六均有傳。玄謨子瞻，《南史》卷一六《王玄謨傳》其下云：“（王瞻）字明遠，一字叔鸞。負氣慠俗，好貶裁人物。仕宋爲王府參軍。嘗詣劉彦節，直登榻曰：‘君侯是公孫，僕是公子，引滿促膝，唯余二人。’彦節外迹雖酬之，意甚不悦。”

[2]世祖：齊武帝蕭賾廟號。本書卷三有紀。

[3]世祖時在大牀寢，瞻謂豫章王曰：《南史》卷一六作：“齊豫章王嶷少時，早與瞻友。瞻常候嶷高論。齊武帝時在大牀寢，瞻謂嶷曰……”按，豫章王蕭嶷爲齊高帝第二子，齊武帝二弟。

[4]永嘉：郡名。治永寧縣，在今浙江温州市。

[5]爲守寺所列：被守宫門的官員捉住。列，收治。

[6]父辱子死：謂按法論，子如不孝，父親受辱，則其子犯死罪。言下之意是，何况臣子冒犯君父，更當嚴治。

[7]郎：父稱子。　此何足計：謂此乃小事何必計較。

瞻兄寬，宋世與瞻並爲方伯，[1]至是瞻雖坐事，[2]而寬位待如舊也。寬泰始初爲隨郡，[3]值西方反，[4]父玄謨在都，寬棄郡歸，明帝加賞，使隨張永討薛安都。寬辭以母猶存，在西爲賊所執，請得西行。遂襲破隨郡，斬僞太守劉師念，拔其母。事平，明帝嘉之，使圖畫寬形。建元初，爲散騎常侍、光禄大夫，領前軍將軍。永明元年，爲太常。[5]坐於宅殺牛，免官。後爲光禄大夫。三年，卒。

[1]方伯：泛指地方長官。多稱刺史、太守。

[2]坐事：此指瞻因被誣犯大不敬罪而被懲辦。

[3]爲隨郡：指在隨郡任太守。隨郡，治所在今湖北隨州市。

[4]西方反：指泰始二年（466）晋安王子勛在尋陽反，即位，改元義嘉。

[5]太常：列卿之首，掌禮儀、祭祀。秩三品。

玄載弟玄邈，[1]字彦遠，初爲驃騎行軍參軍，[2]太子左積弩將軍，[3]射聲校尉。[4]泰始初，遷輔國將軍、清河廣川二郡太守，[5]幽州刺史。[6]青州刺史沈文秀反，[7]玄邈欲向朝廷，慮見掩襲，乃詣文秀求安軍頓。文秀令頓城外，玄邈即立營壘，至夜拔軍南奔赴義，[8]比曉，文秀追不復及。明帝以爲持節、都督青州、青州刺史，將軍如故。

[1]玄邈：《南史》卷一六亦有其附傳。

[2]驃騎行軍參軍：指在驃騎將軍府任行軍參軍。按，南朝無“行軍參軍”官職，當爲行參軍。參軍有朝廷任命和軍府自行任命兩種，後者稱行參軍。

[3]太子左積弩將軍：東宫武官名。東漢有積弩將軍，爲雜號將軍之一。魏晋分置左右二積弩將軍，領營兵。南朝宋置太子左積弩將軍十人，太子右積弩將軍二人，不領營兵。

［4］射聲校尉：禁衛軍官名。分掌宿衛營兵。秩四品。

［5］清河：郡名。東漢移治甘陵縣，在今山東臨清市。　廣川：郡名。治所在今河北景縣。廣川原作“廣平”，中華本校勘記云：“張森楷《校勘記》云：‘廣平，《宋書·沈文秀傳》作廣川。’按《宋書·州郡志》，冀州有廣川郡，作‘廣川’是，今據改。”今從改。

［6］幽州：西漢建，治薊縣，在今北京市西南。清錢大昕《廿二史考異》：“按宋《州郡志》未見僑立幽州之文，蓋僑置未久而旋廢也。”

［7］沈文秀反：明帝泰始初，晋安王子勛據尋陽反，青州刺史沈文秀同子勛反。詳見《通鑑》卷一三一《宋紀十三》“明帝泰始二年”條。

［8］南奔赴義：指投奔南朝宋。

太祖鎮淮陰，爲帝所疑，[1]遣書結玄邈。[2]玄邈長史房叔安勸玄邈不相答和。[3]罷州還，[4]太祖以經途令人要之，[5]玄邈雖許，既而嚴軍直過，還都啓帝，稱太祖有異謀，太祖不恨也。昇明中，太祖引爲驃騎司馬、冠軍將軍、太山太守，[6]玄邈甚懼，而太祖待之如初。遷散騎常侍、驍騎將軍，冠軍如故。出爲持節、都督梁南秦二州軍事、征虜將軍、西戎校尉、梁南秦二州刺史，兄弟同時爲方伯。[7]封河陽縣侯。[8]建元元年，進號右將軍，侯如故。亡命李烏奴作亂梁部，[9]陷白馬戍。[10]玄邈率東從七八百人討之，不克，慮不自保，乃使人僞降烏奴，告之曰：“王使君兵衆羸弱，棄伎妾於城内，携愛妾二人去已數日矣。”烏奴喜，輕兵襲州城，玄邈設伏擊破之，烏奴挺身走。太祖聞之，曰：“玄邈果不負吾意遇也。”

［1］太祖鎮淮陰，爲帝所疑：《通鑑》卷一三二《宋紀十四》“明帝泰始六年”條：“南兗州刺史蕭道成在軍中久，民間或言道成有異相，當爲天子。上疑之，徵爲黄門侍郎、越騎校尉。道成懼，不欲内遷，而無計得留。冠軍參軍廣陵荀伯玉勸道成遣數十騎入魏境，安置標榜，魏果遣游騎數百履行境上；道成以聞，上使道成復本任。秋九月，命道成還鎮淮陰。”按蕭道成即後來的齊高帝，廟號太祖。

［2］遣書結玄邈：《通鑑》卷一三五《齊紀一》“高帝建元元年”條：“初，玄邈爲青州刺史，上在淮陰，爲宋太宗所疑，欲北附魏，遣書結玄邈。”

［3］房叔安勸玄邈不相答和：《通鑑》卷一三五作：“玄邈長史清河房叔安曰：‘將軍居方州之重，無故舉忠孝而棄之，三齊之士，寧蹈東海而死耳，不敢隨將軍也。’玄邈乃不答上書。”胡三省注：“《考異》曰：《南史》云：‘仍遣叔安奉表詣闕告之，帝（指蕭道成）於路執之，並求玄邈表。叔安曰：王將軍表上天子，不上將軍。且僕之所言，利國家不利將軍，無所應問。荀伯玉勸帝殺之，帝曰：物各爲主，無所責也。’按太祖時爲邊將，若執叔安，又不殺，便應不復爲宋臣。《齊書》無此事，今不取。”房叔安，《南史》卷一六《王玄謨傳》附略傳云：“叔安，字子仁，清河人。高帝即位，懷其忠正，時爲益州司馬、寧蜀太守，就拜前將軍。方用爲梁州，會病卒。帝嘆曰：‘叔安節義，古人中求之耳，恨不至方伯而終’。”

［4］罷州還：指王玄邈奉命罷幽州刺史職回京。

［5］太祖以經途令人要之：指蕭道成得知王玄邈回京途經淮陰，派人於半路邀請他作客。要，通“邀”。按，“令人要之”原闕“令”字，中華本校勘記云：“據南監本、殿本、局本補。按《元

龜》二百十二、三百七十一並作‘太祖以經途又要之’。”朱季海《校議》云：“南監本以下臆增‘令’字，非也。‘人’當爲‘又’，形之誤也。云‘又’者，承上‘遣書結玄邈’言之。《元龜》兩見並作‘又’，是北宋本《齊書》尚未誤作‘人’。”（第60頁）

[6]太山：泰山郡，治奉高縣，在今山東泰安市。

[7]兄弟同時爲方伯：其兄玄載宋末官益州刺史。二人皆爲地方高級長官。

[8]河陽縣侯：河陽縣，治所在今河南孟州市。侯，爲第二等封爵，河陽縣爲其食邑。

[9]亡命李烏奴作亂梁部：指西北刁民李烏奴叛入氐，引氐兵千餘人寇梁州。

[10]陷白馬戍：《通鑑》卷一三五胡三省注：“白馬戍在沔水北，即陽平關也。”按，陽平關在今陝西勉縣。

還爲征虜將軍、長沙王後軍司馬、南東海太守。[1]遷都官尚書。世祖即位，轉右將軍、豫章王太尉司馬，[2]出爲冠軍將軍、臨川内史，[3]秩中二千石。[4]還爲前軍司徒司馬、散騎常侍、太子右率。[5]永明七年，爲持節、都督兖州緣淮軍事、平北將軍、兖州刺史，未之任，轉大司馬，[6]加後將軍。八年，轉太常，遷散騎常侍、右衛將軍，出爲持節、監徐州軍事、平北將軍、徐州刺史。[7]十一年，建康蓮華寺道人釋法智與州民周盤龍等作亂，[8]四百人夜攻州城西門，登梯上城，射殺城局參軍唐穎，遂入城内。軍主耿虎、徐思慶、董文定等拒戰，至曉，玄邈率百餘人登城便門，奮擊，生擒法智、盤龍等。玄邈坐免官。[9]鬱林即位，[10]授撫軍將軍，遷使持節、安西將軍、歷陽南譙二郡太守。[11]延興元年，加散騎常侍，尋轉中護軍。

［1］長沙王後軍司馬：指在長沙王後軍將軍府任司馬。長沙王，即蕭晃，字宣明，齊高帝第四子，曾爲護軍將軍、中軍將軍、鎮軍將軍。本書卷三五有傳。按，此言“後軍將軍”疑有訛。　南東海：南朝宋置，以東海郡改名，治郯縣，在今江蘇鎮江市。

［2］豫章王太尉司馬：指在豫章王太尉府任司馬。豫章王，即蕭嶷，字宣儼，齊高帝第二子。齊武帝即位，蕭嶷進位太尉，置兵佐。詳見本書卷二二《豫章文獻王傳》。

［3］臨川内史：臨川郡治所在今江西撫州市臨川區。臨川爲王國屬郡，故太守稱内史。

［4］秩中二千石：古代以穀粟爲任官的俸給，故以石數多少來表示官級的高下，自萬石、中二千石、二千石順序下降直至斗食。中二千石爲官品第二級。

［5］前軍司徒司馬：此句疑有脱漏字，表意不清。　太子右率：太子右衛率，東宫官。掌護衛太子。秩五品。

［6］轉大司馬：中華本校勘記引張森楷《校勘記》云：“‘大司馬’下有奪文。時豫章王嶷爲大司馬，玄邈蓋爲其參佐。”

［7］平北將軍：中華本校勘記云：“此與下‘遷持節都督南兖兖徐青冀五州軍事平北將軍’之‘平北將軍’，原並訛‘北平將軍’，各本不訛，今乙正。”

［8］“建康蓮華寺”至“盤龍等作亂”：《通鑑》卷一三八《齊紀四》“武帝永明十一年”條：“（六月）建康僧法智與徐州民周盤龍等作亂，夜，攻徐州城，入之；刺史王玄邈討誅之。”胡三省注：“徐州城即鍾離城。”

［9］玄邈坐免官：指徐州刺史王玄邈因防範不力，讓叛賊攻入州城，故受免官處分。

［10］鬱林即位：鬱林，即齊鬱林王蕭昭業，武帝長孫。本書卷

四有紀。

[11]南譙：郡名。治所在今安徽巢湖市南。

高宗使玄邈往江州殺晋安王子懋，[1]玄邈苦辭不行，及遣王廣之往廣陵取安陸王子敬，[2]玄邈不得已奉旨。[3]給鼓吹置佐。建武元年，遷持節、都督南兖兖徐青冀五州軍事、平北將軍、南兖州刺史，轉護軍將軍，加散騎常侍。四年，卒，年七十二。贈安北將軍、雍州刺史。謚曰壯侯。[4]

[1]高宗：齊明帝蕭鸞的廟號。本書卷六有紀。　晋安王子懋：字雲昌，齊武帝第七子。武帝駕崩，鬱林王即位，蕭鸞輔政，殘殺諸王。時子懋爲都督江州刺史，欲起兵赴難，終被蕭鸞殺害。

[2]安陸王子敬：字雲端，齊武帝第五子，爲南兖州刺史，駐廣陵。鬱林王隆昌元年（494），蕭鸞遣中護軍王廣之將安陸王襲殺。詳見本書卷四〇本傳。

[3]玄邈不得已奉旨：指王玄邈本不願殺晋安王子懋，及見蕭鸞又派人殺另一藩王，被逼不得已參與了殘殺諸藩王的暴行。

[4]謚曰壯侯：此處清牛運震《讀史糾謬》卷七《南齊書糾謬》云："玄載有從兄子瞻及弟玄邈并列一傳，但傳以玄載爲標目，乃略玄載而詳玄邈，似失賓主之法。"

同族王文和，[1]宋鎮北大將軍仲德兄孫也。[2]景和中，爲義陽王昶征北府主簿。[3]昶於彭城奔虜，部曲皆散，文和獨送至界上。昶謂之曰："諸人皆去，[4]卿有老母，何不去邪！"文和乃去。昇明中，爲巴陵内史。[5]沈攸之事起，文和斬其使，馳白世祖告變，[6]棄郡奔郢城。

永明中，歷青、冀、兗、益四州刺史，平北將軍。

[1]王文和：《南史》卷二五亦有附傳。

[2]仲德：王懿，字仲德，南朝宋開國功臣，進號鎮北大將軍，謚曰桓侯。

[3]義陽王昶：劉昶，字休道，宋文帝第九子，封義陽王，爲征北將軍，徐州刺史，加都督。因不滿前廢帝劉子業暴虐殘殺親王，投奔北魏。詳見《宋書》卷七二、《北史》卷二九本傳。王文和當時在劉昶征北將軍府爲僚佐。

[4]去：指散去，回家去。

[5]巴陵：郡名。治巴陵縣，在今湖南岳陽市。

[6]馳白世祖告變：指文和飛馬將沈反叛事告知世祖。按，此“世祖”即後來的齊武帝蕭賾。王文和此舉，正反映出他早已屬心蕭氏父子。

史臣曰：宋氏將季，離亂日兆，家懷逐鹿，[1]人有異圖，故蕃岳阻兵之機，[2]州郡觀釁之會。[3]此數子皆宿將舊勳，與太祖比肩爲方伯，年位高下，[4]或爲先輩。而薦誠君側，[5]奉義萬里，以此知樂推之非妄，[6]信民心之有歸。玄載兄弟門從，世秉誠烈，不爲道家所忌，斯今之耿氏也。[7]

[1]逐鹿：《史記》卷九二《淮陰侯列傳》：“秦失其鹿，天下共逐之，於是高材疾足者先得焉。”裴駰《集解》引張晏曰：“以鹿喻帝位也。”後因以“逐鹿”喻指争奪統治權。

[2]蕃岳阻兵之機：蕃岳，指藩王、地方長官。阻兵，仗兵稱雄。語出《左傳》隱公四年：“阻兵而安忍；阻兵，無衆；安忍，

無親。”杜預注：“恃兵則民殘”。

［3］州郡觀釁之會：州郡，指掌握州郡權力的長官。觀釁，窺伺敵人的間隙，亦即察看對方破綻、漏洞，待機而動。《左傳》宣公十二年：“會聞用師，觀釁而動。”陸德明《經典釋文》引服虔曰：“釁，間也。”

［4］年位高下：指彼此年齡、官位上下大體相等。

［5］薦誠：奉獻赤誠之心。

［6］樂推：指樂意擁戴明主。語出《老子》：“是以聖人處上而民不重，處前而民不害，是以天下樂推而不厭。”

［7］不爲道家所忌，斯今之耿氏也：耿氏，指後漢開國功臣耿弇及弟耿國、耿恭及子侄耿秉、耿夔等數代，一門忠烈，效命沙場，子孫興榮，打破了道家的推論經。《後漢書》卷一九《耿弇傳》：“論曰……三世爲將，道家所忌，而耿氏累葉以功名自終，將其用兵欲以殺止殺乎？何其獨能隆也！”李賢注：“《史記》曰，秦使王翦之孫王離擊趙。或曰：‘王離秦之名將，舉之必矣。’客曰：‘不然，夫將三代必敗，以其殺伐多也，其後受其不祥’。”當日耿弇一門打破道家所忌，今日王玄載一門也是如此，所以史臣誇王玄載兄弟門從乃“今之耿氏”。

贊曰：霄城報馬，［1］分義先推。靈哲守讓，［2］方軌丁、韋。李佐東土，謀發天機。［3］王爲清政，其風不衰。［4］玄邈簡朕，早背同歸。［5］

［1］霄城：指劉懷珍，齊高帝即位，封懷珍爲霄城侯。　報馬：指齊高帝早在宋季已看重懷珍，曾送他白驄馬；懷珍亦看出高帝“局量堂堂”，因而赤誠相托。

［2］靈哲守讓：指劉懷珍子劉靈哲孝悌品高。母崔氏及兄子被北魏兵擄走，他傾盡私産以謀贖回，累年不能得。及懷珍卒，當襲

爵，靈哲固辭以兄子在虜中，存亡未測，無容越當茅土，朝廷義之。

[3]李佐東土，謀發天機：指李安民追隨太祖蕭道成，爲其部佐，出謀獻策，深得太祖信任，謂安民曰："署事有卿名，我便不復細覽也。"

[4]王爲清政，其風不衰：指王玄載任太守、刺史州郡長官，克盡厥職，修士操，有清績，西州民至今思之。而其子侄瞻、寬等亦卓有政績，受皇上加賞，故曰"其風不衰"。

[5]玄邈簡朕，早背同歸：贊揚王玄邈正大無私。對於太祖蕭道成，早先疑其投魏，公然背離；後來分辨出道成是明主，誠心報效。

南齊書　卷二八

列傳第九

崔祖思　劉善明　蘇侃　垣榮祖

崔祖思字敬元，[1]清河東武城人，[2]崔琰七世孫也。[3]祖諲，[4]宋冀州刺史。[5]父僧護，州秀才。[6]

[1]崔祖思：《南史》卷四七亦有傳。

[2]清河：郡名。治所在今河北清河縣。　東武：縣名。治所在今山東諸城市。

[3]崔琰七世孫：《南史》卷四七作："魏中尉琰七世孫。"崔琰，字季珪。好擊劍，尚武事。曹操爲丞相，辟琰東西曹掾徵事，遷中尉。後因怨謗曹操，被賜死。《三國志》卷一二有傳。

[4]諲（yīn）：崔諲，仕宋，官至刺史。《宋書》卷六五有傳。

[5]冀州：南朝宋元嘉九年（432）於濟南郡僑置冀州，治歷城縣，在今山東濟南市。

[6]秀才：本指優秀人才。漢武帝元封四年（前107）始定爲舉士科目，令諸州各舉秀才一人。東漢避光武諱改爲茂才。三國魏復原稱。南朝宋齊試以策文五道，以簽題高下定等第。多出任要

職，故爲時所重。

祖思少有志氣，好讀書史。初州辟主簿，[1]與刺史劉懷珍於堯廟祠神，[2]廟有蘇侯像。[3]懷珍曰："堯聖人，而與雜神爲列，欲去之，何如？"祖思曰："蘇峻今日可謂四凶之五也。"[4]懷珍遂令除諸雜神。

[1]主簿：南朝時公府、軍府及州郡縣均置主簿，其職任爲掌管文書簿籍及監守印信，在屬吏中居於首席地位。按，《南史》卷四七此句作："年十八，爲都昌令。"

[2]劉懷珍：宋明帝時爲豫州刺史。詳見本書卷二七《劉懷珍傳》。按，《南史》卷四七此句作"隨青州刺史垣護之入堯廟"。

[3]蘇侯：蘇峻，字子高。西晋末，糾合流人數千家，結壘於本縣，元帝任其爲鷹揚將軍。成帝時，以平討王敦功，官歷陽内史，擁有鋭卒萬人。庾亮執政，謀奪其兵權，峻舉兵反，攻入建康，挾帝坐大。數月後，被陶侃、温嶠等擊敗而死。《晋書》卷一〇〇有傳。

[4]蘇峻今日可謂四凶之五也：《南史》卷四七此句作"使君若清蕩此坐，則是堯廟重去四凶"。清牛運震《讀史糾謬》卷七《南齊書糾謬》評云："《南史》較勝。"四凶，相傳爲堯舜時代四個惡名昭著的部族首領。所指不一，《左傳》文公十八年："舜臣堯，賓于四門，流四凶族渾敦、窮奇、檮杌、饕餮，投諸四裔，以禦魑魅。"《尚書·舜典》四凶則指共工、驩兜、三苗、鯀。後世多用以比喻凶狠貪婪的朝臣。

太祖在淮陰，[1]祖思聞風自結，爲上輔國主簿，[2]甚見親待，參豫謀議。除奉朝請，[3]安成王撫軍行參軍，[4]

員外正員郎，[5]冀州中正。[6]宋朝初議封太祖爲梁公，祖思啓太祖曰："讖書云'金刀利刃齊刈之'。[7]今宜稱齊，實應天命。"從之。轉爲相國從事中郎，[8]遷齊國内史。[9]建元元年，[10]轉長兼給事黄門侍郎。[11]

[1]太祖在淮陰：指宋明帝泰始二年（466）徐州刺史薛安都投魏，淮北孤弱，以蕭道成（即後來的齊高帝，廟號太祖）都督北討前鋒諸軍事，鎮淮陰。淮陰城在今江蘇清江市古泗水西岸。

[2]爲上輔國主簿：指爲蕭道成輔國將軍府主簿。輔國將軍，屬小號將軍。本書《百官志》："凡諸小號，亦有置府者。"

[3]奉朝請：閑散官稱。古代諸侯春季朝見天子稱作朝，秋季朝見稱作請。漢代對於退職大臣、皇親外戚都以奉朝請名義定期參加朝會。南朝時，閑散官員多以此名義安置於集書省。

[4]安成王撫軍行參軍：指安成王輔軍將軍府除用的參軍。安成王，即劉子孟，宋孝武帝第十六子，初封淮南王，明帝改封安成王。《宋書》卷八〇、《南史》卷一四有傳。

[5]員外正員郎：不知何官職。按，"員外"指正官以外，"正員"指正額内官員。兩者矛盾，疑有訛誤。

[6]冀州：治所原在山東歷城，南朝宋泰始中與青州合僑置於鬱洲，在今江蘇連雲港市東雲臺山一帶。　中正：州中正負責考察本州人才品德，分爲九等，作爲選用官員的依據。多選本州德高望重的在任官員擔任。《吕思勉讀史札記》丙帙《魏晋南北朝·中正非官》："《十七史商榷》云：'魏陳群始立九品官人之法。《三國志》《晋書》及《南史》諸列傳中，多有爲州郡大中正者，蓋以他官或老於鄉里者充之。掌鄉黨平論，人才臧否，清議係焉。乃《晋（書）·職官志》中絶不一見，何也？'……劉毅云：'置州都者，取州里清議，咸所歸服，將以鎮異同，一言議。'（《晋書·劉毅傳》）蓋於清議之中，擇一人爲之評騭，乃士大夫之魁首，而非設

官分職之一也。”（上海古籍出版社 1982 年版，第 853 頁）

［7］讖（chèn）書：一種預言未來吉凶禍福的迷信圖書。

［8］相國從事中郎：指相國府從事中郎。從事中郎爲公府屬官，職參謀議。秩從五品。參見《文獻通考》卷六六《職官二十》。按，宋順帝時，蕭道成輔政，權柄日增，爲相國，進齊公，齊王，建齊國，與天子同待遇。參見本書卷一《高帝紀上》。

［9］内史：掌册命及邦畿行政事務。按，《南史》卷四七此後云：“帝之輔政，衆議將加九錫，内外皆贊成之，祖思獨曰：‘公以仁恕匡社稷，執股肱之義。君子愛人以德，不宜如此。’帝聞而非之，曰：‘祖思遠同荀令，豈孤所望也。’由此不復處任職之官，而禮見甚重。垣崇祖受密旨參訪朝臣，光禄大夫垣閎曰：‘身受宋氏厚恩，復蒙明公眷接，進不敢同，退不敢異。’祖思又曰：‘公退讓誠節，故宜受之以禮。’次問冠軍將軍崔文仲，文仲問崇祖曰：‘卿意云何？’對曰：‘聖人云知幾其神，又云見幾而作。’文仲撫髀曰：‘政與吾意同。’崇祖具説之。及帝受禪，閎存故爵，文仲、崇祖皆封侯，祖思加官而已。”

［10］建元：齊高帝年號。

［11］長兼：兼任。　給事黄門侍郎：門下省主官之一。掌奏事，直侍左右。秩五品。

上初即位，[1]祖思啓陳政事曰：“《禮》《誥》者，[2]人倫之襟冕，帝王之樞柄。自古開物成務，[3]必以教學爲先。世不習學，民忘志義，[4]悖競因斯而興，禍亂是焉而作。故篤俗昌治，莫先道教，不得以夷險革慮，[5]儉泰移業。今無員之官，[6]空受禄力。三載無考績之効，九年闕登黜之序。[7]國儲以之虚匱，民力爲之凋散。能否無章，涇渭混流。[8]宜大廟之南，弘脩文序；[9]司農以北，廣開武校。臺府州國，[10]限外之職，[11]問其所樂，依方課習，各盡其能。月供僮幹，[12]如先充給。若有廢墮，遣還故郡。殊經奇藝，待以不次，[13]士脩其業，必有異等，民識其利，能無勉勵。”

［1］上初即位：指齊高帝蕭道成初即皇位。《南史》卷四七謂“武帝即位”，當有訛誤，因本傳最後云齊高帝建元二年（480）崔祖思已去世。

［2］《禮》《誥》：指《周禮》《儀禮》《禮記》及《尚書》中的諸《誥》（帝王的訓示）。

［3］開物成務：指通曉萬物的道理並按這些道理行事而得以成功。語出《易·繫辭上》：“夫《易》，開物成務，冒天下之道，如斯而已者也。”孔穎達疏：“言《易》能開通萬物之志，成就天下之務。”

［4］民忘志義：中華本校勘記云：“‘忘’殿本作‘罔’。按《元龜》五百二十九作‘忘’。”

［5］不得以夷險革慮：不得因事情好辦不好辦就改變原來打算。按，“夷險”原作“夷禍”，中華本據《册府元龜》卷五二九改；並按曰：“下云‘儉泰移業’，夷與險，儉與泰，皆相對成文。”今從改。

［6］無員之官：指無固定數額和職守的員外官員。《漢書·百官公卿表上》：“大夫掌議論，有太中大夫、中大夫、諫大夫，皆無員，多至數十人。”又《晉書·職官志》：“中常侍，得入禁中，皆無員，亦以爲加官。”

［7］三載無考績之効，九年闕登黜之序：按統一標準考核官吏的政績，古代三年一考，九年一比。《尚書·舜典》：“三載考績。三考，黜陟幽明。”孔安國傳：“三年有成，故以考功；九歲則能否幽明有別，黜退其幽者，升進其明者。”

［8］能否無章，涇渭混流：指能幹和庸弱、清廉和貪婪没有區别標準，好壞混淆。

［9］宜大廟之南，弘脩文序：指在皇宫之南，大辦習文的學校。中華本校勘記云："'弘'原訛'引'，各本皆由宋諱缺筆而訛，今據《南史》及《元龜》五百二十九改正。"今從改。

［10］臺府州國："府"字原闕，中華本據《通鑑》卷一三五《齊紀一》"高帝建元元年"補，並按："南監本、殿本作'臺州列國'，亦訛。"今從補。

［11］限外之職：指正額以外的官員。

［12］僮幹：指服雜役的低級胥吏。

［13］殊經奇藝，待以不次：指對於具有特殊造詣和本領的人，應破格録用。

又曰："漢文集上書囊以爲殿帷，身衣弋綈，以韋帶劍，[1]慎夫人衣不曳地，惜中人十家之産，不爲露臺。[2]劉備取帳鈎銅鑄錢以充國用。[3]魏武遣女，[4]皁帳，婢十人，東阿婦以繡衣賜死，王景興以淅米見誚。[5]宋武節儉過人，[6]張妃房唯碧綃蚊幬，三齊茈席，[7]五盞盤、桃花米飯。[8]殷仲文勸令畜伎，[9]答云'我不解聲'。仲文曰'但畜自解'，又答'畏解，故不畜'。歷觀帝王，未嘗不以約素興、侈麗亡也。伏惟陛下，體唐成儉，踵虞爲樸。[10]寢殿則素木卑構，膳器則陶瓢充御。瓊簪玉筯，碎以爲塵，珍裘繡服，焚之如草。斯實風高上代，民偃下世矣。然教信雖孚，氓染未革，[11]宜加甄明，以速歸厚。詳察朝士，有柴車蓬館，高以殊等；[12]雕墻華輪，卑其稱謂。馳禽荒色，[13]長違清編，嗜音酣酒，守官不徙。物識義方，[14]且懼且勸，則調風變俗，不俟終日。”

［1］“漢文集上書囊”至“以韋帶劍”：《漢書》卷六五《東方朔傳》：“孝文皇帝……貴爲天子，富有四海，身衣弋綈，足履革舄，以韋帶劍，莞蒲爲席……集上書囊以爲殿幃；以道德爲麗，以仁義爲準。於是天下望風成俗，昭然化之。”顏師古注：“弋，黑色也。綈，厚繒。”又注：“以韋帶劍，但空用皮，不加飾。”

［2］“慎夫人衣”至“不爲露臺”：慎夫人，漢文帝寵姬。《漢書》卷九七上《外戚傳上》：“竇皇后疾，失明。文帝幸邯鄲慎夫人、尹姬，皆無子。”又《漢書》卷四《文帝紀》：“孝文皇帝即位二十三年，宮室苑囿車騎服御無所增益……嘗欲作露臺，召匠計之，直百金。上曰：‘百金，中人十家之産也。吾奉先帝宮室，常恐羞之，何以臺爲？’身衣弋綈，所幸慎夫人衣不曳地，帷帳無文繡，以示敦朴，爲天下先。”按，露臺爲露天高臺，用以祭祀。中人，指財富中等人家。人，原作“民”，中華本校勘記引張森楷《校勘記》云：“‘中民’原作‘中人’，此後人妄改。”並據改。今從改。

［3］劉備取帳鈎銅鑄錢以充國用：出處不詳，待考。周一良據有關古籍和漢魏墓地考古新發現考證，帳鈎非蚊帳前兩旁卷帳門的金屬物，乃是農具上的金屬覆蓋部件。《南史》作“帳鏵”，鏵本義爲農具，大約因其主要部件是金屬所製，因而借用從金的“鏵”字，又誤爲“鈎（鉤）”，本字當從木作“帳構”。詳見《魏晋南北朝史論集》（北京大學出版社1997年版，第534—535頁）。

［4］魏武遣女：《三國志》卷一《魏書·武帝紀》“葬高陵”裴松之注引《傅子》曰：“太祖愍嫁娶之奢僭，公女適人，皆以皁帳，從婢不過十人。”又引《魏書》：“（太祖）雅性節儉，不好華麗，後宮衣不錦繡，侍御履不二采，帷帳屏風，壞則補納，茵蓐取温，無有緣飾。”

［5］王景興以淅米見誚：王景興，曹操部下王郎。淅米，淘米。曹操節儉，見王朗淘米濾去米糠，認爲是浪費，所以嘲笑他。事見《三國志》卷一三《魏書・王朗傳》“以治獄見稱”裴松之注引《魏略》。中華本校勘記云：“‘淅米’《南史》作‘析米’，《元龜》五百二十九作‘折米’。按景興，王朗字，《三國・魏志・王朗傳》裴松之注引《魏略》，太祖啁朗曰‘不能效君昔在會稽折杭米飯也’云云，字亦作‘折’。”朱季海《南齊書校議》（以下簡稱朱季海《校議》）云：“裴注引《魏略》作‘折’，是也……《南史》作‘析’者，形之誤也，延壽元本必不爾。蕭《書》逕作‘淅’，則失之彌遠已。大抵‘折’先訛‘析’，校書者又沾水旁耳……尋《齊民要術・飧飯》第八十六有《折粟米法》，大氐‘脱粟米一石’，‘以湯淘脚踏，瀉去瀋更踏，如此十徧，隱約有七斗米在’耳。折杭米法諒亦準此，是十去其三矣。魏武方崇儉，故啁之耳。”（中華書局1984年版，第61頁）今按，“淅”並不訛。“淅”的淘洗義早已有之。《儀禮・士喪禮》：“祝淅米於堂，南面用盆。”鄭玄注：“淅，汏也。”《淮南子・兵略》：“（百姓）淅米而儲之。”高誘注：“淅，漬也。”均可證作“淅”並非“失之彌遠”。且“折”並無 xī 的讀音，也非僅是淘洗義。

［6］宋武節儉過人：宋武，指宋武帝劉裕。《宋書》卷三《武帝紀下》：“上清簡寡欲，嚴整有法度，未嘗視珠玉輿馬之飾，後庭無紈綺絲竹之音……内外奉禁，莫不節儉。”

［7］三齊苮（xiān）席：指齊地出産的莞屬草，纖細似龍須，可以爲席。參見《爾雅・釋草》。

［8］五盞盤、桃花米飯：中華本“五盞盤桃花米飯”中間未加頓號。朱季海《校議》云：“五盞盤以盛肴饌爾，當有頓號。若云盛飯，何用五盞盤也。”又云：“江西六朝墓葬出土半瓷半陶器物有‘五杯盤’者，即此（見《考古學報》五七年第一期《江西的漢墓與六朝墓葬》圖版貳8）。”（第61—62頁）按，五盞盤泛指粗碗。桃花米飯，指用糙米煮的飯，因米粒紅衣未經舂去，故稱。

[9]殷仲文勸令畜伎：《南史》卷一《宋本紀上》："初，朝廷未備音樂，長史殷仲文以爲言，帝曰：'日不暇給，且所不解。'仲文曰：'屢聽自然解之。'帝曰：'政以解則好之，故不習耳'。"

[10]體唐成儉，踵虞爲樸：指學習仿效唐堯、虞舜，養成儉樸美德。"樸"原作"撲"，從中華本改。

[11]教信雖孚，氓染未革：指君上言傳身教雖好，但下民染惡習難以革除。

[12]有柴車蓬館，高以殊等：柴車，簡陋無飾的車子。蓬館，茅屋。這裏是説，對於生活儉樸的人，應提拔其官位。下句反過來説，對於生活奢華者，則應降其官職。

[13]馳禽荒色：指終日沉緬於吃喝玩樂，聲色犬馬。

[14]物識義方：指人認識到正確方向。

又曰："憲律之重，[1]由來尚矣。故曹參去齊，唯以獄市爲寄，[2]餘無所言。路温舒言'秦有十失，其一尚在，治獄之吏是也'。[3]寔宜清置廷尉，茂簡三官，[4]寺丞獄主，[5]彌重其選，研習律令，刪除繁苛。詔獄及兩縣，[6]一月三訊，[7]觀貌察情，欺枉必達。使明慎用刑，[8]無忝大《易》，寧失不經，[9]靡愧《周書》。漢來治律有家，子孫竝世其業，聚徒講授，至數百人。故張、于二氏，絜譽文、宣之世；[10]陳、郭兩族，流稱武、明之朝。[11]决獄無冤，慶昌枝裔，[12]槐衮相襲，蟬紫傳輝。[13]今廷尉律生，乃令史門户，族非咸、弘，庭缺于訓。[14]刑之不措，抑此之由。如詳擇篤厚之士，[15]使習律令，試簡有徵，擢爲廷尉僚屬。苟官世其家而不美其績，[16]鮮矣；廢其職而欲善其事，未之有也。若劉累傳守其業，[17]庖人不乏龍肝之饌，斷可知矣。"

［1］憲律：指綱紀法律。

［2］故曹參去齊，唯以獄市爲寄：曹參原爲齊相，蕭何薨，朝廷召其繼蕭何爲相。《漢書》卷三九《曹參傳》："參去，屬其後相曰：'以齊獄市爲寄，慎勿擾也'。後相曰：'治無大於此者乎？'參曰：'不然。夫獄市者，所以并容也，今君擾之，奸人安所容乎？吾是以先之'。"顔師古注："孟康曰：'夫獄市者，兼受善惡，若窮極奸人，奸人無所容竄，久且爲亂。秦人極刑而天下畔，孝武峻法而獄繁，此其効也。'師古曰：'《老子》云我無爲，民自化；我好静，民自正。參欲以道化爲本，不欲擾其末也。"按，"獄市"指獄訟及市集交易。宋朱翌《猗覺寮雜記》卷下："獄也，市也，二事也。獄如教唆詞訟，資給盜賊；市如用私斗秤欺謾變易之類，皆奸人圖利之所，若窮治則事必枝蔓，此等無所容，必爲亂，非省事之術也。"按，"去"原作"云"，中華本據南監本、殿本及《册府元龜》卷五二九改正。今從改。

［3］路温舒：字長君，仕漢，爲獄吏，通律令。宣帝即位，温舒上書，有言："臣聞秦有十失，其一尚存，治獄之吏是也。"意謂秦雖因諸多失誤而亡，但今日我們仍在任用治獄之吏。他以爲治獄之吏衹有尚德緩刑，纔不會"敗法亂正"。詳見《漢書》卷五一《路温舒傳》。

［4］茂簡三官：擇優選用三官。三官，即廷尉官正、監、平。《三國志》卷一二《魏書·鮑勛傳》："詔曰：'勛指鹿作馬，收付廷尉。'廷尉法議：'正刑五歲'。三官駁：'依律罰金二斤。'"《通鑑》卷七〇《魏紀二》"文帝黄初七年"條引此文，胡三省注："三官，廷尉正、監、平也。"

［5］寺丞獄主：泛指執法機構的一般官吏僚佐。

［6］詔獄：關押欽犯的牢獄。　兩縣：指縣令、縣丞。

［7］一月三訊：指一月中聽其審訊三次。

［8］明慎用刑：謂處理刑獄明察審慎。語出《易·旅》："君子

以明慎用刑，而不留獄。”

［9］寧失不經：不經，不合常法。《尚書·大禹謨》：“與其殺不辜，寧失不經。好生之德，洽于民心。”意指審刑，勿枉殺。中華本校勘記云：“殿本《考證》云‘寧失不經乃《虞書》文，非《周書》也’。”

［10］張、于二氏，絜譽文、宣之世：指西漢張湯、于定國執法嚴明公允，在漢文帝、宣帝時獲得美名。詳見《漢書》卷五九《張湯傳》及卷七一《于定國傳》。

［11］陳、郭兩族，流稱武、明之朝：陳、郭，指東漢陳寵與郭躬。陳寵，字昭公，初爲地方長官，守正不阿。和帝永元六年（94），代郭躬爲廷尉，數議疑獄，每附經典，務從寬恕，帝輒從之，濟活者甚衆。《後漢書》卷四六有傳。郭躬，字仲孫。父弘，習《小杜律》，斷獄三十年，用法平，世人比之東海于公。躬傳父業，章帝元和三年（86），拜爲廷尉，決獄斷刑，多依矜恕，多所生全。《後漢書》卷四六有傳。按，郭躬早於陳寵，應言“郭陳”。又，郭生於明、章之世，陳生於章、和之世，而言“流稱於武明之朝”，有誤。

［12］慶昌枝裔：指後代子孫昌盛。

［13］槐衮相襲，蟬紫傳輝：指世代相傳爲高官，爵禄顯榮。槐衮，周代朝廷種三槐、九棘，公卿大夫分坐其下，因以槐代指三公。衮，衮衣，上公所服。蟬紫，蟬指蟬冠。《續漢書·輿服志下》：“侍中、中常侍加黄金璫，附蟬爲文。”劉昭補注：“蟬取其清高，飲露而不食。”紫，指紫袍，高官所服。

［14］族非咸、弘，庭缺于訓：指今世執法之官並非出身於法官之家，也缺少執法專門訓練。咸，即咸宣，仕漢爲御史及中丞二十年，執法嚴苛。《漢書》卷九〇有傳。弘，即鄭弘，字樨卿。能法律政事，仕漢，爲南陽太守，後爲御史大夫，以執法平允著稱。《漢書》卷六六有傳。于，即于定國，字曼倩，少學法於父。仕漢，初爲獄史。後遷廷尉、御史中丞，決疑平法，審慎公平，時稱之

曰："于定國爲廷尉，民自以不冤。"《漢書》卷七一有傳。鈌，同"缺"。

［15］詳擇篤厚之士：中華本校勘記云："'厚'字原闕，據各本補。"今從補。

［16］苟官世其家：中華本校勘記云："'家'毛本、局本作'守'。"朱季海《校議》云："二本臆改。上云'漢來治律有家，子孫並世其業'，是家有世業矣；因而官之，故'決獄無冤，慶昌枝裔，槐衮相襲，蟬紫傳輝'，此所謂'官世其家'也。如改'家'作'守'，則雀義隱矣。"（第62頁）

［17］劉累：傳説善馴養龍者。《左傳》昭公二十九年："有陶唐氏既衰，其後有劉累，學擾龍于豢龍氏，以事孔甲，能飲食之。夏后嘉之，賜氏曰御龍。"

又曰："樂者動天地，感鬼神，正情性，立人倫，其義大矣。桉前漢編户千萬，太樂伶官方八百二十九人，[1]孔光等奏罷不合經法者四百四十一人，[2]正樂定員，唯置三百八十八人。今户口不能百萬，[3]而太樂雅、鄭，[4]元徽時校試千有餘人，[5]後堂雜伎，不在其數，糜廢力役，[6]傷敗風俗。今欲撥邪歸道，莫若罷雜伎，王庭唯置鍾簴、羽戚、登歌而已。[7]如此，則官充給養，國反淳風矣。"

［1］太樂（yuè）：秦漢有太樂伶，屬太常。參見《通典》卷二五《職官七》。　伶官：指樂官。

［2］孔光：字子夏，孔子十四世孫，仕漢，歷廷尉、尚書、丞相，多有建樹。《漢書》卷八一有傳。

［3］"桉前漢編户千萬"至"今户口不能百萬"：朱季海《校

議》云："時户口凋殘，方之前漢，十一而弱矣。《三國志·陳群傳》：'人民至少，比漢文、景之時，不過一大郡。'侯康《補注續》云：'劉昭注《郡國志》曰：魏武皇帝剋平天下，文帝受禪，人衆之損，萬有一存……昔漢永和五年南陽户五十餘萬，汝南户四十餘萬，方之於今，三帝鼎足，不踰二郡。'……永和，後漢順帝年號，五年公元一百四十年，是南齊户口方之順帝時亦'不踰二郡'也。……建元元年，實公元四百七十九年，去順帝時三百三十九年耳。"（第62—63頁）

[4]太樂雅、鄭：指宫廷雅俗之樂。

[5]元徽：宋後廢帝（即蒼梧王）年號。

[6]糜廢力役：中華本校勘記云："'廢'《元龜》五百二十九作'費'。"

[7]鍾簴（jù）：指懸鍾樂器。　羽戚：樂舞時所執的雉毛和干戈。　登歌：古代舉行祭典、大朝會時，樂師登堂而歌。《周禮·春官·大司馬》："大祭祀，帥瞽登歌，令奏擊拊。"鄭玄注引鄭司農曰："登歌，歌者在堂也。"

又曰："論儒者以德化爲本；談法者以刻削爲體。[1]道教治世之粱肉，[2]刑憲亂世之藥石，[3]故以教化比雨露，名法方風霜。是以有耻且格，[4]敬讓之樞紐；令行禁止，爲國之關楗。然則天下治者，賞罰而已矣。賞不事豐，所病於不均；罰不在重，所困於不當。如令甲勳少，乙功多，賞甲而捨乙，天下必有不勸矣；[5]丙罪重，丁眚輕，罰丁而赦丙，天下必有不悛矣。[6]是賞罰空行，無當乎勸沮。將令見罰者寵習之臣，受賞者仇讎之士，[7]戮一人而萬國懼，賞匹夫而四海悦。"

［1］刻削：苛刻，嚴酷。

［2］道教：道德教化。　梁肉：比喻精神食糧，使人提高精神素質。

［3］刑憲亂世之藥石：用嚴刑重罰，可使不法之人有所警惕，從而得到改正，好比服猛藥驅除疾病。刑憲，刑法。

［4］有恥且格：《論語·爲政》："道之以德，齊之以禮，有恥且格。"何晏《集解》："格，正也。"邢昺疏："使民知有禮則安，失禮則恥，如此，則民有愧恥而不犯禮，且能自脩而歸正也。"

［5］不勸：不聽勸教的人。

［6］天下必有不悛（quān）矣：中華本校勘記云："'有'字各本不脱，今補。"今從補。不悛，不思悔改的人。

［7］將令見罰者寵習之臣，受賞者仇讎之士：意思是説，必須做到，即使是寵倖近臣，如果犯了法照例受罰；即使是仇人，如果幹了好事立了功，照例給予獎賞。

又曰："籍税以厚國，[1]國虚民貧；廣田以實廪，國富民贍。堯資用天之儲，[2]實拯懷山之數。[3]湯憑分地之積，[4]以勝流金之運。[5]近代魏置典農，而中都足食；[6]晉開汝、潁，而汴河委儲。[7]今將掃闢咸、華，[8]題鏤龍漠，[9]宜簡役敦農，開田廣稼。時罷山池之威禁，[10]深抑豪右之兼擅，[11]則兵民優贍，可以出師。"

［1］籍（jiè）税：借助收取賦税。籍，通"藉"。

［2］堯資用天之儲：指唐堯充分開發利用大自然的物資儲備。語出《孝經·庶人》："用天之道，分地之利。"邢昺注："春生夏長秋斂冬藏，舉事順時，此用天道也。分別五土，視其高下，各盡所宜，此分地利也。"

［3］實拯懷山之數：實乃拯救水災中人民的命運。懷山，指洪

水汹涌溢上山陵。語出《尚書·堯典》："湯湯洪水方割，蕩蕩懷山襄陵，浩浩滔天。"蔡沈《集傳》："懷，包其四面也。襄，駕出其上也。"按，"拯"原作"極"，中華本據毛本、殿本、局本改正。今從改。

[4]湯憑分地之積：指商湯重視農業生産，區分土質所宜，種植五穀，積糧甚豐。

[5]流金之運：指大旱之年。《楚辭·招魂》："十日代出，流金爍石些。"王逸注："十日並在其上，以次更行，其熱酷烈，金石堅剛，皆爲銷釋也。"

[6]魏置典農，而中都足食：指三國魏重視屯田開墾，置典農校尉，掌管屯田地區的農業生産。"數年中，所在積粟，倉廩皆滿"（《三國志》卷一六《魏書·任峻傳》），因而京城許都得以足食。

[7]晋開汝、潁，而汴河委儲：晋初致力農桑，在黄、淮支流汝、潁諸水之岸，"出戰入耕""隨宜開墾"，結果"時和年豐，百姓樂業，穀帛殷阜，幾乎家給人足矣"。詳見《晋書·食貨志》。

[8]掃闢咸、華：掃蕩中原，統一華夏。咸華，咸陽、華原的並稱，代指中原、華夏。

[9]題鏤龍漠：指銘刻戰功於龍漠。龍漠即龍沙，代指邊疆。《後漢書》卷四七《班超傳》贊："定遠慷慨，專功西遐。坦步葱雪，咫尺龍沙。"李賢注："葱嶺、雪山，白龍堆沙漠也。"

[10]時罷山池之威禁：謂將國有山池開禁，讓百姓墾田、捕魚。

[11]深抑豪右之兼擅：謂大力抑止豪富擅自兼吞土地，讓耕者有田種。

又曰："古者左史記言，右史記事，故君舉必書，[1]盡直筆而不污；上無妄動，知如絲之成綸。[2]今者著作之官，起居而已；[3]述事之徒，褒諱爲體。世無董狐，[4]

書法必隱；時闕南史，[5]直筆未聞。"

[1]君舉必書：指君王的一舉一動，都必須如實記録。

[2]知如絲之成綸：《禮記·緇衣》："王言如絲，其出如綸。"鄭玄注："言言出彌大也。"孔穎達疏："王言初出，細微如絲；及其出行於外，言更漸大，如似綸也。"綸，青絲織成的帶。

[3]起居：指記録君王生活瑣事。

[4]董狐：指春秋時晋國史官董狐，秉筆直書，無所諱忌。《左傳》宣公二年："孔子曰：'董狐，古之良史也，書法不隱。'"

[5]南史：春秋時齊國敢於拚死直書君臣罪過的史官。《左傳》襄公二十五年："太史書曰：'崔杼弑其君。'崔子殺之。其弟嗣書，而死者二人；其弟又書，乃舍之。南史氏聞太史盡死，執簡以往；聞既書矣，乃還。"

又曰："廢諫官，則聽納靡依。[1]雖課勵朝僚，[2]徵訪芻輿，[3]莫若推舉質直，職思其憂。[4]夫越任于事，在言爲難；當官而行，處辭或易。物議既以無言望己，己亦當以吞默慙人。[5]中丞雖謝咸、玄，[6]未有全廢劾簡；[7]廷尉誠非釋之，[8]寧容都無訊牒。[9]故知與其謬人，寧不廢職，目前之明效也。漢徵貢禹爲諫大夫，矢言先策，[10]夏侯勝狂直拘繫，出補諷職，[11]伐柯非遐，[12]行之即善。"

[1]又曰：廢諫官，則聽納靡依：句中"曰""則"二字原脱，中華本據《册府元龜》卷五二九補；並按曰："上條論史官，此條論諫官，補一'曰'字，則條例明晳矣。"今從補。

[2]課勵朝僚：指督促勉勵一般朝臣給君王上諫言。

[3]徵訪芻輿：指四處徵求百姓意見。

[4]莫若推舉質直，職思其憂：指不如推舉耿直的人擔任諫官，因其專職獻諫，會全心全意憂慮職事。

[5]物議既以無言望己，己亦當以呑默慙人：意即大家既然勸我以少開口爲好，我落得緘默不言。物議，指衆人的議論。

[6]中丞雖謝咸、玄：謝，不及。咸，指漢陳咸，字子康。有異才，抗直，數言事刺譏近臣。元帝擢咸爲御史中丞，總領州郡奏事，内執法殿中，公卿以下皆敬憚之。《漢書》卷六六有附傳。玄，即漢譙玄，字君黄。成帝時拜議郎，上書直諫成帝勿專寵趙飛燕，擾亂朝綱。時數有灾異，玄輒呈其變。既不省納，故久稽郎官。平帝時，舉玄爲御史大夫領繡衣使者，出討奸猾，理大獄。詳見《後漢書》卷八一本傳。

[7]劾簡：指揭發過失或罪行的文狀。

[8]釋之：張釋之，字季。仕漢文帝，稱善，拜爲廷尉，持議平，執法準，曾言："法者天子所與天下公共也……廷尉，天下之平也，壹傾，天下用法皆爲之輕重，民安所錯其手足？"《漢書》卷五〇有傳。

[9]訊牒：審案的筆録。

[10]漢徵貢禹爲諫大夫，矢言先策：貢禹，字少翁，以明經潔行著聞。漢元帝即位，徵禹爲諫大夫，數虚己問以政事。禹引古證今，數言政事得失，諫書數十上。天子納善其忠，所言多被采納施行，並擢禹爲御史大夫，列爲三公。《漢書》卷七二有傳。矢言，正直之言。

[11]夏侯勝狂直拘縶，出補諷職：夏侯勝，字長公，通經術，正直敢言，遷長信少府。漢宣帝初即位，欲褒先帝，爲武帝立廟樂，下詔書讓朝臣共議。群臣皆曰"宜如詔書"，勝獨曰："武帝雖有攘四夷廣土斥境之功，然多殺士衆，竭民財力，奢泰亡度，天下虚耗，百姓流離……亡德澤於民，不宜爲立廟樂。"公卿共難勝曰："此詔書也。"勝曰："詔書不可用也。人臣之誼，宜直言正論，非

苟阿意順指。議已出口，雖死不悔。”勝因此事一度下獄。後宣帝因其質樸守正，親信之，出獄後，補爲諫大夫給事中，遷太子太傅，甚見信用。《漢書》卷七五有傳。

[12]伐柯非遐：《詩·豳風·伐柯》：“伐柯伐柯，其則不遠。”鄭玄箋：“則，法也。伐柯者必用柯（指斧），其大小長短，近取法於柯，所謂不遠求也。”後因以伐柯喻取法於人。

又曰：“天地無心，[1]賦氣自均，[2]寧得誕秀往古，而獨寂寥一代，[3]將在知與不知、用與不用耳。[4]夫有賢而不知，知賢而不用，用賢而不委，委賢而不信，此四者，古今之通患也。今誠重郭隗而招劇辛，[5]任鮑叔以求夷吾，[6]則天下之士，不待召而自至矣。”上優詔報答。

[1]無心：指無私心。

[2]賦氣：指大地給予人的資質才氣。

[3]寧得誕秀往古，而獨寂寥一代：意即難道上天偏心往古多降人才，輕視今代不降人才？誕秀，指誕生優秀人才。寂寥，指人才無聲無息。

[4]將在知與不知、用與不用耳：解答上句的疑問，意思是説並非上天偏心，而在於朝廷是否識别人才，是否放手任用人才。

[5]重郭隗而招劇辛：《戰國策·燕策一》：燕昭王欲招賢士强國，往見郭隗。隗曰：“今王誠欲取士，請先從隗始。”於是昭王於易水邊築臺而師之，並置千金於其上以招賢，果然高士争相凑燕。不久燕國由弱轉强。劇辛，趙人，武藝高强，曾爲燕將擊趙。

[6]任鮑叔以求夷吾：指春秋時齊桓公因任用鮑叔而得其好友管仲（字夷吾）的輔佐，一匡天下，使齊國成爲五霸之首。詳見《史記》卷六二《管晏列傳》。

尋遷寧朔將軍、冠軍司馬，[1]領齊郡太守，本官如故。[2]是冬，虜動，[3]遷冠軍將軍、軍主，[4]屯淮上。二年，進號征虜將軍，[5]軍主如故。仍遷假節、督青冀二州刺史，[6]將軍如故。少時，卒。上歎曰："我方欲用祖思，不幸，可惜。"詔賻錢三萬，布五十匹。

[1]寧朔將軍：軍官名。魏晋劉宋時，秩四品。見《文獻通考》卷六六《職官二十》。　冠軍司馬：指在冠軍將軍府任司馬。冠軍將軍，南朝時爲榮譽加號將軍。開府者位從公秩一品。司馬爲軍府屬吏，執掌軍府事務。秩六品。

[2]齊郡：治臨淄縣，在今山東淄博市東北臨淄區。

[3]是冬，虜動：指建元元年（479）十一月，魏遣數路軍奉投魏的宋丹陽王劉昶入寇。詳見《通鑑》卷一三五《齊紀一》"高帝建元元年"條。

[4]軍主：武官名。統令一軍的主官爲軍主，統領一隊的主官爲隊主。千人以上爲軍，百人以上爲隊。

[5]征虜將軍：武官名號。常作爲高級官員的加官。秩三品。

[6]假節：君主授予臣下權力的方式之一。節代表皇帝的特殊命令，分使持節、持節、假節三等。《宋書·百官志上》："使持節爲上，持節次之，假節爲下。使持節得殺二千石以下；持節殺無官位人，若軍事，得與使持節同；假節，唯軍事得殺犯軍令者。"　青冀二州：宋末僑置，治所在今江蘇連雲港市雲臺山。按，《南史》卷四七此句後云："在政清勤，而謙卑下士，言議未嘗及時事，上更以敬重之。"

祖思宗人文仲，初辟州從事。泰始初，爲薛安都平北主簿，[1]拔難歸國。[2]元徽初，從太祖於新亭拒桂陽賊，[3]著誠效，除游擊將軍。[4]沈攸之事起，助豫章王鎮東府，[5]歷驃騎諮議，[6]出爲徐州刺史。[7]建元初，封建陽縣子，[8]三百户。二年，虜攻鍾離，[9]仲文擊破之。又遣軍主崔孝伯等過淮攻拔虜茬眉戍，[10]殺戍主龍得侯及僞陽平太守郭杜羝，[11]館陶令張德，[12]濮陽令王明。[13]時虜攻殺馬頭太守劉從，[14]上曰："破茬眉，足相補。"文仲又遣軍主陳靖攻虜竹邑戍主白仲都，[15]又遣軍主崔延叔攻僞淮陽太守梁惡，[16]竝殺之。三年，淮北義民桓磊魄於抱犢固與虜戰，[17]大破之。仲文馳啓，上敕曰："北間起義者衆，深恐良會不再至，卿善奬沛中人，[18]若能一時攘袂，[19]當遣一佳將直入也。"文仲在政，爲百姓所憚。除黄門郎，領越騎校尉，[20]改封隨縣。[21]嘗獻太祖纏鬚繩一枚，上爲納受。永明元年，爲太子左率，[22]累至征虜將軍、冠軍司馬、汝陰太守。[23]四年，卒。贈後將軍、徐州刺史。謚襄子。[24]

[1]薛安都：初仕宋，以功封南鄉縣男。明帝泰始初，安都舉兵助晋安王子晋反。子晋敗，安都投奔北魏。《宋書》卷八八、《魏書》卷六一均有傳。　平北主簿：當時薛安都爲平北將軍，崔祖恩爲平北將軍府主簿。平北將軍爲"四平將軍"之一，南朝爲榮譽加號。開府者位從公秩一品。

[2]拔難歸國：因徐州刺史薛安都降北魏，文仲不願投降，難中逃回。

[3]元徽初，從太祖於新亭拒桂陽賊：指元徽二年（474）桂陽王劉休範（宋文帝第十八子）於江州起兵反，直抵建康。時蕭道

成守新亭壘，文仲爲其部將。休範敗，文仲立功。詳見《通鑑》卷一三三《宋紀十五》“蒼梧王元徽二年”條。

［4］游擊將軍：禁衛軍官。分掌宿衛營兵。秩四品。

［5］沈攸之事起，助豫章王鎮東府：指昇明元年（477）荊州刺史沈攸之起兵反蕭道成專權。時蕭道成次子蕭嶷（後來入齊封豫章王）奉命守宰相所居之東府（在臺城之東），文仲爲其屬吏。

［6］驃騎諮議：指驃騎將軍府諮議參軍，參謀軍事。驃騎將軍爲武官名號，秩二品。當時蕭嶷轉爲驃騎大將軍，秩一品。文仲在將軍府任諮議。詳見本書卷二二《豫章文獻王傳》。

［7］徐州：州名。南朝宋僑置，治京口，在今江蘇鎮江市。

［8］建陽縣子：建陽縣，治所在今福建南平市建陽區東北，時爲文仲食邑。子，爲封爵第四等。

［9］鍾離：縣名。治所在今安徽鳳陽縣臨淮關。

［10］茌眉戍：要塞名。北魏置，在今安徽懷遠縣西。

［11］龍得侯：《通鑑》卷一三五《齊紀一》“高帝建元二年”條：“魏師攻鍾離，徐州刺史崔文仲擊破之。文仲遣軍主崔孝伯渡淮，攻魏茌眉戍主龍得侯等，殺之。”胡三省注：“孫愐曰：龍，姓也。《考異》曰：《齊紀》作‘龍渴侯’，今從《齊書》。” 陽平：郡名。治元城縣，在今河北大名縣。

［12］館陶：治所在今山東冠縣北。

［13］濮陽：縣名。治所在今河南濮陽縣。

［14］馬頭：郡名。在今安徽懷遠縣南河南岸馬頭城。 劉從：中華本校勘記云：“劉從即劉順，子顯避梁諱改。”

［15］竹邑：竹縣，治所在今安徽宿州市北符離集。

［16］淮陽：郡名。治所在今江蘇江清市西古泗水岸。

［17］抱犢固：《通鑑》卷一三五《齊紀一》“高帝建元三年”條“破魏師於抱犢固”，胡三省注：“魏收《志》：蘭陵郡承縣有抱犢山。”按，抱犢山在今河北石家莊市鹿泉區西。又按，朱季海《校議》考證，抱犢固在羑里城，即今河南湯陰縣北。（第63—64

頁）

[18]沛中人：沛，郡名。治相縣，在今安徽濉溪縣西北，當時已被北魏占領。這裏“沛中人”，泛指淮北陷落於北魏的百姓。

[19]攘袂：舉臂而起，指起義。

[20]越騎校尉：禁衛軍四校尉之一，分掌宿衛營兵。秩四品。

[21]隨縣：治所在今湖北隨州市。

[22]太子左率：太子左衛率，東宫官。與右率共同掌護衛太子。秩不詳。

[23]汝陰：郡名。治所在今安徽阜陽市。

[24]謚襄子：六朝時文臣死後無封爵而得謚號者例稱“子”。按，崔文仲生前已封建陽縣子（後改封隨縣），謚號不該稱“子”，疑有誤。

劉善明，[1]平原人。[2]鎮北將軍懷珍族弟也。[3]父懷民，[4]宋世爲齊北海二郡太守。[5]元嘉末，[6]青州飢荒，[7]人相食，善明家有積粟，躬食饘粥，開倉以救鄉里，多獲全濟，百姓呼其家田爲“續命田”。

[1]劉善明：《南史》卷四九有附傳。

[2]平原：郡名。治所在今山東平原縣。

[3]鎮北將軍懷珍族弟：善明父懷民與懷珍爲同族兄弟，善明應是族侄。

[4]懷民：許福謙《〈南齊書〉紀傳疑年録》一文云：“檢《漢魏南北朝墓志彙編》，有《宋故建威將軍齊北海二郡太守笠鄉侯東陽城主劉府君墓志銘》，銘文云：‘君諱懷民，青州平原郡平原縣都鄉古遷里（人）。’……銘文又云：‘春秋五十三，大明七年十月己未薨。’據此，知劉懷民卒於劉宋大明七年（463），享年五十三歲，應生於東晋義熙七年（411）。”（《首都師範大學學報》1998 年第 1

期）

[5]齊：郡名。漢置，治臨淄縣，在今山東淄博市東北臨淄區。北海：郡名。治所在今山東昌樂縣。

[6]元嘉：宋文帝年號。

[7]青州：治所在今山東淄博市臨淄區。

少而静處讀書，刺史杜驥聞名候之，[1]辭不相見。年四十，[2]刺史劉道隆辟爲治中從事。[3]父懷民謂善明曰："我已知汝立身，復欲見汝立官也。"善明應辟。仍舉秀才。宋孝武見其對策强直，[4]甚異之。

[1]杜驥：仕宋，元嘉末，爲青冀二州刺史。在任八年，惠化著於齊土。《宋書》卷六五、《南史》卷七〇有傳。

[2]年四十：許福謙《〈南齊書〉紀傳疑年録》以爲"年四十"當作"年三十"。因爲下文其父懷民謂善明曰："我已知汝立身，復欲見汝立官也。"古人三十而立，"立謂立身也"，"正謂善明此時年三十歲也"。再則，傳謂善明"建元二年（480）卒，年四十九"。則爲官衹有九年，實則十九年，即宋孝武帝大明七年（463）至齊高帝建元二年。"年四十"改爲"年三十"正與相符。（《首都師範大學學報》1998 年第 1 期）

[3]劉道隆：仕宋，宋前廢帝委以腹心之任，封永昌縣侯。《宋書》卷四五、《南史》卷一七有附傳。　治中從事：州佐官。主衆曹文書事。參見《宋書·百官志下》。

[4]宋孝武：宋孝武帝劉駿。《宋書》卷六有紀。　對策：古時朝廷就政事、經義等設問，由應試者對答，稱爲對策。

泰始初，徐州刺史薛安都反，青州刺史沈文秀應之。[1]時州治東陽城，[2]善明家在郭内，不能自拔。伯父彌之詭説文秀求自效，文秀使領軍主張靈慶等五千援安都。彌之出門，密謂部曲曰："始免禍坑矣。"行至下邳，[3]起義背文秀。善明從伯懷恭爲北海太守，[4]據郡相應。善明密契收集門宗部曲，得三千人，夜斬關奔北海。族兄乘民又聚衆渤海以應朝廷。[5]而彌之尋爲薛安都所殺，明帝贈輔國將軍、青州刺史。以乘民爲寧朔將軍、冀州刺史，善明爲寧朔長史、北海太守，除尚書金部郎。[6]乘民病卒，[7]仍以善明爲綏遠將軍、冀州刺史。文秀既降，除善明爲屯騎校尉，[8]出爲海陵太守。[9]郡境邊海，無樹木，善明課民種榆檟雜果，遂獲其利。還爲後軍將軍、直閤。[10]

[1]"泰始初"至"沈文秀應之"：此指宋明帝泰始二年（466）徐州刺史薛安都棄宋投降北魏，青州刺史沈文秀與薛同時投魏。詳見《通鑑》卷一三一《宋紀十五》"明帝泰始二年"條。

[2]東陽城：南朝宋置，在今山東淄博市東北臨淄區。

[3]下邳：縣名。治所在今江蘇睢寧縣。

[4]北海：郡名。西漢置，治營陵縣，在今山東昌樂縣東南；東漢移治劇縣，在今昌樂縣西。

[5]族兄乘民：清錢大昕《廿二史考異》："按，善明父名懷民，而族兄亦名乘民，乘民子又名懷慰，蓋疏屬不相回避。"　渤海：縣名。治所在今山東濱州市東。

[6]尚書金部郎：度支尚書屬官。掌金曹，統理金銀財貨。秩五品。

[7]乘民病卒：中華本校勘記引清錢大昕《廿二史考異》云："按《劉懷慰傳》云父乘民死於義嘉事難，與此互異，當有一誤。"

[8]屯騎校尉：禁衛軍官。分掌宿衛營兵。秩四品。

[9]海陵：郡名。治鹽官縣，在今浙江海寧市。

[10]直閤：直閣將軍，殿中侍衛官。秩四品。

五年，青州没虜，善明母陷北，虜移置桑乾。[1]善明布衣蔬食，哀戚如持喪。明帝每見，爲之歎息，時人稱之。轉寧朔將軍、巴西梓潼二郡太守。[2]善明以母在虜中，不願西行，涕泣固請，見許。朝廷多哀善明心事。元徽初，遣北使，朝議令善明舉人，善明舉州鄉北平田惠紹使虜，[3]贖得母還。

[1]桑乾：郡名。北魏置，治桑乾縣，在今山西山陰縣。

[2]巴西：郡名。晋永嘉後僑置，與梓潼郡同治涪縣，在今四川綿陽市涪城區。

[3]州鄉：指同州鄉友。　北平：縣名。治所在今河北滿城縣北。

幼主新立，群公秉政，[1]善明獨結事太祖，委身歸誠。二年，出爲輔國將軍、西海太守、行青冀二州刺史。[2]至鎮，表請北伐，朝議不同。善明從弟僧副，與善明俱知名於州里。泰始初，虜暴淮北，僧副將部曲二千人東依海島，太祖在淮陰，[3]壯其所爲，召與相見，引爲安成王撫軍參軍。[4]蒼梧肆暴，[5]太祖憂恐，常令僧副微行伺察聲論。[6]使僧副密告善明及東海太守垣崇祖曰：[7]"多人見勸北固廣陵，[8]恐一旦動足，非爲長筭。今秋風行起，卿若能與垣東海微共動虜，則我諸計可立。”[9]善明曰：“宋氏將亡，愚智所辨。故胡虜若動，反爲公患。公神武世出，唯當静以待之，因機奮發，功業自定。不可遠去根本，自貽猖蹶。”[10]遣部曲健兒數十人隨僧副還詣領府，太祖納之。蒼梧廢，[11]徵善明爲冠軍將軍、太祖驃騎諮議、南東海太守、行南徐州事。[12]

[1]幼主新立，群公秉政：指泰豫元年（472），宋明帝劉彧駕崩，其子劉昱（即蒼梧王）即位，改元元徽。時劉昱方十歲，明帝遺命以尚書右僕射褚淵、中領軍劉勔、尚書令袁粲、郢州刺史沈攸之及右衛將軍蕭道成同輔政。

[2]西海：郡名。治西海縣，在今山東日照市。清錢大昕《廿二史考異》：“按，《宋（書）·州郡志》，泰始七年，割贛榆置鬱縣，立西海郡，隸僑青州，故善明以西海太守行青、冀二州刺史也。《齊志》無西海郡，蓋後來並省。”

[3]太祖在淮陰：指宋明帝泰始初，徐州刺史薛安都投魏，淮南孤弱，朝廷派蕭道成統兵鎮淮陰。淮陰，治所在今江蘇淮安市。

[4]引爲：“爲”，原作“至”，中華本據南監本、殿本、局本改正。今從改。　安成王：劉子孟，宋孝武帝第十六子。初封淮南王，明帝時改封安成王。《宋書》卷八〇、《南史》卷一四有傳。　撫軍參軍：指撫軍將軍府參軍。

[5]蒼梧肆暴：蒼梧王劉昱天性好殺，每日私至市曹，以殺人爲戲，擊腦、椓陰、剖心之誅，日有數十，常見卧尸流血，然後爲樂。詳見《宋書》卷九、《南史》卷三《宋本紀下》。

[6]聲論：周一良《魏晋南北朝詞語小記》：“聲有風聲、謡傳之意。”（《魏晋南北朝史論集》，第466—467頁）

[7]垣崇祖：歷仕南朝宋、齊，爲齊高帝蕭道成心腹。本書卷二五有傳。

［8］多人見勸北固廣陵：《通鑑》卷一三四《宋紀十六》“順帝昇明元年”條作“或勸道成奔廣陵起兵”。按，當時蕭道成遷中領軍、都督南兗、徐、兗、青、冀五州軍事，南兗州刺史。南兗州鎮所在廣陵（今江蘇揚州市），故道成欲自廣陵起兵。

［9］卿若能與垣東海微共動虜，則我諸計可立：蕭道成所言蓋欲善明及垣崇祖先秘密與魏接觸疏通，自己好趁機投魏避難。

［10］不可遠去根本，自貽猖蹷：根本，指本國、祖國。猖蹶，顛覆，失敗。中華本校勘記云：“蹷南監本、殿本作‘獗’。”按，“蹷”乃“獗”的古體字。

［11］蒼梧廢：指元徽五年（477）秋，以蕭道成爲首的諸大臣廢帝爲蒼梧王，立其弟劉準即位，改元昇明，是爲宋末代皇帝順帝。以蕭道成爲司空、録尚書事、驃騎大將軍，秉執朝政。

［12］南東海：郡名。南朝宋僑置，治所在今江蘇鎮江市。　行南徐州事：指代行州刺史職事。南徐州治所亦在今江蘇鎮江市。

沈攸之反，太祖深以爲憂。善明獻計曰：“沈攸之控引八州，［1］縱情蓄斂，收衆聚騎，［2］營造舟仗，苞藏賊志，於焉十年。性既險躁，才非持重，［3］而起逆累旬，遲回不進。豈應有所待也？一則闇於兵機，二則人情離怨，三則有掣肘之患，［4］四則天奪其魄。［5］本慮其剽勇，長於一戰，疑其輕速，掩襲未備。［6］今六師齊奮，［7］諸侯同舉。昔謝晦失理，不鬭自潰；［8］盧龍乖道，［9］雖衆何施。且袁粲、劉秉，賊之根本，［10］根本既滅，枝葉豈久。此是已籠之鳥耳。”事平，太祖召善明還都，謂之曰：“卿策沈攸之，［11］雖復張良、陳平，適如此耳。”仍遷散騎常侍，［12］領長水校尉，［13］黄門郎，［14］領後軍將軍、太尉右司馬。［15］齊臺建，［16］爲右衛將軍，［17］辭疾不拜。

［1］沈攸之控引八州：沈攸之曾歷任雍州、郢州、荆州等州刺史，且與揚州、江州諸州刺史關係密切。“控引八州”極言其勢力範圍很大。

［2］縱情蓄斂，收衆聚騎：《南史》卷二七《沈攸之傳》：“攸之素蓄士馬，資用豐積，至是戰士十萬，鐵馬三千。”

［3］才非持重：指並無擔負重任的才幹。

［4］有掣肘之患：指沈攸之内部有人反對，遭到牽制。

［5］天奪其魄：指沈攸之所爲不順天心人意，會受上天責罰。

［6］掩襲未備：指本來擔心他趁我們未準備好時突然襲擊。

［7］六師：原爲天子所統領的六軍。泛指國家軍隊。《孟子·告子下》：“一不朝，則貶其爵；再不朝，則削其地；三不朝，則六師移之。”

［8］謝晦失理，不鬭自潰：謝晦，事宋武帝劉裕，以功封武昌縣公。少帝即位，加中書令，輔政。已而少帝廢，文帝立，晦發兵反，旋軍潰伏誅。詳見《宋書》卷四四、《南史》卷一九《謝晦傳》。

［9］盧龍乖道：《三國志》卷一《魏書·武帝紀》載，曹操領大兵北征烏丸。秋七月大水，傍海道不通。田疇請爲鄉導，引軍出盧龍塞，結果“塞外道絶不通，乃塹山堙谷五百餘里”，難以施展。

［10］袁粲、劉秉，賊之根本：司徒袁粲、尚書令劉秉與蕭道成同爲順帝輔弼重臣。袁、劉見蕭道成威權日盛，慮不自安，於昇明元年（477）十月，相結舉事占石頭。道成遣諸將攻石頭，袁、劉兵敗被斬。詳見本書卷一《高帝紀上》。

［11］卿策沈攸之：贊揚劉善明測算沈攸之失敗命運十分準確。

［12］散騎常侍：集書省主官。掌侍從、顧問。秩三品。

［13］長水校尉：禁衛軍四校尉之一，分掌宿衛營兵。秩四品。

［14］黄門郎：給事典門侍郎的省稱。秦漢時屬少府官，掌山海池澤之税，以給供養（參見《漢書·百官公卿表上》）。六朝時屬

門下省官。秩五品。本書《百官志》謂：“給事黄門侍郎，亦管知詔令，世呼爲小門下。”

[15]後軍將軍：禁衛軍左右前後四軍將領之一，分掌宿衛營兵。秩四品。　太尉右司馬：指太尉軍府右司馬。太尉，諸公之一，南朝爲優禮大臣的最高加號之一，時蕭道成加太尉。太尉軍府設左右司馬，分工處理軍府事務。

[16]齊臺建：昇明三年（479），太傅蕭道成封齊公，又進齊王，立齊國，建天子旌旗，與宋廷相等。

[17]右衛將軍：禁衛軍官。分掌宿衛營兵。秩四品。

司空褚淵謂善明曰：[1]“高尚之事，[2]乃卿從來素意。今朝廷方相委待，詎得便學松、喬邪?”[3]善明曰：“我本無宦情，[4]既逢知己，所以戮力驅馳，願在申志。今天地廓清，朝盈濟濟，[5]鄙懷既申，不敢昧於富貴矣。”太祖踐阼，以善明勳誠，欲與善明禄，召謂之曰：“淮南近畿，國之形勢，[6]自非親賢，不使居之。卿爲我臥治也!”[7]代高宗爲征虜將軍、淮南宣城二郡太守，[8]遣使拜授，封新淦伯，[9]邑五百户。

[1]司空：南朝時爲最高榮譽加號之一。秩一品。　褚淵：與蕭道成同爲宋順帝輔弼大臣。本書卷二三有傳。

[2]高尚之事：指隱士生涯。

[3]松、喬：神話傳説中仙人赤松子與王子喬的並稱。漢揚雄《太玄賦》：“納僞禄於江淮兮，揖松喬於華嶽。”後以“松喬”指隱居修道之人。

[4]我本無宦情：宦原作“官”，中華本據南監本、殿本、局本改。今從改。

［5］朝盈濟濟：泛指朝廷人才衆多。濟濟，語本《詩·大雅·公劉》："蹌蹌濟濟，俾筵俾几。"鄭玄箋："蹌蹌濟濟，士大夫之威儀也。"濟，通"齊"。中華本校勘記云："《南史》《元龜》四百七作'朝廷濟濟'。按此'朝盈'二字疑訛倒。"

［6］淮南近畿，國之形勢：淮南，郡名。東晋僑置於丹陽郡于湖縣，在今安徽當塗縣。國之形勢，國家的險要之地。中華本校勘記云："'形勢'《御覽》二百五十九引作'形勝'，《元龜》二百亦作'形勝'，疑作'形勝'是。"今按，原意是指淮南郡在近畿，爲防衛京城的險要之地，故原文"形勢"更帖切。"形勢"一詞多義項，險要之地便是義項之一。又，朱季海《校議》云："'形勢'當時語，猶今言'形勝'二書逕作'形勝'，以今語改古語耳。"（第64頁）

［7］卧治：謂爲政清簡，善於治理。《史記》卷一二〇《汲鄭列傳》載，西漢時汲黯爲東海太守，"多病，卧閨閤内不出，歲餘，東海大治"，漢武帝贊揚他"卧而治之"。

［8］代高宗爲征虜將軍、淮南宣城二郡太守：高宗，指齊明帝蕭鸞。本書卷六有紀。宣城，郡名。治所在今安徽宣城市。蕭鸞宋末爲淮南宣城二郡太守，征虜將軍，高帝踐阼，遷蕭鸞爲侍中，故高帝讓善明代領其原先職務。《通鑑》卷一三五《齊紀一》"高帝建元元年"條"淮南、宣城二郡太守劉善明"，胡三省注："江左僑立淮南郡於宣城郡界，故善明兼守二郡。"

［9］新淦（gàn）伯：伯爲第三等封爵。新淦縣（治所在今江西樟樹市）爲其食邑。中華本校勘記云："'新淦'原作'新塗'，根據局本改。《廿二史考異》云'塗'當作'淦'。然按《南史》《元龜》二百並作'新塗'。洪頤煊《諸史考異》云：'案《宋書·恩倖傳》李道兒新塗縣侯，《梁書·簡文帝紀》新塗公大成爲山陽郡公，《南史·袁顗傳》景和元年封新塗縣子，此必有新塗縣，而《宋》《齊》志失書。'今用錢説。"今從改。

善明至郡，上表陳事曰：“周以三聖相資，[1]再駕乃就。[2]漢值海内無主，累敗方登。[3]魏挾主行令，實踰二紀。[4]晋廢立持權，遂歷四世。[5]景祚攸集，[6]如此之難者也。陛下凝暉自天，照湛神極，睿周萬品，道洽無垠。故能高嘯閑軒，鯨鯢自翦，[7]垂拱雲帟，九服載晏，[8]靡一戰之勞，無半辰之棘，[9]苞池江海，籠苑嵩岱，[10]神祇樂推，普天歸奉，二三年間，允膺寶命，[11]冑臨皇曆，正位宸居，開闢以來，未有若斯之盛者也。夫常勝者無憂，恒成者好怠。故‘雖休勿休’，姬旦作《誥》；[12]‘安不忘危’，尼父垂範。[13]今皇運草創，萬化始基，乘宋季葉，政多澆苛，億兆倒懸，仰齊蘇振。[14]臣早蒙殊養，志輸肝血，徒有其誠，曾闕埃露。[15]夙宵慙戰，如墜淵谷，不識忌諱，謹陳愚管，瞽言芻議，伏待斧鉞。”所陳事凡十一條：其一，以爲“天地開創，人神慶仰，宜存問遠方，宣廣慈澤”。其二，以爲“京師浩大，遠近所歸，宜遣醫藥，問其疾苦。年九十以上及六疾不能自存者，[16]隨宜量賜”。其三，以爲“宋氏赦令，蒙原者寡。[17]愚謂今下赦書，[18]宜令事實相副”。其四，以爲“匈奴未滅，劉昶猶存，[19]秋風揚塵，容能送死。境上諸城，宜應嚴備，特簡雄略，以待事機，資實所須，皆宜豫辦”。其五，以爲“宜除宋氏大明泰始以來諸苛政細制，[20]以崇簡易”。其六，以爲“凡諸土木之費，且可權停”。其七，以爲“帝子王姬，宜崇儉約”。其八，以爲“宜詔百官及府州郡縣，各貢讜言，[21]以弘唐虞之美”。其九，以爲

“忠貞孝悌，宜擢以殊階，清儉苦節，應授以民政”。其十，以爲“革命惟始，天地大慶，宜時擇才辨，北使匈奴”。其十一，以爲“交州險夐，[22]要荒之表，宋末政苛，遂至怨叛。今大化創始，宜懷以恩德，未應遠勞將士，摇動邊氓。且彼土所出，唯有珠寶，實非聖朝所須之急。討伐之事，謂宜且停”。

[1]三聖：指周文王、周武王、周公。

[2]再駕：指反復興師。駕，出動兵車。這裏指周文王、武王多次興師纔滅紂立周。

[3]漢值海内無主，累敗方登：指秦亡後，群雄逐鹿中原，漢高祖劉邦累次挫敗諸雄，方登帝位。

[4]魏挾主行令，實踰二紀：指曹操、曹丕兩代把持東漢朝政，挾天子令諸侯，最後篡漢立魏。

[5]晋廢立持權，遂歷四世：指統一三國而立晋，經過司馬懿、司馬師、司馬昭，直至司馬炎四世纔完成。

[6]景祚：大功業，大福慶，比喻帝業。

[7]故能高嘯閑軒，鯨鯢自翦：這兩句是歌頌齊高帝得天之助，敵手自取滅亡，江山輕易獲得。鯨鯢，即鯨，雄曰鯨，雌曰鯢。比喻凶惡的敵人。

[8]垂拱雲帟（yì），九服載晏：指坐朝理事，全國升平。雲帟，有雲形彩繪的屏幕。九服，王畿以外的九等地區，泛指全國各地。

[9]靡一戰之勞，無半辰之棘：指高帝乃受宋禪位而登帝，南朝宋、齊兩代和平過渡。棘，通“急”，危急。《詩·小雅·采薇》：“豈不日戒，玁狁孔棘。”鄭玄箋：“棘，急也。”

[10]苞池江海，籠苑嵩岱：容納江海於池沼，籠藏嵩山、岱嶽於庭苑。形容大氣魄，舉重若輕。苞，通“包”。

[11]允膺寶命：承當天命。《尚書·金縢》："無墜天之降寶命。"蔡沈《集傳》："寶命，即帝庭之命也。謂之寶者，重其事也。"

[12]"雖休勿休"，姬旦作《誥》：《尚書·吕刑》："雖畏勿畏，雖休勿休，惟敬五刑，以成三德。一人有慶，兆民賴之，其寧惟永。"孔安國傳："雖見美，勿自謂有德美。"姬旦，周公姓名。

[13]"安不忘危"，尼父垂範：《易·繫辭下》："子曰：'……君子安而不忘危，存而不忘亡，治而不忘亂，是以身安而國家可保也'。"尼父，指孔子。

[14]億兆倒懸，仰齊蘇振：指廣大百姓遭受苦難深重，仰賴新朝解救更生。

[15]埃露：猶涓埃。指微小的報答。

[16]六疾：泛指各種疾病。《左傳》昭公元年："淫生六疾……陰淫寒疾，陽淫熱疾，風淫末疾，雨淫腹疾，晦淫惑疾，明淫心疾。"

[17]宋氏赦令，蒙原者寡：指南朝宋統治者言不符實，頒布大赦令，被原宥的犯人却很少。

[18]今下赦書："今"字原闕，中華本據殿本及《册府元龜》卷四〇七補。今從補。

[19]匈奴未滅，劉昶猶存：匈奴指北魏。劉昶，宋文帝子，因不滿其兄前廢帝劉子業忌恨，投奔北魏爲官，封爲丹陽王。齊代宋後，北魏派兵"奉丹陽王劉昶入寇；許昶以克復舊業，世胙江南，稱藩于魏"（見《通鑑》卷一三五《齊紀一》"高帝建元元年"條）。

[20]泰始：原作"太始"，中華本據毛本、殿本、局本改正。今從改。

[21]讜言：正直之言，善言。

[22]交州：治所原在龍編縣（今越南北寧省仙游縣東），後移至今廣東廣州市。　險敻（xiòng）：險要遼遠。

又撰《賢聖雜語》奏之，託以諷諫。上答曰："省所獻《雜語》，竝列聖之明規，衆智之深軌。卿能憲章先範，[1]纂鏤情識，忠款既昭，淵誠肅著，當以周旋，[2]無忘聽覽也。"又諫起宣陽門，表陳："宜明守宰賞罰；立學校，制齊禮；廣開賓館，以接荒民。"[3]上又答曰："具卿忠讜之懷。夫賞罰以懲守宰，飾館以待遐荒。皆古之善政，吾所宜勉。更撰新禮，或非易制。國學之美，已敕公卿。宣陽門今敕停。寡德多闕，思復有聞。"

[1]憲章先範：效法前賢。

[2]周旋：指反復閱讀理會。

[3]荒民：指遠方之人。中華本校勘記云："南監本作'鄰國'。《南史》同。"朱季海《校議》云："南監依《南史》改耳。原本當作'荒民'。《豫章文獻王傳》曰：'僕射王儉牋曰：舊楚蕭條，仍歲多故，荒民散亡，實須緝理。'……亦從荒民字來，知原文不作'鄰國'矣。且善明所云'荒民'，本不謂'鄰國'，延壽改字，已失原意，南監效尤，并本書而失之矣。其云開館以接，飾館以待者，故當時之所以招來遠人，非爲鄰國聘問而設也。"（第64頁）

善明身長七尺九寸，質素不好聲色，所居茅齋斧木而已，[1]牀榻几案，不加劖削。[2]少與崔祖思友善，祖思出爲青、冀二州，善明遺書曰："昔時之遊，于今邈矣。或攜手春林，或負杖秋澗，逐清風於林杪，追素月於園垂，如何故人，徂落殆盡。足下方擁旄北服，[3]吾剖竹南甸，[4]相去千里，間以江山，人生如寄，來會何時。

嘗覽書史，數千年來，略在眼中矣。歷代參差，萬理同異。夫龍虎風雲之契，[5]亂極必夷之幾，[6]古今豈殊，此實一揆。[7]日者沈攸之擁長蛇於外，粲、秉復爲異識所推；[8]唯有京鎮，創爲聖基。[9]遂乃擢吾爲首佐，授吾以大郡，[10]付吾關中，[11]委吾留任。既不辦有抽劍兩城之用，橫槊搴旗之能，徒以挈瓶小智，[12]名參佐命，[13]常恐朝露一下，[14]深恩不酬。憂深責重，轉不可據，還視生世，倍無次緒。[15]藿羹布被，猶篤鄙好，[16]惡色憎聲，暮齡尤甚。出蕃不與台輔別，入國不與公卿遊，孤立天地之間，無猜無託，唯知奉主以忠，事親以孝，臨民以潔，居家以儉。足下今鳴笳舊鄉，衣繡故國，[17]宋季荼毒之悲已蒙蘇泰，河朔倒懸之苦方須救拔。[18]遣遊辯之士，爲鄉導之使，輕裝啓行，經營舊壤，令泗上歸業，[19]稷下還風，[20]君欲誰讓邪？聊送諸心，敬申貧贈。"[21]

[1]斧木：指初經斧削而未修整的木料。

[2]不加剗（chǎn）削：《南史》卷四九此句下云："少立節行，常云：'在家當孝，爲吏當清，子孫楷栻足矣。'及累爲州郡，頗黷財賄，崔祖思怪而問之，答曰：'管子云，鮑叔知我。'因流涕曰：'方寸亂矣，豈暇爲廉。'所得金錢皆以贖母。及母至，清節方峻。所歷之職，廉簡不煩，俸禄散之親友。"清牛運震《讀史糾謬》卷七《南齊書》云："皆大節目，不可略者，《南齊》并不載。"

[3]擁旄：持旄節，借指統領軍隊。　北服：北方。指崔祖思出爲青、冀二州刺史。

[4]剖竹：古代授官封爵，以竹符爲信，剖分爲二，一留朝廷

存照，一給本人，相當於後來的委任狀。　南甸：南方。指善明授官淮南、宣城二郡。

［5］龍虎風雲之契：喻英雄豪傑際遇得時。《易·乾》："雲從龍，風從虎。"契，機會。

［6］幾（jī）：時機，機會。

［7］一揆（kuí）：道理相同。

［8］"日者沈攸之"至"異識所推"：此二句蓋回憶當日荆州刺史沈攸之起兵肆暴於外，尚書令袁粲、司徒劉秉起兵逆反於内，當時何等猖獗，結果均歸失敗。長蛇，晋郭璞《山海經圖讚·長蛇》："長蛇百尋，厥鬣如彘。飛群走類，靡不吞噬。"因以喻指貪殘的凶暴者擁有的武力。異識，指邪念。中華本校勘記云："'秉'字下原本闕'復爲異'三字，'推'訛'祖'，今據各本補改。"今從補改。

［9］唯有京鎮，創爲聖基：指唯有太傅、齊王蕭道成，鎮於京城，開創了帝王的基業。

［10］大郡：指淮南、宣城二郡。

［11］關中：《三輔舊事》稱"西以散關爲限，東以函谷爲界"爲關中。關中乃京都長安的屏藩。這裏劉善明將鄰近京都建康的宣城、淮南二郡比作關中，表示所負責任重大。

［12］挈瓶：汲水用的小瓶。比喻才智淺小。《文選》卷一七陸機《文賦》："患挈瓶之屢空，病昌言之難屬。"吕延濟注："挈瓶，小器也，謂小智之人才思屢空也。"

［13］佐命：古代帝王得天下，自稱是上應天命，故稱輔佐帝王創業爲"佐命"。

［14］常恐朝露一下：這裏以朝露比喻消亡。《漢書》卷五四《蘇武傳》："人生如朝露，何久自苦如此。"顔師古注："朝露見日則晞，人命短促亦如之。"

［15］無次緒：周一良《魏晋南北朝詞語小記》："無次緒，失次序意略同，皆茫然自失、混亂無秩序之意。"（《魏晋南北朝史論

集》，第 465 頁）

［16］藿羹布被，猶篤鄙好：形容安於清貧的生活。好，嗜好。

［17］鳴笳舊鄉，衣繡故國：指衣錦還鄉，在故鄉任地方長官，出入榮耀。鳴笳，吹奏笳笛。古代貴官出行，前導鳴笳以啓路。衣繡，身着錦繡官服。

［18］河朔倒懸之苦：指黄河北岸淪於北魏之民亡國之苦甚深。

［19］令泗上歸業："令"原作"今"，中華本據南監本、殿本改。今從改。

［20］稷下還風：泛指士業儒學恢復昌盛之風。稷下，戰國齊都城臨淄西門稷門附近地區。齊威王、宣王曾在此建學宫，廣招文學游説之士講學議論，成爲各學派活動中心。

［21］敬申貧贈：《南史》卷四七此書信後云："及聞祖思死，慟哭，仍得病。"

建元二年卒，年四十九。遺命薄殯。贈錢三萬，布五十匹。又詔曰："善明忠誠夙亮，幹力兼宣，豫經夷嶮，勤績昭著。不幸殞喪，痛悼于懷。贈左將軍、豫州刺史，[1]謚烈伯。"子滌嗣。善明家無遺儲，唯有書八千卷。[2]太祖聞其清貧，賜滌家葛塘屯穀五百斛。[3]

［1］左將軍：武官名號，多屬加官。秩三品。本書《百官志》載，左、右、前、後將軍，"宋齊以來，唯處諸王，素族無爲者"。豫州：州名。治壽春，在今安徽壽縣。

［2］八千卷：朱季海《校議》云："善明家書比李充、謝靈運所録（李三千一十四卷，謝四千五百八十二卷），幾於倍之。元徽初王儉造目有萬五千七十四卷，永明中王亮造目萬八千一十卷，劉書近得其半矣。"（第 65 頁）

［3］賜滌家葛塘屯穀五百斛：《南史》卷四七此句後云："（高

帝）曰：‘葛屯亦吾之垣下，令後世知其見異。’” 按，“吾之垣下”乃指故居老屋之旁。高帝故居在南蘭陵郡蘭陵縣（今江蘇常州市武進區）中都鄉中都村，可推知葛塘、葛村，當皆在此附近。

善明從弟僧副，官至前將軍，[1]封豐陽男，[2]三百户。永明四年，爲巴西梓潼二郡太守，卒。[3]

[1]前將軍：前軍將軍，禁衛軍官。分掌宿衛營兵。

[2]豐陽：今陝西山陽縣。　男：爲第五等封爵。

[3]“永明四年”至“卒”：《南史》卷四七此後云：“上圖功臣像讚，僧副亦在焉。”梓潼，郡名。西晉永嘉後與巴西郡同治涪縣（今四川綿陽市涪城區），合稱“巴西、梓潼二郡”。中華本校勘記云：“潼原訛‘橦’，今據南監本、局本改正。”今從改。

蘇侃字休烈，[1]武邑人也。[2]祖護，本郡太守。父端，州治中。[3]

[1]蘇侃：《南史》卷四七亦有傳。　字休烈：中華本校勘記引清錢大昕《廿二史考異》曰：“《祥瑞志》‘侃’作‘偘’，偘即侃之俗體。侃字休烈，而弟名烈，亦可疑也。”

[2]武邑：武城，在今河南南陽市北。

[3]州治中：治中從事史，州屬官。主衆曹文書。秩七品。

侃涉獵書傳，出身正員將軍，[1]補長城令。[2]薛安都反，引侃爲其府參軍，[3]使掌書記。安都降虜，侃自拔南歸。除積射將軍。[4]遇太祖在淮上，[5]便自委結。上鎮淮陰，[6]以侃詳密，[7]取爲冠軍録事參軍。[8]是時張永、沈攸之敗後，[9]新失淮北，始遣上北戍，不滿千人，每歲秋冬間，邊淮騷動，恒恐虜至。上廣遣偵候，安集荒餘，[10]又營繕城府。上在兵中久，見疑於時，[11]乃作《塞客吟》以喻志曰：

［1］正員：指正額以内的官員，與員外相對。按，正員將軍不明何職。

［2］補：謂官位有缺，選員補充。　長城：縣名。西晋置，治所在今浙江長興縣。

［3］引侃爲其府參軍：指引蘇侃爲徐州府參軍（薛安都當時爲徐州刺史）。

［4］積射將軍：禁衛軍官。分領射營。秩四品。

［5］遇太祖在淮上：遇蕭道成於淮南。

［6］上鎮淮陰："上"指蕭道成。道成於宋明帝泰始二年（466）爲都督北討前鋒諸軍事，鎮淮陰。

［7］詳密：指考慮事情周詳、慎密。

［8］冠軍録事參軍：指冠軍將軍府録事參軍。掌文書，糾察府事。

［9］是時張永、沈攸之敗後：指宋明帝泰始三年（467）正月，張永、沈攸之在彭城抗北魏進攻，戰敗夜遁，兵馬軍資委棄不可勝計，永足指亦墮，與沈攸之僅以身免。由是失淮北青、冀、徐、兖四州及豫州淮西之地。詳見《通鑑》卷一三二《宋紀十四》"明帝泰始三年"條。"敗後"原作"反後"，中華本據南監本、殿本、局本改。今從改。

［10］荒餘：荒亂後的灾民。

［11］見疑於時：指宋明帝對蕭道成懷疑，懼其篡權。詳見前注。

竇緯紊宗，神經越序。[1]德晦河、晋，[2]力宣江、楚。[3]雲雷兆壯，[4]天山繇武。[5]直髮指秦關，[6]凝精越漢渚。[7]秋風起，塞草衰，[8]鵰鴻思，邊馬悲。平原千里顧，但見轉蓬飛。星嚴海净，月澈河明。清輝映幕，素液凝庭。[9]金笳夜厲，[10]羽轊晨征。[11]斡晴潭而悵泗，[12]柑松洲而悼情。蘭涵風而瀉豔，菊籠泉而散英。曲繞首燕之歎，吹軫絶越之聲。[13]欷園琴之孤弄，想庭藿之餘馨。青關望斷，白日西斜。恬源靓霧，壟首暉霞。戒旋鷁，[14]躍還波，情綿綿而方遠，思裊裊而遂多。粤擊秦中之筑，[15]因爲塞上之歌。歌曰：朝發兮江泉，日夕兮陵山。驚飆兮瀄汩，[16]淮流兮潺湲。胡埃兮雲聚，楚旆兮星懸。[17]愁墉兮思宇，[18]惻愴兮何言。定寰中之逸鑒，審雕陵之迷泉。[19]悟樊籠之或累，悵遐心以栖玄。

[1]竇緯紊宗，神經越序：形容時衰世亂，星象紊亂，綱紀破壞。

[2]德晦河、晋：指黄河中原地區淪於北虜，傳統道德淪喪。

[3]力宣江、楚：指長江兩岸及南方地區不斷發生軍事政變，武夫擁軍，各逞武力，争權奪利。

[4]兆壯：預示壯烈。

[5]繇武：顯耀武功。

[6]直髮指秦關：用荆軻刺秦王典，抒寫對北敵的仇恨和急切的復仇心態。直髮，怒髮冲冠。

[7]凝精越漢渚：表示對國事的憂心。此乃借用《楚辭·怨上》中語："周徘徊兮漢渚，求水神兮靈女。"漢渚，漢水之濱。

[8]塞草衰：此句以下形容邊塞蒼茫悲壯的秋天景象。“塞”原作“寒”，中華本據南監本、殿本、局本改正。今從改。

[9]素液：潔白的液體。比喻皎潔的月光。

[10]金笳夜厲：形容半夜聽到軍中傳出的悲笳聲，格外凄厲。

[11]羽轊（wèi）晨征：此指車頭上插着羽旗的征車清晨出征。羽，指羽纛，裝有羽毛的軍旗。轊，車軸頭。

[12]斡（wò）晴潭而悵泗：指小舟蕩漾旋轉在水潭之上而愁悵流淚。

[13]曲繞首燕之歎，吹軫絶越之聲：形容聽到的樂曲和吹奏，繚繞着燕北的悲歎，隱含着越地的愁聲。軫，隱，隱痛。

[14]旋鷁（yì）：回舟。鷁，水鳥名。形如鷺而大，善高飛。古代在船頭以彩色畫鷁鳥之形，後借指船。

[15]粤：語首助詞。　擊秦中之筑：用荆軻赴秦高漸離擊築相送典，形容邊將悲壯情懷。築，一種打擊樂器。

[16]瀄（zhì）汩（yù）：原形容水流激蕩，引申指疾行。

[17]胡埃兮雲聚，楚旆兮星懸：形容疆埸戰雲密布，戰旗飄揚。楚旆，泛指戰旗。

[18]愁墉兮思宇：謂爲保衛家國而憂心思慮。墉，城牆。

[19]審雕陵之迷泉：這裏借用此典慨嘆仕途黑暗，人心險惡，稍不警惕，見利忘真，就會遭人暗算，陷入迷津。雕陵，丘陵名。《莊子·山水》載，莊子一次到雕陵栗園裏游玩，見到一隻“翼廣七尺，目大運寸”的異鵲，飛停在栗林中。這時莊周又看到枝頭一蟬“方得美蔭而忘其身”，被身後一螳螂搏住，螳螂“見得而忘其形”，結果被異鵲乘機攫取了。莊子深歎“見利而忘其真”的危害。

侃達上此旨，[1]更自勤勵。委以府事，深見知待。元徽初，巴西人李承明作亂，太祖議遣侃銜使慰勞，還除羽林監，[2]加建武將軍。桂陽之難，[3]上復以侃爲平南録事，[4]領軍主，從頓新亭，使分金銀賦賜諸將。事寧，除步兵校尉，[5]出爲綏虜將軍、山陽太守，[6]清脩有治理，百姓懷之。進號龍驤將軍，[7]除前軍將軍。[8]沈攸之事起，除侃游擊將軍，遷太祖驃騎諮議，[9]領録事，[10]除黄門郎，復爲太祖太尉諮議。[11]

[1]侃達上此旨：指蘇侃領會蕭道成上述《塞客吟》“愁墉思宇”詩句中所表達的拯救蒼生、一匡宇宙的雄心壯志和被小人犯忌的苦惱。

[2]羽林監：禁衛軍官。分掌弩營。秩四品。

[3]桂陽之難：指元徽二年（474），江州刺史桂陽王劉休範（宋文帝子）自尋陽起兵反，直逼建康京城，時蕭道成爲右衛將軍，守新亭以捍衛京城，旋將休範捕殺，事平。

[4]上復以侃爲平南録事：元徽二年（474），加蕭道成使持節、都督征討諸軍、平南將軍。蘇侃在平南將軍府任録事參軍。

[5]步兵校尉：禁衛軍官。分掌宿營步兵。秩四品。

[6]山陽：郡名。東晋置，治所在今江蘇淮安市。

[7]龍驤將軍：加給功臣的榮譽虚號。秩三品。

[8]前軍將軍：禁衛軍官。分掌外兵。秩四品。

[9]遷太祖驃騎諮議：元徽四年（476）蕭道成進位侍中、司空、録尚書事、驃騎大將軍。蘇侃在大將軍府任諮議參軍。驃騎大將軍，爲最高榮譽加號。秩一品。

[10]領録事：指在大將軍府除任諮議參軍外，加録事參軍。

[11]復爲太祖太尉諮議：昇明二年（478），宋順帝加蕭道成太尉。蘇侃又隨遷太尉府諮議參軍。詳見本書卷一《高帝紀上》。

偘事上既久，備悉起居，乃與丘巨源撰《蕭太尉記》，[1]載上征伐之功。以功封新建縣侯，[2]五百户。齊臺建，爲黄門郎，領射聲校尉，任以心膂。上即位，偘撰《聖皇瑞命記》一卷奏之。建元元年，卒，年五十三。上惜之甚至，追贈輔國將軍、梁南秦二州刺史，謚質侯。

[1]丘巨源：歷仕南朝宋、齊，善文墨。本書卷五二有傳。

[2]新建縣侯：侯爲第二等封爵，新建縣（治所在今江西崇仁縣）爲其食邑。

弟烈，字休文，初爲東莞令，[1]張永鎮軍中兵，[2]累至山陽太守，寧朔將軍，游擊將軍。袁粲起事，太祖先遣烈助防城，仍隨諸將平石頭，封吉陽縣男。[3]建元中，爲假節、督巴州軍事、巴州刺史、巴東太守，[4]寧朔將軍如故。永明中，至平西司馬、陳留太守，[5]卒官。

[1]東莞：縣名。南朝宋置，治所在今山東莒縣。

[2]張永鎮軍中兵：張永，字景雲。仕宋，官至南兗州刺史，加都督。明帝時曾遷鎮軍將軍。《宋書》卷五三、《南史》卷三一有傳。按，張永爲鎮軍將軍，休文在鎮軍將軍府任中兵參軍（掌軍府畿内之兵）。"張永"原脱"永"字，中華本據各本補。今從補。

[3]吉陽縣男：男爲第五等封爵，吉陽縣（治所在今湖北竹溪縣）爲其食邑。

[4]巴州：治所在今四川巴中市巴州區。

[5]陳留：郡名。東晋僑置，治小黄縣，在今安徽亳州市。

垣榮祖字華先，[1]下邳人，五兵尚書崇祖從父兄也。[2]父諒之，宋北中郎府參軍。

[1]垣榮祖：《南史》卷二五有附傳。“垣”原作“桓”，中華本據南監本、殿本、局本改正。今從改。

[2]五兵尚書：尚書省官。掌中兵、外兵二曹，輔佐尚書令。秩三品。　崇祖：垣崇祖。本書卷二五有傳。

榮祖少學騎馬及射，或謂之曰：“武事可畏，何不學書。”榮祖曰：“昔曹操、曹丕上馬橫槊，下馬談論，此於天下可不負飲食矣。[1]君輩無自全之伎，何異犬羊乎！”

[1]不負飲食：意即不枉爲人。

宋孝建中，州辟主簿，爲後軍參軍。[1]伯父豫州刺史護之子襲祖爲淮陽太守，宋孝武以事徙之嶺南，[2]護之不食而死。帝疾篤，又遣使殺襲祖，襲祖臨死，與榮祖書曰：“弟常勸我危行言遜，[3]今果敗矣。”

[1]爲後軍參軍：爲後軍將軍（禁衛軍官，秩四品）府參軍。“爲”字原闕，中華本據南監本、殿本、局本補。今從補。

[2]宋孝武以事徙之嶺南：指宋孝武帝時，垣護之以事貶徙到嶺南。《南史》卷二五《垣護之傳》載，大明三年（459），護之以平定竟陵王誕反叛立功，轉臨淮太守，徙豫州刺史。“護之所莅，多聚斂賄貨，坐下獄免官”。

[3]危行言遜：謂辦事要小心翼翼，説話要謙虚謹慎。

明帝初即位，四方反，除榮祖冗從僕射，[1]遣還徐州説刺史薛安都曰："天之所廢，誰能興之。使君今不同八百諸侯，[2]如民所見，[3]非計中也。"[4]安都曰："天命有在。今京都無百里地，莫論攻圍取勝，自可拍手笑殺。[5]且我不欲負孝武。"[6]榮祖曰："孝武之行，足致餘殃。[7]今雖天下雷同，正是速死，無能爲也。"[8]安都曰："不知諸人云何，我不畏此。大蹄馬在近，[9]急便作計。"[10]榮祖被拘不得還，因收集部曲，爲安都將領。假署冠軍將軍。安都引虜入彭城，[11]榮祖攜家屬南奔朐山，[12]虜遣騎追之不及。榮祖懼得罪，[13]乃逃遁淮上。太祖在淮陰，榮祖歸附，上保持之。[14]及明帝崩，[15]太祖書送榮祖詣僕射褚淵，[16]除寧朔將軍、東海太守。淵謂之曰："蕭公稱卿幹略，故以此郡相處。"

[1]冗從僕射：南朝時爲禁衛軍官。分掌宿衛營兵。秩五品。

[2]使君今不同八百諸侯：使君，對刺史的尊稱。八百諸侯，指殷末反殷紂無道的八百諸侯國。《史記》卷三二《齊太公世家》："遂至盟津，諸侯不期而會者八百諸侯。"按，榮祖提示徐州刺史薛安都要認清形勢，今日國君不同於商紂；今日朝廷力量强大，不容許地方諸侯反叛。

[3]民：榮祖自謙。按，《南史》卷二五作"下官"。

[4]非計中（zhòng）：指叛齊投魏，主意不正確。

[5]自可拍手笑殺：以上幾句薛安都嘲笑南齊偏安一隅，不可能有所作爲。

[6]且我不欲負孝武：指孝武帝死後，托孤明帝，明帝廢其子（宋前廢帝劉子業），自立爲帝，薛安都反對。

[7]孝武之行，足致餘殃：《通鑑》卷一三一《宋紀十三》"明帝泰始二年"條，胡三省注："不善之積，必有餘殃。孝武貪淫，濟以奢虐，人倫道盡，故榮祖云然。"

[8]今雖天下雷同，正是速死，無能爲也：謂今天不同於過去，即使天下隨聲附和反叛，結果也會失敗速死。

[9]大蹄馬：暗指北魏。北方人善騎馬，因以代稱。

[10]作計：指投奔北魏之計。

[11]安都引虜入彭城：指薛安都投降北魏，獻出徐州。

[12]朐山：在今江蘇連雲港市西海州區。

[13]榮祖懼得罪：榮祖因曾被强逼爲安都將領，怕宋明帝見罪。

[14]上保持之：指蕭道成保護他。

[15]明帝崩：泰豫元年（472）宋明帝駕崩，其子宋後廢帝劉昱繼位（即蒼梧王），"以蕭道成爲後衛將軍，領衛尉"。《通鑑》卷一三三《宋紀十五》"明帝泰豫元年"條，胡三省注："史言禁衛兵柄皆歸道成。"

[16]褚淵：時爲尚書右僕射，爲顧命大臣之一。

榮祖善彈，[1]彈鳥毛盡而鳥不死。海鵠群翔，榮祖登城西樓彈之，無不折翅而下。[2]

[1]彈（tán）：用彈（dàn）丸射擊。

[2]"榮祖善彈"至"無不折翅而下"：《南史》卷二五作："榮祖善彈，登西樓，見翔鵠雲中，謂左右當生取之。於是彈其兩翅，毛脱盡，墜地無傷，養毛生後飛去，其妙如此。"

除晋熙王征虜、安成王車騎中兵，[1]左軍將軍。元徽末，太祖欲渡廣陵，[2]榮祖諫曰："領府去臺百步，[3]

公走，人豈不知。若單行輕騎，廣陵人一旦閉門不相受，公欲何之？公今動足下牀，便恐即有扣臺門者，公事去矣。”[4]及蒼梧廢，除寧朔將軍、淮南太守，[5]進輔國將軍，除游擊將軍、太祖驃騎諮議，輔國將軍、西中郎司馬、汝陰太守，除冠軍將軍，給事中，驍騎將軍。預佐命勳，封將樂縣子，[6]三百户，以其祖舊封封之。[7]出爲持節、督青冀二州刺史，冠軍如故。遷黄門郎。

[1]除晋熙王征虜、安成王車騎中兵：指任命爲晋熙王征虜將軍府和安成王車騎將軍府中兵參軍。晋熙王爲明帝第六子劉燮。安成王爲孝武帝第十六子劉子孟，《宋書》卷八〇、《南史》卷一四有傳。

[2]元徽末，太祖欲渡廣陵：《南史》卷二五作：“元徽末，蒼梧凶狂，恒欲危害高帝，帝欲奔廣陵起事，荀伯玉等皆贊成之。”

[3]領府去臺百步：指蕭道成中領軍將軍府距離朝廷臺省很近。

[4]公事去矣：《南史》卷二五此後云：“蒼梧明夕自至領府扣門，欲害帝，帝嘗以書案下安鼻爲楯，以鐵爲書鎮如意，甚壯大，以備不虞，欲以代杖。蒼梧至府，而曰：‘且申今夕，須至一處作適，還當取奴。’尋遇殺。齊高帝謂榮祖曰：‘不用卿言，幾無所成。’”

[5]淮南：郡名。東晋僑置，治于湖縣，在今安徽當塗縣。

[6]將樂縣子：子爲第四等封爵，將樂縣（即今福建將樂縣）爲其食邑。

[7]以其祖舊封封之：“以其”二字原本漫漶，中華本據各本補。今從補。

永明二年，爲冠軍將軍、尋陽相、南新蔡太守。[1]

作大形棺材盛仗，[2]使鄉人田天生、王道期載渡江北。監奴有罪，告之，有司奏免官削爵付東冶，[3]案驗無實見原。爲安陸王平西諮議，[4]帶江陵令，[5]仍遷司馬、河東内史。[6]遷持節、督緣淮諸軍事、冠軍將軍、兖州刺史，領東平太守、兖州大中正。[7]

[1]尋陽相：尋陽，郡名。治所在今江西九江市。當時爲王國屬郡，故太守稱相。　南新蔡：郡名。治所在今湖北黄梅縣西。

[2]盛仗：仗，兵器。中華本校勘記云："'仗'原訛'伏'，今據南監本、殿本、局本改正。"今從改。

[3]東冶：南朝屬少府，冶煉銅鐵金屬，爲關押犯人監督勞作之地。

[4]安陸王：指齊武帝第五子蕭子敬。初爲平西將軍、荆州刺史。本書卷四〇有傳。

[5]江陵：縣名。即今湖北荆州市。

[6]河東：郡名。治安邑縣，在今山西夏縣西北禹王城。河東爲王國屬郡，故太守稱内史。

[7]東平：郡名。治所在今山東東平縣西北。　兖州大中正：州中正稱大中正，由司徒選用現任官爲其本貫所在州的中正，其職任是品第人物，以備政府選用。

巴東王子響事，[1]方鎮皆啓稱子響爲逆，榮祖曰："此非所宜言。政應云劉寅等孤負恩獎，逼迫巴東，使至於此。"時諸啓皆不得通，事平後，上乃省視，以榮祖爲知言。九年，卒，年五十七。

[1]巴東王子響事：響，即蕭子響，爲齊武帝第四子。永明七

年（489），出爲荆州刺史，嗜武事，與蠻交易器仗，作錦袍絳襖。長史劉寅等密啓武帝。子響大怒，執劉寅等殺之。武帝遣臺軍問罪，子響降，賜死。臨死上表，言己本無異心，乃被群小讒言，構成大冤。武帝後亦悔。詳見本書卷四〇《子響傳》。

從父閎，[1]宋孝建初，爲威遠將軍、汝南新蔡太守，[2]據梁山拒丞相義宣賊，[3]以功封西都縣子。[4]累遷龍驤將軍、司州刺史。義嘉事起，[5]明帝使閎出守盱眙，[6]領兵北討薛道標，[7]破之。封樂鄉縣男，[8]三百户。昇明初，爲散騎常侍，領長水校尉，與豫章王對直殿省，[9]遷右衛將軍。太祖即位，[10]以心誠封爵如舊，加給事中，領驍騎將軍。累遷金紫光禄大夫。[11]年七十六，永明五年，卒，謚定。[12]

[1]從父閎：原作“子閎”，中華本據南監本、殿本、局本改。今從改。按，《南史》卷二五亦有垣閎傳，謂：“閎字叔通，榮祖從父也。”

[2]汝南：郡名。治所在今河南魯山縣東。　新蔡：郡名。南朝宋置，治所在今河南固始縣。

[3]據梁山拒丞相義宣賊：義宣，即劉義宣，宋武帝子。初封竟陵王，後改封南譙王，又封南郡王。元凶弑立，義宣起兵征討。孝武帝即位，以義宣爲中書監、都督揚豫二州、丞相、録尚書事、豫州刺史。在鎮十年，兵强財富。因孝武閨庭無禮，與義宣諸女淫亂，怒而起兵反，順江東下。桓閎隨桓護之守梁山（指安徽當塗、和縣之間的東西梁山，即天門山），大敗義宣叛軍。詳見《宋書》卷六八、《南史》卷一三《義宣傳》。

[4]西都縣：東漢置，治所在今青海西寧市，爲縣子食邑。

［5］義嘉事起：指宋明帝泰始二年（466）正月，晋安王劉子勛（宋孝武帝子）詐稱受路太后璽書，即皇帝位於尋陽，改元義嘉。參見《通鑑》卷一三一《宋紀十三》“明帝泰始二年”條。

［6］盱眙：郡名。治所在今江蘇盱眙縣。

［7］薛道標：與薛安都同投魏，領魏兵攻宋。詳見《魏書》卷六一、《北史》卷三九本傳。“標”原作“樹”，中華本據毛本、殿本、局本改。今從改。

［8］樂鄉縣男：中華本校勘記引張森楷《校勘記》云：“《宋書·殷琰傳》作‘樂鄉縣侯’。據上已封西都縣子，進爵應爲縣侯，當依《宋書》爲是。”

［9］對直殿省：指同時在殿省值日（即值班）。

［10］太祖即位：《南史》卷二五作：“齊高帝輔政，使褚彦回爲子晃求閎女，閎辭以‘齊大非偶’，帝雖嘉其退讓，而心不能歡，即以晃婚王伷女。謂豫章王嶷曰：‘前欲以白象與垣公婚者，重其夷澹，事雖不遂，心常依然。’白象，晃小字也。及高帝即位，以有誠心，封爵如故。”

［11］累遷金紫光禄大夫：中華本校勘記引王懋竑《讀書記疑》云：“《齊書》《南史》叙垣閎事。自金紫光禄大夫外，所歷官無一同者。”今按，《南史》卷二五不僅官位不同，情節亦大異，録其要者如下：“孝武帝即位，以爲交州刺史。時交土全實，閎罷州還，資財鉅萬。孝武末年貪慾，刺史二千石罷任還都，必限使獻奉，又以蒱戲取之，要令罄盡乃止……（明帝初）出爲益州刺史。蜀還之貨，亦數千金，先送獻物，傾西資之半，明帝猶嫌其少。及閎至都，詣廷尉自簿，先詔獄官留閎，於是悉送資財，然後被遣。凡蠻夷不受鞭罰，輸財贖罪，謂之‘賧’，時人謂閎‘受賧刺史’。”

［12］謚定：原作“謚定子”。中華本校勘記云：“張森楷《校勘記》云：《南史》作‘謚定，子憘伯襲爵’，‘子’字屬下句，《南史》是，此文有脱誤。今删‘子’字。”今從删。

榮祖從弟歷生，亦爲驍騎將軍。宋泰始初，薛安都反，以女婿裴祖隆爲下邳太守，歷生時請假還北，謀殺祖隆，舉城應朝廷，事發奔走。歷官太子右率。[1]性苛暴，好行鞭捶。與始安王遥光同反，[2]伏誅。

［1］太子右率：太子右衛率，東宫官。掌護衛太子。《唐六典》卷二八："齊左右衛率，武冠絳朝服，品第五，秩千石。"

［2］與始安王遥光同反：始安王遥光，齊高帝兄蕭道生之子，嗣父爲始安王。齊明帝蕭鸞親信，遇事每相參議。明帝崩，遥光輔政，潛與江祏兄弟及垣歷生等謀自樹立，領兵圍東城三面。遣垣歷生從西門出戰，兵敗被斬。遥光亦被捕斬首。詳見本書卷四五《始安貞王遥光傳》。

史臣曰：太祖作牧淮、兖，始基霸業，[1]恩威北被，感動三齊。[2]青、冀豪右，崔、劉望族，[3]先覩人雄，希風結義。[4]夫諫江都之略，[5]似任光之言，[6]雖議不獨興，理成合契，蓋帷幙之臣也。

［1］太祖作牧淮、兖，始基霸業：指蕭道成多年在淮上、兖州爲地方長官，積蓄了力量，奠定了霸業的基礎。

［2］三齊：秦亡，項羽以齊國故地分立齊、膠東、濟北三國，皆在今山東東部，後泛稱"三齊"。

［3］崔、劉望族：崔，即崔祖思，河北人。劉，即劉善明，山東人。二人皆是青冀一帶的豪門貴族。

［4］先覩人雄，希風結義：指崔劉等人都看準蕭道成是人中豪傑，而誠心交結投靠。

［5］諫江都之略：江都，即廣陵，今江蘇揚州市。宋元徽時，

蒼梧王暴虐，常欲加害蕭道成，道成憂恐，欲奔廣陵起兵自立。劉善明勸他“當静以待之，因機奮發，功業自定，不可遠去根本，自貽猖蹷”。道成聽其勸告，因而免走彎路。

[6]似任光之言：任光，東漢人，初從更始至洛陽，爲信都太守。及王郎起，他郡皆降之，光獨固守。更始二年（24），光武自薊還，奔信都見任光，見其勢力虚弱，勸其投另一軍閥城頭子路。光堅以爲不可；同時想出擴大兵力的主意，結果取勝，爲光武奠定王業基礎。詳見《後漢書》卷二一《任光傳》。按，這裏是以任光類比劉善明。

贊曰：淮鎮北州，獲在崔、劉。獻書上議，帝念忠謀。侃奉潛躍，[1]皇瑞是鳩。[2]垣方帶礪，削免虚尤。[3]

[1]侃奉潛躍：指齊高帝蕭道成，使其由一般官吏到登上皇帝寶座，蘇侃一直忠心奉事。

[2]鳩：聚集。

[3]垣方帶礪，削免虚尤：指垣榮祖正當以輔弼之功封侯拜爵之時，却因監奴虚告，有司奏免官削爵以付東冶。帶礪，語出《史記·高祖功臣侯者年表》：“封爵之誓曰：‘使河如帶，泰山若厲，國以永寧，爰及苗裔。”裴駰《集解》引漢應劭曰：“封爵之誓，國家欲使功臣傳祚無窮……言如帶厲，國乃絶耳。”後因以“帶礪”爲受皇家恩封，與國同休之典。按，“厲”通“礪”。

南齊書　卷二九

列傳第十

吕安國全景文　周山圖　周盤龍子奉叔　王廣之

吕安國，[1]廣陵廣陵人也。[2]宋大明末，[3]安國以將領見任，隱重有幹局，爲劉勔所稱。[4]泰始二年，[5]勔征殷琰於壽春，[6]安國以建威將軍爲勔軍副。[7]衆軍擊破琰長史杜叔寶軍於横塘，[8]安國抄斷賊糧道，燒其運車，多所傷殺。琰衆奔退，勔遣安國追之，先至壽春。琰閉門自守，安國與輔國將軍垣閎屯據城南，[9]於是衆軍繼至。安國勳第一，封彭澤縣男，[10]未拜，明年，改封鍾武縣，[11]加邑爲四百户。累至寧朔將軍、義陽太守。[12]四年，又改封湘南縣男。[13]虜陷汝南，[14]司州失守，[15]以安國爲督司州諸軍事、寧朔將軍、司州刺史。六年，義陽立州治，[16]仍領義陽太守。稍遷右軍將軍，[17]假輔師將軍。[18]元徽二年，[19]爲晋熙王征虜司馬，[20]輔師將軍如故。轉游擊將軍。[21]三年，出爲持節、都督青兖冀三州緣淮前鋒諸軍事、輔師將軍、兖州刺史。[22]明年，進號冠軍將軍,[23]還爲游擊將軍，加散騎常侍、征虜將軍。[24]

[1]吕安國：《南史》卷四六亦有略傳。

[2]廣陵廣陵：指廣陵郡廣陵縣，治所均在今江蘇揚州市。

[3]大明：宋孝武帝年號。

[4]劉勔：仕宋，深得明帝倚重，明帝臨崩，顧命以爲守尚書右僕射、中領軍。《宋書》卷八六、《南史》卷三九有傳。

[5]泰始：宋明帝年號。

[6]勔征殷琰於壽春：明帝泰始二年（466），江州刺史晋安王子勛爲逆，會豫州刺史殷琰反叛，明帝召勔領軍致討。當時豫州治所在壽春，即今安徽壽縣。

[7]建威將軍：武官名。西漢末新莽時設，爲領兵之官，後歷代沿置。晋宋時爲四品。

[8]長史：爲軍府屬吏之長，主持軍府事務。秩六品。　杜叔寶：其事不詳。　横塘：地名。在今安徽壽縣東。《通鑑》卷一三一《宋紀十三》"明帝泰始二年"條"於横塘抄之"胡三省注："《水經注》：閻潤水上承施水於合肥縣北，復徑縣西，積爲陽湖。陽湖水自塘西北，徑死雩亭南，夾横塘西注。宋泰始初，劉順據之以拒劉勔，杜叔寶送糧死雩，劉勔破之此塘。"

[9]垣閎：本書卷二八有附傳。

[10]彭澤縣男：男爲五等封爵，彭澤縣（今屬江西）爲其食邑。

[11]鍾武縣：治所在今湖南衡陽市西。

[12]寧朔將軍：武官名號。三國魏置，爲駐幽州地區軍事長官，西晋及劉宋也設此官。秩四品。　義陽：郡名。東晋置，治所在今河南信陽市。

[13]湘南縣：治所在今湖南湘潭市西南。

[14]汝南：郡名。東漢移治平輿縣，在今河南汝南縣。

[15]司州：州治在汝南郡。

[16]義陽立州治：司州州治原在汝南，汝南陷敵，故改治義陽。

[17]右軍將軍：禁衛軍官。分掌宿衛營兵。秩四品。

[18]假：官員任用類别之一。假爲暫署之意。　輔師將軍：爲榮譽加號。

[19]元徽：宋後廢帝（即蒼梧王）年號。

[20]晋熙王征虜司馬：劉昶，字休道，宋文帝第九子。元徽二年（474）爲徐州刺史，加都督、征虜將軍。《宋書》卷七二、《南史》卷一四有傳。按，吕安國蓋在其將軍府任參軍（參謀軍府事務）。征虜將軍，官員榮譽加號。本書《百官志》："宋、齊以來，唯處諸王，素族無爲者。"

[21]游擊將軍：禁衛軍官。分掌宿衛營兵。秩四品。

[22]持節：君主授予大臣權力的方式之一。節代表皇帝的特殊命令，被賦予生殺大權。　青兖冀三州：南朝宋與冀州同僑置於鬱洲，在今江蘇連雲港市雲臺山一帶。　兖州：南朝宋移治瑕丘城，即今山東兖州市。

[23]冠軍將軍：爲榮譽加號。

[24]散騎常侍：門下省官。掌奏事，直侍左右。秩五品。

沈攸之事起，[1]太祖以安國爲湘州刺史，[2]征虜將軍如故。先是王藴罷州，[3]南中郎將南陽王翽未之鎮，藴寧朔長史庾佩玉權行州事，[4]朝廷先遣南中郎將中兵參軍臨湘令韓幼宗領軍防州。[5]沈攸之之難，[6]二人各相疑阻，佩玉輒殺幼宗。平西將軍黄回至郢州，[7]遣軍主任侯伯行湘州事，[8]又殺佩玉。侯伯與回同衛將軍袁粲謀石頭事，[9]回令侯伯水軍乘舸往赴，[10]會衆軍已至，不得入。太祖令安國至鎮，收侯伯誅之。尋進號前將軍。[11]建元元年，[12]進爵，[13]增邑六百户。轉右衛將軍，加給事中。[14]

[1]沈攸之事起：指昇明元年（477），蕭道成假太后令，廢蒼梧王，立其弟劉準爲帝（即宋順帝），道成爲録尚書事、驃騎大將軍，兼統軍國。荆州刺史沈攸之起兵反蕭道成。

[2]湘州：州名。治所在今湖南長沙市。

[3]王藴罷州：《通鑑》卷一三四《宋紀十六》"順帝昇明元年"條："湘州刺史王藴遭母喪罷歸，至巴陵，與沈攸之深相結。時攸之未舉兵，藴過郢州，欲因蕭賾出弔作難，據郢城。賾知之，不出。還，至東府，又欲因蕭道成出弔作難，道成又不出。藴乃與袁粲、劉秉密謀誅道成……"

[4]寧朔長史：寧朔將軍府長史。　庾佩玉：《宋書》卷八三有略傳，謂其爲潁川人，爲王藴寧朔將軍府長史，長沙内史。

[5]南中郎將中兵：指南中郎將（爲榮譽加號）府中兵參軍，掌内軍事務。南中郎將，武官名。東西南北四中郎將之一，魏晋劉宋置。秩四品。開府者位從公秩一品。見《文獻通考》卷六六《職官二十》。　臨湘：縣名。治所在今湖南長沙市。　令：縣令。

[6]沈攸之之難：中華本校勘記云："張森楷《校勘記》云：'難'字上奪'之'字。按《元龜》四百四十九叠'之'字，今據補。"今從補。

[7]平西將軍黄回至郢州：指沈攸之反，蕭道成以黄回爲平西將軍、郢州刺史。詳見《南史》卷四〇《黄回傳》。郢州，治夏口城，在今湖北武漢市武昌區。

[8]軍主：武官名。起於南朝宋末。每一軍主領兵在千人以上。百人以上稱隊主。

[9]侯伯與回同衛將軍袁粲謀石頭事：指沈攸之起事不久，衛

將軍袁粲又據京城石頭戍起兵反蕭道成，黄回與軍主任侯伯等謀應粲，擬攻道成於朝堂，剛起事，袁粲已敗，作罷。見《南史》卷四〇《黄回傳》。衛將軍，軍官名。西漢始置，總領京城各軍。南朝時成爲優禮大臣的虚號。秩二品。"衛將"二字原闕，中華本據《册府元龜》卷四四七補，並按："時袁粲爲尚書令、衛將軍。"今從補。

[10]回令侯伯水軍乘舸往赴：指赴湘州行刺史事。

[11]前將軍：禁衛軍官。分掌宿衛營兵。秩四品。

[12]建元：齊高帝年號。按，"建元"原訛"太元"，中華本據《南史》及《册府元龜》卷四四七改正。今從改。

[13]進爵：中華本校勘記云："《南史》下有'爲侯'二字。按安國前封鍾武縣男，進爵則爲侯矣，無'爲侯'二字，義亦自明。"今按，爵分公、侯、伯、子、男五等，安國前封男爵，進爵當爲子爵，若果"爲侯"，則屬超封，故"爲侯"二字非可有可無。

[14]右衛將軍：禁衛軍官。分掌宿衛營兵。秩四品。　給事中：門下省官。掌奏事，直侍左右。秩五品。

二年，虜寇邊，[1]上遣安國出司州，安集民户。詔曰："郢、司之間，流雜繁廣，宜並加區判，定其隸屬。參詳兩州，事無專任，安國可蹔往經理。"以本官使持節、總荆郢諸軍北討事，[2]屯義陽西關。[3]虜未至，安國移屯沔口以俟應接。[4]改封湘鄉。[5]世祖即位，[6]授使持節、散騎常侍、平西將軍、司州刺史，[7]領義陽太守。永明二年，徙都督南兖兖徐青冀五州諸軍事、平北將軍、南兖州刺史，仍爲都督、湘州刺史。[8]四年，湘川蠻動，安國督州兵討之。[9]

[1]虜寇邊：《通鑑》卷一三五《齊紀一》“高帝建元二年”條：“魏師攻鍾離……群蠻依阻山谷，連帶荆、湘、雍、郢、司五州之境，聞魏師入寇……南襄城蠻秦遠乘虚寇潼陽，殺縣令。司州蠻引魏兵寇平昌……”

[2]以本官使持節：指以原先所任之官右衛將軍加給事中。使持節，君主授予臣下權力的方式之一。奉命出使，節制軍事，往往有持節之制。使持節得殺二千石以下。　荆：荆州，治所在今湖北荆州市。　郢：郢州，治所在今湖北武漢市武昌區。

[3]義陽西關：指義陽郡城西。

[4]沔口：一名漢口，即今湖北漢江入長江之口。

[5]改封湘鄉：指改封爲湘鄉縣侯。湘鄉縣即今湖南湘鄉市。

[6]世祖即位：指齊武帝蕭賾永明元年（483）即位，廟號世祖。

[7]平西將軍：四平將軍之一，南朝爲榮譽加號。下平北將軍同。

[8]南兗州：南朝宋置，原治京口（今江蘇鎮江市），旋改治廣陵（今江蘇揚州市）。　徐州：原治所在今江蘇徐州市，東晋時移治京口。

[9]湘川蠻動，安國督州兵討之：《通鑑》卷一三六《齊紀二》“武帝永明四年”所述有異：“湘州蠻反，刺史吕安國有疾不能討；丁亥，以尚書左僕射柳世隆爲湘州刺史，討平之。”本書卷二四《柳世隆傳》亦云：“湘州蠻動，遣世隆以本官（尚書左僕射）總督伐蠻衆軍，仍爲使持節、都督湘州諸軍事、鎮南將軍、湘州刺史，常侍如故。世隆至鎮，以方略討平之。”按上述兩書所言，可見“安國督州兵討之”所言不實。

有疾，徵爲光禄大夫，[1]加散騎常侍。安國欣有文授，[2]謂其子曰：“汝後勿作袴褶驅使，[3]單衣猶恨不稱，[4]當爲朱衣官也。”[5]上遣中書舍人茹法亮敕安國曰：[6]“吾恒憂卿疾病，應有所須，勿致難也。”明年，遷都官尚書，[7]領太子左率。[8]六年，遷領軍將軍。[9]安國累居將率，[10]在朝以宿舊見遇。尋遷散騎常侍、金紫光禄大夫、兖州中正，[11]給扶。[12]上又敕茹法亮曰：“吾見吕安國疾狀，自不宜勞，且脚中既恒惡，扶人至吾前，於禮望殊成有虧，吾難敕之。其人甚諱病，卿可作私意向，其若好差不復須扶人，依例入，幸勿牽勉。”八年，卒，年六十四。贈使持節、鎮北將軍、南兖州刺史，常侍如故。給鼓吹一部。[13]謚肅侯。

[1]光禄大夫：列卿光禄勛屬官。掌宫廷門户。秩三品。參見《文獻通考》卷六六《職官二十》。

[2]欣有文授：文授，指被任命爲文職官員。周一良《〈南齊書·丘靈鞠傳〉試釋兼論南朝文武官位及清濁》一文云：“太抵南朝甲族著姓起家文職，而‘兵户’‘將家’寒門子弟往往出身武位……文官之中分清濁，若與武官較，則武官雖高位，亦遜文官也。”（《魏晋南北朝史論集》，北京大學出版社 1997 年版，第 119 頁）

[3]袴褶（xí）：服裝名。上穿褶（短褂），下著褲，始爲騎服，盛行於南北朝。這裏借指武官。

[4]單衣：古代官服的一種。《晋書》卷九《簡文帝紀》：“奉迎帝於會稽邸，於朝堂變服，著平巾幘、單衣。”《通鑑》卷一〇三《晋紀二十五》“簡文帝咸安元年”條引此文，胡三省注：“單衣，江左人所以見尊者之服，所謂巾褠也。”

[5]朱衣：指高職文官所著之服。《後漢書》卷六〇下《蔡邕傳》：“臣自在宰府，及備朱衣，迎氣五郊。”

［6］中書舍人：中書通事舍人，中書省官。掌呈奏案章。秩七品。　茹法亮：本書卷五六《倖臣傳》有傳。

［7］都官尚書：尚書省官。領都官、功論等曹，掌人事升黜。秩三品。

［8］太子左率：太子左衛率，掌護衛太子。《唐六典》卷二八："齊左右衛率，武冠絳朝服，品第五，秩千石。"

［9］領軍將軍：禁衛軍主官。掌内軍。秩三品。

［10］將率：將帥。

［11］金紫光禄大夫：光禄大夫加金章紫綬者，高於銀青光禄大夫。多爲榮譽兼職。秩二品。　中正：負責考察本州人才品德，分爲九等，供選任官吏作依據。由朝廷任命現職官員中該地本籍人擔任。

［12］給扶：給予扶持之人。古時君主賜給大臣的一種禮遇。清袁枚《隨園隨筆》卷九《給扶俠持之分》："常見岑文本畫古帝王像，一帝之側，必有左右二人擁侍而立者，亦復冕而貂蟬，但止三旒，非若天子之九旒，不解其制。朱萬同曰：'此魏、晋、六朝所謂給扶是也……'"

［13］給鼓吹：指給予樂隊。古代君主給予大臣的一種禮遇。

時舊將帥又有吴郡全景文，[1]字弘達。少有氣力，與沈攸之同載出都，到奔牛埭，[2]於岸上息，有人相之："君等皆方伯人，[3]行當富貴也。"景文謂攸之曰："富貴或可一人耳，今言皆然，此殆妄言也。"景文仍得將領爲軍主。孝建初，[4]爲竟陵王驃騎行參軍，[5]以功封漢水侯。[6]除員外郎，[7]積射將軍。[8]

［1］吴郡：今江蘇蘇州市。　全景文：歷仕宋齊，擅武，孝建初，丞相劉義宣反，景文參與征討。泰始初參與征討叛將薛索兒，

以功受封。參見《通鑑》卷一二八《宋紀十》“孝武帝孝建元年”及卷一三一《宋紀十三》“明帝泰始二年”諸條。

[2]到：中華再造善本作“引”。　奔牛埭：地名。在今江蘇常州市武進區西北奔牛鎮，濱臨運河東岸，南朝宋屯兵於此。

[3]方伯：殷周時代的一方諸侯之長。後泛稱地方長官。漢以後相當於刺史。

[4]孝建：宋孝武帝年號。

[5]竟陵王：劉誕，宋文帝第六子。孝武時，爲侍中、驃騎大將軍、揚州刺史。《宋書》卷七九有傳。全景文在其將軍府任參軍。

[6]漢水侯：侯爲第二等封爵。南朝無漢水縣，疑爲漢川縣。

[7]員外郎：瞿蜕園《歷代職官簡釋》：“南北朝簡稱員外散騎侍郎爲員外郎，是較高貴的近侍官。”（載清黄本驥編《歷代職官表》，上海古籍出版社 1980 年版，第 112 頁）秩五品。

[8]積射將軍：禁衛軍官。分掌射營。秩四品。

泰始二年，[1]爲假節、寧朔將軍、冗從僕射、軍主。[2]隨前將軍劉亮討破東賊於晋陵，[3]除長水校尉，[4]假輔國將軍。[5]北討薛索兒於破釜，[6]領水軍斷賊糧運。仍隨太祖於葛冢石梁，[7]再戰皆有功。南賊相持未決，敕景文隸劉亮拒劉胡，[8]攻圍力戰，身被數十創，除前軍將軍，封孝寧縣侯，[9]邑六百户。除寧朔將軍，游擊將軍，假輔師將軍，高平太守，[10]鎮軍、安西二府司馬，[11]驍騎將軍。[12]元徽末，出爲南豫州刺史、歷陽太守，[13]輔國將軍如故。遷征虜將軍、南琅邪濟陰二郡太守、軍主，[14]尋加散騎常侍。

[1]泰始：宋明帝年號。

［2］假節：君主授予臣下權力的方式之一。節，符節，代表皇帝的特殊命令。分三等，假節爲下。　冗從僕射：三國魏置。原屬光禄勛，南朝轉屬中領軍，分掌宿衛營兵。秩五品。

［3］隨前將軍劉亮討破東賊於晋陵：劉亮，仕宋，歷梁、益二州刺史，前軍將軍（禁衛軍官），以軍功封順陽縣侯。《南史》卷一七有傳。宋明帝泰始二年（466），晋安王子勛在尋陽自立爲帝，改元義嘉，各州郡紛紛響應。會稽太守孔覬亦離叛，遣其將孫曇瓘軍於晋陵（今江蘇常熟縣），朝廷稱“東賊”，劉亮奉命領兵征討，剿滅東賊。詳見《通鑑》卷一三一《宋紀十三》“明帝泰始二年”條。

［4］長水校尉：禁衛軍官。掌水軍。秩四品。

［5］輔國將軍：爲榮譽加號。秩三品。

［6］北討薛索兒於破釜：薛索兒，原爲宋將，所投魏。泰始二年（466），薛索兒將馬步萬餘人渡淮，進逼青、冀二州刺史張永營。破釜，不詳何地。當在淮河岸，故下句言全景文領水兵斷賊糧運。

［7］仍隨太祖於葛冢石梁：《通鑑》卷一三一：“蕭道成等與薛索兒戰，大破之，索兒退保石梁。”胡三省注：“今揚州六合縣有石梁河。”景文當在其中。

［8］敕景文隸劉亮拒劉胡：劉胡，豫州刺史。泰始二年（466），晋安王子勛叛，劉胡同叛逆，多次戰敗臺軍，囂張一時。全景文隨鎮東中兵參軍劉亮討劉胡，直逼胡營，英猛力戰，終敗之。

［9］孝寧縣侯：侯爲第二等封爵，孝寧縣（今湖北浠水縣）爲其食邑。

［10］高平：郡名。西晋置，南朝宋移治高平縣，在今山東鄒平縣。

［11］鎮軍、安西二府：指鎮軍將軍、安西將軍二軍府。鎮軍將軍，武官名。三國魏始置，晋、南朝沿置。秩三品。安西將軍，武官名。四安將軍之一，南朝爲優禮大臣的榮譽加號。秩三品。鎮

軍、四安將軍開府者，位從公秩一品。

[12]驍騎將軍：禁衛軍官。掌宿衛騎兵。秩四品。

[13]南豫州：南朝宋置，治歷陽縣，在今安徽和縣。

[14]南琅邪：郡名。南朝宋以琅邪郡改置，治所在今江蘇句容市。　濟陰：郡名。治所在今山東定陶縣。

建元元年，以不預佐命，[1]國除，[2]授南琅邪太守，常侍、將軍如故。遷光禄大夫，征虜將軍、臨川王征西司馬、南郡太守。[3]還，累遷爲給事中，光禄大夫。永明九年，卒。

[1]不預佐命：指不願參與齊朝的建立。

[2]國除：指撤銷封爵。

[3]臨川王：蕭映，齊高帝第三子。永明時，進號征西將軍。本書卷三五有傳。全景文在征西將軍府任司馬。　南郡：治所在今湖北荆州市。

周山圖字季寂，[1]義興義鄉人也。[2]少貧微，傭書自業。[3]有氣幹，[4]爲吴郡晋陵防郡隊主。[5]宋孝武伐太初，[6]山圖豫勳，[7]賜爵關中侯。[8]兖州刺史沈僧榮鎮瑕丘，[9]與山圖有舊，以爲己建武府參軍。[10]竟陵王誕據廣陵反，[11]僧榮遣山圖領二百人詣沈慶之受節度，[12]事平論勳，爲中書舍人戴明寶所抑。[13]泰始初，爲殿中將軍。[14]四方反叛，[15]僕射王彧舉山圖將領，[16]呼與語，甚悦，使領百舸爲前驅。與軍主佼長生等攻破賊湖白、赭圻二城。[17]除員外郎，加振武將軍。豫平濃湖，[18]追賊至西陽還，[19]明帝賞之，賜苑西宅一區。[20]

［1］周山圖：《南史》卷四六亦有傳。

［2］義興：郡名。治所在今江蘇宜興市。　義鄉：縣名。治所在今浙江長興縣。

［3］少貧微，傭書自業：傭書，受雇爲人抄書。按，《南史》卷四六此處作："家世寒賤，年十五六，氣力絶衆，食噉恒兼數人。鄉里獵戲集聚，常爲主帥，指麾處分皆見從。不事産業，恒願爲將，雖勇健而不閑弓馬。於書題甚拙，謹直少言，不嘗説人短長。與人周旋，皆白首不異。"又云："宋元嘉二十七年，魏軍至瓜步，臺符取健兒，山圖應募，領白衣隊主。軍功除員外郎，加振武將軍。"

［4］有氣幹：中華本校勘記云："'氣'毛本、局本作'器'。"朱季海《南齊書校議》（以下簡稱朱季海《校議》）云："二本臆改，非是。《宋書·元凶劭傳》劭答奚承祖詰讓，有云：'比用人雖取勞舊，亦參用有氣幹者。'《魏書·乙瓌子乾歸傳》：'及長，身長八尺，有氣幹。'……'氣幹'自當時語。《魏書·劉道斌傳》：'幼而好學，有器幹。'與氣幹語别而義不同。"（中華書局1984年版，第65—66頁）今按，"氣幹"指氣魄和才幹；"器幹"則指能力、才幹。

［5］晋陵：郡名。治所在今江蘇常州市。　防郡隊主：指地方防衛隊長。

［6］宋孝武伐太初：指宋孝武帝劉駿討伐弑父之兄劉劭。因劉劭篡位改元太初，故以太初代指。

［7］山圖豫勳：指周山圖參與討伐立功。

［8］關中：所指不一，大體指今陝西、甘肅一帶。

［9］瑕丘：縣名。治所在今山東兖州市。

［10］建武府：指建武將軍府。建武將軍，南朝爲榮譽加號。開府者位從公秩一品。

［11］竟陵王誕據廣陵反：大明三年（459），宋孝武帝與竟陵

王劉誕（宋文帝第六子）相忌，帝命捕誕，誕在廣陵舉兵抗命。

[12]沈慶之：《南史》卷三七《沈慶之傳》："大明三年，司空竟陵王誕據廣陵反，復以慶之爲車騎大將軍……加都督，率衆討之……自四月至七月，乃屠城斬誕。"

[13]戴明寶：仕宋，歷任給事、大中大夫等職。《宋書》卷九四、《南史》卷七七有傳。

[14]殿中將軍：禁衛軍官。掌殿内警衛。秩五品。

[15]四方反叛：指宋明帝泰始二年（466），晋安王子勛起兵，在尋陽自立爲帝，諸王及各地長官紛紛響應，形勢汲汲可危。

[16]王彧：字景文，仕宋，明帝時，爲尚書右僕射（爲尚書令的輔佐），出爲江州刺史。《宋書》卷八五、《南史》卷二三有傳。

[17]與軍主："與"原作"舉"，中華本據《册府元龜》卷三五一改。今從改。　佼長生：越州人，仕宋，以將帥顯，官至寧蠻校尉。《宋書》卷八三、《南史》卷四〇有略傳。　赭圻：赭圻城。《通鑑》卷一三一《宋紀十三》"明帝泰始二年"條"據赭圻"胡三省注："劉昫曰：池州南陵縣，漢春穀縣地，秦置南陵縣，治赭圻城。"今按，赭圻城在今安徽繁昌縣西北長江南岸。

[18]濃湖：《通鑑》卷一三一"保濃湖"胡三省注："濃湖在鵲尾下。"按，鵲尾在今安徽繁昌縣西北。

[19]西陽：郡名。治所在今湖北黄岡市東。

[20]苑西宅：指在宫苑西邊的宅樓。

鎮軍將軍張永征薛安都於彭城，[1]山圖領二千人迎運至武原，[2]爲虜騎所追，合戰，多所傷殺。虜圍轉急，山圖據城自固，然後更結陣死戰，突圍出，虜披靡不能禁。衆稱其勇，呼爲"武原將"。及永軍大敗，[3]山圖收散卒得千餘人，守下邳城。[4]還除給事中、冗從僕射、直閤將軍。[5]

［1］張永：仕宋，歷爲顯官。明帝即位，爲青冀二州刺史，統諸將討叛齊投魏的原徐州刺史薛安都，累戰剋捷。《宋書》卷五三、《南史》卷三一有傳。　彭城：地名。今江蘇徐州市。

［2］迎運：中華本校勘記云："'運'《御覽》四百三十五引作'軍'，《元龜》三百九十二、三百九十五亦作'軍'。疑作'軍'是。"朱季海《校議》云："本書當爲'運'。《宋書·沈攸之傳》：'三年六月，自率運送米下邳……'迎運、率運，語略同耳……迎運正謂迎接運送之援如叔寶所領者爾。諸書改'軍'，則成泛語矣。"（第66頁）　武原：縣名。漢置，治下邳，在今江蘇邳縣，南朝宋廢，這裏指武原故城。

［3］及永軍大敗：《通鑑》卷一三二《宋紀十四》"明帝泰始三年"條記薛安都引魏軍合攻，"張永等棄城夜遁，會天大雪，泗水冰合，永等棄船步走，士卒凍死者太半，手足斷者什七八"。胡三省注："永、攸之大敗，遂失淮北四州及豫州淮西地。"

［4］下邳：郡名。南朝宋置，治下邳縣，在今江蘇睢寧縣。

［5］給事中：集書省官。掌侍從顧問。秩五品。　直閤將軍：武官名。掌警衛宮廷。秩四品。

山圖好酒多失，明帝數加怒誚，後遂自改。出爲錢唐新城戍。[1]是時豫州淮西地新沒虜，[2]更於歷陽立鎮，[3]五年，以山圖爲龍驤將軍、歷陽令，[4]領兵守城。

［1］錢唐：郡名。治所在今浙江杭州市。　新城戍：三國吴置，在新城縣，即今浙江富陽市西南新登鎮。

［2］豫州淮西地新沒虜：指壽春一帶被北魏占領。

［3］歷陽：郡名。治所在今安徽和縣。　鎮：軍事鎮戍單位。

［4］龍驤將軍：南朝爲榮譽加號。開府者位從公秩一品。

初，臨海亡命田流，[1]自號“東海王”，逃竄會稽鄞縣邊海山谷中，立屯營，分布要害，官軍不能討。明帝遣直後聞人襲説降之，[2]授流龍驤將軍，流受命，將黨與出，行達海鹽，放兵大掠而反。是冬，殺鄞令耿猷，東境大震。六年，敕山圖將兵東屯浹口，[3]廣設購募。流爲其副暨挈所殺，别帥杜連、梅洛生各擁衆自守。[4]至明年，山圖分兵掩討，皆平之。

[1]臨海亡命田流：臨海，郡名。治所在今浙江臨海市。田流，《通鑑》卷一三二《宋紀十四》“明帝泰始五年”條：“臨海賊帥田流，自稱東海王，剽掠海鹽（今浙江海鹽縣），殺鄞令，東土大震。”胡三省注：“鄞縣，自漢以來屬會稽郡。”今按，鄞縣治所在今浙江寧波市鄞州區。

[2]直後：武官名。南齊始置，掌宿衛侍從。秩四品。　聞人襲：其事不詳。

[3]浹口：在今浙江寧波市鎮海區東南甬江河口。

[4]杜連：中華本校勘記云：“毛本、局本作‘杜運’。”

豫章賊張鳳，[1]聚衆康樂山，[2]斷江劫抄。[3]臺軍主李雙、蔡保數遣軍攻之，連年不禽。[4]至是軍主毛寄生與鳳戰於豫章江，[5]大敗。明帝復遣山圖討之。山圖至，先羸兵偃衆，[6]遣幢主龐嗣厚遺鳳，[7]要出會聚，聽以兵自衛，鳳信之。行至望蔡，[8]山圖設伏兵於水側，擊斬鳳首，衆百餘人束首降。[9]除寧朔將軍、漣口戍主。[10]山圖遏漣水築西城，斷虜騎路，并以溉田。

[1]豫章：郡名。治所在今江西南昌市。

[2]康樂山：在康樂縣境内，即今江西萬載縣境内。

[3]斷江：指封鎖住江，不讓船隻來往。江，指贛江。

[4]連年不禽：多年未能擒獲。禽，通“擒”。

[5]豫章江：贛江。

[6]羸兵偃衆：指用老弱殘兵遮掩衆人眼目。

[7]幢主：南朝時稱統軍的小頭目。

[8]望蔡：縣名。治所在今江西上高縣。

[9]束首：中華本校勘記云：“‘束首’南監本、局本作‘束手’。”

[10]漣口：在望蔡縣境。　戍主：武官名。南北朝時邊地設營壘、城堡，派兵戍守，統兵者稱戍主。

元徽三年，遷步兵校尉，[1]加建武將軍。轉督高平下邳淮陽淮西四郡諸軍事、寧朔將軍、淮南太守。[2]盗發桓温塚，[3]大獲寳物。客竊取以遺山圖，山圖不受，簿以還官。遷左中郎將。[4]

[1]步兵校尉：禁衛軍官。分掌宿營步兵。秩四品。

[2]淮陽：郡名，東晋置，治所在今江蘇清江市古泗水西岸。　淮西郡：治所在今安徽壽縣。　淮南：郡名。治所同淮西郡。

[3]桓温：東晋大將軍，後篡晋自立失敗而死。《晋書》卷九八有傳。

[4]左中郎將：禁衛軍官。分掌宿衛營兵。秩四品。

太祖輔政，[1]山圖密啓曰：“沈攸之久有異圖，公宜深爲之備。”太祖笑而納之。武陵王贊爲郢州，[2]太祖令山圖領兵衛送。世祖與晋熙王燮自郢下，[3]以山圖爲後防。攸之事起，世祖爲西討都督，啓山圖爲軍副。世祖留據盆城，[4]衆議以盆城城小難固，不如還都。山圖曰："今據中流，爲四方勢援，大衆致力，川岳可爲。[5]城隍小事，不足難也。"[6]世祖使城局參軍劉皆、陳淵委山圖以處分事。[7]山圖斷取行旅船板，以造樓櫓，立水栅，旬日皆辦。世祖甚嘉之。授前軍將軍，加寧朔將軍，進號輔國將軍。

[1]太祖輔政：指昇明年間，太傅蕭道成輔佐宋順帝，執掌國事。

[2]武陵王贊：宋明帝第九子，順帝時爲郢州刺史。《南史》卷一四有傳。

[3]世祖：齊武帝蕭賾的廟號。本書卷三有紀。宋順帝時，蕭賾在晋熙王府任職。　晋熙王燮：劉燮，宋明帝第六子，出繼宋文帝子劉昶。時年四歲，王府大權爲蕭賾操持。　自郢下：指自郢州東下回京都建康。

[4]盆城：在今江西九江市。

[5]川岳可爲：指盆城山川險要，可爲屏嶂。

[6]城隍小事，不足難也：《通鑑》卷一三四《宋紀十六》"順帝昇明元年"條引作："今據中流，爲四方勢援，不可以小事難之；苟衆心齊一，江山皆城隍也。"

[7]城局參軍：南朝公府置城局曹，主盜賊事，設城局參軍主其事。秩不詳。　委山圖以處分事：指委托山圖經營盆城城隍工事。

攸之攻郢城，世祖令山圖量其形勢。山圖曰："攸之見與鄰鄉，[1]亟同征伐，[2]悉其爲人性度險刻，無以結固士心。如頓兵堅城之下，適所以爲離散之漸耳。”攸之既敗，平西將軍黄回乘輕舸從白服百餘人在軍前下緣流叫，[3]盆城中恐，須臾知是回凱歸，乃安。世祖謂山圖曰：“周公前言，可謂明於見事矣。”還都，太祖遣山圖領部曲鎮京城，鎮戍諸軍，悉受節度。遷游擊將軍，輔國如故。建元元年，封廣晋縣男，[4]邑三百户。

[1]見與鄰鄉：山圖謂沈攸之與己鄰近，對他情況熟悉。見，同“現”。

[2]亟同：多次一同。

[3]黄回：仕宋，勇力兼人。沈攸之反，朝廷以回爲平西將軍、郢州刺史。與沈攸之戰，攸之敗走。《宋書》卷八三、《南史》卷四〇有傳。　白服：指便裝，與絳服相對。唐長孺《讀史釋詞》：“南朝將士戎服都是絳衣，但軍中也有穿白的將士……白服，當是以徵募白丁充。不入軍籍，所以衣白。”（見《魏晋南北朝史論拾遺》，中華書局 1983 年版，第 258—259 頁）

[4]廣晋縣：今江西湖口縣。　男：爲第五等封爵，廣晋縣爲其食邑。

出爲假節、督兖青冀三州徐州東海朐山軍事、寧朔將軍、兖州刺史。[1]百姓附之。二年，進號輔國將軍。其秋，虜動，上策虜必不出淮陰，[2]乃敕山圖曰：“知卿綏邊撫戎，甚有次第，應變算略，悉以相委。恐列醜未必能送死，卿丈夫無可藉手耳。”虜果寇朐山，爲玄元度、盧紹之所破。[3]虜於淮陽。[4]是時淮北四州起義，[5]上使山圖自淮入清，[6]倍道應赴。[7]敕山圖曰：“卿當盡相帥馭理，每存全重，天下事，唯同心力，山岳可摧。然用兵當使背後無憂慮；若後泠然無橫來處，[8]閉目痛打，無不摧碎。吾政應鑄金，[9]待卿成勳耳。若不藉此平四州，非丈夫也。努力自運，勿令他人得上功。”會義衆已爲虜所没，山圖拔三百家還淮陰。表移東海郡治漣口，[10]又於石鱉立陽平郡，[11]皆見納。

[1]東海：郡名。南朝宋僑置，治所在今江蘇漣水縣。　朐山：城名。即今江蘇連雲港市海州區。

[2]淮陰：郡名。治所在今江蘇淮安市淮陰區。

[3]虜果寇朐山，爲玄元度、盧紹之所破：《通鑑》卷一三五《齊紀一》“高帝建元二年”條：“魏梁郡王嘉帥衆十萬圍朐山，朐山戍主玄元度嬰城固守，青、冀二州刺史范陽盧紹之遣子奐將兵助之。庚寅，元度大破魏師。臺遣軍主崔靈建等將萬餘人自淮入海，夜至，各舉兩炬；魏師望見，遁去。”中華本校勘記云：“‘玄元度’原訛‘元玄度’，各本同訛，今據《魏虜傳》及《魏書·蕭道成傳》乙正。按《通鑑》齊高帝建元二年‘朐山戍主玄元度嬰城固守’胡注引孫愐曰‘玄，姓也’。”

[4]虜於淮陽：此句語意不全。中華本校勘記云：“按下有脱文。”淮陽，郡名。東晋置，治所在今江蘇清江市古泗水西岸。

[5]淮北四州起義：淮北四州，指青、翼、徐、兖四州，宋明帝泰始三年（467）被北魏占領（見《通鑑》卷一三二《宋紀十四》“明帝泰始三年”條）。四州起義，在齊高帝建元二年（480）十月。《通鑑》卷一三五《齊紀一》“高帝建元二年”條：“十月……淮北四州民不樂屬魏，常思歸江南，上多遣間諜誘之。於是徐州民桓標之、兖州民徐猛子等所在蠭起爲寇盜，聚衆保五固，推司馬朗之爲主。魏遣淮陽王尉元、平南將軍薛虎子等討之。”

[6]自淮入清：指從淮河入清水。清水，泗水的別名，一作清

泗。由清水可至兖、徐。

[7]倍道應赴：指兼程到達。

[8]横來處：寬裕的後方供縱横馳騁。

[9]鑄金：指製造金屬勛章。

[10]表移東海郡治漣口：上表建議將東海郡治移至漣口。

[11]石鼈：縣名。南朝宋時升石鼈城置，治所在今江蘇寶應縣西南。　陽平郡：治元城縣，在今河北大名縣。

世祖踐阼，遷竟陵王鎮北司馬，[1]帶南平昌太守，[2]將軍如故。以盆城之舊，[3]出入殿省，甚見親信。義鄉縣長風廟神姓鄧，先經爲縣令，死遂發靈。山圖啓乞加神位輔國將軍。上答曰："足狗肉便了事，何用階級爲？"[4]轉黄門郎，[5]領羽林四厢直衛。[6]山圖於新林立墅舍，[7]晨夜往還。上謂之曰："卿罷萬人都督，[8]而輕行郊外。自今往墅，可以仗身自隨，[9]以備不虞。"及疾，上手敕參問，遣醫給藥。永明元年，卒，年六十四。詔賜朝服一具，衣一襲。

[1]竟陵王：蕭子良，字雲英，齊武帝第二子。武帝即位，爲使持節、都督南徐兖二州諸軍事、鎮北將軍、南徐州刺史。周山圖蓋在其鎮北將軍府任司馬。詳見本書卷四〇《子良傳》。

[2]南平昌：郡名。三國吴置，治所在今浙江遂昌縣。

[3]盆城之舊：指宋末齊高帝輔政時，沈攸之反，齊武帝蕭賾當時爲西討都督，啓山圖爲軍副守彭城，甚相倚重。

[4]足狗肉便了事，何用階級爲：宋武帝回答很詼諧，意思説，你多弄點狗肉祭祀便算優待，何必給神加官銜呢。

[5]黄門郎：給事黄門侍郎，門下省官。掌奏事，直侍左右。

秩五品。

[6]羽林四厢直衛：禁衛軍官。屬羽林監，守衛宫殿。秩不詳。

[7]新林：地名。即今江蘇南京市西南西善橋鎮。濱臨大江，南朝時爲軍事、交通要地。

[8]卿罷（pí）萬人都督：意謂你曾戰敗强大對手，他們會記仇。罷，使失敗，挫敗。

[9]仗身：護身衛士。

周盤龍，[1]北蘭陵蘭陵人也。[2]宋世土斷，[3]屬東平郡。[4]盤龍膽氣過人，尤便弓馬。泰始初，隨軍討赭圻賊，[5]躬自鬥戰，陷陣先登。累至龍驤將軍，積射將軍，封晋安縣子，[6]邑四百户。元徽二年，桂陽賊起，[7]盤龍時爲冗從僕射、騎官主、領馬軍主，[8]隨太祖頓新亭，[9]與屯騎校尉黄回出城南，[10]與賊對陣，尋引還城中，合力拒戰。事寧，除南東莞太守，[11]加前軍將軍，稍至驍騎將軍。昇明元年，出爲假節、督交廣二州軍事、征虜將軍、平越中郎將、廣州刺史，[12]未之官，預平石頭。[13]二年，沈攸之平，司州刺史姚道和懷貳被徵，[14]以盤龍督司州軍事、司州刺史、假節，[15]將軍如故。改封沌陽縣。[16]太祖即位，進號右將軍。[17]

[1]周盤龍：《南史》卷四六亦有傳。

[2]北蘭陵：郡名。治蘭陵縣，在今江蘇常州市武進區西北萬綏鎮。中華本校勘記引清錢大昕《廿二史考異》曰："按史稱南蘭陵者，南徐州之蘭陵也；稱北蘭陵者，徐州之蘭陵也。《宋志》徐州蘭陵郡領昌慮、承、合鄉三縣，不見蘭陵縣，疑志有脱漏矣。宋泰始以後，淮北陷没，僑立淮南，土斷改屬東平，故《齊志》無北

蘭陵之名也。”

［3］宋世土斷：廢除僑置郡縣，使僑寓户口編入所在郡縣的辦法。西晋後由於戰亂，中原地區豪族多遷居江南，仍稱原來郡籍，形成諸僑郡縣。後南朝各代推行土斷，作爲加强王朝統治，與豪門争奪勞動力，擴大賦役和兵源的一種手段。《宋書》卷二《武帝紀中》：“及至大司馬桓温，以民無定本，傷治爲深，庚戌土斷，以一其業。於時財阜國豐，實由於此。”

［4］東平郡：在今山東東平縣。

［5］赭圻賊：泰始二年（466），江州刺史晋安王子勛反，其謀主鄧琬領兵爲前鋒，據赭圻城。詳見《通鑑》卷一三一《宋紀十三》“明帝泰始二年”條。時周龍圖隨沈攸之帥諸軍圍赭圻。

［6］晋安縣子：子爲第四等封爵，晋安縣（今四川廣元市）爲其食邑。

［7］桂陽賊起：指元徽二年（474）五月桂陽王劉休範自尋陽起兵反，東下直抵京城。詳見《通鑑》卷一三三《宋紀十五》“蒼梧王元徽二年”條。

［8］騎官主、領馬軍主：皆爲騎兵首領。

［9］隨太祖頓新亭：時蕭道成（即後來的齊太祖）將前鋒兵出屯新亭，周山圖亦在前鋒兵中。新亭，在今江蘇南京市南，地近江濱，依山築城壘，爲軍事要塞。

［10］屯騎校尉：禁衛軍官四校尉之一，分掌宿衛營騎兵。秩四品。屯騎校尉，原作“屯驤校尉”。中華本校勘記云：“殿本《考證》云：《百官志》無屯驤校尉，《南史·黄回傳》作‘屯騎校尉’，當從之。今據改。”今從改。

［11］除：原訛“徐”，中華本徑改，未出校。今從改。　南東莞：郡名。東晋僑置於晋陵，在今江蘇常州市。

［12］交廣二州：交州東漢移治廣信縣，在今廣西梧州市。廣州治所在今廣東廣州市。　平越中郎將：防邊軍官。治廣州，主護南越。

[13]預平石頭：宋順帝昇明元年（477），中書監袁粲自石頭戍起兵反蕭道成專權，道成遣軍平粲。時周盤龍也參與平石頭之戰。詳見《通鑑》卷一三四《宋紀十六》“順帝昇明元年”條。

[14]懷貳被徵：指懷有異心被調離。

[15]假節：“假”字原闕，中華本據各本補。今從補。

[16]沌陽縣：治所在今湖北武漢市漢陽區東臨漳山下。

[17]右將軍：右軍將軍，禁衛軍官。分掌宿衛營兵。秩四品。“右”字原闕，中華本據各本補。今從補。

建元二年，虜寇壽春，[1]以盤龍爲軍主、假節，助豫州刺史垣崇祖決水漂潰。[2]盤龍率輔國將軍張倪馬步軍於西澤中奮擊，殺傷數萬人，獲牛馬輜重。上聞之喜，詔曰：“醜虜送死，敢寇壽春，崇祖、盤龍正勤義勇，乘機電奮，水陸斬擊，填川蔽野。師不淹晨，西蕃剋定。斯實將率用命之功，文武争伐之力。[3]凡厥勳勤，宜時銓序，可符列上。”[4]盤龍愛妾杜氏，上送金釵鑷二十枚，[5]手敕曰“餉周公阿杜”。[6]轉太子左率。改授持節，軍主如故。

[1]虜寇壽春：指齊高帝建元二年（480）春，魏將薛道標引兵攻壽陽（今安徽壽縣），步騎號二十萬。

[2]助豫州刺史垣崇祖決水漂潰：《通鑑》卷一三五《齊紀一》“高帝建元二年”條：“豫州刺史垣崇祖集文武議之，欲治外城，堰肥水以自固……乃於城西北堰肥水，堰北築小城，周爲深塹，使數千人守之，曰：‘虜見城小，以爲一舉可取，必悉力攻之……’魏人果蟻附攻小城，崇祖著白紗帽，肩輿上城。晡時，決堰下水；魏攻城之衆漂墜塹中，人馬溺死以千數。魏師退走。”按，“漂潰”

原作“漂潰”，中華本據局本及《册府元龜》卷三五一改。今按，中華再造善本亦作“漂濆”。又朱季海《校議》辨云：“《廣雅·釋詁》：‘弱、淪、氾……濆也。’是漂濆猶漂溺也。《張冲傳》：‘江水暴漲，加湖城淹濆，義師乘高艦攻之。’溺謂之濆，故是江左人語。”（第66頁）

[3]伐：原訛作“乏”，中華本據各本改正。今從改。

[4]列上：原作“列言”，中華本據南監本、殿本、局本改。今從改。

[5]金釵鑷：婦女插於髮髻的金製手飾。釵，由兩股合成。鑷，指綴附於金釵的垂飾。

[6]手敕曰“餉周公阿杜”：稱周盤龍爲“周公”，稱其愛妾杜氏爲“阿杜”，顯示出齊高帝對盤龍懷有特殊的好感。

明年，虜寇淮陽，圍角城。[1]先是上遣軍主成買戍角城，謂人曰：“我今作角城戍，我兒當得一子。”或問其故？買曰：“角城與虜同岸，危險具多，我豈能使虜不敢南向。我若不没虜，則應破虜。兒不作孝子，便當作世子也。”[2]至虜圍買數重，上遣領軍將軍李安民爲都督救之。[3]敕盤龍曰：“角城漣口，[4]賊始復進，[5]西道便是無賊，卿可率馬步下淮陰就李領軍。[6]鍾離船少，[7]政可致衣仗數日糧，軍人扶淮步下也。”[8]買與虜拒戰，手所傷殺無數。晨朝早起，手中忽見有數升血，其日遂戰死。[9]

[1]虜寇淮陽，圍角城：角城，原作“甬城”，中華本據《南史》及《册府元龜》卷三九五、四二五、八四七、九五一改，並云“下同”。按，《通鑑》卷一三五《齊紀一》“高帝建元三年”

條："魏人寇淮陽，圍軍主成買於甬城。"胡三省注："'甬城'當作'角城'。《水經注》：'角城在下邳睢陵縣，南臨淮水，其地據濟水入淮之口……'高閭曰：'角城去淮陽十八里。'杜佑曰：'角城，晋安帝義熙中置，在宿遷縣界'。"

[2]便當作世子也：我如破虜立功，便當封王侯之爵，兒子便可稱"世子"。按，《南史》卷四六此處記作："上遣軍主成買戍角城，辭於王儉曰：'今段之行，必以死報。衡門蓬户，不朱斯白。小人弱息當得一子。'儉問其故，答曰：'若不殺賊，便爲賊殺。弱息不爲世子，便爲孝子；孝子則門加素堊，世子則門施丹赭'。"

[3]李安民：歷仕南朝宋、齊，齊高帝時爲中領軍，遷領軍將軍。武帝時，遷尚書左僕射。本書卷二七、《南史》卷四六有傳。按，此處《通鑑》卷一三五云："上遣領軍將軍李安民爲都督，與軍主周盤龍等救之。魏人緣淮大掠，江北民皆驚走渡江。"

[4]漣口：漣水埧，在今江蘇漣水縣東南，爲淮濱之要津。

[5]賊始復進："賊始復"三字原闕，中華本據各本補。今從補。

[6]淮陰：《南史》作"淮陽"。　李領軍：指領軍將軍李安民，當時駐淮陰。

[7]鍾離：縣名。治所在今安徽鳳陽縣臨淮關。

[8]軍人扶淮步下也：指沿淮步行而下。

[9]其日遂戰死：《南史》此後云："首見斬，猶尸據鞍奔還軍然後僵。"按，清趙翼《陔餘叢考》卷七《〈齊書〉立傳太少》評云："《齊書》立傳亦太少，如朱（成）買奉命領兵，戍甬城，謂人曰：'我一子當得官。'人問其故，曰：'若不殺賊，便爲賊殺。弱息不爲世子，即爲孝子。'蓋謂殺賊則有功封，被賊殺則有恤蔭也。後守城，果與魏軍戰被斬，其屍猶據鞍奔還。此豈得無傳，乃僅於《周盤龍傳》内附見之……"

盤龍子奉叔單馬率二百餘人陷陣，虜萬餘騎張左右翼圍繞之，一騎走還，報"奉叔已没"，盤龍方食，棄箸，馳馬奮矟，直奔虜陣，自稱"周公來!"[1]虜素畏盤龍驍名，即時披靡。時奉叔已大殺虜，得出在外，盤龍不知，乃衝東擊西，奔南突北，賊衆莫敢當。奉叔見其父久不出，復躍馬入陣。父子兩匹騎，縈攪數萬人，虜衆大敗。[2]盤龍父子由是名播北國。形甚羸訥，而臨軍勇果，諸將莫逮。

[1]直奔虜陣，自稱"周公來"："虜陣自稱周公來"七字原無，中華本據《御覽》卷四三五引補。今從補。

[2]父子兩匹騎，縈攪數萬人，虜衆大敗：《通鑑》卷一三五《齊紀一》"高帝建元三年"條作："父子兩騎縈擾，魏數萬之衆莫敢當者；魏師遂敗，殺傷萬計。魏師退，李安民等引兵追之，戰於孫溪渚，又破之。"胡三省注："孫溪渚在淮陽之北，清水之濱。"

永明元年，遷征虜將軍、南琅邪太守。[1]三年，遷右衛將軍，加給事中。五年，轉大司馬，[2]加征虜將軍、濟陽太守。[3]世祖數講武，常令盤龍領馬軍，校騎騁矟。[4]後以疾爲光禄大夫。尋出爲持節、都督兖州緣淮諸軍事、平北將軍、兖州刺史。進爵爲侯。[5]

[1]南琅邪：郡名。南朝宋以琅邪郡改名，齊永明元年（483）移治白下城，在今江蘇南京市北金川門外幕府山南麓。

[2]轉大司馬：中華本校勘記引清錢大昕《廿二史考異》云："此時豫章王嶷爲大司馬，盤龍何以得代之，蓋爲嶷府之僚佐，史脱其文耳。"今按，其當爲大司府參軍。大司馬，《御覽》卷二〇

九："《齊職儀》云：'品第一，秩中二千石'。"

[3]濟陽：郡名。西漢置，治濟陽，在今河南蘭考縣東北堌鎮。

[4]常令盤龍領馬軍，校騎騁矟：騁矟，謂縱馬馳騁。按，此句原作"帝令盤龍領軍校尉騎騁矟"，中華本據南監本、殿本、局本改。今從改。

[5]進爵爲侯："爲"字原無，中華本據局本、《南史》補。今從補。

角城戍將張蒲，與虜潛相構結，因大霧乘船入清中採樵，[1]載虜二十餘人，藏仗笄下，[2]直向城東門，防門不禁，仍登岸拔白爭門。[3]戍主皇甫仲賢率軍主孟靈寶等三十餘人於門拒戰，斬三人，賊衆被創赴水，而虜軍馬步至城外已三千餘人，阻塹不得進。淮陰軍主王僧慶等領五百人赴救，[4]虜衆乃退。坐爲有司所奏，[5]詔白衣領職。八座尋奏復位。[6]加領東平太守。

[1]入清中採樵：清，水名。泗水的别稱，一作清泗。源出山東泗水縣東蒙山南麓，流經江蘇至清江市西南入淮河。

[2]藏仗笄下：中華本校勘記云："'仗'南監本、殿本作'伏'。殿本《考證》云：'伏'汲古閣本作'仗'。按字書，笄是竹器，但可藏仗，未可藏人，似當以仗爲是。"仗，兵器。

[3]拔白：指從箭囊中拔箭在手。白，指白羽箭。

[4]王僧慶：原作"王僧虔"，中華本據局本及《册府元龜》卷四五〇改。今從改。

[5]坐爲有司所奏：指周盤龍因此事犯了督察不力之過，故爲有司所彈奏。

[6]八座：古代中央政府的八種高官，歷朝制度不同，所指不

同。南朝時指五曹尚書、二僕射、一令爲八座。此處泛指朝廷高官。

盤龍表年老才弱，不可鎮邊，求解職，見許，還爲散騎常侍、光禄大夫。世祖戲之曰："卿著貂蟬，何如兜鍪？"[1]盤龍曰："此貂蟬從兜鍪中出耳。"[2]十一年，病卒，年七十九。[3]贈安北將軍、兖州刺史。

[1]卿著貂蟬，何如兜鍪：意即你現在當文官，和過去當武官相比，感覺如何。貂蟬，貂尾和附蟬，古代爲侍中、常侍等貴近之官的官飾。兜鍪，亦作"兜牟"。古代戰士所戴的頭盔。

[2]此貂蟬從兜鍪中出耳：意思説，若無昔日兜鍪之功，哪來今日貂蟬之榮。

[3]十一年，病卒，年七十九：許福謙《〈南齊書〉紀傳疑年録》據傳中描寫十二年前在有名的角城之戰中，周盤龍"馳馬奮矟，直奔虜陣"，"衝東擊西，奔南突北，賊衆莫敢當"，以爲"以年近七旬之老翁，尚能馳馬奮矟，出入萬軍之中，令敵畏懼至此，使人難以相信"，"故周盤龍之得年不應如此之大，恐有訛誤"。（《首都師範大學學報》1998年第1期）

子奉叔，勇力絶人，隨盤龍征討，所在爲暴掠。世祖使領軍東討唐寓之，[1]奉叔畏上威嚴，檢勒部下，不敢侵斥。爲東宫直閤。[2]鬱林在西州，[3]奉叔密得自進。[4]及即位，與直閤將軍曹道剛爲心膂。[5]道剛驍騎將軍，加冠軍將軍；奉叔游擊將軍，[6]加輔國將軍：並監殿内直衛。少日，仍遷道剛爲黄門郎，高宗固諫不納。[7]奉叔善騎馬，帝從其學騎射，尤見親寵，得入後宫。[8]尋加領淮陵太守、兖州中正。[9]道剛加南濮陽太守。[10]隆昌元年，[11]除黄門郎，未拜，仍出爲持節、都督青冀二州軍事、冠軍將軍、青州刺史。時帝謀誅宰輔，故出奉叔爲外援，[12]除道剛中軍司馬、青冀二州中正，本官如故。

[1]討唐寓之：《通鑑》卷一三六《齊紀二》“武帝永明四年”條：“春正月……唐寓之攻陷錢唐，吴郡諸縣令多棄城走。寓之稱帝於錢唐，立太子，置百官；遣其將高道度等攻陷東陽，殺東陽太守蕭崇之。崇之，太祖族弟也。又遣其將孫泓寇山陰，至浦陽江……上發禁兵數千人，馬數百匹，東擊寓之。臺軍至錢唐，寓之衆烏合，畏騎兵，一戰而潰，擒斬寓之，進平諸郡縣。”

[2]東宫直閤：東宫直閤將軍，武官名。掌護衛太子宫。秩四品。

[3]鬱林在西州：鬱林王蕭昭業，文惠太子長子，初封南郡王，治所在今湖北荆州市，故曰在西州。

[4]奉叔密得自進：指奉叔私下結識鬱林王。

[5]曹道剛：字景昭，性質直，甚見恩寵。《南史》卷七七有傳。

[6]游擊將軍：與驍騎將軍皆爲禁衛軍官。分掌宿衛營兵。秩皆四品。

[7]高宗固諫不納：高宗，指齊明帝蕭鸞，廟號高宗。鬱林王即位，以蕭鸞爲尚書令、中書監。蕭鸞又是鬱林王叔父，故掌進諫。

[8]得入後宫：《南史》卷四六此句後云：“無所忌憚。陵轢朝士，就司空王敬則换米二百斛，敬則以百斛與之，不受。敬則大懼，乃更餉二百斛並金鋺等物。敬則有一内妓，帝令奉叔求。奉叔不通逕前，從者執單刀皆半拔，敬則跣走入内。既而自計不免，乃

出，遥呼奉叔曰：‘弟那忽能顧?’奉叔宣旨求妓意，乃得釋。與綦母珍、曹道剛、朱隆之共相脣齒，煽弄威權。奉叔常翼單刀二十口，出入禁闈，既無别詔，門衛莫敢訶。每語人云：‘周郎刀不識君’。求武帝御角及輿，並求御仗以給左右，事無不從……”按，《通鑑》卷一三九《齊紀五》“明帝建武元年”條亦有類似記載。

[9]淮陵：郡名。屬南徐州，治司吾縣，在今江蘇新沂市。見本書《州郡志上》。

[10]南濮陽：郡名。屬徐州，治所在今山東鄆城縣。見本書《州郡志上》。

[11]隆昌：齊鬱林王年號。

[12]時帝謀誅宰輔，故出奉叔爲外援：帝指鬱林王蕭昭業，武帝蕭賾長孫，武帝臨終以西昌侯蕭鸞（即後來的齊明帝）爲尚書令，輔佐新主。“既而尼媪外入，頗傳異語”，鬱林王乃疑蕭鸞有異志，暗地布置心腹，“謀誅”蕭鸞。見本書卷四《鬱林王紀》。清趙翼《廿二史劄記》卷一〇《南史與齊書互異處》：“《齊書・周奉叔傳》謂，鬱林欲誅宰輔（時明帝鸞方輔政），乃出奉叔爲都督青、冀二州軍事，以爲外援。《南史》則謂明帝輔政，令蕭諶説帝，出奉叔爲外援，又説奉叔以方嶽之重，奉叔乃許。是奉叔之出，乃明帝意，非鬱林意也。按奉叔勇力絶人，鬱林欲誅宰輔，方倚以爲助，豈肯出之於外？當是明帝謀廢立，懼其在帝左右爲難，故説帝出之。此則《南史》爲得其實也。”

奉叔就帝求千户侯，[1]許之。高宗輔政，以爲不可，封曲江縣男，[2]三百户，奉叔大怒，於衆中攘刀厲目，高宗説喻之，乃受。奉叔辭畢將之鎮，[3]部伍已出。高宗慮其一出不可復制，與蕭諶謀，[4]稱敕召奉叔於省内殺之，[5]勇士數人拳擊久之乃死。啓帝云：“奉叔慢朝廷。”帝不獲已，[6]可其奏。高宗廢帝之日，[7]道剛直閤省，蕭諶先入户，若欲論事，兵人隨後奄進，以刀刺之，洞胸死，因進宫内廢帝。[8]

[1]千户侯：指食邑千户的侯爵。

[2]曲江縣：今廣東韶關市，爲男爵的食邑。

[3]奉叔辭畢將之鎮：之鎮，赴鎮所。指赴青州刺史及都督青冀二州軍事的州府和軍府。

[4]蕭諶：齊宗室，齊武帝心腹。鬱林王時爲衛尉，直衛宫廷，與蕭鸞爲知友。本書卷四二、《南史》卷四一有傳。

[5]於省内殺之：《通鑑》卷一三九《齊紀五》"高帝建武元年"條胡三省注："省内，尚書省中也。"按，《南史》卷四六此處作："及將之鎮，明帝慮其不可復制，因其早入，引往後堂，執送廷尉盡之。"

[6]不獲已：謂無可奈何。

[7]高宗廢帝之日：指隆昌元年（494）秋七月，鬱林王即位未滿一年，即被蕭鸞所廢，立其弟蕭昭文，是爲齊恭王，改元延興。

[8]因進宫内廢帝：《通鑑》卷一三九《齊紀五》"高帝建武元年"條載，蕭鸞使蕭諶先入宫，殺護衛曹道剛、朱隆之。鬱林在壽昌殿，聞外有變，猶呼衛尉蕭諶。蕭諶將鬱林引出殿，行至西弄，弑之。按，"因進"原作"同進"，中華本據南監本、殿本、局本改。今從改。

奉叔弟世雄，永元中，[1]爲西江督護。[2]陳顯達事後，[3]世雄殺廣州刺史蕭季敞，[4]稱季敞同逆，送首京師。廣州刺史顔翻討殺之。

[1]永元：齊東昏侯年號。

[2]西江：西江口，一名荆江口，又名三江口。在今湖南岳陽市北，爲洞庭水入江處，亦爲攻防軍事要地，故設督護領兵守護。

[3]陳顯達事：永元元年（499），東昏立，大肆誅殺大臣。江州刺史陳顯達聞東昏將遣兵襲江州，甚懷危怖，被逼舉兵東下，至建康，敗死。本書卷二六有傳。

[4]蕭季敞：齊宗室，累爲地方長官，在政貪穢。《南史》卷四一有略傳。

王廣之字林之，[1]沛郡相人也。[2]少好弓馬，便捷有勇力。初爲馬隊主。宋大明中，以功補本縣令，殿中，[3]龍驤，[4]强弩將軍，[5]驃騎中兵，[6]南譙太守。[7]

[1]王廣之：《南史》卷四六亦有傳，謂“字士林，一字林之”。

[2]沛郡：漢置，治相縣，在今安徽淮北市相山區。

[3]殿中：指殿中將軍，禁衛軍官。掌殿内警衛。秩六品。

[4]龍驤：指龍驤將軍，南朝時爲加官性質的將軍。

[5]强弩將軍：禁衛軍官。分掌弩營。秩四品。

[6]驃騎中兵：指驃騎將軍府中兵參軍。驃騎將軍，南朝時爲榮譽加官，品秩第二。開府者位從公秩一品。參《唐六典》卷五引《齊職儀》。

[7]南譙：郡名。東晋僑置，治山桑縣，在今安徽巢湖市東南。

泰始初，除寧朔將軍、軍主，隸寧朔將軍劉懷珍征殷琰於壽春。[1]琰將劉從築壘拒守，[2]臺軍相守移日。[3]琰遣長史杜叔寶領五千人運車五百乘援從。[4]懷珍遣廣之及軍主辛慶祖、黄回、千道連等要擊於横塘。[5]寶結營拒戰，廣之等肉薄攻營，[6]自晡至日没，大敗之，殺傷千餘人，遂退，燒其運車。從聞之，棄壘奔走。時合肥城反，[7]官軍前後受敵，都督劉勔召諸軍主會議。廣之曰："請得將軍所乘馬往平之。"勔以馬與廣之，廣之去三日，攻剋合肥賊。[8]

[1]劉懷珍：歷仕南朝宋、齊，歷任將軍，屢征戰，有功勛。本書卷二七有傳。　殷琰：仕宋，爲豫州刺史。泰始二年（466），琰隨晋安王劉子勛反，即以琰爲豫州刺史，守壽春。詳見《宋書》卷八七《殷琰傳》。按，《南史》卷四六作"隨劉勔征殷琰"；又《南史》卷三九《殷琰傳》亦謂"帝遣輔國將軍劉勔西討之"；同卷《劉勔傳》亦叙討殷琰事："時琰嬰城固守，自始春至于冬末，勔内攻外禦，戰無不捷。"本書言主帥爲劉懷珍，恐有訛，録以待考。

[2]劉從：應爲"劉順"，蕭子顯避諱改"從"。

[3]臺軍相守移日：中華本校勘記云："'守'南監本、毛本、殿本、局本作'拒'。"朱季海《校議》云："'守'字是，諸本臆改。史謂劉從以逆犯順故曰'拒守'，臺軍止曰'守'耳。"（第66頁）

[4]杜叔寶領五千人運車五百乘援從：《通鑑》卷一三一《宋紀十三》"明帝泰始二年"條："劉順等始行，唯齎一月糧，既與勔相持，糧盡。叔寶發車千五百乘，載米餉順，自將五千精兵送之。"

[5]要擊於横塘：要擊，半路襲擊，指襲擊其糧車。横塘，《通鑑》卷一三一胡三省注引《水經注》："閻潤水上承施水於合肥縣北，復逕縣西，積爲陽湖。陽湖水自塘西北，逕死雩亭南，夾横塘西注。宋泰始初，劉順據之以拒劉勔，杜叔寶送糧死雩，劉勔破之此塘。"按，横塘在今安徽壽縣東。

[6]肉薄：兩軍迫近，以徒手或短兵器相搏鬥。

[7]時合肥城反：合肥，郡名。即今安徽省合肥市。當時叛軍

襲合肥，殺汝陽太守裴季之。胡三省注："沈約曰：江左置南汝陰郡，所治即合肥縣。"

［8］攻剋合肥賊：《南史》卷四六此段所記頗爲曲折："勔宣令軍中求征合肥者，以大郡賞之。廣之曰：'若得將軍所乘馬，叛能制之。'勔幢主皇甫肅謂勔曰：'廣之敢奪節下馬，可斬。'勔曰：'觀其意必能立功。'即推鞍下馬與之。及行，合肥果拔，勔大賞之，即擢爲軍主。廣之於勔前謂肅曰：'節下若從卿言，非唯斬壯士，亦自無以平賊。卿不賞才乃至此邪！'廣之由此知名。初封蒲圻子。肅有學術，善舉止，廣之亦雅相推慕。勔亡後，肅更依廣之，廣之盛相賞接，啓武帝以爲東海太守，不念舊惡如此。"

仍隨懷珍討淮北。時明帝遣青州刺史明僧暠北征至三城，[1]爲沈文秀所攻。廣之將步騎三千餘人，緣海救之，俱引退。廣之又進軍襲文秀所置長廣太守劉桃根，[2]桃根棄城走。軍還，封安蠻縣子，[3]三百户。尋改蒲圻。[4]除建威將軍、南陽太守，[5]不之官。除越騎校尉，[6]龍驤將軍、鍾離太守。遷爲左軍將軍，加寧朔將軍、高平太守。又除游擊將軍，寧朔如故。加給事中，冠軍將軍。討宋建平，[7]先登京口，改封寧都縣子，[8]五百户。太祖廢蒼梧，[9]出廣之爲假節、督徐州軍事、徐州刺史、鍾離太守，冠軍如故。

［1］明僧暠：好學機警，爲宋孝武帝所重。曾使魏，不辱君命。明帝泰始初爲青州刺史。本書卷五四、《南史》卷五〇均有附傳。北征至三城：本書卷二七《劉懷珍傳》："先是明帝遣青州刺史明僧暠北征，僧暠遣將於王城築壘，以逼沈文秀（按，沈文秀原青州刺史，隨晋安王子勛同反），壍壁未立，爲文秀所破。"按，"北征至

三城”，此言“王城”，又《通鑑》卷一三一《宋紀十三》“明帝泰始二年”條則謂“攻東陽城”。胡三省注：“杜佑曰：東陽城，青州所治益都縣東城是也。”“三城”不明所指，或爲“王城”之訛，或應爲“東陽城”，待考。

[2]長廣太守劉桃根：長廣，郡名。治所原在長廣縣（今山東萊陽縣東），北魏移治膠東城（今山東平度市）。《通鑑》卷一三二《宋紀十四》“明帝泰始三年”條：“文秀所署長廣太守劉桃根將數千人戍不其城。”胡三省注：“不其縣，前漢屬琅邪郡，後漢屬東萊郡，晋分屬長廣郡。”

[3]安蠻縣：治所在今湖北武漢市黄陂區北。

[4]蒲圻：縣名。故址在今湖北嘉魚縣。

[5]南陽：郡名。治宛縣，在今河南南陽市。

[6]越騎校尉：禁衛軍官。分掌宿衛營兵。秩四品。

[7]討宋建平：指討伐宋建平王劉景素，宋文帝之孫，孝友清令，禮賢下士，有美譽。時蒼梧王凶狂失德，每欲加害。景素腹心將佐多勸其舉兵。元徽四年（476），景素據京口起兵，旋被臺軍討滅。《宋書》卷七二、《南史》卷一四有傳。

[8]寧都縣：今江西寧都縣。

[9]太祖廢蒼梧：元徽五年（477）七月，領軍將軍蕭道成（即後來的齊高帝，廟號太祖）暗遣人誅蒼梧王，以太后令廢蒼梧王劉昱，立順帝劉準，改元昇明。

沈攸之事起，廣之留京師，豫平石頭，仍從太祖頓新亭，進號征虜將軍。太祖誅黄回。[1]回弟駟及從弟馬、兄子奴亡逸。太祖與廣之書曰：“黄回雖有微勳，而罪過轉不可容。近遂啓請御大小二輿爲刺史服飾。吾乃不惜爲其啓聞，政恐得輿，復求畫輪車。[2]此外罪不可勝數，弟自悉之。今啓依法。”令廣之於江西搜捕駟等。

建元元年，進爵爲侯，食邑千户。[3]轉散騎常侍、左軍將軍。[4]

[1]太祖誅黄回：黄回，仕宋，勇力兼人，平元凶，討休範、景素，累立功，任郢州刺史。黄回不樂在郢州，固求南兖，遂帥部曲擅自還；辛卯，改都督南兖等五州諸軍事，南兖州刺史。回對蕭道成曾懷有異心，道成以黄回終爲禍亂，兼之回有部曲數千人，欲遣收，恐爲亂。乃召回入東府，至，停外齋，使部下桓康將數十人，數回罪而殺之，並其子竟陵相僧念。詳見《宋書》卷八三、《南史》卷四〇本傳及《通鑑》卷一三四《宋紀十六》“順帝昇明二年”條。

[2]政恐得輿，復求畫輪車：意即正恐黄回得到刺史，還要求做更大的官。畫輪車，輪轂有彩飾，故名。《通鑑》卷一三五《齊紀一》“高帝建元元年”條“帝乘畫輪車”胡三省注：“畫輪車者，車輪施文畫也。《晋志》云：畫輪車，上開四望，緑油幢，朱絲絡，兩箱裹飾以金錦，黄金塗，五采。”畫輪車，古代帝王及王公大臣所乘。

[3]進爵爲侯，食邑千户：原作“爵侯，食邑爲千户”，中華本據南監本、殿本、局本增改。今按，原“爵侯，食邑爲千户”意亦通，且行文簡練，可不增改。

[4]左軍將軍：禁衛軍官。分掌宿衛營兵。秩四品。

北虜動，[1]明年，詔假廣之節，出淮上。廣之家在彭、沛，啓上求招誘鄉里部曲，北取彭城，上許之。以廣之爲使持節、都督淮北軍事、平北將軍、徐州刺史。廣之引軍過淮，無所剋獲，坐免官。尋除征虜將軍，加散騎常侍、太子右率。世祖即位，遷長沙王鎮軍司馬，[2]南東海太守，[3]司徒司馬，[4]尋陽相，[5]南新蔡太守，[6]安陸王北中郎左軍司馬、廣陵太守，[7]將軍如故。出爲持節、都督徐州諸軍事、徐州刺史，將軍如故。還爲光禄大夫、左將軍、司徒司馬。遷右衛將軍，轉散騎常侍，前將軍。[8]

[1]北虜動：《通鑑》卷一三五《齊紀一》"高帝建元元年"條："魏遣假梁郡王嘉督二將出淮陰，隴西公琛督三將出廣陵，河東公薛虎子督三將出壽楊，奉丹陽王劉昶入寇；許昶以克復舊業，世胙江南，稱藩于魏。"

[2]長沙王：劉晃，字宣明，齊高帝第四子。武帝即位，以晃爲使持節、都督南徐兖二州諸軍事、鎮軍將軍、南徐州刺史。王廣之蓋在其鎮軍將軍府任司馬。綜理軍府事務，參與軍事計劃。詳見本卷三五《長沙威王晃傳》。

[3]南東海：郡名。治所在今江蘇鎮江市。

[4]司徒司馬：指司徒府任司馬。司徒爲三公之一，南朝時爲大臣的最高榮譽加號之一。

[5]尋陽相：中華本校勘記云："'相'原訛'柏'，各本並訛，今改正。按王敬則封尋陽郡公，故改太守爲相。《曹虎傳》'領尋陽相'，《桓榮祖傳》'爲尋陽相'，《丘靈鞠傳》'出爲鎮南長史、尋陽相'皆是也。"

[6]南新蔡：郡名。齊後廢，治所在今湖北黄梅縣西。

[7]安陸王：劉子敬，齊武帝第五子。本書卷四〇有傳。　北中郎左軍司馬：指北中郎將府與左軍將軍府司馬。按，安陸王曾進號平西將軍、護軍將軍、征北大將軍等，但未爲北中郎將和左軍將軍。

[8]前將軍：中華本校勘記云："《南史》作'前軍將軍'。"

世祖見廣之子珍國應堪大用，謂廣之曰："卿可謂老蚌也。"[1]廣之曰："臣不敢辭。"上大笑。除游擊將軍，不拜。

[1]卿可謂老蚌也：老蚌，即老蚌。老蚌生珠，喻人年老生賢子。語出漢孔融《與韋端書》："前日元將來，淵才亮茂，雅度弘毅，偉世之器也；昨日仲將復來，懿性貞實，文敏篤誠，保家之主也。不意雙珠，近出老蚌，甚珍貴之。"按，元將、仲將，韋端二子康、誕的字。

十一年，虜動，[1]假廣之節，招募。隆昌元年，遷給事中、左衛將軍。時豫州刺史崔慧景密與虜通，[2]有異志。延興元年，[3]以廣之爲持節、督豫州郢州之西陽司州之汝南二郡軍事、平西將軍、豫州刺史。預廢鬱林勳，[4]增封三百户。高宗誅害諸王，[5]遣廣之征安陸王子敬於江陽，[6]給鼓吹一部。事平，仍改授使持節、散騎常侍、都督江州諸軍事、鎮南將軍、江州刺史。進封應城縣公，[7]食邑二千户。建武二年，虜圍司州，[8]遣廣之持節督司州征討，解圍。廣之未至百餘里，虜退，乃還。明年，遷侍中、鎮軍將軍，給扶。四年，卒。年七十三。追贈散騎常侍、車騎將軍，謚曰莊公。[9]

[1]十一年，虜動：《通鑑》卷一三八《齊紀四》"武帝永明十一年"條："秋七月……丁亥，魏主辭永固陵。己丑，發平城，南伐，步騎三十餘萬。"

[2]豫州刺史崔慧景密與虜通：指永明十一年（493）齊武帝駕崩，鬱林即位，慧景以少主新立，密與虜交通，朝廷疑懼。詳見

本書卷五一《崔慧景傳》。

[3]延興：齊恭帝年號。鬱林王蕭昭業登位纔半年，即被西昌侯蕭鸞廢殺，另立新安王蕭昭文，是爲恭帝，改元延興。

[4]預廢鬱林勳：指王廣之也參與廢殺鬱林王而立了功。

[5]高宗誅害諸王：齊明帝蕭鸞（廟號高宗）因非高、武直系繼承，怕高、武子孫報復，將高、武子孫誅殺殆盡。

[6]江陽：郡名。治所在今四川彭山縣。

[7]應城縣：治所在今湖北應城市。　公：公爲第一等封爵，應城縣爲其食邑。

[8]虜圍司州：建武二年（495）春，北魏遣拓跋衍及劉昶、王肅等領兵攻鍾離、義陽。詳見《通鑑》卷一四〇《齊紀六》"明帝建武二年"條。

[9]謚曰莊公：中華本校勘記云："'莊公'南監本、殿本。局本作'壯公'。"

史臣曰：公侯扞城，守國之所資也。必須久習兵事，非一戰之力。安國等致效累朝，聲勤克舉，並識時變，咸知附託。[1]盤龍驍勇，獨冠三軍，匈奴之憚飛將，[2]曾不若也。壯矣哉！

[1]咸知附託：指善於擇明主而事之。

[2]匈奴之憚飛將：《史記》卷一〇九《李將軍列傳》："廣居右北平，匈奴聞之，號曰'漢之飛將軍'，避之數歲，不敢入右北平。"按，此處是用漢名將李廣類比周盤龍，說他勇冠三軍，魏軍懼怕他，就像漢時匈奴害怕飛將軍李廣一樣。

贊曰：安國舊將，協同遷社，[1]同禪九江，翊從中夏。[2]盤龍殺敵，洞開胡馬。廣之末年，旌旄驟把。[3]

[1]協同遷社：指協助齊高帝改朝換代，廢宋立齊。

[2]同禪九江，翊從中夏：此指周山圖在太祖蕭道成輔政時，即忠心效勞。沈攸之反，山圖力輔鎮守九江的世祖蕭賾西討。齊朝建立後，山圖護衛隨從太祖、世祖兩代，衛國安邊，顧念恢復中原。

[3]廣之末年，旌旄驟把：指王廣之晚年猶持節挂帥，抗擊北魏，討平內亂，建立功勛，受到旌揚。

南齊書　卷三〇

列傳第十一

薛淵　戴僧静　桓康尹略　焦度　曹虎

薛淵，[1]河東汾陰人也。[2]宋徐州刺史安都從子。本名道淵，避太祖偏諱改。安都以彭城降虜，[3]親族皆入北。太祖鎮淮陰，[4]淵遁來南，委身自結。果幹有氣力。太祖使領部曲，備衛帳内，從征伐。元徽末，[5]以勳官至輔國將軍，[6]右軍將軍，[7]驍騎將軍、軍主，[8]封竟陵侯。[9]

[1]薛淵：本名薛道淵，避齊高帝蕭道成（太祖）諱省去"道"字，作薛淵。《南史》卷四〇有附傳。又以避唐高祖李淵諱改"淵"字爲"深"字，作薛深。

[2]河東：郡名。治安邑縣，在今山西夏縣。　汾陰：縣名。治所在今山西萬榮縣。

[3]安都以彭城降虜：指宋泰始二年（466），徐州刺史薛安都從晋安王子勛反，子勛失敗，安都降魏。詳見《宋書》卷八八、《魏書》卷六一《薛安都傳》。

[4]太祖鎮淮陰：指泰始三年（467），薛安都引魏兵保徐州，淮南孤弱，朝廷以蕭道成（即後來的齊高帝，廟號太祖）假冠軍將軍、持節、都督北討前鋒諸軍事，鎮淮陰。詳見本書卷一《高帝紀上》。淮陰，縣名。故治在今江蘇淮安市淮陰區。

[5]元徽：宋後廢帝（即蒼梧王）年號。

[6]輔國將軍：南朝時爲榮譽加號。

[7]右軍將軍：禁衛軍官。分掌宿衛營兵。秩四品。

[8]驍騎將軍：禁衛軍官。分掌宿衛騎兵。秩四品。　軍主：武官名。領兵千人以上爲軍主，百人以上爲隊主。

[9]竟陵：縣名。治所在今湖北潛江市。　侯：侯爲第二等封爵，竟陵縣爲其食邑。

沈攸之難起，[1]太祖入朝堂，[2]豫章王嶷代守東府，[3]使淵領軍屯司徒左府，[4]分備京邑。袁粲據石頭，[5]豫章王嶷夜登西門遥呼淵，[6]淵驚起，率軍赴難，先至石頭焚門攻戰。事平，明旦衆軍還集杜姥宅，[7]街路皆滿，宫門不開，太祖登南掖門樓處分衆軍各還本頓，至食後，城門開，淵方得入見太祖，且喜且泣。太祖即位，增邑爲二千五百户。除淮陵太守，[8]加寧朔將軍，[9]驍騎將軍如故。尋爲直閤將軍，[10]冠軍將軍。[11]仍轉太子左率。[12]

[1]沈攸之難起：指宋元徽五年（477），蕭道成聯結帝左右楊玉夫等殺帝，以太后令追封廢帝爲蒼梧王，立安成王劉準爲帝，是爲順帝，改元昇明。時荆州刺史沈攸之起兵反蕭道成擅權，旋敗。詳見《通鑑》卷一三四《宋紀十六》“順帝昇明元年至二年”條。

[2]太祖入朝堂：時順帝劉準年僅十一歲，由蕭道成輔政，加

蕭道成假黄鉞、大都督中外諸軍事、太傅、揚州牧。

[3]豫章王嶷代守東府：豫章王嶷，齊高帝蕭道成第二子。宋順帝時任侍中。本書卷二二、《南史》卷四二有傳。東府，指東府城，在建康東四里青溪橋東南，爲戰略要地。南朝宋以後常爲宰相府第。當時蕭道成鎮此，道成至臺城，入守朝堂，乃命其子嶷代守東府。

[4]司徒左府：司徒爲古代三公之一，總掌政教。魏晋南朝司徒已成爲優禮大臣表明其地位尊顯的虛銜。秩一品。宋昇明時，“四貴”之一的袁粲爲司徒。左府，《南史》作“右府”。按，“左府”“右府”當即左右長史。本書《百官志》：“司徒府領天下州郡名數户口簿籍。雖無，常置左右長史……”

[5]袁粲據石頭：石頭，即石頭城，在今江蘇南京西清涼山，本楚威王所置金陵邑，三國時孫權重建改名，簡稱石頭。其城負山面江，控扼江險，南臨秦淮河口，形勢險固，宛如虎踞，故有“石頭虎踞”之稱。《通鑑》卷一三四謂：時袁粲不滿蕭道成擅權，欲步沈攸之起事，乃領兵據石頭城。道成亦先聞其謀，乃有意令薛淵將兵“助粲守石頭”，“薛淵固辭，道成强之，淵不得已，涕泣拜辭”。道成曰：“卿近在石頭，日夕去來，何悲如是，且又何辭?”淵曰：“不審公能保袁公共爲一家否？今淵往，與之同則負公，不同則立受禍，何得不悲!”道成曰：“所以遣卿，正爲能盡臨事之宜，使我無西顧之憂耳，但當努力，無所多言。”

[6]豫章王嶷夜登西門遥呼淵：此指袁粲於石頭城午夜發兵起事，被代守東府的蕭嶷發覺，故“遥呼淵”發兵鎮壓。

[7]杜姥宅：在臺城南掖門外。《晋書》卷三二《成恭杜皇后傳》載：東晋恭帝杜皇后母裴氏名穆，隨女渡江，“立第南掖門外，世所謂杜姥宅”。

[8]淮陵：郡名。治淮陵縣，在今安徽明光市東北。《南史》卷四〇作“淮陰”。

[9]寧朔將軍：武官名號。三國魏始置，爲駐幽州地區軍事長

官。南朝進爲榮譽加號。秩四品。

[10]直閤將軍：禁衛軍官。掌殿中侍衛。秩四品。

[11]冠軍將軍：南朝時爲榮譽加號。開府者位從公秩一品。

[12]太子左率：太子左衛率，東宫官。掌護衛太子。《唐六典》卷二八："齊左右衛率，武冠絳朝服，品第五，秩千石。"

虜遣僞將薛道摽寇壽春，[1]太祖以道摽淵之親近，[2]敕齊郡太守劉懷慰曰：[3]"聞道摽分明來，其兒婦並在都，[4]與諸弟無復同生者，凡此類，無爲不多方悮之，縱不全信，足使豺狼疑惑。"令爲淵書與道摽示購之之意，[5]虜得書，果追道摽，遣他將代之。[6]

[1]薛道摽寇壽春：薛道摽，原徐州刺史薛安都之子，隨其父投降北魏。齊高帝建元二年（480）魏將薛道摽引兵攻壽春（今安徽壽縣）。按，《通鑑》卷一三五《齊紀一》"高帝建元二年"條作"薛道標"。

[2]太祖以道摽淵之親近：因薛淵乃薛安都之侄，與道摽爲堂兄弟，故言"親近"。

[3]敕齊郡太守劉懷慰曰：《通鑑》卷一三五作"上使齊郡太守劉懷慰作冠軍將軍薛淵書，以招道標"。齊郡，治所原在今山東臨淄市，南朝宋末齊高帝輔政時，僑置齊郡於瓜步鎮，在今江蘇南京市六合區。劉懷慰，爲齊高帝蕭道成心腹，歷事宋齊，爲顯官。本書卷五二有傳。

[4]其兒婦並在都：指薛道摽雖然投魏，但其妻子兒女尚留在南朝都城。高帝欲以此爲釣餌，收買道摽。

[5]購之：指私下買通。

[6]遣他將代之：《通鑑》卷一三五作："使梁郡王嘉代之。"

世祖即位,[1]遷左衛將軍。[2]初,淵南奔,[3]母索氏不得自拔,改嫁長安楊氏,淵私遣購贖,[4]梁州刺史崔慧景報淵云:[5]"索在界首,[6]遣信拘引,已得拔難。"[7]淵表求解職至界上迎之,見許。改授散騎常侍、征虜將軍。[8]淵母南歸事竟無實。[9]永明元年,[10]淵上表解職送貂蟬。[11]詔曰:"遠隔殊方,聲問難審。淵憂迫之深,固辭朝列。昔東關舊典,猶通婚宦;[12]况母出有差,音息時至,依附前例,不容申許。便可斷表,速還章服。"[13]淵以贖母既不得,又表陳解職,詔不許。後虜使至,[14]上爲淵致與母書。

[1]世祖即位:指建元四年(482)高帝駕崩,齊武帝(廟號世祖)蕭賾繼帝位。

[2]左衛將軍:禁衛軍官。與右衛將軍分掌宿衛營兵。秩四品。

[3]淵南奔:指當初薛淵不從叔父薛安都投魏,而從魏地回歸南朝。

[4]淵私遣購贖:指薛淵暗托梁州刺史崔慧景派人至魏將母親私下贖買回。

[5]梁州刺史崔慧景:建元初,以慧景爲持節,都督梁、南北秦、沙四州軍事,西戎校尉,梁州刺史。見本書卷五一《崔慧景傳》。梁州,治南鄭縣,在今陝西漢中市東。

[6]索在界首:指私通之魏人,已至邊界報信。

[7]遣信拘引,已得拔難:指派可靠的人聯繫招引,薛母已從難中逃出。

[8]散騎常侍:門下省主官之一,掌奏事,直侍左右。秩五品。征虜將軍:南朝爲榮譽加號。開府者位從公秩一品。

[9]無實:指没有兑現,未能實現。

［10］永明：齊武帝年號。

［11］解職送貂蟬：指薛淵要求解去散騎常侍官。貂蟬，門下省冠冕，代指官職。

［12］昔東關舊典，猶通婚宦：東關，關隘名。三國時吴諸葛恪建，爲吴魏兩國邊界要衝。故址在今安徽含山縣南濡須山上。參見清顧祖禹《讀史方輿紀要》卷一九《南直一》。按，當時吴魏兩國人尚通婚，亦可在異國爲宦。

［13］便可斷表，速還章服：意謂不用再上表辭職，快將官服領回。章服，綉有日月星辰等各種圖案的高官禮服，這裹泛指官服。

［14］虜使：指北魏外交使節。永明二年（484）冬，魏使假員外散騎常侍頓丘李彪來聘；冬，齊遣驍騎將軍劉纘聘於魏。參見《通鑑》卷一三六《齊紀二》“武帝永明二年”條。

車駕幸安樂寺，[1]淵從駕乘虜橋，先是敕羌虜橋不得入仗，[2]爲有司所奏，免官，見原。四年，出爲持節、督徐州諸軍事、徐州刺史，[3]將軍如故。明年，遷右軍司馬，[4]將軍如故，轉大司馬，[5]濟陽太守，[6]將軍如故。七年，爲給事中、右衛將軍，[7]以疾解職。歸家，不能乘車，去車脚，使人轝之而去，[8]爲有司所糾，見原。

［1］安樂寺：在建康城内。宋文帝劉義隆爲太子時，曾迎蓮社高賢周續之於安樂寺，在此講禮月餘。見《蓮社高賢傳·周續之傳》。

［2］淵從駕乘虜橋，先是敕羌虜橋不得入仗：“乘虜橋”“羌虜橋”不明何義，疑文字有訛。入仗，指携帶兵器入内。

［3］持節：君主授予臣下權力的方式之一。節代表皇帝的特殊命令。　督：統軍等級，分三等：都督諸軍爲上，監諸軍次之，督諸軍爲下。　徐州：州名。治所原在彭城（今江蘇徐州市），東晋

改治京口（今江蘇鎮江市），南朝宋改名南徐州，此當指南徐州。

[4]明年，遷右軍司馬："明年"原作"明帝"。中華本校勘記云："據殿本改。錢大昕《廿二史考異》云：'此時明帝尚未即位，當有舛訛。考《明帝紀》，永明五年爲右將軍、豫州刺史，淵殆爲其府司馬耳。當云遷明帝右軍司馬。'局本依錢説改爲'遷明帝右軍司馬'。今按上云'四年，出爲持節督徐州諸軍事徐州刺史'，下云'明年'，即永明五年，正蕭鸞爲右將軍豫州刺史時，與錢説合。殿本據北監本作'明年'，錢氏殆未校北監本，故不悟'帝'字爲'年'字之訛耳。"今從改。

[5]大司馬：原統掌軍事，與司徒、司空合稱三公。南朝爲優禮大臣的最高加號之一。秩一品。中華本校勘記引清錢大昕《廿二史考異》云："按齊世除大司馬者，唯豫章王嶷、王敬則二人，非淵所得授此。蓋蒙上右軍司馬之文，由右軍司馬轉爲大司馬府之司馬也。"

[6]濟陽：郡名。治考城縣，在今河南民權縣。

[7]給事中：門下省官。掌奏事，直侍左右。秩五品。

[8]轝（yú）之：指當轎子擡着走。轝，轎。

八年，爲右將軍、大司馬，[1]領軍討巴東王子響。[2]子響軍主劉超之被捕急，以眠褥雜物十餘種賂淵自逃，淵匿之軍中，爲有司所奏，詔原。十年，爲散騎常侍，將軍如故。世祖崩，朝廷慮虜南寇，假淵節，軍主、本官如故。[3]尋加驍騎將軍，假節、本官如故。隆昌元年，[4]出爲持節、督司州軍事、司州刺史，[5]右將軍如故。延興元年，[6]進號平北將軍，[7]未拜，卒。明帝即位，方有詔賻錢五萬，[8]布五百匹，剋日舉哀。

［1］爲右將軍、大司馬：中華本校勘記云："按當亦爲大司馬参佐，史有奪文。《元龜》四百五十五作'右將軍左司馬'，然下文有'將軍如故''右將軍如故'語，則不當爲右將軍左司馬也。"

［2］領軍討巴東王子響：巴東王子響，齊武帝第四子。永明七年（489），遷使持節、都督荆湘雍梁寧南北秦七州軍事、鎮軍將軍、荆州刺史，好武，私與蠻方交易兵仗，爲長史劉寅等連名密啓，子響知，大怒殺寅等。朝廷派兵討滅，將其貶爲魚復侯。見本書卷四〇《武十七王傳》。

［3］本官：原官，薛淵原官爲散騎常侍。

［4］隆昌：齊鬱林王年號。

［5］司州：南朝宋僑置，治縣瓠城，在今河南汝南縣。

［6］延興：齊恭王年號。

［7］平北將軍："四平將軍"之一，爲榮譽加號。

［8］賻錢：喪葬錢。

戴僧静，[1]會稽永興人也。[2]祖飾，宋景平中，[3]與富陽孫法先謀亂伏法，[4]家口徙青州。[5]

［1］戴僧静：《南史》卷四六亦有傳。

［2］會稽：郡名。即今浙江紹興市。　永興：縣名。即今浙江杭州市蕭山區。

［3］景平：宋少帝（即營陽王）年號。

［4］與富陽孫法先謀亂伏法：富陽，縣名。即今浙江富陽市。《南史》卷二八《褚淡之傳》載，景平元年（423），富陽孫氏聚合門宗謀逆，孫法先自號冠軍大將軍，攻没縣邑。褚淡之自假陵江將軍，率衆大敗賊於柯亭。中華本校勘記云："'孫法先'《宋書·文帝紀》作'孫法光'，《褚淡之傳》作'孫法亮'。"

［5］青州：東晋僑廣陵縣，在今江蘇揚州市西北。

僧静少有膽力，便弓馬。事刺史沈文秀，[1]俱没虜。後將家屬叛還淮陰，太祖撫畜之，[2]常在左右。僧静於都載錦出，[3]爲歐陽戍所得，[4]繫兖州獄，[5]太祖遣薛淵餉僧静酒食，以刀子置魚腹中。僧静與獄吏飲酒，既醉，以刀刻械，手自折鏁，發屋而出。歸，太祖匿之齋内，以其家貧，年給穀千斛。虜圍角城，[6]遣僧静戰盪，數捷，[7]補帳内軍主。[8]隨還京師，勳階至積射將軍、羽林監。[9]

［1］沈文秀：初仕宋，爲青州刺史。善戰，被魏圍三載而未破，至第五年始爲魏所剋。被虜入魏，降爲將，終於魏。見《宋書》卷八八、《魏書》卷六一本傳。

［2］太祖撫畜之：時蕭道成（即後來的齊高帝，廟號太祖）爲都督北討諸軍事，鎮淮陰。僧静從北魏叛逃投向淮陰守將蕭道成。

［3］僧静於都載錦出：《南史》卷四六作“僧静於都私賫錦出”。按，因“私賫”故犯罪。

［4］歐陽戍：關寨名。《通鑑》卷一二九《宋紀十一》“孝武帝大明三年”條“沈慶之至歐陽”，胡三省注：“《水經注》曰：吴城邗溝，通江、淮。自永和中，江都水斷。其水上承歐陽，引江入埭，六十里至廣陵城。余據此，地則今之真州閘也。”按，真州閘在今江蘇儀徵市。

［5］兖州：《南史》卷四六作“南兖州”。按，南兖州南朝宋僑置，治京口，在今江蘇鎮江市。

［6］虜圍角城：指宋泰始二年（466）蕭道成等與薛索兒戰，大破之。角城，在今江蘇清江市西南古淮河與泗水交匯處。

［7］遣僧静戰盪，數捷：《南史》卷四六作：“會魏軍至，僧静

應募出戰，單刀直前。魏軍奔退，又追斬三級。時天寒甚，乃脱衣，口銜三頭，拍浮而還。”盪，推撞，引申指衝殺。

[8]帳内軍主：指内部認定的軍主（因當時僧静逃獄尚在被追查）。

[9]積射將軍、羽林監：皆禁衛軍官。分領射營。秩四品。

沈攸之事起，太祖入朝堂，僧静爲軍主從。袁粲據石頭，太祖遣僧静將腹心先至石頭。[1]時蘇烈據倉城，[2]僧静射書與烈，夜縋入城。粲登城西南門，列燭火處分，[3]臺軍至，[4]射之，火乃滅，回登東門。其黨輔國將軍孫曇瓘驍勇善戰，[5]每盪一合，輒大殺傷，官軍死者百餘人。軍主王天生殊死拒戰，故得相持。自亥至丑，有流星赤色照地墜城中，僧静率力攻倉門，身先士卒，衆潰，僧静手斬粲，於是外軍燒門入。初，粲大明中與蕭惠開、周朗同車行，[6]逢大桁開，[7]駐車共語。惠開取鏡自照曰："無年可仕。"[8]朗執鏡良久曰："視死如歸。"粲最後曰："當至三公而不終也。"[9]僧静以功除前軍將軍，[10]寧朔將軍。將士戰亡者，太祖爲歛祭焉。

[1]"沈攸之事起"至"先至石頭"：這幾句中華本標點作："沈攸之事起，太祖入朝堂，僧静爲軍主，從袁粲據石頭。太祖遣僧静將腹心先至石頭，"僧静既然已經"從袁粲據石頭"，太祖又"遣僧静將腹心先至石頭"此前言不搭後語，顯然矛盾。其實此處是説，僧静先隨從太祖入朝堂，當聽説袁粲據石頭後，太祖又遣僧静先至石頭。朱季海《南齊書校議》（以下簡稱朱季海《校議》）亦云："'從'當上屬爲句，'袁粲據石頭'後當作逗號。《宋書·袁粲傳》云：'齊王……又遣軍主戴僧静向石頭助薛淵，自倉門得

入。時粲與秉（劉秉）等列兵登東門，僧静分兵攻府西門。’是袁粲先據石頭，僧静後往，不得云‘從袁粲據石頭’甚明。”據此，將標點修改。（中華書局 1984 年版，第 67 頁）

［2］蘇烈：齊高帝蕭道成親信。袁粲事起（中書監袁粲因不滿蕭道成擅行廢立，與沈攸之同時起兵反），道成先遣蘇烈領兵防城，仍隨諸將平石頭，以功封吉陽縣男。本書卷二八有附傳。　倉城：當在石頭城附近。

［3］列燭火處分：“列”原訛“烈”，中華本據殿本、局本及《南史》改。今從改。

［4］臺軍：指朝廷禁衛軍。

［5］孫曇瓘：仕宋，驍勇有武功。《宋書》卷八三有傳。

［6］大明：宋孝武帝年號。　蕭惠開：仕宋，孝武帝時官至黄門侍郎、益州刺史。《宋書》卷八二、《南史》卷一八有傳。　周朗：字義利，仕宋。官太尉參軍，多自矜誇，忤旨被殺。《宋書》卷八二有附傳。

［7］大桁：指架於秦淮河上的浮橋，即朱雀橋。桁，通“航”。

［8］無年可仕：“無年”原作“元年”，中華本據殿本、局本改，並按曰：“元與無形近而訛也。”

［9］三公：古代中央政府三種最高官銜的合稱。這裏泛指最高官位。

［10］前軍將軍：禁衛軍官。分掌宿衛營兵。秩四品。

昇明二年，[1]除游擊將軍。[2]沈攸之平，論封諸將，以僧静爲興平縣侯，[3]邑千户。太祖即位，增邑千二百户。除南濟陰太守，[4]本官如故。除輔國將軍，改封建昌。[5]建元二年，遷驍騎將軍，加員外常侍，[6]轉太子左衛率。[7]

[1]昇明：宋順帝年號。

[2]游擊將軍：禁衛軍官。分掌宿衛營兵。秩四品。

[3]興平縣：今江西永豐縣，爲侯爵的食邑。

[4]南濟陰：郡名。治竹邑城，在今安徽宿州市北符離集。

[5]建昌：縣名。即今江西奉新縣。

[6]員外常侍：員外散騎常侍，門下省官。掌奏事，直侍左右。秩四品。

[7]太子左衛率：太子左率，東宮官。掌護衛太子。

世祖踐阼，[1]出爲持節、督徐州諸軍事、冠軍將軍、北徐州刺史。[2]買牛給貧民令耕種，甚得荒情。[3]遷給事中、太子右率。[4]尋加通直常侍。[5]永明五年，隸護軍陳顯達，討荒賊桓天生於比陽。[6]僧静與平西司馬韓孟度、華山太守康元隆前進，[7]未至比陽四十里，頓深橋。[8]天生引虜步騎十萬奄至，僧静合戰大破之，殺獲萬計。天生退還比陽，僧静進圍之。天生軍出城外，僧静又擊破之，天生閉門不復出，僧静力疲乃退。除征虜將軍、南中郎司馬、淮南太守。[9]

[1]世祖踐阼：指齊武帝蕭賾繼太祖即位（廟號世祖）。

[2]北徐州：南朝齊改徐州置，治燕縣，在今安徽鳳陽縣東北。

[3]荒情：指民心。

[4]太子右率：太子右衛率，東宮官。與左衛率共掌護衛太子。

[5]通直常侍：通直散騎常侍，門下省官。掌奏事直侍左右。秩五品。

[6]“永明五年”至“桓天生於比陽”：《通鑑》卷一三六《齊紀二》“武帝永明五年”條：“（正月）荒人桓天生自稱桓玄宗

族，與雍、司二州蠻相扇動，據南陽故城，請兵於魏，將入寇。丁酉，詔假……護軍將軍陳顯達節，帥征虜將軍戴僧静等水軍，向宛、葉，雍、司諸軍皆受顯達節度，以討之。”比陽，縣名。治所在今河南泌陽縣。按，比陽《通鑑》作“沘陽”。

[7]平西司馬：指平西將軍府屬官司馬。在將軍之下，總理軍府事務，參與軍事計劃。　華山：郡名。南朝宋置，治華山縣，在今湖北宜城市。

[8]深橋：《通鑑》卷一三六胡三省注：“深橋距沘陽四十里。”

[9]南中郎司馬：指任南中郎將府司馬。南中郎將，四中郎將之一，榮譽加號。開府者位從公秩一品。　淮南：郡名。治壽春縣（今安徽壽縣），東晋又僑置於丹陽郡于湖縣（今安徽當塗縣）。

八年，巴東王子響殺僚佐，[1]世祖召僧静使領軍向江陵，[2]僧静面啓上曰：“巴東王年少，長史捉之太急，忿不思難故耳。天子兒過誤殺人，有何大罪。官忽遣軍西上，[3]人情惶懼，無所不至，僧静不敢奉敕。”上不答而心善之。徙爲廬陵王中軍司馬、高平太守，[4]將軍如故。九年，卒。詔曰：“僧静志懷貞果，誠著艱難。剋殄西墉，[5]勳彰運始。[6]奄致殞喪，惻愴傷懷。賻錢五萬，布百匹。謚壯侯。”

[1]巴東王子響殺僚佐：永明七年（489），子響領荆州刺史，好武事，欲與蠻方交易器仗。其長史劉寅等密啓上，子響得知，一怒之下，將劉寅等殺之。見本書卷四〇本傳。

[2]江陵：今湖北荆州市，當時爲荆州刺史的治所。

[3]官忽遣軍西上：官，魏晋以下對帝王的稱呼或帝王自稱。《晋書》卷一〇七《石季龍載記》：“卿是功臣，好爲官陳力。”《通

鑑》卷九八《晋紀二十》“穆帝永和五年”條引此文胡三省注：“魏晋以下率謂天子爲官，天子亦時自稱之。”按，中華本校勘記云：“‘官’南監本、毛本、殿本、局本作‘今’，訛。”

[4]廬陵王中軍司馬：廬陵王，即蕭子卿，齊武帝第三子，永明六年（488）遷中軍將軍。本書卷四〇有傳。戴僧静蓋任其中軍將軍府司馬。　高平：郡名。南朝宋移治高平縣，在今山東鄒平縣。

[5]西墉：西面的城垣，借指寇西墉的入侵者。

[6]勳彰運始：運始，國運開始。此指載僧静乃新朝建立的開國功臣。

僧静同郡餘姚人陳胤叔，[1]本名承叔，避宣帝諱改。[2]彊辯果捷，便刀楯。初爲左夾轂隊將。[3]泰始初，隨太祖東討，[4]遂歸身隨從征伐，小心慎事，以功見賞。封當陽縣子。[5]官至太子左率。啓世祖以鍛箭鏃用鐵多，[6]不如鑄作。東冶令張候伯以鑄鏃鈍，[7]不合用，事不行。永明三年，卒。

[1]餘姚：縣名。即今浙江餘姚市。

[2]宣帝：指齊高帝蕭道成之父蕭承之。高帝即位，尊其父爲“宣皇帝”。見本書卷二《高帝紀下》。

[3]左夾轂隊將：夾轂隊，南朝護衛諸王出行的親兵，置左右二將以指揮。《通鑑》卷一二九《宋紀十一》“孝武帝大明五年”條：“丙午夜，休茂與伯超等帥夾轂隊，殺典籤楊慶於城中……”胡三省注：“宋諸王有夾轂隊，蓋左右親兵也，出則夾車爲衛。”

[4]泰始初，隨太祖東討：指宋明帝泰始二年（466），晋安王劉子勛即帝位於尋陽，各地争相響應，吴郡太守顧琛、吴興太守王曇生、義興太守劉延熙、晋陵太守袁標皆據郡應之。朝廷令諸將分

工討伐，時爲右軍將軍的蕭道成東征晉陵郡（治所在今江蘇鎮江市東南丹徒區），袁標敗逃，晉陵遂剋。詳見《通鑑》卷一三一《宋紀十三》“明帝泰始二年”條。

[5]當陽縣：今湖北荆門市。　子：爲第四等封爵，當陽縣爲其食邑。

[6]箭鏻（jìn）：箭頭。朱季海《校議》云：“鏻，字書所無，豈爲箭鏃邪？”（第67頁）

[7]東冶令：屬少府，冶煉銅鐵場長官。

桓康，[1]北蘭陵承人也。[2]勇果驍悍。宋大明中，隨太祖爲軍容。[3]從世祖在贛縣。[4]泰始初，世祖起義，爲郡所縶，[5]衆皆散。康裝檐，一頭貯穆后，[6]一頭貯文惠太子及竟陵王子良，[7]自負置山中。與門客蕭欣祖、楊瑑之、皋分喜、潛三奴、向思奴四十餘人相結，破郡獄出世祖。郡追兵急，康等死戰破之。隨世祖起義，摧堅陷陣，膂力絶人，所經村邑，恣行暴害。江南人畏之，以其名怖小兒，畫其形以辟瘧，[8]無不立愈。見擢爲世祖冠軍府參軍，除殿中將軍，[9]武騎常侍，[10]出補襄賁令。[11]桂陽事起，[12]康棄縣還都就太祖，會事平，除員外郎。[13]

[1]桓康：《南史》卷四六亦有傳。

[2]北蘭陵：古蘭陵。晉置蘭陵郡，南朝宋省入承縣，故城在今山東蒼山縣蘭陵鎮。

[3]軍容：軍容使，主管軍隊和軍人的禮儀法度。語出《文選》卷五晉左思《吴都賦》：“軍容蓄用，器械兼儲。”劉逵注：“軍容，軍之容表，言矛戟等也。”

[4]世祖：指後來的齊武帝（廟號世祖）蕭賾。　贛縣：今江西贛州市。時蕭賾任贛縣令，屬江州。

[5]泰始初，世祖起義，爲郡所縶：指宋明帝泰始二年(466)，江州刺史晋安王劉子勛在尋陽自立爲帝，蕭賾拒不從命，南康相沈肅之縶賾於郡獄。見本書卷三《武帝紀》。

[6]穆后：蕭賾妻，姓裴名惠昭。見本書卷二〇《皇后傳》。

[7]文惠太子及竟陵王子良：蕭賾的長子和次子。詳見本書卷二一《文惠太子傳》、卷四〇《竟陵文宣王子良傳》。

[8]畫其形以辟瘧：瘧，瘧疾，一種常見病。按，《南史》卷四六此處作："畫其形於寺中，病瘧者寫形帖著牀壁，無不立愈。"

[9]殿中將軍：禁衛軍官。掌宫殿警衛。秩六品。《宋書·百官志下》："朝會宴饗，則將軍戎服，直侍左右。夜開城諸門，則執白虎幡監之。"

[10]武騎常侍：禁衛軍武官名。漢始置，皇帝射獵時隨從以射猛獸，亦掌殿内警衛。秩不詳。

[11]襄賁：縣名。治所在今江蘇漣水縣。

[12]桂陽事起：指元徽二年（474）五月，桂陽王劉休範反，率衆二萬、騎五百，發尋陽，直抵建康。中領軍蕭道成命人詐降，刺殺休範，破其軍，事平。詳見《通鑑》卷一三三《宋紀十五》"蒼梧王元徽二年"條。

[13]員外郎：員外散騎侍郎，集書省官。掌侍從顧問。秩五品。

元徽五年七月六日夜，少帝微行至領軍府，[1]帝左右人曰："一府人皆眠，何不緣墻入。"帝曰："我今夕欲一處作適，[2]待明日夜。"康與太祖所養健兒盧荒、向黑於門間聽得其語。明夕，王敬則將帝首至，[3]扣門，康謂是變，與荒、黑曉下，[4]拔白欲出。[5]仍隨入宫。太祖鎮東府，除康武陵王中兵、寧朔將軍，[6]帶蘭陵太守，[7]常衛左右。

[1]少帝：指宋後廢帝（即蒼梧王）劉昱，行爲乖張，常於夜間微服外出，殺人取樂，内外惶惑。詳見《宋書》卷九、《南史》卷三《宋本紀下》。　領軍府：指領軍將軍蕭道成府宅。

[2]一處作適：意謂到另一地方去取樂。

[3]王敬則將帝首至：王敬則，當時爲直閤將軍。蕭曾與王共謀廢立事。王暗結廢帝侍從楊玉夫、楊萬年等人誅廢帝，將其首級割送領軍府。《通鑑》卷一三四《宋紀十六》"順帝昇明元年"條："（帝）至新安寺偷狗，就曇度道人煮之。飲酒醉，還仁壽殿寢……玉夫伺帝熟寢，與楊萬年取帝防身刀刎之……以首與敬則。敬則馳詣領軍府，叩門大呼，蕭道成慮蒼梧王誑之，不敢開門。敬則於墻上投其首，道成洗視，乃戎服乘馬而出，敬則、桓康等皆從……道成入殿，殿中驚怖，既而聞蒼梧王死，咸稱萬歲。"

[4]曉下：指曉喻手下武士。

[5]拔白欲出：中華本校勘記云："南監本、毛本、殿本、局本作'拔白刃欲出'。張元濟《校勘記》云：'拔白争門，見《周盤龍傳》，不必加刃字。'"

[6]武陵王：蕭曅，齊高帝蕭道成第五子。宋末曾除冠軍將軍，轉征虜將軍。本書卷三五有傳。按，"除武陵王中兵、寧朔將軍"句所指不明，似有脱漏；又，檢武陵王傳，武陵王宋末未除"中兵將軍、寧朔將軍"，疑有訛誤。

[7]帶：任官術語。指兼任。　蘭陵：郡名。東晉僑置，宋齊時稱南蘭陵，治所在今江蘇常州市武進區。

太祖誅黄回，[1]回時將爲南兗州，部曲數千，遣收，恐爲亂。[2]召入東府，停外齋，使康將數十人數回罪，然後殺之。回初與屯騎校尉王宜與同石頭之謀，[3]太祖隱其事，猶以重兵付回而配以腹心。宜與拳捷，善舞刀楯，回嘗使十餘人以水交灑，不能箸。既慮宜與反己，乃先撤其軍將，宜與不與，回發怒不從處分，擅斬之。諸將因此白太祖，以回握彊兵，必遂反覆。康請獨往刺之，太祖曰："卿等何疑甚，彼無能爲也。"[4]及回被召上車，愛妾見赤光冠其頭至足，苦捉留，回不肯止。時人爲之語曰："欲侜張，[5]問桓康。"

[1]太祖誅黄回：黄回，仕宋爲武將，勇力兼人。但對蕭道成把持朝政有異心，道成以黄回終爲禍亂，於昇明二年（478）黄回遷南兖州刺史動身前誘殺之。詳見《宋書》卷八三、《南史》卷四〇《黄回傳》。

[2]遣收，恐爲亂：中華本校勘記云："'遣'南監本、毛本、殿本、局本作'欲'。"今按，"欲收"點出道成心思，比"遣收"帖切。

[3]回初與屯騎校尉王宜與同石頭之謀：此指昇明元年（477）太傅蕭道成以回爲平西將軍、郢州刺史，率衆出新亭爲前鋒，未發而袁粲反，據於石頭。回與王宜與等諸將密謀，擬應粲，攻蕭道成於朝堂。因粲速敗，事未果。詳見《通鑑》卷一三四《宋紀十六》"順帝昇明元年"條。中華本校勘記云："'王宜與'南監本、局本作'王宜興'，《宋書·袁粲傳》亦作'王宜興'。"

[4]卿等何疑甚，彼無能爲也：原作"卿等何疑其使無能爲也"，中華本據南監本、殿本、局本改。今從改。

[5]侜（zhōu）張：囂張，强横。

除後軍將軍，直閤將軍，南濮陽太守，[1]寧朔如故。

建元元年，封吴平縣伯，[2]五百户。轉輔國將軍，左軍將軍，游擊將軍，太守如故。太祖謂康曰："卿隨我日久，未得方伯，亦當未解我意，政欲與卿先共滅虜耳。"虜動，遣康行，假節。尋進冠軍將軍。三年春，於淮陽與虜戰，[3]大破之，進兵攻陷虜樊諧城。太祖喜，敕康迎淮北義民，[4]不剋。明年，以康爲持節、督青冀二州東徐之東莞琅邪二郡朐山戍北徐之東海漣口戍諸軍事、青冀二州刺史，[5]冠軍如故。世祖即位，轉驍騎將軍，復前軍郡。其年，卒。詔曰："康昔預南勳，義兼常懷，倍深惻愴。凶事所須，厚加料理。"年五十七。

[1]南濮陽：郡名。屬徐州，治所在今山東鄆城縣。見本書《州郡志上》。

[2]吴平縣伯：吴平縣，即今江西新餘市。伯爲第三等封爵，吴平縣爲其食邑。按，《南史》卷四六作"吴平縣侯"。

[3]於淮陽與虜戰：指建元三年（481）元月，魏軍寇淮陽（在今江蘇清江市西古泗水岸），已被擊敗，二月復來，又在淮陽被游擊將軍桓康擊敗。桓康一並進攻被魏軍占領的攀諧城（在今江蘇宿遷市西北），將其收復。詳見《通鑑》卷一三五《齊紀一》"高帝建元三年"條。

[4]敕康迎淮北義民：淮北義民，指徐州民桓標之、兖州民徐猛子、桓磊磈等人，率領被魏軍占領的淮北四州人民，武裝抗擊魏兵，思歸江南。當時桓標之等有衆數萬，桓磊磈破魏軍於抱犢固（北蘭陵郡承縣），寨險求援。故齊高帝命諸將迎援，桓康乃援將之一。但未等到達，義民軍已被魏軍剿滅。

[5]青冀二州：南朝宋僑置於鬱洲，在今江蘇連雲港市東雲臺山一帶。　東徐：指今江蘇徐州市之東黄河東北岸。　東莞：郡

名。東晉僑置於晉陵，在今江蘇常州市。　琅邪：郡名。東晉僑置於今江蘇句容市。　東海：郡名。南朝宋僑置，治所在今江蘇漣水縣。　朐（qú）山：《通鑑》卷一三二《宋紀十四》"明帝泰始三年"條"朐山瀕海孤絶"胡三省注："魏收曰：朐縣，漢屬東海；晉曰臨朐，屬琅邪郡；有朐山臨海瀕。今按《晉志》，臨朐屬東莞郡。"按，臨朐即今山東臨朐縣。　漣口戍：在漣水縣。清錢大昕《廿二史考異》："按，《州郡志》止有南徐、北徐，初無東徐之名，惟青州有東莞、琅邪二郡，治朐山，蓋齊初嘗别爲東徐矣。《志》又稱建元初以東海郡屬冀州。今考桓康出鎮在建元四年，其時東海尚屬北徐，雖爲青、冀刺史所督，猶未改隸冀州，《志》所書恐非其實。"

淮南人尹略，少伏事太祖，晚習騎射，以便捷見使爲將。昇明中，爲虎賁中郎、越騎校尉。[1]建元初，封平固男，[2]三百户。永明八年，爲游擊將軍，討巴東王子響，見害。贈輔國將軍、梁州刺史。[3]

[1]虎賁中郎、越騎校尉：均爲禁衛軍官。掌宿衛營兵。秩四品。

[2]平固男：平固縣，即今江西興國縣。男爲第五等封爵，平固縣爲其食邑。中華本校勘記云："'平固'南監本、毛本、殿本、局本並作'平周'，訛。按《宋書·州郡志》江州南康郡領平固侯相，若平周，則爲梁州北巴西太守所領縣矣。"

[3]梁州：治鄭縣，在今陝西漢中市。按，此段後朱季海《校議》云："尹略了無事實，絶無足傳，豈徒以曾爲蕭氏家奴，故附見邪？作史如此，筆削云何？"（第67頁）

焦度字文續，[1]南安氐人也。[2]祖文珪，避難至襄陽，[3]宋元嘉中，僑立天水郡略陽縣，[4]乃屬焉。度以歸國，[5]補北館客。

[1]焦度字文續：《南史》卷四六亦有傳，“文續”作“文績”。按，中華再造善本亦作“文續”。

[2]南安：郡名。東漢置，治獂道縣，在今甘肅隴西縣東南。氐：中國古代少數民族名，漢世居仇池，在今甘肅西和縣。本書卷五九有《氐傳》。

[3]襄陽：今湖北襄陽市。

[4]天水郡略陽縣：原在甘肅，南朝宋僑置，治所在今湖北宜城市。

[5]歸國：歸附中國。朱季海《校議》云：“焦文珪以南安氐入襄陽，猶康穆之以康居入襄陽。其先大氐以晋時隴右之亂内遷，宋初遂益深入而居襄陽矣……《宋書·州郡志》：‘……宋文帝元嘉二十六年，割荆州之襄陽、南陽、新野、順陽、隨五郡爲雍州，而僑郡縣，猶寄寓在諸郡界。孝武大明中，又分實土郡縣，以爲僑郡縣境。’……自此以後，始有實境。”（第67—68頁）

孝武初，青州刺史顔師伯出鎮，[1]臺差度領幢主送之。[2]索虜寇青州，師伯遣度領軍與虜戰於沙溝杜梁，[3]度身破陣，大捷。師伯板爲己輔國府參軍。[4]虜遣清水公拾賁敕文寇清口，[5]度又領軍救援，刺虜騎將豹皮公墮馬，[6]獲其具裝鎧矟，手殺數十人。師伯啓孝武稱度氣力弓馬並絶人，帝召還充左右。[7]見度身形黑壯，謂師伯曰：“真健物也。”除西陽王撫軍長兼行參軍，[8]補晋安王子勛夾轂隊主，隨鎮江州。子勛起兵，[9]以度爲龍驤將軍，領三千人爲前鋒，屯赭圻。[10]每與臺軍戰，常自排突，所向無不勝。事敗，逃宫亭湖中爲寇賊。[11]朝廷聞其勇，甚憂患之，使江州刺史王景文誘降度等，度將部曲出首，[12]景文以爲己鎮南參軍，尋領中直兵，[13]厚待之。隨景文還都，常在府州内。景文被害夕，[14]度大怒，勸景文拒命，景文不從。明帝不知也。[15]

[1]顔師伯：仕宋，甚得孝武寵信。《宋書》卷七七、《南史》卷三四均有傳。

[2]臺差度領幢主送之：臺，指臺省。幢主，軍官名。起於南朝宋，猶軍主。《宋書》卷四五《劉道隆傳》記，劉駿攻劉劭時將其直屬之軍分爲三幢，以劉道隆等三人爲幢主。中華本校勘記云："'臺差'二字各本並作'滑臺'，屬上爲句，南史同。按青州不當治滑臺，顔師伯亦無出鎮滑臺事，作'滑臺'訛。"

[3]索虜寇青州，師伯遣度領軍與虜戰於沙溝杜梁：《通鑑》卷一二八《宋紀十》"孝文帝大明二年"條："（冬十月）積射將軍殷孝祖築兩城於清水之東。魏鎮西將軍封敕文攻之……青、冀二州刺史顔師伯遣中兵參軍苟思達助之，敗魏兵於沙溝。""十一月，魏征西將軍皮豹子等將三萬騎助封敕文寇青州，顔師伯禦之，輔國將軍焦度刺豹子墜馬，獲其鎧矟具裝，手殺數十人。"按，焦度乃參加十一月之戰，十月沙溝杜梁之戰助將乃苟思達，非焦度。本書誤將兩次混成一次。沙溝，胡三省注曰："中川水與賓溪水合而北流，逕盧縣故城東，又北流入濟，俗謂之沙溝水。"按，沙溝在今山東濟南市長清區境沙河邊。

[4]板：《通鑑》卷一二八胡三省注："晋、宋之制，藩方權宜授官者謂之版授。"　輔國府參軍：指輔國將軍府參軍。按，《通鑑》謂焦度乃輔國將軍。

[5]拾賁敕文：魏將名。《通鑑》作"捨賁敕文"。　清口：胡

三省注："此清口非清水入淮之口，乃濟水與汶水合之口。"

[6]豹皮公：北魏征西將軍。《通鑑》作"皮豹子"。

[7]充左右：指充當護身保鑣。

[8]西陽王：劉子尚，宋孝武帝第二子。年六歲，封西陽王，大明五年（461）改封豫章王。《宋書》卷八〇有傳。 撫軍：指撫軍將軍府。 長兼行參軍：晉代行參軍由本府板除，其下又有長兼行參軍。《宋書·百官志上》："晉末以來，參軍事、行參軍又各有除板，板行參軍下則長兼行參軍。"

[9]子勛起兵：指宋泰始二年（466）江州刺史晉安王劉子勛起兵反。

[10]赭圻：在今安徽繁昌縣大江南岸，爲戰防要地。

[11]宫亭湖：江西彭蠡湖的别名，後專指江西星子縣與南昌市之間的鄱陽湖。

[12]度將部曲出首："度"原無，中華本據《册府元龜》卷四二二補。今從補。出首，出面自首。

[13]領中直兵：領軍將軍。掌宿衛軍。秩三品。

[14]景文被害夕：王景文（名王彧，字景文）一生忠心仕宋，官至中書令、揚州牧。宋明帝慮一旦晏駕，景文掌權，宋江山不穩，臨死前，派人送毒酒賜景文死。時焦度在側，憤怒欲潑酒於地曰："大丈夫安能坐受死！州中文武百人，足以一奮。"景文曰："知卿至心，若見念者，爲我百口計。"乃仰面飲而死之。見《南史》卷二三《王彧傳》。

[15]明帝不知也：《南史》卷四六此後云："度容貌壯醜，皮膚若漆，質直木訥，口不能出言。晉熙王夾轂主周彦與度俱在郢州，彦有左右人與度父同名，彦常呼其名使役之。度積忿，呵責彦曰：'汝知我諱明，而恒呼明，何也！'"

以度武勇，[1]補晉熙王燮防閤，[2]除征虜鎧曹行參軍，[3]隨鎮夏口。[4]武陵王贊代燮爲郢州，[5]度仍留鎮，爲贊前軍參軍。[6]沈攸之事起，[7]轉度中直兵，加寧朔將軍、軍主。太祖又遣使假度輔國將軍、屯騎校尉。攸之大衆至夏口，將直下都，留偏兵守郢城而已。[8]度於城樓上肆言罵辱攸之，至自發露形體穢辱之，[9]故攸之怒，改計攻城。度親力戰，攸之衆蒙楯將登，度令投以穢器，賊衆不能冒，至今呼此樓爲“焦度樓”。事寧，度功居多，轉後軍將軍，[10]封東昌縣子，[11]東宫直閤將軍。[12]爲人朴澀，欲就太祖求州，比及見，意色甚變，竟不得一語。太祖以其不閑民事，竟不用。[13]建元四年，乃除淮陵太守，本官如故。度見朝廷貴戚，説郢城事，宣露如初。[14]好飲酒，醉輒暴怒。上常使人節之。年雖老，而氣力如故。尋除游擊將軍。永明元年，卒，年六十一。贈輔國將軍、梁秦二州刺史。[15]

[1]以度武勇：“以”字原無，中華本據南監本、毛本、殿本、局本補。今從補。

[2]晋熙王燮：宋明帝第六子，出繼宋文帝第六子晋熙王昶。昶在前廢帝時因懼廢帝誅殺，投奔魏國不回，故明帝以己子燮繼昶。詳見《宋書》卷七二、《南史》卷一四本傳。　防閤：給官員服役的差役。

[3]征虜：指征虜將軍府。　鎧曹行參軍：掌軍府戎杖器械。

[4]夏口：今湖北武漢市武昌區。

[5]武陵王贊：宋明帝第九子。元徽三年（475），代燮爲郢州刺史。詳見《宋書》卷七二、《南史》卷一四本傳。

[6]爲贊前軍參軍：“參軍”二字原無，中華本據南監本、殿本、局本及《册府元龜》卷三五一及《南史》補。今從補。

［7］沈攸之事起：指昇明元年（477）荆州刺史沈攸之不滿蕭道成專政起兵反。

［8］留偏兵守郢城而已：《南史》卷四六此句後云："及在郢城，尤爲沈攸之所忿。"

［9］度於城樓上肆言罵辱攸之，至自發露形體穢辱之："形體穢辱之"五字原無，中華本據南監本、殿本、局本及《南史》補。今從補。朱季海《校議》云："《南史》增舊文耳。子顯元本無此五字。承上'罵辱'，云'自發露'，已足見意，不煩加字。江左人語，故當爾耳。"（第68頁）

［10］後軍將軍：禁衛軍左右前後四將軍之一，分掌宿衛營兵。秩四品。

［11］東昌縣：治所在今江西吉安市東南。

［12］東宮直閤將軍：東宮武官。掌護衛太子。

［13］竟不用：《南史》卷四六此後云："後求竟陵郡，不知所以置辭，親人授之辭百餘言，度習誦數日，皆得上口。會高帝履行石頭城，度於大衆中欲自陳，臨時卒忘所教，乃大言曰：'度啓公，度啓公，度無食。'帝笑曰：'卿何憂無食。'即賜米百斛。"清牛運震《讀史糾謬》卷七《南齊書糾謬》："此段紀載，極有生趣。《南齊》……紀叙少生動，反覺含味不明。"

［14］度見朝廷貴戚，説郢城事，宣露如初："貴戚"原作"貴賤"，中華本據南監本、毛本、殿本、局本改。今從改。朱季海《校議》云："'貴賤'猶'上下'，亦當時語，泛指朝廷諸人，無論其位之高下也。諸本臆改，非是。"（第68—69頁）按，中華再造善本亦作"貴賤"。又按，《南史》卷四六此處作"還都，爲貴戚追叙郢城時褰裳露穢褻之事，其戇如此。"

［15］梁秦二州：南朝時二州治所均在南鄭縣，今陝西漢中市東。

子世榮，永明中爲巴東王防閤。[1]子響事，世榮避奔雍州，[2]世祖嘉之，以爲始興中兵參軍。[3]

[1]巴東王：蕭子響，齊武帝第四子。永明三年（485），封巴東郡王。永明七年（489），子響任荆州刺史，被逼謀反。本書卷四〇有傳。

[2]子響事，世榮避奔雍州：指子響謀反時，世榮逃避奔雍州（東晋僑置，治所在今湖北襄陽市）。

[3]始興中兵參軍：指在始興王中兵將軍府任參軍。始興，即始興王蕭鑑，齊高帝第十子。初封廣興王，後改封始興王。本書卷三五有傳。

曹虎字士威，[1]下邳下邳人也，[2]本名虎頭。宋明帝末，爲直厢。[3]桂陽賊起，[4]隨太祖出新亭壘出戰，先斬一級持還，由是識太祖。太祖爲領軍，虎訴勳，補防殿隊主，[5]直西齋。蒼梧廢明日，[6]虎欲出外避難，遇太祖在東中華門，[7]問虎何之？虎因曰："故欲仰覓明公耳。"[8]仍留直衛。

[1]曹虎：《南史》卷四六亦有傳，避唐太祖李虎諱稱"曹武"。

[2]下邳下邳：指下邳郡下邳縣。按，下邳郡南朝宋改下邳國置，治所在下邳縣，即今江蘇睢寧縣。

[3]直厢：武官名。猶直閣，宮中衛士。

[4]桂陽賊起：桂陽，即桂陽王劉休範，宋文帝第十八子。《宋書》卷七九有傳。宋孝武帝死，蒼梧王立，江州刺史休範自謂尊親莫二，應入爲宰輔，既不如志，怨憤頗深，乃於元徽二年

(474）春自江州起兵反，順江直抵建康。時中領軍蕭道成爲宋顧命大臣之一，領兵屯新亭（在建康南大江濱）。

[5]防殿隊主：護衛宫殿軍官。

[6]蒼梧廢：指在蕭道成主持下，廢蒼梧王，立宋順帝，改元昇明。

[7]東中華門：今江蘇南京市中華門。

[8]明公：尊稱領軍蕭道成。

太祖鎮東府，[1]以虎與戴僧静各領白直三百人。[2]累至屯騎校尉，[3]帶南城令。[4]豫平石頭，[5]封羅江縣男，[6]除前軍將軍。上受禪，增邑爲四百户。直閤將軍，領細仗主。[7]尋除寧朔將軍、東莞太守。建元元年冬，虎啓乞度封侯官，[8]尚書奏侯官户數殷廣，乃改封監利縣。[9]二年，除游擊將軍，本官如故。

[1]太祖鎮東府：指昇明元年（477）七月，蕭道成爲相國司空、録尚書事、驃騎大將軍，出鎮東府（在臺城東，南朝時爲宰相府邸）。

[2]白直：南北朝時設置，屬於胥吏之類。

[3]屯騎校尉：禁衛軍官。分掌宿衛騎兵。秩四品。

[4]帶南城令：兼任南城縣（即今江西南城縣）令。

[5]豫平石頭：指參與平定袁粲於石頭城反叛事。

[6]羅江縣：今四川德陽市。

[7]細仗主：分司禁衛，隨侍皇帝左右。

[8]侯官：在今福建福州市。

[9]監利縣：今湖北監利縣。

及彭、沛義民起，[1]遣虎領六千人入渦。[2]沈攸之横吹一部，[3]京邑之絶，虎啓以自隨。義民久不至，[4]虎乃攻虜别營破之。將士貪取俘執，反爲虜所敗，死亡二千人。

[1]彭、沛義民起：指齊高帝建元二年（480），徐州、兖州等四州民不樂爲魏占領，思歸江南，義民徐猛子等起義，齊派兵接應。詳見《通鑑》卷一三五《齊紀一》"高帝建元二年"條。

[2]渦：指渦陽縣，即今安徽蒙城縣。

[3]沈攸之横吹一部：横吹一部，指一支軍樂隊。原屬前荆州刺史沈攸之，攸之造反敗亡，軍樂隊爲朝廷所收。

[4]義民久不至：起義民兵旋被魏軍鎮壓，故未能與曹虎會師。"不至"原訛作"不望"，中華本據各本改。今從改。

世祖即位，除員外常侍，遷南中郎司馬，加寧朔將軍、南新蔡太守。[1]永明元年，徙爲安成王征虜司馬，[2]餘官如故。明年，江州蠻動，[3]敕虎領兵戍尋陽，板輔國將軍，伐蠻軍主。又領尋陽相。尋除游擊將軍，輔國、軍主如故。世祖以虎頭名鄙，敕改之。

[1]南新蔡：郡名。東晋僑置，治慎縣，在今安徽肥東縣東北梁園。

[2]安成王：蕭暠，字宣曜，齊高帝第六子。本書卷三五有傳。征虜司馬：指征虜將軍府司馬。清錢大昕《廿二史考異》卷二五："按，安成王暠以建元四年出爲南中郎將、江州刺史，永明元年進號征虜將軍。虎蓋由員外常侍出爲暠府司馬，南新蔡江州屬郡，故府僚得兼領之也。暠既進號征虜將軍，而虎仍爲其府司馬，

府名雖改，職事如故。《傳》乃云徙爲安成王征虜司馬，似南中郎別是一人矣。當云遷安成王南中郎司馬，次云隨府轉征虜司馬，於例乃協。”

[3]江州蠻動：指永明二年（484），群蠻依山阻谷，乘北魏南侵，起兵作亂。詳見《通鑑》卷一三六《齊紀二》“武帝永明二年”條。

六年四月，荒賊桓天生復引虜出據隔城，[1]遣虎督數軍討之。虎令輔國將軍朱公恩領騎百匹及前行踏伏，值賊遊軍，因合戰破之。遂進至隔城。賊黨拒守，虎引兵圍栅，[2]絶其走路，須臾，候騎還報虜援已至，[3]尋而天生率馬步萬餘人迎戰，虎奮擊大敗之，獲二千餘人。明日，遂攻隔城拔之，斬僞虎威將軍襄城太守帛烏祝，[4]復殺二千餘人，賊棄平氏城退走。

[1]荒賊桓天生復引虜出據隔城：永明五年（487），齊地村民桓天生，自稱桓玄宗族，與雍、司二州蠻相扇動，據南陽故城，請兵於魏入寇，齊遣兵擊退之。永明六年（488）夏，桓天生復引魏兵出據隔城，詔游擊將軍曹虎督諸軍討之。天生引魏軍步騎萬餘人來戰，虎奮擊，大破之，俘斬二千餘人。明日，攻拔隔城，復俘斬二千餘人，天生棄平氏城走。隔城，當即平氏城。《通鑑》卷一三六《齊紀二》“武帝永明六年”條，胡三省注：“平氏，漢縣，屬南陽郡，晋、宋屬義陽郡。縣西南有桐栢山，淮源所出也。”

[2]虎引兵圍栅：“兵”字原無，中華本據《册府元龜》卷三五一補。今從補。

[3]候騎：指偵察騎兵。

[4]襄城：郡名。西晋置，治所在今河南襄城縣。

七年，[1]遷冠軍將軍，驍騎如故。明年，遷太子左率，轉西陽王冠軍司馬、廣陵太守。[2]上敕虎曰："廣陵須心腹，非吾意可委者，不可得處此任。"隨郡王子隆代巴東王子響爲荆州，[3]備軍容西上，[4]以虎爲輔國將軍、鎮西司馬、南平内史。[5]十一年，收雍州刺史王奂，[6]敕領步騎數百，步道取襄陽。仍除持節、督梁南北秦沙四州諸軍事、西戎校尉、梁南秦二州刺史，[7]將軍如故。尋進號征虜將軍。鬱林即位，進號前將軍。隆昌元年，遷督雍州郢州之竟陵司州之隨郡軍事、冠軍將軍、雍州刺史。建武元年，進號右將軍。二年，進督爲監，[8]進號平北將軍，爵爲侯，增邑三百户。

[1]七年：原爲"十一年"，中華本校勘記云："張森楷《校勘記》：'按下有十一年收王奂云云，則此不得云是十一年，疑是七年之訛。'按張説是。下云明年隨郡王子隆代巴東王子響爲荆州，備軍容西上，以虎爲輔國將軍云云，子隆代子響爲荆州在永明八年，明此爲'七年'之訛，今據改。"今從改。

[2]西陽王：蕭子明，字雲光，齊武帝第十子。本書卷四〇有傳。　冠軍司馬：指冠軍將軍府司馬。　廣陵：郡名。治廣陵縣，在今江蘇揚州市。

[3]隨郡王子隆代巴東王子響爲荆州：此指永明八年（490），荆州刺史巴東王子響因反被誅後，另派隨郡王子隆（齊武帝第八子）接替荆州刺史之職，加鎮西將軍。

[4]軍容：指軍中的武器裝備和風紀陣威。

[5]鎮西司馬：指鎮西將軍府司馬。鎮西將軍，南朝爲榮譽加號將軍。開府者位從公秩一品。　南平：隨郡王屬郡，太守稱内史。治孱陵縣，在今湖北公安縣西。

［6］收雍州刺史王奂：永明十一年（493），雍州刺史王奂擅殺朝廷派遣的寧蠻長史劉興祖，上大怒，遣將領兵收奂，敕鎮西司馬曹虎從江陵步道會襄陽，攻奂斬之。詳見《通鑑》卷一三八《齊紀四》"武帝永明十一年"條。

［7］南秦：州名。治南鄭縣，在今陝西漢中市。　沙：州名。在今青海貴南縣，因其在沙漠故名。　西戎校尉：防邊諸官之一，主護少數民族。治漢中，即今陝西漢中市。

［8］進督爲監：中華本校勘記引清錢大昕《廿二史考異》云："《宋書·百官志》，晋世都督諸軍爲上，監諸軍次之，督諸軍爲下。"

四年，虜寇沔北，[1]虎聚軍襄陽，與南陽太守房伯玉不協，[2]不急赴救，末乃移頓樊城。[3]虜主元宏遺虎書曰：[4]"皇帝謝僞雍州刺史：[5]神運兆中，[6]皇居闡洛。[7]化總元天，方融八表。[8]而南有未賓之吴，[9]治爲兩主之隔。幽顯含嗟，[10]人靈雍閼。[11]且漢北江邊，密爾乾縣，[12]故先動鳳駕，整我神邑。卿進無陳平歸漢之智，[13]退闕關羽殉節之忠，[14]嬰閉窮城，憂頓長沔，機勇兩缺，何其嗟哉。朕比乃欲造卿，逼冗未果，[15]且還新都，饗厥六戎，[16]入彼春月，遲遲揚旆，善脩爾略，以俟義臨。"虎使人答書曰："自金精失道，[17]皇居徙縣，[18]喬木空存，茂草方鬱。七狄交侵，五胡代起，[19]顧瞻中原，每用弔焉。知棄皋蘭，隨水瀍澗，[20]伊川之象，[21]爰在兹日。古人有云：'匪宅是卜，而鄰是卜。'[22]樊、漢無幸，[23]咫尺殊風，折膠入塞，[24]乘秋犯邊，親屬窮於斬殺，士女困於虔劉。[25]與彼蠢左，[26]共爲脣齒，仁義弗聞，苛暴先露。乃復改易氈裘，[27]妄自尊大。我皇開運，[28]光宅區夏，[29]而式亂逋逃，[30]棄同即異。[31]每欲出車鞠旅，以征不庭，[32]所冀干戚兩階，[33]叛命來格，[34]遂復遊魂不戢，乾没孔熾。[35]孤總連率，任屬方邵，[36]組甲十萬，雄戟千群，以此戡難，何往不克。主上每矜率土，[37]哀彼民黎，使不戰屈敵，兵無血刃。故部勒小戍，閉壁清野，抗威遵養，庶能懷音。[38]若遂迷復，知進忘退，當金鉦戒路，雲旗北掃，[39]長驅燕代，[40]併羈名王，使少卿忽諸，[41]頭曼不祀。[42]兵交無遠，相爲憫然。"

[1]四年，虜寇沔北：沔北，漢江之北，指南陽一帶。《通鑑》卷一四一《齊紀七》"明帝建武四年"條："初，魏遷洛陽，荆州刺史薛真度勸魏主先取樊、鄧。真度引兵寇南陽，太守房伯玉擊敗之。魏主怒，以南陽小郡，志必滅之。遂……自引兵南下；癸卯，至宛，夜襲其郛，克之。房伯玉嬰内城拒守。"

[2]房伯玉：清河人，其祖、父均官於北魏，伯玉南奔投齊，爲南陽太守。南陽之戰中，伯玉勇猛拒敵，終因寡不敵衆城陷，伯玉面縛而降，魏主特宥，後官長史、馮翊相。《魏書》卷四三有附傳。

[3]移頓樊城：樊城，今湖北襄陽市樊城區。《通鑑》卷一四一胡三省注："樊城，《考異》曰：《齊·魏虜傳》云'均口'，今從《虎傳》。余謂曹虎之之頓軍樊城，不特因與房伯玉不協而然，亦由畏魏兵之强而不敢進也。"

[4]虜主元宏：指北魏孝文帝。

[5]皇帝謝僞雍州刺史：謝，告知。《漢書》卷四〇《周勃傳》："使人稱謝：'皇帝敬勞將軍'。"顔師古注："謝，告也。"按，

北魏皇帝以正統自居，故稱焦虎爲“僞雍州刺史”。

［6］神運兆中：神運，古謂王朝興替的氣運。兆中，預示之中。意思是説北魏開基建立新朝天經地義。

［7］皇居闡洛：皇宫開闢於洛陽。

［8］化總元天，方融八表：形容政教治理天地四方。

［9］未賓：指退位，未服從。　吴：以三國之吴國類比南朝。

［10］幽顯含嗟：形容南朝黑暗，到處愁歎。

［11］人靈雍閼：人靈，指生靈，百姓。雍閼，堵塞。此句是説，百姓被逼得走投無路。“雍閼”原作“雍泰”，中華本據南監本、殿本、局本改，並按：“‘雍’南監本、殿本、局本作‘壅’，雍與壅通，今不改。”今從改。

［12］漢北江邊，密爾乾縣（xuán）：此句是吹嘘在北魏統治下的漢北江邊，形勢一片大好。密爾，平和安静。乾縣，紅日高懸，陽光普照。

［13］陳平歸漢：陳平，陽武人。秦末農民起義，平初從項羽，後從劉邦，有謀略，積功封曲逆侯，後爲漢丞相。《史記》卷五六、《漢書》卷四〇均有傳。

［14］關羽殉節：關羽，河東解人，字雲長，與劉備、張飛結識，恩若兄弟。建安五年（200）爲曹操所執，重其才，拜偏將軍，封漢壽亭侯。羽不改其節，復離曹操歸劉備。見《三國志》卷三六《蜀書·關羽傳》。按，因房伯玉原爲魏臣，故此處以關羽歸蜀事相勸。

［15］逼冗：指迫於繁忙。

［16］且還新都，饗厥六戎：新都，指新遷的洛陽都城。此處説我將班師回朝，讓將士整頓休養。後面接着説等到來年春日，我將興師再來，你好好準備着吧。

［17］自金精失道：指自兵亂以來。金精，指太白星。庾信《哀江南賦》“天則金精動宿”。倪璠注引《石經》：“昴者，西方白虎之宿，太白者，金之精。太白入昴，金虎相薄，主有兵亂。”

［18］皇居徙縣：指皇都南遷。下句寫故城一片空寂。

［19］七狄交侵，五胡代起：指故國遭北方異族頻頻入侵。

［20］知棄皋蘭，隨水瀍澗：這裏是感歎中原文化被踐踏，故國山川依舊，而人事全非。皋蘭，澤邊蘭草。瀍澗，指瀍水和澗水的並稱。古都洛陽瀍水直穿城中，澗水環其西，故以二水連稱謂其地。

［21］伊川之象：指亡國慘景。典出《左傳》僖公二十二年："初，平王之東遷也，辛有（按周大夫）適伊川，見被髮而祭於野者，曰：'不及百年，此其戎乎！其禮先亡矣'。"楊伯峻注："被同披。《論語·憲問篇》云：'微管仲，吾其被髮左衽矣。'足證披髮爲當時夷狄之俗。"伊川，伊河所經之地，當今河南嵩縣及伊川縣境。

［22］匪宅是卜，而鄰是卜：語出《左傳》昭公三年："且諺曰：'非宅是卜，唯鄰是卜。'二三子先卜鄰矣。"杜預注："卜良鄰。"意思是選擇合適的鄰居。

［23］樊、漢：樊川與漢水，借指北魏與南齊。

［24］折膠入塞：指秋冬之季匈奴用兵入塞。《漢書》卷四九《鼂錯傳》："欲立威者，始於折膠。"顏師古注引蘇林曰："秋氣至，膠可折，弓弩可用，匈奴以爲候而出軍。"後因以折膠指秋冬用兵。

［25］虔劉：劫掠，殺戮。

［26］蠢左：對北魏的蔑稱。左，左衽。

［27］改易氈（zhān）裘：指北魏孝文元宏改革匈奴氈裘舊俗，學習中原文化禮儀。

［28］我皇開運：指齊高帝新朝肇始。

［29］光宅區夏：光輝籠罩華夏、中國。區夏，諸夏之地。語出《尚書·唐誥》："用肇造我區夏。"孔安國傳："始爲政於我區域諸夏。"

［30］而式亂逋逃：謂因戰亂而逃亡。

［31］棄同即異：猶言背井離鄉。

［32］每欲出車鞠旅，以征不庭：指皇帝哀憐百姓受難，常想親自出動兵車，率領大軍，以征伐入侵的異族。不庭，指不朝於王庭者。《左傳》隱公十年："以王命討不庭。"杜預注："下之事上皆成禮於庭中。"楊伯峻注："庭，動詞，朝於朝庭也。"

［33］所冀干戚兩階：意謂所冀修文抑武。《尚書·大禹謨》："帝乃誕敷文德，舞干羽於兩階。"孔安國傳："干，楯；羽，翳也。皆舞者所執。修闡文教，舞文舞于賓主階間（即東西隊），抑武事。"干戚，應爲"干羽"。

［34］叛命來格：指背叛的邊庭小國能改過自新，來朝臣服。

［35］遂復遊魂不戢，乾没孔熾：指入侵者邪惡之心如游魂放縱，貪婪愈演愈烈。中華本校勘記云："'乾没'南監本、局本作'亂猾'。按'乾没'見《史記·酷吏·張湯傳》。"朱季海《校議》云："郝懿行云：乾没二字，始見於《張湯傳》，説者多失其旨。《漢書》如淳注：'得利爲乾，失利爲没。'《三國志》裴松之注：'欲有所儌射，不計乾燥之與沉没而爲之。'此與徐廣注'隨世浮沉'之説，皆不免望文生訓。唯服虔注'乾没，射成敗也'，此説近之。蓋乾没當時方言以爲行險儌倖之義，不得以利爲言，如如淳説也。（義證具詳郝氏《晋宋書故》'乾没'條。）郝説是也。書云'乾没'，正用此義。二本臆改，非是。"（第69頁）

［36］孤：曹武自稱。　連率：連帥，指總領大軍。　方邵：西周時助宣王中興之賢臣方叔與召虎的並稱。邵同"召"。

［37］率土：指四海生靈。《詩·小雅·北山》："普天之下，莫非王土；率土之濱，莫非王臣。"

［38］庶能懷音：庶幾使對方能感念德音，退守本土。

［39］金鉦戒路，雲旗北掃：形容大軍北伐，軍樂高奏，戰旗高舉。金鉦，古樂器，大軍出征時用。《文選》卷三張衡《東京賦》："戎士介而揚揮，戴金鉦而建黄鉞。"薛綜注："金鉦，鐲鐃之屬也。"

［40］燕代：泛指北方匈奴故地。

［41］少卿忽諸：漢李陵字少卿，名將李廣之孫，武帝時任騎都尉。天漢二年（前99），率步兵五千人戰匈奴，戰敗投降。《史記》卷一〇九、《漢書》卷五四有傳。忽諸，忽然滅亡。《左傳》文公五年："臧文仲聞六與蓼滅，曰：'皋陶、庭堅不祀忽諸，德之不建，民之無援，哀哉！'"

［42］頭曼不祀：《史記》卷一一〇《匈奴列傳》："匈奴單于曰頭曼，頭曼不勝秦，北徙。"此借指匈奴，謂使匈奴滅絶。

永泰元年，[1]遷給事中，右衛將軍，持節，隸都督陳顯達停襄陽伐虜。[2]度支尚書崔慧景於鄧地大敗，[3]虜追至沔北。元宏率十萬衆，從羽儀華蓋，圍樊城。虎閉門固守。虜去城數里立營頓，設氈屋，復再圍樊城，臨沔水，[4]望襄陽岸乃去。虎遣軍主田安之等十餘軍出逐之，頗相傷殺。東昏即位，遷前將軍，鎮軍司馬。永元元年，始安王遥光反，[5]虎領軍屯青溪中橋。[6]事寧，轉散騎常侍、右衛將軍。

［1］永泰：齊明帝年號。永泰元年即建武五年（498）。

［2］隸都督陳顯達停襄陽伐虜：意即朝廷令曹虎隸屬都督陳顯達，駐扎襄陽，一同征伐魏軍。陳顯達，爲齊開國功臣，累居要職。建武間，魏頻寇雍州，衆軍不捷，失沔北五郡。永泰元年（498），乃遣顯達北討。詳見本書卷二六《陳顯達傳》。

［3］度支尚書崔慧景於鄧地大敗：度支尚書，尚書省官。領度支、金部、倉部、起部四曹，掌經濟。秩三品。崔慧景，歷仕南朝宋、齊。齊明帝建武四年（497），遷度支尚書。永泰元年（498），與陳顯達同出伐魏，加平北將軍，分軍駐鄧城（在今湖北襄陽市樊城區西北），時魏軍數萬騎俱來，慧景不敵，歸路又被阻斷，全軍

覆没，幸得衆將相救始生還。詳見本書卷五一《崔慧景傳》。

[4]沔水：漢水。

[5]始安王遥光：蕭遥光，齊高帝之兄道生之子，承爵始安王。爲齊明帝寵信，明帝崩，遺詔加侍中、中書令，爲少帝輔政。永元元年（499），謀自立，起兵反。詳見本書卷四五本傳。

[6]青溪中橋：中華本校勘記云："'青溪中橋'《南史》作'青溪大橋'。"朱季海《校議》云："《陳書·後主張貴妃傳》：'及隋軍陷臺城，妃與後主俱入于井，隋軍出之，晋王廣命斬貴妃，牓於青溪中橋。'江左自有青溪中橋，虎之所屯，當在此處。《南史》作'青溪大橋'，恐是後人臆改。"（第69頁）今按，青溪源於今江蘇南京市鍾山西南，屈曲穿達市區入秦淮河，長十餘里，爲漕運與軍防要道。

虎形幹甚毅，善於誘納，日食荒客常數百人。[1]晚節好貨賄，吝嗇，在雍州得見錢五千萬，[2]伎女食醬菜，無重肴。[3]每好風景，輒開庫拍張向之。[4]帝疑虎舊將，[5]兼利其財，新除未及拜，見殺。[6]時年六十餘。和帝中興元年，追贈安北將軍、徐州刺史。

[1]日食荒客：謂每天供給遠方來客伙食。

[2]得見錢五千萬：《南史》卷四六作："致見錢七千萬，皆厚輪大郭，他物稱是，馬八百匹。"

[3]伎女食醬菜，無重肴：《南史》卷四六作："僕妾蔬食，膳無膏腴。嘗爲梅蟲兒、茹法珍（齊廢帝東昏侯寵倖）設女伎，金翠曜眼，器服精華，蟲兒等因是欲誣而奪之。"

[4]輒開庫拍張向之：語意不明。《南史》卷四六作："輒開庫招拍張武戲。"意亦難明。

[5]帝：指齊廢帝東昏侯。

[6]兼利其財，新除未及拜，見殺：《南史》卷四六此句後云："及收兵至，歎曰：'諸人知我無異意，所以殺我，政欲取吾財貨伎女耳。恨令衆輩見之。'諸子長成者皆見誅，唯子世宗兄弟三人未冠，繫尚方，梁武帝兵至得免。"又云："武雖武士，頗有知人鑒。梁武及崔慧景之在襄陽，于時崔方貴盛，武姓儉嗇，無所餉遺，獨饋梁武，謂曰：'卿必大貴，我當不及見，今以弱子相托。'每密送錢物並好馬……及帝即位……子世澄、世宗並蒙抽擢，三二年間，迭爲大郡。"

史臣曰：解厄鴻門，資舞陽之氣；[1]納降饗旅，仗虎侯之力。[2]觀兹猛毅，藉以風威，未必投車挾輈，[3]然後勝敵。故桓康之聲，所以震懾江蠡也。[4]

[1]解厄鴻門，資舞陽之氣：此用漢舞陽侯樊噲於鴻門宴解救沛公劉邦之典（見《漢書》卷四一《樊噲傳》），贊揚桓康宋泰始初解救蕭賾（後來的齊武帝）出獄之豪氣。

[2]納降饗旅，仗虎侯之力：此用三國魏衆號"虎侯"的猛將許褚勇衛曹操不爲奸邪所害事（見《三國志》卷一八《魏書·許褚傳》），贊揚宋末被譽爲"真健物也"的猛將焦度戰敗魏兵與沈攸之，勇氣無比。

[3]挾輈（zhōu）：夾住車轅，喻指勇武有力。輈，車轅。

[4]江蠡：九江、彭蠡湖，泛指江西，爲桓康獨身救主處。

贊曰：薛辭親愛，歸身淮涘。[1]戴類千秋，興言帝子。[2]桓勇焦壯，爪牙之士。[3]虎守西邊，功虧北鄙。[4]

[1]薛辭親愛，歸身淮涘（sì）：此指薛淵不願與叔父薛安都投降北魏，私自回歸投身於鎮淮陰的宋將蕭道成。涘，水邊。

［2］戴類千秋，興言帝子：千秋，車千秋，漢武帝時爲丞相。衛太子爲江充所譖敗，千秋急上書訟太子冤，有“天子之子過誤殺人，當何罪哉”之言，深中帝意，乃大感寤，召見千秋，委以重任（見《漢書》卷六六《車千秋傳》）。作者以此類比戴僧静，爲齊武帝之子巴東王子響殺僚佐被人譖其謀反事啓上曰“巴東王年少，長史捉之太急……天子兒過誤殺人，有何大罪”，齊武帝“不答而心善之”，並加重用。

［3］爪牙之士：喻勇敢的衛士。《詩·小雅·祈父》：“祈父！予王之爪牙。”鄭玄注：“此勇力之士。”

［4］功虧北鄙：贊揚曹虎守邊保國之功，惋惜他終老時因貪鄙而敗北被殺。北，敗北。

南齊書　卷三一

列傳第十二

江謐　荀伯玉

江謐字令和,[1]濟陽考城人也。[2]祖秉之,[3]臨海太守,[4]宋世清吏。父徽,尚書都官郎,[5]吴令,[6]爲太初所殺。[7]謐繫尚方,[8]孝武平京邑,[9]乃得出。解褐奉朝請,[10]輔國行參軍,[11]于湖令,[12]强濟稱職。[13]宋明帝爲南豫州,[14]謐傾身奉之,爲帝所親待。即位,以爲驃騎參軍。[15]弟蒙貌醜,帝常召見狎侮之。

[1]江謐:《南史》卷三六有附傳。

[2]濟陽考城:指濟陽郡考城縣。郡、縣治均在今河南蘭考縣東北。

[3]祖秉之:江秉之,字玄叔。仕宋,曾爲山陰令,以在縣有能,出補新安太守,以廉潔奉公稱於世。頗有文義,撰有《文釋》傳世。《宋書》卷九二、《南史》卷三六有傳。按,"之"字原脱,中華本據南監本、殿本、局本補。今從補。

[4]臨海:郡名。治所在今浙江臨海市。

［5］尚書都官郎：尚書省屬官。掌都官曹，管理畿内非違得失事。秩五品。

［6］吴令：吴縣令。吴縣治在今江蘇蘇州市。

［7］爲太初所殺：太初，指宋文帝劉義隆之長子劉劭。文帝元嘉三十年（453），劉劭弑父自立，改元太初，次年爲其弟孝武帝劉駿所滅，定爲元凶。《宋書》卷九九有傳。江徽被殺事，《南史》卷三六云："元凶殺徐湛之，徽以黨與見誅。"

［8］尚方：指尚方獄。南朝時有廷尉獄和尚方獄。尚方獄屬工部少府，爲犯人勞作服役之所。

［9］孝武平京邑：宋孝武帝劉駿，文帝第三子。元凶弑逆，孝武平之，隨後即位，改元孝建。《宋書》卷六有紀。

［10］解褐：脱下布衣穿官服，指初從仕。　奉朝請：古代諸侯春季朝見天子稱朝，秋季朝見稱請。漢代對於退職的大臣、將軍或皇室、外戚，以奉朝請名義使其定期參加朝會。南朝時則爲閑散官職，屬中書省。

［11］輔國行參軍：指輔國將軍府代理參軍。輔國將軍，南朝時爲加官、散官性質的將軍。開府者位從公秩一品。參軍，軍府屬吏。參謀軍府事務。

［12］于湖：縣名。治所在今安徽當塗縣。

［13］强濟稱職：指能力很强，能很好地履行縣令職務。

［14］宋明帝：劉彧，字休景，宋文帝第十一子。《宋書》卷八有紀。　南豫州：州名。治歷陽縣，在今安徽和縣。《南史》作"兖州"。中華本校勘記云："宋明帝於大明元年出爲使持節都督徐兖二州豫州之梁郡諸軍事，永光元年又出爲南豫州刺史，其年即位。謐傾身奉之，當在明帝爲南豫州時。"

［15］驃騎參軍：指驃騎將軍府參軍。驃騎將軍，南朝時爲加官榮譽虚號。秩二品，開府者位從公秩一品。

謐轉尚書度支郎，[1] 俄遷右丞，[2] 兼比部郎。[3] 泰始四年，[4] 江夏王義恭第十五女卒，[5] 年十九，未笄。禮官議從成人服，[6] 諸王服大功。[7] 左丞孫敻重奏：[8] “《禮記》‘女子十五而笄’，鄭云‘應年許嫁者也；[9] 其未許嫁者，則二十而笄’。射慈云‘十九猶爲殤’。[10] 禮官違越經典，於禮無據。”博士太常以下結免贖論；[11] 謐坐杖督五十，奪勞百日。[12] 謐又奏“敻先不研辨，混同謬議。准以事例，亦宜及咎”。敻又結免贖論。詔“可”。

[1] 尚書度支郎：尚書省都支尚書屬官。掌賦稅計度。秩五品。

[2] 右丞：尚書省官。輔尚書令掌臺内庫藏廬舍器用之物。秩四品。

[3] 比部郎：尚書省吏部尚書屬官。掌詔書律令勾檢（稽覈）等事。秩五品。

[4] 泰始四年：宋明帝年號。

[5] 江夏王義恭：宋武帝劉裕子，封江夏王，官至宰輔。《宋書》卷六一、《南史》卷一三有傳。

[6] 成人服：指按成年人禮儀服喪服。《儀禮・喪服》：“未嫁者，其成人而未嫁者也。”鄭玄注：“成人，謂年二十已笄醴者也。”

[7] 諸王：指皇室封王的叔伯兄弟。　大功：喪服五服之一，服期九月。其服用熟麻布做成，較齊衰稍細，較小功爲粗，故稱大功。

[8] 左丞：官同右丞，掌臺内禁令、宗廟祠祀、朝儀禮制、選用置吏並糾彈之事。秩四品。　孫敻：其事不詳。

[9] 《禮記》“女子十五而笄”，鄭云“應年許嫁者也”：《禮記・内則》：“十有五年而笄。”鄭玄注：“謂應年許嫁者。”按，“應年許嫁”之“應年”二字原訛倒，中華本據《南史》乙正。今從改。

［10］射慈：三國吴人。《三國志》卷四八《吴書·三嗣主傳》："孫休年十三，從中書郎射慈……受學。"又同書卷五九《孫奮傳》有"傅相謝慈等諫奮"語，裴松之注："慈字孝宗，彭城人，見《禮論》，撰《喪服圖》及《變除》行於世。"馬國翰認爲"射"就是"謝"姓之改。見《廣韵·四十禡》"射"字注。　十九猶爲殤：殤，未至成年而死。殤分長觴、中殤、短殤。《逸周書·謚法》："短折不成曰殤，未家短折曰殤。"朱右曾校釋引《喪服傳》："十九至十六爲長殤，十五至十二爲中殤，十一至八歲爲下殤。"

［11］博士：指專掌禮儀的太常博士。按，這裏以"博士太常"代指參與制定江夏王第十五女喪儀的禮官。　太常：列卿之首，掌禮儀、祭祀。秩三品。　結免：判決，定罪。　贖論：用錢物贖免罪行。

［12］謐坐杖督五十，奪勞百日：謂江謐因受牽連受杖刑五十，並停職百日。

出爲建平王景素冠軍長史、長沙内史，[1]行湘州事。[2]政治苛刻。僧遵道人與謐情款，隨謐莅郡，犯小事，餓繫郡獄，僧遵裂三衣食之，既盡而死。爲有司所奏，徵還。明帝崩，遇赦得免。爲正員郎，[3]右軍將軍。[4]

［1］建平王景素：宋文帝第七子劉宏之子，嗣其父爲建平王。《宋書》卷七二、《南史》卷一四有傳。時江謐爲建平王冠軍將軍府長史、王國屬郡長沙郡内史。　冠軍長史：冠軍將軍府長史，軍府屬吏之長。　長沙：郡名。治所在今湖南長沙市。　内史：王國屬郡太守稱内史。按，景素本傳言其爲鎮北將軍，未言爲冠軍將軍。

［2］行湘州事：代理湘州刺史職事。湘州，治所亦在長沙。按，

南朝諸藩王多年幼出藩，以長史代行職事。

[3]正員郎：正額以内的郎官。多指給事黄門侍郎，門下省官。掌奏事，直侍左右。秩五品。

[4]右軍將軍：禁衛軍官。分掌宿衛營兵。秩四品。

太祖領南兖州，[1]謐爲鎮軍長史、廣陵太守，[2]入爲游擊將軍。[3]性流俗，善趨勢利。元徽末，[4]朝野咸屬意建平王景素，[5]謐深自委結，景素事敗，僅得免禍。蒼梧王廢後，[6]物情尚懷疑惑，謐獨竭誠歸事太祖，以本官領尚書左丞。[7]昇明元年，[8]遷黄門侍郎，[9]左丞如故。沈攸之事起，[10]議加太祖黄鉞，[11]謐所建也。事平，遷吏部郎，[12]稍被親待。遷太尉諮議，[13]領録事參軍。[14]齊臺建，[15]爲右衛將軍。[16]建元元年，[17]遷侍中，[18]出爲臨川王平西長史、冠軍將軍、長沙内史、行湘州留事，[19]先遣之鎮，既而驃騎豫章王嶷領湘州，[20]以謐爲長史，將軍、内史、知州留事如故。[21]封永新縣伯，[22]四百户。三年，爲左民尚書。[23]諸皇子出閤用文武主帥，[24]皆以委謐。尋敕曰："江謐寒士，誠當不得競等華儕。[25]然甚有才幹，堪爲委遇，可遷掌吏部。"

[1]太祖領南兖州：太祖指齊高帝蕭道成（廟號太祖）。宋泰始三年（467），蕭道成遷督南兖徐二州諸軍事、南兖州刺史。南兖州，治淮陰，在今江蘇淮陰市。

[2]鎮軍長史：鎮軍將軍府長史。鎮軍將軍，南朝榮譽加號。開府者位從公秩一品。按，蕭道成當時加冠軍將軍，未加鎮軍將軍。詳見本書卷一《高帝紀上》。　廣陵：郡名。治所在今江蘇揚州市。

［3］游擊將軍：禁衛軍官。分掌宿衛營兵。秩四品。

［4］元徽：宋後廢帝（即蒼梧王）年號。

［5］朝野咸屬意建平王景素：當時宋後廢帝劉昱昏庸無道，誅夷大臣。而景素招集才義之士，在藩甚得人心，朝野屬意。景素信之，舉兵反，但爲臺軍所破，被斬。詳見《宋書》卷七二、《南史》卷一四本傳。

［6］蒼梧王廢：元徽末，蕭道成威名日重，後廢帝深相猜忌。欲加害，道成密謀廢立，暗遣人夜弑廢帝，貶帝爲蒼梧王，立其弟劉準即位，是爲宋順帝，由道成輔政。詳見本書卷一《高帝紀上》。

［7］本官：指原來的官階。　領：指實授本官以外別兼的官職。　尚書左丞：爲尚書令的輔佐，領殿中、主客二曹。秩三品。

［8］昇明：宋順帝年號。

［9］黄門侍郎：給事黄門侍郎，門下省官。掌奏事，直侍左右。秩五品。

［10］沈攸之事起：指荆州刺史沈攸之於昇明元年（477）十月起兵反蕭道成擅權，旋被討滅。詳見《宋書》卷七四《沈攸之傳》。

［11］議加太祖黄鉞：沈攸之事起，蕭道成頓閲武堂，馳結軍旅。經朝議，詔假黄鉞。黄鉞，施以黄金的長柄斧子，爲天子儀仗，亦用以征伐。這裏“假黄鉞”，有代天子出行征伐之意。

［12］吏部郎：吏部尚書的佐官。領吏部曹，掌官吏任免。秩五品。

［13］太尉諮議：太尉府諮議參軍。太尉，三公之一，掌最高兵權。時蕭道成爲太尉，都督中外諸軍事。諮議參軍爲軍事參謀。

［14］録事參軍：王府公府設置的屬吏。掌文書，糾察府事。

［15］齊臺建：昇明三年（479），蕭道成由齊公加封爲齊王，建齊國，制與天子同。詳見本書卷一《高帝紀上》。

［16］右衛將軍：禁衛軍官名。分掌宿衛營兵。秩四品。

［17］建元：齊高帝年號。

[18]侍中：門下省主官。掌奏事，直侍左右。秩三品。

[19]臨川王：齊高帝蕭道成第三子，名映，字宣光，封臨川王，爲使持節、都督荆湘雍益寧南北秦八州諸軍事、平西將軍、荆州刺史。本書卷三五有傳。江謐蓋在其平西將軍府任長史，並加冠軍將軍榮譽稱號，且兼長沙郡内史和代行湘州刺史事。

[20]豫章王嶷：齊高帝第二子，名嶷，字宣儼，封豫章郡王、驃騎大將軍、荆湘二州刺史。本書卷二二有傳。

[21]知州：指主持州刺史事。

[22]永新縣：今江西永新縣。　伯：爲封爵中的第三等。永新縣爲其食邑。

[23]左民尚書：六部尚書之一，領左民、駕部二曹。掌户籍與工官之事。秩三品。

[24]出閤：指離開皇宫外出。　主帥："帥"原訛作"師"，中華本據南監本、殿本、局本改正。今從改。

[25]江謐寒士，誠當不得競等華儕：意謂江謐出身於士族中衰微門第，論理他不能提升爲華貴高官。按，南朝重門閥，寒士不得居清要之官。周一良《〈南齊書·丘靈鞠傳〉試釋兼論南朝文武官位及清濁》一文云："吏部尚書有'大尚書'之稱，'中興膏腴之族唯作吏部'。何尚之爲吏部郎，告休定省，傾朝送别。其父以爲送吏部郎，非關何彦德。是吏部郎之職既要且清也。"（《魏晋南北朝史論集》，北京大學出版社1997年版，第117頁）又唐長孺《讀史釋詞》分析道："按江謐亦濟陽考城江氏，本是江左高門，他的同族江斅堅持士庶區别，拒絶與當權的寒人紀僧真並坐，爲世所熟知。但江謐一房與江斅服屬已疏，謐父又因參與劉劭殺父（宋文帝）陰謀被誅，門户衰落，因此被認爲寒士。"（《魏晋南北朝史論拾遺》，中華書局1983年版，第255頁）

謐才長刀筆，所在事辦。太祖崩，謐稱疾不入，衆頗疑其怨不豫顧命也。[1]世祖即位，[2]謐又不遷官，以此怨望。時世祖不豫，[3]謐詣豫章王嶷請閒曰：[4]“至尊非起疾，東宫又非才，公今欲作何計?”[5]世祖知之，出謐爲征虜將軍、鎮北長史、南東海太守。[6]未發，上使御史中丞沈沖奏謐前後罪曰：[7]“謐少懷輕躁，長習諂薄，交無義合，行必利動。特以奕世更局，[8]見擢宋朝，而阿諛内外，貨賂公行，咎盈憲簡，戾彰朝聽，輿金輦寶，取容近習。[9]以沈攸之地勝兵强，終當得志，委心託身，歲暮相結。以劉景素親屬望重，物應樂推，[10]獻誠薦子，窺窬非望。時艱網漏，得全首領。太祖匡飭天地，方弘遠圖，[11]薄其難洗之瑕，[12]許其革音之効，加以非分之寵，推以不次之榮，[13]列迹勳良，比肩朝德。以往者微勤，刀筆小用，賞厠河山，[14]任忝出入。[15]輕險之性，在貴彌彰；貪昧之情，雖富無滿。重莅湘部，顯行斷盗；[16]及居銓衡，肆意受納。[17]連席同乘，皆詖黷舊侣；密筵閑讌，必貨賄常客。[18]理合升進者，以爲己惠；事宜貶退者，並稱中旨。[19]謂販鬻威權，姦自不露，[20]欺主罔上，謗議可掩。[21]先帝寢疾彌留，人神憂震。謐託病私舍，[22]曾無變容。國諱經旬，[23]甫蹔入殿，參訪遺詔，覘忖時旨。以身列朝流，宜蒙兼帶，[24]先顧不逮，[25]舊位無加，遂崇飾惡言，肆醜縱悖，譏誹朝政，訕毁皇猷，[26]遍蚩忠賢，[27]歷詆台相。至於蕃岳入授，[28]列代恒規，勳戚出撫，前王彝則，而謐妄發樞機，坐構躑論。[29]復敢貶謗儲后，[30]不顧辭端，毁折宗王，[31]每窮舌杪。皆云詀誓乖禮，崇樹失宜，[32]仰指天，俯晝地，希幸災故，以申積憤。犯上之跡既彰，反噬之情已箸。請免官削爵土，收送廷尉獄治罪。”詔賜死，[33]時年五十二。

[1]不豫顧命：意謂未能參與太祖臨終前的囑托。豫，通“與”。顧命，語出《尚書·顧命》：“成王將崩，命召公、畢公率諸侯相康王，作《顧命》。”孔安國傳：“臨終之命曰顧命。”孔穎達疏：“顧是將去之意，言臨將死去回顧而爲言也。”

[2]世祖：齊武帝蕭賾廟號。本書卷三有紀。

[3]不豫：不安樂，指有疾病。語出《尚書·金匱》：“王有疾，弗豫。”

[4]請閒（jiàn）：謂請求在空隙時私下言事，不欲對衆而言之。

[5]至尊非起疾，東宫又非才，公今欲作何計：非起疾，猶不治之症。江謐所言，分明是宣泄對世祖的不滿，欲離間其弟豫章王，希望他奪權。

[6]征虜將軍：雜牌將軍，榮譽虚號。　鎮北長史：指鎮北將軍府長史。　南東海：郡名。治郯縣，在今江蘇鎮江市。按，《南史》卷三六此後云：“未發，憂甚，乃以奕棋占卦云：‘有客南來，金椀玉杯。’”

[7]沈沖：歷仕宋齊，與齊武帝有舊。及武帝即位，遷沖御史中丞。本書卷三四、《南史》卷三四有傳。

[8]奕世更局：指宋齊改朝换代非常時期。

[9]輿金輦寶，取容近習：形容不惜重金，巴結權門。語本漢陳琳《爲袁紹檄豫州》：“（曹操）父嵩，乞匄携養，因臧假位，輿金輦璧，輸貨權門。”吕延濟注：“靈帝時賣官，言嵩以車載賄寶以輸勢門，而官至太尉。”（見《六臣注文選》卷四四）

[10]物應樂推：意謂江謐看出劉景素受世人擁戴，因而下句寫

他向劉景素熱心巴結。

［11］太祖匡飭天地，方弘遠圖：指太祖蕭道成當時志在拯救天下，創立大業。“弘”原作“知”，中華本據《册府元龜》卷四七九改。今從改。

［12］薄其難洗之瑕：指太祖當時對江謐的劣性不苛求，故下句謂容許他改過自新報效國家。按，“難”原作“艱”，中華本據《册府元龜》卷四七九、四八二改。今從改。

［13］不次之榮：指破格升遷的榮耀。語出《漢書》卷六五《東方朔傳》：“武帝初即位，征天下舉方正賢良文學材力之士，待以不次之位。”顔師古注：“不拘常次，言超擢也。”

［14］賞厠河山：賞賜列入封爵。此指江謐被封爲永新縣伯。按，河山，代指分土封爵。語出《史記·高祖功臣侯者年表序》：“封爵之誓曰：‘使河如帶，泰山若厲。國以永寧，爰及苗裔’。”裴駰《集解》引應劭曰：“封爵之誓，國家欲使功臣傳祚無窮。”

［15］任忝出入：指任内廷官職侍中，伴隨君王出入。

［16］重莅湘部，顯行斷盗：指江謐幾次行湘州刺史事，位高權重，公然貪污中飽。斷盗，語出《後漢書》卷七〇《孔融傳》：“融上表曰：‘……案表（劉表）跋扈，擅誅列侯，遏絶詔命，斷盗貢篚，招呼元惡，以自營衛。’”

［17］及居銓衡，肆意受納：銓衡，主管選拔人才的職位。此指江謐任吏部郎時，公然受賄。

［18］“連席同乘”至“必貨賄常客”：謂與江謐交往的皆邪惡卑劣之徒。

［19］“理合升進者”至“並稱中旨”：意謂對於理當升官的人，則説是他施惠提拔；而對於應當貶退官職的人，則説這與他無關，乃是皇帝旨意。中旨，皇帝的詔諭。

［20］販鬻威權，姦自不露：謂收買有權勢的人，堵其口，自認爲可奸情不露。按，“姦自不露”，中華本校勘記云：“《元龜》四百八十二作‘姦回不露’，四百八十九作‘姦狀不露。’”

[21]謗議可掩："謗"原作"奸"，中華本據《册府元龜》卷四七九改。今從改。

[22]謐託病私舍：指齊高帝病危時，江謐托病家居，不去視疾。按，"託病"原漏"託"字，中華本據南監本及《册府元龜》卷四七九補。今從補。

[23]國諱經旬：指高帝駕崩已過十日。

[24]以身列朝流，宜蒙兼帶：指江謐自以爲是朝中大臣，新君繼位，會給他加官進爵。

[25]先顧不逮：指先皇遺命没有提及。

[26]皇猷：帝王的謀略。

[27]遍蚩忠賢：恥笑諷刺忠賢之人。蚩同"嗤"。

[28]蕃岳入授：指諸侯王的分封授予。

[29]嚻（xiāo）論：放肆的言論。嚻，"囂"的異體字。

[30]貶謗儲后：儲后，太子。此指江謐謂"東宫又非才"。

[31]毁折宗王：此指江謐挑起豫章王嶷對新君的不滿。

[32]誥誓乖禮，崇樹失宜：謂君王的文告敕命不合禮儀，建國大業不合時宜。

[33]詔賜死：《南史》卷三六作："詔賜死，果以金罌盛藥鴆之。"

子介，建武中，爲吴令，治亦深切。[1]民間榜死人髑髏爲謐首，[2]介棄官而去。[3]

[1]治亦深切：《南史》卷三六作"治亦深苛"。

[2]民間榜死人髑（dú）髏（lóu）爲謐首：指有百姓將死人頭骨高挂，題曰江謐之首，用以嘲弄。

[3]介棄官而去："介"字原無，中華本據《南史》及《册府元龜》卷七〇七補。今從補。

荀伯玉字弄璋，[1]廣陵人也。祖永，南譙太守，[2]父闡之，給事中。[3]

[1]荀伯玉：《南史》卷四七亦有傳。

[2]南譙：郡名。東晋僑置，治山桑縣，在今安徽巢湖市東南。

[3]給事中：門下省官。掌奏事，直侍左右。秩五品。

伯玉少爲柳元景撫軍板行參軍，[1]南徐州祭酒，[2]晋安王子勛鎮軍行參軍。[3]泰始初，子勛舉事，[4]伯玉友人孫沖爲將帥，[5]伯玉隸其驅使，封新亭侯。[6]事敗，伯玉還都賣卜自業。建平王景素聞而招之，伯玉不往。

[1]柳元景：字孝仁，仕宋。孝武帝時，曾加輔軍將軍，假節置佐。《宋書》卷七七、《南史》卷三八有傳。時伯玉爲輔軍將軍府自行除授的參軍。　板行：將授官辭寫於板上，故稱“板行”。《通鑑》卷一三一《宋紀十三》“明帝泰始二年”條，“時以軍功除官者衆，版不能供”，胡三省注：“程大昌曰：魏晋至梁陳，授官有版，長一尺二寸，厚一寸，闊七寸。授官之辭，在於版上，爲鵠頭書。”按，“板”通“版”。

[2]南徐州：郡名。南朝宋置，治京口，在今江蘇鎮江市。祭酒：祭酒從事史，州府屬官。分掌諸曹事務。

[3]晋安王子勛：宋孝武帝第三子，爲江州刺史，加都督。詳見《宋書》卷八〇。荀伯玉在其鎮軍將軍府臨時任參軍。

[4]子勛舉事：宋明帝泰始二年（466）正月七日，晋安王子勛反，即帝位於尋陽，改元義嘉，四方響應。後被朝廷派兵戰敗，子勛見殺。詳見《通鑑》卷一三一《宋紀十三》“明帝泰始二

年”條。

[5]孫沖：太原中都人，仕宋，官至右軍將軍，巴東太守。《宋書》卷七四有附傳，作“孫沖之”。

[6]新亭：地名。在今江蘇南京市南。地近江濱，依山築城壘，爲軍事和交通要地。

太祖鎮淮陰，[1]伯玉歸身結事，[2]爲太祖冠軍刑獄參軍。[3]太祖爲明帝所疑，[4]及徵爲黄門郎，深懷憂慮。[5]伯玉勸太祖遣數十騎入虜界，安置標榜，於是虜游騎數百履行界上，太祖以聞，[6]猶懼不得留，令伯玉卜，伯玉斷卦不成行，[7]而明帝詔果復太祖本任，由是見親待。從太祖還都，除奉朝請。令伯玉看宅，知家事。[8]世祖罷廣興還，[9]立别宅，[10]遣人於大宅掘樹數株，伯玉不與，馳以聞。太祖曰：“卿執之是也。”[11]轉太祖平南府，[12]晋熙王府參軍。[13]太祖爲南兖州，伯玉轉爲上鎮軍中兵參軍，帶廣陵令。除羽林監，[14]不拜。

[1]太祖鎮淮陰：太祖，齊高帝蕭道成廟號。蕭道成原仕於宋。宋明帝泰始三年（467），以道成爲冠軍將軍、持節，都督北討前鋒諸軍事，南兖州刺史，鎮淮陰。詳見本書卷一《高帝紀上》。

[2]伯玉歸身結事：指荀伯玉投靠太祖，爲其供職。

[3]冠軍刑獄參軍：指冠軍將軍府刑獄參軍，掌軍中刑法。

[4]太祖爲明帝所疑：本書卷一《高帝紀上》云：“明帝常疑太祖非人臣相，而民間流言，云‘蕭道成當爲天子’，明帝愈以爲疑。”

[5]及徵爲黄門郎，深懷憂慮：《通鑑》卷一三二《宋紀十四》“明帝泰始六年”條云：“南兖州刺史蕭道成在軍中久，民間或言道

成有異相，當爲天子。上疑之，徵爲黄門侍郎、越騎校尉。道成懼，不欲内遷，而無計得留。”按，“深懷憂慮”後，《南史》卷四七云：“見平澤有群鶴，仍命筆詠之曰：‘八鳳儛遥翮，九野弄清音。一摧雲間志，爲君苑中禽。’以示伯玉深指。”

［6］太祖以聞：指蕭道成向明帝上奏陳述敵情。

［7］斷卦不成行：卜卦結果，卦中判斷不會移動，即仍留原地。

［8］令伯玉看宅，知家事：指命伯玉占卜相宅，主持家事。

［9］世祖：齊武帝蕭賾（高帝長子）廟號。宋明帝時，蕭賾以鎮壓晋安王子勛反叛之功，别封贛縣子，轉寧朔將軍、廣興相。廣興：郡名。治曲江縣，在今廣東韶關市南。廣興爲王國屬郡，故太守稱“相”。

［10］立别宅：指蕭賾離開父母另立宅屋。

［11］卿執之是也：《南史》卷四七此句作“高帝善之”。

［12］平南府：指在平南將軍府供職。

［13］晋熙王：指宋明帝第六子劉燮，繼宋文帝第九子義陽王劉昶，改封爲晋熙王。

［14］羽林監：南朝時爲禁衛軍將領。秩四品。

初，太祖在淮陰，[1]伯玉假還廣陵，夢上廣陵城南樓上，有二青衣小兒語伯玉云：“草中肅，九五相追逐。”[2]伯玉視城下人頭上皆有草。泰始七年，伯玉又夢太祖乘船在廣陵北渚，見上兩掖下有翅不舒。伯玉問何當舒，上曰：“却後三年。”伯玉夢中自謂是呪師，[3]向上唾呪之，凡六呪，有六龍出，兩掖下翅皆舒，還而復斂。元徽二年，而太祖破桂陽，[4]威名大震。五年而廢蒼梧。[5]太祖謂伯玉曰：“卿時乘之夢，今且効矣。”

[1]太祖在淮陰："淮陰"原作"淮南"，中華本同。《南史》卷四七作"淮陰"，與前文"高祖鎮淮陰"相吻合，據改。

[2]草中肅，九五相追逐：草中肅，暗寓"蕭"字；九五，帝王之尊。兩句暗示姓蕭的人要當皇帝。

[3]呪師：念咒語的法師道人。

[4]太祖破桂陽：指元徽二年（474）五月江州刺史桂陽王休範（宋文帝第十八子）自尋陽舉兵反，直搗京城。時蕭道成爲顧命大臣，領重兵鎮守石頭戍，力挽狂瀾，戰敗叛軍，轉危爲安。詳見本書卷一《高帝紀上》。

[5]五年而廢蒼梧：指元徽五年（477）七月，蕭道成見宋後廢帝劉昱濫殺無辜，人懷危懼，乃密謀廢立。他先殺劉昱（貶其爲蒼梧王），立其弟劉準（是爲宋順帝），不久又受禪自立爲帝，廢宋立齊。

昇明初，仍爲太祖驃騎中兵參軍，[1]除步兵校尉，[2]不拜。仍帶濟陽太守，[3]中兵如故。霸業既建，[4]伯玉忠勤盡心，常衛左右。加前軍將軍。[5]隨太祖太尉府轉中兵，將軍、太守如故。建元元年，封南豐縣子，[6]四百户。轉輔國將軍，[7]武陵王征虜司馬，[8]太守如故。徙爲安成王冠軍司馬，[9]轉豫章王司空諮議，[10]太守如故。

[1]驃騎中兵參軍：宋順帝初，蕭道成進位太傅、太尉、驃騎大將軍、録尚書，都督中外諸軍事。荀伯玉時任驃騎大將軍府參軍、太尉府中兵參軍（掌中兵曹，領畿内之兵）。

[2]步兵校尉：禁衛軍官名。分掌宿衛營兵。秩四品。

[3]濟陽：郡名。治所在今河南蘭考縣東北。

[4]霸業既建：指蕭道成被封齊王，立齊國。

[5]前軍將軍：禁衛軍官名。分掌宿營兵。秩四品。

［6］南豐縣：治所在今江西廣昌縣。　子：爲五等封爵中的第四等。

［7］輔國將軍：南朝時爲榮譽加號。

［8］武陵王：名曄，字宣儼，齊高帝第五子。初除冠軍將軍，轉征虜將軍。本書卷三五有傳。荀伯玉在軍府任司馬，掌管軍中事務。

［9］安成王：名暠，字宣曜。建元二年（480），除冠軍將軍，鎮石頭戍。本書卷三五有傳。

［10］司空諮議：建元元年（479），豫章王蕭嶷（高帝第二子）以功入爲都督揚南徐二州諸軍事、中書監、司空、揚州刺史。詳見本書卷二二《豫章文獻王傳》。時荀伯玉在司空府任諮議參軍，參謀府務。

世祖在東宫，專斷用事，頗不如法。[1]任左右張景真，使領東宫主衣食官穀帛，賞賜什物，皆御所服用。[2]景真於南澗寺捨身齋，[3]有元徽紫皮袴褶，[4]餘物稱是。於樂遊設會，[5]伎人皆著御衣。又度絲錦與崐崘舶營貨，輒使傳令防送過南州津。[6]世祖拜陵還，[7]景真白服乘畫舴艋，[8]坐胡牀，[9]觀者咸疑是太子。内外祇畏，莫敢有言。伯玉謂親人曰："太子所爲，官終不知，[10]豈得顧死蔽官耳目。我不啓聞，誰應啓者？"因世祖拜陵後密啓之。[11]上大怒，[12]檢校東宫。世祖還至方山，[13]日暮將泊。豫章王於東府乘飛鷁東迎，[14]具白上怒之意。世祖夜歸，上亦停門籥待之，二更盡，方入宫。上明日遣文惠太子、聞喜公子良宣敕，[15]以景真罪狀示世祖。稱太子令，收景真殺之。世祖憂懼，稱疾。月餘日，上怒不解。晝卧太陽殿，王敬則直入，[16]叩頭啓上曰："官有天下日淺，[17]太子無事被責，人情恐懼，願官往東宮解釋之。"太祖乃幸宫，[18]召諸王以下於玄圃園爲家宴，[19]致醉乃還。[20]

[1]世祖在東宫，專斷用事，頗不如法：《南史》卷四七此句作："時武帝在東宫，自以年長，與高帝同創大業，朝事大小悉皆專斷，多違制度。"

[2]"任左右張景真"至"皆御所服用"：此句指武帝的寵倖張景真所領衣食什物多僭侈。《通鑑》卷一三五《齊紀二》"武帝永明元年"條對此亦有記述："信任左右張景真，景真驕侈，被服什物，僭擬乘輿；内外畏之，莫敢言者。"

[3]景真於南澗寺捨身齋：指景真參加南澗寺僧舉辦的捨身齋會。南澗寺，不詳，當在京城内。捨身齋，佛教徒爲宣揚佛法，或爲布施寺院，自作苦行，謂之捨身。

[4]有元徽紫皮袴褶：指景真身穿前代皇帝所服衣裳。元徽，指宋後廢帝劉昱。

[5]樂遊：指樂遊苑，南朝宋置，在今江蘇南京市玄武湖側。

[6]"又度絲錦"至"送過南州津"：指景真公然盗取國庫絲錦貨物，動用公差押運，與水路商人勾結經營以肥己。崐崘舶，指外商商船。南州津，一作南津，即今安徽馬鞍山市西南采石，古爲江上要津。

[7]拜陵：《通鑑》卷一三五胡三省注："拜永安、太安陵也，皆在武進。"按，武進即今江蘇鎮江市武進區。

[8]白服：便裝。　畫舴艋：指裝飾豪華的大船。

[9]胡牀：有靠背的坐椅。

[10]官終不知：官，魏晋後對帝王的稱呼或帝王自稱。《晋書》卷一〇七《石季龍載記》："卿是功臣，好爲官陳力。"《通鑑》卷九八《晋紀二十》"穆帝永和五年"條引此文，胡三省注："魏晋

以下率謂天子爲官，天子亦時自言之。”

［11］因世祖拜陵之後密啓之：《南史》卷四七此句前有“驍騎將軍陳胤叔先已陳景真及太子前後得失”一句。

［12］上大怒：《南史》卷四七此下云：“豫章王嶷素有寵，政以武帝長嫡，故武帝爲太子，至是有改易之意。”

［13］世祖還至方山：方山，《通鑑》卷一三五胡三省注：“建康城東北有方山埭，直瀆所經也。據《沈瑀傳》，方山埭在湖熟縣界。杜佑曰：東晋至陳，西有石頭津，東有方山津，各置津主一人，賊曹一人，直水五人，以檢查禁物。宋白曰：《丹陽記》云：秦始皇鑿金陵方山，斷處爲瀆，則今淮水經城中入大江，是曰秦淮。”

［14］飛鵃：輕快的小舟。

［15］文惠太子、聞喜公子良：二人乃世祖長子和次子。按，下文高帝遣孫兒宣敕詰責，將景真罪狀告示其父，乃有意羞辱世祖。

［16］王敬則：歷仕宋齊，齊高帝、武帝故舊，齊時任顯職。詳見本書卷二六《王敬則傳》。

［17］官有天下日淺：意即您年紀已老，掌管天下的大權不久就會傳給太子。官，代稱天子。

［18］太祖乃幸宮：《南史》卷四七及《通鑑》卷一三五記此事經過較詳：“敬則索衣以衣高帝，仍牽上輿，遂幸東宮，召諸王宴飲……武帝與豫章王嶷及敬則自捧肴饌。高帝大飲，賜武帝以下酒，並大醉盡歡，日暮乃去。”

［19］玄圃園：園名。在東宮内。

［20］致醉乃還：《南史》卷四七此句後云：“是日微敬則，則東宮殆廢。”

上嘉伯玉盡心，愈見親信，軍國密事，多委使之。[1]時人爲之語曰：“十敕五令，不如荀伯玉命。”世祖深怨伯玉。上臨崩，指伯玉謂世祖曰：“此人事我忠，我身後，人必爲其作口過，[2]汝勿信也。可令往東宫長侍白澤，[3]小却以南兖州處之。"[4]

[1]多委使之：《南史》卷四七此下云："權動朝右。每暫休外，軒蓋填門。嘗遭母憂，成服日，左率蕭景先、侍中王晏共載弔之。五更便巾車，未到伯玉宅二里許，王侯朝士已盈巷，至下鼓尚未得前。司徒褚彦回、衛軍王儉俱進繼後方得前，又倚聽事久之。中詔遣中書舍人徐希秀斷哭止客，久方得弔。比出，二人飢乏，氣息惙然，切齒形于聲貌。明日入宫，言便云：'臣等所見二宫門及齋閤方荀伯玉宅，政可設雀羅。'續復言：'外論云，千敕萬令，不如荀公一命。'"

[2]人必爲其作口過：别人必然會説他的過失。

[3]可令往東宫長侍白澤：可令其在東宫長侍太子。白澤，文惠太子蕭長懋小名。見本書卷二一《文惠太子傳》。又白澤，神獸名。傳説黄帝巡狩至海，登桓山，於海濱得白澤神獸。能言，達於萬物之情，帝令以圖寫之，以示天下。參見《雲笈七籤》卷一〇〇《野籤本紀》。按，儲君服上綉有白澤圖，因以白澤爲太子。

[4]小却以南兖州處（chǔ）之：意思説稍後可外放他去任南兖州州官。小却，過些時候，稍後。

伯玉遭父憂，除冠軍將軍、南濮陽太守，[1]未拜，除黄門郎，本官如故。世祖轉爲豫章王太尉諮議，太守如故。俄遷散騎常侍，[2]太守如故。伯玉憂懼無計，上聞之，以其與垣崇祖善，[3]慮相扇爲亂，加意撫之，伯玉乃安。永明元年，[4]垣崇祖誅，伯玉并伏法。[5]

[1]南濮陽：郡名。南齊屬南徐州，治廩丘縣，在今山東鄆城

縣。見本書《州郡志上》。

[2]散騎常侍：劉宋屬門下省官，南齊改屬集書省官。掌侍從、顧問。秩五品。

[3]垣崇祖：歷仕宋齊，深得高帝信任。時世祖在東宮，崇祖不自結附，世祖銜之，待即位後，除之。詳見本書卷二五《垣崇祖傳》。

[4]永明：齊武帝年號。

[5]垣崇祖誅，伯玉并伏法：《通鑑》卷一三五《齊紀一》"武帝永明元年"條云："丁亥，下詔誣崇祖招結江北荒人，欲與伯玉作亂，皆收殺之。"又《南史》卷四七云："吕文顯曰：'伯玉能謀太祖而不能自謀，豈非天哉。'"

初，善相墓者見伯玉家墓，謂其父曰："當出暴貴而不久也。"伯玉後聞之，曰："朝聞道，夕死可矣。"[1]死時年五十。

[1]朝聞道，夕死可矣：孔子語。見《論語·里仁》。

史臣曰：君老不事太子，[1]義烈之遺訓也。欲夫專心所奉，在節無貳，雖人子之親，尚宜自别，則偏黨爲論，[2]豈或傍啓。[3]察江、荀之行也，雖異術而同亡。以古道而居今世，難乎免矣。

[1]君老不事太子：意思是説，爲臣者忠於君王，不因君老轉而巴結太子。

[2]偏黨：偏私。《尚書·洪範》："無偏無黨，王道蕩蕩。"

[3]傍啓：被歪曲理解。"傍"原作"榜"，中華本徑改作

“傍”。今從改。

贊曰：謐口禍門，[1]荀言亟盡。[2]時清主異，并合同殞。

[1]謐口禍門：指江謐所云“至尊非起疾，東宫又非才”，引起武帝的憎恨。

[2]荀言亟盡：指荀伯玉在高帝前直言揭發東宫（武帝）弊行。

中華文化促進會主持編纂

國家"十一五"重點圖書出版規劃項目

中國社會科學院哲學社會科學創新工程學術出版資助項目

出品人 王石 段先念

今注本二十四史

南齊書

六

傳〔三〕

梁 蕭子顯 撰

王鑫義 張欣 主持校注

中国社会科学出版社

南齊書　卷三二

列傳第十三

王琨　張岱　褚炫　何戢　王延之　阮韜

王琨，[1]琅邪臨沂人也。[2]祖薈，晋衛將軍。[3]父懌，不慧，[4]侍婢生琨，名爲崑崙。[5]懌後娶南陽樂玄女，無子，改琨名，立以爲嗣。

［1］王琨：《南史》卷二三有附傳。

［2］琅邪臨沂：琅邪郡臨沂縣，今山東臨沂市。

［3］衛將軍：左右衛將軍，禁衛軍官。秩四品。

［4］不慧：《南史》卷二三作“不辨菽麥，時以爲殷道矜之流。人無肯與婚，家以獠婢恭心侍之，遂生琨。”

［5］侍婢生琨，名爲崑崙：崑崙，意謂崑崙奴。朱季海《南齊書校議》（以下簡稱朱季海《校議》）云：“琨以婢生，故以奴名之，後立爲嗣，始改名爾。《通鑑·宋紀》十一世祖孝武皇帝大明七年下云：‘又寵一崑崙奴（胡注：崑崙奴者，言其狀似崑崙國人也。崑崙國在林邑南。今案胡説實誤。此崑崙奴，正崑崙人之被賣爲奴者爾。）令以杖擊群臣，尚書令柳元景以下，皆不能免……’

是江左宫廷已畜崑崙奴矣。度當時貴族，必有畜以爲奴者，故雖王氏，至以名其子矣。”（中華書局 1984 年版，第 70 頁）

琨少謹篤，爲從伯司徒謐所愛。[1]宋永初中，[2]武帝以其娶桓脩女，[3]除郎中，[4]駙馬都尉，[5]奉朝請。[6]元嘉初，[7]從兄侍中華有權寵，[8]以門户衰弱，待琨如親，數相稱薦。爲尚書儀曹郎，[9]州治中。[10]累至左軍諮議，[11]領録事，[12]出爲宣城太守，[13]司徒從事中郎，[14]義興太守。[15]歷任皆廉約。[16]還爲北中郎長史，[17]黄門郎，[18]寧朔將軍，[19]東陽太守。[20]孝建初，[21]遷廷尉卿，[22]竟陵王驃騎長史，[23]加臨淮太守，[24]轉吏部郎。[25]吏曹選局，貴要多所屬請，琨自公卿下至士大夫，例爲用兩門生。[26]江夏王義恭嘗屬琨用二人，[27]後復遣屬琨，答不許。

[1]司徒：晋爲八公之一，掌政教。秩一品。　謐：王謐，東晋丞相王導之孫，字稚遠，襲父爵武岡侯。與劉裕交深，裕破桓玄，謐以吏部尚書加侍中，領揚州刺史、録尚書事。義熙三年（407）卒。《晋書》卷六五有附傳。

[2]永初：宋武帝年號。

[3]武帝以其娶桓脩女：桓脩，字承祖，桓玄同族。仕晋，玄執政，以脩都督六州、右將軍、徐兖二州刺史，封安成王。劉裕義旗起，斬之。詳見《晋書》卷七四《桓脩傳》。按，《南史》卷二三此處云：“宋武帝初爲桓脩參軍，脩待帝厚。後帝以事計圖脩，猶懷昔顧，使王華訪素門，嫁其二女。華爲琨娶大女……除琨郎中……”

[4]郎中：南朝時爲尚書臺屬官，主管曹司事務。初任稱郎中，一年後稱尚書郎。

[5]駙馬都尉：漢始置，與奉車都尉均爲陪奉皇帝乘輿的近臣。南朝時駙馬都尉屬集書省，掌侍從顧問。秩從五品。參見《文獻通考》卷六六《職官考二十》。

[6]奉朝請：古代諸侯春季朝見天子稱朝，秋季朝見稱請。漢代對於退職大臣、將軍和皇室、外戚，以奉朝請名義使其定期參加朝會。南朝時閑散官員以奉朝請官名安置在集書省。

[7]元嘉：宋文帝年號。

[8]侍中：門下省主官。掌奏事，直侍左右。秩三品。　華：王華，字子陵，宋開國勛臣，爲宋文帝劉義隆寵倖。文帝即位，以王華爲侍中、右衛將軍（禁衛軍官）。詳見《宋書》卷六三、《南史》卷二三《王華傳》。按，《南史》卷二三此處云："先是，琨伯父廞得罪晋世，諸子並從誅，唯華得免。華宋世貴盛，以門衰，提携琨，恩若同生，爲之延譽。"

[9]尚書儀曹郎：祠部尚書屬官。掌儀曹，主管吉凶禮制事。秩五品。

[10]州治中：治中從事史，主州府衆曹文書。

[11]左軍諮議：左軍將軍府諮議參軍，參謀軍事。左軍將軍爲禁衛軍官，分掌宿衛營兵。秩四品。

[12]領録事：兼任録事參軍，掌文書，糾察府事。

[13]宣城：郡名。治所在今安徽宣城市。

[14]司徒從事中郎：司徒府屬吏。分掌府務。秩四品。

[15]義興：郡名。治陽羨縣，在今江蘇宜興市。

[16]歷任皆廉約：《南史》卷二三此後云："華終，又托之宋文帝，故琨屢居清顯。"

[17]北中郎長史：北中郎將府屬吏之長。北中郎爲四中郎將之一，南朝屬榮譽加號。開府者位從公秩一品。本書《百官志》："宋齊以來，唯處諸王，素族無爲者。"

[18]黄門郎：給事黄門侍郎，門下省官。輔佐侍中掌奏事，直侍左右。秩五品。

[19]寧朔將軍：南朝時爲雜牌將軍，多屬榮譽加號。

[20]東陽：郡名。治長山縣，在今浙江金華市。

[21]孝建：宋孝武帝年號。

[22]廷尉卿：大理寺官。主刑辟。秩三品。

[23]竟陵王：劉誕，字休文，宋文帝第六子。孝武時，爲荆州刺史，進號驃騎大將軍。《宋書》卷七九有傳。　驃騎：驃騎大將軍，爲最高榮譽加號。位從公秩一品。王琨爲驃騎將軍府長史。

[24]臨淮：郡名。治徐縣，在今江蘇泗洪縣東南。

[25]吏部郎：吏部尚書佐官。掌官吏任免。秩五品。

[26]例爲用兩門生：謂按慣例，可推薦任用兩個門生。

[27]江夏王義恭：宋武帝劉裕第五子，美姿容，通文義，武帝特所鍾愛。孝武即位，以皇叔進位太傅。《宋書》卷六一、《南史》卷一三有傳。按，此句及下二句意思是説，江夏王義恭前已按例薦任兩名門生，後來又向吏部郎王琨推薦二人，王琨堅持原則未許可。

出爲持節、都督廣交二州軍事、建威將軍、平越將軍、平越中郎將、廣州刺史。[1]南土沃實，在任者常致巨富，[2]世云“廣州刺史但經城門一過，便得三千萬”也。琨無所取納，表獻禄俸之半。[3]州鎮舊有鼓吹，[4]又啓輸還。及罷任，孝武知其清，問還資多少？琨曰：“臣買宅百三十萬，餘物稱之。”帝悦其對。爲廷尉，[5]加給事中，[6]轉寧朔將軍長史、歷陽内史。[7]

[1]出：指出朝外任地方官。　持節：君主授予臣下權力的方式之一。節代表皇帝的特殊命令，持節者有生殺大權。　廣州：治番禺縣，在今廣東廣州市。　交州：治廣信縣，在今廣西梧州市。

建威將軍：南朝爲榮譽加號。　平越將軍、平越中郎將：邊防軍官名。隸廣州。中華本校勘記云："按《宋書·百官志》有四平將軍，無平越將軍。廣州刺史往往帶平南將軍軍號。'平越'疑'平南'之訛。"又云："張森楷《校勘記》云：'有平越中郎將，無平越中郎。'按《通典·職官典》'平越中郎將，晋武帝置，理廣州，主護南越'。此脱一'將'字，今補。"今從補。

[2]南土沃實，在任者常致巨富：州郡官吏俸給據本州郡豐瘠而定。《吕思勉讀史札記》丙帙《魏晋南北朝·州郡秩俸供給》："豐壤禄俸常充，則瘠土有不給者矣。所謂東北異源、西南各緒也。"（上海古籍出版社1982年版，第803頁）

[3]表獻禄俸之半：上表將一半俸禄獻給國庫。

[4]鼓吹：備有鼓鉦蕭笳樂器的樂隊，用於大駕出游行軍。古代以賜功臣勛將。

[5]廷尉：列卿之一，掌刑辟。秩三品。

[6]給事中：門下省官。掌奏事，直侍左右。秩五品。

[7]歷陽：郡名。治歷陽縣，在今安徽和縣。南朝時歷陽爲王國屬郡，故太守稱内史。

上以琨忠實，徙爲寵子新安王東中郎長史，[1]加輔國將軍，遷右衛將軍，度支尚書。[2]出爲永嘉王左軍、始安王征虜二府長史，[3]加輔國將軍、廣陵太守，[4]皆孝武諸子。泰始元年，遷度支尚書，尋加光禄大夫。[5]

[1]新安王：名子鸞，字孝羽，宋孝武帝第八子。大明四年（460），封襄陽王，尋改新安王。母殷淑儀寵傾後宫，子鸞愛冠諸子。《宋書》卷八〇、《南史》卷一四並有傳。　東中郎：中華本校勘記云："《南史》作'北中郎'。按《宋書·始平孝敬王子鸞傳》，大明四年爲東中郎將、吴郡太守。五年，遷北中郎將、南徐

州刺史。琨蓋並歷二府。"

[2]度支尚書：六部尚書之一，領度支、金部、倉部、起部諸曹，掌財物。秩三品。

[3]永嘉王：名子仁，字孝穌，宋孝武帝第九子。《宋書》卷八〇、《南史》卷一四並有傳。　左軍：左軍將軍。　始安王：名子真，字孝貞，宋孝武帝第十一子。《宋書》卷八〇、《南史》卷一四並有傳。　征虜：征虜將軍。宋爲榮譽加號。

[4]廣陵：郡名。治所在今江蘇揚州市。

[5]光禄大夫：列卿光禄勳佐官。掌宫殿門户。秩三品。

初，從兄華孫長襲華爵爲新建侯，[1]嗜酒多僁失。[2]琨上表曰："臣門姪不休，[3]從孫長是故左衛將軍嗣息，[4]少資常猥，猶冀晚進。頃更昏酣，業身無檢。[5]故衛將軍華忠肅奉國，善及世祀；而長負舋承封，[6]將傾基緒。嗣小息佟閑立保退，不乖素風，如蒙拯立，則存亡荷榮，私禄更構。"

[1]新建：縣名。治所在今江西崇仁縣。　侯：爲第二等封爵。

[2]僁失：過失。僁，同"愆"。

[3]不休：不善。

[4]左衛將軍：禁衛軍官。分掌宿衛營兵。秩四品。　嗣息：諸子中繼承爵位者。

[5]業身無檢：滿身罪過，不加檢點。

[6]負舋（xìn）：帶着過失。《左傳》莊公十四年："人無釁焉，妖不自作。"舋，通"釁"。

出爲冠軍將軍、吴郡太守，[1]遷中領軍。[2]坐在郡用朝舍錢三十六萬營餉二宫諸王及作絳襖奉獻軍用，[3]左遷光禄大夫，[4]尋加太常及金紫，[5]加散騎常侍。[6]廷尉虞龢議社稷合爲一神，[7]琨案舊糾駮。時龢深被親寵，朝廷多琨强正。[8]

[1]冠軍將軍：武官名。三國魏始置，秩三品。南朝時成爲加官、散官性質的將軍，開府者位從公秩一品。　吴郡：郡名。治所即今江蘇蘇州市。

[2]中領軍：禁衛軍官名。佐領軍將軍總掌宿衛營兵。秩三品。

[3]朝舍錢：猶官署錢。　二宫：指帝與太子宫。　絳襖：指絳色棉軍服。

[4]左遷：指降職。左遷，原闕"左"。中華本校勘記云："據南監本、局本及《南史》、《元龜》六百七十九補。按殿本作'乃左遷光禄大夫'。"今從補。按，唐長孺《讀史釋詞》則認爲："按《宋書》卷四〇《百官志》，光禄大夫與領、護軍並第三品，而光禄大夫在前，疑不得爲'左遷'。光禄閒官，雖是平遷，實爲通廢。"（見《魏晋南北朝史論拾遺》，中華書局1983年版，第257頁）

[5]太常：列卿之一，屬官有國子祭酒、國子博士及太祝、太史等。掌教化、禮儀、祭祀。秩三品。　金紫：指金紫光禄大夫。掌宫廷門户。秩三品。

[6]散騎常侍：門下省官。掌奏事，直侍左右。秩三品。

[7]虞龢：仕宋，位中書郎。《南史》卷七二有附傳。　社稷：古代帝王、諸侯所祭祀的土神和穀神。《尚書·太甲上》："先王顧諟天之明命，以承上下神祇，社稷宗廟罔不祗肅。"按，虞龢提議要把社稷二神合爲一神，王琨據典籍駁斥。

[8]多：贊揚。

明帝臨崩，出爲督會稽東陽新安臨海永嘉五郡軍事、左軍將軍、會稽太守，[1]常侍如故。[2]坐誤竟囚，降號冠軍。[3]元徽中，遷金紫光禄，弘訓太僕，[4]常侍如故。本州中正，[5]加特進。[6]從帝即位，[7]進右光禄大夫，常侍餘如故。從帝遜位，琨陪位及辭廟，皆流涕。[8]太祖即位，領武陵王師，[9]加侍中，給親信二十人。[10]

[1]會稽郡：治所在今浙江紹興市。　新安郡：治所在今浙江淳安縣西北。　臨海郡：治所在今浙江臨海市。　永嘉郡：治所在今浙江温州市。

[2]常侍如故：指仍舊任散騎常侍。

[3]降號冠軍：指降職爲冠軍將軍。

[4]弘訓太僕：指弘訓宫太僕，後宫官。掌輿馬。按，“弘”原作“引”，中華本據各本改正。其校勘記云：“按宋明恭王皇后，元徽初爲皇太后，稱弘訓宫。‘引訓’當作‘弘訓’，各本並由宋諱缺筆而訛，今據改。”今從改。

[5]中正：始於三國魏。各州郡置，多由本州郡德高望重的人擔任。負責考察本州人才品德，分成九等，作爲國家選任官吏的依據。

[6]特進：南朝時爲加官，授給有聲望的文武官員，以示殊榮。

[7]從帝即位：從帝即宋順帝。乃蕭子顯避梁諱改。

[8]從帝遜位，琨陪位及辭廟，皆流涕：《南史》卷二三作“順帝遜位，百僚陪列，琨攀畫輪獺尾慟泣曰：‘人以壽爲歡，老臣以壽爲戚。既不能先驅螻蟻，頻見此事！’嗚咽不自勝，百官人人雨淚。”

[9]武陵王：蕭曄，字宣照，齊高帝第五子。本書卷三五有傳。　師：南朝時王國設師，掌諸王生活及領讀。

[10]給親信：指給予貼身護衛人員。

時王儉爲宰相，[1]屬琨用東海郡迎吏。[2]琨謂信人曰：[3]“語郎，[4]三臺五省，[5]皆是郎用人；外方小郡，當乞寒賤，省官何容復奪之。”[6]遂不過其事。

[1]王儉：齊開國元勛，高帝時，任侍中、尚書令，相當於宰相，權傾一時。詳見本書卷二三《王儉傳》。

[2]屬琨用東海郡迎吏：語意欠明，似指要王琨用東海郡吏民迎接臺省來視察之官吏。但從琨之答語，又似省欲從東海郡調走官吏。王琨並未宰東海郡，何出此語，難解。

[3]信人：指王儉派來的報信人員。

[4]語郎：告訴郎。郎爲對尚書臺長官的敬稱。王儉因官尚書令，故稱。

[5]三臺五省：南朝時指中央行政機構。三臺，尚書爲中臺，御史爲憲臺，謁者爲外臺。五省，指尚書省、門下省、集書省、中書省、秘書省。

[6]省官何容復奪之：中華本校勘記云：“‘容’字原闕，據南監本、毛本、殿本、局本補。按‘容’《元龜》四百五十九作‘用’。”今從補。

琨性既古慎，[1]而儉嗇過甚，家人雜事，皆手自操執。公事朝會，必夙夜早起，簡閱衣裳，[2]料數冠幘，[3]如此數四，世以此笑之。尋解王師。[4]

[1]古慎：古板謹慎。《南史》卷二三此後云：“老而不渝……或爲輕薄所笑。大明中，尚書僕射顔師伯豪貴，下省設女樂，琨時爲度支尚書，要琨同聽，傳酒行炙，皆悉内妓。琨以男女無親授，

傳行每至，令置牀上，回面避之然後取，畢又如此，坐上莫不撫手嗤笑，琨容色自若。師伯後爲設樂邀琨，琨不往。”又云：“（琨）儉於財用，設酒不過兩盌，輒云‘此酒難遇’。鹽豉薑蒜之屬，並挂屏風，酒漿悉置牀下，内外有求，琨手自賦之。景和中，討義陽王昶，六軍戒嚴，應須紫欂，左右欲營辦，琨曰：‘元嘉初征謝晦，有紫欂在匣中，不須更作。’檢取果得焉。”

[2]簡閱衣裳：中華再造善本作“簡閱及裳”。

[3]料數冠幘：朱季海《校議》據《廣韵》釋“料”爲“撩”，即料理。（第70頁）

[4]王師：指前述“武陵王師”。

建元四年，太祖崩，琨聞國諱，牛不在宅，[1]去臺數里，遂步行入宫。朝士皆謂琨曰：“故宜待車，有損國望。”琨曰：“今日奔赴，皆應爾。”[2]遂得病，卒。贈左光禄大夫，餘如故。年八十四。

[1]牛不在宅：指拉車的牛不在家。

[2]今日奔赴，皆應爾：“皆應爾”，《南史》卷二三作“皆自應爾”。意即今日我爲高帝奔喪，願自身隨高帝而去。

張岱字景山，[1]吴郡吴人也。[2]祖敞，晉度支尚書，[3]父茂度，[4]宋金紫光禄大夫。

[1]張岱：《南史》卷三一有附傳。

[2]吴郡吴：指吴郡吴縣，治所均在今江蘇蘇州市。

[3]晉度支尚書：《南史》卷三一作“侍御史、度支尚書、吴國内史”。

［4］茂度：張裕，南朝宋開國功臣。元嘉初，爲侍中、都督、益州刺史。《南史》卷三一云："張裕字茂度，名與宋武帝諱同，故從字稱。"

岱少與兄太子中舍人寅、新安太守鏡、征北將軍永、弟廣州刺史辨俱知名，[1]謂之張氏五龍。鏡少與光禄大夫顔延之鄰居，[2]顔談議飲酒，喧呼不絶；而鏡静翳無言聲。後延之於籬邊聞其與客語，[3]取胡牀坐聽，辭義清玄，延之心服，謂賓客曰："彼有人焉。"[4]由此不復酣叫。寅、鏡名最高，永、辨、岱不及也。

［1］太子中舍人：東宫官。掌呈奏案章。秩七品。　寅：中華本校勘記云："'寅'《宋書·張茂度傳》《張敞傳》並作'演'，此蓋子顯避梁武帝名嫌改。"按，《南史》卷三一亦作"演"。　新安：郡名。治始新縣，在今浙江淳安縣西北。　新安太守鏡、征北將軍永：《南史》卷三一均有附傳。　廣州刺史辨：《宋書》卷五三有附傳。謂其"太宗亦見任遇，歷尚書吏部郎，廣州刺史，大司農"。

［2］顔延之：南朝宋名士。《宋書》卷七三、《南史》卷三四有傳。

［3］後延之於籬邊聞其與客語："聞"原訛作"間"，中華本據南監本、殿本、局本改正。今從改。

［4］彼有人焉：意謂他是有大智的人。

郡舉岱上計掾，[1]不行，州辟從事。累遷南平王右軍主簿，[2]尚書水部郎。[3]出補東遷令。[4]時殷沖爲吴興，[5]謂人曰："張東遷親貧須養，所以栖遲下邑。然名器方顯,[6]終當大至。”[7]

[1]上計掾：上計掾史，郡屬官。其職掌除奉達計籍外，尚有代表郡守參與朝會，備詢政俗，且能評議郡守能否。

[2]南平王：宋文帝第四子劉鑠，字休玄。《宋書》卷七二有傳。　右軍主簿：右軍將軍（禁衛軍官）府主簿。按，南平王未任右軍將軍，疑有誤。主簿，掌軍府文案、印信，爲屬吏之長。

[3]尚書水部郎：都官尚書屬官。掌水部曹，主持治水事宜。秩五品。

[4]東遷：縣名。晉分烏程縣東鄉置。南朝宋更名東安，尋復曰東遷。治所在今浙江湖州市吴興區。

[5]殷沖：仕宋，有政績。《宋書》卷五九、《南史》卷二七有傳。　吴興：郡名。治所在今浙江湖州市吴興區。

[6]名器：名望與才幹。

[7]當大：原作“常火”，中華本徑改，今從改。

隨王誕於會稽起義,[1]以岱爲建威將軍，輔國長史，行縣事。[2]事平，爲司徒左西曹。[3]母年八十，籍注未滿,[4]岱便去官從實還養，有司以岱違制，將欲糾舉。宋孝武曰：“觀過可以知仁,[5]不須案也。”累遷撫軍諮議參軍，領山陰令,[6]職事閑理。

[1]隨王誕於會稽起義：隨王誕，宋文帝第六子劉誕，字休文。初封廣陵王，後改封隨郡王。孝武帝時又改封竟陵王。大明三年(459)，誕爲南兗州刺史，加都督，駐廣陵。孝武帝聽信讒言疑誕欲反，使有司奏誕罪惡，擬絶屬籍，削爵土，收付監獄。誕被逼起兵，數月後被鎮壓身亡。詳見《宋書》卷七二、《南史》卷一四本傳及《通鑑》卷一二九《宋紀十一》“孝武帝大明三年”條。按，

此處云誕"於會稽起義"，訛誤。

[2]以岱爲建威將軍，輔國長史，行縣事：以上所述疑有誤，張岱並未在隨王誕王府、軍府任職，更未隨之起義受封。《南史》卷三一無此記載。《宋書》卷七二《文九王傳》及《通鑑》卷一二九亦無此記述。張岱倘若從逆，必遭禍殃，何以尚能爲官。

[3]司徒左西曹：司徒公府屬官。主府署事務。

[4]籍注未滿：服官役未到期。按東晉和南朝時將服官役者的姓名、年限，載入用黄紙書寫的户籍總册，謂之籍注。參見《通鑑》卷一四五《梁紀一》"武帝天監元年"條"若檢巴西一郡籍注"胡三省注。

[5]觀過可以知仁：朱季海《校議》云："《論語·里仁》：'子曰：民之過也，各於其黨，觀過斯知仁矣。'孝武説與僞孔安國注不同。皇侃《義疏》引殷仲堪曰：'言人之過失，各由於性類之不同。直者以改邪爲義，失在於寡恕。仁者以惻隱爲誠，過在於容非。是以與仁同過，其仁可知。觀過之義，將在於斯者。'其説近之。"（第71頁）

[6]山陰：縣名。治所在今浙江紹興市。

巴陵王休若爲北徐州，[1]未親政事，以岱爲冠軍諮議參軍，領彭城太守，[2]行府、州、國事。後臨海王爲征虜廣州，[3]豫章王爲車騎揚州，[4]晋安王爲征虜南兖州，[5]岱歷爲三府諮議、三王行事，[6]與典籤主帥共事，[7]事舉而情得。或謂岱曰："主王既幼，[8]執事多門，而每能緝和公私，云何致此？"岱曰："古人言：一心可以事百君。[9]我爲政端平，待物以禮，悔吝之事，無由而及。明闇短長，更是才用之多少耳。"

［1］巴陵王休若：宋文帝第十九子。孝武帝時，曾任雍州、湘州、荆州刺史，又爲冠軍將軍、北徐州刺史。《宋書》卷七二、《南史》卷一四有傳。　北徐州：治所在今江蘇徐州市。

［2］彭城：郡名。治所在今江蘇徐州市。

［3］臨海王：名子頊，字孝烈，宋孝武帝第七子。初封歷陽王，後改封臨海王，任征虜將軍、廣州刺史。《宋書》卷八〇、《南史》卷一四有傳。按，《南史》謂子頊任荆州刺史，進督廣州。

［4］豫章王：名子尚，字孝師，宋孝武帝第二子。初封西陽王，後改封豫章王，任車騎將軍、揚州刺史。《宋書》卷八〇、《南史》卷一四有傳。

［5］晋安王：名子勛，字孝德，宋孝武帝第三子。任征虜將軍、南兖州刺史。《宋書》卷八〇、《南史》卷一四有傳。按，《南史》作江州刺史，改授雍州。　南兖州：南朝宋僑置，治所在今江蘇淮陰縣。

［6］三府諮議：指爲征虜、車騎等將軍府諮議參軍。　三王行事：指爲臨海王、豫章王、晋安王行府、州、國事。

［7］典籤主帥：典籤本爲掌管文書的小吏，南朝時，由於監視出任方鎮的宗室諸王和各州刺史的需要，常由皇帝派親信出任此職，亦稱主帥、典籤帥、籤帥。掌握州鎮動静，並直接向皇帝言事，其權甚重。清趙翼《廿二史劄記》卷一二《齊制典籤之權太重》："齊制，諸王出鎮，其年小者，則置行事及典籤以佐之，一州政事以及諸王之起居飲食，皆聽命焉，而典籤尤爲急切……南海王子罕欲暫遊東堂，典籤姜秀不許，還泣謂母曰：'兒欲移五步不得，與囚何異。'……明帝殺諸王，無一不就典籤殺之……積威之漸，一至於此。"

［8］主王既幼："幼"原作"以"，中華本徑改，今從改。

［9］一心可以事百君：語出《晏子春秋·問下第二十九》："一心可以事百君，三心不可以事一君。"一心，忠心，全心全意。

入爲黄門郎，遷驃騎長史，領廣陵太守。新安王子鸞以盛寵爲南徐州，割吴郡屬焉。高選佐史，[1]孝武帝召岱謂之曰："卿美效夙著，[2]兼資宦已多。今欲用卿爲子鸞别駕，[3]總刺史之任，無謂小屈，終當大伸也。"帝崩，累遷吏部郎。

[1]佐史：指輔佐官員。

[2]卿美效夙著：中華本校勘記云："'效'《御覽》二百五十九引作'望'。"

[3]别駕：州刺史佐官。總理州府事務，州事多由其副署。刺史巡察轄區政務時，别駕别乘傳車從行，故名别駕，亦稱别駕從事史。秩六品。參見《文獻通考》卷六六《職官二十》。

明帝初，四方反，[1]帝以岱堪幹舊才，除使持節、督西豫州諸軍事、輔國將軍、西豫州刺史。[2]尋徙爲冠軍將軍、北徐州刺史，都督北討諸軍事，並不之官。泰始末，爲吴興太守。元徽中，[3]遷使持節、督益寧二州軍事、冠軍將軍、益州刺史。[4]數年，益土安其政。徵侍中，領長水校尉，[5]度支尚書，領左軍，[6]遷吏部尚書。王儉爲吏部郎，時專斷曹事，岱每相違執，及儉爲宰相，以此頗不相善。[7]

[1]明帝初，四方反：指宋明泰始二年（466）春，晋安王劉子勛在尋陽起義反，即帝位，改元義嘉。徐州刺史薛安都、冀州刺史崔道固、青州刺史沈文秀以及會稽、吴郡等地長吏也紛紛擁護晋安王，服從尋陽，形勢危急。詳見《通鑑》卷一三一《宋紀十三》"明帝泰始二年"條。

[2]西豫州：治所在今河南息縣。

[3]元徽：宋後廢帝年號。

[4]益州：治所在今四川成都市。　寧州：治所南朝宋移治味縣，在今雲南曲靖縣西。

[5]長水校尉：南朝時爲中領軍所屬禁衛軍官之一，分掌宿衛營兵。秩四品。

[6]左軍：左軍將軍，禁衛軍官名。分掌宿衛營兵。秩四品。

[7]以此頗不相善："不"字原闕，中華本據南監本、毛本、殿本、局本及《南史》、《册府元龜》卷四七八補。今從補。

兄子瓌、弟恕，誅吴郡太守劉遐。[1]太祖欲以恕爲晋陵郡，[2]岱曰："恕未閑從政，[3]美錦不宜濫裁。"[4]太祖曰："恕爲人，我所悉。且又與瓌同勳，自應有賞。"岱曰："若以家貧賜禄，此所不論；語功推事，臣門之耻。"

[1]誅吴郡太守劉遐：劉遐，宋宗室。其兄劉彦節，宋順帝時因不滿蕭道成專權，起兵與袁粲共攻蕭道成，被人告密，蕭道成連夜遣人將其擒殺，其弟劉遐亦被殺。《宋書》卷五一、《南史》卷一三有傳。

[2]晋陵：郡名。治所在今江蘇常州市。

[3]未閑：不熟悉，没經驗。

[4]美錦不宜濫裁：典出《左傳》襄公十一年：春秋時鄭尹和年少，子皮欲使其任邑大夫，子産以爲不可，説人有美錦，尚不許初學剪裁的人隨便剪裁，因爲"其傷實多"，怕將美錦弄壞，"况官邑不更重於美錦乎"。這裏以其比喻不諳政事而出任官職必致敗事。

尋加散騎常侍。[1]建元元年，出爲左將軍、吴郡太守。太祖知岱歷任清直，至郡未幾，手敕岱曰："大邦任重，乃未欲回換，但總戎務殷，宜須望實，[2]今用卿爲護軍，加給事中。"[3]岱拜竟，詔以家爲府。陳疾。明年，遷金紫光禄大夫，領鄱陽王師。[4]

[1]尋加散騎堂侍：《南史》卷一三此下云："建元元年，中詔序朝臣，欲以古僕射擬岱。褚彦回謂'得此過優，若别有忠誠，特宜升引者，别是一理'。"詔更量。

[2]總戎務殷，宜須望實：意謂一國之君王總掌天下任務繁重，須調有真才有名望的人來承擔。意思是切盼張岱擔負更重之任。

[3]今用卿爲護軍，加給事中：護軍，指護軍將軍，禁衛軍官名。掌外兵。秩三品。給事中，門下省官。掌奏事，直侍左右。秩五品。按，此句中華本將下引號標於"護軍"後，而《南史》卷一三則將下引號標於"加給事中"後。細考"加給事中"應在手敕内，與下"岱拜竟"聯繫纔緊湊。

[4]鄱陽王：名蕭鏘，字宣韶，齊高帝第七子。本書卷三五有傳。

世祖即位，[1]復以岱爲散騎常侍、吴興太守，秩中二千石。[2]岱晚節在吴興，更以寬恕著名。遷使持節監南兖兖徐青冀五州諸軍事、後將軍、南兖州刺史，[3]常侍如故。未拜，卒。年七十一。岱初作遺命，分張家財，封置箱中，家業張減，[4]隨復改易，如此十數年。贈本官，謚貞子。[5]

[1]世祖：齊武帝蕭賾廟號。本書卷三有紀。

[2]秩：薪俸。

[3]兗：州名。南朝宋移治瑕丘城，在今山東兗州市。　徐：州名。按，“徐”字原闕，中華本據各本補。今從補。　青：州名。南朝宋與冀州合僑置於鬱洲，在今江蘇連雲港市東雲臺山一帶。

[4]家業張減：謂家中財産增加或減少。

[5]謚貞子：南朝時官生前未封爵者謚號加“子”。

褚炫字彦緒，[1]河南陽翟人也。[2]祖秀之，[3]宋太常。父法顯，鄱陽太守。[4]兄炤，[5]字彦宣，少秉高節，一目眇，官至國子博士，[6]不拜。常非從兄淵身事二代，[7]聞淵拜司徒，[8]歎曰：“使淵作中書郎而死，[9]不當是一名士邪！名德不昌，[10]遂令有期頤之壽。”[11]

[1]褚炫：《南史》卷二八有附傳。

[2]河南：郡名。治所在今河南洛陽市東北。　陽翟：縣名。治所在今河南禹縣。

[3]秀之：字長倩，其妹晋恭帝后。恭帝即位，爲祠部尚書。宋受命，遷太常。元嘉初卒於官。參見《南史》卷二八《褚裕之傳》。

[4]鄱陽：郡名。治波陽縣，在今江西九江市尋陽區。

[5]炤：《南史》卷二八有附傳。

[6]國子博士：太常屬官。掌禮儀、教化。秩三品。

[7]常非從兄淵身事二代：常常以爲從兄褚淵不應當身事二朝。淵，即褚淵，字彦回，歷事宋齊，皆居顯要。本書卷二三有傳、《南史》卷二八有附傳。

[8]淵拜司徒：齊高帝建元元年（479），褚淵進位司徒，封南康郡公。

[9]使淵作中書郎而死：宋明帝時，褚淵曾任中書郎。此句意

思説，如果任中書郎就死掉，乃是從一主而終，不致有辱名節，故下句説，這樣當可作一名士。按，《南史》卷二八此句前尚有："彦回拜司徒，賓客滿座，炤歎曰：'彦回少立名行，何意披猖至此！門户不幸，乃復有今日之拜……'。"

[10]不當是一名士邪：此句及下句原作"不當是一名士德不昌"，中間漏"邪"與"名"，語意含混不清。中華本據南監本、毛本、殿本、局本及《南史》、《通鑑》"高帝建元元年"條補，並標作二句。今從之。

[11]遂令有期頤之壽：《南史》卷二八無"令"字。《通鑑》卷一三五《齊紀一》"高帝建元元年"條作"乃復有期頤之壽"。此句意思説，此人事二主，有損於德，哪能再活長壽。期頤，《通鑑》胡三省注："《曲禮》曰：人生百年曰期頤。鄭注云：期，要也；頤，養也；不知衣服食味，孝子要盡養道而已。"按，《南史》卷二八此句後尚有："彦回性好戲，以軺車給之，炤大怒曰：'著此辱門户，那可令人見。'索火燒之，馭人奔車乃免。"

炫少清簡，爲從舅王景文所知。[1]從兄淵謂人曰："從弟廉勝獨立，乃十倍於我也。"宋義陽王昶爲太常，[2]板炫補五官，[3]累遷太子舍人，[4]撫軍車騎記室，[5]正員郎。[6]

[1]爲從舅王景文所知：爲隔房舅父所賞識。王景文，名彧，字景文，因避宋明帝諱以字行。仕宋明帝，官至中書令、中書監，領太子太傅。地位顯赫。《宋書》卷八五、《南史》卷二三有傳。

[2]宋義陽王昶：名昶，字休道，宋文帝第九子。《宋書》卷七二、《南史》卷一四均有傳。

[3]板：王府、公府自行除用。因將授官之辭書於特定的板上，故名。　補：謂官有缺位，選員補充。　五官：指太常屬官五

官掾。

［4］太子舍人：東宫屬官。掌呈奏案章。

［5］撫軍車騎記室：指在撫軍將軍和車騎將軍府擔任記室參軍，掌理文翰。

［6］正員郎：正額以内的郎官。秩五品。

從宋明帝射雉，至日中，無所得。帝甚猜羞，召問侍臣曰："吾旦來如皋，[1]遂空行，可笑。"座者莫答。炫獨曰："今節候雖適，而雲露尚凝，[2]故斯翬之禽，[3]驕心未警。但得神駕游豫，群情便爲載懽。"[4]帝意解，乃於雉場置酒。遷中書侍郎，司徒右長史。[5]

［1］如皋：《左傳》昭公二十八年："昔賈大夫惡，娶妻而美，三年不言不笑，御以如皋，射雉，獲之，其妻始笑而言。"孔穎達疏："《詩》云：'鶴鳴於九皋。'是皋爲澤。如，往也，爲妻御車以往澤也。"後因以"如皋"指到野外射雉。

［2］雲露尚凝：謂雨露氣侯尚適宜生存。中華本校勘記云："'露'南監本、殿本、局本作'霧'。"今按，《南史》卷二八亦作"霧"。朱季海《校議》云："此用《小雅·白華》'英英白雲，露彼菅茅'之文耳。毛傳：'英英，白雲貌。露亦白雲。言天地之氣，無微不著，無不覆養。'箋云：'白雲下露，養彼可以爲菅之茅。'南監無知，而諸本並爲所誤。"（第71頁）

［3］斯翬（huī）：指雉。《詩·小雅·斯干》："如翬斯飛，君子攸躋。"朱熹《集傳》："翬，雉。"

［4］載懽：愉悦。載，語氣助詞。

［5］司徒右長史：司徒府右長史，與左長史分主公府諸曹事務。

昇明初，[1]炫以清尚，與劉俣、謝朏、江斅入殿侍文義，號爲“四友”。[2]遷黄門郎，太祖驃騎長史，遷侍中，復爲長史。齊臺建，[3]復爲侍中，領步兵校尉。[4]以家貧，建元初，出補東陽太守，加秩中二千石。還，復爲侍中，領步兵。凡三爲侍中。[5]出爲竟陵王征北長史，[6]加輔國將軍，尋徙爲冠軍長史、江夏内史，[7]將軍如故。永明元年，爲吏部尚書。

[1]昇明：宋順帝年號。

[2]與劉俣、謝朏、江斅入殿侍文義，號爲“四友”：《南史》卷二八作“彭城劉俣、陳郡謝朏、濟陽江斅”云云。謝朏，《梁書》卷一五有傳。江斅，本書卷四三、《南史》卷三六有傳。入殿侍文義，指四人爲宋順帝劉凖（時年十一歲）侍講經書。

[3]齊臺建：指宋順帝昇明二年（478）三月，以太傅蕭道成爲相國，總百揆，封十郡，爲齊公；旋改封齊王，建齊國，詔齊國官爵禮儀與朝廷同。詳見《通鑑》卷一三五《齊紀一》“高帝建元元年”條。

[4]步兵校尉：禁衛軍官。分掌宿衛營兵。秩四品。

[5]凡三爲侍中：《南史》卷二八此句後云：“與從兄彦回操行不同，故彦回之世，不至大官。”

[6]竟陵王：名子良，字雲英，齊武帝第二子。本書卷四〇有傳。褚炫蓋在其征北將軍府任長史。

[7]江夏内史：江夏，郡名。南朝宋置，治夏口，在今湖北武漢市武昌區。按，江夏爲王國屬郡，故太守稱内史。

炫居身清立，非弔問不雜交遊，論者以爲美。及在選部，[1]門庭蕭索，賓客罕至。出行，左右捧黄紙帽箱，[2]風吹紙剥僅盡。罷江夏還，得錢十七萬，於石頭并分與親族，[3]病無以市藥。[4]表自陳解，[5]改授散騎常侍，領安成王師。[6]國學建，[7]以本官領博士，[8]未拜，卒，無以殯斂。時年四十一。[9]贈太常，謚曰貞子。

[1]選部：指吏部，時炫爲吏部尚書。

[2]黄紙帽箱：指用黄紙糊成的裝盛官帽的紙箱，可見其儉陋。

[3]石頭：代指京城建康，在今江蘇南京市。

[4]病無以市藥：《南史》卷二八此句後有“以冠劍爲質”一句。

[5]表自陳解：指上表章求自行解職。

[6]安成王：名暠，字宣曜，齊高帝第六子。本書卷三五有傳。

[7]國學建：指建立學校。本書《禮志上》云：“永明三年正月，詔立國學，創立堂宇，召公卿子弟下及員外郎之胤，凡置生二百人。其年秋悉集。”

[8]博士：國學經師。

[9]時年四十一：許福謙《〈南齊書〉紀傳疑年録》據齊國學建於武帝永明三年（485），推算出褚炫應生於宋元嘉二十二年（445），又推算出其卒於建國學之年，得年正四十一。（《首都師範大學學報》1998年第1期）

何戢字慧景，[1]廬江灊人也。[2]祖尚之，宋司空。父偃，金紫光禄大夫，被遇於宋武。[3]選戢尚山陰公主，[4]拜駙馬都尉。[5]解褐祕書郎，[6]太子中舍人，[7]司徒主簿，新安王文學，[8]祕書丞，[9]中書郎。

[1]何戢：《南史》卷三〇有附傳。

[2]廬江：郡名。治灊縣。　灊：縣名。在今安徽潛山縣。灊同“潛”。

[3]宋武：指宋武帝劉裕。《宋書》卷一至卷三有紀。時尚之爲司空、尚書令，偃居門下省，父子並處權要。

[4]尚：事奉，匹配。專指娶公主爲妻。　山陰公主：宋孝武帝劉駿長女，前廢帝劉子業之姐。

[5]駙馬都尉：漢始置，原與奉車都衛均爲陪侍皇帝的近臣，屬光禄勛。三國魏何晏始以公主夫婿拜駙馬都尉，後代皇帝的女婿照例加此官，因以駙馬都尉代稱帝婿，簡稱駙馬。

[6]祕書郎：秘書省官。東漢始置，職於東觀典校書。三國魏後置，始爲秘書監的屬官。晋置秘書郎四人，掌中外三閣經書，校閲殘缺，正定脱誤，亦稱郎中。此後秘書郎漸成清美之職。宋齊爲貴族子弟初仕之官，常百日之内便予升遷。

[7]太子中舍人：東宫官。掌東宫呈奏案章。

[8]文學：學官名。即文學師，掌教授經學。

[9]祕書丞：秘書省官。輔秘書監掌修撰國史，亦爲清貴之官。秩六品。

景和世，[1]山陰主就帝求吏部郎褚淵入内侍己，[2]淵見拘逼，終不肯從，與戢同居止月餘日，由是特申情好。明帝立，[3]遷司徒從事中郎，[4]從建安王休仁征赭圻，[5]板轉戢司馬，[6]除黄門郎，出爲宣威將軍、東陽太守，[7]吏部郎。元徽初，褚淵參朝政，[8]引戢爲侍中，時年二十九。戢以年未三十，苦辭内侍，表疏屢上，時議許之。改授司徒左長史。

[1]景和：宋前廢帝年號，亦即永光元年（465）。

[2]山陰主：山陰公主。淫盗過度，褚淵因“美儀貌，善容

止”（見本書卷二三本傳），故爲其所愛。

［3］明帝立：指宋明帝劉彧於景和元年（465）年廢前廢帝劉子業，自立爲帝，改元泰始。

［4］司徒從事中郎：司徒府屬官。職參謀議。

［5］建安王休仁：宋文帝第十二子。《宋書》卷七二有傳。明帝廢前廢帝，休仁即日便執臣禮於明帝。明帝以休仁爲侍中、司徒、尚書令、揚州刺史。當時，孝武帝子晋安王子勛即皇帝位於尋陽，諸方響應反明帝。明帝遣休仁都督征討諸軍事，進據赭圻。赭圻：赭圻城。在今安徽繁昌縣西北長江邊。詳見《通鑑》卷一三一《宋紀十二》“明帝泰始二年”條。

［6］板轉戢司馬：指將何戢由司徒府改派軍府任司馬。

［7］宣威將軍：雜號將軍。南朝時爲榮譽加號。

［8］褚淵參朝政：指元徽初，褚淵受宋明帝遺詔爲中書令，參掌朝政。

太祖爲領軍，[1]與戢來往，數置歡讌。上好水引䴵，[2]戢令婦女躬自執事以設上焉。久之，復爲侍中，遷安成王車騎長史，[3]加輔國將軍、濟陰太守，[4]行府、州事。出爲吴郡太守，以疾歸。爲侍中，祕書監，仍轉中書令，太祖相國左長史。[5]建元元年，遷散騎常侍，太子詹事，[6]尋改侍中，詹事如故。上欲轉戢領選，[7]問尚書令褚淵，以戢資重，欲加常侍。淵曰：“宋世王球從侍中中書令單作吏部尚書，[8]資與戢相似。領選職方昔小輕，[9]不容頓加常侍。[10]聖旨每以蟬冕不宜過多，[11]臣與王儉既已左珥，[12]若復加戢，則八座便有三貂。[13]若帖以驍、游，亦爲不少。”[14]乃以戢爲吏部尚書，加驍騎將軍。

［1］太祖爲領軍：指元徽初，蕭道成爲中領軍，掌握軍事大權。詳見本書卷一《高帝紀上》。

［2］水引餅：湯水煮米餅，俗稱水粑粑。餅，同“餅”。

［3］車騎長史：車騎將軍府長史。車騎將軍，諸將軍中名位最高者之一。秩二品，開府者位從公秩一品。

［4］濟陰：郡名。治所在今山東荷澤市定陶區。

［5］太祖相國左長史：指元徽三年（475），蕭道成進位相國。何戢在相國府任左長史，與右長史分工主持府務，爲屬吏之長。秩四品。

［6］太子詹事：東宫官。掌太子家事。

［7］領選：指領吏部尚書，吏部亦稱選部。

［8］王球：字蒨玉。宋文帝時歷任侍中、中書令、吏部尚書。《宋書》卷五八、《南史》卷二三有傳。

［9］領選職方昔小輕：謂何戢與過去王球相比，他的資質稍嫌輕。按，“領”原作“頃”，中華本據《南史》及《御覽》卷六八八引改。今從改。

［10］不容頓加常侍：不宜倉促加（何戢）散騎常侍。

［11］蟬冕：指三公貴近之官。《文選》卷二一晋張協《詠史》：“咄此蟬冕客，君紳宜見書。”李善注引蔡邕《獨斷》曰：“太尉已下冠惠文，侍中加貂蟬。”

［12］臣與王儉既已左珥：左珥，指登珥貂之上位。古代侍中以上的近臣冠上左插貂尾爲飾，因以左珥指位高近臣。按，當時褚淵加尚書令、司徒；王儉爲右僕射，領吏部尚書，故云“既已左珥”。

［13］八座：南朝以五曹尚書、二僕射（左右僕射）與尚書令合稱八座。　三貂：指有三人爲左珥之貴。

［14］若帖以驍、游，亦爲不少：意思説何戢領選之外再加官驍騎將軍或游擊將軍（二者均爲禁衛軍官），待遇亦稱優厚。帖，帶帖，謂兼領他職。周一良《〈南齊書·丘靈鞠傳〉試釋兼論南朝文

武官位及清濁》一文云："南朝官制大抵視本官以及其人資之輕重而兼領他職，謂之帶帖。"（《魏晋南北朝史論集》，北京大學出版社 1997 年版，第 123 頁）"帖"原作"怗"，中華本徑改，今從改。

戢美容儀，動止與褚淵相慕，時人呼爲"小褚公"。家業富盛，性又華侈，衣被服飾，極爲奢麗。三年，[1]出爲左將軍、吴興太守。[2]

[1]三年：指建元三年（481）。

[2]左將軍：左軍將軍。

上頗好畫扇，[1]宋孝武賜戢蟬雀扇，善畫者顧景秀所畫。時陸探微、顧彦先皆能畫，[2]歎其巧絶。戢因王晏獻之，[3]上令晏厚酬其意。

[1]上：指齊高帝蕭道成。

[2]顧彦先：中華本校勘記云："'顧彦先'《御覽》九百四十四引《梁書》（按當作《齊書》）作'顧寶先'。按顧寶先，顧琛次子，見《宋書》、《南史》《顧琛傳》。《南史》云寶先大明中爲尚書水部郎。又《南史·王曇首傳》子僧虔附傳云：'吴郡顧寶先卓越多奇，自以伎能，僧虔乃作飛白以示之。'蓋僧虔善書，寶先能書畫，故作飛白以示之也。或又作'顧寶光'，見《法書要録》卷五竇臮《述書賦》注及《歷代名畫記》卷一、卷六。《歷代名畫記》云：'宋有陸探微、顧寶光'。又云：'顧寶光，吴郡人。善書畫，大明中爲尚書水部郎。'是寶先、寶光實一人也。疑此當依《御覽》引作'顧寶先'。或作'顧寶光'者，殆光與先形近致訛耳。若顧彦先，名榮，乃晋初人，陸機有《代顧彦先贈婦詩》，見《文

選》，不得與陸探微同時也。”

[3]戢因王晏獻之：何戢將繪有蟬雀的名畫扇，托王晏轉獻給齊高帝。王晏爲齊開國功臣。本書卷四二有傳。

四年，卒。時年三十六。贈散騎常侍、撫軍，[1]太守如故。謚懿子。女爲鬱林王后，[2]又贈侍中、光禄大夫。

[1]撫軍：指中撫軍，禁衛軍統領之一。掌外軍。秩三品。

[2]鬱林王：齊武帝之孫，隆昌元年（494），繼武帝登皇位。旋被明帝蕭鸞篡奪。本書卷四有紀。

王延之字希季，[1]琅邪臨沂人也。祖裕，宋左光禄儀同三司。[2]父昇之，都官尚書。[3]延之出繼伯父秀才粲之。[4]

[1]王延之：《南史》卷二四有附傳。按裕之即下句王裕，二書所録不同。

[2]左光禄：指左光禄大夫，光禄勛屬官。掌宫殿門户。　儀同三司：謂與三司（三公）體制待遇相同。爲大臣的加銜，其本身必有其他職務。

[3]都官尚書：五部尚書之一，領都官、水部、庫部、功論四曹。秩三品。

[4]秀才：本指優秀人才，漢代定爲舉士科目。南朝察舉最重秀才，由州郡薦舉高才博學的人，再經考試定其等次。多出任要職，爲時所重。因由州郡把持選舉，故秀才多爲世家豪族子弟。

延之少而静默，不交人事。州辟主簿，不就。舉秀才。除北中郎法曹行參軍，[1]轉署外兵尚書外兵部，[2]司空主簿，[3]並不就。除中軍建平王主簿、記室，[4]仍度司空、北中郎二府，轉祕書丞，西陽王撫軍諮議，[5]州别駕，尋陽王冠軍、安陸王後軍司馬，[6]加振武將軍，[7]出爲安遠護軍，[8]武陵内史，不拜。宋明帝爲衛軍，[9]延之轉爲長史，加宣威將軍。司徒建安王休仁征赭圻，轉延之爲左長史，加寧朔將軍。

[1]除北中郎法曹行參軍：指任北中郎將府法曹臨時參軍。北中郎將爲四中郎將之一，爲加官榮譽虚銜。開府者位從公秩一品。宋齊唯處諸王，素族無任此職者。按，“除”字原闕，中華本據《册府元龜》卷六五〇補。今從補。

[2]轉署外兵尚書外兵部：中華本校勘記云：“按轉外兵謂轉爲北中郎將府外兵曹參軍也。‘尚書外兵部’不可解，疑是衍文。”

[3]司空主簿：指司空府主簿。司空爲諸公之一，南朝爲優禮大臣的虚號。

[4]建平王：名劉宏，字休度，宋文帝第七子。歷位中護軍、中書令。《宋書》卷七二、《南史》卷一四有傳。延之在其中護軍軍府任主簿、記室參軍，又轉任其司空府、北中郎將府屬吏。

[5]西陽王：名子尚，字孝師，宋孝武帝第二子。初封西陽王，後改封豫章王。《宋書》卷八〇、《南史》卷一四有傳。　撫軍諮議：指任撫軍將軍府諮議參軍。撫軍將軍，南朝時優禮大臣的虚號。開府者位從公秩一品。

[6]安陸王後軍司馬：安陸王，即劉子綏，宋孝武帝子。《宋書》卷八〇、《南史》卷一四有傳。王延之在其後軍將軍府任司馬。

[7]振武將軍：榮譽加銜。

[8]安遠護軍：邊防軍官，爲武陵内史的兼職。

[9]宋明帝爲衛軍：指宋明帝劉彧爲湘東王時曾領衛軍將軍（禁衛軍官）。時延之轉任衛軍將軍府長史。

延之清貧，居宇穿漏。褚淵往候之，見其如此，具啓明帝，帝即敕材官爲起三間齋屋。遷侍中，領射聲校尉，[1]未拜，出爲吴郡太守。罷郡還，家産無所增益。除吏部尚書，侍中，領右軍，並不拜。復爲吏部尚書，領驍騎將軍，出爲後軍將軍、吴興太守。遷都督浙東五郡、會稽太守。[2]轉侍中，祕書監，晋熙王師。[3]遷中書令，師如故，未拜，轉右僕射。[4]昇明二年，轉左僕射。[5]

[1]射聲校尉：禁衛軍官。分掌宿衛營兵。秩四品。

[2]都督浙東五郡：指會稽郡、東陽郡、新安郡、永嘉郡、臨海郡。

[3]晋熙王：名劉燮，字仲綏，宋明帝第六子。繼劉昶（宋文帝子，因避前廢帝殺戮奔魏）被封爲晋熙王。《宋書》卷九〇、《南史》卷一四有傳。

[4]右僕射：尚書省官。輔佐尚書令總理省務，主祠部、禮儀等事。秩三品。

[5]左僕射：尚書省官。輔佐尚書令總理政務，領殿中、主客二曹。秩三品。

宋德既衰，太祖輔政，朝野之情，人懷彼此。[1]延之與尚書令王僧虔中立無所去就，[2]時人爲之語曰："二王持平，不送不迎。"太祖以此善之。三年，[3]出爲使持節、都督江州豫州之新蔡晋熙二郡諸軍事、安南將軍、江州刺史。[4]建元二年，[5]進號鎮南將軍。[6]

[1]人懷彼此：指朝中官吏拿不定主意，是保舊朝還是投太祖另立新朝。

[2]王僧虔：本書卷三三、《南史》卷二二有傳。

[3]三年：指宋順帝昇明三年（479）。

[4]江州：南朝宋置，治柴桑縣，在今江西九江市。　豫州：東晋僑置，治壽春縣，在今安徽壽縣。　新蔡：郡名。治所在今河南新蔡縣。　晋熙：東晋置，治懷寧縣，在今安徽潛山縣。

[5]建元二年：《南史》卷二四作“建元元年”。

[6]鎮南將軍：四鎮將軍之一，南朝時爲榮譽加銜。秩二品。

延之與金紫光禄大夫阮韜，俱宋領軍劉湛外甥，[1]並有早譽。湛甚愛之，曰：“韜後當爲第一，延之爲次也。”延之甚不平。每致餉下都，韜與朝士同例。[2]太祖聞其如此，與延之書曰：“韜云卿未嘗有别意，當緣劉家月旦故邪？”[3]在州禄俸以外，一無所納，獨處齋内，吏民罕得見者。[4]

[1]劉湛：字弘仁，南朝宋開國元勛，曾任禁衛軍領軍將軍，掌内軍。《宋書》卷六九、《南史》卷三五有傳。

[2]每致餉下都，韜與朝士同例：意即朝廷對阮韜有特殊待遇。致餉，指發下的薪餉。下都，指諸王的都邑（阮韜一直在諸王府供職）。朝士，指京官，臺官。

[3]當緣劉家月旦故邪：劉家，指劉湛。月旦，即月旦評，指對人的品評。典出《後漢書》卷六八《許劭傳》：“初劭與靖俱有高

名，好共覈論鄉黨人物，每月輒更其品題，故汝南俗有‘月旦評’焉。”

[4]罕民罕得見者：《南史》卷二四此後云：“延之居身簡素，清静寡慾，凡所經歷，務存不擾……雖子弟亦不妄前。時時見親舊，未嘗及世事，從容談詠而已。”

四年，遷中書令，右光禄大夫，本州大中正。[1]轉左僕射，光禄、中正如故。尋領竟陵王師。[2]永明二年，陳疾解職，世祖許之。轉特進，右光禄大夫，王師、中正如故。其年卒，年六十四。追贈散騎常侍，右光禄大夫、特進如故。[3]謚簡子。

[1]大中正：魏晋南北朝稱州中正爲大中正，由司徒選用現任官而又有聲望者在其本貫所在的州任職。品評本州人物，以備政府選用。

[2]師：負責給諸王講經問學。

[3]特進：南北朝時爲榮譽加官，無實職。

延之家訓方嚴，不妄見子弟，雖節歲問訊，皆先克日。子倫之，[1]見兒子亦然。永明中，爲侍中。世祖幸琅邪城，[2]倫之與光禄大夫全景文等二十一人坐不參承，[3]爲有司所奏。詔倫之親爲陪侍之職，而同外惰慢，[4]免官，景文等贖論。[5]建武中，至侍中，領前軍將軍，都官尚書，領游擊將軍，卒。

[1]子倫之：倫，《南史》卷二四作“綸”，並云：“字元章。爲安成王記室參軍，偃仰召會，退居僚末。司徒袁粲聞而歎曰：

‘格外之官，便今日爲重。’貴游居此位者，遂以不掌文記爲高，自綸之始也。齊永明中，歷位侍中，出爲豫章太守。下車祭徐孺子、許子將墓，圖畫陳蕃、華歆、謝鯤像於郡朝堂。爲政寬簡，稱良二千石……剋日乃見子孫，蓋家風也。”

[2]琅邪城：指琅邪郡城。東晋僑置，寄句容縣城，在今江蘇句容市。本書卷三《武帝紀》載：“（永明六年）九月壬寅，車駕幸琅邪城講武，習水步軍。”

[3]全景文：字弘達，歷仕宋齊，以戰功封孝陵縣侯，光禄大夫。本書卷二九有附傳。　參（cān）承：陪侍車駕。此指陪侍齊武帝赴琅邪城講武的御駕。

[4]而同外惰慢：中華本校勘記云：“‘外’南監本、殿本、局本作‘衆’。”“惰”原作“情”，中華本徑改。今從改。

[5]贖論：以財物贖罪。

阮韜字長明，[1]陳留人，[2]晋金紫光禄大夫裕玄孫也。韜少歷清官，爲南兖州别駕，刺史江夏王劉義恭逆求資費錢，[3]韜曰：“此朝廷物。”執不與。

[1]阮韜：《南史》卷二四有附傳。

[2]陳留：郡名。治陳留縣，在今河南開封市東南。

[3]逆求資費錢：指違背朝規求取費用錢。

宋孝武選侍中四人，並以風貌。王彧、謝莊爲一雙，[1]韜與何偃爲一雙。[2]常充兼假。[3]泰始末，爲征南江州長史。[4]桂陽王休範在鎮，數出行遊，韜性方峙，[5]未嘗隨從。至散騎常侍，金紫光禄大夫，領始興王師。[6]永明二年，卒。

[1]王彧：字景文，仕宋，美風姿。官至侍中、尚書右僕射。《宋書》卷八五、《南史》卷二三有傳。　謝莊：字希逸，仕宋，爲名士，善辭令，官至侍中、前領軍將軍。《宋書》卷八五、《南史》卷二〇有傳。

[2]何偃：字仲弘，仕宋，官至侍中、吏部尚書。《宋書》卷五九、《南史》卷三〇有傳。

[3]常充兼假：指常充侍中兼任他官。

[4]爲征南江州長史：指爲征南將軍、江州刺史軍府和州府長史。從下句看，征南將軍、江州刺史爲桂陽王劉休範。

[5]方峙：方正剛直。

[6]始興王：名鑑，字宣徹，齊高帝第十子。本書卷三五有傳。

史臣曰：内侍樞近，世爲華選，金璫熲耀，[1]朝之麗服，久忘儒藝，[2]專授名家。加以簡擇少姿，簪貂冠冕，基蔭所通，後才先貌，事同謁者，[3]以形骸爲官，斯違舊矣。辟强之在漢朝，幼有妙察；[4]仲宣之處魏國，[5]見貶容陋。何戢之讓，[6]雖未能深識前古之美，與夫尸官靦服者，[7]何等級哉！

[1]金璫：漢代侍中、中常侍等内侍官的冠飾。璫當冠前，以黄金爲之，故名。　熲（jiǒng）耀：光耀。

[2]儒藝：指儒家所倡導的德才。

[3]謁者：南北朝置謁者臺。掌朝覲賓饗及奉詔出使，甚重儀表和辭令。

[4]辟强之在漢朝，幼有妙察：辟强，漢留侯張良之子，十五歲爲侍中。《史記》卷九《吕太后本紀》載："孝惠帝崩，發喪，太后哭，泣不下。留侯子張辟彊爲侍中，年十五，謂丞相（指陳平）

曰：‘太后獨有孝惠，今崩，哭不悲，君知其解乎？’丞相曰：‘何解？’辟彊曰：‘帝無壯子，太后畏君等。君今請拜吕臺、吕産、吕禄爲將，將兵居南北軍，及諸吕皆入宫，居中用事，如此則太后心安，君幸得脱禍矣。’丞相乃如辟彊計。太后説，其哭乃哀。”彊同“强”。

[5]仲宣：王粲，字仲宣，建安七子之一。才高善辯，博學多識，輕官忽禄，不躭世榮。雖容貌短小，然爲當時名士蔡邕推重，得除黄門侍郎 。魏國建，拜侍中。詳見《三國志》卷二一《魏書·王粲傳》。

[6]何戢之讓：指元徽初，褚淵參政，引戢爲侍中，戢以年未三十，資質不够，辭疏屢上，時議稱許。

[7]尸官靦（tiǎn）服：謂居官位食俸禄不盡職而恬不知耻。靦，形容厚顔。

贊曰：萬石祗慎，[1]琨既爲倫。[2]五龍一氏，[3]張亦繼荀。[4]炫清褚族，[5]戢遺何姻。[6]延之居簡，[7]名峻王臣。

[1]萬石：石奮，漢初人，從高祖盡力，爲人“恭謹無與比”。景帝時，憚爲九卿，寧爲諸侯相。後石奮與其四子官皆至二千石，於是景帝曰：“石君及四子皆二千石，人臣尊寵乃集其門。”號奮爲“萬石君”。《史記》卷一〇三、《漢書》卷四六有傳。

[2]琨既爲倫：指王琨的清慎可與石奮相比。

[3]五龍一氏：指本卷《張岱傳》所述“岱少與兄太子中書舍人寅、新安太守鏡、征北將軍永、弟廣州刺史辨俱知名，謂之張氏五龍”。

[4]張亦繼荀：荀指東漢荀淑，“有子八人：儉、緄、靖、燾、汪、爽、肅、專，並有名稱，時人謂之八龍”。見《後漢書》卷六

二《荀淑傳》。

[5]炫清褚族：指褚炫立身清簡，光耀褚族。

[6]戢遺何姻：指何戢美容儀，閑動止，乃受祖父何尚之的遺傳。

[7]延之居簡：指王延之“少而靜默，不交人事”，居官清廉。“禄俸以外，一無所取”。

南齊書　卷三三

列傳第十四

王僧虔　張緒

王僧虔,[1]琅邪臨沂人也。[2]祖珣，晋司徒。[3]伯父太保弘,[4]宋元嘉世爲宰輔。賓客疑所諱，弘曰:“身家諱與蘇子高同。”[5]父曇首，右光禄大夫。[6]曇首兄弟集會諸子孫，弘子僧達下地跳戲,[7]僧虔年數歲，獨正坐採蠟燭珠爲鳳凰。[8]弘曰:“此兒終當爲長者。”[9]

[1]王僧虔:《南史》卷二二有附傳。

[2]琅邪臨沂：琅邪郡臨沂縣，在今山東臨沂市。

[3]司徒：原爲三公之一，掌民事教化。晋以後爲加官或贈官，爲大臣榮譽虚銜。

[4]太保：與太師、太傅合稱三師，爲輔弼大臣。南朝時爲榮譽加銜。秩一品。　弘：王弘，字休元，晋丞相王導曾孫。爲南朝宋開國元勛，以佐命功，封華陽縣公，進位太保，領中書監。《宋書》卷四二、《南史》卷二一有傳。

[5]蘇子高：蘇峻，字子高。乘永嘉之亂，糾合流民數千家結

壘爲首。東晋元帝假峻安集將軍。王敦叛，峻率衆破之，朝廷以江外委之。庾亮把持朝政，峻疑亮欲害己，舉兵反，陷宫城，朝政一皆由之。後温嶠、陶侃會師討之，峻戰敗被殺。詳見《晋書》卷一〇〇《蘇峻傳》。按，此處弘曰“身家諱與蘇子高同”，“同”在何處難以解索。《南史》卷二二無此語。

[6]右光禄大夫：漢始置，與諫大夫、大中大夫參與議論政事。秩比二千石。南朝時置左右光禄大夫，屬光禄卿。位在光禄大夫以上，多以年老有疾者任此職。秩二品。按，“右光禄大夫”今人丁福林考證乃“左光禄大夫”。

[7]僧達：《宋書》卷四二、《南史》卷二一有附傳。

[8]採蠟燭珠爲鳳凰：指采集燃燒蠟燭滴下的燭油捏成鳳凰模様。

[9]“父曇首”至“當爲長者”：《南史》卷二二此處所記有異，云：“父曇首，與兄弟集會子孫，任其戲適。僧達跳下地作彪子。時僧虔累十二博棋，既不墜落，亦不重作。僧綽採蠟燭珠爲鳳皇，僧達奪取打壞，亦復不惜。伯父弘歎曰：‘僧達俊爽，當不減人；然亡吾家者，終此子也。僧虔必至公，僧綽當以名義見美’。”清牛運震《讀史糾謬》卷七《南齊書糾謬》：“然則采蠟燭珠爲鳳凰，乃僧綽，非僧虔也。故王弘謂僧綽‘當以名義見美’，而僧虔‘終當爲公’。如《南齊》所載，則王弘之稱，爲失所謂矣。”

僧虔弱冠，弘厚，善隸書。宋文帝見其書素扇，[1]歎曰：“非唯跡逾子敬，[2]方當器雅過之。”除祕書郎，[3]太子舍人。[4]退默少交接，與袁淑、謝莊善。[5]轉義陽王文學，[6]太子洗馬，[7]遷司徒左西屬。[8]

[1]宋文帝：劉義隆。《宋書》卷五有紀。

[2]子敬：東晋書法家王獻之，字子敬。

[3]祕書郎：秘書省官。掌藝文圖書。秩六品。

[4]太子舍人：東宫官。掌東宫呈奏案章。秩七品。

[5]袁淑、謝莊：袁、謝皆南朝宋名士。袁淑，《宋書》卷七〇、《南史》卷二六有傳。謝莊，《宋書》卷八五、《南史》卷二〇有傳。按，《南史》卷二二此句後云："淑每歎之曰：'卿文情鴻麗，學解深拔，而韜光潛實，物莫之窺，雖魏陽元之射，王汝南之騎，無以加焉。'"

[6]義陽王：名昶，字休道，宋文帝劉義隆第九子。《宋書》卷七二有傳。　文學：官名。授經學文藝。

[7]太子洗馬：東宫官。掌宫中接待及秘書事。秩七品。

[8]司徒左西屬：指司徒府左西屬。左西屬猶左西曹，掌府中屬吏選用事。

兄僧綽，[1]爲太初所害，[2]親賓咸勸僧虔逃。僧虔涕泣曰："吾兄奉國以忠貞，撫我以慈愛，今日之事，苦不見及耳。若同歸九泉，猶羽化也。"[3]孝武初，[4]出爲武陵太守。[5]兄子儉於中途得病，[6]僧虔爲廢寢食。同行客慰喻之。僧虔曰："昔馬援處兒姪之間一情不異，[7]鄧攸於弟子更逾所生，[8]吾實懷其心，誠未異古。亡兄之胤，不宜忽諸。若此兒不救，便當回舟謝職，無復遊宦之興矣。"[9]還爲中書郎，[10]轉黄門郎，[11]太子中庶子。[12]

[1]僧綽：尚宋文帝長女東陽獻公主。元嘉末，太子劭弑文帝自立，改元太初。僧綽事先已有所覺察，密以啓聞，文帝遲疑遭難。劭從文帝巾箱中發現僧綽密奏，即將僧綽處死。《宋書》卷七一有傳。

［2］太初：劉劭弑父篡權，改元太初，因以太初代指劉劭。

［3］羽化：指飛升仙界。

［4］孝武：指宋孝武帝劉駿。《宋書》卷六有紀。

［5］武陵：郡名。治臨沅縣，在今湖南常德市。

［6］兄子儉：指王僧綽子王儉，綽遇害，爲叔父僧虔所養。歷仕宋齊，官至吏部尚書、尚書令。本書卷二三、《南史》卷二二有傳。

［7］馬援：字文淵，東漢人，累官至伏波將軍。其兄子嚴、敦喜譏議，行爲輕薄，援作書誡之。詳見《後漢書》卷二四《馬援傳》。

［8］鄧攸：晋人，良吏，孝子。永嘉末，攸爲避戰亂，擔其兒及其弟子綏，度不能兩全，乃謂其妻曰："吾弟早亡，唯有一息，理不可絶，止應自棄我兒耳。幸而得存，我後當有子。"乃棄子而携侄。事見《晋書》卷九〇《鄧攸傳》。

［9］宦：原作"官"，中華本據局本及《册府元龜》卷八五一改。今從改。

［10］中書郎：中書侍郎，中書省官。掌呈奏案章。秩五品。

［11］黄門郎：給事黄門侍郎，門下省官。掌奏事，直侍左右。秩五品。

［12］太子中庶子：職如侍中，掌奏事，直侍太子左右。秩五品。

孝武欲擅書名，僧虔不敢顯跡。[1]大明世，[2]常用掘筆書，[3]以此見容。出爲豫章王子尚撫軍長史，[4]遷散騎常侍，[5]復爲新安王子鸞北中郎長史、南東海太守，[6]行南徐州事，[7]二蕃皆帝愛子也。

［1］孝武欲擅書名，僧虔不敢顯跡：謂孝武帝想獲得擅長書法

的美名，王僧虔怕露出自己的書法真迹而引起其忌妒。

［2］大明：宋孝武帝年號。

［3］掘筆書：拙筆書，謂故意用劣等毛筆寫出呆滯的字。中華本校勘記云："'掘'各本並作'拙'。按古'拙'字亦作'掘'，見《史記·貨殖列傳》徐廣注，今不改。"

［4］豫章王子尚：宋孝武帝第二子。《宋書》卷八〇有傳。　撫軍長史：撫軍將軍府長史。撫軍將軍，南朝時爲榮譽加號。開府者位從公秩一品。長史爲將軍府屬吏之長，掌府中事務。

［5］散騎常侍：門下省官。掌奏事，直侍左右。秩三品。

［6］新安王子鸞：宋孝武帝第八子，初封襄陽王，後改封新安王。《宋書》卷八〇有傳。　北中郎長史：指北中郎將府長史。北中郎將爲四中郎將之一，南朝時爲榮譽加號。開府者位從公秩一品。宋齊此加號唯處諸王。詳見本書《百官志》。　南東海：郡名。南朝宋置，治郯縣，在今江蘇鎮江市。

［7］行南徐州：因新安王領南徐州，以長史代理刺史事。行，代理。

尋遷豫章内史。[1]入爲侍中，[2]遷御史中丞，[3]領驍騎將軍。[4]甲族向來多不居憲臺，[5]王氏以分枝居烏衣者，[6]位宦微減，僧虔爲此官，乃曰："此是烏衣諸郎坐處，[7]我亦可試爲耳。"復爲侍中，領屯騎校尉。[8]泰始中，[9]出爲輔國將軍、吴興太守，[10]秩中二千石。[11]王獻之善書，[12]爲吴興郡，及僧虔工書，又爲郡，論者稱之。

［1］豫章内史：豫章，郡名。治所在今江西南昌市。豫章爲諸王國屬郡，故太守稱内史。

［2］侍中：門下省主官。掌奏事，直侍左右。秩三品。

［3］御史中丞：御史臺主官。掌奏劾不法。秩四品。閻步克《〈南齊官品〉拾遺》："御史中丞《唐六典》卷十三：'歷晋宋齊梁陳，並以中丞爲臺主，品第四。'按，《通典》所載《宋官品》及《宋書·百官志下》，御史中丞在第四品；據《通典》及《隋志》《陳官品》，陳代御史中丞在第三品。《唐六典》云'品第四'，似應以齊爲下限；其卷十三'歷宋齊梁陳'之'陳'字應删。"（《原學》第4輯，中國廣播電視出版社1996年版；修訂版參見《品位與職位——秦漢魏晋南北朝官階制度研究》，中華書局2002年版，第284—296頁）

［4］驍騎將軍：禁衛軍官。分掌宿衛營兵。秩四品。

［5］甲族向來多不居憲臺：甲族，豪門貴族。憲臺，御史臺的别名。周一良《〈南齊書·丘靈鞠傳〉試釋兼論南朝文武官位及清濁》一文云："王淮之四世爲御史中丞，范泰嘲之爲'唯解彈事'（見《宋書》卷六〇《王淮之傳》）……可知臺郎非清選，而憲臺方之尤爲濁矣！"（見《魏晋南北朝史論集》，北京大學出版社1997年版，第119頁）中華本校勘記云："'向來'殿本作'由來'。按《御覽》二百二十六、《永樂大典》六千八百三十二引並作'由來'，《南史》《通典·食貨典》亦作'由來'。"

［6］烏衣：指烏衣巷，在南京秦淮河畔，東晋時爲王、謝貴族所居之地。

［7］此是烏衣諸郎坐處：六朝社會重門第，貴族内部也分尊卑。蒙思明《魏晋南北朝的社會》第四章《世族影響下的風尚》："'此是烏衣諸郎坐處，我亦可試爲耳。'是王氏的烏衣一枝又不如琅邪王氏的尊貴。"（上海人民出版社2007年版，第122頁）按，王僧虔屬琅邪一枝，故自矜。又高敏《南北史掇瑣》："此段文字，反映出王氏如此高門世族，在蕭齊時其分支已有淪落之象，何況其他高門世族子弟乎？"（中州古籍出版社2003年版，第122頁）

［8］屯騎校尉：禁衛軍四校衛軍官之一。分掌宿衛營兵。秩四品。

［9］泰始：南朝宋明帝年號。

［10］輔國將軍：榮譽加號。　吴興：郡名。治吴興縣，在今浙江湖州市吴興區。

［11］中二千石：古代以穀粟爲任官的俸給，故以石數的多寡來區分官職的高下。自萬石、中二千石、二千石、比二千石、千石、比千石等共分十六級。中二千石爲第二級。《漢書》卷八《宣帝紀》："潁川太守黄霸以治行尤異，秩中二千石。"顔師古注："漢制，秩二千石者，一歲得一千四百四十石，實不滿二千石也。其云中二千石者，一歲得二千一百六十石，舉成數言之，故曰中二千石。中者，滿也。"按，中二千石多爲一、二品官員。

［12］王獻之善書：《南史》卷二二"王獻之"前有"始"字。

徙爲會稽太守，[1]秩中二千石，將軍如故。中書舍人阮佃夫家在會稽，[2]請假東歸。客勸僧虔以佃夫要倖，宜加禮接。僧虔曰："我立身有素，豈能曲意此輩。彼若見惡，當拂衣去耳。"佃夫言於宋明帝，使御史中丞孫敻奏："僧虔前莅吴興，多有謬命，檢到郡至遷，凡用功曹、五官、主簿至二禮、吏署、三傳及度與弟子，合四百四十八人。[3]又聽民何係先等一百十家爲舊門。[4]委州檢削。"坐免官。

［1］會稽：郡名。治所在今浙江紹興市。

［2］中書舍人阮佃夫家在會稽：中書舍人，即中書通事舍人，中書省官。掌呈奏案章。秩七品。品秩雖低，但居此官者多爲寵倖。阮佃夫，仕宋，宋明帝寵倖，任中書舍人，封建城縣侯。《宋書》卷九四、《南史》卷七七《恩倖傳》有傳。按，此句原作"中書舍人阮佃夫在會下"，中華本據南監本、殿本、局本改。今從改。

朱季海《南齊書校議》（以下簡稱朱季海《校議》）云："古有吴、稽之稱……會稽本可省云'會'，'會下'猶都下、吴下，《金樓子·雜記篇》'劉穆之居京下'，語亦同矣。蓋當時語爾，諸本臆改。"（中華書局 1984 年版，第 72 頁）

[3]"僧虔前莅吴興"至"合四百四十八人"：此處蓋檢舉僧虔任吴興郡太守時，亂設官吏職位，擴大郡府官吏人員。

[4]舊門：指故家世族。按，古代門閥大小關係到賦税徵收。

尋以白衣兼侍中，[1]出監吴郡太守，[2]遷使持節、都督湘州諸軍事、建武將軍、行湘州事，[3]仍轉輔國將軍，湘州刺史。所在以寬惠著稱。巴峽流民多在湘土，僧虔表割益陽、羅、湘西三縣緣江民立湘陰縣，[4]從之。

[1]白衣兼侍中：朱季海《校議》云："僧虔以孫敻奏，坐免官，故云白衣；未與即真，故云兼。"（第 72 頁）

[2]監：掌管。　吴郡：治在今江蘇蘇州市。

[3]使持節：持節爲君主授予臣下特殊權力的方式之一。分使持節、持節、假節三等：使持節有權殺二千石以下；持節可殺無官位的人；假節唯在軍事時期得殺犯軍令者。　湘州：州名。治臨湘縣，在今湖南長沙市。　建武將軍：榮譽加號。

[4]益陽：縣名。即今湖南益陽市。　羅：縣名。治所在今湖南汨羅縣北。　湘西：縣名。治所在今湖南株州市南。　湘陰縣：南朝宋元徽二年（474）置，治所在今湖南湘陰縣西北。清錢大昕《廿二史考異》卷二五："按，湘陰置縣在宋明帝時，《宋書·州郡志》失載。"

元徽中，[1]遷吏部尚書。[2]高平檀珪罷沅南令，[3]僧虔以爲征北板行參軍。[4]訴僧虔求禄不得，[5]與僧虔書曰："五常之始，[6]文武爲先，文則經緯天地，武則撥亂定國。僕一門雖謝文通，乃忝武達。群從姑叔，三媾帝室，[7]祖兄二世，糜軀奉國，[8]而致子姪餓死草壤。去冬今春，頻荷二敕，[9]既無中人，屢見蹉奪。[10]經涉五朔，[11]踰歷四晦，[12]書牘十二，接覲六七，[13]遂不荷潤，反更曝鰓。[14]九流繩平，自不宜獨苦一物，[15]蟬腹龜腸，[16]爲日已久。飢虎能嚇，人遽與肉；[17]餓麟不噬，誰爲落毛。[18]去冬乞豫章丞，[19]爲馬超所争；[20]今春蒙敕南昌縣，[21]爲史偃所奪。[22]二子勳蔭人才，有何見勝。[23]若以貧富相奪，則分受不如。身雖孤微，[24]百世國士，姻媾位宦，亦不後物。尚書同堂姊爲江夏王妃，[25]檀珪同堂姑爲南譙王妃；[26]尚書婦是江夏王女，[27]檀珪祖姑嬪長沙景王；[28]尚書伯爲江州，[29]檀珪祖亦爲江州；[30]尚書從兄出身爲後軍參軍，檀珪父釋褐亦爲中軍參軍。僕於尚書，人地本懸，至於婚宦，不肯殊絶。[31]今通塞雖異，猶忝氣類，[32]尚書何事乃爾見苦？泰始之初，八表同逆，[33]一門二世，粉骨衛主，殊勳異績，已不能甄，常階舊途，復見侵抑。"[34]僧虔報書曰："征北板比歲處遇小優，[35]殷主簿從此府入崇禮，[36]何儀曹即代殷，[37]亦不見訴爲苦。足下積屈，一朝超升，政自小難。泰始初勤苦十年，自未見其賞，而頓就求稱，亦何可遂。[38]吾與足下素無怨憾，何以相侵苦，直是意有佐佑耳。"[39]珪又書曰："昔荀公達漢之功臣，晋武帝方爵其玄孫。[40]夏侯惇魏氏勳佐，[41]金德初融，[42]

亦始就甄顯，方賞其孫，封樹近族。羊叔子以晋泰始中建策伐吴，[43]至咸寧末，方加褒寵，封其兄子。卞望之以咸和初殞身國難，[44]至興寧末，方崇禮秩，官其子孫。蜀郡主簿田混，[45]黄初末死故君之難，咸康中方擢其子孫。似不以世代遠而被棄，年世踈而見遺。檀珪百罹六極，[46]造化罕比，[47]五喪停露，[48]百口轉命，存亡披迫，本希小禄，無意階榮。[49]自古以來有沐食侯，[50]近代有王官。[51]府佐非沐食之職，參軍非王官之謂。質非匏瓜，實羞空懸。[52]殷、何二生，或是府主情味，或是朝廷意旨，豈與悠悠之人同口而語。[53]使僕就此職，尚書能以郎見轉不?[54]若使日得五升禄，則不耻執鞭。"[55]僧虔乃用爲安城郡丞。[56]珪，宋安南將軍韶孫也。

[1]元徽：宋後廢帝（蒼梧王）年號。

[2]吏部尚書：尚書省主官之一。掌官吏任免事。秩三品。周一良《〈南齊書·丘靈鞠傳〉試釋兼論南朝文武官位及清濁》一文云："'選曹要重'，吏部尚書有'大尚書'之稱。'中興膏腴之族唯作吏部。'"（見《魏晋南北朝史論集》，第117頁）

[3]高平：郡名。治昌邑縣，在今山東巨野縣南。　檀珪：東晋武將，宋開國功臣，檀道濟後裔，原任沅南令。《宋書》卷四三、《南史》卷一五有附傳。　沅南：縣名。治所在今湖南桃源縣東。

[4]征北板行參軍：指征北將軍府自辟的臨時參軍。板，授官文書，代指授官。《通鑑》卷一三一《宋紀十三》"明帝泰始二年"條"除官者衆，版不能供"，胡三省注："程大昌曰：魏晋至梁陳，授官有版，長一尺二寸，厚一寸，闊七寸。授官之辭，在於版上，爲鵠頭書。"板通"版"。

［5］求禄不得：禄，指正授官員應得的俸禄。按，僧虔祇給檀珪板行參軍之職，乃臨時雇員，故云“求禄不得”。

［6］五常：有多義，這裏指五種倫常道德，即父義、母慈、兄友、弟恭、子孝。《尚書·泰誓下》：“今商王受，狎侮五常。”孔穎達疏：“五常即五典，謂父義、母慈、兄友、弟恭、子孝，五者人之常行。”

［7］群從姑叔，三媾帝室：指其堂兄弟姑叔中有三人與帝室諸王結親（下文有交代）。

［8］祖兄二世，糜軀奉國：指祖父、兄長兩代都爲國捐軀。

［9］頻荷二敕：一連蒙皇帝兩次下令要我爲國效勞。

［10］既無中人，屢見蹉奪：指朝中無人依靠，因而累累受挫折。

［11］五朔：農曆每月初一稱朔，五個朔日代指五個月。

［12］四晦：農曆每月的最後一天稱晦，四個晦日代指四個月。

［13］接覲：指朝覲皇上。

［14］曝鰓：喻受挫折困頓。《續漢書·郡國志五》“（交趾郡）封谿建武十九年置”，劉昭注引晋劉欣期《交州記》：“有隄防龍門，水深百尋，大魚登此門化成龍；不得過，曝鰓點額，血流此水，恒如丹池。”

［15］九流繩平，自不宜獨苦一物：意即國法象九流一樣平，自然不會對我不平，獨獨苦我一人。九流，泛指大江大河。三國魏劉劭《趙都賦》：“其南也，則有洪川巨瀆，黄水濁河，發源積石，徑拂太華，灑爲九流，入於玄波。”

［16］蟬腹龜腸：蟬飲露而腹空，龜耐饑而腸細。喻處境窮困。

［17］飢虎能嚇，人遽與肉：喻受困者雖哀號，人豈肯給肉救助。遽通“詎”。

［18］餓麟不噬，誰爲落毛：喻受困者已很衰弱，别人還要欺侮。

［19］豫章丞：豫章郡丞。丞，太守之副，佐太守理一郡政務。

［20］馬超：人名。其事不詳。

［21］南昌縣：指南昌縣令。南昌縣治所在今江西南昌市。

［22］史偃：人名。其事不詳。

［23］二子勳蔭人才，有何見勝：指上述奪人之官的馬超、史偃，並非因才勝，不過是因前代有功受蔭罷了。

［24］身：原闕，中華本據南監本、毛本、殿本、局本補。今從補。

［25］尚書同堂姊爲江夏王妃：尚書，指吏部尚書王僧虔。以下數句均與僧虔比姻媾地位。江夏王，即劉義恭，宋武帝子。《宋書》卷六一有傳。王僧虔堂姊爲其妃。

［26］南譙王：劉義宣，宋武帝子。初封竟陵王，後改封南譙王。《宋書》卷六八有傳。

［27］尚書婦是江夏王女：指王僧虔乃江夏王劉義恭的女婿。

［28］長沙景王：劉道憐，宋武帝劉裕仲弟。武帝登位，道憐遷太尉，封長沙王。娶檀珪祖姑母爲嬪妃。《宋書》卷五一有傳。

［29］尚書伯爲江州：指王僧虔伯父王弘曾任江州刺史。詳見《宋書》卷四二、《南史》卷二一本傳。

［30］檀珪祖亦爲江州：指吏部尚書檀珪祖父檀道濟亦遷江州刺史。詳見《宋書》卷四三、《南史》卷一五本傳。江州，州名。治所在今江西九江市。

［31］不肯殊絶：中華本校勘記云："'肯'南監本、殿本、局本作'至'。"

［32］今通塞雖異，猶忝氣類：意謂如今我們兩人仕途一個通達、一個受阻雖不同，但氣類却相同。氣類，性質相類。《易·乾》："同聲相應，同氣相求……則各從其類也。"

［33］泰始之初，八表同逆：指宋明帝泰始二年（467），晋安王劉子勛（宋文帝子）即皇帝位於尋陽，改元義嘉。此時，徐州、冀州、湘州、廣州、梁州及諸藩王紛紛投向晋安王，"是歲四方貢計皆歸尋陽，朝廷所保，唯丹楊、淮南等數郡"。詳見《通鑑》卷

一三一《宋紀十三》“明帝泰始二年”條。

［34］“一門二世”至“復見侵抑”：意即當初爲救國難，我家祖父二代粉身碎骨衛主，建立奇勛，並未要功請賞，可現在謀個平常官職都受欺被壓，多麼不公平。

［35］征北板：指征北將軍府板行參軍。　比歲處遇小優：指這一職務近年可算優差。

［36］殷主簿從此府入崇禮：殷主簿（不明何人）原在征北將軍府任板行參軍，現升入太常掌禮儀。

［37］何儀曹：指何昌寓，仕宋爲尚書儀曹郎，始繼殷主簿爲建平王景素征北將軍府參軍、南徐州府主簿。本書卷四三、《南史》卷一九有傳。

［38］“泰始初勤苦十年”至“亦何可遂”：意即勤苦多年並未見賞，而想一朝破格升遷，是難以如願的。

［39］直是意有佐佑耳：的確有意扶持你。

［40］荀公達漢之功臣，晉武帝方爵其玄孫：荀公達，荀攸，字公達，漢獻帝時拜黄門侍郎，從太尉曹操征伐，謀謨帷幄，建立殊功。曹操稱贊他“人之師表”，“外愚内智，外怯内勇，外弱内强，不伐善，無施勞，智可及，愚不可及，雖顔子、甯武不能過也”。荀攸從征途中死。魏文帝黄初年間，封攸孫彪爲陵樹亭侯。詳見《三國志》卷一〇《魏書·荀攸傳》。至晉武帝泰始年間，又詔以荀崧代兄襲父爵。詳見《晉書》卷七五《荀崧傳》。

［41］夏侯惇：三國魏開國勛臣，從曹操征伐，拜前將軍，“常與同載，特見親重，出入卧内，諸將莫比”。不幸早逝。魏文帝登位後，“追思惇功，賜惇七子二孫爵皆關内侯”。詳見《三國志》卷九《魏書·夏侯惇傳》。

［42］金德：五德之一。古代陰陽學家以五行相生相克和終而復始的循環變化，説明王朝興替的原因。魏以金德旺，故以金德代指魏。

［43］羊叔子：羊祜，字叔子，歷仕魏晋。晋初都督荆州諸軍事，長達十年，與吴將陸抗互通使節，綏懷遠近，以收吴人之心。晋武帝泰始末，見時機成熟，上書伐吴。患疾，乃舉杜預自代。祜卒二年後，伐吴得勝。咸寧末，武帝因祜無子，以祜兄之子篇爲嗣，封鉅平侯，奉祜祠。詳見《晋書》卷三四《羊祜傳》。

［44］卞望之：卞壼，字望之，仕東晋，前後居師佐之任，盡匡輔之節，甚見倚重。成帝咸和初，蘇峻起兵作亂，攻入建康，詔以壼都督大桁東諸軍事、假節、復加領軍將軍。因叛軍勢衆，壼時發背創，力疾而戰，戰死沙場，時年四十八。至晋哀帝興寧末，方追授其孫官職。詳見《晋書》卷七〇《卞壼傳》。

［45］田混：人名。其事不詳。按，此處云“蜀郡主簿田混，黄初末死故君之難，咸康中方擢其子孫”，黄初乃三國魏文帝年號，故君爲誰？爲何到東晋成帝咸康年間，時隔三朝（魏、西晋、東晋）一百多年後却追認其功擢其子孫？疑有訛誤。

［46］六極：極言種種凶惡之事。語出《尚書·洪範》：“六極：一曰凶短折，二曰疾，三曰憂，四曰貧，五曰惡，六曰弱。”孔穎達疏：“六極，謂窮極惡事有六。”

［47］造化：天地間，人世間。

［48］五喪停露：指有五人之棺柩未能下葬。

［49］階榮：升登高位。

［50］沐食侯：指享受俸禄而無實職的王侯大官。

［51］王官：藩王府屬官。

［52］質非匏（páo）瓜，實羞空懸：語出《論語·陽貨》：“子曰：‘吾豈匏瓜也哉，焉能繫而不食’！”後因以比喻未得仕用或無所作爲。這裏以匏瓜喻以無所作爲爲恥，渴望得到任用。

［53］悠悠之人：指平常之人。檀珪自謙。

［54］使僕就此職，尚書能以郎見轉不：此職，指吏部尚書王僧虔引薦的征北板行參軍，下句謂王尚書您能够把我轉爲郎官嗎？

［55］執鞭：持鞭駕車，借以表示卑賤的差役。《論語·述而》：

"子曰：富而可求也，雖執鞭之士，吾亦爲之。"

［56］安城郡：三國吴始置，治平都縣，在今江西安福縣東南。

僧虔尋加散騎常侍，轉右僕射。［1］昇明元年，［2］遷尚書僕射，［3］尋轉中書令，［4］左僕射，［5］二年，爲尚書令。［6］僧虔好文史，解音律，以朝廷禮樂多違正典，民間競造新聲雜曲，時太祖輔政，僧虔上表曰："夫懸鍾之器，以雅爲用；［7］凱容之禮，［8］八佾爲儀。［9］今總章羽佾，［10］音服舛異。又歌鍾一肆，［11］克諧女樂，以歌爲務，非雅器也。大明中，即以宫懸合和《鞞》《拂》，［12］節數雖會，慮乖《雅》體，［13］將來知音，［14］或譏聖世。若謂鍾舞已諧，重違成憲，更立歌鍾，不參舊例。四縣所奏，［15］謹依《雅》條，即義沿理。如或可附。又今之《清商》，［16］實由《銅爵》，［17］三祖風流，［18］遺音盈耳，京、洛相高，江左彌貴。諒以金石干羽，［19］事絶私室，［20］桑、濮、鄭、衛，［21］訓隔紳冕，［22］中庸和雅，莫復於斯。而情變聽移，稍復銷落，十數年間，亡者將半。自頃家競新哇，人尚謡俗，［23］務在噍殺，［24］不顧音紀，［25］流宕無崖，未知所極，排斥正曲，［26］崇長煩淫。士有等差，無故不可去樂；禮有攸序，長幼不可共聞。故喧醜之制，［27］日盛於廛里；風味之響，［28］獨盡於衣冠。宜命有司，務懃功課，緝理遺逸，［29］迭相開曉，所經漏忘，悉加補綴。曲全者禄厚，藝妙者位優。利以動之，則人思刻厲。反本還源，庶可跂踵。"［30］事見納。［31］

［1］右僕射：爲尚書令佐官，分掌祠部諸事。秩三品。《唐六

典》卷一："左右僕射，魏晋宋齊，秩皆六百石，品並第三。"

［2］昇明：宋順帝年號。

［3］尚書僕射：本書《百官志》載，尚書省若無左、右僕射，"則直置僕射在其中間，總左右事"，稱尚書僕射。

［4］中書令：中書省主官。掌詔命。秩三品。

［5］左僕射：本書《百官志》："左僕射領殿中、主客二曹事……凡諸除署、功論、封爵、貶黜、八議、疑讞、通關案，則左僕射主，右僕射次經。"秩三品。

［6］尚書令：尚書省主官。總理政務。秩三品。按，《南史》卷二二此句後云："嘗爲飛白書題尚書省壁曰：'圓行方止，物之定質，修之不已則溢，高之不已則慄，馳之不已則躓，引之不已則迭，是故去之宜疾。'當時嗟賞，以比《坐右銘》。兄子儉每覲見，輒勗以前言往行、忠貞止足之道。"

［7］懸鍾之器：泛指懸挂的樂器。《淮南子・氾論》："禹之時，以五音聽治，懸鍾鼓磬鐸，置鞀，以待四方之士。"　以雅爲用：謂用的是雅正之樂。中華本校勘記云："'懸鍾'《元龜》五百六十六、《宋書・樂志》作'鍾懸'。按王僧虔此表《宋書・樂志》引全文，此有删節，文句亦多異。"

［8］凱容之禮：南朝時禮儀初獻的一種舞曲。《宋書・樂志一》："今宜釐改權稱，以《凱容》爲《韶舞》，《宣烈》爲《武舞》……初獻，奏《凱容》《宣烈》之舞。"

［9］八佾：古代天子用的一種樂舞。佾，舞列，縱横皆八人，共六十四人。《論語・八佾》："孔子謂季氏：'八佾舞於庭，是可忍也，孰不可忍也！'"朱熹集注："佾，舞列也；天子八，諸侯六，大夫四，士二。"

［10］總章羽佾：此句指樂官所定的樂與舞。總章，指樂官。《後漢書》卷九《獻帝紀》："八年冬，十月己巳，公卿初迎冬於北郊，總章始復備八佾舞。"李賢注："總章，樂官名。"羽佾，指音樂舞蹈。

［11］歌鍾一肆：指伴唱的編鍾一列。《左傳》襄公十一年：“鄭人賂晋侯……歌鍾二肆。”杜預注：“肆，列也。縣鍾十六爲一肆。”孔穎達疏：“言歌鍾者，歌必先金奏，故鍾以歌名之。”

［12］宫懸：古代鍾磬等樂器懸挂在架上，其形制因用樂者身份地位不同而有别。帝王懸挂四面，象徵宫室四面的墻壁，故稱“宫懸”。《周禮·春官·小胥》：“正樂懸之位，王宫懸。”鄭玄注引鄭司農云：“宫懸，四面懸。”　合和《鞞》《拂》：言以宫懸鍾磬伴和《鞞》《拂》二舞。

［13］《雅》體：《大雅》《小雅》的體式，借指正統的體式。

［14］知音：指懂得音樂的人。

［15］四縣所奏：指帝王宫中所奏。四縣，即宫懸。“縣”通“懸”。

［16］《清商》：指《清商曲》，樂府歌曲名，聲調比較清越，故名。《清商曲》中包括《吴聲歌》《神弦歌》《西曲歌》《江南弄》《上雲樂》《雅歌》六類，前三類保存了部分南朝民歌。參見宋郭茂倩《樂府詩集》。

［17］《銅爵》：樂曲名。即《銅雀》，又名《銅雀妓》。“爵”通“雀”。《樂府詩集·銅雀臺》題解：“一曰《銅雀妓》。《鄴都故事》曰：‘魏武帝遺命諸子曰：吾死之後，葬於鄴之西崗上……妾與伎人，皆著銅雀臺，臺上施六尺牀，下繐帳，朝晡上酒脯粻糒之屬。每月朝十五，輒向帳前作伎。汝等時登臺，望吾西陵墓田。’……後人悲其意，而爲之詠也。”按，銅爵，中華本標專名號，今改書名號。

［18］三祖：指三國魏武帝曹操、文帝曹丕、明帝曹叡。南朝梁劉勰《文心雕龍·樂府》：“魏之三祖，氣爽才麗，宰割辭調，音靡節平。”“三祖風流”蓋指此。

［19］金石：指鍾一類樂器所發出的鏗鏘振奮的樂聲。　干羽：古代舞者所執的舞具，文舞執羽，武舞執干。《尚書·大禹謨》：“帝乃誕敷文德，舞干羽于兩階。”後因以干羽代指宣揚文德教化的

歌舞。

[20]事絶私室：指以上所說的金石干羽歌舞，私家閨室不准演奏。

[21]桑、濮、鄭、衛：代指淫靡的音樂歌舞。《禮記·樂記》："桑間濮上之音，亡國之音也。"鄭玄注："濮水之上，地有桑間者，亡國之音於此之水出也。昔殷紂使師延作靡靡之樂，已而自沈於濮水。"又《禮記·樂記》："鄭衛之音，亂世之音也。"又《論語·衛靈公》孔子亦謂"鄭聲淫"。

[22]訓隔紳冕：指士大夫須接受儒家所倡導的中庸和雅的雅樂，而與桑濮鄭衛之音隔絶。

[23]自頃家競新哇，人尚謡俗：謂近來世風日下，家家都崇尚流行的粗俗民歌。

[24]噍（jiào）殺（shài）：指一種急促不舒緩的怪音。

[25]音紀：指音樂的規律。

[26]正曲：指正統的雅樂。

[27]喧醜之制：指喧囂醜惡的時樂制作。

[28]風味之響：指意味無窮的雅樂聲。

[29]緝理遺逸：指收集整理已失散的雅正古樂。

[30]跂踵：企求達到。

[31]事見納：《南史》卷二二作："時齊高帝輔政，僧虔上表請正聲樂，高帝乃使侍中蕭惠基調正清商音律。"

建元元年，[1]轉侍中，撫軍將軍，丹陽尹。[2]二年，進號左衛將軍，[3]固讓不拜。改授左光禄大夫，[4]侍中、尹如故。郡縣獄相承有上湯殺囚，[5]僧虔上疏言之曰："湯本以救疾，而實行冤暴，或以肆忿。若罪必入重，自有正刑；若去惡宜疾，則應先啓。豈有死生大命，而潛制下邑。愚謂治下囚病，必先刺郡，[6]求職司與醫對共診驗；遠縣，家人省視，然後處理。[7]可使死者不恨，生者無怨。”上納其言。[8]

[1]建元：齊高帝年號。

[2]丹陽：郡名。治建業縣，在今江蘇南京市。　尹：太守，大郡稱尹。按，丹陽尹爲京城所在的郡府長官，掌京城行政諸務並詔獄，地位頗重要。秩三品。

[3]左衛將軍：禁衛軍官名。分掌宿衛營兵。秩四品。

[4]左光禄大夫：太常屬官。掌禮儀、祭祀。秩三品。

[5]上湯殺囚：指在湯藥中放毒毒死囚犯。

[6]刺郡：向郡府報告。

[7]然後處理：中華本校勘記云：“‘理’《元龜》四百七十一作‘治’。”朱季海《校議》云：“此唐人避高宗諱改之，《元龜》回改是也。”（第72頁）按，醫病曰治病，“治”字是。

[8]上納其言：《南史》卷二二作“上納其言而止”。其後又云：“文惠太子鎮雍州，有盜發古冢者，相傳云是楚王冢，大獲寶物：玉履、玉屏風、竹簡書、青絲綸。簡廣數分，長二尺，皮節如新。有得十餘簡以示僧虔，云是科斗書《考工記》，《周官》所闕文也。”

僧虔留意雅樂，昇明中所奏，雖微有釐改，尚多遺失。是時上始欲通使，[1]僧虔與兄子儉書曰：[2]“古語云‘中國失禮，問之四夷’。計樂亦如。苻堅敗後，東晋始備金石樂，[3]故知不可全誣也。北國或有遺樂，誠未可便以補中夏之闕，且得知其存亡，亦一理也。但《鼓吹》舊有二十一曲，今所能者十一而已，意謂北使會有散役，得令樂署一人粗别同異者，充此使限。[4]雖復延州難追，[5]其得知所知，亦當不同。若謂有此理者，可得申吾意上聞否？試爲思之。”事竟不行。

［1］通使：指派遣使者往鄰近邊邦搜集遺失的雅樂。

［2］儉：王儉，時爲齊佐命功臣，尚書令。儉雅好文史，解音律，主張恢復雅樂，故僧虔特致書。

［3］苻堅敗後，東晉始備金石樂：《晋書·樂志下》：“太元中，破苻堅，又獲其樂工楊蜀等，閑習舊樂，於是四厢金石始備焉。”按，“苻”原作“符”，誤。“東晋”原落“晋”字，中華本據南監本、毛本、殿本、局本補。今從補。

［4］“意謂北使”至“充此使限”：令樂署派遣一位粗通樂理的人，充當北使散役，以赴北魏暗訪已亡佚的舊樂曲。

［5］延州：魏以東夏州改名，治所在今陝西延安市區延河東岸。

太祖善書，及即位，篤好不已。與僧虔賭書畢，謂僧虔曰：“誰爲第一？”僧虔曰：“臣書第一，陛下亦第一。”上笑曰：“卿可謂善自爲謀矣。”[1]示僧虔古迹十一袠，[2]就求能書人名。僧虔得民間所有，袠中所無者，吴大皇帝、景帝、歸命侯書，[3]桓玄書，[4]及王丞相導、領軍洽、中書令珉、張芝、索靖、衛伯儒、張翼十二卷奏之。[5]又上羊欣所撰《能書人名》一卷。[6]

［1］卿可謂善自爲謀矣：《南史》卷二二此句後云：“或云帝問：‘我書何如卿？’答曰：‘臣正書第一，草書第二；陛下草書第二，而正書第三。臣無第三，陛下無第一。’帝大笑曰：‘卿善爲辭；然天下有道，丘不與易也’。”

［2］古迹：指古人法書真迹。　袠（zhì）：同帙。《南史》作

“卷”。

［3］吴大皇帝：指三國吴大帝孫權。《三國志》卷四七有傳。“大”原作“太”，從中華本改。　景帝：指吴景帝孫休。《三國志》卷四八有傳。　歸命侯：吴末帝孫晧，晋賜號爲歸命侯。《三國志》卷四八有傳。

［4］桓玄：東晋大司馬桓温子。元興二年（403）桓玄廢安帝自立，旋爲劉裕所敗。《晋書》卷九九有傳。

［5］王丞相導：王導，東晋爲丞相。《晋書》卷六五有傳。　領軍洽：王洽，王導子，拜領軍將軍。有傳附《王導傳》。　中書令珉：王珉，王洽子，舉秀才，代王獻之爲長兼中書令。二人書法齊名，世謂獻之爲“大令”，珉爲“小令”。有傳附《王導傳》。　張芝：字伯英，東漢人。擅書法，尤善草書，被稱爲“草聖”。《後漢書》卷六五有附傳。　索靖：字幼安，晋駙馬都尉，擢爲尚書郎。善草書，有楷法。《晋書》卷六〇有傳。　衛伯儒：衛瓘，字伯儒。晋書法家，與索靖齊名。《晋書》卷三六有傳。　張翼：字君祖，下邳人。東晋書法家，真書學鍾繇，草書學王羲之。南朝羊欣稱其“善學書，可亂真”。史無專傳。　十二卷：中華本校勘記云：“張森楷《校勘記》云：《南史》作‘十一卷’，以上所述有十一人，疑作‘十一卷’爲是。今按《法書要録》引此，無桓玄，有晋安帝，張芝前又列韋仲將名，正爲十二人也。”朱季海《校議》云：“蕭《書》所録實十一人，而云十二卷，疑不必以一人爲一卷也。《南史》‘十一卷’，恐是據人數言之耳。張《録》雖十二人，然有晋安帝、韋仲將而無桓玄，與蕭《書》不合，疑後人有所出入，以足十二卷之數耳。伯儒，衛覬字，不知避何人諱，不名。若韋誕，則《論書》既直云韋誕矣，而張《録》字之曰仲將，何也？張《録》十二人後云：右十二卷故州民王僧虔奉，僧虔琅邪臨沂人，太祖嘗行南徐州事，故也。”（第73頁）

［6］羊欣：字敬元，仕南朝宋，泛覽經籍，尤長隸書。《宋書》卷六二、《南史》卷三六有傳。

其年冬，遷持節、都督湘州諸軍事、征南將軍、湘州刺史，[1]侍中如故。清簡無所欲，不營財產，百姓安之。世祖即位，僧虔以風疾欲陳解，會遷侍中、左光禄大夫、開府儀同三司。[2]僧虔少時群從宗族並會，客有相之者云："僧虔年位最高，仕當至公，餘人莫及也。"及授，僧虔謂兄子儉曰："汝任重於朝，行當有八命之禮，[3]我若復此授，則一門有二台司，實可畏懼。"乃固辭不拜，上優而許之。改授侍中、特進、左光禄大夫。[4]客問僧虔固讓之意，僧虔曰："君子所憂無德，不憂無寵。吾衣食周身，榮位已過，所慙庸薄無以報國，豈容更受高爵，方貽官謗邪！"兄子儉爲朝宰，起長梁齋，[5]制度小過，僧虔視之不悦，竟不入户，儉即毁之。[6]

[1]都督湘州諸軍事："事"原闕，中華本據毛本、局本補。今從補。

[2]開府儀同三司：漢制唯三公得開府置官屬。東漢末，大將軍及勛臣並得開府，如三公之制。魏晋南北朝置此官名，謂與三公體制待遇相同，亦置屬官，成爲大臣的加銜，其本身必另有其他實職。

[3]八命之禮：八命，周代官爵分爲九等級，稱九命。其中八命爲王之三公及州牧。《周禮·春官·典命》："王之三公八命。"又《大宗伯》："八命作牧。"鄭玄注："謂侯伯有功德者，加命得專征伐於諸侯。"後以"八命之禮"泛指朝廷重臣的待遇。

[4]特進：始設於西漢末，授予列侯中有特殊地位的人，位在三公下。東漢至南北朝僅爲加官，無實職。參見《通典》卷三四

《職官十六》。

[5]起長梁齋：古代房舍營造，高低長短均按官職地位確定標準。這裏是説王儉超標準建房，不合禮制。

[6]儉即毁之：中華本校勘記云："'即'下南監本有'日'字。"

永明三年，[1]薨。僧虔頗解星文，夜坐見豫章分野當有事故，[2]時僧虔子慈爲豫章内史，[3]慮其有公事。少時，僧虔薨，慈棄郡奔赴。僧虔時年六十。追贈司空，侍中如故。謚簡穆。

[1]永明：齊武帝年號。

[2]夜坐見豫章分野當有事故："夜"字原無，中華本據南監本、殿本、局本補。今從補。

[3]虔子慈：字伯寶，仕齊，官至侍中、東海太守，行南徐府州事。肖其父廉能、善書法。《南史》卷二二有附傳。

其論書曰："宋文帝書，[1]自云可比王子敬，[2]時議者云'天然勝羊欣，功夫少於欣'。王平南廙、右軍叔，[3]過江之前以爲最。[4]亡曾祖領軍書，[5]右軍云'弟書遂不減吾'。變古制今，唯右軍、領軍；不爾，至今猶法鍾、張。[6]亡從祖中書令書，[7]子敬云'弟書如騎騾，駸駸恒欲度驊騮前'。庾征西翼書，[8]少時與右軍齊名，右軍後進，庾猶不分，[9]在荆州與都下人書云：'小兒輩賤家雞，皆學逸少書，[10]須吾下，當比之。'[11]張翼，王右軍自書表，晋穆帝令翼寫題後答，[12]右軍當時不别，久後方悟，云'小人幾欲亂真'。[13]張芝、索靖、韋誕、鍾會、二衛並得名前代，[14]無以辨其優劣，唯見其筆力驚異耳。[15]張澄當時亦呼有意。[16]郗愔章草亞於右軍。[17]郗嘉賓草亞於二王，[18]緊媚過其父。[19]桓玄自謂右軍之流，論者以比孔琳之。[20]謝安亦入能書録，亦自重，爲子敬書嵇康詩。羊欣書見重一時，親受子敬，行書尤善，正乃不稱名。孔琳之書天然放縱，[21]極有筆力，規矩恐在羊欣後。丘道護與羊欣俱面受子敬，故當在欣後。[22]范曄與蕭思話同師羊欣，[23]後小叛，既失故步，爲復小有意耳。[24]蕭思話書，羊欣之影，風流趣好殆當不減，筆力恨弱。謝綜書，[25]其舅云‘緊生起，是得賞也，恨少媚好’。謝靈運乃不倫，[26]遇其合時，亦得入流。賀道力書亞丘道護。[27]庾昕學右軍，[28]亦欲亂真矣。”又著《書賦》，傳於世。[29]

[1]宋文帝：劉義隆，宋武帝劉裕子。《宋書》卷五有紀。

[2]王子敬：字獻之，王羲之之子。著名書法家。《晋書》卷八〇有附傳。

[3]王平南廙：指晋平南將軍王廙，王羲之叔父，也是王羲之書法老師。近人凌雲超《中國書法三千年》（南京大學出版社 1987年版）輯有王廙草書《二十四日帖》。從此帖可探知王羲之草書淵源。　右軍：王羲之，官至右軍將軍、會稽内史，故世稱王右軍、王會稽。《晋書》卷八〇有傳。

[4]過江之前以爲最：中華本校勘記云：“《元龜》八百六十一‘江’下有‘右軍’二字，是。蓋謂在過江（指東晋南渡）之後，右軍之前，以王廙爲最也。按《法書要録》云：‘王平南廙，是右軍叔，自過江東，右軍之前，惟廙爲最。’文較明析。”

[5]亡曾祖領軍書：指王導子王洽書。王洽晋時爲中領軍。

《晋書》卷六五有附傳。

[6]變古制今，唯右軍、領軍；不爾，至今猶法鍾、張：此數句中華本標作“變古制，今唯右軍，領軍不爾，至今猶法鍾、張”。朱季海《校議》云：“‘制’下不當逗，逗號當在‘今’下。‘右軍’下當用頓號。‘領軍’下當用句號。言唯右軍、領軍‘俱變古形’（語見《要録》所出《論書》全文）也。”（第73頁）朱説是，從之。　鍾、張：指書法家三國魏鍾繇和漢張芝。

[7]亡從祖中書令書：指王洽子王珉，少有才藝，善行書，名出其兄珣右。曾代王獻之爲中書令。詳見前注。

[8]庾征西翼：指征西將軍庾翼，字稚恭，潁川鄢陵人，庾亮弟。東晋康帝時，率衆北伐，進征西將軍。《晋書》卷七三有傳。

[9]不分（fèn）：不守本分。猶自大、自滿。

[10]逸少：指王羲之，逸少爲其字。

[11]須吾下，當比之：朱季海《校議》云：“下者，謂自荆州下都也。荆州據上游，故言下耳。”（第73頁）

[12]晋穆帝：東晋穆帝司馬聃。《晋書》卷八有紀。

[13]小人幾欲亂真：朱季海《校議》云：“《要録》作‘小子’，當是原文。小子當時語，子顯從而文之耳。”（第73頁）

[14]韋誕：字仲將，三國魏人。有文才，善書，魏氏寶器銘題，皆誕所書。又善製墨，世謂“仲將之墨，一點如漆”。又善製筆。《三國志》卷二一有傳。　鍾會：字士季，三國魏太傅、書法家鍾繇之子。累官至司徒，善書。《三國志》卷二八有傳。　二衛：指衛瓘及其孫女衛夫人。衛瓘見前注。衛夫人名鑠，字茂漪，工章草及真書。其楷書筆力内斂，直逼鍾繇，是晋代唯一的女書法家。

[15]無以辨其優劣，唯見其筆力驚異耳：朱季海《校議》云：“《要録》此上承‘古今既異’，蕭《書》删之則語意不完。僧虔云‘無以辨其優劣’者，正以諸人之書，體則古而不今，與右軍、領軍變古以後之書，風尚迥殊，故無以辨其優劣爾。驚異《要録》作‘驚絶’，此必僧虔原文。雖一字之差，殊勝蕭筆。”（第74頁）

［16］張澄：人名。其事不詳。

［17］郗愔：字方回，東晉車騎大將軍郗鑒之子。品行高潔，善書法，章草尤精。《晋書》卷六七有附傳。　章草：草書的一種，筆畫有隸書波磔，每字獨立不連寫。唐張懷瓘《書斷》："章草者，漢黄門令史游所作也。王愔云，漢元帝時，史游作《急就章》，解散隸體……存字之梗概，損隸之規矩，縱任奔逸，赴速急就，因草創之義，謂之草書……章草之書，字字區别。史游即章草之祖焉。"

［18］郗嘉賓：郗超，字嘉賓，郗愔之子，東晋名士。《晋書》卷六七有附傳。　二王：指王羲之、王獻之父子。

［19］緊媚過其父：緊媚，形容字筆畫結構緊凑，筆姿嫵媚。按，"過"原無，中華本據《册府元龜》卷八六一及《法書要録》補。今從補。

［20］孔琳之：字彦琳，歷仕晋、宋。好文義，妙善草隸。《晋書》卷七八、《宋書》卷五六均有傳。

［21］孔琳之書天然放縱：朱季海《校議》云："《要録》孔琳之兩見。羊欣後云：'孔琳之書天然絶逸，極有筆力，規矩恐在羊欣後。'康昕後又云：'孔琳之書放縱快利，筆道流便，二王後略無其比，但工夫少，自任，故未得盡其妙，故當劣於羊欣。'蕭前取'天然'，後取'放縱'，割'絶逸'字不取者，與不取'驚絶'字同意。其實並當時語，僧虔取以論書，落筆自俊。"（第74頁）

［22］丘道護與羊欣俱面受子敬，故當在欣後：《南史》卷三六《羊欣傳》載："泛覽經籍，尤長隸書……欣年十二。時王獻之爲吴興太守，甚知愛之。欣嘗夏月著新絹裙晝寢，獻之入縣見之，書裙數幅而去。欣書本工，因此彌善。"所謂"面受子敬"，蓋指此。丘道護，與羊欣同是晋末宋初人，具體不詳。朱季海《校議》云："依此文，則羊欣優於丘道護也。然《要録》作：'丘道護與羊欣俱面受子敬，故當在欣後。丘殊在羊欣前。'依彼文，則僧虔意當謂丘受法於子敬，雖在羊後；若論其書，則丘在羊前也。此正甲丘乙羊之論。僧虔於羊欣雖稱其'行草尤善'，於正書殊有微辭，故

云‘正乃不稱名’也。《宋書·羊欣傳》云‘尤長隸書’，與僧虔異撰者，僧虔所長在是，不肯以此事讓人也。子顯所録，割裂下文，遂致後先之論，適得其反。”（第74—75頁）

［23］范曄：南朝宋人，善爲文章，能隸書，曉音律。《宋書》卷六九、《南史》卷三三有傳。　蕭思話：仕南朝宋，有令譽，頗工隸書。《宋書》卷七八、《南史》卷一八有傳。

［24］後小叛，既失故步，爲復小有意耳：朱季海《校議》云：“《要録》作：‘范後背叛，皆失故步，名亦稍退。’末句大異，疑蕭史得之。《要録》云云，乃後人不解僧虔所謂，改著今語耳，殊不足信。”（第75頁）

［25］謝綜：南朝宋人，爲太子舍人，與範曄謀反伏誅。有才藝，善隸書。《宋書》卷五二、《南史》卷一九有附傳。朱季海《校議》云：“《要録》作：其舅云：‘緊潔生起。’實爲得賞。本傳‘緊’下蓋脱‘潔’字。舅語當止‘起’字。以下並僧虔語。僧虔謂其舅所評爲知言，故云‘得賞’。”（第75頁）

［26］謝靈運：著名詩人，仕宋。《宋書》卷六七、《南史》卷一九有傳。

［27］賀道力：仕宋爲尚書三公郎、建康令，善三禮。《梁書》卷四八《賀瑒傳》謂其爲賀瑒之祖父。

［28］庾昕學右軍：中華本校勘記云：“‘庾昕’《法書要録》作‘康昕’。又《要録》引羊欣所撰《古來能書人名》，亦云‘胡人康昕，工隸草’。按自漢以來，康居人之留居中國者，皆以康爲氏。既云‘胡人康昕’，疑作‘康’是。”

［29］又著《書賦》，傳於世：《南史》卷二二此後云：“僧虔嘗自書讓尚書令表，辭制既雅，筆迹又麗，時人以比子敬《崇賢》。吴郡顧寶先卓越多奇，自以伎能，僧虔乃作飛白以示之。寶先曰：‘下官今爲飛白屈矣。’僧虔著《書賦》，儉（王儉）爲注序甚工。”

第九子寂，字子玄，性迅動，好文章，讀《范滂傳》，未常不歎挹。王融敗後，[1]賓客多歸之。建武初，欲獻《中興頌》，兄志謂之曰："汝膏粱年少，何患不達，不鎮之以静，將恐貽譏。"寂乃止。初爲祕書郎，卒，年二十一。

[1]王融敗：王融，即王弘孫，才華過人，深得齊武帝器重，官至中書郎。武帝病危，王融欲矯詔立武帝次子竟陵王子良爲帝。事未成，終立太孫鬱林王蕭昭業。鬱林深怨融，即位十餘日，收融下廷尉獄，旋被賜死。詳見本書卷四三《王融傳》。

僧虔宋世嘗有書誡子曰：

知汝恨吾不許汝學，[1]欲自悔厲，或以闔棺自期，[2]或更擇美業，且得有慨，亦慰窮生。但亟聞斯唱，未覩其實。[3]請從先師聽言觀行，[4]冀此不復虚身。吾未信汝，非徒然也。往年有意於史，[5]取《三國志》聚置牀頭，百日許，復徙業就玄，自當小差於史，[6]猶未近彷佛。[7]曼倩有云："談何容易。"[8]見諸玄，志爲之逸，腸爲之抽，[9]專一書，轉誦數十家注，自少至老，手不釋卷，尚未敢輕言。汝開《老子》卷頭五尺許，[10]未知輔嗣何所道，[11]平叔何所説，[12]馬、鄭何所異，[13]《指例》何所明，而便盛於麈尾，[14]自呼談士，此最險事。設令袁令命汝言《易》，[15]謝中書挑汝言《莊》，[16]張吴興叩汝言《老》，[17]端可復言未嘗看邪？談故如射，前人得破，後人應解，不解即輸賭矣。且論注百氏，荆州《八袠》，[18]又《才性四本》，[19]《聲無哀樂》，[20]皆言家口實，[21]如客至之有設也。汝皆未經拂耳瞥目。豈有庖厨不脩，[22]而欲延大賓者哉？就如張衡思侔造化，[23]郭象言類懸河，[24]不自勞苦，何由至此？汝曾未窺其題目，未辨其指歸；六十四卦，未知何名；《莊子》衆篇，何者内外；[25]《八袠》所載，凡有幾家；《四本》之稱，以何爲長。而終日欺人，人亦不受汝欺也。由吾不學，無以爲訓。然重華無嚴父，[26]放勳無令子，[27]亦各由己耳。汝輩竊議亦當云："何日不學？[28]在天地間可嬉戲，何忽自課謫？[29]幸及盛時逐歲暮，何必有所減？"汝見其一耳，不全爾也。設令吾學如馬、鄭，[30]亦必甚勝；復倍不如今，亦必大減。[31]致之有由，[32]從身上來也。汝今壯年，[33]自勲數倍，許勝劣及吾耳。[34]世中比例舉眼是，[35]汝足知此，不復具言。

[1]知汝恨吾不許汝學："汝學"，原脱"汝"字，中華本據南監本、殿本、局本及《册府元龜》卷八一七補。今從補。

[2]或以闔棺自期：闔棺，蓋棺，死亡。這裏表示學習决心大，活到老，學到老。自期，《南史》作"自欺"。《南史》中華本校勘記云："張森楷《南史校勘記》：'欺'，《南齊書》作'期'，於誼較長。按嚴可均《全齊文》作'期'。"

[3]但亟聞斯唱，未覩其實：指衹聽你吆唤，並未看到你付諸實踐。

[4]先師：從孔子。　聽言觀行：孔子語。《論語·公冶長》："始吾於人也，聽其言而信其行；今吾於人也，聽其言而觀其行。"

［5］往年有意於史：指其兒子以前有志於學習史學。按，此句後皆言其兒子學習不專一的情況。

［6］復徙業就玄，自當小差於史：因爲先已學了史，現在剛改學玄，故玄自然稍遜於史。玄，《老子》書中稱“道”乃“玄之又玄”，後因以玄指老莊道家學説。小差，稍遜。按，“自當小差於史”《册府元龜》卷八一七作“玄自當小差於史”。叠一“玄”字表意更明確。

［7］猶未近彷佛：猶言尚未入門。

［8］曼倩有云：“談何容易”：曼倩，漢東方朔字號。《文選》卷五一東方朔《非有先生論》：“先生曰：‘於戲！可乎哉？可乎哉？談何容易！’”張銑注：“再言之者，所以言談之難，何得輕易而爲之。”謂談經説道不是容易的事。

［9］見諸玄，志爲之逸，腸爲之抽：極言前人全身心投入於學習玄學。

［10］“汝開《老子》卷頭五尺許”至“此最險事”：中華本校勘記云：“按下云‘馬鄭何所異’。梁玉繩《瞥記》云：‘馬、鄭未嘗注《老》。王西莊光禄云老子當作老易，蓋是也。’”朱季海《校議》云：“《後漢書·馬融傳》云：‘注《孝經》《論語》《詩》《易》《三禮》《尚書》《列女傳》《老子》《淮南子》《離騷》’，是季長嘗注《易》《老》，梁偶失檢。陸氏《經典釋文·序録·老子》有王弼注二卷，原注：‘又作《老子指歸》一卷。’《隋書·經籍志》不著録，然僧虔所云《指例》，蓋謂是邪？《隋·志》云：‘梁有《老子道德論》二卷，何晏撰。何、王等注《老子私記》十卷，梁簡文帝撰。’此平叔《老子》義也。然鄭實未注《老》，則此《老子》豈真當如西莊説作《老》《易》邪？若爾，即‘指例’當兼輔嗣《老子指略》《易略例》（亦見《釋文·序録》）而言，是‘指例’又當標作‘《指》《例》’矣。”（第75—76頁）

［11］輔嗣：三國魏王弼字。

［12］平叔：三國魏何晏字。

［13］馬、鄭：指馬融與鄭玄。

［14］盛於麈（zhǔ）尾：形容高談闊論。麈尾，一種類似馬尾的驅蟲撣塵的工具，古人清談時執麈尾以助談，相沿成習。

［15］袁令：指袁粲，宋孝武時爲尚書令。粲幼好學，尚氣，愛好虛遠。《宋書》卷八九、《南史》卷二六有傳。

［16］謝中書：指謝朓，宋隆昌初掌中書詔誥，轉中書郎。朓文章清麗，爲當時名士。本書卷四七有傳。

［17］張吴興叩汝言《老》：張吴興，指張岱，字景山，有巧思，知進退。歷仕宋齊，長期任吴興太守，有政績。本書卷三二、《南史》卷三一有傳。按，"叩汝言《老》"中"言"字原闕，中華本據南監本、殿本、局本補。今從補。

［18］荆州《八袠》：朱季海《校議》云："荆州《易》義，則有劉表《章句》五卷（後漢荆州牧，《中經簿録》云：注《易》十卷。《七録》云：九卷，《録》一卷）。宋衷注九卷（後漢荆州五等從事，《七志》、《七録》云：十卷）。王廙注十二卷（東晋荆州刺史，《七志》、《七録》云：十卷）。是荆州《易》義盛矣，然未知《八袠》者何謂也。要爲談玄者所取資，故僧虔及之爾。"（第76頁）今按，《南史》卷三三《何承天傳》："先是《禮論》有八百卷，承天删减并合，以類相從，凡爲三百卷……傳於世。"又《南史》卷二二《王儉傳》："何承天《禮論》三百卷，儉抄爲八袠。""八袠"豈即何承天之《禮論》？待考。

［19］《才性四本》：不詳何書，何人所作。

［20］《聲無哀樂》：是書作者及題旨未詳。

［21］言家口實：口中食物，比喻經常議論、誦讀的内容。言家，指學説家。

［22］不脩：謂没有肉食。

［23］張衡思侔造化：指東漢張衡善機巧，尤致思於天文、陰陽、曆算，作渾天儀，奇思巧妙。崔瑗稱贊他"數術窮天地，制作侔造化"。詳見《後漢書》卷五九《張衡傳》。

［24］郭象言類懸河：郭象，字子玄，晋名士。少有才理，好《老》《莊》，能清言。太尉王衍稱贊他“聽象語，如懸河瀉水，注而不竭”。詳見《晋書》卷五〇《郭象傳》。

［25］《莊子》衆篇，何者内外：《莊子》，戰國蒙（今安徽蒙城縣）人莊周著，分内、外、雜三篇，内篇包括《逍遥游》《齊物論》等七題，外篇包括《駢拇》《馬蹄》等十五題，雜篇包括《庚桑楚》、《徐無鬼》等十一題。“《内篇》明於理本，《外篇》語其事迹，《雜篇》雜明於理事”；“《内篇》理深，故每於文外别立題目……自《外篇》以去，則取篇首二字爲其題目”。見唐成玄英《莊子序》。

［26］重華無嚴父：重華，虞舜的美稱。舜父脾性暴躁，對子缺乏慈愛。見漢劉向《説苑·建本》。

［27］放勳：指帝堯。堯子丹朱不肖。

［28］何日不學：中華本校勘記云：“‘何日’南監本、殿本及《南史》、《元龜》八百十七作‘阿越’。”

［29］課謫：督責，督促。

［30］馬、鄭：司馬遷、鄭玄的合稱。

［31］復倍不如今，亦必大減：中華本逗號標於“如”下。朱季海《校議》云：“此當以‘如今’句絶，逗號當移‘今’下。此文語勢自駢，兩‘亦必’正相呼應也。”（第76頁）朱議正確，今從之。

［32］致之有由：“由”原作“曰”，從中華本改。

［33］汝今壯年：“汝”字原闕，中華本據《南史》、《册府元龜》卷八一七補。今從補。

［34］自懃數倍，許勝劣及吾耳：意思説汝年正壯，加倍努力學習，或許優劣能和我差不多。按，此句中華標點爲：“自懃數倍許勝，劣及吾耳”，語意難明。

［35］世中比例舉眼是：中華本校勘記云：“‘是’字上《元龜》八百十七有‘皆’字。”

吾在世，雖乏德素，要復推排人間數十許年，[1]故是一舊物，[2]人或以比數汝等耳。即化之後，[3]若自無調度，誰復知汝事者？舍中亦有少負令譽、弱冠越超清級者，[4]于時王家門中，優者則龍鳳，劣者猶虎豹；失蔭之後，豈龍虎之議？[5]況吾不能爲汝蔭，政應各自努力耳。或有身經三公，蔑爾無聞；[6]布衣寒素，卿相屈體。[7]或父子貴賤殊，兄弟聲名異。何也？體盡讀數百卷書耳。[8]吾今悔無所及，[9]欲以前車誡爾後乘也。汝年入立境，[10]方應從官，[11]兼有室累，牽役情性，何處復得下帷如王郎時邪？[12]爲可作世中學，取過一生耳。試復三思，勿諱吾言。猶捶撻志輩，冀脱萬一，未死之間，望有成就者，不知當有益否？[13]各在爾身己切，豈復關吾邪？[14]鬼唯知愛深松茂柏，[15]寧知子弟毁譽事！因汝有感，故略叙胸懷矣。[16]

[1]推排：指隨着歲月推移。

[2]舊物：指年老氣衰的人。

[3]即化：指辭世，老死。

[4]舍中：指王氏宗族門下當年上代有些人少年時就獲得好名譽，成年後就越級受封爵。

[5]失蔭之後，豈龍虎之議：謂失去庇蔭人家的後代，哪能談得上如龍似虎。蔭，庇蔭。古時如果上代有功封爵，後代子孫就會受庇蔭而得封賞。但“君子之澤，五世而斬”（孟子語，見《孟

子·離婁下》)，經過法定年限之後，庇蔭就會消失，故云“失蔭”。

［6］或有身經三公，蔑爾無聞：意思説，有的人登三公顯位，子孫雖受庇蔭，但自己不努力，結果默默無聞。

［7］布衣寒素，卿相屈體：意思説有的人雖然出身微賤，但由於努力，結果登上卿相高位。

［8］體盡讀數百卷書耳：意思説主要原因都在於讀書多百卷，概言多。

［9］吾今悔無所及：指懊悔書讀少了，現在年老已來不及補救了。

［10］年入立境：指年齡已進入而立之年（三十歲）。

［11］方應從官："官"《南史》作"宦"。

［12］王郎：晋王羲之子王凝之小字，這裏代指年青有爲時。見《晋書》卷九六《列女傳·王凝之妻謝氏》。

［13］"猶捶撻志輩"至"不知當有益否"：《南史》無此數句。志，王僧虔幼子，歷仕齊、梁，有政績。《南史》卷二二有附傳。按，僧虔此書乃給長子慈。

［14］豈復關吾邪："豈"前原有"身"字，中華本據《南史》删；並按："《元龜》八百十七、《永樂大典》六千八百三十二皆無'身'字。"

［15］鬼唯知愛深松茂柏：謂死後躺在墳墓裏變成鬼，衹知愛墓地松柏繁茂。

［16］故略叙胸懷矣：中華本校勘記云："南監本、殿本無'矣'字，《元龜》八百十七作'耳'。"

張緒字思曼，[1]吴郡吴人也。祖茂度，[2]會稽太守。父寅，[3]太子中舍人。[4]

[1]張緒：《南史》卷三一有附傳。

[2]茂度：張裕，字茂度，因其名與宋武帝諱同，故以字行。仕宋，官至都官尚書，光禄大夫，加金章紫綬，卒謚恭子。《宋書》卷五三、《南史》卷三一有傳。

[3]父寅：中華本校勘記云："'寅'南監本、局本及《南史》並作'演'。此子顯避梁武帝嫌名改。"演四弟鏡、永、辯、岱俱知名，時謂之"張氏五龍"。演與鏡兄弟中名最高，並早卒，史無專傳。參見《宋書》卷五三、《南史》卷三一《張裕傳》。

[4]太子中舍人：晉始置。與太子舍人同秩五品。太子舍人更直宿衛，太子中舍人與中庶子共掌語言文翰。

緒少知名，清簡寡欲，叔父鏡謂人曰："此兒，今之樂廣也。"[1]州辟議曹從事，[2]舉秀才。[3]建平王護軍主簿，[4]右軍法曹行參軍，[5]司空主簿，撫軍、南中郎二府功曹，[6]尚書倉部郎。[7]都令史諮郡縣米事，[8]緒蕭然直視，不以經懷。除巴陵王文學，[9]太子洗馬，[10]北中郎參軍，太子中舍人，本郡中正，[11]車騎從事中郎，中書郎，州治中，黄門郎。

[1]樂廣：字彦輔，南陽濟陽人。晉名士，官至尚書令。與王衍同時，崇尚清談，時言風流者以兩人爲稱是。《晋書》卷四三有傳。按，《南史》此處云："從伯敷及叔父鏡、從叔暢並貴異之。"

[2]議曹從事：議曹從事史，州府屬官。

[3]秀才：本指優秀人才。漢武帝元封四年（前107）始定爲舉士科目，後歷代相沿。南朝察舉最重秀才，由州舉高才博學者，試以策文五道，以題簽高下定其等級。多出任要職，爲時所重。

[4]建平王：劉宏，字休度，宋文帝第七子。《宋書》卷七二、《南史》卷一四有傳。　護軍主簿：指護軍將軍府任主簿，掌管文

書。護軍將軍爲禁衛軍官，掌外兵。秩三品。

[5]右軍：右軍將軍，禁衛軍官。與左軍將軍分掌宿衛營兵。秩四品。　法曹行參軍：掌將軍府執法有關事宜。

[6]功曹：功曹參軍。主軍府事務。

[7]尚書倉部郎：尚書省度支尚書屬官。掌錢糧倉庫。秩五品。

[8]都令史：郡屬官。分掌有關事務。

[9]巴陵王：劉休若，宋文帝第十九子。《宋書》卷七、《南史》卷一四有傳。

[10]太子洗馬：東宫官。掌秘書、接待。

[11]中正：掌考察本州、郡人才，供選官參考。中正多選州、郡中德高望重的現任官吏兼任。

宋明帝每見緒，輒歎其清淡。轉太子中庶子，本州大中正，[1]遷司徒左長史。[2]吏部尚書袁粲言於帝曰："臣觀張緒有正始遺風，[3]宜爲宫職。"復轉中庶子，領翊軍校尉，[4]轉散騎常侍，領長水校尉，[5]尋兼侍中，遷吏部郎，參掌大選。元徽初，東宫罷，[6]選曹擬舍人王儉格外記室，[7]緒以儉人地兼美，宜轉祕書丞，[8]從之。緒又遷侍中，郎如故。[9]

[1]大中正：職同中正。州中正稱大中正，郡中正稱中正。

[2]司徒左長史：指司徒府屬官左長史，與右長史共主持府務。本書《百官志》："司徒府領天下州郡名數户口簿籍，雖無（按指南朝時司徒爲榮譽虚銜），常置左右長史。"

[3]正始遺風：正始，三國魏齊王曹芳年號。當時玄風興起，士大夫唯老莊是宗，競尚清談，世稱"正始之風"。

[4]翊軍校尉：武官名。翊軍營與五營校尉合稱"六校營"。

参見《御覽》卷二四二引王隱《晋書》。

[5]長水校尉：禁衛軍官。分掌宿衛營兵。秩四品。

[6]東宫罷：《南史》卷三一作“東宫官罷”，指王儉不再任東宫官。

[7]選曹擬舍人王儉格外記室：選曹，指吏部。吏部擬將太子舍人王儉改任格外記室（不明何官）。

[8]祕書丞：秘書省官。僅次於秘書監，掌修撰國史。秩六品。

[9]郎如故：原作“中郎如故”。中華本校勘記云：“張森楷《校勘記》云：上文未言爲中郎，疑衍‘中’字，郎如故謂吏部郎如故也。按張説是，今據删。”今從删。

緒忘情榮禄，朝野皆貴其風，嘗與客閑言，一生不解作諾。[1]時袁粲、褚淵秉政，有人以緒言告粲、淵者，即出緒爲吴郡太守，[2]緒初不知也。遷爲祠部尚書，[3]復領中正，遷太常，加散騎常侍，尋領始安王師。[4]昇明二年，遷太祖太傅長史，[5]加征虜將軍。[6]

[1]作諾：猶唯唯諾諾，順從巴結。

[2]即出緒爲吴郡太守：因秉政者對緒不滿，將其由朝官外放。

[3]祠部尚書：尚書省官。領祠、儀二曹，掌儀禮、祭祀。秩三品。

[4]始安王：名子真，宋孝武帝第十一子。《宋書》卷八〇有傳。按，“始”字原訛“建”，中華本據各本改正。今從改。

[5]遷太祖太傅長史：太祖指齊高帝蕭道成。本書卷一至卷二有紀。宋末蕭道成輔政，進位太傅，任張緒爲太傅府長史。按，“太傅”原訛作“太子”，中華本據《南史》改。今從改。

[6]征虜將軍：南朝爲加官性質的榮譽虚銜。

齊臺建，[1]轉散騎常侍，世子詹事。[2]建元元年，轉中書令，常侍如故。緒善言，素望甚重。太祖深加敬異。僕射王儉謂人曰："北士中覔張緒，過江未有人，[3]不知陳仲弓、黄叔度能過之不耳?"[4]車駕幸莊嚴寺聽僧達道人講，[5]座遠，不聞緒言，上難移緒，乃遷僧達以近之。[6]尋加驍騎將軍。欲用緒爲右僕射，以問王儉，儉曰："南士由來少居此職。"褚淵在座，啓上曰："儉年少，或不盡憶。江左用陸玩、顧和，[7]皆南人也。"儉曰："晋氏衰政，不可以爲准則。"上乃止。[8]四年，初立國學，以緒爲太常卿，[9]領國子祭酒，[10]常侍、中正如故。緒既遷官，上以王延之代緒爲中書令，[11]時人以此選爲得人，比晋朝之用王子敬、王季琰也。[12]

[1]齊臺建：指宋順帝末，封太傅蕭道成爲齊公，旋進齊王，建齊國。建制與朝廷同，嗣子稱世子。

[2]世子詹事：此指任世子蕭賾（即後來的齊武帝）詹事。詹事，《漢書·百官公卿表上》："詹事，秦官，掌皇后太子家。"顔師古注："皇后、太子各置詹事，隨其所在以名官。"太子的詹事稱太子詹事。

[3]北士中覔張緒，過江未有人：《南史》卷三一作"緒過江所未有，北士可求之耳。"

[4]陳仲弓：陳寔，字仲弓，東漢名士。曾除太丘長，修德清静，百姓以安。《後漢書》卷六二有傳。　黄叔度：黄憲，字叔度，東漢名士，累聘不仕。荀淑曰："子，吾之師表也。"林宗曰："叔度汪汪若千頃陂，澄之不清，淆之不濁，不可量也。"《後漢書》卷五三有傳。

[5]莊嚴寺：在金陵郭城高橋門外，東晋謝尚捐宅建造。南朝

宋大明中路太后於宣陽門外另建莊嚴寺，改原莊嚴寺爲謝鎮西寺。詳見明葛寅亮撰《金陵梵刹志》卷九。　聽僧達道人講：《南史》“講”後有“《維摩》”（指《維摩詰經》）。

[6]座遠，不聞緒言，上難移緒，乃遷僧達以近之：這幾句表意模糊，上乃聽僧達講經，並非“聞緒言”，緒又在何處？爲何“難移”？又爲何“乃遷僧達”？令人費解。

[7]陸玩：字士瑶，吴郡人，東晋名士。器量淹雅，弱冠有美名，官至尚書令。《晋書》卷七七有傳。　顧和：字君孝，吴郡人，東晋名士。有清操，官至尚書令。《晋書》卷八三有傳。

[8]上乃止：《南史》卷三一此句前尚有：“先是緒諸子皆輕俠，中子充少時又不護細行，儉又以爲言，乃止。”周一良《〈南齊書·丘靈鞠傳〉試釋兼論南朝文武官位及清濁》一文云：“王儉之好抑南士又有數事足資證明。儉目張緒爲‘北士中覓’，然太祖欲用緒爲僕射時，儉猶謂‘南士由來少居此職’，而稱陸玩、顧和之任僕射爲晋氏衰政……知儉所以意更異者固非狃於門第高下之見，而係南北畛域之别矣。”又云：“蕭氏淮南楚子，原非中原甲族如王謝之比……唯僑姓高門專握政權，社會上復有牢不可破之勢力，雖帝王亦無如之何。”（見《魏晋南北朝史論集》，第105、107頁）

[9]太常卿：太常寺主官。掌禮儀、祭祀。秩三品。

[10]國子祭酒：爲國學中國子博士之長，掌教授國子生徒。秩三品。南朝國子祭酒乃最爲清貴之職，多以道德高尚、學問出衆的人出任。周一良《〈南齊書·丘靈鞠傳〉試釋兼論南朝文武官位及清濁》一文云：“國子祭酒雖非權勢所在，實爲清望所歸。江左五朝多用北士……南士高門雖不乏文采風流儒術學藝可觀者，而居是職者綦少。”（《魏晋南北朝史論集》，第115頁）

[11]王延之：字希季，歷仕南朝宋、齊，静默，家訓嚴。詳見本書卷三二《王延之傳》。

[12]王子敬：王獻之。　王季琰：王珉，字季琰。東晋王導孫，王洽子。有才藝，善行書。代王獻之爲中書令。《晋書》卷六

五有附傳。按，《南史》卷三一此處作："何點歎曰：'晋以子敬、季琰爲此職，今以王延之、張緒爲之，可謂清官。後接之者，實爲未易。'"

緒長於《周易》，言精理奥，見宗一時。常云何平叔所不解《易》中七事，[1]諸卦中所有時義，是其一也。

[1]常云何平叔所不解《易》中七事：何平叔，即何晏，字平叔。少以才秀知名，好玄學，善清談，是三國時有名的玄學家，也善注經。《三國志》卷九有傳。按，此句中華本校勘記引清錢大昕《廿二史考異》云："《三國志》注引《管輅别傳》，云'何尚書自言不解《易》九事'，《南史·伏曼容傳》亦云'何晏疑《易》中九事'，此云七事，未知孰是。"

世祖即位，[1]轉吏部尚書，祭酒如故。永明元年，遷金紫光禄大夫，領太常。明年，領南郡王師，[2]加給事中，[3]太常如故。三年，轉太子詹事，師、給事如故。緒每朝見，世祖目送之。謂王儉曰："緒以位尊我，我以德貴緒也。"遷散騎常侍，金紫光禄大夫、師如故。給親信二十人。[4]復領中正。長沙王晃屬選用吴興聞人邕爲州議曹，[5]緒以資藉不當，[6]執不許。晃遣書佐固請之，緒正色謂晃信曰："此是身家州鄉，[7]殿下何得見逼！"七年，竟陵王子良領國子祭酒，世祖敕王晏曰：[8]"吾欲令司徒辭祭酒以授張緒，[9]物議以爲云何？"子良竟不拜。[10]以緒領國子祭酒，光禄、師、中正如故。[11]

[1]世祖：指齊武帝蕭賾，廟號世祖。本書卷三有紀。

[2]南郡王：齊武帝第二十三子蕭子夏。本書卷四〇有傳。

[3]給事中：門下省官。掌奏事，直侍左右。秩五品。

[4]親信：指貼身衛士。

[5]長沙王晃：齊高帝第四子，字宣明。有武力，剛愎自用。本書卷三五有傳。"王"原作"主"，誤。

[6]資藉：資歷和門第。

[7]此是身家州鄉：指吳興是自家州鄉，最瞭解情況。

[8]王晏：字士彦，歷仕宋齊。齊武帝時，晏官至吏部尚書。本書卷四二有傳。

[9]吾欲令司徒辭祭酒以授張緒：司徒，指竟陵王子良（武帝子），進位司徒，兼領國子祭酒。武帝擬將子良祭酒之職改授給張緒，他跟尚書令王晏商量。

[10]子良竟不拜：指子良得知武帝心意，主動不拜領國子祭酒，將此職讓給張緒。

[11]中正如故：《南史》卷三一此段以後有記述張緒見賞愛事："緒吐納風流，聽者皆忘飢疲，見者肅然如在宗廟。雖終日與居，莫能測焉。劉悛之爲益州，獻蜀柳數株，枝條甚長，狀若絲縷。時舊宫芳林苑始成，武帝以植於太昌靈和殿前，常賞玩咨嗟，曰：'此楊柳風流可愛，似張緒當年時。'其見賞愛如此。"又記："王儉爲尚書令、丹陽尹，時諸令史來問訊，有一令史善俯仰，進止可觀。儉賞異之，問曰：'經與誰共事？'答云：'十餘歲在張令門下。'儉目送之。時尹丞殷存至在坐，曰：'是康成門人也。'"按，清牛運震《讀史糾謬》卷七《南齊書糾謬》云："張緒風流跌宕之士，本傳未盡其致。"

緒口不言利，有財輒散之。清言端坐，或竟日無食，門生見緒飢，爲之辦飡，然未嘗求也。卒時年六十八。遺命作蘆葭輀車，[1]靈上置杯水香火，不設祭。從弟融敬重緒，[2]事之如親兄，齎酒於緒靈前酌飲，慟哭曰："阿兄風流頓盡！"追贈散騎常侍、特進、金紫光禄大夫。謚簡子。[3]

[1]蘆葭輀（ér）：指以蘆葦鋪蓋運棺柩的車。輀同輀（ér）。《釋名·釋喪制》："輿棺之車曰輀。輀，耳也。懸於左右前後銅魚摇絞之屬。"按，《南史》卷三一此處作："死之日，無宅以殯，遺命'凶事不設柳翣，止以蘆葭，輀車引柩，靈上置盃水香火，不設祭'。"

[2]從弟融：指張融，張暢子，儒雅能文，著作豐富。本書卷四一有傳。

[3]簡子：南朝對於生前未封爵的官員，死後謚號加"子"。

子克，[1]蒼梧世，[2]正員郎，險行見寵，坐廢錮。克弟允，永明中，安西功曹，淫通殺人，伏法。允兄充，[3]永明元年，爲武陵王友，[4]坐書與尚書令王儉，[5]辭旨激揚，爲御史中丞到撝所奏，[6]免官禁錮。論者以爲有恨於儉也。

[1]子克："克"《南史》卷三一作"完"。

[2]蒼梧世：指宋後廢帝（即蒼梧王）劉昱元徽年間。

[3]允兄充：《南史》卷三一謂："充字延符，少好逸遊。緒嘗告歸至吴，始入西郭，逢充獵，右臂鷹，左牽狗。遇緒船至，便放紲脱韝拜於水次。緒曰：'一身兩役，無乃勞乎。'充跪曰：'充聞三十而立，今充二十九矣，請至來歲。'緒曰：'過而能改，顔氏子有焉。'及明年便修改，多所該通，尤明《老》《易》，能清言。與

從叔稷俱有令譽。”

[4]武陵王：蕭曄，字宣照，齊高帝第五子。本書卷三五有傳。友：王府官名。藩王的近臣，主要陪侍讀書。參見《晋書·職官志》。

[5]坐書與尚書令王儉：張充與王儉書，《南史》卷三一全録。書中表白自己“生平少偶，不以利欲干懷”，“獨師懷抱，不見許於俗人；孤秀神崖，每邅回於在世”。對尚書令王儉暗寓微辭。《南史》言後又云：“儉以爲脱略，弗之重，仍以書示緒，緒杖之一百。”

[6]到撝：字茂謙，歷仕宋齊，齊武帝永明初曾任御史中丞。本書卷三七、《南史》卷二五有傳。

案建元初，中詔序朝臣，欲以右僕射擬張岱。[1]褚淵謂“得此過優，若别有忠誠，特進升引者，别是一理，仰由裁照”。詔“更量”。[2]説者既異，今兩記焉。

[1]欲以右僕射擬張岱：前面已記高帝“欲用緒爲右僕射，以問王儉”。兩説不同，故子顯“兩記”存照。

[2]更量：謂再商量定奪。

史臣曰：王僧虔有希聲之量，[1]兼以藝業。戒盈守滿，屈己自容，[2]方軌諸公，[3]實平世之良相。張緒凝衿素氣，自然標格，搢紳端委，[4]朝宗民望。[5]夫如緒之風流者，豈不謂之名臣！

[1]希聲之量：弘大的氣量。《老子》云：“大器晚成，大音希聲，大象無形。”王弼注：“聽之不聞名曰希，不可得聞之音也。”

[2]屈己自容：原訛作“發自容”，中華本據南監本、毛本、殿本、局本改。今從改。

[3]方軌諸公：意謂與歷史上名人相比較。中華本校勘記云：“‘軌’原訛‘執’今據毛本、殿本、局本改正。按南監本作‘之’。”今從改。

[4]搢紳：原指儒者、士大夫圍於腰際用以插笏的大帶，借指儒者、士大夫。　端委：原指古代禮服。《左傳》昭公二年：“吾與子弁冕端委，以治民臨諸侯。”杜預注：“端委，禮服。”孔穎達疏引服虔曰：“禮衣端正無殺，故曰端；文德之衣尚褒長，故曰委。”這裏借指風度、氣派，贊揚張緒具有儒者風度。

[5]朝宗民望：形容張緒受衆人愛戴，聲望很高。朝宗，比喻衆望所歸。《尚書·禹貢》：“江漢朝宗於海。”

贊曰：簡穆長者，[1]其義恢恢。[2]聲律草隸，燮理三台。[3]思曼廉静，自絶風埃。遊心《爻》《繫》，[4]物允清才。

[1]長者：指長者風度。

[2]其義恢恢：形容待人義氣，寬宏大度。《荀子·非十二子》：“恢恢然，廣廣然，昭昭然，蕩蕩然，是父兄之容也。”

[3]燮理三台：協和治理邦國。《尚書·周官》：“立太師、太傅、太保，兹惟三公，論道經邦，燮理陰陽。”按，這裏是贊揚王僧虔具有宰輔之才。

[4]遊心《爻》《繫》：這裏意指張緒深通因時變動的《易》理。爻，《易》中組成卦的符號，“—”爲陽爻，“--”爲陰爻。《易·繫辭上》：“爻者，言乎變者也。”韓康伯注：“爻各言其變也。”

南齊書　卷三四

列傳第十五

虞玩之　劉休　沈沖　庾杲之　王諶

虞玩之字茂瑶，[1]會稽餘姚人也。[2]祖宗，晋庫部郎。[3]父玫，通直常侍。[4]

[1]虞玩之：《南史》卷四七亦有傳。

[2]會稽：郡名。治所在今浙江紹興市。　餘姚：縣名。今浙江餘姚市。

[3]宗：虞宗，史無專傳，其事不詳。　庫部郎：《南史》作“尚書庫部郎”。屬兵部尚書，掌兵籍、武器事宜。秩五品。參見《通典》卷二三《職官五》。

[4]玫：虞玫，史無專傳，其事不詳。　通直常侍：通直散騎常侍。南北朝時屬集書省，掌侍從顧問。秩五品。

玩之少閑刀筆，[1]汎涉書史，解褐東海王行參軍，[2]烏程令。[3]路太后外親朱仁彌犯罪，[4]依法録治。太后怨訴孝武，[5]坐免官。泰始中，[6]除晋熙國郎中令，[7]尚書起部郎，[8]通直郎。[9]

[1]閑刀筆：指擅長寫文章。

[2]東海王：名禕，字休秀。宋文帝劉義隆第八子，初封東海王，明帝時改封廬江王。《宋書》卷七九有傳。　行參軍：王府自辟的參軍。參軍爲王府屬吏，掌理事務。

[3]烏程：縣名。治吴興縣，在今浙江湖州市吴興區。

[4]路太后：宋孝武帝劉駿之母。此句謂路太后親戚朱某在烏程犯罪，縣令虞玩之依法治其罪。

[5]太后怨訴孝武："太后"二字原無，中華本據南監本、殿本、局本及《南史》補。今從補。

[6]泰始：宋明帝年號。

[7]晋熙國：原爲宋文帝第九子劉昶。昶因避禍奔魏，所生二子又卒。明帝即位，乃以己第六子劉燮繼昶，封晋熙王，爲郢州刺史。虞玩之即在王國府供職。　郎中令：近侍官。

[8]起部郎：度支尚書屬官。掌工部曹。秩五品。

[9]通直郎：通直散騎常侍。直侍左右。秩五品。

元徽中，[1]爲右丞。[2]時太祖參政，[3]與玩之書曰："張華爲度支尚書，[4]事不徒然。今漕藏有闕，[5]吾賢居右丞，已覺金粟可積也。"[6]玩之上表陳府庫錢帛，器械役力，所懸轉多，[7]興用漸廣，慮不支歲月。朝議優報之。[8]遷安成王車騎録事，[9]轉少府。[10]

[1]元徽：宋後廢帝劉昱年號。

[2]右丞：尚書省屬官。掌庫械廬舍及諸器用之物。《唐六典》卷一："自魏至宋、齊，品皆第六，秩四百石。"

[3]時太祖參政：太祖，齊高帝蕭道成廟號。宋元徽間，蕭道

成與尚書令袁粲等人輔政，共掌機事。參見本書卷一《高帝紀上》。

[4]張華：晋范陽人，字茂先。三國魏文帝時，爲度支尚書，量計運遭，决定廟算，贊伐吴有功，進封爲廣武縣侯。《晋書》卷三六有傳。　度支尚書：六部尚書之一，掌度支、金部、倉部、起部四曹。秩三品。

[5]漕藏有闕：指官倉糧草缺乏。

[6]金粟：錢與糧穀。

[7]所懸轉多：中華本校勘記云："'所懸'南監本、殿本及《南史》並作'州縣'，訛。按所懸轉多謂所懸欠轉多也。《元龜》四百六十七亦作'所懸'。"

[8]優報：謂上報褒美嘉獎。

[9]安成王：名子孟，字孝光，宋孝武帝劉駿第十六子。初封淮南王，明帝改封安成王，但未拜即被賜死。《宋書》卷八〇、《南史》卷一四有傳。按，疑所書有誤。　車騎録事：指車騎將軍府録事參軍。車騎將軍，南朝時成爲優禮大臣的虚號。掌征伐。録事參軍，王府、軍府均有設置，掌文書，糾察府事。

[10]少府：秦官九卿之一，掌管山海地澤的税收，宫中服食珍寶諸物。魏晋南北朝沿置，爲重要職官。秩三品。本書卷五三《沈憲傳》云："少府管掌市易，與民交關，有吏能者，皆更此職。"

太祖鎮東府，[1]朝野致敬，玩之猶躡屐造席。[2]太祖取屐視之，訛黑斜鋭，[3]蔑斷，以芒接之。[4]問曰："卿此屐已幾載？"玩之曰："初釋褐拜征北行佐買之，[5]著已二十年，[6]貧士竟不辦易。"太祖善之，[7]引爲驃騎諮議參軍。[8]霸府初開，[9]賓客輻凑，太祖留意簡接，玩之與樂安任遐，[10]俱以應對有席上之美，齊名見遇。遐字景遠，好學，有義行，兼與太祖素游，褚淵、王儉並見親愛。[11]官至光禄大夫，[12]永元初卒。[13]

［1］太祖鎮東府：東府在建康（今江蘇南京市）宫城東。清王鳴盛《十七史商榷》卷六四《東府》："張敦頤《六朝事迹·宫殿門》門云：'有曰臺城，蓋宫省之所寓也。有曰東府，蓋宰相之所居也。'"按，齊高帝蕭道成於宋順帝昇明二年（478）移鎮東府，進位侍中、司空、録尚書事、驃騎大將軍。詳見本書卷一《高帝紀上》。

［2］躡屐：拖着木屐，形容不修邊幅。

［3］訛黑：變黑。　斜鋭：形容鞋穿久變形。

［4］綦（xì）斷，以芒接之：綦，鞋帶。芒，茅草。鞋帶斷了用茅草接上，形容艱苦節儉。清孫蔚枝《虞玩之却屐圖》詩："綦斷接以芒，儉德誰與儔!"朱季海《南齊書校議》（以下簡稱朱季海《校議》）云："《釋文》：'綦，音兮。'非此所用。今謂'綦'讀與'系'同……錢輯《風俗通義逸文·灾異》云：'延熹中，京師長者皆著木屐。婦女始嫁至，作漆畫屐，五采爲系。'是也。"（中華書局1984年版，第76—77頁）

［5］征北行佐：指征北將軍府臨時書佐。征北將軍爲"四征將軍"之一，南朝乃榮譽加號。開府者位從公，秩一品。

［6］著已二十年：《南史》卷四七作"著已三十年"。該書中華本校勘記云："'三十'《南齊書》作'二十'，其告退表云：'宋元嘉二十八年，爲王府行佐。'又據《齊高帝紀》：'元徽五年七月，帝移鎮東府。'自元嘉二十八年至元徽五年爲二十七年。""著"原作"箸"，從中華本改。

［7］太祖善之：《南史》卷四七作："高帝咨嗟，因賜以新屐。玩之不受。帝問其故，答曰：'今日之賜，恩華俱重，但蓍簪弊席，復不可遺，所以不敢當。'帝善之。"

［8］驃騎諮議參軍：指驃騎大將軍府諮議參軍。驃騎大將軍位

在諸將軍之上，南朝爲優禮大臣的最高榮譽稱號。諮議參軍爲軍府屬吏，其職備顧問。

[9]霸府：晋南北朝時指勢力强大終成王業的藩臣府第。這裏指齊王府。

[10]樂安：郡名。治所在今山東鄒平縣。　任遐：《南史》卷五九《任昉傳》有插叙云："父遥，齊中散大夫。遥兄遐字景遠，少敦學業，家行甚謹，位御史中丞、金紫光禄大夫。"

[11]褚淵、王儉：二人與蕭道成均爲宋顧命大臣。褚淵、王儉傳均見本書卷二三。

[12]光禄大夫：屬光禄勛，與諫大夫、大中大夫等參與議論政事。從二品，秩比二千石。參見《文獻通考》卷六六《職官二十》。

[13]永元：齊東昏侯年號。

玩之遷驍騎將軍，[1]黄門郎，[2]領本部中正。[3]上患民間欺巧，[4]及即位，敕玩之與驍騎將軍傅堅意檢定簿籍。[5]建元二年，詔朝臣曰："黄籍，[6]民之大紀，國之治端。自頃氓俗巧僞，爲日已久，至乃竊注爵位，盗易年月，增損三狀，[7]貿襲萬端。[8]或户存而文書已絶，或人在而反託死板，[9]停私而云隸役，身强而稱六疾。[10]編户齊家，[11]少不如此。皆政之巨蠹，教之深疵。比年雖却籍改書，[12]終無得實。若約之以刑，則民僞已遠；若綏之以德，則勝殘未易。[13]卿諸賢並深明治體，可各獻嘉謀，以振澆化。[14]又臺坊訪募，[15]此制不近，[16]優刻素定，閑劇有常。[17]宋元嘉以前，[18]兹役恒滿，大明以後，[19]樂補稍絶。或緣寇難頻起，軍蔭易多，[20]民庶從利，投坊者寡。[21]然國經未變，朝紀恒存，相揆而言，隆替何速。[22]此急病之洪源，[23]晷景之切患，[24]以何科算，革斯弊邪？"玩之上表曰："宋元嘉二十七年八條取人，[25]孝建元年書籍，[26]衆巧之所始也。元嘉中，故光禄大夫傅隆，[27]年出七十，猶手自書籍，躬加隱校。[28]隆何必有石建之慎，[29]高柔之勤，[30]蓋以世屬休明，服道脩身故耳。今陛下日旰忘食，未明求衣，[31]詔逮幽愚，[32]謹陳妄説。古之共治天下，唯良二千石，[33]今欲求治取正，其在勤明令長。凡受籍，[34]縣不加檢合，但封送州，州檢得實，方却歸縣。[35]吏貪其賂，民肆其姦，姦彌深而却彌多，賂愈厚而答愈緩。自泰始三年至元徽四年，[36]揚州等九郡四號黄籍，共却七萬一千餘户。于今十一年矣，而所正者猶未四萬。神州奥區，尚或如此，江、湘諸部，倍不可念。愚謂宜以元嘉二十七年籍爲正。民惰法既久，今建元元年書籍，宜更立明科，[37]一聽首悔，迷而不反，依制必戮。使官長審自檢校，必令明洗，[38]然後上州，永以爲正。若有虚昧，州縣同咎。今户口多少，不減元嘉，而板籍頓闕，弊亦有以。自孝建已來，入勳者衆，[39]其中操干戈衛社稷者，三分殆無一焉。勳簿所領，而詐注辭籍，浮遊世要，非官長所拘録，復爲不少。尋蘇峻平後，庾亮就温嶠求勳簿，[40]而嶠不與，以爲陶侃所上，多非實録。尋物之懷私，無世不有，宋末落紐，[41]此巧尤多。又將位既衆，舉卹爲禄，實潤甚微，而人領數萬，如此二條，天下合役之身，已據其太半矣。又有改注籍狀，詐入仕流，昔爲人役者，[42]今反役人。又生不長髪，便謂爲道人，[43]

填街溢巷，是處皆然。或抱子并居，竟不編户，遷徙去來，公違土斷。[44]屬役無滿，流亡不歸。[45]寧喪終身，疾病長卧。[46]法令必行，自然競反。[47]又四鎮戍將，有名寡實，隨才部曲，無辨勇懦，署位借給，巫媪比肩，[48]彌山滿海，皆是私役。行貨求位，[49]其塗甚易，募役卑劇，何爲投補？坊吏之所以盡，百里之所以單也。[50]今但使募制明信，[51]滿復有期，民無逕路，則坊可立表而盈矣。[52]爲治不患無制，患在不行，不患不行，患在不久。”上省玩之表，納之。乃别置板籍官，[53]置令史，限人一日得數巧，以防懈怠。於是貨賂因緣，籍注雖正，猶强推却，以充程限。至世祖永明八年，[54]謫巧者戍緣淮各十年，[55]百姓怨望。世祖乃詔曰：“夫簡貴賤，辨尊卑者，[56]莫不取信於黄籍。豈有假器濫榮，竊服非分。故所以澄革虚妄，式允舊章。然釁起前代，過非近失，既往之僁，不足追咎。自宋昇明以前，皆聽復注。[57]其有謫役邊疆，各許還本。[58]此後有犯，嚴加翦治。”

[1]驍騎將軍：禁衛軍官名。分掌宿衛營兵。秩四品。

[2]黄門郎：黄門侍郎的省稱。出入禁中，省尚書事，故或稱給事黄門侍郎。秩五品。參見《通志》卷五二《職官二》。

[3]本部中正：中華本校勘記引張森楷《校勘記》云：“‘部’疑‘郡’字之訛。”中正，負責考察州郡人才的官員，選拔各州郡有聲望的人擔任。其將當地士人按才德分成九等（九品），作爲政府選任官吏的依據。

[4]上：指齊高帝蕭道成。

［5］傅堅意：人名。其事不詳。　檢定：檢查審定。　簿籍：登記書寫所用的册籍，這裏指户籍登記簿。

［6］黄籍：晋代和南北朝的户籍册，是朝廷徵收租税徭役的根據。因用黄紙書寫，故名。後亦泛稱户籍。《通鑑》卷一三五《齊紀一》“高帝建元二年”條，胡三省注：“杜佑曰：‘黄籍者，户口版籍也。’”

［7］三狀：指户籍登記的基本内容，如性别、年齡、職業等。

［8］貿襲：謂私下暗地更改。

［9］或人在而反託死板：“板”中華本據南監本及《南史》改爲“叛”，並按曰：“言人在而在籍上妄注死叛也。”朱季海《校議》云：“上云：‘今户口多少，不減元嘉，而板籍頓闕，弊亦有以。’蓋黄籍謂之板籍，名在死籍，謂之死板，緣籍設官，謂之板籍官，蕭《書》正可原是‘板’字。”（第77頁）今按，朱議是也，原作“死板”（列入死籍）不訛。若改作“死叛”反不妥，豈有百姓自報家人反叛甘受株連之苦乎？故板不改“叛”字。

［10］六疾：六種疾病。《左傳》昭公元年：“淫生六疾……陰淫寒疾，陽淫熱疾，風淫末（四肢）疾，雨淫腹疾，晦淫惑疾，明淫心疾。”後用以泛指各種疾病。

［11］編户齊家：編入户籍的平民人家。

［12］却籍改書：謂廢去舊的户籍簿，重新改寫新的户籍簿。

［13］勝殘：遏制殘暴的人。《論語·子路》：“善人爲邦百年，亦可以勝殘去殺矣。”何晏《集解》：“勝殘，殘暴之人使不爲惡也。”

［14］澆化：猶澆風，浮薄的社會風氣。

［15］臺坊訪募：指從中央臺省到地方鄉村派員稽查覈實户籍。

［16］此制不近：謂這樣做與常制不合。

［17］優刻素定，閑劇有常：指户籍方面賞罰條例早已制定，寬嚴亦早有常規。

［18］元嘉：宋文帝年號。

［19］大明：宋孝武帝年號。

［20］軍蔭：因父祖軍功而敘用，得授軍職。

［21］投坊：指户口由軍籍轉入民籍。坊，里巷。

［22］隆替：盛衰，興廢。這裏偏義，指衰廢。

［23］此急病之洪源："此"原作"比"，從中華本改。

［24］晷景（yǐng）：時間，光陰。這裏意謂刻不容緩。

［25］宋元嘉二十七年八條取人：《通鑑》卷一二五《宋紀七》"文帝元嘉二十七年"條載，是時因北魏南侵，軍旅大起，急需財物、兵力，正常徵賦不敷所用，朝廷打破常規，臨時規定："王公、妃主及朝士、牧守，下至富民、僧民各獻金帛、雜物以助國用。"又以"兵力不足"，采取"三五民丁"（即三丁抽一、五丁抽二）新法擴大徵兵；還以"厚賞""募中外有馬步衆藝武力之士"。

［26］孝建元年書籍：指宋孝武帝於孝建元年（454）改動一些行政區劃。《通鑑》卷一二八《宋紀十》"孝武帝孝建元年"條："初，晋氏南遷，以揚州爲京畿，穀帛所資皆出焉；以荆、江爲重鎮，甲兵所聚盡在焉；常使大將居之。三州户口，居江南之半。上惡其强大，故欲分之。癸未，分揚州、浙東五郡置東揚州，治會稽；分荆、湘、江、豫州之八郡置郢州，治江夏……荆、揚因此虚耗。尚之（何尚之）請復合二州，上不許。"

［27］傅隆：字伯祚，宋元嘉中，爲御史中丞，得司直之體。出爲義興太守，有能名。拜左户尚書，正直勤慎。後致仕，拜光禄大夫，歸老於家，猶手不釋卷。《宋書》卷五五、《南史》卷一五有傳。

［28］隱校：《通鑑》卷一二八胡三省注："隱者，痛覈其實也。"

［29］石建：漢文帝、景帝時人，官至郎中令，以清慎聞。"事有可言，屏人恣言，極切；至廷見，如不能言者。"《史記》卷一〇三有附傳。

［30］高柔：字文惠，三國魏人。在官二十三年，勤政愛民，官

至司徒、太尉。《三國志》卷二四有傳。

［31］日旰忘食，未明求衣：指勤於政事，廢寢忘食。日旰，天色已晚。

［32］幽愚：愚昧之人。自謙之詞。

［33］二千石：指州郡地方長官，因皆秩二千石，故稱。

［34］受籍：指正式列入户籍。

［35］方却歸縣：纔退還縣。

［36］自泰始三年至元徽四年：指自宋明帝泰始三年（467）至宋後廢帝元徽四年（476）。

［37］明科：明文規定的法令條規。

［38］明洗：謂明白改正。

［39］入勳者：指立下軍功的人。

［40］尋蘇峻平後，庾亮就温嶠求勳簿：庾亮，字元規。歷仕東晋元帝、明帝、成帝三朝，成帝初，以帝舅爲中書令。成帝咸和二年（327），歷陽太守蘇峻叛晋，建康失守。顧命大臣温嶠、庾亮推荆州刺史陶侃爲盟主，聯軍擊殺蘇峻。庾亮"求勳簿"，蓋指此事。詳見《晋書》卷七三《庾亮傳》、卷六七《温嶠傳》及卷六六《陶侃傳》。

［41］落紐：落入俗套。

［42］昔爲人役者：昔，原訛作"苦"。中華本校勘記云："按下云'今反役人'，則'苦'當作'昔'，形之訛也。各本並訛，今據《通典·食貨典》、《元龜》四百八十六改。"今從改。

［43］生不長髮，便謂爲道人：髮，指頭髮。"人"原脱，中華本據《通典·食貨典》補，並按："南北朝人稱僧爲道人，見《南史·梁弘景傳》。"今從補。按，南北朝時寺僧免徵役，故紛紛假冒。

［44］土斷：晋代由於戰亂，中原地區豪富多遷居江南，仍稱原來郡籍，形成諸僑郡縣。至東晋哀帝興寧二年（364），侍中、大司馬桓温推行土斷法，裁並僑置郡縣，整頓户籍，把僑郡縣士民改爲

土著，令其向朝廷納税服役，史稱“庚戌土斷”（是年三月初一日頒布，爲庚戌日）。後南朝各代繼續推行，作爲擴大賦税和兵源的一種手段。

［45］屬役無滿，流亡不歸：指被徵役之人，半路逃亡，直等徵役期滿纔回家。

［46］寧喪終身，疾病長卧：謂有的假裝守父母之喪，有的裝病長期卧牀，借以逃避徵役。

［47］競反：謂争相違背法令。

［48］署位借給，巫媪比肩：謂官府中的高官，借板官名義用公款招進服私役的女傭，以致連巫婆都競相混入官府。

［49］行貨求位：指以財貨换取官位，即進行錢權交易。

［50］百里之所以單也：古時一縣所轄之境爲百里，因以百里稱縣邑。單通“殫”，竭盡，指徵役之源枯竭。

［51］募制明信：指招募兵員的制度明確而守信用，説到做到。

［52］立表而盈：指徵役之源可立即充盈。

［53］板籍官：管理户籍的官吏。中華本校勘記云：“‘板’《南史》、《通典·食貨典》、《元龜》四百八十六作‘校’。”

［54］至世祖永明八年：指齊武帝永明八年（490）。

［55］謫巧者戍緣淮各十年：指謫罰在徵役、户籍上投機取巧的人戍守沿淮邊地十年。按，《南史》卷四七此句作：“既連年不已，貨賄潛通，百姓怨望。”

［56］辨尊卑：“辨”原作“辦”，從中華本改。

［57］自宋昇明以前，皆聽復注：昇明，宋末代君主宋順帝年號。此句意謂宋以前有過錯的户主允許其重新改正，不予追究。

［58］其有謫役邊疆，各許還本：指宋以前犯錯被罰戍邊疆的人，准許其回歸故鄉。

玩之以久官年疾，[1]上表告退，曰：“臣聞負重致遠，力窮則困，竭誠事君，智盡必傾，理固然也。四十仕進，七十懸車，[2]壯則驅馳，老宜休息。臣生於晋，長於宋，老於齊，世歷三代，朝市再易。臣以宋元嘉二十八年爲王府行佐，於兹三十年矣。自頃以來，衰耗漸篤。爲性不嬾惰，而倦怠頓來。耳目本聰明，而聾瞶轉積。脚不支身，喘不緒氣。景刻不推，[3]朝晝不保。大功兄弟，[4]四十有二人，通塞壽夭，唯臣獨存。[5]朝露末光，寧堪長久。且知足不辱，臣已足矣。禀命飢寒，不求富貴，銅山由命，[6]臣何恨焉，久甘之矣。直道事人，不免縲紲，[7]屬遇聖明，知其非罪，臣之幸厚矣。授命於道消之晨，[8]効節於百揆之日，[9]臣忠之効也。慶降於文明之初，[10]荷澤於天飛之運，[11]臣命之偶也。[12]不謀巧宦而位至九卿，[13]德慙李陵而忝居門下。[14]堯舜無窮，臣亦通矣。年過六十，不爲夭矣。榮期之三樂，[15]東平之一善，[16]臣俱盡之矣。經昏踐亂，涉艱履危，仰聖德以求全，憑賢輔以申節，未嘗厭屈於勳權，畏溺於狐鼠，[17]臣立身之本，於斯不虧。在其壯也，當官不讓。及其衰矣，豪露靡因。[18]伏願慈臨，賜臣骸骨。[19]非爲希高慕古，愛好泉林。特以丁運孤貧，養禮多闕，風樹之感，[20]夙自纏心，庶天假其辰，得二三年閒，掃守丘墓，以此歸全，始終之報遂矣。"[21]上省玩之表，許之。

[1]玩之以久官年疾：中華本據南監本、殿本及《南史》將"久官年疾"改爲"久宦衰疾"。朱季海《校議》云："蕭《書》仍當作'久官年疾'。'久官'者，表云'以宋元嘉二十八年爲王府行佐，於兹三十年矣'是也。'年'者，所謂'七十懸車''老宜

休息’是也。‘疾’者，‘自頃以來，衰耗漸篤’云云是也。以‘年疾’爲文，猶以‘年禮’爲文矣。《陳顯達傳》‘以年禮告退’，是其比類。此等並當時案牘常語，易代視之，則以爲齟齬不安矣。殿本臆改《陳傳》‘年禮’爲‘年老’，彼《傳》校勘記斥其妄作，諦矣。”（第77—78頁）今按，中華再造善本亦作“以久官年疾”。

［2］懸車：古人一般至七十歲辭官家居，廢車不用，故稱致仕爲懸車。漢班固《白虎通·致仕》：“臣年七十懸車致仕……懸車，示不用也。”

［3］景刻不推：意謂危在旦夕。景刻，頃刻，片刻。

［4］大功兄弟：指堂兄弟。大功，喪服五服之一，服喪九月。其服用熟麻布做成，較齊衰稍細，較小功爲粗，故稱大功。參見《儀禮·喪服》。

［5］通塞壽夭，唯臣獨存：意思説，大功兄弟四十二人中，有的發達，有的窘困，有的壽長，有的壽短，情況雖然各不相同，但都已離開人世了，存活的唯我一人。

［6］銅山由命：意謂生死由命。銅山，用“銅山西崩，洛鍾東應”典。參見《世説新語·文學》“銅山西崩，洛鍾東應”劉孝標注引《東方朔傳》。

［7］直道事人，不免縲（léi）紲（xiè）：謂待人處世剛直，不免得罪人受誣陷而獲罪入獄。縲紲，縛犯人的繩索，代指監獄。

［8］道消之晨：指黑暗的末世之日。此指南朝宋末。

［9］百揆之日：指百官競效的大好政局。此指新朝南齊。

［10］慶降：中華本校勘記云：“‘慶降’殿本作‘降慶’，《元龜》八百九十九作‘慶隆’。”

［11］天飛之運：喻指有道君王貴顯得志，德被天下。《易·乾》：“九五飛龍在天，利見大人。”孔穎達正義：“言九五陽氣盛至於天……而居天位，德備天下，爲萬物所瞻覩，故天下利見此居王位之大人。”

［12］偶：遇合，幸運。

[13]九卿：古代中央政府的九個高級官職。歷代有所變更，周以少卿、少傅、少保、冢宰、司徒、宗伯、司馬、司寇、司空爲九卿。漢以太常、光禄勛、衛尉、太僕、廷尉、大鴻臚、宗正、司農、少府爲九寺大卿。魏晋以後，設尚書省分主各部行政，九卿的職務逐漸被尚書侵奪。這裏以九卿泛指高級官職。

[14]李陵：中華本校勘記云："殿本《考證》云：'李陵二字有疑'。按張森楷《校勘記》云：按太史公報任少卿書有'僕與李陵，俱居門下'之語，非誤也。"

[15]榮期之三樂：榮期，指榮啓期，春秋時隱士。傳説曾行於郕之野，告訴孔子，自言得三樂：爲人，又爲男子，又行年九十。事見《列子·天瑞》，又見《孔子世家·六本》。後用爲知足自樂之典。

[16]東平之一善：東平，指東漢東平憲王劉蒼，在朝多所貢獻，還國後爲善一方。一次漢明帝問他："處家何等最樂?"王言"爲善最樂"。帝甚嘉許，封賜甚厚。詳見《後漢書》卷四二本傳。

[17]狐鼠：喻指奸邪小人。

[18]豪露：喻力量微薄。豪，通"毫"。

[19]賜臣骸骨：賜臣告老還鄉的婉語。

[20]風樹之感：比喻父母亡故不及孝養而産生的悲感。

[21]始終：對父母恩情的報答。

玩之於人物好臧否，[1]宋末，王儉舉員外郎孔逷使虜，[2]玩之言論不相饒，逷、儉並恨之。至是玩之東歸，[3]儉不出送，朝廷無祖餞者。[4]玩之歸家起大宅，數年卒。其後員外郎孔瑄就儉求會稽五官，[5]儉方盥，投皂莢於地，曰："卿鄉俗惡。虞玩之至死煩人。"[6]

[1]於人物好臧否：謂喜歡議論别人的好壞。

[2]王儉舉員外郎孔逷使虜：指尚書令王儉舉薦員外郎孔逷出使北魏。員外郎，員外散騎侍郎的簡稱。掌奏事，直侍左右。秩五品。

[3]玩之東歸：指玩之退休東回故鄉會稽。

[4]朝廷無祖錢者：《南史》卷四七此句後云："中丞劉休與親知書曰：'虞公散髮海隅，同古人之美，而東都之送，殊不藹藹。'"

[5]孔瑄：會稽人，其事不詳。　會稽五官：指會稽五官掾。五官掾，郡屬吏，掌侯四方四時天文之變。《通鑑》卷一四一《齊紀七》"明帝永泰元年"條"敬則五官掾王公林"，胡三省注："自晋以來，諸郡有五官掾。"

[6]煩人：令人討厭。煩，原訛"治"，中華本校勘記云："據南監本、殿本、局本改。按《御覽》九百六十引及《元龜》四百七十八亦作'煩'。"

孔逷字世遠，[1]玩之同郡人。好典故學。與王儉至交。昇明中，爲齊臺尚書儀曹郎，[2]太祖謂之曰："卿儀曹才也。"[3]儉爲宰相，逷嘗謀議帷幙，[4]每及選用，頗失鄉曲情。儉從容啓上曰："臣有孔逷，猶陛下之有臣也。"永明中，爲太子家令，[5]卒。時人呼孔逷、何憲爲王儉三公。[6]

[1]孔逷：《南史》卷四九有附傳。

[2]齊臺尚書儀曹郎：齊臺，齊國。宋順帝昇明三年（479）二月，蕭道成以太傅爲相國，總百揆，封十郡，爲齊公；又詔齊國官爵禮儀，並仿朝廷。參見《通鑑》卷一三五《齊紀一》"齊高帝建元元年"條。儀曹郎，尚書省屬官。掌吉凶禮制事。按，《南史》卷四九此句後云："屢箴闕禮，多見信納。"

[3]卿儀曹才也：《南史》卷四九作："上謂王儉曰：'逷真所

謂儀曹，不忝厥職也。'"

[4]帷幙：指軍政大臣謀劃決策的幕府。

[5]太子家令：東宫官。掌太子宫衣食起居事務。秩五品。参見《文獻通考》卷六六《職官二十》。

[6]三公：原指宰相、太尉、御史大夫，這裏用以比喻重要謀士。按，《南史》卷四九此句後尚有："及卒，儉惜之，爲撰祭文。"

憲字子思，[1]廬江人也。以强學見知。[2]母鎮北長史王敷之女，[3]聰明有訓識。憲爲本州别駕。[4]永明十年，使于虜中。

[1]憲：何憲。《南史》卷四九有附傳。

[2]以强學見知：《南史》卷四九作："博涉該通，群籍畢覽，天閣寶祕，人間散逸，無遺漏焉。任昉、劉渢共執祕閣四部書，試問其所知，自甲至丁，書説一事，並叙述作之體，連日累夜，莫見所遺。宗人何遁，退讓士也，見而美之，願與爲友。"

[3]鎮北長史：鎮北將軍府長史，軍府屬官。　王敷之：人名。其事不詳。

[4]别駕：别駕從事，州郡屬官之長。《南史》卷四九作："本州别駕，國子博士。"

劉休字弘明，[1]沛郡相人也。[2]祖徽，正員郎。[3]父超，九真太守。[4]

[1]劉休：《南史》卷四七亦有傳。中華本校勘記云："'弘'宋本避諱缺筆作'引'，今據南監本、殿本、局本改正。"今從改。

[2]沛郡：郡名。治相縣，在今安徽淮北市西北。

[3]正員郎：散騎侍郎的别稱。南齊屬集書省官，掌侍從顧問。

秩五品。

［4］九真：郡名。南朝時郡治移風縣，在今越南清化省清化北馬江南岸。

休初爲駙馬都尉，[1]奉朝請，[2]宋明帝湘東國常侍。[3]好學諳憶，不爲帝所知。襲祖封南鄉侯。友人陳郡謝儼同丞相義宣反，[4]休坐匿之，被繫尚方七年，[5]孝武崩，乃得出。隨弟欽爲羅縣。[6]太始初，諸州反，[7]休筮明帝當勝，[8]静處不預異謀。數年，還投吴喜爲輔師府録事參軍，[9]喜稱其才，進之明帝，得在左右。板桂陽王征北參軍。[10]

［1］駙馬都尉：漢武帝時始置之官，駙即副字之意，與奉車都尉均爲陪奉皇帝乘車的近臣。東漢屬光禄勛。魏晋以後，公主夫婿多授以駙馬都尉，簡稱駙馬。南朝時駙馬都尉屬集書省，掌侍從顧問。

［2］奉朝請：古代諸侯春季朝見天子稱朝，秋季朝見稱請。漢代對於退職的大臣和皇室、外戚，以奉朝請的名義使其定期參加朝會。南朝時爲安置閑散官員的官號，置於集書省。

［3］宋明帝湘東國：宋明帝劉彧，文帝第十一子，在藩時曾封爲湘東王。《宋書》卷八有紀。劉休即在湘東王國任常侍（侍從官）。按，湘”字原落，中華本據南監本、殿本、局本及《南史》補。今從補。

［4］義宣：宋武帝第六子，封南郡王。《宋書》卷六八有傳。宋孝武帝立，義宣爲丞相。孝建元年（454）起兵争位，數月後敗死。詳見《通鑑》卷一二八《宋紀十》“孝武帝孝建元年”條。按，劉休友謝儼乃丞相府屬吏，隨義宣反。事敗，劉休曾將其藏

匿，後被查出，劉休坐罪。

［5］尚方：指尚方獄。南朝時京師有廷尉獄和尚方獄，尚方獄屬少府，爲犯人拘繫勞役之所。本書卷三七《到撝傳》："撝頗怨望，帝令有司誣奏撝罪，付廷尉，將殺之。撝入獄，數宿鬚鬢皆白。免死，繫尚方。"沈家本《獄考》按："南齊時尚方蓋有獄，故撝先繫廷尉，而後尚方也。"（載清沈家本《歷代刑法考（附寄簃文存）》，中華書局1985年版，第1177頁）

［6］羅縣：縣名。治所在今湖南汨羅市。劉休弟劉欽時任羅縣令。

［7］太始初，諸州反：太始當爲"泰始"。宋明泰始二年（466），宋孝武帝第三子晋安王子勛起兵反，在尋陽即位，改元義嘉。各州紛起響應，不久被平定。晋安王被殺，年僅十一歲。詳見《通鑑》卷一三一《宋紀十三》"明帝泰始二年"條。

［8］筮（shì）：預卜，引申爲預料。

［9］吴喜：吴興人。本名喜公，宋明帝將其改爲喜。明帝即位，四方反叛，喜請得精兵三百冒死苦戰。因平叛立大功，遷禁衛軍步兵校衛，轉驍騎將軍，加都督豫州諸軍事。詳見《宋書》卷八三、《南史》卷四〇本傳。　輔師府：不明待考。

［10］板：自行除用。南朝時，公府、軍府可自行除用屬官，將授官之詞寫於特製的木板上，故稱板官。　桂陽王：名休範，宋文帝第十八子。泰始六年（470），累遷爲驃騎大將軍、江州刺史加都督。《宋書》卷七九有傳。

帝頗有好尚，尤嗜飲食，休多藝能，爰及鼎味，[1]問無不解。後宫孕者，帝使筮其男女，無不如占。帝素肥，痿不能御内，諸王妓妾懷孕，使密獻入宫，生子之後，閉其母於幽房，前後十數。從帝，[2]桂陽王休範子也。蒼梧王亦非帝子，[3]陳太妃先爲李道兒妾，故蒼梧微行，嘗自稱爲李郎焉。帝憎婦人妬，尚書右丞榮彦遠以善棋見親，[4]婦妬傷其面，帝曰："我爲卿治之，何如？"彦遠率爾應曰：[5]"聽聖旨。"其夕，遂賜藥殺其妻。休妻王氏亦妬，帝聞之，賜休妾，敕與王氏二十杖。令休於宅後開小店，使王氏親賣掃箒皂莢以辱之。其見親如此。

[1]鼎味：指美味佳肴。朱季海《校議》云："《隋書·經籍志》：梁有劉休《食方》一卷，齊冠軍將軍劉休撰，亡。"（第78頁）

[2]從帝：中華本校勘記云："從帝即順帝，子顯避梁諱改。南監本、殿已改爲'順帝'。"順帝劉準，名義上是宋明帝第三子，實乃桂陽王劉休範之子。

[3]蒼梧王：名昱，字德融，宋明帝劉彧長子。《宋書》卷九有紀。其母陳太妃原爲李道兒（《宋書》卷九四有傳）妾，懷孕後入宫。

[4]尚書右丞：尚書省屬官。與左丞輔佐左右僕射處理政務。榮彦遠：中華本校勘記云："南監本、局本作'羅彦遠'。"

[5]率爾：隨便，不經意。

尋除員外郎，[1]領輔國司馬、[2]中書通事舍人，[3]帶南城令。[4]除尚書中兵郎，[5]給事中，[6]舍人、令如故。除安成王撫軍參軍，[7]出爲都水使者，[8]南康相。[9]休善言治體，[10]而在郡無異績。還爲正員郎，邵陵王南中郎録事、建威將軍、新蔡太守。[11]隨轉左軍府，[12]加鎮蠻護軍，[13]將軍、太守如故。遷諮議，司馬，進寧朔將軍，[14]鎮蠻護軍、太守如故。徙尋陽太守，[15]將軍、司馬如故。後遷長史。沈攸之難，[16]世祖挾晋熙邵陵二王軍府鎮盆城，[17]休承奉軍費，事寧，仍遷邵陵王安南長史，[18]除黄門郎，寧朔將軍，前軍長史，[19]齊臺散騎常侍。

[1]員外郎：指正員以外的官。晋時始設員外散騎常侍、員外散騎侍郎。後各部均設員外郎，位在郎中之次。參見《文獻通考》卷五二《職官志六》。

[2]領：官制術語。猶兼任，一人數職中有一實授的主要官職，其餘爲别領的職務。　輔國：指輔國將軍府。　司馬：軍府屬官。處理軍府事務。

[3]中書通事舍人：中書舍人，南朝時稱爲中書通事舍人，屬中書省。起草詔令，參與政務决策。秩七品，但實權很大。

[4]帶：官制術語。兼任。　南城：縣名。漢分豫章郡（今江西南昌市）立南城縣，以在郡城之南而得名。

[5]尚書中兵郎：兵部尚書的主要屬官。掌軍務。秩五品。

[6]給事中：南朝時集書省屬官。掌侍從左右，獻納得失，駁正文書。秩五品。

[7]除安成王撫軍參軍："安成王"原訛作"安城王"，中華本據《宋書》卷一〇《順帝紀》改正。今從改。撫軍參軍，指安成王領撫軍將軍，劉休任將軍府參軍。

[8]都水使者：漢始設置，爲總領各地都水長之官。《漢書·百官公卿表》王先謙補注："都，總也，謂總治水之工，故曰都水。"

[9]南康相：南康，郡名。治葛姥城，在今江西贛州市東北。因南康郡當時爲藩王封地，故郡守稱"相"。

[10]休善言治體："休"原闕，中華本據南監本、殿本、局本補。今從補。治體，指治政要領。

[11]邵陵王：名友，字仲賢，宋明帝劉彧第七子。年五歲，出

爲南中郎將、江州刺史，封邵陵王。《宋書》卷九〇、《南史》卷一四有傳。劉休即在南中郎將軍府任録事參軍，掌書翰文籍，糾察府事。　建威將軍：南朝時爲加官性質的虚銜。　新蔡：郡名。南朝宋僑置，治固始縣，在今河南固始縣。

[12]左軍府：禁衛軍左軍將軍府。南朝時以左軍、右軍、前軍、後軍合稱四軍，各置將軍，共掌宿衛。參見《宋書·百官志下》。

[13]加：官制術語。加階，升級。　鎮蠻護軍：守邊軍官。南朝宋始置，多爲邊地太守的兼職。

[14]寧朔將軍：武官名。三國魏始置，南朝時成爲加官、散官性質的將軍。秩四品。

[15]尋陽：郡名。治所在今江西九江市。

[16]沈攸之難：宋元徽五年，亦即順帝昇明元年（477）十月，荆州刺史沈攸之因反對蕭道成弄權，自荆州反，領叛軍東下，一時聲勢頗大，旋被蕭道成平定。參見《通鑑》卷一三四《宋紀十六》“順帝昇明元年”條。

[17]世祖挾晋熙邵陵二王軍府鎮盆城：世祖，齊武帝蕭賾廟號。荆州刺史沈攸之起兵東下反，是時蕭賾在晋熙王劉燮鎮西將軍府任長史，鎮盆口（今江西九江市），蕭賾主動挾持晋熙王和邵陵王劉友（當時也鎮盆口）發兵堵截盆口，預備堵截沈攸之叛軍。其父蕭道成聞知，喜曰：“此真我子也！”見本書卷三《武帝紀》。

[18]安南長史：安南將軍府長史。安南將軍，“四安將軍”之一，南朝進爲優禮大臣的虚號。長史，府中屬吏之長。

[19]前軍長史：前軍將軍府長史。前軍將軍，禁衛軍官。分掌宿衛營兵。秩四品。

建元初，[1]爲御史中丞。[2]頃之，休啓曰：“臣自塵榮南憲，[3]星晷交春，謬聞弱奏，劾無空月。豈唯不能使蕃邦斂手，[4]豪右屏氣，[5]乃遣聽已暴之辜，替網觸羅之鳥。[6]而猶以此，里失鄉黨之和，[7]朝絶比肩之顧，[8]覆背騰其喉脣，武人厲其觜吻。[9]怨之所聚，勢難久堪，議之所裁，孰懷其允。[10]臣竊尋宋世載祀六十，[11]歷職斯任者五十有三，[12]校其年月，不過盈歲。[13]於臣叨濫，[14]宜請骸骨。”上曰：“卿職當國司，以威裁爲本，而忽憚世誚。卿便應辭之事始，何可獲憎晚節邪？”

[1]建元：齊高帝年號。

[2]御史中丞：御史大夫佐官。外督部刺史，内受公卿奏事，舉劾按章，其權頗重。秩四品。

[3]南憲：指御史職務。古御史臺在宫闕之西南，故御史臺稱“南臺”，御史亦稱“南臺御史”。

[4]蕃邦斂手：蕃邦，指分封各地的皇室藩王。斂手，指不能作惡。

[5]豪右：指權重勢强的人。　屏氣：指不敢侵陵别人。

[6]乃遣聽已暴之辜，替網觸羅之鳥：此二句意指未能扼止藩王、豪右包庇、縱容有罪的人，以致讓那些明明觸犯刑法的人逍遥法外。

[7]里失鄉黨之和：謂鄉親父老因對他誤解而有失和氣。“里”原訛“理”，中華本據毛本、殿本、局本改正。今從改。

[8]朝絶比肩之顧：指同朝官友也誤解他，不願與他來往。

[9]覆背騰其喉脣，武人厲其觜吻：觜吻，原指啄食的鳥嘴，比喻尖厲的口吻。按，以上二句意謂鄉黨和同朝官吏不理解其苦衷，背後横加指責和咒駡。

[10]允：平允，公平。

[11]宋世載祀六十：指南朝宋歷六十年。按，自宋武帝永初元年（420）至宋順帝昇明三年（479），恰爲六十年。載祀，指年。

《左傳》宣公三年："桀有昏德，鼎遷於商，載祀六百。"杜預注："載、祀皆年。"楊伯峻注："古人或稱載，或稱祀，或稱年，或稱歲，其實一也。"

[12]斯任：指御史官。

[13]校其年月，不過盈歲：指劉宋朝歷六十年，御史中丞一職更换了五十三人，計算時間，每人在任不過一年多。言下之意是，我任此職已不止一年，該卸任了。

[14]叨濫：謙詞。猶言濫充（御史之職）。

宋末，上造指南車，以休有思理，[1]使與王僧虔對共監試。[2]元嘉世，[3]羊欣受子敬正隸法，[4]世共宗之，右軍之體微古，[5]不復見貴。休始好此法，至今此體大行。四年，出爲豫章内史，[6]加冠軍將軍。卒，年五十四。

[1]以休有思理：《南史》卷四七作"高帝以休有思理"。

[2]王僧虔：歷仕宋齊，齊時任侍中、撫軍將軍、丹陽尹，善音樂、書法。本書卷三三、《南史》卷二二有傳。

[3]元嘉：宋文帝年號。

[4]羊欣：字敬元，晋末宋初人，曾爲新安太守。《宋書》卷六二、《南史》卷三六有傳。羊欣善書法，尤長隸書。《南史》載："欣年十二。時王獻之（子敬）爲吴興太守，甚知愛之。欣嘗夏月著新絹裙晝寢，獻之入縣見之，書裙數幅而去。欣書本工，因此彌善。""羊欣受子敬正隸法"蓋指此。

[5]右軍之體微古：指晋王羲之書法稍嫌古舊。按，"微古"《南史》作"微輕"。

[6]豫章内史：指豫章王王府内史。豫章文獻王蕭嶷，齊高帝蕭道成第二子。本書卷二二有傳。内史，漢以後諸王國置此官，掌

管王府政務。

沈沖字景綽，[1]吴興武康人也。[2]祖宣，[3]新安太守。[4]父懷文，[5]廣陵太守。[6]沖解褐衛尉五官，[7]轉揚州主簿。[8]宋大明中，[9]懷文有文名，沖亦涉獵文義。轉西陽王撫軍法曹參軍，[10]尋舉秀才，[11]還爲撫軍正佐，[12]兼記室。[13]及懷文得罪被繫，[14]沖兄弟行謝，情哀貌苦，見者傷之。柳元景欲救懷文，[15]言於帝曰："沈懷文三子塗炭不可見，[16]願陛下速正其罪。"[17]帝竟殺之。[18]元景爲之歎息。沖兄弟以此知名。

[1]沈沖：《南史》卷三四有附傳。

[2]吴興：郡名。治所在今浙江湖州市吴興區。　武康：縣名。治所在今浙江德清縣。

[3]宣：沈宣，史無專傳，其事不詳。

[4]新安：郡名。治所在今浙江淳安縣西北。

[5]懷文：沈懷文，字思明，好玄理，善爲文章。仕宋，官至侍中，後爲有司所糾，賜死。《宋書》卷八二、《南史》卷三四有傳。

[6]廣陵太守：廣陵，郡名。治所在今江蘇揚州市蜀岡。"廣陵太守"四字原無，中華本據南監本、毛本、殿本、局本校補。今從補。

[7]衛尉：武官名。原掌宫門衛士及宫中徼（jiào）巡之事，晉後改爲管理軍用器物的機構。　五官：五官掾。這裏指衛尉的屬吏，掌天文星象。

[8]主簿：州郡屬官。負責文書簿籍，掌管印鑑，爲掾史之首。

[9]大明：宋孝武帝年號。

［10］西陽王：豫章王劉子尚，宋孝武帝第二子。初封西陽王，後改封豫章王。《南史》卷一四有傳。　撫軍：指撫軍將軍府。法曹參軍：軍府屬官。掌刑事審判。

［11］秀才：本指優秀人才。漢武帝元封四年（前107）始定爲舉士科目，令諸州各舉秀才一人。東漢避光武帝劉秀諱，改稱“茂才”。三國魏復原稱。南朝宋、齊試以策文五道，以簽題高下定等第。多出任要職，爲時所重。因多由州郡國把持選舉，故其多爲世家豪族子弟。

［12］正佐：朝廷任命的正參軍。

［13］記室：指記室參軍。掌文書，糾查軍府事。

［14］懷文得罪被繫：宋大明年間，孝武帝遊幸無度，侍中沈懷文以力諫忤旨；又以家事，爲有司所糾。免官，禁錮十年，後被賜死。見《宋書》卷八二及《南史》卷三四本傳。

［15］柳元景：字孝仁，仕宋，官至尚書令。爲人正直，爲官清廉。《宋書》卷七七、《南史》卷三八有傳。

［16］塗炭：比喻極其哀苦。《尚書·仲虺之誥》：“有夏昏德，民墜塗炭。”孔安國傳：“民之危險，若陷泥墜火。”　不可見：謂令人不忍見到。

［17］速正其罪：指趕快糾正其被誣之罪。

［18］帝竟殺之：《南史》卷三四作：“帝曰：‘宜急殺之，使其意分。’竟殺之。”

泰始初，以母老家貧，啓明帝得爲永興令。[1]遷巴陵王主簿，[2]除尚書殿中郎。[3]元徽中，[4]出爲晋安王安西記室參軍，[5]還爲司徒主簿，[6]山陰令，[7]轉司徒録事參軍。世祖爲江州，[8]沖爲征虜長史、尋陽太守，[9]甚見委遇。世祖還都，使沖行府、州事。[10]遷領軍長史。[11]建元初，轉驃騎諮議參軍，領録事，未及到任，轉黄門郎，[12]仍還太子中庶子。[13]世祖在東宫，待以恩舊。及即位，轉御史中丞，侍中。冠軍廬陵王子卿爲郢州，[14]以沖爲長史、輔國將軍、江夏内史，[15]行府、州事。隨府轉爲安西長史、南郡内史，[16]行荆州府事，將軍如故。永明四年，徵爲五兵尚書。[17]

[1]永興：縣名。治所在今浙江杭州市蕭山區。

[2]巴陵王：名休若，宋文帝劉義隆第十九子。孝武帝孝建三年（456）年九歲，封巴陵王。《宋書》卷七二、《南史》卷一四有傳。

[3]尚書殿中郎：尚書省屬官。掌諸供奉等事。秩五品。

[4]元徽：宋後廢帝（即蒼梧王）年號。

[5]晋安王：名子勛，字孝德，宋孝武帝劉駿第三子。封晋安王、安西將軍、江州刺史。《宋書》卷八〇、《南史》卷一四有傳。

[6]司徒：三公之一，主教化。沈沖爲司徒府屬吏主簿。

[7]山陰：縣名。治所在今浙江紹興市。

[8]江州：州名。治所在今江西九江市。宋順帝昇明二年（478），蕭賾（即後來的齊武帝，廟號世祖）爲散騎常侍、都督江州、豫州之新蔡、晋熙二郡軍事、征虜將軍、江州刺史。

[9]征虜長史：指征虜將軍府屬吏長史。

[10]行府、州事：代理將軍和刺史職務。

[11]領軍長史：指領軍將軍府屬吏長史。領軍將軍爲禁衛軍首領，掌内軍。秩三品。

[12]黄門郎：給事黄門侍郎的省稱。南朝時爲門下省屬官，近侍内宫。秩五品。《漢書》卷九《元帝紀》："黄龍二年，'詔罷黄門乘輿狗馬。'"李賢注引顔師古曰："黄門，近署也，故親幸之物屬焉。"

[13]太子中庶子：太子屬官。侍從左右，盡規獻納，掌文翰，

選任頗重。秩五品。

[14]廬陵王子卿：字雲長，齊武帝蕭賾第三子。永明元年(483)，爲持節、都督郢州司州之義陽軍事、郢州刺史、冠軍將軍。本書卷四〇有傳。

[15]江夏：郡名。治所在夏口，即今湖北武漢市武昌區。江夏當時乃王國屬郡，故太守稱“内史”。

[16]南郡：郡名。治所在郢，今湖北荆州市。

[17]五兵尚書：三國魏初置，掌中兵、外兵、騎兵、別兵、都兵五曹，故稱五兵尚書。南朝時衹領中兵、外兵兩曹。秩三品。

沖與兄淡、淵名譽有優劣，世號爲“腰鼓兄弟”。[1]淡、淵並歷御史中丞，兄弟三人，皆爲司直，[2]晋、宋未有也。中丞案裁之職，被憲者多結怨。淵永明中彈吴興太守袁彖，[3]建武中，彖從弟昂爲中丞，到官數日，奏彈淵子績父在僦白幰車，[4]免官禁錮。沖母孔氏在東，鄰家失火，疑爲人所焚爇，大呼曰：“我三兒皆作御史中丞，與人豈有善者！”[5]

[1]腰鼓兄弟：古代腰鼓，兩頭略大，中間略細，故以“腰鼓兄弟”比喻兄弟相比差别不大。

[2]兄弟三人，皆爲司直：指兄弟三人皆爲朝廷檢察之官（指御史中丞）。

[3]袁彖：字偉才。齊永明中，彖任吴興太守，“坐逆用禄錢，免官付東冶”（見本書卷四八《袁彖傳》）。沈淵彈奏當指此事。

[4]父在僦（jiù）白幰車：僦，租賃，租用。白幰車，蓋有白色布幔的車。古代喪車用白幰，父親既在世，不可用白幰，此乃不孝之罪。

[5]與人豈有善者：《南史》卷三四此句後尚有“方恐肌分骨散，何但焚如”之句，又云“兄弟後並歷侍中”。

世祖方欲任沖，沖西下至南州而卒。[1]時年五十一。上甚惜之。喪還，詔曰：“沖喪柩至止，惻愴良深。以其昔在南蕃，[2]特兼憫悼。”車駕出臨沖喪，[3]詔曰：“沖貞詳閑理，志局淹正。誠著蕃朝，績彰出內。[4]不幸早世，朕甚悼之。”追贈太常，[5]謚曰恭子。[6]

[1]南州：晋、南朝時以姑熟（今安徽當塗縣）爲南州。

[2]昔在南蕃：指當年在江州爲藩王時，沖爲恩舊。

[3]車駕出臨：指皇帝親自臨弔。

[4]績彰出内：指功績昭彰於朝官與地方官。按，此句中華本校勘記云：“‘出内’南監本、殿本作‘出守’。”

[5]太常：掌禮儀、祭祀。秩三品。原作“太保”，中華本據南監本、殿本、局本及《南史》改。今從改。

[6]恭子：南朝時文官生前未賜爵者，死後贈謚號，例加“子”字。

庾杲之字景行，[1]新野人也。[2]祖深之，雍州刺史。[3]父粲，司空參軍。[4]杲之少而貞立，[5]學涉文義。起家奉朝請，巴陵王征西參軍。[6]郢州舉秀才，[7]除晋熙王鎮西外兵參軍，[8]世祖征虜府功曹，[9]尚書駕部郎。[10]清貧自業，食唯有韮葅、瀹韮、生韮雜菜，或戲之曰：[11]“誰謂庾郎貧，食鮭常有二十七種。”[12]言三九也。[13]仍爲世祖撫軍中軍記室，遷員外散騎常侍，[14]正員郎，遷中書郎，[15]領荆、湘二州中正。轉尚書左丞，[16]常侍、領中正如故。

[1]庾杲（gǎo）之：《南史》卷四九亦有傳。

[2]新野：縣名。治所在今河南新野縣。

[3]祖深之，雍州刺史：雍州，州名。東晋太元中僑置，治襄陽縣，在今湖北襄陽市。按，《南史》卷四九此句作："祖深之，位義興太守，以善政聞。"該書中華本校勘記引張森楷《南史校勘記》："《南齊書》作'祖深之，雍州刺史。'《梁書·庾蓽傳》作'深之，應州刺史。'《宋書·孝武紀》有大明五年庾深之爲豫州刺史文；《海陵王休茂傳》稱深之轉海陵王司馬見害，贈雍州刺史。不云爲義興太守，即守義興，亦非終於其官也。當以《南齊書》爲是。"

[4]父粲，司空參軍：司空，三公之一，主管水土及修建工程。粲爲司空府屬員參軍。按，《南史》卷四九此句作："父粲爲宋南郡王義宣丞相城局參軍，王舉兵，見殺。"

[5]杲之少而貞立：《南史》卷四九作："杲之幼有孝行，宋司空劉勔見而奇之，謂曰：'見卿足使江漢崇望，杞梓發聲。"

[6]征西參軍：指征西將軍府參軍。按，《南史》卷一四《巴陵王休若傳》作"鎮西將軍"。

[7]郢州：州名。南朝宋孝建元年（454）置，治所在今湖北武漢市武昌區。

[8]鎮西：指鎮西將軍府。　外兵參軍：掌外兵出征事宜。

[9]世祖征虜府功曹：指蕭賾征虜將軍府。功曹，即功曹參軍，掌軍府事務。

[10]駕部郎：尚書省屬官。掌輿輦、傳乘、郵驛、廐牧之事。秩五品。

[11]或戲之曰：《南史》卷四九作"任昉嘗戲之曰"。

[12]鮭（xié）：吴人謂魚菜總稱。食鮭，指吃菜肴。

［13］三九：指三種帶“韭”（諧音“九”）的菜。

［14］員外散騎常侍：三國魏置，與侍中、黄門侍郎共理尚書奏事。晋以後擴大員額，屬集書省。秩五品。

［15］中書郎：中書侍郎，屬中書省。爲中書監的副職，參與朝政。秩五品。

［16］尚書左丞：尚書省屬官。與右丞輔助尚書令處理朝政。秩五品。

出爲王儉衛軍長史，[1]時人呼儉府爲入芙蓉池。[2]儉謂人曰：“昔袁公作衛軍，[3]欲用我爲長史，雖不獲就，要是意向如此。今亦應須如我輩人也。”[4]乃用杲之。遷黄門郎，兼御史中丞，[5]尋即正。[6]

［1］衛軍長史：指衛將軍府長史（王儉在齊高帝時爲衛將軍，尋任宰相之職，領朝政）。長史爲將軍府諸吏之長。

［2］時人呼儉府爲入芙蓉池：《南史》卷四九此句作：“安陸侯蕭緬與儉書曰：‘盛府元僚，實難其選。庾景行汎渌水，依芙蓉，何其麗也。’時人以入儉府爲蓮花池，故緬書美之。”按，芙蓉池、蓮花池形容幕府人才修美，後因此美稱幕府爲“蓮幕”。

［3］袁公：指袁粲。宋末爲中書監、衛將軍，與蕭道成遞日入直，平决萬機。見《宋書》卷八九、《南史》卷二六本傳。

［4］今亦應須如我輩人也：意思是説，今日我亦如當年之袁公，而杲之亦正如當年之我；當年袁公任用我，我今日亦用杲之。

［5］兼御史中丞：中華本校勘記引清錢大昕《廿二史考異》云：“此‘兼’字當讀去聲，蓋假職未真授之稱，與一人兼兩職之兼有别。”

［6］尋即正：謂不久朝廷正式任命御史中丞一職。

杲之風範和潤，善音吐。[1]世祖令對虜使，[2]兼侍中。[3]上每歎其風器之美，王儉在座，曰："杲之爲蟬冕所照，[4]更生風采。陛下故當與其即真。"[5]帝意未用也。[6]永明中，諸王年少，不得妄與人接，敕杲之與濟陽江淹五日一詣諸王，[7]使申游好。尋又遷廬陵王中軍長史，[8]遷尚書吏部郎，[9]參大選事。轉太子右衛率，加通直常侍。

[1]杲之風範和潤，善音吐：《南史》卷四九作"美容質，善言笑"。

[2]對虜使：指接待北魏使節。

[3]兼侍中：此"兼"字與前同，乃臨時假借之義。

[4]蟬冕：指侍中冠冕，以貂尾蟬紋爲飾。

[5]陛下故當與其即真：真，謂官吏由臨時代理轉爲正式職務。按，此處王儉是想要齊武帝正式任命庾杲之爲侍中。

[6]帝意未用也：此事《南史》卷四九所記不同："（杲之）嘗兼侍中夾侍，柳世隆在御坐，謂齊武帝曰：'庾杲之爲蟬冕所映，彌有華采，陛下故當與其即真。'上甚悦。王儉仍曰：'國家以杲之清美，所以許其假職。若以其即真，當在胡諧之後'。"按，本書卷三七《胡諧之傳》云："諧之風形瓌潤，善自居處，兼以舊恩見遇……上欲遷諧之，嘗從容謂諧之曰：'江州有幾侍中邪？'諧之答曰：'近世唯有程道惠一人而已。'上曰：'當令有二。'後以語尚書令王儉。"據此可見《南史》所記較爲真實。另按，此後《南史》卷四九尚記述杲之如下重要事實："武帝嘗與朝臣商略，酒後謂群臣曰：'我後當得可謚？'群臣莫有答者。王儉因目杲之，從容曰：'陛下壽等南山，方與日月齊明，千載之後，豈是臣子輕所仰量。'時人雅歎其辯答。"又有："杲之嘗兼主客郎對魏使，使問杲之曰：'百姓那得家家題門帖賣宅？'答曰：'朝廷既欲掃蕩京洛，

剋復神州，所以家家賣宅耳。’魏使縮鼻而不答。”清牛運震《讀史糾謬》卷七《南齊書糾謬》云：“《南史》載杲之辨對二則，頗有意致。《南齊》略之。”

［7］江淹：歷任齊梁，文學家。《梁書》卷一四、《南史》卷五九有傳。

［8］尋又遷廬陵王中軍長史：廬陵王，即蕭子卿，字雲長，齊武帝第三子。永明五年（487），遷中軍將軍。本書卷四〇有傳。中軍將軍爲禁衛軍官，掌宿衛營兵。杲之蓋在中軍將軍府任長史。

［9］尚書吏部郎：尚書省屬官。掌官職甄別任免，爲清要之職。秩五品。

九年，卒。臨終上表曰：“臣昨夜及旦，更增氣疾，自省綿痼，頃刻危殆，無容復卧。任居隆顯，玷塵明世，[1]乞解所忝，[2]待終私庭。臣以凡庸。謬徼昌運，獎擢之厚，千載難逢。且年踰知命，[3]志事榮顯，脩夭有分，[4]無所厝言。[5]若天鑒微誠，蹔借餘曆，[6]傾宗殞元，陳力無遠。[7]仰違庭闕，伏枕鯁戀。送貂蟬及章。”[8]詔不許。杲之歷在上府，以文學見遇。上造崇虚館，使爲碑文。卒時年五十一，上甚惜之。謚曰貞子。

［1］任居隆顯，玷塵明世：意謂將死之人如果仍據高位，有污明世。

［2］乞解所忝：請求解除所任之職。忝，謙詞。有愧居之意。

［3］知命：五十歲。《論語·爲政》：“五十而知天命。”

［4］脩夭有分（fèn）：指壽命長短各有命定。“夭”原作“大”，從中華本改。

［5］無所厝（cuò）言：無所置言，没話可説。

[6]餘曆：多餘的歲月，即多活些日子。

[7]傾宗殞元，陳力無遠：意謂我一定會拼命爲朝廷效力，不論任務多重多遠。傾宗殞元，宋、元均指頭，猶言粉身碎骨。無遠，無論多遠。《尚書·大禹謨》："惟德動天，無遠弗届。"

[8]貂蟬及章：指御史的官飾和官印。

時會稽孔廣，[1]字淹源，亦美姿制。歷州治中，[2]卒。

[1]孔廣：《南史》卷七二有傳云："美容止，善吐論。王儉、張緒咸美之……緒數巾車詣之，每歎云：'孔廣使吾成輕薄祭酒。'"朱季海《校議》引《金樓子·説蕃篇》云："竟陵王蕭子良……禮才好士，居不疑之地，傾意賓客，天下才學皆游集焉……王元長、謝玄暉、張思光、何憲、任昉、孔廣、江淹、虞炎、何僩、周顒之儔，皆當時之傑，號士林也。"（第79頁）

[2]州治中：主州刺史府衆曹文書事。參見《宋書·百官志上》。按，《南史》卷七二作"仕至揚州中從事"。

王諶字仲和，[1]東海郯人也。[2]祖萬慶，[3]員外常侍。[4]父元閔，護軍司馬。[5]

[1]王諶：《南史》卷四九亦有傳。

[2]東海：郡名。治郯縣，在今山東郯城縣。

[3]祖萬慶：中華本校勘記云："殿本《考證》云：'《南史》無'萬'字。'"按，《南史》卷四九此句前云："晋少傅雅玄孫也。"

[4]員外常侍：員外散騎常侍。

[5]護軍司馬：指護軍將軍府司馬。護軍將軍爲禁衛軍首領之

一，掌外兵，秩三品。司馬爲軍府屬官，在將軍之下，管理一府事務，參與軍事計劃。

宋大明中，[1]沈曇慶爲徐州，[2]辟諶爲迎主簿，[3]又爲州迎從事，湘東王國常侍，[4]鎮北行參軍，[5]州、國、府主皆宋明帝也。除義陽王征北行參軍，又除度明帝衛軍府。[6]諶有學義，累爲帝蕃佐。及即位，除司徒參軍，帶薛令，[7]兼中書舍人，見親遇，常在左右。諶見帝所行慘僻，[8]屢諫不從，請退，坐此見怒，繫尚方，少日出。尋除尚書殿中郎，[9]徙記室參軍，正員郎，薛令如故。遷兼中書郎，晋平王驃騎板諮議，[10]出爲湘東太守，秩中二千石，未拜，坐公事免。復爲桂陽王驃騎府諮議參軍，中書郎。

[1]大明：宋孝武帝年號。

[2]沈曇慶：仕宋，大明元年（457）爲徐州刺史。《宋書》卷五四、《南史》卷三四有傳。

[3]迎主簿：古州府有迎接使，專司迎待賓客，迎主簿當是此類官吏。下“迎從事”同。

[4]湘東王國：湘東，郡名。治所在今湖南衡陽市。《南史》作“湘東王彧”。劉彧，後即宋明帝，在藩時封湘東王。《宋書》卷八有紀。　常侍：王府屬吏。掌侍從顧問。

[5]鎮北行參軍：指鎮北將軍府攝行權代參軍。

[6]又除度明帝衛軍府：又改遷任命爲劉彧衛將軍府參軍。度，改，遷轉。

[7]薛：縣名。治所在今山東滕州市南。

[8]慘僻：殘酷，怪僻。

［9］尚書殿中郎：尚書省屬官。隸左僕射，掌駕行百官、留守名帳、宮殿禁衛、供御衣倉等事。秩五品。

［10］晋平王驃騎板諮議：指晋平王驃騎大將軍府自行除用的諮議參軍。晋平王，名休祐，宋文帝劉義隆第十三子。《宋書》卷七二有傳。

明帝好圍棋，置圍棋州邑，以建安王休仁爲圍棋州都大中正，[1]諶與太子右率沈勃、尚書水部郎庾珪之、彭城丞王抗四人爲小中正，[2]朝請褚思莊、傅楚之爲清定訪問。[3]

［1］大中正：中正，見前注。按，此爲明帝劉彧的戲語，下“小中正”“清定訪問”同。

［2］沈勃：仕宋，輕薄好利，爲後廢帝所誅。《宋書》卷六三、《南史》卷三六有附傳。　尚書水部郎：都官尚書屬官。掌水曹治水事。秩五品。　庾珪之：史無介紹，其事不詳。　王抗：《南史》卷一八《蕭思話傳》云：“當時能棋人琅邪王抗第一品……齊高帝使思莊與王抗交賭，自食時至日暮，一局始竟……抗、思莊並至給事中。永明中，敕使抗品棋。”

［3］褚思莊：《南史》卷一八《蕭思話傳》亦云：當時能棋人吴郡褚思莊第二。“思莊戲遲，巧於鬥棋。宋文帝時，羊玄保爲會稽，帝遣思莊入東，與玄保戰，因置局圖，還於帝前覆之。”“齊高帝使思莊與王抗交賭，自食時至日暮，一局始竟……抗睡於局後寢，思莊達旦不寐。時或云，思莊所以品第致高，緣其用思深久，人不能對。”

出爲臨川内史，[1]還爲尚書左丞。尋以本官領東觀祭酒，[2]即明帝所置總明觀也。[3]遷黄門，轉正員常侍，[4]輔國將軍，[5]江夏王右軍長史，[6]冠軍將軍。轉給事中，廷尉卿，[7]未拜。建元中，武陵王曅爲會稽，[8]以諶爲征虜長史行事，[9]冠軍如故。永明初，遷豫章王太尉司馬，[10]將軍如故。

[1]臨川：郡名。治所在今江西撫州市臨川區。

[2]東觀祭酒：東觀原爲漢宫著書及藏書之所。南朝宋齊爲學術機關和學校的名稱，置祭酒一人爲主官。

[3]總明觀（guàn）：南朝宋時掌管科教的官署名，總管儒、玄、文、史四學。本書《百官志》："總明觀祭酒一人。右泰始六年，以國學廢，初置總明觀，玄、儒、文、史四科，科置學士各十人，正令史一人，書令史二人，幹一人，門吏一人，典觀吏二人。"《通鑑》卷一三二《宋紀十四》"明帝泰始六年"條："戊寅，立總明觀，置祭酒一人，儒、玄、文、史學士各十人。"胡三省注："文帝元嘉十五年，立儒、玄、文、史四學，今置總明觀祭酒以總之。"

[4]正員：官制術語。正額以内的官員。　常侍：指散騎常侍。

[5]輔國將軍：南朝時爲加官、散官性質的榮譽虚銜。下"冠軍將軍"同。

[6]江夏王右軍長史：指江夏王右軍將軍府長史。江夏王，名鋒，字宣穎，齊高帝蕭道成第十二子。本書卷三五有傳。右軍將軍，禁衛軍官。分掌宿衛營兵。秩四品。

[7]廷尉卿：大理寺官。執掌刑獄。秩三品。《漢書·百官公卿表上》顔師古注："廷，平也，治獄貴平，故以爲號。"

[8]武陵王曅：字宣照，齊高帝蕭道成第五子。建元三年（481），出爲持節、都督會稽東陽新安永嘉臨海五郡軍事、會稽太守。本書卷三五有傳。"曅"原作"畢"，從中華本改。

[9]行事：代行軍府長官職事。

[10]太尉司馬：指太尉府司馬。太尉，諸公之一，掌四方軍事。秩一品。司馬爲屬吏，專管軍事。

世祖與諶相遇於宋明之世，欲委任，[1]爲輔國將軍、晋安王南中郎長史、淮南太守，[2]行府、州事。五年，除黄門郎，領驍騎將軍，遷太子中庶子，驍騎如故。諶貞正和謹，朝庭稱爲善人，多與之厚。八年，轉冠軍將軍、長沙王車騎長史，[3]徙廬陵王中軍長史，將軍如故。西陽王子明在南兖州，[4]長史沈憲去職，上復徙諶爲征虜長史，行南兖府、州事，將軍如故。

[1]欲委任：中華本校勘記云："'欲'《元龜》二百十一作'故'，義較長。"按，《南史》作"甚委任之"，亦佳。

[2]淮南：郡名。治壽春，在今安徽壽縣。

[3]長沙王：名晃，字宣明。齊高帝蕭道成第四子，進車騎將軍。本書卷三五有傳。

[4]西陽王子明：字雲光，齊武帝第十子，爲持節、都督南兖兖徐青冀五州軍事、冠軍將軍、南兖州刺史。本書卷四〇有傳。南兖州：南朝宋置，治所原在京口（今江蘇鎮江市），旋移治廣陵（今江蘇揚州市）。

諶少貧，嘗自紡績，及通貴後，每爲人説之，世稱其志達。九年，[1]卒。年六十九。

[1]九年：指永明九年（491）。

史臣曰：鶉居鷇飲，[1]栽樹司牧，[2]板籍之起，尚未分民，所以愛字之義深，[3]納隍之意重也。[4]季世以後，[5]務盡民力，量財品賦，以自奉養。下窮而上不卹，世澆而事愈變。故有竊名簿閥，[6]忍賊肌膚，[7]生濫死乖，趨避繩網。[8]積虚累謬，[9]已數十年，欺蔽相容，官民共有，爲國之道，良宜矯革。若令優役輕徭，則斯詐自弭；明糾群吏，則兹僞不行。空閲舊文，徒成民幸。是以崔琰之譏魏武，[10]謝安之論京師，[11]斷民之難，豈直遠在周世哉？[12]

[1]鶉居鷇（kuè）飲：形容古代聖賢生活簡約。《莊子·天地》："夫聖人鶉居，而鷇食。"成玄英疏："鶉，鵪鶉也，野居而無常處。鷇者，鳥之子，食必仰母而足。聖人寢處儉薄，譬彼鵪鶉；供膳裁充，方兹鷇鳥。既無心於侈靡，豈有情於滋味乎？"

[2]裁樹司牧：指教民種殖、放牧。

[3]愛字：愛撫。

[4]納隍之意：指救民於水火的迫切心情。隍，溝洫。《孟子·萬章》："（伊尹）思天下之民，匹夫匹婦，有不被堯舜之澤者，若己推而内之溝中。"又漢張衡《東京賦》："人或不得其所，若己納之於隍。"

[5]季世：末世，衰世。

[6]竊名簿閥：謂欺世盜名妄攀祖先官籍。簿閥，即簿伐，先代官籍。

[7]忍賊肌膚：指殘忍地弄傷身體，以冒充戰場負傷，詐領軍功。

[8]繩網：指法網、法律。

[9]積虚累謬：指虚僞謬誤長期積累，積重難返。

[10]崔琰之譏魏武：崔琰，東漢末名士，曾爲曹操屬官，敢於

諷諫。《三國志》卷一二《魏書·崔琰傳》載："太祖破袁氏，領冀州牧，辟琰爲别駕從事，謂琰曰：'昨案户籍，可得三十萬衆，故爲大州也。'琰對曰：'今天下分崩，九州幅裂，二袁兄弟親尋干戈，冀方蒸庶暴骨原野。未聞王師仁聲先路，存問風俗，救其塗炭，而校計甲兵，唯此爲先，斯豈鄙州士女所望於明公哉！'太祖改容謝之。于時賓客皆伏失色。"

[11]謝安之論京師：謝安，字安石，東晋名士，官至太傅。曾與王羲之登冶城論政。他認爲"秦任商鞅，二世而亡"，主張行德政。"每鎮以和靖，御以長算。德政既行，文武用命，不存小察，弘以大納，威懷外著。"詳見《晋書》卷七九《謝安傳》。

[12]周世：指上古周文、武盛世。按，"周世"後"哉"字原無，中華本據殿本、局本補。今從補。

贊曰：玩之止足，[1]爲論未光。[2]劉休善筮，安卧南湘。沖獲時譽，杲信珪璋。[3]諶惟舊序，並用興王。[4]

[1]玩之止足：指虞玩之久疾上表告退，表中所言"知足不辱，臣已足矣"等語。

[2]爲論未光：指玩之好臧否人物，令人怨嫌，東歸時"朝廷無祖餞者"。

[3]杲信珪璋：指庾杲之美姿容，"風範和潤"，確實像美玉風采照人。

[4]諶惟舊序，並用興王：指王諶早年與齊武帝蕭賾相遇於宋世，後來一直得到蕭賾的重用，他也一直效力於齊諸藩王府。

南齊書　卷三五

列傳第十六

高帝十二王

高帝十九男：[1]昭皇后生武帝、[2]豫章文獻王嶷；謝貴嬪生臨川獻王映、長沙威王晃；羅太妃生武陵昭王曅；任太妃生安成恭王暠；陸脩儀生鄱陽王鏘、晉熙王銶；袁脩容生桂陽王鑠；何太妃生始興簡王鑑、宜都王鏗；區貴人生衡陽王鈞；張淑妃生江夏王鋒、河東王鉉；李美人生南平王鋭；第九、第十三、第十四、第十七皇子早亡。衡陽王鈞出繼元王後。

[1]高帝：蕭道成，南朝齊開國皇帝。本書卷一至卷二有紀。

[2]昭皇后：蕭道成妻，姓劉名智容。本書卷二〇有傳。　武帝：指齊武帝蕭賾。本書卷三有紀。

臨川獻王映字宣光，[1]太祖第三子也。[2]宋元徽四年，[3]解褐著作佐郎，[4]遷撫軍行參軍，[5]南陽王文學。[6]

沈攸之事難，[7]太祖時領南徐州，[8]以映爲寧朔將軍，[9]鎮京口。[10]事寧，除中軍諮議、從事中郎、輔國將軍、淮南宣城二郡太守，[11]並不拜。仍爲假節、督南兗兗徐青冀五州諸軍事、行南兗州刺史，[12]將軍如故。尋除給事黄門侍郎，[13]領前軍將軍，[14]仍復爲冠軍將軍、南兗州刺史，[15]假節督，復爲監軍，[16]督五州如故。

[1]臨川獻王映：《南史》卷四三亦有傳。

[2]太祖第三子也：太祖，齊高帝廟號。按，《南史》卷四三此句後云："少而警悟，美言笑，善容止。仕宋位給事黄門侍郎、南兗州刺史，留心吏事，自下莫不肅然，令行禁止。"又云："高帝踐阼，爲荆州刺史……嘗致錢還都買物，有獻計者，於江陵買貨，至都還换，可得微有所增。映笑曰：'我是賈客邪，乃復求利。'"高敏《南北史掇瑣》："均爲《南史》所補也。據此，知官吏利用地區差價賺錢。"（中州古籍出版社 2003 年版，第 224 頁）

[3]元徽：宋後廢帝（蒼梧王）年號。

[4]解褐：脱去布衣穿上官服，猶言入仕。 著作佐郎：秘書省屬官。著作郎的副職，掌編纂國史。秩六品。"著"原作"箸"，從中華本改。

[5]撫軍行參軍：指撫軍將軍府代理參軍。撫軍將軍，南朝時爲優禮大臣的加號。開府者位從公秩一品。

[6]南陽王：隨陽王劉翽，字仲儀，宋明帝劉彧第十子，初封南陽王。《宋書》卷九〇有傳。 文學：學官名。漢以後州郡及王府皆置文學，略如後世的教官。參見《晋書·職官志》。

[7]沈攸之事難：順帝昇明元年（477）十月，荆州刺史沈攸之因反對蕭道成弄權，自荆州反，領兵東下，一時聲勢頗大，旋被蕭道成平定。參見《通鑑》卷一三四《宋紀十六》"順帝昇明元年"條。

[8]南徐州：州名。南朝宋置，治京口，在今江蘇鎮江市。

[9]寧朔將軍：武官名。屬小號將軍。秩四品。參見本書《百官志》。

[10]京口：地名。即今江蘇鎮江市。

[11]中軍諮議：指中軍將軍府諮議參軍。中軍將軍，南朝爲榮譽加號。開府者位從公秩一品。諮議參軍，參謀軍府軍事。　從事中郎：始置於漢，爲公府屬官。南朝時，公府及軍府均置此官，職參謀議。秩六品。　輔國將軍：南朝時爲優禮大臣的加號。秩三品。　淮南：郡名。治壽春，在今安徽壽縣。　宣城：郡名。治所在今安徽宣城市　二郡太守："二"原作"三"，從中華本改。

[12]假節、督南兖兖徐青冀五州諸軍事、行南兖州刺史：假節，君主授予臣下特權的方式之一。分使持節、持節、假節三等，掌生殺大權。使持節得殺二千石以下官員；持節殺無官位人，若在軍事時期與使持節同；假節唯在軍事時期可殺犯軍令者。南兖州，治廣陵，在今江蘇揚州市。兖州，治所南朝宋移治瑕丘縣，在今山東兖州市。徐州，東晋僑置，南朝宋改爲南徐州，治京口，在今江蘇鎮江市。青州、冀州，南朝宋泰始中兩州合，僑置鬱洲，在今江蘇連雲港市東雲臺山一帶。行，攝行權理。按，本句"督"原作"都督"，"南兖州"原作"兖州"。中華本校勘記云："'都'字據錢大昕説删……'南'字據《南史》補。"今從删補。

[13]給事黄門侍郎：門下省屬官。掌侍從，傳達詔命，備顧問。秩五品。

[14]前軍將軍：禁衛軍官。分掌宿衛營兵。秩四品。

[15]冠軍將軍：南朝爲榮譽加號。開府者位從公秩一品。

[16]假節督，復爲監軍：原作"假節都督"。中華本校勘記云："按《宋書·百官志》，晋世都督諸軍爲上，監諸軍次之，督諸軍爲下。故《曹虎傳》云建武二年'進督爲監'。錢大昕《廿二史考異》云：此亦進督爲監也。上文'假節都督'字兩見，俱當爲'假節督'，誤衍'都'字耳。今據删。"今從之。

齊臺建，[1]宋帝詔封映及弟晃、曅、暠、鏘、鑠、鑑並爲開國縣公，[2]各千五百户，未及定土宇，[3]而太祖踐阼。[4]以映爲使持節、都督荆湘雍益梁寧南北秦八州諸軍事、平西將軍、荆州刺史。[5]封臨川王，食邑例二千户。又領湘州刺史。豫章王嶷既留鎮陝西，[6]映亦不行。改授散騎常侍、都督揚南徐二州諸軍事、前將軍、揚州刺史，[7]持節如故。國家初創，映以年少臨神州，吏治聰敏，府州曹局，皆重足以奉禁令，自宋彭城王義康以後未之有也。[8]

[1]齊臺建：宋順帝昇明三年（479）三月，詔以太傅蕭道成爲相國，總百揆，封十郡，爲齊公，加九錫；又詔“齊國官爵禮儀，並倣天朝”旋又“進齊公爵爲王”。見《通鑑》卷一三五《齊紀一》“高帝建元元年”條。

[2]開國縣公：褒其對建國立有功勛。公爲第一等封爵。

[3]定土宇：指給予被封爵的人固定的縣邑，以爲采食之地。

[4]太祖踐阼：指齊高帝蕭道成登帝位。按，蕭道成封齊王，不到一月，宋順帝即下詔、禪位於齊王。

[5]荆：荆州。治江陵，在今湖北荆州市。　湘：湘州。治臨湘縣，在今湖南長沙市。　雍：雍州。東晋僑置，治襄陽縣，在今湖北襄陽市。　益：益州。治所在今四川成都市。　梁：梁州。南朝治南鄭縣，在今陝西漢中市東。　寧：寧州。南朝齊治同樂縣，在今雲南陸良縣。　南北秦：南秦州及北秦州。南朝齊治所同梁州，在南鄭。

[6]豫章王嶷既留鎮陝西：豫章王嶷，字宣儼，齊高帝蕭道成第二子。齊初，蕭嶷原都督荆湘雍益梁寧南北秦八州軍事。高帝本

擬將其還職，另派臨川王映接替，因北魏南侵，故仍令蕭嶷留鎮北方。參見本書卷二二《豫章文獻王傳》。

[7]散騎常侍：門下省官。掌奏事，直侍左右。秩五品。　揚州：南朝時治所在今江蘇南京市。

[8]宋彭城王義康：宋文帝劉義隆第四子。“性好吏職，鋭意文案，糾剔是非，莫不精盡。”《宋書》卷六八、《南史》卷一三均有傳。

出爲都督荆湘雍益梁巴寧南北秦九州諸軍事、鎮西將軍、荆州刺史，[1]持節、常侍如故。給鼓吹一部。[2]以國憂解散騎常侍，[3]進號征西。[4]永明元年，[5]入爲侍中，[6]驃騎將軍。[7]二年，給油絡車。[8]五年，即本號開府儀同三司。[9]七年，薨。映善騎射，解聲律，工左右書、左右射，[10]應接賓客，風韻韶美，朝野莫不惋惜焉。時年三十二。詔賜東園祕器，[11]朝服一具，衣一襲。贈司空。[12]九子，皆封侯。

[1]巴：州名。治所在今四川巴中市。

[2]鼓吹：備有鼓鉦蕭笳樂器的樂隊，用於大駕出游行軍。古代以賜功臣勛將。

[3]國憂：國喪，此指齊高帝駕崩。

[4]進號征西：進號，進升爵之名號。征西指征西將軍，“四征將軍”之一，南朝時爲加給大臣的榮譽虚號。開府者位從公秩一品。

[5]永明：齊武帝年號。永明原訛爲“永興”，中華本據殿本及《南史》改。今從改。

[6]侍中：門下省長官。直侍左右，皇帝多與之議論政事，顧

問應對。秩三品。

[7]驃騎將軍：武官名。宋齊爲榮譽加號，唯處諸王，素族無爲者。秩二品。

[8]油絡車：用油絡裝飾的豪華車子。油絡，一種絲質網狀的飾物。

[9]即本號開府儀同三司：本號，指其所任的侍中、驃騎將軍等官職。開府，開建府署，辟置僚佐。漢制，唯三公可開府。魏晋以後，開府者益多，因而别置“開府儀同三司”，表示其禮儀同於三司（即司徒、司空、司馬三公）。

[10]工左右書、左右射：指左右手均可寫字、射箭。

[11]東園祕器：古代王公貴族所用的豪華棺木葬器。《漢書》卷九三《佞幸傳》：“及至東園秘器，珠襦玉柙，豫以賜賢，無不備具。”顏師古注引《漢舊儀》：“東園祕器作棺梓，素木長二丈，崇廣四尺。”參見《續漢書·禮儀志下》。

[12]司空：古代三公之一。原掌水土之事，南朝時爲加官或贈官的最高榮譽稱號之一。

長子子晋，歷東陽吴興二郡太守，[1]祕書監，[2]領後軍將軍。[3]永元初，爲侍中，遷左民尚書。[4]坐從妹祖日不拜，[5]爲有司所奏，[6]事留中，[7]子晋遂不復拜。梁王定京邑，[8]猶服侍中服。入梁爲輔國將軍、高平太守。[9]第二子子游，州陵侯。[10]解褐員外郎，[11]太子洗馬，[12]歷琅邪、晋陵二郡太守，[13]黄門侍郎。好音樂，解絲竹雜藝。梁初坐閨門淫穢及殺人，爲有司所奏，請議禁錮。[14]子晋謀反，兄弟並伏誅。[15]

[1]東陽：郡名。治長山縣，在今浙江金華市。　吴興：郡名。

治烏程縣，在今浙江湖州市吴興區。

［2］祕書監：秘書省長官。掌藝文圖籍之事。秩三品。

［3］領：官制術語。猶兼，指實授職務以外的兼帶職務。　後軍將軍：與前軍、左軍、右軍合稱“四軍將軍”，分掌宿衛營兵。秩四品。

［4］左民尚書：尚書省官。掌户籍民事。秩三品。清黄本驥《歷代職官表》：“魏晋南北朝有此官。據《隋書·百官志》，掌天下計帳、户籍等。”

［5］祖日：爲死者設祭奠之日。

［6］有司：有關機構。這裏當指御史臺。

［7］事留中：指所彈奏之事壓在朝廷，未作處分。

［8］梁王定京邑：指齊和帝中興二年（502），蕭衍受禪即帝位，改齊爲梁，是爲梁武帝。

［9］高平：郡名。治所南朝移高平縣，在今山東高平市。

［10］州陵：縣名。治所在今湖北洪湖市。　侯：爲第二等封爵名。按，不明子游何時封侯。

［11］員外郎：員外散騎侍郎，門下省官。掌奏事，直侍左右。秩五品。

［12］太子洗馬：東宫屬官。職如謁者，太子出，則當直在前導威儀。秩七品。

［13］琅邪：郡名。東晋僑置，治所在今江蘇句容市。　晋陵：郡名。東晋移治京口，在今江蘇鎮江市。

［14］請議禁錮：中華本校勘記引張森楷《校勘記》云：“‘請’疑當作‘清’。”

［15］子晋謀反，兄弟並伏誅：《南史》卷四三《齊高帝諸子傳下》云：“（臨川王映）第二子子游……謀反，兄弟並伏誅。”

長沙威王晃字宣明，[1]太祖第四子也。少有武力，爲太祖所愛。宋世解褐祕書郎邵陵王友，[2]不拜。昇明二年，[3]代兄映爲寧朔將軍、淮南宣城二郡太守。初，沈攸之事起，晃便弓馬，多從武容，[4]爊赫都街，[5]時人爲之語曰："焕焕蕭四繖。"[6]

[1]長沙威王晃：《南史》卷四三亦有傳。

[2]祕書郎：秘書省屬官。掌修撰國史。秩六品。　邵陵王：劉友，字仲實，宋明帝劉彧第七子。封邵陵王，出爲南中郎將、江州刺史。《宋書》卷九〇有傳。　友：職官名。王公之近臣。《晋書·職官志》："王置師、友、文、學各一人……友者因文王、仲尼四友之名號。"

[3]昇明：宋末代皇帝宋順帝年號。

[4]晃便弓馬，多從武容：便，熟悉。中華本校勘記云："'武容'《御覽》四百九十五引及《元龜》二百七十一並作'武客'。"朱季海《南齊書校議》（以下簡稱朱季海《校議》）云："'容'字是，焕焕其繖，正謂容也。下云：'諸王在京都，唯置捉刀左右四十人，晃愛武飾，罷徐州還，私載數百人仗還都，爲禁司所覺，投之江水。'其事狀相近。武容武飾，軍容、馬容，江左人於武事多喜用容飾字。"（中華書局1984年版，第79頁）

[5]爊赫都街：氣勢盛凌於都城大街上。

[6]繖：古"傘"字。這裏形容蕭晃像撑開的傘耀人眼目。

其年，遷爲持節、監豫司二州郢州之西陽諸軍事、西中郎將、豫州刺史。[1]太祖踐祚，[2]晃欲用政事，[3]輒爲典籤所裁，[4]晃執殺之，上大怒，手詔賜杖。[5]尋遷使持節、都督南徐兗二州諸軍事、後將軍、南徐州刺史。世祖爲皇太子，[6]拜武進陵，[7]於曲阿後湖鬬隊，[8]使晃御馬軍，上聞之，又不悦。入爲侍中、護軍將軍，以國憂，[9]解侍中，加中軍將軍。

［1］豫：豫州。東晉僑置，治所不固定，南朝時治壽春，在今安徽壽縣。　司：司州。南朝宋泰始中置，治平陽，在今河南信陽市。　郢州之西陽："郢州"二字原脱，中華本校勘記云："錢大昕《廿二史考異》云'當云監豫司二州郢州之西陽諸軍事'。今據補。"今從補。西陽，郡名。屬郢州，治所在今湖北黄岡市。　西中郎將：東、西、南、北四中郎將之一。漢始置，南齊時祇安置諸王。領此職者，或領刺史，或持節，其權頗重。參見本書《百官志》。

［2］太祖踐祚：中華本校勘記云："'祚'殿本、局本作'阼'。"

［3］晃欲用政事：中華本校勘記云："'用'南監本、局本作'親'，殿本作'陳'。按《南史》卷四三作'晃每陳政事'。"

［4］典籤：本爲掌管文書的小吏。《南史》卷七七《恩倖傳》："故事，府州部内論事，皆籤前直叙所論之事，後云謹籤，日月下又云某官某籤。故府州置典籤以典之。"南朝時諸王府置典籤，職微權重。清趙翼《廿二史劄記》卷一二《齊置典籤之權太重》："齊制，諸王出鎮，其年小者，則置行事及典籤以佐之。一州政事，以及諸王之起居飲食，皆聽命焉，而典籤尤爲切近……人主皆以親近左右爲典籤，一歲中還都者數四，人主輒問以刺史之賢否，往往出於其口，於是威行州郡，權重藩君。"

［5］賜杖：指賜以杖刑。

［6］世祖：齊武帝蕭賾的廟號。本書卷三有紀。

［7］武進陵：指蕭氏皇陵，在武進縣（今屬江蘇常州市武進區）。

［8］曲阿後湖鬭隊：指在曲阿縣（今江蘇丹陽市）後湖操練

兵馬。

[9]以國憂：此指齊高帝駕崩。

太祖臨崩，以晃屬世祖，處以輦轂近蕃，[1]勿令遠出。永明元年，上遷南徐州刺史竟陵王子良爲南兖州，[2]以晃爲使持節、都督南徐兖二州諸軍事、鎮軍將軍、南徐州刺史。入爲散騎常侍，中書監。[3]諸王在京都，唯置捉刀左右四十人，[4]晃愛武飾，罷徐州還，私載數百人仗還都，[5]爲禁司所覺，[6]投之江水。世祖禁諸王畜私仗，聞之大怒，[7]將糾以法。豫章王嶷於御前稽首流涕曰："晃罪誠不足宥。陛下當憶先朝念白象。"白象，晃小字也。[8]上亦垂泣。太祖大漸時，誡世祖曰："宋氏若不骨肉相圖，他族豈得乘其衰弊，汝深戒之。"故世祖終無異意。然晃亦不見親寵。當時論者以世祖優於魏文，[9]減於漢明。[10]

[1]輦轂：皇帝的車輿。借指京城。

[2]竟陵王子良：齊武帝第二子。本書卷四〇有傳。

[3]中書監：中書省官。掌詔命。秩三品。

[4]捉刀：指衛士。《通鑑》卷一三六《齊紀二》"武帝永明二年"條，胡三省注："捉刀，執刀以衛左右者也。"

[5]數百人仗：指數百人够用的兵器。

[6]禁司：《通鑑》卷一三六胡三省注："禁司，主防禁諸王。"即主管防禁之事的部門。

[7]聞之大怒：此句前衍一"上"字，中華本校據南監本删。今從删。

[8]白象，晃小字也："白象"二字原無，中華本據南監本、殿

本、局本補。今從補。

[9]魏文：指三國魏文帝曹丕，與其弟曹植不和，曾欲加害。故這裏説齊武帝對其弟“優於魏文”。

[10]漢明：指東漢明帝劉莊，漢光武帝子，在位法令分明，對皇室宗親無倖曲之私。故這裏説齊武帝姑息其弟“減於漢明”。

尋加晃鎮軍將軍，轉丹陽尹，[1]常侍、將軍如故。又爲侍中、護軍將軍，鎮軍如故。尋進號車騎將軍，[2]侍中如故。給油絡車，鼓吹一部。八年，薨，年三十一。賜東園祕器，朝服一具，衣一襲。即本號，贈開府儀同三司。

[1]丹陽：郡名。治所在京城所在地建業縣，今江蘇南京市。尹：太守，大郡稱尹。秩三品。

[2]車騎將軍：南朝爲藩王、大臣的榮譽加號。秩三品，開府者位從公秩一品。

世祖嘗幸鍾山，[1]晃從駕，以馬矟刺道邊枯蘖，[2]上令左右數人引之，銀纏皆卷聚，而矟不出。乃令晃復馳馬拔之，應手便去。每遠州獻駿馬，上輒令晃於華林中調試之。[3]太祖常曰：“此我家任城也。”[4]世祖緣此意，故謚曰威。

[1]鍾山：今江蘇南京市中山門外的紫金山，爲江南名山。

[2]馬矟：矟，同“槊”，矛屬兵器。《釋名·釋兵》：“矛長丈八尺曰矟，馬上所持，言其矟，矟便殺也。”　枯蘖（niè）：枯樹枝。

[3]華林：園名。三國吴建，故址在今江蘇南京市鷄鳴山南古臺城内。

[4]任城：指三國魏任城威王曹彰。《文選》卷六晋左思《魏都賦》："勇若任城，才若東阿。"張載注引蔡邕《述行賦》："彰後爲任城王。"其事詳見《三國志》卷一九《魏書·任城王傳》。

武陵昭王曅字宣照，[1]太祖第五子也。母羅氏，從太祖在淮陰，[2]以罪誅，曅年四歲，思慕不異成人，[3]故曅見愛。初除冠軍將軍，轉征虜將軍。曅剛穎儁出，工弈棋，與諸王共作短句詩，學謝靈運體，[4]以呈上，報曰："見汝二十字，[5]諸兒作中最爲優者。但康樂放蕩，作體不辨有首尾，[6]安仁、士衡深可宗尚，[7]顔延之抑其次也。"[8]

[1]武陵昭王曅字宣照：《南史》卷四三亦有傳，"宣照"作"宣昭"。

[2]淮陰：縣名。治所在今江蘇淮安市淮陰區西南甘羅城。《通鑑紀事本末》卷二〇《蕭道成篡宋》載，"宋明帝泰始三年秋八月，以征北司馬行南徐州事蕭道成鎮淮陰"，民間或言道成在淮陰有貳心，道成懼。按，下言其妻羅氏"以罪誅"，不知與此事是否有關。

[3]曅年四歲，思慕不異成人：此十字原闕，中華本據毛本、殿本、局本補。今從補。按，此十字《南史》亦有，之後並云："每慟吐血。高帝敕武帝曰：'三昧至性如此，恐不濟，汝可與共住，每抑割之。'三昧，曅小字也。故曅見愛。"下又云："高帝雖爲方伯，而居處甚貧，諸子學書無紙筆，曅常以指畫空中及畫掌學字，遂工篆法。少時又無棋局，乃破荻爲片，縱横以爲棋局，指點

行勢，遂至名品。”

[4]共作短句詩，學謝靈運體：短句詩，即五言詩。謝靈運，南朝宋著名詩人。襲封康樂公，故又稱其謝康樂。《宋書》卷六七、《南史》卷一九有傳。按，此二句中華本標作“共作短句，詩學謝靈運體”。朱季海《校議》云：“若於‘句’字下逗，‘詩’字便成衍文矣。”（第79頁）朱議是，逗號應標於“詩”字後。

[5]二十字：指五言絶句詩一首。

[6]作體不辨有首尾：指詩的結構不嚴謹，不講究開頭、結尾。

[7]安仁、士衡：二人均爲晋代著名詩人。潘嶽字安仁，《晋書》卷五五有傳。陸機字士衡，《晋書》卷五四有傳。

[8]顔延之：南朝宋文學家。《宋書》卷七三、《南史》卷三四均有傳。

建元三年，[1]出爲持節、都督會稽東陽新安永嘉臨海五郡軍事、會稽太守，[2]將軍如故。上遣儒士劉瓛往郡，[3]爲曅講《五經》。世祖即位，進號左將軍，[4]入爲中書令，[5]將軍如故。轉散騎常侍，太常卿。[6]又爲中書令，遷祠部尚書，[7]常侍並如故。

[1]建元三年：《南史》卷四三作“建元二年”。

[2]會稽：郡名。治所在今浙江紹興市。　新安：郡名。治所在今浙江淳安縣西北。　永嘉：郡名。治永寧縣，在今浙江温州市。　臨海：郡名。治所在今浙江臨海市。

[3]劉瓛：字子珪，博通《五經》，儒學大師。本書卷三九、《南史》卷五〇有傳。

[4]左將軍：左軍將軍，禁衛軍官。分掌宿衛營兵。秩四品。

[5]中書令：中書省主官。掌詔命。秩三品。

[6]太常卿：太常寺主官。掌陵廟祭祀、祀樂儀制、郊廟、社

稷等事宜。正三品。

[7]祠部尚書：掌禮制、祠祀、天文、卜筮之事。秩三品。參見《通典》卷二三《職官五》。按，《南史》卷四三此後云："巫覡或言曄有非常之相，以此自負，武帝聞之，故無寵。"

暈無寵於世祖，未嘗處方嶽，[1]數以語言忤旨。[2]世祖幸豫章王嶷東田宴諸王，[3]獨不召暈。嶷曰："風景殊美，今日甚憶武陵。"[4]上乃呼之。暈善射，屢發命中，顧謂四坐曰："手何如？"上神色甚怪。嶷曰："阿五常日不爾，[5]今可謂仰藉天威。"帝意乃釋。後於華林賭射，上敕暈疊破，[6]凡放六箭，五破一皮，[7]賜錢五萬。又於御席上舉酒勸暈，暈曰："陛下嘗不以此處許臣。"上回面不答。[8]

[1]方嶽：原指四方山嶽，這裏借指地方高級長官，如刺史等。

[2]數以語言忤旨：《南史》卷四三云："於御座曲宴，醉伏地，貂（貂皮衣）抄肉柈。帝笑曰：'汙貂'。對曰：'陛下愛其羽毛，而疏其骨肉'。帝不悦。"《南史》又有以下記載："性輕財重義，有古人風。罷會稽還都，齋中錢不滿萬，俸禄所入，皆與參佐賓僚共之。常曰：'兄作天子，何畏弟無錢。'居止附身所須而已。名後堂山爲首陽，蓋怨貧薄也。"又云："嘗於武帝前與竟陵王圍棋，子良大北。及退，豫章文獻王謂曄曰：'汝與司徒（指竟陵王）手談，故當小相推讓。'答曰：'曄立身以來，未嘗一口妄語。'執心疎婞，偏不知悔。好文章，射爲當時獨絶，琅邪王瞻亦稱善射，而不及曄也。"

[3]嶷：原作"疑"，從中華本改。　東田：南朝齊文惠太子所建樓館名。《南史》卷五《齊本紀下》："先是，文惠太子立樓館

於鍾山下，號曰‘東田’，太子屢游幸之。”

［4］今日甚憶武陵：“今日”原作“令日”，中華本據南監本、殿本、局本及《册府元龜》卷二九四改。今從改。武陵，指武陵王蕭曅。

［5］阿五：蕭曅在弟兄中排行第五，故其兄以“阿五”呼之，以示親切。

［6］叠破：謂連續中的。朱季海《校議》云：“放箭、叠破、皮，皆當時語。破謂破的，皮謂中皮。《論語・八佾》：‘子曰：射不主皮。’馬融曰：‘主皮，能中質也。’皇侃疏：‘張布爲棚，而用獸皮帖其中央，必射之取中央，故謂主皮也。’然皮謂中質，破謂貫之歟？亦可破謂貫正、皮謂中鵠也。”（第80頁）

［7］五破一皮：謂射六箭，有五箭中的。

［8］上回面不答：《南史》卷四三此後云：“豫章王於邸起土山，列種桐竹，號爲桐山。武帝幸之，置酒爲樂。顧臨川王映：‘王邸亦有嘉名不？’映曰：‘臣好栖静，因以爲稱’。又問曅，曅曰：‘臣山卑，不曾栖靈昭景，唯有薇蕨，直號首陽山’。帝曰：‘此直勞者之歌也’。”又按，清牛運震《讀史糾謬》卷七《南齊書糾謬》云：“《南史》載曅稱其山于武帝前，帝曰：‘此直勞者之歌也。’較《南齊》爲勝。”

久之，出爲江州刺史，[1]常侍如故。上以曅方出外鎮，求曅宅給諸皇子。曅曰：“先帝賜臣此宅，使臣歌哭有所。陛下欲以州易宅，臣請不以宅易州。”[2]至鎮百餘日，典籤趙渥之啓曅得失，於是徵還爲左民尚書。俄轉前將軍，太常卿，累不得志。冬節問訊，[3]諸王皆出，曅獨後來，上已還便殿，聞曅至，引見問之。曅稱牛羸，不能取路。上敕車府給副御牛一頭。敕主客：[4]

"自今諸王來不隨例者，不得復爲通。"

[1]江州：州名。西晉置，原治南昌縣，在今江西南昌市；南朝宋移治柴桑縣，在今江西九江市西南。

[2]臣請不以宅易州：意謂寧可守宅，而不願出爲州刺史。"不"原闕，中華本據南監本、殿本、局本及《南史》補。今從補。按，《南史》卷四三此後有"帝恨之"句。

[3]冬節問訊：古代的一種禮儀，指冬至節日諸王至正殿向皇上問候請安。

[4]主客：典客，屬尚書省主客曹。掌侯王入朝、迎送、接待等禮儀事務。

以公事還過竟陵王子良宅，冬月道逢乞人，脱襦與之。子良見暈衣單，薦襦於暈。暈曰："我與向人亦復何異！"[1]尚書令王儉詣暈，暈留儉設食，柈中菘菜鮑魚而已。[2]又名後堂山爲"首陽"，[3]蓋怨貧薄也。

[1]向人：常人，普通人。

[2]菘菜鮑（yì）魚：白菜、鹹魚。鮑，鹽漬魚。中華本作"鮑"。按，《南史》此後云："儉重其率真，爲飽食盡歡而去。"

[3]首陽：山名。在今山西永濟市南，傳説爲殷遺民伯夷、叔齊隱居之處。

尋爲丹陽尹，常侍、將軍如故。始不復置行事，[1]得自親政。轉侍中，護軍將軍。給油絡車。又給扶二人。[2]世祖臨崩，遺詔爲衛將軍，開府儀同三司，給鼓吹一部。大行在殯，竟陵王子良在殿内，太孫未立，衆論喧疑。晕衆中言曰："若立長則應在我，立嫡則應在太孫。"鬱林既立，[3]甚見憑賴。隆昌元年，[4]年二十八，薨。賜東園祕器，朝服。贈司空，侍中如故。給節，[5]班劍二十人。[6]

[1]行事：委命他人代行州郡長官政務，其代行職務者稱爲"行事"。

[2]給扶：賜給扶持之人，古代君主給予大臣的一種禮遇。清袁枚《隨園隨筆》卷九《給扶俠侍之分》："常見岑文本畫古帝王像，一帝之側，必有左右二人擁侍而立者……不解其制。朱萬同曰：'此魏晋六朝所謂給扶是也。'"

[3]鬱林：蕭昭業，齊武帝之孫，因文惠太子早逝，故其由太孫繼位，後被廢，改稱鬱林王。本書卷四有紀。

[4]隆昌：鬱林王年號。

[5]給節：賜給持旄節的優禮。

[6]班劍：有紋飾的劍。多用作儀仗，由武士佩持，天子以賜臣屬。班，通"斑"。

安成恭王暠字宣曜，[1]太祖第六子也。建元二年，除冠軍將軍，鎮石頭戍，[2]領軍事。四年，出爲使持節、督江州豫州之晋熙諸軍事、南中郎將、江州刺史。永明元年，進號征虜將軍。明年，爲左衛將軍。尋遷侍中，領步兵校尉。[3]轉中書令。[4]五年，遷祠部尚書，領驍騎將軍。六年，出爲南徐州刺史。九年，遷散騎常侍，祕書監，領石頭戍事。暠性清和多疾，其夏薨，年二十四。贈撫軍將軍，常侍如故。

[1]安成恭王暠:《南史》卷四三亦有傳。

[2]石頭戍:石頭城，在今江蘇南京市清涼山。本春秋時楚威王所置金陵邑，三國吴孫權重築改名。其城面江負山，控扼江險，形勢險固，爲軍事要地。

[3]步兵校尉:爲中領軍所屬的禁衛軍軍官之一。秩四品。

[4]中書令:中書省主官。掌詔命。秩三品。

鄱陽王鏘字宣韶,[1]太祖第七子也。建元四年，世祖即位，以鏘爲使持節、督雍梁南北秦四州郢州之竟陵司州之隨郡軍事、北中郎將、寧蠻校尉、雍州刺史。[2]永明二年，進號征虜將軍。四年，爲左衛將軍,[3]遷侍中，領步兵校尉。七年，轉征虜將軍，丹陽尹。尋加散騎常侍，進號撫軍。出爲江州刺史，常侍如故。九年，始親府、州事。加使持節、督江州諸軍事、安南將軍，置佐史，常侍如故。先是二年省江州府,[4]至是乃復。十一年，爲領軍,[5]常侍如故。

[1]鄱陽王鏘:《南史》卷四三亦有傳。

[2]雍州刺史:《南史》卷四三此後云“加都督”，並云:“武帝服除，鏘方還，始入覲拜便流涕。武帝愕然，問其故，鏘收淚曰:‘臣違奉彌年，今奉顔色，聖顔損瘦，所以泣耳。’武帝歎曰:‘我復是有此一弟!’”

[3]左衛將軍:武官名。與右衛將軍同掌宿衛營兵。秩四品。

[4]省江州府:指合並取消江州州府。

[5]領軍:指領軍將軍。南朝時統領禁軍，資深者任之，權甚重。秩三品。

鏘和悌美令，[1]有寵於世祖，領軍之授，齊室諸王所未爲。鏘在官理事無壅，當時稱之。車駕遊幸，常甲仗衛從，恩待次豫章王嶷。其年，給油絡車。隆昌元年，轉尚書右僕射，[2]常侍如故。俄遷侍中、驃騎將軍、開府儀同三司，領兵置佐。

［1］鏘和悌美令：《南史》卷四三此後云："性謙慎，好文章。"

［2］尚書右僕射：尚書省長官。領殿中、主客二曹，其地位僅次於尚書令。秩三品。

鏘雍容得物情，爲鬱林王所依信。鬱林心疑高宗，[1]諸王問訊，獨留鏘謂之曰："公聞鸞於法身何如？"[2]鏘曰："臣鸞於宗戚最長，且受寄先帝。臣等年皆尚少，朝廷之幹，唯鸞一人，願陛下無以爲慮。"鬱林退謂徐龍駒曰：[3]"我欲與公共計取鸞，公既不同，我不能獨辦，且復小聽。"[4]及鬱林廢，鏘竟不知。

［1］高宗：齊明帝蕭鸞的廟號，當時爲鬱林王顧命大臣。本書卷六有紀。

［2］鸞於法身何如：法身，鬱林王小名。此句是試問蕭鸞對他是否忠心。"鸞"原作"諱"，中華本據南監本、殿本改。今從改。

［3］徐龍駒：以奄人度東宮爲齋帥，以便佞見寵於鬱林王，位羽林監、黄門署令，權傾一時。《南史》卷七七有傳。

［4］小聽：謂稍待。

延興元年，[1]進位司徒，侍中、驃騎如故。高宗鎮東府，[2]權勢稍異，鏘每往，高宗常屣履至車迎鏘。[3]語及家國，言淚俱下，鏘以此推信之。而宮臺内皆屬意於鏘，勸鏘入宮發兵輔政。制局監謝粲説鏘及隨王子隆曰：[4]“殿下但乘油壁車入宮，[5]出天子置朝堂，二王夾輔號令，粲等閉城門上仗，誰敢不同？東城人政共縛送蕭令耳。”[6]子隆欲定計，鏘以上臺兵力既悉度東府，且慮事難捷，意甚猶豫。馬隊主劉巨，[7]世祖時舊人，詣鏘請間，[8]叩頭勸鏘立事。鏘命駕將入，復回還内與母陸太妃别，日暮不成行。數日，高宗遣二千人圍鏘宅害鏘，謝粲等皆見殺。鏘時年二十六。凡諸王被害，皆以夜遣兵圍宅，或斧關排墻叫噪而入，[9]家財皆見封籍焉。

[1]延興：齊恭帝（即海陵王）年號，亦即鬱林王隆昌元年（494），齊明帝建武元年。

[2]東府：在建康（今江蘇南京市）宫城東。清王鳴盛《十七史商榷》卷六四《東府》：“張敦頤《六朝事迹・宫殿門》云：‘有曰臺城，蓋宫省之所寓也；有曰東府，蓋宰相之所居也。”是時，尚書令蕭鸞廢鬱林王蕭昭業，立齊恭王蕭昭文，鎮東府城，“朝事大小，皆决於西昌侯鸞”。詳見《通鑑》卷一三九《齊紀五》“明帝建武元年”條。

[3]高宗：齊明帝廟號。　屣履：穿鞋而不拔上鞋跟。形容行走急速，以示恭迎。

[4]制局監：制局長官。掌内府器仗兵役。《南史》卷五一《梁吴平侯景傳》：“宋孝建以來，制局用事，與領軍分權，典事以上皆得呈奏，領軍垂拱而已。”又卷七七《恩倖傳》：“制局小司，專典兵力。”　謝粲：史無介紹，其事不詳。　隨王子隆：齊武帝蕭賾第八子。延興元年（494）爲侍中，中軍大將軍。本書卷四〇有傳。

[5]乘油壁車入宮：油壁車，古代以油脂塗飾的香車，婦女所乘。這裹謝粲是建議二王僞裝入宮，突然襲擊“出天子置朝堂”。

[6]東城人政共縛送蕭令耳：蕭令，指尚書令蕭鸞。此句意謂可一舉擒拿蕭鸞。

[7]馬隊主：指騎兵統領。

[8]請間：請暗地私下言説。意謂體己之言，不欲衆知。

[9]斧闞排墻：《南史》卷四三作“斧斫闞排墻”。闞，指門。

桂陽王鑠字宣朗，[1]太祖第八子也。永明二年，出爲南徐州刺史，鎮京口。歷代鎮府，鑠出蕃，始省軍府。[2]四年，加散騎常侍。六年，遷中書令，度支尚書。[3]七年，轉中書令，加散騎常侍。時鄱陽王鏘好文章，鑠好名理，時人稱爲“鄱桂”。十年，遷太常，[4]常侍如故。鑠清羸有冷疾，常枕卧。世祖臨視，賜牀帳衾褥。[5]隆昌元年，加前將軍。給油絡車，並給扶侍二人。海陵立，[6]轉侍中、撫軍將軍，領兵置佐。

[1]桂陽王鑠：《南史》卷四三亦有傳。

[2]始省軍府：此指桂陽王好文不好武，所以衹領州郡文職，没有像其他出藩者兼領將軍府。省，減掉，除去。

[3]度支尚書：尚書省主官。掌管全國財賦的統計和支調，故名度支。秩三品。

[4]太常：太常卿。

[5]賜牀帳衾褥：《南史》卷四三此句後云：“性理偏詖，遇其賞興，則詩酒連日，情有所廢，則兄弟不通。”

[6]海陵：海陵王，即齊恭帝蕭昭文。退位後改封海陵王。

鄱陽王見害，鑠還中軍將軍，開府儀同三司。鑠不自安，至東府詣高宗還，謂左右曰："向録公見接慇懃，[1]流連不能已，而貌有慙色，此必欲殺我。"[2]三更中，兵至見害。時年二十五。

[1]録公：指時任録尚書事的蕭鸞（即後來的齊明帝，廟號高宗）。

[2]貌有慙色，此必欲殺我：《南史》卷四三此處作："及出，處分存亡之計，謂侍讀山悰曰：'吾前日覲王，王流涕嗚咽，而鄱陽、隨郡見誅。今日見王，王又流涕而有愧色，其在吾邪?'其夜三更中兵至，見害。"

始興簡王鑑字宣徹，[1]太祖第十子也。[2]初封廣興王，[3]後國隨郡改名。永明二年，世祖始以鑑爲持節、都督益寧二州軍事、前將軍、益州刺史。[4]

[1]始興簡王鑑：《南史》卷四三亦有傳，記事迹甚詳。清牛運震《讀史糾謬》卷七《南齊書糾謬》亦云："《南史》載始興王鑑、江夏王鋒、宜都王鏗並詳悉，有事迹可觀，《南齊》並從略。"

[2]太祖第十子也：《南史》卷四三此後云："性聰警。年八歲，喪所生母，號慕過人，數日中便至骨立。豫章文獻王聞之，撫其首嗚咽，謂高帝曰：'此兒操行過人，恐其不濟。'高帝亦悲不自勝。"

[3]初封廣興王：《南史》卷四三此句後云："袁彖時爲祕書丞，早有令譽，高帝盛重鑑，乃以彖爲友。"

[4]益州刺史：《南史》卷四三作："自晋以來，益州刺史皆以良將爲之……永明二年，武帝不復用諸將爲益州，始以鑑爲益州刺史。"又李文才《南北朝時期益梁政區研究》第五章《南齊治下的

益、梁地區》云:“蕭鑒出鎮益州，是東晋以來南朝政府第一次以宗室親王出任益州最高軍政長官，這也開了南朝宗室親王陸續出刺益州的先河（後來梁朝專用宗室出鎮益州，實由始興王蕭鑑出刺肇端），表明益州的政治地位又有所上升。”（商務印書館2002年版，第298頁）按，關於始興王蕭鑑在益州的治績，《南史》卷四三又有若干重要史實叙述:“先是劫帥韓武方常聚黨千餘人，斷流爲暴，郡縣不能禁，行旅斷絶。鑑行至上明，武方乃出降。長史虞悰等咸請殺之。鑑曰:‘武方爲暴積年，所在不能制，今降而被殺，失信；且無以勸善。’於是啓臺，果被宥。自是巴西蠻夷凶惡，皆望風降附。行次新城，道路籍籍，云陳顯達大選士馬，不肯就徵，巴西太守陰智伯亦以爲然。乃停新城十許日，遣典籤張曇晳往觀形勢。俄而顯達遣使人郭安明、朱公恩奉書貢遺，咸勸鑑執之。鑑曰:‘顯達立節本朝，必自無此。曇晳還，若有同異，執安明等未晚。’居二日，曇晳還，説顯達遣家累已出城，日夕望殿下至。於是乃前。時年十四。”又:“好學，善屬文，不重華飾，器服清素，有高士風。與記室參軍蔡仲熊登張儀樓，商略先言往行及蜀土人物。鑑言辭和辯，仲熊應對無滯，當時以爲盛事。”又:“州城北門常閉不開，鑑問其故於虞悰，悰答曰:‘蜀中多夷暴，有時抄掠至城下，故相承閉之。’鑑曰:‘古人云，善閉無關楗。且在德不在門。’即令開之。戎夷慕義，自是清謐。於州園地得古冢，無復棺，但有石槨。銅器十餘種，並古形；玉璧三枚；珍寶甚多，不可皆識；金銀爲蠶蛇形者數斗。又以朱沙爲阜，水銀爲池。左右咸勸取之。鑑曰:‘皇太子昔在雍，有發古冢者，得玉鏡、玉屏風、玉匣之屬，皆將還都，吾意常不同。’乃遣功曹何佇爲之起墳，諸寶物一不得犯。”又:“性甚清，在蜀積年，未嘗有所營造，資用一歲不滿三萬。王儉常歎云:‘始興王雖尊貴，而行履都是素士。’”

廣漢什邡民段祖以錞于獻鑑，[1]古禮器也。高三尺六寸六分，圍二尺四寸，圓如筩，銅色黑如漆，甚薄。上有銅馬，以繩縣馬，令去地尺餘，灌之以水，又以器盛水於下，以芒莖當心跪注錞于，[2]以手振芒，則其聲如雷，清響良久乃絶。古所以節樂也。[3]五年，鑑獻龍角一枚，長九尺三寸，色紅，有文。八年，進號安西將軍。

[1]廣漢：郡名。治乘鄉，在今四川金堂縣東。　什邡：縣名。治所在今四川什邡市。　錞于：錞，古代軍樂器。《周禮·地官·鼓人》："以金錞和鼓。"《國語·晋語五》："戰以錞于丁寧，儆其民也。"韋昭注："錞于，形如碓頭，與鼓相和。"

[2]以芒莖當心跪注錞于：謂以芒草之莖爲細管，將水小心地從莖中注入錞于。

[3]古所以節樂也：以上所述朱季海《校議》云："《北史·斛斯徵傳》：'自魏孝武西遷，雅樂廢缺，徵博采遺逸，稽諸典故，創新改舊，方始備焉。又樂有錞于者，近代絶無此器。或有自蜀得之，皆莫之識。徵見之曰：此錞于也。衆弗之信。徵遂依干寶《周禮注》，以芒筒捋之，其聲極振，衆乃歎服，徵仍取以合樂焉。'史稱士亮（按，斛斯徵字）尤精三《禮》，其能援干注以明古樂，自無足異，然史文'芒筒'，依此傳文當作'芒莖'。南北朝時，此器已絶，而並自蜀得之，豈此樂本出於蜀中歟？"（第80頁）

明年，爲散騎常侍，祕書監，領石頭戍事。上以與鑑久别，車駕幸石頭宴會賞賜。尋遷左衛將軍，未拜，遇疾。上爲南康王子琳起青陽巷第新成，[1]車駕與後宮幸第樂飲，其日鑑疾甚，上遣騎問疾相繼，爲之詔止樂。薨，年二十一。遣贈中軍將軍，本官新除悉如故。

[1]南康王子琳：字雲璋，齊武帝蕭賾第十九子。本書卷四〇有傳。　青陽巷：在建康城内。

江夏王鋒字宣穎，[1]太祖第十二子。[2]永明五年，爲輔國將軍，南彭城、平昌二郡太守。[3]轉散騎常侍。七年，遷左衛將軍，仍轉侍中，領石頭戍事。九年，出爲徐州刺史。鬱林即位，加散騎常侍。隆昌元年，入爲侍中，領驍騎將軍，尋加祕書監。[4]

[1]江夏王鋒：《南史》卷四三亦有傳，記載頗詳。

[2]太祖第十二子：中華本校勘記云："'二'原訛'三'，毛本同，它本不訛，今改正。按本傳叙云'第九、第十三、第十四、第十七皇子早亡'，明'三'乃'二'字之訛。"按，《南史》此句後云："母張氏有容德，宋蒼梧王逼取之，又欲害鋒。高帝甚懼，不敢使居舊宅，匿於張氏舍，時年四歲。性方整，好學書，張家無紙札，乃倚井欄爲書，書滿則洗之，已復更書，如此者累月。又晨興不肯拂室塵，而先畫塵上，學爲書字。"《南史》又記："五歲，高帝使學鳳尾諾，一學即工。高帝大悦，以玉騏驎賜之，曰：'騏驎賞鳳尾矣。'至十歲，便能屬文。武帝時，藩邸嚴急，諸王不得讀異書，《五經》之外，唯得看《孝子圖》而已。鋒乃密遣人於市里街巷買圖籍，期月之間，殆將備矣。"

[3]南彭城：郡名。治彭城縣，在今江蘇徐州市。　平昌：郡名。治所在今山東諸城市。

[4]尋加祕書監：《南史》卷四三此後云："及明帝知權，蕃邸危懼……常忽忽不樂，著《修柏賦》以見志，曰：'既殊群而抗立，亦含貞而挺正。豈春日之自芳，在霜下而爲盛。衝風不能摧其枝，積雪不能改其性。雖坎壈於當年，庶後凋之可詠。'時鼎業潛

移，鋒獨慨然有匡復之意。逼之行事典籤，故不遂也。嘗見明帝，言次及遥光才力可委之意，鋒答曰：'遥光之於殿下，猶殿下之於高皇，衛宗廟，安社稷，實有攸寄。'明帝失色。"

鋒好琴書，[1]有武力。高宗殺諸王，鋒遺書誚責，左右不爲通，高宗深憚之。不敢於第收鋒，使兼祠官於太廟，夜遣兵廟中收之。鋒出登車，兵人欲上車防勒，鋒以手擊却數人，皆應時倒地，於是敢近者遂逼害之。[2]時年二十。

[1]鋒好琴書：《南史》卷四三此句後云："好琴書，蓋亦天性。嘗覲武帝，賜以寶裝琴，仍於御前鼓之，大見賞。帝謂鄱陽王鏘曰：'闍梨（鋒小名）琴亦是柳令之流亞，其既事事有意，吾欲試以臨人。'鏘曰：'昔鄒忌鼓琴，威王委以國政。'乃出爲南徐州刺史。善與人交，行事王文和、别駕江祏等，皆相友善。後文和被徵爲益州，置酒告别，文和流淚曰：'下官少來未嘗作詩，今日違戀，不覺文生於性。'王儉聞之，曰：'江夏可謂善變素絲也。'"

[2]遂逼害之：《南史》卷四三此句後云："江斆聞其死，流涕曰：'芳蘭當門，不得不鋤，其《修柏》之賦乎！'"按，江斆仕齊爲侍中，本書卷四三有傳。

南平王鋭字宣毅，[1]太祖第十五子也。永明七年，爲散騎常侍，[2]尋領驍騎將軍。明年，爲左民尚書。朝直勤謹，[3]未嘗屬疾，上嘉之。十年，出爲持節、都督湘州諸軍事、南中郎將、湘州刺史，以此賞鋭。鬱林即位，進號前將軍。

[1]南平王鋭：《南史》卷四三亦有傳。

[2]散騎常侍："常"原作"嘗"，顯誤，從中華本改。

[3]朝直：指在朝值班處理公務。

延興元年，[1]害諸王，遣裴叔業平尋陽，[2]仍進湘州。鋭防閤周伯玉勸鋭拒叔業，[3]而府州力弱不敢動，鋭見害，年十九。伯玉下獄誅。

[1]延興元年：亦即齊明帝建武元年（494）。齊明帝蕭鸞廢恭帝自立後，爲鞏固權力，將高、武子孫諸藩王全部殺害。此舉多暗使典籤執行。

[2]遣裴叔業平尋陽：齊明帝蕭鸞心腹裴叔業，任冠軍將軍府司馬，蕭鸞使其領兵掩襲諸藩鎮。見本書卷五一《裴叔業傳》。

[3]防閤：隨從高官服役人員。《通典》卷三五《職官十七》："凡京司文武職事官，五品以上給防閤。"按，《通鑑紀事本末》卷二〇《蕭鸞簒弑》曰："裴叔業自尋陽仍進向湘州，欲殺湘州刺史南平王鋭。防閤周伯玉大言於衆曰：'此非天子意。今斬叔業，舉兵匡社稷，誰敢不從?'鋭典籤叱左右斬之。乙酉，殺鋭。" 周伯玉：史無專傳，其事不詳。

宜都王鏗字宣嚴，[1]太祖第十六子也。[2]初除遊擊將軍。[3]永明十年，遷左民尚書。十一年，爲持節、都督南豫司二州軍事、冠軍將軍、南豫州刺史，[4]鎮姑熟。[5]時有盜發晋大司馬桓温女塚，得金蠶銀繭及珪璧等物。鏗使長史蔡約自往修復，纖毫不犯。[6]鬱林即位，進號征虜將軍。延興元年，見害，[7]年十八。

［1］宜都王鏗字宣嚴：《南史》卷四三亦有傳，記事較詳。中華本校勘記引清王鳴盛《十七史商榷》云："案豫章王已字宣嚴，二王皆高帝子，不應同字，必有一誤。"今按，《南史》作"宣儼"。

［2］太祖第十六子也：《南史》卷四三此句後云："生三歲喪母。及有識，問母所在，左右告以早亡，便思慕蔬食自悲……清悟有學行。"

［3］遊擊將軍：武官名。漢始置，掌征伐。晋南朝掌宿衛營兵。秩四品。

［4］南豫州刺史：《南史》卷四三此後云："雖未經庶務，而雅得人心。舉動每爲籤帥所制，立意多不得行。"

［5］姑熟：姑熟城，又名南州，即今安徽當塗縣。南朝歷爲豫州及南豫州治所。

［6］得金蠶銀繭及珪璧等物。鏗使長史蔡約自往修復，纖毫不犯：此處自"等物"以下十六字原無，中華本據南監本、毛本、殿本、局本補。今從補。按，《南史》卷四三此處作"得金巾箱，織金篾爲嚴器，又有金蠶銀繭等物甚多，條以啓聞，鬱林敕以物賜之。鏗曰：'今取往物，後取今物，如此循環，豈可不熟念。'使長史蔡約自往修復，纖毫不犯。"《南史》卷四三此後又記："年十歲時，與吉景曜商略先言往行。左右誤排楠榴屏風，倒壓其背，顏色不異，言談無輟，亦不顧視。彌善射，常以堋的太闊，曰：'終日射侯，何難之有。'乃取甘蔗插地，百步射之，十發十中。"又記："永明中，制諸王年未三十不得畜妾。及武帝晏駕後，有勸取左右者，鏗曰：'在内不無使役，既先朝遺旨，何忍而違。'"

［7］延興元年，見害：《南史》卷四三作："及延興元年，明帝誅高、武、文惠諸子，鏗聞之，凴左右從容雅步，詠陸機《弔魏武》云：'昔以四海爲己任，死則以愛子托人。'如此者三，左右皆泣。後果遣吕文顯賫藥往，夜進聽事，正逢八關齋。鏗上高坐，謂文顯曰：'高皇帝昔寵任君，何事乃有今日之行？'答曰：'出不

獲已。’於是仰藥。時年十八。身長七尺，鏗狀似兄嶷，咸以國器許之。及死，有識者莫不痛惜。”又記：“初鏗出閤時，年七歲，陶弘景爲侍讀，八九年中，甚相接遇。後弘景隱山，忽夢鏗來，慘然言别，云：‘某日命過。身無罪，後三年當生某家。’弘景訪以幽中事，多祕不出。覺後，即遣信出都參訪，果與事符合，弘景因著《夢記》云。”

晋熙王銶字宣攸，[1]太祖第十八子也。永明十一年，除驍騎將軍。隆昌元年，出爲持節、督郢司二州軍事、冠軍將軍、郢州刺史。延興元年，進號征虜將軍。尋見害，年十六。

[1]晋熙王銶：《南史》卷四三亦有略傳。

河東王鉉字宣胤，[1]太祖第十九子也。[2]隆昌元年，爲驍騎將軍。出爲徐州刺史，遷中書令。高宗誅諸王，以鉉年少才弱，故未加害。[3]建武元年，轉爲散騎常侍，鎮軍將軍，置兵佐。

[1]河東王鉉：《南史》卷四三亦有傳，較詳。

[2]太祖第十九子也：《南史》卷四三此後云：“母張氏，有寵於高帝，鉉又最幼，尤所留心。高帝臨崩，以屬武帝，武帝甚加意焉……”

[3]故未加害：《南史》卷四三此句後云：“初鉉年三四歲，高帝嘗晝卧纏髮，鉉上高帝腹上弄繩，高帝因以繩賜鉉。及崩後，鉉以寶函盛繩，歲時輒開視，流涕嗚咽。人才甚凡，而有此一至。”

建武之世，高、武子孫憂危，鉉每朝見，常鞠躬俯僂，不敢平行直視。尋遷侍中、衛將軍。鉉年稍長。四年，誅王晏，[1]以謀立鉉爲名，免鉉官，以王還第，禁不得與外人交通。永泰元年，上疾暴甚，遂害鉉，時年十九。[2]二子在孩抱，亦見殺。太祖諸王，鉉獨無後，衆竊冤之。乃使揚州刺史始安王遥光、臨川王子晋、竟陵王昭胄、太尉陳顯達、尚書令徐孝嗣、右僕射沈文季、尚書沈淵、沈約、王亮奏論鉉，[3]帝答不許，再奏，乃從之。

[1]誅王晏：王晏，歷仕宋齊，宋明帝立，晏爲尚書令，進號驃騎大將軍，進爵爲公。晏自謂佐命維新，事多專決，明帝心疑，加以政敵進讒言，謂其與河東王鉉密謀不軌，因將王晏收誅。詳見《通鑑》卷一四一《齊紀七》"明帝建武四年"條。

[2]時年十九：《南史》卷四三此後記云："聞收至，欣然曰：'死生命也，終不斆建安乞爲奴而不得。'仰藥而卒。"

[3]奏論鉉：指爲蕭鉉立後事。按，以上諸人本書均有傳。

史臣曰：陳思王表云"權之所存，雖踈必重；勢之所去，雖親必輕"。[1]若夫六代之興亡，曹冏論之當矣。[2]分珪命社，[3]實寄宗城，[4]就國之典，[5]既隨世革，卿士入朝，作貴蕃輔。皇王託體，同禀尊極，仕無常資，秩有恒數，禮地兼隆，易生猜疑。[6]世祖顧命，[7]情深尊嫡，淵圖遠算，意在無遺。[8]豈不以群王少弱，未更多難，高宗清謹，同起布衣，故韜末命於近親，寄重權於踈戚，[9]子弟布列，外有强大之勢，踈親中立，[10]

可息覬覦之謀，表裏相維，足固家國。曾不慮機能運衡，[11]寡以制衆，宗族殲滅，一至於斯。[12]曹植之言信之矣。

[1]陳思王：指三國魏曹植，陳思王爲其封號。　表：指曹植所上《陳審舉表》，陳述君王應慎重選用人才。見《漢魏六朝百三家集·陳思王集》。按，所引表中二句意謂：如果掌握了權力，雖非皇親，其地位仍很尊貴；如果失去權力，即使是皇親，也微不足道。

[2]曹冏：三國魏宗室，字元首，曾爲弘農太守。爲少帝曹芳族祖。是時司馬氏專權，曹冏作《六代論》（文中六代指夏、殷、周、秦、漢、魏），歷論各代興亡之道，尤其指出朝廷與藩王關係不調之害，或“尾大難掉”，或“子弟王空虛之地”，結果都導致“朝無死難之臣，外無同憂之國，君孤立於上，臣弄權於下，本末不能相御，身首不能相使”，最後趨於滅亡。詳見《三國志》卷二〇《魏書·武文世王公傳》傳評裴松之注引《魏氏春秋》。

[3]分珪命社：指分封爵位，建立藩國。珪，即圭，寶玉。古代皇帝作爲賜爵的信物。

[4]宗城：以宗親爲屏障。

[5]就國：指藩王各歸封地。

[6]易生猜疑：猜疑原作“推擬”，中華本據南監本、毛本、殿本、局本改。今從改。

[7]世祖顧命：指齊武帝臨終遺詔托孤蕭鸞。詳見本書卷三《武帝紀》。

[8]意在無遺：《南史》卷四三作“意在求安”。朱季海《校議》云：“無遺謂無遺算，《南史》改舊文耳。”（第81頁）

[9]寄重權於踈戚：指齊武帝臨終托孤，將重權交托給非直系親屬的叔伯兄弟蕭鸞（即高宗）。

［10］踈親中立：中華本校勘記云："'踈親'南監本、殿本及《南史》作'支庶'。"朱季海《校議》云："疏親即承疏戚爲文，變'戚'言'親'，既以避複，兼欲以平仄相間，俾諧其宮商耳。《南史》自有所改作，二本援此以易蕭《書》舊文，非是。"（第81頁）

［11］機能運衡：指憑巧詐改變國家大局。按，武帝以爲與蕭鸞"同起布衣"，又"清慎"，故托以重任。豈料蕭鸞狡詐，一旦握權在手，便圖謀簒位。

［12］寡以制衆，宗族殲滅，一至於斯：指蕭鸞將高、武子孫消滅殆盡。按，"宗族殲滅，一至於斯"二句原無，中華本據南監本、殿本、局本、毛本及《南史》補，並校云："按'寡以制衆'南監本、殿本、局本及《南史》並作'權可制衆'。'一至於斯'毛本、局本作'一至於此'。"今從補。

贊曰：高十二王，始建封植。獻、昭機警，[1]威、江才力。[2]恭、簡恬和，[3]鄱、桂清識。[4]四王少盛，[5]同規謹敕。

［1］獻、昭：指臨川獻王蕭映和武陵昭王蕭曅。

［2］威、江：指長沙威王蕭晃和江夏王蕭鋒。

［3］恭、簡：指安成恭王蕭暠和始興簡王蕭鑑。

［4］鄱、桂：指鄱陽王蕭鏘和桂陽王蕭鑠。

［5］四王：指南平王蕭鋭、宜都王蕭鏗、晋熙王蕭銶、河東王蕭鉉。

南齊書　卷三六

列傳第十七

謝超宗　劉祥

謝超宗，[1]陳郡陽夏人也。[2]祖靈運，[3]宋臨川内史。[4]父鳳，元嘉中坐靈運事，同徙嶺南，[5]早卒。超宗元嘉末得還。與慧休道人來往，[6]好學，有文辭，盛得名譽。解褐奉朝請。[7]

[1]謝超宗：《南史》卷一九有附傳。

[2]陳郡：郡名。治陳縣，在今河南淮陽縣。　陽夏：縣名。治所在今河南太康縣。

[3]靈運：謝靈運，南朝宋著名詩人。宋文帝元嘉時，曾在臨川王劉義隆王府任内史，以行爲放縱，爲有司所糾，流徙廣州。元嘉十年（433）以謀反罪被誅，年四十九。《宋書》卷六七、《南史》卷一九有傳。

[4]臨川：郡名。治所在今江西撫州市臨川區。

[5]嶺南：地名。即嶺表、嶺外，指五嶺以南地區，相當今廣東、廣西一帶。

[6]慧休道人：惠休，南朝宋名僧，原名湯休。善作詩文，與鮑照齊名。參見鍾嶸《詩品下》。

[7]解褐：指初從仕，脱下布衣穿上官服。　奉朝請：古代諸侯朝見天子春朝稱朝，秋朝稱請。漢代退職大臣和皇親國戚以奉朝請官名定期參加朝會。南朝時爲安置閑散官員的官號，置於集書省。

新安王子鸞，[1]孝武帝寵子，超宗以選補王國常侍。[2]王母殷淑儀卒，[3]超宗作誄奏之，帝大嗟賞。曰："超宗殊有鳳毛，[4]恐靈運復出。"[5]轉新安王撫軍行參軍。[6]

[1]新安王子鸞：宋孝武帝劉駿第八子。初封襄陽王，尋改封新安王。《宋書》卷八〇、《南史》卷一四均有傳。

[2]選補：官職術語。指銓選補授。　常侍：王府屬官。有左右常侍，掌侍從顧問。秩八品。

[3]殷淑儀：宋武帝第六子南郡王劉義宣之女，宋孝武帝劉駿之堂妹，美姿色。孝武穢宮廷，密取之，假姓殷氏，封爲淑儀，生新安王子鸞。淑儀早卒，孝武悲不自勝。事見《南史》卷一一《后妃傳上》。

[4]鳳毛：中華本"鳳"字加專名號。朱季海《南齊書校議》（以下簡稱朱季海《校議》）云："《傳》云：超宗，祖靈運，父鳳。中華書局新點校本衹標'鳳'字，以爲人名，然《金樓子·雜記篇》：'世人相與呼父爲鳳毛，而孝武亦施之祖，便當可得通用。不知此言意何所出？'是鳳毛本當時通語，世人相與呼父，孝武亦施之超宗之祖，故云'恐靈運復出也'……然則'鳳毛'不當標作人名。《雜記篇》又云'超宗字幾卿，中拜率更令'，亦足爲蕭《傳》補遺。"（中華書局 1984 年版，第 81 頁）按，中華本《南

史》“鳳毛”之“鳳”未加專名號。

[5]恐靈運復出：《南史》卷一九此後云：“時右衛將軍劉道隆在御坐，出候超宗曰：‘聞君有異物，可見乎？’超宗曰：‘懸磬之室，復有異物邪。’道隆武人無識，正觸其父名，曰：‘旦侍宴，至尊説君有鳳毛。’超宗徒跣還内。道隆謂檢覓鳳毛，至闇待不得，乃去。”

[6]撫軍行參軍：撫軍將軍府代理參軍。撫軍將軍，南朝時爲榮譽加號。開府者位從公秩一品。行，官員任用類品之一。官闕未補，暫行充任。參軍，軍府屬吏。參謀府務。

泰始初，[1]爲建安王司徒參軍事，[2]尚書殿中郎。[3]三年，都令史駱宰議策秀才考格，[4]五問並得爲上，四、三爲中，二爲下，一不合與第。超宗議以爲：“片辭折獄，寸言挫衆，魯史褒貶，[5]孔《論》興替，[6]皆無俟繁而後秉裁。夫表事之淵，析理之會，豈必委牘方切治道。非患對不盡問，患以恒文弗奇。必使一通峻正，寧劣五通而常；[7]與其俱奇，必使一亦宜採。”[8]詔從宰議。

[1]泰始：宋明帝年號。

[2]建安王：劉休仁，宋文帝第十二子。泰始初，進位太尉，領司徒。《宋書》卷七二有傳。　司徒：最早見於《尚書·堯典》，舜時設有九官，其一爲司徒。周時名“司土”，職掌管理籍田。春秋時司徒專管民事。西漢時改丞相爲大司徒，掌民事。東漢去“大”字稱司徒，掌人民教化事，與太尉、司空合稱“三公”。晉、南北朝爲諸公之一，爲最高加官、榮譽虛號。秩一品。

[3]尚書殿中郎：尚書省左僕射屬官。掌殿中曹，處理郊廟、園陵、車駕行幸、朝儀等事。秩五品。詳見本書《百官志》。

[4]都令史：亦稱都事，尚書省屬官。與左右丞總知都臺事，處理尚書省日常事務。秩五品。　駱宰：其人身世不詳。　秀才：本指優秀人才。漢武帝元封四年（前107）始定爲舉士科目，令諸州各舉秀才一人。東漢避光武帝劉秀諱改稱茂才。三國魏復原稱。南朝宋、齊試以策問五道，以簽題高下定等第。多出任要職，爲時所重。因多由州郡國把持選舉，故多舉世家豪族子弟。

[5]魯史褒貶：《春秋》筆法嚴謹，一字即寓褒貶。魯史指《春秋》。晋范寧《春秋穀梁傳序》："一字之褒，寵踰華衮之贈；片言之貶，辱過市朝之撻。"

[6]孔《論》：指《論語》。孔子曾云："一言而興邦，一言而喪邦。"見《論語·子路》。

[7]必使一通峻正，寧劣五通而常：意謂考秀才，其中某一問如果答得正確深刻，勝過五問俱答但答得平常。

[8]必使一亦宜採：指某一答精通亦應録取。

遷司徒主簿，[1]丹陽丞。[2]建安王休仁引爲司徒記室，[3]正員郎，[4]兼尚書左丞中郎。[5]以直言忤僕射劉康，[6]左遷通直常侍。[7]太祖爲領軍，[8]數與超宗共屬文，愛其才翰。衛將軍袁粲聞之，[9]謂太祖曰："超宗開亮迥悟，善可與語。"取爲長史、臨淮太守。[10]粲既誅，太祖以超宗爲義興太守。[11]昇明二年，[12]坐公事免。詣東府門自通，[13]其日風寒慘厲，太祖謂四座曰："此客至，使人不衣自暖矣。"超宗既坐，飲酒數甌，辭氣横出，太祖對之甚歡。板爲驃騎諮議。[14]及即位，轉黄門郎。[15]

[1]司徒主簿：司徒府主簿。主簿掌管文書簿籍，監守印信，

在掾吏中居於首位。

[2]丹陽：縣名。治所在今安徽當塗縣東北。　丞：爲縣令之副。

[3]記室：指記室參軍。掌司徒府書翰有關事宜。

[4]正員郎：散騎侍郎的别稱。南朝屬集書省，掌侍從顧問。秩五品。

[5]尚書左丞中郎：尚書省左丞屬官。協助左丞掌禁令兼糾彈之事。

[6]僕射：尚書省長官。秩三品。　劉康：中華本校勘記云："按時無僕射劉康，惟劉秉於後廢帝時爲尚書僕射，疑'劉康'乃'劉秉'之訛。"

[7]通直常侍：通直散騎常侍，南齊屬集書省。掌侍從顧問。秩五品。

[8]太祖爲領軍：太祖爲齊高帝蕭道成廟號。本書卷一至卷二有紀。宋蒼梧王元徽二年（474），蕭道成遷中領軍。中領軍掌領禁軍左、右、前、後諸軍，軍權很大。秩三品。

[9]袁粲：仕宋，任尚書令、衛軍將軍，與蕭道成同爲宋後廢帝顧命大臣。後粲因不滿蕭道成專權，矯稱奉太后令起兵攻蕭，旋敗被誅。詳見《宋書》卷八九《袁粲傳》。

[10]取爲長史：指蕭道成任用謝超宗爲中領軍府長史。長史爲屬吏之長。　臨淮：郡名。治徐縣，在今江蘇泗洪縣。

[11]義興：郡名。治陽羨縣，在今江蘇宜興市。

[12]昇明：宋順帝年號。

[13]東府：在建康（今江蘇南京市）宫城東。清王鳴盛《十七史商榷》卷六四《東府》："張敦頤《六朝事迹·宫殿門》云：'有曰臺城，蓋宫省之所寓也；有曰東府，蓋宰相之所居也。'"按，當時蕭道成爲相國、太傅，鎮東府。　自通：自己通報登門（因謝受道成器重）。

[14]板：官制術語。自行任命，因將官職書於特製的板上，故

稱。 驃騎：指驃騎大將軍府。驃騎大將軍，武官最高榮譽加號。秩一品。 諮議：指諮議參軍。備顧問，參謀軍事。

[15]黄門郎：給事黄門侍郎的省稱，門下省官。掌奏事，直侍左右。秩五品。

有司奏撰立郊廟歌，[1]敕司徒褚淵、侍中謝朏、散騎侍郎孔稚珪、太學博士王咺之、總明學士劉融、何法冏、何曇秀十人並作，[2]超宗辭獨見用。

[1]郊廟歌：郊祀歌。古代朝廷祭祀天地時唱的祭歌。朝代更換後，須重新撰立郊祀歌。參見《樂府詩集·郊廟歌辭》。

[2]褚淵：本書卷二三、《南史》卷二八有傳。 謝朏：字敬冲，幼聰慧，善屬文，歷仕南朝宋、齊、梁。齊高帝曾問尚書王儉：'當今誰能爲五言?' 儉曰：'朏得父（指謝莊）膏腴。'"《梁書》卷一五、《南史》卷二〇有傳。 孔稚珪：本書卷四八、《南史》卷四九有傳。 太學博士：學官名。以在太學中教授太學生爲職。太學爲朝廷所立的最高學府。 王咺之：歷仕南朝宋、齊。東昏時，任中書舍人，與佞倖茹法珍、梅蟲兒等小人結爲唇齒，把持朝政，擅行殺戮。事見《南史》卷七七《恩倖傳》。 總明學士：指總明觀學士。總明觀南朝宋始立，是一種教學兼研究性的機構。隸屬於太常，設祭酒掌管，下有學士十人，分設玄、儒、文、史四學，分工研究。 劉融、何法冏、何曇秀：三人身世均不詳。中華本校勘記云："《南史》作'何法圖'。"

爲人仗才使酒，多所陵忽。在直省常醉，上召見，語及北方事，超宗曰："虜動來二十年矣，佛出亦無如何!" 以失儀出爲南郡王中軍司馬。[1]超宗怨望，謂人曰："我今日政應爲司驢。"[2]爲省司所奏，以怨望免官，禁錮十年。[3]司徒褚淵送湘州刺史王僧虔，[4]閣道壞，[5]墜水；僕射王儉嘗牛驚，跣下車。[6]超宗撫掌笑戲曰："落水三公，墮車僕射。"[7]前後言誚，稍布朝野。

[1]南郡王：齊高帝諸子無封南郡王者。齊武帝第二十三子封南郡王，但此時高帝在位，武帝尚在東宮，時間不合。疑爲齊高帝第十五子南平王蕭鋭。本書卷三五有傳。　中軍司馬：中軍將軍府司馬。司馬爲軍府佐吏，位在長史之下。

[2]我今日政應爲司驢：《南史》卷一九作："人問曰：'承有朝命，定是何府？'超宗怨望，答曰：'不知是司馬，爲是司驢；既是驢府，政應爲司驢。'"按，此乃超宗嫌官職小的牢騷語。

[3]禁錮：謂禁止做官或參與政治活動。

[4]湘州：州名。治所在今湖南長沙市。　王僧虔：歷仕南朝宋、齊，有文才，擅書藝。本書卷三三有傳。

[5]閣道：指河岸通向船艙的棧道。

[6]跣下車：指車上的王儉光着脚被甩下車。

[7]落水三公，墮車僕射：《南史》卷一九此句後云："彦回（褚淵）出水，霑濕狼藉。超宗先在僧虔舫，抗聲曰：'有天道焉，天所不容，地所不受；投畀河伯，河伯不受。'彦回大怒曰：'寒士不遜！'"

世祖即位，[1]使掌國史，除竟陵王征北諮議參軍，[2]領記室。愈不得志。超宗娶張敬兒女爲子婦，[3]上甚疑之。永明元年，敬兒誅，超宗謂丹陽尹李安民曰：[4]"往年殺韓信，今年殺彭越，尹欲何計？"[5]安民具啓之。上積懷超宗輕慢，使兼中丞袁彖奏曰：[6]

風聞征北諮議參軍謝超宗，根性浮險，率情躁薄。仕近聲權，[7]務先諂狎。[8]人裁疎黜，[9]亟便詆賤。[10]卒然面譽，旋而背毁。疑閒台賢，每窮詭舌。訕貶朝政，必聲凶言。腹誹口謗，莫此之甚；不敬不諱，罕與爲二。輒攝白從王永先到臺辨問：[11]“超宗有何罪過，詣諸貴皆有不遜言語，並依事列對。”永先列稱：“主人超宗恒行來詣諸貴要，每多觸忤，言語怨懟。與張敬兒周旋，許結姻好，自敬兒死後，惋歎忿慨。今月初詣李安民，語論‘張敬兒不應死’。安民道‘敬兒書疏，墨迹炳然，卿何忽作此語’？其中多有不遜之言，小人不悉盡羅縷諳憶。”如其辭列，則與風聞符同。超宗罪自已彰，宜附常准。[12]超宗少無行檢，[13]長習民慝。[14]狂狡之跡，聯代所疾；迷慠之釁，累朝點觸。[15]剗容掃轍，[16]久埋世表。[17]屬聖明廣愛，忍禍舒慈，[18]捨之憲外，許以改過。野心不悛，在宥方驕；才性無親，處恩彌戾。遂遘扇非端，[19]空生怨懟，恣罵毒於京輔之門，揚凶悖於卿守之席。此而不翦，國章何寄？此而可貸，孰不可容？請以見事免超宗所居官，解領記室。輒勒外收付廷尉法獄治罪。[20]超宗品第未入簡奏，[21]臣輒奉白簡以聞。[22]

[1]世祖：齊武帝蕭賾廟號。本書卷三有紀。

[2]竟陵王：名子良，字雲英，齊武帝蕭賾第二子。永明元年(483)，爲侍中、征北將軍、南兖州刺史。本書卷四〇有傳。謝超

宗任征北將軍府諮議參軍。

［3］張敬兒：仕齊爲車騎將軍，南陽太守，雍州刺史。《通鑑》卷一三五《齊紀一》“武帝永明元年”條：“敬兒意欲無限，常謂所親曰：‘吾妻復夢舉體熱矣。’又自言夢舊村社樹高至天，上聞而惡之……會有人告敬兒遣人至蠻中貨易，上疑其有異志。會上於華林園設八關齋，朝臣皆預，於坐收敬兒。敬兒脱冠貂投地曰：‘此物誤我！’丁酉，殺敬兒，並其四子。”

［4］丹陽尹：爲京城（今江蘇南京市）所在郡府長官。掌京城行政諸務並詔獄，地位頗重要。秩三品。　李安民：蘭陵人，歷仕宋齊。齊高帝即位，爲中領軍，封康樂侯。齊武帝時，爲丹陽尹，遷尚書左僕射。本書卷二七、《南史》卷四六均有傳。

［5］往年殺韓信，今年殺彭越，尹欲何計：《通鑑》卷一三五胡三省注：“用《漢書》薛公語，激發安民，使之作亂也。”按，韓信、彭越均爲漢功臣，均遭忌被殺。謝超宗引用薛公語，是暗諷齊武帝忌殺功臣。

［6］袁彖：字偉才，陳郡陽夏人，歷仕南朝宋、齊。齊時以中書郎兼御史中丞。詳見本書卷四八、《南史》卷二六本傳。

［7］聲權：指有聲望、有權力。

［8］諂狎：諂媚巴結。

［9］人裁疎黜：指別人剛被罷官。裁，通“纔”。

［10］詆賤：詆毀輕慢。

［11］攝白從王永先到臺辨問：指捉拿其從僕王永先到御史臺詢問。

［12］宜附常准：謂宜依照通常法律處理。

［13］超宗少無行檢：中華本校勘記云：“‘行檢’各本並作‘士行’。”朱季海《校議》云：“各本臆改。”（第82頁）按，行檢指行爲檢點有約束。

［14］民慝（tè）：指邪惡之人。慝，邪惡。

［15］累朝點觸：中華本校勘記云：“‘點’各本並作‘兼’。”

朱季海《校議》云："各本臆改。"（第82頁）按，點觸，指觸犯。

［16］剗容掃轍：形容品行污穢，如臉上洗下的污穢和路上掃起的污濁。

［17］久埋世表：中華本校勘記云："'埋'原訛'理'，今據南監本、殿本、局本改正。"今從改。

［18］忍禍舒慈：中華本校勘記云："'舒'各本並作'宣'。"朱季海《校議》云："各本臆改。"（第82頁）今按，舒慈，發慈悲之心。

［19］遘扇非端：中華本校勘記云："'遘'原作'遻'，不成字。張元濟校勘記云恐是'遘'字，今據張説改。按遘通'構'。各本作'連'，非。"朱季海《校議》云："'遘'作'遻'者，當由南渡剜補避高宗嫌名作'諱'，以後遞印模糊，遞修遞失，致令筆畫重疊，作字不成，遂訛爲'遻'耳。"（第82頁）

［20］廷尉：秦始置，掌刑獄。漢因之，秩中二千石。晋、南朝稱廷尉卿或稱大理寺。參見《續文獻通考·職官十三》。

［21］超宗品第未入簡奏：指謝超宗爲小官，品級低，未入大奏。簡，大。《論語·公冶長》："吾黨之小子狂簡。"何晏《集解》引孔安國曰："簡，大也。"

［22］白簡：彈劾官員的一般奏章。

世祖雖可其奏，以彖言辭依違，大怒，使左丞王逡之奏曰：[1]

臣聞行父盡忠，[2]無禮斯疾；農夫去草，見惡必耘。所以振纓稱良，登朝著績，未有尸位存私，[3]而能保其榮名者也。今月九日，治書侍御史臣司馬侃啓彈征北諮議參軍事謝超宗，[4]稱"根性昏動，率心險放，悖議爽真，嚻辭犯實，[5]親朋忍聞，[6]衣冠掩目，輒收付廷尉法獄治罪”。處劾雖重，文辭簡略，事入主書，[7]被却還外。其晚，兼御史中丞臣袁彖改奏白簡，始粗詳備。厥初隱衛，[8]寔彖之由。尋超宗植性險戾，稟行凶詖，豺狼野心，久暴遐邇。張敬兒潛圖反噬，罰未塞釁，[9]而稱怨痛枉，形于言貌。協附姦邪，疑間勳烈，構扇異端，譏議時政，行路同忿，有心咸疾。[10]而阿昧苟容，輕文略奏。[11]又彈事舊體，品第不簡，[12]而釁戾殊常者，皆命議親奏，以彰深釁。況超宗罪愈四凶，[13]過窮南竹，[14]雖下輒收，[15]而文止黄案，[16]沈浮𢗊見，[17]輕重相乖，此而不糾，憲綱將替。[18]彖才識疎淺，質幹無聞，憑戚昇榮，因慈荷任。不能克己厲情，少酬恩奬，撓法容非，用申私惠。何以糾正邦違，[19]式明王度？臣等參議，請以見事免彖所居官，解兼御史中丞，輒攝曹依舊下禁止視事如故。治書侍御史臣司馬侃雖承稟有由，而初無疑執，[20]亦合及咎。請杖督五十，[21]奪勞百日。[22]令史卑微，不足申盡，啓可奉行。侃奏彈之始，臣等並即經見加推糾，案入主書，方被却檢，疎謬之釁，伏追震悚。

[1]左丞：指尚書左丞，尚書左僕射屬官。掌按彈、貶黜等事。秩五品。　王逡之：字宣約，臨沂人。歷仕南朝宋、齊，好儒學。齊武帝時爲著作郎，撰《永明起居注》，官至侍中。本書卷五二、《南史》卷二四均有略傳。

[2]行父：春秋魯大夫季孫行父（即季文子）。曾對人說：“先

大夫臧文仲教行父事君之禮，行父奉以周旋，弗敢失隊，曰：‘見有禮於其君者，事之，如孝子之養父母也；見無禮於其君者，誅之，如鷹鸇之逐鳥雀也。’”詳見《左傳》文公十八年。

[3]尸位：居官。

[4]治書侍御史：御史臺官。掌舉奏六品以上官。秩六品。司馬侃：人名。其事不詳。

[5]悖議爽真，嚚辭犯實：指其議論荒謬、狂妄，胡言亂語。

[6]忍聞：豈忍聽，不忍聽。

[7]主書：戰國時魏國設置，爲主文書之官。晋復置，屬中書省，主文書。南齊置中書令史，掌呈奏案章，即主書。

[8]厥初隱衛：謂袁彖初心即想暗地庇護謝超宗（因袁彖與謝超宗是好友）。

[9]罰未塞釁：處罰未抵其罪過。

[10]有心咸疾：有正義感的人都痛恨。

[11]阿昧苟容，輕文略奏：此指袁彖有心包庇謝超宗，在奏文中大事化小。

[12]品第不簡：指官品大小没有分別。簡，分別。

[13]罪愈四凶：罪劣勝過四凶。四凶，相傳爲堯舜時代四個惡名昭著的部族首領。《左傳》文公十八年：“舜臣堯，賓於四門，流四凶族渾敦、窮奇、檮杌、饕餮，投諸四裔，以禦魑魅。是以堯崩而天下如一，同心戴舜以爲天子，以其舉十六相，去四凶也。”後世多用以比喻逆臣。中華本校勘記云：“‘愈’殿本作‘逾’。”

[14]過窮南竹：謂罪過罄竹難書。極言罪惡多，難以盡載。語出《吕氏春秋·明理》：“亂國之所生也，不能勝數，盡荊越之竹，猶不能書。”又《漢書》卷六六《公孫賀傳》：“南山之竹不足受我辭。”

[15]輒收：立即收捕。

[16]黄案：尚書省文案。《通鑑》卷一四二《齊紀八》“東昏侯永元元年”條：“並是五省黄案。”胡三省注：“案，文案也，藏

之以爲案據。尚書用黄札，故曰黄案。”

[17]沈浮彑見：指事實陳述不明白。彑，同“互”“彑”原訛“牙”，中華本據局本改正，並校云：“南監本、殿本作‘并’，非。”今從改。

[18]憲綱：法紀。按，中華再造善本作“憲網”，亦通。

[19]邦違：國家的邪惡。違，邪行。《國語·周語上》：“今虢公動匱百姓以逞其違。”韋昭注：“違，邪也。”

[20]疑執：執疑，指持懷疑態度。

[21]杖督五十：指杖刑，打五十大板。

[22]奪勞：指停職。

詔曰：“超宗釁同大逆，[1]罪不容誅。象匿情欺國，愛朋罔主，事合極法，[2]特原收治，免官如案，禁錮十年。”超宗下廷尉，[3]一宿髪白皓首。詔徙越州，[4]行至豫章，[5]上敕豫章内史虞悰曰：[6]“謝超宗令於彼賜自盡，勿傷其形骸。”

[1]釁：通“舋”，禍患。　大逆：指罪大惡極。多指謀反。

[2]極法：極刑，即死刑。

[3]廷尉：這裏指廷尉所設的監獄。

[4]越州：州名。治臨漳縣，在今廣西合浦縣東北。

[5]豫章：郡名。治所在今江西南昌市。

[6]虞悰：字景豫，會稽餘姚人。歷仕南朝宋、齊，至齊累遷爲豫章内史。本書卷三七、《南史》卷四七均有傳。

明年，超宗門生王永先又告超宗子才卿死罪二十餘條。上疑其虚妄，以才卿付廷尉辯，以不實見原。永先於獄自盡。

劉祥字顯徵，[1]東莞莒人也。[2]祖式之，[3]吴郡太守。[4]父敳，[5]太宰從事中郎。[6]

[1]劉祥：《南史》卷一五有附傳。

[2]東莞：郡名。南朝治莒縣，即今山東莒縣。

[3]式之：字延叔，仕宋，爲宣城、淮南二郡太守。從征關洛有功，封德陽縣五等侯，卒，謚曰恭。《宋書》卷四二、《南史》卷一五均有附傳。

[4]吴郡：郡名。治所在今江蘇蘇州市。

[5]敳（ái）：式之長子，仕宋，曾官黄門侍郎等職。《宋書》卷四二、《南史》卷一五對其略有介紹。

[6]太宰從事中郎：太宰府從事中郎。太宰爲衆官之首，總理政務。南朝時亦稱太師。從事中郎，晋以後凡位從公以上的均置從事中郎一人，職參謀議。秩六品。

祥宋世解褐爲巴陵王征西行參軍，[1]歷驃騎、中軍二府，[2]太祖太尉東閤祭酒，[3]驃騎主簿。建元中，[4]爲冠軍、征虜功曹，[5]爲府主武陵王曅所遇。[6]除正員外。[7]

[1]巴陵王：名休若，宋文帝劉義隆第十九子。曾爲荆州刺史，加都督、征西大將軍。《宋書》卷七二、《南史》卷一四均有傳。

[2]驃騎、中軍二府：指驃騎將軍和中軍將軍二軍府。

[3]太祖太尉東閤祭酒：太祖蕭道成宋末爲太尉。劉祥任太尉府東閤祭酒。南朝時凡位從公以上，其府各置東、西閤祭酒，分主

東西閣内衆事。

[4]建元：齊高帝年號。

[5]冠軍、征虜功曹：冠軍將軍府和征虜將軍府功曹。功曹亦稱功曹從事、功曹參軍，軍府或州府屬官。掌管考查記録功勞。

[6]爲府主武陵王曅所遇：指劉祥在武陵王郡府任職並爲其賞識。武陵王曅，齊高帝蕭道成第五子。建元三年（481），出爲持節、都督會稽、東陽、新安、永嘉、臨海五郡軍事，會稽太守。本書卷三五有傳。

[7]正員外：正額以内的員外郎。軍府或公府屬官。

祥少好文學，性韻剛疎，輕言肆行，不避高下。司徒褚淵入朝，以腰扇鄣日，[1]祥從側過，曰："作如此舉止，羞面見人，扇鄣何益?"淵曰："寒士不遜。"祥曰："不能殺袁、劉，安得免寒士?"[2]永明初，遷長沙王鎮軍，[3]板諮議參軍，撰《宋書》，譏斥禪代，[4]尚書令王儉密以啓聞，[5]上銜而不問。歷鄱陽王征虜，[6]豫章王大司馬諮議，[7]臨川王驃騎從事中郎。[8]

[1]以腰扇鄣日：《通鑑》卷一三五《齊紀一》"高帝建元二年"條作"以腰扇障日"。胡三省注："腰扇，佩之於腰，今謂之摺疊扇。"

[2]不能殺袁、劉，安得免寒士：《通鑑》卷一三五胡三省注："謂殺袁粲、劉秉也。"按，宋末褚淵、袁粲、劉秉與蕭道成均爲顧命大臣，蕭出鎮東府，爲司空、録尚書事、驃騎大將軍，袁遷中書令，劉遷尚書令，褚淵加開府儀同三司，衛將軍，當時號稱"四貴"。後來袁、劉擁蕭移宋立齊，褚淵素相憑附蕭道成，因此一力促成。劉祥對"四貴"背宋立齊、尤其是對褚淵諂事新朝更是嗤之

以鼻。又按，《南史》將此語列爲謝超宗語。唐長孺《讀史釋詞》："東晉、南朝自稱或被稱爲'寒士'的……大都是先代官位不顯的士人，或者士族中的衰微房分。最基本的一點，他們仍是士人，不是寒人。"又云："褚淵斥劉祥爲寒士，在於貶低他的門第，而劉祥的答辭則以自己的官位不顯爲言，二人對寒士一辭的解釋不同。"（見《魏晋南北朝史論拾遺》，中華書局 1983 年版，第 253—257 頁）

[3]遷長沙王鎮軍：劉祥在鎮軍將軍府爲屬吏。長沙王，即蕭晃，齊高帝蕭道成第四子。曾爲鎮軍將軍、南徐州刺史。詳見本書卷三五《高帝十二王傳》。

[4]撰《宋書》，譏斥禪代：《通鑑》卷一三五胡三省注："（祥之祖）劉穆之，宋朝佐命元臣，祥以是得罪於齊，可謂無忝厥祖矣。"

[5]王儉：字仲寶，琅琊臨沂人。歷仕宋齊。被齊高帝知遇，累仕顯官。詳見本書卷二三本傳。

[6]歷鄱陽王征虜：劉祥在征虜將軍府爲屬吏。鄱陽王：蕭鏘，齊高帝蕭道成第七子。曾爲征虜將軍、丹陽尹。詳見本書卷三五《高帝十二王傳》。

[7]豫章王：蕭嶷，齊高帝蕭道成第二子。永明五年（487），進位大司馬。詳見本書卷二二《豫章文獻王傳》。　大司馬：與丞相、御史大夫並爲"三公"，掌邦政。　諮議：指諮議參軍。

[8]臨川王：蕭映，齊高帝蕭道成第三子。永明初，入爲侍中，驃騎將軍。詳見本書卷三五《高帝十二王傳》。

祥兄整爲廣州，卒官，祥就整妻求還資，事聞朝廷。於朝士多所貶忽。王奐爲僕射，[1]祥與奐子融同載，[2]行至中堂，[3]見路人驅驢，祥曰："驢！汝好爲之，如汝人才，皆已令僕。"[4]著《連珠》十五首以寄其懷。[5]辭曰：

蓋聞興教之道，無尚必同；[6]拯俗之方，理貴祛弊。故揖讓之禮，[7]行乎堯舜之朝；干戈之功，盛於殷周之世。清風以長物成春，素霜以凋嚴戒節。

蓋聞鼓蕟懷音，[8]待揚桴以振響；[9]天地涵靈，資昏明以垂位。是以俊乂之臣，[10]借湯、武而隆；[11]英達之君，假伊、周而治。[12]

蓋聞懸饑在歲，[13]式羨藜藿之飽；[14]重炎灼體，不念狐白之温。[15]故才以偶時爲劭；[16]道以調俗爲尊。

蓋聞習數之功，[17]假物可尋；探索之明，[18]循時則缺。[19]故班匠日往，[20]繩墨之伎不衰；大道常存，機神之智永絶。[21]

蓋聞理定於心，不期俗賞；情貫於時，無悲世辱。故芬芳各性，不待汨渚之哀；[22]明白爲寶，無假荆南之哭。[23]

蓋聞百仞之臺，不挺陵霜之木；[24]盈尺之泉，時降夜光之寶。[25]故理有大而乖權；[26]物有微而至道。

蓋聞忠臣赴節，不必在朝；列士匡時，義存則幹。[27]故包胥垂涕，[28]不荷肉食之謀；[29]王歜投身，不主廟堂之筭。[30]

蓋聞智出乎身，理無或困；聲係於物，才有必窮。故陵波之羽，[31]不能净浪；盈岫之木，無以輟風。[32]

蓋聞良寶遇拙，則奇文不顯；達士逢讒，則英才滅耀。故墜葉垂蔭，明月爲之隔輝；堂宇留光，蘭燈有時不照。[33]

蓋聞迹慕近方，必勢遺於遠大；情係驅馳，[34]固理忘於肥遯。[35]是以臨川之士，時結羨網之悲；[36]負肆之氓，不抱屠龍之歎。[37]

蓋聞數之所隔，[38]雖近則難；情之所符，雖遠則易。是以陟歎流霜，[39]時獲感天之誠；泣血從刑，[40]而無悟主之智。

蓋聞妙盡於識，神遠則遺；功接於人，情微則著。故鍾鼓在堂，萬夫傾耳；大道居身，有時不遇。

蓋聞列草深岫，不改先冬之悴；植松澗底，無奪後凋之榮。故展禽三黜，[41]而無下愚之譽；千秋一時，[42]而無上智之聲。

蓋聞希世之寶，違時則賤；偉俗之器，無聖必淪。故鳴玉黜於楚岫，[43]章甫窮於越人。[44]

蓋聞聽絶於聰，[45]非疾響所握；[46]神閉於明，[47]非盈光所燭。故破山之雷，不發聾夫之耳；朗夜之輝，不開矇叟之目。

[1]王奂：歷仕南朝宋、齊。永明間，遷尚書僕射，又遷尚書令。官職顯赫。本書卷四九有傳。

[2]融：王融，字元長，文才出衆，仕齊，爲中書郎。本書卷四七有傳。

[3]中堂：地名。在今江蘇南京市城内古建康城宣陽門外。

[4]“驢”至“令僕”：譏諷後任令、僕等大官的人，不過是像驢一樣的蠢才。

[5]《連珠》：文體名。起於漢章帝時，班固、賈誼、傅毅皆有作。其體不實説事情，祇以華麗文旨，假譬喻委婉表達其意，如明珠之連貫，故稱連珠。晉陸機又加以擴充，所作稱“演連珠”。參見《文選》連珠類題注。

[6]尚：上，高上。《孟子·萬章》：“舜尚見帝。”趙岐注：“尚，上也。”　同：指與流俗相同。《老子》：“和其光，同其塵。”

[7]揖讓：原指賓主相見的禮儀，代指文德，與干戈征伐相對。《文選》卷四七袁宏《三國名臣序贊》：“揖讓之與干戈，文德之與武功，莫不宗匠陶鈞，而群才緝熙。”李善注：“《孔從子》：曾子謂子思曰：‘舜禹揖讓，湯武用師，非相詭，乃時也。’”

[8]鼓鼖（fén）：鼖鼓，大鼓，古代軍中所用。《周禮·考工記》：“鼓長八尺，鼓（身）四尺，中圍加三之一，謂之鼖鼓。”鄭玄注：“大鼓謂之鼖，以鼖鼓鼓軍事。”

[9]桴（fú）：鼓槌。通“枹”。

[10]俊乂（yì）：才德出衆的人。

[11]湯、武：指成湯、周武王。歷史上的明君。

[12]伊、周：佐殷賢臣伊尹和佐周賢臣周公旦。

[13]懸饑在歲：指糧食匱乏的饑荒之年。懸，空虚，匱乏。《三國志》卷一三《魏書·王肅傳》：“糧縣而難繼，實行軍之大忌也。”

[14]藜藿：藜和藿，兩種野菜，可以充饑。這裏泛指粗劣的飯菜。

[15]重炎灼體，不念狐白之温：指炎熱之時，不會想到狐毛皮衣。狐白，狐腋下的白毛，用其製成的裘衣極温暖。

[16]偶時：與時尚相合。　劭：美好。

[17]習數：學習技藝。《孟子·告子上》：“今夫弈之爲數，小

數也。”趙岐注：“數，技也。”

［18］探索：指探賾索隱。《易・繫辭上》：“探賾索隱，鉤深致遠，以定天下之吉凶……”孔穎達疏“探謂闚探求取，賾謂幽深難見……索謂求索，隱謂隱藏。”謂探討索取幽深隱微的事理。

［19］循時：謂追隨時俗。

［20］班匠：公輸班與匠石，皆爲古代巧匠。漢王褒《洞簫賦》：“於是班匠施巧，夔妃準法。”

［21］大道常存，機神之智永絶：衹要遵守返樸歸真的大道，玩弄機巧功利的人就會絶迹。大道，這裏指老莊清静無爲、返樸歸真之道。機神，指機巧功利之心。《莊子・天地》：“吾聞之吾師，有機械者必有機事，有機事者必有機心。機心存於胸中，則純白不備。”

［22］汨渚：指汨羅江，在湖南東北部。戰國楚屈原憂憤國事，懷石自沉於此。

［23］荆南之哭：用羊祜典。《世説新語・言語》“羊叔子自復佳耳”劉孝標注引《晋諸公贊》：“羊祜字叔子……累遷都督荆州諸軍事。自在南夏，吴人悦服，稱曰羊公，莫敢名者。南州人聞公喪，號哭罷市。”

［24］陵霜之木：指不畏霜寒的松柏巨木。

［25］夜光之寶：指夜光珠。漢桓譚《新論》：“夫連城之璧，瘞影荆山；夜光之珠，潛輝鬱浦。”

［26］乖權：謂違背法度，失當。

［27］義存則幹：意謂衹要滿懷忠義，則謀事必可告大功。

［28］包胥垂涕：包胥，即申包胥，春秋楚人。楚遭吴侵，包胥赴秦求救兵，以紓國難。初未允，包胥依於庭墻而哭，日夜不絶聲，勺飲不入口七日，秦王受感動，出師救楚。詳見《左傳》定公四年。

［29］不荷肉食之謀：意謂有本領的人却不能當擔國家重任；而當擔國家重任的，却是一些白吃俸禄的蠢才。肉食之謀，語出《左

傳》莊公十年：“公將戰，曹劌請見，其鄉人曰：‘肉食者謀之，又何間焉。’劌曰：‘肉食者鄙，未能遠謀。’”。

[30]王歜投身，不主廟堂之筭：王歜，不詳。從下句“不主廟堂之算”看，似指戰國齊顔斶（《漢書》作“歜”）。《戰國策·齊策四》載：顔斶見齊宣王，以高論令宣王敬服，“願請受爲弟子”，並以高禄挽留。斶辭曰：“斶願得歸，晚食以當肉，安步以當車，無罪以當貴，清静貞正以自虞。制言者，王也；盡忠直言者，斶也。言要道已備矣，願得賜歸，安行而反臣之邑屋。”

[31]陵波之羽，不能净浪：謂飄浮於波浪上的水鳥，不能將波浪洗乾净。

[32]盈岫之木，無以輟風：謂滿山的樹木，不能阻擋住風，讓它停止。

[33]蘭燈有時不照：此句意謂燈光即使很亮，有的地方還是照不着。蘭燈，形容精致的燈。

[34]情係驅馳：指熱衷於在官場奔走。

[35]肥遯：隱居避世。《易·遯》：“上九，肥遯，無不利。”孔穎達疏：“《子夏傳》曰：‘肥，饒裕也’……上九最在外極，無應於内，心無疑顧，是遯之最優，故曰肥遯。”按，“遯”同“遁”。

[36]臨川之士，時結羨網之悲：典出《淮南子·説林》：“臨河而羨魚，不若歸家織網。”又《漢書》卷五六《董仲舒傳》：“古人有言曰：‘臨淵羨魚，不如退而結網。’”比喻與其空有願望，不如拿出實際行動。

[37]屠龍：喻指奇特之志向和高超而脱離實際無所用的技藝。典出《莊子·列禦寇》：“朱泙漫學屠龍於支離益，單千金之家，三年技成，而無所用其巧。”

[38]數之所隔：指命運的乖隔。

[39]陟歎流霜：用漢鄒衍冤獄典。《文選》卷三九江淹《詣建平王上書》：“昔者賤臣叩心，飛霜擊於燕地。”李善注引《淮南

子》："鄒衍盡忠於燕惠王，惠王信譖而繫之，鄒子仰天而哭，正夏而天爲之降霜。"

[40]泣血從刑：用漢鼂錯冤殺典。錯爲漢景帝御史大夫，忠於漢室，出謀獻策，請削諸侯王權柄，維護中央集權。吴楚七國俱反，請誅鼂錯。錯竟以"大逆無道"罪，被腰斬於市。詳見《漢書》卷四九《鼂錯傳》。

[41]展禽三黜：《論語·微子》："柳下惠（字展禽）爲士師，三黜，人曰：'子未可以去乎？'曰：'直道而事人，焉往而不三黜？枉道而事人，何必去父母之邦？'"後因以"展禽三黜"表示因持直道而官場失意，屢受挫折。

[42]千秋一時：千秋，漢初人。爲高寢郎，會衛太子爲江充所譖敗，千秋訟太子冤。漢武帝感悟，拜爲大鴻臚，數月遂爲丞相，恩寵一時。《史記》卷九六、《漢書》卷六六均有傳。

[43]鳴玉黜於楚岫：用和氏之璧典。《韓非子·和氏》載：楚人卞和得玉璞於楚山中，奉獻給厲王，玉人鑒定説是石，王以爲誑，刖其左足。武王即位，卞和又奉獻，鑒定結果相同，又被刖掉右足。後來文王即位，卞和抱璞哭於楚山之下，三日三夜，淚盡而流血。文王聽説，使人問其故，卞和曰："吾非悲刖也，悲夫寶玉而題之以石，貞士而名之以誑。"王乃使玉人碎其璞而得寶玉，遂名曰"和氏之璧"。

[44]章甫窮於越人：章甫，儒者冠名。《禮記·儒行》："丘少居魯，衣逢掖之衣；長居宋，冠章甫之冠。"孫希旦《集解》："章甫，殷玄冠之名，宋人冠之。"又《莊子·逍遥游》："宋人資章甫而適諸越，越人斷髮文身，無所用之。"

[45]聽絶於聰：聰，指聽覺，聽力。語出《易·夬》："聞言不信，聰不明也。"

[46]非疾響所握：中華本校勘記云："'握'南監本、殿本、局本作'達'。"

[47]明：指視覺，視力。

有以祥《連珠》啓上者，上令御史中丞任遐奏曰：[1]“祥少而狡異，長不悛徙，請謁絶於私館，反脣彰於公庭，[2]輕議乘輿，[3]歷貶朝望，肆醜無避，縱言自若。厥兄浮櫬，[4]天倫無一日之悲，南金弗獲，[5]嫂姪致其輕絶，孤舟敻反，[6]存没相捐，遂令暴客掠奪骸柩，行路流歎，有識傷心。攝祥門生孫狼兒列‘祥頃來飲酒無度，[7]言語闌逸，道説朝廷，亦有不遜之語，實不避左右，非可稱紙墨。兄整先爲廣州，於職喪亡，去年啓求迎喪，還至大雷，[8]聞祥與整妻孟争計財物瞋忿，祥仍委前還，後未至鵲頭，[9]其夜遭劫，内人並爲凶人所淫略’。如所列與風聞符同。請免官付廷尉。”

[1]任遐：字景遠，少敦學業，家行甚謹，位御史中丞、金紫光禄大夫。《南史》卷五九有附傳。

[2]反脣：翻唇。形容不服氣或鄙視傲岸的神情。

[3]乘輿：代指皇帝或王侯。漢賈誼《新書·等齊》：“天子車曰乘輿，諸侯車曰乘輿，乘輿等也。”

[4]浮櫬：猶浮厝。謂暫時把靈柩停放在地面上，周圍用磚石等砌封，以待改葬。

[5]南金弗獲：指其兄生前所借金錢，嫂不能償還。南金，原指南方出産的銅。《詩·魯頌·泮水》：“元龜象齒，大賂南金。”毛傳：“南謂荆揚也。”鄭玄箋：“荆揚之州，貢金三品。”孔穎達疏：“金即銅也。”後亦以南金泛指金錢。

[6]敻（xiòng）反：遠返。敻，遠。

[7]攝祥門生：收捕劉祥門徒。

[8]大雷：大雷戍，在今安徽望江縣。

[9]鵲頭：鵲洲頭，在今安徽銅陵、繁昌二縣之間的江上洲渚。

上別遣敕祥曰："卿素無行檢，朝野所悉。輕棄骨肉，侮蔑兄嫂，此是卿家行不足，乃無關他人。卿才識所知，蓋何足論。位涉清途，[1]於分非屈。何意輕肆口噦，[2]詆目朝士，造席立言，必以貶裁爲口實。冀卿年齒已大，能自感厲，日望悛革。如此所聞，轉更增甚，諠議朝廷，不避尊賤，肆口極辭，彰暴物聽。近見卿影《連珠》，[3]寄意悖慢，彌不可長。卿不見謝超宗，其才地二三，[4]故在卿前，事殆是百分不一。[5]我當原卿性命，令卿萬里思愆。卿若能改革，當令卿得還。"

[1]位涉清途：已登清要之職，按指員外郎。

[2]口噦（yuě）：謂口出濁惡之言。噦，濁惡之聲。

[3]影《連珠》：謂作《連珠》以影射，借此諷彼。

[4]才地二三：謂才能次第不相等。

[5]事殆是百分不一：意指以前有的人犯罪過比你小得多而被刑戮。

獄鞫祥辭。[1]祥對曰：

"被問'少習狡異，長而不悛，頃來飲酒無度，輕議乘輿，歷貶朝望，每肆醜言，無避尊賤'。迂答奉旨。囚出身入官，二十餘年，沈悴草萊，無明天壤。[2]皇運初基，便蒙抽擢，[3]祭酒主簿，並皆先朝相府。[4]聖明御宇，[5]榮渥彌隆，諮議中郎，一年再澤。[6]廣筵華宴，必參末列，[7]朝半問訊，時奉天暉。囚雖頑愚，豈不識恩？有何怨望，敢生譏議？囚歷府以來，[8]伏事四王：武陵功曹，凡涉二載；長沙諮議，故經少時；奉隸大司馬，並被恩拂，驃騎中郎，親職少日；臨川殿下不遺蟲蟻，賜參辭華。司徒殿下文德英明，四海傾屬。囚不涯卑遠，隨例問訊，時節拜覲，亦沾眄議。自餘令王，未被衹拜，既不經伏節，理無厚薄。敕旨製書，令有疑則啓。囚以天日懸遠，未敢塵穢。私之疑事，衛將軍臣儉，宰輔聖朝，令望當世，囚自斷才短，密以諮儉，[9]儉爲折衷，紙迹猶存。未解此理云何敢爲‘歷貶朝望’。云囚‘輕議乘輿’，爲向誰道？若向人道，則應有主甲，[10]豈有事無髣髴，空見羅謗？囚性不耐酒，親知所悉，强進一升，便已迷醉。”

其餘事事自申。乃徙廣州。祥至廣州，不得意，終日縱酒，少時病卒，年三十九。

[1]獄鞫祥辭：指獄官推問劉祥，對於原告所揭發有何辯辭。

[2]沈悴草萊，無明天壤：指原先一介平民，懷才不遇。

[3]皇運初基，便蒙抽擢：指齊王朝初建基礎之時，即高帝蕭道成在宋末爲相國時，劉祥便受到賞識，得以啓用。

[4]先朝相府：指宋末齊高帝蕭道成爲太尉、相國時，劉祥即爲太尉東閤祭酒、驃騎主簿。

[5]聖明御宇：指蕭道成受宋禪爲帝，廢宋立齊。

[6]一年再澤：指建元初，劉祥先爲冠軍征虜功曹，又除正員外。

[7]必參末列：列，原訛“例”，中華本校勘記云：“張森楷《校勘記》云當作‘末列’，今據改。”

[8]歷府：指多年在各王府任職。按，劉祥前後任職於武陵王蕭曅、鄱陽王蕭鏘、長沙王蕭晃、臨川王蕭映及豫章文獻王蕭嶷等諸王府。

[9]密以諮儉：劉祥謂其所寫《連珠》，曾與大臣王儉密議過。下句謂王儉還寫有評語，紙迹猶存。

[10]主甲：猶當事證明人。

祥從祖兄彪，[1]祥曾祖穆之正胤。[2]建元初，降封南康縣公，[3]虎賁中郎將。[4]永明元年，坐廟墓不脩削爵。[5]後爲羽林監。[6]九年，又坐與亡弟母楊別居，不相料理，楊死不殯葬，崇聖寺尼慧首剃頭爲尼，以五百錢爲買棺材，以泥洹轝送葬劉墓。[7]爲有司所奏，事寢不出。

[1]祥從祖兄彪：劉彪，《南史》卷一五有附傳。

[2]祥曾祖穆之：劉穆之，字道和，世居京口。東晉末，見知於宋武帝劉裕，官至尚書左僕射，内總朝政，外供軍旅，决斷如流。《宋書》卷四二、《南史》卷一五有傳。　正胤：嫡傳後代。

[3]南康縣公：南康縣，治所在今江西贛州市東北。中華本校勘記云："'南康縣公'《南史》作'南康縣侯'，《元龜》二百九十三同。"

[4]虎賁中郎將：《周禮·夏官》有虎賁氏，掌王出入儀衛之事。虎賁，言如猛虎之奔走，喻其勇猛。至漢置虎賁中郎將，主宿衛，歷朝因之。參見《文獻通考》卷五九《虎賁中郎將》。

[5]廟：古代指供奉祖先神主的祠廟，俗稱祠堂。　墓：指祖宗墳墓。　削爵：指削除"南康縣公"封爵。

[6]羽林監：掌宿衛侍從。以宿殿陛巖下室中，又稱"巖郎"。

[7]泥（niè）洹（yuán）轝（yú）：涅槃車輿，即送葬之靈

車。“轝”通“輿”。

史臣曰：魏文帝云“文人不護細行”，[1]古今之所同也。由自知情深，在物無競，身名之外，一概可蔑。既徇斯道，其弊彌流，聲裁所加，[2]取忤人世。向之所以貴身，翻成害己。故通人立訓，[3]爲之而不恃也。

[1]文人不護細行：語出魏文帝曹丕《與吴質書》：“觀古今文人，類不護細行，鮮能以名節自立。”

[2]聲裁：猶名望。

[3]通人：指學問淵博通達事理的人。

贊曰：超宗藴文，祖構餘芬。[1]劉祥慕異，言亦不群。違朝失典，流放南濆。

[1]祖構餘芬：祖，原作“粗”。中華本校勘記云：“殿本《考證》萬承蒼云：‘粗疑當作祖，謂有靈運之餘芬也。祖構二字見《三都賦序》。’今據改。”今從改。

南齊書　卷三七

列傳第十八

到撝　劉悛　虞悰　胡諧之

到撝字茂謙,[1]彭城武原人也。[2]祖彥之,[3]宋驃騎將軍。[4]父仲度,[5]驃騎從事中郎。[6]

[1]到撝:《南史》卷二五有附傳。

[2]彭城:郡名。治彭城縣,在今江蘇徐州市。　武原:縣名。治所在今江蘇邳州市。

[3]彥之:到彥之,字道豫。曾隨宋武帝征戰,多有戰功,以功封建昌縣公。

[4]驃騎將軍:武官名。漢始置,掌征伐,位次丞相。晋與南朝時成爲優禮大臣的加號。開府者位從公秩一品。

[5]仲度:到彥之幼子,有才用,早卒。《南史》卷二五《到彥之傳》略有提及。

[6]驃騎從事中郎:指驃騎將軍府從事中郎。從事中郎爲王府軍府重要屬官,職參謀議。秩六品。參見《文獻通考》卷六六《職官二十》。

攜襲爵建昌公。起家爲太學博士，[1]除奉車都尉，[2]試守延陵令，[3]非所樂，去官。除新安王北中郎行參軍，[4]坐公事免。除新安王撫軍參軍，未拜，新安王子鸞被殺，[5]仍除長兼尚書左民郎中。[6]明帝立，[7]欲收物情，以攜功臣後，[8]擢爲太子洗馬。[9]除王景文安南諮議參軍。[10]

[1]太學博士：學官名。漢始設太學，置五經博士，教授太學生。後各朝沿置。秩六品。參見《文獻通考》卷六六《職官二十》。

[2]奉車都尉：漢武帝時始置此官，掌陪奉皇帝車輿，入侍左右。南朝時屬集書省。秩六品。

[3]延陵：縣名。治所在今江蘇常州市武進區。

[4]除新安王北中郎行參軍：新安王，名子鸞，宋孝武帝劉駿第八子。初封始平王，後改封新安王，大明五年（461）爲北中郎將、南徐州刺史。《宋書》卷八〇、《南史》卷一四有傳。北中郎將，四中郎將之一，爲榮譽加銜。開府者位從公秩一品。本書《百官志》："四中郎將……宋齊以來唯處諸王，素族無爲者。"

[5]子鸞被殺：宋前廢帝劉子業即位，素疾子鸞有寵，乃遣使賜子鸞死。參見《宋書》卷八〇、《南史》卷一四《始平孝敬王子鸞傳》。

[6]長兼：古代加在官職名稱前，表示非正式任命。清錢大昕《廿二史考異》卷三六："'長兼者，未正授之稱。"　尚書左民郎中：尚書省左民尚書屬官。掌户籍。秩五品。

[7]明帝：指宋明帝劉彧。《宋書》卷八有紀。

[8]以攜功臣後：攜原作"爲"，中華本據南監本、殿本及《南史》校改。今從改。

［9］太子洗馬：東宫屬官。太子出行爲前導，後改爲掌管圖籍。秩七品。參見清顧炎武《日知録》卷二四《洗馬》。

［10］除王景文安南諮議參軍：王景文，即王彧，字景文，仕宋，官至尚書左僕射。《宋書》卷八五、《南史》卷二三有傳。安南，指安南將軍，“四安”將軍之一，原主征伐。南朝時爲榮譽加號。開府者位從公秩一品。到撝在軍府任諮議參軍參謀軍事。

撝資籍豪富，厚自奉養，[1]宅宇山池，京師第一，妓妾姿藝，皆窮上品。才調流贍，善納交遊，[2]庖厨豐腆，多致賓客。愛妓陳玉珠，明帝遣求，不與，逼奪之，撝頗怨望。帝令有司誣奏撝罪，[3]付廷尉，[4]將殺之。撝入獄，數宿鬚鬢皆白。免死，繫尚方，[5]奪封與弟賁。撝由是屏斥聲玩，更以貶素自立。[6]

［1］厚自奉養：《南史》卷二五此句後云：“供一身一月十萬。”

［2］善納交遊：交，原作“文”，中華本據南監本、殿本、局本及《南史》《册府元龜》卷九四六改正。今從改。

［3］有司：官吏。古代設官分職，各有專司，故稱。

［4］廷尉：司法之官。南朝爲列卿之一，主刑辟。秩三品。這裏代指司法機關。《漢書·百官公卿表上》顔師古注：“廷，平也，治獄貴平，故以爲號。”

［5］尚方：指尚方獄，屬少府監。參見《通典》卷二七《職官九》。清沈家本《獄考》：“南齊時尚方蓋有獄，故撝先繫廷尉，而後尚方也。”（載清沈家本《歷代刑法考（附寄簃文存）》，中華書局1985年版，第1177頁）

［6］更以貶素自立：中華本校勘記云：“‘貶素’《元龜》八百九十七作‘貞素’。”今按，貶，抑退，謙退。《孔子家語·在厄》：“子貢曰：‘夫子之道至大也，故天下莫能容夫子。夫子蓋少貶

焉。’”“貶素”謂謙退、儉樸，比“貞素”更切合實際。

帝除撝爲羊希恭寧朔府參軍，[1]徙劉韫輔國、王景文鎮南參軍，[2]並辭疾不就。尋板假明威將軍，[3]仍除桂陽王征南參軍，[4]轉通直郎，[5]解職。帝崩後，弟賁表讓封還撝，朝議許之。遷司徒左西屬，[6]又不拜。居家累年。

[1]羊希恭：中華本校勘記引張森楷《校勘記》云：“‘恭’字衍文，《宋書》紀傳可證。”今按，檢《宋書》卷五四、《南史》卷三六本傳均作“羊希”，字泰聞。宋明帝泰始三年（467），羊希爲寧朔將軍、廣州刺史。　寧朔：寧朔將軍，南朝時爲加給諸王的榮譽加號。開府者位從公秩一品。時到撝除寧朔將軍府參軍。

[2]劉韫：宋宗室長沙景王劉道憐之孫，字彦文。入齊，韫爲雍州刺史、輔國將軍。《宋書》卷五一、《南史》卷一三有傳。時到撝被除用爲輔國將軍府參軍。　鎮南：指鎮南將軍，爲“四鎮”將軍之一，南朝爲榮譽加號。開府者位從公秩一品。到撝同時在鎮南將軍府任參軍。

[3]板：自行除用。南朝時，公府軍府不經朝命而用白板授予官職。　假：暫署，臨時任用。　明威將軍：武官名。南朝宋始置，爲加官、散官性質的雜號將軍。

[4]桂陽王：名休範，宋文帝劉義隆第十八子。《宋書》卷七九、《南史》卷一四有傳。　征南參軍：指征南將軍府參軍。征南，即征南將軍，“四征將軍”之一，南朝爲榮譽加號。開府者位從公秩一品。

[5]通直郎：通直散騎常侍，南朝時集書省屬官。掌侍從顧問。秩五品。

[6]司徒左西屬：司徒府左西掾，與右西曹協辦司徒府事務。

南朝時司徒爲最高榮譽加銜之一。秩一品。

弟逌，元徽中爲寧遠將軍、輔國長史、南海太守，[1]在廣州。昇明元年，[2]沈攸之反，[3]刺史陳顯達起兵以應朝廷，[4]逌以猶預見殺。逌家人在都，從野夜歸，見兩三人持堊刷其家門，[5]須臾滅，明日而逌死問至。[6]撝遑懼，詣太祖謝，[7]即板爲世祖中軍諮議參軍。[8]建元初，遷司徒右長史，[9]出爲永嘉太守，[10]爲黄門郎，[11]解職。

[1]元徽：宋後廢帝年號。　寧遠將軍：南朝爲加官、散官性質的雜號將軍。　輔國長史：輔國將軍府長史。長史爲軍府屬吏之長。　南海：郡名。治所在今廣東廣州市。

[2]昇明：宋順帝年號。

[3]沈攸之反：宋荆州刺史沈攸之因不滿蕭道成把持朝政，自荆州起兵反，結果被平。詳見《通鑑》卷一三四《宋紀十六》“順帝昇明元年至二年”條。

[4]陳顯達：歷仕宋齊，宋末爲廣州刺史，加都督。本書卷二六《陳顯達傳》載：“沈攸之事起，顯達遣軍援臺（指朝廷），長史到逌、司馬諸葛導謂顯達曰：‘沈攸之擁衆百萬，勝負之勢未可知，不如保境蓄衆，分遣信驛，密通彼此。’顯達於座手斬之，遣表疏歸心太祖。”

[5]堊（è）：白色泥土。

[6]死問：指死亡的消息。

[7]太祖：齊高帝蕭道成廟號。本書卷一至卷二有紀。當時道成爲宋丞相，專攬大權。　謝：謝罪。

[8]世祖：齊武帝蕭賾廟號。本書卷三有紀。當時賾爲宋中軍將軍，板授到撝爲軍府諮議參軍，參謀軍事。按，中軍將軍爲南朝

榮譽加號，開府者位從公秩一品。

[9]建元初，遷司徒右長史：中華本校勘記云："'建元初'下《南史》有'國除'二字。蓋宋齊遞嬗之際，凡所受宋世封爵，例當廢除也。'右長史'《南史》作'左長史'。"

[10]永嘉：郡名。治永寧縣，在今浙江温州市。

[11]黄門郎：給事黄門侍郎的省稱。門下省屬官。掌奏事，直侍左右。秩五品。

世祖即位，遷太子中庶子，[1]不拜。又除長沙王中軍長史，[2]司徒左長史。宋世，上數遊會撝家，[3]同從明帝射雉郊野，[4]渴倦，撝得早青瓜，與上對剖食之。上懷其舊德，意眄良厚。[5]至是一歲三遷。

[1]太子中庶子：東宫官。職同侍中，掌奏事，直侍左右。秩三品。

[2]長沙王：名晃，字宣明，齊高帝蕭道成第四子，曾加中軍將軍。本書卷三五有傳。

[3]上數遊會撝家：指齊武帝蕭賾曾多次造訪到撝家。

[4]同從明帝射雉郊野：指蕭賾與到撝一同侍從宋明帝劉彧郊野射雉。

[5]眄（miǎn）：眷顧。

永明元年，[1]加輔國將軍，轉御史中丞。[2]車駕幸丹陽郡宴飲，[3]撝恃舊，酒後狎侮同列，言笑過度，[4]爲左丞庾杲之所糾，[5]贖論。[6]三年，復爲司徒左長史，轉左衛將軍。[7]隨王子隆帶彭城郡，[8]撝問訊，不修民敬，[9]爲有司所舉，免官。久之，白衣兼御史中丞。[10]轉臨川王驃騎長史，[11]司徒左長史，遷五兵尚書，[12]出爲輔國將軍、廬陵王中軍長史。[13]母憂去官，服未終，八年，卒，年五十八。

[1]永明：齊武帝年號。

[2]御史中丞：爲御史大夫之佐，亦稱御史中執法。受公卿奏事，舉劾案章，其權頗重。秩四品。參見《通典》卷二四《職官六》。

[3]車駕：指皇帝御駕。　丹陽郡：南朝時治京城建業縣，在今江蘇南京市。

[4]酒後狎侮同列，言笑過度：《南史》卷二五作："酒後狎侮同列，謂庾杲之曰：'蠢爾蠻荆，其俗鄙。'復謂虞悰曰：'斷髮文身，其風陋。'王晏既貴，雅步從容。又問曰：'王散騎復何故爾。'晏先爲國常侍，轉員外散騎郎，此二職清華所不爲，故以此嘲之。王敬則執樸查，以刀子削之，又曰：'此非元徽頭，何事自契之？'"

[5]左丞：尚書省屬官，與右丞分工主持尚書省事宜。左丞主臺内禁令，宗廟祭祀，朝儀禮制，選用置吏，並糾彈之事。秩五品。　庾杲之：本書卷三四有傳。　糾：糾彈，彈劾。

[6]贖論：以財物贖罪。

[7]左衛將軍：禁衛軍武將名。分掌宿衛營兵。秩四品。

[8]隨王子隆：隨郡王子隆，字雲興，齊武帝第八子。永明三年（485），爲輔國將軍、南琅邪、彭城二郡太守。本書卷四〇有傳。時由到撝代理處置彭城郡太守事務。

[9]民敬：指愛民之情。

[10]白衣：指平民身分。

[11]臨川王：名映，字宣光，齊高帝蕭道成第三子。永明元年（483），入爲侍中，驃騎將軍。本書卷三五有傳。

[12]五兵尚書：始置於三國魏，統領中兵、外兵、騎兵、別兵、都兵五曹。南齊五兵尚書衹領中兵、外兵二曹。秩三品。

[13]廬陵王：名子卿，字雲長，齊武帝第三子，曾還中軍將軍。本書卷四〇有傳。

弟賁，初爲衛尉主簿，[1]奉車都尉。昇明初，爲中書郎，[2]太祖驃騎諮議。[3]建元中，爲征虜司馬，[4]卒。

[1]衛尉：武官名。始置於秦，職掌宮門衛屯兵。南朝時衛尉統武庫，管理軍用器物，也掌宮城管鑰。秩三品。　主簿：多爲州郡屬官，這裏是指衛尉府屬官。負責文書簿籍，爲屬吏之首。

[2]中書郎：中書侍郎，南朝時爲中書監、令的副職。掌起草詔令。秩五品。

[3]驃騎諮議：指驃騎大將軍府諮議參軍。

[4]征虜：指征虜將軍。南朝時爲加官、散官性質的將軍，亦有開府置僚屬者。　司馬：爲軍府屬官，位在將軍之下，總理府事。

賁弟坦，解褐本州西曹。[1]昇明二年，亦爲太祖驃騎參軍。歷豫章王鎮西驃騎二府諮議。[2]坦美鬚髯，與世祖、豫章王有舊。坦仍隨府轉司空太尉參軍。[3]出爲晉安内史，[4]還又爲大司馬諮議，中書郎，卒。

[1]西曹：西曹掾，州府屬官。主府吏署用之事。

[2]豫章王：名嶷，字宣儼，齊高帝蕭道成第二子。宋末曾爲鎮西將軍與驃騎將軍。入齊後，歷任中書監、司空。永明五年(487)，進位大司馬、太尉。本書卷二二有傳。

［3］坦仍隨府轉司空太尉參軍：謂豫章王轉任司空、太尉，到坦也跟隨他爲司空府、太尉府參軍。按，“參軍”二字原闕，中華本據各本補。今從補。

［4］晋安内史：晋安郡治侯官縣，在今福建福州市。其地當時爲晋安王蕭子懋（齊武帝第七子）王國屬郡，故太守稱内史。

劉悛字士操，[1]彭城安上里人也。[2]彭城劉同出楚元王，[3]分爲三里，[4]以别宋氏帝族。[5]祖穎之，[6]汝南新蔡二郡太守。[7]父勔，[8]司空。[9]

［1］劉悛：《南史》卷三九有附傳。按，《南史》卷三九云：“悛本名忱，宋明帝多忌，反語‘劉忱’爲‘臨讎’，改名悛焉。”

［2］安上里：在彭城縣（今江蘇徐州市）境内，具體不明何地。

［3］彭城劉同出楚元王：指彭城姓劉之人皆是楚元王的後裔。楚元王，名交，字游，漢高祖同父少弟，封爲楚元王，領彭城等三十六縣。見《漢書》卷三六《楚元王傳》。

［4］分爲三里：《南史》卷一七《劉延孫傳》：“劉氏之居彭城者，分爲三里：帝室居綏輿里；左將軍劉懷肅居安上里；豫州刺史劉懷武居叢亭里……雖同出楚元王，由來不序昭穆。”又清錢大昕《廿二史考異》：“按宋武帝出自彭城綏里，其二里則安上、叢亭也。（漢）宣帝子囂爲楚孝王，其曾孫居巢侯般，般子太尉愷、愷子司空茂，徙居叢亭里，唐時知幾、秩、迅皆其裔也。叢亭劉雖出自漢，却非楚元王之後。”

［5］宋氏帝族：指南朝劉宋帝族。

［6］穎之：劉勔之父，仕東晋。征林邑，遇疾卒。見《宋書》卷八六《劉勔傳》。

［7］汝南：郡名。治所屢遷。東晋後移治懸瓠城，在今河南汝

南縣。　新蔡：郡名。南朝宋僑置，治固始縣，在今河南固始縣。

[8]劉勔：字伯猷，仕宋，官至尚書右僕射、中領軍，卒贈司空，謚曰忠昭公。《宋書》卷八六、《南史》卷三九均有傳。

[9]司空：南朝時爲最高榮譽加號之一。參見《通典》卷二〇《職官二》。

劉延孫爲南徐州，[1]初辟悛從事，[2]隨父勔征竟陵王誕於廣陵，[3]以功拜駙馬都尉，[4]轉宗慤寧蠻府主簿，[5]建安王司徒騎兵參軍。[6]復隨父勔征殷琰於壽春，[7]於横塘、死虎累戰皆勝。[8]歷遷員外郎，[9]太尉司徒二府參軍，代世祖爲尚書庫部郎。[10]遷振武將軍、蜀郡太守，[11]未之任，復從父勔征討，假寧朔將軍，[12]拜鄱陽縣侯世子。[13]轉桂陽王征北中兵參軍，與世祖同直殿内，爲明帝所親待，由是與世祖款好。[14]

[1]劉延孫：仕宋，孝武時，位侍中，累遷尚書右僕射，又出爲南徐州刺史。詳見《宋書》卷七八、《南史》卷一七本傳。　南徐州：治京口，在今江蘇鎮江市。

[2]從事：州郡佐吏名。輔佐州長官處理事務。

[3]竟陵王誕：劉誕，宋文帝第六子。與孝武帝相忌。時誕爲南兗州刺史、都督，駐廣陵。大明三年（459）起兵反，旋被討滅。《宋書》卷七九、《南史》卷一四有傳。參見《通鑑》卷一二九《宋紀十二》“孝武帝大明三年”條。　廣陵：地名。今江蘇揚州市。

[4]駙馬都尉：南朝時駙馬都尉屬集書省，掌侍從顧問。秩從五品。參見《文獻通考》卷六六《職官二十》。

[5]宗慤：字元幹，仕宋有功，遷寧蠻校尉、雍州刺史，加都

督。《宋書》卷七六、《南史》卷三七有傳。　寧蠻：寧蠻校尉，邊防官。主安邊軍政事宜，南朝時隸雍州。秩四品。

［6］建安王：名休仁，宋文帝劉義隆第十二子。明帝時，以休仁爲侍中、司徒、尚書令、揚州刺史，握權甚重。《宋書》卷七二、《南史》卷一四均有傳。　司徒：掌民事。南朝時爲最高榮譽加號之一。　騎兵參軍：公府屬吏。掌公府騎兵曹。

［7］殷琰：字敬珉，仕宋。明帝泰始元年（465），江州刺史晋安王劉子勛起兵反，時琰爲豫州刺史，駐壽春（今安徽壽縣）。參軍杜叔寶等勸琰同逆，琰素無部曲，無以自立，受制於叔寶。次年正月，明帝遣輔國將軍劉勔西討，叔寶等反抗，琰終出降，勔撫宥之。詳見《宋書》卷八七、《南史》卷三九本傳。

［8］横塘：地名。在今安徽壽縣東。　死虎：死虎塘，一名宛唐，在壽縣東南。一説横塘即死虎。《通鑑》卷一三一《宋紀十三》"明帝泰始二年"條："殷琰將劉順……等馬步八千人東據宛唐。"胡三省注："宛唐，按《水經注》作'死雩'，云：肥水過九江成德縣西北，入芍陂；又北，右合閻澗水，水積爲陽湖。陽湖水自塘西北，逕死雩亭。宋泰始初，劉順據之以拒劉勔。杜佑《通典》作'死虎'，曰：死虎，地名，在壽州壽春縣東四十餘里。"

［9］員外郎：員外散騎侍郎，門下省官。掌奏事，直侍左右。秩五品。

［10］世祖：齊武帝蕭賾廟號。按，時蕭賾與劉悛同仕宋。　庫部郎：尚書省屬官。掌管宫庫。秩五品。

［11］振武將軍：南朝時優禮大臣的加號將軍，虚銜。　蜀郡：郡名。治所在今四川成都市。

［12］假：官制用語。指臨時加官。　寧朔將軍：與振武將軍性質相同，均爲榮譽加號。

［13］拜鄱陽縣侯世子：劉悛之父劉勔因功封鄱陽縣侯。王侯之子均封"世子"。

［14］與世祖款好：《南史》卷三九此處作："齊武帝嘗至悛宅，

晝卧覺，悛自捧金澡罐受四升水以沃盥，因以與帝，前後所納稱此。”

遷通直散騎侍郎，[1]出爲安遠護軍、武陵内史。[2]郡南江古堤，[3]久廢不緝。悛脩治未畢，而江水忽至，百姓棄役奔走，悛親率厲之，於是乃立。漢壽人邵榮興六世同爨，[4]表其門閭。[5]悛强濟有世調，[6]善於流俗。[7]蠻王田僮在山中，[8]年垂百餘歲，南譙王義宣爲荆州，[9]僮出謁。至是又出謁悛。明帝崩，表奔赴，敕帶郡還都。[10]吏民送者數千人，悛人人執手，係以涕泣，百姓感之，贈送甚厚。

[1]通直散騎侍郎：南朝時屬集書省。掌侍從顧問。秩五品。

[2]安遠護軍：邊官名。南朝宋始置，爲武陵内史的兼職，治所在武陵郡。　武陵：在今湖南常德市。

[3]郡南江古堤：中華本校勘記云：“《南史》作‘郡南古江堤’。”

[4]漢壽：縣名。治所在今湖南常德市東北。　邵榮興：本書卷五五《孝義傳上》謂其“武陵人”，“八世同居”。　同爨（cuàn）：謂同吃一鍋飯，指爲一家人。

[5]表其門閭：指朝廷賜旌表匾額於門首，以示褒揚。

[6]有世調：指處世治事的能力和才幹。

[7]善於流俗：善於與平民相處。

[8]田僮：人名。其事不詳。

[9]南譙王義宣：宋武帝劉裕第六子，即南郡王。初封竟陵王，後改封南譙王。元嘉二十一年（444），都督七州諸軍事、車騎將軍、荆州刺史。《宋書》卷六八、《南史》卷一三有傳。

［10］帶郡：指兼領武陵郡内史。

仍除散騎侍郎。桂陽難，[1]加寧朔將軍，助守石頭。[2]父勔於大桁戰死，[3]悛時疾病，扶伏路次，號哭求勔屍。勔屍項後傷缺，[4]悛割髮補之。持喪墓側，[5]冬月不衣絮。太祖代勔爲領軍，[6]素與勔善，書譬悛曰："承至性毁瘵，[7]轉之危慮，深以酸怛。終哀全生，先王明軌，[8]豈有去縑纊，徹温席，以此悲號，得終其孝性邪？當深顧往旨，少自抑勉。"

［1］桂陽難：指宋前廢帝元徽二年（474）春，江州刺史桂陽王劉休範自尋陽起兵反，奄至建業。朝廷加劉勔使持節、領軍將軍，鎮捍石頭；又加其子劉悛寧朔將軍，助守石頭。

［2］石頭：石頭城，在今江蘇南京市西清凉山，負山面江，形勢險要，宛如虎踞，爲軍防要衝。參見《通鑑》卷一三三《宋紀十五》"蒼梧王元徽二年"條。

［3］父勔於大桁戰死：大桁，《通鑑》卷一三三胡三省注："朱雀桁，即大航也，在秦淮水上；以其在朱雀門外，故名。桁，與航同。"當時劉勔奉命渡桁南，戰敗而死。

［4］勔屍項後傷缺："勔屍"二字原無，中華本據南監本、殿本、局本補，並按："南監本'後'訛'復'。"今從補。按，中華再造善本亦有"勔屍"二字。

［5］持喪墓側："喪"原作"哭"，中華本據南監本、局本改。今從改。按，中華再造善本亦作"哭"。

［6］太祖代勔爲領軍：指蕭道成（即後來的齊高帝，廟號太祖）代替戰死的劉勔擔任領軍將軍。領軍將軍爲禁衛軍統帥，秩三品。

［7］承至性毁瘵（zhài）：謂爲父母居喪，哀毁過度，以致虚弱

成疾。

[8]終哀全生，先王明軌：指居喪哀毀應有度，不應因此喪生。《孝經·喪親》："三日而食，教民無以死傷生，毀不滅性，此聖人之政也。"

建平王景素反，[1]太祖總衆軍出頓玄武湖。[2]悛初免喪，太祖欲使領支軍，[3]召見悛兄弟，皆羸削改貌，[4]於是乃止。除中書郎，[5]行宋南陽八王事，[6]轉南陽王南中郎司馬、長沙内史，行湘州事。[7]未發，霸業初建，[8]悛先致誠節。沈攸之事起，加輔國將軍。世祖鎮盆城，[9]上表西討，求悛自代。世祖既不行，悛除黄門郎，行吴郡事。[10]尋轉晋熙王撫軍中軍二府長史，[11]行揚州事。[12]出爲持節、督廣州、廣州刺史，[13]將軍如故。襲爵鄱陽縣侯。[14]世祖自尋陽還，遇悛於舟渚間，歡宴叙舊，停十餘日乃下。遣文惠太子及竟陵王子良攝衣履，[15]脩父友之敬。

[1]建平王景素反：劉景素繼其父劉宏（宋文帝劉義隆第七子）爲建平王。元徽四年（476）秋，自京口起兵反，旋敗死。詳見《通鑑》卷一三四《宋紀十六》"蒼梧王元徽四年"條。

[2]玄武湖：今江蘇南京市玄武湖。當時爲保衛京畿的重地。

[3]支軍：主力部隊以外的别部。

[4]羸削改貌：形容居喪過於哀毁，以致身體瘦削變形。

[5]中書郎：中書侍郎，爲中書監、令的副職。掌機要。秩五品。

[6]行宋南陽八王事：不明何事，待考。按，《南史》卷三九無此句。

[7]南陽王：名翽，字仲儀，宋明帝劉彧第十子。初封南陽王，後改封隨陽王。《宋書》卷九〇、《南史》卷一四有傳。　南中郎：指南中郎將。四中郎將之一，或領刺史，或持節，其任甚重。南朝宋齊時唯安置諸王。參見《宋書·百官志上》。劉悛在南中郎將軍府任司馬，兼任王國屬郡長沙郡内史，並代行湘州刺史職任。　長沙：郡名。治所在今湖南長沙市。

[8]霸業初建：此指元徽五年（477）七月，蕭道成聯結帝左右楊玉夫等殺帝，以太后令追封廢帝爲蒼梧王，立安成王劉凖爲帝，是爲順帝。蕭道成任録尚書事、驃騎大將軍，兼統軍國，進而封齊公、齊王。詳見《通鑑》卷一三四《宋紀十六》"順帝昇明元年"條。

[9]世祖鎮盆城：指蕭道成長子蕭賾於沈攸之事起時，鎮盆口城（《通鑑》卷一三四胡三省注："湓口在德化縣西一里，江州治德化，蓋近湓口古城處。"按，盆口即"湓口"）。蕭賾當時曾上表準備西征沈攸之，結果未成行沈攸之已敗。

[10]行：代行。　吴郡：郡名。治所在今江蘇蘇州市。

[11]晋熙王：原爲宋文帝第九子劉昶，後昶被逼投奔北魏，明帝以其第六子燮繼昶封晋熙王。

[12]揚州：州名。治所南朝在建康，即今江蘇南京市。

[13]持節：君主授予外出大臣權力的方式之一。節代表皇帝的特殊命令，有使持節、持節、假節三等。使持節得殺二千石以下；持節可殺無官位的人，若在軍事時期則與使侍節同；假節唯在軍事時期得殺違軍令者。　廣州：治所即今廣東廣州市。

[14]鄱陽縣侯：侯爲第二等封爵。鄱陽縣爲其食邑，治所在今江西湖口縣。

[15]遣文惠太子及竟陵王子良攝衣履：指蕭賾令其長子蕭長懋和次子蕭子良爲劉峻整飭衣履。攝衣履，整飭衣鞋，以示恭敬。《管子·弟子職》："少者之事，夜寐蚤作。既拚盥漱，執事有恪。攝衣共盥，先生乃作。"

太祖受禪，國除。[1]進號冠軍將軍。[2]平西記室參軍夏侯恭叔上書，[3]以柳元景中興功臣，[4]劉勔殞身王事，宜存封爵。詔曰："與運隆替，自古有之，朝議已定，不容復厝意也。"[5]初，蒼梧廢，太祖集議中華門，見悛，謂之曰："君昨直耶？"[6]悛答曰："僕昨乃正直，而言急在外。"[7]至是上謂悛曰："功名之際，人所不忘。卿昔於中華門答我，[8]何其欲謝世事？"悛曰："臣世受宋恩，門荷齊眷，非常之勳，非臣所及。進不遠怨前代，退不孤負聖明，敢不以實仰答。"

[1]太祖受禪，國除：宋順帝昇明三年（479）三月，以太傅蕭道成爲相國，總百揆，封七郡，爲齊公，建齊國，詔齊國官爵禮儀，並仿朝廷。四月，進齊公爵爲王。不數日，宋順帝下詔禪位於齊，宋亡齊立，舊宋所立的齊國也除却。詳見《通鑑》卷一三五《齊紀一》"高帝建元元年"條。

[2]進號冠軍將軍：指新朝加給劉悛的官爵稱號。冠軍將軍，三國魏始置，南朝時爲加官、散官性質的將軍，榮譽稱號。

[3]夏侯恭叔：宋時爲平西將軍記室參軍，入齊後爲竟陵令，惠化大行。《宋書》卷五〇、《南史》卷二五有附傳。

[4]柳元景：字孝仁，仕宋，助孝武帝討弒父元凶，爲中興勛臣。官至尚書令，進司空。《宋書》卷七七、《南史》卷三八有傳。

[5]厝（cuò）意：謂勞心、費神。

[6]君昨直耶：此句意謂蕭道成問昨日廢除蒼梧王時，劉悛作爲黄門郎，是否在宫中值班。

[7]僕昨乃正直，而言急在外：劉悛回答當時正在值班，廢立事發生時，他借口上厠所跑到宫外。急，指内急。

［8］卿昔於中華門答我：指宋末蕭道成封齊王建齊國“霸業初建”時，劉悛“先致誠節”，向齊王表示效忠。

遷太子中庶子，領越騎校尉。[1]時世祖在東宫，每幸悛坊，[2]閑言至夕，賜屏風帷帳。世祖即位，改領前軍將軍，[3]中庶子如故。征北竟陵王子良帶南兖州，[4]以悛爲長史，加冠軍將軍、廣陵太守。

［1］越騎校尉：禁衛軍官。與屯騎、射聲、步兵、長水四校尉合稱五營校尉，分掌宿衛營兵。秩四品。

［2］每幸悛坊：常到劉悛的住室。坊，别室，别墅。《文選》卷一一何晏《景福殿賦》：“屯坊列署，三十有二。”李善注：“《聲類》曰：‘坊，别屋也。’《釋名》曰：‘坊，别室名。’”每，原作“再”，中華本據南監本、毛本、殿本、局本及《南史》改。今從改。

［3］前軍將軍：禁衛軍官。與後軍、左軍、右軍合稱“四軍”，分掌宿衛。秩四品。

［4］南兖州：州名。治所原在京口（今江蘇鎮江市），後移治廣陵（今江蘇揚州市）。

轉持節、都督司州諸軍事、司州刺史，[1]將軍如故。悛父勔討殷琰，平壽陽，[2]無所犯害，百姓德之，爲立碑祀。悛步道從壽陽之鎮，過勔碑，拜敬泣涕。初，義陽人夏伯宜殺剛陵戍主叛渡淮，[3]虜以爲義陽太守。悛設討購誘之，[4]虜□州刺史謝景殺伯宜兄弟、北襄城太守李榮公歸降。[5]悛於州治下立學校，得古禮器銅罍、銅甑、山罍樽、銅豆鍾各二口，[6]獻之。

［1］司州：南朝宋僑置，漢在懸瓠城，今河南信陽市。

［2］壽陽：東晋改壽春爲壽陽，南朝宋復改爲壽春，治所在今安徽壽縣。

［3］義陽：縣名。治所在今河南信陽市北。　剛陵：地名。不詳，當在義陽境内。　度淮：指渡過淮河投奔北魏。

［4］設討：疑爲“設計”筆誤。

［5］北襄城：郡名。北魏置，治所在今河南方城縣。

［6］山罍樽：中華本校勘記云：“南監本、北監本、局本及《南史》均作‘豳山銅罍樽’，宋本與殿本作‘山罍樽’。按出土古器有山罍樽，無豳山銅罍樽，作‘山罍樽’不誤。”　銅豆鍾：朱季海《南齊書校議》（以下簡稱朱季海《校議》）云：“銅豆、銅鍾自是二物，豆下宜有頓號。”（中華書局 1984 年版，第 82 頁）

遷長兼侍中。[1]車駕數幸悛宅。宅盛治山池，造甕牖。[2]世祖著鹿皮冠，[3]被悛菟皮衾，[4]於牖中宴樂，以冠賜悛，至夜乃去。後悛從駕登蔣山，[5]上數歎曰：“貧賤之交不可忘，糟糠之妻不下堂。”顧謂悛曰：“此况卿也。[6]世言富貴好改其素情，吾雖有四海，今日與卿盡布衣之適。”悛起拜謝。遷冠軍將軍，司徒左長史。尋以本官行北兖州緣淮諸軍事。[7]徙始興王前軍長史、平蠻校尉、蜀郡太守，[8]將軍如故，行益州府、州事。[9]郡尋改爲内史。隨府轉安西。[10]悛治事嚴辦，以是會旨。

［1］侍中：門下省官。掌奏事，直侍左右。秩三品。

［2］甕牖（yǒu）：月形的圓窗。

［3］鹿皮冠：鹿皮製作的便帽，隱士所戴。朱季海《校議》

云：“《張欣泰傳》：‘下直輒園池，著鹿皮冠……’是鹿皮冠齊世以爲郊居游宴之服。”（第 83 頁）

[4]菟（tú）皮衾：虎皮大圍巾。菟，於（wū）菟，虎的别名。

[5]蔣山：鍾山，又名紫金山。在今江蘇南京市東北。

[6]此况卿也：况，通“貺”。賜予，光寵。語出《國語·魯語下》：“君以諸侯之故，况使臣以大禮。”

[7]本官：指原封官職冠軍將軍、司徒左長史。　行：暫兼帶。北兖州：南朝齊以兖州僑改名，治淮陰縣，在今江蘇淮安市淮陰區。

[8]始興王：名鑑，字宣徹，齊高帝蕭道成第十子。永明二年(484)，世祖始以鑑爲持節、都督益寧二州軍事、前將軍、益州刺史。詳見本書卷三五本傳。按，益州治所在今四川成都市，寧州治所原在滇池縣，齊移治同樂縣（今雲南陸良縣）。　平蠻校尉：防邊官。主護少數民族。治蜀郡，在今四川成都市。

[9]益州府、州事：益州（治所蜀郡）軍府與州府二府首領之事。

[10]安西：指安西將軍，邊防軍官。秩五品。

宋代太祖輔政，有意欲鑄錢，以禪讓之際，[1]未及施行。建元四年，奉朝請孔顗上《鑄錢均貨議》，[2]辭證甚博。其略以爲：“食貨相通，理勢自然。李悝曰‘糴甚貴傷民，甚賤傷農’。[3]民傷則離散，農傷則國貧。甚賤與甚貴，其傷一也。三吴，[4]國之關閫，比歲被水潦而糴不貴，是天下錢少，非穀穰賤，此不可不察也。鑄錢之弊，在輕重屢變。重錢患難用，而難用爲累輕；輕錢弊盜鑄，而盜鑄爲禍深。民所盜鑄，[5]嚴法不禁者，由上鑄錢惜銅愛工也。惜銅愛工者，謂錢無用之器，以通交易，務欲令輕而數多，[6]使省工而易成，不詳慮其爲患也。自漢鑄五銖錢，[7]至宋文帝，[8]歷五百餘年，制度世有廢興，而不變五銖錢者，明其輕重可法，得貨之宜。以爲宜開置泉府，[9]方牧貢金，[10]大興鎔鑄。錢重五銖，一依漢法。府庫已實，國用有儲，乃量奉禄，薄賦税，則家給民足。頃盜鑄新錢者，皆效作翦鑿，不鑄大錢也。摩澤淄染，[11]始皆類故；交易之後，渝變還新。良民弗皆淄染，[12]不復行矣。所鬻賣者，皆徒失其物。盜鑄者，復賤買新錢，淄染更用，反覆生詐，循環起姦，此明主尤所宜禁而不可長也。若官鑄已布於民，便嚴斷翦鑿，[13]小輕破缺無周郭者，悉不得行，官錢細小者，稱合銖兩，銷以爲大。利貧良之民，塞姦巧之路。錢貨既均，遠近若一，百姓樂業，市道無爭，衣食滋殖矣。”時議者多以錢貨轉少，宜更廣鑄，重其銖兩，以防民姦。太祖使諸州郡大市銅炭，[14]會晏駕事寢。永明八年，悛啓世祖曰：“南廣郡界蒙山下，[15]有城名蒙城，[16]可二頃地，有燒鑪四所，高一丈，廣一丈五尺。從蒙城渡水南百許步，平地掘土深二尺，得銅。又有古掘銅坑，深二丈，并居宅處猶存。鄧通，[17]南安人，漢文帝賜嚴道縣銅山鑄錢，今蒙山近青衣水南，[18]青衣左側並是故秦之嚴道地。[19]青衣縣又改名漢嘉。且蒙山去南安二百里，案此必是通所鑄。近喚蒙山獠出，[20]云‘甚可經略’。此議若立，潤利無極。”并獻蒙山銅一片，又銅石一片，平州鐵刀一口。[21]上從之。遣使入蜀鑄錢，得千餘萬，功費多，乃止。

［1］禪讓之際：指宋禪位於齊朝代轉移之際。

［2］奉朝請：閑散官。《通鑑》卷一三五《齊紀一》“高帝建元元年”條“奉朝請河東裴顗”，胡三省注：“奉朝請者，奉朝會請召而已，非有職任也。”　孔顗：原作“孔覬”。中華本校勘記云：“孔覬，南監本、殿本及《南史》、《元龜》五百並作‘孔顗’。按《通鑑》齊武帝永明八年亦作‘孔顗’。《考異》云‘《齊紀》作孔覬，今從《齊書》《南史》，’則所見本亦作‘孔顗’也。”今從改。

［3］李悝：戰國初魏國人，魏文侯之師，相文侯，提倡耕作，實行平糴，使魏國富强，曾云“糴甚貴傷民，甚賤傷農”。詳見《漢書·食貨志上》。糴（dí），買進穀物。

［4］三吴：晋指吴興、吴郡、會稽。這裏泛指長江下游農田肥沃地區。

［5］民所盜鑄：《通鑑》卷一三七《齊紀三》“武帝永明八年”條作“民所以盜鑄”。

［6］務欲令輕而數多：《通鑑》卷一三七“輕”作“質輕”。

［7］五銖錢：錢幣名。漢武帝元狩五年（前 118）罷半兩錢，始鑄五銖錢（按，兩之二十四分之一爲一銖）。《通鑑》卷一三七《齊紀三》“武帝永明八年”條，胡三省注：“漢初行半兩錢及莢錢，一面有文，一面漫。民盜磨其漫面，取其鋊以更鑄作錢。元狩鑄五銖，文漫兩面皆周幣爲郭，令不得磨取鋊。鋊，音浴，銅屑也。”

［8］至宋文帝：此句前《通鑑》卷一三七引有：“宋文帝鑄四銖，至景和，錢益輕，雖有周郭，而鎔冶不精，於是盜鑄紛紜而起，不可復禁。此惜銅愛工之驗也。”

［9］泉府：經濟機構，掌管國家税收、收集市上的滯銷貨物等。《周禮·地官·泉府》：“泉府掌以市之征布，斂市之不售、貨之滯於民用者。”

[10]方牧貢金：指各地區獻上金屬（指銅）。“牧”原訛作“收”，中華本據毛本、殿本、局本及《南史》改正，並按：“《通典·食貨典》作‘督’。”今從改。

[11]摩澤淄染：打磨染色。指製造假錢。

[12]良民弗皆淄染：中華本校勘記云：“‘弗皆’《通典·食貨典》作‘不習’。”

[13]便嚴斷翦鑿：便，原作“使”。中華本校勘記云：“各本並訛，據《通鑑》改。”今按，《通鑑》卷一三七胡三省注：“斷，音短，禁截也。”

[14]大市銅炭：指大肆收購銅及冶煉銅用的炭。炭，原無，中華本據南監本、殿本及《南史》《通鑑》補。今從補。

[15]南廣郡：治南廣縣，在今四川筠連縣西南。　蒙山：有多處，此指在今四川蘆山、名山二縣之間，在嚴道舊坑，舊鑄錢處。朱季海《校議》云：“《水經注》卷三十六……《若水注》云：‘……若水又逕會無縣，縣有駿馬河，水出縣東高山……河中有貝子胎銅，以羊祠之，則可取也。’是駿馬河有銅石矣。又下‘沬水……東南過旄牛縣北，又東至越巂靈道縣，出蒙山南’注：‘靈道縣一名靈關道。漢制夷狄曰道，縣有銅山……沬水出岷山西，東流過漢嘉郡，南流衝一高山，山上合下開，水逕其間，山即蒙山也。’是蒙山銅鄺書故詳言之。”（第84頁）

[16]蒙城：地名。當在蒙山附近。《通鑑》卷一三七胡三省注：“蒙山在今雅州嚴道縣南十里，此即漢鄧通鑄錢舊處。”按，嚴道縣在今四川滎經縣。

[17]鄧通：漢南安（今四川樂山）人，因善濯船爲黄頭郎，嘗爲文帝吮癰（yōng）得寵，賜蜀嚴道銅山，可自鑄錢，因之鄧氏錢滿天下。事見《漢書》卷九三《佞幸傳》。

[18]青衣水：水名。在青衣縣，治所在今四川名山縣西。

[19]青衣左側：左，原訛“在”，中華本據《南史》改，並引張森楷《校勘記》云：“‘在側’當作‘左側’。”今從改。

[20]蒙山獠：指蒙山少數民族土人。朱季海《校議》云："《水經注》卷三十六：'青衣水出青衣縣西蒙山，東與沫水合也。'注：'縣故青衣羌國也……青衣王子心慕漢制，上求内附，順帝陽嘉二年改曰漢嘉……縣有蒙山，青衣水所發。東逕其縣，與沫水會于越巂郡之靈關道。青衣水又東，邛水注之。水出漢嘉嚴道邛來山東，至蜀郡臨邛縣東，入青衣水。'然古之羌地，齊世遂爲蒙山獠所據歟？又《若水注》云：'莋，夷也。汶山曰夷，南中曰昆彌，蜀曰邛，漢嘉、越巂曰莋，皆夷種也。'若爾，則青衣地亦莋種也，豈莋、獠皆羌歟？"（第84頁）

[21]平州：三國魏分幽州東部地區置，治所在今遼寧遼陽市，以産鐵刀著名。

悛仍代始興王鑑爲持節、監益寧二州諸軍事、益州刺史，將軍如故。悛既藉舊恩，尤能悦附人主，承迎權貴。賓客閨房，供費奢廣。罷廣、司二州，傾資貢獻，家無留儲。在蜀作金浴盆，餘金物稱是。罷任，以本號還都，[1]欲獻之，而世祖晏駕，鬱林新立，[2]悛奉獻減少，鬱林知之，諷有司收悛付廷尉，將加誅戮。高宗啓救之，[3]見原，禁錮終身。雖見廢黜，而賓客日至。

[1]本號：原來的官號。

[2]鬱林：指齊鬱林王蕭昭業。本書卷四有紀。

[3]高宗：齊明帝蕭鸞的廟號。本書卷六有紀。當時蕭鸞爲輔政大臣。

悛婦弟王法顯同宋桂陽事，[1]遂啓别居，[2]終身不復見之。

[1]王法顯同宋桂陽事：指宋元徽二年（474）王法顯參與桂陽王劉休範在尋陽起兵叛朝廷事。

[2]遂啓别居：指與其妻分居。

海陵王即位，[1]以白衣除兼左民尚書，[2]尋除正。高宗立，加領驍騎將軍，復故官，駙馬都尉。建武二年，虜主侵壽陽，[3]詔悛以本官假節出鎮瀵湖，[4]遷散騎常侍、右衛將軍。[5]虜寇既盛，悛又以本官出屯新亭。[6]

[1]海陵王：廢帝海陵恭王蕭昭文，字季尚。文惠太子第二子，隆昌元年（494），其兄鬱林王蕭昭業廢，西昌侯蕭鸞奉其即位，改元延興。不久即被蕭鸞篡位，改元建武。本書卷五有紀。

[2]白衣：指以平民身分。　左民尚書：尚書省屬官。領左民、駕部二曹。秩三品。

[3]虜主侵壽陽：建武二年（495），北魏主揮師南侵，攻齊鍾離、義陽、壽陽，南齊告急。詳見《通鑑》卷一四〇《齊紀六》“明帝建武二年”條。

[4]瀵湖：巢湖，在安徽巢湖市境内。

[5]右衛將軍：禁衛軍官名。分領宿衛營兵。秩四品。

[6]新亭：軍事要塞，三國吴築。在今江蘇南京市南，地近江濱，依山築城壘。

悛歷朝皆見恩遇。太祖爲鄱陽王鏘納悛妹爲妃，高宗又爲晋安王寶義納悛女爲妃，[1]自此連姻帝室。王敬則反，[2]悛出守琅邪城，[3]轉五兵尚書，領太子左衛率。[4]未拜，明帝崩，東昏即位，改授散騎常侍，領驍騎將軍，尚書如故。衛送山陵，卒，[5]年六十一。贈太常，[6]常侍、都尉如故。謚曰敬。

[1]晉安王寶義：齊明帝（高宗）長子。梁受禪，改封巴陵郡王。詳見本書卷五〇。

[2]王敬則反：齊建武五年（498），會稽太守王敬則受明帝猜忌，起兵反，敗死。詳參本書卷二六。

[3]琅邪城：指琅邪郡城。東晉僑置，治所在今江蘇句容市。

[4]太子左衛率：東宫官。掌護衛太子。《唐六典》卷二八："齊左右衛率，武冠絳朝服，品第五，秩千石。"

[5]衛送山陵，卒：《南史》卷三九作："衛送山陵，路經朱雀航感慟，至曲阿而卒。"朱雀航即朱雀橋，在江蘇南京市秦淮河畔。曲阿，今江蘇丹陽市。

[6]太常：掌宗廟、朝廷的祭祀儀禮。南朝時，太常成爲尊禮大臣的榮譽稱號。秩三品。《漢書·百官公卿表上》顏師古注："太常，王者旌旗也，畫日月焉，王有大事，則建以行，禮官主奉持之，故曰奉常也。後改曰太常，尊大之義也。"

虞悰字景豫，[1]會稽餘姚人也。[2]祖嘯父，[3]晉左民尚書。父秀之，黄門郎。

[1]虞悰：《南史》卷四七亦有傳。

[2]會稽：郡名。治所在今浙江紹興市。　餘姚：縣名。治所在今浙江餘姚市。

[3]嘯父：東晉末人，少歷顯位，官至侍中。隆安四年（400）拜尚書。桓玄用事，以爲護軍將軍，出爲會稽内史，義熙初卒。《晉書》卷七六有附傳。

悰少而謹敕，有至性。[1]秀之於都亡，悰東出奔喪，水漿不入口。州辟主簿，建平王參軍，[2]尚書儀曹郎，[3]太子洗馬，領軍長史，[4]正員郎，[5]累至州治中，[6]别駕，[7]黄門郎。

[1]有至性：《南史》卷四七其下云："少以孝聞，父病不欲見人，雖子弟亦不得前。時悰年十二三，晝夜伏户外問内竪消息。問未知，轉嗚咽流涕，如此者百餘日。及亡，終喪日唯食麥餅二枚。"

[2]建平王：名宏，字休度。宋文帝劉義隆第七子，歷位中護軍、中書令、南徐州刺史。《宋書》卷七二、《南史》卷一四均有傳。

[3]尚書儀曹郎：尚書省官。屬祠部尚書，掌朝廷各種禮儀。秩五品。

[4]領軍長史：指領軍將軍府屬吏長史。領軍將軍，禁衛軍總領。秩三品。長史，爲軍府屬吏之長。

[5]正員郎：指正額以内的郎官。

[6]州治中：州屬吏。南朝時治中主衆曹文書事。秩六品。參見《宋書·百官志上》。

[7]别駕：州上佐名。位居州吏之首，總理州府總務，職權甚重。秩六品。

初，世祖始從官，[1]家尚貧薄，悰推國士之眷，[2]數相分與，[3]每行，必呼上同載，上甚德之。昇明中，世祖爲中軍，[4]引悰爲諮議參軍，遣吏部郎江謐持手書謂悰曰：[5]"今因江吏郎有白，以君情顧，意欲相屈。"[6]建元初，轉太子中庶子，遷後軍長史，[7]領步兵校尉，[8]鎮北長史、寧朔將軍、南東海太守。[9]尋爲豫章内史，[10]將軍如故。悰治家富殖，奴婢無游手，雖在南土，而會稽海味無不畢致焉。遷輔國將軍、始興王長史、平蠻校尉、蜀郡太守。[11]轉司徒司馬，[12]將軍如故。

[1]世祖始從官：指齊武帝蕭賾當初在宋時始爲書佐小吏。參見本書卷三《武帝紀》。

[2]國士：國中才德出衆之士。

[3]數相分與：屢次將己物分贈給蕭賾。

[4]昇明中，世祖爲中軍：蕭賾在宋順帝昇明年間，任中領軍，掌内軍。秩三品。

[5]江謐：字令和。仕南朝宋、齊，才長刀筆。本書卷三一有傳。

[6]意欲相屈：意謂請你屈就諮議參軍。相屈，謙詞。

[7]還後軍長史：此句後原有"領爲太子中庶子"七字。中華本校勘記云："據南監本、殿本、局本删。按張森楷《校勘記》云：'此七字是衍文'。"今從删。

[8]步兵校尉：禁衛軍官。分掌宿衛營兵。秩四品。

[9]南東海：郡名。南朝宋以東海郡改名，治郯縣，在今江蘇鎮江市。

[10]豫章：郡名。治所在今江西南昌市。

[11]蜀郡：郡名。治所在今四川成都市。

[12]司徒司馬：指司徒府司馬。南朝時司馬爲軍府之官，在將軍之下，總理府務。

悰善爲滋味，和齊皆有方法。[1]豫章王嶷盛饌享賓，謂悰曰："今日肴羞，寧有所遺不?"悰曰："恨無黄頷臛，[2]何曾《食疏》所載也。"[3]遷散騎常侍，太子右率。[4]永明八年，大水，百官戎服救太廟，悰朱衣乘車鹵簿，[5]於宣陽門外行馬内驅打人，[6]爲有司所奏，見原。上以悰布衣之舊，從容謂悰曰："我當令卿復祖業。"轉侍中，朝廷咸驚其美拜。遷祠部尚書。[7]世祖幸芳林園，[8]就悰求扁米粣。[9]悰獻粣及雜肴數十轝，太官鼎味不及也。[10]上就悰求諸飲食方，悰秘不肯出，上醉後體不快，悰乃獻醒酒鯖鮓一方而已。[11]出爲冠軍將軍，車騎長史，[12]轉度支尚書，[13]領步兵校尉。

[1]和齊（jì）：謂善於烹飪調配口味。齊，通"劑"，調味品。語本《周禮·天官·食醫》："食醫掌和王之六食……八珍之齊。"鄭玄注："和，調也。"

[2]黄頷臛（huò）：黄頷蛇肉羹。黄頷蛇，一種無毒的大蛇。明李時珍《本草綱目·鱗二·黄頷蛇》："黄頷黄黑相間，喉下色黄，大者近丈，皆不甚毒。"又清越彪昭《説蛇》："黄喉蛇，好在舍上，無毒，不害人，惟善食毒蛇。"臛，通"臛"，肉羹。

[3]何曾《食疏》所載也：何曾，字穎考，歷仕三國魏、晋，爲晋開國功臣，官至侍中、太尉，進爵爲公。性豪奢，厨膳滋味，過於王者，食日萬錢，猶曰無下箸處。著有《食疏》，今佚。《晋書》卷三六有傳。

[4]太子右率：太子右衛率，東宫武官名。與左衛率各領一軍，掌東宫護衛。秩五品。

[5]鹵簿：古代帝王駕出時扈從的儀仗隊。漢以後，亦用於王公大臣。漢蔡邕《獨斷》卷下："天子出，車駕次第謂之鹵簿。"

[6]宣陽門：有多處，此指六朝時都城建康（今江蘇南京市）的南面正門。

[7]祠部尚書：爲尚書令的輔佐，領祠部、儀曹二曹。秩三品。

[8]芳林園：林園名。有多處。此指南朝都城建康的皇家園林芳林園。

[9]扁米糲（cè）：扁形的粽子。朱季海《校議》云："《廣韵·二十七銑》：'編，方典切十一'下有'糄，燒稻作米'。'扁'疑同'糄'。"（第84頁）糲，粽子。見《集韵·麥韵》。

[10]太官：秦有太官令、丞，屬少府，漢後因之。掌皇帝膳食及燕享之事。參見《漢書·百官公卿表上》。　鼎味：謂鼎中的美味。鼎，古代炊器。"味"原作"末"，從中華本改。

[11]鯖（zhēng）鮓（zhǎ）：用醃魚製作的魚膾。

[12]車騎長史：指車騎將軍府長史。車騎將軍，南朝爲榮譽加號。開府者位從公，秩一品。

[13]度支尚書：尚書省官，領度支、金、倉、起四曹。秩三品。

鬱林立，改領右軍將軍，揚州大中正，[1]兼大匠卿。[2]起休安陵，[3]於陵所受局下牛酒，[4]坐免官。隆昌元年，[5]以白衣領職。鬱林廢，悰竊歎曰："王、徐遂縛袴廢天子，[6]天下豈有此理邪？"延興元年，[7]復領右軍。明帝立，悰稱疾不陪位。帝使尚書令王晏賫廢立事示悰，[8]以悰舊人，引參佐命。[9]悰謂晏曰："主上聖明，公卿戮力，寧假朽老以匡贊惟新乎？不敢聞命。"朝議欲糾之，僕射徐孝嗣曰："此亦古之遺直。"[10]衆議乃止。

[1]大中正：中正職任是品第州郡人物，以備政府任用人才的根據。《吕思勉讀史札記》丙帙《魏晋南北朝·中正非官》："《十七史商榷》云：'魏陳群始立九品官人之法。《三國志》《晋書》及

《南史》諸列傳中，多有爲州郡大中正者，蓋以他官或老於鄉里者充之。掌鄉黨平論，人才臧否，清議係焉。乃《晋（書）·職官志》中絶不一見，何也?’……劉毅云：‘置州都者，取州里清議，咸所歸服，將以鎮異同，一言議。’（《晋書·劉毅傳》）蓋於清議之中，擇一人爲之平騭，乃士大夫之魁首，而非設官分職之一也。”（上海古籍出版社 1982 年版，第 853 頁）

［2］大匠卿：官署爲將作寺，掌土木之工，地位相當於太僕。秩三品。

［3］休安陵：齊朝皇陵。在今江蘇常州市武進區東城里。

［4］局下：下屬，部下。　牛酒：牛肉與美酒。古時饋問、宴犒及祭祀所用。

［5］隆昌：齊鬱林王年號。

［6］王、徐：指王晏、徐顯達，兩人與蕭鸞均受齊武帝遺詔，爲鬱林王顧命大臣。蕭鸞欲廢鬱林王另立，將其謀密告王、徐，兩人均立即響應，故很快就廢掉鬱林王，另立其弟蕭昭文，是爲恭帝。不久蕭鸞又廢恭帝自立爲明帝。詳見《通鑑》卷一三九《齊紀五》“明帝建武元年”條。　縛袴：謂扎緊套褲脚管，以便騎乘，指戎裝上陣。

［7］延興：齊恭帝年號，與隆昌爲同一年（494）。

［8］帝使尚書令王晏賫廢立事示悰：指齊明帝蕭鸞令尚書令王晏將廢延興自立爲帝之事的原委告知虞悰。賫，持，帶着。

［9］以悰舊人，引參佐命：謂明帝將虞悰看作老部下，所以想任命他擔當重任。

［10］古之遺直：指直道而行、有古賢遺風的人。語出《左傳》昭公十四年：“叔向，古之遺直也，治國制刑，不隱於親……”杜預注：“言叔向之直，有古人遺風。”

悰稱疾篤還東，上表曰：“臣族陋海區，身微稽土，[1]猥屬興運，[2]荷竊稠私，[3]徒越星紀，[4]終慙報答。衛養乖方，抱疾嬰固，[5]寢瘵以來，倏逾旬朔，頻加醫治，曾未瘳損。惟此朽頓，理難振復，乞解所職，盡療餘辰。"詔賜假百日。轉給事中，光禄大夫，[6]尋加正員常侍。永元元年，[7]卒。時年六十五。

［1］身微稽土：謂出身於稽土寒微之門。稽，指會稽。稽土，"土"字原缺，中華本據南監本、毛本、殿本、局本補，並按曰："按毛本'稽'訛'相'。"今從補。

［2］猥：謙詞。原缺，中華本據上述諸本補。今從補。　興運：謂國運興隆之時。

［3］荷竊稠私：承蒙朝廷給予厚恩。

［4］徒越星紀：徒然過了這樣長久。星紀，原爲星次名，這裏泛指歲月。

［5］嬰固：謂固疾纏繞。

［6］光禄大夫：光禄勛屬官。列卿之一，掌宫殿門户。秩三品。

［7］永元：齊東昏侯年號。

悰性敦實，與人知識，必相存訪，親踈皆有終始，世以此稱之。

從弟袤，矢志不仕。[1]王敬則反，取袤監會稽郡，而軍事悉付寒人張靈寶，[2]郡人攻郡殺靈寶，袤以不豫事得全。

［1］矢志不仕：矢，原作"失"，中華本據南監本、殿本、局本改。今從改。

［2］寒人：門第低賤的人。

胡諧之，[1]豫章南昌人也。[2]祖廉之，治書侍御史。[3]父翼之，州辟不就。

[1]胡諧之：《南史》卷四七亦有傳。

[2]豫章南昌：豫章郡南昌縣，治所在今江西省南昌市。

[3]治書侍御史：南朝宋齊均沿漢制置治書侍御史二人，屬御史臺。專掌律令，糾劾不法。秩六品。參見《文獻通考》卷六六《職官二十》。

諧之初辟州從事主簿，臨賀王國常侍，[1]員外郎，撫軍行參軍，晋熙王安西中兵參軍，[2]南梁郡太守。[3]以器局見稱。[4]徙邵陵王南中郎中兵，[5]領汝南太守，[6]不拜。除射聲校尉，[7]州別駕。除左軍將軍，不拜。仍除邵陵王左軍諮議。

[1]臨賀王：疑訛。《南史》卷四七云："諧之仕宋爲邵陵王（劉子元，宋孝武帝第十三子）左軍諮議。齊武帝爲江州（宋順帝昇明二年，478），以諧之爲別駕，委以事任。"可見胡諧之在宋時已從仕，而宋王室諸王中無臨賀王。臨賀王乃齊武帝蕭賾第十六子蕭子岳（本書卷四〇有傳），時間相差甚遠。按，宋諸王中有"臨慶冲王"，乃宋文帝第十六子劉休倩，初封東平王，後改封臨慶王（《宋書》卷七二、《南史》卷一四有傳）。"臨賀王"或爲"臨慶王"之誤。待考。

[2]晋熙王：名昶，字休道，宋文帝劉義隆第九子。《宋書》卷七二、《南史》卷一四有傳。　安西中兵參軍：指安西將軍府中兵參軍。安西將軍爲"四安將軍"之一，南朝爲榮譽加號將軍。開

府者位從公秩一品。中兵掌中兵軍務。

[3]南梁郡：郡名。治睢陽縣，在今安徽壽縣。

[4]器局：才識及度量。

[5]南中郎中兵：指南中郎將軍府中兵參軍。南中郎將爲四中郎將之一，漢時爲雜號將軍，南朝時成爲加官、散官性質的將軍。開府者位從公秩一品。

[6]汝南：郡名。東晋置，治塗口，在今湖北武漢市武昌區東。

[7]射聲校尉：禁衛軍官。分掌宿衛營兵。秩四品。

世祖頓盆城，[1]使諧之守尋陽城，及爲江州，復以諧之爲别駕，委以事任。文惠太子鎮襄陽，[2]世祖以諧之心腹，出爲北中郎征虜司馬、扶風太守，[3]爵關内侯。在鎮毗贊，[4]甚有心力。建元二年，還爲給事中，驍騎將軍，[5]本州中正，轉黄門郎，領羽林監。[6]永明元年，轉守衛尉，[7]中正如故。明年，加給事中。三年，遷散騎常侍，太子右率。五年，遷左衛將軍，加給事中，中正如故。

[1]世祖頓盆城：宋順帝昇明元年（477），荆州刺史沈攸之反。時蕭賾奉宋晋熙王劉燮鎮溢口（即盆城），不久又奉邵陵王劉友守江州。

[2]文惠太子鎮襄陽：宋昇明三年（479），齊高帝蕭道成將受禪，太子蕭賾已還京師，以襄陽（今湖北襄陽市）乃兵馬重鎮，蕭賾乃出長子（即文惠太子蕭長懋）鎮守。詳見本書卷二一《文惠太子傳》。

[3]扶風：郡名。治池陽縣，在今陝西涇陽縣西北。

[4]毗贊：輔佐，襄助。

[5]驍騎將軍:《南史》卷四七此句後云:“上方欲獎以貴族盛姻，以諧之家人語傒音不正，乃遣宮内四五人往諧之家教子女語。二年後，帝問曰:‘卿家人語音已正未?’諧之答曰:‘宮人少，臣家人多，非唯不能得正音，遂使宮人頓成傒語。’帝大笑，徧向朝臣説之。”

[6]羽林監:禁衛軍官。分掌宿衛。秩四品。

[7]守衛尉:武衛將軍。掌宮内警衛。秩四品。

諧之風形瓌潤，善自居處，兼以舊恩見遇，朝士多與交遊。六年，遷都官尚書。[1]上欲遷諧之，嘗從容謂諧之曰:“江州有幾侍中邪?”諧之答曰:“近世唯有程道惠一人而已。”上曰:“當令有二。”後以語尚書令王儉，儉意更異，乃以爲太子中庶子，領左衛率。[2]

[1]都官尚書:尚書省官，領都官、水部、庫部、功論四曹。秩三品。

[2]左衛率:太子左衛率，與右衛率共掌護衛太子。秩五品。

諧之兄謨之亡，諧之上表曰:“臣私門罪釁，早備荼苦。兄弟三人，共相撫鞠，嬰孩抱疾，得及成人。長兄臣諶之，復早殞没，與亡第二兄臣謨之銜戚家庭，[1]得蒙訓長，情同極廕。[2]何圖一旦奄見棄放，吉凶分違，不獲臨奉，[3]乞解所職。”詔不許。改衛尉，中庶子如故。

[1]銜戚:心懷悲戚。

[2]極廕:指最親密的親情。廕，古時後代子孫承襲祖先的官

爵或功勛。

[3]臨奉：猶言送終。

八年，上遣諧之率禁兵討巴東王子響於江陵，[1]兼長史行事。臺軍爲子響所敗，[2]有司奏免官，權行軍事如故。復爲衛尉，領中庶子，本州中正。

[1]討巴東王子響於江陵：巴東王子響，齊武帝蕭賾第四子。永明七年（489），遷使持節、都督荆湘雍梁寧南北秦七州軍事、鎮軍將軍、荆州刺史，駐江陵。子響好武，私作錦袍絳襖。長史劉寅等密告，子響大怒殺劉寅等。上遣胡諧之領禁軍討伐，結果討伐之禁軍被子響打敗。上復遣强將大軍，方將其平定。詳見本書卷四〇《魚復侯子響傳》及《通鑑》卷一三七《齊紀三》"武帝永明八年"條。

[2]臺軍：朝廷軍隊，即禁軍。

諧之有識計，每朝廷官缺及應遷代，密量上所用人，皆如其言，虞悰以此稱服之。[1]十年，轉度支尚書，領衛尉。明年，卒，年五十一。贈右將軍、豫州刺史。謚曰肅。

[1]虞悰以此稱服之：《南史》卷四七此句後云："既居權要，多所徵求。就梁州刺史范柏年求佳馬，柏年患之，謂使曰：'馬非狗子，那可得爲應無極之求。'接使人薄，使人致恨歸，謂諧之曰：'柏年云，胡諧是何傒狗，無厭之求。'諧之切齒致忿。時王玄邈代柏年，柏年稱疾推遷不時還。諧之言於帝曰：'柏年恃其山川險固，聚衆欲擅一州。'及柏年下，帝欲不問，諧之又言：'見獸格得而放

上山。’於是賜死。”

史臣曰：送錢赢兩，言此無忘，一笥之懷，報以都尉，[1]千金可失，貴在人心。夫謹而信，汎愛衆，[2]其爲利也博矣。況乎先覺潛龍，[3]結厚於布素，[4]隨才致位，理固然也。

[1]一笥之懷，報以都尉：意謂受人恩惠，給以厚報。此指以上數人均有惠於人君潛龍時，故皆以舊恩獲寵，遷至高官。

[2]謹而信，汎愛衆：語出《論語·學而》："子曰：‘弟子入則孝，出則悌；謹而信，汎愛衆，而親仁……’"邢昺疏："謹而信者，理兼出入，言恭謹而誠信也；汎愛衆者，汎者寬博之語，君子尊賢而容衆，或博愛衆人也。"

[3]潛龍：語出《易·乾》："潛龍勿用。"孔穎達疏："潛者，隱伏之名。龍者……聖人雖有龍德，於此時（指小人道盛）唯宜潛藏，勿可施用。"比喻帝王尚在下位，隱而未顯。

[4]結厚於布素：指與帝王結厚愛於尚未發達之時。

贊曰：到藉豪華，晚懷虚素。虞生富厚，侈不違度。劉實朝交，胡乃蕃故，[1]頡頏亮采，[2]康衢騁步。[3]

[1]蕃故：指藩王的故舊。

[2]頡（xié）頏（háng）：語出《詩·邶風·燕燕》："燕燕于飛，頡之頏之。"孔安國傳："飛而上曰頡，飛而下曰頏。"後用以形容行爲相等，不相上下。

[3]康衢（qú）：原指四通八達的大道，這裏借指朝市。

南齊書　卷三八

列傳第十九

蕭景先　蕭赤斧子穎胄

蕭景先，[1]南蘭陵蘭陵人，[2]太祖從子也。[3]祖爰之，員外郎。[4]父敬宗，始興王國中軍。[5]

[1]蕭景先：《南史》卷四一亦有傳。

[2]南蘭陵蘭陵：指南蘭陵郡蘭陵縣。郡治在蘭陵縣，即今江蘇常州市武進區。

[3]太祖從子：指齊高帝（廟號太祖）蕭道成之侄。

[4]員外郎：員外散騎侍郎，門下省官。掌奏事，直侍左右。秩五品。

[5]始興王：名濬，字休明，宋文帝劉義隆第二子。初鎮京口，後出鎮江陵，爲荆州刺史。詳見《南史》卷一四本傳。時蕭景先之父敬宗在其王國中軍將軍府供職。　中軍：中軍將軍。南朝爲優禮諸王大臣的加號。開府者位從公秩一品。

景先少遭父喪，[1]有至性，太祖嘉之。及從官京邑，常相提攜。解褐爲海陵王國上軍將軍，[2]補建陵令，[3]還爲新安王國侍郎，[4]桂陽國右常侍。[5]

[1]少遭父喪：《南史》卷四一此句後云："隨母孔氏，爲舅氏鞠養。"

[2]解褐：脱去布衣，穿上官服，指初從仕。　海陵王：名休茂，宋文帝第十四子，爲雍州刺史，加都督、北中郎將、寧蠻校尉。《宋書》卷七二、《南史》卷一四有傳。　上軍將軍：南朝王國有上、中、下三軍將軍，掌護衛。秩八品。

[3]補：委任缺額官職。　建陵：縣名。三國吴始置，治所在今廣西荔浦縣西南。

[4]新安王：名子鸞，字孝羽，宋孝武帝劉駿第八子。始封襄陽王，尋改封新安王，後又改封始平王。《宋書》卷八〇、《南史》卷一四有傳。　侍郎：又名左、右常侍，近侍左右。秩八品。

[5]桂陽：指桂陽王劉休範，宋文帝第十八子。始封順陽王，後改封桂陽王。《宋書》卷七二、《南史》卷一四有傳。

太祖鎮淮陰，[1]景先以本官領軍主自隨，[2]防衛城内，委以心腹。除後軍行參軍，[3]邛縣令，[4]員外郎。與世祖款暱，[5]世祖爲廣興郡，[6]啓太祖求景先同行，除世祖寧朔府司馬，[7]自此常相隨逐。世祖爲鎮西長史，[8]以景先爲鎮西長流參軍，[9]除寧朔將軍，隨府轉撫軍中兵參軍，[10]尋除諮議，[11]領中兵如故。昇明初，[12]爲世祖征虜府司馬，[13]領新蔡太守，[14]隨上鎮盆城。[15]沈攸之事平，還都，除寧朔將軍，驍騎將軍，[16]仍爲世祖撫軍中軍二府司馬，[17]兼左衛將軍。[18]建元元年，[19]遷太子左衛率，[20]封新吴縣伯，[21]邑五百户。景先本名道先，乃改避上諱。[22]

[1]太祖鎮淮陰：宋明帝篡立後，四方反叛。徐州刺史薛安都反於彭城（即今江蘇徐州市），其從子索兒寇淮陰（郡名。治所在今江蘇淮安市），告急，明帝命蕭道成（當時爲右軍將軍）往救，擊退之，即鎮淮陰。參見本書卷一《高帝紀上》。

[2]軍主：武官名。其名起於南朝宋末。軍主領兵員額不等，少則千餘，多達四千。參見《宋書》卷八四《鄧琬傳》。

[3]後軍行參軍：指後軍將軍府代理參軍。後軍將軍，禁衛軍官名。與前軍、左軍、右軍四將軍分掌宿衛營兵。秩四品。

[4]邛（qióng）縣：縣名。治所在今四川邛崍市。

[5]世祖：齊武帝蕭賾廟號。其在宋時即任要職。本書卷三有紀。　款暱（nì）：友好親愛。

[6]廣興郡：南朝宋置，郡治曲江縣，在今廣東韶關市南。

[7]寧朔府：指寧朔將軍府。寧朔將軍，武官名。三國魏始置，掌邊防。秩四品。　司馬：爲軍府高級幕僚，管理府内武職，與長史共參府務。

[8]鎮西長史：指鎮西將軍府長史。鎮西將軍爲“四鎮將軍”之一，南朝爲榮譽加號將軍。開府者位從公秩一品。長史，爲將軍府屬吏之長。

[9]長流參軍：軍官名。漢、魏丞相府置長流曹，設長流參軍主刑獄。《顔氏家訓·書證》：“或問曰：‘何故名治獄參軍爲長流乎？’答曰：‘《帝王世紀》云：帝少昊崩，其神降於長流之山，於祀主秋。’案《周禮·秋官》：司寇主刑罰。長流之職，漢魏捕賊掾耳。晋宋以來，始爲參軍，上屬司寇，故取秋帝所居爲嘉名焉。”

[10]撫軍中兵參軍：指撫軍將軍府中兵參軍。撫軍將軍，南朝時爲優禮大臣的虚號。開府者位從公秩一品。中兵參軍，掌軍府中兵曹。

［11］諮議：諮議參軍，爲將軍府屬吏。掌參謀顧問。

［12］昇明：南朝宋末代皇帝宋順帝年號。

［13］征虜府司馬：指征虜將軍府司馬。征虜將軍，南朝爲榮譽加號將軍。開府者位從公秩一品。

［14］新蔡：郡名。南朝宋置，治所在今河南固始縣。

［15］隨上鎮盆城：上，指世祖蕭賾。昇明元年（477），荆州刺史沈攸之不滿蕭道成擅政，起兵反。蕭賾以中流可以待敵，即據盆口城（在今江西九江市附近）爲戰守之備。詳見本書卷三《武帝紀》。

［16］驍騎將軍：禁衛軍官。分掌宿衛營兵。秩四品。

［17］撫軍中軍二府司馬：指撫軍將軍府和中軍將軍府司馬。撫軍將軍、中軍將軍與寧朔將軍性質相同。

［18］左衛將軍：禁衛軍官。分掌宿衛營兵。秩四品。

［19］建元：齊高帝年號。

［20］太子左衛率：東宫官。掌護衛太子。秩五品。

［21］新吴縣：東漢置，治所在今江西奉新縣西。按，《南史》卷四一此句後云："甚見委任，勢傾天下。"

［22］乃改避上諱：《南史》卷四一此句後云："初武帝少年，與景先共車，行泥路，車久故壞，至領軍府西門，車轅折，俱狼狽。景先謂帝曰：'兩人脱作領軍，亦不得忘今日艱辛。'及武帝踐阼，詔以景先爲兼領軍將軍。拜日，羽儀甚盛，傾朝觀矚。拜還，未至府門，中詔：'相聞領軍，今日故當無折轅事邪？'景先奉謝。"

出爲持節、督司州軍事、寧朔將軍、司州刺史，[1]領義陽太守。[2]是冬，虜出淮、泗，[3]增司部邊戍兵。義陽人謝天盖與虜相構扇，[4]景先言於督府，[5]驃騎豫章王遣輔國將軍中兵參軍蕭惠朗二千人助景先。[6]惠朗依山築城，斷塞關隘，討天蓋黨與。虜尋遣僞南部尚書頞跋屯汝南，[7]洛州刺史昌黎王馮莎屯清丘。[8]景先嚴備待敵。豫章王又遣寧朔將軍王僧炳、前軍將軍王應之、龍驤將軍莊明三千人屯義陽關外，[9]爲聲援。虜退，進號輔國將軍。

[1]持節：君主授權臣下的方式之一。節（符節）代表皇帝的特殊命令，有生殺之權。分三等：使持節最上，得殺二千石以下；持節殺無官位之人，若在軍事時期與使持節同；假節唯在軍事時期得殺犯軍令者。　司州：州名。南朝宋泰始中置，治平陽縣，在今河南信陽市。　軍事：原作“軍州事”，中華本據《册府元龜》卷三七九、三九〇删去“州”字。今從删。

[2]義陽：郡名。東晋移置，治平陽縣，在今河南信陽市。

[3]淮、泗：指淮河、泗水。淮河源出河南桐柏山，東流經安徽到江蘇洪澤湖。泗水又名清水、清泗，源出山東泗水縣東蒙山南麓，四源並發，故名。泗水曲折流經山東、江蘇北部入淮河。按，此處是指北魏渡淮河、泗水南侵。

[4]謝天蓋與虜相構扇：《通鑑》卷一三五《齊紀一》“高帝建元元年”條：“義陽民謝天蓋自稱司州刺史，欲以州附魏，魏樂陵鎮將韋珍引兵渡淮應接。豫章王嶷遣中兵參軍蕭惠朗將二千人助司州刺史蕭景先討天蓋，韋珍略七千餘户而去。”胡三省注：“《考異》曰：《齊・蕭景先傳》云：‘天蓋與虜相構扇，景先言於督府。豫章王遣惠朗助景先討天蓋黨與。虜尋遣僞南部尚書頻跋屯汝南，洛州刺史昌黎王馮莎屯清丘。景先嚴備待敵，虜退。’《魏・韋珍傳》云：‘天蓋自署司州刺史，規以内附，事泄，爲道成將崔慧景所攻圍，詔珍帥在鎮士馬渡淮援接。時道成聞珍將至，遣將荀元賓據淮，逆拒珍，珍腹背奮擊，破之。天蓋尋爲左右所殺，降於慧景。珍乘勝馳進，又破慧景，擁降民七千餘户内徙，表置城陽、剛陵、義陽三郡以處之。’按魏將無頻跋、馮莎，而慧景亦非討天蓋之將。

蓋時二國之史，各出傳聞，互有訛謬，今約取二史大概而用之。”

［5］督府：監軍府。多由王室成員主持。

［6］豫章王：名嶷，字宣儼，齊高帝蕭道成第二子，時爲侍中、尚書令、都督揚、南徐二州諸軍事、驃騎大將軍、揚州刺史。詳見本書卷二二本傳。　蕭惠朗：歷仕宋齊。本書卷四六有附傳。

［7］南部尚書：北魏初期設。《文獻通考·職官六》：“掌南邊州郡。”秩不詳。　頞（àn）跋：人名。詳情不明。　汝南：指今河南魯山縣以東、寶豐縣以南、葉縣西北一帶地區。

［8］馮莎：馮熙，字晋昌，長樂信都人。魏文明太后之兄，進爵昌黎王，曾官洛州刺史。《魏書》卷八三有傳。　清丘：縣名。治所在今安徽阜陽市東。

［9］前軍將軍：禁衛軍官。分掌宿衛營兵。秩四品。　王應之：嗣其父（王謙之）爲前軍將軍、石陽縣子。宋大明末，爲衡陽内史。晋安王子勛反，應之起義拒湘州行事何慧文，爲慧文所殺。事見《宋書》卷四五《劉懷慎傳》。　龍驤將軍：南朝爲加官、散官性質的將軍。

景先啓稱上德化之美。[1]上答曰：“風淪俗敗，二十餘年，以吾當之，豈得頓掃。幸得數載盡力救蒼生者，必有功於萬物也。治天下者，雖聖人猶須良佐，汝等各各自竭，不憂不治也。”

［1］上：指齊高帝蕭道成。本書卷一至卷二有紀。　德化：德政教化。

世祖即位，[1]徵爲侍中，[2]領左軍將軍，尋兼領軍將軍。[3]景先事上盡心，故恩寵特密。初西還，上坐景陽樓召景先語故舊，[4]唯豫章王一人在席而已。轉中領軍。[5]車駕射雉郊外行游，景先常甲仗從，廉察左右。尋進爵爲侯。領太子詹事，[6]本官如故。遭母喪，詔超起爲領軍將軍。[7]遷征虜將軍、丹陽尹。[8]

[1]世祖即位：齊武帝蕭賾即位於建元四年（482）。

[2]侍中：門下省主官。掌奏事，直侍左右。秩三品。

[3]領軍將軍：禁衛軍長官。總領禁衛軍。秩三品。

[4]景陽樓：樓名。在今江蘇南京市江寧區北。齊武帝永明中置鍾於景陽樓上，應五更及三鼓，宫人聞鍾聲即起妝飾。見本書卷二〇《武穆裴皇后傳》。

[5]中領軍：與領軍將軍職秩同。

[6]太子詹事：東宫長官。掌太子家事。秩三品。

[7]超起：指服親喪期未滿提前起用。中華本校勘記云："'超起'《元龜》八百六十二作'起復'。"

[8]丹陽尹：爲京城所在郡府長官，掌京城行政諸務並詔獄，地位頗重要。秩三品。按，《南史》卷四一在此前插叙故事云："始昇明中，沈攸之於荆州舉兵，武帝時鎮江州盆城，景先夜乘城，忽聞塹中有小兒呼蕭丹陽，未測何人，聲聲不絶。試問誰？空中應云：'賊尋當平，何事嚴防？'語訖不復言。即窮討之，了不見。明旦以白帝，帝曰：'攸之自無所至，焉知汝後不作丹陽尹？'景先曰：'寧有作理。'尋而攸之首至。及永明三年，詔以景先爲丹陽尹，謂曰：'此授欲驗往年盆城塹空中言耳。'"

五年，[1]荒人桓天生引蠻虜於雍州界上，[2]司部以北，[3]人情騷動。上以景先諳究司土，詔曰："得雍州刺史張瓌啓事，[4]蠻虜相扇，[5]容或侵軼。蜂蠆有毒，宜時剿蕩。可遣征虜將軍丹陽尹景先總率步騎，直指義陽。可假節，司州諸軍皆受節度。”景先至鎮，屯軍城北，百姓乃安，牛酒來迎。

[1]五年：此指永明五年（487）。

[2]荒人桓天生引蠻虜於雍州界上：荒人，鄙野的人。語出晋葛洪《抱朴子·行品》：“耽聲色於飲讌，廢慶弔於人理者，荒人也。”桓天生，《通鑑》卷一三六《齊紀二》“武帝永明五年”條：“荒人桓天生自稱桓玄宗族，與雍、司二州蠻相扇動，據南陽故城，請兵於魏，將入寇。丁酉，詔假丹楊尹蕭景先節，總帥步騎，直指義陽，司州諸軍皆受節度。”按，雍州，東晋太元中僑置，治所在今湖北襄陽市。南陽故城，戰國秦置，治宛縣，在今河南南陽市。

[3]司：統領，執掌。

[4]張瓌：字祖逸，吴郡人。歷仕南朝宋、齊，永明四年（486），遷雍州刺史。本書卷二四有傳。

[5]蠻虜：蠻，古時對南方少數民族的泛稱。虜，南朝對北魏的蔑稱。這裏指桓天生。

軍未還，遇疾，遺言曰：“此度疾病，異於前後，自省必無起理。但夙荷深恩，今謬充戎寄，[1]闇弱每事不稱，上慙慈旨。便長違聖世，悲哽不知所言。可爲作啓事，上謝至尊，粗申愚心。毅雖成長，[2]素闕訓範。貞等幼稚，[3]未有所識。方以仰累聖明，非殘息所能陳謝。自丁荼毒以來，[4]妓妾已多分張，[5]所餘醜猥數人，皆不似事。[6]可以明月、佛女、桂支、佛兒、玉女、美玉上臺，[7]美滿、豔華奉東宫。私馬有二十餘匹，牛數頭，可簡好者十匹、牛二頭上臺，馬五匹、牛一頭奉東宫，大司馬、司徒各奉二匹，[8]驃騎、鎮軍各奉一匹。[9]應私仗器，亦悉輸臺。六親多未得料理，[10]可隨宜温卹，[11]微申素意。所賜宅曠大，恐非毅等所居，須喪服竟，可輸還臺。劉家前宅，久聞其貨，可合率市之，直若短少，[12]啓官乞足。三處田勤，作自足供，衣食力少，更隨宜買麤猥奴婢充使。不須餘營生。[13]周旋部曲還都，[14]理應分張，其久舊勞勤者，應料理，隨宜啓聞乞恩。"[15]卒，時年五十。上傷惜之，詔曰："西信適至，景先奄至喪逝，悲懷切割，自不勝任。今便舉哀。賻錢十萬，[16]布二百匹。"景先喪還，詔曰："故假節征虜將軍丹陽尹新吴侯景先，器懷開亮，幹局通敏。綢繆少長，[17]義兼勳戚。誠著夷險，績茂所司。方升寵榮，用申任寄。奄至喪逝，悲痛良深。可贈侍中、征北將軍、南徐州刺史。給鼓吹一部。[18]假節、侯如故。謚曰忠侯。"

[1]戎寄：委以軍務。

[2]毅：蕭景先之子。

[3]貞：當爲蕭景先之女。

[4]自丁荼毒：指南朝宋末動亂屠殺。丁，遭遇。

[5]分張：遣散。

[6]不似事：不出衆。

[7]上臺：指奉送皇宫。此句明月、佛女等皆爲蕭景先所蓄養的美妓妾。

[8]大司馬、司徒：均爲三公之一。大司馬總掌軍權，大司徒總掌政權。南朝時爲優禮諸王、大臣的最高贈官。按，此處大司馬指齊高帝第二子豫章王蕭嶷和齊武帝第二子竟陵王蕭子良。

［9］驃騎、鎮軍：當指齊高帝第三子臨川王蕭映和齊高帝第四子長沙王蕭晃。

［10］六親：歷來説法不一，《老子》："六親不和有孝慈。"王弼注："六親：父、子、兄、弟、夫、婦。"《管子·牧民》："上服度，則六親固。"尹知章注："六親，謂父母兄弟妻子。"漢賈誼《新書·六術》篇，則以父、昆弟、從父昆弟、從祖昆弟、從曾祖昆弟、族兄弟爲六親。《史記》卷六二《管晏列傳》："上服度則六親固。"張守節《正義》："六親謂外祖父母一、父母二、姊妹三，妻兄弟之子四，從母之子五，女之子六也。"亦泛指近親。南朝宋鮑照《松柏篇》："昔日平居時，晨夕對六親。"　料理：安排。

［11］温卹：安慰，撫恤。

［12］直：代價，價錢。

［13］營生：指財産，財富。

［14］周旋部曲：指隨從的部下人員。

［15］隨宜啓聞乞恩：指隨即應當向皇上呈報，請皇上開恩，給這些人適當照顧安排。按，此份遺言頗重要。高敏《南北史掇瑣》云："於此可見當時的社會狀況及奴隸從事生産的情况。"（中州古籍出版社2003年版，第217頁）

［16］賻錢：助喪葬之錢。

［17］綢繆少長：謂無論對少年或長輩，都情意殷勤。

［18］鼓吹：備有鼓鉦蕭笳樂器的樂隊，用於大駕出游行軍。古代以賜功臣勛將。這裏指送喪樂隊。

子毅，以勳戚子，少歷清官。[1]太子舍人，[2]洗馬，[3]隨王友，[4]永嘉太守，[5]大司馬諮議參軍，南康太守，[6]中書郎。[7]建武初，[8]爲撫軍司馬，遷北中郎司馬。[9]虜動，領軍守琅邪城。[10]毅性奢豪，好弓馬，爲高宗所疑忌。[11]王晏事敗，[12]并陷誅之。遣軍圍宅，毅時會賓客奏伎，聞變，索刀未得，收人突進，挾持毅入與母別，出便殺之。

［1］清官：清要官位。

［2］太子舍人：東宫官。掌呈奏案章。秩七品。

［3］洗（xiǎn）馬：太子洗馬，東宫官。掌太子出行前導威儀。秩七品。

［4］隨王：名子隆，字雲興，齊武帝蕭賾第八子。有文才。本書卷四〇有傳。　友：親王府官名。掌陪侍游居，規諷道義。秩六品。

［5］永嘉：郡名。治永寧縣，在今浙江温州市。

［6］南康：郡名。治贛縣，在今江西贛州市西南。

［7］中書郎：中書侍郎。掌詔命。秩五品。

［8］建武：齊明帝年號。

［9］北中郎：北中郎將。四中郎將之一，南朝進爲優禮大臣的榮譽稱號。開府者位從公秩一品。蕭毅爲北中郎將府司馬。南朝時司馬爲軍府之官，在將軍之下，總理一府之事。

［10］琅邪城：琅邪郡城，東晋僑置，治句容縣，在今江蘇句容市。

［11］高宗：齊明帝蕭鸞廟號。本書卷六有紀。

［12］王晏事敗：王晏爲齊尚書令，齊武帝寵信。齊明帝建武四年（497），因有人密告晏有異志，遭明帝誘殺。詳見本書卷四二《王晏傳》。蕭毅亦被誣陷爲王晏同黨，同時被殺。

蕭赤斧，[1]南蘭陵人，太祖從祖弟也。[2]祖隆子，衛軍録事參軍。[3]父始之，冠軍中兵參軍。[4]

［1］蕭赤斧：《南史》卷四一亦有傳。

［2］太祖從祖弟：指蕭赤斧的祖父蕭隆子乃蕭道成的叔祖父。

［3］衛軍：指左衛將軍或右衛將軍，禁衛軍官。掌宿衛營兵。録事參軍：掌各曹文書，糾察府事。

［4］冠軍中兵參軍：指冠軍將軍府中兵參軍，掌中兵曹畿内之兵。冠軍將軍，南朝爲榮譽加號。開府者位從公秩一品。

赤斧歷官爲奉朝請，[1]以和謹爲太祖所知。宋大明初，[2]竟陵王誕反廣陵，[3]赤斧爲軍主，[4]隸沈慶之，[5]圍廣陵城，攻戰有勳，事寧，封永安亭侯，[6]食邑三百七十户。除車騎行參軍，[7]出補晋陵令，[8]員外郎，丹楊令，[9]還除晋熙王撫軍中兵參軍，[10]出爲建威將軍、錢唐令。[11]遷正員郎。赤斧治政爲百姓所安，吏民請留之，時議見許，改除寧朔將軍。

［1］奉朝請：古代諸侯春季朝見天子稱朝，秋季朝見稱請。南朝時爲安置閑散官員的官稱，置於集書省。

［2］大明：宋孝武帝年號。

［3］竟陵王誕反廣陵：竟陵王劉誕，宋文帝劉義隆第六子。爲侍中、驃騎大將軍、揚州刺史，又出爲南兗州刺史、加都督，守廣陵（今江蘇揚州市）。誕與孝武帝相忌。大明三年（459），帝命捕誕，誕在廣陵舉兵抗命。帝遣車騎大將軍沈慶之討誕，圍城數月，破城，殺誕。詳見《通鑑》卷一二九《宋紀十七》“孝武帝大明三年”條。

［4］軍主：武官名。其名起於南朝宋。領軍千人以上稱軍主，千人以下稱隊主。

［5］沈慶之：字弘先，吴興人，以勇聞。仕宋。大明三年（459），竟陵王誕據廣陵反，以慶之爲車騎大將軍加都督，率衆討之。詳見《宋書》卷七七、《南史》卷三七本傳。

［6］封永安亭侯：侯爲第二等封爵。永安爲其采食之地。永安縣，三國蜀漢置，治所在今重慶奉節縣。

［7］車騎行參軍：指車騎大將軍府暫行參軍。車騎大將軍，《宋書·百官志上》："魚豢曰：魏世，驃騎、車騎將軍爲都督，儀與四征（將軍）同。"加"大"者得儀同三司，秩一品。

［8］晋陵：縣名。治所在今湖南資興市南。

［9］丹楊：丹陽縣，亦名丹楊。治所在今安徽當塗縣東北小丹陽。

［10］晋熙王：名昶，字休道，宋文帝劉義隆第九子。大明中，位中書令、中軍將軍。《宋書》卷七二、《南史》卷一四均有傳。按，晋熙王未加輔軍將軍。"輔軍"當爲"中軍"之誤。

［11］建威將軍：南朝時爲優禮大臣的榮譽加號。　錢唐：縣名。治所在今浙江杭州市。

太祖輔政，[1]以赤斧爲輔國將軍、左軍會稽司馬，[2]輔鎮東境。遷黄門郎，[3]淮陵太守。[4]從帝遜位，[5]於丹陽故治立宫，[6]上令赤斧輔送，至薨乃還。

［1］太祖輔政：指南朝宋末，齊高帝（廟號太祖）蕭道成受宋明帝遺詔爲顧命大臣，輔幼主執政。

［2］輔國將軍：南朝時爲優禮大臣的榮譽虚號。　左軍會稽司馬：左軍指左軍將軍。會稽，郡名。治所在今浙江紹興市。郡司馬，掌軍事。

［3］黄門郎：給事黄門侍郎的省稱。門下省官。掌奏事，直侍左右。秩五品。

［4］淮陵：郡名。治所在今安徽明光市東北。

［5］從帝遜位：指宋順帝劉準於昇明三年（479）遜位於齊高帝蕭道成，齊宋易代。中華本校勘記云："按從帝即順帝，蕭子顯

避梁諱改，南監本、殿本已改爲‘順帝’。”

[6]於丹陽故治立宫：宋順帝遜位後，被封爲汝陰王，遷居於丹陽宫（在丹陽縣）。旋被殺，葬於遂寧陵。

建元初，遷武陵王冠軍長史，[1]驃騎司馬，南東海太守，[2]輔國將軍並如故。遷長兼侍中，[3]祖母喪去職。起爲冠軍將軍、寧蠻校尉。[4]出爲持節、督雍梁南北秦四州郢州之竟陵司州之隨郡軍事、雍州刺史，[5]本官如故。在州不營産利，勤於奉公。

[1]武陵王：名曅，字宣照，齊高帝蕭道成第五子。初除冠軍將軍，蕭赤斧爲冠軍將軍府長史（屬吏之長）。

[2]南東海：郡名。東晋僑置，治所在今江蘇常熟市。後移治京口，即今江蘇鎮江市。原名東海郡，南朝宋元嘉間改爲南東海郡。

[3]長兼：古代加在官職前，表示非正式任命。清錢大昕《廿二史考異》卷三六：“‘昇明初，遷長兼侍中。’長兼者，未正授之稱。”

[4]寧蠻校尉：防邊官名。多由雍州刺史兼任，主護當地少數民族。

[5]梁：梁州。南朝治南鄭縣，在今陝西漢中市。　南北秦：南秦州，北秦州。與梁州同治南鄭。　郢州：治夏口，在今湖北武漢市武昌區。　竟陵：郡名。治所在今湖北鍾祥市。　隨郡：南朝齊置，治所在今湖北隨州市。

遷散騎常侍，[1]左衛將軍。世祖親遇與蕭景先相比。封南豐縣伯，[2]邑四百户。遷給事中，[3]太子詹事。赤斧夙患渴利，[4]永明三年會，[5]世祖使甲仗衛三厢，[6]赤斧不敢辭，疾甚，數日卒，年五十六。家無儲積，無絹爲衾，上聞之，愈加惋惜。詔賻錢五萬，[7]上材一具，布百匹，蠟二百斤。追贈金紫光禄大夫。[8]謚曰懿伯。子穎胄襲爵。

[1]散騎常侍：門下省官。與侍中同掌奏事，直侍左右。秩三品。

[2]南豐縣伯：伯爲第三等封爵。南豐縣（治所在今江西廣昌縣）爲其食邑。

[3]給事中：門下省官。掌奏事，直侍左右。秩五品。

[4]渴利：指口渴並隨飲隨即尿出的病症。參見隋巢元方《諸病源候總論》卷五《消渴病諸候》。

[5]會：指舉行朝會。

[6]使甲仗衛三厢：派衛士扶侍護送。三厢，指三邊，即左邊、右邊、後邊。

[7]賻（fù）錢：爲助辦喪事而贈送給喪主的錢財。

[8]金紫光禄大夫：謂光禄大夫之加金章紫綬者，秩二品。自晋以後，皆爲兼官或加官。

穎胄字雲長，[1]弘厚有父風。起家祕書郎。[2]太祖謂赤斧曰："穎胄輕朱被身，[3]覺其趨進轉美，[4]足慰人意。"遷太子舍人。遭父喪，感脚疾，數年然後能行。世祖有詔慰勉，賜醫藥。除竟陵王司徒外兵參軍，[5]晋熙王文學。[6]

[1]穎胄：《南史》卷四一亦有傳。

[2]祕書郎：秘書省官。掌修撰國史。秩六品。

[3]輕朱被身：謂身穿紅色官服。

[4]趨進：指言行舉止、儀表。

[5]司徒外兵參軍：指司徒公府掌外兵曹事的參軍，典領親兵。

[6]晉熙王：名銶，齊高帝蕭道成第十八子。本書卷三五有傳。　文學：文學師，掌教授經學。秩六品。參見《文獻通考》卷六六《職官二〇》。

穎胄好文義，弟穎基好武勇，世祖登烽火樓，詔群臣賦詩。穎胄詩合旨，上謂穎胄曰："卿文弟武，宗室便不乏才。"除明威將軍、安陸内史。[1]遷中書郎。上以穎胄勳戚子弟，除左將軍，知殿内文武事，得入便殿。出爲新安太守，[2]吏民懷之。隆昌元年，永嘉王昭粲爲南徐州，[3]以穎胄爲南東海太守，行南徐州事。[4]轉持節、督青冀二州軍事、輔國將軍、青冀二州刺史。[5]不行，除黄門郎，領四厢直。[6]遷衛尉。[7]

[1]明威將軍：南朝宋始置，爲雜號將軍，具有加官、散官性質。秩五品。參見《文獻通考》卷六六《職官二十》。　安陸：郡名。治所在今湖北安陸市。　内史：王國屬郡的太守稱内史。

[2]新安：郡名。晉始置，治始新縣，在今浙江淳安縣西北。

[3]永嘉王昭粲：齊文惠太子第四子，原封桂陽王，鬱林立，改封其弟爲永嘉郡王，南東海郡太守。詳見本書卷五〇《文二王傳》。

[4]行南徐州事：指代行州刺史職事。按，當時昭粲爲南徐州刺史，年僅三歲。

[5]青冀二州：南朝宋泰始中青州與冀州皆僑置於鬱洲，在今

江蘇連雲港市東雲臺山一帶。

[6]四厢直：本書《百官志》未列此官。本書《樂志》云："右一曲，皇帝當陽，四厢奏；皇帝入變服，四厢並奏前二曲。"《宋書·禮志四》亦云："謁者引護當使者當拜者入就拜位，四厢樂作。"蕭穎胄好文義，"四厢直"或爲朝會奏樂總領。待考。

[7]衛尉：本書《百官志》云："衛尉，府置丞一人，掌宫城管籥。漢張衡《西京賦》云'衛尉八屯，警夜巡晝'。宫城諸却敵樓上本施鼓，持夜者以應更唱，太祖以鼓多驚眠，改以鐵磬云。"

高宗廢立，[1]穎胄從容不爲同異，[2]乃引穎胄預功。建武二年，進爵侯，增邑爲六百户。賜穎胄以常所乘白㼎牛。[3]

[1]高宗廢立：指齊恭帝延興元年（494），輔國大臣蕭鸞廢恭帝自立，改元建武。

[2]不爲同異：指没有贊成也未反對蕭鸞自立。

[3]白㼎（yú）牛：㼎牛原本黑色，此色白，故爲珍奇。《玉篇·牛部》："㼎，黑牛。"明李時珍《本草綱目·獸一·牛》："黑曰㼎，白曰犘。"

上慕儉約，[1]欲鑄壞太官元日上壽銀酒鎗，[2]尚書令王晏等咸稱盛德。穎胄曰："朝廷盛禮，莫過三元。[3]此一器既是舊物，不足爲侈。"帝不悦。後預曲宴，[4]銀器滿席。穎胄曰："陛下前欲壞酒鎗，恐宜移在此器也。"[5]帝甚有慙色。

[1]上慕儉約："約"字原無，中華本據南監本、殿本補。今

從補。

[2]太官：掌皇帝飲食宴會的官，稱太官令。古禮，太官令於正月元旦日向皇帝上酒祝壽。“官”原作“宫”，中華本據各本改正。今從改。　銀酒鎗：中華本校勘記云：“《御覽》八百十二引作‘銀酒鐺’。按《説文》‘鎗，鎗鏓也’。《集韵》‘鐺，釜屬，通作鎗’。蓋鎗即鎗鏓，今之鐺也。説詳桂馥《札樸》。”按，朱季海《南齊書校議》（以下簡稱朱季海《校議》）以爲“鎗”當爲“鼎類”“釜屬”，“桂説殊誤會”。（中華書局1984年版，第85頁）

[3]三元：農曆正月初一。是日爲年、月、日之始，故謂之三元。宗懔《荆楚歲時記》：“正月一日是三元之日也。”

[4]預曲宴：參加曲宴。曲宴，多指皇宫私宴。語出三國魏曹植《贈丁翼》詩：“吾與二三子，曲宴此城隅。”

[5]在：原作“左”，中華本據南監本、殿本、局本改正。今從改。

冠軍江夏王寶玄鎮石頭，[1]以穎胄爲長史，行石頭戍事。復爲衛尉。出爲冠軍將軍、廬陵王後軍長史、廣陵太守、行南兖州府州事。[2]是年虜動，揚聲當飲馬長江。[3]帝懼，敕穎胄移居民入城，百姓驚恐，席卷欲南渡。穎胄以賊勢尚遠，不即施行，虜亦尋退。仍爲持節、督南兖兖徐青冀五州諸軍事、輔國將軍、南兖州刺史。[4]

[1]江夏王寶玄：齊明帝蕭鸞第三子。建武元年（494），爲征虜將軍，領石頭戍事。詳見本書卷五〇本傳。　石頭：地名。在今江蘇南京市清凉山，一名石城、石頭城。本春秋楚威王所置金陵邑，三國吴重築。其城負山面江，控扼江險，爲戰略要地。

[2]廬陵王：名寶源，齊明帝第五子。建武元年（494）出爲

使持節、都督南兖兖徐青冀五州軍事、後將軍、南兖州刺史。詳見本書卷五〇本傳。　南兖州：南朝宋置，治所原在京口，後移治廣陵（今江蘇揚州市）。

[3]是年虜動，揚聲當飲馬長江：齊明帝建武元年（494），北魏以明帝蕭鸞廢主自立，謀大舉南侵。魏主自將，用兵連捷，欲南臨長江，飲馬於江。參見《通鑑》卷一三九、一四〇《齊紀五、六》"明帝建武元年、二年"有關各條。

[4]督南兖兖徐青冀五州諸軍事：兖州原誤作"荆州"，中華本改正，並按云："南兖州督五州，有兖州，無荆州。各本同訛，今改正。"今從改。又《嚴耕望史學論文集·正史脱訛小記》："按南兖州刺史不可能督荆州……考《南齊書》各本紀，爲南兖州刺史者，先後有王敬則、陳穎達等十七人，檢各人本傳，其中十五人皆都督南兖、兖、徐、青、冀五州，則此條'兖'字當重；而下文衍'荆'字。"（上海古籍出版社2009年版，第1189頁）兖，州名。南朝宋僑置，治淮陰縣，在今江蘇淮安市淮陰區。徐，州名。東晋移置，治京口，在今江蘇鎮江市。

和帝爲荆州，[1]以穎胄爲冠軍將軍、西中郎長史、南郡太守、行荆州府、州事。[2]東昏侯誅戮群公，[3]委任厮小，[4]崔、陳敗後，[5]方鎮各懷異計。永元二年十月，尚書令臨湘侯蕭懿及弟衛尉暢見害，[6]先遣輔國將軍、巴西梓潼二郡太守劉山陽領三千兵受旨之官，[7]就穎胄共襲雍州。雍州刺史梁王將起義兵，[8]慮穎胄不識機變，遣使王天虎詣江陵，[9]聲云山陽西上，并襲荆、雍。書與穎胄，勸同義舉。[10]穎胄意猶未决。初，山陽出南州，[11]謂人曰："朝廷以白虎幡追我，[12]亦不復還矣。"席卷妓妾，盡室而行。至巴陵，[13]遲回十餘日不進。梁王復遣天虎賚書與穎胄，陳設其略。是時或云山陽謀殺穎胄，以荆州同義舉，穎胄乃與梁王定契，[14]斬王天虎首，送示山陽。[15]發百姓車牛，聲云起步軍征襄陽。[16]十一月十八日，山陽至江津，[17]單車白服，從左右數十人，詣穎胄，穎胄使前汶陽太守劉孝慶、前永平太守劉熙暈、鎧曹參軍蕭文照、前建威將軍陳秀、輔國將軍孫末伏兵城内。[18]山陽入門，即於車中亂斬之。副軍主李元履收餘衆歸附。遣使蔡道猷馳驛送山陽首於梁王，乃發教纂嚴，[19]分部購募。[20]東昏聞山陽死，發詔討荆、雍。贈山陽寧朔將軍、梁州刺史。

[1]和帝爲荆州：齊和帝名寶融，字智昭，齊明帝蕭鸞第八子。建武元年（494），封隨郡王。永元元年（499），改封南康王。詳見本書卷八《和帝紀》。

[2]南郡：郡名。治所在郢（今湖北荆州市西北紀南城），後遷治江陵。　荆州府：郡名。治所在今湖北荆州市。荆州，州名。東漢治所漢壽縣（今湖南常德市），之後屢經遷移，東晋時定治江陵縣。按，《南史》卷四一此後云："時江祐專執朝權，此行由祐，穎胄不平，曰：'江公盪我輩出。'"

[3]東昏侯誅戮群公：東昏侯蕭寶卷，齊明帝之子。繼位後，親信宦官小人，殺害忠良，誅殺大臣，徐孝嗣、沈文季等將相、舊臣皆盡。詳見本書卷七《東昏侯紀》。

[4]厮小：鄙陋低賤的小人。

[5]崔：指崔慧景，爲東昏顧命大臣。因見幼主昏狂，朝廷壞亂，永元二年（500），欲另立新主，起兵反，兵敗被殺。詳見本書卷三二本傳。　陳：指江州刺史陳顯達，聞大臣被濫殺，自尋陽起兵反，兵至建康敗，被殺。詳見本書卷二六本傳。

［6］尚書令臨湘侯蕭懿及弟衛尉暢見害：永元二年（500）十月，蕭懿爲尚書令，總理政務。東昏侯受嬖臣讒惑，將懿與弟暢誘捕毒死。詳見《通鑑》卷一四三《齊紀九》 “東昏侯永元二年”條。

［7］巴西梓潼二郡太守劉山陽領三千兵受旨之官：此指蕭懿、蕭暢被害後，其弟衍（即梁王，後來的梁武帝）時爲雍州刺史，故東昏特調遣劉山陽領兵剿衍。巴西，郡名。西晋僑置，與梓潼郡同治涪縣，即今四川綿陽市涪城區。

［8］雍州刺史梁王將起義兵：《通鑑》卷一四三《齊紀九》“東昏侯永元二年”條：“及懿死，衍聞之，夜……集僚佐謂曰：‘昏主暴虐，惡逾於紂，當與卿等共除之！’是日，建牙集衆，得甲士萬餘人，馬千餘匹，船三千艘。出檀溪竹木裝艦，葺之以茅，事皆立辦。”

［9］遣使王天虎：《南史》卷四一作“遣穎胄親人王天武”。按，《南史》避唐諱改“虎”爲“武”。

［10］勸同義舉：勸其一同起義反東昏暴君。按，“勸”字上衍一“或”字，中華本據南監本删。今從改。

［11］山陽出南州：“出”下原有“爲”字，中華本據《南史》删，並按云：“南州即姑孰，見《通鑑考異》。”今從改。按，姑孰在今安徽當塗縣。

［12］白虎幡：有白虎圖像的旗，作爲帝王詔令傳信之用。晋制，以白虎威猛，主殺，故督戰用白虎幡。參見晋崔豹《古今注·輿服》。

［13］巴陵：縣名。治所在今湖南岳陽市。

［14］定契：指兩人暗中定計相約對付劉山陽。

［15］斬王天虎首，送示山陽：此乃用反間計，故意迷糊臺軍首領劉山陽。按，斬王天虎用反間計事《南史》卷四一所記甚詳實，云：“山陽至，果不敢入城。穎胄計無所出，夜遣錢唐人朱景思呼西中郎城局參軍席闡文、諮議參軍柳忱閉齋定議。闡文曰：‘蕭雍

州畜養士馬，非復一日。江陵素畏襄陽人，人衆又不敵，取之不可必制，制之，歲寒復不爲朝廷所容。今若殺山陽，與雍州舉事，立天子以令諸侯，霸業成矣。山陽持疑不進，是不信我，今斬送天武，則彼疑可釋。至而圖之，罔不濟矣。'忱亦勸焉。穎胄乃斬天武，以示山陽，山陽大喜，輕將步騎數百到州，闔文勒兵斬之。"

[16]征襄陽：襄陽乃雍州治所，梁王蕭衍（雍州刺史）駐地。故征襄陽即是征蕭衍。

[17]山陽至江津：謂劉山陽信以爲真，來到江津戍（一名奉城，在今湖北沙市東南）。

[18]汶陽：郡名。南朝宋置，治所累遷至遠安縣，在今湖北遠安縣。　劉孝慶：字仲昌。齊末爲兗州刺史，舉兵應梁武，歷官顯重。詳見《南史》卷四九本傳。　永平：郡名。南朝齊移治夫寧縣，在今廣西藤縣西北。　鎧曹參軍：鎧曹，公府諸曹之一，掌戎杖器械。鎧曹參軍秩七品。

[19]教：文體名。上對下的文告、告示。　纂嚴：戒嚴。

[20]分部購募：謂分不同兵種（如步兵、騎兵、弓弩手等）懸賞招募兵將。

穎胄有器局，既唱大事，[1]虛心委己，衆情歸之。加穎胄右將軍，[2]都督行留諸軍事，置佐史，本官如故。西中郎司馬夏侯詳加征虜將軍。[3]遣寧朔將軍王法度向巴陵。[4]穎胄獻錢二十萬，米千斛，鹽五百斛。諮議宗塞、别駕宗夬獻穀二千斛，[5]牛二頭。换借富貲，以助軍費。長沙寺僧業富，[6]沃鑄黄金爲龍數千兩，埋土中，歷相傳付，稱爲下方黄鐵，[7]莫有見者，乃取此龍，以充軍實。[8]

[1]唱大事：指提倡改朝换代大事。唱通“倡”。

[2]加穎胄右將軍：此指梁王蕭衍給穎胄加官。

[3]夏侯詳：字叔業，歷仕南朝宋、齊、梁，官至尚書右僕射。《梁書》卷一〇、《南史》卷五五有傳。

[4]巴陵：郡名。治巴陵縣，在今湖南嶽陽市。

[5]宗夬：字明揚，歷任齊梁，官至五兵尚書。《梁書》卷一九、《南史》卷三七有傳。夬，原訛“史”，各本並訛，中華本據《梁書》《南史》改。今從改。

[6]長沙寺：《通鑑》卷一四三《齊紀九》“東昏侯永元二年”條，胡三省注：“長沙寺在江陵。宋元嘉中，臨川王義慶鎮江陵起寺，爲其本生父長沙王道憐資福，因名長沙寺。”

[7]下方：佛家稱人間、下界。

[8]以充軍實：《南史》卷四一此句後云：“穎胄歎曰：‘往年江祏斥我，至今始知禍福之無門也。’”

十二月，移檄：[1]

西中郎府長史、都督行留諸軍事、右軍將軍、南郡太守、南豐縣開國侯蕭穎胄，司馬、征虜將軍、新興太守夏侯詳告京邑百官，[2]諸州郡牧守：

夫運不常夷，有時而陂；[3]數無恒剥，[4]否極則亨。[5]昔商邑中微，[6]彭、韋投袂；[7]漢室方昏，虚、牟效節。[8]故風聲永樹，卜世長久者也。[9]昔我太祖高皇帝德範生民，功格天地，仰緯彤雲，俯臨紫極。世祖嗣興，增光前業，雲雨之所沾被，日月之所出入，莫不舉踵來王，交臂納貢。鬱林昏迷，顛覆厥序，俾我大齊之祚，翦焉將墜。高宗明皇帝建道德之盛軌，垂仁義之至蹤，紹二祖之鴻基，繼三五之絶業。[10]昧旦丕顯，不明求衣，[11]故奇士盈朝，異人輻湊。若迺經禮緯樂之文，定鼎作洛之制，[12]非雲如醴之祥，[13]白質黑章之瑞，[14]諒以則天比大，無德稱焉。而嗣主不綱，[15]窮肆陵暴，十愆畢行，三風咸襲。[16]喪初而無哀貌，在慼而有喜容。[17]酣酒嗜音，罔懲其侮。讒賊狂邪，是與比周。[18]遂令親賢嬰荼毒之誅，宰輔受菹醢之戮。[19]江僕射，蕭、劉領軍，徐司空，沈僕射，曹右衛，[20]或外戚懿親，或皇室令德，或時宗民望，或國之虎臣，並勛彰中興，功比申、邵，[21]秉鈞贊契，受遺先朝。咸以名重見疑，正直貽斃，害加黨族，虐及嬰孺。曾無“渭陽”追遠之情，[22]不顧本枝殲落之痛。[23]信必見疑，忠而獲罪，百姓業業，罔知攸暨。崔慧景內逼淫刑，外不堪命，驅土崩之民，爲免死之計，倒戈回刃，還指宫闕。[24]城無完守，人有異圖。賴蕭令君勳濟宗祏，[25]業拯蒼氓，四海蒙一匡之德，[26]億兆憑再造之功。[27]江夏王拘迫威强，[28]牽制巨力，迹屈當時，迺心可亮。竟不能內恕探情，[29]顯加鴆毒。蕭令君自以親惟族長，[30]任實宗臣，至誠苦言，朝夕獻入，讒醜交構，漸見疎疑，浸潤成災，奄離怨酷。用人之功，以寧社稷，刈人之身，以騁淫濫。

[1]十二月，移檄：指東昏侯永元二年（500）十二月蕭衍起義軍移檄。移檄，發佈文告曉示。檄，古代文體之一，多用於聲討、曉諭。

[2]新興：郡名。南朝宋以晋昌郡改置，治吉陽縣，在今湖北竹溪縣。

[3]運不常夷，有時而陂：運，指國運。夷，平坦。陂，傾危。語本《易·泰》："無平不陂，無往不復"。

[4]剥：《易》卦名䷖。坤下艮上。《易》謂："剥，不利有攸往"。後因以剥指運數不利。

[5]否（pǐ）極則亨：此句意謂困厄到極點，則轉向亨通。否，《易》卦名䷋。坤下乾上，表示天地不交，上下隔閡，閉塞不通之象。

[6]商邑：原指殷商封地（在今河南商丘市南），此處代指殷商朝代。　中微：指中途衰落。

[7]彭、韋投袂：輔佐殷商於衰微時的大臣大彭和豕韋的並稱。語出《國語·鄭語》："佐制物於前代者，昆吾爲夏伯矣，大彭、豕韋爲商伯矣。"韋昭注："大彭，陸終第三子曰籛，爲彭姓，封於大彭，謂之彭祖，彭城是也。豕韋，彭姓之别封於豕韋者也。殷衰，二國相繼爲商伯。"

[8]虚、牟效節：指漢朱虚侯劉章、東牟侯劉興居，竭誠盡節，誅戮吕太后家族。參見《漢書》卷三八《高五王傳》。

[9]卜世：占卜預測世事吉凶。這裏指預測國運。

[10]三五：指古代聖王三皇五帝。

[11]昧旦丕顯，不明求衣：謂英明勤政。昧旦，語出《詩·鄭風·女曰雞鳴》："女曰鷄鳴，士曰昧旦。"言破曉即起床，與下句"不明"意同。丕顯，猶英明。語出《尚書·康誥》："惟乃丕顯考文王，克明德慎罰。"求衣，索衣，謂起床。語出《漢書·鄒陽傳》："始孝文皇帝……不明求衣。"顔師古注引臣瓚曰："（文帝）以天下多難，故乃寒心戰慄，未明而起。"

[12]定鼎作洛：泛指建立王朝，振興王業。語出《左傳》宣公三年："成王定鼎於郟鄏。"又《尚書·多士》："今朕作大邑于兹洛。"

［13］非雲如醴：形容祥瑞徵兆。非雲，語出《史記·天官書》："若煙非煙，若雲非雲，郁郁紛紛，蕭索輪囷，是謂卿雲。卿雲，喜氣也。"如醴，謂泉水涌出如甘甜美酒。語出揚雄《甘泉賦》。

［14］白質黑章：白色質地，黑色花紋。古以爲祥瑞。漢司馬相如《封禪文》："白質黑章，其儀可嘉。"

［15］嗣主不綱：指齊明帝的繼承者東昏侯蕭寶卷不遵正道。

［16］十譽（qiān）畢行，三風咸襲：指三種惡劣風氣所滋生的十種罪愆。語出《尚書·伊訓》："敢有恒舞于宫，酣歌于室，時謂巫風；敢有殉于貨色，恒于遊畋，時謂淫風；敢有侮聖言，逆忠直，遠耆德，比頑童，時謂亂風。惟兹三風十愆，卿士有一于身，家必喪；邦君有一于身，國必亡。"譽，同"愆"。

［17］慼（qī）：憂傷。

［18］讒賊狂邪，是與比周：比周，結黨營私。此句意謂與各種壞人結黨。

［19］葅（zū）醢（hǎi）：指把人剁成肉醬的酷刑。泛指處死。

［20］"江僕射"至"曹右衛"：以上六人，指被東昏侯殺害的大臣僕射江祏，領軍蕭坦之、劉暄，司空徐孝嗣，僕射沈文季，右軍將軍曹虎。

［21］功比申、邵：中華本校勘記云："南監本、毛本、殿本、局本作'周邵'。"指周公、邵公。朱季海《校議》云："南監本以下臆改殊謬，百衲本是也。此云申、邵，《詩·崧高》所謂'維申及甫，維周之翰'，'王命召伯，定申伯之宅'，'申伯之功，召伯是營'者，是也。毛傳：'召伯，召公也。'孔疏：'以常武之《序》，知召伯是召穆公也。'蓋申伯、召伯嘗佐成宣王中興之功，故以爲比爾。若是周召，並在周初，當周極盛，焉得承勛彰中興，而以爲比也?"（第86頁）按，邵，通"召"。

［22］曾無"渭陽"追遠之情：指東昏侯不念甥舅之情，屠殺其舅父江祏、江祀。按，"渭陽"語出《詩·秦風·渭陽》："我送

甥氏，曰至渭陽。”後因以“渭陽”爲表示甥舅情誼之典。

[23]不顧本枝殲落之痛：指誅殺宗室蕭坦之、蕭懿及諸王。

[24]“崔慧景”至“還指宫闕”：指功臣被東昏侯逼迫造反。

[25]蕭令君：指廢東昏侯立和帝寶融的中書監、大司馬、録尚書事、驃騎大將軍、揚州刺史蕭衍（即後來的梁武帝）。　宗祏：宗祠，宗廟。“祏”原訛“祐”，中華本據南監本、殿本、局本改正。今從改。

[26]一匡：指國家撥亂反正，得到拯救。語出《論語·憲問》：“子曰：管仲相桓公，霸諸侯，一匡天下。”

[27]億兆：指廣大人民。語出《尚書·泰誓中》：“受有億兆夷人，離心離德。”

[28]江夏王拘迫威强：江夏王，名寶玄，齊明帝第三子。東昏即位次年，崔慧景舉兵脅奉寶玄爲主。旋兵敗，東昏將其弟寶玄殺害。詳見本書卷五《江夏王寶玄傳》。

[29]内恕探情：中華本校勘記云：“探”，《册府元龜》卷四一六作“深”。

[30]蕭令君：“君”字原無，中華本據《册府元龜》卷四一六補。今從補。

台輔既誅，姦小競用，梅蟲兒、茹法珍妖忍愚戾，[1]窮縱醜惡，販鬻主威，以爲家勢，營惑嗣主，恣其妖虐。宫女千餘，裸服宣婬，孽臣數十，袒裼相逐。[2]帳飲闤肆之間，[3]宵遊街陌之上，提挈群竪，以爲歡笑。劉山陽潛受凶旨，規肆狂逆，[4]天誘其衷，即就梟翦。

[1]梅蟲兒、茹法珍：皆東昏所寵信的卑鄙小人，東昏竟呼茹法珍“阿丈”，呼梅蟲兒“阿兄”。兩人慫恿東昏，作惡多端。詳

見《通鑑》卷一四二、一四三《齊紀八、九》“東昏侯永元元年、二年”有關各條及本書卷七《東昏侯紀》。

［2］袒（tǎn）裼（xī）：脱衣裸露。《詩・鄭風・大叔于田》：“襢裼暴虎，獻于公所。”毛亨傳：“襢裼，肉袒也。”陸德明《經典釋文》：“襢，本又作袒。”

［3］闤（huán）肆：店鋪。

［4］規肆：陰謀恣縱。《後漢書》卷三八《馮緄傳》：“必是凶人妄詐，規肆奸毒。”

夫天生蒸民，樹之以君，使司牧之，勿使失性。豈有尊臨寓縣，[1]毒遍黔首，[2]絶親戚之恩，無君臣之義，功重者先誅，勳高者速斃。九族内離，[3]四夷外叛，封境日蹙，[4]戎馬交馳，帑藏既空，[5]百姓已竭，不卹不憂，慢遊是好。民怨於下，天懲於上，故熒惑襲月，[6]孽火燒宫，[7]妖水表災，[8]震蝕告沴。[9]七廟阽危，[10]三才莫紀，[11]大懼我四海之命，永淪于地。

［1］寓縣：同宇縣，天下。《史記》卷六《秦始皇本紀》：“大矣哉，宇縣之中，承順聖意。”裴駰《集解》：“宇，宇宙。縣，赤縣。”

［2］黔首：古代稱平民百姓。《禮記・祭義》：“明命鬼神，以爲黔首則。”孔穎達疏：“黔首，謂民也者。黔，謂黑也。凡人以黑巾覆頭，故謂之黔首。”

［3］九族：以自己爲本位，上推至四世之高祖，下推至四世之玄孫爲九族。這裏泛指本宗族。

［4］封境：原指封賜的領地，這裏泛指領土。

[5]帑（tǎng）藏：指存藏財物的國庫。

[6]熒惑襲月：火星穿月，古以爲凶兆。熒惑，亦作熒爁，古指火星，因隱現不定，令人迷惑，故名。參見《鬼谷子・符言》陶弘景注。

[7]孽火燒宫：指宫中遭遇火災。古以爲凶兆。

[8]妖水表災：指洪水泛濫成災。古以爲凶兆。

[9]震蝕告沴（lì）：指地震、日蝕、月蝕等凶災不斷出現。沴，謂天地四時之氣不和而生的災害。

[10]七廟：語出《禮記・王制》："天子七廟，三昭三穆，與太祖之廟而七。"此指四親廟（父、祖、曾祖、高祖）、二祧（遠祖）和始祖廟。代指王朝。　阽（diàn）：臨近邊緣，一般指境遇危險。

[11]三才：指天、地、人。語本《易・説》："是以立天之道曰陰與陽，立地之道曰柔與剛，立人之道曰仁與義。兼三才而兩之。故《易》六畫而成卦。"

南康殿下體自高宗，[1]天挺英懿。食葉之徵，[2]著於弱年；當璧之祥，[3]兆乎綺歲。億兆顒顒，咸思戴奉。且勢居上游，任總連帥，[4]家國之否，寧濟是當。[5]莫府身備皇宗，[6]忝荷顧託，憂深責重，誓清時難。今命冠軍將軍、西中郎諮議、領中直兵參軍、軍主楊公則，[7]寧朔將軍、領中兵參軍、軍主王法度，冠軍將軍、諮議參軍、軍主龐翽，輔國將軍、諮議參軍、領别駕、軍主宗夬，輔國將軍、諮議參軍、軍主樂藹等，[8]領勁卒三萬，陵波電邁，逕造秣陵。[9]冠軍將軍、領諮議、中直兵參軍、軍主蔡道恭，[10]輔國將軍、中直兵參軍、右軍府司馬、軍主席闡文，[11]輔國將軍、中直兵參軍、軍主任漾之，寧朔將軍、中直兵參軍、軍主韓孝仁，寧朔將軍、中直兵參軍、軍主朱斌，中直兵參軍、軍主宗冰之，建威將軍、中直兵參軍、軍主朱景舒，寧朔將軍、中直兵參軍、軍主庾域，[12]寧遠將軍、軍主庾略等，被甲二萬，直指建業。[13]輔國將軍、武寧太守、軍主鄧元起，[14]輔國將軍、前軍將軍、軍主王世興等，鐵騎一萬，分趨白下。[15]征虜將軍、領司馬、新興太守夏侯詳，[16]寧朔將軍、諮議參軍、軍主柳忱，[17]寧朔將軍、領中兵參軍、軍主劉孝慶，[18]建威將軍、軍主、江陵令江詮等，[19]帥組甲五萬，駱驛繼發。雄劍高麾，則五星從流；[20]長戟遠指，則雲虹變色。天地爲之矞皇，[21]山淵以之崩沸。[22]莫府親貫甲冑，授律中權，董帥熊羆之士十有五萬，征鼓紛沓，雷動荆南。寧朔將軍、南康王友蕭穎達領虎旅三萬，[23]抗威後拒。蕭雍州勛業蓋世，[24]謀猷淵肅，既痛家禍，兼憤國難，泣血枕戈，誓雪怨酷，精卒十萬，已出漢川。張郢州節義慷慨，[25]悉力齊奮。江州邵陵王、湘州張行事、王司州皆遠近懸契，[26]不謀而同，並勒驍猛，指景風驅。舟艦魚麗，[27]萬里蓋水，車騎雲屯，平原霧塞。以同心之士，伐倒戈之衆，盛德之師，救危亡之國，何征而不服，何誅而不克哉！

[1]南康殿下體自高宗：南康，指齊和帝蕭寶融，爲齊明帝（廟號高宗）蕭鸞第八子。原封隨郡王，東昏時改封南康王。本書卷八有紀。

[2]食葉之徵：指繼位帝王的徵兆。典出《漢書·五行志中之下》："昭帝時，上林苑中大柳樹斷仆地，一朝起立，生枝葉，有蟲食其葉，成文字，曰：'公孫病已立'……後昭帝崩，無子……立昭帝兄衛太子之孫，是爲宣帝。帝本名病已。"

[3]當璧：喻立爲國君之兆。《左傳》昭公十三年載，共王有五子，爲確立繼承人，曰："請神擇於五人者，使主社稷。"乃藏璧於大室之庭，曰："當璧而拜者，神所擇也。"結果幼子平王拜中而立。

[4]勢居上游，任總連帥：指南康王督長江中上游七州軍事，荆州刺史，勢優權重。

[5]家國之否，寧濟是當：否，卦名。此指國家的灾難。下句謂拯救國家，使國家安寧的重任就由南康王承當。

[6]莫府：蕭穎胄自稱其軍府。莫，通"幕"。

[7]楊公則：字君翼，天水西縣人。歷仕齊、梁，官至衛尉卿。《梁書》卷一〇、《南史》卷五五有傳。

[8]樂藹：字蔚遠，南陽人。歷仕齊、梁，官至御史中丞、廣州刺史。《梁書》卷一九、《南史》卷五六有傳。

[9]秣陵：東晋移治揚州府禁防軍署（今江蘇南京市中華門外故報恩寺附近）。這裏以秣陵代指京城。

[10]蔡道恭：字懷儉，南陽冠軍人。歷仕齊、梁，官至司州刺史。梁天監初，論功封漢壽縣伯。《梁書》卷一〇、《南史》卷五五有傳。

[11]席闡文：安定臨涇人。歷仕齊、梁，官至都官尚書，封湘西侯。《梁書》卷一二、《南史》卷五五有傳。

[12]庾域：字司大，新野人。歷仕齊、梁，官至寧蜀太守，封廣牧縣子。《梁書》卷一一、《南史》卷一六有傳。

[13]建業：南朝京城，今江蘇南京市。

[14]鄧元起：字仲居，南郡當陽人。歷仕齊、梁，官至益州刺史，封當陽縣侯。《梁書》卷一〇、《南史》卷五五有傳。

［15］白下：白下城，在今江蘇南京市北金川門外。

［16］夏侯詳：字叔業，譙郡人。歷仕南朝宋、齊、梁，官至尚書左僕射，封豐城縣公。《梁書》卷一〇、《南史》卷五五有傳。

［17］柳忱：字文若，河東人。歷仕齊、梁，官至秘書監、給事中，封州陵伯。《梁書》卷一二、《南史》卷三八有傳。

［18］劉孝慶：原名法鳳，字仲昌，平原人。歷仕齊、梁，齊末爲兗州刺史，舉兵應梁武，封餘干男，歷官顯重。《南史》卷四九有略傳。

［19］江陵：郡名。治所在今湖北荆州市。

［20］五星從流：代指行動得天時地宜。五星，原指水、木、金、火、土五大行星。

［21］矞（yù）皇：輝煌，光輝。

［22］崩沸：山崩水沸，形容山川面目大改變。語出《詩・小雅・十月之交》："百川沸騰，山冢崒崩。"

［23］蕭穎達：蕭穎胄之弟，歷仕齊、梁，官至江州刺史。《梁書》卷一〇、《南史》卷四一有傳。

［24］蕭雍州：指雍州刺史蕭衍。

［25］張郢州：指郢州刺史張冲。字思約，仕齊。東昏時，任郢州刺史。梁武帝起兵，手書喻意，又遣辯士説之，冲確然不從。郢州被圍二百餘日，冲抵抗不降，後城破戰死。本書卷四九、《南史》卷三二有傳。

［26］江州邵陵王：指江州刺史邵陵王蕭寶攸（齊明帝蕭鸞第七子）。本書卷五〇有傳。　湘州張行事：指湘州行事（代行州軍府長官職權者的稱謂）張寶積。參見《通鑑》卷一四三《齊紀九》"東昏侯永元二年"條。　王司州：指司州刺史王茂。　懸契：謂相互牽連投合。

［27］魚麗：指魚麗陣，古代戰陣名。《左傳》桓公五年："爲魚麗之陳。"杜預注："《司馬法》：'車戰二十五乘爲偏。'以車居前，以伍次之，承偏之隙而彌縫闕漏也。五人爲伍。此蓋魚麗陳法。"

今兵之所指，唯在梅蟲兒、茹法珍二人而已。諸君德載累世，勛著先朝，屬無妄之時，[1]居道消之運，[2]受迫群豎，念有危懼。大軍近次，當各思拔迹，來赴軍門。檄到之日，有能斬送蟲兒、法珍首者，封二千户開國縣侯。若迷惑凶黨，敢拒軍鋒，刑兹無赦，戮及宗族。賞罰之信，有如曒日，江水在此，[3]余不食言。

[1]無妄之時：指遭遇難以預料的灾難之時。語出《易·無妄》："六三，無妄之灾。或繫之牛，行人之得，邑人之灾。"謂行人得牛，而邑人受誣遭灾。

[2]道消：指王朝顛危、覆亡。晋桓温《薦譙元彦表》："于時皇極遘道消之會，群黎蹈顛沛之艱。"中華本校勘記云："'道消'南監本作'中否'。"朱季海《校議》云："南監本臆改。"（第86頁）

[3]江水在此：意謂憑長江水在此作證。

遣冠軍將軍楊公則向湘州。[1]王法度不進軍，免官。公則進剋巴陵，仍向湘州。[2]遣寧朔將軍劉坦行湘州事。[3]

[1]楊公則：字君翼，歷仕齊、梁。原爲南康王（即齊和帝）中兵參軍，後蕭穎胄協同蕭衍，以其爲輔國將軍，率兵東下。見《梁書》卷一〇、《南史》卷五五本傳。　湘州：治所在今湖南長沙市。

[2]仍向湘州：中華本校勘記云："'州'原訛'川'，今據南

監本、殿本、局本改正。”今從改。

［3］劉坦：字德度，歷仕齊、梁。梁武帝起兵，時輔國將軍楊公則爲湘州刺史，帥兵赴夏口。坦求行，乃除輔國長史、長沙太守、行湘州刺史。《通鑑》卷一四四《齊紀十》“和帝中興元年”條：“府朝議欲遣人行湘州事而難其人，西中郎中兵參軍劉坦謂衆曰：‘湘土人情，易擾難信，用武士則侵漁百姓，用文士則威略不振；必欲鎮静一州，軍民足食，無逾老夫。’乃以坦爲輔國長史、長沙太守、行湘州事。坦嘗在湘州，多舊恩，迎者屬路。下車，選堪事吏分詣十郡，發民運租米三十餘萬斛以助荆、雍之軍，由是資糧不乏。”詳見《梁書》卷一九、《南史》卷五〇本傳。

穎胄遣人謂梁王曰：“時月未利，[1]當須來年二月。今便進兵，恐非良策。”梁王曰：“今坐甲十萬，[2]糧用自竭。况藉以義心，一時驍鋭。且太白出西方，[3]杖義而動，天時人謀，無有不利。昔武王伐紂，行逆太歲，[4]豈復待年月邪？”[5]穎胄乃從。遣西中郎參軍鄧元起率衆向夏口。[6]

［1］時月不利：指太歲之神在西，不宜用兵。

［2］坐甲：指披甲待戰之師。

［3］太白：星名。即金星，又名啓明、長庚。古星象家以爲太白出西方主殺伐。

［4］太歲：指太歲之神，古代術數家認爲太歲神所在方位年年移動，凡太歲神所在方位或與之相反的方位，均不可興造、遠行或用兵，犯逆者必敗。周武王伐紂行軍之年，恰恰犯逆太歲，而結果却取勝。

［5］“梁王曰”至“豈復待年月邪”：《通鑑》卷一四三《齊紀九》“東昏侯永元二年”條作：“衍曰：‘舉事之初，所藉者一時

驍鋭之心。事事相接，猶恐疑怠；若頓兵十旬，必生悔吝。且坐甲十萬，糧用自竭；若童子立異，則大事不成。況處分已定，安可中息哉！昔武王伐紂，行逆太歲，豈復待年月乎？'”胡三省注：“兵以氣勢爲用者也，是以巧遲不若拙速。”

[6]夏口：地名。今湖北武漢市武昌區。

三年正月，[1]和帝爲相國，[2]穎胄領左長史，[3]進號鎮軍將軍。於是始選用方伯。[4]梁王屢表勸和帝即尊號，[5]梁州刺史柳惔、竟陵太守曹景宗並勸進。[6]穎胄使别駕宗夬撰定禮儀，上尊號，改元，於江陵立宗廟、南北郊，[7]州府城門悉依建康宫，[8]置尚書五省，[9]以城南射堂爲蘭臺，[10]南郡太守爲尹。[11]建武中，荆州大風雨，龍入柏齋中，[12]柱壁上有爪足處，刺史蕭遥欣恐畏，[13]不敢居之。至是以爲嘉祐殿。[14]中興元年三月，[15]穎胄爲侍中、尚書令，假節、都督如故。尋領吏部尚書，監八州軍事，行荆州刺史，本官如故。左丞樂藹奏曰：[16]“敕旨以軍旅務殷，且停朝直。[17]竊謂匪懈于位，義昭夙興，國容舊典，不可頓闕。與兼右丞江詮等參議，八座丞郎以下宜五日一朝，[18]有事郎坐侍下鼓，[19]無事許從實還外。”奏可。

[1]三年正月：指齊東昏侯永元三年（501）正月，亦即齊和帝中興元年正月。

[2]和帝爲相國：《通鑑》卷一四三《齊紀九》“東昏侯永元二年”條：“將軍亶爲殿中主帥，詳密召之，亶自建康亡歸。壬辰，至江陵，稱奉宣德皇太后令：‘南康王宜纂承皇祚，方俟清宫，未即大號，可封十郡爲宣城王。相國、荆州牧，加黄鉞，選百官，西

中郎府、南康國如故。須軍次近路，主者備法駕奉迎。'”又《通鑑》卷一四四《齊紀十》“和帝中興元年”（亦即東昏侯永元三年）條：“南康王寶融始稱相國，大赦；以蕭穎胄爲左長史，蕭衍爲征東將軍，楊公則爲湘州刺史。”胡三省注：“去年，楊公則取長沙，因就用爲湘州刺史。”

[3]左長史：東漢末曹操爲丞相時，置左右長史，署相府諸曹事。按，寶融稱相國，蓋仿曹丞相制而置左右長史官。

[4]方伯：原指一方諸侯之長，後泛指刺史、太守地方長官。

[5]即尊號：位爲皇帝。

[6]柳惔：字文通，河東解縣人。歷仕齊、梁。建武末，爲梁州、南秦州刺史。及梁武帝起兵，惔舉漢中兵以應。《梁書》卷一二、《南史》卷三八有傳。　曹景宗：字子震，河南新野人。歷仕齊、梁。結附梁武起兵，爲梁開國功臣。《梁書》卷九、《南史》卷五五有傳。

[7]南北郊：指南北祭壇。古帝王祭祀天地，冬至祭天於南郊，夏至瘞地於北郊。

[8]建康宫：六朝時皇宫，在今江蘇南京市。

[9]尚書五省：指尚書省、門下省、集書省、中書省、秘書省五省。

[10]射堂：古時習射的場所。　蘭臺：指御史臺。漢代的御史中丞掌管蘭臺，故稱。

[11]南郡太守爲尹：因南郡（治今湖北荆州市）爲臨時帝都，故太守稱大尹。

[12]柏齋：原爲刺史府。

[13]蕭遥欣：字重暉。齊宗室，齊明帝建武年間，遷使持節，都督荆、雍、益、寧、梁、南北秦七州軍事，右將軍，荆州刺史。詳見本書卷四五《宗室傳》。

[14]嘉祐殿：臨時宫殿名。中華本校勘記云：“‘嘉祐殿’《御覽》一百七十五引作‘嘉福殿’，《南史》及《元龜》二百三同。”

［15］中興：齊和帝年號。

［16］左丞：尚書省官。爲尚書令的輔佐。

［17］朝直：指朝官上朝廷當值、值勤。

［18］八座：古代中央政府的八種高級官員，歷朝制度不一，所指不同。南朝宋、齊以五曹尚書、二僕射、一令爲八座。

［19］郎：中華本校勘記云："'郎'局本作'即'。"　下鼓：指下班。朝廷以擊鼓示班次。

梁王義師出沔口，[1]郢州刺史張冲據城拒守。楊公則定湘州，行事張寶積送江陵，率軍會夏口。[2]巴西太守魯休烈、巴東太守蕭惠訓遣子璝拒義師。[3]穎胄遣汶陽太守劉孝慶進峽口，[4]與巴東太守任漾之、宜都太守鄭法紹禦之。[5]時軍旅之際，人情未安，穎胄府長史張熾從絳衫左右三十餘人，[6]入千秋門，[7]城内驚恐，疑有同異。[8]御史中丞奏彈熾，詔以贖論。[9]

［1］沔口：一名漢口。即今湖北漢江入長江之口。《通鑑》卷一四四《齊紀十》"和帝中興元年"條云："夏四月，蕭衍出沔，命王茂、蕭穎達等進軍逼郢城；薛元嗣不敢出。諸將欲攻之，衍不許。"胡三省注："衍欲持久以全力弊郢、魯二城。"

［2］"楊公則定湘州"至"率軍會夏口"：此指永元二年（500）十二月，楊公則奉蕭衍之命攻取長沙，大勝。湘州行事張寶積率衆降。《通鑑》卷一四三《齊紀九》"東昏侯永元九年"條："湘州行事張寶積發兵自守，未知所附。楊公則克巴陵，進軍白沙。寶積懼，請降，公則入長沙，撫納之。"江陵、夏口，均爲湘州屬地。行事，代行州軍府長官職權者的稱謂。南朝之制，多以皇子出鎮方州，有年僅數歲或十餘歲者，未能親政，勢必另命他人代行政

務，其代行職務者稱“行事”。

[3]巴東：郡名。東漢末置，治魚復縣，在今重慶市奉節縣。

[4]劉孝慶：原名法鳳，字仲昌。齊末爲兗州刺史，舉兵應梁武，封餘干男，歷官顯重。《南史》卷四九有附傳。　峽口：地名。即今湖北宜昌市西長江西陵峽口，爲歷史上戰略要地。

[5]宜都：郡名。三國置，治所在今湖北宜都市。

[6]絳衫左右：絳衫即絳衣，深紅色的衣衫。古代軍服常用絳色，故以絳衫指戎服。唐長孺《讀史釋詞》：“‘左右’是隨從的一種名號。張熾所帶的左右當是由兵士組成，所以服絳衫（戎服）。”（見《魏晋南北朝史論拾遺》，中華書局 1983 年版，第 259 頁）

[7]千秋門：地名。不明待考，大約在湖北宜昌市。

[8]疑有同異：指百姓見兵進城，分辨不清是梁王義兵還是東昏臺軍，懷疑恐懼。

[9]贖論：以錢財贖罪論處。

穎胄弟穎孚在京師，廬陵人脩靈祐竊將南上，[1]於西昌縣山中聚兵二千人，[2]襲郡，内史謝篹奔豫章。[3]穎孚、靈祐據郡求援，穎胄遣寧朔將軍范僧簡入湘州南道援之。僧簡進剋安成，[4]仍以爲輔國將軍、安成内史。拜穎孚爲冠軍將軍、廬陵内史。[5]合二郡兵，出彭蠡口。[6]東昏侯遣軍主彭盆、劉希祖三千人受江州刺史陳伯之節度，[7]南討二郡義兵，仍進取湘州。南康太守王丹保郡應盆等。穎孚聞兵至，望風奔走。前内史謝篹復還郡。劉希祖至安成，攻戰七日，城陷，范僧簡見殺。希祖仍爲安成内史。穎孚收散卒據西昌，謝篹又遣軍攻之，衆敗，奔湘州。以穎孚爲督湘東衡陽零陵桂陽營陽五郡、湘東内史，[8]假節、將軍如故。尋病卒。後脩靈祐又合餘衆攻簒，簒復敗走豫章，劉希祖亦以郡降。

[1]廬陵：郡名。治所在今江西吉安市西南。　脩靈祐：中華本校勘記云："殿本《考證》云：'靈祐《南史》作景智'。按張森楷《校勘記》云：'按《梁書·蕭穎達傳》作循景智及宗人靈祐，則靈祐、景祐（智）是二人，館臣合以爲一，誤矣。循、脩古寫形極相似。"　竊將：偷偷地帶着。

[2]西昌縣：治所在今江西泰和縣西。

[3]"穎胄弟"至"奔豫章"：以上幾句《通鑑》卷一四四《齊紀十》"和帝中興元年"條記述甚明確："蕭穎胄之初起也，弟穎孚自建康出亡，廬陵民脩靈祐爲之聚兵，得二千人，襲廬陵，克之，内史謝簒奔豫章。"《南史》卷四一則所記有異："弟穎孚自建鄴（即建康）爲廬陵人脩景智潜引，與南歸。穎孚緣山逾嶂，僅免。道中絶糧，後因食過飽而卒。"

[4]安成：郡名。治平都縣，在今江西安福縣西南。安成郡爲齊安成王蕭暠屬郡，故太守稱"内史"。

[5]廬陵内史：廬陵郡爲齊廬陵王蕭寶源屬郡，治所在今江西吉安縣。

[6]彭蠡口：彭蠡湖口，鄱陽湖入長江之口，爲軍事要塞。在今江西湖口縣。

[7]陳伯之：濟陰睢陵人，歷仕齊、梁。梁王義兵起，東昏假伯之節、督前驅諸軍事、豫州刺史，尋轉江州，後降義軍。入梁後一度投魏，又反戈回梁。《梁書》卷二〇、《魏書》卷六一、《南史》卷六一並有傳。

[8]湘東：郡名。治臨烝縣，在今湖南衡陽市。　衡陽：郡名。南朝宋移治湘西縣，在今湖南株洲市西南。　零陵：郡名。東漢移治泉陵縣，在今湖南臨湘市。　桂陽：郡名。治郴縣，在今湖南郴州市。　營陽：郡名。東晋置，治浦縣，在今湖南道縣。按，湘東

郡乃齊湘東王蕭子建屬郡。

湘東内史王僧粲亦拒義，[1]自稱平西將軍、湘州刺史，以南平鎮軍主周敷爲長史，[2]率前軍襲湘州，去州百餘里。楊公則長史劉坦守州城，遣軍主尹法略拒之，屢戰不勝。及聞建康城平，[3]僧粲散走，乃斬之。南康太守王丹亦爲郡人所殺。

[1]湘東内史王僧粲亦拒義：《通鑑》卷一四四《齊紀十》"和帝中興元年"條云："劉希祖既克安成，移檄湘部，始興内史王僧粲應之。僧粲自稱湘州刺史，引兵襲長沙。去城百餘里，於是湘州郡縣兵皆蜂起以應僧粲……長沙人皆欲汎舟走，行事劉坦悉聚其舟焚之，遣軍主尹法略拒僧粲……相持累月。建康城平，楊公則還州。僧粲等散走。王丹爲郡人所殺，劉希祖亦舉郡降。"

[2]南平鎮：地名。在今湖北公安縣西。

[3]及聞建康城平：指聽到京城已被梁王義軍平定的消息。

郢城降，[1]義師衆軍東下。[2]八月，魯休烈、蕭璝破汶陽太守劉孝慶等於峽口，巴東太守任漾之見殺，遂至上明，[3]江陵大震。穎胄恐，馳告梁王曰："劉孝慶爲蕭璝所敗，宜遣楊公則還援根本。"梁王曰："公則今泝流上荆，鞭長之義耳。[4]蕭璝、魯休烈烏合之衆，尋自退散。政須荆州少時持重。良須兵力，兩弟在雍，[5]指遣往徵，不爲難至。"穎胄乃追贈任漾之輔國將軍、梁州刺史。遣軍主蔡道恭假節屯上明拒蕭璝。

[1]郢城降：《通鑑》卷一四四《齊紀十》"東昏侯永元三年"

條載："東昏侯以程茂爲郢州刺史，薛元嗣爲雍州刺史。是日，茂、元嗣以郢城降。郢城之初圍也，士民男女近十萬口，閉門二百餘日，疾疫流腫，死者什七八，積尸牀下而寢其上，比屋皆滿。茂、元嗣等議出降，使張孜爲書與衍……蕭衍以韋叡爲江夏太守，行郢府事，收瘞死者而撫其生者，郢人遂安。"

[2]義師衆軍東下：《通鑑》卷一四四云："（郢城降）諸將欲頓軍夏口，衍以爲宜乘勝直指建康……衍命衆軍即日上道，緣江至建康。"胡三省注："郢、魯既克，衍遽督諸軍直指建康，乘勝勢也。"

[3]上明：指上明城，在今湖北松滋市。

[4]鞭長之義：謂鞭長莫及，相距很遠，力量難以達到。

[5]兩弟在雍：《通鑑》卷一四四胡三省注："謂（蕭衍弟）蕭偉總雍州事，憺守壘城也。"

時梁王已平郢、江二鎮。[1]穎胄輔帝出居上流，[2]有安重之勢。素能飲酒，噉白肉鱠至三升，[3]既聞蕭璝等兵相持不決，憂慮感氣，[4]十二月壬寅夜，卒。遺表曰："臣疹患數日，不謂便至困篤，氣息綿微，待盡而已。臣雖庸薄，忝籍葭莩，[5]過受先朝殊常之眷，循寵礪心，誓生以死。屬皇業中否，[6]天地分崩，總率諸侯，翼奉明聖。賴社稷靈長，大明在運，[7]故兵之所臨，無思不服。今四海垂平，干戈行戢，方希陪翠華，[8]奉法駕，反東都，[9]觀舊物。不幸遘疾，奄辭明世，懷此深恨，永結泉壤。竊惟王業至重，萬機甚大，登之實難，守之未易。陛下富於春秋，當遠尋祖宗創業艱難，殷鑒季末顛覆厥緒，思所以念始圖終，康此兆庶。[10]征東大將軍臣衍，[11]元勛上德，光贊天下，陛下垂拱仰成，則風流日化，臣雖萬没，無所遺恨。”時年四十。和帝出臨哭。詔贈侍中、丞相，本官如故。前後部羽葆鼓吹，[12]班劍三十人。[13]轀輬車，[14]黄屋左纛。[15]

[1]郢、江二鎮：指郢州、江州。江州治所在今江西九江市。

[2]穎胄輔帝出居上流：指尚書令、荆州刺史蕭穎胄，輔和帝居荆州（在長江上游）。

[3]白肉鱠（kuài）：指切成薄片的白肉（熟猪肉）。鱠通“膾”。

[4]憂慮感氣：《通鑑》卷一四四《齊紀十》“和帝中元興元年”條：“蕭穎胄以蕭璝與蔡道恭相持不決，憂憤成疾。”胡三省注：“蕭穎胄以蕭衍東伐，所向戰克，而己輔南康居江陵，近不能制蕭璝，外無以服奸雄之心而内有肘腋之寇，此其所以憂憤成疾也。”

[5]葭莩：蘆葦裹的薄膜，比喻宗親關係疏遠。因穎胄與蕭齊同宗，故云。

[6]中否（pǐ）：中道衰落。

[7]大明：原指日，喻君王。這裏指和帝。

[8]翠華：天子儀仗中以翠羽爲飾的旗幟或車蓋。這裏借指皇帝。

[9]東都：指南齊都城建康，因其在荆州之東，故稱。

[10]康此兆庶：意謂爲廣大百姓謀福祉。

[11]征東大將軍臣衍：中華本校勘記云：“‘衍’原作‘諱’，殿本據北監本改‘衍’，今從之。”今從改。

[12]羽葆鼓吹：指出殯時的儀仗。羽葆，《禮記·喪服大記》：“御棺用羽葆。”孔穎達疏：“《雜記》云：諸侯用匠人執羽葆，以鳥羽注於柄末如蓋，而御者執之居前，以指麾爲節度也。”鼓吹，備有鼓鉦蕭笳樂器的樂隊，用於大駕出游行軍。古代以賜功臣勛將。

［13］班劍：有紋飾的劍，或曰以虎皮飾之，取裝飾燦爛之義。多用作儀仗，由武士佩劍，天子以賜功臣。

［14］轀（wēn）輬（liáng）車：古代的卧車，亦用作喪車。《史記》卷八七《李斯列傳》："置始皇（尸體）居轀輬車中。"裴駰《集解》引孟康曰："如衣車，有窗牖，閉之則温，開之則涼，故名之'轀輬車'也。"

［15］黄屋左纛（dào）：有黄繒車蓋的帝王專用車輿。左纛，帝王車輿上的飾物。以犛牛尾或雉尾製成，設在車衡左邊。《史記》卷七《項羽本紀》："紀信乘黄屋車，傅左纛。"裴駰《集解》引李斐曰："纛，毛羽幢也，在乘輿車衡左方上注之。"

梁王圍建康城，住在石頭，和帝密詔報穎胄凶問，祕不發喪。[1]及城平，識者聞之，知天命之有在矣。[2]梁天監元年，[3]詔曰："念功惟德，歷代所同，追遠懷人，彌與事篤。齊故侍中、丞相、尚書令穎胄，風格峻遠，器宇淵卲，[4]清猷盛業，問望斯歸。[5]締構義始，肇基王迹，契闊屯夷，[6]載形心事。[7]朕膺天改命，光宅區宇，望岱瞻河，[8]永言增慟。可封巴東郡公，邑三千户，本官如故。"喪還，今上車駕臨哭渚次。[9]詔曰："齊故侍中、丞相、尚書令穎胄葬送有期，前代所加殊禮，依晋王導、齊豫章王故事，[10]可悉給。謚曰獻武。"范僧簡贈交州刺史。[11]

［1］祕不發喪：《南史》卷四一作："州中祕之，使似其書者假爲教命。"

［2］及城平，識者聞之，知天命之有在矣：《南史》卷四一作"及建康平，蕭璝亦衆懼而潰，和帝乃始發喪。"

［3］天監：梁武帝年號。

［4］器宇淵邵：胸懷氣概深弘美好。邵，通“劭”，美好。

［5］問望：名望，聲望。問，通“聞”。

［6］契闊屯（zhūn）夷：指爲事業勤苦備至，不懼艱險。《詩·邶風·擊鼓》：“死生契闊，與子成説。”毛亨傳：“契闊，勤苦也。”屯夷，偏義詞，艱危困厄。屯，卦名。《易·屯》：“象曰：‘屯，剛柔始交而難生。’”

［7］載形心事：謂大業有成，終於實現了願望。載，完成，成功。《尚書·益稷》：“乃賡載歌曰：‘元首明哉！股肱良哉！庶事康哉！’”孔安國傳：“載，成也。帝歌歸美股肱，義未足，故續歌先君後臣，衆事乃安，以成其義。”

［8］望岱瞻河：泛指北方廣大的國土。岱，泰山。河，黄河。

［9］今上：指梁武帝蕭衍。

［10］依晋王導、齊豫章王故事：王導，東晋開國元勛。豫章王蕭嶷，齊開國功臣。兩人死後舉喪，均給予殊禮：輼輬車，黄屋左纛，前後羽葆鼓吹、武賁班劍等。故事，舊例。

［11］交州：漢置，三國魏移治廣信縣，在今廣西梧州市。

史臣曰：魏氏基於用武，夏侯諸曹，並以戚族而爲將相。[1]夫股肱爲義，既有常然，肺腑之重，兼存宗寄。豐沛之間，[2]貴人滿市，功臣所出，多在南陽。[3]夫貞幹所以成務，[4]非虚言也。

［1］夏侯諸曹，並以戚族而爲將相：《三國志》卷九《魏書·諸夏侯曹傳》：“評曰：夏侯、曹氏，世爲婚姻，故惇（夏侯惇）、淵（夏侯淵）、仁（曹仁）、洪（曹洪）、休（曹休）、尚（夏侯尚）、真（曹真）等並以親舊肺腑，貴重于時，左右勛業，咸有效勞。”按，此以曹魏比況蕭齊、蕭梁。下同。

［2］豐沛：漢高祖劉邦故鄉爲沛郡豐邑。沛郡漢置，治相縣（今安徽濉溪縣），三國魏改治沛國（今江蘇沛縣）。漢高祖都長安，從故鄉豐縣把父親接至京城，其父離開故土淒然不樂。劉邦乃在長安東按故鄉樣式建造一個新豐縣，徙諸故人居此。詳見《西京雜記》卷二。

［3］南陽：郡名。治所在今河南南陽市。東漢光武帝劉秀爲南陽蔡陽人。

［4］貞幹：語出《易·乾》："貞者，事之幹也。"孔穎達疏："言天能以中正之氣，成就萬物，使物皆得幹濟。"因以"貞幹"喻支柱、骨幹，亦指能負重任、成大事的賢才。

贊曰：新吴事武，[1]簡在帝心。南豐治政，迹顯亡衾。[2]鎮軍茂績，機識弘深，荆南立主，嚮義漢陰。[3]

［1］新吴事武：指封新吴伯的蕭景先，與齊武帝蕭賾感情特殊，事武帝一片忠心。

［2］南豐治政，迹顯亡衾：南豐，指被封爲南豐縣伯的蕭赤斧，勤政廉潔，家無儲糧，無絹爲衾。亡，通"無"。

［3］"鎮軍茂績"至"嚮義漢陰"：以上四句贊蕭穎胄足智多謀，廢東昏，立和帝，助梁王義軍，功勛卓著。

南齊書　卷三九

列傳第二十

劉瓛弟璡　陸澄

劉瓛字子珪，[1]沛國相人，[2]晉丹陽尹惔六世孫也。[3]祖弘之，給事中。[4]父惠，治書御史。[5]

[1]劉瓛（huán）：《南史》卷五〇亦有傳。

[2]沛國：東漢改沛郡置，治所在相縣。　相：縣名。在今安徽濉溪縣西北。

[3]丹陽：郡名。治建業縣，在今南京市。　惔：劉惔。字真長。雅言善理，性簡貴，與王羲之相友善。官至丹陽尹，爲政清整，爲時所頌。《晉書》卷七五有傳。

[4]給事中：門下省官。掌奏事，直侍左右。秩五品。

[5]治書御史：御史臺官。掌劾舉六品以上官。秩六品。

瓛初州辟祭酒主簿。[1]宋大明四年，[2]舉秀才，[3]兄璲亦有名，先應州舉，至是別駕東海王元曾與瓛父惠書曰：[4]"比歲賢子充秀，[5]州閭可謂得人。"除奉朝請，[6]不就。

[1]辟：辟除，高級官員任用屬吏的制度。　祭酒主簿：州祭酒從事史屬官，分掌兵、賊、倉、户、水等諸曹。秩六品。

[2]大明：宋孝武帝年號。

[3]秀才：本指優秀人才。漢武帝元封四年（前107）始定爲舉士科目，令諸州各舉秀才一人。東漢避光武帝劉秀諱改稱茂才。三國魏復原稱。南朝宋、齊試以策文五道，以簽題高下定等第。多出任要職，爲時所重。因多由州郡國把持選舉，故選中者多世家豪族子弟。按，《南史》卷五〇此句下云："兄璲亦有名，先應州舉。至是別駕東海王元曾與瓛父惠書曰：'比歲賢子充秀，州閭可謂得人。'"

[4]別駕：別駕從事史，州刺史的副手，主吏及選舉事。　東海：郡名。東晉元帝初僑置，原治所在今江蘇常熟市，穆帝永和中移治京口，即今江蘇鎮江市。秩六品。參見《文獻通考》卷六六《職官二十》。

[5]比歲賢子充秀：充秀，指被薦舉爲秀才。按，此句中華本校勘記云："'比'原訛'此'，今據南監本、殿本改正。按《南史》亦作'此'，李慈銘《南史札記》云'此'當作'比'。又按'賢子'殿本、局本作'賢才'。"

[6]奉朝請：古代諸侯春季朝見天子稱朝，秋季朝見稱請。漢朝規定，退職的大臣將軍和皇室、外戚，給以"奉朝請"名義定期參加朝會。南朝時對於閑散官員，多以奉朝請的名義被安置於集書省。按，《南史》卷五〇此處作："除奉朝請不就，兄弟三人共處蓬室一間，爲風所倒，無以葺之。怡然自樂，習業不廢。"

少篤學，博通《五經》。[1]聚徒教授，常有數十人。丹陽尹袁粲於後堂夜集，[2]瓛在座，粲指庭中柳樹謂瓛曰："人謂此是劉尹時樹，[3]每想高風；今復見卿清德，可謂不衰矣。"薦爲祕書郎，[4]不見用。除邵陵王郡主簿，[5]安陸王國常侍，[6]安成王撫軍行參軍，[7]公事免。瓛素無宦情，自此不復仕。除車騎行參軍，[8]南彭城郡丞，[9]尚書祠部郎，[10]並不拜。袁粲誅，[11]瓛微服往哭，并致賻助。[12]

[1]少篤學，博通《五經》：《南史》卷五〇作："瓛篤志好學，博通訓義。年五歲，聞舅孔熙先讀《管寧傳》，欣然欲讀，舅更爲説之，精意聽受，曰：'此可及也。'"《五經》，指《易》《詩》《書》《禮》《春秋》五部儒家經典。

[2]丹陽：郡名。治所在京城，掌京城行政諸務並詔獄，地位頗重要，太守稱尹。秩三品。　袁粲：原名愍孫，幼慕三國魏名士荀粲（字奉倩），乃改名粲，字景倩。好讀書，有風操。仕宋，明帝時，官至中書令，又領丹陽尹。明帝崩，粲爲顧命大臣之一，徙尚書令、司徒。《宋書》卷八九、《南史》卷二六有傳。

[3]劉尹：指劉瓛遠祖晉劉惔，惔曾任丹陽尹，有政聲。

[4]祕書郎：秘書省官。掌修撰國史。秩六品。

[5]邵陵王：名友，字仲賢，宋明帝劉彧第七子。年五歲，出爲南中郎將、江州刺史，封邵陵王。詳見《宋書》卷九〇、《南史》卷一四本傳。邵陵郡即今湖南邵陽市。主簿掌郡府文案、印信。

[6]安陸王：名子綏，宋孝武帝劉駿之子，爲阮容華所生，封安陸王。後出繼。安陸國，即安陸郡，治所在今湖北安陸市。　常侍：王府屬吏。掌侍從，備顧問。

[7]安成王：名子孟，字孝光，宋孝武帝劉駿第十六子。初封淮南王，宋明帝時改封安成王。安成郡治所在今江西安福縣東南。撫軍：撫軍將軍，安成王榮譽加號。　行參軍：軍府佐官，參謀

府務。

[8]車騎行參軍：指車騎將軍府臨時委任的參軍。車騎將軍爲南朝時優禮大臣的虛號，開府者位從公秩一品。

[9]南彭城郡：治所在今江蘇徐州市。　郡丞：郡守之副。秩五品。

[10]尚書祠部郎：祠部尚書屬官。掌禮儀、祭祀。

[11]袁粲誅：南朝宋元徽五年（477），司徒袁粲鎮守石頭城，因不滿蕭道成擅權把持朝政，起兵反蕭，兵敗而死。

[12]賻（fù）助：爲助辦喪事而贈送給喪主的錢財。

太祖踐阼，[1]召瓛入華林園談語，[2]謂瓛曰："吾應天革命，物議以爲何如?"瓛對曰："陛下誡前軌之失，加之以寬厚，雖危可安；若循其覆轍，雖安必危矣。"既出，帝顧謂司徒褚淵曰：[3]"方直乃爾！學士故自過人。"敕瓛使數入，而瓛自非詔見，未嘗到宫門。

[1]太祖踐阼：太祖登皇位。太祖，齊高帝蕭道成廟號。本書卷一至卷二有紀。

[2]華林園：三國吴始建，南朝宋擴建，在今江蘇南京市鷄鳴山南古臺城内。按，《南史》卷五〇此句後云："問以政道，答曰：'政在《孝經》。宋氏所以亡，陛下所以得之是也。'帝咨嗟曰：'儒者之言，可寶萬世。'"

[3]司徒：古代最高官職之一，掌民事，與大司馬、大將軍、太尉、司空合稱"五府"。南朝時多爲加給大臣的榮譽虛號。秩一品。　褚淵：歷仕南朝宋、齊，居顯職。本書卷二三有傳。

上欲用瓛爲中書郎，[1]使吏部尚書何戢喻旨。[2]戢謂瓛曰："上意欲以鳳池相處，[3]恨君資輕，可且就前除，少日當轉國子博士，[4]便即後授。"瓛曰："平生無榮進意，今聞得中書郎而拜，豈本心哉！"後以母老闕養，重拜彭城郡丞。[5]謂司徒褚淵曰："自省無廊廟之才，所願唯保彭城丞耳。"上又以瓛兼總明觀祭酒，[6]除豫章王驃騎記室參軍，[7]丞如故，瓛終不就。武陵王曅爲會稽太守，[8]上欲令瓛爲曅講，[9]除會稽郡丞，學徒從之者轉衆。

[1]中書郎：中書侍郎。中書監、令的屬官，掌詔命。秩五品。

[2]吏部尚書：尚書省主官之一，分領吏部、删定、三公、比部四曹。秩三品。　何戢：歷仕南朝宋、齊。本書卷三二有傳。

[3]鳳池：鳳凰池，禁苑中的池沼。魏晋南北朝設中書省於禁苑鳳凰池畔，掌管機要，接近皇帝，故稱中書省爲鳳凰池。

[4]國子博士：學官名。其職掌除教授國子學生學業外，還備政治咨詢及參與祭典顧問。《唐六典》卷二一："（國子博士）晋官品第六……宋齊無所改作。"

[5]彭城：郡名。治所在今江蘇徐州市。

[6]總明觀祭酒：總明觀，當爲學術研究機構，始於南朝宋。祭酒爲總明觀首領。秩三品。本書《百官志》："泰始六年，以國學廢，初置總明觀，玄、儒、文、史四科，科置學士各十人，正令史一人，書令史二人，幹一人，門吏一人，典觀吏二人。建元中，掌治五禮。永明三年，國學建，省。"《通鑑》卷一三二《宋紀十四》"明帝泰始六年"條："戊寅，立總明觀，置祭酒一人。"胡三省注："文帝元嘉十五年，立儒、玄、文、史四學，今置總明觀祭酒以總之。"周一良《〈南齊書·丘靈鞠傳〉試釋兼論南朝文武官位及清濁》一文云："總明觀之設，原以代替國學，賡續學術工作，而規模較小。其性質以研究編纂爲主，而非教育國子之地。故無博士助

教，而置學士書令史等。永明三年一旦復立國學，即廢總明觀，而學士館者，又爲總明後身也。”（《魏晋南北朝史論集》，北京大學出版社 1997 年版，第 103—104 頁）

［7］豫章王：名嶷，字宣儼，齊高帝蕭道成第二子。南朝宋末蕭道成輔政，蕭嶷遷侍中、尚書令、都督揚、南徐二州軍事、驃騎大將軍、揚州刺史。本書卷二二有傳。　驃騎：驃騎大將軍。南朝時爲榮譽加銜。秩一品。　記室參軍：軍府佐官。掌章表書記文檄。

［8］武陵王曅：字宣照，齊高帝蕭道成第五子。建元三年（481），出爲持節，都督會稽、東陽、新安、永嘉、臨海五郡軍事，會稽太守。本書卷三五有傳。　會稽：郡名。治所在今浙江紹興市。

［9］講：指講經説道之師。

永明初，[1]竟陵王子良請爲征北司徒記室。[2]瓛與張融、王思遠書曰：[3]“奉教使恭召，[4]會當停公事，但念生平素抱，有乖恩顧。吾性拙人間，不習仕進，昔嘗爲行佐，[5]便以不能及公事免黜，此皆眷者所共知也。[6]量己審分，不敢期榮。夙嬰貧困，加以疏懶，衣裳容髮，有足駭者。中以親老供養，褰裳徒步，脱爾逮今，[7]二代一紀。[8]先朝使其更自脩正，勉厲於階級之次，[9]見其繿縷，或復賜以衣裳，袁、褚諸公咸加勸勵，[10]終不能自反也。一不復爲，安可重爲哉？昔人有以冠一免不重加於首，[11]每謂此得進止之儀。古者以賢制爵，或有秩滿而辭老，以庸制禄，[12]或有身病而求歸者，[13]永瞻前良，在己何若。又上下年尊，[14]益不願居官次廢晨昏也。[15]先朝爲此，曲申從許，故得連年不拜榮授，而帶帖薄禄。[16]既習此歲久，又齒長疾侵，豈宜攝齋河間之聽，[17]厠迹東平之僚？[18]本無絶俗之操，亦非能偃蹇爲高，[19]此又諸賢所當深察者也。[20]近初奉教，[21]便自希得託迹於客遊之末，而固辭榮級，其故何耶？以古之王侯大人，或以此延四方之士，甚美者則有輻凑燕路，[22]慕君王之義；驤鑣魏闕，高公子之仁；[23]繼有追申、白而入楚，[24]羨鄒、枚而遊梁，[25]吾非敢叨夫曩賢，庶欲從九九之遺蹤。[26]既於聞道集泮不殊，而幸無職司拘礙，可得奉温凊，[27]展私計，志在此爾。”除步兵校尉，[28]並不拜。

[1]永明：齊武帝年號。

[2]竟陵王子良請爲征北司徒記室：竟陵王子良，齊武帝第二子。永明初，徙爲侍中，都督南兖、兖、徐、青、冀五州軍事，征北將軍，南兖州刺史，又入爲護軍將軍，兼司徒。本書卷四〇有傳。劉瓛蓋在其征北將軍府和司徒府任記室參軍。征北將軍爲四征將軍之一，南朝時爲榮譽加號。開府者位從公秩一品。

[3]張融、王思遠：均爲南朝名士，歷仕南朝宋、齊。本書卷四一有《張融傳》、卷四三有《王思遠傳》。

[4]使恭召：謂讓我恭敬地接受朝廷徵召爲吏。

[5]行佐：指輔佐的小吏。

[6]眷者：指愛護我的人。

[7]脱爾：散漫輕率。

[8]二代：指南朝宋、齊二朝。　一紀：歲星（木星）繞地球一周需十二年，故古稱十二年爲一紀。《國語·晋語四》：“文公在狄十二年，狐偃曰：‘……蓄力一紀，可以遠矣。’”

[9]勉厲於階級之次：謂處於官吏位置應多加勉勵。按，“勉

厲”，《南史》卷五〇作“勉勵”。

［10］袁、褚諸公：指袁粲、褚淵等人。

［11］冠一免不重加於首：官帽一除掉就不再戴，意爲既辭官就不再當官。

［12］以庸制禄：指以功勞、貢獻確定俸禄多寡。

［13］或有身病而求歸者：或有因身體有病不能對工作有所貢獻，故要求辭職歸鄉的人。按，此句原作“或有徐令上文長者”，中華本據南監本、毛本、殿本、局本改。今從改。

［14］上下年尊：指父母年高。

［15］晨昏：“晨昏定省”的省語，指早晚服侍慰問父母，以盡孝道。典出《禮記·曲禮上》：“凡爲人子之禮……昏定而晨省。”鄭玄注：“省，問其安否何如。”

［16］連年不拜榮授，而帶帖薄禄：周一良《〈南齊書·丘靈鞠傳〉試釋兼論南朝文武官位及清濁》一文云：“其意即謂不拜高官，僅任高官所帶帖（南朝官制大抵視本官以及其人資之輕重而兼領他職，謂之帶帖）之職，以供禄養而已。《南史》瓛傳‘故得連年不拜’之下省去‘榮授’及‘而帶帖薄禄’等七字。不知不拜者總明觀祭酒等榮授耳。史明言其以母老缺養爲彭城郡丞、會稽郡丞，省去數字便不可通矣。”（《魏晋南北朝史論集》，第124頁）

［17］攝齋河間之聽：攝齋，提衣升堂。齋，通“齊”。語出《論語·鄉黨》：“攝齊升堂，鞠躬如也。”朱熹集注：“攝，摳也。齊，衣下縫也。禮：將升堂，兩手摳衣，使去地尺，恐躡之而傾跌失容也。”河間，指東漢張衡，因其曾出任河間相，故稱。按，張衡爲河間相，年已六十，時國王驕奢，不遵法典，豪右共爲不軌。衡下車，治威嚴，整法度，上下肅然。詳見《後漢書》卷五九《張衡傳》。劉瓛是説他體弱多病，不能與張衡相比。

［18］厠迹東平之僚：東平，指東漢東平王劉蒼，光武帝劉秀之子。好經書，雅有智思，在朝居宰相之位，多所建樹，並上《光武受命中興頌》，帝甚善之。詳見《後漢書》卷四二《河間王劉蒼

傳》。按，此句劉瓛是説自己也不可能側身爲宗室親王的僚佐。

［19］本無絶俗之操，亦非能偃蹇爲高：意思是説：我本没有高人雅士超凡脱俗的情操，我不願當官，並非傲慢地以安卧山林爲高尚。偃蹇，《左傳》哀公六年："彼皆偃蹇，將棄子之命。"杜預注："偃蹇，驕敖。"

［20］諸賢：《南史》卷五〇作"聽覽"。

［21］近初奉教：原作"敬奉初教"，據《南史》改。今從改。

［22］燕路：指招賢之路。燕昭王爲招攬天下賢才，築黄金臺以待，當時著名賢士如樂毅、鄒衍、荆軻等紛紛投燕。典出《戰國策·燕策一》。下句"慕君王之義"，君王指燕昭王。

［23］驤鑣魏闕，高公子之仁：上句謂奔馳於魏國都城，下句指出奔於魏闕的原因。公子，指以延接天下義士著名的魏公子無忌，即信陵君。義士侯嬴、朱亥、毛遂都聚於其門下，共謀抗秦大計。詳見《史記》卷七七《魏公子列傳》。

［24］追申、白而入楚：申，指春申君，名黄歇，戰國楚人。頃襄王時，出使於秦，止秦之攻。考烈王立，以歇爲相，封春申君。相楚二十五年，功勛卓著。重義結友，養有食客三千餘人，與齊孟嘗君、趙平原君、魏信陵君，俱以養士著稱，後人稱之"戰國四公子"。白，指春秋楚白公勝，其父太子建遭鄭殺害，時楚又與鄭結盟，白公勝爲報父仇，結識石乞等義士，殺死殺父仇人子西，並攻入楚國，清理王室。詳見《左傳》哀公十六年。

［25］羨鄒、枚而遊梁：鄒、枚，漢代鄒陽和枚乘的合稱。梁孝王置池館，招攬天下名士游宴。鄒、枚二人皆以才辯著名當時。詳見《史記》卷五八《梁孝王世家》。

［26］九九之遺蹤：泛指衆多前賢的踪迹。語出漢張衡《東京賦》："屬車九九，乘軒並轂……元祀惟稱，群望咸秩。"九九，極言國士之多。

［27］奉温凊（qìng）：指奉養父母，關心冷暖。《禮記·曲禮上》："凡爲人子之禮，冬温而夏凊……"凊，冷、凉。

[28]步兵校尉：禁衛軍四校尉之一，分掌宿衛營兵。秩四品。

瓛姿狀纖小，儒學冠於當時，京師士子貴遊莫不下席受業。[1]性謙率通美，不以高名自居。遊詣故人，唯一門生持胡牀隨後，[2]主人未通，便坐問答。住在檀橋，[3]瓦屋數間，上皆穿漏。學徒敬慕，不敢指斥，呼爲青溪焉。[4]竟陵王子良親往脩謁。七年，表世祖爲瓛立館，以揚烈橋故主第給之，生徒皆賀。瓛曰："室美爲人災，此華宇豈吾宅邪？幸可詔作講堂，猶恐見害也。"未及徙居，遇病，子良遣從瓛學者彭城劉繪、從陽范縝將厨於瓛宅營齋。[5]及卒，門人受學者並弔服臨送。[6]時年五十六。

[1]莫不下席受業：《南史》卷五〇此句後云："當世推其大儒，以比古之曹、鄭。"（曹鄭指東漢曹充、鄭玄）

[2]胡牀：一種可以摺叠的輕便坐具，又稱交牀。宋程大昌《演繁露·交牀》："今之交牀，本自虜來，始名胡牀。隋高祖意在忌胡，器物涉胡名者，咸令改之，乃改交牀。"

[3]住：原作"仕"，從中華本改。　檀橋：具體位置不明，當在青溪畔。

[4]青溪：在今江蘇南京市東南。發源於鍾山西南，屈曲穿達市區流入秦淮河。溪上置橋，爲交通和軍事要地。

[5]劉繪：字士章，歷仕南朝宋、齊。聰警善文，爲後進領袖。本書卷四八有傳。　從陽：中華本校勘記云："按從陽即順陽，蕭子顯避梁諱改，南監本、毛本、殿本並已改爲'順陽'。"按，順陽縣治所在今河南淅川縣。　范縝：字子真，歷仕齊、梁。博通經術，好危言高論，不信鬼神。《梁書》卷四八、《南史》卷五七

有傳。

[6]受學者："者"字原闕，中華本據南監本、殿本、局本補。今從補。

瓛有至性，祖母病疽經年，手持膏藥，漬指爲爛。母孔氏甚嚴明，謂親戚曰："阿稱便是今世曾子。"[1]阿稱，瓛小名也。年四十餘，未有婚對。[2]建元中，[3]太祖與司徒褚淵爲瓛娶王氏女。王氏椓壁掛履，[4]土落孔氏牀上，孔氏不悦，瓛即出其妻。及居父喪，[5]不出廬，足爲之屈，杖不能起。[6]今上天監元年，[7]下詔爲瓛立碑，謚曰貞簡先生。所著文集，皆是《禮義》，行於世。

[1]曾子：曾參，字子輿，春秋魯國人。爲孔子弟子，是歷史上著名的孝子。詳見《史記》卷六七《仲尼弟子列傳》。

[2]未有婚對：清牛運震《讀史糾謬》卷七《南齊書糾謬》："'對'字可省。"

[3]建元：齊高帝年號。

[4]椓（zhuó）壁：敲槌墻壁。《南史》卷五〇作"穿"。

[5]及居父喪：中華本校勘記云：《南史》卷五〇作"及居母憂"。

[6]杖不能起：《南史》卷五〇以下云："此山常有鴝鵒鳥，瓛在山三年不敢來，服釋還家，此鳥乃至。"朱運震《讀史糾謬》卷七《南齊書糾謬》云："廬墓却鴝鵒鳥事似不可略。"

[7]今上：指梁武帝蕭衍。　天監：梁武帝年號。按，此句前《南史》卷五〇有"梁武帝少時嘗經伏膺"。

初，瓛講《月令》畢，[1]謂學生嚴植曰：[2]"江左以來，[3]陰陽律數之學廢矣。吾今講此，曾不得其髣髴。”[4]時濟陽蔡仲熊禮學博聞，[5]謂人曰：“凡鍾律在南，[6]不容復得調平。昔五音金石，[7]本在中土；今既來南，土氣偏陂，音律乖爽。”瓛亦以爲然。[8]仲熊歷安西記室，[9]尚書左丞。[10]

[1]《月令》：《禮記》篇名。

[2]嚴植：字孝源，建平秭歸人。歷仕齊、梁，性淳孝謹厚。善《莊》《老》，能玄言。《南史》卷四八、《梁書》卷七一有傳。《南史》《梁書》作“嚴植之”。

[3]江左：南朝人稱東晋。東晋遷都江左，故稱。

[4]髣髴：同“仿佛”。謂大概、概要。

[5]濟陽：郡名。治所在今河南蘭考縣東北。　蔡仲熊：史無專傳。《南史》卷五〇《劉瓛傳》有插叙介紹，謂其“執經議論，往往與時宰不合，亦終不改操求同，故坎壈不進，歷年方至尚書左丞，當時恨其不遇”。

[6]鍾律：指音律、樂律。

[7]五音：中國古代五聲音階中的五個音階。《孟子·離婁上》：“不以六律，不能正五音。”趙岐注：“五音：宫、商、角、徵、羽。”（按，唐以後又名合、四、乙、尺、工）　金石：指鍾磬一類打擊樂器。《國語·楚語上》：“而以金石匏竹之昌大、囂庶爲樂。”韋昭注：“金，鍾也；石，磬也。”

[8]瓛亦以爲然：此五字原無，中華本據南監本、殿本及《南史》補。今從補。按，朱季海《南齊書校議》（以下簡稱朱季海《校議》）以爲不應加此五字，議云：“此五字《南史》加之，南監以下依《南史》沾字，非别有據也。仲熊之言徒以與江左以來律數之學興廢有關，故附見於此，初不繫於瓛之以其言爲然也。蕭《書》本無此言，百衲本是也。”（中華書局1984年版，第87頁）

[9]安西記室：指安西將軍府記室參軍。安西將軍，“四安”

將軍之一，南朝爲榮譽加號。開府者位從公秩一品。本書《百官志》："四安將軍……宋齊以來，唯處諸王，素族無爲者。"

[10]尚書左丞：尚書省屬官。輔助尚書令辦理事務，左丞與右丞執掌各有分工。南朝時左丞掌禁令兼糾察之事，右丞掌庫械、廬舍及凡諸器用之物。

瓛弟璡。[1]璡字子璥。方軌正直。[2]宋泰豫中，[3]爲明帝挽郎。[4]舉秀才，建平王景素征北主簿，[5]深見禮遇。邵陵王征虜安南行參軍。[6]建元初，爲武陵王曅冠軍征虜參軍。[7]曅與僚佐飲，自割鵝炙。璡曰："應刃落俎，膳夫之事，殿下親執鸞刀，下官未敢安席。"因起請退。與友人孔澈同舟入東，[8]澈留目觀岸上女子，璡舉席自隔，不復同坐。豫章王太尉板行佐。[9]兄瓛夜隔壁呼璡共語，璡不答，方下牀著衣立，[10]然後應。瓛問其久，[11]璡曰："向東帶未竟。"其立操如此。文惠太子召璡入侍東宫，[12]每上事，輒削草。[13]尋署中兵，[14]兼記室參軍大司馬軍事，[15]射聲校尉，[16]卒官。

[1]璡（jìn）：劉璡。《南史》卷五〇有附傳。

[2]方軌正直：《南史》卷五〇此句後云："儒雅不及瓛而文采過之。"

[3]泰豫：南朝宋明帝年號。

[4]爲明帝挽郎：指明帝駕崩出殯時，劉璡被選充當挽郎。挽郎，出殯時牽引靈柩唱挽歌的人，多選高門貴族子弟擔任。《晉書·禮志中》："成帝咸康七年，皇后杜氏崩……有司又奏，依舊選公卿以下六品子弟六十人爲挽郎。"宋蘇軾《艾子雜説》："挽郎乃死者之導也。"

［5］建平王景素：宋文帝劉義隆第七子劉宏之子，襲父爵爲建平王。宋孝武帝初，曾進號鎮北將軍。《宋書》卷七二、《南史》卷一四均有傳。主簿掌軍府文案、監守印信。

［6］征虜安南行參軍：指先後在征虜將軍府與安南將軍府任參軍。征虜將軍與安南將軍（四安將軍之一）均爲榮譽加號，開府者位從公秩一品。

［7］冠軍征虜參軍：指先後在冠軍將軍府與征虜將軍府任參軍。

［8］與友人孔澈同舟入東：中華本校勘記云："'孔澈'《南史》作'孔逷'。"《南史》卷五〇此句後云："於塘上遇一女子，逷目送曰：'美而艷。'瓛曰：'斯豈君子所宜言乎？非吾友也。'於是解裳自隔。"

［9］太尉：五府之一，掌軍事。秩一品。　行佐：當即行書佐，掌府文案。

［10］著衣立："著"原作"箸"，從中華本改。

［11］瓛問其久：《南史》卷五〇作"瓛怪其久"。

［12］文惠太子：名長懋，字雲喬，齊武帝蕭賾長子。體弱多疾，三十四歲未即位即去世。詳見本書卷二一本傳。

［13］削草：指修改草稿，表示慎重不苟。

［14］中兵：指中軍將軍，南朝爲榮譽加號。秩四品。

［15］兼記室參軍大司馬軍事：指兼大司馬軍府記室參軍。中華本校勘記引張森楷《校勘記》云："'參軍'之'軍'字疑衍。"

［16］射聲校尉：禁衛軍官。分掌宿衛。秩四品。

陸澄字彦淵，[1]吴郡吴人也。[2]祖邵，[3]臨海太守。[4]父瑗，州從事。

［1］陸澄：《南史》卷四八亦有傳。

［2］吴郡：郡名。漢置，治吴縣，在今江蘇蘇州市。

[3]祖邵：中華本校勘記云："'邵'《南史》作'劭'。"陸邵（劭）史無專傳，其事不詳。下陸瑗同。

[4]臨海：郡名。治所在今浙江臨海市。

澄少好學，博覽無所不知，行坐眠食，手不釋卷。起家太學博士，[1]中軍衛軍府行佐，[2]太宰參軍，[3]補太常丞，[4]郡主簿，北中郎行參軍。[5]

[1]起家：謂從家中徵召出來授以官職。　太學博士：學官名。南朝宋太學稱爲四學館，太學博士向太學生分類講授經學、玄學、詞章學、歷史學四門學問。秩六品。

[2]中軍衛軍府行佐：指中軍將軍府和衛將軍府辦事屬吏。

[3]太宰參軍：指太宰府參軍。太宰，南朝時爲優禮大臣的虚號，位從公秩一品。《藝文類聚》卷四五引《齊職儀》曰："太宰品第一，金章紫綬，佩山玄玉。"本書《百官志》："宋齊以來，唯處諸王，素族無爲者。"

[4]太常：列卿之一，掌禮儀、祭祀。秩三品。按，太常丞爲太常屬官。秩五品。

[5]北中郎：指北中郎將，四中郎將之一，南朝爲榮譽加號。開府者位從公秩一品。

宋泰始初，爲尚書殿中郎，[1]議皇后諱及下外，[2]皆依舊稱姓。左丞徐爰案司馬孚議皇后不稱姓，[3]《春秋》逆王后于齊，[4]澄不引典據明，而以意立議，坐免官，白衣領職。郎官舊有坐杖，[5]有名無實，澄在官積前後罰，一日并受千杖。[6]轉通直郎，[7]兼中書郎，尋轉兼左丞。

［1］尚書殿中郎：爲尚書省左僕射的佐官，輔辦殿中曹，掌宫中衣食生活等事。秩五品。

［2］議皇后諱及下外：中華本校勘記引張森楷《校勘記》云："《南史》作'議皇后諱班下'，無'外'字。"

［3］左丞徐爰案司馬孚議皇后不稱姓：徐爰，字長玉，仕宋，文帝時，遷尚書左丞。《宋書》卷九四、《南史》卷七七有傳。司馬孚，晋宗室，封安平王。早年曾仕吴、魏。魏明帝悼后崩，議書銘旌，或欲去姓而書魏，或欲兩書，孚以爲："經典正義，皆不應書……天稱皇天，則帝稱皇帝；地稱后土，則后稱皇后。此乃所以同天地之大號，流無二之尊名，不待稱國號以自表，不俟稱氏族以自彰。"詳見《晋書》卷三七本傳。

［4］《春秋》逆王后于齊：語見《左傳》襄公十五年。按，周王后姓姜。逆，謂迎娶。

［5］坐杖：指因犯過錯而受杖罰。

［6］澄在官積前後罰，一日并受千杖：《南史》卷四八作："澄在官積前後罰凡至千數。"按，似以《南史》較可信，本書略顯誇張。

［7］通直郎：爲通直散騎侍郎的簡稱。門下省官。掌奏事，直侍左右。秩五品。

泰始六年，詔皇太子朝賀服衮冕九章，[1]澄與儀曹郎丘仲起議：[2]"服冕以朝，實著經文。秦除六冕，[3]漢明還備。[4]魏晋以來，不欲令臣下服衮冕，故位公者加侍官。今皇太子禮絶群后，[5]宜遵聖王盛典，革近代之制。"尋轉著作正員郎，[6]兼官如故。除安成太守，[7]轉劉韞撫軍長史，[8]加綏遠將軍、襄陽太守，[9]並不拜。仍轉劉秉後軍長史、東海太守。[10]遷御史中丞。[11]

[1]朝賀：朝覲慶賀。　衮冕九章：古代帝王服用的繪有九種圖案的禮服和禮冠。《周禮·春官·司服》："享先王則衮冕。"鄭玄注："冕服九章，登龍於山，登火於宗彝，尊其神明也。九章，初一曰龍，次二曰山，次三曰華蟲，次四曰火，次五曰宗彝，皆畫以爲繢；次六曰藻，次七曰粉米，次八曰黼，次九曰黻，皆希以爲繡；則衮之衣五章，裳四章，凡九也。"

[2]儀曹郎：尚書省祠部尚書屬官。掌吉凶禮制。秩五品。丘仲起：字子震。歷仕南朝宋、齊，清廉自立，官至廷尉。本書卷五三、《南史》卷三六均有附傳。

[3]秦除六冕：謂秦朝革除"六冕"古禮制。六冕，六種冕服。《周禮·春官·司服》："掌王之吉凶衣服，辨其名物，與其用事。王之吉服，祀昊天上帝，則服大裘而冕，祀五帝亦如之；享先王則衮冕；享先公、饗射則鷩冕；祀四望山川則毳冕；祭社稷五祀則希冕；祭群小祀則玄冕。"

[4]漢明還備：漢明，東漢明帝劉莊，漢明帝恢復了古禮制。《後漢書》卷二有紀。

[5]今皇太子禮絶群后：指皇太子之禮應超過各諸侯王。后，古代指列國諸侯，這裏指分封的宗藩諸王。

[6]著作正員郎：指正授（正式任命）的著作佐郎。秘書省官，掌藝文圖籍及修國史。秩六品。

[7]安成：郡名。治平都縣，今江西安福縣。

[8]劉韞：字彦文，仕宋。曾爲撫軍將軍。《宋書》卷五一、《南史》卷一三有傳。　長史：爲屬吏之長。陸澄蓋在撫軍將軍府任長史。

[9]綏遠將軍：南朝爲榮譽加號。　襄陽：郡名。治所在今湖北襄陽市。

[10]劉秉：劉彦節。爲劉韞弟，仕宋，官至尚書令，曾領後軍將軍，後與劉韞均爲反齊高帝蕭道成專權被殺。《宋書》卷五一、

《南史》卷一三有傳。　後軍長史：指後軍將軍府長史。後軍將軍，禁衛軍官。分掌宿衛營兵。秩四品。　東海：郡名。東晋置，南朝宋改爲南東海郡，治京口，在今江蘇鎮江市。

[11]御史中丞：御史臺官。掌監察。秩四品。

建元元年，驃騎諮議沈憲等坐家奴客爲劫，[1]子弟被劾，憲等晏然。左丞任遐奏澄不糾，請免澄官。[2]澄上表自理曰：[3]

周稱舊章，[4]漢言故事，[5]爰自河雒，降逮淮海，[6]朝之憲度，動尚先准。[7]若乃任情違古，率意專造，豈謂酌諸故實，擇其茂典？

[1]驃騎諮議：指驃騎將軍府諮議參軍。諮議參軍，將軍府屬官。參謀軍事。按，本書卷五三《沈憲傳》未載沈憲曾任驃騎諮議。　沈憲：字彦璋，歷仕南朝宋、齊，列爲良吏。本書卷五三、《南史》卷三六有傳。

[2]"家奴客爲劫"至"請免澄官"：以上幾句是説，沈憲家奴、子弟犯罪，沈憲竟泰然自若，而作爲御史中丞的陸澄竟不糾劾，故尚書左丞任遐上告陸澄，請免陸澄官。　任遐：字景遠，少敦學業，家行甚謹，歷仕南朝宋、齊，官至御史中丞、金紫光禄大夫。《南史》卷五九有附傳。

[3]上表自理：呈上奏章自我辨解。

[4]周稱舊章：周代稱昔日的典章制度爲"舊章"。《尚書·蔡仲之命》孔安國傳："無敢爲小聰明，作異辯以變亂舊典文章。"

[5]漢言故事：漢代稱舊的典章制度爲"故事"。《漢書》卷三六《劉向傳》："宣帝循武帝故事，招選名儒俊材置左右。"

[6]爰自河雒，降逮淮海：意指由北而南、自古至今。河雒，即河洛，黄河與洛河，借指北方、古代。淮海，淮河與東海，借指

南方、當今。

［7］先准：先王的準則、法規。

案遐啓彈新除諮議參驃騎大將軍軍事沈憲、太子庶子沈曠并弟息，[1]敕付建康，而憲被使，曠受假，[2]俱無歸罪事狀。臣以不糾憲等爲失。[3]伏尋晉、宋左丞案奏，不乏於時，其及中丞者，從來殆無。王獻之習達朝章，[4]近代之宗，其爲左丞，彈司徒屬王濛憚罰自解，[5]屬疾遊行，初不及中丞。[6]桓祕不奔山陵，[7]左丞鄭襲不彈祕，直彈中丞孔欣時，又云别攝蘭臺檢校，[8]此徑彈中丞之謂。唯左丞庾登之奏鎮北檀道濟北伐不進，[9]致虎牢陷没，蕃岳宰臣，[10]引咎謝譽，[11]而責帥之劾，[12]曾莫奏聞，請收治道濟，免中丞何萬歲。夫山陵情敬之極，北伐專征之大，祕覇季之貴，道濟元勛之盛，所以咎及南司，[13]事非常憲，然祕事猶非及中丞也。今若以此爲例，恐人之貴賤，事之輕重，物有其倫，不可相方。[14]

［1］太子庶子：太子中庶子，東宫官。掌東宫奏章，直侍左右。秩四品。　弟息：弟弟與兒子。

［2］憲被使，曠受假：指沈憲、沈曠兄弟明明坐罪，却皆委派公幹。

［3］"案遐啓彈"至"以不糾憲等爲失"：此句以上概括左丞任遐上奏内容，以下爲陸澄辨白。

［4］王獻之：字子敬，東晋名士。明禮度，官至秘書郎，轉丞。

《晋書》卷八〇有附傳。

[5]司徒屬王濛：王濛，字仲祖，哀靖皇后之父。王導爲司徒，辟爲掾，復辟爲司徒左西屬。濛以此職有譴則應受杖，固辭自解，遭左丞王獻之彈劾。事見《晋書》卷九三《外戚傳》。

[6]初不及中丞：指王獻之彈劾王濛，並未歸罪於御史中丞。

[7]桓祕：字穆子，桓温之弟。温抑而不用，放志田園，好游山水。詳見《晋書》卷七四《桓彝傳》。按，傳中並無"不奔山陵"事。

[8]蘭臺：御史臺的別稱。漢代的御史中丞掌管蘭臺（藏圖籍秘書），故稱。《通鑑》卷一四三《齊紀九》"東昏侯永元二年"條："慧景燒蘭臺府署。"胡三省注："蘭臺，御史臺也。"

[9]檀道濟：高平金鄉人。東晋義熙十二年（416），隨劉裕北伐，爲前鋒，徑進洛陽，戰功卓著。又助武帝劉裕受命立宋，爲南朝宋開國功臣，曾加鎮北將軍。宋文帝元嘉八年（431），道濟都督征討諸軍事，北上攻魏，已克滑臺、虎牢（今山東茌平西南）。以糧缺資乏，魏軍過盛，道濟力盡南撤，滑臺、虎牢又丟失。詳見《宋書》卷四三、《南史》卷一五《檀道濟傳》。

[10]蕃岳：古代稱諸侯王。蕃，通"藩"。　宰臣：泛指重臣。

[11]謝愆（qiān）：檢討承認過失。

[12]責帥：指下屬有罪要處分統帥。

[13]南司：御史臺，以在宫闕西南，故稱。

[14]物有其倫，不可相方：指事物各有類别，不能相比。

左丞江奥彈段景文，又彈裴方明；左丞甄法崇彈蕭珍，[1]又彈杜驥，[2]又彈段國，又彈范文伯；左丞羊玄保又彈蕭汪；[3]左丞殷景熙彈張仲仁；兼左丞何承天彈吕萬齡。[4]並不歸罪，皆爲重劾。凡兹十彈，差是憲、曠之比，悉無及中丞之議。左丞荀萬秋、劉藏、江謐彈王僧朗、王雲之、陶寶度，[5]不及中丞，最是近例之明者。謐彈在今龕蛩之後，[6]事行聖照。遠取十奏，近徵二案，自宜依以爲體，豈得捨而不遵？

[1]左丞甄法崇：《南史》卷七〇《循吏傳》記有甄法崇事迹，但未言其任左丞，亦未言其曾彈劾蕭珍、杜驥、范文伯事。

[2]杜驥：字度世，京兆杜陵人。仕宋，曾爲青冀二州刺史，惠化著於齊土。詳見《南史》卷七〇《循吏傳》。

[3]羊玄保：太山南城人，仕宋。《宋書》卷五四、《南史》卷三六有傳。《宋書》本傳言其於少帝景平二年（425）、張仲仁入爲尚書右丞轉左丞，但並未言彈劾過任何人。

[4]何承天：《宋書》卷六四、《南史》卷三三有傳。言其宋元嘉三年（426）曾“兼尚書左丞”，但未言及彈呂萬齡事。

[5]荀萬秋：《宋書》卷六〇、《南史》卷三三有傳。未言其任左丞，亦未言其彈劾人。　江謐：歷仕南朝宋、齊，宋末曾領尚書左丞，但無彈奏事。入齊後，江謐被齊武帝蕭賾以“犯上”罪處死。見本書卷三一、《南史》卷三六本傳。　王僧朗：《宋書》卷八五《王景文傳》云：“父僧朗，亦以謹實見知。元嘉中，爲侍中，勤於朝直，未嘗違惰，太祖嘉之，以爲湘州刺史。世祖大明末，爲尚書左僕射。太宗初，以后父爲特進、左光禄大夫，又進開府儀同三司，固讓，乃加侍中、特進。尋薨，追贈開府，謚曰元公。”未言其被彈劾。

[6]龕（kān）蛩（lí）：戡黎。《説文・邑部》“蛩”字下引《商書》：“西伯戡蛩”。今本《尚書・商書》作“西伯戡黎”（龕，通“戡”）。蛩爲商諸侯國名，西伯昌（即後來的周文王）平定其亂。這裏以龕蛩代指國力振興。

臣竊此人乏，謬奉國憲。[1]今遐所糾，既行一時，若默而不言，則向爲來准，後人被繩，方當追請，[2]素湌之責，[3]貽塵千載。[4]所以備舉顯例，弘通國典，[5]雖有愚心，不在微躬。請出臣表付外詳議。若所陳非謬，裁由天鑒。

[1]臣竊此人乏，謬奉國憲：意謂像我這樣缺少才能的人，却擔任了執法之官。謬奉，謙語。國憲，國家的法制，御史中丞乃執法官。

[2]方當追請：語意不明。中華本校勘記云："'請'《元龜》五百十九作'誚'。"按，若與下句連成一句，則用"誚"字語義方通。

[3]素湌之責：責，原作"貴"，中華本據南監本、殿本、局本改正。今從改。素湌，同"素餐"。指無功受禄的庸官。語出《詩·魏風·伐檀》："彼君子兮，不素餐兮。"趙岐注《孟子·盡心篇》云："無功而食，謂之素餐。"

[4]貽塵：指遭後人譏誚。

[5]弘通國典：謂弘揚曉喻國法。中華本校勘記云："'弘'宋本避諱缺筆成'引'，各本皆未正，今據《元龜》五百十九改正。"今從改。

詔委外詳議。尚書令褚淵奏："宋世左丞荀伯子彈彭城令張道欣等，[1]坐界劫累發不禽，[2]免道欣等官；中丞王准不糾，[3]亦免官。左丞羊玄保彈豫州刺史管義之譙梁群盜，[4]免義之官；中丞傅隆不糾，[5]亦免隆官。左丞羊玄保又彈兗州刺史鄭從之濫上布及加課租綿，[6]免從之官；中丞傅隆不糾，免隆官。左丞陸展彈建康令丘珍孫、丹陽尹孔山士劫發不禽，[7]免珍孫、山士官；中丞何勗不糾，亦免勗官。左丞劉矇彈青州刺史劉道隆失火燒府庫，[8]免道隆官；中丞蕭惠開不糾，[9]免惠開官。左丞徐爰彈右衛將軍薛安都屬疾不直，[10]免安都官；中丞張永結免。[11]澄謏聞膚見，[12]貽撓後昆，上掩皇明，下籠朝識，請以見事免澄所居官。”詔曰：“澄表據多謬，不足深劾，可白衣領職。”

[1]荀伯子：潁川人。少好學，博覽經傳。解褐駙馬都尉，遷著作佐郎，後爲尚書左丞。立朝正色，衆咸憚之。詳見《宋書》卷六〇、《南史》卷三三本傳。　彭城令：彭城縣令。彭城縣，治所在今江蘇徐州市。

[2]坐界劫累發不禽：指因縣邊界累次發生盜劫事件而未能破案將劫匪擒拿。禽，通“擒”。

[3]王准：中華本校勘記云：“‘准’南監本、殿本、局本並作‘淮’。按《元龜》五百十九亦作‘准’。准淮形近，未知孰是。”按，檢《宋書》卷六〇有《王准之傳》，謂准之字元曾，琅邪臨沂人。東晉末曾爲山陰令，有能名。“宋臺建，除御史中丞，爲僚友所憚”，後“坐世子右衛率謝靈運殺人不舉免官”。據此知“王准”當即“王准之”。

[4]豫州：治所在今安徽壽縣。　譙梁群盜：指譙梁等地群盜猖狂。譙，譙縣，治所在今安徽亳州市。梁，即梁城，治所在今安徽淮南市田家庵附近。

[5]傅隆：字伯祥，宋元嘉初爲御史中丞，“當官而行，甚得司直之體”，轉司徒左長史，官至太常。《宋書》卷五五、《南史》卷一五有傳。按，上二傳未記傅隆不糾免官事。

[6]兖州：南朝宋僑置，治所在今江蘇淮安市淮陰區甘羅城。

濫上布：布，指賦税。《周禮·地官·載師》："凡宅不毛者有里布。"孫詒讓《正義》："並任土、任民賦税之餘法也。"　加課租綿：指增加徵收作爲租税的絲織品。

[7]陸展：《宋書》卷九二《良吏傳》云："弟展，臧質車騎長史、尋陽太守，質敗，從誅。"未言其任左丞及彈劾事。　孔山士：《宋書》卷五四《孔季恭傳》云："子山士，歷顯位，侍中，會稽太守，坐小弟駕部郎道穰逼略良家子女，白衣領郡。元嘉二十七年，卒官。"未言其任丹陽尹。

[8]劉道隆：《宋書》卷四五《劉孫登傳》云："孫登弟道隆，元嘉二十二年，爲廬江太守……大明中，歷黄門侍郎，徐、青、冀三州刺史。前廢帝景和中，以爲右衛將軍，永昌縣侯，食邑五百户，委以腹心之任。泰始初，爲太宗盡力，遷左衛將軍，中護軍，尋賜死。"未言"失火燒府庫事"。

[9]蕭惠開：南蘭陵人，仕宋。宋孝武帝時，徙御史中丞，入爲侍中，復任中丞，詔曰："惠開前在憲司，奉法直繩，不阿權威，朕甚嘉之。可更授御史中丞。"後母憂去職。《宋書》卷八七、《南史》卷一八均有傳，未言其"不糾"免官事。

[10]徐爰：字長玉，南琅邪開陽人。仕宋，歷任顯職，宋孝武帝時，遷尚書左丞。《宋書》卷九四有傳，然未言其彈薛安都事。　屬疾不直：指稱病不上朝廷值班。

[11]中丞張永結免：中華本校勘記云："《元龜》五百十九作'中丞張永結不糾，亦免永結官'。按張永，《宋書》附《張茂度傳》，於孝武帝大明八年，召爲御史中丞。結免即《江謐傳》'博士太常以下結免贖論'之'結免'。《宋書》無張永結其人，《元龜》誤。"

[12]謏（xiǎo）聞膚見：謂孤陋寡聞，見識短淺。謏，小。《玉篇·言部》："謏，小也。"

明年，轉給事中，祕書監，[1]遷吏部。四年，復爲祕書監，領國子博士。遷都官尚書。[2]出爲輔國將軍、鎮北鎮軍二府長史，[3]廷尉，[4]領驍騎將軍。[5]永明元年，[6]轉度支尚書。[7]尋領國子博士。時國學置鄭王《易》，[8]杜服《春秋》，[9]何氏《公羊》，[10]麋氏《穀梁》，[11]鄭玄《孝經》。[12]澄謂尚書令王儉曰：[13]“《孝經》，小學之類，不宜列在帝典。”乃與儉書論之曰：

《易》近取諸身，遠取諸物，彌天地之道，通萬物之情。自商瞿至田何，其間五傳。[14]年未爲遠，無訛雜之失；秦所不焚，無崩壞之弊。雖有異家之學，同以象數爲宗。[15]數百年後，乃有王弼。王濟云弼所悟者多，[16]何必能頓廢前儒。若謂易道盡於王弼，方須大論，意者無乃仁智殊見。且《易》道無體不可以一體求，[17]屢遷不可以一遷執也。晋大興四年，[18]太常荀崧請置《周易》鄭玄注博士，[19]行乎前代，于時政由王、庾，[20]皆儁神清識，能言玄遠，捨輔嗣而用康成，[21]豈其妄然。太元立王肅《易》，[22]當以在玄、弼之間。元嘉建學之始，[23]玄、弼兩立。逮顔延之爲祭酒，[24]黜鄭置王，意在貴玄，事成敗儒。今若不大弘儒風，則無所立學，衆經皆儒，惟《易》獨玄，玄不可棄，儒不可缺。謂宜並存，所以合無體之義。且弼於注經中已舉《繫辭》，[25]故不復別注。今若專取弼《易》，則《繫》説無注。

[1]祕書監：秘書省長官。掌藝文圖籍及修國史。秩三品。

［2］都官尚書：尚書省官。領掌都官、水部、庫部、功論四曹事。秩三品。

［3］輔國將軍：南朝榮譽加號。

［4］廷尉：最高司法之官。《漢官儀》："聽訟必質諸朝廷，與衆共之。兵獄同制，故稱廷尉。"《漢書・百官公卿表上》顏師古注："廷，平也。治獄貴平，故以爲號。"

［5］驍騎將軍：禁衛軍官。分掌宿衛營兵。秩四品。

［6］永明：齊武帝年號。

［7］度支尚書：尚書省尚書之一，領度支、金部、倉部、起部四曹。秩三品。

［8］鄭王《易》：指漢鄭玄、三國魏王弼注解《周易》。

［9］杜服《春秋》：指漢服虔、晋杜預注解《左傳》。

［10］何氏《公羊》：指漢何休注《公羊傳》。

［11］麋氏《穀梁》：指晋麋信注《穀梁傳》。

［12］鄭玄《孝經》：指漢鄭玄注《孝經》。

［13］王儉：字仲寶，歷仕南朝宋、齊，爲齊開國功臣。官至尚書令，總理政務。詳見本書卷二三《王儉傳》。

［14］自商瞿至田何，其間五傳：《漢書》卷八八《儒林傳序》："自魯商瞿子木受《易》孔子，以授魯橋庇子庸；子庸授江東馯臂子弓；子弓授燕周醜子家；子家授東武孫虞子乘；子乘授齊田何子裝……漢興，田何以齊田徙杜陵，號杜田生。"顏師古注："商瞿，姓也。"又注："馯，姓也，音韓。"又注："高祖用婁敬之言徙關東大族，故何以舊齊田氏見徙也。初徙時未爲杜陵，蓋史家本其地追言之也。"

［15］象數：《易》專用語。指占卜。《左傳》僖公十五年："龜，象也；筮，數也。物生而後有象，象而後有滋，滋而後有數。"杜預注："言龜以象示，筮以數告；象數相因而生，然後有占；占所以知吉凶。"《易》中凡言天日山澤之類爲象，言初上九六之類爲數。象數並稱，即指龜筮，用以占卜吉凶。

［16］王濟：字武子，晋太原人。善《易》及《莊》《老》，有逸才，官至侍中，爲一時秀彦。《晋書》卷四二有傳。

［17］且《易》道無體不可以一體求：意謂《易》道豐富靈活，不可限制於某一人（指王弼）的解釋。“且《易》”原作“四”，中華本校勘記云：“據《元龜》五百九十九改。按‘道’下原闕二字，各本作‘異傳’，‘四道異傳’不可解，當依《元龜》改。”今從改。

［18］大興：東晋元帝年號。按，“大興”原誤作“太興”，太興乃十六國北燕年號。

［19］太常荀崧請置《周易》鄭玄注博士：荀崧，字景猷，晋代名流，與王敦、顧榮、陸機等友善。西晋末曾任尚書吏部郎，累遷侍中。東晋元帝時，拜尚書僕射、轉太常。時方修學校，簡省博士，僅置五經博士九人，其中“置《周易》王氏（弼）博士”。荀崧上表以爲宜增四人，“宜爲鄭《易》置博士一人”。詳見《晋書》卷七五本傳。

［20］政由王、庾：指丞相王導和中書監庾亮（晋明帝司馬紹之舅掌權）。

［21］輔嗣：王弼字。　康成：鄭玄字。

［22］太元：晋孝武帝年號。中華本校勘記云：“‘太元’各本訛作‘泰元’，下‘《左氏》太元取服虔’，‘《穀梁》太元舊有麋信注’，亦訛作‘秦元’，今並據《晋書·孝武帝紀》改正。”今從改。　王肅：字子雍，三國魏人。魏明帝時，以肅爲常侍領秘書監，兼崇文觀祭酒。肅通經學，采會前人異同，爲《尚書》《詩》《論語》《三禮》《左氏》解及撰定父朗所作《易傳》，皆列於學宫。詳見《三國志》卷一三本傳。

［23］元嘉建學之始：元嘉，宋文帝年號。《通鑑》卷一二三《宋紀五》“文帝元嘉十六年”條：“帝雅好藝文，使丹楊尹廬江何尚之立玄學，太子率更令何承天立史學，司徒參軍謝元立文學，並次宗儒學爲四學。”

[24]顔延之：字延年，仕南朝宋。好玄學，善辭辯，以才學見遇。官至中書侍郎，轉太子中庶子，領步兵校尉。《宋書》卷七三、《南史》卷三四有傳。　祭酒：國子祭酒，太常屬官。爲五經博士之首，掌祀儀、教化。秩三品。

[25]《繫辭》：《易》篇名，本名《繫辭傳》，漢人或稱《易大傳》。傳説爲孔子所作十翼之一。分上下二篇。主旨以一陰一陽之謂道出發，闡述《易》理，剖析事物變化的精義。

《左氏》太元取服虔，而兼取賈逵《經》，[1]由服《傳》無《經》，[2]雖在注中，而《傳》又有無《經》者故也。今留服而去賈，則《經》有所闕。案杜預注《傳》，王弼注《易》，俱是晚出，並貴後生。杜之異古，未如王之奪實，祖述前儒，特舉其違。又《釋例》之作，所弘惟深。[3]

[1]《左氏》太元取服虔，而兼取賈逵《經》：此處是説，晋孝武帝太元年間，儒生學《左傳》，取服虔《傳》注和賈逵《經》注。《左氏》指《左傳》。從下句看，漢服虔衹注解了《左傳》部分，故當時同時取漢賈逵注的《春秋》經。

[2]由服《傳》無《經》：因爲服虔衹注《傳》而未注《經》。“由”字原無，中華本據《册府元龜》卷五九九補。今從補。按，中華本“傳”字未加書名號，此句《傳》與《經》相對，與下句相同，故應加書名號。

[3]所弘惟深：指對《易》義的弘揚甚深。中華本校勘記云：“‘弘’宋本避諱缺筆成‘引’，各本並訛，今據《元龜》五百九十九改正。”今從改。

《穀梁》太元舊有麋信注，[1]顔益以范寧，[2]麋猶如故。顔論閏分范注，當以同我者親。常謂《穀梁》劣《公羊》，爲注者又不盡善。竟無及《公羊》之有何休，[3]恐不足兩立。必謂范善，便當除麋。

[1]《穀梁》太元舊有麋信注：麋信，其事不詳。唐楊士勛《春秋穀梁傳注疏序》："釋《穀梁傳》者雖近十家。"陸德明《經典釋文》："'近十家'者，魏晋已來注《穀梁》者有尹更始、唐固、麋信、孔演、江熙……等。"知麋信爲魏晋時人。

[2]顔：指顔延之。　范寧：字武子，晋順陽人。專心好學，反對王弼、何晏的玄學。以《三傳》中《穀梁》無善釋，深研多年，著《春秋穀梁傳集解》。《晋書》卷七五有傳。

[3]《公羊》之有何休：漢何休著有《春秋公羊解詁》。見《後漢書》卷七九下《何休傳》。

世有一《孝經》，題爲鄭玄注，觀其用辭，不與注書相類。案玄自序所注衆書，亦無《孝經》。

儉答曰："《易》體微遠，實貫群籍，施、孟異聞，[1]周、韓殊旨，[2]豈可專據小王，[3]便爲該備？依舊存鄭，高同來説。元凱注《傳》，[4]超邁前儒，若不列學官，其可廢矣。賈氏注《經》，[5]世所罕習，《穀梁》小書，無俟兩注，存麋略范，率由舊式。凡此諸義，並同雅論。疑孝經非鄭所注，僕以此書明百行之首，實人倫所先，《七略》《藝文》並陳之六藝，[6]不與《蒼頡》《凡將》之流也。[7]鄭注虚實，前代不嫌，意謂可安，仍舊立置。"

［1］施、孟：指施讎、孟喜，兩人均爲漢代經學家，皆從田王孫受《易》。詳見《漢書》卷八八《儒林傳》。

［2］周、韓：周指周王孫，漢洛陽人，受《易》於杜陵田何。後丁寬復從受古義，號《周氏傳》。韓指韓嬰，一名韓生，以言《詩》著名，亦以《易》授人。嬰嘗與董仲舒論難。丁寬、韓嬰事詳見《漢書》卷八八《儒林傳》。

［3］小王：指王濟。

［4］元凱：指晋經學家杜預。

［5］賈氏注《經》：指漢賈逵注《春秋》經。

［6］《七略》：漢劉歆著。中國最早的圖書目録分類著作。《漢書》卷三〇《藝文志序》："歆於是總群書而奏其《七略》，故有《輯略》、有《六藝略》、有《諸子略》、有《詩賦略》、有《兵書略》、有《術數略》、有《方技略》。"顔師古注："六藝，六經也。"《藝文》：指《漢書・藝文志》。

［7］《蒼頡》：指《蒼頡篇》，古代字書。《漢書・藝文志》："《蒼頡》一篇，上七章，秦丞相李斯作。"　《凡將》：指《凡將篇》，古代字書。漢司馬相如撰。《説文》常引其説。已佚，現有清任大椿《小學鉤沉》、馬國翰《玉函山房輯佚書》本。

儉自以博聞多識，讀書過澄。澄曰："僕年少來無事，唯以讀書爲業。且年已倍令君，令君少便鞅掌王務，[1]雖復一覽便諳，然見卷軸未必多僕。"儉集學士何憲等盛自商略，[2]澄待儉語畢，[3]然後談所遺漏數百千條，[4]皆儉所未睹，儉乃歎服。儉在尚書省，出巾箱机案雜服飾，[5]令學士隸事，[6]事多者與之，人人各得一兩物，澄後來，更出諸人所不知事復各數條，并奪物將去。

[1]令君少便鞅掌王務：王儉時爲尚書令，故敬稱其“令君”。鞅掌，謂職事紛擾煩忙。語出《詩·小雅·北山》：“或栖遲偃仰，或王事鞅掌。”毛亨傳：“鞅掌，失容也。”孔穎達疏：“傳以鞅掌爲煩勞之狀，故云失容，言事煩鞅掌然，不暇爲容儀也。今俗語以職煩爲鞅掌。”

[2]何憲：字子思，廬江人。以强學見知，曾爲本州别駕，出使北魏。何憲與孔逷均見知於尚書令王儉，“時人呼孔逷、何憲爲‘王儉三公’”。本書卷三四有附傳。

[3]澄待儉語畢：“待”字原作“侍”，中華本據南監本、殿本、局本及《御覽》卷六一二引、《册府元龜》卷六〇一改正。今從改。

[4]遺漏數百千條：中華本校勘記云：“按‘千’疑‘十’之訛。”

[5]巾箱：原指有刻本以前的手寫小書，因其難得而藏於巾箱中，故名。後亦泛指小板本的古書。

[6]隸事：以故事相隸屬。謂引用典故。《南史》卷四九《王諶傳》：“尚書令王儉嘗集才學之士，總校虚實，類物隸之，謂之隸事，自此始也。”

轉散騎常侍，[1]祕書監，吴郡中正，[2]光禄大夫。[3]加給事中，中正如故。尋領國子祭酒。以竟陵王子良得古器，小口方腹而底平，可將七八升，[4]以問澄，澄曰：“北名服匿，[5]單于以與蘇武。”子良後詳視器底，有字髣髴可識，如澄所言。隆昌元年，[6]以老疾，轉光禄大夫，加散騎常侍，未拜，卒。年七十。謚靖子。[7]

[1]散騎常侍：門下省官。掌奏事，直侍左右。秩三品。

[2]中正：皇帝選拔各州郡有聲望的人任此職，負責品藻當地士人，考察州郡人才。將人才按才能品德分成九等（九品），作爲政府選任官員的依據。《吕思勉讀史札記》丙帙《魏晋南北朝·中正非官》："《十七史商榷》云：'魏陳群始立九品官人之法。《三國志》《晋書》及《南史》諸列傳中，多有爲州郡大中正者，蓋以他官或老於鄉里者充之。掌鄉黨平論，人才臧否，清議係焉。乃《晋（書）·職官志》中絶不一見，何也？'……劉毅云：'置州都者，取州里清議，咸所歸服，將以鎮異同，一言議。'（《晋書·劉毅傳》）蓋於清議之中，擇一人爲之平騭，乃士大夫之魁首，而非設官分職之一也。"（上海古籍出版社1982年版，第853頁）

[3]光禄大夫：光禄勛屬官。掌宫殿門户。秩三品。

[4]可將七八升：中華本校勘記云："'將'《元龜》六百一、七百九十八作'容'，《南史》亦作'容'。"

[5]北名服匿：中華本校勘記云："'北'殿本、局本作'此'。"

[6]隆昌：齊鬱林王年號。

[7]謚靖子：六朝時，文臣死後無封爵而得謚號者稱"子"。參見清錢大昕《十駕齋養新録》卷二〇《沈恭子》。

澄當世稱爲碩學，[1]讀《易》三年不解文義，[2]欲撰《宋書》竟不成，王儉戲之曰："陸公，書厨也。"家多墳籍，人所罕見。撰地理書及雜傳，死後乃出。

[1]澄當世稱爲碩學："澄"字原無，中華本據南監本及《南史》補。今從補。朱季海《校議》云："此亦《南史》加之爾，蕭

《書》不必定有‘澄’字。”（第88頁）

［2］讀《易》三年不解文義：朱季海《校議》又云：“亦由時尚玄言，澄隆象數故爾。觀其與儉書論《易》，殊得要領，非竟不解文義，豈初讀三年，有所不通，後來遂進邪？”（第88頁）

澄弟鮮，得罪宋世，當死。澄於路見舍人王道隆，[1]叩頭流血，以此見原。揚州主簿顧測以兩奴就鮮質錢，[2]鮮死，子晫誣爲賣券，[3]澄爲中丞，測與書相往反，後又牋與太守蕭緬云：[4]“澄欲遂子弟之非，[5]未近義方之訓，此趨販所不爲，况搢紳領袖，儒宗勝達乎？”測遂爲澄所排抑，世以此少之。

［1］舍人：指中書通事舍人，中書省官。掌呈奏案章。秩七品。王道隆：仕宋，被宋明帝所寵，兼中書通事舍人，擅權。《宋書》卷九四、《南史》卷七七有傳。

［2］質錢：典押錢，可以贖回。

［3］子晫誣爲賣券：賣券，出售貨物的契約、契據。中華本校勘記云：“按‘晫’各本並作‘暉’，《南史》亦作‘暉’，惟《御覽》五百引作‘晫’，疑作‘暉’是。‘賣券’《南史》作‘買券’。”

［4］太守蕭緬：字景業，齊宗室。先仕宋爲中書郎，齊封安陸侯，武帝時出爲會稽太守。詳見本書卷四五《宗室傳》。

［5］澄欲遂子弟之非：謂陸澄包庇縱容子弟爲非作歹。“遂”字原闕，中華本據各本補，又按云：“《御覽》五百引‘遂’作‘成’。”今從補。

時東海王摛，[1]亦史學博聞，歷尚書左丞。竟陵王子良校試諸學士，唯摛問無不對。永明中，天忽黄色照地，衆莫能解。摛云是榮光。[2]世祖大悦，用爲永陽郡。[3]

[1]王摛：齊太子中庶子王諶之從叔。《南史》卷四九《王諶傳》云："以博學見知。尚書令王儉嘗集才學之士，總校虚實，類物隸之……嘗使賓客隸事多者賞之，事皆窮，唯廬江何憲爲勝，乃賞以五花簟、白團扇。坐簟執扇，容氣甚自得。摛後至，儉以所隸示之，曰：'卿能奪之乎？'摛操筆便成，文章既奥，辭亦華美，舉坐擊賞。摛乃命左右抽憲簟，手自掣取扇，登車而去。儉笑曰：'所謂大力者負之而趨。'"又記："爲秣陵令，清直，請謁不行。羽林隊主潘敞有寵二宫，勢傾人主。婦弟犯法，敞爲之請摛，摛投書於地，更鞭四十。敞怒譖之，明日而見代。"

[2]榮光：祥瑞吉慶之光。

[3]用爲永陽郡：指任命永陽郡太守。永陽郡，治營浦縣，在今湖南道縣。

史臣曰：儒風在世，立人之正道；聖哲微言，百代之通訓。洙泗既往，[1]義乖七十；[2]稷下横論，[3]屈服千人。自後專門之學興，命氏之儒起，[4]石渠朋黨之事，[5]白虎同異之説，[6]《六經》五典，[7]各信師言，嗣守章句，期乎勿失。西京儒士，[8]莫有獨擅；東都學術，[9]鄭賈先行。[10]康成生炎漢之季，訓義優洽，一世孔門，褒成並軌，[11]故老以爲前脩，後生未之敢異。而王肅依經辯理，與碩相非，爰興《聖證》，[12]據用《家語》，[13]外戚之尊，多行晋代。江左儒門，[14]參差互出，雖於時不絶，而罕復專家。晋世以玄言方道，[15]宋氏以文章閑業，[16]服膺典藝，斯風不純，二代以來，爲教衰矣。建元肇運，戎警未夷，天子少爲諸生，端拱以思儒業，[17]載戢干戈，遽詔庠序。[18]永明纂襲，[19]克隆均校，王儉爲輔，長於經禮，朝廷仰其風，胄子觀其則，由是家尋孔教，人誦儒書，執卷欣欣，此焉彌盛。建武繼立，因循舊緒，時不好文，輔相無術，學校雖設，前軌難追。劉瓛承馬、鄭之後，一時學徒以爲師範。[20]虎門初闢，法駕親臨，[21]待問無五更之禮，充庭闕蒲輪之御，[22]身終下秩，道義空存，斯故進賢之責也。其餘儒學之士，多在卑位，或隱世辭榮者，別見他篇云。

[1]洙泗：洙水和泗水，流至曲阜，春秋時屬魯國地。孔子在洙泗之間聚徒講學。《禮記・檀弓上》："吾與女（汝）事夫子於洙泗之間。"後因以"洙泗"代稱孔子。

[2]義乖七十：批評當時所謂儒者，與孔門七十高賢大相背離。相傳孔子門下有七十二名才德出衆的高徒，這裏以"七十"成數代指孔門高賢。

[3]稷下橫論：稷下，指戰國齊都城臨淄西門稷門之下。齊威王、宣王在此建學宫，廣招文學游説之士講學議論，成爲各學派活動中心，各種理論争辯一時。

[4]命氏之儒：姓氏著稱的名儒。

[5]石渠朋黨之事：指儒家學術分流紛争之事。石渠，閣名。在長安未央宫殿北，西漢皇室藏書之處。《漢書》卷八八《儒林傳》："甘露中（指漢宣帝時），與五經諸儒，雜論同異於石渠閣。"

[6]白虎同異之説：白虎指白虎觀，漢宫觀名。在未央宫中，曾爲學術論争之所。《後漢書》卷三《章帝紀》："（建初四年十一月壬戌）於是下太常，將、大夫、博士、議郎、郎官及諸生、諸儒

會白虎觀，講議‘五經’同異……帝親稱制臨決，如孝宣甘露、石渠故事，作《白虎議奏》。”

［7］《六經》五典：六經指儒家遵奉的六部經典。《莊子·天運》：“孔子謂老聃曰：‘丘治《詩》《書》《禮》《樂》《易》《春秋》六經。’”漢以來無《樂經》，故又稱五經或五典。

［8］西京：西漢都長安，號西京。因以西京代指西漢。

［9］東都：東漢都洛陽，號東都。因以東都代指東漢。

［10］鄭賈：指鄭玄和賈逵。

［11］褒成：漢時對孔子及其後代所封的爵號。《漢書》卷一二《平帝紀》：“（元始元年）封……孔子後孔均爲褒成侯，奉其祀。追謚孔子曰褒成宣尼公。”漢時獨尊儒術，故曰“褒成並軌”。

［12］《聖證》：指《聖證論》，一卷，三國魏王肅著。據《三國志》卷一三《魏書·王肅傳》載，王肅撰此書目的在於“以譏短（鄭）玄”。見解往往與鄭相左，如《尚書》之名，鄭玄贊謂：“孔子撰書，乃尊而命之曰《尚書》”，“尚者上也”。王肅序則謂：“上所言，史所書，故曰《尚書》也。”《聖證論》已亡佚，清人有輯本。

［13］《家語》：《孔子家語》的簡稱。《漢書·藝文志》著録《孔子家語》二十七卷，久已亡佚。今本十卷、四十四篇，爲三國魏王肅所傳，自謂得之於孔子二十二世孫猛。肅一意攻擊鄭玄，往往以《家語》中所記作爲攻鄭的論據。其書雜采秦漢諸書所記孔子的遺文逸事，綜合以成篇。

［14］江左儒門：江左，概指東晋、南朝。

［15］玄言：指崇尚老莊玄理的言論或言談。

［16］宋氏以文章閒業：朱季海《校議》云：“《通典·選舉典》引蕭子顯曰：‘自宋以來，謝靈運、顏延年以文章彰於代，謝莊、袁淑又以才藻繫之，朝廷之士及閭閻衣冠，莫不仰其風流，競爲辭賦之事。五經文句，無復通其義者。’意雖猶是，言則加詳。《通典》此條，實吾友王元崇著書餘料，千里寫示，其意良勤。余爲著於此，俾與史臣之言相印證云。”（第88頁）

［17］端拱以思儒業：謂專心盡力考慮發展儒學事業。“端”原作“昊”，中華本據南監本、毛本、殿本、局本改。今從改。

［18］載戢干戈，遽詔庠序：謂停息戰事，及時下令振興教育。庠序，古代指地方學校。《孟子·梁惠王上》：“謹庠序之教，申之以孝悌之義。”

［19］永明纂（zuǎn）襲：指齊武帝繼承帝業。纂，繼承。《禮記·祭統》：“子孫纂之，至于今不廢。”

［20］劉瓛承馬、鄭之後，一時學徒以爲師範：原作“劉瓛成馬、鄭之異，時學徒以爲師範”，中華本據南監本、殿本改。今從改。按，“馬鄭”指漢馬融與鄭玄。馬融，字季長。才高博洽，爲世通儒，學生常有千數，鄭玄出其門。著《三傳異同説》，注《孝經》《論語》《詩》《易》《三禮》等書。《後漢書》卷六〇上有傳。

［21］虎門初闢，法駕親臨：此二句寫齊武帝時重視振興教育。虎門，原指古代王宫的路寢門。《周禮·地官·師氏》：“居虎門之左，司王朝。”鄭玄注：“虎門，路寢門也。王日視朝於路寢，門外畫虎焉，以明勇猛，於守宜也。”古代國子學設在虎門之左，因又以“虎門”爲國子學的别稱。齊武帝登位不久，就致力興教。永明三年（485）詔云：“生民之有學斆，猶樹木之有枝葉。果行育德，咸必由兹”，“宜高選學官，廣延胄子”。明年三月，國子學講《孝經》，武帝“車駕幸學，賜國子祭酒、博士、助教絹各有差”。詳見本書卷三《武帝紀》。

［22］待問無五更之禮，充庭闕蒲輪之御：這兩句指摘齊明帝蕭鸞賤視文事和人才。五更，指德才兼備的年老士人。《禮記·樂記》：“食三老、五更於大學。”鄭玄注：“三老、五更，互言之耳，皆老人更知三德五事者也。”又《漢書·禮樂志》：“養三老、五更於辟廱。”顔師古注引李奇曰：“王者父事三老，兄事五更。”蒲輪，古代尊老聘賢所用的安車。《史記》卷一一二《平津侯主父列傳》：“始以蒲輪迎枚生。”《漢書》卷六《武帝紀》：“遣使者安車蒲輪，束帛加璧，徵魯申公。”顔師古注：“以蒲裹輪，取其安也。”

贊曰：儒宗義肆，[1]紛綸子珪。[2]升堂受業，事越關西。[3]璡居闇室，立操無攜。[4]彦淵書史，疑問窮稽。[5]

"徐令上文"疑。

[1]義肆：指講求經義之學的場所。

[2]紛綸子珪：贊美劉瓛（字子珪）學識淵博。

[3]升堂受業，事越關西：贊美劉瓛傳授弟子衆多，經學超過東漢楊震。關西，《後漢書》卷五四《楊震傳》載，東漢楊震爲潼關西華陰人，少好學，"明經博覽，無不窮究"，當時諸儒稱他"關西孔子楊伯起"。

[4]璡居闇室，立操無攜：贊美劉璡重視操行，學習先賢，做到獨自如故，暗室不欺。闇室，即暗室，用蘧伯玉典。漢劉向《列女傳·衛靈夫人》："靈公與夫人夜坐，聞車聲轔轔，至闕而止，過闕復有聲。公問夫人曰：'知此謂誰?'夫人曰：'此蘧伯玉也'。公曰：'何以知之?'夫人曰：'妾聞《禮》下公門，式路馬，所以廣敬也。夫忠臣與孝子，不爲昭昭變節，不爲冥冥惰行。蘧伯玉，衛之賢大夫也。仁而有智，敬於事上，此其人必不以暗昧廢禮，是以知之。'公使視之，果伯玉也。"

[5]彦淵書史，疑問窮稽：贊美陸澄窮經研史，博古通今。按，此處中華本校勘記云："殿本《考證》萬承蒼云：'按彦淵當是王摛字，《齊書》無摛傳，《南史》附摛於《王湛傳》後，不載其字，有云竟陵王子良校書諸學士，唯摛問無不對。此云疑問窮稽，想必謂摛也。'今按蕭子顯此贊前云'儒宗義肆，紛論子珪'，指劉瓛，後云'彦淵書史，疑問窮稽'，指陸澄，劉瓛字子珪，陸澄字彦淵也。萬説非是。"

南齊書　卷四〇

列傳第二十一

武十七王

武帝二十三男：[1]穆皇后生文惠太子、竟陵文宣王子良；[2]張淑妃生廬陵王子卿、魚復侯子響；[3]周淑儀生安陸王子敬、建安王子真；阮淑媛生晋安王子懋、衡陽王子峻；王淑儀生隨郡王子隆；蔡婕妤生西陽王子明；樂容華生南海王子罕；傅充華生巴陵王子倫；謝昭儀生邵陵王子貞；[4]江淑儀生臨賀王子岳；庾昭容生西陽王子文；荀昭華生南康王子琳；顔婕妤生永陽王子珉；宫人謝生湘東王子建；何充華生南郡王子夏；第六、十二、十五、二十二皇子早亡。子珉建武中繼衡陽元王後。

[1]武帝：指蕭賾，字宣遠，齊高帝蕭道成長子。本書卷三有紀。

[2]穆皇后：姓裴，名惠昭。早薨，謚穆妃。武帝即位，進尊

皇后。詳見本書卷二〇《皇后傳》。　文惠太子：名長懋，字雲喬，齊武帝長子，未即位而卒。本書卷二一有傳。

[3]淑妃：女官名。三國魏明帝置，晋爲九嬪之一。《三國志》卷五《魏書·后妃傳序》："明帝增淑妃、昭華、脩儀，除順成官……淑妃位視相國，爵比諸侯王。"按，以下"淑儀""淑媛""婕妤""容華""充華""昭儀""昭容""昭華"皆爲女官名，與"淑妃"合稱"九嬪"。《宋書》卷四一《后妃傳序》："晋武帝采漢魏之制，置……淑妃、淑媛、淑儀、脩華、脩容、脩儀、婕妤、容華、充華，是爲九嬪，位視九卿。"

[4]邵陵王：陵原訛"陽"，中華本據《南史》改。今從改。

竟陵文宣王子良字雲英，[1]世祖第二子也。[2]初，沈攸之難，[3]隨世祖在盆城，[4]板寧朔將軍。[5]仍爲宋邵陵王左軍行參軍，[6]轉主簿，安南記室參軍，[7]邵陵王友，[8]王名友，不廢此官。[9]遷安南長史。[10]

[1]竟陵文宣王子良：《南史》卷四四亦有傳，記其事迹較詳。

[2]世祖第二子也：世祖，齊武帝廟號。此句下《南史》卷四四云："幼聰敏。武帝爲贛縣時，與裴后不諧，遣人船送后還都，已登路，子良時年小，在庭前不悦。帝謂曰：'汝何不讀書？'子良曰：'孃今何處？何用讀書。'帝異之，即召后還縣。"

[3]沈攸之難：指宋順帝昇明元年（477），荆州刺史沈攸之起兵反蕭道成專權（時進位侍中、司空、録尚書事），旋被滅。詳見《宋書》卷七及《南史》卷三《沈攸之傳》。按，中華本校勘記云："沈攸之下當叠一'之'字。蓋六朝人名下之'之'字，往往可省略。"

[4]盆城：湓口城，在今江西九江市。沈攸之事起，蕭賾時據盆城爲戰守之備。詳見本書卷三《武帝紀》。

［5］板：官制術語。指都督府或將軍府權宜除用之屬官，因將授官之詞寫於特製的木板上，故稱。　寧朔將軍：南朝爲榮譽加號。

［6］邵陵王：名友，字仲賢，宋明帝劉彧第七子。昇明初，爲江州刺史，進號左將軍。竟陵王蕭子良爲左將軍府屬官，參謀軍事。詳見《宋書》卷九〇《邵陵殤王友傳》。

［7］安南：指安南將軍府。安南將軍，“四安將軍”之一，南朝爲榮譽加號。開府者位從公秩一品。昇明二年（478）邵陵王劉友由左將軍轉安南將軍，任子良爲記室參軍。　記室參軍：掌軍府文翰。

［8］友：王府屬官。掌陪侍游居，規諷道義。秩六品。

［9］不廢：各本作“尋廢”。中華本校勘記云：“按《南史》云：‘時宋道衰謝，諸王微弱，故不廢此官。’作‘不廢’是。”清趙翼《廿二史劄記》卷一〇《南史與齊書互異處》謂《齊書·竟陵王子良傳》“尋廢此官”（指友），《南史》則云：“不廢此官”，“兩傳迥異”。王樹民校證：“按《齊書》‘尋廢此官’應從《南史》作‘不廢此官’，百衲本影印宋蜀大字本《南齊書》即作‘不’，‘尋’字當出於後人誤改。”（中華書局1984年版，第222頁）今按，中華再造善本亦作“不”字。

［10］長史：軍府屬官。總理府務，爲屬吏之長。

昇明三年，爲使持節、都督會稽東陽臨海永嘉新安五郡、輔國將軍、會稽太守。[1]宋世元嘉中，[2]皆責成郡縣；孝武徵求急速，[3]以郡縣遲緩，始遣臺使，[4]自此公役勞擾。太祖踐阼，[5]子良陳之曰：

前臺使督逋切調，恒聞相望於道。及臣至郡，亦殊不踈。凡此輩使人，既非詳慎懃順，或貪險崎嶇，[6]要求此役。朝辭禁門，[7]情態即異；暮宿村縣，威福便行。但令朱鼓裁完，[8]鈹槊微具，[9]顧眄左右，叱咤自專。擿宗斷族，排輕斥重，[10]脅遏津埭，[11]恐喝傳郵。[12]破崗水逆，[13]商旅半引，逼令到下，先過己船。浙江風猛，[14]公私畏渡，脱舫在前，[15]驅令俱發。呵蹙行民，固其常理。侮折守宰，出變無窮。既瞻郭望境，便飛下嚴符，[16]但稱行臺，未顯所督。先訶彊寺，[17]却攝群曹，開亭正櫓，[18]便振荆革。[19]其次絳標寸紙，[20]一日數至；徵村切里，俄刻十催。[21]四鄉所召，莫辨枉直，孩老士庶，具令付獄。或尺布之逋，曲以當匹；百錢餘税，且增爲千。或詐應質作尚方，[22]寄繫東冶，[23]萬姓駭迫，人不自固。遂漂衣敗力，競致兼漿。[24]值今夕酒諧肉飫，即許附申赦格；[25]明日禮輕貨薄，便復不入恩科。筐貢微闕，箠撻肆情，[26]風塵毁謗，隨忿而發。及其犹蒜轉積，[27]鵝栗漸盈，遠則分鬻他境，近則託貿吏民。反請郡邑，助民申緩，[28]回刺言臺，推信在所。[29]如聞頃者令長守牧，離此每實，非復近歲。愚謂凡諸檢課，[30]宜停遣使，密畿州郡，則指賜敕令，[31]遥外鎮宰，明下條源，既各奉别旨，人競自罄。[32]雖復臺使盈湊，會取正屬所辦，[33]徒相疑憤，反更淹懈。[34]

[1]使持節：君主授予臣下權力的方式之一。節，代表皇帝的特殊命令。分三等：使持節爲上，得殺二千石以下；持節次之，得殺無官位的人，若在有軍事時則與使持節同；假節爲下，衹有在有軍事時得殺犯軍令者。參見《宋書·百官志上》。　都督：南朝時，

都督掌地方軍政，亦分三等：都督諸軍爲上，監諸軍次之，督諸軍爲下。爲加强權力，朝廷往往加其使持節稱號。　會稽：郡名。治所在今浙江紹興市。　東陽：郡名。治所在今浙江金華市。　臨海：郡名。治所在今浙江臨海市。　永嘉：郡名。治所在今浙江温州市。　新安：郡名。治所在今安徽歙縣。　輔國將軍：南朝時爲榮譽加號。

[2]元嘉：宋文帝年號。

[3]孝武：指宋孝武帝劉駿。《宋書》卷六有紀。

[4]臺使：指朝廷使者。

[5]太祖踐阼：太祖，齊高帝廟號。齊高帝於宋順帝昇明三年（479）受禪登帝位，改宋爲齊。本書卷一至卷二有紀。

[6]貪險崎嶇：崎嶇，原指山路高低不平，這裏用以形容催徵官吏的險惡。

[7]禁門：宫門。這裏泛指京城。

[8]朱鼓：指儀仗用的塗紅的鼓。

[9]鈹（pī）槊：兵器名。鈹，雙刃刀。槊，長柄矛。

[10]排輕斥重：指任意挑剔。重，原誤作“運”，中華本據南監本、殿本、局本改。今從改。

[11]津埭（dài）：水道船泊往來徵税處。

[12]傳郵：陸路的驛站。

[13]破崗：破岡瀆，三國吴開鑿。在今江蘇南部，西起句容市東南，通赤山湖及秦淮河，東至丹陽市西南，與太湖相通。

[14]浙江：水名。即今浙江省錢塘江、富春江，其上游來自皖南之新安江。

[15]脱舫在前：指牽船離岸的縴夫走在前面。

[16]嚴符：嚴令。符，符節印信。

[17]彊寺：指地方官府。彊，通“疆”。

[18]開亭正檐：指驛站辦公的官署。檐，同“榻”。此句指使者剛下榻。

［19］荆革：拷打用的刑具。朱季海《南齊書校議》（以下簡稱朱季海《校議》）云："'荆革'猶'棰革'，下'又啓'云'猶求請無地，棰革相繼'是也。"（中華書局1984年版，第88—89頁）

［20］絳標：古代使者持作憑證的紅色持節。

［21］徵村切里，俄刻十催：中華本校勘記云："按《通典·食貨典》作'遠村深里，頃刻十催'。"朱季海《校議》云："'切'正謂'徵求急速'，'俄刻'即'頃刻'，並當時語。子良又啓曰：'每至州臺使命，切求懸急'，其言切正同。'切里'即切求於里矣。《通典》變易舊文，欲人易曉，亦可是後人所改，要非子顯故書如此。"（第89頁）

［22］尚方：古代官營手工業機構，主製作宫中所用手工製品，亦作爲關押罪犯勞役的場所。

［23］東冶：南朝時冶煉場。屬省府，爲罪犯拘繫勞役之所。

［24］兼漿：指上好的酒菜。清趙翼《廿二史劄記》卷二引作"餽遺"。

［25］赦格：指減免賦税等次。赦，原闕，中華本據南監本、殿本、局本補。今從補。

［26］箠撻：箠，原訛"總"，中華本據南監本、毛本、殿本、局本改。今從改。

［27］豘：同"豚"。此句"豘蒜"與下句"鵝粟"，皆指臺使所收的行賄之物。

［28］反請郡邑，助民申緩：此指催徵使者在中飽私囊之後，又僞裝愛民，要郡縣地方官吏，幫助貧苦百姓申請緩徵。"申"原訛作"由"，中華本校勘記云："據《元龜》二百八十八改。按宋本《元龜》作'反請郡邑助申容緩'。《廿二史劄記》引作'祈緩'。"

［29］回刺言臺，推信在所：指使者向朝廷上書回報，讓朝廷深信他們於所在地辦事公允。刺，書信。

［30］檢課：指查催賦税。

［31］敕令："令"原闕，中華本據《册府元龜》卷二八八補。

今從補。

[32]“遥外鎮宰”至“人競自罄”：《通鑑》卷一三五《齊紀一》“高帝建元元年”條引作：“臺有求須，但明下詔敕，爲之期會，則人思自竭；若有稽遲，自依糾坐之科。”

[33]會取正屬所辦：“辦”原闕，中華本據《通鑑》卷一三五《齊紀一》“齊高帝建元元年”條補。今從補。按，胡三省注云：“謂使者雖多，亦當取辦於所屬也。”

[34]反更淹懈：《通鑑》卷一三五其後有“宜悉停臺使”句。

凡預衣冠，[1]荷恩盛世，多以闇緩貽諐，[2]少爲欺猾入罪。若類以宰牧乖政，則觸事難委，不容課逋上綱，[3]偏覺非才。但賒促差降，各限一期。[4]如乃事速應緩，自依違糾坐之。[5]坐之之科，[6]不必須重，但令必行，期在可肅。[7]且兩裝之船，充擬千緒；三坊寡役，呼訂萬計。每一事之發，彌晨方辦，粗計近遠，率遣一部，職散人領，無減二十，舟船所資，皆復稱是。長江萬里，費固倍之。較略一年，脱得省者，息船優役，寔爲不少。兼折姦減竊，遠近蹔安。[8]

封聞喜縣公，邑千五百户。[9]

[1]衣冠：代指士大夫、官吏。

[2]闇緩：昏庸遲鈍。 諐（qiān）：罪過。

[3]不容課逋上綱：指不許地方官吏參與徵收欠税之事。上綱，原爲州官别駕的異稱。《晋書》卷八九《忠義傳》：“（易雄）舉孝廉，爲州主簿，遷别駕。自以門寒，不宜久處上綱。”《南史》卷七三《孝義傳》：“（何子平）時鎮軍將軍顧覬之爲州之上綱。”按，

此處以“上綱”代指州郡地方官。

［4］賒促差降，各限一期：指按其事的緩急、等級，各限期完成。

［5］如乃事速應緩，自依違糾坐之：指如果事情要求速辦，却反應遲緩，則酌情糾察判罪。

［6］坐之之科：下一“之”原無，中華本據南監本、殿本、局本補。今從補。

［7］可肅：指可以肅清吏治。

［8］“兩裝之船”至“遠近暫安”：意思是説，課物以往用船由水路運京，中間繞道，多有折騰，費時費力，不如改爲陸運節省。

［9］封聞喜縣公，邑千五百户：中華本校勘記云：“‘千五百户’當依《文選》任昉《齊竟陵文宣王行狀》作‘千户’，‘五百’二字衍。按下云‘世祖即位，封竟陵王，邑二千户’，任昉《齊竟陵王行狀》云‘武皇帝嗣位，進封竟陵郡王，食邑加千户’。前封縣公，食邑千户，進封郡王，加食千户，正合二千户之數。”

子良敦義愛古。郡民朱百年有至行，先卒，賜其妻米百斛，蠲一民給其薪蘇。[1]郡閤下有虞翻舊牀，[2]罷任還，乃致以歸。後於西邸起古齋，多聚古人器服以充之。夏禹廟盛有禱祀，子良曰：“禹泣辜表仁，[3]菲食旌約，[4]服翫果粽，足以致誠。”使歲獻扇簟而已。[5]

［1］蠲一民給其薪蘇：指減免一民户賦税，讓他專供朱百年妻的柴薪。

［2］虞翻：字仲翔，三國吴名士。性疏直，重交游。《三國志》卷五七有傳。

［3］泣辜：泣罪。指大禹因哀憐罪人而哭泣。語本漢劉向《説

苑·君道》:“禹出見罪人，下車問而泣之。”

[4]菲食旌約：食粗劣的飯食表明節約。

[5]使歲獻扇簟而已：此後《南史》卷四四又記云：“時有山陰人孔平詣子良訟嫂市米負錢不還。子良歎曰：‘昔高文通與寡嫂訟田，義異於此。’乃賜米錢以償平。”

建元二年，穆妃薨，[1]去官。仍爲征虜將軍、丹陽尹。[2]開私倉賑屬縣貧民。[3]明年，上表曰：“京尹雖居都邑，而境壤兼跨，廣袤周輪，幾將千里。縈原抱隰，[4]其處甚多，舊遏古塘，[5]非唯一所。而民貧業廢，地利久蕪。近啓遣五官殷濔、典籤劉僧瑗到諸縣循履，[6]得丹陽、溧陽、永世等四縣解，[7]并村耆辭列，堪墾之田，合計荒熟有八千五百五十四頃，脩治塘遏，可用十一萬八千餘夫，一春就功，便可成立。”上納之。會遷官，事寢。

[1]穆妃：穆皇后，竟陵王子良之母。《文選》卷六〇任昉《齊竟陵文宣王行狀》云：“會武穆皇后崩，公星言奔波，泣血千里，水漿不入於口者，至自禹穴。”李善注引《禮記》曰：“惟父母之喪，見星而行，夜見星而舍。”

[2]丹陽尹：東晋始置，爲京城所在郡府長官。掌京城行政諸務並詔獄，地位頗重要。秩三品。

[3]開私倉賑屬縣貧民：《南史》卷四四此後云：“先是太妃以七月薨，子良以八月奉凶問。及小祥，疑南郡王應相待。尚書左僕射王儉議以爲：‘禮有倫序，義無徒設，如令遠則不待，近必相須，禮例既乖，即心無取。若疑兄弟同居，吉凶舛雜，則遠還之子，自應開立別門，以終喪事。靈筵祭奠，隨在家之人，再期而毁。庶子

在家，亦不待嫡，而況儲妃正體王室，中軍長嫡之重。天朝又行權制，進退彌復非疑。謂應不相待，中軍祥縞之日，聞喜致哀而已，不受弔慰。至聞喜變除，昆弟亦宜相就寫情，不對客。'從之。"

[4]縈原抱隰：指包括水陸。

[5]遏：通"堨"，堤壩。

[6]五官：指五官郎。後代稱宮廷侍衛官。參見《續漢書·百官志二》。　殷瀰：史無專傳。《宋書》卷七二《文九王傳》記殷瀰曾在建平王劉景素王府供職。《南史》卷七〇《循吏傳》記殷瀰任齊尚書左丞，鼓勵沈瑀上進，謂曰："觀卿才幹，當居吾此職。"本書《州郡志上》記殷瀰任南豫州別駕。永明七年（489），曾對設置郡縣事上疏，詔可。　典籤：王公府、軍府及州府佐吏。《南史》卷七七《吕文顯傳》："故事，府州部內論事，皆籤前直敘所論之事，後云謹籤，日月下又云某官某籤，故府州置典籤以典之。本五品吏。"　循履：走訪調查。

[7]丹陽：縣名。治所在今江蘇丹陽市。　溧陽：縣名。治所在今江蘇溧陽市西北。　永世：縣名。治所在今江蘇溧陽市南古縣橋。　解（jiè）：古代下級向上級的行文報告。

是年，始制東宮官僚以下官敬子良。世祖即位，[1]封竟陵郡王，[2]邑二千户。爲使持節、都督南徐兗二州諸軍事、鎮北將軍、南徐州刺史。[3]永明元年，徙爲侍中、都督南兗兗徐青冀五州、征北將軍、南兗州刺史，[4]持節如故。給油絡車。[5]明年，入爲護軍將軍，兼司徒，[6]領兵置佐，侍中如故。鎮西州。[7]三年，給鼓吹一部。[8]四年，進號車騎將軍。[9]

[1]世祖：齊武帝廟號。

[2]竟陵郡：治所在今湖北鍾祥市，爲王食邑。

[3]南徐：南徐州。南朝宋始置，治京口，在今江蘇鎮江市。　兖：兖州。南朝宋僑置，治所在今江蘇淮安市淮陰區。　鎮北將軍：四鎮將軍之一，南朝爲優禮大臣的榮譽加號。

[4]侍中：門下省官。掌奏事，直侍左右。秩三品。　南兖州：南齊時治廣陵，在今江蘇揚州市。　青冀：青州、冀州。南朝宋僑置，治鬱洲，在今江蘇連雲港市東南雲臺山一帶。　征北將軍：四征將軍之一。性質同鎮北將軍。

[5]油絡車：用油絡（一種絲質網狀的飾物）裝飾的車子，古代爲三公親王貴族所乘。參見本書《輿服志》。

[6]護軍將軍：禁衛軍官。掌外軍。秩三品。　司徒：諸公之一，主管教化。南朝爲賜給功勛大臣的最高榮譽加銜之一。秩一品。

[7]西州：指西州城。東晋置，爲揚州刺史治所，在今江蘇南京市。

[8]鼓吹：備有鼓鉦簫笳樂器的樂隊，用於大駕出游行軍。古代以賜功臣勛將。

[9]車騎將軍：南朝爲優禮大臣的榮譽加號。秩二品，開府者位從公秩一品。

子良少有清尚，禮才好士，居不疑之地，[1]傾意賓客，天下才學皆遊集焉。善立勝事，夏月客至，爲設瓜飲及甘果，[2]著之文教。[3]士子文章及朝貴辭翰，皆發教撰録。

[1]不疑：指以坦誠待人。

[2]瓜飲：語出三國魏曹丕《與吴質書》："浮甘瓜於清泉，沈朱李於寒水。"謂以寒泉洗瓜解渴，乃消夏樂事。

[3]教：文體的一種，爲官府或長上的告諭。

是時上新親政，水旱不時。子良密啓曰：

臣思水潦成患，良田沃壤，變爲汙澤；農政告祥，[1]因高肆務，播植既周，繼以旱虐。黔庶呼嗟，相視褫氣。[2]夫國資於民，民資於食，匪食匪民，何以能政？臣每一念此，寢不便席。本始中，[3]郡國大旱，宣帝下詔除民租。[4]今聞所在逋餘尚多，[5]守宰嚴期，兼夜課切，新稅力尚無從，故調於何取給？政當相驅爲盜耳。愚謂逋租宜皆原除，少降停恩，微紓民命。

[1]告祥：告災，告急。祥，凶災。《左傳》昭公十八年："鄭之未災也，里析告子産曰：'將有大祥，民震動，國幾亡。'"杜預注："祥，變異之氣。"

[2]褫（chǐ）氣：喪氣。

[3]本始：漢宣帝年號。

[4]郡國大旱，宣帝下詔除民租：指本始三年（前71）大旱，宣帝下詔"郡國傷旱甚者，民毋出租賦"。詳見《漢書》卷八《宣帝紀》。

[5]逋餘：指拖欠的租賦。

自宋道無章，王風陵替，竊官假號，[1]駢門連室。[2]今左民所檢，[3]動以萬數，漸漬之來，[4]非復始適，一朝洗正，理致沸騰。小人之心，罔思前咎，[5]董之以威，[6]反怨後罰，獸窮則觸，[7]事在匪輕。齊有天下日淺，恩洽未布，一方或飢，當加優養。愚謂自可依源削除，未宜便充猥役。[8]且部曹檢校，誠存精密，令史奸黠，[9]鮮不容情。情既有私，理或枉謬。耳目有限，群狡無極。變易是非，居然可見。詳而後取，於事未遲。

[1]竊官假號：指冒充當官或立功受封，以逃避賦税。

[2]駢門連室：一户挨一户，形容人數衆多。

[3]左民所檢：左民，指左民曹，屬尚書省。掌天下計帳、户籍等事。檢，檢校、查驗。

[4]漸漬：逐漸感染、浸蝕。此指宋末官場頹風對人心的逐步腐蝕。

[5]前咎：中華本校勘記云："'咎'南監本、毛本、殿本、局本作'恩'。《元龜》二百八十八作'過'。"

[6]董之以威：謂以嚴法掌管。中華本校勘記云："'董'字原闕，據各本補。按《元龜》二百八十八作'申'。"今從補。

[7]獸窮則觸：猶困獸猶鬥。比喻逼得太急，這些小民就會起而鬧事。

[8]自可依源削除，未宜便充猥役：意謂百姓遭饑荒，所欠租税應適當減免，不可責罰他們充當賤役。

[9]奸黠："奸"原作"好"，從中華本改。

明詔深矜獄圄，恩文累墜。今科網嚴重，稱爲峻察。負罪離愆，[1]充積牢户。暑時鬱蒸，加以金鐵。[2]聚憂之氣，足感天和。[3]民之多怨，非國福矣。

[1]離愆（qiān）：遭罪。離，通"羅"，遭受。愆，通"愆"。

[2]金鐵：指刑具。

[3]天和：泛指上天。

頃土木之務，[1]甚爲殷廣，雖役未及民，勤費已積。炎旱致災，或由於此。皇明載遠，[2]書軌未一，[3]緣淮帶江，數州地耳，[4]以魏方漢，猶一郡之譬，[5]以今比古，復爲遠矣。[6]何得不愛其民，緩其政，救其危，存其命哉？

[1]土木：指土木建築工程。

[2]皇明載遠：古代臣下對帝王的諛稱。意謂皇帝聖明，深謀遠慮。

[3]書軌未一：書同文、車同軌，指統一。這裏“未一”指國家南北分裂不統一。

[4]緣淮帶江，數州地耳：此指南朝疆域，不過長江、淮河一帶數州之地罷了。

[5]以魏方漢，猶一郡之譬：此指三國魏文帝曹丕稱帝，將劉備在蜀中紹漢祚所建的蜀漢，衹看作魏的一郡。中華本校勘記云：“‘猶’字下《元龜》二百八十八有‘有’字。”

[6]以今比古，復爲遠矣：意即今日的北魏，力量超過當年的曹魏；而今日的南朝，也弱於當年的蜀漢。

湘區奥密，[1]蠻寇熾彊，[2]如聞南師未能挫戮。百姓齊民，[3]積年塗炭，疽食侵淫，[4]邊虞方重。交州敻絶一垂，[5]寔惟荒服，[6]恃遠後賓，固亦恒事。自青德啓運，[7]款關受職，[8]置之度外，不足絓言。[9]今縣軍遠伐，[10]經途萬里，衆寡事殊，客主勢異，以逸待勞，全勝難必。又緣道調兵，以足軍力，民丁烏合，事乖習鋭。[11]廣州積歲無年，[12]越州兵糧素乏，[13]加以發借，必致恇擾。[14]愚謂叔獻所請，不宜聽從；[15]取亂侮亡，更俟後會。雖緩歲月，必有可禽之理，差息發動費役之勞。劉楷見甲以助湘中，[16]威力既舉，蟻寇自服。

[1]湘區：泛指西南山區。

[2]蠻：古代對西南少數民族的蔑稱。　熾彊：形容勢力强大。彊，同“强”。《通鑑》卷一三五《齊紀一》“高帝建元二年”條：“群蠻依阻山谷，連帶荆、湘、雍、郢、司五州之境，聞魏師入寇，盡發民丁，南襄城蠻秦遠乘虚寇潼陽，殺縣令。司州蠻引魏兵寇平昌……北上黄蠻文勉德寇汶陽……”

[3]齊民：平民。

[4]疽食：瘡毒侵蝕肌肉。比喻禍患蔓延。

[5]交州：州名。西漢置，治所原在龍編縣（今越南北寧省仙游縣東），三國吴移治番禺（今廣東廣州市）。這裹泛指南疆。　敻（xiòng）絶：遠隔。　一垂：指南疆。

[6]荒服：古代“五服”之一，稱離京師二千到二千五百里的地方。這裹泛指邊遠地區。

[7]青德：木德。秦漢方士有五行五德之説，以金木水火土相生相勝，爲帝王受命之符。以木勝者爲木德，此指漢代。

[8]款關：同“款塞”，叩關塞之門。指外族前來通好或内附。《史記·太史公自序》：“海外殊俗，重譯款塞。”裴駰《集解》引應劭曰：“款，叩也，皆叩塞門來服從也。”　受職：指受漢朝封爵。

[9]絓：同“挂”。

[10]縣軍：孤軍。縣，同“懸”。

［11］事乖習鋭：指平日未習武，又無作戰經驗。

［12］廣州：州名。治所在今廣州市。　年：農業收成。

［13］越州：州名。治臨漳縣，在今廣西合浦縣東北。

［14］恇（kuāng）擾：恐懼慌亂。

［15］叔獻所請，不宜聽從：叔獻，李叔獻，交州人。《通鑑》卷一三五《齊紀一》“高帝建元元年”條：“初，交州刺史李長仁卒，從弟叔獻代領州事，以號令未行，遣使求刺史於宋。”叔獻“所請”蓋指此事。當時正遇齊宋鼎革，齊高帝聽納竟陵王“不宜聽從”之見，下詔“即以叔獻爲刺史，撫安南土”。參見本書卷二《高帝紀下》。

［16］劉楷見甲以助湘中：劉楷，武帝永明三年（485）以司農出爲交州刺史。參見本書卷三《武帝紀》及卷五八《東南夷傳》。按，永明四年（486）湘州蠻反，刺史吕安國有疾不能討，朝廷遣劉楷軍討之。參見《通鑑》卷一三六《齊紀二》“武帝永明四年”條。

詔折租布，[1]二分取錢。[2]子良又啓曰：

臣一月入朝，[3]六登玫陛，[4]廣殿稠人，裁奉顔色，縱有所懷，豈敢自達。[5]比天眚亟見，[6]地孽亟臻，[7]民下妖訛，好生噂嗒。[8]穀價雖和，比室飢嗛；[9]縑纊雖賤，駢門躶質。[10]臣一念此，每入心骨。三吴奥區，[11]地惟河、輔，[12]百度所資，罕不自出，宜在蠲優，使其全富。而守宰相繼，務在裒剋，[13]圍桑品屋，以准貲課。[14]致令斬樹發瓦，以充重賦，破民財産，要利一時。東郡使民，年無常限，在所相承，准令上直。每至州臺使命，切求懸急，應充猥役，必由窮困。乃有畏失嚴期，自殘軀命；亦有斬絶手足，以避徭役。生育弗起，[15]殆爲恒事。守長不務先富民，而唯言益國，豈有民貧於下，而國富於上邪？

[1]租布：租調，租税。指田賦和人丁税。

[2]二分取錢：指三分之二折合錢幣交納。

[3]一月：指永明元年（483）正月齊武帝蕭賾即位。

[4]六登玫陛：此句謂曾六次登臨朝堂議事。玫陛，玉階。泛指朝堂。

[5]“廣殿稠人”至“豈敢自達”：謂滿朝臣僚，懾於君王之威儀，雖有意見，也不敢當面表達。

[6]天眚（shěng）：天災。古代天人相應之説，以地震、風雷、星變、日食等皆爲上天垂戒，視爲灾禍。

[7]地孽：指水旱等灾禍。

[8]民下妖訛，好生噂（zǔn）啫（tà）：指民間流傳各種怪誕的謡言。

[9]比室飢嗛（qiàn）：指無數人家貧挨餓。

[10]躶質：指裸體缺衣。朱季海《校議》云：“躶露形體謂之‘躶質’，亦當時語。”（第89頁）按，“躶”同“裸”。

[11]三吴：所指説法不一。這裏泛指當時京都所在地周圍的江、浙地區。

[12]河、輔：指當年漢、晋京都長安、洛陽附近的河東、三輔地區。

[13]裒（póu）剋：掊刻。指苛斂民財。

[14]圍桑品屋，以准貲課：指逼得百姓圍砍桑樹，拆賣住房，以充賦税。

[15]生育弗起：此指貧家被迫不再生兒育女，人丁減少。

又泉鑄歲遠，[1]類多翦鑿，江東大錢，十不一在。公家所受，必須輪郭，[2]遂買本一千，加子七百，[3]猶求請無地，棰革相繼。[4]尋完者爲用，既不兼兩，回復遷貿，[5]會非委積，[6]徒令小民每嬰困苦。[7]且錢帛相半，爲制永久，[8]或聞長宰須令輸直，[9]進違舊科，退容姦利。

[1]泉：指錢幣。

[2]輪郭：指未被剪鑿磨損，有輪有郭。按，中華本據南監本及《册府元龜》卷五〇〇在“輪郭”下補“完全”二字。朱季海《校議》云：“《元龜》增字，取易曉耳。南監又依《元龜》改本書，非是。”(第89頁)

[3]買本一千，加子七百：指百姓爲了交納賦稅，須花錢去購買輪郭完全的錢幣，買一千，要另加七百利錢方可買到，加重了負擔。

[4]棰革：指拷打處罰。

[5]回復遷貿：指錢幣在市場上不斷來回交换。

[6]委積：指囤倉儲備。

[7]徒令：徒，原訛“縱”，中華本據南監本、殿本、局本改。今從改。　嬰：通“攖”。遭受。

[8]錢帛相半，爲制永久：指交納賦稅，一半現錢，一半布帛實物。這一制度相沿長久。

[9]輸直：指交納錢幣。直，通“值”。

八屬近縣，[1]既在京畿，發借徵調，寔煩他邑，民特尤貧，連年失稔，草衣藿食，稍有流亡。今農政就興，宜蒙賑給，若逋課未上，許以申原。[2]究豫二藩，[3]雖曰舊鎮，往屬兵虞，累棄鄉土。密邇寇庭，[4]下無安志。編草結菴，不違凉暑；扶淮聚落，[5]靡有生向。俱稟人靈，獨絶温飽，而賦斂多少，尚均沃實。謂凡在荒民，應加蠲減。

[1]八屬：泛指京都四周。

[2]申原：指申請寬宥免繳賦税。

[3]兖：齊改稱北兖州，治所未變動。　豫：州名。治壽春，在今安徽壽縣。

[4]密邇寇庭：指靠近北魏。

[5]扶淮聚落：中華本校勘記云："南監本、毛本、殿本、局本作'扶淮聚洛'，《元龜》二百八十八作'扶携流落'，未知孰是。"按，朱季海《校議》云："聚即'鄉屯里聚'之聚（見《州郡志》柳世隆奏），落即'招集荒落'之落（見《州郡志》吕安國啓），百衲本是也。《州郡志》：'初永初二年，分淮東爲南豫州，治歷陽，而淮西爲豫州。'永明雖二豫分置，亦自扶淮，初不聚洛。南兖既西至淮畔（亦見柳世隆奏），北兖亦鎮淮陰（見《州郡志》），南監以下改'落'爲'洛'，謬甚。《元龜》並改'淮'字，亦可謂不知而作矣。然即子良所啓，而荒民之實，可見一斑。"（第90頁）

又司市之要，[1]自昔所難。頃來此役，不由才舉，並條其重貲，許以賈衒。[2]前人增估求俠，[3]後人加税請代，如此輪回，終何紀極？兼復交關津要，[4]共相脣齒，愚野未閑，[5]必加陵誑，[6]罪無大小，横没貲載。[7]凡求試穀帛，[8]類非廉謹，未解在事所以開容？[9]

[1]司市之要：指管理市場乃重要職務。

[2]條其重貲，許以賈衒（xuàn）：指將管理市場的職務，開出高價，出售給人。貲同“資”。賈衒，出售。

[3]求俠：猶求助。朱季海《校議》云：“‘求俠’，當時語。《說文·大部》：‘夾，持也。從大俠二人。’……求俠本字當爲‘夾’，謂求俠持也。”（第90頁）

[4]交關：串通，勾結。　津要：指身居要職的官吏。

[5]愚野未閑：指平民百姓不瞭解內情，未防備。

[6]陵誑：侵凌欺騙。

[7]橫没貲載：指積蓄的錢財被司市者强行没收。

[8]求試穀帛：指以財物求試官。

[9]未解在事所以開容：指不理解當局之官爲何變得如此寬容大度。語含諷刺。

夫獄訟惟平，畫一在制，[1]雖恩家得罪，必宜申憲；鼎姓貽釁，[2]最合從網。[3]若罰典惟加賤下，辟書必蠲世族，[4]懼非先王立理之本。

[1]畫一：指法律、法令。語出《漢書》卷八九《循吏傳》：“蕭、曹以寬厚清静爲天下帥，民作‘畫一之歌’。”顔師古注：“謂歌曰：‘蕭何爲法，講若畫一；曹參代之，守而勿失’。”

[2]鼎姓：指豪門貴族。

[3]從網：指依從法律懲辦。

[4]辟書：指刑法。《左傳》昭公六年：“三辟之興，皆叔世也。”杜預注：“言刑書不起於始盛之世。”

尚書列曹，上應乾象。[1]如聞命議所出，先諮於都，[2]都既下意，然後付郎，[3]謹寫關行。[4]愚謂郎官尤宜推擇。

[1]乾象：天象。古代以人事比附星宿等天象。這裏以尚書省分曹，比附天上列星。

[2]都：指都事。晋及南北朝尚書臺省有尚書都令史，與左右丞總知都臺之事，故稱都事。

[3]郎：指尚書省衆曹長官。

[4]謹寫關行：慎重寫出公文，通知有關部門執行。關行，發公文通知。

宋運告終，戎車屢駕，寄名軍牒，[1]動竊數等。[2]故非分充朝，[3]資奉殷積。廣、越邦宰，[4]梁、益郡邑，參差調補，寔允事機。[5]且此徒冗雜，罕遵王憲，嚴加廉視，隨違彈斥，一二年間，可減太半。

[1]寄名軍牒：指名在軍籍的武職。

[2]動竊數等：指輕易地越級升官。等，指官級。

[3]非分：指非正常升遷的冗官。

[4]廣、越：泛指邊境的地方官。下句“梁、益”意同。

[5]寔允：的確切合、符合。允，原訛“充”。中華本據南監本、殿本、局本改。今從改。

五年，正位司徒，給班劍二十人，[1]侍中如故。移居雞籠山邸，[2]集學士抄《五經》、百家，依《皇覽》例爲《四部要略》千卷。[3]招致名僧，講語佛法，[4]造經唄新聲，[5]道俗之盛，江左未有也。

[1]班劍：有紋飾的劍，或曰以虎皮飾之。用作儀仗，由武士佩持，天子以賜功臣。班，通“斑”。

[2]雞籠山邸：雞籠山，即今江蘇南京市鷄鳴山。竟陵王官邸在此。南朝宋元嘉時廬山處士雷次宗至建康，曾開館於此。

[3]《皇覽》：三國魏諸臣集，自《五經》群書，分類爲篇，以供皇帝閱讀，故稱《皇覽》。據《魏略》稱，書分四十餘部，每部數十篇，合八百餘萬字，爲中國最早的類書。

[4]講語佛法：《通鑑》卷一三六《齊紀二》“武帝永明二年”條：“子良篤好釋氏，招致名僧，講論佛法……或親爲衆僧賦食、行水，世頗以爲失宰相體。”又云：“范縝盛稱無佛。子良曰：‘君不信因果，何得有富貴、貧賤？’縝曰：‘人生如樹花同發，隨風而散，或拂簾幌墜茵席之上，或關籬墻落糞溷之中。墜茵席者，殿下是也；落糞溷者，下官是也。貴賤雖復殊途，因果竟在何處？’子良無以難。”講語，中華本校勘記云：“語，南監本、局本作‘論’。”

[5]造經唄新聲：指創造出許多新的佛經唱偈。唄，梵語pāthaka（唄匿）音譯之略。意爲贊歎，後泛指贊誦佛經聲。

世祖好射雉，[1]子良諫曰：

鑾蹕亟動，[2]天蹕屢巡，[3]陵犯風烟，驅馳野澤。萬乘至重，一羽甚微。從甚微之懽，[4]忽至重之誡。頃郊郛以外，科禁嚴重，匪直芻牧事罷，遂乃窀掩殆廢。[5]且田月向登，[6]桑時告至，[7]士女呼嗟，易生噂議，[8]棄民從欲，理未可安。曩時巡幸，必盡威防，領軍景先、詹事赤斧堅甲利兵，[9]左右屯衛。今馳騖外野，交侍疎闊，晨出晚還，頓遺清道，[10]此實愚臣最所震迫。

[1]射雉：射獵野鷄。一種田獵活動。清趙翼《廿二史劄記》卷一二："南朝都金陵，無蒐狩之地，故嘗以射雉爲獵。"

[2]鑾轝（yú）：鑾輿，皇帝乘坐的車。

[3]天蹕：指帝王出巡。蹕，古代帝王出行時，禁行清道。

[4]從：同"縱"，縱情。

[5]窀（zhūn）掩：指喪葬之事。

[6]田月：農忙季節。

[7]桑時：采桑養蠶時節。

[8]噂（zǔn）議：指百姓相聚言論。

[9]景先：指蕭景先，齊高帝蕭道成之侄，武帝即位後，徵爲侍中，轉中領軍，事上盡心，武帝出巡，常甲杖從。本書卷三八有傳。　赤斧：指蕭赤斧，齊高帝族弟，輔高帝建齊。武帝時，官至太子詹事，使甲仗衛三厢，恩寵與景先相牟。本書卷三八有傳。

[10]清道：舊時帝王或高官出行，先清除道路，驅散行人。

狡虜玩威，甫獲款關，[1]二漢全富，猶加曲待。[2]如聞使臣，頻亦怨望，前會東宫，遂形言色。昔宋氏遣使，舊列階下，[3]劉纘銜使，始登朝殿。[4]今既反命，[5]宜賜優禮。

[1]款關：此指北魏遣使前來通好。齊武帝永明元年（483），魏遣假員外散騎常侍頓丘李彪來聘。參見《通鑑》卷一三五《齊紀一》"齊武帝永明元年"條。

[2]二漢全富，猶加曲待：指西漢、東漢全盛時，對於西域的來使，尚曲意接待不輕慢。曲，表敬之詞，表示降低身份敬待對方。

[3]宋氏遣使，舊列階下：指南朝宋派遣到北魏的使節受到怠慢，朝會時列於階下。

[4]劉纘銜使，始登朝殿：劉纘，仕齊，爲驍騎將軍。永明元年（483）十月使於魏，魏馮太后悦而親之，始列爲上賓登朝殿。參見本書卷五七《魏虜傳》及《通鑑》卷一三五。

[5]今既反命：指上述北魏使節頓丘李彪等回訪齊。

伏謂中堂雲構，[1]實惟峻絶，檐陛深嚴，事隔凉暑，而别爲一室，[2]如或有疑。邊帶廣途，訛言孔熾，毁立之易，過於轉圜，[3]若依舊制通敞，實允觀聽。

[1]中堂：宫殿名。南朝齊高帝置，爲朝廷議事之處。見本書卷二《高帝紀下》。

[2]别爲一室：指齊武帝另立商飆館於孫陵岡，世呼爲“九日臺”。見本書卷三《武帝紀》。

[3]過於轉圜：此處謂武帝大興土木建館事如果傳到外面，必遭衆人非議，名譽很容易受損。

頃市司驅扇，[1]租估過刻，吹毛求瑕，廉察相繼，被以小罪，責以重備。愚謂宜敕有司，更詳優格。[2]

[1]市司：管理市場的官吏。　驅扇：驅策煽動。扇通“煽”。

[2]優格：寬大的規定。

臣年方朝賢，[1]齒未相及，以管窺天，猶知失得，廊廟之士，[2]豈闇是非。未聞一人開一説爲陛下憂國家，非但面從，亦畏威耳。臣若不啓，陛下於何聞之？

[1]朝賢：朝臣。

[2]廊廟之士：指朝廷的大臣。

先是六年，左衛、殿中將軍邯鄲超上書諫射雉，[1]世祖爲止。久之，超竟被誅。永明末，上將射雉。子良諫曰：

忽聞外議，伏承當更射雉。臣下情震越，心懷憂悚，猶謂疑妄，事不必然。伏度陛下以信心明照，所以傾金寶於禪靈，[2]仁愛廣洽，得使禽魚養命於江澤，豈惟國慶民懽，乃以翺翔治樂。夫衛生保命，人獸不殊；重軀愛體，彼我無異。故《禮》云"聞其聲不食其肉，見其生不忍其死"。[3]且萬乘之尊，降同匹夫之樂，夭殺無辜，傷仁害福之本。菩薩不殺，壽命得長。施物安樂，自無恐怖。不惱衆生，身無患苦。臣見功德有此果報，所以日夜劬懃，[4]厲身奉法，實願聖躬康御若此。每至寢夢，脱有異見，不覺身心立就燋爛。陛下常日捨財脩福，臣私心顒顒，[5]尚恨其少，豈可今日見此事？[6]一損福業，追悔便難。臣此啓聞，私心實切。若是大事，不可易改，亦願陛下照臣此誠，曲垂三思。況此嬉遊之間，非關當否，而動輒傷生，實可深慎。

[1]左衛：指左衛將軍，禁衛軍官名。分掌宿衛。秩四品。　殿中將軍：亦爲禁衛軍官名。掌殿内警衛。《宋書》卷四〇《百官志下》："江右初，員十人。朝會宴饗，則將軍戎服，直侍左右；夜開城諸門，則執白虎幡監之。"秩四品。參見《唐六典》卷二四。　邯鄲超：姓邯鄲，名超。其人身世不詳。

[2]所以傾金寶於禪靈：指武帝誠以事佛，不惜代價。"所以"上，原衍一"故"字，中華本據南監本、殿本、局本删。今從删。　禪靈：指菩薩。

[3]聞其聲不食其肉，見其生不忍其死：此語出《孟子·梁惠王上》。原文爲："君子之於禽獸也，見其生不忍見其死，聞其聲不忍食其肉，是以君子遠庖厨也。"

[4]劬（qú）懃：辛勞，勞苦。懃同"勤"。

[5]顒（yóng）顒：形容敬慕的樣子。

[6]見：《册府元龜》卷二八八作"有見"。中華本據補。今從補。

臣聞子孝奉君，臣忠事主，莫不靈祇通感，[1]徵祥證登。[2]臣近段仰啓，[3]賜希受戒，天心洞遠，誠未達勝善之途，而聖恩遲疑，尚未垂履曲降尊極，豈可今月復隨此事？[4]臣不隱心，即實上啓。雖不盡納，而深見寵愛。

[1]靈祇通感：指天地神靈與人事相通，互相感應。

[2]徵祥：徵兆。　證登：驗證，證實。

[3]近段：這次、這回。段，量詞，表示行動的次、回。

[4]此事：指射雉之事。

又與文惠太子同好釋氏，[1]甚相友悌。子良敬信尤篤，數於邸園營齋戒，大集朝臣衆僧，至於賦食行水，[2]或躬親其事，世頗以爲失宰相體。勸人爲善，未嘗厭倦，以此終致盛名。尋代王儉領國子祭酒，[3]辭不拜。八年，給三望車。[4]九年，京邑大水，吴興偏劇，[5]子良開倉賑救，貧病不能立者於第北立廨收養，[6]給衣及藥。十年，領尚書令。[7]尋爲使持節、都督揚州諸軍事、揚州刺史，本官如故。尋解尚書令，加中書監。[8]

[1]文惠太子：名長懋，字雲喬，齊武帝長子。本書卷二一有傳。

[2]賦食：布散飲食。賦，通“敷”。　行水：指沐浴潔身以事佛。

[3]王儉：字仲寶，歷仕南朝宋、齊，屢居要職。本書卷二三有傳。　國子祭酒：太常屬官。掌禮儀、祭祀。秩三品。

[4]三望車：六朝王公大臣所乘的有窗可外望之車。分四望、三望、夾望等級。參見《晋書·輿服志》。

[5]吴興：縣名。即今浙江湖州市吴興區。

[6]立廨收養：“廨”原作“解”，從中華本改。

[7]尚書令：尚書省長官。總理政務。秩三品。

[8]中書監：中書省長官。掌詔命。秩三品。

文惠太子薨，[1]世祖檢行東宫，見太子服御羽儀，多過制度，上大怒，以子良與太子善，不啓聞，頗加嫌責。

[1]文惠太子薨：其於永明十一年（493）薨，年僅三十六。

《通鑑》卷一三八《齊紀四》“武帝永明十一年”條云：“太子性奢靡，治堂殿、園囿過於上宮，費以千萬計，恐上望見之，乃傍門列脩竹。凡諸服玩，率多僭侈。啓於東田起小苑，使東宮將吏更番築役，營城包巷，彌亘華遠。上性雖嚴，多布耳目，太子所爲，人莫敢以聞。上嘗過太子東田，見其壯麗，大怒，收監作主帥，太子皆藏之，由是大被誚責。”又云：“及太子卒，上履行東宮，見其服玩，大怒，敕有司隨事毀除。以竟陵王子良與太子善，而不啓聞，並責之。”

世祖不豫，詔子良甲仗入延昌殿侍醫藥。子良啓進沙門於殿户前誦經，世祖爲感夢見優曇鉢華，[1]子良按佛經宣旨使御府以銅爲華，插御牀四角。日夜在殿内，太孫間日入參承。[2]世祖暴漸，[3]内外惶懼，百僚皆已變服，[4]物議疑立子良，[5]俄頃而蘇，問太孫所在，因召東宮器甲皆入。遺詔使子良輔政，高宗知尚書事。[6]子良素仁厚，不樂世務，乃推高宗。詔云：“事無大小，悉與鸞參懷。”[7]子良所志也。太孫少養於子良妃袁氏，甚著慈愛，既懼前不得立，自此深忌子良。[8]大行出太極殿，[9]子良居中書省，帝使虎賁中郎將潘敞領二百人仗屯太極西階防之。[10]成服後，[11]諸王皆出，子良乞停至山陵，[12]不許。

[1]優曇鉢華：無花果樹，産印度。其花隱於花托内，一開即斂，不易看見。佛教以爲優曇鉢花開是佛的瑞應，故又稱祥瑞花。按，清牛運震《讀史糾謬》卷七《南齊書糾謬》云：“此段極鄙誕，不足録。”

[2]太孫：指鬱林王蕭昭業，文惠太子之長子。文惠卒，昭業

繼位東宫。　間日：隔日。　參承：參見，侍候。中華本校勘記云："按南監本無'承'字。"

［3］暴漸：猝死，突然休克。

［4］變服：指變换爲喪服。

［5］物議：衆人議論。

［6］高宗：指齊明帝蕭鸞，齊高帝蕭道成之侄。本書卷六有紀。

［7］悉與鸞參懷：皆與蕭鸞（即高宗）商量定奪。中華本校勘記云："'鸞'原作'諱'，今據殿本改。"今從改。

［8］既懼前不得立，自此深忌子良：指太孫蕭昭業甚恐叔父蕭子良會奪嫡搶其皇位。《通鑑》卷一三八《齊紀四》"武帝永明十一年"條："鬱林王之未立也，衆皆疑立子良，口語喧騰……及王融有謀，遂深忌子良。"胡三省注："史言奪嫡之謀出於王融。"按，對於武帝後皇位繼承之事，吕思勉從本書此處記述中發現矛盾，提出了不同見解。其《兩晋南北朝史》第十章第二節云："夫果武帝生時，即有召東宫器甲皆入之命，又有使子良輔政、明帝知尚書事之遺詔，何至大行在殯，衆論猶疑？且絶而復蘇，尚能問太孫所在，何以未彌留之際，一任子良晝夜在内，太孫間日入參乎？然則絶而復蘇一節，必非情實明矣。殆子良欲自立而未果，且防衛未周，倉卒之間，明帝乃以東宫器甲，入而敗之耶？"吕氏認爲此事實爲"明帝所欺矣"。（上海古籍出版社 1983 年版，第 467 頁）

［9］大行：古代特稱剛死而尚未定謚號的皇帝、皇后。此指武帝蕭賾的遺體。

［10］虎賁中郎將：禁衛軍官名。掌殿内警衛。秩六品。按，此處《通鑑》卷一三八胡三省注："中書省蓋在太極殿西，故使屯於西階以防子良。"

［11］成服：舊時喪禮大殮後，親屬按照與死者關係的親疏穿上不同的喪服，稱作成服。語出《禮記·奔喪》："三日成服，拜賓送賓皆如初。"

［12］乞停至山陵：《通鑑》卷一三八胡三省注："乞停中書省，

俟梓宫出葬而後出也。”

進位太傅，[1]增班劍爲三十人，本官如故。解侍中。隆昌元年，[2]加殊禮，劍履上殿，入朝不趨，贊拜不名。[3]進督南徐州。其年疾篤，謂左右曰：“門外應有異。”遣人視，見淮中魚萬數，[4]皆浮出水上向城門。尋薨，時年三十五。帝常慮子良有異志，及薨，甚悦。詔給東園温明秘器，[5]斂以衮冕之服。[6]東府施喪位，[7]大鴻臚持節監護，[8]太官朝夕送祭。[9]又詔曰：“褒崇明德，前王令典，追遠尊親，沿情所隆。故使持節、都督揚州諸軍事、中書監、太傅、領司徒、揚州刺史、竟陵王、新除督南徐州，體睿履正，神鑒淵邈。道冠民宗，具瞻允集。[10]肇自弱齡，孝友光備。爰及贊契，[11]協升景業。燮曜台陛，[12]五教克宣。[13]敷奏朝端，[14]百揆惟穆。[15]寄重先顧，[16]任均負圖。[17]諒以齊暉二南，[18]同規往哲。方憑保祐，永翼雍熙。天不憖遺，[19]奄焉薨逝。哀慕抽割，震于厥心。今龜謀襲吉，[20]先遠戒期。宜崇嘉制，式弘風烈。[21]可追崇假黄鉞、侍中、都督中外諸軍事、太宰、領大將軍、揚州牧，[22]緑綟綬，[23]備九服錫命之禮。[24]使持節、中書監、王如故。給九旒鸞輅，[25]黄屋左纛，[26]輼輬車，[27]前後部羽葆鼓吹，[28]挽歌二部，虎賁班劍百人，葬禮依晋安平王孚故事。”[29]初，豫章王嶷葬金牛山，[30]文惠太子葬夾石，[31]子良臨送，望祖硎山，悲感歎曰：“北瞻吾叔，前望吾兄，死而有知，請葬兹地。”既薨，遂葬焉。

［1］太傅：南朝時爲優禮大臣的最高榮譽稱號之一。

［2］隆昌：齊鬱林王年號。

［3］贊拜：古代舉行朝拜、祭祀或婚禮儀式時由贊禮的人唱導行禮。　不名：指不直呼其名，以示尊敬。

［4］淮：指秦淮河。

［5］東園温明秘器：古代皇室、顯宦死後用的棺材。《漢書》卷六八《霍光傳》："賜金錢、繒絮……東園温明。"顏師古注引服虔曰："東園處此器，形如方漆桶，開一面，漆畫之，以鏡置其中，以懸屍上，大斂並蓋之。"按，東園爲古代掌管陵墓内器物、葬具的官署，屬少府。

［6］衮冕：古代帝王與上公的禮服與禮冠。《國語·周語中》："棄衮冕而南冠以出。"韋昭注："衮，衮龍之衣也；冕，大冠也。公之盛服也。"

［7］東府：南朝時爲丞相兼領揚州刺史的治所，故址在今江蘇南京市内。

［8］大鴻臚：列卿之一，掌贊導拜授禮儀。秩三品。《御覽》卷二三二引韋昭《辯釋名》："鴻，大也；臚，陳序也。欲以大禮陳序賓客也。"

［9］太官：掌皇帝飲食宴會的官吏。

［10］具瞻：指爲衆人所仰望。語出《詩·小雅·節南山》："赫赫師尹，民具爾瞻。"鄭玄箋："此言尹氏汝居三公之位，天下之民俱視爾所爲。"

［11］贊契：輔佐天子決策，以成大業。

［12］燮：協和。

［13］五教：五常之教，即父義、母慈、兄友、弟恭、子孝五種倫理道德的教育。　克：能。

［14］朝端：中華本校勘記云："'朝端'二字原訛倒，各本同，今據《文選》任昉《齊竟陵文宣王行狀》乙正。"今從改。

［15］百揆：指百官。

［16］寄重先顧：指前王重托的顧命大臣。

［17］負圖：據《漢書》卷六八《霍光傳》載：武帝年老，欲立少子弗陵爲嗣，命大臣輔之。察群臣唯光任大重，可屬社稷。乃使黄門畫者畫周公負成王朝諸侯圖以賜光，曰："立少子，君行周公之事。"後遂以"負圖"指受先王遺命輔佐幼主。

［18］二南：指周公、召公。

［19］憖（yìn）遺：願意留下。語本《詩·小雅·十月之交》："不憖遺一老，俾守我王。"

［20］龜謀：指龜卜。　襲吉：重得吉兆。

［21］式弘風烈："弘"原作"引"，從中華本改。

［22］假黄鉞：魏晋南北朝給予位高權重之大臣出征時特加的一種稱號，即代表皇帝親征之標志。《通鑑》卷八〇《晋紀二》"武帝咸寧五年"條："大舉伐吴……命賈充爲使持節、假黄鉞……"胡三省注："黄鉞，天子之器，非人臣所得專用，故曰假。"清錢大昕《廿二史考異》卷三五："晋宋之制，使持節得殺二千石以下，假黄鉞則可專戮節將矣。"　太宰：南朝爲優禮大臣的最高榮譽加號之一。

［23］緑綟綬：一種黑黄而近緑色的絲帶。古代三公以上用緑綟色綬帶。參見《續漢書·輿服志下》。

［24］九服：古代王者的九種服制。《周禮·天官·屨人》："掌王及后之服屨。"鄭玄注："王吉服有九。"詳見宋王應麟《小學紺珠》卷八《制度·九服》。

［25］九旒：指九旒冕。古代王公戴的一種禮帽，冕上有九串垂珠。　鸞輅：天子王侯所乘的車。《吕氏春秋·孟春紀》："乘鸞輅，駕蒼龍。"高誘注："輅，車也。鸞鳥在衡，和在軾，鳴相應和。後世不能復致，鑄銅爲之，飾以金，謂之鸞輅也。"

［26］黄屋：古代帝王專用黄繒車蓋的車。　左纛（dào）：古代帝王乘輿上的飾物，以犛牛尾或雉尾製成，設在車衡左邊或左騑

上。《史記》卷七《項羽本紀》:“紀信乘黄屋車,傅左纛。”裴駰《集解》:“李斐曰:‘纛,毛羽幢也,在乘輿車衡左方上注之。’蔡邕曰:‘以犛牛尾爲之,如斗,或在騑頭,或在衡上也。’”。

[27]轀(wēn)輬(liáng)車:古代的卧車,亦用作喪車。《史記》卷八七《李斯列傳》:“置始皇居轀輬車中。”裴駰《集解》引孟康曰:“如衣車,有窗牖,閉之則温,開之則凉,故名之轀輬車也。”

[28]羽葆:古代葬禮儀仗的一種。以鳥羽聚於柄頭如蓋,御者執之前以指揮節度。參見《禮記·喪服大記》“御棺用羽葆”孔穎達疏。

[29]安平王孚:司馬孚,晋宣帝司馬懿次弟,封安平王。晋武帝泰始八年(272)薨,因孚建晋功勛卓著,帝於太極東堂舉哀三日,喪禮甚厚。詳見《晋書》卷三七《宗室傳》。

[30]金牛山:山名。在安徽廬江縣西北。

[31]夾石:地名。在安徽桐城市北。

所著内外文筆數十卷,[1]雖無文采,多是勸戒。[2]建武中,故吏范雲上表爲子良立碑,[3]事不行。子昭胄嗣。

[1]文筆數十卷:明張溥輯《漢魏六朝百三家集》輯有《蕭竟陵集》,收文四十卷。《題辭》:“比覽遺文,斥臺使,憂旱沴,獄囹,泉鑄,動見規啓,仁哉言乎,何其痌瘝乃心也!”

[2]多是勸戒:《南史》卷四四此句後云:“子良既亡,故人皆來奔赴,陸惠曉於邸門逢袁彖,問之曰:‘近者云云,定復何謂?王融見殺,而魏準破膽。道路籍籍,又云竟陵不永天年,有之乎?’答曰:‘齊氏微弱,已數年矣,爪牙柱石之臣都盡,命之所餘,政風流名士耳。若不立長君,無以鎮安四海。王融雖爲身計,實安社稷,恨其不能斷事,以至於此。道路之談,自爲虚説耳,蒼生方塗

炭矣，政當瀝耳聽之。'" 按，從此段所述，可見竟陵王之死，很可能遭暗害。聯繫上述"帝常慮子良異志，及薨，甚悦"看，可能與鬱林王蕭昭業有關。又按，清牛運震《讀史糾謬》卷七《南齊書糾謬》評云："'雖無文采，多是勸戒'，直不成語。"

[3]范雲：字彦龍。歷仕齊、梁，曾爲竟陵王府幕僚。《梁書》卷一三有傳。

昭胄字景胤。汎涉有父風。[1]永明八年，自竟陵王世子爲寧朔將軍、會稽太守。[2]鬱林初，[3]爲右衛將軍，[4]未拜，遷侍中，領右軍將軍。[5]建武三年，復爲侍中，領驍騎將軍，[6]轉散騎常侍，[7]太常。[8]以封境邊虜，永元元年，[9]改封巴陵王。

[1]汎涉有父風：《南史》卷四四作："汎涉書史，有父風。"

[2]竟陵王世子：世子，諸王嫡長子。《公羊傳》僖公五年："世子，貴也，世子猶世世子也。"陳立《義疏》："《白虎通·爵》篇云：'所以名之爲世子何？言欲其世世不絶也……明當世世父位也。'"

[3]鬱林：指鬱林王蕭昭業。本書卷四有紀。

[4]右衛將軍：禁衛軍官名。掌宿衛營兵。秩四品。

[5]右軍將軍：禁衛軍官名。掌宿衛營兵。秩四品。

[6]驍騎將軍：禁衛軍官名。分掌宿衛。秩四品。

[7]散騎常侍：集書省官名。掌侍從顧問。秩三品。

[8]太常：列卿之一，掌祀儀、祭祀。秩三品。

[9]永元：齊東昏侯年號。原訛爲"建元"，中華本校勘記云："張森楷《校勘記》云：'建元是高帝年號，此當是永元之訛。'今據《南史》改。"今從改。

先是王敬則事起，[1]南康侯子恪在吴郡，[2]高宗慮有同異，召諸王侯入宫。晋安王寶義及江陵公寶覽等住中書省，[3]高、武諸孫住西省，[4]敕人各兩左右自隨，過此依軍法，孩抱者乳母隨入。其夜太醫煮藥，[5]都水辦數十具棺材，[6]須三更當悉殺之。子恪奔歸，[7]二更達建陽門刺啓。時刻已至，[8]而帝眠不起，中書舍人沈徽孚與帝所親左右單景儁共謀少留其事，[9]須臾帝覺，景儁啓子恪已至，驚問曰："未邪?"景儁具以事答。明日悉遣王侯還第。建武以來，高、武王侯居常震怖，朝不保夕，至是尤甚。

[1]王敬則事起：指建武五年（498），會稽太守王敬則被明帝猜疑，起兵反，旋敗。詳見本書卷二六《王敬則傳》。

[2]子恪：指蕭子恪，字景冲，齊豫章文獻王蕭嶷次子。永明中封南康縣侯，後仕梁。《梁書》卷三五有傳。

[3]寶義：指蕭寶義，字智勇，齊明帝長子。建武初封晋安郡王，入梁後改封巴陵郡王。本書卷五〇有傳。　寶覽：指蕭寶覽，安陸昭王緬之子，封江陵公。見《南史》卷四一《宗室傳》。

[4]高、武：指齊高帝蕭道成、齊武帝蕭賾。　西省：《通鑑》卷一四一《齊紀七》"明帝永泰元年"條，胡三省注："據《蕭子恪傳》，西省，永福省也。至唐分三省，以門下省爲西省，中書省爲東省。"

[5]煮藥：指煮毒藥。《通鑑》卷一四一作"煮椒二斛"。

[6]都水：《通鑑》卷一四一胡三省注："前漢都水屬水衡都尉；後漢光武省水衡都尉並少府，都水屬郡國……蕭子顯《志》無都水，都官尚書有水曹。以此考之，都水當屬將作大匠。"

[7]子恪奔歸：指南康侯蕭子恪從吴郡回到京城建康。

[8]時刻已至：指宋明帝計劃毒殺高、武諸孫的時間已到。

[9]沈徽孚：吴興人，仕齊，受寵於明帝。參見本書卷五六《倖臣傳》。　單景雋：明帝寵信，主書。參見本書卷四四《沈文季傳》附傳。

及陳顯達起事，[1]王侯復入宫。昭胄懲往時之懼，與弟永新侯昭穎逃奔江西，[2]變形爲道人。崔慧景舉兵，[3]昭胄兄弟出投之。慧景事敗，昭胄兄弟首出投臺軍主胡松，[4]各以王侯還第。[5]不自安，謀爲身計。子良故防閤桑偃爲梅蟲兒軍副，[6]結前巴西太守蕭寅，[7]謀立昭胄。昭胄許事克用寅爲尚書左僕射、護軍將軍。以寅有部曲，大事皆委之。時胡松領軍在新亭，[8]寅遣人説之，云"須昏人出，[9]寅等便率兵奉昭胄入臺，閉城號令。昏人必還就將軍，將軍但閉壘不應，則三公不足得也。"松又許諾。[10]會東昏新起芳樂苑，[11]月許日不復出遊，偃等議募健兒百餘人從萬春門入突取之，昭胄以爲不可。偃同黨王山沙慮事久無成，以事告御刀徐僧重。[12]寅遣人殺山沙於路，吏於麝縢中得其事迹，[13]昭胄兄弟與同黨皆伏誅。昭穎官至寧朔將軍、彭城太守。梁王定京邑，[14]追贈昭胄散騎常侍、撫軍將軍，昭穎黄門郎。梁受禪，[15]降封昭胄子同監利侯。[16]

[1]陳顯達起事：指東昏侯永元元年（499），江州刺史陳顯達因不滿東昏侯屢誅大臣，欲另立東昏弟建安王寶寅，乃自尋陽起兵，至建康戰敗死。詳見本書卷二六《陳顯達傳》。

[2]永新侯：食邑爲永新縣。《通鑑》卷一四三《齊紀九》"東

昏侯永元二年”條，胡三省注：“永新縣本漢廬陵縣地，吴寶鼎中，立永新縣，屬安成郡。”按，即今江西永新縣。　江西：《通鑑》卷一四三胡三省注：“江西，横江以西之地。”按，横江在今安徽當塗縣西北一帶江面。長江至此流向改變，由南至北，由縱變横，故云横江。

[3]崔慧景舉兵：指永元二年（500），平西將軍崔慧景以“幼主昏狂，朝廷壞亂”，自廣陵起兵反，攻至建康，結果被討平。詳見本書卷五一《崔慧景傳》。按，此處《通鑑》卷一四三作：“及慧景舉兵，昭胄兄弟出赴之。慧景意更向昭胄，猶豫未知所立。”胡三省注：“寶玄，明帝之子。昭胄，武帝之孫；武帝，高帝之大宗，故慧景意向之。”

[4]臺軍主：臺軍，指禁衛軍。參見本書卷二六《陳顯達傳》。軍主，武官名。其名起於南朝宋，與隊主相對，大約領兵千名以上者稱軍主，千人以下者稱隊主。　胡松：仕齊，任禁衛軍後軍將軍及直閣將軍馬軍主。

[5]各以王侯還第：指蕭昭胄兄弟因投胡松自首，得其保護，未加治罪，官還原職。

[6]防閤：防閤將軍的省稱，侍從武官。南朝時，朝廷禁衛軍置直閣將軍，諸王府置防閤將軍。秩四品。　梅蟲兒：吴興人，齊東昏侯寵倖，曾任制局監、軍主，封竟陵縣男。詳見《南史》卷七七《恩倖傳》。

[7]蕭寅：仕齊，東昏侯時由黄門郎遷司州刺史。參見本書卷七《東昏侯紀》。

[8]新亭：戍名。三國吴築，在今江蘇南京市南。地近江濱，依山築城壘，爲軍事和交通重地。

[9]云“須昏人出”：“云”，指蕭寅派遣的説客對胡松説。“須昏人出”，指等到東昏侯離宫外出時。“云”原訛“法”，中華本據各本改。今從改。昏人，指東昏侯蕭寶卷。《通鑑》卷一四三胡三省注：“以帝昏狂，斥指爲昏人。”

［10］松又許諾：此句後《南史》卷四四云："又張欣泰嘗爲雍州，亦有部曲，昭胄又遣房天寶以謀告之，欣泰聞命響應。蕭寅左右華永達知其謀，以告御刀朱光尚。光尚挾左道以惑東昏，因謂東昏曰：'昨見蔣王，云巴陵王在外結黨欲反，須官出行，仍從萬春門入，事不可量。'時東昏日游走，聞此説大懼，不復出四十餘日。"

［11］芳樂苑：園林名。永元三年（501）夏，東昏侯於閱武堂起芳樂苑，山石皆塗以五采，跨池水立紫閣諸樓觀，壁上畫男女私褻之像。詳見本書卷七《東昏侯紀》。

［12］御刀：指御前帶刀侍衛。　徐僧重：東昏侯寵倖，侍衛武官。詳見《南史》卷七七《恩倖傳》。

［13］麝幐（téng）：《通鑑》卷一四四《齊紀十》"和帝中興元年"條，胡三省注："山沙以盛麝香，故曰麝幐，猶今之香袋。"　事迹：指謀反計劃。

［14］梁王定京邑：指永元三年（即中興元年，501）梁王蕭衍領兵至建康，廢東昏王，立齊和帝蕭寶融。

［15］梁受禪：指中興二年（502）四月齊和帝禪帝位於梁王蕭衍，改國號曰"梁"，改元"天監"。

［16］降封昭胄子同監利侯：中華本校勘記云："'同'百衲本作'周'，據南監本、殿本及《南史》改。"今從改。監利侯，侯爲第二等封爵，監利爲其食邑。監利縣治所在今湖北監利縣東。按，《南史》卷四四《齊武帝諸子傳》附蕭賁略傳，云："同弟賁字文奐，形不滿六尺，神識耿介。幼好學，有文才，能書善畫，於扇上圖山水，咫尺之内，便覺萬里爲遥。矜慎不傳，自娱而已。好著述，嘗著《西京雜記》六十卷。起家湘東王法曹參軍，得一府歡心。及亂，王爲檄，賁讀至'偃師南望，無復儲胥露寒，河陽北臨，或有穹廬氈帳'，迺曰：'聖製此句，非爲過似，如體目朝廷，非關序賊。'王聞之大怒，收付獄，遂以餓終。又追戮賁尸，乃著《懷舊傳》以謗之，極言誣毀。"清牛運震《讀史糾謬》卷七《南

齊書糾謬》云："《南史》載監利侯同弟賁有文才，能書畫，似不可略。"

廬陵王子卿字雲長，[1]世祖第三子也。建元元年，封臨汝縣公，[2]千五百户。兄弟四人同封。世祖即位，爲持節、都督郢州司州之義陽軍事、冠軍將軍、郢州刺史。[3]永明元年，徙都督荆湘益寧梁南北秦七州、安西將軍、荆州刺史，[4]持節如故。始興王鑑爲益州，[5]子卿解督。[6]

[1]廬陵王子卿：《南史》卷四四亦有略傳。

[2]臨汝：縣名。治所在今江西撫州市臨川區西。

[3]郢州：州名。治所在今湖北武漢市武昌區。　司州：州名。南朝宋置，治所在今河南信陽市。　義陽：縣名。治所在今河南信陽市北。

[4]荆：荆州。治所在今湖北荆州市。　湘：湘州。治所在今湖南長沙市。　益：益州。治所在今四川成都市。　寧：寧州。治所齊移治同樂縣，即今雲南陸良縣。　梁：梁州。治南鄭縣，在今陝西漢中市。　南北秦：南秦州、北秦州。治所皆在南鄭縣。　安西將軍：南朝時爲優禮大臣的榮譽虛號。按，《南史》卷四四此句後云："子卿諸子中無德，又與魚腹侯子響同生，故無寵。"

[5]始興王鑑：字宣徹，齊高帝第十子。永明二年（484）爲持節，都督益、寧二州軍事、前將軍、益州刺史。本書卷三五有傳。

[6]解督：指解去益州之督。中華本校勘記云："錢大昕《廿二史考異》云：'按《齊書》本云都督荆、湘、益、寧、梁、南、北秦七州，則益州在所督之内，其云解督者，特解益州，非去都督之號也。'今按《始興王鑑傳》，鑑爲益州刺史，持節都督益寧二州

軍事，則子卿解督當解益寧二州之督。”又李文才《南北朝時期益梁政區研究》第五章《南齊治下的益、梁地區》分析云：“荆州刺史兼督諸州軍事，主要是從軍事戰略角度考慮的，爲了保證上流軍事指揮的整體性……益州對荆州有順流之勢，與荆州之關係較諸梁、寧等州更具有屏藩作用。”該文認爲，“蕭鑑擔任益州刺史期間，軍事上相對獨立，不再接受荆州刺史的‘兼督’，主要是從協調宗室諸王的關係來考慮的，並不説明益州重要性已經可以同荆州相頡頏。正因此，到永明八年（490）蕭鑑罷益州任還，這種情況立即改變過來，荆州刺史重又兼督益州”。（商務印書館 2002 年版，第 301 頁）

子卿在鎮，營造服飾，多違制度。上敕之曰：“吾前後有敕，非復一兩過，道諸王不得作乖體格服飾，[1]汝何意都不憶吾敕邪？忽作瑇瑁乘具，[2]何意？已成不須壞，可速送下。純銀乘具，乃復可爾，何以作鐙亦是銀？可即壞之。忽用金薄裹箭脚，何意？亦速壞去。凡諸服章，自今不啓吾知復專輒作者，後有所聞，當復得痛杖。”又曰：“汝比在都，讀學不就，年轉成長，吾日冀汝美，勿得敕如風過耳，[3]使吾失氣。”

[1]乖體格：指與諸王身分不相稱。

[2]瑇（dài）瑁（mào）乘具：指用瑇瑁殻裝飾的車船。瑇瑁，爬行動物，形似龜，背有甲十二片，黑白斑文，相錯而成，可做裝飾品。

[3]勿得敕如風過耳：朱季海《校議》云：“今人云‘耳邊風’，語亦有自。”（第 90 頁）

五年，入爲侍中、撫軍將軍，未拜，仍爲中護軍，[1]侍中如故。六年，遷秘書監，領右衛將軍，尋還中軍將軍，[2]侍中並如故。十年，進號車騎將軍。俄遷使持節、都督南豫豫司三州軍事、驃騎將軍、南豫州刺史，[3]侍中如故。子卿之鎮，道中戲部伍爲水軍，上聞之，大怒，殺其典籤。[4]遣宜都王鏗代之。[5]子卿還第，至崩，不與相見。

[1]中護軍：禁衛軍官名。掌外軍。秩三品。

[2]中軍將軍：南朝時爲優禮大臣的榮譽虚號。

[3]南豫豫司："豫"原闕，中華本校勘記云："按南豫州刺史例兼督南豫、豫、司三州軍事，明此脱一'豫'字，今補。"今從補。南豫州，治歷陽縣，在今安徽和縣。

[4]典籤：王公府、軍府佐吏。南朝時幼小皇子出任方鎮，君主以親近左右領典籤，委以政事。職主伺察，還都奏事，權重藩君，威行州郡。

[5]宜都王鏗：字宣嚴，齊高帝第十六子。本書卷三五有傳。

鬱林即位，[1]復爲侍中、驃騎將軍。隆昌元年，轉衛將軍、開府儀同三司，[2]置兵佐。鄱陽王鏘見害，[3]以子卿代爲司徒，領兵置佐。尋復見殺，時年二十七。

[1]鬱林即位：齊鬱林王蕭昭業即位於永明十一年（493），次年改元隆昌。

[2]衛將軍：指左衛或右衛將軍。　開府儀同三司：官階名。三國魏始置，謂與三司（三公）體制待遇相同，可開府邸，辟僚屬。爲大臣的加銜，其本身另有其他實職。秩一品。

[3]鄱陽王鏘：字宣韶，齊高帝第七子。齊恭王延興元年(494）位至司徒，後被蕭鸞所忌殺，時年二十六。本書卷三五有傳。

魚復侯子響字雲音，[1]世祖第四子也。豫章王嶷無子，養子響，後有子，表留爲嫡。世祖即位，爲輔國將軍、南彭城臨淮二郡太守，[2]見諸王不致敬。子響勇力絶人，關弓四斛力，[3]數在園池中帖騎馳走竹樹下，[4]身無虧傷。既出繼，車服異諸王，每入朝，輒忿怒，拳打車壁。世祖知之，令車服與皇子同。

[1]魚復侯子響：《南史》卷四四亦有傳。

[2]南彭城臨淮二郡：南齊時虚設，郡無實土。見本書《州郡志上》。

[3]關弓四斛（hú）力：一種長柄大刀。相傳三國蜀名將關羽善用，故名。清俞樾《小浮梅閑話》："俗傳關公善用刀，至今有關刀之名。"斛，古量器。一斛爲十斗，一斗約今十餘市斤。"四斛力"言其力可揮舉數百斤。按，《南史》卷四四此句作"開弓四斛力"。高敏《南北史掇瑣》："《南齊書》卷四十同人傳，'開'作'關'，義相反；從文意看，疑《南史》是。"（中州古籍出版社2003年版，第234頁)

[4]帖騎：謂不施鞍韉，貼身騎於馬背上。

永明三年，遷右衛將軍。仍出爲使持節、都督豫州郢州之西陽、司州之汝南二郡軍事、冠軍將軍、豫州刺史。[1]明年，進號右將軍。進督南豫州之歷陽、淮南、潁川、汝陽四郡。[2]入爲散騎常侍，右衛將軍。六年，有司奏："子響體自聖明，出繼宗國。大司馬臣嶷昔未有胤，所以因心鞠養。陛下弘天倫之愛，臣嶷深猶子之恩，遂乃繼體扶疏，世祚垂改，茅蔣菴蔚，[3]家嗣莫移，誠欣惇睦之風，實虧立嫡之教。臣等參議，子響宜還本。"[4]乃封巴東郡王，[5]遷中護軍，常侍如故。尋出爲江州刺史，[6]常侍如故。

[1]司州之汝南："司州之"三字原無，中華本校勘記云："錢大昕《廿二史考異》云：按《州郡志》，郢州但有汝南縣，隸江夏郡，而無汝南郡。以《明帝紀》《崔慧景》《王廣之》《蕭遥欣》《蕭遥昌》諸傳證之，知當云司州之汝南，傳脱'司州之'三字。今據補。"今從補。按，豫州州治在壽春，即今安徽壽縣。西陽郡，治西陽縣，在今湖北黄岡市東。汝南郡，治寄司州州治。詳見本書《州郡志下》。

[2]進督："督"字原闕，中華本校勘記云："錢大昕《廿二史考異》云'進'下當有'督'字。今據補。"今從補。　淮南：淮南郡，僑于湖縣，即今安徽當塗縣。　潁川：潁川郡，東晋僑置，治所在今安徽巢湖市東南。　汝陽：汝陽郡，東晋置，治所在今河南商水縣西北。按，潁川、汝陽二郡應屬豫州。詳見本書《州郡志上》。

[3]茅蔣：《左傳》僖公二十四年："凡、蔣、邢、茅……周公之胤也。"言茅、蔣二姓均爲周公後裔，因以"茅蔣"指同宗。　菴（yǎn）蔚：繁盛。

[4]還本：指歸於原生父母，即武帝蕭賾。

[5]巴東郡：郡名。治魚復縣，在今重慶市奉節縣。

[6]江州：州名。治所在今江西九江市。

七年，遷使持節、都督荆湘雍梁寧南北秦七州軍事、鎮軍將軍、荆州刺史。[1]子響少好武，在西豫時，[2]自選帶仗左右六十人，皆有膽幹。[3]至鎮，數在内齋殺牛置酒，與之聚樂。令内人私作錦袍絳襖，欲餉蠻交易器仗。[4]長史劉寅等連名密啓，[5]上敕精檢。寅等懼，欲秘之。子響聞臺使至，不見敕，召寅及司馬席恭穆、諮議參軍江愈、殷曇粲、中兵參軍周彦、典籤吴脩之、王賢宗、魏景淵於琴臺下詰問之。寅等無言。脩之曰："既以降敕旨，政應方便答塞。"景淵曰："故應先檢校。"子響大怒，執寅等於後堂殺之。[6]以啓無江愈名，欲釋之，而用命者已加戮。上聞之怒，遣衛尉胡諧之、游擊將軍尹略、中書舍人茹法亮領齋仗數百人，[7]檢捕群小。敕："子響若束首自歸，可全其性命。"

[1]鎮軍將軍、荆州刺史：熊清元《〈南齊書〉研讀札記》以爲"鎮軍將軍"當是"鎮西將軍"之誤。理由爲：荆州在京城建康之西，爲江左大鎮。考《武十七王傳》，武帝諸子中有三人（廬陵王子卿、安陸王子敬、隨郡王子隆）爲荆州刺史，將軍之號例皆有"西"字，子響不可能例外。又，《武十七王傳》云："（永明）八年，代魚復侯子響爲使持節、都督荆雍梁寧南北秦六州、鎮西將軍、荆州刺史。"則子響原爲鎮西將軍，其意甚明。又，《子響傳》叙及屬吏劉寅、席恭穆一爲"鎮西長史"，一爲"鎮西司馬"，則府主子響爲鎮西將軍自不待言。（《黄岡師專學報》1997年第3期）按，"荆州刺史"後《南史》卷四四云："直閤將軍董蠻粗有氣力，子響要與同行。蠻曰：'殿下癲如雷，敢相隨邪？'子響笑曰：'君敢出此語，亦復奇癲。'上聞而不悦，曰：'人名蠻，復何容得蕴藉。'乃改名爲仲舒，謂曰：'今日仲舒，何如昔日仲舒（按指漢大儒董仲舒）？'答曰：'昔日仲舒，出自私庭，今日仲舒，降自天帝，

以此言之，勝昔遠矣。’上稱善。”

[2]西豫：宋孝武帝大明年間，曾改西豫爲淮南郡。齊武帝永明四年（486）子響曾督歷陽、淮南等四郡，故稱西豫。

[3]膽幹：膽量和才幹。

[4]私作錦袍絳襖，欲餉蠻交易器仗：蠻，指南方邊地少數民族。器仗，指兵器。朱季海《校議》云：“蠻好錦絳，而饒器仗，即此可見。其貴袍襖，亦好武之徵也。”（第91頁）

[5]長史劉寅等連名密啓：指荆州長史劉寅等將此事秘密上奏朝廷。

[6]執寅等於後堂殺之：朱季海《校議》云：“《金樓子·説蕃篇》：蕭子響在荆州造仗，長司、司馬皆以啓聞。王知大怒，乃僞請入坐起，既至坐，厲聲色而語曰：‘身父則是天子，政復造五千人仗，此復何嫌，而君遂以上啓？’二人下牀叩頭，拔褥刀自下斬之。依此文，長史劉寅、司馬席恭穆，子響實手斬之牀下，與子顯傳聞異辭。”（第91頁）

[7]胡諧之：南昌人，仕齊，任衛尉（掌管宫城管鑰）。永明八年（490）上遣諧之率禁兵討巴東王於江陵，兼長司行事。本書卷三七有傳。　尹略：淮南人，仕齊，永明八年（490）爲游擊將軍，討巴東王，見害。本書卷三〇有傳。　茹法亮：吴興人，歷仕南朝宋、齊，官至中書舍人，爲齊武帝之倖臣。本書卷五六有傳。　齋仗：禁衛軍。“齋”原作“齊”，從中華本改。

諧之等至江津，[1]築城燕尾洲，[2]遣傳詔石伯兒入城慰勞。子響曰：“我不作賊，長史等見負，今政當受殺人罪耳。”乃殺牛具酒饌，餉臺軍。而諧之等疑畏，執録其吏。[3]子響怒，遣所養數十人收集府州器仗，令二千人從靈溪西渡，[4]克明旦與臺軍對陣南岸。子響自與百餘人袍騎，[5]將萬鈞弩三四張，宿江堤上。明日，凶黨與臺軍戰，子響於堤上放弩，亡命王充天等蒙楯陵城，[6]臺軍大敗，尹略死之，官軍引退。[7]上又遣丹陽尹蕭順之領兵繼至，[8]子響部下恐懼，各逃散，子響乃白服降，賜死。[9]時年二十二。

[1]江津：戍名。一名奉城，在今湖北沙市市東南，爲屯兵要地。

[2]燕尾洲：《通鑑》卷一三七《齊紀三》"武帝永明八年"條，胡三省注："燕尾洲在江津戍西，江水至此，北合靈溪水。"按，《南史》卷四四此句後與《通鑑》卷一三七均有："子響白服登城，頻遣使與相聞，曰：'天下豈有兒反！身不作賊，直是粗疏。今便單舸還闕，受殺人之罪，何築城見捉耶？'尹略獨答曰：'誰將汝反父人共語！'子響唯灑泣。"

[3]録：拘捕。　其吏：指被遣傳詔的石伯兒。

[4]靈溪：水名。在今湖北荆州市西。

[5]袍騎：指身着戰袍（鎧甲）騎着戰馬。

[6]亡命：指亡命之徒，鋌而走險不顧性命的人。　王充天：中華本校勘記云："殿本、局本及《南史》並作'王衝天'。"朱季海《校議》云："《南史》存其本名，子顯謂'衝天'名俚改之耳。二本從《南史》，非子顯之真。"（第91頁）

[7]官軍引退："官軍"原作"宮軍"，從中華本改。

[8]蕭順之：南朝梁武帝蕭衍之父，齊高帝蕭道成族弟，歷仕南朝宋、齊爲顯官。參見《梁書》卷一《武帝紀上》。中華本校勘記云："'順之'二字原作'諱'，今據殿本改。"今從改。

[9]子響乃白服降，賜死：《通鑑》卷一三七記載有異，云："子響即日將白衣左右三十人，乘舴艋沿流赴建康。太子長懋素忌子響，順之之發建康也，太子密諭順之，使早爲之所，勿令得還。子響見順之，欲自申明；順之不許，於射堂縊殺之。"胡三省注曰：

“《考異》曰：‘《齊書》曰：子響部下恐懼，各逃散。子響乃白服出降，詔賜死。’蓋蕭子顯爲順之諱之耳……按順之，梁武帝之父。蕭子顯者，仕梁朝而作《齊書》，故《通鑑》言其爲順之諱。”今按，此事《南史》所記尤其真切動人。《南史》卷四四云：“上又遣丹陽尹蕭順之領兵繼之。子響即日將白衣左右三十人，乘舴艋中流下都。初，順之將發，文惠太子素忌子響，密遣不許還，令便爲之所。子響及見順之，欲自申明，順之不許，於射堂縊之。”又云：“子響密作啓數紙，藏妃王氏裙腰中，具自申明，云：‘輕舫還闕不得，此苦之深，唯願矜憐，無使竹帛齊有反父之子，父有害子之名。’及順之還，上心甚怪恨。百日於華林爲子響作齋，上自行香，對諸朝士嚬蹙。及見順之，嗚咽移時，左右莫不掩涕……順之慚懼，感病，遂以憂卒。”清趙翼《廿二史劄記》卷一〇《南史與齊書互異處》：“是子響之死出文惠之意，自是寔事，《齊書》蓋爲文惠諱，且順之即梁武之父，兼爲順之諱也。”

臨死，啓上曰：“劉寅等入齋檢仗，具如前啓。臣罪既山海，[1]分甘斧鉞。奉敕遣胡諧之、茹法亮賜重勞，其等至，竟無宣旨，便建旗入津，對城南岸築城守。臣累遣書信喚法亮渡，乞白服相見，其永不肯，[2]群小懼怖，遂致攻戰，此臣之罪也。臣此月二十五日束身投軍，希還天闕，停宅一月，臣自取盡，可使齊代無殺子之譏，臣免逆父之謗。既不遂心，今便命盡，臨啓哽塞，知復何陳。”有司奏絶子響屬籍，[3]削爵土，收付廷尉法獄治罪。賜爲蛸氏。[4]諸所連坐，別下考論。[5]贈劉寅侍中，席恭穆輔國將軍、益州刺史，江愈、殷曇粲黄門郎，[6]周彦驍騎將軍。寅字景蕤，高平人也。[7]有文義而學不閑世務。席恭穆，安定焉氏人，[8]關隴豪族。[9]

[1]罪既山海：謂罪大比山海。中華本校勘記云："'既'《通鑑》齊武帝永明八年作'踰'。"

[2]其永不肯：《通鑑》卷一三七《齊紀三》"武帝永明八年"條作"法亮終不肯"。

[3]屬籍：《通鑑》卷一三七胡三省注："宗屬之籍也，今謂之玉牒。"

[4]蛸氏：《通鑑》卷一三七胡三省注："與蕭音相近。"

[5]諸所連坐，别下考論：《通鑑》卷一三七胡三省注："謂子響之黨當連坐者，别行下考覈，論定其罪也。"

[6]殷曇粲：其人身世不詳。曇，原作"雲"，中華本據殿本、局本改。今從改。　黄門郎：給事黄門侍郎的簡稱。門下省官。掌奏事，直侍左右。秩五品。

[7]高平：郡名。治昌邑縣，在今山東巨野縣。

[8]安定：郡名。治所在今甘肅涇川縣北。　焉氏：焉支，一稱燕支山，在甘肅永昌縣西。

[9]關隴：指關中和甘肅東部一帶地區。"隴"原作"壠"，從中華本改。

上憐子響死，後遊華林園，[1]見猿對跳子鳴嘯，[2]上留目久之，因嗚咽流涕。豫章王嶷上表曰："臣聞將而必戮，[3]炳自《春秋》，罄于甸人，[4]著於《經》《禮》，猶懷不忍之言，尚有如倫之痛。[5]豈不事因法往，情以恩留。故庶人蛸子響，識懷靡樹，見淪不逞，[6]肆憤一朝，取陷凶德，遂使迹鄰非孝，事近無君，身膏草野，未云塞釁。[7]但韔矢倒戈，[8]歸罪司戮，即理原心，亦既迷而知返。釁骨不收，[9]辜魂莫赦，撫事惟往，載傷心目。昔閔榮伏屍，[10]愴動墳園；思荆就辟，側懷丘墓。皆兩臣釁結於明時，二主議加於盛世，積代用之爲美，[11]歷史不以云非。伏願一下天矜，爰詔蛸氏，使得安兆末郊，[12]旋窆餘麓，[13]微列葦輤之容，[14]薄申封樹之禮。[15]豈伊窮骸被德，實且天下歸仁。臣屬忝皇枝，偏留友睦，以臣繼别未安，子響言承出命，提攜鞠養，俯見成人，雖輟胤蕃條，歸體琁萼，[16]循執之念不移，[17]傅訓之憐何已。[18]敢冒宸嚴，布此悲乞。”上不許。先是貶爲魚復侯。[19]

[1]華林園：林園名。三國吴建，後經南朝擴建。故址在今江蘇南京市鷄鳴山南古臺城内。

[2]見猿對跳子鳴嘯：《南史》卷四四作：“他日出景陽山，見一猨透擲悲鳴，問後堂丞：‘此猨何意？’答曰：‘猨子前日墮崖致死，其母求之不見，故爾。’上因憶子響，歔欷良久，不自勝。”

[3]將而必戮：語出《公羊傳》莊公三十二年：“君親無將，將而必誅焉。”將，本指陳公子招將要弑君爲亂，後因以指逆亂。《史記》卷九九《劉敬叔孫通列傳》：“人臣無將，將即反，罪死無赦。”裴駰《集解》引臣瓚曰：“將，謂逆亂也。”

[4]罄于甸人：甸人，古官名。掌公族死刑。語出《禮記·文王世子》：“公族其有死罪，則磬於甸人。”鄭玄注：“懸縊殺之曰磬。”磬，通“罄”。

[5]如倫之痛：如喪親人之痛楚。倫，人倫。因子響曾過繼爲豫章王之子，故云。

[6]不逞：指作亂，叛亂。

[7]塞釁：謂抵銷罪過。

[8]韔（chàng）矢倒戈：言放下矢戈投降自首。

［9］釁骨：指罪惡尸骨。

［10］羙：字書未收。當是“夷”的異體字。夷，誅殺。

［11］積代用之爲美：積代，累世，世代。中華本校勘記云：“‘代’字原闕，今據南監本、殿本、局本補。‘用’原訛‘周’，今據南監本、殿本、局本改正。”今從改。

［12］兆：墓地。　末郊：遠郊。

［13］旋窆（biǎn）餘麓：謂將其棺埋葬於祖塋邊角之地。

［14］葦輤（qiàn）：古代載柩車上用葦席作的覆蓋物。《禮記·雜記》：“其輤有裧”。鄭玄注：“輤，載柩將殯之車飾也。”中華本校勘記云：“‘輤’殿本作‘韝’。張元濟《校勘記》云：‘作輤是，見《禮記·雜記》’。”

［15］封樹：堆土爲墳，植樹爲飾。

［16］輟胤蕃條，歸體琁（xuán）萼：指子響乃皇族子孫，根蒂相連。琁萼，喻皇族子孫。

［17］循執：循撫，撫養。

［18］傅訓：輔導，教誨。

［19］先是貶爲魚復侯：中華本校勘記云：“‘先是’二字南監本無。”

安陸王子敬字雲端，[1]世祖第五子也。初封應城縣公。[2]永明二年，出爲持節、監南兗兗徐青冀五州、北中郎將、南兗州刺史。四年，進號右軍。[3]明年，徙都督荆湘梁雍南北秦六州軍事、平西將軍、荆州刺史，持節如故。尋進號安西將軍。七年，徵侍中，護軍將軍。十年，轉散騎常侍、撫軍將軍、丹陽尹。十一年，進車騎將軍。尋給鼓吹一部。隆昌元年，遷使持節、都督南兗兗徐青冀五州、征北大將軍、南兗州刺史。延興元年，加侍中。高宗除諸蕃王，[4]遣中護軍王玄邈、征九江王廣之襲殺子敬，[5]時年二十三。[6]

[1]安陸王子敬：《南史》卷四四亦有傳。

[2]應城縣：縣名。治所在今湖北應城市。按，《南史》卷四四此後云："先是子敬所生早亡，帝命貴妃范氏母養之，及范氏薨，而子及婦服制，禮無明文。永明中，尚書令王儉議：'孫爲慈孫，婦爲慈婦，姑爲慈姑，宜制朞年服。'從之。"

[3]右軍：指禁衛軍右軍將軍。中華本校勘記云："南監本、殿本、局本作'右將軍'。"

[4]高宗除諸蕃王：指齊明帝殺戮高、武子孫藩王。

[5]王玄邈：字彦遠，歷仕南朝宋、齊，官至中護軍。齊明帝使玄邈往江州殺晋安王子懋。本書卷二七有傳。　征九江：中華本校勘記云："南監本作'江州刺史'。"　王廣之襲殺子敬：齊明使廣之征殺安陸王子敬於廣陵。王廣之，字林之，歷仕南朝宋、齊，官至給事中、左衛將軍。本書卷二九有傳。

[6]時年二十三：《南史》卷四四此後云："初，子敬爲武帝所留心，帝不豫，有意立子敬爲太子，代太孫。子敬與太孫俱入參畢同出，武帝目送子敬良久，曰：'阿五鈍。'由此代换之意乃息。"

晋安王子懋字雲昌，[1]世祖第七子也。[2]初封江陵公。永明三年，爲持節、都督南豫豫司三州、南中郎將、南豫州刺史。魚復侯子響爲豫州，子懋解督。四年，進號征虜將軍。南豫新置，[3]力役寡少，加子懋領宣城太守。[4]明年，爲監南兖兖徐青冀五州軍事、後將軍、南兖州刺史，[5]持節如故。六年，徙監湘州、平南將軍、湘州刺史。[6]明年，加持節、都督。八年，進號鎮南將軍。撰《春秋例苑》三十卷奏之，世祖嘉之，敕付秘閣。九年，親府州事。十年，入爲侍中，領右衛將軍。十一年，遷散騎常侍，中書監。未拜，仍爲使持節、都督雍梁南北秦四州郢州之竟陵司州之隨郡軍事、征北將軍、雍州刺史，[7]給鼓吹一部。豫章王喪服未畢，上以邊州須威望，許得奏之。[8]

[1]晉安王子懋：《南史》卷四四亦有傳。

[2]世祖第七子也：《南史》卷四四以下云："諸子中最爲清恬，有意思，廉讓好學。年七歲時，母阮淑媛嘗病危篤，請僧行道。有獻蓮華供佛者，衆僧以銅罌盛水漬其莖，欲華不萎。子懋流涕禮佛曰：'若使阿姨因此和勝，願諸佛令華竟齋不萎。'七日齋畢，華更鮮紅，視罌中稍有根鬚，當世稱其孝感。"

[3]南豫新置：南豫，州名。晉始置，鎮姑熟（今安徽當塗縣）。宋分淮東爲南豫州，治歷陽（今安徽和縣），又改置宣城（今安徽宣城市）。永明二年（484），割揚州宣城、淮南，豫州歷陽、譙、廬江、臨江六郡，復置南豫州，州治歷陽。詳見本書《州郡志上》。

[4]宣城：郡名。治所在今安徽宣城市。

[5]後將軍：後軍將軍，禁衛軍官。分掌宿衛營兵。秩四品。

[6]湘州：州名。治所在今湖南長沙市。　平南將軍：四平將軍之一，爲榮譽加號。開府者位從公秩一品。

[7]雍：雍州。治所在今湖北襄陽市。梁、南北秦三州治均在南鄭，即今陝西漢中市。

[8]許得奏之：《南史》卷四四以下云："啓求所好書，武帝曰：'知汝常以書讀在心，足爲深欣。'賜以杜預手所定《左傳》及《古今善言》。"

鬱林即位，即本號爲大將軍。[1]子懋見幼主新立，密懷自全之計。令作部造器仗。[2]陳顯達時爲征虜，屯襄陽，[3]欲脅取以爲將帥。[4]顯達密啓，高宗徵顯達還。隆昌元年，遷子懋爲都督江州刺史，留西楚部曲助鎮襄陽，[5]單將白直、俠轂自隨。[6]顯達入朝，[7]子懋謂曰："朝廷令身單身而反，身是天王，[8]豈可過爾輕率。今猶欲將二三千人自隨，公意何如？"顯達曰："殿下若不留部曲，便是大違敕旨，其事不輕。且此間人亦難可收用。"[9]子懋默然，顯達因辭出便發去，子懋計未立，還鎮尋陽。[10]

[1]大將軍：將軍加"大"者秩一品。《南史》卷四四作"征南大將軍"。

[2]作部：《通鑑》卷一三九《齊紀五》"明帝建武元年"條，胡三省注："諸州各有作部，主造器仗。"

[3]陳顯達時爲征虜，屯襄陽：《通鑑》卷一三九胡三省注："去年秋，武帝以魏將入寇，遣顯達鎮樊城。"按，襄陽即今湖北襄陽市。

[4]欲脅取以爲將帥：《通鑑》卷一三九作"子懋欲脅取以爲將"。

[5]留西楚部曲助鎮襄陽：指子懋調江州，朝廷命令他衹身赴任，所屬西楚部隊留下，助鎮襄陽。西楚，《史記》卷一二九《貨殖列傳》以淮北沛、陳、汝南、南郡爲西楚，相當今安徽淮北、江蘇西北、河南南部和湖北北部地區。

[6]白直、俠轂：《通鑑》卷一三九胡三省注："諸王有白直，有夾轂隊。俠，讀曰夾。"按，白直，南朝時指在官當值無月薪的小吏，亦即額外吏役。俠轂，指護衛於東西兩側的衛隊。

［7］入朝：中華本據南監本、殿本、局本將“朝”改作“別”。

［8］天王：《通鑑》卷一三九胡三省注：“子懋自稱天王，蓋謂是天家諸王也。”

［9］此間人：《通鑑》卷一三九胡三省注：“此間人，謂襄陽人也。”

［10］尋陽：今江西九江市，爲江州刺史治所。

延興元年，[1]加侍中。聞鄱陽、隨郡二王見殺，欲起兵赴難。[2]母阮在都，遣書欲密迎上，阮報其兄于瑶之爲計，[3]瑶之馳告高宗。[4]於是纂嚴，[5]遣平西將軍王廣之南北討，使軍主裴叔業與瑶之先襲尋陽，[6]聲云爲郢州行司馬。[7]子懋知之，遣三百人守盆城。叔業泝流直上，[8]至夜回下襲盆城。城局參軍樂賁開門納之。[9]子懋率府州兵力，先已具船於稽亭渚，[10]聞叔業得盆城，乃據州自衛。子懋部曲多雍土人，[11]皆踊躍願奮，叔業畏之，遣于瑶之説子懋曰：“今還都，必無過憂，政當作散官，不失富貴也。”子懋既不出兵攻叔業，[12]衆情稍沮。中兵參軍于琳之，[13]瑶之兄也。説子懋重賂叔業，子懋使琳之往。琳之因説叔業請取子懋，[14]叔業遣軍主徐玄慶將四百人隨琳之入州城，僚佐皆奔散，[15]琳之從二百人拔白入齋，[16]子懋罵曰：“小人！何忍行此事。”[17]琳之以袖鄣面，使人害之。時年二十三。[18]

［1］延興：齊恭帝（海陵王）年號，亦即明帝建武元年（494）。

［2］聞鄱陽、隨郡二王見殺，欲起兵赴難：鄱陽王鏘，齊高帝第七子。本書卷三五有傳。隨郡王子隆，齊武帝第八子。傳見本

卷。蕭鸞（即後來的明帝）廢鬱林王，立齊恭帝，輔政掌權，忌高、武子孫，大開殺戒，首殺鄱陽王鏘、隨郡王子隆。詳見《通鑑》卷一三九《齊紀六》“明帝建武元年”條。按，《南史》卷四四此句後云：“聞鄱陽、隨郡二王見殺，欲起兵赴難，與參軍周英、防閤陸超之議：‘傳檄荆、郢，入討君側，事成則宗廟獲安，不成猶爲義鬼。’防閤董僧慧攘袂曰：‘此州雖小，孝武亦嘗用之，今以勤王之師，横長江，指北闕，以請鬱林之過，誰能對之。’於是部分兵將，入匡社稷。”

[3]阮報其兄于瑶之爲計：指子懋母阮氏將其子欲起兵赴難事告訴其兄于瑶之，請他們協助出主意。其兄，《南史》卷四四作“同産弟”，《通鑑》卷一三九作“同母兄”。

[4]高宗：齊明帝蕭鸞廟號。

[5]纂嚴：指軍隊嚴裝戒備，猶今之戒嚴。

[6]裴叔業：歷仕南朝宋、齊，爲齊明帝心腹。本書卷五一有傳。

[7]郢州行司馬：中華本校勘記云：“‘行’原訛‘衍’，今據殿本改正。按南監本、局本作‘郢府行司馬’。《通鑑》齊明帝建武元年作‘郢府司馬’。”今從中華本改正。按，《南史》卷四四亦作“郢府司馬”。

[8]直上：原訛“下上”，中華本據南監本、殿本、局本改。今從改。今按，《南史》卷四四《通鑑》卷一三九亦作“直上”。

[9]城局參軍：《通鑑》卷一三九胡三省注：“諸州刺史各有城局參軍，掌脩浚備禦。”

[10]稽亭渚：地名。在尋陽（今江西九江市）東。

[11]雍土人：《通鑑》卷一三九作“雍州”，胡三省注：“子懋自雍州徙爲江州，故部曲多雍州人。”雍州僑襄陽，在今湖北襄陽市。

[12]子懋：中華本校勘記云：“‘子’字各本並脱，據《南史》《通鑑》補。”今從補。

［13］于琳之：史無傳，其事不詳。

［14］取子懋：指琳之暗中勾結裴叔業用詭計擒拿子懋。

［15］僚佐皆奔散：《南史》卷四四此下云：“唯周英及外兵參軍王皎更移入城内。子懋聞之歎曰：‘不意吾府有義士二人’。”

［16］拔白入齋：白，原訛爲“曰”，中華本校勘記云：“據《元龜》九百四十三改。按拔白入齋謂拔白刃入齋也。《周盤龍傳》有‘拔白争門’語可證。曰與白形近而訛。它本並作‘拔刃’，疑後人以意改之。”

［17］小人！何忍行此事：《南史》卷四四此句作：“子懋笑謂之曰：‘不意渭陽，翻成梟鏡（獍）。’”按，由此言可推知于琳之與于瑶之是兄弟，都是子懋的舅父。

［18］時年二十三：《南史》卷四四此句後記述子懋被害，防閣陸超之、董僧慧皆抗節不屈。王玄邈執僧慧，僧慧曰：“晋安舉義兵，僕實豫議。古人云‘非死之難，得死之難’。僕得爲主人死，不恨矣。願至主人大斂畢，退就湯鑊，雖死猶生。”玄邈義而許之……後“悲慟而卒”。陸超之見子懋死，或勸其逃亡，答曰：“人皆有死，此不足懼。吾若逃亡，非唯孤晋安之眷，亦恐田横客笑人。”端坐待命，被斬“頭墜而身不僵”。按，清趙翼《陔餘叢考》卷七《〈齊書〉立傳太少》評謂董僧慧等人爲主盡節，忠義感人，其事迹“《南史》載之甚詳，乃《齊書》既不入《孝義傳》，並不附見於《子懋傳》後”，此乃“略其所不當略也”。

初，子懋鎮雍，世祖敕以邊略曰：“吾比連得諸處啓，所説不異，虜必無敢送死理，然爲其備，不可暫懈。今秋犬羊輩越逸者，[1]其亡滅之徵。吾今亦行密纂集，須有分明指的，便當有大處分。[2]今普敕鎮守，並部偶民丁，[3]有事即便應接運，[4]已敕更遣，想行有至者，汝共諸人量覔，[5]可使人數往南陽舞陰諸要處參覘。[6]糧食最爲根本，更不憂人仗，常行視驛亭馬，不可有廢闕。並約語諸州，當其堺皆爾，不如法，即問事。”[7]又曰：“吾敕荆、郢二鎮，各作五千人陣，本擬應接彼耳。賊若送死者，更即呼取之。已敕子真，[8]魚繼宗、殷公愍至鎮，[9]可以公愍爲城主，三千人配之便足。汝可好以階級在意，[10]勿得人求，或超五三階級。[11]文章詩筆，乃是佳事，然世務彌爲根本，可常憶之。汝所啓仗，此悉是吾左右御仗也，云何得用之。品格不可乖，[12]吾自當優量覓送。”先是啓求所好書，上又曰：“知汝常以書讀在心，足爲深欣也。”賜子懋杜預手所定左傳及《古今善言》。

[1]越逸：逃跑。此指永明十一年（493）北地民支酉起兵抗魏，秦州民王廣亦起兵應之，衆至十萬，邀結齊師以爲救應，震動一時。詳見《通鑑》卷一三八《齊紀三》“武帝永明十一年”條。

[2]大處分：指重大調度和决策。

[3]部偶：指部族、部落。

[4]有事即便應接運：便，原作“使”。中華本校勘記云：“據《元龜》一百九十六改。按各本‘運’作‘連’。”今從改。”

[5]量覔（mì）：商量研究。

[6]南陽：郡名。即今河南南陽市。陽，原訛“門”，中華本據各本改。今從改。　舞陰：縣名。治所在今河南泌陽縣西北。參覘：窺視、偵察。

[7]問事：中華本校勘記云：“南監本作‘周章’。”朱季海《校議》云：“即問事者，當時語，謂不如法將問其罪耳。南監本臆改，非是。”今從改。（第92頁）

[8]子真：蕭子真。傳見本卷。

［9］魚繼宗：史無傳，其事不詳。　殷公愍：中華本校勘記云："'殷公愍'原訛'設公愍'，各本並訛，今據《元龜》一百九十六改正。按殷公愍亦見《陳顯達傳》。"今從改。按，本書卷二六《陳顯達傳》附記殷公愍爲幹將，英勇善戰。

［10］階級：指官級，品位。

［11］五三階級：指少數官級。五三，猶"三五"，約計數，表示數目不多。"級"原作"及"。中華本校勘記云："按殿本、局本'階'下有'級'字，'及'字屬下讀。南監本及《元龜》一百九十六'階'下有'級'字，無'及'字。"

［12］品格：指等級規定。

隨郡王子隆字雲興，[1]世祖第八子也。有文才。初封枝江公。[2]永明三年，爲輔國將軍、南琅邪彭城二郡太守。明年，遷江州刺史，未拜，唐寓之賊平，[3]遷爲持節、督會稽東陽新安臨海永嘉五郡、東中郎將、會稽太守。[4]遷長兼中書令。[5]

［1］隨郡王子隆：《南史》卷四四亦有略傳。

［2］枝江：縣名。在今湖北枝江市西南。

［3］唐寓之賊平：指永明四年（486）春，浙江富陽民唐寓之以迷信聚衆攻陷錢塘，尋討平。詳見《通鑑》卷一三六《齊紀二》"武帝永明四年"條。

［4］會稽：郡名。治所在今浙江紹興市。　東陽：郡名。治所在今浙江金華市。　新安：郡名。治所在今浙江淳安縣西北。　臨海：郡名。治所在今浙江臨海市東。　永嘉：郡名。治所在今浙江温州市。

［5］長兼：古代加在官職名稱前，表示非正式任命。清錢大昕《廿二史考異》卷三六："'昇明初，遷長兼侍中。'長兼者，未正授

之稱。”

子隆娶尚書令王儉女爲妃，[1]上以子隆能屬文，謂儉曰：“我家東阿也。”[2]儉曰：“東阿重出，實爲皇家蕃屏。”未及拜，仍遷中護軍，轉侍中、左衛將軍。八年，代魚復侯子響爲使持節、都督荆雍梁寧南北秦六州、鎮西將軍、荆州刺史，給鼓吹一部。其年，始興王鑑罷益州，[3]進號督益州。[4]九年，親府州事。十一年，晋安王子懋爲雍州，子隆復解督。鬱林立，進號征西將軍。隆昌元年，爲侍中、撫軍將軍，領兵置佐。延興元年，轉中軍大將軍，[5]侍中如故。

[1]王儉：歷仕南朝宋、齊，爲齊開國功臣。本書卷二三有傳。

[2]東阿：指三國魏王子曹植，曾被封爲東阿王。

[3]始興王鑑：齊高帝第十子。本書卷三五有傳。　罷益州：指罷益州刺史。

[4]進號：進升官爵之名號。　督益州：指督益州諸軍事。

[5]中軍大將軍：南朝爲優禮大臣的榮譽加號。位從公秩一品。

子隆年二十一，而體過充壯，常服蘆茹丸以自銷損。[1]高宗輔政，謀害諸王，世祖諸子中，子隆最以才皃見憚，故與鄱陽王鏘同夜先見殺。[2]文集行於世。

[1]蘆茹丸：一種減肥藥。朱季海《校議》云：“古治肥有藥見此。”（第92頁）

[2]鄱陽王鏘：齊高帝第七子，延興元年（494）爲齊明帝蕭鸞殺害。本書卷三五有傳。

建安王子真字雲仙，[1]世祖第九子也。永明四年，爲輔國將軍、南琅邪彭城二郡太守。遷持節、督南豫司二州軍事、冠軍將軍、南豫州刺史，領宣城太守。進號南中郎將。六年，以府州稍實，表解領郡。[2]七年，進號右將軍，遷丹陽尹，將軍如故。轉左衛將軍。七年，遷中護軍，仍出爲持節、都督郢司二州軍事、平西將軍、郢州刺史。鬱林立，進號安西將軍。隆昌元年，爲散騎常侍、護軍將軍。延興元年，轉鎮軍將軍，領兵置佐，常侍如故。其年見殺，[3]年十九。

[1]建安王子真：《南史》卷四四亦有略傳。

[2]表解領郡：指嫌職任過重，上書要求解除太守之職。

[3]見殺：指爲齊明帝蕭鸞殺害。按，《南史》卷四四此處云："延興元年，明帝遣裴叔業就典籤柯令孫殺之，子真走入牀下，令孫手牽出之，叩頭乞爲奴贖死，不從，見害，年十九。"

西陽王子明字雲光，[1]世祖第十子也。永明元年，封武昌王。三年，失國璽，[2]改封西陽。[3]六年，爲持節、都督南兗兗徐青冀五州軍事、冠軍將軍、南兗州刺史。八年，進號征虜將軍。十年，進左將軍，仍爲督會稽東陽臨海永嘉新安五郡軍事、會稽太守，將軍如故。子明風姿明净，士女觀者，咸嗟嘆之。鬱林初，進號平東將軍。隆昌元年，爲右將軍、中書令。延興元年，遷侍中，領驍騎將軍，右軍如故。建武元年，轉撫軍將軍，領兵置佐。二年，誅蕭諶，[4]誣子明及弟子罕子貞與諶同謀，見害。年十七。

[1]西陽王子明：《南史》卷四四亦有略傳。

[2]國璽：傳國之璽，代表一國權力的印章。

[3]西陽：郡名。東晋以西陽國改置，治西陽縣，在今湖北黄岡市東。

[4]蕭諶：字彦孚，仕齊，官至中領軍，進爵爲公。性險，爲齊明帝殺害。本書卷四二有傳。

南海王子罕字雲華，[1]世祖第十一子也。永明六年，爲北中郎將、南琅邪彭城二郡太守。[2]上初以白下地帶江山，[3]徙琅邪郡自金城治之，[4]子罕始鎮此城。十年，爲持節、都督南兖兖徐青冀五州軍事、征虜將軍、南兖州刺史。鬱林即位，進號後將軍。隆昌元年，遷散騎常侍、右衛將軍。建武元年，轉護軍將軍。二年，見殺。[5]年十七。

[1]南海王子罕：《南史》卷四四亦有略傳。

[2]南琅邪：郡名。南朝宋以琅邪郡改，治所原在今江蘇句容縣西北，南朝齊永明元年（483）移治白下城（今江蘇南京市北金川門外幕府山南麓）。　彭城：郡名。治所在今江蘇徐州市。

[3]上初以白下地帶江山：《南史》卷四四此後云："頗有學。母樂容華有寵，故武帝留心。母嘗寢疾，子罕晝夜祈禱。于時以竹爲燈纘照夜，此纘宿昔枝葉大茂，母病亦愈，咸以爲孝感所致。主簿劉𪞈及侍讀賀子喬爲之賦頌，當時以爲美談。"白下，即白下城，在今江蘇南京市北金川門外幕府山南麓，北臨大江。南齊時曾爲南琅邪郡治所。"白下"原作"日下"，從中華本改。

[4]金城：地名。在今江蘇句容縣北。

[5]見殺：指被齊明帝蕭鸞殺害。

巴陵王子倫字雲宗，[1]世祖第十三子也。永明七年，爲持節、都督南豫司二州軍事、南中郎將、南豫州刺史。十年，遷北中郎將、南琅邪彭城二郡太守。[2]鬱林即位，以南彭城禄力優厚，[3]奪子倫與中書舍人綦母珍之，[4]更以南蘭陵代之。[5]隆昌元年，遷散騎常侍、左將軍。延興元年，遣中書舍人茹法亮殺子倫，[6]子倫正衣冠出受詔，曰："鳥之將死，其鳴也哀；人之將死，其言也善。先朝昔滅劉氏，今日之事，理數固然。君是身家舊人，今銜此使，當由事不獲已。"法亮不敢答而退。年十六。[7]

[1]巴陵王子倫：《南史》卷四四亦有傳。

[2]南琅邪彭城二郡太守："二郡"前原有"刺史"二字。中華本校勘記云："錢大昕《廿二史考異》云：'刺史'二字衍，蓋罷南豫而領二郡守也。今據删。"今從删。

[3]南彭城：南齊時郡無實土，寄治南琅邪。　禄力：俸給。

[4]綦母珍之：齊武帝及鬱林王寵倖，任中書舍人。弄權於朝，時人語曰："寧拒至尊敕，不可違舍人命。"詳見《南史》卷七七《恩倖傳》。

[5]南蘭陵：郡名。南朝宋置，治蘭陵縣，在今江蘇常州市武進區西北萬綏鎮。

[6]茹法亮殺子倫：《南史》卷四四此處記之詳明："子倫時鎮琅邪城，有守兵，子倫英果，明帝恐不即罪，以問典籤華伯茂。伯茂曰：'公若遣兵取之，恐不即可辦，若委伯茂，一小吏力耳。'既

而伯茂手自執鴆逼之，左右莫敢動者。子倫正衣冠，出受詔，謂法亮曰：‘積不善之家，必有餘殃。昔高皇帝殘滅劉氏，今日之事，理數固然。’舉酒謂法亮曰：‘君是身家舊人，今銜此命，當由事不獲已。此酒差非勸酬之爵。’因仰之而死，時年十六。法亮及左右皆流涕。”

［7］年十六：《南史》卷四四此後云：“先是高帝、武帝爲諸王置典籤帥，一方之事，悉以委之。每至覲接，輒留心顧問，刺史行事之美惡，係於典籤之口，莫不折節推奉，恒慮弗及，於是威行州部，權重蕃君。武陵王曄爲江州，性烈直不可忤，典籤趙渥之曰：‘今出都易刺史。’及見武帝相誣，曄遂免還。南海王子罕戍琅邪，欲暫游東堂，典籤姜秀不許而止。還泣謂母曰：‘兒欲移五步亦不得，與囚何異。’秀後輒取子罕屣、繖、飲器等供其兒昏……邵陵王子貞嘗求熊白，厨人答典籤不在，不敢與。西陽王子明欲送書參侍讀鮑僎病，典籤吴脩之不許，曰：‘應諮行事。’乃止。言行舉動，不得自專，徵衣求食，必須諮訪……及明帝誅異己者，諸王見害，悉典籤所殺，竟無一人相抗。孔珪聞之流涕曰：‘齊之衡陽、江夏最有意，而復害之。若不立籤帥，故當不至於此。’”高敏《南北史掇瑣》曰：“通過《南史》所補，可以知道南朝之典籤或籤帥之職權、地位、作用等問題，有很重要的史料價值。”（第236頁）按，清趙翼《陔餘叢考》卷七《〈齊書〉繁簡失當處》亦評云：《南齊書》敘事“蕪雜”，但有的敘事，“則又應詳而反略者。明帝殺高武子孫之在外者，皆令典籤殺之。籤帥之權重若此，是當時矯枉過正一大弊政，《南史》於《巴陵王子倫傳》述之甚詳，而《齊書》略無一字……此皆繁簡之失當也。”

邵陵王子貞字雲松，［1］世祖第十四子也。永明十年，爲東中郎將、吴郡太守。鬱林即位，進號征虜將軍，還爲後將軍。建武二年，見誅。年十五。

[1]邵陵王子貞：《南史》卷四四亦有略傳。

臨賀王子岳字雲嶠，[1]世祖第十六子也。永明七年封。高宗誅世祖諸子，唯子岳及弟六人在後，世呼爲七王。朔望入朝，上還後宮，輒嘆息曰："我及司徒諸兒子皆不長，[2]高、武子孫日長大。"永泰元年，上疾甚，絶而復蘇。於是誅子岳等。延興建武中，[3]凡三誅諸王，[4]每一行事，高宗輒先燒香火，嗚咽涕泣，衆以此輒知其夜當相殺戮也。子岳死時，年十四。

[1]臨賀王子岳：《南史》卷四四亦有略傳。

[2]司徒：指齊明帝弟安陵王蕭緬。永明九年（491）卒，建武元年（494）追贈侍中、司徒、安陵王。本書卷四五有傳。蕭緬僅有子二人。

[3]建武：齊明帝年號。"武"字原脱，中華本據各本補。今從補。

[4]凡三誅諸王：指延興元年（494）蕭鸞輔政時殺齊高帝子桂陽王鑠、衡陽王鈞、江夏王鋒及武帝子建安王子真、巴陵王子倫；建武二年（495）殺武帝子西陽王子明、南海王子罕、邵陵王子貞；永泰元年（498）殺高帝子河東王鉉及孫桂陽王昭粲、巴陵王昭秀，又殺武帝子西陽王子文、衡陽王子峻、南康王子琳、永陽王子珉、湘東王子建、南郡王子夏。高、武子孫幾被蕭鸞誅殺殆盡。

西陽王子文字雲儒，[1]世祖第十七子也。永明七年，封蜀郡王。建武中，改封西陽王。永泰元年，見殺。年十四。

[1]西陽王子文：《南史》卷四四亦有略傳。

衡陽王子峻字雲嵩，[1]世祖第十八子也。永明七年，封廣漢郡王。[2]建武中，改封。永泰元年，見殺。年十四。

[1]衡陽王子峻：《南史》卷四四亦有略傳。

[2]廣漢郡：治所在今四川射洪縣南。廣漢，原訛“蜀漢”，中華本據各本及《南史》改。今從改。

南康王子琳字雲璋，[1]世祖第十九子也。母荀氏，盛寵。[2]子琳鍾愛。[3]永明七年，封宣城王。明年，上改南康公褚蓁以封子琳。[4]永泰元年，見殺。年十四。

[1]南康王子琳：《南史》卷四四亦有略傳。

[2]母荀氏盛寵：《南史》卷四四云：“母荀昭華盛寵，後宫才人位登采女者，依例舊賜玉鳳凰。荀時始爲采女，得玉鳳凰，投地曰：‘我不能例受此。’武帝乃拜爲昭華。”

[3]子琳鍾愛：《南史》卷四四此處云：“子琳以母寵故最見愛。太尉王儉因請昏，武帝悦而許之。群臣奉寶物名好盡直數百金，武帝爲之報答亦如此。”

[4]上改南康公褚蓁以封子琳：《南史》卷四四此句作：“改封南康公褚蓁爲巴東公，以南康爲王國封子琳。”按，南康，郡名。治所在今江西贛州市東北。褚蓁，仕齊，官至度支尚書、領軍將軍。本書卷二三有傳。

湘東王子建字雲立,[1]世祖第二十一子也。母謝氏,無寵,世祖度爲尼。高宗即位,使還母。子建永泰元年見殺,年十三。

[1]湘東王子建:《南史》卷四四亦有略傳。

南郡王子夏字雲廣,[1]世祖第二十三子也。上春秋高,子夏最幼,寵愛過諸子。初,世祖夢金翅鳥下殿庭,搏食小龍無數,乃飛上天。[2]永泰元年,子夏誅。年七歲。

[1]南郡王子夏:《南史》卷四四亦有傳。

[2]乃飛上天:《南史》卷四四此句後有:"及明帝初,其夢方驗。"清趙翼《廿二史劄記》卷一二《齊明帝殺高武子孫》:"明帝名鸞,即金翅鳥也。"

史臣曰:民之勞逸,隨所遭遇,習以成性,有識斯同。帝王子弟,生長尊貴,[1]薪禽之道未知,[2]富厚之圖已極。齠年稚齒,養器深宮,習趨拜之儀,受文句之學,坐躡搢紳,傍絶交友,情僞之事,不經耳目,憂懼之道,未涉胸衿,雖卓爾天悟,自得懷抱,孤寡爲識,所陋猶多。朝出閫閨,暮司方岳,[3]帝子臨州,親民尚小,年序次第,宜屏皇家,防驕剪逸,積代恒典,平允之情,操捶貽慮。[4]故輔以上佐,簡自帝心,[5]勞舊左右,用爲主帥,州國府第,先令後行,飲食遊居,[6]動應聞啓,[7]端拱守禄,遵承法度,張弛之要,莫敢厝言,行事執其權，典籤掣其肘，[8]苟利之義未申，專違之咎已及。處地雖重，行己莫由，威不在身，恩未接下，倉卒一朝，艱難總集，望其釋位扶危，不可得矣。路温舒云：[9]"秦有十失，其一尚存。"斯宋氏之餘風，在齊而彌弊也。

[1]尊貴：原訛"尊手"，中華本據殿本、局本及《南史》改。今從改。

[2]薪禽：采薪捕鳥獸。借指謀生。

[3]閫閨：指内宫。　方岳：指州郡長官。

[4]操捶：操執。比喻執政，掌握政權。

[5]簡：選任。

[6]遊居：居，原訛"屈"，中華本據各本及《南史》改。今從改。

[7]動應聞啓：指諸王的一舉一動均須上報朝廷。

[8]典籤掣其肘：清趙翼《廿二史劄記》卷一二《齊制典籤之權太重》："齊制，諸王出鎮，其年小者，則置行事及典籤以佐之。一州政事，以及諸王之起居飲食，皆聽命焉，而典籤尤爲切近……人主皆以親近左右爲典籤，一歲中還都者數四，人主輒問以刺史之賢否，往往出於其口。於是威行州郡，權重藩君。"

[9]路温舒：字長君，漢鉅鹿人，受《春秋》，通大義。宣帝初即位，温舒上書，言宜尚德緩刑，云："臣聞秦有十失，其一尚存，治獄之吏是也。秦之時，羞文學，好武勇，賤仁義之士，貴治獄之吏……敗法亂政，離親塞道，莫甚乎治獄之吏。此所謂一尚存者也。"詳見《漢書》卷五一《路温舒傳》。

贊曰：武十七王，文宣令望，[1]愛才悦古，仁信温良，宗英是寄，遺惠未忘。廬陵犯色，[2]安陸括囊。[3]晋安早悟，[4]隨郡雕章。[5]建賀湘海，[6]二陵二陽，[7]幼蕃盛寵，南郡南康。[8]

[1]文宣：指竟陵王子良，謚號“文宣”。清牛運震《讀史糾謬》卷七《南齊書糾謬》云：“竟陵王雖不及豫章，而愛才悦古，陳忠納誨，要是齊室賢王，宜特爲立傳。”

[2]廬陵犯色：指廬陵王子卿在鎮所私自營造服飾，觸犯了武帝，被解職。

[3]括囊：結扎袋口。比喻緘口不言。這裏喻指安陵王子敬遲鈍不敏。

[4]晋安早悟：指晋安王子懋清恬廉讓，幼小時即孝心感佛。

[5]隨郡雕章：指隨郡王子隆有文才，善著作。

[6]建賀湘海：指建安王子真、臨賀王子岳、湘東王子建、南海王子罕。

[7]二陵：指巴陵王子倫、邵陵王子貞。　二陽：指西陽王子文、衡陽王子峻。

[8]南郡南康：指南郡王子夏、南康王子琳。

:: 中華文化促進會主持編纂

:: 國家"十一五"重點圖書出版規劃項目

:: 中國社會科學院哲學社會科學創新工程學術出版資助項目

出品人 王石 段先念

今注本二十四史

南齊書

七

傳

〔四〕

梁 蕭子顯 撰

王鑫義 張欣 主持校注

中国社会科学出版社

南齊書　卷四一

列傳第二十二

張融　周顒

張融字思光，[1]吴郡吴人也。[2]祖禕，[3]晋琅邪王國郎中令。[4]父暢，[5]宋會稽太守。[6]

[1]張融：《南史》卷三二有附傳，所記有異。

[2]吴郡：郡名。治所在今江蘇蘇州市。　吴：縣名。治所同吴郡。

[3]禕：張禕。《晋書》卷八九《忠義傳》云："張禕，吴郡人也。少有操行。恭帝爲琅邪王，以禕爲郎中令。及帝踐阼，劉裕以禕帝之故吏，素所親信，封藥酒一罌付禕，密令鴆帝。禕既受命而歎曰：'鴆君而求生，何面目視息世間哉，不如死也！'因自飲之而死。"按，《晋書》"禕"作"褘"。

[4]琅邪王：東晋末代皇帝恭帝司馬德文，初爲琅邪王。詳見《晋書》卷一〇《恭帝紀》。琅邪，王國郡名。治所原在山東，東晋大興三年（320）僑置設治於金城，即今江蘇句容市西北。　郎中令：王府近侍官。職同光禄卿，掌殿中侍衛。秩三品。

[5]暢：張暢，字少微，南朝名士，有美譽。宋孝建二年(455)出爲會稽太守。《宋書》卷四六、《南史》卷三二並有傳。

[6]會稽：郡名。治所在今浙江紹興市。

融年弱冠，道士同郡陸脩静以白鷺羽麈尾扇遺融，[1]曰："此既異物，以奉異人。"宋孝武聞融有早譽，[2]解褐爲新安王北中郎參軍。[3]孝武起新安寺，[4]僚佐多儭錢帛，[5]融獨儭百錢。帝曰：[6]"融殊貧，當序以佳禄。"出爲封溪令。[7]從叔永出後渚送之，[8]曰："似聞朝旨，汝尋當還。"融曰："不患不還，政恐還而復去。"廣越嶂嶮，獠賊執融，[9]將殺食之，融神色不動，方作洛生詠，[10]賊異之而不害也。浮海至交州，[11]於海中作《海賦》曰：

蓋言之用也，情矣形乎。使天形寅内敷，情敷外寅者，[12]言之業也。[13]吾遠職荒官，將海得地，行闗入浪，宿渚經波，傅懷樹觀，長滿朝夕，東西無里，南北如天，反覆懸烏，表裏菟色。[14]壯哉水之奇也，奇哉水之壯也。故古人以之頌其所見，吾問翰而賦之焉。當其濟興絶感，豈覺人在我外，木生之作，君自君矣。[15]

[1]陸脩静：字見寂，生禀異相，好方外游，曾與陶淵明、僧惠遠結社廬山。見《蓮社高賢傳》。　麈（zhǔ）尾：古人閑談時執以驅蟲、撣塵的一種工具。在細長的木棍上端插上獸毛，垂露外面，類似麈（一名駝鹿）的尾巴。傳説麈遷徙時，以前麈之尾爲方向標志，故稱。古人清談時必執麈尾，不談時亦常執在手，成爲文

人雅士的雅器。

[2]宋孝武：指宋孝武帝劉駿。《宋書》卷六有紀。

[3]新安王：指新安王劉子鸞，宋孝武帝第八子。初封襄陽王，後改封新安王，遷北中郎將、南徐州刺史。詳見《宋書》卷八〇《孝武十四王傳》。按，張融時爲北中郎將軍府參軍。北中郎將爲四中郎將之一，禁衛軍官。分掌宿衛營兵。秩四品，開府者位從公秩一品。

[4]孝武起新安寺：《南史》卷三二作："（新安）王母殷淑儀薨，後四月八日建齋並灌佛。"

[5]僚佐多儭（chèn）錢帛：《南史》卷三二作："僚佐儭者，多至一萬，少不減五千。" 儭，布施。中華本校勘記引清錢大昕《廿二史考異》："儭與'嚫'同。《廣韵》：'嚫，嚫施也。'" 又引《五分律》："食後施衣物，名達嚫。"

[6]帝曰：《南史》卷三二作"帝不悦曰"。

[7]封溪：縣名。治所在今越南永福省安朗東。

[8]後渚：當指玄武湖，亦稱後湖，在今江蘇南京市。

[9]獠：古代對西南少數民族的蔑稱。

[10]洛生詠：指洛下書生音色重濁的諷詠聲。《世説新語・輕詆》："人問顧長康何以不作洛生詠？答曰：'何至作老婢聲。'" 劉孝標注："洛下書生詠，音重濁，故云老婢聲。"

[11]交州：州名。治所在今廣州市。《南史》卷三二此句作："浮海至交州，於海中遇風，終無懼色，方詠曰：'乾魚自可還其本鄉，肉脯復何爲者哉。'"

[12]使天形寅内敷，情敷外寅者：此謂以形傳情，内心感情以語言表達。中華本校勘記云："黄侃云：'天'當作'夫'，兩'寅'字皆當作'演'，史避梁武嫌名。"

[13]業：功績。

[14]反覆懸烏，表裏菟色：朱季海《南齊書校議》（以下簡稱朱季海《校議》）云："烏菟謂日月，水天之際，日月光景，相反

覆，爲表裏也。境雖即日，而造語自新。”（中華書局 1984 年版，第 92 頁）

[15]木生之作，君自君矣：此句贊揚木生首創《海賦》，功勞突出。下一“君”字作動詞，爲首的意思。木生，指晋木華，字玄虚，作有《海賦》，見《文選》卷一二。

分渾始地，判氣初天。作成萬物，爲山爲川。[1]總川振會，導海飛門。爾其海之狀也，之相也：[2]則窮區没渚，萬里藏岸，控會河、濟，[3]朝總江、漢。[4]回混浩潰，巔倒發濤。浮天振遠，灌日飛高。摐麤江撞則八紘摧隤，[5]鼓怒則九紐折裂。[6]擖於活長風以舉波，[7]漷音郭天地而爲勢。[8]瀄音盩澤于及湇音沓洽音合，[9]來往相搴麤合。[10]汩于突湥音突漖於渤渤，[11]窣紆狀石成窟。[12]西衝虞淵之曲，[13]東振湯谷之阿。[14]若木於是乎倒覆，[15]折扶桑而爲渣在牙。[16]濩瀿音藥潣音門渾，[17]涫於官涹於和磈於磊瘫，[18]渤非勃淬音卒淪音崙澊音尊，[19]瀾淺壟樅于拱。[20]湍轉則日月似驚，浪動而星河如覆。[21]既烈太山與崑崙相壓而共潰，[22]又盛雷車震漢破天以折轂。[23]

[1]“分渾始地”至“爲山爲川”：描寫天地初分、萬物始生時的荒莽景象。

[2]之相也：中華本校勘記云：“《藝文類聚》八引無‘之相也’三字。”

[3]河、濟：指黄河、濟水。

[4]江、漢：指長江、漢江。按，河、濟、江、漢古稱“四瀆”。

［5］摐（chuāng）撞：形容巨浪撞擊。　八紘（hóng）：八方極遠之地。語出《淮南子·墜形》："九州之外，乃有八殥……八殥之外，而有八紘，亦方千里。"高誘注："紘，維也，維落天地而爲之表，故曰紘也。"

［6］鼓怒：言風疾怒浪鼓涌。　九紐：泛指連接天地的諸多樞紐。

［7］擓（guài）：收拾會合。

［8］瀖（huò）：形容水勢相激。

［9］灂（zhōu）：同"盩"，形容波濤起伏。　湇洽：形容水滿溢。

［10］拹：同"拉"，摧折，撞擊。按，以上二句朱季海《校議》云："《廣韵·二十七合》：'矦閤切十一'下'迨，迨遝，行相及也'……湇洽即迨遝，叠韵連綿字，無妨倒言之耳。"（第92頁）

［11］汩（yù）湙：形容水急行。"汩"後"于突"原作"子突"，從中華本改。下"于拱"同。　澥渤：形容水衝激力大。

［12］窐（yàng）石：紆積之石。

［13］虞淵：亦稱"虞泉"，古代傳説爲日落之處。《淮南子·天文》："（日）至于虞淵，是謂黄昏。"

［14］湯谷：暘谷，古代傳説日出之處。湯通"暘"。《楚辭·天問》："出自湯谷"。

［15］若木：古代神話中的樹名。《山海經·大荒北經》："大荒之中，有衡石山……上有赤樹，青葉，赤華，名曰若木。"

［16］扶桑：神話中的樹名。《山海經·海外東經》："湯谷上有扶桑，十日所浴。"郭璞注："扶桑，木也。"　渣：碎屑。一説渣通"楂"，水中浮木。參見朱季海《校議》，第92—93頁。

［17］濩（huò）瀹（yào）：波濤洶涌相激的樣子。

［18］涫：沸滚。　磈（wěi）雍：形容衆聲競相發出。

［19］渤淬：水沸涌。

［20］瀾（lán）：水波。　礱嵸（zōng）：聳起。

[21]浪動而星河如覆：中華本校勘記云："'而'《藝文類聚》引作'則'。"

[22]既烈太山與崑崙相壓而共潰：形容浪高如山，十分壯觀。

[23]又盛雷車震漢破天以折轂：形容濤聲如雷，令人震驚。

湋於員漣涴於卵瀨於嬾，[1]輾轉縱横。揚珠起玉，流鏡飛明。是其回堆曲浦，欹關弱渚之形勢也。沙嶼相接，洲嶾相連。[2]東西南北，如滿于天。梁禽楚獸，胡木漢草之所生焉。長風動路，深雲暗道之所經焉。苕苕蔕蔕，[3]窅窅翳翳。[4]晨烏宿音秀於東隅，[5]落河浪其西界。茫沆于剛汴河，[6]汩于突磈于磊漫無官桓。[7]旁踞委岳，[8]横竦危巒。重彰岌岌，[9]攢嶺聚立。嵂呂兀碣音窟崊呂今嶔欽，[10]架石相陰。隂隤徒罪陁陁，[11]横出旁入。嵬嵬支罪磊磊，[12]若相追而下及。峯勢縱横，[13]岫形參錯。或如前而未進，乍非遷而已却。天抗暉於東曲，日倒麗於西阿。嶺集雪以懷鏡，巖照春而自華。

[1]湋漣：形容波瀾回曲。　涴瀨：形容水流湍急。

[2]洲嶾："嶾"同"島"。

[3]苕苕蔕蔕：同"苕遞"，形容遥遠。

[4]窅（yǎo）窅翳翳：形容杳遠幽深。"窅窅"原脱一"窅"字，中華本據南監本、毛本、殿本、局本補。今從補。

[5]晨烏：指朝陽。

[6]茫沆：沆茫，形容水廣大無際。　汴河："汴"下原作小字"無河"，從中華本改。

[7]汩（yù）磈（kuài）：形容水深石高。"汩"原作"汩"，

據文意改。

[8]委岳：指曲折延伸的高山。

[9]重彰：彰，當作“嶂”，與下句“嶺”字相對。

[10]嵂（lǜ）崫（kū）：山崖。 崊（lín）嶔（qīn）：形容高聳突兀。

[11]陁（tuó）陁：險阻的樣子。

[12]嵬嵬磊磊：高聳的樣子。

[13]縱横：中華本校勘記云：“《藝文類聚》引作‘峰勢崇高’。”

江洚許江泊泊許百，[1]漈于曷巖拍芬百嶺。[2]觸山磈石，[3]汙㳕于各瀗音寒況于朗。[4]碨於磊泱於朗滉㴉音阿，[5]流柴礋五感反屼五窟。[6]頓浪低波，硿苦降磽苦交硥苦江，[7]折嶺挫峯，窂浪硠音郎拉，[8]崩山相磕苦合。萬里藹藹，極路天外。電戰雷奔，倒地相磕。獸門象逸，魚路鯨奔。水遽龍魄，陸振虎兕。却瞻無後，向望何前。[9]長尋高眺，唯水與天。若乃山横蹴浪，風倒摧波。磊若驚山竭嶺以竦石，鬱若飛煙奔雲以振霞。[10]連瑶光而交綵，[11]接玉繩以通華。[12]

[1]洚（jiàng，一音 hóng）：洪水。

[2]漈（jì）：水邊。這裏用作動詞，水激邊岸。漈後“于曷”原作“子曷”，從中華本改。

[3]磈（huái）：石不平。這裏用作動詞，猶抵觸。

[4]汙（yū）㳕（è）瀗（hán）況（kuàng）：形容水大彎曲流動，觸目生寒。

[5]磈（wěi）泱（yāng）漯泂：形容大水汹涌，令人畏懼。

[6]磹（diàn）屼：朱季海《校議》云："《廣韵・四十八感》：'顉，五感切三'下有'嵁，嵁崿，山形。'《十九鐸》：'咢，五各切二十五'下有'崿，崖崿。'磹、嵁音義並同。然思光自作'磹'字。又《十一没》：'窟，苦骨切。''兀，五忽切十六'下有'屼，硊屼，秃山貌。'是張《賦》'嵁崿'自作'磹屼'，其讀崿蓋與'屼'同。"（第93頁）

[7]硻硚（qiāo）硄（kuāng）：中華本校勘記云："按此句奪一字，各本並同。"按，硻，張融自造字。硚、硄，均爲象聲詞。

[8]牢浪：攔阻波浪。牢，同"牢"。　硠拉：浪擊岸石聲。拉，中華本據南監本、毛本、殿本、局本改作"搚"。按，朱季海《校議》云："南監本以下臆改，非也。《廣韵・二十七合》：'拉，折也，敗也，摧也。盧合切，十一。'硠、拉雙聲，拉、磖爲韵。"（第94頁）朱説是。

[9]向望何前：何，原作"行"，中華本據《藝文類聚》卷八改，並按云："'無後'與'何前'相對成文，作'何'是。"今從改。

[10]振霞：中華本校勘記云："'霞'《藝文類聚》引作'柯'。"

[11]瑶光：北斗七星的第七星名。古代以爲象徵祥瑞。《淮南子・本經》："瑶光者，資糧萬物者也。"高誘注："瑶光，謂北斗杓第七星也……一説瑶光，和氣之見也。"

[12]玉繩：星名。常泛指星群。參見《文選》卷二張衡《西京賦》"正睹瑶光與玉繩"李善注。

爾乎夜滿深霧，晝密長雲，高河滅景，萬里無文。山門幽暖，岫户葐葐。[1]九天相掩，玉地交氛。[2]汪汪横横音皇，沆沆于剛浩浩音害。[3]淬羸貴潰大人之表，[4]泱於朗蕩君子之外。[5]風沫相排，日閉雲開。浪散波合，岳起山隤。

[1]葐蒀：芬氳、芬蘊。形容烟靄氤氳或雲氣郁濃。

[2]玉地：中華本校勘記云："'玉'，各本作'王'。殿本《考證》云：'諸本同。按王疑作五。'黄侃亦云應作'五'。"今按，"五地"指東西南北中五方之地，與"九天"相對，作"五"爲是。

[3]沆沆浩浩：浩瀚。形容水面廣闊。中華本校勘記云："黄侃云'浩浩'應作'澔澔'。"

[4]淬（cuì）潰：水奔流急湍的樣子。

[5]泱蕩：猶蕩漾。按，以上二句中的"大人""君子"皆神話中的國名。《山海經·海外東經》："海外自東南陬至東北陬者"有"䁖丘"，"大人國在其北……君子國在其北……"。

若乃漉沙構白，熬波出素。積雪中春，飛霜暑路。[1]爾其奇名出録，詭物無書。高岸乳鳥，[2]横門産魚。[3]則何㦬音羅鱅音容鮨音詣，[4]䲆音非魜音人鱳音果鮹音滑。[5]哄日吐霞，吞河漱月。氣開地震，聲動天發。噴灑噦於月噫於戒，[6]流雨而揚雲。喬髗壯脊，[7]架岳而飛墳。㹶音挺動崩五山之勢，瞷矣簡睔矣鮀焕七曜之文。[8]蟕蠵瑁蛑，[9]綺貝繡螺。玄珠互綵，緑紫相華。遊風秋瀨，泳景登春。伏鱗漬綵，昇魵洗文。[10]

[1]"漉沙構白"至"飛霜暑路"：此四句均形容海中白浪滔天如素絹、如積雪、如飛霜的壯觀景象。

［2］高岸乳鳥：指海燕在海濱崖石間築巢繁衍。

［3］横門：門，中華本校勘記云：“《藝文類聚》作‘開’。”按，“開”即“關”。

［4］何儺：何止。　鱅：鱅鱅。古代傳説中一種狀如牛的怪魚。《山海經·東山經》：“時水出焉，而東北流，注于海。其中多鱅鱅之魚，其狀如犂牛，其音如彘鳴。”　鮨：古代傳説中一種類似鯢的魚。《山海經·北山經》：“諸懷之水出焉，而西流注于嚻水，其中多鮨魚，魚身而犬首，其音如嬰兒，食之已狂。”畢沅《校正》：“或曰人魚，即鯢也。”

［5］鯡：飛魚，一種具有滑翔能力的魚。體長，稍側平，胸鰭發達如翼，尾鰭下葉長於上葉，尾部迅速摇動可躍出水面，張開胸鰭可滑翔飛行百米以上。廣布於熱帶和温帶海洋，中國沿海地區多産此種魚類。　魜：人魚。《正字通·魚部》：“即海中人魚，眉耳口鼻手爪頭皆具，皮肉白如玉，無鱗有細毛，五色，髮如馬尾，長五六尺。體亦長五六尺。臨海人取養池沼中，牝牡交合與人無異，亦不傷人。”　鰨：古代傳説中的一種能發光的飛魚。《山海經·東山經》：“子桐之水出焉，而西流注于餘如之澤。其中多鰨魚，其狀如魚而鳥翼，出入有光，其音如鴛鴦，見則天下大旱。”

［6］噦噫：呃逆氣息。《素問·陰陽應象大論》：“在聲爲歌，在變動爲噦。”王冰注：“噦謂噦意，胃氣所生。”按，這裏用以比喻海浪低呃，如人哽咽。

［7］喬髗壯脊：形容海浪仿佛昂起頭，挺起脊梁。髗，同“顱”。

［8］瞷（jiàn）睔（lǔn）：窺視。　七曜：指日、月與金、木、水、火、土五星。亦可指北斗七星。

［9］蟕（zuī）蠵（xī）：海中的大龜，甲有文彩，似瑇瑁而薄。參見明李時珍《本草綱目·介一·蠵龜》。　瑁蛑（móu）：蛑即蛑蝤、蝤蛑。一種奇蟹。唐劉恂《嶺表録異》卷下：“蝤蛑，乃蟹之巨而異者。蟹螯上有細毛如苔，身有八足；猶螯則螯無毛，足後

兩小足薄而闊，俗謂之撥掉子。”瑁蛑，中華本校勘記云：“《藝文類聚》作‘璊瑁’。

[10]魵（fén）：魚名。一名鰕、斑魚。詳見《爾雅·釋魚》。

若乃春代秋緒，歲去冬歸。[1]柔風麗景，晴雲積暉。起龍塗於靈步，翔螭道之神飛。[2]浮微雲之如瞢，[3]落輕雨之依依。觸巧塗而礚去紺遠，[4]抵欒木以激揚。[5]浪相礴傍各而起千狀，波獨湧乎驚萬容。蘋藻留映，荷芰提陰。扶容曼綵，秀遠華深。明藕移玉，清蓮代金。眄芬芳於遥渚，汎灼爍於長潯。[6]浮艫雜軸，遊舶交艘。帷軒帳席，方遠連高。入驚波而箭絶，振排天之雄飆。越湯谷以逐景，渡虞淵以追月。遍萬里而無時，浹天地於揮忽。雕隼飛而未半，鯤龍趠貪教而不逮。舟人未及復其喘，已周流宇宙之外矣。[7]

[1]冬歸：“冬”字原闕，中華本據各本補。今從補。

[2]起龍塗於靈步，翔螭道之神飛：形容春風輕柔，海浪有規律地起伏游動，如衆龍翔舞。螭，傳説中無角龍。

[3]瞢：同“夢”。

[4]礚：撼，摇動。

[5]欒：神話中的一種喬木。《山海經·大荒南經》：“有雲雨之山，有木名曰欒。禹攻雲雨，有赤石焉，生欒，黄本，赤枝，青葉。”

[6]灼爍：光彩鮮明。

[7]“浮艫雜軸”至“宇宙之外矣”：描寫渡海時所見的奇景和幻象。帷軒，“帷”字原闕，中華本據各本補。今從補。

陰鳥陽禽，春毛秋羽。遠翅風遊，高翮雲舉。翔歸棲去，連陰日路。瀾漲波渚，陶玄浴素。長紘四斷，平表九絶。雉翥成霞，鴻飛起雪。合聲鳴侶，並翰翻群。飛闕溢繡，流浦照文。[1]

[1]“長紘四斷”至“流浦照文”：前二句形容海上没有網羅，是禽鳥的極樂世界。以下寫禽鳥自由飛翔，縱情歌唱。紘，網。這裏指捕鳥的網羅。四斷，指四方斷絶。“四”原訛“而”，中華本據各本改正。今從改。表，標木。這裏指捕鳥的標志。《周禮·夏官·大司馬》：“虞人萊所田之野爲表。”孫詒讓《正義》：“樹木爲表，標識步數，以正進退之行列也。”虞人，指管理山澤的官員。文，指五綵。

爾夫人微亮氣，小白如淋。凉空澄遠，增漢無陰。[1]照天容於鮷渚，[2]鏡河色於魦潯。[3]括蓋餘以進廣，[4]浸夏洲以洞深。[5]形每驚而義維静，跡有事而道無心。於是乎山海藏陰，雲塵入岫。天英遍華，[6]日色盈秀。則若士神中，[7]琴高道外。[8]袖輕羽以衣風，逸玄裾於雲帶。筵秋月於源潮，帳春霞於秀瀨。曬蓬萊之靈岫，[9]望方壺之妙闕。樹遏日以飛柯，嶺回峯以蹴月。空居無俗，素館何塵。谷門風道，林路雲真。

[1]增漢：亦稱增泉，指銀河。《楚辭》卷一七王逸《九思·守志》：“朝晨發兮鄢、郢，食時至兮增泉。”洪興祖補注：“增泉，天漢也。”

[2]天容：天空景色。　鮷（tí）渚：泛指魚池。《説文·魚

部》：“鮷，大鮎也。”渚，原闕，中華本據各本補。今從補。

[3]魦：同“鯊”。

[4]蓋餘：指天穹。古代稱天爲蓋天。參見《晋書·天文志上》。

[5]夏洲：大洲。《方言》卷一：“自關而西，秦、晋之間，凡物之壯大者而愛偉之，謂之夏。”

[6]天英：天空中顯現的美麗色彩。

[7]若士：朱季海《校議》云：“此‘若士’正謂盧敖所見。《淮南·道應訓》所謂‘若士舉臂而竦身，遂入雲中’者也……若士猶若人，本通名而冠以指代詞者。張《賦》用之，既不與餘文相麗，即無異專名，宜與‘琴高’同加專名綫。”（第94頁）按，盧敖，秦時燕人，秦始皇召爲博士，使海上求神仙，去而未返。見《淮南子·道應》。

[8]琴高：傳説爲戰國越人，善鼓琴，修煉長生之術。後於田間見大鯉，琴高登鯉背，鯉乃飛升跨海騰天而去。詳見劉向《列仙傳》卷上及任昉《述異記》卷下。

[9]蓬萊：傳説中的海上三神山之一。下句“方壺”同。

若乃幽崖𨻰於夾陿倉夾，[1]隈隩之窮，[2]駭波虎浪之氣，激勢之所不攻。有卉有木，爲灌爲叢。[3]絡糅綱雜，[4]結葉相籠。通雲交拂，連韻共風。蕩洲礅去角岸，[5]而千里若崩，衝崖沃島，[6]其萬國如戰。振駭氣以擺雷，飛雄光以倒電。

[1]𨻰（yà）陿（cà）：狹窄。

[2]隈（wēi）隩（yù）：曲折幽深的山坳河岸。

[3]灌：指灌木。

[4]絡糅綱雜：形容樹木藤蔓相糾結。

[5]礉：通“激”。

[6]衝崖沃島：指海浪衝激洗刷崖畔島嶼。

若夫增雲不氣，[1]流風斂聲。瀾文復動，波色還驚。明月何遠，沙裏分星。至其積珍全遠，架寶諭深。瓊池玉壑，珠岫珂岑。[2]合日開夜，舒月解陰。珊瑚開續，[3]瑠璃竦華。[4]丹文鏡色，雜照冰霞。洪洪潰潰，[5]浴干日月。淹漢星墟，滲河天界。風何本而自生，雲無從而空滅。籠麗色以拂煙，[6]鏡懸暉以照雪。

[1]增雲不氣：形容層雲濃重凝固不流動。增通“層”。

[2]珂：同“瑰”，美石。

[3]珊瑚：指海底的珊瑚樹，由珊瑚蟲分泌的石灰質骨骼聚集而成，狀如樹枝，多爲紅色，也有雜色的，鮮艷美觀，可做裝飾品。

[4]瑠璃：琉璃，一種有色半透明的玉石。

[5]洪洪潰潰：形容水勢浩渺。

[6]籠麗色：籠，原闕，中華本據各本補。今從補。

爾乃方員去我，[1]混然落情。[2]氣暄而濁，化静自清。心無終故不滯，[3]志不敗而無成。既覆舟而載舟，固以死而以生。弘芻狗於人獸，[4]導至本以充形。[5]雖萬物之日用，諒何緯其何經。道湛天初，機茂形外。亡有所以而有，[6]非膠有於生末。[7]亡無所以而無，信無心以入太。[8]不動動是使山岳相崩，[9]不聲聲故能天地交泰。[10]行藏虛於用舍，[11]應感亮於圓會。[12]仁者見之謂之仁，達者見之謂之達。呫者幾於上善，[13]吾信哉其爲大矣。

[1]方員：方圓，指天地。古代以爲天圓地方，故名。

[2]混然：猶混然一體。指天地、宇宙。

[3]無終：指隱居世外，與世無争。典出《三國志》卷一一《魏書·田疇傳》。田疇志行卓越，曾隱居無終山，後以無終爲隱居之典。晋陶淵明《陶淵明集》卷四《擬古》："辭家夙嚴駕，當往志無終。"

[4]芻狗：草與狗。語出《老子》："天地不仁，以萬物爲芻狗。"河上公注："天地生萬物，人最爲貴，天地視之如芻草狗畜。"按，"弘芻狗於人獸"指大海對待人和草木、野獸一視同仁。

[5]導至本以充形：形容海的氣量至虚，能容物。語本《老子》："上善若水，水善利萬物而不争，處衆人之所惡，故幾於道。"又："江海之所以能爲百谷王者，以其善下之，故能爲百谷王。"至本，指大道。

[6]亡有：亡，通"無"；下句"亡無"同。按，"亡有所以而有""亡無所以而亡"，本《老子》"有無相生"之説。

[7]非膠有於生末：意謂有和無是相生的，其始末並不是固定不變的。膠，固定。

[8]太：太乙。指道家所稱的"道"，即宇宙萬物的本原、本體。《莊子·天下》："建之以常無有，主之以太一（乙）。"成玄英疏："太者廣大之名，一以不二之稱。言大道曠蕩，無不制圍，括囊萬有，通而爲一，故謂之太一（乙）也。"

[9]不動動：指海水之動本無心，純出自然。

[10]不聲聲：指海浪發聲本無意，發自自然。

[11]行藏虚於用舍：指出處行止不繫於心，一任自然。語本《論語·述而》："用之則行，舍之則藏。"

[12]應感亮於圓會：指對外物的反應顯露出圓融通脱。

[13]咶（guō）：聲音嘈雜，這裏指衆口議論。　幾：庶幾。上善：指大海具有上等德性。

融文辭詭激，獨與衆異。後還京師，以示鎮軍將軍顧覬之，[1]覬之曰："卿此賦實超玄虚，但悵不道鹽耳。"[2]融即求筆注之曰："漉沙構白，熬波出素。積雪中春，飛霜暑路。"此四句，後所足也。

[1]鎮軍：軍，原訛"國"，據《南史》卷三五《顧覬之傳》改。　顧覬之：字偉仁，吴郡（今江蘇蘇州市）人。仕宋，曾任吴郡太守、湘州刺史，死後追贈鎮軍將軍。《宋書》卷八一、《南史》卷三五並有傳。中華本校勘記云："《御覽》五百九十九引、《南史》及《元龜》八百五十並作'鎮軍將軍'，今據改。又按'覬'各本並譌'凱'，今據《南史》改正，下同。"今從改。

[2]悵：遺憾。按，中華本據各本及《南史》卷三五改作"恨"，細推文意，"悵"爲妥帖。　不道鹽：指木華《海賦》曾描寫海鹽，而張融賦初未寫海鹽。融接受覬之意見，增加"漉法構白"等四句描寫海鹽。按，清牛運震《讀史糾謬》卷七《南齊書糾謬》評云："顧凱之以爲（張融《海賦》）實超元虚，以今觀之，實不及也，且未免有沿襲元虚處。"

覬之與融兄有恩好，覬之卒，融身負墳土。在南與交阯太守卞展有舊，[1]展於嶺南爲人所殺，[2]融挺身奔赴。

[1]交阯：郡名。東漢治所移治今越南北寧省仙游。

[2]嶺南：嶺外，指五嶺以南地區，相當於今廣東、廣西及越南北部一帶。

舉秀才，[1]對策中第，爲尚書殿中郎，[2]不就，爲儀曹郎。[3]泰始五年，[4]明帝取荆、郢、湘、雍四州射手，[5]叛者斬亡身及家長者，家口没奚官。[6]元徽初，[7]郢州射手有叛者，融議家人家長罪所不及，[8]亡身刑五年。

[1]舉秀才：舉薦秀才。秀才本指優秀人才。漢武帝元封四年（前107）始定爲舉士科目，令諸州各舉秀才一人。南朝宋齊對秀才試以策文五道，以簽題高下定等第。多出任要職，爲時所重。因其多由州郡國把持選舉，故多世家豪族。

[2]尚書殿中郎：尚書省左僕射屬官。掌殿中曹，主管駕行百官留守名帳、供御衣食等。秩五品。

[3]爲：《南史》卷三二作“改爲”。　儀曹郎：祠部尚書屬官。掌禮儀之事。秩五品。

[4]泰始：宋明帝年號。

[5]荆：荆州，治所在今湖北荆州市。　郢：郢州，治夏口，在今湖北武漢市武昌區。　湘：湘州，治所在今湖南長沙市。　雍：雍州，治襄陽，在今湖北襄陽市。　射手：射擊手。

[6]奚官：官署名。南朝時屬内侍省，掌守宫人疾病、罪罰、喪葬等事，多以犯罪者從坐之家屬爲之。

[7]元徽：宋後廢帝年號。

[8]罪所不及：指不够定罪。

尋請假奔叔父喪，道中罰幹錢敬道鞭杖五十，[1]寄繫延陵獄。[2]大明五年制，[3]二品清官行僮幹杖，[4]不得出十。爲左丞孫緬所奏，[5]免官。尋復位，攝祠、倉部二曹。[6]領軍劉勔戰死，[7]祠曹議“上應哭勔不”？融議“宜哭”。於是始舉哀。倉曹又以“正月俗人所忌，太倉爲可開不”？[8]融議“不宜拘束小忌”。尋兼掌正厨，[9]融見宰殺，回車徑去，自表解職。

[1]幹（gàn）：幹僮或僮幹，州郡縣服雜役的小吏。

[2]延陵：縣名。治所在今江蘇鎮江市丹徒區南。

[3]大明：宋孝武帝年號。

[4]清官：清貴的官職。當時官職有清濁之分，士族擔任清官，寒人則衹能做濁官。按，張融出身仕宦之家，當時任儀曹郎，當屬清官。　行僮幹杖：指處罰鞭打僮幹。

[5]孫緬：字伯緒，仕宋，官至尚書左丞。《南史》卷七五有簡傳。

[6]祠、倉部二曹：祠曹屬祠部尚書，主祭祀；倉部屬度支尚書，掌糧物管理。

[7]劉勔：字伯猷，彭城（今江蘇徐州市）人，仕宋，官至尚書右僕射。元徽初，桂陽王劉休範叛，奄至京邑。朝廷加劉勔使持節、領軍，鎮石頭城，臨陣戰死。《宋書》卷八六、《南史》卷三九並有傳。按，“領軍”原訛“領事”，中華本據《南史》卷三二及《册府元龜》卷四五六改。今從改。

[8]倉曹又以“正月俗人所忌，太倉爲可開不”：倉部掌儲積、出納，治喪費用由該部支出。太倉，指國庫。劉勔之喪在正月，傳統説法認爲正月不宜開倉，故倉部有此問。朱季海《校議》云：“漢以來便有此俗。”（第94頁）

[9]兼：指正職以外的兼官。　正厨：掌管御厨。

爲安成王撫軍倉曹參軍，[1]轉南陽王友。[2]融父暢先爲丞相長史，[3]義宣事難，暢爲王玄謨所録，將殺之。玄謨子瞻爲南陽王前軍長史，融啓求去官，不許。

[1]安成王：名子孟，字孝光，宋孝武帝第十六子。原封淮南王，明帝時改封安成王。　撫軍：指撫軍將軍。按，安成王爲冠軍將軍，南琅邪、彭城二郡太守，此處言"撫軍"，當有訛。詳見《宋書》卷八〇《孝武十四王傳》。

[2]南陽王：名翽，字仲儀，宋明帝第十子，初封南陽王，後改封隨陽王。《宋書》卷九〇有傳。　友：魏晋南朝諸王府皆置友一人，掌陪侍游居，規諷道義。秩六品。

[3]暢：張暢，字少微，仕宋。文帝之弟南郡王劉義宣在宋孝武帝登位後以功任丞相，因孝武淫義宣諸女，義宣恨怒，孝建元年（454）二月，舉兵謀反，敗於梁山。時張暢爲丞相府長史，被右將軍王玄謨所執，付廷尉，後遇救得免。《宋書》卷五九、《南史》卷三二並有傳。又見《通鑑》卷一二八《宋紀十》"孝武帝孝建元年"條。

融家貧願禄，初與從叔征北將軍永書曰：[1]"融昔稱幼學，早訓家風，雖則不敏，率以成性。布衣葦席，[2]弱年所安，簞食瓢飲，[3]不覺不樂。但世業清貧，民生多待，[4]榛栗棗脩，女贄既長，[5]束帛禽鳥，男禮已大。[6]勉身就官，十年七仕，不欲代耕，[7]何至此事。昔求三吴一丞，[8]雖屢舛錯。[9]今聞南康缺守，[10]願得爲之。融不知階級，[11]階級亦可不知，融政以求丞不得，所以求郡，求郡不得，亦可復求丞。"又與吏部尚書王僧虔書曰：[12]"融，天地之逸民也。進不辨貴，退不知賤，兀然造化，忽如草木。實以家貧累積，孤寡傷心，八姪俱孤，二弟頗弱，[13]撫之而感，古人以悲。豈能山海陋禄，申融情累。[14]阮籍愛東平土風，[15]融亦欣晋平閑外。"[16]時議以融非治民才，竟不果。

［1］永：張永，字景雲，歷仕南朝宋、齊，官至尚書左丞、吏部尚書。宋元徽年間，遷使持節，都督南兖、徐、青、冀、益五州諸軍事，征北將軍（榮譽加號），南兖州刺史。《宋書》卷五三、《南史》卷三一並有傳。

［2］布衣葦席：以布爲衣，以蘆葦席爲牀。形容生活簡陋。中華本校勘記云："'葦席'《南史》作'韋帶'，《元龜》九百作'韋帶'，九百五作'葦席'。"

［3］簞食瓢飲：語本《論語·雍也》："子曰：'賢哉，回也，一簞食，一瓢飲，在陋巷，人不堪其憂，回也不改其樂，賢哉回也！'" 按，此言顔回能安貧樂道。

［4］民生：中華本校勘記云："'民'《南史》、《元龜》九百、九百五並作'人'。"

［5］榛栗棗脩，女贄既長：古時成年女子出謁所送的禮物。《左傳》莊公二十四年："女贄不過榛、栗、棗、脩，以告虔也。"脩，乾肉。

［6］束帛禽鳥，男禮已大：古代成年男子執以相見的禮物。《左傳》莊公二十四年："男贄大者玉帛，小者禽鳥，以章物也。"按，以上二句指兒女皆已成年，所需日繁。

［7］代耕：舊時稱爲官食俸禄。語本《禮記·王制》："諸侯之下士，視上農夫，禄足以代其耕也。"

［8］三吴：古代所指不一，這裏泛指今蘇、浙一帶。　丞：指縣丞。爲縣令之副。

［9］雖屢舛錯：中華本校勘記云："'屢'殿本作'屬'，《南

史》、《元龜》九百、九百五作‘屬’。”

［10］南康：郡名。治所在今江西贛州市東北。

［11］階級：指官的品位、等級。

［12］吏部尚書：尚書省官。掌銓選。秩三品。　王僧虔：歷仕宋齊，元徽中爲吏部尚書。本書卷三三有傳。

［13］頗弱：《南史》卷三二作“頓弱”。

［14］申融情累：申，原訛“甲”，中華本據南監本、殿本、局本及《南史》卷三二改正。今從改。

［15］阮籍：三國魏人，竹林七賢之一。曾任東平郡守。《三國志》卷二一、《晋書》卷四九有傳。　東平：郡名。治所在今山東東平縣。

［16］晋平：郡名。治所在今福建福州市。

辟太祖太傅掾，[1]歷驃騎豫章王司空諮議參軍，[2]遷中書郎，[3]非所好，乞爲中散大夫，[4]不許。融風止詭越，坐常危膝，行則曳步，翹身仰首，意制甚多。[5]隨例同行，常稽遲不進。太祖素奇愛融，爲太尉時，時與融款接，見融常笑曰：“此人不可無一，不可有二。”即位後，手詔賜融衣曰：“見卿衣服麤故，[6]誠乃素懷有本；交爾藍縷，亦虧朝望。今送一通故衣，意謂雖故，乃勝新也。[7]是吾所著，[8]已令裁減稱卿之體。并履一量。”[9]

［1］辟太祖太傅掾：指張融爲太傅公府屬吏。宋順帝昇明二年（478）九月，蕭道成進位假黄鉞、都督中外諸軍事、太傅、領揚州牧。詳見本書卷一《高帝紀上》。太傅，三公之一，南朝時爲最高榮譽加號。掾，佐屬官吏的通稱。

[2]豫章王：指蕭嶷，字宣儼，齊高帝次子。宋末曾爲驃騎大將軍、揚州刺史，齊初進位司空。本書卷二二有傳。　諮議參軍：驃騎大將軍府屬官。參謀軍事。

[3]中書郎：中書侍郎，中書省官。掌呈奏案章。秩五品。

[4]中散大夫：爲閑散官職。掌顧問應對，議論朝政得失。秩六百石。

[5]意制甚多：《南史》卷三二此句後又云："見者驚異，聚觀成市，而融了無慚色。"

[6]衣服麤故：指衣服粗劣破舊。麤，同"粗"。

[7]乃勝新也："也"，原闕，中華本據南監本、殿本、局本及《南史》卷三二補。今從補。

[8]所著：指所穿。

[9]并履一量：《南史》卷三二此後云："高帝出太極殿西室，融入問訊，彌時方登階。及就席，上曰：'何乃遲爲?'對曰：'自地升天，理不得速。'時魏主至淮而退，帝問：'何意忽來忽去?'未有答者，融時下坐，抗聲曰：'以無道而來，見有道而去。'公卿咸以爲捷。"又云："融善草書，常自美其能。帝曰：'卿書殊有骨力，但恨無二王法。'答曰：'非恨臣無二王法，亦恨二王無臣法。'"又云："融假還鄉，詣王儉别。儉立此地舉袂不前，融亦舉手呼儉曰：'歠曰王前。'儉不得已趨就之。融曰：'使融不爲慕勢，而令君爲趍士，豈不善乎!'常歎云：'不恨我不見古人，所恨古人又不見我。'"

融與吏部尚書何戢善，[1]往詣戢，誤通尚書劉澄。[2]融下車入門，乃曰："非是。"至户外，望澄，又曰："非是。"既造席，視澄曰："都自非是。"[3]乃去。其爲異如此。

[1]何戢：字慧景，廬江人。歷仕南朝宋、齊，齊初爲吏部尚書。本書卷三三有傳。

[2]劉澄：《南史》卷七一《儒林傳》：“于時又有遂安令劉澄，爲性彌潔，在縣掃拂郭邑，路無横草。水翦蟲穢，百姓不堪命，坐免官。然甚貞正，善醫術。”按，未言其曾爲尚書。

[3]都自非是：自，原作“目”，中華本據各本及《南史》卷三二改。今從改。

又爲長沙王鎮軍、竟陵王征北諮議，[1]並領記室，[2]司徒從事中郎。[3]永明二年，總明觀講，[4]敕朝臣集聽。融扶入就榻，私索酒飲之，難問既畢，乃長嘆曰：“嗚呼！仲尼獨何人哉！”[5]爲御史中丞到撝所奏，[6]免官，尋復。[7]融形貌短醜，精神清澈。王敬則見融革帶垂寬，[8]殆將至髂，[9]謂之曰：“革帶太急。”融曰：“既非步吏，[10]急帶何爲？”

[1]長沙王：指蕭晃，字宣明，齊高帝第四子。武帝時，以晃爲鎮軍將軍、南徐州刺史。本書卷三五有傳。　竟陵王：指蕭子良，齊武帝次子。武帝初，以子良爲征北將軍、南兖州刺史。詳見本書卷四〇《武十七王傳》。按，張融先後爲鎮軍將軍府和征北將軍府諮議參軍。鎮軍將軍、征北將軍，南朝時均爲榮譽加號，開府者位從公秩一品。

[2]記室：指記室參軍，掌書記文翰。

[3]司徒：三公之一，主管教化。按，永明五年（487）竟陵王子良正位司徒，張融爲司徒府從事中郎。　從事中郎：爲親近散職，分掌諸曹事。秩六品。參見《文獻通考》卷六六《職官二十》。

［4］總明觀：南朝官署名。總管儒、玄、文、史四學。詳見本書《百官志》。

［5］仲尼獨何人哉：意謂己之學識與孔子不相上下。

［6］到撝：字茂謙，彭城人，歷仕南朝宋、齊。永明初，由太子中庶子遷御史中丞。本書卷三七有傳。

［7］尋復：中華本校勘記云："'復'下南監本、局本及《南史》、《元龜》九百四十四並有'職'字。"

［8］王敬則：晉陵（今屬雲南昆明市）人，歷仕南朝宋、齊，官至會稽太守、豫州刺史。本書卷二六有傳。

［9］骼：股骨。中華本校勘記云："'骼'《南史》及《元龜》九百四十四作'髀'。按疑作'髀'是。"朱季海《校議》云："敬則故作反語，遂有此答。'髀'字未知《南史》本爾，抑是宋人所改。要之，蕭《書》自作'骼'……子顯作骼，依《說文》'禽獸之骨曰骼'，非其義。蓋古者髀股，從肉言之謂之胯，古音在《魚部》，其借作骼……從骨言之謂之髁……古今異讀，時復相亂，臨文用之，每依時俗，其有不足，更造新字，遂令異體紛然，驟睹難曉矣。子顯此文，自有本字，但書作'髁'，音義俱得。"（第95頁）

［10］步吏：追隨官吏。

融假東出，世祖問融住在何處？融答曰："臣陸處無屋，舟居非水。"後日上以問融從兄緒，緒曰："融近東出，未有居止，權牽小船，於岸上住。"上大笑。虜中聞融名，上使融接北使李道固，[1]就席，道固顧之而言曰："張融是宋彭城長史張暢子不？"融嚬蹙久之，曰："先君不幸，名達六夷。"[2]豫章王大會賓僚，融食炙，始行畢，[3]行炙人便去，[4]融欲求鹽蒜，口終不言，[5]方摇食指，[6]半日乃息。出入朝廷皆拭目驚觀之。八年，朝臣賀衆瑞公事，[7]融扶入拜起，復爲有司所奏，見原。遷司徒右長史。[8]

[1]李道固：李彪，字道固，魏孝文帝重要謀臣。永明間，曾奉命出使南齊。《魏書》卷六二、《北史》卷四〇並有傳。

[2]六夷：古指東夷、西南夷、西羌、西域、南匈奴、烏桓鮮卑等各族，這裏泛指外族。

[3]行：原闕，中華本據各本及《南史》卷三二補。今從補。

[4]行炙：傳送烤肉，亦泛指宴席上菜。

[5]口終不言：口，原訛“白”，中華本據南監本、殿本、局本及《南史》卷三二、《册府元龜》卷九四四改正。今從改。

[6]方摇食指：指，原訛“貨”，中華本據上述各本及《南史》卷三二、《册府元龜》卷九四四改正。今從改。

[7]瑞：指自然界的祥瑞之兆。原訛“端”，中華本據上述各本及《南史》卷三二、《册府元龜》卷九三〇改正。今從改。

[8]右長史：指在司徒府任右長史。右長史與左長史分署諸曹事，同爲屬吏之長。秩六品。

竟陵張欣時爲諸暨令，[1]坐罪當死。欣時父興世宋世討南譙王義宣，[2]官軍欲殺融父暢，興世以袍覆暢而坐之，以此得免。興世卒，融著高履負土成墳。至是融啓竟陵王子良，乞代欣時死。子良答曰：“此乃是長史美事，恐朝有常典，不得如長史所懷。”遷黄門郎，[3]太子中庶子，[4]司徒左長史。融有孝義，忌月三旬不聽樂，[5]事嫂甚謹。宋丞相義宣起事，[6]父暢以不同將見殺，司馬竺超民諫免之。[7]暢臨終謂諸子曰：“昔丞相事難，吾緣竺司馬得活，爾等必報其子弟。”後超民孫微冬月遭母喪，居貧，融往弔之，悉脱衣以爲賻，[8]披牛被而反。[9]常以兄事微。豫章王嶷、竟陵王子良薨，自以身經佐吏，哭輒盡慟。

[1]竟陵：郡名。治所在今湖北鍾祥市。　張欣時：張欣泰弟。曾任始安内史。詳見本書卷五一《張欣泰傳》。　諸暨：縣名。即今浙江諸暨市。

[2]興世：張興世，本名世，字文德，仕宋，有武功。在平定南郡王謀反之戰中，曾救張暢。《宋書》卷五〇、《南史》卷二五並有傳。　南譙王：南郡王。

[3]黄門郎：給事黄門侍郎的省稱。門下省官。掌奏事，直侍左右。秩五品。

[4]太子中庶子：東宫官。掌奏事直侍。秩五品。

[5]忌月：指父母喪亡之月。

[6]宋丞相義宣："義宣"二字原闕，中華本據南監本、殿本、局本補。今從補。

[7]司馬：南朝時爲軍府之佐官，位在將軍之下。掌軍府事務，參與軍事計劃。秩六品。

[8]賻（fù）：贈送財物助人治喪。"賻"原作"膞"，從中華本改。

[9]牛被：牛衣，簑衣。

建武四年，[1]病卒。年五十四。遺令建白旌無旒，[2]不設祭，令人捉麈尾登屋復魂。[3]曰："吾生平所善，自當凌雲一笑。三千買棺，無製新衾。左手執《孝經》《老子》，右手執小品《法華經》。妾二人，哀事畢，各遣還家。”又曰：“以吾平生之風調，何至使婦人行哭失聲，不須暫停閨閤。”[4]

[1]建武：齊明帝年號。

[2]白旌：旌，《南史》卷三二及《御覽》卷五四九引均作“旐”。中華本校勘記云：“按古喪禮有明旌，《禮記·檀弓》‘銘，明旌也’，謂書死者於旌也，‘旌’字不訛。” 旐：原作“旐”，從中華本改。

[3]令人捉麈尾登屋復魂：當時習俗，謂人死後靈魂尚存，家人於高處揮麈尾招之，其魂可復歸。麈（zhǔ）尾，古人閑談時執以驅蟲、撣塵的一種工具，在細長的木條兩邊及上端插設獸毛，類似鹿尾，故稱。古人清談時必執麈尾，相沿成習，成爲文人雅器。

[4]閨閤：妻女住室。這裏指閨閣之聲，即閨房談笑。

融玄義無師法，[1]而神解過人，白黑談論，[2]鮮能抗拒。永明中，遇疾，爲《門律》自序曰：[3]“吾文章之體，多爲世人所驚，汝可師耳以心，不可使耳爲心師也。[4]夫文豈有常體，但以有體爲常，政當使常有其體。[5]丈夫當删《詩》《書》，制禮樂，何至因循寄人籬下。且中代之文，[6]道體闕變，尺寸相資，彌縫舊物。[7]吾之文章，體亦何異，何甞顛温叙而錯寒暑，綜哀樂而橫歌哭哉？政以屬辭多出，比事不羈，不阡不陌，[8]非途非路耳。然其傳音振逸，鳴節竦韻，或當未極，亦已極其所矣。汝若復别得體者，吾不拘也。吾義亦如文，造次乘我，顛沛非物。[9]吾無師無友，不文不句，頗有孤神獨逸耳。義之爲用，將使性入清波，塵洗猶沐。無得釣聲同利，舉價如高，俾是道場，險成軍路。[10]吾昔嗜僧言，多肆法辯，此盡遊乎言笑，而汝等無幸。”又云：“人生之口，正可論道説義，惟飲與食。此外如樹網焉。[11]吾每以不爾爲恨，爾曹當振綱也。”

[1]玄：指道家老、莊之玄學。《老子》書中稱“道”爲“玄之又玄”。玄學是魏晋南北朝時期盛行的一種主張衝破儒學束縛、追求個性自由的社會思潮，因研究《老子》《莊子》和《周易》這三種號稱“三玄”的書而得名。

[2]白黑：指世俗之人與僧徒。衆人衣白，僧徒衣黑，因以代稱。

[3]《門律》：張融所撰談道論文的書。原訛“問律”，中華本據《册府元龜》卷八一七改，並曰：“按《高逸·顧歡傳》云‘司徒從事中郎張融作《門律》’，‘問’與‘門’形近而訛。各本皆未正，《南史》亦同訛。”今從改。

[4]汝可師耳以心，不可使耳爲心師也：意謂凡事須有主見，不可隨聲附和。

[5]“夫文豈”至“常有其體”：意謂文體無定，由自己需求擬定。

[6]中代：指中古。由於所處的時代不同，所指時期不一。此處泛指秦漢。

[7]尺寸相資，彌縫舊物：形容爲文遵守老規矩，因循守舊。朱季海《校議》云：“八代之文，多有此弊。融言如此，不可謂昌黎之前，曾無先覺也。”（第95—96頁）

[8]不阡不陌：指没有固定的途徑。

[9]造次乘我，顛沛非物：意謂任何非常情況下皆堅守己志。語出《論語·里仁》：“君子無終食之間違仁，造次必於是，顛沛必於是。”造次，倉猝，匆忙。顛沛，流離失所。

[10]俾是道場，險成軍路：此二句揭露世俗之徒，以學道爲名，行争名奪利之實，把道場變成你死我活的戰場。道場，學道修道場所。軍路，代指戰場。

[11]如樹網焉：原訛作“如樹銅爲”。中華本據南監本、殿本、局本改。今從改。按，“樹網”有綱舉目張之意。

臨卒，又戒其子曰：“手澤存焉，父書不讀！況父音情，婉在其韻。吾意不然，別遺爾音。吾文體英絶，變而屢奇，既不能遠至漢魏，故無取嗟晋宋。[1]豈吾天挺，[2]蓋不隤家聲。汝若不看，父祖之意欲汝見也。可號哭而看之。”融自名集爲《玉海》。司徒褚淵問《玉海》名，[3]融答：“玉以比德，海崇上善。”文集數十卷行於世。

[1]既不能遠至漢魏，故無取嗟晋宋：意指其文自成一體，不追效漢、魏，不取法晋、宋。

[2]天挺：天賦之才。

[3]褚淵：字彦回，歷仕南朝宋、齊，齊初進位司徒。本書卷二三有傳。

張氏知名，前有敷、演、鏡、暢，[1]後有充、融、卷、稷。[2]

[1]敷：張敷。《宋書》卷四六有傳。　演、鏡：張演、張鏡。《宋書》卷五三均有傳。

[2]充：張充。本書卷三三有傳。　卷、稷：張卷、張稷。《梁書》卷一六均有傳。

周顒字彦倫，[1]汝南安城人。[2]晉左光禄大夫顗七世孫也。[3]祖虎頭，員外常侍。[4]父恂，歸鄉相。[5]

[1]周顒：《南史》卷三四有附傳。

[2]汝南安城：地名。在今河南汝南縣東南。

[3]左光禄大夫：光禄勛屬官。備顧問應對。文散官，秩三品。　顗：周顗，東晉末名臣，官至太子少傅、尚書僕射，以方直、友愛獲海内盛名。後王敦叛亂被拘殺。《晋書》卷六九有傳。

[4]員外常侍：員外散騎常侍的簡稱。門下省官。掌奏事，直侍左右。秩如散騎常侍，三品。

[5]歸鄉：縣名。治所在今湖北秭歸縣東。　相：令。因是王國屬縣，故稱令爲“相”。

顒少爲族祖朗所知。[1]解褐海陵國侍郎。[2]益州刺史蕭惠開賞異顒，[3]携入蜀，爲厲鋒將軍，[4]帶肥鄉、成都二縣令。[5]轉惠開輔國府參軍，[6]將軍、令如故。仍爲府主簿。常謂惠開性太險峻，[7]每致諫，惠開不悦，答顒曰：“天險地險，王公設險，但問用險何如耳。”隨惠開還都。

[1]朗：周朗，字義利，仕宋。性好奇，愛矜誇。因居喪無禮，被鎖送邊郡，途中被殺。《宋書》卷八二、《南史》卷三四並有傳。

[2]海陵國：海陵郡（因爲王國屬郡，故稱國），治海陵縣，在今江蘇泰州市。　侍郎：南朝時“侍郎”爲尚書省屬官，此處乃指王國侍郎，待考。

[3]蕭惠開：仕宋，曾爲益州刺史。《宋書》卷八七、《南史》

卷一八並有傳。

[4]厲鋒將軍：爲臨時設置的雜號將軍。

[5]帶肥鄉、成都二縣令：帶，任官術語。指兼職。肥鄉，縣名。治所在今河北邯鄲市肥鄉區。成都，縣名。治所在今四川成都市。按，二縣相距遥遠，不可能兼爲令，肥鄉當有訛。中華本校勘記引清錢大昕《廿二史考異》云："按《宋》《齊》二志，成都無肥鄉縣。"

[6]輔國府：指輔國將軍府。

[7]險峻：峻，原作"俊"，中華本據各本改。今從改。

宋明帝頗好言理，[1]以顒有辭義，引入殿内，親近宿直。[2]帝所爲慘毒之事，[3]顒不敢顯諫，輒誦經中因緣罪福事，帝亦爲之小止。轉安成王撫軍行參軍。元徽初，[4]出爲剡令，[5]有恩惠，百姓思之。[6]還歷邵陵王南中郎三府參軍。[7]太祖輔政，引接顒。顒善尺牘，沈攸之送絶交書，[8]太祖口授令顒裁答。轉齊臺殿中郎。[9]

[1]宋明帝：劉彧。《宋書》卷八有紀。　言理：《南史》卷三四作"玄理"。

[2]宿直：夜間值班。

[3]帝所爲慘毒之事：宋明帝性陰殘，即位後，將其兄宋孝武帝之子殺去十六人。"慘毒之事"蓋指此。參見清趙翼《廿二史劄記》卷一一《宋子孫屠戮之慘》。

[4]元徽：宋後廢帝年號。

[5]剡：縣名。治所在今浙江嵊泗縣西南。

[6]思之：原作"思遠"，中華本據各本改。今從改。

[7]邵陵王：指邵陵殤王劉友，字仲賢，宋明帝第七子。元徽二年（474），友年五歲，出爲使持節、督江州、豫州之西陽、新

蔡、晋熙三郡諸軍事、南中郎將、江州刺史，封邵陵王。詳見《宋書》卷九〇《明四王傳》。　三府：指王府、軍府、州府。

[8]沈攸之送絶交書：指昇明元年（477）荆州刺史沈攸之起兵反蕭道成專政，攸之與蕭道成原爲好友，至此斷交，攸之給道成送絶交書。詳見《宋書》卷七四《沈攸之傳》。

[9]殿中郎：尚書省屬官。掌殿中曹，主辦駕行百官留守名帳、宫殿禁衛、供御衣食等事。秩五品。

建元初，爲長沙王參軍，後軍參軍，[1]山陰令。[2]縣舊訂滂民，[3]以供雜使。顒言之於太守聞喜公子良曰：[4]“竊見滂民之困，困實極矣。役命有常，衹應轉竭，蹙迫驅催，莫安其所。險者或竄避山湖，困者自經溝瀆爾。亦有摧臂斮手，[5]苟自殘落，販傭貼子，[6]權赴急難。每至滂使發動，遵赴常促，輒有柤杖被録，[7]稽顙階垂，[8]泣涕告哀，不知所振。[9]下官未嘗不臨食罷筯，當書偃筆，爲之久之，愴不能已。交事不濟，不得不就加捶罰，見此辛酸，時不可過。山陰邦治，事倍餘城；然略聞諸縣，亦處處皆蹟。[10]唯上虞以百户一滂，[11]大爲優足，過此列城，不無凋罄。宜應有以普救倒懸，設流開便，則轉患爲功，得之何遠。”還爲文惠太子中軍録事參軍，[12]隨府轉征北。文惠在東宫，顒還正員郎，[13]始興王前軍諮議。[14]直侍殿省，復見賞遇。

[1]後軍：指後軍將軍，禁衛軍官名。分掌宿衛。秩四品。

[2]山陰：縣名。治所在今浙江紹興市。

[3]訂：南朝齊梁間稱徵賦爲訂。《通鑑》卷一四三《齊紀九》“東昏侯永元二年”條：“又訂出雉頭、鶴氅、白鷺縗。”胡三省注：

“齊、梁之時，謂賦民爲訂，蓋取平議而賦之之義。” 滂（pāng）民：當是指爲國家采辦木材或水産的服役户。

［4］聞喜公子良：竟陵王蕭子良，初封聞喜縣公，曾爲會稽太守。詳見本書卷四〇《竟陵文宣王子良傳》。

［5］摧臂斮（zhuó）手：指爲逃避服役而自殘，砍斷臂膀或手。

［6］貼子：典押兒子。

［7］楖（zhā）杖：棍杖。指被拷打。 録：拘捕。原訛作“緑”，中華本據各本改。今從改。

［8］稽（qǐ）顙（sǎng）：屈膝下跪，以額觸地。

［9］不知所振：不知怎樣辦。振，原訛作“俍”，中華本據毛本、殿本、局本改。今從改。

［10］躓：指處於困境。

［11］上虞：縣名。即今浙江上虞市。 百户一滂：指百户船民徵一名。

［12］文惠太子：蕭長懋，字雲喬，齊武帝長子。初封南郡王，中軍將軍，置府，鎮石頭戍，尋轉征北將軍。武帝即位，長懋正位東宫，未繼皇位而早卒。本書卷二一有傳。 録事參軍：軍府佐吏。掌文書，糾察府事。

［13］還：《南史》卷三四作“遷”。 正員郎：散騎侍郎的别稱，齊爲集書省官。掌侍從顧問。秩五品。

［14］始興王：蕭鑑，字宣徹，齊高帝第十子。初封廣興王，後改封始興王。武帝初，爲前軍將軍，分掌禁衛軍。本書卷三五有傳。

顒音辭辯麗，出言不窮，宫商朱紫，[1]發口成句。汎涉百家，長於佛理。著《三宗論》。立空假名，[2]立不空假名；設不空假名難空假名，設空假名難不空假名。

假名空難二宗，又立假名空。西凉州智林道人遺顒書曰：[3]“此義旨趣似非始開，妙聲中絶六七十載。貧道年二十時，便得此義，竊每歡喜，無與共之。年少見長安耆老，多云關中高勝乃舊有此義，當法集盛時，能深得斯趣者，本無多人。過江東略是無一。[4]貧道捉麈尾來四十餘年，[5]東西講説，謬重一時，餘義頗見宗録，唯有此塗白黑無一人得者，[6]爲之發病。非意此音猥來入耳，始是真實行道第一功德。”其論見重如此。

[1]宫商：泛指音韵。　朱紫：指辭采。朱季海《校議》云：“觀此知當時音韵之字，不獨用諸文章。又當時有文句之學，所謂‘宫商朱紫，發口成句’，亦其一端乎？《武十七王傳》史臣曰：‘帝王子弟……齠年稚齒，養器深宫，習趨拜之儀，受文句之學。’《張融傳》：‘爲《門律自序》曰：吾無師無友，不文不句，頗有孤神獨逸耳。’皆是也。《顒傳》下云：‘每賓友會同，顒虚席晤語，辭韵如流，聽者忘倦。’是不獨其音辭辯麗，亦以語帶宫商故也。《南史·張敷傳》云：‘善持音儀，盡詳緩之致，與人别，執手曰：念相聞，餘響久之不絶，張氏後進皆慕之，其源起自敷也。’又《暢傳》：‘孝伯辭辯，亦北土之美，暢隨宜應答，吐屬如流，音韵詳雅。’時尚音韵，可以概見。”（第96頁）

[2]空假：佛教語。指事物均具備“自性空無”和“幻相宛然”兩個方面。參見清龔自珍《釋二門三點同異》，《龔自珍全集》第六輯。

[3]西凉州：州名。治所在今甘肅張掖市西北。　智林道人：六朝高僧。詳見梁釋慧皎《高僧傳·智林傳》。

[4]“能深得斯趣者”至“略是無一”：熊清元《〈南齊書〉研讀札記》：“‘過江東略是無一’，頗爲費解。查梁釋慧皎《高僧傳·智林傳》及唐釋道宣《廣弘明集》卷第二十四均載有智林道

人《與周顒書》全文，因知《周顒傳》所引係節録。‘過江東略是無一’，《高僧傳·智林傳》作‘傳過江東，略無其人’，《廣弘明集》作‘傳通略無其人’。結合上下文，知智林意謂《三宗論》，關中高勝能得其旨趣者本無多人，而此論傳過江東，能得其旨趣者則更無一人。語意完足，清楚明白。故當以《高僧傳·智林傳》爲是。而《周顒傳》‘過江東略是無一’，乃是‘傳過江東，略無其人’八字訛脱誤倒所致（脱‘傳’，‘其’訛爲‘是’，‘人’訛爲‘一’，‘略無是一’倒爲‘略是無一’）。至於《廣弘明集》之‘傳通略無其人’，當是‘過’訛爲‘通’、又脱‘江東’二字所致。”（《黄岡師專學報》1997 年第 3 期）

[5]捉麈尾：古代文人雅士清談時，習慣執麈尾以助談興。這裏以“捉麈尾”代指講道、傳道。

[6]白黑：借指是非、優劣。

顒於鍾山西立隱舍，[1]休沐則歸之。轉太子僕，[2]兼著作，[3]撰起居注。[4]遷中書郎，兼著作如故。常遊侍東宫。少從外氏車騎將軍臧質家得衛恒散隸書法，[5]學之甚工。文惠太子使顒書玄圃茅齋壁，[6]國子祭酒何胤以倒薤書求就顒换之，[7]顒笑而答曰：“天下有道，丘不與易也。”[8]

[1]鍾山：山名。即今江蘇南京市中山門外紫金山。

[2]太子僕：東宫官名。掌輿馬。秩五品。

[3]著作：指著作郎。史官，隸秘書省。秩六品。

[4]起居注：皇帝的言行録。兩漢時由宫内修撰，魏晋以後設官專修。《舊唐書·經籍志上》：“乙部爲史，其類十有三……五曰起居注，以紀人君言動。”

[5]外氏：指外祖父。　臧質：字含文。仕宋，屢有戰功，得

加車騎將軍、冠軍將軍等榮譽稱號。　衛恒：晋書法家，善草、隸，與其父衛瓘齊名，並稱“二衛”。參見清馮武《書法正傳·書家小傳》。　散隸：以散筆作的隸體字。宋沈括《夢溪筆談·技藝》：“古人以散筆作隸書，謂之散隸。”朱季海《校議》云：“散隸書南齊能者已尠，故彦倫矜秘乃爾。《魏書·崔玄伯傳》：‘尤善草隸行押之書，爲世慕楷。玄伯祖悦，與范陽盧諶，並以博藝著名。諶法鍾繇，悦法衛瓘，而俱習索靖之草，皆盡其妙。諶傳子偃，偃傳子邈。悦傳子潜，潜傳玄伯。世不替業，故魏初重崔盧之書。又玄伯之行押，特盡精巧，而不見遺迹。’恒即瓘子，是衛書江左罕傳，而河北崔氏，獨世傳瓘法，顒工散隸，得巨山一藝耳……”（第97頁）

[6]玄圃：玄圃園。魏晋南北朝時洛陽、建康（今南京市）太子宮中園名，時作講經之處。《文選》卷二〇陸機《皇太子宴玄圃宣猷堂有令賦詩一首》李善注引楊佺期《洛陽記》曰：“東宮之北，曰玄圃園。”南朝梁簡文帝《玄圃園講頌序》：“乃於玄圃園，栖聚德心之英，並命陳徐之士，摳談永日，講道終朝。”

[7]何胤：歷仕南朝宋、齊。本書卷五四有傳。　倒薤書：一種篆書書體名。宋張表臣《珊瑚鈎詩話》卷一：“有倒薤者，世傳務光辭湯之禪，居清泠之陂，植薤而食，清風時至，見葉交偃，像爲此書，以寫道經。”

[8]天下有道，丘不與易也：語出《論語·微子》。此處借以戲言不願與之交换。

每賓友會同，顒虚席晤語，辭韻如流，聽者忘倦。兼善《老》《易》，與張融相遇，輒以玄言相滯，[1]彌日不解。清貧寡欲，終日長蔬食，雖有妻子，獨處山舍。衛將軍王儉謂顒曰：[2]“卿山中何所食？”顒曰：“赤米白鹽，緑葵紫蓼。”[3]文惠太子問顒：“菜食何味最勝？”

顒曰："春初早韭，秋末晚菘。"[4]時何胤亦精信佛法，無妻妾。太子又問顒："卿精進何如何胤？"顒曰："三塗八難，[5]共所未免。然各有其累。"太子曰："所累伊何？"對曰："周妻何肉。"其言辭應變，皆如此也。

[1]相滯：指互相出難題以圖難倒對方。

[2]王儉：字仲寶，歷仕南朝宋、齊。永明間，曾進號衛軍將軍。本書卷二三有傳。

[3]綠葵：野菜名。　紫蓼：水生植物名。有紅蓼、紫蓼、刺蓼等，味辛，又名辛菜，可作調味品。

[4]菘（sōng）：蔬菜，現通稱白菜。明李時珍《本草綱目·菜一·菘》："菘，即今人呼爲白菜者。有兩種：一種莖圓厚微青；一種莖扁薄而白。"

[5]三塗八難：佛教語。指種種劫難。《維摩詰經·方便品》："菩薩成佛時，國土無有三塗八難。"三塗指地獄中的火途、血途、刀途，八難指佛聞法所遇的八種魔障。

轉國子博士，兼著作如故。太學諸生慕其風，爭事華辯。[1]後何胤言斷食生，[2]猶欲食白魚、䱇脯、糖蟹，[3]以爲非見生物。疑食蚶蠣，[4]使學生議之。學生鍾岏曰：[5]"䱇之就脯，驟於屈伸，蟹之將糖，躁擾彌甚。仁人用意，深懷如怛。[6]至於車螯蚶蠣，眉目內闕，慙渾沌之奇，礦殼外緘，非金人之慎。[7]不悴不榮，曾草木之不若；無馨無臭，與瓦礫其何算。故宜長充庖厨，永爲口實。"竟陵王子良見岏議，大怒。

[1]爭事華辯：其後《南史》卷三四云："始著《四聲切韵》

行於時。”

[2]言斷食生：中華本校勘記云：“南監本作‘亦斷食肉’。”

[3]白魚：魚名。即白鰷，産於淡水，腹白鱗細，狀如柳葉，味鮮嫩。前原有“肉”字，中華本據南監本及《南史》删。今從删。　鮔：同“鱔”。朱季海《校議》云：“《齊民要術·脯腊》第七十五：‘浸四五日，嘗味徹，便出置箔上陰乾。火炙熟搥，亦名瘃腊，亦名瘃魚，亦名魚腊。’疑胤之所食，正是此爾。”（第97—98頁）

[4]蚶蠣：朱季海《校議》引《廣韵·四十五厚》云：“‘母，莫厚切十四’下有‘牡’，母蠣即‘牡蠣’，疑原本作‘母蠣’，後人不知是‘牡’字之借，故改‘蚶’爾。”（第98頁）按，牡蠣亦稱“牡蛤”，軟體動物，肉鮮美，殼可入藥。參見《本草綱目·介二·牡蠣》。

[5]鍾岏：字長丘。梁著名文學家鍾嶸之兄，官建康令。著《良吏傳》十卷。《梁書》卷四九、《南史》卷七二有傳。

[6]深懷如怛：“怛”原作“但”，從中華本改。

[7]礦殼外緘，非金人之慎：戲言蚶蠣殼外露，不謹慎。金人之慎，語出《孔子家語·觀周》：“孔子觀周，遂入太祖后稷之廟。廟堂右階之前，有金人焉。三緘其口，而銘其背曰：‘古之慎言人也，戒之哉！’”

胤兄點，[1]亦遁節清信。顒與書，勸令菜食。曰：“丈人之所以未極遐蹈，或在不近全菜邪？[2]脱灑離析之討，鼎俎網罟之興，[3]載之簡策，[4]其來寔遠。誰敢干議？觀聖人之設膳脩，仍復爲之品節，[5]蓋以茹毛飲血，[6]與生民共始，縱而勿裁，將無厓畔。善爲士者，豈不以恕己爲懷？是以各静封疆，罔相陵轶。[7]況乃變之大者，莫過死生；生之所重，無踰性命。性命之於彼極切，滋味之在我可賒，而終身朝晡，資之以永歲，[8]彼就冤殘，莫能自列，[9]我業久長，[10]吁哉可畏。且區區微卵，脆薄易矜，[11]歂彼弱麑，顧步宜愍。觀其飲喙飛沈，[12]使人憐悼，[13]況可心心撲褫，[14]加復恣忍吞嚼。[15]至乃野牧盛群，閉豢重圈，量肉揣毛，以俟枝剥，[16]如土委地，僉謂常理，可爲愴息，[17]事豈一塗。若云三世理誣，則幸矣良快，如使此道果然，而受形未息，[18]則一往一來，一生一死，輪迴是常事。[19]雜報如家，[20]人天如客，[21]遇客日尠，在家日多，吾儕信業，未足長免，則傷心之慘，行亦自及。[22]丈人於血氣之類，雖無身踐，至於晨鳧夜鯉，[23]不能不取備屠門。財貝之一經盜手，[24]猶爲廉士所棄；生性之一啓鸞刀，寧復慈心所忍。騶虞雖飢，非自死之草不食，[25]聞其風豈不使人多愧。[26]衆生之稟此形質，以畜肌膂，[27]皆由其積壅癡迷，沈流莫反，報受穢濁，歷苦酸長，此甘與肥，皆無明之報聚也。何至復引此滋腴，自汙腸胃。丈人得此有素，聊復寸言發起耳。”

[1]點：何點，有儒術，仕齊爲中書令，後隱於會稽山。本書卷五四有傳。

[2]不近全菜：意指未斷葷腥肉食。菜，指蔬菜，素食。

[3]脱灑離析之討，鼎俎網罟之興：指爲食葷腥，大肆捕捉、殺戮、蒸煮禽畜野獸，極爲殘忍。

[4]載之簡策：原作“載策”，中華本據《册府元龜》卷八二一補。今從補。

[5]品節：按等級、層次而加以節制。語出《禮記·檀弓下》：

“品節斯，斯之謂禮。”孔穎達疏：“品，階格也。節，制斷也。”

[6]茹毛飲血：原指原始人類不知用火，連毛帶血生食禽獸。這裏泛指食禽獸之肉。

[7]陵轢：欺凌。中華本校勘記云：“轢，《廣弘明集》三十作‘櫟’。”

[8]資之以永歲：“永”原無，中華本據《廣弘明集》補。今從補。又中華本校勘記云：“按南監本、殿本、局本作‘資之以味’，殆原脱‘歲’字，後人以‘資之以永’不可解，遂改‘永’爲‘味’耳。”

[9]莫能自列：中華本校勘記云：“‘列’《廣弘明集》作‘伸’。”

[10]業：佛教語。這裏指口業，即貪饞食欲。

[11]矜：同“矜”，憐憫，同情。中華本校勘記云：“‘矜’各本作‘矜’。按段注《説文》‘矜’字作‘矜’，云從矛令聲。是矜有憐音，不必改作‘矜’也。”

[12]飲喙飛沈：中華本校勘記云：“‘飛沈’南監本、殿本及《元龜》八百二十一並作‘飛行’。”朱季海《校議》云：“《説文》：‘喙，口也。從口彖聲’，許穢切。‘啄，鳥食也，從口豕聲’，竹角切。此文‘飲喙’，當爲‘飲啄’。本謂水鳥涉禽，‘飛沈’是也。諸本云‘飛行’者，臆改故書。”（第98頁）

[13]使人：“人”下原有“物”字，中華本校勘記云：“據《元龜》《廣弘明集》删。按南監本、殿本、局本作‘人應憐悼’。”今從删。

[14]心心：《廣弘明集》作“甘心”。　撲褫（chǐ）：打殺，宰割。

[15]恣忍：《廣弘明集》作“恣意”。

[16]以倏枝剥：中華本校勘記云：“‘倏’毛本、殿本作‘挨’，按《元龜》《廣弘明集》並作‘倏’，作‘挨’非。‘枝’《元龜》《廣弘明集》作‘支’，按枝、支通，枝剥猶言，支解，殿

本《考證》謂‘枝’疑作‘披’，非。”

[17]可爲：可，原作“百”，中華本據《册府元龜》《廣弘明集》改。今從改。

[18]受形：“受”原無，中華本據《廣弘明集》補。今從補。

[19]輪迴是常事：“輪迴是”三字原闕，中華本據毛本、南監本、殿本、局本補。今從補。又按曰：“《元龜》作‘斯爲常事’。《廣弘明集》作‘一往一來，生死常事’。”

[20]報：佛教指因果輪回報應。

[21]人天：佛教語。六道輪回中的人道和天道，泛指世上衆生。參見《大寶積經·被甲莊嚴會三》。

[22]行亦自及：“自及”原作“息念”，中華本據各本及《南史》改。今從改。又按曰：“《廣弘明集》作‘行亦自念’。”

[23]晨鳧夜鯉：泛指魚鳥。中華本校勘記云：“《廣弘明集》作‘升鳧沈鯉’。”

[24]一經盗手：“一”原闕，中華本據《廣弘明集》補。今從補。

[25]自死之草：指枯草。

[26]聞其風豈不使人多愧：中華本校勘記云：“‘風’字下南監本、殿本有‘者’字。‘愧’字下《廣弘明集》有‘耻’字。”

[27]膋（liáo）：脂肪。《詩·小雅·信南山》：“執其鸞刀，以啓其毛，取其血膋。”鄭玄箋：“膋，脂膏也。”

顒卒官時，會王儉講《孝經》未畢，舉曇濟自代，[1]學者榮之。官爲給事中。[2]

[1]曇濟：中華本校勘記云：“按（本書）《禮志上》有‘國子助教謝曇濟’，當即其人，疑此脱一‘謝’字。”

[2]給事中：集書省官。掌侍從顧問。秩三品。

史臣曰：弘毅存容，[1]至仁表貌，汲黯剛戇，[2]崔琰聲姿，[3]然後能不憚雄桀，亟成譏犯。張融標心託旨，全等塵外，吐納風雲，不論人物，而干君會友，[4]敦義納忠，誕不越檢，常在名教。[5]若夫奇偉之稱，則虞翻、陸績不得獨擅於前也。[6]

[1]弘毅：形容抱負遠大，意志堅强。語出《論語·泰伯》："士不可以不弘毅，任重而道遠。"

[2]汲黯：字長孺，西漢功臣，位列九卿。"爲人性倨，少禮，面折，不能容人之過……好直諫，數犯主之顔色。"詳見《史記》卷一二〇《汲鄭列傳》。

[3]崔琰：字季珪，後漢人，事丞相曹操。琰不僅識見出衆，且"聲姿高暢，眉目疏朗，鬚長四尺，甚有威重，朝士瞻望，而太祖亦敬憚焉"。《三國志》卷一二有傳。

[4]干君：中華本校勘記云："'干'南監本、殿本、局本作'事'。"

[5]名教：指以正名定分爲主的禮教。

[6]虞翻：虞翻，三國吴人，事孫策、孫權。性疏直，曾指責孫權不該信神仙，遭貶被放，而講學不倦，門徒常數百人。《三國志》卷五七有傳。　陸績：字公紀，三國吴人，事孫策、孫權。"容貌雄壯，博學多識"，與虞翻並爲江東名士。《三國志》卷五七有傳。

贊曰：思光矯矯，萬里千仞。[1]升同應諧，[2]黜同解擯。[3]務在連衡，[4]不謀銷印。[5]彦倫辭辯，苦節清韻。白馬横擒，雲梯獨振。[6]

[1]萬里千仞：形容志行高邁。

[2]升同應諧：指視升官如兒戲。諧，詼諧。

[3]黜同解擯：指視罷官如同拋棄廢物。

[4]連衡：這裏泛指聯繫志同道合者。

[5]銷印：借指關係國家興亡之事。典出《史記》卷五五《留侯世家》：項羽急圍劉邦於滎陽，劉邦先接受酈食其的意見，擬復立六國後世，鑄印以示德義。張良聞，勸戒劉邦：若立六國，則其後世與漢争霸。劉邦恍然大悟，令速銷印。

[6]雲梯：比喻仕進之路。

張融《海賦》，文多脱誤，諸本同。[1]

[1]“張融”至“諸本同”：此數句，乃百衲本校者附言。

南齊書　卷四二

列傳第二十三

王晏　蕭諶　蕭坦之　江祏

王晏字士彥，[1]琅邪臨沂人也。[2]祖弘之，[3]通直常侍。[4]父普曜，祕書監。[5]

[1]王晏：《南史》卷二四有附傳，謂其“字休默，一字士彥”。

[2]琅邪：郡名。治所在今山東諸城市。　臨沂：縣名。即今山東臨沂市。

[3]弘之：王弘之，字方平，會稽上虞人。性好山水，東晉末及劉宋初，均辭官不就，終日垂釣，依巖築室，躬耕而食，甚得謝靈運、顏延之等名士欽重。《宋書》卷九三及《南史》卷二四有傳。

[4]通直常侍：通直散騎常侍，門下省官名。掌奏事，直侍左右。秩五品。

[5]祕書監：秘書省官名。掌藝文圖書。秩三品。

晏，宋大明末起家臨賀王國常侍，[1]員外郎，[2]巴陵王征北板參軍，[3]安成王撫軍板刑獄，[4]隨府轉車騎。[5]

[1]大明：南朝宋孝武帝年號。　臨賀王國常侍：《南史》作“建安國左常侍”。按，宋諸王中無臨賀王。宋文帝第十六子休倩封臨慶王，但九歲即去世。故當以《南史》所言爲是。建安王，即始安王休仁，宋文帝第十二子，初封建安王，後改封始安王。《宋書》卷七二、《南史》卷一四並有傳。常侍，王國官名。有左、右常侍，侍從顧問。秩八品。

[2]員外郎：員外散騎侍郎，門下省官，掌奏事，直侍左右。秩五品。

[3]巴陵王：名休若，宋文帝第十九子。《宋書》卷七二、《南史》卷一四並有傳。　征北：指征北將軍，四征將軍之一，南朝爲榮譽加號。開府者位從公，秩一品。　板：自行除用。兩晋、南朝時，公府、軍府將授官之詞寫於特製的木板上，故稱板官。　參軍：爲軍府屬吏。分掌府中事務。

[4]安成王：宋武帝、文帝之諸王中無封安成王者，宋宗室亦無，唯宋孝武帝第十六子劉子孟，初封淮南王，明帝時改封安成王，但“未拜賜死”。參見《南史》卷一四。按，《南史》未言安成王，此處安成王不明何指。　撫軍：指撫軍將軍府。撫軍將軍爲南朝榮譽加號，開府者位從公，秩一品。　刑獄：指掌管刑獄的參軍。

[5]車騎：指車騎將軍府參軍。車騎將軍，與撫軍將軍性質相同。參見本書《百官志》。

晋熙王燮爲郢州，[1]晏爲安西主簿。[2]世祖爲長史，[3]與晏相遇。[4]府轉鎮西，[5]板晏記室諮議。[6]沈攸之事難，[7]鎮西職僚皆隨世祖鎮盆城，[8]上時權勢雖重，[9]

而衆情猶有疑惑，晏便專心奉事，軍旅書翰皆委焉。性甚便僻，[10]漸見親侍。[11]乃留爲上征虜撫軍府板諮議，[12]領記室。從還都，遷領軍司馬，[13]中軍從事中郎。[14]常在上府，參議機密。建元初，[15]轉太子中庶子。[16]世祖在東宫，專斷朝事，多不聞啓，晏慮及罪，稱疾自踈。尋領射聲校尉，[17]不拜。世祖即位，[18]轉長兼侍中，[19]意任如舊。[20]

[1]晋熙王：原爲宋文帝第九皇子劉昶，宋前廢帝永光、景和（465）中，昶懼誅投奔北魏。宋明帝泰始六年（470），以其六皇子燮繼昶，襲封晋熙王。宋後廢帝元徽年間爲郢州刺史，進號安西將軍。　郢州：治夏口城，在今湖北武漢市武昌區。

[2]安西主簿：指安西將軍府主簿，掌文書簿籍，爲諸吏之首。安西將軍爲"四安將軍"之一，南朝時爲榮譽加號。

[3]世祖：指齊武帝蕭賾（廟號世祖），宋時在晋熙王府供職。本書卷三有紀。　長史：王府、軍府屬吏之長。

[4]遇：知遇，知己。

[5]府轉鎮西：此指晋熙王由安西將軍轉爲鎮西將軍（同爲榮譽加號）。

[6]記室：軍府佐吏。掌書記。　諮議：諮議參軍，軍府佐吏，參謀府務。

[7]沈攸之事難：指元徽五年（477），蕭道成廢宋後廢帝，立宋順帝，輔政專權，荆州刺史沈攸之起兵反蕭道成，旋被平滅。詳見《通鑑》卷一三四《宋紀十六》"順帝昇明元年至二年"條。

[8]盆城：一名湓口城，在今江西九江市，南朝時爲江州治所。沈攸之事起，蕭賾領軍據湓口以堵截攸之。

[9]上：指後爲齊武帝的蕭道成。本書卷一至卷二有紀。

[10]便（pián）僻：諂媚逢迎。語出《論語·季氏》："友便

辟，友善柔，友便佞，損矣。”邢昺疏：“便辟，巧辟人之所忌以求容媚者也。”僻，同“辟”。

［11］親侍：中華本校勘記云：“‘侍’《南史》作‘待’。”

［12］征虜：指征虜將軍。　撫軍：指撫軍將軍。按，蕭道成未領征虜將軍，疑有誤。

［13］領軍司馬：指領軍將軍府司馬。領軍將軍爲禁衛軍首領，掌内兵。秩三品。司馬爲將軍府屬官，掌軍府事務。秩六品。參見《文獻通考》卷六六《職官二十》。

［14］中軍：指中軍將軍府。中軍將軍爲榮譽加號。　從事中郎：軍府親近散職，分掌諸曹。秩六品。詳見《宋書·百官志上》。

［15］建元：齊高帝年號。

［16］太子中庶子：東宫官。職如侍中，掌奏事，直侍太子左右。秩五品。

［17］射聲校尉：禁衛軍官名。分掌宿衛營兵。秩四品。

［18］世祖：齊武帝廟號。

［19］長兼：古代加在官職名稱前，表示非正式任命。　侍中：門下省官。掌奏事，直侍左右。秩三品。

［20］意任：信任。

永明元年，[1]領步兵校尉，[2]遷侍中祭酒，[3]校尉如故。遭母喪，起爲輔國將軍、司徒左長史。[4]晏父普曜藉晏勢宦，多歷通官。[5]晏尋遷左衛將軍，加給事中。[6]未拜，而普曜卒，居喪有稱。起冠軍將軍、司徒左長史、濟陽太守，[7]未拜，遷衛尉，[8]將軍如故。四年，轉太子詹事，[9]加散騎常侍。[10]六年，轉丹陽尹，[11]常侍如故。晏位任親重，朝夕進見，言論朝事，自豫章王嶷、尚書令王儉皆降意以接之，[12]而晏每以疎漏被上呵責，連稱疾久之。上以晏須禄養，七年，轉爲江州刺史，[13]晏固辭不願出外，見許，留爲吏部尚書，[14]領太子右衛率。[15]終以舊恩見寵。時尚書令王儉雖貴而疎，[16]晏既領選，權行臺閣，與儉頗不平。儉卒，禮官議謚，上欲依王導謚爲“文獻”，[17]晏啓上曰：“導乃得此謚，但宋以來，不加素族。”[18]出謂親人曰：“‘平頭’憲事已行矣。”[19]八年，改領右衛將軍，[20]陳疾自解。

[1]永明：齊武帝年號。

[2]步兵校尉：禁衛軍官名。分掌宿衛營兵。秩四品。

[3]侍中祭酒：侍中，功高者任之。秩三品。見本書《百官志》。

[4]司徒：三公之一，掌民事、教化。《藝文類聚》卷四七引《齊職儀》曰：“司徒，品秩冠服同丞相，郊廟服冕同太尉。”司徒府置左右長史，分掌府務。秩六品。

[5]通官：達官，顯貴之官。

[6]給事中：集書省官名。掌侍從、顧問。秩五品。

[7]冠軍將軍：南朝爲優禮大臣的榮譽虚銜，開府者位從公秩一品。　濟陽：南濟陽郡，治考城，在今河南蘭考縣東北堌鎮。

[8]衛尉：掌宫門屯衛。秩三品。

[9]太子詹事：東宫官。掌太子家事。秩三品。

[10]散騎常侍：集書省主官。掌侍從顧問。秩三品。

[11]丹陽尹：東晋始置，爲京城所在郡府長官。掌京城行政諸務及詔獄，地位頗重要。秩三品。

[12]豫章王嶷：字宣儼，齊高帝次子。官至大司馬，位高權重。本書卷二二有傳。　尚書令：尚書省主官。領六部尚書總理政務。秩三品。　王儉：字仲寶，歷仕南朝宋、齊，齊開國勛臣。本書卷二三有傳。

[13]江州：州名。治所在今江西九江市西南。

[14]吏部尚書：尚書省官名。掌官吏升降考比事。秩三品。周一良《〈南齊書·丘靈鞠傳〉試釋兼論南朝文武官位及清濁》一文云："'選曹要重'，吏部尚書有'大尚書'之稱。"（《魏晋南北朝史論集》，北京大學出版社1997年版，第117頁）

[15]太子右衛率：東宫官。掌護衛太子。秩四品。

[16]時尚書令王儉：《初學記》卷一一引《齊職儀》曰："尚書令品第三，秩千石，絳朝服，佩水蒼玉。"按，尚書令爲尚書省總領，主持全國政務。底本無"尚書"二字，中華本據南監本、局本及《南史》補，並按殿本無"尚書令"三字。今從補。朱季海《南齊書校議》（以下簡稱朱季海《校議》）云："百納本是也。南監本、局本依《南史》補'尚書'字，殊失蕭《書》之真。殿本並删'令'字，亦近不知而作也。尋此承上文：'晏固辭不願出外，見許，留爲吏部尚書'，故不煩更著'尚書'字。吏部以下諸尚書並屬尚書臺，尚書令總領尚書臺二十曹，爲内臺主，但書'令'，其爲尚書令自明。《王秀之傳》：'至秀之爲尚書，又不與令王儉款接。'句法正同。然子顯屬辭，條例謹嚴故爾，是又學者所宜知也。"（中華書局1984年版，第99頁）

[17]王導：字茂弘，東晋開國勛臣。官司徒，進位太保，卒謚"文獻"。《晋書》卷六五有傳。

[18]素族：《通鑑》卷一三六《齊紀二》"武帝永明七年"條作"異姓"。

[19]平頭：《通鑑》卷一三六胡三省注："平頭，謂'王'字也。"

[20]右衛將軍：禁衛軍官。分掌宿衛營兵。秩四品。

上欲以高宗代晏領選，[1]手敕問之。晏啓曰："鸞清幹有餘，[2]然不諳百氏，[3]恐不可居此職。"上乃止。明年，遷侍中，領太子詹事，本州中正，[4]又以疾辭。十年，改授散騎常侍、金紫光禄大夫，[5]給親信二十人，中正如故。十一年，遷右僕射，[6]領太孫右衛率。[7]

[1]高宗：指後來的齊明帝蕭鸞，廟號高宗。本書卷六有紀。“高宗”原訛“高祖”，中華本據各本改。今從改。　選：指選司，即吏部尚書。因掌官吏選拔，故别稱選司，爲清要之職。

[2]鸞：指高宗蕭鸞。中華本校勘記云：“‘鸞’原作‘諱’，今從殿本改。”今從改。　清幹：指品格才幹。

[3]百氏：指百家譜牒之學。

[4]中正：負責考察州郡人才。選拔各州郡有聲望的人任此職，將當地士人按才能品德分成九等（九品），作爲政府選任官吏的依據。

[5]金紫光禄大夫：文散官名。多爲加給列卿及中朝大官養老告病者的禮贈之官。秩三品。金紫，指金章紫綬，以顯其榮貴。

[6]右僕射：尚書省官。輔尚書令管理政務。秩三品。《唐六典》卷一：“魏晋宋齊，秩皆六百石，品並第三。”

[7]太孫：指文惠太子長子蕭昭業，文惠太子早薨，太孫立爲東宫。　右衛率：東宫官。與左衛率共護衛太子。秩五品。參見《唐六典》卷二八。

世祖崩，遺旨以尚書事付晏及徐孝嗣，[1]令久於其職。鬱林即位，[2]轉左僕射，中正如故。隆昌元年，加侍中。高宗謀廢立，[3]晏便響應推奉。延興元年，轉尚書令，加後將軍，[4]侍中、中正如故。封曲江縣侯，[5]邑千户。給鼓吹一部，甲仗五十人入殿。高宗與晏宴於東府，[6]語及時事，晏抵掌曰：“公常言晏怯，今定何如？”

建武元年，進號驃騎大將軍，[7]給班劍二十人，[8]侍中、令、中正如故。又加兵百人，領太子少傅，[9]進爵爲公，增邑爲二千户。以虜動，給兵千人。

[1]徐孝嗣：字始昌，歷仕南朝宋、齊，在齊歷任顯職。本書卷四四有傳。

[2]鬱林：指齊鬱林王蕭昭業，齊武帝太孫，隆昌元年（494）繼位。本書卷四有紀。

[3]高宗謀廢立：指隆昌元年（494）七月，西昌侯蕭鸞糾結王晏、徐孝嗣等人，廢鬱林王蕭昭業，立其弟昭文爲齊恭帝，改元延興。

[4]後將軍：後軍將軍，禁衛軍官。分掌宿衛營兵。秩四品。

[5]曲江縣侯：曲江縣，治所在今廣東韶關市南。侯爲第二等封爵，曲江爲其食邑。

[6]東府：在建康（今江蘇南京市）宫城東。清王鳴盛《十七史商榷》卷六四《東府》：“有曰臺城，蓋宫省之所寓也。有曰東府，蓋宰相之所居也。”

[7]驃騎大將軍：將軍名。位在諸將軍之上，南朝爲優禮大臣的最高榮譽稱號。秩一品。

[8]班劍：有紋飾的劍。用作儀仗，由武士佩持。此指持班劍的武士。班，通“斑”。

[9]太子少傅：東宫官。掌輔導太子。秩三品。

晏爲人篤於親舊，爲世祖所稱。至是自謂佐命惟新，言論常非薄世祖故事，[1]衆始怪之。高宗雖以事際須晏，而心相疑斥。料簡世祖中詔，[2]得與晏手敕三百餘紙，[3]皆是論國家事，[4]以此愈猜薄之。初即位，始安王遥光便勸誅晏，[5]帝曰："晏於我有勳，且未有罪。"遥光曰："晏尚不能爲武帝，[6]安能爲陛下。"帝默然變色。時帝常遣心腹左右陳世範等出塗巷採聽異言，[7]由是以晏爲事。晏輕淺無防慮，望開府，[8]數呼相工自視，云當大貴。與賓客語，好屏人清閒，[9]上聞之，疑晏欲反，遂有誅晏之意。傖人鮮于文粲與晏子德元往來，[10]密探朝旨，告晏有異志。世範等又啓上云：[11]"晏謀因四年南郊，[12]與世祖故舊主帥於道中竊發。"[13]會虎犯郊壇，[14]帝愈懼。未郊一日，敕停行。[15]元會畢，[16]乃召晏於華林省誅之。[17]下詔曰："晏閭閻凡伍，少無持操，階緣人乏，班齒官途。[18]世祖在蕃，搜揚擢用，棄略疵瑕，遂升要重。而輕跳險鋭，在貴彌著，猜忌反覆，觸情多端。故以兩宫所弗容，[19]十手所共指。[20]既内愧于心，外懼憲牘，[21]掩迹陳痾，[22]多歷年載。頻授蕃任，[23]輒辭請不行，事似謙虚，情實詭伏。隆昌以來，運集艱難，匡贊之功，[24]頗有心力。迺爵冠通侯，[25]位登元輔，[26]綢繆恩寄，朝莫均焉。谿壑可盈，無厭將及。視天畫地，遂懷異圖。廣求卜相，取信巫覡。論薦黨附，遍滿臺府。令大息德元淵藪亡命，[27]同惡相濟，劍客成群。弟詡凶愚，遠相脣齒，信驛往來，密通要契。去歲之初，奉朝請鮮于文粲備告姦謀。[28]朕以信必由中，義無與貳，推誠委任，覬能悛改。而長惡易流，構扇彌大，與北中郎司馬蕭毅、臺隊主劉明達等剋期竊發。[29]以河東王鉉識用微弱，[30]可爲其主，得志之日，當守以虚器。[31]明達諸辭列，炳然具存。昔漢后以反脣致討，[32]魏臣以蚪鬚爲戮，[33]况無君之心既彰，陵上之迹斯著，此而可容，誰寘刑辟。並可收付廷尉，[34]肅明國典。"[35]

[1]言論常非薄世祖故事：指其言談常輕慢齊武帝舊時所作之事。"非薄"，《南史》卷二四作"非"。按，此句後《通鑑》卷一四一《齊紀七》"明帝建武四年"條云："鬱林王已廢，上與晏宴於東府，語及時事，晏抵掌曰：'公常言晏怯，今定何如？上即位，晏自謂佐命新朝，常非薄世祖故事。'既居朝端（指任尚書令），事多專决，内外要職，並用所親，每與上争用人。上雖以事際須晏，而心惡之。"

[2]料簡：清理檢查。　中詔：宫中直接發出的帝王詔書。《通鑑》卷一二四《宋紀六》"文帝元嘉二十一年"條："先賜中詔敕之。"胡三省注："詔自中出，不經門下者，謂之中詔，今之手詔是也。"

[3]手敕：皇帝親自寫的詔書。

[4]皆是論國家事：《通鑑》卷一四一此後尚云："又得晏啓諫世祖以上領選事。"按，指前述武帝欲任命蕭鸞爲吏部尚書，王晏上書以蕭鸞"不諳百氏，恐不可居此職，"上乃止。

[5]始安王遥光：字元暉，齊明帝兄蕭鳳之子，爲明帝心腹。本書卷四五有傳。

[6]晏尚不能爲武帝：指前所述王晏非薄齊武帝舊時所爲。

[7]帝常遣心腹左右陳世範等出塗巷採聽異言：指明帝派遣心腹陳世範等人到公共場所秘密打探有關王晏的傳聞。

[8]晏輕淺無防慮，望開府：開府，開建府署，辟置僚佐。漢制三公得開府。魏晋以後，爲加銜，君主往往以之授督撫等封疆大臣及重臣，以示殊寵。按，《南史》卷二四此處云："晏性浮動，志欲無厭，自謂旦夕開府。又望録尚書，每謂人曰：'徐公應爲令。'

又和徐詩云：‘槐序候方調。’其名位在徐前，徐若三槐，則晏不言自顯，人或譏之。”按，“徐”指齊開國大臣徐孝嗣，本書卷四四有傳。

[9]屏人：避開别人，意謂密談。　清閒：中華本校勘記云：“‘清閒’各本皆作‘請閒’。按請閒與清閒義别。《通鑑》齊明帝建武四年亦作‘清閒’。《遥光傳》‘每與上久清閒’，義與此同。”“閒”原作“間”，從中華本改。今按，《南史》無“清閒”二字。

[10]傖人鮮于文粲：傖人，晋南北朝時南人對北人的蔑稱。鮮于文粲當是北地人。《通鑑》卷一四一作“奉朝請鮮于文粲”。

[11]世範等又啓上：《南史》卷二四作：“又左右單景儁、陳世範等采巫覡言啓上，云晏懷異圖。”

[12]郊：郊祭。古帝王祭祀天地，冬至祭天於南郊，夏至瘞地於北郊。

[13]道中竊發：此指王晏謀劃於明帝郊祭途中舉事。

[14]虎犯郊壇：虎，指白虎星。星相家謂白虎星觸犯郊壇乃灾禍徵兆。

[15]敕停行：《通鑑》卷一四一其後云：“先報晏及徐孝嗣。孝嗣奉旨，而晏陳‘郊祀事大，必宜自力’。上益信世範之言。”

[16]元會：皇帝於元旦朝會群臣，亦稱正會。

[17]華林省：《通鑑》卷一四一胡三省注：“省在華林園，因名。”按，華林園，宫苑名。故址在今江蘇南京市鷄鳴山南古臺城内。齊、梁諸帝常宴集於此。又按，“誅之”後《通鑑》卷一四一云：“並北中郎司馬蕭毅、臺隊主劉明達，及晏子德元、德和。”

[18]階緣人乏，班齒官途：指朝中因一時人才缺乏，王晏才被列入官途。班齒，喻與人並列。

[19]兩宫：指東宫和上臺，即太子及皇帝。

[20]十手所共指：指遭到衆人的唾棄和譴責。語見《禮記·大學》：“十目所視，十手所指，其嚴乎。”

[21]憲牘：御史彈劾的公文。

［22］掩迹陳痾：指裝病以掩飾惡迹。

［23］蕃任：諸王府的官職。

［24］匡贊之功：指輔佐明帝登位之功。

［25］通侯：高等爵位名。參見《戰國策·楚策一》。

［26］元輔：指宰相。王晏任尚書令，相當於宰相。

［27］大息：大兒子。　淵藪亡命：指接交網羅江湖上的亡命之徒。

［28］奉朝請：古代諸侯春季朝見天子稱朝，秋季朝見天子稱請。漢代對於退職的大臣、將軍和皇室、外戚，以奉朝請名義使其定期參加朝會。南北朝時閑散官員以奉朝請名義被安置於集書省。“朝”字原脱，中華本據局本補。今從補。

［29］蕭毅：齊高帝從子，新吴侯蕭景先之子。毅性奢豪，好弓馬，爲明帝所疑忌。本書卷三八有附傳。　臺隊主：指禁衛軍小頭目。南朝時稱統率一軍者爲軍主，統率一隊者爲隊主。

［30］河東王鉉：字宣胤，齊高帝第十九子。建武四年（497）誅王晏，以謀立鉉爲名，免鉉官，禁不得與外人交通，後終被殺害。本書卷三五有傳。

［31］守其虛器：這裏是指奪權成功後讓河東王爲有其名位而無其實的皇帝。

［32］漢后以反脣致討：反脣，指脣動，表示心中不服。《史記·平準書》載：漢武帝時，有顔異，爲人廉直，官至九卿，對造白鹿皮巾有異議，對朝廷頒詔“微反脣”，天子不悦。其時酷吏張湯以異“反脣腹誹”之罪，將顔異處死。

［33］虬鬚：胡鬚上卷。《三國志》卷一二《魏書·崔琰傳》載：崔琰仕曹操，清貞守道，甚有威重，被人誣諂“傲世怨謗”，曹操罰琰爲徒隸，使人視之，辭色不撓，曹操曰：“琰雖見刑，而通賓客，門若市人，對賓客虬鬚直視，若有所瞋。”遂賜琰死。

［34］廷尉：列卿之一，掌刑辟。秩三品。

［35］肅明國典：《通鑑》卷一四一此段後云：“鬱林王之將廢

也，晏從弟御史中丞思遠謂晏曰：‘兄荷世祖厚恩，今一旦贊人如此事，彼或可以權計相須，未知兄將來何以自立！若及此引決，猶可保全門户，不失後名。’晏曰：‘方噉粥，未暇此事。’及拜驃騎將軍，集會子弟，謂思遠兄思徵曰：‘隆昌之末，阿戎勸吾自裁；若從其語，豈有今日？’思遠遽應曰：‘如阿戎所見，今猶未晚也。’思遠知上外待晏厚而内已經疑異，乘間謂晏曰：‘時事稍異，兄亦覺不？凡人多拙於自謀而巧於謀人。’晏不應。思遠退，晏方歎曰：‘世乃有勸人死者！’旬日而晏敗。上聞思遠言，故不之罪，仍遷侍中。”又云：“晏外弟尉氏阮孝緒亦知晏必敗。晏屢至其門，逃匿不見。嘗食醬美，問知得於晏家，吐而覆之。及晏敗，人爲之懼，孝緒曰：‘親而不黨，何懼之有！’卒免於罪。”

晏未敗數日，[1]於北山廟答賽，[2]夜還，晏既醉，部伍人亦飲酒，羽儀錯亂，前後十餘里中，不復相禁制，識者云“此勢不復久也”。[3]

[1]晏未敗數日：《南史》卷二四此句前云：“晏之爲員外郎也，父普曜齋前柏樹忽變成梧桐，論者以爲梧桐雖有栖鳳之美，而失後凋之節。即晏敗，果如之。又未敗前，見屋桷子悉是大蛇，就視之猶木也。晏惡之，乃以紙裹桷子，猶紙内摇動，簌簌有聲。”

[2]答賽：報祭神靈。

[3]此勢不復久也：王晏家族權勢即將敗落。

晏子德元，有意尚。至車騎長史。[1]德元初名湛，世祖謂晏曰：“劉湛、江湛，[2]並不善終，此非佳名也。”晏乃改之。至是與弟晉安王友德和俱被誅。[3]

［1］車騎長史：指車騎將軍府長史。

［2］劉湛：仕宋文帝，以逆伏誅。《宋書》卷六九有傳。　江湛：仕宋文帝，太子劉劭弒父自立，湛亦見害。《宋書》卷七一有傳。

［3］晋安王：名子懋，齊武帝第七子。本書卷四〇有傳。　友：親王府官。侍王左右，輔弼贊助。

晏弟詡，永明中爲少府卿。[1]六年，敕位未登黄門郎，[2]不得畜女妓。詡與射聲校尉陰玄智坐畜妓免官，禁錮十年。敕特原詡禁錮。後出爲輔國將軍、始興内史。[3]廣州刺史劉纘爲奴所殺，詡率郡兵討之。延興元年，[4]授詡持節廣州刺史。詡亦篤舊。晏誅，上又遣南中郎司馬蕭季敞襲詡殺之。[5]

［1］少府卿：列卿之一。掌宫中服御之物。周一良《〈南齊書·丘靈鞠傳〉試釋兼論南朝文武官位及清濁》一文云："一良案，宋齊諸卿皆無卿名，梁天監七年始加卿字。蕭子顯蓋以梁制記齊事。據《宋書·百官志》：少府三品，五校四品，而黄門則五品也……而王詡、陰玄智乃坐罪，是亦五校不逮黄門之證也。"（《魏晋南北朝史論集》，第121頁）

［2］黄門郎：給事黄門侍郎的省稱。門下省官。掌奏事，直侍左右。秩五品。

［3］始興：郡名。治所在今廣東韶關市東南蓮花峰下。　内史：王國郡太守稱内史。

［4］延興：齊恭帝年號。

［5］蕭季敞：《南史》卷四一有傳。

蕭諶字彥孚，[1]南蘭陵蘭陵人也。[2]祖道清，[3]員外郎。[4]父仙伯，桂陽國參軍。[5]

[1]蕭諶：《南史》卷四一亦有傳。

[2]南蘭陵：郡名。南朝以蘭陵郡改名。治所在蘭陵縣。　蘭陵：縣名。今江蘇常州市武進區西北萬綏鎮。

[3]道清：史無記載，其事不詳。下仙伯同。

[4]員外郎：員外散騎侍郎的省稱。門下省官，掌奏事，直侍左右。秩五品。

[5]桂陽國：王國郡名。治所在今湖南郴州市。　參軍：《南史》卷四一作“下軍”，中華本據改。按，“下軍”乃春秋時軍隊建制，南朝時未見下軍之職，故原作“參軍”不誤。

諶初爲州從事，[1]晉熙國侍郎，[2]左常侍。諶於太祖爲絶服族子，[3]元徽末，世祖在郢州，[4]欲知京邑消息，太祖遣諶就世祖宣傳謀計，留爲腹心。昇明中，[5]爲世祖中軍刑獄參軍，[6]東莞太守。[7]以勳懃封安復縣男，[8]三百户。建元初，爲武陵王冠軍、臨川王前軍參軍，[9]除尚書都官郎，[10]建威將軍，[11]臨川王鎮西中兵。[12]世祖在東宫，諶領宿衛。太祖殺張景真，[13]世祖令諶口啓乞景真命，[14]太祖不悦，諶懼而退。世祖即位，出諶爲大末令，[15]未之縣，除步兵校尉，領射陽令，[16]轉帶南濮陽太守，[17]領御仗主。[18]

[1]州從事：州府屬吏。由州長官自行辟除，分掌各類事務。

[2]晉熙國：指宋晉熙王封國。

[3]諶於太祖爲絶服族子：蕭諶祖父道清，與齊高帝蕭道成同

輩，故諶乃高帝族孫；此處言“族子”有誤。絶服，遠房。

[4]郢州：州名。治夏口城，在今湖北武漢市武昌區。按，元徽四年（476）蕭賾爲宋晋熙王鎮西長史、江夏内史、行郢州事。詳見本書卷三《武帝紀》。

[5]昇明：齊順帝年號。

[6]中軍刑獄參軍：指中軍將軍府刑獄參軍，主軍府司法刑獄事。

[7]東莞：郡名。東晋僑置於晋陵東南，在今江蘇常州市。

[8]安復縣：治所在今江西安復縣西。　男：爲第五等封爵，安復縣爲其食邑。

[9]武陵王：名曄，字宣照，齊高帝第五子，初除冠軍將軍。本書卷三五有傳。　臨川王：名映，字宣光，齊高帝第三子，曾領前軍將軍。本書卷三五有傳。按，蕭諶前後在兩將軍府任參軍。

[10]都官郎：尚書省都官曹官。掌刑事。秩五品。

[11]建威將軍：南朝爲優禮大臣的榮譽虚銜。秩四品。

[12]鎮西中兵：指鎮西將軍府中兵參軍。軍府中兵曹，掌畿内之兵。

[13]張景真：齊武帝在東宫時，景真爲其左右心腹，領東宫主衣食，奢侈無度。詳見本書卷三一《荀伯玉傳》。

[14]世祖令諶口啓乞景真命：指齊武帝蕭賾讓蕭諶向高帝蕭道成請求免張景真一死。

[15]大末：縣名。治所在今浙江衢州市東北。

[16]射陽：縣名。治所在今江蘇寶應縣東北射陽鎮。

[17]南濮陽：郡名。治廩丘，在今山東荷澤市。

[18]御仗主：南齊禁衛武官。掌齋内兵仗，宿直左右。

永明二年，爲南蘭陵太守，建威將軍如故。復除步兵校尉，太守如故。世祖齋内兵仗悉付之，心膂密事，皆使參掌。除正員郎，[1]轉左中郎將，[2]後軍將軍，[3]太守如故。世祖卧疾延昌殿，敕諶在左右宿直。上崩，遺敕諶領殿内事如舊。[4]鬱林即位，深委信諶，諶每請急出宿，[5]帝通夕不得寐，諶還乃安。轉衛軍司馬，[6]兼衛尉，加輔國將軍。丁母憂，敕還復本任，守衛尉。高宗輔政，有所匡諫，[7]帝既在後宫不出，唯遣諶及蕭坦之遥進，[8]乃得聞達。諶回附高宗，勸行廢立，[9]密召諸王典籤約語之，不許諸王外接人物。諶親要日久，衆皆憚而從之。鬱林被廢日，初聞外有變，猶密爲手敕呼諶，其見信如此。諶性險進無計略，及廢帝日，領兵先入後宫，齋内仗身素隸服諶，[10]莫有動者。

[1]正員郎：散騎侍郎的别稱。南齊屬集書省官，掌侍從顧問。秩五品。

[2]左中郎將："四中郎將"之一，南朝爲榮譽加號。本書《百官志》曰："四中郎將……宋齊以來，唯處諸王，素族無爲者。"

[3]後軍將軍：禁衛軍官。分掌宿衛營兵。秩四品。

[4]上崩，遺敕諶領殿内事如舊：張金龍《齊武帝遺詔與南齊中葉政治》云："（蕭諶）很早就與齊武帝建立了密切關係，成爲其心腹……蕭諶自齊武帝爲太子起就領其府宿衛，一直到其駕崩，幾近十五年之久，是齊武帝最親近、信任的禁衛武官。"（《魏晋南北朝史論文集》，巴蜀書社2006年版，第184頁）

[5]請急：請假。急，古代休假名。

[6]衛軍司馬：衛將軍府司馬。衛將軍爲南朝爲榮譽加號，開府者位從公秩一品。

[7]有所匡諫：《通鑑》卷一三九《齊紀五》"明帝建武元年"條："朝事大小，皆决於西昌侯鸞。鸞數諫争，帝多不從；心忌鸞，

欲除之。”

[8]蕭坦之：時任鎮軍將軍，與蕭諶同爲鬱林心腹。　遥進：《通鑑》卷一三九作“徑進”。

[9]諶回附高宗，勸行廢立：張金龍《齊武帝遺詔與南齊中葉政治》云：“蕭諶任職的大部分時間是與蕭鸞共事的，且蕭鸞爲其上司，二人很可能結成了牢不可破的密切關係。這就是蕭諶在廢立時爲蕭鸞效忠的緣故。”（《魏晋南北朝史論文集》，第184頁）

[10]齋内仗身素隸：指守護内宫的衛士、差役。

海陵立，[1]轉中領軍，[2]進爵爲公，二千户。甲仗五十人。入直殿内，月十日還府。建武元年，轉領軍將軍，左將軍，[3]南徐州刺史，[4]給扶，[5]進爵衡陽郡公，[6]食邑三千户。高宗初許事克用諶爲揚州，[7]及有此授，諶恚曰：“見炊飯熟，推以與人。”[8]王晏聞之曰：“誰復爲蕭諶作堰筋者。”[9]諶恃勳重，干豫朝政，諸有選用，輒命議尚書使爲申論。上新即位，遣左右要人於外聽察，具知諶言，深相疑阻。

[1]海陵：齊恭帝蕭昭文，鬱林王之弟，原爲海陵王，蕭鸞廢鬱林，立海陵。本書卷五有紀。

[2]中領軍：與領軍將軍總領禁衛軍。秩三品。

[3]左將軍：左軍將軍，禁衛軍官。秩四品。

[4]南徐州：州名。治京口，在今江蘇鎮江市。

[5]給扶：給予扶侍之人。古時君主賜給大臣的一種禮遇。清袁枚《隨園隨筆》卷九《給扶俠侍之分》：“常見岑文本畫古帝王像，一帝之側，必有左右二人擁侍而立者……不解其制。朱萬同曰：‘此魏、晋、六朝所謂給扶是也。’”扶，原作“特”，中華本據

南監本、殿本、局本改。今從改。

[6]衡陽郡：郡治在湘西縣，即今湖南株州市西南。

[7]爲揚州：指爲揚州刺史。揚州治金陵，在今江蘇南京市，爲京郊重鎮。

[8]見炊飯熟，推以與人：比喻到口的果實，竟讓别人搶走。

[9]誰復爲蕭諶作𤭛篰者：此句王晏譏諷蕭諶指望落空。𤭛篰，碗筷。"𤭛"，同"甌"。《齊民要術・炙法・擣炙》："竪𤭛中，以雞鴨白手灌之。"清黄生《義府・冥通記》："𤭛與甌同。"中華本據南監本、殿本、局本改爲"甌"。朱季海《校議》云："𤭛即用爲甌，當時别字有之，屢見《天文志》。各本臆改，殊失蕭《書》之舊。"（第99頁）

二年六月，上幸華林園，宴諶及尚書令王晏等數人盡歡。坐罷，留諶晚出，至華林閤，仗身執還入省，上遣左右莫智明數諶曰："隆昌之際，非卿無有今日。[1]今一門二州，[2]兄弟三封，[3]朝廷相報，政可極此。卿恒懷怨望，乃云炊飯已熟，合甑與人邪？今賜卿死。"諶謂智明曰："天去人亦復不遠，我與至尊殺高、武諸王，[4]是君傳語來去。我今死，還取卿。"於省殺之，至秋而智明死，見諶爲祟。詔曰："蕭諶擢自凡庸，識用輕險，因藉倖會，早預驅馳。永明之季，曲頒恩紀。鬱林昏悖，頗立誠効。寵靈優渥，期遇兼隆，内總戎柄，外暢蕃威，[5]兄弟榮貴，震灼朝野。曾不感佩殊荷，少答萬一。自以勳高伊、霍，[6]事均難賞，才冠當時，恥居物後。矯制王權，與奪由己。[7]空懷疑懼，坐構嫌猜。覘候宫掖，希覬非望。蔽上罔下之心，誣君不臣之跡，固以彰暴民聽，喧聒遐邇。遂潛散金帛，招集不逞，[8]交结禁衛，互爲脣齒，密契戚邸，將肆姦逆。朕以其任寄既重，爵列河山，每加彌縫，[9]弘以大信，庶能懷音，翻然悛改。而豺狼其性，凶謀滋甚。夫無將必戮，[10]《陽秋》明義，[11]况釁積禍盈，若斯之大。可收付廷尉，速正刑書。罪止元惡，餘無所問。”

[1]隆昌之際，非卿無有今日：此句先肯定蕭諶隆昌時支持蕭鸞廢鬱林王，蕭鸞才能很快爭得皇位。

[2]一門二州：指諶爲南徐州刺史，其兄誕爲司州刺史。

[3]兄弟三封：指諶封爵衡陽郡公，其兄誕封安德侯，其弟誄封西昌侯。

[4]至尊：指齊明帝蕭鸞。　高、武諸王：指齊高帝蕭道成和齊武帝蕭賾的諸王子。

[5]内總戎柄，外暢蕃威：指在臺城總領禁衛軍，又在外封侯拜爵，無限威風。

[6]勳高伊、霍：伊、霍，指商伊尹和漢霍光。伊尹放太甲於桐，佐成湯；霍光廢昌邑王，立宣帝。二人爲中國歷史上輔佐賢君中興的名臣。

[7]與奪：泛指生殺大權。

[8]不逞：指不逞之徒，犯法爲非作歹的人。

[9]彌縫：指設法遮掩，調和斡旋。

[10]無將：指勿存叛逆篡弑之心。語出《公羊傳》莊公三十二年："君親無將，將而誅焉。"後多反其意而用之，謂心存謀逆爲"無將"。

[11]《陽秋》：指《春秋》。晉時因避簡文帝鄭太后鄭阿春諱，改"春"爲"陽"。

諶好左道，[1]吴興沈文猷相諶云：[2]"相不减高帝。"[3]諶喜曰："感卿意，無爲人言也。"至是文猷伏誅。

[1]左道：邪門旁道。多指巫蠱等迷信。

[2]吴興：郡名。治烏程縣，在今浙江湖州市吴興區。

[3]高帝：原作"高宗"。中華本校勘記云："據《南史》及《通鑑》齊明帝建武二年改。按高宗乃明帝廟號，時明帝未死，安得稱其廟號？"

諶兄誕，字彦偉，初爲殿中將軍。[1]永明中爲建康令，[2]與秣陵令司馬迪之同乘行，[3]車前導四卒，[4]左丞沈昭略奏：[5]"凡有鹵簿官，[6]共乘不得兼列騶寺。[7]請免誕等官。"詔贖論。[8]延興元年，自輔國徐州爲持節督司州刺史，[9]將軍如故。明帝立，封安德侯，[10]五百户。進號冠軍。建武二年春，虜攻司州，誕盡力拒守，[11]虜退。增封四百户。徵左衛將軍。上欲殺諶，以誕在邊鎮拒虜，故未及行。虜退六旬，諶誅，遣黄門郎梁王爲司州别駕，[12]使誅誕，束身受戮，家口繫尚方。[13]

[1]殿中將軍：禁衛軍官，掌殿内警衛。秩四品。

[2]建康：縣名。治所在今江蘇南京市。

[3]秣陵：縣名。治所原在今江蘇南京市江寧區，東晋末移治今南京市中華門外舊報恩寺附近。

[4]卒：原作"平"，從中華本改。

[5]左丞：指尚書左丞。尚書省官，掌諸彈案事。秩五品。沈昭略：本書卷四四有傳。

[6]鹵簿：古代帝王、大臣駕出時扈從的儀仗隊。宋葉夢得

《石林燕語》卷四載：“鹵，櫓也，甲楯之別名。凡兵衛以甲楯居外爲前導，捍蔽其先後，皆著之簿籍，故曰‘鹵簿’。”南朝時，鹵簿已非天子專用，職官的車輿儀仗皆稱爲鹵簿。

[7]騶寺：鹵簿中的前導兵卒。南朝給職官鹵簿依官品有嚴格的制度，縣令鹵簿的前導卒不過二人。

[8]贖論：指以錢物贖罪。

[9]輔國徐州：指輔國將軍、徐州刺史。徐州，原治彭城（今江蘇徐州市），東晋後移治京口（今江蘇鎮江市），亦稱南徐州。　司州：南朝宋泰始間置，治平陽縣，在今河南信陽市。

[10]安德侯：中華本校勘記云：“‘安德侯’《南史》作‘安復侯’。按《宋書·州郡志》冀州平原郡有安德令，非侯國。江州安成郡有安復侯相，宋末蕭諶封此，及諶進爵衡陽郡公，復以此封諶兄誕也。作‘安復’是。”

[11]虜攻司州，誕盡力拒守：《通鑑》卷一四〇《齊紀六》“明帝建武二年”條：“劉昶、王肅衆號二十萬，塹栅三重，并力攻義陽”，“司州刺史蕭誕拒之”，“城中負楯而立”，奮力抵抗，後援兵至，魏軍不能支，“誕等追擊，破之”。

[12]梁王：指後來的梁武帝蕭衍。齊明帝時曾任黃門郎。　別駕：州佐吏，位在刺史之下。刺史行部時，別乘傳車侍從導引，主録衆事，故名。

[13]尚方：手工業機構，屬少府監。南朝時爲犯人服勞役之所，稱尚方獄。按，《南史》卷四一此處作：“誕子稜妻，江淹女，字才君，聞誕死，曰：‘蕭氏皆盡，妾何用生！’慟哭而絶。”

諶弟誄，[1]與諶同豫廢立，爲寧朔將軍、東莞太守，[2]轉西中郎司馬。[3]建武初，封西昌侯，[4]千户。轉太子左率。[5]領軍解司州圍還，[6]同伏誅。

[1]誄：《南史》卷四一謂："字彦文。"

[2]寧朔將軍：南朝爲加官、散官性質的將軍。秩四品。

[3]西中郎司馬：指在西中郎將府任司馬。西中郎將爲"四中郎將"之一，南朝爲榮譽加號。開府者位從公秩一品。司馬爲軍府之官，在將軍之下，綜理一府之事，參與軍事計劃。

[4]西昌：縣名。治所在今江西泰和縣西。

[5]太子左率：太子左衛率，與右率共掌護衛太子。秩五品。按，《南史》卷四一此句後云："誅諶之日，輔國將軍蕭季敞啓求收誄，深加排苦，乃至手相摧辱。誄徐曰：'已死之人，何足至此，君不憶相提拔時邪？幽冥有知，終當相報。'季敞粗猛無行，善於彌縫，高帝時爲誄、諶所獎説，故累爲郡守。在政貪穢，諶輒掩之。後爲廣州刺史，白日見誄將兵入城收之。少日，果爲西江都護周世雄所襲，軍敗，奔山中，爲蛭所噆……論者以爲有天道焉。"

[6]領軍解司州圍：指領軍援其兄抗魏軍圍攻。

諶伯父仙民，官至太中大夫，[1]卒。

[1]太中大夫：文散官。無定員，掌議論。秩四品。參見《文獻通考》卷六六《職官二十》。

蕭坦之，[1]南蘭陵蘭陵人也。祖道濟，太中大夫。父欣祖，有勳於世祖，[2]至武進令。[3]

[1]蕭坦之：《南史》卷四一亦有傳，謂其"字君平"。

[2]有勳於世祖：指宋明帝泰始二年（466），蕭賾（即世祖）任贛令，江州刺史晋安王劉子勛反，蕭賾不從，被捕繫。蕭欣祖時爲賾門客，結客百餘人破獄出賾，並隨賾據郡起兵。詳見本書卷三《武帝紀》及《通鑑》卷一三一《宋紀十三》"明帝泰始二年"條。

[3]武進：縣名。在今江蘇丹陽市東，一說即今江蘇常州市武進區。

坦之與蕭諶同族。初爲殿中將軍，累至世祖中軍板刑獄參軍。[1]以宗族見驅使。除竟陵王鎮北征北參軍，[2]東宫直閤，[3]以懃直爲世祖所知。[4]除給事中，淮陵令，[5]又除蘭陵令，[6]給事中如故。尚書起部郎，[7]司徒中兵參軍。[8]世祖崩，坦之隨太孫文武度上臺，[9]除射聲校尉，令如故。未拜，除正員郎、南魯郡太守。[10]

[1]世祖中軍板刑獄參軍：指在蕭賾擔任的中軍將軍（禁衛軍官）府臨時擔任掌軍府刑獄的刑獄參軍。

[2]竟陵王：名子良，齊武帝次子。本書卷四〇有傳。竟陵王曾領鎮北將軍和征北將軍，坦之爲其將軍府參軍。

[3]東宫直閤：東宫警衛官。直閤指直閤將軍，秩四品。

[4]世祖：《南史》卷四一作"文惠"。中華本校勘記云："殿本《考證》王祖庚云：'按《通鑑》云：嘗爲東宫直閤，爲世宗所知。注云：既爲東宫直閤，則從世宗爲是，東宫亦有直閤將軍。據此，則祖字訛也。'今按《南史》云'以勤直爲文惠所知'，世宗即文惠廟號。"

[5]淮陵：縣名。治所在今安徽明光市東北。

[6]除：中華本校勘記云："南監本、局本作'遷'。"

[7]起部郎：尚書省度支尚書屬官。掌起部曹，主工役之事。秩五品。起部取義於《尚書·虞書》"百工起哉"。

[8]司徒中兵參軍：此指司徒府和中兵將軍府參軍。

[9]隨太孫：隨，《南史》卷四一作"率"。太孫，指鬱林王蕭昭業，文惠太子長子，齊武帝太孫。

[10]南魯郡：屬南徐州，本書《州郡志上》云："建武二

年省。"

少帝以坦之世祖舊人，[1]親信不離，得入内見皇后。帝於宫中及出後堂雜戲狡獪，[2]坦之皆得在側。或值醉後躶袒，坦之輒扶持諫喻。見帝不可奉，乃改計附高宗，密爲耳目。除晋安王征北諮議。[3]隆昌元年，追録坦之父勳，封臨汝縣男，[4]食邑三百户。徙征南諮議。

[1]世祖：中華本校勘記云："《南史》作'文惠'，此亦當改'世宗'。"

[2]帝於宫中及出後堂雜戲狡獪：指鬱林王蕭昭業頑劣不堪，貪酒色，好狗馬，所務唯鄙事。居嘗裸袒，作諸鄙戲，穢亂宫廷，内外混雜，男女無别。肆意揮霍，國庫被取之殆盡。詳見本書卷四《鬱林王紀》及《通鑑》卷一三九《齊紀五》"明帝建武元年"。"帝"原闕，中華本據各本及《南史》補。今從補。

[3]晋安王：蕭子懋，齊武帝第七子。　征北諮議：指征北將軍府諮議參軍。

[4]臨汝縣：治所在今江西撫州市臨川區西。《南史》卷四一此後所載甚多，重要情節有："少帝微聞外有異謀……謂坦之曰：'人言鎮軍（指蕭鸞）與王晏、蕭諶欲共廢我，似非虚傳，蘭陵所聞云何？'坦之嘗作蘭陵令，故稱之。坦之曰：'天下寧當有此？誰樂無事廢天子邪……政當是諸尼師母言耳，豈可以尼媪言爲信！官若無事除此三人，誰敢自保……'帝曰：'蘭陵可好聽察，作事莫在人後。'"又："帝又夜醉，乘馬從西步廊向北馳走，如此兩三將倒，坦之諫不從，執馬控，帝運拳擊坦之不著，倒地。坦之與曹道剛扶抱還壽昌殿璹瑁牀上卧，又欲起走，坦之不能制，坦之馳信報皇后，至，請譬良久，乃眠。"

高宗謀廢少帝，既與蕭諶及坦之定謀。帝腹心直閤將軍曹道剛疑外間有異，[1]密有處分，諶未能發。始興内史蕭季敞、南陽太守蕭穎基並應還都，[2]諶欲待二蕭至，藉其勢力以舉事。高宗慮事變，以告坦之，坦之馳謂諶曰："廢天子古來大事。比聞曹道剛、朱隆之等轉已猜疑。[3]衛尉明日若不就事，[4]無所復及。弟有百歲母，豈能坐聽禍敗，政應作餘計耳！"諶遑遽，明日遂廢帝，坦之力也。

[1]曹道剛：字景昭，鬱林王親信。性質直，對鬱林累有諷勸。因護駕被刺殺。詳見《南史》卷七七《恩倖傳》。

[2]蕭穎基：蕭赤斧次子，好勇武。詳見本書卷三八《蕭赤斧傳》。　並應還都：原作"遷都尉"，中華本據各本及《南史》改。今從改。按，《通鑑》卷一三九《齊紀五》："明帝建武元年"條作"皆内遷"。

[3]朱隆之：仕齊爲中書舍人，鬱林王心腹。詳見本書卷四《鬱林王紀》。

[4]衛尉：指蕭諶。時擔任掌宫城管鑰的衛尉官，因以爲稱。秩三品。

海陵即位，除黄門郎、兼衛尉卿、進爵伯，增邑爲六百户。建武元年，遷散騎常侍，右衛將軍，[1]進爵侯，增邑爲千五百户。明年，虜動，[2]假坦之節，督徐州征討軍事。虜圍鍾離，舂斷淮洲，[3]坦之擊破之。還加領太子中庶子，未拜，遷領軍將軍。永泰元年，[4]爲侍中、領軍。[5]

[1]右衛將軍：《南史》卷四一作“左衛將軍”。

[2]虜動：指建武二年（495）春北魏南侵，圍攻鍾離城（即今安徽鳳陽縣東北臨淮關），久攻不下，魏軍於城北淮水邵陽洲築城栅以阻絕齊兵，被坦之兵擊破。詳見《通鑑》卷一四〇《齊紀六》“明帝建武二年”條。

[3]春斷淮洲：中華本校勘記云：“文有訛奪，不可解。”朱季海《校議》云：“實無譌奪，文亦可解。虜動本在正月，既圍鍾離，遂斷淮洲，地望自合。時在春月，故云春斷淮洲耳……淮洲自謂緣淮洲渚。”（第99—100頁）

[4]永泰：齊明帝年號。

[5]領軍：指領軍將軍。

東昏立，爲侍中、領軍將軍。永元元年，遭母喪，起復職，[1]加右將軍，置府。[2]江祏兄弟欲立始安王遥光，[3]密謂坦之，坦之曰：“明帝取天下，已非次第，[4]天下人至今不服。今若復作此事，恐四海瓦解。我其不敢言。”持喪還宅。[5]宅在東府城東，遥光起事，[6]遣人夜掩取坦之，坦之科頭著褌踰墙走，[7]從東冶僦渡南渡，[8]間道還臺，假節督衆軍討遥光，[9]屯湘宫寺。[10]事平，遷尚書右僕射，丹陽尹，右將軍如故。[11]進爵公，增邑千户。

[1]起復職：《通鑑》卷一四二《齊紀八》“東昏侯永元元年”條：“起復爲領軍將軍。”胡三省注：“起復者，起之於苫塊之中，使復其位也。”

[2]置府：指開建府署，辟置僚佐，以示君王的殊寵。

[3]江祏兄弟：指江祏、江祀。詳見本卷後傳。

[4]明帝取天下，已非次第：此指明帝蕭鸞非高、武嫡傳。按，蕭鸞乃高帝蕭道成之侄。

[5]持喪還宅：《通鑑》卷一四二胡三省注："蕭坦之冒于榮勢，豈能終喪者！直以廢立大事，不欲預其禍，託此以引避耳。"

[6]遥光起事：指中書令始安王遥光於永元元年（499）八月，與其弟荆州刺史遥欣起兵謀反自立，兵已攻入東府城，終遭敗局。詳見本書卷四五《遥光傳》。

[7]科頭：不戴冠帽，裸露頭髻。　褌（kūn）：貼身短褲。

[8]東冶：東冶亭，在今南京市秦淮河北岸。　僦渡：賃舟渡過秦淮河。

[9]討遥光：詳見《通鑑》卷一四二《齊紀八》"東昏侯永元元年"條。

[10]湘宫寺：《通鑑》卷一四二胡三省注："湘宫寺，宋明帝所起。"

[11]右將軍："將"原闕，中華本據《册府元龜》卷三七一補。今從補。按，上文坦之"加右將軍，置府"，亦可證。

坦之肥黑無鬚，語聲嘶，時人號爲"蕭痖"。剛佷專執，[1]群小畏而憎之。遥光事平二十餘日，帝遣延明主帥黄文濟領兵圍坦之宅，[2]殺之。子賞，祕書郎。亦伏誅。

[1]剛佷（hěn）：形容剛愎自用。

[2]延明主帥：《通鑑》卷一四二《齊紀八》"東昏侯永元元年"條胡三省注："蓋延明殿主帥也。"　黄文濟：人名。其事不詳。

坦之從兄翼宗，爲海陵郡，[1]將發。坦之謂文濟曰：

"從兄海陵宅故應無他?"[2]文濟曰："海陵宅在何處?"坦之告。文濟曰："應得罪。"仍遣收之。檢家赤貧，唯有質錢帖子數百，[3]還以啓帝，原死，繫尚方。

[1]海陵郡：《通鑑》卷一四二《齊紀八》"東昏侯永元元年"條，胡三省注："沈約《志》，晋安帝分廣陵立海陵郡，今泰州即其地。"按，泰州即今江蘇泰州市。

[2]無他：《通鑑》卷一四三胡三省注："無他，言無他變，猶今人言無事也。"

[3]質錢帖子：《通鑑》卷一四三胡三省注："質錢帖者，以物質錢，錢主給帖與之以爲照驗，他日出子本錢收贖。"按，猶今之典當票券。

和帝中興元年，[1]追贈坦之中軍將軍、開府儀同三司。[2]

[1]和帝：指齊和帝蕭寶卷。本書卷七有紀。　中興：齊和帝年號。

[2]中軍將軍：原作"中將軍"，中華本據各本及《南史》增改。今從改。　開府儀同三司：文散官榮譽稱號，君王用此職號以賞勛勞。開府，即開建府署。三司，指三公。

江祏字弘業，[1]濟陽考城人也。[2]祖遵，[3]寧朔參軍。父德鄰，[4]司徒右長史。[5]

[1]江祏（shí）：《南史》卷四七亦有傳，稍詳。

[2]濟陽考城：指濟陽郡考城縣。治所均在今河南開封市東北

堋鎮。

［3］遵：江遵。其事不詳。

［4］德鄰：其事不詳。中華本校勘記云："殿本《考證》云：《南史》作'德驎'。"

［5］司徒右長史：司徒府屬吏之長。

祏姑爲景皇后，[1]少爲高宗所親，恩如兄弟。宋末，解褐晋熙國常侍，[2]太祖徐州西曹，[3]員外郎，高宗冠軍參軍，[4]帶灄陽令，[5]竟陵王征北參軍，[6]尚書水部郎。[7]高宗爲吴興，[8]以祏爲郡丞，加宣威將軍，[9]廬陵王中軍功曹記室，[10]安陸王左軍諮議，[11]領録事，帶京兆太守。[12]除通直郎，[13]補南徐州别駕。[14]

［1］祏姑爲景皇后：《南史》卷四七作："祏姑爲齊高帝兄始安貞王道生妃，追謚景皇后，生齊明帝。"按，明帝即位後追尊其父爲景皇帝，母爲景皇后。

［2］晋熙：郡名。治所在今安徽潜山縣。按，南朝宋末晋熙爲晋熙王劉燮的封地，故稱"國"。參見《宋書》卷七二《文九王傳》。

［3］太祖徐州西曹：指元徽末蕭道成任驃騎大將軍，進督南徐州刺史。詳見本書卷一《高帝紀上》。西曹，公府及州郡佐吏。有西曹書佐、西曹從事、西曹掾等，分掌府務。

［4］高宗冠軍參軍：指齊高帝建元二年（480），蕭鸞爲郢州刺史、冠軍將軍。詳見本書卷六《明帝紀》。江祏在冠軍府任參軍。

［5］灄（shè）陽：縣名。治所在今武漢市黄陂區西南。

［6］竟陵王征北參軍：指齊武帝永明元年（483），竟陵王蕭子良爲南兖州刺史、征北將軍。詳見本書卷四〇《武十七王傳》。江祏任征北將軍府參軍。

［7］尚書水部郎：尚書省官。掌水曹，理舟船、津梁、公私水事。秩五品。

［8］高宗爲吴興：此指永明二年（484），蕭鸞出爲征虜將軍、吴興太守。

［9］宣威將軍：南朝爲優禮大臣的榮譽加號。秩四品。

［10］廬陵王中軍功曹記室：指永明五年（487），廬陵王蕭子卿遷中軍將軍。詳見本書卷四〇《武十七王傳》。功曹記室，指功曹史兼記室。功曹史主選署功勞，記室主文書，均爲屬吏之首。

［11］安陸王左軍諮議：左軍，即左軍將軍。按，檢安陸王子敬傳，子敬未任左軍將軍。永明七年（489）領護軍將軍，“左軍”或爲“護軍”之誤。參見本書卷四〇《武十七王傳》。

［12］京兆：郡名。東晋僑置，治鄧縣，在今河南鄧州市北。

［13］通直郎：通直散騎侍郎的省稱。門下省官。掌奏事，直侍左右。秩五品。

［14］補：補授，即本職外另加官職。

高宗輔政，委以心腹。[1]隆昌元年，自正員郎補丹陽丞，中書郎。高宗爲驃騎，[2]鎮東府，以祏爲諮議參軍，領南平昌太守，[3]與蕭誄對直東府省内。[4]時新立海陵，人情未服，[5]高宗髀上有赤誌，常祕不傳，祏勸帝出以示人。晋壽太守王洪範罷任還，上袒示之，[6]曰：“人皆謂此是日月相。卿幸無泄言。”洪範曰：“公日月之相在軀，如何可隱。轉當言之公卿。”上大悦。會直後張伯、尹瓚等屢謀竊發，[7]祏、誄憂虞無計，每夕輒託事外出。及入纂議定，[8]加祏寧朔將軍。高宗爲宣城王，[9]太史密奏圖緯云“一號當得十四年”。[10]祏入，帝喜以示祏曰：“得此復何所望。”及即位，遷守衛尉，將軍如故。封安陸縣侯，[11]邑千户。祏祖遵，以后父贈金紫光禄大夫；父德鄰，以帝舅亦贈光禄大夫。

［1］委以心腹：《通鑑》卷一四二《齊紀八》“東昏侯永元元年”條：“初，高宗雖顧命群公，而多寄腹心在江祏兄弟。”胡三省注：“江祏、江祀兄弟，高宗母景皇后之姪也，故寄以腹心。”

［2］高宗爲驃騎：指隆昌元年（494）七月，蕭鸞廢鬱林王，立海陵王，鸞爲使持節、都揚、南徐州二州軍事、驃騎大將軍、録尚書事、揚州刺史。詳見本書卷六《明帝紀》。

［3］南平昌：原闕“平”字。中華本校勘記云：“洪頤煊《諸史考異》云：案《南史》作‘領南平昌太守’。《州郡志》南昌，縣名，屬豫章郡，此當從《南史》作‘南平昌’爲正。今據洪説補一‘平’字。”今從補。按，南平昌郡治安丘縣，在今山東安丘市西南。參見本書《州郡志上》。

［4］與蕭誄對直東府省内：指與蕭誄共同值班守護尚書府。直同“值”。

［5］人情未服：指蕭鸞擅行廢立，朝臣不服。

［6］“高宗胛上有赤誌”至“上袓示之”：赤誌，即赤痣。晋壽，郡名。治所在今四川廣元市。王洪範，歷仕南朝宋、齊，爲齊明帝腹心，累官刺史。《南史》卷七〇有傳。按，此處《通鑑》卷一三九《齊紀五》“明帝建武元年”條，胡三省注：“王洪範，禁衛舊臣，鸞以此覘之，其言（指下洪範答話）如此，鸞益無所忌矣。”

［7］直後：禁衛武官。　張伯、尹瓚：二人身世均不詳。　竊發：指暗地向皇上告發。

［8］入纂：入朝繼承皇位。此指宣城王蕭鸞决定廢海陵王自立。

［9］高宗爲宣城王：指蕭鸞第一步先封爲王，最高爵位，爲纂得帝位作準備。《通鑑》卷一三九：“冬，十月……以宣城公鸞爲太傅、領大將軍、揚州牧，都督中外諸軍事，加殊禮，進爵爲王。宣

城王謀繼大統，多引朝廷名士與參籌策。”

[10]太史：“太”原作“大”，從中華本改。　圖緯：一種神學迷信。古代方士或儒生編造的關於帝王受命徵驗的一類文字或圖畫，多爲隱語、預言。　一號當得十四年：一號暗指蕭鸞，十四年指可做十四年皇帝。

[11]安陸：縣名。即今湖北安陸市。

建武二年，遷右衛將軍，[1]掌甲仗廉察。四年，轉太子詹事。祏以外戚親要，勢冠當時，遠致餉遺，或取諸王第名書好物。然家行甚睦，待子姪有恩意。

[1]右衛將軍：《南史》卷四七作“左衛將軍”。

上寢疾，永泰元年，[1]轉祏爲侍中、中書令，出入殿省。上崩，遺詔轉右僕射，祏弟衛尉祀爲侍中，敬皇后弟劉暄爲衛尉。[2]東昏即位，參掌選事。高宗雖顧命群公，而意寄多在祏兄弟。至是更直殿内，動止關諮。永元元年，領太子詹事。劉暄遷散騎常侍，右衛將軍。祏兄弟與暄及始安王遥光、尚書令徐孝嗣、領軍蕭坦之六人，[3]更日帖敕，[4]時呼爲“六貴”。[5]

[1]永泰元年：齊明帝建武五年（498）。是年四月，改元永泰。

[2]敬皇后：劉姓，齊明帝妻，初封西昌侯夫人，明帝即位，追尊爲敬皇后。詳見本書卷二〇《皇后傳》。　劉暄：本書卷四二有傳。按，《南史》卷四七其後云：“與始安王遥光、徐孝嗣、蕭坦之等輔政。誡東昏曰：‘五年中汝勿厝意，過此自覽，勿復委人。’”

[3]徐孝嗣：字始昌，東海郯人。歷仕宋齊，深受明帝蕭鸞器重，臨崩托孤，爲六貴之一。後被東昏致死。本書卷四四有傳。

[4]帖敕：由主政大臣在奏章上簽署意見，作爲敕命批發。《通鑑》卷一三九胡三省注："帖敕者，於敕後聯紙書行，所謂畫敕也。"

[5]六貴：《通鑑》卷一三九引雍州刺史蕭衍云："今六貴比肩，人自畫敕，争權睚眦，理相圖滅"。又云："一國三公猶不堪，况六貴同朝，勢必相圖，亂將作矣。"

帝稍欲行意，孝嗣不能奪，坦之雖時有異同，而祏堅意執制，帝深忿之。[1]帝失德既彰，祏議欲立江夏王寶玄。[2]劉暄初爲寶玄郢州行事，[3]執事過刻。有人獻馬，寶玄欲看之，暄曰："馬何用看。"妃索煮肫，[4]帳下諮暄，暄曰："旦已煮鵝，不煩復此。"寶玄恚曰："舅殊無渭陽之情。"[5]暄聞之亦不悦。至是不同祏議，欲立建安王寶夤，[6]密謀於遥光。遥光自以年長，屬當鼎命，微旨動祏。祏弟祀以少主難保，勸祏立遥光。暄以遥光若立，己失元舅之望，不肯同。故祏遲疑久不决。遥光大怒，遣左右黄曇慶於清溪橋道中刺殺暄，曇慶見暄部伍人多，不敢發。事覺，暄告祏謀，帝處分收祏兄弟。祀時直在内殿，疑有異，遣信報祏曰："劉暄似有異謀，今作何計？"祏曰："政當静以鎮之耳。"俄而召祏入見，停中書省。初，直齋袁文曠以王敬則勳當封，[7]祏執不與。[8]帝使文曠取祏，以刀環築其心曰："復能奪我封否？"祏、祀同日見殺。

[1]帝深忿之：《南史》卷四七作“帝深忌之”，其後云：“孝嗣謂祏曰：‘主上稍有異同，詎可爲相乖反？’祏曰：‘但以見付，必無所憂。’左右小人會稽茹法珍、吴興梅蟲兒、東海祝靈勇、東冶軍人俞靈韵、右衛軍人豐勇之等，並爲帝所委任，祏常裁折之，群小切齒。”

[2]江夏王寶玄：字智深，齊明帝第三子。建武元年（494）出爲持節、都督郢司二州軍事、西中郎將、郢州刺史。本書卷五〇有傳。

[3]劉暄：暄一作“諠”。《文選》卷五九王巾《頭陀寺碑》云：“寧遠將軍長史、江夏内史、行事彭城劉府君諱諠。”李善注引蕭子顯《齊書》亦作“劉諠”。　行事：指行州刺史事。南朝時皇子年幼出鎮，無力親政，多以行事代理。

[4]肫（zhūn）：禽類的胃。

[5]渭陽之情：《通鑑》卷一三九胡三省注：“劉暄，明帝劉皇后之弟，故寶玄呼之爲舅。今按《詩·小序》渭陽之事，乃甥用情於舅，後世率以舅不能用情於甥者爲無渭陽情。”

[6]建安王寶夤（yín）：字智亮，明帝第六子。本書卷五〇有傳。

[7]直齋：禁衛武官。掌殿内直衛。秩不詳。　以王敬則勳：指永泰元年（498）會稽太守王敬則謀反，兵敗被軍容袁文曠斬首。按，“以”下《通鑑》卷一三九有“斬”字。

[8]祏執不與：《通鑑》卷一三九胡三省注：“時崔恭祖以刺仆敬則，與文曠争功。祏執不與當爲此也。”

祀字景昌，初爲南郡王國常侍，[1]歷高祖驃騎東閤祭酒，[2]祕書丞，晋安王鎮北長史，南東海太守，[3]行府州事。[4]治下有宣尼廟，[5]久廢不脩，祀更開掃構立。

［1］南郡王：劉義宣，宋武帝第六子，初封竟陵王，改封南譙王，再改封南郡王。《宋書》卷六八、《南史》卷一三有傳。　常侍：王國屬官。職同散騎常侍，在王國掌侍從、顧問。秩六品。

［2］高祖驃騎：指齊高帝蕭道成宋末時曾進位驃騎大將軍（爲最高榮譽加號）。詳見本書卷一《高帝紀上》。　東閤祭酒：掌府中禮儀諸事之官。

［3］南東海：郡名。治郯縣，在今江蘇鎮江市。

［4］行府州事：指代行軍府及州刺史之職事。

［5］宣尼：漢平帝元始元年（1）追謚孔子爲褒成宣尼公，後因稱孔子爲宣尼。

祀弟禧，居喪早卒。有子廞，字偉卿，年十二，聞收至，[1]謂家人曰："伯既如此，無心獨存。"赴井死。

［1］收：指收捕的兵丁。

後帝於後堂騎馬致適，顧謂左右曰："江祏若在，我當復能騎此不？"[1]

［1］我當復能騎此不：《南史》卷四七此段記之較詳，謂："祏等既誅，帝恣意遊走，單騎奔馳，謂左右曰：'祏常禁吾騎馬，小子若在，吾豈能得此。'因問祏親餘誰，答曰：'江祥今猶在冶。'乃於馬上作敕，賜祥死。"

暄字士穆，[1]出身南陽國常侍。[2]遥光起事，以討暄爲名。[3]事平，暄遷領軍將軍，封平都縣侯，[4]千户。其年，又見殺。[5]和帝中興元年，贈祏衛將軍，暄散騎常侍、撫軍將軍，並開府儀同三司，衵散騎常侍、太常卿。

[1]暄：劉暄。《南史》卷四七亦有略傳。

[2]南陽國：南朝宋、齊諸王，無封南陽王者，不明何指。按，西晋改南陽郡爲南陽國，治宛縣，在今河南南陽市。南朝宋復爲南陽郡，則南朝時已不復有南陽國。

[3]遥光起事，以討暄爲名：上段已敘，劉暄因不願奉遥光爲帝，遥光以討劉暄爲名，起事領兵攻臺，欲借以奪權，旋被臺軍殲滅。詳見本書卷四五《宗室傳》。

[4]平都縣：治所在今江西安福縣。

[5]其年，又見殺：《南史》卷四七作："其年，茹法珍、梅蟲兒、徐世標譖暄有異志。帝曰：'領軍是我舅，豈應有此?'世標曰：'明帝是武帝同堂，恩遇如此，尚滅害都盡，舅復焉可信。'乃誅之。"又云："暄爲人性軟弱，當軸居政，每事讓江祏，群弟不得進官。死之日，皆怨之。"

史臣曰：士死知己，蓋有生所共情，雖愚智之品有二，而逢迎之運唯一。夫懷可知之才，受知人之眄，無慙外物，此固天理，其猶藏在中心，銜恩念報。况乎義早蕃僚，道同遇合，踰越勝己，顧邁先流，棄子如遺，[1]曾微舊德，使狗之喻，[2]人致前譏，慙包疚心，[3]我無其事。嗚呼！陸機所以賦豪士也。[4]

[1]棄子：用樂羊事。據《淮南子·人間》載，春秋時魏文侯大將樂羊攻中山，其子被中山執在城中，城中懸其子以示樂羊，樂羊説："君臣之義，不得以子爲私。"攻之愈急。中山因烹其子而遺

之羹，樂羊噙淚飲三杯。中山見狀，知樂羊是“死節”之士，遂降之。事後魏文侯反以爲樂羊矯情，雖有功而見疑。這裏用以比況王晏、二蕭、江祏等人有功而見疑被殺害。

[2]使狗之喻：用兔死狗烹典故，比喻滅敵後，功臣遭殺害。典出《史記》卷四一《越王勾踐世家》：“范蠡遂去，自齊遺大夫種（文種）書曰：‘蜚鳥盡，良弓藏；狡兔死，走狗烹。越王爲人長頸鳥喙，可與共患難，不可與共樂。子何不去？’”

[3]慚包疚心：中華本校勘記引黄侃云：“‘包’當作‘色’。”

[4]豪士：指《豪士賦》，見《陸機集》卷一。本文感嘆志士“遭國顛沛”，時乖命舛，忠誠招禍，勸人“超然自引，高揖而退”。

贊曰：王蕭提契，[1]世祖基之。樂羊食子，里克無辭。[2]江、劉后戚，明嗣是維。[3]廢興異論，終用乖疑。[4]

[1]提契：猶提挈。扶持，襄助。

[2]里克：里季，春秋時晋大夫。晋獻公聽信寵妃驪姬讒言，使太子申生伐東山皋落氏。里季以爲太子奉冢祀，朝夕伴君，不宜冒險遠征。獻公不聽，後申生懼讒自縊死。詳見《左傳》閔公二年及《國語·晋語一》。這裏暗喻昏君不聽忠諫終遭惡果。

[3]明嗣：明帝的後嗣。

[4]廢興異論，終用乖疑：此指東昏殺諸舅事。

南齊書　卷四三

列傳第二十四

江斅　何昌寓　謝瀹　王思遠

江斅字叔文，[1]濟陽考城人也。[2]祖湛，[3]宋左光禄大夫、儀同三司。[4]父恁，[5]著作郎，[6]爲太初所殺。[7]斅母文帝女淮陽公主。[8]幼以戚屬召見，孝武謂謝莊曰：[9]"此小兒方當爲名器。"[10]

[1]江斅（xiào）：《南史》卷三六有附傳，事迹有增補。

[2]濟陽考城：指濟陽郡考城縣，治所在今河南蘭考縣東北。

[3]湛：江湛，字徽深，愛文義，兼明算術。仕宋，官至吏部尚書，公平無私，論者稱道。後因反對劉劭殺父被殺害。《宋書》卷七一、《南史》卷三六有傳。

[4]光禄大夫：列卿光禄勛屬官。分左、右光禄大夫，掌宫殿門户。秩二品。　儀同三司：官制術語。意爲儀制待遇同於三公，皆秩一品。

[5]恁：江恁，與父同時被殺。《宋書》卷七一《江湛傳》後附述云："長子恁，尚太祖第九女淮陽長公主。爲著作佐郎。"

［6］著作郎：秘書省屬官。掌修撰國史。秩六品。

［7］太初：南朝宋太子劉劭年號，即宋文帝元嘉三十年(453)。原作“太祖”，中華本校勘記云：“錢大昕《廿二史考異》云：予謂‘太祖’乃‘太初’之譌。元凶僭號，改元太初，史叙元凶朝事，多稱太初。《王僧虔傳》云兄僧綽爲太初所害，與此文同。”今從改。

［8］文帝：指宋文帝劉義隆，爲其子劉劭所殺。《宋書》卷五有紀。　淮陽公主：《南史》卷三六作“淮陽長公主”。

［9］孝武：指宋孝武帝劉駿，文帝第三子，江斆之舅父。《宋書》卷六有紀。　謝莊：南朝宋文學家。《宋書》卷八五、《南史》卷二〇有傳。

［10］名器：猶大器，指大有作爲的人。

少有美譽。桂陽王休範臨州，[1]辟迎主簿，[2]不就。尚孝武女臨汝公主，拜駙馬都尉。[3]除著作郎，太子舍人，[4]丹陽丞。[5]時袁粲爲尹，[6]見斆歎曰：“風流不墜，政在江郎。”數與晏賞，留連日夜。遷安成王撫軍記室，[7]祕書丞，[8]中書郎。[9]斆庶祖母王氏老疾，斆視膳嘗藥，七十餘日不解衣。及累居内官，[10]每以侍養陳請，朝廷優其朝直。[11]尋轉安成王驃騎從事中郎。[12]初，湛娶褚秀之女，[13]被遣，褚淵爲衛軍，[14]重斆爲人，先通音意，引爲長史。[15]加寧朔將軍。[16]從帝立，[17]隨府轉司空長史，[18]領臨淮太守，[19]將軍如故。轉太尉從事中郎。[20]齊臺建，[21]爲吏部郎。[22]太祖即位，[23]斆以祖母久疾連年，臺閣之職，永廢温清，[24]啓乞自解。

［1］桂陽王休範：宋文帝劉義隆第十八子，孝建三年（456）

出爲江州刺史。《宋書》卷七九有傳。　臨：出守。

［2］主簿：州郡佐吏。職主簿書，參與機要，總領府事，與府主最爲親近。

［3］駙馬都尉：簡稱“駙馬”，侍從武官。魏晋南北朝時，例授帝婿，已非實官。秩四品。

［4］著作郎：秘書省官。掌藝文圖書及修國史。秩六品。參見《文獻通考》卷六六《職官二十》。　太子舍人：東宫官。掌呈奏案章。秩七品。

［5］丹陽：郡名。原治宛陵（今安徽宣州市），東吴移治建業（今江蘇南京市）。　丞：地方長官的副職。

［6］袁粲爲尹：指袁粲爲丹陽郡長官（相當於太守，大郡、重郡太守稱尹）。袁粲，宋功臣。《宋書》卷八九、《南史》卷二六有傳。

［7］安成王：不明何指。按，宋宗室諸王，祇有孝武帝第十六子劉子孟初封淮南王，後改封安成王，但未拜即賜死。參見《宋書》卷八〇《孝武十四王傳》。　撫軍記室：指撫軍將軍府記室參軍。撫軍將軍，南朝爲榮譽加號。開府者位從公秩一品。記室參軍，爲軍府掌書記文翰的屬吏。

［8］祕書丞：秘書省官。掌修撰國史。秩六品。

［9］中書郎：中書侍郎，中書省官。掌呈奏案章。秩五品。

［10］内官：指侍衛近臣。

［11］朝直：指朝臣夜宿於内廷省閣值班。

［12］驃騎從事中郎：指驃騎將軍府從事中郎。驃騎將軍，南朝爲榮譽加號。開府者位從公秩一品。從事中郎，爲親近散職，分掌諸曹。秩六品。參見《宋書·百官志上》。

［13］湛：江湛。　褚秀之：宋初曾官太常。《宋書》卷六二有附傳。

［14］褚淵：字彦回，褚秀之之孫。歷仕南朝宋、齊，均居顯職。本書卷二三有傳。　衛軍：指衛軍將軍。褚淵在宋順帝時，曾

加衛軍將軍（榮譽加號）。

[15]長史：此指衛軍將軍府長史。長史爲軍府屬吏之長。秩六品。

[16]寧朔將軍：南朝時爲榮譽加號。秩四品。

[17]從帝：中華本校勘記云："按從帝即順帝，子顯避梁諱改，南監本、殿本已改爲'順帝'。"

[18]隨府轉司空長史：此指隨褚淵由衛軍將軍府遷轉至司空府。司空爲諸公之一，秩一品。

[19]臨淮：郡名。治所在今江蘇宿遷市東南。

[20]轉太尉從事中郎：《南史》卷三六作："轉齊高帝太尉從事中郎。"按，齊高帝蕭道成輔宋順帝，進太尉、驃騎大將軍、録尚書。江斆由司空府轉至太尉府任職。太尉，諸公之一，南朝爲授予功勛大臣的榮譽加號。

[21]齊臺：指齊國。宋順帝昇明三年（479），詔封相國蕭道成爲齊公，復進爲齊王，建齊國，建制與天子同。詳見本書卷一《高帝紀上》。

[22]吏部郎：吏部尚書屬官。掌吏部曹，主官職任免。秩四品。

[23]太祖即位：太祖，齊高帝蕭道成廟號。本書卷一至卷二有紀。按，此指蕭道成廢順帝自立，以齊代宋。

[24]温凊：冬温夏凊的省言。即冬天温被使暖，夏天扇席使凉。此爲侍奉父母之禮。語本《禮記·曲禮上》："凡爲人子之禮，冬温而夏凊。"

初，宋明帝敕斆出繼從叔愻，爲從祖淳後。[1]於是僕射王儉啓：[2]"禮無從小宗之文，[3]近世緣情，皆由父祖之命，未有既孤之後，出繼宗族也。雖復臣子一揆，[4]而義非天屬。[5]江忠簡胤嗣所寄，[6]唯斆一人，傍無眷屬。斅宜還本。若不欲江悉絶後，可以斅小兒繼悉爲孫。”尚書參議，謂“間世立後，[7]禮無其文。荀顗無子立孫，[8]墜禮之始。何琦又立此論，[9]義無所據”。於是斅還本家，詔使自量立後者。

[1]從祖淳：淳，原作“渟”。中華本校勘記云：“據殿本改。按《南史·江夷傳》曾孫斅附傳亦作‘淳’，‘渟’與‘淳’形近而訛。”今從改。

[2]僕射：指尚書左、右僕射，尚書省屬官。與尚書令共掌尚書省事。秩三品。　王儉：歷仕南朝宋、齊，爲顯官，曾任尚書右僕射。本書卷二三有傳。

[3]從小宗：指繼承小宗。中國古代宗法制度規定，嫡長子一系爲大宗，其餘子孫爲小宗。參見《禮記·大傳》“别子爲祖，繼别爲宗，繼禰者爲小宗”孔穎達疏。“從”，中華本據南監本、殿本、局本及《南史》改作“後”。按，“從”爲依從，繼承，即有“後”意，不訛。又按，中華再造善本亦作“從小宗”。

[4]臣子：指爲臣和爲子。　一揆：同樣道理。語出《孟子·離婁下》：“先聖後聖，其揆一也。”

[5]天屬：天性相連。多稱父子、兄弟、姊妹等有血緣關係的親屬爲天屬。

[6]江忠簡：江斅父江恁的謚號。

[7]間世：隔代。

[8]荀顗：歷仕魏、晋，官至侍中、太尉。顗無子，以從孫徽嗣。《晋書》卷三九有傳。

[9]何琦：東晋人，以養性、述作爲事。《晋書》卷八八有傳。中華本校勘記云：“‘何琦’南監本、局本作‘何期’。按何琦《晋書》有傳，然傳中未載其曾立‘閒世立後’之論。”

出爲寧朔將軍、豫章内史,[1]還除太子中庶子,[2]領驍騎將軍。[3]未拜，門客通臧利,[4]世祖遣信撿覈,[5]斅藏此客而躬自引咎，上甚有怪色。王儉從容啓上曰："江斅若能治郡，此便是具美耳。"上意乃釋。永明初,[6]仍爲豫章王太尉諮議,[7]領録事,[8]遷南郡王友,[9]竟陵王司徒司馬。[10]斅好文辭，圍棋第五品，爲朝貴中最。遷侍中,[11]領本州中正。[12]司徒左長史，中正如故。五年，遷五兵尚書。[13]明年，出爲輔國將軍、東海太守,[14]加秩中二千石,[15]行南徐州事。[16]

[1]豫章：郡名。治所在今江西南昌市。　内史：郡守，王國屬郡稱内史。

[2]太子中庶子：東宫官名。掌奏事，直侍左右。秩五品。

[3]驍騎將軍：禁衛軍官名。分掌宿衛營兵。秩四品。

[4]通贓利：指由貪贜犯法所獲之利。

[5]世祖：齊武帝蕭賾的廟號。本書卷三有紀。　遣信：派遣親信。　撿覈：檢查覈實。

[6]永明：齊武帝年號。

[7]豫章王：指蕭嶷，齊高帝次子。武帝即位，嶷進位太尉。本書卷二二有傳。　諮議：此指太尉府諮議參軍，參謀府事。

[8]録事：指録事參軍。掌總録衆曹文簿、舉彈善惡。職任親要，往往加帶將軍號。

[9]南郡王：名子夏，齊武帝第二十三子。本書卷四〇有傳。　友：親王府官名。掌陪侍游居，規諷道義。

[10]竟陵王：名子良，齊武帝次子。永明五年（487），進位司徒。本書四〇有傳。　司徒：三公之一，主管教化。　司馬：公府、軍府的屬官。分掌府務。秩六品。

［11］侍中：門下省屬官。掌奏事，直侍左右。秩三品。

［12］中正：負責州郡品評人才，由各州郡選拔有聲望者擔任，將當地士人按才能品德分成九等（九品），作爲政府選任官吏的依據。

［13］五兵尚書：尚書省官。領中兵、外兵二曹。秩三品。

［14］輔國將軍：南朝時爲榮譽性加號。　東海：郡名。東晉僑置，治京口，在今江蘇鎮江市。

［15］中二千石：官吏秩俸等級名。《漢書》卷八《宣帝紀》："潁川太守黄霸以治行尤異，秩中二千石。"顏師古注："如淳曰：'太守雖號二千石，有千石、八百石居者。有功德茂異乃得滿秩。霸得中二千石，九卿秩也。'……師古曰：'……漢制，秩二千石者，一歲得一千四百四十石，實不滿二千石也；其云中二千石者，一歲得二千一百六十石，舉成數言之，故曰中二千石。中者，滿也。'"

［16］行南徐州事：指代行南徐州刺史事。南徐州，南朝宋始置，治京口。

七年，徙爲侍中，領驍騎將軍，尋轉都官尚書，[1]領驍騎將軍。王晏啓世祖曰：[2]"江斅今重登禮閣，[3]兼掌六軍，[4]慈渥所覃，[5]寔有優忝。但語其事任，殆同閑輩。[6]天旨既欲升其名位，愚謂以侍中領驍騎，望實清顯，有殊納言。"上曰："斅常啓吾，爲其鼻中惡。[7]今既以何胤、王瑩還門下，[8]故有此回换耳。"[9]鬱林即位，[10]遷掌吏部。[11]隆昌元年，爲侍中，領國子祭酒。[12]鬱林廢，[13]朝臣皆被召入宫，斅至雲龍門，[14]託藥醉吐車中而去。[15]明帝即位，改領祕書監，[16]又改領晉安王師。[17]

［1］都官尚書：尚書省官。分掌都官、水部、庫部、功論四曹事。秩三品。

［2］王晏：歷仕南朝宋、齊，齊武帝時遷侍中，爲其所稱。本書卷四二有傳。

［3］禮閣：指尚書省。本書卷四六《蕭惠基傳》“尚書令王儉朝宗貴望，惠基同在禮閣”可證。

［4］六軍：本書《百官志》：“領軍將軍、中領軍、護軍將軍、中護軍……左右二衛將軍、驍騎將軍、游擊將軍。晋世以來，謂領、護至驍、游爲六軍。”

［5］慈渥（wò）所覃（tán）：指皇帝恩澤所施及。

［6］殆同閑輩：指江斆所領之官，衹給其名，而不給實權。

［7］鼻中惡：指鼻中有疾，吐氣腐臭。

［8］何胤：仕齊，曾爲中書令。本書卷五四有傳。　王瑩：歷仕齊、梁，在齊曾爲中書侍郎及侍中等職。《梁書》卷一六、《南史》卷二三有傳。　門下：指門下省。官員掌奏事，直侍左右。

［9］回换：指將江斆由内官調出爲地方官。　耳：原作“吴”，從中華本改。按，《南史》卷三六此下云：“先是中書舍人紀僧真幸於武帝，稍歷軍校，容表有士風。謂帝曰：‘臣小人，出自本縣武吏，邀逢聖時，階榮至此。爲兒昏，得荀昭光女，即時無復所須，唯就陛下乞作士大夫。’帝曰：‘由江斆、謝瀹，我不得措此意，可自詣之。’僧真承旨詣斆，登榻坐定，斆便命左右曰：‘移吾牀讓客。’僧真喪氣而退，告武帝曰：‘士大夫故非天子所命。’時人重斆風格，不爲權倖降意。”高敏《南北史掇瑣》云：“此段……《南史》補也。據此，可知士庶之分，南齊時仍然十分嚴格，雖齊武帝之尊也無以改變之，碰得頭破血流的紀僧真，也承認士大夫非天子所能命。”（中州古籍出版社 2003 年版，第 195—196 頁）按，清牛運震《讀史糾謬》卷七《南齊書糾謬》云：“《南史》載紀僧真謂江斆乞士大夫，斆命左右移牀，僧真喪氣而退。此斆風格之大者，

不可省。"

［10］鬱林：指鬱林王蕭昭業，齊武帝太孫。本書卷四有紀。

［11］吏部：指吏部尚書。掌官吏任免，職任要重，故吏部尚書有"大尚書"之稱。（參見周一良《〈南齊書·丘靈鞠傳〉試釋兼論南朝文武官位及清濁》，《魏晋南北朝史論集》，北京大學出版社1997年版，第117頁）

［12］國子祭酒：列卿太常屬官。分掌禮儀。秩三品。

［13］鬱林廢：此指明帝蕭鸞廢鬱林王，立其弟昭文爲帝，旋又廢帝自立。

［14］雲龍門：内宫城門名。《南史》卷三六此句後有"方知廢立"語。

［15］託藥醉吐車中而去：《南史》卷三六此句作"託散動，醉吐車中而去"。按，"散"即藥。

［16］祕書監：秘書省官。掌藝文圖書。秩三品。

［17］晋安王：名子懋，齊武帝第七子。本書卷四〇有傳。師：王府的教官。

建武二年，[1]卒，年四十四。遺令儉約葬，不受賻贈。[2]詔賻錢三萬，布百匹。子蒨啓遵敎令，讓不受。詔曰："斅貽厥之訓，[3]送終以儉，立言歸善，益有嘉傷，可從所請。"贈散騎常侍、太常，[4]謚曰敬子。[5]

［1］建武：齊明帝年號。

［2］賻（fù）贈：贈送的喪禮財物。

［3］貽厥之訓：指臨終遺留給子孫的訓示。語本《尚書·五子之歌》："明明我祖，萬邦之君。有典有則，貽厥子孫。"孔安國傳："貽，遺也。言仁及後世。"

［4］散騎常侍：門下省官。掌奏事，直侍左右。秩三品。 太

常：列卿之首，掌祀儀、祭祀。秩三品。

[5]謚曰敬子：六朝時文臣死後無封爵而得謚號者稱“子”。清錢大昕《十駕齋養新録》卷二〇《沈恭子》：“予按《南史》，‘沈炯，字初明……以疾卒於吴中，贈侍中，謚恭子。’六朝文臣無封爵而得謚者，例稱子。如任昉稱敬子、周宏正稱簡子之類，不一而足。”

何昌寓字儼望，[1]廬江灊人也。[2]祖叔度，[3]吴郡太守。[4]父佟之，[5]太常。[6]

[1]何昌寓：《南史》卷三〇有附傳。

[2]廬江灊：指廬江郡灊縣，治所在今安徽潛山縣西北。

[3]叔度：何尚之父。爲吴郡太守，以清身潔己見稱。詳見《宋書》卷六六、《南史》卷三〇《何尚之傳》。

[4]吴郡：郡名。治所在今江蘇蘇州市。

[5]佟之：中華本校勘記引張森楷《校勘記》云：“‘佟之’，《梁書·何敬容傳》作‘攸之’。《宋書·江湛傳》有侍中何攸之，即其人也。《何尚之傳》作‘悠之’。”

[6]太常：《藝文類聚》卷四九引《齊職儀》曰：“大常卿，一人，品第三，秩中二千石。銀章青綬，進賢兩梁冠，絳朝服，佩水蒼玉。”按，太常爲諸卿之一，掌禮儀、祭祀。《南史》卷三〇作“侍中”。

昌寓少而淹厚，[1]爲伯父司空尚之所遇。[2]宋建安王休仁爲揚州，[3]辟昌寓州主簿。遷司徒行參軍，[4]太傅五官，[5]司徒東閤祭酒，[6]尚書儀曹郎。[7]建平王景素爲征北南徐州，[8]昌寓又爲府主簿，以風素見重。[9]母老求禄，出爲湘東太守，[10]加秩千石。

[1]淹厚：《南史》卷三〇作“清靖”，其後並云：“獨立不群，所交者必當世清名，是以風流籍甚。”

[2]尚之：指何尚之，字彦遠。仕宋，官至尚書令，卒贈司空。詳見《宋書》卷六六《何尚之傳》。　司空：古官名。與大司徒、太尉合稱“三公”，後爲大臣的最高榮譽加銜。

[3]建安王休仁：宋文帝第十二子，初封建安王，後改封始安王。宋前廢帝時，爲揚州刺史。詳見《宋書》卷七二《始安王傳》。

[4]司徒行參軍：指司徒府行參軍事。王公府、軍府的屬官，常以他官兼行。

[5]太傅五官：太傅府屬官，即五官侍郎、五官郎中之類宿衛武官。按，何昌寓似未曾在太傅府任職。《南史》卷三〇無此句。

[6]司徒東閤祭酒：指在司徒府任東閤祭酒。晋初凡位從公以上，其府置東西閣，各置祭酒。南朝相沿。《宋書·百官志上》：“主簿、祭酒、舍人主閤内事。”東西閣祭酒當是分主東西閣内諸事之官。

[7]儀曹郎：祠部尚書屬官。掌儀曹，主禮儀之事。秩五品。

[8]建平王景素：宋文帝第七子建平宣簡王劉宏之子，襲父爵封爲建平王。宋明帝泰始六年（470），授使持節，都督南徐、南兗等六州諸軍事、鎮軍將軍、南徐州刺史，平桂陽王之亂有功，進號鎮北將軍。《宋書》卷七二、《南史》卷一四有傳。　征北：指征北將軍。按，據本傳應爲“鎮北”。

[9]風素：風采素養。原作“夙素”，中華本據各本及《南史》、《册府元龜》卷二九二、七二七、八〇三改。今從改。

[10]湘東：郡名。治所在今湖南衡陽市東。

爲太祖驃騎功曹。[1]昌寓在郡，景素被誅，[2]昌寓痛之。至是啓太祖曰：

伏尋故建平王，因心自遠，忠孝基性，徽和之譽，[3]早布國言，[4]勝素之情，[5]夙洽民聽。世祖綢繆，太宗眷異，[6]朝中貴人，野外賤士，雖聞見有殊，誰不悉斯事者？

[1]驃騎功曹：指驃騎大將軍府功曹參軍。功曹參軍爲軍府佐吏，掌糾駁獻替。按，宋末蕭道成權勢日增，進位侍中、司空、録尚書事、驃騎大將軍（爲最高榮譽加號）。

[2]景素被誅：指元徽三年（475），建平王景素被人誣告謀反，次年爲宋後廢帝遣兵剿殺。詳見《宋書》卷七二《建平宣簡王宏傳》。

[3]徽和：善良仁和。

[4]國言：國人的輿論、評論。

[5]勝素：美好、清白。

[6]世祖綢繆，太宗眷異：指景素一直得到宋孝武帝的關愛和宋明帝的特殊照顧。

元徽之間，[1]政關群小，構扇異端，共令傾覆。慇懃之非，古人所悼，[2]况蒼梧將季，[3]能無衒惑。一年之中，藉者再三，[4]有必巔之危，無蹔立之安，行路寒心，往來跼蹐。而王夷慮坦然，[5]委之天命，惟謙惟敬，專誠奉國，閨無執戟之衛，門闕衣介之夫，[6]此五尺童子所見，不假闊曲言也。一淪疑似，[7]身名頓滅，冤結淵泉，酷貫穹昊。[8]時經隆替，[9]歲改三元，[10]曠蕩之惠亟申，[11]被枉之澤未流。俱沐温光，獨酸霜露。

［1］元徽：南朝宋後廢帝年號。

［2］慇懃之非，古人所悼：指對國家情意深篤的君子，反而受到非議毁謗。古人所哀悼，指古代賢哲早就爲此而憤歎。屈原《離騷》："世溷濁而不分兮，好蔽美而嫉妒。"就是一例。

［3］蒼梧：宋後廢帝劉昱，死後追封蒼梧王。《宋書》卷九有紀。　季：晚。

［4］藉者再三：指一再誅死有功大臣。藉，誅殺滅藉。

［5］王：指建平王劉景素。　夷慮：平常所思。

［6］衣介之夫：指穿軍裝的衛士。

［7］一淪疑似：一朝身亡於似是而非之罪。

［8］酷貫穹昊：指其殘暴乃天地間所無。

［9］時經隆替：指前代暴君已滅，新朝開始。

［10］三元：指年、月、日。

［11］曠蕩之惠亟申：指新朝廣施恩惠。

明公鋪天地之施，[1]散雲雨之潤，物無巨細，咸被慶渥。若今日不蒙照滌，則爲萬代冤魂。昌寓非敢慕慷慨之士，激揚當世，實義切於心，痛入骨髓。瀝腸紓憤，仰希神照，辯明枉直，亮王素行，[2]使還名帝籍，歸靈舊塋，死而不泯，豈忘德於黄壚。[3]分軀碎首，不足上謝。

［1］明公：諛指驃騎大將軍太傅蕭道成。

［2］亮王素行：指申明建平王景素一生清白高行。

［3］黄壚：黄泉，墳墓。指死者。語出《淮南子·覽冥》："上

際九天，下契黄壚。”

又與司空褚淵書曰：

天下之可哀者有數，而埋冤於黄泉者爲甚焉。何者？百年之壽，同於朝露，揮忽去留，寧足道哉！政欲闔棺之日，不隕令名，竹帛傳芳烈，[1]鐘石紀清英。[2]是以昔賢甘心於死所者也。若懷忠抱義，而負枉冥冥之下，時主未之矜，卿相不爲言，良史濡翰，將被以惡名，豈不痛哉！豈不痛哉！

[1]竹帛傳芳烈：指青史留芳。
[2]鐘石：指紀功勛的鐘銘石刻。

竊尋故建平王，地屬親賢，德居宗望，道心惟冲，[1]睿性天峻。[2]散情風雲，不以塵務嬰衿；明發懷古，惟以琴書娱志。言忠孝，行惇慎，二公之所深鑒也。[3]前者阮、楊連黨，[4]搆此紛紜，雖被明於朝貴，愈結怨於群醜。覘察繼蹤，疑防重著，小人在朝，詩史所歎，少一句清識飲涕。王每永言終日，[5]氣淚交横。既推信以期物，故日去其備衛，朱門蕭條，示存典刑而已。[6]求解徐州，以避北門要任；[7]苦乞會稽，[8]貪處東甌閑務，[9]此並彰於事迹。與公道味相求，[10]期心有素，方共經營家國，劬勞王室，何圖時不我與，契闊屯昏，[11]忠誠弗亮，罹此百殃。

[1]道心：指領悟人生哲理大道之心。　冲：淡泊，謙和。

[2]睿性：明達的性格。　天峻：由來高尚。

[3]二公：指褚淵與蕭道成。

[4]阮、楊：指阮佃夫、楊運長。二人均爲宋明帝倖臣，明帝死，輔幼主，忌景素有人望，密謀誣"景素欲反"。詳見《宋書》卷七二《文九王傳》。又阮、楊二人於《宋書》卷九四、《南史》卷七七均有傳。

[5]永言：咏嘆，長嘆。

[6]典刑：典型，指舊的法式，常規。語出《詩·大雅·蕩》："雖無老成人，尚有典刑。"鄭玄箋："猶有常事故法可案用也。"

[7]求解徐州，以避北門要任：指建平王景素當時請求解除徐州刺史之職，以避開軍政要任。北門，語出《左傳》僖公三十二年："杞子自鄭使告于秦曰：'鄭人使我掌其北門之管，若潛師以來，國可得也，'"杜預注："管，鑰也。"後因以喻守禦重任。

[8]苦乞會稽：指請求改任會稽（今浙江紹興市）太守。

[9]東甌：原指分布於浙江南部甌江一帶的越族人。這裏泛指東南荒陬。

[10]與公道味相求：與您（指褚淵）志趣愛好相同。

[11]契闊屯昏：指受苦罹難於艱危黑暗之頹世。

歲朔亟流，已經四載。皇命惟新，[1]人沾天澤，而幽然深酷。[2]未蒙照明。封殯卑雜，[3]窮魂莫寄，昭穆不序，[4]松柏無行。[5]事傷行路，痛結幽顯。[6]吾等叩心泣血，實有望於聖時。公以德佐世，欲物得其所，豈可令建平王枉直不分邪？田叔不言梁事，[7]袁絲諫止淮南，[8]以兩國釁禍，尚回帝意，豈非親親之義，[9]寧從敦厚。而今疑似未辨，[10]爲世大戮。若使王心跡得申，亦示海内理冤枉，明是非。[11]夫存亡國，繼絶世，[12]周漢之通典，有國之所急也。昔叔向之理，[13]恃祁大夫而獲亮，戾太子之冤，[14]資車丞相而見察。幽靈有知，豈不眷眷於明顧？碎首抽脅，自謂不殞。

[1]皇命惟新：指齊代宋而新立。

[2]幽然深酷：謂在冥冥間黯然遭罪。

[3]封殯卑雜：指尸骨埋葬於荒墳野冢。

[4]昭穆：古代宗法制度，宗廟中神主的排列次序，始祖居中，以下祖、父遞爲昭穆，左爲昭，右爲穆。參見《周禮·春官·小宗伯》。這裏“昭穆不序”指宗族關係不能明列。

[5]松柏無行：指墳墓上没能栽植松柏。

[6]幽顯：指死生、陰陽兩界。

[7]田叔不言梁事：田叔，西漢人，事漢文、景帝。梁孝王殺吴相袁盎，景帝使田叔案梁，還報時不願詳言梁事。他認爲，梁王是太后的寵子，“如其伏法，而太后食不甘味，卧不安席，此憂在陛下也”。景帝賢之，以爲魯相。詳見《史記》卷一〇四、《漢書》卷三七《田叔傳》。

[8]袁絲諫止淮南：袁絲，即袁盎，字絲。淮南，指淮南王劉長，漢文帝弟，封淮南王。其驕奢不遵法，論律當斬，袁盎諫文帝不該先驕寵，後暴折。文帝從諫而止。詳見《史記》卷一一八《淮南衡山列傳》。

[9]親親：愛自己的親屬。語出《孟子·盡心上》：“親親而仁民，仁民而愛物。”

[10]疑似：似，原作“以”，中華本據局本及《册府元龜》卷八七五改。今從改。

[11]“若使王心”至“明是非”：中華本校勘記云：“按《元

龜》八百七十五作‘若使王心跡弗申，亦示海内無以理冤枉，明是非。’”

[12]夫存亡國，繼絶世：謂恢復已滅絶的封國，承續已斷絶的後代。語出《論語·堯曰》：“興滅國，繼絶世，舉逸民，天下之民歸心焉。”邢昺疏：“賢者當世祀，爲人非理絶之者，則求其子孫使復繼之。”夫，原無，中華本據《册府元龜》卷八七五補。今從補。

[13]叔向：羊舌肸（xī），春秋晋臣，曾被誣下獄，後得大夫祁奚的救助出獄。詳見《左傳》襄公二十一年。

[14]戾太子：漢武帝長子劉據。曾爲直指使者江充所譖，被疑欲謀反，遭捕殺。丞相車千秋力訟太子冤，武帝感悟，爲其冤魂平反。詳見《漢書》卷六三《戾太子傳》。

淵答曰：“追風古人，良以嘉歎。但事既昭晦，理有逆從。[1]建平初阻，[2]元徽未悖，專欲委咎阮、楊，彌所致疑。[3]于時正亦謬參此機，[4]若審如高論，其愧特深。”太祖嘉其義，轉爲記室，遷司徒左西、太尉户曹屬，[5]中書郎，王儉衛軍長史。儉謂昌寓曰：“後任朝事者，非卿而誰？”

[1]逆從：中華本校勘記云：“按‘從’即‘順’字，蕭子顯避梁諱改。”

[2]建平初阻：指建平王景素因遭阮佃夫、楊運長等小人猜忌，爲“自全之計”，被迫起兵反抗朝廷。詳見《通鑑》卷一三四《宋紀十六》“蒼梧王元徽四年”條。

[3]“元徽未悖”至“彌所致疑”：意謂當時宋後廢帝對景素原未怨恨，但他專門聽從阮、楊等小人的讒言，深信不疑，以致釀成冤案。

[4]于時正亦謬參此機：此謂本人當日亦參與平定建平王之亂

事。按，宋元徽間褚淵任護軍將軍加中書監。詳見《通鑑》卷一三四。

[5]司徒左西：指司徒府左西掾，公府屬官。主府吏署用事。

永明元年，竟陵王子良表置友、學官，[1]以昌寓爲竟陵王文學，[2]以清信相得，意好甚厚。轉揚州別駕，[3]豫章王又善之。[4]遷太子中庶子，出爲臨川内史。[5]除廬陵王中軍長史，[6]未拜，復爲太子中庶子，領屯騎校尉。[7]遷吏部郎，[8]轉侍中。

[1]表置友、學官：中華本校勘記云："'友學'南監本、殿本作'文學'。按東晉、南朝有諸王友、諸王文學官，此謂蕭子良表置諸王友、諸王文學官也，'友'字不訛。"

[2]文學：掌督諸王子學習事。秩六品。

[3]揚州：三國吴置，治所在建業，後改建康，即今江蘇南京市。　別駕：齊稱別駕從事，爲州佐官，位在刺史之下。刺史巡察外出，別駕乘傳（zhuàn）車從行，因以爲名。總理州府政務，職權甚重，常用五、六品者爲之。

[4]豫章王又善之：豫章王，即蕭嶷，字宣儼，齊高帝次子。時任都督揚、南徐二州諸軍事、中書監、司空、揚州刺史。本書卷二二有傳。何昌寓在其部下，深受器重，故曰"又善之"。

[5]臨川：郡名。治所在今江西撫州市臨川區西。

[6]廬陵王：名子卿，齊武帝第三子。永明五年（487）遷中軍將軍。本書卷四〇有傳。何昌寓在軍府任長史，爲佐吏之長。

[7]屯騎校尉：禁衛軍官名。分掌宿衛。秩四品。

[8]吏部郎：吏部尚書屬官。掌官吏任免事。秩五品。

臨海王昭秀爲荆州，[1]以昌寓爲西中郎長史、輔國將軍、南郡太守，[2]行荆州事。[3]明帝遣徐玄慶西上害蕃鎮諸王，[4]玄慶至荆州，欲以便宜從事。[5]昌寓曰："僕受朝廷意寄，翼輔外蕃，何容以殿下付君一介之使。若朝廷必須殿下還，當更聽後旨。"[6]昭秀以此得還京師。

[1]臨海王昭秀：文惠太子蕭長懋第三子。隆昌元年（494），爲使持節、都督荆、雍、益、宋、梁、南北秦七州軍事、西中郎將、荆州刺史。本書卷五〇有傳。　荆州：治所在今湖北荆州市。

[2]西中郎長史：指西中郎將府長史。　輔國將軍：南朝爲榮譽加號。　南郡：郡名。治所在今湖北荆州市西北紀南城。

[3]行荆州事：指代行荆州刺史職事。南朝諸王年幼，往往由治所太守代行州務。

[4]徐玄慶：仕齊，明帝時任兖州、徐州刺史，加冠軍將軍。詳見本書卷六《明帝紀》。按，《南史》卷三〇作"裴叔業"。　害蕃鎮諸王：指殺害高、武子孫諸藩王。

[5]便宜從事：指可斟酌情勢，殺害高、武子孫諸藩王，不須請示，自行處理。

[6]"僕受朝廷意寄"至"當更聽後旨"：此段寫何昌寓拒絶臺使欲加害荆州刺史臨海王昭秀。《南史》卷三〇記載稍詳，云："昌寓拒之曰：'國家委身以上流之重，付身以萬里之事，臨海王未有失，寧得從君單詔邪？即時自有啓聞，須反更議。'叔業曰：'若爾便是拒詔，拒詔，軍法行事耳。'答曰：'能見殺者君也，能拒詔者僕也。君不能見殺，政有沿流之計耳。'昌寓素有名德，叔業不敢逼而退。上聞而嘉之，昭秀由此得還都。"

建武二年，爲侍中，領長水校尉，[1]轉吏部尚書。[2]

復爲侍中，領驍騎將軍。四年，卒。年五十一。贈太常，謚簡子。

[1]長水校尉：禁衛軍官名。分掌宿衛。秩四品。

[2]吏部尚書：六部尚書之一。掌任免，權重。故有“大尚書”之稱。按，《南史》卷三〇此下云：“嘗有一客姓閔求官。昌寓謂曰：‘君是誰後？’答曰：‘子騫後。’昌寓團扇掩口而笑，謂坐客曰：‘遥遥華胄。’”

昌寓不雜交遊，通和汎愛。歷郡皆清白，士君子多稱之。[1]

[1]士君子多稱之：《南史》卷三〇此後附有何昌寓子何敬容傳，謂其梁時官至尚書令，“清公有美績，吏人稱之”。

謝瀹字義潔，[1]陳郡陽夏人也。[2]祖弘微，[3]宋太常。父莊，[4]金紫光禄大夫。[5]瀹四兄颺、朏、顥、嵸，世謂謝莊名兒爲風、月、景、山、水。[6]顥字仁悠，少簡静。解褐祕書郎，累至太祖驃騎從事中郎。建元初，爲吏部郎，至太尉從事中郎。永明初，高選友、學，[7]以顥爲竟陵王友。至北中郎長史。[8]卒。

[1]謝瀹（yuè）：《南史》卷二〇有附傳。

[2]陳郡：郡名。治所在今河南淮陽縣。　陽夏：縣名。治所在今河南太康縣。

[3]弘微：謝弘微，名密，字弘微，以字行。性嚴正，居身清約。歷仕東晋、劉宋，官至太常。《宋書》卷五八、《南史》卷二

〇有傳。

[4]莊：謝莊，字希逸。南朝宋著名文學家，其代表作《月賦》，流傳千古。官至吏部尚書、領國子博士，卒贈金紫光禄大夫。《宋書》卷八五、《南史》卷二〇有傳。

[5]金紫光禄大夫：文散官名。左、右光禄大夫銀印青綬，重者詔加金章紫綬。常爲禮贈之官，加給朝中大官、功臣。

[6]世謂謝莊名兒爲風、月、景、山、水：指謝莊五子之名的偏旁爲風、月、景、山、水。如“颺”字“風”旁，“朏”字“月”旁，“顥”字“景”旁，“嵸”字“山”頭，“瀹”字“水”旁。按，謝颺，《宋書》卷八五有傳；謝朏，《梁書》卷一五、《南史》卷二〇有傳；謝顥，《南史》卷二〇有傳；謝嵸，不詳。

[7]友、學：中華本校勘記云孔穎達疏“各本並作‘文學’，訛，説見上”。

[8]北中郎長史：指北中郎將軍府長史。

瀹年七歲，王彧見而異之，[1]言於宋孝武，孝武召見於稠人廣衆之中，瀹舉動閑詳，應對合旨，帝甚悦。詔尚公主，[2]值景和敗，[3]事寢。僕射褚淵聞瀹年少清正不惡，[4]以女結婚，厚爲資送。[5]

[1]王彧：字景文，以字行。見重於宋孝武帝，官至尚書左僕射、領吏部、揚州刺史。《宋書》卷八五、《南史》卷二三有傳。

[2]尚：匹配，娶奉。專指娶公主爲妻。《史記》卷八九《張耳陳餘列傳》：“張敖已出，以尚魯元公主故，封爲宣平侯。”司馬貞《索隱》：“韋昭曰：‘尚，奉也，不敢言取。’崔浩云：‘奉事公主。’”

[3]景和：南朝宋前廢帝劉子業年號。前廢帝凶悖，殘殺臣僚。是年十一月，明帝劉彧殺前廢帝自立。“景和敗”蓋指此。詳見

《宋書》卷七《前廢帝紀》。

[4]僕射：尚書省主官，左右二僕射輔佐尚書令共治尚書省。秩三品。　褚淵：字彦回，歷仕南朝宋、齊。尚宋文帝女，拜駙馬都尉，累官吏部尚書、尚書右僕射。本書卷二三、《南史》卷二八有傳。

[5]厚爲資送：《南史》卷二〇此句後云："性甚敏贍，嘗與劉悛飲，推讓久之，悛曰：'謝莊兒不可云不能飲。'瀹曰：'苟得其人，自可流湎千日。'悛甚慚，無言。"

解褐車騎行參軍，[1]遷祕書郎，司徒祭酒，丹陽丞，撫軍功曹。世祖爲中軍，[2]引爲記室。齊臺建，遷太子中舍人。[3]建元初，轉桂陽王友。以母老須養，出爲安成内史。[4]還爲中書郎。衛軍王儉引爲長史，雅相禮遇。除黄門郎，[5]兼掌吏部。尋轉太子中庶子，領驍騎將軍，轉長兼侍中。[6]瀹以晨昏有廢，[7]固辭不受。世祖敕令速拜，别停朝直。[8]

[1]車騎行參軍：指車騎將軍府代行參軍。車騎將軍，南朝爲最高榮譽加號之一。秩二品，開府者位從公秩一品。參見本書《職官志》。

[2]世祖爲中軍：指宋昇明三年（479）齊武帝蕭賾任中軍大將軍。詳見本書卷三《武帝紀》。

[3]太子中舍人：職同中書舍人，掌呈奏案章。秩七品。

[4]安成：郡名。治所在今江西吉安市東南。爲王國屬郡，故太守稱内史。

[5]黄門郎：給事黄門侍郎的省稱。門下省官。掌奏事，直侍左右。秩五品。

［6］長兼侍中：原作“長史兼侍中”。中華本校勘記引清錢大昕《廿二史考異》云：“長兼者，未正授之稱。《晋書·劉隗傳》‘太興初，長兼侍中’，《孔愉傳》‘長兼中書令’，是長兼之名，自晋已有之矣。《南史》添一‘史’字……當由後人轉寫相涉而誤，非延壽本文也。《南齊書》本無此字，或轉據《南史》增益之，不獨昧於官制，亦大非闕疑之旨。”今據删。

［7］晨昏：晨昏定省（xǐng），指朝夕慰問服侍父母。

［8］朝直：值宿於朝廷。

遷司徒左長史，出爲吴興太守。[1]長城縣民盧道優家遭劫，[2]誣同縣殷孝悌等四人爲劫，瀟收付縣獄考正。孝悌母駱詣登聞訴稱孝悌爲道優所誹謗，横劾爲劫，一百七十三人連名保徵，在所不爲申理。[3]瀟聞孝悌母訴，乃啓建康獄覆，[4]道優理窮款首，[5]依法斬刑。有司奏免瀟官。瀟又使典藥吏煮湯，[6]失火，燒郡外齋南廂屋五間。又輒鞭除身，[7]爲有司所奏，詔並贖論。[8]在郡稱爲美績。母喪去官。

［1］吴興：郡名。治烏程縣，在今浙江湖州市南下菰城。

［2］長城縣：治所在今浙江長興縣東。

［3］在所不爲申理：指所在的縣衙（長城縣）不爲殷孝悌申辨辨理。

［4］建康：縣名。治所在今江蘇南京市。

［5］款首：招供伏罪。款，招供，供認。《通鑑》卷二〇四《唐紀二十》“則天後天授二年”條，胡三省注：“獄辭之出於囚口者爲款。”首，伏罪。《漢書》卷四七《梁孝王劉武傳》：“王陽……不首主令，與背畔亡異。”顔師古注：“不首謂不伏其罪也。”

[6]典藥吏：在政府機關服役的一種吏員，負責管理藥物。

[7]除身：指新委官任職的書吏。

[8]贖論：以錢贖罪論處。

服闋，爲吏部尚書。高宗廢鬱林，[1]領兵入殿，左右驚走報瀹。瀹與客圍棋，每下子，輒云"其當有意"。竟局，乃還齋卧，[2]竟不問外事也。明帝即位，瀹又屬疾不視事。後上讌會，功臣上酒，尚書令王晏等興席，[3]瀹獨不起，曰："陛下受命，應天從民，[4]王晏妄叨天功以爲己力。"上大笑解之。座罷，晏呼瀹共載還令省，[5]欲相撫悦。瀹又正色曰："君巢窟在何處?"晏初得班劍，[6]瀹謂之曰："身家太傅裁得六人。[7]君亦何事一朝至此。"[8]晏甚憚之。

[1]高宗廢鬱林：指隆昌元年（494）八月蕭鸞廢齊鬱林王蕭昭業，改立其弟恭王蕭昭文，旋又廢自立。

[2]還齋：回家。

[3]王晏：爲鬱林王佐命大臣之一。明帝廢鬱林王，王晏響應推奉，遷尚書令。詳見本書卷四二《王晏傳》。　興席：從席上起立，表示恭迎。

[4]從民：中華本校勘記云："按從即'順'字，蕭子顯避梁諱改。"

[5]令省：指尚書令官邸。

[6]班劍：有紋飾的劍，或曰以虎皮飾之。後用作儀仗，由武士佩持，天子以賜功臣。班，通"斑"。

[7]身家太傅裁得六人：謂我家東晉太傅謝安以功得班劍六人。瀹所言乃小視王晏。按，《南史》卷二〇此句作"若何事頓得二

十”。“二十”指班劍二十人。身家，自家，指謝氏家族。

[8]君亦何事一朝至此：《南史》卷二〇此句作“晏甚憚之，謂江祏曰：‘彼上人者，難爲酬對。’”

加領右軍將軍。[1]兄朏在吴興，[2]論啓公事稽晚，[3]瀹輒代爲啓，上見非其手迹，被問，見原。轉侍中，領太子中庶子，豫州中正。[4]永泰元年，[5]轉散騎常侍，太子詹事。[6]其年卒。年四十五。贈金紫光禄大夫。謚簡子。

[1]右軍將軍：禁衛軍官名。分掌宿衛營兵。秩四品。

[2]朏：謝朏。按，齊永明中，謝朏曾爲吴興太守。

[3]論啓公事稽晚：事，原作“齊”，中華本據《南史》及南監本、殿本、局本改。今從改。

[4]豫州：東晋僑置，治壽春縣，在今安徽壽縣。

[5]永泰：齊明帝年號。

[6]太子詹事：東宫官。掌太子家事。秩三品。《藝文類聚》卷四九引《齊職儀》曰：“詹事，品第三。”

初，兄朏爲吴興，瀹於征虜渚送别，[1]朏指瀹口曰：“此中唯宜飲酒。”[2]瀹建武之初，專以長酣爲事，與劉瑱、沈昭略以觴酌交飲，[3]各至數斗。

[1]征虜渚：水名。在今江蘇南京市長江邊。

[2]此中唯宜飲酒：此口衹用來喝酒。此句乃戒其弟莫口論時事招禍。

[3]劉瑱：仕齊爲吏郎，好文章，飲酒奢逸。本書卷四八有附

傳。　沈昭略：仕齊官至侍中，有剛氣，善飲。本書卷四四有附傳。

世祖嘗問王儉，當今誰能爲五言詩？儉對曰："謝朏得父膏腴；[1]江淹有意。"[2]上起禪靈寺，敕瀟撰碑文。

[1]謝朏得父膏腴：指謝朏的五言詩得到他父親謝莊的教誨，文辭華美。

[2]江淹：南朝著名文學家。《梁書》卷一四、《南史》卷五九有傳。　有意：指江淹對五言詩也有意下功夫。

王思遠，[1]琅邪臨沂人。[2]尚書令晏從弟也。父羅雲，平西長史。[3]思遠八歲父卒，祖弘之及外祖新安太守羊敬元，[4]並栖退高尚，故思遠少無仕心。

[1]王思遠：《南史》卷二四有附傳。

[2]琅邪：郡名。治所在今山東臨沂市西。

[3]平西長史：指平西將軍府長史。

[4]弘之：王弘之，字方平，隱居不仕。《南史》卷二四有傳。"弘"原作"引"，蓋因宋時刻書避"弘"字諱闕筆而訛，中華本據南監本、殿本、局本改正。今從改。　新安：郡名。治始新縣，在今浙江淳安縣西北。　羊敬元：其事不詳。

宋建平王景素辟爲南徐州主簿，[1]深見禮遇。景素被誅，左右離散，思遠親視殯葬，手種松柏。與廬江何昌寓、沛郡劉璡上表理之，[2]事感朝廷。景素女廢爲庶人，思遠分衣食以相資贍，年長，爲備笄總，[3]訪求素對，[4]傾家送遣。

[1]主簿：州郡府屬吏。掌文書，監印信，爲屬吏之長。

[2]沛郡：縣名。南朝宋僑置，治所在今安徽天長市西北。劉璡：字子瓛，歷仕南朝宋、齊，方軌正直。本書卷三九有附傳。

[3]笄（jī）總：謂插笄束髮，行成年之禮。《禮記·内則》："子事父母，鷄初鳴，咸盥、漱、櫛、縱、笄、總。"鄭玄注："總，束髮也。"又《内則》："女子許嫁，笄而醴之稱字。"鄭玄注："笄，女之禮，猶冠男也。"

[4]素對：清白的配偶。

除晋熙王撫軍行參軍，[1]安成王車騎參軍。建元初，爲長沙王後軍主簿，[2]尚書殿中郎，[3]出補竟陵王征北記室參軍，府遷司徒，仍爲録事參軍。遷太子中舍人，文惠太子與竟陵王子良素好士，並蒙賞接。[4]思遠求出爲遠郡，除建安内史。[5]長兄思玄卒，思遠友于甚至，[6]表乞自解，不許。及祥日，[7]又固陳，世祖乃許之。除中書郎，大司馬諮議。

[1]晋熙王：宋文帝劉義隆第九子劉昶，後昶北奔投魏，宋明帝劉彧以己第六子燮嗣昶，襲封晋熙王。元徽四年（476）劉燮爲撫軍將軍、揚州刺史。《宋書》卷七二有傳。

[2]長沙王：名晃，字宣明，齊高帝蕭道成第四子。建元初，曾爲後將軍、南徐州刺史。

[3]尚書殿中郎：指尚書省殿中郎。掌殿中曹，協助左僕射總理政務。秩五品。

[4]並蒙賞接："並"原作"立"，從中華本改。

［5］建安：郡名。治建安縣，在今福建建甌市南松溪南岸。

［6］友于：《尚書·君陳》："惟孝友于兄弟。"後即以"友于"爲兄弟友愛之義。

［7］祥日：親喪之祭日。

世祖詔舉士，竟陵王子良薦思遠及吴郡顧暠之、陳郡殷叡。[1]邵陵王子貞爲吴郡，[2]世祖除思遠爲吴郡丞，以本官行郡事，論者以爲得人。以疾解職，還爲司徒諮議參軍，領録事，轉黄門郎。出爲使持節、都督廣交越三州諸軍事、寧朔將軍、平越中郎將、廣州刺史。[3]高宗輔政，[4]不之任，仍遷御史中丞。[5]臨海太守沈昭略贓私，[6]思遠依事劾奏，高宗及思遠從兄晏、昭略叔父文季請止之，思遠不從，案事如故。

［1］顧暠之：字士明，仕齊，有義信，官至尚書左丞。下文有略傳。　殷叡：字文子，仕齊。本書卷四九有附傳。

［2］邵陵王子貞：齊武帝第十四子，永明十年（492），爲東中郎將、吴郡太守。本書卷四〇有傳。

［3］廣：廣州，治所在今廣東廣州市。　交：交州，治所原在今廣西梧州市，後移治廣東廣州市。　越：越州，治所在今廣西合浦縣東北舊州東。　平越中郎將：防邊武官。治廣州，主護南越。

［4］高宗輔政：指齊明帝蕭鸞在齊鬱林王與齊恭王時輔政。

［5］御史中丞：御史臺官。掌劾奏不法。秩四品。

［6］臨海：郡名。治所在今浙江臨海市東南章安。

建武中，遷吏部郎。思遠以從兄晏爲尚書令，不欲並居内臺權要之職，上表固讓。曰："近頻煩歸啓，實有微概。陛下矜遇之厚，古今罕儔。臣若孤恩，誰當戮力。既自誓輕軀命，[1]不復以塵黷爲疑，[2]正以臣與晏地惟密親，必不宜俱居顯要。慺慺丹赤，守之以死。臣實庸鄙，無足獎進。陛下甄拔之旨，要是許其一節。臣果不能以理自固，有乖則哲之明。[3]犯冒之尤，誅責在己，謬賞之私，惟塵聖鑒。[4]權其輕重，寧守褊心。[5]且亦緣陛下以德御下，故臣可得以禮進退。伏願思垂拯宥，不使零墜。今若祇膺所忝，[6]三公不足爲泰，犯忤之後，九泉未足爲劇。而臣苟求刑戮，自棄富榮，愚夫不爲，臣亦庶免。此心此志，可怜可矜。如其上命必行，請罪非理，聖恩方置之通塗，而臣固求擯壓，自愍自悼，不覺涕流。謹冒鈇鉞，悉心以請。窮則呼天，仰祈一照。"[7]上知其意，乃改授司徒左長史。

[1]既自誓輕軀命：既然我已立誓以生命來報答。　軀命："軀"，原無，中華本據南監本、殿本、局本補。今從補。

[2]塵黷：玷污。塵，自謙之詞。中華本校勘記云："'黷'南監本、殿本作'點'。"

[3]則哲：《尚書·皋陶謨》："知人則哲，能官人。"後以"則哲"爲知人。

[4]惟塵聖鑒：謂使聖上的英明受到污損。

[5]褊心："褊"原作"福"，從中華本改。

[6]祇膺：敬受。　忝：謙詞。

[7]仰祈：祈，原作"斯"，中華本據各本改。今從改。

初，高宗廢立之際，[1]思遠與晏閑言，謂晏曰："兄荷世祖厚恩，今一旦贊人如此事，[2]彼或可以權計相須，未知兄將來何以自立。若及此引決，[3]猶可不失後名。”晏不納。及拜驃騎，[4]集會子弟，謂思遠兄思微曰：[5]“隆昌之末，阿戎勸吾自裁，[6]若從其語，豈有今日。”思遠遽應曰：“如阿戎所見，猶未晚也。”[7]及晏敗，[8]故得無他。

[1]高宗廢立：指齊明帝蕭鸞廢齊武帝蕭賾嫡孫鬱林王和齊恭王自立之事。

[2]今一旦贊人如此事：指齊武帝臨崩，遺旨王晏輔政，而蕭鸞謀廢立，晏便響應推奉新主。詳見本書卷四二《王晏傳》。

[3]若及此引決：指殉幼主自殺。

[4]驃騎：指驃騎大將軍。按，齊明帝建武元年（494）王晏進此號，並給班劍二十人。

[5]思微：《南史》卷二四作“思徽”。

[6]阿戎：謙稱己弟戎，意指小子。語出《詩·大雅·民勞》：“戎雖小子，而式弘大。”亦説稱堂弟。《通鑑》卷一四一《齊紀七》“明帝建武四年”條引此文，胡三省注：“晋宋間人，多謂從弟爲阿戎，至唐猶然。”

[7]如阿戎所見，猶未晚也：《通鑑》卷一四一此後又云：“思遠知上外待晏厚而内已疑異，乘間謂晏曰：‘時事稍異，兄亦覺不？凡人多拙於自謀而巧於謀人。’晏不應。”

[8]及晏敗：《南史》卷二四此處作：“晏既不能謙退，位處朝端，事多專斷，内外要職，並用門生。帝外迹甚美，内相疑異。思遠謂曰：‘時事稍異，兄覺不？凡人多拙於自謀，而巧於謀人。’晏默然不答。思遠退後，晏方歎曰：‘天下人遂勸人自殺。’旬日，晏及禍。明帝後知思遠有此言，謂江祏曰：‘王晏早用思遠語，當不至此。’”

思遠清脩，立身簡潔。衣服牀筵，窮治素净，賓客來通，輒使人先密覘視，衣服垢穢，方便不前，[1]形儀新楚，乃與促膝。雖然，[2]既去之後，猶令二人交帚拂其坐處。上從祖弟季敞性甚豪縱，上心非之。謂季敞曰："卿可數詣王思遠。"[3]

[1]方便：意謂婉言拒絶。

[2]雖然：清牛運震《讀史糾謬》卷七《南齊書糾謬》云："'雖然'二字，横插不倫，宜删去。"

[3]卿可數詣王思遠：《南史》卷二四此處作："明帝從祖弟季敞性甚豪縱，使詣思遠，令見禮度。都水使者李珪之常曰：'見王思遠終日匡坐，不妄言笑，簪帽衣領，無不整潔，便憶丘明士。見明士蓬頭散帶，終日酣醉，吐論縱横，唐突卿宰，便復憶見思遠。'言其兩反也。"按，清牛運震《讀史糾謬》卷七《南齊書糾謬》云："《南史》載都小使者季珪之常曰云云，極有《晋書》風致，確不可少。"

上既誅晏，遷爲侍中，掌優策及起居注。[1]永元二年，[2]遷度支尚書。[3]未拜，卒。年四十九。贈太常，謚貞子。

[1]優策：詔策。　起居注：皇帝的言行録。

[2]永元：齊東昏侯年號。

[3]度支尚書：尚書省官。掌財政收支。秩三品。

思遠與顧暠之友善。暠之卒後家貧，思遠迎其兒子，[1]經卹甚至。[2]

[1]迎：指迎養。　兒子：中華本校勘記云："'兒子'《南史》及《元龜》八百三作'妻子'。"

[2]經卹：照料周濟。

暠之字士明。少孤，好學有義行。初舉秀才，[1]歷宦府閤。永明末，爲太子中舍人，兼尚書左丞。隆昌初，爲安西諮議，兼著作，[2]與思遠並屬文章。建武初，以疾歸家，高宗手詔與思遠曰："此人殊可惜。"就拜中散大夫。[3]卒，年四十九。

[1]秀才：南朝時爲薦舉人才的科目之一，由州郡推舉高才博學者經策試論定等第。

[2]著作：著作佐郎。掌藝文圖籍及修國史。秩六品。

[3]中散大夫：閑散官職。掌顧問應對，議論朝政得失。秩六百石。

思微，永元中爲江州長史，爲陳伯之所殺。[1]

[1]陳伯之：歷仕齊、梁，曾爲江州刺史。後投魏，復降歸梁。《梁書》卷二〇、《南史》卷六一有傳。

史臣曰：德成爲上，藝成爲下。觀夫二三子之治身，豈直清體雅業，[1]取隆基構；行禮蹈義，可以勉物風規云。[2]君子之居世，所謂美矣！

[1]清體雅業：指潔身自好，遵守正道。

[2]勉物風規：指可爲勉勵世人的風範。

贊曰：江纂世業，[1]有聞時陂。[2]何申舊主，[3]辭出乎義。謝獻壽觴，[4]載色載刺。思遠退食，[5]冲心篤寄。[6]

[1]纂：繼承。按，此句指江斅先出繼，後還本家。

[2]陂：偏頗。

[3]何申舊主：此指何昌寓上書爲其舊主建平王景素鳴冤。

[4]謝獻壽觴：指謝瀹在齊明帝舉行的宴會上獻酒慶功時，批評諷刺尚書令王晏妄叨天功。

[5]思遠退食：指王思遠不願與從兄王晏同居臺閣要職。

[6]冲：淡泊，謙和。

南齊書　卷四四

列傳第二十五

徐孝嗣　沈文季

徐孝嗣字始昌，[1]東海郯人也。[2]祖湛之，[3]宋司空；[4]父聿之，[5]著作郎：[6]並爲太初所殺。[7]孝嗣在孕得免。[8]幼而挺立，風儀端簡。八歲，襲爵枝江縣公，[9]見宋孝武，[10]升階流涕，迄于就席。帝甚愛之。尚康樂公主。[11]泰始二年，[12]西討解嚴，[13]車駕還宫，孝嗣登殿不著靺，[14]爲治書御史蔡准所奏，[15]罰金二兩。拜駙馬都尉，[16]除著作郎，母喪去官。爲司空太尉二府參軍，[17]安成王文學。[18]孝嗣姑適東莞劉舍，[19]舍兄藏爲尚書左丞，[20]孝嗣往詣之。藏退語舍曰："徐郎是令僕人，[21]三十餘可知矣。汝宜善自結。"

[1]徐孝嗣：《南史》卷一五有附傳。

[2]東海：郡名。原治所在郯縣，今山東郯城縣北。

[3]湛之：徐湛之，字孝源，爲宋武帝外甥，官至尚書僕射。

後遭元凶劉劭殺害，孝武即位追贈司空。

［4］司空：諸公之一，原爲掌管土地、水利和工程建設的官員，南朝時已成爲最高榮譽贈官之一。秩一品。

［5］聿之：史無專傳。經歷不詳。

［6］著作郎：秘書省官。掌藝文圖籍、修國史。秩六品。

［7］並爲太初所殺："太初"原爲"太祖"。中華本校勘記云："據局本改。南監本、殿本作'爲太子劭所殺'。錢大昕《廿二史考異》云：予謂'太祖'乃'太初'之譌。元凶僭號，改元太初，史叙元凶朝事，多稱太初。《王僧虔傳》云兄僧綽爲太初所害，與此文同。刊本譌爲'太祖'，後人以意改爲'太子劭'耳。"

［8］孝嗣在孕得免：《南史》卷一五此句作："孝嗣在孕，母年少，欲更行，不願有子，自牀投地者無算，又以擣衣杵舂其腰，並服墮胎藥，胎更堅。及生，故小字遺奴。"

［9］枝江縣公：中華本校勘記云："《南史》同。錢大昕《廿二史考異》云：'按湛之封枝江縣侯，身後亦未見加封之文，其子何以得襲公爵？又考《宋書·州郡志》，枝江止云侯相，不云公相，疑此誤也。'"按，枝江縣治所在今湖北枝江市。高敏《南北史掇瑣》："《建康實録》卷十六同人傳作'枝江縣侯'。從後文'明帝進位，進爵爲公'來看，應作'侯'。"（中州古籍出版社 2003 年版，第 86 頁）

［10］宋孝武：指宋孝武帝劉駿。《宋書》卷六有紀。

［11］尚：匹配，奉事。專指娶公主爲妻。《史記》卷八九《張耳陳餘列傳》："張敖已出，以尚魯元公主故，封爲宣平侯。"司馬貞《索隱》："韋昭曰：'尚，奉也，不敢言取'。崔浩云'奉事公主'。"　康樂公主：宋孝武帝之女。

［12］泰始：宋明帝年號。

［13］西討：指泰始二年（466）正月，晋安王劉子勛在尋陽起兵自立，改元義嘉，八月爲朝廷所敗。詳見《通鑑》卷一三一《宋紀十三》"明帝泰始二年"條。

［14］靺（wà）：同“韈”，襪子。

［15］治書御史：治書侍御史，御史臺官。掌法令及舉劾六品以上官。秩五品。　蔡准：《南史》作“蔡準”。中華本校勘記云：“按‘准’即‘準’字，蓋避宋順帝諱改。南監本、局本訛‘蔡淮’。”

［16］駙馬都尉：侍從武官。魏晋後，帝婿例加此職。秩五品。

［17］太尉：原爲最高軍事長官，與司徒、司空合稱三公。南北朝時仍爲三公之一，但已成爲最高榮譽虚銜。秩一品。

［18］安成王：名子孟，字孝光，宋孝武帝第十六子。原封淮南王，後改封安成王。《宋書》卷八〇有傳。按，安成王“成”原訛“武”，中華本據各本改正。今從改。　文學：州郡、王府佐吏名。掌郡國學校、侍從文章。秩六品。

［19］東莞：縣名。南朝宋時治所在今山東莒縣東北。　劉舍：其事不詳。

［20］尚書左丞：尚書省屬官。掌宗廟郊祠、吉慶瑞應、灾異及諸案彈、選用除置等事。秩五品。詳見本書《百官志》。

［21］令僕：指尚書令、左右僕射，國家最高行政長官。秩均爲三品。

昇明中，[1]遷太祖驃騎從事中郎，[2]帶南彭城太守，[3]隨府轉爲太尉諮議參軍，[4]太守如故。齊臺建，[5]爲世子庶子。[6]建元初，[7]國除。[8]出爲晋陵太守，[9]還爲太子中庶子，[10]領長水校尉。[11]未拜，爲寧朔將軍、聞喜公子良征虜長史，[12]遷尚書吏部郎，[13]太子右衛率，[14]轉長史。[15]善趨步，[16]閑容止，[17]與太宰褚淵相埒。[18]世祖深加待遇。尚書令王儉謂人曰：[19]“徐孝嗣將來必爲宰相。”轉充御史中丞。[20]世祖問儉曰：“誰可繼卿者?”儉曰:“臣東都之日,[21]其在徐孝嗣乎!”出爲吴興太守,[22]儉贈孝嗣四言詩曰:“方軌叔茂,[23]追清彦輔。[24]柔亦不茹,剛亦不吐。”[25]時人以比蔡子尼之行狀也。[26]在郡有能名。會王儉亡,上徵孝嗣爲五兵尚書。[27]

[1]昇明:宋順帝年號。

[2]太祖:齊高帝蕭道成的廟號。按,宋昇明元年(477),蕭道成進位侍中、司空、録尚書事、驃騎大將軍。見本書卷一《高帝紀上》。　從事中郎:大將軍府屬官。領諸曹事,爲親近散職,無定員,因人、因事而設。

[3]帶:兼任。　南彭城:郡名。治彭城縣,在今江蘇徐州市。見本書《州郡志上》。

[4]隨府轉爲太尉:此指蕭道成昇明二年(478)領太尉,徐孝嗣由驃騎大將軍府轉至太尉府任職。　諮議參軍:王府及軍府屬吏。參謀軍事。

[5]齊臺:齊國。昇明三年(479)蕭道成由齊公加封爲齊王,建齊國。制與天子同。詳見本書卷一《高帝紀上》。

[6]世子:指蕭道成長子蕭賾。齊國建,蕭賾爲世子。後繼位爲齊武帝。本書卷三有紀。　庶子:東宫官。職同太子中庶子,掌奏事,直侍太子左右。秩七品。

[7]建元:齊高帝年號。

[8]國除:此指齊代宋後,宋所封的齊國撤除。

[9]晋陵:郡名。治所在今江蘇常州市。

[10]太子中庶子:東宫官。掌奏事,直侍左右。秩五品。

[11]長水校尉:禁衛軍官名。分掌宿衛營兵。秩四品。

[12]寧朔將軍:南朝時爲榮譽加號。秩四品。　子良:字雲英,齊武帝蕭賾第二子。宋昇明三年(479),曾封聞喜縣公。齊武

帝即位後，改封竟陵郡王。建元二年（480），曾爲征虜將軍。詳見本書卷四〇《子良傳》。　長史：軍府屬吏之長，統掌軍府府務。秩六品。

［13］吏部郎：尚書省吏部曹官。掌官吏升降。秩五品。

［14］太子右衛率：東宫官。與左衛率共掌護衛太子。秩四品。

［15］轉長史：中華本校勘記云："按云轉長史而不繫府名，明有奪訛。《南史》作'轉長史兼侍中'，亦有訛，疑當作'轉長兼侍中'，《南史》衍一'史'字也。"按，"長兼"乃未正授之稱。參見清錢大昕《廿二史考異》卷三六。

［16］善趨步：指舉步行走合乎禮度。語出《列子·湯問》："穆王驚視之，趣步俯仰，信人也。"

［17］閑容止：指表情動作很閑和。

［18］太宰：《周禮·天官》以太宰掌"六典""八法"，總管全國政務，後作爲尚書令的代稱。《藝文類聚》卷四五引《齊職儀》曰："太宰品第一，金章紫綬，佩山玄玉。"　褚淵：字彦回，歷仕南朝宋、齊，官至尚書令。淵美儀貌，善容止，俯仰進退，咸有風則。本書卷二三有傳。

［19］王儉：字仲寶，歷仕南朝宋、齊，爲齊高帝、武帝所器重，累官要職。本書卷二三有傳。

［20］御史中丞：御史臺官。掌奏劾不法。秩四品。

［21］東都之日：中華本校勘記云："按東都之日即謂致仕之日，蓋引漢二疏歸老故鄉，公卿大夫故人邑子爲設祖道供帳東都門故事。《文選》張協《詠史詩》'藹藹東都門，群公祖二疏'，《南史·虞玩之傳》中丞劉休與親知書'而東都之送，殊不藹藹'，皆是也。《通鑑》齊武帝永明七年胡三省注以周以洛陽爲東都釋之，恐非。"

［22］吴興：郡名。治所在今浙江湖州市吴興區南下菰城。

［23］叔茂：東漢王暢，字叔茂，以清實著稱。太尉陳蕃薦，拜南陽太守，崇寬政，慎刑罰，教化遂行。民謡贊曰："天下俊秀王

叔茂。”見《後漢書》卷五六《王暢傳》及卷六七《黨錮傳論》。

［24］彦輔：晋樂廣，字彦輔，官至尚書左僕射。性冲和，有遠識，寡嗜欲，爲政有遺愛。《晋書》卷四三有傳。

［25］柔亦不茹，剛亦不吐：意謂不欺軟，不怕硬。語出《詩·大雅·蒸民》。按，“茹”“吐”原弄顛倒，據《詩》乙正。

［26］蔡子尼：晋蔡克字，好學，性公亮，不苟交，時稱“今之正人”。《晋書》卷七七有附傳。

［27］五兵尚書：尚書省官。南朝時領中兵、外兵二曹，掌軍事。秩三品。

其年，上敕儀曹令史陳淑、王景之、朱玄真、陳義民撰江左以來儀典，[1]令諮受孝嗣。[2]明年，遷太子詹事。[3]從世祖幸方山。[4]上曰：“朕經始此山之南，復爲離宫之所。[5]故應有邁靈丘。”靈丘山湖，新林苑也。[6]孝嗣答曰：“繞黄山，[7]款牛首，[8]乃盛漢之事。今江南未曠，[9]民亦勞止，[10]願陛下少更留神。”上竟無所修立。[11]竟陵王子良甚善之。子良好佛法，使孝嗣及廬江何胤掌知齋講及衆僧。[12]轉吏部尚書。[13]尋加右軍將軍，[14]轉領太子左衛率。臺閣事多以委之。

［1］儀曹令史：尚書省祠部尚書屬官。掌禮儀。秩六品。　陳淑、王景之、朱玄真、陳義民：諸人身世均不詳。　江左以來：指東晋以來。

［2］令諮受孝嗣：命令諸人撰儀典時，諮詢徐孝嗣，聽取其意見。

［3］太子詹事：東宫官。掌太子家事。秩三品。

［4］方山：山名。在今江蘇南京市江寧區東南。

[5]離宫：正宫之外供帝王出巡時居住的宫室。

[6]新林苑：園林名。在今江蘇南京市江寧區西南。原爲新林浦，有水源出牛首山，西流入大江。齊永明五年（487）在此起新林苑。詳見《建康志》。

[7]黄山：山名。在今江蘇無錫市江陰區東北，爲江防戍守要地。

[8]牛首：牛頭山，在今江蘇南京市江寧區西南。

[9]未曠：中華本校勘記云："'曠'殿本、局本作'廣'。"

[10]勞止：辛勞，勞苦。語出《詩·大雅·民勞》："民亦勞止，汔可小康。"鄭玄箋："今周民罷勞矣，王幾可以小安之乎？"

[11]上竟無所脩立：《南史》卷一五作"上乃止"。

[12]何胤：南朝高士。見本書卷五四《高逸傳》。

[13]吏部尚書：六部尚書之一，掌官吏任免。因選曹要重，故吏部尚書有"大尚書"之稱。秩三品。參見周一良《〈南齊書·丘靈鞠傳〉試釋兼論南朝文武官位及清濁》（《魏晋南北朝史論集》，北京大學出版社1997年版，第117頁）

[14]右軍將軍：禁衛軍官名。與前、後、左三軍合稱"四軍"，分掌宿衛營兵。秩四品。

世祖崩，遺詔轉右僕射。[1]隆昌元年，[2]遷散騎常侍、前將軍、丹陽尹。[3]高宗謀廢鬱林，[4]以告孝嗣，孝嗣奉旨無所釐贊。[5]高宗入殿，孝嗣戎服隨後。鬱林既死，高宗須太后令，[6]孝嗣於袖中出而奏之，高宗大悦。[7]以廢立功，封枝江縣侯，[8]食邑千户。給鼓吹一部，[9]甲仗五十人入殿。轉左僕射，常侍如故。明帝即位，[10]加侍中、中軍大將軍，[11]定策勳，進爵爲公，增封二千户。給班劍二十人，[12]加兵百人。舊拜三公乃臨軒，[13]至是帝特詔與陳顯達、王晏並臨軒拜授。[14]

[1]右僕射：尚書省官。與左僕射同爲尚書令的輔佐。秩三品。

[2]隆昌：齊鬱林王年號。

[3]散騎常侍：集書省官。掌侍從、顧問。秩三品。　前將軍：前軍將軍，禁衛軍官。分掌宿衛營兵。秩四品。　丹陽：郡名。治所在今江蘇南京市内。

[4]高宗謀廢鬱林：指齊明帝蕭鸞（當時任尚書令）廢鬱林王蕭昭業，立海陵王（即齊恭王）蕭昭文，不久即自立爲帝。詳見本書卷六《明帝紀》。

[5]釐贊：可否。《南史》卷一五作"釐替"（改變更動）。其後云："即還家草太后令"。

[6]太后：指齊文惠太子妃王皇后。鬱林即位，尊爲皇太后，稱"宣德宫"。按，須太后令，廢立方名正言順，故蕭鸞假太后之名，而孝嗣前已預知，故先爲草擬。

[7]高宗大悦：《南史》卷一五此後云："時議悉誅高、武子孫，孝嗣堅保持之，故得無恙。"

[8]枝江縣：治所在今湖北枝江市。

[9]鼓吹：備有鼓鉦蕭笳樂器的樂隊，用於大駕出游行軍。古代以賜功臣勛將。

[10]明帝即位：此指齊恭帝延興元年（494），齊明帝蕭鸞受禪即位，改元建武。

[11]侍中：門下省主官。掌奏事，直侍左右。秩三品。　中軍大將軍：南朝爲最高榮譽加銜之一。位從公，秩一品。

[12]給班劍二十人：指賜給近衛武士二十名。班劍，有紋飾的劍，或曰以虎皮飾之。班通"斑"。宋高承《事物紀原·旗旐采章》："本漢朝服帶劍，取五色斑斕之義。《開元禮儀纂》曰：漢制，朝服帶劍，晋代之以木，謂之班劍，宋齊謂之象劍。"

［13］臨軒：皇帝不坐正殿而御前殿。殿前堂陛之間近檐處兩邊有檻楯，如車之軒，故稱。

［14］陳顯達：歷仕南朝宋、齊，齊明帝時，進太尉。本書卷二六有傳。　王晏：仕齊，明帝初，官至尚書令、侍中，進爵爲公。本書卷四二有傳。

北虜動，[1]詔孝嗣假節頓新亭。[2]時王晏爲令，[3]民情物望，不及孝嗣也。晏誅，[4]轉尚書令，領本州中正，[5]餘悉如故。孝嗣愛好文學，賞託清勝。器量弘雅，不以權勢自居，故見容建武之世。恭己自保，朝野以此稱之。

［1］北虜：南朝對北魏的貶稱。《通鑑》卷一四一《齊紀七》"明帝建武四年"條："壬戌，魏發冀、定、瀛、相、濟五州兵二十萬，將入寇。"

［2］新亭：城戍名。三國吴築，在今江蘇南京市南，地近江濱，依山築城壘，爲軍事和交通要衝。

［3］令：指尚書令。

［4］晏誅：指建武初明帝疑王晏欲反，召晏誅之。詳見本書卷四二《王晏傳》。

［5］中正：負責考察州郡人才，選拔各州郡有聲望的人擔任，將當地士人按才能品德分成九等（九品），作爲政府選任官吏的依據。《吕思勉讀史札記》丙帙《魏晉南北朝·中正非官》："《十七史商榷》云：'魏陳群始立九品官人之法。《三國志》《晉書》及《南史》諸列傳中，多有爲州郡大中正者，蓋以他官或老於鄉里者充之。掌鄉黨平論，人才臧否，清議係焉。乃《晉（書）·職官志》中絶不一見，何也？'……劉毅云：'置州都者，取州里清議，咸所歸服，將以鎮異同，一言議。'（《晉書·劉毅傳》）蓋於清議

之中，擇一人爲之平騭，乃士大夫之魁首，而非設官分職之一也。”（上海古籍出版社 1982 年版，第 853 頁）

初，孝嗣在率府，[1]晝卧齋北壁下，夢兩童子遽云“移公牀”。孝嗣驚起，聞壁有聲，行數步而壁崩壓牀。建武四年，即本號開府儀同三司。[2]孝嗣聞有詔，斂容謂左右曰：“吾德慙古人，位登衮職，[3]將何以堪之。明君可以理奪，必當死請。若不獲命，正當角巾丘園，[4]待罪家巷耳。”固讓不受。

［1］率府：東宫官署名。即太子左右衛率府，掌護衛太子。秩四品。

［2］開府儀同三司：官爵名。開府即開建府署，三司指三公。南北朝時多以此職賞勛勞。

［3］位登衮（gǔn）職：指位登三公之要職。衮，古代帝王及三公穿的繪有卷龍的禮服。《文選》卷一五張衡《思玄賦》：“董弱冠而司衮兮。”李善注：“《漢書》曰：董賢年二十二爲三公。”

［4］角巾丘園：指辭官隱居。角巾，平民所繫頭巾。

是時連年虜動，軍國虚乏。孝嗣表立屯田曰：[1]“有國急務，兵食是同，一夫輟耕，於事彌切。故井陌壃里，[2]長轂盛於周朝，[3]屯田廣置，勝戈富於漢室。[4]降此以還，詳略可見。但求之自古，爲論則賒；[5]即以當今，宜有要術。竊尋緣淮諸鎮，皆取給京師，費引既殷，漕運艱澀。聚糧待敵，每苦不周，[6]利害之基，莫此爲急。臣比訪之故老及經彼宰守，淮南舊田，觸處極目，陂遏不脩，咸成茂草。平原陸地，彌望尤多。今邊備既嚴，戍卒增衆，遠資餽運，近廢良疇，士多飢色，可爲嗟歎。愚欲使刺史、二千石躬自履行，[7]隨地墾闢。精尋灌溉之源，善商肥确之異。[8]州郡縣戍主帥以下，悉分番附農。今水田雖晚，方事菽麥，菽麥二種，益是北土所宜，彼人便之，不減粳稻。開創之利，宜在及時。所啓允合，請即使至徐、兖、司、豫，[9]爰及荆、雍，[10]各當境規度，勿有所遺。别立主曹，專司其事。田器耕牛，臺詳所給。歲終言殿最，[11]明其刑賞。此功克舉，庶有弘益。若緣邊足食，則江南自豐，權其所饒，略不可計。”事御見納。[12]時帝已寢疾，兵事未已，竟不施行。

[1]屯田：利用戍卒或農民墾殖荒地種糧。漢以後歷代政府沿用此措施以取得軍餉和税糧。

[2]井陌壃里：街道里巷。壃，同疆。這裹是指城鄉百姓屯田生産糧食。

[3]轂：車輪，借指車馬運輸。

[4]屯田廣置，勝戈富於漢室：《漢書》卷九六下《西域傳》：“自武帝初通西域，置校尉，屯田渠犂……搜粟都尉桑弘羊與丞相御史奏言：‘故輪臺東捷枝、渠犂皆故國，地廣，饒水草，有溉田五千頃以上，處温和，田美，可益通溝渠，種五穀……募民壯健有累重敢徙者詣田所，就畜積爲本業，益墾溉田，稍築列亭，連城而西，以威西國。’”

[5]賒：遥遠。

[6]每苦不周：常爲糧食不能完備而發愁。苦，原訛“若”。中華本校勘記云：“各本同訛。據《元龜》五百三改。”

[7]二千石：指郡守或王國相，因皆秩二千石，遂以爲稱。

[8]肥确：肥沃與瘦瘠。

[9]徐：徐州，治所在今江蘇徐州市。　兖：兖州，治淮陽，在今江蘇清水市西。　司：司州，治義陽，在今河南信陽市。　豫：豫州，治壽春，在今安徽壽縣。按，以上均爲沿淮河地區。

[10]荆：荆州，治所在今湖北荆州市。　雍：雍州，治所在今湖北襄陽市。

[11]殿最：指考績。古代考覈政績或軍功，下等的稱“殿”，上等的稱“最”。《文選》卷四五班固《答賓戲》：“猶無益于殿最也。”李善注引《漢書音義》：“上功曰最，下功曰殿。”

[12]御：指御覽，皇帝讀過。　見納：指奏書被皇帝采納。

帝疾甚，孝嗣入居禁中，臨崩受遺託，重申開府之命。[1]加中書監。[2]永元初輔政，[3]自尚書下省出住宫城南宅，[4]不得還家。帝失德稍彰，孝嗣不敢諫諍。及江祏見誅，[5]内懷憂恐，然未嘗表色。始安王遥光反，[6]衆情遑惑，見孝嗣入，宫内乃安。然群小用事，[7]亦不能制也。進位司空，固讓。求解丹陽尹，不許。

[1]臨崩受遺託，重申開府之命：《通鑑》卷一四一《齊紀七》“明帝永泰元年”條：“己酉，上殂于正福殿。遺詔：‘徐令可重申前命……’”胡三省注：“徐令，謂徐孝嗣也。孝嗣爲尚書令，建武四年加開府儀同三司，辭不受。”

[2]中書監：中書省主官。掌詔命。秩三品。

[3]永元：齊東昏侯年號。

[4]自尚書下省出住宫城南宅：《通鑑》卷一四二《齊紀八》“東昏侯永元元年”條：“是時，揚州刺史始安王遥光、尚書令徐孝嗣、右僕射江祏、右將軍蕭坦之、侍中江祀、衛尉劉暄更直内省，分日帖敕。”胡三省注：“内省在禁中，以别華林省及下省。帖敕

者，於敕後聯紙書行，所謂畫敕也。”

[5]江祏：歷仕南朝宋、齊，爲齊東昏侯之舅父，明帝崩，爲顧命大臣之一。因東昏失德，祏欲另立他王，尋爲東昏所殺。詳見本書卷四二《江祏傳》。

[6]始安王遥光反：指永元元年（499）八月揚州刺史始安王蕭遥光起兵反，尚書令徐孝嗣遣領軍將軍蕭坦之率六軍討之，旋平。詳見本書卷九《東昏侯紀》及本書卷四五《宗室傳》。

[7]然群小用事：指東昏侯任用茹法珍、梅蟲兒等奸佞小人。然，原無，中華本據各本及《南史》補。今從補。

孝嗣文人，不顯同異，[1]名位雖大，故得未及禍。虎賁中郎將許准有膽力，[2]領軍隸孝嗣，陳説事機，勸行廢立。[3]孝嗣遲疑久之，謂必無用干戈理，須少主出遊，閉城門召百僚集議廢之，雖有此懷，終不能決。群小亦稍憎孝嗣，勸帝召百僚集議，因誅之。冬，召孝嗣入華林省，[4]遣茹法珍賜藥，[5]孝嗣容色不異，少能飲酒，藥至斗餘，方卒。[6]乃下詔曰：“周德方熙，‘三監’迷叛，[7]漢歷載昌，宰臣構戾，[8]皆身膏斧鉞，族同煙燼。殷鑒上代，垂戒後昆。徐孝嗣憑藉世資，早蒙殊遇，階緣際會，遂登台鉉。[9]匡翼之誠無聞，諂黷之迹屢著。[10]沈文季門世原闕”[11]

[1]不顯同異：指不顯露自己的主見。《通鑑》卷一四二《齊紀八》“東昏侯永元元年”條，胡三省注：“言依違取容於昏暴之朝。”

[2]虎賁中郎將：禁衛軍軍官。分掌宿衛營兵。秩五品。虎賁，勇士的稱呼。賁同“奔”。　許准：其事不詳。中華本校勘記云：

“南監本、殿本、局本作‘許準’。按‘准’即‘準’字，蓋避宋順帝諱改。”

[3]廢立：指廢除東昏，另立他王。

[4]華林省：在華林園內。園爲三國吴建，中有景陽樓。華光殿諸勝，故址在今江蘇南京市鷄鳴山南古臺城内。

[5]茹法珍：東昏倖臣。詳見本書卷五六《倖臣傳》。　藥：指毒藥。按，《通鑑》卷一四二記，同時被“賜藥”的尚有侍中沈昭略，臨服藥前，“昭略怒，罵孝嗣曰：‘廢昏立明，古今令典；宰相無才，致有今日！’以甌擲其面曰：‘使作破面鬼！’”

[6]藥至斗餘，方卒：徐孝嗣卒時年齡，據徐福謙《〈南齊書〉紀傳疑年録》推算，宋永嘉三十年（453）其父遭太初殺戮，其時“孝嗣在孕”，當出生於是年而死於齊東昏侯永元元年（499），得年四十七。（《首都師範大學學報》1998年第1期）

[7]三監：周武王滅殷後，以商舊都封給紂子武庚，並以殷都爲衛，由武王弟管叔監之；殷都以西爲鄘，由武王弟蔡叔監之；殷都以北爲邶，由武王弟霍叔監之。稱爲“三監”。後武王薨，成王立，周公輔政，三監作亂，即遭討滅。詳見《史記》卷四《周本紀》。按，霍叔一説指武庚。見清王引之《經義述聞・三監》。

[8]漢歷載昌，宰臣構戾：指漢高祖十二年（前195）代相陳豨反叛。詳見《漢書》卷一下《高帝紀下》。

[9]台鉉：猶台鼎。鉉，鼎耳，以代鼎。鼎三足，有三公之象，故以喻宰輔重臣。

[10]謟（tāo）黷：猶文過飾非。《逸周書・酆謀》：“帝命不謟。”孔晁注：“謟，僭也。”黷，污濁。

[11]沈文季門世：中華本校勘記云：“此下原本缺一頁，各本同。原本每頁十八行，每行十八字。按《南史・徐羨之傳》族孫孝嗣附傳未録詔書全文，下云：‘于時凡被殺者，皆取其蟬冕，剥其衣服，衆情素敬孝嗣，得無所侵。長子演，尚齊武帝女武康公主，位太子中庶子。第三子况，尚明帝女山陰公主，並拜駙馬都衛。俱

見殺。孝嗣之誅，衆人懼，無敢至者，唯會稽魏温仁奔赴，以私財營喪事，當時稱之。初，孝嗣復故封，使故吏吴興丘叡筮之，當傳幾世。叡曰：恐不終尊身。孝嗣容色甚惡，徐曰：緣有此慮，故令卿決之。中興元年，和帝贈孝嗣太尉。二年，改葬，宣德太后詔贈班劍四十人，加羽葆鼓吹，謚曰文忠，改封餘干縣公。'足補本書之缺。又《元龜》二百十：'和帝中興元年，以故侍中、中書監徐孝嗣謀廢東昏未決，並子演遇害，贈太尉，侍中、中書監如故。二年，孝嗣改葬，宣德太后詔贈班劍四十人，加羽葆鼓吹，謚文忠，改封餘干縣公'贈子演侍中，謚簡世；子況散騎侍郎。'疑所據乃《齊書》傳文。"

沈文季，[1]字仲達，[2]吴興武康人。[3]父慶之，[4]宋司空。

[1]沈文季：《南史》卷三七有附傳。按，由"沈文季"至下段"起家主簿"原闕，從中華本補。

[2]仲達：原作"伯達"。中華本校勘記云："據《南史》、《元龜》二百十改。按沈文季爲沈文叔之弟，作'字仲達'是。"

[3]武康：縣名。治所在今浙江德清縣千秋鎮。

[4]慶之：字弘先。南朝宋開國功臣，歷仕宋武帝、文帝、孝武諸朝，任刺史、都督、侍中等顯職，封始興郡公。年八十，被前廢帝毒殺。明帝即位，追贈司空，謚曰襄公。《宋書》卷七七、《南史》卷三七有傳。

文季少以寬雅正直見知。孝建二年，[1]起家主簿，[2]徵祕書郎。[3]以慶之勳重，[4]大明五年，[5]封文季爲山陽縣五等伯。[6]轉太子舍人，[7]新安王北中郎主簿，[8]西陽王撫軍功曹，[9]江夏王太尉東曹掾，[10]遷中書郎。慶之爲景和所殺，[11]兵仗圍宅，收捕諸子。文季長兄文叔謂文季曰：[12]“我能死，爾能報。”遂自縊。文季揮刀馳馬去，收者不敢追，遂得免。

［1］孝建：宋孝武帝年號。中華本校勘記云：“‘二年’《元龜》卷二百十作‘三年’。”

［2］起家主簿：主簿，州、郡、縣府及軍府多置之，其職責爲主管文書，辦理事務，爲屬吏之長。中華本校勘記云：“《元龜》作‘起家辟州主簿’。”

［3］徵：中華本校勘記云：“《元龜》作‘遷’。按自‘沈文季字伯達’至‘起家主簿徵’，凡三十六字，原本在闕頁内，今據各本補。”今從補。　祕書郎：秘書省官。掌藝文圖籍及修國史。秩六品。

［4］以慶之勳重：指沈慶之爲廢殺元凶劉劭擁立宋孝武帝的關鍵人物，之後又多次平叛立功。

［5］大明：宋孝武帝年號。

［6］山陽縣：東晋置，治所在今江蘇淮安市。　伯：爲爵位的第三等。這裏言“五等伯”，似爲伯爵又分等級。不明待考。

［7］太子舍人：太子中舍人，掌呈奏案章。秩七品。

［8］新安王：始平王劉子鸞，宋孝武帝第八子。初封襄陽王，改封新安王，死後追封始平王。大明五年（461），遷北中郎將、南徐州刺史。《宋書》卷八〇有傳。北中郎將，四中郎將之一，南朝爲榮譽加號。開府者位從公秩一品。

［9］西陽王：豫章王劉子尚，宋孝武帝第二子。初封西陽王，改封豫章王。大明二年（458），加撫軍將軍、南兖州刺史。《宋書》卷八〇有傳。撫軍將軍，南朝爲榮譽加號，開府者位從公秩一品。

［10］江夏王：名義恭，宋孝武帝第五子。大明八年（464）領

太尉。《宋書》卷六一有傳。　太尉：三公之一，南朝時爲最高榮譽加銜之一。　東曹掾：公府屬吏。典選舉事。

[11]景和：宋前廢帝劉子業年號，借指前廢帝。按，前廢帝狂悖無道，沈慶之謀欲廢立，事泄被殺害。詳見本傳。

[12]文叔：沈慶之長子，仕宋，位侍中。見《南史》卷三七《沈慶之傳》。

明帝立，起文季爲寧朔將軍、遷太子右衛率，建安王司徒司馬。[1]赭圻平，[2]爲宣威將軍，[3]廬江王太尉長史。[4]出爲寧朔將軍、征北司馬、廣陵太守。[5]轉黄門郎，領長水校尉。明帝宴會朝臣，以南臺御史賀臧爲柱下史，[6]糾不醉者。文季不肯飲酒，被驅下殿。

[1]建安王：名休仁，宋文帝第十二子。宋明帝時，遷司徒、尚書令、揚州刺史。《宋書》卷七二有傳。　司馬：司徒府屬官。分掌府務。

[2]赭圻：指赭圻城，在今安徽繁昌縣西北長江南岸，爲軍事要塞。宋明帝泰始二年（466）晋安王劉子勛在尋陽自立，領兵東下，曾攻占赭圻，旋爲朝廷討平。詳見《宋書》卷八〇。

[3]宣威將軍：南朝時爲榮譽加銜。秩四品。

[4]廬江王：名休秀，宋文帝第八子。初封東海王，後改封廬江王。宋明帝時，進太尉，加侍中、中書監。《宋書》卷七九有傳。

[5]征北司馬：指征北將軍府司馬。　廣陵：郡名。治所在今江蘇揚州市。

[6]南臺御史：御史中丞，御史臺官。因御史臺位於宫廷之南，故稱“南臺御史”。掌奏劾不法。秩四品。　賀臧：中華本校勘記云：“南監本、殿本及《南史》並作‘賀咸’。”　柱下史：周、秦史官，因常在殿柱之下主四方文書，故名。這裏戲稱在一旁監視喝

酒的官。

晉平王休祐爲南徐州，[1]帝問褚淵須幹事人爲上佐，[2]淵舉文季。轉寧朔將軍、驃騎長史、南東海太守。[3]休祐被殺，[4]雖用薨禮，[5]僚佐多不敢至。文季獨往省墓展哀。出爲臨海太守。[6]元徽初，[7]遷散騎常侍，領後軍將軍，[8]轉祕書監。出爲吴興太守。文季飲酒至五斗，妻王氏，王錫女，[9]飲酒亦至三斗。文季與對飲竟日，而視事不廢。

[1]晉平王休祐：宋文帝第十三子，初封山陽王，後改封晉平王。宋明帝泰始六年（470）曾爲南徐州刺史。《宋書》卷七二、《南史》卷一四有傳。　南徐州：治所在今江蘇鎮江市。

[2]褚淵：字彦回，宋明帝時遷吏部尚書。詳見本書卷二三、《南史》卷二八《褚淵傳》。　幹事人：指能幹善辦事的人。　上佐：地方州郡主要屬官的通稱。

[3]南東海：郡名。治郯縣，在今江蘇鎮江市。

[4]休祐被殺：劉休祐狠戾，時常忤上。泰始七年（471）宋明帝派武士在獵場將休祐暗殺，佯稱墜馬而死。詳見《宋書》卷七二《文九王傳》。

[5]薨禮：指祭奠王者的喪禮。

[6]臨海：郡名。治所在今浙江臨海市。

[7]元徽：宋後廢帝年號。

[8]後軍將軍：禁衛軍官名。分掌宿衛營兵。秩四品。

[9]王錫：字寡光，中書監王弘之子，官至太子左衛率。《宋書》卷四二、《南史》卷二一有附傳。

昇明元年，沈攸之反，[1]太祖加文季爲冠軍將軍，[2]督吴興錢塘軍事。攸之先爲景和銜使殺慶之。[3]至是文季收殺攸之弟新安太守登之，誅其宗族。[4]加持節，[5]進號征虜將軍，[6]改封略陽縣侯，[7]邑千户。明年，遷丹陽尹，將軍如故。齊國初建，爲侍中，領祕書監。建元元年，轉太子右衛率，侍中如故。改封西豐縣侯，[8]食邑千二百户。

[1]沈攸之反：指昇明元年（477）十月，荆州刺史沈攸之因不滿蕭道成輔政專權，起兵反，旋敗被殺。詳見《宋書》卷七四、《南史》卷三七《沈攸之傳》。

[2]太祖：指蕭道成，太祖乃其稱帝後的廟號。本書卷一至卷二有紀。　冠軍將軍：南朝爲榮譽加號。

[3]攸之先爲景和銜使殺慶之：宋前廢帝劉子業狂悖無道，大殺功臣，侍中沈慶之直言諫諍，帝不悦。景和中，遣慶之侄沈攸之暗中用毒藥毒殺。慶之不肯飲，攸之以被掩殺之。詳見《宋書》卷七四、《南史》卷三七《沈慶之傳》。

[4]“至是文季”至“誅其宗族”：《南史》卷三七此句後云：“以復舊怨，親黨無吹火焉。君子以文季能報先耻。”

[5]持節：君主授予臣下權力的方式之一。節（符節）代表皇帝的特殊命令，持節者有生殺大權。分三等：使持節爲上，持節次之，假節爲下。使持節得殺二千石以下；持節殺無官位的人，若軍事，得與使持節同；假節唯軍事得殺犯軍令者。參見《宋書·百官志上》。

[6]征虜將軍：南朝爲榮譽加號。秩四品。

[7]略陽縣：南朝宋置，治所在今湖北宜城市東。

[8]西豐縣：治所在今江西撫州市臨川區南。

文季風采稜岸，[1]善於進止。司徒褚淵當世貴望，頗以門户裁之，[2]文季不爲之屈。世祖在東宫，[3]於玄圃宴會朝臣。[4]文季數舉酒勸淵，淵甚不平，啓世祖曰："沈文季謂淵經爲其郡，[5]數加淵酒。"[6]文季曰："惟桑與梓，必恭敬止。[7]豈如明府亡國失土，不識枌榆。"[8]遂言及虜動，淵曰："陳顯達、沈文季當今將略，足委以邊事。"[9]文季諱稱將門，[10]因是發怒，啓世祖曰："褚淵自謂是忠臣，[11]未知身死之日，何面目見宋明帝？"[12]世祖笑曰："沈率醉也。"[13]中丞劉休舉其事，[14]見原。後豫章王北宅後堂集會，[15]文季與淵並喜琵琶，[16]酒闌，淵取樂器，爲《明君曲》。[17]文季便下席大唱曰："沈文季不能作伎兒。"豫章王嶷又解之曰："此故當不損仲容之德。"[18]淵顔色無異，曲終而止。

[1]稜岸：形容端方嚴正。

[2]門户：猶門第，指出身貴賤、地位高低。　裁之：削減，抑制。

[3]世祖：指齊武帝蕭賾，齊高帝蕭道成長子，道成滅宋立齊稱帝，立蕭賾爲太子，位東宫。

[4]玄圃：玄圃園，東宫花園。

[5]沈文季謂淵經爲其郡：褚淵宋時曾在沈文季家鄉吴興任過太守，爲父母官。沈文季念此舊情，向淵敬酒。

[6]數加淵酒：《南史》卷三七作"依然猶有故情"。

[7]惟桑與梓，必恭敬止：語出《詩·小雅·小弁》，朱熹集傳："桑、梓二木。古者五畝之宅，樹之墻下，以遺子孫給蠶食、具器用者也……桑、梓父母所植。"後因以桑梓指故鄉或鄉親父老，故必恭敬之。

[8]豈如明府亡國失土，不識枌榆：此句譏刺褚淵忘本，背棄故舊。褚淵在宋時曾封雩都伯，故文季説他“亡國失土”。明府，漢魏以後對郡守尹的尊稱，這裏指曾任太守的褚淵。枌榆，漢高祖故鄉的里社名，高祖即位後，於秦故酈邑移置新豐縣枌榆社（詳見《西京雜記》卷二），後因以“枌榆”指故都或故鄉。按，褚淵在宋時爲駙馬，官侍中、中書令，後來投靠齊高帝反宋。

[9]委以邊事：委，原訛“要”，中華本據南監本、殿本、局本及《册府元龜》卷九一七删。今從删。

[10]文季諱稱將門：南朝時文職優於武職。周一良《〈南齊書·丘靈鞠傳〉試釋兼論南朝文武官位及清濁》一文云：“大抵南朝甲族著姓起家文職，而‘兵户’‘將家’寒門子弟往往出身武位。但仕宦既進以後，又不論出身，文武官位可以更互爲之……出身武官而嘗得文職者，如宋之柳元景、沈慶之，齊之沈文季、吕安國、周盤龍等皆是。文官之中分清濁，若與武官較，則武官雖高位，亦遜文職也。”（《魏晋南北朝史論集》，第119頁）

[11]自謂是忠臣：《南史》卷三七作“遂品藻人流”。

[12]何面目見宋明帝：此指宋明帝崩，托褚淵以後事，遺詔受顧命，輔幼主。而褚淵辜負故主之遺命，故文季諷刺他死後“何面目見宋明帝”。

[13]沈率：此呼沈文季官銜。率，太子右衛率的省稱。

[14]劉休：歷仕南朝宋、齊，官至御史中丞。本書卷三四有傳。

[15]豫章王：名嶷，字宣儼，齊高帝次子。寬仁弘雅，有人望。本書卷二二有傳。

[16]並：原作“立”，從華中本改。　喜：中華本據各本及《南史》改作“善”。今按，此處“喜”字恰當，不必改“善”。

[17]《明君曲》：指王昭君出塞的曲調。朱季海《南齊書校議》（以下簡稱朱季海《校議》）云：“此杜詩所謂‘千載琵琶作胡語’者矣。”（中華書局1984年版，第101頁）

[18]仲容：晋阮咸字。其爲“竹林七賢”之一，妙解音律，善彈琵琶。《晋書》卷四九有附傳。按，豫章王此語蓋譏刺文季狂傲。

文季尋除征虜將軍，侍中如故。遷散騎常侍，左衛將軍，征虜如故。世祖即位，轉太子詹事，常侍如故。永明元年，出爲左將軍、吴郡太守。三年，進號平東將軍。[1]四年，遷會稽太守，將軍如故。是時連年檢籍，[2]百姓怨望。富陽人唐寓之僑居桐廬，[3]父祖相傳圖墓爲業。[4]寓之自云其家墓有王氣，山中得金印，轉相誑惑。三年冬，[5]寓之聚黨四百人，於新城水斷商旅，[6]黨與分布近縣。新城令陸赤奮、桐廬令王天愍棄縣走。寓之向富陽，抄略人民，縣令何洵告魚浦子邏主從係公，[7]發魚浦村男丁防縣。永興遣西陵戍主夏侯曇羨率將吏及戍左右埭界人起兵赴救。[8]寓之遂陷富陽。會稽郡丞張思祖遣臺使孔矜、王萬歲、張繇等配以器仗將吏白丁，[9]防衛永興等十屬。文季亦遣器仗將吏救援錢塘。[10]寓之至錢塘，錢塘令劉彪、戍主聶僧貴遣隊主張玗於小山拒之，力不敵，戰敗。寓之進抑浦登岸，[11]焚郭邑，彪棄縣走。文季又發吴、嘉興、海鹽、鹽官民丁救之。[12]賊分兵出諸縣，鹽官令蕭元蔚、諸暨令陵琚之並逃走，[13]餘杭令樂琰戰敗乃奔。[14]是春，寓之於錢塘僭號，置太子，以新城戍爲天子宫，[15]縣廨爲太子宫。[16]弟紹之爲揚州刺史。錢塘富人柯隆爲尚書僕射、中書舍人，領太官令。[17]獻鋌數千口爲寓之作仗，[18]加領尚方令。[19]分遣其黨高道度徐寇東陽，[20]東陽太守蕭崇之、長山令劉國重拒戰見害。[21]崇之字茂敬，太祖族弟。至是臨難，貞正果烈。追贈冠軍將軍，太守如故。賊遂據郡。又遣僞會稽太守孫泓取山陰，[22]時會稽太守王敬則朝正，[23]故寓之謂乘虚可襲。泓至浦陽江，[24]郡丞張思祖遣浹口戍主湯休武拒戰，[25]大破之。上在樂遊苑，[26]聞寓之賊，謂豫章王嶷曰：[27]"宋明初，九州同反，[28]鼠輩但作，看蕭公雷汝頭。"[29]遣禁兵數千人，馬數百匹東討。賊衆烏合，畏馬。官軍至錢塘，一戰便散，禽斬寓之，進兵平諸郡縣。

[1]進號：進升官爵之名號。　平東將軍：南朝時爲榮譽加號，開府者位從公，秩一品。

[2]檢籍：檢驗户籍。

[3]富陽：縣名。即今浙江富陽市。　桐廬：地名。在今浙江桐廬縣。

[4]圖墓：相看墓地風水。

[5]三年冬：此指齊永明三年（485）。

[6]新城：縣名。治所在今浙江富陽市西南新登鎮。　水斷：指封鎖河流，斷絶商旅交通往來。

[7]何洵：其事不詳。　魚浦：地名。在浙江富陽縣（今富陽市）東南四十里。　邏主：地方巡邏隊首領。

[8]永興：縣名。即今浙江杭州市蕭山區。　西陵：鄉鎮名。一名固陵，即今杭州市蕭山區西北西興鎮。南朝宋在此設戍。　戍主：地方軍隊武官。大者稱鎮，小者稱戍。　埭（dài）界：堤岸。

[9]臺使：指朝廷禁省的使者。宋洪邁《容齋續筆》卷五《臺城少城》："晋宋間，謂朝廷禁省爲臺，故稱禁城爲臺城，官軍爲臺軍，使者爲臺使。"　白丁：指臨時征集的壯丁。

［10］錢塘：縣名。即今浙江杭州市。

［11］抑浦：地名。具體不詳。當在錢塘附近。

［12］吴：縣名。即今江蘇蘇州市。　嘉興：縣名。即今浙江嘉興市。　海鹽：縣名。即今浙江海鹽縣。　鹽官：縣名。治所在今浙江海寧市西鹽官鎮。

［13］諸暨：縣名。即今浙江諸暨市。

［14］餘杭：縣名。即今浙江杭州市餘杭區。

［15］新城戍：在今浙江富陽市西南新登鎮。

［16］縣廨："廨"原作"解"，從中華本改。

［17］太官令：列卿屬官。主御膳。秩七品。

［18］鋌（dìng）：未經加工成器的銅、鐵錠。　仗：指武器。

［19］尚方令：列卿少府屬官，掌御用刀劍珍玩等物。秩七品。

［20］東陽：郡名。治長山縣，在今浙江金華市。

［21］蕭崇之：齊高帝蕭道成族弟，以幹能顯，政尚嚴厲。《南史》卷五一有略傳。　長山：縣名。今浙江金華市。　劉國重：其事不詳。

［22］山陰：縣名。今浙江紹興市。

［23］王敬則：歷仕南朝宋、齊。本書卷二六有傳。　朝（cháo）正（zhēng）：古代地方長官在正月朝見天子。

［24］浦陽江：江名。在今浙江浦江縣。《通鑑》卷一三六《齊紀二》"武帝永明四年"條，胡三省注："據《水經注》，浦陽江，即今曹娥江也。水發剡溪，皆西流，至曹娥鎮始折而東，流入海。"

［25］浹口：地名。在今浙江寧波市鎮海區東南甬江河口。

［26］樂遊苑：南朝宋置，在今江蘇南京市玄武湖側。

［27］嶷：原作"起"，從華中本改。

［28］宋明初，九州同反：指宋明帝泰始二年（466），晋安王在尋陽即位，徐州、冀州、青州等州刺史及會稽、吴郡等地長吏也紛紛投向尋陽，後爲輔國將軍蕭道成領兵平定。

［29］看蕭公雷汝頭：語意難明，可能是一句戲謔話，意謂看我

來擊你們造反者的頭。雷，通“擂”。

臺軍乘勝，百姓頗被抄奪。軍還，上聞之，收軍主前軍將軍陳天福棄市，[1]左軍將軍中宿縣子劉明徹免官削爵付東冶。[2]天福，上寵將也，既伏誅，内外莫不震肅。[3]天福善馬矟，[4]至今諸將法之。

[1]軍主前軍將軍陳天福：本書卷三《武帝紀》作“冠軍將軍、馬軍主陳天福”。又《南史》卷二二《王曇首傳》云：“時有前將軍陳天福，坐討唐寓之於錢唐掠奪百姓財物棄市。”

[2]中宿縣子：封爵名。子爲五等封爵中的第四等。中宿縣爲其食邑，在今廣東清遠市西北河洞堡。　東冶：少府所屬製造作坊。南朝時犯人多在此服勞役。

[3]内外莫不震肅：《通鑑》卷一三六《齊紀二》“武帝永明四年”條此後云：“使通事舍人丹陽劉係宗隨軍慰勞，遍至遭賊郡縣，百姓被驅逼者悉無所問。”

[4]馬矟：馬上所持的長矛。

御史中丞徐孝嗣奏曰：“風聞山東群盜，剽掠列城，雖匪日而殄，要蹔干王略。[1]郡縣闕攻守之宜，倉府多侵耗之弊，舉善懲惡，應有攸歸。吴郡所領鹽官令蕭元蔚、桐廬令王天愍、新城令陸赤奮等，縣爲白劫破掠，[2]並不經格戰，委職散走。[3]元蔚、天愍還臺，赤奮不知所在。又錢塘令劉彪、富陽令何洵，乃率領吏民拒戰不敵，[4]未委歸臺。餘建德、壽昌，[5]在劫斷上流，不知被劫掠不？吴興所領餘杭縣被劫破，令樂琰乃率吏民徑戰不敵，委走出都。會稽所領諸暨縣，爲劫所破，令陵據之不經格戰，委城奔走，不知所在。案元蔚等妄藉天私，[6]作司近服，[7]昧斯隱慝，[8]職啓虔劉。[9]會稽郡丞張思祖謬因承乏，[10]總任是尸，[11]涓誠蔑效，[12]終焉無紀。[13]平東將軍吴郡太守文季、征虜將軍吴興太守西昌侯鸞，[14]任屬關、河，[15]威懷是寄，輒下禁止彪、琰、洵。思祖、文季視事如故，鸞等納贖論。"[16]詔元蔚等免，思祖、鸞、文季原。

[1]蹔干：一時冒犯。蹔，同"暫"。干，原訛"于"，中華本據各本改。今從改。　王略：指王法，國法。

[2]白劫：白賊，南齊統治者對以唐寓之爲首的農民起義軍的誣稱。按，"白"原訛"百"。中華本校勘記云："南監本、局本作'爲首劫破掠'，今據《元龜》五百十九改。按'白劫'即《倖臣·劉係宗傳》所云'白賊唐寓之起'之'白賊'，百與白形近而訛。"

[3]散走：原訛"故是"，中華本據各本改。今從改。

[4]拒戰：原作"相戰"，中華本據《册府元龜》卷五一九改。今從改。

[5]建德：縣名。治所在今浙江建德市東北梅城鎮。　壽昌：縣名。治所在今浙江建德市西南大同鎮西。

[6]天私：指蕭元蔚乃皇家同族。

[7]作司近服：指在臺省附近地區爲官。

[8]隱慝（tè）：隱惡。慝，邪惡。

[9]虔劉：劫掠，殺戮。此指平亂軍趁火打劫，殘害百姓。

[10]承乏：承繼空缺的職位。

[11]尸：主持，執掌。

[12]涓誠蔑效：盡心竭力報效。

[13]終焉無紀：指對盡心竭力報效國家的良吏，始終没給記録

功勛。

[14]西昌侯鸞：蕭鸞，後來的齊明帝。齊武帝時，封西昌侯。本書卷六有紀。"鸞"原作"諱"，從中華本改。下同。

[15]關、河：原指函谷關與黄河，借指保家衛國大事。

[16]納贖：指交納贖金抵罪。"納"原作"結"，從中華本改。

文季固讓會稽之授，轉都官尚書，[1]加散騎常侍。出爲持節、督郢州司州之義陽諸軍事、左將軍、郢州刺史。[2]還爲散騎常侍，領軍將軍。世祖謂文季曰："南士無僕射，[3]多歷年所。"文季對曰："南風不競，[4]非復一日。"文季雖不學，發言必有辭采，當世稱其應對。[5]尤善簺及彈棋，[6]簺用五子。

[1]都官尚書：尚書省官，領都官、水部、庫部諸曹。秩三品。

[2]義陽：郡名。治平陽縣，在今河南信陽市。　郢州：州名。治夏口城，在今湖北武漢市武昌區。

[3]南士無僕射：意思是説南方士人没有擔任臺省長官的。僕射，尚書省長官。

[4]南風不競：語出《左傳》襄公十八年："晋人聞有楚師，師曠曰：'不害，吾驟歌北風，又歌南風，南風不競，多死聲，楚必無功。'"杜預注："歌者吹律以詠八風，南風音微，故曰不競也。"這裏用以比喻南方士人力量衰弱，士氣不振。按，周一良《〈南齊書·丘靈鞠傳〉試釋兼論南朝文武官位及清濁》一文云："或謂江左五朝僑人當政，南士恒被排抑……一良細繹南齊史書……當時江南'士子風流'之途轍實爲北人所妨害。"（《魏晋南北朝史論集》，第103—104頁）

[5]當世稱其應對：《南史》卷三七作"當世善其對"。

[6]簺（sài）：格五戲，古代的一種博戲。《説文·竹部》："行

棋相塞謂之簺。”

以疾遷金紫光禄大夫,[1]加親信二十人,[2]常侍如故。轉侍中，領太子詹事，遷中護軍,[3]侍中如故。以家爲府。隆昌元年，復爲領軍將軍,[4]侍中如故。豫廢鬱林，高宗欲以文季爲江州,[5]遣左右單景雋宣旨，文季口自陳讓，稱年老不願外出，因問右執法有人未,[6]景雋還具言之。延興元年,[7]遷尚書右僕射。

[1]金紫光禄大夫：列卿光禄勛屬官。掌禮儀、祭祀。魏晋後多屬閑散官，一般銀印青綬，勛重者詔加金章紫綬，因以爲名。秩二品。

[2]親信：指貼身護衛。

[3]中護軍：禁衛軍官名。掌内軍。秩三品。

[4]領軍將軍：禁衛軍官名。掌外兵。秩三品。

[5]江州：州名。治所在今江西九江市西南。

[6]右執法：掌糾察儀制的官員，這裏當指尚書右僕射。

[7]延興：齊恭王年號。

明帝即位，加領太子詹事，增邑五百户。尚書令王晏嘗戲文季爲吴興僕射。[1]文季答曰：“琅邪執法,[2]似不出卿門。”尋加散騎常侍，僕射如故。建武二年，虜寇壽春，豫州刺史豐城公遥昌嬰城固守,[3]數遣輕兵相抄擊，明帝以爲憂，詔文季領兵鎮壽春。文季入城，止游兵不聽出,[4]洞開城門，嚴加備守，虜軍尋退，百姓無所傷損。增封爲千九百户。尋加護軍將軍，僕射、常侍如故。

［1］吴興僕射：文季吴興人，故王晏戲稱其“吴興僕射”。

［2］琅邪執法：王晏祖籍琅邪，故文季戲稱其“琅邪執法”。

［3］豐城公遥昌：字季暉，始安王蕭鳳子，封豐城縣公。本書卷四五有傳。　嬰城：猶言據守。

［4］止游兵不聽出：“不”字原作“一”，中華本據《册府元龜》卷三九一及《通鑑》卷一四〇《齊紀五》“明帝建武二年”條改補。今從改。

王敬則反，[1]詔文季領兵屯湖頭，[2]備京路。永元元年，轉侍中、左僕射，將軍如故。始安王遥光反，[3]其夜，遣三百人於宅掩取文季，欲以爲都督，而文季已還臺。明日，與尚書令徐孝嗣守衛宫城，戎服共坐南掖門上。時東昏已行殺戮，孝嗣深懷憂慮，欲與文季論世事，[4]文季輒引以他辭，終不得及。事寧，加鎮軍將軍，置府。侍中、僕射如故。

［1］王敬則反：指齊明帝建武五年（498），會稽太守王敬則被帝猜疑，起兵反，尋敗死。詳見本書卷二六《王敬則傳》。

［2］湖頭：《通鑑》卷一四一《齊紀七》“明帝永泰元年”條，胡三省注：“湖頭，玄武湖頭也。其地東接蔣山西巖下，西抵玄武湖隄，地勢坦平，當京口大路。”

［3］始安王遥光：字元暉，始安王蕭鳳長子，襲父爵，領揚州刺史。東昏侯永元元年（499）八月，與其弟荆州刺史遥欣起兵反。詳見本書卷四五《宗室傳》。

［4］論世事：指談論東昏侯無道，世事危急。“論”原訛“給”，中華本據南監本、殿本、局本及《南史》改正。今從改。

文季見世方昏亂，託以老疾，不豫朝機。兄子昭略謂文季曰："阿父年六十爲員外僕射，[1]欲求自免，豈可得乎？"文季笑而不答。同孝嗣被害。[2]其日先被召見，文季知敗，舉動如常，登車顧曰："此行恐往而不反也。"於華林省死，時年五十八。朝野冤之。中興元年，[3]贈侍中、司空，謚忠憲。

［1］員外僕射：《通鑑》卷一四二《齊紀八》"東昏侯永元元年"條，胡三省注："文季雖爲僕射而不預事，故昭略謂之員外僕射"。

［2］同孝嗣被害：指與徐孝嗣同時被東昏侯所殺害。同，原訛"見"，中華本據各本改。今從改。

［3］中興：齊和帝年號。

兄子昭略，[1]有剛氣。[2]昇明末，爲相國西曹掾，[3]太祖賞之，及即位，謂王儉曰："南士中有沈昭略，何職處之？"儉曰："臣已有擬。"奏轉前軍將軍，上不欲違，可其奏。尋遷爲中書郎。[4]永明初，歷太尉大司馬從事中郎，[5]驃騎司馬，黄門郎。南郡王友學華選，[6]以昭略爲友，尋兼左丞。[7]元年，出爲臨海太守，御史中丞。昭略建武世嘗酣酒以自晦，[8]與謝瀹善。[9]累遷侍中，冠軍將軍，撫軍長史。永元元年，始安王遥光起兵東府，執昭略於城内。昭略潛自南出，濟淮還臺。至是與文季俱被召入華林省。[10]茹法珍等進藥酒，昭略怒罵徐孝嗣曰："廢昏立明，古今令典。宰相無才，致有今日。"以甌擲面破，曰"作破面鬼"。死時年四十餘。[11]

[1]昭略:《南史》卷三七作“字茂隆”。

[2]有剛氣:《南史》卷三七云:“性狂儁,不事公卿,使酒仗氣,無所推下。嘗醉,晚日負杖携家賓子弟至婁湖苑,逢王景文子約,張目視之曰:‘汝是王約邪?何乃肥而癡。’約曰:‘汝沈昭略邪?何乃瘦而狂。’昭略撫掌大笑曰:‘瘦已勝肥,狂又勝癡,奈何王約,奈汝癡何!’”

[3]西曹掾:公府屬吏。主府吏署用。秩六品。掾,原闕,中華本據《南史》及《册府元龜》卷二一一補。今從補。

[4]“太祖賞之”至“尋遷爲中書郎”:周一良《魏晋南北朝史論集》云:“據《宋書·百官志》,前軍將軍第四品,中書侍郎第五品。然中書郎特爲美職,非前軍之比,不必進班秩始爲升。此亦王儉(山東琅邪人)抑壓南士之又一例也。”(第106頁)

[5]太尉大司馬從事中郎:指先後在太尉和大司馬府任從事中郎。南朝時太尉、大司馬均爲最高榮譽加號。按,永明初,豫章王蕭嶷加太尉,又進位大司馬。昭略蓋在豫章王府中供職。

[6]南郡王:名子夏,齊武帝第二十三子。本書卷四〇有傳。友學華選:中華本校勘記云:“毛本、殿本、局本作‘文學華選’,訛。”

[7]左丞:指尚書左丞,尚書省官。秩五品。

[8]酣酒以自晦:“酣酒”原作“酒酣”。中華本校勘記云:“據《元龜》八百三十六删補。按南監本、殿本無‘昭略建武世嘗酒酣與謝瀹善’十二字。”按,朱季海《校議》云:“《謝瀹傳》:‘瀹建武之初,專以長酣爲事,與劉瑱、沈昭略以觴酌交飲,各至數斗。’此正承其兄朏之教,所謂‘此中唯宜飲酒’者也。彼傳文正與此相應。《元龜》加字不足據,百衲本是也。”(第101頁)

[9]謝瀹:南朝宋、齊名士。本書卷四三有傳。

[10]昭略潛自南出,濟淮還臺。至是與文季俱被召入華林省:原無“潛自南出濟淮還臺至是與”等十一字,中華本據南監本、殿

本補。今從補。

[11]死時年四十餘：此句“死時”後《南史》卷三七云：“言笑自若，了無懼容。徐孝嗣謂曰：‘見卿使人想夏侯泰初。’答曰：‘明府猶憶夏侯，便是方寸不能都豁。下官見龍逄、比干，欣然相對；霍光脱問明府今日之事，何辭答之邪？’”

弟昭光，聞收至，[1]家人勸逃去，昭光不忍捨母，遂見獲，殺之。[2]中興元年，贈昭略太常，昭光廷尉。

[1]收：指收捕的官吏。

[2]“家人勸”至“殺之”：《南史》卷三七此句後云：“時昭明子曇亮已得逃去，聞昭光死，乃曰：‘家門屠滅，獨用生何爲？’又絶吭而死。時人歎其累世孝義。”

史臣曰：爲邦之訓，食惟民天，足食足兵，民信之矣。[1]屯田之略，實重戰守。若夫充國耕殖，[2]用殄羌戎，韓浩、棗祗，[3]亦建華夏，置典農之官，興大佃之議。[4]金城布險，[5]峻壘綿壃，[6]飛芻輓粒，[7]事難支繼。一夫不耕，或鍾飢餒，緣邊戍卒，坐甲千群。故宜盡收地利，因兵務食。緩則躬耕，急則從戰。歲有餘糧，則紅食可待。[8]前世達治，言之已詳。江左以來，不暇遠策，王旅外出，未嘗宿飽，四郊嬰守，懼等松芻。[9]縣兵所救，[10]經歲引日，淩風泙水，轉漕艱長。傾窖底之儲，盡倉敖之粟，[11]流馬木牛，[12]尚深前弊，田積之要，唯在江淮。郡國同興，遠不周急。故吴氏列戍南濱，[13]屯農水右，魏世淮北大佃，[14]而石横開漕，[15]皆輔車相資，易以待敵。[16]孝嗣當蹙境之晨，薦希行之計，[17]王無外略，民困首領，觀機而動，斯議殆爲空陳，惜矣！

[1]信之：中華本校勘記云："'信之'二字原訛倒，今據殿本乙正。按南監本、局本作'民斯信矣'。"

[2]充國：指趙充國，漢武帝時充國爲後將軍，西守防羌戎，因上屯田之策建功。詳見《漢書》卷六九《趙充國傳》。

[3]韓浩：三國魏人。爲曹操中護軍，有謀略。《三國志》卷九《魏書·諸夏侯曹傳》"韓浩者"裴松之注引《魏書》曰："夏侯惇聞其名，請與相見，大奇之，使領兵從征伐。時大議損益，浩以爲當急田。太祖善之……議者以浩智略足以綏邊。"　棗祗：三國魏陳留太守。時歲旱，軍食不足，祗募民屯田，軍國以饒。

[4]大佃：大規模屯田。

[5]金城：堅固的邊城。借指邊防。

[6]峻壘綿壃：指險峻的戰壘和綿長的邊疆。壃，同"疆"。

[7]飛芻輓粒：指遠運馬草、軍糧。

[8]紅食：形容陳糧。

[9]松芻：指隨軍携帶的糧草。松，通"從"。

[10]縣兵：指深入敵方缺乏後援的孤軍。縣，"懸"的本字。

[11]倉敖：倉廒，儲藏糧食的處所。

[12]流馬木牛：古代的運載工具，即四輪車與獨輪車。相傳爲諸葛亮創製。《三國志》卷三五《蜀書·諸葛亮傳》："亮性長於巧思，損益連弩，木牛流馬，皆出其意。"

[13]吴氏：指三國吴。按，吴國利用兵士在長江南岸開荒屯田，儲備糧草。

[14]魏世：指三國魏。按，曹操依靠在淮河地區大肆屯田，增加用兵實力。

[15]石横：中華本校勘記云："按'石横'《晋書·食貨志》

作‘横石’。”

［16］易以待敵：“敵”原訛“商”，中華本據各本改。今從改。

［17］薦希行之計：此指徐孝嗣向齊明帝獻屯田之策。

贊曰：文忠作相，[1]器範先標。有容有業，可以立朝。豐城歷仕，[2]音儀孔昭。爲舟等溺，在運同消。

［1］文忠：徐孝嗣的謚號。

［2］豐城歷仕：指沈文季歷任要職。中華本校勘記云：“《沈文季傳》云封西豐縣侯，而贊乃云‘豐城歷仕’，必有訛。按《宋書·州郡志》，西豐、豐城皆侯國。據《宗室·蕭遥昌傳》，遥昌於建元元年封豐城縣公，則沈文季之封自當在西豐。‘豐城’疑‘西豐’之訛。”朱季海《校議》云：“校謂沈封當在西豐，是也。然《贊》文‘豐城’，專名綫當但標‘豐’字，文自可通。《贊》繫《傳》後，故不嫌與西豐相亂也。”（第101—102頁）

南齊書　卷四五

列傳第二十六

宗室

衡陽元王道度　始安貞王道生遥光　遥欣　遥昌
安陸昭王緬

衡陽元王道度,[1]太祖長兄也。[2]與太祖俱受學雷次宗。[3]宣帝問二兒學業,[4]次宗答曰:"其兄外朗,其弟内潤,皆良璞也。"隨宣帝征伐,[5]仕至安定太守,[6]卒於宋世。建元二年,[7]追加封謚。無子,太祖以第十一子鈞繼道度後。

[1]衡陽元王道度:《南史》卷四一亦有傳。

[2]太祖:齊高帝蕭道成廟號。本書卷一至卷二有紀。

[3]雷次宗:字仲倫,南昌人,東晋末入廬山,侍沙門釋慧遠,隱退不受徵辟。宋元嘉十五年(438)徵至京,開館於鷄籠山(在今江蘇南京市),聚徒教授,置生徒百餘人。《宋書》卷九三、《南

史》卷七五有傳。

[4]宣帝：指齊高帝蕭道成之父蕭承之，齊高帝即位後，追尊皇考曰宣皇帝。詳見本書卷二《高帝紀下》。　二兒：指蕭道度與蕭道成。

[5]隨宣帝征伐：蕭承之在宋曾爲威烈將軍、漢中太守。元嘉中平定邊患屢立戰功。當時道度也隨父征戰，故云。

[6]安定：郡名。治安定縣，在今甘肅涇川縣北涇河北岸。

[7]建元：齊高帝年號。　二年：《南史》卷四一作“元年”。按，本書卷二《高帝紀下》亦爲元年，“二年”當有誤。

鈞字宣禮。[1]永明四年，[2]爲江州刺史，[3]加散騎常侍。[4]母區貴人卒，居喪盡禮。[5]六年，遷爲征虜將軍。[6]八年，遷驍騎將軍，[7]常侍如故。仍轉左衛將軍。[8]鈞有好尚，爲世祖所知。[9]兄弟中意遇次鄱陽王鏘。[10]十年，轉中書令，[11]領石頭戍事。[12]遷散騎常侍，祕書監，[13]領驍騎如故。不拜。隆昌元年，[14]改加侍中，[15]給扶。[16]海陵立，[17]轉撫軍將軍，[18]侍中如故。尋遇害，[19]年二十二。

[1]鈞字宣禮：《南史》卷四一記述其少年事云：“年五歲，所生區貴人病，便加慘悴，左右依常以五色餅飴之，不肯食，曰：‘須待姨差。’年七歲，出繼衡陽元王，見高帝，未拜，便涕泗橫流。高帝執其手曰：‘伯叔父猶父，勿怨。所以令汝出繼，以汝有意，堪奉蒸嘗故耳。’即敕外如先給通幰車、雉尾扇等，事事依正王。”

[2]永明：齊武帝年號。

[3]江州：州名。治所在今江西九江市南。

［4］加：正職以外的加官。　散騎常侍：集書省官。掌侍從、顧問。秩五品。

［5］居喪盡禮：《南史》卷四一此句後云："服闋，當問訊武帝，尪羸骨立，登車三上不能升，乃止。典籤曹道人具以聞，武帝即幸鈞邸，見之愴然，還謂褚蓁曰：'昨見衡陽，猶奇毀損，卿可數相撫悦。'先是貴人以華釵厨子並翦刻錦繡中倒炬鳳皇蓮芰星月之屬賜鈞，以爲玩弄。貴人亡後，每歲時及朔望，輒開視，再拜鯁咽，見者皆爲之悲。"

［6］征虜將軍：南朝爲榮譽加號。開府者位從公秩一品。

［7］驍騎將軍：禁衛軍官。分掌宿衛。秩四品。

［8］左衛將軍：禁衛軍官。執掌與驍騎同。秩四品。

［9］世祖：齊武帝廟號。本書卷三有紀。按，《南史》卷四一此處作："性好學，善屬文，與琅邪王智深以文章相會，濟陽江淹亦遊焉。武帝謂王儉曰：'衡陽王須文學，當使華實相稱，不得止取貴游子弟而已。'乃以太子舍人蕭敷爲文學。"又云："鈞常手自細書寫《五經》，部爲一卷，置于巾箱中，以備遺忘。侍讀賀玠問曰：'殿下家自有墳素，復何須蠅頭細書，別藏巾箱中？'答曰：'巾箱中有《五經》，於檢閱既易，且一更手寫，則永不忘。'諸王聞而争效爲巾箱《五經》，巾箱《五經》自此始也。"

［10］鄱陽王鏘：字宣韶，齊高帝第七子，和悌有美德。本書卷三五有傳。

［11］中書令：中書省官。掌詔命。秩三品。

［12］石頭戍：石頭城，在今江蘇南京市西清凉山，負山面江，形勢險固。南朝在此建有城堡，派重兵戍守。

［13］祕書監：秘書省官。掌藝文圖籍及修國史。秩三品。

［14］隆昌：齊鬱林王年號。

［15］侍中：門下省官。掌奏事，直侍左右。秩三品。

［16］給扶：給予扶侍之人。古時君主賜給大臣的一種殊禮。清袁枚《隨園隨筆》卷九《給扶俠侍之分》："常見岑文本畫古帝王

像，一帝之側，必有左右二人擁侍而立者……不解其制。朱萬同曰：此魏、晉、六朝所謂給扶是也。”

[17]海陵：指海陵王（即齊恭王）。蕭鸞廢鬱林王，立海陵王，旋又廢海陵而自立。

[18]撫軍將軍：南朝爲榮譽加號。開府者位從公秩一品。《南史》卷四一之後云：“居身清率，言未嘗及時事。會稽孔珪家起園，列植桐柳，多構山泉，殆窮真趣，鈞往遊之。珪曰：‘殿下處朱門，遊紫闥，詎得與山人交邪？’答曰：‘身處朱門，而情遊江海，形入紫闥，而意在青雲。’珪大美之。吴郡張融清抗絶俗，雖王公貴人，視之傲如也，唯雅重鈞，謂從兄緒曰：‘衡陽王飄飄有凌雲氣，其風情素韵，彌足可懷，融與之遊，不知老之將至。’見賞如此。”按，清牛運震《讀史糾謬》卷七《南齊書糾謬》云：“《南史》載衡陽王子鈞居喪盡禮，清率好學，常寫巾箱，好五經，游孔珪家園林，張融謂其‘飄飄有凌雲氣’，《南齊》並略之。”

[19]尋遇害：《南史》卷四一作“延興元年爲明帝所殺”。

明帝即位，[1]以永陽王子珉仍本國，繼元王爲孫。[2]子珉字雲璵，世祖第二十子也。永明七年，封義安王，後改永陽。永泰元年見害，[3]年十四。復以武陵昭王曄第三子子坦奉元王後。[4]

[1]明帝：指齊明帝蕭鸞。本書卷六有紀。

[2]元王：衡陽元王道度。

[3]永泰：齊明帝年號。按，子珉亦被明帝殺害。

[4]武陵昭王曄：字宣照，齊高帝第五子。本書卷三五有傳。

始安貞王道生字孝伯，[1]太祖次兄也。宋世爲奉朝請，[2]卒。建元元年，追封謚。建武元年，[3]追尊爲景皇，[4]妃江氏爲后。立寢廟於御道西，陵曰脩安。生子鳳、高宗、安陸昭王緬。[5]

[1]始安貞王道生：《南史》卷四一亦有傳。

[2]奉朝請：南朝爲閑散官名。古代諸侯朝見天子春季稱朝，秋季稱請。漢代對退職大臣及皇親國戚，多給以奉朝請名義，使得參加朝會。後用以安置閑散官員。

[3]建武：齊明帝年號。

[4]追尊爲景皇：明帝蕭鸞爲蕭道生次子。明帝即位後追尊其父蕭道生爲景皇，其母江氏爲懿后。詳見本書卷六《明帝紀》。

[5]高宗：齊明帝廟號。

鳳字景慈，官至正員郎。[1]卒於宋世。謚靖世子。[2]明帝建武元年，贈侍中、驃騎將軍，[3]開府儀同三司、始安靖王。[4]改華林鳳莊門爲望賢門，[5]太極東堂畫鳳鳥，[6]題爲神鳥，而改鸞鳥爲神雀。子遥光嗣。

[1]正員郎：與員外郎相對而稱，指正額以内的尚書郎中（尚書省各曹官）。秩五品。

[2]謚靖世子：南朝文職官在世無封爵者，死後謚號例加“子”字。

[3]驃騎將軍：南朝爲榮譽加號。開府者位從公秩一品。

[4]開府儀同三司：文散官名稱。開府即開建府署，三司指三公。君主以此賞勛勞。

[5]華林：指華林園。故址在江蘇南京市鷄鳴山南古臺城内。按，始安靖王蕭鳳當駐於此。

［6］畫鳳鳥："畫"原作"書"。中華本校勘記云："據《御覽》五百六十二引改。按《南史》亦作'畫'。"今從改。

遥光字元暉。生有躄疾，太祖謂不堪奉拜祭祀，欲封其弟，世祖諫，乃以遥光襲爵。初爲員外郎，[1]轉給事郎，[2]太孫洗馬，[3]轉中書郎，[4]豫章内史，[5]不拜。高宗輔政，[6]遥光好天文候道，[7]密懷規贊。[8]隆昌元年，除驍騎將軍、冠軍將軍、南東海太守，[9]行南徐州事。[10]仍除南彭城太守，[11]將軍如故。又除輔國將軍、吴興太守。[12]高宗廢鬱林，[13]又除冠軍將軍、南蠻校尉、西中郎長史、南郡太守。[14]一歲之内，頻五除，並不拜。是時高宗欲即位，誅賞諸事唯遥光共謀議。

［1］員外郎：員外散騎侍郎，集書省官。掌侍從顧問。秩五品。

［2］給事郎：給事中，集書省官。職掌與員外郎同。

［3］太孫洗馬：東宫官。職同太子洗馬，掌藝文圖書及朝覲賓饗。秩七品。

［4］中書郎：中書侍郎，中書省官。掌呈奏案章。秩五品。

［5］豫章：郡名。治所在今江西南昌市。　内史：太守，王國郡守稱内史。

［6］高宗輔政：《南史》卷四一此句後云："誅賞諸事，唯與遥光共謀議，勸明帝併殺高、武諸子弟，見從。"

［7］候道：指占驗天文星象，以卜吉凶之道。

［8］規贊：意謂伺機輔佐蕭鸞奪權。

［9］冠軍將軍：南朝爲榮譽加號。開府者位從公秩一品。　南東海：郡名。治所在今江蘇鎮江市。

［10］南徐州：州名。治所在今江蘇鎮江市。

[11]南彭城：郡名。治所在今江蘇揚州市。

[12]輔國將軍：南朝爲榮譽加號，開府者位從公秩一品。　吴興：郡名。治所在今浙江湖州市吴興區南下菰城。

[13]高宗廢鬱林：隆昌元年（494），西昌侯蕭鸞把持朝政。是年六月，蕭鸞廢鬱林王蕭昭業，改立其弟蕭昭文，是爲齊恭王，改元延興。旋又廢恭王自立，改元建武。

[14]南蠻校尉：防邊軍官。隸荆州，主護少數民族。　西中郎長史：指西中郎將府主要屬吏長史。西中郎將，四中郎將之一，南朝爲榮譽加號。開府者位從公秩一品。本書《百官志》曰："（四中郎將）宋齊以來，唯處諸王，素族無爲者。"按，西中郎將原作"西平中郎將"，中華本據《册府元龜》卷二六九删去"平"字。今從改。　南郡：郡名。治所在今湖北荆州市。

建武元年，以爲持節、都督揚南徐二州諸軍事、前將軍、揚州刺史。[1]晋安王寶義爲南徐州，[2]遥光求解督，見許。二年，[3]進號撫軍將軍，加散騎常侍，給通幰車鼓吹。[4]遥光好吏事，稱爲分明。頗多慘害。[5]足疾不得同朝列，[6]常乘輿自望賢門入。每與上久清閑，言畢，上索香火，明日必有所誅殺。[7]上以親近單少，憎忌高、武子孫，欲並誅之，遥光計畫參議，當以次施行。永泰元年，即本位爲大將軍，[8]給油絡車。[9]帝不豫，遥光數入侍疾，帝漸甚，[10]河東王鉉等七王一夕見殺，[11]遥光意也。

[1]前將軍：前軍將軍，禁衛軍官。分掌宿衛營兵。秩四品。　揚州：州名。南齊置，治所在今江蘇南京市。

[2]晋安王寶義：字智勇，齊明帝長子，原封晋安郡王，後改

封巴陵郡王。建武二年（495）出爲南徐州刺史。按，南徐州軍事原由遥光督，故下句云“解督”。

［3］二年：《南史》卷四一作“三年”。

［4］通幰車：一種遍覆帷幔的車子。《晋書·輿服志》：“通幰車，駕牛，猶如今犢車制，但舉其幰通覆車上也。諸王、三公並乘之。”　鼓吹：備有鼓鉦簫笳樂器的樂隊，用於大駕出游行軍。古代以賜功臣勛將。

［5］“遥光好吏事”至“頗多慘害”：朱季海《南齊校議》（以下簡稱朱季海《校議》）云：“《金樓子·説蕃篇》：‘蕭遥光……性聰察，善吏政。每至理朝廷大事及揚州曹獄，動至三四更。前列倡人，後列侍女，華燭照爛於其間，手捉玉柄毛扇，有時以金鏤炙刀自割牛胘而食之。每明帝有所誅殺，必先取其名。’觀梁元此言，則子顯所云‘好吏事’‘多慘害’者可見矣。”（中華書局1984年版，第102頁）

［6］同朝列：列，原作“例”。中華本校勘記引張森楷《校勘記》云：“‘例’當作‘列’，各本並訛。”今從改。

［7］明日必有所誅殺：《南史》卷四一此後云：“太子不悦學，唯曼遊是好，朝議令蔡仲熊爲太子講《禮》，未半，遥光從容曰：‘文義之事，此是士大夫以爲伎藝欲求官耳。皇太子何用講爲？’上以爲然，乃停講。”

［8］即本位：指原來進號撫軍將軍。　大將軍：將軍加“大”者秩一品，地位尊寵。

［9］油絡車：用油絡裝飾的車子，爲王公所乘。油絡，古代一種絲質網狀的車飾。參見本書《輿服志》。

［10］漸甚：指疾病危殆。

［11］河東王鉉等七王：河東王鉉，齊高帝第十九子。本書卷三五有傳。按，同時被殺的尚有齊武帝及文惠太子之子。本書卷六《明帝紀》：“（永泰元年春正月）丁未，誅河東王鉉、臨賀王子岳、西陽王子文、衡陽王子峻、南康王子琳、永陽王子岷、湘東王子

建、南郡王子夏、桂陽王昭粲、巴陵王昭秀。”凡十王。《南史》卷四一亦云：“河東王鉉等十王一夕見殺。”此處云“七王”，“七”字當是“十”字之訛。又按，中華再造善本作“十王”。

帝崩，遺詔加遥光侍中、中書令，給扶。永元元年，[1]給班劍二十人，即本號開府儀同三司。[2]遥光既輔政，見少主即位，潛與江祏兄弟謀自樹立。[3]弟遥欣在荆楚，擁兵居上流，密相影響。遥光當據東府號令，[4]使遥欣便星速急下。潛謀將發，而遥欣病死。[5]江祏被誅，東昏侯召遥光入殿，告以祏罪，遥光懼，還省便陽狂號哭，[6]自此稱疾不復入臺。先是遥光行還入城，風飄儀繖出城外。[7]

[1]永元：齊東昏侯年號。

[2]本號：本官名。這裏指侍中、中書令。按，《南史》卷四一此句後云：“遥光多忌，人有餉屐者，以爲戲己，大被嫌責。劉繪嘗爲牋云：‘智不及葵。’亦以忤旨。”

[3]江祏兄弟：指江祏、江祀。齊明帝表兄、心腹，明帝死，爲輔政之一。後因謀廢立，爲東昏所殺。本書卷四二有傳。

[4]東府：在臺城（故址在今江蘇南京市）東，南朝時爲宰相與揚州刺史的駐地。按，遥光時爲中書令、揚州刺史，故據東府。

[5]而遥欣病死：此處《通鑑》卷一四二《齊紀八》“東昏侯永元元年”條記載甚明：“始安王遥光素有異志，與其弟荆州刺史遥欣密謀舉兵據東府，使遥欣引兵自江陵急下，刻期將發，而遥欣病卒。”

[6]陽狂：同“佯狂”。

[7]儀繖：指用爲儀仗的傘。按，“風飄儀繖出城外”被認爲

是不祥之兆。

遥光弟遥昌先卒壽春，[1]豫州部曲皆歸遥光；[2]及遥欣喪還葬武進，[3]停東府前渚，[4]荆州衆力送者甚盛。[5]帝誅江祏後，慮遥光不自安，欲轉爲司徒還第，[6]召入喻旨。遥光慮見殺，八月十二日晡時，收集二州部曲，[7]於東府門聚人衆，街陌頗怪其異，莫知指趣也。遥光召親人丹陽丞劉渢及諸傖楚，[8]欲以討劉暄爲名。[9]夜遣數百人破東冶出囚，[10]尚方取仗。[11]又召驍騎將軍垣歷生，[12]歷生隨信便至，勸遥光令率城内兵夜攻臺，輦荻燒城門，[13]曰：[14]"公但乘轝隨後，反掌可得。"遥光意疑不敢出。天稍曉，遥光戎服出聽事，停轝處分上仗登城行賞賜。歷生復勸出軍，遥光不肯，望臺内自有變。[15]

[1]壽春：郡名。治所在今安徽壽縣。按，當時壽春爲豫州鎮所，遥昌領兵駐守。　卒：原作"平"，從中華本改。

[2]豫州部曲皆歸遥光：指豫州軍事力量原由豫州刺史遥昌統領，遥昌死後，遥光接管。

[3]武進：縣名。治所在今江蘇丹陽市東。

[4]前渚：《通鑑》卷一四二《齊紀八》"東昏侯永元元年"條，胡三省注："前渚，秦淮渚也。東府前臨秦淮。"按，"渚"字原闕，據各本及《南史》補。

[5]荆州：州名。治所在今湖北荆州市。

[6]欲轉爲司徒還第：司徒，三公之一，南朝爲最高榮譽加號。《通鑑》卷一四二胡三省注："遷司徒以崇其位望，而使還第養疾。"

[7]二州：《通鑑》卷一四二胡三省注："二州部曲，自荆州、

豫州來者。”

[8]劉渢：仕齊，曾爲遥光諮議參軍，乃其親信。《南史》卷七三有傳。　傖楚：魏晋南朝時，吴地人以上國自居，鄙視楚地人粗俗，謂之傖楚。這裏指從荆、豫二州調來的兵將。

[9]劉暄：齊東昏侯之舅父，爲輔國大臣之一。江祏謀廢東昏侯，暄初參與，尋告密，故遥光討之。本書卷四二有傳。

[10]東冶：《通鑑》卷一四二胡三省注：“建康有東西二冶，今冶城即其地，亦曰東冶亭。”按，東冶爲少府尚方（主製造刀劍器玩）所在地，亦爲管制罪犯服勞役之處。

[11]仗：胡三省注：“仗，兵仗也。”泛指刀劍等武器。

[12]垣歷生：歷仕南朝宋、齊，爲遥光親信。本書卷二八有附傳。按，《通鑑》卷一四二此處所記云：“歷生隨信而至。蕭坦之宅在東府城東，遥光遣人掩取之，坦之露袒踰墻走，向臺。道逢遊邏主顔端，執之，告以遥光反，不信，自往詗問，知實，乃以馬與坦之，相隨入臺。遥光又掩取尚書左僕射沈文季於其宅，欲以爲都督，會文季已入臺。垣歷生説遥光帥城内兵夜攻臺……”

[13]輦萩（qiū）：運柴草。萩，蒿類植物。按，《南史》卷四一萩作“荻”。

[14]曰：按此字原無，中華本據各本及《南史》補。今從補。

[15]望臺内自有變：指希望宫廷内部起事，以便裏應外合。

至日中，[1]臺軍稍至，[2]尚書符遥光曰：[3]“逆從之數，皎然有徵，[4]干紀亂常，刑兹罔赦。蕭遥光宗室蚩庸，[5]才行鄙薄，緹裙可望，[6]天路何階。受遇自昔，恩加猶子，禮絶帝體，寵越皇季。旗章車服，窮千乘之尊；[7]闉隍爽闓，[8]踰百雉之制。[9]及聖后在天，[10]親受顧託，話言在耳，德音猶存，侮蔑天明，罔畏不義，無君之心，履霜有日。[11]遂乃稱兵内犯，竊發京畿，自古巨釁，[12]莫斯爲甚。今便分命六師，[13]弘宣九伐。[14]皇上當親御戎軒，弘此廟略。信賞必罰，有如大江。”於是戒嚴，曲赦京邑。領軍蕭坦之屯湘宫寺，[15]鎮軍司馬曹虎屯清溪大橋，[16]太子右衛率左興盛屯東府東籬門。[17]

[1]至日中：《南史》卷四一作“及日出”。

[2]臺軍稍至：此後《通鑑》卷一四二《齊紀八》“東昏侯永元元年”條云：“臺中始聞亂，衆情惶惑；向曉，有詔召徐孝嗣，孝嗣入，人心乃安。左將軍沈約聞變，馳入西掖門，或勸戎服，約曰：‘臺中方擾攘，見我戎服，或者謂同遥光。’乃朱衣而入。”

[3]尚書符：指尚書省發出的聲討遥光的公文。符，古代向下屬發出通知、命令的公文。

[4]逆從之數，皎然有徵：指遥光從逆謀反，證據明白確鑿。逆從，中華本校勘記云：“按‘從’即‘順’字，蕭子顯避諱改。”

[5]蚩（chī）庸：癡愚狂妄的小人。

[6]緹裙：中華本校勘記引清錢大昕《十駕齋養新録》卷六云：“‘裙’當作‘群’。《續漢書·五行志》：‘王莽末，天水童謡曰：出吴門，望緹群，見一蹇人，言欲上天，令天可上，地上安得民。時隗囂起兵天水，欲爲天子，遂破滅。囂少病蹇。吴門，冀郭門也。緹群，山名也。’遥光亦病蹇，故以隗囂况之。《郡國志》天水郡冀縣有緹群山。”

[7]千乘：兵車千輛。古代諸侯國千乘，因以千乘代指諸侯。

[8]闉隍：城池。　爽闓：形容高大爽目。

[9]百雉：指城墻的長度達三百丈，是古代國君的特權。

[10]聖后在天：指已故的齊明帝。按，明帝臨終遺詔遥光爲顧命大臣。

[11]履霜：踏霜而知寒冬將至，比喻灾禍將臨。

［12］釁（xìn）：罪過。

［13］六師：原指周天子所統六軍之師。《尚書·康王之誥》："張皇六師，無壞我高祖寡命。"曾運乾《正讀》："六師，天子六軍。周制一萬二千五百人爲師。"後以六師泛指天子的軍隊。

［14］九伐：古代指對九種罪惡的討伐。《周禮·夏官·大司馬》："以九伐之法正邦國：馮弱犯寡則眚之，賊賢害民則伐之，暴内陵外則壇之，野荒民散則削之，負固不服則侵之，賊殺其親則正之，放弑其君則殘之，犯令陵政則杜之，外内亂、鳥獸行則滅之。"

［15］蕭坦之：仕齊，東昏時，爲侍中、領軍將軍。本書卷四二有傳。　湘宫寺：《通鑑》卷一四二胡三省注："湘宫寺，宋明帝所起。"

［16］曹虎：歷仕南朝宋、齊，齊東昏時爲鎮軍將軍府屬官司馬。本書卷三〇有傳。　清溪大橋：本書卷三〇《曹虎傳》作"青溪中橋"。

［17］左興盛：仕齊，以平王敬則亂之功封吴興縣男。參見本書卷二六《王敬則傳》。　東籬門：《通鑑》卷一四二胡三省注："臺城外城六門皆設籬門而已，無郛郭。東府在臺城東，故命興盛屯東籬門以討遥光。"

衆軍圍東城三面，燒司徒二府。[1]遥光遣垣歷生從西門出戰，臺軍屢北，[2]殺軍主桑天愛。初，遥光起兵，問諮議參軍蕭暢，[3]暢正色拒折不從，十五日，暢與撫軍長史沈昭略潛自南出，[4]濟淮還臺，人情大沮。[5]十六日，垣歷生從南門出戰，因棄矟降曹虎軍，虎命斬之。[6]遥光大怒，於牀上自竦踊，使殺歷生兒。

［1］圍東城三面，燒司徒二府："三面"二字《南史》無。《通鑑》卷一四二《齊紀八》"東昏侯永元元年"條此句爲"衆軍圍東

城，三面燒司徒府"，無"二"字。胡三省注："宋元嘉中，彭城王義康爲司徒，徙居東府，於東府之側起司徒府。"按，遥光亦進司徒，居其府。

［2］屢北：北，《通鑑》作"敗"。

［3］蕭暢：梁武帝蕭衍之四弟。仕齊，官至太常。梁天監元年（502），追封爲衡陽郡王。《梁書》卷二三有略傳。

［4］沈昭略：沈文季之侄。詳見本書卷四四《沈文季傳》。

［5］人情大沮：《通鑑》卷一四二胡三省注："東府之衆情也。"

［6］"垣歷生從南門出戰"至"虎命斬之"：《南史》卷四一此處云："垣歷生從南門出戰，爲曹武所禽，謂武曰：'卿以主上爲賢明，梅、茹爲賢相者，則我當死。且我今死，卿明亦死。'遂殺之。"《通鑑》卷一四二胡三省注云："按歷生若見獲，遥光不當殺其子。今從《齊書》。"

其晚，臺軍射火箭燒東北角樓，至夜城潰。遥光還小齋，帳中著衣帢坐，秉燭自照，令人反拒齋閤，皆重關。[1]左右並踰屋散出。臺軍主劉國寶、時當伯等先入，遥光聞外兵至，吹滅火，扶匐下牀，[2]軍人排閤入，於暗中牽出斬首，[3]時年三十二。[4]遥光未敗一夕，城内皆夢群蛇緣城四出，各各共説之，咸以爲異。臺軍入城，焚燒屋宇且盡。

［1］"遥光還小齋"至"皆重關"：中華本作："遥光還小齋帳中，著衣帢坐，秉燭自照，令人反拒，齋閤皆重關。"朱季海《校議》云："'中'下逗號似宜移著'齋'下。'帳中'下屬爲句。'反拒'下逗號當移於'齋閤'下，其時城潰勢蹙，左右將散，遥光無計，唯能令人反拒齋閤耳。"（第103頁）所言甚是，今從之。衣帢（qià），泛指穿戴。帢，便帽，狀如弁而缺四角，用縑帛縫

製。相傳爲曹操創製。《三國志》卷一《魏書·武帝紀》“二月丁卯，葬高陵”裴松之注引晋傅玄《傅子》：“漢末王公，多委王服，以幅巾爲雅，是以袁紹、崔鈞之徒，雖爲將帥，皆著縑巾。魏太祖以天下凶荒，資財乏匱，擬古皮弁，裁縑帛以爲帢，合于簡易隨時之義，以色别其貴賤，于今施行，可謂軍容，非國容也。”

[2]下牀：《通鑑》卷一四二作“牀下”。

[3]於暗中牽出斬首：朱季海《校議》引《金樓子·説蕃篇》云：“常所親信鮮卑道兒及閹人吴明紹。頭卧道兒膝上，至四更中覓飲，已而無人矣。唤道兒又不得，唯明紹伏牀下，答云：‘人皆叛去。’衆軍悉至，於牀下斬之。”（第103頁）

[4]時年三十二：《南史》卷四一此句作：“遥光舉事四日而卒。舉事之夕月蝕，識者以月爲大臣，蝕而既，必滅之道。”

遥光府佐司馬端爲掌書記，曹虎謂之曰：“君是賊非？”端曰：“僕荷始安厚恩，[1]今死甘心。”虎不殺，執送還臺，徐世檦殺之。[2]劉渢遁走還家園，爲人所殺。端，河内人。[3]渢，南陽人，事繼母有孝行，弟溓事渢亦謹。

[1]始安：指始安王蕭遥光。

[2]徐世檦：齊東昏侯寵倖，宫殿内主帥，凡諸殺戮，皆出其人之勸。事見《南史》卷七七《恩倖傳》。

[3]河内：指今河南省黄河以北地區。

詔斂葬遥光屍，原其諸子。[1]追贈桑天愛輔國將軍、梁州刺史。以江陵公寶覽爲始安王，[2]奉靖王後。[3]永元二年，爲持節、督湘州、輔國將軍、湘州刺史。[4]

[1]原其諸子：《南史》卷四一此處云："遥光幼時甚貞正，明帝傾意待之。東昏爲兒童時，明帝使與遥光共齋居止，呼遥光爲安兄，恩情甚至。及遥光誅後，東昏登舊宮土山望東府，愴然呼曰：'安兄！'乃嗚咽，左右不忍視，見思如此。"

[2]江陵公寶覽：齊宗室安陸昭王緬次子。安陸昭王緬爲齊高帝次兄始安貞王道生之次子。

[3]靖王：指始安靖王蕭鳳，爲齊明帝蕭鸞之長兄。

[4]湘州：州名。治所在今湖南長沙市。

遥欣字重暉。宣帝兄西平太守奉之無後，[1]以遥欣繼爲曾孫。[2]除祕書郎，太子舍人，[3]巴陵王文學，[4]中書郎。延興元年，[5]高宗樹置，[6]以遥欣爲持節、督兖州緣淮軍事、寧朔將軍、兖州刺史。[7]仍爲督豫州、郢州之西陽、司州之汝南二郡、輔國將軍、豫州刺史，[8]持節如故。未之任。建武元年，進號西中郎將，[9]封聞喜縣公。[10]遷使持節、都督荆雍益寧梁南北秦七州軍事、右將軍、荆州刺史。改封曲江公。[11]高宗子弟弱小，晋安王寶義有廢疾，[12]故以遥光爲揚州居中，遥欣居陝西在外，權勢並在其門。遥欣好勇，聚畜武士，以爲形援。四年，進號平西將軍。[13]永泰元年，以雍州虜寇，[14]詔遥欣以本官領刺史，[15]寧蠻校尉，[16]移鎮襄陽，虜退不行。永元元年卒，年三十一。贈侍中、司空，謚康公。葬用王禮。

[1]西平：郡名。治所在今廣西西林縣東南。　奉之：蕭奉之。史無介紹，生平不詳。

[2]以遥欣繼爲曾孫：《南史》卷四一此句後云："遥欣髫齔中

便嶷然，明帝謂江祏曰：‘遥欣雖幼，觀其神采，殊有局幹，必成令器，未知年命何如耳。’安陸昭王緬曰：‘不患其兄弟不富貴，但恐緬不及見耳。’言之慘然而悲。始年七歲出齋時，有一左右小兒，善彈飛鳥，無不應弦墜落。遥欣謂曰：‘凡戲多端，何急彈此，鳥自空中翔飛，何關人事，無趣殺此生，亦復不急。’左右感其言，遂不復彈鳥。時少年通好此事，所在遂止。年十五六，便博覽經史。”

[3]太子舍人：東宫官。掌奏事，直侍左右。秩七品。

[4]巴陵王：名子倫，字雲宗，齊武帝第十三子。本書卷四〇有傳。　文學：王府佐吏。掌侍從文章。秩六品。

[5]延興：齊恭王年號。

[6]高宗樹置：《南史》卷四一作：“明帝入輔，遥欣與始安王遥光等參預政事，凡所談薦，皆得其人。由是朝野輻凑，軒蓋盈門。”

[7]兖州：州名。南朝宋僑置，治淮陰縣，在今江蘇淮安市淮陰區西南甘羅城。按，《南史》卷四一此後云：“時豐城公遥昌亦出鎮壽春，帝於便殿密宴，始安王遥光亦在座，帝慘然謂遥欣曰：‘昭王云不患汝兄弟不富貴，而言不及見，如何！’因悲慟不自勝，君臣皆嗚咽，侍者雨淚。及泊歐陽岸，忽謂左右曰：‘比何都不見彈？’左右云：‘有門生因彈見勗，遂以此廢，所在皆止。’遥欣笑曰：‘我小兒時聊復語耳，那復遂斷邪？’”清牛運震《讀史糾謬》卷七《南齊書糾謬》云：“《南史》載遥欣事亦詳至，明帝便殿密宴一段，尤凄痛動人，《南齊》亦略而不載。”

[8]仍爲督豫州、郢州之西陽、司州之汝南二郡：“郢州”二字原脱，中華本校勘記云：“錢大昕《廿二史考異》云：‘當云督豫州、郢州之西陽、司州之汝南二郡，傳有脱文。’今據補。”今從補。西陽郡，治西陽縣，在今湖北黄岡市東，屬郢州（治夏口）。司州，治義陽，在今河南信陽市。汝南郡，東晋置，治塗口，在今湖北武漢市武昌區東。

[9]西中郎將：南朝爲榮譽加號。開府者位從公秩一品。

[10]聞喜縣：縣名。治所在今山西聞喜縣東北。

[11]曲江：縣名。治所在今廣東韶關市東南。

[12]晋安王寶義：齊明帝長子，有殘疾。本書卷五〇有傳。

[13]平西將軍：南朝爲榮譽加號。開府者位從公秩一品。

[14]雍州：東晋置，治襄陽，在今湖北襄陽市。按，永泰元年（498）二三月間，北魏攻壽陽、義陽，逼襄陽。詳見《通鑑》卷一四一《齊紀七》"明帝永泰元年"條。

[15]以本官領刺史：指領雍州刺史。按，據《梁書》卷二〇《劉季連傳》所記，遥欣由荆州調雍州，另有原因。該傳云："建武中，（劉季連）又出爲平西蕭遥欣長史……遥欣之鎮江陵也，意寄甚隆；而遥欣至州，多招賓客，厚自封殖，明帝甚惡之。季連族甥琅邪王會爲遥欣諮議參軍，美容貌，頗才辯，遥欣遇之甚厚。會多所慠忽，於公座與遥欣競侮季連，季連憾之，乃密表明帝，稱遥欣有異迹，明帝納焉，乃以遥欣爲雍州刺史。明帝心德季連，四年，以爲輔國將軍、益州刺史，令據遥欣上流。"其意用以掣肘遥欣。以本官中"以"字原闕，中華本據各本補。今從補。

[16]寧蠻校尉：邊防官。主護少數民族，隸雍州。

遥昌字季暉。解褐祕書郎，太孫舍人，給事中，[1]祕書丞。延興元年，[2]除黄門侍郎，[3]未拜，仍爲持節、督郢司二州軍事、寧朔將軍、郢州刺史。建武元年，進號冠軍將軍。封豐城縣公，[4]千五百户。未之鎮，徙督豫州郢州之西陽司州之汝南二郡軍事、征虜將軍、豫州刺史，持節如故。

[1]給事中：集書省官。掌侍從、顧問。秩五品。

[2]延興：原作"興元"，中華本據《册府元龜》卷二七九改。

今從改。

[3]黄門侍郎：給事黄門侍郎，門下省官。掌奏事，直侍左右。秩五品。

[4]豐城縣：縣名。治所在今江西豐城縣南。

二年，虜主元宏寇壽春，[1]遣使呼城内人，遥昌遣參軍崔慶遠、朱選之詣宏。[2]慶遠曰："旌蓋飄颻，遠涉淮、泗，風塵慘烈，無乃上勞？"[3]宏曰："六龍騰躍，[4]倏忽千里，經途未遠，不足爲勞。"慶遠曰："川境既殊，遠勞軒駕。屈完有言：[5]'不虞君之涉吾地也，何故？'"宏曰："故當有故。卿欲使我含瑕依違；[6]爲欲指斥其事？"[7]慶遠曰："君包荒之德，[8]本施北政，未承來議，無所含瑕。"宏曰："朕本欲有言，會卿來問。齊主廢立，[9]有其例不？"慶遠曰："廢昏立明，古今同揆。中興克昌，豈唯一代？主上與先武帝，非唯昆季，有同魚水。武皇臨崩，託以後事。嗣孫荒迷，廢爲鬱林，功臣固請，爰立明聖。[10]上逼太后之嚴令，[11]下迫群臣之稽顙，[12]俯從億兆，[13]踐登皇極。未審聖旨，獨何疑怪？"宏曰："聞卿此言，殊解我心。但哲婦傾城，[14]何足可用。果如所言，武帝子弟今皆何在？"慶遠曰："七王同惡，[15]皆伏管、蔡之誅，[16]其餘列蕃二十餘國，内升清階，外典方牧。哲婦之戒，古人所惑；然十亂盈朝，[17]實唯文母。"宏曰："如我所聞，靡有孑遺。[18]卿言美而乖實，[19]未之全信。"

[1]元宏：指北魏孝文帝。於建武二年（495）渡過黄河，二

月至壽陽，衆號三十萬，鐵騎彌望。詳見《通鑑》卷一四〇《齊紀六》“明帝建武二年”條。

[2]崔慶遠：詳情不明。《通鑑》卷一四〇胡三省注曰：“史言崔慶遠之機辯。”　朱選之：本書卷三六《孝義傳》有附介云：“選之字處林，有志節，著《辯相論》。幼時顧歡見而異之，以女妻焉。官至江夏王參軍。”按，“選之”亦作“巽之”，見《南史》卷六二《朱巽傳》。

[3]上勞：猶言太辛苦。上，超過。中華本校勘記云：“《元龜》六百五十九作‘無乃勞止’。按，疑作‘勞止’是。”

[4]六龍：古代天子的車駕爲六馬，馬八尺稱龍，因以爲天子車駕的代稱。漢劉歆《遂初賦》：“總六龍於駟房兮，奉華蓋於帝側。”

[5]屈完：春秋時楚國大夫。《左傳》僖公四年：“春，齊侯以諸侯之師……伐楚。楚子使與師言曰：‘君處北海，寡人處南海，唯是風馬牛不相及也，不虞君之涉吾地也，何故？’”按，此乃崔慶遠借典故向對方提出質問。

[6]含瑕依違：包容污垢，對惡事不置可否。

[7]爲欲指斥其事：《通鑑》卷一四〇此處作：“魏主曰：‘固當有故！卿欲我斥言之乎，欲我含垢依違乎？’”胡三省注：“斥，指也；直言以指人之罪過，無所回避，謂之斥。”

[8]包荒：謂度量寬大。語出《易·泰》：“包荒，用馮河，不遐遺。”王弼注：“能包含荒穢、受納馮河者也。”

[9]齊主廢立：《通鑑》卷一四〇作“齊主何故廢立”。“齊主”原作“齊王”，中華本據各本及《通鑑》改。今從改。

[10]爰立：《尚書·説命上》：“爰立作相，王置諸其左右。”孔安國傳：“於是禮命立以爲相，使在左右。”後因以“爰立”指拜相。按，此指宣城王蕭鸞廢東昏，立恭王蕭昭文，親爲輔政，進爲録尚書事，相當於拜相。

[11]太后：指文惠太子妃文安王皇后，鬱林即位，尊爲皇太

后，因住宣德宫，故又稱宣德太后。按，明帝蕭鸞廢立，假借太后旨爲旗號。

[12]稽（qǐ）顙：跪拜請求。

[13]俯從億兆：指下順廣大民意。

[14]哲婦傾城：語出《詩·大雅·瞻卬》："哲夫成城，哲婦傾城。懿厥哲婦，爲梟爲鴟。"孔穎達疏："若爲智多謀慮之婦人，則傾敗人之城國。婦言是用，國必滅亡。"後因以指婦人亂國，這裏用指宣德太后。

[15]七王：《通鑑》卷一四〇胡三省注："子隆、子懋、子敬、子真、子倫並鬱林、海陵爲七王。"按，七王皆齊武帝之子，並遭明帝殺害。

[16]管蔡：周武王弟管叔鮮與蔡叔度的並稱。因反周公攝政叛，成王命周公將其討伐誅滅。事見《尚書·金縢》及《史記·管蔡世家》。按，此處將七王比作管蔡。

[17]十亂：《尚書·泰誓中》："予（周武王）有亂臣十人，同心同德。"孔穎達疏："亂，治也。"十人指周公旦、召公奭、太公望、畢公、榮公、太顛、閎夭、散宜生、南宫适及文母（文王之后太姒，一説指武王之妻邑姜）。後以"十亂"指輔佐幼主治亂安邦之臣。按，此處諛指明帝，下句"文母"諛指宣德太后。

[18]靡有孑遺：《詩·大雅·雲漢》："旱既太甚，則不可推……周餘黎民，靡有孑遺。"本謂没有任何一個人能逃脱旱灾的侵害，這裏借指齊高武子孫皆被明帝蕭鸞誅殺殆盡。

[19]美而乖實：謂説得好聽但不符事實。

宏又曰："雲羅所掩，六合宜一。[1]故往年與齊武有書，言今日之事，書似未達齊主，命也。南使既反，[2]情有愴然，朕亦休兵。[3]此段猶是本意，不必專爲問罪。[4]若如卿言，便可釋然。"慶遠曰："'見可而進，知難而退’,[5]聖人奇兵。今旨欲憲章聖人，不失舊好，[6]豈不善哉!”宏曰:“卿爲欲朕和親?[7]爲欲不和?”慶遠曰:“和親則二國交歡，蒼生再賴；不和則二國交怨，蒼生塗炭。和與不和，裁由聖衷。”宏曰:“朕來爲復遊行鹽境，[8]北去洛都，率爾便至。亦不攻城，亦不伐塢，卿勿以爲慮。”宏設酒及羊炙雜果，又謂慶遠曰:“聽卿主克黜凶嗣，不違忠孝。何以不立近親，如周公輔成王，而苟欲自取?”慶遠答曰:“成王有亞聖之賢，故周公得輔而相之。今近蕃雖無悖德，未有成王之賢。霍光亦捨漢蕃親而遠立宣帝。”[9]宏曰:“若爾，霍光嚮自立爲君，當復得爲忠臣不?”慶遠曰:“此非其類，乃可言宣帝立與不立義當云何。皇上豈得與霍光爲匹?若爾，何以不言‘武王伐紂，何意不立微子而輔之，苟貪天下?’”宏大笑。明日引軍向城東，遣道登道人進城内施衆僧絹五百匹，慶遠、選之各袴褶絡帶。[10]

[1]雲羅所掩，六合宜一：意謂普天之下好比一家，有事互助。六合：指天地四方，泛指天下、人世間。

[2]南使既反：指南齊使者崔慶遠既已回營。“既”字原無，中華本據《册府元龜》卷六五九補。今從補。

[3]休兵：原作“保兵”，中華本據《册府元龜》卷六五九改。今從改。

[4]不必專爲問罪：《通鑑》卷一四〇《齊紀六》“明帝建武二年”條作“朕來問罪”。

[5]見可而進，知難而退：語出《左傳》宣公十二年，晋大夫隨武子曰:“見可而進，知難而退，軍之善政也。”

[6]不失舊好：舊好，原作“美無”。中華本校勘記云:“據南

監本、毛本、殿本、局本改。按《元龜》作‘不失其美’。”今從改。

[7]和親：指兩國彼此友好親善。《吴越春秋·夫差内傳》：“（吴王）不意頗傷齊師，願結和親而去。”

[8]鹽境：産鹽地區。此指東南沿海之地。

[9]遠立宣帝：漢昭帝劉弗陵駕崩，無嗣，先立武帝孫劉賀，因其行淫亂，大將軍霍光與群臣議，廢賀，另立武帝曾孫、戾太子孫劉詢繼皇位，是爲漢宣帝。參見《漢書》卷八《宣帝紀》、卷六三《武五子傳》。

[10]慶遠、選之各袴褶絡帶：此句《通鑑》卷一四〇作：“魏主賜慶遠酒殺、衣服而遣之。”按，清趙翼《陔餘叢考》卷七《〈齊書〉立傳太少》評云：“齊書”立傳亦太少……又如魏孝文至壽陽，崔慶遠出城，與魏主反覆酬答，卒使魏斂兵而去。其應對實足華國，與張暢在彭城對魏軍李孝伯之語，前後正相輝映。張暢既立傳於《宋書》矣，此亦豈得無傳？乃僅附見於《蕭遥昌傳》，此又略其所不當略也。

遥昌永泰元年卒。上愛遥昌兄弟如子，甚痛惜之。贈車騎將軍、儀同三司。帝以問徐孝嗣，[1]孝嗣曰：“豐城本資尚輕，贈以班台，[2]如爲小過。”[3]帝曰：“卿乃欲存萬代准則，此我孤兄子，不得與計。”謚憲公。

[1]徐孝嗣：本書卷四四有傳。按，當時孝嗣爲尚書令。

[2]班台：古代以司馬、司空、司徒爲三臺，故以泛稱朝官之前列顯要者。這裏指儀同三司。

[3]小過：指稍微超過。

安陸昭王緬字景業。[1]善容止。初爲祕書郎，宋邵陵王文學，[2]中書郎。建元元年，封安陸侯，[3]邑千户。轉太子中庶子，遷侍中。世祖即位，遷五兵尚書，[4]領前軍將軍，仍出爲輔國將軍、吴郡太守，少時，大著風績。[5]竟陵王子良與緬書曰：[6]“竊承下風，[7]數十年來未有此政。”世祖嘉其能，轉持節、都督郢州司州之義陽軍事、冠軍將軍、郢州刺史。

[1]安陸昭王緬：《南史》卷四一亦有傳。“緬”《南史》卷四一作“緬。

[2]邵陵王：名友，宋明帝劉彧第七子。《宋書》卷九〇有傳。

[3]安陸：縣名。治所在今湖北安陸市西北。

[4]五兵尚書：五部尚書之一，領中兵、外兵二曹。秩三品。

[5]大著風績：指政績異常突出。

[6]竟陵王子良：字雲英，齊武帝次子，敦義好賢。本書卷四〇有傳。

[7]下風：比喻處於下位。自謙之詞。

永明五年，還爲侍中，領驍騎將軍，仍遷中領軍。[1]明年，轉散騎常侍，太子詹事。[2]出爲會稽太守，[3]常侍如故。遷使持節、都督雍梁南北秦四州荆州之竟陵司州之隨郡軍事、左將軍、寧蠻校尉、雍州刺史。[4]緬留心辭訟，親自隱卹，劫抄度口，[5]皆赦遣許以自新，再犯乃加誅，[6]爲百姓所畏愛。

[1]中領軍：禁衛軍官。總領禁衛軍。秩三品。

[2]太子詹事：東宫官。掌太子家事。《藝文類聚》卷四九引《齊職儀》曰：“詹事，品第三。”

[3]會稽：郡名。治所在今浙江紹興市。

[4]雍：雍州，治襄陽，在今湖北襄陽市。　梁南北秦：梁州、南秦州、北秦州，治所均在漢中郡，即今陝西漢中市。　竟陵：郡名。治所在今湖北鍾祥市。　司州：治隨郡，在今湖北隨州市。

[5]劫抄：搶劫，劫掠。這裏指劫掠的人。　度口：閉口。指銷聲匿迹。語出《尚書·盤庚上》："自今至于後日，各恭爾事，齊乃位，度乃口。"楊樹達《積微居讀書記·尚書説·盤庚上》："'度'假爲'㱄'。《説文·支部》云：'㱄，閉也。'"（中華書局1962年版，第10頁）

[6]再犯乃加誅：《南史》卷四一此處作：鈏留心辭訟，人人呼至案前，親自顧問，有不得理者，勉喻之，退皆無恨。"

九年，卒。詔賻錢十萬，[1]布二百匹。喪還，百姓緣沔水悲泣設祭，[2]於峴山爲立祠。[3]贈侍中、衛將軍，[4]持節、都督、刺史如故。給鼓吹一部。謚昭侯。年三十七。高宗少相友愛，時爲僕射，領衛尉，[5]表求解衛尉，私第展哀，詔不許。每臨緬靈，輒慟哭不成聲。建武元年，贈侍中，司徒，安陸王，邑二千户。

[1]賻錢：指治辦喪事的贈金。

[2]沔水：漢水。

[3]峴山：一名峴首山，在今湖北襄陽市南。

[4]衛將軍：南朝爲榮譽加號。開府者位從公秩一品。

[5]衛尉：列卿屬官。掌宫城管鑰。秩三品。

子寶晊嗣，爲持節、督湘州軍事、輔國將軍、湘州刺史。弟寶覽爲江陵公，[1]寶宏汝南公，[2]邑各千五百户。

二年,寶晊進號冠軍將軍。三年,寶宏改封宵城。[3]永元元年,以安陸郡邊虜,寶晊改封湘東王。進號征虜將軍。二年,爲左衛將軍。高宗兄弟一門皆尚吏事,寶晊粗好文章。義師下,[4]寶晊在城内,東昏廢,寶晊望物情歸己,[5]坐待法駕,既而城内送首詣梁王。[6]宣德太后臨朝,以寶晊爲太常。寶晊不自安,謀反,兄弟皆伏誅。[7]

[1]江陵:縣名。治所在今湖北荆州市。

[2]汝南:縣名。東晋置,治所在今湖北武漢市武昌區東。

[3]宵城:縣名。治所在今湖北天門市東北。按,"宵"本書《州郡志下》作"霄"。

[4]義師:齊永元三年(501),雍州刺史蕭衍(即後來的梁武帝)擁南康王蕭寶融(齊明帝第八子,東昏侯之弟)在江陵即位,隨即揮師東下金陵討東昏,稱"義師"。

[5]物情歸己:人心向己。意指衆人將要擁己爲帝。

[6]梁王:指蕭衍,以功封梁王。按,義師至金陵,北徐州刺史王珍國斬東昏,送首義師。詳見《梁書》卷一《武帝紀上》。

[7]謀反,兄弟皆伏誅:《通鑑》卷一四五《梁紀一》"武帝天監元年"條作:"梁公稱寶晊謀反,并其弟江陵公寶覽、汝南公寶宏皆殺之。"

史臣曰:太祖膺期御世,二昆夙殞,[1]慶命傍流,[2]追序蕃胙。[3]安陸王緬以宗子戚屬,弱年進仕,典郡臨州,去有餘迹,[4]遺愛在民。蓋因情而可感,學以從政,夫豈必然。

[1]二昆:指齊高帝蕭道成長兄衡陽王道度和次兄始安王道生。

二人均在宋即去世。

［2］慶命：可慶的時運。這裏指帝位的繼承。　傍流：指齊明帝非高武嫡傳，乃叔伯弟兄繼皇位。

［3］蕃胙（zuò）：意謂同祖先的宗親。蕃，封地。胙，分封。

［4］去有餘迹：此指安陸王蕭緬有善政，政績卓著。

贊曰：太祖二昆，追樹雙蕃。元托繼胤，[1]貞興子孫。[2]並用威福，自取亡存。安陸稱美，事表西魂。[3]

［1］元托繼胤：指衡陽元王蕭道度無子，齊高帝以其第十一子鈞繼其後胤。

［2］貞興子孫：指始安貞王道生子孫繁衍。

［3］事表西魂：此指安陸王蕭緬没於西地，百姓在峴山爲之立祠旌表。按，清趙翼《陔餘叢考》卷七《〈齊書〉編次失當處》云："《齊書》衡陽王道度等乃高帝兄弟，自應編在高帝諸子之前，乃反編在武帝諸子之後……豈可亂其序乎？"

南齊書　卷四六

列傳第二十七

王秀之　王慈　蔡約　陸慧曉顧憲之　蕭惠基

王秀之字伯奮，[1]琅邪臨沂人也。[2]祖裕，[3]宋左光禄大夫、儀同三司。[4]父瓚之，[5]金紫光禄大夫。[6]

[1]王秀之：《南史》卷二四有附傳。

[2]琅邪：郡名。治所在今山東諸城市。　臨沂：縣名。治所在今山東費縣東。

[3]裕：仕宋，累遷吏部尚書。《南史》卷二四作："王裕之，字敬弘，晋驃騎將軍廙之曾孫，司州刺史胡之之孫也。名與宋武帝諱同，故以字行。"《宋書》卷六六、《南史》卷二四有傳。

[4]宋：指南朝宋。　左光禄大夫：列卿光禄勛屬官，與右光禄大夫同。秩二品。　儀同三司：開府儀同三司。開府，指開建府署。三司，指三公。

[5]瓚之：《南史》卷二四作："位吏部尚書、金紫光禄大夫，謚貞子。"

[6]金紫光禄大夫：職同左右光禄大夫，但秩重。左右光禄大

夫銀章青綬，金紫光禄大夫金章紫綬。

秀之幼時，裕愛其風采。[1]起家著作佐郎，[2]太子舍人。[3]父卒，爲菴舍於墓下持喪，服闋復職。吏部尚書褚淵見秀之正潔，[4]欲與結婚，秀之不肯，以此頻轉爲兩府外兵參軍。[5]遷太子洗馬，[6]司徒左西屬，[7]桂陽王司空從事中郎。[8]秀之知休範將反，[9]辭疾不就。出爲晋平太守。[10]至郡期年，謂人曰："此邦豐壤，禄俸常充。[11]吾山資已足，豈可久留以妨賢路。"[12]上表請代，[13]時人謂"王晋平恐富求歸"。

[1]裕愛其風采：《南史》卷二四作"祖父敬弘愛其風采"。

[2]著作佐郎：秘書省屬官。協助著作郎修國史和起居注。秩六品。

[3]太子舍人：東宮屬官。掌呈奏案章，直侍太子左右。秩七品。

[4]吏部尚書：尚書省屬官。掌官吏任免遷降。秩三品。　褚淵：歷仕南朝宋、齊。宋明帝時曾遷吏部尚書。本書卷二三有傳。

[5]兩府：指王府和軍府。　外兵參軍：兩府佐吏。備隨軍出征。

[6]太子洗馬：東宮屬官。掌太子出行前導及掌文翰。秩七品。

[7]司徒：南朝爲三公之一，亦爲最高榮譽加銜之一。主教化。秩一品。《藝文類聚》卷四七引《齊職儀》曰："司徒，品秩冠服同丞相，郊廟服冕同太尉。"　左西屬：司徒府屬吏。相當於東西曹從事，掌府中事務。秩六品。

[8]桂陽王：名休範，宋文帝第十八子。宋後廢帝元徽元年(473)，進位司空。《宋書》卷七九《文五王傳》有傳。　從事中

郎：公府屬官。分掌諸曹事務。秩六品。

[9]休範將反：劉休範於元徽二年（474）在尋陽起兵反，旋敗被誅。詳見《宋書》卷七九《文五王傳》。

[10]晋平：郡名。治所在今福建福州市。清錢大昕《廿二史考異》云："按，《宋書·明帝紀》：泰始四年，山陽王休祐改封晋平王，改晋安郡爲晋平郡，而《宋》、《齊》《州郡志》並不載晋平之名，此史之漏也。據子顯《書》，王秀之、虞願、丘仲起皆爲晋平太守。張融與吏部尚書王僧虔書云：'阮籍愛東平土風，融亦欣晋平閑外。'皆宋季事。至齊武帝即位，封子子懋爲晋安王，則晋平復爲晋安，當在齊初矣。"

[11]此邦豐壤，禄俸常充：《吕思勉讀史札記》丙帙《魏晋南北朝·州郡秩俸供給》："（南朝）豐壤禄俸常充，則瘠土有不給者矣。所謂東北異源、西南各緒也。"（上海古籍出版社1982年版，第803頁）

[12]吾山資已足，豈可久留以妨賢路：《南史》卷二四此處作："此郡沃壤，珍阜日至。人所昧者財，財生則禍逐；智者不昧財，亦不逐禍。吾山資已足，豈可久留以妨賢路。"山資，指爲隱居而買山林所需的錢。《世説新語·排調》："支道林因人就深公買印山，深公答曰：'未聞巢、由買山而隱。'"

[13]請代：官場用語。請求調换官職。《左傳》莊公八年："齊侯使連稱、管至父戍葵丘，瓜時而往，曰'及瓜而代。'期戍，公問不至，請代，弗許。"

還爲安成王驃騎諮議，[1]轉中郎。[2]又爲太祖驃騎諮議。[3]昇明二年，[4]轉左軍長史、尋陽太守，[5]隨府轉鎮西長史、南郡太守。[6]府主豫章王嶷既封王，[7]秀之遷爲司馬、河東太守，[8]辭郡不受。加寧朔將軍，[9]改除黄門郎，[10]未拜，仍遷豫章王驃騎長史。王於荆州立學，[11]

以秀之領儒林祭酒。[12]遷寧朔將軍、南郡王司馬。[13]復爲黄門郎，領羽林監。[14]遷長沙王中軍長史。[15]世祖即位，[16]爲太子中庶子，[17]吏部郎，[18]出爲義興太守，[19]遷侍中祭酒，轉都官尚書。[20]

[1]安成王：指劉子孟，字孝光，宋孝武帝第十六子。初封淮南王，宋明帝改封安成王。未拜，賜死，時年八歲。詳見《宋書》卷八〇《孝武十四王傳》。按，此處當有訛，安成王未拜即死，未領驃騎將軍，王秀之何以能爲其諮議參軍。《南史》無此句。　驃騎諮議：指驃騎大將軍府諮議參軍。驃騎將軍，南朝時爲榮譽加號。大將軍位從公，秩一品。諮議參軍主軍府咨詢謀議事，位在諸曹參軍之上。

[2]中郎：秦始置，爲近侍之官。漢後沿置。南朝時，爲諸公府、軍府屬吏，職備顧問。秩六品。

[3]太祖：齊高帝蕭道成廟號。按，宋明帝泰始二年（466），蕭道成進位太尉，驃騎大將軍。詳見本書卷一《高帝紀上》。

[4]昇明：宋順帝年號。

[5]左軍長史：指左軍將軍府長史。左軍將軍爲禁衛軍官，分掌宿衛營兵。秩四品。按，蕭道成次子蕭嶷昇明二年（478）爲左軍將軍、江州刺史，見本書卷二二《豫章文獻王傳》。又按，南朝州府長史例兼屬郡太守之職，當時江州治所在潯陽（今江西九江市），故王秀之兼爲潯陽太守。

[6]鎮西長史：指鎮西將軍府長史。按，蕭嶷在江州不久，即遷都督荆、湘等八州諸軍事、鎮西將軍、荆州刺史，王秀之亦隨府轉爲荆州治所所在地南郡（今湖北荆州市）太守。

[7]府主豫章王嶷既封王：此指齊建元元年（479），蕭嶷被封爲豫章郡王，邑三千户。

[8]司馬：南朝以司馬爲軍府之佐官，在將軍之下，總理一府

事務，參與軍事計劃。　河東：郡名。南朝僑置，治所在今湖北松滋市西北。

[9]寧朔將軍：南朝爲榮譽加號。開府者位從公，秩一品。

[10]黄門郎：給事黄門侍郎的省稱。門下省官。掌奏事，直侍左右。秩五品。

[11]王於荆州立學："王"字原闕，中華本據《册府元龜》卷七一八補。今從補。按，《南史》卷二四作"嶷於江州立學"。

[12]儒林祭酒：州府佐吏。掌學校、教授諸生等事。秩不詳。

[13]南郡王：指鬱林王蕭昭業，字元尚，齊武帝蕭賾長子文惠太子之長子，初封南郡王。見本書卷四《鬱林王紀》。

[14]羽林監：禁衛軍官。分掌宿衛營兵。秩五品。

[15]長沙王：名晃，字宣明，齊高帝第四子。武帝初，加中軍將軍。詳見本書卷三五《長沙威王晃傳》。

[16]世祖：齊武帝廟號。本書卷三有紀。

[17]太子中庶子：東宫官。掌奏事，直侍太子左右。秩五品。

[18]吏部郎：吏部尚書屬官。掌吏部曹，主官吏升遷事。秩五品。周一良《〈南齊書·丘靈鞠傳〉試釋兼論南朝文武官位及清濁》一文云："'選曹要重'，吏部尚書有'大尚書'之稱……何尚之爲吏部郎，告休定省，傾朝送别。其父以爲送吏部郎，非關何彦德。是吏部郎之職既要且清也。"（《魏晋南北朝史論集》，北京大學出版社1997年版，第117頁）

[19]義興：郡名。治所在今江蘇宜興市。

[20]都官尚書：尚書省官。爲六部尚書之一。掌水火盗賊事。秩三品。

初，秀之祖裕，性貞正。徐羨之、傅亮當朝，[1]裕不與來往。及致仕隱吴興，[2]與子瓚之書曰："吾欲使汝處不競之地。"[3]瓚之歷官至五兵尚書，[4]未嘗詣一朝貴。

江湛謂何偃曰：[5]“王瓚之今便是朝隱。”[6]及柳元景、顔師伯令僕貴要，[7]瓚之竟不候之。至秀之爲尚書，又不與令王儉款接。[8]三世不事權貴，時人稱之。轉侍中，[9]領射聲校尉。[10]

[1]徐羨之：字宗文，歷仕東晋、南朝宋，依附宋高祖劉裕，官至尚書僕射。《宋書》卷四三、《南史》卷一五有傳。　傅亮：字季友，歷仕東晋末、南朝宋。初依桓玄，後附劉裕，官至尚書令。《宋書》卷四三、《南史》卷一五有傳。

[2]吴興：郡名。治所在今浙江湖州市南。

[3]不競：指不與當權者争仕禄。《南史》卷一五此句作“深勗以静退”。

[4]五兵尚書：尚書省官。五部尚書之一，領中兵、外兵二曹，掌軍事。秩三品。

[5]江湛：字徽淵，洛陽考城人。仕宋，官至吏部尚書。性正直，不受請謁。《宋書》卷七一、《南史》卷三六有傳。　何偃：字仲弘，仕宋，官至吏部尚書。素好談玄。《宋書》卷五九、《南史》卷三〇有傳。

[6]朝隱：指雖仕於朝而淡泊恬退與隱居無異。漢揚雄《法言·淵騫》：“柳下惠非朝隱者與？”

[7]柳元景：字孝仁，仕宋，出身軍伍，後官至尚書令。《宋書》卷七七、《南史》卷三八有傳。　顔師伯：字長淵，仕宋，官至尚書右僕射。孝武崩，與元景同時受命輔幼主。《宋書》卷七七、《南史》卷三八有傳。

[8]王儉：字仲寶，歷仕南朝宋、齊，官至尚書令。本書卷二三有傳。

[9]侍中：門下省官。掌奏事，直侍左右。秩三品。

[10]射聲校尉：禁衛軍官。分掌宿衛營兵。秩四品。

出爲輔國將軍、隨王鎮西長史、南郡内史。[1]州西曹苟平遺秀之交知書，[2]秀之拒不答。平乃遺書曰："僕聞居《謙》之位，[3]既刊于《易》；慠不可長，[4]《禮》明其文。是以信陵致夷門之義，[5]燕丹收荆卿之節，[6]皆以禮而然矣。丈夫處世，豈可寂漠恩榮，空爲後代一丘土？足下業潤重光，[7]聲居朝右，不脩高世之績，將何隔於愚夫？僕耿介當年，不通群品，[8]饑寒白首，望物嗟來。[9]成人之美，[10]《春秋》所善。薦我寸長，開君尺短。[11]故推風期德，規於相益，實非碌碌有求於平原者也。[12]僕與足下，同爲四海國士。[13]夫盛衰迭代，理之恒數，名位參差，運之通塞，豈品德權行爲之者哉？第五之號，既無易於驃騎；西曹之名，復何推於長史？[14]足下見答書題久之，[15]以君若此非典，何宜施之於國士？如其循禮，禮無不答，謹以相還，[16]亦何犯於逆鱗哉？[17]君子處人，以德不以位，相如不見屈於澠池，[18]毛遂安受辱於郢門，[19]造敵臨事，僕必先於二子。未知足下之貴，足下之威，孰若秦、楚兩王？僕以德爲寶，足下以位爲寶，各寶其寶，於此敬宜。常聞古人交絶，不泄惡言，僕謂之鄙。無以相貽，[20]故薦貧者之贈。"平，潁川人。[21]豫章王嶷爲荆州時，平獻書令減損奢麗，豫章王優教酬答。[22]尚書令王儉當世，[23]平又與儉書曰："足下建高世之名，而不顯高世之迹，將何以書於齊史哉？"至是南郡綱紀啓隨王子隆請罪平，[24]平上書自申。[25]

［1］輔國將軍：南朝爲榮譽加號。開府者位從公，秩一品。　隨王：隨郡王蕭子隆，字雲興，齊武帝第八子。永明三年（485）爲輔國將軍、江州刺史。本書卷四〇有傳。　内史：太守，王國屬郡稱内史。

［2］西曹：指西曹書佐，州佐史。主選舉事。　茍丕（pī）：中華本校勘記云："'茍丕'南監本、毛本、殿本、局本並訛'茍平'。《元龜》八百三十二作'茍丕'，丕即'丕'字。按《御覽》四百三引作'茍丕'，《南史·豫章王嶷傳》同。《元龜》二百七十四亦作'茍丕'，前後互異。丕，潁川人，茍氏爲潁川大族，疑作'茍'是。"　交知書：指表示願意與對方結交朋友的書信。

［3］《謙》：《易》的卦名，謂"人道惡盈而好謙"，又謂"謙受益，滿招損"。

［4］慠不可長：語出《禮記·曲禮上》："敖不可長，欲不可從，志不可滿，樂不可極。"慠，同"傲"。

［5］信陵：指戰國時魏公子無忌，魏昭王子，封信陵君，禮賢下士，有食客三千人。大梁夷門監者侯嬴老而賢明，信陵君親自禮迎，奉爲上客。魏安釐王二十年（前256），秦圍趙邯鄲，趙求救於魏，信陵君用侯嬴計，使如姬竊得兵符，奪得兵權，救趙却秦。詳見《史記》卷七七《魏公子列傳》。

［6］燕丹：指戰國燕太子丹。與俠客荆軻爲莫逆之交，後荆軻舍命爲太子丹報仇，刺殺秦王，未成盡節。詳見《史記》卷八六《刺客列傳》。

［7］重光：比喻累世榮耀。此指王秀之祖、父、己三代均居顯官。

［8］群品：指高官。

［9］嗟來：指嗟來之食，别人施舍之食。語出《禮記·檀弓下》："齊大饑，黔敖爲食於路，以待餓者而食之。有餓者蒙袂輯屨，貿貿然來。黔敖左奉食，右執飲，曰：'嗟！來食。'揚其目而視之曰：'予唯不食嗟來之食，以至於斯也！'從而謝焉，終不食

而死。"

[10]成人之美：助人辦成好事。語出《論語·顔淵》："子曰：君子成人之美，不成人之惡。"

[11]薦我寸長，開君尺短：比喻愚者亦會有其長處，智者亦會有其短處，應互相學習。語出《楚辭·卜居》："夫尺有所短，寸有所長，物有所不足，智有所不明，數有所不逮，神有所不通。"

[12]平原：指戰國時趙國平原君趙勝，喜結交，好施舍，有賓客數千人。惠文王九年（前290），秦圍趙邯鄲，平原君用毛遂計與楚訂立盟約，破秦救趙。詳見《史記》卷七六《平原君虞卿列傳》。

[13]國士：指一國中才能優秀突出的精英。語出《左傳》成公十六年："皆曰：國士在，且厚，不可當也。"又《戰國策·趙策一》："知伯以國士遇臣，臣故國士報之。"

[14]"第五之號"至"復何推於長史"：《南史》卷四二《齊高帝諸子傳上》引作："第五之位，不減驃騎，亦不知西曹何殊長史！且人之處世，當以德行稱著，何遽以一爵高人邪？""第五之號"指官秩五品。按，六朝時州刺史下之長史爲從五品官。參見清黄本驥編《歷代職官表》。

[15]書題：此指王秀之起先曾與荀丕書，題之云："西曹荀君"，丕以爲如此題款是小視他，因而憤憤不平。

[16]相還：《南史》云荀丕復書也直題"長史五君"，"相還"即指此。

[17]亦何犯於逆鱗哉："逆"字原闕，中華本據南監本、局本補。傳説龍喉下有逆鱗，人若觸之則必被殺（參見《韓非子·説難》），因以犯逆鱗比喻觸犯人主或當權者之怒。

[18]相如不見屈於澠池：指戰國時藺相如隨趙王與秦王會於澠池（在今河南省境内），其以智勇，挫敗了秦王對趙王的羞辱。詳見《史記》卷八一《廉頗藺相如列傳》。

[19]毛遂安受辱於郢門：指戰國時趙國平原君食客毛遂，至郢

都説服楚王與趙聯盟合力抗秦事。平原君贊曰："毛先生以三寸之舌，强於百萬之師。"詳見《史記》卷七六《平原君虞卿列傳》。

[20]無以相貽：原訛作"無以貽離"，中華本據南監本、殿本、局本改。今從改。

[21]潁川：僑郡名。治所在今安徽巢湖市東南。

[22]教：文體的一種，爲上對下的告諭。

[23]當世：《南史》作"當朝"。

[24]綱紀：指州郡長官的上佐，如五官掾、主簿等。

[25]平上書自申：《南史》卷四二此句後云："又上書極諫武帝，言甚直，帝不悦，平竟於荆州獄賜死。徐孝嗣聞其死，曰：'平縱有罪，亦不應殺，數千年後，其如竹帛何！'"

秀之尋徵侍中，領游擊將軍。[1]未拜，仍爲輔國將軍、吴興太守。秀之常云位至司徒左長史，可以止足矣。吴興郡隱業所在，[2]心願爲之。到郡脩治舊山，移置輜重。隆昌元年，[3]卒官。[4]年五十三。謚曰簡子。[5]

[1]游擊將軍：禁衛軍官。分掌宿衛營兵。秩四品。

[2]隱業：指隱居。

[3]隆昌：劉鬱林王年號。

[4]卒官：《南史》卷二四此句後云："遺令'朱服不得入棺，祭則酒脯而已。世人以僕妾直靈助哭，當由喪主不能淳至，欲以多聲相亂。魂而有靈，吾當笑之'。"

[5]謚曰簡子：南朝文官生前無封爵，死後謚號例加"子"字。

秀之宗人僧祐，[1]太尉儉從祖兄也。[2]父遠，光禄勳。[3]宋世爲之語曰："王遠如屏風，屈曲從俗，能蔽風露。"而僧祐負氣不群，儉常候之，辭不相見。世祖數閱武，[4]僧祐獻《講武賦》，儉借觀，僧祐不與。竟陵王子良聞僧祐善彈琴，[5]於座取琴進之，不肯從命。永明末，爲太子中舍人，[6]在直屬疾，代人未至，僧祐委出，爲有司所奏，[7]贖論。[8]官至黄門郎。時衛軍掾孔逭亦抗直，[9]著《三吴决録》，不傳。

[1]僧祐：《南史》卷二一有附傳，多處與本書所寫不同，云："遠子僧祐字胤宗，幼聰悟，叔父微撫其首曰：'兒神明意用，當不作率爾人。'雅爲從兄儉所重，每鳴笳列騶到其門候之，僧祐輒稱疾不前。儉曰：'此吾之所望於若人也。'世皆推儉之愛名德，而重僧祐之不趨勢也。"又云："未弱冠，頻經憂，居喪至孝。服闋，髮落略盡，殆不立冠帽。舉秀才，爲驃騎法曹，羸瘠不堪受命。"又云："雅好博古，善《老》《莊》，不尚繁華。工草隸，善鼓琴，亭然獨立，不交當世。沛國劉瓛聞風而悦，上書薦之。爲著作佐郎，遷司空祭酒，謝病不與公卿游。齊高帝謂王儉曰：'卿從可謂朝隱。'答曰：'臣從非敢妄同高人，直是愛閑多病耳。'經贈儉詩云：'汝家在市門，我家在南郭；汝家饒賓侶，我家多鳥雀。'儉時聲高一代，賓客填門，僧祐不爲之屈，時人嘉之。"

[2]太尉儉："儉"字原闕，中華本據《册府元龜》卷七八一補。今從補。

[3]光禄勳：列卿之一，掌宫殿門户。秩三品。

[4]閱武：指至閱武場視察軍事訓練或比賽。

[5]竟陵王子良：齊武帝次子，禮賢好士，有人望。本書卷四〇有傳。

[6]太子中舍人：掌奏事，直侍太子左右。

[7]爲有司所奏：《南史》卷二一作："中丞沈約彈之云：'肆情

運氣，不顧朝典，揚眉闊步，直轡高驅。'"

[8]贖論：指以罰金贖罪論處。《南史》卷二一此句後云："時何點、王思遠之徒請交，並不降意。自天子至于侯伯，未嘗與一人游。"

[9]孔道：朱季海《南齊書校議》（以下簡稱朱季海《校議》）云："王奂從弟《繢傳》：'出補義興太守，輒録郡吏陳伯喜付陽羨獄，欲殺之。縣令孔道不知何罪，不受繢教，爲有司所奏，繢坐白衣領職。'當即此人。蓋始官陽羨令，後至衛軍掾也。以一縣令，能不曲徇太守意，枉戮郡吏，史云抗直，非虚美矣。"（中華書局1984年版，第103頁）按，"衛尉掾"指在衛軍將軍府任掾史，掾爲諸曹佐吏之長。

王慈字伯寶，[1]琅邪臨沂人，司空僧虔子也。[2]年八歲，外祖宋太宰江夏王義恭迎之内齋，[3]施寶物恣聽所取，慈取素琴、石研，[4]義恭善之。[5]少與從弟儉共書學。除祕書郎，[6]太子舍人，安成王撫軍主簿，[7]轉記室。[8]遷祕書丞，[9]司徒左西屬，[10]右長史，試守新安太守，[11]黄門郎，太子中庶子，領射聲校尉，安成王冠軍，[12]豫章王司空長史，司徒左長史，兼侍中。出爲輔國將軍、豫章内史，父憂去官。起爲建武將軍、吴郡太守。[13]遷寧朔將軍，大司馬長史，[14]重除侍中，領步兵校尉。[15]

[1]王慈：《南史》卷二二有附傳，叙其少年事較詳。

[2]僧虔：歷仕南朝宋、齊，官至侍中、左光禄大夫，死贈司空。本書卷三三、《南史》卷二二有傳。

[3]江夏王義恭：南朝宋武帝劉裕第四子，禮賢下士，有人望，

歷任顯職。《宋書》卷六一有傳。

[4]慈取素琴、石研：《南史》卷二二作："慈取素琴、石硯及《孝子圖》而已，義恭善之。袁淑見其幼時，撫其背曰：'叔慈内潤也。'"

[5]少與從弟儉共書學：《南史》卷二二此句後作："謝鳳子超宗嘗候僧虔，仍往東齋詣慈。慈正學書，未即放筆，超宗曰：'卿書何如虔公？'慈曰：'慈書比大人，如雞之比鳳。'超宗狼狽而退。十歲時，與蔡興宗子約入寺禮佛，正遇沙門懺，約戲慈曰：'衆僧今日可謂虔虔。'慈應聲曰：'卿如此，何以興蔡氏之宗。'"

[6]祕書郎：秘書省官。掌藝文圖籍及修撰國史。秩六品。

[7]安成王：指蕭暠，齊高帝第六子。本書卷三五有傳。　撫軍主簿：指任輔國將軍府主簿，掌軍府事務。

[8]記室：指記室參軍，掌章表書記文檄。

[9]祕書丞：秘書省官。掌修撰國史。秩六品。

[10]司徒左西屬：司徒府屬吏。南朝公府置西曹掾、屬，主府吏署用，屬位在掾下。秩六品。

[11]新安：郡名。治所在今浙江淳安縣西北。

[12]安成王冠軍：安成王蕭暠於建元二年（480）除冠軍將軍，鎮石頭戍。王慈爲冠軍將軍府長史，故"冠軍"下應有"長史"二字。

[13]建武將軍：南朝爲榮譽加號。　吴郡：郡名。治所在今江蘇蘇州市。

[14]大司馬：諸公之一，南朝爲最高榮譽加號之一。《御覽》卷二〇九引《齊職儀》曰："大司馬，品第一，秩中二千石，金章紫綬，武冠絳朝服，佩山玄玉。"按，永明五年（487），豫章王蕭嶷進位大司馬，王慈當在大司馬府任長史。

[15]步兵校尉：禁衛軍官。分掌宿衛營兵。秩四品。

慈以朝堂諱榜，[1]非古舊制，上表曰："夫帝后之德，綢繆天地，[2]君人之亮，[3]蟬聯日月。至於名族不著，[4]昭自方策，[5]號謚聿宣，[6]載伊篇籍。所以魏臣據中以建議，晋主依經以下詔。[7]朝堂榜志，諱字懸露，[8]義非綿古，事殷中世，[9]空失資敬之情，徒乖嚴配之道。[10]若乃式功鼎臣，[11]贊庸元吏，或以勳崇，或由姓表。故孔悝見銘，謂標叔舅，[12]子孟應圖，[13]稱題霍氏。況以處一之重，[14]列尊名以止仁；無二之貴，僉冲文而止敬。[15]昔東平即世，[16]孝章巡宮而灑泣；新野云終，[17]和熹見似而流涕。感循舊類，尚或深心；矧觀徽跡，[18]能無惻隱？今扃禁嶔邃，[19]動延車蓋，[20]若使鑾駕紆覽，四時臨閱，豈不重增聖慮，用感宸衷？愚謂空彪簡第，[21]無益於匪躬；[22]直述朝堂，[23]寧虧於夕惕。[24]伏惟陛下保合萬國，齊聖群生，當删前基之弊軌，啓皇齊之孝則。"詔付外詳議。博士李撝議："據《周禮》，凡有新令，必奮鐸以警衆，乃退以憲之于王宮。注'憲，表懸之也'。"太常丞王僩之議：[25]"尊極之名，宜率土同諱。目可得覩，口不可言。[26]口不可言，則知之者絶，知之者絶，則犯觸必衆。"[27]儀曹郎任昉議：[28]"撝取證明之文，僩之即情惟允。直班諱之典，[29]爰自漢世，降及有晋，歷代無爽。今之諱榜，兼明義訓，'邦'之字'國'，[30]實爲前事之徵。名諱之重，情敬斯極，故懸諸朝堂，搢紳所聚，將使起伏晨昏，不違耳目，禁避之道，昭然易從。此乃敬恭之深旨，何情典之或廢？[31]尊稱霍氏，理例乖方。居下以名，故以不名爲重，在上必諱，故以班諱爲尊。因心則理無不安，即事則習行已久，謂宜式遵，無所創革。”慈議不行。

［1］朝堂諱榜：指在朝廷大堂將皇帝名字題寫於榜上。諱，指尊者之名。

［2］綢繆：連綿不斷。《詩·唐風·綢繆》：“綢繆束薪，三星在天。”毛亨傳：“綢繆，猶纏綿也。”

［3］君人之亮：指君王治理天下之光輝功業。

［4］名族：名姓。　不著：指不公開稱呼。

［5］方策：同方册，典籍。“策”原訛“篆”，中華本據各本改正。今從改。

［6］號謚：謚號。古代帝王、大臣死後將葬，按其生前事迹功過，給以寓意褒貶的稱號。　聿宣：所宣揚。聿，虚詞。按，指祇稱呼其謚號。

［7］魏臣據中以建議，晋主依經以下詔：指魏、晋謚號皆依據五經“有德則謚善，無德則謚惡，雖君臣可同”的準則，或由群臣共議，或由君主下詔確定。詳見《晋書·禮志中》。

［8］諱字：避稱的名字。指帝后名號。　懸露：指文書上將帝后稱號另行開頭高懸以示尊重。

［9］事殷中世：謂“諱字懸露”之事中古纔采用。按，“中世”所指不一，這裏乃指漢魏後。中華本校勘記云：“‘殷’《元龜》四百七十一作‘啓’。”朱季海《校議》云：“‘殷’字是。《史記·天官書》：‘衡殷南斗。’《索隱》引宋均云：‘殷，當也。’是其義。”（第104頁）

［10］嚴配：指祭天時以先祖配享。語本《孝經·聖治》：“孝莫大於嚴父，嚴父莫大於配天。”

［11］式功鼎臣：謂給重臣表功。中華本校勘記云：“‘式’各本

並訛‘武’,《元龜》不訛。按式功猶言表功，與下‘贊庸’相對成文。”

[12]孔悝：春秋衛大夫。因佐立莊公蒯聵，莊公將孔悝祖、父三代佐衛之功銘於鼎，稱孔悝不稱其名而稱“叔舅”。孔穎達疏：“叔舅者，孔悝是異姓大夫，年幼，故稱叔舅。”詳見《禮記·祭統》。

[13]子孟：漢大將軍、大司馬霍光字。光歷仕武、昭、宣三朝，功勛卓著。死後，成帝念其功，圖形於麒麟閣，稱“大司馬大將軍博陸侯霍氏”，而避稱其名。詳見《漢書》卷八六《霍光傳》。

[14]處一：處於一尊的地位，指帝王。《史記》卷八七《李斯列傳》：“今陛下并有天下，別白黑而定一尊。”司馬貞《索隱》：“謂始皇并六國，定天下，海内共尊立一帝，故云。”

[15]夤：附，列。　冲：帝王自謙之稱。《尚書·盤庚下》：“肆予冲人，非廢厥謀。”孔安國傳：“冲，童。”孔穎達疏：“冲、童聲相近，皆是幼小之名。自稱童人，言己幼小無知，故爲謙也。”

[16]東平：指東漢光武帝子東平王劉蒼，漢章帝之叔父，尊重恩禮在諸王之先。及薨，章帝甚哀。詳見《後漢書》卷四二《東平憲王蒼傳》。

[17]新野：指漢和帝陰皇后，與和熹鄧后（初爲貴人）同事和帝。後陰皇后因事被廢郁郁而死，鄧后爲皇后，臨朝輔幼主主政，愍陰皇后之罪廢，重封爵號新野君，萬户供湯沐邑。詳見《後漢書》卷一〇上《皇后紀上》。

[18]徽跡：尊崇的迹象，指“朝堂諱榜”。

[19]扃禁：宫禁，宫廷。　嶔邃：高大深邃。

[20]車蓋：車輿，借指大官。

[21]空彪簡第：中華本校勘記云：“‘彪’南監本、毛本、殿本、局本作‘標’。按《元龜》作‘彪’。”朱季海《校議》云：“‘彪’字是。《廣雅·釋詁》:‘彪，文也。’《法言·君子篇》:‘以其弸中而彪外也。’李軌注：‘彪，文也。’是其義。‘第’當爲

‘策’，形之誤也。”（第 104 頁）

［22］匪躬：指臣下對君王盡忠，鞠躬盡瘁。《易·蹇》：“王臣蹇蹇，匪躬之故。”孔穎達疏：“盡忠於君，匪以私身之故而不往濟君，故曰匪躬之故。”

［23］直述朝堂：指在朝堂直呼君臣姓名。“述”原訛“日”，中華本據各本改。今從改。

［24］夕惕：形容工作不懈，日夜勤勞。

［25］太常丞：列卿屬官。掌禮儀。　王僩（xiàn）之：其事不詳。

［26］目可得覩，口不能言：指皇帝的名字可以書出讓人看，但口中不可説出。

［27］知之者絶，則犯觸必衆：這裏是説，皇帝的名字如果既不能説出，又不能書出給人看，則其名衆人不知道，不經意説出，所以犯觸諱的必多。

［28］儀曹郎：尚書省屬官。掌祀儀之事。　任昉：歷仕齊、梁，著名文學家。《梁書》卷一四、《南史》卷五九有傳。

［29］班諱：指公布皇帝名字。班，通“頒”。

［30］“邦”之字“國”：此指漢高祖名劉邦，因而諱“邦”，而以“國”字代之。朱季海《校議》云：“如昉此言，知荀悦《漢紀》所書（《漢書音義》引荀悦曰：‘諱邦，字季，邦之字曰國。’見《高祖紀》顔《注》引。即出《漢紀》。）悉取諱謗之文。”（第 104 頁）按，《漢書》卷一上《高帝紀上》“高祖”顔師古注曰：“荀悦曰：‘諱邦，字季，邦之字曰國。’師古曰：‘邦之字曰國者，臣下所避以相代也。’”

［31］情典：典，原作“興”，中華本據南監本、毛本、殿本、局本及《册府元龜》卷四七一改。今從改。

慈患脚，世祖敕王晏曰：[1]“慈在職未久，既有微疾，不堪朝，又不能騎馬，聽乘車在仗後。”[2]江左來少例也。以疾從閑任，轉冠軍將軍、司徒左長史。慈妻劉秉女。[3]子觀，尚世祖長女吴縣公主，[4]脩婦禮，姑未嘗交答。江夏王鋒爲南徐州，[5]妃，慈女也，以慈爲冠軍將軍、東海太守，[6]加秩中二千石，[7]行南徐州府事。[8]還爲冠軍將軍、廬陵王中軍長史，[9]未拜，永明九年，卒。年四十一。

[1]王晏：齊武帝時爲尚書令。本書卷四二有傳。

[2]仗：指儀仗。

[3]劉秉：仕宋，字彦節。宋宗室，官至尚書令。《宋書》卷五一、《南史》卷一三有傳。

[4]吴縣公主：吴縣（治所在今江蘇蘇州市）爲長公主的封邑，故稱。

[5]江夏王鋒：字宣穎，齊高帝第十二子，曾領南徐州刺史。本書卷三五有傳。

[6]東海：郡名。東晋僑置，南朝治所在今江蘇鎮江市，並改爲南東海郡。

[7]中二千石：古代秩俸等級之一。

[8]南徐州：州名。治所在今江蘇鎮江市。“南”字原無，中華本校勘記云：“張森楷《校勘記》云：‘當云行南徐州府事，各本並奪南字。’今據補。”今從補。

[9]廬陵王：名子卿，齊武帝第三子，永明六年（488）遷中軍將軍。本書卷四〇有傳。

謝超宗嘗謂慈曰：[1]“卿書何當及虔公？”[2]慈曰：“我之不得仰及，猶雞之不及鳳也。”時人以爲名答。[3]

追贈太常，謚懿子。

[1]謝超宗：謝靈運之孫，謝鳳之子。歷仕南朝宋、齊，有文才。本書卷三六有傳。

[2]虔公：指王慈之父王僧虔，擅書法。

[3]時人以爲名答：朱季海《校議》云："《宣和書譜》："正書齊王僧虔，末云：'子慈……善行書。謝超宗見慈學書，謂慈曰：卿書何如僧虔公？答曰：慈書與大人，猶鷄之比鳳。蓋超宗即鳳之子也。超宗慚而退。時以爲名答。'其文小異，或取之它書。"（第104頁）

蔡約字景撝，[1]濟陽考城人也。[2]祖廓，宋祠部尚書。[3]父興宗，征西、儀同。[4]約少尚宋孝武女安吉公主，[5]拜駙馬都尉，[6]祕書郎，不拜。從帝車騎驃騎行參軍，[7]通直郎，[8]不就。遷太祖司空東閤祭酒，[9]太尉主簿。齊臺建，[10]爲世子中舍人，[11]仍隨度東宫。[12]轉鄱陽王友，[13]竟陵王鎮北征北諮議，[14]領記室，中書郎，司徒右長史，黄門郎，領本州中正。[15]出爲新安太守，復爲黄門郎，領射聲校尉，通直常侍，領驍騎將軍，太子中庶子，領屯騎校尉。[16]永明八年八月合朔，[17]約脱武冠，解劍，於省眠，至下鼓不起，[18]爲有司所奏，贖論。太孫立，[19]領校尉如故。

[1]蔡約：《南史》卷二九有附傳。

[2]濟陽考城：指濟陽郡考城縣，治所在今河南蘭考縣東北堌鎮。

[3]廓：蔡廓，字子度。以剛直受知於宋武帝劉裕，授御史中

丞、吏部尚書。後歷仕數帝，薨於光禄大夫。《宋書》卷五七、《南史》卷二九有傳。　祠部尚書：尚書省官。掌禮儀、祭祀。秩三品。

[4]興宗：蔡廓幼子，仕宋，受知於明帝。明帝崩，遺詔爲顧命大臣之一，爲征西將軍、開府儀同三司、都督、荆州刺史。未幾病卒。　征西：指征西將軍，南朝爲榮譽加號。　儀同：開府儀同三司的省稱。

[5]宋孝武：指宋孝武帝劉駿。《宋書》卷六有紀。　安吉公主：安吉（今浙江安吉縣）爲公主之封邑，故名。

[6]駙馬都尉：簡稱駙馬，光禄勛官。掌天子副車之馬。自曹魏後，帝婿例加此職。秩五品。

[7]從帝：中華本校勘記云："從帝即順帝，子顯避梁諱改。南監本、殿本已改爲'順帝'。"　車騎驃騎行參軍：指車騎將軍府和驃騎將軍府代行參軍。

[8]通直郎：通直散騎侍郎，文散官名稱。掌侍從顧問。秩五品。

[9]遷太祖司空東閤祭酒：宋順帝昇明元年（477），蕭道成進位侍中、司空、録尚書事、驃騎大將軍。蔡約爲司空府屬吏東閤祭酒。東閤祭酒，掌禮儀、教化。秩不詳。

[10]齊臺建：指昇明三年（479），詔進齊公蕭道成爲齊王，建齊國，旌旗同天子，長子爲世子。

[11]世子：指蕭道成長子蕭賾（即後來的齊武帝）。　中舍人：東宫官。掌理文書。

[12]東宫：此指蕭道成代宋稱帝後，蕭賾改稱太子。

[13]鄱陽王：名鏘，字宣韶，齊高帝第七子。本書卷三五有傳。　友：親王府官。掌陪侍游居，規諷道義。

[14]鎮北征北諮議：指鎮北將軍府和征北將軍府諮議參軍。按，鎮北、征北將軍南朝均爲榮譽加號。開府者位從公，秩一品。

[15]中正：考察州郡人才的官，選拔各州郡有德望的人擔任，

負責將當地士人按才能品德分成九等，作爲政府選任官吏的依據。

[16]屯騎校尉：禁衛軍官。分掌宿衛。秩四品。

[17]合朔：指日月運行處於同宮同度，一般指農曆每月初一。

[18]約脱武冠，解劍，於省眠，至下鼓不起：此指蔡約宿衛不力，擅自睡覺。

[19]太孫：指齊高帝之長孫、齊武帝之長子文惠太子蕭長懋。

出爲宜都王冠軍長史、淮南太守，[1]行府州事。世祖謂約曰："今用卿爲近蕃上佐，[2]想副我所期。"約曰："南豫密邇京師，[3]不治自理。臣亦何人，爝火不息。"[4]時諸王行事多相裁割，[5]約在任，主佐之間穆如也。

[1]宜都王：名鏗，字宣嚴，齊高帝第十六子。永明十一年（493）遷冠軍將軍、南豫州刺史。本書卷三五有傳。　淮南：郡名。東晋僑置，治所在今安徽當塗縣。

[2]近蕃：指京師附近的藩國。　上佐：部下官的通稱。《通典》卷三三《職官十五》："凡别駕、長史、司馬通謂之上佐。"

[3]南豫：南豫州，治歷陽，在今安徽和縣。　密邇京師：謂與京城相距甚近。

[4]爝火不息：小火，自謙力量雖微薄但願盡力。《莊子·逍遥游》："日月出矣，而爝火不息，其於光也，不亦難乎！"成玄英疏："爝火，猶炬火也，亦小火也。"

[5]時諸王行事多相裁割：謂諸王與佐官行事時常有矛盾，相互牽制。

遷司徒左長史。[1]高宗爲録尚書輔政，[2]百僚屣履到席，約躡屐不改。[3]帝謂江祏曰：[4]“蔡氏故是禮度之門，故自可悦。”祏曰：“大將軍有揖客，[5]復見於今。”建武元年，遷侍中。明年，遷西陽王撫軍長史，[6]加冠軍將軍，徙廬陵王右軍長史，[7]將軍如故。轉都官尚書，遷邵陵王師，[8]加給事中，[9]江夏王車騎長史，加征虜將軍，並不拜。好飲酒，夷淡不與世雜。遷太子詹事。[10]永元二年，[11]卒。年四十四。贈太常。[12]

[1]司徒：“徒”原闕，中華本據各本補。今從補。按，當時蕭鸞進位司徒，蔡約在司徒府任左長史屬官，爲屬吏之長。

[2]高宗：齊明帝蕭鸞廟號。按，隆昌元年（494），蕭鸞廢鬱林王，立海陵王（即齊恭帝），爲録尚書輔政。詳見本書卷六《明帝紀》。

[3]百僚屣履到席，約躡屐不改：屣履，拖着鞋子走，形容急走。語出《後漢書》卷三五《鄭玄傳》：“國相孔融深敬於玄，屣履造門。”李賢注：“屣謂納履未正，曳之而行，言趨賢急也。”躡屐，趿拉着鞋，慢吞吞、不經意的樣子。按，此句中華本校勘記云：“‘屣履到席’南監本作‘脱屐到席’，《南史》同。按《元龜》八百七十七作‘百僚脱履到席，約躡履不改’。”朱季海《校議》云：“《虞玩之傳》：‘太祖鎮東府，朝野致敬，玩之猶躡屐造席。’本傳云：‘躡屐不改’，是也。《南史》文如非後人所改，即延壽已不諳江左舊事矣。《元龜》改‘屐’爲‘履’，非是。合二傳之文，知當時造席，無論屐履，初不脱也。太祖鎮東府，朝野致敬，亦當屣履到席耳。平時躡屐，屣履所以致敬。”（第 105 頁）

[4]江祏：齊明帝蕭鸞表兄，視爲心腹。本書卷四二有傳。

[5]揖客：長揖不拜之客，指不向權威拜服。《史記》卷一二〇《汲鄭列傳》，汲黯不向大將軍霍光行叩拜之祀，别人埋怨他，他説：“夫以大將軍有揖客，反不重邪？”大將軍聞，愈賢黯。

［6］西陽王：名子明，字雲光，齊武帝第十子。建武元年（494）轉撫軍將軍。本書卷四〇有傳。

［7］廬陵王：名寶源，字智淵，齊明帝第五子。建武元年（494）遷右將軍，領石頭戍事。本書卷五〇有傳。

［8］邵陵王：名子貞，字雲松，齊武帝第十四子。本書卷四〇有傳。

［9］給事中：集書省官。掌侍從、顧問。秩五品。

［10］太子詹事：東宫官。掌太子家事。秩三品。《藝文類聚》卷二六引《齊職儀》曰："詹事，品第三。"

［11］永元：齊東昏侯年號。按，"永元"原訛"永明"，中華本據《南史》改；並引張森楷《校勘記》云："上已有永明八年、建武元年，此當從《南史》。"今從改。

［12］太常：列卿之一，掌禮儀、祭祀。秩三品。《藝文類聚》卷四九引《齊職儀》曰："太常卿，一人，品第三，秩中二千石，銀章青綬，進賢兩梁冠，絳朝服，佩水蒼玉。"

陸慧曉字叔明，[1]吴郡吴人也。[2]祖萬載，[3]侍中。父子真，元嘉中爲海陵太守。[4]時中書舍人秋當親幸，[5]家在海陵，假還葬父，子真不與相聞。當請發民治橋，又以妨農不許。彭城王義康聞而賞焉。[6]自臨海太守眼疾歸，爲中散大夫，[7]卒。

［1］陸慧曉：《南史》卷四八亦有傳，記事稍詳。

［2］吴郡吴人也：下一"吴"字指吴縣。吴郡、吴縣，治所均在今江蘇蘇州市。按，《南史》卷四八此句後云："晋太尉玩之玄孫也。自玩至慧曉祖萬載，世爲侍中，皆有名行。慧曉伯父仲元，又爲侍中，時人方之金、張二族。"

［3］萬載：人名。史無記傳，其事不詳。

［4］元嘉：宋文帝年號。　海陵：郡名。治所在今江蘇泰州市。

［5］秋當：宋文帝寵信。詳見《南史》卷三二《張邵傳》。

［6］彭城王義康：宋武帝之子，專總朝權，有善政。《宋書》卷六八有傳。按，《南史》卷四八此句後云："王僧達貴公子孫，以才傲物，爲吴郡太守，入昌門曰：'彼有人焉。顧琛一公兩掾，英英門户；陸子真五世内侍，我之流亞。'"

［7］中散大夫：爲閑散官職。掌顧問應對，議論朝政得失。秩從三品。

慧曉清介正立，不雜交游。會稽内史同郡張暢見慧曉童幼，[1]便嘉異之。張緒稱之曰：[2]"江東裴、樂也。"[3]初應州郡辟，舉秀才，[4]衛尉史，[5]歷諸府行參軍。以母老還家侍養，十餘年不仕。太祖輔政，除爲尚書殿中郎。[6]鄰族來相賀，慧曉舉酒曰："陸慧曉年踰三十，婦父領選，[7]始作尚書郎，卿輩乃復以爲慶邪？"

［1］張暢：字少微，南朝名士。仕宋，官至都官尚書，轉侍中。《宋書》卷四六、《南史》卷三二有傳。按，《南史》"張暢"作"張緒"。清王鳴盛《十七史商榷》云："《南史》删去張暢云云，却以會稽内史冠於張緒之上，大謬。又暢爲會稽太守，《南齊》亦誤。"按，《宋書》本傳云："孝建二年，出爲會稽太守，卒。"

［2］張緒：字思曼，南朝名士。仕齊，官至吏部尚書，領國子祭酒。本書卷三三有傳。

［3］裴、樂：指裴楷與樂廣，均爲晋代名人。裴楷河東聞喜人，字叔則，容儀俊爽，時稱"玉人"，博涉群書，尤精《老》《易》。《晋書》卷三四有傳。樂廣，南陽人，字彦輔，時稱風流善談。《晋書》卷四三有傳。

［4］秀才：本指優秀人才。漢武帝時始定爲舉士科目，南朝宋、

齊以策文五道，以簽題高下定等第。多出任要職，爲時所重。因州郡國多把持選舉，故秀才多出於世家豪族。

[5]衛尉史：衛尉丞的屬吏。秩七品。衛尉爲列卿之一，掌宮城管鑰。秩三品。

[6]尚書殿中郎：尚書省左僕射屬官。領殿中曹，掌駕行百官留守名帳、宮殿禁衛、供御衣食等事。秩五品。

[7]婦父領選：指岳父任吏部尚書。　婦父：中華本校勘記引清錢大昕《廿二史考異》云："按婦父謂張岱也，子倕稱岱爲外祖可證。"按陸慧曉子倕《南史》有傳，云"幼爲外祖張岱所異"。張岱，吴郡吴人，歷仕南朝宋、齊，歷任清直，官至吏部尚書、給事中。本書卷三二有傳。　領選：意指己作尚書郎乃岳父之助。

太祖表禁奢侈，慧曉撰答詔草，爲太祖所賞，[1]引爲太傅東閤祭酒。[2]建元初，仍還太子洗馬。[3]武陵王曅守會稽，[4]上爲精選僚吏，以慧曉爲征虜功曹，[5]與府參軍沛國劉璡同從述職。[6]行至吴，璡謂人曰："吾聞張融與陸慧曉並宅，[7]其間有水，[8]此水必有異味。"遂往，酌而飲之。[9]

[1]爲太祖所賞：指爲蕭道成（後來的齊高帝，謚太祖）所賞識。宋順帝昇明二年（478）九月，蕭道成進位太傅、都督中外諸軍事。詳見本書卷一《高帝紀上》。

[2]東閤祭酒：東觀祭酒。南朝宋、齊爲學術機關的名稱，置祭酒一人以爲主官。秩五品。

[3]仍還太子洗馬：《南史》卷四八此句後云："盧江何點常稱：'慧曉心如照鏡，遇形觸物，無不朗然……'當時以爲實録。"

[4]武陵王曅：字宣照，齊高帝第五子，除征虜將軍。建元三年（481）出爲會稽太守。本書卷三五有傳。

［5］征虜功曹：指征虜將軍府功曹參軍，主府吏署用事。

［6］與府參軍沛國劉璡同從述職："璡"原作"瑨"，從中華本及下文改。《南史》卷四八此下云："璡，清介士也。"按，劉璡本書卷三九有傳。

［7］張融：吴郡吴人，南朝宋、齊名士。本書卷四一有傳。

［8］其間有水：《南史》卷四八詳記云："慧曉與張融並宅，其間有池，池上有二株楊柳。點歎曰：'此池便是醴泉，此木便是交讓。'"按，清牛運震《讀史糾謬》卷七《南齊書糾謬》云："《南史》載廬江何點常稱慧曉云云，又慧曉與張融并宅其間有池云云，二段並有風致，《南齊》不載。"

［9］酌而飲之：《南史》卷四八此下云："（劉璡）曰：'飲此水，則鄙吝之萌盡矣。'"

廬江何點薦慧曉於豫章王嶷，[1]補司空掾，[2]加以恩禮。轉長沙王鎮軍諮議參軍。安陸侯緬爲吴郡，[3]復禮異慧曉，慧曉求補緬府諮議參軍。遷始興王前將軍安西諮議，[4]領冠軍録事參軍，[5]轉司徒從事中郎，遷右長史。時陳郡謝朏爲左長史，[6]府公竟陵王子良謂王融曰："我府二上佐，求之前世，誰可爲比？"融曰："兩賢同時，便是未有前例。"[7]子良於西邸抄書，令慧曉參知其事。

［1］何點：廬江人，有儒術，爲南朝宋、齊名士。本書卷五四有傳。

［2］司空掾：司空府佐官。司空爲三公之一。按，建元二年（480）豫章王蕭嶷進位司空、揚州刺史。詳見本書卷二二《豫章文獻王傳》。

[3]安陸侯緬：字景業，齊宗室。齊武帝初，緬爲吴郡太守，有政績。本書卷四五有傳。

[4]始興王：名鑑，字宣徹，齊高帝第十子。永明二年(484)，爲前將軍、益州刺史。後又進號安西將軍。本書卷三五有傳。

[5]領冠軍録事參軍：《南史》卷四八此後云："武帝第三子廬陵王子卿爲南豫州刺史，帝稱其小名謂司徒竟陵王子良曰：'烏熊癡如熊，不得天下第一人爲行事，無以壓一州。'既而曰：'吾思得人矣。'乃使慧曉爲長史、行事。别帝，問曰：'卿何以輔持廬陵?'答曰：'静以修身，儉以養性。静則人不擾，儉則人不煩。'上大悦。"

[6]謝朏：字敬冲，南朝宋文學家謝莊之子。歷仕南朝宋、齊、梁，官至中書監，有清譽。《梁書》卷一五、《南史》卷二〇有傳。按，熊清元《〈南齊書〉研讀札記》以爲"謝朏當是謝瀹之誤"。因爲陸氏爲右長史當在永明七八年間，而謝朏永明五年（487）爲義興太守三年，徵爲都官尚書，又遷中書令、侍中。據推算，永明七八年間，謝朏當在都官尚書任上，根本不可能爲司徒長史。又考本書卷四三《謝瀹傳》，謝瀹曾爲司徒左長史，推算恰在永明七八年間。(《黄岡師專學報》1997年第3期)

[7]兩賢同時，便是未有前例：《南史》卷四八作："明公二上佐，天下英奇，古來少見其比。"

尋遷西陽王征虜、巴陵王後軍、臨汝公輔國三府長史，[1]行府州事。[2]復爲西陽王左軍長史，領會稽郡丞，行郡事。隆昌元年，徙爲晋熙王冠軍長史、江夏内史，[3]行郢州事。[4]慧曉歷輔五政，治身清肅，僚佐以下造詣，趣起送之。或謂慧曉曰："長史貴重，不宜妄自謙屈。"答曰："我性惡人無禮，不容不以禮處人。"未嘗卿士大夫,[5]或問其故，慧曉曰:“貴人不可卿，而賤者可卿。[6]人生何容立輕重於懷抱!”終身常呼人位。[7]

[1]三府長史：中華本校勘記云:“《南史》同。錢大昕《廿二史考異》云:‘按西陽王子明，永明六年除冠軍將軍、南兖州刺史，八年，進號征虜。臨汝公昭文，永明十年除輔國將軍、南豫州刺史。巴陵王子倫以永明七年除南中郎將、南豫州刺史，此云後軍，不同。蓋軍號遞遷，史家不能悉書也。’”

[2]行府州事：指代行軍府、州刺史領導職事。

[3]晋熙王：名銶，字宣攸，齊高帝第十八子。鬱林王隆昌元年（494），出爲持節、督郢司二州軍事、冠軍將軍、郢州刺史。本書卷三五有傳。　江夏：郡名。治夏口，在今湖北武漢市武昌區。

[4]郢州：州名。治所在江夏。

[5]卿：敬詞。《史記》卷七四《孟子荀卿列傳》:“荀卿，趙人。”司馬貞《索隱》:“卿者，時人尊重之號。猶如相尊美亦稱‘子’然也。”

[6]貴人不可卿，而賤者可卿：清錢大昕《廿二史考異》:“汲古閣本‘卿’作‘輕’，誤。”

[7]人位：指官階、職位。

建武初，除西中郎長史，行事、内史如故。[1]俄徵黄門郎，未拜，遷吏部郎。尚書令王晏選門生補内外要局,[2]慧曉爲用數人而止，晏恨之。送女妓一人，欲與申好，慧曉不納。吏曹都令史歷政以來,[3]諮執選事，慧曉任己獨行，未嘗與語。帝遣左右單景儁以事誚問,[4]慧曉謂景儁曰:“六十之年，不復能諮都令史爲吏部郎也。[5]上若謂身不堪，便當拂衣而退。”帝甚憚之。

後欲用爲侍中，以形短小，乃止。[6]出爲輔國將軍、晋安王鎮北司馬、征北長史、東海太守，[7]行府州事。入爲五兵尚書，行揚州事。崔惠景事平，[8]領右軍將軍，出監南徐州，少時，仍遷持節、督南兖兖徐青冀五州軍事、輔國將軍、南兖州刺史。[9]至鎮俄爾，以疾歸，卒。年六十二。贈太常。[10]

[1]行事：指行州府事。

[2]王晏：字士彦，歷仕南朝宋、齊。明帝蕭鸞廢齊恭王自立，晏響應推奉有功，轉尚書令。詳見本書卷四二《王晏傳》。

[3]吏曹：屬尚書省。掌選舉。　都令史：位在吏部郎以上，吏部郎處理選事要得到都令史允許。

[4]左右：《南史》卷四八作“主書”（按，即主書令史，屬中書省）。　單景儁：人名。其事不詳。　誚問：責問。按，《南史》卷四八此處云：“帝遣主書單景儁謂曰：‘都令史諳悉舊貫，可共參懷。’”

[5]六十之年，不復能諂都令史爲吏部郎也：意謂我是六十歲的老人了，不能爲當吏部郎却要低聲下氣請示都令史。

[6]後欲用爲侍中，以形短小，乃止：《南史》卷四八另有所述：“朝議又欲以爲侍中，王亮曰：‘濟、河須人，今且就朝廷借之，以鎮南兖州。’王瑩、王志皆曰：‘侍中彌須英華，方鎮猶應有選者。’亮曰：‘角其二者，則貂璫緩，拒寇切。當今朝廷甚弱，宜從切者。’乃以爲輔國將軍、南兖州刺史、加督。”

[7]出爲：“爲”原闕，中華本據各本及《南史》補。今從補。晋安王：名子懋，字雲昌，齊武帝第七子。永明十年（492）爲征北將軍、雍州刺史。本書卷四〇有傳。按，晋安王未領鎮北將軍，曾領平南將軍。　東海：郡名。東晋僑置，治京口，在今江蘇鎮江市。

［8］崔惠景：崔慧景（慧、惠古通用），齊平西將軍，東昏侯永元二年（500）起兵反，尋敗被殺。本書卷五一有傳。

［9］持節：君主授予臣下權力的方式之一。節，符節，代表皇帝的特殊命令。分使持節、持節、假節三種。使持節得殺二千石以下；持節殺無官位的人，若在軍事時期則與使持節同；假節唯在軍事時期得殺犯軍令者。參見《宋書·百官志上》。　南兖：南兖州，南朝僑置，治廣陵，在今江蘇揚州市。　兖：兖州，即北兖州，治淮陰，在今江蘇淮安市。　徐：徐州，指南徐州，治京口，在今江蘇鎮江市。　青：青州，南朝僑置，治鬱洲，在今江蘇連雲港市東雲臺山。　冀，冀州，南朝僑置，治所與青州同（南朝齊時冀州僅領東海郡）。

［10］贈太常：《南史》卷四八此後云："三子：倜、任、倕並有美名，時人謂之三陸。初授慧曉兖州、三子依次第各作一讓表，辭並雅麗，時人歎伏。倜學涉子史，長於微言。美姿容，鬚眉如畫，位西昌侯長史、蜀郡太守……"

同郡顧憲之，［1］字士思，宋鎮南將軍凱之孫也。［2］性尤清直。［3］永明六年，爲隨王東中郎長史、行會稽郡事。［4］時西陵戍主杜元懿啓：［5］"吴興無秋，會稽豐登，商旅往來，倍多常歲。西陵牛埭税，［6］官格日三千五百，元懿如即所見，日可一倍，［7］盈縮相兼，略計年長百萬。浦陽南北津及柳浦四埭，［8］乞爲官領攝，一年格外長四百許萬。西陵戍前檢税，［9］無妨戍事，餘三埭自舉腹心。"［10］世祖敕示會稽郡："此詎是事宜？可訪察即啓。"［11］憲之議曰：

［1］顧憲之：《梁書》卷五二有傳，又《南史》卷三五有附傳。

[2]宋鎮南將軍凱之孫也：中華本校勘記云："按'鎮南將軍'當作'鎮軍將軍'，'凱之'當作'覬之'。張森楷《校勘記》云：《梁書》憲之本傳云'祖覬之，宋鎮軍將軍'，與宋書顧覬之傳'卒贈鎮軍將軍'文合，則非鎮南顧凱之也。形近而誤。"

[3]性尤清直：此下《南史》卷三五云："宋元徽中，爲建康令。時有盜牛者，與本主爭牛，各稱己物，二家辭證等，前後令莫能决。憲之至，覆其狀，乃令解牛任其所去，牛徑還本宅。盜者始伏其罪，時人號曰神明。至於權要請托，長吏貪殘，據法直繩，無所阿縱。性又清儉，强力爲政，甚得人和，故都下飲酒者醇旨輒號爲'顧建康'，謂其清且美焉。仕齊爲衡陽内史。先是，郡境連歲疾疫，死者太半，棺櫬尤貴，悉裹以葦席，棄之路傍。憲之下車，分告屬縣，求其親黨，悉令殯葬。其家人絶滅者，憲之爲出公禄使紀綱營護之。又土俗，山人有病輒云先亡爲禍，皆開冢剖棺，水洗枯骨，名爲除祟。憲之曉喻，爲陳生死之别，事不相由，風俗遂改。時刺史王奂初至，唯衡陽獨無訟者，乃歎曰：'顧衡陽之化至矣！若九郡率然，吾將何事。'"

[4]隨王：指隨郡王蕭子隆，齊武帝第八子。永明年間，曾遷東中郎將（南朝爲榮譽加號）、會稽太守。按，《梁書》卷五二此後云："山陰人吕文度有寵於齊武帝，於餘姚立邸，頗縱横。憲之至郡，即表除之。文度後還葬母，郡縣争赴弔，憲之不與相聞。文度深銜之，卒不能傷也。"

[5]西陵：地名。本名固陵，在今浙江杭州市蕭山區西興鎮，南朝宋設有西陵牛埭，因名。　戍主：或稱戍將，地方軍隊武官。南朝於邊境州郡或形勝之地駐兵戍守，大者稱鎮，小者稱戍。戍的守將即爲戍主。

[6]牛埭：設有用牛力拉過往船隻裝置的土壩。宋朱翌《猗覺寮雜記》卷下："浙中諸堰，以牛車舟而過。《顧憲之傳》云：'始立牛埭以風濤汛險，人力不捷，濟急以利物。'堰始於此。"

[7]日可一倍：意思是説每日可增收税額一倍。

[8]浦陽：江名。即今浙江浦陽江。　南北津：指浦陽江南北的渡口。　柳浦：津渡名。在今浙江杭州市南鳳凰山東麓。

[9]檢税：指按法增税。

[10]腹心：比喻近郡中心的重要地區。

[11]此詎是事宜？可訪察即啓：中華本標作："此詎是事？宜可訪察即啓。"朱季海《校議》云："'事'下問號當移著'宜'下。憲之議曰：'今雍熙在運，草木含澤，其非事宜，仰如聖旨。'正與敕文相應。"（第105頁）今從之。

尋始立牛埭之意，非苟逼僦以納税也。[1]當以風濤迅險，人力不捷，屢致膠溺，[2]濟急利物耳。既公私是樂，所以輸直無怨。[3]京師航渡，即其例也。而後之監領者，不達其本，各務已功，互生理外。或禁遏别道，或空税江行，[4]或撲船倍價，或力周而猶責，凡如此類，不經埭煩牛者上詳，[5]被報格外十條，並蒙停寢。從來諠訴，始得暫弭。案吴興頻歲失稔，今兹尤饉，去之從豐，[6]良由饑棘。或徵貨貿粒，[7]還拯親累。或提攜老弱，[8]陳力餬口。埭司責税，依格弗降。舊格新減，尚未議登，格外加倍，將以何術？[9]皇慈恤隱，振廪蠲調，而元懿幸災搉利，重增困瘼，人而不仁，古今共疾。且比見加格置市者，前後相屬，非惟新加無贏，並皆舊格猶闕。愚恐元懿今啓，亦當不殊。若事不副言，懼貽譴詰，便百方侵苦，爲公賈怨。元懿禀性苛刻，已彰往效。任以物土，譬以狼將羊；其所欲舉腹心，亦當虎而冠耳。[10]書云："與其有聚斂之臣，寧有盜臣。”[11]此言盜公爲損蓋微，斂民所害乃大也。今雍熙在運，[12]草木含澤，其非事宜，仰如聖旨。然掌斯任者，應簡廉平，廉則不竊於公，平則無害於民矣。愚又以便宜者，蓋謂便於公，宜於民也。竊見頃之言便宜者，非能於民力之外，用天分地者也。[13]率皆即日不宜於民，方來不便於公。名與實反，有乖政體。凡如此等，誠宜深察。

[1]僦（jiù）：租賃。南方曰僦，北方曰賃。

[2]膠溺：指船行有時擱淺，有時沉溺。

[3]輸直：指作爲牛埭費用所擬派的錢。

[4]空税江行：指未經牛埭的江上行船一概收税。

[5]凡如此類，不經埭煩牛者上詳：此指監領官吏，巧立名目增税，不經過津口用牛拉的船也收税。

[6]去之從豐：離開貧乏的吴興去投向豐裕之地。中華本校勘記云：“‘之’南監本、殿本、局本及《南史》並作‘乏’。張元濟校勘記云：‘按之指吴興言，若用乏字，則與下饑棘犯複。’按《元龜》六百八十八作‘之’。”今按，“去乏從豐，”乏與豐相對，意思連貫，作“乏”不訛。

[7]徵貨貿粒，還拯親累：謂借債賣口糧，助親人繳納賦税之累。　徵貨：中華本校勘記云：“‘貨’《元龜》五百四作‘貸’。”

[8]提攜：原闕“提”字，中華本據各本及《册府元龜》補。今從補。

[9]將以何術：中華本校勘記：“按《元龜》六百八十八作‘將何以濟’。”

[10]“任以物土”至“亦當虎而冠耳”：《通鑑》卷一三六《齊紀二》“武帝永明六年”條引此言胡三省注：“狼將羊，虎而冠，皆《漢書》語。以狼將羊，則羊必爲狼所噬食；虎而冠者，言其人

惡戾，如虎著冠。”“物土”原作“物上”，從中華本改。

[11]與其有聚斂之臣，寧有盗臣：此二句出自《禮記·大學》：“百乘之家，不畜聚斂之臣；與其有聚斂之臣，寧有盗臣。此謂國不以利爲利，以義爲利也。”

[12]雍熙：和樂升平。

[13]用天分地者也：利用天時地利增加財富。語本《孝經·庶人》：“用天之道，分地之利。”邢昺疏：“春生，夏長，秋斂，冬藏，舉事順時，此用天之道也。分别五土，視其高下，各盡所宜，此分地利也。”“也”字原闕，中華本據《南史》及《册府元龜》補。今從補。

山陰一縣，[1]課户二萬，[2]其民貲不滿三千者，[3]殆將居半，刻又刻之，[4]猶且三分餘一。凡有貲者，多是士人復除。[5]其貧極者，悉皆露户役民。[6]三五屬官，[7]蓋惟分定，[8]百端輸調，又則常然。比衆局檢校，首尾尋續，横相質累者，[9]亦復不少。一人被攝，[10]十人相追；一緒裁萌，千櫱互起。蠶事弛而農業廢，[11]賤取庸而貴舉責，[12]應公贍私，[13]日不暇給，欲無爲非，其可得乎？死且不憚，矧伊刑罰；身且不愛，何况妻子。是以前檢未窮，後巧復滋，[14]網辟徒峻，猶不能悛。竊尋民之多僞，實由宋季軍旅繁興，役賦殷重，不堪勤劇，倚巧祈優，積習生常，遂迷忘反。四海之大，黎庶之衆，心用參差，難卒澄一。[15]化宜以漸，[16]不可疾責，誠存不擾，藏疾納汙，實增崇曠，務詳寬簡，則稍自歸淳。又被符簡，[17]病前後年月久遠，[18]具事不存，[19]符旨既嚴，不敢闇信。縣簡送郡，郡簡呈使，殊形詭狀，千變萬源。聞者忽不經懷，見者實足傷駭。兼親屬里伍，流離道路，時轉寒涸，事方未已。其士人婦女，彌難厝衷。[20]不簡則疑其有巧，欲簡復未知所安。愚謂此條，宜委縣簡保，[21]舉其綱領，略其毛目，[22]乃囊漏，[23]不出貯中，庶嬰疾沈痼者，重荷生造之恩也。

［1］山陰：縣名。即今浙江紹興市。

［2］課户：家中有納税丁口（指男子）的民户。

［3］貲：同“資”，資財。

［4］刻又刻之：刻，減損，此指一再減損。

［5］士人：原訛“土人”，中華本據各本及《南史》改。今從改。　復除：指免除賦役。語出《韓非子·備内》：“徭役多則民苦，民苦則權勢起，權勢起則復除重。”

［6］露户：指居住在不能遮蔽風雨房子裏的貧窮人家。語本漢揚雄《逐貧賦》：“人皆重閉，子獨露居”。見《藝文類聚》卷三引。

［7］三五：晋時徵人服兵役，在部分地區實行五丁抽三制，後因稱發人徵役爲三五。《南史》卷七〇《循吏傳》：“發人征役，號爲三五。”

［8］蓋惟分定：“定”字原闕，中華本據各本補。今從補。

［9］質累：抵押。

［10］攝：捉拿，拘捕。

［11］蠶事弛而農業廢：此指農民服徵役，農桑荒廢。

［12］賤取庸而貴舉責：指徵收賦税，糧價被壓低；農民負債購糧，糧價被擡高。責，通“債”。

［13］應公贍私：既要交納賦税，又要贍養父母妻子。指百姓負

擔很重。

[14]前檢未窮，後巧復滋：意指農民想出巧妙的辦法對付徵課，以示反抗。

[15]澄一：清純一致，《南史》卷三五作“澄之”。

[16]化宜以漸：指政令教化須逐步進行，不能急於求成。

[17]符簡：官府敕命徵調文書。《南史》卷三五作“簡符”。

[18]病前後年月久遠：《南史》卷三五作“前後累千”。

[19]具事：中華本校勘記云：“‘具’南監本、毛本、殿本、局本及《元龜》並作‘其’。按具事云云，乃當時習用語，如《謝朓傳》‘並三表詔答，具事宛然’是也。”

[20]厝（cuò）衷：放心，相信。

[21]宜委縣簡保：“委”原闕，中華本據各本補。今從補。按，《南史》卷三五此句作“宜委縣保”，無“簡”字。

[22]略其毛目：“毛目”二字原闕，中華本據各本及《南史》補。今從補。

[23]乃囊漏：指小有漏失。中華本校勘記云：“《南史》、《元龜》六百八十八作‘乃當有漏’。”朱季海《校議》云：“《南史》之文，疑出延壽潤色，《元龜》又喜其文句整齊，故援用之耳。”（第105頁）

又永興、諸暨離唐寓之寇擾，[1]公私殘盡，[2]彌復特甚。[3]儻值水旱，[4]實不易念。[5]俗諺云：“會稽打鼓送卹，吴興步檐令史。”[6]會稽舊稱沃壤，今猶若此；吴興本是塉土，[7]事在可知。因循餘弊，[8]誠宜改張。沿元懿今啓，敢陳管見。

世祖並從之。由是深以方直見委。仍行南豫、南兗二州事，籤典咨事，未嘗與色，動遵法制。[9]歷黄門郎，吏部郎。永元中，爲豫章内史。[10]

[1]永興：縣名。治所在今浙江杭州市蕭山區。　諸暨：縣名。即今浙江諸暨市。　離：遭遇。　唐寓之寇擾：指齊永明四年（486），浙江富陽民唐寓之聚衆起義，攻陷錢塘，聲勢很大，後被鎮壓失敗。詳見《通鑑》卷一三六《齊紀二》："武帝永明四年"條。

[2]殘盡：中華本校勘記云："'盡'各本作'燼'。按盡、燼通。"

[3]彌復特甚：謂急須彌補恢復。原作"復特彌甚"，中華本據南監本、局本及《南史》改正。今從改。

[4]儻值：《南史》卷三五作"儻逢"。

[5]實不易念："念"《南史》作"思"。

[6]會稽打鼓送卹，吴興步檐令史：會稽到處送撫恤，吴興滿街都是徵税的官。

[7]塉土：貧瘠的土地。"土"原作"亡"，從中華本改。朱季海《校議》云："塉土便著土旁，故是六朝别字。《魏書》亦然，不獨江左。《魏書·高帝紀》：太和六年詔曰：'靈丘郡土既褊塉'，宋監本（見王先謙等《魏書校勘記》）、殿本並作'塉'是也。"（第105頁）

[8]事在可知。因循餘弊：原脱"知因"二字，不成句，中華本據各本及《南史》、《册府元龜》卷五〇四補。今從補。

[9]動遵法制：《南史》卷三五此句後云："時司徒竟陵王於宣城、臨成、定陵三縣界立屯，封山澤數百里，禁人樵採。憲之固陳不可，言甚切直。王曰：'非君無以聞此德音。'即命罷屯禁。"

[10]永元中，爲豫章内史：《梁書》卷五二及《南史》三五此後叙其入梁以後至天監八年（509）去世前事。又許福謙《〈南齊書〉紀傳疑年録》一文云："憲之一生主要活動均在南齊，故《南

齊書》爲之立傳。然其人老壽，至南齊亡國時尚無恙，故不載其生卒年及享年。檢憲之在《梁書》《南史》中亦均有傳。《梁書》卷五二《止足・顧憲之傳》云：‘（天監）八年，卒於家，年七十四。’又《南史》卷三五《顧覬之傳附孫憲之傳》亦云：‘天監八年卒於家。’然不載享年多少。據此，憲之既卒於天監八年（509），享年七十四歲，則應生於劉宋元嘉十二年（436）。”（《首都師範大學學報》1998 年第 1 期）

蕭惠基，[1]南蘭陵蘭陵人也。[2]祖源之，[3]宋前將軍。父思話，[4]征西將軍、儀同三司。

[1]蕭惠基：《南史》卷一八有附傳。

[2]南蘭陵：郡名。南朝宋置，治所在蘭陵縣。　蘭陵：縣名。今江蘇常州市武進區。

[3]源之：字君流，仕宋，歷徐、兖二州刺史。永初元年（420）卒，贈前將軍。見《宋書》卷七八、《南史》卷一八《蕭思話傳》。

[4]父思話：蕭思話，仕宋，以外戚令望，早見任待，歷十二州刺史。杖節監督者九州。愛才好士。卒贈征西將軍、開府儀同三司，謚曰穆侯。《宋書》卷七八、《南史》卷一八均有傳。

惠基幼以外戚見江夏王義恭，[1]歎其詳審，以女結婚。解褐著作佐郎，[2]征北行參軍，尚書水部，[3]左民郎。[4]出爲湘東内史，[5]除奉車都尉，[6]撫軍車騎主簿。[7]

[1]外戚：宋武帝劉裕母孝懿蕭皇后爲蕭惠基姑祖母。　江夏王義恭：宋武帝之子。《宋書》卷六一有傳。

[2]著作佐郎：秘書省官。掌藝文圖籍及修國史。秩六品。

[3]尚書水部：尚書水部郎，尚書省都官尚書屬官。領水曹，掌水利事。秩五品。

[4]左民郎：尚書省左民尚書屬官。領左民曹，掌户籍民政事。秩五品。

[5]湘東：郡名。治所在今湖南衡陽市。

[6]奉車都尉：皇帝參乘侍從官。掌供奉車輿。秩五品。

[7]撫軍車騎主簿：指在撫軍將軍府和車騎將軍府擔任主簿。

泰始初，兄益州刺史惠開拒命，[1]明帝遣惠基奉使至蜀，[2]宣旨慰勞。惠開降而益州土人反，引氐賊圍州城。[3]惠基於外宣示朝廷威賞，於是氐人邵虎、郝天賜等斬賊帥馬興懷以降。還爲太子中舍人。[4]惠基西使千餘部曲，並欲論功，惠基毁除勳簿，竟無所用。[5]或問其此意，惠基曰："我若論其此勞，則驅馳無已，豈吾素懷之本邪？"[6]

[1]惠開拒命：指宋明帝泰始二年（466）春正月，宋孝武帝第三子晋安王劉子勛在尋陽自立，改元義嘉，一時諸王國及州郡多有響應者。益州刺史蕭惠開亦起兵推奉。至九月子勛敗，惠開乞降。詳見《通鑑》卷一三一《宋紀十三》"明帝泰始二年"條。

[2]明帝遣惠基奉使至蜀：指宋明帝遣蕭惠基出使成都，赦惠開罪。按，惠開在蜀多任刑戮，蜀人猜怨，乘亂引邊地氐族人合兵圍成都，衆至十餘萬人，争欲屠城，後經蕭惠基平服。又《南史》卷一八云："惠開與諸弟並不睦，惠基使至益州，遂不相見。"

[3]氐（dī）：指氐族，中國古代西部少數民族之一。詳見本書卷五九《氐傳》。

[4]太子中舍人：東宫官。職同太子舍人，掌呈奏案章。秩

五品。

[5]競無所用：竟然廢棄掉。競，通“竟”。《文選》卷五〇范曄《宦者傳論》：“雖時有忠公，而競見排斥。”《後漢書》卷七八《宦者傳序》作“竟”。

[6]豈吾素懷之本邪：此指蕭惠基素懷淡泊，看輕榮華利禄。

出爲武陵内史，[1]中書黄門郎。[2]惠基善隸書及弈棋，太祖與之情好相得，[3]早相器遇。桂陽之役，[4]惠基姊爲休範妃，太祖謂之曰：“卿家桂陽遂復作賊。”太祖頓新亭壘，[5]以惠基爲軍副，惠基弟惠朗親爲休範攻戰，[6]惠基在城内了不自疑。出爲豫章太守。還爲吏部郎，遷長兼侍中。[7]袁粲、劉秉起兵之夕，[8]太祖以秉是惠基妹夫，[9]時直在侍中省，遣王敬則觀其指趣，[10]見惠基安静不與秉相知，由是益加恩信。討沈攸之，[11]加惠基輔國將軍，徙頓新亭。事寧，解軍號，領長水校尉。[12]母憂去官。

[1]武陵：郡名。治所在今湖南常德市。按，武陵當時爲宋明帝第九子武陵王劉贊的封郡，故太守稱“内史”。詳見《宋書》卷八〇《武陵王贊傳》。

[2]中書黄門郎：不詳何官，似是中書侍郎和給事黄門侍郎兩職。前者中書省官，掌呈奏案章；後者門下省官，掌奏事，直侍左右。

[3]太祖與之情好：“太祖”指蕭道成。本書卷一至卷二有紀。宋明帝時，道成任冠軍將軍。

[4]桂陽之役：指元徽二年（474），宋文帝第十八子桂陽王劉休範在尋陽起兵反朝廷事。

［5］新亭壘：三國吴築，在今江蘇南京市南，地近江濱，依山築城壘，爲軍事要塞。按，桂陽王休範兵曾攻至新亭壘下。

［6］惠朗親爲休範攻戰：指蕭惠朗擁護桂陽王。詳見後文。

［7］長兼侍中：侍中。長兼，古代加在官職名稱前，表示非正式任命。清錢大昕《廿二史考異》卷三六："昇明初，遷長兼侍中。長兼者，未正授之稱。"

［8］袁粲、劉秉起兵之夕：指宋順帝昇明元年（477），司徒袁粲、尚書令劉秉，不滿蕭道成輔政專權，共起兵反，不久敗亡。詳見《宋書》卷八九《袁粲傳》及卷五一《劉秉傳》。

［9］夫：原作"天"，從中華本改。

［10］王敬則：蕭道成親信，齊開國功臣。本書卷二六有傳。觀其指趣：指觀察蕭惠基是否投向劉秉。

［11］討沈攸之：指昇明二年（478），郢州刺史、車騎大將軍沈攸之起兵反，旋討平。詳見《宋書》卷七四《沈攸之傳》。

［12］長水校尉：禁衛軍五校尉之一，分掌宿衛營兵。秩四品。

太祖即位，爲征虜將軍、衛尉。[1]惠基就職少時，累表陳解，見許。服闋，爲征虜將軍、東陽太守，[2]加秩中二千石。凡歷四郡，無所蓄聚。還爲都官尚書，轉掌吏部。永明三年，以久疾徙爲侍中，領驍騎將軍。[3]尚書令王儉朝宗貴望，[4]惠基同在禮閤，非公事不私覿焉。

［1］征虜將軍：南朝爲榮譽加號。開府者位從公，秩一品。衛尉：列卿之一，掌宫門屯兵。秩三品。

［2］東陽：郡名。治所在今浙江金華市。

［3］驍騎將軍：禁衛軍官。分掌宿衛營兵。秩四品。

［4］朝宗：古代諸侯朝見天子，春見曰朝，夏見曰宗（見《周

禮·春官·大宗伯》)。後泛指大臣朝見天子。　貴望：指顯赫的門第和資望。

五年，遷太常，加給事中。自宋大明以來，[1]聲伎所尚，多鄭衛淫俗，[2]雅樂正聲，鮮有好者。惠基解音律，尤好魏三祖曲及《相和歌》，[3]每奏，輒賞悅不能已。當時能棋人琅邪王抗第一品，吴郡褚思莊、會稽夏赤松並第二品。赤松思速，善於大行；思莊思遲，巧於鬥棋。宋文帝世，羊玄保爲會稽太守，[4]帝遣思莊入東與玄保戲，[5]因製局圖，[6]還於帝前覆之。太祖使思莊與王抗交賭，自食時至日暮，一局始竟。上倦，遣還省，至五更方决。抗睡於局後，思莊達曉不寐。世或云："思莊所以品第致高，緣其用思深久，人不能對也。"抗、思莊並至給事中。永明中，敕抗品棋，竟陵王子良使惠基掌其事。

[1]大明：宋孝武帝年號。

[2]鄭衛：指春秋時鄭、衛二國的音樂。其特點是淫俗，與孔子提倡的雅樂相對。孔子批評"鄭聲淫"(見《論語·衛靈公》)。

[3]魏三祖曲：魏三祖指三國魏武帝曹操、文帝曹丕、明帝曹叡。《三國志》卷三《魏書·明帝紀》："有司奏：武皇帝撥亂反正，爲魏太祖，樂用武始之舞。文皇帝應天受命，爲魏高祖，樂用咸熙之舞。帝製作興治，爲魏烈祖，樂用章斌之舞。"南朝梁劉勰《文心雕龍·樂府》："魏之三祖，氣爽才麗，宰割辭調，音靡節平。"按，朱季海《校議》云："《王僧虔傳》：'又今之《清商》，實由銅爵，三祖風流，遺音盈耳。京、洛相高，江左彌貴……'是魏三祖曲，即齊世《清商》是也。"(第106頁)　《相和歌》：古歌名。

《宋書·樂志三》:“《相和》漢舊歌也。絲竹更相和,執節者歌。”參見《樂府詩集·相和歌辭》題解。

[4]羊玄保:泰山人。仕宋,歷官名郡,有政聲。玄保好棋,宋文帝亦好弈,與賭郡,玄保戲勝,以補宣城太守。《宋書》卷五四、《南史》卷三六有傳。

[5]入東:指東至會稽。

[6]局圖:指鬥棋每局雙方走動棋子路綫記録圖表。按,朱季海《校議》云:“是棋譜古有之也。宋有褚、羊對弈局圖。”(第106頁)

初,思話先於曲阿起宅,[1]有閑曠之致。惠基常謂所親曰:“須婚嫁畢,[2]當歸老舊廬。”立身退素,朝廷稱爲善士。明年卒,年五十九。追贈金紫光禄大夫。[3]

[1]曲阿:曲水之旁。曲水,曲江,即今錢塘江。

[2]須婚嫁畢:指兒女婚嫁事辦完畢。

[3]金紫光禄大夫:《通典》卷三四《職官十六》:“左右光禄大夫,光禄三大夫,皆銀章青綬,其重者詔加金章紫綬,則謂之金紫光禄大夫。”爲散官,多授給有聲望的文武官員。秩從二品。

弟惠休,永明四年,爲廣州刺史。罷任,獻奉傾資。[1]上敕中書舍人茹法亮曰:[2]“可問蕭惠休。吾先使卿宣敕答其勿以私禄足充獻奉。今段殊覺其下情厚於前後人。問之,故當不侵私邪?吾欲分受之也。”[3]十一年,自輔國將軍、南海太守,[4]爲徐州刺史。鬱林即位,[5]進號冠軍將軍。建武二年,虜圍鍾離,[6]惠休拒守。虜遣使仲長文真謂城中曰:“聖上方脩文德,何故完城拒命?”參軍羊倫答曰:“獫狁孔熾，我是用急。”[7]虜攻城，惠休拒戰破之。遷侍中，領步兵校尉，封建安縣子，[8]五百户。永元元年，徙吴興太守。徵爲右僕射。吴興郡項羽神舊酷烈，世人云“惠休事神謹，欲得美遷”。[9]二年，卒。[10]贈金紫光禄大夫。

[1]獻奉:獻祭供奉。　傾資:將資金全部用盡。

[2]茹法亮:歷仕南朝宋、齊，爲高帝、武帝寵倖。本書卷五六有傳。

[3]分受之:指分償祭祀供奉費用。

[4]南海:郡名。治番禺縣，在今廣東廣州市。

[5]鬱林即位:齊鬱林王蕭昭業於隆昌元年（494）繼武帝即位。

[6]鍾離:縣名。治所在今安徽鳳陽縣臨淮關。按，建武二年（495）春，北魏孝文帝元宏親領兵南下，攻鍾離。詳見《通鑑》卷一四〇《齊紀六》“明帝建武二年”條。

[7]獫狁孔熾，我是用急:語出《詩・小雅・六月》。鄭玄箋:“北狄來侵甚熾，故王以是急遣我。”

[8]建安縣:治所在今福建建甌市。

[9]欲:中華本校勘記云:“南監本、殿本、局本及《南史》並作‘故’。”

[10]二年，卒:《南史》作:“于時朝士多見殺，二年，惠休還至平望，帝令服藥而卒。”

惠休弟惠朗。善騎馬，同桂陽賊叛，太祖赦之，復加序用。永明九年，爲西陽王征虜長史，行南兗州事。典籤何益孫贓罪百萬，[1]棄市，惠朗坐免官。

[1]典籤：王公府、軍府佐吏。南朝宋、齊幼小皇子出任方鎮，君主皆派親近左右領典籤，委以政事。故典籤職低而權重。

史臣曰：長揖上宰，[1]廷折公卿，[2]古稱遺直，希之未過。若夫根孤地危，峻情不屈，則其道雖行，其身永廢。故多借路求容，遜辭自貶。高流世業，不待旁通，直轡揚鑣，[3]莫能夭閼。[4]王秀之世守家風，不降節於權輔，美矣哉！

[1]長揖上宰：此指王秀之三世不向權貴屈服。

[2]廷折公卿：此指王慈爲“諱榜”事不顧大臣反對，上表議論其非。

[3]揚鑣：提起馬嚼子，指驅馬直奔。

[4]夭閼（è）：摧折，遏止。按，此二句比喻正直之道不可阻擋。

贊曰：秀處邦朝，清心直己。伯寶世族，[1]榮家爲美。約守先業，[2]觀進知止。慧曉貞亮，斯焉君子。惠基惠和，時之選士。

[1]伯寶：王慈。

[2]約：蔡約。

南齊書　卷四七

列傳第二十八

王融　謝朓

王融字元長，[1] 琅邪臨沂人也。[2] 祖僧達，[3] 中書令，[4] 曾高並台輔。[5] 僧達答宋孝武云：[6] “亡父亡祖，司徒司空。”[7] 父道琰，[8] 廬陵内史。[9] 母臨川太守謝惠宣女，[10] 惇敏婦人也。教融書學。

[1]王融：《南史》卷二一有附傳，記其被殺前事較詳。

[2]琅邪臨沂：今山東臨沂市。

[3]僧達：王僧達，宋孝武時官至中書令。後因坐謀反事，於獄賜死。《宋書》卷七五有傳，《南史》卷二一有附傳。

[4]中書令：掌詔命。秩三品。三國時魏以中書令與中書監同掌機要。南朝重中書，中書令、監往往爲宰相之任。

[5]曾高：指王融曾祖父王弘和高曾祖父王導。王弘於宋文帝時進位司空。《宋書》卷四二、《南史》卷二一有傳。王導東晋時官至丞相。《晋書》卷六五有傳。

[6]宋孝武：指南朝宋孝武帝劉駿。《宋書》卷六有紀。

[7]亡父：指王弘，爲劉宋開國功臣。文帝時，進位司空，封建安郡公。　亡祖：指王珣，東晋時進位司徒。　司徒司空：南朝時均爲最高榮譽加號。秩一品。按，清牛運震《讀史糾謬》卷七《南齊書糾謬》云："僧達答宋孝武云'亡父亡祖，司徒司空'，此語横入無謂，可删。"

[8]道琰：王僧達子。宋後廢帝元徽中爲廬陵内史，未至郡即卒。詳見《宋書》卷七五《王僧達傳》。

[9]廬陵内史：廬陵，郡名。治所在今江西吉安市。廬陵爲王國屬郡，郡太守稱内史。

[10]臨川：郡名。治臨汝縣，在今江西撫州市臨川區。　謝惠宣：南朝宋文學家謝惠連之弟，竟陵王誕司徒從事郎中，臨川内史。詳見《宋書》卷五三《謝方明傳》。

融少而神明警惠，博涉有文才。[1]舉秀才。[2]晋安王南中郎板行參軍，[3]坐公事免。竟陵王司徒板法曹行參軍，[4]遷太子舍人。[5]融以父官不通，[6]弱年便欲紹興家業，[7]啓世祖求自試。[8]曰："臣聞春庚秋蟀，[9]集候相悲，露木風榮，[10]臨年共悦。夫唯動植，且或有心；況在生靈，[11]而能無感。臣自奉望宫闕，沐浴恩私，拔迹庸虚，參名盛列，纓劍紫複，[12]趨步丹墀，歲時歸來，誇榮邑里。然無勲而官，[13]昔賢曾議；不任而禄，有識必譏。臣所用慷慨憤懣，不遑自晏。[14]誠以深恩鮮報，聖主難逢，蒲柳先秋，[15]光陰不待，貪及明時，展悉愚効，以酬陛下不世之仁。若微誠獲信，短才見序，文武吏法，唯所施用。夫君道含弘，臣術無隱，翁歸乃居中自是，[16]充國曰'莫若老臣'。[17]竊景前脩，敢蹈輕節。以冒不媒之鄙，[18]式罄奉公之誠。抑又唐堯在上，不參二八，[19]管夷吾耻之，臣亦耻之。[20]願陛下裁覽。”遷祕書丞。[21]

[1]博涉有文才：《南史》卷二一此後云：“從叔儉謂人曰：‘此兒至四十，名位自然及祖。’”

[2]秀才：南朝宋齊重秀才，試以策文五道，以簽題高下定等第，多出任要職。因州郡國把持選舉，故秀才多出世家豪族。

[3]晋安王：名子懋，字雲昌，齊武帝蕭賾第七子。本書卷四〇、《南史》卷四四有傳。　南中郎：南中郎將，南朝時爲優禮王室或功臣的榮譽性虚號。開府者位從公，秩一品。　板：晋及南北朝時，王府、軍府可權宜自辟僚佐，因將授官之辭寫在特製的板上，故稱爲板或板行、板授。《通鑑》卷一三一《宋紀十三》“明帝泰始二年”條“除官者衆版不能供”，胡三省注引程大昌曰：“魏晋至梁陳，授官有版，長一尺二寸，厚一寸，闊七寸。授官之辭，在於版上，爲鵠頭書。”按，“版”與“板”通。　行參軍：南朝時爲王、公、軍府佐吏，掌參謀府務或軍務。參軍之職，有朝廷任命與公府自行任命兩種，後者稱“行參軍”，其地位略低於參軍。

[4]竟陵王：名子良，字雲英，齊武帝次子。永明五年（487）爲司徒。本書卷四〇、《南史》卷四四有傳。王融時爲司徒府法曹行參軍，處理執掌司法事。“竟”原作“音”，顯誤。

[5]太子舍人：東宫官。掌呈奏案章，直侍太子左右。秩六品。

[6]父官不通：指其父王僧達屢犯忤，常被免官，最後坐罪賜死。中華本校勘記云：“‘官’《南史》、《元龜》九百作‘宦’。”

[7]弱年便欲紹興家業：《南史》卷二一此句作：“融躁於名利，自恃人地，三十内望爲公卿。”

[8]世祖：齊武帝謚號。本書卷三有紀。

[9]庚：倉庚，即杜鵑鳥，春天候鳥。　蟀：蟋蟀，秋蟲。

[10]露木風榮：指經過風霜雨露考驗而成長的花木。榮，花。

［11］生靈：指人，因人爲萬物之靈，故稱。

［12］纓劍紫複：形容高官衣飾佩帶華貴。纓，繫官冕的彩帶。劍，佩帶的寶劍。紫複，紫色的夾層官服。

［13］無懃而官：没有勞績而升官。

［14］晏：中華本校勘記云："'晏'南監本作'安'。"

［15］蒲柳先秋：喻凡庸之材壽命短促。自謙之語。

［16］翁歸：指尹翁歸，漢河東平陽人，有吏才。初爲小吏，會太守田延年行縣至平陽，命召故吏五六十人，會有文者東，能武者西，翁歸獨居中不起，問何故？對曰："翁歸文武兼務，唯所施設。"功曹責其倨傲，延年召上，甚奇其對，授以督郵，治績居上。後累遷太守、三輔尹。《漢書》卷七六有傳。　居中自是：中華本校勘記云："'是'南監本、毛本、殿本、局本作'見'。按《永樂大典》六千八百三十一引作'見'，《藝文類聚》五十三、《元龜》九百作'是'。"

［17］充國：指趙充國，字翁孫，漢隴西上邽人。歷仕武、昭、宣三朝，文武之功顯赫。宣帝神爵元年（前61），充國年逾七十，羌人作亂，朝廷問誰可將兵平亂？充國對曰："無逾於老臣者矣。"後果勝。詳見《漢書》卷六九《趙充國傳》。

［18］不媒：指不用别人推舉，而是毛遂自薦。

［19］二八：指上古"八元""八愷"十六位賢臣。《左傳》文公十八年："昔高陽氏有才子八人：蒼舒、隤敳、檮戭、大臨、尨降、庭堅、仲容、叔達，齊聖廣淵，明允篤誠，天下之民謂之八愷。高辛氏有才子八人：伯奮、仲堪、叔獻、季仲、伯虎、仲熊、叔豹、季貍，忠肅共懿，宣慈惠和，天下之民謂之八元。"

［20］管夷吾耻之，臣亦耻之：管夷吾，即管仲，春秋人。相齊桓公，霸諸侯，一匡天下。按，這裏王融是以管仲自詡，顯示自己有治國大才。又按，《論語·公冶長》："子曰：巧言、令色、足恭，左丘明耻之，丘亦耻之。"王融此語蓋模仿孔子語式。

［21］祕書丞：秘書省官。掌修撰國史。秩六品。

從叔儉,[1]初有儀同之授,[2]融贈詩及書,儉甚奇憚之,笑謂人曰:“穰侯印詎便可解?”[3]尋遷丹陽丞,[4]中書郎。[5]虜使遣求書,[6]朝議欲不與。融上疏曰:

臣側聞僉議,[7]疑給虜書,如臣愚情,切有未喻。夫虜人面獸心,狼猛蜂毒,暴悖天經,虧違地義,逋竄燭幽,[8]去來豳朔,[9]綿周、漢而不悛,[10]歷晋、宋其踰梗。豈有愛敬仁智,恭讓廉脩,虲犬馬之馴心,[11]同鷹虎之反目。設稾秣有儲,[12]筋竿足用,[13]必以草竊關燧,寇擾邊疆;寧容款塞卑辭,[14]承衣請朔。[15]陛下務存遵養,[16]不時侮亡,[17]許其膜拜之誠,納裘之賮。[18]况復願同文軌,[19]儻見款遣,思奉聲教,方致猜拒。將使舊邑遺逸,[20]未知所寘,衰胡餘噍,[21]或能自推。一令蔓草難鉏,涓流泛酌,豈直疥癬輕痾,容爲心腹重患。

[1]儉:王儉,字仲寶。歷仕南朝宋、齊,官至中書監。本書卷二三、《南史》卷二二有傳。

[2]儀同:儀同三司,謂非三公而儀制同於三公。秩一品。三司指太尉、司徒、司空三公。

[3]穰侯印詎便可解:意謂王融之才高,可取穰侯之印而代之。穰侯,指魏冉,戰國秦人,秦昭王母宣太后之異父弟。昭王立,年幼,冉輔政,先後伐韓、魏、齊、楚,秦益强大,冉功最高,封於穰,號穰侯。《史記》卷七二有傳。

［4］丹陽：郡名。治所在今安徽當塗縣東北小丹陽。　丞：郡守之副。

［5］中書郎：中書侍郎，中書省官。掌呈奏案章。秩五品。

［6］虜：南朝對北魏的蔑稱。　書：指典籍圖書。按，北魏政權不斷學習中原禮制，尤其是孝文帝元宏，更是大力推進漢化，頻頻遣使來南齊考察建制，徵求典籍圖書。參見《魏書》卷七《高祖紀》。

［7］僉議：衆人的意見。這裏指朝廷百官的意見。

［8］逋竄燭幽：謂其竄動行迹詭異，忽顯忽隱。

［9］豳：古國名。周的祖先公劉所立，其地在今陝西彬縣東。　朔：古州名。轄地約在山西朔州市一帶。按，這裏以豳朔泛指北方。

［10］綿周、漢而不悛：指虜早在周、漢時期就綿綿生長，惡性不改。

［11］慙犬馬之馴心：意謂犬馬尚可馴服，而虜則不可，故慚愧。

［12］稾秣：指糧草。

［13］筋竿：泛指弓箭。《文選》卷二八鮑照《出自薊北門行》："嚴秋筋竿勁，虜陣精且强。"李善注："《周禮》曰：'弓人爲弓，筋也者所以爲深也。'竿，箭幹也。"按，這裏聯繫上下文意謂：虜方衹要準備了糧草、武器，就會侵犯。

［14］款塞：指派遣外交使節。

［15］承衣：指接受恩賜。　請朔：指附庸國請求奉行宗主國的正朔（記時年曆）。正朔，開國皇帝新頒布的曆法。

［16］遵養：言積蓄力量，以待時機。語出《詩·周頌·酌》："於鑠王師，遵養時晦。"

［17］侮亡：指欺侮已有滅亡迹象的國家。《尚書·仲虺之誥》："兼弱攻昧，取亂侮亡。"孔安國傳："有亡形則侮之。"

［18］納裘：指貢納。　賮：贐的異體字。指進貢的財物。

[19]同文軌：指書同文，車同軌，表示統一。《禮記・中庸》："今天下車同軌，書同文，行同倫。"

[20]遺逸：指北魏占領下的北方漢族民衆。

[21]餘噍（jiào）：殘喘，餘力。

抑孫武之言也，困則數罰，窘則多賞，先暴而後畏其衆者，[1]虜之謂乎？[2]前中原士庶，雖淪懾殊俗，[3]至於婚葬之晨，猶巾褠爲禮。[4]而禁令苛刻，動加誅轘。[5]于時獯粥初遷，[6]犬羊尚結，[7]即心徒怨，困懼成逃。自其將卒奔離，資待銷闕，[8]北畏勍蠕，[9]西逼南胡，[10]民背如崩，勢絶防斷。於是曲從物情，僞竊章服，[11]歷年將絶，隱蔽無聞。既南向而泣者，日夜以覬；北顧而辭者，江淮相屬。凶謀歲窘，淺慮無方，於是稽顙郊門，[12]問禮求樂。若來之以文德，[13]賜之以副書，[14]漢家軌儀，重臨畿輔，[15]司隸傳節，復入關河，[16]無待八百之師，不期十萬之衆，[17]固其提漿佇俟，[18]揮戈願倒，三秦大同，[19]六漢一統。[20]

[1]"抑孫武"至"畏其衆者"：此處《孫子・行軍》作："數賞者，窘也；數罰者，困也；先暴而後畏其衆者，不精之至也。"梅堯臣注："勢窮憂叛離，屢賞以悦衆；人弊不堪命，屢罰以立威；先行乎嚴暴，後畏其衆離，訓罰不精之極也。"

[2]虜之謂乎：指出北魏正是先行嚴暴，後畏衆離，調法錯亂。

[3]淪懾殊俗：指中原淪陷，百姓對異俗懼怕。

[4]巾褠（gōu）：上衣和圍裙，漢民族服裝。借指保持原來傳統。

[5]誅轘（huàn）：殺戮。轘，轘裂，用車撕裂人體，古代酷刑。《左傳》桓公十八年："七月戊戌，齊人殺子亹而轘高渠彌。"杜預注："車裂曰轘。"

[6]獯粥：一作獯鬻，即匈奴。

[7]犬羊尚結：指其他少數民族起初尚與匈奴結盟。

[8]資待銷闕：中華本校勘記云："'待'南監本、殿本、局本作'峙'。嚴可均輯《全齊文》作'偫'。按字當作'偫'。《説文》：'偫，待也。'段注：'謂儲物以待用也。偫經典或作峙，或作庤'。"

[9]蠕：蠕蠕，亦稱芮芮虜。匈奴族的另一支。北魏南遷後，蠕蠕占領匈奴故地。南朝宋、齊曾遣使與約共同伐魏。詳見本書卷五九《芮芮虜傳》及《南史》卷七九《夷貊傳下》。

[10]南胡：一稱"河南"，匈奴族的别支，占據益州（今四川省）西北。後内附，臣伏南朝宋、齊，接受贈官封號。詳見本書卷五九《河南傳》。

[11]章服：綉有日月星辰等圖案的古代禮服。每圖爲一章，天子十二章，群臣按品級自九章遞減。後以章服泛指漢民族的典章制度。按，北魏孝文帝太和十九年（495）遷都洛陽後，詔令變胡服爲章服，學習漢儀。詳見本書卷五七《魏虜傳》。

[12]稽顙：古代的一種跪拜禮，屈膝下拜，以額觸地。這裏指北魏遣使臣來南朝學習禮儀。

[13]來（lài）：通"賚"，饋贈。

[14]副書：指典章文獻的複製副本。

[15]畿輔：舊指京都之地。畿，京畿。輔，三輔（京都周圍地方）。

[16]復入關河：指復入中原。關指函谷等關，河指黄河。

[17]無待八百之師，不期十萬之衆：指不必動用重兵去征伐而自然歸順。八百之師，用八百諸侯會師盟津共伐殷紂王之典。詳見《史記》卷三二《齊太公世家》。

［18］提漿佇俟：指熱烈歡迎王者之師。語出《孟子·梁惠王下》："以萬乘之國伐萬乘之國，簞食壺漿以迎王師，豈有他哉，避水火也。"後用作犒師擁軍的典故。

［19］三秦：秦亡，項羽三分關中，封秦降將章邯爲雍王，司馬欣爲塞王，董翳爲翟王，合稱"三秦"。後泛指陝西一帶。

［20］六漢：西漢置畿輔六郡：京兆、馮翊、扶風、河東、河南、河内，合稱"六輔"，亦稱"六漢"。

又虜前後奉使，不專漢人，必介以匈奴，備諸覘獲。且設官分職，[1]彌見其情，抑退舊苗，[2]扶任種戚。師保則后族馮晋國，[3]總録則邽姓直勒渴侯，[4]台鼎則丘頹、苟仁端，[5]執政則目凌、鉗耳。[6]至於東都羽儀，西京簪帶，[7]崔孝伯、程虞虯久在著作，[8]李元和、郭季祐上于中書，[9]李思沖飾虜清官，[10]游明根泛居顯職。[11]今經典遠被，詩史北流，馮、李之徒，[12]必欲遵尚；直勒等類，[13]居致乖阻。何則？匈奴以氈騎爲帷牀，馳射爲糇糧，冠方帽則犯沙陵雪，服左衽則風驤鳥逝。[14]若衣以朱裳，戴之玄煩，[15]節其揖讓，教以翔趨，[16]必同艱桎梏，等懼冰淵，[17]婆娑蹴躃，[18]因而不能前已。及夫春草水生，阻散馬之適，秋風木落，絶驅禽之歡，息沸脣於桑墟，[19]别醍乳於冀俗，[20]聽《韶雅》如聾聵，[21]臨方丈若爰居，[22]馮、李之徒，固得志矣，虜之凶族，其如病何？於是風土之思深，[23]愎戾之情動，[24]拂衣者連裾，[25]抽鋒者比鏃，[26]部落争于下，酋渠危於上，我一舉而兼吞，下莊之勢必也。[27]且棘寶薦虞，晋疆彌盛，[28]大鍾出智，宿氏以亡。[29]帝略遠乎，無思不服，鑾光幸岱，匪暮斯朝。臣請收籍伊瀍，[30]兹書復掌，猶取之内府，藏之外篋，[31]於理有愜，即事何損。若狂言足採，請決敕施行。

世祖答曰："吾意不異卿。今所啓，比相見更委悉。"事竟不行。

[1]設官分職：指北魏宣武帝景明元年（500），王肅爲制官品百司，皆如中國，凡九品，品各有二。詳見本書卷五七《魏虜傳》。

[2]舊苗：指守舊不願漢化革新的本族人。

[3]師保：古時任輔弼帝王和教導王室子弟的官。《易·繫辭下》"無有師保，如臨父母。"　馮晋國：馮熙，字晋昌。北魏文明太后之兄，孝文帝岳父。孝文帝年幼即位，文明太后臨朝，帝乃承旨皇太后，以熙爲太師、中書監。詳見《魏書》卷八三上《外戚傳上》。按，"馮晋國"當爲"馮晋昌"之誤。

[4]總録：指録尚書事，尚書省主官。因其總領六部尚書，故稱。《通鑑》卷一〇八《晋紀三十》"孝武帝太元二十一年"條"垂命會攝東宫事、總録"，胡三省注："總録，謂總録朝政也。"　直勒：中華本校勘記云："按'直勒'依《闕特勤碑》當作'直勤'"。

[5]台鼎：喻指三公、宰輔重臣。《後漢書》卷五六《陳球傳》："公出自宗室，位登台鼎。"　丘頽、苟仁端：《魏書》卷四四有《苟頽傳》，記苟頽孝文帝時曾遷征北大將軍、司空公，進爵河東王。又《魏書》卷五〇有《尉元傳》，尉元字苟仁，代人，北魏功臣。曾任司徒，大鴻臚卿，封山陽郡開國公。孝文帝贊其"少著英風，老敷雅迹，位顯台宿"。丘頽、苟仁端當即此二人。

[6]目凌：當爲穆亮的音譯。穆亮，代人，北魏功臣。孝文帝

時歷任殿中尚書、司空、太子太傅。《魏書》卷二七有附傳。　鉗耳：王遇，字慶時，爲羌中强族。自云其先姓王，後改氏鉗耳，世宗時復改爲王姓。孝文帝時拜尚書，進爵宕昌公。詳見《魏書》卷九四《閹官傳》。

[7]東都羽儀，西京簪帶：泛指舊京都受人尊重有名望的士人、高官。羽儀，典出《易·漸》："鴻漸于陸，其羽可用爲儀。"孔穎達疏："處高而能不以位自累，則其羽可用爲物之儀表，可貴可法也。"後因以羽儀比喻居高位而有德才受人尊重的楷模人物。簪帶，冠簪和紳帶，古代高官服飾。此處借指顯貴仕宦。

[8]崔孝伯：崔光，本名孝伯，魏孝文帝賜名"光"，贊譽他爲"今日之文宗"。詳見《魏書》卷六七《崔光傳》。　程虞虯：不詳。《魏書》卷六〇有《程駿傳》，記程駿有侄名靈虯，孝文帝時擢爲著作佐郎，疑即此人。

[9]李元和：不詳。《魏書》卷六五有《李諧傳》，李諧，字虔和，博學有文辯，官至中書侍郎。疑即此人。　郭季祐：郭祚，字季祐。孝文帝時擢中書侍郎，轉吏部尚書。詳見《魏書》卷六四《郭祚傳》。

[10]李思沖：李沖，字思順，有治績，官至左僕射，爲孝文帝賞重。詳見《魏書》卷五三《李沖傳》。

[11]游明根：字志遠，知遇魏孝文帝，官至尚書，仍加散騎常侍，卒謚靖侯。《魏書》卷五五、《北史》卷三四有傳。

[12]馮、李：指馮晋國、李沖。

[13]直勒：匈奴語。稱皇室貴族。

[14]左衽：衣襟向左，指中國北方少數民族的服裝。因便於騎馬，多爲短服。　風驤鳥逝：馬速如風，人如鳥飛。

[15]玄頍（kuǐ）：古代一種玄色尖頂的皮冠。《詩·小雅·頍弁》："有頍者弁，實維伊何？"又《儀禮·士冠禮》："緇布冠缺項青組"鄭玄注："緇布冠，無笄者，著頍圍髮際，結項中，隅爲四綴，以固冠也。"按，"頍"原作"頗"，中華本校勘記云："據

《永樂大典》六千八百三十一引改。張元濟校勘記云：‘頗疑頮字之訛……’按張説與《大典》引合。南監本、毛本、殿本、局本作‘冕’，非。”

[16]翔趨：古代的一種禮容，行走時上體稍前傾，張臂細步趨進。《論語·鄉黨》：“趨進，翼如也。”

[17]等懼冰淵：形容如同履薄冰、臨深淵那樣可怕。《論語·泰伯》：“如臨深淵，如履薄冰。”

[18]蹶躃：退縮旋轉的樣子。蹶同“蹣”（pán）。

[19]沸脣：翻動嘴脣。《文選》卷五四劉孝標《辨命論》：“自金行不競，天地板蕩，左帶沸脣，乘間電發。”李善注：“王元長《勸給虜書啓》曰：‘息沸脣於桑墟。’然齊梁之間，通以虜爲沸脣也。”

[20]醍乳：乳酪。

[21]《韶雅》：代指中原高雅的音樂。

[22]方丈：指居室。　爰居：原指海鳥，這裏借指鳥巢。按，此處形容北方游牧民族不習慣定居生活。

[23]風土之思：指北魏人懷有的思戀沙漠故國之情。

[24]愎戾之情：指反抗之激情。

[25]拂衣者連裾：形容不習慣漢化的人會拂衣而起反抗，連成一片。

[26]抽鋒者比鏃：形容其内部拔劍而起進行武裝反抗的人越來越多。

[27]卞莊：春秋魯大夫，勇士。相傳見兩虎爭食一牛而鬥，他坐觀二虎鬥傷，趁勢輕而易舉將兩虎刺中。事見《史記》卷七〇《張儀列傳》。後卞莊典故指趁敵人相鬥兩敗俱傷時進擊。

[28]棘寶薦虞，晉疆彌盛：《左傳》僖公二年：“晉荀息請以屈産之乘與垂棘之璧，假道於虞以伐虢。”杜預注：“屈産生良馬，垂棘出美玉，故以爲名。”楊伯峻注引沈欽韓《地名補注》以爲垂棘在今山西潞城市北。按，晉假道滅虢，回師途中又滅虞。

[29]大鍾出智，宿氏以亡：《戰國策·西周策》："游騰謂楚王曰：'昔智伯欲伐厹由，遺之大鐘，載以廣車，因隨入以兵，厹由卒亡，無備故也。'"此言春秋時晋卿智伯欲伐近鄰厹由國，先餽贈大鍾，與之交好，趁其不備時進軍討滅。厹由，即宿氏，故城在今山西盂縣東北。朱季海《南齊書校議》（以下簡稱朱季海《校議》）云："初不云'宿氏'，唯《吕氏春秋·權勳篇》作'夙繇'……宿、夙同音（同在《廣韵·一屋》'肅，息逐切'下）……（《説文》亦謂）夙、宿音義相通，故融《疏》字又作'宿'耳。"（中華書局1984年版，第107頁）

[30]伊瀍：伊水與瀍水，均爲洛水支流。借指舊京邑。

[31]籯（yíng）：箱籠之類的盛器。

永明末，世祖欲北伐，使毛惠秀畫《漢武北伐圖》，[1]使融掌其事。融好功名，因此上疏曰：

臣聞情恉自中，事符則感，象構於始，機動斯彰。莊敬之道可宗，會揖讓其彌肅，[2]勇烈之士足貴，應鼙鐸以增思。[3]肇植生民，厥詳既緬，[4]降及興運，維道有徵，莫不有所因循而升皇業者也。若夫膏腴既稱，天乙知五方之富，[5]皮幣已列，帝劉測四海之尊。[7]異封禪之文，則升中之典攸曁，[8]嘆輿地之圖，乃席卷之庸是立。[9]

[1]毛惠秀：仕齊武帝，善畫，官至少府卿。後遭誣陷致死。本書卷五三、《南史》卷一六有傳。　漢武北伐：指漢武帝於元封元年（前110）冬，勒兵十八萬騎，親自北征匈奴，北登單于臺，至朔方，臨北河。詳見《漢書》卷六《武帝紀》。按，世祖使人畫《漢武北伐圖》，乃用以顯示自己的北伐之志。

［2］揖讓：借指禮樂文治。《漢書·禮樂志》：“揖讓而天下治者，禮樂之謂也。”

［3］鼙鐸：鼙鼓和金鐸，古代軍中所用。借指征戰武功。

［4］厥：通“祥”，嘉善。《左傳》成公十六年：“德、刑、詳、義、禮、信，戰之器也。”楊伯峻注：“祥、詳兩字本可通假。祥，順也，善也。”　緬：遥遠。

［5］天乙：成湯，商朝的創建者。　五方：指東、西、南、北、中，泛指全國。

［6］皮幣：毛皮和繒帛。古代用作聘享的貴重禮物。《管子·五行》：“出皮幣，命行人修春秋之禮於天下諸侯。”

［7］帝劉：指漢武帝。按，這裏借“帝劉”及“天乙”稱頌齊武帝蕭賾。

［8］升中（zhòng）：古帝王祭天上告成功。《禮記·禮器》：“是故因天事天，因地事地，因名山升中于天。”鄭玄注：“升，上也。中，猶成也。謂巡守至於方嶽，燔柴，祭天，告以諸侯之成功也。”　鬯（chàng）：原指古代宗廟祭祀用的香酒，代指宗廟祭祀。

［9］席卷：形容全部占有，指統一大業。　庸：功勛。

伏惟陛下窮神盡聖，總極居中，偶化兩儀，[1]均明二耀，[2]拯玄綱於頹絶，[3]反至道於澆淳，可謂區寓儀形，[4]齊民先覺者也。[5]臣亦遭逢，生此嘉運，鑿飲耕食，自幸唐年。[6]而識用昏靄，經術疎淺，將邁且軸，[7]豈蕨與薇。[8]皇鑒燭幽，天高聽下，[9]賞片言之或善，矜一物之失時，湔拂塵蒙，霑飾光價，[10]拔足草廬，厠身朝序，復得拜賀歲時，瞻望日月，於臣心願，曾已畢矣。但千祀一逢，休明難再，思策鈆駑，[11]樂陳涓壒。竊習戰陣攻守之術，農桑牧藝之書，申、商、韓、墨之權，[12]伊、周、孔、孟之道。[13]常願待詔朱闕，俯對青蒲，[14]請閑宴之私，談當世之務。位賤人微，徒深傾款。

[1]偶化兩儀：指使天地調合、和諧。兩儀，指天地。《易·繫辭上》："易有太極，是生兩儀。"

[2]二耀：同二曜，指日月。

[3]玄綱：猶天綱，指維繫社會人倫的最高王法。

[4]區寓：同區宇。指境域，天下。　儀形：典範、楷模。

[5]齊民：治理人民。《韓非子·八經》："設法度以齊民。"

[6]唐年：唐堯年代，傳説百姓鑿井而飲，耕田以食，安居樂業。這裏借指太平盛世。

[7]將邁（kē）且軸：意思説將要過閑適的隱居生活。語本《詩·衛風·考槃》："考槃在阿，碩人之邁。"又有："考槃在陸，碩人之軸。"邁，美貌。軸，往復徜徉。

[8]豈蕨與薇：蕨薇均爲野蔬山菜。傳説伯夷、叔齊殷亡後隱居首陽山，采蕨薇而食。因以蕨薇指隱居。見《史記》卷六一《伯夷列傳》。

[9]天高聽下：謂天聖明，雖居上而能洞察下情。語出《尚書·泰誓中》："天視自我民視，天聽自我民聽。"這裏以天喻皇帝。

[10]霑飾：浸染潤飾。謂熏陶教化。　光價：謂身價得以顯揚。

[11]鈆駑：自謙語。原意爲鉛刀，駑馬。喻能力低微。

[12]申、商、韓、墨：指戰國時法家申不害、商鞅、韓非及墨家墨翟。　權：法術。

[13]伊、周、孔、孟：指伊尹、周公、孔丘、孟軻。

[14]青蒲：指天子内庭。《漢書》卷八二《史丹傳》："丹直入卧内，頓首伏青蒲上。"顔師古注引應劭曰："以青規地曰青蒲，自非皇后不得至此。"

方今九服清怡，[1]三靈和晏，[2]木有附枝，輪無異轍，東鞮獻舞，[3]南𨐨傳歌，[4]羌、僰踰山，[5]秦、屠越海，[6]舌象翫委體之勲，[7]輶譯厭瞻巡之數，[8]固將開桂林於鳳山，[9]創金城於西守。[10]而蠢爾獯狄，[11]敢讎大邦，假息關河，竊命函谷，淪故京之爽塏，[12]變舊邑而荒涼，息反坫之儒衣，[13]久伊川之被髮。[14]北地殘氓，東都遺老，[15]莫不茹泣吞悲，傾耳戴目，翹心仁政，延首王風。若試馳咫尺之書，[16]具甄戎旅之卒，[17]徇其墮城，納其降虜，可弗勞弦鏃，無待干戈。真皇王之兵，征而不戰者也。臣乞以執殳先邁，式道中原，澄瀚渚之恒流，[18]掃狼山之積霧，[19]係單于之頸，屈左賢之膝，[20]習呼韓之舊儀，[21]拜鑾輿之巡幸。然後天移雲動，勒封岱宗，[22]咸五登三，[23]追蹤七十，[24]百神肅警，萬國具僚，瑲弁星離，[25]玉帛雲聚，[26]集三燭於蘭席，[27]聆萬歲之禎聲，豈不盛哉！豈不韙哉！[28]

[1]九服：原指王畿以外的侯、甸、男、采、衛、蠻、夷、鎮、藩九等地區，這裏泛指全國各地。參見《周禮・夏官・職方式》。

[2]三靈：指天、地、人。

[3]東鞮：古代泛指東方少數民族。

[4]南辮：古代指中國西南少數民族。其俗編髮爲辮，故稱。

[5]羌：中國古代少數民族，主要分布在相當於今甘肅、青海、四川一帶。　僰（bó）：古代少數民族名。

[6]秦：指鮮卑族。公元385年鮮卑貴族乾歸稱河南王，又稱秦王。　屠：屠各，匈奴部族之一，雜居中國西北沿邊諸境。

[7]舌象：舌人，古代翻譯官。

[8]輶（yóu）：指輶車，古代使臣乘坐的一種輕車。借指使臣。

[9]桂林：古代考試例在八月桂花開時舉行，考中稱"折桂"，因以桂林指考試選拔人才。　鳳山：指鳳闕，即皇宫。

[10]金城：指堅固的城壘。按，上句言文治之盛，此句言武備之强。

[11]獯狄：對中國古代對北方匈奴族的蔑稱。這裏指北魏。

[12]爽塏：指明敞乾燥美好之地。《左傳》昭公三年："子之宅近市，湫隘囂塵，不可以居，請更諸爽塏者。"杜預注："爽，明；塏，燥。"

[13]反坫：坫，土築的平台。古代諸侯宴會，互相敬酒後，將空杯反還於坫上。《論語·八佾》："邦君爲兩君之好，有反坫。"何晏《集解》引鄭玄注："反坫，反爵之坫，在兩楹之間。"這裏以"反坫"指往日士大夫宴會之地。

[14]被髮：披髮。北方少數民族的生活習慣，披髮左衽。

[15]北地殘氓，車都遺老：指北魏統治下的中原亡國之民。

[16]咫尺之書：指鼓動淪陷區人民起來反抗的號召書。

[17]甄：指一翼、一支。《左傳》文公十年："子朱及文之無畏爲左司馬。"杜預注："將獵，張兩甄，故置二左司馬。"

[18]澣渚：瀚渚。澣，通"瀚"。中華本校勘記云："南監本、局本作'瀚渚'，《藝文類聚》五十九作'澣海'。按澣即瀚字。"

[19]狼山：指狼牙山。在河北易縣西部，北臨易水，山勢險要。當時爲北魏占領。

[20]左賢：指匈奴首領左賢王。

[21]呼韓：呼韓邪的省稱。呼韓邪爲古匈奴單于名號，臣服於漢。甘露二年（前52）謁漢宣帝於甘泉宫，元帝時再次入朝進貢。

[22]勒封：中華本校勘記云："'勒'《藝文類聚》五十九作'升'。"

[23]咸五登三：形容帝德廣被，同於五帝而與三王並美。語出《漢書》卷五七《司馬相如傳》："方將增泰山之封……上咸五，下登三。"顔師古注："咸，皆也，言漢德與五帝皆盛，而登於三王之上也。"中華本校勘記云："'咸'《藝文類聚》五十九、《元龜》四百八十二作'減'。按'咸'即'減'字。"今按，《藝文類聚》《册府元龜》作"減"，非。中華本校勘記以爲"咸即減字"，"咸"並不通"減"，"減五"亦欠通。

[24]七十：相傳上古至泰山封禪的聖君有七十二。參見《史記》卷二八《封禪書》。

[25]瑲弁：古代一種飾玉的官冕。這裏代指百官。

[26]玉帛：指執玉帛朝貢的諸侯和外國使者。

[27]三燭：喻指日、月、星辰。

[28]韙（wěi）：美好。

昔桓公志在伐莒，[1]郭牙審其幽趣，魏后心存去漢，[2]德祖究其深言。[3]臣愚昧，忖誠不足以知微，然伏揆聖心，規模弘遠，既圖載其事，必克就其功。臣不勝歡喜。

圖成，上置琅邪城射堂壁上，[4]遊幸輒觀視焉。

[1]桓公：指齊桓公。　莒：春秋時邑名。原爲莒國領地，後屬魯又屬齊。在今山東莒縣。

［2］魏后：指魏王曹操。　去漢：取漢而代之。

［3］德祖：楊修，字德祖，爲丞相曹操主簿。善察，多次看破曹操心事。曹忌，慮爲後患，殺之。

［4］琅邪城：指琅邪郡城，南齊置，治所在今江蘇東海縣。

九年，上幸芳林薗禊宴朝臣，[1]使融爲《曲水詩序》，[2]文藻富麗，當世稱之。

［1］芳林薗：芳林苑，在江蘇南京市江寧區東北。齊武帝故宅，永明初改名芳林苑，一作芳林園。中華本校勘記云："薗乃園之俗字，敦煌户籍計帳中屢見之，今不改。"　禊（xì）：祭名。古人祓除不祥之祭，多在農曆三月上巳舉行。《史記》卷四九《外戚世家》"武帝祓霸上"裴駰《集解》引徐廣曰："三月上巳，臨水祓除謂之禊。"

［2］《曲水詩序》：見《文選》卷四六王元長《三月三日曲水詩序》。

上以融才辯，十一年，使兼主客，[1]接虜使房景高、宋弁。[2]弁見融年少，問主客年幾？融曰："五十之年，久踰其半。"因問："在朝聞主客作《曲水詩序》。"景高又云："在北聞主客此製，勝於顔延年，[3]實願一見。"融乃示之。後日，宋弁於瑶池堂謂融曰："昔觀相如《封禪》，[4]以知漢武之德；今覽王生《詩序》，用見齊王之盛。"[5]融曰："皇家盛明，豈直比蹤漢武；更慙鄙製，無以遠匹相如。"上以虜獻馬不稱，使融問曰："秦西冀北，實多駿驥。而魏主所獻良馬，乃駑駘之不若。求名檢事，殊爲未孚。將旦旦信誓，[6]有時而爽，駉駉之牧，[7]不能復嗣？”宋弁曰：“不容虚僞之名，當是不習土地。”融曰：“周穆馬跡遍於天下，[8]若騏驥之性，因地而遷，則造父之策，[9]有時而躓。”弁曰：“王主客何爲勤勤於千里？”[10]融曰：“卿國既異其優劣，聊復相訪。若千里日至，聖上當駕鼓車。”[11]弁曰：“向意既須，必不能駕鼓車也。”融曰：“買死馬之骨，亦以郭隗之故。”[12]弁不能答。

[1]十一年，使兼主客：主客令，尚書省左僕射屬官。掌迎賓出使事。秩五品。按，熊清元《〈南齊書〉研讀札記》據《魏書》之《高祖紀》《宋弁傳》及《通鑑》所記，均證明王融爲主客接魏使房景高、宋弁乃在永明十年（492）七月，而非永明十一年。（《黄岡師專學報》1997 年第 3 期）

[2]房景高：房亮，字景高。魏太和中拜秘書郎。《魏書》卷七二、《北史》卷四五有傳。　宋弁：字義和，博學善辯，魏太和中拜中書侍郎兼員外常侍。《魏書》卷六三、《北史》卷二六有傳。

[3]顔延年：指南朝宋詩人顔延之，他亦寫有《三月三日曲水詩序》。見《文選》卷四六。

[4]相如《封禪》：指漢司馬相如《封禪書》。見《漢書》卷五七下《司馬相如傳下》。

[5]用見齊王之盛：中華本校勘記云：“‘齊王’《南史》、《元龜》八百三十四作‘齊主’。”

[6]旦旦信誓：誠懇的信約、誓言。《詩·衛風·氓》：“言笑晏晏，信誓旦旦。”鄭玄箋：“言其懇惻款誠。”

[7]駉（jiōng）駉：形容駿馬肥壯。《詩·魯頌·駉》：“駉駉牡馬，在坰之野。”　牧：指馬。中華本校勘記云：“《南史》同。洪頤煊《諸史考異》云：“案《毛詩》‘駉駉牡馬’，《釋文》‘牡本作牧’。《顔氏家訓·書證篇》，‘駉駉牡馬，江南書皆作牝牡之牡，

河北本悉爲放牧之牧’。此同河北本。”

[8]周穆：指周穆王，周昭王子，名滿。曾西擊犬戎，東征徐戎。《穆天子傳》載其乘八駿西游見西王母的故事。參見《史記》卷四《周本紀》。

[9]造父：古之善御者，趙國祖先。因向周穆王獻八駿而獲寵。詳見《史記》卷四三《趙世家》。

[10]懃懃：中華本校勘記云：“南監本、局本作‘殷勤’。”千里：指千里馬。

[11]駕鼓車：駕駛用於征戰或儀仗而載有鼓的車。據《後漢書》卷七六《循吏傳序》記載，光武帝劉秀持身儉樸，異國有獻千里馬供其游樂，光武“詔以馬駕鼓車”。後以“駕鼓車”喻指物盡其用。

[12]買死馬之骨，亦以郭隗之故：燕昭王求賢，郭隗用買馬爲喻，説古代有人用五百金買千里馬骨，結果四方紛紛將千里馬趕來賣給他，以此勸燕昭王用厚幣招賢士。典出《戰國策·燕策一》。“以”，原闕，中華本據《南史》、《册府元龜》卷八三四補。今從補。

融自恃人地，[1]三十内望爲公輔。[2]直中書省，夜歎曰：“鄧禹笑人。”[3]行逢大航開，[4]喧湫不得進。又歎曰：“車前無八騶卒，[5]何得稱爲丈夫！”

[1]人地：指品學出人頭地。

[2]三十内望公輔：《南史》卷二一此後云：“初爲司徒法曹，詣王僧祐，因遇沈昭略，未相識。昭略屢顧盼，謂主人曰：‘是何年少？’融殊不平，謂曰：‘僕出於扶桑，入於湯谷，照耀天下，誰云不知，而卿此問？’昭略云：‘不知許事，且食蛤蜊。’融曰：‘物以群分，方以類聚，君長東隅，居然應嗜此族。’其高自標置如

此。”清牛運震《讀史糾謬》卷七《南齊書糾謬》云：“《南史》載融對沈昭略數語，亦可録。”

[3]鄧禹笑人：自憾懷才不遇，不如鄧禹。鄧禹，字仲華，早年知遇漢光武帝，爲心腹謀臣，開國元勛，拜爲大司徒，封酇侯。《後漢書》卷一六有傳。牛運震《讀史糾謬》卷七云：“《南史》云：‘及爲中書郎，嘗撫案嘆曰：爲爾寂寂，鄧禹笑人。’似勝。”

[4]大舫：指朱雀航，在今江蘇南京市秦淮河上。舫，通“航”，城壕上的渡橋。

[5]八騶：古代王公、宰相出行時，有八名騶卒騎馬前行開道，稱“八騶”。

朝廷討雍州刺史王奂，[1]融復上疏曰：

臣每覽史傳，見憂國忘家，捐生報德者，未曾不撫卷歎息，以爲今古共情也。然或以片言微感，一飡小惠，參國士之眄，同布素之遊耳。[2]豈有如臣，獨拔無聞之伍，過超非分之位，名器雙假，[3]榮禄兩升，而宴安昃罷之晨，[4]優游旰食之日。[5]所以敢布丹愚，仰聞宸聽。

[1]王奂：字彦孫，瑯邪臨沂（今山東臨沂市）人。初仕宋，後仕齊。齊武帝永明十一年（493），任雍州刺史，因擅殺朝廷命官，對抗拘捕，被征剿伏誅。詳見本書卷四九《王奂傳》。

[2]布素：布衣素服。借指平民身份。

[3]名器：名號與車服儀制。《左傳》成公二年：“唯器與名，不可以假人，君之所司也。”杜預注：“器，車服。名，爵號。”

[4]昃（zè）：同“昃”，日西斜。按，“昃罷”泛指從早到晚。

中華本校勘記云："臭原訛'具'，今據殿本改正。按臭即昃字，'臭'與'具'形近而訛。"

[5]旰（gàn）食：晚食。這裏用以頌揚君王賢明，勤於政事。

今議者或以西夏爲念，[1]臣竊謂之不爾。其故何哉？陛下聖明，群臣悉力，從以制逆，[2]上而御下，指開賞黜之言，[3]微示生死之路，方域之人，皆相爲敵。既兵威遠臨，[4]人不自保，雖窮鳥必啄，固等命於梁鶉，[5]困獸斯驚，終並懸於厨鹿。凱師勞飲，固不待晨。臣之寸心，獨有微願。

[1]西夏：指居於西北邊境的氐、羌等少數民族。

[2]從以制逆：中華本校勘記云："'從'即'順'字，子顯避梁諱改。南監本、殿本已改作'順'。"

[3]上而御下，指開賞黜之言：此指齊高帝及齊武帝時，對氐、羌等少數民族，采取綏懷政策。其首領先後内附，接受封官，爲御邊大臣。詳見本書卷五九《氐羌傳》。

[4]既兵威遠臨：此指齊武帝時氐首領楊集始反，朝廷遣師遠討，集始大敗，十八營一時潰走。詳見本書卷五九《氐傳》。

[5]梁鶉：懸於梁上待殺食的鶉鳥，比喻等死。下句"厨鹿"義同。

自獫狁荐食，[1]荒侮伊瀍。天道禍淫，危亡日至，母后内難，[2]粮力外虚，[3]謡言物情，屬當今會。若藉巫、漢之歸師，[4]騁士卒之餘憤，取函谷如反掌，[5]陵關塞若摧枯。但士非素蓄，無以即用，不教民戰，是實棄之。特希私集部曲，[6]豫加習校。

若蒙垂許，乞隸監省拘食人身，[7]權備石頭防衛之數。[8]臣少重名節，早習軍旅，若試而無績，伏受面欺之誅；用且有功，仰詶知人之哲。[9]

[1]獫（xiǎn）狁（yǔn）：匈奴族古稱，這裏指北魏。　荐食：喻並吞。

[2]母后内難：指魏孝文帝太和十四年（490），太皇太后馮氏駕崩。

[3]粮力外虚：指太和十一年（487）魏春夏大旱，加以牛疫，民餒死者甚多。詳見《通鑑》卷一三六《齊紀二》"齊武帝永明五年"條。中華本校勘記云："'糧'南監本作'兵'。"朱季海《校議》云："南監臆改。糧力兼指兵食。"（第107頁）

[4]巫、漢之歸師：指川、漢歸降的氐族文弘、楊集始之師。詳見本書卷五九《氐傳》。

[5]函谷：古關名。即函谷關，爲戰國秦置，在今河南靈寶縣境。因其路在谷中，深險如函，故名。

[6]私集部曲：這裏指將豪門巨族私人軍隊集結起來，隸屬國家統一訓練。

[7]乞隸監省拘食人身：請求所隸屬監省人員限定糧餉。監、省皆官署名，爲秘書監、尚書省等。

[8]石頭：指石頭戍，在今江蘇南京市西清涼山，負山面江，當時爲軍事要塞。

[9]詶（chóu）：通"酬"，報償。

會虜動，竟陵王子良於東府募人，[1]板融寧朔將軍、軍主。[2]融文辭辯捷，尤善倉卒屬綴，有所造作，援筆可待。子良特相友好，情分殊常。晚節大習騎馬。才地既華，兼藉子良之勢，傾意賓客，勞問周款，文武翕習輻湊之。[3]招集江西傖楚數百人，[4]並有幹用。

[1]竟陵王子良：字雲英，齊武帝次子，領尚書兼揚州刺史，居東府。詳見本書卷四〇《子良傳》。　東府：故址在今江蘇南京市。南朝爲宰相住處。《通鑑》卷一三八《齊紀四》“武帝永明十一年”條：“秋七月……魏將入寇，子良於東府募兵，版融寧朔將軍，使典其事。融傾意招納，得江西傖楚數百人，並有幹用。”

[2]寧朔將軍：南朝爲優禮大臣的虛號。秩四品。　軍主：統帥一軍士卒的主將。征戰時常爲方面統帥。

[3]翕習輻湊：形容紛紛趨附其周圍。中華本校勘記云：“‘翕習’南監本作‘翕翕’。”

[4]傖楚：魏晋南北朝時，吴人鄙視楚人粗傖，謂之“傖楚”。這裹借指楚地人。

世祖疾篤暫絶，[1]子良在殿内，[2]太孫未入，[3]融戎服絳衫，於中書省閤口斷東宫仗不得進，[4]欲立子良。[5]上既蘇，太孫入殿，朝事委高宗。[6]融知子良不得立，乃釋服還省。歎曰：“公誤我。”鬱林深忿疾融，[7]即位十餘日，收下廷尉獄，然後使中丞孔稚珪倚爲奏曰：[8]“融姿性剛險，立身浮競，動迹驚群，抗言異類。近塞外微塵，[9]苦求將領，遂招納不逞，扇誘荒傖。狡筭聲勢，[10]專行權利，反覆脣齒之間，傾動頰舌之内。威福自己，無所忌憚，誹謗朝政，歷毁王公，謂己才流，無所推下，事曝遠近，使融依源據答。”融辭曰：“囚寔頑蔽，觸行多僁，[11]但夙忝門素，[12]得奉教君子。爰自總髮，迄將立年，[13]州閭鄉黨，見許愚慎，朝廷衣冠，謂無釁咎。[14]過蒙大行皇帝獎育之恩，[15]又荷文皇帝識擢之重，[16]司徒公賜預士林，[17]安陸王曲垂眄接。[18]既身被國慈，必欲以死自効，前後陳伐虜之計，亦仰簡先朝。今段犬羊乍擾，[19]紀僧真奉宣先敕，[20]賜語北邊動静，令囚草撰符詔，于時即因啓聞，希侍鑾輿。及司徒宣敕招募，同例非一，實以戎事不小，不敢承教。續蒙軍號，[21]賜使招集，銜敕而行，非敢虚扇。且格取亡叛，不限傖楚，'狡筭聲勢'，應有形迹。'專行權利'，又無贓賄。'反覆脣齒之間'，未審悉與誰言？'傾動頰舌之内'，[22]不容都無主此。[23]但聖主膺教，實所沐浴，自上《甘露頌》及《銀甕啓》《三日詩序》《接虜使語辭》，[24]竭思稱揚，得非'誹謗'？且王公百司，唯賢是與，高下之敬，等秩有差，不敢踰濫，豈應'訾毁'？囚才分本劣，[25]謬被策用，悚怍之情，[26]夙宵兢惕，[27]未嘗誇示里閭，彰曝遠邇，自循自省，並愧流言。良由緣淺寡虞，致貽囂謗。[28]伏惟明皇臨宇，普天蒙澤，戊寅赦恩，[29]輕重必宥。百日曠期，始蒙旬日，一介罪身，獨嬰憲劾。若事實有徵，爰對有在，九死之日，無恨泉壤。"詔於獄賜死。時年二十七。臨死歎曰："我若不爲百歲老母，當吐一言。"融意欲指斥帝在東宫時過失也。[30]

[1]暫絶：指暈厥（休克）。

[2]子良在殿内：本書卷四〇《竟陵文宣王子良傳》云："世祖不豫，詔子良甲仗入延昌殿侍醫藥。"

[3]太孫：指已故文惠太子之長子蕭昭業，即繼齊武帝之位的鬱林王。本書卷四有紀。

［4］融戎服絳衫，於中書省閤口斷東宫仗：絳衫，絳色軍服。唐長孺《讀史釋詞》："按王融乃中書郎，傳稱'竟陵王子良於東儲募人，板融寧朔將軍、軍主……招集江西傖楚數百人'，所以他得服絳衫……據此知不獨兵吏絳衣，領兵之將所衣戎服亦是絳衫。"（見《魏晋南北朝史論拾遺》，中華書局1983年版，第258頁）東宫仗，這裏指太孫儀仗。

［5］欲立子良：《南史》卷二一作："欲矯詔立子良，詔草已立，上重蘇。"

［6］朝事委高宗：高宗，指後來取代鬱林王和恭王自立爲帝的齊明帝蕭鸞。其爲齊高帝蕭道成之侄，當時封西昌侯。本書卷六有紀。按，《南史》卷二一此處云："俄而帝崩，融乃處分以子良兵禁諸門，西昌侯聞，急馳到雲龍門，不得進，乃曰：'有敕召我。'仍排而入，奉太孫登殿，命左右扶出子良，指麾音響如鍾，殿内無不從命……"又本書卷四〇《竟陵文宣王子良傳》云："（世祖）俄頃而蘇，問太孫所在，因召東宫器甲皆入。遺詔使子良輔政，高宗知尚書事。子良素仁厚，不樂世務，乃推高宗。詔云：'事無大小，悉與鸞參懷'。"又《通鑑》卷一三八《齊紀四》"武帝永明十一年"條云："遺詔曰：'太孫進德日茂，社稷有寄。子良善相毗輔，思弘治道。内外衆事，無大小悉與鸞參懷，共下意……'"

［7］鬱林：鬱林王蕭昭業，武帝蕭賾太孫。

［8］孔稚珪：仕齊，武帝時官至御史中丞。詳見本書卷四八《孔稚珪傳》。"稚"原作"穉"，從中華本改。

［9］塞外微塵：指北魏將入寇。

［10］狡筭聲勢：猶虛張聲勢。筭，同"算"。中華本校勘記云："'筭'字《元龜》五百二十一同。南監本、毛本、殿本、局本及《南史》並作'弄'。按下王融答辭亦有'狡筭聲勢'語，筭即筭字，則作'筭'不訛。又按《説文》，筭字從竹弄，言常弄乃不誤也，則筭字本含有弄義矣。"

［11］愆（qiān）：過失。《南史》作"諐"，義同。

［12］夙忝：“忝”原誤作“恭”，中華本據毛本、殿本、局本及《南史》改。今從改。　門素：指出身於有聲望的門閥之家。

［13］爰自總髮，迄將立年：指從少小到中青年。總髮，束髮，古代男孩束髮爲髻，因以代指成童之年。立，指三十歲，本孔子“三十而立”之語。

［14］釁咎：罪過。

［15］大行皇帝：古代稱剛死尚未定謚號的皇帝。此指齊武帝蕭賾。

［16］文皇帝：指文惠太子蕭長懋。其子鬱林王立，追尊爲“文帝”。

［17］司徒公：指竟陵王蕭子良，武帝時正位司徒，給班劍二十人。見本書卷四〇《竟陵文宣王子良傳》。

［18］安陸王：名子敬，字雲端，武帝第五子。本書卷四〇有傳。

［19］今段：猶言這回。段，原作“叚”。朱季海《校議》云：“‘叚’當爲‘段’。《蕭惠休傳》：‘上敕中書舍人茹法亮曰：可問蕭惠休，吾先使卿宣敕答其勿以私祿足充獻奉。今段殊覺其下情厚於前後人。’‘今段’猶今云‘這回’也。”（第 107 頁）今從改。按，“叚”乃“假”的古字。

［20］紀僧真：齊高帝和齊武帝的倖臣。詳見本書卷五六《倖臣傳》。這裏是說紀奉武帝詔，令王融草撰討魏符詔。

［21］續蒙軍號：指竟陵王爲丞相時板授王融爲寧朔將軍、軍主。

［22］傾動：傾，原作“輕”，中華本據南監本、局本及《南史》、《册府元龜》卷五二一改。今從改。

［23］主：指聽主，見證之人。中華本校勘記云：“‘主’南監本、局本作‘彼’。”朱季海《校議》云：“‘主’字是。此言奏云：‘傾動頰舌之内’，爲與誰言，何以竟無主名爾。二本臆改。”（第 108 頁）

[24]虜使：使，原闕，中華本據南監本、殿本、局本及《南史》補。今從補。

[25]囚：原作“因”，中華本據毛本、殿本、局本及《南史》改。今從改。

[26]悚怍：惶恐慚愧。

[27]兢惕：警惕。

[28]囂謗：謂衆口譏毁。

[29]戊寅赦恩：指齊鬱林王改元隆昌大赦。本書卷四《鬱林王紀》：“隆昌元年春正月丁未，改元，大赦。”按，隆昌元年(494)爲甲戌年，此云“戊寅”，不明何指。

[30]融意欲指斥帝在東宫時過失也：《南史》卷二一此段後云：“先是，太學生會稽魏準，以才學爲融所賞，既欲奉子良，而準鼓成其事。太學生虞羲、丘國賓竊相謂曰：‘竟陵才弱，王中書無斷，敗在眼中矣。’及融誅。召準入舍人省詰問，遂懼而死，舉體皆青，時人以準膽破。”

融被收，朋友部曲參問北寺，[1]相繼於道。融請救於子良，子良憂懼不敢救。融文集行於世。[2]

[1]北寺：監獄名。東漢黄門署屬下的監獄，主鞫禁將相大臣。因署在宫北，故名。

[2]融文集：見明張溥輯《漢魏六朝百三家集·王寧朔集》收詩文十卷。

謝朓字玄暉，[1]陳郡陽夏人也。[2]祖述，[3]吴興太守。父緯，[4]散騎侍郎。

[1]謝朓：《南史》卷一九有附傳。

［2］陳郡陽夏：今河南太康縣附近。

［3］述：謝述，字景先，小字道兒。少有至行，爲宋孝武帝劉駿所賞識，拜中書侍郎，又遷左衛將軍。莅官清約，卒於吴郡太守。《宋書》卷五二、《南史》卷一九有傳。

［4］緯：謝緯。尚宋文帝第五女長城公主，性方雅有父風。參見《南史》卷一九《謝述傳》。

朓少好學，有美名，文章清麗。解褐豫章王太尉行參軍，[1]度隨王東中郎府，[2]轉王儉衛軍東閤祭酒，[3]太子舍人、隨王鎮西功曹，[4]轉文學。[5]

［1］解褐：脱去布衣換官服，指初從仕。　豫章王：豫章文獻王蕭嶷，字宣儼，齊高帝次子。齊武帝時，進位太尉。詳見本書卷二二《豫章文獻王傳》。按，豫章王之“章”字原落，中華本據南監本、毛本、殿本、局本補。今從補。

［2］度：遷轉。中華本校勘記云：“南監本作‘遷’，毛本、殿本、局本作‘歷’。按張元濟校勘記云‘度’字不誤。”　隨王：隨郡王蕭子隆，字雲興，齊武帝第八子。永明四年（486），遷東中郎將。詳見本書卷四〇《武十七王傳》。按，謝朓遷轉爲其東中郎軍府參軍。　東中郎：四中郎將之一，南朝爲榮譽加號。

［3］王儉：知遇齊高帝及齊武帝，官至尚書令。永明元年（483），進號衛將軍。詳見本書卷二三《王儉傳》。　東閤祭酒：漢制，公府、軍府作東西閣室以居幕僚及辦事人員，其幕僚之長稱爲東西閣祭酒。南齊沿置。參見本書《百官志》。按，“閤”原訛爲“門”，中華本據各本改。今從改。

［4］鎮西功曹：鎮西將軍府佐吏。按，隨郡王蕭子隆於永明八年（490）都督荆、雍等六郡、鎮西將軍、荆州刺史。見本書卷四〇《武十七王傳》。

［5］文學："文學從事"或"文學祭酒"的簡稱。掌刊校典籍，侍從文章。秩六品。

子隆在荆州，好辭賦，數集僚友，朓以才文，[1]尤被賞愛，流連晤對，不捨日夕。長史王秀之以朓年少相動，[2]密以啓聞。[3]世祖敕曰："侍讀虞雲自宜恒應侍接。[4]朓可還都。"朓道中爲詩寄西府曰：[5]"常恐鷹隼擊，秋菊委嚴霜。寄言罻羅者，寥廓已高翔。"遷新安王中軍記室。[6]朓牋辭子隆曰："朓聞潢汙之水，[7]思朝宗而每竭；[8]駑蹇之乘，希沃若而中疲。[9]何則？皋壤摇落，對之惆悵；岐路東西，[10]或以嗚悒。况乃服義徒擁，[11]歸志莫從，邈若墜雨，飄似秋蔕。[12]朓實庸流，行能無筭，屬天地休明，山川受納，褒採一介，搜揚小善，[13]捨耒場圃，奉筆菟園。[14]東亂三江，西浮七澤，[15]契闊戎旃，[16]從容讌語。長裾日曳，[17]後乘載脂，[18]榮立府廷，恩加顔色。沐髮晞陽，未測涯涘；撫臆論報，早誓肌骨。不悟滄溟未運，波臣自蕩；渤澥方春，旅翮先謝。[19]清切藩房，寂寥舊蓽。輕舟反泝，弔影獨留，白雲在天，龍門不見。[20]去德滋永，思德滋深。唯待青江可望，候歸艎於春渚；[21]朱邸方開，効蓬心於秋實。[22]如其簪屨或存，[23]衽席無改，雖復身填溝壑，猶望妻子知歸。攬涕告辭，悲來横集。"

［1］才文：原作"文才"。中華本校勘記云："《文選》二十六謝玄暉《暫使都夜發新林至京邑贈西府同僚》詩李善注引作'才文'，《元龜》二百九十二亦作'才文'。"但中華本仍定爲"文

才”。朱季海《校議》云：“當爲‘才文’……今本作‘文才’，曾鞏諸人校書時所改。‘才文’云者，言其才與文並被賞愛，非但重其文才而已也。”（第108頁）據改“才文”。

［2］王秀之：字伯奮。歷仕南朝宋、齊，官至司徒左長史。本書卷四六、《南史》卷二四有傳。　年少相動：意謂謝朓年少，行爲輕浮躁動。

［3］密以啓聞：指暗中向武帝報告。《南史》卷一九作：“欲以啓聞，朓知之，因事求還。”

［4］侍讀虞雲自宜恒應侍接：虞雲，不詳何人。此句意謂謝朓文學侍從之職由侍讀虞雲兼任。《南史》無此句。

［5］爲詩寄西府：西府，指荆州州府。因在建康西，故稱。謝朓寄詩，把暗中忌賢詆毁的小人比作鷹隼，比作捕鳥的網羅，用“寥廓已高翔”表示自己遠避灾禍。

［6］新安王：不詳。齊高、武二帝諸子無封爲新安王者。武帝第十子西陽王子明於永明十年（492）督會稽、新安等五郡軍事，會稽太守。似即此人。

［7］潢汙：聚積不流的水。

［8］思朝宗：《文選》卷四〇謝玄暉《拜中軍記室辭隨王牋》作“願朝宗”。朝宗，指奔向大海。按，此句比喻自己心慕隨郡王子隆，但限於地位低微，不能如願投奔。下句喻意同。

［9］沃若：形容温順。《詩·小雅·皇皇者華》：“我馬維駱，六轡沃若。”《文選》李善注：“沃若，調柔也。”

［10］岐路東西：用楊朱哭歧路典。據《淮南子·説林》：“楊子見逵路而哭之，爲其可以南，可以北。”後用以比喻世路崎嶇，擔心誤入歧途。中華本校勘記云：“‘東西’《文選》作‘西東’。”

［11］况乃：“况”原闕，中華本校勘記云：“據南監本、殿本、局本及《南史》《文選》補。”今從補。

［12］飄似：中華本校勘記云：“‘飄’《文選》作‘翩’。”　秋蔕：指落葉。

[13]捜揚：中華本校勘記云："'捜'《文選》作'抽'。"

[14]菟園：兔園，亦稱"梁園"。漢梁孝王好宫室園圃，建兔園以招攬文士。詳見《西京雜記》卷二。這裏用兔園美喻隨王宅。

[15]東亂三江，西浮七澤：言常奉陪隨王游山玩水。三江七澤，泛指江河湖澤。"亂"毛本、殿本、局本作"泛"，非。《詩·大雅·公劉》："涉渭爲亂。"孔穎達疏："水以流爲順，横渡則絶其流，故爲亂。"中華本校勘記亦云："按《文選》作'亂'，李善注引僞《孔傳》'正絶流曰亂'。作'泛'訛。"

[16]契闊：勞苦。　戎旃：軍事。此指爲隨王籌劃軍務而操勞。

[17]長裾日曳：指常常受到隨王的親切接見。《孔叢子·儒服》："子高衣長裾，振褎袖，見平原君。"

[18]載脂：抹油於車軸上，指跟隨隨王乘車外出處理公務。"載脂"語出《詩·邶風·泉水》。

[19]滄溟未運，波臣自蕩；渤澥方春，旅翮先謝：《文選》李善注："滄溟、渤澥，皆以喻王；波臣、旅翮，皆自喻也。"謝朓將自己遭小人讒毁比作涸魚、困鳥，急待救援。滄溟未運，"未"原訛"末"，中華本據南監本、局本及《南史》《文選》及《册府元龜》卷八五〇改。今從改。

[20]龍門不見：語出《楚辭·哀郢》："過夏首而西浮兮，顧龍門而不見。"王逸注："龍門，楚東門也……望楚東門，蔽而不見，自傷日以遠也。"謝朓以屈原去楚都類比自己離開荆州。

[21]候歸艎於春渚：意謂等候隨王子隆調官回京城。

[22]朱邸方開，効蓬心於秋實：意思是説，等您新官上任，我有願效忠於您。朱邸，指大官官署。蓬心，蓬草之心，自喻淺薄的謙詞。秋實，秋天成熟的果實，比喻人的道德成就，亦喻有道德的人。這裏美稱隨王。

[23]簪履：代指官職、官位。下句"衽席"同。

尋以本官兼尚書殿中郎。[1]隆昌初，[2]敕朓接北使，朓自以口訥，啓讓不當，不見許。[3]高宗輔政，[4]以朓爲驃騎諮議，[5]領記室，[6]掌霸府文筆。[7]又掌中書詔誥，除祕書丞，[8]未拜，仍轉中書郎。出爲宣城太守，[9]以選復爲中書郎。[10]

[1]本官：指原任官職。　尚書殿中郎：尚書省官。主殿中曹，掌駕行百官留守名帳、宫殿禁衛、供御衣食等事。

[2]隆昌：齊鬱林王年號。

[3]啓讓不當，不見許：《南史》卷一九作："啓讓，見許。"中華本校勘記云："按南監本無'不當不'三字，《南史》同。殿本無下'不'字。"

[4]高宗輔政：指齊明帝蕭鸞廢鬱林王，立海陵王（494），自爲輔政。

[5]驃騎諮議：驃騎大將軍府諮議參軍。按，當時蕭鸞進驃騎大將軍（最高榮譽加號）。

[6]記室：記室參軍，軍府佐吏。掌書記。

[7]霸府：南朝稱將軍開府。　文筆：指公文書翰。

[8]祕書丞：秘書省官。掌修撰國史。秩六品。

[9]宣城：郡名。治所在今安徽宣城市。

[10]中書郎：歐陽修《集古録跋尾》卷四："《南齊海陵王墓銘》長兼中書侍郎謝朓撰……此志題云'長兼中書侍郎'，而據《傳》，朓未嘗爲中書侍郎，史之闕也。"

建武四年，[1]出爲晉安王鎮北諮議、南東海太守，[2]行南徐州事。[3]啓王敬則反謀，[4]上甚嘉賞之。[5]遷尚書吏部郎。朓上表三讓，[6]中書疑朓官未及讓，以問祭酒沈約。[7]約曰："宋元嘉中，[8]范曄讓吏部，[9]朱脩之讓黄門，[10]蔡興宗讓中書，[11]並三表詔答，具事宛然。近世小官不讓，遂成恒俗，恐此有乖讓意。王藍田、劉安西並貴重，[12]初自不讓，[13]今豈可慕此不讓邪？孫興公、孔覬並讓記室，[14]今豈可三署皆讓邪？謝吏部今授超階，[15]讓别有意，[16]豈關官之大小？撝讓之美，[17]本出人情。若大官必讓，便與詣闕章表不異。例既如此，謂都自非疑。"[18]朓又啓讓，上優答不許。

[1]建武：齊明帝年號。

[2]鎮北諮議：指鎮北將軍府諮議參軍。　南東海：郡名。治所在今江蘇鎮江市。

[3]行南徐州事：指代理執行南徐州州牧之事。南徐州，州名。治所在今江蘇鎮江市。

[4]王敬則：謝朓岳父，歷仕南朝宋、齊，位至司空。齊明帝誅殺勛舊，敬則乃高、武舊臣，心懷憂懼，擬起兵興事。謝朓得知，啓告朝廷討滅。詳見本書卷二六《王敬則傳》及《通鑑》卷一四一《齊紀七》"明帝永泰元年"條。

[5]上甚嘉賞之：《通鑑》卷一四一《齊紀七》"明帝永泰元年"條曰："上賞謝朓之功，遷尚書吏部郎。"胡三省注："《唐六典》曰：吏部郎，職在選舉。魏、晋用人，妙於時選，其諸曹郎功高者，遷吏部郎，歷代品秩皆高於諸曹郎。魏、晋、宋、齊，吏部郎品第五，諸曹郎品第六。"嘉原作"善"，中華本據南監本、毛本、殿本、局本改。今從改。

[6]朓上表三讓：指謝朓三次上奏章辭讓尚書吏部郎之官職，以表示謙遜。古代品秩高的官往往再三辭讓後方就職。

[7]沈約：歷仕南朝宋、齊、梁。齊明帝時，徵爲五兵尚書，

遷國子祭酒。詳見《梁書》卷一三、《南史》卷五七《沈約傳》。

[8]元嘉：南朝宋文帝年號。

[9]范暈：范曄。宋元嘉中遷吏部尚書，三次謙辭始就任。詳見《宋書》卷六九、《南史》卷三三《范曄傳》。　讓：謙讓。

[10]朱脩之：宋元嘉中遷門下省給事黄門侍郎。詳見《宋書》卷七六、《南史》卷一六《朱脩之傳》。

[11]蔡興宗：宋元嘉中遷中書侍郎。詳見《宋書》卷五七、《南史》卷二九《蔡興宗傳》。

[12]王藍田：王述，字德祖，東晋人，因襲爵藍田侯，故稱。王述累官至臨海太守、會稽内史及揚州刺史、征虜將軍。述每受職，不爲虚讓。友人諫以故事應讓，述曰："汝謂我不堪邪?"友曰："非也。但克讓自美事耳。"述曰："既云堪，何爲復讓!"詳見《晋書》卷七五《王述傳》。

[13]初自不讓：原作"初不自讓"，中華本據《御覽》卷二一六、卷四一二引及《通典·職官典》、《册府元龜》卷四六四改。今從改。

[14]孫興公：孫綽，字興公。晋孫楚之孫，性通率。官至永嘉太守，遷散騎常侍，領著作郎。《晋書》卷五六有傳。　孔覬：字思遠，性骨梗。仕宋，爲衡陽王安西主簿，户曹參軍。後轉署王府記室，覬奉箋固辭。詳見《宋書》卷八四《孔顗傳》。

[15]超階：意指破格提拔。

[16]讓别有意：《通鑑》卷一四一胡三省注云："脁自兼殿中郎遷吏部郎，故曰超階。脁耻以告妻父得官，故曰讓别有意。"

[17]撝（huī）讓：謙讓。中華本校勘記云："'讓'毛本、殿本、局本作'謙'。"

[18]謂都自非疑：中華本校勘記云："南監本無'自'字。"朱季海《校議》云："《張融傳》:往詣戢，誤通尚書劉澄。融下車入門，乃曰：'非是。'至户外，望澄，又曰：'非是。'既造席，視澄曰：'都自非是。'都自非□，當時語正如此。"（第108頁）

朓善草隸，長五言詩，[1]沈約常云“二百年來無此詩也”。敬皇后遷祔山陵，[2]朓撰哀策文，[3]齊世莫有及者。

[1]長五言詩：謝朓五言詩對後世影響甚大。明張溥《魏晋六朝百三家集·謝宣城集題注》云：“李青蓮（白）論詩，目無往古，惟于謝玄暉三四稱服……梁武帝絶重謝詩，云：‘三日不讀，即覺口臭。’簡文與湘東書，推爲‘文章冠冕，述作楷模’。劉孝綽日置几案，沈休文每稱未有，其見貴當時，又復如是。”

[2]敬皇后：名惠端，齊明帝蕭鸞妻，初除西昌侯夫人，早卒。明帝即位，追尊爲敬皇后。後明帝崩，改葬祔於興安陵。詳見本書卷二〇《皇后傳》。

[3]哀策文：指《齊敬皇后哀策文》。見《文選》卷五八。

東昏失德，[1]江祏欲立江夏王寶玄，[2]末更回惑，與弟祀密謂朓曰：“江夏年少輕脱，不堪負荷神器，不可復行廢立。始安年長入纂，[3]不乖物望。非以此要富貴，政是求安國家耳。”遥光又遣親人劉渢密致意於朓，[4]欲以爲肺腑。朓自以受恩高宗，非渢所言，不肯答。少日，遥光以朓兼知衛尉事，[5]朓懼見引，即以祏等謀告左興盛，[6]興盛不敢發言。祏聞，以告遥光，遥光大怒，[7]乃稱敕召朓，[8]仍回車付廷尉，與徐孝嗣、祏、暄等連名啓誅朓曰：[9]“謝朓資性險薄，大彰遠近。王敬則往構凶逆，微有誠効，自爾昇擢，超越倫伍。而谿壑無厭，著於觸事。比遂扇動内外，處處姦説，妄貶乘輿，[10]竊論宮禁，間謗親賢，輕議朝宰，醜言異計，非可具聞。無君之心既著，共棄之誅宜及。臣等參議，宜下北里，[11]肅正刑書。”詔：“公等啓事如此，朓資性輕險，久彰物議。直以彫蟲薄伎，見齒衣冠。昔在渚宮，[12]構扇蕃邸，日夜縱諛，[13]仰窺俯畫。及還京師，翻自宣露，[14]江、漢無波，[15]以爲己功。素論於兹而盡，[16]縉紳所以側目。去夏之事，[17]頗有微誠，賞擢曲加，踰邁倫序，感悦未聞，陵競彌著。遂復矯構風塵，妄惑朱紫，詆貶朝政，疑間親賢。巧言利口，見醜前志，涓流纖孽，作戒遠圖。宜有少正之刑，[18]以申去害之義。便可收付廷尉，肅明國典。”又使御史中丞范岫奏收朓，[19]下獄死。時年三十六。[20]

[1]東昏：指齊東昏侯蕭寶卷。本書卷七有紀。

[2]江祏：字弘業，其姑爲景皇后。少爲明帝所親，後官至中書令，勢冠當時，爲“六貴”之首。詳見本書卷四二、《南史》卷四七《江祏傳》。　江夏王寶玄：字智深，明帝第三子，後爲東昏侯所殺。詳見本書卷五〇《明七王傳》。

[3]始安：指始安貞王道生之子遥光，齊高帝之侄，襲父爵爲始安王。明帝時爲大將軍。明帝崩，遺詔遥光輔政，潛謀自立，事敗被誅。詳見本書卷四五《宗室傳》。　纂：繼承。

[4]遣：原作“遺”，中華本據殿本、局本及《南史》改。今從改。　劉渢：字處和。與江祏兄弟交深，爲始安王遥光諮議、心腹。遥光敗，渢亦被殺。詳見《南史》卷七三《孝義傳上》。

[5]衛尉：掌王府宮門屯衛的武官。秩三品。按，遥光意欲將朓調到身邊。

[6]即以祏等謀告左興盛：中華本校勘記引張森楷《校勘記》

云："'左興盛'下，北監本、殿本有'劉暄'二字。"又《南史》"左興盛"後有："又説劉暄曰：'始安一旦南面，則劉渢、劉晏居卿今地，但以卿爲反覆人爾。'暄陽驚，馳告始安王及江祏。"左興盛，東昏侯親信，任右衛將軍，督京邑水步兵。見本書卷七《東昏侯紀》。劉暄，字士穆。東昏侯朝散騎常侍，右衛將軍，"六貴"之一。本書卷四二有附傳。

［7］遥光大怒：《南史》卷一九此處所記有異，云："始安（即遥光）欲出朓爲東陽郡，祏固執不與。先是，朓常輕祏爲人。祏常詣朓，朓因言有一詩，呼左右取，既而便停。祏問其故，云'定復不急'，祏以爲輕已。後祏及弟祀、劉渢、劉晏俱候朓，朓謂祏曰：'可謂帶二江之雙流。'以嘲弄之。祏轉不堪，至是構而害之，詔暴其過惡，收付廷尉。"清牛運震《讀史糾謬》卷七《南齊書糾謬》云："朓之禍，江祏搆之也。《南史》載祏與朓結怨之由甚詳，似不可略。"

［8］召朓：召原作"見"，中華本據南監本、毛本、殿本、局本改。今從改。

［9］徐孝嗣：字始昌，仕齊爲尚書令。明帝臨崩，受遺托重，申開府之命，爲東昏輔政。本書卷四四、《南史》卷一五有傳。

［10］乘輿：古代特指皇帝乘坐的車。借指皇帝。

［11］北里：猶北寺，指監獄。東漢屬黄門署，因在宫省北，故名。

［12］渚宫：楚宫。借指楚地。按，此句指謝朓早年在荆州隨王府任職。

［13］縱諛：同"從諛"，慫恿，奉承。中華本校勘記云："'縱諛'南監本、殿本作'從諛'。"

［14］飜：同"翻"。

［15］江、漢無波：喻指江漢之地平安。

［16］素論：指樸實的言論。

［17］去夏之事：指去年夏天朓檢舉其岳父王敬則謀反事。

[18]少正之刑：孔子爲魯司寇時誅少正卯。借指誅邪惡之人。

[19]范岫：字懋賓，歷仕齊、梁。東昏時，官至黄門侍郎，兼御史中丞。《梁書》卷二六、《南史》卷六〇有傳。

[20]時年三十六：《南史》卷一九此後云："臨終謂門賓曰：'寄語沈公（按，指沈約），君方爲三代史，亦不得見没。'"

朓初告王敬則，敬則女爲朓妻，常懷刀欲報朓，朓不敢相見。及爲吏部郎，沈昭略謂朓曰：[1]"卿人地之美，無忝此職。但恨今日刑于寡妻。"[2]朓臨敗歎曰："我不殺王公，王公由我而死。"[3]

[1]沈昭略：仕齊，官至黄門郎、侍中等職。本書卷四四、《南史》卷三七有傳。

[2]刑于寡妻：語出《詩·大雅·思齊》："刑于寡妻，至于兄弟，以御于家邦。"鄭玄箋："文王以禮法接待其妻。"按，沈昭略是借字面意諷刺朓妻欲殺朓。清錢大昕《廿二史考異》："按，文義當以朓妻懷刀欲殺之，故援刑于語以相謔。《南史》改云'但恨不可刑于寡妻'，詞拙而意淺矣。此云沈昭略，《南史》以爲范縝，亦異。"

[3]我不殺王公，王公由我而死：《南史》卷一九此處云："及臨誅，歎曰：'天道其不可昧乎！我雖不殺王公，王公因我而死。'"又云："朓好獎人才，會稽孔覬粗有才筆，未爲時知。孔珪嘗令草讓表以示朓。朓嗟吟良久，手自折簡寫之，謂珪曰：'士子聲名未立，應共獎成，無惜齒牙餘論。'其好善如此。"

史臣曰：晋世遷宅江表，人無北歸之計，英霸作輔，芟定中原，彌見金德之不競也。[1]元嘉再略河南，[2]

師旅傾覆，自此以來，攻伐寢議。雖有戰争，事存保境。王融生遇永明，軍國寧息，以文敏才華，不足進取，經略心旨，殷懃表奏。若使宮車未晏，[3]有事邊關，融之報効，或不易限。夫經國體遠，許久爲難，而立功立事，信居物右，[4]其賈誼終軍之流亞乎！[5]

[1]金德：代指晋。《魏書·禮志一》："晋承魏，土生金，故晋爲金德。"

[2]元嘉再略河南：指宋文帝元嘉年間（424—453），北魏不斷南侵，占領了黄河以南大片土地。

[3]宮車未晏：宮車，帝王乘坐的車。借指皇帝。晏，指晏駕，駕崩。按，此處是指齊武帝倘若不死，領兵北伐，王融將會受重用。

[4]物右：鬼神保佑，有成事在天之意。右，通"佑"。

[5]賈誼：漢洛陽人，博學能文，文帝召爲博士，遷大中大夫，數上書陳政事，言時弊。後遭讒毁貶出，不得志而卒，年三十三。詳見《史記》卷八四《屈原賈生列傳》。　終軍：漢濟南人，武帝時官諫議大夫。時有越王不臣，終軍自請"願受長纓，必羈南越王而致之闕下"。未成遭害，死時年二十餘。詳見《漢書》卷六四下《終軍傳》。

贊曰：元長穎脱，拊翼將飛。時來運往，身没志違。高宗始業，乃顧玄暉。逢昏屬亂，先蹈禍機。[1]

[1]逢昏屬亂，先蹈禍機：昏，指東昏侯。此二句指謝朓因不滿始安王遥光謀廢東昏侯自立，結果遭始安王謀害下獄死。

南齊書　卷四八

列傳第二十九

袁彖　孔稚珪　劉繪

袁彖字偉才，[1]陳郡陽夏人也。[2]祖洵，[3]吴郡太守。父覬，[4]武陵太守。[5]

[1]袁彖：《南史》卷二六有附傳，載其爲吏事較詳。

[2]陳郡：郡名。治所在今河南淮陽市。　陽夏：縣名。即今河南太康縣。

[3]洵：袁洵，袁湛子，宋元嘉末爲吴郡（今江蘇蘇州市）太守。卒謚貞子。《宋書》卷五二有附傳。

[4]覬：袁覬，袁湛孫，袁洵少子。好學，善屬文、有清譽於世。仕宋，官至司徒從事中郎、武陵内史。早卒。見《宋書》卷五二《袁湛傳》。

[5]武陵：郡名。今湖南常德市。　太守：中華本校勘記云："《南史》作'内史'。按《宋書·州郡志》，郢州武陵郡置太守。"

彖少有風氣，[1]好屬文及玄言。[2]舉秀才，[3]歷諸王府參軍，不就。覬臨終與兄顗書曰：[4]“史公才識可嘉，足懋先基矣。”史公，彖之小字也。

[1]風氣：風采、氣度。

[2]玄言：指魏晋以來崇尚老莊玄理的言論。

[3]秀才：本指優秀人才。漢武帝元封四年（前107）始定爲舉士科目，令諸州各舉秀才一人，考試合格者授官。後世相沿，南朝宋、齊試以策文五道，以簽題高下定等第。多出任要職，爲時所重。因多由州郡國把持選舉，故秀才多爲世家豪族。

[4]顗：袁顗，仕宋。詳見《南史》卷二六《袁湛傳》附傳。

服未闋，顗在雍州起事見誅，[1]宋明帝投顗尸江中，[2]不聽斂葬。彖與舊奴一人，微服潛行求尸，四十餘日乃得，密瘞石頭後崗，[3]身自負土。懷其文集，[4]未嘗離身。明帝崩後，乃改葬顗。從叔司徒粲、外舅征西將軍蔡興宗並器之。[5]

[1]顗在雍州起事見誅：指宋明帝泰始二年（466），晋安王子勛在尋陽即位改元義嘉，當時袁顗領寧蠻校尉、雍州刺史加都督，起兵擁護晋安王，旋兵敗伏誅。

[2]宋明帝：宋太宗劉彧。《宋書》卷八有紀。

[3]石頭：石頭山。在今江蘇南京市江寧區西，面臨大江，地勢險要。

[4]懷其文集：指懷藏其伯父袁顗之文集。按，“文”原作“父”，中華本據《南史》改。今從改。

[5]粲：指袁粲，字景倩，仕宋，官至中書監，領司徒。《宋書》卷八九、《南史》卷二六有傳。　蔡興宗：歷任吏部尚書、郢

州刺史等顯官，有操守。《宋書》卷五七、《南史》卷二九有傳。外舅：中華本校勘記云："'外舅'《南史》作'祖舅'。按《宋書·蔡廓傳》子興宗附傳，袁彖爲興宗姊之孫，故得稱祖舅；其後興宗又以女妻彖，故得稱外舅。兩書皆不誤。"

除安成王征虜參軍，[1]主簿，[2]尚書殿中郎，[3]出爲廬陵内史，[4]豫州治中，[5]太祖太傅相國主簿，[6]祕書丞。[7]議駁國史，[8]檀超以《天文志》紀緯序位度，[9]《五行志》載當時祥沴。二篇所記，事用相懸，日蝕爲災，宜居《五行》。超欲立處士傳。彖曰："夫事關業用，[10]方得列其名行。今栖遁之士，排斥皇王，陵轢將相，此偏介之行，不可長風移俗，故遷書未傳，[11]班史莫編。[12]一介之善，無緣頓略，宜列其姓業，[13]附出他篇。"

[1]安成王：征虜將軍子孟，字孝光，宋孝武帝劉駿第十六子。初封淮南王，明帝改封安成王，旋被殺。《宋書》卷八〇、《南史》卷一四有傳。　征虜參軍：南朝爲臨時設置的榮譽官銜。開府者位從公，秩一品。袁彖在征虜將軍府任參軍，輔謀府務。

[2]主簿：掌管公府或軍府文書簿籍及監守印信，在屬吏中居首位。秩從六品。

[3]尚書殿中郎：尚書省屬官。領殿中曹，掌駕行百官留守名帳、宮殿禁衛、供御衣食等事。秩五品。

[4]廬陵：郡名。治廬陵縣，在今江西吉安市西南。廬陵屬王國郡，故太守稱内史。

[5]豫州：州名。東晋僑置，治所數遷，南朝宋在壽春，即今安徽壽縣。　治中：州佐吏。居中治事，主衆曹文書。

［6］太祖：指齊高帝蕭道成。宋順帝昇明二年（478），加蕭道成黄鉞、都督中外諸軍事、太傅、揚州牧；次年爲相國，封齊公，加九錫。詳見本書卷一《高帝紀上》。其時袁彖在太傅、相國府爲主簿。

［7］祕書丞：秘書省屬官。掌文籍，修撰國史。秩六品。

［8］議駮：議論、辯駁。駮，同"駁"。

［9］檀超：字悦祖。歷仕南朝宋、齊，掌史職，作《天文》《五行》等十志。詳見本書卷五二《文學傳》。　緯序：行星的次序，即水、火、金、木、土五星的行次。參見《史記·天官書》。

［10］業用：指功業和才用。

［11］遷書：指司馬遷《史記》。

［12］班史：指班固《漢書》。

［13］姓業：姓氏、事迹。姓，原作"性"。中華本據南監本、毛本、殿本、局本改。今從改。

遷始興王友，[1]固辭。太祖使吏部尚書何戢宣旨令就。[2]遷中書郎，[3]兼太子中庶子。[4]又以中書兼御史中丞。[5]轉黄門郎，[6]兼中丞如故。坐彈謝超宗簡奏依違，[7]免官。[8]尋補安西諮議、南平内史。[9]除黄門，未拜，仍轉長史、南郡内史，行荆州事。還爲太子中庶子，本州大中正。[10]出爲冠軍將軍、監吴興郡事。[11]

［1］始興王：名鑑，字宣徹，齊高帝第十子。本書卷三五、《南史》卷四三有傳。　友：漢以後歷代親王府均置友，掌陪侍游居，勸諷道義。秩六品。參見《唐六典·親王府》。

［2］吏部尚書：尚書省主官之一，掌官吏任免考察事。秩三品。周一良《〈南齊書·丘靈鞠傳〉試釋兼論南朝文武官位及清濁》一文云："選曹要重，吏部尚書有'大尚書'之稱……是吏部郎之職

既要且清也。”（《魏晋南北朝史論集》，北京大學出版社 1997 年版，第 117 頁）　何戢：字慧景，齊初吏部尚書。本書卷三二、《南史》卷三〇有傳。

［3］中書郎：中書侍郎，中書省官。掌呈奏案章。秩五品。

［4］太子中庶子：東宫官。掌侍從顧問。秩五品。

［5］御史中丞：御史臺官。掌奏劾不法。秩四品。

［6］黄門郎：給事黄門侍郎，門下省官。掌奏事，直侍左右。秩五品。

［7］謝超宗：謝靈運之孫。仕齊，玩世不恭，對上輕慢。朝廷命御史中丞袁彖參奏，彖奏書依違不力，齊武帝大怒，詔曰：“超宗釁同大逆，罪不容誅。彖匿情欺國，愛朋罔主。”彖因被免官。詳見本書卷三六《謝超宗傳》。

［8］免官：《南史》卷二六此後云：“後拜廬陵王諮議。時南郡江陵縣人苟蔣之弟胡之婦爲曾口寺沙門所淫，夜入苟家，蔣之殺沙門，爲官司所檢，蔣之列家門穢行，欲告則耻，欲忍則不可，實己所殺，胡之列又如此，兄弟争死。江陵令宗躬啓州，荆州刺史廬江王求博議。彖曰：‘夫迅寒急節，乃見松筠之操；危機迴構，方識貞孤之風。竊以蔣之、胡之殺人，原心非暴；辯讞之日，友于讓生，事憐左右，義哀行路。昔文舉引謗，獲漏疏網，蔣之心迹，同符古人，若陷以深刑，實傷爲善。’由是蔣之兄弟免死。”

［9］安西諮議：指安西將軍府諮議參軍。安西將軍爲“四安將軍”之一，爲賜給大臣的榮譽虚號。開府者位從公，秩一品。本書《百官志》：“四安將軍……宋齊以來，唯處諸王，素族無爲者。”諮議參軍爲軍府屬吏，參謀軍府事務。　南平：郡名。治江安縣，在今湖北公安縣。

［10］大中正：晋以後稱州中正爲大中正。其職任爲品第州内人物，作爲政府擢用人才的依據。

［11］冠軍將軍：南朝時臨時設置的優禮大臣的榮譽稱號。開府者位從公，秩一品。

彖性剛，嘗以微言忤世祖，[1]又與王晏不協。[2]世祖在便殿，用金柄刀子治瓜，晏在側曰：“外間有金刀之言，[3]恐不宜用此物。”世祖愕然，窮問所以。晏曰：“袁彖爲臣説之。”上銜怒良久，彖到郡，坐逆用禄錢，[4]免官付東冶。[5]世祖遊孫陵，[6]望東冶，曰：“中有一好貴囚。”數日，車駕與朝臣幸冶，履行庫藏，因宴飲，賜囚徒酒肉，敕見彖與語，明日釋之。尋白衣行南徐州事，[7]司徒諮議，[8]衛軍長史，[9]遷侍中。[10]

[1]微言：指隱晦的暗含諷刺的語言。　世祖：齊武帝謚號。本書卷三有紀。

[2]又與王晏不協：《南史》卷二六此句作“又薄王晏爲人，晏請交不答”。王晏，字士彦。知遇齊武帝，官至吏部尚書。本書卷四二、《南史》卷二四有傳。

[3]金刀之言：用拆字法暗指“劉”字；又刀可割草，“蕭”字乃草頭，故忌諱。

[4]逆用：預先支用，挪用。

[5]東冶：在建康城内，爲囚禁罪犯之所。

[6]孫陵：當爲晋孫楚墓，在建康城内。“孫”字原闕，據《南史》及各本補。今從補。按，《南史》卷二六記武帝游孫陵釋放袁彖經過云：“彖妹爲竟陵王子良妃，子良世子昭胄時年八歲，見武帝而形容慘悴。帝問其故，昭胄流涕曰：‘臣舅負罪，今在尚方，臣母悲泣不食已積日，臣所以不寧。’帝曰：‘特爲兒赦之。’既而帝遊孫陵……”

[7]白衣行南徐州事：指不領官銜暫代理州牧之事。南徐州，南朝宋置，治京口，在今江蘇鎮江市。

［8］司徒：南朝時爲優禮大臣的榮譽虛號。秩一品。《藝文類聚》卷四七引《齊職儀》曰："司徒，品秩冠服同丞相，郊廟服冕同太尉。"

［9］衛軍：指左右衛將軍，禁衛軍官。分掌宿衛營兵。秩四品。長史：官府、軍府屬吏之長。

［10］侍中：門下省官。掌奏事，直侍左右。秩三品。

彖形體充腴，有異於衆。每從車駕射雉在郊野，[1]數人推扶，乃能徒步。幼而母卒，養於伯母王氏，事之如親。閨門中甚有孝義。隆昌元年，[2]卒。年四十八。謚靖子。[3]

［1］射雉：一種田獵活動。清趙翼《廿二史劄記》卷一二："南朝都金陵，無蒐狩之地，故嘗以射雉爲獵。"雉，野鷄。

［2］隆昌：齊鬱林王年號。

［3］謚靖子：六朝時，文臣死後無封爵而得謚號者稱"子"。清錢大昕《十駕齋養新録》卷二〇《沈恭子》："予按《南史》：'沈炯，字初明……以疾卒于吴中，贈侍中，謚恭子。'六朝文臣無封爵而得謚者，例稱子。如任昉稱'敬子'，周宏正稱'簡子'之類，不一而足。"

孔稚珪字德璋，[1]會稽山陰人也。[2]祖道隆，位侍中。[3]父靈産，泰始中，[4]罷晋安太守。[5]有隱遁之懷，於禹井山立館，[6]事道精篤，吉日於静屋四向朝拜，涕泗滂沲。東出過錢塘北郭，[7]輒於舟中遥拜杜子恭墓，[8]自此至都，東向坐，[9]不敢背側。元徽中，[10]爲中散、太中大夫。[11]頗解星文，[12]好術數。[13]太祖輔政，[14]沈攸之起兵，[15]靈産密白太祖曰："攸之兵衆雖彊，以天時冥數而觀，無能爲也。"太祖驗其言，擢遷光禄大夫。[16]以篋盛靈産上靈臺，[17]令其占候。[18]餉靈産白羽扇、素隱几。[19]曰："君性好古，故遺君古物。"

[1]孔稚珪：《南史》卷四九亦有傳，"孔稚珪"作"孔珪"。中華本校勘記云："此避唐高宗小名而省。"

[2]會稽山陰：今浙江紹興市。

[3]祖道隆，位侍中：孔道隆生平不詳，其任職侍中當在宋初。

[4]泰始：宋明帝年號。

[5]晋安：郡名。治所在今福建福州市。

[6]禹井山：禹陵，在今浙江紹興市南，相傳禹死葬此地。

[7]錢塘：湖名。一名上湖，即今浙江杭州市西湖。

[8]杜子恭：晋錢塘人，有道術，東南道教祖師。死後葬西湖北郭。

[9]東向坐：指面朝杜子恭墓的方向，以示虔誠崇拜。

[10]元徽：宋後廢帝年號。

[11]中散：指中散大夫，文散官。掌顧問應對，議論朝政得失。《唐六典》卷二引《齊職儀》："（中散大夫）品第七，絳朝服，進賢一梁冠。"　太中大夫：文散官。其職秩與中散同。

[12]星文：星象，即星體的明暗及位置等現象。古人據以占測人事的吉凶禍福。

[13]術數：望氣之術。以種種方術，觀察自然界可注意的現象，來推測人的氣數和命運。

[14]太祖輔政：指宋昇明元年（477），中領軍蕭道成（即後來的齊太祖）廢蒼梧王，立順帝，進位侍中、司空、録尚書事，輔政。詳見本書卷一《高帝紀上》。

[15]沈攸之起兵：指宋順帝昇明元年（477），蕭道成輔政，

荆州刺史沈攸之起兵反對，旋被討平。詳見本書卷一《高帝紀上》。

[16]光禄大夫：文散官名。無常職，僅備顧問應對，多爲加給功勛大臣的榮譽虚銜。秩三品。

[17]靈臺：古時帝王觀察天文、星象、妖祥、灾異的高臺。

[18]占候：指觀星望氣。

[19]隱几：几案。

稚珪少學涉，[1]有美譽。太守王僧虔見而重之，[2]引爲主簿。州舉秀才。解褐宋安成王車騎法曹行參軍，[3]轉尚書殿中郎。太祖爲驃騎，[4]以稚珪有文翰，取爲記室參軍，[5]與江淹對掌辭筆。[6]遷正員郎，[7]中書郎，尚書左丞。[8]父憂去官，與兄仲智還居父山舍。仲智妾李氏驕妬無禮，稚珪白太守王敬則殺之。[9]服闋，爲司徒從事中郎，[10]州治中，[11]别駕從事史，[12]本郡中正。

[1]學涉：指廣學博覽。

[2]王僧虔：歷仕南朝宋、齊，宋孝武時，曾任南東海太守。本書卷三三、《南史》卷二二有傳。

[3]車騎：指車騎將軍府。車騎將軍，最高榮譽加號之一。秩二品，開府者位從公，秩一品。　法曹行參軍：公府及軍府佐吏。掌律令事。

[4]太祖爲驃騎：指元徽五年（477）蕭道成廢蒼梧王，立宋順帝，進位司空、録尚書事、驃騎大將軍。詳見本書卷一《高帝紀上》。

[5]記室參軍：公府、軍府佐吏。掌書記文翰，起草表章文書。

[6]江淹：字文通，文學家，歷仕齊、梁。《梁書》卷一四、《南史》卷五九有傳。　辭筆：指公文、信札。

[7]正員郎：門下省散騎侍郎的舊稱。《通典》卷二二《職官四》"歷代郎官"條杜佑注："歷代所稱正員郎者，即散騎侍郎耳，謂非員外通直者。"

[8]尚書左丞：尚書省屬官。掌宗廟郊祠、吉慶瑞應、灾異、立作格制等事。秩五品。

[9]王敬則：歷仕南朝宋、齊，宋元徽間，曾任南泰山郡太守。本書卷二六有傳。

[10]司徒從事中郎：司徒府屬官。分掌各種事務。無定員，按事自除，爲親近散職。秩六品。參見《文獻通考》卷六六《職官二十》。

[11]治中：治中從事史，州、府屬官。居中治事，主衆曹文書，故稱。秩六品。

[12]别駕從事史：州上佐，簡稱别駕。刺史行部，别乘傳車侍從導引，故稱。秩六品。按，中華本將别駕、從事史點作兩官，誤。

永明七年，[1]轉驍騎將軍，[2]復領左丞。[3]遷黄門郎，左丞如故。轉太子中庶子，[4]廷尉。[5]江左相承用晋世張杜律二十卷，[6]世祖留心法令，數訊囚徒，詔獄官詳正舊注。先是七年，尚書删定郎王植撰定律章表奏之，[7]曰："臣尋晋律，文簡辭約，旨通大綱，事之所質，取斷難釋。張斐杜預同注一章，而生殺永殊。[8]自晋泰始以來，[9]唯斟酌參用。是則吏挾威福之勢，[10]民懷不對之怨，[11]所以温舒獻辭於失政，[12]絳侯忼慨而興歎。[13]皇運革祚，道冠前王，陛下紹興，光開帝業。下車之痛，[14]每惻上仁，滿堂之悲，[15]有矜聖思。爰發德音，删正刑律，敕臣集定張杜二注。謹礪愚蒙，盡思詳撰，削其煩害，録其允衷。取張注七百三十一條，杜注七百九十一條。或二家兩釋，於義乃備者，又取一百七條。其注相同者，取一百三條。集爲一書。凡一千五百三十二條，[16]爲二十卷。請付外詳校，擿其違謬。”從之。於是公卿八座參議，[17]考正舊注。有輕重處，竟陵王子良下意，[18]多使從輕。其中朝議不能斷者，制旨平决。至九年，稚珪上表曰：

[1]永明：齊武帝年號。

[2]驍騎將軍：禁衛軍官。分掌宿衛騎兵。秩四品。

[3]左丞：尚書左丞。

[4]太子中庶子：東宫官。掌宫中皇族版籍，侍從，爲太子親近之官。秩四品。

[5]廷尉：列卿之一，掌刑辟。秩三品。

[6]張杜律：指晋張斐、杜預所注之刑律。見《晋書》卷三四《杜預傳》。

[7]尚書删定郎：吏部尚書屬官。掌删定曹，主持法令起草修改。秩五品。　王植：其事不詳。

[8]張斐杜預同注一章，而生殺永殊：張斐，《晋書》作“張裴”。仕晋，爲明法掾，繼杜預後，又注律。參見《晋書》卷三〇《刑法志》。杜預，字元凱，京兆杜陵人。仕晋，文帝時與賈充等定律令，既成，預爲之注解。詔頒行天下。詳見《晋書》卷三四《杜預傳》。此句説的是杜注律從寬，張注律從嚴，故云“同注一章，而生殺永殊”。

[9]泰始：晋武帝年號。

[10]吏挾威福之勢：指官吏任意曲解法律，藉以作威作福。

[11]不對：語出《禮記·文王世子》：“獄成，有司讞于公。其死罪，則曰：‘某之罪在大辟。’其刑罪，則曰：‘某之罪在小辟。’

公曰：‘宥之。’有司又曰：‘在辟。’公又曰：‘宥之。’有司又曰：‘在辟。’及三宥，不對，走出，致刑于甸人。”後以“不對”指反復審覈案情。

［12］温舒：路温舒，字長君，漢鉅鹿人。據《漢書》卷五一本傳載：温舒幼學律令，又受《春秋》，通大義。任廷尉史。宣帝初即位，温舒上書言“宜尚德緩刑”，上善其言，以爲“辭順而意篤”，升爲右扶風丞。

［13］絳侯：漢周勃從高祖定天下，賜爵列侯，食絳八千一百八十户，號絳邑侯。文帝時，有人誣告勃欲謀反，下廷尉，久方得赦，嘆曰：“吾嘗將百萬軍，然安知獄吏之貴乎！”詳見《史記》卷五七《絳侯世家》。

［14］下車之痛：典出漢劉向《説苑·君道》：“禹出見罪人，下車問而泣之。左右曰：‘夫罪人不順道，故使然焉，君王何爲痛之至於此也？’禹曰：‘堯舜之人，皆以堯舜之心爲心，今寡人爲君也，百姓各自以其心爲心，是以痛之也。’”後用以喻爲政寬仁。

［15］滿堂之悲：語出漢劉向《説苑·貴德》：“今有滿堂飲酒者，有一人獨索然向隅而泣，則一堂之人皆不樂矣。”這裏用以喻少數人孤獨失望。

［16］凡一千五百三十二條：“五百”當作“七百”，方與上列數字相符。

［17］八座：古代中央政府的八種高級官員。歷朝官制不一，所指不同，南朝宋、齊以五曹尚書、二僕射、一令爲八座。

［18］竟陵王子良：齊武帝次子，當時任司徒。敦義好古，善立勝事。本書卷四〇、《南史》卷四四有傳。

臣聞匠萬物者以繩墨爲正，馭大國者以法理爲本。是以古之聖王，臨朝思理，遠防邪萌，深杜姦漸，莫不資法理以成化，明刑賞以樹功者也。伏惟陛下躡曆登皇，[1]乘圖踐帝，[2]天地更築，日月再張，五禮裂而復縫，[3]六樂穨而爰緝。[4]乃發德音，下明詔，降恤刑之文，申慎罰之典，敕臣與公卿八座共删注律。謹奉聖旨，諮審司徒臣子良，禀受成規，創立條緒。使兼監臣宋躬、兼平臣王植等抄撰同異，[5]定其去取。詳議八座，裁正大司馬臣嶷。[6]其中洪疑大議，衆論相背者，聖照玄覽，斷自天筆。始就成立《律文》二十卷，《録叙》一卷，凡二十一卷。今以奏聞，請付外施用，宣下四海。

[1]曆：曆運。指帝業。

[2]圖：圖讖。古代方士或儒生編造的關於帝王受命徵驗的隱語、預言。清陳康祺《郎潛紀聞》卷一："古來帝王姓氏上應圖讖，如漢號卯金，晋稱典午，以及劉秀、李淵之先兆，大抵皆事後附會之説。"

[3]五禮：古代的五種禮制。《周禮·春官·小宗伯》："掌五禮之禁令與其用等。"鄭玄注引鄭司農曰："五禮：吉、凶、軍、賓、嘉。"

[4]六樂：指黄帝、堯、舜、禹、湯、周武王六代的古樂。《周禮·地官·大司徒》："以六樂防萬民之情，而教之和。"鄭玄注引鄭司農曰："六樂，謂《雲門》《咸池》《大韶》《大夏》《大濩》《大武》。"　穨：同"頽"。

[5]兼：官吏於本職外附領他職。　監：齊廷尉府下置丞一人，正一人，監一人，評一人，律博士一人。詳見本書《百官志》。兼平：兼評。

[6]嶷：指齊高帝次子豫章文獻王蕭嶷，字宣儼，性寬仁。齊武帝時官至大司馬。本書卷二二、《南史》卷四四有傳。

臣又聞老子、仲尼曰："古之聽獄者，求所以生之；今之聽獄者，求所以殺之。"[1]"與其殺不辜，寧失有罪。"是則斷獄之職，自古所難矣。今律文雖定，必須用之；用失其平，不異無律。律書精細，文約例廣，疑似相傾，故誤相亂，一乖其綱，枉濫横起。法吏無解，既多謬僻，監司不習，無以相斷，則法書徒明於帙裏，冤魂猶結於獄中。今府州郡縣千有餘獄，如令一獄歲枉一人，則一年之中，枉死千餘矣。[2]冤毒之死，上干和氣，聖明所急，不可不防。致此之由，又非但律吏之咎，列邑之宰，亦亂其經。或以軍勳餘力，或以勞吏暮齒，獷情濁氣，[3]忍并生靈，昏心狠態，吞剥氓物，虐理殘其命，曲文被其罪，冤積之興，復緣斯發。獄吏雖良，不能爲用。使于公哭於邊城，[4]孝婦冤於遐外。陛下雖欲宥之，其已血濺九泉矣。

[1]古之聽獄者，求所以生之；今之聽獄者，求所以殺之：意謂古法從輕，今法從重。按，此數語《老子》中無。又下"與其殺不辜，寧失有罪"，非仲尼語，乃出《尚書·大禹謨》，下句作"寧失不經"。"今之聽獄者"之"者"原無，中華本據南監本、殿本、局本及《御覽》卷六三八引補。今從補。

[2]千餘矣：中華本校勘記云："'矣'南監本作'人'。"

[3]獷情濁氣：形容以上兩種人横蠻卑污。情，原作"猜"，中華本據南監本、毛本、殿本、局本改。今從改。

[4]于公：漢丞相于定國之父，爲縣、郡獄吏，决獄平正，郡中爲之立生祠，號"于公祠"。東海有孝婦，少寡，養姑十餘年甚謹。姑哀其無子守寡，爲己所累，遂自縊死。姑女告吏言婦殺母。

孝女自誣服，具獄報郡。于公以此婦奉姑十餘年以孝聞，必不殺。然太守不聽，于公力争，抱其具獄，哭於府上，因辭疾去。太守竟處死孝婦，構成千古奇冤，郡中枯旱三年。詳見《漢書》卷七一《于定國傳》。

尋古之名流，多有法學。故釋之、定國，[1]聲光漢臺；[2]元常、文惠，[3]績映魏閣。[4]今之士子，莫肯爲業，縱有習者，世議所輕。良由空勲永歲，不逢一朝之賞；積學當年，終爲閭伍所蚩。[5]將恐此書永墜下走之手矣。[6]今若弘其爵賞，開其勸慕，課業宦流，班習胄子，拔其精究，[7]使處内局，[8]簡其才良，以居外仕，[9]方岳咸選其能，邑長並擢其術，則皋繇之謨，[10]指掌可致，杜鄭之業，[11]鬱焉何遠。然後姦邪無所逃其刑，[12]惡吏不能藏其詐，如身手之相驅，若絃栝之相接矣。[13]

[1]釋之：指張釋之，仕漢文帝，官廷尉。其執法嚴正，敢與天子争是非，天下稱之。詳見《漢書》卷五〇《張釋之傳》。　定國：指于定國，漢丞相，曾爲廷尉。其决疑平法，審慎公平，朝廷稱之曰："張釋之爲廷尉，天下無冤民；于定國爲廷尉，民自以不冤。"詳見《漢書》卷七一《于定國傳》。

[2]聲光："光"《藝文類聚》卷五四作"著"。　漢臺：漢代朝廷。

[3]元常：指鍾繇，字元常，三國魏潁川人。仕魏文帝，爲廷尉，對刑律多所倡議。詳見《三國志》卷一三《魏書·鍾繇傳》。"常"原作"帝"，從中華本改。　文惠：指高柔，字文惠，三國魏陳留人。魏明帝時爲廷尉，執法嚴正。明帝以宿嫌欲枉法誅典農

劉龜，高柔抗旨曰："廷尉，天下之平也，安得以至尊喜怒而毁法乎？"辭旨深切，帝意寤。詳見《三國志》卷二四《魏書·高柔傳》。

[4]績映魏閣：中華本校勘記云："'映'《藝文類聚》作'應'。"魏閣，魏國朝廷。

[5]閭伍：指城鄉百姓。　蚩：通"嗤"，耻笑。

[6]下走：走卒，泛指低賤的人。

[7]精究：指對法律有深入研究的人。"究"原訛"冤"，中華本據南監本、殿本、局本改正。今從改。

[8]内局：朝廷臺省，這裏指負責執法的相關機構。

[9]簡其才良，以居外仕：謂選拔有才德的人到州、府、縣去擔任法官。中華本校勘記云："'才'原訛'身'，今據南監本、殿本、局本改正。'仕'局本作'任'。"今從改。

[10]臯繇：臯陶，傳説爲虞舜的司法官。由於執法嚴正，寇賊奸宄斂迹。見《尚書·舜典》。　謨：法度。原作"謀"，中華本據《藝文類聚》卷五四改。今從改。

[11]杜：指晋杜預，曾注《晋律》。　鄭：指漢鄭弘，通法律政事。

[12]然後姦邪無所逃其刑：中華本校勘記云："'姦邪'《藝文類聚》作'姦人'。"

[13]紘栝：代指弓箭。紘，弓紘。栝，箭末扣弦處。

臣以踈短，謬司大理。[1]陛下發自聖衷，憂矜刑網，御廷奉訓，[2]遠照民瘼。臣謹仰述天官，[3]伏奏雲陛。所奏繆允者，宜寫律上，國學置律助教，[4]依《五經》例，國子生有欲讀者，策試上過高第，即便擢用，使處法職，以勸士流。

詔報從納，事竟不施行。轉御史中丞，遷驃騎長史，[5]輔國將軍。

[1]大理：廷尉。夏朝稱刑官爲大理。

[2]御廷奉訓：指在内廷奉先皇訓示。“廷”原訛“延”，中華本據局本改。今從改。

[3]天官：《周禮》分設六官，稱冢宰爲天官，爲百官之長。這裏泛指百官。

[4]律助教：律學博士。晋置，爲廷尉屬官，後屬國學館。掌教授法律。中華本校勘記云：“‘律’下殿本有‘學’字。”

[5]驃騎長史：指驃騎將軍府長史。驃騎將軍，南朝爲加於大臣的榮譽虚號。秩二品，開府者位從公，秩一品。

建武初，[1]遷冠軍將軍、平西長史、南郡太守。[2]稚珪以虜連歲南侵，征役不息，百姓死傷。乃上表曰：

匈奴爲患，自古而然，雖三代智勇，兩漢權奇，[3]筭略之要，二塗而已：一則鐵馬風馳，奮威沙漠；二則輕車出使，通驛虜庭。搉而言之，優劣可覩。今之議者，咸以丈夫之氣，耻居物下，况我天威，寧可先屈？吴、楚勁猛，帶甲百萬，截彼鯨鯢，[4]何往不碎？請和示弱，非國計也。臣以爲戎狄獸性，本非人倫，鴟鳴狼踞，不足喜怒，蜂目蠆尾，[5]何關美惡。唯宜勝之以深權，制之以遠竿，[6]弘之以大度，處之以蝨賊。豈足肆天下之忿，捐蒼生之命，發雷電之怒，争蟲鳥之氣。百戰百勝，不足稱雄，横尸千里，無益上國。而蟻聚蠶攢，[7]窮誅不盡，馬足毛群，[8]難與競逐。漢高横威海表，窘迫長圍；[9]孝文國富刑清，事屈陵辱；[10]宣帝撫納安静，[11]朔馬不驚；光武卑辭厚禮，[12]寒山無靄。是兩京四主，英濟中區，輸寶貨以結和，遣宗女以通好，長轡遠馭，子孫是賴。豈不欲戰，惜民命也。唯漢武藉五世之資，[13]承六合之富，[14]驕心奢志，大事匈奴。遂連兵積歲，轉戰千里，長驅瀚海，[15]飲馬龍城，[16]雖斬獲名王，屠走凶羯，[17]而漢之卒甲十亡其九。[18]故衛霍出關，千隊不反，貳師入漠，[19]百旅頓降，李廣敗於前鋒，[20]李陵没於後陣，[21]其餘奔北，不可勝數。遂使國儲空懸，户口減半，好戰之功，其利安在？戰不及和，相去何若？

[1]建武：齊明帝年號。

[2]平西長史：指平西將軍府長史。　南郡：郡名。治江陵，在今湖北荆州市。

[3]權奇：指謀略不凡的人物。

[4]鯨鯢：鯨，雄曰鯨，雌曰鯢。形容凶惡，這裏喻指北魏。

[5]蜂目蠆（chài）尾：毒蜂的眼，蝎子的尾。形容凶毒。

[6]遠筭：遠算。筭，同“算”。

[7]蟻聚蠶攢：中華本校勘記云：“‘蠶’南監本作‘蠭’。”“攢”原作“欑”，從中華本改。下同。

[8]馬足毛群：形容游牧民族善於騎馬奔跑。

[9]漢高横威海表，窘迫長圍：指漢高祖七年（前200），高祖親率大軍擊匈奴，至平城（今山西大同市東北），被冒頓圍困於城

東白登山。後用陳平計，使厚賂閼氏（匈奴單于妻的稱號），始得出圍。詳見《漢書》卷一下《高帝紀下》、卷九四上《匈奴傳上》。

[10]孝文國富刑清，事屈陵辱：此指漢文帝六年（前174），爲防匈奴騷擾，以宗人女嫁單于，遺單于書以尺一牘，辭曰："皇帝敬問匈奴大單于無恙。"單于則以尺二牘復，倨傲其辭曰："天地所生日月所置匈奴大單于敬問漢皇帝無恙。"詳見《漢書》卷九四上《匈奴傳上》。

[11]宣帝撫納安静：指漢宣帝時與匈奴脩好，匈奴貴族紛紛率衆降漢，稱臣朝貢。以邊塞無事，宣帝於五鳳四年（前54）下詔减戍卒十分之二。見《漢書》卷九四下《匈奴傳下》。

[12]光武卑辭厚禮：指漢光武時盡力與匈奴脩和。建武二十七年（51），馬武等上奏，主張乘北匈奴求和而消滅之。光武答以"今國無善政，灾變不息，百姓驚惶"，不許。次年北匈奴再求和親，光武用司徒掾班彪議，復書撫慰，厚賜繒帛。詳見《後漢書》卷八九《南匈奴列傳》。

[13]五世：指高祖、惠帝、吕太后、文帝、景帝五朝。

[14]六合：東西南北上下，泛指天下。

[15]瀚海：一作"翰海"。即北海，在蒙古高原東北。一説指今内蒙古之呼倫湖、貝爾湖。漢武帝時霍去病擊匈奴，出代郡二千餘里，臨瀚海而還。詳見《史記》卷一一〇《匈奴列傳》。

[16]龍城：一作龍庭。在今蒙古人民共和國鄂爾渾河西側和碩柴達木湖附近。西漢時爲匈奴祭天、大會諸部處。"龍"原作"籠"，從中華本改。

[17]斬獲名王，屠走凶羯：指漢武帝天漢四年（前97），大將軍衛青戰俘匈奴王五十餘人；大將軍霍去病斬殺匈奴折蘭王、盧侯王；貳師將軍李廣利斬大宛王首，獲汗血馬，等等。詳見《漢書》卷五五《衛青霍去病傳》、卷六一《李廣利傳》等。

[18]卒甲：卒，原訛"棄"，中華本據《册府元龜》卷四〇七改；並按曰："南監本亦作'棄甲'，疑'卒'字訛刻爲'弃'，又

轉刻爲‘棄’也。毛本、殿本、局本作‘器甲’，疑後人臆改。”今從改。

[19]貳師入漠：指武帝征和三年（前90），貳師將軍李廣利奉命出擊匈奴，深入至郅居水（今色楞河），爲匈奴所圍，廣利降，次年被殺。詳見《漢書》卷六一《李廣利傳》。“漠”原作“漢”，中華本校勘記云：“‘漢’當作‘漠’，各本並訛，今改正。按嚴可均輯《全齊文》已改正。”今從改。

[20]李廣敗於前鋒：指武帝元狩四年（前119），李廣隨大將軍衛青出征匈奴，爲前鋒，因迷路貽誤軍機，被責令受審訊，李廣憤而自殺。詳見《漢書》卷五四《李廣傳》。

[21]李陵没於後陣：指武帝天漢二年（前99），李陵與李廣利出征匈奴，因馬隊均歸廣利統領，陵自率步兵五千人出居延三十日，被單于所圍，敗降匈奴。詳見《漢書》卷五四《李廣傳》附傳。

自西朝不綱，[1]東晋遷鼎，群胡沸亂，[2]羌狄交横，[3]荆棘攢於陵廟，豺虎咆於宫闈，山淵反覆，黔首塗地，[4]逼迫崩騰，[5]開闢未有。是時得失，略不稍陳。近至元嘉，[6]多年無事。末路不量，復挑彊敵。[7]遂迺連城覆徙，虜馬飲江，青、徐之際，[8]草木爲人耳。[9]建元之初，胡塵犯塞，[10]永明之始，復結通和，[11]十餘年間，邊候且息。

[1]西朝：指西晋。

[2]胡：古代稱北方和西方的民族如匈奴等爲胡。這裏“群胡”是指劉聰、石勒等，他們攻滅西晋。

[3]羌狄：泛指西方和北方的各少數民族。

[4]黔首塗地：形容百姓遭殃。

[5]逼迫崩騰：形容窘迫動亂。

[6]元嘉：宋文帝年號。按，宋文帝與北魏媾和，使節往來，和平相處。

[7]復挑彊敵：此指南朝宋明帝以後，與北魏多年用兵，兵敗，淮河兩岸土地多爲北魏占領，魏兵一度曾攻至長江邊。詳見本書卷五七《魏虜傳》。

[8]青、徐：青州、徐州，泛指淮河兩岸。“徐”後原有“州”字，中華本據毛本、殿本、局本及《册府元龜》卷四〇七删。今從删。

[9]草木爲人：形容衹見草木不見人，極端荒涼。

[10]建元之初，胡塵犯塞：指齊高帝建元二年（480）春，魏師攻鍾離、壽陽。詳見《通鑑》卷一三五《齊紀一》“高帝建元二年”條。

[11]永明之始，復結通和：指齊武帝永明元年（483）秋冬，與北魏互通使節聘問。詳見《通鑑》卷一三五《齊紀一》“武帝永明元年”條。

陛下張天造曆，[1]駕日登皇，聲雷寓宙，勢壓河岳。而封豕殘魂，[2]未屠劍首，長蛇餘喘，偷窺外甸，烽亭不静，五載於斯。昔歲蟻壞，瘻食樊、漢，[3]今兹蟲毒，浸淫未已。興師十萬，日費千金，五歲之費，寧可貲計。陛下何惜匹馬之驛，[4]百金之賂，數行之詔，誘此凶頑，使河塞息肩，關境全命，蓄甲養民，以觀彼弊。我策若行，則爲不世之福；若不從命，不過如戰失一隊耳。或云“遣使不受，則爲辱命”。夫以天下爲量者，不計細耻，以四海爲任者，寧顧小節。一城之没，尚不足惜；一使不反，曾何取慚？且我以權取慙，得我略行，何嫌其耻？所謂尺蠖之屈，[5]以求伸也。臣不言遣使必得和，自有可和之理；猶如欲戰不必勝，而有可勝之機耳。今宜早發大軍，廣張兵勢，徵犀甲於岷峨，[6]命樓船於浦海。使自青徂豫，[7]候騎星羅，[8]沿江入漢，雲陣萬里。[9]據險要以奪其魂，斷糧道以折其膽，多設疑兵，使精悉而計亂，[10]固列金湯，[11]使神茹而慮屈。[12]然後發衷詔，馳輕驛，辯辭重幣，陳列吉凶。北虜頑而愛奇，貪而好古，[13]畏我之威，喜我之賂，畏威喜賂，願和必矣。陛下用臣之啓，行臣之計，何憂玉門之下，而無款塞之胡哉？[14]

[1]張天：布列天象。　造曆：制定曆法。意指改元换代。

[2]封豕：大猪。常與"長蛇"並述，比喻貪暴者。這裏用以喻指北魏。

[3]瘻食樊、漢：指永明十年（492）及建武二年（495），西方氐族進寇襄樊和漢中。詳見本書卷五九《氐傳》。

[4]匹馬之驛：指遣派一名外交使節。

[5]尺蠖：一種蛾的幼蟲，體柔軟細長，屈伸而行，因常用爲先屈後伸之喻。《易·繫辭下》："尺蠖之屈，以求信也。""信"同"伸"。

[6]犀甲：犀牛皮製的鎧甲。　岷峨：岷山與峨眉山，借指高山。

[7]自青徂豫：自青州至豫州。指自東到西。

[8]候騎：偵察騎兵。

[9]雲陣：形容布列的軍陣聲勢浩大。

[10]精悉：精力耗盡。中華本校勘記云："'悉'各本作'銷'。按悉，盡也，銷亦盡也，字異而義同。"

[11]金湯：金城湯池的省言。金屬造的城，沸水積的護城河，形容城池堅固，不可戰勝。

[12]茹：軟弱。《詩·小雅·六月》："玁狁匪茹，整居焦穫。侵鎬及方，至于涇陽。"馬瑞辰《通釋》："《廣雅》：'茹，柔也。''柔，弱也。'"

[13]貪而好古："古"，中華本據殿本、局本改作"貨"。朱季海《南齊書校議》（以下簡稱朱季海《校議》）云："二本臆改。《王融傳》稱'虜遣使求書'，即好古之一例。齊明帝建武元年，實魏高祖孝文帝太和十八年。《魏書·高祖紀下》：太和十有九年夏四月庚申，'行幸魯城，親祠孔子廟'；六月癸丑，'詔求天下遺書，祕閣所無，有裨益時用者，加以優賞'；戊午，'詔改長尺大斗，依周禮制度，班之天下'。皆其好古之徵。"（中華書局1984年版，第109頁）

[14]款塞：叩關塞之門。指外族派使節登門通好。

彼之言戰既慇懃，臣之言和亦慊闊。[1]伏願察兩塗之利害，檢二事之多少，聖照玄省，灼然可斷。所表謬奏，希下之朝省，使同博議。臣謬荷殊恩，奉佐侯岳，敢肆瞽直，[2]伏奏千里。[3]

帝不納。徵侍中，不行，留本任。

[1]慊闊：懇切遠慮。

[2]瞽直：剛直，憨直。

[3]千里：指千里之思，深謀遠慮。

稚珪風韻清踈，好文詠，飲酒七八斗。與外兄張融情趣相得，[1]又與琅邪王思遠、廬江何點、點弟胤並款交。[2]不樂世務，居宅盛營山水，憑机獨酌，傍無雜事。門庭之内，草萊不剪，中有蛙鳴，或問之曰："欲爲陳蕃乎？"[3]稚珪笑曰："我以此當兩部鼓吹，[4]何必期效仲舉。"[5]

[1]張融：字思光，歷仕南朝宋、齊。當時名士，好玄談，重著作，有集十卷行世。本書卷四一、《南史》卷三二有傳。

[2]王思遠：歷仕南朝宋、齊，立身簡潔。本書卷四三、《南史》卷二四有傳。　何點：廬江灊山（今安徽潛山縣）人，累徵不仕，隱居論佛。本書卷五四、《南史》卷三〇有傳。　胤：何胤。有儒術，歷仕齊、梁，然志懷隱遁。本書卷五四、《南史》卷三〇有附傳。

[3]陳蕃：字仲舉，東漢汝南人，官樂安、豫章太守，遷太尉、太傅。重友誼，愛結交名士。《後漢書》卷六六有傳。

[4]兩部鼓吹：有坐、立兩部樂隊演奏的音樂，古代高官貴族方可享有。稚珪以之戲喻蛙鳴，後遂以"兩部鼓吹"爲蛙鳴的出典。

[5]何必期效仲舉：《南史》卷四九此句後云："王晏嘗鳴鼓吹候之，聞群蛙鳴，曰：'此殊聒人耳。'珪曰：'我聽鼓吹，殆不及此。'晏甚有慚色。"

永元元年，[1]爲都官尚書，[2]遷太子詹事，[3]加散騎常侍。[4]三年，稚珪疾，東昏屏除，以牀轝走，[5]因此疾甚，遂卒。[6]年五十五。贈金紫光禄大夫。[7]

［1］永元：齊東昏侯年號。

［2］都官尚書：尚書省六部尚書之一，掌都官、水部、庫部、功論四曹。秩三品。

［3］太子詹事：東宫屬官。掌太子家事，位甚重。秩三品。

［4］散騎常侍：齊集書省官。掌侍從，顧問。秩三品。

［5］牀轝：肩輿，肩擡的坐轎。轝，同“輿”。

［6］遂卒：明張溥《漢魏六朝百三家集》收有孔稚珪《孔詹士集》，有詩文十卷。

［7］金紫光禄大夫：南朝時爲加給大官勛臣的禮贈之官。秩二品。金紫，指金印紫綬。

劉繪字士章，[1]彭城人，[2]太常悛弟也。[3]父勔，[4]宋末權貴，門多人客，使繪與之共語，應接流暢。勔喜曰：“汝後若束帶立朝，可與賓客言矣。”[5]解褐著作郎，[6]太祖太尉行參軍。[7]太祖見而歎曰：“劉公爲不亡也。”[8]

［1］劉繪：《南史》卷三九亦有略傳。

［2］彭城：今江蘇徐州市。

［3］悛：劉悛，字士操，歷仕南朝宋、齊，官至五兵尚書，卒贈太常。本書卷三七、《南史》卷三九有傳。

［4］勔：劉勔，字伯猷，宋末官至尚書右僕射，領鎮軍將軍，平桂陽王休範亂戰死，謚忠昭公。《宋書》卷八六、《南史》卷三九有傳。

［5］可與賓客言矣：指可司外交禮儀之官。《論語·公冶長》：“子曰：‘赤也，束帶立於朝，可使與賓客言也。’”

［6］著作郎：秘書省屬官。掌修國史。秩六品。

［7］太祖：指齊高帝蕭道成，宋末曾遷太尉。本書卷一至卷二

有紀。劉繪爲太尉府臨時參軍。

[8]不亡：意指後繼有人。

豫章王嶷爲江州，[1]以繪爲左軍主簿。[2]隨鎮江陵，轉鎮西外兵曹參軍，[3]驃騎主簿。[4]繪聰警有文義，善隸書，數被賞召，進對華敏，僚吏之中，見遇莫及。琅邪王詡爲功曹，[5]以吏能自進。嶷謂僚佐曰："吾雖不能得應嗣陳蕃，[6]然閣下自有二驥也。"[7]復爲司空記室録事，[8]轉太子洗馬，[9]大司馬諮議，[10]領録事。[11]時豫章王嶷與文惠太子以年秩不同，[12]物論謂宮、府有疑，[13]繪苦求外出，爲南康相。[14]郡事之暇，專意講説。上左右陳洪請假南還，[15]問繪在郡何似？既而聞之曰："南康是三州喉舌，應須治幹。豈可以年少講學處之邪？"徵還爲安陸王護軍司馬，[16]轉中書郎，掌詔誥。敕助國子祭酒何胤撰治禮儀。[17]

[1]豫章王嶷：字宣儼，齊高帝次子。南朝宋末曾爲左將軍、江州刺史。詳見本書卷二二《豫章文獻王傳》。

[2]左軍主簿：指左軍將軍府主簿。左軍將軍爲禁衛軍左右前後四軍首領之一，分掌宿衛營兵。秩四品。主簿爲屬吏之長。

[3]隨鎮江陵，轉鎮西外兵曹參軍：此指豫章王由江州刺史轉任荆州刺史，並爲鎮西將軍，鎮守江陵。鎮西外兵曹，指鎮西將軍府外兵曹（掌外兵）。

[4]驃騎主簿：此指齊高帝建元元年（479），豫章王又遷驃騎大將軍、揚州刺史。劉繪隨之爲驃騎大將軍府主簿。

[5]王詡：初爲豫章王府功曹，永明中爲少府卿，後出爲始興内史、廣州刺史。本書卷四二、《南史》卷二四有傳。　功曹：功

曹史，王府佐吏。主選署功勞，職總内外，爲綱紀之任。

［6］應嗣：所指不明，待考。　陳蕃：字仲舉，東漢汝南人。知遇於太尉李固，表薦，官至光禄勛、尚書僕射、太中大夫。爲政賢能，有清績。《後漢書》卷六六有傳。

［7］二驥：喻指劉繪與王詡，二人是良才。按，《南史》卷三九此後云："性通悟，出爲南康相，郡人有姓賴，所居名穢里，刺謁繪，繪戲嘲之曰：'君有何穢，而居穢里?' 此人應聲曰：'未審孔丘何闕，而居闕里。' 繪默然不答，亦無忤意，歎其辯速。"

［8］司空：三公之一，南朝時爲最高榮譽加號。按，建元三年（481）豫章王加司空。劉繪爲司空府記室録事，職主文書。

［9］太子洗馬：東宫官。太子出行在前導威儀，兼掌管圖籍。按，此處太子指文惠太子，名長懋，字雲喬，齊武帝蕭賾長子。久在東宫，未即位而卒。本書卷二一、《南史》卷四四有傳。

［10］大司馬：三公之一。按，永明五年（487）豫章王進位大司馬，劉繪任大司馬府諮議參軍。《御覽》卷二〇九引《齊職儀》曰："大司馬，品第一，秩中二千石，金章紫綬，武冠絳朝服，佩山玄玉。"

［11］領録事：領，官員任用類别之一，與"兼"相近。數職中有一實授的官職，其餘爲别領的職務。劉繪時爲大司馬府諮議參軍，兼任録事參軍。其職掌文書，糾查府事。

［12］年秩不同：指輩分大小、禄位高低不同。按，依輩分，豫章王爲叔，文惠太子爲侄；然按禄位，太子爲儲君，豫章爲諸王，有君臣之别。

［13］宫、府有疑：指東宫與王府有矛盾。

［14］南康：南康國，王國屬郡，治所在今江西贛州市東北。郡稱太守，屬國稱相。

［15］上左右：指齊武帝近侍官。

［16］安陸王：名子敬，字雲端，齊武帝第五子。永明七年（489）爲侍中、護軍將軍。本書卷四〇、《南史》卷四四有傳。

護軍司馬：護軍將軍府屬官。

[17]國子祭酒：列卿太常屬官。掌禮儀，祭祀。秩三品。

永明末，京邑人士盛爲文章談義，皆湊竟陵王西邸。[1]繪爲後進領袖，機悟多能。時張融、周顒並有言工，[2]融音旨緩韻，顒辭致綺捷，繪之言吐，又頓挫有風氣。[3]時人爲之語曰："劉繪貼宅，別開一門。"[4]言在二家之中也。

[1]西邸：竟陵王於永明五年（487）移居鷄籠山邸，集學士抄五經、百家。西邸當即指此處。詳見本書卷四〇《武十七王傳》。

[2]張融：字思光，歷仕南朝宋、齊，南朝名士。本書卷四一有傳。　周顒：字彦能，歷仕南朝宋、齊，能文善辯。本書卷四一、《南史》卷三四有傳。

[3]風氣：《南史》卷三九作"風則"。

[4]劉繪貼宅，別開一門：朱季海《校議》云："子顯此文，寫永明末京邑人士所謂言工如繪。時人語云云，正如今歇後語之類。俗諺以'四金剛騰雲'，爲'懸空八隻脚'者，蓋其比也。'貼宅'謂以宅質人，故云'別開一門'也。"（第109頁）按，《南史》記此事有異："時張融以言辭辯捷，周顒彌爲清綺，而繪音采贍麗，雅有風則。時人爲之語曰：'三人共宅夾清漳，張南周北劉中央。'言其處二人間也。"高敏《南北史掇瑣》："《南齊書》……亦載此事，但語多不同，《南史》頗有所補"。（中州古籍出版社2003年版，第208頁）

魚復侯子響誅後，[1]豫章王嶷欲求葬之，[2]召繪言其事，使爲表。繪求紙筆，須臾便成。嶷惟足八字，[3]云

"提攜鞠養，俯見成人"。乃歎曰："禰衡何以過此。"[4]後北虜使來，繪以辭辯，敕接虜使。事畢，當撰《語辭》。[5]繪謂人曰："無論潤色未易，但得我語亦難矣。"

［1］魚復侯子響：字雲音，齊武帝第四子。永明七年（489）爲荆州刺史，好武，長史劉寅密告其圖謀不規。事發，子響擅誅劉寅，朝廷派兵問罪，子響反擊，被執賜死。子響原封東郡王，以逆被貶爲魚腹侯。本書卷四〇有傳。

［2］豫章王嶷欲求葬之：豫章王原無子，養子響，後雖有子，仍表留子響爲嫡，故豫章王求葬子響。

［3］惟：原無，中華本據殿本及《御覽》卷五九九引補。今從補。　足：形容以下八個字理直氣壯，故豫章王很滿意。

［4］禰衡：東漢才士，以思敏善辯著稱。《後漢書》卷二〇下、《三國志》卷一〇有傳。

［5］《語辭》：指與北魏來使交談論辯的文字記録。

事兄悛恭謹，與人語，呼爲"使君"。[1]隆昌中，[2]悛坐罪將見誅，[3]繪伏闕請代兄死，高宗輔政，救解之。引爲鎮軍長史，[4]轉黄門郎。[5]高宗爲驃騎，[6]以繪爲輔國將軍，諮議，領録事，典筆翰。[7]高宗即位，遷太子中庶子，出爲寧朔將軍、撫軍長史。[8]

［1］使君：原稱刺史，後亦用爲對人的尊稱。

［2］隆昌：宋鬱林王年號。

［3］悛坐罪將見誅：指鬱林王新立，劉悛不願將在蜀任刺史時所得的金浴盆奉獻新君，鬱林怒，令有司收悛，將加誅戮。詳見本書卷三七《劉悛傳》。

[4]鎮軍長史：指鎮軍將軍府長史。鎮軍將軍，南朝時爲榮譽加銜。開府者位從公，秩一品。

[5]黄門郎：給事黄門侍郎，門下省官。掌奏事，直侍左右。秩五品。

[6]高宗爲驃騎：指隆昌（494）中，齊明帝蕭鸞輔政，曾加驃騎大將軍。

[7]以繪爲輔國將軍，諮議，領録事，典筆翰：這裏是指蕭鸞任命劉繪爲驃騎大將軍府諮議參軍，領録事，掌典筆翰，並加輔國將軍榮譽稱號。

[8]寧朔將軍：爲優禮大臣的榮譽稱號。秩四品。　撫軍長史：撫軍將軍府屬吏之長。

安陸王寶晊爲湘州，[1]以繪爲冠軍長史、長沙内史，行湘州事，將軍如故。寶晊妃，悛女也。寶晊愛其侍婢，繪奪取，具以啓聞，寶晊以爲恨，與繪不協。

[1]安陸王寶晊：齊高帝侄蕭緬之子，承父封爲安陸王（後改封湘東王），進號冠軍將軍，領湘州刺史（治所在今湖南長沙市）。本書卷四五有傳。

遭母喪去官。有至性，持喪墓下三年，食麄糲。[1]服闋，爲寧朔將軍、晋安王征北長史、南東海太守，[2]行南徐州事。[3]繪雖豪俠，常惡武事，雅善博射，未嘗跨馬。兄悛之亡，朝議贈平北將軍、雍州刺史，[4]詔書已出，繪請尚書令徐孝嗣改之。[5]

[1]麄糲：粗食。麄，同“麤”（粗）。

[2]晉安王：名子懋，字雲昌，齊武帝第七子。永明末爲征北將軍、雍州刺史。本書卷四〇有傳。　南東海：郡名。治所在今江蘇鎮江市。

[3]南徐州：南朝宋置，治所亦在今江蘇鎮江市。

[4]平北將軍："四平"將軍之一，南朝時爲優禮大臣的榮譽加號。秩四品。

[5]徐孝嗣：字始昌，歷仕南朝宋、齊，齊明帝時爲尚書令。本書卷四四、《南史》卷一五有傳。按，徐孝嗣據劉繪之請，改贈劉悛太常，常侍、都尉如故。見本書卷三七《劉悛傳》。

及梁王義師起，[1]朝廷以繪爲持節、督雍梁南北秦四州郢州之竟陵司州之隨郡諸軍事、輔國將軍、領寧蠻校尉、雍州刺史。[2]固讓不就。衆以朝廷昏亂，爲之寒心，繪終不受，東昏改用張欣泰。[3]繪轉建安王車騎長史，[4]行府國事。義師圍城，南兖州刺史張稷總城内軍事，[5]與繪情款異常，將謀廢立，閑語累夜。東昏殞，城内遣繪及國子博士范雲等送首詣梁王於石頭，[6]轉大司馬從事中郎。[7]中興二年，[8]卒。年四十五。繪撰《能書人名》，自云善飛白，[9]言論之際，頗好矜知。[10]

[1]梁王義師起：指齊永元二年（500）雍州刺史蕭衍（即後來的梁武帝）等擁立南康王寶融爲帝，即位於江陵，起兵攻建康。

[2]持節：君主授予臣下權力的方式之一。節，符節。持節者握有生殺大權，分使持節、持節、假節三等。使持節得殺二千石以下；持節得殺無官位的人，若軍事，得與使持節同；假節唯軍事得殺犯軍令者。參見《宋書·百官志上》。　督：官員任用類別之一。東漢時朝廷派員督導地方軍事，後各朝因之，統稱督，掌一方至高軍

權。亦分都督、監、督三等，其權限與使持節、持節、假節三等相類似。參見《宋書·百官志上》。　雍：雍州，治襄陽，即今湖北襄陽市。　梁南北秦：梁州及南北秦州，治所均在南鄭，今陝西漢中市東。　郢州之竟陵：在今湖北鍾祥市。　司州之隨郡：在今湖北隨州市。　寧蠻校尉：防邊武官。主護少數民族。治所在襄陽。

［3］張欣泰：字義亨，仕齊，累任武官。詳見本書卷五一《張欣泰傳》。

［4］建安王：名寶夤，齊明帝第六子，初封建安王，後改鄱陽王。東昏侯時爲車騎將軍，鎮石頭戍。詳見本書卷五〇《明七王傳》。劉繪時任車騎將軍府長史。

［5］南兖州：州名。南朝宋僑置，治廣陵郡，在今江蘇揚州市。　張稷：字公喬，歷仕齊、梁。永元三年（501）蕭衍率兵圍京城，稷兼衛尉卿，督城内諸軍事。時東昏淫暴，稷與城中守將弑東昏，獻首於圍城之蕭衍。後官至青冀二州刺史。詳見《梁書》卷一六、《南史》卷三一《張稷傳》。

［6］范雲：字彦龍，歷仕齊、梁，博學能文。《梁書》卷一三、《南史》卷五一有傳。　石頭：指石頭戍，當時蕭衍已攻占石頭戍。

［7］大司馬：此指蕭衍。蕭衍滅東昏後，宣德皇后授蕭衍中書監，都督揚、南徐二州諸軍事，大司馬，録尚書，驃騎大將軍，揚州刺史，封建安郡公。詳見《梁書》卷一《武帝紀上》。　從事中郎：爲王公府親近散職，無定員，分掌諸曹。按，劉繪時爲蕭衍大司馬府從事中郎。秩六品。

［8］中興：齊末代皇帝和帝年號。

［9］飛白：一種特殊的書法。相傳東漢靈帝時修飾鴻都門，匠人用刷白粉的帚寫字，蔡邕見後，歸作"飛白書"。這種書法，筆畫中絲絲露白，象枯筆所寫。漢魏宫闕題字，曾廣泛采用。漢張懷瓘《書斷》："飛白者，後漢左中郎將蔡邕所作也。王隱、王愔並云：飛白，變楷製也。本是宫殿題署，勢既徑丈，字宜輕微不滿，名爲飛白。"參見唐李綽《尚書故實》。

［10］頗好矜知：中華本校勘記云："'矜知'南監本、殿本作'矜詡'，《元龜》八百六十一作'矜衒'。"

弟瑱，字士温。好文章飲酒，奢逸不悋財物。[1] 滎陽毛惠遠善畫馬，[2] 瑱善畫婦人，世並爲第一。官至吏部郎。先繪卒。

［1］悋："吝"的異體字。

［2］滎陽：今河南滎陽市。　毛惠遠：師顧愷之，畫馬爲當世第一。見清夏文彦《圖繪寶鑑·補遺》。

史臣曰：刑禮相望，[1] 勸戒之道，淺識言治，莫辯後先，故宰世之堤防，御民之羈絆。端簡爲政，貴在畫一，[2] 輕重屢易，手足無從。律令之本，文約旨曠，據典行罰，各用情求。舒慘之意既殊，[3] 寬猛之利亦異，辭有出没，義生增損。[4] 舊尹之事，[5] 政非一途，後主所是，即爲成用。張弛代積，稍至遷訛。故刑開二門，[6] 法有兩路，刀筆之態深，舞弄之風起。承喜怒之機隙，挾千金之奸利，剪韭復生，[7] 寧失有罪，抱木牢户，[8] 未必非冤。下吏上司，文簿從事，辯聲察色，莫用衿府，[9] 申枉理讞，急不在躬，[10] 案法隨科，幸無咎悔。至於郡縣親民，百務萌始，以情矜過，曾不待獄，以律定罪，無細非㥄。蓋由網密憲煩，文理相背。夫懲耻難窮，盜賊長有，欲求猛勝，事在或然，掃墓高門，[11] 爲利孰遠。故永明定律，多用優寬，治物不患仁心，見累於弘厚，爲令貴在必行，而惡其舛雜也。

[1]刑禮：指刑罰和禮教。古代統治者御民治世的兩大法寶。

[2]畫一：一致，一律。《史記》卷五三《蕭相國世家》："蕭何爲法，顜若畫一"。司馬貞《索隱》："小顏云：'講，和也。畫一，言其法整齊也'。"

[3]舒慘：指執法人樂意或不樂意。

[4]辭有出没，義生增損：此指法律條文的辭語表達有明有暗，因而執法者對含義的理解可增可損。

[5]尹：指主管之官。

[6]刑開二門：指量刑不一致。《後漢書》卷二八上《桓譚傳》："又見法令决事，輕重不齊，或一事殊法，同罪異論，姦吏得因緣爲市，所欲活則出生議，所欲陷則與死比，是爲刑開二門也。"

[7]剪韭復生：比喻犯死罪的人復得生還。

[8]抱木牢户：指拘繫於牢獄中的人。木，指枷之類的刑具。

[9]衿府：心，情懷。

[10]急不在躬：謂無關自身痛癢，不爲所急。

[11]掃墓高門：謂酷吏必當有惡報。典出《漢書》卷九〇《酷吏傳》：河南太守嚴延年爲政殘酷，其母從故鄉來，適見延年處决囚犯，母大驚，以爲必得惡報，歸時對兒子説："我不意當老見壯子被刑戮也，行矣，去汝東歸，掃除墓地耳。"後歲餘，延年果觸法被誅。

贊曰：袁徇厥戚，猶子爲情。[1]稚珪夷遠，[2]奏諫罷兵。士章機悟，立行砥名。

[1]猶子：侄兒。按，此指袁顗因事被誅，投尸江中，其侄袁彖尋尸安葬事，見其叔侄情深。

[2]夷遠：平和而高遠。

南齊書　卷四九

列傳第三十

王奂從弟繢　張沖

王奂字彦孫，[1]琅邪臨沂人也。[2]祖僧朗，[3]宋左光禄、儀同。[4]父粹，黄門郎。[5]奂出繼從祖中書令球，[6]故字彦孫。[7]

[1]王奂：《南史》卷二三有附傳，謂其“字道明”。

[2]琅邪臨沂：今山東臨沂市。

[3]僧朗：王僧朗。仕宋，以謹實見知，勤於朝直，太祖嘉之。世祖大明末，爲尚書左僕射。太宗初，以后父爲特進、左光禄大夫，加侍中。尋卒，追贈開府，謚曰元公。詳見《宋書》卷八五《王景文傳》附傳。

[4]左光禄、儀同：中華本校勘記引清錢大昕《廿二史考異》云：“當云‘左光禄大夫開府儀同三司’，史省文。”左光禄，即左光禄大夫，南朝多爲加給功勛大臣的榮譽加號。位從公秩一品。儀同，開府儀同三司的省稱。開府，准開府第。三司指三公。

[5]黄門郎：給事黄門侍郎，門下省屬官。掌奏事，直侍左右。

秩五品。

［6］球：王球。字倩玉，仕宋，歷官侍中、中書令、尚書僕射。無子，以從孫奂爲後嗣。《宋書》卷八五、《南史》卷二三有傳。

［7］故字彦孫：《南史》卷二三作："故小字彦孫。年數歲，常侍球許，甚見愛。奂諸兄出身諸王國常侍，而奂起家著作佐郎。琅邪顔延之與球情款稍異，常撫奂背曰：'阿奴始免寒士。'奂少而强濟，叔父景文常以家事委之。"

解褐著作佐郎，[1]太子舍人，[2]安陸王冠軍主簿，[3]太子洗馬，[4]本州别駕，[5]中書郎，[6]桂陽王司空諮議，[7]黄門郎。元徽元年，[8]爲晋熙王征虜長史、江夏内史，[9]遷侍中，[10]領步兵校尉。[11]復出爲晋熙王鎮西長史，[12]加冠軍將軍、江夏武昌太守。徵祠部尚書，[13]轉掌吏部。[14]

［1］解褐：指初任官職。　著作佐郎：史官名。屬秘書省。著作郎的輔佐，掌修史。秩六品。

［2］太子舍人：東宫官。掌呈奏書牘。秩六品。

［3］安陸王：名子綏，宋孝武帝劉駿第四子。《宋書》卷八〇、《南史》卷一四《孝武十四王傳序》有所涉及，未立傳。　冠軍主簿：指冠軍將軍（爲安陸王的榮譽加銜）府主簿，爲佐吏之首。

［4］太子洗馬：東宫官名。掌太子出行前導威儀，亦掌文翰。秩七品。

［5］别駕：别駕從事史，州官。主吏及選舉事。秩六品。

［6］中書郎：中書侍郎，中書省官。掌呈奏案章。秩五品。

［7］桂陽王：名休範，宋文帝劉義隆第十八子，曾進位司空。《宋書》卷一九、《南史》卷一四有傳。　司空諮議：司空公府佐官。參謀府務。司空，三公之一，南朝爲最高榮譽加銜之一。秩

一品。

[8]元徽：宋後廢帝年號。

[9]晋熙王：原爲宋文帝劉義隆第九子劉昶，孝武帝大明末昶叛逃北魏。宋明帝時以第六皇子燮繼昶，襲封晋熙王。元徽元年(473)，以燮爲使持節、監郢州豫州諸軍事、征虜將軍、郢州刺史。詳見《宋書》卷七二《文九王傳》。　征虜長史：征虜將軍府屬吏之長。征虜將軍，南明時爲榮譽加號。　江夏：郡名。屬郢州，治夏口，在今湖北武漢市武昌區。　内史：太守，王國屬郡稱内史。

[10]侍中：門下省官。掌奏事，直侍左右。秩三品。

[11]步兵校尉：禁衛軍官名。掌宿衛營兵。秩四品。

[12]鎮西長史：指鎮西將軍府長史。鎮西將軍，南朝時爲榮譽加號。開府者位從公秩一品。

[13]祠部尚書：尚書省官。分掌尚書省祠部、儀曹事。秩三品。

[14]轉掌吏部：指遷轉擔任吏部尚書，掌官員任免。秩三品。周一良《〈南齊書·丘靈鞠傳〉試釋兼論南朝文武官位及清濁》一文云："'選曹要重'，吏部尚書有'大尚書'之稱……是吏部郎之職既要且清也。"（《魏晋南北朝史論集》，北京大學出版社1997年版，第117頁）

昇明初，[1]遷冠軍將軍、丹陽尹。[2]初，王晏父普曜爲沈攸之長史，[3]常慮攸之舉事，不得還。時奂爲吏部，轉普曜爲内職，[4]晏深德之。及晏仕世祖府，[5]奂從弟藴反，[6]世祖謂晏曰："王奂宋家外戚，[7]王藴親同逆黨，既其群從，[8]豈能無異意。我欲具以啓聞。"晏叩頭曰："王奂脩謹，保無異志。晏父母在都，請以爲質。"世祖乃止。

[1]昇明：宋順帝年號。

[2]丹陽：郡名。漢置，治所原在宛陵（今安徽宣城市），三國吴以後移治建業縣（今江蘇南京市）。丹陽尹，爲京城所在郡府長官。掌京城行政諸務並詔獄，地位頗重要。秩三品。

[3]王晏：字士彦，歷仕南朝宋、齊。在宋時，曾與蕭賾（即後來的齊武帝）同仕晋熙王燮於郢州府，甚相知遇。後齊武帝即位，晏累遷侍中、吏部尚書、尚書令等顯職。本書卷四二、《南史》卷二四有傳。　沈攸之：字仲達，仕宋，官至荆州刺史。元徽五年（477）因反對蕭道成（即後來的齊高帝）輔政專權，由荆州起兵，兵敗被殺。詳見《宋書》卷七四《沈攸之傳》。

[4]内職：指到中央機構供職。按，王晏父普曜由荆州府長史調秘書省供職。詳見本書卷四二《王晏傳》。

[5]世祖：齊武帝蕭賾的廟號。本書卷三有紀。宋末蕭賾任征虜將軍、江州刺史。

[6]藴：王藴，字彦深。仕宋，官至湘州刺史，因與沈攸之同謀起事，兵敗被斬。詳見《宋書》卷七四《王藴傳》。

[7]宋家外戚：指王奂叔伯王偃、王瑩、王亮等均尚宋公主而爲駙馬。

[8]群從：弟兄。

出爲吴興太守，[1]秩中二千石，[2]將軍如故。尋進號征虜將軍。建元元年，[3]進號左將軍。[4]明年，遷太常，[5]領鄱陽王師，[6]仍轉侍中，祕書監，[7]領驍騎將軍。[8]又遷征虜將軍、臨川王鎮西長史、領南蠻校尉、南郡内史。[9]奂一歲三遷，上表固讓南蠻曰："今天地初闢，萬物載新，荆蠻來威，巴濮不擾。[10]但使邊民樂業，有司脩務，本府舊州，日就殷阜。臣昔遊西土，較見盈虚，兼日者戎燼之後，痍毀難復。雖復緝以善政，未及來蘇。今復割撤大府，制置偏校，[11]崇望不足以助强，語實安能以相弊？且資力既分，職司增廣，衆勞務倍，文案滋煩。非獨臣見其難，竊以爲國計非允。”見許。於是罷南蠻校尉官。進號前將軍。[12]

[1]吴興：郡名。治所在今浙江湖州市吴興區南下菰城。

[2]中二千石：官秩名。《漢書》卷八《宣帝紀》：“潁川太守黄霸以治行尤異，秩中二千石。”顔師古注：“漢制，秩二千石者，一歲得一千四百四十石，實不滿二千石也。其云中二千石者，一歲得二千一百六十石，舉成數言之，故曰中二千石。中者，滿也。”

[3]建元：齊高帝年號。

[4]左將軍：禁衛軍官名。分掌宿衛營兵。秩四品。

[5]太常：列卿之一。掌禮儀、祭祀。秩三品。《藝文類聚》卷四九引《齊職儀》曰：“太常卿一人，品第三，秩中二千石，銀章青綬，進賢兩梁冠，絳朝服，佩水蒼玉。”

[6]領：兼任。　鄱陽王：名鏘，字宣韶，齊高帝蕭道成第七子。本書卷三五有傳。　師：王國三卿之一，主教導。秩六品。

[7]祕書監：秘書省官。掌藝文圖籍及修國史。秩三品。

[8]驍騎將軍：禁衛軍官。分掌宿衛營兵。秩四品。

[9]臨川王：名映，字宣光，齊高帝第三子。建元初，出爲使持節、都督荆湘等州諸軍事、鎮西將軍、荆州刺史。本書卷三五有傳。　南蠻校尉：邊防軍官。主護少數民族。治江陵，在今湖北荆州市。　南郡：王國屬郡，治所在江陵。

[10]荆蠻來威，巴濮不擾：意謂懾於齊朝之威，荆蠻巴濮均歸服順從。荆蠻、巴濮，二者均爲少數民族名，散布在今川東、鄂西及江漢之南。這裏泛指西南少數民族。

[11]割撤大府，制置偏校：指設置寧蠻校尉，分散了州府的勢

力和影響。

［12］前將軍：前軍將軍，禁衛軍官。分掌宿衛。秩四品。

世祖即位，徵右僕射。[1]仍轉使持節監湘州軍事、前將軍、湘州刺史。[2]永明二年，徙爲散騎常侍、江州刺史。[3]初省江州軍府。[4]四年，遷右僕射，本州中正。[5]奂無學術，以事幹見處。遷尚書僕射，[6]中正如故。校籍郎王植屬吏部郎孔琇之以校籍令史俞公喜求進署，[7]矯稱奂意，植坐免官。[8]

［1］右僕射：尚書省官。爲尚書令的輔佐，領殿中、主客二曹。秩三品。

［2］使持節：君主授予地方軍政長官特殊權力的方式之一。節，符節，代表皇帝的特殊命令。分三等："使持節"爲上，得殺二千石以下；"持節"次之，得殺無官位的人，若在軍事時期則與使持節同；"假節"爲下，唯在軍事時期得殺犯軍令者。　監：與使持節方式相類，分都督諸軍、監諸軍、督諸軍三等。詳見《宋書·百官志上》。　湘州：州名。治所在今湖南長沙市。

［3］散騎常侍：集書省官。掌侍從、顧問。秩三品。　江州：州名。治所原在今江西南昌市，南朝宋移治今江西九江市。

［4］省：視事，處理事務。

［5］中正：負責考察州郡人才，將當地士人按才德分成九等（九品），作爲政府選拔官員的依據。須由才德聲望高者任之。

［6］尚書僕射：尚書省尚書令下設左右僕射，綜理尚書省事。《唐六典》卷一："（尚書僕射）魏晉宋齊，秩皆六百石，品並第三。"

［7］"校籍郎王植"至"俞公喜求進署"：本句意難明，文字似有出入。校籍郎，當即校書郎，南朝屬秘書省官。掌校勘書籍，

訂正訛誤。王植，仕齊，曾任尚書删定郎（見本書卷四八《孔稚珪傳》）及廷尉（見《南史》卷五七《范雲傳》）。孔琇之，傳未載其任吏部郎。見本書卷五三《孔琇之傳》。

[8]矯稱奂意，植坐免官：朱季海《南齊書校議》（以下簡稱朱季海《校議》）云："事在永明四年。《孔稚珪傳》：'先是七年，尚書删定郎王植撰定律章表奏之。'謂永明七年也。是植免校籍郎後不久即起爲尚書删定郎也。"（中華書局 1984 年版，第 110 頁）

六年，遷散騎常侍，領軍將軍。[1]奂欲請車駕幸府。[2]上晚信佛法，御膳不宰牲。使王晏謂奂曰："吾前去年爲斷殺事，不復幸詣大臣已判，無容欻爾也。"[3]王儉卒，[4]上欲用奂爲尚書令，[5]以問王晏。晏位遇已重，與奂不能相推，[6]答上曰："柳世隆有重望，[7]恐不宜在奂後。"乃轉爲左僕射，[8]加給事中，[9]出爲使持節、散騎常侍、都督雍梁南北秦四州郢州之竟陵司州之隨郡軍事、鎮北將軍、雍州刺史。[10]上謂王晏曰："奂於釋氏，實自專至。其在鎮或以此妨務，[11]卿相見言次及之，勿道吾意也。"上以行北諸戍士卒多繿縷，送袴褶三千具，[12]令奂分賦之。

[1]領軍將軍：禁衛軍總領之一。掌内軍。秩三品。

[2]幸府：指請齊武帝車駕幸臨領軍將軍府。

[3]欻（xū）爾：形容匆忙。

[4]王儉：字仲寶，歷仕南朝宋、齊，晚年官至尚書令。本書卷二四、《南史》卷二八有傳。

[5]上欲用："欲"原無，中華本據《南史》補。今從補。

[6]與奂不能相推：《南史》卷二三作"意不推奂"。

［7］柳世隆：字彦緒，歷仕南朝宋、齊，官至左光禄大夫。本書卷二四、《南史》卷一八有傳。　重望：中華本校勘記云："'重望'原訛'動望'，各本作不訛，今改正。按《南史》作'勳望'。"朱季海《校議》云："《南史》是也。百衲本'動'即'勳'之壞字，各本臆改。"（第110頁）

［8］左僕射：職秩同右僕射。參見前"尚書僕射"注。

［9］加：指加官。官吏於原官職外加領其他官銜，表示對功臣的獎掖。

［10］雍州：東晉僑置，治所在今湖北襄陽市。　梁南北秦：梁州、南秦州、北秦州，治所均在今陝西漢中市。　郢州：治所在今湖北竟陵縣。　司州：治隨郡，在今湖北隨州市。

［11］妨務：指因專注研究佛學而妨礙政務。

［12］袴褶（xí）：服裝名。上穿褶，下着袴，外不加裘裳。名起於漢末騎服，盛行於南北朝。

十一年，奂輒殺寧蠻長史劉興祖，[1]上大怒，使御史中丞孔稚珪奏其事曰：[2]

雍州刺史王奂啓録小府長史劉興祖，[3]虚稱"興祖扇動山蠻，規生逆謀，誑言誹謗，言辭不遜"。敕使送興祖下都，[4]奂慮所啓欺妄，於獄打殺興祖，詐啓稱自經死。止今體傷楗蒼黷，[5]事暴聞聽。攝興祖門生劉倪到臺辨問，[6]列"興祖與奂共事，不能相和。自去年朱公恩領軍征蠻失利，興祖啓聞，以啓呈奂，奂因此便相嫌恨。若云興祖有罪，便應事在民間；民間恬然，都無事迹。去十年九月十八日，[7]奂使仗身三十人來，[8]稱敕録興祖付獄。安定郡蠻先在郡贓私，[9]興祖既知其取與，即牒啓，奂不問。興祖後執録，[10]奂仍令蠻領仗身於獄守視。興祖未死之前，於獄以物畫漆柈子中出密報家，道無罪，令啓乞出都一辨，萬死無恨”。又云：“奂駐興祖嚴禁信使，[11]欲作方便，殺以除口舌。”又云：“奂意乃可。奂第三息彪隨奂在州，[12]凡事是非皆干豫，[13]扇構密除興祖。”又云：“興祖家餉糜，中下藥，食兩口便覺，回乞獄子，食者皆大利。[14]興祖大叫道‘糜中有藥’。近獄之家，無人不聞。”又云：“奂治著興祖日急，[15]判無濟理。十一月二十一日，奂使獄吏來報興祖家，道興祖於獄自經死。尸出，家人共洗浴之，見興祖頸下有傷，肩胛烏黳，陰下破碎，實非興祖自經死。家人及門義共見，[16]非是一人。”重攝檢雍州都留田文喜，[17]列與倪符同狀。興祖在獄，嗛苦望下，[18]既蒙降旨，欣願始遂，豈容於此，方復自經？敕以十九日至，興祖以二十一日死，推理檢迹，灼然矯假。尋敕使送下，奂輒拒詔，所謗諸條，悉出奂意。毁故丞相若陳顯達，[19]誹訕朝事，莫此之深。彪私隨父之鎮，敢亂王法，罪並合窮戮。

上遣中書舍人吕文顯、直閣將軍曹道剛領齋仗五百人收奂。[20]敕鎮西司馬曹虎從江陵步道會襄陽。[21]

[1]奂輒殺寧蠻長史劉興祖：《南史》卷二三記此事起因云：“與寧蠻長史劉興祖不睦。十一年，奂遣軍主朱公恩征蠻失利，興祖欲以啓聞，奂大怒，收付獄。興祖於獄以針畫漆合盤爲書，報家稱枉，令啓聞，而奂亦馳信啓上，誣興祖扇動荒蠻。上知其枉，敕

送興祖還都，奂恐辭情翻背，輒殺之。”

［2］御史中丞：御史臺官。掌奏劾不法。秩四品。　孔稚珪：本書卷四八有傳。

［3］録：拘捕。　小府：指寧蠻校衛府。因其隸雍州，故稱。

［4］下都：下獄。《周禮·秋官》稱掌理獄訟事的官爲“都士”。

［5］止：通“至”。　蒼黤（àn）：深黑色。

［6］臺：指朝廷。

［7］去十年：中華本校勘記云：“‘去’南監本、殿本作‘至’。張元濟《校勘記》云：‘按稚珪奏在十一年，此追叙十年事，故云去。’”

［8］仗身：南北朝時皇帝或權臣的武裝侍從。

［9］安定郡：齊置，治所在今湖北南漳縣西，屬雍州。　蠻：這裏指在郡供職的地方少數民族人。

［10］執録：拘捕下獄。

［11］駐：阻止。

［12］奂第三息彪：指王奂的第三子王彪。息，兒子。按，《南史》卷二三作，“奂子彪”。

［13］凡事：中華本校勘記云毛本、局本作“凡州”。

［14］利：通“痢”，痢疾。

［15］治著：“著”原作“箸”，從中華本改。

［16］門義：門生及義從。爲晋、南北朝時世家豪族的依附者。

［17］攝檢：傳訊調查。　都留：指獄吏。

［18］嗛苦：銜苦。嗛，同“銜”。

［19］毁故丞相若陳顯達：此指齊東昏侯濫殺大臣。當時任江州刺史的陳顯達，亦被王奂所讒毁。傳聞東昏將遣兵襲江州，顯達被逼於江州舉兵，結果戰敗被殺。詳見本書卷二六《陳顯達傳》。

［20］中書舍人：中書通事舍人，中書省官。掌呈奏案章。秩七品。　吕文顯：歷仕南朝宋、齊，曾官中書通事舍人。詳見本書卷

五六《倖臣傳》。　直閤將軍：禁衛武官。出爲君主儀仗清道，入爲君主親身侍從。　曹道剛：仕齊爲直閣將軍。詳見《南史》卷七七《恩倖傳》。　齋仗：齋内仗身，南朝時皇帝的武裝衛士。掌在宫内齋室備儀衛，也被派往地方執行皇帝的命令。

[21]敕鎮西司馬曹虎從江陵步道會襄陽：會襄陽乃爲圍捕王奂。鎮西司馬，指鎮西將軍府司馬（軍府佐官，位在將軍之下）。曹虎，仕齊，以勇武稱。本書卷三〇、《南史》卷四六有傳。

奂子彪素凶剽，[1]奂不能制。女婿殷叡懼禍，[2]謂奂曰："曹、吕今來，既不見真敕，恐爲姦變，政宜録取，[3]馳啓聞耳。"[4]奂納之。彪輒令率州内得千餘人，開鎮庫，取仗，配衣甲，出南堂陳兵，閉門拒守。奂門生鄭羽叩頭啓奂，乞出城迎臺使。奂曰：[5]"我不作賊，欲先遣啓自申。政恐曹、吕輩小人相陵藉，故且閉門自守耳。"彪遂出與虎軍戰，其黨范虎領二百人降臺軍，彪敗走歸。土人起義，攻州西門，彪登門拒戰，却之。奂司馬黄瑶起、寧蠻長史裴叔業於城内起兵攻奂。[6]奂聞兵入，還内禮佛，未及起，軍人遂斬之。年五十九。執彪及弟爽、弼、殷叡，皆伏誅。[7]

[1]奂子彪素凶剽：《南史》卷二三作："奂子彪凶愚，頗干時政，士人咸切齒。時文顯以漆匣匣箜篌在船中，因相誑云：'臺使封刀斬王彪。'及道剛、曹武、文顯俱至，衆力既盛，又懼漆匣之言，於是議閉門拒命。"

[2]殷叡：仕齊，爲雍州府長史。本書卷三〇、《南史》卷六〇有傳。

[3]政：同"正"。　録取：捉拿。

[4]馳啓聞耳：此處與《南史》所叙有異。《南史》卷二三謂："長史殷叡，奂女婿也。諫曰：'今開城門，白服接臺使，不過檻車徵還，㶸官免爵耳。'彪堅執不從。叡又曰：'宜遣典籤間道送啓自申，亦不患不被宥。'乃令叡書啓，遣典籤陳道齊出城，便爲文顯所執。叡又曰：'忠不背國，勇不逃死，百世門户，宜思後計，孰與仰藥自全，則身名俱泰，叡請先驅螻蟻。'又不從。"

[5]奂曰：奂，原無，中華本據南監本、殿本、局本及《南史》補。今從補。

[6]裴叔業：本書卷五一有傳。

[7]皆伏誅：《南史》卷二三此後云："奂既誅，故舊無敢至者，汝南許明達先爲奂參軍，躬爲殯斂，經理甚厚，當時高其節。"

詔曰："逆賊王奂，險詖之性，自少及長。外飾廉勤，内懷凶慝，[1]貽戾鄉伍，取棄衣冠。[2]拔其文筆之用，擢以顯任，出牧樊阿，[3]政刑弛亂。第三息彪矯弄威權，父子均勢。故寧蠻長史劉興祖忠於奉國，每事匡執，奂忿其異己，誣以訕謗，肆怒囚録，然後奏聞。朕察奂愚詐，詔送興祖還都，乃懼姦謀發露，潛加殺害。欺罔既彰，中使辯覈，遂授兵登陴，逆捍王命。天威電掃，義夫咸奮，曾未浹辰，[4]罪人斯獲，方隅克殄，漢南肅清。自非犯官兼預同逆謀，爲一時所驅逼者，悉無所問。"

[1]凶慝（tè）：凶殘邪惡。

[2]取棄衣冠：指爲士大夫所唾棄。取棄，偏義復詞。

[3]樊阿：指樊城（在今湖北襄陽市），即雍州刺史治所在地。

[4]浹辰：古代以干支紀日，稱自子至亥一周十二日爲浹辰。

《左傳》成公九年："浹辰之間，而楚克其三都。"杜預注："浹辰，十二日也。"

奂長子太子中庶子融，[1]融弟司徒從事中郎琛，[2]於都棄市。餘孫皆原宥。

[1]太子中庶子：東宫官。職如侍中，掌奏事，直侍太子左右。秩五品。

[2]司徒從事中郎：司徒府屬官。南朝時爲散官，無定員，因事設置。秩六品。

殷叡字文子，陳郡人。[1]晋太常融七世孫也。宋元嘉末，祖元素坐染太初事誅。[2]叡遺腹亦當從戮，[3]外曾祖王僧朗啓孝武救之，[4]得免。叡解文義，[5]有口才，司徒褚淵甚重之，[6]謂之曰："諸殷自荆州以來，[7]無出卿右者。"叡斂容答曰："殷族衰悴，誠不如昔，若此旨爲虚，[8]故不足降；此旨爲實，彌不可聞。"奂爲雍州，啓叡爲府長史。[9]

[1]陳郡：郡名。治陳縣，在今河南淮陽縣。

[2]太初事：指宋元嘉三十年（453），太子劉劭弑其父文帝劉義隆自立，改元太初，旋被其弟孝武帝劉駿討滅，凡同謀皆被誅。當時任南康相的殷元素，亦坐此事遭誅。詳見《南史》卷六〇《殷鈞傳》。

[3]叡遺腹：此指元素娶宋尚書右僕射王僧朗女，生子寧早卒，寧遺腹生子叡。見《南史》卷六〇《殷鈞傳》。

[4]王僧朗：仕宋，位尚書右僕射。詳見《宋書》卷八五、

《南史》卷二三《王曇首傳》。

[5]文義:“文”原無,中華本據南監本、殿本、局本補。今從補。

[6]褚淵:字彦回,歷仕南朝宋、齊,受知齊高帝,進位司徒。本書卷二三、《南史》卷二八有傳。

[7]荆州:指殷仲堪,受知東晋孝武帝,授都督荆、益、寧三州軍事、振武將軍、荆州刺史。《晋書》卷八三有傳。

[8]此旨:指以上褚淵對殷姓人物的評價。按,叡答乃自謙之語。

[9]啓叡爲府長史:此句後《南史》卷六〇《殷鈞傳》有:“奂誅,叡亦見害。”

叡族父恒,字昭度,與叡同承融後。宋司空景仁孫也。[1]恒及父道矜,並有古風,以是見蚩於世,[2]其事非一。恒,宋泰始初,[3]爲度支尚書,[4]坐屬父疾及身疾多,爲有司所奏。明帝詔曰:“殷道矜有生便病,[5]比更無横病。[6]恒因愚習惰,[7]久妨清叙。左遷散騎常侍,[8]領校尉。”恒歷官清顯,至金紫光禄大夫。建武中,[9]卒。

[1]景仁:殷景仁,初仕東晋,後仕宋,受知高祖劉裕,官至中書監,卒追贈司空。《宋書》卷六三、《南史》卷二七有傳。

[2]蚩:同“嗤”,譏笑。指嘲笑其古板。

[3]泰始:宋明帝年號。

[4]度支尚書:尚書省官。分領度支、金部、倉部、起部四曹事。秩三品。

[5]有生便病:《宋書》卷六三《殷景仁傳》作“生便有病”。中華本校勘記云:“南監本作‘生便有病’。”

[6]比更無橫病：謂其無重病。《宋書》卷六三《殷景仁傳》作“無更橫疾”。中華本校勘記云：“‘病’南監本、殿本、局本作‘疾’。”

[7]恒因愚習惰：“惰”原訛“情”，據《宋書》卷六三《殷景仁傳》改。中華本校勘記云：“各本不訛，今改正。”今從改。

[8]左遷：《宋書》卷六三《殷景仁傳》作“可降爲”。

[9]建武：齊明帝年號。

奂弟伷女爲長沙王晃妃，[1]世祖詔曰：“奂自陷逆節，長沙王妃男女並長，且奂又出繼，前代或當有准，[2]可特不離絶。”[3]奂從弟繢。

[1]長沙王晃：字宣明，齊高帝蕭道成第四子。本書卷三五有傳。

[2]准：指法則、法規。中華本校勘記云：“‘准’原訛‘淮’，今據南監本、殿本、局本改正。按准即準字，乃避宋順帝諱改。”今從改。

[3]可特不離絶：指特赦奂弟伷免受株連。按，《南史》卷二三此後又載“奂弟份”云：“份字季文，仕宋位始安内史。袁粲之誅，親故無敢視者，份獨往致慟，由是顯名。累遷大司農。奂誅後，其子肅奔魏，份自拘請罪，齊武帝宥之。肅屢引魏人至邊，份嘗因侍坐，武帝謂曰：‘比有北信不？’份改容對曰：‘肅既近忘墳柏，寧遠憶有臣。’帝亦以此亮焉……武帝嘗於宴席問群臣曰：‘朕爲有爲無？’份曰：‘陛下應萬物爲有，體至理爲無。’帝稱善。後累遷尚書左僕射。歷侍中、特進、左光禄大夫，監丹陽尹。卒，謚胡子。”

繢字叔素，宋車騎將軍景文子也。[1]弱冠，爲祕書郎，[2]太子舍人，轉中書舍人。景文以此授超階，令績經年乃受。[3]景文封江安侯，績襲其本爵，爲始平縣五等男。[4]遷祕書丞，[5]司徒右長史。[6]元徽末，[7]除寧朔將軍、建平王征北長史、南東海太守，[8]黄門郎，寧朔將軍、東陽太守。[9]世祖爲撫軍，[10]吏部尚書張岱選績爲長史，[11]呈選牒。太祖笑謂岱曰：[12]“此可謂素望。”[13]遷散騎常侍，[14]驍騎將軍。[15]出補義興太守。[16]輒録郡吏陳伯喜付陽羨獄，欲殺之，縣令孔逭不知何罪，[17]不受績教，[18]爲有司所奏，績坐白衣領職。[19]遷太子中庶子，領驍騎，轉長兼侍中。[20]世祖出射雉，績信佛法，稱疾不從駕。轉左民尚書，[21]以母老乞解職，改授寧朔將軍、大司馬長史、淮陵太守。[22]出爲宣城太守，[23]秩中二千石。[24]隆昌元年，[25]遷輔國將軍、太傅長史，不拜。仍爲冠軍將軍、豫章内史。[26]進號征虜。[27]又坐事免官。除冠軍將軍，司徒左長史，散騎常侍，隨王師。[28]除征虜將軍，驃騎長史，遷散騎常侍，太常。永元元年，[29]卒。年五十三。謚靖子。[30]

[1]景文：王彧，字景文。因名與宋明帝劉彧名同，故以字行。明帝時官至中書令、常侍、僕射、揚州刺史。卒追贈車騎將軍，謚曰懿侯。《宋書》卷八五、《南史》卷二三有傳。

[2]祕書郎：秘書省官。掌修國史。秩六品。

[3]景文以此授超階，令績經年乃受：以此，指績轉中書舍人。景文以爲這是突破常例越級升遷，令績再過幾年授此官。

[4]景文封江安侯，績襲其本爵，爲始平縣五等男：江安，縣名。治所在今湖北公安縣，時爲景文侯爵食邑。襲其本爵，指王績

承繼其父景文原來的爵位。始平縣，南朝宋置，治所在今四川劍閣縣，時爲繢男爵食邑。古代封爵分公、侯、伯、子、男五等，男屬第五等，故稱“五等男”。按，中華本校勘記云：“《南史·王繢傳》同，惟‘江安侯’訛‘曲安侯’。錢大昕《廿二史考異》云：‘按《景文傳》云封江安縣侯，非曲安也。本爵之語，亦未詳。景文初襲伯父封建陵子，非始平男’。”

[5]祕書丞：秘書省官。職秩同秘書郎。秩六品。

[6]司徒右長史：司徒公府屬吏之長。

[7]元徽：宋後廢帝年號。

[8]寧朔將軍：南朝臨時設置的優禮大臣的榮譽稱號。開府者位從公，秩一品。　建平王：名景素，宋文帝劉義隆之孫，襲其父建平王劉宏爵。詳見《宋書》卷七二《文九王傳》。按，“建”字原闕，中華本據各本補。今從補。　征北長史：征北將軍府屬吏之長。按，建平王爲鎮北將軍，“征北”當爲“鎮北”之誤。　南東海：郡名。南朝宋以東海郡改名，治所在今江蘇鎮江市。

[9]東陽：郡名。治所在今浙江金華市。

[10]世祖：指齊武帝蕭賾。宋明帝時，蕭賾任撫軍將軍。

[11]張岱：字景山，歷仕南朝宋、齊，宋末爲吏部尚書。本書卷三二、《南史》卷三一有傳。　選繢爲長史：指選王繢爲撫軍將軍府長史。

[12]太祖：指齊高帝蕭道成。宋末輔政，獨掌朝政。本書卷一至卷二有紀。

[13]素望：一向有名望。

[14]散騎常侍：門下省官。掌奏事，直侍左右。秩三品。

[15]驍騎將軍：禁衛軍官。分掌宿衛營兵。秩四品。

[16]義興：郡名。治陽羨，在今江蘇宜興市。

[17]孔逭：仕齊，抗直有才藻，爲時人所重。詳見《南史》卷七二《文學傳》。

[18]教：文體的一種，爲上級的告諭。

［19］白衣領職：古代對官員懲處的一種措施，即停去官爵，以白衣身份代理其職事，以觀後效。

［20］轉長兼侍中：長兼，指非正授。《晋書》卷六九《劉隗傳》"長兼侍中"、卷七八《孔愉傳》"長兼中書郎"可證。按，此處原作"轉長史兼侍中"。中華本校勘記云："張森楷《校勘記》云'史'字衍文，今據删。"今從删。

［21］左民尚書：尚書省官。掌左民、駕部二曹。秩三品。

［22］大司馬長史：指大司馬府長史。大司馬，諸公之一。南朝爲加給重臣的最高榮譽加銜。《御覽》卷二〇九引《齊職儀》曰："大司馬，品第一，秩中二千石，金章紫綬，武冠絳朝服，佩山玄玉。"　淮陵：郡名。治所在今安徽明光市東北。

［23］宣城：郡名。治所在今安徽宣城市。

［24］秩：原作"袟"，從中華本改。

［25］隆昌：齊鬱林王年號。

［26］豫章：郡名。治所在今江西南昌市。南朝爲王國屬郡，故太守稱内史。

［27］征虜：指征虜將軍。南朝爲臨時設置的優禮大臣的榮譽稱號。

［28］隨王：指隨郡王蕭子隆，字雲興，齊武帝第八子。本書卷四〇有傳。　師：爲諸王屬官，負責侍奉輔導等事。參見《宋書·百官志下》。

［29］永元：齊東昏侯年號。

［30］謚靖子：六朝時文臣死後無封爵而得謚號者例稱"子"。清錢大昕《十駕齋養新録》卷二〇《沈恭子》："予按《南史》：'沈炯，字初明……以疾卒於吴中，贈侍中，謚恭子。'六朝文臣無封爵而得謚者，例稱子。如任昉稱敬子、周宏正稱簡子之類，不一而足。"

績女適安陸王子敬，[1]世祖寵子。永明三年，納妃，脩外舅姑之敬。[2]世祖遣文惠太子相隨往績家置酒設樂，[3]公卿皆冠冕而至，當世榮之。

[1]安陸王子敬：字雲端，齊武帝蕭賾第五子。本書卷四〇有傳。

[2]外舅姑：指岳父、岳母。《爾雅·釋親》："妻之父爲外舅，妻之母爲外姑。言妻從外來，謂至己家爲婦，故反以此義稱之。"

[3]文惠太子：名長懋，字雲喬，齊武帝長子，未即位而薨。本書卷二一有傳。　相隨：指相隨安陸王至王績家迎親。

張沖字思約，[1]吴郡吴人。[2]父柬，通直郎。[3]沖出繼從伯侍中景胤，[4]小名查，[5]父邵，小名梨。宋文帝戲景胤曰：[6]"查何如梨。"景胤答曰："梨是百果之宗，查何敢及。"

[1]張沖：《南史》卷三二有附傳。

[2]吴郡吴：吴郡吴縣，治所均在今江蘇蘇州市。

[3]通直郎：通直散騎侍郎的省稱。門下省官。掌奏事、侍從。秩五品。按，《南史》卷三二此句後云："沖母戴顒女，有儀範，張氏内取則焉。"

[4]沖出繼從伯侍中景胤：《南史》卷三二作"出繼伯父敷"。中華本校勘記引張森楷《校勘記》云："按景胤是張敷字，此不稱名而稱字，殊不可解。據《宋書·張邵傳》，敷、柬並邵子，而此云從伯，亦非。《南史·張邵傳》孫沖傳附作'伯父敷'，是。"

[5]查：這裏諧音戲作"楂"，山楂。

[6]宋文帝：劉義隆。《宋書》卷五有紀。

沖亦少有至性，辟州主簿，隨從叔永爲將帥，[1]除綏遠將軍、盱眙太守。[2]永征彭城，[3]遇寒雪，軍人足脛凍斷者十七八，沖足指皆墮。除尚書駕部郎，[4]桂陽王征南中兵，[5]振威將軍。[6]歷驃騎太尉南中郎參軍，[7]不拜。遷征西從事中郎，[8]通直郎，武陵王北中郎直兵參軍，[9]長水校尉，[10]除寧朔將軍，本官如故。遷左軍將軍，加寧朔將軍，輔國將軍。沖少從戎事，朝廷以幹力相待，故歷處軍校之官。出爲馬頭太守，[11]徙盱眙太守，輔國將軍如故。永明六年，遷西陽王冠軍司馬。[12]八年，爲假節、監青冀二州刺史事，[13]將軍如故。沖父初卒，遺命曰："祭我必以鄉土所産，無用牲物。"沖在鎮，四時還吴園中取果菜，流涕薦焉。仍轉刺史。

[1]永：張永，字景雲。仕宋，累有戰功，官至刺史、侍中。《宋書》卷五三、《南史》卷三一有傳。

[2]綏遠將軍：南朝臨時設置的優禮大臣的榮譽稱號。秩四品。盱眙：郡名。治所在今江蘇盱眙縣東北。

[3]永征彭城：宋明帝泰始二年（466），徐州刺史薛安都響應晋安王背叛朝廷，張永奉命征討，抵彭城（今江蘇徐州市）。安都降魏，魏兵至，張永轉勝爲敗，且遇大雪，更爲艱窘。詳見《宋書》卷五三《張永傳》。

[4]尚書駕部郎：尚書省屬官。隸左民尚書，領駕部曹，掌輿馬。秩五品。

[5]桂陽王：名休範，宋文帝劉義隆第十八子，初封順陽王，後改封桂陽王。泰始六年（470），出爲使持節，都督江、郢、司、廣等州諸軍事，征南大將軍，江州刺史。詳見《宋書》卷七九《文五王傳》。張沖任征南將軍府中兵參軍。

［6］振威將軍：南朝宋臨時設置的優禮大臣的榮譽稱號。秩四品。

［7］驃騎太尉南中郎：不明何官。《南史》無此句。

［8］征西：指征西將軍。四征將軍之一，榮譽加號。開府者位從公秩一品。

［9］武陵王：名贊，字仲敷，宋明帝劉彧第九子。元徽四年(476)，出爲使持節、督南徐等四州諸軍事、北中郎將、南徐州刺史。　直兵參軍：指北中郎府參軍，主直兵曹。參見《宋書・百官志下》。

［10］長水校尉：南朝爲禁衛軍的四校尉之一，分掌宿衛營兵。秩四品。

［11］馬頭：郡名。治所在今安徽懷遠縣南馬頭城。

［12］西陽王：名子明，字雲光，齊武帝蕭賾第十子。永明六年(488)，爲持節、都督南兖等五州軍事、冠軍將軍、南兖州刺史。本書卷四〇、《南史》卷四四有傳。　冠軍司馬：冠軍將軍府屬吏。

［13］假節：魏晉南北朝時皇帝給予地方軍政官員的特殊授權加號的第三等，軍事時期有權殺犯軍令的人。詳見前"使持節"注。　監青冀二州刺史事："刺史事"前《南史》有"行"字。青冀二州，《通鑑》卷一四〇《齊紀六》"明帝建武二年"條"詔都督青冀二州"，胡三省注："宋泰始初，青、冀二州入于魏，乃置青、冀二州刺史，治朐山。杜佑曰：宋明帝立青、冀二州，寄治贛榆；齊青州治朐山，冀州理漣口，今臨淮郡漣水縣。"按，朐山在今江蘇連雲港市西南海州區；漣水即今江蘇漣水縣。

鬱林即位，[1]進號冠軍將軍。明帝即位，[2]以晉壽太守王洪範代沖。[3]除黄門郎，加征虜將軍。建武二年，虜寇淮泗，[4]假沖節，都督青冀二州北討諸軍事，本官如故。虜并兵攻司州，[5]詔青徐出軍分其兵勢。[6]沖遣軍主桑係祖由渣口攻拔虜建陵、驛馬、厚丘三城，[7]多所殺獲。又與洪範遣軍主崔季延襲虜紀城，[8]據之。沖又遣軍主杜僧護攻拔虜虎坑、馮時、即丘三城，[9]驅生口輜重還，至溘溝，[10]虜救兵至，緣道要擊，僧護力戰，大破之。

[1]鬱林：指齊鬱林王蕭昭業。本書卷四有紀。

[2]明帝：指齊明帝蕭鸞。本書卷六有紀。

[3]晋壽：郡名。治所在今四川廣元市南。　王洪範：初仕北魏，後歸南宋，爲齊高帝腹心，擢青、冀二州刺史。詳見《南史》卷七〇《循吏傳》。按，"王洪範"原作"王洪軌"。中華本校勘記云："按《芮芮傳》作'王洪軌'。《南史·循吏傳》、《蠕蠕傳》亦作'王洪軌'。然《明帝紀》《柳世隆傳》《江祏傳》《魏虜傳》及《南史·齊高帝紀》、《江祏傳》皆作'王洪範'。《通鑑》齊高帝建元元年'帝遣王洪範約柔然寇魏'。《考異》云：'《齊書》作王洪軌，今從《齊紀》。'今依《通鑑》改爲'王洪範'。下同。"今從改。詳見《通鑑》卷一四〇《齊紀六》"明帝建武二年"條。　代沖：指代替張沖刺史之職。張沖另除黄門郎。

[4]淮泗：泛指淮南及蘇北。建武二年（495）北魏南侵，循淮而東下。

[5]司州：南朝宋泰始中僑置，治平陽縣，在今河南信陽市。

[6]詔青徐出軍分其兵勢：原作"除青右出軍分其兵勢"，從中華本改。中華本校勘記云："南監本、毛本、殿本、局本作'虜并兵攻司州徐青，詔出軍分其勢'。按'徐青'二字當在'詔'字下。《通鑑》齊明帝建武二年：'先是，上以義陽危急，詔都督青、冀二州軍事張沖出軍攻魏，以分其勢。'蓋是時魏并兵攻司州，故詔張沖出軍青、徐，以分魏之兵勢也。"

[7]渣口：地名。在今江蘇沭陽縣西。　建陵：《通鑑》卷一

四〇《齊紀六》"明帝建武二年"條，胡三省注："魏收《志》：郯郡有建陵縣，漢古縣也。宋白曰：厚丘故城，在海州沭陽縣北四十五里。"按，郯郡治所在今山東郯城縣西北。　驛馬：不詳何地，當亦在魯南或蘇北境内。　厚丘：地名。在今江蘇沭陽縣。

[8]紀城：地名。在今山東日照市南。

[9]虎坑：地名。在今江蘇連雲港市贛榆區西。南北朝時爲戍守要地。　馮時：不詳何地。當在魯南或蘇北。　即丘：今山東郯城縣東北。

[10]溘溝：不詳何地，當在魯南或蘇北。

其年，遷廬陵王北中郎司馬、加冠軍將軍。[1]未拜，豐城公遥昌爲豫州，[2]上慮寇難未已，[3]徙沖爲征虜長史、南梁郡太守。[4]永泰元年，[5]除江夏王前軍長史。[6]東昏即位，出爲建安王征虜長史、輔國將軍、江夏内史，行郢州府州事。[7]永元元年，遷持節、督豫州軍事、豫州刺史，代裴叔業。[8]竟不行。明年，遷督南兖兖徐青冀五州、輔國將軍、南兖州刺史，[9]持節如故。會司州刺史申希祖卒，以沖爲督司州軍事、冠軍將軍、司州刺史。裴叔業以壽春降虜，[10]又遷沖爲督南兖兖徐青冀五州、南兖州刺史，持節、將軍如故。並未拜。崔慧景事平，[11]徵建安王寶夤還都，以沖爲督郢司二州、郢州刺史，持節、將軍如故。一歲之中，頻授四州，至此受任。其冬，進征虜將軍。封定襄侯，[12]食邑千户。

[1]廬陵王：名寶源，字智淵，齊明帝蕭鸞第五子。建武元年(494)爲北中郎將，鎮琅邪城。本書卷五〇、《南史》卷四四有傳。按，張沖任北中郎將軍府司馬。

［2］豐城公遥昌：字季暉，齊宗室。建武元年（494）封豐城縣公，進號征虜將軍，領豫州刺史。詳見本書卷四五《宗室傳》。豫州：東晋僑置，治所經常變動。南朝齊在壽春，即今安徽壽縣。

［3］寇難：難，原闕，中華本據《册府元龜》卷六七一補。今從補。

［4］南梁郡：治西城縣，在今陜西安康市西北漢江北岸。

［5］永泰：齊明帝年號。

［6］江夏王：名寶玄，字智深，齊明帝蕭鸞第三子。永泰元年（498）爲前將軍，領石頭戍事。詳見本書卷五〇《明七王傳》。按，張冲爲前將軍府長史。

［7］"出爲建安王"至"行郢州府州事"：建安王，即鄱陽王寶夤，齊明帝蕭鸞第六子。初封建安王，後改封鄱陽王。東昏時，由江州刺史遷郢州刺史，爲使持節、都督郢、司二州軍事、征虜將軍。詳見本書卷五〇《明七王傳》。按，張冲爲征虜將軍府長史，並任郢州屬郡江夏郡内史，代行郢州刺史事務。郢州，治江夏，在今湖北武漢市武昌區。

［8］裴叔業：河東人。歷仕南朝宋、齊，爲齊明帝腹心，歷任將領，後降魏。詳見本書卷五一、《魏書》卷七一《裴叔業傳》。

［9］南兖：南兖州。南朝宋改兖州置，治京口，在今江蘇鎮江市。　兖：北兖州。治淮陰，在今江蘇淮安市淮陰區。　徐：南徐州。治京口。

［10］裴叔業以壽春降虜：東昏侯濫殺大臣，豫州刺史裴叔業心不自安，乃奉表降魏。魏復加其爲豫州刺史，封蘭陵郡公。詳見《通鑑》卷一四三《齊紀九》"東昏侯永元二年"條。

［11］崔慧景事平：此指平西將軍崔慧景奉命征討裴叔業，結果中途反叛朝廷，旋被討平。詳見本書卷五一《崔慧景傳》。

［12］定襄侯：定襄，縣名。即今山西定襄縣，時爲其侯爵食邑。

梁王義師起，[1]東昏遣驍騎將軍薛元嗣、制局監暨榮伯領兵及粮運百四十餘船送沖，[2]使拒西師。[3]元嗣等懲劉山陽之敗，[4]疑沖，不敢進，停住夏口浦。[5]聞義師將至，元嗣、榮伯相率入郢城。[6]時竟陵太守房僧寄被代還至郢，[7]東昏敕僧寄留守魯山，[8]除驍騎將軍。僧寄謂沖曰："臣雖未荷朝廷深恩，[9]實蒙先帝厚澤。蔭其樹者不折其枝，實欲微立塵効。"沖深相許諾，共結盟誓。乃分部拒守。遣軍主孫樂祖數千人助僧寄據魯山岸立城壘。

[1]梁王義師起：指東昏侯永元三年（501），蕭衍等擁立南康王蕭寶融在江陵即位，起兵東下攻東昏侯。梁王，指梁武帝蕭衍，齊末任雍州刺史。

[2]制局監：尚書省外司屬官。掌兵衛器仗。

[3]使拒西師：《通鑑》卷一四三《齊紀九》"東昏侯永元二年"條胡三省注："荆、雍在西，故謂之西師。"

[4]劉山陽：仕齊，東昏時爲輔國將軍，巴西、潼關二郡太守。蕭衍起兵，朝廷遣山陽西討，由於遲疑中計，兵敗被殺。

[5]夏口浦：夏口，今湖北武漢市黄鵠山，歷來爲兵家必争之地。按，《南史》卷三二作"夏首浦"。

[6]郢城：郢州城，爲郢州刺史治所所在地。

[7]竟陵：郡名。治石城，在今湖北鍾祥市。　代：指被新任替代。

[8]魯山：指魯山城，又作魯城，在今湖北武漢市漢陽東北隅。《通鑑》卷一四三胡三省注："《水經注》：江水東逕魯山，南與沔水會，山左即沔水口，沔左有偃月城。《漢陽志》：大别山在沔陽縣東，一名魯山。"

[9]臣：中華本校勘記云："南監本作'下官'。"

明年二月，梁王出沔口，[1]圍魯山城。遣軍主曹景宗等過江攻郢城，[2]未及盡濟，沖遣中兵參軍陳光静等開門出擊，爲義師所破，光静戰死，沖固守不出。景宗於是據石橋浦，[3]連軍相續，下至加湖。[4]東昏遣軍主巴西梓潼二郡太守吴子陽、光子衿、李文釗、陳虎牙等十三軍援郢，[5]至加湖不得進，[6]乃築城舉烽，城内亦舉火應之。而内外各自保，[7]不能相救。

[1]沔口：一名漢口，即今湖北漢江入長江之口。

[2]曹景宗：字子震，歷仕齊、梁。知遇高祖蕭衍，隨其起義，累立戰功，後官至侍中。《梁書》卷九有傳。

[3]石橋浦：在漢口東。

[4]加湖：《通鑑》卷一四三《齊紀九》胡三省注："加湖在江夏灄陽縣界，湖水自北南注江，去郢城三十里。"按，加湖一作茄湖，在今湖北武漢市黄陂區東南。

[5]巴西：郡名。治所在今四川閬中市。　梓潼：郡名。治所在今四川梓潼縣。　吴子陽、光子衿：《梁書》卷一《武帝紀上》謂："五月，東昏遣寧朔將軍吴子陽、軍主光子衿等十三軍救郢州，進據巴口。"　陳虎牙：歷仕齊、梁，後降魏。詳見《梁書》卷二〇《陳伯之傳》。

[6]至加湖不得進：《通鑑》卷一四三作"進屯巴口"。胡三省注："《水經注》：巴水出廬江雩婁縣之下靈山，亦曰巴山，南流注于江，謂之巴口。今黄州之巴河口是也。"

[7]自保："保"原訛"侵"，中華本據各本改正。今從改。

沖病死，元嗣、榮伯與沖子孜及長史江夏内史程茂固守。[1]東昏詔贈沖散騎常侍、護軍將軍。假元嗣、子陽節。

［1］“沖病死”至“程茂固守”：此處《梁書》卷一《武帝紀上》謂：“是時張沖死，其衆復推軍主薛元嗣及沖長史程茂爲主。”

江水暴長，加湖城淹漬，義師乘高艦攻之，子陽等大敗散。[1]魯山城乏粮，軍人於磯頭捕細魚供食，密治輕船，將奔夏口。梁王命偏軍斷其取路，防備越逸。房僧寄病死，孫樂祖窘，[2]以城降。

［1］大敗散：中華本校勘記云：“‘散’南監本、局本作‘走’。”

［2］孫樂祖：《通鑑》卷一四四《齊紀十》“和帝中興元年”條：“會房僧寄病卒，衆復推助防張樂祖代守魯山。”胡三省注：“助防者，使之助城主防守，因以爲稱。樂祖，即去年張沖所遣助房僧寄者。參考前後，‘張’當作‘孫’。”

郢城被圍二百餘日，士庶病死者七八百家。[1]魯山既敗，程茂及元嗣等議降，使孜爲書與梁王。沖故吏青州治中房長瑜謂孜曰：[2]“前使君忠貫昊天，操逾松竹。郎君但當端坐畫一，[3]以荷析薪。[4]若天運不與，幅巾待命，[5]以下從使君。今若隨諸人之計，非唯郢州士女失高山之望，[6]亦恐彼所不取也。”魯山陷後二日，元嗣等以郢城降。

[1]士庶病死者七八百家：《梁書》卷一《武帝紀上》作："疾疫流腫死者十七八。"又《通鑑》卷一四四《齊紀十》云："郢城之初圍也，士民男女近十萬口；閉門二百餘日，疾疫流腫，死者什七八。"胡三省注："《考異》云：'齊《張冲傳》云：死者七八百家。按死者不可以家數。今從《梁高祖紀》及《韋叡傳》。"

[2]冲故吏青州治中房長瑜：《通鑑》卷一四四胡三省注："明帝時，張冲爲青冀二州刺史，以房長瑜爲治中。"治中即治中從事史，州屬官，主衆曹文書。按，《南史》卷一六《王玄謨傳》作"州中從事"，卷三二《張冲傳》作"青州中從事"。

[3]晝一：《通鑑》卷一四四胡三省注："晝一，用《漢書》語：'蕭何爲法，較若晝一；曹參代之，守而勿失。'此取守而勿失之義。"

[4]荷析薪：語出《左傳》昭公七年："古人有言曰：'其父析薪，其子弗克負荷'。"後因以"以荷析薪"指子繼父業。這裏借指下級繼承上級。

[5]幅巾待命：意思是從容待命。幅巾，古代男子閑居束髮的頭巾。

[6]高山之望：比喻崇高的德望。《詩·小雅·車舝》："高山仰止，景行行止。"朱熹《集傳》："有高德則慕而仰之。"

東昏以程茂爲督郢司二州、輔國將軍、郢州刺史，元嗣爲督雍梁南北秦四州郢州之竟陵司州之隨郡、冠軍將軍、雍州刺史，並持節。時郢魯二城已降，[1]死者相積，竟無叛散。時以沖及房僧寄比臧洪之被圍也。[2]贈僧寄益州刺史。

[1]已降：已原訛"以"，中華本據南監本、殿本、局本改。今從改。

[2]臧洪：字子源。東漢爲東郡太守，與袁紹有隙，紹興兵圍之，歷年不下。紹使陳琳以書譬洪，勸其降，洪復書拒絶。紹增兵急攻，城中糧盡，洪殺其愛妾以食兵將，衆皆感憤。後城破，男女相枕而死，莫有離叛。詳見《後漢書》卷五八、《三國志》卷七。

時新蔡太守席謙，[1]永明中爲中書郎王融所薦。[2]父恭穆，鎮西司馬，爲魚復侯所害。[3]至是謙鎮盆城，[4]聞義師東下，曰："我家世忠貞，殞死不二。"爲陳伯之所殺。[5]

[1]新蔡：郡名。南朝宋僑置，治所在今河南固始縣東北。席謙亦曾任順陽太守。見本書卷五七《魏虜傳》。

[2]王融：本書卷四七有傳。

[3]魚復侯：名子響，字雲音，齊武帝蕭賾第四子。初封巴東郡王，後因謀叛被殺，貶爲魚腹侯。本書卷四〇有傳。

[4]盆城：湓口城，在今江西九江市。

[5]陳伯之：歷仕齊、梁，東昏侯時爲豫州刺史，後歸附蕭衍，爲江州刺史。《梁書》卷二〇、《南史》卷六一有傳。

史臣曰：石碏棄子，[1]弘滅親之戒；鮑永晚降，[2]知事新之節。王奂誠在靡貳，[3]迹允嚴科；[4]張沖未達天心，[5]守迷義運。[6]致危之理異，爲亡之事一也。

[1]石碏（què）：春秋衛大夫。衛莊公卒，太子完立，即桓公。其庶弟州吁弑兄桓公自立，衛大亂。石碏子石厚助州吁爲惡，石碏殺厚及州吁，立桓公嫡弟晋，是爲宣公，衛國復安。時人稱其"大義滅親"。詳見《左傳》隱公三年。

[2]鮑永：字君長，先事漢光武族兄淮陽王劉玄（即更始），因功封中陽侯。後光武即位，遣使聘永，永不從。直至更始敗亡，永爲其發喪後，方應徵謁光武，爲光武盡忠竭力，累立功勛。史論贊鮑永"守義於故主，斯可以事新主矣"。詳見《後漢書》卷二九《鮑永傳》。

[3]靡貳：不貳。指對主上無異心。

[4]迹允嚴科：意思説其行爲觸犯了大法。指王奐不能制止凶剽之子拒抗臺使。

[5]天心：天意。此指梁王義師出自天心，不可抗拒。

[6]守迷：執迷不悟。此指張冲盲目忠於昏君東昏侯。

贊曰：王居北牧，[1]子未克家。終成干紀，[2]覆此冑華。[3]張壘窮守，[4]死如亂麻。爲悟既晚，辯見方賒。[5]

除青右疑

[1]北牧：指王奐爲征北將軍、雍州刺史。

[2]干紀：違犯法紀。《左傳》襄公十三年："干國之紀，犯門斬關。"

[3]冑華：後嗣，子孫後代。

[4]張壘窮守：指張冲死守郢城。

[5]辯見方賒：意謂見識欠缺。

南齊書　卷五〇

列傳第三十一

文二王　明七王

文惠太子四男：[1]安皇后生鬱林王昭業；[2]宫人許氏生海陵恭王昭文；[3]陳氏生巴陵王昭秀；褚氏生桂陽王昭粲。

[1]文惠太子：名長懋，字雲喬，齊武帝蕭賾長子。年三十六未即位即卒。其子鬱林王蕭昭業即位，追尊爲文皇帝。本書卷二一有傳。

[2]安皇后：姓王，名寶明。鬱林王即位，尊爲皇太后，所居稱宣德宫，故又稱宣德太后。本書卷二〇有傳。　鬱林王昭業：齊武帝永明十一年（493）四月立爲皇太孫，七月武帝薨，昭業即皇帝位，改元隆昌。旋被皇太后廢爲鬱林王。詳見本書卷四《鬱林王紀》。

[3]海陵恭王昭文：文惠太子第二子，初封監汝公，鬱林王即位，改封新安王。隆昌元年（494）七月，鬱林王廢，昭文繼統，改元延興。十月，皇太后令廢爲海陵王，西昌侯蕭鸞即位，是爲齊

明帝。詳見本書卷五《海陵王紀》。

巴陵王昭秀字懷尚，[1]太子第三子也。永明中，[2]封曲江公，[3]千五百户。十年，爲寧朔將軍、濟陽太守。[4]鬱林即位，封臨海郡王，[5]二千户。隆昌元年，[6]爲使持節、都督荆雍益寧梁南北秦七州軍事、西中郎將、荆州刺史。[7]延興元年，[8]徵爲車騎將軍，[9]衛京師，以永嘉王昭粲代之。[10]

[1]巴陵王昭秀：《南史》卷四四亦有略傳。

[2]永明：齊武帝年號。

[3]曲江：縣名。治所在今廣東韶關市南。

[4]寧朔將軍：南朝時爲加官性質的榮譽稱號，秩四品。　濟陽：郡名。治所在今河南蘭考縣東北。

[5]臨海郡：郡名。治所在今浙江臨海市。

[6]隆昌：齊鬱林王年號。

[7]使持節：君主授予臣下權力的方式之一。節代表皇帝的特殊命令，持節者握有生殺大權。分使持節、持節、假節三等：使持節得殺二千石以下；持節唯殺無官位人，若在軍事時期則與使持節同；假節唯在軍事時期得殺犯軍令者。　都督：專管軍事，其性質與使持節同，亦分三等：都督諸軍爲上，監諸軍次之，督諸軍爲下。詳見《宋書·百官志上》。　荆：州名。即荆州。治所在今湖北荆州市。　雍：州名。即雍荆。治所在今湖北襄陽市。　益：州名。即益荆。治所在今四川成都市。　寧：州名。即寧荆。治同樂縣，在今雲南陸良縣東北。　梁南北秦：均爲州名。治所均在南鄭縣，即今陝西漢中市東。　西中郎將：武官名。四中郎將之一，爲加官性質的榮譽虛號。

[8]延興：齊海陵王年號。

[9]車騎將車：爲軍官最高榮譽加銜之一。秩二品。參見《宋書·百官志上》

[10]永嘉王：桂陽王昭粲。詳見本卷。

明帝建武二年,[1]通直常侍庾曇隆啓曰:[2]“周定雒邑,[3]天子置畿内之民;[4]漢都咸陽，三輔爲社稷之衛。[5]中晋南遷,[6]事移威弛，近郡名邦，多有國食。[7]宋武創業,[8]依擬古典，神州部内,[9]不復别封。而孝武末年,[10]分樹寵子,[11]苟申私愛，有乖訓准。隆昌之元，特開母弟之貴,[12]竊謂非古。聖明御寓,[13]禮舊爲先，畿内限斷，宜遵昔制，賜茅授土,[14]一出外州。”詔付尚書詳議。其冬，改封昭秀爲巴陵王。[15]永泰元年見殺,[16]年十六。

[1]建武：齊明帝年號。

[2]通直常侍：通直散騎侍郎，集書省官。掌侍從、顧問。秩五品。按，本書《禮志上》叙及“通直散騎侍郎庾曇隆啓”可證。

[3]雒邑：一名洛邑，在今河南洛陽市東北白馬寺之東。西周成王時，由周公主持擴建，稱成周城，遷殷人於此；同時又築王城於今洛陽市西，爲周人居住。

[4]畿内：古稱王都及其周圍千里以内的地區。畿内由天子直接管轄。

[5]三輔：西漢於京畿之地所設的京兆尹、左馮翊、右扶風的合稱。相當今陝西關中地區。

[6]中晋：指由中原遷都建康的東晋。

[7]國食：指藩國的封地食邑。

[8]宋武：指南朝宋武帝劉裕。《宋書》卷一至卷三有紀。

［9］部内：指京畿地區内。

［10］孝武：指南朝宋孝武帝劉駿。《宋書》卷六有紀。

［11］分樹寵子：指孝武在畿内分封諸子爲王。

［12］隆昌之元，特開母弟之貴：指齊鬱林王即位後重用皇后内親，何胤以后之從叔，官至中書令，帝使直殿省。詳見本書卷四《鬱林王紀》。

［13］聖明御寓：指齊明帝登位。

［14］賜茅授土：古代帝王分封諸侯的一種禮儀。帝王以五色土爲太社，分封諸侯時，各授以相應的某方某色土，並包以白茅，使歸以立社。後泛指分封王侯爵位。

［15］巴陵：郡名。治所在今湖南岳陽市。

［16］永泰：齊明帝年號。按，是年明帝病危，以近親寡弱，忌高、武子孫，一月内將高、武子孫十王殺盡。詳見本書卷六《明帝紀》。

桂陽王昭粲，[1]太子第四子也。鬱林立，以皇弟封永嘉郡王，[2]南徐州刺史。[3]延興元年，[4]出爲使持節、都督荆雍益寧梁南北秦七州軍事、西中郎將、荆州刺史。明帝立，[5]欲以聞喜公遥欣爲荆州，[6]轉昭粲爲右將軍，[7]中書令。[8]建武二年，改封桂陽王。[9]四年，遷太常，[10]將軍如故。永泰元年見殺，年八歲。

［1］桂陽王昭粲：《南史》卷四四亦有略傳。

［2］永嘉：郡名。治所在今浙江温州市。

［3］南徐州：州名。治京口，在今江蘇鎮江市。

［4］延興：齊海陵王年號。

［5］明帝：齊明帝蕭鸞廢齊海陵王自立爲帝，改延興爲建武。

[6]聞喜：縣名。即今山西聞喜縣。　遥欣：字重暉。齊宗室，受知明帝，建武元年（494）封聞喜縣公，又遷荆州刺史。詳見本書卷四五《宗室傳》。

[7]右將軍：右軍將軍，禁衛軍官。掌宿衛。秩四品。

[8]中書令：中書省長官。掌詔命。秩三品。

[9]桂陽：郡名。治所在今湖南郴州市。

[10]太常：列卿之一，掌禮儀，祭祀。秩三品。

明帝十一男：敬皇后生東昏侯寶卷，[1]江夏王寶玄，[2]鄱陽王寶寅，[3]和帝；殷貴嬪生巴陵隱王寶義，晋熙王寶嵩；袁貴妃生廬陵王寶源；管淑妃生邵陵王寶攸；[4]許淑媛生桂陽王寶貞。餘皆早夭。

[1]敬皇后：姓劉名惠端，初爲西昌侯夫人，永明七年（489）卒。明帝即位，追尊爲敬皇后。詳見本書卷二〇《皇后傳》。

[2]寶玄：與下文寶夤、寶義、寶嵩、寶源、寶攸、寶貞，《南史》卷四四亦均有傳。

[3]寶寅：下文又作“寶夤”，寅、夤錯出。中華本校勘記引清錢大昕《廿二史考異》云：“《魏書》作‘寶寅’，不從‘夕’。按其字智亮，當以‘寅’爲是。”又朱季海《南齊書校議》（以下簡稱朱季海《校議》）云：“《魏書》卷五十九《蕭寶夤傳》，《四部備要》校刊武英殿本、王先謙等《魏書校刊記》以宋監本校毛氏汲古本，字俱作‘夤’……錢氏所據，不知何本。然錢云當以‘寅’爲是，自不誤。《齊書》寅夤錯出者，寅其本名，夤或背齊後齊人改其本名，加‘夕’字以貶之，猶蕭子響之作蛸氏矣。或改或不改者，史之駁文。亦可叛魏後魏人改之，故《魏書》字皆從夕，後人轉以《魏書》亂《齊書》，而又改之不盡，故猶時存本名耳。”（中華書局 1984 年版，第 111 頁）

[4]寶攸：《南史》卷四四作“寶脩”。

巴陵隱王寶義字智勇，明帝長子也。本名明基。建武元年，爲持節、都督揚南徐州軍事、前將軍、揚州刺史。[1]封晋安郡王，[2]三千户。寶義少有廢疾，不堪出人閒，故止加除授，仍以始安王遥光代之。[3]轉寶義爲右將軍，領兵置佐，鎮石頭。[4]二年，出爲使持節、都督南徐州軍事、鎮北將軍、南徐州刺史。[5]東昏即位，[6]進征北大將軍，[7]開府儀同三司，[8]給扶。[9]永元元年，[10]給班劍二十人。[11]始安王遥光誅，[12]爲都督揚南徐二州軍事、驃騎大將軍、揚州刺史，持節如故。[13]東府被兵火，[14]屋宇燒殘，帝方營宫殿，不暇脩葺，寶義鎮西州。[15]三年，進位司徒。[16]和帝西臺建，[17]以爲侍中、司空，[18]使持節、都督、刺史如故。梁王定京邑，[19]宣德太后令以寶義爲太尉，[20]領司徒。詔云：“不言之化，形于自遠。”[21]時人皆云此實録也。[22]梁受禪，[23]封謝沐縣公，[24]尋封巴陵郡王，[25]奉齊後。[26]天監中薨。[27]

[1]南徐州：治京口，在今江蘇鎮江市。　前將軍：前軍將軍，禁衛軍官。分掌宿衛營兵。秩四品。　揚州：州名。即揚州。治建康，在今江蘇南京市。

[2]晋安郡：郡名。治所在今福建福州市。

[3]遥光：字元暉，齊高帝之侄。有吏能，累任要職，齊明帝倚爲心腹。本書卷四五、《南史》卷四一均有傳。

[4]石頭：指石頭戍，在今江蘇南京市西清涼山，負山面江，形如虎踞，爲軍事要衝。

［5］鎮北將軍：四鎮將軍之一。爲優禮大臣的榮譽稱號。

［6］東昏：指東昏侯蕭寶卷。本書卷七有紀。

［7］征北大將軍：四征將軍之一，爲優禮大臣的榮譽稱號。按，將軍加“大”者秩一品。

［8］開府：開建府署。　三司：指三公。爲優禮大臣的最高榮譽稱號。

［9］給扶：給予扶持的奴婢，古代君主賜給大臣的一種禮遇。扶，原作“仗”，中華本據《南史》改。今從改。

［10］永元：東昏侯年號。

［11］班劍：有紋飾的劍（或曰以虎皮爲飾），由武士佩持。君王以賜功臣。班，同“斑”。參見宋高承《事物紀原·旗旐采章》。

［12］始安王遥光誅：指永元元年（499）始安王遥光謀廢帝自立，兵敗被殺。詳見本書卷四五《宗室傳》。

［13］驃騎大將軍：爲優禮大臣的最高榮譽稱號之一。秩一品。

［14］東府：城名。南朝時爲丞相兼揚州刺史的治所，在今江蘇南京市内。遥光兵夜攻縱火燒東府城。

［15］西州：城名。東晋築，在今江蘇南京市朝天宫西望仙橋一帶。

［16］司徒：三公之一，南朝爲優禮大臣的加號。《藝文類聚》卷四七引《齊職儀》曰：“司徒，品秩冠服同丞相，郊廟服冕同太尉。”

［17］和帝：齊末代皇帝蕭寶融，在位不到一年，即爲梁武帝蕭衍取代。　西臺：和帝即位於江陵，改元中興。江陵在建康西，與金陵東臺相對，故稱西臺。

［18］侍中：門下省官。掌奏事，直侍左右。秩三品。　司空：三公之一，南朝爲最高榮譽加號之一。

［19］梁王定京邑：指齊中興元年（501），征東大將軍蕭衍領兵入建康，城中内變，東昏侯被殺，局勢平定。蕭衍以宣德太后（即文惠安皇后）臨朝。

[20]宣德太后：齊文惠太子之妻，鬱林王蕭昭業之母，鬱林即位，尊爲太后，因其居宣德宫，故稱宣德太后。齊明帝蕭鸞即打著宣德太后旗號，恣其所爲，直到最後篡奪皇位。　太尉：三公之一，掌兵事。南朝時爲加官或贈官，最高榮譽加號之一。

[21]不言之化，形于自遠：指不是用言語，而是以德政感化人民，其行爲影響自然很大。語出《老子》："是以聖人處無爲之事，行不言之教，萬物作焉而不辭。"

[22]時人皆云此實録也：前已交待寶義"少有廢疾，不堪出人間"，從此處"不言之化"看，寶義當是聾啞人，故"實録"二字乃含諷刺意味。

[23]梁受禪：指齊和帝中興二年（502）三月，下詔禪位。四月，梁武帝蕭衍即帝位，改元天監。

[24]謝沐縣：縣名。治所在今湖南江永縣西南。

[25]巴陵郡：郡名。治所在今湖南岳陽市。

[26]奉齊後：指承繼齊的後裔。

[27]天監：梁武帝年號。

江夏王寶玄字智深，明帝第三子也。建武元年，爲征虜將軍，[1]領石頭戍事，封江夏郡王。[2]仍出爲持節、都督郢司二州軍事、西中郎將、郢州刺史。[3]永泰元年，還爲前將軍，領石頭戍事。未拜，東昏即位，進號鎮軍將軍。[4]永元元年，又進車騎將軍，代晋安王寶義爲使持節、都督南徐兖二州軍事、南徐兖二州刺史，[5]將軍如故。

[1]征虜將軍：爲優禮大臣的榮譽稱號。秩四品。

[2]江夏郡：郡名。治所在今湖北武漢市武昌區。

［3］郢：州名。即郢州。治夏口，在今湖北武漢市武昌區。　司：州名。即司州。治平陽縣，在今河南信陽市。　西中郎將：四中郎將之一，爲優禮大臣的榮譽稱號。秩四品。見《宋書·百官志下》。

［4］鎮軍將軍：爲優禮大臣的榮譽稱號。開府者位從公秩一品。

［5］兗：指南兗州，治所在今江蘇揚州市。

寶玄娶尚書令徐孝嗣女爲妃，[1]孝嗣被誅離絶，[2]少帝送少姬二人與之，[3]寶玄恨望，密有異計。明年，崔慧景舉兵，[4]還至廣陵，遣使奉寶玄爲主。寶玄斬其使，[5]因是發將吏防城。帝遣馬軍主戚平、外監黄林夫助鎮京口。[6]慧景將渡江，寶玄密與相應，殺司馬孔矜、典籤吕承緒及平、林夫，[7]開門納慧景。使長史沈佚之、諮議柳憕分部軍衆，[8]乘八掆輿，[9]手執絳麾幡，[10]隨慧景至京師，住東城，百姓多往投集。慧景敗，收得朝野投寶玄及慧景軍名，[11]帝令燒之，曰："江夏尚爾，豈復可罪餘人。"寶玄逃奔數日乃出。帝召入後堂，以步鄣裹之，[12]令群小數十人鳴鼓角馳繞其外，[13]遣人謂寶玄曰："汝近圍我亦如此。"少日乃殺之。

［1］徐孝嗣：字始昌，歷仕南朝宋、齊，受知齊高、武、明三帝，官至尚書令。後因參與廢東昏，事敗被毒殺。詳見本書卷四四《徐孝嗣傳》。

［2］離絶：《通鑑》卷一四三《齊紀九》"東昏侯永元二年"條作："詔令離婚。"

［3］少帝：所指説法不一，一説指東昏，或説指鬱林王、海陵王及齊和帝。中華本校勘記引清錢大昕《廿二史考異》云："按

《江夏王寶玄》《鄱陽王寶夤》二傳，皆前稱東昏，後稱少帝。《裴叔業傳》稱東昏爲少主，《魏虜傳》亦稱少帝。《蕭坦之傳》稱鬱林王爲少帝。《茹法亮傳》‘二少帝並居西殿’，謂鬱林與海陵也。《梁書·江淹傳》前稱蒼梧王爲少帝，後稱鬱林王爲少帝。”朱季海《校議》云：“《寶夤傳》前書‘東昏即位’，後云‘尉馳以啓帝，帝迎寶寅入宮問之’，‘帝笑’，並謂東昏，不云‘少帝’。此下書‘和帝立’，又書‘少帝以爲使持節，都督荆、益、寧、雍、梁、南、北秦七州軍事，荆州刺史，將軍如故。’此少帝自謂和帝。竹汀誤認是東昏，偶不省耳。”（第112頁）

［4］崔慧景舉兵：永元二年（500），平西將軍崔慧景奉命西征，因東昏濫殺大臣，慧景由廣陵還師渡京口，奉鎮守京口的寶玄爲主，攻建康，圍城，後被豫州刺史蕭懿救兵所敗。詳見本書卷五一《崔慧景傳》。

［5］寶玄斬其使：指斬崔慧景之使。按，“斬其使”是寶玄故意借以掩朝廷耳目，以免生疑。

［6］助鎮京口：《通鑑》卷一四三胡三省注：“助鎮者，助寶玄守。”按，東昏因不知寶玄暗中勾結崔慧景，故遣臺軍來助寶玄。

［7］司馬：南朝時爲軍府屬吏，綜理一府事務，參與軍事計劃。秩六品。　典籤：本爲掌握文書之吏。南朝時，由於監視出任地方的宗室諸王和各州刺史的需要，常由皇帝派親信出任軍府或王府、州府典籤，隨時回京匯報。故典籤權勢很大。

［8］長史：王府、軍府屬吏之長。秩六品。　諮議：指諮議參軍，軍府屬吏。參謀軍務。秩六品。

［9］八掆（gōng）輿：八人擡的無帷蓋的大轎。《通鑑》卷一四三胡三省注：“掆，舉也。八掆輿，蓋八人舉之，即今之平肩輿。輿，不帷不蓋。”

［10］絳麾幡：紅色指揮旗。古代帝王儀仗之一。

［11］名：指名刺。向寶玄及慧景投的名刺，表示擁戴。

［12］步鄣：步帳，用以遮蔽的屏幕。

［13］鳴鼓角馳繞其外：謂擂鼓吹號用以驚嚇。《通鑑》卷一四三胡三省注："鼓，按《周禮》以鼖鼓鼓軍事。角，説者云，蚩尤氏帥魑魅與黄帝戰于涿鹿，黄帝乃始吹角爲龍鳴以禦之。"

廬陵王寶源字智淵，明帝第五子也。建武元年，爲北中郎將，[1]鎮琅邪城，[2]封廬陵郡王。[3]遷右將軍，領石頭戍事，仍出爲使持節、都督南兖兖徐青冀五州軍事、後將軍、南兖州刺史。[4]王敬則伏誅，[5]徙寶源爲都督會稽東陽臨海永嘉新安五郡軍事、會稽太守，將軍如故。[6]永元元年，進號安東將軍。[7]和帝即位，以爲侍中、車騎將軍、開府儀同三司，都督、太守如故。未拜，中興二年薨。[8]

［1］北中郎將：四中郎將之一，爲優禮大臣的榮譽稱號。開府者位從公秩一品。本書《百官志》云："（四中郎將）宋齊以來，唯處諸王，素族無爲者。"

［2］琅邪：郡名。東晋僑置，治金城，在今江蘇句容市西北。

［3］廬陵郡：治所在今江西吉安市西北。

［4］兖：北兖州，齊僑置，治淮陰縣，在今江蘇淮安市淮陰區西南甘羅城。　徐：指北徐州，南齊時治所在燕縣，在今安徽鳳陽縣東北。　青冀：二州名。南朝宋僑立，治所均在今江蘇連雲港市東南雲臺山。

［5］王敬則伏誅：指明帝建武五年（498），會稽太守王敬則起兵反，旋敗被殺。詳見本書卷二六《王敬則傳》。

［6］會稽：郡名。治所在今浙江紹興市。　東陽：郡名。治所在今浙江金華市。　臨海：郡名。治所在今浙江臨海市。　新安：郡名。治所在今浙江淳安縣西。

[7]安東將軍：四安將軍之一，爲優禮大臣的榮譽稱號。本書《百官志》云："（四安將軍），宋齊以來，唯處諸王，素族無爲者。"

[8]中興：齊和帝年號。

鄱陽王寶夤字智亮，明帝第六子也。建武初，封建安郡王。[1]二年，爲北中郎將，鎮琅邪城。明年，出爲持節、都督江州軍事、南中郎將、江州刺史。[2]東昏即位，爲使持節、都督郢司二州軍事、征虜將軍、郢州刺史。尋進號前將軍。永元二年，徵爲撫軍，[3]領石頭戍事，未拜。三年，爲車騎將軍、開府儀同三司，鎮石頭。

[1]建安郡：治所在今福建建甌市南。

[2]江州：州名。治所在今江西九江市。

[3]撫軍：撫軍將軍。爲優禮大臣的榮譽稱號。

其秋，雍州刺史張欣泰等謀起事於新亭，[1]殺臺内諸主帥，事在欣泰傳。難作之日，前南譙太守王靈秀奔往石頭，[2]率城内將吏見力，[3]去車脚載寶夤向臺城，[4]百姓數千人皆空手隨後，京邑騷亂。寶夤至杜姥宅，[5]日已欲暗，城門閉，城上人射之，衆棄寶夤逃走。寶夤逃亡三日，戎服詣草市尉，[6]尉馳以啓帝，帝迎寶寅入宫問之。寶夤涕泣稱："爾日不知何人逼使上車，仍將去，制不自由。"帝笑，乃復爵位。

[1]雍州刺史張欣泰等謀起事於新亭：指永元三年（501）雍州刺史張欣泰密結南譙太守王靈秀、直閣將軍鴻選等人，欲誅奸倖，廢東昏，立寶夤，事敗被殺。詳見本書卷五一《張欣泰傳》。新亭：在今江蘇南京市南。

[2]南譙：郡名。東晋僑置，治山桑縣，在今安徽巢湖市東南。

[3]見力：指現有兵力。見，通“現”。

[4]車脚：指車脚夫，即車夫。　臺城：指皇宫内城。

[5]杜姥宅：《通鑑》卷一三三《宋紀十五》“蒼梧王元徽二年”條“杜黑騾徑進至杜姥宅”，胡三省注：“晋成帝杜皇后母裴氏立第南掖門外，世謂之杜姥宅。”按，在京城南門外。

[6]草市：《通鑑》卷一四四《齊紀十》“齊和帝中興元年”條，胡三省注：“臺城六門之外，各有草市，置草市尉司察之。”

和帝立西臺，[1]以寶夤爲使持節、都督南徐兖二州軍事、衛將軍、南徐州刺史。[2]少帝以爲使持節、都督荆益寧雍梁南北秦七州軍事、荆州刺史，[3]將軍如故。宣德太后臨朝，梁王爲建安公，[4]改封寶夤爲鄱陽王。中興二年，謀反誅。[5]

[1]和帝立西臺：中華本點作“和帝立，西臺以寶夤爲使持節”。朱季海《校議》云：“此當以‘和帝立西臺’爲句，逗號當在‘臺’字下。《巴陵王寶義傳》：‘和帝西臺建，以爲侍中、司空，使持節，都督、刺史如故。’《崔慧景傳》：子覺，‘覺弟偃，爲始安内史，藏竄得免。和帝西臺立，以爲寧朔將軍。是其比。”言之成理，今從之。按，東昏侯永元三年（501）三月，和帝即位於江陵，改元中興。

[2]衛將軍：爲優禮大臣的榮譽稱號。秩二品。

[3]少帝：和帝，攻入建康後，蕭衍以宣德太后臨朝稱制，故

和帝稱少帝。

［4］梁王：指蕭衍。中興二年（502）二月，加相國蕭衍爲梁王。三月，和帝禪位於梁王。

［5］謀反誅：《南史》卷四四作“謀反奔魏”。按，本書卷八《和帝紀》亦云：“鄱陽王寶寅奔魏。”清趙翼《廿二史劄記》卷九《齊書書法用意處》：“蕭寶寅避梁武之難逃入魏，封齊王，此豈得没其實？且《和帝紀》既稱寶寅入魏矣，而《寶寅傳》則云中興二年謀反誅。豈子顯修史時，寶寅在魏尚無音耗，而以誅字了此局耶？”清錢大昕《廿二史考異》云：“按，寶夤起兵不克奔魏，事見《魏史》。此云誅者，據梁人之詞，以爲寶夤已死，其在魏者僞也。”許福謙《〈南齊書〉紀傳疑年録》一文亦云：“其云中興二年（502）誅者，唯《南齊書》耳……乃《南齊書》作者蕭子顯黨於梁朝之曲筆，非實録也。”文中又據寶寅入魏十六歲，推算其生於南齊永明五年（487）；又據其死於魏永安三年（530），推算出其得年四十四歲。（《首都師範大學學報》1998 年第 1 期）關於寶寅入魏後經歷，《魏書》卷五九《蕭寶夤傳》叙之甚詳，大略如下：蕭衍克建業，殺寶寅兄弟，寶寅起兵失敗，微服投奔北魏。宣武帝元恪禮之甚重，除使持節、都督東揚南徐兖三州諸軍事，鎮東將軍、東揚州刺史、丹陽郡開國公、齊王；又尚南陽長公主。生有三子。寶寅志存雪復，累引魏兵攻齊，多有戰功。至孝明帝元詡時，官至車騎大將軍、尚書左僕射、尚書令、司空。孝莊帝元子攸永安三年（530），寶寅在關中之戰中大敗，有司處其死罪。遂反，尋奔醜奴，醜奴以其爲太傅。旋被魏追獲，乃於太僕駝牛署賜死。

邵陵王寶攸字智宣，[1]明帝第九子也。建武元年，封南平郡王。[2]二年，改封。三年，爲北中郎將，鎮琅邪城。永元元年，爲持節、都督南北徐南兖青冀五州軍事、南兖州刺史，[3]郎將如故。未拜，遷征虜將軍，領石頭戍事。丹楊尹，[4]戍事如故。陳顯達事平，[5]出爲持節、督江州軍事、左將軍、江州刺史。以本號還京師，授中軍將軍，[6]祕書監。中興二年，謀反，[7]宣德太后令賜死。

[1]寶攸：《南史》卷四四作“寶脩”。

[2]南平郡：治所在今湖北公安縣西。

[3]“永元元年”至“南兖州刺史”：此處《嚴耕望史學論文集·正史脱訛小記》：“按齊世，南徐例不隸南兖都督，且寶攸所督，有青、冀而無兖州，亦不合理，疑仍當作‘都督南兖、徐、兖、青、冀五州’。”（上海古籍出版社2009年版，第1189頁）

[4]丹楊：郡名。治所在今江蘇南京市。

[5]陳顯達事平：指東昏侯永元元年（499），江州刺史陳顯達自尋陽起兵攻建康，旋敗被殺。詳見本書卷二六《陳顯達傳》。

[6]中軍將軍：爲優禮大臣的榮譽稱號。原作“中將軍”，中華本據張森楷《校勘記》補。並按，本書《百官志》有中軍將軍，無中將軍。今從補。

[7]謀反：本書卷八《和帝紀》載：“（中興二年三月辛丑）鄱陽王寶寅奔虜，邵陵王寶攸、晋熙王寶嵩、桂陽王寶貞伏誅。”按，此三人蓋因受寶寅叛國之罪的株連而伏誅。

晋熙王寶嵩字智靖，明帝第十子也。永元二年，爲冠軍將軍、丹楊尹。仍遷持節、都督南徐兖二州軍事、南徐州刺史，將軍如故。中興元年，和帝以爲中書令。[1]明年，謀反伏誅。

[1]中書令：中書省官。掌詔命。秩三品。

桂陽王寶貞，明帝第十一子也。永元二年，爲中護軍、北中郎將，[1]領石頭戍事。中興二年，謀反伏誅。

[1]中護軍：禁衛軍官名。掌外軍。秩三品。

史臣曰：《春秋》書“鄭伯克段于鄢”，[1]兄弟之恩離，君臣之義正。夫逆從有勢，[2]况親兼一體，道窮數盡，或容觸啄。[3]而寶玄自尋干戈，欣受家難。[4]曾不悟執柯所指，[5]跗蕚相從，[6]以此而圖萬全，未知其髣髴也。

[1]鄭伯克段于鄢：語出《左傳》隱公元年。鄭伯，鄭莊公。段，莊公弟共叔段，封地在京（今河南滎陽市東南）。叔段不斷擴大勢力，想爭奪其兄的王位。莊公明知其弟的野心，也不勸告，任其發展；及其將叛，莊公出兵將其剿滅。《左傳》以爲，《春秋》云“鄭伯克段于鄢”寓諷意，責段叔不像弟，莊公不像兄，弟兄相爭如敵國。按，這裏作者借春秋事類比南齊諸王爲爭帝位而互相殘殺。

[2]逆從：中華本校勘記云：“按‘從’即‘順’字，子顯避梁諱改。南監本、殿本已改爲‘順’字。”

[3]觸啄：形容爭鬥傷害。

[4]而寶玄自尋干戈，欣受家難：此指寶玄主動響應崔慧景起兵反東昏侯。

[5]執柯：《詩·豳風·伐柯》：“伐柯如何？匪斧不克。取妻如何？匪媒不得。”後以執柯指作媒。按，此指少帝送二少姬給寶玄。

[6]跗蕚：《詩·小雅·常棣》：“常棣之華，鄂不韡韡。凡今之

人，莫如兄弟。”鄂，“蕚”的假借字。不，通“跗”，蕚的底部。後以跗蕚比喻兄弟。這裏指寶玄與東昏是兄弟。

贊曰：文惠二王，于嗟夭殤。明子七國，終亦衰亡。

南齊書　卷五一

列傳第三十二

裴叔業　崔慧景　張欣泰

裴叔業，[1]河東聞喜人，[2]晋冀州刺史徽後也。[3]徽子游擊將軍黎，[4]遇中朝亂，[5]子孫没涼州，[6]仕於張氏。[7]黎玄孫先福，義熙末還南，[8]至滎陽太守。[9]叔業父祖晚渡。[10]少便弓馬，[11]有武幹。宋元徽末，[12]累官爲羽林監，[13]太祖驃騎行參軍。[14]建元元年，[15]除屯騎校尉。[16]虜侵司豫二州，[17]以叔業爲軍主征討，[18]本官如故。[19]

[1]裴叔業：《魏書》卷七一、《北史》卷四五亦有傳，記述其棄齊投魏事甚詳。

[2]聞喜：縣名。治所在今山西聞喜縣西北。

[3]冀州：西漢置，治高邑縣（今河北柏鄉縣），東漢移治鄴縣（今河北臨漳縣），晋又遷高邑縣西南。　徽：裴徽，其事不詳。

[4]遊擊將軍：禁衛軍官名。分掌宿衛營兵。秩四品。　黎：裴黎，其事不詳。

[5]中朝亂：指西晋末懷帝永嘉年間，漢劉聰、石勒等攻破洛陽，中原大亂。偏安江左的東晋、六朝稱建都中原的西晋爲中朝。

[6]子孫没涼州：指其子孫淪落於涼州。涼州，州名。治所在今甘肅武威市。

[7]張氏：指張軌，西晋末爲涼州刺史，威著隴右，被封爲西平郡公。《晋書》卷八六有傳。

[8]義熙：東晋安帝年號。　還南：指從涼州回到東晋。

[9]滎陽：郡名。即今河南滎陽市。

[10]父祖晚渡：指叔業祖父、父親很遲纔渡江至東晋。按，《魏書》此處云："祖邕，自河東居于襄陽。父順宗、兄叔寶仕蕭道成，並有名位。"

[11]便：擅長，善於。按，此處《魏書》作："叔業少有氣幹，頗以將略自許。"

[12]元徽：南朝宋後廢帝年號。

[13]羽林監：禁衛軍官名。掌宿衛營兵。秩五品。

[14]太祖：指齊高帝蕭道成。宋元徽時道成爲驃騎將軍，叔業兼將軍府參軍。本書卷一至卷二有紀。　行：兼攝。

[15]建元：齊高帝年號。

[16]屯騎校尉：禁衛軍官名。掌宿衛營兵。秩四品。

[17]司：司州。南朝宋始置，治義陽，在今河南信陽市。　豫：豫州。東晋僑置，南朝移治壽陽，在今安徽壽縣。按，建元二年（480）北魏攻壽陽、義陽。詳見《通鑑》卷一三五《齊紀一》"高帝建元二年"條。

[18]軍主：一軍的主將。南北朝時稱統率一軍者爲軍主，統率一隊者爲隊主。軍主地位較高，征討時常爲方面統帥。

[19]本官：原有的官職，這裏指屯騎校尉。

上初即位，[1]群下各獻讜言。[2]二年，叔業上疏曰：

“成都沃壤，四塞爲固，古稱一人守隘，萬夫趑趄。[3]雍、齊亂於漢世，[4]譙、李寇於晋代，[5]成敗之迹，事載前史。頃世以來，綏馭乖術，[6]地惟形勢，居之者異姓；[7]國實武用，鎮之者無兵。[8]致寇掠充斥，賧税不斷。[9]宜遣帝子之尊，[10]臨撫巴蜀，總益、梁、南秦爲三州刺史。[11]率文武萬人，先啓嶓漢，[12]分遣郡戍，皆配精力，搜盪山源，糾虔姦蠹。威令既行，民夷必服。”除寧朔將軍，[13]軍主如故。永明四年，[14]累至右軍將軍，[15]東中郎諮議參軍。[16]

[1]上：指齊高帝蕭道成。其於昇明三年（479）受禪於宋順帝，即帝位，改國號爲齊，改元建元。

[2]讜（dǎng）言：直言，正直之言。

[3]一人守隘，萬夫趑（zī）趄（jū）：謂一人守住險要的關隘，萬人都難以通過。趑趄，形容疑懼不決，脚步難以移動。

[4]雍：州名。即雍州。東漢置，治長安，在今陝西西安市西北。　齊：州名。即齊州。治臨淄，在今山東淄博市東北。

[5]譙：郡名。治所在今安徽亳州市。　李：李城，今河南温縣。按，此以雍、齊、譙、李概指中原地區，漢、晋時許多戰亂都發生於這些地區。

[6]綏馭乖術：指安撫人民抵禦外來侵略方法錯亂。

[7]地惟形勢，居之者異姓：指形勢險要的重地，被異族人侵占，以致形成南北對峙局面，不能歸於統一。中華本校勘記云：“‘形勢’《元龜》四百作‘形勝’。”

[8]國實武用，鎮之者無兵：指國庫財物，名義上都用於軍隊開支，但實際鎮守却兵力缺乏。

[9]賧（dǎn）税：指苛捐雜税。

[10]帝子：帝王之子。這裏泛指皇親貴胄。

[11]益：州名。即益州。治所在今四川成都市。　梁：州名。即梁州。治南鄭，在今陝西漢中市東。　南秦：州名。即南秦州。治所亦在南鄭。

[12]嶓漢：岷山、漢水，借指漢中地區。嶓，"岷"的異體字。

[13]寧朔將軍：南朝爲優禮大臣的榮譽稱號。秩四品。

[14]永明：齊武帝年號。

[15]右軍將軍：禁衛軍官名。掌宿衛營兵。秩四品。

[16]東中郎：指東中郎將，四中郎將之一。南朝爲優禮大臣的榮譽稱號。開府者位從公秩一品。本書《百官志》云："四中郎將……宋齊以來，唯處諸王，素族無爲者。"裴叔業在東中郎將府任諮議參軍，參謀府務。

高宗爲豫州，[1]叔業爲右軍司馬，[2]加建威將軍、軍主，[3]領陳留太守。[4]七年，爲王敬則征西司馬，[5]將軍、軍主如故。隨府轉驃騎。[6]在壽春爲佐數年。[7]九年，爲寧蠻長史、廣平太守。[8]雍州刺史王奂事難，[9]叔業率部曲於城内起義。[10]上以其有幹用，仍留爲晋安王征北諮議，[11]領中兵，[12]扶風太守，[13]遷晋熙王冠軍司馬。[14]延興元年，[15]加寧朔將軍，司馬如故。

[1]高宗爲豫州：指齊明帝蕭鸞，在齊武帝永明五年（487）爲持節、監豫州與郢州軍事、右將軍、豫州刺史。詳見本書卷六《明帝紀》。

[2]右軍司馬：指在右將軍（即右軍將軍）府任司馬。司馬爲將軍府佐官。

[3]建威將軍：南朝爲榮譽稱號。

［4］陳留：郡名。東晋僑置，治所在今安徽壽縣西南。

［5］王敬則：歷仕南朝宋、齊。永明七年（489），出爲使持節、都督豫郢二州軍事、征西大將軍、豫州刺史。詳見本書卷二六《王敬則傳》。　征西司馬：指任征西大將軍府佐吏司馬。

［6］隨府轉驃騎：此指王敬則又進號驃騎將軍，裴叔業隨轉爲驃騎將軍府司馬。驃騎將軍，南朝爲榮譽加銜，開府者位從公秩一品。《唐六典》卷五引《齊職儀》曰："驃騎品秩第二，金章、紫綬，武冠，絳朝服，佩水蒼玉。"

［7］在壽春爲佐：指在豫州刺史府爲佐官。壽春爲豫州治所。

［8］寧蠻長史：指寧蠻校尉府長史。寧蠻校尉，防邊武官。主護少數民族，隸雍州，鎮襄陽（今湖北襄陽市）。長史，爲軍府佐吏之首。　廣平：郡名。治所在襄陽。

［9］雍州刺史王奂事難：此指永明十一年（493），雍州刺史王奂擅殺寧蠻長史劉興祖，武帝怒，遣使收奂，奂閉門拒守。詳見本書卷四九《王奂傳》。

［10］叔業率部曲於城内起義：指寧蠻長史裴叔業在襄陽城内率領兵丁起義，攻奂，將奂斬首。詳見《通鑑》卷一三八《齊紀四》"武帝永明十一年"條。

［11］晋安王：名子懋，字雲昌，齊武帝蕭賾第七子。永明十一年（493），出爲使持節、都督雍、梁等四州軍事、征北將軍、雍州刺史。詳見本書卷四〇《晋安王傳》。　征北諮議：指征北將軍府諮議參軍。

［12］中兵：指中兵將軍。此指王國府武官。

［13］扶風：郡名。治所在今湖北穀城縣東北。

［14］晋熙王：名銶，字宣攸，齊高帝蕭道成第十八子。隆昌元年（494）出爲持節、督郢、司二州軍事、冠軍將軍、郢州刺史。詳見本書卷三五《晋熙王銶傳》。　冠軍司馬：指冠軍將軍府司馬。

［15］延興：齊海陵恭王年號。

叔業早與高宗接事，[1]高宗輔政，[2]厚任叔業以爲心腹，使領軍掩襲諸蕃鎮，[3]叔業盡心用命。建武二年，[4]虜圍徐州，[5]叔業以軍主隸右衛將軍蕭坦之救援。叔業攻虜淮栅外二城，剋之，賊衆赴水死甚衆。除黄門侍郎。[6]上以叔業有勳誠，封武昌縣伯，[7]五百户。仍爲持節、督徐州軍事、冠軍將軍、徐州刺史。[8]

[1]叔業早與高宗接事：高宗，指齊明帝蕭鸞，永明時，曾任尚書右僕射等要職。按，《魏書》卷七一此後又云："蕭鸞見叔業而奇之，謂之曰：'卿有如是志相，何慮不大富貴。深宜勉之'。"

[2]高宗輔政：指隆昌元年（494）鬱林王廢，海陵王立，蕭鸞輔政，爲太傅，隸尚書事，領大將軍，掌握朝政。參見本書卷六《明帝紀》。

[3]使領軍掩襲諸蕃鎮：指蕭鸞廢海陵王自立之前，爲掃清障礙，大肆誅殺諸王，授意裴叔業殺害的高、武子孫就有晋安王蕭子懋、南平王蕭鋭、晋熙王蕭銶、宜都王蕭鏗等多人。詳見《通鑑》卷一三九《齊紀五》"明帝建武元年"條。

[4]建武：齊明帝年號。

[5]徐州：南朝宋置，齊改名北徐州，治燕縣同，在今安徽鳳陽縣。建武二年（495），魏久攻鍾離（即燕縣）不剋，在鍾離城北淮水中的邵陽洲上，於兩岸夾築二城，栅斷水路。裴叔業時隸屬右衛將軍蕭坦之（本書卷四二有傳），奉命救援鍾離，攻破二城，魏軍敗退。詳見《通鑑》卷一四〇《齊紀六》　"明帝建武二年"條。

[6]黄門侍郎：給事黄門侍郎，門下省官。直侍左右。秩五品。

[7]武昌縣：治所在今湖北鄂州市鄂城區。　伯：爲第三等封爵，武昌爲其食邑。

[8]持節：魏晋南北朝君主授予地方軍政長官特權的一種特殊

加號。分使持節、持節、假節三等。使持節可誅殺中級以下官吏，持節可誅殺無官職的人，假節可誅殺犯軍令的人。　冠軍將軍：南朝爲優禮大臣的榮譽稱號，開府者位從公秩一品。

四年，虜主寇沔北，[1]上令叔業援雍州。叔業啓："北人不樂遠行，唯樂侵伐虜堺，[2]則雍、司之賊，自然分張，無勞動民向遠也。"上從之。叔業率軍攻虹城，[3]獲男女四千餘人。徙督豫州、輔國將軍、豫州刺史，[4]持節如故。

[1]沔北：沔水指今漢江及其北源陝西留壩縣西沮水。這裏泛指漢江以北地區。按，建武四年（497）十月，北魏孝文帝元宏發南陽，至新野，引兵向雍州。詳見《通鑑》卷一四一《齊紀七》"明帝建武四年"條。按，《魏書》此處云："高祖南巡，車駕次鍾離。鸞拜叔業持節、冠軍將軍、徐州刺史，以水軍入淮，去王師數十里。高祖令尚書郎中裴聿（按，爲裴叔業族侄）往與之語。叔業盛飾左右服玩以夸聿曰：'我在南富貴正如此，豈若卿彼之儉陋也。'聿云：'伯父儀服誠爲美麗，但恨不晝遊耳。'（按，指不能衣錦回故鄉）"

[2]唯樂侵伐虜堺：中華本校勘記云："文有脱訛。疑'唯樂'下脱'鈔略'二字，'侵伐虜堺'當作'若侵虜境'。《通鑑》齊明帝建武四年：'叔業啓稱：北人不樂遠行，唯樂鈔略，若侵虜境，則司、雍之寇自然分矣。'可證也。'堺'字殿本作'界'。堺與界同，然此堺字疑爲境字之形訛，亦原文本作'若侵虜境'之一證也。"

[3]虹城：《通鑑》卷一四一胡三省注："此即漢沛郡之虹縣城也。師古曰：虹音貢。南北兵争，其地在下邳夏丘縣界；唐復爲虹縣，屬泗州。"按，今虹縣在安徽五河縣西。當時已爲北魏占領。

［4］輔國將軍：南朝爲優禮大臣的榮譽稱號。秩四品。

永泰元年，[1]叔業領東海太守孫令終、新昌太守劉思効、馬頭太守李僧護等五萬人圍渦陽，[2]虜南兖州所鎮，[3]去彭城百二十里。[4]僞兖州刺史孟表固守拒戰，[5]叔業攻圍之，積所斬級高五丈，以示城内。又遣軍主蕭璝、成寶真分攻龍亢戍，[6]即虜馬頭郡也。虜閉城自守。僞徐州刺史廣陵王率二萬人，[7]騎五千匹，至龍亢，璝等拒戰不敵。叔業三萬餘人助之，數道攻虜。虜新至，營未立，於是大敗。廣陵王與數十騎走，官軍追獲其節。[8]虜又遣僞將劉藻、高忽繼至，[9]叔業率軍迎擊破之，再戰，斬首萬級，獲生口三千人，器仗驢馬絹布千萬計。虜主聞廣陵王敗，遣僞都督王肅、大將軍楊大眼步騎十餘萬救渦陽，[10]叔業見兵盛，夜委軍遁走。明日，官軍奔潰，虜追之，傷殺不可勝數，日暮乃止。叔業還保渦口，[11]上遣使慰勞。

［1］永泰：齊明帝年號。

［2］東海：郡名。南朝宋僑置，治所在今江蘇漣水縣。　新昌：郡名。治所在今安徽滁州市。　馬頭：郡名。治所在今安徽懷遠縣淮河南岸馬頭城。　渦陽：縣名。北魏置，治所在今安徽蒙城縣。按，孫令終、劉思効、李僧護諸人史無傳，其事不詳。

［3］南兖州：北魏置，治所在今安徽蒙城縣。

［4］彭城：今江蘇徐州市。

［5］孟表：字武達，濟北人，仕魏，以固守渦陽城之功，封開國伯。《魏書》卷六一、《北史》卷三七有傳。按，《通鑑》卷一四一《齊紀七》“明帝永泰元年”條謂“濟北孟表守渦陽，糧盡，食

草木皮葉”。

[6]龍亢戍：北魏所置之馬頭郡，在今安徽懷遠縣，南臨渦水。

[7]廣陵王：北魏獻文帝拓跋弘之子，名羽，字叔翻。太和九年（485）封廣陵王。《魏書》卷二一上有傳。

[8]官軍追獲其節：節，符節。這裏當指爲廣陵王捧符節的人。

[9]虜又遣僞將劉藻、高忽繼至：中華本校勘記云：“按高匃《魏書》有傳，作‘高聰’。《通鑑》亦作‘高聰’。”按，《通鑑》卷一四一《齊紀七》“明帝永泰元年”條云：“魏廣陵王羽救之。叔業引兵擊羽，大破之，追獲其節。魏主使安遠將軍傅永、征虜將軍劉藻、假輔國將軍高聰救渦陽，並受王肅節度。”

[10]王肅：王奂子。原仕齊，後因父奂爲齊武帝所殺，投魏，爲孝文帝所重。《魏書》卷六三、《北史》卷四二有傳。　楊大眼：武都人，仕魏，有武藝，爲孝文帝所重。《魏書》卷七三、《北史》卷三七有傳。

[11]渦口：《通鑑》卷一四一胡三省注：“渦口，渦水入淮之口也。渦口對淮南岸即齊馬頭郡。”

高宗崩，[1]叔業還鎮。[2]少主即位，[3]誅大臣，京師屢有變發。叔業登壽春城北望肥水，謂部下曰：“卿等欲富貴乎？我言富貴亦可辦耳。”永元元年，[4]徙督南兖兖徐青冀五州軍事、南兖州刺史，[5]將軍、持節如故。叔業見時方亂，不樂居近蕃，[6]朝廷疑其欲反，叔業亦遣使參察京師消息，於是異論轉盛。叔業兄子植、颺並爲直閤，[7]殿内驅使。慮禍至，棄母奔壽陽，説叔業以朝廷必見掩襲。徐世檦等慮叔業外叛，[8]遣其宗人中書舍人裴長穆宣旨，[9]許停本任。叔業猶不自安，而植等説之不已，叔業憂懼，問計於梁王，[10]梁王令遣家還都，自然無患。叔業乃遣子芬之等還質京師。明年，進號冠軍將軍。傳叔業反者不已，芬之愈懼，復奔壽春。於是發詔討叔業，遣護軍將軍崔慧景、征虜將軍豫州刺史蕭懿督水陸衆軍西討，[11]頓軍小峴。[12]叔業病困，植請救魏虜，送芬之爲質。[13]叔業尋卒，[14]虜遣大將軍李醜楊大眼二千餘騎入壽春。初，虜主元宏建武二年至壽春，其下勸攻城。宏曰："不須攻，後當降也。"植等皆還洛陽。

[1]高宗崩：齊明帝卒於永泰元年（498）。

[2]還鎮：指返回豫州鎮所壽春。

[3]少主：指東昏侯蕭寶卷。本書卷七有紀。

[4]永元：東昏侯年號。

[5]南兗：州名。治所在今江蘇揚州市。　兗：州名。即北兗州，南朝宋僑置，治所在今江蘇淮安市淮陰區西甘羅城。　徐：指南徐州，治京口，在今江蘇鎮江市。　青、冀：青州、冀州，二州皆僑置，治所在今江蘇連雲港市。

[6]近蕃：指京都附近。按，《魏書》卷七一此處云："叔業慮内難未已，不願爲南兗，以其去建鄴近，受制於人。寶卷嬖人茹法珍、王晅之等疑其有異，去來者並云叔業北入。"

[7]直閤：指直閤將軍，宿值宫閣的禁衛武官。秩四品。

[8]徐世檦：東昏侯寵倖，自殿内主帥爲直閤驍騎將軍，權傾一時。詳見《南史》卷七七《恩倖傳》。

[9]中書舍人：中書通事舍人，中書省官。掌呈奏案章。秩七品。

[10]叔業憂懼，問計於梁王：梁王，指蕭衍，即後來的梁武帝，當時鎮襄陽。按，《通鑑》卷一四三《齊紀九》"東昏侯永元

二年”條此處作：“叔業遣親人馬文範至襄陽，問蕭衍以自安之計，曰：‘天下大勢可知，恐無復自存之理。不若回面向北，不失作河南公。’衍報曰：‘群小用事，豈能及遠！計慮回惑，自無所成，唯應送家還都以安慰之。若意外相逼，當勒馬步二萬直出横江，以斷其後，則天下之事，一舉可定。若欲北向，彼必遣人相代，以河北一州相處，河南公寧可復得耶？如此，則南歸之望絶矣。’叔業沈疑未决……遣信詣魏豫州刺史薛真度（先仕齊，後叛入魏），問以入魏可不之宜。真度勸其早降，曰：‘若事迫而來，則功微賞薄矣。’數遣密信，往來相應和。”按，《魏書》所記同。

[11]崔慧景：本卷有傳。　蕭懿：梁王蕭衍之兄，當時與衍同仕齊。《南史》卷五一有傳。

[12]小峴：小峴戍，在壽春東南。

[13]送芬之爲質：此處《通鑑》卷一四三作：“叔業遂遣芬之及兄女壻杜陵韋伯昕奉表降魏。”又云：“（魏）以叔業爲使持節、都督豫雍等五州諸軍事、征南將軍、豫州刺史，封蘭陵郡公。”

[14]叔業尋卒：《魏書》卷七一《裴叔業傳》云：“（景明元年）叔業病卒，年六十三……乃贈開府儀同三司，餘如故，謚忠武公。”按，景明元年爲南齊永元二年（500）。

崔慧景字君山，[1]清河東武城人也。[2]祖構，奉朝請。[3]父系之，州别駕。[4]

[1]崔慧景：《南史》卷四五亦有傳。

[2]清河：指清河郡。治所在今河北清河縣。原闕“清”字，中華本據南監本、毛本、殿本、局本補。今從補。按，《南史》亦有“清”字。　東武城：在今河北清河縣東北。

[3]奉朝請：古代諸侯朝見天子，春季稱朝，秋季稱請。漢代對退職大臣、將軍及皇室，多給以“奉朝請”名義，使能參加朝

會。南朝爲安置閑散官員的一種官稱。

[4]别駕：别駕從事史，主州吏及選舉事，位僅次於刺史。秩六品。

慧景初爲國子學生。[1]宋泰始中，[2]歷位至員外郎，[3]稍遷長水校尉，[4]寧朔將軍。太祖在淮陰，[5]慧景與宗人祖思同時自結，[6]太祖欲北渡廣陵，[7]使慧景具船於陶家後渚，[8]事雖不遂，以此見親。除前軍。[9]沈攸之事平，[10]仍出爲武陵王安西司馬、河東太守，[11]使防扞陜西。[12]昇明三年，[13]豫章王爲荆州，[14]慧景留爲鎮西司馬，[15]兼諮議，[16]太守如故。太祖受禪，[17]封樂安縣子，[18]三百户。豫章王遣慧景奉表稱慶還京師，[19]太祖召見，加意勞接。轉平西府司馬、南郡内史。[20]仍遷爲南蠻長史，[21]加輔國將軍，内史如故。先是蠻府置佐，資用甚輕，至是始重其選。

[1]國子學生：國子學，古代王朝的最高學府。國子學生員多爲官僚貴族子弟。

[2]泰始：南朝宋明帝年號。

[3]員外郎：員外散騎侍郎，門下省官。掌奏事，直侍左右。秩五品。

[4]長水校尉：禁衛軍官名。五營校尉之一，分掌宿衛營兵，秩四品。

[5]太祖在淮陰：指宋泰中蕭道成曾鎮守淮陰。

[6]祖思：崔祖思。歷仕南朝宋、齊，爲齊高帝腹心，官至青冀二州刺史，在政清勤。本書卷二八、《南史》卷四七有傳。

[7]太祖欲北渡廣陵：指宋順第昇明元年（477），蕭道成恐遭

順帝加害，擬奔廣陵（今江蘇揚州市）起兵自立，後經謀士勸阻乃止。詳見《通鑑》卷一三四《宋紀十六》“順帝昇明元年”條。

[8]陶家後渚：地不詳。當在淮陰洪澤湖畔。

[9]前軍：指前軍將軍，禁衛軍官名。分掌宿衛營兵。秩四品。

[10]沈攸之事：指荆州刺史沈攸之於昇明元年（477）十月起兵反蕭道成專權，旋被討滅。詳見《宋書》卷七四《沈攸之傳》。

[11]武陵王：名贊，字仲敷，宋明帝劉彧第九子。元徽二年（474），都督荆襄等八州諸軍事、安西將軍、荆州刺史。《宋書》卷八〇有傳。　安西司馬：指安西將軍府司馬，爲分掌府務的屬吏之長。　河東：郡名。東晋僑置，治所在今湖北松滋市西北。

[12]陝西：當時北魏所在地，代指北魏。

[13]昇明：宋順帝年號。

[14]豫章王：名嶷，字宣儼，齊高帝蕭道成次子，高帝即位封其爲豫章王。昇明三年（479），蕭嶷任荆州刺史、鎮西將軍。詳見本書卷二二《豫章文獻王傳》

[15]鎮西司馬：指鎮西將軍府司馬。鎮西將軍爲四鎮將軍之一，南朝爲榮譽加號。開府者位從公秩一品。

[16]諮議：指諮議參軍，爲軍府屬吏。參謀軍務。

[17]太祖受禪：指宋昇明三年（479）齊王蕭道成受禪爲帝，改國號曰齊，改元建元。

[18]樂安縣：治所在今江西樂安縣北古塘。　子：爲第四等封爵，樂安縣爲其食邑。

[19]豫章王遣慧景奉表稱慶還京師：指太祖受禪稱帝，其子荆州刺史蕭嶷遣鎮西將軍府司馬崔慧景奉表還京向其父慶賀。

[20]平西府：指平西將軍府。按，齊高帝第三子臨川王蕭映齊初曾爲使持節、都督荆湘等八州諸軍事、平西將軍、荆州刺史。平西將軍，四平將軍之一，爲榮譽加號。開府者位從公秩一品。本書《百官志》云：“四平將軍……宋齊以來，唯處諸王，素族無爲者。”　南郡：郡名。治所在今湖北荆州市，當時隸屬荆州。　内史：郡

守（王國屬郡稱内史）。

［21］南蠻長史：指南蠻校尉府長史。南蠻校尉隸屬荆州，主護少數民族，治江陵。

建元元年，虜動，[1]豫章王遣慧景三千人頓方城，[2]爲司州聲援。虜退，梁州賊李烏奴未平，[3]以慧景爲持節、都督梁南北秦沙四州軍事、西戎校尉、梁南秦二州刺史，[4]將軍如故。敕荆州資給發遣，配以實甲千人，步道從襄陽之鎮。初，烏奴屢爲官軍所破，走氐中，乘間出，擾動梁、漢，據關城。[5]遣使詣荆州請降，豫章王不許。遣中兵參軍王圖南率益州軍從劍閣掩討，[6]大摧破之，烏奴還保武興。[7]慧景發漢中兵衆，進頓白馬。[8]遣支軍與圖南腹背攻擊，烏奴大敗，遂奔于武興。

［1］建元元年，虜動：《通鑑》卷一三五《齊紀一》“高帝建元元年”條：“八月……上聞魏將入寇，九月，乙巳，以豫章王嶷爲荆、湘二州刺史。”

［2］方城：城名。舊址在今湖北荆州市西北，相傳三國吴築。

［3］李烏奴：梁州刺史范伯年親將。齊初伯年遭陷害被殺，烏奴率衆反叛，得氐族支援，敗而復起。詳見本書卷五九《氐傳》及《通鑑》卷一三五《齊紀一》“高帝建元元年”條。

［4］南北秦：指南秦州與北秦州。南秦州寄治梁州治所南鄭，北秦州由荆州兼督。詳見本書《州郡志下》。　沙：州名。治沙陽縣，在今湖北嘉魚縣。　西戎校尉：邊防武官。主護少數民族。

［5］關城：一名陽平關，即在今陝西勉縣西。按，《通鑑》卷一三五此處云：“李烏奴叛入氐，依楊文弘，引氐兵千餘人寇梁州，陷白馬戍。”胡三省注：“白馬戍在沔水北，即陽平關也。”

［6］中兵參軍：王公府、軍府佐吏名。掌佐統兵政，率兵征伐，權任較重。　劍閣：今四川劍閣縣東北之劍門關。

［7］武興：指武興城，三國蜀漢築，在今陝西略陽縣。

［8］白馬：指白馬戍，即陽平關。

世祖即位，[1]進號冠軍將軍。在州蓄聚，多獲珍貨。永明三年，以本號還。遷黄門郎，[2]領羽林監。[3]明年，遷隨王東中郎司馬，[4]加輔國將軍。出爲持節、督司州軍事、冠軍將軍、司州刺史。母喪，詔起復本任。慧景每罷州，輒傾資獻奉，[5]動數百萬，世祖以此嘉之。九年，以本號徵還，轉太子左率，[6]加通直常侍。[7]明年，遷右衛將軍，[8]加給事中。[9]是時虜將南侵，上出慧景爲持節、督豫州郢州之西陽司州之汝南二郡諸軍事、冠軍將軍、豫州刺史。[10]

［1］世祖：齊武帝蕭賾的廟號。本書卷三有紀。

［2］黄門郎：給事黄門侍郎的省稱。門下省官。掌奏事，直侍左右。秩五品。

［3］領羽林監：禁衛軍官。分掌宿衛營兵。秩五品。

［4］隨王：指隨郡王蕭子隆，字雲興，齊武帝第八子。永明四年（486），出爲持節、督會稽等五郡、東中郎將、會稽太守。本書卷四〇有傳。崔慧景爲東中郎軍府司馬。

［5］傾資獻奉：指將在州所蓄聚的錢財全部獻給國庫。傾，原闕，中華本據毛本、殿本、局本及《南史》補。今從補。

［6］太子左率：太子左衛率，東宫官。掌護衛太子。秩五品。《唐六典》卷二八："齊左右衛率，武冠，絳朝服，品第五，秩千石。"

[7]通直常侍：通直散騎常侍，集書省官。掌侍從顧問。秩五品。

[8]右衛將軍：禁衛軍官名。分掌宿衛營兵。秩四品。

[9]給事中：集書省官。掌侍從顧問。秩五品。

[10]西陽：郡名。治所在今湖北黄岡市東。　汝南：郡名。治所在今河南信陽市西北。

鬱林即位，[1]進號征虜將軍。[2]慧景以少主新立，密與虜交通，朝廷疑懼。高宗輔政，遣梁王至壽春安慰之，[3]慧景遣密啓送誠勸進，[4]徵還，爲散騎常侍，左衛將軍。[5]建武二年，虜寇徐、豫，慧景以本官假節向鍾離，[6]受王玄邈節度。[7]尋加冠軍將軍。四年，遷度支尚書，[8]領太子左率。冬，虜主攻沔北五郡，[9]假慧景節，率衆二萬，騎千匹，向襄陽。雍州衆軍並受節度。永泰元年，慧景至襄陽，五郡已没。[10]加慧景平北將軍，[11]置佐史，分軍助戍樊城。[12]慧景頓渦口村，[13]與太子中庶子梁王及軍主前寧州刺史董仲民、劉山陽、裴颺、傅法憲等五千餘人進行鄧城。[14]前參騎還，[15]稱虜軍且至。須臾，望數萬騎俱來，慧景據南門，梁王據北門，令諸軍上城上。時慧景等蓐食輕行，[16]皆有饑懼之色。軍中北館客三人，[17]走投虜，具告之。虜僞都督中軍大將軍彭城王元勰分遣僞武衛將軍元蚪趣城東南，[18]斷慧景歸路，僞司馬孟斌向城東，僞右衛將軍播正屯城北，交射城内。梁王欲出戰，慧景曰："虜不夜圍人城，待日暮自當去也。"既而虜衆轉盛，慧景於南門拔軍，[19]衆軍不相知，隨後奔退。虜軍從北門入，劉山陽與部曲數百人斷後死戰，虜遣鎧馬百餘匹突取山陽，山陽使射手射之，三人倒馬，手殺十餘人，不能禁，且戰且退。慧景南出過鬧溝，[20]軍人蹈藉，[21]橋皆斷壞，虜軍夾路射之，軍主傅法憲見殺，赴溝死者相枕。山陽取襖杖填溝，乘之得免。虜主率大衆追之，晡時，虜主至沔北，圍軍主劉山陽。山陽據城苦戰，至暮，虜乃退。衆軍恐懼，其夕皆下船還襄陽。

[1]鬱林：指鬱林王蕭昭業。本書卷四有紀。

[2]征虜將軍：南朝爲優禮大臣的榮譽稱號。

[3]高宗輔政，遣梁王至壽春安慰之：鬱林王立，武帝遺詔蕭鸞輔政，將謀廢立。《通鑑》卷一三九《齊紀五》"明帝建武元年"條："豫州刺史崔慧景，高、武舊將，鸞疑之，以蕭衍（即梁王）爲寧朔將軍，戍壽陽。慧景懼，白服出迎；衍撫安之。"

[4]慧景遣密啓送誠勸進：指慧景暗中向蕭鸞表示忠心，勸蕭鸞取代鬱林王爲帝。

[5]左衛將軍：禁衛軍官名。職秩同右衛將軍。秩四品。

[6]鍾離：縣名。治所在今安徽鳳陽縣東北臨淮關。

[7]王玄邈：字彦遠，歷仕南朝宋、齊。建武初，遷持節、都督南兖、徐、豫等五州軍事、平北將軍、南兖州刺史。本書卷二七有傳。

[8]度支尚書：尚書省官。掌尚書省度支、金部、倉部、起部四曹。秩三品。

[9]沔北五郡：指鍾離、義陽、南鄭、壽陽、赭陽五郡。

[10]五郡已没：《通鑑》卷一四一《齊紀七》"明帝永泰元年"條"五郡已陷没"，胡三省注："五郡，謂南陽、新野、南鄉、北襄城并西汝南、北義陽二郡太守也。"

[11]平北將軍：南朝爲優禮大臣的榮譽稱號。

［12］樊城：今湖北襄陽市。

［13］渦口村：地名。在今安徽懷遠縣。

［14］太子中庶子：東宫官。職同侍中，直侍左右。秩五品。當時蕭衍任此職。　董仲民、劉山陽：史無傳，其事不詳。　裴颺：裴叔業侄，壯果有謀略，常隨叔業征戰，以功爲驍騎將軍。後隨叔業投魏，爲南司州刺史，封義安縣開國伯，旋戰死。事見《魏書》卷七一《裴叔業傳》附傳。　傅法憲：魏將傅豎眼之後，叛投南齊爲右中郎將、直閣將軍，在鄧城之戰中爲魏兵所殺。事見《魏書》卷七〇《傅豎眼傳》附傳。　鄧城：在今襄陽市西北。《通鑑》卷一四一胡三省注："鄧縣，漢屬南陽郡；宋大明末，割襄陽西界爲京兆郡，鄧縣屬焉……今鄧城縣在襄陽城北二十里，隔漢水。按《南北對境圖》：自鄧城南過新河至樊城。"

［15］參騎：偵察騎兵。

［16］蓐食輕行：指夜食潛行。語出《左傳》文公七年："訓卒……蓐食，潛師夜起。"意思是行軍作戰生活打破常規。

［17］北館客：指北魏來使節人員。

［18］彭城王元勰：字彦和，北魏孝文帝六弟，初封始平王，後改封彭城王。孝文南討，假勰中軍大將軍。《魏書》卷二一下、《北史》卷一九有傳。

［19］慧景於南門拔軍：拔軍，指撤退軍隊。慧景暗自撤走軍隊，别人不知。

［20］鬧溝：《通鑑》卷一四一胡三省注："鬧溝近沙堨，沙堨在宛縣界，蓋堨水入此溝南流逕鄧城界，而入于漢也。"

［21］軍人蹈藉：指軍人驚惶奔跑互相踐踏。

東昏即位，[1]改領右衛將軍，平北、假節如故。未拜。永元元年，遷護軍將軍，[2]尋加侍中。陳顯達反，[3]加慧景平南將軍，[4]都督衆軍事，屯中堂。[5]時輔國將軍徐世檦專勢號令，[6]慧景備員而已。帝既誅戮將相，舊臣皆盡，慧景自以年宿位重，轉不自安。

[1]東昏：指齊東昏侯蕭寶卷，明帝太子。

[2]護軍將軍：禁衛軍官名。掌外兵。秩三品。

[3]陳顯達反：指永元元年（499）十二月，江州刺史陳顯達聞東侯濫殺大臣，在尋陽起兵攻建康，結果兵敗被殺。詳見本書卷二六《陳顯達傳》。

[4]平南將軍：四平將軍之一，南朝爲優禮大臣的榮譽稱號。

[5]中堂：明堂，古代帝王宣明政教的處所。這裏泛指皇宫。

[6]徐世檦：東昏侯寵臣，凡諸大臣被殺戮，皆世檦所勸。其控制大臣，移易敕詔，乃至騎馬入殿，詆訶天子。《南史》卷七七有傳。

明年，裴叔業以壽春降虜，[1]改授慧景平西將軍，[2]假節、侍中、護軍如故，率軍水路征壽陽。軍頓白下，[3]將發，帝長圍屏除出琅邪城送之。[4]帝戎服坐城樓上，召慧景單騎進圍内，無一人自隨者。裁交數言，拜辭而去。慧景既得出，甚喜。[5]子覺爲直閤將軍，[6]慧景密與期：[7]四月慧景至廣陵，[8]覺便出奔。[9]慧景過廣陵數十里，召會諸軍主曰："吾荷三帝厚恩，[10]當顧託之重。[11]幼主昏狂，朝廷壞亂，危而不扶，責在今日。欲與諸君共建大功，以安宗社，何如？"衆皆響應。於是回軍還廣陵，司馬崔恭祖守廣陵城，開門納之。[12]帝聞變，以征虜將軍右衛將軍左興盛假節，督京邑水陸衆軍。慧景停二日，便收衆濟江集京口。江夏王寶玄又爲内應，[13]合二鎮兵力，奉寶玄向京師。

[1]裴叔業以壽春降虜：指永元二年（500）豫州刺史裴叔業由壽春降魏。詳見本卷《裴叔業傳》。

[2]平西將軍：職、秩同平南將軍。

[3]白下：白下城，在今江蘇南京市北金川門外幕府山南麓，北臨大江，爲軍事要塞。

[4]長圍屏除：指東昏侯外出，巷陌懸帳幔爲高障，置仗人防守，屏除行人。　琅邪城：指琅邪郡城。東晋僑置，寄居今江蘇句容市境。

[5]慧景既得出，甚喜：慧景擔心被東昏侯設計陷害，結果未遇害而出，故甚喜。

[6]直閤將軍：禁衛武官。出爲君王儀仗清道，入爲君王隨身侍從。秩四品。

[7]慧景密與期：《南史》卷四五此後云："時江夏王寶玄鎮京口，聞慧景北行，遣左右余文興説之曰：'朝廷任用群小，猜害忠賢，江、劉、徐、沈，君之所見，身雖魯、衛，亦不知滅亡何時。君今段之舉，有功亦死，無功亦死，欲何求所免。機不可失，今擁强兵，北取廣陵，收吴、楚勁卒，身舉州以相應，取大功如反掌耳。'慧景常不自安，聞言響應。"

[8]四月慧景至廣陵：中華本校勘記云："張森楷《校勘記》云：'慧景舉兵，在三月上旬。其攻京城敗散，在四月上旬。此四月疑當作三月。'按《通鑑》叙'慧景至廣陵，覺走從之'，在三月己亥後，壬子前。《考異》謂《慧景傳》四月至廣陵，蓋'四月'當作'三月'。"

[9]覺便出奔：《通鑑》卷一四三《齊紀九》"東昏侯永元二年"條作"覺走從之"。

[10]三帝：指齊高帝、武帝、明帝。

［11］當顧託之重：指明帝遺詔“心膂之任，可委劉悛、蕭惠休、崔慧景”。見本書卷六《明帝紀》。

［12］司馬崔恭祖守廣陵城，開門納之：崔恭祖，崔慧景宗人。本卷後有附傳。按，《南史》卷四五此處所記有異，云：“于時廬陵王長史蕭寅、司馬崔恭祖守廣陵城，慧景以寶玄事告恭祖。恭祖先無宿契，口雖相和，心實不同。還以事告寅，共爲閉城計。寅心謂恭祖與慧景同，謂曰：‘廢昏立明，人情所樂，寧可違拒。’恭祖猶執不同。俄而慧景至，恭祖閉門不敢出。慧景知其異己，泣數行而去。中兵參軍張慶延、明巖卿等勸慧景襲取廣陵，及密遣軍主劉靈運間行突入。慧景俄係至，遂據其城。”

［13］江夏王寶玄：東昏侯三弟。鎮京口，慧景遣使奉寶玄爲主，寶玄密與相約，開門納慧景軍。按，《通鑑》卷一四三云：“初，南徐、兖二州刺史江夏王寶玄娶徐孝嗣女爲妃，孝嗣誅，詔令離婚，寶玄恨望。慧景遣使奉寶玄爲主，寶玄……開門納慧景。”

臺遣驍騎將軍張佛護、直閤將軍徐元稱、屯騎校尉姚景珍、西中郎參軍徐景智、游盪軍主董伯珍、騎官桓靈福等據竹里爲數城。[1]寶玄遣信謂佛護曰：“身自還朝，君何意苦相斷遏？”佛護答曰：“小人荷國重恩，使於此創立小戍。殿下還朝，但自直過，豈敢干斷。”遂射慧景軍，因合戰。慧景子覺及崔恭祖領前鋒，皆傖楚善戰；[2]又輕行不爨食，以數舫緣江載酒肉爲軍糧。每見臺軍城中煙火起，輒盡力攻擊，臺軍不復得食，以此饑困。元稱等議欲降，佛護不許。十二日，恭祖等復攻之，城陷，佛護單馬走，追得斬首，徐元稱降，餘軍主皆死。慧景至臨沂，[3]令李玉之發橋斷路，[4]慧景收殺之。

［1］臺：指朝廷。　屯騎校尉：禁衛軍官。分掌宿衛營兵。秩四品。　游盪軍主：游將，掌游兵的武官。《兵衡》："游將，游兵，常在不時候用。"軍主，"軍"字原闕，中華本據南監本、殿本、局本補。今從補。　竹里：地名。在今江蘇句容市西北。按，張佛護、徐元稱、姚景珍、徐景智、董伯珍、桓靈福等人，史無傳，身世均不詳。

［2］傖楚：魏晋南北朝時，吴人以上國自居，鄙視楚人粗傖，謂之"傖楚"。這裏泛指粗魯的人。

［3］臨沂：縣名。東晋僑置，治所原在今江蘇南京市東北棲霞山西，南朝齊移治白下城（今南京市金川門外）。

［4］令：指臨沂縣令。　發橋：指破壞橋梁，以阻慧景軍。

臺遣中領軍王瑩都督衆軍，[1]據湖頭築壘，[2]上帶蔣山西巖，[3]實甲數萬。慧景至查硎，[4]竹塘人萬副兒善射獵，能捕虎，[5]投慧景曰："今平路皆爲臺軍所斷，不可議進。唯宜從蔣山龍尾上，[6]出其不意耳。"慧景從之，分遣千餘人魚貫緣山，自西巖夜下，鼓叫臨城中。[7]臺軍驚恐，即時奔散。帝又遣右衛將軍左興盛率臺内三萬人，拒慧景於北籬門，[8]望風退走。慧景引軍入樂遊苑，[9]恭祖率輕騎十餘匹突進北掖門，[10]乃復出，宮門皆閉。慧景引衆圍之。於是東府、石頭、白下、新亭諸城皆潰。[11]左興盛走，不得入宮，逃淮渚荻舫中，[12]慧景擒殺之。宮中遣兵出盪，不剋。慧景燒蘭臺府署爲戰場，[13]守衛尉蕭暢屯南掖門處分城内，[14]隨方應擊，衆心以此稍安。

［1］中領軍：禁衛軍官名。掌内兵。秩三品。　王瑩：字奉光，歷仕南朝宋、齊、梁。《梁書》卷一六、《南史》卷二三有傳。

［2］湖頭：不詳。按其地形，當指玄武湖頭。

［3］蔣山：今南京市中山門外鍾山。

［4］查硎：不詳。南京市清凉山有查浦，疑爲此處。

［5］能捕虎：虎，原訛“虜”，中華本據殿本、局本改。今從改。

［6］龍尾：喻指山路。《通鑑》卷一四三《齊紀九》“東昏侯永元二年”條胡三省注：“築道陂陀以上蔣山，若龍尾之垂地，因曰龍尾。”

［7］鼓叫臨城中：《通鑑》卷一四三胡三省注：“城中，即湖頭所築壘中也。鼓叫者，既擊鼓又叫呼也……即鼓譟也。”

［8］北籬門：“籬”原作“離”，中華本據南監本、殿本、局本改。今從改。朱季海《南齊書校議》（以下簡稱朱季海《校議》）云：“《高逸傳》：何求弟點，‘隱居東離門卞望之墓側。’校勘記云：‘東離門’局本作‘東籬門’。按籬、離古通用。”（中華書局1984年版，第113頁）

［9］樂遊苑：《通鑑》卷一四三胡三省注：“樂游苑在玄武湖南。”“苑”字原無，中華本據南監本、殿本、局本補。今從補。

［10］北掖門：指宫苑北門。

［11］東府：指東府城，東晋築，在今江蘇南京市通濟門附近，臨秦淮河。　石頭：指石頭城，在今南京市西清凉山。按，“石頭”二字原訛倒，中華本據南監本、殿本、局本乙正。今從改。　新亭：指新亭城，在今南京市南，地近江，依山築城壘。

［12］淮渚：指秦淮河。

［13］蘭臺：御史臺。

［14］守衛尉：《通鑑》卷一四三作“守御尉”。　蕭暢：梁宗室，有美名，仕齊位至太常，封江陵縣侯卒，梁天監元年（502）追封衡陽郡王。《南史》卷五一《梁宗室上》有傳。　處分城内：

指處理宮城内防務。

慧景稱宣德太后令,[1]廢帝爲吴王。時巴陵王昭胄先逃民間,[2]出投慧景，慧景意更向之,[3]故猶豫未知所立。竹里之捷,[4]子覺與恭祖争勛，慧景不能決。恭祖勸慧景射火箭燒北掖樓,[5]慧景以大事垂定，後若更造，費用功力，不從其計。性好談義，兼解佛理，頓法輪寺，對客高談。[6]恭祖深懷怨望。

[1]宣德太后:《通鑑》卷一四三《齊紀九》“東昏侯永元二年”條胡三省注:“文惠太子妃王氏，鬱林之立，尊爲皇太后；海陵之廢，出居鄱陽王故第，號宣德宫，稱宣德皇太后。”此乃慧景假借宣德太后名義篡權。

[2]巴陵王昭胄：齊武帝第二子竟陵王子良之子。明帝濫殺高、武之裔，昭胄懼禍逃於江西，詐爲沙門。本書卷四〇有傳。

[3]慧景意更向之：此指慧景欲立昭胄爲帝。《通鑑》卷一四三胡三省注:“寶玄，明帝之子。昭胄，武帝之孫；武帝，高帝之大宗，故慧景意向之。”按，《南史》卷四五此處云:“時柳燈别推寶玄，恭祖爲寶玄羽翼，不復承奉，慧景嫌之。巴陵王昭胄先逃人間，出投慧景，意更向之……此聲頗泄，燈、恭祖始貳於慧景。”

[4]竹里之捷：指在竹里慧景子覺與崔恭祖爲前鋒，接連大敗臺軍張佛護等將領，取得決定性勝利。參見上注。

[5]北掖樓：指齊内宫樓。

[6]對客高談:《通鑑》卷一四三胡三省注:“客謂何點。”按,《通鑑》有追叙云:“初，慧景欲交處士何點，點不願。及圍建康，逼召典，典往赴其軍，終日談義，不及軍事。”

先是衛尉蕭懿爲征虜將軍、豫州刺史，自歷陽步道征壽陽。[1]帝遣密使告之，懿率軍主胡松、李居士等數千人自采石濟岸，[2]頓越城，[3]舉火，臺城中鼓叫稱慶。[4]恭祖先勸慧景遣二千人斷西岸軍，[5]令不得渡，慧景以城旦夕降，外救自然應散。至是恭祖請擊義師，[6]又不許。乃遣子覺將精手數千人渡南岸。[7]義師昧旦進戰，數合，士皆致死，覺大敗，赴淮死者二千餘人，[8]覺單馬退，開桁阻淮。[9]其夜，崔恭祖與驍將劉靈運詣城降，[10]慧景衆情離壞，乃將腹心數人潛去，欲北渡江，城北諸軍不知，猶爲拒戰。城内出盪，殺數百人。義軍渡北岸，[11]慧景餘衆皆奔。慧景圍城凡十二日，軍旅散在京師，不爲營壘。及走，衆於道稍散，單馬至蟹浦，[12]爲漁父所斬，以頭内鰌魚籃，[13]檐送至京師，時年六十三。

[1]衛尉：武官名。掌宫門衛士及宫中巡徼之事，秩中二千石。　蕭懿：梁武帝蕭衍長兄。仕齊，以平崔慧景之亂勛高，授尚書令、都督征討水陸諸軍事。遭東昏侯忌憚，服藥賜死。梁武帝即位後追贈長沙宣武王。《南史》卷五一有傳。　歷陽：縣名。即今安徽和縣。

[2]"帝遣密使告之"至"自采石濟岸"：《通鑑》卷一四三《齊紀九》"東昏侯永元二年"條云："時豫州刺史蕭懿將兵在小峴，帝遣密使告之，懿方食，投箸而起，帥軍主胡松、李居士等數千人自採石濟江。"按，小峴指小峴山，在安徽含山縣北，亦名昭關山，爲軍事要衝。采石，地名。在今安徽馬鞍山市東北長江邊，古爲軍事要地。"采"原作"採"，從中華本改。

[3]越城：地名。在今江蘇南京市南。

［4］臺城中鼓叫稱慶：《通鑑》卷一四三胡三省注："以援兵至而喜。"

［5］西岸軍：《通鑑》卷一四三胡三省注："西岸兵，謂蕭懿兵入援自江西來也。"

［6］義師：《通鑑》卷一四三作"懿軍"。

［7］南岸：《通鑑》卷一四三胡三省注："秦淮南岸也"。

［8］淮：指秦淮河。

［9］開桁阻淮：《通鑑》卷一四三胡三省注："開朱雀桁以斷懿兵，阻秦淮水爲固。"

［10］崔恭祖與驍將劉靈運詣城降：《南史》卷四五此處云："恭祖頓軍興皇寺，於東宫掠得女妓，覺來逼奪，由是忿恨。其夜，崔恭祖與驍將劉靈運詣城降。"《通鑑》所記同，唯云劉靈運乃是"慧景驍將"。劉靈運原脱"靈"字，中華本據南監本、殿本、局本及《南史》補。今從補。

［11］北岸：《通鑑》卷一四三胡三省注："秦淮北岸即臺城"。

［12］蟹浦：水名。在今江蘇南京市白下城西南，源出鍾山，流入長江。按，《南史》卷四五此處記云："單馬至蟹浦，投漁人太叔榮之。榮之故爲慧景門人，時爲蟹浦戍。謂之曰：'吾以樂賜汝，汝爲吾覓酒。'既而爲榮之所斬。"按，清牛運震《讀史糾謬》卷七《南齊書糾謬》云："《南史》漁父太叔榮（之）也，故爲慧景門人。此等處，似不可略。"

［13］鰌魚籃：《通鑑》卷一四三胡三省注："鰌魚，今江、淮間湖蕩河港皆有之；春二月時，人取食之，其味甘美……鰌籃，所以盛鰌者。"

追贈張佛護爲司州刺史，[1]左興盛豫州刺史，並征虜將軍，徐景智、桓靈福屯騎校尉，董伯珍員外郎，李玉之給事中，其餘有差。

[1]追贈：此指平息崔慧景之亂後，朝廷對陣亡將領紀功，追贈其官位。

恭祖者，慧景宗人，驍果便馬稍，[1]氣力絶人，頻經軍陣。討王敬則，[2]與左興盛軍容袁文曠争敬則首，[3]訴明帝曰："恭祖禿馬絳衫，手刺倒賊。故文曠得斬其首。以死易勳，而見枉奪。若失此勳，要當刺殺左興盛。"帝以其勇，[4]使謂興盛曰："何容令恭祖與文曠争功。"遂封二百户。慧景平後，恭祖繫尚方，[5]少時殺之。

[1]便馬稍：擅長馬上持長矛作戰。

[2]討王敬則：指永泰元年（498）會稽太守王敬則起兵反齊明帝，朝廷派直閣將軍崔恭祖、左興祖領兵討之，敬則旋敗被斬。詳見本書卷二六《王敬則傳》。

[3]軍容：南北朝時武官名稱。相當於先鋒。中華本校勘記云："'容'原訛'客'，各本不訛，今改正。"今從改。　争敬則首：指争斬獲王敬則首級之功。

[4]勇：中華本校勘記云："'勇'下南監本、殿本及《南史》並有'健'字。"

[5]尚方：南齊列卿少府下屬有左右尚方，掌服御製作。尚方多以役徒服勞作，因以爲拘繫罪囚之所。

覺亡命爲道人，見執伏法。臨刑與妹書曰："捨逆旅，歸其家，[1]以爲大樂；況得從先君遊太清乎。古人有力扛周鼎，而有立錐之歎，[2]以此言死，亦復何傷！

平生素心，士大夫皆知之矣。既不得附驥尾，[3]安得施名於後世，慕古竹帛之事，[4]今皆亡矣。”慧景妻女亦頗知佛義。

[1]捨逆旅，歸其家：古人以爲人生短暫如旅客，死後返歸大自然纔是回到永恒之“家”。

[2]古人有力扛周鼎，而有立錐之歎：此句蓋言英雄不遇，貧困不堪，還不如早死。立錐，指貧無立錐之地。

[3]附驥尾：比喻攀附名人之後而得以成名。語出《史記》卷六一《伯夷列傳》：“顏淵雖篤學，附驥尾而行益顯。”司馬貞《索隱》：“按蒼蠅附驥尾而致千里，以譬顏回因孔子而名彰也。”

[4]竹帛之事：指名垂史册之事。竹帛，竹簡和帛書，古人用以書寫，引申指典籍、史乘。

覺弟偃，爲始安内史，[1]藏竄得免。和帝西臺立，[2]以爲寧朔將軍。中興元年，詣公車門上書曰：[3]

臣竊惟太祖、高宗之孝子忠臣，而昏主之賊臣亂子者，[4]江夏王與陛下，[5]先臣與鎮軍是也。[6]臣聞堯舜之心，常以天下爲憂，而不以位爲樂。彼孑然之舜，[7]壟畝之人，猶尚若此；况祖業之重，家國之切？[8]江夏既行之於前，陛下又蹈之於後，雖成敗異術，而所由同方也。陛下初登至尊，與天合符。天下纖介之屈，尚望陛下申之，絲髮之冤，尚望陛下理之。况先帝之子，陛下之兄，所行之道，即陛下所由哉？如此尚弗恤，其餘何幾哉？[9]陛下德侔造化，仁育群生，雖在昆蟲草木，有不得其所者，覽而傷焉。而况乎友愛天至，孔懷之深。[10]夫豈不懷，將以事割。[11]此實左右不明，未之或詳。惟陛下公聽並觀，以詢之芻蕘。群臣有以臣言爲不可，乞使臣廷辯之。則天人之意塞，四海之疑釋。必若不然，僥小民之無識耳。[12]使其曉然知此，相聚而逃陛下，以責江夏之冤，朝廷將何以應之哉？若天聽沛然回光，發惻愴之詔，而使東牟朱虚東褒儀父之節，[13]則何戈之士，[14]誰不盡死？愚戇之言，萬一上合，事乞留中。

事寢不報。

[1]始安内史：始安王屬郡内史。按，此始安王指齊高帝次兄蕭道生之子遥光，襲父爵爲始安王。本書卷四五有傳。内史，指遥光所領之南郡内史。

[2]和帝：蕭寶融，字智昭，明帝第八子。初封隨郡王，後改封南康王，荆州刺史。東昏侯永元二年（500）十一月，長史蕭穎胄奉寶融在江陵起兵，雍州刺史蕭衍上表勸進，次年三月，寶融在江陵即位，改元中興（501），是爲和帝。　西臺：《通鑑》卷一四四《齊紀十》“和帝中興元年”條“夬返西臺”，胡三省注：“江陵在西，故曰西臺。”

[3]公車門：官署名。漢始置，於殿中司馬門，設公車司馬令爲長官，凡臣民上書及徵召，均由公車總領。

[4]昏主：指東昏侯蕭寶卷。

[5]江夏王：指江夏王蕭寶玄，崔慧景奉其起事失敗，爲東昏侯誅殺。

[6]先臣：指輔佐江夏王爲帝的崔慧景。　鎮軍：指輔佐和帝的蕭穎胄，時任尚書令、鎮軍將軍。

[7]彼孑然之舜："彼孑"原作"被子"，從中華本改。

[8]家：原作"蒙"，從中華本改。

[9]何幾：《通鑑》卷一四四作"何冀"。

[10]孔懷：指兄弟之情。語出《詩·小雅·常棣》："死喪之威，兄弟孔懷。"鄭玄箋："維兄弟之親，甚相思念。"

[11]事割：指事過境遷而割愛。

[12]僥：貪求不止，引申指不安分。中華本校勘記云："南監本、殿本、局本作'倖'。"今按，中華再造善本亦作"僥"。朱季海《校議》云："僥，《説文》以爲焦僥字，此借爲'儌'。《説文·心部》'儌，幸也。從心，敫聲。'《唐韵》'古堯切'，是也……諸本臆改。"（第113頁）

[13]東牟朱虛：指西漢朱虛侯劉章及其弟東牟侯劉興居。漢高祖劉邦死後，吕后掌權，任用吕氏，殘害劉氏。吕后死後，在剷除諸吕鬥争中，朱虛侯與東牟侯都起了很大作用。詳見《史記》卷九《吕太后本紀》。

[14]何戈：荷戈，執戈。中華本校勘記云："'何戈'南監本、殿本作'荷戈'。按《説文》：'何，儋也'，段注：'何，俗爲荷'。"

偃又上疏曰：

近冒陳江夏之冤，定承聖詔，已有褒贈，此臣狂疏之罪也。然臣所以諮問者，不得其實，罪在萬没，[1]無所復云。但愚心所恨，非敢以父子之親，骨肉之閒，[2]而僥幸曲陛下之法，傷至公之義。誠不曉聖朝所以然之意。若以狂主雖狂，[3]而實是天子，江夏雖賢，實是人臣，先臣奉人臣逆人君，以爲不可申，明詔得矣；[4]然未審陛下亦是人臣不？[5]

而鎮軍亦復奉人臣逆人君，[6]今之嚴兵勁卒，方指於象魏者，[7]其故何哉？臣所不死，苟存視息，非有他故，所以待皇運之開泰，申冤魂之枉屈。今皇運既已開泰矣，而死於社稷盡忠，反以爲賊，臣何用此生陛下世矣。

[1]萬没：猶萬死，形容罪重當死。

[2]閒：私，私情。

[3]若以：原爲“何則”，中華本校勘記云：“據南監本、殿本、局本及《通鑑》齊和帝中興元年改。”今從改。

[4]以爲不可申，明詔得矣：謂如以爲不可昭雪，下詔書言明即可。按，此句中華本標作：“以爲不可申明詔，得矣。”今參《通鑑》卷一四四《齊紀十》“和帝中興元年”條改正。

[5]陛下亦是人臣：指和帝蕭寶融，原爲荆州刺史，亦爲東昏侯之臣。

[6]鎮軍亦復奉人臣逆人君：指鎮軍將軍蕭穎胄，奉擁荆州刺史爲君，反對繼統之君東昏侯。言外之意是，其父崔慧景同樣是以人臣奉人臣（江夏王寶玄）逆人君，而結局爲何天淵之别。

[7]象魏：宫闕。指建康東昏侯朝廷。按，蕭寶融在江陵稱帝後，即舉兵東下建康。

臣聞王臣之節，竭智盡公，以奉其上。居股肱之任者，申理冤滯，薦達群賢。凡此衆臣，夙興夜寐，心未嘗須臾之間而不在公。[1]故萬物無不得其理，而頌聲作焉。臣謹案鎮軍將軍臣穎胄，宗室之親，股肱之重，身有伊、霍之功，[2]荷陛下稷、旦之任。[3]中領軍臣詳，[4]受帷幄之寄，副宰相之尊。

皆所以棟梁朝廷，社稷之臣，天下所當，遑遑匪懈，盡忠竭誠，欲使萬物得理，而頌聲大興者，豈復宜踰此哉？而同知先臣股肱江夏，匡濟王室，天命未遂，王亡與亡，而不爲陛下瞥然一言。[5]知而不言，是不忠之臣，不知而言，乃不智之臣，此而不知，將何所知？如以江夏心異先臣，[6]受制臣力，則江夏同致死斃，聽可昏政淫刑，見殘無道。然江夏之異，以何爲明，孔、吕二人，誰以爲戮。[7]手御麾幡，言輒任公，同心共志，心若膠漆，而以爲異，臣竊惑焉。如以先臣遣使，江夏斬之，[8]則征東之驛，[9]何爲見戮？陛下斬征東之使，寔詐山陽；江夏違先臣之請，實謀孔矜。天命有歸，故事業不遂耳。夫唯聖人，乃知天命，守忠之臣，唯知盡死，安顧成敗。詔稱江夏遭時屯故，[10]跡屈行令，[11]内恕探情，無玷純節。今茲之旨，[12]又何以處鎮軍哉？

[1]未嘗："未"原作"不"，從中華本改。

[2]伊、霍：指商伊尹和漢霍光。伊尹輔商湯滅夏桀；霍光廢邑昌王，立宣帝。後因以伊、霍指左右朝政、扶危救困的重臣。

[3]稷、旦：指夏后稷和周公旦，古代賢臣，均委以宰輔重任。

[4]中領軍臣詳：詳，指夏侯詳。《梁書》卷一〇有傳云："詳與穎胄同創大舉。西臺建，以詳爲中領軍，加散騎常侍、南郡太守。凡軍國大事，穎胄多决於詳。""詳"原訛"諱"，中華本校勘記云："據《通鑑》改。按諱與詳形近而訛。詳指夏侯詳，詳時爲中領軍。殿本依北監本改'諱'爲'衍'，不知蕭衍時爲征東將

軍，崔偃疏中明稱之爲‘征東’也。”

[5]瞥然：形容儘快。

[6]如以江夏心異先臣：駁斥有人認爲當年江夏王與崔慧景心志不同。

[7]孔、吕二人，誰以爲戮：指當年慧景將由京口渡江，鎮守京口的江夏王寶玄密與相應，殺掉朝廷派到王府監督的司馬孔矜、典籤吕承緒等人，開門納慧景。隨即乘輿，手執帝王絳麾幡，隨慧景大軍至京師。詳見本書卷五〇《明七王傳》。

[8]如以先臣遣使，江夏斬之：指慧景起事前，遣使奉函致意寶玄，寶玄怕孔矜等朝廷耳目生疑，故意斬其使，佯示效忠朝廷，而暗地則與慧景聯絡。詳見本書卷五〇。

[9]征東：指蕭衍，當時任征東將軍、雍州刺史，與荆州長史蕭穎胄共擁南康王、荆州刺史蕭寶融爲帝。朝廷遣劉山陽將兵來襲，蕭衍定計，讓寶融佯忠朝廷，斬衍派遣的策動謀反的來使王天虎，詐迎劉山陽入襄陽。剛入城，即爲伏兵所斬。詳見《通鑑》卷一四三《齊紀九》“東昏侯永元二年”條。

[10]屯（zhūn）：禍難。語出《易·屯》：“彖曰：‘屯，剛柔始交而難生。’”

[11]令：美好。

[12]今兹：“兹”字原闕，中華本據南監本、殿本、局本補。今從補。

臣所言畢矣，乞就湯鑊。[1]然臣雖萬没，猶願陛下必申先臣。何則？惻愴而申之，則天下伏；不惻愴而申之，天下之人北面而事陛下者，徒以力屈耳。先臣之忠，有識所知，南史之筆，[2]千載可期，亦何待陛下屈申而爲褒貶。然小臣惓惓之愚，爲陛下計耳。臣之所言，非孝於父，實忠於君。唯陛下孰察，[3]少留心焉。

[1]乞就湯鑊：古代臣下上書皇帝常用的套語，指甘願受刑罰。湯鑊，以沸水蒸煮，古代的一種極刑。

[2]南史：《通鑑》卷一四三《齊紀九》“東昏侯永元二年”條作“南董”。胡三省注：“南、董，謂（春秋）齊南史、晋董狐也……孔子曰：‘董狐，古之良史也，書法不隱’。”

[3]孰察：深察。孰，通“熟”。

臣頻觸宸嚴，[1]而不彰露，所以每上封事者，[2]非自爲議地，猶以《春秋》之義有隱諱之意也。[3]臣雖淺薄，然今日之事，斬足斷頭，殘身滅形，何所不能，爲陛下耳。臣聞生人之死，肉人之骨，[4]有識之士，未爲多感。公聽並觀，申人之冤，秉德任公，理人之屈，則普天之人，爭爲之死。[5]何則？理之所不可以已也。陛下若引臣冤，免臣兄之罪，收往失，[6]發惻愴之詔，懷可報之意，則桀之犬實可吠堯，跖之客實可刺由，[7]又何況由之犬，堯之客。[8]臣非忝生，實爲陛下重此名於天下。已成之基，可惜之寶，莫復是加。寖明寖昌，不可不循，寖微寖滅，不可不慎。[9]惟陛下熟察，詳擇其衷。

[1]宸嚴：帝王的尊嚴。

[2]封事：奏章。古時臣下上書奏事，防有泄漏，用皂囊封緘，故稱封事。

[3]猶以《春秋》之義有隱諱之意也：指《穀梁傳》成公九年云：“爲尊者諱耻，爲賢者諱過，爲親者諱疾。”

[4]生人之死，肉人之骨：使死人復生，枯骨生肉。指救人性命。

[5]死：效死，效命。

[6]陛下若引臣冤，免臣兄之罪，收往失：《册府元龜》卷八七五作“陛下若俯鑒臣冤，深收往失”。

[7]“發惻愴之詔”至“跖之客實可刺由”：這裏以桀犬吠堯、跖客刺由比喻知恩圖報，各爲其主。出自漢鄒陽《獄中上書自明》：“今人主誠能去驕傲之心，懷可報之意，披心腹，見情素，墮肝膽，施德厚……則桀之犬可使吠堯，跖之客可使刺由。”（見《文選》卷三九）桀，夏桀。跖，柳下跖（亦稱盜跖）。桀、跖爲傳説中的惡人。堯，唐堯。由，許由。堯、由爲傳説中的聖賢。

[8]又何况由之犬，堯之客：此二句緊承上句，意思説惡人施恩尚得回報，何况是聖君賢臣施恩。

[9]“寖明寖昌”至“不可不慎”：意思是説英明可使國家昌盛，昏憒可導致國家滅亡。此二句出自《漢書》卷五六《董仲舒傳》。

若陛下猶以爲疑，鎮軍未之允决，乞下征東共詳可否，無以向隅之悲，[1]而傷陛下滿堂之樂。何則？陛下昏主之弟，江夏亦昏主之弟；[2]鎮軍受遺託之恩，先臣亦荷顧命之重。[3]情節無異，所爲皆同，殊者唯以成敗仰資聖朝耳。[4]臣不勝愚忠，請使群臣廷辯者，臣乞專令一人，精賜本語。僥幸萬一，天聽昭然，則軻沈七族，離熸妻子，[5]人以爲難，臣豈不易。

詔報曰：“具卿冤切之懷。卿門首義，而旌德未彰，亦追以慨然，今當顯加贈謚。”偃尋下獄死。[6]

［1］向隅之悲：形容未得機遇而悲傷。語出漢劉向《説苑·貴德》："今有滿堂飲酒者，有一人獨索然向隅而泣，則一堂之人皆不樂矣。"隅，指屋的角落。

［2］昏主之弟：東昏侯寶卷與和帝寶融、江夏王寶玄，皆爲明帝蕭鸞之子。

［3］鎮軍受遺託之恩，先臣亦荷顧命之重：此指明帝遺詔中明示蕭穎胄與崔慧景可委"心膂之任"。見本書卷六《明帝紀》。

［4］成敗：指和帝寶融奪權成功，江夏王寶玄奪權失敗。

［5］軻沈七族，離燔妻子：此舉乃古代義士勇於爲主犧牲，用以表示對君上忠心。語出漢鄒陽《獄中上書自明》："然則（荆）軻湛七族，要離燔妻子，豈足爲大王道哉。"《漢書》卷五一《鄒陽傳》顔師古注："應劭曰：'荆軻爲燕刺秦始皇，不成而死，其族坐之。湛，没也。吴王闔閭欲殺王子慶忌，要離詐以罪亡，令吴主燔其妻子。要離走見慶忌，以劍刺之。'……師古曰：'此説云湛七族，無荆字也。尋諸史籍，荆軻無湛族之事，不知陽所云者定何人也。湛讀曰沈。'"

［6］偃尋下獄死：《南史》卷四五作"言多指斥，尋下獄死"。

張欣泰字義亨，[1]竟陵人也。[2]父興世，[3]宋左衛將軍。

［1］張欣泰：《南史》卷二五有附傳。

［2］竟陵：縣名。治所在今湖北潛江市。

［3］興世：字文德，仕宋，明帝甚器重。其屢立戰功，封唐縣侯，歷雍州刺史、左衛將軍。《宋書》卷五〇、《南史》卷二五有傳。

欣泰少有志節，不以武業自居，好隸書，讀子史。年十餘，詣吏部尚書褚淵，[1]淵問之曰："張郎弓馬多少。"[2]欣泰答曰："性怯畏馬，無力牽弓。"淵甚異之。辟州主簿，[3]歷諸王府佐。元徽中，興世在家，擁雍州還資，[4]見錢三千萬。[5]蒼梧王自領人劫之，[6]一夜垂盡，興世憂懼感病卒。欣泰兄欣華時任安成郡，[7]欣泰悉封餘財以待之。

[1]褚淵：字彦回，歷仕南朝宋、齊，宋明帝時曾爲吏部尚書。詳見本書卷二三《褚淵傳》。

[2]弓馬多少：謂騎射工夫如何。

[3]州主簿：爲州府佐吏。掌簿書事務。

[4]擁雍州還資：指擁有在雍州刺史任上所積攢的錢財。

[5]見錢：現錢。見，通"現"。

[6]蒼梧王：指宋後廢帝劉昱，凶戾乖誕，後被廢殺。詳見《宋書》卷九《蒼梧王紀》。

[7]安成郡：郡名。三國吴始置，治所在今江西安福縣東南。

建元初，歷官寧朔將軍，累除尚書都官郎。[1]世祖與欣泰早經款遇，及即位，以爲直閤將軍，領禁旅。除豫章王太尉參軍，[2]出爲安遠護軍、武陵内史。[3]還復爲直閤，步兵校尉，[4]領羽林監。欣泰通涉雅俗，交結多是名素。下直輒遊園池，著鹿皮冠，[5]衲衣錫杖，挾素琴。有以啓世祖者，世祖曰："將家兒何敢作此舉止!"後從車駕出新林，敕欣泰甲仗廉察，[6]欣泰停仗，於松樹下飲酒賦詩。制局監吕文度過見，[7]啓世祖。世祖大怒，遣出外，數日，意稍釋，召還，謂之曰："卿不樂爲武職驅使，當處卿以清貫。"[8]除正員郎。[9]

[1]尚書都官郎：尚書省都官曹官。掌中都官不法事。秩五品。

[2]豫章王：蕭嶷，齊高帝次子，其兄齊武帝蕭賾繼位，嶷進位太尉。欣泰爲太尉府參軍。本書卷二二有傳。

[3]安遠護軍：邊防軍官名。主護少數民族。　武陵：郡名。治所在今湖南常德市，當時爲武陵王蕭曅的封地。

[4]步兵校尉：禁衛軍四校尉之一，分掌宿衛營兵。秩四品。

[5]鹿皮冠：古代隱士冠。用鹿皮製，故名。

[6]甲仗：指披盔甲，携兵仗，全副武裝。　廉察：視察，清查。

[7]吕文度：宋時爲細作金銀庫吏，竹局匠。齊時受寵於齊武帝，爲制局監（屬少府官）。殿内軍隊及發遣外鎮人，悉關之，甚有權勢。本書卷五六有傳。

[8]清貫：指侍從、文翰等清貴的文職。《南史》卷二五作"清貴"。周一良《〈南齊書·丘靈鞠傳〉試釋兼論南朝文武官位及清濁》一文云："大抵南朝甲族著姓起家文職，而'兵户''將家'寒門子弟往往出身武位……文官之中分清濁，若與武官較，則武官雖高位，亦遜文職也。"（《魏晋南北朝史論集》，北京大學出版社1997年版，第119頁）

[9]正員郎：散騎侍郎，集書省官。掌侍從顧問。秩五品。

永明八年，出爲鎮軍中兵參軍、南平内史。[1]巴東王子響殺僚佐，[2]上遣中庶子胡諧之西討，[3]使欣泰爲副。欣泰謂諧之曰："今太歲在西南，[4]逆歲行軍，兵家深忌，不可見戰，戰必見危。今假此行，勝既無名，負誠可耻。彼凶狡相聚，所以爲其用者，或利賞逼威，無由自潰。若且頓軍夏口，[5]宣示禍福，[6]可不戰而禽也。"[7]諧之不從，進屯江津，[8]尹略等見殺。[9]事平，欣泰徙爲隨王子隆鎮西中兵，[10]改領河東内史。[11]子隆深相愛納，數與談宴，州府職局，多使關領，意遇與謝朓相次。[12]典籤密以啓聞，[13]世祖怒，召還都。屏居家巷，置宅南岡下，面接松山。欣泰負弩射雉，恣情閑放。衆伎雜藝，頗多閑解。[14]

[1]鎮軍中兵參軍：指鎮軍將軍府中兵曹參軍，掌中直兵務。南平：郡名。治所在今湖北公安縣西。按，南平郡爲齊高帝第十五子南平王蕭鋭的封地。南平王本書卷三五有傳。

[2]巴東王子響：字雲音，齊武帝第四子。永明七年（489）任荆州刺史，行事不軌，長史劉寅等連名告密，遭子響擅殺。朝廷兩次遣兵征討，事平見殺，並貶爲魚復侯。本書卷四〇有傳。

[3]胡諧之：仕齊爲太子中庶子（東宫官）。永明八年（490），被遣率禁軍討巴東王子響於江陵，兵敗被免官。本書卷三七有傳。

[4]太歲：指歲星之神。古代數術家認爲歲星亦有太歲神，凡太歲神所在的方位或與之相反的方向，均不可遠行征伐，犯者必招禍。參見清王引之《經義述聞·太歲考》。

[5]夏口：在今湖北武漢市黄鵠山，爲進軍江陵的必由之地。

[6]宣示禍福：指向對方宣傳利害，瓦解其軍心。

[7]禽：通"擒"。

[8]江津：地名。一名奉城，在今湖北荆州市南。

[9]尹略：仕齊爲虎賁中郎、游擊將軍。本書卷三〇有傳。

[10]隨王子隆：隨郡王蕭子隆，齊武帝第八子。平子響後，子隆代子響爲持使節、都督荆雍等六州軍事、鎮西將軍、荆州刺史。

本書卷四〇有傳。欣泰爲其鎮西將軍府中兵參軍。

[11]河東内史：河東爲荆州隨王屬郡，故郡守稱内史。

[12]謝朓：字玄暉，有文名。曾仕隨王府，隨王子隆好辭賦，謝朓倍受愛重。詳見本書卷四七《謝朓傳》。

[13]典籤：王公府、軍府佐吏。南朝幼小皇子出任方鎮，君主委派親信領典籤，對王國加以控制和伺察，按時回京啓聞。其權甚重。

[14]閑解：熟悉通曉。閑，通“嫻”。

明帝即位，爲領軍長史，遷諮議參軍。上書陳便宜二十條，[1]其一條言宜毁廢塔寺。帝並優詔報答。建武二年，虜圍鍾離城。[2]欣泰爲軍主，隨崔慧景救援。欣泰移虜廣陵侯曰：[3]“聞攻鍾離，是子之深策，可無謬哉！兵法云‘城有所不攻，地有所不争’。[4]豈不聞之乎？我國家舟舸百萬，覆江横海，所以案甲于今不至，欲以邊城疲魏士卒。我且千里運糧，行留俱弊，一時霖雨，川谷涌溢，然後乘帆渡海，百萬齊進，子復奚以御之？乃令魏主以萬乘之重，攻此小城，是何謂歟？攻而不拔，誰之耻邪？假令能拔，子守之，我將連舟千里，舳艫相屬，西過壽陽，東接滄海，仗不再請，糧不更取，[5]士卒偃卧，起而接戰，乃魚鱉不通，飛鳥斷絶，偏師淮左，其不能守，皎可知矣。如其不拔，吾將假法于魏之有司，以請子之過。若挫兵夷衆，攻不卒下，驅士填隍，[6]拔而不能守，則魏朝名士，其當别有深致乎，吾所未能量。昔魏之太武佛狸，[7]傾一國之衆，攻十雉之城，[8]死亡太半，僅以身返。既智屈於金墉，[9]亦雖拔而不守，皆筭失所爲，至今爲笑。前鑒未遠，已忘之乎？[10]和門邑邑，[11]戲載往意。”

[1]便宜：指向朝廷上奏有利國家合乎時宜之事。

[2]鍾離：郡名。治燕縣，在今安徽鳳陽縣東北。

[3]移：古公文體裁之一，多用於不相統屬的官署之間。　廣陵侯：名元衍，字安樂，北魏景穆皇帝拓跋晃之孫，賜爵廣陵侯。建武二年（495）北魏大舉南侵，遣元衍攻鍾離。詳見《通鑑》卷一四〇《齊紀六》“明帝建武二年”條。

[4]城有所不攻，地有所不争：語出《孫子兵法·九變》。

[5]仗不再請，糧不更取：指對方在我軍重重包圍下，武器、糧草斷絶來源。

[6]驅士填隍：形容戰死者衆多，將城壕都填滿了。

[7]佛狸：北魏太武帝拓跋燾，小字佛狸。宋文帝元嘉二十七年（450）三月，佛狸親領兵南征，攻懸瓠城（在今河南汝南縣），連攻四十二日不下，遭傷亡慘重，無可奈何引兵而還。詳見《通鑑》卷一二五《宋紀七》“文帝元嘉二十七年”條。

[8]十雉之城：指小城。雉，古代計算城墻面積的單位，長三丈、高一丈爲一雉。十雉僅長三十丈。參見《禮記·坊記》“古制國都城不過百雉”鄭玄注。按，這裏“十雉之城”是指懸瓠城。

[9]金墉：原指堅固的城墻，這裏引申爲牢固的防守。

[10]已忘之乎：中華再造善本作“已恐之乎”。

[11]和門：軍營之門。　邑邑：形容抑鬱不歡。邑，通“悒”。

虜既爲徐州軍所挫，[1]更欲於邵陽洲築城。[2]慧景慮爲大患。欣泰曰：“虜所以築城者，外示姱大，[3]實懼我躡其後耳。今若説之以彼此各願罷兵，則其患自息。”

慧景從之。遣欣泰至虜城下具述此意。及虜引退，而洲上餘兵萬人，求輸五百匹馬假道。慧景欲斷路攻之，欣泰説慧景曰："歸師勿遏，[4]古人畏之。死地之兵，不可輕也。勝之既不足爲武，敗則徒喪前功。不如許之。"慧景乃聽虜過。時領軍蕭坦之亦援鍾離，還啓明帝曰："邵陽洲有死賊萬人，慧景、欣泰放而不取。"帝以此皆不加賞。

[1]虜既爲徐州軍所挫：指北魏攻鍾離之軍爲崔慧景、張欣泰等所挫。當時崔、張等均受右衛將軍、督徐州征討軍事蕭坦之節制，故言"徐州軍"。詳見本書卷四二《蕭坦之傳》。

[2]更欲於邵陽洲築城：《通鑑》卷一四〇《齊紀六》"明帝建武二年"條："魏久攻鍾離不剋，士卒多死，三月，戊寅，魏主如邵陽，築城於洲上，柵斷水路，夾築二城。"胡三省注："（邵陽洲二城）樹柵水中，以斷援兵之路。"

[3]嫮大：虚張聲勢。

[4]歸師勿遏：語出《孫子兵法·軍爭》："歸師勿遏，圍師必闕，窮寇勿迫，此用兵之法也。"

四年，出爲永陽太守。[1]永元初，還都。崔慧景圍城，[2]欣泰入城内，領軍守備。事寧，除輔國將軍、廬陵王安東司馬。[3]義師起，[4]以欣泰爲持節、督雍梁南北秦四州郢州之竟陵司州之隨郡軍事、雍州刺史，將軍如故。時少帝昏亂，[5]人情咸伺事隙。[6]欣泰與弟前始安内史欣時密謀結太子右率胡松、前南譙太守王靈秀、直閤將軍鴻選、含德主帥苟勵、直後劉靈運等十餘人，[7]並同契會。[8]

[1]永陽：郡名。治所在今湖北應城市北。

[2]崔慧景圍城：指崔慧景擁江夏王蕭寶玄反東昏侯。詳見本卷《崔慧景傳》。

[3]廬陵王：指蕭寶源，明帝第五子。本書卷五〇有傳。　安東司馬：指安東將軍府司馬。

[4]義師：指蕭衍等擁南康王於江陵起兵，東下建康。

[5]少帝：這裏指東昏侯。

[6]人情咸伺事隙：指當時人人自危，等待機會謀生路。

[7]胡松：仕齊，曾任龍驤將軍直閣將軍馬軍主，因平定王敬則謀叛立功，封沙陽縣男。見本書卷二六《王敬則傳》。　王靈秀：歷仕南朝宋、齊，宋時曾爲輔國將軍中兵參軍，齊任南譙太守。參見《南史》卷三八《柳元景傳》。　含德：宮殿名。　直後：禁衛武官。掌宮掖護衛，侍從君主之後，故稱。

[8]契會：暗中約定。指密謀廢立，迎建安王蕭寶夤爲帝。

帝遣中書舍人馮元嗣監軍救郢，[1]茹法珍、梅蟲兒及太子右率李居士、制局監楊明泰等十餘人相送中興堂。[2]欣泰等使人懷刀於座斫元嗣，頭墜果柈中；[3]又斫明泰，破其腹；蟲兒傷刺數瘡，手指皆墮。居士踰墻得出，茹法珍亦散走還臺。靈秀仍往石頭迎建安王寶夤，[4]率文武數百，唱警蹕，[5]至杜姥宅。[6]欣泰初聞事發，馳馬入宮，冀法珍等在外，城内處分必盡見委，[7]表裏相應，因行廢立。既而法珍得反，處分閉門上仗，不配欣泰兵，鴻選在殿内亦不敢發。城外衆尋散。少日事覺，詔收欣泰、胡松等，皆伏誅。

[1]救郢：指永元三年（501）四月，蕭衍命王茂、蕭穎達等進軍逼郢城（治所在夏口城）。詳見《通鑑》卷一四四《齊紀十》“和帝中興元年”條。

[2]茹法珍、梅蟲兒：二人及李居士、楊明泰等均爲東昏侯寵倖，權傾一時，公卿懾懼。詳見《南史》卷七七《恩倖傳》。　中興堂：《通鑑》卷一四四胡三省注：“宋孝武帝即位於新亭，改新亭曰中興堂。”

[3]果柈（pán）：《通鑑》卷一四四胡三省注：“柈以盛果及魚肉。”按，柈後多作“盤”。

[4]建安王寶夤：字智亮，明帝第六子。時鎮石頭戍，欣泰等起事，擬廢東昏侯，立寶夤，特派王靈秀迎之。本書卷五〇有傳。

[5]警蹕：古代帝王出入時，於所經道路侍衛警戒，清道止行。晉崔豹《古今注·輿服》：“警蹕，所以戒行徒也。”

[6]杜姥宅：《通鑑》卷一三二《宋紀十五》“蒼梧王元徽二年”條“杜黑騾徑進至杜姥宅”胡三省注：“晉成帝杜皇后母裴氏立第南掖門外，世謂之杜姥宅。”按，在京城南門外。

[7]城内處分必盡見委：此句是説，欣泰以爲法珍不在宫内，東昏會將宫中大事的指揮調度交給他辦。

欣泰少時有人相其當得三公，而年裁三十。後屋瓦墮傷額，又問相者，云：“無復公相，年壽更增，亦可得方伯耳。”死時年四十六。[1]

[1]死時年四十六：中華本校勘記云：“時”原訛“者”，各本不訛，今改正。“四十六”，《御覽》卷七百三十引及《南史》並作“三十六”。按，許福謙《〈南齊書〉紀傳疑年録》辨析道：“若張欣泰死時年三十六，則應生於劉宋泰始二年（466），然《南齊書》

本傳云：‘（欣泰）年十餘，詣吏部尚書褚淵。’……褚淵任吏部尚書凡兩次，但都在宋明帝之世（465—472）。若依上文，欣泰……終明帝之世，不過數歲而已，不得云‘年十餘’。此其一。《南齊書》本傳又云：‘建元初，歷官寧朔將軍，累除尚書都官郎中。’建元（479—482）爲齊高帝年號，共四年，‘建元初’者，當指前一、二年。若依上所推算，張欣泰此時也不過十四五歲，又安能任寧朔將軍、尚書都官郎中？此其二。《南齊書》本傳又有一則文字云：‘世祖與欣泰早經款遇。及即位，以爲直閤將軍，領禁旅。’世祖即齊武帝蕭賾，其即位在建元四年（482），若依上推算，此年張欣泰年方十七歲，‘早經款遇’恐不可能，爲‘直閤將軍領禁旅’亦嫌太早。此其三。綜上所述，張欣泰死時不應年僅三十六歲，當以《南齊書》本傳所云‘年四十六’爲是。”（《首都師範大學學報》1998年第1期）

史臣曰：崔慧景宿將老臣，憂危昏運，[1]回董御之威，[2]舉晋陽之甲，[3]乘機用權，内襲少主。因樂亂之民，[4]藉淮楚之剽，[5]驍將授首，群帥委律。[6]鼓鼙讙於宫寢，[7]戈戟跱於城隍。陵埤負户，[8]士衰氣竭。屢發銅虎之兵，[9]未有釋位之援。[10]勢等易京，[11]魚爛待盡。[12]征虜將軍投袂以先國急，[13]東馬旅師，横江競濟。[14]風驅電掃，制勝轉丸。[15]越城之戰，旗獲蔽野；津廨之捷，[16]獻俘象魏。瞻塵望烽，窮壘重闢。戮帶定襄，[17]曾未及此。盛矣哉，桓文異世也！[18]

[1]昏運：指時世混亂。

[2]董御：統率，指揮。

[3]晋陽之甲：春秋晋趙鞅爲清君側，領治下晋陽之兵入國都，

逐倖臣荀寅、士吉射。事見《公羊傳》定公十三年。後稱地方長官因不滿朝廷而打着勤王旗號、舉兵内向爲興晉陽之甲。

［4］樂亂：指不滿現狀。

［5］剽：勇猛强悍，引申指勇武之將士。按，此二句寫崔慧景利用民心思變，率領淮楚精兵猛將起事。後面寫渡江入京勢如破竹的情景。

［6］委律：順從而受其約束。

［7］宫寢："宫"原訛"官"，中華本據南監本、殿本、局本改正。今從改。

［8］陵堞（pì）：登城。　負户：背着門板以擋槍箭。此句寫臺城内抵禦慧景兵攻城。

［9］銅虎：銅虎符。古代調兵遣將之憑證。此句指東昏侯征調勤王之師。

［10］釋位：贊輔朝政。

［11］易京：城名。故址在今河北雄縣西北。東漢末，公孫瓚據幽州，徙鎮易，盛修營壘宫城。後被袁紹攻破，慘遭劫難。詳見《後漢書》卷七三《公孫瓚傳》。

［12］魚爛：比喻東昏侯朝廷潰敗不堪。

［13］征虜將軍：指蕭懿，時領征虜將軍、豫州刺史，聞變回師救援。以下寫救援取勝。

［14］横江：指從采石渡江赴京。

［15］轉丸：比喻很快。

［16］津舫之捷：此指蕭懿軍在秦淮河朱雀舫大敗慧景軍，赴淮死者二千餘人。詳見《通鑑》卷一四三《齊紀九》"東昏侯永元二年"條。

［17］戮帶定襄：春秋晉文公聽從謀臣趙衰"求霸莫如入王尊周"的進言，乃發兵殺王弟帶，入襄王於周，周襄王賜晉河内陽樊之地。詳見《史記》卷三九《晉世家》。

［18］桓文異世：指春秋霸主齊桓公、晉文公匡時之事。《後漢

書》卷七一《皇甫嵩傳》："上顯忠義，下除凶害，此桓文之事也。"桓、文指春秋五霸中的齊桓公和晉文公。

贊曰：叔業外叛，淮肥失險。[1]慧景倒戈，宫門晝掩。[2]欣泰倉卒，霜刃不染。[3]實起時昏，堅冰互漸。[4]

[1]叔業外叛，淮肥失險：此指裴叔業棄壽陽投北魏，淮南失去禦險的屏障。

[2]宫門晝掩：指由於崔慧景反叛，朝廷告急，瀕於滅亡。

[3]霜刃不染：指張欣泰未經大的争殺即告失敗。

[4]堅冰互漸：堅冰乃逐漸交互形成，喻積小過成大禍。語出《易·坤》："初六，履霜堅冰至。"王弼注："始於履霜，至于堅冰。"

:: 中華文化促進會主持編纂

:: 國家"十一五"重點圖書出版規劃項目

:: 中國社會科學院哲學社會科學創新工程學術出版資助項目

出品人 王石 段先念

今注本二十四史

南齊書

八

傳〔五〕

梁　蕭子顯　撰

王鑫義　張欣　主持校注

中国社会科学出版社

南齊書　卷五二

列傳第三十三

文學

丘靈鞠　檀超　卞彬　丘巨源　王智深　陸厥　崔慰祖
王逡之　祖冲之　賈淵

丘靈鞠，[1]吴興烏程人也。[2]祖系，祕書監。[3]

[1]丘靈鞠：《南史》卷七二亦有傳，並附傳其子遲與從孫仲孚。

[2]吴興烏程：吴興郡烏程縣，治所在今浙江湖州市。

[3]祕書監：秘書省主官。掌藝文圖籍。秩三品。按，其下《南史》卷七二云："父道真，護軍長史。"

靈鞠少好學，善屬文。與上計，[1]仕郡爲吏。州辟從事，[2]詣領軍沈演之。[3]演之曰："身昔爲州職，詣領軍謝晦，[4]賓主坐處，政如今日。[5]卿將來或復如此也。”[6]舉秀才，[7]爲州主簿。[8]累遷員外郎。[9]

[1]上計：地方官員定期向上級呈送文書，報告地方治理狀況。

[2]從事：州、郡佐官。州、郡設有户、租、法、金、禮、議諸曹，每曹設從事掌管。

[3]領軍：指領軍將軍，掌殿内警衛軍。秩三品。　沈演之：字臺真，仕宋，屢官中領軍、吏部尚書等顯職。《宋書》卷六三、《南史》卷三六有傳。

[4]謝晦：字宣明，輔武帝劉裕建宋，歷任右衛將軍、領軍將軍。《宋書》卷四四、《南史》卷一九有傳。

[5]政如：正如。政，通“正”。

[6]卿將來或復如此也：意謂您將來或許也會像我今天一樣（當上大官）。

[7]秀才：南朝宋、齊試以策文五道，以簽題高下定等第。多出任要職，故爲時所重。

[8]主簿：漢以後普遍設置於中央和地方各官署，掌管文書簿籍及監守印信。在掾吏中居於首席地位。

[9]員外郎：員外散騎侍郎的省稱。門下省官。掌奏事，直侍左右。秩五品。

宋孝武殷貴妃亡，[1]靈鞠獻挽歌詩三首，云“雲横廣階闇，霜深高殿寒”。帝擿句嗟賞。[2]除新安王北中郎參軍，[3]出爲剡烏程令，[4]不得志。泰始初，[5]坐東賊黨錮數年。[6]褚淵爲吴興，[7]謂人曰：“此郡才士，唯有丘靈鞠及沈勃耳。”[8]乃啓申之。明帝使著《大駕南討紀論》。[9]久之，除太尉參軍，[10]轉安北記室，[11]帶扶風太守，[12]不就。爲尚書三公郎，[13]建康令，[14]轉通直郎，[15]兼中書郎。[16]

[1]宋孝武：指宋孝武帝劉駿。《宋書》卷六有紀。　殷貴妃：孝武帝寵妃，原爲淑儀，追進爲貴妃，班亞皇后，謚曰宣。參見《文選》卷五七謝莊《宋孝武宣貴妃誄》。

[2]帝擿句嗟賞：清牛運震《讀史糾謬》卷七《南齊書糾謬》："靈鞠獻挽歌詩三首，云：'雲横廣階闇，霜深高殿寒'，帝摘句嗟賞。按此當云靈鞠獻挽歌詩三首，帝摘誦其句云'雲横廣階'云云，嗟賞久之。"

[3]新安王：宋孝武帝第八子，名子鸞，字孝羽，原封始平王，後改封新安王。大明五年（464），遷北中郎將、南徐州刺史、領南琅邪太守。詳見《宋書》卷八〇《始平孝敬王子鸞傳》。　北中郎：北中郎將，四中郎將之一，南朝爲優禮大臣的虚號。開府者位從公秩一品。按，靈鞠爲北中郎將府屬吏，參謀府務。

[4]剡：地名。在今浙江嵊州市曹娥江北岸。　烏程：縣名。治所在今浙江湖州市吴興區。

[5]泰始：宋明帝年號。

[6]東賊黨錮：指泰始二年（466）晋安王子勛（孝武帝第三子）在尋陽自立，改元義嘉，當時徐州、冀州、青州及會稽、吴郡均先後響應。後子勛被明帝勦滅，受株連者甚衆，靈鞠也曾受牽連。

[7]褚淵：字彦回，歷仕南朝宋、齊。宋元徽二年（474），曾任吴興太守。本書卷二三、《南史》卷二八有傳。　吴興：郡名。今浙江湖州市吴興區。

[8]沈勃：吴興人，好文章，輕逐利，曾仕宋。詳見《宋書》卷六三《沈演之傳》附傳。

[9]明帝：指宋明帝劉彧，宋文帝第十一子。《宋書》卷八有紀。

［10］太尉參軍：指太尉府參軍。太尉，南朝時爲加給高官的最高榮譽虛銜之一。

［11］安北記室：指安北將軍府記室參軍，掌書記文翰。安北將軍，爲四安將軍之一，南朝爲榮譽加號。開府者位從公秩一品。本書《百官志》云："四安將軍……宋齊以來，唯處諸王，素族無爲者。"

［12］帶：兼任。　扶風：郡名。南朝宋僑置。治所在今湖北穀城縣東。

［13］尚書三公郎：尚書省吏部尚書屬官，掌三公曹，主法制。秩五品。

［14］建康：縣名。治所在今江蘇南京市。

［15］通直郎：通直散騎侍郎的省稱。門下省官。直侍，掌規諫獻納。秩五品。

［16］中書郎：中書侍郎，中書省官。掌呈奏案章。秩五品。

昇明中，[1]遷正員郎，[2]領本郡中正，[3]兼中書郎如故。時方禪讓，[4]太祖使靈鞠參掌詔策。[5]建元元年，[6]轉中書郎，中正如故，敕知東宫手筆。[7]尋又掌知國史。[8]明年，出爲鎮南長史、尋陽相，[9]遷尚書左丞。[10]世祖即位，[11]轉通直常侍，[12]尋領東觀祭酒。[13]靈鞠曰："久居官不願數遷，[14]使我終身爲祭酒，不恨也。"永明二年，[15]領驍騎將軍。[16]靈鞠不樂武位，謂人曰："我應還東掘顧榮冢。[17]江南地方數千里，士子風流，皆出此中。顧榮忽引諸傖渡，妨我輩塗轍，死有餘罪。"改正員常侍。[18]

［1］昇明：宋順帝年號。

［2］正員郎：員外散騎侍郎的别稱。門下省官。掌奏事，直侍左右。秩五品。參見《通典》卷二二《職官四》杜佑注。

［3］中正：掌考察州郡人才，選拔各州郡有聲望的人充任。

［4］時方禪讓：指昇明三年（479）宋順帝禪位於齊高帝蕭道成。

［5］太祖：齊高帝廟號。本書卷一至卷二有紀。

［6］建元：齊高帝年號。

［7］知：主持、執掌某官、某事之稱。　東宫手筆：掌太子宫文書之事。按，《南史》卷七二此句後云："嘗還東，詣司徒褚彦回别，彦回不起，曰：'比脚疾更增，不復能起。'靈鞠曰：'脚疾亦是大事，公爲一代鼎臣，不可復爲覆餗。'其强切如此。不持形儀，唯取笑適。尋又掌知國史。"

［8］掌知國史：朱季海《南齊書校議》（以下簡稱朱季海《校議》）云："《檀超傳》：'建元二年，初置史官，以超與驃騎記室江淹掌史職。'然靈鞠在元年已掌知國史者，謂以中書郎知國史事耳，特置史官，則在明年。"（中華書局1984年版，第114頁）

［9］鎮南長史：鎮南將軍府長史。鎮南將軍爲四鎮將軍之一，南朝爲榮譽加號。開府者位從公秩一品。長史爲公府或軍府屬吏之長。　尋陽相：尋陽郡（今江西九江市）太守，侯國稱"相"。

［10］尚書左丞：尚書省官。與右丞輔佐尚書令綜理政務。秩五品。

［11］世祖：齊武帝蕭賾的廟號。本書卷三有紀。

［12］通直常侍：通直散騎常侍。集書省官。掌侍從顧問。

［13］東觀祭酒：太常卿屬官，掌禮儀、祭祀。

［14］久居官不願數遷：中華本校勘記云："南監本、殿本及《南史》並作'人居官願數遷'，局本作'人居官不願數遷'，《元龜》七百八十五作'久居官願數遷'。"今按，中華再造善本亦作"久居官願數遷"。

［15］永明：齊武帝年號。

［16］領：兼帶。　驍騎將軍：禁衛軍官名。分掌宿衛。秩四品。周一良《〈南齊書·丘靈鞠傳〉試釋兼論南朝文武官位及清濁》一文云："南朝武位不逮文職，故驍騎不若國子祭酒。然丘靈鞠以通直散騎常侍領驍騎，猶不失清顯，非單任驍騎將軍之比。其不樂此職實由於個人好尚，固與南人之常被排抑無關矣。"（《魏晋南北朝史論集》，北京大學出版社 1997 年版，第 126 頁）

［17］顧榮：字彦先，晋吴興人，才士。晋元帝司馬睿鎮江東時，以榮爲軍司，加散騎常侍，倚爲心腹，言聽計從。下文"忽引諸傖渡"，蓋指榮輔司馬睿帶領北地人渡江稱帝。傖，粗俗的人。東晋南朝人對北地人的蔑稱。周一良《〈南齊書·丘靈鞠傳〉試釋兼論南朝文武官位及清濁》一文云："説者或謂江左五朝僑人當政，南士恒被排抑，故靈鞠作此憤慨之語……實則自晋元渡江，僑姓門户已成。丘氏雖爲吴興著姓，而位望終不得與僑姓比，遂出怨詞。"又云："丘靈鞠憤慨之詞，近則激於王儉（北士）之代張緒（南士），遠則實爲東晋渡江以來南土儒學之士作不平鳴也。"又云："綜觀上引史文，知國子祭酒雖非權勢所在，實爲清望所歸。江左五朝多用北士，但不限於高門甲族。南士高門雖不乏文采風流儒術學藝可觀者，而居是職者綦少。丘靈鞠之憤悒固不止於門第之争矣。"（《魏晋南北朝史論集》，第 102、109、115 頁）

［18］正員常侍：散騎常侍，集書省官，掌侍從、顧問。秩三品。

靈鞠好飲酒，臧否人物，[1]在沈淵座見王儉詩，[2]淵曰："王令文章大進。"[3]靈鞠曰："何如我未進時？"[4]此言達儉。靈鞠宋世文名甚盛，入齊頗減。蓬髮弛縱，無形儀，不治家業。王儉謂人曰："丘公仕宦不進，才亦退矣。"遷長沙王車騎長史，[5]太中大夫，[6]卒。著《江左文章録序》，起太興，[7]訖元熙。[8]文集行於世。[9]

［1］臧否：品評，褒貶。

［2］沈淵：字景綽，吴興人。歷仕南朝宋、齊，官至御史中丞。詳見本書卷三四《沈冲傳》附傳。　王儉：字仲寶，琅邪臨沂人，歷仕南朝宋、齊，官至尚書令。本書卷二三有傳。

［3］王令：指王儉，因其任尚書令，故稱。

［4］未進時：指尚未出仕時，語含鄙視。“時”原脱，中華本據南監本、殿本及《南史》補。今從補。周一良認爲：“王儉年二十八即爲齊臺右僕射領吏部，又嘗學問，故不可一世……不獨以人地兼美驕南士（按，王儉山東臨沂人），且以學問自豪。”丘靈鞠此語“皆足以見當時南土文人之不喜王儉。‘妨我輩途轍’一語……亦未始不由於儉之以學問驕人，致招反感也。”又云：“（永明二年，王儉代張緒爲國子祭酒）緒東南胄望，早有令名，袁粲稱其正始遺風。宋末王儉尚爲東宫舍人時，緒已爲侍中、吏部郎，參掌大選……是緒之年輩遠在儉上，儉乃取而代之。丘靈鞠適於是年由總明觀祭酒改領驍騎將軍，武職非其所樂。復覩南士張緒爲諸傖王儉所抑，兔死而狐悲，遂有此憤悒之語矣。”（《魏晋南北朝史論集》，第105、106頁）

［5］長沙王：齊高帝蕭道成第四子，名晃，字宣明，曾加車騎將軍。本書卷三五有傳。　車騎長史：車騎將軍府長史。車騎將軍，南朝爲優禮大臣的榮譽稱號，開府者位從公秩一品。

［6］太中大夫：光禄勛屬官。掌宫殿門户。秩三品。參見《文獻通考》卷六六《職官二十》。

［7］太興：東晋元帝年號，亦作“大興”。高敏《南北史掇瑣》：“按《建康實録》同人傳‘起太興’作‘起元興’。”（中州古籍出版社2003年版，第357頁）

［8］元熙：東晋恭帝年號。

［9］文集行於世：查未見，當已散佚。按，《南史》卷七二此

後有其子丘遲附傳，云："遲字希範，八歲便屬文。靈鞠常謂'氣骨似我'。黄門郎謝超宗、徵士何點並見而異之。在齊，以秀才累遷殿中郎。梁武帝平建鄴，引爲驃騎主簿，甚被禮遇。時勸進梁王及殊禮，皆遲文也。及踐阼，遷中書郎，待詔文德殿。時帝著《連珠》，詔群臣繼作者數十人，遲文最美……遲辭采麗逸，時有鍾嶸著《詩評》云：'范雲婉轉清便，如流風回雪；遲點綴映媚，似落花依草。'"又按，明張溥緝《漢魏六朝百三家集》，收丘遲詩文名《丘中郎集》十一卷，《題辭》贊云："靈鞠在宋孝武時，獻殷貴妃挽歌，特蒙嗟賞。希範於梁王踐祚之日，勸進殊禮，專典文字。父子曲筆，非東南之蹇蹇者也。"

檀超字悦祖，[1]高平金鄉人也。[2]祖弘宗，[3]宋南琅邪太守。[4]

[1]檀超：《南史》卷七二亦有傳。

[2]高平：郡名。治所在今山東鄒城市西南。　金鄉：縣名。即今山東金鄉縣。

[3]祖弘宗："宗"字原脱。中華本校勘記云："據南監本、毛本、殿本、局本補。按《南史》云'祖嶷之，字弘宗'。此子顯避家諱，故改稱其字也。"《南史》卷七二又云："父道彪，字萬壽，位正員郎。"

[4]南琅邪：郡名。南朝宋以琅邪郡改置，治所在今江蘇句容市西北。

超少好文學，放誕任氣，解褐州西曹。[1]嘗與別駕蕭惠開共事，[2]不爲之下。[3]謂惠開曰："我與卿俱起一老姥，[4]何足相誇？"蕭太后，[5]惠開之祖姑，長沙王道憐妃，[6]超祖姑也。舉秀才。孝建初，[7]坐事徙梁州，[8]板宣威府參軍。[9]孝武聞超有文章，敕還直東宫，除驃騎參軍、寧蠻主簿，[10]鎮北諮議。[11]超累佐蕃職，[12]不得志，轉尚書度支郎，[13]車騎功曹，[14]桂陽内史。[15]入爲殿中郎，[16]兼中書郎，零陵内史，[17]征北驃騎記室，國子博士，[18]兼左丞。[19]

[1]西曹：西曹書佐，州刺史的屬官。主吏及選舉事。秩七品。

[2]别駕：别駕從事史的簡稱。州屬官，位在刺史之下。總理州府總務，職權甚重。秩六品。　蕭惠開：爲劉宋内戚，官至刺史、將軍。《宋書》卷八七、《南史》卷一八有傳。

[3]不爲之下：《南史》卷七二作："惠開自以地位居前，稍相陵辱，而超舉動嘯傲，不以地勢推之。張目謂曰：'我與卿俱是國家微賤時外戚耳，何足以一爵高人！'"

[4]老姥（mǔ）：老奶奶。這裏指姑奶奶，即蕭太后和長沙景王妃。

[5]蕭太后：名文壽，宋武帝劉裕繼母，裕登帝，上皇太后尊號。詳見《宋書》卷四一《后妃傳》。

[6]長沙王道憐：劉裕同父異母之弟，蕭太后所生。蕭太后爲蕭惠開祖姑母。道憐妻爲檀超之祖姑母。按，《南史》卷七二此後云："惠開欣然，更爲刎頸之交。"

[7]孝建：宋孝武帝年號。

[8]梁州：州名。南朝宋治南鄭縣，在今陕西漢中市東。

[9]板：軍府除用官佐稱板，因將授官之詞寫於特製的木板上，故稱。　宣威府：指宣威將軍府。宣威將軍爲榮譽加銜。

[10]驃騎：指驃騎將軍府。驃騎將軍爲優禮大臣的榮譽稱號。開府者位從公秩一品。　寧蠻：指寧蠻校尉，防邊武官。主護少數民族。

［11］鎮北諮議：鎮北將軍府諮議參軍。主諮詢謀議軍事。

［12］蕃職：指宗室諸王的屬官。按，上述驃騎、寧蠻、鎮北等將軍均由宋室諸王充任。

［13］尚書度支郎：尚書省屬官。掌賦税。秩五品。

［14］車騎功曹：指車騎將軍府功曹參軍。車騎將軍爲優禮大臣的榮譽稱號，開府者位從公秩一品。功曹參軍掌軍府選舉。

［15］桂陽内史：桂陽王王府内史。桂陽，郡名。治所在今湖南郴州市。桂陽爲王國屬縣，故太守稱内史。

［16］殿中郎：殿中將軍，禁衛軍官。掌禁内警衛。秩四品。

［17］零陵内史：零陵王王府内史。零陵，郡名。治所在今湖南永州市零陵區。

［18］國子博士：太常屬官。掌國子學教授。秩五品。

［19］左丞：尚書左丞。

超嗜酒，好言詠，舉止和靡，自比晉郗超，[1]爲“高平二超”。謂人曰：“猶覺我爲優也。”太祖賞愛之。遷驍騎將軍，常侍，[2]司徒右長史。[3]

［1］郗超：高平人，東晋名士，曾被大司馬桓温任命爲參軍，累遷司徒左長史。《晋書》卷六七有傳。

［2］常侍：通直散騎常侍的省稱。門下省官。掌奏事，直侍左右。秩三品。

［3］司徒右長史：大司徒府屬官。司徒爲三公之一，南朝爲最高榮譽加號之一。秩一品。

建元二年，初置史官，以超與驃騎記室江淹掌史職。[1]上表立條例，開元紀號，[2]不取宋年。封爵各詳本傳，無假年表。立十志：《律曆》《禮樂》《天文》《五行》《郊祀》《刑法》《藝文》依班固，[3]《朝會》《輿服》依蔡邕、司馬彪，[4]《州郡》依徐爰。[5]《百官》依范曄，[6]合《州郡》。班固五星載《天文》，[7]日蝕載《五行》；改日蝕入《天文志》。以建元爲始。[8]帝女體自皇宗，立傳以備甥舅之重。[9]又立《處士》《列女傳》。詔内外詳議。左僕射王儉議："金粟之重，[10]八政所先，[11]食貨通則國富民實，宜加編録，以崇務本。《朝會志》前史不書，蔡邕稱先師胡廣説《漢舊儀》，[12]此乃伯喈一家之意，[13]曲碎小儀，无煩録。宜立《食貨》，省《朝會》。《洪範》九疇，[14]一曰五行。五行之本，[15]先乎水火之精，是爲日月五行之宗也。今宜憲章前軌，無所改革。又立《帝女傳》，亦非淺識所安。若有高德異行，自當載在《列女》，若止於常美，則仍舊不書。"詔："日月灾隸《天文》，餘如儉議。"超史功未就，卒官。[16]江淹撰成之，猶不備也。[17]

[1]驃騎記室：指驃騎將軍府記室參軍。　江淹：字文通，歷仕南朝宋、齊、梁，南朝著名文學家。《梁書》卷一四、《南史》卷五九有傳。

[2]開元紀號：指新朝歷史開端年號。

[3]依班固：指依照漢班固所撰《漢書》的編寫體例。

[4]依蔡邕、司馬彪：指依照漢蔡邕《續漢志》和晋司馬彪《續漢書》的編寫體例。參見《後漢書》卷六〇下《蔡邕傳》、《晋書》卷八二《司馬彪傳》。

[5]徐爰：指依照南朝宋徐爰主持編纂的《國史》的編寫體

例。詳見《宋書》卷九四《徐爰傳》。

[6]范曄：指依照南朝宋范曄《後漢書·百官志》的體例。

[7]五星：指水、木、金、火、土五大行星。即東方歲星（木星）、南方熒惑（火星）、中央鎮星（土星）、西方太白（金星）、北方辰星（水星）。參見《史記·天官書》及漢劉向《説苑·辨物》。

[8]以建元爲始：此指以齊國年號爲起始。

[9]立傳：指立外戚傳。　甥舅：指母系血緣關係親近的外戚。

[10]金粟：指貨幣糧食。

[11]八政：古代國家施政的八個方面。《尚書·洪範》："八政：一曰食，二曰貨，三曰祀，四曰司空，五曰司徒，六曰司寇，七曰賓，八曰師。"後世所稱八政，具體内容雖有不同，但食貨都居先。《漢書》卷九九中《王莽傳中》："民以食爲命，以貨爲資，是以八政以食爲首。"

[12]胡廣：後漢名臣，歷仕安、順、冲、桓、靈等帝，三登太尉，又爲太傅。胡廣曾作《百官箴》四篇。詳見《後漢書》卷四四《胡廣傳》。

[13]伯喈：東漢蔡邕的字。

[14]九疇：指傳説中天帝賜予禹治理天下的五行、農用等九類大法，即《洛書》。語出《尚書·洪範》："天乃錫禹洪範九疇。"孔安國傳："天與禹，洛出書，神龜負文而出，列於背，有數至于九，禹遂因而第之，以成九類。"

[15]五行：《尚書·洪範》："五行：一曰水，二曰火，三曰木，四曰金，五曰土。水曰潤下，火曰炎上。"

[16]超史功未就，卒官：中華本校勘記云："按《南史》云：又制著十志，多爲左僕射王儉所不同。既與物多忤，史功未就，徙交州，於路見殺。"

[17]猶不備也：《南史》卷七二此後續云："有吴邁遠者，好爲篇章，宋明帝聞而召之。及見曰：'此人連絶之外，無所復有。'邁

遠好自誇而蚩鄙他人，每作詩，得稱意語，輒擲地呼曰：‘曹子建何足數哉！’超聞而笑曰：‘昔劉季緒才不逮於作者，而好抵訶人文章。季緒瑣瑣，焉足道哉；至於邁遠，何爲者乎。’”清牛運震《讀史糾謬》卷七《南齊書糾謬》云：“《南史·檀超傳》載吴邁遠好爲篇章一段，不可略。”

時豫章熊襄著《齊典》，[1]上起十代。[2]其序云：“《尚書堯典》，謂之《虞書》，則附所述，故通謂之齊，[3]名爲《河洛金匱》。”

[1]豫章：郡名。即今江西南昌市。　熊襄：《南史》卷七二亦略提及，但未叙其身世。

[2]十代：當指堯、舜、禹、湯、周、秦、漢、魏、晋、宋。

[3]通謂之齊：《南史》卷七二作“通謂之齊書”。

卞彬字士蔚，[1]濟陰宛句人也。[2]祖嗣之，中領軍。[3]父延之，有剛氣，爲上虞令。[4]

[1]卞彬：《南史》卷七二亦有傳。

[2]濟陰：郡名。治所在今山東荷澤市定陶區西北。　宛句：縣名。亦作宛朐，治所在今山東曹縣西北。

[3]中領軍：武官名。掌禁衛軍。秩三品。

[4]爲上虞令：《南史》卷七二此下云：“會稽太守孟顗以令長裁之，積不能容，脱幘投地曰：‘我所以屈卿者，政爲此幘耳，今已投之卿矣。卿以一世勳門，而傲天下國士。’拂衣而去。”

彬才操不群，文多指刺。[1]州辟西曹主簿，[2]奉朝請，[3]員外郎。宋元徽末，[4]四貴輔政。[5]彬謂太祖曰："外間有童謡云：'可憐可念尸著服，孝子不在日代哭，列管蹔鳴死滅族。'公頗聞不？"時王藴居父憂，與袁粲同死，故云尸著服也。服者衣也，[6]褚字邊衣也，孝除子，以日代者，謂褚淵也。列管，蕭也。"彬退，[7]太祖笑曰："彬自作此。"[8]齊臺初建，彬又曰："誰謂宋遠，跂予望之。"[9]太祖聞之，不加罪也。[10]除右軍參軍。[11]家貧，出爲南康郡丞。[12]

[1]才操不群，文多指刺：《南史》卷七二作"險拔有才，而與物多忤"。

[2]西曹主簿：州佐吏。主文牘及府吏署用。秩七品。

[3]奉朝請：古代諸侯春季朝見天子稱朝，秋季朝稱請。漢代對退職大臣及皇室外戚，給以"奉朝請"名義，使能參加朝見。南朝爲安置閑散官員的官職。

[4]元徽：宋後廢帝年號。

[5]四貴：指齊王蕭道成，尚書令袁粲，護軍將軍褚淵，中書令劉秉。詳見本書卷一《高帝紀上》。按，《南史》此句作："齊高帝輔政，袁粲、劉彦節、王藴等皆不同，而沈攸之又稱兵反。粲、藴雖敗，攸之尚存。彬意猶以高帝事無所成，乃謂帝曰。"

[6]"公頗聞不"至"服者衣也"：以上幾句原本脱落，僅存"尸著服"三字。中華本校勘記云："據南監本、殿本、局本及《南史》補。按南監本脱'服者衣也'四字。殿本'云'訛'念'。"今從補。王藴，宋元徽中除侍中，出爲湘州刺史。因與袁粲結謀爲逆，事敗，與袁粲同被蕭道成斬決。詳見《宋書》卷八五《王藴傳》。

[7]彬：原作"郴"，從中華本改。下同。

[8]彬自作此：清牛運震《讀史糾謬》卷七《南齊書糾謬》云："語未明晰，欠生動。"

[9]誰謂宋遠，跂予望之：此二句出自《詩·衛風·河廣》，表達客居衛國的宋人渴望回歸故國的心情。按，卞彬是借以諷刺齊高帝欲滅宋自代。按，《南史》此處作："高帝時爲齊王。彬曰：'殿下即東宫爲府，則以青溪爲鴻溝，鴻溝以東爲齊，以西爲宋。'仍詠《詩》云：'誰謂宋遠，跂予望之'。""跂"原作"跛"，從中華本改。

[10]太祖聞之，不加罪也：《南史》作："遂大忤旨，因此擯廢數年，不得仕進。乃擬趙壹《窮鳥》爲《枯魚賦》以喻意。"清牛運震《讀史糾謬》卷七《南齊書糾謬》評云："《南齊》載彬咏詩'誰謂宋遠'云云，'太祖聞之，不加罪也'，與《南史》異。竊意《南史》爲實。如彬非以咏詩得罪而見廢，則《枯魚賦》何爲作乎？"

[11]右軍參軍：右軍將軍府參軍。

[12]南康郡：郡名。治所在今江西贛州市東北。

彬頗飲酒，擯棄形骸。[1]作《蚤虱賦序》曰："余居貧，布衣十年不制。一袍之緼，有生所託，資其寒暑，無與易之。爲人多病，起居甚疎，縈寢敗絮，[2]不能自釋。兼攝性懈惰，嬾事皮膚，澡刷不謹，澣沐失時，[3]四體㲣㲣，加以臭穢，[4]故葦席蓬纓之間，蚤虱猥流。[5]淫癢渭濩，[6]無時恕肉，探揣擭撮，[7]日不替手。虱有諺言，朝生暮孫。[8]若吾之虱者，無湯沐之慮，絶相弔之憂，宴聚乎久襟爛布之裳，[9]服無改換，掐齧不能加，[10]脱略緩嬾，[11]復不懃於捕討，[12]孫孫息息，[13]三十五歲焉。"[14]其略言皆實録也。

[1]擯棄形骸：謂不修邊幅。按，《南史》卷七二此下云："仕既不遂，乃著《蚤蝨》《蝸蟲》《蝦蟆》等賦，皆大有指斥。"

[2]縈（yíng）寢：貪睡。

[3]澣（huàn）：同"浣"，洗滌。

[4]毿（níng）毿：形容污垢厚積。

[5]猥流：聚積横行。

[6]淫癢：特癢，奇癢。　渭濩：流散蔓延。

[7]攫（huò）撮（cuō）：抓捉。

[8]朝生暮孫：形容繁殖很快。

[9]久襟爛布之裳："襟"，《南史》作"袴"。朱季海《校議》云："《南史》作'袴'，當是卞氏元本。子顯以其文複而語褻，故改之耳。以文句言'襟'字自勝；以風格言，謂卞實作'袴'。"(第114—115頁)

[10]掐：中華本作"搯"。

[11]脱略：輕慢不拘。

[12]懃：同"勤"。　捕討：指捕捉，討伐。

[13]孫孫息息：形容蚤虱生殖繁衍。

[14]三十五歲：此指作者年齡。

除南海王國郎中令，[1]尚書比部郎，[2]安吉令，[3]車騎記室。彬性好飲酒，[4]以瓠壺瓢勺杬皮爲肴，[5]著帛冠十二年不改易，以大瓠爲火籠，什物多諸詭異。自稱"卞田居"，婦爲"傅蠶室"。或諫曰："卿都不持操，名器何由得升？"[6]彬曰："擲五木子，[7]十擲輒鞬，[8]豈復是擲子之拙。吾好擲，政極此耳。"永元中，[9]爲平越長史、綏建太守，[10]卒官。

[1]南海王：名子罕，字雲華，齊武帝蕭賾第十三子。永明六年（488），爲北中郎將，南琅邪、彭城二郡太守。詳見本書卷四〇《南海王子罕傳》。　郎中令：王國屬官。掌顧問參議。

[2]尚書比部郎：吏部尚書屬官。比部爲吏部四曹之一，掌考選。秩五品。“比”原作“北”，從中華本改。

[3]安吉：縣名。治所在今浙江安吉縣西南。

[4]好飲酒：“好”字原無，中華本據《御覽》卷九七九引補。今從補。

[5]瓠壺：用老瓠瓜製的大腹壺。　瓢勺：用老葫蘆剖開製的勺子。　杬（yuán）皮：杬樹皮。其皮厚，藏果不爛。參見《文選》左思《吴都賦》劉逵注。　肴：《南史》卷七二作“具”。按，作“具”是。

[6]名器：名號與車服儀制，用以區别尊卑貴賤的等級。語本《左傳》成公二年：“惟器與名，不可以假人，君之所司也。”杜預注：“器，車服；名，爵號。”

[7]擲五木子：古代博戲。砍木爲子，一具五枚。後世所用的骰子相傳即由擲五木子而來。宋程大昌《演繁露·投五木瓊櫳玖骰》：“古惟斲木爲子，一具凡五子，故名五木。後世轉而用石，用玉，用象，用骨。”按，朱季海《校議》所説不同，云：“擲五木子，謂簺也。”（第115頁）簺即古代的格五博戲。《後漢書》卷三四《梁冀傳》：“能挽滿、彈棋、格五……”李賢注引鮑宏《簺經》：“簺有四采，塞、白、乘、五是也。至五即格，不得行，故謂之格五。”

[8]犍（jiān）：古代博戲用語，擲骰子負者爲犍。

[9]永元：齊東昏侯年號。

[10]平越：指平越中郎將，防邊武官。主護少數民族。隸廣州。　綏建：郡名。南朝宋始置，治新招縣，在今廣東廣寧縣南。

彬又目禽獸云：[1]“羊性淫而狠，猪性卑而率，鵝性頑而傲，狗性險而出。”皆指斥貴勢。[2]其《蝦蟆賦》云：“紆青拖紫，名爲蛤魚。”世謂比令僕也。[3]又云：“科斗唯唯，[4]群浮闇水。維朝繼夕，聿役如鬼。”[5]比令史諮事也。[6]文章傳於閭巷。

[1]彬又目禽獸云：《南史》卷七二作“又爲《禽獸决録》，目禽獸云”。

[2]指斥貴勢：此下《南史》卷七二云：“其羊淫佷，謂吕文顯；猪卑率，謂朱隆之；鵝頑傲，謂潘敞；狗險出，謂文度。其險詣如此。”

[3]令僕：指尚書令、僕射之類的高官。

[4]唯唯：相隨而行的樣子。

[5]聿役：暗動的樣子。

[6]令史諮事：泛指下屬官吏。

永明中，琅邪諸葛勗爲國子生，[1]作《雲中賦》，指祭酒以下，[2]皆有形似之目。[3]坐繫東冶，[4]作《東冶徒賦》，世祖見，赦之。

[1]國子生：國子學生員。國子學，古代社會培養貴族、官僚子弟的高級學校。

[2]指祭酒以下：指，諷刺，指斥。祭酒，太常屬官。掌禮儀、祭祀。“指”原作“賦”，中華本據南監本、毛本、殿本、局本及《南史》改。今從改。

[3]形似之目：諷刺刻板無生氣。

[4]東冶：在金陵城東。南朝時爲犯人勞役之所。

又有陳郡袁嘏，自重其文。謂人云：“我詩應須大材迮之，[1]不爾飛去。”建武末，[2]爲諸暨令，[3]被王敬則所殺。[4]

[1]迮（zé）：壓。

[2]建武：齊明帝年號。

[3]諸暨：縣名。即今浙江諸暨市。

[4]王敬則：仕齊，曾爲征東將軍、會稽太守。本書卷二六、《南史》卷四五有傳。

丘巨源，[1]蘭陵蘭陵人也。[2]宋初土斷屬丹陽，[3]後屬蘭陵。巨源少舉丹陽郡孝廉，[4]爲宋孝武所知。大明五年，敕助徐爰撰國史。[5]帝崩，江夏王義恭取爲掌書記。[6]明帝即位，使參詔誥，引在左右。自南臺御史爲王景文鎮軍參軍，[7]寧喪還家。[8]

[1]丘巨源：《南史》卷七二亦有略傳。

[2]蘭陵蘭陵：指蘭陵郡蘭陵縣。東晉僑置，治所均在今江蘇常州市武進區西北萬綏鎮。

[3]土斷：東晉、南朝廢除僑置郡縣，使僑寓户口編入所在郡縣，同樣向朝廷納租税，服徭役。　丹陽：縣名。治所在今安徽當塗縣東北小丹陽。

[4]孝廉：古代選拔人才的科目之一。孝廉由地方郡國從十萬、二十萬人中推舉一人，選至中央往往任以郎官。

[5]大明五年，敕助徐爰撰國史：徐爰，字長玉，仕宋。元嘉六年（429），領著作郎，主持撰國史。《宋書》卷九四、《南史》

卷七七有傳。按，“大明五年”有誤。朱季海《校議》云：“《史通·古今正史》云：‘大明六年，又命著作郎徐爰踵成前作，爰因何、孫、山、蘇所述，勒爲一書。’尋《宋書·恩倖傳》云：‘六年，又以爰領著作郎，使終其業。’是爰領史職，實在六年。”（第115頁）

[6]江夏王義恭：宋武帝劉裕第五子，官至宰輔。《宋書》卷六一有傳。　取爲：“爲”字原無，中華本據《册府元龜》卷七二七補。今從補。　掌書記：王國佐官。職同記室參軍，掌文翰。

[7]南臺御史：御史中丞。掌奏劾不法。南臺爲御史臺的别稱，因其位於官廷之南，故名。　王景文：名彧，字景文，因與宋明帝同名，故以字行。爲宋明帝王皇后之舅，因外戚而顯貴，曾官鎮軍將軍。《宋書》卷八五有傳。

[8]寧喪：守父母之喪。

元徽初，桂陽王休範在尋陽，[1]以巨源有筆翰，遣船迎之，餉以錢物。巨源因太祖自啓，[2]敕板起巨源使留京都。桂陽事起，[3]使於中書省撰符檄，事平，除奉朝請。

[1]桂陽王休範：宋文帝劉義隆第十八子。任江州刺史，鎮尋陽（今江西九江市）。《宋書》卷七九有傳。

[2]太祖：齊高帝廟號。按，宋元徽間，蕭道成輔政，入直決事。　自啓：托蕭道成之名而自己上奏。

[3]桂陽事起：此指休範從尋陽起兵，反對蒼梧王爲帝，尋遭鎮壓。詳見《宋書》卷七九《桂陽王休範傳》。

巨源望有封賞，既而不獲，乃與尚書令袁粲書曰：

民信理推心，闇於量事，庶謂丹誠感達，賞報孱期；[1]豈虞寂寥，忽焉三稔？[2]議者必云筆記賤伎，[3]非殺活所待；[4]開勸小説，[5]非否判所寄。[6]然則先聲後實，[7]軍國舊章，七德九功，[8]將名當世。仰觀天緯，[9]則右將而左相，俯察人序，[10]則西武而東文，固非胥祝之倫伍，[11]巫匠之流匹矣。[12]

[1]賞報孱期：會得到自己所期望的賞報。孱，鄙陋，自謙之詞。

[2]豈虞寂寥，忽焉三稔：豈料賦閑已快三年。

[3]筆記：此指撰符檄之類的文筆之事。　伎：同“技”。

[4]非殺活所待：不是武官所需要。殺活，指出生入死的武官。

[5]開勸小説：指用瑣碎的言論開導勸説。

[6]非否判所寄：指不是做大決斷的人所希望。否，通“丕”。

[7]先聲後實：指先造輿論，然後用兵。

[8]七德：指武功的七種德行。《左傳》宣公十二年：“夫武，禁暴、戢兵、保大、定功、安民、和衆、豐財者也。”　九功：指文治的九個方面。《左傳》文公七年：“六府、三事，謂之九功。水、火、金、木、土、穀，謂之六府；正德、利用、厚生，謂之三事。”

[9]天緯：天空行星的總稱。古代將人間的文臣武將附會爲天上的星宿，有將星、相星等。

[10]人序：指百官排列的朝班。按，古代以東與左爲大，這裏强調文勝於武。

[11]胥祝：司祭的小吏。

[12]巫匠：求神問卜的巫師。

去昔奇兵，變起呼吸，[1]雖凶渠即勦，[2]而人情更迷。[3]茅恬開城，[4]千齡出叛，[5]當此之時，心膂胡、越，[6]奉迎新亭者，[7]士庶填路，投名朱雀者，[8]愚智空閭，人惑而民不惑，[9]人畏而民不畏，其一可論也。

[1]去昔奇兵，變起呼吸：指當日桂陽王休範反叛及朝廷平叛變化迅速。

[2]凶渠：禍首，指桂陽王休範。

[3]而人情更迷：指在這次事變中不少人心被迷惑。

[4]茅恬開城：指叛帥丁文豪攻至禁門外，車騎典籤茅恬開東府門相迎。詳見《宋書》卷九《後廢帝紀》。按，《通鑑》卷一三三《宋紀十五》"蒼梧王元徽二年"條作"撫軍長史褚澄開東府門納南軍"。胡三省注："《考異》曰：《宋書》作'撫軍典籤茅恬開東府納賊'，《南齊書》作'車騎典籤茅恬'，蓋皆爲褚澄諱耳。"

[5]千齡出叛：指中書舍人孫千齡暗通叛軍，開承明門出降。詳見《通鑑》卷一三三。

[6]心膂：心臟與脊骨，比喻朝中掌權大臣。　胡、越：胡在北，越在南，比喻在當時事難中衆臣表現相差很大。

[7]奉迎新亭：此指當時傳聞新亭城堡已被叛軍攻破，朝中不少人至新亭迎接叛軍。詳見《通鑑》卷一三三。

[8]投名朱雀：指有些人至朱雀門（建康城南門，當時已被叛軍攻陷）向叛軍首領投名刺以示歸服。

[9]民：自指。此句意思説，當時衆人迷惑，而我却堅定不疑。

臨機新亭，獨能抽刃斬賊者，唯有張敬兒；[1]而中書省獨能奮筆弗顧者，[2]唯有丘巨源。文武相方，誠有優劣，就其死亡以決成敗，當崩天之敵，抗不測之禍，請問海内，此膽何如？其二可論也。

[1]張敬兒：當時爲守新亭主帥蕭道成的部將，以詐降取得桂陽王休範的信任，尋即伺機斬殺休範，因功除驍騎將軍。本書卷二五有傳。

[2]獨能奮筆弗顧：指前文所云"巨源因太祖自啓""於中書省撰符檄"事。

又爾時顛沛，普唤文士，黄門中書，[1]靡不畢集，摛翰振藻，非爲乏人，朝廷洪筆，何故假手凡賤？[2]若以此賊彊盛，勝負難測，群賢怯不染豪者，[3]則民宜以勇獲賞；若云羽檄之難，必須筆傑，群賢推能見委者，則民宜以才賜列，[4]其三可論也。

[1]黄門中書：指黄門省、中書省。爲文士聚會之處。

[2]凡賤：平凡微賤之人。自謙之詞。

[3]怯不染豪：指因懼怕而不敢執筆寫平叛符檄。豪，通"毫"。

[4]賜列：指特殊賞賜。"列"原作"外"，中華本據南監本、毛本、殿本、局本改。今從改。

竊見桂陽賊賞不赦之條凡二十五人，[1]而李恒、鍾爽同在此例，[2]戰敗後出，罪並釋然，而吴邁遠族誅之。[3]罰則操筆大禍而操戈無害，論以賞科，則武人超越而文人埋没，其四可論也。

[1]不赦之條：古代將叛逆罪列入不赦之條。

[2]李恒、鍾爽：二人均爲桂陽王休範謀士。見《南史》卷一四《桂陽王休範傳》。

[3]吴邁遠：善爲文，好自誇，當時投桂陽王謀逆。桂陽王致袁粲、褚淵、劉秉書，陳述起兵緣由，即出於此人手筆。見《宋書》卷七九《桂陽王休範傳》及《南史》卷七二《檀超傳》。　族誅：滅族，罪及父、母、妻三族。

且邁遠置辭，[1]無乃侵慢；民作符檄，[2]肆言詈辱。放筆出手，即就齏粉。[3]若使桂陽得志，民若不轘裂軍門，[4]則應腰斬都市，[5]嬰孩脯膾，[6]伊可熟念，其五可論也。

[1]邁遠置辭：指上述桂陽王致袁粲等人書。書中指斥宋後廢帝劉昱是"桂蛀""人邪"。

[2]民作符檄：指在中書省代擬的討桂陽王符檄。

[3]就齏（jī）粉：指粉身碎骨。

[4]轘裂：車裂，古代的一種酷刑。

[5]腰斬：古代酷刑，將犯人從腰部斬爲兩截。

[6]嬰孩脯膾：指連幼兒都會被剁成肉泥。脯膾，同脯醢。

往年戎旅，萬有餘甲，十分之中，九分冗隸，可謂衆矣。攀龍附驥，翻焉雲翔。[1]至若民狂夫，可謂寡矣。徒關敕旨，空然泥沈。[2]詎其荷戢塵末，[3]皆是白起，[4]操牘事始，必非魯連邪？[5]民KG，[6]國算迅足，馳烽旆之機，[7]帝擇逸翰，赴罻羅之會。[8]既能陵敵不殿，争先無負，[9]宜其微賜存在，少沾飲齕。[10]遂乃棄之溝間，如蜉如蟻，擲之言外，如土如灰。絓隸帖戰，無拳無勇，並隨資峻級矣；[11]凡豫臺内，不文不武，已坐拱清階矣。[12]撫骸如此，[13]瞻例如彼，[14]既非草木，何能弭聲？[15]

巨源竟不被申。

[1]攀龍附驥，翻焉雲翔：諷刺由於巴結權貴而得以升遷的小人。

[2]徒闕敕旨，空然泥沈：謂自己切盼受賞的詔旨，而結果無聲無息。

[3]瞂（fá）：古兵器名。即盾。　塵末：喻衆平凡將士。

[4]白起：戰國時秦大將，善用兵。這裹借指有本領的武將。

[5]魯連：魯仲連，戰國齊人。燕將據齊聊城，齊攻三年不下，魯仲連遺書燕將，曉以利害，聊城乃下。這裹借指文墨高超的人，亦暗喻自己。

[6]民傎（diān）：自謙之詞。傎，愚頑，同“顛”。朱季海《校議》云：“‘傎’當爲‘值’，蓋原版模糊，剜補乖謬爾。此當下屬爲句，‘國’上逗號當删。”（第115頁）今按，原字及標點亦通。

[7]國算迅足，馳烽旆之機：指因國家謀略及時充足，故國人能勇赴戰場殺敵。烽旆，烽火和戰旗，借指戰事。

[8]帝擇逸翰，赴罻（wèi）羅之會：喻指朝廷選擇忠勇者履險赴難。逸翰，翅健善飛的鳥。罻羅，捕鳥的網。

[9]既能陵敵不殿，争先無負：此二句陳述自己在赴難時經得起考驗。不殿，不落後。無負，不懦怯。

[10]飲齕（hé）：飲食，借指有所賞賜。

[11]絓隸帖戰，無拳無勇，並隨資峻級矣：指當時衹要和平叛

戰事挂上號、沾上邊的人，即使没有本領，也都受賞升級了。

[12]凡豫臺内，不文不武，已坐拱清階矣：指當時凡是參預保衛朝廷的人，不論是文是武，都得賞賜，提升爲高官。

[13]撫骸：指看看自己。

[14]瞻例：指看看别人事例。

[15]弭聲：止口不言。

歷佐諸王府，轉羽林監。[1]建元元年，爲尚書主客郎，[2]領軍司馬，[3]越騎校尉。[4]除武昌太守，拜竟，不樂江外行，[5]世祖問之，巨源曰："古人云：'寧飲建業水，不食武昌魚。'[6]臣年已老，寧死於建業。"以爲餘杭令。[7]

[1]羽林監：禁衛軍將領之一。掌宿衛。秩五品。

[2]尚書主客郎：尚書省左僕射屬官。領主客曹，掌賓禮事。秩五品。

[3]領軍司馬：禁衛軍領軍將軍屬官。綜理府事。

[4]越騎校尉：禁衛軍官名。分掌宿衛。秩四品。

[5]江外：江南。中原人以爲地在長江之外，故稱。

[6]寧飲建業水，不食武昌魚：語出《三國志》卷六一《吴書·陸凱傳》。吴主孫晧欲由建業（今江蘇南京市）遷都武昌（今湖北武漢市），左丞相陸凱上書諫止，有"武昌土地，實危險而塉确……童謡言：'寧飲建業水，不食武昌魚'……"

[7]餘杭：縣名。即今浙江杭州市餘杭區。

沈攸之事，[1]太祖使巨源爲尚書符荆州，[2]巨源以此又望賞異，自此意常不滿。高宗爲吴興，[3]巨源作《秋胡詩》，有譏刺語，以事見殺。

[1]沈攸之事：指宋順帝昇明元年（477）荆州刺史沈攸之不滿蕭道成專權而起兵東下，不久被蕭道成平滅。詳見本書卷一《高帝紀上》。

[2]太祖使巨源爲尚書符荆州：此指蕭道成命丘巨源爲尚書省草擬討荆州刺史沈攸之符檄。

[3]高宗：齊明帝蕭鸞的廟號。齊武帝永明二年（484），蕭鸞出爲征虜將軍、吴興太守。本書卷六有紀。

王智深字雲才，[1]琅邪臨沂人也。[2]少從陳郡謝超宗學屬文。[3]好飲酒，拙澀乏風儀。[4]宋建平王景素爲南徐州，[5]作《觀法篇》，智深和之，見賞，辟爲西曹書佐。[6]貧無衣，未到職而景素敗。[7]後解褐爲州祭酒。太祖爲鎮軍時，[8]丘巨源薦之於太祖，板爲府行參軍，除豫章王國常侍，[9]遷太學博士，[10]豫章王大司馬參軍，兼記室。

[1]王智深：《南史》卷七二亦有略傳。

[2]臨沂：縣名。治所在今山東費縣東。

[3]謝超宗：南朝宋謝靈運之孫，有文名，歷仕南朝宋、齊。本書卷三六、《南史》卷一九有傳。

[4]拙澀：笨拙、遲頓。

[5]宋建平王景素：建平宣簡王劉宏之子，襲父封爲建平王。泰始六年（470），授使持節、都督南徐州等六州軍事、鎮軍將軍、南徐州刺史。元徽四年（476），景素起兵攻後廢帝，兵敗被殺。《宋書》卷七二有傳。　南徐州：治京口，在今江蘇鎮江市。

［6］西曹書佐：州佐吏。主人事選用，地位在諸曹從事之上。秩七品。

［7］貧無衣，未到職而景素敗：朱季海《校議》云："此以貧無衣而未到職也，於以見解褐之難。"（第 115 頁）

［8］太祖爲鎮軍時：指宋元徽初平定桂陽王後，蕭道成遷中領軍、都督南兖州刺史。

［9］豫章王：齊高帝蕭道成次子，名嶷，字宣儼。高帝即位，封豫章王，都督荆、湘等八州軍事、領荆湘二州刺史。武帝時遷侍中大司馬。本書卷二二有傳。　常侍：王國佐官。掌王府諸事。

［10］太學博士：學官名。秩五品。太學爲官學最高學府，置博士官執行教學任務。

世祖使太子家令沈約撰《宋書》，[1]擬立《袁粲傳》，以審世祖。[2]世祖曰："袁粲自是宋家忠臣。"約又多載孝武、明帝諸鄙瀆事，[3]上遣左右謂約曰："孝武事迹不容頓爾。[4]我昔經事宋明帝，[5]卿可思諱惡之義。"[6]於是多所省除。

［1］太子家令：主東宫飲食起居等。秩五品。參見《唐六典》卷二七。　沈約：字休文，歷仕南朝宋、齊、梁。初爲記室，齊文惠太子校四部圖書，遷爲太子家令。齊武帝時，奉敕主修《宋書》（即今流行本）。入梁拜尚書僕射。《宋書》卷一〇〇有《自叙》，《梁書》卷一三有傳。按，朱季海《校議》云："《史通·古今正史》：'至齊著作郎沈約，更補綴所遺，製成雜史。自義熙肇號，終乎昇明三年，爲紀十，志三十，列傳六十，合百卷，名曰《宋書》。永明末，其書既行。'蕭云：太子家令，劉以爲著作郎者。《梁書·沈約傳》：'遷太子家令，後以本官兼著作郎。'當以既有此命，後遂以本官兼領耳。"（第 115 頁）

[2]擬立《袁粲傳》，以審世祖：袁粲宋末官至尚書令，因與蕭道成争權舉兵，兵敗被殺。故沈約撰《宋書》，不敢擅自爲袁粲立傳，而報請齊武帝（世祖）定奪。

[3]孝武、明帝諸鄙瀆事：指宋孝武帝、明帝卑鄙無耻之事。孝武，“武”字原闕，中華本據各本補。今從補。

[4]孝武事迹不容頓爾：意謂宋孝武帝的生平事迹，應該粗鄙不堪。頓，壞，破敗。

[5]我昔經事宋明帝：指宋明帝時，蕭賾（齊武帝）初爲尋陽國侍郎，因平定子勛亂有功，擢爲尚書庫部郎，轉寧朔將軍。

[6]諱惡：回避掩飾不好的事。《通鑑》卷一三七《齊紀三》“武帝永明十年”條，胡三省注：“《春秋》之義，爲尊者諱。”

又敕智深撰《宋紀》，召見芙蓉堂，[1]賜衣服，給宅。智深告貧於豫章王，[2]王曰：“須卿書成，當相論以禄。”[3]書成三十卷，世祖後召見智深於璿明殿，令拜表奏上。表未奏而世祖崩。隆昌元年，[4]敕索其書，智深遷爲竟陵王司徒參軍，[5]坐事免。江夏王鋒、衡陽王鈞並善待之。[6]

[1]芙蓉堂：不詳，當在宫苑内。

[2]智深告貧於豫章王：朱季海《校議》云：“智深被敕時，已‘除豫章王國常侍，遷太學博士，豫章王大司馬參軍，兼記室’，而蕭《史》此下云：‘智深告貧於豫章王……’是當時雖爲參軍記室，猶不足以養也。故下又云：‘家貧無人事，嘗餓五日不得食，掘莧根食之。’是他人之得不餓者，徒賴有人事耳。”（第116頁）

[3]相論：中華本校勘記云：“‘論’《元龜》五百五十五作‘訓’。”

[4]隆昌：齊鬱林王年號。

[5]竟陵王：名子良，字雲英，齊武帝次子，曾官司徒，後進位太傅。本書卷四〇有傳。

[6]江夏王鋒、衡陽王鈞：二人皆爲齊高帝幼子。本書卷三五有傳。

初，智深爲司徒袁粲所接，及撰《宋紀》，意常依依。[1]粲幼孤，祖母名其爲愍孫，後慕荀粲，[2]自改名，會稽賀喬譏之，智深於是著論。[3]

[1]意常依依：此指智深撰《宋紀》意欲爲袁粲立傳而又有顧慮。

[2]荀粲：三國魏人，好言道，所交皆一時俊士。參見《三國志》卷一〇《魏書·荀彧傳》"誅弟顗"裴松之注引何劭《荀粲傳》。

[3]於是著論：此指《袁粲傳》論。

家貧無人事，[1]嘗餓五日不得食，掘莧根食之。[2]司空王僧虔及子志分其衣食。[3]卒於家。

[1]人事：指親戚朋友交往。

[2]莧：莧菜。其根有澱粉質，可充饑。按，"莧根"《南史》卷七二作"莞根"。

[3]王僧虔：歷仕南朝宋、齊，官至吏部尚書、侍中，進位司空。本書卷三三有傳。　分其衣食：中華本校勘記云："'其'殿本及《南史》、《元龜》九百二並作'與'。"

先是陳郡袁炳，[1]字叔明，有文學，亦爲袁粲所知。

著《晋書》未成，卒。潁川庾銑，善屬文，見賞豫章王，引至大司馬記室參軍，卒。

[1]袁炳：亦字仲明。《南史》卷七二有附傳。

陸厥字韓卿，[1]吴郡吴人，揚州别駕閑子也。[2]厥少有風概，好屬文，五言詩體甚新變。[3]永明九年，詔百官舉士，同郡司徒左西掾顧暠之表薦焉。[4]州舉秀才，王晏少傅主簿，[5]遷後軍行參軍。[6]

[1]陸厥：《南史》卷四八有附傳。

[2]閑：陸閑，字遐業。有風概，官至揚州别駕。因曾爲叛王蕭遥光僚佐，被殺害。本書卷五五、《南史》卷四八有略傳。按，逯欽立輯校《先秦漢魏晋南北朝詩》收陸厥詩十餘首。

[3]新變：有創新，善變化。中華本校勘記云："'新變'各本作'新奇'。"朱季海《校議》云："新變謂新穎善變，故是當時語，各本臆改。"（第116頁）

[4]顧暠之：字士明，好學有義行。永明末，爲太子中舍人，兼尚書左丞。詳見本書卷四三《王思遠傳》。

[5]王晏：字士彦，歷仕南朝宋、齊。明帝建武元年（494），領太子少傅，進爵爲公。本書卷四二有傳。

[6]後軍行參軍：後軍將軍府降用的參軍。

永明末，盛爲文章。[1]吴興沈約、陳郡謝朓、琅邪王融以氣類相推轂。[2]汝南周顒善識聲韻。[3]約等文皆用宫商，[4]以平上去入爲四聲，以此制韻，不可增減，[5]世呼爲"永明體"。[6]沈約《宋書·謝靈運傳》後又論宫商。厥與約書曰：

范詹事《自序》[7]："性別宫商，識清濁，[8]特能適輕重，[9]濟艱難。古今文人，多不全了斯處，縱有會此者，不必從根本中來。"[10]沈尚書亦云"自靈均以來，[11]此祕未覩"。[12]或"闇與理合，匪由思至。[13]張蔡曹王，[14]曾無先覺，潘陸顔謝，[15]去之彌遠"。大旨鈞使"宫羽相變，[16]低昂舛節。[17]若前有浮聲，[18]則後須切響，[19]一簡之内，音韻盡殊，兩句之中，輕重悉異"。辭既美矣，理又善焉。但觀歷代衆賢，似不都闇此處，[20]而云"此祕未覩"，近於誣乎？

[1]盛爲文章：當時"文章"包括詩歌（有韵之文）。

[2]謝朓：字玄暉，與謝靈運同族，世稱"小謝"。仕齊，曾任宣城太守。長於五言詩，求清新，重聲律，爲"永明體"主要詩人。　王融：字元長，仕齊，累遷至寧朔將軍。博學有文才，辭藻富麗，有《王寧朔集》。本書卷四七、《南史》卷二一有傳。　推轂：薦舉，援引。

[3]周顒：字彦倫，歷仕南朝宋、齊。有文聲，善音律。本書卷四一、《南史》卷三四有傳。

[4]宫商：五音中的宫音與商音，這裏泛指音律。

[5]以此制韵，不可增減：《南史》卷四八此處作："將平上去入四聲，以此制韵，有平頭，上尾、蠭腰、鶴膝。五字之中，音韵悉異，兩句之内，角徵不同，不可增減。"

[6]永明體：指南朝齊武帝永明年間所形成的詩體，其特點是强調聲律，對近體詩的形成有重要影響。

[7]范詹事：指范曄，字蔚宗。仕宋，官至吏部尚書、太子詹

事。博學善文，曉音律，撰有《後漢書》。《宋書》卷六九、《南史》卷三三有傳。

［8］清濁：指五音中的清聲與濁聲。一般以宫、商爲濁聲，徵、羽爲清音。參見劉勰《文心雕龍·聲律》及黄侃《劄記》。

［9］輕重：指輕音與重音。

［10］根本：這裏指語音理論。

［11］沈尚書：指沈約。按，朱季海《校議》云："此即與休文書，何待稱姓。此下並云'尚書'，是也。此處恐非子顯之舊，或後人加之爾。"（第117頁）　靈均：指屈原。

［12］此祕：指宫商聲韵。按，此語及以下所引語均出自《宋書》卷六七《謝靈運傳》。

［13］闇與理合，匪由思至：指屈原以下的作家，其作品有的也碰巧符合聲律，却是感性的，而非理性地掌握了聲韵規律。

［14］張蔡曹王：指漢魏著名文學家張衡、蔡邕、曹操父子及王粲。按，指"建安七子"。

［15］潘陸顔謝：指晋、宋著名文學家潘岳、陸機及顔延之、謝靈運。

［16］宫羽：泛指宫、商、角、徵、羽五音。

［17］低昂舛節：低高音互相變化節制。按，《宋書》卷六七《謝靈運傳論》作"低昂互節"。

［18］浮聲：輕聲。

［19］切響：指重音。

［20］但觀歷代衆賢，似不都闇此處：謂歷代衆賢並非不明白以上所述的音韵學問。按，此二句乃駁沈約"自靈均以來此秘未覩"觀點。

案范云"不從根本中來"，尚書云"匪由思至"，斯可謂揣情謬於玄黄，[1]擿句差其音律也。[2]

范又云“時有會此者”，尚書云“或闇與理合”，則美詠清謳，有辭章調韻者，雖有差謬，亦有會合，[3]推此以往，可得而言。夫思有合離，前哲同所不免，[4]文有開塞，即事不得無之。[5]子建所以好人譏彈，[6]士衡所以遺恨終篇。[7]既曰遺恨，非盡美之作，理可詆訶。君子執其詆訶，[8]便謂合理爲闇，豈如指其合理而寄詆訶爲遺恨邪？

［1］揣情謬於玄黄：比喻從外表非本質的東西，來揣測人内心實情，定然荒謬。

［2］摘句差其音律：意思是説斷章取義擇取某幾句指責其不懂音律。

［3］會合：指暗合音韻規律。

［4］思有合離，前哲同所不免：指對客觀事物的認識，古人和今人大致相同，所以對聲律的認識，前賢和今人不免相同。

［5］文有開塞，即事不得無之：指在作詩文時，有時思路順暢，有時思路滯澀，因而文中難免出現毛病。

［6］子建：三國魏曹植字。曹植《與楊德修書》云：“世人之著述，不能無病。僕嘗好人譏彈其文，有不善者，應時改定。”　譏彈：諷刺批評。

［7］士衡：晋陸機字。其《文賦》云：“恒遺恨以終篇，豈懷盈而自足。”

［8］君子：對沈約的敬稱。按，此句與下二句意思是説：您與其抓住古人文章音韻上某些毛病，便説古人不懂音韻規律，還不如反過來説，古人懂得音韻規律，但還不全面，所以存在缺憾。

自魏文屬論，[1]深以清濁爲言，[2]劉楨奏書，[3]

大明體勢之致，岨峿妥怗之談，[4]操末續顛之説，興玄黄於律吕，比五色之相宣。[5]苟此祕未覩，兹論爲何所指邪？故愚謂前英已早識宫徵，但未屈曲指的，若今論所申。[6]至於掩瑕藏疾，合少謬多，則臨淄所云“人之著述，不能無病”者也。[7]非知之而不改，謂不改則不知，斯曹、陸又稱“竭情多悔”，[8]“不可力彊”者也。今許以有病有悔爲言，則必自知無悔無病之地，引其不了不合爲闇，何獨誣其一合一了之明乎？意者亦質文時異，[9]古今好殊，[10]將急在情物，而緩於章句。[11]情物，文之所急，美惡猶且相半；章句，意之所緩，故合少而謬多。義兼於斯，[12]必非不知明矣。

[1]魏文屬論：指三國魏文帝曹丕的論文著作《典論·論文》。

[2]清濁爲言：《典論·論文》云：“文以氣爲主，氣之清濁有體，不可力强而致。”

[3]劉楨：字公幹，三國魏人，建安七子之一。 奏書：指劉楨《答魏太子丕借廓落帶書》，評爲“辭旨巧妙”“妙絶當時”。詳見《三國志》卷二一《魏書·王粲傳》“楨以不敬被刑”裴松之注引《典略》。

[4]岨（jǔ）峿（yǔ）妥怗之談：指陸機《文賦》：“或妥帖而易施，或岨峿而不安。”岨峿，本形容衆山交錯不平，這裏形容文詞抵觸，不順暢。

[5]“操末續顛之説”至“比五色之相宣”：大意是説：文章音韵要和諧，猶如繪畫五色要配稱；如果源流掌握失當，而拿末尾來接開頭，就像繪畫調錯了顏色，弄得污濁而不鮮明了。均出陸機《文賦》：“暨音聲之迭代，若五色之相宣。雖逝止之無常，固崎錡

之難便。苟達變而識次，猶開流以納泉。如失機而後會，恒操末以續巔。謬玄黄之秩序，故淟涊而不鮮。”

[6]但未屈曲指的，若今論所申：謂古人雖然早已知道音韻，但還未能像今人周詳細緻地説出其中道理。

[7]臨淄：指曹植。其曾由平原侯徙封臨淄，故稱。

[8]竭情多悔：語出陸機《文賦》：“是以或竭情而多悔，或率意而寡尤。”意思是説：有時用盡心思作文，却不如意；有時隨意而寫，却無毛病。

[9]質：指文章内容思想。　文：指文章形式文詞。　時異：指不同時代對質文有不同的要求。

[10]古今好（hào）殊：指古今愛好不相同。

[11]將急在情物，而緩於章句：此二句指古人作文首先重内容，次重章句表達形式。

[12]義兼於斯：指兼有“不可力彊”和“意之所緩”兩方面原因。

《長門》《上林》，[1]殆非一家之賦，《洛神》《池鴈》，[2]便成二體之作。孟堅精正，[3]《詠史》無虧於東主，[4]平子恢富，[5]《羽獵》不累於憑虚。[6]王粲《初征》，[7]他文未能稱是；[8]楊脩敏捷，[9]《暑賦》彌日不獻。[10]率意寡尤，[11]則事促乎一日；翳翳愈伏，[12]而理賒於七步。[13]一人之思，遲速天懸；一家之文，工拙壤隔。[14]何獨宫商律吕，必責其如一邪？論者乃可言未窮其致，不得言曾無先覺也。

[1]《長門》《上林》：皆漢司馬相如所作之賦。見《漢魏六朝

百三家集·司馬文園集》。《長門賦》寫陳皇后失寵，愁居長門宫，格調哀婉。《上林賦》寫漢皇田獵，格調弘麗。兩篇内容風格懸殊，故下文説“殆非一家之賦”。

［2］《洛神》《池鴈》：皆三國魏曹植所作。見《漢魏六朝百三家集·陳思王集》。《洛神》是賦，《池鴈》是五言詩，故下句説“便成二體之作”。

［3］孟堅：漢班固字。　精正：指文筆純正。文見《漢魏六朝百三家集·班蘭臺集》。

［4］《詠史》：指班固《東都賦》所附的《明堂》《辟雍》《靈臺》《寶鼎》《白雉》五詩。　東主：班固《兩都賦》假托“有西都賓問東都主人”，通過一主一賓相談，展開對東、西兩都的描寫。

［5］平子：漢張衡字。　恢富：指文筆恢弘富麗。文見《漢魏六朝百三家集·張河間集》。

［6］《羽獵》：張衡《西京賦》，因其中詳細描寫了天子出獵場面，故又稱。　憑虚：憑虚公子，《西京賦》中假托的人物，他與“安處先生”相叙談歷史，借以展開出獵場面的描寫。

［7］王粲：字仲宣，三國魏人。　《初征》：指王粲五言詩《從軍詩五首》。文見《漢魏六朝百三家集·王侍中集》。

［8］他文未能稱是：謂王粲除《初征》詩，别的詩文都不見佳。

［9］楊脩：字德祖，後漢人，爲丞相曹操主簿，以才思敏捷而得曹操器重，終遭忌被殺。《後漢書》卷五四有傳。

［10］《暑賦》彌日不獻：楊脩作《暑賦》，多日未寫成。語出《三國志》卷一九《魏書·陳思王植傳》“以楊脩頗有才策”裴松之注引《典略》載楊脩《答曹植書》。

［11］率意寡尤：指思路順暢時，隨意寫的文章也無甚毛病。

［12］翳翳愈伏：語出陸機《文賦》，指文理隱晦而潛伏，難於表達。

［13］七步：相傳三國魏曹植七步成詩，後因以七步形容才思

敏捷。

[14]壤隔：指天壤之别。

約答曰：

宫商之聲有五，文字之别累萬，以累萬之繁，配五聲之約，高下低昂，非思力所舉。[1]又非止若斯而已也。十字之文，[2]顛倒相配，字不過十，巧歷已不能盡，[3]何況復過於此者乎？靈均以來，未經用之於懷抱，固無從得其髣髴矣。[4]若斯之妙，而聖人不尚，何邪？[5]此蓋曲折聲韻之巧，無當於訓義，[6]非聖哲立言之所急也。[7]是以子雲譬之“雕蟲篆刻”，[8]云“壯夫不爲”。自古辭人，豈不知宫羽之殊，商徵之别。雖知五音之異，而其中參差變動，所昧實多，故鄙意所謂“此祕未覩”者也。[9]以此而推，則知前世文士便未悟此處。若以文章之音韻，同弦管之聲曲，則美惡妍蚩，不得頓相乖反。譬由子野操曲，[10]安得忽有闡緩失調之聲，[11]以《洛神》比陳思他賦，[12]有似異手之作。故知天機啓，則律吕自調；六情滯，則音律頓舛也。[13]士衡雖云“炳若縟錦”，[14]寧有濯色江波，其中復有一片是衛文之服？[15]此則陸生之言，即復不盡者矣。韻與不韻，復有精麤，輪扁不能言，[16]老夫亦不盡辨此。[17]

[1]所舉：所能做到。舉，《南史》卷四八作“學”。

[2]十字之文：指五言詩，每聯十字，這裏泛指詩。

［3］巧歷：善於計算。語出《莊子·齊物論》："一與言爲二，二與一爲三，自此以往，巧歷不能得，而况其凡乎？"

［4］"靈均以來"至"得其髣髴矣"：指自屈原以來，古人在文章中没有主動地運用宫商聲律，所以無從得知他們掌握宫商聲韵的情况。

［5］而聖人不尚，何邪："何"字原闕，中華本據南監本及《南史》補。今從補。

［6］此蓋曲折聲韻之巧，無當於訓義：指古人多寫闡述事物義理的論辨性文章，重在訓義，並不需要講究聲韵曲折。

［7］立言：《南史》卷四八作"玄言"。

［8］雕蟲篆刻：比喻微小的技能。語出揚雄《法言·吾子》："或問：'吾子少而好賦？'曰：'然。童子雕蟲篆刻。'俄而曰：'壯夫不爲也。'"

［9］此祕未覩："此"原訛"志"，中華本據各本改正。今從改。

［10］子野：春秋時晋國樂師師曠的字。　操曲：彈奏樂曲。

［11］闡緩失調（tiáo）：宏放與舒緩失調配。

［12］陳思：指三國魏曹植，封陳思王。他寫有著名的《洛神賦》。

［13］頓舛：滯澀錯亂。

［14］炳若縟錦：形容文詞艷麗猶如五彩繽紛的刺綉。

［15］衛文之服：指粗布衣服。《左傳》閔公二年："衛文公大布之衣。"杜預注："大布，粗布。"按，衛文之服與上述"炳若縟錦"反比。

［16］輪扁：春秋時有名的造車工匠。借指技巧高超的人。

［17］老夫亦不盡辨此：《南史》卷四八此後云："約論四聲，妙有詮辯，而諸賦亦往往與聲韵乖。"又云："時有王斌者，不知何許人，著《四聲論》行於時。斌初爲道人，博涉經籍，雅有才辯，善屬文，能唱導而不脩容儀……後還俗，以詩樂自樂，人莫能名之。"

永元元年，始安王遥光反，[1]厥父閑被誅，[2]厥坐繫尚方，[3]尋有赦令，厥恨父不及，感慟而卒，年二十八。文集行於世。

[1]始安王遥光：字元暉，齊高帝兄始安貞王道生之子，嗣父爲王。永元元年（499）謀篡被殺。本書卷四五有傳。

[2]閑被誅：陸閑被殺。見前注。

[3]尚方：原指古代製造器用的部門。因尚方多以獄徒服勞作，故亦以稱繫囚犯之所。

會稽虞炎，永明中以文學與沈約俱爲文惠太子所遇，[1]意眄殊常。[2]官至驍騎將軍。[3]

[1]文惠太子：名長懋，字雲喬，齊武帝蕭賾長子。久在儲宫，未即位而卒。本書卷二一有傳。

[2]意眄：看重，關懷。

[3]驍騎將軍：驍騎，原作“驃騎”，中華本校勘記云：“據《南史》改。按驍騎將軍虞炎亦見《禮志》。”見本書《禮志上》。

崔慰祖字悦宗，[1]清河東武城人也。[2]父慶緒，[3]永明中，爲梁州刺史。

[1]崔慰祖：《南史》卷七二亦有傳。

[2]清河：縣名。即今河北清河縣。　東武城：亦作武城，在清河縣東北。

[3]慶緒：崔慶緒，原爲安西將軍府諮議參軍，永明三年

(485)，遷梁、南秦二州刺史。見本書卷三《武帝紀》。

慰祖解褐奉朝請。父喪不食鹽，母曰："汝既無兄弟，又未有子胤。[1]毀不滅性，[2]政當不進肴羞耳，[3]如何絶鹽！吾今亦不食矣。"慰祖不得已從之。父梁州之資，家財千萬，散與宗族，漆器題爲"日"字，[4]"日"字之器，流乎遠近。料得父時假貰文疏，[5]謂族子紘曰："彼有，自當見還；彼無，吾何言哉！"悉火焚之。

[1]子胤：子嗣。

[2]毀不滅性：言居父母喪哀毀要有節制，不可過度。語出《禮記·喪服四制》："三日而食，三月而沐，期而練，毀不滅性。"

[3]肴羞：美味的菜肴。

[4]漆：原作"㯃"，從中華本改。

[5]料得父時假貰文疏：指檢點父親遺物時見到别人向其借貸的文書憑證。"假貰"原訛"假貫"，中華本據毛本、殿本、局本及《南史》改正。今從改。

好學，聚書至萬卷，鄰里年少好事者來從假借，日數十袠，[1]慰祖親自取與，未常爲辭。

[1]袠：同"帙"。

爲始安王撫軍墨曹行參軍，[1]轉刑獄，[2]兼記室。[3]遥光好棋，數召慰祖對戲，慰祖輒辭拙，非朔望不見也。[4]建武中，詔舉士，從兄慧景舉慰祖及平原劉孝標，[5]並碩學。帝欲試以百里，[6]慰祖辭不就。

[1]撫軍：指撫軍將軍府。　墨曹行參軍：軍府佐吏。主刑獄管理。

[2]刑獄：指軍府刑獄參軍，掌刑獄推鞫之事。

[3]記室：指記室參軍，掌軍府書記文翰。

[4]朔望：指農曆初一、十五。古代爲朝會之日。

[5]慧景：指崔慧景，仕齊，爲司州刺史、通直常侍等官。後以從虜被殺。本書卷五一有傳。　劉孝標：劉峻，當時名士，歷仕齊、梁。《梁書》卷五〇、《南史》卷四九有傳。

[6]百里：古時一縣轄地百里，因以百里爲縣令之代稱。

國子祭酒沈約、吏部郎謝朓嘗於吏部省中賓友俱集，各問慰祖地理中所不悉十餘事，慰祖口吃，無華辭，而酬據精悉，[1]一座稱服之。朓歎曰："假使班、馬復生，[2]無以過此。"

[1]酬據精悉：指解答根據充足，準確精當。

[2]班、馬：指班固、司馬遷。

慰祖賣宅四十五萬，買者云："寧有減不?"答曰："誠慚韓伯休，[1]何容二價。"買者又曰："君但責四十六萬，[2]一萬見與。"[3]慰祖曰："是即同君欺人，豈是我心乎?"[4]

[1]誠慚：《南史》卷四八作"誠異"。　韓伯休：韓康，字伯

休，漢時采藥賣於長安市，口不二價者三十餘年。詳見漢趙岐《三輔决録》卷一。

[2]責：索取。《南史》卷四八作“賣”。

[3]一萬見與：指有意多説一萬，打算讓買主還價。

[4]是即同君欺人，豈是我心乎：清牛運震《讀史糾謬》卷七《南齊書糾謬》云：“‘是即同君欺人，豈是我心乎’語亦稚拙。”高敏《南北史掇瑣》：“《通志》卷一百七十六‘君但賣’作‘君但買’；末句作‘聞君欺人，豈我心乎？’”（第359頁）按，《南史》卷四八删去“是即同君欺人”。

少與侍中江祀款，[1]及祀貴，常來候之，而慰祖不往也。與丹陽丞劉渢素善，[2]遥光據東府反，慰祖在城内。城未潰一日，渢謂之曰：“卿有老母，宜其出矣。”命門者出之。慰祖詣闕自首。繫尚方，病卒。

[1]江祀：字景昌，齊明帝時任侍中。本書卷四二有附傳。

[2]劉渢：字處和，仕齊，爲始安王心腹，出爲丹陽丞。後遥光事敗，渢亦見殺。《南史》卷七三有傳。

慰祖著《海岱志》，起太公迄西晋人物，[1]爲四十卷，半未成。臨卒，與從弟緯書云：“常欲更注遷、固二史，採《史》《漢》所漏二百餘事，[2]在厨簏，可檢寫之，以存大意。《海岱志》良未周悉，可寫數本，付護軍諸從事人一通，及友人任昉、徐夤、劉洋、裴揆。”[3]又令“以棺親土，不須塼，[4]勿設靈座”。時年三十五。

[1]太公：太公望，姜姓，吕氏，名尚，輔佐周武王滅殷，封於齊，爲齊國始祖。見《史記》卷三二《齊太公世家》。

[2]所漏：漏原訛“泥”，中華本據南監本、殿本、局本及《南史》改。今從改。

[3]任昉：字彦昇，歷仕齊、梁，以文學知名。《梁書》卷一四、《南史》卷五九有傳。　徐僉：仕齊，有學行。《南史》卷五九有附傳。　劉洋、裴揆：不詳。按，《南史》卷四八此後云：“令後世知吾微有素業也。”

[4]塼（tuán）：堆聚。指堆築墳冢。

王逡之字宣約，[1]琅邪臨沂人也。父祖皆爲郡守。

[1]王逡之：《南史》卷二四有附傳。

逡之少禮學博聞。起家江夏王國常侍，[1]大司馬行參軍，章安令，[2]累至始安内史。[3]不之官，除山陽王驃騎參軍，[4]兼治書御史，[5]安成國郎中，[6]吴令。[7]

[1]江夏王：指劉義恭，宋武帝劉裕子，宋文帝元嘉元年（424）封江夏。後歷領徐州、荆州、兖州諸州刺史，遷尚書令、太宰、大司馬等顯爵。永光元年（465），被前廢帝劉子業所殺。《宋書》卷六一有傳。

[2]章安：縣名。治所在今浙江台州市椒江區北章安鎮。

[3]始安：郡名。南朝宋泰始初改爲國，治所在今廣西桂林市。　内史：王國稱太守爲内史。

[4]山陽王：指宋文帝第十三子劉休祐，原封爲山陽王，後以山陽荒敝，改封晋平王。都督荆、湘等八州軍事、驃騎大將軍。《宋書》卷七二有傳。

［5］治書御史：治書侍御史，御史臺官。掌舉劾六品以上官。秩六品。

［6］安成國：淮南王劉子孟，宋孝武帝第十六子。原封淮南王，泰始二年（466）改封安成王。其領地安成郡（治所在今江西安福縣東南）改爲安成國。　郎中：郎中令。南朝宋王國三卿之首，掌顧問參議。

［7］吴令：吴縣縣令。吴縣治所在今江蘇蘇州市。

昇明末，右僕射王儉重儒術，逡之以著作郎兼尚書左丞，[1]參定齊國儀禮。[2]初，儉撰《古今喪服集記》，逡之難儉十一條。[3]更撰世行五卷。轉國子博士。國學久廢，[4]建元二年，逡之先上表立學，又兼著作，撰《永明起居注》。轉通直常侍，驍騎將軍，領博士、著作如故。出爲寧朔將軍、南康相，太中、光禄大夫，[5]加侍中。[6]逡之率素，[7]衣裘不澣，机案塵黑，年老手不釋卷。建武二年，卒。

［1］著作郎：史官名。隸秘書省。秩五品。

［2］齊國：宋順帝昇明三年（479）三月，以蕭道成爲相國，封齊公，加九錫，立齊國。

［3］難：駁難，駁斥。

［4］國學：古代國家設立的學校，區别於地方州學、縣學和鄉學。

［5］光禄大夫：列卿光禄勛屬官。掌宫廷門户。秩三品。

［6］侍中：門下省屬官。掌奏事，直侍左右。秩三品。《南史》卷二四作“給事中”。按，給事中爲集書省官，掌侍從顧問。秩五品。

［7］率素：質樸，簡樸。

從弟珪之，有史學，撰《齊職儀》。永明九年，其子中軍參軍顥上啓曰："臣亡父故長水校尉珪之，[1]藉素爲基，[2]依儒習性。以宋元徽二年，被敕使纂集古設官歷代分職，凡在墳策，[3]必盡詳究。是以等級掌司，[4]咸加編録。黜陟遷補，[5]悉該研記。[6]述章服之差，[7]兼冠佩之飾。[8]屬值啓運，[9]軌度惟新。故太宰臣淵奉宣敕旨，[10]使速洗正。刊定未畢，臣私門凶禍。[11]不揆庸微，謹冒啓上，凡五十卷，謂之《齊職儀》。仰希永升天閣，[12]長銘祕府。"詔付祕閣。

［1］長水校尉：禁衛軍官。分掌宿衛營兵。秩四品。

［2］藉素：憑藉書卷，意指讀書甚多。

［3］墳策：指古書典籍。

［4］等級掌司：指官吏的不同級别、不同職務。

［5］黜陟遷補：指官吏的降升、調任、增補等。

［6］悉該："悉"字原無，中華本據殿本、局本補。今從補。

［7］章服：綉有不同圖案以區别等級的古代官服。每圖爲一章，天子十二章，群臣按品級從九、七、五、三章遞降。參見本書《輿服志》。

［8］冠佩：指古代不同品級官吏的冠冕和佩飾。參見本書《輿服志》。

［9］啓運：指帝王開啓世運，創立新朝。這裏指齊朝新建。

［10］太宰：南朝爲優禮勛臣的贈官。　淵：指褚淵。齊初任司空、尚書令、司徒。

［11］臣私門凶禍：指其父珪之不幸去世。

[12]天閣：指天禄閣，漢宫中藏書閣名，後借指皇宫藏書之處。

祖冲之字文遠，[1]范陽薊人也。[2]祖昌，宋大匠卿。[3]父朔之，奉朝請。

[1]祖冲之：《南史》卷七二亦有傳。

[2]范陽：郡名。治所在今河北涿州市。　薊：縣名。治所在今北京市西南。《南史》卷七二作“遒”。按，遒縣治所在今河北淶水縣北。

[3]大匠卿：將作大匠。列卿之一，掌皇族宫廟工程建築。秩三品。按，《南史》卷七二此句上有：“曾祖台之，晋侍中。”

冲之少稽古，有機思。宋孝武使直華林學省，[1]賜宅宇車服。解褐南徐州迎從事，[2]公府參軍。

[1]直：入值，當差。　華林：園名。三國吴建，故址在今江蘇南京市鷄鳴山南古臺城内。南朝宋擴建，於園中築景陽樓、華光殿諸景。　學省：國子學的别稱。當時國子學設於華林園。

[2]南徐州：州名。南朝宋初置，治京口，在今江蘇鎮江市。　迎從事：州佐吏。諸曹從事之一，掌迎賓禮儀。

宋元嘉中，[1]用何承天所制曆，[2]比古十一家爲密，[3]冲之以爲尚疏，乃更造新法。上表曰：

臣博訪前墳，[4]遠稽昔典，五帝躔次，[5]三王交分，[6]《春秋》朔氣，[7]《紀年》薄蝕，[8]談、遷載述，[9]彪、固列志，[10]魏世注曆，[11]晋代《起居》，[12]探異今古，觀要華戎。書契以降，[13]二千餘稔，日月離會之徵，星度疏密之驗。專功耽思，咸可得而言也。加以親量圭尺，[14]躬察儀漏，[15]目盡毫氂，心窮籌筴，[16]考課推移，又曲備其詳矣。然而古曆疏舛，類不精密，群氏糾紛，[17]莫審其會。尋何承天所上，意存改革，而置法簡略，今已乖遠。以臣校之，三覩厥謬：日月所在，差覺三度；二至晷景，[18]幾失一日；五星見伏，[19]至差四旬；留逆進退，或移兩宿。分至失實，[20]則節閏非正；[21]宿度違天，[22]則伺察無准。臣生屬聖辰，詢逮在運，[23]敢率愚瞽，更創新曆。

[1]元嘉：宋文帝年號。

[2]何承天：東海郯人，歷仕東晋、宋，博學多才，撰著豐富，曾改定《元嘉曆》。《宋書》卷六四、《南史》卷三三有傳。

[3]十一家：指《春秋曆》、漢初繼秦所用的《顓頊曆》、漢武帝時的《太初曆》、王莽時劉歆制的《三統曆》、後漢章帝時的《四分曆》、三國魏《黄初曆》《景初曆》、三國吴《乾象曆》、晋《泰始曆》《乾度曆》、南朝宋《七曜曆》十一家曆書。　密：指推算精密。

[4]墳：三墳，指古代文獻。

[5]五帝：上古傳説中的五位賢明帝王，説法不一，一般是指伏羲、神農、黄帝、少昊、顓頊。　躔（chán）次：指日月星辰在天體運行軌道上的位次。

[6]三王：指三代之君夏禹、商湯、周武王。　交分：星次的交接分野。

[7]《春秋》朔氣：指《春秋》上所記載的節氣。

［8］《紀年》：指《竹書紀年》。相傳晋太康年間，汲郡人盗發魏襄王墓，得竹書數十車，中有《紀年》十三篇，記夏以來史事。詳見《晋書》卷五一《束晳傳》。　薄蝕：指《竹書紀年》中所記載的日蝕或月蝕。按，朱季海《校議》云："文遠考曆，已用《紀年》，明《紀年》所載薄蝕，俱足徵信。何承天曆，比古爲密，冲之以爲尚疏，知《紀年》非晋人能造。"（第118頁）

［9］談、遷載述：指司馬談、司馬遷父子所著《史記》中有關律曆的記述。

［10］彪、固列志：指班彪、班固父子所撰《漢書》中所列的律曆志。

［11］魏世注曆：指三國魏文帝黄初年間由太史丞韓翊製的《黄初曆》；魏明帝景初年間尚書郎楊偉在前曆基礎上又改製的《景初曆》。

［12］《起居》：指《起居注》。晋始令著作郎掌記録帝王起居活動，名"起居注"。

［13］書契以降：自有文字以來。

［14］圭尺：測日影長短的尺。

［15］儀漏：指漏壺。古代利用滴水多寡計算時間的一種儀器。

［16］籌筴：竹碼子。古時計算用具。筴，同"策"。

［17］群氏："氏"原訛"民"，中華本據殿本改正。今從改。

［18］二至：指二十四節氣中的夏至、冬至。　晷影：指日晷的投影。日晷，測度日影以確定時刻的儀器。

［19］見伏：指出現或隱伏。見，同"現"。

［20］分至：指春分、秋分、夏至、冬至。衡量二十四節氣晝夜長短變化的四個重要節令。

［21］節：節令。　閏：曆法術語。一回歸年的時間爲三百六十五天五小時四十八分四十六秒，農曆把一年定爲三百五十四或三百五十五天，所餘時間約每三年積累一個月，加在某一年裏，稱作閏月。

[22]宿度：天空中標志星宿位置的度數。周天共三百六十五度又四分之一，二十八星宿各占若干度。

[23]運：世運，國運。這裏指國運昌盛。

謹立改易之意有二，設法之情有三。改易者一：以舊法一章，[1]十九歲有七閏，閏數爲多，經二百年輒差一日。節閏既移，則應改法，曆紀屢遷，寔由此條。今改章法三百九十一年有一百四十四閏，令却合周、漢，[2]則將來永用，無復差動。其二：以《堯典》云"日短星昴，以正仲冬"。[3]以此推之，唐世冬至日，[4]在今宿之左五十許度。漢代之初，即用秦曆，[5]冬至日在牽牛六度。[6]漢武改立《太初曆》，冬至日在牛初。後漢四分法，冬至日在斗二十二。[7]晋世姜岌以月蝕檢日，知冬至在斗十七。今參以中星，[8]課以蝕望，[9]冬至之日，在斗十一。通而計之，未盈百載，所差二度。舊法並令冬至日有定處，天數既差，則七曜宿度，[10]漸與舛訛。乖謬既著，輒應改易。僅合一時，莫能通遠。遷革不已，又由此條。今令冬至所在歲歲微差，却檢漢注，並皆審密，將來久用，無煩屢改。又設法者，其一：以子爲辰首，[11]位在正北，爻應初九升氣之端，[12]虚爲北方列宿之中。[13]元氣肇初，[14]宜在此次。前儒虞喜，[15]備論其義。今曆上元日度，[16]發自虚一。[17]其二：以日辰之號，[18]甲子爲先，曆法設元，[19]應在此歲。而黄帝以來，世代所用，凡十一曆，上元之歲，莫值此名。今曆上元歲在甲子。其三：以上元之歲，曆中衆條，並應以此爲始。而《景初曆》交會遲疾，[20]元首有差。又承天法，日月五星，各自有元，交會遲疾，亦並置差，裁得朔氣合而已，[21]條序紛錯，不及古意。今設法日月五緯交會遲疾，[22]悉以上元歲首爲始，群流共源，庶無乖誤。[23]

[1]章：古代曆法名詞。漢初所傳的曆法以十九年爲一章。參見《續漢書·律曆志》。

[2]令却合周、漢：此指用以上所改章法來推算周代與漢代，閏月完全符合。

[3]《堯典》：《尚書》中的一章。　日短：晝短。此指二十四節氣中的冬至。　星昴：昴星，二十八宿之一，白虎七宿的第四宿。有亮星七顆，仲冬夜晚七星並見，故曰“以正仲冬”。參見《尚書·堯典》孔穎達疏。

[4]唐世：指唐堯時代。

[5]漢代之初，即用秦曆：“漢”“用”二字原漏，又“代”原訛“伐”。中華本校勘記云：“據局本補改。按錢大昕《廿二史考異》云：《宋志》云漢代之初，即用秦曆。此誤‘代’爲‘伐’，又脱‘漢’‘用’二字。”今從補改。

[6]牽牛：星宿名。即牛星。二十八宿之一，玄武七星的第二宿，有星六顆。

[7]斗：星宿名。此指北斗星。　二十二：指二十二度。朱季海《校議》云：“《釋天》‘星紀，斗牽牛也’，疑是太初後人所加。五家之法，皆在斗也。《逸周書·周月篇》云‘日月俱起于牽牛之初’，此亦太初後人語。”（第118頁）

[8]中星：二十八宿分布四方，按一定軌道運轉，依次每月行至中天南方的星稱中星。觀察中星可確定四時。

[9]蝕望：朔望，農曆每月的初一和十五。

[10]七曜：指北斗七星。

[11]子爲辰首：舊時把一晝夜分爲十二個時辰，用十二地支表示，子時在夜十一時至次晨一時，爲十二時辰之首。

[12]爻（yáo）：《周易》中組成卦的符號，“—”爲陽爻，“--”爲陰爻。每卦六爻。鄭玄用“乾”“坤”六爻與十二時辰配合，稱爲爻辰。　初九：六爻中第一爻爲陽爻者（“九”稱“老陽”），表明事物正處於發展上升的初級階段。參見《易·乾》。

[13]虚：星宿名。北方玄武七宿之一，居中間。古人據其運行情況，以考正仲秋節令。

[14]元氣：指天地未分前的混沌之氣。《漢書·律曆志》：“太極元氣，函三爲一。”顔師古注引孟康曰：“元氣始起於子，未分之時，天地人混合爲一。”

[15]虞喜：字仲寧，東晋會稽人，專心經傳，兼覽讖緯，著有《安天論》。《晋書》卷九一有傳。

[16]上元：古代律法名稱之一。《史記·天官書》：“其紀上元。”《新五代史·司天考》：“布算積分，上求數千萬歲之前，必得甲子朔旦夜半冬至，而日、月、五星皆會于子，謂之上元，以爲曆始。”　日度：太陽在黄道上的運動度數。《宋書·律曆志中》：“推日度術曰：以紀法乘朔積日，滿周天去之，餘以紀法除之，所得爲度，不盡爲分。”

[17]虚一：朱季海《校議》云：“《釋天》：‘北陸，虚也。’《左傳》昭公四年《正義》引孫炎：‘陸，中也。北方之宿，虚爲中也。’”（第119頁）

[18]日辰：指天干和地支。漢王充《論衡·詰術篇》：“日十而辰十二，日辰相配，故甲與子連。”

[19]曆法設元：漢《三統曆》以四千六百一十七年爲一個周期，稱一元。

[20]交會：天文學名詞。指黄道和白道相交會。

[21]朔氣：天文學名詞。指節令。《周禮·春官·太史》“正歲年以序事”唐賈公彦疏：“一年之内有二十四氣……節氣，一名朔氣。”

[22]五緯：指金、木、水、火、土五星。《周禮·春官·大宗伯》“以實柴祀日月星辰”賈公彦疏：“五緯，即五星……言緯者，二十八宿隨天左轉爲經，五星右旋爲緯。”

[23]庶無乖誤：此四字原闕，中華本據南監本、毛本、殿本、局本補。今從補。

> 若夫測以定形，據以實效。懸象著明，[1]尺表之驗可推；[2]動氣幽微，[3]寸管之候不忒。[4]今臣所立，易以取信。但綜覈始終，大存緩密，革新變舊，有約有繁。用約之條，理不自懼，用繁之意，顧非謬然。何者？夫紀閏參差，數各有分，[5]分之爲體，非不細密，臣是用深惜毫釐，以全求妙之准，不辭積累，以成永定之製，非爲思而莫知，悟而弗改也。若所上萬一可採，伏願頒宣群司，賜垂詳究。

事奏。孝武令朝士善曆者難之，不能屈。會帝崩，不施行。出爲婁縣令，[6]謁者僕射。[7]

[1]懸象：指日月星辰等天象。

[2]尺表：古代用以測日影的一種儀器。

[3]動氣：指二十四節氣的移動推進。

[4]寸管：一種候氣的短小律管。《文選》陸機《演連珠》：“是以寸管下傃，天地不能以氣欺。”李善注：“寸管，黄鍾九寸之律，以灰飛，所以辨天地之數，即示近之義也。” 忒（tè）：

差錯。

[5]數：曆數。《史記》卷一《五帝本紀》："數法日月星辰，敬授民時。"司馬貞《索隱》："謂命羲和以曆數之法觀察日月星辰之早晚。"　分：指數的整體中的一部分。

[6]婁縣：縣名。治所在今江蘇昆山市東北。

[7]謁者僕射：謁者臺官。掌朝覲賓饗。秩五品。

初，宋武平關中，[1]得姚興指南車，[2]有外形而無機巧，每行，使人於內轉之。昇明中，太祖輔政，使冲之追修古法。冲之改造銅機，圓轉不窮，而司方如一，[3]馬鈞以來未有也。[4]時有北人索馭驎者，亦云能造指南車，太祖使與冲之各造，使於樂遊苑對共校試，[5]而頗有差僻，乃毀焚之。[6]永明中，竟陵王子良好古，冲之造欹器獻之。[7]

[1]宋武平關中：指東晋義熙十三年（417）劉裕（即後來的宋武帝）率晋軍渡黄河北上破後秦軍，後秦主姚泓出城投降，後秦滅。詳見《宋書》卷一《武帝紀上》。

[2]姚興：後秦主，義熙十二年（416）興死，其子泓嗣。劉裕滅後秦，搜奪其所藏彝器、渾儀、土圭、指南車等寶物。

[3]司方：指所指的南方方向。

[4]馬鈞以來未有也：馬鈞，三國蜀人，有巧思，作指南車，又曾助諸葛亮作連弩。參見《三國志》卷三三《蜀書·諸葛亮傳》。中華本校勘記云："'鈞'各本作'均'，今據《三國志》改正。按'未'下《元龜》九百八有'之'字。"今從改。

[5]樂遊苑：南朝宋置。在今江蘇南京市玄武湖側。

[6]乃毀焚之：《南史》卷七二此句後云："晋時杜預有巧思，

造攲器，三改不成。”

[7]攲（qī）器：古代一種傾斜易覆的盛水器。水少則傾，中則正，滿則溢。人君常置於左右以爲戒，有謙受益、滿招損之意。按，朱季海《校議》云：“《隋志·經籍三·小説》有：‘魯史攲器圖一卷，儀同劉徽注。’文遠能傳其法耳。”（第119頁）

文惠太子在東宫，[1]見冲之曆法，啓世祖施行，文惠尋薨，事又寢。轉長水校尉，領本職。冲之造《安邊論》，欲開屯田，廣農殖。建武中，明帝使冲之巡行四方，興造大業，可以利百姓者，會連有軍事，[2]事竟不行。

[1]在東宫：“在”字原無，中華本據殿本、局本補。今從補。

[2]連有軍事：指與北魏的戰争。“軍”字原闕，中華本據殿本、局本補。今從補。

冲之解鍾律，[1]博塞當時獨絶，[2]莫能對者。以諸葛亮有木牛流馬，乃造一器，不因風水，施機自運，不勞人力。又造千里船，於新亭江試之，日行百餘里。於樂遊苑造水碓磨，世祖親自臨視。又特善筭。[3]永元二年，冲之卒。年七十二。著《易》《老》《莊》義，釋《論語》《孝經》，注《九章》，造《綴述》數十篇。[4]

[1]鍾律：指禮樂音律。鍾，古代禮樂器。

[2]博塞（sài）：古代博戲。《莊子·駢拇》：“博塞以遊。”成玄英疏：“行五道而投瓊（即骰子）曰博，不投瓊曰塞。”

[3]筭：指計算之術。筭，“算”的異體字。

［4］《綴述》：朱季海《校議》云："《隋志·經籍三·曆數》有'《綴術》六卷'，次諸家《九章》後，不著作者。鄭樵《通志略》題祖冲之。然'述'當爲'術'，'綴術'自是算學用語。"（第119頁）今按，《南史》卷七二傳後附記冲之子暅之、孫皓，皆傳家學，有巧思，善算曆。

賈淵字希鏡，[1]平陽襄陵人也。[2]祖弼之，晋員外郎。父匪之，驃騎參軍。

［1］賈淵：《南史》卷七二亦有傳，因避唐諱，以其字希鏡代名。

［2］平陽襄陵：平陽郡襄陵縣，治所在今山西臨汾市東南古城莊。

世傳譜學。[1]孝武世，青州人發古冢，銘云"青州世子，東海女郎"。帝問學士鮑照、徐爰、蘇寶生，[2]並不能悉。淵對曰："此是司馬越女嫁苟晞兒。"[3]檢訪果然。由是見遇。敕淵注《郭子》。[4]

［1］世傳：《南史》卷七二作"家傳"。　譜學：研究譜諜的學問。譜諜，記述氏族或家族世系的書籍。

［2］鮑照、徐爰、蘇寶生：鮑、徐、蘇三人皆南朝宋名士。《鮑照傳》見《宋書》卷五一及《南史》卷一三，《徐爰傳》見《宋書》卷九四及《南史》卷七七，蘇寶生傳見《宋書》卷七五。

［3］司馬越：晋高密王司馬泰次子，封東海王。西晋懷帝永嘉年間，委政於越，權傾一時。《晋書》卷五九有傳。　苟晞：東晋山陽（屬青州）人，練於官事，爲東海王司馬越所重，結爲兄弟，

並將愛女嫁給荀晞之子。《晉書》卷六一有傳。

［4］《郭子》：東晉郭澄之撰。爲軼事小説集，記兩晉上層社會人物的言語談論、人物品評、軼聞瑣事等，具有一定的文獻史料價值。

泰始初，[1]辟丹陽郡主簿，奉朝請，太學博士，[2]安成王撫軍行參軍，[3]出爲丹徒令。[4]昇明中，太祖嘉淵世學，[5]取爲驃騎參軍，武陵王國郎中令，[6]補餘姚令。[7]未行，仍爲義興郡丞。[8]永明初，轉尚書外兵郎，[9]歷大司馬司徒府參軍。竟陵王子良使淵撰《見客譜》，出爲句容令。[10]

［1］泰始初：中華本校勘記云："'泰'訛爲'太'，各本並訛，今改正。"今從改。

［2］太學博士：太學（古代國學）的教官。掌教習太學生。

［3］安成王：名子孟，字孝光，宋孝武帝劉駿第十六子。初封淮南王，後改封安成王。《宋書》卷八〇有傳。

［4］丹徒：縣名。治所在今江蘇鎮江市南丹徒鎮。

［5］太祖嘉淵世學：太祖指蕭道成。按，當時蕭道成輔政，加驃騎大將軍，取淵爲驃騎大將軍府參軍。

［6］武陵王：名曅，字宣照，齊高帝（太祖）蕭道成第五子，出爲江州刺史，丹陽尹。本書卷三五有傳。　郎中令：王國屬官，掌顧問參議。

［7］餘姚：縣名。治所在今浙江餘姚市。

［8］義興郡：治所在今江蘇宜興市。

［9］尚書外兵郎：南朝齊尚書省五兵尚書領中兵、外兵二曹，外兵郎掌外兵曹。

［10］句容：縣名。治所即今江蘇句容市。

先是譜學未有名家，淵祖弼之廣集百氏譜記，專心治業。晉太元中，[1]朝廷給弼之令史書吏，[2]撰定繕寫，藏祕閣及左民曹。[3]淵父及淵三世傳學，凡十八州士族譜，合百帙七百餘卷，[4]該究精悉，當世莫比。永明中，衛軍王儉抄次《百家譜》，[5]與淵參懷撰定。[6]

[1]太元：晉孝武帝年號。

[2]令史：掌文書案牘的小官。　書吏：承辦繕寫文書的屬吏。

[3]祕閣：秘府，皇宫藏秘籍圖書之所。　左民曹：尚書省屬曹，掌天下户籍、記賬等事。　及：原作“乃遷”，中華本校勘記云：“據《元龜》五百六十、五百六十一改。按此言以寫定本藏祕閣及左民曹，非言淵遷官左民曹也。”

[4]百帙：“帙”原作“袠”，從中華本改。

[5]衛軍：指衛軍將軍。

[6]參懷：商討研究。

建武初，淵遷長水校尉。荒傖人王泰寶買襲琅邪譜，[1]尚書令王晏以啓高宗，淵坐被收，[2]當極法，[3]子棲長謝罪，稽顙流血，朝廷哀之，免淵罪。數年，始安王遥光板撫軍諮議，[4]不就，仍爲北中郎參軍。中興元年，[5]卒。年六十二。撰氏族要狀及人名書，並行於世。

[1]荒傖人：賤人，小人。　買襲琅邪譜：指王泰寶買通賈淵僞造自家承襲琅邪王氏宗譜，以擡高門望。按，晉王羲之原籍山東琅邪，因以琅邪代指王氏。

[2]收：拘捕。原訛“求”，中華本據《南史》《册府元龜》卷

五六〇改正。今從改。

[3]極法：指處以極刑。

[4]撫軍諮議：指撫軍將軍府諮議參軍。

[5]中興：齊和帝年號。

史臣曰：文章者，蓋情性之風標，神明之律吕也。藴思含毫，遊心内運，放言落紙，氣韻天成。莫不禀以生靈，[1]遷乎愛嗜，[2]機見殊門，[3]賞悟紛雜。若子桓之品藻人才，[4]仲治之區判文體，[5]陸機辨於《文賦》，[6]李充論於翰林，[7]張眎擿句褒貶，[8]顔延圖寫情興，[9]各任懷抱，共爲權衡。屬文之道，事出神思，感召無象，變化不窮。俱五聲之音響，而出言異句；等萬物之情狀，而下筆殊形。吟詠規範，本之雅什，[10]流分條散，各以言區。若陳思代馬群章，[11]王粲飛鸞諸製，[12]四言之美，前超後絶。少卿離辭，[13]五言才骨，難與争鶩。桂林湘水，[14]平子之華篇，飛館玉池，[15]魏文之麗篆，七言之作，非此誰先。卿、雲巨麗，[16]升堂冠冕，張、左恢廓，[17]登高不繼，賦貴披陳，未或加矣。顯宗之述傅毅，[18]簡文之摛彦伯，[19]分言制句，多得頌體。[20]裴頠内侍，[21]元規鳳池，[22]子章以來，[23]章表之選。孫綽之碑，[24]嗣伯喈之後，[25]謝莊之誄，[26]起安仁之塵，[27]顔延《楊瓚》，[28]自比《馬督》，[29]以多稱貴，歸莊爲允。王褒《僮約》，[30]束晳《發蒙》，[31]滑稽之流，亦可奇瑋。五言之製，獨秀衆品。習玩爲理，事久則瀆，在乎文章，彌患凡舊。若無新變，不能代雄。建安一體，[32]《典論》短長互出；[33]潘、陸齊名，機、岳之文永異。[34]江左風味，[35]盛道家之言，郭璞舉其靈變，[36]許詢極其名理，[37]仲文玄氣，[38]猶不盡除，謝混情新，[39]得名未盛。顔、謝竝起，[40]乃各擅奇，休、鮑後出，[41]咸亦標世。[42]朱藍共妍，不相祖述。[43]今之文章，作者雖衆，總而爲論，略有三體。一則啓心閑繹，[44]託辭華曠，雖存巧綺，終致迂回。[45]宜登公宴，[46]本非准的。[47]而疏慢闡緩，膏肓之病，典正可採，酷不入情。[48]此體之源，出靈運而成也。次則緝事比類，[49]非對不發，[50]博物可嘉，職成拘制。或全借古語，用申今情，崎嶇牽引，直爲偶説。唯覩事例，頓失清采。[51]此則傅咸五經，[52]應璩指事，[53]雖不全似，可以類從。次則發唱驚挺，[54]操調險急，雕藻淫豔，傾炫心魂。亦猶五色之有紅紫，[55]八音之有鄭、衛。[56]斯鮑照之遺烈也。三體之外，請試妄談。若夫委自天機，參之史傳，應思悱來，[57]勿先構聚。言尚易了，[58]文憎過意，[59]吐石含金，[60]滋潤婉切。雜以風謠，[61]輕脣利吻，[62]不雅不俗，獨中胸懷。輪扁斲輪，[63]言之未盡，文人談士，[64]罕或兼工。非唯識有不周，道實相妨，談家所習，理勝其辭，就此求文，終然翳奪。[65]故兼之者鮮矣。

[1]稟以生靈：賦予生命，謂好文章寫得血肉豐滿，栩栩如生。

[2]遷乎愛嗜：指作品的内容和形式受作家主觀愛好的支配。

[3]機見殊門：指評論者識見不同。

[4]子桓：三國魏曹丕字。他在《典論·論文》中，品評孔融、陳琳、王粲、徐幹、阮瑀、應瑒、劉楨“建安七子”的文學成就。

［5］仲治："治"應爲"洽"。洽，即晋摯虞字。他寫有《文章志》《流别集》，論述文章的流派與得失。《晋書》卷五一有傳。

［6］陸機：字士衡，西晋文學家。寫有《文賦》，從文學作品思想内容和藝術形式關係的角度評論文學。《晋書》卷五四有傳。

［7］李充：字弘度，仕晋，官至著作郎。他撰有《翰林論》，從文體辨析角度評論文學。《晋書》卷九二有傳。

［8］張眎：南朝宋人，生世不詳。著作亡佚，"擿句褒貶"，可見其評文重視章句詞藻。擿，通"摘"。

［9］顔延：指顔延之，南朝宋文學家，創作豐富，後人輯有《顔光禄集》。《宋書》卷七三有傳。

［10］雅什：指《詩經》《楚辭》等高雅的詩章。古人作詩，均以之爲典範。

［11］陳思：指三國魏陳思王曹植。　代馬：指曹植雜體四言《朔風詩》，詩的開頭有"願騁代馬，倏忽北徂"之句。見《文選》卷二九。

［12］王粲：字仲宣，"建安七子"之一。　飛鸞：指王粲四言《贈蔡子篤詩》，詩的開頭有"翼翼飛鸞，載飛載東"之句。見《王粲集》。

［13］少卿離辭：指漢李陵（字少卿）《與蘇武三首》詩，寫二人"携手上河梁"的離情别緒。此詩在中國文學史上被公認爲五言濫觴。見《文選》卷二九。

［14］桂林湘水：指漢張衡（字平子）七言詩《四愁詩》，詩中有"我所思公在桂林，欲往從之湘水深"句。見《漢詩》卷六，《先秦漢魏晋南北朝詩》。

［15］飛館玉池：指魏文帝曹丕的樂府詩《善哉行》《燕歌行》等，其中有"朝游高臺觀，夕宴華池陰"句。其《燕歌行》爲中國早期七言詩的代表作。見《文選》卷二七。

［16］卿、雲：指漢賦的代表作家司馬相如（字長卿）和揚雄（字子雲）。他們的代表作有《子虛賦》《上林賦》和《甘泉賦》

《羽獵賦》等。

［17］張、左：指漢張衡和晋左思，均爲著名辭賦家。他們的代表作有《二京賦》（西京、東京）和《三都賦》（蜀都、吴都、魏都）。　恢廓：指文章描寫的場面大，氣魄宏偉。

［18］傅毅：東漢文學家。他追美已故漢明帝（廟號顯宗）的功德，作《顯宗頌》十篇上奏。見《後漢書》卷八〇上《傅毅傳》。

［19］彦伯：東晋袁宏字。他曾仕晋簡文帝，因見傅毅的《顯宗頌》，乃模仿其作，作頌九章，頌簡文之德。見《晋書》卷九二《袁宏傳》。

［20］頌體：文體的一種，以頌揚功德爲主旨。南朝梁劉勰《文心雕龍·頌贊》："原夫頌惟典雅，辭必清鑠。敷寫似賦，而不入華侈之區；敬慎如銘，而異乎規戒之域。"

［21］裴頠：字逸民，仕晋，官至侍中。有文才，善寫表章上諫。《晋書》卷三五有傳。

［22］元規：東晋庾亮字，官至中書監，擅長寫表章。《晋書》卷七三有傳。　鳳池：鳳凰池，禁苑中的池沼。晋時中書監置於禁苑，故稱中書監爲鳳池。

［23］子章：東漢邊鳳字，曾任京兆尹。長於表章之文，與延篤並稱。詳見《後漢書》卷六四。按，朱季海《校議》云："子章當爲孔璋。琳（陳琳）、瑀（阮瑀）章表，有譽當時，孔璋稱健，則其標也。"（第119頁）

［24］孫綽：字興公，東晋文學家，善寫碑文。當時王公貴族死，都請綽寫墓碑文。《藝文類聚》卷四五引有綽《丞相王導碑》《太宰郗鑒碑》，卷四六引有《太尉庾亮碑》。

［25］伯喈：東漢蔡邕字。邕善寫碑文，著名的有《楊公碑》《郭有道碑》《陳太丘碑文》等。參見《文心雕龍·誄碑》。

［26］謝莊：字希逸，南朝宋人，善寫誄文。宋孝武帝寵妃宣貴妃死，莊作誄，孝武讀之，流涕慟哭，歎曰："不謂當今復有此

才!”都下傳寫，紙墨爲之貴。見《文選》卷五七。

［27］起安仁之塵：用潘岳望塵而拜的典故，言謝莊崇拜潘岳的誄文。安仁，晋潘岳字，善寫哀悼文，劉勰評他“巧於序悲，易入新切”（《文心雕龍·誄碑》）。《文選》卷五六、五七選有潘岳的《楊仲武誄》《夏侯常侍碑》《馬汧督誄》等。

［28］顔延《楊瓚》：指顔延之撰寫的《陽給事誄》，見《文選》卷五七。按，“楊瓚”之“楊”當是“陽”之訛。

［29］《馬督》：潘岳的《馬汧督誄》。

［30］王褒：字子淵。漢宣帝時爲諫大夫。爲文尚諧。《漢書》卷六四下有傳。　《僮約》：見《藝文類聚》卷三五。前人評此文“僮約諧放，頗近東方”。見明張溥《漢魏六朝百三家集·王諫議集題辭》。

［31］束晳：字廣微，仕晋。憤世疾俗，有《發蒙記》一卷，其中《勸農》《賣餅》等賦，爲諷世之作。見《漢魏六朝百三家集·束陽平集》。

［32］建安一體：指漢魏之際曹操父子和“建安七子”等人所倡導的反映現實、慷慨剛健的文風。建安，東漢末代皇帝漢獻帝的年號，代指漢魏之際。

［33］《典論》短長互出：此指《典論·論文》對當時作家作品的優缺點全面予以評估。

［34］潘、陸齊名，機、岳之文永異：此指晋潘岳、陸機雖同時聞名於文壇，但兩人的文風迥然不同。

［35］江左風味：指東晋。南朝作家作品的特殊風氣。

［36］郭璞：字景純，東晋人。信道教，好神仙，寫有《游仙詩》數十首。見《文選》卷二一。

［37］許詢：字玄度，東晋名士。通玄學，好辨論。參見《世説新語·文學》。

［38］仲文：指殷仲文，東晋名士，以善説名理著稱。事桓玄，玄篡位入宫，其牀忽陷，群下失色，仲文曰：“將由聖德深厚，地

不能載。”玄大喜。《晉書》卷九九有傳。　玄氣：指語意玄妙莫測。

[39]謝混：字叔源，東晉太傅謝安之孫。善詩文，時人評謂“風格高峻”。見《晉詩》卷一四，《先秦漢魏晉南北朝詩》。

[40]顔、謝：南朝宋詩人顔延之、謝靈運的並稱。二人詩風不同，都很有名。

[41]休、鮑：南朝宋詩人湯惠休和鮑照的並稱。兩人均受當時民歌影響，詩風清新綺麗。

[42]標：原作“摽”，從中華本改。

[43]朱藍共妍，不相祖述：指當時不同風格的作品都很美妙，不相祖述，各自創新。

[44]啓心閑繹：指表達思想感情悠閑舒緩。

[45]迂回：指文意曲折，隱晦難懂。

[46]宜登公宴：意思説這類文章乃公卿宴會上的應酬之作。

[47]本非准的："非"原作"凡"，中華本校勘記云："據毛本、殿本、局本改正。按南監本作‘未爲准的’。"今從改。

[48]酷不入情：指文章内容死板，没有感情。

[49]緝事比類：指搜集事例和典故，分類整理，敷衍成文。

[50]對：對偶。

[51]清采：中華本校勘記云："各本並作‘精采’。"

[52]傅咸：字長虞，晉傅玄之子。諳熟五經，以經入詩，寫有《孝經詩》《論語詩》《周易詩》等。見《晉詩》卷三，《先秦漢魏晉南北朝詩》。

[53]應璩：字休璉，三國魏人。作《百一詩》，一百零一首，指陳時事，諷戒在位者“百慮有一失”，故命名“百一”。見《魏詩》卷八，《先秦漢魏晉南北朝詩》。

[54]發唱驚挺：指出言奇特，突兀硬直。

[55]紅紫：代表正邪兩種顔色。語本《論語·陽貨》："子曰：惡紫之奪朱也。"

［56］鄭、衛：指淫靡之音。《論語・衛靈公》："子曰：鄭聲淫。"

［57］應思悱來：指文章應寫出人人心中所有而筆下所無的東西。語出《論語・述而》："不憤不啓，不悱不發。"朱熹《集注》："口欲言而未能之貌。"

［58］易了：指文章語言要簡易明了。

［59］過意：指文意過繁，主旨不突出。

［60］吐石含金：比喻語言精粹有力。

［61］雜以風謡：指作家應從民間歌謡中吸取營養。

［62］輕脣利吻：形容民歌輕鬆明快的風格。

［63］輪扁斲輪：比喻實踐經驗豐富，纔能得心應手，寫出好作品。輪扁，古代製造車輪的名匠。他説："斲輪徐則甘而不固，疾則苦而不入，不徐不疾，得之於手，而應於心，口不能言。"見《莊子・天道》。

［64］文人：這裏指文學家。　談士：這裏指論辯家。

［65］翳奪：隔膜。

贊曰：學亞生知，[1] 多識前仁。文成筆下。芬藻麗春。

［1］學亞生知：謂學而知之次於先知先覺。語出《論語・季氏》："子曰：生而知之者上也，學而知之者次也。"

南齊書　卷五三

列傳第三十四

良政

傅琰　虞愿　劉懷慰　裴昭明　沈憲　李珪之　孔琇之

太祖承宋氏奢縱，[1]風移百城，輔立幼主，[2]思振民瘼。爲政未期，擢山陰令傅琰爲益州刺史。[3]乃損華反樸，恭己南面，[4]導民以躬，[5]意存勿擾。[6]以山陰大邑，獄訟繁滋，建元三年，[7]别置獄丞，與建康爲比。[8]永明繼運，[9]垂心治術。杖威善斷，猶多漏網，長吏犯法，封刃行誅。[10]郡縣居職，以三周爲小滿。[11]水旱之災，輒加賑卹。明帝自在布衣，[12]曉達吏事，君臨億兆，專務刀筆，未嘗枉法申恩，守宰以之肅震。

[1]太祖：南朝齊開國皇帝蕭道成的廟號。　宋氏：指南朝宋。《通鑑》卷一三五《齊紀一》“高帝建元元年”條：“員外散騎郎劉思效上言：‘宋自大明以來，漸見凋弊，徵賦有加而天府尤貧。小

民嗷嗷，殆無生意；而貴族富室，以侈麗相高……陛下宜一新王度，革正其失。’”

[2]輔立幼主：幼主指宋順帝劉準，明帝第三子，十歲立爲帝。時蕭道成輔政，任太傅，相國，都督中外諸軍事。

[3]山陰：縣名。因在會稽山之陰而得名。治所在今浙江紹興市。　益州：州名。治所在今四川成都市。

[4]恭己南面：指宋昇明三年（479）順帝禪位，齊高帝即位，齊、宋代立。

[5]導民以躬：謂以身作則來引導百姓。

[6]意存勿擾：謂意在繼承與民休息的古風。漢桓寬《鹽鐵論·詔聖》："民之仰法，猶魚之仰水。水清則静，濁則擾。擾則不安其居，静則樂其業。"

[7]建元：齊高帝年號。

[8]建康：南朝首都。今江蘇南京市。

[9]永明繼運：指齊武帝蕭賾繼位。永明，齊武帝年號。

[10]封刃：指授予誅殺大權。

[11]以三周爲小滿：指地方官以三周年爲一任滿期。《通鑑》卷一三五《齊紀一》"武帝永明元年"條："宋末，以治民之官六年過久，乃以三年爲斷，謂之小滿。"

[12]明帝：指齊明帝蕭鸞。蕭鸞少孤，早年曾任縣令，有嚴能之名。詳見本書卷六本紀。

永明之世，十許年中，百姓無雞鳴犬吠之警，都邑之盛，士女富逸，歌聲舞節，袨服華粧，桃花緑水之間，秋月春風之下，蓋以百數。及建武之興，[1]虜難猋急，[2]征役連歲，不遑啓居，[3]軍國糜耗，從此衰矣。

[1]建武：齊明帝年號。

[2]虜難：虜指索虜。南北朝時南朝對北朝的蔑稱。明帝時，北朝加緊南侵。詳見本書卷五七《索虜傳》。 猋（biāo）急：形容危急。

[3]啓居：指跪和坐，均爲古人家居生活行爲，泛指安居。語出《詩·小雅·采薇》："不遑啓居，玁狁之故。"

齊世善政著名表績無幾焉，位次遷升，非直止乎城邑。[1]今取其清察有迹者，餘則隨以附焉。

[1]直：衹，衹有。

傅琰字季珪，[1]北地靈州人也。[2]祖邵，[3]員外郎。[4]父僧祐，安東録事參軍。[5]

[1]傅琰：《南史》卷七〇亦有傳，記其家世較詳。

[2]北地靈州：北地郡靈州縣。治所在今寧夏吴忠市北。

[3]祖邵：邵，《南史》卷七〇作"劭，字彦先"。"祖"前《南史》卷七〇記其曾祖云："曾祖弘仁，宋武帝之外弟，以中表歷顯官，位太常卿。"

[4]員外郎：員外散騎侍郎的省稱。門下省官。掌奏事，直侍左右。秩五品。

[5]安東録事參軍：安東將軍府屬吏。掌府曹文翰。按，《南史》卷七〇此句作："山陰令，有能名。"

琰美姿儀，解褐寧蠻參軍，[1]本州主簿，[2]寧蠻功曹。[3]宋永光元年，[4]補諸暨武康令，[5]廣威將軍，[6]除尚書左民郎，[7]又爲武康令，將軍如故。除吴興郡丞。[8]泰始六年，[9]遷山陰令。山陰，東土大縣，難爲長官，僧祐在縣有稱，[10]琰尤明察，又著能名。[11]其年爵新亭侯。[12]元徽初，[13]遷尚書右丞。[14]

[1]寧蠻參軍：寧蠻校尉的屬吏。寧蠻校尉爲防邊武官，主護少數民族，隸雍州。

[2]本州：指寧蠻校尉所隸的雍州。治所在今湖北襄陽市。　主簿：掌管文書簿籍及監守印信。

[3]寧蠻功曹：寧蠻校尉所在州府中的曹官之一。主辦有關少數民族的事務。

[4]永光：宋前廢帝年號。

[5]諸暨：縣名。治所在今浙江諸暨市。　武康：縣名。治所在今浙江德清縣武康鎮。按，此處疑有誤，不可能補兩縣縣令。《南史》卷七〇作："爲武康令，遷山陰令，並著能名，二縣皆謂之'傅聖'，賜爵新亭侯。"

[6]廣威將軍：南朝時爲加官性質的榮譽稱號，非實授。

[7]尚書左民郎：尚書省屬官。掌户籍、工官之事。

[8]吴興：郡名。治所在今浙江湖州市吴興區南下菰城。　郡丞：爲太守之副。

[9]泰始：宋明帝年號。

[10]僧祐在縣有稱：此指傅琰父僧祐曾任山陰令，有政績。

[11]能名："能"字原無，中華本據南監本、殿本、局本補。今從補。

[12]爵：《南史》卷七〇作"賜爵"。爵分五等，侯爲第二等。　新亭：城名。在今江蘇南京市南，地近江濱，依山築城壘，爲軍事要塞。新亭爲侯的封地。

[13]元徽：宋後廢帝年號。

[14]尚書右丞：爲尚書省僅次於令、僕的官，主庫藏、器用及

錢穀之事。秩六品。

遭母喪，居南岸，鄰家失火，延燒琰屋，琰抱柩不動，鄰人競來赴救，乃得俱全。琰股髀之閒，已被煙焰。服闋，除邵陵王左軍諮議，[1]江夏王録事參軍。[2]

［1］邵陵王：名友，字仲賢。宋明帝第七子。後廢帝時受封，出爲持節、都督江豫諸州軍事、南中郎將、江州刺史。順帝即位，進號左將軍。《宋書》卷九〇有傳。　左軍諮議：左將軍府諮議參軍。主諮詢參謀軍事。按，左將軍即左軍將，爲前後左右四將軍之一，分掌宿衛營兵。秩四品。

［2］江夏王：泰始七年（471）宋明帝以第八子躋繼江夏義恭爲孫，襲封江夏王，都督會稽等五郡軍事、會稽太守，進號左將軍。詳見《宋書》卷六一《江夏文獻王義恭傳》。

太祖輔政，以山陰獄訟煩積，復以琰爲山陰令。賣針賣糖老姥争團絲，來詣琰，琰不辨覈，縛團絲於柱鞭之，密視有鐵屑，乃罰賣糖者。二野父争雞，琰各問何以食雞?[1]一人云“粟”，一人云“豆”，乃破雞，得粟，罪言豆者。縣内稱神明，無敢復爲偷盗。琰父子並著奇績，江左鮮有。世云“諸傅有《治縣譜》，子孫相傳，不以示人”。[2]

［1］何以食雞：指以何物喂雞。“雞”字原無，中華本據南監本、殿本、局本及《御覽》卷二六八引補，今從補。

［2］江左鮮有。世云“諸傅有《治縣譜》”：中華本校勘記云：

“世，南監本、殿本、局本及《元龜》七百七十一並作‘匹’，屬上讀。按作‘世’不訛，《南史》作‘時云諸傅有理縣譜’可證。《南史》改‘世’爲‘時’，改‘治’爲‘理’，蓋避唐諱。”

昇明二年，[1]太祖擢爲假節、督益寧二州軍事、建威將軍、益州刺史、宋寧太守。[2]建元元年，進號寧朔將軍。[3]四年，徵驍騎將軍，[4]黄門郎。[5]永明二年，還建威將軍、安陸王北中郎長史，[6]改寧朔將軍。明年，徙廬陵王安西長史、南郡内史，[7]行荆州事。[8]五年，卒。琰喪西還，有詔出臨。[9]

[1]昇明：宋順帝年號。

[2]假節：授節。古代君主授予軍事、外交使臣符節，以作憑證。持節者掌有生殺大權。分三等：使持節爲上，持節次之，假節爲下。使持節得殺二千石以下；持節殺无官位人，若在軍事時期與使持節同；假節唯在軍事時期得殺犯軍令者。詳見《宋書·百官志上》。　益：州名。治所在今四川成都市。　寧：州名。南朝宋時治所在今雲南曲靖市。　建威將軍：南朝時爲加官性質的榮譽虚號。　宋寧：郡名。治所在今四川成都市北。按，《南史》卷七〇此處云：“自縣遷州，近世罕有。”

[3]寧朔將軍：與建威將軍性質相同。

[4]驍騎將軍：禁衛軍官名。分掌宿衛營兵。秩四品。

[5]黄門郎：“給事黄門郎”的省稱。與侍中共掌門下省諸事。秩五品。

[6]安陸王：名子敬，字雲端。齊武帝第五子。永明二年（484）出爲持節、北中郎將、南兖州刺史。本書卷四〇有傳。　北中郎：四中郎將之一。南朝時爲安置諸王及勛臣的榮譽加號。　長史：指北中郎將屬吏。總理日常府務。

[7]廬陵王：名子卿，字雲長，齊武帝第三子。永明初，都督荆湘等七州軍事、安西將軍、荆州刺史。本書卷四〇有傳。　安西：安西將軍，四安將軍之一，南朝爲安置諸王或勛臣的榮譽加號。　南郡内史：南郡太守，王國稱内史。南郡，治所在今湖北荆州市。

[8]行荆州事：指代行荆州刺史事。南朝諸王多年幼出藩，因以長史代行州府事。

[9]出臨（lìn）：吊唁。《南史》卷七〇作“出臨哭”。此後《南史》介紹傅琰之子傅翽云：“琰子翽，爲官亦有能名。後爲吴令，别建康令孫廉，廉因問曰：‘聞丈人發姦擿伏，惠化如神，何以至此?’答曰：‘無他也，唯勤而清，清則憲綱自行，勤則事無不理。憲綱自行則吏不能欺，事自理則物無疑滯，欲不理得乎。’”按，清人牛運震《讀史糾謬》卷七《南齊書糾謬》云：“傅琰父子並著奇績，其子事績不傳，亦一闕漏。”

臨淮劉玄明亦有吏能，[1]爲山陰令，大著名績。琰子翽問之，[2]玄明曰：“我臨去當告卿。”將别，謂之曰：“作縣唯日食一升飰，[3]而莫飲酒。”

[1]臨淮：郡名。在今江蘇盱眙縣。　劉玄明：歷山陰、建康令，有治績。終於司農卿。《南史》卷七〇此處云：“歷山陰、建康令，政常爲天下第一，終於司農卿。”

[2]琰子翽問之：《南史》卷七〇此處作：“後翽又代玄明爲山陰令，問玄明曰：‘願以舊政告新令尹。’答云云。”

[3]飰：“飯”的異體字。《南史》卷七〇作“作縣令唯日食一升飯而莫飲酒，此第一策也”。按，此語意在守清廉。又按，《南史》卷七〇此後又附傅孫岐傳，亦爲良吏。

虞愿字士恭，[1]會稽餘姚人也。[2]祖賫，給事中，[3]監利侯。[4]父望之，早卒。賫中庭橘樹冬熟，子孫競來取之，愿年數歲，獨不取，賫及家人皆異之。

[1]虞愿：《南史》卷七〇亦有傳。

[2]會稽：郡名。治所在今浙江紹興市。　餘姚：縣名。治所在今浙江餘姚市。

[3]給事中：屬門下省。掌顧問應對之事。秩五品。

[4]監利：縣名。治所在今湖北監利縣。監利爲侯的食邑。

元嘉末，[1]爲國子生，[2]再遷湘東王國常侍，[3]轉潯陽王府墨曹參軍。[4]明帝立，[5]以愿儒吏學涉，兼蕃國舊恩，[6]意遇甚厚。除太常丞，[7]尚書祠部郎，[8]通直散騎侍郎，[9]領五郡中正，[10]祠部郎如故。帝性猜忌，體肥憎風，夏月常著皮小衣，拜左右二人爲司風令史，[11]風起方面，[12]輒先啓聞。星文災變，[13]不信太史，[14]不聽外奏，敕靈臺知星二人給愿，[15]常直内省，[16]有異先啓，以相檢察。

[1]元嘉：南明宋文帝年號。

[2]國子生：學官名。即國子助教。協助國子博士分經教授。

[3]湘東王：宋明帝劉彧，文帝第十一子。早年曾封湘東王。常侍：南朝宋於王國大國設左右常侍，掌王府内外事務。秩八品。

[4]潯陽王：名子房，字孝良，宋孝武帝劉駿第六子，大明四年（460）封潯陽王。《宋書》卷八〇有傳。　墨曹參軍：王公府佐吏。掌刑獄。

[5]明帝：指宋明帝。

[6]以愿儒吏學涉，兼蕃國舊恩：此指虞愿善於政事，而且早年曾在湘東王府供職。

[7]太常丞：輔助太常卿掌禮儀、祭祀。秩七品。

[8]尚書祠部郎：尚書省屬官。即祠祭司郎中，掌祠祭。秩六品。

[9]通直散騎侍郎：門下省屬官。掌侍從顧問。

[10]中正：掌考察州郡人才。選本州郡有才德聲望的現任官員擔任。

[11]司風令史：臨時設置的管偵察天氣、風向的官。

[12]方面：方向。

[13]星文：星象。

[14]太史：太常卿屬官。掌時令、天文、曆法等事務。

[15]靈臺：古代帝王觀察天文星象妖祥災異的高壇。　知星：指司星象的人。

[16]内省：指門下省。因在禁内，故稱。

帝以故宅起湘宫寺，[1]費極奢侈。以孝武莊嚴刹七層，[2]帝欲起十層，不可立，分爲兩刹，各五層。新安太守巢尚之罷郡還，[3]見帝，曰："卿至湘宫寺未？我起此寺，是大功德。"[4]愿在側曰："陛下起此寺，皆是百姓賣兒貼婦錢，[5]佛若有知，當悲哭哀愍，罪高佛圖，[6]有何功德？"尚書令袁粲在坐，[7]爲之失色。帝乃怒，使人驅下殿，[8]愿徐去，無異容。以舊恩，少日中，已復召入。

[1]湘宫寺：明帝因曾封湘東王，登帝後以故宅爲湘宫寺。參見《通鑑》卷一三三《宋紀十五》"明帝泰始七年"條胡三省注。

［2］孝武：指宋孝武帝劉駿，爲明帝之兄。　莊嚴刹：孝武帝登帝後所建之佛塔。

［3］新安：郡名。治所在今浙江淳安縣西北。　巢尚之：尚，原作“向”，中華本據諸本及《南史》卷七〇改。　罷郡：指郡守秩滿離職。

［4］是大功德：《通鑑》卷一三三作“此是我大功德，用錢不少”。

［5］貼婦錢：《通鑑》卷一三三胡三省注：“謂夫先有婦，苦於上之征求而不能贍，縱之外求淫夫，貼以贍之。又，帖，亦賣也。”朱季海《南齊書校議》（以下簡稱朱季海《校議》）云：“觀士恭此言，則宋明之世已有貼婦之俗。”（中華書局 1984 年版，第 120 頁）

［6］佛圖：浮圖，佛塔。

［7］尚書令：尚書省長官。總理全國政務。秩三品。　袁粲：《宋書》卷八九、《南史》卷二六有傳。

［8］驅下殿：《南史》卷七〇作“驅曳下殿”。

帝好圍碁，甚拙，去格七八道，[1]物議共欺爲第三品。[2]與第一品王抗圍碁，[3]依品賭戲，抗每饒借之，[4]曰：“皇帝飛碁，臣抗不能斷。”帝終不覺，以爲信然，好之愈篤。愿又曰：“堯以此教丹朱，[5]非人主所宜好也。”[6]雖數忤旨，而蒙賞賜，猶異餘人。遷兼中書郎。[7]

［1］格：圍棋術語，即格五。宋沈括《夢溪筆談·技藝》：“格五，雖止用數棋共行一道……其法已常欲有餘裕，而致敵人於嶮。”

［2］物議共欺爲第三品：清人牛運震《讀史糾謬》卷七《南齊書糾謬》云：“此句不明晰。”

[3]王抗：時任彭城丞，圍棋高手。見《通鑑》卷一三三。

[4]饒借：寬容忍讓。

[5]堯以此教丹朱：《通鑑》卷一三三胡三省注："《博物志》：堯造圍棋以教子丹朱；或云舜以子商均愚，故作圍棋以教之。其法非智者不能也。胡旦曰：以棋爲易，則聰明者而或不能；以爲難，則愚下小人往往精絶。"

[6]非人主所宜好也：此句批評明帝不該因嗜好圍棋而荒廢政務。

[7]中書郎：中書侍郎，掌呈奏案章。秩五品。

帝寢疾，愿常侍醫藥。帝素能食，尤好逐夷，[1]以銀鉢盛蜜漬之，一食數鉢。謂揚州刺史王景文曰：[2]"此是奇味，卿頗足不？"景文曰："臣夙好此物，貧素致之甚難。"帝甚悦。食逐夷積多，胸腹痞脹，氣將絶。左右啓飲數升酢酒，[3]乃消。疾大困，一食汁滓猶至三升，水患積久，[4]藥不復效。大漸日，[5]正坐，呼道人，合掌便絶。愿以侍疾久，轉正員郎。[6]

[1]逐夷：鱁鮧，河豚肉。清俞正燮《癸巳類稿·書〈齊書虞愿傳〉後》："蓋鱁鮧，河豚白蜜漬久藏之，使宜味不失，故起腹氣。貧家不易得。鱁鮧誤爲鯦鮧，又作逐夷。"

[2]王景文：王皇后之兄。《宋書》卷八五、《南史》卷二三有傳。

[3]酢（cù）酒：醋酒。

[4]水患：此指腹部水腫。

[5]大漸：指病危。

[6]正員郎：散騎侍郎的别稱。按，散騎侍郎，門下省官，掌

奏事，直侍左右。秩五品。

出爲晋平太守，[1]在郡不治生産。前政與民交關，[2]質録其兒婦，[3]愿遣人於道奪取將還。在郡立學堂教授。郡舊出髯蚺膽，[4]可爲藥，有餉愿蚺者，愿不忍殺，放二十里外山中，一夜蚺還床下。復送四十里外山，經宿，復還故處。愿更令遠，乃不復歸，論者以爲仁心所致也。海邊有越王石，常隱雲霧。相傳云："清廉太守乃得見。"愿往觀視，清徹無隱蔽。後琅邪王秀之爲郡，[5]與朝士書曰："此郡承虞公之後，善政猶存，遺風易遵，差得無事。"以母老解職，除後軍將軍。[6]褚淵常詣愿，[7]不在，見其眠床上積塵埃，有書數袠。淵歎曰："虞君之清，[8]一至於此。"令人掃地拂床而去。

[1]晋平：郡名。治所在今福建福州市。

[2]前政：指前任太守。　交關：交易，指從事商業活動及放高利貸等。

[3]質録其兒婦：質録，收押、抵押。兒婦，小兒，婦女。此句意謂放高利貸於民，民不能償，則拘捕其兒婦作抵償。

[4]髯蚺：嶺南所産的一種大蛇，長數丈，肉嫩味美。參見《淮南子·精神》"越人得髯蚺"高誘注。

[5]王秀之：字伯奮，仕南朝宋、齊，有政聲。本書卷四六、《南史》卷二四有傳。　爲郡：指繼虞愿後任晋平太守。

[6]後軍將軍：禁衛軍官名。分掌宿衛營兵。秩四品。

[7]褚淵：字彦回，歷仕南朝宋、齊，有政聲。本書卷二三、《南史》卷二八有傳。

[8]虞君：原訛"虞晨"，中華本據殿本、局本改正，又按云：

"南監本作'虞愿之清'。"今從中華本改。

遷中書郎，領東觀祭酒。[1]兄季，爲上虞令，[2]卒。愿從省步還家，[3]不待詔便歸東。[4]除驍騎將軍，遷廷尉，[5]祭酒如故。愿嘗事宋明帝，齊初宋神主遷汝陰廟，[6]愿拜辭流涕。建元元年，卒。年五十四。愿著《五經論問》，撰《會稽記》，文翰數十篇。

[1]東觀祭酒：列卿太常寺屬官。掌禮儀、祭祀。按，朱季海《校議》引《百官志》"總明觀祭酒一人"議曰："必繩以史法，實當書總明觀祭酒，此從時俗書之爾。"（第120頁）

[2]上虞：縣名。治所在今浙江上虞市。

[3]省：這裏指中書省。

[4]歸東：歸江東。這裏指回朝供職。

[5]廷尉：列卿之一。掌刑辟。秩三品。

[6]齊初宋神主遷汝陰廟：齊建元元年（479）四月，宋順帝禪位，齊高帝即位，奉順帝爲汝陰王，築宮於丹楊（即丹陽，今安徽當塗縣東），遷宋宗廟於此，稱汝陰廟。宋神主，指南朝宋歷代祖先靈牌。

劉懷慰字彥泰，[1]平原平原人也。[2]祖奉伯，元嘉中，爲冠軍長史。[3]父乘民，冀州刺史。[4]懷慰初爲桂陽王征北板行參軍。[5]乘民死於義嘉事難，[6]懷慰持喪，不食醯醬，[7]冬月不絮衣。養孤弟妹，事寡叔母，皆有恩義。

[1]劉懷慰：《南史》卷四九亦有附傳。

[2]平原：縣名。治所在今山東鄒平縣東南。中華本校勘記引清錢大昕《廿二史考異》云："按《劉懷珍》《劉善明》二傳俱云平原人，此獨書平原平原，於例亦未畫一。"

[3]冠軍長史：冠軍將軍府屬吏。爲府吏之長，領辦府務。

[4]冀州：州名。南朝宋元嘉九年（432）僑置，治所在今山東濟南市。

[5]桂陽王：名休範，文帝劉義隆第十八子。明帝泰始初，爲使持節、都督南徐等四州軍事、鎮北將軍、南徐州刺史。《宋書》卷七九有傳。　征北：當爲"鎮北"。　板行：自行辟除。

[6]義嘉事難：宋明帝泰始二年（466），晉安王子勛在潯陽稱帝，改元義嘉。徐、青、冀諸州均起兵響應，不久被鎮壓下去。乘民當因從逆而死。

[7]醯醬：醋和醬，泛指調味品。守喪者食不甘味，故不食醯醬。醯（xī），通"醯"。

復除邵陵王南中郎參軍，[1]廣德令，[2]尚書駕部郎。[3]懷慰宗從善明等，[4]太祖心腹，[5]懷慰亦豫焉。[6]沈攸之有舊，[7]令爲書戒喻攸之，[8]太祖省之稱善。除步兵校尉。[9]

[1]南中郎：指南中郎將，四中郎將之一。南朝爲加官性質的榮譽稱號。

[2]廣德：縣名。治所在今安徽廣德縣西南。

[3]尚書駕部郎：尚書省屬官。掌輿輦、驛傳等駕部事。秩六品。

[4]善明：劉懷慰族弟。歷仕南朝宋、齊，爲齊太祖蕭道成心腹，重要謀士。《南史》卷四九有傳。

[5]太祖：中華本校勘記云："'太祖'上南監本、殿本有

'爲'字。"

[6]豫：參與。此指懷慰亦爲太祖心腹。

[7]沈攸之：宋明帝時重要將領。性驕悍，與蕭道成不睦。《宋書》卷七四有傳。　有舊：指懷慰與沈攸之有故友之情。

[8]令：指奉太祖之命。

[9]步兵校尉：禁衛軍官。分掌宿衛營兵。秩四品。

齊國建，[1]上欲置齊郡於京邑，議者以江右土沃，[2]流民所歸，乃治瓜步，[3]以懷慰爲輔國將軍、齊郡太守。[4]上謂懷慰曰："齊邦是王業所基，吾方以爲顯任。經理之事，一以委卿。"又手敕曰："有文事者，必有武備。今賜卿玉環刀一口。"懷慰至郡，修治城郭，安集居民，墾廢田二百頃，決沈湖灌溉。[5]不受禮謁，民有餉其新米一斛者，懷慰出所食麥飯示之，曰："旦食有餘，幸不煩此。"因著《廉吏論》以達其意。太祖聞之，手敕褒賞。進督秦、沛二郡。[6]妻子在都，賜米三百斛。兗州刺史柳世隆與懷慰書曰：[7]"膠東淵化，[8]潁川致美，[9]以今方古，曾何足云。"[10]在郡二年，遷正員郎，領青冀二州中正。[11]

[1]齊國：指宋順帝昇明二年（478）三月，以太傅蕭道成爲相國，總百揆，封十郡，爲齊公，旋爲齊王，建齊國。詔齊國官爵禮儀，並倣天朝。詳見本書卷一《高帝紀上》。

[2]江右：指長江下游西北岸。

[3]瓜步：瓜步鎮。在今江蘇南京市六合區東南瓜步山下瓜埠。

[4]輔國將軍：南朝時爲優禮大臣的榮譽加號。開府者秩從公一品。

[5]沈湖：無此湖名。《南史》卷四九作“沉湖”，當指淤積之廢湖。

[6]秦：郡名。東晋僑置，治堂邑縣，在今江蘇南京市六合區北，南朝齊與齊郡合並，治瓜步。　沛：郡名。南朝時治沛縣，在今安徽天長市境。

[7]柳世隆：字彦緒，歷仕南朝宋、齊，有政聲。本書卷二四有傳。

[8]膠東：郡名。由漢膠東侯國改置。治所在今山東平度市。按，漢人張敞曾任膠東相，敞本治《春秋》，以經術治政，表賢顯善，賞罰分明，膠東大化，市無偷盗，吏民歙然，天子嘉之。詳見《漢書》卷七六《張敞傳》。　淵化：淵源教化。中華本校勘記云：“南監本、殿本、局本及《南史·劉懷珍傳》從子懷慰附傳並作‘流化’。”朱季海《校議》云：“《南史》‘淵’作‘流’，自避唐諱，諸本改字，失之。”（第120頁）

[9]潁川：郡名。治所在今河南禹州市。按，東漢良吏荀淑、韓韶、陳寔、鍾皓，皆潁川人，均任地方長官，政績遠播，被譽爲“潁川四長”。參見《後漢書》卷七六《循吏傳》。

[10]以今方古，曾何足云：謂懷慰治理齊郡的政績，遠遠超過上述古人。

[11]青冀二州：南朝宋僑置，治所在鬱洲，在今江蘇連雲港市南雲臺山一帶。

懷慰本名聞慰，世祖即位，[1]以與舅氏名同，敕改之。出監東陽郡，[2]爲吏民所安。還兼安陸王北中郎司馬。[3]永明九年，卒。年四十五。明帝即位，謂僕射徐孝嗣曰：[4]“劉懷慰若在，朝廷不憂無清吏也。”懷慰與濟陽江淹、陳郡袁彖善，[5]亦著文翰。永明初，獻《皇德論》云。

[1]世祖：齊武帝蕭賾的廟號。

[2]東陽郡：三國吴始置，南朝沿置。治長山縣，在今浙江金華市。

[3]安陸王：名子敬，字雲端，齊武帝第五子。永明二年(483)，出爲持節、監南兖等五州、北中郎將、南兖州刺史。本書卷四〇有傳。按，懷慰任北中郎將司馬。司馬爲軍府專管軍務的屬官。

[4]僕射：尚書省官。分左右二僕射，輔佐尚書令。秩三品。徐孝嗣：歷仕南朝宋、齊。本書卷四四有傳。

[5]江淹：著名文學家。字文通，濟陽考城（今河南民權縣）人，歷仕南朝宋、齊、梁。《梁書》卷一四、《南史》卷五九有傳。袁彖：字偉才，陳郡陽夏（今河南太康縣）人，仕南朝宋、齊，有文聲。本書卷四八、《南史》卷二六有傳。

裴昭明，[1]河東聞喜人，[2]宋太中大夫松之孫也。[3]父駰，[4]南中郎參軍。

[1]裴昭明：《南史》卷三三亦有傳附於《裴松之傳》。

[2]河東聞喜：河東郡聞喜縣。治所在今山西聞喜縣。

[3]太中大夫：與中大夫、諫大夫共同參與議論政事。南朝時無固定員額，禄賜與列卿同。 松之：裴松之，字世期，仕宋。以注陳壽《三國志》而聞名。《宋書》卷六四、《南史》卷三三有傳。

[4]駰：裴駰，字龍駒，仕宋，以撰《史記集解》而著稱。《宋書》《南史》有傳附於《裴松之傳》。

昭明少傳儒史之業。泰始中，[1]爲太學博士。[2]有司奏："太子婚，納徵用玉璧虎皮，[3]未詳何所准據。"昭明議："《禮》納徵儷皮爲庭實，鹿皮也。[4]晋太子納妃注'以虎皮二'。太元中，[5]公主納徵，虎豹皮各一，豈其謂婚禮不詳，王公之差，故取虎豹文蔚以尊其事。[6]虎豹雖文，而徵禮所不言，熊羆雖古，而婚禮所不及，珪璋雖美，或爲用各異。今宜准的經誥，凡諸僻謬，一皆詳正。"於是有司參議，加珪璋，豹熊羆皮各二。

[1]泰始：宋明帝年號。

[2]太學博士：太學教官。掌教習太學生。秩六品。

[3]納徵：納幣，古代婚禮六禮之一。《儀禮·士昏禮》："納徵，玄纁、束帛、儷皮，如納吉禮。"鄭玄注："徵，成也，使使者納幣以成昏禮。"賈公彦疏："納此則昏禮成，故云徵也。"

[4]《禮》納徵儷皮爲庭實，鹿皮也：《南史》卷三三此句作："《禮》'納徵儷皮'。鄭云：'皮爲庭實，鹿皮也。'"《禮》，指按照《儀禮·士昏禮》的規定。儷皮，成對的鹿皮。庭實，陳列於庭的貢獻品。

[5]太元：晋孝武帝年號。

[6]"公主納徵"至"以尊其事"：《晋書·禮志下》原作："公主納徵以獸豹皮各一具禮，豈謂婚禮不辨王公之序，故取獸豹革以尊其事乎！"

元徽中，出爲長沙郡丞，[1]罷任，刺史王蘊謂之曰：[2]"卿清貧，必無還資。湘中人士有須一禮之命者，我不愛也。"昭明曰："下官忝爲邦佐，不能光益上府，豈以鴻都之事仰累清風。"[3]歷祠部通直郎。[4]

[1]長沙：郡名。治所在今湖南長沙市。　郡丞：郡守的佐官。

相當於副郡守。

[2]王藴：字彦深。宋元徽間，曾任湘州刺史。《宋書》卷八五、《南史》卷二三有傳。

[3]鴻都之事：指賣官鬻爵之事。據《後漢書》卷五二《崔寔傳》載：漢靈帝時，開鴻都門榜賣官爵，公卿、州郡各等官職賣價高低不同。按，這裏借指受賄賂。

[4]祠部通直郎：尚書省屬官。即祠部郎，掌醫藥、死喪、贈賜之事。

永明三年，使虜，[1]世祖謂之曰："以卿有將命之才，[2]使還，當以一郡相賞。"還爲始安内史。[3]郡民龔玄宣，[4]云神人與其玉印玉板書，不須筆，吹紙便成字。自稱"龔聖人"，以此惑衆。前後郡守敬事之，昭明付獄治罪。及還，甚貧罄。世祖曰："裴昭明罷郡還，遂無宅。我不諳書，不知古人中誰比？"[5]遷射聲校尉。[6]九年，復遣北使。

[1]使虜：出使北魏。虜，南朝對北朝的蔑稱。

[2]將命之才：指奉使外交的才能。語出《儀禮·聘禮》："將命于朝。"鄭玄注："將，猶奉也。"

[3]始安：郡名。治所在今廣西桂林市。始安爲始安貞王蕭道生的封地。見本書卷四五《宗室傳》。　内史：王國稱郡守爲内史。

[4]龔玄宣：《南史》卷三三作"龔玄宜"。

[5]誰比：《南史》卷三三作"誰可比之"。

[6]射聲校尉：武官名。掌禁衛軍宿衛營兵射擊事。秩四品。

建武初，爲王玄邈安北長史、廣陵太守。[1]明帝以其在事無所啓奏，代還，[2]責之。昭明曰："臣不欲競執關楗故耳。"[3]昭明歷郡皆有勤績，常謂人曰："人生何事須聚蓄，一身之外，亦復何須？子孫若不才，我聚彼散；若能自立，則不如一經。"故終身不治產業。中興二年，[4]卒。[5]

[1]王玄邈：字彥遠。歷仕南朝宋、齊，曾任幽州刺史、平北將軍、大司馬等顯職，卒贈安北將軍，謚壯侯。本書卷二七、《南史》卷一六有傳。　廣陵：郡名。治所在今江蘇揚州市。

[2]代還：官制術語。指朝廷出任外官者重新被調回朝廷任職。

[3]競執關楗：關楗，原指關門的木閂，横的稱作關，竪的稱作楗。這裏比喻大權。此句意謂我不過是不想競爭升大官、掌大權而已。

[4]中興：齊和帝年號。

[5]卒：《南史》卷三三此後云："子子野。"又記述裴子野生平，謂其"善屬文"。齊永明末，沈約所撰《宋書》稱"松之已後無聞焉"，子野"更撰爲《宋略》二十卷，其叙事評論多善"。約歎其述作曰"吾弗逮也"，並"徒跣謝之"，又謂子野"爲文典而速"，或問其何以如此，子野答云："人皆成於手，我獨成於心。"有文集二十卷行於世。

從祖弟顗，字彥齊。少有異操。泰始中，於總明觀聽講，[1]不讓劉秉席，[2]秉用爲參軍。昇明末，爲奉朝請。[3]齊臺建，世子裴妃須外戚譜，[4]顗不與，[5]遂分籍。[6]太祖受禪，上表誹謗，掛冠去，伏誅。

[1]總明觀：南朝宋官署名。總管儒、玄、文、史四學。《通

鑑》卷一三二《宋紀十四》“明帝泰始六年”條“戊寅，立總明觀”，胡三省注：“文帝元嘉十五年，立儒、玄、文、史四學，今置總明觀祭酒以總之。”

[2]劉秉：字彦節。宋宗親，歷官吏部尚書、中書令、尚書令等顯職。《宋書》卷五一、《南史》卷一三有傳。

[3]奉朝請：古代諸侯春季朝見天子稱朝，秋季朝見稱作請。漢代以退職大臣、皇室、外戚，多給以“奉朝請”名義，使其能參加朝會。南朝用以安置閑散官員。

[4]世子：齊王之長子（齊蕭道成受禪後立爲太子，即後來的齊武帝）。　裴妃：名惠昭，與裴顗同宗。昇明三年（479）立爲世子妃，建元元年（479）立爲皇太子妃。本書卷二〇有傳。　外戚譜：指帝王母族、妻族的宗譜。后妃須憑宗譜驗證其出身門第。

[5]顗不與：裴顗因對蕭氏簒宋不滿，怨及裴妃，不願參與裴氏宗譜活動。

[6]分籍：指脱離與裴妃宗族關係。

沈憲字彦璋，[1]吴興武康人也。[2]祖説道，巴西梓潼二郡太守，[3]父璞之，北中郎行參軍。[4]

[1]沈憲：《南史》卷三六亦有傳附於《沈演之傳》。　彦璋：中華本校勘記云：“南監本、局本作‘彦章’。”

[2]吴興：郡名。治程縣，今浙江湖州市吴興區。　武康：縣名。治所在今浙江德清縣。

[3]巴西：郡名。晉僑置，治所與梓潼郡同爲涪縣，在今四川綿陽市東。

[4]北中郎：指北中郎將，四中郎將之一。南朝爲安置諸王或優禮大臣的榮譽加號。開府者秩從公。沈璞之在軍府任臨時參軍。

憲初應州辟，爲主簿。少有幹局，[1]歷臨首、餘杭令，[2]巴陵王府佐，[3]帶襄令，[4]除駕部郎。宋明帝與憲棋，謂憲曰："卿，廣州刺史才也。"[5]補烏程令，[6]甚著政績。太守褚淵歎之曰：[7]"此人方員可施。"[8]除通直郎，都水使者。[9]長於吏事，居官有績。除正員郎，補吴令，尚書左丞。

[1]幹局：謂才幹和氣魄。

[2]臨首、餘杭：中華本校勘記云："按《宋書·州郡志》無臨首縣。'臨首'當是'臨安'之訛，臨安、餘杭並屬吴興郡。"

[3]巴陵王：名休若，宋文帝第十九子，孝建三年（456）受封，歷爲湘州、荆州刺史，《宋書》卷七二有傳。　府佐：王府、軍府屬吏。

[4]襄令：當爲襄陽縣令，治所在今湖北襄陽市。

[5]廣州：州名。三國吴始置，治所在今廣東廣州市。

[6]烏程：縣名。治所在今浙江湖州市吴興區。

[7]褚淵：字彦回。尚宋文帝女南郡獻公主，拜駙馬都教尉，官至中書令。元徽年間，曾任吴興郡太守。本書卷二三、《南史》卷二八有傳。

[8]方員可施：指靈活機警，在不同情况下均可施展才能。方員，方圓。員，通"圓"。

[9]都水使者：總領各都水利之官。《漢書·百官公卿表》王先謙補注："都，總也，爲總治水之工，故曰都水。"

昇明二年，西中郎將晃爲豫州，[1]太祖擢憲爲晃長史，南梁太守，[2]行州事。[3]遷豫章王諮議，[4]未拜，坐事免官。復除安成王冠軍、武陵王征虜參軍，[5]遷少府卿。[6]少府管掌市易，與民交關，有吏能者，皆更此職。遷王儉鎮軍長史。[7]

[1]西中郎將：四中郎將之一。南朝爲安置諸王或優禮大臣的榮譽加號，開府者秩從公。　晃：蕭晃，字宣明，齊高帝第四子，曾任西中郎將、豫州刺史，入齊封長沙威王。本書卷三五、《南史》卷四三有傳。　豫州：州名。東晋僑置，南齊時治壽春縣，在今安徽壽縣。

[2]南梁：郡名。治所亦在今安徽壽縣。

[3]行州事：代行刺史領導事宜。按，南朝諸王多以年幼出任方面，故以長史代行州郡事。

[4]豫章王：名蕭嶷，字宣儼，齊高帝第二子。官至大司馬、太子太傅、揚州刺史。本書卷二二有傳。

[5]安成王：名暠，字宣曜，齊高帝第六子。建元二年（480）除冠軍將軍，鎮石頭戍，尋轉中書令。本書卷三五有傳。　冠軍：這裏指冠軍將軍府參軍。　武陵王：名曅，字宣照，齊高帝第五子。除征虜將軍，出爲會稽太守。本書卷三五有傳。

[6]少府卿：屬列卿，南朝爲太后屬官。秩三品。

[7]王儉：字仲寶。齊初任侍中、尚書令、鎮軍將軍。本書卷二三有傳。

武陵王曅爲會稽，以憲爲左軍司馬。[1]太祖以山陰户衆難治，欲分爲兩縣。世祖啓曰：[2]“縣豈不可治，但用不得其人耳。”乃以憲帶山陰令，政聲大著。孔稚珪請假東歸，[3]謂人曰：“沈令料事特有天才。”加寧朔將軍。[4]王敬則爲會稽，[5]憲仍留爲鎮軍長史，令如故。

[1]左軍司馬：左軍將軍府屬官。左軍將軍，禁衛軍官，分掌宿衛營兵。司馬爲將軍府屬吏之長。

[2]世祖：齊武帝蕭賾的廟號。

[3]孔稚珪：字德璋，會稽山陰人，歷仕南朝宋、齊。本書卷四八、《南史》卷四九有傳。

[4]寧朔將軍：南朝爲優禮大臣的榮譽加號。

[5]王敬則：歷仕南朝宋、齊。齊初曾任鎮軍將軍、會稽太守。本書卷二六、《南史》卷四五有傳。

遷爲冠軍長史，[1]行南豫州事，[2]晋安王後軍長史、廣陵太守。[3]西陽王子明代爲南兖州，[4]憲仍留爲冠軍長史，太守如故，頻行州府事。永明八年，子明典籤劉道濟取府州五十人役自給，[5]又役子明左右，及船仗贓私百萬，爲有司所奏，世祖怒，賜道濟死。憲坐不糾，[6]免官。尋復爲長史、輔國將軍，以疾去官。除散騎常侍，未拜，卒。當世稱爲良吏。

[1]冠軍：指冠軍將軍。南朝爲優禮大臣的榮譽加號。

[2]南豫州：州名。南朝宋僑置，治歷陽縣，在今安徽和縣。

[3]晋安王：名子懋，字雲昌，齊武帝第七子，曾任後軍將軍、南兖州刺史。本書卷四〇有傳。後軍將軍，禁衛軍官名。分掌宿衛營兵。秩四品。

[4]西陽王：名子明，字雲光。齊武帝第十子，原封武昌王，改封西陽王。曾爲冠軍將軍、南兖州刺史。本書卷四〇有傳。　南兖州：州名。治所原在京口，在今江蘇鎮江市；後移治廣陵，在今江蘇揚州市。

[5]典籤：職權類似主簿。齊制，諸王出鎮的州郡，均置典籤，

由皇帝派親信充任此職，一州政事及諸王起居皆聽其命，並按時回京向皇帝述事，故典籤雖祇五品，但權重藩君。參見清趙翼《廿二史劄記》卷一二《齊制典籤之權太重》。

[6]憲坐不糾：此時沈憲在南兖州行州府事，故難逃不糾失職之過。

憲同郡丘仲起，先是爲晋平郡，[1]清廉自立。褚淵歎曰："見可欲心能不亂，此楊公所以遺子孫也。"[2]仲起字子震，少爲憲從伯領軍寅之所知。[3]宋元徽中，爲太子領軍長史，[4]官至廷尉。卒。

[1]晋平郡：郡名。南朝宋以晋安郡改置，治侯官縣，在今福建福州市。

[2]楊公：楊震，字伯起，東漢人，性公廉。任荆州刺史，時有人夜贈金十斤，謂"暮夜無知者"，震拒之曰："天知，神知，我知，子知，何謂無知！"親友勸其置産業，震曰："使後世稱爲清白吏子孫，以此遺之，不亦厚乎？"《後漢書》卷五四有傳。按此以楊伯起比况丘仲起。

[3]寅之：中華本校勘記云："殿本《考證》萬承蒼云：'按寅之即演之。梁時以演與武帝諱同音，故去水旁爲寅，如張縯止稱張寅，亦其例也。沈演之以元嘉二十一年爲中領軍，事見《宋書》本傳'。"

[4]領軍：領軍將軍，南朝時爲禁衛軍統帥。大駕出則領軍前導，止則守衛。

李珪之字孔璋，[1]江夏鍾武人也。[2]父祖皆爲縣令。

[1]李珪之：《南史》卷七〇《循吏傳》亦有略傳附王洪範傳。

[2]江夏鍾武：江夏郡鍾武縣，治所在今河南信陽市東南。

珪之少辟州從事。[1]宋泰始初，蔡興宗爲郢州，[2]以珪之爲安西府佐，[3]委以職事，清治見知。[4]遷鎮西中郎諮議，[5]右軍將軍，兼都水使者。珪之歷職稱爲清能，除游擊將軍，[6]兼使者如故。轉兼少府，卒。

[1]州從事：州佐吏。多由州刺史自行辟任，分掌一州諸事務，秩百石。

[2]蔡興宗：南朝宋吏部尚書蔡廓之子，曾任安西將軍、郢州刺史。《宋書》卷五七、《南史》卷二九有傳。

[3]安西府佐：指安西將軍府佐吏。

[4]"珪之少辟州從事"至"清治見知"：中華本校勘記云："'父祖皆爲縣令'下明有脱文，今據《元龜》七百十六、七百二十七補'珪之少辟州從事至清治見知'，凡三十三字。《南史·循吏王洪軌傳》附《李珪之傳》亦無其文，《元龜》當據《齊書》也。"

[5]鎮西：指鎮西將軍。南朝爲優禮大臣的榮譽加號。　中郎：南朝王府及軍府多置從事中郎爲僚屬，分掌府務。　諮議：諮議參軍。

[6]游擊將軍：禁衛軍官。分掌宿衛營兵。

先是，四年，[1]滎陽毛惠素爲少府卿，[2]吏才强而治事清刻。敕市銅官碧青一千二百斤供御畫，[3]用錢六十萬。有譏惠素納利者，世祖怒，敕尚書評賈，貴二十八萬餘，有司奏之，伏誅。死後家徒四壁，上甚悔恨。

[1]四年：此指齊武帝永明四年（486）。

[2]毛惠素：《南史》卷一六《毛修之傳》有附傳。　少府卿：列卿之一。掌管皇室財産。秩三品。

[3]銅官：掌開采銅礦。　碧青：一種天然顔料。《本草綱目·石四·碧青》："此即石青之屬，色深者爲石青，淡者的碧青也。今繪彩家亦用。"

孔琇之，[1]會稽山陰人也。祖季恭，[2]光禄大夫，[3]父靈運，著作郎。[4]

[1]孔琇之：《南史》卷二七亦有傳附於《孔靖傳》。

[2]季恭：孔靖字。

[3]光禄大夫：列卿之一。屬光禄勛。掌宫殿門户。

[4]著作郎：史官名。掌修國史和起居注。秩六品。

琇之初爲國子生，舉孝廉。[1]除衛軍行參軍，[2]員外郎，[3]尚書三公郎。[4]出爲烏程令，有吏能。還遷通直郎，[5]補吴令。有小兒年十歲，偷刈鄰家稻一束，琇之付獄治罪，或諫之，琇之曰："十歲便能爲盗，長大何所不爲？"縣中皆震肅。

[1]孝廉：古代選拔人才的科目之一。孝，孝悌；廉，廉法。由地方推舉。孝廉至中央往往任以郎官。

[2]衛軍：指禁衛軍左衛、右衛將軍。分掌宿衛營兵。秩四品。

[3]員外郎：員外散騎侍郎，屬門下省。掌奏事，直侍左右。

[4]三公郎：尚書省有三公曹，歷代職掌不同，南朝宋、齊屬

吏部尚書，主法制。三公郎掌三公曹。

[5]遷：官制術語，指由地方官調任京官，與“出”（由京官調爲地方官）相對。　通直郎：通直散騎侍郎，門下省官。掌奏事，直侍左右。

遷尚書左丞，又以職事知名。轉前軍將軍，[1]兼少府。[2]遷驍騎將軍，少府如故。出爲寧朔將軍、高宗冠軍征虜長史、江夏内史。[3]還爲正員常侍，[4]兼左民尚書、廷尉卿。[5]出爲臨海太守，[6]在任清約，罷郡還，獻乾薑二十斤，世祖嫌少，及知琇之清，乃歎息。除武陵王前軍長史，未拜，仍出爲輔國將軍，監吴興郡，尋拜太守，治稱清嚴。

[1]前軍將軍：禁衛軍武官名。與後軍、左軍、右軍合稱“四軍”，分掌宿衛營兵。

[2]少府：列卿之一。掌宫中服御之物。秩三品。

[3]高宗：齊明帝蕭鸞的廟號。蕭鸞踐位前曾爲持節、督郢州、司州之義陽諸軍事、冠軍將軍、郢州刺史，進號征虜將軍。孔琇之任冠軍將軍府和征虜將軍府長史。　江夏：郡名。治所在今湖北武漢市武昌區。

[4]正員常侍：散騎常侍，門下省官。掌奏事，直侍左右。秩三品。

[5]左民尚書：尚書省官。分掌左民、駕部二曹。秩三品。　廷尉卿：列卿之一。掌刑辟。秩三品。

[6]臨海：郡名。治所在今浙江台州市椒江區北章安鎮。

高宗輔政，[1]防制諸蕃，致密旨於上佐。[2]隆昌元年，遷琇之爲寧朔將軍、晋熙王冠軍長史，[3]行郢州事，江夏内史。琇之辭，不許。未拜，卒。

[1]高宗輔政：指隆昌元年（494），鬱林王廢，海陵王立，蕭鸞輔政，爲太傅，領大將軍，封宣城王。詳參本書卷六《明帝紀》。

[2]上佐：指地方州郡主要屬官，如别駕、長史、司馬等。

[3]晋熙王：名寶嵩，字智靖，齊明帝第十子。曾爲冠軍將軍、丹陽尹。本書卷五〇有傳。

史臣曰：琴瑟不調，必解而更張也。[1]魏晋爲吏，稍與漢乖，苛猛之風雖衰，而仁愛之情亦減。局以峻法，限以常條，以必世之仁未及宣理，[2]而朞月之望已求治術。[3]先公後私，在己未易，割民奉國，於物非難，期之救過，所利苟免。且目見可欲，嗜好方流，[4]貪以敗官，取與違義，吏之不臧，[5]罔非由此。擿姦辯僞，誠俟異識，垂名著績，唯有廉平。今世之治民，未有出於此也。

[1]琴瑟不調，必解而更張也：更張，即改弦更張，指調换琴瑟上的弦綫，並重新調音。比喻改革舊制或變更新法。語出《漢書》卷五六《董仲舒傳》："竊譬之琴瑟不調，甚者必解而更張之，乃可鼓也；爲政而不行，甚者必變而更化之，乃可理也。"

[2]必世之仁：指行仁政須長期方可奏效。語出《論語·子路》："如有王者，必世而後仁。"邢昺疏："三十年曰世……必三十年仁政乃成也。"

[3]朞（jī）月：周年。語出《論語·子路》："子曰：'苟有用我者，期月而已可也，三年有成。'"邢昺疏："期月，周月也，謂

周一年之十二月也。”

［4］方（páng）流：猶周流，廣流。方，通“旁”，廣大。

［5］不臧：不善，不良。語出《詩·邶風·雄雉》：“不忮不求，何用不臧。”

贊曰：蒸蒸小民，吏職長親。棼亂須理，衈隱歸仁。[1]枉直交瞀，[2]寬猛代陳。[3]伊何導物，[4]貴在清身。

［1］衈隱：謂憂念百姓的痛苦。語出《國語·周語上》：“先王非務武也，勤恤民隱而除其害也。”韋昭注：“隱，痛也。”

［2］枉直：曲與直。比喻是非、好壞。　交瞀：交錯，混雜。

［3］寬猛代陳：指爲政仁愛和嚴懲相結合。語出《左傳》昭公二十年：“仲尼曰：‘善哉，政寬則民慢，慢則糾之以猛；猛則民殘，殘則施之以寬。寬以濟猛，猛以濟寬，政是以和。’”

［4］伊何：如何，怎樣。

南齊書　卷五四

列傳第三十五

高逸

褚伯玉　明僧紹　顧歡　臧榮緒　何求　劉虯　庾易
宗測　杜京産　沈驎士　吴苞　徐伯珍

《易》有君子之道四焉，語默之謂也。[1]故有入廟堂而不出，[2]徇江湖而永歸。隱避紛紜，情迹萬品。若道義内足，希微兩亡，[3]藏景窮巖，[4]蔽名愚谷，[5]解桎梏於仁義，[6]永形神於天壤，[7]則名教之外，[8]别有風猷。[9]故堯封有非聖之人，[10]孔門謬雞黍之客。[11]次則揭獨往之高節，[12]重去就之虚名，激競違貪，與世爲異。或慮全後悔，事歸知殆；[13]或道有不申，行吟山澤。[14]咸皆用宇宙而成心，借風雲以爲戒。果志達道，[15]未或非然。含貞養素，文以藝業。[16]不然，與樵者之在山，何殊别哉？故樊英就徵，[17]不稱李固之望；馮恢下節，[18]見陋張華之語。期之塵外，庶以弘多。若今十餘子者，仕不求聞，退不譏俗，全身幽履，[19]服道儒門，斯逸民之軌操，故綴爲《高逸篇》云爾。

[1]語默：指出仕或隱居。《易·繫辭上》："君子之道，或出或處，或默或語。"

[2]廟堂：指朝廷。　出：出仕。此句意爲有的人雖入了朝廷却無心做官，而是隱於朝。

[3]希微：指名聲和形迹。《老子》第十四章："聽之不聞名曰希，搏之不得名曰微。"河上公注："無聲曰希，無形曰微。"

[4]藏景：藏身。景，通"影"，身影。

[5]愚谷：愚公谷，在今山東淄博市，因古代傳説有隱者愚公而得名，後以喻指隱居之地。

[6]解桎梏於仁義：此句是説仁義束縛人。

[7]永形神："永"，中華本校勘記云："南監本、毛本、殿本、局本及《南史》並作'示'。"今按，此句有永遠超凡脱俗之意，故"永"字爲佳。

[8]名教：指以正名分爲主的禮教。

[9]風猷：指風教德化。

[10]堯封：傳説堯時命舜巡視天下，劃爲十二州，並在十二座大山上封土爲壇，以作祭祀。詳見《尚書·堯典》。後因以堯封指盛世。　非聖之人：指堯時隱士許由。傳説堯聞許由有清節，欲以天下相讓，遣使者携符璽告知，許由拒不接受。使者去，許由以爲堯之言弄髒耳朵，乃臨河洗耳。典見漢蔡邕《琴操·箕山操》，亦見晋皇甫謐《高士傳·許由》。

[11]雞黍之客：指隱士荷蓧丈人。據《論語·微子》記，一次子路追尋孔子，遇荷蓧丈人，問曰："子見夫子乎？"丈人生氣説："四體不勤，五穀不分，孰爲夫子？"當晚留子路宿，"殺鷄爲黍而食之"。第二天，子路追上孔子，告之此事。孔子説："隱者

也。”讓子路領他去拜見，“至則行矣”。

[12]獨往：指隱士超脱萬物，獨行己志。《莊子·在宥》：“出入六合，游乎九洲，獨往獨來，是謂獨有。”中華本校勘記云：“‘往’原訛‘性’，各本不訛，今改正。”今從改。

[13]知殆：指知從政之危殆。《論語·微子》：“已而！已而！今之從政者殆而！”邢昺疏：“言今之從政者皆無德，自將危亡。”

[14]行吟山澤：原作“行岑出澤”，中華本據南監本、殿本、局本及《南史》校改。今從改。

[15]果志達道：原作“果志遠道”，中華本校勘記云：“據南監本、殿本、局本及《南史》改。按‘果志’南監本、殿本、局本作‘求志’，《南史》同。”今從改。

[16]文以藝業：指在隱居時鑽研技藝、學業，用以陶冶性靈，充實才幹。

[17]樊英：字季齊，東漢南陽人。初隱居爲處士，安帝徵爲博士，待以師禮，結果並無奇謀深策。當時朝中大臣李固深感失望，以爲處士“純盜虛名，無益於用”。詳見《後漢書》卷八二上《方術傳》。

[18]馮恢：西晋隱士，被徵聘入朝。名臣張華在晋武帝前揭露此人“下節”（操行低下）。詳見《晋書》卷三六《張華傳》。

[19]幽履：隱藏行迹，指隱居。《易·履》：“履道坦坦，幽人貞吉。”

褚伯玉字元璩，[1]吴郡錢唐人也。[2]高祖含，始平太守。[3]父逷，征虜參軍。[4]

[1]褚伯玉：《南史》卷七五亦有傳。

[2]錢唐：縣名。治所在今浙江杭州市靈隱山下。

[3]始平：郡名。治槐里縣，在今陝西興平市。

[4]征虜參軍：指征虜將軍府參軍。征虜將軍爲雜號將軍，多爲榮譽加號。開府者位從公秩一品。參軍爲將軍府屬吏，參謀軍府事務。

伯玉少有隱操，寡嗜欲。年十八，父爲之婚，[1]婦入前門，伯玉從後門出。遂往剡，[2]居瀑布山。[3]性耐寒暑，時人比之王仲都。[4]在山三十餘年，隔絶人物。王僧達爲吴郡，[5]苦禮致之，伯玉不得已，停郡信宿，裁交數言而退。寧朔將軍丘珍孫與僧達書曰：[6]"聞褚先生出居貴館，此子滅景雲棲，[7]不事王侯，抗高木食，有年載矣。自非折節好賢，[8]何以致之。昔文舉棲冶城，[9]安道入昌門，[10]於兹而三焉。夫却粒之士，[11]餐霞之人，[12]乃可暫致，不宜久羈。君當思遂其高步，成其羽化。[13]望其還策之日，[14]暫紆清塵，[15]亦願助爲譬説。"僧達答曰："褚先生從白雲遊舊矣。古之逸民，或留慮兒女，或使華陰成市，[16]而此子索然，唯朋松石。介於孤峰絶嶺者，積數十載。近故要其來此，[17]冀慰日夜。比談討芝桂，[18]借訪荔蘿，[19]若已窺煙液，[20]臨滄洲矣。[21]知君欲見之，輒當申譬。"

[1]父爲之婚："之"字原闕，中華本據南監本、殿本、局本及《南史》補。今從補。

[2]剡（shàn）：縣名。治所在浙江嵊州市西南。

[3]瀑布山：一名紫凝山，在浙江天台縣西四十里，因有瀑布垂流千丈而得名。

[4]王仲都：不詳。漢有王章，字仲卿，性格頗似，不知

"都"字是否爲"卿"字之形誤，待考。

［5］王僧達：南朝宋官至中書令。孝建元年（454）曾任吴郡太守。《宋書》卷七五有傳。　吴郡：治所在今江蘇蘇州市。

［6］寧朔將軍：南朝爲優禮大臣的榮譽加號。開府者位從公。丘珍孫：吴興人。歷仕南朝宋、齊，曾任建康令。參見《宋書·符瑞志下》及本書卷三九《陸澄傳》。

［7］滅景雲棲：形容隱居深山不現身影。景，通"影"。

［8］折節：屈己下人。《管子·霸言》："折節事彊以避罪，小國之形也。"

［9］文舉：東漢末名士孔融字。　冶城：地名。其地有二，一在今江蘇南京市江寧區，一在今湖北武漢市黄陵區。孔融何時"棲冶城"，《三國志》卷一二、《後漢書》卷一七《孔融傳》均無記載。

［10］安道：東晋名士戴逵字。　昌門：閶門。春秋時吴國之西郭門，在今江蘇蘇州市。按，戴逵原隱居會稽剡縣，晋孝武帝累徵，郡縣敦逼，逵乃逃吴。"入昌門"蓋指此事。詳見《晋書》卷九四《隱逸傳》。

［11］却粒：不食五穀。指隱居煉丹學道。

［12］餐霞：餐食日霞，指修仙。

［13］羽化：指飛升成仙。

［14］還策：謂回馬還家。策，馬鞭，借指馬。

［15］蹔紆清塵：臨時繞道。此句意思是請褚伯玉還家時繞道來舍下一聚。客套語。

［16］華陰：市名。在今陝西華陰市。東漢張楷博學，隱居華陰南弘農山中，學者隨之，所居成市，時稱"華陰市"。詳見《後漢書》卷三六《張楷傳》。

［17］近故：親近的老友。　要：通"邀"。

［18］芝桂：靈芝和桂樹。借指修道煉仙。

［19］荔蘿：薜荔和女蘿。野生植物，借指隱者住所。

[20]若：代詞他，指伯玉。

[21]滄洲：江河中的洲嶼，指隱居之處。

宋孝建二年，[1]散騎常侍樂詢行風俗，[2]表薦伯玉，加徵聘本州議曹從事，[3]不就。太祖即位，[4]手詔吴、會二郡，[5]以禮迎遣，又辭疾。上不欲違其志，敕於剡白石山立太平館居之。[6]建元元年，[7]卒。年八十六。常居一樓上，仍葬樓所。孔稚珪從其受道法，[8]爲於館側立碑。

[1]孝建：宋孝武帝年號。

[2]散騎常侍：門下省屬官。掌奏事，直侍左右。秩三品。樂詢：史無傳，其事不詳。　行風俗：巡察民情風氣。

[3]議曹從事：州佐吏。多辟境内有德望的名士擔任，參與一州政事的謀議，位尊而無具體職事。

[4]太祖：齊高帝蕭道成的廟號。本書卷一至卷二有紀。

[5]吴、會：指吴郡和會稽郡。

[6]白石山：在今浙江嵊州市西南。

[7]建元：齊高帝年號。

[8]孔稚珪：字德璋，會稽山陰人。仕齊，官至太子詹事。本書卷四八、《南史》卷四九有傳。

明僧紹字承烈，[1]平原鬲人也。[2]祖玩，州治中。[3]父略，給事中。[4]

[1]明僧紹：《南史》卷五〇亦有傳，記其家世頗詳。　字承烈：《南史》卷五〇作“字休烈，一字承烈”。

［2］平原鬲：指平原郡鬲縣，治所在今山東平原縣北。

［3］州治中：州屬吏。南朝宋稱治中從事史，主衆曹文書事。參見《宋書·百官志上》。按，《南史》卷五〇作“州中從事”，並叙其家世云：“其先吴太伯之裔，百里奚子孟明，以名爲姓，其後也。”

［4］給事中：屬門下省或集書省。掌顧問應對事。秩五品。

僧紹宋元嘉中再舉秀才，[1]明經有儒術。[2]永光中，[3]鎮北府辟功曹，[4]竝不就。隱長廣郡嶗山，[5]聚徒立學。淮北没虜，[6]乃南渡江。明帝泰始六年，[7]徵通直郎，[8]不就。

［1］元嘉：宋文帝年號。　秀才：南朝察舉人才的科目之一。由州舉薦才高學博的人應徵，經考試選中。

［2］明經：通曉儒家五經。朱季海《南齊書校議》（以下簡稱朱季海《校議》）云：“陸德明《經典釋文·序録》：《易》有明僧紹注《繫辭》，《孝經》有明僧紹《注》。”（中華書局1984年版，第121頁）

［3］永光：宋前廢帝年號。

［4］鎮北府：指鎮北將軍府。鎮北將軍爲四鎮將軍之一，南朝爲榮譽加號。開府者位從公秩一品。　功曹：軍府屬吏。掌選舉功勞事。

［5］長廣郡嶗山：今山東青島市嶗山區東嶗山。

［6］虜：指北魏。南朝對北朝的蔑稱。

［7］泰始：宋明帝年號。

［8］通直郎：通直散騎侍郎的省稱。門下省官。掌奏事，直侍左右。秩五品。

昇明中，[1]太祖爲太傅，[2]教辟僧紹及顧歡、臧榮緒以旍幣之禮，[3]徵爲記室參軍，[4]不至。僧紹弟慶符，爲青州，[5]僧紹乏糧食，隨慶符之鬱洲，住弇榆山，[6]栖雲精舍，欣玩水石，竟不一入州城。[7]建元元年冬，詔曰："朕側席思士，[8]載懷塵外。[9]齊郡明僧紹標志高栖，耽情墳素，[10]幽貞之操，宜加賁飾。"[11]徵爲正員郎，[12]稱疾不就。其後與崔思祖書曰：[13]"明居士標意可重，吾前旨竟未達邪？小凉欲有講事，[14]卿可至彼，具述吾意，令與慶符俱歸。"又曰："不食周粟而食周薇，[15]古猶發議。在今寧得息談邪？聊以爲笑。"

[1]昇明：宋順帝年號。

[2]太祖爲太傅：指昇明二年（478）蕭道成進位假黄鉞、都督中外諸軍事、太傅，輔國執政。　太傅：南齊時爲最高榮譽加銜。

[3]教：文體的一種。爲官府的告論。　辟：聘請。　旍幣：幣帛。旍，《南史》卷五〇作"旌"。

[4]記室參軍：公府或軍府屬吏。掌書記文翰。秩七品。

[5]爲青州：指在青州爲長官。青州，州名。南朝宋僑置於鬱洲，在今江蘇連雲港市東雲臺山一帶。

[6]弇（yǎn）榆山：弇山，在今江蘇太倉市。中迭三峰，名上弇、中弇、下弇。古爲隱居之所。

[7]竟不一入州城：《南史》卷五〇此後云："泰始季年，岷、益有山崩，淮水竭齊郡，僧紹竊謂其弟曰：'夫天地之氣，不失其序，若夫陽伏而不泄，陰迫而不蒸，於是乎有山崩川竭之變。昔伊、洛竭而夏亡，河竭而殷亡，三川竭、岐山崩而周亡，五山崩而漢亡。大有國必依山川而爲固，山川作變，不亡何待？今宋德如四

代之季，爾誌吾言而勿泄也。’竟如其言。”

［8］側席：不敢正坐，指謙恭以待賢者。《後漢書》卷三《章帝紀》：“朕思遲直士，側席異聞。”李賢注：“側席，謂不正坐，所以待賢良也。”

［9］塵外：指隱逸之士。

［10］墳素：三墳五典。泛指古代典籍。

［11］賁（bì）飾：文飾，美飾。意指居官穿朱帶紫。

［12］正員郎：散騎侍郎，門下省官。掌奏事，直侍左右。秩五品。原作“正員外郎”。中華本校勘記云：“張森楷《校勘記》云：《南史》無‘外’字，是。今據删。”今從删。

［13］其後與崔思祖書曰：指太祖給崔祖思寫信。崔祖思，字敬元，見知齊高帝，官至太子左率、汝陰太守。本書卷二八有傳。

［14］講事：指邀集學者名士集會講經説道。

［15］不食周粟而食周薇：此借伯夷、叔齊事，嘲笑明僧紹在宋亡後不肯仕齊。伯夷、叔齊，殷逸士，殷亡後，不肯仕周，恥食周粟，隱居首陽山，采薇（野菜）充饑。世人嘲笑夷、齊不食周粟，却食周薇。事見《史記》卷六一《伯夷列傳》。

慶符罷任，僧紹隨歸，住江乘攝山。[1]太祖謂慶符曰：“卿兄高尚其事，亦堯之外臣。[2]朕雖不相接，有時通夢。”[3]遺僧紹竹根如意，[4]筍籜冠。[5]僧紹聞沙門釋僧遠風德，[6]往候定林寺，[7]太祖欲出寺見之。僧遠問僧紹曰：“天子若來，居士若爲相對？”僧紹曰：“山藪之人，政當鑿坏以遁，[8]若辭不獲命，[9]便當依戴公故事耳。”[10]永明元年，[11]世祖敕召僧紹，[12]稱疾不肯見。詔徵國子博士，[13]不就，卒。子元琳，字仲璋，亦傳家業。

［1］江乘：縣名。治所在今江蘇句容市北。　攝山：棲霞山，因山多草藥，可以攝生，故名。

［2］外臣：方外之臣，指隱士。

［3］朕雖不相接，有時通夢：《南史》卷五〇作："朕夢想幽人，固已勤矣。所謂'逕路絶，風雲通'。"

［4］如意：古之爪杖，用骨、角、竹、木、玉、石等製成。長三尺許，前端作手指形，脊背有癢，手所不到，用以搔抓，可如人意，因而得名。

［5］筍籜冠：用筍衣製的帽子。按《南史》卷五〇此句後尚有："隱者以爲榮焉。勃海封延伯者，高行士也，聞之歎曰：'明居士身彌後而名彌先，亦宋、齊之儒仲也。'"

［6］沙門：原爲古印度反婆羅門教思潮各個派别出家者的通稱，佛教盛行後，專指佛教僧侣。

［7］定林寺：在江蘇南京市江寧區東定林鎮。

［8］鑿坏以遁：鑿開墻而逃避。指逃避官場。《淮南子·齊俗》："顔闔，魯君欲相之而不肯，使人以幣先焉，鑿培而遁之。"高誘注："培，屋後墻也。"坏，通"培"。

［9］若：原作"苦"，中華本據南監本、殿本、局本及《南史》改。今從改。

［10］戴公故事：《南史》卷五〇此下云："昔戴顒高卧牖下，以山人之服加其身。"按，戴顒，字仲若。東晋末隱於會稽剡地，入宋，累徵不仕。後被衡陽王迎住黄鶴山，顒服其野服，不改常度。《宋書》卷九三有傳。

［11］永明：齊武帝年號。

［12］世祖：齊武帝廟號。本書卷三有紀。

［13］國子博士：學官名。掌教授國子學生員。屬太常，秩六品。

僧紹長兄僧胤，能玄言。[1]宋世爲冀州刺史。[2]弟僧暠，亦好學，宋孝武見之，[3]迎頌其名，[4]時人以爲榮。泰始初，爲青州刺史。

[1]玄言：指崇尚老莊玄理的言談。

[2]宋世爲冀州刺史：《南史》卷五〇作："仕宋爲江夏王義恭參軍，王别爲立榻，比之徐孺子。位冀州刺史。"冀州，南朝宋與青州合僑置，治鬱洲，在今江蘇連雲港市東雲臺山。

[3]宋孝武：指宋孝武帝劉駿。

[4]迎頌其名："迎"，中華本校勘記云："南監本作'逆'。"按，逆即迎，義同。

慶符，建元初，爲黄門。[1]

[1]黄門：給事黄門侍郎的省稱。門下省官。掌奏事，直侍左右。秩五品。

僧胤子惠照，元徽中，[1]爲太祖平南主簿，[2]從拒桂陽，[3]累至驃騎中兵，[4]與荀伯玉對領直。[5]建元元年，爲巴州刺史，[6]綏懷蠻蜑，[7]上許爲益州，[8]未遷，卒。[9]

[1]元徽：宋後廢帝年號。

[2]平南主簿：指平南將軍府主簿。主簿爲軍府主要屬吏，掌文書印信。按，元徽二年（474）蕭道成加平南將軍。

[3]桂陽：指桂陽王劉休範。元徽二年舉兵叛，朝廷加蕭道成平南將軍，領兵平息。詳見《宋書》卷七九《桂陽王休範傳》。

[4]驃騎中兵：《南史》卷五〇作"驃騎中兵參軍"。指驃騎大

將軍府中兵參軍。驃騎大將軍，位在諸將軍之上。中兵參軍，軍府屬官，掌佐統兵務。按，平定桂陽王之亂後，蕭道成進位侍中、司空、録尚書事、驃騎大將軍。參見本書卷一《高帝紀上》。

[5]荀伯玉：字弄璋，太祖蕭道成心腹，也在驃騎大將軍府任中兵參軍。本書卷三一有傳。　對領值：指輪流統領值衛營兵。

[6]巴州刺史：中華本校勘記云："按《州郡志》，建元二年分荆州巴東、建平，益州巴郡爲州，立刺史。此云建元元年爲巴州刺史，疑。"

[7]蠻蜑（dàn）：古代對西南少數民族的貶稱。

[8]益州：州名。治所在今四川成都市。

[9]卒：《南史》卷五〇此後又介紹僧紹弟僧暠，云："僧暠亦好學，宋大明中再使魏，于時新誅司空劉誕。孝武謂曰：'若問廣陵之事，何以答之？'對曰：'周之管蔡，漢之淮南。'帝大悦。及至魏，魏問曰：'卿銜此命，當緣上國無相踰者邪？'答曰：'聰明特達，舉袂成帷，比屋之甿，又無下僕。晏子所謂"看國善惡"。故再辱此庭。'位至青州刺史。"

顧歡字景怡，[1]吴郡鹽官人也。[2]祖赳，晋隆安末，[3]避亂徙居。歡年六七歲書甲子，[4]有簡三篇，[5]歡析計，[6]遂知六甲。[7]家貧，父使驅田中雀，[8]歡作《黄雀賦》而歸，雀食過半，[9]父怒，欲撻之，見賦乃止。鄉中有學舍，歡貧無以受業，於舍壁後倚聽，無遺忘者。八歲，誦《孝經》《詩》《論》。及長，篤志好學。母年老，躬耕誦書，夜則燃糠自照。[10]同郡顧覬之臨縣，[11]見而異之，遣諸子與遊，及孫憲之，竝受經句。歡年二十餘，更從豫章雷次宗諮玄儒諸義。[12]母亡，水漿不入口六七日，[13]廬于墓次，遂隱遁不仕。於剡天台山開館聚徒，[14]受業者常近百人。歡早孤，每讀《詩》至“哀哀父母”。[15]輒執書慟泣，學者由是廢《蓼莪篇》不復講。

[1]顧歡：《南史》卷七五亦有傳，記其家世、逸事頗詳。字景怡：朱季海《校議》云：“《釋文·易·序録》云：‘顧懽，字景怡，或云字玄平。”（第121頁）

[2]鹽官：縣名。治所在今浙江海寧市西南鹽官鎮。按，《南史》卷七五此後云：“家世寒賤，父祖並爲農夫，歡獨好學。”

[3]隆安：東晋安帝年號。

[4]歡年六七歲書甲子：《南史》卷七五作“知推六甲”。甲子，天干、地支領頭字，代指天干、地支，即甲、乙、丙、丁、戊、己、庚、辛、壬、癸十天干和子、丑、寅、卯、辰、巳、午、未、申、酉、戌、亥十二地支。古人以天干、地支相配紀年、日。“書”原作“畫”，中華本據《御覽》卷六一一引及《册府元龜》卷七七四。今從改。

[5]簡：指寫在竹簡上的古文獻。

[6]析計：中華本校勘記云：“‘析’《御覽》六百十一引作‘推’。”

[7]六甲：用天干、地支相配計算時日。因其中有甲子、甲戌、甲申、甲午、甲辰、甲寅，故稱六甲。這裏借指曆學。

[8]驅田中雀：《南史》卷七五作“田中驅雀”。

[9]雀食過半：中華本校勘記云：“‘食’下《御覽》三百八十四、六百十一引，《南史》及《元龜》七百七十四、七百九十八，並有‘稻’字。”

[10]夜則燃糠自照：《南史》卷七五此句作：“夕則然松節讀書，或然糠自照。”

[11]顧覬之：字偉仁，吴郡人。仕宋，以政績見稱。曾任吴郡

太守。《宋書》卷八一有傳。覬，原作“顗”，今據中華本改。臨縣：下縣巡察。

［12］雷次宗：字仲倫，豫章南昌人。少入廬山，事沙門釋慧遠。篤志好學，兼通儒家經典及玄學。宋元嘉十五年（438）被徵至京師，於鷄籠山開館授徒。《宋書》卷九三、《南史》卷七五有傳。

［13］六七日：中華本校勘記云：“原訛‘六十日’，今據南監本、殿本、局本改正。”今從改。

［14］天台山：在今浙江天台縣城北。山多佛寺，爲游覽勝地。

［15］哀哀父母：此句出《詩·小雅·蓼莪》：“哀哀父母，生我劬勞。”

太祖輔政，[1]悦歡風教，徵爲揚州主簿，[2]遣中使迎歡。[3]及踐阼，乃至。歡稱“山谷臣顧歡”。上表曰：“臣聞舉網提綱，振裘持領，綱領既理，毛目自張。然則道德，綱也；物勢，目也。上理其綱，則萬機時序；[4]下張其目，則庶官不曠。[5]是以湯、武得勢師道則祚延，[6]秦、項忽道任勢則身戮。[7]夫天門開闔，[8]自古有之，四氣相新，絺裘代進。[9]今火澤易位，[10]三靈改憲，[11]天樹明德，對時育物，搜揚仄陋，[12]野無伏言。[13]是以窮谷愚夫，敢露偏管，[14]謹删撰老氏，獻《治綱》一卷。伏願稽古百王，[15]斟酌時用，不以芻蕘棄言，不以人微廢道，則率土之賜也，[16]微臣之幸也。幸賜一疏，[17]則上下交泰，雖不求民而民悦，不祈天而天應，應天悦民，則皇基固矣。臣志盡幽深，[18]無與榮勢，自足雲霞，不須禄養。陛下既遠見尋求，敢不盡言。言既盡矣，請從此退。”

［1］太祖輔政：指齊高帝蕭道成受宋禪位前輔順帝執政。

［2］揚州：州名。三國吴始置，治建鄴，後改建康，在今江蘇南京市。

［3］中使：皇帝所遣之使。以其出自宫中，故名。

［4］萬機：指帝王日常處理的紛繁事務。

［5］庶官不曠：指百官各司其職，不會怠惰。

［6］是以湯、武得勢師道則祚延：指歷史上的聖君商湯、周武得到權勢以後以道爲師，實行王道，所以興盛，使國祚延長。

［7］秦、項忽道任勢則身戮：指秦始皇和楚霸王項羽，忽視大道，濫用權勢，最後落得國破身亡。

［8］天門開闔：《老子》第十章："天門開闔，能爲雌乎。"河上公注："天門，謂北極紫微宫。"這裏以"天門開闔"象徵王朝的興滅。

［9］四氣相新，絺裘代進：指春夏秋冬四季氣候相互更新，天熱天寒相互轉化，是大自然發展變化的規律。絺，紗布衣，代指夏天。裘，皮毛衣，代指冬天。

［10］火澤易位：火澤，即火德。以五行中的火來附會王朝歷運稱爲火德。因劉宋屬火德，故以火代指劉宋。此指劉宋衰亡，蕭齊新立。

［11］三靈：指天、地、人。　改憲：變换曆法，指改朝换代。

［12］仄陋：指卑微的人才。

［13］野無伏言：意指人才都能盡其用，没有被埋没的。

［14］偏管：猶一管之見。謙詞。

［15］稽古百王：指考察借鑒歷史的後代明君。按這裏諛指齊高帝。

［16］率土之賜：《詩·小雅·北山》："率土之濱，莫非王臣。"因以"率土之賜"指君王最大的恩賜。

[17]疏：中華本校勘記云："《元龜》二百十二、八百十三作'覽'，疑作'覽'是。"

[18]志盡幽深：立志永遠隱居山澤。

是時員外郎劉思效表陳讜言曰：[1]"宋自大明以來，[2]漸見凋弊，徵賦有增於往，天府尤貧於昔。[3]兼軍警屢興，傷夷不復，戍役殘丁，儲無半菽，小民嗷嗷，無樂生之色。貴勢之流，貨室之族，[4]車服伎樂，争相奢麗，亭池第宅，競趣高華。[5]至於山澤之人，不敢採飲其水草。貧富相輝，捐源尚末。[6]陛下宜發明詔，吐德音，布惠澤，禁邪僞，薄賦斂，省傜役，絶奇麗之賂，塞鄭、衛之倡，[7]變曆運之化，[8]應質文之用，[9]不亦大哉！又彭、汴有鴟梟之巢，[10]青丘爲狐兔之窟，[11]虐害踰紀，[12]殘暴日滋。鬼泣舊泉，人悲故壤，童孺視編髮而慚生，[13]耆老看左衽而耻没。[14]陛下宜仰答天人引領之望，下弔甿黎傾首之勤，授鉞衛、霍之將，[15]遣策蕭、張之師，[16]萬道俱前，窮山蕩谷。[17]此即恒山不足指而傾，渤海不足飲而竭，豈徒殘寇塵滅而已哉！"

[1]員外郎：員外散騎侍郎。門下省官。掌奏事，直侍左右。秩五品。　劉思效：歷仕齊、梁，入梁曾加輔國將軍。參見《梁書》卷二《武帝紀中》。　讜言：正直之言，誠言。

[2]大明：宋孝武帝年號。

[3]天府：指國庫。《周禮·春官·天府》："天府掌祖廟之守藏與其禁令。"

[4]貨室：指巨商大賈。

[5]趣：同"趨"，追逐。

［6］捐源尚末：指棄農重商。

［7］鄭、衛：古稱鄭國和衛國風俗尚淫靡。因以“鄭衛”指浮華淫靡之風。

［8］變曆運之化：指改變前代的頽風惡運。古代認爲朝代的興衰更迭與天象運行相應。

［9］應質文之用：指應在實用上追求質樸與文華的相稱。語本《論語·雍也》：“質勝文則野，文勝質則史，文質彬彬，然後君子。”

［10］彭、汴：指彭山、汴水。彭山在今河南潢川縣東南。汴水在今河南滎陽市西。當時均被北魏占領，故云“有鴟梟之巢”。鴟、梟均爲惡鳥。

［11］青丘：地名。在今山東廣饒縣北，南北朝時屬青州，當時亦被北魏占領，故云“有狐兔之窟”。

［12］紀：紀年的單位。若干年數循環一次爲一紀。説法不一。此處當指百年。

［13］編髮：結髮爲辮，古代北方少數民族習慣此髮式。北魏占領中原後，强迫漢人編髮。

［14］左衽：衣襟向左，古代北方少數民族服式。北魏占領中原後，强迫漢人左衽。

［15］授鉞：指授予兵權。鉞，武器名。　衛、霍：漢抵抗北方匈奴侵略的名將衛青、霍去病。借指愛國名將。

［16］遺策：指授權。　蕭、張：漢名相蕭何、張良。借指有輔佐才能的人。

［17］萬道俱前，窮山蕩谷：形容收復中原的力量浩大。下二句極言旗開得勝，一往無前，什麽力量也阻擋不住。

上詔曰：“朕夙旦惟夤，[1]思弘治道，佇夢巖濱，[2]垂精管庫，[3]旰食縈懷，[4]其勤至矣。吴郡顧歡、散騎郎劉思效，或至自丘園，[5]或越在冗位，[6]竝能獻書金門，薦辭鳳闕，辨章治體，[7]有協朕心。今出其表，外可詳擇所宜，以時敷奏。歡近已加旍賁，[8]思效可付選銓序，[9]以顯讜言。”歡東歸，上賜麈尾、素琴。[10]

[1]夙旦惟夤：中華本校勘記云：“‘旦’《元龜》五百二十九作‘夜’。”朱季海《校議》云：“當從本書（指《南齊書》）。”（第121頁）

[2]佇夢巖濱：用商湯得傅説爲相、周文王得太公望（吕尚）爲師事，形容渴望得到隱居山澤間的高人賢士，以作輔佐。參見《尚書·説命上》與《史記》卷三二《齊太公世家》。

[3]垂精：致力。　管庫：管理國庫。泛指理財。

[4]旰食：天晚纔吃飯，形容事務繁忙。　縈懷：縈，原訛“舊”，中華本據南監本、殿本、局本改正。今從改。

[5]丘園：指山林鄉野。

[6]冗位：指任務繁重的官位。

[7]辨章治體：辨章，指對事物分辨昭然顯明。這裏指顧歡通曉“治體（治國大道）”。

[8]旍賁：表彰。

[9]選：選司，指吏部。　銓序：銓叙，指論功升級。

[10]麈（zhǔ）尾：古人執以驅蟲、撣塵的一種工具。在細長的木條兩邊及上端插設獸毛，類似馬尾松。因古人傳説麈（鹿的一種）徙時，以前麈之屬爲方向標志，故稱。古人清談時必執麈尾，相沿成習，故又稱“談助”，爲名流雅器。　素琴：不加裝飾的琴。

永明元年，詔徵歡爲太學博士，[1]同郡顧黯爲散騎郎。[2]黯字長孺，有隱操，與歡俱不就徵。[3]

［1］太學博士：太常屬官。掌教授太學生、制定禮儀等事。秩六品。

［2］散騎郎：散騎侍郎。

［3］與歡俱不就徵：《南史》卷七五此句後云："會稽孔珪嘗登嶺尋歡，共談《四本》。歡曰：'蘭石危而密，宣國安而疏，士季似而非，公深謬而是。總而言之，其失則同；曲而辯之，其塗則異。何者？同昧其本而競談其末，猶未識辰緯而意斷南北。群迷暗争，失得無準，情長則申，意短則屈。所以《四本》並通，莫能相塞。夫中理唯一，豈容有二？《四本》無正，失中故也。'於是著《三名論》以正之。"高敏《南北史掇瑣》云："與孔珪共讀《四本》事，爲研究魏晋時期四本論之極好材料。"（中州古籍出版社2003年版，第375頁）

歡晚節服食，[1]不與人通。每旦出户，山鳥集其掌取食。事黄老道，[2]解陰陽書，[3]爲數術多效驗。[4]初元嘉末，[5]出都寄住東府，[6]忽題柱云："三十年二月二十一日。"因東歸。後太初弑逆，[7]果是此年月。[8]自知將終，賦詩言志云：[9]"精氣因天行，遊魂隨物化。"剋死日，卒於剡山，[10]身體柔軟，[11]時年六十四。還葬舊墓，木連理出墓側，縣令江山圖表狀。[12]世祖詔歡諸子，撰歡文議三十卷。

［1］服食：服用丹藥。道家養生術之一。

［2］黄老：黄帝和老子。道家奉爲始祖，故道教亦稱"黄老道"。

［3］陰陽書：本指戰國時鄒衍、鄒奭等所作的陰陽曆律之書，後多指擇日、占卜、星相等書。

［4］數術：術數，指占卜、星相等法術。

［5］元嘉：宋文帝劉義隆年號。

［6］東府：東晋、南朝揚州刺史的治所，故址在今江蘇南京市内。

［7］太初弑逆：此指宋元嘉三十年（453），太子劉劭謀逆，弑其父宋文帝劉義隆，簒位自立，改元“太初”。

［8］果是此年月：《南史》卷七五此後尚云：“弟子鮑靈綬門前有一株樹，大十餘圍，上有精魅，數見影。歡印樹，樹即枯死。山陰白石村多邪病，村人告訴求哀，歡往村中爲講《老子》，規地作獄，有頃，見狐狸黿鼉自入獄中者甚多，即命殺之，病者皆愈。又有病邪者問歡，歡曰：‘家有何書？’答曰：‘唯有《孝經》而已。’歡曰：‘可取《仲尼居》置病人枕邊恭敬之，自差也。’而後病者果愈。後人問其故，答曰：‘善禳惡，正勝邪，此病者所以差也。’”

［9］賦詩言志：《南史》卷七五録其全詩云：“五塗無恒宅，三清有常舍。精氣因天行，游魂隨物化。鵬鶠適大海，蜩鳩之桑柘。達生任去留，善死均日夜。委命安所乘，何方不可駕。翹心企前覺，融然從此謝。”

［10］剡山：在浙江嵊州市，風景清佳。《南史》卷七五作：“自剋死日，自擇葬時，卒於剡山。”

［11］身體柔軟：《南史》卷七五作：“身體香軟，道家謂之屍解仙化焉。”

［12］江山圖表狀：朱季海《校議》云：“《隋志·經籍四·集》：梁有永嘉太守《江山圖集》十卷，亡。是江先爲剡令，後至永嘉太守也。”（第121頁）

佛道二家，立教既異，學者互相非毁。[1] 歡著《夷夏論》曰：

夫辨是與非，宜據聖典。尋二教之源，故兩標經句。道經云："老子入關之天竺維衛國，[2]國王夫人名曰净妙，老子因其晝寢，乘日精入净妙口中，[3]後年四月八日夜半時，[4]剖左腋而生，墜地即行七步，於是佛道興焉。"此出《玄妙内篇》。佛經云："釋迦成佛，有塵劫之數。"[5]出《法華》《無量壽》。或"爲國師道士，[6]儒林之宗"。出《瑞應本起》。

[1]互相非毁：中華本校勘記云："'互'原作'牙'，乃'㸦'字之形訛，㸦即互字，今依各本改作'互'。"今從改。

[2]老子入關：清王鳴盛《十七史商榷》卷六四以爲"入關"當作"出關"。下引袁粲駁語亦誤。　天竺：印度的古稱。

[3]日精：太陽的精華。道家謂服食日精可成仙得道。語出《黄庭内景經·口爲》唐梁丘子注："服食日精，金華充盈。"

[4]四月八日：爲佛祖誕生日，稱"浴佛日"。

[5]塵劫：佛教稱一世爲一劫，無量無邊劫爲塵劫。參見《楞嚴經》卷一。

[6]國師：帝王封賜僧人的尊號。

歡論之曰：五帝、三皇，莫不有師。[1]國師道士，無過老、莊，儒林之宗，孰出周、孔。若孔、老非佛，[2]誰則當之。然二經所説，[3]如合符契。道則佛也，佛則道也。其聖則符，其迹則反。[4]或和光以明近；[5]或曜靈以示遠。[6]道濟天下，故無方而不入；智周萬物，故無物而不爲。其入不同，其爲必異。各成其性，不易其事。是以端委搢紳，[7]諸華之容；翦髮曠衣，[8]群夷之服。擎跽磬折，[9]侯甸之恭；[10]狐蹲狗踞，[11]荒流之肅。[12]棺殯槨葬，中夏之制；火焚水沈，[13]西戎之俗。[14]全形守禮，[15]繼善之教；毁貌易性，[16]絶惡之學。豈伊同人，爰及異物。鳥王獸長，往往是佛，無窮世界，聖人代興。或昭五典，[17]或布三乘。[18]在鳥而鳥鳴，在獸而獸吼。教華而華言，化夷而夷語耳。雖舟車均於致遠，而有川陸之節，佛道齊乎達化，[19]而有夷夏之别，若謂其致既均，其法可换者，而車可涉川，舟可行陸乎？今以中夏之性，效西戎之法，既不全同，又不全異。下棄妻孥，[20]上廢宗祀。[21]嗜欲之物，皆以禮伸；孝敬之典，獨以法屈。悖禮犯順，[22]曾莫之覺。弱喪忘歸，[23]孰識其舊？且理之可貴者，道也；事之可賤者，俗也。捨華效夷，義將安取？若以道邪？道固符合矣。若以俗邪？俗則大乖矣。

[1]莫不有師：中華本校勘記云："南監本作'不聞有佛'，《南史》同。"

[2]非佛：《南史》卷七五作"非聖"。

[3]二經：指上引之佛經與道經。

[4]其聖則符，其迹則反：指二者高明的思想相同，而其行爲則相反。

[5]或和光以明近：和光，指不露鋒芒，隨俗而處。《老子》第四章："和其光，同其塵。"王弼注："無所特顯，則物無所偏争也；無所特賤，則物無所偏耻也。"道教教人修道即可成仙，故云

"明近"。

[6]或曜靈以示遠：曜靈，指佛祖顯揚其靈光。佛教教人苦修今生，佛祖顯靈，可保祐來生獲福，故云"示遠"。

[7]端委：古代禮服。語出《左傳》昭公元年："吾與子弁冕端委，以治民臨諸侯。"孔穎達疏引服虔曰："禮衣端正無殺，故曰端；文德之衣尚褒長，故曰委。"　搢紳：插笏於紳。紳，古代仕宦與儒者圍於腰際的大帶。

[8]翦髮：指剃光頭。　曠衣：謂不穿上衣，光着脊背。

[9]擎跽磬折：拱手中跪拜，俯仰曲躬，指行朝拜之禮。語本《莊子·人間世》："擎跽曲拳，人臣之禮也。"跽，同"跪"。

[10]侯甸：指古代王畿外圍千里以内的區域。泛指天子治下。恭：指禮儀。

[11]狐蹲狗踞：形容少數民族坐立粗野，不守規矩，不合禮儀。

[12]荒流：指邊遠少數民族居地。

[13]火焚水沈：指人死後將尸體火化或投入水中。

[14]西戎：古代西北戎族的總稱，亦泛指西北少數民族。

[15]全形：保全身體。儒家以爲身體髮膚受之父母，不容毁傷。

[16]毁貌易性：指佛教徒剃髮受戒，拋棄父母妻子，違背人性。

[17]五典：指《詩》《書》《禮》《易》《春秋》五經。

[18]三乘：指佛家小乘（聲聞乘）、中乘（緣覺乘）和大乘（菩薩乘）等三種佛經。

[19]達化：指達到一種至善至美的境界。

[20]下棄：原訛"下育"，中華本據《弘明集》卷七改。今從改。

[21]宗祀：對祖宗的祭祀。按，以上二句言佛教徒出家不認家。中華本校勘記云："'祀'原訛'禮'，各本不訛，今改正。"

今從改。

［22］悖禮犯順：禮，指儒家之禮教。順，指孝悌之道。《漢書》卷四《文帝紀》："孝悌，天下之大順也。"

［23］弱喪忘歸：言少而失其親故，忘記歸所。《莊子·齊物論》："予惡乎知惡死之非弱喪而不知歸者邪!"成玄英疏："弱者弱齡，喪之言失。謂少年遭亂喪，失桑梓，遂安他土而不知歸。"

屢見刻舷沙門，[1]守株道士，[2]交諍小大，[3]互相彈射。或域道以爲兩，[4]或混俗以爲一。[5]是牽異以爲同，破同以爲異。則乖争之由，淆亂之本也。尋聖道雖同，而法有左右。始乎無端，終乎無末。泥洹仙化，[6]各是一術。佛號正真，[7]道稱正一。[8]一歸無死，[9]真會無生。[10]在名則反，在實則合。但無生之教賒，[11]無死之化切。[12]切法可以進謙弱，[13]賒法可以退夸强。[14]佛教文而博，道教質而精。精非麤人所信，博非精人所能。佛言華而引，[15]道言實而抑。[16]抑則明者獨進，引則昧者競前。佛經繁而顯，道經簡而幽。幽則妙門難見，顯則正路易遵。此二法之辨也。

［1］刻舷：刻舟求劍的簡言。　沙門：指和尚。此句指佛教徒思想死板。

［2］守株道士：守株，守株待兔的省言。此指心存僥倖的道教徒。

［3］交諍：中華本校勘記云："《弘明集》卷七釋慧通《駁顧道士夷夏論》作'空争'。"　小大：指互相争論誰小誰大。

［4］域道以爲兩：劃分佛、道二教教義不同。域，劃分區域。

[5]混俗以爲一：混淆視聽以爲佛、道二教相同。

[6]泥洹（huán）：佛教語。即涅槃，意爲“滅度”“圓寂”等，是佛教修煉所要達至的最高境界。　仙化：謂成仙飛升。是道教所追求的最高理想。

[7]正真：指證得真如。《大乘百法明門論解》卷下：“真如者，理非妄倒，故名真如；真簡於妄，如簡於倒。”這種“真如”，是佛教所要證得的絶對真理。

[8]正一：道家認爲“一”爲萬物之本，永恒不變。譚峭《化書・道化・正一》：“命之則四（虛、神、氣、形），根之則一。守之不得，舍之不失，是謂正一。”

[9]無死：道家追求長生不死。

[10]無生：佛家追求不生不滅。

[11]無生之教賒：指佛教“無生”之理論玄遠，令人高不可攀。

[12]無死之化切：指道家“無死”之論淺近，令人容易親近。

[13]謙弱：指退讓柔弱的人。

[14]夸强：指自大要强的人。

[15]佛言華而引：指佛家説道華麗動聽而有吸引力。

[16]道言實而抑：指道教説道質樸而有約束力。“抑”，中華本校勘記云：“《弘明集》卷七朱廣之《駁顧道士夷夏論》作‘析’。”

聖匠無心，[1]方圓有體，器既殊用，教亦異施。佛是破惡之方，[2]道是興善之術。[3]興善則自然爲高，破惡則勇猛爲貴。佛迹光大，宜以化物；[4]道迹密微，利用爲己。優劣之分，大略在兹。

[1]聖匠：指具有超人才智的大師。　無心：指没有成見。

[2]佛是破惡之方：佛教教人不要爲非作歹，謂作惡的人要遭報應，進地獄，來生變牛變馬。故云“佛是破惡之方”。

[3]道是興善之術：道教教人遠離塵世，修身煉丹成仙，故云“道是興善之方”。

[4]化物：感化萬物。“化”原訛“禮”，中華本據南監本、殿本、局本及《南史》改正。今從改。

夫蹲夷之儀，[1]婁羅之辯，[2]各出彼俗，自相聆解。[3]猶蟲喧鳥聒，[4]何足述效。

[1]蹲夷：踞坐。坐時兩脚底和臀部着地，兩膝上聳。古代看作是野蠻無禮的舉止。《後漢書》卷二五《魯恭傳》：“夫戎狄者，四方之異氣也，蹲夷踞肆，與鳥獸無別。”

[2]婁羅：形容説話含混嘈雜。

[3]聆解：聽懂。中華本校勘記云：“‘聆’原訛‘矜’，今據毛本、殿本、局本及《南史》改正。按《弘明集》卷七釋慧通《駁顧道士夷夏論》作‘領’。”今從改。

[4]蟲喧鳥聒：指蟲鳥啼鳴，各有區別。喧，中華本校勘記云：“南監本及《弘明集》卷七、《元龜》八百三十並作‘喧’。《南史》作‘躍’。”朱季海《校議》云：“‘喧’見司馬彪注《莊子》。《南史》形訛，餘並以今字改古字耳。百衲本是也。”（第121頁）

歡雖同二法，而意黨道教。[1]宋司徒袁粲託爲道人通公駁之，[2]其略曰：

白日停光，恒星隱照，[3]誕降之應，事在老先，[4]似非入關，方炳斯瑞。[5]又老、莊、周、孔，有可存者，依日末光，憑釋遺法，盗牛竊善，[6]反以成蠹，檢究源流，終異吾黨之爲道耳。[7]

[1]意黨道教：指其心意則偏袒道教。黨，偏私。

[2]袁粲：字景倩，仕宋，官至司徒左長史。《宋書》卷八九、《南史》卷二六有傳。　道人：指佛教徒。　駮：同“駁”。

[3]恒星：古代對二十八星宿的稱呼。

[4]誕降之應，事在老先：指佛祖從天而降生，在老子之前。

[5]似非入關，方炳斯瑞：此駁顧文謂佛祖是老子投生之説。

[6]盜牛竊善：《先賢行狀》載，平原有盜牛者，騙人説拾到牛，並在路口等待失牛者將牛領回，博得失主贊揚他是大善人。幾次後，終於被人識出他原是盜牛者，將其指破，弄得他出醜。後因以盜牛竊善喻指以欺騙手段獲得好名聲。

[7]吾黨：指佛門。

西域之記，佛經之説，俗以膝行爲禮，[1]不慕蹲坐爲恭，道以三繞爲虔，[2]不尚踞傲爲肅。豈專戎土，爰亦兹方。[3]襄童謁帝，[4]膝行而進；趙王見周，[5]三環而止。今佛法在華，乘者常安；[6]戒善行交，蹈者恒通。文王造周，[7]大伯創吴，[8]革化戎夷，[9]不因舊俗。豈若舟車，理無代用。佛法垂化，或因或革。清信之士，容衣不改；[10]息心之人，服貌必變。[11]變本從道，不遵彼俗，教風自殊，[12]無患其亂。

[1]膝行：跪着以膝蓋向前移走。佛門用以示敬意。

[2]三繞：指環繞其身走三周。道教用以示虔誠。

[3]兹方：指中華内地。

［4］襄童謁帝：《莊子・徐無鬼》載，傳説黄帝欲赴具茨山見大隗神，行至襄城曠野迷路，適遇一牧馬童子，問之，回答得清清楚楚。黄帝又進一步問其治理天下之道。牧馬小童曰："夫爲天下者，亦奚以異乎牧馬者哉，亦去其害馬者而已矣。"黄帝從童子答話中，不僅知道路如何走，而且悟出治天下之大道。黄帝向童子"再拜稽首，稱天師而退"。

［5］趙王見周：《莊子・説劍》載，昔趙文王喜劍，劍士夾門，日夜相擊於前，死傷者歲數百人，國因之而衰。請莊周謀劃。莊周勸趙王勿用"庶人之劍"，要用"天子之劍"，方可"制以五行，論以刑德，開以陰陽，持以春夏，行以秋冬。此劍直之無前，舉之無上，案之無下，運之無旁。上决浮雲，下絶地紀。此劍一用，匡諸侯天下服矣"。趙王大悟，乃請莊周"上殿，宰人上食，王三環之"。林希逸注："三環者，不坐而行，環所食之地三匝也，皆自愧之意也。"

［6］乘者：指信佛的人。

［7］文王造周：指周文王締造周朝（約公元前 11 世紀）。

［8］大伯：指吴太伯，周太王之子，太王立其孫文王繼位後，太伯南奔荆蠻，自號句吴，後周武王追封其爲吴伯，故稱吴太伯。

［9］革化戎夷：指文王造周、大伯創吴，都順應境内少數民族要求，革新政治，改變舊俗。

［10］清信之士，容衣不改：清信，即清修。佛教指在家修行，不剃度，不穿袈裟。

［11］息心之人，服貌必變：息心，梵語"沙門"的意譯。故僧侣又稱息心人、息心客，即出家和尚，必服僧衣，必剃髮受戒。

［12］教風：中華本校勘記云："南監本及《南史》並作'俗風'，《元龜》八百三十作'風俗'。"

孔、老、釋迦，其人或同，觀方設教，[1] 其道必異。孔、老治世爲本,[2]釋氏出世爲宗。[3]發軫既殊,[4]其歸亦異。符合之唱,自由臆説。[5]又仙化以變形爲上,[6]泥洹以陶神爲先。[7]變形者白首還緇,[8]而未能無死;陶神者使塵惑日損,[9]湛然常存。泥洹之道,無死之地,[10]乖詭若此,何謂其同?

[1]觀方:指對人世的觀察。

[2]治世:《南史》卷七五作“教俗”,蓋以避唐諱改。

[3]出世:佛教謂超脱人世,超脱生死。

[4]發軫:車子出發。比喻事物發展的起始。

[5]符合之唱,自由臆説:指上引顧歡文中所云佛、道“二經所説如合符契”,乃胡思亂説。

[6]仙化以變形爲上:指道教宣傳學道煉丹,可以變爲神仙。

[7]泥洹以陶神爲先:指佛門宣傳修行可以陶鑄凈化靈魂。

[8]白首還緇:白髮轉黑。指轉老還童。淄,黑色。

[9]塵惑:人世的迷惑,指妻財子禄等。

[10]無死之地:佛教宣傳的不生不滅境地。“地”原訛“作”,中華本據南監本、毛本、殿本、局本及《南史》卷七五、《册府元龜》卷八三〇改。今從改。

歡答曰:

案道經之作,著自西周,佛經之來,始乎東漢,年踰八百,代懸數十。若謂黄老雖久,而濫在釋前,[1]是吕尚盜陳恒之齊,[2]劉季竊王莽之漢也。[3]

［1］濫：濫觴。事物的起源、發端。此句駁斥釋家起源早於黄、老。"濫"，原訛"盗"，中華本據各本及《南史》卷七五改正。今從改。

［2］吕尚：太公望，姜姓，吕氏，名尚。輔佐周武王滅殷，以功封於齊，爲齊國始祖。　陳恒：田恒，春秋齊簡公四年（前480）殺簡公，立平公，自任齊相，齊國之政盡歸田氏。詳見《史記》卷四六《田敬仲完世家》。

［3］劉季：漢高祖劉邦，字季。　王莽：字巨君，魏郡元城（今河北大名縣）人。公元9年，篡漢自立爲帝，改國號曰新。詳見《漢書》卷九九《王莽傳》。按，以上二句故意前後顛倒，用以譏諷佛在道前之説。

經云，戎氣强獷，[1]乃復略人頰車邪？[2]又夷俗長跽，法與華異，翹左跂右，全是蹲踞。故周公禁之於前，仲尼戒之於後。[3]又舟以濟川，車以征陸，佛起於戎，豈非戎俗素惡邪？[4]道出於華，豈非華風本善邪？[5]今華風既變，惡同戎狄，佛來破之，良有以矣。佛道實貴，[6]故戒業可遵；[7]戎俗實賤，故言貌可棄。今諸華士女，民族弗革，[8]而露首偏踞，[9]濫用夷禮，云於翦落之徒，[10]全是胡人，國有舊風，法不可變。

［1］戎氣：戎族人的風氣。戎，古代典籍泛指中國西部少數民族。

［2］略人頰車：猶拾人牙慧。頰車，牙下骨，載齒的腭骨。

［3］故周公禁之於前，仲尼戒之於後：指《周禮》《儀禮》中所規定的各種禮儀。相傳"周公制禮之日，禮教興行"；"孔子更

修而定之”。參見賈公彦《周禮正義序》。

［4］佛起於戎，豈非戎俗素惡邪：此句呼應前文“佛是破惡之方”。

［5］道出於華，豈非華風本善邪：此句呼應前文“道是興善之術”。

［6］佛道實貴：肯定佛經宣傳的道理有可貴之處。

［7］戒業：指佛教規戒。佛教對僧侶提出的種種禁戒。

［8］民族：中華本校勘記云：“‘民’南監本及《南史》、《元龜》卷八百三十作‘氏’。” 革：改變。

［9］偏踞：“偏”原訛“編”，中華本據各本及《南史》改。今從改。

［10］翦落之徒：指削髮的僧尼。

又若觀風流教，[1]其道必異，佛非東華之道，道非西戎之法，魚鳥異淵，永不相關，安得老、釋二教，交行八表。[2]今佛既東流，道亦西邁，故知世有精麤，教有文質。然則道教執本以領末，佛教救末以存本。請問所異，歸在何許？[3]若以翦落爲異，則胥靡翦落矣。[4]若以立像爲異，則俗巫立像矣。[5]此非所歸，歸在常住。[6]常住之象，常道孰異？

［1］觀風流教：指觀察風俗，傳布教旨。

［2］交行：交流傳播。 八表：八方。

［3］請問所異，歸在何許：此句肯定釋、老殊途同歸，乃駁袁粲文“發軫既殊，其歸亦異”語。按，《南史》卷七五此處作“請問所歸，異在何許”。朱季海《校議》云：“《南史》文義易曉，然

非歡原文，讀下文自見。‘爲異’云云，即問所異；‘此非所歸，歸在常住’，即問歸在何許也。”（第 122 頁）

[4]胥靡：古代奴隸或刑徒。按這兩種人皆剪削頭髮。

[5]若以立像爲異，則俗巫立像矣：指佛門立菩薩像，但民間巫師亦畫鬼神像。

[6]常住：佛家語，指永存無變遷。《法華經》卷一：“是法住法位，世間相常住”。

神仙有死，權便之説。[1]神仙是大化之總稱，[2]非窮妙之至名。[3]至名無名，[4]其有名者二十七品，仙變成真，真變成神，或謂之聖，各有九品，品極則入空寂，[5]無爲無名。若服食茹芝，延壽萬億，壽盡則死，藥極則枯，此修考之士，[6]非神仙之流也。

[1]神仙有死，權便（pián）之説：權便，巧辯。按，此處駁袁粲文謂修道者“白首還緇而未能無死”。

[2]大化：指宇宙、大自然。

[3]窮妙：極盡精妙。

[4]至名無名：《老子》第一章：“無名天地之始，”第三十二章，“道常無名”。

[5]空寂：道家所追求的空虛寂静的無爲境界。即《老子》第十六章所云：“致虛極，守静篤。”

[6]修考：追求長壽。按，此段將道家與煉丹服藥求長壽的道人分别開。

明僧紹《正二教論》以爲“佛明其宗，老全其生。[1]守生者蔽，明宗者通。今道家稱長生不死，名補天曹，[2]大乖老、莊立言本理”。文惠太子、竟陵王子良並好釋法。[3]吴興孟景翼爲道士，太子召入玄圃園。[4]衆僧大會，子良使景翼禮佛，景翼不肯，子良送《十地經》與之。景翼造《正一論》。大略曰：“寶積云‘佛以一音廣説法’。[5]老子云‘聖人抱一以爲天下式’。[6]‘一’之爲妙，空玄絶於有境，[7]神化贍於無窮，爲萬物而無爲，[8]處一數而無數，[9]莫之能名，强號爲一。在佛曰‘實相’，[10]在道曰‘玄牝’。[11]道之大象，[12]即佛之法身。[13]以不守之守守法身，以不執之執執大象。但物有八萬四千行，説有八萬四千法。法乃至於無數，行亦逮於無央。[14]等級隨緣，[15]須導歸一。歸一曰回向，[16]向正即無邪。邪觀既遣，億善日新。三五四六，隨用而施。獨立不改，絶學無憂。[17]曠劫諸聖，[18]共遵斯‘一’。老、釋未始於嘗分，迷者分之而未合。億善遍修，修遍成聖，雖十號千稱，終不能盡。終不能盡，豈可思議。”司徒從事中郎張融作《門律》云：[19]“道之與佛，逗極無二。[20]吾見道士與道人戰儒墨，[21]道人與道士獄是非。[22]昔有鴻飛天首，[23]積遠難亮。越人以爲鳧，[24]楚人以爲乙，[25]人自楚越，鴻常一耳。”[26]以示太子僕周顒。[27]顒難之曰：“虚無法性，[28]其寂雖同，[29]位寂之方，[30]其旨則别。論所謂‘逗極無二’者，爲逗極於虚無，當無二於法性耶？足下所宗之本一物爲鴻乙耳。[31]驅馳佛道，無免二末。[32]未知高鑒緣何識本，輕而宗之，其有旨乎？”往復文多不載。

[1]老全其生：指老子之説乃保全天性，順乎自然。

[2]天曹：道教稱天上的官府。謂修煉成仙後，可上天曹補名供職。

[3]文惠太子：名長懋，字雲喬，齊武帝蕭賾長子。禮結文士，名望甚高，信佛，年三十六未繼位即卒。本書卷二一、《南史》卷四四有傳。　竟陵王子良：字雲英，齊武帝次子。官至太傅，禮才好士，信佛。本書卷四〇、《南史》卷四四有傳。

[4]玄圃園：園圃名。文惠太子在東宫辟建，其中樓觀塔宇，多聚奇石花木。詳見本書卷二一《文惠太子傳》。

[5]寳積：佛名。即剌那那伽羅，意譯曰寳積。見《玄應音義》卷三。　一音：指佛祖如來説法之音。《維摩詰經・佛國品》："佛以一音演説法，衆生隨類各得解。"

[6]聖人抱一以爲天下式：抱一，道家謂專精固守不失其道。一，指道。語出《老子》第二十二章。

[7]有境：境，原訛作"景"，中華本據南監本及《南史》《册府元龜》卷八三〇改。今從改。

[8]爲萬物而無爲：《老子》第二章："是以聖人處無爲之事，行不言之教；萬物作而弗始，生而弗有。"

[9]處一數而無數：《老子》第四十二章："道生一，一生二，二生三，三生萬物。"

[10]實相：佛教名詞。指宇宙事物的真相或本然狀態。佛以世俗所認識之一切現象均爲"假相"，唯有擺脱世俗認識，纔能顯示諸法"常住不變"之真實相狀。參見《法華經・方便品》。

[11]玄牝：微妙的母性。道家指孳生萬物的本源，比喻道。《老子》第六章："穀神不死，是謂玄牝。玄牝之門，是謂天地根。"蘇轍解："玄牝之門，萬物自是出也，天地自是生也。"

[12]大象：大道，常理。《老子》第三十五章："執大象，天下往。"河上公注："象，道也。"成玄英疏："大象，猶大道之法象也。"

［13］法身：佛教語。指證得清净自然性、成就一切功德之身。法身不生不滅，無形而隨處有形，也稱爲佛身。參見《大乘義章》卷一八。

［14］逮於："逮"，中華本校勘記云："南監本、毛本、殿本、局本及《南史》、《元龜》八百三十並作'達'。"

［15］隨緣：佛教語。謂佛應衆生之緣而施教化。

［16］回向：佛教語。指把自己所修的功德施往某處。《大乘義章》卷九曰："言回向者，回己善法有所趨向，故名回向。"

［17］絶學無憂：語出《老子》第十九章。絶學，指棄絶仁義聖智之學。老子主張徹底抛棄聖智、仁義、巧利，使人還真歸樸，保持純厚的天性，故曰"無憂"。

［18］曠劫：佛教語。久遠之劫。古印度傳説世界經若干萬年毁滅一次，重新開始，這樣一個周期稱作一劫。

［19］張融：字思光，吴郡人。歷仕南朝宋、齊，齊初曾任司徒從事中郎。本書卷四一、《南史》卷三二有傳。

［20］逗極：終極。"逗"，《南史》卷七五虚作"遥"。朱季海《校議》云："'逗極'當時語，猶今云'到底'耳。顒難之曰：'論所云逗極無二者，爲逗極於虚無，當無二於法性耶？'同。"（第122頁）

［21］道士與道人：中華本校勘記云："按六朝呼僧爲道人，道人即沙門之别稱，與道士有别。説詳錢大昕《廿二史考異》。"戰儒墨：先秦儒、墨兩家相互攻訐。因以"戰儒墨"指針鋒相對的争辯。

［22］獄是非：争訟是非。中華本校勘記云："'獄'南監本作'辯'，殿本及《南史》作'辨'。按獄字不訛。獄，訟也。獄是非猶言争是非也。《弘明集》亦作'獄'。"

［23］天首：天空最高處。首，中華本校勘記云："《弘明集》卷六作'道'。"

［24］鳧（fú）：野鴨。

［25］乙（yì）：本作“鳦”，同“鳦”。紫燕。

［26］人自楚越，鴻常一耳：中華本校勘記云：“《弘明集》卷六作‘人自楚越耳，鴻常一鴻乎’。”

［27］太子僕：東宫屬官。主輿馬，兼主親族事務。秩五品。　周顒：歷仕南朝宋、齊，通佛理，兼善《老》《易》，得文惠太子賞遇。本書卷四一、《南史》卷三四有傳。

［28］法性：佛教語。指真實不變、無所不在的體性。

［29］寂：佛教指寂滅常静之道。

［30］位寂：中華本校勘記云：“《弘明集》卷六作‘住寂’。”

［31］鴻乙：中華本校勘記云：“按局本及《弘明集》卷六無‘乙’字。”

［32］未：中華本校勘記云：“局本及《弘明集》卷六並作‘乖’。”

歡口不辯，善於著筆。著《三名論》，甚工，鍾會《四本》之流也。[1]又注王弼《易》二《繫》，[2]學者傳之。[3]

［1］鍾會：三國魏人。有才數技藝，通《易》理。官至司徒。《三國志》卷二八有傳。又南朝宋劉義慶《世説新語·文學》：“鍾會撰《四本論》。”劉孝標注引《魏志》曰：“會論才性同異，傳於世。四本者：言才性同，才性異，才性合，才性離也。尚書傅嘏論同，中書令李豐論異，侍郎鍾會論合，屯騎校尉王廣論離。”

［2］王弼：三國魏人。篤好《老》《莊》，與鍾會並知名。注《易》《老子》，開玄學先河。詳見《三國志》卷二八《鍾會傳》“弼年二十餘卒”裴松之注。　《繫》：指《易·繫辭》。朱季海《校議》云：“《釋文·序録·易》有顧懽注《繫辭》，又《老子》有‘顧懽《堂誥》四卷’，自注：‘一作《老子義疏》’，史不書。”

（第122頁）

［3］學者傳之：《南史》卷七五此後云："知將終，賦詩言志曰：'五塗無恒宅，三清有常舍。精氣因天行，游魂隨物化。鵬鷃適大海，蜩鳩之桑柘。達生任去留，善死均日夜。委命安所乘，何方不可駕。翹心企前覺，融然從此謝。'自剋死日，自擇葬時，卒於剡山，時年六十四。身體香軟，道家謂之屍解仙化焉。還葬舊墓，木連理生墓側。縣令江山圖表狀，武帝詔歡諸子撰歡文議三十卷。"

始興人盧度，[1]亦有道術。少隨張永北征。[2]永敗，虜追急，阻淮水不得過。度心誓曰："若得免死，從今不復殺生。"須臾見兩楯流來，[3]接之得過。後隱居西昌三顧山，[4]鳥獸隨之。夜有鹿觸其壁，度曰："汝壞我壁。"[5]鹿應聲去。屋前有池養魚，皆名呼之，[6]魚次第來，取食乃去。逆知死年月，與親友别。永明末，以壽終。

［1］始興：縣名。即今廣東始興縣。　盧度：《南史》卷七五亦有傳，謂其"字孝章"。

［2］張永：字景雲。仕宋，永嘉末，永爲揚威將軍、冀州刺史加都督，督王玄謨等諸將進攻河南，後爲魏軍戰敗，傷亡慘重。《宋書》卷五三、《南史》卷三一有傳。

［3］楯：木名。這裏泛指大樹。

［4］西昌：縣名。治所在今江西泰和縣西。

［5］汝壞我壁：中華本校勘記云："《御覽》九百六十引作'汝勿壞我壁'。"

［6］皆名呼之：四字原無，中華本據南監本、殿本、局本及《南史》補。今從補。

初，永明三年，徵驃騎參軍顧惠胤爲司徒主簿。[1]惠胤，宋鎮軍將軍覬之弟子也。[2]閑居養志，不應徵辟。

[1]驃騎參軍：指驃騎將軍府參軍。　司徒主簿：司徒公府屬官。掌文書印信。

[2]覬之：顧覬之。《宋書》卷八一、《南史》卷三五有傳。

臧榮緒，[1]臧榮緒東莞莒人也。[2]祖奉先，建陵令，[3]父庸民，國子助教。[4]

[1]臧榮緒：《南史》卷七六亦有傳。

[2]東莞：郡名。治莒縣。　莒：縣名。治所治莒縣，在今山東莒縣。

[3]建陵：縣名。治所在今廣西荔浦縣西南。

[4]國子助教：學官名。協助國子博士分授經學。

榮緒幼孤，躬自灌園，以供祭祀。母喪後，乃著《嫡寢論》，掃灑堂宇，置筵席，朔望輒拜薦，[1]甘珍未嘗先食。

[1]朔望：農曆每月初一和十五。　拜薦：拜祭。中華本校勘記云："'薦'原訛'席'，今據南監本、殿本、局本改正。按'薦'下南監本及《南史》並有'焉'字。"今從改。

純篤好學，括東西晋爲一書，紀、録、志、傳百一十卷。隱居京口教授。[1]南徐州辟西曹，[2]舉秀才，不就。太祖爲揚州，[3]徵榮緒爲主簿，不到。司徒褚淵少時嘗命駕尋之。[4]建元中，啓太祖曰："榮緒，朱方隱者。[5]昔臧質在宋，[6]以國戚出牧彭岱，[7]引爲行佐，[8]非其所好，謝疾求免。蓬廬守志，漏濕是安，灌蔬終老。與友關康之沈深典素，[9]追古著書，撰晋史十袠，贊論雖無逸才，亦足彌綸一代。[10]臣歲時往京口，早與之遇。近報其取書，始方送出，庶得備録渠閣，[11]採異甄善。"上答曰："公所道臧榮緒者，吾甚志之。其有史翰，欲令入天禄，[12]甚佳。"

[1]京口：地名。在今江蘇鎮江市。

[2]南徐州：州名。南朝宋置，治所在京口。　西曹：指西曹書佐，州屬吏。地位相當於主簿，在諸曹屬官之上。

[3]太祖爲揚州：指宋順帝昇明元年（477）蕭道成輔政，進位太傅、領揚州牧。按，揚州當時治建康，在今江蘇南京市。

[4]褚淵：字彦回。歷仕南朝宋、齊，齊高帝建元二年（480）由司空、尚書令擢至司徒。本書卷二三、《南史》卷二八有傳。

[5]朱方：古縣名。治所在今江蘇鎮江市丹徒區東南。臧緒榮曾隱居於此。

[6]臧質：字含文。其祖姑適宋武帝劉裕，爲臧皇后（《宋書》卷四一有傳）。質因内戚獲寵，曾任徐、兖二州刺史，加都督。《宋書》卷七四、《南史》卷一八有傳。

[7]彭岱：指彭城、岱山（即泰山）。

[8]行佐：行書佐，州郡自行辟除的屬吏。

[9]關康之：字伯愉。世居京口，篤學守法，累徵不仕。《宋書》卷九三、《南史》卷七五有傳。　沈深典素：深入鑽研古代典籍。

[10]彌綸：統攝，籠蓋。

[11]渠閣：石渠閣。在長安未央宮殿北，西漢皇室藏書之所。後泛指皇宮藏書庫。參見《三輔黄圖·閣》。

[12]天禄：天禄閣，漢劉向曾在此校書。後泛指皇宮藏書處。參見《三輔黄圖·閣》。

榮緒惇愛五經，謂人曰："昔吕尚奉丹書，[1]武王致齋降位，[2]李、釋教誡，[3]並有禮敬之儀。因甄明至道，乃著《拜五經序論》。常以宣尼生庚子日，[4]陳《五經》拜之。自號"被褐先生"。又以飲酒亂德，言常爲誡。永明六年卒。年七十四。

[1]吕尚：姜太公，名子牙。知遇周文王，文王没，相武王伐殷，創建周朝。武王尊之爲國師。　丹書：傳説中赤雀所銜的瑞書。《史記》卷四《周本紀》"生昌，有聖瑞"，張守節《正義》引《尚書帝命驗》曰："季秋之月甲子，赤爵銜丹書入于酆，止于昌户。其書云：'敬勝怠者吉，怠勝敬者滅；義勝欲者從，欲勝義者凶……以仁得之，以仁守之，不及其也。'此蓋聖瑞。"吕尚所奉丹書，當即指此。

[2]齋：沐浴齋戒。　降位：走下皇帝座位。表示誠敬。

[3]李、釋：指道、佛二教。道家尊老子李聃爲教主。

[4]宣尼：漢平帝元始元年（1）追封孔子爲褒成宣尼公，後因稱孔子爲宣尼。　生庚子日：指孔子生日。

初，榮緒與關康之俱隱在京口，[1]世號爲"二隱"。康之字伯愉，河東人。[2]世居丹徒。[3]以墳籍爲務。四十年不出門。不應州府辟。宋太始中，[4]徵通直郎，不就。

晚以母老家貧，求爲嶺南小縣。[5]性清約，獨處一室，稀與妻子相見。不通賓客。弟子以業傳受。尤善《左氏春秋》。太祖爲領軍，[6]素好此學，送《春秋》《五經》，康之手自點定，并得論禮記十餘條。上甚悦，寶愛之。遺詔以經本入玄宫。[7]宋末卒。

[1]關康之：南朝宋隱士。《宋書》卷九三、《南史》卷七五有傳。

[2]河東：郡名。治所在今山西夏縣西北禹王城。按，《南史》謂其“河東楊人”。楊縣在今山西洪洞縣東南。

[3]丹徒：縣名。治所在今江蘇鎮江市丹徒區。

[4]宋太始：宋明帝年號。按，“太始”應作“泰始”。

[5]嶺南：指五嶺以南地區，相當於今廣東、廣西一帶。

[6]太祖爲領軍：指宋後廢帝元徽年間蕭道成（即後來的齊太祖）遷中領軍（掌内軍）。

[7]玄宫：指帝王的墳墓。

何求字子有，[1]廬江灊人也。[2]祖尚之，[3]宋司空，父鑠，宜都太守。[4]

[1]何求：《南史》卷三〇有附傳。

[2]廬江：郡名。治所在今安徽舒城縣。　灊：縣名。治所在今安徽潜山縣。灊，“潜”的古字。

[3]尚之：何尚之，字彦德，爲南朝宋開國元勛，官至左光禄，開府儀同三司。死贈司空，謚曰簡穆公。《宋書》卷六六、《南史》卷三〇並有傳。

[4]宜都：郡名。治所在今湖北宜都市。

求，元嘉末爲宋文帝挽郎，[1]解褐著作郎，[2]中軍衛軍行佐，[3]太子舍人，[4]平南參軍，[5]撫軍主簿，[6]太子洗馬，[7]丹陽、吴郡丞。清退無嗜欲。又除征北參軍事，[8]司徒主簿，[9]太子中舍人。[10]泰始中，妻亡，還吴葬舊墓，除中書郎，[11]不拜。仍住吴，居波若寺，足不踰户，人莫見其面。明帝崩，出奔國哀，除爲司空從事中郎，[12]不就。乃除永嘉太守。[13]求時寄住南澗寺，不肯詣臺，[14]乞於寺拜受，見許。一夜忽乘小船逃歸吴，隱虎丘山，[15]復除黄門郎，[16]不就。永明四年，世祖以爲太中大夫，[17]又不就。七年，卒。年五十六。

[1]求：原無，中華本據《南史》卷三〇補。今從補。　挽郎：古代皇帝或后妃死舉喪，以少年牽引靈柩並唱挽歌，稱爲挽郎。多以貴族官僚子弟爲之。這裏指元嘉三十年（453）二月宋文帝劉義隆死，何求被選爲挽郎。

[2]著作郎：屬秘書省，主修國史。秩六品。

[3]中軍衛軍：南朝宋無此官名，當爲“中領軍”或“左右衛將軍”，均爲禁衛軍官，掌宿衛營兵。何求爲軍府屬吏。

[4]太子舍人：東宫官名。掌呈奏案章。秩七品。

[5]平南：指平南將軍。四平將軍之一，南朝爲榮譽加號。本書《百官志》云：“四平將軍……宋齊以來，唯處諸王，素族無爲者。”

[6]撫軍：指撫軍將軍。南朝爲榮譽加號。開府者位從公秩一品。

[7]太子洗馬：東宫官名。掌授官、藝文圖書事。秩七品。參見《文獻通考》卷六六《職官二十》。

[8]征北：指征北將軍。四征將軍之一，南朝爲榮譽加號。開

府者位從公秩一品。

[9]司徒：三公之一，主管教化。秩一品。

[10]太子中舍人：東宫官名。掌詔命、陳奏。

[11]中書郎：中書侍郎，中書省官。掌呈奏案章。秩五品。

[12]從事中郎：公府主要屬官。分掌諸曹。秩六品。

[13]永嘉：郡名。治永寧縣，在今浙江温州市。

[14]臺：晋、宋時謂朝廷禁省。參見洪邁《容齋續筆五》卷五《臺城少城》。

[15]虎丘山：一名海涌山，在今江蘇蘇州市西北。

[16]黄門郎：給事黄門侍郎的省稱。門下省官。掌侍從左右。秩五品。

[17]太中大夫：文散官名稱。秦始置，掌議論。漢因之。魏晋南北朝間或置之。

初，求母王氏爲父所害，[1]求兄弟以此無宦情。

[1]求母王氏爲父所害：《南史》卷三〇此句作："求父鑠素有風疾，無故害求母王氏，坐法死。"

求弟點，[1]少不仕。宋世徵爲太子洗馬，不就。隱居東離門卞望之墓側。[2]性率到，鮮狎人物。[3]建元中，褚淵、王儉爲宰相，點謂人曰："我作《齊書》已竟，贊云：[4]'淵既世族，儉亦國華。不賴舅氏，遑卹外家。'"[5]儉欲候之，知不可見，乃止。永明元年，徵中書郎。豫章王命駕造門，[6]點從後門逃去。竟陵王子良聞之，曰："豫章王尚不屈，非吾所議。"[7]遺點嵇叔夜酒杯、徐景山酒鎗以通意。[8]點常自得，遇酒便醉，交遊宴樂不隔也。永元中，京師頻有軍寇，[9]點嘗結裳爲袴，[10]與崔慧景共論佛義，其語默之迹如此。[11]

［1］點：何點，字子晳。《南史》卷三〇有附傳，記其生平頗詳，摘要如下："年十一，居父母憂，幾至滅性。及長，感家禍，欲絶昏宦。""點明目秀眉，容貌方雅，真素通美，不以門户自矜。博通群書，善談論。家本素族，親姻多貴仕。點雖不入城府，性率到，好狎人物。遨游人間，不簪不帶，以人地並高，無所與屈，大言踑踞公卿，敬下。或乘柴車，躡草屩，恣心所適，致醉而歸。故世論以點爲孝隱士。""性通傥好施，遠近致遺，一無所逆，隨復散焉。嘗行經朱雀門街，有自車後盜點衣者，見而不言，旁人禽盜與之，點乃以衣施盜，盜不敢受，點令告有司，盜懼乃受之。""點雅有人倫鑒，多所甄拔。知吴興丘遲於幼童，稱濟陽江淹於寒素，悉如其言。哀樂過人。嘗行逢葬者，歎曰：'此哭者之懷，豈可思邪。'於是悲慟不能禁。""梁武帝與點有舊，乃踐阼……下詔徵爲侍中。（點）捋帝鬚曰：'乃欲臣老子。'辭疾不起。"

［2］東離門：地名。不詳。中華本校勘記云："局本作'東籬門'。按離、籬古通用。"　卞望之：卞壼，字望之。仕晋，明帝時爲尚書令，勤於吏事。成帝立壼輔政，蘇峻反，力抗戰死。謚忠貞。《晋書》卷七〇有傳。

［3］鮮狎人物：中華本校勘記云："'鮮'南監本、殿本、局本作'好'。張元濟《校勘記》云：下文王儉欲候之，知不可見，乃止，竟陵王子良謂非吾所議，則作'鮮狎人物'爲是。'"狎，親近。人物，指有名位的人。

［4］贊云："贊"字原闕，中華本據南監本、殿本、局本補，今從補。

［5］不賴舅氏，遑卹外家：此二句諷刺褚淵、王儉皆因是皇親國戚纔當上大官。按，褚淵父湛之尚宋武帝女始安公主，淵復尚文

帝女南郡公主；又王儉尚宋明帝女陽羡公主。詳見本書卷二三《褚淵傳》《王儉傳》。

[6]豫章王：名蕭嶷，齊高帝次子，禮賢好士。本書卷二二有傳。

[7]豫章王尚不屈，非吾所議：中華本校勘記云："'不'下《元龜》二百九十二有'能'字。"按，清牛運震《讀史糾謬》卷七《南齊書糾謬》："非吾所議'句不明。"又按，《南史》卷三〇此二句作："豫章王尚望塵不及，吾當望岫息心。"

[8]嵇叔夜：嵇康，字叔夜，三國魏名士。　徐景山：不詳。酒鎗（chēng）：舊時一種三足温酒器。《通鑑》卷一三五《齊紀一》"武帝永明元年"條："聞喜公子良持酒鎗"胡三省注："'鎗，楚庚翻，盛酒之器'。按《太平御覽》鎗即鐺字，但鐺非可持者。"

[9]永元中，京師頻有軍寇：永元，齊東昏年號。頻有軍寇，指平北將軍崔慧景反對東昏侯，自廣陵領兵反叛，攻建康，圍城。後被朝廷擊敗。詳見本書卷五一《崔慧景傳》。

[10]點嘗結裳爲袴：嘗，原作"欲"。中華本據南監本改。今從改。按，《南史》卷三〇此處記之頗詳，云："慧景性好佛義，先慕交點，點不顧之；至是乃逼召點，點裂裙爲袴，往赴其軍，終日談説，不及軍事。"又，朱季海《校議》云："袴，戎服以赴急耳。此所以有衣裳之會，不同於兵車也。"（第122頁）

[11]其語默之迹如此：語默之迹，指出處行迹。許福謙《〈南齊書〉紀傳疑年録》一文云："《南齊書》本傳不載何點生卒年及享年……是因齊亡時尚在之故。檢《梁書》卷五一《處士·何點傳》云：'天監三年卒，時年六十八。'據此，何點卒於梁天監三年（504），享年六十八歲，應生於劉宋元嘉十四年（437）。然《南史》卷三〇《何尚之傳附孫點傳》云：'天監二年卒'……未知孰是，姑志之，以俟後考。"（《首都師範大學學報》1998年第1期）

點弟胤，[1]有儒術，亦懷隱遁之志。所居宅名爲小山。[2]隆昌中，[3]爲中書令，[4]以皇后從叔見親寵。[5]明帝即位，胤賣園宅，將遂本志。[6]建武四年，[7]爲散騎常侍、巴陵王師。[8]聞吴興太守謝朏致仕，[9]慮後之，於是奉表不待報而去，隱會稽山。上大怒，令有司奏彈胤，然發優詔焉。[10]永元二年，徵散騎常侍，太常卿。[11]

[1]胤：何胤，字子季，出繼叔父曠，故更字胤叔。《南史》卷三〇有附傳，記其身世頗詳，摘要如下："胤字子季，出繼叔父曠，故更字胤叔。""仕齊爲建安太守，政有恩信，人不忍欺。每伏臘放囚還家，依期而反。歷黄門侍郎，太子中庶子。尚書令王儉受詔撰新禮，未就而卒。又使特進張緒續成，緒又卒，屬在司徒竟陵王子良。子良以讓胤，乃置學士二十人佐胤撰録。""……作祭酒，疑所服。陸澄博古多該，亦不能據，遂以玄服臨試。爾後詳議，乃用朱服。祭酒朱服，自此始也。""胤以會稽山多靈異，往游焉，居若邪山雲門寺。初，胤二兄求、點並棲遁，求先卒，至是胤又隱，世號點爲'大山'，胤爲'小山'，亦曰'東山'。兄弟發迹雖異，克終皆隱，世謂'何氏三高'。""中大通三年卒，年八十六。""胤注《百論》《十二門論》各一卷，注《周易》十卷，《毛詩總集》六卷，《毛詩隱義》十卷，《禮記隱義》二十卷，《禮問答》五十五卷。"

[2]所居宅名爲小山：《南史》卷三〇此句作："胤二兄求、點並棲遁，求先卒，至是胤又隱，世號點爲'大山'，胤爲'小山'……兄弟發迹雖異，克終皆隱，世謂'何氏三高'。"按，大山、小山，人名。漢淮南王劉安招納天下名士共聚一堂，著書立説，"諸儒大山、小山之徒，共講論道德，總統仁義"，而著《淮南子》。詳參高誘《〈淮南子〉叙》。後用大山、小山稱呼同時有名的兄弟。

[3]隆昌：齊鬱林王年號。

[4]中書令：中書省官。掌詔命。秩三品。

[5]皇后：指鬱林王妻何皇后，爲何戢之女，何胤侄女。

[6]本志：初衷。這裏指隱居。

[7]建武：齊明帝年號。

[8]巴陵王：名昭秀，齊文惠太子第三子。初封臨海郡王，明帝建武二年（495）改封巴陵王。本書卷五〇有傳。

[9]謝朏：南朝宋謝莊之子。歷仕南朝宋、齊、梁，齊時任吴興太守，一度隱居。《梁書》卷一五、《南史》卷二〇有傳。

[10]優詔：褒美的詔書。

[11]太常卿：列卿之一。掌禮儀、祭祀。秩三品。許福謙《〈南齊書〉紀傳疑年録》一文云："按《南齊書》本傳不載何胤生卒年及享年，其原因與兄何點同……檢《梁書》卷五一《處士·何點傳附弟胤傳》云：'中大通三年卒，年八十六'……據此，何胤卒於梁中大通三年（531），享年八十六歲，則當生於劉宋元嘉二十三年（446）。"（《首都師範大學學報》1998 年第 1 期）

劉虯字靈預，[1]南陽涅陽人也。[2]舊族，[3]徙居江陵。[4]虯少而抗節好學，[5]須得禄便隱。宋泰始中，仕至晋平王驃騎記室，[6]當陽令。[7]罷官歸家，静處斷穀，[8]餌术及胡麻。[9]

[1]劉虯：《南史》卷五〇亦有傳，記其身世及子嗣甚詳。《南史》"字靈預"後又云："一字德明"。

[2]涅陽：縣名。治所在今河南鄧州市東北。

[3]舊族：《南史》卷五〇作："晋豫州刺史喬七世孫也。"按，劉喬晋惠帝時爲都督豫州諸軍事、鎮東將軍、豫州刺史。《晋書》卷六一有傳。

［4］江陵：縣名。治所在今湖北荆州市。

［5］抗節：堅守節操。

［6］晋平王：名休祐，宋文帝劉義隆第十三子。曾爲驃騎大將軍、荆州刺史。《宋書》卷七二有傳。　驃騎：指驃騎大將軍，爲衆將軍之首。位從公秩一品。　記室：指記室參軍。

［7］當陽：縣名。治所在今湖北當陽市。

［8］斷穀：不食五穀。道家修煉的一種方式。

［9］餌术：食术。术，草名，多年生，有白术、蒼术等多種。道家以爲食之可養生延年。　胡麻：芝麻，又名巨勝。相傳張騫得其種於西域胡地，故稱。《抱朴子·仙藥》："巨勝亦名胡麻，餌服之不老，耐風濕補衰老也。"

建元初，豫章王爲荆州，教辟虬爲别駕，[1]與同郡宗測、新野庾易並遣書禮請，[2]虬等各修牋答，而不應辟命。永明三年，刺史廬陵王子卿表虬及同郡宗測、宗尚之、庾易、劉昭五人，[3]請加蒲車束帛之命。[4]詔徵爲通直郎，不就。

［1］教辟：下公文任命。教，古代文體的一種，爲官府或長上的告諭。中華本校勘記云："《元龜》八百十同，'教'字下有小注云'教，令也'。《文選》任昉《齊竟陵文宣王行狀》李善注引作'牧'，牧字屬上讀。"　别駕：别駕從事的省稱。州佐官，掌諸吏及選舉事，並理州務，居刺史之下。

［2］遣：中華本校勘記云："南監本、局本及《南史》並作'遺'。"

［3］廬陵王子卿：齊武帝蕭賾第三子，曾任荆州刺史。本書卷四〇有傳。

［4］蒲車束帛：古代徵聘隱居賢士的最高禮遇。蒲車，以蒲草

裹輪，滚動時安穩而不顛簸。束帛，捆爲一束的五匹帛，饋贈的禮物。

竟陵王子良致書通意。虬答曰："虬四節卧病，[1]三時營灌，[2]暢餘陰於山澤，[3]託暮情於魚鳥，寧非唐、虞重恩，[4]周、邵宏施？[5]虬進不研機入玄，[6]無洙泗稷館之辯；[7]退不凝心出累，[8]非冢間樹下之節。[9]遠澤既灑，仁規先著。謹收樵牧之嫌，敬加軾鼃之義。"[10]

[1]四節：春、夏、秋、冬。泛指一年到頭。

[2]三時：早、中、晚。泛指一天到晚。　營灌：經營園圃。灌，澆灌。

[3]餘陰：比喻皇恩浩蕩。

[4]唐、虞：指唐堯、虞舜。

[5]周、邵：指周公旦和召公奭。兩人共輔周成王，分陝而治，皆有美政。

[6]研機入玄：深入研究事物的精微奥妙之理。

[7]洙泗：洙水和泗水。春秋時屬魯地，爲孔子聚徒講學之地，後因以之代稱孔子或儒學。　稷館：指戰國齊都城臨淄西門稷門附近地區，齊威王、宣王曾在此建學宫，廣招文學游説之士講學辯論，成爲各學派活動的中心。

[8]出累：指排除俗累。

[9]冢間樹下：指季札挂劍事。春秋時吴公子季札出使，途過友人徐君，徐君喜愛季札佩劍，口中未説，季札心知，但因出使需要，未便贈劍。等返回時，徐君已死，於是"乃解其寶劍，繫之徐君冢樹而去"。從者問他："徐君已死，尚誰予乎？"季札説："不然，始吾心已許之，豈以死倍吾心哉！"詳見《史記》卷三一《吴太伯世家》，又見《新序·節士》。

[10]軾鼃：據漢趙曄《吴越春秋·勾踐伐吴外傳》記載：越王勾踐領兵伐吴，路見相鬥的怒蛙，勾踐俯憑車軾向蛙致敬。從者問其故，他説："蛙乃無知之物，見敵而有怒氣，所以我致敬。"軍士深受啓發，勇氣大增，一舉戰勝。後用軾蛙爲激勵士卒鋭氣之典。鼃，同"蛙"。這裏用此典表示感謝朝廷對自己的激勵。

虯精信釋氏，衣麤布衣，禮佛長齋。注《法華經》，[1]自講佛義。以江陵西沙洲去人遠，乃徙居之。建武二年，詔徵國子博士，不就。其冬虯病，正晝有白雲徘徊檐户之内，又有香氣及磬聲，其日卒。年五十八。[2]

[1]《法華經》：《妙法蓮花經》的省稱。

[2]年五十八：《南史》卷五〇此後有："虯子之遴。"並附之遴傳。

劉昭與虯同宗。州辟祭酒從事，[1]不就。隱居山中。

[1]祭酒從事：州佐吏。分掌兵、賊、倉、户、水諸曹。參見《宋書·百官志下》。

庾易字幼簡，[1]新野新野人也。[2]徙居屬江陵。祖玫，巴郡太守，[3]父道驥，安西參軍。[4]

[1]庾易：《南史》卷五〇亦有傳，記其後裔甚詳。

[2]新野新野：指新野郡新野縣，治所在今河南新野縣。

[3]巴郡：郡名。治所在今重慶市。

［4］安西：指安西將軍。四安將軍之一，南朝爲榮譽加號。開府者位從公秩一品。

易志性恬隱，不交外物。建元元年，刺史豫章王辟爲驃騎參軍，不就。臨川王映臨州，[1]獨重易，上表薦之，餉麥百斛。易謂使人曰："民樵採麋鹿之伍，終其解毛之衣，[2]馳騁日月之車，[3]得保自耕之禄，於大王之恩，亦已深矣。"辭不受。永明三年，詔徵太子舍人，不就。以文義自樂。安西長史袁彖欽其風，[4]通書致遺。[5]易以連理机竹翹書格報之。建武二年，[6]詔復徵爲司徒主簿，不就。卒。[7]

［1］臨川王映：齊高帝蕭道成第三子。曾任荆州刺史。本書卷三五有傳。　臨州：指巡察荆州。

［2］終其解毛之衣：中華本校勘記云："南監本、局本及《元龜》八百五作'終歲鮮毛之衣'。"朱季海《校議》云："百衲本是。庾易自謂鳥獸解毛，而彼衣之，以明其服野人之服，非謂其無毛衣也。"（第 122 頁）

［3］馳騁日月之車：指安度日月。

［4］袁彖：字偉才。仕齊。以孝義稱。曾任安西將軍府長史。本書卷四八、《南史》卷二六有傳。

［5］通書致遺：《南史》卷五〇作："贈以鹿角書格、蚌盤、蚌研、白象牙筆。並贈詩曰：'白日清明，青雲遼亮。昔聞巢、許，今覩臺、尚。'易以連理几、竹翹書格報之。"

［6］建武二年：《南史》卷五〇作"建武三年"。

［7］卒：《南史》卷五〇此下附有其子侄庾黔婁及庾於陵、庾肩吾傳。其庾黔婁傳云："仕齊爲編令，政有異績。先是縣境多猛

獸暴，黔婁至，猛獸皆度往臨沮界，時以爲仁化所感。”又云：“徙孱陵令，到縣未旬，易在家遘疾，黔婁忽心驚，舉身流汗，即日棄官歸家。家人悉驚其忽至……易泄利，黔婁輒取嘗之，味轉甜滑，心愈憂苦。至夕，每稽顙北辰，求以身代。俄聞空中有聲曰：‘徵君壽命盡，不復可延。汝誠禱既至，政得至月末。’及晦而易亡。黔婁居喪過禮，廬于冢側。”

宗測字敬微，[1]南陽人，[2]宋徵士炳孫也。[3]世居江陵。測少静退，不樂人間。[4]歎曰：“家貧親老，不擇官而仕，[5]先哲以爲美談，余竊有惑。誠不能潛感地金，[6]冥致江鯉，[7]但當用天道，分地利。孰能食人厚禄，憂人重事乎？”

[1]宗測：《南史》卷七五有附傳，謂其“一字茂深”。

[2]南陽：郡名。治所在今河南南陽市。

[3]炳：宗炳，字少文。著名隱士。《宋書》卷九三、《南史》卷七五並有傳。

[4]人間：指人間争名奪利之事。

[5]家貧親老，不擇官而仕：謂以俸禄奉養父母，以盡孝道。《孔子家語·致恩》：“子路見於孔子曰：‘家貧親老，不擇禄而仕。昔者由也，事二親之時，嘗食藜藿之實，爲親負米百里之外。’”

[6]潛感地金：用郭巨埋兒典。據《御覽》卷四一一引漢劉向《孝子圖》記：郭巨家貧，事母甚孝，妻産兒，慮養之則妨孝母，乃掘地欲埋兒，於土中得金一釜，上有鐵券云：“賜孝子郭巨。”

[7]冥致江鯉：用王祥卧冰典。據晋干寶《搜神記》卷一一記：孝子王祥聽母言欲食鮮魚，天寒難購得，王祥解衣卧冰求之，冰忽自開，雙鯉躍出。

州舉秀才，[1]主簿，不就。驃騎豫章王徵爲參軍，測答府召云：“何爲謬傷海鳥，横斤山木？”[2]母喪，身負土植松柏。豫章王復遣書請之，辟爲參軍。測答曰：“性同鱗羽，愛止山壑，眷戀松筠，輕迷人路。縱宕巖流，有若狂者，忽不知老至，而今鬢已白，豈容課虚責有，[3]限魚慕鳥哉！”[4]

[1]秀才：本指優秀人才，漢武帝元封四年（前107）始定爲舉士科目，令諸州各舉秀才一人，經考試合格授官。後世相沿。南朝宋、齊試以策文五道，以籤題高下定等。多出任要職，爲時所重。因多由州郡國把持選舉，故秀才多出世家豪族。

[2]何爲謬傷海鳥，横斤山木：此以海鳥、山木自比清高。意思説如果出仕，就像海鳥遭箭傷、山木被砍削，失去本真。朱季海《校議》云：“張彦遠《歷代名畫記》南齊宗測條‘測答曰’下‘何爲’作‘得何’。疑本作‘何得’，其文偶倒；亦可本是‘得毋’，‘毋’訛作‘何’。要與蕭《書》不合，疑出沈約《齊紀》。”（第123頁）

[3]課虚責有：指計較有無得失。

[4]限魚慕鳥哉：中華本校勘記云：“《南史》作‘限魚鳥慕哉’。《元龜》二百九十二、八百十作‘恨魚慕鳥哉’。”朱季海《校議》云：“‘課虚責有’‘限魚慕鳥’並當句有對，句法一律。《南史》‘鳥慕’字倒。《元龜》‘恨’字，後人以爲形誤而改之。敬微自云‘性同鱗羽，愛止山壑’，若使就徵辟，便如限魚，不令止壑耳。《元龜》改字，非是。”（第123頁）

永明三年，詔徵太子舍人，不就。欲遊名山，乃寫祖炳所畫《尚子平圖》於壁上。測長子宦在京師，[1]知父此旨，便求禄還爲南郡丞，[2]付以家事。[3]刺史安陸王子敬、長史劉寅以下皆贈送之，[4]測無所受。齎《老子》《莊子》二書自隨。子孫拜辭悲泣，測長嘯不視，遂往廬山，止祖炳舊宅。

[1]測長子宦在京師：中華本校勘記云："'長子'下《南史》有'賓'字。'宦'各本作'官'。"

[2]南郡：治所在今湖北荆州市。南郡爲其父母之邦。

[3]付以家事：《南史》卷七五前有"測遂"二字。

[4]安陸王子敬：齊武帝蕭賾第五子，曾任荆州刺史。本書卷四〇有傳。

魚復侯子響爲江州，[1]厚遣贈遺。測曰："少有狂疾，尋山採藥，遠來至此。量腹而進松朮，[2]度形而衣薜蘿，[3]淡然已足，豈容當此横施！"[4]子響命駕造之，測避不見。後子響不告而來，奄至所住，測不得已，巾褐對之，竟不交言，子響不悦而退。尚書令王儉餉測蒲褥。[5]

[1]魚復侯子響：齊武帝蕭賾第四子，字雲音，原封巴東郡王，曾出爲江州刺史。後因被人密告謀反，貶爲魚復侯。本書卷四〇有傳。　江州：州名。治所在今江西九江市。

[2]松朮：松子、白朮。道家服用以養生。

[3]薜蘿：薜荔和女蘿。兩種藤本植物。《楚辭·山鬼》："若有人兮山之阿，被薜荔兮帶女蘿。"後借稱隱士服。

[4]横施：指豐厚的賞賜。

[5]蒲褥：用蒲草編織的席子。古代用作饋贈貴賓的禮物。

頃之，測送弟喪還西，仍留舊宅永業寺，絶賓友，唯與同志庾易、劉虯、宗人尚之等往來講説。刺史隨王子隆至鎮，[1]遣别駕宗哲致勞問，[2]測笑曰："貴賤理隔，何以及此。"竟不答。建武二年，徵爲司徒主簿，不就，卒。

[1]隨王子隆：隨郡王子隆，字雲興。齊武帝蕭賾第八子，曾爲荆州刺史。本書卷四〇有傳。　鎮：指荆州刺史鎮所。

[2]宗哲：《南史》卷七五作"宗忻"。

測善畫，自圖阮籍遇蘇門於行障上，[1]坐卧對之。又畫永業佛影臺，[2]皆爲妙作。頗好音律，善《易》《老》，續皇甫謐《高士傳》三卷。又嘗遊衡山七嶺，著《衡山》《廬山記》。[3]

[1]阮籍遇蘇門：指阮籍遇孫登於蘇門山事。阮籍，三國魏名士。他曾游蘇門山（在今河南輝縣市西北）遇隱士孫登，與商略終古及棲神導氣之術，登皆不應，籍因長嘯而返。見《晋書》卷四九《阮籍傳》。　行障：屏風。置於室中以作屏障，因其可以隨意移動，故名。按，張彦遠《歷代名畫記》南齊宗測條"蘇門"作"孫登"。

[2]永業：朱季海《校議》云："臨摹曰寫，自圖曰圖，故是江左遺言。張彦遠《歷代名畫記》南齊宗測條'蘇門'作'孫登'，'永業'下有'寺'字，云見《南齊記》。永業即永業寺，當時語多省寺字，史文時從省稱。"（第123頁）

[3]衡山：衡山有多處。此當指霍山，一名天柱山，在今安徽

霍山縣南。漢宣帝定爲南嶽，至隋文帝時又定湖南衡山爲南嶽。

尚之字敬文，亦好山澤。與劉虯俱以驃騎記室不仕。宋末，刺史武陵王辟贊府，[1]豫章王辟別駕，竝不就。永明中，與劉虯同徵爲通直郎，和帝中興初，[2]又徵爲諮議，竝不就。壽終。

[1]武陵王：武陵昭王，名曅，字宣照，齊高帝蕭道成第五子。曾爲江州刺史。本書卷三五有傳。　贊府：南朝時爲州郡屬官。

[2]中興：齊和帝年號。

杜京産字景齊，[1]吴郡錢唐人。杜子恭玄孫也。[2]祖運，爲劉毅衛軍參軍，[3]父道鞠，州從事，善彈棋，[4]世傳五斗米道，[5]至京産及子栖。

[1]杜京産：《南史》卷七五亦有傳，記其後裔較詳。

[2]杜子恭：杜炅，字子恭，東晋人。有道術，土豪貴族事之爲弟子。參見《南史》卷五七《沈約傳》。

[3]劉毅：東晋末人。桓玄篡晋，毅與劉裕起兵共討。曾爲衛將軍、江州刺史。後與劉裕爭主，兵敗見殺。《晋書》卷八五有傳。

[4]彈棋：古代博戲之一。《後漢書》卷三四《梁冀傳》："性嗜酒，能挽滿、彈棋。"李賢注引《藝經》曰："彈棋，兩人對局，白黑棋各六枚，先列棋相當，更先彈之。其局以石爲之。"

[5]五斗米道：早期道教的一派，因入教者須出五斗米，故名。五斗米道奉老子爲太上老君，尊張陵爲天師，故變稱天師道。

京産少恬静，閉意榮宦。頗涉文義，專修黄老。會稽孔覬，[1]清剛有峻節，一見而爲款交。郡召主簿，州辟從事，稱疾去。除奉朝請，[2]不就。與同郡顧歡同契，始寧東山開舍授學。[3]建元中，武陵王曄爲會稽，太祖遣儒士劉瓛入東爲曄講説，[4]京產請瓛至山舍講書，傾資供待，子棲躬自屣履，[5]爲瓛生徒下食，其禮賢如此。孔稚珪、周顒、謝瀹竝致書以通殷懃。[6]

[1]孔覬：字思遠。尚清儉，仕宋。《宋書》卷八四、《南史》卷二七並有傳。

[2]奉朝請：古代朝侯朝見天子春季稱朝，秋季稱請。漢代對退職大臣及皇室、外戚，多給以奉朝請名義，使能參加朝會。南朝爲安置閑散官員的官稱。

[3]始寧：地名。即始寧堡，一名西莊，在今浙江上虞市西南東山下，爲謝靈運之莊園。按，此句“始寧”下原有一“中”字，中華本據《南史》删。今從删。

[4]劉瓛：字子睦，仕齊。博通《五經》，齊高帝甚重之。本書卷三九、《南史》卷五〇有傳。按，《南史》卷七五此句後有：“瓛故往與之游，曰：‘杜生，當今之臺、尚也’。”臺、尚爲東漢隱士臺修與向長（即尚長）的並稱。詳見《後漢書》卷八三《逸民傳》。

[5]屣履：拖着鞋走。形容急忙迎接。朱季海《校議》云：“江左躡屣，以屣履爲敬。”（第123頁）

[6]孔稚珪、周顒、謝瀹：並南齊名士。孔傳見本書卷四八、《南史》卷四九。周傳見本書卷四一、《南史》卷三四。謝傳見本書卷四三、《南史》卷二〇。

永明十年，稚珪及光禄大夫陸澄、祠部尚書虞悰、太子右率沈約、司徒右長史張融表薦京産曰：[1]“竊見吴郡杜京産，潔静爲心，謙虚成性，通和發於天挺，[2]敏達表於自然。學遍玄、儒，博通史、子，流連文藝，沈吟道奥。泰始之朝，掛冠辭世，遁捨家業，隱于太平。葺宇窮巖，採芝幽澗，耦耕自足，薪歌有餘。確爾不群，淡然寡欲，麻衣藿食，二十餘載。雖古之志士，何以加之。謂宜釋巾幽谷，[3]結組登朝，[4]則岀谷含懽，薜蘿起抃矣。”不報。建武初，徵員外散騎侍郎，京産曰：“莊生持釣，豈爲白璧所回。”[5]辭疾不就。[6]年六十四，永元元年，卒。[7]

[1]光禄大夫：光禄勛屬官。掌宫殿門户。秩三品。　祠部尚書：尚書省屬官，掌殿中、主客二曹。秩三品。　太子右率：太子右衛率，東宫官，掌護衛太子。《唐六典》卷二八：“齊左右衛率，武冠絳朝服。品第五，秩千石 。”按，陸澄、虞悰、沈約、張融均爲當時名士。

[2]通和：開朗平和。　天挺：天生超拔。

[3]釋巾：解去平民頭巾。指從仕。

[4]結組：佩繫印綬。指做官。組，綬帶。

[5]莊生持釣，豈爲白璧所回：此句以莊周《達生》自況，意思説，真正的隱士是不會被名利誘惑的。白璧，美玉。

[6]辭疾不就：《南史》卷七五此句後云：“於會稽日門山聚徒教授。”

[7]卒：《南史》卷七五此後記京産之子云：“栖字孟山，善清言，能彈琴。刺史齊豫章王嶷聞其名，辟議曹從事，仍轉西曹書佐。竟陵王子良數致禮接。國子祭酒何胤掌禮，又重栖，以爲學士，掌昏冠儀。以父老歸養。栖肥白長壯，及京産病，旬日間便皮

骨自支。京產亡，水漿不入口七日，晨夜不罷哭，不食鹽菜。每營買祭奠，身自看視，號泣不自持。朔望節歲，絶而復續，嘔血數升……至祥禫，暮夢見其父，慟哭而絶……卒時年三十六，當時咸嗟惜焉。”

會稽孔道徵,[1]守志業不仕，京產與之友善。

[1]孔道徵：《南史》卷七五作“孔道徽”，並記其父孔祐隱於四明，至行通神事迹。

永明中，會稽鍾山有人姓蔡,[1]不知名。山中養鼠數十頭，呼來即來，遣去便去。言語狂易,[2]時謂之“謫仙”。不知所終。

[1]會稽鍾山：會稽郡無鍾山縣，會稽亦無鍾山。疑訛。

[2]狂易：荒誕失常。

沈驎士字雲禎,[1]吴興武康人也。[2]祖膺期,[3]晉太中大夫。

[1]沈驎士：《南史》卷七六亦有傳，“驎士”作“麟士”，記其生平事迹甚詳。

[2]武康：縣名。治所在今浙江德清縣西。

[3]膺期：“期”字原闕，中華本校勘記云：“據南監本、殿本、局本及《南史》補。”今從補。按，《南史》卷七六此句後云：“父虔之，宋樂安令。”樂安縣，東晉置，治所在今浙江仙居縣。《南史》卷七六又云：“麟士幼而俊敏，年七歲，聽叔父岳言玄，賓散，

言無所遺失。岳撫其肩曰：‘若斯文不絶，其在爾乎。’及長，博通經史，有高尚之心。親亡，居喪盡禮。服闋，忌日輒流淚彌旬。居貧織簾誦書，口手不息，鄉里號爲織簾先生……驎士嘗苦無書，因游都下，歷觀四部畢，乃歎曰：‘古人亦何人哉’。”

驎士少好學，[1]家貧，織簾誦書，[2]口手不息。宋元嘉末，文帝令尚書僕射何尚之抄撰五經，[3]訪舉學士，縣以驎士應選。尚之謂子偃曰：“山東故有奇士也。”[4]少時，驎士稱疾歸鄉，更不與人物通。養孤兄子，義著鄉曲。

[1]少好學：《南史》卷七六作：“幼而俊敏，年七歲，聽叔父岳言玄，賓散，言無所遺失。岳撫其肩曰：‘若斯文不絶，其在爾乎。’及長，博通經史，有高尚之心。”

[2]織簾誦書：《南史》卷七六此句後有“口手不息，鄉里號爲織簾先生”。又記云：“嘗爲人作竹誤傷手，便流淚而還。同作者謂曰：‘此不足損，何至涕零？’答曰：‘此本不痛，但遺體毀傷，感而悲耳。’嘗行路，鄰人認其所著屐，驎士曰：‘是卿屐邪？’即跣而反。鄰人得屐，送前者還之，驎士曰：‘非卿屐邪？’笑而受之。”按，牛運震《讀史糾謬》卷七《南齊書糾謬》云：“《沈驎士傳》不如《南史》記載之詳。”

[3]尚書僕射：尚書省官。有左、右僕射，爲尚書令的輔佐。秩三品。

[4]山東：中華本校勘記云：“‘山東’南監本、殿本、局本及《南史》並作‘山藪’。按五朝人常稱吴會爲山東。《元龜》八百十亦作‘山東’，作‘山東’不誤。”按，《南史》卷七六此處作：“山藪故多奇士，沈驎士，黄叔度之流也，豈可澄清淆濁邪。汝師之。”又有：“驎士嘗苦無書，因游都下，歷觀四部畢，乃歎曰：

‘古人亦何人哉？’”

或勸驎士仕，答曰：“魚縣獸檻，[1]天下一契，聖人玄悟，所以每履吉先。吾誠未能景行坐忘，[2]何爲不希企日損。”[3]乃作《玄散賦》以絶世。太守孔山士辟，[4]不應。宗人徐州刺史曇慶、侍中懷文、左率勃來候之，[5]驎士未嘗答也。隱居餘不吴差山，[6]講經教授，從學者數十百人，各營屋宇，依止其側。[7]驎士重陸機《連珠》，[8]每爲諸生講之。

[1]魚縣獸檻：指魚因貪餌被釣，獸因貪食落入陷阱被捕進籠子。比喻人爲貪圖利禄而受制約，不得自由。縣，通“懸”。

[2]景行：高尚的德行。《詩·小雅·車舝》：“高山仰止，景行行止。” 坐忘：道家謂物我兩忘、與道合一的精神境界。參見《莊子·大宗師》“此謂坐忘”郭象注。

[3]日損：謂日日減少私欲使之近於道。《老子》第四十八章：“爲學日益，爲道日損。”

[4]孔山士：會稽山陰人。仕宋，曾任會稽太守。《宋書》卷五四有傳。

[5]曇慶：沈曇慶。仕宋，大明元年（457）任徐州刺史。《宋書》卷五四、《南史》卷三四有傳。 懷文：沈懷文，字思明。仕宋，官至侍中，後以犯忤被殺。《宋書》卷八二有傳。 勃：沈勃。宋明帝泰始年間爲太子右衛率（此處誤爲“左率”），掌護衛太子。《宋書》卷六三有傳。

[6]餘不吴差山：中華本校勘記云：“‘餘不吴差山’南監本、毛本、殿本作‘餘干吴差山’，局本作‘餘不吴羌山’。按餘不，溪名，在吴興；餘干乃江州鄱陽之屬縣，作“餘干”者訛。吴差山

一作吴羌山，舊志引吴均《入東記》，云漢高士吴羌避王莽之亂，隱居此山，故名。”

［7］依止其側：《南史》卷七六此句後有：“時爲之語曰：‘吴差山中有賢士，開門教授居成市。”

［8］陸機《連珠》：見《文選》卷五五。按，連珠，文體名。《文選》張銑注：“連珠者，假托衆物陳義，以通諷諭之道。連，貫也，言貫穿情理，如珠之在貫焉。”

征北張永爲吴興，[1]請驎士入郡。驎士聞郡後堂有好山水，[2]乃往停數月。永欲請爲功曹，使人致意。驎士曰：“明府德履沖素，[3]留心山谷，民是以被褐負杖，忘其疲病。必欲飾渾沌以蛾眉，[4]冠越客於文冕，[5]走雖不敏，[6]請附高節，有蹈東海而死爾。”永乃止。[7]

［1］張永：字景雲，吴人。仕宋，曾爲征北將軍。大明七年（463）出爲吴興郡（治所在今浙江湖州市吴興區南）太守。《宋書》卷五三有傳。

［2］驎士聞郡後堂有好山水：《南史》卷七六此句後云：“即戴安道游吴興，因古墓爲山池也，欲一觀之。”

［3］明府：對郡守的尊稱。

［4］飾渾沌以蛾眉：指給五官模糊不清醜陋的人畫眉。

［5］冠越客於文冕：指給山野粗俗之人戴上華美的冠冕。

［6］走：自稱的謙詞，猶僕。語本司馬遷《報任少卿書》：“太史公牛馬走司馬遷再拜言。”《文選》李善注：“太史公，遷父談也。走，猶僕也，言己爲太史公掌牛馬之僕，自謙之辭也。”

［7］永乃止：《南史》卷七六此句後尚有：“不忍受此黔劓。”黔劓，兩種酷刑。將當官比作受刑，表示決不願從仕。

昇明末，太守王奂上表薦之，[1]詔徵爲奉朝請，不就。永明六年，吏部郎沈淵、中書郎沈約又表薦驎士義行，[2]曰："吴興沈驎士，英風夙挺，峻節早樹，貞粹稟於天然，綜博生乎篤習。家世孤貧，藜藿不給，懷書而耕，白首無倦，挾琴採薪，行歌不輟。長兄早卒，孤姪數四，攝尪鞠稚，[3]吞苦推甘。年踰七十，業行無改。元嘉以來，聘召仍疊，玉質踰潔，霜操日嚴。若使聞政王庭，[4]服道槐掖，[5]必能孚朝規於邊鄙，[6]播聖澤於荒垂。"詔又徵爲太學博士，建武二年，徵著作郎，永元二年，徵太子舍人，並不就。[7]

[1]王奂：字彦孫。歷仕南朝宋、齊。曾任吴郡太守。本書卷四九、《南史》卷二三並有傳。

[2]沈淵：吴興人。與兄淡、弟冲均歷御史中丞，顯赫一時。詳見本書卷三四《沈冲傳》。

[3]攝尪（wāng）鞠稚：指撫養老弱病殘。尪，殘疾。

[4]聞政：問政，咨詢政事。聞，通"問"。

[5]服道：潛心修道。　槐掖：指宫廷。

[6]必能孚朝規於邊鄙：意指朝廷政策會使邊遠人民信服。孚，信從。

[7]並不就：《南史》卷七六此後云："（驎士）與約書曰：'名者實之賓，本所不庶。中央無心，空勤南北。爲惠反凶，將在於斯。'驎士無所營求，以篤學爲務，恒凭素几鼓素琴，不爲新聲。"

驎士負薪汲水，并日而食，守操終老。篤學不倦，遭火，燒書數千卷。驎士年過八十，耳目猶聰明，[1]手以反故抄寫，火下細書，[2]復成二三千卷，滿數十篋，時人以爲養身静嘿之所致也。[3]著《周易》《兩繫》《莊子内篇訓》，注《易經》《禮記》《春秋》《尚書》《論語》《孝經》《喪服》《老子要略》數十卷。以楊王孫、皇甫謐深達生死，[4]而終禮矯僞，[5]乃自作終制。[6]年八十六，卒。[7]

[1]聰明："明"字原無，中華本校勘記云："據各本補。按《御覽》六百十一、六百十九引及《南史》、《元龜》七百九十八並有'明'字。"今從補。

[2]反故抄寫，火下細書：反故，指將舊書册翻過來書寫。火下細書，指夜間在燈火下用小字書寫。中華本校勘記云："南監本、殿本、局本作'以火故抄寫，燈下細書'，毛本作'以火故抄寫，火下細書'。周一良《讀史雜識》云：'火故乃反故之訛。反故者，猶言廢帋。《南史·侯景傳》：稍至吏部尚書，非其好也，每獨曰：何當離此反故帋邪？亦謂景不欲省文牘，故詈爲廢帋也。'今按近年敦煌發現之北朝及唐代寫經，往往利用舊官文書及户籍册之反面以書佛經，即所謂'反故'也。"

[3]静嘿：《南史》卷七六作"静默"。嘿，通"默"。

[4]楊王孫：西漢人，富翁，學黄老之術。生前厚自養奉，反對厚葬，以爲無益於死者，徒然浪費。臨終前遺囑裸葬，不用棺槨。《漢書》卷六七有傳。　皇甫謐：西晋人，終身隱居。主張薄葬，"不設棺槨，不加纏斂，不修沐浴，不造新衣，殯唅之物，一皆絶之"。《晋書》卷五一有傳。

[5]終禮矯僞：指終止厚葬虚僞之禮儀。中華本校勘記云："'僞'南監本及《元龜》八百九十五並作'俗'。"

[6]自作終制：《南史》卷七六此處作："乃自爲終制，遺令：'氣絶剔被，取三幅布以覆屍。及斂，仍移布於屍下，以爲斂服。反被左右兩際以周上，不復製覆被。不須沐浴唅珠。以本裙衫、先

着褌，凡二服，上加單衣幍巾履枕，棺中唯此。依士安用《孝經》。既殯不復立靈座，四節及祥，權鋪席於地，以設玄酒之奠。人家相承漆棺，今不復爾。亦不須旐。成服後即葬，作冢令小，後祔更作小冢於濱。合葬非古也。冢不須聚土成墳，使上與地平……祭奠之法，至於葬，唯清水一盃。'子彝奉而行之，州鄉皆稱歎焉。"

[7]年八十六，卒：許福謙《〈南齊書〉紀傳疑年録》一文云："按《南齊書》本傳唯云沈驎士享年八十六歲，卒於何年缺載……《南史》卷七六《隱逸·沈麟士傳》云：'梁天監……二年卒於家，年八十五'。據此，知沈驎士卒於梁天監二年（503），享年八十五歲，則應生於東晋元熙元年（419）。然與《南齊書》本傳所載八十六有一歲之差異，未知孰是，姑志之，以俟後考。"

同郡沈儼之，字士恭，徐州刺史曇慶子，亦不仕。徵太子洗馬，永明元年，徵中書郎。

三年，又詔徵前南郡國常侍沈顗爲著作郎，建武二年，徵太子舍人，永元二年，徵通直郎。顗字處默，宋領軍寅之兄孫也。[1]

[1]寅之：沈演之。詳見本書卷五三《沈憲傳》。

吴苞字天蓋，[1]濮陽鄄城人也。[2]儒學，善《三禮》及《老》《莊》。[3]宋泰始中過江，聚徒教學。[4]冠黄葛巾，竹麈尾，蔬食二十餘年。隆昌元年，詔曰："處士濮陽吴苞，栖志穹谷，秉操貞固，沈情味古，白首彌厲。徵太學博士。"不就。始安王遥光、右衛江祏於蔣山南爲立館，[5]自劉瓛卒後，[6]學者咸歸之。以壽終。

[1]吴苞：《南史》卷七六亦有傳，謂其“一字懷德”。

[2]濮陽鄄城：濮陽郡鄄城縣，即今山東鄄城縣。

[3]《三禮》：指《周禮》《儀禮》《禮記》。

[4]聚徒教學：《南史》卷七六作：“與劉瓛俱於褚彦回宅講授。瓛講《禮》，苞講《論語》《孝經》，諸生朝聽瓛，晚聽苞也。”

[5]遥光：齊始安王道生（齊高帝次兄）之子，字元暉。襲父始安王爵，曾任吴興太守。本書卷四五有傳。　江祏：字弘業，齊外戚。建武二年（495）遷右衛將軍。本書卷四二、《南史》卷四七有傳。　蔣山：鍾山，又名紫金山。在今江蘇南京市中山門外。

[6]劉瓛：字子珪。歷仕南朝宋、齊，博通五經，儒學冠於當時，京師士子貴游皆從之受業。本書卷三九、《南史》卷五〇有傳。

魯國孔嗣之，字敬伯。宋世與太祖俱爲中書舍人，[1]並非所好，自廬陵郡去官，[2]隱居鍾山，朝廷以爲太中大夫。[3]建武三年，卒。

[1]中書舍人：中書通事舍人。掌呈奏案章。秩七品。

[2]廬陵郡：郡名。治所在今江西吉水縣東北。按，《南史》卷七六作“廬江郡”，治所在今安徽舒城縣。

[3]太中大夫：光禄勛屬官。無固定員額，無具體職事，六朝以年老有疾者任此職。

徐伯珍，[1]字文楚，[2]東陽太末人也。[3]祖父㳂郡掾史。[4]

[1]徐伯珍：《南史》卷七六亦有傳。

[2]字文楚：原無，中華本據各本及《南史》補。今從補。

[3]東陽太末：指東陽郡太末縣，治所在今浙江龍游縣。

[4]掾史：郡縣屬吏。

伯珍少孤貧，書竹葉及地學書。山水暴出，漂溺宅舍，村鄰皆奔走，伯珍累床而止，讀書不輟。叔父璠之與顔延之友善，[1]還袪蒙山立精舍講授，[2]伯珍往從學，積十年，究尋經史，遊學者多依之。太守琅邪王曇生、吴郡張淹並加禮辟，[3]伯珍應召便退，如此者凡十二焉。徵士沈儼造膝談論，[4]申以素交。吴郡顧歡擿出《尚書》滯義，[5]伯珍訓答甚有條理，[6]儒者宗之。

[1]顔延之：字延年。仕宋，官至金紫光禄大夫。文章冠當時，與謝靈運齊名。《宋書》卷七三、《南史》卷三四有傳。

[2]袪蒙山：不詳。當在伯珍故鄉。　精舍：學舍。宋吴曾《能改齋漫録·辨誤二》："古之儒者教授生徒，其所居皆謂之精舍。"

[3]王曇生：仕宋，官至吏部尚書。好文辭。以謙和見稱。《宋書》卷九三、《南史》卷二四並有附傳。　張淹：歷仕南朝宋、齊，官至黄門郎。參見《宋書》卷四六《張邵傳》、卷五九《張暢傳》。

[4]沈儼：沈儼之。見本卷《沈驎士傳》。

[5]滯義：疑難之義。

[6]訓答：《南史》卷七六作"訓答"。

好釋氏、老莊，兼明道術。歲常旱，伯珍筮之，[1]如期雨澍。[2]舉動有禮，過曲木之下，趨而避之。早喪妻，晚不復重娶，自比曾參。[3]宅南九里有高山，班固謂之九巖山，[4]後漢龍丘萇隱處也。山多龍鬚柏，[5]望之五采，世呼爲婦人巖。二年，[6]伯珍移居之。門前生梓樹，一年便合抱。館東石壁夜忽有赤光洞照，俄爾而滅。白雀一雙栖其户牖，論者以爲隱德之感焉。永明二年，刺史豫章王辟議曹從事，[7]不就。家甚貧窶，兄弟四人，皆白首相對，時人呼爲"四皓"。[8]建武四年，卒。年八十四。受業生凡千餘人。

[1]筮（shì）：占卦。

[2]澍：及時雨。

[3]曾參：字子輿，春秋魯人，孔子弟子。重修養，事親至孝。述《大學》，作《孝經》。詳見《史記》卷六七《仲尼弟子列傳》。

[4]九巖山：龍丘山，在太末縣東。《後漢書》卷七六《任延傳》"吴有龍丘萇者，隱居太末"李賢注引《東陽記》云："秦時改爲太末，有龍丘山在東，有九石特秀，色丹，遠望如蓮華。萇之隱處有巖穴如窗牖，中有石床，可寢處。"

[5]龍鬚柏：中華本校勘記云："'柏'上南監本、殿本及《南史》並有'檉'字。"

[6]二年：中華本校勘記引張森楷《校勘記》云："'二年'上疑有奪文。"

[7]議曹從事：州佐吏。備顧問，地位頗爲尊顯。

[8]四皓：指秦末隱居商山的四位賢士東園公、甪里先生、綺里季、夏黄公。四人須眉皆白，故稱"四皓"。這裏用以美喻徐伯珍四兄弟。

同郡樓幼瑜，[1]亦儒學。著禮捃遺三十卷。官至給事中。

［1］樓幼瑜：《南史》卷七六亦有略傳，謂其“字季玉”，“亦聚徒教授，不應徵辟，彌爲臨川王映所賞異”，著《禮捃拾》三十卷。

又同郡樓惠明，有道術。居金華山，[1]禽獸毒螫者皆避之。宋明帝聞之，敕出住華林園，[2]除奉朝請，固乞不受，求東歸。永明三年，忽乘輕舟向臨安縣，[3]衆不知所以。尋而唐寓之賊破郡。[4]文惠太子呼出住蔣山，又求歸，見許。世祖敕爲立館。

［1］金華山：一名長山，在浙江金華市北，相傳爲赤松子得道處。

［2］華林園：原在洛陽，爲東漢及魏所經營的皇家公園。晋室南渡後，將金陵的吴舊宫苑仿少陽園加以改造，亦定名爲華林園。南朝因之。

［3］臨安縣：縣名。治所在今浙江臨安市北。中華本校勘記云：“‘臨安’《南史》作‘豐安’。按臨安屬吴興郡，豐安屬東陽郡。”

［4］唐寓之賊破郡：指齊武帝永明四年（486）春，暴民唐寓之起兵攻陷錢唐（今浙江杭州市）稱帝，國號吴，同時攻陷東陽郡，不久被鎮壓。詳見《通鑑》卷一三六《齊紀二》“齊武帝永明三年”條。

史臣曰：顧歡論夷夏，優老而劣釋。佛法者，理寂乎萬古，[1]迹兆乎中世，[2]淵源浩博，無始無邊，宇宙之所不知，數量之所不盡，盛乎哉！真大士之立言也。[3]探機扣寂，[4]有感必應，以大苞小，無細不容。若乃儒家之教，仁義禮樂，仁愛義宜，禮從樂和而已；[5]今則慈悲爲本，常樂爲宗，施舍惟機，低舉成敬。[6]儒家之教，憲章祖述，引古證今，於學易悟；今樹以前因，報以後果，業行交酬，[7]連璅相襲。陰陽之教，[8]占氣步景，[9]授民以時，[10]知其利害；今則耳眼洞達，[11]心智他通，身爲奎井，[12]豈俟甘石。[13]法家之教，[14]出自刑理，禁姦止邪，明用賞罰；今則十惡所墜，[15]五及無間，[16]刀樹劍山，焦湯猛火，造受自貽，罔或差貳。墨家之教，遵上儉薄，[17]磨踵滅頂，[18]且猶非吝；今則膚同斷瓠，[19]目如井星，授子捐妻，[20]在鷹庇鴿。[21]從横之教，[22]所貴權謀，天口連環，[23]歸乎適變；今則一音萬解，[24]無待户説，四辯三會，[25]咸得吾師。雜家之教，[26]兼有儒墨；今則五時所宣，[27]于何不盡。農家之教，[28]播植耕耘，善相五事，[29]以藝九穀；[30]今則鬱單粳稻，[31]已異閻浮，[32]生天果報，自然飲良。道家之教，執一虚無，[33]得性亡情，凝神勿擾；今則波若無照，[34]萬法皆空，豈有道之可名，[35]寧餘一之可得。[36]道俗對校，真假將讎，釋理奥藏，無往而不有也。能善用之，即真是俗。九流之設，[37]用藉世教，刑名道墨，乖心異旨，儒者不學，無傷爲儒；佛理玄曠，實智妙有，一物不知，不成圓聖。若夫神道應現之力，[38]感會變化之奇，不可思議，難用言象。而諸張米道，[39]符水先驗，相傳師法，祖自伯陽。[40]世情去就，有此二學，僧尼道士，矛楯相非。非唯重道，兼亦殉利。詳尋兩教，理歸一極。但迹有左右，故教成先後。廣略爲言，自生優劣。道本虛無，非由學至，絶聖棄智，[41]已成有爲。有爲之無，終非道本。若使本末同無，曾何等級。佛則不然，具縛爲種，[42]轉暗成明，梯愚入聖。途雖遠而可踐，業雖曠而有期。勸慕之道，物我無隔。而局情淺智，鮮能勝受。世途揆度，因果二門。雞鳴爲善，未必餘慶；[43]膾肉東陵，曾無厄禍。[44]身才高妙，轗滯而靡達；器思庸鹵，富厚以終生。忠反見遺；詭乃獲用。觀此而論，近無罪福，而業有不定，著自經文，三報開宗，[45]斯疑頓曉。史臣服膺釋氏，深信冥緣，謂斯道之莫貴也。

[1]寂：幽隱深藏。

[2]兆：顯現。

[3]大士：佛教稱菩薩。

[4]探機扣寂：指深探佛理，深結佛緣。

[5]禮從：中華本校勘記云：“‘從’即‘順’字，蕭子顯避梁諱改，殿本已改爲‘順’字。”

[6]低舉：指僧人雙手合十稽首。

[7]業行：佛教語。泛指由身、口、意發動的一切身心活動。佛教認爲，身、口、意三業的善惡，必將得到相應的報應。互相交替，連鎖反應。

[8]陰陽：指陰陽家，戰國時期提倡陰陽五行説的一個學派，後代發展成星相、占卜、相宅、相墓之學。

[9]占氣：觀雲氣風色以測吉凶。　步景：測量日影以定行止。

[10]時：指星命家制定的曆書，按時日推算吉凶。

[11]耳眼洞達：佛經謂佛有慧眼，“慧眼見真，能登彼岸”（見《無量壽經》卷下）。

［12］奎井：星宿名。奎、井均列入二十八宿。奎爲西方白虎七宿的第一宿，有星十六顆，因其形似胯而得名。井爲東方朱鳥七宿的第一宿，也稱東井，有星八顆，屬雙子座。

［13］甘石：指戰國時齊人甘公和魏人石申，兩人均深通天文之學。

［14］法家：指先秦以商鞅、韓非爲代表的思想流派，主張信賞必罰，以法治代替儒家禮治。

［15］十惡所墜：佛教指犯有十惡的人死後墜入地獄。十惡指殺生、偷盜、邪淫、妄語、兩舌、惡口、綺語、貪欲、瞋恚、邪見。

［16］五及無間（jiàn）：指犯了十惡中的五惡以上。無間，指無間地獄，亦即阿鼻地獄，是地獄的最底層，“受苦無間”（見《俱舍論》卷一一）。

［17］遵上儉薄：此指墨家崇尚儉樸。

［18］磨踵滅頂：從頭頂到脚跟都磨傷，形容不辭勞苦。《孟子・盡心上》：“墨子兼愛，摩頂放踵利天下，爲之。”

［19］斷瓠：殘破的葫蘆。形容僧人由於苦修膚色憔悴。

［20］授子捐妻：形容僧人一入佛門即拋妻別子。

［21］在鷹庇鴿：形容佛門慈悲爲懷，善愛衆生。

［22］從横：指縱横家。戰國時從事政治外交活動的謀士。主要人物有蘇秦、張儀等人，分别代表“合縱”（主張六國聯合抗秦）和“連横”（主張六國分别事秦）兩派。從，通“縱”。

［23］天口連環：形容能言善辯。《文選》卷三六任昉《宣德皇后令》：“辯析天口。”李善注引《七略》曰：“齊田駢好談論，故齊人爲語曰‘天口駢’。天口者，言田駢子不可窮其口，若事天。”中華本校勘記云：“‘口’南監本、毛本、殿本、局本作‘日’。按作‘日’訛。張元濟《校勘記》云：‘按田駢善談説，號天口駢，見《漢書・藝文志》。’”

［24］一音：佛教稱佛説法之音爲“一音”。《維摩詰經・佛國品》：“佛以一音演説法，衆生隨類各得解。”

[25]三會：指彌勒佛三次説法大會。

[26]雜家：戰國末至漢初折中和糅合儒、墨等學説的一種學派。《漢書·藝文志》云："雜家者流，蓋出於議官。兼儒、墨，合名、法，知國體之有此，見王治之無不貫，此其所長也。"

[27]五時：佛教語。天台宗謂佛陀從成道至涅槃所説之法，可以分爲五個時期，即華嚴時、鹿苑時、方等時、磐若時、法華涅槃時。

[28]農家：戰國時反映農業生産和農民思想的一個學術流派。主張勸農桑，以足衣食。《漢書·藝文志》將之列爲"九流"之一。

[29]五事：指使國家致富的五件事，即治山、治水、廣種五穀桑麻、善於畜牧、發展手工業等。詳參《管子·立政》。

[30]九穀：古代九種主要農作物。《周禮·天官·大宰》："三農生九穀。"鄭玄注："司農云：九穀：黍、稷、秫、稻、麻、大小豆、大小麥。"

[31]鬱單：佛教語，亦譯作"鬱單越""鬱多"等。洲名。按，《起世因本經》卷二稱此洲"最上、最妙、最勝"，是佛國樂土。

[32]閻浮：佛教語。即閻浮世，稱人間世。

[33]虛無：道家用以指"道"的本體。謂道體虛無，故能包容萬物；性合於道，故有而若無，實而若虛。

[34]波若：也稱"般若"，佛教謂如實理解一切事物的大智慧。

[35]豈有道之可名：指老子所言："道可道，非常道；名可名，非常名。"（《老子》第一章）

[36]寧餘一之可得：指老子所言："天得一以清，地得一以寧，神得一以靈，谷得一以盈，萬物得一以王，侯王得一以爲天下正。"（《老子》第三十九章）

[37]九流：指先秦的儒、道、陰陽、法、名、墨、縱橫、農、

雜等九個學術流派。

［38］應現：佛教語，指佛、菩薩應衆生機緣而現身。

［39］諸張米道：指漢張陵等創立的五斗米道。據晋常璩《華陽國志·漢中志》載：漢末，沛國張陵學道於蜀地鶴鳴山，造道書，創五斗米道，自稱“太清玄元”，以惑百姓；陵死，子衡傳其業；衡死，子魯傳其業。

［40］伯陽：老子李耳的異名。

［41］絶聖棄智：謂摒棄聰明技巧。《老子》第十九章：“絶聖棄智，民利百倍。”

［42］具縛：佛家語。指凡夫俗子。佛教以爲煩惱纏縛人，而凡夫俗子貪戀名利，具有的煩惱最多，故曰：“具縛”。詳閲《瓔珞經》卷下。

［43］雞鳴爲善，未必餘慶：意謂終日爲善未必有善報。

［44］膾肉東陵，曾無厄禍：意謂當大盗者，未必遭禍殃。東陵，相傳爲盗跖所居之地，因以東陵代指盗跖及惡人。

［45］三報：佛家謂因果報應分三種：一是現世報，二是次生報，三是隔生報。

贊曰：含貞抱樸，履道敦學。惟兹潛隱，棄鱗養角。[1]

［1］棄鱗養角：比喻丟棄浮華而培養實質。

南齊書　卷五五

列傳第三十六

孝義

崔懷慎　公孫僧遠　吴欣之　韓係伯　孫淡　華寶
韓靈敏　封延伯　吴達之　王文殊　朱謙之　蕭叡明
樂頤　江泌　杜栖　陸絳

子曰："父子之道，天性也，君臣之義也。"[1]人之含孝稟義，天生所同，淳薄因心，非俟學至。遲遇爲用，不謝始庶之法，[2]驕慢之性，多慚水菽之享。[3]夫色養盡力，[4]行義致身，甘心壟畝，不求聞達，斯即孟氏三樂之辭，[5]仲由負米之歎也。[6]通乎神明，理緣感召。情澆世薄，方表孝慈。故非内德者所以寄心，[7]懷仁者所以標物矣。埋名韞節，鮮或昭著，紀夫事行，以列于篇。

[1]父子之道，天性也，君臣之義也：孔子語，出自《孝經·

聖治》。邢昺疏："此言父子恩親之情是天生自然之道，父以尊嚴臨子，子以親愛事父。尊卑既陳，貴賤斯位，則子之事父，如臣之事君。"

［2］始庶之法：指嫡庶之法。嫡指正妻所生之子，多指嫡長子。庶指妾所生之子。嫡長子有繼承權。漢賈誼《新書·立後議》："疾死置後以嫡長子，如此則親戚相愛而兄弟不争，此天下之至義也。"

［3］水菽之享：指孝養父母。語出《禮記·檀弓下》："孔子曰：'啜菽飲水盡其歡，斯之謂孝'。"菽，泛指豆類。

［4］色養：指和顏悦色奉養父母。語出《論語·爲政》："子游問孝。子曰：'今之孝者，是謂能養。'子夏問孝。子曰：'色難'。"朱熹集注："色難，謂事親之際，惟色爲難也。"一説爲承順父母顏色。

［5］孟氏三樂：指孟軻所説的君子三樂："父母俱存，兄弟無故，一樂也；仰不愧於天，俯不怍於人，二樂也；得天下英才而教育之，三樂也。"（《孟子·盡心上》）

［6］仲由負米：指孔子學生子路遠出爲仕以求取俸米孝養父母。《孔子家語·致恩》："子路見於孔子曰：'家貧親老，不擇禄而仕。昔者由也，事二親之時，常食藜藿之實，爲親負米百里之外'。"

［7］内德：内心稟賦的德性。語出《管子·心術下》："是故無以物亂官，毋以官亂心，此之謂内德。"按，此句承上，謂心懷内德的純孝之人並非爲圖旌表。官，感官。

崔懷慎，[1]清河東武城人也。[2]父邪利，魯郡太守，[3]宋元嘉中，[4]没虜。[5]懷慎與妻房氏篤愛，聞父陷没，即日遣妻，[6]布衣蔬食，如居喪禮。邪利後仕虜中書，[7]戒懷慎不許如此，懷慎得書更號泣。懷慎從叔模爲滎陽太守，[8]亦同沈虜，模子雖居處改節，而不廢婚宦。大明中，[9]懷慎宗人冀州刺史元孫北使，[10]虜問之曰："崔邪利、模竝力屈歸命，二家子姪，出處不同，義將安在？"元孫曰："王尊驅驥，[11]王陽回車，欲令忠孝並弘，臣子兩節。"[12]

[1]崔懷慎：《南史》卷七三亦有傳，作"崔懷順"。中華本校勘記引張森楷《校勘記》云："《南史》作'崔懷順'，《魏書·崔宏傳》《崔逞傳》同。蓋本作'懷順'，以子顯避梁武帝父諱，故《齊書》改作'懷慎'，非本名懷慎也。"

[2]清河東武城：清河郡東武城縣，治所在今河北清河縣。

[3]魯郡：郡名。治所在今山東曲阜市東古城。

[4]元嘉：宋文帝年號。

[5]没虜：指戰敗被北魏俘虜。虜，南朝對北朝的蔑稱。按，《魏書》卷二四《崔玄伯傳》謂邪利"以郡降，賜爵臨淄子，拜廣寧太守，卒於郡"。

[6]遣妻：謂與妻分住。

[7]中書：指中書省。北魏中書省司王言及司進御之音樂。除中書監、令外，屬官有侍郎、舍人等。

[8]模：崔模，字思範。原仕後燕，慕容熙末，南渡奔投劉宋，爲榮陽太守，後降北魏，賜爵武陵子，加寧遠將軍。《魏書》卷二四有附傳。　榮陽：郡名。治所在今河南榮陽市。

[9]大明：宋孝武帝年號。

[10]冀州：州名。南朝宋元嘉九年（432）於濟南郡僑置冀州，治歷城縣，在今山東濟南市。　元孫：崔元孫，其事不詳。

[11]王尊驅驥：王尊，漢循吏。《漢書》卷七六《王尊傳》："上以尊爲郿令，遷益州刺史。先是，琅邪王陽爲益州刺史，行部至邛郲九折阪，歎曰：'奉先人遺體，奈何數乘此險！'後以病去。及尊爲刺史，至其阪，問吏曰：'此非王陽所畏道邪？'吏對曰：'是。'尊叱其馭曰：'驅之！王陽爲孝子，王尊爲忠臣'。"王陽怕

涉險，是爲了保全父母給予他的身體不受毁傷，所以説是孝子；王尊不怕涉險，一心衹爲完成王命，所以説是忠臣。此處元孫借王尊、王陽，巧妙地回答了“二家子姪出處不同”，乃是一忠一孝。

[12]臣子：指忠臣、孝子。　兩節：《南史》卷七三作“兩遂”。朱季海《南齊書校議》（以下簡稱朱季海《校議》）云：“元本自作‘節’，兩節謂兩全其節……臣子之節，既不得同，故去住亦異也。《南史》作‘遂’，殊失舊觀。”（中華書局1984年版，第124頁）

泰始初，[1]淮北陷没，[2]界上流奔者，多有去就。懷慎因此入北。至桑乾，[3]邪利時已卒，懷慎絶而後蘇。載喪還青州，[4]徒跣冰雪，土氣寒酷，而手足不傷，時人以爲孝感。喪畢，以弟在南，建元初，[5]又逃歸，而弟亦已亡。懷慎孤貧獨立，宗黨哀之，日斂給其升米。永明中卒。[6]

[1]泰始：宋明帝年號。

[2]淮北陷没：泰始五年（469），北魏大舉南侵，宋喪失青、冀、兖、徐等廣大淮北土地。詳見本書卷五七《魏虜傳》。

[3]桑乾：郡名。北魏置，治所在今山西山陰縣東南。

[4]青州：州名。在今山東青州市。

[5]建元：齊高帝年號。

[6]永明：齊武帝年號。

公孫僧遠，[1]會稽剡人也。[2]治父喪至孝，事母及伯父謹節，[3]年饑穀貴，[4]僧遠省餐減食，以供母、伯。[5]弟亡，無以葬，身販貼與鄰里，[6]供斂送之費。躬負土，手種松柏。兄姊未婚嫁，乃自賣爲之成禮。名聞郡縣。太祖即位，[7]遣兼散騎常侍虞炎等十二部使行天下，[8]建元三年，表列僧遠等二十三人，詔竝表門閭，蠲租税。

[1]公孫僧遠：《南史》卷七三亦有傳。

[2]會稽：郡名。治所在今浙江紹興市。　剡：縣名。治所在今浙江嵊州市。

[3]謹節：中華本據殿本及《南史》卷七三改爲“甚謹”。朱季海《校議》云：“‘甚’諸本臆改，非是。蕭自謂僧遠事母若伯父能謹子若從子之節耳。此‘節’與‘臣子兩節’之‘節’正同。”（第124頁）

[4]年饑穀貴：原作“年穀饑貴”，中華本據南監本、局本改。今從改。朱季海《校議》云：“‘年穀饑貴’亦當時體，二本臆改，非是。”（第124頁）

[5]母、伯：《南史》卷七三作“母及伯父”。

[6]販貼：指出賣勞力，依附於人。朱季海《校議》云：“江左有販貼之風。”（第124頁）

[7]太祖：齊高帝蕭道成的廟號。本書卷一至卷二有紀。

[8]散騎常侍：集書省官名。掌侍從顧問。秩五品。　虞炎：會稽人，仕齊。事見卷五二《陸厥傳》。　部使：欽差大臣。　行：巡察。

吴欣之，[1]晉陵利城人也。[2]宋元嘉末，弟尉之爲武進縣戍，[3]隨王誕起義，[4]太初遣軍主華欽討之，[5]吏民皆散，尉之獨留，見執將死。欣之詣欽乞代弟命，辭淚哀切，[6]兄弟皆見原。建元三年，[7]有詔蠲表。[8]

［1］吴欣之：《南史》卷七三亦有略傳。

［2］晋陵：郡名。治所原在今江蘇鎮江市丹徒區，後移治今江蘇常州市。　利城：縣名。治所在今江蘇常熟市北境。又據清錢大昕《廿二史考異》卷二五云："按利城縣本屬東海，晋南渡，僑立江南，宋、齊《州郡志》俱屬南東海郡。"

［3］武進縣：治所在今江蘇丹陽市東。　戍：戍主，或稱戍將，地方軍隊武官。南北朝時於邊境或形勝州縣駐兵戍守，大者稱鎮，小者稱戍。戍將地位約同縣令。

［4］隨王誕：字休文，南朝宋文帝劉義隆第六子，初封廣陵王，後改封隨郡王。元嘉三十年（453），太子劉劭弑其父文帝自立，諸王紛紛討伐，隨王亦起義。《宋書》卷七九有傳。

［5］太初遣軍主華欽討之："太初"原作"太祖"。中華本校勘記云："據局本改。按劉劭曾改元太初，故稱劭爲太初。《南史》作'元凶遣軍主華欽討之'。又按'華欽'《宋書·二凶傳》作'燕欽'。"今從改。

［6］辭淚：《册府元龜》卷八五一作"辭旨"。朱季海《校議》云："元本自作'淚'，言辭哀淚切也。《元龜》改字，非復舊文。"（第124—125頁）

［7］三年：中華本校勘記云："各本作'二年'。按《南史》作'三年'。"

［8］蠲表：指免除賦税以示旌表。

永明初，廣陵民章起之二息犯罪争死，[1]太守劉悛表以聞。

［1］章起之：《南史》卷七三作"童超之"。　息：兒子。　争死：争頂死罪。

韓係伯，[1]襄陽人也。[2]事父母謹孝。襄陽土俗，鄰居種桑樹於界上爲誌，[3]係伯以桑枝蔭妨他地，遷堺上開數尺，鄰畔隨復侵之，係伯輒更改種。久之，鄰人慚愧，還所侵地，躬往謝之。建元三年，蠲租稅，表門閭。[4]以壽終。

［1］韓係伯：《南史》卷七三亦有略傳。

［2］襄陽：郡名。治所在今湖北襄陽市。

［3］種桑樹於界上爲誌：界上，指宅基邊界上。朱季海《校議》云："襄陽鄰居堺上植樹，猶有古風。《孟子》云'五畝之宅，樹之以桑……'趙氏注'樹桑墻下'是也。"（第125頁）

［4］表：旌表。

孫淡，[1]太原人也。[2]居長沙，[3]事母孝，母疾，不眠食，以差爲期。[4]母哀之，後有疾，不使知也。豫章王領湘州，[5]辟驃騎行參軍。[6]建元三年，蠲租稅，表門閭。卒于家。

［1］孫淡：《南史》卷七三亦有略傳。

［2］太原：郡名。治所在今山西太原市。

［3］長沙：郡名。治所在今湖南長沙市。

［4］差：同"瘥"，病愈。

［5］豫章王：名嶷，字宣儼，齊高帝蕭道成次子。曾爲驃騎大將軍、荆、湘二州刺史。本書卷二二有傳。　湘州：治所在今湖南長沙市。

［6］驃騎：指驃騎大將，。南朝爲優禮大臣的榮譽加號。秩一品。　行參軍：自行辟除的參軍。參軍爲軍府佐吏。

華寶，[1]晋陵無錫人也。[2]父豪，義熙末，[3]戍長安，[4]寶年八歲。臨别，謂寶曰："須我還，當爲汝上頭。"[5]長安陷虜，豪殁。寶年至七十，不婚冠，[6]或問之者，輒號慟彌日，不忍答也。

[1]華寶：《南史》卷七三亦有略傳。

[2]無錫：縣名。治所在今江蘇無錫市。

[3]義熙：東晋安帝年號。

[4]戍長安：指隨軍戍守長安。長安在今陝西西安市南。

[5]上頭：指男子束髮加冠，古代爲成年的標志。

[6]冠：指束髮加冠。

同郡薛天生，母遭艱菜食，[1]天生亦菜食，母未免喪而死，[2]天生終身不食魚肉。與弟有恩義。

[1]遭艱：指遭父母之喪。　菜食：古代守父母之喪不食葷腥，以示孝心。

[2]免喪：指守孝之期未滿，喪服未除。

又同郡劉懷胤與弟懷則，年十歲，遭父喪，不衣絮帛，[1]不食鹽菜。建元三年，並表門閭。

[1]不衣絮帛："衣"字原無，中華本據《南史》卷七三補。今從補。

韓靈敏，[1]會稽剡人也。早孤，與兄靈珍竝有孝性，尋母又亡，家貧無以營凶，[2]兄弟共種苽半畝，[3]朝採苽子，暮已復生，以此遂辦葬事。靈珍亡，無子，妻卓氏守節不嫁，[4]慮家人奪其志，未嘗告歸，靈敏事之如母。

[1]韓靈敏：《南史》卷七三亦有略傳。

[2]營凶：指辦理喪事。

[3]苽（gū）：同“菰”。植物名。《禮記·内則》：“蝸醢而苽食雉羹。”鄭玄注：“苽，雕胡也……字又作‘菰’。”中華本校勘記云：“兩‘苽’字南監本、殿本、局本及《南史》並作‘瓜’。按‘瓜’之作‘苽’，猶‘園’之作‘薗’也，唐代官文書尚如此。”

[4]卓氏：《南史》卷七三作“胡氏”。

晋陵吴康之妻趙氏，父亡弟幼，值歲饑，母老病篤，趙詣鄉里自賣，言辭哀苦，[1]鄉里憐之，人人分升米相救，遂得以免。[2]及嫁康之，[3]少時夫亡，家欲更嫁，誓死不貳。

[1]言辭哀苦：“哀苦”，中華本校勘記云：“各本並作‘哀切’。”朱季海《校議》云：“此謂言哀而辭苦耳。各本望上文哀切字改耳。”（第125頁）

[2]遂得以免：“以”字原有，中華本據殿本删。因不訛，復原。

[3]及嫁康之：“及”字原無，中華本據殿本補。今從補。

義興蔣雋之妻黄氏，[1]夫亡不重嫁，逼之，欲赴水自殺，乃止。建元三年，詔蠲租賦，表門閭。

[1]義興：郡名。治陽羡縣，在今江蘇宜興市。

永明元年，會稽永興倪翼之母丁氏，[1]少喪夫，性仁愛，遭年荒，分衣食以飴里中饑餓者，[2]鄰里求借，未嘗違。同里陳穰父母死，孤單無親戚，丁氏收養之，及長，爲營婚娶。又同里王禮妻徐氏，荒年客死山陰，丁爲買棺器，自往斂葬。元徽末，[3]大雪，商旅斷行，[4]村里比屋饑餓，丁自出鹽米，計口分賦。同里左僑家露四喪，[5]無以葬，丁爲辦塚槨。有三調不登者，[6]代爲輸送。丁長子婦王氏守寡執志不再醮。州郡上言，詔表門閭，蠲租税。

[1]永興：縣名。治所在今浙江杭州市蕭山區。　倪翼之：中華本校勘記云："南監本、殿本、局本及《南史》並作'吴翼之'。"

[2]飴：中華本校勘記云："南殿本、殿本作'貽'。按飴、貽古通用。"

[3]元徽：宋後廢帝年號。

[4]斷行："行"字原無，中華本據各本及《南史》卷七三補。今從補。

[5]露四喪：指有四具棺未下葬。

[6]調：指租税徵調。

又廣陵徐靈禮妻遭火救兒，與兒俱焚死。太守劉悛以聞。

又會稽人陳氏，[1]有三女，無男。祖父母年八九十，老耄無所知，父篤癃病，[2]母不安其室。[3]值歲飢，三女相率於西湖採菱蓴，[4]更日至市貨賣，[5]未嘗虧怠。鄉里稱爲義門，多欲取爲婦，長女自傷煢獨，誓不肯行。祖父母尋相繼卒，三女自營殯葬，爲菴舍墓側。

[1]會稽人："人"，《南史》卷七三作"寒人"。

[2]癃病：衰疲卧床不起。

[3]不安其室：指有外遇。

[4]蓴（chún）：蒓菜，用以烹羹，味鮮美。爲西湖特産。

[5]更日：次日，第二天。

又永興概中里王氏女，年五歲，[1]得毒病，兩目皆盲。性至孝，年二十，父母死，臨屍一叫，眼皆血出，小妹娥舐其血，左目即開，時人稱爲孝感。縣令何曇秀不以聞。[2]

[1]五歲：中華本校勘記云："毛本、局本作'八歲'。"

[2]不以聞：指不向朝廷上報。

又諸暨東洿里屠氏女，[1]父失明，母痼疾，[2]親戚相棄，鄉里不容。女移父母遠住苧羅，[3]晝樵采，夜紡績，以供養。父母俱卒，親營殯葬，負土成墳。忽聞空中有聲云："汝至性可重，山神欲相驅使。汝可爲人治病，必得大富。"女謂是魅魅，[4]弗敢從，遂得病。積時，鄰舍人有中溪蝛毒者，[5]女試治之，自覺病便差，[6]遂以巫道爲人治疾，無不愈。家産日益，鄉里多欲娶之，以無兄弟，誓守墳墓不肯嫁，爲山賊劫殺。縣令于琳之具言郡，太守王敬則不以聞。

[1]諸暨：縣名。治所在今浙江諸暨市。

[2]痼疾：積久難治的病。

[3]苧羅：山名。在諸暨市境內。苧，原訛“紵”，中華本據南監本改。今從改。

[4]魃魅：中華本校勘記：“‘魃’南監本作‘妖’。按字書無‘魃’字，乃妖之俗寫。”

[5]蜮（yù）：短狐。相傳是一種能含沙射人的動物。《詩・小雅・何人斯》：“爲鬼爲蜮。”毛亨傳：“蜮，短狐也。”陸德明《經典釋文》：“蜮，狀如鼈，三足。一名射工，俗呼之水弩。在水中含沙射人，一云射人影。”

[6]病便差：“差”同“瘥”，病愈。

建武三年，[1]吴興乘公濟妻姚氏生二男，[2]而公濟及兄公願、乾伯並卒，各有一子欣之、天保，姚養育之，賣田宅爲娶婦，自與二男寄止鄰家。明帝詔爲其二子婚，表門閭，復徭役。

[1]建武：齊明帝年號。

[2]吴興：郡名。治所在今浙江湖州市吴興區。

吴郡范法恂妻褚氏，[1]亦勤苦執婦業。[2]宋昇明中，[3]孫曇瓘謀反亡命，[4]褚謂其子僧簡曰：“孫越州先姑之姊子，[5]與汝父親則從母兄弟，交則義重古人。逃竄脱不免，汝宜收之。”曇瓘尋伏法，褚氏令僧簡往斂葬。年七十餘，永明中卒。僧簡在都，聞病馳歸，未至而褚已卒，將殯，舉尸不起，尋而僧簡至焉。

[1]吴郡：郡名。治所在今江蘇蘇州市。

[2]婦業：指操持家務。

[3]昇明：宋順帝年號。

[4]孫曇瓘：吴郡人。昇明中爲越州刺史，因謀叛失敗逃亡。《宋書》卷八三有傳。

[5]姊：同“姉”。

封延伯字仲璉，[1]渤海人也。[2]有學行，不與世人交，事寡嫂甚謹。州辟主簿，[3]舉秀才，[4]不就。後乃仕。垣崇祖爲豫州，[5]啓太祖用爲長史，[6]帶梁郡太守。[7]以疾自免，僑居東海，[8]遂不至京師。三世同財，爲北州所宗附。[9]豫章王辟中兵，[10]不就，卒。

[1]封延伯字仲璉：《南史》卷七三亦有略傳。仲璉，《南史》作“仲連”。

[2]渤海：郡名。南朝宋僑置，治臨濟城，在今山東高青縣東南。

[3]主簿：州郡屬吏。掌文書印信，爲衆吏之首。

[4]秀才：南朝時察舉人才的科目之一。由州推舉高才博學者經考試選定。

[5]垣崇祖：字敬遠。歷仕南朝宋、齊，齊初任豫州刺史。本書卷二五有傳。　豫州：東晋僑置，南齊時治壽春，在今安徽壽縣。

[6]長史：軍府或州郡屬官。爲屬吏之長。

[7]梁郡：郡名。治所在下邑縣，在今安徽碭山縣。按，《南

史》卷七三此句後有“爲政清静，有高士風”等語。

[8]東海：郡名。南朝宋僑置，治所在今江蘇漣水縣。

[9]三世同財，爲北州所宗附：《南史》卷七三此句作：“于時四州入魏，士子皆依海曲，争往宗之，如遼東之仰邴原也。”

[10]中兵：指中兵將軍府參軍。

建元三年，大使巡行天下，[1]義興陳玄子四世一百七十口同居。武陵郡邵榮興、文獻叔八世同居。[2]東海徐生之、武陵范安祖、李聖伯、范道根五世同居。零陵譚弘寶、衡陽何弘、華陽陽黑頭，[3]疏從四世同居，並共衣食。詔表門閭，蠲租税。又蜀郡王續祖、華陽郝道福並累世同爨。[4]建武三年，明帝詔表門閭，蠲調役。

[1]大使：帝王派往各地巡察、安撫、存恤的臨時特使。

[2]武陵：縣名。治所在今湖北竹山縣西北。

[3]零陵：縣名。即今湖南保靖縣。　衡陽：縣名。治所在今湖南衡山縣南。　華陽：縣名。有多處，此當指今四川境内的華陽縣，在今劍閣縣南。

[4]蜀郡：郡名。治所在今四川成都市。

吴達之，[1]義興人也。嫂亡無以葬，[2]自賣爲十夫客，[3]以營冢槨。從祖弟敬伯夫妻荒年被略賣江北，[4]達之有田十畝，貨以贖之，與之同財共宅。郡命爲主簿，固以讓兄。又讓世業舊田與族弟，弟亦不受，[5]田遂閑廢。建元三年，詔表門閭。

[1]吴達之：《南史》卷七三亦有略傳。

[2]嫂亡：嫂，原訛“姨”，中華本據各本及《南史》卷七三改。今從改。

[3]十夫客：指雇農，因上古十夫種二鄰之田，故稱。朱季海《校議》云：“江左‘客’亦賣身。”（第125頁）

[4]略賣：劫掠販賣。

[5]弟亦不受：“弟”字原訛倒於“受”字下，中華本依各本及《南史》卷七三乙正。今從改。

河南辛普明僑居會稽，自少與兄共處一帳，兄亡，以帳施靈座，夏月多蚊，普明不以露寢見色。[1]兄將葬，鄰人嘉其義，賻助甚多，[2]普明初受，後皆反之。贈者甚怪，普明曰：“本以兄墓不周，故不逆來意。今何忍亡者餘物以爲家財。”後遭母喪，幾至毀滅。揚州刺史豫章王辟爲議曹從事。[3]年五十，卒。

[1]普明不以露寢見色：清牛運震《讀史糾謬》卷七《南齊書糾謬》：“‘普明不以露寢見色’，句不明。”

[2]賻助：指資助其喪葬禮金。

[3]議曹從事：州佐吏。一種榮譽性職位，無定員和具體職事，備顧問。“議”原訛“義”，中華本校勘記云：“據《元龜》七百二十七改。按《百官志》，州朝置别駕、治中、議曹、文學、祭酒諸曹部從事史。”

又有何伯璵，[1]弟幼璵，俱厲節操。養孤兄子，及長爲婚，推家業盡與之。安貧枯槁，誨人不倦，鄉里呼爲人師。郡守下車，莫不修謁。永明十一年，伯璵卒。幼璵少好佛法，[2]翦落長齋，[3]持行精苦。梁初卒。兄弟年並八十餘。

[1]何伯璵：《南史》卷七三亦有略傳云："廬江何伯璵兄弟，鄉里號爲何展禽，並爲高士沈顗所重。常云'……聞何伯璵之風，僞夫正，薄夫厚'云。"

[2]少好佛法："少"，《南史》卷七三作"末"，謂晚年，與此異。

[3]翦落：指削髮爲僧。

王文殊，[1]吴興故鄣人也。[2]父没虜，文殊思慕泣血，蔬食山谷三十餘年。[3]太守謝瀹板爲功曹，[4]不就。永明十一年，太守孔琇之表曰：[5]"文殊性挺五常，[6]心符三教。[7]以父没獯庭，[8]抱終身之痛，專席恒居，銜罔極之衂。[9]服紵縞以經年，餌蔬菽以俟命，婚義滅於天情，[10]官序空於素抱。[11]儻降甄異之恩，[12]牓其閭里。"[13]鬱林詔牓門，[14]改所居爲"孝行里"。

[1]王文殊：《南史》卷七三亦有略傳。

[2]故鄣：縣名。治所在今浙江安吉縣北。

[3]蔬食山谷三十餘年：《南史》卷七三作："立小屋於縣西，端拱其中，歲時伏臘，月朝十五，未嘗不北望長悲，如此三十餘年。"

[4]謝瀹：字義潔。齊初出爲吴興太守，有政績，後官至太子詹事。本書卷四三、《南史》卷二〇並有傳。　板：自行辟授。功曹：功曹從事史的簡稱。郡佐吏，主吏及選舉事。

[5]孔琇之：歷仕南朝宋、齊，曾任吴興太守，治稱嚴能。本書卷五三、《南史》卷二七並有傳。

[6]五常：指仁、義、禮、智、信五種道德。

[7]三教：指儒家的施教内容。包括六德、六行、六藝，合稱三教。六德指智、仕、聖、義、中、和；六行指孝、友、睦、姻、任、恤；六藝指禮、樂、射、御、書、數。參見漢徐幹《中論·治學》。

[8]獯庭：南朝對北魏朝廷的蔑稱。

[9]罔極：指父母恩德無窮。語出《詩·小雅·蓼莪》："父兮生我，母兮鞠我……欲報之德，昊天罔極。"朱熹集傳："言父母之恩，如天無窮，不知所以爲報也。"

[10]婚義滅於天情：指男大當婚之義爲悲父之天情所滅，即終身未娶妻。

[11]官序空於素抱：原先從仕報國的素志亦因悲父而不再受官。

[12]甄異：鑒别表彰優異。

[13]牓：指張榜表彰。牓，同"榜"，匾額。

[14]鬱林：指齊鬱林王蕭昭業。

朱謙之字處光，吴郡錢唐人也。[1]父昭之，以學解稱於鄉里。[2]謙之年數歲，所生母亡，[3]昭之假葬田側，[4]爲族人朱幼方燎火所焚。同産姊密語之，謙之雖小，便哀戚如持喪。年長不婚娶。永明中，手刃殺幼方，詣獄自繫。縣令申靈勗表上，别駕孔稚珪、兼記室劉璡、司徒左西掾張融牋與刺史豫章王曰：[5]"禮開報仇之典，[6]以申孝義之情；法斷相殺之條，[7]以表權時之制。謙之揮刃斬冤，[8]既申私禮；繫頸就死，又明公法。今仍殺之，則成當世罪人；宥而活之，即爲盛朝孝子。殺一罪人，未足弘憲；活一孝子，實廣風德。張緒陸澄，[9]是其鄉舊，應具來由。融等與謙之並不相識，區區短見，深有悵然。”豫章王言之世祖，時吴郡太守王慈、太常張緒、尚書陸澄並表論其事，世祖嘉其義，[10]慮相復報，乃遣謙之隨曹虎西行。[11]將發，幼方子惲於津陽門伺殺謙之，[12]謙之之兄選之又刺殺惲，[13]有司以聞。世祖曰："此皆是義事，不可問。"悉赦之。吴興沈顗聞而歎曰：[14]"弟死於孝，兄殉於義。孝友之節，萃此一門。"選之字處林，有志節，著辯相論。幼時顧歡見而異之，[15]以女妻焉。官至江夏王參軍。[16]

[1]錢唐：縣名。治所在今浙江杭州市西靈隱山下。

[2]學解：猶學識。

[3]所生母：指親母。

[4]假葬：淺埋以待改葬。

[5]别駕：别駕從事史，主吏及選舉事，爲刺史的副手。　孔稚珪：字德璋，會稽山陰人。仕齊，曾任本州别駕。本書卷四八有傳。　劉璡：字子瓛。曾入侍齊文惠太子，兼記室參軍，掌呈奏案章。本書卷三九有傳。　張融：字思光，吴郡人。仕齊，曾任司徒右長名，又改司徒左長史。按，此處作"司徒左西掾"，疑誤。詳見本書卷四一、《南史》卷三二《張融傳》。

[6]禮開報仇之典：指《禮記·曲禮上》云："父之仇，弗與共載天。"後因以"不共戴天"指父母之仇必報。

[7]法斷相殺之條：指古代法律中規定，殺人者償命。

[8]揮刃斬冤：斬，原訛"軒"，中華本校勘記云："據《元龜》八百九十六改。按軒與斬形近而訛。南監本、殿本、局本作'揮刃酬冤'，疑後人以軒冤不辭而改之也。"今從改。

[9]張緒陸澄：均爲吴郡人，歷仕南朝宋、齊，二人皆以博學

修養爲世所重。《張緒傳》見本書卷三三；《陸澄傳》見本書卷三九。按此指張、陸二人乃謙之同鄉，應當了解其爲人。

[10]世祖：齊武帝的廟號。本書卷三有紀。

[11]曹虎：字士威。仕齊，任西戎校尉，梁南郡二州刺史。本書卷三〇有傳。

[12]幼方子惲：中華本校勘記云："'惲'《梁書·朱異傳》作'懌'。"　津陽門：不詳。當爲建康宫門。

[13]選之：中華本校勘記云："《梁書·朱異傳》《南史·孝義傳》並作'巽之'。"

[14]沈顗：字處默，吴興武康人。仕齊，任著作郎、太子舍人等職。

[15]顧歡：吴郡鹽官人，名士。本書卷五四有傳。

[16]江夏王：名鋒，字宣穎，齊高帝蕭道成第十二子。曾爲輔國將軍，南彭城、平昌二郡太守。本書卷三五有傳。

蕭叡明，[1]南蘭陵人。[2]領軍將軍諶從祖兄弟也。[3]父孝孫，左軍。[4]叡明初仕員外殿中將軍。[5]少有至性，奉親謹篤。母病躬禱，[6]夕不假寐，及亡，不勝哀而卒。永明五年，世祖詔曰："龍驤將軍、安西中兵參軍、松滋令蕭叡明，[7]愛敬淳深，色養盡禮，喪過乎哀，遂致毁滅。雖未達聖教，[8]而一至可愍。宜加榮命，以矜善人。可贈中書郎。"[9]

[1]蕭叡明：《南史》卷七三亦有略傳，謂其"字景濟"。

[2]南蘭陵：縣名。東晉僑置，治所在今江蘇常州市武進區西北萬綏鎮。

[3]諶：蕭諶，字彦孚。仕齊，曾爲領軍將軍，南徐州刺史。

本書卷四二、《南史》卷四一有傳。

[4]左軍：指左軍將軍，禁衛軍官名。分掌宿衛營兵。秩四品。

[5]員外殿中將軍：武官名。即殿中將軍，屬禁衛軍。掌殿中警衛。

[6]躬禱：《南史》卷七三作："叡明晝夜祈禱，時寒，叡明下淚，爲之冰如筯，額上叩頭血亦冰不溜。"又云："忽有一人以小石函授之，曰：'此療夫人病。'叡明跪受之，忽不見。以函奉母，函中唯有三寸絹，丹書爲'日月'字，母服之即平復。"又云："于時秣陵朱緒無行，母病積年，忽思菰羹，緒妻到市買菰爲羹欲奉母，緒曰：'病復安能食。'先嘗之，遂並食盡。母怒曰：'我病欲此羹，汝何心並啖盡。天若有知，當令汝哽死。'緒聞便心中介介然，即利血，明日而死。叡明聞之，大悲慟，不食積日。問緒尸在何處，欲手自戮之。既而曰：'汚吾刀。'乃止。"

[7]龍驤將軍：南朝爲優禮大臣的榮譽加號。　安西中兵參軍：指安西將軍府中兵曹參軍，爲軍府屬官。　松滋：縣名。治所在今湖北松滋市。

[8]聖教：孔子的有關教導。此指《孝經·開宗明義》引孔子語："身體髮膚，受之父母，不敢毀傷，孝之始也。"

[9]贈：贈封。皇帝給予已故官員或其父母妻等以官稱的一種榮典。　中書郎：中書侍郎，爲中書令的佐官。秩五品。

樂頤字文德，[1]南陽涅陽人。[2]世居南郡。[3]少而言行和謹，仕爲京府參軍。[4]父在郢州病亡，[5]頤忽思父涕泣，因請假還，中路果得父凶問。[6]頤便徒跣號咷，出陶家後渚，[7]遇商人附載西上，水漿不入口數日。嘗遇病，與母隔壁，忍痛不言，齧被至碎，恐母之哀己也。

[1]樂頤：《南史》卷七三亦有傳，作"樂頤之"。

[2]南陽涅陽：指南陽郡涅陽縣。治所在今河南鄧州市東北。

[3]南郡：治所在今湖北荆州市。

[4]京府：京兆府（京畿行政區）的簡稱。“京”原訛“原”，中華本據各本及《南史》卷七三改。今從改。

[5]郢州：州名。治夏口城，在今湖北武漢市武昌區。

[6]凶問：報喪的信。

[7]陶家後渚：地名。安徽含山縣南臨江有陶家廠鎮，爲乘船西上之路，疑即此處。

湘州刺史王僧虔引爲主簿，[1]以同僚非人，棄官去。吏部郎庾杲之嘗往候，[2]頤爲設食，枯魚菜葅而已。[3]杲之曰：“我不能食此。”母聞之，自出常膳魚羹數種。杲之曰：“卿過於茅季偉，[4]我非郭林宗。”仕至郢州治中，[5]卒。

[1]王僧虔：歷仕南朝宋、齊，齊初遷持節、都督湘州諸軍事、征南將軍、湘州刺史，好賢喜文。本書卷三三、《南史》卷二二並有傳。

[2]庾杲之：字景行。博學有風采。齊永明中遷尚書吏部郎。本書卷三四、《南史》卷四九並有傳。

[3]葅（zū）：醬菜。

[4]茅季偉：東漢隱士茅容字。容事母至孝，與名士郭太（字林宗）甚相投。一日太來訪，容殺雞爲饌，郭以爲是款待他。結果容將雞供母食，郭起拜之曰：“卿賢乎哉！”詳見《後漢書》卷六八《郭太傳》。

[5]治中：州、府佐吏名，即治中從事史。居中治事，主衆曹文書。秩百石。

弟預亦孝，[1]父臨亡，執其手以託郢州行事王奂。[2]預悲感悶絶，吐血數升，遂發病。官至驃騎録事。[3]隆昌末，[4]預謂丹陽尹徐孝嗣曰：[5]“外傳藉藉，似有伊周之事，[6]君蒙武帝殊常之恩，[7]荷託付之重，恐不得同人此舉。人咲褚公，[8]至今齒冷。”孝嗣心甚納之。建武中，爲永世令，[9]民懷其德。卒官。有一老嫗行擔斛蔌葉將詣市，[10]聞預死，棄擔號泣。[11]

[1]弟預："預"原作"豫"，中華本據各本及《南史》改，並引張元濟《校勘記》云："作'預'是，樂頤兄弟名皆頁旁。"今從改。又《南史》卷七三云："預字文介。"

[2]行事：行州府事的簡稱。南朝多以皇子出鎮一方，但因皇子年幼，不能親政，多委行事代之。　王奂：字彦孫。歷仕南朝宋、齊，宋末曾爲晋熙王征虜長史、江夏内史、武昌太守、行州事。本書卷四九有傳。

[3]驃騎録事：指驃騎將軍府録事参軍，軍府佐吏。掌衆曹文簿、舉彈善惡。

[4]隆昌：齊鬱林王年號。

[5]丹陽：郡名。治所在今江蘇南京市。　尹：官長的泛稱。徐孝嗣：歷仕南朝宋、齊，隆昌年遷散騎常侍，前將軍，丹陽尹。本書卷四四、《南史》卷一五有傳。

[6]伊周之事：伊尹相成湯滅夏桀立殷商，周公相武王滅商紂建西周，後因以伊周之事指廢立之事。

[7]武帝：指齊武帝蕭賾。武帝重用徐孝嗣。武帝崩，皇太孫鬱林王蕭昭業嗣位，孝嗣負托孤之重任。當時蕭昭文（恭王）、蕭鸞（明帝）均謀廢鬱林自立。

[8]咲："笑"的異體字。　褚公：指褚淵。歷仕南朝宋、齊。宋明帝崩，遺詔與袁粲同受顧命，輔佐幼主宋後廢帝（蒼梧王）劉

昱。但不久即投向蕭道成，殺劉昱，另立順帝劉準。詳見本書卷二三《褚淵傳》。

[9]永世：縣名。治所在今江蘇溧陽市南古縣橋。

[10]斛萩葉：柞櫟葉，可飼柞蠶，可入藥。葉，原訛“若”，中華本據南監本、局本改。今從改。但《南史》作“槲萩葉”。朱季海《校議》云：“當爲斛萩、槲樕，《南史》作‘槲’，形之訛也。《釋木》：‘樕樸，心’，郭注：‘槲樕别名’。”（第125頁）

[11]棄擔號泣：《南史》卷七三此處作：“聞預亡大泣，棄溪中，曰：‘失樂令，我輩孤獨老姥政應就死耳。’市人亦皆泣，其惠化如此。”

鴈門解仲恭，[1]亦僑居南郡。家行敦睦，得纖豪財利，輒與兄弟平分。母病經時不差，入山採藥，遇一老父語之曰：“得丁公藤，[2]病立愈。此藤近在前山際高樹垂下便是也。”忽然不見。仲恭如其言得之，治病，母即差。至今江陵人猶有識此藤者。

[1]鴈門：郡名。治所在今山西代縣西南。　解仲恭：《南史》卷七三作“解叔謙”。中華本校勘記云：“仲恭、叔謙當是昆季。”

[2]丁公藤：一種野生植物。朱季海《校議》云：“唐李勣等修《新修本草·有名無用》卷第二十：‘丁公寄，味甘，主金瘡痛，延年，一名丁文。生石間，蔓延木上，葉細六枝，赤莖。母大如磧，黄有汁，七月七日採。’丁公藤疑即‘丁公寄’。”（第125頁）

江泌字士清，[1]濟陽考城人也。[2]父亮之，員外郎。[3]泌少貧，晝日斫屧，[4]夜讀書，隨月光握卷升屋。[5]性行仁義，衣弊，恐虱饑死，[6]乃復取置衣中。數日間，終身無復虱。母亡後，以生闕供養，[7]遇鮭不忍食。[8]食菜不食心，以其有生意也。[9]

[1]江泌：《南史》卷七三亦有傳。

[2]濟陽考城：濟陽郡考城縣，治所在今河南民權縣東北。

[3]員外郎：指員外散騎侍郎，門下省官。掌奏事。

[4]斫屧（xiè）：削製木屐。《南史》卷七三作“斫屟爲業”。

[5]夜讀書，隨月光握卷升屋：《南史》卷七三此句作：“夜讀書隨月光，光斜則握卷升屋，睡極墮地則更登。”

[6]恐虱饑死：恐字原無，中華本據南監本、殿本、局本補，今從補。按，《南史》卷七三此處云：“衣弊蝨多，綿裹置壁上，恐蝨飢死。”

[7]生闕：不封閉的似生人住宅的墓穴。

[8]鮭（guī）：河豚的别名。人死稱大歸，“歸”與“鮭”諧音，見鮭而思母大歸，故“遇鮭不忍食”。

[9]以其有生意也：《南史》卷七三此句後云：“唯食老葉而已。”又云：“母墓爲野火所燒，依‘新宫灾，三日哭’淚盡係之以血。”

歷仕南中郎行參軍，[1]所給募吏去役，[2]得時病，[3]莫有舍之者，吏扶杖投泌，泌親自隱卹，吏死，泌爲買棺。無僮役，兄弟共輿埋之。領國子助教。[4]乘牽車至染烏頭，[5]見老翁步行，下車載之，躬自步去。

[1]南中郎：指南中郎將，四中郎將之一，南朝爲安置諸王及功臣的榮譽加號。位從公秩一品。本書《百官志》云：“四中郎將……宋齊以來，唯處諸王，素族無爲者。”

[2]募吏：指臨時招雇的役吏。　去役：指期滿退役。

[3]得時病：指患傳染病。

[4]國子助教：學官名。協助國子博士授經。秩八品。

[5]牽車：古代一種以羊拉行的小車。　染烏頭：地名。不詳。安徽南陵縣有染浦，三國吴建刹於此，爲名勝之地。染烏頭可能即此處。

世祖以爲南康王子琳侍讀。[1]建武中，明帝害諸王後，[2]泌憂念子琳，詣誌公道人問其禍福。[3]誌公覆香鑪灰示之，曰："都盡無所餘。"及子琳被害，泌往哭之，淚盡繼之以血。親視殯葬，乃去。時廣漢王侍讀嚴桓之亦哭王盡哀。[4]泌尋卒。泌族人兖州治中泌，[5]黄門郎悆子也，與泌同名。世謂泌爲"孝江泌"以别之。[6]

[1]南康王子琳：齊武帝第十九子，初封宣城王，改封南康王。本書卷四〇有傳。

[2]明帝害諸王：指齊明帝大肆殺戮高帝、武帝子孫。清趙翼《廿二史劄記》卷一二云："明帝本高帝兄子……自以得不以正，親子皆幼小，而高、武子孫日漸長大，遂盡滅之無遺種。"

[3]誌公：釋寶誌，俗姓朱，六朝高僧，時顯靈迹。齊武帝迎誌公入華林園清修。《南史》卷七六有附傳。

[4]廣漢王：衡陽王蕭子峻，齊武帝第十八子，初封廣漢郡王，後改封衡陽王。永泰元年（498）爲明帝所殺。本書卷四〇有傳。

[5]治中：《南史》卷七三作"中從事"。

[6]孝江泌：《南史》卷七三作"孝泌"。

杜栖字孟山，[1]吴郡錢唐人，徵士京産子也。同郡張融與京産相友，每相造言論，栖常在側。融指栖曰："昔陳太丘之召元方，[2]方之爲劣。以今方古，古人何貴。"栖出京師，從儒士劉瓛受學。[3]善清言，能彈琴飲酒，名儒貴遊多敬待之。中書郎周顒與京産書曰：[4]"賢子學業清標，後來之秀。嗟愛之懷，豈知云已。所謂人之英彦，若己有之也。"刺史豫章王聞其名，辟議曹從事，仍轉西曹佐。[5]竟陵王子良數致禮接。[6]國子祭酒何胤治禮，[7]又重栖，以爲學士，掌婚冠儀。[8]

[1]杜栖：《南史》卷七五有附傳。

[2]陳太丘：指陳寔，曾任太丘（縣名）長，因以爲號。陳寔是東漢名士，其子元方、次方，亦爲名士。《後漢書》卷六二有傳。按，此處以陳寔父子比况京産父子。

[3]劉瓛：博通五經，京師士子莫不下席受業。本書卷三九、《南史》卷五〇並有傳。

[4]周顒：字彦倫。長於佛理，善玄辯。本書卷四一有傳。

[5]西曹佐：西曹書佐，王府佐官。主府吏署用。

[6]竟陵王子良：齊武帝次子，禮賢好士。本書卷四〇有傳。

[7]國子祭酒：列卿太常屬官。掌禮儀祭祀等。秩三品。　何胤：歷仕齊、梁，通儒術。《梁書》卷五一、《南史》卷三〇有傳。

[8]婚冠儀：指婚禮和成年束髮加冠之禮。

以父老歸養，怡情壟畝。栖肥白長壯，及京産疾，旬日間便皮骨自支。京産亡，水漿不入口七日，晨夕不罷哭，[1]不食鹽菜。每營買祭奠，身自看視，號泣不自持。朔望節歲，絶而復續，[2]吐血數升。時何胤、謝朏竝隱東山，[3]遺書敦譬，誡以毁滅。[4]至祥禫，[5]暮夢見其父，慟哭而絶。初，胤兄點見栖歎曰："卿風韻如此，雖獲嘉譽，不永年矣。"卒時年三十六。[6]當世咸嗟惜焉。

[1]不罷哭："罷"原訛"能"，中華本據各本及《南史》改。今從改。

[2]絶而復續：指悲傷過度不斷昏厥。

[3]謝朏：字敬冲。歷仕齊、梁，晚年辭官歸隱。《梁書》卷一五、《南史》卷二〇並有傳。 東山：山名。有多處，此指浙江紹興市上虞區南之東山，東晉太傅謝安出仕前曾隱居此山。

[4]誡以毀滅：指告誡杜栖，身體受之父母不可因過度悲哀而毀傷。

[5]祥禫：喪祭名。指喪滿除服之祭。按，古禮，十三月而祥，十四月而禫。參見《禮記·雜記下》。

[6]卒時年三十六：許福謙《〈南齊書〉紀傳疑年録》一文云："按《南史》卷七五《隱逸·杜京產傳附子栖傳》所載略同。二書均不言杜栖卒於何年。然可據其父杜京產之卒年推出……《南齊書》卷五四《高逸·杜京產傳》云：'年六十四，永元元年卒。'……祥禫，祭名。古人居父母之喪，在死者亡後第二十五個月舉行大祥之祭，當月又舉行禫祭，合稱祥禫。此後即可除服，恢復正常生活。故所謂祥禫者，約可視作死者亡後兩周年時。杜京產卒於永元元年(499)，其子杜栖兩年後卒，則應卒於中興元年（501)，享年三十六歲，計之應生於劉宋泰始二年（466)。"（《首都師範大學學報》1998 年第 1 期）

建武二年，剡縣有小兒，年八歲，與母俱得赤班病。[1]母死，家人以小兒猶惡，不令其知。小兒疑之，問云："母嘗數問我病，昨來覺聲羸，[2]今不復聞，何謂也?”因自投下床，匍匐至母尸側，頓絶而死。鄉鄰告之縣令宗善才，求表廬，[3]事竟不行。

[1]赤班病：指猩紅熱傳梁病。班，同“斑”。

[2]聲羸：謂聲音細弱。

[3]表廬：旌表廬墓。

陸絳字魏卿，[1]吴郡人也。父閑，[2]字遐業，有風概，與人交，不苟合。少爲同郡張緒所知，[3]仕至揚州别駕。明帝崩，閑謂所親曰：“宫車晏駕，[4]百司將聽於冢宰。[5]主王地重才弱，[6]必不能振，難將至矣。”乃感心疾，不復預州事。刺史始安王遥光反，[7]事敗，閑以綱佐被召至杜姥宅，[8]尚書令徐孝嗣啓閑不預逆謀，未及報，徐世檦令殺之。[9]絳時隨閑，抱閑頸乞代死，遂并見殺。

[1]陸絳：《南史》卷四八《陸慧曉傳》對其有簡略介紹。

[2]閑：陸閑。《南史》卷四八有附傳。

[3]張緒：字思曼。歷仕南朝宋、齊，官至吏部尚書。清高爲世所仰。本書卷三三有傳。

[4]宫車晏駕：宫車，帝王乘坐的車，借指帝王。此句是指帝王駕崩。

[5]冢宰：指宰相。南朝時指尚書令。《周禮·天官·冢宰》：“惟王建國……乃立天官冢宰，使帥其屬而掌邦治，以佐王均邦國。”

[6]主王：中華本校勘記云：“各本並作‘主上’，《南史》亦作‘主上’。按五朝人稱所佐諸王曰主王，諸公曰主公，此主王指

始安王遥光也。”　地重：當時始安王遥光任揚州刺史，陸絳任別駕，爲其主要僚佐。揚州爲京都屏障，故曰“地重”。

[7]刺史始安王遥光反：指永元元年（499）八月，遥光起兵反東昏侯，旋兵敗被殺。詳見本書卷四五《蕭遥光傳》。

[8]綱佐：主要佐官，指陸閑曾仕遥光爲刺史的揚州別駕。杜姥宅：在臺城内，爲朝廷機要之處。

[9]徐世檦：東昏侯寵倖，爲殿内主帥、直閣驍騎將軍，凡諸殺戮，皆世檦所爲。詳見《南史》卷七七《恩倖傳》。“檦”字原訛“摽”，中華本據南監本、局本及《南史》改正。今從改。

史臣曰：澆風一起，人倫毁薄，抑引之教徒聞，[1]珪璋之璞罕就。[2]若令事長移忠，[3]儻非行舉，薑桂辛酸，[4]容遷本質。而旌閭變里，問餼存牢，[5]不過鰥寡齊矜，力田等勸。其於扶獎名教，未爲多也。

[1]抑引之教：指抑制情欲而導之以善的六經之教。三國魏嵇康《難張遼叔〈自然好學論〉》：“六經以抑引爲主，人性以從欲爲歡。”

[2]珪璋之璞：含有美質而未經磨琢的玉石。喻尚未用世的賢才。

[3]移忠：指移孝爲忠。《孝經·廣揚名》：“君子之事親孝，故忠可移於君。”

[4]薑桂：生薑和肉桂，其性辛辣，常用以比喻人的本性不可改變。語出漢劉向《新序·雜事五》：“夫薑桂因地而生，不因地而辛。”

[5]問餼（xì）存牢：以糧、肉等食物慰問撫恤孤貧。餼，糧食。牢，指牛、羊、豕等肉食。

贊曰：孝爲行首，[1]義實因心。白華秉節，[2]寒木齊心。[3]

[1]孝爲行首：《周禮・地官・師氏》："教三行：一曰孝行，以親父母；二曰友行，以尊賢良；三曰順行，以事師長。"

[2]白華：《詩・小雅》逸詩篇名。毛詩序："《白華》，孝子之潔白也。"　秉節：指孝子守節操。

[3]寒木：耐寒不凋的樹木，指松柏。比喻堅貞的節操。

南齊書　卷五六

列傳第三十七

倖臣

紀僧真　劉係宗　茹法亮　呂文顯　呂文度

有天象，[1]必有人事焉。倖臣一星，列于帝座。[2]經禮立教，亦著近臣之服。[3]親倖之義，其來已久。爰自衰周，[4]侯伯專命，桓、文霸主，[5]至于戰國，寵用近習，不乏於時矣。漢文幸鄧通，[6]雖錢遍天下，位止郎中。[7]孝武韓嫣、霍去病，[8]遂至侍中大司馬。迄于魏、晉，世任權重，才位稍爽，[9]而信倖唯均。

[1]天象：指天空日月星辰運行的景象，古人常用以比况人事，占卜吉凶。《易·繫辭上》："天垂象，見吉凶，聖人象之。"

[2]帝座：古星名。屬天市垣。戰國甘德、石申《星經》："帝座一星在市中。"古人將帝座星比作人間帝王，將帝座周圍的星比作倖臣。

[3]服：指服制。古代按親疏等級規定不同的服飾。詳見《周禮·天官書》及本書《輿服志》。

[4]衰周：指東周末春秋時期。

[5]桓、文：指齊桓公、晋文公。代表春秋五霸。

[6]鄧通：蜀郡人，原爲弄船兒，得倖漢文帝，賜蜀嚴道銅山，供其自鑄錢，於是“鄧氏錢”布天下。詳見《史記》卷一二五、《漢書》卷九三《佞幸傳》。

[7]郎中：秦漢郎中令（光禄勛）屬官。分掌車、騎、門户，出入侍從宿衛。因其爲郎，居於内廷，故稱郎中。秩比三百石。見《漢書·百官公卿表》。按，鄧通官上大夫，位比卿相，高於郎中。

[8]韓嫣：字王孫。漢武帝爲膠東王時，嫣受寵，即位後，嫣官至上大夫，賞賜比鄧通。詳見《漢書》卷九三《佞幸傳》。　霍去病：爲漢武帝内戚，又平匈奴有功，官至大司馬。《史記》卷一一一、《漢書》卷五五有傳。

[9]爽：差異、不同。

中書之職，[1]舊掌機務。漢元以令僕用事，[2]魏明以監令專權，[3]及在中朝，[4]猶爲重寄。陳准歸任上司，[5]荀勗恨於失職。[6]《晋令》舍人位居九品，[7]江左置通事郎，管司詔誥。其後郎還爲侍郎，[8]而舍人亦稱通事。元帝用琅邪劉超，[9]以謹慎居職。宋文世，[10]秋當、周糾並出寒門。[11]孝武以來，[12]士庶雜選，如東海鮑照，[13]以才學知名。又用魯郡巢尚之，[14]江夏王義恭以爲非選。[15]帝遣尚書二十餘牒，[16]宣敕論辯，義恭乃歎曰：“人主誠知人。”及明帝世，[17]胡母顥、阮佃夫之徒，[18]專爲佞倖矣。

[1]中書：漢設中書令，掌傳宣詔令，以宦者爲之。三國魏後多用名望之士，設令、監，權任相當於宰相。參見《晋書·職官志》。又《唐六典》卷九："晋氏監、令，並第三品……宋齊置監、令，品秩並同晋氏。"

[2]漢元：指漢元帝劉奭。《漢書》卷九有紀。元帝寵信宦官，以宦者爲中書令、僕，委以政事。

[3]魏明：指魏明帝曹叡。《三國志》卷三有紀。其以中書監與中書令同掌機要。

[4]中朝：指西晋。偏安江左的東晋稱當年建都中原的西晋爲中朝。

[5]陳准：中華本校勘記云："按此即《晋書·庾衮》、《嵇紹傳》之廣陵公陳準也，以避宋順帝諱，故改'準'爲'准'。南監本、毛本、局本作'陳淮'，則因准淮形近而訛。"按，陳準，晋太尉、廣陵公。參見《晋書》卷八八《庾衮傳》、卷八九《嵇紹傳》。

[6]荀勗：字公曾，歷仕魏、晋，晋武帝時任中書監，後遷尚書令。《晋書》卷三九有傳。

[7]舍人：中書省主官。掌呈奏案章。西晋分置通事、舍人兩職，東晋合爲通事舍人一職。　九品：指九卿。《國語·周語中》："内官不過九御，外官不過九品。"韋昭注："九品，九卿。"九卿，古代中央政府的九個高級官職。按，晋代中書舍人官位較高，宋齊中書通事舍人秩七品。參見《文獻通考》卷六六《職官二十》。

[8]侍郎：中書侍郎，爲中書監、令的副職。秩五品。

[9]劉超：字世瑜。初爲縣小吏，以忠清篤慎爲元帝所拔，爲中書舍人，歷仕三帝，恒在機密。《晋書》卷七〇有傳。

[10]宋文：指南朝宋文帝劉義隆。《宋書》卷五有紀。

[11]秋當：亦作"狄當"。歷仕南朝宋、齊，得宋文、齊高帝寵倖，累仕中書舍人。參見《宋書》卷四四《謝晦傳》、卷四六《張邵傳》及本書卷四六《陸慧曉傳》。　周糾：亦作"周赳"。與

秋當同仕中書舍人，得宋文、齊高親倖。

［12］孝武：指南朝宋孝武帝劉駿。《宋書》卷六有紀。

［13］鮑照：東海郡（今江蘇漣水縣）人，宋孝武時任中書舍人。《宋書》卷五一有傳。朱季海《南齊書校議》（以下簡稱朱季海《校議》）云："散騎侍郎虞炎奉教撰《鮑照集序》云：'本上黨人，家世貧賤'，'孝武初除海虞令，遷太學博士，兼中書舍人'。"（中華書局 1984 年版，第 126 頁）

［14］巢尚之：魯郡（今山東曲阜市）人，受寵於宋孝武帝，爲中書通事舍人。詳見《宋書》卷九四《恩倖傳》。

［15］江夏王義恭：宋武帝劉裕之子，宋孝武帝劉駿之叔，進位太傅，權傾一時。《宋書》卷六一有傳。

［16］帝遣尚書二十餘牒：此句《南史》卷七七《恩倖傳序》作"帝遣尚之送尚書四十餘牒"。尚書，執掌的文書。

［17］明帝：指宋明帝劉彧。《宋書》卷八有紀。

［18］胡母顥：宋明帝寵倖，爲中書舍人，"奏無不可，時人語曰：'禾絹閉眼諾，胡母大張橐'。'禾絹'謂上也"。參見《南史》卷三《宋本紀下》。　阮佃夫：出身爲臺小吏，善逢迎，明帝以爲腹心，任中書通事舍人。詳見《宋書》卷九四《恩倖傳》。

齊初亦用久勞，[1]及以親信。關讞表啓，[2]發署詔敕。頗涉辭翰者，亦爲詔文，侍郎之局，復見侵矣。[3]建武世，[4]詔命殆不關中書，[5]專出舍人。省内舍人四人，所直四省，[6]其下有主書令史，[7]舊用武官，宋改文吏，人數無員，莫非左右要密。天下文簿板籍，[8]入副其省，萬機嚴祕，有如尚書外司。領武官，有制局監，[9]領器仗兵役，[10]亦用寒人被恩幸者。[11]今立倖臣篇，以繼前史之末云。

［1］久勞：指久經操作的老手。

［2］關讞表啓：古代四種公文名稱。關，即關文，平行官署之間來往的公文。讞，即讞文，向上司申報的議刑之文。表，即表文，呈奏皇帝的文書。啓，官署來往的信函。

［3］侍郎之局，復見侵矣：此句指本爲中書侍郎權限内的職事，後來被舍人代替了。侍郎，指中書侍郎。局，權限範圍内的事，這裏指掌呈奏案章。

［4］建武：齊明帝年號。

［5］殆：中華本校勘記云："南監本、局本及《南史》作'始'。"

［6］直：原作"置"，中華本據南監本及《南史》改。今從改。四省：指尚書省、中書省、門下省、秘書省。

［7］主書：屬中書省。掌文書。　令史：屬中書省。掌文書檔案。

［8］板籍：指重要文件。朱季海《校議》云："板籍正在尚書省，副入中書省，而令舍人主之。"（第126頁）

［9］制局監：屬尚書外司。掌兵衛器仗的機構。按，《南史》卷七七"監"後有"外監"二字。

［10］領：原作"内"，中華本據各本及《南史》改。今從改。

［11］寒人被恩幸者：指出身平民門第但受皇帝寵信的人。

紀僧真，[1]丹陽建康人也。[2]僧真少隨逐征西將軍蕭思話及子惠開，[3]皆被賞遇。惠開性苛，僧真以微過見罰，既而委任如舊。及罷益州還都，不得志，僧真事之愈謹。惠開臨終歎曰："紀僧真方當富貴，我不見也。"乃以僧真託劉秉、周顒。[4]初，惠開在益州，土反，[5]被圍危急，有道人謂之曰："城圍尋解。檀越貴門後方大興，[6]無憂外賊也。"惠開密謂僧真曰："我子弟見在者並無異才，政是道成耳。”[7]僧真憶其言，乃請事太祖。隨從在淮陰，[8]以閑書題，[9]令荅遠近書疏。自寒官歷至太祖冠軍府參軍、主簿。僧真夢蒿艾生滿江，驚而白之。太祖曰：“詩人採蕭，蕭即艾也。蕭生斷流，[10]卿勿廣言。”其見親如此。

[1]紀僧真：《南史》卷七七亦有傳。

[2]丹陽：郡名。治所原在宛陵縣（今安徽宣城市），孫權移治建鄴縣（今江蘇南京市）。　建康：縣名。即建鄴縣。

[3]蕭思話：南朝宋孝懿皇后之侄，在宋歷居顯職，卒贈征西將軍。《宋書》卷七八、《南史》卷一八有傳。　惠開：思話子，宋明帝時任益州刺史，有吏才。因與朝廷慰勞使意見相左，被罷刺史還都，以不得志郁郁而卒，時年四十九。《宋書》卷八七有傳。

[4]劉秉：字彦節，宋宗室，官至中書令。《宋書》卷五一、《南史》卷一三有傳。　周顒：字彦倫，歷仕南朝宋、齊。官至國子博士、著作郎。本書卷四一、《南史》卷三四有傳。

[5]惠開在益州，土反：指惠開治蜀，多任刑誅，蜀地土人咸懷猜怨，巴東人任叔兒起義反。詳見《宋書》卷八七《蕭惠開傳》。

[6]檀越貴門後方大興：謂您蕭氏門庭以後當大大發達。檀越，佛門稱施主。這裏是道人對蕭惠開的敬稱。

[7]道成：指蕭道成，即後來的齊高帝（太祖），當時仕宋。詳見本書卷一《高帝紀上》。中華本校勘記云：“‘道成’二字原作‘諱’，子顯原文如此。殿本改‘蕭道成’三字，‘蕭’字不應有，今改爲‘道成’二字。”

[8]淮陰：城名。在今江蘇清江市西古泗水旁。宋明帝初，蕭道成以戰功爲假冠軍將軍、持節、都督北討前鋒諸軍事，鎮淮陰。詳見本書卷一《高帝紀上》。

[9]以閑書題：指因僧真書法文章都很嫻熟。

[10]蕭生斷流：流與“劉”諧音，意思是蕭齊要代替劉宋。

元徽初，[1]從太祖頓新亭，[2]拒桂陽賊。[3]蕭惠朗突入東門，[4]僧真與左右共拒戰。賊退，太祖命僧真領親兵，遊邏城中。事寧，除南臺御史、太祖領軍功曹。[5]上將廢立，[6]謀之袁粲、褚淵，[7]僧真啓上曰：“今朝廷猖狂，人不自保，天下之望，不在袁、褚。明公豈得默己，坐受夷滅。存亡之機，仰希熟慮。”太祖納之。

[1]元徽：宋後廢帝（即蒼梧王）年號。

[2]新亭：地名。在今江蘇南京市南，地近長江，依山築城壘，爲軍事要塞。

[3]拒桂陽賊：指元徽二年（474）桂陽王劉休範自潯陽起兵東下，直抵建康，蕭道成守新亭拒敵。詳見本書卷一《高帝紀上》。

[4]蕭惠朗：蕭思話之子，從桂陽王叛。後齊高帝赦之，復加録用。詳見本書卷四六。

[5]南臺御史：御史中丞，因御史臺位於臺城南而得名。掌奏劾不法。秩四品。　領軍：指中領軍，掌禁衛軍内軍。秩三品。蕭道成以平桂陽王之功，遷中領軍，進爵爲公。詳見本書卷一《高帝紀上》。　功曹：功曹從事，中領軍府佐官。主吏及選舉事，位居佐吏之首。秩六品。

[6]上將廢立：指蕭道成密謀廢蒼梧王，改立新君。

[7]袁粲、褚淵：元徽二年（474）平桂陽王之亂後，袁爲尚書令，淵爲侍中，與蕭道成、劉秉四人同時把持朝政，時稱“四貴”。袁傳見《宋書》卷八九、《南史》卷二六，褚傳見本書卷二三、《南史》卷二八。

太祖欲度廣陵起兵,[1]僧真又啓曰:“主上雖復狂釁,[2]虐加萬民，而累世皇基，猶固盤石。今百口北度，何必得俱。縱得廣陵城，天子居深宫施號令，目明公爲逆，何以避此？如其不勝，則應北走胡中,[3]竊謂此非萬全策也。”上曰:“卿顧家，豈能逐我行耶。”僧真頓首稱無貳。[4]昇明元年,[5]除員外郎,[6]帶東武城令。[7]尋除給事中、邵陵王參軍。[8]

[1]太祖欲度廣陵起兵:《通鑑》卷一三四《宋紀十六》“蒼梧王元徽四年”條載，蒼梧王忌猜道成威名，嘗自磨鋋，曰:“明日殺蕭道成。”道成憂懼，或勸其奔廣陵起兵。道成亦暗作起兵計劃，後經心腹隨從勸阻，方未付諸行動。　廣陵：地名。今江蘇揚州市。

[2]主上：指蒼梧王。　狂釁：行爲狂暴。

[3]北走胡中：指投奔北魏。

[4]無貳：表示一心追隨，决無二意。

[5]昇明：宋順帝年號。

[6]員外郎：員外散騎侍郎的省稱。門下省官。掌奏事，直侍左右。秩五品。

[7]帶：兼任。　東武城：當即東府城，一名東城。東晋築，在今江蘇南京市通濟門附近，臨秦淮河，爲京都屏障，置兵鎮守。

[8]給事中：門下省官。直侍左右。秩五品。　邵陵王：名友，字仲賢，宋明帝劉彧第七子。出爲南中郎將、江州刺史。《宋書》卷九〇有傳。

太祖坐東府高樓,[1]望石頭城,[2]僧真在側。上曰:“諸將勸我誅袁、劉,[3]我意不欲便爾。”[4]及沈攸之事起，[5]從太祖入朝堂。石頭反夜，[6]太祖遣衆軍掩討。宮城中望石頭火光及叫聲甚盛，人懷不測。僧真謂衆曰："叫聲不絶，是必官軍所攻。火光起者，賊不容自燒其城，此必官軍勝也。"尋而啓石頭平。上出頓新亭，使僧真領千人在帳内。初，上在領軍府，令僧真學上手迹下名，至是報答書疏，皆付僧真，上觀之，笑曰："我亦不復能别也。"初，上在淮陰治城，得一錫趺大數尺，[7]下有篆文，莫能識者。僧真曰："何須辨此文字，此自久遠之物，九錫之徵也。"[8]太祖曰："卿勿妄言。"及上將拜齊公，[9]已剋日，有楊祖之謀於臨軒作難。[10]僧真更請上選吉辰，尋而祖之事覺。上曰："無卿言，亦當致小狼狽，此亦何異呼沲之冰。"[11]轉齊國中書舍人。

[1]東府：東武（府）城。南朝爲宰相府駐地。

[2]石頭城：城名。在今江蘇南京市西清涼山。本楚威王所置金陵邑，三國吴孫權重築改名，一名石首城、石城。負山面江，形勢險固，宛如虎踞，故有"石頭虎踞"之稱。

[3]袁、劉：指尚書令袁粲與中書令劉秉。時蕭道成爲司空、録尚書事、驃騎大將軍，兼總軍國，而袁、劉二人與道成異心。詳見《通鑑》卷一三四。

[4]我意不欲便爾：謂我不想立即就這樣做（指誅袁、劉）。中華本校勘記云："'爾'原訛'耳'。各本不訛，今改正。"今從改。

[5]沈攸之事：指昇明元年（477）荆州刺史沈攸之因反對蕭道成專權，起兵東下攻入京都，旋被擊敗。詳見《宋書》卷七四。

[6]石頭反：指尚書令袁粲於昇明元年（477）"矯太后令"，

踞石頭城反蕭道成，遣兵“攻道成於朝堂”，旋被擊敗。見《宋書》卷八九《袁粲傳》及《通鑑》卷一三四。

[7]錫趺：錫製的碑刻底座。原作“錫鉄”，中華本校勘記云：“南監本作‘得古錫趺九枚’，《南史》同。毛本、局本作‘得古錫鈇大數尺’，殿本作‘得古錫鐵大數尺’。今按字書無‘鉄’字，亦無‘鈇’字。北監本則作‘鈇’，殿本據北監本刻，殆以‘鈇’爲‘鉄’字之訛，故改爲‘鐵’耳。《御覽》六百九十二《服章部·玦門》引又作‘玦’。案顔師古《匡謬正俗》云：‘蕭子顯《齊書》云：太祖在淮，修理城，得一錫趺，大數尺，趺下有篆文，莫能識者。而顧野王撰《符瑞圖》，據子顯《齊書》，録此一條，錫趺謂錫玦，亦具寫子顯書語，但易趺字爲玦字，乃畫作玦形。案此趺者，謂若筭簴之趺，今之鍾鼓格下並有之耳，故其大數尺而有篆文。安有論玦大小，直云數尺，爲道廣狹，爲麤細乎？又玦之體狀若半環，以何爲上？以何爲下？此之疏謬，不近人情。野王之於子顯，年載近接，非爲遼敻，且又趺之與玦，形用不同，若別據他書，容有異説，蕭氏乖戾，則失不在顧矣。豈書本乎？’據顔氏此説，則《南齊書》唐初寫本，字本作‘趺’。《御覽》繫之玦門，蓋宋初寫本已有據顧野王《符瑞圖》改作玦者。今據南監本、《南史》及顔師古説改正。又案南監本同《南史》作‘九枚’，下云‘九錫之徵也’，《南史》又云‘錫而有九，九錫之徵也’，則作‘九枚’是。”今從改。

[8]九錫：古代帝王賜給諸侯、大臣九種禮物，爲最高禮遇。因以九錫爲帝王的象徵。

[9]及上將拜齊公：指昇明三年（479）三月，詔蕭道成進位相國，總百揆，封十郡，爲齊公，備九錫之禮。詳見本書卷一《高帝紀上》。

[10]楊祖之謀於臨軒作難：指楊祖之計劃在蕭道成封齊公典禮上起事作亂。楊祖之，其事不詳。

[11]呼滹之冰：《南史》卷七七作“滹沱之冰”。形容非常危

險，如走在滹沱河的冰上。滹沱河，河名。出山西繁峙縣東，穿太行山，東流入華北平原，至天津，會北運河入海。

建元初，[1]帶東燕令，[2]封新陽縣男，[3]三百户。轉羽林監，[4]加建威將軍，[5]遷尚書主客郎，[6]太尉中兵參軍，[7]令如故。復以本官兼中書舍人。[8]太祖疾甚，令僧真典遺詔。永明元年，[9]寧喪，[10]起爲建威將軍，尋除南泰山太守，[11]又爲舍人，[12]本官如故。領諸王第事。

[1]建元：齊高帝年號。

[2]東燕：縣名。治所在今河南延津縣東北。

[3]新陽：縣名。治所在今湖北京山市。　男：古代第五等爵位名。新陽爲其食邑。

[4]羽林監：禁衛軍官名。掌宿衛營兵。秩四品。

[5]建威將軍：南朝爲優禮大臣的榮譽加號。秩四品。

[6]尚書主客郎：尚書省屬官。掌主客曹，處理諸藩朝聘事。秩五品。

[7]太尉中兵參軍：指太尉軍府中兵曹參軍。太尉，南朝爲最高榮譽加號之一。《唐六典》卷一引《齊職儀》曰："太尉，品第一，金章、紫綬，進賢三梁冠，絳朝服，佩山玄玉。"中兵曹掌畿内宿衛官兵。

[8]本官：一人同時任兩個以上的官職，其原任官職爲本官。

[9]永明：齊武帝年號。

[10]寧喪：中華本校勘記云："南監本、殿本及《南史》並作'丁父喪'。張元濟校勘記云：按寧喪猶言居父母喪，'予寧三年'見《漢書·哀帝紀》。案《文學·丘巨源傳》亦有'寧喪還家'語。"

[11]南泰山：郡名。南朝宋置，齊因之。地不明，當在今江

蘇境。

[12]舍人：指中書舍人。

僧真容貌言吐，雅有士風。世祖嘗目送之，[1]笑曰："人何必計門户，紀僧真常貴人所不及。"諸權要中，最被眄遇。除越騎校尉，[2]餘官如故。出爲建武將軍，[3]建康令。還除左右郎將，[4]泰山太守。加先驅使。尋除前軍將軍。[5]遭母喪，開冢得五色兩頭蛇。世祖崩，僧真號泣思慕。明帝以僧真歷朝驅使，建武元年，除游擊將軍，[6]兼司農，[7]待之如舊。欲令僧真治郡，僧真啓進其弟僧猛爲鎮蠻護軍、晋熙太守。[8]永泰元年，[9]除司農卿。明帝崩，掌山陵事。出爲廬陵内史，[10]年五十五，卒。

[1]世祖：齊武帝的廟號。本書卷三有紀。

[2]越騎校尉：武官名。禁衛軍五校尉之一，分掌宿衛。秩四品。

[3]建武將軍：與建威將軍性質相同。

[4]左右郎將：左中郎將與右中郎將，禁衛軍官名。分掌宿衛營軍。秩四品。

[5]前軍將軍：禁衛軍官名。分掌宿衛營軍。秩四品。

[6]游擊將軍：禁衛軍官名。分掌宿衛營兵。秩四品。

[7]司農：指司農卿。列卿之一，掌農牧事。秩三品。

[8]鎮蠻護軍：防邊武官之一，主護少數民族。一般兼郡太守。治所在晋熙郡，即今四川綿竹市。按，《南史》卷七七此後云："僧猛後卒於晋熙太守。兄弟皆有風姿舉止，並善隸書。僧猛又能飛白書，作《飛白賦》。"

[9]永泰：齊明帝年號。

[10]廬陵内史：廬陵郡太守（王國屬郡稱内史），郡治在今江西吉安市西。“内史”原作“長史”，中華本校勘記云：“《校勘記》云：‘長史’《南史》作‘内史’，是。今據改。按廬陵郡爲王國，其太守稱内史。”今從改。

宋世道人楊法持，[1]與太祖有舊。元徽末，宣傳密謀。[2]昇明中，以爲僧正。[3]建元初，罷道，[4]爲寧朔將軍，[5]封州陵縣男，[6]三百户。二年，虜圍朐山，[7]遣法持爲軍主，[8]領支軍救援。永明四年，坐役使將客，[9]奪其鮭禀，[10]削封。[11]卒。

[1]楊法持：《南史》卷七七有附傳。

[2]宣傳密謀：指楊法持用迷信説法暗中爲蕭道成改朝换代制造輿論。

[3]僧正：僧官。掌佛教及僧尼庶務，斷僧獄及審覈諸州立寺事宜。

[4]罷道：指還俗。

[5]寧朔將軍：南朝爲優禮大臣的榮譽加號。秩四品。

[6]州陵縣：縣名。治所在今湖北洪湖市東北。

[7]虜：南朝對北朝的貶稱。　朐山：山名。又名覆釜山，在今山東臨朐縣東。

[8]軍主：南朝稱統率一軍者爲軍主，統率一隊者爲隊主，軍主地位較高，征戰時常爲方面統帥。軍，原闕，中華本據各本及《南史》補。今從補。

[9]使將客：不明何官。古有“使主客”，《漢書》卷六八《金日磾傳》：“上召岑，拜爲使主客。”注引服虔曰：“官名，屬鴻臚，主胡客也。”即掌管接待處理少數民族事務。使將客或即使主客。

待考。

[10]鮭（xié）禀：薪俸糧米，泛指俸禄。

[11]削封：削除封爵。

劉係宗,[1]丹陽人也。[2]少便書畫,[3]爲宋竟陵王誕子景粹侍書。[4]誕舉兵廣陵,[5]城内皆死，敕沈慶之赦係宗，以爲東宫侍書。泰始中,[6]爲主書。以寒官累遷至勳品。[7]元徽初，爲奉朝請,[8]兼中書通事舍人，員外郎。封始興南亭侯,[9]食邑三百七十户。帶秣陵令。[10]

[1]劉係宗：《南史》卷七七亦有傳。

[2]丹陽：縣名。治所在今安徽當塗縣東北小丹陽。

[3]少便書畫：謂其自幼即擅長書畫。便，善於，擅長。

[4]竟陵王誕：字休文，宋文帝第六子，曾爲南兖州刺史，駐廣陵。《宋書》卷七九有傳。　侍書：掌書寫的小官。

[5]誕舉兵廣陵：指大明三年（459）竟陵王誕因與宋孝武不睦，孝武命捕誕，誕在廣陵舉兵抗命。車騎大將軍沈慶之奉命破城殺誕，孝武命屠城，唯赦劉係宗。詳見《宋書》卷七九《竟陵王誕傳》。

[6]泰始：宋明帝年號。

[7]勳品：非官秩品位。張旭華《從孝文帝清定流品看北魏官職之清濁》認爲勛品“是自南朝劉宋始建的一種旨在區别寒官流品及其等級的用人制度”。他認爲“勛品的品級稱爲勛位，且有三等”，“三品勛位，這便是由寒人充任的卑官濁職了”。(《九品中正制略論稿》，中州古籍出版社 2004 年版，第 317—318 頁)。閻步克《南朝“勛位”考》反復舉例推翻了上述説法，認爲勛位“很可能就是中正品第”。“自從九品中正制誕生後，士人做官就必須依據中正所給予的品第，王朝也相應地爲諸多官職確定了相應的鄉品資

格……獲得這些品級者多是出於個人勛績，而不像門閥貴族那樣是出於崇高的門第。”（《閻步克自選集》，廣西師範大學出版社 1997 年版，第 101、106 頁）

[8]奉朝請：南朝齊閑散官員多以奉朝請名義安置於集書省。

[9]始興：縣名。治所在今廣東始興縣西北。　南亭：地名。在今浙江温州市附近。

[10]秣陵：縣名。治所在今江蘇南京市。

太祖廢蒼梧，[1]明旦，[2]呼正直舍人虞整，[3]醉不能起，係宗歡喜奉命。太祖曰：“今天地重開，是卿盡力之日。”使寫諸處分敕令及四方書疏。[4]使主書十人書吏二十人配之，[5]事皆稱旨。除羽林監，轉步兵校尉。[6]仍除龍驤將軍，[7]出爲海鹽令。[8]太祖即位，除龍驤將軍、建康令。[9]永明元年，除寧朔將軍，令如故。尋轉右軍將軍、淮陵太守，[10]兼中書通事舍人。母喪自解，起爲寧朔將軍，復本職。

[1]太祖廢蒼梧：指元徽五年（477）七月，蕭道成廢蒼梧王劉昱，立宋順帝。詳見本書卷一《高帝紀上》。

[2]明旦：旦，原作“日”，中華本據各本及《南史》改。今從改。

[3]正直舍人：指正當值夜班的中書通事舍人。　虞整：仕宋，甚閑辭翰。參見《南史》卷二二《王儉傳》。

[4]處分：決定，決策。　敕令：皇帝的詔令。　書疏：泛指文告。

[5]主書十人：原作“七人”，中華本據各本及《南史》《册府元龜》卷五五一改。今從改。

[6]步兵校尉：禁衛軍官名。分掌宿衛步兵。秩四品。

[7]龍驤將軍：南朝爲優禮大臣的榮譽加號。秩四品。

[8]海鹽：縣名。即今浙江海鹽縣。

[9]建康：縣名。治所在今江蘇南京市。

[10]右軍將軍：禁衛軍官名。分掌宿衛營兵。秩四品。　淮陵：郡名。治所在今安徽明光市東北。

四年，白賊唐寓之起，[1]宿衛兵東討，遣係宗隨軍慰勞，遍至遭賊郡縣。百姓被驅逼者，悉無所問，還復民伍。係宗還，上曰："此段有征無戰，以時平蕩，百姓安怗，[2]甚快也。"賜係宗錢帛。上欲脩治白下城，[3]難於動役。係宗啓謫役東民丁隨寓之爲逆者，[4]上從之。後車駕講武，上履行白下城，曰："劉係宗爲國家得此一城。"

[1]白賊唐寓之起：此指浙江富陽民唐寓之以白蓮教聚衆起事。永明四年（486）占錢唐稱帝，國號吴，年號興平，遣將取東陽（今金華市），攻山陰（今紹興市）。朝廷派禁衛軍討平之。詳見《通鑑》卷一三六《齊紀二》"武帝永明四年"條。

[2]安怗（tiē）：安寧，安静。

[3]白下城：在今江蘇南京市金川門外幕府山南麓。北臨大江，爲京都北郊的軍事要地。

[4]謫役：因過責而被遣罰服勞役。　東民丁：此指浙東曾隨唐寓之造反的鄉民。

永明中，虜使書常令係宗題答，[1]祕書書局皆隸之。[2]再爲少府，[3]遷游擊將軍、魯郡太守。[4]鬱林即位，[5]除驍騎將軍，[6]仍除寧朔將軍、宣城太守。[7]係宗久在朝省，閑於職事。明帝曰：[8]“學士不堪治國，[9]唯大讀書耳。一劉係宗足持如此輩五百人。”[10]其重吏事如此。[11]建武二年，卒官，年七十七。

[1]虜使書常令係宗題答：此指北魏使節致國書別人不識，衹有劉係宗知曉，故朝廷常令他翻譯解釋。

[2]祕書書局：《南史》卷七七作“祕書局”。

[3]少府：列卿之一，掌宮中輿服器物。秩三品。

[4]游擊將軍：禁衛軍官。分掌宿衛營兵。秩四品。　魯郡：郡名。治所在今山東曲阜市東古城。

[5]鬱林：指齊鬱林王蕭昭業。本書卷四有紀。

[6]驍騎將軍：禁衛軍官。分掌宿衛營兵。秩四品。

[7]宣城：郡名。治所在今安徽宣城市。

[8]明帝曰：《南史》作“武帝常云”。

[9]學士：《南史》下有“輩”字。

[10]一劉係宗足持如此輩五百人：中華本校勘記云：“文有訛脱。南監本作‘一劉係宗足恃，如此輩數人，於事何用’。《南史》作‘一劉係宗足矣，沈約、王融數百人，於事何用’。‘持’當依南監本改‘恃’，‘五百人’當依《南史》作‘數百人’，‘五百人’下當依南監本、《南史》補‘於事何用’四字，文義乃順。”朱季海《校議》云：“《南史》‘沈約、王融’云云，乃别采他書以改蕭《史》，然益見武帝本當作明帝也。南監本依違《南史》，以改舊文，都自非是。持，直之轉語。直，當也，猶今言抵、言當耳。此當時語，不煩改字。”（第127頁）

[11]其重吏事如此：明帝出身縣令，明審有吏才，重吏事。這裹特别點出“其重吏事如此”，足證朱季海《校議》“益見武帝本當作明帝也”確鑿。參見本書卷六《明帝紀》。

茹法亮，[1]吴興武康人也。[2]宋大明世，[3]出身爲小史，[4]歷齋幹扶。[5]孝武末年，作酒法，鞭罰過度，校獵江右，[6]選白衣左右百八十人，[7]皆面首富室，[8]從至南州，[9]得鞭者過半。法亮憂懼，因緣啓出家得爲道人。[10]明帝初，罷道，結事阮佃夫，[11]用爲兖州刺史孟次陽典籤。[12]累至太祖冠軍府行參軍。[13]元徽初，除殿中將軍，[14]爲晋熙王郢州典籤，[15]除長兼殿中御史。[16]

[1]茹法亮：《南史》卷七七亦有傳，記其履歷甚詳。“茹”原作“如”，誤。

[2]吴興：郡名。治所在今浙江湖州市吴興區。　武康：縣名。治所在今浙江德清縣。

[3]大明：宋孝武帝年號。　世：各本及《南史》均作“中”。朱季海《校議》云：“隋諱‘中’，唐諱‘世’，遂令此文參差。”

[4]小史：中華本校勘記云：“南監本作‘小吏’。”

[5]齋幹：在官僚齋室中執役的僮僕。　扶：中華本校勘記云：“‘扶’下各本有‘侍’字，《南史》同。”扶侍乃公門雜役，攙扶陪侍主人。

[6]江右：指今江西省境。此句指宋孝武帝劉駿到江右打獵。

[7]白衣：古代平民服，代指平民。唐長孺《讀史釋詞》考證云：“‘白衣左右’仍然與‘絳衫左右’相對，表明兵、民之異。如本傳所云‘白衣左右’是由富室有姿容少年充當的，他們不是兵，不隸軍籍，也還没有授官，所以仍然像普通百姓一樣穿白衣。寒門富室爲了避免徭役和謀取入仕，投充皇室和貴族官僚的隨從是進身道路之一。”（《魏晋南北朝史論拾遺》，中華書局 1983 年版，第 259—260 頁）

［8］面首：指做男寵的姣美男子。

［9］南州：東晋、南朝時以姑孰（今安徽當塗縣）爲南州。

［10］道人：指僧人。

［11］結事：巴結奉侍。　阮佃夫：會稽人，仕宋，初爲小吏，因得宋孝武帝及明帝寵信，官至中書通事舍人，加給事中、輔國將軍。《宋書》卷九四、《南史》卷七七有傳。

［12］兖州：南朝宋僑置，治所在今江蘇淮安市淮陰區西。　孟次陽：字崇基，初爲王府參軍，後以戰功出爲兖州刺史，戍淮陰，立北兖州自此始。《宋書》卷九四有附傳。次陽，原訛“吹陽”，中華本校勘記云：“張森楷《校勘記》云：‘吹陽當作次陽，《宋書·阮佃夫》《殷琰傳》可證。’今據改。”今從改。　典籤：王公府及軍府、州府佐吏，管理府内事務。

［13］太祖：指蕭道成，宋明帝時爲冠軍將軍。本書卷一至卷二有紀。

［14］殿中將軍：禁衛軍官名。掌殿中警衛。秩六品。

［15］晋熙王：名昶，字休道，宋文帝劉義隆第九子。初封義陽王，後改封晋熙王。曾出爲都督江州、郢州等諸軍事、前將軍、江州刺史。《宋書》卷七二有傳。

［16］殿中御史：侍御史，御史臺官。掌奏劾不法。秩六品。

世祖鎮盆城，[1]須舊驅使人，法亮求留爲上江州典籤，除南臺御史，帶松滋令。[2]法亮便辟解事，[3]善於承奉，稍見委信。從還石頭。[4]建元初，度東宫主書。[5]除奉朝請，補東宫通事舍人。世祖即位，仍爲中書通事舍人。除員外郎，帶南濟陰太守。[6]永明元年，除龍驤將軍。明年，詔曰：“茹法亮近在盆城，頻使銜命，内宣朝旨，外慰三軍。義勇齊奮，人百其氣。[7]險阻艱難，心力俱盡。宜沾茅土，[8]以甄忠績。”封望蔡縣男，[9]食邑三百户。轉給事中，羽林監。七年，除臨淮太守，[10]轉竟陵王司徒中兵參軍。[11]

[1]世祖：這裏指齊武帝蕭賾，爲高祖蕭道成長子。宋末曾都督江州、豫州諸軍事、征虜將軍、江州刺史。詳見本書卷三《武帝紀》。　盆城：湓城，今江西九江市，當時爲江州治所。

[2]帶：兼領。　松滋：縣名。治所在今安徽霍邱縣東。

[3]便（pián）辟（pì）：諂媚逢迎。

[4]從還石頭：此指昇明二年（478）蕭賾領石頭戍軍事，尋又加持節、督京畿諸軍事。茹法亮隨從蕭頤至石頭戍。

[5]度東宫主書：此指齊高帝代宋即位後，立蕭賾爲太子，居東宫，茹法亮也隨之在東宫任職。度，改，遷。主書，主持文書之官。

[6]南濟陰：郡名。治所在今安徽宿州市符離鎮。按，《南史》卷七七此後云：“與會稽吕文度、臨海吕文顯並以奸佞諂事武帝。文度爲外監，專制兵權，領軍將軍守虛位而已。天文寺常以上將星占文度吉凶。文度尤見委信，上嘗云：‘公卿中有憂國如文度者，復何憂天下不寧。’文度既見委用，大納財賄，廣開宅宇，盛起土山，奇禽怪樹，皆聚其中；後房羅綺，王侯不能及……法亮、文度並勢傾天下，太尉王儉常謂人曰：‘我雖有大位，權寄豈及茹公。’”

[7]人百其氣：一人出的氣力頂一百人。贊揚其勞苦功高。

[8]沾茅土：指受封贈。茅土，古天子分封王位時，用代表方位的五色土築壇，按封地所在方向取一色土，包以白茅草而授之，作爲受封者得以有國建社的表徵。

[9]望蔡：縣名。治所在今江西上高縣。

[10]臨淮：郡名。治徐縣，在今江蘇泗洪縣東南。

[11]竟陵王：名子良，字雲英，齊武帝蕭賾次子。永明五年

(487)，正位司徒。本書卷四〇有傳。　中兵參軍：司徒府佐吏。掌理中兵曹。

巴東王子響於荆州殺僚佐，[1]上遣軍西上，使法亮宣旨慰勞，安撫子響。法亮至江津，[2]子響呼法亮，法亮疑畏不肯往。又求見傳詔，法亮又不遣。故子響怒，遣兵破尹略軍。事平，法亮至江陵，[3]刑賞處分，皆稱敕斷決。軍還，上悔誅子響，[4]法亮被責。少時，親任如舊。[5]

[1]巴東王子響：字雲音，齊武帝第四子。初爲江州刺史，遷荆州刺史。好武，私聚兵仗，殺戮告密的長史劉寅等人。武帝怒，遣游擊將軍尹略、中書舍人茹法亮領兵追查，又遭抗拒，並殺死尹略。朝廷再次派兵始討平，子響被賜死。詳見本書卷四〇《魚復侯子響傳》。

[2]江津：指江津戍，一名奉城。在今湖北荆州市沙市區東南。

[3]江陵：郡名。治所在今湖北荆州市。

[4]上悔誅子響：指武帝得巴東王子響遺書，陳述其並無反意，乃爲茹法亮等所逼遂至攻戰。武帝後悔殺子響，並責法亮。

[5]親任如舊：《南史》卷七七此後云："廣開宅宇，杉齋光麗，與延昌殿相埒。延昌殿，武帝中齋也，宅後爲魚池釣臺，土山樓館，長廊將一里，竹林花藥之美，公家苑囿所不能及。"

鬱林即位，[1]除步兵校尉。延興元年，爲前軍將軍。[2]延昌殿爲世祖陰室，[3]藏諸御服。二少帝並居西殿，[4]高宗即位住東齋，開陰室出世祖白紗帽防身刀，[5]法亮歔欷流涕。除游擊將軍。高武舊人鮮有存者，[6]法亮以主署文事，故不見疑，位任如故。永泰元年，[7]王敬則事平，[8]法亮復受敕宣慰。出法亮爲大司農，[9]中書勢利之職，法亮不樂去，固辭不受，既而代人已至，[10]法亮垂涕而出。年六十四，卒官。

[1]鬱林：名昭業，字元尚，齊文惠太子長子，立爲皇太孫。武帝駕崩，文惠早死，昭業繼位，改元隆昌（494）。當年即被明帝蕭鸞廢殺，另立其弟海陵王昭文，改元延興。尋又廢除自立。詳見本書卷四《鬱林王紀》。

[2]前軍將軍：禁衛軍官名。分掌宿衛營兵。秩四品。

[3]陰室：指武帝死後，以延昌殿供奉武帝靈位。

[4]二少帝：指鬱林王與海陵王。

[5]白紗帽：清趙翼《廿二史劄記》卷一二云："後廢帝昱無道，蕭道成使王敬則結帝左右陳奉伯等弒之。明旦，召大臣會議，敬則遽呼虎賁鈒戟羽儀，手自取白紗帽加道成首，令道成即位……是古來人君即位，例著白紗帽。蓋本太子由喪次即位之制，故事相沿，遂以白紗帽爲登極之服也。"

[6]高武舊人鮮有存者：指明帝即位後，高帝、武帝時舊臣多被撤換。"高武"原訛"建武"，中華本校勘記云："張森楷《校勘記》云：'時建武年，而曰建武舊人，疑當作高武。'按《南史》正作'高武'，今據改。"今從改。

[7]永泰：齊明帝年號，亦即建武五年（498）。

[8]王敬則事平：指會稽太守王敬則，因受明帝猜忌，起兵謀反，尋被平。詳見本書卷二六《王敬則傳》。

[9]大司農：列卿之一，掌農牧。秩三品。按，《南史》此句前有"東昏即位"語。

[10]已至：至，原作"致"，中華本據各本改。今從改。《南史》作"到"。

呂文顯，[1]臨海人也。[2]初爲宋孝武齋幹直長。[3]昇明初，爲太祖録尚書省事，[4]累位至殿中侍御史，[5]羽林監，帶蘭陵丞、令，[6]龍驤將軍，秣陵令。[7]封劉陽縣男。[8]永明元年，除寧朔將軍，中書通事舍人，本官如故。

[1]呂文顯：《南史》卷七七亦有傳，言其受寵權重事甚詳。

[2]臨海：郡名。治所在今浙江臨海市。

[3]齋幹直長：南朝宋所置的小吏，執役僮僕的領班。

[4]爲太祖録尚書省事：録尚書省事，亦簡稱"録尚書"，總理尚書省政務。宋順帝昇明初，蕭道成輔政，爲録尚書。按，"爲太祖"應作"太祖爲"，文意方通。

[5]殿中侍御史：簡稱侍御史。御史臺三官之一，掌監察不法。秩六品。

[6]蘭陵：縣名。東晉僑置，治所在今江蘇常州市武進區西北萬綏鎮。

[7]秣陵：縣名。治所在今南京市江寧區秣陵鎮。

[8]劉陽：縣名。即瀏陽縣，治所在今湖南瀏陽市東北官渡。

文顯治事以刻覈被知。[1]三年，帶南清河太守。[2]與茹法亮等迭出入爲舍人，並見親倖。四方餉遺，歲各數百萬，並造大宅，聚山開池。[3]五年，爲建康令，轉長水校尉，[4]歷帶南泰山、南譙太守，[5]尋爲司徒中兵參軍，淮南太守，[6]直舍人省。[7]累遷左中郎將，[8]南東莞太守，[9]右軍將軍。高宗輔政，[10]以文顯守少府，見任使。歷建武、永元之世，[11]尚書右丞，[12]少府卿。卒。

[1]刻覈：果斷，利索。

[2]南清河：郡名。治所不詳。參見本書《州郡志上》。

[3]聚山開池：《南史》卷七七此句後云："時中書舍人四人各住一省，世謂之四户。既總重權，勢傾天下。晋、宋舊制，宰人之官，以六年爲限，近世以六年過久，又以三周爲期，謂之小滿。而遷换去來，又不依三周之制，送故迎新，吏人疲於道路。四方守宰餉遺，一年咸數百萬。舍人茹法亮於衆中語人曰：'何須覓外禄，此一户内年辦百萬。'蓋約言之也。其後玄象失度，史官奏宜修祈禳之禮。王儉聞之，謂上曰：'天文乖忤，此禍由四户。'仍奏文顯等專擅愆和，極言其事，上雖納之而不能改也。"

[4]長水校尉：禁衛軍四校尉之一，分掌宿衛營兵。秩四品。

[5]南泰山：郡名。治所不詳。參見本書《州郡志上》。　南譙：郡名。治所在今安徽巢湖市東南。

[6]淮南：郡名。東晋僑置，治所在丹陽郡于湖縣，即今安徽當塗縣。

[7]舍人省：指中書省。

[8]左中郎將：四中郎將之一。南朝爲優禮大臣的榮譽加號。

[9]南東莞：郡名。治所不詳。參見本書《州郡志上》。

[10]高宗輔政：指隆昌、延興元年（494）齊明帝蕭鸞輔鬱林王和海陵王爲帝。

[11]永元：齊東昏侯年號。

[12]尚書右丞：尚書省官。與左丞同佐尚書令綜理政務。秩五品。

吕文度，[1]會稽人。宋世爲細作金銀庫吏，[2]竹局匠。[3]元徽中，爲射雉典事，[4]隨監莫脩宗上郢。[5]世祖鎮盆城拒沈攸之，[6]文度仍留伏事，知軍隊雜役，以此見親。從還都，爲石頭城監，仍度東宫。世祖即位，爲制局監，位至員外郎，帶南濮陽太守。[7]殿内軍隊及發遣外鎮人，悉關之，甚有要勢。故世傳越州嘗缺，[8]上覔一直事人往越州，文度啓其所知費延宗合旨，上即以爲刺史。永明中，敕親近不得輒有申薦，[9]人士免官，寒人鞭一百。

[1]吕文度：《南史》卷七七有附傳。

[2]細作金銀庫：官庫名。屬度支尚書金部曹，掌金銀製作與收藏。

[3]竹局匠：掌管竹器場。匠，雜任職名。

[4]射雉：射獵野鷄。古代的一種田獵活動。　典事：指掌管射雉之事。

[5]監：廷尉的屬官。　莫脩宗：人名。履歷不詳。　郢：地名。在今湖北荆州市。

[6]世祖鎮盆城拒沈攸之：指宋元徽五年（477）荆州刺史沈攸之起兵反蕭道成擅權，道成子蕭賾（即後來的齊武帝，廟號世祖）領兵據盆城爲戰守之備。詳見本書卷三《武帝紀》。

[7]南濮陽：郡名。屬徐州，治所在今山東鄄城縣。見本書《州郡志上》。

[8]越州：州名。治所在今廣西合浦縣東北。這裏借指越州刺史職位。

[9]申薦：指申報薦舉爲官。

上性尊嚴，吕文顯嘗在殿側咳聲高，上使茹法亮訓詰之，以爲不敬，故左右畏威承意，非所隸莫敢有言也。時茹法亮掌雜驅使簿，[1]及宣通密敕；吕文顯掌穀帛事；其餘舍人無别任。虎賁中郎將潘敞掌監功作。[2]上使造禪靈寺新成，車駕臨視，甚悦。敞喜，要吕文顯私登寺南門樓，上知之，繫敞上方，[3]而出文顯爲南譙郡，久之乃復。

[1]雜驅使簿：指宫中各種雜役人員的任用委派。

[2]虎賁中郎將：禁衛軍官名。掌宿衛營兵。秩五品。　監功作：指監督工程建造。

[3]上方：尚方，屬少府。手工業機構，製造各種金銀器物及日用器物。多以犯罪人充勞役。

濟陽江瞿曇、吴興沈徽孚等，以士流舍人通事而已，[1]無權利。徽孚粗有筆札。建武中文詔，多其辭也。官至黄門郎。[2]

[1]舍人通事：指在中書通事舍人屬下辦理具體事務的屬官。

[2]黄門郎：給事黄門侍郎的省稱。門下省屬官。掌奏事，直侍左右。秩五品。

史臣曰：中世已來，[1]宰御天下，萬機碎密，[2]不關外司。[3]尚書八座五曹，[4]各有恒任，係以九卿六府，[5]事存副職。咸皆冠冕搢紳，任疏人貴，伏奏之務既寢，[6]趨走之勞亦息。[7]關宣所寄，[8]屬當有歸，[9]通驛内外，[10]切自音旨。若夫環纓斂笏，[11]俯仰晨昏，[12]瞻幄座而竦躬，[13]陪蘭檻而高眄，[14]探求恩色，習覩威顔，遷蘭變鮑，[15]久而彌信，因城社之固，[16]執開壅之機。[17]長主君世，振裘持領，[18]賞罰事殷，能不踰漏，[19]宫省咳唾，[20]義必先知。故能窺盈縮於望景，[21]獲驪珠於龍睡。[22]坐歸聲勢，卧震都鄙。[23]賄賂日積，苞苴歲通，[24]富擬公侯，威行州郡。制局小司，專典兵力，雲陛天居，亘設蘭錡，[25]羽林精卒，重屯廣衛。至于元戎啓轍，[26]式候還麾，遮迾清道，[27]神行案轡，督察來往，馳鶩輦轂，[28]驅役分部，親承几案，[29]領護所攝，示總成規。若徵兵動衆，大興民役，行留之儀，請託在手，斷割牢稟，[30]賣弄文符，捕叛追亡，長戍遠謫，軍有千齡之壽，室無百年之鬼，害政傷民，於此爲蠹。况乎主幼時昏，其爲讒慝，亦何可勝紀也！

[1]中世：《南史》卷七七作“自宋中世”。

[2]萬機碎密：指朝省政務分工過細。

[3]外司：指地方機構。

[4]八座五曹：南朝以五曹尚書、左右僕射及尚書令爲八座。五曹，指尚書省下屬分職治事的五個官署。《後漢書》卷四八《應劭傳》：“輒撰具……《五曹詔書》。”李賢注：“成帝初置尚書員五人。《漢舊儀》有常侍曹、二千石曹、户曹、主客曹、三公曹也。”按，南朝實領二十曹，故云“碎密”。

[5]九卿：古代中央政府的九個高級官職。歷代略有不同，南朝時九卿指太常、光禄勛、衛尉、廷尉、大司農、少府、將作大匠、太僕、大鴻臚。　六府：指司土、司木、司水、司草、司器、司貨六種税官的總稱。見《禮記·典禮下》。一説六府爲吏、户、禮、兵、刑、工六官府的通稱。

[6]伏奏：指古代忠梗之臣，伏陛奏事，犯顔直諫。　寢：止息。

[7]趨走：古禮。小步疾行，以示莊敬。《論語·鄉黨》："趨進，翼如也。"邢昺疏："謂疾趨而進，張拱端好，爲鳥之張翼也。"

[8]關宣：指朝廷詔令和官府文告。

[9]屬當有歸：《南史》卷七七作"事有所歸"。

[10]通驛：四通八達的驛站，泛指全國各地。

[11]環纓：形容朝會時百官環繞。纓，繫官冕的帶子，代指百官。　斂笏：執笏（手版）。古代朝會百官執笏以示恭敬。

[12]俯仰晨昏：形容百官終日侍奉君王，一舉一動順從君王意旨。

[13]幄座：帝王所居的華麗的帷帳。　竦躬：形容臣下竦身而立，小心翼翼。

[14]陪：原訛"位"，中華本據各本及《南史》卷七七改。今從改。　蘭檻：皇宫掖庭的美稱。

[15]遷蘭變鮑：比喻變香爲臭，變善爲惡。語出《孔子家語·六本》："與善人居，如入芝蘭之室，久而不聞其香，即與之化矣；與不善人居，如入鮑魚之肆，久而不聞其臭，亦與之化矣。"

[16]城社之固：形容倖臣取得皇帝寵信，靠山牢固。

[17]開塞之機：指執掌生死大權。

[18]振裘持領：拎起衣領，裘衣毛自然理順。比喻抓住事物關鍵，事情自然好辦。

[19]漏：古代計時的滴水漏器。此句言朝廷賞罰之事，倖臣最先得知。

[20]宫省咳唾：指六宫及各臺省的一舉一動。

[21]盈縮：指朝廷的盛衰、强弱、利弊等。

[22]獲驪珠於龍睡：傳説古代有人入水得到千金之珠，他對兒子説："這種珠生在九重深淵的驪龍頷下，一定要趁驪龍睡着時摘下，如果龍醒時，人就没命了。"事見《莊子·列禦寇》。這裏用以比喻倖臣善於抓住時機從君王處得到好處。

[23]坐歸聲勢，卧震都鄙：形容倖臣聲勢逼人，坐卧皆可震動

大小官員。

［24］苞苴：古代饋贈魚肉用葦或茅編織成包裹裝置。這裏泛指饋贈禮品。

［25］蘭錡：指顯赫的門第。此句形容倖臣在皇宫内設有住宅。

［26］元戎啓轍：指帝王出行。

［27］遮迾清道：形容出行時列隊遮攔，清除道路閑雜之人，以保安全。

［28］馳騖輦轂：形容倖臣競相奔走於帝王的車駕之下。

［29］親承几案：謂承皇上意旨，處理文牘。因倖臣多任中書之職。

［30］斷割牢禀：謂留截糧餉。語出《後漢書》卷八七《西羌傳》："諸將多斷盜牢禀，私自潤入。"

贊曰：恩澤而侯，親倖爲舊。便煩左右，既貴且富。

南齊書　卷五七

列傳第三十八

魏虜

魏虜，[1]匈奴種也，姓托跋氏。[2]晋永嘉六年，[3]并州刺史劉琨爲屠各胡劉聰所攻，[4]索頭猗盧遣子曰利孫將兵救琨於太原，[5]猗盧入居代郡，[6]亦謂鮮卑。被髪左衽，故呼爲索頭。

[1]魏虜：南朝對北魏的蔑稱。

[2]托跋：相傳爲黄帝的後裔。《魏書》卷一《序紀》："昔黄帝有子二十五人，或内列諸華，或外分荒服，昌意少子，受封北土，國有大鮮卑山，因以爲號。其後，世爲君長，統幽都之北，廣漠之野，畜牧遷徙，射獵爲業，淳樸爲俗，簡易爲化……黄帝以土德王，北俗謂'土'爲'托'，謂'后'爲'跋'，故以爲氏。"《宋書》卷九五《索虜傳》："索頭虜姓託跋氏，其先漢將李陵後也。陵降匈奴，有數百千種，各立名號，索頭其一也。"《吕思勉讀史札記》丙帙《魏晋南北朝·論魏史之誣》："案《齊書·魏虜傳》云：'……初，匈奴女名托跋，妻李陵，胡俗以母名爲姓，故虜爲李陵

之後。'……其實二者皆非其真。《晉書·秃髮氏載記》謂其先與後魏同出。烏孤七世祖壽闐在孕，其母因寢産於被中，鮮卑謂被爲秃髮，因而氏焉。秃髮氏之亡，其主傉檀之子破羌奔魏，魏賜之氏曰源，名曰賀。《魏書·賀傳》載世祖謂賀曰：'卿與朕源同，因事分姓，今可爲源氏。'足見《晉書》'與後魏同出'之説之確。'秃髮''托跋'，同音異譯，顯而易見。《載記》所述之説，雖不敢謂其必真，要較后土及母名之説爲可信。"（上海古籍出版社 1982 年版，第 931—932 頁）

[3]永嘉：晉懷帝年號。

[4]并州：州名。治所在今山西太原市西南。　劉琨：字越石，中山魏昌（在今河北定州市）人。永嘉元年（307），爲并州刺史，加振武將軍，領匈奴中郎將，長期守并州。後胡人（即匈奴人）劉聰破太原，劉琨父母均遇害。詳見《晉書》卷六二《劉琨傳》。　屠各：匈奴部落名。後漢至晉雜居西北沿邊諸郡。屠各最豪貴，故得爲單于，統領其他匈奴部落。當時首領爲劉聰。詳見《晉書》卷九七《四夷傳》。

[5]索頭：匈奴的另一部落，因其長髮披自頭頂，故名。　猗盧：索頭首領，與并州刺史劉琨友好相處。琨敗於劉聰，求救於盧，盧遣其子利孫領兵援救，收復太原。詳見《魏書》卷一《序紀》。宋袁樞《通鑑紀事本末》卷一六《拓跋興魏》謂，晉懷帝（永）嘉五年（311），"劉琨遣子遵請兵於代公猗盧，猗盧遣其子六脩（即利孫）將兵助琨，戍新興。六年，漢靳冲等攻劉琨於晉陽（今山西太原市），猗盧遣兵救琨，擊走之。劉粲等復攻晉陽，拔之。猗盧自將破粲等，琨復入晉陽"。

[6]代郡：郡名。治所在今山西大同市東北古城。

猗盧孫什翼犍，字鬱律旃，後還陰山爲單于，[1]領匈奴諸部。太元元年，[2]苻堅遣僞并州刺史苻洛伐犍，[3]

破龍庭,[4]禽犍還長安,[5]爲立宅，教犍書學。分其部黨君雲中等四郡,[6]諸部主帥歲終入朝，并得見犍，差稅諸部以給之。

[1]陰山：指今内蒙古陰山山脈一帶。《通鑑紀事本末》卷一六云："初，代王猗盧既卒，國多内難，部落離散，拓跋氏寖衰。及什翼犍立，雄勇有智略，能修祖業，國人附之……政事清簡，無繫訊連逮之煩，百姓安之。於是東自濊貊，西及破落那，南距陰山，北盡沙漠，率皆歸服，有衆數十萬人。"

[2]太元：東晋孝武帝年號。原作"泰元"，中華本據《晋書》卷九《孝武帝紀》改。今從改。

[3]苻堅：字永固，東晋時前秦君主，爲十六國中最强者。《晋書》卷一一三《苻堅載記上》："堅既平凉州，又遣其安北將軍、幽州刺史苻洛爲北討大都督，率幽州兵十萬討代王涉翼犍。又遣後將軍俱難與鄧羌等率步騎二十萬東出和龍，西出上郡，與洛會於涉翼犍庭。翼犍戰敗，遁於弱水。苻洛逐之，勢窘迫，退還陰山。其子翼圭縛父請降……堅以翼犍荒俗，未參仁義，令入太學習禮。以翼圭執父不孝，遷之於蜀。散其部落於漢鄣邊故地，立尉、監行事，官僚領押，課之治業營生，三五取丁，優復三年無稅租。其渠帥歲終令朝獻，出入行來爲之制限。"　苻洛：中華再造善本作"苻落"。

[4]龍庭：匈奴單于祭天地鬼神之所。借指匈奴政權中心所在地。

[5]還長安：當時長安爲前秦政權中心所在地。

[6]雲中：古郡名。戰國趙置，治所在今内蒙古托克托縣東北。

堅敗,[1]子珪,[2]字涉圭，隨舅慕容垂據中山,[3]還領其部，後稍彊盛。隆安元年,[4]珪破慕容寶於中山,[5]

遂有并州，僭稱魏，[6]年號天興。[7]追謚犍烈祖文平皇帝。[8]珪死，謚道武皇帝，子木末立，[9]年號泰常，[10]死，謚明元皇帝。子燾字佛狸代立，[11]年號太平真君。[12]宋元嘉中，[13]僞太子晃與大臣崔氏、寇氏不睦，崔、寇譖之。玄高道人有道術，晃使祈福七日七夜，佛狸夢其祖父並怒，手刃向之曰："汝何故信讒欲害太子！"佛狸驚覺，下僞詔曰："王者大業，纂承爲重，儲宮嗣紹，百王舊例。自今已往，事無巨細，必經太子，然後上聞。"晃後謀殺佛狸見殺。[14]燾死，謚太武皇帝。立晃子濬，[15]字烏雷直勤，年號和平。[16]追謚晃景穆皇帝。濬死，謚文成皇帝。子弘字萬民立，[17]年號天安。[18]景和九年，僞太子宏生，[19]改年爲皇興。[20]

[1]堅敗：指太元八年（383）苻堅大舉攻晋，與謝玄等戰於淝水，結果遭到慘敗。詳見《晋書》卷一一三《苻堅載記上》。

[2]子珪：指什翼犍之子拓跋珪。

[3]慕容垂：字道明，東晋十六國前燕慕容皝之第五子。因家族不睦，投奔前秦苻堅，爲冠軍將軍。苻堅敗，垂叛秦，於太元十一年（386）稱帝於中山（今河北定州市），是爲後燕。詳見《晋書》卷一二三《慕容垂載記》。按，拓跋珪倚慕容垂，得還舊領地，復爲代王。

[4]隆安：晋安帝年號。

[5]慕容寶：字道祐，慕容垂第四子。垂死寶嗣皇位。隆安元年（397）被拓跋珪戰敗，南奔蘭汗，爲汗所殺。詳見《晋書》卷一二四《慕容寶載記》。

[6]僭稱魏：指隆安二年（398）六月，拓跋珪定國號爲"魏"。七月，遷都平城（今山西大同市）；十二月即皇帝位，改元

天興。詳見《魏書》卷二《太祖紀》。

［7］天興：原作“天瑞”，中華本據南監本、局本改爲“天賜”。並云：“按魏道武紀年有登國、皇始、天興、天賜，無‘天瑞’。”今按，“天賜”年號乃在晋安帝元興三年（404）改。此指隆安二年（398）六月稱魏改元，故應作“天興”。

［8］追謚犍烈祖文平皇帝：朱季海《南齊書校議》（以下簡稱朱季海《校議》）云：“吾友王元崇曰：‘按烈祖，拓跋珪之廟號。平文皇帝，什翼犍父鬱律之謚。拓跋珪稱帝後，追謚什翼犍爲昭成皇帝，廟號高祖。此蕭子顯原書之訛。’”（中華書局1984年版，第127頁）

［9］木末：太宗拓跋嗣，太祖拓跋珪長子。詳見《魏書》卷三《太宗紀》。

［10］泰常：北魏太宗年號。按，原作“太常”，據《魏書》卷三《太宗紀》改。今從改。又按，拓跋嗣卒於泰常八年（423）。

［11］燾：世祖拓跋燾，小字佛狸，拓跋嗣長子。詳見《魏書》卷四《世祖紀》。

［12］太平真君：北魏世祖年號。

［13］元嘉：南朝宋文帝年號。

［14］晃後謀殺佛狸見殺：《宋書》卷九五《索虜傳》謂：魏太平真君十二年（451），拓跋燾領兵攻宋，太子晃“私遣取諸營，鹵獲甚衆。燾歸聞知，大加搜檢。晃懼，謀殺燾。燾乃詐死，使其近習召晃迎喪，於道執之，及國，罩以鐵籠，尋殺之”。清趙翼《廿二史劄記》卷九《齊書書法用意處》：“《魏虜傳》謂魏太子晃以謀殺太武，遂見殺，此蓋仍《宋書》之誤。”按，《世祖紀下》附有拓跋晃紀，謂其五歲時立爲皇太子，聰慧過人，好讀經史。及長，所言軍國大事，多見納用，“遂知萬機”“克荷基構”。年二十四薨於東宮。高宗拓跋濬即位，追尊其爲景穆皇帝，廟號恭宗。

［15］濬：高宗拓跋濬，拓跋燾長孫。詳見《魏書》卷五《高祖紀》。

［16］和平：北魏高宗年號。

［17］弘：顯祖拓跋弘，拓跋濬長子。詳見《魏書》卷六《顯祖紀》。中華本校勘記云："'弘'原作'引'，因宋人刻字避諱闕筆而訛，今據殿本、局本改正。"今從改。

［18］天安：北魏顯祖年號。

［19］景和九年，僞太子宏生：太子拓跋宏生於天安二年（467）即皇興元年，此處云"景和九年"，北魏無"景和"年號。南朝宋前廢帝曾改元景和（465），僅一年，此時拓跋宏尚未出生。"景和九年"云云，顯係訛誤。

［20］改年爲皇興：高敏《〈南齊書·魏虜傳〉書後》云："這段記載中的'晃後謀殺佛狸見殺'一句，同《宋書·索虜傳》所載一致，表明拓跋晃確有謀殺其父拓跋燾的圖謀，也確因此而遭到拓跋燾的殺害，故暴露出魏收《魏書·世祖紀附恭帝紀》所載確有曲意隱諱其醜聞的用心。"又云："除此之外，還較《宋書·索虜傳》增加了幾點新內容：一是拓跋晃同其父拓跋燾的矛盾，在其監國之前就早已開始，而且很可能同父子之間在滅佛與崇佛問題上的分歧有關，並非單純由於拔跋晃懼怕'搜檢'所引起。二是拓跋晃同崔浩、寇謙之有矛盾，這顯然是宗教信仰方面的不同造成的。這也許同崔浩之死有某種聯繫……三是拓跋燾對太子拓跋晃有一個由不信任到信任和又由信任到不信任並殺害之的變化過程。所有這些，都是從《魏書》中所無法得到的訊息，故可補《魏書》之缺。"（《魏晋南北朝史發微》，中華書局 2005 年版，第 278 頁）

什翼珪始都平城，[1]猶逐水草，無城郭，木末始土著居處。佛狸破梁州、黄龍，[2]徙其居民，大築郭邑。截平城西爲宫城，四角起樓，女墻，門不施屋，城又無塹。南門外立二土門，内立廟，[3]開四門，各隨方色，[4]凡五廟，一世一間，[5]瓦屋。其西立太社。[6]佛狸所居雲母等三殿，又立重屋，[7]居其上。飲食厨名“阿真厨”，在西，皇后可孫恒出此厨求食。初，姚興以塞外虜赫連勃勃爲安北將軍，[8]領五部胡，[9]屯大城，[10]姚泓敗後，[11]入長安。佛狸攻破勃勃子昌，[12]娶勃勃女爲皇后。義熙中，[13]仇池公楊盛表云“索虜勃勃，匈奴正胤”是也。[14]可孫昔妾媵之。殿西鎧仗庫屋四十餘間，殿北絲綿布絹庫土屋一十餘間。僞太子宫在城東，亦開四門，瓦屋，四角起樓。妃妾住皆土屋。婢使千餘人，織綾錦販賣，酤酒，養豬羊，牧牛馬，種菜逐利。太官八十餘窖，[15]窖四千斛，半穀半米。又有懸食瓦屋數十間，[16]置懸食尚方作鐵及木。[17]其袍衣，使宫内婢爲之。[18]僞太子别有倉庫。

[1]平城：縣名。治所在今山西大同市東北古城。

[2]佛狸破梁州、黄龍：《嚴耕望史學論文集·正史脱譌小記》：“按梁州指北凉沮渠氏，黄龍指北燕馮氏。此‘梁’當作‘凉’，中古史書往往有此音誤。”（上海古籍出版社2009年版，第1189頁）凉州，西漢置，治所原在隴縣（今甘肅張家川回族自治縣），三國魏移治姑臧縣（今甘肅武威市）。黄龍，一名龍城、龍都，在今遼寧朝陽市。北魏太延二年（436）五月，世祖拓跋燾攻克此城，滅燕。詳見《通鑑》卷一二三《宋紀五》“文帝元嘉十三年”條。

[3]廟：指宗廟，供奉和祭祀祖宗亡靈之所。

[4]方色：五行家將東南西北中與青赤白黑黄五色相配，一方一色，稱方色。

[5]一世一間：指五世祖先的靈牌各占一間。古人以五世爲一宗。按，此五世當指太祖道武帝拓跋珪、太宗明元帝拓跋嗣、世祖

太武帝拓跋燾、高宗文成帝拓跋濬、顯祖獻文帝拓跋弘。

［6］太社：古代天子爲群姓祈福、報功而設立的祭祀土神、穀神的場所。參見漢班固《白虎通·社稷》。

［7］重屋：指樓房。

［8］姚興：東晋十六國後秦國君姚萇之子，嗣立後，攻敗前秦、西秦，滅後凉，兵勢一度甚强。《晋書》卷一一七、卷一二八、《魏書》卷九五、《北史》卷九三有傳。　赫連勃勃：匈奴族部落主，後爲魏戰敗，投奔姚興，興拜爲安北將軍，鎮朔方，尋即叛姚自立。《晋書》卷一三〇、《魏書》卷九五、《北史》卷九三有傳。

［9］胡：中國古代對北方少數民族的稱呼。

［10］大城：地名。在今内蒙古杭錦旗東南。

［11］姚泓：姚興長子，守長安，爲赫連勃勃戰敗，勃勃占領長安，稱夏。按，當時赫連勃勃當鎮守今延安市東北延河北岸之豐林縣。宋沈括《夢溪筆談》卷一一《赫連城》："延州故豐林縣城，赫連勃勃所築，至今謂之赫連城。緊密如石，斸之皆火出。其城不甚厚，但馬面極長且密。予親使人步之，馬面皆長四丈，相去六七丈。以其馬面密，則城不須太厚，人力亦難攻也。"

［12］佛狸攻破勃勃子昌：指北魏始光五年（428）魏主拓跋燾親征夏主赫連勃勃子赫連昌於統萬城（今陝西靖邊縣東北白城子），昌敗，被擒至魏都平城，以禮相待，連以妹始平公主妻燾。詳見《魏書》卷九五《赫連昌傳》及《通鑑》卷一二一《宋紀三》"文帝元嘉五年"條。

［13］義熙：東晋安帝年號。

［14］仇池公楊盛：隴右氐族首領。晋安帝隆安三年（399）遣使稱藩，安帝以盛爲輔國將軍、平羌校尉、仇池公。詳見《宋書》卷九八、《魏書》卷一〇一、《北史》卷九六。

［15］太官：屬光禄卿，掌百官膳食。

［16］懸食：指懸挂肉類食物。

［17］尚方：官辦手工業機構，屬少府。主制宫中所用手工製

品。參見《文獻通考》卷五七《職官十一》。

[18]爲之："之"字原闕，中華本據各本補。今從補。

其郭城繞宫城南,[1]悉築爲坊,[2]坊開巷。坊大者容四五百家，小者六七十家。每南坊搜檢,[3]以備奸巧。城西南去白登山七里,[4]於山邊别立父祖廟。城西有祠天壇，立四十九木人，長丈許，白幘、練裙、馬尾被,[5]立壇上，常以四月四日殺牛馬祭祀，盛陳鹵簿,[6]邊壇奔馳奏伎爲樂。城西三里，刻石寫五經及其國記，於鄴取石虎文石屋基六十枚,[7]皆長丈餘，以充用。

[1]郭城：外城。

[2]坊：街坊，居民聚居地的名稱。

[3]每南坊搜檢：南，中華本校勘記云："按'南'字疑'閉'字之訛。"朱季海《校議》云："坊在宫城南，故稱'南坊'，此史家直記當時語，不訛。"(第128頁)

[4]白登山：山名。在今山西大同市東北。

[5]被：同"帔"。《釋名·釋衣服》："帔，披也，披之肩背不及下也。"

[6]鹵簿：古代帝王駕出時扈從的儀仗隊。

[7]鄴：縣名。治所在今河北臨漳縣西南鄴鎮。　石虎：字季龍，羯族人。東晋十六國後趙石勒之侄，勒死，虎自立爲趙天王，遷都於鄴。《晋書》卷一〇六、卷一〇七、《魏書》卷九五有傳。　文石：有紋理的石頭。朱季海《校議》云："此北魏《石經》。石虎石工之精，又見《水經注》。"(第128頁)

國中呼内左右爲"直真",[1]外左右爲"烏矮真”，[2]曹局文書吏爲“比德真”，[3]檐衣人爲“樸大真”，帶仗人爲“胡洛真”，[4]通事人爲“乞萬真”，[5]守門人爲“可薄真”，僞臺乘驛賤人爲“拂竹真”，[6]諸州乘驛人爲“咸真”，殺人者爲“契害真”，爲主出受辭人爲“折潰真”，[7]貴人作食人爲“附真”。三公貴人，[8]通謂之“羊真”。[9]佛狸置三公、太宰、尚書令、僕射、侍中，[10]與太子共決國事。殿中尚書知殿内兵馬倉庫，[11]樂部尚書知伎樂及角史伍伯，駕部尚書知牛馬驢騾，南部尚書知南邊州郡，北部尚書知北邊州郡。又有俟懃地何，比尚書；莫堤，比刺史；郁若，比二千石；[12]受别官比諸侯。諸曹府有倉庫，悉置比官，[13]皆使通虜漢語，以爲傳驛。[14]蘭臺置中丞御史，[15]知城内事。又置九豆和官，宫城三里内民户籍不屬諸軍戍者，悉屬之。[16]

[1]内左右爲“直真”：内左右，北魏指宿衛宫廷的左右衛將軍。朱季海《校議》云：“此下諸官，通以真名，蓋鮮卑語。魏正始四年故徵士奚君諱智《墓誌》：‘君故大人大莫弗烏洛頭之曾孫，内行羽真散騎常侍鎮西將軍雲中鎮大將内亦干之孫。’内行羽真疑亦内左右之比，史偶弗具爾。尋山西大同石家寨新出司空瑯琊康王《墓表》亦云‘代故河内郡温縣肥鄉孝敬里使持節侍中鎮西大將軍吏部尚書羽真司空冀州刺史瑯琊康王司馬金龍之銘。’（見《文物》一九七二年第三期）又《周書·怡峰傳》：‘遼西人也。本姓默台，因避難改焉。高祖寬，燕遼西郡守。魏道武時，率户歸朝，拜羽真。’並有‘羽真之號矣’。”（第128—129頁）

[2]外左右：北魏指護駕出巡的左右領軍將軍。

[3]曹局：北魏各省、寺、府下均設有曹或局，各司其事。

［4］帶仗人：指携帶兵仗侍從的保鏢。

［5］通事人：指通報傳達的人。

［6］乘驛：指駕駛驛站馬車的車夫。

［7］受辭人：指奉君命出使的人。語出《管子・形勢》："銜命者君之尊也，受辭者名之運也。"

［8］三公：北魏指太尉（掌武事）、司徒（掌民事）、司空（掌工程）。均秩正一品。

［9］羊真：以上諸官通以"真"名，蓋鮮卑語。

［10］太宰：周始置，總管全國政務。秩一品。　尚書令：掌尚書省。秩三品。　僕射：尚書省屬官。掌執法。秩三品。　侍中：門下省官。掌獻納諫正。秩三品。

［11］殿中尚書：北魏列曹尚書之一。以下樂部、駕部、南部、北部同，分掌所屬曹務。均秩三品。

［12］二千石：指郡守或王國相。漢代百官以俸禄多寡爲等差，郡守、諸侯王國相皆秩二千石，遂以爲稱。

［13］比官：輔助的官員。

［14］傳驛：指外交官員。

［15］蘭臺：蘭臺寺，御史臺的别稱。職司糾察。

［16］悉屬之：以上三段，高敏《〈南齊書・魏虜傳〉書後》云："這段記載，第一，説明平城宫殿興建，主要完成於太武帝時期；第二，説明宫殿建築及其形制、規模與方位，十分明白；第三，説明了北魏宫廷之内的奴婢從事生産的情况；第四，'又置九豆和官，宫城三里内民户籍不屬諸軍戍者，悉屬之'一句，反映出北魏平城内以軍統民的形式；第五，平城内'坊里'的分布及坊里的大小等情况，均有反映。所有這些，均爲魏收《魏書》所無，也爲酈道元《水經注》所不載，至爲寶貴。"（《魏晋南北朝史發微》，第 281 頁）

其車服，有大小輦，[1]皆五層，下施四輪，三二百人牽之，四施組索，備傾倒。軺車建龍旂，[2]尚黑。妃后則施雜綵幰，無幢絡。[3]太后出，則婦女著鎧騎馬近輦左右。虜主及后妃常行，乘銀鏤羊車，[4]不施帷幔，皆偏坐垂脚轅中；在殿上，亦跂據。[5]正殿施流蘇帳，[6]金博山，[7]龍鳳朱漆畫屏風，織成幌。坐施氍毹褥。[8]前施金香鑪，琉璃鉢，金椀，盛雜食器。設客長盤一尺，御饌圓盤廣一丈。爲四輪車，元會日，[9]六七十人牽上殿。蜡日逐除，[10]歲盡，城門磔雄雞，[11]葦索桃梗，[12]如漢儀。[13]

[1]輦：帝王后妃所乘坐的人拉車。

[2]軺（yáo）車：奉使者和朝廷急命宣詔者所乘的車。

[3]幢絡：古代車上的帷飾，由油幢、絲繩絡網、綉錦絡帶等組成。

[4]銀鏤：指車上用銀鏤刻的裝飾物。　羊車：宫中用羊牽引的小車。

[5]跂據：垂足偏倚而坐。

[6]流蘇帳：裝有彩色羽毛或絲綫製的穗狀垂飾物的帷帳。

[7]金博山：金製的香爐。因爐蓋上的造型似傳説中的海中仙山博山而得名。參見《西京雜記》卷一。

[8]氍（qú）毹（shū）褥：一種毛織的坐褥。

[9]元會日：皇帝於元旦朝會群臣之日，也稱“正會日”。

[10]蜡（zhà）日逐除：指年終禳祭，驅除疫鬼。

[11]磔雄雞：古俗年終祭祀斬殺雄鷄以祀神。

[12]葦索：以葦草編成的繩索。　桃梗：桃樹枝。古俗新歲以葦索、桃梗懸於門，以祛除邪惡。參見《晉書·禮志上》。

[13]如漢儀：如同漢人的禮儀。

自佛狸至萬民，[1]世增雕飾。正殿西築土臺，謂之白樓。萬民禪位後，[2]常遊觀其上。臺南又有伺星樓。正殿西又有祠屋，琉璃爲瓦。宫門稍覆以屋，猶不知爲重樓。並設削泥采，[3]畫金剛力士。胡俗尚水，又規畫黑龍相盤繞，以爲厭勝。[4]

[1]自佛狸至萬民：指自北魏太武帝拓跋燾至獻文帝拓跋弘。

[2]萬民禪位：北魏孝文帝延興元年（471），獻文帝禪位於其子孝文帝元宏，自爲太上皇。

[3]設削泥采：朱季海《校議》云："設削泥采，當即影壁之類。"又云："永明九年遣使李道固、蔣少游報使。少游有機巧，密令觀京師宫殿楷式。清河崔元祖啓世祖曰：'少游，臣之外甥，特有公輸之思。宋世陷虜，處以大匠之官。'本傳又云：'少游，安樂人，虜宫室制度，皆從其出。'北朝宫室制度淵源所出，可見一斑。"（第129頁）

[4]厭勝：古代的一種巫俗，以畫符咒驅壓邪魔。

泰始五年，[1]萬民禪位子宏，自稱太上皇。宏立，號延興元年。至六年，萬民死，謚獻文皇帝。改號爲承明元年，[2]是歲元徽四年也。[3]祖母馮氏，[4]黄龍人，助治國事。初，佛狸母是漢人，爲木末所殺，佛狸以乳母爲太后，自此以來，太子立，輒誅其母。[5]一云馮氏本江都人，[6]佛狸元嘉二十七年南侵，略得馮氏，濬以爲妾，[7]獨得全焉。明年丁巳歲，改號太和。[8]

[1]泰始：南朝宋明帝年號。按，萬民禪位子宏在公元471年，乃泰始七年，此處言“五年”，有誤。

[2]承明：北魏孝文帝年號。

[3]元徽：南朝宋後廢帝年號。

[4]祖母馮氏：文成文明皇后馮氏，孝文帝祖母，尊爲太皇太后，臨朝聽政十餘年，卓有功勛。詳見《魏書》卷一三《皇后傳》。

[5]太子立，輒誅其母：清趙翼《廿二史劄記》卷一三《魏書紀傳互異處》：“《魏書·道武宣穆皇后傳》（明元帝之母劉貴人），‘魏故事，後宫産子，將爲儲貳，其母皆賜死，故后以舊法薨。’然考紀傳，道武以前，未有此事。《明元本紀》載，道武將立明元爲太子，召而告之曰：‘昔漢武將立其子而殺其母，不令婦人與國政也。汝當繼統，故吾遠同漢武。’於是劉貴人死，明元悲不自勝。據此則立子先殺其母之例，實自道武始也。遍檢《魏書》，道武以前實無此例，而《傳》何以云‘魏故事’耶？《北史》亦同此誤。”

[6]江都人：江都，地名。在今江蘇揚州市西南。清趙翼《廿二史劄記》卷九《齊書書法用意處》：“案馮后係長樂信都人，父西域郡公朗，爲秦、雍二州刺史，坐事誅，后没入宫，以選爲后，初非江都人也。”

[7]濬：指北魏文成皇帝（即高宗）拓跋濬。

[8]太和：北魏孝文帝年號。

宋明帝末年，始與虜和好。[1]元徽、昇明之世，[2]虜使歲通。建元元年，[3]僞太和三年也。宏聞太祖受禪，[4]其冬，發衆遣丹陽王劉昶爲太師，[5]寇司、豫二州。[6]明年，詔遣衆軍北討。宏遣大將郁豆眷、假長命攻壽陽及鍾離，[7]爲豫州刺史垣崇祖、右將軍周盤龍、徐州刺史崔文仲等所破。[8]宏又遣僞南部尚書托跋等向司州，[9]分兵出兗、青界，[10]十萬衆圍朐山，[11]戍主玄元度嬰城固守。青冀二州刺史盧紹之遣子奐領兵助之。城中無食，紹之出頓州南石頭亭，隔海運糧柴供給城内。虜圍斷海道，緣岸攻城，會潮水大至，虜漭溺，元度出兵奮擊，大破之。臺遣軍主崔靈建、楊法持、房靈民萬餘人從淮入海，[12]船艦至夜各舉兩火，虜衆望見，謂是南軍大至，一時奔退。

[1]宋明帝末年，始與虜和好：《通鑑》卷一三二《宋紀十四》“明帝泰始五年”條：“十一月，丁未，魏復遣使來脩和親，自是信使歲通。”胡三省注：“自元嘉之末，南、北不復通好。帝即位之三年、四年，再遣聘使。是歲，魏使來，復通好。”

[2]昇明：南朝宋順帝年號。

[3]建元：南朝齊高帝年號。

[4]太祖受禪：太祖，齊高帝廟號。宋順帝昇明三年（479），禪位於齊高帝蕭道成，宋齊易代。本書卷一至卷二有紀。

[5]遣丹陽王劉昶爲太師：劉昶，字休道，宋文帝劉義隆第九子。元嘉中封義陽王，又改封晋熙王。宋前廢帝劉子業立，疑昶有異志，昶懼禍投奔北魏。魏廷嘉重之，尚武邑公主，拜侍中、征南將軍、駙馬都尉，封丹陽王。《宋書》卷七二、《魏書》卷五九、《南史》卷一四、《北史》卷二九並有傳。《通鑑》卷一三五《齊紀一》“高帝建元元年”條：“（十一月）癸丑，魏遣假梁郡王嘉督二將出淮陰，隴西公琛督三將出廣陵，河東公薛虎子督三將出壽陽，奉丹楊王劉昶入寇；許昶以克服舊業，世胙江南，稱藩于魏。”中華本校勘記云：“按《魏書·劉昶傳》，昶未嘗爲太師，疑有誤。”

[6]司：州名。南朝宋僑置，治所在今河南信陽市。　豫：州名。治所齊初在壽陽，即今安徽壽縣。

[7]鍾離：縣名。治所在今安徽鳳陽縣東北臨淮關。魏攻壽陽、

鍾離事，詳見《通鑑》卷一三五《齊紀一》“高帝建元二年”條。

[8]垣崇祖：歷仕南朝宋、齊。本書卷二五有傳。《通鑑》卷一三五《齊紀一》“高帝建元二年”條：“魏步騎號二十萬，豫州刺史垣崇祖集文武議之，欲治外城，堰肥水以自固……乃於城西北堰肥水，堰北築小城，周爲深塹，使數千人守之，曰：‘虜見城小，以爲一舉可取，必悉力攻之，以謀破堰，吾縱水衝之，皆爲流尸矣。’魏人果蟻附攻小城，崇祖……决堰下水，魏攻城之衆漂墜塹中，人馬溺死以千數。魏師退走。”　周盤龍：歷仕南朝宋、齊。魏攻壽陽，盤龍助垣崇祖决水漂潰，率步兵奮擊，殺傷數萬人，立功受獎。本書卷二九有傳。　崔文仲：歷仕南朝宋、齊。魏攻鍾離，仲文擊破之。本書卷二八有附傳。

[9]南部尚書：北魏前期所置官。《通典》卷二二《職官四》：“後魏初有殿中、樂部、駕部、南部、北部五尚書。”杜佑注：“（南部尚書）掌南邊州郡。”

[10]兖：州名。治瑕丘城，在今山東兖州市。　青：州名。治所南朝宋移於鬱洲，在今江蘇連雲港市東雲臺山。

[11]朐山：山名。即今江蘇連雲港市西南錦屏山。《通鑑》卷一三五：“（閏九月）魏梁郡王嘉帥衆十萬圍朐山，朐山戍主玄元度嬰城固守，青、冀二州刺史范陽盧紹之遣子奂將兵助之。庚寅，元度大破魏師。臺遣軍主崔靈建等將萬餘人自淮入海，夜至，各舉兩炬，魏師望見，遁去。”

[12]崔靈建：其事不詳。　楊法持：宋世道人，與齊高帝蕭道成有舊。建元初，罷道爲寧朔將軍，封州陵縣男。本書卷五六《倖臣傳》、《南史》卷七七《恩倖傳》並有略傳。　房靈民：其事不詳。

初，元度自云臂上有封侯志，[1]宋世以示世祖，[2]時世祖在東宫，書與元度曰：“努力成臂上之相也。”[3]虜退，上議加封爵，元度歸功於紹之，紹之又讓，故並見寢。上乃擢紹之爲黄門郎。[4]鬱州呼石頭亭爲平虜亭。[5]紹之字子緒，范陽人，[6]自云盧諶玄孫。[7]宋大明中，預攻廣陵，[8]勳上，[9]紹之拔迹自投，[10]上以爲州治中，[11]受心腹之任。官至光禄大夫。[12]永明八年，[13]卒。

[1]志：通“痣”。

[2]世祖：指齊武帝蕭賾。蕭賾曾仕宋，宋末册封其父蕭道成爲齊王，賾亦被封爲世子，居東宫。本書卷三有紀。

[3]努力成臂上之相也：此句意指早日封侯。

[4]黄門郎：給事黄門侍郎的省稱。門下省官。掌奏事，直侍左右。秩五品。

[5]鬱州：當爲鬱洲，在今江蘇連雲港市東雲臺山一帶。

[6]范陽：郡名。治所在今河北涿州市。

[7]盧諶：東晋人，爲後趙石虎所得，拜中書侍郎。《晋書》卷四四有傳。

[8]宋大明中，預攻廣陵：大明，宋孝武帝年號。此句指大明三年（459）宋孝武帝與竟陵王劉誕不睦，命捕誕，誕在廣陵（今江蘇揚州市）舉兵抗命，圍城數月始破，殺誕，並屠城。詳見《宋書》卷七九《竟陵王誕傳》。預攻，指蕭賾參與攻廣陵。

[9]勳上：指蕭賾因平亂立功，擢冠軍將軍。

[10]拔迹自投：指盧紹之本忠於宋，轉而投靠蕭賾。

[11]州治中：治中從事史，州刺史屬官。主衆曹文書。秩僅低於刺史。

[12]光禄大夫：列卿光禄勛官名。文散官，無常事，備顧問應對，多爲贈官。秩三品。　石頭亭：不詳，當在鬱洲境内。

[13]永明：齊武帝年號。

三年，領軍將軍李安民、左軍將軍孫文顯與虜軍戰於淮陽，[1]大敗之。初，虜寇至，緣淮驅略，江北居民猶懲佛狸時事，[2]皆驚走，不可禁止。乃於梁山置二軍，[3]南置三軍，慈姥置一軍，[4]洌州置二軍，[5]三山置二軍，[6]白沙洲置一軍，[7]蔡州置五軍，[8]長蘆置三軍，[9]菰浦置二軍，[10]徐浦置一軍，[11]内外悉班階賞，[12]以示威刑。

[1]領軍將軍：禁衛軍官名。總掌禁衛軍。秩三品。　李安民：歷仕南朝宋、齊，屢建戰功。本書卷二七有傳。　左軍將軍：禁衛軍官名。分掌宿衛營兵。秩四品。　與虜軍戰於淮陽：《通鑑》卷一三五《齊紀一》"高帝建元三年"條："魏人寇淮陽，圍軍主成買於甬城（在宿遷縣界，南臨淮水），上遣領軍將軍李安民爲都督，與軍主周盤龍等救之。魏人緣淮大掠，江北民皆驚走渡江。成買力戰而死。盤龍之子奉叔以二百人陷陳深入，魏以萬餘騎張左右翼圍之。或告盤龍云，'奉叔已没'，盤龍馳馬奮矟，直突魏陣，所向披靡。奉叔已出，復入求盤龍。父子兩騎縈擾，魏數萬之衆莫敢當者。魏師遂敗，殺傷萬計。魏師退，李安民等引兵追之，戰於孫溪渚，又破之。"

[2]江北居民猶懲佛狸時事：指宋元嘉時魏太武皇帝拓跋燾南侵，直攻入江北，大肆劫掠，故江北人民深以爲戒。

[3]梁山：指安徽當塗縣臨江的東、西梁山，一名天門山，扼長江東西，形勢險要。　二軍：中華本校勘記云："《元龜》二百十七同，南監本、毛本、殿本作'一軍'。"

[4]慈姥：山名。在今安徽馬鞍山市東北采石江邊。

[5]洌州：當作洌洲，在今江蘇南京市江寧區長江中。

[6]三山：山名。有多處，此當指今安徽繁昌縣東北江邊的三山。

[7]白沙洲：洲名。在今江蘇儀徵市南濱江處。

[8]蔡州：當爲蔡洲，在今江蘇南京市西南長江中。東晋時蘇峻作亂，陶侃等入援，舟師即停泊於此。南朝時亦戍兵守備，以防魏南侵。

[9]長蘆：長蘆城，在今江蘇南京市六合區西南長江北岸。

[10]菰浦：浦子口（今稱浦口），在今江蘇南京市西北浦口區，爲南北津渡要衝。

[11]徐浦：不詳，當在蘇皖濱江處。

[12]班：頒布。　階賞：分等獎賞。

僞昌黎王馮莎向司州，[1]荒人桓天生説莎云：[2]"諸蠻皆響應。"[3]莎至，蠻竟不動。莎大怒，於淮邊獵而去。及壽春摧敗，朐山不拔，虜主出定州，[4]大治道路，聲欲南行，不敢進。迺與僞梁郡王計曰：[5]"兵出彭、泗間，[6]無復鬥志，要當一兩戰得還歸。"既於淮陽被破，一時奔走。青、徐間赴義民，[7]先是或抄虜運車，更相殺掠，往往得南歸者數千家。

[1]僞昌黎王馮莎：北魏皇親，其姑母爲魏高宗皇后，馮莎二女皆先後爲魏高祖皇后。魏顯祖和平六年（465）被封爲昌黎王，加征東大將軍。詳見《魏書》卷六《顯祖紀》及卷七《高祖紀上》，馮莎均作"馮熙"。

[2]荒人：貶稱，指鄙野的人。　桓天生：自稱爲桓玄之後，據南陽故城擁兵爲酋，扇動北魏、南朝相鬥，坐收漁利。説莎事見本書卷二六《陳顯達傳》。

[3]蠻：指南方少數民族。

[4]定州：州名。北魏天興三年（400）改安州置，治所在今

河北定州市。

[5]逌與：中華再造本作“造與”，造，意爲造訪，亦通。梁郡王：魏宗人，名嘉。朐山戰役的指揮者，兵敗。見《魏書》卷七上《高祖紀上》。

[6]彭、泗：泛指今江蘇徐州和安徽泗縣一帶。

[7]青、徐間赴義民：指淮北青、徐一帶北魏占領區民衆，《通鑑》卷一三五《齊紀一》“高帝建元二年”條云：“淮北四州民不樂屬魏，常思歸江南，上多遣間諜誘之。於是徐州民桓標之、兗州民徐猛子等所在蠭起爲寇盜，聚衆保五固，推司馬朗之爲主。魏遣淮陽王尉元、平南將軍薛虎子等討之。”又“建元三年四月”條云：“桓標之等有衆數萬，寨險求援。庚子，詔李安民督諸將往迎之，又使兗州刺史周山圖自淮入清，倍道應接。淮北民桓磊磈破魏師於抱犢固。李安民赴救遲留，標之等皆爲魏所滅，餘衆得南歸者尚數千家，魏人亦掠三萬餘口歸平城。”

上未遑外略，以虜既摧破，且欲示以威懷，遣後軍參軍車僧朗北使。虜問僧朗曰：“齊輔宋日淺，何故便登天位？”僧朗曰：“虞、夏登庸，[1]親當革禪；魏、晋匡輔，[2]貽厥子孫。[3]豈二聖促促於天位，[4]兩賢謙虚以獨善？[5]時宜各異，豈得一揆？苟曰事宜，故屈己應物。”虜又問：“齊主悉有何功業？”僧朗曰：“主上聖性寬仁，天識弘遠。少爲宋文皇所器遇，[6]入參禁旅。[7]泰始之初，四方寇叛，東平劉子房、張淹，[8]北討薛索兒，[9]兼掌軍國，豫司顧命。[10]宋桂陽、建平二王阻兵内侮，[11]一麾殄滅。蒼梧王反道敗德，[12]有過桀、紂，遠遵伊、霍，[13]行廢立之事。袁粲、劉秉、沈攸之同惡相濟，又秉旄杖鉞，大定凶黨。[14]戮力佐時四十餘載，經綸夷險十五六年，此功此德，可謂物無異議。”虜又問：“南國無復齊土，何故封齊？”僧朗曰：“營丘表海，[15]實爲大國。宋朝光啓土宇，謂是吕尚先封。今淮海之間，自有青、齊，非無地也。”又問：“蒼梧何故遂加斬戮？”僧朗曰：“蒼梧暴虐，書契未聞，武王斬紂，懸之黄鉞，共是所聞，何傷於義？”昇明中，北使殷靈誕、苟昭先在虜，[16]聞太祖登極，靈誕謂虜典客曰：[17]“宋魏通好，憂患是同。宋今滅亡，魏不相救，何用和親？”及虜寇豫州，[18]靈誕因請爲劉昶司馬，不獲。僧朗至北，虜置之靈誕下，[19]僧朗立席言曰：“靈誕昔是宋使，今成齊民。實希魏主以禮見處。”靈誕交言，遂相忿詈，謂虜曰：“使臣不能立節本朝，誠自慚恨。”劉昶賂客解奉君於會刺殺僧朗，[20]虜即收奉君誅之，殯斂僧朗，送喪隨靈誕等南歸，厚加贈賻。世祖踐阼，昭先具以啓聞，靈誕下獄死，贈僧朗散騎侍郎。[21]

[1]虞、夏：指虞舜和夏禹。舜與禹皆親受禪讓而登位。

[2]魏、晋：指魏之先帝曹操輔漢，晋之先帝司馬懿輔魏。匡輔：輔，原訛“戰”，中華本據《通鑑》卷一三五《齊紀一》“高帝建元三年”條改正。今從改。

[3]貽厥子孫：指曹操之子曹丕、司馬懿之子司馬炎始稱帝建立魏、晋。

[4]二聖：指舜、禹。

[5]兩賢：指曹操和司馬懿。

[6]宋文皇：指南朝宋文帝劉義隆。《宋書》卷五有紀。

[7]入參禁旅：指元嘉年間，蕭道成累立戰功，宋文帝器重，官至武烈將軍、建康令。參見本書卷一《高帝紀上》。

[8]劉子房：指尋陽王、會稽太守劉子房，泰始二年（466）晋安王子勛叛立，子房響應。宋明帝加蕭道成輔國將軍，率衆東討，旋平。詳見本書一《高帝紀上》。　張淹：臨川内史，從晋安王叛亂，爲蕭道成軍討平。詳見《通鑑》卷一三一《宋紀十三》“明帝泰始二年”條。

[9]薛索兒：徐州刺史薛安都從子，安都叛，索兒寇淮陰，山陽及徐州皆陷。蕭道成奉命北討，旋亦討平。詳見本書卷一《高帝紀上》。

[10]豫司顧命：指明帝崩，遺詔蕭道成爲右衛將軍，領衛尉，與尚書令袁粲等共掌機事，爲顧命大臣。詳見本書卷一《高帝紀上》。

[11]桂陽、建平：指桂陽王劉休範與建平王劉景素。元徽二年（474）休範反，四年景素反，均被蕭道成領兵討平。詳見本書卷一《高帝紀上》。

[12]蒼梧王：宋後廢帝劉昱，明帝長子。《宋書》卷九有紀。劉昱凶頑成性，常入市井，奪人子女，劫人財物，以殺人爲戲。蕭道成行廢立之事，殺劉昱，以太后令追封其爲蒼梧王，立安成王劉準，是爲順帝。詳見本書卷一《高帝紀上》。

[13]伊、霍：指商伊尹和漢霍光。伊尹放太甲於桐宫，霍光廢昌邑王，立宣帝。這裏是以伊、霍比美蕭道成。

[14]大定凶黨：指昇明元年（477），荆州刺史沈攸之、司徒袁粲及尚書令劉秉起兵反蕭道成擅權專政，均戰敗被殺。詳見《通鑑》卷一三四《宋紀十六》“順帝昇明元年”條。

[15]營丘：地名。在今山東淄博市東北臨淄北，靠近渤海灣和東海。周封太公望（即吕尚）於齊，營丘爲古齊都。

[16]北使：《通鑑》卷一三五《齊紀一》“高帝建元三年”條作“遣使者”，此指先前宋派遣至魏的使節。

[17]典客：指大鴻臚屬官典客令。《通鑑》卷一三五胡三省注：“典客，秦官也。漢武帝太初元年更名大鴻臚，至晋，大鴻臚

屬官又有典客令。”

[18]虜寇豫州：指建元二年（480）魏遣叛王劉昶領兵寇壽陽。詳見前注。

[19]僧朗至北，虜置之靈誕下：此句《通鑑》卷一三五作：“九月，庚午，魏閲武於南郊，因宴群臣，置車僧朗於靈誕下，僧朗不肯就席。曰：‘靈誕昔爲宋使，今爲齊民。乞魏主以禮見處。’靈誕遂與相忿詈。劉昶賂宋降人解奉君於會刺殺僧朗，魏人收奉君，誅之；厚送僧朗之喪，放靈誕等南歸。及世祖即位，昭先俱以靈誕之語啓聞，靈誕坐下獄死。”

[20]賂客：《通鑑》卷一三五作“賄宋降人”。

[21]散騎侍郎：門下省官。掌奏事，直侍左右。秩五品。

永明元年冬，遣驍騎將軍劉纘、前軍將軍張謨使虜。[1]明年冬，虜使李道固報聘，[2]世祖於玄武湖水步軍講武，[3]登龍舟引見之。自此歲使往來，疆埸無事。

[1]驍騎將軍：禁衛軍官名。分掌宿衛營兵。秩四品。　劉纘：仕齊，曾任太子左衛率及廣州刺史等官。《通鑑》卷一三五《齊紀一》“武帝永明元年”條：“冬十月，丙寅遣驍騎將軍劉纘聘於魏……纘屢奉使至魏。”又《通鑑》卷一三九《齊紀五》“明帝建武元年”條“通直散騎常侍劉芳，纘之族弟也”胡三省注：“劉纘臣於齊而屢使於魏，與芳皆彭城人，蓋同出於楚元王之後。”　前軍將軍：禁衛軍官名。分掌宿衛營兵，秩四品。　張謨：歷仕南朝宋、齊，曾任建寧太守。參見本書卷二七《劉懷珍傳》。

[2]李道固：李彪，字道固，頓丘人。少孤貧，篤學不倦，爲魏高祖元宏所賞識，贊其“識性嚴聰，學博墳籍，剛辯之才，頗堪時用”。又云：“吾之有李生，猶漢之有汲黯。”歷官員外散騎常侍、度支尚書等官，曾“六度銜命”出使南朝齊。《魏書》卷六二有

傳。　報聘：指派使臣回訪他國。

[3]玄武湖：古名桑泊，三國吴稱爲後湖，東晋又改稱北湖，南朝宋元嘉年間，始名玄武湖。因其爲訓練舟師之地，故名。即今江蘇南京市玄武湖。

三年，[1]初令鄰里黨各置一長，[2]五家爲鄰，五鄰爲里，五里爲黨。四年，造户籍。分置州郡，雍州、凉州、秦州、沙州、涇州、華州、岐州、河州、西華州、寧州、陝州、洛州、荆州、郢州、北豫州、東荆州、南豫州、西兖州、東兖州、南徐州、東徐州、青州、齊州、濟州二十五州在河南；[3]相州、懷州、汾州、東雍州、肆州、定州、瀛州、朔州、并州、冀州、幽州、平州、司州十三州在河北。[4]凡分魏、晋舊司、豫、青、兖、冀、并、幽、秦、雍、凉十州地，及宋所失淮北爲三十八州矣。[5]

[1]三年：指齊武帝永明三年（485），即北魏孝文帝太和九年。按，北魏改制在孝文帝太和十年（486），應是永明四年。詳見《魏書》卷七下《高祖紀下》。又見《通鑑》卷一三六《齊紀二》“武帝永明四年”條。

[2]初令鄰里黨各置一長：《通鑑》卷一三六此處云，魏初無鄉黨之法，“唯立宗主督護，民多隱冒，三五十家始爲一户”。後接納秘書令李冲上言，始改“宗主督護”爲黨、里、鄰“三長制”，定民户籍，使課調賦税有常準。“民始皆愁苦，豪强者尤不願。既而課調省費十餘倍，上下安之”。

[3]雍州：治長安，在今陝西西安市西北。　凉州：治武威郡，在今甘肅武威市。　秦州：治天水郡，在今甘肅天水市。　沙州：

治敦煌縣，在今甘肅敦煌市。　涇州：治臨涇縣，在今甘肅鎮原縣。　華州：治安定縣，在今甘肅寧縣。　岐州：治雍縣，在今陝西鳳翔縣。　河州：治枹罕縣，在今甘肅臨夏市。　西華州：治所不詳。　寧州：治所不詳。　陝州：治陝縣，在今河南三門峽市西。　洛州：治上洛縣，在今陝西商洛市。　荆州：治所初在上洛縣，後移治山北縣，在今河南魯山縣。　郢州：治所初在河南葉縣，後改治平陽縣，在今河南信陽市。　北豫州：治成皋縣，在今河南滎陽市。　東荆州：治比陽縣，在今河南泌陽縣。　南豫州：當是東豫州，治所在今河南汝南市。　東兗州：當是南兗州，治馬頭郡，即今安徽渦陽縣。　南徐州：治宿豫縣，在今江蘇宿遷市東南。　東徐州：治下邳縣，在今江蘇睢寧縣。　青州：治東陽縣，在今山東青州市。　齊州：治歷城縣，在今山東濟南市。　濟州：治碻磝城，在今山東茌平縣西南。　二十五州在河南：中華本校勘記引清錢大昕《廿二史考異》云：“按自雍至濟，數之止廿四州，蓋脱一州也。據《通鑑》注，則濟州之下當有光州。然以魏收《地形志》考之，光州延興五年改爲鎮，景明元年復，子顯所載者魏太和初之疆域，其時亦不當有光州矣。”

[4]相州：原作“湘州”，中華本據局本及清錢大昕《廿二史考異》改。今從改。相州，治鄴縣，在今河北臨漳縣西南鄴鎮。　汾州：原作“秦州”，中華本校勘記云：“錢大昕云：‘河南有秦州，河北又有秦州，亦必有訛。’按《通鑑》胡三省注，河北十三州中有汾州，無秦州。今據改。”今從改。汾州，治蒲子城，在今山西隰縣。　東雍州：治太平郡，在今山西新絳縣。　肆州：治所不詳。　定州：治盧奴縣，在今河北定州市。　瀛州：治趙都軍城，在今河北河間市。　朔州：治盛樂縣，今内蒙古和林格爾縣西土城子。　并州：治晋陽縣，在今山西太原市西南。　冀州：治信都縣，在今河北冀州市。　幽州：治薊縣，在今北京市西南。　平州：治肥如縣，在今河北盧龍縣。　司州：治洛陽，在今河南洛陽市。　十三州在河北：《通鑑》卷一三六《齊紀二》“武帝永明四

年”條“魏分置州郡，凡三十八州，二十五州在河南，十三州在河北”，胡三省注與本書所述有異，河南二十五州無涇、西華、寧、北豫、東荆、南豫、西兗、東兗、南徐等州名，有南青、兗、豫、徐、南秦、梁、益、荆、夏、班等州名。河北十三州無懷、東雍、朔州名，有燕、營、安州名。

［5］及宋所失淮北爲三十八州矣：高敏《〈南齊書·魏虜傳〉書後》云：“今《南齊書·魏虜傳》所載孝文帝太和十年時的三十八州這一數量及名稱，同今本《魏書·地形志》覈對，發現武定年間的州數大大超過太和十年之數……上述三十八州的名稱，有沙州、西華州、東荆州、南豫州、東兗州、南徐州及相州等名稱，不見於《魏書·地形志》。這表明北魏後期在太和十年之後到武定元年之前，曾有大量州郡的增設與名稱的改易。因此，《南齊書·魏虜傳》所載孝文帝十年時的州名及數量，對於補充《魏書·地形志》的缺漏是有作用的。”（《魏晋南北朝史發微》，第296頁）

明年，[1]邊人桓天生作亂，[2]虜遣步騎萬餘人助之，至比陽，[3]爲征虜將軍戴僧静等所破。[4]荒人胡丘生起義懸瓠，[5]爲虜所擊，戰敗南奔。僞安南將軍遼東公、平南將軍上谷公又攻舞陰，[6]舞陰戍主輔國將軍殷公愍拒破之。[7]六年，虜又遣衆助桓天生，與輔國將軍曹虎戰，大敗於隔城。[8]

［1］明年：指齊武帝永明五年（487），即北魏孝文帝太和十一年。

［2］邊人桓天生作亂：《通鑑》卷一三六《齊紀二》“武帝永明五年”條作：“荒人桓天生自稱桓玄宗族，與雍、司二州蠻相扇動，據南陽故城，請兵於魏，將入寇。”

［3］比陽：《通鑑》卷一三六作“泚陽”。胡三省注：“漢泚陽

縣屬南陽郡。應劭曰：沘水所出。”按，“沘陽”即今河南泌陽縣。又按，“沘水”本作“比水”，唐以後作“泌水”。參見清顧祖禹《讀史方輿紀要》卷五一《河南六》。

［4］征虜將軍：武官名。東漢置，爲雜號將軍。南朝爲加官性質的將軍，開府置僚屬者位從公秩一品。　戴僧静：齊著名武將。永明五年（487），僧静討桓天生於沘陽，大破之，殺獲萬餘。詳見本書卷三〇《戴僧静傳》。

［5］胡丘生起義：指河南土民胡丘生於懸瓠（在今河南汝南縣）起兵抗魏應齊，被魏軍擊破，丘生奔齊。詳見《通鑑》卷一三六。

［6］安南將軍：北魏爲褒賞勛功的加號將軍。秩正三品。下“平南將軍”性質品秩同。　遼東公：指北魏南部尚書公孫邃，字文慶，封遼東公。詳見《魏書》卷三三、《北史》卷二七《公孫邃傳》。　上谷公：指北魏張儵，字伏干，封上谷公。　舞陰：地名。在今河南泌陽縣西北。攻舞陰事，《通鑑》卷一三六胡三省注：“《魏書·帝紀》云：‘詔南部尚書公孫文慶、上谷公張伏干南討舞陰。’按《公孫邃傳》，‘邃字文慶，與内都幢將上谷公張儵討蕭賾舞陰戍。’蓋伏干亦儵字也。”

［7］殷公愍：其事不詳。

［8］虜又遣衆助桓天生，與輔國將軍曹虎戰，大敗於隔城：《通鑑》卷一三六《齊紀二》“武帝永明六年”條：“夏四月，桓天生復引魏兵出據隔城，詔游擊將軍下邳曹虎督諸軍討之。輔國將軍朱公恩將兵蹹伏，遇天生遊軍，與戰，破之，遂進圍隔城。天生引魏兵步騎萬餘人來戰，虎奮擊，大破之，俘斬二千餘人。明日，攻拔隔城。”曹虎，字士威，下邳人。歷仕宋齊，官至散騎常侍、右衛將軍。本書卷三〇、《南史》卷四六有傳。隔城，在今河南桐柏縣附近。

至七年，遣使邢產、侯靈紹復通好。[1]先是劉纘再使虜，太后馮氏悦而親之。[2]馮氏有計略，[3]作《皇誥》十八篇，僞左僕射李思冲稱史臣注解。[4]是歲，馮氏死。八年，世祖還隔城所俘獲二千餘人。

[1]至七年，遣使邢產、侯靈紹復通好：指永明七年（489，北魏孝文帝太和十三年）魏遣使來宋修好。《通鑑》卷一三六《齊紀二》"武帝永明七年"條："（秋七月），魏主使群臣議，'久與齊絶，今欲通使，何如?'尚書游明根曰：'朝廷不遣使者，又築醴陽深入彼境，皆直在蕭賾，今復遣使，不亦可乎!'魏主從之。八月乙亥，遣兼員外散騎常侍邢產來聘。"邢產，字神寶，仕魏，官至中書侍郎。《魏書》卷六五、《北史》卷四三有傳。侯靈紹，其事不詳。

[2]太后馮氏悦而親之：指魏馮太后私幸宋使劉纘。《通鑑》卷一三五《齊紀一》"武帝永明元年"條："纘屢奉使至魏，馮太后遂私幸之。"胡三省注："史言馮后淫縱。"

[3]馮氏有計略：馮太后乃魏高祖元宏之祖母，性聰達，學書計。高祖年幼，馮太后臨朝聽政，省決萬機，多智略，能行大事，生殺賞罰，決之俄頃。對北魏的開拓建設，立有殊功。詳見《魏書》卷一三《皇后傳》。

[4]左僕射：尚書省官。輔尚書令總理政務。秩三品。　李思冲：李冲，仕魏，爲重要謀士。《魏書》卷五三、《北史》卷一〇〇並有傳。

佛狸已來，稍僭華典，胡風國俗，雜相揉亂。宏知談義，[1]解屬文，輕果有遠略。遊河北至比干墓，[2]作《弔比干文》云："脱非武發，[3]封墓誰因？嗚呼介士，[4]

胡不我臣!”宏以己巳歲立圓丘、方澤,[5]置三夫人、九嬪。[6]平城南有干水,[7]出定襄堺,[8]流入海,去城五十里,世號爲索干都。[9]土氣寒凝,風砂恒起,六月雨雪。議遷都洛京。

[1]宏:指魏孝文帝元宏(太和二十年詔改拓跋姓爲元氏)。元宏深慕漢民族傳統文化。雅好讀書,《五經》方義,史傳百家,無不該涉。才藻富贍好爲文章,詩賦銘頌,任興而作。愛奇好士,從善如流。從政治體制到文化,都依據和學習漢制,不斷改革。詳見《魏書》卷七《高祖紀》。

[2]比干:殷紂王叔父。紂王荒淫無道,比干犯顔直諫。紂怒,剖其心而死。詳見《史記》卷三八《宋微子世家》。魏太和十八年(494),孝文帝過比干墓。《通鑑》卷一三九《齊紀五》“明帝建武元年”條:“癸亥,魏主南巡;戊辰,過比干墓。”胡三省注:“《水經注》:河内朝歌縣南有牧野,有比干冢,前有石銘題隸云:‘殷大夫比干之墓’,不知誰所誌也。”按,牧野在今河南淇縣南。

[3]武發:指周武王姬發。武王滅紂,誅殺無道。

[4]介士:耿直之士。原作“分士”,中華本據南監本、殿本、局本改。今從改。又引洪頤煊《諸史考異》云:“按《魏孝文弔比干墓碑》今尚存,諦視之,作‘介士’,‘分土’是傳寫之訛。”按,《通鑑》卷一三九引亦作“介士”。

[5]己巳:指魏太和十三年(489)。　圓丘:古代祭天的圓形高壇。　方澤:方丘,古代祭祀地祇的方壇。因其設於澤中,故名。《廣雅·釋天》:“圓丘大壇,祭天也;方澤大折,祭地也。”

[6]三夫人:古代天子后宫分主六宫之官。《禮記·昏義》:“古者天子后立六宫、三夫人。”孔穎達疏:“(三夫人)分主六宫之事……或如三公分主六卿之類也。”　九嬪:宫中女官,也是皇帝的妃子。《周禮·天官·内宰》:“九嬪掌婦學之法,以教九御婦德、

婦言、婦容、婦功，各帥其屬而以時御敘于王所。”

[7]干水：水名，當即桑乾河。

[8]定襄：縣名。即今山西定襄縣。

[9]索干都：中華本校勘記引清錢大昕《廿二史考異》云：“索干即桑乾之轉。”

九年，[1]遣使李道固、蔣少游報使。[2]少游有機巧，密令觀京師宫殿楷式。清河崔元祖啓世祖曰：[3]“少游，臣之外甥，特有公輸之思。[4]宋世陷虜，處以大匠之官。[5]今爲副使，必欲模範宫闕。豈可令氈鄉之鄙，[6]取象天宫？臣謂且留少游，令使主反命。”[7]世祖以非和通意，不許。少游，安樂人。[8]虜宫室制度，皆從其出。

[1]九年：指齊武永明九年（491），即北魏孝文帝太和十五年。

[2]遣使：指北魏遣使。　蔣少游：原爲南朝人，被俘於平城。性機巧，能繪畫雕刻，北魏宫殿、園林設計皆其主持。《魏書》卷九一有傳。

[3]清河：縣名。即今河北清河縣。　崔元祖：歷仕南朝宋、齊，有學行，爲齊武帝所重。《南史》卷四七有傳。

[4]公輸：公輸般，春秋時魯人，又稱“魯班”，是中國古代著名工匠，歷代木匠都尊他爲祖師。事見《禮記·檀弓》《戰國策·宋策》《墨子·公輸》。

[5]大匠：匠作寺大匠的省稱。列卿之一，掌諸營建。秩從三品。

[6]氈鄉：對北方游牧民族的稱謂，原因是其以氈帳爲居室。這裏是對北魏朝廷的蔑稱。

[7]使主：主要使節，這裏指李道固。　反命：指回國報告。

[8]安樂：郡名。治所在今北京市東北。

初，佛狸討羯胡於長安，[1]殺道人且盡。[2]及元嘉南寇，[3]獲道人，以鐵籠盛之。後佛狸感惡疾，自是敬畏佛教，立塔寺浮圖。宏父弘禪位後，[4]黄冠素服，持戒誦經，居石窟寺。[5]宏太和三年，[6]道人法秀與苟兒王阿辱瑰王等謀反，[7]事覺，囚法秀，加以籠頭鐵鎖，無故自解脱，虜穿其頸骨，使呪之曰："若復有神，當令穿肉不入。"遂穿而殉之，三日乃死。僞咸陽王復欲盡殺道人，[8]太后馮氏不許。宏尤精信，粗涉義理，宫殿内立浮圖。

[1]羯胡：指北方匈奴族。《魏書》卷九五《石勒傳》："其先匈奴别部，分散居於上黨武鄉羯室，因號羯胡。"按，北魏始光二年（425），世祖拓跋燾驅走占據長安的西夏主赫連昌，進據長安。詳見《魏書》卷四上《世祖紀上》。"羯"原訛"及"，中華本據各本改正。今從改。

[2]道人：指僧人。

[3]元嘉南寇：指南朝宋元嘉年間北魏不斷向黄河以南用兵。

[4]宏父弘禪位後：指北魏皇興五年（471），顯祖獻文帝拓跋弘禪帝位予其子高祖孝文帝拓跋宏（即元宏）。

[5]石窟寺：佛寺名。位於武州山（亦作武周山），在今山西大同市西。

[6]太和三年：中華本校勘記云："各本並同。據《魏書·帝紀》當作太和五年。"

[7]道人法秀與苟兒王阿辱瑰王等謀反：《通鑑》卷一三五《齊紀一》"高帝建元三年"條："沙門法秀以妖術惑衆，謀作亂於

平城。苟頹帥禁兵收掩，悉擒之。魏主還平城，有司囚法秀，加以籠頭，鐵鎖無故自解。魏人穿其頸骨，祝之曰：‘若果有神，當令穿肉不入。’遂穿以徇，三日乃死。議者或欲盡殺道人，馮太后不可，乃止。”又云：“魏法秀之亂，事連蘭臺御史張求等百餘人，皆以反法當族。尚書令王叡請誅首惡，宥其餘黨。乃詔：‘應誅五族者，降爲三族；三族者，門誅；門誅，止其身。’所免千餘人。”苟兒王阿辱瑰王，不詳何人。“瑰王”，中華本校勘記云：“各本並作‘珮玉’。”

[8]僞咸陽王復欲盡殺道人：中華本校勘記云：“按《通鑑》‘齊高帝建元二年’作‘議者或欲盡殺道人’。《考異》云：《齊書·魏虜傳》‘咸陽王欲盡殺道人’。按咸陽王禧時尚幼，太和九年始封，恐非也。”今按，所記乃在齊高建元三年（481）。

宏既經古洛，[1]是歲下僞詔尚書思慎曰：[2]“夫覆載垂化，[3]必由四氣運其功；[4]曦曜望舒，[5]亦須五星助其暉。[6]仰惟聖母，[7]睿識自天，業高曠古，將稽詳典範，日新皇度。不圖罪逆招禍，[8]奄丁窮罰，[9]追惟罔極，永無逮及。思遵先旨，敕造明堂之樣。[10]卿所制體含六合，[11]事越中古，理圓義備，可軌之千載。信是應世之材，先固之器也。群臣瞻見模樣，莫不僉然欲速造，朕以寡昧，亦思造盛禮。卿可即於今歲停宮城之作，[12]營建此構，興皇代之奇制，遠成先志，近副朕懷。”又詔公卿參定刑律。[13]又詔罷臈前儺，[14]唯年一儺。又詔：“季冬朝賀，典無成文，以袴褶事非禮敬之謂，[15]若置寒朝服，徒成煩濁，自今罷小歲賀，[16]歲初一賀。”又詔：“王爵非庶姓所僭，伯號是五等常秩。烈祖之冑，仍本王爵，其餘王皆爲公，公轉爲侯，[17]侯即爲伯，子男如舊。雖名易於本，而品不異昔。公第一品，侯第二品，伯第三品，子第四品，男第五品。”

［1］古洛：指古都洛陽。太和十八年（494），魏孝文帝幸洛陽，決定由平城遷都洛陽。

［2］思慎：北魏尚書僕射李冲字。冲機敏有巧思，兼領將作大匠。洛都新起的明堂、圓丘、太廟及宫寢，皆由他設計規畫。詳見《魏書》卷五三《李冲傳》。

［3］覆載：指天地。

［4］四氣：指春夏秋冬四時的温、熱、凉、寒之氣。

［5］曦曜：太陽。　望舒：神話中爲月駕車的神。借指月亮。

［6］五星：指金、木、水、火、土五大行星。即東方歲星（木星）、南方熒惑（火星）、西方太白（金星）、北方辰星（水星）、中央鎮星（土星）。

［7］聖母：指孝文帝祖母馮太后，曾主政多年。

［8］罪逆：孝文帝自責之詞。

［9］奄丁窮罰：驟遭上天懲罰。此指馮太后駕崩。中華本校勘記云：“‘奄’原訛‘掩’，今據南監本、局本改正。殿本作‘淹’，奄、淹通。”今從改。

［10］明堂：古代帝王宣明政教的朝堂，凡朝會、祭祀、賞功、選士等大典，均在此舉行。

［11］卿所制：指李冲所繪製的洛陽新都建築規劃圖。　六合：指天地四方。

［12］停宫城之作：指平城舊都之宫城。

［13］參定刑律：指太和十五年（491），魏更定律令，命尚書僕射李冲議定輕重，孝文帝執筆書之。李冲忠勤明斷，加以慎密，爲帝所委，舊臣貴戚，莫不心服，中外推之。詳見《通鑑》卷一三七《齊紀三》“武帝永明九年”條。

[14]臈（là）前儺（nuó）：古代北方少數民族的一種風俗，於臘日前迎神祭祀以驅逐疫鬼。臈，同“臘”。

[15]袴（kù）褶（xí）：服裝名。北方少數民族從事游牧，習於騎馬，大多上穿褶（短衫），下著褲，稱爲袴褶服。初爲左衽騎服，後改右衽，用作朝服。

[16]小歲賀：《通鑑》卷一三七《齊紀三》“武帝永明九年”條：“魏舊制，群臣季冬朝賀，服袴褶行事，謂之小歲；丙戌，詔罷之。”

[17]公轉爲侯：“公”原脱，中華本據各本補。今從補。

十年，[1]上遣司徒參軍蕭琛、范雲北使。[2]宏西郊，[3]即前祠天壇處也。宏與僞公卿從二十餘騎戎服繞壇，宏一周，公卿七匝，謂之蹋壇。明日，復戎服登壇祠天，宏又繞三匝，公卿七匝，謂之遶天。以繩相交絡，紐木枝棖，覆以青繒，形制平圓，下容百人坐，謂之爲“繖”，[4]一云“百子帳”也。於此下宴息。次祠廟及布政明堂，皆引朝廷使人觀視。每使至，宏親相應接，申以言義。甚重齊人，常謂其臣下曰：“江南多好臣。”僞侍臣李元凱對曰：[5]“江南多好臣，歲一易主；江北無好臣，而百年一主。”宏大慚，出元凱爲雍州長史，[6]俄召復職。

[1]十年：指齊武帝永明十年（492），即北魏孝文帝太和十六年。

[2]司徒參軍蕭琛：字彦瑜。歷仕齊、梁，有才辯。齊王儉當朝位至司徒時，聘蕭琛爲記室參軍，掌書翰。《梁書》卷二六、《南史》卷一八並有傳。　范雲：字彦龍，歷仕齊、梁，善屬文。

《梁書》卷一三、《南史》卷五七並有傳。

[3]西郊：指於西郊祭天。《通鑑》卷一三七《齊紀三》“武帝永明十年”條：“魏舊制，每歲祀天於西郊。魏主與公卿從二千餘騎，戎服遶壇，謂之蹹壇。明日，復戎服登壇致祀，已又遶壇，謂之遶天。”

[4]繖：同“傘”。

[5]李元凱：《魏書》卷二〇《廣川王略傳》言元凱任“典命下大夫”（爲掌禮儀之官）。

[6]雍州：州名。有多處，北魏雍州治所在今陝西西安市西北。長史：爲州佐吏，輔州牧推行選政事。

世祖初治白下，[1]謂人曰：“我欲以此城爲上頓處。”[2]後於石頭造露車三千乘，[3]欲步道取彭城，[4]形迹頗著。先是八年北使顏幼明、劉思斆反命，[5]僞南部尚書李思冲曰：“二國之和，義在庇民。如聞南朝大造舟車，欲侵淮、泗，推心相期，何應如此？”幼明曰：“主上方弘大信於天下，不失臣妾。既與輯和，何容二三其德？壃埸之言，[6]差不足信。且朝廷若必赫怒，[7]使守在外，亦不近相淮瀆。”思冲曰：“我國之彊，經略淮東，何患不蕩海東岳，政存於信誓耳。且和好既結，豈可復有不信？昔華元、子反，[8]戰伐之際，尚能以誠相告，此意良慕也。”幼明曰：“卿未有子反之急，[9]詎求登牀之請？”

[1]白下：指白下城，在今江蘇南京市金川門外幕府山南麓，北臨大江，古爲軍事要塞，置鎮戍守。按，劉宋末，蕭賾曾加持節、督京畿諸軍事，駐白下。

［2］上頓：《世説新語·任誕》王佛大歎言："三日不飲酒，覺形神不復相親"。劉孝標注："宋明帝《文章志》曰：'忱嗜飲，醉輒經日，自號上頓。'世喭以大飲爲'上頓'，起自忱也。"這裏借指爲慶功暢飲。

［3］石頭：指石頭戍，在今江蘇南京市西清涼山，背山面江，爲軍事要地。　露車：無帷蓋的大車，多用作軍車，便於載物。露，原訛"靈"，中華本據《通鑑》卷一三八《齊紀四》"武帝永明十一年"條改正。今從改。

［4］彭城：地名。即今江蘇徐州市，南齊時爲北魏攻占。

［5］顔幼明、劉思斅：二人皆南朝齊赴北魏的使節。　反命：指回國述職。

［6］壃埸（yì）之言：指道聽途説之言。壃，同"疆"。埸，田畔。

［7］赫怒：盛怒。原訛"恭恕"，中華本據各本改。今從改。

［8］華元、子反：二人皆春秋時人。據《左傳》宣公十五年載：楚將子反領軍圍宋，宋懼，使華元夜入楚師交涉。時已子夜，華元登上子反之牀，將子反喚起，向子反説：宋國雖然困難很多，但寧可戰到滅亡，也決不投降。如果楚軍肯退軍三十里，宋國願聽命於楚國。子反信其言，退兵三十里，雙方盟曰："我無爾詐，爾無我虞。"意思是雙方以誠相待，互不欺詐。

［9］子反之急：借指入侵之急。

是後宏亦欲南侵徐、豫，[1]於淮、泗間大積馬蒭。十一年，[2]遣露布并上書，[3]稱當南寇。世祖發揚、徐州民丁，廣設召募。北地人支酉，[4]聚數千人，於長安城北西山起義。[5]遣使告梁州刺史陰智伯。[6]秦州人王度人起義應酉，[7]攻獲僞刺史劉藻，[8]秦、雍間七州民皆響震，[9]衆至十萬，各自保壁，[10]望朝廷救其兵。宏遣弟僞河南王幹、尚書盧陽烏擊秦、雍義軍，[11]幹大敗。西迎戰，進至咸陽北濁谷，[12]圍僞司空長洛王繆老生，[13]合戰，又大破之，老生走還長安。梁州刺史陰智伯遣軍主席德仁、張弘林等數千人應接西等，進向長安，所至皆靡。[14]

[1]徐、豫：指南齊北徐州（治所在今安徽鳳陽縣）和豫州（治所在今安徽壽縣）。

[2]十一年：指齊武帝永明十一年（493），即北魏孝文帝太和十七年。按，是年七月，魏"中外戒嚴"，"發露布及移書，稱當南伐"。詳見《通鑑》卷一三八《齊紀四》"武帝永明十一年"條。

[3]遣露布并上書：《通鑑》卷一三八作"發露布及移書"。胡三省注："魏主今露其事以布告四方，故亦曰露布；移書，則移書於齊境也。"宋元樞《通鑑紀事本末》卷二〇《魏遷洛陽》："齊武帝永明十一年，魏主以平城地寒，六月雨雪，風沙常起，將遷都洛陽。恐群臣不從，乃議大舉伐齊，欲以脅衆。"

[4]北地：郡名。魏孝文帝太和十一年（487）改置班州，治所在今甘肅寧縣。　支酉：不詳，當爲當地土人。

[5]西山：《通鑑》卷一三八作"石山"，胡三省注："石山當在長安城東北，有敷谷，敷水出焉，北流注于渭。"

[6]遣使告梁州刺史陰智伯：指西山起義者遣使告知齊梁州刺史。《通鑑》卷一三八胡三省注："欲邀結齊師以爲應援。"梁州，州名。治漢中郡，在今陝西漢中市。陰智伯，其事不詳。

[7]秦州：治上邽縣，在今甘肅天水市。當時爲北魏占領。　王度人：《通鑑》卷一三八作"王廣"。

[8]劉藻：字彦先，原仕南齊，後投北魏，任秦州刺史。《魏書》卷七〇、《北史》卷四五並有傳。

[9]七州：《通鑑》卷一三八胡三省注："雍、岐、秦、南秦、

涇、邠、華也。”

[10]各自保壁：《通鑑》卷一三八作“各守堡壁，以待齊救”。

[11]河南王幹：字思直，魏孝文帝第三弟，初封河南王，後改封趙郡王。《魏書》卷二一上有傳。　盧陽烏：盧淵，字伯源，小字陽烏。仕魏，受孝文帝愛重，累居顯職。《魏書》卷四七、《北史》卷三〇並有傳。　秦、雍："秦"原訛"泰"，中華本據各本改。今從改。

[12]濁谷：河名。即今陝西中部石川河支流濁谷河。

[13]長洛王：《魏書》作“長樂王”。　繆老生：《魏書》作穆亮，字幼輔，初字老生。仕魏，拜駙馬都尉，尋遷司空。《魏書》卷二九、《北史》卷二〇並有傳。中華本校勘記云：“按‘繆老生’《通鑑》齊武帝永明十一年作‘穆亮’。《考異》云：‘《齊書》穆亮作繆老生，今從《魏書》’。”

[14]所至皆靡：高敏《〈南齊書·魏虜傳〉書後》云：“關於太和年間的這次北地人支酉與秦州人王度人的大起義，聲勢如此巨大，連敗北魏的河南王拓跋幹及長洛王繆老生等所率北魏軍隊，奪得咸陽、長安一帶作爲義軍據點，秦、雍七州之人大爲震動。永明十一年（493），恰是孝文帝太和十七年，《魏書》卷七下《高祖紀下》亦云，太和十七年八月己丑，‘車駕發京師，南伐，步騎百餘萬’，對江南的蕭齊政權形成了極大威脅，然而正在這緊急關頭，由於有北地人支酉及秦州人王度人等的起義，使得孝文帝也感到‘關中危急’。恰好在這時蕭齊政權的齊武帝去世，於是孝文帝……借此機會取消南伐蕭齊的大計，把注意力轉移到了鎮壓關中的支酉及王度人等起義軍上。由此可見，這次起義，對北魏政權來説是一次致命打擊；對南朝政權來説，無異於挽救了蕭齊政權的累卵之危。其意義重大，影響之深遠，無論怎麽估計，恐怕也不爲過。然而，對如此重大事件，《魏書·高祖紀下》太和十七年條，隻字未提及……因此，關於這次起義的詳細記載，實出於《南齊書·魏虜傳》，則《魏虜傳》史料價值之重大，僅此一例，就可見其不可忽

視了。”（《魏晋南北朝史發微》，第293—294頁）

會世祖崩，[1]宏聞關中危急，[2]乃稱聞喪退師。太和十七年八月，使持節、安南大將軍、都督徐青齊三州諸軍事、南中郎將、徐州刺史、廣陵侯府長史、帶淮陽太守鹿樹生移齊兗州府長史府：[3]“奉被行所尚書符騰詔：[4]‘皇師雷舉，[5]摇旆南指，誓清江祲，[6]志廓衡靄。[7]以去月下旬，濟次河洛。會前使人邢巒等至，[8]審知彼有大艾。[9]以《春秋》之義，聞喪寢伐。[10]爰敕有司，輟鑾止軔，休馬華陽，[11]戢戈嵩北。[12]便肇經周制，[13]光宅中區，永皇基于無窮，恢盛業乎萬祀。宸居重正，[14]鴻化增新，四海承休，莫不銘慶。’故以往示如律令。”并遣使弔國諱。遣僞大將楊大眼、張聰明等數萬人攻西，[15]酉、廣等並見殺。[16]

[1]會世祖崩：指齊武帝蕭賾於永明十一年（493）秋七月駕崩。

[2]宏聞關中危急：指魏主元宏得知上述支酉、王廣（度人）等在關中起義事。李文才《南北朝時期益梁政區研究》第五章《南齊治下的益、梁地區》：“支酉等人在關中變亂勢盛，長安危急，於是魏孝文帝便命拓跋幹等人班師，先回關中對付支酉的變亂。其時適逢南齊武帝蕭賾駕崩，於是便以‘禮不伐喪’爲名而班師……《南齊書》卷五七《魏虜傳》所云‘會世祖崩，宏聞關中危急，乃稱聞喪退師’，可謂得一語道破其真諦。”（商務印書館2002年版，第272—273頁）

[3]使持節：君主授予臣下權力的方式之一。節代表君主的特殊命令，魏晋以後多授予刺史或總軍戎者。分使持節、持節、假節

三等，權力大小有别。使持節爲上，得殺二千石以下；持節次之，限殺無官位的人，若在軍事時期，則權力與使持節同；假節最下，唯在軍事時期得殺犯軍令者。　安南大將軍：北魏爲褒賞功勛大臣的最高加號。位從公秩一品。　南中郎將：武官名。掌外兵。秩從二品。　廣陵侯：元衍，字安樂，魏孝文帝叔祖父，賜爵廣陵侯。曾爲使持節、安南大將軍、都督徐青齊三州軍事、南中郎將、徐州刺史。《魏書》卷一九上有傳。　鹿樹生：爲廣陵侯府屬官，帶（兼任）淮陽郡太守。淮陽郡，治所在今江蘇淮安市西南。　移：古代古文體之一。多用於不相統屬的官署之間，以通報有關事宜。

［4］行所：行在所，指皇帝所在之地。　騰詔：傳詔。

［5］雷舉：形容迅猛出動。中華本校勘記云："'雷'毛本、殿本、局本作'電'。"

［6］江：指長江。

［7］衡：指南嶽衡山。

［8］邢巒：字洪賓，河間人，仕魏，見重於孝文帝，使於齊，後拜中書侍郎。《魏書》卷六五、《北史》卷四三並有傳。

［9］大艾：指大喪，國喪。

［10］聞喪寢伐：典出《左傳》襄公四年："三月，陳成公卒。楚人將伐陳，聞喪乃止。"孔穎達疏："聞喪而還，禮也，是軍禮不伐喪。"

［11］華陽：泛指華山之陽。

［12］嵩北：泛指嵩山之北。

［13］便肇經周制：此言北魏乃繼承周代以仁義治天下的王道。

［14］宸居：原作"辰居"，中華本據各本改，並按曰："宸居，帝王之居也。帝居北辰宮，故從'宀'從'辰'，見《正字通》。"今從改。

［15］楊大眼：氐族人，勇武過人，仕魏。《魏書》卷七三、《北史》卷三七並有傳。

［16］酉、廣等並見殺：中華本校勘記云："張森楷《校勘記》

云：上有秦州人王度人起義應支酉，疑此‘廣’係‘度’字之訛。”今按，王廣即王度人，不訛。酉、廣見殺事，《通鑑》卷一三八《齊紀四》“武帝永明十一年”條所記有異，謂：“酉等進向長安，盧淵、薛胤等拒擊，大破之，降者數萬口。淵唯誅首惡，餘悉不問，獲酉、廣，並斬之。”

隆昌元年，[1]遣司徒參軍劉斆、車騎參軍沈宏報使至北。[2]宏稱字玄覽。其夏，虜平北將軍魯直清率衆降，[3]以爲督洛州軍事，[4]領平戎校尉、征虜將軍、洛州刺史。[5]是歲，宏徙都洛陽，改姓元氏。[6]初，匈奴女名托跋，妻李陵，[7]胡俗以母名爲姓，故虜爲李陵之後，虜甚諱之，有言其是陵後者，輒見殺，至是乃改姓焉。[8]

[1]隆昌：齊鬱林王年號，亦即北魏太和十八年。

[2]遣司徒參軍劉斆、車騎參軍沈宏報使至北：指南齊派遣司徒府參軍劉斆與車騎將軍府參軍沈宏出使北魏。

[3]平北將軍：爲榮譽加號。

[4]洛州：北魏太和十一年（487）以荆州改名。治上洛縣，在今陝西商洛市。

[5]領：官職任用術語，指正職以外别領兼任的官職。　平戎校尉：防邊武官。

[6]改姓元氏：《魏書》卷七下《高祖紀下》：“（太和）二十年春正月丁卯，詔改姓爲元氏。”又《通鑑》卷一四〇《齊紀六》“明帝建武三年”條：“魏主下詔，以爲：‘北人謂土爲拓，后爲跋。魏之先出於黄帝，以土德王，故爲拓跋氏。夫土者，黄中之色，萬物之元也，宜改姓元氏。諸功臣舊族自代來者，姓或重複，皆改

之。'於是始改拔拔氏爲長孫氏，達奚氏爲奚氏，乙旃氏爲叔孫氏，丘穆陵氏爲穆氏，步六孤氏爲陸氏，賀賴氏爲賀氏，獨孤氏爲劉氏，賀樓氏爲樓氏，勿忸于氏爲于氏，尉遲氏爲尉氏；其餘所改，不可勝紀。"按，本書則記魏改拓跋氏爲元氏乃在隆昌元年（494），即魏孝文帝太和十八年。高敏《〈南齊書·魏虜傳〉書後》考定，魏孝文改姓與遷都洛陽爲同一年，即太和十八年。高氏以爲《南齊書》所記正確，可證《魏書》之訛，《通鑑》所記乃據《魏書》，不足爲證。（《魏晋南北朝史發微》，第288—291頁）

[7]李陵：字少卿，漢名將李廣之孫，武帝時任騎都尉，與匈奴戰敗投降。《史記》卷一〇九、《漢書》卷五四並有傳。

[8]至是乃改姓焉：以上事，《吕思勉讀史札記》丙帙《魏晋南北朝·論魏史之誣》："魏在天興以前，既無帝制自爲之意，自不敢妄託於古之帝王，故《宋》、《齊書》謂其自託於李陵，説必不妄。托跋氏當時，得此已爲褒矣。《齊書》云：'虜甚諱之，有言其是陵後者輒見殺。'蓋先嘗以是自誇，傳播頗廣。既以黄帝之後自居，則又欲諱其説；然傳播既廣，其勢不可卒止，乃又一怒而濫殺以立威也；可惡亦可笑矣。"（第935—936頁）

宏聞高宗踐阼非正，[1]既新移都，兼欲大示威力。是冬，自率大衆分寇豫、徐、司、梁四州。[2]遣僞荆州刺史薛真度、尚書郗祁阿婆出南陽，[3]向沙堨，[4]築壘開溝，爲南陽太守房伯玉、新野太守劉思忌所破。[5]

[1]宏聞高宗踐阼非正：指齊明帝（高宗）蕭鸞先殺鬱林王蕭昭業，立海陵王蕭昭文，尋又廢海陵王自立爲帝。蕭鸞乃齊高帝蕭道成之侄，非嫡傳，故北魏謂其"踐阼非正"，借口出兵南征。

[2]豫、徐、司、梁：皆州名。治所分别在今安徽壽縣、鳳陽，河南信陽，陝西漢中。

[3]薛真度：初仕宋，後降魏。太和中賜爵河北侯，隨孝文南征，除平南將軍、荆州刺史。《魏書》卷六一、《北史》卷三九並有傳。

[4]沙堨：地名。在今河南南陽市西白河上。《通鑑》卷一三九《齊紀五》“明帝建武元年”條，胡三省注：“堨，壅也。聚沙以壅水，故以爲地名。”

[5]房伯玉：先仕魏，坐事南奔投齊，齊明帝拜爲南陽太守，終又返魏。《魏書》卷四三有附傳。　新野：郡名。治所在今河南新野縣。

建武二年春，[1]高宗遣鎮南將軍王廣之出司州，[2]右僕射沈文季出豫州，[3]左衛將軍崔慧景出徐州。[4]宏自率衆至壽陽，軍中有黑氈行殿，容二十人坐，輦邊皆三郎曷剌真，[5]槊多白真毦，[6]鐵騎爲群，前後相接。步軍皆烏楯槊，綴接以黑蝦蟆幡。牛車及驢駱駝載軍資妓女，三十許萬人。不攻城，[7]登八公山，[8]賦詩而去。別圍鍾離城，[9]徐州刺史蕭惠休、輔國將軍申希祖拒守，[10]出兵奮擊，宏衆敗，多赴淮死。乃分軍據邵陽州，[11]栅斷水路，夾築二城。右衛將軍蕭坦之遣軍主裴叔業攻二城，[12]拔之。惠休又募人出燒虜攻城車，虜力竭不能剋。

[1]建武：齊明帝年號。建武二年（495）即北魏太和十九年。

[2]高宗：齊明帝廟號。本書卷六有紀。　王廣之：字林之，勇武出衆。歷仕南朝宋、齊，官至鎮南將軍（榮譽加號）、江州刺史。本書卷二九、《南史》卷四六並有傳。

[3]右僕射：尚書省官，與左僕射同襄尚書令治理政務。秩三

品。　沈文季：字仲達，歷仕南朝宋、齊，官至尚書右僕射。本書卷四四、《南史》卷三七有傳。

[4]左衛將軍：禁衛軍官。掌宿衛營兵。秩三品。　崔慧景：字君山，歷仕南朝宋、齊，官至冠軍將軍、豫州刺史。本書卷五一、《南史》卷四五有傳。

[5]三郎曷刺真：不詳。

[6]槊多白真毦（ěr）：用白鷺羽毛做的氈類裝飾物。朱季海《校議》云："白真毦者，謂以真白鷺羽毛爲槊毦也。"（第131頁）

[7]不攻城：《通鑑》卷一四〇《齊紀六》"明帝建武二年"條作："魏主遣使呼城中人，豐城公遥昌使崔慶遠出應之。慶遠問師故，魏主曰：'固當有故……齊主何故發立……武帝子孫，今皆安在？'慶遠曰：'七王同惡，已伏管、蔡之誅；其餘二十餘王，或内列清要，或外典方牧。'魏主曰：'卿主若不忘忠義，何以不立近親，如周公之輔成王，而自取之乎？'慶遠曰：'成王有亞聖之德，故周公得而相之。今近親皆非成王之比，故不可立。且霍光亦捨武帝近親而立宣帝，唯其賢也。'魏主曰：'霍光何以不自立？'慶遠曰：'非其類也。主上正可比宣帝，安得比霍光！若爾，武帝伐紂，不立微子而輔之，亦爲苟貪天下乎？'魏主大笑曰：'朕來問罪。如卿所言，便可釋然。'慶遠曰：'見可而進，知難而退，聖人之師也。'魏主曰：'卿欲吾和親，爲不欲乎？'慶遠曰：'和親則二國交歡，生民蒙福；否則二國交惡，生民塗炭。和親與否，裁自聖衷。'魏主賜慶遠酒殽、衣服而遣之。"

[8]八公山：山名。在今安徽壽縣西北。前秦苻堅南侵，東晋謝玄攔擊於淝水，堅望八公山上草木，以爲晋兵，大敗，即此處。

[9]鍾離：縣名。治所在今安徽鳳陽縣東北臨淮。

[10]蕭惠休：仕齊，官至輔國將軍、徐州刺史。本書卷四六、《南史》卷一八有傳。　申希祖：仕齊，曾任交州刺史、兖州刺史、司州刺史。

[11]邵陽州：邵陽洲，在今安徽鳳陽縣東北淮河中。北魏攻鍾

離不剋，乃築二城堡於邵陽洲南北兩岸，樹栅水中，以斷淮河水路，阻止南齊援兵。詳見《通鑑》卷一四〇《齊紀六》“明帝建武二年”條。

[12]蕭坦之：齊明帝心腹，官至右衛將軍抗魏立功，遷領軍將軍。本書卷四二、《南史》卷四一有傳。　裴叔業：歷仕南朝宋、齊，多立戰功，後投魏。本書卷五一、《魏書》卷七一有傳。

王奂之誅，[1]子肅奔虜，[2]宏以爲鎮南將軍、南豫州刺史。遣肅與劉昶號二十萬衆，圍義陽。[3]司州刺史蕭誕拒戰，[4]虜築圍塹栅三重，[5]燒居民浄盡，并力攻城，城中負楯而立。[6]王廣之都督救援，虜遣三萬餘人逆攻太子右率蕭季敞於下梁，[7]季敞戰不利。司州城内告急，王廣之遣軍主黄門侍郎梁王間道先進，[8]與太子右率蕭誄、輔國將軍徐玄慶、荆州軍主魯休烈據賢首山，[9]出虜不備。城内見援軍至，蕭誕遣長史王伯瑜及軍主崔恭祖出攻虜栅，[10]因風放火，梁王等衆軍自外擊之，昶、肅棄圍引退，追擊破之。

[1]王奂：字彦孫，仕齊，官至尚書左僕射，鎮北將軍，雍州刺史。齊武帝永明十一年（493），王奂因濫殺無辜而獲罪被誅。本書卷四九、《南史》卷二三有傳。

[2]肅：王肅，字恭懿。先仕齊，官至太子舍人、秘書監。因父奂被誅，肅投奔魏，見重於孝文帝，頻有升遷。《魏書》卷六三、《北史》卷四二有傳。“肅”原訛“蕭”，中華本據各本改。今從改。

[3]義陽：縣名。治所在今河南信陽市北。

[4]蕭誕：字彦偉，齊宗室。本書卷四二有附傳。“誕”原訛

"挺"，中華本據各本及《蕭諶傳》改。今從改。

[5]壍："塹"的異體字。

[6]負楯而立：《通鑑》卷一四〇《齊紀六》"明帝建武二年"條，胡三省注："攻城甚急，矢石交至，故負楯而立以自蔽。"

[7]蕭季敞：齊宗室，粗猛無行。官至輔國將軍，太子右率。傳見《南史》卷四一《齊宗室傳》。　下梁：指下梁城，在今河南信陽市東南。

[8]梁王：指梁武帝蕭衍。齊明帝時，蕭衍官給事黄門侍郎。參見《梁書》卷一《武帝紀上》。

[9]太子右率蕭誄：蕭誕從弟，事迹附本書卷四二《蕭諶傳》。又中華本校勘記云："'蕭誄'原訛'肅誅'，各本作'蕭詸'，'詸'字亦訛，今據《通鑑》齊明帝建武二年改正……'太子右率'《蕭諶傳》作'太子左率'。"按，太子左右率，掌護衛太子。《唐六典》卷二八："齊左右衛率，武冠絳朝服，品第五，秩千石。"　賢首山：山名。在今河南信陽市西南。爲守義陽城的戰略要地。

[10]崔恭祖：仕齊，驍勇善戰。事迹附本書卷五一《崔慧景傳》。按，崔恭祖等攻虜栅事詳見《通鑑》卷一四〇。

輔國將軍桓和出西陰平，[1]僞魯郡公郯城戍主帶莫樓、爲東海太守江道僧設伏路側，[2]和與合戰，大敗之。青、徐民降者百餘家。青、冀二州刺史王洪範遣軍主崔延攻虜紀城，[3]並拔之。宏先又遣僞尚書盧陽烏、華州刺史韋靈智攻赭陽城，[4]北襄城太守成公期拒守。[5]虜攻城百餘日，設以鉤衝，[6]不捨晝夜，期所殺傷數千人。臺又遣軍主垣歷生、蔡道貴救援，[7]陽烏等退，官軍追擊破之。夏，虜又攻司州櫟城二戍，[8]戍主魏僧岷、朱僧起拒敗之。

[1]桓和：歷仕齊、梁，在齊曾任青、冀二州刺史，入梁曾任兖州刺史、楚州刺史。　西陰平：陰平縣，治所在今山東微山縣西北微山湖東岸。

[2]郯城：郯邑，治所在今山東兖州市西。　帶莫樓：人名。其事不詳。　東海：郡名。有多處，北魏設置的東海郡，治所在今江蘇宿遷市北。

[3]王洪範：歷仕南朝宋、齊，齊明帝時任青冀二州刺史，有政績。《南史》卷七〇有傳。　紀城：古紀國城，在今山東壽光市南紀臺村。

[4]華州：州名。北魏太和十一年（487）置，治所在今陝西蒲城縣東北。　韋靈智：韋珍，字靈智，見重於孝文帝，累立戰功受獎。《魏書》卷四五、《北史》卷二六並有傳。　赭陽城：指赭陽縣城，在今河南方城縣東。

[5]北襄城：郡名。治所在赭陽城。

[6]鉤衝：鉤梯。古代攻城戰具。《詩·大雅·皇矣》："以爾鉤援，與爾臨衝，以伐崇墉。"毛亨傳："鉤，鉤梯也，所以鉤引上城者。"

[7]垣歷生：歷仕南朝宋、齊，拜驍騎將軍。本書卷二八有附傳。中華本校勘記云："'垣'原訛'桓'，今據南監本改正。按垣歷生，垣榮祖之從弟，見《垣榮祖傳》。"　蔡道貴：與垣歷生同時以勇武著稱，"拳勇秀出，當時以比關羽、張飛"。見《南史》卷四四《文惠太子長懋傳》。

[8]司州櫟城二戍：二戍均在今河南信陽市北。

僞安南將軍、梁州刺史魏郡王元英十萬餘人通斜谷，[1]寇南鄭。[2]梁州刺史蕭懿遣軍主姜山安、趙超宗等數軍萬餘人，[3]分據角弩、白馬、沮水拒戰，[4]大敗。英進圍南鄭，土山衝車，[5]晝夜不息。懿率東從兵二千餘人固守拒戰，隨手摧却。英攻城自春至夏六十餘日不下，死傷甚衆，軍中糧盡，擣麴爲食，畜菜葉直千錢。懿先遣軍主韓嵩等征獠，[6]回軍援州城，至黄牛川，[7]爲虜所破。懿遣氐人楊元秀還仇池，[8]説氐起兵斷虜運道，氐即舉衆攻破虜歷城、睪蘭、駱谷、仇池、平洛、蘇勒六戍。[9]僞尚書北梁州刺史辛黑末戰死。[10]英遣軍副仇池公楊靈珍據泥公山，[11]武興城主楊集始遣弟集朗與歸國氐楊馥之及義軍主徐曜甫迎戰於黄亘，[12]大敗奔歸。時梁州土豪范凝、梁季群於家請英設會，伏兵欲殺英，事覺，英執季群殺之，凝竄走。英退保濁水，[13]聞氐衆盛，與楊靈珍復俱退入斜谷，會天大雨，軍馬含漬，[14]截竹煮米，於馬上持炬炊而食。[15]英至下辨，[16]靈珍弟婆羅阿卜珍反，襲擊，英衆散，射中英頰。僞陵江將軍悦楊生領鐵騎死戰救之，得免。梁、漢平。武都太守杜靈瑗、奮武將軍望法憘、寧朔將軍望法泰、州治中皇甫耽並拒虜戰死。[17]追贈靈瑗、法憘羽林監，[18]法泰積射將軍。[19]

[1]元英：北魏太武帝拓跋燾之孫，字虎兒，文武兼優，封魏郡王。孝文時，累統兵南征加安南將軍。《魏書》卷一九下、《北史》卷一八並有傳。　斜谷：地名。在今陝西眉縣西南。

[2]南鄭：邑名。即今陝西漢中市。按，北魏攻齊南鄭在齊明帝建武二年（495），即魏孝文帝太和十九年。

[3]蕭懿：字元達，梁武帝蕭衍長兄。曾仕齊，有武功，官至梁州刺史、尚書令。《南史》卷五一並有傳。　姜山安、趙超宗：《通鑑》卷一四〇《齊紀六》“明帝建武二年”條作：“梁州刺史蕭

懿遣部將尹紹祖、梁季群等將兵二萬，據險，立五栅以拒之。”

［4］角弩：角弩谷，在今陝西略陽縣西。　白馬：山名。爲南鄭西北要衝。　沮水：有多處，此當指今陝西涇河與黄河之間的沮河，地近南鄭。按，此處《通鑑》卷一四〇作：“（元）英曰：‘彼帥賤，莫相統壹，我選精卒并攻一營，彼必不相救；若克一營，四營皆走矣。’乃引兵急攻一營，拔之，四營俱潰，生擒梁季群，斬三千餘級，俘七百餘人，乘勝長驅，進逼南鄭。懿又遣其將姜脩擊英，英掩擊，盡獲之。”

［5］土山：臨時堆積的小山，用以攻城。　衝車：古戰車，用以衝城攻堅。

［6］獠：中國古代少數民族名。分布於西疆。

［7］黄牛川：地名。在今陝西勉縣西。

［8］楊元秀：前氐王楊後起從子，隨後起在齊高帝時歸附，因戰功進號征虜將軍。其事迹見本書卷五九《氐傳》。　仇池：山名。在今甘肅西和縣，爲古氐族聚居地。

［9］歷城：此指今寧夏陶樂鎮南古歷城。　駱谷：駱谷城，今甘肅西和縣西南的洛峪城。　平洛：平洛城，在駱谷城南。

［10］北梁州：治所在北梁郡考陽縣，即今河南民權縣。

［11］楊靈珍：氐人，氐王楊難當之後。先附北魏，後又投順南齊。事迹見本書卷五九《氐傳》、《魏書》卷一〇一《氐傳》。　泥公山：山名。在今甘肅成縣西南。

［12］武興：城名。即今陝西略陽縣。　楊集始：氐人，繼其父文度爲武興王。楊靈珍襲破武興，集始歸降南齊，後又投北魏。事迹見前注二書。　楊馥之：氐人，聚義衆歸齊，初封爲氐王。事迹見前注二書。　黄亘：地名。不詳，當在甘肅境内。

［13］濁水：城名。在今甘肅成縣西南。

［14］含漬：浸泡於水中。朱季海《校議》云：“《廣韵・二十二覃》：‘含，胡南切二十二’有‘涵，水澤多皃’，‘㴼，船没’。此云含漬，音義與涵、㴼通。”（第130頁）

[15]截竹煮米，於馬上持炬炊而食：《通鑑》卷一四〇作“士卒截竹貯米，執炬火於馬上炊之”。中華本校勘記：“‘食’字下《御覽》三百二十引有‘之’字。”按其後《通鑑》云：“先是，懿遣人誘説仇池諸氐，使起兵斷英運道及歸路。英勒兵奮擊，且戰且前，矢中英頰，卒全軍還仇池。”

[16]下辨：縣名。治所在今甘肅成縣西。

[17]武都：郡名。治所在今甘肅西和縣南。

[18]羽林監：禁衛軍官名。秩五品。

[19]積射將軍：禁衛軍官名。秩四品。

時僞洛州刺史賈異寇甲口，[1]爲上洛太守李静所破。三年，[2]虜又攻司州櫟城，[3]爲戍主魏僧岷所拒破。秋，虜遣軍襲漣口，[4]東海太守鄭延祉棄西城走，[5]東城猶固守，臺遣冠軍將軍兖州刺史徐玄慶救援，[6]虜引退，延祉伏罪。

[1]甲口：指上洛郡（在今陝西洛南縣，一説商州市）内的甲水之口。

[2]三年：指齊明帝建武三年（496），亦即北魏太和二十年。

[3]櫟城：地名。在今河南新蔡縣西北。

[4]漣口：地名。在今江蘇漣水縣。

[5]東海：郡名。南朝宋僑置，治所在今江蘇漣水縣。

[6]徐玄慶：仕齊，任兖州、徐州等州刺史，加冠軍將軍。見本書卷六《明帝紀》。

初，僞太后馮氏兄昌黎王馮莎二女，[1]大馮美而有疾，爲尼，小馮爲宏皇后，生僞太子詢。[2]後大馮疾差，宏納爲昭儀。宏初徙都，詢意不樂，思歸桑乾。[3]宏制衣冠與之，[4]詢竊毀裂，解髮爲編服左衽。[5]大馮有寵，日夜讒詢。宏出鄴城馬射，[6]詢因是欲叛北歸，密選宮中御馬三千疋置河陰渚。[7]皇后聞之，[8]召執詢，馳使告宏，宏徙詢無鼻城，[9]在河橋北二里，[10]尋殺之，以庶人禮葬。立大馮爲皇后，[11]便立僞太子恪，[12]是歲，僞太和二十年也。[13]

[1]馮氏：指北魏孝文帝祖母文明太后馮氏。　馮莎：馮熙，孝文岳父，封昌黎王。按，文明太后欲家氏貴寵，乃簡熙二女俱入宮掖，爲孝文后妃。

[2]詢：孝文長子，初立爲太子。後因反對其父遷都洛陽，改變舊制，欲叛逃北都自立，事敗被廢。《魏書》卷二二有傳，詢作“恂”。

[3]桑乾：河名。流經山西代縣，此處用以借指北魏故都平城。

[4]宏制衣冠：指漢制禮服冠冕。按，孝文再三詔令政體、禮儀、服飾、語言均學漢制，禁止士民胡服。

[5]解髮爲編服左衽：指魏太子詢堅持維護胡地舊俗，結髮爲辮，衣襟向左。

[6]鄴城：鄴郡城，治所在今河南安陽市。按，《通鑑》卷一四〇《齊紀六》“明帝建武三年”條謂“嵩高”，即今河南登封市。

[7]河陰：縣名。在今河南洛陽市東北。按，《通鑑》卷一四〇作“召牧馬輕騎奔平城”。

[8]皇后聞之：此皇后乃爲大馮。大馮疾愈，帝思之復迎入宮，初拜左昭儀，後廢小馮皇后，立大馮爲皇后。詳見《通鑑》卷一四〇。

[9]無鼻城：《通鑑》卷一四〇胡三省注：“《水經》：溴水出河内軹縣原山，南流注于河水，東有無辟邑，謂之無鼻城。”按，城

在河南孟州市東。又按，魏太子詢事《通鑑》卷一四〇記之較詳："魏太子恂（即詢）不好學，體素肥大，苦河南地熱，常思北歸……八月，戊戌，帝如嵩高，恂與左右密謀，召牧馬輕騎奔平城，手刃道悅於禁中，中領軍元儼勒門防遏，入夜乃定。詰旦，尚書陸琇馳以啓帝。帝大駭……入宫，引見恂，數其罪，親與咸陽王禧更代杖之百餘下，扶曳出外，囚於城西，月餘乃能起……廢恂爲庶人，置於河陽無鼻城，以兵守之，服食所供，粗免飢寒而已。"又《通鑑》卷一四一《齊紀七》"明帝建武四年"云："御史中尉李彪密表恂復與左右謀逆，魏主使中書侍郎邢巒與咸陽王禧奉詔齎椒酒詣河陽，賜恂死，斂以粗棺、常服，瘞於河陽。"

［10］河橋：西晋建，在今河南孟州市西南、孟津縣東北黄河上。

［11］立大馮爲皇后：指太和二十年（496）七月，廢小馮皇后，立大馮（昭儀）爲皇后。詳見《通鑑》卷一四〇。

［12］恪：孝文帝次子。後繼孝文爲帝，即世宗宣武皇帝。《魏書》卷八有紀。

［13］僞太和二十年也：高敏《〈南齊書·魏虜傳〉書後》云："這段記載，覈之《魏書》及《北史》有關紀、傳，除元恂誤作元詢、昌黎王馮熙誤作馮莎，及元恪之立爲太子在太和二十一年，非太和二十年，《魏書》卷七下《高祖紀下》有明確記載外，其餘均與《魏書》及《北史》所載符合，可見其非得之傳聞。其中的'宏初徙都，詢意不樂，思歸桑乾。宏制衣冠與之，詢竊毁裂，解髮爲編服左衽'等語，爲《魏書》及《北史》所無；又'大馮有寵，日夜讒詢'等語，亦爲《魏書》及《北史》所缺。而此兩段記載，一個涉及元恂反對孝文帝的漢化政策，一個涉及大馮與小馮姐妹之間的矛盾，也是孝文幽皇后同太子元恂之間的矛盾鬥争的表現……因此《南齊書·魏虜傳》的上述記載，確可補《魏書》《北史》之缺漏。"（《魏晋南北朝史發微》，第287—288頁）

偽征北將軍恒州刺史鉅鹿公伏鹿孤賀鹿渾守桑乾，[1]宏從叔平陽王安壽戍懷栅，[2]在桑乾西北。渾非宏任用中國人，[3]與偽定州刺史馮翊公目鄰、安樂公托跋阿幹兒謀立安壽，[4]分據河北。[5]期久不遂，安壽懼，告宏。殺渾等數百人，[6]任安壽如故。

[1]恒州：州名。北魏置，治平城，在今山西大同市東北古城。伏鹿孤賀鹿渾：陸叡的舊名。叡字思弼，其先匈奴人。太和十六年（492）以功封鉅鹿郡開國公，任恒州刺史。其事迹附於《魏書》卷四〇《陸俟傳》。

[2]平陽王安壽：《魏書》作“陽平王頤”。　懷栅：懷朔鎮，在今内蒙古固陽縣西南，爲北魏六鎮之一。《魏書》作“朔州刺史”。以上均見《魏書》卷二七《穆泰傳》。

[3]中國人：指中原漢人。

[4]目鄰：胡人，本名石洛，魏孝文帝賜名穆泰。拜駙馬都尉，賜爵馮翊侯，進爵爲公，出爲定州刺史。《魏書》卷二七、《北史》卷二〇有傳。　托跋阿幹兒：魏宗族，改名元隆。其事迹見《魏書》卷一九中《任城王傳》。

[5]河北：泛指黄河以北。

[6]殺渾等數百人：此事經過《通鑑》卷一四一《齊紀七》“明帝建武四年”條敘云：“初，魏主遷都，變易舊俗，并州刺史新興公丕皆所不樂……太子恂自平城將遷洛陽，元隆與穆泰等密謀留恂，因舉兵斷關，規據陘北……（丕）心頗然之……魏主至平城，引見穆泰、陸叡之黨問之，無一人稱枉者……穆泰及其親黨皆伏誅。”胡三省注：“（《南齊書》）與《魏書》名姓全不同，今從《魏書》。”

先是偽荆州刺史薛真度、尚書郄祁阿婆爲房伯玉所破,[1]宏怒，以南陽小郡，誓取滅之。[2]四年，自率軍向雍州。[3]宏先至南陽，房伯玉嬰城拒守。[4]宏從數萬騎，罩黄繖,[5]去城一里。遣僞中書舍人公孫雲謂伯玉曰:[6]“我今蕩一六合，與先行異。[7]先行冬去春還，不爲停久；今誓不有所剋，終不還北，停此或三五年。卿此城是我六龍之首,[8]無容不先攻取。遠一年，中不過百日，近不過一月，非爲難殄。若不改迷，當斬卿首，梟之軍門。闔城無貳，幸可改禍爲福。但卿有三罪，今令卿知。卿先事武帝,[9]蒙在左右，不能盡節前主，而盡節今主，此是一罪。[10]前歲遣偏師薛真度暫來此,[11]卿遂破傷，此是二罪。武帝之胤悉被誅戮,[12]初無報效，而反爲今主盡節，違天害理,[13]此是三罪。[14]不可容恕。聽卿三思，勿令闔城受苦。”伯玉遣軍副樂稚柔答曰:“承欲見攻圍，期於必剋，卑微常人，得抗大威，真可謂獲其死所。先蒙武帝採拔,[15]賜預左右，犬馬知恩，寧容無感。但隆昌延興,[16]昏悖違常，聖明纂業，家國不殊。此則進不負心，退不愧幽。前歲薛真度導誘邊氓，遂見陵突，既荷國恩，聊耳撲掃。[17]回己而言,[18]應略此責。”[19]宏引軍向城南寺前頓止，從東南角溝橋上過，伯玉先遣勇士數人著斑衣虎頭帽,[20]從伏竇下忽出，宏人馬驚退，殺數人，宏呼善射將原靈度射之，應弦而倒。宏乃過。宏時大舉南寇，僞咸陽王元憘、彭城王元勰、常侍王元嵩、寶掌王元麗、廣陵侯元燮、都督大將軍劉昶、王肅、楊大眼、奚康生、長孫稚等三十六軍,[21]前後相繼，衆號百萬。其諸王軍朱色鼓，公侯緑色鼓，伯子男黑色鼓，並有鼙角，吹脣沸地。[22]

[1]荆州刺史薛真度：原仕齊，隨其叔薛安都降魏，爲魏攻齊出謀獻策，深得孝文帝賞識，封敷西縣開國公。《魏書》卷六一、《北史》卷三九有傳。　郄祁阿婆：其事不詳。　爲房伯玉所破：《通鑑》卷一四一《齊紀七》“明帝建武四年”條，胡三省注：“此謂去年沙堨之敗也。”按，此指明帝建武元年（494）十一月魏遣薛真度攻南陽，南陽太守房伯玉拒之，戰於城外沙堨，薛軍敗退。

[2]誓取滅之：《通鑑》卷一四一《齊紀七》“明帝建武四年”條作：“志必滅之，遂引兵向襄陽。”中華本校勘記云：“‘取’南監本、局本作‘欲’。”

[3]雍州：州名。治所在今山西永濟市西南。

[4]房伯玉嬰城拒守：《通鑑》卷一四一作：“辛丑，魏主留諸將攻赭陽，自引兵南下；癸卯，至宛，夜襲其郛，克之。房伯玉嬰内城拒守。”

[5]黄繖：黄傘，黄羅傘蓋。皇帝儀仗之一。

[6]中書舍人：中書通事舍人，中書省官。掌呈奏案章。秩七品。　公孫雲：《魏書》作“公孫延景”（見卷四三《房伯玉傳》）。《通鑑》卷一四一則作“孫延景”。

[7]先行：《通鑑》卷一四一作：“非如曏時冬來春去。”原作“先後行”，中華本據各本删去“後”字。今從改。

[8]六龍：引申指帝王統一天下之大業。《易・乾》：“大明終始，六位時成，時乘六龍以御天。”孔穎達疏：“乾元乃統天之義，言乾之爲德，以依時乘駕六爻之陽氣，以控御於天體。”

[9]武帝：指齊武帝蕭賾。按，房伯玉由魏投齊，事齊武帝。

[10]不能盡節前主，而盡節今主，此是一罪：前主，指齊武帝蕭賾。今主，指齊明帝蕭鸞。按，《通鑑》卷一四一此處作：“不能建忠致命，而盡節於其讎。”胡三省注：“明帝夷滅武帝子孫，故謂

之讎。"《魏書》卷四三《房伯玉傳》作："卿早蒙蕭賾殊常之眷，曾不懷恩，報以塵露。蕭鸞妄言入繼道成，賾子無孑遺。卿不能建忠於前君，方立節於逆豎。"

[11]前歲遣偏師薛真度暫來此：此指齊明帝建武元年（494）北魏遣荆州刺史薛真度南征遭創事。見前注。

[12]被：原作"破"，從中華本改。

[13]害：原作"召"，從中華本改。

[14]此是三罪：第三罪《魏書》卷四三作："今鑾旆親戎，清一南服，不先面縛，待罪麾下，卿之罪三。"

[15]採拔：提拔。原作"徒採"，中華本據南監本、殿本、局本改正。今從改。

[16]隆昌延興：代指齊鬱林王蕭昭業、齊恭王蕭昭文。二人均被蕭鸞廢殺。

[17]聊耳：朱季海《校議》云："此以耳爲'爾'。《紀僧真傳》：'我意不欲便爾。'校勘記云：'爾原訛耳，各本不訛，今改正。'與此正是一例，而校勘記一改一不改，何也?"（第130頁）

[18]回己：《通鑑》卷一四一作"反己"，指反躬自問。

[19]應略此責：《通鑑》卷一四一作"不應垂責"。

[20]斑：原作"班"，從中華本改。

[21]元禧：字永壽，孝文帝二弟，太和九年（485）封咸陽王。《魏書》卷二一上有傳。　元勰：字彦和，孝文帝第六弟，太和九年（485）封始平王，尋改封彭城王。《魏書》卷二一下有傳。　元嵩：任城王元雲之子。《魏書》卷一九中有傳。　元麗：濟陰王小新成之子。《魏書》卷一九上有傳。　元燮：安定王元休之子。《魏書》卷一九下有傳。　楊大眼：北魏武將。身先士卒，驍勇，累除平東將軍、荆州刺史。《魏書》卷七三、《北史》卷三七並有傳。　奚康生：北魏大將。其先胡人，性驍勇，官至右衛將軍。《魏書》卷七三、《北史》卷三七並有傳。　長孫稚：胡人，原名冀歸，孝文帝賜名稚。隨孝文南征，累建功，封上黨公、馮翊王

等。《魏書》卷二五、《北史》卷二二並有傳。“稚”原作“雅”，從中華本改。

[22]吹脣沸地：形容行軍途中口哨聲震響。《通鑑》卷一四一胡三省注：“吹脣者，以齒齧脣作氣吹之，其聲如鷹隼；其下者以指夾脣吹之，然後有聲，謂之嘯指。”

宏留僞咸陽王愔圍南陽，進向新野，[1]新野太守劉思忌亦拒守。[2]臺先遣軍主直閤將軍胡松助北襄城太守成公期守赭陽城，[3]軍主鮑舉助西汝南、北義陽二郡太守黄瑶起戍舞陰城。[4]宏攻圍新野城，戰鬥不息。遣人謂城中曰：“房伯玉已降，汝南何獨自取糜碎？”[5]思忌令人對曰：“城中兵食猶多，未暇從汝小虜語也。”雍州刺史曹虎遣軍至均口，[6]不進。永泰元年，[7]城陷，縛思忌，問之曰：“今欲降未？”思忌曰：“寧爲南鬼，不爲北臣。”乃死。贈冠軍將軍、梁州刺史。於是沔北大震，[8]湖陽戍主蔡道福、赭陽城主成公期及軍主胡松、舞陰城主黄瑶起及軍主鮑舉、從陽太守席謙並棄城走。[9]虜追軍獲瑶起，王肅募人臠食其肉。[10]追贈冠軍將軍、兖州刺史。數日，房伯玉以城降。伯玉，清河人。[11]既降，虜以爲龍驤將軍，[12]伯玉不肯受。高宗知其志，[13]月給其子希哲錢五千，米二十斛。後伯玉就虜求南邊一郡，爲馮翊太守，[14]生子幼，便教其騎馬，常欲南歸。永元末，[15]希哲入虜，伯玉大怒曰：“我力屈至此，不能死節，猶望汝在本朝以報國恩。我若從心，亦欲間關求反。[16]汝何爲失計？”遂卒虜中。

［1］新野：郡名。治所在今河南新野縣。

［2］劉思忌：其事不詳。

［3］直閤將軍：武官名。掌警衛宮廷。秩從四品。　胡松：齊武將，曾任後軍將軍、太子右率。

［4］西汝南、北義陽二郡：南齊置，治所均在舞陰，即今河南泌陽縣西北。按，據本書《州郡志下》，西汝南郡屬雍州，北義陽郡屬雍州寧蠻府，黄瑶起蓋任雙頭太守。其人身世不詳。

［5］汝南：指西汝南太守黄瑶起。　何獨：何，原作“爲”，中華本據各本改。今從改。

［6］曹虎：字士威，歷仕南朝宋、齊，勇武善戰。本書卷三〇、《南史》卷四六並有傳。　均口：地名。今湖北丹江口市丹江入漢江之口。中華本校勘記云：“《通鑑》齊明帝建武四年‘雍州刺史曹虎與房伯玉不協，故緩救之，頓軍樊城’。《考異》云：‘《齊·魏虜傳》云均口，今從《虎傳》。’”今按，本書卷三〇《曹虎傳》亦言虎“聚軍樊城”（今湖北襄陽市）。曹虎屯兵“不進”的原因，《通鑑》卷一四一胡三省注云：“余謂曹虎之頓軍樊城，不特因與房伯玉不協而然，亦由畏魏兵之强而不敢進也。”

［7］永泰：齊明帝年號。

［8］沔北：泛指沔水以北地區。沔水，即今漢江及其北源陝西留垻西沮水。

［9］湖陽：縣名。治所在今河南唐河縣西南湖陽鎮。　赭陽：縣名。治所在今河南方城縣東。　舞陰：郡名。治所在今河南泌陽市西北。　從陽：郡名。治所在今河南淅川縣南（北魏改南鄉郡）。中華本校勘記云：“按從陽即順陽，子顯避梁諱改，南監本、殿本已改爲‘順陽’。”

［10］虜追軍獲瑶起，王肅募人臠食其肉：臠食，將肉割碎而食。按，王肅因黄瑶起曾殺其父王奂，故有不共戴天之仇。《通鑑》卷一三八《齊紀四》“武帝永明十一年”條：“司馬黄瑶起……於城内起兵，攻奂（時爲雍州刺史），斬之。”胡三注：“爲後奂子肅

食瑶起之肉張本。”

[11]清河：郡名。治所在今河北清河縣東南。

[12]虜以爲龍驤將軍：此處《通鑑》卷一四一《齊紀七》“明帝永泰元年”條云：“伯玉從父弟思安爲魏中統軍，數爲伯玉泣請，魏主乃赦之。”胡三省注：“宋泰始三年，房法壽降魏，故房氏群從多仕於魏，而思安得爲伯玉請。”

[13]高宗知其志：高宗，指齊明帝。高宗知道房伯玉雖被迫降魏，但其志仍忠於齊。

[14]馮翊：郡名。三國魏置，治所原在臨晋縣（今陝西大荔縣），北魏移治高陸縣（今陝西高陵縣）。

[15]永元：齊東昏侯年號。

[16]間關求反：指尋機越關遠走離魏還齊。按，此與《魏書》卷四三《房伯玉傳》所述不同：“及克宛，伯玉面縛而降。高祖引見伯玉并其參佐二百人，詔伯玉曰：‘朕承天馭宇，方欲清一寰域，卿蕞爾小戍，敢拒六師，卿之愆罪，理在不赦。’伯玉對曰：‘臣既小人……致拒皇略，罪合萬死……臣愚癡晚悟，罪合萬斬，今遭陛下，願乞生命。’……高祖以思安頻爲伯玉泣請，故特宥之……世宗即位，拜長史，兼游擊將軍，出爲馮翊相，卒官。”

虜得沔北五郡。[1]宏自將二十萬騎破太子率崔慧景等於鄧城，[2]進至樊城，臨沔水而去。還洛陽，聞太尉陳顯達經略五郡，[3]圍馬圈，[4]宏復率大衆南攻，[5]破顯達而死。[6]喪還，未至洛四百餘里，稱宏詔，徵僞太子恪會魯陽。[7]恪至，緦以宏僞法服衣之，[8]始發喪。至洛，乃宣布州郡，舉哀制服，謚孝文皇帝。

[1]沔北五郡：沔水（即漢江）以北的五郡，指南陽、新野、南鄉、北襄城及西汝南、北義陽二郡。

[2]鄧城：縣名。治所在今湖北襄陽市西北。

[3]陳顯達：歷仕南朝宋、齊，齊明帝時官至太尉。永元元年（499）領兵征討北魏，力圖收復被北魏侵占的五郡。先取勝，後爲魏軍戰敗。本書卷二六、《南史》卷四五並有傳。按，此戰《通鑑》卷一四二《齊紀八》"東昏侯永元元年"條記云："（春正月），太尉陳顯達督平北將軍崔慧景軍四萬擊魏，欲復雍州諸郡。癸未，魏遣前將軍元英拒之……陳顯達與魏元英戰，屢破之。攻馬圈城四十日，城中食盡，噉死人肉及樹皮。癸酉，魏人突圍走，斬獲千計。顯達入城，將士競取城中絹，遂不窮追。顯達又遣軍主莊丘黑進擊南鄉，拔之。魏主謂任城王澄曰：'顯達侵擾，朕不親行，無以制之。'三月，庚辰，魏主發洛陽……丁酉，魏主至馬圈，命荆州刺史廣陽王嘉斷均口，邀齊兵歸路。……陳顯達引兵渡水西……與魏戰，屢敗……魏收顯達軍資億計，班賜將士，追奔至漢水而還……（齊）士卒死者三萬餘人。"

[4]馬圈：城名。在今河南鎮平縣南。陳顯達攻城四十餘日，魏軍糧盡敗退，顯達入據其城。

[5]宏復率大衆南攻：指永元元年（499）三月，魏孝文帝再次領兵親征。詳見《通鑑》卷一四二。

[6]破顯達而死：指孝文在戰勝陳顯達後，征途患病而死。《通鑑》卷一四二："庚子，魏主疾甚，北還，至穀塘原……夏四月，丙午朔，殂于穀塘原。"

[7]魯陽：郡名。北魏太和年間置，治所在今河南魯山縣。

[8]勰：指孝文帝之弟彭城王元勰，遺詔爲顧命大臣。　法服：指天子之服。

是年，王肅爲虜制官品百司，皆如中國。凡九品，品各有二。[1]肅初奔虜，自説其家被誅事狀，宏爲之垂涕。以第六妹僞彭城公主妻之。封肅平原郡公。爲宅舍，以香塗壁。遂見信用。恪立，號景明元年，[2]永元二年也。

[1]凡九品，品各有二：《通鑑》卷一四二《齊紀八》“東昏侯永元元年”條“凡九品，品各有二”，胡三省注：“九品，每品各有正、從二品，歷隋唐至今猶然。”

[2]恪：指北魏宣武帝元恪，高祖子。　景明：北魏宣武帝年號。

豫州刺史裴叔業以壽春降虜。[1]先是僞東徐州刺史沈陵率部曲降。[2]陵，吴興人，[3]初以失志奔虜，大見任用，宏既死，故南歸，頻授徐、越二州刺史。時王肅僞征南將軍、豫州都督。[4]朝廷既新失大鎮，荒人往來，詐云肅欲歸國。少帝詔以肅爲使持節、侍中、都督豫徐司三州、右將軍、豫州刺史，[5]西豐公，[6]邑二千户。

[1]裴叔業：歷仕南朝宋、齊，齊明帝引爲心腹，任豫州刺史，鎮壽陽（即壽春）。後東昏侯繼位，殘殺大臣，叔業慮禍投魏。本書卷五一、《魏書》卷七一、《北史》卷四五並有傳。《通鑑》卷一四三《齊紀九》“東昏侯永元二年”條：“豫州刺史裴叔業聞帝數誅大臣，心不自安；登壽陽城，北望肥水，謂部下曰：‘卿等欲富貴乎？我能辦之。’……遣信詣魏豫州刺史薛真度，問以入魏可不之宜。真度勸其早降，曰：‘若事迫而來，則功微賞薄矣。’數遣密信，往來相應和……叔業遂遣芬之及兄女壻杜陵韋伯昕奉表降魏。丁未，魏遣驃騎大將軍彭城王勰、車騎將軍王肅帥步騎十萬赴之，以叔業爲使持節、都督豫雍等五州諸軍事、征南將軍、豫州刺史，封蘭陵郡公。”

[2]東徐州：州名。北魏太和中置，治宿豫縣，在今江蘇宿遷市東南舊黄河北岸古城。　沈陵：字道通，先仕齊，太和十八年(494)投奔魏，受孝文知遇。及孝文死，復叛魏返齊。事迹附《魏書》卷六一《沈文秀傳》。　部曲：指所統帥的軍隊。

[3]吴興：郡名。即今浙江湖州市吴興區。

[4]時王肅僞征南將軍：中華本校勘記云："'僞'殿本作'爲'。疑'僞'上脱一'爲'字，殿本則'爲'下脱一'僞'字也。"

[5]少帝：指北魏新君宣武帝元恪。　侍中：門下省官。掌獻納諫正及司進御之職。秩正三品。　右將軍：禁衛軍官。掌宿衛營兵。秩從三品。

[6]西豐：縣名。今江西撫州市臨川區。　公：爲一等封爵。

虜既得淮南，其夏，遣僞冠軍將軍南豫州刺史席法友攻北新蔡、安豐二郡太守胡景略於建安城，[1]死者萬餘人，百餘日，朝廷無救，城陷，虜執景略以歸。其冬，虜又遣將桓道福攻隨郡太守崔士招，[2]破之。

[1]南豫州：州名。北魏置，治汝陰郡，在今安徽合肥市。　席法友：初仕齊，東昏時，與裴叔業同謀降魏。宣武初，拜冠軍將軍、南豫州刺史。《魏書》卷七一、《北史》卷四五有傳。　北新蔡：郡名。治所在今河南固始縣東。　安豐：郡名。治所在今安徽霍邱縣西南。　建安城：建安戍，與北新蔡爲一處。

[2]隨郡：郡名。治所在今湖北隨州市。　桓道福、崔士招：身世均不詳。

後僞咸陽王憘以恪年少，[1]與氐楊集始、楊靈祐、乞佛馬居及虜大將支虎、李伯尚等十餘人，[2]請會鴻池陂，[3]因恪出北芒獵，[4]襲殺之。愭猶豫不能發，欲更剋日。馬居説愭曰："殿下若不至北芒，便可回師據洛城，閉四門。天子聞之，必走向河北桑乾，[5]仍斷河橋，[6]爲河南天子。[7]隔河而治，此時不可失也。"愭又不從。靈祐疑愭反己，即馳告恪。[8]愭聞事敗，欲走渡河，而天雨暗迷道，至孝義驛，[9]恪已得洛城。遣弟廣平王領數百騎先入宫，[10]知無變，乃還。遣直衛三郎兵討愭，[11]執殺之。虜法，謀反者不得葬，棄尸北芒。[12]王肅以疾卒。[13]

[1]咸陽王愭：魏主恪叔父，時愭以太尉輔政，驕奢貪淫，多爲不法，魏主頗惡之。詳見《通鑑》卷一四四《齊紀十》"和帝中興元年"條。按，"愭"《通鑑》作"禧"。

[2]楊集始：氐王，反齊失敗，投魏。詳見本書卷五九《氐傳》。　楊靈祐、乞佛馬居：均爲氐族降魏首領。　李伯尚：咸陽王妃之兄，官黄門侍郎。詳見《通鑑》卷一四四。

[3]鴻池陂：《通鑑》卷一四四作"洪池"。胡三省注："洪池即漢之鴻池，在洛陽東二十里。"按，咸陽王元愭有别墅在此。

[4]因恪出北芒獵：指咸陽王謀士計劃乘少帝至北芒出獵時偷偷將他殺害。北芒，即北邙山，在河南洛陽市北，東漢及三國魏王侯公卿多葬於此。

[5]必走向河北桑乾：《通鑑》卷一四四胡三省注："謂北歸平城也。平城，魏故都。""桑乾"上原衍一"走"字，中華本據各本删。今從改。

[6]河橋：橋名。有多處，此指西晉於富平津建的河橋，在今河南孟津縣東北黄河上。

［7］爲河南天子：指策劃咸陽王愔在河南稱帝。

［8］靈祐疑愔反己，即馳告恪：《通鑑》卷一四四作："楊集始既出，即馳至北邙告之。"

［9］孝義驛：地名。在今河南鞏義市西南之孝義村。

［10］廣平王：指元懷，魏孝文帝第三子。《魏書》卷二二有傳。廣，原訛"度"，中華本據各本改。今從改。

［11］直衛三郎兵：指禁衛軍。中華本校勘記云："'郎'，南監本、局本作'部'。"朱季海《校議》云："二本臆改，非是……《魏書·官氏志》：'幢將員六人，主三郎衛士直宿禁中者……'三郎衛士直宿禁中，即所謂'直衛三郎兵'。"（第131頁）

［12］棄尸北芒：以上一段所述，高敏《〈南齊書·魏虜傳〉書後》云："這段記載，雖甚簡略，但較《魏書·獻文六王·咸陽王禧傳》所載，有多處可補其缺失……如參與咸陽王禧謀反之事者，《魏虜傳》言及了氐人楊集始、楊靈祐、乞佛馬居、大將支虎及李伯尚等人，而《魏書》却少楊靈祐、乞佛馬居及支虎三人；告密者，《魏書》作楊集始，而《魏虜傳》作楊靈祐；告密的原因，《魏書》無記載，而《魏虜傳》作咸陽王愔（即禧）不聽從乞佛馬居的建議，'靈祐疑愔反己，即馳告恪'；咸陽王已知有人告密之後，《魏虜傳》作'愔欲渡河，而天雨暗迷道，至孝義驛，而恪已得洛城'，《魏書》却無此情節；特别是咸陽王等人的初謀，據《魏虜傳》是'請會鴻池陂，因恪出北芒獵，襲殺之'，繼則爲乞佛馬居建議'殿下若不至北芒，便可回師據洛城，閉四門，天子聞之必走向河北桑乾，仍斷河橋，爲河南天子，隔河而治，此時不可失也'，而《魏書》則僅有……數語，遠不若《魏虜傳》之形象可信。因此《南齊書·魏虜傳》所載咸陽王反叛事，確有補充《魏書》之功效。司馬光《資治通鑑》卷一百四十四《齊紀》和帝中興元年（501）四月條，實已綜合《魏書·咸陽王禧傳》及《南齊書·魏虜傳》而用之，足見司馬氏也認爲《魏虜傳》此説可信。"（《魏晋南北朝史發微》，第292頁）

[13]王肅以疾卒："以疾卒"中華再造本作"以執卒"。

史臣曰：齊、虜分，江南爲國歷三代矣。[1]華夏分崩，舊京幅裂，觀釁阻兵，[2]事興東晋。二庾藉元舅之盛，[3]自許專征，元規臨邾城以覆師，[4]稚恭至襄陽而反斾。[5]褚裒以徐、兖勁卒，[6]壹没於鄒、魯。殷浩驅楊、豫之衆，[7]大敗於山桑。桓温弱冠雄姿，[8]因平蜀之聲勢，步入咸關，野戰洛、鄴。既而鮮卑固於負海，[9]羌、虜割有秦、代，[10]自爲敵國，情險勢分，宋武乘機，[11]故能以次而行誅滅。及魏虜兼并，河南失境，兵馬土地，非復曩時。宋文雖得之知己，[12]未能料敵，故師帥無功，每戰必殆。泰始以邊臣外叛，[13]遂亡淮北，經略不振，乃議和親。[14]太祖創命，[15]未及圖遠，戎塵先起，侵暴方牧，淮、豫剋捷，青、海摧奔，[16]以逸待勞，坐微百勝。自四州淪没，[17]民戀本朝，國祚惟新，歌奉威德，提戈荷甲，人自爲鬥，深壘結防，想望南旗。[18]天子習知邊事，取亂而授兵律，若前師指日，遠掃臨、彭，[19]而督將逗留，援接稽晚，[20]向義之徒，傾巢盡室。既失事機，朝議北寢，[21]偃武脩文，更思後會。永明之世，據已成之策，職問往來，[22]關禁寧静。壃埸之民，[23]並安堵而息窺覦，百姓附農桑而不失業者，亦由此而已也。夫荆棘所生，用武之弊，寇戎一犯，傷痍難復，豈非此之驗乎？建武初運，獯雄南逼，[24]豫、徐彊鎮，嬰高城，蓄士卒，不敢與之校武。胡馬蹈藉淮、肥，[25]而常自戰其地。梯衝之害，[26]鼓掠所亡，[27]建元以來，未之前有。兼以穹廬華徙，[28]即禮舊都，雍、司北部，親近許、洛，[29]平塗數百，通驛車軌，漢世馳道，直抵章陵，[30]鑣案所鶩，晨往暮返。虜懷兼弱之威，挾廣地之計，彊兵大衆，親自淩殄，旍鼓彌年，矢石不息。朝規懦屈，[31]莫能救禦，故南陽覆壘，新野頹隍，民户墾田，皆爲狄保。雖分遣將卒，俱出淮南，未解沔北之危，已深渦陽之敗。[32]征賦内盡，民命外殫，比屋騷然，不聊生矣。夫休宄之數，[33]誠有天機，得失之迹，各歸人事。豈不由將率相臨，貪功昧賞，勝敗之急，不相救讓？號令不明，固中國之所短也。

[1]三代：指東晋、劉宋、南齊三代。

[2]釁：同“衅”。古代征戰前以牲血塗鼓行祭，因以代指征戰。

[3]二庾：指庾亮（字元規）及其弟庾翼（字稚恭），爲東晋元帝穆皇后之兄，晋明帝司馬紹之舅，掌握晋軍政大權。

[4]元規臨邾城以覆師：晋成帝咸康五年（339），庾亮謀收復中原，擬自統精兵十萬駐石城（今湖北鍾祥市），以毛寶等屯邾城（今湖北黄岡市西北）。結果邾城被後趙攻破，毛寶陣亡，石城也遭圍攻，用兵失敗。詳見《晋書》卷七三《庾亮傳》。

[5]稚恭至襄陽而反旆：庾亮卒，庾翼繼續掌權。晋康帝建元元年（343），詔加翼都督征討軍事，統領大軍北伐後趙、成漢，師次襄陽，因康帝駕崩，形勢有變，衹得班師回朝。詳見《晋書》卷七三《庾翼傳》。

[6]褚裒：字季野，康獻皇后之父。晋穆帝永和五年（349），後趙石季龍死，裒表請北伐。詔加裒征討大都督，督青、揚、徐、兖、豫五州軍事。前鋒部將王龕等與後趙大將李菟戰於鄒魯境内之

代陂，結果王龕大敗，全軍覆没。裒班師南歸。見《晋書》卷九三《褚裒傳》。

[7]殷浩：字深源，仕晋。晋穆帝永和八年（352），晋以浩爲中軍將軍，都督揚、豫、徐、兖、青五州軍事，統兵北伐。師次壽陽，降將姚襄反，殷浩大敗於山桑（今安徽蒙城縣北）。事見《晋書》卷七七《殷浩傳》。

[8]桓温：字元子，仕晋。穆帝永和二年（346）領兵赴蜀，西伐成漢，次年進軍成都，成漢主李勢降，成漢亡。永和九年（353）殷浩北伐失敗，桓温統兵北伐，攻秦連勝，至灞上，逼近長安，關中郡縣皆來降，民皆鼓舞慰勞。詳見《晋書》卷九八《桓温傳》。

[9]鮮卑：古民族名。東胡的一支，初居遼東，後移於北方匈奴故地，勢力漸盛。晋分數部，以慕容、拓跋二氏最著名。

[10]羌：中國古代西部民族之一，居於隴右。

[11]宋武：指宋武帝劉裕，字德輿，初爲東晋北府兵將領，曾領兵清除蜀中的割據勢力，統一江南。後又兩次北伐，滅南燕、後秦。晋恭帝元熙二年（420），廢晋建立劉宋王朝。詳見《宋書》卷一至卷三。

[12]宋文：指宋文帝劉義隆。他在位的三十年中，向北方用兵，常遭敗北。尤其是元嘉二十七年（450）大舉攻魏，魏主亦大舉南攻，直至進軍瓜步（今江蘇南京市六合區東南），揚言將渡江，宋廷震動。詳見《宋書》卷五《文帝紀》。

[13]泰始：宋明帝年號，代指宋明帝時期。按，這時期由於明帝濫殺無辜，邊臣紛紛叛投北魏，以致喪失了淮北大片土地。詳見《宋書》卷八《明帝紀》。

[14]乃議和親：指泰始三年（467）、四年（468），南朝宋遣使至北魏修好。泰始五年（469）十一月魏遣使回訪，來修和親。見《宋書》卷八《明帝紀》。

[15]太祖創命：指齊高帝蕭道成代劉宋自立，北魏乘易代之

機，頻頻南征。詳見《通鑑》卷一三五《齊紀一》“高帝建元二年”條。

[16]淮、豫：指淮南郡、豫州。　青、海：指青州、臨海等州郡。按，建元二年（480）春，魏師攻鍾離，爲徐州刺史崔文仲擊破之，並渡淮殺敵。又同年春，魏師二十萬攻壽陽，爲豫州刺史垣崇祖擊敗之。又同年九月，魏梁郡王元嘉率師十萬圍朐山，朐山戍主玄元度嬰城固守，青、冀二州刺史援兵助之，大破魏師。詳見《通鑑》卷一三五。

[17]四州淪没：指淮北之青、冀、兖、徐四州南朝宋末爲北魏所占領。

[18]“民戀本朝”至“想望南旗”：指淮北四州民不樂屬魏，思歸江南，加以南齊遣間諜暗中煽動，起義事不斷發生。如徐州民桓標之、兖州民徐猛子等聚衆抗魏，使魏軍屢遭打擊。詳見《通鑑》卷一三五。

[19]遠掃臨、彭：臨、彭指臨淮、徐州。建元二年（480）北魏攻鍾離（今安徽鳳陽縣東北臨淮關），爲徐州刺史崔文仲擊敗之；文仲又遣將過淮攻拔茌眉戍（今安徽懷遠縣西北），殺戍主及北魏陽平太守；又遣軍主陳靖等攻剋竹邑（今安徽宿州市符離集）及睢陵（屬臨淮郡）。詳見《通鑑》卷一三五。

[20]援接稽晚：此指建元三年（481），淮北起義首領桓標之聚衆達數萬，齊心抗魏，求援南齊，齊遣李安民督諸將赴援，因援軍延誤遲到，義軍遭魏剿滅，魏軍劫掠三萬餘口北歸。詳見《通鑑》卷一三五《齊紀一》“高帝建元三年”條。稽晚，原作“稽曉”。中華本校勘記云：“張元濟校勘記云：‘稽曉’係‘稽晚’之訛，《謝瀹傳》亦有論公事稽晚語。今據改。”今從改。

[21]北寢：指暫停向北方用兵。

[22]聘問往來：指與北魏通使聘問。

[23]壃埸（yì）：邊境。壃，同“疆”。

[24]獯：古代對北方少數民族的蔑稱。這裏指北魏。按，魏孝

文帝以齊明帝蕭鸞廢海陵王自立，謀大舉南征問罪。

［25］胡馬蹈藉淮、肥：指建武二年（495），魏主親統兵三十萬，渡淮至壽陽，登八公山，以後不斷南侵，江北土地，占領殆盡，並揚言飲馬於江，欲席卷南渡。詳見《通鑑》卷一四〇《齊紀六》“明帝建武二年”條。

［26］梯衝：本指古代攻城之具雲梯與衝車，這裏以“梯衝”泛指攻城掠地，戰事激烈。

［27］鼓掠：指進軍殺奪。

［28］穹廬華徙：指北魏朝廷由平城遷洛陽古都。

［29］雍、司北部，親近許、洛：指雍、司、許、洛諸州，形容北魏占領了中原廣大土地，黄、淮連成一片。

［30］章陵：當指章臺，在今陝西西安市西北漢長安城建章宫内。

［31］朝規懦屈：指南朝齊國力貧弱。

［32］渦陽之敗：指齊明帝永泰元年（498），齊將裴叔業將兵五萬圍渦陽以救義陽，後魏遣救兵十萬，齊兵奔潰，魏軍追之，殺傷不可勝數。見《通鑑》卷一四一《齊紀七》“明帝永泰元年”條。

［33］休兲：吉與凶。兲，古否字。中華本校勘記云：“‘休兲’南監本、殿本、局本作‘休頹’。按兲乃否之古字，後人不曉，妄改爲‘頹’耳。”

贊曰：天立勍胡，[1]竊有帝圖。即安諸夏，建號稱孤。齊民急病，并邑焚刳。[2]

［1］勍（qíng）胡：强胡。

［2］并邑：吞並州縣。　焚刳：殺人放火、凶殘不義。語出《文子·上禮》：“老子曰：‘衰世之主，……刳胎焚郊，覆巢毁卵。’”

南齊書　卷五八

列傳第三十九

蠻　東南夷

蠻，[1]種類繁多，言語不一，咸依山谷，布荆、湘、雍、郢、司等五州界。[2]宋世封西陽蠻梅蟲生爲高山侯，[3]田治生爲威山侯，[4]梅加羊爲扞山侯。[5]太祖即位，[6]有司奏蠻封應在解例，[7]參議以："戎夷疏爵，[8]理章列代；酋豪世襲，[9]事炳前葉。今宸曆改物，[10]舊册杓降，[11]而梅生等保落奉政，[12]事須繩總，[13]恩命升贊，有異常品。謂宜存名以訓殊俗。"詔："特留。"以治生爲輔國將軍、虎賁中郎，[14]轉建寧郡太守，[15]將軍、侯如故。

[1]蠻：中國古代對南方少數民族的貶稱。

[2]荆：荊州，治所在今湖北荆州市。　湘：湘州，治所在今湖南長沙市。　雍：雍州，治所在今湖北襄陽市。　郢：郢州，治所在今湖北武漢市武昌區。　司：司州，治所在今河南信陽市。

[3]西陽蠻：指分布於西陽的蠻族人。西陽，縣名。治所在今湖北黄岡市東。按，《宋書》卷九七《夷蠻傳》西陽蠻作"晋熙蠻"、梅蟲生作"梅式生"，謂："晋熙蠻梅式生亦起義，斬晋熙太守閻湛之，晋安王子勛典籤沈光祖，封高山侯，食所統牛崗、下柴二村三十户。"

[4]田治生爲威山侯：《宋書》卷九七作"封（田）益之邊城縣王，食邑四百一十一户"。

[5]梅加羊爲扞山侯：《宋書》卷九七作："（封）成邪財陽城縣王，食邑三千户。"

[6]太祖：指齊高帝蕭道成。本書卷一至卷二有紀。

[7]有司奏蠻封應在解例：指應解除前朝（指宋）對蠻首領之册封，重新册封。

[8]戎夷：泛指少數民族。　疏爵：分封爵位。《文選》卷五七顔延之《陽給事誄》："疏爵紀庸，恤孤表嗣。"李善注："疏，分也。"

[9]酋豪：部落的首領。

[10]宸曆改物：指承天應運而誕生的新朝。

[11]舊册：指舊朝的册封。　枃（jìn）降：清理解除。

[12]保落：守護部落。

[13]繩總：約束控制。

[14]輔國將軍：南朝爲榮譽加號，開府者位從公秩一品。　虎賁中郎：同爲榮譽加號。

[15]建寧郡：南朝宋置，治所在今湖北麻城市西南。

建元二年，[1]虜侵豫、司，[2]蠻中傳虜已近，[3]又聞官盡發民丁，南襄城蠻秦遠以郡縣無備，[4]寇潼陽，[5]縣令焦文度戰死。司州蠻引虜攻平昌戍，[6]戍主苟元賓擊破之。秦遠又出破臨沮百方砦，[7]殺略百餘人。北上黄蠻文勉德寇汶陽，[8]太守戴元孫孤城力弱，慮不自保，棄戍歸江陵。[9]荆州刺史豫章王遣中兵參軍劉伾緒領千人討勉德，[10]至當陽，[11]勉德請降，收其部落，使戍汶陽所治城子，[12]令保持商旅，付其清通，遠遂逃竄。

[1]建元：齊高帝年號。

[2]虜侵豫、司：指建元二年（480）春北魏軍大舉南侵，直抵壽陽（今安徽壽縣，當時爲豫州治所）。詳見《通鑑》卷一三五《齊紀一》“高帝建元二年”條。

[3]已：原作“巴”，從中華本改。

[4]南襄城：指南襄郡城，在今湖北南漳縣。《通鑑》卷一三五云：“群蠻依阻山谷，連帶荆、湘、雍、郢、司五州之境。聞魏師入寇，□盡發民丁，南襄城蠻秦遠乘虚寇潼陽，殺縣令。”胡三省注：“蕭子顯《齊志》，寧蠻府領郡有南襄城、東襄城、北襄城、中襄城郡，蓋因群蠻部落分署爲郡也。”

[5]潼陽：縣名。《通鑑》卷一三五胡三省注：“沈約《宋志》，汶陽郡領潼陽、沮陽、高安三縣，蓋皆宋初置也。”按，汶陽郡治所在今湖北宜昌市遠安縣西北，潼陽縣當亦在此附近。

[6]平昌戍：不詳，當在司州治所義陽（今河南信陽市）境内。

[7]臨沮：縣名。治所在今湖北當陽市西北。“沮”，原作“阻”，從中華本改。

[8]文勉德：《通鑑》卷一三五胡三省注：“《考異》云：‘《齊紀》作文施德’。今從《齊書》”　汶陽：郡名。治所在今湖北遠安縣西北。朱季海《南齊書校議》（以下簡稱朱季海《校議》）云：“《通鑑·齊紀》建元二年云：‘司州蠻引魏兵寇平昌，平昌戍主苟元賓擊破之。北上黄蠻文勉德寇汶陽，汶陽太守戴元賓棄城奔江陵。’‘戴元孫’作‘戴元賓’，蓋承上文‘苟元賓’而誤。”（中

華書局 1984 年版，第 132 頁）

［9］江陵：縣名。即今湖北荆州市，當時爲荆州治所所在地。

［10］豫章王：名嶷，字宣儼，齊高帝蕭道成第二子。建元初，任荆州刺史。本書卷二二有傳。

［11］當陽：今湖北當陽市。《通鑑》卷一三五胡三省注："章懷太子賢曰：'當陽縣西北即臨沮故城。'"

［12］城子：城民。子，泛指人。

汶陽本臨沮西界，二百里中，水陸迂狹，魚貫而行，有數處不通騎，而水白田甚肥腴。桓温時，[1]割以爲郡。西北接梁州新城，[2]東北接南襄城，南接巴、巫二邊，[3]並山蠻凶盛，據險爲寇賊。宋泰始以來，[4]巴建蠻向宗頭反，刺史沈攸之斷其鹽米，[5]連討不剋。晋太興三年，[6]建平夷王向弘、向瓂等詣臺求拜除，[7]尚書郎張亮議："夷貊不可假以軍號。"元帝詔特以弘爲折衝將軍、當平鄉侯，[8]並親晋王，賜以朝服。宗頭其後也。太祖置巴州以威静之。[9]

［1］桓温：東晋明帝之婿，官至大司馬，專朝政，並謀自建王朝，事未及成而死。《晋書》卷九八有傳。

［2］梁州：州名。治南鄭縣，在今陝西漢中市東。　新城：地名。在今陝西澄城縣東北。

［3］巴、巫：泛指今湖北、四川邊地。

［4］泰始：南朝宋明帝年號。

［5］沈攸之：仕宋，明帝時，歷任雍州、郢州等州刺史，領寧蠻校尉。《宋書》卷七四有傳。《通鑑》卷一三三《宋紀十五》"明帝泰豫元年"條："攸之賧罰群蠻太甚，又禁五溪魚鹽，蠻怨叛。

西溪蠻王田頭擬死，弟婁侯簒立，其子田都走入獠中，於是群蠻大亂，掠抄至武陵城下。武陵内史蕭嶷遣隊主張英兒擊破之。”

[6]太興：東晋元帝年號。按，原訛“天興”，中華本校勘記云：“張森楷《校勘記》云：‘天興’當作‘太興’，《晋書》本紀可證，各本並訛。今據改。”今按，《晋書》卷五《元帝紀》作“太興”，從改。

[7]建平：郡名。治所在今四川巫山縣。　夷：西南少數民族。

[8]折衝將軍：晋時爲榮譽加號的雜牌將軍。

[9]巴州：齊建元二年（480）置，治巴東郡，在今重慶市奉節縣東。《通鑑》卷一三五《齊紀一》“高帝建元二年”條：“上以群蠻數爲叛亂，分荆、益置巴州以鎮之。壬申，以三巴校尉明慧昭爲巴州刺史，領巴東太守。”

其武陵西溪蠻田思飄寇抄，[1]内史王文和討之，[2]引軍深入，蠻自後斷其粮。豫章王遣中兵參軍莊明五百人將湘州鎮兵合千人救之，[3]思飄與文和拒戰，中弩矢死，蠻衆以城降。

[1]武陵：縣名。治所在今湖北竹山縣西北。　西溪：今湘、鄂、川、黔四省接壤處沅江支流酉水，漢魏晋南北朝時，槃瓠蠻的一支聚居於兩岸，稱西溪蠻。

[2]王文和：歷仕南朝宋、齊，曾爲巴陵内史，後歷青、冀、兖、益四州刺史。本書卷二七有附傳。

[3]中兵參軍：指中軍將軍府參軍。中軍將軍南朝爲榮譽加號，開府者位從公秩一品。

永明初，[1]向宗頭與黔陽蠻田豆渠等五千人爲寇，[2]

巴東太守王圖南遣府司馬劉僧壽等斬山開道，[3]攻其砦，宗頭夜燒砦退走。

[1]永明：齊武帝年號。

[2]黔陽：地名。即今湖南洪江市黔城。

[3]巴東：郡名。治魚復縣，在今重慶市奉節縣東。

三年，湘川蠻陳雙、李答寇掠郡縣，[1]刺史吕安國討之不克。[2]四年，刺史柳世隆督衆征討，乃平。

[1]湘川：指今湖南洞庭湖畔。

[2]吕安國：歷仕南朝宋、齊。永明二年（484）遷湘州刺史。四年（486），湘川蠻動，安國督州兵討之。詳見本書卷二九《吕安國傳》。按，《通鑑》卷一三六《齊紀二》“武帝永明四年”條所記略有不同，云：“湘州蠻反，刺史吕安國有疾不能討；丁亥，以尚書左僕射柳世隆爲湘州刺史，討平之。”所述與本書卷二四《柳世隆傳》同。

五年，雍、司州蠻與虜通，助荒人桓天生爲亂。[1]

[1]桓天生爲亂：此事《通鑑》卷一三六《齊紀二》“武帝永明五年”條敘云：“荒人桓天生自稱桓玄宗族，與雍、司二州蠻相扇動，據南陽故城，請兵於魏。”又云：“桓天生引魏兵萬餘人至沘陽。”

六年，除督護北遂安左郡太守田駟路爲試守北遂安左郡太守，[1]前寧朔將軍田驢王爲試守宜人左郡太守，田何代爲試守新平左郡太守，[2]皆郢州蠻也。

[1]北遂安左郡：屬郢州。本書《州郡志下》本條下原注："《永明三年簿》云'五縣皆缺'。"按，所轄五縣爲東城、綏化、富城、南朝、新安。

[2]"前寧朔將軍"至"新平左郡太守"：本句的"爲試守宜人左郡太守，田何代"等語原脱缺，中華本據《通典·邊防典》補。又按："《齊·州郡志》郢州無宜人左郡，豈志有脱漏歟？"今從補。　新平左郡：齊置，當在今湖北境。

九年，安隆内史王僧旭發民丁，[1]遣寬城戍主萬民和助八百丁村蠻伐千二百丁村蠻，爲蠻所敗，民和被傷，失馬及器仗，有司奏免官。

[1]安隆：郡名。治所在今廣西隆林各族自治縣。安隆爲王國屬郡，故太守稱内史。

西陽蠻田益宗，[1]沈攸之時，以功勞得將領，遂爲臨川王防閤，[2]叛投虜，[3]虜以爲東豫州刺史。[4]建武三年，[5]虜遣益宗攻司州龍城戍，[6]爲戍主朱僧起所破。

[1]西陽蠻：宋明帝劉彧廢侄自立，諸王不服，四方反叛，西陽蠻起義助朝廷攻剋郢州，諸蠻首領田益宗立功受封賞。詳見《宋書》卷九七《夷蠻傳》。按，"田益宗"《通鑑》卷一三一《宋紀十三》"明帝泰始二年"條作"田益之"，記云："弋陽西山蠻田益之起兵應建康，詔以益之爲輔國將軍，督弋陽西蠻事。"

[2]臨川王：宋武帝劉裕少弟道規封臨川王，早卒，子義慶襲

封。義慶亦於元嘉末去世。詳見《宋書》卷五一《宗室傳》。按，此云臨川王，與時間不符，疑有誤。　防閤：防閤將軍，諸王的侍從武官。

[3]叛投虜：《魏書》卷六一《田益宗傳》云："田益宗，光城蠻也。身長八尺，雄果有將略，貌狀舉止，有異常蠻。世爲四山蠻帥，受制於蕭賾。太和十七年（493，亦爲齊武帝永明十一年），遣使張超奉表歸款。十九年，拜員外散騎常侍……冠軍將軍、南司州刺史；光城縣開國伯，食蠻邑一千户……後以益宗既渡淮北，不可仍爲司州，乃於新蔡立東豫州，以益宗爲刺史。"又程有爲《南北朝時期的淮漢蠻族》云："北魏對蠻族首領歸降者，多授將軍之號，拜爲州刺史，封爵公侯，待遇優渥。北魏終孝文之世，蠻民多北向歸附，因而形成了'蠻人安堵'的良好局面。蠻民在北魏與南齊的爭戰中，多主動效力，爲北魏南部邊境地區的安定作出了貢獻。"（《鄭州大學學報》2003年第1期）

[4]東豫州：北魏置，治所在今河南息縣。

[5]建武：齊明帝年號。

[6]司州龍城戍：本書卷五七《魏虜傳》云："虜又攻司州櫟城二戍，戍主魏僧岷、朱僧起拒敗之。"又《通鑑》卷一四〇《齊紀六》"明帝建武三年"條亦云："魏寇司州，櫟城戍主魏僧珉拒破之。"胡三省注："櫟城，即《左傳》吴伐楚入棘、櫟、麻之櫟。杜預《注》曰：汝陰新蔡縣東北有櫟亭。"按，"龍城"或爲"櫟城"之誤；或龍城亦在櫟城（今河南新蔡縣西北）附近，待考。

蠻俗衣布徒跣，或椎髻，或翦髮。兵器以金銀爲飾，虎皮衣楯，[1]便弩射，[2]皆暴悍好寇賊焉。

[1]虎皮衣楯：以虎皮蒙罩於楯的表層。楯，同盾，古代防禦兵器盾牌。

[2]便：習慣，善於。

東夷高麗國，[1]西與魏虜接界。宋末，高麗王樂浪公高璉爲使持節、散騎常侍、都督營平二州諸軍事、車騎大將軍、開府儀同三司。[2]太祖建元元年，進號驃騎大將軍。[3]三年，遣使貢獻，乘舶汎海，使驛常通，亦使魏虜，[4]然彊盛不受制。

[1]高麗國：《宋書》卷九七《夷蠻傳》作"高句驪國"；《南史》卷七九《夷貊傳下》作"高句麗"。《南史》云："高句麗，在遼東之東千里……地方可二千里，中有遼山，遼水所出。漢、魏世，南與朝鮮獩貊、東與沃沮、北與夫餘接。其王都於丸都山下，地多大山深谷，無原澤，百姓依之以居，食澗水。雖土著，無良田，故其俗節食。好修宮室，於所居之左立大屋，祭鬼神，又祠零星、社稷。人性凶急，喜寇鈔。其官……尊卑各有等級……國人尚氣力，便弓矢刀矛，有鎧甲，習戰鬥。"

[2]高璉：《宋書》卷九七云："晋安帝義熙九年，遣長史高翼奉表獻赭白馬。以璉爲使持節、都督營州諸軍事、征東將軍、高句驪王、樂浪公。"《南史》卷七九云："（宋）大明二年，又獻肅慎氏楛矢石砮。七年，詔進璉爲車騎大將軍、開府儀同三司，餘官並如故。明帝泰始、後廢帝元徽中，貢獻不絶，歷齊並授爵位，百餘歲死。子雲立。齊隆昌中，以爲使持節，散騎常侍，都督營、平二州，征東大將軍，高麗王，樂浪公。"朱季海《校議》云："高璉即長壽王，在位七十八年，其元年當晋安帝義熙九年（公元四一三年），其七十八年當齊武帝永明八年。高雲即文咨王，隆昌元年實文咨王四年（公元四九四年）。"（第133頁）　使持節：君主授予臣下權力的方式之一。節，代表皇帝的特殊命令。分三等：使持節爲上，得殺二千石以下；持節次之，得殺無官位的人，若在軍事時

期則與使持節同；假節爲下，唯在軍事時期得殺犯軍令者。　都督：性質猶使持節，亦分三等。《宋書·百官志上》："晋世則都督諸軍爲上，監諸軍次之，督諸軍爲下。使持節爲上，持節次之，假節爲下。"　散騎常侍：集書省官。掌奏事，直侍左右。秩三品。　營州：治龍城縣，在今遼寧朝陽市。　平州：治襄平縣，在今遼寧遼陽市。

[3]太祖建元元年，進號驃騎大將軍：中華本校勘記云："按《高帝紀》繫此事於建元二年四月。"驃騎大將軍，南朝爲最高榮譽加號。

[4]亦使魏虜：《魏書》卷一〇〇《高句麗傳》："世祖（指北魏太武帝拓跋燾）時，釗曾孫璉始遣使者安東奉表貢方物，并請國諱。世祖嘉其誠款，詔下帝系名諱於其國，遣員外散騎侍郎李敖拜璉爲都督遼海諸軍事、征東將軍、領護東夷中郎將，遼東郡開國公、高句麗王。敖至其所居平壤城，訪其方事。"

虜置諸國使邸，齊使第一，高麗次之。永明七年，平南参軍顔幼明、冗從僕射劉思斆使虜。[1]虜元會，[2]與高麗使相次。[3]幼明謂僞主客郎裴叔令曰：[4]"我等銜命上華，來造卿國。所爲抗敵，[5]在乎一魏。自餘外夷，理不得望我鑣塵。[6]况東夷小貊，臣屬朝廷，[7]今日乃敢與我躡踵。"[8]思斆謂僞南部尚書李思冲曰：[9]"我聖朝處魏使，未嘗與小國列，卿亦應知。"思冲曰："實如此。但主副不得升殿耳。[10]此間坐起甚高，[11]足以相報。"思斆曰："李道固昔使，[12]正以衣冠致隔耳。[13]魏國必纓冕而至，豈容見黜。"幼明又謂虜主曰："二國相亞，唯齊與魏。邊境小狄，敢躡臣蹤。"

[1]平南參軍：指平南將軍府參軍。平南將軍，爲四平將軍之一，多爲諸王榮譽加號。參見本書《百官志》。　冗從僕射：禁衛軍官名。掌護駕。秩五品。《通鑑》卷一三六《齊紀二》"武帝永明七年"條："八月乙亥，（魏）遣兼員外散騎常侍邢産等來聘……（十二月）平南參軍顔幼明等聘於魏。"

[2]元會：皇帝於元旦朝會群臣稱元會，也稱正會。始於漢，後歷朝因之。

[3]與高麗使相次：指魏元會典禮上，將齊使與高麗使的位次排列相等。

[4]主客郎：主客郎中，北魏屬祠部尚書。掌諸藩及外國朝聘事。　裴叔令：原仕宋，後投魏。

[5]抗敵：相匹配。

[6]理不得望我鑣塵：意謂按理不得和我平起平坐。鑣塵，乘騎揚起之路塵。

[7]東夷小貊，臣屬朝廷：東夷小貊，對高麗的賤稱。當時高麗認南朝爲宗主國，接受封贈，故云"臣屬朝廷"。

[8]躡踵：猶接踵並進。

[9]南部尚書：北魏前期所置官，掌統南部之事。《通典》卷二二《職官四》："後魏初有殿中、樂部、駕部、南部、北部五尚書。"杜佑注："（南部尚書）掌南邊州郡。"　李思冲：李冲。《魏書》卷五三、《北史》卷一〇〇有傳。

[10]但主副不得升殿耳：主副，指擔任輔助職位的人不得升坐到大殿上。按，北魏朝廷蓋以使節爲輔助職位。

[11]坐起：指坐的位次。

[12]李道固：李彪，齊武帝永明年間曾多次奉使南朝。詳見《魏書》卷六二、《北史》卷四〇《李彪傳》。

[13]正以衣冠致隔耳：指因門第而受到阻隔。

高麗俗服窮袴，[1]冠折風一梁，[2]謂之幘。[3]知讀五經。使人在京師，中書郎王融戲之曰："服之不衷，身之灾也。[4]頭上定是何物？"答曰："此即古弁之遺像也。"

[1]窮袴：一種有前後襠的褲子，後泛指有襠褲。《漢書》卷九七上《外戚傳上》："宫人使令皆爲窮絝。"顔師古注引服虔曰："窮絝，有前後當，不得交通也。"

[2]折風：古冠名。《後漢書》卷八五《東夷傳》："大加、主簿皆著幘，如冠幘而無後；其小加著折風，形如弁。"按，弁爲古代貴族的一種帽子，通常穿禮服時用之。參見《禮記·雜記上》。

[3]幘（zé）：古代包扎髮髻的巾。漢蔡邕《獨斷》下："幘者，古之卑賤執事不冠者之所服也。元帝額有壯髮，不欲使人見，始進幘服之，群臣皆隨焉。然尚無巾，如今半幘而已。"

[4]服之不衷，身之灾也：此語出自《左傳》僖公二十四年："服之不衷，身之灾也。"杜預注："衷，猶適也。"衷，適當。

高璉年百餘歲卒。隆昌元年，以高麗王樂浪公高雲爲使持節、散騎常侍、都督營平二州諸軍事、征東大將軍、高麗王、樂浪公。建武三年，原闕[1]

報功勞勤，實存名烈。假行寧朔將軍臣姐瑾等四人，振竭忠效，攘除國難，志勇果毅，等威名將，[2]可謂扞城，固蕃社稷，論功料勤，宜在甄顯。今依例輒假行職。伏願恩愍，聽除所假。寧朔將軍、面中王姐瑾，歷贊時務，武功並列，今假行冠軍將軍、都將軍、都漢王。建威將軍、八中侯餘古，弱冠輔佐，忠效夙著，今假行寧朔將軍、阿錯王。建威將軍餘歷，忠款有素，文武列顯，今假行龍驤將軍、邁盧王。廣武將軍餘固，忠效時務，光宣國政，今假行建威將軍、弗斯侯。”[3]

[1]原闕：此處中華本校勘記云：“此下缺一頁，脱《高麗傳》之下半篇，《百濟傳》之上半篇，各本同。原本每頁十八行，每行十八字。按《元龜》九百六十八：‘明帝建武三年，高麗王、樂浪公遣使貢獻。’《明帝紀》不載，當亦爲《高麗傳》缺頁中佚文。又《建康實録》南齊《高麗傳》有：‘其官位加（?）長史、司馬、參軍之屬。拜則申一脚，坐則跪，行則走，以爲恭敬。國有銀山，采爲貨，並人參、貂皮。重中國綵纈，丈夫衣之。亦重虎皮。’疑亦《南齊書·高麗傳》缺頁中佚文也。又《元龜》九百六十三：‘齊高帝建元二年三月，百濟王牟都遣使貢獻。詔曰：寶命維新，澤被絶域。牟都世藩東表，守職遐外，可即授使持節都督百濟諸軍事、鎮東大將軍。’當亦爲《百濟傳》缺頁中佚文。”

[2]等威名將：“威”原訛“截”，中華本據各本改正。今從改。

[3]今假行建威將軍、弗斯侯：據下段文“牟大又表曰”可推知以上一段文字當亦爲百濟王牟大的表文殘餘部分。按，百濟，古國名，在今朝鮮境内，是在馬韓故地上建立起來的國家，高麗占遼東，百濟占遼西。東晋、南朝宋均受册封。宋元嘉七年（430）百濟王餘毗修復貢職。毗死，子慶代立。慶死，立子牟都。都死，立子牟大。齊永明中，除牟大都督百濟諸軍事、鎮東大將軍、百濟王。詳見《南史》卷七九《夷貊傳下》。

牟大又表曰：[1]“臣所遣行建威將軍、廣陽太守、兼長史臣高達，行建威將軍、朝鮮太守、兼司馬臣楊茂，行宣威將軍、兼參軍臣會邁等三人，[2]志行清亮，忠款夙著。往泰始中，[3]比使宋朝，今任臣使，冒涉波險，尋其至效，宜在進爵，謹依先例，各假行職。且玄澤靈休，[4]萬里所企，況親趾天庭，乃不蒙賴。伏願天監特愍除正。[5]達邊效夙著，勤勞公務，今假行龍驤將軍、帶方太守。茂志行清壹，公務不廢，今假行建威將軍、廣陵太守。邁執志周密，[6]屢致勤效，今假行廣武將軍、清河太守。"詔可，並賜軍號，除太守。爲使持節、都督百濟諸軍事、鎮東大將軍。[7]使兼謁者僕射孫副策命大襲亡祖父牟都爲百濟王。[8]曰："於戲！惟爾世襲忠懃，誠著遐表，滄路肅澄，要貢無替。式循彝典，用纂顯命。往欽哉！其敬膺休業，可不慎歟！制詔行都督百濟諸軍事、鎮東大將軍百濟王牟大今以大襲祖父牟都爲百濟王，即位章綬等玉銅虎竹符四。[9]王其拜受，[10]不亦休乎！"

[1]牟大又表曰：中華本校勘記云："按'牟大'《通志》及《元龜》並作'牟太'。又《元龜》九百六十三：'齊武帝永明八年正月，百濟王牟太遣使上表，遣謁僕射孫副策命'，知上此表在永明八年正月也。"

[2]三人："三"原作"二"，顯誤，從中華本改。

[3]泰始：中華本校勘記云："原訛'太始'，各本並訛，今改正。"今從改。按，朱季海《校議》云："牟大即東城王，其元年當齊高帝建元元年（公元四七九年），在位二十二年，當東昏侯永元二年。上文云'往泰始中，比使宋朝（指高達、楊茂、會邁三人）'，事在宋明帝世，當百濟蓋鹵王時。"（第133頁）

[4]玄澤：聖恩。　靈休：神靈的福佑。

[5]天監：指皇帝的鑒察。　除正：正式賜封。

[6]邁：上所云之會邁，原訛"萬"，中華本據各本改正。今

從改。

［7］爲使持節、都督百濟諸軍事、鎮東大將軍：中華本校勘記云："按此句上有奪文。" 今按，從下句可見此當爲賜給百濟王牟大的封號。

［8］謁者僕射：謁者臺官。掌朝覲賓饗。

［9］即位章綬等玉銅虎竹符四：中華本校勘記云："按此句疑有脱誤。""四"原作"曰"，從中華本改。

［10］王其拜受："王"字原闕，中華本據各本補。今從補。

是歲，魏虜又發騎數十萬攻百濟，入其界，牟大遣將沙法名、贊首流、解禮昆、木干那率衆襲擊虜軍，大破之。建武二年，[1]牟大遣使上表曰："臣自昔受封，世被朝榮，忝荷節鉞，剋攘列辟。往姐瑾等並蒙光除，臣庶咸泰。去庚午年，[2]獫狁弗悛，[3]舉兵深逼。臣遣沙法名等領軍逆討，宵襲霆擊，匈梨張惶，[4]崩若海蕩。乘奔追斬，僵尸丹野。由是摧其鋭氣，鯨暴韜凶。[5]今邦宇謐静，實名等之略，尋其功勳，宜在褒顯。今假沙法名行征虜將軍、邁羅王，贊首流爲行安國將軍、辟中王，解禮昆爲行武威將軍、弗中侯，木干那前有軍功，又拔臺舫，[6]爲行廣威將軍、面中侯。伏願天恩特愍聽除。"又表曰："臣所遣行龍驤將軍、樂浪太守兼長史臣慕遺，行建武將軍、城陽太守兼司馬臣王茂，兼參軍、行振武將軍、朝鮮太守臣張塞，行揚武將軍陳明，在官忘私，唯公是務，見危授命，蹈難弗顧。今任臣使，冒涉波險，盡其至誠。實宜進爵，各假行署。伏願聖朝特賜除正。"詔可，並賜軍號。

［1］建武二年：前已云“建武三年”，此處又云“建武二年”，前後矛盾，當有誤。

［2］庚午年：齊武帝永明八年（490）。按，此年與建武二年（495）相距較久，疑有誤。

［3］獫狁：對北魏的貶稱。

［4］匈梨：指匈奴單于（這裹指北魏首領）。中華本校勘記云：“‘梨’南監本作‘犁’。《漢書·匈奴傳》，其國稱單于曰撐犂孤塗單于。匈奴謂天爲撐犂，謂子爲孤塗。單于者，廣大之貌也。匈梨猶言匈奴單于，梨犂通。”

［5］鯨暴韜凶：謂誅暴伏凶。

［6］臺舫：指北魏朝廷派遣的海船。

加羅國，[1]三韓種也。[2]建元元年，國王荷知使來獻。詔曰：“量廣始登，遠夷洽化。[3]加羅王荷知款關海外，[4]奉贄東遐。可授輔國將軍、本國王。”

［1］加羅：《南史》卷七九《夷貊傳下》作“新羅”，云：“在百濟東南五千餘里。其地東濱大海，南北與句麗、百濟接。魏時曰新盧，宋時曰新羅，或曰斯羅。”按，當即今韓國。

［2］三韓：古東夷有三韓國：一曰馬韓，二曰辰韓，三曰弁韓。見《南史》卷七九《夷貊傳下》。

［3］遠夷洽化：指遠方異國親近而接受教化。

［4］款關：叩關塞之門。指與外族通好。

倭國，[1]在帶方東南大海島中，[2]漢末以來，立女王。土俗已見前史。[3]建元元年，進新除使持節、都督倭、新羅、任那、加羅、秦韓、慕韓六國諸軍事，[4]安東大將軍，倭王武號爲鎮東大將軍。

[1]倭：古代稱日本。《漢書·地理志下》：“樂浪海中有倭人，分爲百餘國。”顔師古注引《魏略》：“倭在帶方東南大海中，依山島爲國。”

[2]帶方：郡名。東漢建安時孫康分樂浪郡南部置，治所在今朝鮮黄海北道鳳山附近，轄境約今朝鮮黄海南道、黄海北道一帶。

[3]土俗：《南史》卷七九《夷貊傳下》云：“人種禾、稻、紵、麻，蠶桑織績，有薑、桂、橘、椒、蘇。出黑雉、真珠、青玉……地氣温暖，風俗不淫。男女皆露髻，富貴者以錦繡雜采爲帽……食飲用籩豆。其死有棺無槨，封土作冢。人性皆嗜酒。俗不知正歲，多壽考，或至八九十，或至百歲。其俗女多男少，貴者至四五妻，賤者猶至兩三妻。”

[4]慕韓：原闕，中華本據《南史》卷七九《夷貊傳下》補，並按云：“補一慕韓，方符六國之數。”今從補。

南夷林邑國，[1]在交州南，[2]海行三千里，北連九德，[3]秦時故林邑縣也。漢末稱王。晋太康五年，[4]始貢獻。宋永初元年，[5]林邑王范楊邁初産，母夢人以金席藉之，光色奇麗。中國謂紫磨金，[6]夷人謂之“楊邁”，故以爲名。楊邁死，子咄立，慕其父，復改名楊邁。

[1]林邑：南海古國名，故地在今越南中南部。《晋書》卷九七《林邑國》：“林邑國本漢時象林縣，則馬援鑄柱之處也，去南海三千里。”《南史》卷七八《夷貊傳上》：“林邑國，本漢日南郡象林縣，古越裳界也。伏波將軍馬援開南境，置此縣……漢末大亂，功曹區連殺縣令，自立爲王。數世，其後王無嗣，外甥范熊代立。

死，子逸嗣……逸死，奴文簒立……文死，子佛立……（晋）征西將軍桓温遣督護滕畯、九真太守灌邃討之，追至林邑，佛乃請降。安帝隆安三年，佛孫須達復寇日南、九德諸郡……須達死，子敵真立……（中經内亂）大臣范諸農平其亂，自立爲王。諸農死，子陽邁立……宋永初二年，遣使貢獻，以陽邁爲林邑王。陽邁死，子咄立……齊永明中，（林邑王）范文贊累遣使貢獻。”

[2]交州：州名。漢置，治所原在龍編縣（今越南北寧省仙游縣東），漢末移治番禺縣（今廣東廣州市）。

[3]九德：縣名。三國吴置，治所在今越南義安省榮市。

[4]太康：晋武帝年號。

[5]永初：宋武帝年號。

[6]紫磨金：上等黄金。漢孔融《聖人優劣論》：“金之優者名曰紫磨，猶人之有聖也。”

林邑有金山，金汁流出於浦。事尼乾道，鑄金銀人像，大十圍。元嘉二十二年，[1]交州刺史檀和之伐林邑，[2]楊邁欲輸金萬斤，銀十萬斤，銅三十萬斤，還日南地。[3]大臣蓍僧達諫，[4]不聽。和之進兵破其北界犬戎區粟城，[5]獲金寶無筭，毁其金人，得黄金數萬斤，餘物稱是。和之後病死，見胡神爲祟。孝建二年，[6]始以林邑長史范龍跋爲揚武將軍。[7]

[1]元嘉二十二年：《南史》卷七八《夷貊傳上》作二十三年。按，《宋書》卷五《文帝紀》亦繫此事於元嘉二十三年六月。又《通鑑》卷一二四《宋紀六》“元嘉二十三年”條亦記有此事。

[2]檀和之：南朝宋武將，仕宋有功，封雲杜縣子。詳見《宋書》卷九七《夷蠻傳》、《南史》卷七八《夷貊傳上》。　伐林邑：

《通鑑》卷一二四記云："初，林邑王范陽邁雖進使入貢，而寇盜不絶，使貢亦薄陋；帝遣交州刺史檀和之討之。南陽宗慤，家世儒素，慤獨好武事，常言'願乘長風破萬里浪'。及和之伐林邑，慤自奮請從軍，詔以慤爲振武將軍，和之遣慤爲前鋒。"

[3]日南：郡名。西漢置，治所東晋遷置比景縣，在今越南廣平省宋河下游高牢下村。

[4]大臣蕃僧達諫：中華本校勘記云："'諫'下南監本、局本有'止之'二字。"

[5]和之進兵破其北界犬戎區栗城：《通鑑》卷一二四云："和之至朱梧戍，遣府户曹參軍姜仲基等詣陽邁，陽邁執之。和之乃進軍圍林邑將范扶龍於區粟城。陽邁遣其將范毗沙達救之，宗慤潛兵迎擊毗沙達，破之。"按，"區栗城"《通鑑》作"區粟城"。又朱季海《校議》云："尋《水經注・温水注》：'元嘉二十年以林邑頑凶，歷代難化，恃遠負衆，慢威背德。北寶既臻，南金闕貢。乃命偏將與龍驤將軍交州刺史檀和之陳兵日南，脩文服遠。二十三年揚旍從四會浦口入郎湖，軍次區粟，進逼圍城。以飛梯雲橋懸樓登壘。鉦鼓大作，虎士電怒，風烈火揚，城摧衆陷，斬區粟王范扶龍首。'是破城定在二十三年。'區粟'作'區粟'……（又《宋書》《文帝紀》、《夷蠻傳》並云'區粟'）疑此文'區栗'字誤也。"（第134頁）

[6]孝建：宋孝武帝年號。

[7]揚武將軍：南朝爲榮譽加號。按，《南史》卷七八此處云："孝建二年，林邑又遣長史范龍跋奉使貢獻，除龍跋揚武將軍。"

楊邁子孫相傳爲王，未有位號。夷人范當根純攻奪其國，[1]篡立爲王。永明九年，遣使貢獻金簟等物。詔曰："林邑雖介在遐外，[2]世服王化。當根純乃誠款到，率其僚職，遠績克宣，良有可嘉。宜沾爵號，以弘休澤。可持節、都督緣海諸軍事、安南將軍、林邑王。”范楊邁子孫范諸農率種人攻當根純，復得本國。十年，以諸農爲持節、都督緣海諸軍事、安南將軍、林邑王。建武二年，進號鎮南將軍。永泰元年，[3]諸農入朝，海中遭風溺死，以其子文款爲假節、都督緣海軍事、安南將軍、林邑王。

[1]夷人范當根純攻奪其國：中華本校勘記引張森楷《校勘記》云：“《梁書》《南史》並云扶南王子當根純，事在晋末，與此叙於永明元年者不同。”

[2]林邑雖介在遐外：“雖”原訛“蟲”，中華本校勘記云：“各本作‘林邑蠢爾，介在遐外’，《元龜》九百六十三作‘林邑雖分（當作介）在遐外’。按詔賜林邑王爵號，不當引用‘蠢爾’語，且下詔報扶南國王，亦有‘彼雖介在遐陬’語，明‘蟲’乃‘雖’字之訛，今據《元龜》改。”

[3]永泰元年：齊明帝建武五年（498）。

晋建興中，[1]日南夷帥范稚奴文數商賈，[2]見上國制度，教林邑王范逸起城池樓殿。王服天冠如佛冠，身被香纓絡。[3]國人凶悍，習山川，善鬬。吹海蠡爲角。[4]人皆裸露。四時暄暖，無霜雪。貴女賤男，謂師君爲婆羅門。[5]群從相姻通，[6]婦先遣娉求婿。女嫁者，迦藍衣横幅合縫如井闌，[7]首戴花寶。[8]婆羅門牽婿與婦握手相付，呪願吉利。居喪剪髪，謂之孝。燔尸中野以爲葬。遠界有靈鷲鳥，知人將死，集其家食死人肉盡，飛去，乃取骨燒灰投海中水葬。人色以黑爲美，南方諸國皆然。區粟城建八尺表，日影度南八寸。

［1］建興：西晉愍帝年號。

［2］日南夷帥范稚奴文數商賈：朱季海《校議》云："《水經注·温水注》：'外孫范熊代立，人情樂推。後熊死，子逸立。有范文，日南西捲縣夷帥范稚奴也。'又云：'椎嘗使文遠行商賈，北到上國，多所聞見。以晋愍帝建興中南至林邑，教王范逸制造城池，繕治戎甲，經始廓略，王愛信之。'是其事。然稚作'椎'。"（第134頁）

［3］纓絡：用珠玉串成戴在頸項上的飾物。

［4］海蠡（luó）：海螺。可用作號角。

［5］師君：中華本校勘記云："南監本、局本作'師巫'。"朱季海《校議》云："二本臆改。"（第135頁）

［6］群從：指堂兄弟及諸子侄。

［7］迦藍：佛教僧侶。

［8］花寶：寶花，珍貴的花，多指佛國或佛寺的花。

自林邑西南三千餘里，至扶南。扶南國，在日南之南大海西灣中，[1]廣袤三千餘里，有大江水西流入海。其先有女人爲王，名柳葉。又有激國人混塡，夢神賜弓一張，[2]教乘舶入海。[3]混塡晨起於神廟樹下得弓，即乘舶向扶南。柳葉見舶，率衆欲禦之。混塡舉弓遥射，貫船一面通中人。柳葉怖，遂降。混塡娶以爲妻。[4]惡其裸露形體，乃疊布貫其首。[5]遂治其國。子孫相傳。

［1］西灣：原訛"西蠻"，中華本據南監本及《御覽》卷七八六引改。按，《南史》卷七八則云："扶南國，在日南郡之南，海西

大灣中，去日南可七千里，在林邑西南三千餘里。城去海五百里，有大江廣十里，從西流東入海。其國廣輪三千餘里，土地洿下而平博，氣候風俗大較與林邑同。出金、銀、銅、錫、沈木香、象、犀、孔翠、五色鸚鵡。”又朱季海《校議》云：“馮承鈞譯鄂盧梭《秦代初平南越考·輯子史文》引《水經注》卷三六‘南接扶南’注一六九云：‘扶南古柬埔寨（Cam－bodge）之上國。所占地居今南圻（Cochinchine）一大部份。’今柬埔寨吴哥城内闍耶跋摩七世（JayavarmanⅦ）（1181—1215C）所建巴戎寺（Bagon）浮雕迴廊即有浮雕《鬥鷄圖》(見《考古》一九七二年第三期《吴哥古迹》圖六)。”(第136頁)

[2]弓一張：中華本校勘記：“各本並作‘二張’。”

[3]舶：大船。

[4]娶以爲妻：中華本校勘記云：“‘娶’殿本作‘遂’。”按，《南史》卷七八此處作：“遂君其國，納柳葉爲妻，生子分王七邑。其後王混盤況以詐力間諸邑，令相疑阻，因舉兵攻並之……盤況年九十餘乃死，立中子盤盤，以國事委其大將范蔓。盤盤立三年死，國人共舉蔓爲王。蔓勇健有權略，復以兵威攻伐旁國，咸服屬之，自號扶南大王。”

[5]乃疊布：中華本校勘記云：“‘乃’下《御覽》七百八十六引有‘穿’字。按《通典·邊防典》亦有‘穿’字。”

至王槃況死，國人立其大將范師蔓。蔓病，姊子旃篡立，[1]殺蔓子金生。十餘年，蔓少子長襲殺旃，以刃鑱旃腹曰：“汝昔殺我兄，今爲父兄報汝。”旃大將范尋又殺長，國人立以爲王，是吴、晋時也。[2]晋、宋世通職貢。[3]

[1]篡立：篡原訛“慕”，中華本據《南史》改。今從改。

［2］吴、晋：指三國吴、西晋。按，《南史》卷七八云："吴時，遣中郎康泰、宣化從事朱應使於尋國，國人猶裸，唯婦人著貫頭。泰、應謂曰：'國中實佳。但人褻露可怪耳。'尋始令國内男子着横幅。横幅，今干漫也。大家乃截錦爲之，貧者乃用布。"

［3］晋、宋：指東晋、南朝宋。　職貢：古代稱藩屬或外國對於朝廷的按時貢納。按，《南史》云："晋武帝太康中，尋始遣使貢獻。穆帝升平元年，王竺旃檀奉表獻馴象……宋元嘉十一年、十二年、十五年，奉表獻方物。"

宋末，扶南王姓僑陳如，[1]名闍耶跋摩，遣商貨至廣州。天竺道人那伽仙附載欲歸國，[2]遭風至林邑，掠其財物皆盡。那伽仙間道得達扶南，具説中國有聖主受命。[3]

［1］宋末，扶南王姓僑陳如：《南史》卷七八云："其後（指范尋後）王憍陳如本天竺婆羅門也，有神語曰應王扶南。憍陳如心悦，南至盤盤。扶南人聞之，舉國欣戴，迎而立焉。復改制度，用天竺法。憍陳如死，後王持梨陁跋摩。"僑，《南史》作"憍"。

［2］天竺：印度的古稱。

［3］中國有聖主受命：指齊高帝取代宋自立爲帝，改朝换代。

永明二年，闍邪跋摩遣天竺道人釋那伽仙上表稱扶南國王臣僑陳如闍耶跋摩叩頭啓曰："天化撫育，感動靈祇，四氣調適。伏願聖主尊體起居康豫，[1]皇太子萬福，六宫清休，諸王妃主内外朝臣普同和睦，鄰境士庶萬國歸心，五穀豐熟，灾害不生，土清民泰，一切安穩。臣及人民，國土豐樂，四氣調和，道俗濟濟，並蒙陛下光化所被，咸荷安泰。”又曰：“臣前遣使齎雜物行廣州貨易，天竺道人釋那伽仙於廣州因附臣舶欲來扶南，海中風漂到林邑，國王奪臣貨易，并那伽仙私財。具陳其從中國來此，仰序陛下聖德仁治，詳議風化，佛法興顯，衆僧殷集，法事日盛，王威嚴整，朝望國軌，[2]慈愍蒼生，八方六合，莫不歸伏。如聽其所説，則化鄰諸天，非可爲喻。臣聞之，下情踊悦，若蹔奉見尊足，[3]仰慕慈恩，澤流小國，天垂所感，率土之民，並得皆蒙恩祐。是以臣今遣此道人釋那伽仙爲使，上表問訊奉貢，微獻呈臣等赤心，并别陳下情。但所獻輕陋，愧懼唯深。伏願天慈曲照，鑒其丹款，賜不垂責。”又曰：“臣有奴名鳩酬羅，委臣逸走，[4]别在餘處，構結凶逆，遂破林邑，仍自立爲王。永不恭從，違恩負義，叛主之諐，[5]天不容載。伏尋林邑昔爲檀和之所破，久已歸化。天威所被，四海彌伏，而今鳩酬羅守執奴凶，自專很彊。[6]且林邑扶南鄰界相接，親又是臣奴，[7]猶尚逆去，朝廷遥遠，豈復遵奉。此國屬陛下，故謹具上啓。伏聞林邑頃年表獻簡絶，便欲永隔朝廷，豈有師子坐而安大鼠。[8]伏願遣軍將伐凶逆，臣亦自効微誠，助朝廷剪撲，使邊海諸國，一時歸伏。陛下若欲别立餘人爲彼王者，伏聽勑旨。脱未欲灼然興兵伐林邑者，伏願特賜勑在所，隨宜以少軍助臣，乘天之威，殄滅小賊，伐惡從善。平蕩之日，上表獻金五婆羅。[9]今輕此使送臣丹誠，表所陳啓，不盡下情。謹附那伽仙并其伴口具啓聞。伏願愍所啓。并獻金鏤龍王坐像一軀，白檀像一軀，[10]牙塔二軀，[11]古貝二雙，瑠璃蘇鉝二口，[12]瑇瑁檳榔柈一枚。”

[1]康豫：原作“康御”，中華本據南監本改。今從改。

[2]國軌：指國家管理的法規。語出《管子·山國軌》：“國軌布於未形，據其已成，乘令而進退，無求於民，謂之國軌。”

[3]蹔（zàn）：突然，忽然。　奉見尊足：形容拜伏於天子足下。

[4]逸走：逸，原作“免”，中華本據殿本、局本改，並按南監本作“逃”。今從改。朱季海《校議》云：“南監本臆改。‘免’即‘逸’之壞字。”（第135頁）

[5]諐（qiān）：罪咎。

[6]很彊：狠毒凶暴。很通“狠”。

[7]親又是臣奴：中華本校勘記云：“‘又’各本訛作‘人’。”

[8]師子坐而安大鼠：比喻佛祖面前豈能容忍邪惡。師子坐，佛祖釋迦牟尼的坐席。《大智度論》卷七：“佛爲人中師子，佛所坐處，若牀若地，皆名師子座。”

[9]婆羅：疑即“婆蘭”，胡人重量單位，三百斤爲一婆蘭。參見《宋史·食貨志下八》。

[10]白檀像：用白檀雕刻的佛像。白檀，檀香木。

[11]塔：原作“搭”，從中華本改。

[12]蘇鉝（lì）：古扶南國的一種食器。《集韵·入緝》：“鉝，胡食器。”朱季海《校議》云：“當時已有牙塔之獻，蘇鉝不知何物。甘肅安西榆林窟寺中舊藏象牙造像一軀，高15.9公分，寬17.3公分，爲兩片對合造像，共厚3.9公分，外形爲騎象持塔。除象以外，有人像十塔一。裏每面分成二十五格，共五十格，分刻佛傳故事。計有人像二百七十九，動物塔、車馬十二。（以上見《文物參考資料》一九五五年第十期顧鐵符‘象牙造像’説明，圖版

見封裹及底封裹。)”（第135頁）

那伽仙詣京師，言其國俗事摩醯首羅天神，[1]神常降於摩躭山。土氣恒暖，草木不落。其上書曰：“吉祥利世間，感攝於群生。所以其然者，天感化緣明。仙山名摩躭，吉樹敷嘉榮。摩醯首羅天，依此降尊靈。國土悉蒙祐，人民皆安寧。由斯恩被故，是以臣歸情。菩薩行忍慈，本迹起凡基。一發菩提心，[2]二乘非所期。[3]歷生積功業，六度行大悲。[4]勇猛超劫數，[5]財命捨無遺。生死不爲猒，[6]六道化有緣。[7]具脩於十地，[8]遺果度人天。功業既已定，行滿登正覺。萬善智圓備，惠日照塵俗。衆生感緣應，隨機授法藥。佛化遍十方，無不蒙濟擢。皇帝聖弘道，興隆於三寶。[9]垂心覽萬機，威恩振八表。國土及城邑，仁風化清皎。亦如釋提洹，[10]衆天中最超。陛下臨萬民，四海共歸心，聖慈流無疆，被臣小國深。”詔報曰：“具摩醯降靈，流施彼土，雖殊俗異化，遥深欣讚。知鳩酬羅於彼背叛，竊據林邑，聚凶肆掠，殊宜剪討。彼雖介遐陬，[11]舊脩蕃貢，自宋季多難，海譯致壅，皇化惟新，習迷未革。朕方以文德來遠人，[12]未欲便興干戈。王既欵列忠到，遠請軍威，今詔交部隨宜應接。[13]伐叛柔服，[14]寔惟國典，勉立殊效，以副所期。那伽仙屢銜邊譯，[15]頗悉中土闊狹，令其具宣。”上報以絳紫地黄碧緑紋綾各五匹。

[1]摩醯首羅：天神名。即大自在神。《慧苑音義》卷上：“摩醯首羅，正云摩醯濕伐羅。言摩醯者，此云大也；濕伐羅者，自在

也。謂此天王於大千世界中得自在故也。”

[2]菩提：佛教語。指豁然大徹大悟的境界。

[3]二乘：佛教語。包括聲聞乘與緣覺乘。吕澂《中國佛學源流略講》第二講：“二乘衹是方便，大乘纔是究竟。”（《吕澂佛學論著選集》，齊魯書社 1991 年版，第 2494 頁）

[4]六度：佛教語。又譯爲“六到彼岸”。指使人由生死之此岸度到涅槃（寂滅）之彼岸的六種法門：布施，持戒，忍辱，精進，静慮（禪定），智慧（般若）。　大悲：佛教語。救人苦難之心謂之悲，佛菩薩悲心廣大，故稱大悲。

[5]劫數：佛教語。意謂極久遠的時節。古印度傳説世界經過若干萬年毀滅一次，重新再開始，這樣一個周期稱作一“劫”。

[6]猒（yàn）：滿足。

[7]六道：佛教語。謂衆生輪回的六去處：天道，人道，阿修羅道，畜牲道，餓鬼道，地獄道。

[8]十地：佛教語。或譯爲“十住”。佛家謂菩薩修行所經歷的十個境界，即歡喜地、離垢地、發光地、焰慧地、難勝地、現前地、遠行地、不動地、善慧地、法雲地。參見《華嚴經》卷二三。

[9]三寶：《釋氏要覽·三寶》：“三寶謂佛、法、僧。”

[10]釋提洹：大神名。即釋提桓，釋迦提桓因陀羅的簡言。《法華義疏》卷二：“釋迦爲能，提桓爲天，因陀羅爲主。以其在善法堂治化稱會天心，故爲能天主。”

[11]遐陬：指遥遠的邊地。陬，原訛“休”，中華本據各本改。今從改。

[12]來遠人：語本《周禮·夏官·懷方氏》：“懷方氏掌來遠方之民。”賈公彦疏：“曉論以王之德美，又延引以王之美譽以招來之。”

[13]交部：指交州刺史行部。

[14]伐叛柔服：征伐反叛者，懷柔歸服者。

[15]屢銜邊譯：多次擔任翻譯。

扶南人黠惠知巧，攻略傍邑不賓之民爲奴婢，[1]貨易金銀綵帛。大家男子截錦爲横幅，[2]女爲貫頭，[3]貧者以布自蔽。鍛金鐶鎖，銀食器。[4]伐木起屋，國王居重閣，以木柵爲城。海邊生大箬葉，長八九尺，編其葉以覆屋。人民亦爲閣居。爲船八九丈，廣裁六七尺，頭尾似魚。國王行乘象，婦人亦能乘象。鬥鷄及狶爲樂。無牢獄，有訟者，則以金指鐶若鷄子投沸湯中，[5]令探之，又燒鎖令赤，[6]著手上捧行七步，有罪者手皆燋爛，無罪者不傷。又令没水，直者入即不沈，不直者即沈也。[7]有甘蔗、諸蔗、安石榴及橘，[8]多檳榔，鳥獸如中國。人性善，不便戰，常爲林邑所侵擊，不得與交州通，故其使罕至。[9]

[1]不賓：不臣服，不歸順。

[2]横幅：横披身上的整幅布帛。古代某些民族男人的一種服式。《晋書》卷九七《四夷傳》："其男子衣以横幅，但結束相連，略無縫綴。"

[3]貫頭：古代某些民族婦女的一種服式，在布中央挖一圓洞套入頭頸披下。《漢書·地理志下》："自合浦徐聞南入海，得大州……民皆服布如單被，穿中央爲貫頭。"顔師古注："著時從頭而貫之。"

[4]鐶鎖：臂環，手鐲之類。　食器：碗、勺之類。朱季海《校議》云："《廣韵·二十九换》：'貫，古玩切二十八'下有'鎖臂鐶'……當標作'鍛金環鎖，銀食器'。"（第136頁）按，"鍛"原作"鍜"，中華本亦作"鍜"，中間未標逗號，今據朱議改增。

[5]則以金指鐶若雞子投沸湯中：《南史》卷七八作"又以金

鐶、雞卵投沸湯中”。

［6］燒鎖：《南史》卷七八作“燒斧”。

［7］又令没水，直者入即不沈，不直者即沈也：直者，指正義有理的人。不直者，指邪惡的人。《南史》卷七八作：“又於城溝中養鱷魚，門外圈猛獸，有罪者輒以餧猛獸及鱷魚，魚獸不食爲無罪。”

［8］甘蔗、諸蔗：朱季海《校議》云：“《齊民要術》卷第十‘五穀果蓏菜茹非中國物産者’有甘蔗。《説文》曰：‘藷蔗也’。按《書傳》曰：‘或爲芋蔗，或干蔗，或邯賭，或甘蔗，或都蔗，所在不同。’尋賈引《書傳》所説，並即甘蔗之異名，是都蔗、甘蔗一也，甘蔗之外不當别有諸蔗。賈書同卷别條有藷，引《南方草物狀》有甘藷條，注：‘出交趾：武平、九真、興古也。’又《異物志》甘藷條注：‘蒸炙皆香美，賓客酒食亦施設，有如果實也。’疑蕭《史》此文當作‘有甘蔗、甘諸’。校書者或不知更有‘甘諸’，遂改作‘諸蔗’耳。”（第137頁）

［9］罕：原作“空”，從中華本改。

交州斗絶海島，控帶外國，故恃險數不賓。宋泰始初，刺史張牧卒，交趾人李長仁殺牧北來部曲，[1]據交州叛，數年病死，從弟叔獻嗣事，號令未行，遣使求刺史。宋朝以南海太守沈焕爲交州刺史，[2]以叔獻爲焕寧遠司馬、武平、新昌二郡太守。[3]叔獻得朝命，人情服從，遂發兵守險不納焕，焕停鬱林病卒。[4]太祖建元元年，仍以叔獻爲交州刺史，就安慰之。叔獻受命，既而斷割外國，貢獻寡少。世祖欲討之，永明三年，[5]以司農劉楷爲交州刺史，發南康、廬陵、始興郡兵征交州。[6]叔獻聞之，遣使願更申數年，獻十二隊純銀兜鍪及孔雀毦，[7]世祖不許。叔獻懼爲楷所襲，間道自湘川還朝。

[1]交趾：郡縣名。在今越南河内市西北。

[2]南海：郡名。治所在今廣東廣州市。　沈焕：字士蔚，仕劉宋，少爲駙馬都尉，歷官員外散騎侍郎，南昌令，有能名。後廢帝元徽中，以爲寧遠將軍、交州刺史，未至鎮，病卒。《宋書》卷一〇〇有附傳。

[3]寧遠司馬：指寧遠將軍府司馬。寧遠將軍南朝爲榮譽加號，開府者位從公秩一品。　武平：郡名。三國吴置，治武定縣，在今越南永富省永福縣東南平州。　新昌：郡名。不詳，當亦在今越南境内。

[4]鬱林：郡名。治布山縣，在今廣西桂平市西南古城。

[5]永明三年：中華本校勘記云："'三'字原闕，今據《元龜》六百九十八補。'三年'各本並作'元年'。按《武帝紀》，永明三年春正月，以大司農劉楷爲交州刺史，則《元龜》作'三年'是。"劉楷，宋宗室。詳見《宋書》卷五一《宗室傳》。

[6]南康：郡名。治所在今江西贛州市東北。　廬陵：郡名。治所在今江西吉水縣東北。　始興：郡名。治所在廣東韶關市東南。

[7]兜鍪：亦稱兜牟，古代戰士戴的頭盔。　孔雀毦（ěr）：以孔雀毛做成的裝飾物，常用以飾頭盔。

六年，以始興太守房法乘代楷。法乘至鎮，屬疾不理事，專好讀書。長史伏登之因此擅權，改易將吏，不令法乘知。録事房季文白之，法乘大怒，繫登之於獄。十餘日，登之厚賂法乘妹夫崔景叔得出，將部曲襲州執法乘，謂之曰："使君既有疾，不宜勞。"囚之別室。法乘無事，復就登之求書讀，登之曰："使君静處猶恐動疾，豈可看書。"遂不與。乃啓法乘心疾動，不任視事，世祖仍以登之爲交州刺史。法乘還至嶺而卒。[1]法乘，清河人。[2]昇明中，爲太祖驃騎中兵，[3]至左中郎將。[4]性方簡，身長八尺三寸，行出人上，常自俯屈。青州刺史明慶符亦長與法乘等，朝廷唯此二人。

[1]嶺：指嶺南，五嶺以南地區，相當今廣東、廣西地區。

[2]清河：縣名。即今山東臨清縣。

[3]驃騎中兵：指驃騎大將軍府中兵參軍。

[4]左中郎將：南朝爲榮譽加號。

史臣曰：《書》稱"蠻夷猾夏"，[1]蓋總而爲言矣。至於南夷雜種，分嶼建國，四方珍怪，莫此爲先，藏山隱海，瓌寶溢目。商舶遠届，委輸南州，故交、廣富實，牣積王府。[2]充斥之事差微，[3]聲教之道可被。[4]若夫用德以懷遠，其在此乎？

[1]蠻夷猾夏：謂蠻夷作亂華夏。語出《尚書·舜典》："帝曰：皋陶，蠻夷猾夏。"孔安國傳："猾，亂也。夏，華夏。"

[2]牣（rèn）積：充塞。

[3]充斥之事：指寇盗之事。語本《左傳》襄公三十一年："寇盗充斥。"杜預注："充滿斥見，言其多。"

[4]聲教：聲威教化。

贊曰：司、雍分壃，[1]荆及衡陽。參錯州部，地有蠻方。東夷海外，碣石、扶桑。[2]南域憬遠，極泛溟滄。非要乃貢，[3]並亦來王。[4]

量廣始登疑

[1]壃：同"疆"。

[2]碣石：指碣石山，即今河北昌黎縣西北仙臺山。《尚書·禹貢》："太行、恒山，至于碣石，入于海。"即此。秦始皇、漢武帝皆東巡至此，觀海刻石。　扶桑：東方古國名。後亦代稱日本。

[3]要（yāo）：要挾，脅迫。

[4]來王：指古代諸侯及屬國定期朝覲天子。語出《尚書·大禹謨》："無怠無荒，四夷來王。"

南齊書　卷五九

列傳第四十

芮芮虜　河南　氐　羌

芮芮虜，[1]塞外雜胡也。編髮左衽。[2]晋世什翼圭入塞内後，[3]芮芮逐水草，盡有匈奴故庭，[4]威服西域。[5]土氣早寒，所居爲穹廬氈帳。[6]刻木記事，不識文書。馬畜丁肥，種衆殷盛。常與魏虜爲讎敵。

[1]芮芮：《南史》卷七九亦有傳，作“蠕蠕”，云：“北狄種類實繁，蠕蠕爲族，蓋匈奴之別種也。魏自南遷，因擅其故地。無城郭，隨水草畜牧，以穹廬居。辮髮，衣錦小袖袍，小口袴，深雍鞾。其地苦寒，七月流澌亘河。”清王鳴盛《十七史商榷》卷六四云：“《南史》則於北方特立《蠕蠕》一傳。‘蠕蠕’即‘芮芮’，其本號自爲‘柔然’，魏人改稱爲‘蠕蠕’，《周》《隋》多作‘茹茹’，《宋》《齊》《梁》則作‘芮芮’，蓋皆取其音近。”按，《宋書》卷九五《索虜傳》則云：“芮芮一號大檀，又號檀檀，亦匈奴別種。”而《魏書》卷一〇三《蠕蠕傳》云：“蠕蠕東胡之苗裔也……（其主）車鹿會雄健，始有部衆，自號柔然，而役屬於國。

後世祖（指北魏太武帝拓跋燾）以其無知，狀類於蟲，故改其號爲蠕蠕。”　虜：南朝對北魏的蔑稱。

[2]編髮：頭髮結成辮子。　左衽：衣襟向左。《吕思勉讀史札記》丙帙《魏晋南北朝·北族辮髮》：“《南史·蠕蠕傳》：‘辮髮，衣錦小袖袍、小口袴、深雍鞾。’利禦寒而便騎射，亦各適於其地也。”（上海古籍出版社1982年版，第892頁）

[3]什翼圭：北魏太祖道武皇帝拓跋珪。晋隆安元年（397），拓跋珪破後燕慕容寶於中山（今河北定州市），次年定國號爲“魏”，遷都平城（今山西大同），即皇帝位，改元“天興”。詳見本書卷五七《魏虜傳》。

[4]匈奴故庭：指今内蒙古陰山山脈一帶。

[5]威服西域：《宋書》卷九五作：“僭稱大號，部衆殷强，歲時遣使詣京師，與中國亢禮。西域諸國焉耆、鄯善、龜兹、姑墨東道諸國，並役屬之。”

[6]穹廬：古代游牧民族居住的氈帳。《漢書》卷九四上《匈奴傳上》：“匈奴父子同穹廬卧。”顏師古注：“穹廬，旃帳也。其形穹隆，故曰穹廬。”

宋世其國相希利垔解星筭數術，[1]通胡、漢語，常言南方當有姓名齊者，其人當興。昇明二年，[2]太祖輔政，[3]遣驍騎將軍王洪範使芮芮，[4]尅期共伐魏虜。建元元年八月，[5]芮芮主發三十萬騎南侵，去平城七百里，[6]魏虜拒守不敢戰，芮芮主於燕然山下縱獵而歸。[7]上初踐阼，不遑出師。

[1]星筭數術：指以星象占定人事吉凶禍福的方術。筭，“算”的異體字。

[2]昇明：宋順帝年號。

[3]太祖：齊高帝蕭道成廟號。按，宋順帝時，蕭道成輔政，尋即自立爲帝，廢宋立齊。本書卷一至卷二有紀。

[4]王洪範：歷仕南朝宋、齊，齊高帝心腹，爲官清正。《南史》卷七〇《循吏傳》有傳。按，“洪範”原作“洪軌”，中華本校勘記云：“據《通鑑》改。下同。按《通鑑》齊高帝建元元年：‘上之輔宋也，遣驍騎將軍王洪範使柔然，約與共攻魏。’《考異》云：‘《齊書》作王洪軌，今從《齊紀》。’參閱《張冲傳》校記。”

[5]建元：齊高帝年號。

[6]平城：北魏故都所在地。在今山西大同市。

[7]燕然山：今蒙古人民共和國境内杭愛山脈。

二年、三年，芮芮主頻遣使貢獻貂皮雜物。與上書欲伐魏虜，謂上“足下”，自稱“吾”。獻師子皮袴褶，皮如虎皮，色白毛短。時有賈胡在蜀見之，云此非師子皮，乃扶拔皮也。[1]國相邢基祇羅迴奉表曰：

夫四象稟政，[2]二儀改度，[3]而萬物生焉。斯蓋虧盈迭襲，曆數自然也。昔晋室將終，楚桓竊命，[4]寔賴宋武匡濟之功，[5]故能扶衰定傾，休否以泰。祚流九葉，[6]而國嗣不繼。今皇天降禍於上，宋室猜亂于下。臣雖荒遠，粗闚圖書，數難以來，[7]星文改度，[8]房心受變，[9]虚危納祉，宋滅齊昌，此其驗也。水運遘屯，[10]木德應運，子年垂刈，劉穆之記，[11]峪嶺有不祇之山，[12]京房讖云“卯金十六，草肅應王”。[13]歷觀圖緯，休徵非一，皆云慶鍾蕭氏，代宋者齊。會有使力法度及□此國使反，[14]採訪聖德，彌驗天縱之姿。故能挾隆皇祚，光權定之業，翼亮天功，濟悖主之難。[15]樹勳京師，威振海外。杖義之功，侔蹤湯、武。冥績既著，寶命因歸，受終之曆，歸于有道。况夫帝無常族，有德必昌，時來之數，唯靈是與。陛下承乾啓之機，[16]因乘龍之運，[17]計應符革祚，久已踐極，荒裔傾戴，莫不引領。設未龍飛，[18]不宜冲挹，[19]上違天人之心，[20]下乖黎庶之望。

[1]扶拔：符拔，獸名。《後漢書》卷三《章帝紀》："月氏國遣使獻扶拔、師子。"李賢注："扶拔，似麟無角。"朱季海《南齊書校議》（以下簡稱朱季海《校議》）云："扶拔不知何物。《釋獸》有'虪，白虎'，郭注：'漢宣帝時南郡獲白虎，獻其皮骨爪牙'，又'貔白狐，其子豰'，郭注：'一名執夷，虎豹之屬'，扶拔豈其類耶？"（中華書局 1984 年版，第 137 頁）

[2]四象：指春、夏、秋、冬四時。《易·繫辭上》："《易》有太極，是生兩儀，兩儀生四象，四象生八卦。"高亨注："四象，四時也。四時各有其象，故謂之四象。天地生四時，故曰'兩儀生四象'。"

[3]二儀改度：指日月運行。

[4]楚桓：指桓玄，東晋大司馬桓温之子，安帝時爲江州刺史，都督荆州等八州軍事。元興元年（402），舉兵東下，攻入建康，迫安帝禪位，建號楚，年號建始，旋改永始。劉裕起兵討玄，玄兵敗被殺。《晋書》卷九九有傳。

[5]宋武：指宋武帝劉裕。《宋書》卷一至卷三有紀。

[6]九葉：指南朝宋武帝、少帝、文帝、元凶劉劭、孝武帝、前廢帝、明帝、後廢帝、順帝九代皇帝。

[7]難：灾難，禍亂。

[8]星文：星象。

［9］房心受變：房心，星名。二十八宿中房宿和心宿的並稱。舊時以房心象徵明堂，天王布政之宫。此指朝代更替。

［10］水運：古代陰陽家稱帝王受命的五德之一。劉宋以水德王，蕭齊以木德王，故以水運、木德代指南朝宋、齊。　邅屯：遇難。

［11］子年垂刈，劉穆之記：劉穆之，南朝宋武帝倖臣，輔武帝得天下，卒封南昌縣侯。《宋書》卷四二、《南史》卷一五有傳。按，此二句不明何指。

［12］崏嶺：岷山，在四川北部。崏，同“岷”。　不衽之山：不明何意。

［13］京房：西漢人，好講陰陽灾異，後世因把占卜星相等方術稱爲“京房術”。參見《漢書》卷七五《京房傳》。　卯金十六，草肅應王：“卯金”暗合“劉”字，“草肅”暗合“蕭”字。暗示蕭齊取代劉宋。按，此句《南史》卷七九作“卯金卒，草肅應王”。

［14］會有使力法度及□此國使反：中華本校勘記云：“各本並缺一字。”此句意難通，疑有訛脱字。

［15］悖主：貶稱宋末亡國之君。

［16］乾啓：上天的預示。

［17］乘龍：比喻趁時而動。語本《易·乾》：“時乘六龍以御天。”王弼注：“升降無常，隨時而用，處則乘潛龍，出則乘飛龍。”

［18］龍飛：《易·乾》：“飛龍在天，利見大人。”孔穎達疏：“若聖人有龍德，飛騰而居天位。”後以“龍飛”喻指帝王興起即位。

［19］冲挹：謙退。

［20］天人：上天神靈。

皇芮承緒，肇自二儀，[1]拓土載民，地越滄海，百代一族，大業天固。雖吳漠殊域，[2]義同脣齒，方欲剋期中原，龔行天罰。[3]治兵繕甲，俟時大舉。振霜戈於并、代，鳴和鈴於秦、趙，[4]掃殄凶醜，梟剪元惡。然後皇輿遷幸，光復中華，[5]永敦鄰好，侔蹤齊、魯。[6]使四海有奉，蒼生咸賴，荒餘歸仰，豈不盛哉！

[1]二儀：指天地。按，上段"二儀"指日月，與此有別。

[2]吳漠：指江左與塞北，實指南朝與芮芮。朱季海《校議》云："此以江左爲吳。"（第138頁）按，"漠"原訛"漢"，今從中華本校改。

[3]龔行：奉行，恭行。《呂氏春秋·盡數》"夏后伯啓與有扈戰於甘澤而不勝。"高誘注引《尚書》："今予惟龔行天之罰。"按，今本《尚書·甘誓》作"恭行"。　天罰：指與南齊共伐北魏。

[4]振霜戈於并、代，鳴和鈴於秦、趙：形容進軍征討北魏。霜戈，明亮鋒利的弋戟。和鈴，古代車鈴。和在軾前，鈴在旗上。語出《詩·周頌·載見》："龍旂陽陽，和鈴央央。"并、代、秦、趙，代指北魏占領之地。

[5]皇輿遷幸，光復中華：謂皇帝大駕北遷幸臨中土，光復中原，一統華夏。

[6]侔蹤齊、魯：侔蹤，同行。這裏指相互友好，猶如古時齊、魯相連。

永明元年，王洪範還京師，經途三萬餘里。洪範，齊郡臨淄人，[1]爲太祖所親信。建武中，爲青冀二州刺史。[2]私占丁侵虜堺，奔敗結氣卒。[3]

[1]齊郡：郡名。治臨淄縣。　臨淄：縣名。治所在今山東淄博市東北臨淄區。

[2]青冀二州：南朝宋僑置，治所同在鬱洲，即今江蘇連雲港市東南雲臺山一帶。

[3]私占丁侵虜堺，奔敗結氣卒：此指王洪範遣兵攻魏，先得黄郭、鹽倉等數地，後遇重兵大敗，死傷塗地，深自咎責，發病身亡。詳見《南史》卷七〇《循吏傳》。

芮芮王求醫工等物，[1]世祖詔報曰："知須醫及織成錦工、指南車、漏刻，並非所愛。[2]南方治疾，與北土不同。織成錦工，並女人，不堪涉遠。指南車、漏刻，此雖有其器，工匠久不復存，不副爲悮。"[3]

[1]芮芮王：中華本校勘記云："'王'各本並同，按子顯前後書例，當作'主'。"

[2]並非所愛：意謂製造這些物品的工匠難以奉上，並不是因爲我之所愛捨不得，而是别有原因。

[3]悮：中華本校勘記云："《元龜》九百九十九作'恨'。"

自芮芮居匈奴故庭，十年，[1]丁零胡又南攻芮芮，[2]得其故地，芮芮稍南徙。[3]魏虜主元宏以其侵逼，[4]遣僞平元王駕鹿渾、龍驤將軍楊延數十萬騎伐芮芮，[5]大寒雪，人馬死者衆。

[1]十年：指齊武帝永明十年（492）。

[2]丁零胡：古民族名。又稱"丁令""丁靈"。漢時爲匈奴的屬國，游牧於中國北部和西北部地區。《史記》卷一一〇《匈奴列

傳》："後北服渾庾、屈射、丁零、鬲昆、薪犂之國。"張守節《正義》："已上五國在匈奴北。"司馬貞《索隱》引《魏略》："丁零在康居北，去匈奴庭接習水七千里。"

[3]芮芮稍南徙：《南史》卷七九云："永明中，爲丁零所破，更爲小國而南移其居。"

[4]元宏：指魏高祖孝文帝。原姓拓跋，改姓元。《魏書》卷七有紀。

[5]伐芮芮：此指魏孝文帝太和十六年（492）八月北征芮芮。《通鑑》卷一三七《齊紀三》"武帝永明十年"條："魏以懷朔鎮將陽平王頤、鎮北大將軍陸叡皆爲都督，督十二將，步騎十萬，分爲三道以擊柔然……大破柔然而還。"胡三省注："《考異》曰：《魏帝紀》：'太和十一年八月壬申，蠕蠕犯塞，遣平原王陸叡討之，事具《蠕蠕傳》。十六年八月乙未，詔陽平王頤、左僕射陸叡討蠕蠕。'按《蠕蠕傳》無十一年犯塞及征討事，唯有十六年八月頤、叡出征事與《紀》合，蓋十一年《紀》誤也。"按，"平元王"當即"平原王"，"駕鹿渾"即陸叡的原名，唯"龍驤將軍楊延"不知是否即元頤，待考。

先是益州刺史劉悛遣使江景玄使丁零，[1]宣國威德。道經鄯善、于闐，[2]鄯善爲丁零所破，人民散盡。于闐尤信佛法。丁零僭稱天子，勞接景玄使，反命。

[1]益州：州名。治所在今四川成都市。　劉悛：歷仕南朝宋、齊，齊武帝時爲益州刺史。本書卷三七有傳。

[2]鄯善：古西域國名。原名樓蘭，西漢改名，國都在伊循城（今新疆若羌縣東米蘭）。　于闐：古西域國名。國都在西城（今新疆和田縣境）。

芮芮常由河南道而抵益州。

河南，[1]匈奴種也。漢建武中，[2]匈奴奴婢亡匿在凉州界雜種數千人，[3]虜名奴婢爲貲，一謂之“貲虜”。鮮卑慕容廆庶兄吐谷渾爲氐王。[4]在益州西北，亘數千里。其南界龍涸城，[5]去成都千餘里。大戍有四，一在清水川，[6]一在赤水，[7]一在澆河，[8]一在吐屈真川，[9]皆子弟所治。其王治慕駕川。[10]多畜，逐水草，無城郭。後稍爲宫屋，而人民猶以氈廬百子帳爲行屋。[11]地常風寒，人行平沙中，[12]沙礫飛起，行迹皆滅。肥地則有雀鼠同穴，[13]生黄紫花；瘦地輒有鄣氣，[14]使人斷氣，牛馬得之，疲汗不能行。

[1]河南：少數民族名。《南史》卷七九《夷貊傳下》亦有傳，記其風俗較詳。又《宋書》卷九六亦有傳，稱其爲“鮮卑吐谷渾”，云：“阿柴虜吐谷渾，遼東鮮卑也。父弈洛韓，有二子，長曰吐谷渾，少曰若洛廆……渾庶長，廆正嫡。父在時，分七百户與渾，渾與廆二部俱牧馬，馬鬥相傷，廆怒，遣信謂渾曰：‘先公處公，與兄異部，牧馬何不相遠，而致鬥争相傷？’渾曰：‘馬是畜生，食草飲水，春氣發動，所以致鬥。鬥在於馬，而怒及人邪。乖别甚易，今當去汝萬里。’於是擁馬西行……遂西附陰山。遭晋亂，遂得上隴……出罕幵、西零……自枹罕以東千餘里，暨甘松，西至河南。”

[2]建武：東漢光武帝年號。

[3]凉州：西漢置，治所在今甘肅張家川回族自治縣。

[4]鮮卑慕容廆庶兄吐谷渾爲氐王：《南史》卷七九作：“初，慕容弈洛干有二子，庶長曰吐谷渾，嫡曰廆洛干。卒，廆嗣位，吐

谷渾避之，西徙上隴，度枹罕，出涼州西南，至赤水而居之。地在河南，故以爲號。”按，鮮卑爲中國古代東胡族的一支，至晋時分爲數部，以慕容、拓跋二氏爲最著。慕容廆《晋書》卷一〇八有載記。吐谷渾《晋書》卷九七有傳。“王”原作“土”，從中華本改。

[5]龍涸城：又作龍鶴城，即今四川松潘縣。

[6]清水川：戍名。在今青海循化撒拉族自治縣東。

[7]赤水：戍名。即今青海共和縣東南。

[8]澆河：指澆河城，在今青海黄河南岸貴德縣南。

[9]吐屈真川：在今青海烏蘭縣東茶卡鹽湖附近。

[10]慕駕川：不詳。青海賢南縣北

[11]百子帳：一種供多人居住的大篷帳。本書卷五七《魏虜傳》云：“以繩相交絡，紐木枝棖，覆以青繒，形制平圓，下容百人坐，謂之爲‘繖’，一云‘百子帳’也。”按，《南史》以下云：“有青海方數百里，放牝馬其側，輒生駒，土人謂之龍種，故其國多善馬。”又云：“著小袖袍，小口袴，大頭長裙帽。女子被髮爲辮。”

[12]人行平沙中：《宋書》卷九六云：“其國西有黄沙，南北一百二十里，東西七十里，不生草木，沙州因此爲號。”

[13]雀鼠同穴：《宋書》卷九六云：“甘谷嶺北有雀鼠同穴，或在山嶺，或在平地，雀色白，鼠色黄，地生黄紫花草，便有雀鼠穴。”朱季海《校議》云：“雀鼠同穴，河南有之。《釋鳥》：‘鳥鼠同穴，其鳥爲鵌，其鼠爲鼵。’郭注：‘鼵如人家鼠而短尾，鵌似鵽而小，黄黑色，入地三四尺。鼠在内，鳥在外。今在隴西首陽縣鳥鼠同穴山中。’大氐河、隴之間多有之。”（第138頁）

[14]鄣氣：瘴氣，一種毒氣。

宋初始受爵命，至宋末，河南王吐谷渾拾寅爲使持節、散騎常侍、都督西秦河沙三州諸軍事、車騎大將軍、開府儀同三司、領護羌校尉、西秦河二州刺史。[1]

［1］吐谷渾拾寅：晉吐谷渾孫葉延，以王父字爲氏，因姓吐谷渾，亦爲國號。宋元嘉末，曾孫慕延又自號河南王。拾寅爲慕延從弟。慕延死，拾寅立，受宋封爵。《宋書》卷九六云："（元嘉）二十九年，以拾寅爲使持節、督西秦河沙三州諸軍事、安西將軍、領護羌校尉、西秦河二州刺史、河南王。拾寅東破索虜，加開府儀同三司。世祖大明五年，拾寅遣使獻善舞馬、四角羊。皇太子、王公以下上《舞馬歌》者二十七首。太宗泰始三年，進號征西大將軍。五年，拾寅奉表獻方物，以弟拾皮爲平西將軍、金城公。前廢帝又進號車騎大將軍。" 使持節：節，代表君主行使特殊使命的憑信。魏晉南北朝時有持節都督之制，分爲使持節、持節、假節三等。使持節得殺二千石以下，持節得殺無官位的人，假節惟在軍事時期得殺犯軍令者。 西秦：秦州，晉置，治所在今甘肅天水市。 河：指河州，十六國前凉置，治所在今甘肅臨夏市西南。 沙：指沙州，十六國前凉置，治所在今甘肅敦煌市。 車騎大將軍：南朝爲榮譽加號，位從公秩一品。 開府儀同三司：漢制惟三公得開府置官屬。東漢末，大將軍、車騎將軍並得開府，爲三公之制。三國魏因置開府儀同三司之名，謂與三司（即三公）體制待遇相同，亦有官屬。晉與南北朝均沿制。 護羌校尉：邊防武官。西漢置，晉改爲凉州刺史，主護西羌。南朝宋、齊復置護羌校尉。

建元元年，[1]太祖即本官進號驃騎大將軍。宋世遣武衛將軍王世武使河南，是歲隨拾寅使來獻。詔答曰："皇帝敬問使持節、散騎常侍、都督西秦河沙三州諸軍事、車騎大將軍、開府儀同三司、領護羌校尉、西秦河二州刺史、新除驃騎大將軍、河南王：寶命革授，爰集朕躬，猥當大業，祗惕兼懷。聞之增感。王世武至，得元徽五年五月二十一日表，夏中濕熱，[2]想比平安。又卿乃誠遥著，保寧遐壃。今詔升徽號，以酬忠款。遣王世武銜命拜授。又仍使王世武等往芮芮，想即資遣，使得時達。又奏所上馬等物悉至，今往别牒錦絳紫碧緑黄青等紋各十匹。"[3]

[1]建元元年：亦即宋順帝昇明三年（479），時蕭道成輔政，進號驃騎大將軍。旋封爲齊公、齊王。四月，宋順帝禪位於齊王，齊立宋亡，改元"建元"。

[2]"聞之增感"至"夏中濕熱"：中華本校勘記云："原'夏中''聞之'錯簡，致不可解。今改正。"今從改。

[3]别牒：謂另册授予。

拾寅子易度侯好星文，嘗求星書，朝議不給。寅卒，三年，[1]以河南王世子吐谷渾易度侯爲使持節、都督西秦河沙三州諸軍事、鎮西將軍、領護羌校尉、西秦河二州刺史、河南王。[2]永明三年，詔曰："易度侯守職西蕃，綏懷允緝，忠績兼舉，朕有嘉焉。可進號車騎大將軍。"遣給事中丘冠先使河南道，[3]并送芮芮使。至六年乃還。得玉長三尺二寸，厚一尺一寸。

[1]三年：指齊建元三年（481）冬十月。參見本書卷二《高帝紀下》。

[2]易度侯：中華本校勘記云："《魏書》及《通鑑》作'度易侯'。"

[3]丘冠先：吴興人，少有節義。齊永明中爲給事中（集書省

官，掌侍從顧問），多次出使，不辱君命。《南史》卷七三有傳。

易度侯卒，八年，立其世子休留茂爲使持節、督西秦河沙三州諸軍事、鎮西將軍、領護羌校尉、西秦河二州刺史。[1]復遣振武將軍丘冠先拜授，并行弔禮。冠先至河南，休留茂逼令先拜，冠先厲色不肯，休留茂恥其國人，執冠先於絶巖上推墮深谷而死。[2]冠先字道玄，吴興人，晋吏部郎傑六世孫也。上初遣冠先，示尚書令王儉，儉答上曰：[3]“此人不啻堪行。”乃再銜命。及死，世祖敕其子雄曰：“卿父受使河南，秉忠守死，不辱王命，我甚賞惜，喪屍絶域，不可復尋，於卿後宦塗無妨，甚有高比。”[4]賜錢十萬，布三十匹。[5]

[1]休留茂：本書卷三《武帝紀》作“休留成”。

[2]“冠先至河南”至“推墮深谷而死”：《南史》卷七三本傳此事所記不同，云：“使蠕蠕，蠕蠕逼令拜，冠先執節不從。以刃臨之，冠先曰：‘能殺我者蠕蠕也，不能以天子使拜戎狄者，我也。’遂見殺。”

[3]儉答上曰：《南史》卷七三此處曰：“尚書令王儉言：‘冠先雖名位未升，而義行甚重。若爲行人，則蘇武、鄭衆之流也。’於是使蠕蠕。”

[4]高比：謂丘冠先之行，可與古今高尚的人相匹配。

[5]賜錢十萬，布三十匹：《南史》作：“武帝以冠先不辱命，賜其子雄錢一萬、布三十疋。雄不受，詣闕上書曰：‘臣父執節如蘇武，守死如谷吉，遂不書之良史，甄之褒策，萬代之後，誰死社稷……’書奏不省。”

氐楊氏，[1]與苻氏同出略陽，[2]漢世居仇池，[3]地號百頃。建安中，[4]有百頃氐王是也。[5]晋世有楊茂獀，[6]後轉彊盛，事見前史。仇池四方壁立，自然有樓櫓却敵狀，[7]高並數丈。有二十二道可攀緣而升，東西二門，盤道可七里。上有岡阜泉源。氐於上平地立宫室、菓園、倉庫，無貴賤皆爲板屋土墻，所治處名洛谷。

[1]氐楊氏：《宋書》卷九八有《氐胡·略陽清水氐楊傳》，《南史》卷七九《夷貊傳下》亦有傳作“武興國”。氐，中國古代少數民族，居住今西北一帶。《魏書》卷一〇一《氐傳》云：“氐者，西夷之别種，號曰白馬。三代之際，蓋自有君長，而世一朝見，故《詩》稱‘自彼氐羌，莫敢不來王’也。秦漢以來，世居岐隴以南，漢川以西，自立豪帥。”《宋書》云：“略陽清水氐楊氏，秦漢以來，世居隴右，爲豪族。”

[2]苻氏：指苻姓的氐族人，東晋時曾建立過前秦、後凉。略陽：郡名。晋置，治臨渭縣，在今甘肅秦安縣東南。

[3]仇池：山名。在今甘肅西和縣西南，又名百頃山。

[4]建安：東漢末獻帝年號。

[5]百頃氐王：《宋書》云：“漢獻帝建安中，有楊騰者，爲部落大帥。騰子駒，勇健多計略，始徙仇池。仇池地方百頃，因以‘百頃’爲號……駒後有名千萬者，魏拜爲百頃氐王。”

[6]楊茂獀：《宋書》作“戊搜”，《魏書》作“茂搜”。二書均記其乃爲楊千萬之養子。

[7]樓櫓：古代軍中用以瞭望、攻守用的無頂蓋的高臺。按，《宋書》此處作“四面斗絶，高平地方二十餘里，羊腸蟠道，三十六回。山上豐水泉，煮土成鹽。”《魏書》所記同。

宋元嘉十九年，龍驤將軍裴方明等伐氐，剋仇池，[1]後爲魏虜所攻，[2]失地。氐王楊難當從兄子文德聚衆茄蘆，[3]宋世加以爵位。文德死，從弟僧嗣、文慶傳代之。[4]難當族弟廣香先奔虜，元徽中，爲虜攻殺文慶，[5]以爲陰平公、茄蘆鎮主。文慶從弟文弘爲白水太守，[6]屯武興，[7]朝議以爲輔國將軍、北秦州刺史、武都王仇池公。

[1]“宋元嘉十九年”至“剋仇池”：指氐王入侵宋遣將反擊事。《通鑑》卷一二三《宋紀五》“文帝元嘉十八年”條記載：“（冬十一月）氐王楊難當傾國入寇，謀據蜀土……攻拔葭萌（在今四川廣元市西南），獲晋壽太守申坦，遂圍涪城；巴西、梓潼二郡太守劉道錫嬰城固守……（十二月）詔龍驤將軍裴方明等帥甲士三千人，又發荆、雍二州兵，以討難當。”又卷一二四記：“（文帝元嘉十九年）五月，裴方明等至漢中，與劉真道等分兵攻武興、下辯（亦作下辨）、白水，皆取之……難當奔上邽……仇池平。”

[2]後爲魏虜所攻：楊難當爲方明所敗，棄仇池，奔上邽（即今甘肅天水市）。北魏太武帝拓跋燾遣將迎助難當，並遣重兵助戰，尋即攻占仇池等地。詳見《通鑑》卷一二四。

[3]文德：指楊文德，楊難當兄楊玄之子。楊玄繼父楊威氐王，玄死，弟難當廢玄子自立，故文德與難當有隙。元嘉二十年（443）春，文德舉兵反魏，求援於宋，宋遣軍助文德獲勝，詔以文德爲都督北秦、雍二州諸軍事，征西大將軍，北秦州刺史，武都王。詳見《通鑑》卷一二三。　茄蘆：城名。《南史》、《通鑑》卷一二四均作“葭蘆”。在今甘肅隴南市武都區東南白龍江東岸，武都王楊文德戍守於此。又《通鑑》卷一二四胡三省注：“《郡縣志》：‘魏將鄧艾與蜀將姜維相持於此，置茄蘆戍’。”

[4]文慶：《宋書》《南史》《魏書》並作“文度”。均謂僧嗣

先自立爲武都王於葭蘆；僧嗣死，其從弟文度取代爲武都王。

[5]爲虜攻殺文慶：《魏書》卷一〇一《氐傳》云："高祖（指北魏孝文帝元宏）初，征西將軍皮歡喜攻葭蘆，破之，斬文度首。"

[6]文慶從弟文弘爲白水太守：指南朝宋以文慶從弟爲白水太守。白水，郡名。南朝宋置，治白水縣，在今四川青川縣東北白水。

[7]武興：郡名。治所在今甘肅武威市西北。

太祖即位，欲綏懷異俗。建元元年，詔曰："昔絶國入贄，[1]美稱前册，殊俗内款，聲流往記。僞虜茄蘆鎮主、陰平郡公楊廣香，怨結同族，釁起親黨，當宋之世，遂舉地降敵。茄蘆失守，華陽暫驚。[2]近單使先馳，宣揚皇威，[3]廣香等追其遠世之誠，仰我惟新之化，[4]肉袒請附，[5]復地千里，氐羌雜種，咸同歸從。[6]宜時領納，厚加優邺。廣香翻迷反正，可特量所授。部曲酋豪，隨名酬賞。"以廣香爲督沙州諸軍事、平羌校尉、沙州刺史。尋進號征虜將軍。

[1]絶國：指極其遼遠之邦國。　入贄：携帶禮物入朝謁見。

[2]華陽：縣名。在今四川廣元市北。

[3]近單使先馳，宣揚皇威：指齊遣使者告知四境諸國，齊已代宋而立。

[4]仰我："我"原闕，中華本據《册府元龜》卷九六三補。今從補。

[5]肉袒請附：指建元元年（479）七月，魏葭蘆鎮主楊廣香向齊請降。見《通鑑》卷一三五《齊紀一》"高帝建元元年"條。肉袒，去衣露體，古代謝罪時表示任其鞭打責罰，以示誠意。《史

記》卷八一《廉頗藺相如列傳》:“廉頗聞之，肉袒負荆，因賓客至藺相如門謝罪。”司馬貞《索隱》:“肉袒者，謂袒衣而露肉也。”

[6]歸從：歸順。中華本校勘記云:“子顯避梁諱改。殿本已改爲‘順’字。”

梁州刺史范柏年被誅,[1]其親將李烏奴懼奔叛,[2]文弘納之。[3]烏奴率亡命千餘人攻梁州，爲刺史王玄邈所破，復走還氐中。荆州刺史豫章王嶷遣兵討烏奴,[4]檄梁州能斬送烏奴首，賞本郡，烏奴田宅事業悉賜之。與廣香書曰：

夫廢興無謬，逆順有恒，古今共貫；賢愚同察。梁州刺史范柏年懷挾詭態，首鼠兩端,[5]既已被伐,[6]盤桓稽命。遂潛遣李烏奴叛。楊文弘扇誘邊疆荒雜。柏年今已梟禽，烏奴頻被摧破，計其餘燼，行自消夷。今遣參軍行晋壽太守王道寶、參軍事行北巴西新巴二郡太守任湜之、行宕渠太守王安會領鋭卒二千,[7]逌塗風邁,[8]浮川電掩。[9]又命輔國將軍三巴校尉明惠照、巴郡太守魯休烈、南巴西太守柳弘稱、益州刺史傅琰,[10]並簡徒競鶩，選甲争馳。雍州水步,[11]行次魏興,[12]并山東僑舊，會于南鄭。[13]或汎舟墊江,[14]或飛旍劍道,[15]腹背飆騰，表裏震擊。

[1]梁州：州名。南朝宋、齊時治南鄭縣，在今陝西漢中市東。范柏年被誅：范柏年，梓潼人，初爲州將，以口才爲宋明帝所見重，歷位内外，終於梁州刺史。宋末沈攸之之亂，柏年恃觀望。事

平，朝廷派員取代梁州刺史。左衛率胡諧之嘗就柏年求馬，柏年曰："馬非狗也，安能應無已之求！"待使者甚薄。使者還，語諧之曰："柏年云：胡諧之何物狗，所求無厭！"諧之恨之，譖於上曰："柏年恃險聚衆，欲專據一州。"柏年被代，上欲不問，諧之曰："見虎格得，而縱上山乎？"甲午，賜柏年死。詳見《通鑑》卷一三五《齊紀一》"高帝建元元年"條。按，《南史》卷四七有附傳。

［2］李烏奴：《通鑑》卷一三五云："初，晋壽民李烏奴與白水氐楊成等寇梁州，梁州刺史范柏年説降烏奴，擊成，破之。"烏奴乃爲柏年親將。柏年被害，李烏奴"叛入氐，依楊文弘，引氐兵千餘人寇梁州，陷白馬戍"。

［3］文弘：楊文弘，楊文慶弟，先爲南朝宋白水太守，後降魏，拜爲都督、南秦州刺史、武都王。詳見《魏書》卷一〇一《氐傳》。

［4］豫章王嶷：蕭嶷，字宣儼，齊高帝次子。本書卷二二有傳。按，《通鑑》卷一三五《齊紀一》"高帝建元二年"條記云："李烏奴數乘間出寇梁州，豫章王嶷遣中兵參軍王圖南將益州兵從劍閣掩擊之；梁、南秦二州刺史崔慧景發梁州兵屯白馬，與圖南覆背擊烏奴，大破之，烏奴走保武興。"

［5］首鼠兩端：猶豫不决、動摇不定貌。《通鑑》卷一三五《齊紀一》"高帝建元元年"條云："沈攸之事起，柏年遣兵出魏興，聲云入援，實候望形勢。"首鼠兩端蓋指此。

［6］被伐：中華本校勘記云："伐"疑當作"代"，言朝廷已委新人來代其任也。

［7］晋壽：郡名。治所在今四川廣元市南。　北巴：郡名。治所在今四川閬中市。　西新巴：不詳，當亦在今四川境内。　宕渠：郡名。治所在今四川渠縣東北。

［8］遄塗：急速趕路。

［9］浮川：指急行船。

［10］三巴校尉：邊防軍官。巴西、巴郡、巴東合稱"三巴"。

南朝宋以荆州之巴東、建平，益州之巴西、梓潼郡置三巴校尉，齊因之。　明惠照：本書卷五四有附傳，言建元元年（479）爲巴州刺史。按，本書《州郡志下》建元初分荆州巴東、建平、益州巴郡爲州，立刺史。　巴郡：治所在今重慶市。　南巴西：本書《州郡志》下無此郡，益州有南新巴郡，疑即此。　魯休烈、柳弘稱：身世均不詳。　傅琰：本書卷五三有傳。

[11]雍州：州名。治襄陽，在今湖北襄陽市。　水步：指水兵和步兵。

[12]魏興：郡名。治所在今陝西安康市西北。

[13]南鄭：縣名。在今陝西漢中市東。

[14]墊江：水名。即今甘肅、四川境内嘉陵江及上游西漢江、白龍江、白水江諸水。

[15]劍道：指劍閣，劍門關。即今四川劍閣縣東北之劍門關，地勢險要，爲古代戍守的軍事要地。

文弘容納叛戾，專爲淵藪，外侮皇威，内凌國族。[1]君弈世忠款，深識理順，想即起義，應接大軍，共爲掎角，討滅烏奴，剋建忠勤，茂立誠節。沈攸之資十年之積，[2]權百旅之衆，師出境而城潰，兵未戰而自屠，朝廷無遺鏃之費，士民靡傷痍之弊。況蕞爾小豎，方之篾如，其取殲殄，豈延漏刻。忝以寡昧，分陜司蕃，[3]清氛蕩穢，諒惟任職。此府器械山積，戈旗林聳，士卒剽勁，蓄鋭權威，[4]除難剿寇，豈俟徵習！[5]但以剪伐萌菌，弗勞洪斧，撲彼蚊蚋，無假多力。皇上聖哲應期，恩澤廣被，罪止首惡，餘無所問。賞罰之科，具寫如别。

使道寶步出魏興，[6]分軍泝墊江，俱會晋壽。太祖以文弘背叛，進廣香爲持節、都督西秦州刺史。廣香子北部鎮將軍郡事炅爲征虜將軍、武都太守。[7]以難當正胤楊後起爲持節、寧朔將軍、平羌校尉、北秦州刺史、武都王，[8]鎮武興，[9]即文弘從兄子也。

［1］國族：中華本校勘記云："《元龜》四百十六作'同族'。"按，此指氐族。

［2］沈攸之資十年之積：指南朝宋元徽五年（477），荆州刺史沈攸之起兵反蕭道成專政，旋戰敗身亡。詳見《宋書》卷七四、《南史》卷三七《沈攸之傳》。

［3］分陝：指分封爲地方官。相傳周初周公旦、召公奭分陝而治，周公治陝以東，召公治陝以西，後遂爲古代王朝封官的典故。陝，指今河南陝縣。

［4］權威：中華本校勘記云："南監本、毛本、殿本、局本並作'積威'。"

［5］徵習：中華本校勘記云："南監本作'召集'，殿本、局本作'徵集'。"

［6］道寶：南朝宋有劉秀之，字道寶，曾爲寧蠻校尉，雍州刺史。《宋書》卷八一、《南史》卷一五有傳。但此劉秀之亡於宋，則"道寶"非指其人，待考。

［7］武都：郡名。治所在今甘肅西和縣。

［8］楊後起：楊文慶之子。　北秦州：治安陽縣，在今甘肅秦安縣。

［9］武興：郡名。治晏然縣，在今甘肅武威市。

三年，文弘歸降，復以爲征西將軍、北秦州刺史。

先是廣香病死，氐衆半奔文弘，半詣梁州刺史崔慧景。[1]文弘遣從子後起進據白水。[2]白水居晋壽上流，西接涪界，[3]東帶益路，[4]北連陰平、茄蘆，[5]爲形勝之地。晋壽太守楊公則啓經略之宜，[6]上答曰："文弘罪不可恕，事中政應且加恩耳。卿若能襲破白水，必加厚賞。"[7]

［1］崔慧景：本書卷五一有傳。

［2］白水：今川、甘二省交界處嘉陵江支流白龍江。

［3］涪：縣名。治所在今四川綿陽市東。

［4］益路：指益州，治所在今成都市。

［5］陰平：縣名。在今甘肅文縣西白龍江北岸。

［6］楊公則：字君翼，天水人。歷仕齊、梁，好讀書，有謀略。《梁書》卷一〇、《南史》卷五五有傳。　經略之宜：指經營治理的有關事宜。

［7］卿若能襲破白水，必加厚賞：《通鑑》卷一三五《齊紀一》"高帝建元三年"條云："文弘遣楊後起進據白水。上雖授以官爵，而陰敕晋壽太守楊公則使伺便圖之。"李文才《南北朝時期益梁政區研究》第五章《南齊治下的益、梁地區》云："《南齊書·氐傳》蕭道成下令楊公則伺機奪取白水，是在楊公則'啓經略之宜'後而作出的決定。此説不一定可信，因爲蕭道成曾在梁州戰鬥過，對該地區的地理形勢必定有所了解，白水在戰略地理上的重要性，他應該是知道的，所以不一定要在楊公則'啓經略之宜'之後方始作出這個決定……因此《資治通鑑》在這裏直書……突出蕭道成在作這個決定中的主動性，是有道理的。"（商務印書館 2002 年版，第 261—262 頁）

世祖即位，進後起號冠軍將軍。永明元年，以征虜將軍炅爲沙州刺史、陰平王，[1]將軍如故。二年，八座奏，[2]後起勤彰款塞，[3]忠著邊城。進號征虜將軍。四年，後起卒，詔曰："後起奄至殞逝，惻愴于懷。[4]綏禦邊服，宜詳其選。行輔國將軍、北秦州刺史、武都王楊集始，[5]幹局沈亮，乃心忠款，必能緝境寧民、宣揚聲教。可持節、輔國將軍、北秦州刺史、平羌校尉、武都王。"後起弟後明爲龍驤將軍、白水太守。集始弟集朗爲寧朔將軍。五年，有司奏集始驅狐剪棘，仰化邊服。[6]母以子貴，宜加榮寵。除集始母姜氏爲太夫人，假銀印。九年，八座奏，楊炅嗣勤西牧，馳款内昭，宜增戎章，[7]用輝遐外。進號前將軍。

[1]炅：楊炅，楊廣香之子。

[2]八座：古代中央政府的八種高級官員。歷朝制度不一，所指不同。南朝宋、齊以吏部、度支、左民、都官、五兵五部尚書和二僕射、一令爲八座，亦稱"八座尚書"。李文才《南齊治下的益、梁地區》云："在這裏，我們注意到，爲了給楊後起進號，蕭齊還進行了'八座'集議，並由'八座'聯合上奏，顯示出對該事的重視。"爲何如此重視？李文分析："齊、魏在梁州地區的争奪，有一個突出的特點，那就是雙方都盡力争取仇池楊氏，力圖通過楊氏的支持以取得對敵方的優勢。這主要是因爲，楊氏本身具有一定的實力，其武裝力量在梁州地區甚至具有舉足輕重的地位。另外，楊氏在這一地區的少數民族中具有很强的影響力，它的向背在一定程度上，影響到其他少數民族勢力的取舍態度。"又云："齊魏雙方争取楊氏的支持，主要通過給楊氏加官封爵來進行。"（《南北朝時期益梁政區研究》，第262—263頁）

[3]勤彰："勤"原作"勒"，中華本據南監本、殿本、局本改。今從改。　款塞：叩塞門。指前來朝覲通好。

[4]惻愴于懷：中華本校勘記云："'于'南監本作'予'。按疑作'予'是，然下高宗詔亦有'悽愴于懷'語，'于'字南監本不作'予'。今仍之。"

[5]楊集始：《通鑑》卷一三六《齊紀二》"武帝永明四年"條："氐王楊後起卒，丁未，詔以白水太守楊集始爲北秦州刺史、武都王。集始，文弘之子也。"

[6]驅狐剪棘，仰化邊服：指在其境内破除陋習，推行王化。

[7]戎章：武職、武爵稱號。

十年，集始反，率氐、蜀雜衆寇漢川，[1]梁州刺史陰智伯遣軍主寧朔將軍桓盧奴、梁季群、宋□、王士隆等千餘人拒之，[2]不利，退保白馬。[3]賊衆萬餘人縱兵火攻其城栅，盧奴拒守死戰。智伯又遣軍主陰仲昌等馬步數千人救援。至白馬城東千溪橋，相去數里，集始等悉力攻之，官軍内外奮擊，集始大敗，十八營一時潰走，殺獲數千人。集始奔入虜堺。[4]

[1]氐、蜀雜衆：李文才《南齊治下的益、梁地區》釋云："氐，指氐、羌等少數民族可以確知，'蜀'則可能既有來自益、梁的人民，也可能有外地移徙來的流民，而且民族構成更加複雜。"（《南北朝時期益梁政區研究》，第269頁）"氐"原作"氏"，從中華本改。　漢川：指漢中，即今陝西漢中市。《通鑑》卷一三七《齊紀三》"武帝永明十年"條："武興氐王楊集始寇漢中，至白馬。"

[2]陰智伯：歷仕南朝宋、齊，齊武帝永明七年（489）遷中

軍將軍，梁、南秦二州刺史。參見本書卷三《武帝紀》。　宋□：中華本校勘記云：“‘宋’字下原缺一字，各本並缺。”

[3]白馬：白馬城，一名陽平關，在今陝西勉縣西老沔縣。

[4]集始奔入虜堺：《通鑑》卷一三七作：“集始走還武興，請降于魏；辛巳，入朝于魏，魏以集始爲南秦州刺史、漢中郡侯、武興王。”

隆昌元年，[1]以前將軍楊炅爲使持節、督沙州諸軍事、平西將軍、平羌校尉、沙州刺史。

[1]隆昌：齊鬱林王年號。

集始入武興，以城降虜，氐人符幼孫起義攻之。[1]

[1]氐人符幼孫：當爲前秦君主苻堅的後裔。

建武二年，氐、虜寇漢中。[1]梁州刺史蕭懿遣前氐王楊後起弟子元秀收合義兵，[2]氐衆響應，斷虜運道。[3]虜亦遣僞南梁州刺史仇池公楊靈珍據泥功山以相拒格。[4]元秀病死，符幼孫領其衆。高宗詔曰：[5]“仇池公楊元秀，氐王苗胤，乃心忠勇，醜虜凶逼，血誠彌厲，宣播朝威，招誘戎種，萬里齊契，響然歸從。誠效顯著，寔有可嘉。不幸殞喪，悽愴于懷。夫死事加恩，《陽秋》明義。[6]宜追覃榮典，以弘勸獎。贈仇池公。持歸國。”

[1]氐、虜寇漢中：指建武二年（495）三、四月，魏仇池鎮都大將、梁州刺史拓跋英，配合楊集始，舉兵攻漢中。詳見《通鑑》卷一四〇《齊紀六》“明帝建武二年”條。

[2]梁州刺史蕭懿：蕭懿，梁武帝蕭衍之兄，齊時任梁州刺史。詳見《南史》卷五一本傳。按，《通鑑》卷一四〇胡三省注：“魏梁州刺史治仇池，齊梁州刺史治南鄭（南鄭在今陝西漢中市東）。”

[3]氐衆響應，斷虜運道：《通鑑》卷一四〇：魏軍圍困南鄭，懿别軍繼至，解圍，“先是，懿遣人誘説仇池諸氐，使起兵斷（拓跋）英運道及歸路。英勒兵奮擊，且戰且前，矢中英頰，卒全軍還仇池”。胡三省注：“英乘勝深入，後無繼援，雖僅獲全軍而返，亦已危矣。”李文才《南齊治下的益、梁地區》云：衆氐，“其主力乃是楊集始、楊馥之、婆羅、阿卜珍等仇池諸氐。”又云：“魏軍之敗主要即在於，遭到仇池諸氐的攻擊，以及運糧通道和退路被切斷……魏軍撤出南鄭之圍，梁州地區重又被蕭齊控制。”（《南北朝時期益梁政區研究》，第280頁）

[4]南梁州：治所在今陝西安康市西漢江北岸。　楊靈珍：先投魏，後歸順南朝。《梁書》卷五四《諸夷傳》、《南史》卷七九《夷貊傳下》均略提及。　泥功山：“功”字原闕，從中華本補。此山亦作“泥切山”“泥公山”，在今甘肅成縣西南。

[5]高宗：齊明帝廟號。本書卷六有紀

[6]死事加恩，《陽秋》明義：《陽秋》，指《春秋》。晋時因避晋簡文帝鄭后阿春諱，改“春”爲“陽”。按，《穀梁傳》僖公四年曰：“凡諸侯薨于朝會，加一等；死王事，加二等。”

氐楊馥之聚義衆屯沮水關，[1]城白馬北。[2]集始遣弟集朗率兵迎拒州軍於黄亘，[3]戰大敗。集始走下辯，[4]馥之據武興。虜軍尋退。馥之留弟昌之守武興，自引兵據仇池。詔曰：“氐王楊馥之，世纂忠義，率厲部曲，樹績邊城，克殄姦醜。復内稟朝律，外撫戎荒，款心式昭，朕甚嘉之。以爲持節、督北秦雍二州諸軍事、輔國將軍、平羌校尉、北秦州刺史、仇池公。”

[1]氐楊馥之聚義衆屯沮水關：《通鑑》卷一四〇《齊紀六》“明帝建武二年”條云：“魏拓跋英之寇漢中也，沮水氐楊馥之爲齊擊武興氐楊集始，破之。”胡三省注：“按《漢志》武都郡：沮縣有東狼谷，沮水所出也……氐居沮水上，因以爲種落之名。”按，沮水關當在沮縣（今陝西略陽縣東）境内。

[2]城白馬北：白馬津，在今甘肅慶陽市東北。

[3]黄亘：不詳待考。

[4]下辯：亦作“下辨”，縣名。治所在今甘肅成縣西。

沙州刺史楊炅進號安西將軍。三年，炅死，[1]以炅子崇祖爲假節、督沙州軍事、征虜將軍、平羌校尉、沙州刺史、陰平王。

[1]三年，炅死：《通鑑》卷一四〇記楊炅死於建武二年（495）十二月；次年正月册封其子崇祖。

四年，僞南梁州刺史楊靈珍與二弟婆羅、阿卜珍率部曲三萬餘人舉城歸附，[1]送母及子雙健、阿皮於南鄭爲質。[2]梁州刺史陰廣宗遣中兵參軍王思考率衆救援，[3]爲虜所得，婆羅、阿卜珍戰死。靈珍攻集始於武興，殺其二弟集同、集衆。集始窮急，請降。以靈珍爲持節、督隴右軍事、征虜將軍、北梁州刺史、仇池公、武都王。[4]永元二年，[5]復以集始爲使持節、督秦雍二州軍事、輔國將軍、平羌校尉、北秦州刺史。靈珍後爲虜所殺。自虜陷仇池以後，或得或失。宋以仇池爲郡，故以氐封焉。

［1］婆羅、阿卜珍：《通鑑》卷一四一《齊紀七》"明帝建武四年"條作"其弟婆羅阿卜珍"，爲一人，非二人。記其事云："（八月）魏以氐帥楊靈珍爲南梁州刺史。靈珍舉州來降，送其母及子於南鄭以爲質，遣其弟婆羅阿卜珍將步騎萬餘襲魏武興王楊集始，殺其二弟集同、集衆，集始窘急，請降。九月，丁酉，魏主以河南尹李崇爲都督隴右諸軍事，將兵數萬討之。"胡三省注："魏置梁州於仇池，置南梁州於武興。"

［2］雙健：中華本校勘記云："毛本、局本作'雙犍'。"

［3］陰廣宗：齊明帝建武三年（496）遷梁、南秦二州刺史。無專傳，僅見本書卷六《明帝紀》。李文才《南齊治下的益、梁地區》考證，"陰廣宗極有可能與陰智伯同出一族……宋、齊兩朝益、梁刺史經常出現同一家族的人連任的情況，或先有一人爲官該地，後便有此家族人出居此職（如王玄邈、王玄載、王文和；柳叔仁、柳元怙、柳惔；蕭摹之、蕭思話、蕭惠開……）因此，陰廣宗出任梁秦刺史，亦合於這個通例。"該文還從籍貫上辨明二人"都可入'傖荒'之列"。（《南北朝時期益梁政區研究》，第291—292頁）"中兵參軍"下原衍一"猷"字，中華本據各刪。今從刪。

［4］北梁州：中華本校勘記云："《明帝紀》作'北秦州'，《通鑑》從帝紀。"

［5］永元：齊東昏侯年號。

宕昌，[1]羌種也。各有酋豪，領部衆汧、隴間。[2]宋末，宕昌王梁彌機爲使持節、督河涼二州、安西將軍、東羌校尉、河涼二州刺史、隴西公。[3]建元元年，太祖進號鎮西將軍。又征虜將軍、西涼州刺史羌王像舒彭亦進爲持節、平西將軍。[4]後叛降虜。[5]永明元年，八座奏，前使持節、都督河涼二州軍事、鎮西將軍，東羌校尉、河涼二州刺史、隴西公、宕昌王梁彌機，前使持節、平北將軍、西涼州刺史、羌王像舒彭，並著勤西垂，寧安邊境，可復先官爵。詔又可以隴右都帥羌王劉洛羊爲輔國將軍。[6]

[1]宕昌：《南史》卷七九《夷貊傳下》亦有略傳，云："宕昌國，在河南國之東、益州之西北隴西之地，西羌種也。"按，羌爲古族名，主要分布在今甘、青、川一帶。秦、漢時，部落衆多，總稱西羌。以游牧爲主。東漢末内附，其首領多受歷朝册封。

[2]汧、隴：均爲縣名。汧縣，治所在今陜西隴縣東南。

[3]"宕昌王"至"隴西公"：《宋書》卷九《後廢帝紀》謂元徽四年（476）授宕昌王梁彌機爲安西將軍，河、凉二州刺史。又《通鑑》卷一三四《宋紀十六》"順帝昇明二年"條則云："宕昌王彌機初立。三月丙子，魏遣使拜彌機征南大將軍，梁、益二州牧，河南公，宕昌王。"按，二書所述有矛盾，未知孰是。　河州：十六國前涼置，治所在今甘肅臨夏市西南。　涼州：州名。治姑臧縣，在今甘肅武威市。

[4]西涼州：州名。治永平縣，在今甘肅張掖市西北。　像舒彭：《南史》卷七九《夷貊傳下》云：其爲鄧至國王，居西涼州界，羌族别種，受宋封爵爲持節、平北將軍、西涼州刺史，後又受梁册封。

[5]降虜："虜"字原闕，中華本據各本補。今從補。

[6]隴右：泛指隴山以西地區，約今甘肅隴山、六盤山以西和

黄河以東地區。

機卒。三年,[1]詔曰:“行宕昌王梁彌頡,忠款内附,著績西服,宜加爵命,式隆蕃屏。可使持節、督河涼二州諸軍事、安西將軍、東羌校尉、河涼二州刺史、隴西公、宕昌王。”頡卒。六年,以行宕昌王梁彌承爲使持節、督河涼二州諸軍事、安西將軍、東羌校尉、河涼二州刺史、宕昌王。[2]使求軍儀及伎雜書,[3]詔報曰:“知須軍儀等九種,並非所愛。但軍器種甚多,致之未易。内伎不堪涉遠。祕閣圖書,例不外出。《五經集注》《論語》,[4]今特敕賜王各一部。”俗重虎皮,以之送死,[5]國中以爲貨。

[1]三年:指齊永明三年(485)。

[2]宕昌王:《通鑑》卷一三六《齊紀二》“武帝永明三年”條所記有異:“秋七月,癸未,魏遣使拜宕昌王梁彌機兄子彌承爲宕昌王。初,彌機死,子彌博立,爲吐谷渾所逼,奔仇池。仇池鎮將穆亮以彌機事魏素厚,矜其滅亡。彌博凶悖,所部惡之;彌承爲衆所附,表請納之。詔許之。亮帥騎三萬軍于龍鵠,擊走吐谷渾,立彌承而還。”

[3]軍儀:指軍事儀仗。　伎雜:指多種技藝。

[4]《論語》:“語”字原闕,中華本據《册府元龜》卷九九九補。今從補。

[5]送死:指送喪,饋喪禮。

史臣曰:氐、胡獷盛,乘運迭起,秦、趙僭差,[1]相係覆滅,餘類蠢蠢,被西疆而奄北際。芮芮地窮幽都，[2]戎馬天隔。氐楊密邇，[3]華、夷分民接境，侵犯漢、漾，[4]浸逼狼狐，壃埸之心，[5]窺望威德，梁部多難，[6]於斯爲梗。殘羌遺種，際運肇昌，[7]盡隴憑河，遠通南驛，據國稱蕃，並受職命。晋氏衰敗，[8]中朝淪覆，[9]滅餘四夷，庶雪戎禍，授以兵杖，升進軍麾，後代因仍，貪廣聲教，綏外懷遠，先名後實。[10]貿易有無，世開邊利，羽毛齒革，无損於我。若夫九種之事，[11]有□□至於此也。[12]

[1]秦、趙：指東晋十六國時的前趙、後趙劉曜、石勒和前秦、後秦苻堅、姚萇等。他們都相互僭位，最後都相繼覆滅。

[2]幽都：北方之地。語出《尚書・堯典》："申命和叔宅朔方，曰幽都。"孔安國傳："北稱幽，則南稱明，從可知也。都，謂所聚也。"

[3]密邇：安静。

[4]漢、漾：指漢水和漾水。漾水即今漢水南源，出自陝西寧强縣西北嶓冢山。按，此處以漢、漾泛指中原、南方。

[5]壃埸：邊界、疆土。

[6]梁部：指梁州。因諸多少數民族相繼争奪梁州，故云"多難"。

[7]際運肇昌："際運"二字原闕，中華本據各本補。今從補。

[8]衰敗：原作"衰故"，中華本據南監本、局本改。今從改。

[9]中朝：偏安江左的東晋稱對都中原的西晋的稱呼。

[10]"授以兵杖"至"先名後實"：以上指對邊遠民族采取懷柔政策。

[11]九種之事：指傳播儒家經典。九種，指《易》《書》《詩》《春秋》《禮》《樂》《論語》《孝經》及《爾雅》九種儒家經典著

作。見《漢書·藝文志》。

［12］有□□：中華本校勘記云："'有'字下原缺二字，各本並缺。"

贊曰：芮芮、河南，同出胡種。稱王僭帝，擅彊專統。[1]氐、羌孽餘，散出河、隴。來賓往叛，[2]放命承宗。

［1］專統：原作"專權"，中華本據毛本、殿本、局本改。今從改。

［2］來賓往叛：指忽而歸順，忽而叛離。

曾鞏南齊書目録序

《南齊書》，八紀，十一志，四十列傳，合五十九篇，梁蕭子顯撰。始江淹已爲十志，沈約又爲《齊紀》，而子顯自表武帝，[1]别爲此書。臣等因校正其訛謬，[2]而叙其篇目，曰：

將以是非得失興壞理亂之故而爲法戒，則必得其所託，而後能傳於久，此史之所以作也。然而所託不得其人，則或失其意，或亂其實，或析理之不通，或設辭之不善，故雖有殊功韙德非常之迹，將闇而不章，鬱而不發；而檮杌嵬瑣姦回凶慝之形，可幸而掩也。

嘗試論之，古之所謂良史者，其明必足以周萬事之理，其道必足以適天下之用，其智必足以通難知之意，其文必足以發難顯之情，然後其任可得而稱也。何以知其然邪？昔者，唐虞有神明之性，有微妙之德，使由之者不能知，知之者不能名。以爲治天下之本，號令之所布，法度之所設，其言至約，其體至備，以爲治天下之具，而爲二《典》者推而明之。[3]所記者豈獨其迹邪？并與其深微之意而傳之。小大精粗，無不盡也，本末先後，無不白也。使誦其説者，如出乎其時；求其指者，如即乎其人。是可不謂明足以周萬事之理，道足以適天下之用，智足以通難知之意，文足以發難顯之情者乎？則方是之時，豈特任政者皆天下之士哉？蓋執簡操筆而隨者，亦皆聖人之徒也。

兩漢以來，爲史者去之遠矣。司馬遷從五帝三王既歿數千載之後，秦火之餘，因散絶殘脱之經，以及傳記百家之説，區區掇拾，以集著其善惡之迹、興廢之端，又創己意，以爲本紀、世家、八書、列傳之文，斯亦可謂奇矣。然而蔽害天下之聖法，[4]是非顛倒而采摭謬亂者，亦豈少哉！是豈可不謂明不足以周萬事之理，道不足以適天下之用，智不足以通難知之意，文不足以發難顯之情者乎？夫自三代以後爲史者如遷之文，亦不可不謂儁偉拔出之材、非常之士也，然顧以謂明不足以周萬事之理，道不足以適天下之用，智不足以通難知之意，文不足以發難顯之情者，何哉？蓋聖賢之高致，遷固有不能純達其情而見之於後者矣，故不得而與之也。遷之得失如此，况其他邪？至於宋、齊、梁、陳、後魏、後周之書，蓋無以議爲也。

子顯之於斯文，喜自馳騁，其更改破析刻雕藻績之變尤多，而其文益下，豈夫材固不可以强而有邪？數世之史既然，故其事迹曖昧，雖有隨世以就功名之君，相與合謀之臣，未有赫然得傾動天下之耳目，播天下之口者也。而一時偷奪傾危悖理反義之人，亦幸而不暴著於世，豈非所託不得其人故邪？可不惜哉！

蓋史者所以明夫治天下之道也，故爲之者亦必天下之材，然後其任可得而稱也。豈可忽哉！豈可忽哉！

臣恂、臣寶臣、臣穆、臣藻、臣洙、臣覺、臣彦若、臣鞏謹叙目録昧死上。[5]

[1]自表武帝："武帝"指梁武帝蕭衍。《梁書》卷一至卷三有紀。

[2]臣等因校正其訛謬：清錢大昕《廿二史考異》卷二五云："今本《南齊書》卷十五《州郡志下》、卷卅五《高十二王傳》、卷四十四《徐孝嗣傳》、卷五十八《高麗傳》各闕一葉，卷五十九史臣論亦有闕文。曾子固序但云校正訛謬，不云文有脱落，則宋時蕭《史》固完善也。又按《史通·序例篇》云'沈《宋》之《志序》，蕭《齊》之《序録》，雖皆以序爲名，其實例也'，則子顯《書》當有《序録》一篇，劉知幾猶及見之，而今失其傳矣。《晋書》亦有《序例》一篇，今本皆無之。"

[3]二《典》：指《尚書》中的《堯典》與《舜典》。《尚書序》："少昊、顓頊、高辛、唐、虞之書，謂五典。"孔穎達疏："今《堯典》《舜典》，是二帝'二典'。"

[4]聖法：泛指各種學派的經典法則。

[5]"臣恂"至"昧死上"：清錢大昕《廿二史考異》卷二五云："此序曾鞏所作，其云彦若者，趙彦若也；覺者，孫覺也；洙者，孫洙也；藻者，錢藻也；寶臣者，丁寶臣也。"